Qu'est-ce que la société féodale ?

GEORGES DUBY

de l'Académie française

Qu'est-ce que la société féodale ?

La Société aux XIe et XIIe siècles dans la région mâconnaise
L'Économie rurale et la Vie des campagnes dans l'Occident médiéval
Hommes et structures du Moyen Âge I : La Société chevaleresque
Hommes et structures du Moyen Âge II : Seigneurs et paysans
Mâle Moyen Âge
Dialogues

Le Grand Livre du Mois

ISBN : 2-7028-7000-7.

« [...] je m'en tenais toujours à l'histoire-problème, à l'histoire-question. Ma question demeurait la même : qu'est-ce que la société féodale ? »

G. DUBY, *L'histoire continue*, Paris, Odile Jacob, 1991, p. 192.

Avertissement

La présente réédition de la première partie de l'œuvre de Georges Duby reprend à l'identique le texte de *La Société aux* XIe *et* XIIe *siècles dans la région mâconnaise*, paru en 1953 et réédité en 1971. En revanche, tant *L'Économie rurale et la vie des campagnes* – dont l'édition originale (1962), en deux volumes, comprenait un fort apparat de documents – que les articles regroupés en 1973 dans *Hommes et structures* sont ici repris dans les versions de poche respectivement parues en 1977 et 1988. Dans le premier cas, la réédition en poche a été faite sans l'apparat de documents ; dans le second, une étude ne figure pas – « Des sociétés féodales », texte de la leçon inaugurale au Collège de France (1970) – et les articles ont été nouvellement répartis en deux volumes, *La Société chevaleresque* et *Seigneurs et paysans*, suivant une logique thématique mais sans souci des années de parution initiale. Le lecteur soucieux de retrouver la dynamique chronologique des écrits de Georges Duby, dont les articles ont été un fécond levain, pourra se reporter à la bibliographie générale figurant dans le dossier qui ouvre ce volume (pp. XXXV-LVII). Les articles réédités dans *Mâle Moyen Âge* figurent dans ce volume à l'exception de trois études (respectivement [127], [183] et [214] de la bibliographie générale) qui se retrouvent dans *Féodalités* [350], premier volume des œuvres de Georges Duby.

Cet ouvrage a été réalisé sous la responsabilité éditoriale de Monique Labrune et Maxime Catroux (Flammarion), avec la collaboration de Dominique Iogna-Prat pour le dossier introductif et l'index des matières. Nous tenons à remercier Guy Lobrichon et Daniela Romagnoli pour la compilation de la bibliographie générale ainsi que Sylvain Aumard, Chantal Palluet et Isabelle Rosé pour la composition de l'index des matières.

L'ATELIER DE L'HISTORIEN [1]

« Atelier ». Sans doute le terme n'aurait-il pas déplu à celui qui a tant souligné la part artisanale du métier d'historien et qui a toujours fait de l'atelier de l'artiste, peintre et sculpteur, son jardin secret. Cinq ans après le décès de Georges Duby (1919-1996), il est encore trop tôt pour prendre toute la mesure de son apport. La réédition d'une partie de ses écrits peut néanmoins permettre une première approche historiographique de cette figure de référence. Cela, de deux façons ; d'abord, parce qu'elle redonne accès aux deux grands textes de la première période de son activité d'historien – son « chef-d'œuvre » (au sens corporatif du terme), *La Société aux XIe et XIIe siècles dans la région mâconnaise*, et sa grande synthèse d'histoire rurale, *L'Économie rurale et la Vie des campagnes dans l'Occident médiéval* ; ensuite, parce qu'elle rassemble nombre d'articles – d'abord regroupés dans *Hommes et structures* et dans *Mâle Moyen Âge* – que le « patron » considérait comme autant de « préparations » des livres à venir, « comme des pages d'un carnet d'atelier » [2].

1. Nous remercions trois « dames du XXIe siècle » qui ont accepté de relire une première version de cet avant-propos et de l'enrichir de leurs remarques critiques : A. Duby, A. Levallois et É. Zadora-Rio.

2. Note liminaire à *Hommes et structures du Moyen Âge* [95] et à *Mâle Moyen Âge* [242]. Les titres des travaux de Georges Duby, cités en abrégé, renvoient à la bibliographie placée à la suite de cet avant-propos. Les articles regroupés dans *Hommes et structures du Moyen Âge* (puis dans *Seigneurs et paysans* [240] et *La Société chevaleresque* [241]) et dans *Mâle Moyen Âge* sont republiés ici intégralement à l'exception de trois études ([127], [183] et [214]) figurant dans *Mâle Moyen Âge* mais déjà repris dans *Féodalités* [350], premier volume des œuvres de Georges Duby. Les qualificatifs « chef-d'œuvre » et « patron » sont employés par Georges Duby lui-même dans le film de J.-M. MEURICE, *Georges Duby, le plaisir et le temps*, 1996.

De la géographie à l'histoire sociale

Georges Duby a retracé, en plusieurs occasions, la genèse et la maturation de son travail d'historien : dans « Le plaisir de l'historien », parcours biographique écrit avec réticence à cause de l'inévitable part d'ostentation inhérente au genre de l'ego-histoire ; dans *L'Histoire continue*, qui, en manière de testament, invite de plus jeunes à « continuer » un parcours offert à la réflexion et à la critique ; enfin, dans « L'art, l'écriture et l'histoire », entretien accordé à Pierre Nora peu de temps avant sa mort [1].

Le choix du sujet de thèse, fait au début des années 1940, n'a rien d'évident. Un rapide dépouillement des comptes rendus des thèses soutenues dans les quinze années d'après guerre (1945-1960) montre un fort compartimentage des recherches doctorales, qui, sauf rarissimes exceptions, répondent à des choix assez stricts entre l'histoire économique, l'histoire politique et l'histoire ecclésiastique [2]. De la première relèvent les thèses – à peu de choses près contemporaines de celle de Georges Duby – de Jean Schneider, *La Ville de Metz aux XIIIe et XIVe siècles*, de Philippe Wolf, *Commerces et marchands de Toulouse : vers 1350-vers 1450,* et de Michel Mollat, *Le Commerce maritime normand à la fin du Moyen Âge* ; les thèses de Jacques Boussard, *Le Gouvernement d'Henri II Plantagenêt* (1956), et de Raymond Chazelles, *La Société politique et la Crise de la royauté sous Philippe de Valois* (1958), sont représentatives de l'histoire politique que l'on pratique à la Sorbonne dans l'entourage d'Édouard Perroy ; quant à l'histoire ecclésiastique, fortement marquée par Augustin Fliche, elle est illustrée par les thèses de Marcel Pacaut, *Louis VII et les élections épiscopales dans le Royaume de France, 1137-1180* (1954), Bernard Bligny, *L'Église et les ordres religieux dans le Royaume de Bourgogne aux XIe et XIIe siècles* (1958) et Bernard Guillemain, *La Cour pontificale d'Avignon (1309-1376)* (1963). Tout comme Robert Folz – qui penche lui, à la suite de Marc Bloch, pour l'histoire des représentations de la royauté dans ses *Contributions au culte liturgique de saint Charlemagne dans les Églises d'Empire* (1949) –, Georges Duby fait le choix d'une voie somme toute

1. « Le plaisir de l'historien » [225] ; *L'Histoire continue* [272] ; « L'art, l'écriture et l'histoire » [358]. On ne manquera pas de rapprocher ces réflexions biographiques du bilan que Georges Duby dresse, en 1980, de trente ans de recherches historiques en France : « Orientations des recherches historiques en France. 1950-1980 », dans *Mâle Moyen Âge* [242], p. 237-264 [ci-dessous p. 1536-1555].

2. Cette brève mise en perspective est le résultat du dépouillement des comptes rendus de thèses parus dans la *Revue historique* entre 1945 et le début des années 1970 – époque d'abandon du système dual (thèse principale et thèse secondaire). Seules les premières années nous intéressent ici.

singulière – l'étude d'une microsociété à l'âge féodal –, sans parallèle universitaire avant la thèse de Gabriel Fournier, *Le Peuplement rural en Basse-Auvergne durant le haut Moyen Âge* (1962, premier jury de thèse de Georges Duby) et, surtout, sans véritable suite avant les grandes thèses monographiques du tournant des années 1970, de Robert Fossier, *La Terre et les Hommes en Picardie jusqu'à la fin du XIIIe siècle* (1969), Pierre Toubert, *Les Structures du Latium médiéval* (1973), André Chédeville, *Chartres et ses campagnes (XIe-XIIIe siècle)* (1973), Guy Devailly, *Le Berry du Xe au milieu du XIIIe siècle* (1973), Pierre Bonnassie, *La Catalogne du milieu du Xe siècle à la fin du XIe siècle* (1975-1976) et Jean-Pierre Poly, *La Provence et la Société féodale 879-1166* (1976).

Ce choix, déterminant dans l'histoire à long terme de la médiévistique française, est celui d'un géographe. À la fin des années 1930, quand le jeune Duby entreprend ses études supérieures à la faculté de lettres de Lyon, la géographie occupe une place importante dans le cursus des apprentis historiens. Un des cinq certificats de licence lui est consacré et le concours d'agrégation réunit historiens et géographes. L'école géographique française, héritière de Vidal de la Blache, est alors à son zénith. Il suffit de lire le bulletin que Robert Boutruche consacre, dans la *Revue historique* de l'immédiat après-guerre, à l'histoire de France au Moyen Âge (sans parler des *Annales d'histoire économique et sociale*, acquises dès leur fondation aux leçons des géographes) pour mesurer la place centrale qu'occupe la géographie chez les médiévistes français, traditionnellement passionnés par l'étude de la terre et des hommes. Au contact d'anciens élèves de Raoul Blanchard, spécialement d'André Alix, Georges Duby se prend de passion pour cette « science de plein vent », qui permet d'« observer à l'air libre » et qui oblige, dans une démarche régressive du présent vers le passé, à inscrire la vie des hommes dans l'espace [1]. À cette école, le jeune historien apprend qu'une société du passé, comme un paysage, forme un système, dont il s'agit de dégager non seulement les éléments constitutifs mais surtout les relations permettant d'appréhender le Tout du social. Quand il fixe son choix de thèse sur une microrégion de cent cinquante paroisses, le Mâconnais, il suit certes les conseils de son patron, Charles-Edmond Perrin, spécialiste de la Lorraine, mais il s'inspire d'abord de l'exemple des géographes de tradition vidalienne pour lesquelles « chaque région constitue un individu géographique [2] », à commencer par celui d'André Allix qui, à partir de registres notariés du XVe siècle conservés dans les archives du Dauphiné et des paysages contemporains de l'Oisans, s'est penché sur les problèmes d'occupation du sol et d'exploitation

1. « Le plaisir de l'historien » [225], p. 117.
2. *Épistémologie des sciences sociales*, sous la dir. de J.-M. Berthelot, Paris, 2001, p. 4.

des terres à la fin du Moyen Âge. Encore convient-il de ne pas surestimer la tradition vidalienne et de ne pas faire remonter trop haut le dialogue des historiens et des géographes français. Comme Pierre Toubert l'a pertinemment noté, la rencontre féconde des deux champs se fait essentiellement dans les années 1930, grâce à Marc Bloch et dans le champ fédérateur qu'offrent les *Annales d'histoire économique et sociale* fondées en 1929 par Marc Bloch et Lucien Febvre [1].

C'est d'ailleurs par les géographes que Georges Duby est introduit aux *Annales* et à ses fondateurs. Il fait la connaissance de Lucien Febvre par l'intermédiaire d'André Allix. Quant à Marc Bloch, dont il prolongeait et accentuait curieusement la finale du prénom (Mar« que » Bloch), son ombre plane sur l'entreprise du thésard – ombre de l'historien et ombre du martyre de la résistance contre le nazisme, dont, au sortir de la guerre, l'exemple et l'œuvre sont au centre des débats, entre appréciation critique et béatification [2]. Chez l'auteur des *Caractères originaux de l'histoire rurale française* (son premier « bréviaire ») et de *La Société féodale*, Georges Duby retrouve l'intérêt des géographes pour ce qui fait système et, « les réalités sociales [étant] *unes* [3] », une vivante introduction à la pratique des « sciences sociales » (qu'on ne nomme pas encore ainsi), c'est-à-dire la nécessité d'approches disciplinaires complémentaires – histoire, géographie, sociologie, anthropologie. En 1940, la féodalité est un terrain anciennement labouré, passage obligé depuis le XVIIe siècle de toute réflexion d'histoire, de droit et de philosophie politique sur les fondements des groupes nobiliaires, la formation des communautés paysannes et la genèse des liens de dépendance. Avec Marx (dont la lecture et le commentaire précoces, à la fin de ses années de lycée, ont été si importants pour Georges Duby), la féodalité (ou, mieux, le féodalisme), entre esclavagisme et capitalisme, se rapporte à une vaste période de l'histoire caractérisée par un type particulier d'organisation économique et sociale basée sur les rapports de domination de la terre et des hommes par un groupe de puissants, dont le droit et l'idéologie définissent les contours de « classe ». Aux XIXe et, surtout, dans la première moitié du XXe siècle, la féodalité est le domaine d'exercice privilégié des juristes, qui dissèquent à l'infini les questions du fief et du statut des personnes. Dans une historiographie de la

1. P. Toubert, préface à la réédition de M. Bloch, *Les Caractères originaux de l'histoire rurale française*, Paris, 1988, p. 23.

2. Sur la construction de la mémoire de Marc Bloch, voir O. Dumoulin, *Marc Bloch*, Paris, 2000, spécialement le chap. 4, « *Post mortem* : le procès en béatification », p. 109 sq.

3. L'expression, tirée du projet d'enseignement présenté par M. Bloch au Collège de France, en 1929, est citée par Georges Duby dans sa préface à la réédition de l'*Apologie pour l'histoire* [110], p. 7.

féodalité techniquement raffinée mais figée dans un temps étale, *La Société féodale* de Marc Bloch a pour principal mérite d'éclairer le juridique par l'anthropologique et de redonner du mouvement en proposant une chronologie globale (milieu IXe-milieu XIIIe siècle) décomposée en deux temps : un premier âge, débutant vers 900, et un deuxième, dans la seconde moitié du XIe siècle [1].

Mutation documentaire et mutation sociale

La Société féodale – son titre (« la société » au singulier), sa dynamique (une étude globale inscrite dans une chronologie) et ses « audaces » (la multiplicité des approches disciplinaires et des niveaux de lecture du social) – représente une sorte de butte témoin pour Georges Duby à l'orée de son entreprise doctorale [2]. Pourtant, s'il doit beaucoup à Marc Bloch, il ne travaille pas à la même échelle. Or c'est le choix de l'échelle – une région très circonscrite, mais extraordinairement riche sur le plan documentaire – qui lui permet de trouver les options déterminantes d'une recherche au fond plus centrée sur le « seigneurialisme » que sur le féodalisme [3].

Un travail séculaire d'érudition et de critique des sources, qui s'est considérablement accéléré à partir des années 1860, permet de disposer de bonnes éditions de la documentation pratique (essentiellement des chartes) héritée d'établissements ecclésiastiques prestigieux d'Ancien Régime, tels Saint-Vincent de Mâcon, Saint-Philibert de Tournus et surtout Cluny. Curieusement, à la notable exception d'André Deléage, aucun historien n'a encore, en 1940, tiré profit des quelque 5 500 documents clunisiens publiés par Auguste Bernard et Auguste Bruel, entre 1876 et 1903 [4]. Il est vrai que les six volumes du *Recueil des chartes de Cluny* attendent alors (attendent encore !) le jeu d'index les rendant aisément utilisables par l'historien ; à l'ère préinformatique, quand il s'agit de se retrouver dans des milliers de noms et sobriquets, de reconstituer des lignages et de dégager des réseaux, un tel manque n'est pas négligeable. Il est vrai, aussi, que font défaut les instruments de travail nécessaires aux études de terrain : cartes, dictionnaire topographique, répertoire métrologique.

Sans apprentissage spécialisé des documents médiévaux (la coupure est forte, à cette époque, entre la formation des professeurs, à l'Université, et celle des

1. Sur ces apports, voir la préface de R. Fossier à M. Bloch, *La Société féodale*, Paris, 1994[6], p. III et VII.
2. *L'Histoire continue* [272], p. 17.
3. Comme le note avec justesse R. Fossier, « Georges Duby e le strutture feudali », dans *Medioevo e oltre* [375], p. 35-45 (ici, p. 42).
4. A. Deléage, *La Vie rurale en Bourgogne jusqu'au début du XIe siècle*, 3 vol., Mâcon, 1942.

archivistes, à l'École des chartes), le jeune Duby apprend sur le tas, dans les dépôts d'archives. Ce manque de départ lui est d'ailleurs reproché le jour de sa soutenance de thèse ; à l'examen de la thèse complémentaire consacrée à la publication des pancartes de l'abbaye cistercienne de La Ferté-sur-Grosne [1] (*La Société* est la thèse principale), un membre du jury (Édouard Perroy) l'invite à plus de précision typologique dans la définition des documents (qu'est-ce qu'une pancarte ?), tandis qu'un autre (Robert Fawtier) fustige l'absence d'intérêt des jeunes historiens pour la critique des sources et l'engouement inversement proportionnel pour les « idées » que l'on tire des sources [2]. Ces idées, le thésard se les forge à vélo, parcourant le Mâconnais dans tous les sens, cultivant autant les « connivences » avec le paysage que l'empathie intellectuelle avec les documents d'archive. Tel est, dira-t-il plus tard, le nécessaire « effort d'incorporation imaginaire » qui permet à l'historien de « revitaliser » le passé en « y mettant du sien » [3].

Avançant dans son projet, mais alors qu'il est encore en quête de la « substance granuleuse » de la société mâconnaise des XIe et XIIe siècles [4], les nécessités de l'heure (l'inscription sur la liste d'aptitude à l'enseignement supérieur) l'obligent, en 1945, à rédiger un mémoire propre à manifester son savoir faire. C'est de ce mémoire que sortent les « Recherches sur l'évolution des institutions judiciaires », article, republié ici, qui contient en quelque sorte la thèse de la thèse en gestation. À l'examen de l'imposante masse documentaire à sa disposition, Georges Duby est frappé par la modification de la nature des actes entre 980 et 1030, avec un net changement dans les formules employées. Il fait l'hypothèse que cette modification dans la documentation révèle une transformation profonde des rapports sociaux. Mais comment expliquer ce tournant ? Marqué par la lecture de Marx, Georges Duby ne penche pourtant pas pour une explication économique. Il rechigne tout autant à chercher, avec les juristes, la cause de cette transformation sur le terrain des institutions (fiefs, servage). Le ressort de la mutation sociale repérée est, pense-t-il, de nature politique. Les dernières décennies du Xe siècle sont, en Mâconnais, caractérisées par une désagrégation de la puissance publique. Aux alentours de l'an mil, le représentant traditionnel du souverain, le comte, voit ses prérogatives court-circuitées par de multiples châtelains (laïques ou ecclésiastiques) dans l'exercice « privé »

1. *Recueil des pancartes* [6].
2. Voir le compte rendu de la soutenance (21 juin 1952), par H. Marc-Bonnet, dans la *Revue historique* 209 (1953), p. 209-213 (ici, p. 210). La pancarte est une collection de notices authentifiées destinées à servir de preuve en cas de contestation des droits.
3. *L'Histoire continue* [272], p. 77.
4. *Ibid.*, p. 60.

de la justice. L'élément structurant de la nouvelle configuration de la société est la ligne de partage entre les possesseurs de la puissance et la masse des travailleurs (libres ou esclaves). Cette mutation est instauratrice d'un système, dont le pivot est le château. Ce système est qualifié de « seigneurial » plutôt que de « féodal », tandis que la seigneurie est dite « banale » parce que la puissance des châtelains repose sur l'exercice de la justice, le « ban », et non pas (en tout cas pas à l'origine) sur la propriété de la terre (l'ancien domaine carolingien). Ce faisant, Georges Duby, avec une « indépendance d'esprit » saluée le jour même de sa soutenance de thèse, s'oppose à la thèse « domanialiste », qui fait coïncider la *potestas* des seigneurs et leurs possessions foncières, et il revisite de façon originale chaque versant de la nouvelle configuration sociale. Du côté des puissants, il montre que le lien vassalité-bénéfice n'est pas inéluctable et que la pyramide féodale ne s'est constituée que lentement en Mâconnais. Il met l'accent sur la face non juridique des relations entre les hommes, insistant sur l'importance des liens familiaux et des solidarités au sein des lignages. Du côté des dominés – la masse des forces exploitées par le maître du ban –, il porte peu d'intérêt au statut juridique des personnes, mais il met l'accent sur ce qui rapproche peu à peu les bras de condition servile et ceux de condition libre. En ce sens, cette thèse représente – pour reprendre les termes outrés de Robert Boutruche – un véritable « assassinat de la classe servile [1] ».

Tel est le portrait de « coupe » du premier âge féodal en Mâconnais, que Georges Duby fait aller du milieu du xe siècle aux années 1160. L'essentiel est dit. D'ailleurs, le titre de la thèse indique bien que l'étude porte sur « la société aux xie et xiie siècles ». Pour autant, le « profil » d'ensemble du travail s'étend au deuxième âge dégagé par Marc Bloch [2]. Donnant cette fois la primauté à l'économique, spécialement à la croissance marchande et au réveil urbain, Georges Duby s'intéresse, en seconde partie, au lent démantèlement du « système seigneurial » et au remembrement du pouvoir royal entre 1160 et 1250.

« Seigneurie banale » et classes sociales

La réception de *La Société aux xie et xiie siècles dans la région mâconnaise* est immédiate et durable. Les appréciations que les membres du jury portent sur la thèse principale sont très louangeuses. Outre « l'indépendance d'esprit » du

1. R. Boutruche, « Quatre thèses françaises d'histoire médiévale », *Revue historique* 1955/1, p. 226.

2. Les termes « coupe » et « profil » sont empruntés à M. David, « Sur la société médiévale, un maître ouvrage », *Annales ESC* 10 (1955), p. 381-390 (ici, p. 381).

candidat, on souligne un sens du concret peu commun et sa langue – une langue d'écrivain.

Les comptes rendus du livre – publié en 1953 dans ce qui passe alors pour la collection des *Annales* : la Bibliothèque de l'École pratique des hautes études, VIe section – ne tardent guère. Ils font largement connaître *La Société*[1], qui intègre rapidement la bibliographie des manuels de référence, par exemple la troisième édition, revue et augmentée, du *Qu'est-ce que la féodalité ?* de François-Louis Ganshof (1957). En dehors du « Bulletin de l'histoire de France au Moyen Âge » qu'il livre à date régulière à la *Revue historique,* Robert Boutruche croit nécessaire de consacrer, en 1955, une chronique spéciale à ce qu'il considère comme quatre grandes thèses : les livres de Georges Duby, Jean Schneider, Philippe Wolf et Michel Mollat[2]. L'intérêt critique que Robert Boutruche porte à *La Société* est tout à fait représentatif des réticences suscitées par les audaces d'un nouveau venu sur le terrain de la féodalité. En proposant un sous-titre au livre, « Histoire sociale et droit », le recenseur tente de ramener sur le terrain du droit ce qui s'en démarque pourtant clairement : une histoire sociale revendiquée pour elle-même, dont la démarcation de tout juridisme est d'ailleurs appelée à faire école[3]. Surtout, Robert Boutruche rejette avec véhémence la thèse centrale relative à la « seigneurie banale ». Si le qualificatif « banal » est contesté comme un « terme affreux », « à rejeter absolument », ce n'est pas simplement parce qu'il s'agit d'un néologisme peu seyant, mais parce que la réalité qu'il caractérise – une seigneurie reposant sur l'exercice du ban – paraît contestable à un tenant de la seigneurie « rurale » ou « foncière ». Sans doute n'est-il pas inutile de rappeler ce point de désaccord initial, qui paraît aujourd'hui curieux. Les grands manuels d'histoire de la féodalité n'ont-ils pas, depuis lors – à tort ou à raison –, canonisé l'expression de « seigneurie banale[4] » ?

L'accueil des spécialistes traditionnels de la féodalité, les juristes, est particulièrement enthousiaste. Il est vrai que le premier d'entre eux, Marcel David, est

---

1. *La Société*, en abrégé, renvoie à *La Société aux XIe et XIIe siècles dans la région mâconnaise*.

2. R. Boutruche, « Quatre thèses » (cit. p. XIII, n. 1), p. 216-217 et p. 220-230.

3. Sur l'envahissement, une bonne vingtaine d'années plus tard, de tout le champ de l'histoire médiévale par l'histoire sociale, voir le rapport sur les disciplines historiques de M. Vovelle, dans M. Godelier (dir.), *Les Sciences de l'homme et de la société en France. Analyse et propositions pour une politique nouvelle*, Paris, 1982, p. 253-274 (ici, p. 257).

4. Il suffira, à titre d'exemple, de se reporter à l'index de la deuxième édition de É. Bournazel, J.-P. Poly, *La Mutation féodale X[e]-XIIe siècle*, Paris, 1991 (« Nouvelle Clio »), p. 527. Approche historiographique et discussion critique des problèmes de la seigneurie par L. Kuchenbuch, « *Potestas* und *utilitas*. Ein Versuch über Stand und Perspektiven der Forschung zur Grundherrschaft im 9.-13. Jahrhundert », *Historische Zeitschrift* 265 (1997), p. 117-146.

tout autant historien que juriste, puisqu'il a d'abord été, dans les mêmes années que Georges Duby, l'élève de Jean Déniau à la faculté de lettres de Lyon. Son long compte rendu de *La Société*, paru en 1955 dans les *Annales*, salue un « maître ouvrage » dont il souligne la pertinence des thèses en matière de seigneurie, d'étude de la vassalité et des « solidarités de remplacement » (féodale, lignagère, paroissiale)[1]. Pour autant, Marcel David dit ses réticences à évacuer si lestement les thèses domanialistes ; il dit aussi la difficulté qu'il a à concevoir avec l'auteur tant un droit public vivant jusqu'à l'an mil que l'exercice, à la même époque, de la justice civile par l'évêque. Contrairement à la mise en cause par Robert Boutruche de la notion de « seigneurie banale », les réserves de Marcel David ont conservé avec le temps toute leur actualité. Bien plus tard, et sur un ton autrement polémique, Dominique Barthélemy, qui conteste toute relation mécanique entre une mutation documentaire et une transformation sociale brusque aux alentours de l'an mil, en est venu lui aussi à dire sa perplexité ; quand Georges Duby voit fonctionner des institutions publiques au Xe siècle, ne se laisse-t-il pas tout bonnement abuser par le subtil mais illusoire « codage des actes écrits[2] » ? Quant à l'exercice de la justice civile de la part de puissances d'origine ecclésiastique (l'évêque mais aussi les moines), sans doute est-il davantage postulé par Georges Duby que réellement documenté par ses sources avant la seconde moitié du XIe siècle. En 1956, dans *Le Moyen Âge*, un autre historien du droit, Jean-François Lemarignier, vient mêler sa voix, de forte portée, au débat autour des thèses novatrices de *La Société*[3]. Celui-ci note d'abord de frappantes convergences entre le « système seigneurial » au centre de la thèse de Georges Duby et la dislocation du *pagus*, l'essor des châteaux et l'exercice de la justice privée mis en lumière par les travaux de Jan Dhondt, Roger Aubenas, Marcel Garaut et ses propres recherches. Il s'attarde, ensuite, sur le traitement réservé à la vassalité, insistant sur le fait que si, à la fin du XIe siècle, « l'aristocratie est tout entière encadrée par l'organisation féodale », il n'y a encore, en Mâconnais, « aucune hiérarchie féodale »[4]. Il revient, enfin, sur les problèmes de la chevalerie comme classe sociale. Avec beaucoup d'acuité, le recenseur se penche sur un aspect de la thèse de Georges Duby peu discuté au moment de sa parution. Il note l'accord de l'auteur avec les théories anciennes de Paul Guilhiermoz sur l'identité entre chevalerie et noblesse. « Mais

1. M. DAVID, « Sur la société médiévale » (cit. p. XIII, n. 2).
2. D. BARTHÉLEMY, *La Société dans le comté de Vendôme de l'an mil au XIVe siècle*, Paris, 1993, p. 1 003.
3. J.-F. LEMARIGNIER, « La société aux XIe et XIIe siècles dans la région mâconnaise. À propos d'un ouvrage récent », *Le Moyen Âge* 11 (1956), p. 167-184.
4. *Ibid.*, p. 175.

la chevalerie est la cristallisation d'une noblesse encore indécise et fuyante à la fin du xe siècle parce que les circonstances politiques rendaient inutiles qu'elle s'affirmât[1]. » Et de reprendre les trois « pages de premier ordre » de *La Société* consacrées aux termes « *miles* » et « *nobilis* ». Le second est un adjectif qui marque une qualité susceptible de graduation (on est plus ou moins noble), tandis que le premier est un substantif. *Miles* et *nobilis* sont employés l'un et l'autre dans les textes dès la fin du xe siècle, mais, aux alentours de 1030, *miles* subsiste seul. Il est employé absolument. C'est désormais un titre, révélateur d'une prise de conscience de classe. Jean-François Lemarignier note une corrélation entre l'apparition des *milites* comme classe sociale et la définition, à peu de choses près contemporaine, par deux prélats de France du Nord, Adalbéron de Laon et Gérard de Cambrai, du schéma classificatoire des trois ordres fonctionnels (*qui orant, qui pugnant, qui laborant*). Ce rapprochement définit, en une courte phrase, ce qui sera le futur grand chantier de travail de Georges Duby, au début des années 1970, *Les Trois Ordres*, recherche sur l'« imaginaire du féodalisme » – c'est-à-dire l'habillage idéologique d'une mutation sociale –, qui revient sur le même tournant fondateur, l'an mil, alors qualifié de « révolution féodale ». On sait aujourd'hui que la corrélation proposée par Jean-François Lemarignier, suivi par Georges Duby, repose en partie sur une méprise. En effet, le schéma trifonctionnel n'apparaît pas dans les années 1030, mais dans la seconde moitié du ixe siècle – datation propre à redonner de l'actualité au « premier âge féodal » de Marc Bloch[2].

Le religieux dans le social

Après avoir souligné à son tour la pertinence des développements de *La Société* sur les « nouvelles solidarités », spécialement les solidarités lignagères, et l'importance de la *laudatio parentum* (engagement de la parentèle aux côtés de l'auteur de l'acte juridique), dont l'essor est, de fait, impressionnant (2 % des actes avant 950, contre les 2/3 entre 1050 et 1100), Jean-François Lemarignier achève son compte rendu sur un regret, disant ne pas comprendre la faible place accordée à la part ecclésiastique de la société mâconnaise. De fait, la documentation utilisée est presque exclusivement d'origine ecclésiastique et l'aristocratie châtelaine étudiée est tout autant cléricale (clergé cathédral et moines) que laïque. Dans ces conditions, pourquoi avoir négligé le phénomène

1. *Ibid.*, p. 176.
2. Sur cette question, voir E. Ortigues, « Haymon d'Auxerre, théoricien des trois ordres », dans *L'École carolingienne d'Auxerre de Murethach à Remi 830-908*, Paris, 1991, p. 181-227.

de restitutions d'églises, dans le cadre de la réforme grégorienne, qui représente une donnée capitale de la redistribution des pouvoirs sur la terre et les hommes dans la seconde moitié du XIe siècle ? Pourquoi avoir méconnu le fait que le ban constitutif de la seigneurie clunisienne est « sacré » (ses limites ont été rituellement consacrées par Urbain II, pape d'origine clunisienne, en 1095) ? Ces dernières années, les travaux de Barbara H. Rosenwein et de Didier Méhu sont venus confirmer avec éclat la justesse de cette critique [1].

En deux circonstances, Georges Duby a eu l'occasion de revenir sur sa thèse, dont il estimait que la suite de son œuvre était sortie. Or son jugement sur *La Société* fait un large écho aux remarques formulées par les recenseurs, spécialement celles de Jean-François Lemarignier. *La Société* est rééditée en 1971. Cette réédition est pour l'auteur l'occasion d'une « révision » dans un article publié dans les *Annales* et repris dans *Hommes et structures*. La « révision » en question est relative aux rapports entre chevalerie et noblesse. Elle répond aux discussions soulevées par la thèse de Léopold Génicot sur le Namurois, qui dissocie chevalerie et noblesse comme deux strates sociales superposées [2]. Revenant à nouveaux frais sur son travail d'apprenti historien, Georges Duby confirme sa thèse de façon plus assurée encore. Une vingtaine d'années après cette première « révision » partielle, les « imperfections » de *La Société* font l'objet d'une autocritique de fond dans *L'Histoire continue*. Revenant, au moment de passer le témoin, sur le temps fondateur de son métier d'historien, le « patron » exprime quatre regrets principaux. Le premier est d'avoir alors manqué l'étude des structures de parenté, auxquelles il s'intéresse longuement par la suite, dans les premières années de son cours et de son séminaire au Collège de France. Le second est d'avoir privilégié l'explication politique de la mutation sociale observée en Mâconnais et, ce faisant, d'avoir sous-estimé les questions économiques, spécialement les problèmes du marché de la terre. Les deux derniers reproches, plus profonds encore aux yeux de ce rigoureux critique de lui-même, tiennent à la part du religieux dans le fonctionnement du système seigneurial. Dans une société hétéronome (c'est-à-dire référée au divin), comment parler de relations entre les hommes sans prendre en considération la part des morts et des échanges avec l'au-delà, véritable ressort de l'économie du christianisme ? Surtout, à une époque de montée en puissance de l'institution ecclésiale et d'affir-

1. B. H. ROSENWEIN, *Negotiating Space. Power, Restraint, and Privileges of Immunity in Early Medieval Europe*, Ithaca-Londres, 1999, p. 173 sq. D. MÉHU, *Paix et communautés autour de l'abbaye de Cluny (x^e-xve siècles)*, Lyon, 2001, p. 151 sq.

2. L. GÉNICOT, *L'Économie namuroise au bas Moyen Âge*, II : *les hommes, la noblesse*, Louvain, 1960 ; ID., « La noblesse au Moyen Âge dans l'ancienne "Francie" », *Annales ESC*, 1962.

mation de la monarchie spirituelle du pape, il convenait de faire sa place, toute sa place, à l'articulation entre clercs et laïcs dans la constitution de l'aristocratie châtelaine. En France, dans les années 1940, dans un contexte de stricte division des études ecclésiastiques et laïques, il était sans doute difficile de ne pas couper artificiellement le monde des châtelains en deux. La sortie de cette impasse est venue, si l'on peut dire, de contrées exotiques. Par « contrées exotiques », on entend d'abord l'importance de la fréquentation des anthropologues. En quête des facteurs à l'œuvre dans « la production d'une société », Georges Duby a souvent reconnu sa dette à l'égard de Maurice Godelier qui, se penchant sur les formations sociales primitives, a fortement insisté sur l'importance de l'idéel dans le réel, de la dominance de structures non économiques et, dans le cas de l'époque féodale, du religieux [1]. C'est, d'ailleurs, en référence à cet « idéel dans le réel » que Georges Duby s'est reproché d'avoir été si peu attentif à ce qui, dans sa documentation de départ, s'écartait tant soit peu de la pratique, spécialement les écrits narratifs, les traités théologiques et autres textes liturgiques, qui seuls pouvaient permettre de décrire les seigneuries ecclésiastiques de l'intérieur. Par « contrées exotiques », on entend aussi la médiévistique du « nouveau monde », qui, dans les années 1980-1990, n'a pas peu contribué à sociologiser les études consacrées aux seigneuries ecclésiastiques ; pensons, par exemple, aux travaux de Constance B. Bouchard sur l'aristocratie en Bourgogne ou à ceux de B. H. Rosenwein sur Cluny, qui ont ouvert le champ d'une véritable histoire sociale du monachisme [2].

La « révolution féodale » en question

Les effets à long terme de *La Société* doivent, pour finir, être examinés à l'aune des discussions suscitées par Georges Duby autour de la notion de « révolution féodale ». Fidèle à ses choix chronologiques de départ, Georges Duby s'est fort peu écarté de l'étude des Xe-XIIIe siècles, en France du Nord. Il se disait, d'ailleurs, plus spontanément historien du féodalisme qu'historien du Moyen Âge. Pour autant, en matière de féodalité, certaines de ses thèses de départ se sont durcies avec le temps. Ainsi, l'émergence du système seigneurial et les transformations sociales afférentes analysées dans *La Société* en viennent à être qualifiées, au début des années 1970, de « révolution féodale », une expression

1. M. GODELIER, *L'Idéel et le Matériel*, Paris, 1984, p. 266.

2. C. B. BOUCHARD, *Sword, Miter and Cloister. Nobility and the Church in Burgundy, 980-1198*, Ithaca-Londres, 1987. B. H. ROSENWEIN, *To be the Neighbor of Saint Peter. The Social Meaning of Cluny's Property, 909-1049*, Ithaca-Londres, 1989.

tranchée qui est loin d'avoir fait l'unanimité [1]. Les critiques énoncées s'alimentent, en bonne partie, à l'extraordinaire diversification des champs d'étude de la féodalité dans les années 1970-1990 : féodalités méridionales et méditerranéennes scrutées par Pierre Toubert, Pierre Bonnassie, Jean-Pierre Poly, Christian Lauranson-Rosaz, Monique Bourin-Derruau, et objets de bilans collectifs à l'occasion des colloques de Toulouse (1968), de Rome (1978) et de Barcelone (1987) [2] ; féodalités de France du Nord, au centre des travaux de Dominique Barthélemy, dans ses recherches sur les sires de Coucy et sur la société vendômoise [3] ; féodalité mâconnaise, enfin, pensée comme modèle global de la féodalité occidentale, dans le *Lournand, village mâconnais* de Guy Bois, que préface Georges Duby [4]. Cette riche brassée de travaux, pour la plupart monographiques, offre la matière à des synthèses neuves, telles *La Mutation féodale* d'Éric Bournazel et Jean-Pierre Poly, *L'Enfance de l'Europe* de Robert Fossier, *L'Ordre seigneurial* de Dominique Barthélemy, ou, plus récemment, *Les Féodalités* d'Éric Bournazel et Jean-Pierre Poly et *L'Europe de l'an mil* de Monique Bourin et Michel Parisse [5]. Études monographiques et synthèses suscitent, en retour, une réflexion globale, de nature plus théorique, sur le féodalisme. C'est l'occasion de fécondes révisions qui obligent, dans une démarche d'historiographie régressive, à s'interroger sur la genèse et la lente sédimentation de nos catégories d'analyse [6]. Ce faisant, c'est toute la boîte à outils conceptuels de l'historien de

1. *Les Trois Ordres* [138], p. 183 sq

2. Pour les trois premiers titres, voir ci-dessus p. IX. C. LAURANSON-ROSAZ, *L'Auvergne et ses marges (Velay, Gévaudan) du VIIIe au XIe siècle. La fin du monde antique ?*, Le Puy-en-Velay, 1987 ; M. BOURIN-DERRUAU, *Villages et communautés villageoises en Languedoc : l'exemple du Biterrois (Xe-XIVe siècle)*, Paris, 1987 ; *Les Structures sociales de l'Aquitaine, du Languedoc et de l'Espagne au premier âge féodal (Toulouse, 28-31 mars 1968)*, Paris, 1969 ; *Structures féodales et féodalisme dans l'Occident méditerranéen (Xe-XIIIe siècles) (Rome, 10-13 oct. 1978)*, École française de Rome, 1980 ; *La Catalogne et la France méridionale autour de l'an mil*, sous la dir. de X. BARRAL I ALTET *et alii* (Barcelone, 2-5 juillet 1987), Barcelone, 1991 (« Hugues Capet 987-1997. La France de l'an mil »).

3. D. BARTHÉLEMY, *Deux âges de la seigneurie banale. Coucy (XIe-XIIIe siècle)*, Paris, 1984 ; ID., *La Société* (cit. n. 24).

4. G. BOIS, *La Mutation de l'an mil. Lournand, village mâconnais de l'Antiquité au féodalisme*, Paris, 1989. Sur cet ouvrage, voir A. GUERREAU, « Lournand au Xe siècle : histoire et fiction », *Le Moyen Âge* 96 (1990), p. 519-537.

5. É. BOURNAZEL et J.-P. POLY, *La Mutation* (cit. p. XIV, n. 4) ; R. FOSSIER, *Enfance de l'Europe, Xe-XIIe siècles. Aspects économiques et sociaux*, Paris, 1982 (« Nouvelle Clio ») ; D. BARTHÉLEMY, *L'Ordre seigneurial, XIe-XIIe siècle*, Paris, 1990 (« Nouvelle histoire de la France médiévale, 3) ; É. BOURNAZEL et J.-P. POLY (dir.), *Les Féodalités*, Paris, 1998 (« Histoire générale des systèmes politiques ») ; M. BOURIN et M. PARISSE, *L'Europe de l'an mil*, Paris, 1999.

6. A. GUERREAU, *Le Féodalisme. Un horizon théorique*, Paris, 1980 ; ID., « Féodalité », dans J. LE GOFF et J.-C. SCHMITT (dir.), *Dictionnaire raisonné de l'Occident médiéval*, Paris, 1999, p. 387-406.

l'époque féodale qui s'est trouvée (qui se trouve encore) ouverte et soumise à inventaire critique. Des débats de ces dernières années en la matière, il est, bien sûr, impossible de rendre compte ici dans le détail[1]. En avant-propos à la réédition de *La Société*, il importe seulement de comprendre dans quel contexte a été formulée la notion de « révolution féodale » et de rappeler ce qui a été pour Georges Duby le mot de la fin, en 1996.

Comme Laurent Feller l'a noté, un indéniable « raidissement conceptuel » se produit entre *La Société* et *Les Trois Ordres*. Dans sa thèse, Georges Duby s'attache à montrer que « la transformation des cadres sociaux advenus aux Xe et XIe siècles, ainsi que l'appropriation des institutions judiciaires et militaires par les seigneurs châtelains, n'a pas fait disparaître la base économique qui avait rendu possible l'existence et le maintien d'une société où les paysans les plus riches participaient à l'exercice de la justice et à l'armée[2] ». Avec *Les Trois Ordres*, la paysannerie se fond entièrement dans la catégorie des *servi,* dont Adalbéron de Laon fustige le labeur dégradant ; elle perd sa liberté et les bases foncières de cette liberté, l'alleu. Pareille évolution rapproche les thèses de Georges Duby de celles développées par Pierre Bonnassie, qui, donnant une valeur générale à ce qui ne reposait au départ que sur le cas de la Catalogne, voit s'opérer, dans le premier tiers du XIe siècle, une véritable révolution, avec un renouvellement complet de l'ensemble des structures économiques, politiques et sociales[3].

Dans « L'art, l'écriture et l'histoire », l'entretien accordé à Pierre Nora pour *Le Débat*, Georges Duby répond aux objections soulevées par son emploi de la notion de « révolution féodale ». Jusqu'au début des années 1990, le tournant (« mutation » ou « révolution ») de l'an mil fait, peu ou prou, l'unanimité, qu'il désigne l'émergence de la seigneurie banale, à la Duby, l'« *incastellamento* » de Pierre Toubert ou l'« encellulement » (c'est-à-dire la mise en place des structures

1. On s'orientera utilement en se reportant à M. Bourin et B. H. Rosenwein (dir.), *L'an mil. Rythmes et acteurs d'une croissance, Médiévales* 21 (1991), au débat soulevé par S. Reynolds, *Fiefs and Vassals. The Medieval Evidence reinterpreted*, Oxford, 1994 – à commencer par le compte rendu de D. Barthélemy, « La théorie féodale à l'épreuve de l'anthropologie. Note critique », *Annales HHS* 1997, 321-341 – et aux commentaires suscités par les deux derniers ouvrages de D. Barthélemy, *La Mutation de l'an mil a-t-elle eu lieu ? Servage et chevalerie dans la France des Xe et XIe siècles*, Paris, 1997 et *L'An mil et la Paix de Dieu. La France chrétienne et féodale 980-1060*, Paris, 1999.

2. L. Feller, « Statut de la terre et statut des personnes. L'alleu paysan dans l'historiographie depuis Georges Duby », *Études rurales* 145-146 (1997), p. 147-164 (ici, p. 153 et 155).

3. P. Bonnassie, *La Catalogne du milieu du Xe à la fin du XIe siècle. Croissance et mutation d'une société*, Toulouse, 1975-1976 ; Id., « Du Rhône à la Galice : genèse et modalités du régime féodal », dans *Structures féodales* (cit. p. XIX, n. 2), p. 17-44 ; Id., « D'une servitude à l'autre », dans R. Delort (éd.), *La France de l'an mil*, Paris, 1990, p. 125-141.

d'encadrements que sont le château, l'église, le cimetière, le village et la paroisse) cher à Robert Fossier. Avec les travaux de Dominique Barthélemy, mais aussi avec le renouveau, en France, des recherches sur le monde carolingien – en particulier, celles de Régine Le Jan[1] –, s'est amorcé, depuis une dizaine d'années, un retour à la chronologie de Marc Bloch, qui faisait naître le premier âge féodal au milieu du IXe siècle. Dans son mot de la fin, Georges Duby campe sur ses positions de départ – spécialement sur sa révision de la chronologie de Marc Bloch – et il confirme le bien-fondé de l'évolution conceptuelle qui, de *La Société* aux *Trois Ordres*, l'a amené à parler de « révolution féodale »[2]. En réponse à Dominique Barthélemy, il fait remarquer que la France et l'Europe de l'an mil sont des espaces hétérogènes et qu'il est logique de constater des distorsions entre régions : les mêmes phénomènes ne se sont pas produits partout de la même façon ni dans les mêmes années. En revanche, la mutation documentaire étant incontestable en Mâconnais entre 980 et 1030, il s'en tient au fait que les changements repérés dans les actes sont l'expression d'une nouvelle réalité sociale. Il ne s'agit pas de la « révélation » de quelque chose qui serait déjà là (une transformation sociale antérieure) mais véritablement d'une « révolution ». Mais l'exemple du Mâconnais peut-il avoir une valeur aussi générale ?

*

Une grande synthèse d'histoire rurale

La Société tout juste publiée, en 1953, commence pour Georges Duby une féconde période de travaux consacrés à l'histoire rurale, couronnée par la publication, au milieu des années 1970, de l'*Histoire de la France rurale*, qu'il dirige avec Armand Wallon. En 1954, il livre à la *Zeitschrift für Agrargeschichte und Agrarsoziologie* un panorama des études menées en France sur l'histoire des campagnes au Moyen Âge. En 1960, à l'invitation de Fernand Braudel, il fonde avec le géographe Daniel Faucher la revue *Études rurales*, qui s'affiche, dans la tradition de Marc Bloch et de Lucien Febvre, comme l'espace des recherches conjointes d'historiens, géographes, économistes, sociologues, psychologues et agronomes[3]. Deux ans après, Georges Duby publie les deux volumes de *L'Éco-*

1. R. LE JAN, *Famille et pouvoir dans le monde franc (VIIe-Xe siècle). Essai d'anthropologie sociale*, Paris, 1995.
2. « L'art, l'écriture et l'histoire » [358], p. 177-180.
3. GEORGES DUBY et D. FAUCHER, « Avertissement », *Études rurales* 1 (1960), p. 5-6.

nomie rurale et la Vie des campagnes dans l'Occident médiéval, que Paul Lemerle lui a commandé en 1951 pour la « Collection historique » des Éditions Aubier. En gestation une bonne dizaine d'années, cette vaste synthèse est l'occasion de lectures étendues, qui donnent d'abord matière à nombre de comptes rendus dans la *Revue historique* ou dans les *Annales* [1], et de travaux de première main, dont les plus notables sont regroupés, en 1973, dans *Hommes et structures*, en particulier l'importante communication donnée, en 1965, à Spolète sur le problème des techniques agricoles [2]. Enfin, Georges Duby rédige pour la *Fontana Economic History of Europe* le volume consacré à l'agriculture médiévale, *Medieval Agriculture 900-1500*, qui paraît en 1969. La version française de cet essai n'est autre que *Guerriers et paysans*, publié en 1973. On ne manquera pas de replacer cette activité foisonnante dans le contexte politique et culturel des « Trente Glorieuses ». La construction européenne – qui fait une place de choix au monde paysan –, les politiques d'aménagement du territoire, mais aussi l'exode vers les villes et la désertification rurale nourrissent un intérêt largement partagé pour la vie des campagnes et leur passé. Le climat intellectuel est alors majoritairement au marxisme ; d'où l'engouement des historiens pour les problèmes de classes et de rapports de production au sein des formations sociales. Chez Georges Duby, cette sensibilité déjà ancienne aux thèses de Marx se combine avec une fréquentation assidue des travaux anthropologiques, particulièrement nette dans *Guerriers et paysans*, qui marque un notable écart par rapport aux thèses classiques de l'analyse marxiste dans l'aire du féodalisme – loyer de la terre, rente foncière... – et une ouverture aux subtilités du don, aux réciprocités obligées et à la gratuité des échanges dans les sociétés dites primitives. Au total, c'est une conception renouvelée de la seigneurie qui est alors en germe dans les travaux de Georges Duby, lequel, en quête de synthèse en matière d'économie rurale, n'en reste pas moins fidèle aux questions de départ posées dans *La Société aux XIe et XIIe siècles dans la région mâconnaise*. La notation est importante si l'on veut comprendre la logique interne qui préside à la rédaction de *L'Économie rurale*.

1. Entre autres *Revue historique* 224 (1960), p. 167-169 (compte rendu du t. I de *Seigneurie et féodalité* de R. BOUTRUCHE) ; *Annales ESC* 9 (1954), p. 542-543 (présentation de la nouvelle *Zeitschrift für Agrargeschichte und Agrarsoziologie*) ; 10 (1955), p. 113-114 (seigneurie rurale) ; 12 (1957), p. 123-126 (esclavage et servage) ; 15 (1960), p. 279-281 (origines du régime foncier médiéval), p. 549-555 (campagnes anglaises = [24]), p. 588-589 (assolement triennal), p. 590-591 (mutations foncières) ; 16 (1961), p. 122-126 (vignoble français = [34]), p. 1026-1028 (montagnes provençales).

2. « Le problème des techniques agricoles » [50] [ci-dessous p. 1289-1299].

Voir large

La commande de cet ouvrage de synthèse à l'usage de l'enseignement supérieur offre à Georges Duby l'occasion de sortir d'une microrégion, le Mâconnais, de confronter les enseignements de *La Société* à d'autres études de terrain, en France, en Angleterre et dans l'Empire et d'élargir le spectre chronologique de ses recherches (IXe-XVe siècles). Près de quarante ans après sa parution, *L'Économie rurale* fait à ce point partie de notre horizon discursif qu'il est difficile d'imaginer le vide comblé par l'ouvrage. Au début des années 1960, le champ des études médiévales est fractionné en de multiples chambres closes ; peu nombreuses sont les synthèses, et encore moins nombreuses celles qui, telle *La Civilisation de l'Occident médiéval* que Jacques Le Goff publie en 1964, parviennent à dépasser le simple agrégat de microdisciplines[1]. Il n'existe alors, en français, aucune vision d'ensemble de l'histoire économique du Moyen Âge[2] ; quant à la respectable synthèse sur l'agriculture au Moyen Âge offerte, en 1950, par Roger Grand et Raymond Delatouche, elle pèche par manque d'intérêt pour l'histoire sociale[3]. Seule la *Cambridge Economic History of Europe*, parue en 1942, permet une appréhension globale dans l'esprit de l'histoire économique dont rêvaient les historiens autrichiens et allemands dès le début du siècle. En France, l'ouvrage est connu – ne serait-ce que pour la contribution de Marc Bloch, auteur du sixième chapitre « The rise of dependent cultivation and seigneurial institutions » –, mais cette ample synthèse ne fait pas école. C'est que, dès la fin des années 1950, cette vénérable *Economic History* a en bonne partie vieilli (une révision est menée à terme par Michael M. Postan quatre ans après la parution de *L'Économie rurale*) et que la « juxtaposition » des approches offertes au gré des auteurs ne vaut pas « comparaison »[4]. Dans son effort pour voir large et sortir de la fragmentation de visions historiques étroitement disciplinaires et nationales, Georges Duby emboîte une fois de plus le pas à Marc Bloch, qui projetait d'écrire une histoire économique du Moyen Âge destinée à

1. Sur cette fragmentation, voir A. GUERREAU, *L'Avenir d'un passé incertain. Quelle histoire du Moyen Âge au XXIe siècle ?*, Paris, 2001, p. 68.

2. L'ouvrage de R. LATOUCHE, *Les Origines de l'économie occidentale (IVe-XIe siècles)*, Paris, 1956 (« L'évolution de l'humanité ») est trop restreint dans le temps et, surtout, trop caricatural avec son plan à tiroirs (agriculture, vie urbaine, commerce, monnaie...) pour satisfaire ce type d'attente.

3. R. GRAND, R. DELATOUCHE, *L'Agriculture au Moyen Âge, de la fin de l'Empire romain au XVIe siècle*, Paris, 1950 (« L'agriculture à travers les âges », 3), que *L'Économie rurale* ne retient, justement, qu'au titre du travail et des techniques (I, bibliographie, I, D, n° 103).

4. Pour reprendre le jugement d'un recenseur de *L'Économie rurale* : É. PERROY, « La terre et les paysans au Moyen Âge », *Annales ESC* 18 (1963), p. 156-162 (ici, p. 156).

faire pendant à *La Société féodale*, et dont *Les Caractères originaux* représentent la première vraie synthèse en matière d'histoire des campagnes [1]. C'est chez lui qu'il trouve à la fois une transmission de l'apport capital des historiens allemands du premier tiers du XXe siècle et l'exemple du dialogue nécessaire entre disciplines constitutives des études rurales (spécialement l'histoire, la géographie et l'agronomie) pour reconstituer les écosystèmes du passé ; c'est chez lui aussi et surtout qu'il trouve décrite la courbe générale de l'économie médiévale ordonnée en deux cycles de longue durée, avec une phase d'expansion (XIe-XIIIe siècles) et une phase de contraction (XIVe-XVe siècle) [2]. Un tel cadre chronologique nous paraît aller de soi après avoir lu Marc Bloch, Wilhelm Abel et *L'Économie rurale*. Il l'était moins dans l'immédiat après-guerre, quand l'histoire des campagnes se perdait dans « l'éternel mirage d'une chimie historique abstraite » et alors que fleuraient bon les thèses de Gaston Roupnel sur « l'âme paysanne » et l'éternité des vieux terroirs [3].

De fait, la chronologie est d'une importance capitale dans la grande synthèse que propose Georges Duby, attaché à décrire rien moins que le décollage économique de l'Occident médiéval entre le XIe et le XIIIe siècle : l'accroissement de la population ; l'intensification de l'occupation du sol ; l'amélioration des rendements ; la diffusion d'une nouvelle pratique culturale, l'assolement triennal ; le recours à de nouvelles techniques : la charrue à sillon dotée d'un soc et d'un versoir propre à attaquer les sols lourds, l'attelage plus efficace des chevaux et des bœufs. Mais dans cette énumération des changements, comment déterminer les causes et dégager les effets ? Dans la leçon donnée à Spolète, en 1965 – dont l'objet principal est d'étudier les techniques agricoles « à l'intérieur d'un système d'ensemble plus vaste, du système agraire tout entier » –, Georges Duby penche, avec d'infinies précautions, pour la causalité technique, meilleur procédé d'attelage et modification de l'instrument aratoire [4].

1. Ce projet est évoqué dans sa correspondance avec Henri Berr ; voir M. BLOCH, *Écrire « La société féodale ». Lettres à Henri Berr (1924-1943)*, Paris, 1992.

2. Sur cet apport, voir la précieuse préface de Pierre Toubert à M. BLOCH, *Les Caractères originaux* (cit. p. X, n. 1), spéc. p. 30.

3. G. ROUPNEL, *Histoire de la campagne française*, Paris, 1932 ; sur la chronologie de Roupnel, voir les remarques d'E. Le Roy-Ladurie, en postface de la réédition de 1981 dans la collection « Terre humaine », p. 349-360 (ici, p. 350-351). Sur la réception mitigée de l'ouvrage dans le cercle des premières *Annales* qui a tant marqué le jeune Duby, se reporter à L. FEBVRE, « Une physiologie de la campagne française », *Annales d'histoire économique et sociale* 6 (1934), p. 76-81, auquel est empruntée l'expression « éternel mirage » (p. 77).

4. Sur ce point, on se reportera à la présentation et aux commentaires de G. COMET, « L'équipement technique des campagnes », *Études rurales* [373], p. 103-112.

Révisions d'un livre destiné « à être détruit »

Curieusement, l'armature de ce livre, que l'auteur souhaitait voir détruit « en peu de temps », a somme toute bien résisté aux années. À peu d'exceptions près, dont celle, isolée, de Johannes Fried – qui, à l'aune de l'histoire de l'Allemagne, ne voit pas de renouveau notable des campagnes ni d'accroissement des populations au XIe siècle –, l'allure générale de l'histoire rurale décrite dans l'ouvrage fait encore l'unanimité [1]. Il est vrai que *L'Économie rurale*, traduit en trois langues, lu et médité par des générations d'étudiants, n'a guère souffert de concurrence et que pareille unanimité est un peu molle. Nombre d'études, dans des champs du savoir toujours plus spécialisés, invitent à réviser le livre, mais aucune synthèse solide n'est venu le remplacer, ce qui est regrettable, comme est regrettable l'absence à peu près générale d'intérêt chez les jeunes historiens pour l'histoire des campagnes. Faute de comparaison avec d'autres chantiers ultérieurs d'égale ampleur, on se bornera ici à indiquer les principales révisions à opérer et, pour finir, à rappeler les voies ouvertes par ce livre en une matière qui était chère à Georges Duby, l'articulation de l'économique et du social dans le cadre seigneurial.

Invitation au travail collectif, *L'Économie rurale* doit, de fait, quarante ans après, être révisé sur de nombreux points. Aux six cent soixante titres que compte la bibliographie rassemblée à l'époque par Georges Duby, il conviendrait aujourd'hui d'en ajouter au moins autant. Mais se lancer dans une telle entreprise supposerait de refaire le livre. On se contentera, plus modestement, de signaler quatre champs de nécessaires révisions. Tout d'abord, on comprend mal, avec quatre décennies de recul, pourquoi cette synthèse est aussi restreinte sur le plan géographique. Faute de pouvoir accéder à la littérature secondaire dans des langues qu'il ne maîtrisait pas (polonais, hongrois, langues scandinaves...), Georges Duby ne s'est pas ou peu intéressé au centre et à l'extrême nord de l'Europe. Plus surprenant encore : la part infime que le livre réserve à l'Europe du Sud et spécialement aux deux péninsules, ibérique et italienne. Dans le panorama brossé en 1954, « Die agrargeschichtliche Forschung in Frankreich seit 1940 », le tout jeune professeur d'Aix-en-Provence notait la lente émergence d'un front d'études nouvelles et prometteuses sur la France du Sud. Depuis 1954 et 1962, ce constat s'est largement confirmé ; l'écho rencontré par *L'Économie rurale* en Espagne et surtout en Italie témoigne de l'entrée en force du monde méridional dans l'étude de la vie des campagnes médiévales.

1. J. Fried, *Der Weg in die Geschichte. Die Ursprünge Deutschlands*, Berlin, 1994.

Au total, l'ouverture géographique vers le nord, le centre et le midi permet désormais de distinguer plusieurs Europe qui ne marchent pas au même rythme et relèvent de systèmes agraires distincts. En matière de chronologie, sans doute insisterait-on maintenant, à partir d'horizons plus larges, sur la différence et la lenteur des rythmes dans l'avancée des fronts de culture et dans le remodelage des structures. Dans *L'Histoire continue*, Georges Duby a d'ailleurs regretté d'avoir parlé de « révolution agricole [1] ». De fait, certains contrastes, frappants pour lui, se sont depuis lors estompés, par exemple les différences de rendements céréaliers entre l'époque carolingienne et le XIIIe siècle, les chiffres très bas qu'il donnait pour la première période étant aujourd'hui revus à la hausse [2] ; les historiens des techniques ont remis en cause la thèse selon laquelle le métal a été, à haute époque, « d'un emploi très réduit dans l'outillage paysan » et, à peu d'exceptions près, les médiévistes s'accordent maintenant à parler de « la croissance agricole du haut Moyen Âge » [3]. Surtout, l'étude des paysages ruraux a, depuis la parution de *L'Économie rurale*, notablement gagné en profondeur historique. Dans le numéro que les *Études rurales* ont consacré, en 1991, au paysage dans l'Histoire et que Georges Duby a introduit par « quelques notes », Gérard Chouquer a bien montré le changement de spectre chronologique qui, depuis une bonne vingtaine d'années, a renouvelé l'étude des « créations paysagères » [4]. Pour Marc Bloch (et, ajoutons, pour le Duby des années 1960), le paysage est médiéval, en ce sens que les réaménagements opérés au cours du Moyen Âge, et spécialement entre le XIe et le XIIIe siècle, oblitèrent tout autre passé. Les travaux morphohistoriques récents permettent de mieux prendre la mesure de l'ancienneté de la mise en valeur, dès l'Âge du fer, d'un monde rural dont l'histoire, faite de remodelages, est particulièrement complexe. Enfin, aux fondements de la « culture matérielle » qui lui tenait tellement à cœur, Georges Duby n'a pu que pressentir les apports de l'archéologie à l'histoire des campagnes : archéologie extensive du peuplement rendue possible par le développe-

1. *L'Histoire continue* [272], p. 97.

2. W. RÖSENER, « L'histoire rurale de l'Europe médiévale et l'apport de Georges Duby », *Études rurales* [373], p. 91-102 (ici, p. 98) : de 2 pour 1 (Duby) à 3 pour 1.

3. Sur la question du métal, voir F. SIGAUT, « L'évolution technique des agricultures européennes avant l'âge industriel », dans *Revue archéologique du centre de la France* 27/1 (1988), p. 7-41 (ici, p. 25, où l'auteur renvoie à *L'Économie rurale* I, p. 77-79 [ci-dessous p. 673]) ; sur les problèmes de croissance, se reporter à *La Croissance agricole du haut Moyen Âge. Chronologie, modalités, géographie*, Dixièmes Journées internationales d'histoire du Centre culturel de l'abbaye de Flaran (9-11 septembre 1988), Auch, 1990 (« Flaran », 10), spéc. à la table ronde présidée par Georges Duby, p. 181-203.

4. G. CHOUQUER, « Que reste-t-il de 3 000 ans de création paysagère », *Études rurales* 121-124 (1991), p. 45-58.

ment des méthodes de prospection et celui des fouilles de grandes surfaces ; étude de l'articulation entre habitat et finage ; renouvellement des connaissances en matière d'outillage ; meilleure perception des comportements alimentaires par l'analyse des restes végétaux et animaux [1].

Les campagnes et la pression seigneuriale

Tous les livres de *L'Économie rurale* n'ont pas vieilli de la même façon. Le livre I a des allures un peu « post-modernes », accentuant trop les disparités entre un haut Moyen Âge matériellement déprimé et le Moyen Âge de l'expansion et de la croissance traité au livre II [2] ; l'effet est d'autant plus brutal que l'enquête ne débute qu'au IXe siècle, point de départ bien tardif [3]. Le livre IV (« La mutation du XIVe siècle »), dont le point d'arrivée – au début des années 1400 – est assez flou, paraît aujourd'hui un peu trop rapidement traité ; mais la remarque valait sans doute déjà en 1962, les deux siècles de la fin du Moyen Âge n'étant pas la période de prédilection de l'auteur. Reste le livre III, qui dans la dynamique de la réflexion de Georges Duby sur le féodalisme et le « seigneurialisme », mérite encore d'être lu, discuté, médité. Attentif à l'imbrication du social et de l'économique, Georges Duby s'intéresse spécialement à la part seigneuriale dans la dynamique du *take off* occidental des XIe-XIIIe siècles, dont le ressort essentiel serait à chercher dans la pression des seigneurs sur les hommes qu'ils protègent et contrôlent, les poussant à toujours produire plus pour alimenter la prodigalité aristocratique. Ce faisant, il est amené à prolonger et à approfondir la thèse au cœur de *La Société aux XIe et XIIe siècles dans la région mâconnaise*. Il systématise l'histoire de la seigneurie – « foncière » avant de devenir « banale », avec un stade intermédiaire voyant s'instaurer un début de contrôle seigneurial sur la terre et les hommes dans un cadre « domestique ». La distinction entre « foncier » et « banal » est, aux yeux des médiévistes actuels, toujours opératoire. Giuseppe Sergi a justement rappelé qu'avant *L'Économie rurale* il était difficile de se représenter qu'une famille paysanne devait le cens à

1. Sur ces différents secteurs de la recherche archéologique voir J. GUILAINE (dir.), *Pour une archéologie agraire. À la croisée des sciences de l'homme et de la nature*, Paris, 1991, spéc. les contributions de J.-M. PESEZ, « Outils et techniques agricoles du monde médiéval », p. 131-164, d'É. ZADORA-RIO, « Les terroirs médiévaux dans le nord et le nord-ouest de l'Europe », p. 165-192, et de PH. MARINVAL et M.-P. RUAS, « L'alimentation végétale et l'agriculture d'après les semences archéologiques (de 9000 av. J.-C. au XVe siècle) », p. 407-439.

2. Le qualificatif « post-moderne » est emprunté à M. BOURIN : M. BOURIN et M. PARISSE, *L'Europe de l'an mil* (cit. p. XIX, n. 5), p. 21, qui ne vise pas Georges Duby.

3. Telle était déjà l'appréciation de R. BOUTRUCHE, « Une synthèse d'histoire rurale », *Revue historique* 228 (1962), p. 313-320 (ici, p. 317-318).

un seigneur foncier et la taille au maître du ban. Mais à côté des seigneuries dont Georges Duby retrace la dynamique historique – foncière, domestique, banale –, d'autres traits typologiques ont été, depuis quarante ans, proposé pour mieux cerner des réalités de terrain complexes, documentées par des études monographiques toujours plus nombreuses, spécialement dans le monde méditerranéen. L'heure semble plus à l'articulation des plans qu'à la dissociation. La seigneurie rurale, « moins strictement liée à une origine publique, repose sur des bases foncières où s'ancrent les châteaux qui territorialisent les aires de pouvoir et de contrôle » ; d'où la notion de « seigneurie territoriale » [1].

*

Idéologies et systèmes de valeurs

Avec la publication, en 1962, de *L'Économie rurale*, nous ne sommes encore que dans la première partie du parcours de quarante ans proposé dans la présente réédition des travaux de Georges Duby : de 1946-1947, années de la parution des « Recherches sur l'évolution des institutions judiciaires pendant le xᵉ et le xɪᵉ siècle dans le sud de la Bourgogne », à 1986 et aux propos synthétiques tenus sur l'histoire des femmes au Moyen Âge en conclusion d'un colloque à Madrid [2]. Les grands livres appelés à faire de lui un historien adulé du public sont encore à venir : *Le Dimanche de Bouvines, Guerriers et paysans* (1973), *Le Temps des cathédrales* (1976), *Les Trois Ordres* (1978), *Le Chevalier, la Femme et le Prêtre* (1981), *Guillaume le Maréchal* (1984), *Dames du xɪɪᵉ siècle* (1995-1996)..., dont les articles regroupés en 1988 dans *Mâle Moyen Âge* sont à la fois une « préparation » et un accompagnement. Dans l'ombre de ces livres, ils donnent une bonne idée de l'impérieuse nécessité de conjoindre étude du matériel et de l'idéel, qui est le grand ressort des travaux de Georges Duby. Surtout, ils nous mettent (ou remettent) de plain-pied avec le « bricolage conceptuel » à l'œuvre chez un historien qui a toujours théorisé avec prudence et dont le vocabulaire a beaucoup évolué avec le temps : « mentalité », « systèmes de valeurs », « représentation », « idéologie », « imaginaire », « idéel »...

Désireux de dépasser l'horizon borné de la *Geistesgeschichte* et soucieux d'une

1. G. Sergi, « Il tema dei poteri signorili nell'*Economia rurale* di Georges Duby », dans *Medioevo e oltre* [375], p. 47-58 (ici, p. 49-50). Introduction synthétique aux questions de la seigneurie dans le *Lexikon des Mittelalters* IV (1989), *s.v.* « Grundherrschaft », col. 1739-1752.

2. « Pour une histoire des femmes en France et en Espagne. Conclusion d'un colloque » [216] [ci-dessous p. 1450-1455].

approche globale permettant l'étude des modes « de reproduction de la société et la prise en considération des formes immatérielles[1] », Georges Duby s'emploie très tôt à articuler le social et le mental – ce qui, entre autres, lui fait traiter la féodalité comme une « mentalité[2] ». La première approche systématique des « formes immatérielles » dans le social se trouve dans *Guerriers et paysans*. Avec ce livre, Georges Duby passe au genre de l'« essai ». Certes, il fallait bien un « essai » pour sortir de la stricte problématique du démarrage démographique et économique de l'Occident médiéval et pour aborder de front la délicate question de l'apport du mental dans le fonctionnement des sociétés. L'accès à cette question a été largement facilité par une utilisation raisonnée de l'ethnologie et de l'anthropologie, telle la notion de don empruntée à Marcel Mauss, pour étudier un monde fort exotique, étranger à nos façons de vivre et de penser l'échange. Pour caractériser le jeu de la circulation des biens au très haut Moyen Âge, Georges Duby s'intéresse à des attitudes a priori non économiques : prendre par force (pillage), donner dans des générosités nécessaires (redevances, *eulogiae*, concessions en précaire...), consacrer dans des prestations cérémonielles sacralisées. Cela fait, il peut s'attaquer à nouveaux frais au problème des rapports de l'« idéel » et de l'économique. Il montre en particulier les effets proprement économiques de considérations en apparence strictement religieuses. Par exemple, les progrès de l'évangélisation au cours du haut Moyen Âge et la lente christianisation des rites funéraires auraient contribué à détourner l'ancienne « part du mort » – le mobilier des tombes – vers « les sanctuaires du christianisme où vinrent se déposer les richesses consacrées[3] ». Pareille thésaurisation est considérée comme « féconde » dans la mesure où les donataires sacrifient eux-mêmes tout ou partie des biens consacrés à la munificence divine. Et de montrer comment le Cluny du XIe siècle s'emploie à « exalter la gloire de Dieu, [à] donner donc plus d'éclat à la liturgie, [à] rebâtir les sanctuaires et [à] les décorer à profusion, [à] établir les moines dans un confort qui les rend[e] parfaitement disponibles à l'office divin et qui manifest[e] clairement leur prééminence parmi les divers "États" du monde[4] » ; ou encore d'analyser la façon dont, au XIIe siècle, l'abbé de Saint-Denis Suger gère le patrimoine de son monastère pour permettre de dégager les énormes surplus nécessaires à la construction

1. GEORGES DUBY et G. LARDREAU, *Dialogues* [154], p. 114 [ci-dessous p. 1646-1647]. Au titre de ses condamnations de l'histoire des idées, il suffit de renvoyer à son compte rendu de J. CHEVALIER, *Histoire de la pensée*, II, Paris, 1956, dans les *Annales ESC* 12 (1957), p. 674-675, dont le titre, cinglant, parle de lui-même : « Encore une histoire de philosophe ».
2. « La féodalité ? Une mentalité médiévale » [17] [ci-dessous p. 1100-1107].
3. *Guerriers et paysans* [96], p. 67.
4. *Ibid.*, p. 242.

et à l'ornementation de la basilique de l'Aréopagite. Dans ses grandes études de sociologie de l'art médiéval, spécialement dans *Le Temps des cathédrales*, Georges Duby travaille de la même façon à articuler les plans, à conjoindre l'étude des conditions matérielles et celle des représentations qu'une société donne d'elle-même dans la création dite « artistique ».

Guerriers et paysans représente, enfin, le premier essai de systématisation des rapports entre « histoire sociale et idéologies des sociétés » – pour reprendre le titre de l'article programmatique paru en 1974 dans *Faire l'histoire* –, le premier pas d'une histoire des représentations, des « systèmes de valeurs » proposés par les acteurs (du moins ceux qui ont fonction d'exprimer des valeurs sociales, les clercs). Georges Duby, scrutant les manifestations de la « révélation féodale », montre comment l'idéologie « accompagne », habille et structure « les premières phases de la féodalisation ». L'idéologie de la paix de Dieu fournit « une morale cohérente de la guerre » qui a pour effet de « détourner les puissances d'agression vers l'extérieur du monde chrétien » ; condamnation explicite des profits de la violence, cette morale « légitime en compensation l'exploitation seigneuriale ». La représentation sociologique des trois ordres – dont l'étude est juste abordée avant d'être traitée à fond dans *Les Trois Ordres* – offre la matrice d'une réflexion d'ensemble sur l'ordre du monde et les modes idéels de fonctionnement de la société chrétienne irriguée par la *caritas* de haut en bas puis de bas en haut de la hiérarchie. Dans la perspective des fins dernières, qu'ils incarnent par leur purisme, les hommes de prière sont placés au sommet de la hiérarchie des ordres. Cette position a pour effet de « privilégier parmi les actes économiques ceux de la consécration et du sacrifice »[1]. L'économique et le social sont désormais, dans l'œuvre de Georges Duby, finement articulés au spirituel et à l'idéologique, dans un entrelacement complexe qui permet d'éviter de poser, en matière de causalité historique, l'irritante question du primat pour mieux se focaliser sur le jeu des interactions. Telle est, en effet, la tâche de l'historien de la société : « éclairer la manière dont s'articulent les mouvements discordants qui animent l'évolution des infrastructures et celle des superstructures, et dont ces mouvements retentissent l'un sur l'autre[2] ». Ce qui a fait dire à Roland Barthes, lecteur du premier Duby – celui de l'*Histoire de la civilisation française*, signé, en 1958, avec Robert Mandrou –, que « l'Histoire est au front fractionnel de rythmes différents[3] ». L'intérêt porté, par la suite, à des objets

1. *Ibid.*, p. 185-189.

2. « L'histoire des systèmes de valeurs » [86], p. 177 [ci-dessous p. 1487-1497].

3. R. BARTHES, « Une histoire de la civilisation française. Une mentalité historique », *Annales ESC* 15 (1960), p. 997-1000 (ici, p. 998).

restreints et au plus infime des ressacs de l'Histoire – l'événement (avec *Le Dimanche de Bouvines*) ou la biographie d'un seul personnage (*Guillaume le Maréchal*) n'est qu'une mise en intrigue sophistiquée permettant à l'historien d'accéder à l'infinie complexité des « mouvements discordants » à partir de cristallisations de surface.

Parentés et mariage

En abordant la question des structures de parenté et du mariage dans la France féodale, Georges Duby ne fait, au cours des années 1970, que multiplier les terrains d'approches pour aborder sous des angles nouveaux la lancinante question de l'articulation du matériel et de l'idéel. Dans ses nombreuses études sur le lignage et les relations de parenté, il ne se penche pas simplement sur l'histoire de la structuration des couches sociales supérieures dans l'Europe occidentale au Moyen Âge central, étudiant « un trait spécifique de la société dite féodale » – le passage d'un état à un autre, d'un « groupement fluide, horizontal », au sein duquel les alliances comptent autant que l'ascendance, à une « orientation verticale », qui donne de l'importance à l'ascendance, à une lignée de mâles enracinée dans un patrimoine [1]. Dans le même mouvement, il tente l'histoire des représentations qui, sur un autre plan et à un autre rythme, accompagnent ce passage : les récits, qui, entre mémoire courte et projections légendaires, reconstituent l'histoire de la lignée jusqu'à l'ancêtre fondateur ; ou, se situant sur un plan plus ample encore, celui des littératures épiques en langues vernaculaires, il scrute les thèmes de la dramaturgie chevaleresque, qui met en intrigue l'opposition entre les *seniores* mariés, gestionnaires de la fortune familiale, et ceux qui font les frais du renforcement des structures lignagères, les *iuuenes*, demeurés par force célibataires. C'est dans ce creuset que prennent forme toutes les réflexions à venir de Georges Duby sur l'amour courtois, sur la place des femmes dans une société « résolument mâle » et, d'abord, sur le mariage.

Le mariage représente l'atome de base d'une circulation de la *dilectio* et de la *caritas* au sein de la société chrétienne conçue comme une fraternité ordonnée. Dans *Medieval Marriage. Two Models from twelfth Century France* (1978) et, surtout, dans *Le Chevalier, la Femme et le Prêtre* (1981), Georges Duby analyse l'affrontement – dont l'acmé est marquée par l'excommunication du roi Philippe Ier en 1094-1095 – entre deux conceptions du mariage, laïque et ecclésiastique, antagonistes. Dès l'époque carolingienne, les évêques, dans la tradition

1. « Structures familiales dans le Moyen Âge occidental » [102] [ci-dessous p. 1459-1465].

augustinienne, considèrent le mariage comme le lieu fondateur de l'*amicitia*, le moteur d'une société fraternelle. Pour Hincmar de Reims, le pacte conjugal permet d'assurer l'ordre. Comme tel, c'est une institution laïque, que les clercs des XIe et XIIe s'emploient à sacraliser. Georges Duby décrit cet investissement clérical sous la forme d'un phénomène en « cisaille ». D'un côté, un mouvement de fond, la « féodalisation » et la « seigneurialisation » de l'Église – qui se traduit, entre autres, par un accaparement des pouvoirs de justice favorisant le transfert des causes matrimoniales dans la « part de Dieu ». De l'autre, une évolution des « systèmes de valeur », que couronne l'entrée du mariage dans la sphère sacramentelle. Dans la mesure où il permet la « circulation d'un courant vivifiant » (*dilectio* et *caritas*), le mariage est décrit comme un sacrement, c'est-à-dire « le signe efficace de la grâce ». L'interdit de l'inceste et les sept degrés de parenté prohibés définis par le pape Alexandre II en 1059 ont pour objet de sanctionner le fait qu'en deçà « l'amitié, la *caritas* naturelle, existe entre parents » ; il n'est donc pas « besoin de l'aviver par de nouvelles alliances puisque jusque-là les filiations peuvent "être prolongées et rappelées de mémoire" [1] ».

À côté de la *dilectio* et de la *caritas* à l'œuvre dans le mariage, l'*amor* ne joue qu'un rôle d'« accompagnateur » (*comes*), magnifié ailleurs dans les modèles aristocratiques laïcs courtois. Pareil traitement sociologique de la littérature de cour – matière, par ailleurs, d'importants articles [2] – n'a pas manqué de susciter discussions et résistances. Est-on fondé à faire d'une poétique un objet d'histoire de la société ? Et puis, comment, à la seule aune des tensions internes au monde aristocratique et d'un jeu entre hommes faisant de la femme un leurre, rendre compte de l'infinie subtilité psychologique d'un « amour de loin », qui est apprentissage de la distance et des réalisations différées – au sens propre du terme, une érotique [3] ?

Présence de l'historien

Dans l'entretien qu'il accorde à Pierre Nora, peu de temps avant de décéder, en 1996, Georges Duby compare deux temps de son parcours et mesure la différence entre *Le Chevalier, la Femme et le Prêtre* et les *Dames du* XIIe *siècle* [4]. Le

1. *Le Chevalier, la Femme et le Prêtre* [167], p. 185-186 (qui cite le *Corpus Iuris canonici*, éd. FRIEDBERG, I, 274).

2. Spécialement, « À propos de l'amour que l'on dit courtois » [214].

3. Sur cette question, voir CH. BALADIER, *Érôs au Moyen Âge. Amour, désir et « delectatio morosa »*, Paris, 1999, et le débat consacré à l'ouvrage dans *Médiévales* 40 (2001), p. 133-157.

4. « L'art, l'écriture et l'histoire » [358], p. 190.

premier livre relève, estime-t-il, d'un essai d'anthropologie sociale, tandis qu'il juge la dernière entreprise « plus libre, plus intimiste, plus psychologique ». L'historien, engagé de longue date dans un emploi remarqué du « je », ne se serait-il vraiment impliqué dans son objet que sur la fin ? Mais comment expliquer, alors, la « poétique » de ses écrits, qui, dès le milieu des années 1970, ont ouvert la voie du Moyen Âge à un large public de non-spécialistes en quête d'« effet de vie »[1].

Professionnel soucieux de méthode, Georges Duby s'est, à côté d'articles programmatiques – tels « L'histoire des mentalités » (1961), « L'histoire des systèmes de valeurs » (1972), « Histoire sociale et idéologies des sociétés » (1974) –, souvent entretenu des problèmes du métier d'historien, à commencer dans ses *Dialogues* avec Guy Lardreau. C'est pourtant dans ses écrits biographiques qu'il s'explique le mieux en la matière, parce que la pratique de l'histoire est chez lui affaire d'engagement personnel. Comment être à la fois de son temps et poser des questions au passé ? Ou, plutôt, comment poser des questions au passé autrement qu'en étant de son temps ? Cette question, qui affiche clairement la tension inhérente au métier d'historien, Georges Duby ne l'esquive pas. Il la place, au contraire, au cœur de ses écrits, dans la pratique d'une « histoire autobiographisée ». Comme l'a relevé Mirna Velcic-Canivez, la présence de Georges Duby dans son œuvre résulte d'un double projet narratif et d'un dédoublement thématique, un peu comme dans l'art de la fugue[2]. Au « thème propre » (l'objet historique) s'articule le discours à la première personne qui fait rupture pour dire les incertitudes de l'historien, les questions que lui pose sa pratique et les doutes qui l'assaillent quand il cherche à faire entendre des voix abolies par le temps. Il y a quelque chose de flaubertien dans un pareil vacillement crânement assumé, dans cette perplexité qui fait des inquiétudes de l'historien le ressort même de son travail. Georges Duby n'a-t-il pas placé en épigramme d'un de ses articles le mot de Pécuchet : « Mais nous allons tomber dans l'abîme effrayant du scepticisme[3] » ?

Dominique IOGNA-PRAT.
CNRS, Auxerre/Dijon.

1. Le terme « poétique » est emprunté à R. BARTHES, « Une histoire de la civilisation française » (cit. p. XXX, n. 3), p. 999, qui parle de la lecture de l'Histoire comme d'un « mouvement d'anamnèse poétique » ; celui d'« effet de vie » est tiré de la préface de G. Lardreau à *Dialogues* [154], p. 7 [ci-dessous p. 1559].

2. M. VELCIC-CANIVEZ, « Histoire et intertextualité. L'écriture de Georges Duby », *Revue historique* 613/1 (2000), p. 187-206 (ici, p. 197-199) [ci-dessous p. LIX-LXXIX].

3. « Le mental et le fonctionnement des sciences humaines » [142], p. 90.

BIBLIOGRAPHIE

Cette bibliographie est basée sur la liste publiée par Fabrizia Dalcò, dans le volume d'hommage dirigé par Daniela Romagnoli, *Medioevo e oltre* [375], laquelle reprend pour partie le dépouillement effectué par Guy Lobrichon dans *Georges Duby. L'écriture de l'Histoire* [372]. On y a apporté quelques ajouts et corrections ainsi que de menus compléments de façon à couvrir les publications posthumes des années 1999 à 2000.

Selon le choix initial fait par G. Lobrichon, seuls ont été pris en considération les écrits de G. Duby, à l'exclusion des œuvres audiovisuelles. Sauf rares exceptions, les comptes rendus ne sont pas cités et les traductions ne sont pas mentionnées.

La classification suit l'usage courant : livres, directions d'ouvrage, articles, préfaces, conclusions de colloques, recensions et entretiens, selon l'ordre chronologique. Chaque titre est précédé d'un numéro d'ordre entre crochets droits.

Malgré les quelques compléments apportés aux deux bibliographies citées, nous n'avons aucune prétention à l'exhaustivité. Les travaux signalés par une flèche sont publiés dans le présent volume.

1946-1947

→ [1] « Recherches sur l'évolution des institutions judiciaires pendant le Xe et le XIe siècle dans le sud de la Bourgogne », *Le Moyen Âge* 52 (1946), p. 149-194 ; 53 (1947), p. 15-38 (repris dans [95], p. 7-60, et [207], p. 25-90) [ci-dessous p. 1362-1412].

1948

[2] « Les idées de M. Léo Verriest sur la seigneurie rurale. Discussion et observations », *Annales de Bourgogne* 20, p. 190-194.

1950

[3] « La ville de Cluny au temps de saint Odilon », dans *À Cluny. Congrès scientifique (9-11 juillet 1949)*, Société des amis de Cluny, Dijon, p. 260-265.

1952

→ [4] « Le budget de l'abbaye de Cluny entre 1080 et 1155. Économie domaniale et économie monétaire », *Annales ESC* 7, p. 155-171 (repris dans [95], p. 61-82). [ci-dessous p. 1321-1341].

1953

→ [5] *La Société aux* XI*e et* XII*e siècles dans la région mâconnaise*, A. Colin, Paris (Bibliothèque générale de l'École pratique des hautes études, VIe section, rééd. 1971), trad. it. *Una società francese nel Medioevo. La regione di Mâcon nei secoli XI e XII*, Il Mulino, Bologne 1985. [ci-dessous p.5-597].

[6] *Recueil des pancartes de l'abbaye de La Ferté-sur-Grosne, 1113-1179*, Ophrys, Gap, rééd. De Boeck, Bruxelles, 2000 (Bibliothèque du Moyen Âge, 17).

[7] « Dangers d'une réussite. Saint Bernard, homme d'Église », *Cahiers de la Pierre-Qui-Vire* 38-39, p. 67-75.

1954

[8] « Die agrargeschichtliche Forschung in Frankreich seit 1940 », *Zeitschrift für Agrargeschichte und Agrarsoziologie*, 2, p. 166-173.

→ [9] « Géographie ou chronologie du servage. Note sur les "servi" en Forez et Mâconnais du Xe au XIIe siècle », dans *Éventail de l'histoire vivante : hommage à Lucien Febvre*, A. Colin, Paris, p. 147-149 (repris dans [95], p. 83-86). [ci-dessous p. 1358-1361].

[10] « La révolution agricole médiévale », *Revue de géographie de Lyon*, 29, p. 361-368.

1955

[11] Collaboration, avec É. Perroy, J. Auboyer, C. Cahen et M. Mollat, à *Histoire générale des civilisations, 3 : Le Moyen Âge. L'Expansion de l'Orient et la naissance de la civilisation occidentale*, PUF, Paris.

[12] « Le port de Marseille et la civilisation provençale au Moyen Âge. Leçon

inaugurale de rentrée de l'université d'Aix-Marseille », *Revue de la Chambre de commerce de Marseille*, 42, p. 127-131.

1956

→ [13] « Un inventaire des profits de la seigneurie clunisienne à la mort de Pierre le Vénérable », *Studia Anselmiana*, 40, p. 129-140 (repris dans [95], p. 87-107). [ci-dessous p. 1342-1357].

[14] « La structure d'une grande seigneurie flamande à la fin du XIIIe siècle. À propos d'un inventaire récent », *Bibliothèque de l'École des chartes*, 114, p. 181-186.

1957

[15] « Sur les voies ouvertes par Marc Bloch : esclavage et servage au Moyen Âge », *Annales ESC*, 12, p. 123-126.

1958

[16] G. Duby et R. Mandrou, *Histoire de la civilisation française*, 2 vol., A. Colin, Paris.

→ [17] « La féodalité ? Une mentalité médiévale », *Annales ESC*, 13, p. 765-771 (repris dans [95], p. 103-110). [ci-dessous p. 1100-1107].

[18] « Le point de vue du médiéviste », *Annales ESC*, 13, p. 463-464 (numéro spécial, *La Carte des communes de France*).

[19] « Métamorphose d'André Masson », *L'Arc*, 2, p. 49-52.

[20] « Techniques et rendements agricoles dans les Alpes du Sud en 1338 », *Annales du Midi*, 70, p. 403-413.

1959

[21] « Méditerranée des pauvres », *L'Arc*, 5, p. 8-11.

[22] « Notes sur les corvées dans les Alpes du Sud en 1338 », dans *Études d'histoire du droit privé offertes à Pierre Pétot*, Librairie Dalloz-Sirey, Paris, p. 141-146.

→ [23] « Les villes du sud-est de la Gaule du VIIIe au XIe siècle », dans *La Città nell'alto Medioevo. Atti della VI Settimana di Studio del Centro italiano di Studio sull'alto Medioevo (1958)*, Spolète, p. 231-258 (repris dans [95], p. 111-131). [ci-dessous p. 1255-1274].

1960

[24] « Les campagnes anglaises au Moyen Âge d'après les comptes seigneuriaux, les enquêtes et la photographie aérienne », *Annales ESC*, 15, p. 549-555.

[25] « Considérations sur l'économie rurale en France au milieu du XIIIe siècle » (en polonais) dans *Kwartalnik Historyczny*.

→ [26] « Le grand domaine de la fin du Moyen Âge en France », dans *Première conférence internationale d'histoire économique*, Mouton, Stockholm-La Haye-Paris, p. 333-342 (repris dans [95], p. 133-144). [ci-dessous p. 1209-1219].

[27] « Société et civilisation dans le pays niçois à la fin du Moyen Âge », *Annales du Centre universitaire méditerranéen*, 13, p. 49-61.

[28] Préface à M. BLOCH, *Seigneurie française et manoir anglais*, A. Colin, Paris.

1961

[29] « Byzance et l'image », *L'Arc*, 16, p. 41-43.

[30] « Chronologie d'André Masson », *Cahiers du Sud*, 361, p. 454-458.

[31] « L'histoire des mentalités », dans CH. SAMARAN (dir.), *L'Histoire et ses méthodes*, Gallimard, Paris, p. 937-966.

→ [32] « La noblesse dans la France médiévale. Une enquête à poursuivre », *Revue historique*, 226, p. 1-22 (repris dans [95], p. 145-166). [ci-dessous p. 1051-1070].

→ [33] « La seigneurie et l'économie paysanne. Alpes du Sud, 1338 », *Études rurales*, 2, p. 5-36 (repris dans [95], p. 167-201). [ci-dessous p. 1220-1254].

[34] « Une synthèse : le vignoble français », *Annales ESC*, 16, p. 122-126.

1962

→ [35] *L'Économie rurale et la Vie des campagnes dans l'Occident médiéval. France, Angleterre, Empire, IXe-XVe siècles. Essai de synthèse et perspectives de recherches*, 2 vol., Aubier, Paris ; trad. italienne, Bari, 1966 ; anglaise, Cambridge, 1968 ; espagnole, Madrid, 1968. [ci-dessous p. 599-1047].

[36] « Les campagnes françaises à la fin du XIIe siècle, esquisse d'histoire économique », *Bollettino dell'Istituto italiano per il Medio Evo*, 74, p. 161-173.

→ [37] « Les chanoines réguliers et la vie économique des XIe et XIIe siècles », dans *La vita comune del clero nei secoli XI e XII*, Vita e Pensiero, Milan, p. 72-81 (repris dans [95], p. 203-212). [ci-dessous p. 1312-1320].

[38] « L'histoire vivante », *L'Arc*,18, p. 65-72.

[39] « Lavoro e terra nei secoli IX-X », dans *Economia e storia*, p. 356-383.

1963

[40] « Sur l'histoire agraire de l'Italie », *Annales ESC*, 18, p. 352-362 (recension d'E. SERENI, *Storia del paesaggio agrario italiano*, Laterza, Bari 1961).

1964

[41] « Considérations sur la noblesse en France au XIIIe siècle », dans *Recueil de travaux de la faculté de philosophie (Mélanges M. Dinsic)*, Belgrade, 8, p. 279-283.

→ [42] « Dans la France du Nord-Ouest au XIIe siècle : les “jeunes” dans la société aristocratique », *Annales ESC*, 19, p. 835-846 (repris dans [80], p. 135-148 et [95], p. 213-225). [ci-dessous p. 1146-1158].

[43] « Les recherches en histoire médiévale », *Revue historique*, 232, p. 427-430.

[44] « Recherches historiques sur les campagnes médiévales », *Études rurales*, 14, p. 71-78.

1966

[45] *L'Europe des cathédrales (1140-1280)*, Skira, Genève, (repris dans [123]).

[46] *Fondements d'un nouvel humanisme (1280-1440)*, Skira, Genève (repris dans [123]).

[47] *Le Génie d'André Masson vu à travers ses dessins et ses gravures*, Lacoste, Paris.

→ [48] « Les laïcs et la paix de Dieu », dans *I laici nella « societas Christiana » dei secoli XI-XII*, Vita e Pensiero, Milan, p. 448-461 (repris dans [80], p. 149-162 et [95], p. 227-240). [ci-dessous p. 1087-1099].

[49] « Les pauvres des campagnes dans l'Occident médiéval jusqu'au XIIIe siècle », dans *Revue d'histoire de l'Église de France*, 52, p. 25-32.

→ [50] « Le problème des techniques agricoles », dans *Agricoltura e mondo rurale in Occidente nell'alto Medioevo. Atti della XIII Settimana di Studio Centro italiano di Studio sull'alto Medioevo (1965)*, Spolète, p. 267-283 (repris dans [80], p. 36-47 et [95], p. 241-252). [ci-dessous p. 1289-1299].

[51] « La vie rurale en Europe au XVe siècle (France, Allemagne, Angleterre, Italie, péninsule Ibérique) », dans *Historiens et géographes*, 201, p. 251-254.

[52] Recension de J.-F. Lemarignier, *Le Gouvernement royal aux premiers temps capétiens, 987-1030,* Picard, dans *Le Moyen Âge*, 72, p. 531-544.

1967

[53] *Adolescence de la chrétienté occidentale (980-1140)*, Skira, Genève, (repris dans [123]).

[54] *L'An mil*, Julliard, Paris (repris dans [350]).

→ [55] « Démographie et villages désertés », dans *Villages désertés et histoire économique, XIe-XVIIIe siècle*, SEVPEN, Paris, p. 13-24 (repris dans [95], p. 309-323). [ci-dessous p. 1275-1288].

[56] « Recherches récentes sur la vie rurale en Provence au XIVe siècle », *Provence historique*, 60-61, p. 97-111 (repris dans [95], p. 253-266).

→ [57] « Remarques sur la littérature généalogique en France aux XIe et XIIe siècles », dans *Comptes rendus de l'Académie des inscriptions et belles-lettres*, p. 335-345 (repris dans [80], p. 182-193 et [95], p. 287-298). [ci-dessous p. 1176-1186].

→ [58] « Structures familiales aristocratiques en France au XIe siècle en rapport avec la structure de l'État », dans *L'Europe aux Xe-XIe siècles*, Institut d'histoire de l'Académie polonaise des sciences, Varsovie-Poznan (repris dans [242], p. 139-146). [ci-dessous p. 1466-1471].

→ [59] « Structures de parenté et noblesse. France du Nord, XIe-XIIe siècles », dans *Miscellanea mediaevalia in memoriam Jan Frederik Niermeyer*, J. B. Wolters, Groningen, p. 149-165 (repris dans [80], p. 163-181 et [95], p. 267-285). [ci-dessous p. 1159-1175].

→ [60] « La vulgarisation des modèles culturels dans la société féodale », dans *Niveaux de culture et groupes sociaux. Colloque de l'École normale supérieure (7-9 mai 1966)*, Mouton, Paris-La Haye, p. 33-41 (repris dans [95], p. 299-308). [ci-dessous p. 1197-1205].

1968

[61] *André Masson. Peintures récentes et suite de douze dessins d'une autobiographie mythique*, Galerie Louise Leiris, Paris.

[62] « The diffusion of cultural patterns in feudal society », *Past and Present*, 39, p. 3-10 (repris dans [80], p. 211-219).

→ [63] « Les origines de la chevalerie », dans *Ordinamenti militari in Occidente nell'alto Medioevo. Atti della XV Settimana di Studio del Centro italiano di Studio sull'alto Medioevo (1967)*, Spolète, 2 vol., I, p. 739-761 (repris dans [80], p. 194-210 et [95], p. 325-341). [ci-dessous p. 1071-1086].

[64] « Problèmes d'économie seigneuriale dans la France du XIIe siècle », *Vorträge und Forschungen*, 12, p. 161-167.

→ [65] « Conclusions », dans J. Le Goff (dir.), *Hérésies et sociétés dans l'Europe préindustrielle, XIe-XVIIIe siècles*, Mouton, Paris-La Haye, p. 387-405 (repris dans [242], p. 222-233). [ci-dessous p. 1527-1535].

[66] Recension de M. M. Postan, *The Agrarian Life of the Middle Ages*, Cambridge University Press, Londres, dans *The Economic History Review*, 21, p. 1159-1165.

1969

[67] É. Baratier, G. Duby et E. Hildesheimer, *Atlas historique. Provence, Comtat Venaissin, Principauté d'Orange, Comté de Nice, Principauté de Monaco*, A. Colin, Paris.

[68] « Chevalerie », *Encyclopaedia Universalis*, 4, Paris, p. 215-218.

[69] « L'histoire culturelle », *Revue de l'enseignement supérieur*, 44-45, p. 85-89.

→ [70] « Situation de la noblesse en France au début du xiiie siècle », *Tijdschrift voor geschiedenis*, 82, p. 309-315 (repris dans [80], p. 220-229 et [95], p. 343-352). [ci-dessous p. 1137-1145].

1970

[71] G. Duby (dir.), *Histoire de la France*, 3 vol., Larousse, Paris 1970-1971.

[72] « Féodalité », *Encyclopaedia Universalis*, 6, Paris, p. 1012-1015.

[73] « Fief », *Encyclopaedia Universalis*, 6, Paris, p. 1075-1076.

[74] « The French Countryside at the End of the XIIIth Century », dans R. Cameron (éd.), *Essays in French Economic History*, American Economic Association, Homewood (Ill.), p. 33-41.

→ [75] « Histoire et sociologie de l'Occident médiéval. Résultats et recherches », *Revue roumaine d'histoire*, 9, p. 451-458 (repris dans [95], p. 353-360) et [207], p. 101-110. [ci-dessous p. 1189-1196].

[76] « History of Medieval Societies », *Informations sur les sciences sociales*, 10, p. 7-21.

[77] « La Peste Noire au Moyen Âge », *s.v.* « Épidémies », *Encyclopaedia Universalis*, 6, Paris, p. 355-356.

[78] Entretien (A. Casanova), « Histoire sociale et histoire des mentalités », *La Nouvelle Critique*, 215, p. 11-19 (repris dans [111], p. 203-217).

1971

[79] *Des sociétés médiévales. Leçon inaugurale prononcée au Collège de France le 4 décembre 1970*, Collège de France, Paris (repris dans [95], p. 361-379 et [350]).

[80] *Terra e nobiltà nel Medio Evo*, S.E.I., Turin.

[81] « The Great Estate in France at the End of the Middle Ages », dans P. S. Lewis (éd.), *The Recovery of France*, Mac Millan, Londres, p. 312-323.

[82] « Jean Déniau, 1885-1970 », *Revue historique*, 95, p. 549.

→ [83] « Le monachisme et l'économie rurale », dans *Il monachesimo e la riforma ecclesiastica, 1049-1122,* Vita e Pensiero, Milan, p. 336-349 (repris dans [95], p. 381-393). [ci-dessous p. 1300-1311].

[84] Entretien, G. Duby et J. Le goff (G. Dumur), « Le passé à l'ordre du jour », *Le Nouvel Observateur*, 25 janvier, p. 40-43.

1972

[85] « Les campagnes françaises à la fin du XIIIe siècle. Esquisse d'histoire économique », *Bollettino dell'Istituto Storico italiano per il Medioevo*, 74, p. 161-173.

→ [86] « L'histoire des systèmes de valeurs », dans *L'Historien entre l'ethnologue et le futurologue. Actes du séminaire international (Association internationale pour la liberté de la culture, Fondations Agnelli et Giorgio Cinsi), Venise, 2-8 avril 1971*, Mouton, Paris-La Haye, p. 251-263 (repris dans [242], p. 165-179). [ci-dessous p. 1487-1497].

[87] « L'image du prince en France au XIe siècle », *Cahiers d'histoire*, 17, p. 211-216.

→ [88] « Lignage, noblesse et chevalerie au XIIe siècle dans la région mâconnaise. Une révision », *Annales ESC*, 27, p. 803-823 (repris dans [95], p. 395-422). [ci-dessous p. 1111-1136].

[89] *Mediaeval Agriculture, 900-1500*, dans *The Fontana Economic History of Europe*, Collin, Londres, p. 175-220.

[90] « Servage », *Encyclopaedia Universalis*, 14, Paris, p. 907.

[91] « Les structures médiévales », dans F. Michel (dir.), *La France et les Français*, Gallimard, Paris, p. 1199-1225.

[92] Entretien (D. Jamet), *Le Figaro littéraire*, 14 janvier (sur *L'Histoire de la France*).

[93] Entretien (P. Gillet), *Le Monde*, 25 février (sur *L'Histoire de la France*).

1973

[94] *Le Dimanche de Bouvines*, Gallimard, Paris, (repris dans [350]).

[95] *Hommes et structures du Moyen Âge*, Mouton, Paris-La Haye (repris dans [240-241]).

[96] *Guerriers et paysans, VIIe-XIIe siècles. Premier essor de l'économie européenne*, Gallimard, Paris, (repris dans [350]).

[97] A. et G. Duby, *Les Procès de Jeanne d'Arc*, Gallimard, Paris, (« Archives »).

[98] « Guerre et société dans l'Europe féodale. Ordonnancement de la paix. La guerre et l'argent. La morale des guerriers », dans V. Branca (éd.), *Concetto, storia, miti e immagini nel Medioevo. Atti del XIV Congresso internazionale d'Alta Cultura*, Sansoni, Florence, p. 449-482.

[99] « Notes marginales. Michelet, 1798-1894 », *L'Arc*, 52, p. 87-89.

[100] « Aux origines d'un système de classification sociale », dans *Méthodo-*

logie de l'histoire et des sciences humaines. Mélanges en l'honneur de Fernand Braudel, 2 vol., Privat, Toulouse, II, p. 183-188.

[101] « Les seigneurs et la cité », dans *Études dédiées à la mémoire d'É. Baratier*, 23, p. 94-98.

→ [102] « Structures familiales dans le Moyen Âge occidental », dans *XIII*e *Congrès international des sciences historiques (Moscou 16-23 août 1970)*, 1,4, p. 152-161 (repris dans [95], p. 129-138). [ci-dessous p. 1459-1465].

[103] « L'urbanisation dans l'Histoire », *Études rurales*, 49-50, p. 10-13.

[104] Préface à J. Shatzmiller, *Recherches sur la communauté juive de Manosque au Moyen Âge, 1241-1329*, Mouton, Paris-La Haye.

1974

[105] « Histoire sociale et idéologies des sociétés », dans P. Nora et J. Le Goff (dir.), *Faire de l'histoire*, III, *Nouveaux problèmes*, Gallimard, Paris, p. 147-168.

[106] « Pour une histoire anthropologique. La notion de réciprocité. Débat », *Annales ESC*, 29, p. 1366-1367.

[107] *Gravure, Soulages. Eaux-fortes, lithographies, gravures, 1952-1973*, Arts et métiers graphiques, Paris, p. 9-16.

[108] « Document artistique et histoire », dans *La Sociologie de l'art et sa vocation interdisciplinaire*. Table ronde sous la dir. de G. Duby et J. Le Goff, Centre Pierre Francastel, Paris.

[109] « Littérature et société. Dialogue avec P. Barbéris », dans *Écrire. Pourquoi ? Pour qui ?*, Presses universitaires de Grenoble, p. 39-65.

[110] Préface à M. Bloch, *Apologie pour l'histoire*, A. Colin, Paris.

[111] Entretien (A. Casanova), « Le Moyen Âge », dans *Aujourd'hui l'histoire*, Éditions sociales, Paris, p. 201-217 (repris de [78]).

1975

[112] G. Duby et A. Wallon (dir.), *Histoire de la France rurale*, 4 vol., Le Seuil, Paris, 1975-1976, I, « Avant-propos », p. 15-32.

[113] « Histoire, société, imaginaire », *Dialectiques*, 10-11, p. 111-123.

[114] « Lausanne, sœur de Chartres », dans *Merveilleuse Notre-Dame de Lausanne*, Éditions du Grand-Pont, Lausanne, p. 7-27.

[115] Contribution à L. de Rosa et A. de Vittorio (dir.), *Dall'economia feudale all'economia precapitalistica. Testi antologici*, D'Anna, Messine-Florence.

[116] Recension d'A. Borst, *Lebensformen im Mittelalter*, Verlag Ullstein, Francfort-Berlin, 1973, *Francia*, 3, p. 742-745.

[117] Recension d'E. Le Roy-Ladurie, *Montaillou, village occitan*, Le Seuil, Paris, 1974, *Le Nouvel Observateur*, 15 décembre, p. 60-63.

[118] Entretien (E. Le Roy-Ladurie et M. Agulhon), *Le Figaro*, 6 décembre.

[119] Entretien (M. Abeles), « Histoire, société, imaginaire », *Dialectiques*, 10-11, p. 111-123.

[120] Entretien (S. Lannes), « Les racines de la France », *L'Express*, 1275, décembre.

1976

[121] *À propos des sculptures de Jean Amado*, Galerie Jeanne Bucher, Paris.

[122] *Saint Bernard. L'art cistercien*, Arts et métiers graphiques, Paris.

[123] *Le Temps des cathédrales. L'art et la société, 980-1420*, Gallimard, Paris, (repris de [45] [46] et [53]).

[124] « La diffusion du titre chevaleresque sur le versant méditerranéen de la chrétienté latine », dans *La Noblesse au Moyen Âge, xie-xve siècles. Essais à la mémoire de Robert Boutruche*, PUF, Paris, p. 39-70.

[125] « Gérard de Cambrai, la paix et les trois fonctions sociales, 1024 », dans *Comptes rendus de l'Académie des inscriptions et belles-lettres*, p. 136-146.

[126] Recension de P. Toubert, *Les Structures du Latium médiéval*, École française de Rome, 1973, *Annales ESC*, 31, p. 1149-1153.

[127] Préface à Guillaume de Lorris, Jean de Meung, *Le Roman de la Rose*, Club français du livre, Paris (repris dans [242], p. 83-117 et [350]).

1977

[128] *The Chivalrous Society*, Arnold, Londres.

[129] « L'héritage » dans F. Braudel (dir.), *La Méditerranée. L'espace et l'histoire. Les hommes et l'héritage*, Arts et métiers graphiques, Paris.

[130] « D'une ségrégation issue du fond des âges... », dans *Artiste, artisan ?*, musée des Arts décoratifs, Paris.

[131] « Famille et sexualité au Moyen Âge », dans G. Duby et J. Le Goff (dir.), *Famille et parenté dans l'Occident médiéval. Actes du Colloque de Paris, 6-8 juin 1974*, École française de Rome, p. 9-11.

→ [132] « Le mariage dans la société du haut Moyen Âge », dans *Il matrimonio nell'alto Medioevo. Atti della XXIV Settimana di Studio del Centro italiano di Studio sull'alto Medioevo (1976)*, Spolète, I, p. 13-39 (repris dans [242], p. 11-33). [ci-dessous p. 1417-1432].

→ [133] « Mémoires sans historien », *Nouvelle Revue de psychanalyse*, 15, p. 213-220 (repris dans [242], p. 210-221). [ci-dessous p. 1519-1525].

[134] Préface à *Noirlac, abbaye cistercienne : vitraux de Jean-Pierre Raynaud*, Éditions modernes d'art, Paris.

[135] « Vieira Da Silva dans le mouvement de l'Histoire », *XX*^e^ *siècle*, 48, p. 40-45.

[136] Préface à F. CHIOVARO, *L'Imagine del mondo*, Loffredo, Naples.

[137] Entretien (PH. VENAULT), « L'histoire : un divertissement, un moyen d'évasion, un moyen de formation », *Magazine littéraire*, 123, p. 22-23.

1978

[138] *Les Trois Ordres ou l'Imaginaire du féodalisme*, Gallimard, Paris (repris dans [350]).

[139] *Mediaeval Marriage. Two Models from Twelfth Century France*, The Johns Hopkins University Press, Baltimore-Londres.

[140] G. DUBY (dir.), *Atlas historique : l'histoire du monde en 317 cartes*, Larousse, Paris.

[141] « La femme, l'amour, le chevalier », *L'Histoire*, 1, p. 6-13.

[142] « Le mental dans le fonctionnement des sciences humaines », *L'Arc*, 72, p. 90-92.

→ [143] « Problèmes et méthodes en histoire culturelle », dans *Objets et méthodes de l'histoire de la culture. Actes du colloque franco-hongrois de Tihany (10-14 octobre 1977)*, Akadémiai kiado, Budapest, p. 13-17 (repris dans [242], p. 157-164). [ci-dessous p. 1481-1486].

[144] « Notes brèves sur le fait féminin au XIIe siècle », dans É. SULLEROT (dir.), *Le Fait féminin*, Fayard, Paris, p. 421-424.

[145] Préface à H. STIERLIN, *Le Livre de feu*, Éditions Sigma, Genève.

[146] Préface à M. BOUDIGNON-HAMAN, *Fêtes en France*, Éditions du Chêne, Paris.

[147] Entretien (M. GALLO et S. LANNES), « Aujourd'hui le Moyen Âge », *L'Express*, 9-15 décembre.

1979

[148] *L'Europe au Moyen Âge. Art roman, art gothique*, Arts et métiers graphiques, Paris (rééd. Flammarion, Paris, 1990).

[149] « Croissance d'une cité médiévale. Paris, XIe-XIIIe siècles », dans *Centri storici : rapporto tra società e città*, Istituto di architettura edilizia e tecnica urbanistica (Atti di convegni e seminari), Rome, p. 3-14.

[150] « La société féodale. Les chevaliers », *Historia*, 396, p. 37-48.

[151] Entretien (P. DE BOISDEFFRE), « G. Duby, du Moyen Âge au troisième millénaire », *Le Figaro Magazine*, 6 janvier, p. 52-53.

[152] Entretien (A. Zysberg), « L'imaginaire du féodalisme », *L'Histoire*, 10, p. 70-71.

[153] Entretien, « Le Moyen Âge », *Le Matin de Paris*, 11 décembre.

1980

→ [154] G. Duby, G. Lardreau, *Dialogues*, Flammarion, Paris. [ci-dessous p. 1557-1708].

[155] « France rurale, France urbaine : une confrontation », dans G. Duby (dir.), *Histoire de la France urbaine*, 5 vol., Le Seuil, Paris, 1980-1985, I, p. 9-35.

[156] « L'Abbaye cistercienne et la cathédrale », dans *Cahiers de l'Académie d'architecture*, 1, p. 63-72.

[157] « Des campagnes à la ville », *Le Débat*, 2, p. 118-121.

[158] « Pierre Soulages », *Cahiers du musée d'Art moderne*, 3, p. 26-36.

[159] *Alechinsky. Papiers traités*, Galerie Maeght, Paris.

[160] Recension de P. Dufournet, *Pour une archéologie du paysage*, Picard, Paris, 1978, *Annales ESC*, 35, p. 1281-1282.

[161] Préface à Ch. Prost, *Visages d'éternité : pierres gravées du Moyen Âge*, Cuénot, Paris.

[162] Préface à Cl. Gaier, *Grandes batailles de l'histoire liégeoise du Moyen Âge*, Eugène Wahle.

[163] Préface à R. Bruni, *Le Pays d'Apt malade de la peste*, Édisud, Aix-en-Provence.

[164] Entretien (R. Bellour), « Aujourd'hui l'historien », *Magazine littéraire*, 164.

[165] Entretien (F. Huser), « Le grand rêve des bâtisseurs », *Le Nouvel Observateur*, 25 février.

[166] Entretien (Cl. Amado), « Et le fantasme... », *Révolution*, 38, p. 58-60.

1981

[167] *Le Chevalier, la Femme et le Prêtre. Le mariage dans la France féodale*, Hachette, Paris (repris dans [350]).

[168] *De l'amour au XIIe siècle. Séance publique annuelle des cinq Académies, lundi 26 octobre 1981*, Institut de France, Firmin-Didot, Paris.

[169] « La cathédrale, la ville, l'école », *Historia*, 414, p. 92-101.

[170] « Zur Stellung der Frau innerhalb der Familie im Frankreich des 12. Jahrhunderts », *Historie Heute*, 3, p. 92-101.

[171] *À propos de la Bible de Moutier-Grandval*, Porrentruy.

[172] Préface à A. Lewis, *Le Sang royal. La famille capétienne et l'État. France, XIe-XIVe siècles*, Gallimard, Paris.

[173] Préface à D. Iancu, *Les Juifs en Provence (1475-1501). De l'insertion à l'expulsion*, Institut historique de Provence, Marseille.

[174] Entretien (J. de Bonis), *L'Humanité*, 30 mars.

1982

[175] G. Duby et R. Mantran (dir.), *L'Eurasie*, PUF, Paris.

→ [176] « The Culture of the Knightly Class. Audience and Patronage », dans R.L. Benson et G. Constable (éd.), *Renaissance and Renewal in the Twelfth Century*, Harvard University Press, Cambridge (Mass.), p. 248-262 (repris dans [242], p. 180-202). [ci-dessous p. 1498-1513].

→ [177] « Les transformations sociales dans le milieu aristocratique », dans *La France de Philippe Auguste. Le temps des mutations*, Éditions du CNRS, Paris, p. 711-719 (repris dans [242], p. 147-154). [ci-dessous p. 1472-1477].

[178] Préface à C. Carozzi et H. Taviani-Carozzi, *La Fin des temps. Terreurs et prophéties au Moyen Âge*, Stock, Paris.

[179] « An mil, an deux mille », *L'Histoire*, 41, p. 9.

[180] Introduction de G. Duby et P.Seghers à J.-L. Depierris, *Bas-Empire*, Éditions Saint-Germain-des-Prés, Paris.

[181] Entretien (J.-J. Brochier et M. Pierre), « L'exercice de la liberté », *Magazine littéraire*, 189, p. 19-25.

[182] Entretien (A. Burguière), « Le Moyen Âge retrouvé », *Le Nouvel Observateur*, 28 août.

1983

[183] « Que sait-on de l'amour en France au XIIe siècle ? », Clarendon Press, Oxford, (repris dans [242], p. 34-49 et [350]).

[184] « À propos de la marginalité dans la société féodale », *Revue pratique de psychologie de la vie sociale et d'hygiène mentale*, 31, p. 4-6.

[185] « De l'autobiographie », *Le Débat*, janvier, p. 147-152.

[186] « Demeures cisterciennes », dans H. Damian, *Jean-Pierre Raynaud. Les symboles du lieu, l'habitation de l'homme*, L'Herne, Paris, p. 212-216.

[187] « La littérature courtoise », *Ornicar*, 26-27.

→ [188] « The matron and the mismarried woman. Perceptions of marriage in Northern France circa 1100 », dans T. H. Aston *et alii* (éd.), *Social Relations and Ideas. Essays in Honour of R. H. Hilton*, Cambridge University Press, Cambridge (repris dans [242], p. 50-73). [ci-dessous p. 1433-1449].

[189] Préface à A. J. Gourevitch, *Les Catégories de la culture médiévale*, Gallimard, Paris.

[190] Préface à J. Flori, *L'Idéologie du glaive. Préhistoire de la chevalerie*, Droz, Genève.

1984

[191] *Guillaume le Maréchal ou le meilleur chevalier du monde*, Fayard, Paris (repris dans [350]). Adaptation : *Guillaume le Maréchal*, Dargaud, Paris 1987.

[192] « Braudel, le patron de la Nouvelle Histoire », *Magazine littéraire*, 212, p. 16-17.

[193] « Les mercredis de la mémoire », dans G. Duby et I. Lackovic, *12 Gravures*, Éditions Biskupic, Zagreb.

[194] « L'exemple est là, montré par les bâtisseurs du XIIIe siècle », *Connaissance des arts*, 389-390, p. 42-43.

[195] « L'expressionnisme et la crise du progrès », dans *Un siècle d'art moderne. L'histoire du Salon des indépendants, 1884-1984*, Denoël, Paris.

[196] « Les femmes et la révolution féodale », *La Pensée*, 238, p. 5-15.

[197] « L'historien devant le cinéma », *Le Débat*, 30, p. 81-85.

[198] *Zao Wou-Ki, 1984*, Galerie de France, Paris.

[199] « L'amour n'est plus ce qu'il était », *L'Histoire*, 63, p. 3.

[200] Préface à J. E. Ruiz Domenec, *La memoria de los feudales*, Argot, Barcelone.

[201] Préface à J. Rossiaud, *La Prostitution médiévale*, Flammarion, Paris 1988.

[202] *Entretiens avec « Le Monde »*, 3, La Découverte-*Le Monde*, Paris, p. 105-115.

[203] Entretien (F. Lacombe et B. Le Du), *Gai Pied*, 142, novembre.

1985

[204] Ph. Ariès et G. Duby (dir.), *Histoire de la vie privée*, 5 vol., Le Seuil, Paris, 1985-1987 ; I, « Préface », p. 10-11 ; II, « Avertissement », p. 9-15 ; « Ouverture. Pouvoir privé, pouvoir public », p. 19-44 ; « Tableaux. Convivialité », p. 49-95 ; « Problèmes. Situation de la solitude XIe-XVe siècle », p. 503-526.

[205] « Über einige Grundtendenzen der modernen französischen Geschichtswissenschaft », *Historische Zeitschrift*, 241, p. 543-554.

[206] *Jean Amado. Le doute et la pierre*, musée des Arts décoratifs, Paris.

[207] *Le società medievali*, Einaudi, Turin.

[208] « L'ouvrier mort », dans *Pignon. Catalogue de l'exposition du Grand Palais*, Centre national des arts plastiques-Denoël, Paris.

[209] Préface à J. GOODY, *L'Évolution de la famille et du mariage en Europe*, A. Colin, Paris.

[210] Entretien, *Psychanalystes. Revue du Collège de psychanalyse*, 18 (*Histoire et mémoire*), p. 59-91.

1986

[211] « Ouverture » dans G. DUBY (dir.), *Civilisation latine, des temps anciens aux temps modernes*, O. Orban, Paris, p. 11-25.

[212] *Wirklichkeit und höfischer Traum. Zur Kultur des Mittelalters*, Wagenbach, Berlin (= [40,48,60,91,98,105,127]).

[213] G. DUBY et G.C. FABRE, *Jean-Pierre Raynaud*, Hazan, Paris.

[214] « À propos de l'amour qu'on dit courtois », dans *Académie royale de langue et de littérature française,* séance du 13 décembre (repris dans [242], p. 74-82 et [350]).

[215] « Le lignage. Xe-XIIIe siècles », dans P. NORA (dir.), *Les Lieux de mémoire*, 2,1, *La Nation*, Gallimard, Paris, p. 31-56.

→ [216] « Pour une histoire des femmes en France et en Espagne. Conclusion d'un colloque », dans *La condición de la mujer en la Edad media*, Universidad Complutense, Madrid, p. 519-524 (repris dans [242], p. 118-126). [ci-dessous p. 1450-1455].

→ [217] « Réflexions sur la douleur physique au Moyen Âge », *Revue des sciences médicales*, 345 (*La souffrance au Moyen Âge (France, XIIe-XVe siècles)*, Varsovie, 1988, p. 15-19 (repris dans [242], p. 203-209). [ci-dessous p. 1514-1518].

[218] « Les rois dans leur lumière, à propos des gisants de Fontevraud », *Le Monde*, 15 mars.

[219] Préface à A. BURGUIÈRE, C. KLAPISCH-ZUBER, M. SEGALEN et F. ZONABEND (dir.), *Histoire de la famille*, 2 vol. A. Colin, Paris, I, p. 273-274 (*Temps médiévaux : Orient, Occident*).

[220] Préface à J. DALARUN, *Robert d'Arbrissel, fondateur de Fontevraud*, Albin Michel, Paris.

[221] Entretien, *Revue de l'E.P.S.*, 202.

1987

[222] *Histoire de France*, I : *Le Moyen Âge, de Hugues Capet à Jeanne d'Arc (987-1460)*, Hachette, Paris.

[223] « Die neue Geschichtswissenschaft », dans M. MEYER (dir.), *Wo wir stehen. 30 Beiträge zur Kultur der Moderne, Neue Zürcher Zeitung*, Zurich, p. 28-32.

[224] « La transition vers le système féodal », dans *Droit, institutions et système politiques. Mélanges en l'honneur de Maurice Duverger*, PUF, Paris, p. 569-580.

[225] « Le plaisir de l'historien », dans P. Nora (dir.), *Essais d'ego-histoire*, Gallimard, Paris, p. 109-138.

[226] « Mansión celeste y gineceo. El sueño feudal », *A & V*, 12, p. 22-25.

[227] « À la gloire de Dieu », *La Foi aujourd'hui*, 124, p. 3-4.

[228] « Vita al castello », *Ulisse 2000*, 39, p. 58-74.

[229] *Dany Karavan. L'Axe majeur de Cergy-Pontoise*, Établissement public, Cergy.

[230] « Soulages. Le temps, l'espace, la mémoire », dans *Pierre Soulages, Œuvres*, musée Saint-Pierre, Lyon.

[231] Préface à J. Michelet, *Tableau de la France*, O. Orban, Paris.

[232] Préface à M. Guillard et M. Walter, *Couleur de France*, Éditions du Chêne, Paris.

[233] Préface à P. Chihaia, *Immortalité et décomposition dans l'art du Moyen Âge*, Fondation culturelle roumaine, Madrid.

[234] Entretien, *Le Figaro*, 26 octobre.

[235] Entretien, « Naissance d'un État », *L'Express*, 30 octobre, p. 154-155.

[236] Entretien (F. Ewald), « Vers une autre histoire », *Magazine littéraire*, décembre, p. 100-104.

1988

[237] *Discours de réception à l'Académie française de Georges Duby et réponse d'Alain Peyrefitte, suivis des allocutions prononcées à l'occasion de la remise de l'épée*, Gallimard, Paris.

[238] Préface à G. Duby et G. Lobrichon (dir.), *L'Histoire de Paris par la peinture*, Belfond, Paris.

[239] Entretien (G. Pessis Pasternak), « Il mestiere di storico », *Lettera internazionale*, 18, p. 56-58.

[240] *Seigneurs et paysans*, Flammarion, Paris (repris de [95]).

[241] *La Société chevaleresque*, Flammarion, Paris (repris de [95]).

[242] *Mâle Moyen Âge. De l'amour et autres essais*, Flammarion, Paris.

[243] « L'amour et la sexualité », *L'Histoire,* numéro spécial (repris dans [287]).

[244] « Moyen Âge et mariage », *Historia*, novembre, p. 37-44.

[245] *André Masson et la Sainte-Victoire*, musée d'Aix-en-Provence.

[246] « Vieira Da Silva : l'été », dans *Vieira Da Silva. Catalogue de l'exposition*, Centre national des arts plastiques-Skira, Paris-Genève.

[247] Entretien (S. Huet), « Les chromosomes de l'État », *Révolution*, 411, p. 60-64.

1989

[248] G. Duby et J.-L. Daval (dir.), *Histoire d'un art, la sculpture. Le grand art du Moyen Âge, du* v*e au* xv*e siècle* (contributions de G. Duby, X. Barral i Altet et S. Guillot de Suduiraut), Skira, Genève.

[249] « Offrande, largesse et mécénat à l'époque féodale », dans *Le Mécénat dans l'Histoire. Colloque du 21 mars 1989*, Fondation Électricité de France, Paris.

[250] Préface à R. et J. Baker, *Les Tournois*, Compagnie Douze, Paris.

[251] Préface à G. Bois, *La Mutation de l'an mil. Lournand, village mâconnais de l'Antiquité au féodalisme*, Fayard, Paris.

[252] Préface à J. Dalarun, *La prova del fuoco : vita e scandalo di un prete medievale*, Laterza, Rome-Bari.

[253] Préface à *La Chanson de la croisade albigeoise*, Librairie générale française, Paris.

[254] Préface à È. Duperray (éd.) *Marie-Madeleine dans la mystique, les arts et les lettres. Actes du colloque international, Avignon 20-22 juillet 1988*, Beauchesne, Paris.

[255] Préface à *Media in Francia. Recueil de mélanges offerts à K. F. Werner*, Hérault-Éditions, Maulévrier.

[256] Entretien (J. Kelen), « Le Moyen Âge n'est pas ce que vous croyez », *Notre Histoire*, 62, p. 42-47.

[257] « Le sventure di Eleonora », *La Repubblica*, 9 mai.

[258] « Qual è la vera Eloisa ? », *La Repubblica*, 17 septembre.

[259] « A zonzo fuori dal chiostro » (recension de Rodolfo il Glabro, *Cronache dell'anno Mille*, Mondatori, Milan), *La Repubblica*, 10 décembre.

1990

[260] G. Duby et M. Perrot (dir.), *L'Histoire des femmes en Occident*, 5 vol., Plon, Paris 1990-1992.

[261] « Amour courtois et promotion féminine. France, xiie siècle », *Odysseus*, 1, p. 90-96.

[262] « Storia di Juette la reclusa visionaria », *La Repubblica*, 1er avril.

[263] « In cammino per Compostela », *Leggere*, 20, p. 30-37.

[264] « Un frate alla corte del Gran Khan » (recension de G. di Pian di Carpin, *Storia dei mongoli*, Centro italiano di Studio sull'alto Medioevo, Spolète 1989), *La Repubblica*, 2 septembre.

[265] « La parola alle ombre », *Panorama*, 9 septembre, p. 95.

[266] Préface à *Art Fmr : enciclopedia dell'arte. Secoli XI-XIV*, IV, Rizzoli-Franco Maria Ricci, Milan.

[267] Préface à Ph. RACINET, *Les Maisons de l'ordre de Cluny au Moyen Âge*, Nauwelaerts, Bruxelles.

[268] Préface à W. P. ROMAINS, *Saint Boniface et la naissance de l'Europe*, R. Laffont, Paris.

[269] Préface à *Les Abbayes cisterciennes et leurs granges*, numéro spécial des *Cahiers de la Ligue urbaine et rurale*, 109.

[270] Préface à *Catalogue de films*, ministère de l'Agriculture, Paris.

[271] Préface à *L'Art et la Ville. Urbanisme et art contemporains*, Skira-Denoël, Genève-Paris.

1991

[272] *L'Histoire continue*, Odile Jacob, Paris.

→ [273] « Evolution of Historical Research in France after 1950 », *Odysseus*, 2, p. 48-59. [ci-dessous p. 1536-1555].

[274] « Quelques notes pour une histoire de la sensibilité au paysage », *Études rurales*, 121-124, p. 11-14.

[275] *Saint Louis à Chypre*, Éditions de la fondation Anastasios G. Leventis, Nicosie.

[276] *Discours de réception de Michel Serres à l'Académie française et réponse de B. Poirot-Delpech, suivis de l'allocution pour la remise de l'épée de G. Duby et réponse de M. Serres*, F. Bourin, Paris.

[277] G. DUBY et G. LOBRICHON (dir.), *L'Histoire de Venise par la peinture*, Belfond, Paris.

[278] « E Bernardo disse : ecco la città perfetta », *La Repubblica*, 25 août.

[279] « Une épopée née de la sueur et de la pierre », *Géo*, 151, p. 80-82.

[280] « Isotta, il desiderio e la morte » (recension de *Il romanzo di Tristano*, Costa & Nolan, Genève), *La Repubblica*, 6-7 janvier.

[281] « El Mediterrani ès la teatralitat », *Cultura i Societat*, 62, p. 62-63.

[282] « Des valeurs médiévales aux valeurs du monde moderne », dans *Rotary international. 170e district. Actes de la conférence du district de Montpellier, 26-28 avril 1991*, Toulouse, p. 39-50.

[283] Préface à Y. BESSMERTNY, *La Vision du monde et l'Histoire démographique en France aux IXe-XVe siècles. Quatre leçons au Collège de France*, Collège de France, Paris.

[284] Préface à *Convergences. Études offertes à Marcel David*, Calligrammes, Quimper.

[285] Préface à D. Iogna-Prat, C. Jeudy et G. Lobrichon (éd.), *L'École carolingienne d'Auxerre. De Murethach à Remi (830-908)*, Beauchesne, Paris.

[286] Préface à M. Balard (dir.), *L'Histoire médiévale en France. Bilans et perspectives*, Le Seuil, Paris.

[287] Introduction à *Amour et sexualité en Occident*, Le Seuil, Paris.

[288] Préface à O. Redon, F. Sabban et S. Serventi, *La Gastronomie au Moyen Âge. 150 recettes de France et d'Italie*, Stock, Paris.

[289] Éditorial, « L'enfant cible », dans *Les Enfants du monde*, 103.

[290] « Conclusion » dans *Les Fonctions des saints dans le monde occidental (iiie-xiiie siècles)*, École française de Rome, p. 517-520.

[291] Entretien (F. Coisson), « Le idee e la guerra, ritorno all'ordine », *Panorama*, 27 janvier, p. 118-121.

[292] Entretien (A. Sabbagh), « Paris au Moyen Âge », *Okapi*, 462, 15-28 février.

[293] Entretien, « Georges Duby donne enfin la parole aux femmes », *Le Figaro Madame*, 2 mars, p. 36-40.

[294] Entretien, « Le retour aux sources de l'Europe », *Libération*, 28 juin.

[295] Entretien, « Rencontre avec G. Duby, l'homme qui fait parler l'Histoire », *Ça m'intéresse*, septembre.

[296] Entretien (S. Huet), « La dame, le seigneur et le chevalier », *Sciences et Avenir*, 531, p. 28-32.

[297] Entretien (J.-F. Dortier et J.-C. Ruano-Borbalan), « Au cœur de l'homme médiéval », *Sciences humaines*, 7, p. 22 23.

1992

[298] G. Duby et M. Perrot, (dir.), *Images de femmes*, Plon, Paris.

[299] G. Duby et B. Geremek, *Passions communes*, Entretien avec Ph. Sainteny, Le Seuil, Paris.

[300] « Les sermons faits aux femmes aux xiie et xiiie siècles », dans *La Femme au Moyen Âge*, La Documentation française, Paris, p. 11-20.

[301] « Come imparammo ad amare la guerra » (recension de F. Cardini, *Quell'antica festa crudele*, Sansoni, Florence, 1982), *La Repubblica*, 2 juin.

[302] « Il mio regno per un rondò », *La Repubblica*, 15 décembre.

[303] « Fons vitae », dans *Il Battistero di Parma*, Franco Maria Ricci, Milan.

[304] « Maastricht, anno Mille », *La Repubblica*, 13 septembre.

[305] Préface à *Mâcon et ses maires. Trois siècles de vie mâconnaise*, CPEM, Mâcon.

[306] Préface à *Guillaume le Maréchal*, adaptation et dessins de J.-M. Ruffieux, Mémoire d'Europe, Paris.

[307] Préface à *La Madeleine (VIIIe-XIIIe siècle)*, *Mélanges de l'École française de Rome. Moyen Âge*, 104, p. 7.

[308] Entretien (J. MARTIN-BAGNAUDEZ), « Les chevaliers. La foi en armes », *Notre Histoire*, 88, avril, p. 29-32.

[309] Entretien (PH. PINGUET), « De la nécessité de l'art », *L'Œil*, 441, mai, p. 26-29.

[310] Entretien (J. DE CAMBRA), « El sabio accesible », *Elle* (Madrid), 65, p. 98-101.

[311] Entretien (E. ARTIFONI), « Un entretien avec Georges Duby », *Liber*, 95, p. 10-13.

1993

[312] *La Chevalerie,* desseins de O.-M. NADEL, Perrin, Paris.

[313] *A történelem irasa. L'écriture de l'histoire*, Collegium Budapest, Budapest.

[314] « Le dimanche de Bouvines », dans *Imagination. Almanach 1986-1993*, Akademische Druck, Graz, p. 42-47.

[315] « Lição de Historia », dans *Reflexões para o futuro. Veja, 25 anos*, avril, São Paulo, p. 229-235.

[316] « L'eroe di Assisi » (recension de C. FRUGONI, *Francesco e l'invenzione delle stimmate*, Einaudi, Turin, 1993), dans *La Repubblica*, 7 novembre.

[317] « Le voci del Medioevo » (recension de *Lo spazio letterario del Medioevo*, I,1, Salerne-Rome, 1993), *La Repubblica*, 10 mars.

[318] *Peregrinaciones*, dans *Vida y peregrinación*, Electa, Madrid.

[319] « Europe. Une histoire vue du ciel », *Géo*, 167, p. 19-20.

[320] Préface à *Le Roman de la Rose pour François Ier*, 2 vol., Les Sillons du Temps, Lyon.

[321] Préface à M. ZERNER, *Le Cadastre, le Pouvoir et la Terre. Le Comtat Venaissin pontifical au début du XVe siècle*, École française de Rome.

[322] Préface à A. JORIS, *Villes, affaires, mentalités : autour du pays mosan*, De Boeck, Bruxelles.

[323] Entretien (P. LEPAPE), *Le Monde*, 26 janvier.

[324] Entretien (S. LAFITTE et J.-L. PEYROUX), « L'histoire est une mémoire », *Témoignage chrétien*, 20 février.

[325] Entretien (M. HOUSSIN et A. SPIRE), « Georges Duby : la trace de nos rêves », *L'Humanité*, 18 mars.

[326] Entretien (A. GARDANT et B. BESSIÈRE), « S'approprier notre histoire », dans *Clarté*, 1, septembre, p. 99-100.

[327] Entretien « L'État, la culture », *Connaissance des arts*, 494, p. 19-22.

[328] Entretien (PH. PETIT), *L'Événement du jeudi*, 471, p. 89-90.

[329] Entretien, « Si les paysans nous étaient contés », *Révolution*, 679, p. 39-43.

1994

[330] « Mémoire paysanne », dans *Società, istituzioni, spiritualità. Studi in onore di Cinzio Violante*, 2 vol., Centro italiano di Studio sull'alto Medioevo, Spolète, I, p. 271-275.

[331] « Agli occhi di Dio » (recension de G. SERGI, *L'aristocrazia della preghiera. Politica e scelte religiose nel Medioevo italiano*, Donzelli, Rome), *La Repubblica*, 3 avril.

[332] « Spettro delle mie brame », (recension de J.-C. SCHMITT, *Les Revenants*, Gallimard, Paris, 1993), *La Repubblica*, 8 mai.

[333] « Le donne di Francesco santo e cavaliere », (recension de J. DALARUN, *Francesco : un passaggio*, Viella, Rome), *La Repubblica*, 27 novembre.

[334] Entretien (M. FAURE, F. CLAUSS), « Peurs de l'an mil, peurs de l'an 2000 », *L'Express*, 10, 17, 24, 31 mars et 7 avril, (repris dans [339]).

[335] « La dieta medioevale contro il fast food », (recension de O. REDON, F. SABBAN et S. SERVENTI, *A tavola nel Medioevo*, Laterza, Rome-Bari), *L'Unità*, 27 octobre.

[336] Préface à CH. HECK et P. SOULAGES, *Conques. Les vitraux de Soulages*, Le Seuil, Paris.

[337] Préface à *Le Moyen Âge : Afrique, Amérique, Occident, Monde musulman, Extrême-Orient*, Larousse, Paris.

[338] Préface à CONSEIL DE L'EUROPE, *Repousser l'horizon*, Éditions du Rouergue, Rodez.

1995

[339] *An 1000. An 2000. Sur les traces de nos peurs*, Textuel, Paris.

[340] *Dames du XIIe siècle*, I, *Héloïse, Aliénor, Iseut et quelques autres*, Gallimard, Paris.

[341] *Dames du XIIe siècle*, II, *Le souvenir des aïeules*, Gallimard, Paris.

[342] G. DUBY et M. LACLOTTE (dir.), *Histoire artistique de l'Europe : Le Moyen Âge*, Le Seuil, Paris.

[343] Préface à *André Masson : la saggezza delirante della natura. Catalogue d'exposition*, Fabbri, Milan.

[344] Préface à C. MAITRE, *La Réforme cistercienne du plain-chant : étude d'un traité théorique*, Brecht, Paris.

[345] Préface à P. ALECHINSKY, *D'encre et d'eau : 225 aquarelles et dessins. Le*

marchand de sable. Pierre Alechinsky. De quoi ?, H. Claus, *Papiers traités*, Rivière, Paris.

[346] Entretien (D. Bermond), « Grandeur et vicissitudes des reines de France », *L'Histoire*, 184, p. 58-60.

[347] « Santo Padre, la carne è debole » (recension de A. Paravicini Bagliani, *Il corpo del papa*, Einaudi, Turin), *La Repubblica*, 6 mars.

[348] « Nell'eremo dei soldati di Dio » (recension de *La Regola di S. Benedetto e le Regole dei Padri*, Mondadori, Milan), *La Repubblica*, 23 novembre.

1996

[349] *Dames du XIIe siècle*, III, *Ève et les prêtres*, Paris, Gallimard.

[350] *Féodalité*, Gallimard, Paris.

[351] G. Duby et M. Laclotte (dir.), *Histoire artistique de l'Europe : La Renaissance*, Le Seuil, Paris.

[352] *Léopold Génicot (1914-1995) – In memoriam*, *Revue belge de philologie et d'histoire*, 74 (3-4), p. 1075-1077.

[353] « La position de la femme dans l'Europe médiévale », *Historia*, 595, p. 24-28.

[354] « La scrittura della storia », *Il mondo 3. Rivista di teoria delle scienze umane e sociali*, 1/2, p. 236-241.

[355] « C'è un re che divide la Francia », *La Repubblica*, 9 août.

[356] Préface à W. Segal, *Respirer l'instant*, Calmann-Lévy, Paris.

[357] Préface à D. Iogna-Prat, E. Palazzo et D. Russo (éd.), *Marie. Le culte de la Vierge dans la société médiévale*, Beauchesne, Paris.

[358] Entretien (P. Nora), « L'art, l'écriture et l'histoire », *Le Débat*, novembre-décembre 1996, p. 174-191.

[359] Entretien (V. Sales), « Georges Duby et le monde des chevaliers », *L'Histoire*, 205, p. 34-37.

[360] Présentation de G. Coppola, *Ponti medievali in legno*, Laterza, Rome-Bari.

1997

[361] « Art et société au Moyen Âge », Le Seuil, Paris (repris de [342]).

[362] « Noirlac », *Études rurales* (numéro consacré à G. Duby [373]), 145-146, p. 45-49.

1998

[363] *La Chevalerie*, Plon, Paris.

[364] « Jules Michelet, un précurseur », entretien avec Georges Duby, *Europe*, 76 (829), p. 36-44.

[365] G. DUBY et M. LACLOTTE (dir.), *Histoire artistique de l'Europe au XVIIIe siècle*, Le Seuil, Paris.

[366] *Autour de Georges Duby*, Actes Sud, Arles, 1998 (recueil de textes de G. Duby sur des artistes contemporains).

1999

[367] G. DUBY et M. LACLOTTE (dir.), *Histoire artistique de l'Europe au XVIIe siècle*, Le Seuil, Paris.

[368] G. DUBY et J.-L. DAVAL (dir.), *La Sculpture : de l'Antiquité au Moyen Âge, du VIIIe siècle avant J.-C. au XVe siècle*, Taschen, Cologne-Londres-Paris.

2000

[369] CH. DE LA RONCIÈRE et M.-F. ATTARD-MARANINCHI (éd.), *L'Art et l'Image, une anthologie*, Éditions Parenthèses, Marseille.

Principaux volumes sur ou autour de l'œuvre de Georges Duby

[370] *Georges Duby, L'Arc* 72 (1978).

[371] J. DUFOURNET, A. JORIS et P. TOUBERT (dir.), *Femmes, mariages, lignages. Mélanges offerts à Georges Duby*, De Boeck, Bruxelles, 1992.

[372] C. DUHAMEL-AMADO et G. LOBRICHON (dir.), *Georges Duby. L'écriture de l'Histoire*, De Boeck, Bruxelles, 1996.

[373] *Études rurales* 145-146 (1997).

[374] « Georges Duby et l'histoire des femmes », *Clio. Histoire, femmes, sociétés* 8 (1998).

[375] D. ROMAGNOLLI (dir.), *Medioevo e oltre. Georges Duby e la storiografia del nostro tempo*, Clueb, Bologne, 1999.

[376] A. BLETON-RUGET, M. PACAUT et M. RUBELLIN (dir.), *Georges Duby. Regards croisés sur l'œuvre. Femmes et féodalité*, Presses universitaires de Lyon, 2000.

[377] « Georges Duby », dans P. SAHIN-TÓTH (dir.), *Rencontres intellectuelles franco-hongroises – Regards croisés sur l'histoire et la littérature*, Budapest, 2001 (Collegium Budapest, Workshop Series, 10), p. 77-113.

HISTOIRE ET INTERTEXTUALITÉ [1]
L'écriture de Georges Duby

Au cours des années 80, de nombreux travaux sur le discours et la théorie du langage ont mis en évidence le caractère narratif du discours historique et les problèmes épistémologiques qui en découlent. Les arguments issus des courants narrativistes, désormais incontournables dans les débats sur le statut de l'histoire, continuent de mettre en question la prétention de la discipline à l'autorité scientifique. Désireux de la libérer du fétichisme des faits, les narrativistes analysent les liens que l'histoire-science entretient avec la fiction, avec les formes littéraires du discours. Selon un type d'analyse dont on trouve un exemple chez Hayden White, l'historicité des événements ne réside pas dans une réalité extralinguistique, mais elle est due au langage des tropes, aux stratégies rhétorico-interprétatives, qui créent dans le discours historique une sorte de matrice littéraire. Ce moment constitutif, pensent les narrativistes, rapproche nécessairement l'histoire-savante des genres littéraires. Néanmoins, nous savons que l'histoire est également une « activité de connaissance [2] » et que par là elle se rapproche du discours typique des sciences. Ce double statut donne à l'histoire un caractère essentiellement ambivalent, car l'histoire oscille entre ces deux activités, « faire l'histoire » et « raconter des histoires [3] », sans être réductible ni à l'une ni à l'autre.

1. Ce texte a paru pour la première fois dans la *Revue historique*, n° 613, janvier-mars 2000. Nous remercions la *Revue historique* de l'avoir accueilli et d'en avoir autorisé la reprise dans ce volume.

2. Paul VEYNE, *Encyclopaedia Universalis*, Encyclopaedia Universalis France S.A., « Histoire », vol. 8, 1976, p. 423.

3. Michel DE CERTEAU, *L'Écriture de l'histoire*, Gallimard, Paris, 1975, p. 120.

Parce que l'histoire est une activité de connaissance, elle est « le travail de la mise en œuvre d'une matérialité documentaire (livres, textes, récits, registres, actes écrits) qui présente toujours et partout, dans toute société, des formes soit spontanées, soit organisées de rémanences [1] ». Cette matérialité est d'une importance capitale pour l'histoire-savante, puisque celle-ci prétend être une connaissance sur traces et indices. Se donnant à lire comme « une reconstruction valide et explicative d'une réalité passée [2] », l'histoire est *avant tout* une discipline qui se sert de documents. Trier les sources, examiner les documents, apporter les preuves, affirmer les choses qui résistent à la contestation, telles sont les dimensions les plus connues de l'activité qui donne au discours des historiens le statut de savoir. Et en se tournant vers une pluralité de sources, l'historien est amené à tisser un dialogue *entre* des textes de statuts différents, de contextes historiques différents.

Ce mouvement référentiel par lequel l'histoire met en scène les récits venant d'un autre lieu et d'un autre temps nous aide aussi à mieux comprendre le pouvoir qu'elle a sur nous. En effet, nous savons bien avec quelle force d'évocation, avec quelle rigueur l'histoire est capable de nous faire comprendre ce qui paraît dépourvu de sens, d'introduire de la logique là où nous sommes prêts à ne voir que la confusion. Et nous sommes souvent surpris de découvrir comment elle sait toucher les individus (et les peuples entiers !) aux endroits sensibles, non seulement par le côté purement narratif ou esthétique du discours, mais surtout par une parole considérée comme « authentique », attribuée à ceux qui disent avoir vécu les choses dont il est question. Il a été démontré, certes, que le passé se façonne toujours au contact des besoins actuels et que son interprétation peut changer pour répondre au présent social d'où l'historien (ou le témoin) reçoit la détermination de ses intérêts. En dépit de cela, l'histoire-savante reste le dernier refuge de ces lecteurs qui ont besoin des connaissances légitimes sur le passé. Nombreux sont encore ceux qui prennent la parole des historiens pour repère, souvent pour seul repère. Les individus ou les communautés dits « sans histoire » ont besoin de connaître une vérité historique pour revendiquer un certain mode d'existence au nom d'un droit. Ceux qui espèrent lutter contre les modes de falsification, de vulgarisation ou de confusion dans l'histoire ont également besoin des connaissances historiques afin de distinguer dans une pluralité d'interprétations celles qui sont recevables et celles qui ne le sont pas. Les victimes de grandes crises *savent* ; mais lorsqu'elles sont obligées de *prouver* ce qui leur est arrivé, elles se tournent avec confiance vers une

1. Michel FOUCAULT, *L'Archéologie du savoir*, Gallimard, Paris, 1969, p. 14.
2. Roger CHARTIER, *Au bord de la falaise*, Albin Michel, Paris, 1998, p. 18.

histoire-savante en espérant y trouver la restitution d'une réalité qui résisterait à tout essai de mise en cause. Toutes ces personnes directement intéressées et toutes les autres exigeant la qualité de la connaissance historique auront besoin d'un discours à statut scientifique, capable de tenir compte, entre autres, de la parole des locuteurs qui témoignent d'un événement ou d'une époque, de mœurs ou d'un type de comportement.

L'implantation invisible de l'histoire dans une référentialité intertextuelle se révèle donc particulièrement importante. Par ces voix intermédiaires inscrites dans des propos mis en scène et attribués à d'autres locuteurs, l'historien est en mesure de multiplier les représentations crédibles d'une réalité absente. En « authentifiant » ces traces écrites, il répond par la matérialité des mots associés à un sujet d'expérience à une demande de savoir légitime. Et cette demande est bel et bien réelle. C'est là précisément une des principales raisons pour laquelle l'histoire continue à dire des choses croyables et pourquoi ce discours, quoique ancré dans l'art de raconter, entraîne toujours des conséquences sociales, morales, voire matérielles. C'est dans ce contexte que s'inscrit notre interrogation. Elle vise à explorer cette intertextualité particulière qui marque l'écriture historienne et qui permet à l'historien de construire un savoir légitime portant sur une réalité vécue au passé.

1. *Le rapport aux récits (auto)biographiques*

Parmi ce que les historiens appellent « sources » ou « documents », les nombreuses formes de récits de vie occupent une place importante. Nous pensons ici notamment aux genres tels que biographies, autobiographies, correspondance personnelle, journaux intimes, mémoires où il est question d'une existence particulière, racontée dans sa totalité ou en partie, ou d'un événement vécu par un individu à un moment de l'Histoire. Quelles que soient les différences indéniables qui séparent ces formes (auto)biographiques, ce qui les unit est une manière de façonner une temporalité sociale, à savoir l'affirmation de la réalité d'un temps *effectivement* vécu. Toutes ces formes de discours se recoupent, en effet, sur trois axes temporels : a) elles sont tournées vers le passé ; b) elles rendent compte d'une expérience individuellement vécue au passé, racontée au présent ; c) le passé est reconstruit selon une logique narrative causale, inscrite elle-même dans un cadre collectif, politique et social. Il est évident que, par leur dimension à la fois historique et anthropologique, les formes (auto)biographiques ressemblent à l'histoire-savante. Cela amène les historiens et/ou les littéraires à voir dans les biographies ou autobiographies un genre historique et, par conséquent, à envisager le « lieu » d'un éventuel rapprochement de toutes ces pratiques discursives [1].

Selon un raisonnement classique, les genres dits « biographiques » sont classés plutôt en bas de l'échelle des « genres historiques », à la place généralement attribuée aux « histoires faibles ». Nous apprenons, chez Lévi-Strauss par exemple, que l'histoire faible « ne contient pas en elle-même sa propre intelligibilité, laquelle lui vient seulement quand on la transporte en bloc au sein d'une histoire plus forte qu'elle [2] ». Selon cet ordre, la biographie serait l'histoire la moins explicative, mais en même temps « la plus riche du point de vue de l'information, puisqu'elle considère les individus dans leur particularité, et qu'elle détaille, pour chacun d'eux, les nuances du caractère, les détours de leurs motifs, les phases de leurs délibérations [3] ». L'historien n'est donc pas indifférent au genre biographique [4]. Une fois amené à s'adresser à une multiplicité de formes textuelles perçues comme (auto)biographiques et/ou anecdotiques, il pense devoir respecter une différenciation de récits préalablement établie. De plus, cette différenciation est suivie d'un geste discriminatoire : seules les histoires dites « faibles » se laissent *intégrer en bloc* dans une autre histoire. Ce déplacement semble naturel. Sa logique n'est pas mise en cause, étant donné que l'histoire-savante est considérée comme un discours faisant autorité. Autrement dit, en se donnant le droit de dire quel texte est un « document », quel récit (auto)biographique est un « témoignage », ou bien, quel témoignage est une preuve, l'historien a le pouvoir de promouvoir comme « documents historiques » une masse de propos sur la vie des hommes, de stabiliser leur rapport à la réalité et au temps, de dominer leur sens et de rendre accessible, au moins en partie, un passé absent. L'histoire s'édifie ainsi grâce à la communication entre une diversité de formes historiques, mais, selon Lévi-

1. L'idée est présente chez Antoine Prost, *Douze Leçons sur l'histoire*, Points-Seuil, Paris, 1996, p. 113 : « Objectivé, mis à distance, orienté vers un avenir qui ne le régit pas rétroactivement, mais dont on peut discerner les lignes probables d'évolution, le temps des historiens partage ces caractères avec celui de la biographie individuelle : chacun peut reconstruire son histoire personnelle, l'objectiver jusqu'à un certain point. »

2. Claude Lévi-Strauss, *La Pensée sauvage*, Plon, « Agora », Paris, 1962 (réimprimé en 1990), p. 311. Nous retrouvons la même définition plus tard, chez Paul Veyne, *Comment on écrit l'histoire*, suivi de *Foucault révolutionne l'histoire*, Paris, Points-Seuil, 1978, p. 21-22. Elle y est reprise sans aucun commentaire critique.

3. *Ibid.*, p. 311.

4. C'est un genre qui illustre bien comment le statut des sources peut changer à l'intérieur du champ historique. Après une indifférence manifeste à l'égard des genres biographiques, de la part des *Annales* en particulier, un intérêt certain pour ce type de récit est à noter dans les années 70. Voir l'explication intéressante d'Antoine Prost, *Douze Leçons sur l'histoire*, *op. cit.*, p. 86.

Strauss et Paul Veyne, chaque type d'histoire préserve, au cours de ce dialogue, ses caractéristiques propres. Chaque forme de discours reproduirait les contextes concrets dans lesquels elle a été réalisée. On voit ainsi apparaître un « système de genres historiques », basé sur des rapports hiérarchiques, où les récits communiquent entre eux tout en gardant leurs caractéristiques textuelles originaires. C'est ainsi, en fait, que l'historien se fie à une conception mécanique de l'intertextualité. Celle-ci lui permet de penser, sans risque de devoir en sacrifier la solidité, la cohérence de son discours.

Néanmoins, l'acte intertextuel par lequel le discours érudit rencontre la matérialité écrite d'un passé individuellement vécu est un acte problématique. Au contact des textes anciens, l'histoire-savante ne reproduit pas tout simplement les écrits qu'elle intègre ; elle transforme et déforme leur intentionnalité. C'est pourquoi il nous semble important d'explorer davantage le problème et de reposer la question : *Comment l'histoire pense-t-elle ses rapports avec la diversité des formes discursives portant sur une réalité qui n'est plus ?*

Une correspondance personnelle, un testament, un contrat de vente, l'extrait d'un journal ou d'un mémoire, la déclaration d'un personnage important dans une interview, toutes ces formes de discours peuvent faire partie du « dispositif d'archives [1] ». Elles sont toutes rédigées en première personne, affichant ainsi un rapport direct et personnel au réel. Elles peuvent retenir l'attention de l'historien et, une fois soumises à un régime particulier de fonctionnement, elles peuvent avoir accès à l'espace où s'expriment les auteurs « officiels », à savoir les énonciateurs qui ont, d'une certaine façon, déjà acquis le droit de parler. Comme le droit à la parole n'est pas accordé nécessairement à ceux qui ont des choses à dire, il arrive aussi que certains récits ayant pour objet la reconstruction d'une réalité vécue restent marginalisés malgré le poids du contenu qui les rend crédibles. Combien de textes archivés attendent que l'historien pose la main sur eux pour les insérer dans son discours et les transformer en cette « matérialité » dont l'histoire est faite ! Combien d'historiens rêvent de « tomber » sur les documents qui mettraient fin à leurs tâtonnements et leur feraient adopter une meilleure posture dans le combat pour la vérité historique ! Ainsi, la question – quel récit (auto)biographique peut atteindre le statut de « document historique » ? – reste capitale, car toute « matérialité écrite » basée sur un vécu personnel ne passe pas automatiquement à l'histoire-savante. En tout état de cause, un texte, quelle que soit sa forme autobiographique, devient source en étant « arraché » à son contexte de production originaire, en se laissant

1. Jacques GUILHAUMOU, Denise MALDIDIER et Régine ROBIN, *Discours et archive*, Mardaga, Liège, 1994, p. 92.

décontextualiser pour faire partie d'un autre contexte social et historique, d'un autre type de texte où il est contraint de fonctionner différemment. Nous savons qu'un récit traduisant une expérience personnelle est toujours prononcé ou rédigé pour être lu et compris d'une certaine façon. La réception des écrits produits au passé change dès lors qu'ils sont « reproduits », car l'idée du public visé par l'historien n'est pas celle qui était inscrite dans ces écrits au moment où ils furent conçus. Il convient donc de préciser : c'est le fait d'être isolé, « dénaturé » et cité afin de constituer un autre ensemble qui procure à un récit de référence une attention différente du public, un nouveau type de réception et qui lui donne, par conséquent, un nouveau sens. L'acte de se référer à une matérialité textuelle extérieure à l'histoire savante et, par là, le développement des stratégies historico-discursives concernant la construction des connaissances historiques ne découle pas d'une intégration mécanique des textes-sources. Encore moins avons-nous affaire au *transfert en bloc* d'histoires qui attendent d'être arrachées à l'oubli ou au désintéressement ! Au contraire, il s'agit d'une procédure qui provoque des changements dans le fonctionnement des écrits dits « référentiels ». Sous le regard du professionnel, les nombreuses formes de discours qui témoignent d'un passé vécu changent de ton, de temps et d'orientation pour répondre aux intérêts de l'histoire qui renvoie à elles. Les raisons pour lesquelles elles existaient avant d'être intégrées ne sont plus les mêmes. Autrement dit, ces formes de discours, une fois intégrées par l'histoire, ne donnent jamais accès à leurs sens anciens, perçus comme « authentiques », car elles sont maintenant soumises à un autre régime de production. C'est seulement après avoir subi toutes ces transformations qu'un écrit rédigé au passé peut introduire « un effet de réel » dans le présent et assurer ainsi la crédibilité du discours qui fait appel à lui. Si l'une des questions qui revient dans ce contexte est de savoir où l'histoire trouve le fondement de son autorité, la réponse paraît évidente : c'est précisément en s'adressant à d'autres modes de parole, toujours dans l'espoir d'y voir apparaître la moindre trace d'une réalité vécue, que l'histoire forge le fondement de son autorité scientifique. L'historien donc n'exagère guère quand il dit que le document est son « objet magique », son « talisman »[1]. Sans ce mouvement qui le pousse à chercher des connaissances « ailleurs », dans une matérialité manuscrite ou imprimée, son « histoire » devient simplement une histoire parmi tant d'autres, bref, une histoire déchue de son statut professionnel.

D'où l'effort de l'historien. Il met en œuvre des procédures de re-contextualisation : il refait des personnages, conçoit une mise en intrigue, précise les noms

1. Jacques Le Goff, *Histoire et mémoire*, Gallimard, Paris, 1988, p. 236.

des lieux, fait preuve d'exactitude afin de procéder à des explications valides. L'histoire est avant tout un discours, donc une activité constamment inquiète de sa crédibilité. Travaillée par le décalage qui concerne la nature du savoir qu'elle produit et le statut des connaissances auquel elle prétend, l'histoire-savante se tourne vers d'autres récits portant sur un passé vécu, dans l'espoir d'établir des liens solides avec ce que nous appelons, faute de mieux, « ce qui, un jour, fut [1] ». Elle a besoin de ces liens avec toute une « population de morts », avec un passé que nous croyons avoir existé. Par la multiplication d'histoires vécues, par l'intermédiaire d'une polyphonie de voix qui se font l'écho du passé, en nous aidant à imaginer comment les gens les plus concernés pensaient et en quoi ils croyaient, l'histoire-savante fait appel à la réalité d'un passé absent. C'est de ce dialogue que se détache son objet de recherche qui se constitue comme un passé plus ou moins contrôlé. Les possibilités rhétoriques permettant d'établir ce dialogue sont celles qui permettent à l'historien de produire un discours cohérent et qui, de ce fait, peut être reçu comme un discours scientifiquement crédible. Mais il est évident que la prétendue capacité de l'histoire « d'intégrer des histoires plus faibles qu'elle » n'est pas une capacité reproductrice *tout court*.

Le renvoi aux sources est un acte qui essaie de mettre en rapport diverses histoires. Il se traduit, à la fois, comme un « arrachement » des écrits à leur passé et comme la « résorption » de leurs temporalités multiples dans un tout. Se constitue ainsi un ensemble cohérent qui répond à des attentes différentes, faisant partie d'un autre temps mais qui ne restitue pas les contextes énonciatifs anciens. La fiction dans l'histoire apparaît donc dans la mise en œuvre d'un discours compact qui masque les contextes passés des documents textuels et les traces de leur implantation dans le présent de l'historien. Autrement dit, les conditions dans lesquelles ces écrits ont été conçus et compris, ces conditions absentes, sont remplacées par les contextes dans lesquels les « mêmes » écrits font sens au présent. Se constitue ainsi une histoire qui permet aux écrits produits au passé, évoqués dans le présent, d'être reconnus comme sources. Enfin, du moment où certains écrits anciens sont présentés comme « textes de référence », ils peuvent être tenus pour « autonomes » *avant* de rejoindre le discours intégrant. Leurs anciens contextes sont ainsi plus ou moins oubliés.

Les récits (auto)biographiques qui font partie du dispositif documentaire sont dé-contextualisés, re-orientés pour répondre aux besoins d'un nouveau présent. Mais ce nouveau présent, ce nouveau contexte, peut banaliser ou esthétiser ou réduire en instrument politique le contenu rapporté par le discours qui est

1. Paul Ricœur, *Temps et récit*, t. I, Le Seuil, Paris, 1983-1985, p. 203.

repris, cité ou indirectement évoqué. L'intégration dans l'histoire-savante avec laquelle il fait corps n'est pas un acte transparent. Cela explique pourquoi il est possible de faire dire aux textes – tout comme aux personnes, d'ailleurs – ce qu'ils ne disent pas, ce qu'ils ne pensent pas. On peut les rendre riches de sens, tout en les rendant muets. Tout cela est possible car leurs énonciateurs ne peuvent pas se déclarer les propriétaires légitimes des représentations du passé, même lorsqu'ils prétendent avoir personnellement vécu ce réel raconté. « Le document tait ce qu'il sait[1]. » Le document cache le contexte qui l'organise. Il semble donc que les récits (auto)biographiques, présentés comme documents historiques, n'informent sur le passé que dans la mesure où le discours qui les intègre se tait sur les conditions de leur intégration.

L'histoire est effectivement un discours. Un discours qui dépend d'autres discours. Étant donné que tout discours est un performatif, il est bon de rappeler que l'histoire se constitue autour d'un réel perdu qu'elle cherche à remplacer par une réalité reconstruite. Avec une matérialité discursive « venant d'ailleurs », ayant pour objet un passé dont on témoigne, il y a toujours une temporalité contrôlée qui se développe au sein du discours de l'histoire, un lieu qui est introduit pour constituer sa scène. Se crée de cette façon un moment fictif, indispensable, dans la mesure où l'historien en a besoin pour donner un sens à ce qu'il avance. Ce moment fictif est nécessaire car il permet à l'historien d'objectiver un temps et un lieu, de le présenter en tant que passé habité par ceux qui disent l'avoir habité d'une certaine façon. Ce moment est donc nécessaire pour permettre de supposer un réel extérieur, antérieur à l'histoire en cours, pour que l'historien puisse s'y référer. Il serait donc injuste de dire que les documents *éclairent* l'objet du savoir historique. Ce qu'ils révèlent, ce n'est pas le passé tel qui s'est déroulé, mais celui qui nous est donné à voir. Le renvoi à un dispositif documentaire relève de transformations multiples, d'un jeu de mise à jour et d'occultation. Tout document est un monument, pensait très justement Foucault, mais aussi « un trompe-l'œil », précisait de Certeau, car il ne fournit jamais le code da sa fabrication[2].

Notre attente à l'égard des sources et des documents n'en demeure pas moins. Certes, nous sommes conscients que tout mode de discours trahit, en quelque sorte, la réalité dont il rend compte. Un énoncé ne porte pas en lui-même la preuve qu'il est partiellement ou totalement véridique ou mensonger. Nous savons que, face à un texte qui prétend dire comment les choses se sont produites et pourquoi elles se sont produites de telle façon, il y a des scénarios

1. Michel de Certeau, *L'Écriture de l'histoire*, *op. cit.*, p. 341

2. Id., *Histoire et psychanalyse entre science et fiction*, Gallimard, Paris, 1987, p. 75.

alternatifs. Mais nous attendons toujours des récits de témoignage qu'ils confirment nos hypothèses, même s'il nous arrive de tomber sur des témoignages qui les contredisent. Les questions fondamentales demeurent : *Qu'est-ce qui s'est passé ? Comment les gens ont-ils vu les principaux événements de leur époque ? Qu'est-ce qu'ils ressentaient* ? Par rapport aux problèmes soulevés par les analyses précédentes, la pratique discursive de Georges Duby mérite une attention particulière.

2. Une histoire autobiographisée : Georges Duby

Dans *Le Chevalier, la Femme et le Prêtre,* par exemple, Georges Duby se risque à un aveu ouvert : aucune source n'est fiable ; aucun document n'arrive à toucher « le dur du mou ». Puis, il transforme cet handicap en avantage : le rapport de l'histoire aux sources est résolument explicité, thématisé, et le récit est traversé par une constante interrogation méthodologique :

> « Les documents de l'époque renseignent mal sur ces phénomènes. Mais on les voit se refléter cent cinquante ans plus tard dans la mémoire que les descendants de ces heureux époux conservaient de leur plus lointain aïeul [...]. Peut-être ce souvenir était-il déformé, et je préfère y revenir plus loin, lorsque j'examinerai les écrits qui le conservent [1]. »

Cela conduit l'auteur à s'engager dans deux projets narratifs simultanés : tout en poursuivant le thème du mariage dans la France féodale, il raconte les incertitudes d'une pratique professionnelle face à la reconstruction « des modèles de comportement », « des systèmes de valeurs », de « ce corps de représentations confuses ». Dans cette perspective, les questions concernant le traitement des documents sont mises en évidence et le lecteur est invité à prendre conscience de la complexité de ce travail, à découvrir ses facettes :

> « De tels documents sont rarissimes dans les provinces où je mène mon enquête. Pour cette raison je m'en écarte un peu. Je retourne un moment à cette source d'information d'une exceptionnelle richesse pour les années qui encadrent l'an mil : les cartulaires de l'abbaye de Cluny, celui de la cathédrale de Mâcon, d'autres registres venus d'établissements religieux voisins plus modestes. [...] J'utilise cette source, sans perdre de vue que, peut-être, les usages n'étaient pas tout à fait semblables dans l'Île-de-France ou dans la Picardie, en sachant qu'il ne faut pas trop attendre de ce genre de textes : le formalisme des notaires voile la réalité profonde... [2]. »

1. Georges Duby, *Le Chevalier, la Femme et le Prêtre*, Hachette, Paris, 1981, p. 102-103.
2. *Ibid.*, p. 103-104.

Ou encore :

> « Il s'agit, bien sûr, d'une chanson à rire, entre hommes. Je ne la tiens pas pour un prélude à ces débats de courtoisie où s'opposeront cent ans plus tard le clerc et le chevalier, mais pour l'expression la plus vive de l'animosité maritale contre ces directeurs de consciences qui contestaient le pouvoir des époux et cultivaient la frigidité féminine. C'est le seul écho direct qui nous en parvient. Au moment où j'en suis, au début du XIIe siècle, la voix des serviteurs de Dieu couvre tout[1]. »

Une écriture portant sur les écrits d'un autre temps, ce corps diversifié contenant des voix distantes et peu harmonieuses, donne ici lieu à une réflexion sur la méthode historique et, plus généralement, sur le métier d'historien. Cette réflexion, comme une voix souterraine, se fait entendre de l'intérieur du discours et de son thème principal – le mariage dans la France féodale – mais reste là pour l'ombrer et pour le déranger :

> « Car de ces gens qui vivaient en ce pays il y a près d'un millénaire, nous ignorons presque tout : les images qu'ils avaient dans l'esprit, comment ils parlaient, comment ils portaient leurs vêtements, le sentiment qu'ils avaient de leur corps. Nous ne connaissons pas même leurs visages[2]. »

La recherche d'un passé vécu au travers des goûts, des désirs, des croyances, des systèmes de normes d'une société, ce qui constitue le travail dans le domaine de « l'histoire des mentalités[3] », incite l'historien à se raconter lui-même, à revoir son identité à la fois professionnelle et personnelle. S'introduit ainsi une distance entre la « réalité passée » et celui qui la met en scène, lequel cherche à faire parler ce passé en ramenant ce qui en reste dans le présent. Cette distance reflète le décalage invisible qui se produit au moment où les récits-sources rejoignent le discours qui les intègre. Les traces matérielles du passé parlent fondamentalement à ceux qui en faisaient partie, autrement dit, aux destinataires anciens dont l'historien ne connaît pas les exigences et dont il ne peut supposer les éventuelles réactions. L'historien s'adresse à un public dont les attentes sont inscrites dans *son* présent. Il est vrai que l'historien est « un costumier » qui doit recourir à l'imagination et « voyager » à travers le

---

1. *Ibid.*, p. 172.
2. *Ibid.*, p. 11.
3. C'est ce que Duby évoque lui-même dans son autobiographie intellectuelle, dans *L'Histoire continue*, Odile Jacob, Paris, 1991, p. 137.

langage dans l'espoir de pouvoir insuffler de la vie au décor, donner de la chair à la garde-robe que le temps n'a pas réussi à disperser[1]. Car sous la plume d'un attentif metteur en scène les voix éteintes peuvent en effet se réveiller ; les traces mortes peuvent être ressuscitées. Néanmoins, un grand danger subsiste : une fois interpellées, les traces lacunaires peuvent dire des choses contradictoires en induisant leur lecteur-interprète en erreur. C'est pourquoi ce « voyage à travers des écrits », si instructif qu'il puisse se révéler, ne suffit pas pour annuler le fossé qui sépare l'« ancienne » réception des écrits constitués au passé et le sens qu'ils ont au sein d'une écriture professionnelle. Or, le principal effet de la fiction dans le discours de l'histoire est, on l'a vu, la disparition de cet écart au profit d'un tout solide, à la fois fort en explications et riche en informations. L'histoire-savante est censée proposer continuité et cohérence là où les écrits de référence suggèrent des réalités multiples. Georges Duby, au contraire, utilise la fiction pour donner à son discours l'effet inverse : il fait apparaître les fils au moyen desquels l'historien tisse des liens entre son temps et la temporalité complexe des textes du passé. Ainsi, il accuse, en quelque sorte, la distance qui le sépare de son objet.

Quelle est la nature de ce tissage ? Est-ce de la rhétorique gratuite ? Un autre passage nous permettra de l'examiner de près :

> « Philippe séduisit-il cette femme ? Fut-il séduit par elle ? La prit-il de force ? L'accueillit-il ? S'entendit-il, ce qui est plus probable, avec son mari ? Quelle fut, dans le geste qu'il fit, la part de ce que nous appelons l'amour ? Je dois dire tout de suite, et très haut, que nous n'en savons rien, que personne n'en saura jamais rien[2]. »

Par les questions posées pour éclairer les endroits qui sont normalement passés sous silence, Duby déplace l'attention sur un autre aspect de sa recherche. Les questions font ressortir les « zones d'ombres » que l'historien traverse au cours de son investigation. Elles sont posées afin de mettre en évidence la façon dont l'historien vit personnellement la constitution des connaissances historiques. Par ce discours portant sur sa pratique, l'historien nous invite à sentir l'atmosphère d'une époque au moyen d'un récit qui progresse en posant des questions auxquelles nous n'avons pas de réponse. Et pour cause : Duby ne cherche pas à établir ce qui fut de manière définitive ; en

1. L'historien serait alors, pour reprendre la formule de Georges Duby, « un costumier qui ajuste des costumes qui n'ont jamais été neufs », dans Georges DUBY et Guy LARDREAU, *Dialogues*, Flammarion, Paris, 1979, p. 10.

2. *Le Chevalier, la Femme et le Prêtre*, *op. cit.*, p. 11.

s'interrogeant sur le sens que les récits de témoignage ont pu avoir pour ceux qui les ont rédigés et pour ceux à qui ils ont été destinés, l'historien dégage « les faits ». Chacun de ces faits, renvoyant à la façon dont une série d'événements, une personne, un lieu ou un comportement ont pu être perçus, s'inscrit dans l'interprétation d'autres interprétations. Par conséquent, nous y voyons apparaître une histoire soucieuse de sa démarche méthodologique, de son cheminement exploratoire, une histoire troublante, hésitant à nous proposer une connaissance définitive des pratiques et des événements disparus.

Pour répondre à la question : *comment les choses étaient-elles ?* dans un langage érudit, l'historien respecte les procédures d'une histoire savante. C'est pourquoi il n'est pas un simple rêveur, car ses « rêves » dépendent de la nature des empreintes et, surtout, de la manière dont elles se donnent à voir dans le présent. Pourtant, on sait que la « visibilité » d'une réalité perdue est en relation avec un mode spécifique d'imagination, propre au caractère représentatif de l'acte de langage, un mode d'imagination qui fait partie de la « mise en discours » du passé. Autrement dit, le rapprochement entre le passé et le présent est une opération complexe : il ne s'agit pas seulement d'introduire des chaînons manquants et de combler des vides, mais, avant tout, d'intégrer ce qui reste du passé dans un discours crédible. Chez Duby, la rencontre entre le passé et le présent est matérialisée par une sorte de métalangage à la première personne, par un récit autobiographique qui se développe parallèlement au récit historique qui étudie une époque et qui raconte la France médiévale. Dédoublée dans son expression, l'histoire oscille entre un objet qui est posé pour en rendre compte et une réflexion méthodologique qui pose l'écriture de l'histoire comme un deuxième objet. Ainsi, l'historien explique et s'explique ; il raconte et se raconte ; il se donne des moyens pour inscrire les traces du passé dans un ensemble qui serait non seulement logique mais, avant tout, professionnellement crédible :

> « Lorsqu'il [Guibert de Nogent, M. V.-C.] reprend la plume, il entend, par des anecdotes édifiantes, à force d'"exemples", confronter ses frères religieux dans leur effort de perfection, espérant aussi que de cet enseignement l'écho retentira hors les murs de l'abbaye. Sa pédagogie se fonde sur un postulat : le siècle est répugnant. *Je ne dois pas oublier ce pessimisme systématique lorsque j'exploite ce témoignage : il le déforme évidemment*[1]. »

1. *Ibid.*, p. 152. Nous soulignons (italiques).

Au travers de ce « méta-discours », l'historien explicite minutieusement la manière de procéder, sa façon d'aborder la matérialité textuelle « ancienne ». On sait qu'un discours historien peut donner sens aux récits de témoignage auxquels il fait référence tout en étant discret sur les conditions mêmes de l'acte de référence. Dans l'écriture de Duby, au contraire, les récits de témoignage nous parlent parce qu'ils sont situés dans un récit qui est un lieu de rencontre entre le présent et le passé. Duby est conscient des enjeux constitutifs qui pèsent sur la crédibilité d'une histoire-savante. Il est confronté à l'impossibilité d'accéder à un passé « authentique » mais, aussi, à la « non-transparence » de l'acte même de s'y référer. Il a besoin d'un métalangage où l'acte de se référer au passé apparaîtrait comme un acte problématique. Ainsi, grâce à ce langage qui cherche, paradoxalement, à thématiser ce que l'histoire en tant que discours n'arrive pas à réaliser, grâce à l'aveu même des incertitudes et des limites de la connaissance historique, Duby propose un argument en faveur d'une interprétation valide du passé.

Tout cela nous éloigne d'un itinéraire classique, selon lequel l'instrumentalisation des traces du passé est un acte qui va de soi. Ici, au contraire, l'histoire se fait dans la mise au jour de ce qui est problématique dans la communication avec les sources, ces intermédiaires qui permettent à l'historien de construire son objet. À l'endroit où le lecteur est habitué à reconnaître les contours d'un objet constitué d'« un seul tenant », on entend une voix plutôt dissonante qui s'obstine à expliciter ce dont l'histoire-savante doute, ce qu'elle ignore et dont elle ne dit rien. Cette voix pose un nouveau thème en attirant l'attention du lecteur sur les limites de la connaissance historique. Autrement dit, on voit se construire ici deux niveaux thématiques : le « thème propre » – le mariage dans l'Europe christianisée – et une sorte de « commentaire de soi ». L'histoire de Georges Duby introduit un dédoublement thématique, ce qui permet à l'auteur de mettre en scène un « non-savoir » et, par là, l'absence d'une information fiable sur le passé. À la différence d'une histoire qui cherche à rassurer le lecteur en créant un objet plus ou moins figé, celle-ci se constitue de telle manière que son objet semble « ressortir » du texte doté d'une nouvelle dimension. Il semble éclairé dans sa profondeur, ce qui le rend insaisissable dans son intégralité, donc incomplet.

Il faut rappeler, en outre, que ces passages autobiographiques introduisent non seulement un nouveau thème dans le discours, mais aussi un nouveau registre de voix. À côté d'un locuteur qui décrit ou qui explique ou qui raconte, il y a celui qui se décrit, qui s'explique, qui se raconte. Par exemple, l'auteur qui explique en racontant :

> « Philippe prit Bertrade. C'était un bon choix. En un temps d'extrême repli de la monarchie capétienne, alors que la tâche urgente était de consolider la principauté menue que le roi gérait tant bien que mal depuis Paris et Orléans, l'intérêt premier n'était plus de nouer des alliances brillantes dans les grandes maisons d'ascendance royale. Il était d'amoindrir les formations politiques envahissantes qui se renforçaient autour des châteaux d'Île-de-France. Monfort était une forteresse maîtresse aux approches de la Normandie, c'est-à-dire sur le flanc le plus menacé. Elle était tenue par Amaury, frère de Bertrade... [1]. »

change de voix quand il s'explique en se racontant :

> « L'événement que je viens de raconter à la manière des historiens anciens ne m'intéresse pas en soi. Je l'utilise pour ce qu'il révèle. Les remous qu'il a provoqués font, comme il arrive communément de telles secousses, remonter de l'obscurité ce que d'ordinaire elle dissimule. L'événement remue les profondeurs. Parlant beaucoup, à son propos, de l'insolite, on en vient à parler aussi, en passant, des choses habituelles de la vie, dont on ne dit rien, dont on n'écrit pas et que l'historien, pour cela, ne peut atteindre [2]. »

Ce trait montre bien que la polyphonie, caractéristique du discours historique, produit des effets qui ne se limitent pas à la rhétorique. C'est la polyphonie qui rend possible l'intertexte. Sur le terrain d'une histoire autobiographisée, telle que la développe l'écriture de Georges Duby, la polyphonie entraîne aussi des effets épistémologiques : on voit se constituer un objet de nature complexe. Il se constitue à l'endroit où se tissent des liens entre plusieurs récits portant sur un passé absent, le tissage étant assuré par un récit autobiographique. Un tel objet de recherche se donne à lire sous des aspects différents. Il est donc fait de temporalités différentes, de plusieurs registres de voix. Il se modifie à mesure que l'histoire progresse. Par conséquent, il ne peut être à aucun moment définitivement construit.

Comment une histoire autobiographisée peut-elle s'élaborer sous la forme d'un discours cohérent ? Jusqu'où peut-elle tolérer la multiplication des temporalités, des points de vue et des voix dans la construction de son objet ? Le discours qui thématise le rapport de l'histoire aux sources, qui narrativise l'acte de se référer à d'autres textes et qui, à partir de là, met en scène la fragilité de l'historien, ne cache-t-il pas le danger de transformer l'histoire en « une disci-

1. *Ibid.*, p. 21.
2. *Ibid.*, p. 22.

pline de l'inaccessible » ? Pour mieux répondre à ces questions il convient d'analyser un nouveau passage :

> « Car je n'entendais pas seulement livrer l'inventaire de ce que j'avais trouvé en puisant dans la documentation, dresser un simple procès-verbal, le compte rendu de mon exploration. Je me proposais aussi de faire partager aux lecteurs une émotion, celle que j'avais moi-même éprouvée quand, fouillant parmi les traces mortes, j'avais cru sentir se réveiller des voix éteintes... »

> « À l'historien revient cette même fonction médiatrice : communiquer par l'écriture, le feu, la "chaleur", restituer "la vie même". Or, ne nous méprenons pas, cette vie qu'il a mission d'instiller, c'est la sienne [1]. »

Tout d'abord, Duby admet que son principal centre d'intérêt n'est pas de mettre au clair « ce qui, un jour, fut ». Son intérêt va à l'histoire conçue comme une connaissance sur traces et indices, mais qui se constitue au travers d'une sensibilité personnelle, manifestant un retour à soi et conduisant à l'emploi conséquent d'un *je* autobiographique. Cette histoire se construit comme un discours qui ne cherche pas à estomper la tension entre un passé médiatisé, fragmentaire, et un discours présent, inquiet de sa cohérence et de sa crédibilité. Au contraire, l'histoire de Duby essaie de maintenir cette tension. À partir du moment où le rapport à l'information est problématisé et où les incertitudes sont précisées ou analysées dans le cadre d'une relation de l'historien à lui-même, cette histoire se donne les moyens d'exister. C'est une histoire-savante, ouverte à une expression autoréférentielle. Elle évolue notamment dans ces endroits de croisement intertextuel, là où elle se donne à lire comme un discours érudit autobiographisé. Ce point de contact entre un passé en cours de restitution et la « réaction personnelle de l'historien [2] » à l'égard de cette restitution en cours constitue, ainsi, le principal mode de cohérence de l'histoire de Georges Duby. En d'autres termes, l'historiographie, qui serait une science « qui n'a pas les moyens de l'être [3] », trouve quand même un mode d'écriture sur le passé, sur le vécu. Elle continue et reste crédible. Cette crédibilité repose sur la mise en évidence des lacunes et des zones d'ombres que l'histoire ne parviendra jamais à combler.

Mais ce n'est pas tout. L'histoire féodale de Duby continue dans un discours, à la fois érudit et autobiographique, qui cherche à « rattraper » des lacunes de

1. *L'Histoire continue*, *op. cit.*, p. 80-81.
2. Entretien avec Pierre LEPAPE, *Le Monde* du 26 janvier 1993.
3. Michel DE CERTEAU, *Histoire et psychanalyse entre science et fiction*, *op. cit.*, p. 94.

la mémoire collective, notamment par un rapport à soi particulier, par l'expression d'une sensibilité spécifique. Duby s'attache à exprimer les sentiments qui le lient au travail de traitement des sources, à leur lecture, à leur vérification et à leur tri :

> « Interprétant ces traces incertaines, je dois veiller à ne pas transporter dans le passé, remplissant par l'imagination les vides, ce que m'apprend le temps présent. Car ces hommes dont j'examine les mœurs sont mes ancêtres, et les modèles de comportement dont j'essaie de suivre la mise en place ont tenu bon jusqu'à moi. Le mariage dont je parle est le mien, et je ne suis pas tout à fait sûr de me déprendre du système idéologique qu'il me faudrait démystifier. Je suis concerné. Suis-je sans passion ? Il me faut sans cesse faire effort pour restituer la différence, pour ne point écraser, entre mon objet et moi, le millénaire qui m'en sépare, cette épaisseur de temps dont je dois accepter qu'elle recouvre d'opacité insondable presque tout ce que je voudrais voir [1]. »

Le travail sur la documentation est ainsi présenté dans un discours « autocritique » et implique, de ce fait, un enjeu à la fois professionnel *et* personnel. Le fait que la réflexion sur la construction du passé, sur les sources et leur intégration soit menée à la première personne est un trait particulièrement important. Le savoir historique se constitue ainsi sur un fondement problématique qui provoque chez l'auteur une sorte de fragilité. Un sentiment d'être pris à ses propres pièges, un sentiment d'aveuglement provoqué par cette « entreprise hasardeuse » (« et je ne suis pas tout à fait sûr de me déprendre du système idéologique... Suis-je sans passion ? ») est exprimé. La vocation de l'historien est mise en question. Ce sentiment de fragilité pèse sur l'objet de la recherche et expose celui-ci au péril d'un éclatement fatal, à une pulvérisation des connaissances.

> « J'ai reconnu que l'auteur des *Mémoires* [les *Mémoires* de l'abbé Guibert de Nogent] ne force pas tellement la note, lorsqu'il montre les épouses allant, venant d'un ménage à l'autre, dans la chevalerie du Laonnais. Est-il plus asservi à ses fantasmes lorsqu'il évoque l'usage que ces guerriers faisaient des femmes ? *L'historien ne peut, je l'ai dit, mesurer la part du désir* [2]. »

Pour éviter la dissolution de l'objet, d'une part, et, de l'autre, pour inscrire le discours dans l'ordre d'un savoir plus ou moins vérifiable, l'historien se livre,

1. *Le Chevalier, la Femme et le Prêtre*, *op. cit.*, p. 26.
2. *Ibid.*, p. 169. Nous soulignons (italiques).

on l'a vu, à une interrogation constante sur la validité de ses lectures. Cette interrogation préoccupe la pratique dubésienne, y prend pied et la rend ouvertement vulnérable. L'art de Duby consiste à faire ressortir le pathos de cette vulnérabilité, ce qui donne à son discours un caractère poétique. De là, naît une histoire-savante heureuse de succomber à l'emprise des valeurs de la « grande narration », une histoire intertextuelle, ouverte à une identité professionnelle fragilisée par le doute. Elle restitue une France féodale reconstruite au travers d'un rapport à la matérialité documentaire, lui-même textualisé, et grâce à une interrogation constante et explicite sur la production des vérités historiques. Enfin, dans un mode d'écriture personnelle, nous voyons un passé se poétiser grâce à ces sentiments d'incertitude, d'impuissance ou de faiblesse dont l'historien nous fait part.

Est-ce tout simplement un choix rhétorique comme un autre, ou bien Duby se propose-t-il de mettre en œuvre une conception moderne de l'histoire ? En réalité, la pratique de Duby a paradoxalement pour effet de renforcer la crédibilité de son discours. Cette crédibilité ne tient pas à l'effacement des conditions et procédures d'intégration des textes-sources ; elle tient au contraire à la restitution de la distance entre ces textes et le présent de l'historien, à la mise en évidence des lacunes et des doutes qui subsistent. C'est que l'histoire autobiographisée de Duby fait en même temps valoir une sensibilité personnelle et des scrupules méthodologiques. La transparence dans l'aveu des limites, de l'inévitable intervention de la sensibilité propre au savant, contribuent à donner par contrecoup un effet de réalité, de réalisme aussi, à l'ensemble de son écriture.

C'est dire que l'originalité de cette histoire autobiographisée tient à la relation particulière qu'elle établit avec son destinataire. L'histoire de Duby interpelle les lecteurs dont les attentes répondent à une conception intertextuelle de l'histoire, à un discours où l'objet émerge, à la fois, d'une diversité d'écrits qui rendent compte d'une réalité vécue au passé et d'une réflexion sur la pratique historienne. Elle s'adresse à un public qui vit dans différents champs de discours, habitué à une pluralité de savoirs sur le passé ainsi qu'aux divers modes de la connaissance historique. Elle compte avec un lecteur compétent et exigeant, attentif aux expériences hétérogènes d'un passé vécu, aux différentes conceptions de l'historicité. Enfin, elle cherche à atteindre un public qui soit capable de reconnaître dans toute interprétation historique une « politique » de la recherche historienne, un lecteur qui soit capable de faire le lien, comme dirait de Certeau, entre un *faire* historiographique et une praxis sociale [1]. Il s'agit

1. *L'Écriture de l'histoire*, *op. cit.*, p. 40.

donc d'un destinataire qui s'attend à ce que l'histoire soit à la fois érudite et critique à l'égard de sa propre méthodologie, à ce qu'elle produise des connaissances tout en gardant une distance par rapport à ses fondements et à la logique de leur institutionnalisation. Tels sont les contours de la réception que vise cette histoire !

Ce public-là ne serait ni simplement attiré par la fiction, au sens où il préférerait flirter avec l'anecdotique plutôt que d'étudier des « faits », ni littéralement avide d'un discours promettant des « vérités historiques ». Car, ici, dans cette histoire autobiographisée, il n'est pas question de promouvoir un paradis poétique pour faire, en définitive, triompher un relativisme qui refuserait à l'histoire toute capacité à établir un savoir scientifique sur le passé. Au contraire, l'expérience de Duby nous conduit sur une autre piste. L'enjeu consiste à thématiser les lieux dans lesquels le passé résiste à une perception scientifique, et, par là, à vivre les risques d'un éventuel démontage du savoir historique. Ainsi, l'histoire continue parce qu'elle apprend à se regarder. Elle se voit, avant tout, comme une activité de connaissance dans laquelle l'historien se trouve personnellement impliqué comme le témoin de sa propre activité. Il se découvre alors comme un acteur fragilisé par le doute. Sous ce regard pénétrant qui dénonce, en quelque sorte, la réalité performative du discours scientifique, l'histoire ne s'arrête pas.

3. *Conclusion*

La réalité sociale vécue au passé est sans cesse occultée par les formes de discours qui visent à la reconstituer. Elle est une référence sujette à modifications, car ce qui la définit, ce sont « les règles de formation et de transformation des objets mobiles et multiples que ces discours construisent et posent comme leurs référents [1] ». Dans cette perspective théorique, le danger est que nos connaissances sur le passé restent dispersées dans une diversité de modes de parler, tous incompatibles les uns avec les autres, irréconciliables. Au cours de notre analyse, nous avons mis en avant les transformations que subit le champ référentiel d'une histoire-savante, notamment lorsque celle-ci est amenée à se référer aux écrits tenus pour « sources ». Se crée alors un espace intertextuel. L'histoire autobiographisée de Georges Duby représente une façon de concevoir l'intertextualité sur le terrain de l'histoire et, par là, une réponse à ce sentiment de dissolution et d'impuissance. Une réponse à la fois critique et poétique qui

1. Roger Chartier, *Au bord de la falaise*, *op. cit.*, p. 139.

ne dénie pas à l'histoire son statut de connaissance vraie. Il est clair qu'ici nous n'avons pas simplement affaire à une rhétorique gratuite.

L'autobiographisation de l'histoire est envisagée ici comme un acte de rejet de tout discours autosuffisant qui cherche à monopoliser la production du savoir historique. C'est un acte qui rejette l'homophonie. Une histoire plus riche en voix, plus explicite en ce qui concerne son rapport aux sources, plus attentive, peut-être, à la vulnérabilité de l'auteur-spécialiste est sans aucun doute une histoire féconde. Mais dans cette perspective, de nouveaux problèmes épistémologiques peuvent surgir. Car en définitive, la narration ne porte plus seulement sur le passé. C'est l'acte même de faire de l'histoire qu'il s'agit de raconter. Cette narrativisation de l'acte même par lequel se constituent les connaissances historiques implique un rapport particulier à soi-même et à l'objet. Elle n'est donc pas sans contraintes et ces contraintes demandent à être examinées. Car l'historien peut se lancer dans le démontage des principes constitutifs de son discours et s'engager dans une sorte d'autodétrônisation, qui met à l'épreuve son autorité en même temps qu'elle lui permet de viser un certain type de crédibilité scientifique, la possibilité de construire une vérité historique. Mais s'il va trop loin dans la mise en cause de sa propre pratique, cette remise en cause risque d'apparaître comme un problème purement personnel de l'auteur et rien de plus, un problème, donc, sans intérêt épistémique [1]. Dans ce sens, la pratique dubésienne nous incite à penser la limite au-delà de laquelle cette démythification du savoir historique amènerait l'historien à perdre son nom et son identité. En ce « temps de doute » qui affecte la pratique de nombre d'historiens contemporains, l'histoire autobiographisée plaide en faveur des objets de recherche dont les référents sont modifiables et dont la nature se laisse saisir dans sa complexité, à savoir dans la multiplicité des rapports qui traversent ces objets et qui nous permettent de définir cette réalité qu'on appelle historique. Dans ce travail, l'historien-érudit est invité à suivre son intuition, ses goûts, à faire des choix personnels, tant qu'il n'a pas sacrifié le droit à la vérité historique que revendiquent ses lecteurs.

Mirna Velcic-Canivez
université de Lille III
SILEX, URA 382 du CNRS

1. À nos yeux, cela serait le plus grand danger de « l'hypertrophie du sujet historien », phénomène très répandu ces derniers temps et signalé par Philippe Boutry, « Assurances et errances de la raison historienne », dans *Passés recomposés*, Jean Boutier et Dominique Julia (éd.), *Autrement*, Paris, 150-151, 1995, p. 56-69.

Références bibliographiques

Philippe Ariès, *Le Temps de l'histoire*, Le Seuil, Paris, 1986.

Eugen Baer, « Things are stories : A manifesto for a reflexive semiotics », *Semiotica* 25 (3/4) : 193-203, 1979.

Philippe Boutry, « Assurances et errances de la raison historienne », *Passés recomposés*, J. Boutier et D. Julia (dir.), Autrement, Paris (150-151) : 56-69, 1995.

Michel de Certeau, *L'Écriture de l'histoire*, Gallimard, Paris, 1975.

Roger Chartier, *Au bord de la falaise*, Albin Michel, Paris, 1998.

–, *Histoire et psychanalyse entre science et fiction*, Gallimard, Paris, 1987.

Georges Duby, *Le Chevalier, la Femme et le Prêtre,* Hachette, Paris, 1981.

–, *L'Histoire continue*, Odile Jacob, Paris, 1991.

Georges Duby et Guy Lardreau, *Dialogues*, Flammarion, Paris, 1979.

Michel Foucault, *L'Archéologie du savoir*, Gallimard, Paris, 1969.

–, *L'Ordre du discours*, Gallimard, Paris, 1971.

Jacques Guilhaumou, Denise Maldidier et Régine Robin, *Discours et archive*, Mardaga, Liège, 1994.

Jacques Le Goff, *Histoire et mémoire*, Gallimard, Paris, 1988.

Claude Lévi-Strauss, *La Pensée sauvage,* Plon, « Agora », Paris, 1962, réimprimé en 1990.

Henri-Irénée Marrou, *De la connaissance historique*, Le Seuil, Paris, 1954.

Antoine Prost, *Douze leçons sur l'histoire*, Points-Seuil, Paris, 1996.

Paul Rabinow, « Representations are social facts : modernity and post-modernity in anthropology », dans J. Clifford et G. Marcus (éds), *Writing Culture : The Poetics and Politics of Ethnography*, University of California Press, Berkeley, 234-261, 1986.

Paul Ricœur, *Temps et récit*, 3 vol., Le Seuil, Paris, 1983-1985.

Paul Veyne, *Comment on écrit l'histoire*, suivi de *Foucault révolutionne l'histoire*, Points-Seuil, Paris, 1978.

LA SOCIÉTÉ AUX XIe ET XIIe SIÈCLES DANS LA RÉGION MÂCONNAISE

INTRODUCTION

Voulant observer la société et plus spécialement la société laïque pendant les deux grands siècles féodaux, j'ai volontairement conduit mes recherches dans le cadre étroit d'une petite province. La méthode des monographies régionales permet en effet d'approcher directement les hommes sans les isoler de leur milieu, de suivre de très près l'histoire des familles et des fortunes, de mener de front l'étude des activités et des institutions diverses et de saisir les liens qui les unissent. Elle seule peut préparer les grandes synthèses et l'on sait quel progrès lui doivent déjà en France la science géographique et, dans le domaine des études médiévales, l'histoire des principautés politiques ou celle des villes. De récents travaux d'histoire sociale m'ont encouragé à l'appliquer et j'ai tenté de faire revivre au XIe et au XIIe siècle toute la population d'une contrée, seigneurs et prévôts, paysans et marchands. J'ai choisi la région mâconnaise parce que l'important ouvrage du regretté Déléage sur la vie rurale en Bourgogne avant le XIe siècle offrait un point de départ solide et simplifiait beaucoup les recherches préliminaires. Et aussi parce que en Mâconnais l'historien de la société féodale a le très rare avantage de pouvoir s'appuyer sur les cartulaires du Xe siècle et de connaître par conséquent les ancêtres des hommes et les formes primitives des institutions qu'il étudie.

Dans l'espace, je n'ai pas voulu *a priori* fixer exactement les limites de mes recherches. En effet, ni le climat, ni le sol, ni l'aspect des installations humaines ne tracent autour du Mâconnais actuel des bornes bien nettes ; on passe par transitions insensibles à la Bourgogne, à la Bresse, au Lyonnais, aux pays de la Loire. Quant aux cadres anciens de la géographie politique, ils m'ont paru aussi arbitraires que ceux d'aujourd'hui. Le vieux *pagus matisconensis*, puis la seigneurie des comtes de Mâcon s'étendaient capricieusement de la Saône à la Loire et leurs frontières sinueuses n'exercèrent jamais qu'une influence secondaire sur le comportement des contemporains et sur l'aménagement des relations sociales. J'ai préféré me laisser guider par l'état de la documentation et, refusant de m'aventurer dans les cantons dont on ignorera toujours l'histoire, m'arrêter seulement à ceux où la lumière est suffisamment vive. Toutefois, je ne me suis pas interdit d'utiliser des documents isolés, légèrement à l'écart de ma zone de recherches lorsqu'ils pouvaient apporter quelques indications sur l'évolution de la société régionale. Or, les sources les plus abondantes sont à Cluny d'abord, puis à Mâcon, à Tournus et à Beaujeu et, autour de ces quatre centres, les textes sont très nombreux et assez également répartis dans une région qui englobe environ cent cinquante paroisses ; ils sont particulièrement denses dans les cinquante villages les plus voisins de Cluny. Le Clunisois et le Mâconnais proprement dit, la rive bressanne de la Saône, le sud du Chalonnais, les collines à l'est de Charolles et de Mont-Saint-Vincent, la montagne beaujolaise seront donc mon champ d'observation. Dans ce cadre, je tâcherai de montrer comment les principautés féodales trouvèrent leurs frontières et comment s'affirmèrent les particularismes locaux.

Dans le temps, par contre, les limites se sont nettement imposées. Deux grandes transformations encadrent un moment de l'histoire sociale et les dater fut précisément l'un des objets de mes investigations. Vers 980 apparaissent simultanément la plupart des caractères de la structure communément appelée féodale ; ils commencent à s'altérer à partir de 1160 et, vers 1220, font décidément place à de nouveaux traits. Mon exposé s'inscrit donc entre ces termes. Il s'ouvre par une description de l'état social à la fin du xe siècle et suit, dans sa dernière partie, les changements économiques, politiques et sociaux du début du XIIIe siècle.

LES SOURCES

a) *Description*

La présence de l'abbaye de Cluny fit du Mâconnais au XIe et dans la première moitié du XIIe siècle un grand foyer de civilisation dont l'éclat est attesté par des vestiges archéologiques nombreux et admirables. Toutefois, les monuments de l'architecture romane, les sculptures et les fresques qui parfois les ornent ne fournissent guère de renseignements à l'historien de la société et les témoignages littéraires sont malheureusement beaucoup plus rares.

Certes, la chronique de Raoul Glaber, composée à Cluny peu avant 1050 et dont Maurice Prou a donné une édition critique, est un document de première valeur [1]. Bien que l'ouvrage soit dans sa conception de portée très générale, son auteur, d'un esprit curieux et volontiers bavard, s'intéresse aux événements locaux et est, malgré sa vocation monastique, très au courant des affaires du siècle ; il procure donc chemin faisant quantité d'indications utiles sur la structure sociale et économique de notre région dans la première partie du XIe siècle. Le moine de Tournus, Falcon, rédigea lui aussi une chronique cinquante ans plus tard ; mais sa narration est beaucoup plus courte et incomparablement plus terne. Quant aux biographies des abbés clunisiens Odilon et Hugues, elles sont de petite utilité et le très mince calendrier historique de l'abbé Bérard de Tournus mérite à peine d'être mentionné.

Beaucoup plus précieux sont les écrits de Pierre le Vénérable. Le dernier des grands abbés de Cluny (1122-1155) fut l'un des meilleurs écrivains de son temps et l'on peut tirer grand profit de sa *Correspondance* comme de son livre *Des Merveilles*, recueil d'historiettes édifiantes. Cependant, bien qu'il vive en Mâconnais, l'auteur est par sa position très à l'écart de la vie régionale. Il voit la société locale à travers l'écran de ses propres habitudes d'esprit et sacrifie souvent, pour la décrire, le souci de vérité à ses prétentions littéraires [2].

Enfin, nous devons au châtelain Hugues de Berzé un sermon moralisateur, une *Bible*, qu'il rima dans les toutes premières années du XIIe siècle. Ce poème, critiqué et édité par F. Lecoy, révèle certains traits de la mentalité seigneuriale, mais il est encombré et déformé par tous les lieux communs de la littérature chevaleresque contemporaine [3].

*

Cette pauvreté des sources narratives est fâcheuse. Elle prive l'historien de l'instrument qui lui permettrait de pénétrer au plus profond des réalités sociales. Il doit se contenter de l'enseignement, plus sûr sans doute, mais moins vivant, des chartes et des notices. Celles-ci du moins sont fort nombreuses, mais leur répartition et leur valeur documentaire sont inégales et il convient de les classer en quatre périodes [4].

---

1. Voir l'introduction de M. Paou dans son édition des *Histoires*, et M. Rousset, *Raoul Glaber*.
2. Voir Leclercq, *Pierre le Vénérable*.
3. Voir l'introduction critique de F. Lecoy à son édition de *La Bible au seigneur de Berzé*.
4. L'étude des sources diplomatiques dans la Bourgogne méridionale a été savamment présentée par A. Déléage dans sa grande introduction au *Recueil des Actes du prieuré de Saint-Symphorien d'Autun*.

1° Au xᵉ siècle et jusque vers 1030, les actes, rédigés selon des formules traditionnelles dans les chancelleries royales, comtales et ecclésiastiques ou par des scribes de village, garantissent la possession foncière et font foi en justice. Clercs et laïcs conservent donc soigneusement les titres de donation, d'achat, d'échange ou de concession ainsi que les procès-verbaux des jugements qui ont été rendus en leur faveur. Quelques-unes de ces pièces, déposées dans le chartrier des monastères de Cluny et de Tournus, nous sont parvenues sous leur forme originale, mais la plupart sont connues par la transcription, d'ordinaire très fidèle, que les moines de Cluny, de Saint-Marcel-lès-Chalon et les chanoines de Mâcon en ont fait dans leurs cartulaires. Tous les documents qui subsistent concernent le patrimoine de l'église ; parfois pourtant, les clercs qui ont rédigé ces cartulaires se sont souciés de recopier certaines chartes concernant des terres récemment acquises, mais établies antérieurement à ces acquisitions ; de la sorte, quelques fragments d'archives laïques nous ont été transmis. Nous disposons ainsi de plusieurs milliers de chartes pour cette période, qui est nettement celle de la plus grande abondance. Toutefois, les rédacteurs suivaient de très près les formulaires et ajoutaient rarement de leur cru : s'ils sont en très grand nombre, les documents sont souvent d'une extrême sécheresse et ceci compense cela. Ils fournissent à profusion des renseignements sur la répartition et le statut des fortunes familiales ; ils permettent d'établir des généalogies et d'entrevoir l'histoire des familles ; mais ils apportent peu d'indications sur les relations sociales et sont muets sur la vie privée.

2° À partir de 1030, l'évolution des institutions judiciaires entraîne une transformation des sources diplomatiques. Dans les plaids privés, l'acte écrit a désormais moins de valeur que le témoignage oral des voisins et des amis. Progressivement, la charte fait place à la notice, qui garde le souvenir de la transaction, des garanties dont elle fut entourée et enregistre le nom des témoins qui pourront être un jour appelés à faire respecter l'accord. Maintenant les ecclésiastiques sont seuls, sinon à faire rédiger, du moins à conserver de tels documents qu'ils transcrivent encore sur leurs cartulaires ; mais ils ne prennent soin que des titres qui intéressent directement la communauté religieuse et ses possessions foncières ; les pièces établies par les laïcs disparaissent. D'ailleurs à Cluny, à Saint-Marcel et à Mâcon, les cartularistes s'acquittent de leur tâche avec plus de négligence : d'année en année, les notices recopiées sur les vieux recueils deviennent moins nombreuses et la formation, à la fin du xɪᵉ siècle, de nouveaux cartulaires au prieuré de Paray-le-Monial et dans les chapitres de Saint-Pierre de Mâcon et de Notre-Dame de Beaujeu ne parvient pas à compenser cet appauvrissement progressif. Comme les aumônes se raréfient et comme l'affaiblissement de l'autorité comtale laisse maintenant libre cours aux usurpations et aux querelles, les actes d'acquisition sont moins nombreux que les notices d'arbitrage ou de restitution ; après 1080 apparaissent les premiers documents d'administration seigneuriale, censiers, coutumiers et fragments de comptes. Mais toutes ces pièces d'archives, moins abondantes, livrent en revanche bien davantage. La notice est rédigée beaucoup plus librement et ne s'embarrasse pas de formules ; certaines sont de véritables pages de chronique. Avec de tels textes, il est moins aisé de suivre l'évolution des patrimoines fonciers ; mais ils permettent d'observer de près les transformations de la société ; libérés du formalisme et en raison même de leur gaucherie, ils apprennent infiniment plus sur les hommes que ceux du siècle précédent.

3° Entre 1100 et 1120 commence une troisième période beaucoup moins favorable à nos recherches. C'est l'époque, semble-t-il, où l'acte écrit présente le moins d'intérêt pour les contemporains. On dresse encore des notices très vivantes ; presque toutes relatent des compositions qui mettent un terme aux rivalités seigneuriales ; mais on se soucie moins de leur conservation. Dans la plupart des établissements ecclésiastiques on cesse alors de transcrire les titres sur des registres. Rassemblés tant bien que mal dans des liasses ou dans des sacs, la plupart se sont perdus soit dès le Moyen Âge, soit, comme ceux de l'église de Mâcon, dans les pillages et les incendies des guerres de Religion, soit, comme ceux de Cluny et de Tournus, pendant les troubles et les transferts de la période révolutionnaire. Saint-Marcel-lès-Chalon, Paray, Beaujeu ne nous ont à peu près rien transmis. À Saint-Vincent et à Saint-Pierre de Mâcon, on entreprit alors la rédaction d'un obituaire ; quelques notices furent encore recopiées sur les pages restées blanches du *Livre enchaîné* de la cathédrale et un certain nombre de pièces isolées furent transcrites au XVIe siècle, peu avant la dispersion des archives, par le chanoine mâconnais Jacques Severt. Au XVIIe siècle, deux érudits, Chifflet puis Juénin, ont édité à la suite de leur histoire de Tournus une bonne part des documents que conservait encore de leur temps le chartrier monastique. À la même époque, le fidèle transcripteur Lambert de Barive sauvait un grand nombre de notices clunisiennes. Néanmoins la moisson est maigre et, à ce moment, les sources les plus abondantes sont aux lisières septentrionales de notre champ d'étude, à La Ferté-sur-Grosne, où les Cisterciens réunirent leurs notices d'acquisition sur de belles pancartes qui nous ont été presque toutes conservées ; à Chalon, où les chanoines de la cathédrale entreprirent alors la constitution d'un cartulaire.

4° À partir de 1180, la courbe se relève et le nombre des documents ne cessera plus dès lors de s'accroître. Peu à peu, la régularité s'installe de nouveau dans l'administration de la justice ; chacun se préoccupe maintenant de conserver les chartes que délivrent et scellent les chancelleries des églises et des seigneurs souverains et qui peuvent être produites avec succès devant les tribunaux. Aux documents de La Ferté et de Chalon, à ceux désormais beaucoup plus abondants de Tournus et de Cluny vont s'ajouter les titres d'archives de nouveaux établissements, l'abbaye de femmes de Lancharre, le Temple de Laumusse en Bresse, les hôpitaux de Mâcon ; le chartrier, bien tenu dès lors, de Notre-Dame de Beaujeu livre de précieuses pièces et, en particulier, une remarquable série de testaments. Enfin, on commence à pouvoir utiliser quelques fonds laïcs. Les plus riches sont aux archives ducales, plus précisément dans celles de la Chambre des comptes de Dijon, mais ne concernent que les confins septentrionaux et occidentaux du Mâconnais. Malgré l'installation des agents du roi à Saint-Gengoux puis à Mâcon, les archives de la couronne sont beaucoup plus pauvres. Il subsiste au château d'Uxelles quelques titres de la châtellenie. De vieux historiens, Guichenon dans son *Histoire de Bresse*, Aubret dans son *Histoire de Dombes*, ont recueilli quelques débris des archives seigneuriales de Bâgé et de Beaujeu. Par leur abondance et leur provenance, les sources diplomatiques de cette époque rappellent ainsi celles du Xe siècle. Mais elles ont le même défaut, la sécheresse : dressés maintenant par des juristes professionnels, les actes sont enserrés de nouveau dans de strictes formules et, les testaments mis à part, ils redeviennent froids et impersonnels comme les chartes de la période franque.

Une dépression qui s'annonce en l'an mil et se creuse au XIIe siècle, mais que compense la densité de l'information, encadrée de part et d'autre par un foisonnement de textes beaucoup moins vivants, tel est l'aspect d'ensemble de notre documentation.

b) *Inventaire*

1. Sources manuscrites

Archives nationales

J. 249 – 253 – 259.
JJ. 46.
JJ. J.
K. 176 – 191 – 1150.

Bibliothèque nationale

Collection Bourgogne, t. 4 – 28 – 39 – 71 – 82 – 102.

Chronique de Cluny, n. acq. lat. 2483.

Cartulaire de l'évêché de Chalon-sur-Saône (copie du XVIIIe siècle), Coll. Bourgogne t. 6.

Cartulaire du chapitre de Saint-Vincent de Chalon (copies du XVIIIe siècle).

1 – Coll. Bourgogne, t. 7.

2 – Mss. lat. 17090.

Archives départementales de Saône-et-Loire

série E - 280 (famille de la Guiche)
350 (baronnie d'Igé)
404 (seigneurie de Salornay)

série G - 43 – 53 – 68 – 69 (évêché de Chalon)
81 – 96 – 108 (évêché de Mâcon)
113 – 156 – 164 – 179 – 184 – 187 – 189 – 192 (chapitre de Chalon)
222 – 421 (chapitre de Mâcon)

série H - 1 – 22 – 23 (abbaye de Cluny)
24 à 30 (abbaye de La Ferté)
116 (abbaye de Saint-Pierre de Chalon)
142 à 144 (abbaye de Saint-Rigaud)
178 – 179 (abbaye de Tournus)
420 – 422 – 434 – 493 – 495 – 502 – 513 – 522 – 533 – 539 – 543 – 552 – 553 – 556
(abbaye de Lancharre).

Archives départementales du Rhône

série G - 1 à 6 (chapitre de N.D. de Beaujeu)
13 G, n° 631 – 632 – 644 (chapitre de Saint-Paul de Lyon).
Fonds de l'abbaye de Belleville, non coté.

série H - 48 H, fonds de l'ordre de Malte :
n° 1921 – 1922 – 1924 – 1959 (Temple de Laumusse)
n° 1930 – 1931 (Hôpital d'Épaisse)
n° 1952 (Temple d'Écopay).

Archives départementales de la Côte-d'Or

série B – 10470 – 10471 – 10473 – 10474 – 10475 – 10481 – 10483 – 10484 (Cour des comptes de Dijon)

Archives communales de Mâcon

série GG - 147 (hôpital du Bourg-Savoureux)
154 (hôpital du Bourg-Neuf)

Bibliothèque de l'Académie de Mâcon

Manuscrit pour l'histoire de Mâcon (copie du lieutenant Bernard, XVIIIe siècle), extraits de l'Obituaire de Saint-Vincent de Mâcon.

Archives du château d'Uxelles.

2. Sources imprimées

ACHERY (dom Luc d'), *Veterum aliquot scriptorum... spicilegium*, 2e éd. (DE LA BARRE), 3 vol., Paris, 1723.

Actes du Parlement de Paris, publ. par BOUTARIC, 2 vol., Paris, 1863-1867.

BÉRARD, abbé de Tournus, « Fragment de son journal historique (1222-1242) », dans JUÉNIN (voir ci-dessous), p. 187-189.

La Bible au seigneur de Berzé, publ. par F. LECOY, Paris, 1938.

Bibliotheca Cluniacensis, compilée par dom A. MARRIER et D. DUCHESNE, Paris, 1614 (rééd. Bruxelles-Paris, 1915).

Bibliotheca Dumbensis, compilée par VALENTIN-SMITH et M.-C. GUIGUE, 2 vol., Lyon, 1854-1885.

Bullarium sacri ordinis cluniacensis, établi par P. SIMON, Lyon, 1680.

CANAT (M.), *Documents inédits pour servir à l'histoire de Bourgogne*, t. I (seul paru), Dijon, 1863.

Cartulaire de l'abbaye de Savigny et petit cartulaire d'Ainay, publ. par A. BERNARD, Lyon, 1853.

Grand cartulaire d'Ainay, publ. par de CHARPIN-FEUGEROLLES et M.-C. GUIGUE, Lyon, 2 vol., 1885.

Cartulaire de l'église d'Autun, publ. par A. de CHARMASSE, 2 vol., Autun, 1865-1900.

Cartulaire de l'église collégiale de N.D. de Beaujeu, publ. par C. GUIGUE, Lyon, 1864.

Cartulaire lyonnais, documents inédits pour servir à l'histoire des anciennes pro-

vinces de Lyonnais, Forez, Beaujolais, Dombes, Bresse et Bugey..., publ. par M.-C. GUIGUE, 2 vol., Lyon, 1893.

Cartulaire de Saint-Vincent de Mâcon, connu sous le nom de Livre enchaîné, publ. par C. RAGUT, Mâcon, 1864.

Cartulaire du prieuré de Paray-le-Monial, publ. par U. CHEVALIER, Paris, 1890.

Cartulaire du prieuré de Saint-Marcel-lès-Chalon, publ. par M. et P. CANAT DE CHIZY, Chalon, 1894.

Chartes du Forez antérieures au XIVe siècle, publ. par G. GUICHARD, le comte de NEUFBOURG, E. PERROY, J.-F. DUFOUR, 9 vol. parus, Mâcon, 1933-1944.

DELISLE (L.), « Essai de restitution d'un volume des *Olim* », dans *Actes du Parlement de Paris*, I, 1863.

FALCON, « Chronicon Trenorciensis », dans JUÉNIN (voir ci-dessous) et *Acta sanctorum ordinis sancti Benedicti in saeculorum classes distribida*, t. V, p. 560-563.

Gallia Christiana... – Provincia Lugdunensis, t. IV, Paris, 1728.

GUICHENON, *Histoire de Bresse et de Bugey*, Lyon, 1650.

GUIGUE (C.), *Documents pour servir à l'histoire de Dombes du Xe au XVe siècle*, Trévoux, 1867.

Historia gloriosi regis Ludovici, éd. A. MOLINIER, Paris, 1887 (coll. PICARD, t. IV).

HUGUES DE POITIERS, « Historia Vizeliacensis monasterii », dans *Recueil des Historiens des Gaules et de la France*, t. XII.

HUGUES DE SEMUR, abbé de Cluny, « Opera et Vitae », dans MIGNE, *Patrologie latine*, t. 159.

JUÉNIN (P.), *Nouvelle histoire de l'abbaye royale et collégiale de Saint-Filibert et de la ville de Tournus*, 2 vol., Dijon, 1733 (t. II, Preuves).

Layettes du Trésor des Chartes, éd. TEULET, J. DE LABORDE, E. BERGER, H.-F. DE LABORDE, 5 vol., Paris, 1863-1909.

LE LABOUREUR (C.), *Les masures de l'abbaye royale de l'Isle Barbe*, Lyon, 1681-1682 (rééd. GUIGUE, 3 vol., Lyon, 1887-1895).

LUCHAIRE (A.), *Études sur les actes de Louis VII*, Paris, 1885.

« Ludovici VII epistolae », dans *Recueil des Historiens des Gaules et de la France*, t. XVI.

Necrologium Sancti Petri Matisconensis, éd. C. GUIGUE, Bourg-en-Bresse, 1876.

Obituaire de N.D. de Beaujeu, publ. par E. LONGIN, Lyon, 1908.

Obituarium Lugdunensis ecclesiae, publ. par C. GUIGUE, Lyon, 1867.

Obituarium Sancti Pauli Lugdunensis, publ. par C. GUIGUE, Bourg-en-Bresse, 1872.

Olim *(Les) ou registres des arrêtés rendus par la cour du roi*, publ. BEUGNOT, Paris, 1839 (t. I-III).

PÉRARD (E.), *Recueil de plusieurs pièces curieuses servant à l'histoire de Bourgogne*, Paris, 1664.

PETIT-DE VAUSSE (E.), *Histoire des ducs de Bourgogne de la race capétienne*, 9 vol., Paris, 1885-1905 (Preuves).

PIERRE LE VÉNÉRABLE, abbé de Cluny, « Opera », dans MIGNE, *Patrologie latine*, t. 189.

PLANCHER (dom U.), *Histoire générale et particulière de Bourgogne*, 4 vol., Dijon, 1739-1781 (Preuves, t. I-II).

Polyptyque de l'église collégiale de Saint-Paul de Lyon, publ. par C. GUIGUE, Lyon, 1875.

RAOUL GLABER, *Histoires*, éd. M. PROU, Paris, 1886.

Recueil des actes de Philippe Auguste, roi de France, publ. par H.-F. DELABORDE, sous la direction de E. BERGER, t. I, Paris, 1916, et par H.-F. DELABORDE, C. PETIT-DUTAILLIS et J. MONICAT, sous la direction de C. BRUNEL, t. II, Paris, 1943.

Recueil des actes du prieuré de Saint-Symphorien d'Autun (696-1300), publ. par A. DÉLÉAGE, Autun, 1936.

Recueil des chartes de l'abbaye de Cluny, formé par A. BERNARD, publ. par A. BRUEL, 6 vol., Paris, 1876-1903.

Recueil des chartes de l'abbaye de Saint-Benoît-sur-Loire, I *(651-1160)*, publ. par M. PROU et A. VIDIER, Paris, 1900-1907.

Recueil des pancartes de l'abbaye de La Ferlé-sur-Grosne (1113-1178), éd. G. DUBY (th. compl pour le doctorat ès lettres), *Annales de la faculté des lettres d'Aix*, 1953.

RIGORD, *Chronique*, éd. H.-F. DELABORDE dans *Œuvres de Rigord et de Guillaume le Breton*, t. I, Paris, 1882.

SEVERT (J.), *Chronologia historica reverendorum episcoporum diocesis Matisconensis*, dans *Chronologia historica illustrissimorum archiantistitum Lugdunensis archiepiscopatus*, Lyon (2e éd.), 1628.

Visites des monastères de l'ordre de Cluny dans la province de Lyon, publ. par U. CHEVALIER à la suite du *Cartulaire de Paray-le-Monial* (voir ci-dessus).

c) *Observations*

Avant de la mettre en œuvre, il convient de souligner les défauts de cette documentation.

Remarquons tout d'abord que les sources sont presque exclusivement d'origine ecclésiastique. Nous sommes donc condamnés à ne voir la société laïque que par les yeux des clercs. Or les sentiments propres à leur état déforment souvent leur vision et nous serons obligés à de constantes rectifications. Fait plus grave, nous ne pouvons connaître que ceux des laïcs qui furent en rapport avec les établissements religieux, soit qu'ils les aient comblés d'aumônes, soit qu'ils leur aient disputé leur patrimoine. La fortune laïque en particulier n'apparaît à peu près jamais que lorsqu'elle va se perdre dans celle de l'Église ou lorsqu'elle se constitue à ses dépens. Aussi la perspective est-elle faussée. Ne l'oublions jamais.

Par ailleurs, parce que les sources narratives sont pauvres et la prépondérance des documents diplomatiques écrasante, nous sommes beaucoup mieux renseignés sur les terres que sur les hommes, et les aspects juridiques de la structure sociale apparaissent dans une lumière beaucoup plus vive que ses formes vivantes. C'est ainsi que nous ne savons presque rien des usages agraires, des genres de vie et bien moins encore des façons de sentir et de penser.

Enfin, et c'est l'inconvénient de la méthode des monographies régionales, il est des faits qui ne s'observent pas bien dans le cadre limité d'une province. Ainsi les seuls documents mâconnais n'apprennent à peu près rien sur les rites de l'hommage ou de l'adoubement ; ils ne permettent pas d'atteindre à leur origine les courants commerciaux à longue distance qui traversent la région. Sur ces points donc, nous avons utilisé les travaux concernant d'autres régions ou les ouvrages de synthèse, en tenant leurs conclusions pour valables quand nos documents ne les infirmaient pas expressément.

BIBLIOGRAPHIE

1. *Ouvrages ne concernant pas spécialement la région mâconnaise*

AUBENAS (R.), « La famille dans l'ancienne Provence », *AHES*, 1936.
– « Le contrat d'*affrairamentum* dans le droit provençal au Moyen Âge », *RHD*, 1933.
– « Les châteaux forts des Xe et XIe siècles », *RHD*, 1938.
AUFFROY (H.), *Évolution du testament en France des origines au XIIIe siècle*, Paris, 1899.
AULT (N. O.), *Private Juridiction in England*, Newhaven, 1923.
BAUTIER (R.), *L'Exercice de la justice publique dans l'empire carolingien*, PTEC, 1942.
– « Les registres des foires de Champagne », dans *Bulletin de la Société d'histoire de France*, 1945.
BEAUDOIN (A.), « Étude sur les origines du régime féodal : la recommandation

et la justice seigneuriale » dans *Annales de l'enseignement supérieur de l'université de Grenoble*, 1889.

Below (G. von), *Geschichte des deutschen Landwirtschaft des Mittelalters*, Iéna, 1937.

Bennet (H. S.), *Life on the English Manor. A Study of Peasant Condition 1150-1400*. Cambridge, 1937.

Berlière (dom U.), « La *familia* dans les monastères bénédictins du Moyen Âge », dans *Mémoires de l'Académie royale de Belgique*, 1931.

Bigwood (G.), « La politique de la laine en France sous le règne de Philippe le Bel et de ses fils », *RBPH*, 1936.

Bloch (M.), *Rois et serfs*, Paris, 1920.

– « Serf de la glèbe. Histoire d'une expression toute faite », *RH*, 1921.

– *Les Caractères originaux de l'histoire rurale française*, Paris, 1931.

– « Les transformations du servage », dans *Mélanges Ferdinand Lot*, Paris, 1925.

– « Liberté et servitude personnelle au Moyen Âge, particulièrement en France », dans *Anuario de historia del derecho español*, 1933.

– « Les *colliberti*. Étude sur la formation de la classe servile », *RH*, 1928.

– « Un problème d'histoire comparée : la ministérialité en France et en Allemagne », *RHD*, 1928.

– « Le problème de l'or au Moyen Âge », *AHES*, 1933.

– « Avènement et conquête du moulin à eau... », *AHES*, 1935.

– « Sur le passé de la noblesse française..., » *AHES*, 1936.

– « Économie nature ou économie argent : un pseudo-dilemme », *AHES*, 1939.

– *La Société féodale*, 2 vol., Paris, 1939-1940 (*L'évolution de l'humanité*, XXXIV et XXXIV bis).

– « Comment et pourquoi finit l'esclavage antique », *A*, 1947.

Blum (E.), *La Commise féodale*, dans *Tijdschrit voor Rechtsgeschiedenis*, 1922-1923.

Bonenfant (P.), « Une capitale au berceau, Bruxelles », *A*, 1949.

Bongert (Y.), *Recherches sur les cours laïques du xe au xiiie siècle*, Paris, 1944.

Boussard (J.), « Les mercenaires au xiie siècle », *BEC*, 1945-1946.

– « Serfs et *colliberti* (xie-xiie siècle »), *BEC*, 1947-1948.

Boutruche (R.), « Aux origines d'une crise nobiliaire », *AHES*, 1939.

– *Une société provinciale en lutte contre le régime féodal. L'alleu en Bordelais et en Bazadais du xie au xviiie siècle*, Paris, 1947.

Bouyson (L.), « La condition juridique du foyer rural en Haute-Auvergne au xve siècle », *RHD*, 1942.

Brunner (H.), « Die Landschenkungen der Merowinger und Agilolfinger », dans *Forschungen zur Geschichte des deutschen und französischen Rechtes*, 1894.

– *Deutsche Rechtsgeschichte*, 2e éd., 2 vol., Leipzig, 1906-1928.

BRUTAILS (J. A.), *Étude sur la condition des populations rurales en Roussillon au Moyen Âge*, Paris, 1891.

CAHEN (C.), *Le Régime féodal dans l'Italie normande*, Paris, 1940.

CAILLEMER (R.), *Origines et développement de l'exécution testamentaire (époque franque et Moyen Âge)*, Lyon, 1901.

– « Les idées coutumières et la renaissance du droit romain dans le sud-est de la France, I. *Laudatio* des héritiers », dans *Essays in Legal History*, éd. by P. VINOGRADOFF, Oxford, 1913.

CALMETTE (J.), *La Société féodale*, 4e éd., Paris, 1938.

CAM (H.), « The transition from communal to feudal or seignorial courts in France and England (IX-XIIe cent.) », *VIIe CISH*, Varsovie, 1933.

– « Suitors and scabini », *Speculum*, 1935.

Cambridge Economic History of Europe, t. I, *The Agrarian Life of the Middle Ages*, Cambridge, 1941.

CARABIE (R.), *La Propriété foncière dans le très ancien droit normand* (XIe-XIIe siècles). 1. *La propriété domaniale*, Caen, 1943.

CARTELLIERI (O.), *Philipp II August*, Leipzig, 1899-1922.

CHAMPEAUX (E.), « Nouvelles théories sur les justices du Moyen Âge », *RHD*, 1935.

– « *Jus sanguinis*. Trois façons de calculer la parenté au Moyen Âge », *RHD*, 1933.

CHAPIN (E.), *Les Villes de foires de Champagne, des origines au début du XIVe siècle*, Paris, 1937 (*BEHE*, 268).

CHENON (E.), *Histoire de la propriété des alleux en France*, Paris, 1888.

– « Le rôle juridique de l'*osculum* dans l'ancien droit français », dans *Mémoires de la société nationale des antiquaires*, 1919-1923.

– *Histoire générale du droit français public et privé*, 2 vol., Paris, 1926-1929.

CIPOLLA (C.), « Comment s'est perdue la propriété ecclésiastique en Italie du Nord entre le Xe et le XVIe siècle », *A*, 1947.

« La civilisation occidentale au Moyen Âge du XIe au milieu du XIVe siècle », par PIRENNE (H.), COHEN (G.) et FOCILLON (H.), dans *Histoire générale*, sous la direction de G. GLOTZ, t. VIII, Paris, 1933.

COHEN (G.), *Histoire de la chevalerie en France au Moyen Âge*, Paris, 1949.

COORNAERT (E.), « Les ghildes médiévales (Xe-XIVe siècle). Définition. Évolution », *RH*, 1948.

COULTON (G. G.), *The Medieval Village*, Cambridge, 1925.

CRONNE (H. A.), *The Origins of Feudalism, History*, 1939.

DÉFOURNEAUX, *Les Français en Espagne aux XIe et XIIe siècles*, Paris, 1949.

DENHOLM-YOUNG (M. N), *Seignorial Administration in England*, Oxford, 1937.

– « En remontant le passé de la noblesse anglaise : le Moyen Âge », *AHES*, 1937.

DESBROUSSE (X.), *Condition personnelle de la noblesse au Moyen Âge*, Bordeaux, 1901.

DHONDT (J.), *Études sur la naissance des principautés territoriales en France (IXe-Xe siècles), Bruges, 1948.*

DIDIER (N.), La Garde des églises au XIIIe siècle, Grenoble, 1927.

– « Étude sur le patrimoine de l'église de Grenoble du Xe au milieu du XIIe siècle », dans *Annales de l'université de Grenoble. Lettres*, 1936.

– *Le Droit des fiefs dans la coutume de Hainaut au Moyen Âge*, Paris, 1945.

– « La disposition du statut de Guillaume II de Forcalquier sur les filles dotées (1162) », *MÂ*, 1950.

DILLAY (M.), « Le "service" annuel en deniers des fiefs de la région angevine », dans *Mélanges P. Fournier*, Paris, 1929.

DION (R.), *La part de la géographie et celle de l'histoire dans l'explication de l'habitat rural dans le Bassin parisien*, dans Publications de la société de géographie de Lille, 1946.

– *Grands traits d'une géographie viticole de la France, ibid.*, 1943.

DOBIACHE-RODJDESTVENSKY (O.), *La Vie paroissiale en France au XIIIe siècle*, Paris, 1911.

DOEHAERD (R.), *Les Relations commerciales entre Gênes, la Belgique et l'Outremont, d'après les archives notariales génoises, aux XIIIe et XIVe siècles*, 2 vol., Bruxelles, 1941.

– « Au temps de Charlemagne et des Normands... », *A*, 1947.

– « Laon, capitale du vin au XIIe siècle, » *A*, 1950.

DOLLINGER (P.), *L'Évolution des classes rurales en Bavière depuis l'époque carolingienne jusqu'au milieu du XIIIe siècle*, Paris, 1949.

DOPSCH (A.), *Die Wirtschaftsentwicklung der Karolingerzeit vornehmlich in Deutschland*, Weimar, 2e éd., 1921.

– *Naturalwirtschaft und Geldwirtschaft in der Weltgeschichte*, Vienne, 1930.

– *Herrschaft und Bauer in der deutschen Kaizerzeit*, Iéna, 1939.

DUBAR (L.), *Recherches sur les offices du monastère de Corbie jusqu'à la fin du XIIIe siècle*, Paris, 1951.

DUBLED (H.), « *Mancipium* au Moyen Âge », *RMAL*, 1949.

DUMAS (A.), « Encore la question, fidèles ou vassaux ? », *RHD*, 1920.

– « Quelques observations sur la grande et la petite propriété à l'époque carolingienne », *RHD*, 1926.
– « Le serment de fidélité et la conception du pouvoir du Ier au IXe siècle », *RHD*, 1931.
– « Le serment de fidélité à l'époque franque », *RBPH*, 1935.
– « La notion de la propriété ecclésiastique du IXe au XIe siècle », *RHEF*, 1940.
DUPONT (A.), *Les Cités de la Narbonnaise première depuis les invasions germaniques jusqu'à l'apparition du Consulat*, Montpellier, 1942.
ESMEIN (A.), *Cours élémentaire d'histoire du droit français*, 14e éd., Paris, 1921.
ESPINAS (G.), « Les manants dans le droit urbain en Flandre au Moyen Âge », dans *Mélanges P. Fournier*, Paris, 1929.
ESTEY (F. N.), « The scabini and the local courts », dans *Speculum*, 1951.
FALETTI (L.), *Le Retrait lignager en droit coutumier français*, Paris, 1923.
FEBVRE (L.), « Fils de riches et nouveaux riches », *A*, 1946.
FEBRAND (N.), « Origines des justices féodales », *MÂ*, 1921.
FEUCHÈRES (P.), « La noblesse du nord de la France », *A*, 1951.
FLACH (J.), *Les origines de l'ancienne France*, 4 vol., Paris, 1886-1917.
FLICHE (A.), *L'Europe occidentale de 888 à 1125*, dans *Histoire générale*, sous la direction de GLOTZ (G.), *Histoire du Moyen Âge*, t. II, Paris, 1941.
– *La Querelle des investitures*, Paris, 1946.
FLICHE et MARTIN, *Histoire de l'Église depuis les origines jusqu'à nos jours*, t. VII, *L'Église au pouvoir des laïcs*, Paris, 1948.
FOURNIER (G.), « La seigneurie en basse Auvergne aux XIe et XIIe siècles d'après les censiers du cartulaire de Sauxillange », dans *Mélanges L. Halphen*, Paris, 1951.
FOURNIER (P.), *Les Officialités au Moyen Âge. Étude sur l'organisation, la compétence et la procédure des tribunaux ecclésiastiques ordinaires en France de 1180 à 1328*, Paris, 1880.
FRANCASTEL (P.), *Humanisme roman. Critique des théories sur l'art du XIe siècle en France*, Rodez, 1942.
FUSTEL DE COULANGES, *Les Origines du système féodal. Le bénéfice et le patronat*, Paris, 1880.
– *L'Alleu et le Domaine rural pendant l'époque mérovingienne*, 2e éd., Paris, 1922.
GALLET (L.), *Les Traités de pariage dans la France féodale*, Paris, 1936.
GANSHOF (F. L.), « Étude sur les *ministeriales* en Flandre et en Lotharingie », dans *Mémoires de l'Académie royale de Belgique. Lettres*, 1926.
– « Notes sur la compétence des cours féodales en France », dans *Mélanges Pirenne*, Bruxelles, 1926.

– « Contribution à l'étude des origines des cours féodales en France », *RHD*, 1928.
– *Recherches sur les tribunaux de châtellenie en Flandre avant le milieu du XIIe siècle* (Travaux de l'université de Gand), 1932.
– *Une étape de la décomposition de l'organisation domaniale classique à l'abbaye de Saint-Trond*, Liège, 1934.
– « Note sur les origines de l'union du bénéfice avec la vassalité », dans *Études Pirenne*, Bruxelles, 1937.
– « Depuis quand a-t-on pu en France être vassal de plusieurs seigneurs ? », dans *Mélanges P. Fournier*, Paris, 1929.
– « Die Rechtssprechung des gräftlichen Hofgerichtes in Flandern », dans *Zeitschrift des Savigny Stiftung (Germ. Ab.)*, 1938.
– « Les transformations de la justice comtale en Flandre du XIe au XIVe siècle », *RBPH*, 1939.
– *Étude sur le développement des villes entre Loire et Rhin au Moyen Âge*, Paris, 1943.
– *Qu'est-ce que la féodalité ?* 2e éd., Bruxelles, 1947.
– « Qu'est-ce que la chevalerie ? », *Revue générale belge*, 1947.
– « Le domaine gantois de l'abbaye de Saint-Pierre-au-mont-Blandin à l'époque carolingienne », *RBPH*, 1948.
– « Le roi de France en Flandre en 1127 et 1128 », *RHD*, 1949.
– « Charlemagne et le serment », dans *Mélanges L. Halphen*, Paris, 1951.

GARAUD (M.), *Essai sur les institutions judiciaires du Poitou sous le gouvernement des comtes indépendants, 902-1137*, Poitiers, 1910.

GASSER (A.), *Entstehung und Ausbildung der Landeshoheit im Gebiete der schweizerischen Eidgenossenschaft. Ein Beitrag zur Verfassungsgeschichte des deutschen Mittelalters*, Leipzig, 1930.

GENESTAL (R.), *Le Rôle des monastères comme établissements de crédit étudié en Normandie du XIe à la fin du XIIIe siècle*, Paris, 1901.

GÉNICOT (L.), *L'Économie rurale au bas Moyen Âge (1199-1429). La seigneurie foncière*, Namur-Louvain, 1943.

GRAND (R.), « Justice criminelle, procédure et peines dans les villes aux XIIIe et XIVe siècles », *BEC*, 1941.
– « La formation des villes au Moyen Âge. Individualisme ou association », *JS*, 1947.

GRAND (R.) et DELATOUCHE (R.), *L'Agriculture au Moyen Âge de la fin de l'Empire romain au XVIe siècle*, Paris, 1950.

GRENIER (A.), « Aux origines de l'économie rurale : la conquête du sol français », *AHES*, 1930.

GUILHIERMOZ (A.), *Essai sur les origines de la noblesse en France au Moyen Âge*, Paris, 1902.
HALPHEN (L.), « Les institutions judiciaires en France au XIe siècle ; région angevine », *RH*, 1901.
– « Prévôts et voyers au XIe siècle ; région angevine », *MÂ*, 1902.
– *Le Comté d'Anjou au XIe siècle*, Paris, 1906.
– *Charlemagne et l'Empire carolingien*, Paris, 1947 (*L'Évolution de l'humanité*, t. XXXIII).
HASKINS (C. H.), *Norman Institutions*, Cambridge (Mass.), 1918.
HECK (P.), *Beiträge sur Geschichte der Stände im Mittelalter*, 2 vol., Halle, 1900-1905.
HIGOUNET (C.), *Le Comté de Comminges de ses origines à son annexion à la couronne*, 2 vol., Paris, 1949.
HIRSCH (H.), *Die hohe Gerichtsbarkeit im deutschen Mittelalter*, Prague, 1922.
HOFFNER (J.), *Bauer und Kirche im deutschen Mittelalter*, Paderborn, 1939.
HUBERTI (L.), *Studien zur Rechtsgeschichte der Gottesfrieden und Landesfrieden. I. Die Friedensordnungen in Frankreich*, Ansbach, 1892.
IMBART DE LA TOUR (P.), *Les Origines religieuses de la France : les paroisses rurales du IVe au XIe siècle*, Paris, 1910.
INAMA-STERNEGG (K. T. von), *Deutsche Wirtschaftsgeschichte*, Leipzig, 1886.
JANEAU (H.), *Les Institutions judiciaires en Dauphiné de Viennois sous la troisième race des Dauphins (1282-1349)*, Grenoble, 1942.
– « Les institutions en Dauphiné au Moyen Âge. Les agents locaux de la primitive justice comtale (XIe-XIIe siècles) », dans *Annales de l'université de Grenoble. Lettres-droit*, 1943.
JARRIAND (E.), *Histoire de la Novelle 118 dans les pays de droit écrit*, Paris, 1889.
JOLIFFE (J. E. A.), « Alod and fee », *Cambridge Historical Journal*, 1937.
KIENAST (W.), « Lehnrecht und Staatsgewalt im Mittelalter », *Historische Zeitschrift*, 1938.
KIENER (F.), *Verfassungsgeschichte der Provence seit der Ostrogothenherrschaft bis zur Errichtung der Konsulate (510-1200)*, Leipzig, 1900.
KOSMINSKI (E. A.), « Services and money rents in the XIIIth cent. », *Economic Historical Review*, 1935.
KROELL (M.), *L'Immunité franque*, Paris, 1910.
KUCZINSKI (R.), *Population Movements*, Oxford, 1936.
LAMPRECHT (K.), *Deutsche Wirtschaftsleben*, im Mittelalter, Leipzig, 1886, 4 vol.
LAPLANCHE (J. de), *La Réserve coutumière dans l'ancien droit français*, Paris, 1925.
LAPRAT (R.), « Avoué », dans *Dictionnaire d'histoire et de géographie ecclésiastique*, Paris, 1931.

LATOUCHE (R.), *Histoire du comté du Maine*, Paris, 1910 (*BEHE*, 183).
– « Un aspect de la vie rurale dans le Maine au XIe et au XIIe siècle ; l'établissement des bourgs », *MÂ*, 1937.
– « L'économie agraire et le peuplement des pays bocagers », *Revue de synthèse historique*, 1939.
LAURENT (H.), « Aspect économique de la Gaule franque : marchands de palais et marchands d'abbaye », *RH*, 1938.
LAVEDAN (P.), *Histoire de l'urbanisme. Antiquité. Moyen âge*, Paris, 1926.
LE BRAS (G.), *Introduction à l'histoire de la pratique religieuse en France*, 2 vol., Paris, 1942-1945 (*BEHE*, sc. rel. 57-58).
– « Les confréries chrétiennes », *RHD*, 1940-1941.
LEICHT (P. S.), « L'organisation des grands domaines dans l'Italie du Nord pendant les Xe-XIIe siècles, », dans SOCIÉTÉ JEAN BODIN, *Le Domaine*.
LEMAIRE (A.), « Les origines de la communauté de biens entre époux dans le droit coutumier français », *RHD*, 1928.
LEMARIGNIER (J. F.), *Recherches sur l'hommage en marche et les frontières féodales*, Lille, 1945.
– « L'exemption monastique et les origines de la réforme grégorienne », dans *À Cluny*, Dijon, 1950.
– « La dislocation du *pagus* et le problème des *consuetudines* (X[e]-XIe siècles) », dans *Mélanges L. Halphen*, Paris, 1951.
LESNE (E.), « Les diverses acceptions du mot *beneficium* du VIIIe au XIe siècle », *RHD*, 1921.
– *Histoire de la propriété ecclésiastique en France*, 6 vol., Lille, 1910-1943.
LESTOCQUOY (J.), *Patriciens du Moyen Âge. Les dynasties bourgeoises d'Arras du XIe au XVe siècle*, Arras, 1945.
– « Abbaye et origine des villes », *RHEF*, 1947.
LETONNELIER (L.), « Essai sur les origines des châtelains et des mandements en Dauphiné », *Annales de l'université de Grenoble. Lettres*, 1925.
LEVILLAIN (L.), « Note sur l'immunité mérovingienne », *RHD*, 1927.
LIZERAND (G.), *Le Régime rural de l'ancienne France*, Paris, 1942.
LOMBARD (M.), « L'or musulman du VIIe au XIe siècle », *A*, 1947.
– « Mahomet et Charlemagne », *A*, 1948.
LOPEZ (R. S.), « Aux origines du capitalisme génois », *AHES*, 1937.
LOT (F.), « La *vicaria* et le *vicarius* », *RHD*, 1893.
– *Fidèles ou vassaux ?* Paris, 1904.
– « Le *jugum*, le manse et les exploitations agricoles de la France moderne », dans *Mélanges Pirenne*, Bruxelles, 1926.
– « Le serment de fidélité à l'époque franque », *RBPH*, 1933.

– « L'évolution des communes françaises », *RH*, 1949.
– *L'art militaire et les armées au Moyen Âge en Europe et dans le Proche-Orient*, 2 vol., Paris, 1946.

MAHN (J. B.), *L'Ordre cistercien et son gouvernement, des origines au milieu du XIIIe siècle (1098-1265)*, Paris, 1949.

MAITLAND (F. W.), *Domesdaybook and beyond*, Cambridge, 1921.

MITTEIS (H.), *Lehnrecht und Staatsgewalt*, Weimar, 1933.
– *Der Staat des hohen Mittelalters. Grundlinien einer vergleichenden Verfassungsgeschichte des Lehnszeitalters*, Weimar, 1940.

MOLINIÉ (G.), *L'Organisation judiciaire, militaire et financière des associations de la paix. Étude sur la paix et la trêve de Dieu dans le midi et le centre de la France*, Toulouse, 1912.

MOLLAT (G.), « La restitution des églises privées au patrimoine ecclésiastique en France du IXe au XIe siècle », *RHD*, 1949.

MUSSET (L.), « Notes pour servir d'introduction à l'histoire foncière de la Normandie. Les domaines de l'époque franque et les destinées du régime domanial du IXe au XIe siècle », *Bulletin de la société des antiquaires de Normandie*, 1942-1945.
– « Une transformation du régime seigneurial : l'essor des bourgs ruraux normands (IXe-XIIe siècles) ; Semaines d'histoire du droit normand », note dans *RHD*, 1948.

NEUFBOURG (comte de), « Projet d'enquête sur la noblesse française », *AHES*, 1936.

NEWMANN (W.), *Le Domaine royal sous les premiers capétiens (987-1180)*, Strasbourg, 1937.

ODEGAARD (C. E.), « Carolingian oaths of fidelity », *Speculum*, 1941.
– *Vassi and Fideles in the Carolingian Empire*, Cambridge (Mass.), 1945.

OLIVIER-MARTIN (P.), *Histoire de la coutume de la prévôté et vicomté de Paris*, 3 vol., Paris, 1922-1930.

OTTO (E. F.), *Adel und Freiheit im deutschen Staat des frühen Mittelalters*, Berlin, 1937.

PAINTER (S.), *French Chivalry : Chivalric Ideal and Practices in Medieval France*, Baltimore, 1940.

PERRIN (C. E.), « Le droit des bourgeois et l'immigration rurale à Metz au XIIIe siècle », *Annales de la société d'histoire et d'archéologie de Lorraine*, 1921-1924.
– « Sur le sens du mot *centena* dans les chartes lorraines du Moyen Âge », *Bulletin du Cange*, 1929-1930.

– « Une étape de la seigneurie : l'exploitation de la réserve à Prüm au IXe siècle », *AHES*, 1934.
– *Recherches sur la seigneurie rurale en Lorraine d'après les plus anciens censiers (IXe-XIe siècles)*, Strasbourg, 1935.
– *Essai sur la fortune immobilière de l'abbaye alsacienne de Marmoutier aux Xe et XIe siècles*, Strasbourg, 1935.
– « Évolution de la seigneurie dans l'Allemagne du Nord-Ouest », *AHES*, 1941.
– « La société allemande du Xe au XIIIe siècle d'après un ouvrage récent » (DOPSCH A., *Herrschaft und Bauer*), *RHD*, 1945.
– « Observations sur le manse dans la région parisienne au début du IXe siècle », *AHES*, 1945.
– « Chartes de franchises et rapports de droits en Lorraine », *MA*, 1946.
PERROY (E.), « Les plus anciennes chartes du prieuré de Jourcey », *Bulletin de la Diana*, 1942-1943.
– « Les origines urbaines en Flandre d'après un ouvrage récent » (ESPINAS G., *Les Origines du capitalisme*, t. III), *Revue du Nord*, 1947.
PETIT-DUTAILLIS (C.), « Les communes françaises au XIIe siècle. Chartes de commune et chartes de franchises », *RHD*, 1942.
– *Les Communes françaises. Caractères et évolution des origines au XVIIIe siècle*, Paris, 1947 (*L'Évolution de l'humanité*, t. XXXXIV).
PETOT (P.), *La Constitution de rentes au XIIe et au XIIIe siècle dans les pays coutumiers*, Publications de l'université de Dijon, 1928.
– « La commendise personnelle », dans *Mélanges P. Fournier*, Paris, 1929.
– « La capacité testimoniale du vassal », *RHD*, 1931.
– « La formation de la classe servile en France au Moyen Âge », dans *VIIe CISH*, t. II, Varsovie, 1933.
– « Quelques observations sur la taille seigneuriale au Moyen Âge », *RHD*, 1937.
– « L'origine de la mainmorte servile », *RHD*, 1940-1941.
PFISTER (C.), *Études sur le règne de Robert le Pieux (996-1031)*, Paris, 1885 (*BEHE*, 64).
PIRENNE (H.), « Liberté et propriété en Flandre du VIIe au IXe siècle », *Bulletin de l'Académie royale de Belgique. Lettres*, 1911.
– *Les Villes et les Institutions urbaines*, 2 vol., Paris-Bruxelles, 1939.
PLATON (G.), « L'hommage féodal comme moyen de contracter des obligations privées », *Revue générale de droit*, 1902.
POSTAN (M. M.), « The chronology of labour services », dans *Transactions of the Royal Historical Society*, IVe série, t. XX.

POUPARDIN (R.), *Le Royaume de Provence*, Paris, 1901 (*BEHE*, 131).
PROU (M.), *Les Coutumes de Lorris et leur propagation au XIIe et au XIIIe siècle*, Paris, 1884.
RICHARDOT (H.), « Francs-fiefs. Essai sur l'exemption totale ou partielle des services de fief », *RHD*, 1949.
ROLLAND (P.), « L'origine des châtelains de Flandre », *RBPH*, 1927.
– « Le problème de la continuité à Tournai », *AHES*, 1935.
ROUPNEL (G.), *Histoire de la campagne française*, Paris, 1932.
ROUSSET (P.), « La croyance en la justice immanente à l'époque féodale », *MÂ*, 1948.
– « Raoul Glaber, interprète de la pensée commune au XIe siècle », *RHEF*, 1950.
SABBE (F.), « L'importation des tissus orientaux dans l'Europe occidentale du haut Moyen Âge (IXe-Xe siècle) », *RBPH*, 1935.
SAYOUS (A. E.), « Aristocratie et noblesse à Gênes », *AHES*, 1937.
SCHAUBE (H.), *Handelsgeschichte der romanischen Völker*, Munich, 1906.
SCHMITTHENNER (P.), « Lehnkriegswesen und Söldnertum im abendländischen Imperium des Mittelalters », *Historische Zeitschrift*, 1934.
SCHNEIDER (J.), *La Ville de Metz aux XIIIe et XIVe siècles*, Nancy, 1950.
SÉE (H.), *Essai sur les classes serviles en Champagne du XIe au XIVe siècle*, Paris, 1895.
– *Les Classes rurales et le régime domanial en France au Moyen Âge*, Paris, 1901.
SEELIGER (G.), « Die soziale und politische Bedeutung der Grundherrschaft im früheren Mittelalter », dans *Abhandlungen der sächsischen Gesellschaft der Wissenschaft*, 1903.
SENN (F.), *L'Institution des avoueries ecclésiastiques en France*, Paris, 1903.
SOCIÉTÉ JEAN BODIN, *Les Liens de vassalité et les Immunités*, Bruxelles, 1936.
– *Le Servage*, Bruxelles, 1937.
– *La Tenure*, Bruxelles, 1938.
– *Le Domaine*, Bruxelles, 1949.
STEPHENSON (C.), « The origin and nature of the "taille" », *RBPH*, 1926.
– *Mediaeval Feudalism*, Ithaque, 1942.
– « Feudalism and its antecedents in England », *American Historical Review*, 1943.
– « Commendation and related problems in Domesday-book », *English Historical Review*, 1944.
TENANT DE LA TOUR (G.), *L'Homme et la Terre de Charlemagne à Saint Louis*, Paris, s.d. (1942).
THALAMAS (A.), *La Société seigneuriale française (1050-1270)*, Paris, 1951.

THIBAULT (F.), « Observations sur le service militaire du XIe au XIIe siècle », *RHD*, 1929.
– « La condition des personnes en France du IXe siècle au mouvement communal », *RHD*, 1933.
THOMAS (P.), *Le Droit de propriété des laïcs sur les églises et le patronage laïc au Moyen Âge*, Paris, 1906 (*BEHE*, sc. rel. 19).
TIMBAL DUCLAUX DE MARTIN (P.), *Le Droit d'asile*, Paris, 1939.
VAILLANT (P.), *Les Libertés des communautés dauphinoises*, Grenoble, 1951.
VALOUS (G. de), *Le Monachisme clunisien des origines au XVe siècle*, 2 vol., Paris, 1935.
VERCAUTEREN (F.), *Les civitates de la Belgique seconde du IIIe au XIe siècle*, Bruxelles, 1934.
– « Note sur l'origine et l'évolution du contrat de mort-gage en Lotharingie du XIIe au XIIIe siècle », dans *Mélanges Van der Essen*, Bruxelles, 1947.
VERRIEST (L.), *Le Servage dans le comté de Hainaut*, Académie royale de Belgique, Lettres, Mém. in-8°, Bruxelles, 1910.
– *Le Régime seigneurial dans le comté de Hainaut du XIe siècle à la Révolution*, Bruxelles, 1916.
– « Les faits et la terminologie en matière de condition juridique des personnes au Moyen Âge : serfs, nobles, vilains, sainteurs », *Revue du Nord*, 1939.
– *Institutions médiévales. Introduction au* Corpus *des records de coutumes et des lois de chefs-lieux de l'ancien comté de Hainaut*, t. I (seul paru), Mons et Frammeries, 1946.
VIARD (P.), *Histoire de la dîme ecclésiastique dans le royaume de France aux XIIe et XIIIe siècles*, Paris, 1912.
VILLARD (A.), *La Monnaie viennoise*, Gap, 1942.
VINOGRADOFF (P.), *English Society in the XIth cent.*, Oxford, 1908.
– *Roman Law in Mediaeval Europe*, 2e éd., Oxford, 1929.
WERWECKE (H. van), « Le mort-gage et son rôle économique en Flandre et en Lotharingie », *RBPH*, 1929.
– « Monnaie, lingots, marchandises », *AHES*, 1932.
– « Le commerce des vins français au Moyen Âge », *RBPH*, 1933.
WIART (R.), *Le Régime des terres du fisc sous le Bas-Empire. Essai sur la* precaria, Paris, 1894.

2. *Ouvrages concernant spécialement la région mâconnaise et ses abords*

À Cluny. Congrès scientifique, Dijon, 1950.

AMMAN (H.), « Die Deutschen in mittelalterische Frankreich II. Die Deutschen auf die Messen von Chalon an den Saone und in Burgund », dans *Deutsches Archiv für Landes und Volksforschung*, t. V.

ARBAUMONT (J. d'), « Des anoblissements en Bourgogne », *Revue nobiliaire*, 1866.

BAZIN (J. L.), *Brancion. Les seigneurs, la paroisse, la ville*, Paris, 1908.

– « Les seigneurs du nom de Sennecey », *AAM*, 1903.

– « Histoire des évêques de Chalon », *Mémoires de la société d'histoire et d'archéologie de Chalon-sur-Saône*, 1914.

CAILLEMER (E.), « Jean de Blanot », *Annales de l'université de Lyon. Droit-Lettres*, 1903.

CAROLUS-BARRÉ (L.), « Deux conseillers du roi au XIVe siècle, Guy et Alphonse Chevrier », *BEC*, 1940.

CHAMPIER (L.), *Les Particularités juridiques du terroir mâconnais*, 1946-1947.

– « Recherches sur les origines du terroir et de l'habitat en Mâconnais et en Chalonnais », *ER*, 1947.

CHARMASSE (A. de), « Essai sur l'état de la propriété en Bourgogne au Moyen Âge », dans *Cartulaire de l'église d'Autun*, t. II, Autun, 1900.

– *L'Origine des paroisses rurales dans le département de Saône-et-Loire*, Autun, 1909.

CHAUME (M.), « Le sentiment national bourguignon de Gondebaud à Charles le Téméraire », *Annales de l'Académie de Dijon*, 1922.

– *Les Origines du duché de Bourgogne*, 4 vol., Dijon, 1925-1943.

– « Les anciens domaines gallo-romains de la région bourguignonne », *Mémoires de la commission des antiquités de la Côte-d'Or*, 1934.

– « L'habitat humain en Bourgogne des origines à la conquête romaine », *AB*, 1935.

– « Un problème de droit féodal », *MSH*, 1935.

– « En marge des croisades bourguignonnes d'Espagne », *AB*, 1937.

– « Féodaux mâconnais. Les premiers possesseurs de la roche de Solutré », *AB*, 1937.

– « Les anciens seigneurs de Brancion », *AB*, 1929.

– « Points de contact entre les féodaux du Chalonnais et ceux du Dijonnais en l'an mille », *AB*, 1929.

– « Savary de Donzy », dans *XIe congrès de l'Association bourguignonne des sociétés savantes*, 1934.

– « Les premiers seigneurs de Berzé », *AAM*, 1938.

– « Observations sur la chronologie des chartes de Cluny », *Revue Mabillon*, 1926-1942.

– « Les premières croisades bourguignonnes au-delà des Pyrénées », *AB*, 1946.

– *Recherches d'histoire chrétienne et médiévale. Mélanges publiés à la mémoire de l'historien*, Dijon, 1947.

CHAVOT (L.), *Le Mâconnais historique*, Mâcon, 1884.

CHEVRIER (G.), « Déclin et renaissance du testament en droit bourguignon (VII-XIIIe siècles) », *MSH*, 1943-1944.

– « Conjectures sur l'originalité du droit féodal dans les deux Bourgognes », *AB*, 1951.

CHOLLEY (A.), « Notes de géographie beaujolaise », *AG*, 1929.

CLAUDIN (C.), « Les conditions anciennes d'existence dans les Dombes », *Bulletin des naturalistes et archéologues de l'Ain*, 1934.

CONTENSON (L. de) et RAFFIN (L.), « Description architecturale du château de Berzé le Châtel », *AAM*, 1910 (*Millénaire de Cluny*, t. II).

DARD (C.), « Uchizy. Monographie historique », *AAM*, 1924-1925.

DAVID (M.), *Le Patrimoine foncier de l'église de Lyon de 984 à 1267. Contribution à l'étude de la féodalité dans le Lyonnais*, Lyon, 1942.

DEGUEURCE (P.), « L'évolution agricole du Clunisois depuis un siècle », *ER*, 1936.

– « Cluny, évolution urbaine », *ER*, 1935.

DÉLÉAGE (A.), *Les Étapes de l'habitat au pays de Tournus, AHES*, 1931.

– « Les forteresses de la Bourgogne franque », *AB*, 1931.

– « Les origines des châtellenies du Charolais », *Revue de la physiophilie*, Montceau-les-Mines, 1934.

– *La Vie rurale en Bourgogne jusqu'au début du XIe siècle*, 3 vol., Mâcon, 1942.

DÉNIAU (J.), « Note sur les vicomtes de Lyon au Xe et au XIe siècle », *Bulletin de la Diana*, 1947.

DICKSON (M. et C.), *Les Églises romanes de l'ancien diocèse de Chalon*, Mâcon, 1935.

DROUET (P.), *Le Châtelain de Pont-de-Vaux*, PTEC, 1929.

DUBY (G.), « Recherches sur l'évolution des institutions judiciaires pendant le Xe et le XIe siècle dans le sud de la Bourgogne », *MÂ*, 1946-1947.

– « Économie domaniale et économie monétaire. Le budget de l'abbaye de Cluny, 1075-1153 », *A*, 1952.

FOURNIER (P. C.) et ROUYER (M.), « Étude comparée de la nature du sol et de la répartition des édifices anciens dans le département de Saône-et-Loire », *MSH*, 1943.

GALLOIS (L.), « Mâconnais, Charolais, Beaujolais, Lyonnais », *AG*, 1893-1895.

GANSHOF (F. L.), « Étude sur l'administration de la justice dans la région bourguignonne de la fin du Xe siècle au début du XIIIe siècle », *RH*, 1920.

GEORGES (P.), *Les Pays de la Saône et du Rhône*, Paris, 1941.

GIBERT (A.), « Un trait géographique primordial des plaines de la Saône », *ER*, 1939.

GRACIANSKIJ (N. P.), *Burgundskaja derevnja u X-XII stoletjah*, Moscou, 1935.

HILL (R. T.), *Two Old French Poems on s. Thibaut*, Newhaven, Yale University, 1936 (*Yale Romanic Studies XI*).

JACOB (M.), *Le Royaume de Bourgogne sous les empereurs franconiens*, Paris, 1906.

JARRY (E.), *Provinces et pays de France. Essai de géographie historique*, t. III, fasc. 2 (*Monographies provinciales : Bourgogne*), Paris, 1948.

JEANTON (G.), *Le Servage en Bourgogne*, Paris, 1906.

– « Le château d'Uxelles et ses seigneurs », *AAM*, 1906.

– « Les deux Jean de Blanot, jurisconsultes du XIIIe siècle », *AAM*, 1910 (*Millénaire de Cluny*).

– « Les juifs en Mâconnais », *AAM*, 1916-1917.

– « Le *castrum* romain de Mâcon », *AB*, 1933.

– *Le Vieux Mâcon*, Mâcon, 1934.

– *Le Pays de Mâcon et de Chalon avant l'an mil*, Mâcon, 1936.

– « La limite des pays de droit écrit et de droit coutumier en Bourgogne et ses relations avec les autres limites ethniques du Nord et du Midi », *MSH*, 1935.

KLEINCLAUZ (A.), *Histoire de Lyon*, t. I, Lyon, 1939.

LAFAY (G.), « La monnaie de Tournus », *AAM*, 1913.

LA MURE, *Histoire des ducs de Bourbon et des comtes de Forez*, éd. Chantelauze, 3 vol., Lyon, 1860-1868.

LAROCHE (L.), « Le bailliage comtal... de Charolles », *AB*, 1933.

LECLERCQ (dom J.), *Pierre le Vénérable*, Saint-Wandrille, 1946.

LECOY (F.), « Pour la chronologie de Hugues de Berzé », *Romania*, 1942.

MANTEYER (G. de), « Les origines de la maison de Savoie... La paix en Viennois... », *Bulletin de la société de statistique de l'Isère*, 1904.

MORGAND (A.), « Le pont de Mâcon », *AAM*, 1926-1927.

OURSEL (C.), « Rôle et place de Cluny dans la renaissance de la sculpture en France à l'époque romane », *Revue archéologique*, 1925.

– « Les étapes de la construction de l'abbatiale de Cluny », *AB*, 1940.

OURSEL (R.), *Les Églises romanes de l'ancien grand archidiaconé d'Autun*, PTEC, 1948.

PACAUD (M.), « Recherches sur la charte de franchise de Louhans », *AAM*, 1948-1949.

PATISSIER (J.), *Les Classes populaires dans la Dombes seigneuriale (XIIIe et XIVe siècles)*, Trévoux, 1946.

PERRAT (C.), *L'Autel d'Avenas, la Légende de Ganelon et les Expéditions de Louis VII en Bourgogne, 1166-1172*, Lyon, 1932.

PEYRE (M.), « Plaines bourguignonnes et comtoises. Notes d'économie rurale », *ER*, 1927.

PHILIPPON (E.), *Dictionnaire topographique du département de l'Ain*, Paris, 1911.

POUPARDIN (R.), *Le Royaume de Bourgogne*, Paris, 1907 (*BEHE*, 163).

RICHARD (J.), « Origines féodales. Les Chalon, les Vergy et la Puisaye », *AB*, 1946.

– « Passages de Saône aux XIIe et XIIIe siècles », *AB*, 1950.

RICHARDOT (H.), « Le problème des fiefs bourguignons sans service », *MSH*, 1946-1947.

ROUSSOT (J.), « Le Mâconnais et la Bourgogne », *AB*, 1946.

SAINT-JACOB (P. de), « Études sur l'ancienne communauté rurale en Bourgogne », *AB*, 1941, 1943, 1946.

SARDY (T.), « Le Tournugeois », *ER*, 1938.

SEIGNOBOS (C.), *Le Régime féodal en Bourgogne jusqu'en 1360*, Paris, 1882.

STEIN (H.), « Guy Chevrier, sénéchal royal sous Philippe le Bel, maître des comptes sous Philippe de Valois », *BEC*, 1935.

VALAT (G.), *Poursuite privée et composition pécuniaire dans l'ancienne Bourgogne*, Dijon, 1907.

VIREY (J.), *Les Églises romanes de l'ancien diocèse de Mâcon*, Mâcon, 1932.

*

Je tiens à rendre hommage ici à la mémoire de deux hommes, que je n'ai malheureusement jamais rencontrés, mais dont les œuvres sont à l'origine de ce travail, Marc Bloch et André Déléage. J'exprime ma profonde reconnaissance à M. Ch.-Edmond Perrin, professeur à la Sorbonne, qui a bien voulu prendre la direction de cette thèse et qui, avec une extrême bienveillance, m'a fait bénéficier en toutes circonstances de ses conseils et de son appui, et à M. Jean Déniau, professeur à la faculté des lettres de Lyon, qui, après m'avoir formé à l'histoire médiévale, a guidé mes premières recherches. M. Pierre Petot, professeur à la faculté de droit de Paris, m'a suggéré d'heureuses modifications. J'ai reçu les encouragements de M. Lucien Febvre, professeur au Collège de France, et de M. Robert Boutruche, qui m'a fait profiter à maintes reprises de sa grande expérience. Sans la subvention que j'ai reçue du ministère de l'Éducation nationale, ce livre n'aurait pu paraître. Enfin, je n'aurais pu l'écrire si, pendant des années difficiles, je n'avais trouvé auprès de mon épouse l'aide la plus vigilante et la plus patiente. C'est à elle que mes efforts sont dédiés, ainsi qu'à mon père et à ma mère.

LISTE DES ABRÉVIATIONS CONTENUES DANS LES NOTES ET DANS LA BIBLIOGRAPHIE

1) Sources

ACO	Archives départementales de la Côte-d'Or
ACM	Archives communales de Mâcon
AN	Archives nationales
AR	Archives départementales du Rhône
ASL	Archives départementales de Saône-et-Loire
B	Cartulaire de Beaujeu
BC	*Bibliotheca Cluniacensis*
BD	*Bibliotheca Dumbensis*
BN	Bibliothèque nationale
BOURG	Collection Bourgogne
Bull. Clun.	*Bullarium Cluniacensis*
C	Recueil des Chartes de Cluny
CF	Chartes du Forez
CH	Cartulaire du chapitre de Saint-Vincent de Chalon
CL	Cartulaire Lyonnais
F	Recueil des pancartes de La Ferté
HB	Bible au Seigneur de Berzé
M	Cartulaire de Saint-Vincent de Mâcon
NSP	*Necrologium sancti Petri Matisconensis*
OBM	Manuscrit pour l'histoire de Mâcon
P	Cartulaire de Paray-le-Monial
PET. VEN.	Pierre le Vénérable
R. GL.	Raoul Glaber

S	Sévert
SP	Polyptyque de Saint-Paul de Lyon
T	Juénin

2) Collections et Périodiques

A	*Annales, Économie, sociétés, civilisations*
AAM	*Annales de l'académie de Mâcon*
AB	*Annales de Bourgogne*
AG	*Annales de géographie*
AHES	*Annales d'histoire économique et sociale*
BEC	*Bibliothèque de l'École des chartes*
BEHE	*Bibliothèque de l'École des hautes études, sciences historiques et philologiques*
CISH	*Congrès international des sciences historiques*
ER	*Études rhodaniennes*
JS	*Journal des savants*
MÂ	*Le Moyen Âge*
MSH	*Mémoires de la société pour l'histoire du droit et des institutions des anciens pays bourguignons, comtois et romands*
PL	*Patrologie latine*
PTEC	Positions des thèses des élèves de l'École nationale des chartes
RBPH	*Revue belge de philosophie et d'histoire*
RH	*Revue historique*
RHD	*Revue historique de droit français et étranger*
RHEF	*Revue d'histoire de l'Église de France*
RMAL	*Revue du Moyen Âge latin.*

PREMIÈRE PARTIE

LA SOCIÉTÉ À LA FIN DU Xe SIÈCLE

CHAPITRE PREMIER

L'OCCUPATION DU SOL

Au contact des plaines de la Saône et des premiers contreforts du Massif central, prise entre le Lyonnais et la Bourgogne, la région mâconnaise, lieu de rencontre des différents systèmes agraires qui se partageaient l'ancienne France, présente de nos jours des aspects très divers. Les pays de Mâcon, de Tournus, de Beaujeu, voués à la vigne, sont des terres de petits propriétaires à l'esprit libre, au dur labeur ; dans leurs hameaux de pierre, aux maisons étroites et couvertes de tuiles rondes, ils savent s'associer, se grouper en coopératives, se défendre contre les négociants en vins ; les grands domaines y sont très rares, sauf dans les banlieues urbaines et en Beaujolais où les bourgeoisies ont pu çà et là rassembler quelques propriétés compactes. Sur le versant occidental des collines, en Clunisois puis en Charolais, le paysage et la structure sociale sont tout différents ; l'herbe, la foire et le château en sont les trois aspects majeurs ; c'est déjà la France de l'Ouest, beaucoup plus aristocratique, avec ses deux castes dominantes, celle des châtelains et celle des emboucheurs, les pratiques religieuses y sont plus vivaces, les opinions politiques moins avancées. Au nord de Saint-Gengoux et de Tournus se montrent quelques-uns des traits caractéristiques du Nord-Est français : gros villages aux toits aigus, champs ouverts, nette opposition entre les plateaux calcaires arides et nus, les « côtes » prospères et les solitudes boisées ; premier des grands massifs forestiers, Bragny, sur la basse Grosne, annonce Cîteaux, les sylves profondes de la Bourgogne septentrionale et de la Lorraine. Enfin au levant, par-delà la Saône, la Bresse est un épais bocage ; méprisé par le vigneron, le fermier bressan, mangeur de maïs, éleveur de porcs et de volaille, est, dans sa maison isolée, construite en torchis et en colombages, un être plus fermé, plus attaché aux traditions, plus vulnérable [1].

Mais la plupart de ces nuances se sont affirmées depuis peu, accusées par la spécialisation des cultures, par le progrès du trafic commercial. Il nous faut les oublier et, sous des traits récents, tâcher de découvrir le visage que ce pays présentait en l'an mil. Cette restitution n'est pas aisée. Les documents dont nous disposons sont en effet sur ce point d'un grand laconisme ; çà et là, de brèves mentions éclairent quelques aspects de la vie quotidienne, mais elles sont trop clairsemées pour que l'on puisse la ressusciter tout entière. Bien souvent, il faut se résoudre à l'ignorance et, renonçant à trancher pour cette époque les problèmes que pose l'histoire du terroir, des pratiques agricoles, de l'équipement paysan, se contenter de notes fragmentaires, les seules que l'on puisse, sans trop s'aventurer, tirer des sources [2].

A. LES CONDITIONS NATURELLES

Les conditions physiques, du moins, n'ont pas sensiblement varié et les hommes de l'an mil durent s'accommoder du même relief, du même climat et des mêmes sols.

La charpente naturelle s'ordonne selon des lignes très simples d'orientation méridienne. Le val de Saône en est l'axe : le lit de cette rivière lente, aisément navigable, mais sujette à de gros écarts de régime et dont les eaux de crue, chaque fin d'hiver, s'étalent sur quatre bons kilomètres de largeur, sépare les collines des plaines. Vers l'est et le nord, l'horizon s'étend librement jusqu'au Jura, par-delà de bas pays qui de loin semblent uniformément plats. Au couchant, par contre, le relief est accusé ; il s'appuie au sud sur le massif beaujolais dont les plus hauts sommets atteignent mille mètres ; depuis cette montagne, deux échines de roches anciennes, flanquées au levant de plaques calcaires, s'abaissent lentement vers le nord ; leur versant occidental, en Charolais, est un

1. En attendant la publication du travail consacré par L. Champier à la géographie humaine du Mâconnais et de la Bresse, on se référera à la synthèse de P. Georges et aux articles de Cholley, Peyre, Gibert, Claudin, Sardy, Gallois et Degueurce.

2. La dispersion des informations interdit de limiter strictement la recherche aux textes rédigés entre 980 et 1000 ; centrée sur cette période, notre étude des conditions géographiques la déborde sensiblement de part et d'autre. Mais nous ne pensons pas que l'évolution des paysages agraires soit assez rapide pour que l'on nous reproche cette extension. Dans tout ce chapitre, nous avons largement utilisé les observations de A. Déléage, *Vie rur.*

glacis de pente douce, mais elles retombent en brusques gradins du côté de la Saône.

Cependant, dans le détail, des accidents de structure et le travail des eaux compliquent cette vue cavalière. Tout un lacis de vallées s'insinue entre les croupes beaujolaises, pénètre la montagne, la découpe, l'aère. Le Mâconnais, le Clunisois, le Charolais sont hachés de failles parallèles, de direction nord-sud, qui entremêlent en surface les terrains les plus divers ; apparaissant à plusieurs reprises, les couches calcaires dressent des côtes successives ; celui qui, de la Saône à la Loire, traverse le pays doit ainsi gravir tour à tour une bonne dizaine de collines, longues lanières ébréchées de roches sèches ou lourds mamelons granitiques, séparés par autant de vallons humides. Enfin la basse Grosne et la Bresse sont en réalité de fausses plaines, remplies d'accidents ; les argiles et les sables y forment un dédale de bosses et de creux où s'attardent les eaux indécises. La circulation est ainsi plus malaisée dans les bas-pays, ondulés et boueux, que sur les hauteurs, où les dépressions au pied des côtes et surtout les crêtes elles-mêmes orientent du nord au sud des pistes sans obstacle, où les vallées transversales conduisent d'est en ouest à des cols faciles. Mais partout, rien n'est plus variable que l'exposition, la pente, le drainage.

Le climat, dans l'ensemble, est assez rude. Aux froids secs et aux brouillards de l'hiver succède un printemps généralement pluvieux et doux, mais capricieux ; les étés sont lourds, chargés d'orages qui traînent dans la vallée de la Saône ; l'automne d'ordinaire est ensoleillé. Mais dans cette région de transition s'affrontent les influences océaniques et continentales ; alternativement, l'une ou l'autre l'emporte et l'irrégularité est grande entre les années. Par là, le climat est comme le relief un facteur de diversité. Le paysan vit dans la crainte des intempéries, des gelées tardives, des averses de juin ruineuses pour les blés, des orages d'août qui saccagent la vendange, des longues pluies d'automne où le raisin « coule ». Cette incertitude l'oblige à varier ses techniques et à pratiquer la polyculture. Il doit prévoir diverses récoltes, afin que tel type de temps, désastreux pour les unes, profite au moins à d'autres. Pour ne pas risquer de tout perdre, il joue sur plusieurs tableaux. La complexité des régimes d'assolement, la juxtaposition de cultures complémentaires sont donc l'un des traits permanents du paysage rural.

Enfin les sols sont d'une extrême variété [1]. Il est peu de terroirs qui n'offrent, côte à côte, des pentes sèches, abritées et chaudes, propices aux cultures délicates, des terrains plus profonds qui conviennent aux labours, des fonds

1. Sur les sols et leur importance pour l'histoire agraire, DION, *La Part de la géographie*..., et CHAMPIER, « Recherches... ».

humides favorables à la prairie. Toutefois, dans l'ensemble, les bons pays, où prédominent les sols faciles et riches, s'opposent aux cantons plus ingrats, où l'on doit lutter pour tirer parti d'une terre épaisse et fangeuse, et à quelques secteurs absolument impropres à la culture.

Le pays le plus favorisé est incontestablement le Mâconnais proprement dit, le pays du calcaire, la bande étroite de collines lumineuses, à l'ossature sèche et précise, qui s'élèvent au-dessus de la Saône. Là, au pied des côtes en festons qui abritent des mauvais vents, plus haut que les brumes qui prolongent dans les vallons les gelées printanières, on trouve un sol meuble, fertile, prompt à s'échauffer ; rares y sont les « climats » vraiment stériles, affleurements de roches nues, hauts massifs, crêtes trop ventées. Au nord de la Petite Grosne, axe naturel de la circulation vers les passages de l'ouest, la nature est un peu plus âpre ; des plaques d'argile à silex dont on ne peut rien tirer recouvrent souvent les bons terrains et sont autant d'îlots incultes ; dans la tradition populaire, le Mâconnais septentrional est le « pays au bois ». Mais le sud, large amphithéâtre de collines bien exposées, est très dégagé, très accueillant. Il mène sans transition aux sables granitiques de la côte beaujolaise, terrains faciles encore qui permettent aux cultures de s'élever au-dessus de 600 mètres. Sauf en ses sommets, la montagne de Matour et de Beaujeu est encore, pour le laboureur, un pays de travail aisé et de bons profits.

Vers l'Ouest, la première rangée de hauteurs de roches anciennes limite assez nettement, avec le Mâconnais, le pays des bons terroirs. En Clunisois, les plaques calcaires, déjà plus rares, sont isolées par de larges vallons argileux dont le labourage est malaisé ; plus loin, en Charolais, seuls les versants se laissent encore travailler et, dès qu'on les quitte, le sol acide, lourd et spongieux, ne convient guère qu'à l'herbe ou à la forêt. Vers l'Est, l'opposition est encore plus vive. Au pied des collines mâconnaises et beaujolaises, les terrasses qui bordent le lit de la Saône sont des terres compactes, dures à la charrue, brumeuses, exposées aux gels tardifs ; au-delà de la rivière, dans la Bresse informe et boueuse, le paysan doit mener le combat contre l'humidité et, laissant les dépressions au marécage, aménager çà et là quelques « fromentaux » sur les pentes les mieux égouttées des mamelons. Enfin, il existe deux zones répulsives : le lit majeur de la Saône d'abord, que recouvre périodiquement l'inondation ; puis le large golfe d'argiles et de sables qui s'étend sur le cours inférieur de la Grosne entre la côte mâconnaise et la côte chalonnaise.

Ainsi, dans cette région toute en nuances, le contraste naturel le plus marqué est celui qui oppose la colline chaude, où une petite terre grattée superficiellement à la main peut nourrir son homme, aux bas-fonds qui l'entourent, où s'attardent les brouillards, où l'on doit s'associer pour drainer, où les quelques parcelles arables du terroir, clairsemées parmi les taillis, exigent au contraire un train de culture perfectionné.

B. POPULATION ET DÉFRICHEMENT

Il est impossible de dénombrer les hommes qui, à la fin du xe siècle, tiraient parti de ces conditions naturelles. Mais, si l'on ne peut recenser la population, on parvient du moins à se faire une idée de sa faculté d'expansion et de sa répartition.

Des documents nombreux et sûrs permettent en effet de suivre entre 980 et 1050 la généalogie d'une cinquantaine de familles riches, les plus généreuses envers l'Église. On voit que, dans ces lignages, le mariage, lorsqu'il est fécond, porte tout son fruit : ou bien stérilité, ou bien profusion de naissances, il n'est pas de moyen terme. Sans doute la mortalité infantile vient-elle, dans des proportions que l'on ne peut estimer, corriger la donnée primitive. Cependant, les enfants qui parviennent à l'âge adulte, lorsque leur témoignage mentionné dans les actes publics nous les fait connaître, sont encore très nombreux. Les familles où l'on compte cinq ou six fils ne sont pas rares ; en moyenne, deux ou trois fils, soit, en ajoutant les filles, quatre à six descendants vivent assez vieux pour se partager l'héritage paternel[1]. Le coefficient de progression familiale est donc très élevé. À vrai dire, ces possibilités d'expansion sont réduites en partie parce que tous les enfants ne fondent pas à leur tour de nouveaux foyers. Devant le danger qu'une excessive prolifération, nous le montrerons bientôt, ferait courir au patrimoine, les gens de ce temps pratiquent consciemment ou non la restriction au mariage. Nombreux sont ceux qui, entrant en religion, se vouent au célibat ; nombreux aussi, parmi les laïcs, les filles qui vieillissent au foyer paternel, les vieux garçons restés sans attache. Ainsi, par exemple, des six fils adultes de Gilbert de Cluny, deux seulement se marièrent et, des six fils de Geoffroy Deschaux de la Bussière, un seul fit souche[2]. De la sorte, dans la plupart des familles, le nombre des petits-enfants excède assez peu celui des enfants et l'on

1. Des quarante-huit pères de famille vivant aux alentours de l'an mil et dont on connaît la descendance, 6 ont plus de trois fils ; 12, trois fils ; 15, deux et 15, un seul. Évidemment, les renseignements sont beaucoup plus rares sur les familles sans enfant et l'on doit se défendre contre l'illusion d'optique, dénoncée par KUCZINSKI, p. 31-34, qui donne une importance exagérée aux grandes familles, qui apparaissent plus souvent dans les documents. Les filles sont exceptionnellement mentionnées, mais les spécialistes de la démographie sont d'accord pour constater que, à tous les degrés de la civilisation, il y a à la naissance équilibre entre les deux sexes.

2. a) C. 3027 – 3177 – 3299 – 3308 ; b) 554 – 603 – 312 – 2911 – 2895.

voit même certains lignages s'éteindre pour avoir ainsi trop réduit leurs chances de procréation. Toutefois, la restriction au mariage n'est qu'un réflexe de défense qu'impose l'exiguïté des ressources. Dès que l'on se sent assez riche pour s'établir sans perdre son rang, on se marie et, pour se mettre en ménage, tous ces garçons, toutes ces filles sont prêts à l'aventure, expédition guerrière, négoce ou défrichement : que de nouveaux débouchés s'ouvrent, aussitôt la population s'accroîtra à un rythme beaucoup plus rapide. Cette faculté d'expansion est-elle le privilège de l'aristocratie ? C'est peu probable. Pour les familles paysannes qui, donnant trop rarement ou trop peu, ne font dans les cartulaires que des apparitions fugitives, on ne peut dresser de généalogies. Mais tous les pauvres gens que nous connaissons ont autant d'enfants, sinon plus, que les riches. Dans toutes les classes de la société s'observe à la fin du xe siècle cette même vigueur démographique qui ne faiblira pas pendant toute l'époque féodale.

D'ailleurs, rien ne permet de supposer que la vitalité de la race soit, dans le Mâconnais de l'an mil, un phénomène récent. Au cœur de l'Occident, ce pays fut à peine effleuré par les invasions du xe siècle ; les quelques raids hongrois ou sarrasins qui glissèrent en coup de vent le long de la Saône ne laissèrent pas de traces durables[1]. Quant aux famines périodiques, si complaisamment décrites par Raoul Glaber – mais dont on ne doit pas surestimer le caractère catastrophique car, les documents le montrent, elles ne troublèrent pas sensiblement le rythme des transactions foncières –, elles portent témoignage de la saturation démographique permanente de ces campagnes : il suffit d'une ou deux années de récoltes médiocres pour déclencher de très graves crises de subsistances.

Toutefois, à la fin du xe siècle, cette population vigoureuse est encore très inégalement répartie. Les hommes se pressent dans les meilleurs pays de sol riche et facile, qui les ont attirés les premiers et dont la fertilité les retient ; ils commencent seulement, par groupes épars, à ouvrir des essarts dans les terres basses[2]. En Mâconnais, en Clunisois, dans le haut Beaujolais, l'occupation du sol est complète. Le défrichement achevé a refoulé les bois sur les terrains absolument stériles, forêts de Verzé, de Sathonay, de Lugny sur les plaques d'argile à silex, forêts de la Grosne inférieure, sur les sables de Chagny gorgés d'eau, forêts des sommets comme la grande forêt comtale de Cenves encore à

1. Chaume, *Origines*, II, p. 469.
2. Sur les étapes du défrichement, l'excellent chapitre de Déléage, *Vie rur.*, p. 67-90.

peu près vierge[1]. Et même dans ces cantons hostiles, chaque fois qu'une pente plus sèche, qu'un versant mieux exposé favorisait l'entreprise, on a tenté d'ouvrir une clairière exiguë. Partout, la colonisation agricole, partie des terres les plus légères du terroir, de la « couture » primitive, a réduit progressivement les friches. Les derniers essarts déjà anciens qui laissent des traces dans la toponymie de l'époque sont les ultimes conquêtes possibles à la limite des sols utilisables[2]. Le défrichement a même été parfois poussé trop loin : dans certains finages des côtes mâconnaises et beaujolaises, la réserve de bois et de pâtis indispensable à l'exploitation agricole n'est plus suffisante et l'on verra bientôt le taillis et la lande, la « teppe », reconquérir les labours trop aventurés à la périphérie du terroir[3]. Enfin, sur ces vieilles terres appropriées depuis des générations, des siècles d'héritages et de partages ont fortement morcelé la propriété. C'est un pays de domaines démembrés, de petites parcelles, où la seigneurie foncière a moins de prise et laisse le champ libre à de nombreuses petites propriétés indépendantes.

Tout autour, par contre, règne la forêt. Aujourd'hui encore, lorsqu'on les regarde du haut des collines mâconnaises, le Charolais, la Bresse surtout, semblent de vastes étendues sylvestres. Cet aspect est maintenant illusoire : il suffit de pénétrer ces contrées pour s'apercevoir que les arbres sont cantonnés aux limites des prés et des champs ; ce sont les « bouchures » du bocage. Mais pour l'homme de l'an mil, le contraste était réel entre les campagnes claires et peuplées et les régions forestières du pourtour. À la fin du xe siècle, la forêt vient, du côté de la Saône, battre le pied des premières collines et s'infiltrer le long des courtes vallées qui les entament ; plus dense dans le lit même du fleuve, entre les faux bras et les lagunes, elle recouvre la Bresse comme les plus basses terrasses qui s'étalent sur la rive droite au nord de Tournus et au sud de Mâcon.

1. Donation du comte à Cenves : *Preterea dono eis intra terram planam, si invenitur, aut de silva ad complanandum, tantum quantum.*

2. Chaque fois que, dans un texte de cette époque concernant le pays des collines, apparaît le mot « essart », il s'applique à un lieu-dit : *Exar Marcello* à Buffières, C. 1148 (963) – C. 2308 (996) ; *Essart Ribert* à Sologny, C. 3264 (fin xe) ; la *villa Exertis Petrosis* aux Ardillats, B. 24 (fin XIe) ; *Exartis Vuolfradi* à Chevignes, C. 1240 (968) ; *Issart Grano* à Bidon, C. 2060 (sd) ; à Trivy, C. 2148 (sd) ; Igé, C. 2877 (1031-1060) ; Marigny, M. 199 (998-1008).

3. De nombreux finages cultivés et même habités au xe siècle ne sont plus maintenant que des lieux-dits déserts au milieu des friches ; ces abandons prouvent que l'ancienne occupation du sol était intense et même excessive. C'est le cas, par exemple, de l'ancienne villa de Bérizy (C. 1362 – 2415 ; M. 380), dans la commune de Péronne, dont seule aujourd'hui la toponymie cadastrale et le dessin des parcelles conservent le souvenir (renseignement communiqué par M. L. Champier).

Du côté de la Loire, au-delà de la ligne de partage des eaux, la forêt est maîtresse, comble les fonds, couronne les croupes [1].

À vrai dire, ces bois ne sont pas tout à fait déserts. Bien que rebelles à toute culture, les berges de la Saône sont fort peuplées : sur les petites buttes qui échappent à l'inondation saisonnière, dans les « ports » où s'opèrent les transbordements d'une rive à l'autre, dans les centres de pêcheries entourés de dérivations et de viviers [2], pêcheurs, bateliers, débardeurs ont construit leurs maisons ; tous ces « gens de Saône », qui vivent de la rivière et de son trafic, forment au sein de la société paysanne un petit monde à part, mal fixé. En Bresse et en Charolais, les pistes principales sont jalonnées de loin en loin par quelques sites d'habitat, successeurs de *villae* romaines. Seuls de rares secteurs, l'Avaize charolaise, la forêt de Bragny, sont entièrement vides. Cependant, hors des collines, la population est infiniment moins dense.

Comment expliquer ce contraste, la persistance, au voisinage de terroirs surpeuplés où la disette menace les hommes, de terres vierges et bonnes à prendre ? Les invasions du xᵉ siècle ne peuvent en rendre compte. Orientées par les facilités de la circulation et l'abondance des richesses, elles durent ravager surtout les collines, où les chemins étaient aisés et où s'offrait le butin ; devant ce danger, la Bresse impénétrable, toutes les plaines boisées étaient les vrais refuges. Il faut donc supposer, sans pouvoir l'affirmer, que les techniques agricoles encore rudimentaires ne pouvaient utilement s'appliquer qu'aux sols légers des pays calcaires et que le paysan, jusqu'au xᵉ siècle, s'était senti impuissant devant l'arbre et l'humidité. Ou même songer à d'autres faits plus difficiles encore à saisir, à certains traits de la psychologie collective, invoquer une répugnance instinctive devant le grand bois et son mystère.

En tout cas, à l'approche de l'an mil, se manifeste un changement d'attitude.

---

1. Voir croquis I. – La forêt de Saône : M. 267 (968-971), *super fluvium Ararim, hoc est silva et lacus que vocatur Usa* (Ozan), *qui his circumcluditur finibus, a mane terra et episcopali... a medio die aqua que ex ipso lacu egreditur, a sero fluvius Ararim, a circio silva et fossatus qui pertinet ad ipsos donatores* ; M. 517 (déb. xIIᵉ), *silva Vainera a portu Betis usque ad portam Anselle* ; M. 589 (1096-1124) ; SM. 11 (1077), les deux lacs près de Saint-Marcel-lès-Chalon. Dans le bas Beaujolais : C. 1218 (966-967), *silvam a fluvio Cincinnone usque Vosanna*. La forêt remonte la Petite Grosne jusqu'aux abords de Prissé, M. 567.

2. Les pêcheries comtales de Vésines et d'Asnières : C. 2712 (1017-1025), *Villam Aniscum... in vicinio Araris fluminis sitam, cum... piscariis, vivariis, fractis fossis, aquis majoribus, rivis minoribus* ; C. 2735 (1020 env.), *in Sagonna fluvio contra villam Asnerias, situm octo cambrorum ad pisces capiendos*.

Les célibataires en quête d'établissement [1] commencent à descendre vers les terres basses, s'installent au sein de la forêt et entreprennent de la défricher. Les premiers pionniers, travailleurs indépendants ou serviteurs des grands propriétaires, sont signalés vers 950 sur les terrasses de la Saône au pied de la côte beaujolaise, à Delfingue, à Dracé, à Saint-Georges-de-Reneins [2]. D'autres textes nous apprennent que la grande forêt comtale qui s'étendait en Charolais entre Martigny-le-Comte et Baron était peuplée d'« hôtes » vers 1030, que des essarts récents étaient exploités en 1040 en Bresse, au voisinage de la rivière [3]. En lisière de la forêt de Bragny, de nouveaux villages sont mentionnés en 1042 [4]. La zone forestière est donc attaquée de toutes parts, mais la pénétration reste lente.

Le défrichement en effet ne présente pas que des avantages. C'est une entreprise pénible et hasardeuse qui oblige à vivre longtemps de peu avant que l'essart ne rapporte. D'autre part, l'immigrant sans avoir qui vient gagner de la terre doit compter avec le maître du sol : les terres vierges appartiennent par larges masses aux membres de la plus haute aristocratie, aux comtes, aux églises, aux grands lignages ; pour se faire accueillir, l'essarteur doit souvent se remettre à leur discrétion, comme ce paysan libre qui, venu s'établir dans le terroir d'Ozan, dans les bois de la Saône, fut bientôt obligé de se faire l'homme des chanoines de Saint-Vincent de Mâcon, seigneurs de la terre [5]. De plus, le propriétaire du fonds ne renonce pas à ses droits et entend bien tirer profit de la colonisation ; il impose des redevances à ses « hôtes » ; souvent même, l'œuvre de défrichement est menée à son seul avantage : dans les essarts que mentionnent nos sources, nombreuses sont les grandes pièces de terre dont le seigneur se réserve l'exploitation directe [6]. Enfin, ces bois profonds et marécageux résistent bien plus vigoureusement que les maigres broussailles des friches des collines ; pour en venir à bout, l'essarteur doit s'associer à ses voisins, se soumettre à une discipline collective et la tâche ne peut être menée à bien sans l'aide du seigneur qui dirige, soutient, mais commande encore. Contrairement à ce qu'on

1. Tel cet homme qui, après son installation à Ozan, village de la rive bressane de la Saône, épousa une jeune fille qui elle aussi venait d'ailleurs, C. 3649 (le fait rapporté dans la notice date du début du XIe siècle).

2. Delfingue, B. app. I (mil. Xe). – Saint-Georges, Dracé et *in multis aliis locis*, B. 3 (950 env.).

3. Martigny-Baron, P. 184. – Bois bressans des bords de Saône, C. 2936.

4. La Chapelle-de-Bragny, C. 2959.

5. C. 3649, *Primo venit quidam liber homo ad Osannum villam. Cum ibi in libera voce mansisset, commendavit se senioribus ipsius ville.*

6. Les condemines de Bérard de Beaujeu à Dracé et à Saint-Georges, B. 3 (950 env.) ; Artaud Blanc donne, dans la montagne beaujolaise, à Croux *totam meam essartariam dominicam*, ASL, H. 142, n° 2 (1067).

pourrait penser, ces terres neuves ne sont donc pas, à cette époque, et en raison de la forme communautaire que revêt alors le défrichement, des terres de liberté, mais le lieu d'élection des grandes condemines, de la seigneurie cohérente et de la commendise personnelle. Par conséquent, seuls acceptent de s'y installer les paysans que contraint le dénuement : en l'an mil, dans les régions forestières, le sol appartient aux plus riches habitants des collines, mais est travaillé par ceux que la misère en a chassés. Retenons ce trait qui oppose aux vieux terroirs, où le grand domaine dégradé laisse une place aux petits alleux, les terres de conquête où le défricheur est étroitement soumis au maître de la forêt.

C. LA VIE RURALE

De ce sol encore partiellement mis en valeur, les hommes s'efforcent alors de tirer de quoi satisfaire l'essentiel de leurs besoins. Le grain d'abord, qui avec les légumes constitue le fond de la nourriture ; le vin, dont on fait journellement une grande consommation ; la viande, dont l'usage dans toutes les classes de la société est, semble-t-il, assez répandu [1] ; enfin, de quoi se loger, se vêtir, se chauffer et confectionner les instruments usuels. L'économie rurale repose sur l'association étroite des blés, de la vigne, de quelques cultures de jardinage, de l'élevage et de l'exploitation des bois.

Le jardin et la chènevière réclament des soins attentifs. On leur réserve une petite parcelle de bonne terre, soigneusement close, accolée à l'habitation car on la travaille à la main tous les jours : c'est la verchère, la « terre de la maison » [2]. Culture exigeante elle aussi, la vigne s'installe à proximité du centre d'exploitation, dans les meilleurs « climats », sur les sols les plus secs, les mieux exposés ; pour les protéger des bestiaux, on élève autour des ceps des palissades ou des « murgers » de pierre, assez bas pour ne pas prendre aux raisins trop de soleil. On fait du vin partout, en Bresse comme en Charolais ; évidemment les

1. On est bien renseigné sur le régime alimentaire de ce temps par les règlements domestiques de l'abbaye de Cluny et par les constitutions de prébendes. À Cluny, moines, hôtes et serviteurs mangent du pain, des fèves et des légumes cuits au lard, du fromage, des œufs ; les rations journalières de vin sont abondantes, DE VALOUS, I, p. 227 sq. Dans le monde laïc, même régime : une vieille femme consomme deux muids de vin par an, M. 24 (1060-1108). La viande paraît régulièrement dans les menus ; les moines de Cluny distribuent de la viande aux indigents ; les canons du concile d'Anse (994) recommandent l'abstinence aux laïcs le mercredi *si ita possunt perficere, aut pauperibus elemosinas tribuant*, C. 2255 ; dans une prébende annuelle, *denariatas sex de carne*, C. 2662 (1008).

2. SAINT-JACOB, III (1946).

conditions sont nettement plus favorables sur les côtes du Mâconnais, du Beaujolais et du Chalonnais, et les très grands propriétaires qui ont le choix consacrent de préférence à la vigne les domaines qu'ils possèdent dans ces régions [1] ; mais les ceps n'y occupent pas dans le paysage la place prépondérante qu'ils tiendront à partir du XVIIIe siècle. C'est le commerce, on le sait, qui fait se développer les vignobles [2] et il n'existe pas à la fin du Xe siècle de débouchés réguliers qui autorisent les paysans à entreprendre une monoculture aussi hasardeuse. Les gens de la côte sont vignerons par prédilection, mais restent fidèles aux autres cultures.

Partout donc la plus grande partie du terroir cultivable est réservée aux céréales. On produit encore le mil dans les plus mauvais pays, en Bresse et dans le bas Chalonnais [3] ; les champs de seigle dominent sur les terres froides et dans la montagne ; au printemps, on sème surtout l'avoine, rarement l'orge. Mais la récolte dont on rêve, celle que, comme le vin, l'on s'acharne à tirer partout des sols les moins infertiles, c'est le froment, le blé des riches ; dans les marécages bressans, sur les crêtes beaujolaises, le paysan, qui mange du pain noir, sème du froment pour les redevances seigneuriales [4]. Des procédés de cette culture, nous ignorons à peu près tout. Par quelques textes isolés, on sait que l'assolement triennal est généralement pratiqué sur les condemines seigneuriales, un an de blé d'hiver, un an de blé de printemps, un an de jachère [5]. Mais il n'est pas possible de généraliser ces renseignements fragmentaires qui tous ne concernent que la grande exploitation, quand on connaît la variété dans nos régions des pratiques modernes de rotations culturales. Au Xe siècle, la terre des

1. Au XIIe siècle, on verra l'abbé de Cluny transformer en clos les condemines de Jully-lès-Buxy et de Saint-Hippolyte, sur la côte chalonnaise, C. 4132.

2. Sur la liaison entre commerce et vignobles, DION, *Grands traits...*

3. Le mil en Bresse, T. 131 (Bâgé, 1075) ; ASL, H. 22, f° 212 r° (Montberthoud, 1240) ; en bas Chalonnais, ASL, H. 24, n° 23 (Saint-Ambreuil, XIIe siècle).

4. Le pain blanc est le pain des riches : à Cluny, on le sert au réfectoire, alors que le pain des domestiques est fait pour moitié de seigle, C. 4132 (1149). Le froment est cultivé partout sur les meilleures terres, les « fromentaux » ; dans les terres froides, on le réserve pour les redevances : sur les bords de la Saône, le doyen clunisien d'Arpayé tire de ses tenures 26 setiers de froment ; mais les moulins qui travaillent les récoltes paysannes ne recueillent que 3 panaux de froment pour 19 de seigle ; à Chaveyriat, en Bresse, les redevances produisent 53 setiers de froment contre 12 de seigle, mais le quartelage, taxe sur les transactions des petits paysans, rapporte 4 setiers de froment contre 10 de seigle, C. 4143 (1155).

5. À Romenay, deux condemines sont cultivées *unam ad frumentum et sigala, aliam ad avenam*, la troisième est en jachère, M. 496 (déb. XIe siècle) ; dans les seigneuries clunisiennes, les corvées de labour sont exigées en automne, au printemps et sur la jachère, C. 4143. – Sur les pratiques modernes en Mâconnais (prédominance de l'assolement triennal et utilisation de la jachère), CHAMPIER, *Particularités juridiques...*

pauvres gens, qui accueille les fèves sur la jachère, ne se repose sans doute que de loin en loin. Même diversité pour les labours : les lourdes charrues à six bœufs qui au XIIe siècle défoncent les condemines clunisiennes de Saint-Hippolyte[1] n'ont certainement pas leur emploi sur les terres peu profondes des collines, qui se laissent retourner à la houe ou gratter par un léger araire. Un fait seul est certain, les rendements dans l'ensemble sont faibles : le paysan de l'an mil ne récolte jamais que deux à quatre grains pour un qu'il a semé[2].

Le long des rivières et sur les plus récents essarts s'étendent les prés de fauche que l'on clôture jusqu'à la fenaison. Mais ils sont rares et appartiennent aux riches : ceux-ci peuvent seuls l'hiver entretenir les bœufs que nourrit l'été la jachère. Les pauvres n'élèvent que du petit bétail, ânes, moutons, porcs ou chèvres, qui paissent dans les bois et dans les friches, sur cette lisière vague étroitement associée aux labours et qui fournit, outre le bois de chauffage et de construction et les perches pour les vignes, de multiples produits de cueillette[3].

Ce système de cultures associées commande le calendrier paysan. Depuis l'Avent jusqu'à l'entrée du Carême s'étend la saison creuse, occupée surtout par le battage des épis, le curage des fossés, les coupes de bois ; c'est le moment où chacun fait ses comptes, règle les redevances, vend le surplus des récoltes, achète ce qu'elles n'ont pas fourni ; c'est l'époque des charrois, des grandes enquêtes seigneuriales : dans le domaine clunisien, les administrateurs du temporel font alors la tournée des centres d'exploitation, rassemblent les produits de la terre, liquident l'excédent et dirigent le reste vers les greniers du monastère[4]. En mars s'ouvre la période des grands travaux qui, souvent bousculés par les intempéries, vont se succéder sans interruption. Les labours de Carême et la semaille des blés de printemps précèdent de peu les premières façons de la vigne ; viennent ensuite la fauchaison, la fenaison, la moisson, qui conduisent aux vendanges de septembre ; et l'année s'achève sur les labours d'hivernage et les semailles de froment et de seigle.

1. Témoignage de C. 4143, généralisé à tort par DÉLÉAGE, *Vie rur.*, p. 152.

2. Une enquête au milieu du XIIe siècle montre que dans le doyenné clunisien de Malay on a semé 100 panaux de froment après une récolte de 200 et dans le doyenné de Saint-Hippolyte, 60, pour une récolte de 240, C. 4143.

3. Les bœufs ne vont pas sans pré : M. 11 (1067), on donne une charruée de terre et *totidem ad elaborandum vel complanandum pratum unde boves vivere possint*. – Sur la rareté de la prairie, CHAMPIER, *Part. jur.*, p. 50-54 et p. 47-50 sur le petit bétail. – Le bois produit parfois du foin et nourrit les bovins, F. 1 (1113), *ad fenum colligendum* : ACO, B. 540 (1461), dans la forêt de Chapaize, droit de « mener et envoyer pasturer toutes leurs bestes bovines ».

4. DUBY, *Économie domaniale...*

*

Ce système commande aussi la structure de l'exploitation agricole, que l'on nomme d'ordinaire manse (*mansus*) et parfois aussi colonge (*colonia*), mais beaucoup plus rarement et seulement quand elle relève d'une seigneurie foncière. Elle se compose de deux éléments bien distincts, un centre bâti et des dépendances (*appendicia*) éparpillées à l'entour[1]. La parcelle centrale qui est le « meix », le *mansus* au sens strict, et que l'on appelle souvent le courtil (*curtilis*)[2], rassemble en une seule pièce, de dimensions restreintes et d'ordinaire enclose, les bâtiments d'habitation et d'exploitation, leurs aisances et quelques bonnes terres qui leur sont jointes, jardin, chènevière, verchère, souvent une petite vigne, parfois même un pré[3]. Située généralement au village, elle porte un nom propre et jouit d'un droit spécial ; elle ne supporte pas vis-à-vis du seigneur et de la puissance publique les mêmes charges que les terres du finage ; construite, elle est l'élément le plus stable du paysage agraire. Les dépendances qui lui sont attachées sont par contre toujours dispersées et parfois fort éloignées[4] ; ce sont les éléments complémentaires du train de culture, des champs plus ou moins bons, plus ou moins nombreux, des clos de vigne ou quelques rangs dans un clos, des prés quand l'exploitation emploie des bœufs, des droits d'usage enfin sur les bois, les pâturages et les eaux.

---

1. Le manse bourguignon a été étudié en détail par DÉLÉAGE, *Vie rur.*, p. 275-305, et par SAINT-JACOB, I et II (1941, 1943).

2. *Mansus* exprime la résidence (GRAND, *Agriculture*, p. 84) ; le courtil est une « cour » (*curtis*), un centre d'exploitation agricole, mais de petites dimensions ; *colonia* n'est jamais employé que pour désigner les exploitations paysannes d'une seigneurie foncière. Il est possible que les contemporains aient marqué quelques nuances entre le manse et le courtil, fondées sur des différences d'étendues et surtout de rendement : M. 472 (sd ; x^e-xie siècle), *unum cortilum vocatum et bene valentem mansum* ; mais d'ordinaire les termes sont interchangeables et désignent soit le seul centre habité, soit l'exploitation tout entière.

3. DÉLÉAGE, *Vie rur.*, p. 281. Le noyau est d'un seul tenant, bien ramassé, clos : C. 967 (mil. xe siècle), à Pressy-sous-Dondin, *unus mansus et unus cortilus, et una vinea et unum pratum, que in uni tenentur* ; C. 427 (935), *alodem sicut adjacet cum vinea et terra et prato in uno clausura* ; C. 3267, *unum mansum sicut clausure ambitus continetur* ; M. 11 (1067), concession d'un emplacement à défricher *singulos mansos ubi domos edificent et cortilos vel ortos necessarios*. – Ce groupe possède un statut juridique privilégié, SAINT-JACOB, II ; C. 3825 (1105), *taschiam de tota bordelaria sua excepta vercheria* : M. 555 (1096-1124), les courtils et les verchères ne doivent pas la quinte.

4. DÉLÉAGE, *Vie rur.*, p. 285 sq. – Les *appendicia* peuvent être très éloignés du centre ; M. 54 (996-1018), un manse de Flacé a des dépendances à Asnières, à 6 km au moins au-delà de la Saône ; C. 2691 (1015), donation de deux manses à Zublé et à Pistonges *et in alio loco VII pecias de terra que ad ipsos mansos pertinent* ; C. 3018. J. de Bière ajoute au manse *Drosiacum* dans le village de Pierreclos des terres sises à Berzé-la-Ville.

L'étendue de l'exploitation est extrêmement variable et il est vain de vouloir en calculer la contenance moyenne. La coutume certes conserve la notion d'un manse idéal, qui dans certains cas sert d'élément de comparaison, d'étalon[1]. Mais la réalité ne correspond que par hasard à cette idée abstraite. En supposant même que dans un village, à un moment donné, tous les manses aient eu la même superficie, la mobilité de la possession foncière n'aurait pas tardé à les diversifier. En effet, même lorsqu'elle dépend d'une seigneurie et est concédée en bloc à un tenancier, à plus forte raison quand elle est indépendante, l'exploitation rurale est soumise aux partages, aux aliénations, aux remembrements : en quelques années, son étendue et sa forme varient. Les *appendicia* surtout sont mobiles. L'exploitant alleutier accroît ceux de son manse chaque fois qu'il achète une terre ou un droit d'usage ou qu'il fait un héritage ; inversement, il les ampute quand, pour se procurer de l'argent, il vend ou met en gage quelque parcelle, quand il dote sa fille ou quand il fait à l'Église l'aumône d'un peu de son bien ; à sa mort, la division entre ses héritiers détermine un complet bouleversement[2]. Quand le manse est concédé en tenure, ses dépendances varient plus rarement ; cependant, le seigneur peut en modifier quelquefois l'ordonnance, adjoignant ou retranchant, avec l'accord de l'exploitant, quelques pièces de terre[3]. Les droits divers attachés à l'exploitation sont si mouvants que

1. La valeur coutumière du manse : C. 2140 (déb. XIe), *unum valentem mansum* ; C. 3189 (fin XIe), *tantum dedit de terra et de vinea et de prato... ubi duos mansos habere potuerit* ; C. 3223 (sd), un manse et un pré *valentibus duos mansos* ; C. 3243 (sd), *unum mansum de terra* ; C. 3000 (fin XIe). DÉLÉAGE s'est efforcé de retrouver cette valeur moyenne, *Vie rur.*, p. 349 sq. Son entreprise paraît très hasardeuse. Voir aussi CHAUME, *Orig.*, II, p. 549. PERRIN, « Observations sur le manse », a montré que dès l'époque carolingienne, dans une même unité seigneuriale, les manses étaient de superficie très inégale.

2. Mobilité du manse libre : a) donation d'une part de manse : C. 1266 (969), donation de *illam terram que aspicit ad illum mansum qui pro fratre meo A. fuit donatur* (la première donation date de 962) (C. 1132) ; cette parcelle est restée séparée du manse pendant sept ans ; C. 1530 (980), donation d'un manse *preter campum unum et vinea simul tenente... et III peciolas de prato... et campum unum ; istas res mihi reservo* ; P. 99 (fin XIe), *omnem terram quae ad mansum Deodati pertinebat... extra vercheriam ubi est domus ejus, et pro illa dederunt alias duas positas juxta primam, in una clausione* ; C. 2099 (déb. XIe) – 3032 (fin XIe) – M. 348 (954-986) – M. 121 (886-927), un courtil *preter tres peciolas a sero quas incartadas habeo* – C. 3247 (1049-1109) – 1677 (984) – 1021 (957), un manse *excepto unam rasciam quam dedi Franconi* – C. 747 (947) ; b) adjonction de parcelles à un manse ; C. 2040 (déb. XIe), *jungo etiam eidem manso terram quam Letardus possedit* ; C. 3018 (fin XIe), *in augmentum ipsius mansi pratum dono quod habui apud Fontem Bussiaci et terre particulam apud Berziacum villam* ; c) partage successoral ; C. 1664 (984), un manse *exceptis VI peciolis de terra quas concedo Rotgerio et duabus sororibus ejus, ad usum tantum vitae eorum*.

3. Mobilité du manse concédé : a) le seigneur modifie les *appendicia* ; adjonction ; C. 2262 (994), *conquestus autem quent ego contestavi ad jam dictum mansum deputavi* ; soustraction ; C. 667 (945), les moines de Cluny donnent à l'évêque Mainbaud des parcelles enlevées à la colonge de

le nouvel acquéreur d'un manse doit souvent, pour les connaître, recourir au témoignage des voisins et mener une véritable enquête[1]. La parcelle bâtie est plus stable. Lorsqu'elle relève d'un seigneur, celui-ci tient à conserver intact ce cadre essentiel de son administration : même lorsque plusieurs familles, qui l'occupent en tenure collective, y ont construit des demeures séparées, le *mansus* au sens restreint garde alors son unité. Pourtant, il arrive qu'on le partage, que le jardin ou la verchère attenante en soient détachés et deviennent le centre d'une autre exploitation : on rencontre quelques demi-courtils : il y a de grands et de petits meix. Certains enfin sont désertés ; labourés et plantés en vigne, ils disparaissent et se perdent dans le finage[2].

Du fait de cette mobilité constante, les exploitations rurales sont donc de tailles très différentes. S'il est par conséquent sans intérêt d'en chercher l'étendue moyenne, il importe de distinguer dans cette diversité trois types fondamentaux. Les manses d'abord qui sont la tête d'une seigneurie foncière, dont le centre n'est pas un courtil mais une « cour » (*curtis*), où se groupent autour de

---

Bertaud ; C. 2211 (déb. XIe), le seigneur fait donation d'une vigne prise sur le manse de son tenancier ; échange ; C. 263 (926), le tenancier donne à son seigneur un champ de son alleu en échange d'un champ de la colonge qu'il exploite ; b) le tenancier peut être autorisé par son seigneur à vendre certaines parcelles du manse, voir ci-dessous, ch. II, C ; c) enfin le tenancier la plupart du temps exploite aussi d'autres parcelles qui lui appartiennent en alleu ou qui relèvent d'un autre seigneur : ces terres se confondent pratiquement avec les *appendicia* du manse-tenure.

1. C. 3032 (fin XIe), donation d'un manse *sicut G.F. tenebat, vivente fratre meo* ; C. 2148 (déb. XIe), donation d'un manse *cum appendiciis, suis... vel quecunque denominari possunt per testimonium vicinorum veracium* ; C. 316 (sd), *secundum testimonium et widamentum vicinorum fidelium*.

2. Division du courtil ; C. 430 (935), un manse *ubi manet G. cum uxore et duos infantibus et alius cortilis in ipso manso, in quo residet S. cum uxore et uno infante* ; C. 3083-3084 (fin XIe), le manse du Puits à Poiseul est divisé en trois éléments : le manse, un *bordelaria* et la verchère du Puits. La verchère est souvent bâtie : C. 2957 (1041), *vercheriam ubi N. manet ;* P. 99, *vercheria ubi est domus ejus* ; P. 191, *masnilum sive vercheriam* – C. 1955 – 2957. – *Dimidium curtils* ; C. 2153 (déb. XIe), 2320 (996-1031), 2824 (1030), 2519 (1000 env.), 2535 (1001), *dimidium curtile cum mansione una et terminatur...* ; C. 2775 (1022), *dimidium curtile ubi G. stetit, et quicquid ad ipsum aspicit*. Sur le courtil, plusieurs *mansiones* ; C. 2202 (déb. XIe), *alius mansus habet duas mansiones et vineas*. – DÉLÉAGE, *Vie rur.*, p. 284, considère que le courtil mâconnais a généralement un quart d'hectare de superficie ; mais CHAMPIER en a rencontré de toutes tailles et remarqué sur les plans cadastraux certaines parcelles qui paraissent bien d'anciens meix morcelés. Le courtil peut disparaître ; M. 436 (1031-1060), *unum mansum majore ex parte vinea edificatum*. En effet, lorsqu'un exploitant acquiert une seconde exploitation, les deux domaines se fondent en un seul manse ; l'un des courtils, habité, en est le centre unique dont dépendent les deux groupes d'*appendicia* maintenant confondus ; l'autre est parfois utilisé comme annexe ; C. 582 (sd), deux courtils, *in uno stat T., in alio granica ;* C. 707, C. 1107, *curtilum unum ubi granica est ;* M. 347 (997-1018), *curtilum ubi horreus meus adest ;* parfois le maître y loge ses fils mariés. C. 667 (945), ou ses serfs domestiques ; ou bien, il le laboure.

la maison du maître de vastes greniers et les logements de nombreux valets, et dont les dépendances comprennent, avec de larges pièces de terre arable, des espaces incultes, pâtis et bois. Viennent ensuite les exploitations tenues par des agriculteurs disposant d'un attelage de bœufs ; celles-ci ont un meix spacieux et des étables, des prés de fauche et des labours en terre profonde. Enfin les petits ménages dépourvus d'attelage, qui se contentent d'un courtil étroit, sans aisances, avec son jardin et sa vigne, d'un ou deux champs de sol léger que l'on retourne à la houe, et de droits d'usage dans les friches pour les chèvres et les porcs. Ces derniers sont nombreux surtout dans les collines, où, sur un terrain facile, on peut produire avec ses seuls bras le pain, le vin, les fèves et les fromages de la pitance quotidienne : il n'est pas rare de rencontrer dans les hameaux du Mâconnais des courtils d'hommes libres qui n'ont même pas de dépendances ; au même type appartiennent les bordelages et les *appendariae* du Charolais et du haut Beaujolais [1]. Ces trois catégories d'exploitation correspondent à trois genres de vie, à trois niveaux de la société rurale, celui des seigneurs, celui des laboureurs et celui des manouvriers.

*

Vastes ou exigus, les courtils sont très rarement isolés, même dans les régions en cours de défrichement : l'essartage en pays neuf est encore une œuvre collective qui fait naître de nouveaux villages [2]. Partout la *villa*, c'est-à-dire le hameau et le finage qui l'entoure, est le cadre de la vie rurale, aussi bien en Mâconnais qu'en Bresse, en Charolais qu'en Chalonnais ; les nuances qui marquent les formes actuelles de l'habitat n'apparaissent pas encore en l'an mil [3]. Ce cadre possède une forte personnalité ; il a son nom qui recouvre celui des lieux-dits, de tous les « climats » du terroir ; il a des limites précises, connues de tous, souvent marquées par des murs, des fossés, des bornes, qui cernent son terri-

1. Courtils sans *appendicia*, DÉLÉAGE, *Vie rur.*, p. 283, n. 3 ; C. 3375 (1061), *cum uno parvo mansello*. – Le bordelage charolais ; C. 3191 (sd) – 3825 (1105) – P. 21 (fin XIe) – P. 45 – 136 – 216 ; l'*appendaria* du haut Beaujolais, ASL, H. 142, n° 2 (1067).

2. DÉLÉAGE, *Vie rur.*, p. 276-279, liste des manses isolés. – Les *villae* en pays neuf : bas Beaujolais, *villa Bussedo* (Dracé), B. 24 : Charolais, *villa* de Villeret (Poisson), P. 50 ; en bordure de la forêt de Martigny-le-Comte, *villae* des Apports, de Commugny, Arfeuille, Voisin, Novelle (SB. 26), de Fontenay (C. 2090), Plomb, Leschiroles, P. 87, un seul manse isolé, Chaux, P. 186 ; Bresse, autour de Bâgé, *villae* de Sulignat, Cours (C. 1718), Pra-Borsan (C. 1958), Mont (M. 456), Niermont.

3. Sur les nuances dans l'habitat actuel, DÉLÉAGE, *Vie rur.*, p. 91-95 et carte XVII ; mais on ne peut suivre cet auteur lorsqu'il veut retrouver les mêmes différences régionales au Xe siècle, p. 98-100 et carte XVIII (voir notre compte rendu dans *ER*, 1945).

toire aussi nettement au milieu de la forêt ou de la friche que sur les terres plaines [1]. Toutefois, ces agglomérations rassemblent rarement plus d'une vingtaine de manses. Le goût de se réunir s'explique sans doute par des habitudes très anciennes nées des conditions primitives de l'occupation du sol [2] ; l'exiguïté du groupe, par le cloisonnement naturel du pays qui interdit d'étendre largement le terroir et de multiplier le nombre des exploitations. Enfin, jamais de danger pressant n'a contraint au rassemblement défensif et l'organisation paroissiale, toute récente [3], n'a pas encore élevé au-dessus des autres le hameau où s'est fondée l'église.

L'aménagement de ces petits terroirs [4] répond aux possibilités des sols comme à la structure de l'exploitation agricole. Le hameau qui rassemble les courtils en est le cœur ; il est installé sur la bonne pente, loin des fonds humides et brumeux, à proximité des meilleures terres ; les affleurements du calcaire sont ses sites de prédilection ; comme les maisons sont toujours entourées d'un jardin, parfois d'un petit clos de vigne, l'agglomération n'est pas compacte, mais lâche et aérée. D'ordinaire, l'ordonnance du finage est très irrégulière car la diversité des terrains oblige à entremêler les cultures différentes ; où qu'ils soient, les meilleurs sols sont réservés aux ceps et les clos de vigne isolés morcellent les quartiers labourables ; les parcelles humides accueillent les prairies, elles aussi encloses ; enfin des essarts parsèment à la périphérie la ceinture de bois, de friches et de broussailles où courent les limites des *villae* voisines. Cet enchevêtrement de vignobles et de moissons, de taillis et de prés, est un obstacle à l'organisation collective de la culture ; le souci de protéger les vignes partout présentes interdit de conduire un troupeau commun sur les jachères et les champs moissonnés ; il n'est pas nécessaire par conséquent d'imposer à tous les cultivateurs un même cycle d'assolement. La nature du sol et son occupation favorisent, semble-t-il, dans les campagnes mâconnaises de la fin du Xe siècle l'individualisme agraire.

---

1. Murs ou fossés bornant le finage : C. 712 – 749 – 750 – 702 – 861 – 1058 – 1851 – 2293 – M. 123 – 171 – 253. La *villa* de Mouhy semble avoir été entièrement cernée par des fossada *finales*. Voir les limites entre Massan et Dompierre-les-Ormes, C. 3194 ; entre Barbière et Balleure, C. 1927.

2. CHAMPIER, « Recherches... ».

3. L'organisation des paroisses s'achève au Xe siècle, CHAUME, *Orig.*, II, p. 803-804, et « Le mode de constitution et de délimitation des paroisses rurales aux temps mérovingiens et carolingiens », *Revue Mabillon*, 1937-1938.

4. Excellente étude des terroirs mâconnais dans DÉLÉAGE, *Vie rur.*, p. 285-304.

*

En l'an mil, certains contrastes, qui se marquent de nos jours dans les paysages de la région mâconnaise, n'apparaissent pas encore : tous les finages, même les plus médiocres, accueillent quelques champs de froment, quelques rangs de vigne ; partout, les hommes préfèrent le petit hameau à l'étroit groupement dans de gros villages comme au complet isolement. Par contre, l'opposition est alors beaucoup plus nette entre les collines sèches et chaudes, vieilles terres pleines d'hommes, où la propriété est morcelée, où la facilité des sols permet de pratiquer, dans de petites exploitations, une sorte de jardinage, cet « artisanat de la culture[1] » qui engendre l'indépendance – et les pays boisés d'alentour, gorgés d'eau, de population clairsemée, où la seigneurie est beaucoup plus vigoureuse.

1. E. Labrousse, *La Crise de l'économie française à la fin de l'Ancien Régime et au début de la Révolution*, I, p. 202.

CHAPITRE II

LES FORTUNES

A. ROUTES, VILLES ET GRAND COMMERCE

Le paysage de l'an mil n'est pas uniquement façonné par le travail et les soucis paysans. Aux chemins villageois tracés pour desservir le terroir s'opposent les grandes routes qui traversent les finages en étrangères et, de loin en loin, aux grands carrefours, quelques agglomérations se distinguent par leurs dimensions, leurs aspects et leur fonction, des *villae* rurales.

Le réseau des grandes chaussées construites est un héritage de la civilisation antique. Imposé à la fois par la géographie naturelle et par des nécessités stratégiques, le dessin que les voies romaines inscrivent sur notre sol évoque celui d'un arbre aux ramures dissymétriques : le tronc, la voie Agrippa, longe la Saône sur sa rive droite, au milieu des forêts, à la lisière de la zone inondable ; une route secondaire court parallèlement sur l'autre rive, mais isolée par le large lit du fleuve que seuls de rares aménagements permettent de franchir à Gigny, à Mâcon surtout où un pont existe peut-être déjà au xe siècle [1]. Vers l'est, pas de route : les fondrières bressanes dressent un obstacle que la circulation contourne [2]. Par contre, en direction du nord-ouest, des branches successives se détachent de la tige maîtresse ; depuis la basse Ardières, par Avenas et Suin, depuis Mâcon par Saint-Gengoux, à travers bois et collines, depuis Chalon par Mellecey,

1. Le pont de Mâcon est mentionné pour la première fois en 1077, M. 13. Auparavant, il n'est question que de bateliers ; mais l'existence de bacs et de passeurs (M. 501) n'exclut pas celle d'un pont, soit que celui-ci ait été momentanément en réparation, soit qu'il fallût transporter voyageurs et marchandises entre Saint-Laurent et le Bon-Arrivoir, à travers l'inondation.

2. GIBERT.

des routes conduisent à Autun. Quelques chemins de traverse relient ces voies principales ; le plus important est celui qui, par Mellecey, Saint-Gengoux et Cluny, longe le pied de la côte chalonnaise et la vallée de la Grosne ; cette « route royale [1] » se prolonge vers le sud-ouest, à travers le Beaujolais occidental, en direction de Feurs.

Toutes ces chaussées ont résisté au temps ; mais, construites pour les besoins du vieil Empire, leur orientation obstinée vers le nord, la rareté des transversales répondent mal aux nécessités de la circulation régionale ; d'ailleurs, sauf en Bresse, en Charolais, dans les contrées de bois épais et d'eaux stagnantes, où le chemin pavé retient le voyageur, les voies antiques n'exercent pas un attrait irrésistible ; dans ce pays où il n'est pas de montagnes infranchissables, les techniques rudimentaires de la circulation autorisent toutes les déviations [2]. Aussi, certaines routes romaines sont-elles complètement délaissées et vont à la ruine, comme la vieille « voie Brunehaut » de Mâcon à Saint-Gengoux [3], tandis que de nouvelles directions s'affirment ; les sanctuaires miraculeux, les monastères où l'on est assuré de trouver l'hospitalité invitent à se détourner ; depuis que, vers le milieu du siècle, les châtelains de Beaujeu ont enrichi de précieuses reliques leur chapelle castrale [4], on préfère la vallée d'Ardière au chemin d'Avenas ; Cluny surtout est un centre d'attraction très puissant et les itinéraires qui relient l'abbaye à Mâcon et à Tournus sont de jour en jour plus fréquentés ; enfin, depuis le faubourg mâconnais de Saint-Laurent, de mauvaises pistes se faufilent à travers les marais bressans en direction du Jura. Toutefois, si la circulation marginale se dilue dans un lacis de chemins nouveaux, le val de Saône reste l'axe principal, en raison des facilités qu'offre la voie fluviale et son intense activité batelière, et le trafic se concentre aux quelques points où l'on peut franchir aisément la rivière.

Les villages que traversent les voies romaines ont jadis retiré de leur position quelques bénéfices : ouverts les premiers à la pénétration chrétienne, ce furent les premiers centres paroissiaux ; on les a choisis comme chefs-lieux des circonscriptions administratives secondaires [5]. Mais depuis que la circulation est diffuse, ils sont redevenus des hameaux paysans comme les autres. Seules trois agglomé-

1. C. 2458 (998), *sicut vadit via regia de Vigosset ad sanctam Mariam*. – Sur les routes de l'époque franque, CHAUME, *Orig.*, II, p. 702 ; DÉLÉAGE, *Vie rur.*, p. 172 sq.

2. Remarques générales de BLOCH, *Société*, I, p. 103. – Fourmillement des anciens chemins sur les collines mâconnaises, reconstitués par JEANTON, *Pays de Mâcon*, II, p. 35.

3. C. 3302 (fin XIe), *viam que dicitur Brunehildis*.

4. B. App. I (950 env.). – Sur l'attraction des monastères, LESNE, *Propr. eccl.*, VI, p. 117.

5. Route de Saint-Gengoux à Cluny : Saint-Gengoux, JEANTON, *Pays de Mâcon*, I, p. 35 ; le gué d'Aynart, chef-lieu d'*ager* ; le *vicus de Merzé*, chef-lieu d'*ager*, avec une très vieille église.

rations, Cluny, Tournus et Mâcon tranchent nettement sur le milieu campagnard.

Bourgade nouvelle, Cluny est née du monastère. En 993, à la mort de l'abbé Maïeul, celui-ci abrite plus de cent moines entourés de nombreux serviteurs, travailleurs agricoles et domestiques ; c'est le centre d'un très vaste domaine rural ; son renom attire les pèlerins et les pauvres en quête d'aumônes. Ce concours de peuple et les besoins matériels de la communauté monastique ont naturellement favorisé les transactions commerciales ; par concession du roi Raoul, l'abbaye a reçu vers 930 le privilège de battre monnaie [1]. Le village primitif, situé sur la colline à la porte du couvent, s'est donc développé ; en l'an mil, c'est un « bourg » et les hommes libres qui résident auprès de l'église Saint-Maïeul sont appelés « bourgeois », distingués ainsi des paysans d'alentour [2]. L'agglomération croît régulièrement en même temps que s'étend le rayonnement spirituel du monastère.

Situées sur la principale route romaine, Tournus et Mâcon sont par contre de très vieilles villes, les vestiges passablement dégradés de l'antique civilisation urbaine et marchande. Tournus est encore formée de trois éléments distincts : un ancien grenier fortifié des garnisons impériales, le *castrum Trenorchium* ; au nord, l'abbaye de Saint-Valérien où depuis 875 se sont installés les moines de Saint-Philibert et qu'entourent des bâtiments d'exploitation domaniale et des logements de serviteurs ; entre les deux, un village paysan, la *villa Tornutium*. À trente kilomètres de Mâcon et de Chalon, en l'un des rares points où la voie Agrippa frôle la Saône, c'est l'étape normale de la circulation routière et de la batellerie, le lieu des gîtes et des transbordements. À l'époque romaine, centre commercial actif entouré de somptueuses *villae* suburbaines, Tournus est encore, à la fin du Xe siècle, le siège d'un tonlieu, d'un atelier monétaire et d'une foire annuelle de quatre jours ; l'abbaye entretient le trafic marchand et ses hommes, chargés de vendre les récoltes du domaine monastique et d'acheter les denrées qu'il ne produit pas, font leurs propres affaires en même temps que celles des moines [3].

1. *Bull. Clun.*, 1.

2. À Cluny, la *curtis* des moines est située au pied de la colline à la limite des prés. Devant la porte occidentale, sur la croupe calcaire, le village, autour de l'église Saint-Maïeul, C. 2556 (1002), est appelé *burgus* en 994, C. 2255 ; il est habité par des *burgenses* francs, C. 2331 (996-1031).

3. Les trois éléments de l'agglomération tournugeoise sont distingués dans T. 91 (875). En 915 (T. 108), Charles le Simple concède aux moines de Saint-Philibert la foire, le tonlieu et la monnaie. Louis le Bègue, en 878, a exempté du tonlieu les serfs et les colons de l'abbaye *sive de fratrum negotiis sive de suis*.

Mais Mâcon, l'*urbs*, la *civitas*, est incontestablement le centre principal. La pointe extrême des collines calcaires dominant la Saône qu'a repoussée vers l'ouest le delta de la Veyle, un groupe d'îles qui, fractionnant le lit du fleuve, facilitent le passage, en font un site défensif et un carrefour naturel. Sur l'éperon escarpé qui surplombe la route et la rivière, le *castrum*, quatre fois plus vaste que celui de Tournus [1], est encore entouré des murailles du Bas-Empire ; le comte y réside, y réunit régulièrement les assemblées judiciaires. La cathédrale Saint-Vincent, la maison de l'évêque, le cloître des chanoines forment, sur le gravier de la Saône, le quartier religieux ceint lui aussi de murs. Ces deux enclos, soudés entre eux, constituent la « ville », mais non pas toute l'agglomération : au nord du bourg des clercs, le long de la voie qui longe l'abrupt du château, le *portus* s'étend devant les portes, près de l'église Saint-Étienne, prolongé, autour du Pont-aux-Juifs, par le « bourg supérieur » ; dans le *suburbium* sont installées trois abbayes très anciennes : Saint-Pierre, à proximité des murs occidentaux ; Saint-Laurent, outre-Saône, au milieu d'un village de pêcheurs et de bateliers ; Saint-Clément, enfin, plus loin vers le sud. La campagne, certes, pénètre profondément l'agglomération ; à l'intérieur même des murs, on trouve des champs et des vignes et le bourg supérieur est formé de courtils paysans [2]. Mais Mâcon est cependant le siège d'activités proprement urbaines. Activité administrative et militaire, qui groupe autour du comte soldats, ministériaux, hommes de lois ; activité religieuse, qui maintient dans la cité une foule de clercs, les chanoines de Saint-Vincent et de Saint-Pierre, les desservants des cinq églises urbaines, des écoliers sans doute et toute une domesticité ; activité marchande enfin : près de l'atelier monétaire, sur le port où l'on perçoit le tonlieu [3] sont établis les débardeurs, les bateliers, les trafiquants ; certains sont serfs du comte ou de l'évêque, d'autres, des hommes libres, tels ces *cives* qui

1. Sur la topographie ancienne de Mâcon, JEANTON, *Vieux Mâcon* et « *Castrum...* ».

2. Au xe siècle, l'agglomération épiscopale ne fait qu'un avec le *castrum* ; M. 543 (996), Saint-Vincent est *infra ambitum meniorum Matisconensium* ; il y a des champs dans la ville, M. 13 (1077 env.), *unum campum intra muros ejusdem ville*. – Le « port » *in suburbio*, M. 401 (937-954), avec l'église Saint-Étienne *que ad portum vocatur*, C. 2895 (1015). – Le *castrum* s'ouvre sur le port par la porte orientale, M. 3 (1096-1124). – Le *burgus superior, prope murum*, M. 195 (déb. XIe), est fait de courtils, M. 195, 161 (968-971). – L'église Saint-Pierre *in suburbio civitatis*, M. 406 (968-971). – L'église Saint-Jean *prope muros civitatis*, M. 571. – L'église Saint-Nizier dans le *castrum*, M. 501 (928) ; voir croquis VII.

3. Population militaire et administrative : M. 471 (995-1015), le comte donne à Saint-Vincent la maison qu'un de ses chevaliers habitait à Mâcon ; les monétaires ; M. 448, 449 (1030-1060) ; *Oddo, legis doctor*, C. 2407 (997-1007). – Le tonlieu et les marchés ; M. 539 (814-840).

mènent des enquêtes sur l'ordre du comte, d'autres encore, les membres d'une importante communauté juive [1].

Chaussées, villes, tonlieux, foires, monnayage évoquent les échanges, le commerce au long cours, une vie de relations débordant largement le cadre étroit de la vie paysanne. Faut-il penser que le Mâconnais, comme certains points privilégiés du monde occidental, soit dès la fin du xe siècle arraché par le renouveau du grand commerce à la somnolence rurale ?

Certes, les instruments de la circulation régionale ne sont pas entièrement laissés à l'abandon et les hommes comme les marchandises fréquentent ces routes, traversent ces villes. Les voyageurs de toutes conditions sont nombreux qui passent la nuit dans les auberges des grands chemins, lorsqu'ils n'ont pu bénéficier de l'hospitalité gratuite des maisons-Dieu qui viennent de se fonder à leur usage ; et des passants, dont Raoul Glaber a raconté le destin tragique, furent assassinés par leur hôtelier, à Chatenay sur la voie Agrippa, parce qu'ils transportaient avec eux des richesses [2]. Le pays importe, comme il l'a toujours fait, des produits exotiques : objets de luxe, étoffes précieuses ou reliques que l'on offre aux églises, épices dont les communautés religieuses et la haute société laïque font un fréquent usage ; denrées plus vulgaires aussi, le fer que l'on travaille dans les forges de village, le sel qui, par les routes fluviales, vient des salines du Revermont. Les monnaies locales circulent au loin : on a retrouvé des deniers de Tournus dans un trésor enfoui au Puy aux environs de l'an mil [3]. Les juifs de Mâcon, enfin, ne se désintéressent pas des transactions lointaines puisque, en 1051, une coutume très ancienne leur impose le paiement d'une redevance en poivre et en tissus d'importation [4].

Mais il ne faut pas se faire d'illusion : ce mouvement limité à l'indispensable reste superficiel. Le réseau routier n'est qu'une survivance, d'ailleurs mal adaptée et ruineuse sur plus d'un point ; quant aux villes, ce sont, soit comme Cluny, des centres ruraux démesurés, soit comme Mâcon et Tournus, les témoins d'un passé révolu. Tout cela émerge à peine du milieu rural. Lorsque la « bourgeoisie » clunisienne apparaît pour la première fois dans un texte, c'est sous la forme d'une communauté villageoise attachée à ses terres collectives [5],

1. Les serfs ; M. 195 (fin x^e) ; les hommes libres, *cives*, M. 420 (954-960), R. GL, IV, p. 2. – Les juifs de Mâcon résidant dans le bourg supérieur, auprès du Pont-aux-Juifs, M. 195 (fin x^e), *NSP*, App. 6 (1060), et sur la rive de la Saône, M. 183 (sd). Voir ch. IV, A.

2. Pèlerinages lointains, C. 293 (927-942), C. 2867 (1031-1048). – Le drame de Chatenay, R. GL, IV. 2. – Fondation d'hôpital pour les *peregrini et non habentes*, C. 1264 (969).

3. *Revue numismatique*, 1946, « Proc.-verb. ».

4. M. 529 (1051).

5. C. 2331 (996-1031), *terra francorum qui burgentii vocantur*, à Mailly.

et quand il s'agit de fixer, par une enquête auprès des usagers, le tarif du pontonnage que perçoit l'évêque de Mâcon au passage de la Saône, les paysans des hameaux riverains sont seuls interrogés et non pas les habitants de la cité que les transbordements intéressent moins [1].

D'ordinaire les monnaies sont employées dans le voisinage immédiat des centres de monnayage, puisque, malgré la différenciation des types monétaires, on ne prend encore jamais soin de préciser dans les actes quels deniers devront solder tel achat ou telles redevances ; il n'y a pas pour le moment de concurrence entre les diverses frappes, et les contemporains ne prennent pas encore conscience de la valeur variable des pièces qu'ils utilisent [2]. Enfin, les juifs de Mâcon, descendants des colonies marchandes du Bas-Empire, sont, en l'an mil, des paysans, des possesseurs fonciers souvent obligés de mettre leur terre en gage pour se procurer l'argent dont ils manquent [3] ; ils portent le témoignage le plus frappant de l'absorption, dans l'économie rurale, de l'antique activité commerciale.

Isolé des chemins d'Italie par la Bresse fermée, le Mâconnais n'a pas encore perçu les signes du renouveau. Le trafic à longue distance reste intermittent, sans ampleur et sans direction fixe ; la vie économique est à la fin du Xᵉ siècle sensiblement identique à celle que laissent entrevoir, cent ans plus tôt, les premiers documents. Villes et routes ne sont pas sorties de leur torpeur ; nulle part il n'existe de groupes notables de marchands professionnels ; nulle part les gros profits que seul procure le grand commerce ne peuvent venir bouleverser la hiérarchie des fortunes.

B. LE COMMERCE LOCAL ET LA MONNAIE

Cependant, si les relations lointaines sont rares, discontinues et n'intéressent que de loin en loin le commun des gens, il existe à la fin du Xᵉ siècle dans les pays mâconnais un trafic local de denrées agricoles qui se fonde sur un usage régulier du numéraire. De cette activité, nos sources, qui pourtant sont peu

1. M. 501 (928).

2. LANDRY, *Essai sur les mutations des monnaies dans l'ancienne France*, Paris, 1910 (*BEHE*, p. 185), p. 55.

3. Possessions foncières des juifs mâconnais : Flacé, M. 308 ; Sancé, M. 276 ; Sennecé, C. 759 ; Hurigny, C. 1414 ; M. 140 – 389 – 278 – 148 ; Chevagny, M. 284 – 147 – 249 – 142 ; Mouhy, M. 122 ; Prissé, C. 2762 ; Davayé, C. 1640, Charnay, C. 2762 – 2603 ; Condemines, M. 167 ; Levigny, C. 2699 – *NSP*, 75 ; Fontenailles, M. 273. Mise en gage de ces biens fonciers : C. 759 – 760 – 2587 – M. 487.

faites pour nous renseigner sur la circulation de l'argent et des biens meubles [1], fournissent des preuves nombreuses.

La campagne d'abord est parsemée de multiples lieux d'échanges, tels ces marchés (*mercata*) qui se tiennent chaque semaine auprès des églises les plus isolées [2], tels ces petits « ports » (*portus*) qui s'échelonnent le long de la Saône sur l'une et l'autre berge, aux points où les chemins ruraux traversent la rivière et qui sont les instruments, non du commerce d'importation, mais des transactions paysannes. Ces emplacements réservés à l'activité commerciale sont fréquentés par les gens du voisinage qui échangent entre eux des denrées alimentaires. Raoul Glaber, dans le tableau très coloré qu'il a tracé des famines du début du XIe siècle, nous apprend en effet que la viande était alors vendue sur le foirail de Tournus, que la disette fit monter le prix de détail du vin et des céréales, que les communautés religieuses distribuèrent de l'argent aux affamés pour qu'ils pussent acheter leur nourriture [3]. Autant de preuves d'un commerce actif et bien organisé des subsistances. Sont-ce là des phénomènes anormaux provoqués par la famine ? Non pas : si l'auteur des *Histoires* rapporte avec tant de précision les prix exorbitants qu'atteignirent alors les denrées les plus communes, c'est pour montrer combien ceux-ci excédaient le cours habituel des marchés. Enfin, puisque, au concile d'Anse de 994, les clercs se soucient d'interdire aux fidèles d'acheter ou de vendre le dimanche « sinon ce qui doit être mangé dans la journée », c'est bien qu'il est d'usage de négocier quotidiennement la provende [4].

Un tel trafic, en effet, est indispensable. Aux voyageurs d'abord, qui doivent trouver en route leur nourriture, mais aussi aux paysans. Car l'économie rurale de ce temps est extrêmement sensible aux variations climatiques. Certes, les famines que Raoul Glaber a décrites sont trop célèbres et l'on doit tenir pour exceptionnels les troubles profonds que le chroniqueur s'est plu à narrer. Du moins, de telles catastrophes montrent bien que le hasard des saisons fait varier d'année en année le volume des subsistances dans des proportions considé-

1. DOPSCH, *Wirtsch. d. Kar.*, II, p. 255.

2. Un marché se tient chaque semaine près de la chapelle de Bragny perdue en pleine forêt, C. 2959 (1042). – Les « ports » de By, d'Arciat, d'Anselle, entre Mâcon et Belleville. DÉLÉAGE (*Vie rur.*, p. 174-175) a tort, à notre sens, de les tenir pour des instruments du grand commerce.

3. Le *forum Trenorchii*, R. GL., IV, p. 10 ; *si quid ergo victus venundatus repperiebatur, arbitrio vendentis pro libitu erat excedere precium*. R. GL., IV, p. 10 ; *tunc inter ceteras rerum inopias vini tanta raritas extitit ut viginti quatuor solidorum feret precium unius modii*, R. GL., V, p. 20 ; le trésor des églises, R. GL., IV, p. 13 (voir aussi la vie de saint Odilon par Pierre Damien, *BC*, 317).

4. C. 2255.

rables[1] et que les exploitants ne disposent pas des réserves de nourriture qui leur permettraient de supporter une succession de mauvaises récoltes. Les écarts d'un climat capricieux, une gelée inattendue ou une chute de grêle qui ruinent moisson ou vendange dans tel canton alors que d'autres sont épargnés obligent les paysans à échanger entre eux les produits du sol. Les difficultés du transport convient également le producteur rural à trafiquer de ses récoltes avec ses voisins ; plutôt que d'entreprendre sur de longues distances le charroi malaisé du grain et du vin, les possesseurs d'un domaine dispersé (et nous verrons plus loin qu'ils sont nombreux) ont intérêt à vendre sur place les fruits des terres éloignées de leur demeure et à acheter ensuite près de chez eux les vivres qui leur manquent ; c'est le parti que prennent en particulier les administrateurs de la seigneurie clunisienne[2].

De ces échanges indispensables, l'argent est l'instrument normal. Certes, nombre de règlements s'effectuent en nature, chaque fois que l'acheteur peut offrir des objets rares, parures, armes ou chevaux, que le vendeur trouverait à moins bon compte dans le commerce, ou bien quand ce dernier a lui-même besoin d'autres denrées de consommation. Les plus riches seigneurs ne dédaignent pas d'être payés en produits agricoles – ainsi, le châtelain de Berzé obtient en 1002 des moines de Cluny, en échange de droits fonciers qu'il leur abandonne, une tapisserie d'abord, d'une valeur de dix sous, mais aussi six muids de blé et de vin[3] – ; ce qui prouve encore, ou bien que les grands font commerce de ces denrées, ou bien que leur domaine ne parvient pas toujours à les nourrir. Mais les prix sont toujours évalués en deniers et, la plupart du temps, ils sont bien acquittés en espèces sonnantes[4]. L'instrument monétaire, en effet, est commode, il s'impose[5]. On sait que les pauvres entretenus par l'abbaye de Cluny du temps de saint Odilon reçoivent des deniers et non de la

1. R. Gl., IV, p. 16 ; en 1033, année de famine, les prix sont incroyablement élevés ; l'année suivante *aliquis enim victus humanus preter carnes seu deliciosa pulmentaria nullius erat precii*. Le prix des marchandises de luxe, toujours rares, varie beaucoup.

2. Duby, « Économie dom. », p. 159.

3. C. 2567.

4. Paiements en objets précieux : C. 2070 (sd), M. 519 (1039-1048) ; en denrées alimentaires : C. 3205 (xe siècle). – Parfois le paiement est à la fois en argent et en nature ; C. 2334 (996-1031), *unum bovem valente sex solidos et dimidium, et fuit omnes precium XI solidos* ; C. 2822 (1029-1030), *tam in denariis quam in bestiis sive in aliis rebus precie valentem solidos XX*. Même lorsque le paiement s'effectue en nature, il s'agit toujours de « denrées » appréciées en deniers : C. 2662 (1007), *denerata sex de carne*. Parfois on se réserve le choix entre les deux modes de règlement : C. 2957 (1042), *die obitus mei... dono... duos boves obtimos aut XX solidos*.

5. On sait que dès que les esprits sont accoutumés à l'usage du numéraire, les paiements en argent se généralisent, Van Werwecke, « Monnaie ».

pitance, que des prébendes viagères comportent, outre des fournitures mensuelles de nourriture, une rente annuelle de quelques sous pour l'achat du vêtement et du bois de chauffage[1]. Les plus humbles tenanciers acquittent d'ordinaire en argent une partie de leurs redevances ; c'est donc qu'ils peuvent se procurer des pièces en vendant une part de leur récolte et que le seigneur, de son côté, compte utiliser ce numéraire pour ses propres achats. De même la pratique commune des amendes en argent et des compositions pécuniaires oblige l'alleutier le plus pauvre à disposer de temps à autre de quelques deniers, donc à offrir sur les marchés quelques-uns des produits de son exploitation. Ainsi, l'argent passe constamment de main en main et la circulation du numéraire contribue elle aussi à entretenir le trafic des denrées agricoles. L'achat, la vente, la monnaie sont familiers aux Mâconnais du Xe siècle.

Toutefois, cet actif mouvement commercial ne peut parvenir à modifier sensiblement l'équilibre des fortunes. L'attitude des hommes de ce temps envers la monnaie en est un premier témoignage. Les deniers et les oboles des diverses frappes, petites pièces d'argent fortement mêlé de cuivre[2], utilisés couramment comme les plus commodes des instruments d'échange, ne sont pas pourtant tenus pour des valeurs véritables qui méritent d'être conservées. Des deniers, le seigneur et le paysan font en l'an mil un emploi temporaire ; ils ne les accumulent pas ; s'ils en possèdent, ils cherchent à s'en débarrasser au plus vite pour acquérir d'autres richesses à leurs yeux plus précieuses et ne songent à s'en procurer de nouveaux qu'au moment même où il leur faut absolument s'en servir. Sans doute, la thésaurisation n'est-elle pas inconnue, mais l'aspect qu'elle revêt est significatif de cet état d'esprit. C'est sous forme de bijoux ou d'objets qui ont en eux-mêmes leur utilité ou leur agrément, et non pas de pièces, que les églises et les plus riches particuliers constituent leurs réserves de métaux précieux. À Cluny, par exemple, en 972, pour payer aux Sarrasins des Alpes la rançon de leur abbé saint Maïeul, les moines utilisent non des deniers mais les ornements d'or et d'argent qui décoraient le sanctuaire ; inversement, trente

1. M. 24 (1060 env.), les fournitures de nourriture sont complétées par *in festivitate sancti Martini VI sol. den., V pro vestimento, sextum vero pro lignis.*

2. *Talis monetae quae plus habet aeris quam argenti* (monnaie de Cluny), *Antiquiores consuetudines III*, p. 11 (MIGNE, *PL*, 149, col. 752). Ces pièces ont un trop faible pouvoir d'achat pour être les instruments commodes des paiements importants ; mais, encore relativement rares, elles ont trop de valeur pour servir aux très petits achats, VAN WERWECKE, « Monnaie ». Il est évidemment impossible de préciser le pouvoir d'achat du denier ; citons cependant un chiffre repère : au début du XIe siècle, un bœuf vaut 78 deniers de Cluny, C. 2334 (996-1031).

ans plus tard, l'abbé Odilon fait fabriquer des vases sacrés avec l'argent d'une aumône [1].

On n'épargne donc pas le numéraire ; la fréquence des emprunts de consommation en est la preuve la plus convaincante. Le prêt, qui dès le début du xe siècle se pratique sous la forme bien connue du mort-gage [2], témoigne d'abord de la hâte de ceux qui détiennent des pièces de monnaie à les convertir en valeurs foncières. L'opération est avantageuse : elle livre au créancier tous les profits d'une terre pour une somme généralement inférieure d'un tiers à la valeur marchande de celle-ci. Dès qu'il le peut, chacun place ainsi son argent ; les prêteurs ne sont pas seulement les établissements ecclésiastiques ou les juifs de Mâcon, mais plus souvent, semble-t-il, les paysans qui viennent de conclure une bonne affaire au marché, les grands seigneurs qui n'ont pas entièrement dépensé le produit de leurs redevances, tel Flobert de Sancé qui, en l'an mil, a prêté plus de soixante sous à différents débiteurs, dont six à des juifs [3]. De même, les emprunteurs se recrutent à tous les niveaux de la société, paysans momentanément gênés, juifs des villes à court d'argent, gros alleutiers aussi, car ils n'ont pas non plus de réserves de numéraire et doivent, quand ils en ont besoin, le chercher au-dehors ; les plus riches de tous, tel le châtelain Bernard d'Uxelles [4], ont des dettes ; pour partir en voyage, pour payer une amende, pour remédier à une détresse passagère, ils se séparent d'une de leurs terres, avec l'espoir, souvent trahi d'ailleurs, de la dégager avant que ne joue la prescription trentenaire [5]. On remarquera que ceux-là mêmes qui s'élèvent dans la

1. Sur cette forme de thésaurisation, Van Werwecke, « Monnaie », p. 453. – Trésors d'églises : R. Gl., I, p. 9, les moines de Cluny paient la rançon de saint Maïeul *distractis... queque in omni ejusdem monasterii ornamentum erant supellectili* ; R. Gl., IV, p. 22 ; après un combat contre les Sarrasins, les vainqueurs *collectisque spoliis confecerunt ex eisdem plurima argenti talentorum pondera... qui miserunt... ad Clunience monasterium ; ex quibus... abbas Odito ciborium super altare sancti Petri perhonestissimum fieri precepit*. – Les seigneurs laïcs agissent de même : le comte de Chalon Lambert, M. 465 ; le comte Thibaut *denominavit ex suis rebus loco concedenda videlicet sellam argenteam, candelabra argentea, sciphos quatuor argenteos*, p. 10.

2. On observe la pratique du mort-gage dans les premiers documents dont nous disposons : M. 278 (936-954), 114 (937-962), C. 654 *bis* (944), 848 (953), etc. Pour tout ce qui concerne les aspects juridiques de cette pratique, Genestal, Van Werwecke, « Mort-Gage », Vercauteren, « Mort-Gage ».

3. Prêts par des laïcs : M 135 – 136 – 134 – 131 – 118 – 390 – 271 – 278 – C. 2606 – 2612.

4. Bernard, châtelain d'Uxelles, membre de la très haute aristocratie, emprunteur, M. 487 (1004).

5. C. 2532 (1001). – Nous ne connaissons évidemment que les emprunts qui n'ont pas été remboursés et dont les contrats sont restés comme titres de possession dans les archives ecclésiastiques.

hiérarchie économique sont parfois obligés d'emprunter et, continuant d'arrondir leur domaine, ne se soucient plus de récupérer leur engagement ; membre d'un très haut lignage, le riche Aidoard, en train d'installer solidement dans la vallée supérieure de la Grosne la puissance de sa maison autour de Tramayes et de Germolles, remet en 994 aux moines de Cluny en garantie d'un prêt de dix sous ses deux colonges de Monsols qu'il ne dégagera jamais ; à un niveau inférieur, Aubert, de la petite clientèle clunisienne, qui, Déléage l'a montré, se hausse dans la société, doit pourtant certaine année sacrifier lui aussi une de ses terres [1]. Et il n'est pas rare de voir des créanciers emprunter à leur tour peu de temps après avoir prêté à autrui. Le crédit n'a donc pas de direction fixe. Dans le Mâconnais de l'an mil, il n'existe pas de fortunes mobilières ni de classes d'argent. La monnaie circule, sans jamais s'accumuler nulle part, à la surface d'une économie purement terrienne.

Pour cette raison, le trafic des denrées agricoles est à l'origine de multiples transactions foncières : obligé d'acheter, l'alleutier à court de subsistances doit amputer son patrimoine, tandis que l'exploitant plus heureux qui a bien vendu son vin ou son grain peut arrondir le sien. La terre elle aussi passe de main en main et l'on serait tenté de croire que ces nombreux transferts finissent par enrichir certaines familles au détriment des autres. En réalité, il suffit d'examiner de près le destin des fortunes foncières pour se convaincre du contraire. Toutes les opérations portent sur de très petites parcelles et sont le plus souvent compensées par des opérations inverses. En effet, le commerce des produits du sol n'est pas, comme le commerce au long cours, le fait de négociants professionnels ; on ne distingue pas dans la société de ce temps deux groupes économiques opposés, l'un spécialisé dans la vente des récoltes, l'autre achetant régulièrement. S'il se trouve sans doute, sur les marchés et le long des routes, quelques revendeurs, quelques aubergistes qui vivent du trafic, leur nombre est infime ; la plupart des gens exploitent une terre ; le grain, le vin, le bétail sont négociés presque toujours par le producteur lui-même. Or, si la vente de certains excédents lui procure un bénéfice, il l'emploie d'ordinaire bientôt à combler d'autres déficits. Un tel commerce n'engendre ni gros gains, ni grosses pertes et le mouvement qu'il détermine se résout en temps normal en une simple trépidation dont les résultats s'annulent. Des circonstances exceptionnelles peuvent parfois modifier un moment son rythme : ainsi, la famine de 1033 ruina définitivement certains paysans et aussi des seigneurs qui ne perçu-

1. Aidoard, C. 2236 (994) ; Aubert (voir Déléage, *Vie rur.*, p. 238) ; M. 271 (936-954).

rent pas leurs redevances ; elle força des cultivateurs à s'expatrier[1] ; certains spéculateurs profitèrent peut-être de l'avilissement du prix des terres pour agrandir leur patrimoine, encore que l'on ne trouve dans nos documents aucune trace de tels transferts de propriété. On voit, en tout cas, hors des périodes de disette, des cultivateurs malchanceux aliéner tout leur bien « poussés par la faim[2] » et se résoudre, pour subsister, à une dégradation sociale définitive. Mais ces misérables sont l'exception et pour la plupart des gens est exclue toute menace de ruine décisive comme d'ailleurs toute chance de rapide fortune. Déléage a pu tracer le portrait de plusieurs paysans mâconnais rassembleurs de terres ; mais ceux-ci, tels les époux David et Dominique, parviennent tout juste, après avoir épargné toute leur vie, à acquérir un demi-hectare de champs ; et l'auteur s'arrête à cette conclusion[3] : achats et ventes ne provoquent ni déclassements, ni reclassements sociaux ; ils n'entament pas profondément le solide fondement de toute richesse, la terre.

On voit donc, en définitive, que le commerce local et le mouvement de la monnaie ne jouent qu'un rôle secondaire dans l'histoire des fortunes. Sans doute confèrent-ils une relative souplesse aux relations sociales. Ils rendent possibles les déplacements, les voyages, l'émigration même, puisque l'on peut à tout moment convertir sa terre en deniers pour acheter ailleurs un autre domaine. Ils autorisent, bien que dans une faible mesure, la division du travail et peut-être même la pratique de certaines formes rudimentaires de salariat, ce qui enlève un peu de rigidité au régime domanial et aux rapports familiaux, rend le fils moins dépendant du père, le tenancier moins dépendant de son seigneur ; autour de l'alleu héréditaire, autour de la seigneurie foncière, ils ménagent une étroite frange où l'individualisme économique est possible.

Mais à cette époque, et c'est le fait capital, l'argent n'occupe dans le patrimoine qu'une place tout à fait restreinte : toutes les fortunes sont terriennes. Si l'autarcie complète est impossible, chacun rêve de tirer du sol, d'année en année, de quoi satisfaire ses besoins, soit en cultivant son propre lopin, soit en participant à une communauté de production, la seigneurie foncière, qui assure l'entretien de chacun de ses membres. Et malgré l'importance apparente du trafic des denrées agricoles, cet idéal est très largement atteint : tout homme est plus ou moins un paysan, même le châtelain, même le prêtre qui exploite la tenure presbytérale, même le citadin juif dont la plupart des biens sont fon-

1. R. Gl., IV, p. 10, *cessit enim raptus potentum universali inopia* ; IV, p. 12, *si qui vero auditu compererant quod melius haberent, si ad alia transirent arva.*

2. *Propter famen*, C. 2669 et 2670 (1008), C. 2431 (997-1031).

3. Déléage, *Vie rur.*, p. 243-249.

ciers. La hiérarchie économique, par conséquent, se fonde sur la répartition de la terre.

Enfin, puisqu'en temps normal la marge des profits que l'on peut tirer du commerce des récoltes est très étroite, il est très rare qu'un individu puisse, par sa seule activité personnelle, acquérir beaucoup de terre. La richesse provient donc presque exclusivement des parents ou des bienfaiteurs : la société mâconnaise à la fin du xe siècle est une société d'héritiers ou de bénéficiaires des largesses d'autrui. Aussi, le régime des concessions foncières et surtout le droit familial, qui règle dans le lignage la transmission du patrimoine héréditaire, exercent-ils sur l'évolution des fortunes et des classes économiques une action infiniment plus efficace que le mouvement très superficiel de l'argent et des marchandises.

C. LA RÉPARTITION DE LA TERRE

Complétant les travaux de Charmasse et de Gracianskij, Déléage a décrit la distribution de la possession foncière en Mâconnais dans un excellent chapitre de son ouvrage sur la vie rurale en Bourgogne [1]. Nous n'hésiterons pas à renvoyer d'abord le lecteur à cet exposé qui lui montrera clairement que le sol de notre région était au xe siècle morcelé en de très nombreux domaines de toutes grandeurs et que la terre changeait fréquemment de main. Sur ce dernier point cependant, ces remarquables recherches méritent d'être poussées plus avant. Préoccupé surtout d'observer les transformations de la société à l'entrée du xie siècle, nous ne pouvons nous contenter de l'étude presque uniquement statique qu'a menée notre devancier. Nous devons poser cette question capitale : peut-on discerner vers 980 une évolution d'ensemble de la fortune laïque ? peut-on préciser l'orientation de ce mouvement et en découvrir les causes ?

1. *État des fortunes laïques vers 950*

Nos sources sont assez abondantes pour nous permettre de comparer utilement l'état des fortunes laïques à cinquante ans de distance, dans le milieu du xe siècle et aux environs de l'an mil. Dressons d'abord un tableau de la possession foncière vers 950, qui montrera comment se répartissent aux différents niveaux de la hiérarchie économique les diverses catégories de terres : les alleux,

1. Ch. III, « La répartition de la terre », et spécialement p. 226-251.

possessions familiales[1] ; les précaires et bénéfices, concessions gracieuses de biens-fonds[2] ; les tenures paysannes, chargées de services matériels.

*

À ce moment, la majeure partie du sol mâconnais appartient aux laïcs et la fortune de l'Église est encore relativement modeste. Le temporel de Saint-Vincent de Mâcon, partagé en deux « menses », l'une pour l'évêque, l'autre pour les chanoines, est formé surtout d'églises paroissiales ; il comprend aussi des exploitations agricoles éparses autour de la cité et dans la vallée de la Petite Grosne, entre Crêches et Pierreclos, et des domaines plus compacts en Bresse ; mais de larges portions de ce patrimoine sont alors aux mains du comte et de

1. Au sens étroit, l'alleu est le bien hérité des ancêtres et qui doit échoir aux descendants, le support matériel de la famille ; à la fin du xe siècle, le terme *alodum* est encore synonyme d'*hereditas* et parfois ne s'applique pas aux acquêts ; C. 2436 (999), *medietatem alodii* et, le même bien dans C. 2617 (1004) *in hereditatem* : C. 3121 (fin xie), *que mihi obvenit ex hereditate mea et quam tenebam legitime per alodum* ; C. 3026 (fin xie), *omnem alodem quem habeo in villa Serciaco et omnia que in eadem villa comparavi*. Toutefois, par extension, ce mot désigne d'ordinaire toute terre qui n'est tenue de personne et qui de ce fait peut être transmise librement aux héritiers ; C. 430 (sd), *hereditas... quam adquisivi* (sur cette évolution du sens, Fustel de Coulanges, *Alleu*, p. 155-156 ; Chénon, *Alleu*, p. 5-14 ; Déléage, *Vie rur.*, p. 243, n. 1) ; C. 3161 (fin xie), Agnon donne un manse *de suo alodo* et *partem terre quam tenet de sancto Petro* ; C. 3651 (fin xie), *pro mansis beneficiatis concambium... de suo alodo reddere*. L'accent est mis non pas sur la notion d'indépendance absolue – car le bien allodial acquitte la dîme, il supporte les charges publiques, militaires, judiciaires ou fiscales, il est soumis, quand il appartient à un serf, à la surveillance du maître, et lorsqu'il est concédé en tenure aux droits de jouissance du bénéficiaire (Boutruche, *Alleu*, p. 21-22 ; 110-112 ; lorsque dans le cours du xie siècle on voudra désigner les terres vraiment indépendantes, on exprimera cette liberté par des termes supplémentaires ; C. 3305 (fin xie), un manse *ab omnibus hominibus liberum et quietum nullique hominum quicquam servitii debentem* ; C. 3391 (1063), *sine ulla calumnia vel consuetudinem ullius mortalis hominis*) – mais sur le caractère familial de la possession.

2. Précaires et bénéfices (voir Déléage, *Vie rur.*, p. 603-622, dont les interprétations paraissent souvent hasardeuses) présentent un caractère commun : ces tenures ne rapportent pratiquement aucun profit matériel au concesseur ; le bénéfice est une tenure sans service matériel ; le cens de la précaire, parfois supprimé (C. 1529 – 920 – 2807 M. 2), est toujours de valeur négligeable. De telles concessions sont parfois utilisées comme formes de location agricole (C. 2853 – M. 1) ; mais elles servent généralement à récompenser des services personnels et à gagner des amitiés ; elles sont accordées à des *fideles*, C. 1529, à des *vassi*, C. 920 – M. 410. – Voir une liste, en vérité incomplète, des précaires concédées dans la Bourgogne méridionale jusqu'au début du xie siècle dans Déléage, *Vie rur.*, p. 603-611 et 1190-1195. Toutefois, ces concessions gracieuses ne sont pas accordées seulement aux membres de l'aristocratie ; saint Odilon concède à un *famulus* de Cluny une propriété à charge de la remettre en état *ut teneat in beneficium quamdiu vixerit*, C. 3089 ; plus tard, des pêcheurs du bord de la Saône tiennent des bénéfices du comte, C. 3610 ; on donne un serf *cum toto suo fevo*, SM. 47 ; sur les fiefs des ministériaux, voir ci-dessous, IIe part., ch. viii, B.

ses amis, qui tiennent, avec l'*abbatia* de Saint-Clément, les bois et les villages de pêcheurs des bords de la Saône[1]. Les moines de Tournus possèdent les terroirs voisins du monastère, Lambres, Préty, Plottes, Le Villard, une dizaine d'églises paroissiales et des domaines autour d'Uchizy, de Bonnay, de Leynes et de Saint-Romain-des-Îles[2]. Quant aux Clunisiens, ils commencent seulement à arrondir les éléments de la dotation primitive dans la vallée de la Grosne, entre l'abbaye et Brandon ; çà et là, quelques terres isolées, récemment acquises, préparent la constitution des futurs doyennés[3]. Les aumônes n'ont entamé sérieusement la propriété laïque qu'au voisinage immédiat des grands sanctuaires.

*

Quatre familles, celles du comte, des Bérard, des Garoux et des Évrard, qui possèdent chacune des terroirs entiers, des centaines d'exploitations agricoles disséminées dans tout le pays et la plus grande partie des étendues forestières de la montagne et du bas-pays, s'élèvent très nettement au-dessus des autres dans la hiérarchie économique. Le domaine comtal recouvre les collines aux environs de la cité[4]. La fortune des Bérard a son centre dans le haut Beaujolais et s'étend des alentours de Cluny jusqu'en Dombes ; elle rassemble seize églises rurales au moins, les grands bois du massif de Saint-Rigaud et de la plaine beaujolaise et des fonds dispersés dans plus de soixante-dix finages ; elle est assez opulente pour assurer une position éminente à chacune des quatre branches de la famille. Deux d'entre elles, les mieux pourvues, celles de Montmelas et de Beaujeu, sont sur le point de se réunir et Bérard de Beaujeu, après avoir constitué seul le riche temporel de l'église qu'il vient de fonder dans son château, dispose encore, dans les forêts des terrasses de la Saône et des sommets, de très grandes réserves foncières à peine mises en valeur[5]. Dans la montagne mâconnaise, entre Brancion et Saint-Sorlin, les Garoux possèdent à peu près tout le sol, défriché ou non[6]. Enfin, le lignage Évrard, peut-être à l'origine plus riche encore, est maître de domaines dispersés dans tout le Mâconnais et le Clunisois, les principaux noyaux de son patrimoine étant à Château et Saint-Point au sud de Cluny, à Sennecé et Solutré près de Mâcon, et autour de Bâgé

1. M. 70.
2. T. 109.
3. *Bull. Clun.*, X.
4. Voir description du domaine comtal, ch. III, A.
5. Voir croquis III.
6. Voir croquis II.

en Bresse. Mais la famille, foisonnante, est dès lors très ramifiée ; déjà, dans certains rameaux plus prolifiques, le bien familial trop divisé ne procure aux héritiers que des ressources modestes : Girbert de Jalogny est le fidèle et l'obligé de Bérard de Beaujeu. Cependant, beaucoup des membres du lignage sont au premier rang des puissants ; ce sont, dans le clergé, les futurs évêques Adon (968-971) et Jean (971-977) ; dans l'ordre laïc, les vicomtes Maïeul et Gautier ; Rathier, grand seigneur en Bresse ; Josseran, grand seigneur sur la basse Grosne [1].

La générosité des princes et de l'Église a créé en grande partie ces très grosses fortunes. Considérons, par exemple, celle des Garoux : l'ancêtre, vassal de Guillaume le Pieux, duc d'Aquitaine, a reçu de son seigneur dans les premières années du Xe siècle, au moment de la fondation de Cluny, de très importants domaines, au moins trois *villae* et quatre églises, sans compter des terres dispersées ; à la requête de la comtesse de Chalon, les moines de Saint-Marcel lui ont de plus concédé une précaire au voisinage de la forteresse qu'il défend ; quelques années plus tard, sa belle-fille, par l'entremise du comte Gilbert, obtient concession du gros fisc royal de Mazille ; son petit-fils, le Garoux de 950, tient en précaire de Cluny plusieurs manses et son arrière-petit-fils Lébaud, clerc de l'église de Mâcon et futur évêque, recevra bientôt la jouissance d'innombrables biens d'église [2]. À chaque génération, la famille a bénéficié largement de la générosité d'autrui, comme celle des Évrard et des Bérard, comme le lignage comtal. En effet, les ancêtres de ces très grands seigneurs étaient, selon toute vraisemblance, apparentés aux familles dirigeantes de la monarchie franque [3]. Le peu que nous savons des convulsions internes qui secouèrent le pays aux der-

1. CHAUME, « Féod. Mâc. », a étudié la filiation des Évrard avec beaucoup de patience, mais aussi, à notre sens, en abusant des identifications hasardeuses.

2. Voir croquis II. – Lébaud, encore chamoine, reçoit de l'abbé de Cluny, saint Maïeul, des biens autrefois donnés au monastère par l'un de ses cousins éloignés, Racoux, C. 793 (950-951) et par son oncle Lébaud, lors de sa conversion, C. 802 (951), 1460 (978-979). Un peu auparavant, l'évêque Adon lui a promis de succéder dans la précaire du chanoine Eudes : *abbatia* de Saint-Pierre de Mâcon, église de Saint-Pierre-le-Vieux, chapelles de Charnay, Bussy, Saint-Bonnet, Charbonnières, terre de Saint-Julien de Solutré, M. 406 (968-971).

3. Les généalogistes CHAUME et plus récemment F. BERNARD (*Les Origines féodales en Savoie et en Dauphiné*, Grenoble, 1950), se fondant sur les règles de transmission des noms propres, ont cru pouvoir établir que la plupart des personnages notables de notre région étaient apparentés aux plus grands lignages princiers : en vérité, on a parfois peine à les suivre. Il est certain par exemple que l'Évrard et l'Alard possessionnés en Mâconnais à la fin du IXe siècle ne sauraient être identifiés avec les grands dignitaires de la cour de Charles le Chauve qui portent ces noms (L. LEVILLAIN, « Girart, comte de Vienne », *MA*, 1949, p. 233-235) ; on peut cependant admettre qu'ils appartiennent au même lignage.

niers temps de la décadence carolingienne laisse supposer que les maîtres de l'heure distribuèrent alors à quelques-uns de leurs parents et de leurs fidèles les biens fiscaux et les domaines privés que la conquête et la répression venaient de faire tomber entre leurs mains ; ils leur confièrent, avec les charges comtales et vicomtales et la garde des châteaux forts, les grands « honneurs » qui rétribuaient ces fonctions ; rois et princes continuèrent de combler ces puissants de « bienfaits » pour assurer leur fidélité, tandis que les églises ne pouvaient refuser les précaires à ces voisins influents qui comptaient dans leur parenté les plus hauts dignitaires ecclésiastiques. Au milieu du xe siècle, les quelques très grandes fortunes sont certainement récentes et d'origine politique ; elles rassemblent en tout cas presque tous les bénéfices et précaires que mentionnent nos sources.

Anciens bienfaits pour la plupart, les biens dont jouissent les plus riches possesseurs fonciers du Mâconnais ne sont pourtant pas dans leur majorité des terres concédées sous condition. Ainsi, parmi les domaines que nous savons appartenir aux Garoux, plus de la moitié sont des alleux. En effet, nombre de cadeaux princiers étaient des donations en toute propriété ; d'autres ont perdu avec le temps leur caractère de concession temporaire et – ceci est vrai en particulier de l'honneur comtal [1] – se sont confondus avec les biens ancestraux. En 950, il n'est plus guère que les précaires accordées par l'Église qui soient encore entre les mains des magnats des possessions incomplètes soumises aux strictes obligations d'un contrat. En définitive, si les précaires et les bénéfices paraissent bien concentrés dans les plus gros patrimoines, ceux-ci sont faits surtout d'alleux, d'origine ou d'usurpation.

*

Dans l'espace qu'ils laissent libre s'étendent les domaines des moyens seigneurs qui possèdent souvent chacun une ou deux églises rurales, toujours de dix à trente exploitations agricoles et quelques quartiers de bois et de friches. Le bien de Robert de Curtil, qui réunit plus de vingt manses autour de la forêt de Rhodes, dans les trois paroisses de Curtil, de Buffières et de Bergesserin, en est un bon exemple [2]. Ces seigneurs de seconde zone, que l'on ne peut

1. Voir ci-dessous, p. 111.

2. Robert de Curtil avait trois frères ; l'un s'est fait moine, donnant à Cluny cinq manses à Curtil et à la Chapelle, C. 3214 (sd) ; le reste de l'héritage paternel a été partagé en deux. Robert laissera à chacun de ses quatre fils au moins cinq manses ; à sa mort, ses parents ne font qu'une donation modeste, C. 1687-2999.

malheureusement dénombrer, ont hérité de leurs parents à peu près tout leur avoir ; ils ne doivent rien à personne ; ce sont les alleutiers par excellence. Ils sont en effet suffisamment pourvus de terres pour n'être pas contraints d'en prendre en tenure paysanne [1]. Ils ne comptent pourtant pas assez dans le monde pour obtenir des églises la concession de précaires substantielles. Lorsqu'ils entrent dans la clientèle d'un puissant, il est rare que leur dévouement soit récompensé par une concession foncière ; plus souvent, semble-t-il, ils abandonnent à leur patron un droit sur leur héritage : c'est ainsi, par exemple, que le châtelain de Beaujeu dispose de l'alleu de Girbert, son fidèle ; qu'Hugues de Charolles perçoit un « libre service » sur la terre familiale de son protégé, le prêtre Achin [2]. Quand parfois le petit vassal reçoit un « bienfait », celui-ci est toujours de faible valeur ; le même Girbert obtient de Bérard de Beaujeu un courtil et une colonge à Villié-Morgon, et cette concession n'était pas de taille à l'enrichir beaucoup [3]. Une seule catégorie de tenure se rencontre assez souvent dans les moyens domaines, c'est la *precaria oblata*, ancien alleu offert en aumône à une église, mais dont le donateur s'est réservé la jouissance viagère [4] ; de telles tenures ne sont que des formes atténuées de la donation pieuse. Dans la petite aristocratie foncière, les terres concédées par un seigneur ne sont donc jamais qu'un complément négligeable du bien héréditaire. Tout est alleu dans le patrimoine de Robert de Curtil. De même Arlié de Merzé a la pleine propriété de tous ses biens, des trois courtils, des sept champs, des deux complants qu'il possède à Merzé, du gros manse qu'il exploite lui-même à Massilly, des cinq champs et du clos de vigne qui s'ajoutent à Varanges au domaine que lui ont laissé ses parents, du courtil, des deux vignes et des cinq champs que cultivent ses serfs à Flagy, de son vignoble de Colonges, de sa petite ferme à Nuroux, de ses terres à Toury ; à sa mort, il partagera tout cela à sa guise entre son neveu

1. Le cas n'est pas absolument exclu, voir ci-dessous, p. 91.

2. B. de Beaujeu fait personnellement donation d'un bien héréditaire de Girbert sis à Ruffey et ceci du vivant de Girbert qui n'intervient que pour donner son assentiment, C. 1264 (964). – Hugues abandonne le *liberum servicium* qu'il levait sur l'alleu d'Achin ; le bien est situé dans le hameau même où un neveu d'Achin donne un peu plus tard un bien de famille pour l'âme de son oncle, C. 1297 (971), 1566 (981), 2222 (993-1038). – Saint Maïeul fait concession formelle à son fidèle Aubert d'un alleu que ce dernier vient d'acquérir à Prissé, C. 1389 (974). – Rapprocher de Maitland, *Domesdaybook*, p. 162.

3. C. 1039 (957).

4. Sur ces tenures, Déléage, *Vie rur.*, p. 603-604 et 1166-1185. C'est un des moyens employés en l'absence de garanties testamentaires pour assurer les donations à cause de mort et pour rendre moins douloureuse l'aliénation du bien familial. Très répandue à tous les échelons de la société, cette pratique a contribué à multiplier les tenures.

et diverses églises [1]. Au milieu du xe siècle, la classe moyenne ne doit à peu près rien aux générosités de l'Église et des grands.

*

Des domaines plus modestes, tel celui du scabin Sievert, dont l'aïeul vers 880 siégeait au mall comtal, et qui n'exploite plus que six manses dispersés entre Aynard et Lourdon [2], font la transition entre la classe des seigneurs et celle des paysans, qui travaillent eux-mêmes tout le bien qu'ils possèdent. Du patrimoine des plus pauvres, l'alleu n'est pas tout à fait absent : Déléage a prouvé l'existence en Mâconnais de la petite propriété libre [3]. Sur les vieilles terres des collines, nombreux sont les paysans qui cultivent en toute indépendance des parcelles disséminées dans le terroir, voire dans les finages voisins. On peut même affirmer que la plupart des agriculteurs qui tiennent d'autrui leur manse et les champs qu'ils labourent ont de surcroît en alleu quelques lopins. Les contrats de complant multiplient ces petits alleux ; le vigneron chargé de planter des ceps sur une terre nue en reçoit souvent la moitié en toute propriété au bout de cinq ans, quand le clos commence à rapporter [4]. Les serfs eux-mêmes ont un « héritage » qui parfois est d'importance, tels les parents du serf Brice qui offrira en 1008 à ses maîtres, les moines de Cluny, en échange d'une prébende viagère, tout le bien qui le faisait vivre, son courtil avec ses dépendances et le moulin dont il était propriétaire [5]. Certes, l'alleu paysan ne se laisse apercevoir le plus souvent qu'au moment où il est absorbé par la grande seigneurie d'Église ; mais des témoignages très nombreux prouvent qu'il est partout présent et résiste vigoureusement à la pression des riches. La classe rurale n'est pas étroitement prise dans le cadre de la seigneurie foncière. Il est bien évident cependant que les petits patrimoines sont formés surtout de tenures chargées de services matériels : aux pauvres, qui n'ont pas assez de terres pour vivre, revient en effet le soin de cultiver celles des plus riches.

*

1. C. 1616 – 1683 – 2429 – 2430 – 2556 – 1773 – 2775 – 227 – 1691 – 1662.
2. C. 146 – 878 – 1458 – 1694.
3. *Vie rur.*, p. 238-250.
4. *Ibid.*, p. 239-240.
5. C. 2669 – 2670.

D'immenses domaines possédés par quelques familles au service des princes, une classe vigoureuse de moyens propriétaires qui par ses degrés supérieurs rejoint la haute aristocratie et qui confine par l'autre extrémité aux humbles ménages tenanciers, ainsi se répartit la terre laïque en Mâconnais au milieu du xe siècle. Précaires et bénéfices n'apparaissent guère – parmi près de deux mille actes de transactions foncières datant de la seconde moitié du siècle, quelques dizaines seulement[1] concernent de tels biens-fonds – et sont pour la plupart détenus par les plus riches ; les paysans travaillent surtout la terre d'autrui mais l'alleu, l'antique propriété que « l'on peut à son gré donner ou vendre[2] », s'il s'étale plus largement aux étages intermédiaires de la hiérarchie des fortunes, est partout répandu.

Sans doute faut-il reconnaître que nos sources, parce qu'elles décrivent à peu près toutes l'accroissement du temporel ecclésiastique, montrent plus volontiers les alleux. Les clercs ont cherché d'abord à acquérir des terres libres de toute dépendance ; précaires et bénéfices étaient considérés comme des possessions trop imparfaites pour que l'on songeât même à demander au seigneur l'autorisation de les aliéner[3]. Néanmoins, dans les titres des cartulaires, la prépondérance des alleux est écrasante et l'on est en droit d'affirmer que l'alleu est alors la forme la plus commune de la possession foncière. Et c'est la raison pour laquelle la distribution de la terre va se transformer rapidement en deux générations.

2. *Les facteurs d'évolution*

Si la circulation de la monnaie et des marchandises ne paraît pas, nous l'avons dit, modifier sensiblement la position des individus, ni même celle des familles, dans la hiérarchie économique, d'autres pratiques par contre font passer constamment la terre de main en main. Parmi celles-ci, l'usage de rétribuer les fidèles et les serviteurs par des concessions gracieuses de biens-fonds semble en vérité d'importance secondaire ; c'est lui, certes, qui a établi naguère la classe dominante ; mais après 950, la rareté des précaires et des bénéfices limite les

1. Voir le préambule des actes de donation et notamment de C. 2669 : *licet ad unum hominem de res suas facere quitquit facere voluerit aut vendere aut dare*, qui n'est pas sans saveur dans la bouche d'un serf.

2. Boutruche, *Alleu*, p. 79 ; *Crise nobil.*, p. 171 ; F. Lot, « La société féodale », *JS*, 1943, p. 56.

3. Tous les érudits se sont étonnés de cette rareté : Seignobos, p. 96 ; Didier, *Hainaut*, p. 8-9 ; Déléage, *Recueil des actes de Saint-Symphorien*, X-CI : « l'étonnant est qu'à une époque aussi avancée que le xie siècle le consentement du seigneur ne soit pas mentionné plus souvent dans les actes de mutation ».

effets de cette coutume. En revanche, donations pieuses et partages successoraux bouleversent profondément la répartition des richesses.

Les hommes de ce temps donnent largement à Dieu et à ceux qui le servent. « Sacrifie les vaines richesses de ce monde pour t'assurer dans l'autre de plus durables trésors [1] », nul ne reste sourd à cette exhortation évangélique dont les clercs se font les diligents interprètes. L'aumône est un des gestes les plus naturels dans cette société chrétienne, animée, non pas par un sentiment très élevé de charité, mais par le souci d'acheter le salut. Certains entrent en religion et apportent une dot à la communauté qui les accueille ; d'autres, sans quitter le siècle, offrent une aumône à un établissement religieux pour être associés aux avantages spirituels qu'il recueille ; beaucoup souhaitent effacer aussitôt par une donation les fautes qu'ils viennent de commettre ; tous, à l'heure de la mort, se préoccupent de racheter d'un coup par une large aumône toutes les erreurs de leur vie [2]. Les gens d'Église provoquent et surtout orientent ces offrandes, s'efforçant d'obtenir tel ou tel bien qui complète mieux leur domaine. Toutes les fondations religieuses ont leur part, les lointains sanctuaires, tels Saint-Étienne de Lyon ou Saint-Martin d'Ainay, comme les chapelles de village, mais les grands établissements du Mâconnais, l'église cathédrale, les abbayes de Tournus et de Cluny, attirent plus régulièrement les aumônes par la qualité même des grâces qu'ils promettent à leurs bienfaiteurs et aussi par l'influence constante qu'exercent sur leurs parents restés dans le monde les membres nombreux de ces communautés [3]. Un puissant courant entraîne de la sorte la terre laïque dans le patrimoine de l'Église.

1. Voir les préambules des actes de donation et, en particulier, C. 1949 – 2018 – 2464.

2. L'entrée en religion s'accompagne toujours d'une donation. La pratique de l'association spirituelle se développe à la fin du xe siècle ; C. 2111 (993-1048), *donamus his hominibus... et omnibus parentibus illorum partem et societatem in cunctis benefactis que facta fuerunt in presenti loco Cluniaco et in omnibus appendiciis ejus, in missis, in psalmis, in orationibus et in cunctis divinis obsequiis. Donamus etiam eis unum pauperum omni tempore, quem vestiemus et calciabimus et pasciemus* ; C. 2090 ; C. 2879 (1031-1060), *accepi autem ab ipsis monachis pro hac re XXX sol. et partem et societatem de omnibus benefactis eorum* : C. 2838 ; M. 431. – Nombreuses donations pour rachat immédiat d'une faute précise ; C. 1951 – 2290 – 2464, etc. Mais les donations les plus fréquentes et les plus copieuses sont les aumônes à cause de mort, pour le rachat des péchés et pour la sépulture, celle-ci combinée d'ailleurs à l'association de prières, C. 3197, *in loco beneficii et sepulture*.

3. Les donations aux églises paroissiales nous échappent généralement faute d'archives : M. 255, à N.-D. de Pierreclos ; C. 2556, à Saint-Maïeul de Cluny. – Donations à des églises lointaines : Saint-Étienne de Lyon, M. 125, Saint-Martin d'Ainay, M. 268. – Voir DÉLÉAGE, *Vie rur.*, p. 198, les églises possessionnées dans les terroirs d'Azé et de Bésornay. – Sur l'influence personnelle des ecclésiastiques : C. 3034, le cellerier de Cluny s'arrange *cum avunculis meis et aliis parentibus... de omne alodum quod habent vel habere debent in villa Sarceg... quem donant et dimittant domino Deo*.

De même, les héritages font varier à chaque génération la fortune des laïcs. En matière de succession, la coutume est fort simple : le bien du père et de la mère revient intégralement à leurs enfants qui en reçoivent tous une égale portion, les filles même mariées n'étant pas exclues du partage ; si le défunt n'a pas de descendants directs, son patrimoine est distribué entre ses frères et sœurs selon le même principe d'égalité ; en leur absence, les parents plus éloignés se disputent l'héritage sans qu'interviennent alors des règles bien fixes de dévolution[1]. Pour que la fortune foncière n'aille pas s'émietter trop vite, il faudrait donc que la famille soit peu nombreuse. Or nous savons que ce n'est pas le cas le plus fréquent et que d'ordinaire, on a soit beaucoup d'enfants, soit beaucoup de frères. Sans doute la restriction au mariage réduit-elle le danger de dispersion puisque les neveux recueillent à sa mort la part de l'oncle célibataire. Par contre, il ne sert de rien au père de famille de pousser ses fils dans l'état ecclésiastique. S'ils sont moines, entrés dans une fraternité nouvelle, ils rompent bien tout lien avec leur lignage et renoncent à l'héritage, mais en revanche, ils doivent offrir au monastère une quantité de biens qui est fréquemment égale à leur part d'hoirie ; quant aux clercs séculiers, ils sont obligés eux aussi à une donation lorsqu'ils reçoivent une prébende ; de plus, ils font toujours partie de la famille, héritent comme leurs frères et utilisent souvent leurs biens à enrichir l'église qu'ils ont servie[2]. La terre laïque est donc menacée d'un constant démembrement.

1. L'héritier normal et intégral est l'enfant qui succède, son droit primant celui du conjoint, au premier de ses parents décédé. Il ne semble pas que le privilège de masculinité soit reconnu : en l'absence de fils, la fille recueille tout l'héritage ; C. 3874 (fin XIe), *qui predicti Hugonis Lebaldi fille... duxerat uxorem ac per hoc terras honorumque patris puelle possedit* ; ses frères ne l'excluent pas du partage ; C. 352 (Xe), *res que michi hereditario jure provenerunt legalique divisione cum sorore mea divisi* ; C. 1899 (991), *hoc est medietas mansi unius qui erat inter ipsum et jam dictis sororibus ejus* ; sa part dans ce cas ne semble pas plus restreinte que celle des mâles ; C. 2069 (993-1048), la mère et le fils donnent *duas partes de omnibus que ibi habemus et terciam relinquimus Ocende filie mee* ; M. 10, partage égal entre les descendants d'un frère et d'une sœur qui avaient vécu dans l'indivision au Xe siècle. – En l'absence de descendants, frères et sœurs obtiennent chacun une part de l'héritage ; C. 2685 (1013) ; C. 794 (951), une femme donne *medietatem de illis que mihi obvenerunt ex parte fratris mei* ; C. 764 (950), jugement contre deux sœurs qui revendiquaient l'aumône de leur frère. – Mais, au-delà des descendants et des collatéraux, il n'y a pas de règles précises ; c'est une compétition que parfois tranche un jugement de la cour comtale ; C. 1174 (964), *ibi venit A... cum suis testibus et juraverunt melius debet illa hereditas A... esse et propinques suos quam G... evenire* ; C. 3577 (1030 env.), à la mort de Guigue, qui ne laisse pas d'enfant, *lis non modica inter heredes de ejus honore orta est*.

2. La *conversio* rompt toutes les attaches familiales, mais elle s'accompagne toujours d'une donation d'alleux. Assez restreinte lorsqu'il s'agit d'enfants oblats (C. 1625 – 3570 – 3021 – 3094), elle correspond à peu près à la part d'hoirie lorsque le nouveau moine est adulte ; C. 2118 (993 –

Toutefois, les effets des aumônes et des partages successoraux dépendent essentiellement du statut de la terre. Peut-elle être librement aliénée et divisée ? Est-elle au contraire soumise au contrôle soit du groupe familial, soit d'un propriétaire éminent, qui s'opposent l'un et l'autre à son transfert ? Il convient d'examiner le régime de la possession foncière, quels sont dans la seconde moitié du xe siècle les droits de l'individu sur l'alleu et sur les tenures dont il jouit.

*

La terre tenue « à la mode paysanne [1] » – qui peut d'ailleurs fort bien être possédée par de grands personnages, le droit des personnes n'ayant pas de rapport avec celui des fonds – est de toutes la mieux protégée contre le démembrement. Procédé d'exploitation économique, cette concession est très généralement héréditaire ; comme il importe que la terre ne soit pas privée d'exploitants, le seigneur admet que les héritiers succèdent au tenancier défunt ; la tenure paysanne est un bien de famille. Cependant, les droits du possesseur et de ses parents sont strictement limités : la tenure ne peut être aliénée en tout ou en partie sans le consentement du maître du sol ; celui-ci investit à chaque succession les nouveaux tenanciers et, s'ils se sont réparti l'héritage selon les mêmes principes qui règlent la dévolution des biens allodiaux, le seigneur ignore ces partages ; à ses yeux, la tenure conserve son unité, les « parsonniers » (*parcionarii*) l'exploitent en commun et sont solidairement responsables du service [2]. L'aumône et la division, sources de ruine, sont donc interdites aux plus pauvres. Sans doute, quand la famille est trop prolifique, les membres de la communauté doivent-ils vivre chichement. Mais, puisque l'on commence à mettre en valeur les grands domaines forestiers encore vierges, ils ont la ressource de prendre à

1048), *unus Cluniaci effectus est monachus... cui dederunt* (il s'agit du père et de la mère) *partem suam ex propria hereditate*.

1. B. 11 (1086), *accepi... sicuti et alii agricole* ; M. 571 (1106), *more rustici... possidens*.

2. Le tenancier ne peut aliéner sa tenure sans autorisation (c'est la faute qui est reprochée au prévôt de Berzé et punie de confiscation, C. 3666). – La concession est parfois temporaire ; c'est le cas pour les complants concédés à une ou deux vies, C. 2147 – 2764 – 3752 ; mais le contrat est alors souvent prolongé, à des conditions moins favorables, au profit des héritiers ; C. 1588 (932), *et si filius meus C. ipsam vineam voluerit facere, faciat eam sicut alius homo* ; C. 2582 (1003), *ut meus filius qui in partem sancti Perri venerit, pro tali servitio quod alius homo dare debet et ipse donet*, C. 3143 (fin XIe), *alii eorum parentes teneant ad medietatem*. D'ordinaire la possession est héréditaire et lorsque la tenure est abandonnée, c'est la famille tout entière qui renonce à ses droits ; C. 3781 (fin XIe), le tenancier *cum uxore S. et liberis suis werpierunt* ; *NSP*, XXV (déb. XIIe), *laudante uxore sua et liberis suis, laudante etiam B.P. et uxore ipsius que fuerat uxor fratris supradicti G.*

cens de nouveaux fonds seigneuriaux. Au bas de l'échelle des fortunes, le régime de la tenure paysanne assure la stabilité des plus petits patrimoines.

*

Les précaires et les bénéfices sont eux aussi aliénables sans le consentement du seigneur. Sans doute, cette stipulation n'est-elle pas toujours respectée : nous savons que l'évêque de Mâcon, Lébaud, donna l'une des terres qu'il tenait en précaire de l'abbaye de Cluny aux parents d'un homme dont il avait causé la mort et que ce manquement aux termes du contrat parut véniel, puisqu'il fut spécialement loué pour avoir respecté les droits de saint Pierre [1]. Néanmoins, les « bienfaits » échappent généralement aux dilapidations [2]. Leur transmission héréditaire est également soumise à d'importantes restrictions. Le contrat de précaire est rompu à la mort du précariste ou de certains de ses héritiers nommément désignés ; la concession *in beneficio*, dont la durée n'est pas précisée, est souvent tenue pour une concession viagère [3]. Aussi de nombreuses tenures de cette catégorie finissent-elles par revenir dans le patrimoine dont elles sont sorties ou bien, comme le domaine de Saint-Point que les moines de Cluny, à la mort d'Aimon de Vinzelles, retirèrent à ses fils pour le concéder à Geoffroy Deschaux, passent de famille en famille dans la clientèle du concesseur [4]. Mais les héritiers s'efforcent de conserver le « bienfait » dont a joui l'un des membres du lignage ; les neveux de l'évêque Lébaud entretinrent pour cette raison une longue discorde avec les Clunisiens [5]. Entraîné par cette tendance irrésistible, le seigneur consent fréquemment à prolonger la concession en faveur des descendants du premier bénéficiaire qui acceptent de se soumettre aux mêmes obligations personnelles. Mais il entend cependant que la tenure ne soit pas divisée ; l'un seulement des héritiers en reçoit la jouissance. Précaires et bénéfices sont donc les possessions d'une personne et

1. C. 2946 (1040 env.), donation d'une terre *que ante fuit sancti Petri... sed ab abbate et monacchis data est loco precarie domino Letbaldo... Ipse... contra justiciam faciens, alienavit ex toto sancto Petro et donavit eam Gausceranno*. « Éloge de Lébaud », *Bull. Clun.*, VI.

2. Les « bienfaits » accordés en toute propriété sont soumis aussi à cette restriction : Girbert donna à sa mort avec la seule approbation de ses lignagers le petit domaine qu'il avait reçu de son seigneur Bérard de Beaujeu ; mais Humbert, fils et héritier de Bérard, fut sollicité par les moines de Cluny de renouveler la donation en son nom : C. 1039 (957-1040) (992-993), 1774 (992-996).

3. Même lorsqu'il s'agit de « bienfaits » accordés en toute propriété, BRUNNER, *Landschenkungen*, p. 1188 ; MAITLAND, *Domesdaybook*, p. 299 ; BLOCH, *Société...*, I, p. 252.

4. C. 2087 (1030 env.).

5. *Bull. Clun.*, VI (1016), *Warulfus de Branciduno et frater ejus Walterius... qui eis contrarii sunt de precaria quam tenebat de sancto Petro... Lebaldus episcopus, eorum videlicet avunculus*. – Sur la tendance à l'hérédité, LESNE, *Propr. eccl.*, II, fasc. 2, 251.

non d'une famille ; échappant à la coutume successorale et ne pouvant être offerts en aumône, ces biens, qui forment une part appréciable des plus gros patrimoines, les protègent d'une désagrégation trop poussée.

*

Par contre, le sort de l'alleu dépend uniquement des contraintes lignagères : de son vivant, l'alleutier en dispose avec la seule autorisation de sa parenté ; après sa mort, la dévolution de l'alleu est réglée par le droit familial. Or, dans la seconde moitié du xe siècle, la solidarité du groupe paraît très imparfaite et défend mal l'alleu contre les tendances qui le menacent.

L'alleu est en effet presque toujours le bien personnel d'un seul homme. Sur quelque mille sept cents alleux qui se montrent dans les documents de cette époque, cent trente-quatre seulement sont l'objet d'une possession indivise [1]. Et encore, dans vingt-six cas, l'indivision réunit-elle des participants qui apparemment n'ont entre eux aucun lien de parenté et qui semblent s'être associés librement pour exploiter la terre. De plus, lorsqu'elle est pratiquée dans la famille, la communauté de biens, à trois exceptions près, rassemble de très proches parents. Une fois sur trois, ce sont des frères qui n'ont pas voulu diviser l'héritage aussitôt après la mort de leurs parents et qui forment pour quelque temps une « frérêche » (*fraternitia*) [2] ; mais l'indivision ne se poursuit pas d'ordinaire au-delà de la seconde génération et, le plus souvent, les membres de l'indivision sont le père, la mère et leurs enfants. La communauté de biens n'est fréquente que dans le groupe conjugal.

Même dans cette cellule élémentaire, la famille, chaque individu conserve une grande indépendance économique. Bien avant la mort de leurs parents, nombre de fils possèdent des biens propres dont ils disposent à leur gré, sans en référer à personne ; ces alleux personnels proviennent souvent d'une division partielle pratiquée de son vivant par le père, souvent aussi de cadeaux reçus

---

1. Les *terrae francorum*, contrairement à l'opinion de Déléage (*Vie rur.*, p. 383), ne sont pas des possessions familiales indivises, voir ci-dessous, p. 149. – La rareté, dans les donations, d'alleux possédés dans l'indivision tient sans doute à ce que les clercs n'acceptaient que des terres vraiment indépendantes ; mais, d'une part, les textes postérieurs montrent que le nombre des aumônes prises sur la communauté de biens augmente brusquement après l'an mil ; d'autre part, nous possédons pour le xe siècle de nombreuses transactions entre laïcs conservées dans les dossiers ecclésiastiques, et, dans ces actes, la proportion des terres communes n'est pas plus forte.

2. *Frareschia*, C. 166 (sd), *sors fraterna*, C. 316 (sd), *fraternitas*, C. 2356 (993-1030), 2875. Elle se produit normalement à la mort du père, en attendant la *divisio* ; celle-ci est parfois partielle et certains frères, à l'exclusion des autres, conservent des biens communs, C. 1409 (974).

d'un oncle, d'un parrain, des parents eux-mêmes[1] ; sur le plan économique, l'émancipation précoce des fils est la règle. Quant au lien conjugal, il ne crée pas non plus de communauté réelle entre les époux. Le mari et la femme gèrent chacun leurs biens héréditaires, acquièrent et vendent séparément sans que le conjoint ait son mot à dire. Au lendemain des noces, l'épouse a reçu de son mari le *sponsalicium*, le cadeau d'épousailles, qui est la donation immédiate en toute propriété du tiers et parfois de la moitié de l'héritage de l'époux[2] ; loin de fondre ensemble les biens des deux conjoints, le mariage provoque au contraire le partage du patrimoine du mari. En ce temps, triomphe la conception strictement individuelle de la propriété. Chaque événement familial, union, naissance, décès, morcelle donc l'alleu, et la répugnance pour la possession indivise empêche d'amortir l'effet de ces démembrements.

Fait plus grave, sur chacune des parts de l'héritage ainsi divisé, le lignage n'exerce pas de contrôle efficace et ne peut empêcher les dilapidations. L'individu fait ce qu'il veut de sa portion d'alleu, qu'il a reçue « *ad habendam, vendendam, donandam* ». Et effectivement, lorsqu'un homme vend ou donne une de ses terres héréditaires, la plupart du temps, il est seul ; les témoins de cet acte grave qui engage l'avenir de la famille sont des étrangers dont la présence est fortuite ; il n'a pas auprès de lui pour le guider, le retenir, le groupe attentif des gens de son sang, de ceux qui peuvent espérer recueillir un jour sa succession[3].

1. Les canonistes considèrent que la fusion est totale dans le groupe conjugal, Champeaux, « *Jus sanguinis* ». – Pourtant, du vivant de leur père, les fils disposent de biens personnels, propres de la mère hérités dès son décès, C. 2685 – 2022 – 316 ; dons des parents ; *filiolagium*. À leur mariage, ils reçoivent les biens sur lesquels ils prélèvent le *sponsalicium* de leur épouse, C. 271 (926), 254.

2. Lemaire, « Liste des constitutions de douaires en Mâconnais », dans Déléage, *Vie rur.*, p. 240. – Au xe siècle, le *sponsalicium* est une donation en toute propriété de la moitié ou du tiers des biens du mari ; C. 2265 (994), *ad habendam, vendendam, donandam* ; M. 210, *facies quod volueris*. Dans C. 858 (953), il est prévu que, si l'union est stérile, le douaire sera partagé par moitié entre les héritiers des deux époux. Mais généralement, il n'y a pas de réserve, même en faveur des enfants à naître. Le mariage suppose donc l'indépendance économique du fils marié et fait éclater son patrimoine héréditaire : Lébaud-Garoux avait donné ainsi une part de son alleu à sa femme Doue (C. 254 – 370) ; celle-ci, remariée, bien qu'elle ait des fils de Lébaud, transporte dans son nouveau ménage, avec ses propres, les biens familiaux de son premier mari, que l'on trouve plus tard aux mains des fils du second lit (C. 798 – 953) ; mieux, ces derniers élèvent des prétentions sur les alleux restés en possession des descendants de Lébaud, C. 802.

3. Au xe siècle, les parents sont rarement présents aux transactions (un acte sur 23 entre 900 et 950 ; un acte sur 10 entre 950 et 1000) ; les témoins sont les gens qui, ce jour-là, se trouvent au lieu où est passé le contrat ; deux actes rédigés le même jour au même endroit par des donateurs différents ont les mêmes témoins (C. 839 et 840 (948) ; 1674 et 1675 (981) ; 1904, 1905, 1906, 1907 (990) ; 2549 et 2550 (1002)) ; inversement, les témoins d'un même vendeur sont différents lorsque la vente a lieu dans des circonstances différentes, C. 2570 et 2572.

Meilleure preuve de cette liberté de décision, il est rare que l'acquéreur se soucie de faire mentionner dans le contrat le consentement formel des lignagers à l'aliénation [1] ; sur le bien individuel, les droits de la parenté sont donc négligeables. Aussi, rien ne s'oppose à ce que tel père trop préoccupé de son salut multiplie les donations au risque de laisser ses enfants dans le besoin. Bien au contraire, les juridictions publiques sont là pour garantir la validité de ces donations et pour faire taire les réclamations souvent justifiées des parents qu'elles dépouillent [2].

Cette conception très individualiste de la propriété permet, il est vrai, au père de famille d'éviter un trop grand morcellement de l'héritage. Le droit du temps lui fournit le moyen de tourner les règles trop strictes des divisions successorales en avantageant de son vivant certains héritiers.

Certes, les pratiques testamentaires romaines sont oubliées, mais il est encore d'usage à la fin du xe siècle de rédiger, pour prévenir les chicanes entre les successeurs, une *carta divisionis*, un règlement anticipé du partage que sanctionne parfois l'autorité d'une cour judiciaire [3]. Nous ne connaissons malheureusement ces actes que par allusions et nous n'en avons retrouvé aucun qui date de cette époque ; mais il n'est pas interdit de croire qu'ils permirent de faire à certains héritiers la part la plus belle [4]. En tout cas, les donations entre vifs de frère à frère, d'oncle à neveu, des parents à l'un de leurs enfants sont fréquentes ; réservant souvent au donateur l'usufruit viager, ce sont en fait des avances d'hoirie qui soustraient à la division une part de la succession en faveur d'un lignager choisi [5]. Ces procédés cependant ne suppriment pas les partages ;

1. La *laudatio parentum* est très rare ; entre 900 et 950 une charte sur 53 en est revêtue ; entre 950 et 1000, une charte sur 28 (contre deux chartes sur trois dans la seconde moitié du xie siècle). Un tiers des approbations viennent du conjoint, un tiers aussi des fils. Les frères ne sont appelés à donner leur consentement qu'en l'absence des descendants. La *laudatio* des parents éloignés est presque inconnue.

2. Voir par exemple la série des jugements rendus contre les héritiers du chanoine Alard, qui contestaient sa donation à Cluny, C. 644 – 702 – 719 – 764.

3. Les allusions aux *cartae divisionis* sont fréquentes ; C. 430 (935), *sicut incertum est in carta divisionali quam inter me et fratrem meum G. fecit* ; C. 1312 (972), *quem pater per titulum cartarum mihi hereditavit* ; M. 185 (928-936) ; M. 467 (960) ; C. 1296 (971), *ne forte propinqui mee consanguinitatis post discessum mee mortis inde abeant inter se altercationem litis*. – Au début du xe siècle, procès-verbal de division au mall comtal ; M. 185 (932-943), *in mallo... venit quedam femina nomine R. et infantes Landrici senioris ejus, postulaverunt ibi brevem helemosinariam quod Landricus ad suam finem de sua hereditate unicuique divisit* ; la part de R. est ensuite décrite.

4. La seule que nous possédions date de la fin du xie siècle (CL 10) et ne détaille pas suffisamment les éléments de la fortune pour que l'on puisse comparer la part de chacun.

5. Donations entre vifs de frère à frère et d'oncle à neveu, immédiates ; C. 674 – 765 – 1802 ; M. 349, ou avec réserve d'usufruit ; C. 525 – 542 – 2555 – 975, *eo tenore dum modo vivi teneo*

nul ne peut frustrer entièrement tous ses hoirs à l'exception d'un seul et une mort prématurée empêche souvent de recourir à cette précaution. Il semble d'ailleurs que, premier pas vers une transformation du droit familial que nous décrirons plus loin, l'usage des donations anticipées se perde rapidement vers 980[1]. Les avantages que présente l'individualisme dans la possession sont en définitive bien faibles auprès de tous les dangers qu'ils font courir au patrimoine héréditaire. L'alleu est alors un bien extrêmement mobile, qui se morcelle à chaque génération et que les aumônes transfèrent sans retenue dans la fortune de l'Église.

*

Puisque l'alleu est la forme la plus répandue de la possession foncière, tout le mouvement des fortunes laïques est commandé par le jeu des donations pieuses et des partages successoraux. Comme les documents révèlent d'abord l'état du temporel ecclésiastique, on parle volontiers de l'accroissement du grand domaine aux dépens de la petite exploitation ; c'est l'époque, dit-on, de la concentration des terres aux mains des riches[2]. Il est certain que le patrimoine des établissements religieux absorbe constamment, par grosses pièces et par parcelles éparpillées, la bonne terre allodiale ; les clercs, qui disposent des plus riches trésors et savent les utiliser à propos, achètent et prêtent sur gage ; ils recueillent surtout le flot intarissable des aumônes et leur propriété foncière ne se désagrège pas parce que le temps n'est plus aux usurpations violentes et parce que ses possesseurs spirituels ne meurent point. Mais que cette croissance ne fasse pas méconnaître le délabrement des héritages laïcs dont elle est en partie responsable. Délabrement qui précisément s'accélère aux alentours de

---

adque possideo, et si necessitas mihi advenerit faciam quicquid voluero ; post meum discessum G. in hereditate perveniat. – Donations entre vifs de père à fils, certaines nettement désignées *in locum divisionis*. Quelques-unes sont immédiates (C. 855 – 1082) et portent parfois sur des biens importants (six manses, C. 505). Elles sont accordées soit à plusieurs enfants (C. 222 – 400 – 630 ; M. 132), soit au fils marié et à sa femme (C. 231 – 389 – 755 – 893). Souvent le père se réserve l'usufruit viager (C. 389 – 231 – 400 – 666 – 675 – 827 – 1103 – 1166), avec le droit d'en disposer, C. 1148 (963), *et si necessitate ebea vendere et donare possumus*. On précise la destination future du bien qui passera d'un fils à l'autre, C. 743 – 803, ou reviendra à un tiers désigné, C. 481 – 1103, ou à l'Église, C. 675.

1. Alors que les donations entre parents plus éloignés, les *sponsalicia*, les *filiolagia* restent aussi nombreux, les donations de père à fils semblent brusquement disparaître. Sur les 32 actes que nous possédons, 4 datent de 920-930, 4 de 930-940, 9 de 940-950, 5 de 950-960, 5 de 960-970, 3 de 970-980, aucun de 980-990, un de 990-1000, un de 1000-1010.

2. DÉLÉAGE, *Vie rur.*, ch. X, par. VII.

980 ; à ce moment en effet triomphe le principe de la division égale entre les héritiers, car l'on renonce aux donations entre vifs et aux partages anticipés ; à ce moment surtout s'avive la croyance en l'efficacité rédemptrice des aumônes et l'on donne pour son âme davantage et plus souvent[1]. La pyramide très nuancée des fortunes foncières que nous avons décrite est en train de s'affaisser régulièrement. Toutefois, tous ses étages ne s'effondrent pas aussi vite ; précaires et bénéfices maintiennent les plus grandes fortunes, tandis que, grâce aux tenures, le niveau de vie paysan reste stable dans sa médiocrité. Mesurons maintenant les effets de ce mouvement en considérant de nouveau la répartition de la terre laïque, mais un demi-siècle plus tard, aux approches de l'an mil.

3. *L'appauvrissement des laïcs*

On est frappé d'abord de l'extraordinaire développement du patrimoine ecclésiastique. Il n'est pas un finage du Mâconnais où les communautés religieuses n'aient gagné quelque chose. Saint-Vincent de Mâcon et Saint-Philibert de Tournus ont en partie recouvré les domaines qui jadis leur avaient été soustraits et ont reçu de nombreuses terres en aumône. De nouvelles fondations, Notre-Dame de Beaujeu, Paray-le-Monial, développent rapidement leur temporel. Celui de l'abbaye de Cluny connaît un essor prodigieux ; les moines recueillent des biens dans plus de cent terroirs ; partout où ils ont quelques terres, ils éliminent progressivement des quartiers environnants les premiers possesseurs du sol. C'est ainsi, par exemple, que pendant ce demi-siècle ils acquièrent dans les cinq finages voisins de Bésornay, de Farges, d'Erny, de Mézy et de Vissandon, 28 manses ou courtils, 26 pièces de vigne, 31 prés et 71 parcelles de terres labourables, sans parler des fonds qu'ils achètent à beaux deniers comptants[2]. Dans l'histoire économique du Mâconnais médiéval, l'éclatante fortune que fit aux dépens des héritages laïcs le monastère clunisien et qu'atteste l'ampleur de ses cartulaires est certes l'événement capital, à l'origine d'énormes transferts de propriété.

*

La désagrégation des patrimoines laïcs est non moins manifeste. Elle atteint la haute aristocratie. Tous les Bérard ont sacrifié en aumône une bonne part

1. Les chanoines de Saint-Vincent de Mâcon et les moines de Cluny n'ont jamais reçu autant de dons que dans les deux dernières décennies du Xe siècle.

2. Voir le tableau dressé par DÉLÉAGE, *Vie rur.*, p. 1068-1079.

de leurs alleux. Les possessions de la branche de Montmerle dans l'Autunois méridional, à Vicelaire, à Gibles, à Matour, sont passées aux mains des clercs[1] ; c'est surtout sur son flanc nord, le plus proche de Cluny, que le bien familial se dégrade et que s'anémient les rameaux du grand lignage ; ainsi, la belle seigneurie de Courzy, divisée à la génération précédente entre les Bérard de Merzé, le châtelain de la Bussière, leurs cousins de Berzé et de Bière, le lévite Bérard, se reconstitue lentement, mais au profit du monastère qui en recueille les fragments les uns après les autres[2]. La fortune des Garoux n'est intacte qu'en apparence ; Lébaud, évêque de Mâcon, conserve en précaire la plupart des terres que ses ancêtres ont jadis données aux églises ; il prépare l'élévation à l'épiscopat de son neveu Gautier ; mais le terme est tout proche où les biens concédés devront être restitués, où, un moment amortis, les dépouillements des générations antérieures prendront subitement effet et ce sera la chute brutale[3]. Quant aux Évrard, de plus en plus nombreux, donc de moins en moins riches, ils sont presque tous descendus d'un degré dans la hiérarchie économique. À Tizy et à Bourgogne près de Saint-Point, Guy, mort sans enfant en 980, a donné à Cluny la moitié de sa fortune, laissant l'autre à son neveu Girbert, qui cinq ans plus tard l'a offerte en aumône à son tour ; un autre Girbert, son cousin, avait déjà remis aux moines tout son bien[4]. Les terres familiales de Sennecé seront données à l'Église en 1008 par Rotru, sœur du vicomte Gautier, et par son vieux mari Flobert[5]. À Sologny, deux sœurs, Landrée et Audru, ont prodigué les donations ; on perd bientôt de vue leurs fils, réduits pour subsister à emprunter sur les quelques alleux qui leur restent ; le patrimoine de leur cousin Rannoux se dissout de la même manière ; seul se maintient encore Renaud, issu d'un rameau moins généreux et moins prolifique[6].

Toutefois, quelques membres de ces grands lignages ont conservé leur richesse et s'élèvent d'autant plus haut que les autres s'abaissent. Ce sont ceux qui, exerçant encore les fonctions publiques qui avaient enrichi leurs ancêtres,

1. C. 310 – 1775 – 1859.

2. Le vieil alleu héréditaire de Courzy est partagé entre les Berzé (C. 1554 – 1638 – 1882), les Merzé (C. 2169 – 2784 – 2809), Geoffroy Deschaux, sire de la Bussière (C. 1913 – 1985 – 1986 – 2200 – 2329), les Bière (C. 319), le lévite Bérard (C. 1806). Tous offrent leur part petit à petit à Cluny. Voir croquis III.

3. Voir *supra*, n. 5, p. 78.

4. C. 854 (952), 1538 (980), 1717 (985).

5. M. 486 (1003).

6. C. 307 – 2821 – 2018 – 2117 – 2433 – 3171 ; Rannoux, C. 1545 – 345 – 2320 – 2706 – 124 – 131 – 2117 ; Renaud, C. 2504 – 2022 – 2183 – 2810 – 2848.

gardent la jouissance personnelle des bénéfices indivisibles et inaliénables attachés à ces fonctions ; en raison de leur puissance, l'Église prolonge volontiers à leur profit les concessions de précaires dont avaient profité leurs parents et leur accorde l'usufruit de nouvelles terres ; c'est à une fille du comte, au châtelain de Bâgé, à ceux de la Bussière et d'Uxelles que vont en l'an mil les largesses de l'abbé de Cluny et de l'évêque de Mâcon [1]. Ainsi, la puissance et l'illustration des anciennes familles dominantes est tout entière recueillie par huit personnages ; en premier lieu, le comte ; puis, parmi les Bérard, Guigue, vicomte de Lyon et, par son mariage, de Mâcon, châtelain de Montmerle [2], Humbert, châtelain de Beaujeu, qui rassemble entre ses mains le très gros héritage de son père Bérard et de ses oncles de Montmelas [3], Geoffroy Deschaux, châtelain de la Bussière, qui survit seul à ses deux frères et s'est richement marié en Charolais [4] ; des Évrard sont issus Oury, fils de Rathier, châtelain de Bâgé, qui possède après son père de très riches précaires ecclésiastiques, Bernard, fils de Josseran, châtelain d'Uxelles [5] et Geoffroy, châtelain de Berzé, mari d'une Bérard [6] ; enfin, dans le château de Brancion, Guinebaud, beau-frère de l'évêque Lébaud, a succédé aux Garoux. Ces huit seigneurs, extrêmement riches malgré les aumônes et les partages parce qu'ils détiennent les grands « honneurs » et les précaires, forment maintenant à eux seuls la haute aristocratie, dont la supériorité économique s'est affirmée dans l'appauvrissement général.

1. Une fille du comte Otte-Guillaume reçoit en précaire de saint Odilon la seigneurie de Laizé, C. 2743 (1020) ; les Bâgé, C. 919 (954-994), M. 265 (971-977), 2 (1018-1030) ; les sires de la Bussière, C. 2087 (1030 env.) ; les Gros d'Uxelles, M. 18 (1063-1072).

2. Pour les Bérard, voir croquis III. – Guigue, vicomte de Lyon, châtelain de Montmerle, C. 2925, a épousé la fille de Nardouin, vicomte de Mâcon, et repris la charge de son beau-père, M. 113 (1028-1030). Sa sœur épousera le comte de Mâcon, C. 3577. Son frère Guillaume, dont les fils hériteront la plupart des alleux de leur oncle, est richement marié en Clunisois, C. 928 – 2616 – 2760 ; M. 220.

3. Humbert de Beaujeu confirme les grosses donations de son père à l'église du château, B. App. I, et fait des aumônes à Cluny, C. 1218 – 1376 – 2005 – 2269 – 2266.

4. Geoffroy Deschaux concentre son domaine autour de la Bussière, C. 603 ; sa donation funéraire est limitée et excentrique (Tizy, C. 554 – 2911). Son fils Hugues, seul survivant, reçoit de saint Odilon une précaire à deux vies à Tizy et Saint-Point, C. 2087.

5. Oury, fils de Thibert, a reçu de ses ancêtres des biens dispersés dans tout le Mâconnais, à Monceau. C. 2611 (1005), Verchizeuil, C. 2265, Igé, Chevignes, Hurigny, Fuissé, C. 2605 ; Verzé, M. 201 ; Berzé, C. 2124. Sa fonction au château de Bâgé, entouré par ses alleux, M. 330 ; C. 1718 – 1958 – 2265 ; M. 489 – 543, ainsi que les riches précaires qu'il tient après son père, C. 919 ; M. 265, l'attachent en Bresse. – Sur Bernard Gros, fils de Josseran, voir IIe part., ch. IX, B.

6. Geoffroy, un Évrard, épouse une Bérard, les deux patrimoines se confondent autour du château de Berzé, CHAUME, « Berzé ».

*

Les moyennes fortunes de l'époque précédente, faites presque exclusivement d'alleux, se sont elles aussi démembrées et, parmi les petits-fils des hobereaux de 950, nombreux sont des paysans besogneux, contraints de travailler eux-mêmes le peu de terres qui leur reste. Robert de Curtil n'a laissé que cinq ou six exploitations agricoles à chacun de ses quatre fils ; deux d'entre eux sont morts rapidement après avoir beaucoup donné pour leur salut ; le troisième, Atton, pour s'épargner les soucis, va remettre à Cluny tout son avoir, demandant seulement d'être entretenu sa vie durant « en vivres et en vêtements » et son frère Guinebaud suivra son exemple ; le monastère recueillera ainsi tout l'alleu de Robert, malgré les contestations des cousins, trop pauvres pour accepter sans murmure d'être entièrement frustrés[1]. De même, le bien du scabin Sievert a été gaspillé en aumônes.

Pourtant, parmi les descendants des petits seigneurs d'autrefois, quelques-uns ont par chance conservé leur aisance. Certains, parce qu'ils ont su éviter le partage de l'héritage ancestral et le conserver plus longtemps indivis ; c'est le cas des quatre frères Achard, Létaud, Livon et Galon, copropriétaires d'un beau domaine autour de Cortambert et de Bresse-sur-Grosne[2]. D'autres ont conclu d'heureuses alliances matrimoniales, tel Guichard de Sennecé, qui a pris femme dans le lignage Évrard[3]. Quelques-uns, enfin, parents de hauts dignitaires de l'Église, ont obtenu au bon moment la concession d'une précaire qui les a sauvés de la ruine, comme ces propriétaires de Ruffey, près de Cluny, qui, neveux d'un évêque et frères d'un chanoine, reçurent peu avant l'an mil la jouissance des églises de Château, Brandon, Sainte-Cécile et Lournand et de terres en Clunisois et en Mâconnais voisines de leurs alleux ; tenures que leurs descendants vont conserver plus d'un siècle[4]. Ces héritiers plus heureux forment maintenant la classe moyenne, celle des possesseurs de dix à trente

1. C. 2685 (1013). Revendications des cousins, C. 3118 – 924 – 956 – 2848.

2. C. 2102/3265/589/2322.

3. Guichard épouse l'héritière des Arnoux-Évrard, C. 1049 – 1694 – 1553 – 1406 ; M. 269 – 133 – 54 ; C. 2768 – 2435 ; M. 525 – 372 – 174 ; son descendant en 1040 possède un joli domaine.

4. Précaire accordée au prêtre Orné, petit-neveu de l'évêque Mainbaud, et à ses frères Gilbert et Bernard : les églises et des domaines à Prissé, Sancé, Sommeré, Mouhy, Colonges, Varanges, M. 309 et 392 (996-1018). Ces biens seront restitués en 1108 (M. 547) mais l'abandon définitif n'aura lieu qu'en 1153 (M. 618). De même la famille de Vinzelles profite de la situation d'un de ses membres, chanoine de Mâcon, M. 461 (1031-1062), 30 (1060-1108), 512 (1074-1096). Sur les avantages que les laïcs pouvaient retirer de leurs relations familiales avec les dignitaires ecclésiastiques, Wiart, p. 196 ; Lesne, *Propr. eccl.*, II, fasc. 3, p. 102.

manses, avec les descendants appauvris de la haute aristocratie, de ceux du moins qui ont hérité assez de biens pour ne pas tomber dans la paysannerie. Mais cette petite noblesse n'est constituée que de ces deux éléments. Parmi ses membres, nous n'avons reconnu aucun parvenu de petite origine, paysan enrichi par le trafic des blés, humble suivant d'armes que le « bienfait » d'un seigneur aurait placé d'un coup parmi les riches. Cette époque ignore les brusques ascensions sociales, même celles qui seraient provoquées par les concessions gracieuses de terres ; précaires et bénéfices maintiennent mais n'élèvent pas.

Examinons de près un petit canton rural qui apparaît à la fin du xe siècle dans une bonne lumière, parce qu'il est très proche de Cluny, l'*ager* de Merzé qui réunit onze hameaux situés sur les deux rives de la Grosne. On y découvre, entre de modestes alleux paysans et le domaine en progression constante du monastère, sept patrimoines fonciers d'importance moyenne, groupant chacun quinze à vingt exploitations et dont les éléments s'entremêlent dans chacun des terroirs. Parmi leurs possesseurs qui, marque de leur position sociale, vont bientôt revêtir le titre chevaleresque, trois descendent directement des plus riches propriétaires du début du siècle : Arlier est membre du lignage Évrard ; Airoard a recueilli à Massilly et dans les essarts de la forêt de Grosne une part de l'héritage des Bérard de Joux ; Lambert, un Bérard lui aussi, est très proche parent des châtelains de la Bussière et de Berzé. Les quatre autres ont pour ancêtres des seigneurs plus modestes mais qui, meilleurs ménagers de leur bien, leur ont laissé une fortune encore substantielle ; de plus, ils sont liés eux aussi, soit par leurs mères, soit par leurs épouses, aux grandes familles de la haute aristocratie et leur doivent une part de leur richesse ; Engeaume et Constantin se rattachent aux Évrard par Arlier, dont l'un est le cousin germain et l'autre le beau-frère, de même que Bernard Burdin, qui est allié à la branche de Sennecé ; Seguin est le beau-frère des Bérard de Courzy[1]. Cet exemple montre que les

1. Voir croquis IV. – Engeaume, fils d'Engeaume (C. 1157), possessionné à Varanges, C. 1592 (982), 2331 ; 2298 (995), 2664 (1008), 3251 (sd), à Mailly, C. 2331 (996-1031), à Merzé, C. 1883 (991) : il donne pour l'âme de sa femme une vigne, deux champs et une serve à Varanges, C. 2600 (1004), puis, pour son propre salut, un manse à Flagy, C. 2338 (996-1031). Cousin d'Arlier, C. 2338. – Bernard Burdin, possessionné à Lournand, C. 1658 (993), 1671 (974), à Toury, C. 1464 (978). L'un de ses fils, Ibert, aura des biens à Lournand, C. 3260 (sd) ; l'autre, Audin, à Merzé, C. 2775 (1022), à Mailly, C. 2396 (997), et donnera pour son âme la réserve de Cotte, C. 1931 (992), laissant à son fils Josseran entre autres choses un clos à Cortambert et un courtil à Chevagny, C. 2934 (1040). Bernard, qui a donné à sa mort trois champs à Mailly et un à Lournand, C. 1671 (994) est lié à Garnier, cousin de l'évêque Adon (C. 1144/2506) dont l'héritage sera partiellement recueilli par Hugues Burdin et ses frères, M. 31 (1065 env.).

Constantin, possessionné à Massilly, C. 1580 (981), 1685 (984), Merzé, C. 1790 (988), Varanges, C. 1916 (992), 1612 (982), 2556 (1002), Ruffey, C. 3174 (sd), a une « frérèche » à

petites seigneuries de l'an mil sont formées en grande partie par les débris des très grands patrimoines du début du siècle, que les partages ont morcelés ; elles sont encore abrégées par les aumônes et c'est pour cela que nous les connaissons ; très proches les uns des autres par le sang, leurs possesseurs, les futurs chevaliers, sont pour la plupart les descendants et les héritiers des Garoux, des Évrard ou des Bérard, ces puissants personnages, amis et serviteurs des princes, que leurs patrons, cent ans plus tôt, avaient enrichis aux dépens du fisc et de la terre d'Église.

*

Quant à la classe paysanne, elle s'est grossie de tous les descendants déchus des familles seigneuriales. Pour cette raison, elle compte parmi ses membres de nombreux hommes libres, qui exploitent encore beaucoup de petits alleux, bribes des anciens patrimoines indéfiniment partagés. Mais ces terres indépendantes continuent de se morceler et de passer par parcelles infimes dans la fortune ecclésiastique. Les tenures seules demeurent et, dans les régions forestières, hors des vieux terroirs, le travail des essarteurs va sans cesse les multipliant.

*

À la fin du xe siècle, le trait le plus marquant de l'histoire économique est bien l'appauvrissement constant des laïcs. Certes, ce trait est exagérément grossi par nos moyens d'observation ; les documents ecclésiastiques montrent seule-

---

Cotte, C. 2356 (996-1002) et un courtil à Colonges ; il cède à Cluny en usuaire une part de sa réserve de Mailly, C. 2206 (996-1048) ; son fils donnera un manse à Mailly et deux manses à Varanges, C. 2968 (1040), 3202 (sd). Beau-frère d'Arlier, C. 2968-3302.

Arlier, lié aux Évrard de Sancé, C. 2604-2625. Seguin, mari d'Alexandra de Courzy, hérite à Chevagny, C. 461 (sd) : donne pour l'âme de son frère Achard des biens à Massilly et Flagy, C. 2290 ; son frère Souffroy, possessionné à Varanges, Cotte et Flagy, C. 1580 (981), 2144, 2647 (1007), 2338 (996-1031) ; lui-même a des biens à Taizé, C. 2039 (993-1048). Flagy, C. 2430 (997-1031), 2555 (1002), Cotte, C. 2621 (1005) ; aumône pour son fils Lambert, C. 2120/2348 ; donne à sa mort une part de sa réserve de Merzé, C. 2427 (997-1031).

Aidoard, cousin d'Aidoard de Germolles et de Gertrude de Confrançon : Massilly, C. 2354 (996-1031), Merzé, C. 2550 (1002), 2430 (997-1031), 1790 (988), 1773 (987-996), 1580 (981), Varanges, C. 2298 (995), 1612 (982), 1395 (974), 1916 (992), Cotte, C. 2144 (993-1048) : donne deux tenures à Varanges, des clos à Colonges, C. 1528 (980), 3099 (sd).

Lambert, beau-frère de Geoffroy de Berzé, cousin de Geoffroy Deschaux, C. 137 ; participant au patrimoine Bérard à Courzy, C. 2169/2809 ; possessionné à Colonges, Chevagny, Massilly, C. 1551/1804 (989).

ment ceux qui se ruinent en aumônes ; les autres, ceux qui gardent leur bien, n'apparaissent pas et les familles les mieux connues sont les plus nombreuses, celles dont le patrimoine est le plus atteint par les partages. Il est certain néanmoins que la classe seigneuriale s'est réduite en nombre ; en 980, l'aristocratie est un petit groupe de cousins que domine de haut une poignée de fonctionnaires, détenteurs de précaires et d'« honneurs » ; l'alleu tend à se concentrer aux mains des clercs et, si le mouvement se poursuit au même rythme, dans quelques générations les laïcs ne posséderont plus que des tenures, « bienfaits » pour les riches, censives pour les pauvres.

L'an mil est donc le temps des déclassés. Et l'on s'explique que, pour fuir la gêne, ces gens prennent volontiers la route et courent l'aventure. Selon leurs goûts et leurs préjugés, les nouveaux pauvres choisiront le vagabondage guerrier ou les hasards du colportage ; quelques-uns s'installeront aux portes des monastères pour recueillir, après avoir beaucoup donné, un peu de l'opulente richesse de l'Église ; beaucoup seront, en pays neuf, les pionniers du défrichement. La cause profonde des grands déplacements d'hommes du XIe siècle, des expéditions chevaleresques, de la formation de la classe marchande, de la conquête des forêts est peut-être moins un brusque essor démographique, qui reste à prouver, que la dissolution des fortunes alleutières, qui déracina les ruraux. En Mâconnais, pour les gens des vieux terroirs trop morcelés et conquis les premiers par le patrimoine ecclésiastique, le grand bois apparaît en effet comme un refuge ; il attire les alleutiers trop misérables, les exploitants trop à l'étroit sur la tenure familiale ; tandis que, pour les familles aristocratiques, la mise en valeur de leurs terres encore incultes est, avec l'aventure militaire, le meilleur recours contre la ruine qui les menace.

D. LA SEIGNEURIE FONCIÈRE

La distribution des richesses ne dépend pas seulement de la répartition des terres, mais encore de celle de leurs produits. Tandis que celui qui cultive lui-même son alleu ou son bénéfice recueille tous les fruits de son travail, les récoltes d'une tenure paysanne sont partagées entre le propriétaire et l'exploitant. Il importe donc pour définir les conditions économiques de la vie sociale à la fin du Xe siècle d'examiner encore la structure et le fonctionnement de la seigneurie foncière. Malheureusement, les documents qui le permettent sont rares et peu explicites ; on ne trouve dans les cartulaires aucune description complète et précise d'un domaine, aucun inventaire détaillé de ses éléments ; le seul acte que l'on puisse appeler un censier et qui fournit, avec le nombre global des tenures, l'exposé laconique des charges qui leur sont imposées, ne peut être daté avec certitude de la fin du xe siècle. Nous ne disposons guère que de brèves mentions isolées, éparses dans les titres de donations ; nous n'apercevons presque jamais que des bribes de seigneuries laïques, dans le moment qui les réunit au domaine de l'Église ; le matériel est défectueux et le point de vue mauvais. Nous tenterons pourtant d'esquisser, après Déléage, les grands traits du régime domanial [1].

L'inégale répartition de la propriété allodiale impose, nous venons de le voir, l'usage de cette forme d'exploitation du sol. Le riche, dont le domaine est trop étendu pour qu'il puisse le cultiver seul ou avec ses domestiques, doit, s'il ne veut le laisser en friche, en concéder une partie à des paysans ; ceux-ci sont bien obligés de prendre des champs en location, parce qu'ils n'ont pas d'alleu ou tout au moins parce que leur propriété est trop petite pour les occuper entièrement et les faire vivre. Ainsi se trouve délimitée la place de la seigneurie foncière dans la hiérarchie sociale ; les petits alleutiers qui possèdent en propre une exploitation modeste mais suffisante échappent à son emprise ; au-dessous de cette zone, on est tenancier ; au-dessus, on est seigneur. Sans doute, la division n'est-elle pas aussi nette ; la terre allodiale est éparpillée en tant de parcelles minuscules qu'il est relativement peu de tenanciers purs ; en outre, certains paysans sont à la fois seigneurs et tenanciers, soit que, restant attachés à une tenure avantageuse, ils concèdent à d'autres quelques champs qu'ils viennent d'acquérir, soit que, descendants appauvris de familles jadis aisées, ils aient hérité quelques bribes de seigneurie, tout en étant contraints, pour subsister, de prendre quelques terres à cens ; des membres de la moyenne aristocratie sont même parfois tenanciers pour quelques parcelles qu'ils exploitent, comme Girberge de Montagny, veuve d'un hobereau beaujolais, heureuse de cultiver contre redevances « comme les paysans » une vigne aux Étoux, parce que son alleu est trop éloigné de sa résidence [2]. D'autre part, comme la richesse foncière de la classe supérieure est infiniment nuancée, les seigneuries sont de toutes grandeurs. Enfin, l'évolution des fortunes exerce son

1. Le moment n'est pas favorable à l'étude de la seigneurie foncière. Parmi les documents de la seigneurie d'Église que DÉLÉAGE a recensés, seul le censier de Lanque date peut-être de cette époque (*Vie rur.*, p. 1230-1232) ; l'inventaire de Saint-Hymetière (*ibid.*, p. 1219-1224) concerne un domaine jurassien, celui de Romenay (*ibid.*, p. 1225-1230) est manifestement de la fin du XIe siècle (voir ci-dessous, IIe part., ch. VI, B). Les actes de transfert de biens-fonds abondent, mais ils ne portent le plus souvent que sur des fragments de seigneuries ; ils présentent rarement des descriptions détaillées et ne mentionnent qu'exceptionnellement les charges des tenures. Cependant, la tâche est rendue aisée par les excellents travaux de DÉLÉAGE (*Vie rur.*, p. 407-622 et les appendices extrêmement précieux).

2. *Sicuti et alii agricole... quia hereditate mea longe aberat*, B. II (1086).

influence sur la distribution de la terre seigneuriale ; tous les domaines laïcs s'amenuisent, beaucoup même disparaissent et, dans la ruine générale, le nombre des preneurs de tenures s'accroît. Moins de seigneuries, plus de tenanciers, le temps est à la concentration, entre quelques mains ecclésiastiques, de grosses entreprises d'exploitation foncière.

1. *Structure*

Extérieurement, la seigneurie revêt des formes très diverses ; il est des domaines cohérents, étroitement groupés autour de la demeure du maître et que l'on peut facilement surveiller de près ; d'autres dont les éléments sont dispersés dans toute la province et qui n'offrent pas les mêmes facilités d'administration. De cette diversité, les exemples abondent ; en voici un, particulièrement frappant. Au nord de Cluny, de part et d'autre de la Grosne, quatre kilomètres à peine séparent les deux terroirs de Sercy et de Chazelle. Installé au carrefour de vieux chemins romains, le premier fut défriché très tôt et est morcelé à l'extrême ; sans parler de quelques pièces de champs et de vignes qui appartiennent en alleu à quatorze familles paysannes, on trouve là des éléments dépendant de dix-neuf seigneuries différentes ; aucun centre d'exploitation domaniale – ceux-ci sont parfois éloignés de plus de vingt kilomètres – mais des condemines, quelques manses, des parcelles isolées. Chazelle, par contre, au milieu des bois, est un domaine compact dont les limites sont celles mêmes de la paroisse ; le terroir tout entier, la demeure seigneuriale, l'église, les maisons paysannes, les moulins installés sur le bief Dombre, les terres, les forêts qui les entourent, tout est la propriété d'un seul maître[1]. Ce contraste ne peut sur-

1. Nous connaissons tous les possesseurs du terroir de Sercy qui, vers 1080, passa en totalité dans le domaine de Cluny : C. 3026 – 3034 – 3077 – 3642 – 3066 – 3332 – 3475 – 3640 – 3759. On découvre ainsi quatorze groupes d'alleutiers paysans, les Echassiers, Jean et Véran, Robert Court et Duran Bâtard, Bernard de Sercy, A. de Cortamblein, A. de Chassigneules, P. de Monceis, H. de Bresse, Doon, B. d'Orget, B. Rollan, J. de Porte : certains ont un manse, d'autres quelques parcelles. Auprès d'eux, seize petits seigneurs ; quelques-uns résident très loin, comme Guichard de Bésornay qui possède une condemine et Robert Cœur-Noir, de Sennecey, maître de cinq perches et demie de terre ; deux grands lignages, les Guichard et les Gros, possèdent chacun trois ou quatre manses exploités par des serfs, et des condemines qu'ils viennent de faire aménager dans les bois des bas-fonds ; enfin, la seigneurie clunisienne avait déjà pénétré dans le finage, C. 2806 – 3081 – 3142. – Le village de Chazelle, présenté comme un seul manse dans C. 3636, est tout entier aux mains de la famille des Guichard, avec les grands bois qui l'entourent. Avant de retrouver son unité dans le patrimoine de Cluny, ce domaine sera morcelé par les divisions successorales, C. 3060 – 3575 – 3636 – 3806 (entre 1080 et 1100).

prendre quand on connaît la mobilité des patrimoines fonciers, car la cohésion d'une seigneurie dépend non pas tant, comme l'affirme Déléage, de facteurs géographiques ou raciaux, que de son histoire ; c'est un organisme vivant, dont l'évolution est commandée dans une certaine mesure par celui qui l'administre, libre de choisir les terres qu'il donne ou qu'il achète et qui souhaite le groupement, mais est déterminé surtout par des événements qui échappent au contrôle et qui conduisent à la dispersion : hasard des héritages pour la seigneurie laïque, hasard des donations pour la seigneurie d'Église. Encore faut-il se demander quelle est, du rassemblement ou de la dispersion, la forme la plus courante.

En l'an mil, il existe encore en Mâconnais un certain nombre de domaines compacts semblables à celui de Chazelle ; comme les seigneuries que décrivent les polyptyques carolingiens, on les appelle des *villae*[1]. Ce vocable qui, dans le langage courant, désigne aussi le hameau et son finage, donnerait à croire que de tels domaines recouvrent tout un terroir ; en réalité, il est tout à fait exceptionnel que leurs limites coïncident exactement ; d'ordinaire, la seigneurie déborde le cadre du terroir villageois et laisse place, en revanche, dans le finage à quelques alleux indépendants ou à des fragments d'autres seigneuries ; à Berzé-la-Ville, par exemple, bien que les Bérard de Montmerle se disent propriétaires de toute la *villa*, de nombreux alleux leur échappent[2]. Ces ensembles cohérents sont rares ; ils recouvrent moins d'un dixième des finages[3] et n'ont ni la même origine, ni la même destinée. Certains, comme Bésornay, sont le fruit de la progression du patrimoine ecclésiastique et, faits d'acquisitions multiples patiemment regroupées, ils sont en marche vers une concentration plus complète[4]. D'autres, tels Mazille ou Blanot, sont d'anciens domaines laïcs passés de bonne heure, alors qu'ils n'étaient pas encore morcelés par les partages et les aumônes, aux mains des clercs qui les conservent intacts[5]. D'autres enfin sont quelques portions des grandes fortunes aristocratiques, échappant

1. C. 2712 (1017), *villam Aniscum... cum omnibus appendiciis suis* ; C. 3380 (1063), *Villam de Berziaco*, etc.

2. Ces enclaves seront acquises après la *villa* par les moines de Cluny, C. 3573 – 3018 – 3267 – 3254, etc. – De même à Cortambert, C. 2120 et C. 3934, M. 544, etc., et à Sercy-en-Chalonnais, C. 3478, où DÉLÉAGE a reconnu 13 possesseurs, *Vie rur.*, p. 1035.

3. 42 seigneuries cohérentes sont mentionnées dans les documents des environs de l'an mil.

4. Bésornay, mentionné pour la première fois comme doyenné en 991-992 (C. 1889) ; de même, quelques années plus tard, les Clunisiens réuniront les fragments épars du terroir de Sercy et rendront à la vieille *villa* son unité (voir n. 1, p. 91).

5. La plupart des domaines compacts ont été donnés très anciennement aux églises par les membres de l'aristocratie laïque, et plus spécialement par les rois et les comtes, anciens possesseurs de Mazille, Écussoles, Clermain, Brandon, Solutré, Laizé, Scissé, Cluny, Viviers, Blanot, Fougnières, Boyer, Tournus.

encore, en raison de leur étendue, à un complet démembrement, mais destinées évidemment à se disloquer, si elles ne tombent pas bientôt dans la « mainmorte » ecclésiastique. Ce dernier type est le moins nombreux, le plus menacé ; dans les premières années du XIe siècle, une dizaine à peine de ces seigneuries groupées restent entre les mains des laïcs, Asnières et Cenves qui sont au comte et Montmelard au vicomte, Berzé-la-Ville et Trambly, possessions des Bérard, Chazelle, Bray, Lalheue et Sercy-en-Chalonnais. Toutes ces *villae* laïques sont, notons-le, situées comme Chazelle en plein bois ou du moins adossées à de grands massifs forestiers ; c'est la terre neuve, moins divisée et offerte aux essarts, qui soutient les domaines cohérents.

La plupart des seigneuries foncières, même les plus importantes, sont donc, comme celles qui voisinent dans le hameau de Sercy, constituées de morceaux épars. C'est le résultat naturel, dans le monde laïc, des pratiques familiales, l'effet des divisions qui disloquent chaque élément de l'héritage – ainsi, les *villae* de Curtil, Buffières et Bergesserin furent partagées entre Atton, ses trois frères et leurs nombreux cousins[1] – l'effet aussi des mariages qui réunissent, entre les mains des descendants, des biens d'autant plus dispersés que la famille, plus riche, contracte des alliances plus lointaines : dame Gertrude, qui tenait de ses parents en Clunisois la *villa* de Confrançon, des manses à Hautecour et des forêts à Joux, épouse un seigneur possessionné par héritage à la fois en Charolais et dans le pays de Chalon ; les diverses parties de la seigneurie de leur fille seront de ce fait séparées par plus de cinquante kilomètres[2]. Ceux-là mêmes qui possèdent ici un groupe assez dense ont ailleurs une poussière de manses, de fragments de condemines et de parcelles ; c'est le cas de Guichard, dont le patrimoine comprend un noyau compact, les deux *villae* de Bray et de Chazelle et les forêts parsemées d'essarts qui les entourent, mais aussi des manses isolés à Chazeux et à Culey, une demeure à Cluny et des terres éparpillées à Chissey, Monceau, Colonges, Noureux et Sercy[3]. Toute seigneurie foncière a l'aspect d'une nébuleuse d'autant plus diffuse qu'elle est plus vaste et qui tend irrésistiblement à se disperser davantage ; non pas figée, comme l'étude des seuls documents descriptifs pourrait le laisser croire, mais en transformation constante, on

1. C. 2685 (1013), 2822, 2715, 194. – Voir aussi la division des *villae* de Courzy et de Reneims dans la famille des Bérard, croquis III.

2. Gertrude, possessionnée à Confrançon, C. 928 et Joux, C. 2616 ; son mari Bernard, à Vaux, en Charolais, C. 2573 (1003), et Sercy-en-Chalonnais, C. 2574 ; Arembourge, leur fille, à Fontenay, en Charolais, C. 143 ; Sercy, C. 3360, et Confrançon, C. 2761.

3. Les deux *villae* de Chazelle (voir n. 1, p. 94) et de Bray ; C. 564 – 3085 ; M. 465 – 498, les forêts voisines avec les essarts ; C. 3896 – 4235 – 3017, autres biens ; C. 2634 – 1651 – 564 – 3806 – 1127 – 1651 – 2634 – 3017.

n'en peut cerner les contours ; si jamais elle s'est identifiée avec le hameau [1], il y a beau temps que les deux cadres ont cessé de coïncider ; d'un côté, c'est le rassemblement des hommes au village, de l'autre, la dispersion et l'enchevêtrement de la terre seigneuriale. Si l'on pouvait dresser à un moment donné la carte des seigneuries foncières, on ne verrait pas la juxtaposition de petits territoires bien clos, mais un mélange confus, parsemé, çà et là, de quelques groupements plus denses.

Grande ou petite, rassemblée ou dispersée, toute seigneurie comprend deux parties : la réserve et les tenures. Très rares en effet sont ceux qui ne vivent que de redevances. Quelques hommes d'âge, tel Atton de Curtil, alors âgé d'une soixantaine d'années et sans progéniture, quelques femmes seules comme la vieille mère que le seigneur Achard, partant guerroyer en Espagne, laissera sans appui, acceptent parfois de concéder tout leur avoir en échange de pensions viagères [2] ; mais, comme le faire-valoir direct est la méthode la plus profitable, tous les hommes valides, quelles que soient leur position sociale et l'étendue de leurs biens, aiment à diriger eux-mêmes l'exploitation de leur terre ; ils ont leurs bestiaux, leurs charrues, leurs cuves et, même s'ils possèdent des maisons urbaines, leur résidence d'élection est une demeure champêtre ; tous, par goût et par intérêt, sont un peu des paysans [3]. C'est pourquoi ils conservent « dans leur domaine » la portion de leurs fonds qui correspond à leurs possibilités de travail. Cette réserve [4], considérée comme un manse, le *mansus indominicatus*, comprend, comme toute exploitation rurale, un centre, la *curtis*, et des annexes, les *appendicia* [5]. Les vestiges encore debout des « cours » seigneuriales que les Clunisiens possédaient à Berzé-la-Ville et à Mazille permettent d'imaginer ce qu'était en l'an mil le centre domanial : au cœur du hameau, la maison du maître flanquée souvent de l'église paroissiale ou d'une chapelle, les granges,

1. Voir la séduisante étude de CHAMPIER, « Recherches », qui oppose aux villages d'origine communautaire des collines, les hameaux nés sur les grands domaines ouverts dans les vallons par la colonisation romaine. – Sur le « fractionnement allant jusqu'à l'émiettement » de la propriété foncière, CHAUME, *Orig.*, II, p. 582.

2. C. 2685 (1013) ; M. 24 (1060 env.).

3. Contre l'opinion de SÉE, *Cl. rur.*, p. 329, « le seigneur, *quel qu'il soit*, n'exploite jamais lui-même son domaine ».

4. Le terme qui désigne les biens en réserve, *indominicatus*, est ambigu car il s'applique aussi aux terres qui ne sont pas concédées en précaire ou en bénéfice, LESNE, *Indominicatum* ; DOPSCH, *Wirt. d. K.*, I, p. 257.

5. DÉLÉAGE donne une description très complète de ce qu'il appelle le chef-meix, *Vie rur.*, p. 449-479.

les celliers, les étables, les remises entourent une vaste cour[1]. Alentour s'étendent les dépendances, de larges parcelles de labours, les condemines, des clos de vignes, des prés, des moulins, des pêcheries, enfin, des bois, des pâtures, des friches, compléments indispensables de l'exploitation[2].

La terre que le seigneur ne peut mettre en valeur directement est divisée en tenures. En 980, la plupart sont des exploitations familiales complètes et en principe indivisibles, des manses et des colonges ; mais il arrive aussi que certaines parcelles isolées soient concédées en tenures, perpétuelles ou temporaires ; ce sont parfois des fragments de la réserve nouvellement lotis : maisons ou celliers accolés à la *curtis*, terres à remettre en état ou à planter en vignes, portions de bois confiées aux essarteurs[3] ; ce sont aussi d'anciens champs allodiaux, dont les possesseurs, petits paysans du voisinage, ont vendu la propriété éminente au seigneur pour échapper à la misère[4].

La bonne gestion de l'entreprise seigneuriale exige deux conditions : il faut d'abord que la réserve, ou tout au moins les éléments qui réclament un soin constant, les condemines et les clos, soient situés à proximité du centre d'exploitation, que les tenures, qui s'accommodent d'une certaine dispersion, restent pourtant assez proches pour être efficacement contrôlées ; il faut ensuite que l'étendue de l'*indominicatus* ne cesse pas de correspondre à la main-d'œuvre dont dispose le maître. Or cette structure idéale est contrariée par la constante mobilité de la seigneurie foncière. Les partages successoraux, dans le souci de ne léser aucun héritier, morcellent chaque condemine, chaque breuil, chaque

1. La *curtis*, C. 1673 (984), 2245 (994), 2711 (1017-1025), parfois *grangia*, C. 1360 (974), comprend la *domus* et l'église voisine, SM. 47 (1074), *domum lapideam obtimam adherentem eisdem ecclesie*, les bâtiments d'exploitation, *granica dominica*, C. 1951 (993), celliers, C. 2959, 3176 (1040 env.).

2. Les condemines ou coutures (*condaminas id est culturas*, C. 3806) sont généralement multiples et dispersées dans les différents « climats » du terroir ; quelques parcelles leur sont attachées (la condemine de Reneins est donnée *habens sibi adjunctas dua particulas*, C. 3577). Sur le sens du mot *condamina* dans la région mâconnaise (pièce de terre de bonne dimension mise en valeur par le personnel de la « cour »), DÉLÉAGE, *Vie rur.*, p. 452-456. – Les terres vagues de la réserve sont parfois très étendues ; C. 1915 (992), à Pierreclos, un manse *in dominicatu, cum omnibus ad se pertinentibus... cum vineis, pratis, boscum Lavastredum, montem Portiniaco, Senmurum bosco, Lorgiaco boscum, Monte Berziacum forestem, campis, aquis, aquarumque decursibus, montem etiam qui vocatur Tuontus*.

3. Celliers, C. 1836 – 2593 – 2959, maisons, C. 2959, sur le *cimiterium* de l'église, C. 3674, *censu domorum qui sunt in cimiterio*, P. 22. – Clos *ad hedificandum et construandum*, C. 3089. Complants, C. 2147 – 2277, etc.

4. Alleux repris en censives : C. 2072 – 1063 – 2909 – 3237.

colonge[1]. Quant aux transactions foncières, ventes et surtout donations, elles portent rarement sur une seigneurie tout entière ; aussi font-elles passer de main en main des morceaux de domaine ou des tenures isolées et remettent-elles en question l'équilibre interne de l'entreprise[2]. Enfin, chaque fois que s'éteint une famille de tenanciers, le maître doit rattacher temporairement à la réserve le manse désert, *absus*, privé d'exploitant. Il faut donc continuellement adapter les méthodes d'exploitation, et les bouleversements de la topographie seigneuriale s'accompagnent de remaniements intérieurs. Les héritiers s'acharnent à remembrer, à reconstituer une réserve cohérente, à rassembler, par échange, les fragments de manse[3] ; lorsque l'*indominicatus* est trop éloigné de la cour domaniale ou devient trop vaste pour être mis en valeur directement, le seigneur doit constituer de nouvelles tenures : ainsi les moines de Tournus installent sept tenanciers sur la grande réserve que le comte vient de leur donner à Lanque[4] ; inversement, toute diminution de la réserve doit être compensée ; un clos est-il aliéné, on plante ailleurs de nouvelles vignes et, si l'on a perdu une condemine ou un pré, il faut se tourner vers les bois ou les friches pour y ouvrir des essarts. La désagrégation des domaines laïcs est ainsi l'un des principaux facteurs du défrichement. Ce ne sont pas, comme on le pense d'ordinaire, les moines bénédictins, comblés de terre toute faite, qui furent les grands défricheurs des Xe et XIe siècles, mais les seigneurs laïcs, appauvris par les aumônes et contraints de reconstituer leur domaine aux dépens de la forêt ; tandis que les vieilles « coutures » du terroir primitif, absorbées peu à peu par la seigneurie d'Église, vont se morcelant en tenures nouvelles, les condemines laïques – celles de Bérard de Beaujeu à Dracé, celles du vicomte Guigue à Reneins, du châtelain d'Uxelles

1. Division de chaque élément de la réserve, C. 166 – 2022 – 2088, *parciunculam unius curtili... parciunculam unius campi* ; *portio* de tenure, C. 184 – 1520 – 2071 – 2153 – 2320 – 2367 – 2428 – 2486, etc. Voir DÉLÉAGE, *Vie rur.*, p. 455, 456, 460.

2. Une donation ampute la réserve de Salornay du clos de Trémont, C. 2456.

3. C. 1690 (984) *illam partem quam habebat in pratis secundum divisionem et illam quam adquisivit de fratre suo*, C. 2685 (1013). Arlier échange ses biens de Colonges pour concentrer son domaine à Merzé, C. 805 (963), 1463 (978).

4. C'est ainsi, croyons-nous, qu'il faut interpréter les deux chartes de 974, T. 116 (étudiées par DÉLÉAGE, *Vie rur.*, p. 1230-1232) : la première est la donation par le comte d'un *curtilus indominicatus* ; la seconde est une rédaction remaniée par les moines, afin de garantir, par une référence à l'autorité comtale, le montant des services imposés aux sept *mansi cum servitiis* nouvellement lotis. – Le propriétaire adjoint des parcelles récemment acquises aux *appendicia* des tenures, C. 2040 – 2162 – 3018 ; M. 54, etc.

à Sercy, de la dame d'Oblé à Massy – s'étalent, toutes neuves, en lisière des bois, aux frontières du terroir[1].

2. *Le fonctionnement*

De l'équilibre interne, constamment détruit, constamment rétabli, dépend le fonctionnement de l'institution seigneuriale. Tentons maintenant de le décrire, de le dégager de la pénombre où nous laisse une documentation indigente, en nous souvenant bien qu'il n'existe pas une seigneurie foncière idéale, mais des seigneuries de formes et d'étendues diverses et que les méthodes d'administration ont certainement varié très sensiblement de l'une à l'autre.

Le seigneur est d'abord un rentier ; c'est même ce qui le caractérise. Déjà certains éléments du manse dominical lui procurent des revenus réguliers sans qu'il ait d'autres soucis que d'en surveiller la perception. Il tire de l'église, quand il la possède, des profits variés, oblations, droits de sépulture, que parfois il afferme au desservant[2] ; les dîmes remplissent ses greniers et ses caves, plus ou moins selon que l'année est bonne ou mauvaise, d'une part appréciable des moissons et des vendanges paroissiales[3] ; souvent, il permet aux paysans voisins qui ne sont pas ses tenanciers, en échange de taxes lucratives, d'user de son

1. Condemines de seigneuries laïques entourées de bois, à Reneins, C. 3577 (1030 env.) ; à Sercy, C. 3017 – 3077 – 3806 (1080 env.) ; à Massy *juxta forest Maciaco*, C. 3189 (1080 env.) ; à Dracé *de illis exertis et condeminis*, B. 3 (950) ; à Croux, *totam meam essartariam dominicam*, ASL, H. 142, n° 2 (1062) ; en Brionnais, *condaminam... cum exarteriis subadditis*. P. 98. – Contre Dopsch, *Wirt. d. K.*, I, p. 267-270, qui nie que les défrichements aient été l'œuvre des grands propriétaires.

2. *Oblationes, sepulturas, baptisteria... et offerandas*, ASL, H. 142, n° 2, parfois concédés à cens à un prêtre, C. 3350 (1050 env.), *terciam partem de servitiis de presbitero, quod mihi debet, hoc sunt quinque solidt*. – Nombre d'églises sont encore aux mains des laïcs bien que le mouvement de restitution des édifices du culte aux clercs ait déjà commencé depuis le début du xe siècle au moins (voir Mollat) et se poursuive à un rythme accéléré. – Donations d'églises par des laïcs, autour de l'an mil, à l'abbaye de Cluny : C. 1969 (993), Saint-Didier près Beaumont ; 2005 (993-1048), Quincié ; 2012 (*id.*), Saint-Sorlin ; 2091 (*id.*), Taizé ; 2102 (*id.*), Cortambert ; 2109 (*id.*), Chénelette ; 2493 (993-1027), Saint-Hippolyte ; 2605 (1004-1009), Saint-André de Bâgé ; 2729 (1020 env.), Saint-Gengoux ; 2914 (1037), Jullié ; 2922 (1037), Montmelard ; 2924 (1039), Saint-Cyr-sur-Grosne. – Cependant, certaines églises sont encore concédées en précaires à des laïcs : Bray, M. 92 (1018-1030) ; Saint-Gengoux-de-Scissé, M. 168 (972) ; Château, Brandon, Sainte-Cécile, Lournand, M. 392 (996-1018) ; Hurigny, M. 410 (981-996) ; Prissé, M. 411 (996) ; Sailly, Aynart, M. 465 (fin xe) ; Chissey, M. 475 (1031-1060) ; Saint-Cyr-sur-Menthon, M. 543 (996).

3. Dîmes, Viard et A. Dumas, dans Fliche et Martin, p. 288-289. Les dîmes sont très morcelées par les divisions successorales et les donations, C. 2728 (1020), donation de la chapelle de Quincié, *cum decimis de terra que appelatur sub Bunisca* ; M. 570, *quandam partem in decimis de Civione minore*. Le revenu annuel des dîmes de Chazelle est évalué à cinq sous à la fin du xie siècle, C. 3636.

moulin, de son *portus*, des bois, des pâtis et des eaux[1]. Tout cela fournit de beaux bénéfices ; mais la source par excellence de la rente seigneuriale, c'est la terre concédée contre redevances à des exploitants.

La plupart de ces redevances présentent quatre traits communs : leur taux est fixé depuis longtemps ; il varie d'une tenure à l'autre ; les prestations sont exigées à la fois en deniers et en produits agricoles ; enfin elles sont légères :

1) comme la tenure paysanne est généralement héréditaire, son loyer, établi une fois pour toutes lors de la concession, reste immuable pendant des générations. Aussi le seigneur perçoit-il le plus souvent des prestations dont il n'a fixé ni la nature ni le montant et qu'il ne peut modifier qu'en accord avec le tenancier ; la plupart des redevances dont s'acquittent à la fin du xe siècle colonges et manses sont l'héritage de conditions économiques anciennes et l'inertie du régime domanial, figé, lui, tandis que la seigneurie bouge, et rebelle à toute adaptation, est un trait essentiel qu'il faut souligner au passage ;

2) il n'est donc pas étonnant de trouver dans une même seigneurie des tenures d'étendue sensiblement égale qui paient des redevances très différentes. À Loché, par exemple, en 974, une colonge de la seigneurie clunisienne doit chaque année trois muids de vin et sa voisine douze deniers. Il n'existe pas de coutume générale qui puisse uniformiser le statut des fragments divers dont est faite toute seigneurie foncière[2] ;

3) ces redevances sont généralement mixtes ; quelques manses ne doivent que des denrées agricoles, d'autres ne doivent que des deniers, mais la plupart s'acquittent à la fois en argent et en nature[3]. L'usage des prestations en numéraire est donc ancien, bien antérieur à la renaissance du grand commerce ; depuis longtemps, maître et paysan ont choisi d'un commun accord des modes de versement variés[4] ;

4) enfin, les loyers des vieilles tenures – c'est leur trait le plus caractéristique – sont d'une extrême légèreté : une bonne exploitation rurale qui nourrit toute une famille ne rapporte chaque année au seigneur que deux ou trois mesures de grain et de vin, un pain ou deux, quelques poules et trois ou quatre pièces de monnaie ; alors que l'on voit couramment acheter pour trente ou cinquante sous la seigneurie d'un manse, la valeur habituelle des redevances n'excède pas

---

1. Sur les droits d'usage, DÉLÉAGE, *Vie rur.*, p. 394-405.

2. A Loché, C. 1396. DÉLÉAGE pense (à tort, croyons-nous) qu'il existe une coutume du domaine, *Vie rur.*, p. 417.

3. Argent, C. 181 (sd), 15 deniers, C. 1396 (974), 12 deniers. – Nature : C. 1396 (974). – Mixtes : C. 3143 (XIe), 3199 (XIe), 3757 (XIe).

4. Les mêmes pratiques sont en usage dans la seigneurie bourguignonne au début du xe siècle. DÉLÉAGE, *Vie rur.*, p. 494.

douze à quinze deniers[1]. En l'an mil, le seigneur ne tire qu'un profit médiocre de ses tenures qui pour la plupart sont anciennes.

Il arrive cependant que le maître puisse procéder à de nouvelles concessions, soit qu'il lotisse une part de la réserve, soit qu'il accense des tenures récemment désertées. Il est libre alors de débattre le prix du loyer avec le preneur et c'est dans ces accords que se manifestent les tendances nouvelles de l'économie domaniale. Or, fait remarquable, lorsque la terre concédée est en pleine exploitation, le seigneur ne fait aucun effort pour varier le type des redevances ; les charges qu'il impose, mixtes et légères, sont exactement semblables à celles que supportent les vieux manses ; on voit ainsi de même le seigneur accenser telle colonge pour deux quartes de froment et deux quartes de seigle, tel courtil pour huit deniers[2]. C'est seulement lorsqu'il s'agit de terres en friches que l'on choisit des prestations différentes. Dans ce cas, on doit compter avec les difficultés de la mise en état ; pendant plusieurs années, le cultivateur ne tirera rien du sol ; on ignore même encore ce que vaudra l'exploitation. Parfois, le paysan prend pour un temps la terre en « bénéfice », libre de toutes charges, en attendant que l'on fixe un loyer convenable[3]. Plus souvent, la nouvelle tenure est chargée d'une redevance à part de fruits, la tâche (*tasca*). Système satisfaisant pour le preneur, sûr de n'avoir rien à payer tant que la terre ne rendra rien ; garantie contre les aléas d'un climat capricieux (les vignes sont volontiers tenues à tâche), la redevance, proportionnelle à la récolte, est la charge classique dans les pays d'essarts, où les conditions de travail l'imposent[4]. En fait, il apparaît bien que ce n'est pas le désir d'un meilleur profit qui pousse le seigneur à multiplier, vers l'an mil, cette forme de concession. L'exploitation à part de fruits exige en effet une surveillance étroite ; le maître préfère les loyers fixes. Il

1. À la fin du siècle, le courtil se vend en moyenne six sous, le champ et le pré, trois sous, la vigne, dix sous (DÉLÉAGE, *Vie rur.*, p. 1023) ; la valeur d'une exploitation complète comprenant avec le courtil une ou deux vignes, cinq ou six champs et un pré oscille donc entre trente et cinquante sous.

2. C. 2072 (993-1048) ; C. 2030 (993-1048) ; C. 2147 (sd), 8 deniers ; C. 3756 (XIe), 8 deniers ; C. 3800 (XIe), 6 deniers.

3. Concession d'une terre *que ad presens videtur deserta, ad hedificandum et construendum et ut teneat in beneficium*, C. 3089.

4. La *tasca* est d'abord l'obligation de mettre en valeur la terre vierge, puis la redevance due pour le profit qu'on en tire, VERLINDEN, dans SOC. J. BODIN, *Servage*, p. 183. C'est la redevance propre à la terre conquise : C. 3761, *de omnibus terris quas fecit rumpere ;* en Dauphiné, VAILLANT, p. 329. – C'est la charge classique des complants, C. 2764 – 2217 – 3188 – 3752 ; des usuaires, C. 1792 – 2072 – 2909 – 2914 – 3237 ; des essarts, P. 184 ; M. 567 – 555 ; C. 3825 ; P. 35 – 60 – 70. Elle ne pèse pas sur le courtil, mais seulement sur les *appendicia*, M. 555 ; C. 3825, *taschiam per totum mansum excepta vercheria... ; taschiam de tota bordelleria sua excepta vercheria.*

aime aussi percevoir, en plus des denrées agricoles, un peu d'argent dont il a besoin pour ses achats de produits de luxe, pour ses voyages ; tandis que le paysan, de son côté, ne répugne pas à payer en deniers, qu'il tient pour valeurs moins précieuses que les fruits de sa terre. En ce temps d'atonie économique, où la monnaie est stable, où nul d'ailleurs ne pourrait prendre conscience d'une dépréciation des espèces [1], le seigneur reste attaché aux redevances mixtes. Quant à la faiblesse du loyer de la terre, il semble bien qu'il s'en arrange.

En effet, les rentes qu'il perçoit comptent bien moins à ses yeux que les revenus qu'il tire de la mise en valeur directe de sa réserve. Lorsqu'il concède des terres, c'est qu'il ne peut faire autrement, et si la réserve vient à lui manquer, il se hâte par tous les moyens de la reconstituer [2]. En l'absence de tout inventaire seigneurial, nous n'avons guère le moyen d'évaluer la quantité de terre que le maître se réserve d'exploiter lui-même, quantité qui d'ailleurs varie certainement beaucoup d'une seigneurie à l'autre. En tout cas, chaque fois qu'il se montre avec quelque netteté, le manse dominical est beaucoup plus vaste que l'exploitation paysanne ; un petit seigneur du Clunisois estime que sa réserve vaut six manses ; dans le domaine que possédait à Lanque le comte de Mâcon, on pourra installer sept familles tenancières [3]. Le vignoble se prête mal à la grande exploitation et ne tient généralement dans la réserve qu'une place restreinte, mais les condemines et les breuils représentent toujours un ensemble considérable. C'est donc que le seigneur dispose d'une main-d'œuvre abondante. D'où provient-elle ?

On songe d'abord à la collaboration des tenanciers qui, ne devant que de faibles redevances, sont peut-être en revanche tenus d'aider le maître à faire fructifier la réserve. Il est certain que dans le Mâconnais de l'an mil de vieux manses et aussi des parcelles isolées sont chargés de services en travail, doivent des charrois et des corvées ; que ce service s'effectue sur la terre domaniale et plus spécialement sur les condemines – les condemines de Reneins sont données « avec tout le travail qui y est fait », celles d'Aluze sont « appelées vulgairement corvées » ; que parfois le tenancier a pour tâche de mettre en valeur au profit du seigneur un lot pris sur la réserve, « ansange » comme à Boyer ou

1. Voir opinion contraire et, à notre sens, erronée de DÉLÉAGE, *Vie rur.*, p. 528.

2. Le seigneur rachète les tenures de ses exploitants, C. 3781 (XIe) ou prend en location les terres d'autrui, B. 11 (1086).

3. Le tiers du domaine de Massy vaut *duos mansos*, C. 3189 (XIe), la réserve comtale, T. 116.

« journal » comme à Reneins[1]. Mais il apparaît non moins nettement que la participation des tenures à l'exploitation du domaine est extrêmement faible : les lots-corvées sont minuscules ; on ne connaît pas de manse qui doive plus de trois jours de travail par an[2] ; la plupart des tenures enfin sont exemptes de tout service. Les tenanciers fournissent tout au plus au seigneur une main-d'œuvre d'appoint lors des grands travaux, labours ou fenaison ; le manse est « beaucoup moins une source de travail qu'une puissance contributive »[3].

Pour cultiver cette réserve étendue, qu'il considère comme le meilleur de son bien, le maître, qui ne peut employer beaucoup de tâcherons salariés (dans l'état de la circulation monétaire, le salariat, sans être exclu, ne peut toutefois être pratiqué que très exceptionnellement), doit donc faire appel à des travailleurs domestiques. En fait, le manse dominical est exploité essentiellement par la *familia*, la troupe des valets vivant dans la *curtis*. Tous les serfs en effet ne sont pas installés dans des tenures ; on en rencontre beaucoup qui sont attachés au centre seigneurial[4]. Ceux-ci sont au service quotidien du maître qui les entretient dans sa résidence ou dans les autres *mansi indominicati* qu'il possède. Parfois les *villae*, les seigneuries compactes ne sont qu'une immense réserve que cultive une équipe de domestiques ; ainsi à Chazelle vivent douze familles de serfs, qui remplissent les fonctions de bouviers, de forestiers, de meuniers, de valets de ferme ; ils ne sont pas chasés, ce sont les prébendiers du seigneur[5].

Les méthodes de l'exploitation seigneuriale en Mâconnais diffèrent donc notablement de celles que décrivent les documents contemporains de la Lorraine ou de la France du Nord. Si l'on retrouve côte à côte les deux éléments classiques, réserve et tenures, ceux-ci ne sont pas liés par une étroite coopération économique. La terre concédée procure presque exclusivement au seigneur des prestations en nature et en argent ; pour mettre en valeur l'*indominicatus*, auquel il reste très attaché, il se repose à peu près entièrement sur la main-

1. Charroi : P. 44 ; corvées : un complant chargé de trois *corvatae*, C. 2147 (993-1048). – Les condemines de Reneins sont données avec *totum laborem ibi factum*, C. 2925 (1039) ; la condemine d'Aluze *qui vulgo curvata dicitur*, SM. 47 (1074). – *Ancinga* à Boyer, ASL, G. 156 ; *jornales bovariorum* joints aux condemines de Reneins, C. 3577 ; une verchère doit un journal, P. 50.

2. Trois corvées par an : C. 2147 et DÉLÉAGE, *Vie rur.*, p. 529-530.

3. DÉLÉAGE, *ibid.*, p. 536.

4. On rencontre quantité de *mansi indominicati* où résident des serfs : C. 1652 – 1756 – 1762 – 1770 – 1845 – 1899 – 2228, etc. ; P. 184 (1030 env.), *cum servis qui in ipso manso manebant et jam dictam forest prevident*. Malgré l'ambiguïté du terme *indominicatus*, nous pensons qu'il s'agit souvent de centres domaniaux exploités au seul profit du maître par les serfs qui y sont installés, mais qui ne les « tiennent » pas.

5. C. 3636. – Au milieu du XIIe siècle les bouviers de Chazelle perçoivent encore la prébende, C. 4143.

d'œuvre domestique. On peut se demander si cet état n'est pas une forme précocement dégradée du système domanial qui fonctionne encore intact dans d'autres provinces ; l'abandon des services en travail dus par les tenanciers n'est-il pas, en particulier, une conséquence récente de l'évolution de la seigneurie foncière ? Il est certain que le fractionnement constant des domaines n'est pas propice à l'association des tenures, à la mise en valeur de la réserve ; plus d'un maître fut contraint de renoncer au service des plus dispersés de ses manses qui, souvent éloignés de plusieurs kilomètres du centre domanial, ne pouvaient évidemment fournir des corvées régulières de culture ; de même, quand une nouvelle tenure est adjointe à un ensemble seigneurial équilibré, elle apporte une puissance de travail dont le seigneur n'a que faire et qu'il se hâte de convertir en redevances. La mobilité de la terre seigneuriale a certainement provoqué la disparition de maintes corvées, disparition définitive puisque les charges du manse sont immuables, sauf accord du tenancier. Mais rien ne permet de supposer que, dans les provinces où les tenures restent régulièrement associées à l'exploitation du domaine, la seigneurie foncière ait mieux résisté aux démembrements. En tout cas, les deux phénomènes qui causeront plus tard en Lorraine la réduction des services de culture, le morcellement du manse et le lotissement de la réserve[1], ne s'observent pas dans le Mâconnais du Xe siècle, où il semble bien que la modicité des corvées tenancières soit déjà chose fort ancienne[2]. Par conséquent, la seigneurie foncière mâconnaise appartient vraisemblablement à un type différent dès l'origine de celui que l'on découvre dans les polyptyques des pays d'entre Loire et Rhin, à un type méridional adapté à d'autres conditions naturelles et sociales et, en particulier, à la présence de la vigne et à l'héritage mieux conservé des pratiques romaines. Les remarques de Kiener relatives à la seigneurie provençale des VIIe et VIIIe siècles, celles de P.-S. Leicht relatives aux grands domaines de l'Italie du Nord[3] portent à croire que la colonge mâconnaise n'a jamais été chargée que de redevances légères, complétées par de rares corvées, et que le seigneur, employant selon l'usage antique, une *familia* rurale, a toujours cultivé la plus grande part de sa réserve sans l'aide de ses tenanciers.

---

1. Perrin, *Lorraine*, p. 651-652, qui tient d'ailleurs le démembrement de la *villa* pour la cause essentielle de la réduction des services en travail.

2. Les documents que Déléage a recueillis, surtout dans la Bourgogne du Nord, montrent que les services en travail sont déjà très faibles au début du Xe siècle (*ibid.*, p. 511-513), alors que les manses de Marmoutier doivent encore à la fin du XIe siècle trois jours de corvée par semaine, Perrin, *Marmoutier*, p. 120-121.

3. Kiener, p. 32-39 ; Leicht, p. 170.

3. *La seigneurie foncière et la société*

L'extension de la seigneurie foncière exerce sur la structure sociale une influence qu'il nous faut maintenant préciser.

Le maintien de la réserve, accrue même parfois par les défrichements récents, la stabilité des redevances et des taxes dont nulle dépréciation monétaire ne vient encore réduire la valeur, font de cette forme d'exploitation économique à la fin du xe siècle une entreprise saine. La ruine progressive des seigneurs laïcs n'a pas pour cause une crise interne du régime domanial, mais une crise des fortunes, la perte continuelle de substance que provoquent la prolifération des familles et les pratiques de dévotion. Toutefois, les méthodes d'exploitation en usage en Mâconnais sont très onéreuses et, bien que trop d'éléments nous manquent pour que nous puissions l'évaluer, il semble que le rapport de la seigneurie soit faible. Les tenures sont de maigre profit ; la main-d'œuvre domestique, dont l'entretien grève lourdement le budget seigneurial, est de qualité médiocre ; enfin, l'usage des prestations à part de fruits comme du faire-valoir direct de la réserve exigent une surveillance de tous les instants ; le grand seigneur qui ne réside pas toujours dans sa « cour » et qui veut diriger l'exploitation de terres largement dispersées doit s'entourer d'agents subalternes. Ces prévôts ruraux, qui commandent aux valets et comptent les gerbes des essarteurs, sont encore en l'an mil des dépendants obscurs [1] ; mais ils vivent de la seigneurie et vont bientôt s'incruster dans le domaine jusqu'à déposséder le maître de la plus grosse part de ses profits. Les frais de gestion s'accroissent si vite lorsque le domaine prend de l'importance que la très grande seigneurie, surchargée de personnel, ne rapporte guère plus que la seigneurie modeste [2]. La seigneurie foncière est une coopérative de production qui assure l'entretien de ses membres mais qui ne fournit jamais au maître des surplus considérables. Pour cette raison, la distance qui sépare, sur le plan économique, la haute aristocratie de la classe moyenne des petits seigneurs est moins grande que ne le laisserait supposer la seule estimation des fortunes foncières. La seigneurie foncière est, dans la hiérarchie économique, un facteur de nivellement.

Si le seigneur foncier ne peut guère s'enrichir, jouit-il du moins, sur les hommes qui l'aident à exploiter son bien, d'une autorité profitable ? Sur le groupe des domestiques, c'est certain. La *familia*, malgré les différences qui peuvent séparer l'humble palefrenier du meunier ou du chef de travaux, est une

---

1. Voir IIe part., ch. VIII, B.

2. Voir les remarques de DÉLÉAGE (*ibid.*, p. 521 et 1205, 1213, 1218-1219, 1223-1224), dont le seul tort, à notre sens, est d'avoir voulu évaluer les revenus avec trop de précision.

société cohérente et close, qui ne vit que par le maître et qui ne connaît que lui. Dans la *curtis*, c'est le coude à coude, au réfectoire, parfois même au dortoir ; c'est le labeur en équipe, c'est l'absence, le plus souvent, de tout bien personnel[1]. Là, le rapport économique engendre une étroite dépendance. Là, le seigneur est tout-puissant ; il ordonne, il punit, c'est un chef. Les serviteurs qui ne sont pas déjà par leur naissance attachés au maître par le plus puissant des liens d'homme à homme, le lien servile, ne tardent pas, livrés qu'ils sont à l'arbitraire de celui qui les nourrit, à tomber dans une sujétion aussi totale. L'existence de vastes réserves, la faiblesse des corvées tenancières, qui obligent le seigneur à entretenir une troupe de valets, favorise ainsi le maintien d'une catégorie sociale inférieure, écartée de la communauté publique.

Sur les tenanciers, par contre, le système économique de la seigneurie foncière n'exerce qu'une pression très légère. Le masoyer (*mansionarius*) est maître chez lui ; sa tenure est d'ordinaire héréditaire ; pour en être expulsé sans un dédommagement substantiel, il lui faut commettre des fautes vraiment exceptionnelles, tandis que le seigneur ne peut le retenir s'il lui prend envie de la quitter. Les deux ou trois jours de corvée vite expédiés, il consacre tout son temps au travail de ses terres qu'il gère en toute liberté, et le cens lui laisse la plus grosse part de sa récolte. Quant à l'interdiction d'abréger sa tenure, c'est en réalité pour lui un avantage qui lui évite de s'appauvrir en aumônes. Bref, du point de vue économique, il y a peu de différences entre la tenure paysanne et la propriété complète, entre le tenancier et le petit alleutier son voisin. Le maître, d'autre part, est un étranger, qui se montre rarement ; l'extrême mobilité de la seigneurie fait qu'il change souvent de visage ; parfois enfin, le tenancier a plusieurs seigneurs, quand le domaine éminent de sa terre est une propriété indivise ou quand il exploite des parcelles appartenant à des seigneuries différentes. En rapport plus étroit avec le prévôt, plus stable, plus proche aussi (c'est un paysan, dont on cherche à gagner la faveur, que l'on trompe ou qui se fait complice), le tenancier, dans les grandes seigneuries du moins, ignore à peu près le seigneur de sa terre. Enfin, entre les exploitants chassés d'une même seigneurie foncière, il n'existe pas de communauté véritable : d'abord, la dispersion même des tenures s'y oppose et les tenanciers ne se rencontrent guère que deux ou trois fois l'an, lorsque se forme sur la condemine l'équipe des cor-

1. À la fin du XIe siècle, tous les membres de la *familia* de l'abbaye de Cluny participent aux distributions de vivres ; quelques-uns cependant ont une certaine indépendance économique, vivent dans le bourg avec leur famille, reçoivent des terres et ne touchent pas leur part de la prébende en pain, *Antiquiores Consuetudines* dans MIGNE, *PL*, 149, col. 762, et LESNE, *Propr. eccl.*, VI, p. 194 et 197.

véables ou lorsqu'ils viennent à la cour seigneuriale acquitter les redevances ; et surtout, comme il n'y a pas de traitement commun pour tous les manses, chacun envie la condition des autres. Parce que l'un paie un denier de plus et l'autre un setier de seigle, il existe entre eux plus de jalousie que de vraie solidarité. À la fin du xe siècle, la seigneurie foncière mâconnaise, qui assure aux gens sans alleu des conditions de vie peu différentes de celles des petits propriétaires et qui nivelle ainsi la classe paysanne, ne paraît pas constituer pour les tenanciers le cadre réel de leurs intérêts collectifs.

Certains prétendent que les pouvoirs de commandement qui pèseront sur les ruraux à l'époque féodale sont issus des prérogatives du seigneur foncier [1] ; c'est avec la plus grande vigueur que nous nous élevons contre cette opinion. Certes, sur les hommes qu'il associe à l'exploitation de ses terres, le seigneur se réserve des droits ; il dirige le travail des domestiques et châtie leurs désobéissances ; il oblige les tenanciers à payer régulièrement leur loyer, à ne pas laisser se déprécier par négligence les fonds qui leur sont confiés ; il juge les différends qui peuvent s'élever au sujet des cens. Mais l'impuissance où il est de modifier à sa guise le montant des redevances [2], les difficultés qu'il rencontre lorsqu'il veut faire rendre gorge à un tenancier récalcitrant ou expulser l'exploitant dont la tenure est en friche témoignent bien de la faiblesse de son autorité. Le maître du sol ne jouit pas en tant que tel d'un réel pouvoir de contrainte. Comment s'expliquerait-on autrement que des membres de la haute société cherchent à prendre des terres en tenures paysannes ? À cette époque, la puissance sur les hommes n'a que deux fondements. Ou bien un droit de propriété sur la personne d'autrui, c'est le pouvoir du maître sur son serf ; or, si la *familia* domestique est très généralement de condition servile (et c'est pourquoi le seigneur continue de l'employer avec profit), nombreux sont les tenanciers libres [3]. Ou bien, c'est l'exercice sur un certain territoire des fonctions publiques ; quelques seigneurs fonciers laïcs, les comtes et leurs agents, sont investis du ban royal et commandent à ce titre ceux de leurs tenanciers qui résident dans la circonscription qu'ils régissent, mais ils exercent un pouvoir identique sur les petits alleutiers voisins. Il n'y a qu'une catégorie de seigneurie foncière qui soit, théoriquement du moins, le cadre d'un droit supérieur sur les paysans, c'est le domaine des grandes églises immunistes. Comme les documents ne décrivent guère que ce genre de seigneurie, on s'ex-

---

1. Exprimé par Sée, *Cl. rur.*, notamment p. 626, et plus récemment par Verriest, *Inst. méd.*, p. 52, 59, 114, etc. – Critique de cette thèse de Dopsch, *Herrschaft*, p. 1-21.

2. Seeliger, p. 196 ; Perrin, *Lorraine*, p. 651 et 665.

3. Quoi qu'en pensent certains (Verriest, *Inst. méd.*, p. 14 sq.), la liberté est un statut personnel, indépendant alors de la condition économique, et qui n'est pas lié à la possession de l'alleu : beaucoup de « francs » sont tenanciers et même des « nobles » ; inversement beaucoup de serfs ont des alleux (voir ci-dessous, ch. iv, A).

plique l'erreur des tenants de la thèse domanialiste. Mais nous ne devons pas la partager.

Organisme purement économique, la seigneurie foncière est le moyen de mettre en valeur des domaines trop vastes pour être cultivés par le maître et ses domestiques. De contexture généralement très lâche, cette entreprise n'accable pas les pauvres gens. On ne saurait dire que leur misère soit exploitée et c'est sans risque de voir limiter leur indépendance qu'ils peuvent entrer dans cette association de travail. Au contraire la seigneurie foncière a considérablement réduit les distances sociales qu'aurait établies la répartition très inégale des alleux.

CONCLUSION

La société mâconnaise est donc, à la fin du xe siècle, une société de paysans. Bien qu'ils fassent un usage quotidien de la monnaie et qu'ils ne puissent songer à vivre uniquement des produits de leur domaine, la seule valeur qui compte pour les hommes de ce temps, c'est la terre. Dans une large mesure, la structure sociale dépend de la répartition de la fortune foncière. Mais comme le loyer de la terre concédée est médiocre, c'est moins l'importance de sa propriété que l'étendue des biens qu'il exploite lui-même qui classe un homme dans la hiérarchie économique : des tenanciers sont souvent plus aisés que certains alleutiers et les plus haut placés sont ceux qui conservent les plus vastes condemines et les troupes de travailleurs les plus nombreuses.

On distingue ainsi dans la société laïque trois grandes classes économiques :

1° au plus bas sont placés les valets qui, pour la plupart, ne possèdent rien ; ils dépendent entièrement de leur employeur qui de surcroît est le maître de leur corps ; de cette foule obscure émergent quelques domestiques plus favorisés ; les chefs d'équipe, les régisseurs, ceux que le seigneur installe pour le remplacer dans les centres domaniaux où il ne réside pas, sont plus libres de leurs mouvements ; ils commandent aux autres serviteurs ; ils peuvent amasser quelques biens ;

2° viennent ensuite, les plus nombreux, les paysans qui cultivent leur manse avec l'aide de leur famille. Les uns, les laboureurs, ont des bœufs ; les autres, les manouvriers, n'en ont pas. Certains sont propriétaires de leur terre, mais ils se ruinent lentement en partages familiaux et en aumônes. La plupart tiennent d'un seigneur, à de bonnes conditions, une partie au moins des terres qu'ils exploitent ; ils ne sont pas plus malheureux et leur fortune est stable. Les malchanceux, les enfants trop nombreux peuvent échapper à la misère en défrichant les forêts seigneuriales ;

3° la troisième classe est celle des seigneurs. La plupart sont parents, par alliance ou par leurs communs ancêtres, les *majores* du siècle précédent. Les redevances d'une dizaine, d'une vingtaine de manses, l'exploitation surtout des condemines, des breuils et des clos voisins de leur demeure, leur rapportent assez pour qu'ils puissent sortir de leur village et se mêler à la vie régionale. Quelques seigneuries beaucoup plus vastes sont aux mains du comte et de ses sept principaux auxiliaires, les châtelains ; elles sont de moindre profit en raison même de leur extension, mais, constituées en partie d'« honneurs » ou de précaires, elles résistent mieux à la dégradation. La supériorité de la très haute aristocratie foncière s'affirme tandis que s'appauvrissent régulièrement les petits seigneurs alleutiers.

Cependant, la mentalité n'est pas à cette époque profondément pénétrée par les préoccupations d'ordre économique. Non que l'on soit insensible à l'idée de profit, au souci d'accroître, d'« améliorer » – le mot revient constamment dans les contrats – le domaine. Mais comme il est peu d'exemples d'entreprises économiques vraiment heureuses, ce souci demeure secondaire ; on se satisfait volontiers d'une vie modeste sur le patrimoine ; il n'est pas trace de cet élan profond qui, en d'autres temps, engendrera une irrésistible ascension sociale. D'autres préoccupations sont beaucoup plus pressantes, les obligations familiales qui conduisent, par exemple, à sacrifier l'intégrité de l'alleu au respect des coutumes successorales ; les devoirs religieux surtout, et l'on voit fréquemment l'ardente recherche du salut détruire en un jour, par un dépouillement brutal, le résultat de toute une vie de patientes acquisitions. Inversement, l'entraide lignagère, la charité chrétienne assurent aux malheureux le moyen d'éviter une totale déchéance économique. Des considérations d'ordre sentimental viennent ainsi à chaque instant contrarier le libre jeu des forces économiques ; et souvent le prestige personnel, l'illustration de la naissance, le statut juridique assignent dans la hiérarchie sociale un rang différent de celui qu'aurait déterminé la fortune.

CHAPITRE III

LES POUVOIRS

En Mâconnais, la structure politique est encore vers 980 entièrement déterminée par la tradition carolingienne. Au sein de la population, une communauté restreinte, le peuple franc, réunit ceux qui jouissent de la liberté et apparaît essentiellement comme une association de paix. Ses membres en effet ne sont appelés à se rassembler que pour lutter contre l'ennemi extérieur ou pour juger les différends que n'ont pu régler les arrangements privés ; le service d'armes et l'assistance au plaid sont les deux devoirs de l'homme libre et les signes mêmes de sa liberté. Cette activité militaire et judiciaire est dirigée par des chefs dont les francs reconnaissent l'autorité, le ban, par un serment de fidélité qu'ils leur prêtent obligatoirement au sortir de l'adolescence. Quant au statut des non-libres, aux relations de voisinage et de dépendance, aux rapports économiques et familiaux, ils échappent au contrôle de la puissance publique et sont réglés par la coutume privée.

Cependant, depuis plus d'un siècle, l'État franc est en décadence et l'organisation des pouvoirs de commandement s'est sensiblement modifiée. L'institution monarchique, qui jadis était la source de la puissance publique, ayant fléchi la première et n'étant plus capable de contrôler les agents locaux, les comtes de Mâcon exercent maintenant en toute indépendance le pouvoir dont les rois avaient investi leurs ancêtres.

A. L'INDÉPENDANCE DES COMTES

L'affaiblissement de la royauté a des causes générales et qui ne doivent pas être recherchées dans le cadre d'une petite province [1]. On remarquera seulement que cette défaillance fut peut-être plus précoce et plus profonde dans la région mâconnaise où l'unité du pouvoir royal avait été brisée dès 843 par le traité de Verdun. Une frontière sépare en effet les pays de Mâcon et de Chalon, dépendants du royaume des Francs occidentaux, du *pagus* de Lyon, soumis depuis 888 aux rois de Bourgogne. Entre Tournus et Dracé, elle longe la Saône ou, plus précisément, la lisière orientale de la zone d'inondation, laissant au Mâconnais les villages de pêcheurs de Vézines, d'Asnières et de Saint-Laurent ; ensuite, elle quitte le fleuve pour traverser le Beaujolais de part en part. Nos contrées sont ainsi placées à la périphérie des royaumes et par conséquent à l'écart du pouvoir central, ce qui est grave en un temps où les relations sont malaisées et où seule compte la présence du chef. Et s'il arrive qu'une frontière entretienne le loyalisme, ce n'est pas le cas de celle-ci. Bien loin de déterminer entre les pays qu'elle partage des oppositions d'intérêts ou de sentiments, elle ne parvient pas à détruire les affinités intimes qui les unissent, à rompre la profonde unité de civilisation des pays de la Saône dont l'État burgonde avait été autrefois l'expression politique [2]. Sur les bords de la rivière et plus encore en Beaujolais où elle n'est pas soulignée par un accident géographique, les hommes l'ignorent ; les domaines des églises, des grands seigneurs, des paysans mêmes la chevauchent ; d'un bord à l'autre, la circulation est incessante ; très nombreux et très étroits, des liens de famille et d'amitié se nouent par-dessus la frontière ; le comte, l'évêque, Humbert de Beaujeu, Oury de Bâgé ne se préoccupent nullement de sa présence lorsqu'ils organisent l'exploitation de leur seigneurie foncière ou lorsqu'ils recrutent leur clientèle. Cette limite est une fiction juridique ; elle n'a de réalité que dans l'esprit des rédacteurs de chartes qui ont à localiser les biens-fonds et ces spécialistes eux-mêmes hésitent ; au milieu du xe siècle, certains actes mâconnais sont datés par les années de règne des rois de Bourgogne, tandis que d'autres qui concernent des terres bressanes se réfè-

1. Voir en particulier DHONDT, ch. I et V.

2. Sur les limites orientales du *pagus matisconensis*, CHAUME, *Orig.*, II, p. 1204. – En Mâconnais, l'établissement de la nouvelle frontière détermina peut-être un remaniement profond des circonscriptions administratives : CHAUME suppose que le *pagus* de Mâcon fut amputé de la partie de son territoire sise sur la rive gauche de la Saône et reçut en échange le Brionnais, *Orig.*, II, p. 1020-1021.

rent aux souverains occidentaux[1]. On peut donc penser que, dans cette région où malgré d'étroits contacts s'affrontent deux royautés, l'indifférence est plus grande pour des souverains trop lointains.

Or, de ces deux royautés, l'une est depuis toujours impuissante. Sans ressort moral, sans appui matériel, la monarchie bourguignonne est la faiblesse même[2] ; la Bresse et le Lyonnais sont en fait des pays sans roi et offrent un exemple dangereux pour les gens de l'autre rive. La royauté occidentale était plus vigoureuse, mais de longues dissensions l'ont épuisée ; les compétitions pour la couronne ont eu leur retentissement en pays bourguignon où Carolingiens et Robertiens avaient chacun leurs partisans[3] ; au cours de ces luttes, la notion d'une souveraineté supérieure s'est progressivement obscurcie et, vers le milieu du xe siècle, les rois ont perdu leurs derniers moyens d'agir sur l'aristocratie laïque du Mâconnais.

Jusqu'alors, ils avaient possédé là des domaines fonciers qui, au besoin, leur offraient un gîte d'étape et pouvaient leur servir à récompenser leurs amis ; jusqu'alors, ils avaient tenu les comtes. Sans doute, la subordination de ceux-ci était-elle très lâche, la déférence qu'ils manifestaient tout extérieure et passagère, et les rois cherchaient plutôt à gagner leur alliance qu'ils n'exigeaient d'être obéis. Cependant, ils investissaient régulièrement du ban les nouveaux titulaires des fonctions comtales ; ils étaient les propriétaires éminents du *comitatus*, dont le comte n'avait que le dépôt et qu'il ne pouvait abréger sans l'autorisation du souverain[4] ; et quand ils venaient à paraître dans le voisinage, les comtes se hâtaient d'accourir, de proclamer leur dévouement. En 949, on vit à Autun toute la haute aristocratie régionale réunie autour de Louis IV ; quand celui-ci, deux ans plus tard, revenant d'Aquitaine, passa par Mâcon, le comte Létaud s'empressa au-devant de lui, renouvela son serment de fidélité ; il soigna le roi pendant sa maladie, le conduisit même peut-être à Besançon ; en 955, le même Létaud était à Laon auprès de Lothaire ; quant au comte de Chalon, Gilbert, il fut l'ami fidèle du Carolingien et mourut à ses côtés à Paris en 956[5].

---

1. SB. 63 ; C. 890 – 1283 – 1458 – 1608 – 1485 – 1748 – 1764 – 2275 – 2301 – 2749.

2. Voir Poupardin, *ibid.*, p. 343 sq.

3. Chaume, *Orig.*, 1. Cet excellent ouvrage nous dispense de relater les événements politiques, au demeurant fort complexes, dont la région mâconnaise fut le théâtre au xe siècle.

4. C. 688 (946). Louis IV confirme la donation par Létaud de biens situés à Asnières et dépendant du *comitatus*.

5. Assemblée d'Autun, *Recueil des Actes de Louis IV*, n° 33 ; Létaud et Louis IV en 951, Flodoard, *ad ann.* 951 ; le voyage de Besançon relaté par Richer, *Histoires*, II, p. 98, est douteux ; Létaud à Laon, C. 980 ; Gilbert, *Annales Nivernenses, ad ann.* 956.

Mais, dans la seconde moitié du siècle, l'influence royale a cessé de s'exercer. La visite de Louis IV marque bien la fin d'une époque ; ce fut la dernière fois qu'un roi de France parut en personne sur les bords de la Saône. Toute trace de vassaux royaux avait déjà depuis longtemps disparu [1] ; le dernier diplôme autorisant un comte de Mâcon à donner un bien du *comitatus* avait été délivré en 946 [2] ; le dernier fisc, la seigneurie de Mazille, près de Cluny, avait été aliéné en 950 à la demande du comte Gilbert [3] ; et c'est en 957 que, pour la dernière fois, un roi installa de sa propre autorité un comte dans cette région, Lambert de Chalon [4]. Désormais, entre le comte de Mâcon et le souverain qu'il est censé représenter, il n'existe plus de lien réel ; Aubry II est bien par son épouse, Ermentrude de Roucy, le proche parent du roi Lothaire ; mais il tient l'honneur comtal pour son alleu, il en dispose à sa guise [5] et le ban qu'il exerce est sa propriété. L'idée de la supériorité royale se conserve plus vivante dans les milieux ecclésiastiques ; le souverain est informé des élections épiscopales [6] ; les chapitres et les communautés monastiques le sollicitent de confirmer les diplômes d'immunité qu'ils ont reçus de ses prédécesseurs [7]. Sur le monde laïc, par contre, le roi n'a plus aucun pouvoir.

La plupart des provinces de la chrétienté occidentale connurent au même moment une semblable éclipse de la royauté. Mais ce fut souvent au profit d'un chef régional qui rassembla sous son autorité raffermie un certain nombre de comtés. Dans la basse vallée de la Saône, les pouvoirs politiques intermédiaires entre les rois et les comtes n'échappèrent pas à la décomposition et tous les efforts déployés pendant le Xe siècle pour y constituer une principauté plus vaste avortèrent les uns après les autres [8]. Les partages royaux du IXe siècle sont encore responsables en grande partie de ces échecs ; trop peu profonde pour opposer les unes aux autres les régions qu'elle sépare, la frontière l'est assez pour empê-

1. Cf. DHONDT, p. 52-54.
2. C. 688.
3. C. 774.
4. P. 2, *obtinuit comitatum Cabilonensem primus, assentante rege primoribusque Francie*. Le roi Lothaire désigna le nouveau titulaire à la mort du Robertien Hugues le Grand, qui disposait auparavant du Chalonnais, DHONDT, p. 166.
5. Depuis 946, Létaud, son père, disposait librement des terres comtales, C. 680 (946), donation à Bourgogne et à Farges ; donations d'Aubry, C. 1124 (962), 1291 (971) ; M. 86 (970-975) ; M. 153 (975 env.).
6. LESNE, *Propr. eccl.*, II, fasc. 3, p. 37.
7. Mâcon : confirmation des biens et de l'immunité par Louis IV, M. 99 (951). – Tournus : confirmation de Louis IV, T. 112 (941) ; Lothaire, T. 115 (956). – Cluny : diplômes de Louis IV, C. 638-639 (946) ; Lothaire, C. 980 (953) ; faux attribué au roi Raoul, C. 397-398.
8. CHAUME, *Orig.*, I ; POUPARDIN, *Bourgogne*.

cher leur réunion. Elle a déterminé depuis le milieu du IXe siècle trois centres d'attraction concurrents. Tandis que les pays qui formeront plus tard le comté de Bourgogne commencent à s'organiser à l'est de la Saône autour de la métropole de Besançon, tandis que la puissance ducale appuyée sur la cité d'Autun et la forteresse dijonnaise sollicite déjà fortement le comté de Chalon [1], le Mâconnais, lui, regarde vers le Sud. Uni dès le règne de Charles le Chauve au *ducatus lugdunensis*, rattaché un moment de ce fait au royaume de Boson, son sort est resté lié à celui du comté de Lyon. Au début du Xe siècle, le *pagus* de Mâcon est placé hors de la principauté de Richard le Justicier et relève, avec le Lyonnais, de Guillaume, duc d'Aquitaine ; plus tard, Hugues le Noir étend sur lui son autorité parce qu'il est le maître du comté de Lyon [2] ; enfin, marque de cette attache tenace, en l'an mil, la charge vicomtale sera encore exercée en Lyonnais et en Mâconnais par un même personnage, Guigue de Montmerle [3]. La présence du monastère de Cluny n'a rien fait pour rapprocher le comté de Mâcon de la Bourgogne ; au contraire, tournée elle aussi par la personnalité de ses abbés et par ses meilleures possessions foncières vers les provinces du Sud, vers l'Auvergne et la Provence, la grande abbaye ne put qu'affirmer l'orientation méridionale du Mâconnais [4]. Quant à ses comtes, ils sont d'affinité jurassienne et leurs intérêts familiaux les opposent à leurs voisins chalonnais. Bien que relevant en droit du royaume de France et du duché de Bourgogne, le comté de Mâcon est en fait par toute son histoire attiré vers le Sud-Est, c'est-à-dire vers la région où la désorganisation politique est la plus complète.

Ainsi, l'on peut situer sur la Saône aux environs de Tournus, contrariant la convergence naturelle vers Chalon, un lieu de divergence politique. Il explique que tous les essais de groupement des comtés en une principauté régionale n'aient eu jusqu'à présent que des résultats éphémères. Dans le second quart du Xe siècle, Hugues le Noir, héritier du marquis bourguignon Richard le Justicier, possessionné à la fois dans le Jura, en Mâconnais et en Lyonnais, comte de Lyon et patron du comte de Mâcon, vassal fidèle de Louis IV, parvint un moment à former de part et d'autre de la Saône une marche, à cheval sur les deux royaumes ;

1. Depuis le IXe siècle, le comté de Chalon est rattaché à la marche d'Autun ; il est soumis à l'autorité de Richard le Justicier, puis de Gilbert. Après 957, les Lambert restent très liés aux Robertiens de Bourgogne, CHAUME, *Orig.*, I ; DHONDT, p. 151, 165, 166.

2. DHONDT, p. 162, 214, 217.

3. DÉNIAU.

4. Voir la carte très suggestive dressée par S. BERTHELIER dans *Revue archéologique*, 1938, p. 320-321. – FLACH, IV, p. 323, considère, à tort selon nous, que Cluny fut un conservatoire de l'unité bourguignonne.

mais son œuvre toute personnelle ne lui survécut pas [1]. Sa mort, qui survint en 952, au moment précis où le pouvoir royal s'effondrait à l'Ouest, libéra complètement les comtes. En 980, Lambert de Chalon se dit bien le fidèle du duc Henri de Bourgogne, mais il jouit en réalité dans son comté et dans ses domaines de l'Autunois méridional d'une entière liberté d'allure ; en Bresse l'anarchie est totale et le pouvoir comtal lui-même inexistant ; le comté de Mâcon enfin est une principauté autonome où commande sans contrôle une dynastie souveraine.

B. LE POUVOIR DU COMTE

En Mâconnais, la dignité comtale est depuis près d'un siècle héréditaire et se transmet régulièrement dans une même famille. Létaud et Racoux qui, vers 890, exerçaient conjointement le pouvoir à Mâcon au nom du marquis Guillaume le Pieux, avec le titre de *missi* d'abord, puis de comtes, étaient probablement parents. Après leur mort, le gendre de Racoux, Aubry de Narbonne, devint comte. Son fils Létaud vers 945, son petit-fils Aubry vers 970 lui succédèrent sans difficulté [2].

Ce lignage possède de vastes alleux sur le revers du Jura, autour de Lons-le-Saunier et de Salins, et dans la vallée supérieure de la Saône, autour de Gray [3]. Il occupe une importante position politique dans ces régions ; en 950, Létaud II passait pour « prince de Besançon » et agissait en maître dans les trois comtés d'Amoux, de Varais et d'Escuens [4]. Outre-Saône sont établis les frères, les

1. POUPARDIN, *Bourgogne*, p. 206-211.

2. Pour l'histoire des comtes de Mâcon, on utilisera Mgr RAMEAU, « Les comtes héréditaires de Mâcon », *AAM*, 1901. Létaud paraît en 886 comme *missus* du comte Guillaume, M. 152 ; en 905, il est appelé comte, C. 90 ; Racoux, d'abord vicomte, C. 53 (893), est nommé *venerabilis comes* dans C. 65 (898) ; la parenté entre les deux personnages se déduit du fait que le petit-fils de Racoux s'appelle Létaud. – Sur l'accession au pouvoir d'Aubry, M. 7 (liste des comtes de Mâcon), *Primus Albericus Narbonensis qui, accipiens filiam, Raculfi vicecomitis..., comitem se fecit.* – Létaud II : C. 544 (942), 728 (943), fidèle d'Hugues le Noir, mort entre 961 (C. 1100) et 971 (C. 1291). – Son fils Aubry était, de son vivant, associé au pouvoir comtal, souscrivant les chartes et présidant le mall, M. 71 – 103 – 156 – 488 ; C. 728 – 753 – 1076.

3. Aubry I était possessionné en Escuens, M. 38 (avant 937), puis il reçut en précaire des terres de Saint-Maurice d'Agaune en Escuens et en Varais (*Monumenta Historiae Patriae, Chartae*, II, col. 35-36) ; il a des terres à Saint-Amour, sur le revers bressan du Jura, M. 38 – 106 – 404. – Létaud II, possessionné à Gray et à Pontailler dans l'Amoux, DUNOD, *Histoire des Sequanois*, II, p. 594.

4. FLODOARD, *Annales, ad ann.* 951. – Le frère de Létaud, Humbert, qui hérita les biens du Jura, est l'ancêtre des sires de Salins.

oncles, les neveux du comte de Mâcon, ses « amis » les plus sûrs. Cette situation est avantageuse : elle procure au comte d'abondantes ressources, celles en particulier qu'il tire de l'exploitation des salines du Revermont ; elle étend considérablement son horizon ; elle lui permet d'établir aisément ses fils cadets et d'éviter le démembrement du patrimoine comtal. Mais elle a ses inconvénients : Aubry II, en 980, comme ses ancêtres et ses successeurs, ne peut concentrer toute son attention sur son comté, qu'il quitte fréquemment pour visiter ses domaines ou ses parents. À Mâcon, le comte est un peu un étranger et le restera toujours.

Il détient cependant en Mâconnais une grosse fortune foncière, dont les divers éléments, biens fiscaux ayant formé jadis l'« honneur » comtal, seigneuries d'Église anciennement rattachées au *comitatus* et acquisitions récentes, sont maintenant confondus et tous possédés en alleu. La portion la plus dense de ce domaine entoure la cité, où le comte est propriétaire du *castrum* et de la majeure partie du sol urbain, et comprend, outre de nombreuses terres éparses dans le *suburbium*, sur les berges de la Saône entre Crêches et Sancé et sur les proches collines qui les dominent à l'ouest, le patronage de la communauté juive de la ville et des importantes possessions foncières de ses membres, dispersées dans la banlieue [1].

Les autres biens comtaux sont situés surtout au voisinage des anciennes voies romaines qui, dans le *pagus*, rayonnent autour de la cité ; un premier groupe longe celle d'Autun, entre Hurigny, Laizé et Bassy ; des terres isolées s'échelonnent sur la voie Agrippa entre Dracé au sud et Farges au nord, d'autres sur la route royale qui conduit à la Loire. Dans la montagne, autour de Cenves, le comte est maître de grands bois encore à peu près inexploités et il dispose enfin, sur la rive gauche de la Saône, de domaines épiscopaux usurpés ou plus récemment concédés, bon gré, mal gré, en précaire [2].

On remarquera d'abord que la seigneurie foncière du comte est presque toute concentrée sur les lisières orientales du *pagus matisconensis* ; passées les premières hauteurs boisées qui ferment à l'ouest l'horizon des plaines de la Saône, le comte de Mâcon n'a presque rien obtenu des anciennes terres royales (c'est un comte de Chalon qui en 950 a disposé du fisc de Mazille [3]) ; par ses domaines comme par ses attaches familiales, il est tourné vers l'est. On remar-

1. Voir croquis V.

2. Vézines et les pêcheries des bords de la Saône, *qui ex hereditate sancti Vincentii ad jus comitatus olim obvenit*, C. 2712 (1017-1025). – L'*abbatia* de Saint-Clément, les églises de Verzé et de Chardonnay, des biens dans les forêts de la Saône entre la Veyle et Ozan avaient été restitués par Létaud II, M. 70-71 (942-962).

3. C. 774.

quera ensuite que ce patrimoine échappe aux partages successoraux parce que d'abord, dans sa majeure partie d'origine bénéficiale, il continue d'être tenu pour indivisible, et surtout parce que les collatéraux du comte peuvent être dédommagés dans le Jura ; toutefois, depuis qu'il n'est plus soumis au contrôle royal, il est amputé par les aumônes ; pour le salut de son âme, le comte donne de ses terres aux églises et largement [1]. On remarquera enfin que cette fortune terrienne n'est pas, à l'intérieur du *pagus*, sensiblement plus étendue que celles des grands seigneurs de la région, d'un Bernard d'Uxelles, d'un Humbert de Beaujeu, d'un Oury de Bâgé ; ses possibilités d'extension sont moindres, car, hormis la seigneurie de Cenves, elle est faite presque entièrement de terres déjà défrichées et en plein rendement. La supériorité du comte ne vient donc pas de l'importance de ses domaines mâconnais, mais du surcroît de revenus qu'il trouve en Revermont, de l'ampleur de ses relations et de la qualité de ses alliances, et surtout de sa dignité et des pouvoirs qui en découlent.

Le pouvoir dont le comte Aubry dispose désormais librement à titre personnel procède du droit de ban que les souverains déléguaient autrefois à leurs représentants. À l'époque carolingienne, le fonctionnaire royal installé à Mâcon était chargé d'administrer tout le *pagus*. De cette circonscription, nous connaissons déjà les limites orientales que marque la frontière du royaume ; la ligne qui la sépare du Chalonnais passe légèrement au sud de Tournus, de Brancion, de Saint-Gengoux ; parvenue aux abords de Mont-Saint-Vincent, elle tourne brusquement à angle droit et longe à peu près la ligne de partage des eaux jusqu'aux sources de la Grosne ; ensuite, elle reprend sa direction première est-ouest, atteint la Loire, en épouse un moment le cours, puis revient à la Saône en coupant toutes les crêtes beaujolaises [2]. Ce territoire est donc fort irrégulier et ses contours coïncident rarement avec les directions maîtresses de la géographie physique ou humaine ; bizarrement étranglé entre Beaujeu et le massif du Saint-Rigaud, il comprend en fait deux morceaux distincts, le versant de la Loire d'une part, le Mâconnais et le Clunisois de l'autre, que relie mal l'antique chemin d'Autun à Feurs, et la cité, résidence du comte, est rejetée à son extrême périphérie. Dans cette circonscription, le comte carolingien était investi de toute l'autorité royale ; il conduisait au combat les hommes libres et présidait les

1. Depuis 950, le *comitatus* a perdu : un manse à Ouroux, M. 155 (960) ; cinq colonges à Montgouin, M. 488 ; une grosse réverse à Lanque, T. 116 (971) ; trois manses à Igé, avec la moitié de l'église, deux à Prévisy et deux à Bassy, C. 1124 (962) ; des exploitations juives échues au comte aux Esserteaux, M. 86 – 153 (970-975).

2. Les scribes conservent jusqu'à la fin du XIe siècle la notion très précise des limites du *pagus*. On trouvera la carte des *pagi* de la région mâconnaise dans CHAUME, *Orig.*, II, p. 821, 985-989, 1023-1027, cartes ; 832, 1000, 1088.

tribunaux chargés d'apaiser leurs discordes ; c'était le chef du peuple franc et le défenseur de la paix publique. En 980, le comte a-t-il recueilli intacte cette puissance ? La décomposition de l'État franc n'a-t-elle pas quelque peu altéré ses pouvoirs ?

Du pouvoir militaire du comte, aucun texte ne nous apprend rien ; il n'intéresse pas directement les transactions foncières dont les chartes conservent le souvenir et nous manquons de bonnes chroniques. Nous possédons par contre sur les institutions judiciaires des documents d'une valeur exceptionnelle et, en particulier, quinze procès-verbaux de jugements rendus par la cour du comte entre 950 et 980. Voici les faits qui ressortent de ces notices :

1° le tribunal du comte, que l'on appelle encore parfois *mallus publicus*, tient toutes ses sessions dans la cité, quel que soit l'objet du procès ; c'est une institution sédentaire [1] ;

2° il est présidé presque toujours par le comte ou par son fils, assistés souvent par le vicomte et parfois par l'évêque. Sur les quinze jugements, trois seulement sont rendus en l'absence du comte, les débats étant dirigés soit par le vicomte, soit par l'évêque [2] ;

3° la plupart des procès que nous connaissons opposent un établissement religieux à des laïcs, mais ceci tient à la nature de nos sources ; la cour comtale jugeait aussi des contestations purement laïques, nous en avons un exemple [3]. Les litiges portent tous sur des alleux. Ces terres sont toujours situées à l'intérieur du *pagus*, le plus souvent en Mâconnais, mais parfois aussi aux confins occidentaux, dans les pays de la Loire [4]. Ce qui montre que la juridiction comtale s'étend encore sur tout le *pagus matisconensis*, sans en dépasser les limites ;

4° au tribunal siègent des membres de la plus haute société. Le petit groupe de très grands seigneurs qui ont la garde des forteresses y est toujours représenté ; les Bérard de Beaujeu et de la Bussière sont nommés sept fois parmi les

1. Pour l'étude du mall comtal, Ganshof, « Contribution ». – Emploi du terme *mallum* pour désigner la cour, C. 764 (950) ; M. 186 (941-960) ; C. 1100 (961), 1179 (964). – Au contraire, la cour des comtes de Chalon est itinérante ; nous conservons pour cette période deux notices des jugements qu'elle rendit, C. 979 (955), 1249 (968-978), le second fut rendu dans le château comtal de Charolles.

2. L'évêque aux côtés du comte : C. 764 (950) ; M. 409 (971-986) ; le vicomte seul : M. 186 (941-960) ; l'évêque seul : M. 376 (968-971), 426 (968-971).

3. C. 1179 (964), contestation entre deux héritiers.

4. Biens en litige : Chevignes, C. 764 – 799 ; Chardonnay, C. 1037 ; Igé-Dommanges, C. 856-1087 ; Vinzelles, C. 1100 ; Courzy, C. 1179 ; Lédornay, M. 426. – Mais aussi à Saint-Martin de Lixy, canton de Chauffailles, M. 420 (954-960).

assistants ; leur allié Nardouin, beau-père du vicomte Guigue, six fois ; les châtelains d'Uxelles, à deux reprises ; ceux de Brancion et de Bâgé, dont le château est situé hors du *pagus*, mais qui y possèdent de très vastes domaines, sont aussi très souvent présents [1]. Cette assistance ne s'explique pas par les circonstances particulières du procès ; les grands siègent aux côtés du comte, que l'objet de la contestation soit situé ou non au voisinage de leurs alleux ou dans le district dépendant de la forteresse qu'ils gardent, que le plaideur soit ou non de leurs amis [2]. Il apparaît donc que les châtelains et les riches alleutiers sont obligés de paraître au plaid comtal ; retenus par les fonctions qu'ils remplissent dans les campagnes, ils ne suivent pas toutes les réunions, mais ils se présentent régulièrement dans la cité. Auprès d'eux siègent des membres de l'aristocratie moyenne, des seigneurs assez aisés pour quitter leur domaine et faire le voyage de temps à autre, tels les Évrard de Sennecé ou Aidoard de Germolles [3]. Tous ces gens sont appelés dans le procès-verbal les fidèles du comte, et l'on réserve le vieux titre de *scabin* à des assesseurs de condition plus humble qui semblent être des spécialistes du droit [4] ;

5° les plaideurs laïcs appartiennent tous eux aussi à l'aristocratie du *pagus*. À la petite, comme Airoard de Courzy, comme certains parents pauvres du lignage Évrard, Girbert de Lédornay, Bégon ou Gautier de Chevignes [5]. Mais également à la plus haute : Rathier, châtelain de Bâgé, Garoux, châtelain de Brancion et son demi-frère Hugues sont condamnés par le tribunal [6]. Les plus grands seigneurs se soumettent docilement à la sentence ;

6° enfin, avant 980, on ne trouve aucun texte qui laisse supposer que le tribunal comtal ait des concurrents dans le *pagus*, que les différends qui opposent les uns aux autres les établissements ecclésiastiques et les membres de l'aristocratie grande et petite soient jugés ailleurs qu'à la cour de Mâcon. Les assemblées que l'évêque préside seul et qui tranchent des procès intéressant

1. Bérard de Beaujeu, M. 186 ; Humbert, son frère, C. 764, 1037 ; Humbert, son fils, C. 1100 ; Guichard, leur cousin, C. 1037 – 1087 – 1179. – Nardouin, C. 764 – 856 – 1037 – 1179 ; M. 186 – 420. – Josseran d'Uxelles, C. 1037 ; son fils Bernard, C. 1087. – Garoux de Brancion, C. 1087 ; son gendre Roclen, C. 1179 ; M. 426. – Rathier de Bâgé, C. 764 – 799 ; M. 156 – 420 ; son fils Thibert, C. 1087 – 1179 – M. 426.

2. Roclen et Thibert, par exemple, jugent une contestation entre Saint-Vincent de Mâcon et Girbert, qui ne leur est rien, à propos d'un bien sis à Lédornay, hors de leur zone d'influence, M. 426.

3. C. 1100 – 856 – 1037.

4. Distinction entre les *fideles* (le vicomte, Rathier, Robert, Theoulf et Gaubert) et les *scabini*, C. 799 ; de même, C. 1179. – Sur la position sociale des scabins, ESTEY.

5. C. 1179 ; M. 426 – 409 ; C. 764.

6. C. 1037 – 856 – 1087.

l'église cathédrale ne sont pas des assemblées judiciaires privées : la procédure, la qualité des assesseurs, la forme même des actes, tout prouve que ce sont des sessions régulières du mall et que l'absence du comte est fortuite [1]. L'évêque est l'associé du comte et son suppléant, conformément à l'esprit de la législation carolingienne [2].

Dans l'administration de la justice, le comte de Mâcon remplit donc en 980 le même rôle que ses prédécesseurs carolingiens ; les assises régulières qu'il tient dans la cité sont le point de ralliement pour les plus riches possesseurs fonciers du *pagus* ; sa cour apaise tous leurs conflits et leur impose ses décisions. Puisque les activités militaires et judiciaires sont intimement liées, il est permis de penser que le comte conduit également au combat tous les hommes libres de condition aisée. Enfin, comme ses prédécesseurs, le comte est le seul laïc qui batte monnaie et qui lève les tonlieux. Assisté par le vicomte et l'évêque, Aubry II est bien encore le chef de l'aristocratie locale.

Cette puissance qu'il exerce sur les *pagenses* les plus fortunés découle du serment de fidélité que chacun d'eux lui prête. C'est ce que les rédacteurs des notices judiciaires ont voulu exprimer en décorant, depuis 950, les assesseurs et les plaideurs de la cour comtale du titre de *fideles*. Certains ont vu dans l'adoption de ce nouveau qualificatif la marque d'une transformation des relations politiques, de l'invasion des conceptions vassaliques [3]. Il est vrai que, dans les actes de ce temps, le mot *fidelis* sert aussi à désigner les membres des clientèles privées, les vassaux [4]. Et les contemporains, nous ne le nierons pas, distinguaient sans doute assez mal ce que confondait leur langage. Néanmoins, nous pensons, pour notre part, que la fidélité comtale est alors de nature particulière ; elle semble la survivance du serment public de fidélité que, depuis Charlemagne au moins [5], les rois recevaient des hommes libres adultes du *regnum*, par l'intermédiaire de leurs représentants locaux, et que les comtes, après l'effacement de l'autorité monarchique, continuèrent à requérir personnellement des *pagenses* assez aisés pour suivre régulièrement les réunions de la cité. La relation qu'elle détermine paraît en effet beaucoup plus stricte que le simple dévouement vassalique, purement privé et librement choisi. Comme l'ancien serment royal, l'engagement envers le comte est obligatoire ; nul, parmi les plus grands seigneurs du pays, ne le refuse, nul ne choisit un autre patron. Alors

1. M. 376 – 426.
2. Bautier, « Justice » ; Bougert, p. 91.
3. Ganshof, « Contribution », p. 650-661.
4. Voir ci-dessous, ch. iv, C.
5. Ganshof, « Charlemagne et le serment ».

que le vassal n'est astreint envers son seigneur qu'à des services imprécis d'assistance, les fidèles du comte sont tenus d'accomplir avec diligence, sous la seule direction comtale, les devoirs mêmes de l'homme franc au mall et à l'ost. Enfin, la fidélité comtale prime tous les autres liens de dépendance ou d'amitié, dont il n'est fait que très exceptionnellement mention dans les actes publics, car ils n'ont pas de valeur en droit. Elle fait des sujets plus que des vassaux et rassemble autour d'un maître unique tous les hommes libres de la vieille circonscription administrative, tous ceux, du moins, qui ayant des loisirs et des chevaux peuvent se rendre facilement à Mâcon depuis les confins du *pagus*. Signe manifeste de sa prééminence, le comte est le seul de tous les laïcs qui revête officiellement dans les chartes le titre de *dominus*.

En 980, le comte est, en Mâconnais, le centre de la vie politique. La décomposition progressive, qui a déjà ruiné pour son plus grand profit les organes supérieurs de l'autorité, n'a atteint encore aucun de ses attributs. Héritier du roi, il dirige la communauté du peuple franc, il maintient intact l'ordre carolingien, et les institutions de paix, dont il réunit en sa main le faisceau, soutiennent l'ancienne organisation sociale, garantissent la sécurité et le statut de chacun.

C. LES DÉLÉGUÉS DU COMTE ET LE COMMANDEMENT DES PAYSANS LIBRES : LA VIGUERIE, LE CHÂTEAU ET L'IMMUNITÉ

Chef, en principe, de tous les francs qui résident dans le *pagus matisconensis*, le comte ne peut évidemment diriger tout seul leur activité judiciaire et militaire. Il le peut d'autant moins qu'il est sédentaire et que les réunions qu'il préside lui-même se tiennent à Mâcon (ce fait s'explique en partie par le désir du comte de ne pas trop s'éloigner de ses intérêts jurassiens, mais surtout par les affinités méridionales du Mâconnais : Mâcon est la plus avancée des cités du Midi, vraies capitales, où le comte réside en permanence [1]). Les paysans de condition libre dont le courtil est séparé de Mâcon par plusieurs lieues – et comme la cité est située à l'extrême limite du *pagus*, la plupart sont dans ce cas – n'ont guère le moyen de laisser pendant plusieurs jours leur exploitation à l'abandon, de dépenser de l'argent en route et dans la ville pour finalement s'y trouver perdus dans une énorme cohue. Car si tous les hommes libres venaient plaider au mall comtal, celui-ci ne pourrait recevoir toutes les plaintes et débattre toutes les affaires, même si le comte et les grands seigneurs qui l'assistent voulaient s'as-

1. Les cours du Nord sont itinérantes : GANSHOF, *Étude*, p. 202 (Bourgogne ducale), *Rechtssprechungen* (Flandre), 167 ; celles du Midi sont stables, KIENER.

treindre à siéger sans interruption. En fait, le comte ne s'occupe personnellement que de la classe supérieure ; seuls les riches sont ses fidèles. L'activité publique des francs pauvres a pour cadre une circonscription plus restreinte que le *pagus*, à la mesure de leurs possibilités de déplacement ; elle est dirigée par des chefs subalternes, investis par le comte d'une part de son ban.

*

La circonscription judiciaire inférieure est la viguerie (*vicaria*), que les textes mâconnais nomment plus fréquemment l'*ager*[1]. Elle réunit, autour d'un ancien *vicus*, généralement situé sur le grand chemin ou sur le gué, une quinzaine de hameaux dans un rayon d'une lieue ; en une demi-journée, chacun peut aller au chef-lieu, former la cour ou plaider sa cause et revenir chez soi. Ce canton est une unité géographique, limitée par des fonds humides, des massifs forestiers, des croupes incultes, les obstacles les plus nets à la circulation paysanne ; c'était à l'origine une unité de peuplement – les découvertes archéologiques montrent que son chef-lieu est le centre d'habitat le plus ancien – et une unité religieuse – la première paroisse fut fondée au chef-lieu, comme en témoigne l'antiquité du vocable liturgique de son sanctuaire[2]. L'*ager* est resté une unité économique, le cadre du petit commerce de denrées agricoles, le cadre aussi de la propriété foncière ; les achats de terres, les mariages se concluent souvent à l'intérieur de ses limites et pour cette raison, fait remarquable, les moyennes seigneuries, toujours dispersées dans plusieurs terroirs, sont généralement contenues dans les frontières de l'*ager*[3].

En 980, les hommes libres de la viguerie se réunissent dans des assemblées régulières, siégeant au chef-lieu, qui sont les répliques paysannes de la cour de

1. Dans les textes de la fin du xe siècle, la coïncidence entre la *vicaria* et l'*ager* ne s'observe pas toujours ; mais elle est si fréquente que l'on peut tenir les deux institutions pour très voisines, CHAUME, *Orig.*, II, p. 779. – En Chalonnais, *finis* remplace *ager*. – Dans les actes publics, la *villa* est toujours située dans son *ager* jusqu'au milieu du XIe siècle (dernière mention en Mâconnais), C. 3263 (1050 env.) ; M. 50 (1060-1108).

2. Quand l'acte est rédigé dans une chancellerie éloignée, le scribe ne connaît pas toujours très bien les limites de l'*ager* (sur ces confusions, CHAUME, *Orig.*, II, p. 778, n° 13). Celles-ci pourtant sont précises : l'*ager* de Tizy, c'est la petite vallée de la Valouze, cernée de forêts ; le ruisseau de la Petite Grosne sépare les *agri* de Salornay et de Fuissé, etc. – Aynart, chef-lieu d'*ager*, est sur un gué très passager de la route Autun-Cluny ; l'*ager* de Fuissé s'ordonne autour d'un très ancien chemin, etc. – Découvertes archéologiques dans le *vicus* et vocable liturgique de son église, voir les notices dans CHAUME, *Orig.*, II, fasc. 3. La *finis* de Bâgé en Bresse est restée la paroisse, à peine diminuée par l'érection en église de la chapelle Saint-André.

3. Voir les domaines des petits seigneurs dans l'*ager* de Merzé, croquis IV.

Mâcon. Nous les connaissons par trois procès-verbaux de jugements rendus, en 980, par l'assemblée vicariale de Prissé, en 997, par celle de Balleure (dans le *pagus* de Chalon, mais aux confins immédiats du Mâconnais), en 1004, par celle de Jalogny [1] :

1) Ces trois actes, écrits dans une langue très incorrecte par des scribes de village, sont rédigés d'après d'anciens formulaires ; leur forme est voisine de celle des notices du mall comtal.

2) Dans les trois procès, l'objet du litige est un alleu que se disputent des hommes libres de condition modeste ; par deux fois, c'est un prêtre d'une paroisse rurale qui veut arracher aux héritiers d'un donateur un petit lopin offert en aumône ; la troisième, deux paysans sont en désaccord à propos d'une portion de l'héritage familial que finalement ils partagent entre eux.

3) La sentence, dont l'exécution ne souffre pas de difficulté [2], est prononcée *per consilium scabineis (sic)* [3]. Ces scabins, ces « bons hommes » sont aussi de petites gens : parmi ceux qui assistent en 1004 à l'assemblée de Jalogny, on ne trouve aucun des seigneurs du canton que nous connaissons tous par ailleurs. Tous les hommes libres d'une certaine aisance ne fréquentent pas ces cours mais celles de la cité.

4) La réunion est présidée par le viguier (*vicarius*), délégué judiciaire du comte, qui appartient à la même classe sociale que ses assesseurs.

À la fin du Xe siècle, il existe donc encore dans les campagnes mâconnaises des assemblées publiques de justice civile, à l'usage des hommes libres que la modestie de leurs ressources empêche de se rendre au tribunal comtal. Elles sont des survivances très vivaces des institutions carolingiennes.

Toutefois, les cours vicariales ont subi depuis l'époque des capitulaires certaines modifications. Elles sont maintenant compétentes pour toutes les causes civiles, même les plus importantes ; nos sources, en effet, nous les montrent décidant du sort des alleux ; la hiérarchie d'attribution prescrite par les souverains carolingiens, qui réservait la connaissance des procès majeurs au plaid comtal, n'est plus respectée, et l'on ne voit pas que le comte préside encore lui-même certaines cessions plus solennelles des assemblées inférieures [4] ; désormais, c'est une différence de clientèle qui distingue du mall les cours vicariales, où sont débattues toutes les affaires des petites gens. D'autre part, le rôle du viguier tend à s'effacer ; de condition modeste, il se confond avec les assistants ;

1. C. 1524 (980), 2391 (997), 2591 (1004).
2. Ebbon, qui obtient par jugement son lopin, le donne aussitôt en aumône à Cluny, C. 2591.
3. C. 1524.
4. Duby, « Recherches » I, p. 184 [ci-dessous p. 1384-1385].

déjà, l'une des trois assises que nous connaissons se tient en l'absence du délégué comtal[1]. Toutes ces transformations vont dans le même sens : les organes inférieurs de la justice publique se détachent peu à peu du pouvoir comtal et deviennent autonomes. Cependant, ces assemblées de village maintiennent très pure la tradition des anciens plaids et par là entretiennent la vieille notion de liberté ; c'est dans leur sein que l'homme libre, si dénué soit-il, prend le plus nettement conscience de ce qui le distingue du serf.

*

Les circonscriptions militaires englobent plusieurs vigueries, car elles ont pour centre une forteresse (*castrum*) et ces points d'appui de la défense publique sont en petit nombre. Dans la partie orientale du *pagus* de Mâcon (nous sommes contraints de laisser hors de nos recherches le versant de la Loire alors plongé dans une complète obscurité), on en compte sept : Lourdon, Berzé, Beaujeu, la Bussière, Uxelles, Sigy et le *castrum* de la cité ; et neuf autres aux confins immédiats : Tournus, Brancion, Mont-Saint-Vincent, Sennecey et Loisy en Chalonnais, Charolles et Suin en Autunois, Bâgé et Montmerle dans le *pagus* de Lyon[2]. L'emplacement de ces châteaux forts répond à un plan stratégique d'ensemble ; ils gardent les grandes voies d'invasion ; Beaujeu, Mâcon, Tournus, Sennecey et Loisy barrent la route de la Saône et protègent la frontière du royaume occidental ; Bâgé et Montmerle, celle du royaume de Bourgogne ; Uxelles, la Bussière, Mont-Saint-Vincent et Charolles sont installés aux grands carrefours ; Berzé, Brancion et Sigy, aux principaux passages des collines mâconnaises. On ne peut donc partager l'opinion qui assigne à la plupart des châteaux de ce temps une origine privée. Le pays mâconnais ne s'est pas « hérissé de châteaux de toutes dimensions » au cours des troubles qui accompagnèrent la

1. C. 2391 (997).

2. Lourdon, C. 34 (888) ; Tournus, M. 56 (853) ; Brancion, C. 405 (932) ; Suin, C. 675 (945) ; Mont-Saint-Vincent, C. 761 (950) ; Beaujeu, B. 3 (950) ; Charolles, C. 1249 (968-977) ; Sigy, C. 1734 (988) ; Berzé, C. 1810 (989) ; Loisy, C. 1993 (993-1032). – Montmerle, C. 2925 (1039) ; Bâgé, T. 130 (1075) ; Uxelles, C. 3475 (1074) sont mentionnés plus tardivement, mais leur situation, leur nom, la position de leur gardien donnent à penser qu'ils existaient depuis longtemps au Xe siècle. Pour Sennecey, C. 3822 (1103), l'ancienneté est plus douteuse. Contrairement à CHAUME, « Féod. Mâc. », nous tenons le château de Solutré pour une construction du XIIe siècle. Il n'y a pas coïncidence entre le chef-lieu de la viguerie, siège des affaires civiles, et le château, centre défensif ; rien de plus naturel : l'*ager* est la circonscription du temps de paix qui suppose des relations faciles ; la forteresse est un lieu de retraite, d'accès malaisé. Les châteaux sont doublés de localités plus ouvertes où se réunissent les assemblées de justice civile, Berzé-le-Châtel et Berzé-la-Ville, Bâgé-le-Châtel et Bâgé-la-Ville, la Bossière et Saint-Léger, chef-lieu d'*ager*, Lourdon et Merzé, chef-lieu d'*ager*.

décadence carolingienne et les dernières invasions, par l'initiative des évêques, « des grands propriétaires terriens, des cadets de famille comtale, des aventuriers de race étrangère [1] ». Tous les *castra*, successeurs de stations légionnaires ou de vieux *oppida*, sont très anciens ; délaissés peut-être pendant les périodes de paix, on les a simplement rénovés dans les moments de danger [2]. Ils ont tous étéconstruits par les rois et les comtes, et les souverains d'ailleurs ne cesseront pas de revendiquer le droit de les surveiller [3]. Ils sont encore, en 980, les symboles de l'ordre public ; points de ralliement pour les hommes libres du voisinage qui, selon leurs moyens, viennent y monter la garde en armes ou bien les réparer et les garnir d'approvisionnements, les châteaux forts sont, de ce fait, le siège d'une paix spéciale et le lieu que choisissent les comtes pour tenir leurs assises solennelles [4].

Cependant, la plupart des forteresses du Mâconnais ne sont plus sous la garde directe du comte. Certaines, d'abord, ont été jadis données en aumône à des églises par les rois et les princes. Charles le Chauve concéda aux moines de Saint-Philibert, en même temps que le village de Tournus, le vieux *castrum Trenorchium*, qui était déjà rattaché à l'*abbatia* de Saint-Valérien ; plus tard, Guillaume le Pieux, fondant le monastère de Cluny, abandonna à la communauté religieuse la forteresse voisine de Lourdon [5]. D'autre part, si les comtes de Chalon, qui eux ne sont pas fixés dans la cité et font dans leur circonscription des tournées fréquentes, ont pu conserver pour leur plus grand avantage la disposition des forteresses de Charolles et de Mont-Saint-Vincent, le comte Aubry de Mâcon commande en personne dans le seul *castrum* de la cité ; les autres édifices militaires du *pagus* sont gardés en son nom par ses fidèles [6].

1. CHAUME, *Orig.*, II, p. 348 et 352.

2. Pour Tournus, diplôme du roi Eudes, *Historiens de la France*, IX, p. 448 (889), *castellum causa persecutionis Normannorum, quob ab eo firmatum est, concedimus.*

3. Voir ci-dessous, IIIe part., ch. II, A.

4. – Le comte de Chalon tient son plaid au château de Charolles, C. 1249. – Le plaid comtal se tient dans le *castrum* de Mâcon. – Sur le caractère public des forteresses de ce temps, AUBENAS, « Châteaux forts », et DUMAS, dans SOC. J. BODIN, « Domaine », p. 159.

5. Le château de Tournus avait d'abord été donné à l'église de Mâcon, T. 92 (875).

6. Il n'existe aucune trace écrite de ces délégations. Aubret, le vieil historien des Dombes, se fondant sur une pièce perdue des archives du château de Beaujeu, que, d'après les souscriptions, il date des premières années du XIIe siècle, suppose que le château de la Bussière était anciennement tenu en fief des comtes de Chalon, qui en auraient cédé la seigneurie éminente aux sires de Beaujeu. Mais ce texte, dont l'auteur ne donne qu'une analyse, est suspect ; les témoins présentés comme appartenant au lignage des châtelains de la Bussière sont en réalité des chevaliers de Bussières, vassaux des sires de Brancion-Uxelles ; il semble que ce soit un faux, confectionné au XIIIe siècle à l'aide de charte du XIIe, pour légitimer les prétentions des Beaujeu sur le château de la Bussière (AUBRET, I, p. 277). – Chartes de concession par les comtes en Anjou, HALPHEN, *Anjou*, p. 158 ;

En 980, l'office de ces châtelains[1] est depuis longtemps héréditaire ; placé au début du siècle sous la surveillance de Garoux, le château de Brancion passa ensuite à son fils Lébaud, à son petit-fils Garoux, puis au gendre de ce dernier, Guinebaud ; de même, à Beaujeu, Humbert a succédé vers 970 à son père Bérard[2]. La forteresse, où depuis des générations vit et commande la même famille, tend ainsi à se confondre avec les vastes alleux qui l'entourent. Car tous les châtelains sont dans le voisinage du château de très grands possesseurs fonciers. L'exemple des Garoux de Brancion porte à croire que leur fortune provient en grande partie de la fonction qu'ils exercent ; nous savons que Garoux avait reçu de son *senior* Guillaume le Pieux de larges domaines aux abords de la forteresse[3]. Mais si ces biens purent être à l'origine de simples concessions temporaires du comte, ils sont maintenant, tout comme le *comitatus*, possédés en alleu. Ils placent les gardiens de Beaujeu, de la Bussière, de Berzé et d'Uxelles, ceux de Montmerle, de Bâgé et de Brancion, chefs des plus grands lignages, au sommet de la hiérarchie économique, au niveau même du comte. En outre, les fonctions dont ils sont investis confèrent à ces très riches seigneurs le pouvoir de commander les francs des campagnes environnantes.

Dans le *districtus*, dans le territoire dont la forteresse est le centre, ils détiennent le ban militaire et sont d'abord chargés d'organiser la défense. Nous connaissons mal les institutions militaires ; il est permis toutefois de penser que déjà le service d'armes permanent n'est plus exigé que des francs les plus riches, seuls capables de combattre à cheval ; les pauvres forment une réserve territoriale levée seulement en cas d'invasion et, hors les brèves alertes où les campagnes voisines sont directement menacées, leurs obligations militaires se résolvent en contributions matérielles, fournitures d'approvisionnement ou corvées d'entretien des forteresses[4]. Le châtelain par conséquent commande la milice des petits seigneurs astreints à des stages périodiques au château : il les rassemble et les conduit à l'armée comtale. Sur les paysans, il détient un droit de réquisition, les forme en équipes de travailleurs, leur extorque le ravitaillement des combattants et de leurs montures. Le châtelain, chef de guerre, est

dans le Maine, LATOUCHE, *Maine*, p. 59 ; dans le Limousin, *Cartulaire Limousin*, CXII, CXV ; cf. DUMAS, « Fid. et Vass. », p. 211.

1. Le titre *castellanus* n'apparaît pas dans les chartes avant le XIIe siècle, mais nous en usons par commodité.

2. Lébaud à Brancion, C. 283 (927), 450 (932), 818 (951) ; Garoux II, C. 1246 (968) ; Roclen, M. 513 (fin X^e). – Bérard de Beaujeu, B. 3 ; Humbert, B. App. I.

3. C. 283.

4. DUMAS, voir « Propriété », p. 642 sq. – Taxe de remplacement du service militaire des pauvres, DÉLÉAGE, *Vie rur.*, p. 495-496.

aussi chargé de la police ; il possède, dans sa circonscription, le pouvoir de contraindre (*districtio*) ; c'est lui, par conséquent, qui fait exécuter les sentences de la cour comtale qui concernent le territoire et celles des plaids vicariaux du district. Tandis que le viguier s'efface et que les assemblées judiciaires inférieures se détachent progressivement du pouvoir comtal, la juridiction du châtelain s'étend. Il est dans les campagnes le vrai défenseur de la paix.

En 980, les délégués militaires du comte, très haut placés par leur naissance et leur fortune, exerçant leur fonction par droit héréditaire, jouissent d'un pouvoir de fait qui, aux yeux des paysans et même des petits seigneurs, éclipse celui du comte que l'on voit trop rarement. Toutefois, ils sont encore, plus nettement que les autres, les fidèles du comte et les assistants les plus assidus de sa cour[1]. Cette attache conserve au ban qu'ils détiennent son caractère public ; leur fonction reste un office, un « honneur ». Aussi, le paysan libre le plus humble ne voit-il rien de dégradant à venir sous leur direction curer les fossés et réparer les palissades de la forteresse ; il tient même cette modeste contribution à la défense du canton pour l'un des privilèges que lui vaut sa liberté. Comme les viguiers, les châtelains, agissant au nom du comte sur ceux qu'il ne peut atteindre lui-même, sont les gardiens de la paix publique.

*

Les trois grands établissements religieux du Mâconnais, l'église cathédrale de Mâcon, les abbayes de Cluny et de Tournus, ont reçu du souverain des diplômes d'immunité[2] ; les deux monastères possèdent chacun une forteresse, le premier Lourdon, le second le *castrum Trenorchium* ; ils ont le droit de battre monnaie ; l'évêque et les abbés exploitent d'anciens tonlieux royaux[3]. Ces donations et ces privilèges ne viennent-ils pas contrarier l'action du comte et de ses agents sur les hommes libres du *pagus* ? Si, parmi les laïcs, le comte est le seul *dominus*, ne doit-il pas partager la direction des francs avec les dignitaires de l'Église ?

Pour en décider, il convient d'abord de bien préciser la portée du diplôme d'immunité :

1) C'est essentiellement un privilège fiscal ; le roi a renoncé à percevoir sur le domaine de l'Église et sur les hommes qui y sont installés les redevances qui rétribuent sa fonction, la part des amendes qui rachète la rupture de la paix

1. Voir ci-dessus, p. 116-117.
2. Mâcon, M. 66 (743), 65 (815). – Tournus, T. 91 (875), etc. – Cluny, C. 980 (955).
3. Monnaie de Cluny, *Bull. Clun.*, I ; de Tournus, T. 109 (915) ; tonlieu, T. 109, M. 501 (928).

publique (*fredum*), le droit de gîte et de réquisition, les tonlieux. Il a offert ces revenus à Dieu et à ses serviteurs en aumône et c'est seulement pour garantir cette exemption de taxes qu'il interdit à ses agents, le comte, les viguiers et les châtelains, de pénétrer sur le territoire de l'immunité pour y exercer leur office, « pour tenir un plaid, lever les *freda*, exiger le gîte, faire des réquisitions, saisir des répondants ou contraindre les hommes de l'église vivant sur sa terre [1] ».

2) Mais les hommes libres de l'immunité ne sont pas pour autant libérés de leurs obligations militaires ou judiciaires ; ils conservent leur statut et sont par conséquent soumis aux mêmes devoirs que les autres envers la communauté franque. Puisque les fonctionnaires publics ne peuvent accéder à leur résidence, le soin de les diriger revient aux seigneurs immunistes.

3) Toutefois, le ban royal n'est pas remis aux clercs eux-mêmes. C'est un fonctionnaire spécial, l'avoué, qui en est investi, qui assure la liaison avec les institutions régulières du *pagus* et qui est le chef des hommes libres de l'immunité [2].

Or, en Mâconnais, l'avouerie ne s'est pas développée sous une forme indépendante au Xe siècle et, pour cette raison, les immunités ne devinrent pas des circonscriptions politiques autonomes. Dans les actes de cette région, le mot *advocatus* garde en effet presque toujours son sens primitif : il s'applique aux représentants devant la justice laïque d'un établissement religieux, à ceux qui défendent les intérêts des clercs au plaid comtal et qui parfois tiennent le rôle de champions dans le duel judiciaire, c'est-à-dire soit à des membres de la communauté, soit à des auxiliaires subalternes [3]. Mais la fonction qui revient à l'avoué dans les provinces septentrionales et orientales de l'ancien Empire carolingien, c'est-à-dire la défense de l'Église et l'administration des sujets de la seigneurie, est exercée chez nous par le comte lui-même. Plusieurs textes en font loi : le premier, qui date du milieu du Xe siècle, montre le comte Létaud II, décoré du titre d'*advocatus* de Saint-Vincent de Mâcon et agissant comme tel en face du marquis Hugues le Noir ; dans les chartes qui relatent l'élection des abbés de Cluny, les comtes de Mâcon, Létaud en 954 à l'avènement de saint Maïeul, Otte-Guillaume, successeur d'Aubry II, en 993 à l'avènement de saint Odilon, sont expressément désignés comme les avoués du monastère ; enfin, au début du XIe siècle, le comte de Chalon, Hugues, reçoit des moines

1. M. 65.

2. SEELIGER, p. 120 ; VERRIEST, *Inst. méd.*, p. 108. – Sur le caractère fiscal de l'exemption, LEVILLAIN, p. 55. Le privilège étant une aumône, nous ne pensons pas que de tels diplômes aient été fréquemment délivrés aux laïcs, comme le suppose DUMAS, « Propr. », p. 273-277.

3. M. 284 (888-898), C. 764 (950), 799 (951) ; champion au duel, M. 282 (936-954). Après 953, le mot *actor* remplace *advocatus* pour désigner ces représentants.

de Tournus le *vexillum* de Saint-Philibert, c'est-à-dire le symbole de l'avouerie [1]. Nous voyons une dernière preuve de l'identité primitive entre la fonction comtale et l'avouerie dans le fait qu'au XIIe siècle encore, le droit de garde sur les domaines ecclésiastiques est appelé *advocatio*, lorsqu'il est exercé par le comte de Mâcon [2].

Cet avortement de l'avouerie indépendante – encore un trait qui rattache le Mâconnais aux pays du Midi [3] – laissa donc les francs résidant sur la terre immuniste sous la direction supérieure du comte et sans doute continuèrent-ils à dépendre de la cour vicariale et de la forteresse les plus proches. En effet, les territoires des immunités, coïncidant avec les domaines fonciers des trois grands sanctuaires, étaient formés de multiples enclaves dispersées parmi les vigueries et les districts militaires ; leurs limites étaient mouvantes puisque le patrimoine ecclésiastique, en progression constante, absorbait continuellement de nouvelles parcelles. Il était par conséquent difficile d'obliger les tenanciers isolés, retenus par l'exploitation de leurs terres, à venir remplir leurs devoirs de francs au centre, presque toujours très éloigné de la seigneurie foncière ; pour les détourner des assemblées publiques d'hommes libres voisines de leur demeure, il eût fallu que l'immuniste installât un très nombreux personnel administratif doublant chaque viguier et chaque commandant militaire ; organisation coûteuse et contraire au but même de l'immunité, qui souhaitait procurer à l'Église des bénéfices substantiels. Un avoué indépendant, dans l'espoir d'accroître ses profits, aurait pu la mettre sur pied ; le comte-avoué, par contre, n'avait aucun intérêt à le faire. En fait, si nous ne savons pas comment était administré le ban militaire dans les châteaux de Lourdon et de Tournus, nous n'avons trouvé avant 980 aucun document qui révèle l'existence de cours judiciaires particulières, fonctionnant dans les immunités à l'usage des manants libres, et qui permette d'avancer que ceux-ci ne plaidaient pas comme les autres, suivant leur condition, devant le viguier ou devant le comte. En tout cas, l'assemblée judiciaire qui siège encore en 1004 à Jalogny, à quatre kilomètres de

1. M. 153 (936-954). – Élection de saint Maïeul ; *Hujus vero electionis et ordinationis ejus seriem, per consultum, ut diximus, primatum comitis et etiam nostri et advocati Leotaldi, litteris sanciri praecipimus*, C. 883 (954) ; élection de saint Odilon, ... *per consultum... comitis et etiam nostri et advocati Aynrici ducis et Ottonis...*, C. 1957 (993). – Tournus, *Chron. Torn.* (1019, T. 26), *monachi suppliciter illi roganti, beneficium ecclesiae suae suorumque locorum sancti Philiberti vexillum tunc temporis illi necessarium... dederunt*.

2. Droits du comte de Mâcon sur les seigneuries clunisiennes de Chevignes, Igé et Laizé, *advocationem et custodiam*, C. 4279 (1180).

3. Il convient de rectifier sur ce point la carte donnée par SENN, p. 104. – En Bavière, dès le Xe siècle, des comtes sont en possession d'avoueries ecclésiastiques, DOLLINGER, p. 63.

l'abbaye de Cluny, dans un village qui est le centre d'un doyenné du monastère, dans un canton où la majeure partie des terres appartiennent déjà aux moines, est une cour publique, indépendante de l'immunité, présidée par un viguier représentant du comte[1]. Il n'est malheureusement pas possible de reconnaître si les plaideurs et les scabins sont ou non des manants de la seigneurie clunisienne ; mais dans l'*ager galoniacensis*, les paysans libres qui n'étaient pas précaristes ou tenanciers de l'abbaye étaient certainement très rares, trop rares pour former seuls la clientèle de cette cour régulière. Nous avons peine à croire qu'elle n'ait pas jugé aussi les autres.

Les concessions royales procurent donc seulement aux grands établissements religieux du Mâconnais des avantages financiers ; ils partagent avec le comte certains revenus régaliens, ceux de la frappe des monnaies, du marché, du tonlieu et, quand les agents de la puissance publique infligent une amende aux sujets libres de l'immunité, le *fredum* peut-être est-il laissé aux clercs. Le temps viendra où les administrateurs des églises chercheront à utiliser le texte des diplômes d'immunité pour étendre aux dépens du comte et des châtelains leurs pouvoirs sur les paysans. Mais en 980 les privilèges royaux n'ont pas encore détourné certains hommes libres du *pagus* des institutions publiques régulières ; ils forment tous une seule communauté, le peuple franc, que dirigent le comte et les auxiliaires qu'il investit de son ban.

*

En 980, la décomposition progressive de l'État franc a consacré l'indépendance du comte sans restreindre encore son autorité. Avoué des églises immunistes du *pagus*, il reste en principe le chef de tous les hommes libres. En fait cependant le comte n'exerce directement sa puissance que sur les membres de l'aristocratie la plus haute. Les moyens seigneurs sont soumis à sa juridiction et suivent ses expéditions militaires ; mais, relevant pour leur service d'armes quotidien de la forteresse voisine de leur maison, ils entretiennent déjà des relations plus intimes avec le gardien de celle-ci, qui sans doute demeure leur patron à l'ost et leur défenseur particulier au mall de la cité. Quant aux francs de condition inférieure, ils n'ont pas de rapport avec le comte, hormis ceux qui vivent à Mâcon même, dans les environs immédiats de la ville et sur les domaines du *comitatus*. Enfin, le comte partage avec certains établissements religieux le droit de lever les tonlieux et de battre monnaie. Les concessions royales et surtout ses habitudes sédentaires ont donc singulièrement restreint

1. C. 2591 ; première mention de Jalogny comme doyenné, C. 446 (940).

son champ d'action et accru l'autorité de ses principaux délégués, les châtelains. Parce que les grands seigneurs, investis du ban militaire, et les principaux sanctuaires lui sont étroitement attachés, le comte étend encore son pouvoir supérieur sur l'ensemble du *pagus*. Mais si les châtelains se libèrent de son contrôle comme lui-même voilà trente ans s'est libéré de la tutelle royale, si les hauts dignitaires de l'Église parviennent à lui retirer l'avouerie de leur seigneurie, l'ancienne circonscription administrative se fractionnera ; des principautés indépendantes formées autour de chaque château fort et des noyaux les plus compacts des domaines ecclésiastiques cantonneront le ban du comte dans le voisinage immédiat de la forteresse qu'il commande et de ses seigneuries foncières.

D. CONCLUSION : INSTITUTIONS POLITIQUES ET STRUCTURE SOCIALE

Pour l'instant du moins la société mâconnaise est encore encadrée par les institutions politiques carolingiennes, qui établissent en son sein de nettes divisions. La plus profonde est celle qui sépare des autres les non-libres, ceux qui ne font pas partie du peuple franc. Ils dépendent entièrement de leur maître ; ils échappent au pouvoir des châtelains ; en dépit des anciennes prescriptions royales qui enjoignaient de les livrer à la justice publique quand ils brisaient la paix par un crime particulièrement grave et quand ils portaient préjudice à un homme libre, ils ne paraissent pas au plaid du comte et du viguier et leur maître les corrige seul à sa guise [1]. Purement juridique, cette frontière entre la liberté et la servitude ne correspond en rien aux conditions économiques et aux genres de vie et court parmi divers niveaux de l'échelle des fortunes ; pour la plupart, les serfs sont des paysans ou des valets, mais certains sont riches et commandent à d'autres.

À l'intérieur du peuple franc, une autre limite de nature politique, moins régulière il est vrai et moins ferme, sépare deux groupes pour qui la liberté n'a pas la même qualité et cette inégalité se fonde, elle, sur une opposition économique. Les francs les plus pauvres, les paysans dont toute l'activité est absorbée par la mise en valeur de leur manse, qui ne peuvent se procurer l'équipement du combattant à cheval ni s'entraîner et qui n'ont pas le loisir de quitter le canton rural, sont soumis d'abord à des obligations militaires dégradées et dégradantes, à des prestations et à des travaux manuels moins nobles que le service d'armes ; et surtout, ils sont abandonnés à la discrétion de l'agent local de la puissance publique et plus précisément du châtelain, qui leur impose les

1. DOLLINGER, p. 227, 228.

taxes et les corvées militaires, et qui seul représente à leurs yeux la force et la paix. Les plus riches par contre, les possesseurs d'une seigneurie foncière de bon rapport, ont le moyen de s'armer et forment la milice permanente ; libérés des soucis domestiques et confiant à de nombreux serviteurs le soin d'exploiter leur domaine, ils fréquentent régulièrement l'ost et le mall et sont jugés et commandés par le comte lui-même ; ils jouissent d'une meilleure liberté. Certes, en 980, cette distinction est encore sans rigueur ; il n'existe pas de titre officiel qui désigne les francs riches et affirme la supériorité de leur statut ; et nul ne peut dire sans doute quelle fortune est nécessaire et suffisante pour participer au groupe privilégié des guerriers professionnels, exempts des charges moins honorables qui pèsent sur le vulgaire : c'est affaire de circonstances ; ce groupe enfin se restreint constamment en raison de l'appauvrissement régulier des laïcs. Mais cette nuance, qui s'accuse de jour en jour, est à l'origine, nous le verrons, de la plus nette séparation sociale des temps féodaux.

Enfin, la distribution des pouvoirs de commandement isole au sommet de la hiérarchie sociale une petite élite qui joint à sa richesse l'exercice du ban militaire. Le vicomte et les châtelains, héritiers de leur charge, sont les sept *proceres* de la région mâconnaise, les grands fidèles du comte. Chefs des plus hauts lignages, parents de l'évêque et des principaux dignitaires de l'Église [1], ils tiennent le premier rang à l'assemblée comtale ; ils sont les patrons des moyens seigneurs qui résident aux environs de leur forteresse, leurs cousins pour la plupart et qu'ils mènent au combat ; au nom du comte, ils commandent et punissent les hommes libres pauvres.

L'armature politique de la société souligne ainsi certains niveaux dans la hiérarchie très nuancée des conditions économiques ; elle affirme l'existence de trois classes, la haute aristocratie des *honorati*, la petite noblesse des moyens possesseurs fonciers, membres de la milice régionale, la paysannerie enfin ; au sein de cette dernière classe, elle dresse une barrière très nette entre les francs et les serfs.

Remarquons encore que les institutions de droit public, destinées seulement à maintenir la sécurité des hommes libres, intéressent un secteur très limité de la vie sociale ; c'est dans le privé que s'organisent la plupart des rapports d'homme à homme. Tous ceux qui ne jouissent pas de la liberté sont laissés à la discrétion de leur maître ; et les francs, quand ils ont rempli leurs obligations militaires sous la direction du comte et de ses auxiliaires, ont tout loisir de

1. Les évêques Jean (972-977) et Adon (968-971) sont les parents du vicomte Gautier, de Thibert de Bâgé, de Josseran d'Uxelles, CHAUME, « Féod. Mâc. » ; l'évêque Lébaud (996-1018) est le fils du châtelain de Brancion, M. 406 (968-971), C. 1246, 1460 (978-979).

nouer entre eux les relations qu'ils veulent. Ils peuvent s'unir étroitement à leurs parents, former dans le lignage une autre communauté de défense ; ils peuvent s'attacher personnellement au patron qui leur promet, en échange de leur dévouement, les avantages moraux ou matériels qu'ils ne peuvent trouver au sein de la communauté publique ; ils peuvent, entre voisins, se grouper dans des associations secondaires pour défendre leurs intérêts. Toutefois, les institutions publiques de paix sont encore assez vigoureuses pour que les hommes libres ne sentent pas le pressant besoin de se réfugier au milieu de leur parenté ou de se donner un protecteur. En 980, les liens et les obligations privées sont dans la classe franche encore rares et sans rigueur.

CHAPITRE IV

LA STRUCTURE SOCIALE

Quelle image les contemporains se formaient-ils de la structure sociale, quelles étaient les divisions reconnues par le droit et la conscience collective, quelle était la vigueur des liens d'homme à homme ? Il est difficile, dans l'état de notre documentation, de donner à ces questions une réponse formelle. Nous disposons en effet d'un seul témoignage, celui que transmet le vocabulaire des chartes et des notices[1] ; il est de piètre valeur. Car la plupart des actes sont rédigés d'après des formulaires et les termes par lesquels sont distingués les uns des autres les individus et les groupes sont des titres consacrés par la tradition et qui reflètent mal la réalité vivante. Toutefois, à l'approche de l'an mil, ce défaut tend à se corriger : parmi les rédacteurs, beaucoup ne sont plus des spécialistes ; ils hésitent davantage, parfois improvisent, s'efforçant de traduire en latin les expressions du langage courant ; il n'est donc pas absolument vain de suivre l'évolution des formules, si l'on tient compte du retard que mettent à s'imposer dans un milieu traditionaliste des changements perçus de l'extérieur. On tirerait de meilleurs renseignements des écrits littéraires ; malheureusement, nous n'avons qu'une bonne chronique, celle de Raoul Glaber, et cette œuvre, composée dans un cloître, loin du monde, date des environs de 1040. Cependant, l'auteur des *Histoires* avait été dans sa jeunesse fort mêlé à la vie du siècle et l'on peut penser que les indications qu'il fournit sur la structure sociale se réfèrent au monde qu'il avait connu une quarantaine d'années avant de se mettre à l'ouvrage ; c'est pourquoi nous appliquerons les enseignements de ce texte à la société mâconnaise des environs de l'an mil. En remarquant pourtant que l'écrivain, lui non plus, n'est pas libéré de la tradition ;

1. Sur la méthode, NEUFBOURG.

sa prétention d'écrire dans un latin classique l'empêche de traduire fidèlement la langue vulgaire et son témoignage ne peut être reçu sans précautions.

Ainsi, les documents de cette époque, qui procurent tant de renseignements sur la répartition de la terre et sur les institutions politiques, laissent dans la pénombre l'organisation de la société. Il faut interpréter constamment, utiliser les moindres nuances pour atteindre, derrière l'écran figé des mots, la réalité mouvante et souple, s'efforcer de mettre un peu de vie dans ces cadres morts. Et ce n'est pas sans beaucoup d'incertitude que nous allons tenter de considérer la société de 980 avec les yeux des contemporains.

A. LES NON-LIBRES

D'un côté les libres, de l'autre les non-libres, voici l'opposition qui d'abord les frappe tous, Raoul Glaber aussi bien que les rédacteurs de chartes, comme elle frappait naguère leurs ancêtres carolingiens. C'est la division fondamentale auprès de quoi toute autre distinction n'est que nuance, la seule qui ait un fondement juridique[1]. Le peuple franc a des limites précises ; il groupe, à l'exclusion des autres, tous les chrétiens dont les ascendants de ligne maternelle ont servi dans l'armée publique et fréquenté les malls judiciaires[2]. Pour devenir un homme libre, celui qui ne l'est pas par sa naissance doit véritablement se transformer, se « convertir », se prêter à une cérémonie solennelle d'initiation, le baptême ou l'affranchissement.

Les non-libres, ce sont d'abord les non-chrétiens, c'est-à-dire, essentiellement, les juifs. On les connaît mal puisqu'ils ne font pas d'aumônes à l'Église. Mais c'est encore au Xe siècle, où les archives ecclésiastiques conservent beaucoup de dossiers privés, où l'on décrit dans les titres de possession foncière les terres qui bornent les parcelles, qu'ils apparaissent le mieux, bien que nos sources les montrent toujours de l'extérieur. Corps étranger, enkysté dans le milieu chrétien, fidèle sans doute à ses coutumes comme il le reste à son écriture[3], le groupe juif est à cette époque la catégorie sociale la plus nettement circonscrite. Bien que les conditions économiques les aient conduits à devenir

1. À l'époque carolingienne, l'opposition est absolue, *non est amplius nisi liber et servus*, BORETIUS, 1, p. 145. – Les formules des notaires en prolongeront le souvenir jusqu'au début du XIIe siècle ; C. 2979 (1049 env.), *ut quicumque... sive liber, sive servus* ; C. 3882 (1107), *si quis autem vir vel femina de propinquitate mea vel de extraneis, ingenuus vel servus*.

2. La possession d'un alleu ne paraît pas nécessaire à la liberté, et nous savons d'ailleurs que les paysans mâconnais étaient pour la plupart en partie alleutiers.

3. *Signa* en caractères hébraïques de Josué et de Samuel, C. 749 et 750 (949).

paysans, à acquérir courtils et parcelles disséminés parmi les terres des chrétiens et à les exploiter eux-mêmes, bien qu'ils n'aient pas le monopole du prêt sur gage et qu'ils soient parfois obligés d'engager leurs propres biens fonciers pour se procurer du numéraire [1], les israélites mènent un genre de vie particulier. D'abord, ce sont des citadins ; ils ne résident pas sur leurs domaines ruraux mais restent groupés dans l'agglomération qui prolonge la ville antique. À Mâcon, ils occupent un quartier spécial sur le flanc nord du château, le Pont-aux-Juifs, près du « port » et de la route ; sur la colline voisine est leur cimetière [2] ; vivants ou morts, ils sont à part, rassemblés. De plus il est certain que le mince courant du commerce d'importation passe en grande partie par leurs mains ; ces communautés, héritières des vieilles colonies marchandes, qui jalonnent de cité en cité les routes du Sud, rapprochées les unes des autres par leur isolement même, sont autant de relais qu'utilisent les produits orientaux [3]. Enfin, du point de vue politique, les juifs sont soumis à un régime d'exception. On leur reconnaît bien certaines capacités juridiques ; les terres qu'ils possèdent sont des alleux qu'ils se transmettent selon leurs usages et dont ils disposent librement ; lorsqu'ils les vendent à des chrétiens, l'acte est rédigé en leur nom et le notaire ne manque pas de consigner le témoignage de leurs coreligionnaires [4]. Mais dans l'ordre public, ils forment une communauté séparée ; ils paient un tribut spécial à l'Église et, en vertu de l'ancien privilège qui leur assurait l'immédiate protection royale, ils sont placés sous la tutelle du comte. C'est le comte qui sert d'intermédiaire entre eux et les chrétiens ; il jouit d'un droit éminent sur le quartier des juifs, sur leurs domaines de la campagne, et recueille leur alleu lorsque celui-ci tombe en déshérence. Par leur condition, les juifs sont au comte, qui les considère un peu comme une part de son patrimoine et qui, parfois, utilise leurs capacités commerciales, leur confie ses affaires [5]. Très

---

1. Sur leurs possessions foncières, voir p. 48-49 et croquis V. – À Vienne, au Xe siècle, les juifs pratiquent le prêt sur gage, GRACIANSKIJ, *Burgundskaia*, p. 69-71.

2. Les juifs de Mâcon, M. 195 (fin Xe), 183 (sd). – Le *Pons Hebreorum*, sur lequel la voie Agrippa franchit le petit ruisseau de l'Héritan, *NSP*, App. 6. – Le cimetière, mis au jour au XIXe siècle, est sur la colline proche ; *NSP*, 43, *juxta Hebreorum sepulturam*. – À Chalon, autre communauté juive, P. 6 (978-1039). – Aucune mention pour Tournus.

3. Le tribut que les juifs mâconnais doivent au chapitre est en épices et en tissus d'importation, M. 529 (1051).

4. C. 749-750 (1004), 2762 (1022) ; M. 273 (987-996).

5. Le comte et la comtesse garantissent l'échange de Salomon, C. 2762 ; le roi, héritier des comtes, est au XIVe siècle propriétaire du cimetière juif de Mâcon, AN, JJ. 41, n° 211 ; les biens juifs échouent au comte ; P. 6, Hugues, comte de Chalon, donne *terram Willelmi quondam Judai, in villa Theconerias positiam, in aliis quamplurimis locis, cum domo ejus in civitate Cabilonis posita* ; P. 199, il donne des biens que des juifs défunts avaient possédés à Juif ; M. 86 (970-975), le comte de Mâcon

isolée, cette communauté qui, à Mâcon, paraît nombreuse, forme un bloc compact aux yeux du chrétien qui ignore les individus ; pour lui le champ de Salomon ou de Josué, c'est la « terre des juifs », et le chantre de Saint-Vincent qui lève sur l'ensemble du groupe une redevance annuelle n'est en rapport qu'avec des délégués qui se chargent de rassembler les redevances [1]. Des sentiments hostiles viennent-ils accentuer cette séparation ? Rien ne permet de le dire ; l'antisémitisme, semble-t-il, ne se manifestera guère que dans le malaise économique du XIIe siècle finissant [2]. En tout cas, il est permis au juif de pénétrer par la conversion dans le peuple franc : un samedi saint, le comte de Mâcon qui traversait le Pont-aux-Juifs prit avec lui un jeune israélite déjà circoncis, le fit baptiser, lui donna son nom et la comtesse le fit instruire ; il fut plus tard chanoine régulier de Saint-Pierre de Mâcon et donna tout l'héritage qu'il avait reçu à Levigny (il n'avait donc pas rompu complètement avec les siens) aux saints Pierre et Paul qui, remarque-t-il, étaient « de son peuple » [3].

Les serfs, eux, sont chrétiens, mais restent exclus de la communauté des hommes libres [4]. Bien qu'ils ne soient, pour autant que nous puissions en juger, qu'une minorité dans la population paysanne, ils sont beaucoup plus nombreux que les juifs et beaucoup plus mêlés à la vie du peuple. Non pas cantonnés dans des quartiers réservés [5], mais disséminés dans tous les hameaux, les courtils où ils résident, les champs qu'ils cultivent sont entourés par ceux des libres. À l'église, au cimetière, au marché et sur les routes, à la cour du seigneur le jour où l'on acquitte les redevances, sur la condemine dans l'équipe de la corvée, paysans serfs et paysans francs se coudoient. Ils partagent les mêmes sentiments. Enfin, les mariages mixtes, les alliances familiales achèvent souvent de les mêler [6]. La classe servile d'autre part rassemble des hommes de conditions

possède aux Esserteaux un courtil qui lui vient d'un juif. – Au XIIe siècle, un juif du comte intervient, avec des bourgeois de Mâcon et de Cluny, dans une donation de salines comtales, C. 4553 (1192).

1. M. 529 (1051). – Déléage considère les *terrae hebraeorum* comme des possessions familiales indivises et conclut que le lignage juif est plus cohérent, *Vie rur.*, p. 381-383. Il est entraîné par sa théorie sur la communauté de village. La communauté juive nous paraît si solidement unie parce que, comme les chrétiens du Xe siècle, nous ne l'apercevons que de l'extérieur.

2. Notons cependant, dans la liturgie chalonnaise, l'exhortation de l'évêque Roclen contre les juifs, *Gallia*, col. 885 sq.

3. *NSP*, App. 6 (mil. XIe).

4. *Servi* et parfois *mancipia*, C. 2265, 2556 (1002), cf. Dubled. Pour ce qui concerne le statut du serf carolingien, nous renvoyons à l'exposé très clair et très concis de Dollinger, p. 209.

5. Les noms qui désignent les deux villages de Senozan, *Senozana francorum et Senozana servorum*, C. 1252 (969), sont des surnoms géographiques qui relèvent du folklore et n'indiquent plus au Xe siècle un cantonnement des populations libres et serves.

6. Mariages mixtes, C. 1560, 3649.

très diverses. Il est des serfs de tous métiers ; certains sont pêcheurs, meuniers, forgerons, marchands d'abbaye[1] ; beaucoup sont des domestiques attachés à une maison seigneuriale ; quelques-uns gèrent un domaine au nom d'un maître qui leur délègue le pouvoir de commander les autres serviteurs[2]. La plupart sont des paysans, soit qu'ils travaillent dans la troupe des valets sur la réserve seigneuriale, soit que leur maître les ait installés sur une tenure héréditaire. Beaucoup ne possèdent rien et vivent de la prébende ; d'autres se ruinent et à bout de ressources sont réduits à la mendicité[3] ; mais certains s'enrichissent, parviennent à constituer une grosse exploitation, à acquérir eux-mêmes des serfs, deviennent de vrais seigneurs. Il existe une aristocratie servile qui se recrute parmi les chefs de travaux des plus grands domaines : serfs de Cluny, Bernon ou Robert Cornu, ont des dépendants, tiennent des bénéfices et font entrer leurs fils dans la communauté monastique[4]. Pourtant, malgré cette diversité, malgré les liens étroits qui les unissent aux autres paysans, les serfs sont nettement distingués ; dans le village, chacun les connaît comme tels[5]. Qu'ils s'enrichissent, qu'ils viennent à commander d'autres hommes, ils ne cessent pas d'être serfs aux yeux de leurs voisins et de leurs subordonnés. La classe servile n'est pas une classe de genre de vie ni une classe économique, mais la mieux définie des classes juridiques.

La condition servile est personnelle et héréditaire : le mariage avec une personne libre ne change rien au statut et c'est de sa mère que l'on hérite le « joug de servitude »[6]. Dans ce statut se mêlent deux caractères qu'il convient de distinguer avec force, puisque notre langage aujourd'hui les confond et que cette confusion est à la source de tous les jugements erronés que l'on a portés

1. Pêcheurs, C. 3621 ; fabres, P. 64 ; marchands d'abbaye, T. 91. – Sur les divers métiers des serfs, DÉLÉAGE, *Vie rur.*, p. 578.

2. Le maître choisit toujours ses ministériaux parmi ses serfs, DÉLÉAGE, *Vie rur.*, p. 524 ; voir ci-dessous, IIe part., ch. VIII, B.

3. Un serf doit vendre son bien *causa famis*, C. 2431 (997-1031) ; un autre *ad paupertatem veniens* se fait prébendier *propter nimiam famem*, C. 2669 (1008).

4. Achats par des serfs, M. 14 (déb. XIe), C. 3215 (la *substantia* du serf est en croissance) ; Bernon, C. 2134, 2138 ; Robert Cornu, C. 3021, 3756.

5. Voir les très pertinentes remarques de VERRIEST, « Terminologie », p. 108, et *Inst. méd.*, p. 179 sq.

6. L'épouse libre d'un serf ne perd pas sa liberté, C. 1560 (981). – Les enfants suivent le sort de la mère : un maître donne un serf avec ses enfants d'un premier lit, mais non ceux du second car la seconde épouse n'est pas à lui, C. 682 (946) ; la fille d'un serf de Saint-Pierre et d'une franche de Saint-Vincent prouve que, *per occasionem de matre sua*, elle est franche de Saint-Vincent, C. 3649 (fin XIe). Voir JEANTON, *Servage*, p. 33 ; DÉLÉAGE, *Vie rur.*, p. 585 ; VERRIEST, « Terminologie », p. 103 et *Inst. méd.*, p. 169.

sur le servage médiéval : la non-liberté et la dépendance. Dépendant, le serf l'est toujours et naturellement ; le *nexus servitutis* [1] qui l'attache à un maître (*dominus*) n'est pas noué par un contrat, par un engagement que renforce un serment de fidélité, c'est un trait de sa condition : il n'y a pas de serf sans maître. Et cette dépendance obligatoire est totale : le serf est un bien, une partie du patrimoine, un « accessoire de la seigneurie » foncière [2] ; comme les champs ou les manses, il peut être l'objet de possession indivise ou même partagé entre plusieurs héritiers ; il passe de main en main et le hasard des héritages et des ventes le fait tomber parfois dans le domaine de paysans pauvres et même d'autres serfs [3]. Le maître peut tout exiger de son serf, sans rien lui devoir en échange : seul le souci de ses intérêts le conduit à l'entretenir, à le défendre, à l'« améliorer » comme les autres éléments de son patrimoine [4]. Le serf ne peut se déplacer sans l'assentiment de son maître ; il n'est justiciable que de lui, qui le corrige à sa guise ; il doit le servir sans que la nature et l'étendue de ce service soient définies : la fixation des obligations serviles est une marque d'affranchissement et, loin d'être une charge caractéristique du servage, le chevage est le signe d'une libération [5]. À l'inverse de l'homme libre, qui peut s'attacher quand il

1. C. 3339. – Lorsqu'on exigera du serf un serment de fidélité, le servage aura complètement changé de caractère, voir *infra*, IIe part., ch. IV, B.

2. PETOT, dans SOC. J. BODIN, *Le Servage*, p. 156.

3. Le serf, portion du patrimoine, est l'objet des mêmes règles de succession que les immeubles ; il est l'objet de possession indivise, C. 2869, 3306 ; le droit de propriété sur le serf peut être morcelé, C. 2279 (994-1031), *medietate servi* ; C. 3104 (XIe), *suam partem filiorum A.*, C. 3206 – 3221 – 3786 ; M. 546. – Posséder des serfs n'est pas le privilège de l'aristocratie : Duran de Tournier est un petit paysan, C. 3653 (1050 env.) ; des serfs sont maîtres de serfs, C. 3649. À ce propos, voir les judicieuses remarques de BOUSSARD, « *Colliberti* », p. 208, qui montrent que, dans l'état de la technique, tout exploitant d'un gros manse, qu'il fût libre ou serf, avait besoin de valets. Il n'est pas étonnant que des serfs enrichis se soient souciés d'acquérir des domestiques non libres.

4. Le maître ne doit rien à son serf : les textes qui sembleraient montrer le contraire concernent soit des affranchis, qui restent sous la *custodia* de leur ancien maître, C. 2869 (1040 env.), soit l'époux libre d'une serve qui demande aux maîtres de celle-ci le *consilium*, C. 2009 (1040 env.). Mais le maître défend son droit de propriété et protège le serf contre les réclamations d'autrui.

5. Le serf ne peut se déplacer sans l'autorisation du maître ; c'est ce que prouvent les formules d'autotradition, C. 669 (945) et d'affranchissement, C. 2686 (1013) et *ambulatis in quatuor angulas terre ubi volueris* (cf. BLOCH, « Comment et pourquoi... », p. 42). – Le serf est justiciable de son maître, DOLLINGER, *Bavière*, p. 227-228, encore que ce dernier, depuis l'époque carolingienne, le juge selon les coutumes des francs, SEELIGER, p. 63. – Le maître attend du serf le *servitium*, C. 2686 – 2689 – 1972 – 2226 – 2636 – 3306 – 3649 – 3786 – 3339 ; M. 379 ; P. 114, etc. ; le propre du service servile est d'être sans limites, DOLLINGER, p. 213. – L'« abonnement » de ce service est un privilège, une forme d'affranchissement ; C. 3367 (1060 env.), un serf doit 8 deniers, 8 pains et 8 setiers de vin *pro redemptione capitis* ; C. 3636 (1089), le maître de serves formariées renonce à leur service et ne garde qu'un cens de 8 deniers, signe de leur dépendance. Au contraire, les

veut à qui lui plaît et poser des limites à son dévouement, le serf est toujours lié à un autre homme par un lien plus solide que tous les autres, que ceux mêmes qui l'attachent à ses parents.

Cependant, le serf a une âme, il est baptisé, c'est une personne ; de plus, dans l'ordre économique, son maître a souvent avantage à lui laisser quelque initiative. Aussi, malgré sa stricte dépendance, le serf jouit-il de certains droits privés. Son mariage est un mariage chrétien et, fondée par un sacrement, la famille serve a en principe la même structure que la famille libre ; l'autorité paternelle est aussi étendue, on y pratique les mêmes règles successorales [1]. D'autre part, si le valet domestique a peu de chance d'accéder à la possession individuelle, le serf installé sur une tenure à loyer fixe est responsable d'une exploitation, établit un budget et peut faire des bénéfices ; avec l'argent qu'il épargne, il achète quelques lopins ; ce sont ses alleux ; les titres de sa propriété ont la même forme que ceux des francs et son patrimoine est bien distinct de celui de son maître [2].

Toutefois, celui-ci considère l'alleu et la famille serviles comme des dépendances de son serf, donc de sa propriété, et il étend sur eux un pouvoir supérieur qui limite étroitement les droits privés du serf. De l'héritage, il est le propriétaire éminent ; le serf ne peut l'aliéner sans son consentement ; par contre, quand il vend le serf, le maître peut fort bien garder l'alleu pour lui ; enfin, à la mort de son dépendant, l'héritage lui échoit avant de revenir aux lignagers ; il peut exclure tel ou tel descendant et exiger des héritiers qu'il admet à la succession une taxe de reprise ; bien que nul texte n'en fasse mention

---

libres, même de la meilleure condition, paient souvent un chevage, C. 3161 – 3610 (fin XIe). – Contre l'opinion de BLOCH, *Rois et serfs*, p. 28, qui voit dans le chevage une des charges caractéristiques du servage, DÉLÉAGE, *Vie rur.*, p. 593 ; THIBAULT, *Condition des personnages*, 444 ; VERRIEST, *Inst. méd.*, p. 214 sq. ; DOPSCH, *Herrschaft*, p. 222 ; DOLLINGER, p. 217.

1. Sur les transformations que subit l'esclavage dans le haut Moyen Âge, BLOCH, « Comment et pourquoi... ». Autorité paternelle : les fils « servent » le père, C. 3339 (1040 env.) ; communauté de biens : autorité du mari sur les biens de sa femme, C. 2009 (1040 env.), possession indivise, M. 14 ; C. 2009, droits du lignage sur le bien individuel, P. 167 ; C. 2670 (protestation d'un lignager qui conteste la donation de l'héritage et qui reçoit une indemnité). – La famille serve est aussi cohérente que la libre, quoi qu'en dise DÉLÉAGE, *Vie rur.*, p. 576.

2. Ces terres sont à lui, on les désigne par son nom et non par celui de son maître, C. 2511 ; c'est son *hereditas*, C. 2075 – 2670, etc. Il vend, C. 2431 – 2511 ; il achète à son maître, C. 2075 ; P. 167, à d'autres serfs de son maître, M. 14, ou à des étrangers, C. 2719 – 2992 – 3649 – 3261 – 3285. – Les actes sont rédigés sur la même forme que ceux des libres, C. 2134, *ut faciat unusquique ex sua parte quod voluerit* (il s'agit d'un échange entre un serf et son maître), C. 2669. Son patrimoine est bien distinct de celui de son maître, puisqu'il peut lui vendre, C. 2431 – 2511 – 2670 – 2075, et pratiquer avec lui des échanges, C. 2134 ; M. 378 ; SM. 81.

expressément, on est en droit de supposer que le serf mâconnais devait la mainmorte à son maître[1]. Le maître domine également la famille : pas de mariage d'abord sans son autorisation ; en relation de voisinage avec les paysans libres ou les dépendants d'autres seigneuries, le serf, en effet, a toute chance de prendre femme hors de la *familia* qui, d'ordinaire, est un groupe restreint où ne peuvent se multiplier les cousinages ; les mariages mixtes sont la règle. Or, ils portent préjudice au maître : les enfants qui en naîtront suivront la condition de leur mère et échapperont au propriétaire du mari, tandis que celui de la femme la verra s'installer dans une autre seigneurie et porter ailleurs son service et son travail ; pour parer à ces inconvénients, il faudra des échanges, des accords difficiles. Aussi, le maître exige du serf qui va se marier au-dehors un dédommagement, le droit de formariage[2]. De plus, il peut briser l'unité familiale en obligeant les enfants à s'installer ici ou là, comme il peut, par le droit éminent qu'il détient sur l'alleu, fausser la dévolution héréditaire. La famille du serf, comme son patrimoine, ne peut se former et garder sa cohésion que si le maître le veut bien[3].

Mais tous ces obstacles, les droits de formariage et de mainmorte, sont les effets de la dépendance ; plus strictement marqués peut-être pour les serfs, ils ne sont pas pourtant propres à leur condition ; il y a des libres qui, eux aussi,

1. L'alleu du serf est une dépendance de sa personne, C. 3303, *terris que ad ipsos pertinent*, donc c'est aussi la propriété du maître. – Le serf est généralement aliéné avec son héritage, C. 2071 – 2895 – 2428 – 564 – 2493 – 2712 – 2719 – 2972 – 3066, etc. ; mais le maître peut retenir l'alleu, C. 2138, *alodium vero ejus retinemus*, ou donner l'alleu sans le serf, C. 2024. Lorsque l'alleu servile est contesté puis restitué, c'est le maître qui le reçoit, C. 2009. – Pour vendre ou donner son alleu, le serf doit avoir l'autorisation du maître, C. 567 ; sinon la vente est illégale, M. 327 (996-1018), *nullo modo potuerunt*, C. 3685. – Les fils peuvent être exclus de l'héritage par le maître, C. 2071 (le maître conserve un des fils qui perd son droit à l'alleu), C. 3339. La destination de tout l'héritage peut être ordonnée par le maître ; C. 3339, le serf devra donner à sa mort tout son bien à Cluny. Donc le maître est le premier héritier de son serf ; c'est par tolérance qu'il laisse aux lignagers la possession de l'alleu familial ; c'est la justification de la mainmorte (P. 167), BLOCH, « Transformation », p. 66, n° I, et PETOT, « Origines de la mainmorte servile ».

2. Les maîtres s'efforcent de remédier aux effets du formariage par des échanges et des achats. C'est le formariage de la serve qui est le plus désavantageux, aussi les échanges portent-ils principalement sur les épouses, C. 2138 – 2541 – 2206 – 2988, etc. – Le serf qui épouse une femme libre dédommage son maître de la perte de sa progéniture : ainsi un serf de Cluny donne à cause de sa femme (*pro ea*), libre, dépendante de Saint-Vincent de Mâcon, deux de ses propres *mancipia* (à Cluny et non à Saint-Vincent, comme le pense JEANTON, *Servage*, p. 42), C. 3649 (mil. XIe).

3. Le maître ne peut briser l'unité du foyer (C. 3636, le maître de serves formariées renonce à leur *servitium*), mais il peut retenir les enfants et les installer où il veut, C. 2071 – 3339 (le serf nourrira ses deux fils jusqu'à leur majorité, mais ils devront ensuite rompre tout rapport économique avec lui).

sont soumis au pouvoir d'un maître qui autorise leur union et exerce un droit éminent sur leur alleu. Ce qui distingue vraiment le serf, c'est l'absence de liberté. Il ne fait pas partie du peuple ; la puissance publique l'ignore, ne reçoit pas sa fidélité ; on ne le voit ni à l'armée, ni aux plaids ; dans le village, il n'a pas accès aux communaux qui sont « terres des francs » ; enfin, il ne peut être clerc. Ce sont bien ces incapacités et non pas la dépendance personnelle, qui constituent le « joug de servitude », la tare héréditaire que seul peut effacer l'acte d'affranchissement. Cette cérémonie solennelle, qui ne donne presque jamais lieu à la rédaction d'une notice, est mal connue dans ses détails et dans ses rites ; il est certain, pourtant, que par la *manumissio*, le maître introduit son serf dans la communauté des hommes libres ; il en fait un franc[1]. Mais l'affranchissement seul ne supprime pas la dépendance : le nouveau libre peut fort bien rester astreint, soit envers son maître, soit envers une autre personne (nos textes concernent d'ordinaire des affranchis qui ont été placés, par leur patron, sous le *dominium* d'une église), à un service, aux charges mêmes qui pesaient sur lui dans la servitude. Il est franc, mais franc dépendant, soumis héréditairement à la mainmorte, au formariage, quelquefois au chevage, quand son maître a bien voulu limiter, « abonner » le service qu'il lui doit. « *Manumittimus in servitium* »[2], la formule montre clairement que la liberté est chose toute différente de l'indépendance et que seule la première de ces qualités s'oppose franchement à la condition servile. Elle montre aussi que cette qualité, le privilège de participer à la communauté publique, gardait au Xᵉ siècle assez de prix puisque des serfs achètent fort cher à leur maître leur seul affranchissement qui ne les libère pas de leur dépendance[3]. Ainsi, le statut servile apparaît, en droit,

1. M. 195 (déb. XIᵉ), *facio quos servos meos francos*.

2. La plupart des affranchissements ne donnent lieu à un acte écrit, qui s'introduit dans les archives ecclésiastiques, que si l'affranchi reste sous la mainbournie d'un sanctuaire ; il doit alors à son protecteur spirituel un *servitium* (C. 2686 – 2869 – 3306) en échange de la *custodia* (C. 2869) ; il est placé sous le *dominium* de l'église (C. 3339, *ut serviat*), lui et sa progéniture (*cum omni nascentia*) ; il devient un *libertus in servitio*, C. 3822 ; il est affranchi *in servitium*, C. 3621. BLOCH, abusé par sa conception du servage, qu'il fonde sur la dépendance et non sur l'absence de liberté au sens antique du terme, considère de tels actes comme de faux affranchissements, destinés seulement à légaliser un changement de maîtres (« Les *colliberti*, étude sur la formation de la classe servile », *RH*, 1928, p. 28). Nous pensons pour notre part, avec VERRIEST (*Servage*, p. 146) que la liberté au XIᵉ siècle n'est pas l'indépendance et que le *servitium* n'est pas le critère du servage.

3. Le serf achète son affranchissement, soit en payant une certaine somme, C. 3339, soit en acquittant une rente annuelle *pro redemptione capitis*, C. 3367 ; c'est le chevage. Certains serfs peinent aussi pour devenir serfs d'église : C. 3206, *cum plus placeret esse in dominio... ecclesie quam in meo*, C. 3087 – 3780 – 3307 ; les serfs ecclésiastiques (M. 400 – 474, *servi ecclesiastici*, M. 527) forment-ils un groupe privilégié, soumis à des charges moins lourdes ? Rien ne le prouve. Si certains serfs achètent leur transfert dans le *dominium* d'une église, c'est ou bien pour avoir le même maître

indissolublement lié à l'antique notion de liberté. Dans cette société, qui n'a pas entièrement abandonné les méthodes de la grande exploitation, où subsistent encore les équipes de travailleurs domestiques, le servage est la survivance de l'esclavage, adapté au climat chrétien. Il vivra tant que les institutions de droit public maintiendront l'idée du peuple franc, mais subira, lorsque s'évanouira cette idée, une transformation totale. Quant aux serfs, ce sont, à notre sens, les descendants directs des esclaves ; extrêmement rares en effet sont les francs qui ont renoncé volontairement à leur liberté [1] et, contre le puissant qui le réclame injustement pour son serf, l'homme libre trouve, sans aucun doute, dans les assemblées vicariales formées par les paysans voisins qui le connaissent bien, l'efficace protection de ses pairs. Si, malgré les affranchissements, la population servile reste nombreuse, c'est que les serfs, ceux du moins qui, sortis du dortoir de la *familia*, vivent dans leur manse, sont prolifiques et que leurs unions, les textes le prouvent, sont aussi fécondes que celles des hommes libres [2].

B. LA SOCIÉTÉ LIBRE : LES CLASSES

Sensibles en premier lieu aux caractères communs qui isolent les membres du peuple franc de la masse des non-libres, les contemporains reconnaissent pourtant à l'intérieur de la société libre des divisions secondaires. Et d'abord celle qui oppose aux laïcs les clercs, qui nous paraît d'autant plus nette que tous ceux qui ont laissé leur témoignage sont du clergé, donc particulièrement attachés à cette distinction. Le clerc est le franc qui, renonçant à son activité militaire, s'est consacré au service de Dieu ; quittant la milice temporelle, il est entré dans la troupe spirituelle ; l'abandon des armes est, avec la tonsure, le

que leur conjoint, ou bien pour un motif de piété : il est plus avantageux de servir saint Pierre ou saint Vincent que tel seigneur laïc.

1. Pour BLOCH, les esclaves antiques ont disparu par affranchissement à la fin de l'époque carolingienne et le servage fut constitué par d'anciens libres tombés en dépendance, « Comment et pourquoi... ». Nous souscrivons pour notre part aux critiques que VERRIEST, *Inst. méd.*, p. 177-201, adresse à cette théorie. Il est dans la Bourgogne méridionale un exemple d'asservissement d'homme libre, mais un seul, C. 669 (945). Notons cependant que le rite de dédition de soi-même, différent semble-t-il du rite de la commendise, n'est pas oublié au XIe siècle : l'abbé Odilon de Cluny, voulant marquer sa soumission à la Vierge, se passe autour du cou le lien symbolique et devient son *servus* (« Vie de saint Odilon », *Bull. Clun.*, M. BLOCH, « Les *colliberti*, étude... », 1821-1826).

2. Pour la fécondité des serfs chasés, voir le tableau dressé par DÉLÉAGE, *Vie rur.*, p. 557 ; il montre qu'à chaque génération, la population servile augmente de plus d'un huitième.

signe de sa vocation qui le place dans un « ordre » à part[1]. Groupe en vérité fort divers et dont les frontières sont dans la vie quotidienne souvent très floues. Sans faire nécessairement partie du clergé, les moines sont absolument séparés du monde ; la clôture marque l'isolement de leur société, à mi-chemin de la terre et du ciel ; ils vivent selon leur loi propre, la règle, qui, à Cluny du moins, strictement appliquée, les arrache au siècle. Quant aux clercs séculiers, ils sont très proches des laïcs. Chargés du soin des âmes, ils remplissent bien sûr des fonctions sociales particulières et leur relative culture, le privilège qu'ils ont d'écrire et de lire, les désigne pour accomplir de multiples travaux dont ils savent tirer profit[2]. Mais ils restent pris dans leur lignage ; ils possèdent des terres, les pauvres y poussent la charrue, les riches administrent leur seigneurie foncière comme les grands propriétaires laïcs. Et ce ne sont pas leurs mœurs, semble-t-il, qui peuvent les distinguer beaucoup ; quel fut l'effet des prescriptions du concile d'Anse, qui s'efforçaient de réserver, et non pas à tous les clercs, mais aux prêtres seuls, le port du viatique aux mourants, de leur interdire la chasse, la divination et la magie, le commerce des femmes[3] ? Combien les simples tonsurés devaient ressembler à ces cadets de famille, un moment voués à l'état ecclésiastique et instruits dans les lettres, mais retournés à la vie laïque à la mort de leurs frères pour prendre la direction du patrimoine ! Dans l'ordre public, les clercs forment bien une catégorie spéciale, avec son chef, l'évêque, directeur de la milice spirituelle comme le comte l'est de l'armée laïque. Mais, de même que son collègue, l'évêque n'atteint personnellement que l'élite de son clergé et n'a pas d'action sur le desservant de chapelle rurale, qui ne le voit presque jamais et qui doit tout au patron qui l'a nommé et qui l'entretient. D'ailleurs, si le clerc d'ordinaire ne fréquente pas l'armée, il lui arrive de soumettre ses procès fonciers au jugement des cours civiles. En fait, dans cette société chrétienne, clercs et laïcs sont étroitement mêlés et, lorsque l'on se propose, comme c'est notre dessein, de considérer surtout les laïcs, il importe de se souvenir de cette fusion intime qui rapproche, dans la famille, dans le village, les deux « ordres », spirituel et temporel, du peuple franc.

Clercs, laïcs et non-libres, la plupart des contemporains se contentent de cette division simple mais harmonieuse et ne cherchent pas à pousser plus loin

1. Opposition entre *clerus* et *populus*, Boretius, II, p. 2 ; R. Gl., *utraque ordo*, II, p. 7, 4 ; III, p. 1 ; IV, p. 4, 13 ; IV, p. 5, 17 ; *utraque conditio*, IV, p. 5, 15. M. 501 – 243 – 296 – 108 – C. 2391 – M. 30, etc. Les signes matériels de la cléricature, C. 802 (951), *Leotbaldus cingulum militie solvens et coman capities barbamque pro divino amore detundens*.

2. Gerbaud, prêtre à Vitry, notaire du village et auxiliaire des moines de Cluny pour l'administration du temporel, Déléage, *Vie rur.*, p. 247-248.

3. C. 2255 (994).

l'analyse du milieu social. Pourtant si, d'aventure, ils le tentent, ils ne manquent pas de remarquer la diversité de la classe laïque ; ils sentent bien que celui qui possède de la terre n'est pas dans la même position que celui qui n'a rien et qui, vagabond, cherche fortune et quête sa pitance aux portes des sanctuaires ; que le laboureur est « meilleur » que le manouvrier qui, sans bœuf et sans charrue, peine courbé sur sa houe [1] ; que le seigneur qui surveille le travail de ses domestiques et encaisse les redevances est mieux placé que l'exploitant qui n'a pour l'aider que sa femme et ses fils ; enfin que, plus haut que tous, sont ceux qui commandent au peuple, investis de la puissance publique. Possession (alleutière ou non), seigneurie foncière, droit de ban indiquent les paliers de la hiérarchie. Mais ces degrés ne sont pas rigoureusement marqués ; de l'un à l'autre on monte par transitions à peine sensibles. En fait, ce ne sont pas des cloisons, mais le dégradé même que crée la distribution inégale des richesses que perçoit d'abord l'homme du xe siècle. Ainsi, Raoul Glaber, lorsqu'il décrit une foule et veut rendre compte de la variété des conditions, procède par comparaison. Pour lui, la société libre s'ordonne autour d'une position centrale, le groupe des *mediocres*, et chacun, selon sa fortune, vient prendre rang autour de ce pivot : tel est au-dessus ou au-dessous de la moyenne [2].

Toutefois, les conditions de la vie politique établissent entre les francs riches et les francs pauvres une frontière, encore vague certes, mais réelle. Est-elle déjà nettement reconnue par le sentiment collectif ? En d'autres termes, existe-t-il pour les Mâconnais de la fin du xe siècle une noblesse au sens strict, une classe sociale aux limites précises et nettement caractérisée par un statut privilégié ?

Les contemporains, c'est incontestable, ont eu conscience de l'existence d'une aristocratie au sein du peuple franc. Glaber, tout en marquant fort justement que tout est nuance dans la hiérarchie économique, oppose volontiers les « nobles » au « vulgaire ». Dans la seconde catégorie, il confond tous les « paysans » – entendons ceux qui travaillent de leurs mains et qui, absorbés par le souci de leur subsistance, ne peuvent se distraire de leur labeur champêtre – et pour ces rustres, notons-le, il professe un mépris très net. Parce qu'il n'en fait pas partie et le voit de l'extérieur, le *vulgus populus* lui paraît un ; par contre, dans son esprit, la noblesse est moins franchement définie et il reconnaît sa diversité : rois et grands prélats y voisinent avec des seigneurs beaucoup plus

1. M. 501 (926) *illi meliores qui sunt laboratores*. M. 476 (1031-1060) *illi... qui cum bobus laborant* et *pauperiores vero qui manibus laborant vel cum fossoribus suis vivant*.

2. Pour situer les hommes par rapport aux *médiocres*, il use de comparatifs divers, *infimi*, II, p. 2, 5, *pauperes... majores*, IV, p. 4, 10, *primates... minores*, IV, p. 5, 17, *maximi... minimi*, IV, p. 5, 14, *Permaximi... ordo inferioris plebis*, IV, p. 6, 18, *magnates... infimus populus*, V, p. 1, 16.

modestes, sans cesser de les dominer ; il est certain que sous la plume du chroniqueur, le terme « noble » est un comparatif qui marque moins l'appartenance à une caste rigide qu'une illustration relative et personnelle. Illustration, mais de quel ordre ? Certes, le genre de vie et surtout la fortune placent le « noble » au-dessus du « pauvre », mais le prestige de la naissance n'est pas étranger à cette classification : on est de « noble extraction »[1]. Pour Raoul Glaber, ce fils de famille qui s'est dépouillé de tout pour se faire moine, plus que l'abondance des biens matériels, plus encore que l'éclat de la fonction, c'est l'élévation de la race qui fait la vraie « noblesse ». Celle-ci, à ses yeux, est le groupe, aux limites variables selon le point de vue duquel on le considère, des lignages les plus riches.

Les sources diplomatiques de la fin du xe siècle apportent un témoignage absolument concordant. Les rédacteurs de chartes éprouvent aussi la nécessité de distinguer une aristocratie de fait qui ne se confond pas avec l'aristocratie de fonction des comtes et des vicomtes, et l'application qu'ils mettent à marquer dans les actes publics cette distinction de rang prouve que la classe supérieure jouit, sinon de privilèges, du moins d'une reconnaissance quasi officielle. Dans leur esprit, la « noblesse » est également une qualité héréditaire[2], mais elle est aussi mal délimitée pour eux que pour Glaber :

1) lorsqu'ils veulent désigner les membres de l'aristocratie, les notaires usent de termes imprécis, hésitent entre différents adjectifs, *strenuis, inluster, nobilis*, qui tantôt mettent l'accent sur la puissance matérielle, tantôt sur l'illustration morale[3]. Comme celui de l'auteur des *Histoires*, leur vocabulaire malhabile

1. Il oppose très nettement les *nobiles* au *vulgus populus : innumerabilis multitudo tam nobilium quam vulgi populi*, III, p. 1, 2. Le *vulgus populus*, la *plebs* (II, II, p. 22 ; IV, p. 3, 6 et 8), est composé par les paysans, *vulgus rusticane plebis*, IV, p. 3, 6 ; *homo plebeius... ruralis operis peractarus* : II, II, p. 22. Pourtant il y a différents niveaux dans la paysannerie, *vir quidam... ex infimo rusticorum genere*, I, 5, 19 ; mais tous sont confondus dans le même mépris, *sicut sunt rustici mente labiles*, II, II, p. 22. Le groupe des *nobiles* est moins nettement défini ; tantôt GLABER n'y place que les plus grands personnages de la chrétienté (dans le chapitre II, p. 7, *de mortibus nobilium*, il est question des évêques, des princes et des rois) ; tantôt il accorde le titre à de petits seigneurs de la Bourgogne ; II, p. 10, 21. Les « nobles » sont des riches (*mulieres... nobiles cum pauperioribus*, IV, p. 6, 13) ; mais surtout des fils de riches : l'évêque d'Orléans est *locupletissimus reditibus*, mais davantage *pernobilis genere*, II, p. 5, 9 ; *Prosapiam ex nobilibus Francorum clari generis*, III, p. 4, 14 ; *nobilem ducens a parentibus prosapiam*, III, p. 5, 16. GLABER s'indigne parfois des faveurs accordées à des gens de médiocre naissance : parlant des rébellions contre le roi Robert, *illi maxime quos ex mediocri aut ex infimo genere... tam ipse quam uterque... fecerunt maximis honoribus sublimes*, III, p. 2, 5.

2. C. 271 (926), *nobili progenie* ; C. 941 (990 env.), *genere non ignobili orto* ; C. 1965 (993-994) *nobiliori genere*.

3. Usage de comparatifs, C. 1965.

apprécie mieux qu'il ne classe, porte des jugements de valeur et sait surtout comparer ;

2) de plus, ces qualificatifs ne sont pas des titres attachés à la personne et dont on est en droit de se parer ; on semble « noble » aux yeux des autres, on ne proclame pas soi-même sa « noblesse » : si l'on peut dire « moi, libre », « moi, serf », « moi, clerc », parce que la liberté, la servitude, la cléricature sont des « états », on ne rencontre jamais dans les actes « *ego... nobilis* », mais toujours « *ille... nobilis* », ce qui montre que l'aristocratie, reconnue en fait, n'a pas d'existence juridique ;

3) enfin et surtout, cette élite est sans consistance, sans contours nettement marqués. À tel point que l'on serait tenté, à première vue, de considérer l'emploi des adjectifs honorifiques comme l'effet du hasard ou du moins conscient des formalismes. Formalisme, parce que *nobilis* et ses équivalents ne se trouvent que dans quelques types d'actes, toujours les mêmes, dans les concessions de précaires, les chartes d'échange et les notices judiciaires pour qualifier individuellement le bénéficiaire du document, et dans les notices judiciaires encore pour désigner ensemble les assistants du plaid solennel [1]. Hasard aussi, puisque tel personnage dont on a noté dans certains contrats la condition supérieure apparaît ailleurs dépouillé de tout signe distinctif ; puisque tel autre, que nous savons situé au plus haut degré de l'échelle sociale, ne reçoit aucune marque de distinction dans les formules mêmes où le qualificatif nobiliaire est d'usage [2].

Pourtant, d'un examen plus approfondi des chartes et des notices, trois faits ressortent nettement :

1) les termes exprimant la « noblesse » ne s'appliquent pas à n'importe lesquels des hommes libres ; alors que son formulaire appelle une épithète honorifique, nul scribe ne songe à en revêtir le paysan qui reçoit en précaire une terre à défricher ou à planter en vigne, ni le petit alleutier qui troque son lopin contre

1. Formules de précaire : *Adiit in presentia nostra quidam nobilis vir N. nomine*, SB. 40 – S. M. 27 – M. 225 – 497 – 493 – 401 – C. 919 – M. 254 – 265 – 108 – 393 – C. 941 – M. 546 – C. 2594 – M. 391 – C. 2014 – M. 498 – C. 2721 – 2883. Formules d'échange : *Placuit... inter N abbatem et nobilem nominem N' nomine...* C. 271 – 1374 – 2532 – P. 96. Notices judiciaires (pour désigner l'un des plaideurs) M. 243 – C. 1965 – 2678 ; (pour désigner le groupe des assistants du plaid, équivalent de *boni homines*) M. 156 – C. 764 – 1723 – 1789 – 1867 – 2508 – 2552 – 2719.

2. Flobert, *vir nobilis* dans un contrat de précaire, n'a pas de titre dans un autre, C. 2594 et M. 411. Garoux, châtelain de Brancion, l'un des plus puissants amis du comte, n'a pas de titre dans le contrat de précaire C. 1088.

un autre[1] ; *nobilis* et *liber* ne sont pas synonymes, la « noblesse » est une catégorie particulière du peuple franc ;

2) lorsqu'ils sont employés dans un sens collectif pour désigner tout un groupe, les qualificatifs nobiliaires s'appliquent à une classe assez nombreuse, celle des petits seigneurs de village qui accomplissent leur service militaire en armes et qui sont jugés par la cour comtale. Ainsi les « nobles » qui forment l'assemblée de Cluny de 986 sont les propriétaires aisés des environs, Girbert et Renaud de Château, Duran et Rannoux de Sologny, Arlier et Souffroy de Merzé, ceux que l'on appellera bientôt « chevaliers »[2]. Par conséquent, l'usage de *nobilis* et de ses équivalents comme qualificatifs de groupe dans les actes publics sanctionne l'existence d'une division sociale que nous avons déjà reconnue et qui est à la fois d'ordre politique et économique ;

3) toutefois les membres de la petite aristocratie ne sont jamais qualifiés individuellement de « nobles ». Seuls le sont, à titre personnel, les très grands personnages qui sont vraiment les premiers dans le pays, les principaux fidèles du comte, ceux qui, en son nom, gardent les forteresses[3].

En définitive, l'emploi des adjectifs honorifiques dans les chartes de ce temps montre d'abord que l'on juge nécessaire de marquer officiellement les distinctions qu'introduisent, au sein de la classe libre, les différences de fortune et le jeu des institutions publiques, de séparer des paysans les seigneurs fonciers, membres de la milice, et les détenteurs du droit de ban. Cependant, cet usage est encore incertain : si les contemporains admettent l'existence d'une classe plus « noble », ils hésitent davantage à reconnaître la « noblesse » personnelle de tel ou tel ; il faut des mérites vraiment éclatants pour les convaincre. Encore une fois, c'est par le sommet de la hiérarchie que pénètre l'idée de noblesse, et l'indécision qui règne encore dans les dernières années du Xe siècle atteste de la jeunesse de ce sentiment collectif.

Les écrits littéraires et les actes des cartulaires portent un témoignage concordant : il est admis que les plus riches des laïcs sont placés au-dessus du vulgaire. Que l'on soit « noble » de naissance n'est pas surprenant, puisque la fortune fait la « noblesse » et qu'à cette époque chacun tient de ses parents la plus

1. C. 1900 (991-992), 2217 (sd), 1217 (966), 1252 (969), 1254 (969), 1255 (969).

2. C. 1723 (986) dans C. 2621 (1005) ; les « nobles » sont les gros alleutiers du terroir de Cotte qui ont des droits dans la forêt voisine.

3. Garoux de Brancion, SM. 27 – C. 271 ; Thibert, châtelain de Bâgé et son fils Oury, C. 919 – M. 265 – 456 – *BC* 6 ; Évrard, M. 408 – 209 – 391 : Guichard, allié des Beaujeu, M. 254 ; Bernard, châtelain d'Uxelles et son frère Maïeul, C. 941 – 2532 ; Renaud, du lignage Évrard, M. 391 ; Guigue, vicomte, et son frère Guillaume, *Bull. Clun.*, VI ; Brendine, ancêtre de châtelains de Vinzelles, C. 1374 ; Flobert, gros propriétaire des environs de Mâcon, C. 2594.

grosse part de son bien. Mais il n'existe pas dans l'échelle sociale un point précis où l'on cesse d'être « noble » ; on est toujours plus « noble » qu'un autre, on a toujours un plus « noble » que soi, et suivant le lieu où l'on est placé pour la considérer, l'étendue de l'aristocratie varie. La « noblesse » n'est pas comme la liberté une qualité précise, commune à tout un groupe ; c'est un éclat d'intensité changeante. Il est très vif dans les plus hautes couches de la société ; les chefs du peuple, le comte et ses châtelains, sont les « nobles » par excellence ; les seigneurs fonciers qui ont assez de terres pour se libérer du labeur paysan et qui, sans être gênés, peuvent se consacrer tout entiers dans le cadre du comté à leur activité d'hommes libres, assumer en plein leur fonction militaire, forment aussi une « noblesse », mais de seconde zone et dont la distinction est moins évidente. Enfin, fondée sur la richesse, cette aristocratie n'est pas close. Sans doute, en ce temps qui ignore à peu près toute ascension sociale, est-elle faite essentiellement de fils de riches ; mais la sûre dégradation de la fortune foncière ternit à chaque génération l'illustration de la plupart des lignages, qui glissent insensiblement vers la paysannerie. Témoigne-t-on longtemps à l'héritier appauvri le respect dont on entourait son père ? On peut en douter. En tout cas, sans limites fixes, sans privilèges, sans titres, l'aristocratie de la fin du xe siècle n'est pas héréditaire ; ce n'est pas une noblesse au sens strict du terme. Classe de genre de vie et non pas classe juridique, à l'inverse de la classe servile, elle n'a trouvé encore ni sa définition, ni ses frontières. Diverse, nuancée, partagée en deux « ordres » par la vocation religieuse, la classe libre, en droit, est toujours une.

C. LA SOCIÉTÉ LIBRE : LES LIENS D'HOMME À HOMME

Telles sont les classes. Examinons maintenant les liens qui unissent entre eux les hommes. En 980, la société mâconnaise est-elle un rassemblement d'individus indépendants les uns des autres, qui nouent et dénouent à leur gré des relations éphémères ? Ou bien une collection de petits groupes serrés qui retiennent étroitement leurs membres ? Hors de la liberté, l'absence de garanties impose aux juifs et aux serfs le groupement et l'attache personnelle ; pour leur sécurité, les juifs se rassemblent dans un quartier de la cité ; le « nœud de servitude » unit le serf à son maître et l'intègre dans une société particulière, la *familia*. Mais dans le peuple franc, les conditions sont différentes : des institutions de paix maintiennent la sécurité et permettent de se soustraire à d'autres disciplines. C'est au sein de cette communauté de défense, et afin d'en apprécier l'efficacité, qu'il faut se placer pour mesurer la force des liens d'homme à homme.

1. *La famille*

Les premiers, les naturels sont les liens du sang. On croit souvent que l'histoire de la famille est toute simple et régulière, que, par une évolution sans détours, le clan primitif, largement étendu et très cohérent, s'est progressivement résolu en groupes de plus en plus restreints, de plus en plus lâches. Si l'on applique cette vue d'ensemble au lignage médiéval, on peut imaginer que la parentèle au XIe siècle est un peu moins nombreuse, un peu moins solidement réunie que celle du Xe siècle et beaucoup moins que celle du IXe siècle. C'est une erreur. En réalité, la famille est le premier refuge où l'individu menacé vient se mettre à l'abri pendant les défaillances de l'État ; mais dès que les institutions publiques lui promettent des garanties suffisantes, il esquive la contrainte familiale et le lien du sang se relâche. L'histoire du lignage est une succession de contractions et de détentes, dont le rythme suit les modifications de l'ordre politique [1]. Malheureusement cette histoire est des plus obscures : la famille est, par nature, une communauté « taisible », où les relations de membre à membre ne sont pas définies par des contrats écrits et qui ne se laisse guère pénétrer ; dans les documents du Xe siècle on ne découvre que ses aspects les plus extérieurs. Pourtant, de l'examen de la propriété foncière, nous avons pu conclure que l'individu se trouve à cette époque, sur le plan économique, très dégagé des contraintes lignagères : il dispose de son bien comme il l'entend, sans requérir l'avis de ses parents éloignés, voire de ses fils, de son épouse ou de son père [2]. De même, devant les dangers du dehors, il semble qu'il réclame plus souvent l'assistance de la puissance publique que celle de sa parenté : nous n'avons, antérieurement au XIe siècle, relevé aucune trace de vengeance privée et lorsqu'un homme se présente devant l'assemblée judiciaire, il est rare qu'il soit escorté par les membres de son lignage, même les plus proches. La famille du Xe siècle est, selon toute apparence, une communauté réduite à sa plus simple expression, la cellule conjugale, dont la cohésion se prolonge parfois un moment après la mort des parents dans la frérêche ; les liens sont lâches, c'est qu'ils sont inutiles : les organes de paix du vieil État franc sont encore assez vigoureux pour permettre à l'homme libre de vivre indépendant et de

1. L. Febvre, *La Terre et l'Évolution humaine* (L'Évolution de l'Humanité, IV), p. 181-183.
2. Voir *supra*, p. 79 sq.

préférer, s'il le veut, la compagnie de ses voisins et de ses amis à celle de ses parents.

2. *Le village*

Entre voisins, vivant sur le même territoire, y a-t-il du moins solidarité ? Et d'abord, pour ces campagnards, dans le cadre fondamental de la vie agraire que sont le hameau et son finage ? Il existe entre les francs qui résident dans la *villa* (et entre les francs seuls à l'exclusion des serfs) une communauté de possession : ils sont collectivement propriétaires de certaines terres. Les *terrae francorum* que l'on rencontre alors dans tous les terroirs mâconnais ne sont pas, comme le pensait Déléage, des parcelles conservées par certaines familles dans une indivision prolongée, mais bel et bien des communaux, sans que nous puissions deviner comment ils sont gérés, ni choisir entre les diverses hypothèses qui peuvent également expliquer l'origine de cette possession collective [1]. Mais ces terres communes n'occupent qu'une portion restreinte du finage et c'est à leur exploitation que se borne la solidarité villageoise. Nulle servitude collective ne vient peser en effet sur la majorité des parcelles qui sont l'objet d'appropriation individuelle. Des alleutiers ouvrent quelques-uns de leurs fonds, les bois surtout et les pâturages, à l'usage de certains paysans voisins, mais c'est toujours par une décision volontaire, en faveur de quelques bénéficiaires choisis qui achètent ce droit en payant des coutumes [2]. Il n'y a jamais à notre connaissance abandon gratuit des usages à tout le groupe des villageois ; chacun conserve l'entière liberté de clore ses terres et d'en interdire l'entrée. Cet individualisme agraire est en partie commandé, nous l'avons dit, par les conditions de la vie rurale, la variété des sols et des expositions, la culture de la vigne qui

1. Sur les *terrae francorum*, DÉLÉAGE, *Vie rur.*, p. 378-380. – Son interprétation est critiquée par P. DE SAINT-JACOB, dans son compte rendu de la *RH*, 1945, p. 227-234, et dans « Les grands problèmes de l'histoire des communaux en Bourgogne », *AB*, 1948, p. 114-128 ; la *terra francorum* appartient à la communauté des francs qui habitent dans la *villa* ; c'est ce que prouve péremptoirement à notre sens C. 2331 (996-1031) : à Mailly, la *terra francorum qui burgentii vocantur* est le communal appartenant aux habitants libres du bourg de Cluny.

2. Parfois l'usage, concédé à un seigneur foncier, revient à tous ses tenanciers : l'usage est bien alors collectif, mais c'est un groupe restreint qui en jouit et non pas tous les habitants du hameau, toutes les fois que la seigneurie foncière, et c'est le cas le plus fréquent, ne s'identifie pas avec la villa et son finage : C. 1240 (968), à Chevignes, ce sont les hommes de Saint-Pierre, tenanciers de Cluny, à l'exclusion des autres, qui jouissent collectivement de la pâture que leur a donnée Moen et qui défendent en justice leur usage commun ; de même, à la Chapelle-de-Bragny, l'usage est abandonné aux Clunisiens et à ceux *qui in terra illorum in ipsa villa... habitaverint*, C. 2959 (1042). – L'usage est payé par une *consuetudo*, DÉLÉAGE, *Vie rur.*, p. 384-398, et la plupart des transactions portent sur cette rente qui seule intéresse le propriétaire du fonds.

s'accroche aux meilleurs terrains où qu'ils soient situés ; mais il répond aussi au relâchement de la structure sociale : c'est parce que le paysan mâconnais est attaché à son indépendance et n'accepte pas l'autorité du groupe, que le terroir autour du hameau dispersé n'a pas la belle ordonnance des finages du Nord, où nul ne peut bâtir hors du village, où la communauté règle la rotation des cultures sur des sols homogènes[1]. Jouissant du communal où va paître le petit bétail des manouvriers, le villageois est maître chez lui, sur son champ comme dans son manse.

Sans doute, l'image est-elle quelque peu différente dans les terroirs nouvellement aménagés au milieu des forêts du pourtour. Là, pas de communaux : tout le sol appartient au grand propriétaire de la friche, qui autorise l'usage collectif de certains bois, mais contre redevances[2] ; d'autre part, sur ces terres lourdes et humides, les essarteurs s'associent plus volontiers, réunissant leurs bœufs dans les gros trains de charrue nécessaires à l'extirpation et au labour, creusant ensemble les canaux de drainage. Mais, si volontiers l'on s'entraide, il n'y a pas de loi commune. À la fin du xe siècle, le hameau n'est pas le centre d'une communauté véritable. Nous verrons se former plus tard cette solidarité villageoise, mais elle sera, comme le resserrement de la famille, l'un des aspects d'une transformation générale de la société.

Quant aux cadres territoriaux plus vastes, ils ne connaissent pas non plus, pour le moment, de réelle vie collective. La paroisse, qui rassemble généralement plusieurs *villae*, possède depuis cent ans au moins des limites précises et son église est sans conteste l'un des plus puissants points d'attraction : on y distribue les aumônes, on y acquitte certaines redevances, on s'y réunit au moins une fois par semaine pour assister à l'office ; souvent un marché hebdomadaire se tient à l'ombre du clocher et c'est dans l'*atrium* que le notaire, qui d'ordinaire est le desservant, délivre les actes publics. Dès qu'un oratoire isolé

1. Sur l'allure du terroir, CHAMPIER, *Particularités*, qui a le grand mérite de considérer à la fois les influences des conditions naturelles et de la structure sociale. – Le terroir est d'ailleurs en constante transformation : vignes sur un ancien breuil, C. 1397 (974) ; labour sur d'anciennes vignes, C. 707 (947-948). – Clôture des prés de fauche, C. 3881, *clauditur autem de tribus partibus longo fossato, de quarta parte ipso rivo* ; P. 45, *omnes matherias ad clausionem prati*. La prairie des bas-fonds est un bocage ; le vignoble aussi, mais avec des clôtures de cailloux ou de fossés, qui prennent moins de soleil.

2. C'est dans les nouveaux villages, créés au milieu des bois sur des terres déjà appropriées, qu'apparaissent au cours du xie siècle les premiers droits d'usage collectifs, possédés et défendus par tout le groupe des villageois : P. 101 (avant 1039) ; P. 45 (998-1039) ; C. 3787 (fin xie) (ici les *rustici ejusdem ville* doivent au maître du bois une corvée pour l'usage), M. 555 (1096-1124). Sur ces terroirs neufs, le communal n'est pas une propriété, mais un droit d'exploitation sur certaines parcelles en échange de redevances.

est élevé au rang d'église paroissiale, il s'entoure de maisons[1]. Pourtant, la communauté de paroisse est encore inachevée : dans l'ordre spirituel, elle souffre de la concurrence des chapelles privées de seigneurie qui retiennent les petits, des grands sanctuaires qui attirent en foule les grands, vivants ou morts ; et le temps n'est pas encore venu où l'église et son cimetière, lieux d'asile et de paix, deviendront eux aussi des refuges contre l'insécurité. Pour le château, le chef-lieu de viguerie, ce sont des lieux de rendez-vous périodiques, pas davantage.

3. *La fidélité des riches*

Restent les groupements qui ne sont commandés ni par le cousinage, ni par la résidence, les attaches personnelles, les clientèles qui rassemblent les francs autour d'un patron. Ces relations sont alors toutes différentes des liens qui unissent les membres du peuple franc aux détenteurs du ban. Alors que ceux-ci, obligatoires, imposent une stricte obéissance et l'accomplissement de devoirs précis, militaires et judiciaires, alors que ces devoirs, contributions au maintien de la paix publique, ne donnent lieu à aucune rétribution, les dévouements privés unissent des personnes qui sont convenues de se rendre des services mutuels très divers et souvent imprécis. De ces liens, nous savons peu de choses ; ils sont rarement décrits dans les textes, car ils se nouent par des gestes et des paroles, en l'absence de tout acte écrit ; il en est fait état parfois dans les titres de possession foncière, mais seulement quand les rapports mutuels des contractants risquent d'ajouter une sécurité supplémentaire, et toujours dans les termes les plus vagues. Du moins sommes-nous assurés de l'existence et de l'extension à tous les niveaux de la société d'une relation morale que les textes expriment uniformément par le terme même qui marque la dépendance du sujet envers son chef, le roi ou le comte, le mot *fidelitas*. Mais la nature de ce rapport est bien différente selon qu'il unit des membres de l'aristocratie ou des francs de moindre fortune ; il convient donc de l'étudier séparément dans ces deux classes.

Dans la haute société, le dépendant, qui depuis 930 environ n'est plus appelé

1. Sur le rôle social de l'église paroissiale, Imbart de la Tour, p. 164. – L'aumône et la matricule, C. 3538 ; le marché, C. 2959 ; les maisons et les celliers dans l'*atrium*, C. 2860 – 2959. – Saint-Amour vers 900 était un courtil isolé, avec sa chapelle, M. 87, aux confins des *villae* de Sathonay et de Buissonnat ; devenu église paroissiale, le sanctuaire attire les maisons et devient le centre d'un village plus important que les deux hameaux primitifs.

dans les textes « vassal » mais « fidèle »[1], est uni à son *senior* par une honorable relation d'amitié. Rien ne laisse soupçonner par quels rites se contracte alors ce lien ; en tout cas, il est strictement personnel, il réunit deux hommes et n'est pas héréditaire. Quant aux obligations du fidèle, confondues sous le même vocable très vague de *servicium*, elles ne sont presque jamais précisées ; on sait seulement qu'il doit à son seigneur « fidélité et amitié » et qu'il est devant ce dernier dans une posture pleine de déférence[2]. Nous ne pensons pas qu'il soit tenu de lui fournir un service d'armes défini ni qu'il soit soumis à sa juridiction : à la fin du xe siècle, en effet, l'organisation militaire et judiciaire repose encore entièrement sur les institutions de droit public ; justiciables du comte et formant son ost, les membres de l'aristocratie ne peuvent disposer, pour la mettre au service d'un patron privé, de la part d'activité qu'ils doivent consacrer à la défense de la paix publique[3]. Le devoir du fidèle est donc un simple devoir d'assistance, indéterminé, analogue à celui auquel tout homme est obligé envers ses proches. L'engagement de fidélité privé est le moyen de réunir deux francs de condition aisée, étrangers par le sang, dans une sorte d'association familiale et qui deviennent l'un pour l'autre, selon l'heureuse expression de Marc Bloch, des « parents supplémentaires[4] ». C'est bien ce que montrent nos sources : comme les lignagers, le fidèle doit offrir des aumônes pour le repos de l'âme de son seigneur défunt ; le seul document de cette époque où l'obligation vassalique est quelque peu définie prescrit au dépendant d'assurer régulièrement – devoir tout familial – un service religieux le jour anniversaire de la mort de son seigneur ; enfin, dans les adresses et les souscriptions des chartes, les fidèles

1. *Vassalus*, M. 40 – 204 – 485 ; SB. 35 – 40 ; C. 271 – 272. – *Fidelis*, C. 313 – 1264 – 1039 – 1297 – 1326 – 1389 – 1529 – 1705 ; M. 9 – 396 – 460. – De nouveau *vassus* mais pour peu de temps, entre 981 et 986, C. 920 (984 env.) ; C. 1723 ; M. 410.

2. Le contenu de la fidélité n'est jamais expressément dévoilé : *ut dilectio et benivolentia quam inter se dudum habuerunt nostri parentes et Cluniensis monasterii patres et fratres firma et incorrupta permaneat, ita ut supradicti seniores nos et successores nostros ut fideles amicos et vicinos diligant et illi ex nostra parte quamdiu viverimus fidelitatem et amicitiam habeant*, C. 2905 (1035 env.), mais le vassal est toujours placé dans une position inférieure : *humiliter exorans*, C. 1297 (971) ; C. 3246 (mil. xie) ; M. 410 (981).

3. Le vassal n'est pas soumis à la juridiction du seigneur, Beaudoin, « Études » ; Ferrand ; Brunner, *Rechtsgesch.*, p. 356. – Mitteis, *Lehnrecht*, p. 42, nie que le service d'armes ait tenu à l'origine une place prépondérante dans les obligations vassaliques, contrairement à l'opinion énoncée en particulier par Schmitthenner, p. 233 ; Bloch, *Société*, I, p. 338 ; Vinogradoff, *English Society*, p. 61 ; Didier, *Hainaut*, p. 70. – Évidemment, quand le seigneur est investi du ban royal – et c'est le cas le plus fréquent –, le vassal est soumis à sa juridiction et à son autorité militaire ; mais ces obligations ne découlent pas du contrat vassalique.

4. *Société*, I, p. 346.

sont confondus avec les parents du seigneur[1]. En échange de cette assistance filiale, le dépendant attend de son patron un secours de même nature, « son affection et sa bienveillance[2] ». Mais rien ne l'autorise à réclamer pour prix de ses services une rétribution matérielle, la concession d'une terre. Le « bienfait », le cadeau seigneurial est toujours une faveur exceptionnelle et récompense des dévouements qui, de longue date, ont fait leurs preuves. Plus souvent, semble-t-il, c'est le fidèle qui soumet son alleu en même temps que sa personne au patronage du seigneur : dans la classe supérieure comme dans la paysannerie, la commendise entraîne à cette époque une dépendance de l'alleu, qui supporte aussi le service et dont le patron peut disposer s'il en a besoin[3]. Sans caractère militaire, sans caractère féodal, la vassalité, en 980, est chez nous une amitié choisie qui attache au puissant son obligé.

Car nul ne songe à se faire le fidèle de son égal. Si les membres de l'aristocratie foncière acceptent de limiter leur indépendance et celle de leur patrimoine, c'est qu'ils espèrent tirer profit de la position de leur seigneur, soit un appui de caractère politique qui servira leurs intérêts en ce monde, soit des avantages spirituels qui leur profiteront dans l'autre. Par conséquent, les *seniores* qui apparaissent dans les documents mâconnais de cette époque sont, ou bien les détenteurs du droit de ban, ou bien les grands établissements religieux.

Le comte, dont la clientèle se constitua la première, rallie encore à la fin du Xe siècle les dévouements les plus nombreux. Nous avons dit que l'obéissance que doivent au comte les francs les plus riches du *pagus* est d'essence non pas vassalique mais publique et prolonge la soumission des sujets envers le souverain : tous sont en droit ses *fideles* et obligatoirement. Cependant, malgré l'imprécision du vocabulaire, il apparaît dans nos sources que certains d'entre eux lui sont de surcroît attachés par un lien personnel et privé. Ce sont ceux qui reçoivent de lui des cadeaux particuliers et qui, à sa mort, offrent des terres à

1. a) Donations pieuses du vassal : C. 269 (926), 271 (926), 272 (926), 275 (926), 385 (930), 721 (948), 813 (951), 1705 (984) ; ils offrent d'ordinaire le bénéfice qu'ils ont reçu de lui ; b) C. 1144 (963), donation du chanoine Adon à son fidèle Garnier, *et omni anno, pro animam meam, XV fratres refeccio persolvas tu et eredes tui* ; c) C. 1297 (971), *Ego H. amicis, consanguineis, fideli nostris notum facimus...* ; M. 483 (1031-1062) *sciant omnes propinqui fideles et amici nostri*. Souscription des vassaux : M. 8 (930), 71 (937-962) ; C. 2869 (1031-1048). MITTEIS, *Lehnrecht*, p. 616 sq.

2. C. 2905.

3. C. 1264 (969), Bérard de Beaujeu donne en aumône à Cluny un bien de son fidèle Girbert, avec l'assentiment de celui-ci (ce n'est pas un « bienfait », Girbert l'a reçu d'un de ses parents). – C. 1297 (971), Hugues de Charolles perçoit un service sur l'alleu de son fidèle et confirme l'aumône que celui-ci a faite de son bien. – C. 1705 (974), Girbert donne des biens *qui nobis evenerunt de fideli nostro L.*

l'Église pour la paix de son âme [1]. Parmi toutes les fidélités publiques, quelques-unes sont doublées et renforcées par une fidélité plus personnelle et de caractère vassalique [2].

Hormis le comte, les laïcs qui, en 980, reçoivent les services privés des membres de l'aristocratie sont encore très peu nombreux (dans tous nos documents, six *seniores* seulement apparaissent) et ce sont tous de très hauts personnages, Bérard de Beaujeu, Josseran d'Uxelles, Aquin, beau-frère de Garoux de Brancion, Girbert de Saint-Point, l'un des plus riches des Évrard, Hugues de Charolles, l'ancêtre des sires de Busseuil et de la très noble maison de Damas [3]. De tous les assistants du plaid comtal, ils sont les plus riches, donc les plus écoutés ; l'ancienneté de leur lignage, leur familiarité avec le comte, l'importance de leur fortune foncière font rechercher leur patronage ; de plus, pour la plupart, ils ont la garde d'un château et détiennent le ban militaire. Les petits seigneurs de la campagne, trop modestes pour se tenir au premier rang des réunions de la cité, ont avantage à confier leur personne et leurs intérêts à ces grands dont la voix porte haut et qui, de plus, dans la forteresse, dirigent leur activité militaire. Tout naturellement, les premières clientèles privées, dont les mentions les plus précoces dans les textes diplomatiques mâconnais datent de 950, se sont rassemblées autour des châtelains [4].

Enfin, les principaux établissements ecclésiastiques ont aussi leurs fidèles. Ils peuvent en effet promettre l'appui de leur saint patron au tribunal de Dieu ; ils disposent en outre d'un gros patrimoine foncier, constamment enrichi par les aumônes, qui pour le moment produit plus qu'ils n'ont besoin et dont ils peuvent, sans dommage, distraire quelques fragments pour mieux s'attacher leurs clients. Les chanoines de Saint-Vincent de Mâcon ont ainsi gagné la bienveillance et l'assistance des plus puissants seigneurs du diocèse, des Beaujeu,

1. Donations de Guillaume le Pieux à ses fidèles, C. 80 *bis*, C. 635 ; du comte Gilbert à Achin, C. 726. Le comte Létaud concède à son fidèle Guichard une précaire que lui-même tient de Saint-Vincent de Mâcon, M. 71 – 204. Aumône des fidèles pour l'âme du comte ; C. 269 – 271 – 272 – 275 – 385 – 721.

2. On sait que les souverains carolingiens ont souhaité le renforcement de la fidélité publique par la vassalité, Dumas, « Fidèles ou vassaux », p. 209 ; « Serment de fidélité », p. 577 ; Lot, « Serment de fidélité », p. 410 ; Halphen, *Charlemagne*, p. 485-490.

3. Un seul ne se laisse pas identifier : C. 1451 (978). Bérard, C. 1039 (957), 1264 (969) ; Aquin, C. 798 (951) ; Josseran, C. 1580 (981-982) ; Girbert, C. 1705 (984) ; Hugues, C. 1297 (971).

4. On remarquera que dans l'ordre des clercs des principaux auxiliaires de l'évêque ont également leur clientèle : le chanoine Adon, futur évêque, C. 1144 (963), 1326 (972) ; le lévite Augis, M. 139 ; le prévôt Gautier, C. 2784 (1023).

des Bâgé, des Brancion[1]. Cluny, dont les premiers dépendants étaient tous d'humbles gens, commence vers 980 à prendre dans son patronage des membres de l'aristocratie ; certains de ses *famuli* d'abord se poussent dans le monde, comme cet Aubert dont le fils est chanoine et qui, mieux placé, est décoré après 974 du titre plus relevé de *fidelis* ; et surtout, peu à peu, en accordant à des seigneurs voisins des terres récemment acquises, en laissant aux mains des héritiers quelques *precariae oblatae* parvenues à leur terme, les moines s'attachent de riches alleutiers, tels Aidoard de Courzy, les Vinzelles, Girbert et Renaud de Château ou Leupran, cousin du vicomte Guigue[2].

À la fin du xe siècle, le dévouement personnel est donc en usage dans l'aristocratie mâconnaise. Autour du comte et des châtelains, autour de l'évêque, des dignitaires du chapitre et des sanctuaires les plus vénérés, autour de la « noblesse » la plus éclatante, des seigneurs de la classe moyenne se rassemblent en petits groupes vassaliques dont l'importance sociale s'affirme et qui, depuis 950, s'imposent à l'attention des rédacteurs de chartes. Il faut noter cependant que le réseau des liens de dépendance est encore loin d'enserrer toute l'aristocratie. Les patrons sont rares, les clientèles, semble-t-il, peu nombreuses et la plupart des gens aisés vivent dans l'indépendance, ne devant d'autres services que leurs services publics d'hommes libres et l'assistance qu'ils prêtent à leurs parents. D'autre part, le lien vassalique, qui très souvent double la fidélité obligatoire due au détenteur du ban royal, reste étroitement subordonnée aux devoirs publics de chacun envers la communauté des francs. Purement personnel et sans engagement précis, ce dévouement ne semble pas encore avoir beaucoup de consistance. Bientôt, l'affaiblissement des vieilles institutions de la paix publique lui donnera à la fois plus de rigueur et plus de prix. Mais, en 980, pour le noble, se commender est un moyen de parvenir ou de préparer son salut, ce n'est pas encore une nécessité.

1. Les maisons religieuses « pôles d'attraction », Bloch, *Société*, II, p. 101-102. – L'utilisation de la précaire, Lesne, *Propr. eccl.*, II, fasc. 3, p. 109 ; II, fasc. 1, p. 287-288. – Précariste de Saint-Vincent après 950 : Guichard, de la famille des Beaujeu, M. 254 (968-971) ; Flobert de Sancé, M. 411 (996) ; Roclin de Brancion, M. 444 – 523 (996-1018).

2. *Précaristes* de Cluny, Déléage, *Vie rur.*, p. 1186-1195. – Le fidèle Aubert, père du lévite Augis, Déléage, *ibid.*, p. 238. – Les clients nobles du xe siècle : Girbert et Renaud du lignage Évrard, C. 1723 (986) ; Aidoard, gros alleutier du Clunisois, C. 1759 ; Leupran, allié du vicomte Guigue, C. 1855 (990) ; les Vinzelles, C. 2087 (993-1048).

4. *La commendise des paysans libres*

De même les paysans libres qui sont placés dans la dépendance d'autrui sont peu nombreux ; mais le lien qui les retient est infiniment plus serré que l'attache vassalique. S'ils conservent leur statut juridique, si leurs voisins et leur patron les tiennent pour des francs, ils sont soumis à l'autorité, non pas d'un *senior* comme les membres de l'aristocratie, mais comme les serfs d'un *dominus*, d'un maître. Seigneur ou maître, tout ce qui sépare la position du pauvre commendé de celle du riche tient dans l'opposition de ces deux mots.

Leur sujétion est très voisine de celle des serfs. D'abord, elle est héréditaire : lorsqu'un franc entre en commendise, il engage avec sa personne toute sa descendance ; à l'inverse de la tare servile, l'attache se transmet par le père et non par la mère [1], mais il est vraisemblable qu'elle engendre les mêmes effets, un droit égal pour le maître à contrôler les alliances familiales de ses francs dépendants et à percevoir une taxe de formariage. Comme les serfs, les libres commendés font partie du patrimoine du maître qui peut les vendre et les mettre en gage et qui est le propriétaire éminent de tout ce qu'ils possèdent, de leur alleu, de leur héritage [2], et l'on peut supposer que le maître contrôle également la dévolution de cet héritage et lève à l'occasion le droit de mainmorte. Toutefois, le « service » qu'ils doivent semble plus limité que l'obligation servile. La « franchise » (*franchisia*), comme on appelle volontiers ce service, pèse moins sur l'homme que sur sa terre et se résout le plus souvent en prestations fixes [3]. La commendise paraît détermi-

1. Les enfants d'un homme libre, commendé à Saint-Vincent de Mâcon, appartiennent à l'église, C. 3649 (déb. XIe).

2. Objet de propriété : C. 2689 (1014), *francos quos ibi habeo* ; aliénés, C. 2018 – 2427 – 2489 – 2501 – 2685 – 2689 ; engagés, C. 1841 (990 env.) *dono... in cautione homines meos francos*. – Donation de deux francs *atque eorum hereditas*, C. 2489.

3. Le franc doit un *servitium* : C. 1673 (984), *francorum etiam servitia*, mais distinct de celui du serf : SM. 8 (989-999), *hominem qui michi persolvebat debita et recepta propter se salvandum et hoc tamen franchisie voce*. – La *franchisia* est d'abord le service du franc : C. 2005 (1020 env.), *fracetia... quam debet Wandalbertus*, P. 6 (1040) ; mais ce service est assis sur l'alleu : C. 300 (fin X[e]) *franchisia de manso* : C. 2804 (1027-1031) *de hereditate vero G. quam donavit Sancto Petro... dimitto querelam quam habebam de franchisia ; de alia vero hereditate quam adhuc tenent filii jamdicti G. dono franchisiam* ; P. 8 (958-978), un manse *cum franchisiis*. Et la « franchise » vient à désigner l'alleu du franc, c'est-à-dire le service que doit cette terre et le lien qui l'attache au patrimoine du maître : C. 2427 (997-1031) donation d'un franc *cum franchisia sua quam tenet* ; C. 2952 (1040 env.) *partem... in franchisia in qua G. habitat*. La franchise peut ainsi être, par vente ou donation, séparée du droit sur la personne du franc ; c'est une terre d'un statut particulier, astreinte à certains services et qui peut être tenue par des serfs : C. 2009 (1030-40 env.). – DÉLÉAGE note avec raison que, lorsqu'on aliène un franc, on cède essentiellement les droits sur la franchise, *Vie rur.*, p. 571 ; la dépendance du franc est essentiellement réelle (voir pour la vassalité primitive, *supra*, n. 3, p. 153).

ner surtout la dépendance du petit alleu paysan et c'est pour assurer cette subordination foncière que le maître soumet son franc aux mêmes contraintes matrimoniales et successorales que son serf.

Beaucoup de ces francs dépendants sont d'anciens serfs que leur maître, par l'affranchissement, a fait accéder à la liberté, mais en les maintenant « *in servitium* ». D'autres sont des hommes libres qui volontairement, par un acte solennel, la commendise, dont nous ignorons les rites, se sont donnés, eux et leurs biens, à un protecteur[1]. Pourquoi se sont-ils imposé ce joug ?

Remarquons d'abord que les francs commendés sont généralement des alleutiers, alors que les tenanciers libres conservent d'ordinaire leur indépendance. La commendise n'est donc pas favorisée par les relations économiques qui unissent, dans la seigneurie foncière, l'exploitant et le maître du sol. Le seigneur ne cherche pas à se lier par un dévouement personnel des hommes qui déjà cultivent sa terre contre redevances ; il veut étendre hors du domaine son patronage sur la paysannerie : le lien de dépendance apparaît comme un moyen d'englober dans la seigneurie foncière les petits alleux du voisinage. Des motifs religieux conduisent d'abord les paysans à répondre à cette sollicitation ; beaucoup se font les hommes d'un sanctuaire dans l'espoir de sauver leur âme en « servant » ici-bas le saint patron ; dans nos documents, les maîtres de francs sont en premier lieu les grands établissements ecclésiastiques, Cluny et Saint-Vincent de Mâcon[2]. L'exercice de la puissance publique est aussi un moyen de gagner la commendise des humbles ; le comte, le vicomte, les châtelains de Beaujeu et d'Uxelles reçoivent le service de dépendants paysans dans les districts où ils commandent[3]. Mais le patronage des francs de condition inférieure n'est pas, comme le séniorat des nobles, réservé aux communautés religieuses et aux

1. C. 3649, *quidam liber homo qui, cum ibi in libera voce manisset, commendavit se senioribus ipsius ville* ; M. 365 (968-971), A. et ses enfants *donamus nosmetipsos, cum rebus nostris et cum alodo nostro domino et sancto Vincentio* ; voir l'alliance de mot *franchisias, commendicias*, C. 2493 (999-1027). – Il faut rapprocher ces déditions de soi-même de celle du serf Brice, que ses maîtres, les moines de Cluny, « commendent » avec son alleu à un prêtre qui le nourrira et qu'il servira, C. 2670 (1008) ; mais dans ce cas, notons-le, le serf, qui ne s'appartient pas, ne peut se commender lui-même ; c'est son maître qui confie sa personne à un protecteur ; mais le résultat est le même.

2. Cluny : C. 1784 ; Mâcon, M. 365 ; C. 3649.

3. Les comtes et les vicomtes : SM 88 – P. 3 – P. 6 ; les Beaujeu, C. 2005 ; les Uxelles, C. 2493 ; les Blanc de Montmelard, qui vont devenir vicomtes, C. 1673 – 2501. Toutefois, un homme libre peut résider *libera voce* dans le district ; c'est par une libre décision qu'il se commende, C. 3649. DÉLÉAGE est donc dans l'erreur lorsqu'il voit dans la dépendance du franc à la fin du Xe siècle une conséquence de l'exercice du droit de ban, *Vie rur.*, p. 575. En réalité, le texte qu'il cite à l'appui de sa thèse (C. 1794) montre les francs d'un maître privé soumis à l'autorité du représentant de la puissance publique, le comte, pour l'accomplissement de leurs devoirs d'hommes libres.

détenteurs du droit de ban ; ils partagent ce privilège avec des personnages privés, des hobereaux de village [1] ; les maîtres de paysans libres sont beaucoup plus nombreux que les seigneurs de vassaux. En effet, la raison principale des commendises est d'ordre économique. Les petits alleutiers, appauvris par les partages successoraux et les aumônes, renoncent à leur indépendance pour échapper à la misère ; en échange de leur service, ils attendent de leur patron des secours matériels, la concession de quelques parcelles, des droits d'usage qui leur font défaut ; ils se confient donc au grand propriétaire voisin, riche de terres, maître des friches et des pâtures [2]. L'amenuisement de l'alleu paysan est à l'origine de la plupart des « franchises » du xe siècle. Ce phénomène économique place sous la puissance du principal possesseur foncier les alleutiers les plus défavorisés du village.

Mais la « franchise », procédé d'extension du grand domaine, est encore peu répandue et n'est pas une source du servage. Pour être soumis à l'autorité d'un maître, les commendés pauvres n'en restent pas moins libres, le proclament et savent le prouver [3]. On ne les considère pas comme moins francs que ceux qui ont réussi à sauvegarder leur indépendance ; ce ne sont pas des demi-libres. Car la liberté est, en 980, une qualité précise qui ne se partage pas ; entre elle et la servitude, la frontière, maintenue par les institutions de droit public, reste nette ; nul degré intermédiaire ne vient encore l'estomper.

CONCLUSION

Dans la société mâconnaise, à la fin du xe siècle, apparaissent quelques petits groupes fermés, presque sans rapport avec le monde et très caractérisés par leur statut : ce sont les communautés monastiques, la juiverie de la cité et les équipes de serfs domestiques employés dans les grands domaines. Cependant, la plupart des hommes ne sont pas soumis à des contraintes collectives aussi étroites. Le droit public les classe en deux catégories bien délimitées, les francs et les serfs. À vrai dire, cette distinction recouvre une hiérarchie différente, que reconnaît la coutume privée et qui se fonde sur l'inégale répartition des

1. C. 1841 – 2018 – 2427 – 2489 – 2685 – 2689 – 312 – 2760 – 2804 – 2009 – 2952.

2. Un petit alleutier, Guinebert de Collonges (C. 1853 – 1378 – 1368), passe ainsi sous le patronage des plus importants propriétaires de Merzé : C. 2804 – 2975 – 3150.

3. C. 3649, la fille d'une franche de Saint-Vincent et d'un serf de Cluny prouve sa liberté (*hoc legaliter probari potest*).

richesses. Deux classes, la noblesse et la paysannerie, encore séparées par une large zone intermédiaire, commencent peu à peu à se mieux définir à partir des extrémités de l'échelle sociale : tandis que leur commune dépendance rapproche du tenancier serf le paysan libre qui, dénué de ressources, a placé sa personne et son alleu sous la protection d'un maître, les plus riches des francs sont réunis par leur genre de vie, par la manière dont ils s'acquittent de leurs obligations militaires et judiciaires et par la qualité honorable des liens personnels qu'ils peuvent nouer. Sans doute cette dernière répartition est-elle beaucoup moins précise et sans valeur juridique. Mais, alors que les rigoureuses notions de droit public appartiennent au passé, c'est l'avenir qu'annoncent les distinctions nouvelles ; encore très souples, elles épousent les transformations profondes de la structure sociale qui, dans les années qui entourent l'an mil, vont progressivement se révéler.

CONCLUSION

DE LA PREMIÈRE PARTIE

Le passé, c'est l'État carolingien, l'avenir, la féodalité. Or, il est incontestable que les caractères sociaux qui se dégagent le plus nettement des documents mâconnais de la fin du xe siècle, la frontière très nette entre la liberté et la servitude, la vigueur de la classe libre, où l'aristocratie, sans titres et sans privilèges légaux, se montre respectueuse du pouvoir comtal, où les paysans sont le plus souvent indépendants, où les hommes paraissent très dégagés des contraintes familiales, évoquent bien davantage le temps de Charles le Chauve que celui de la première croisade. La forme même des chartes et des notices, de ces libres donations d'alleux que garantit la magistrature publique, de ces sentences rendues aux plaids comtaux et dans les assemblées vicariales, atteste la force des vieilles institutions chargées de maintenir la paix au sein du peuple franc. Il serait paradoxal de soutenir que celles-ci peuvent interdire toute violence et toute usurpation ; néanmoins, les personnes et les biens sont généralement en sécurité dans une société qui paraît sans inquiétude, au moins pour ses destinées temporelles, et les plus pauvres peuvent faire valoir leurs droits contre les riches[1]. Apparemment, la structure sociale ne s'est guère modifiée depuis le début du siècle, pas plus que le rythme des échanges commerciaux ou que l'organisation intérieure de la seigneurie foncière.

Mais cette stabilité est de surface. Elle nous frappe d'abord parce que, pour atteindre le milieu social, nous disposons d'un seul témoignage, celui des titres d'archives, qui sont rédigés selon des formules traditionnelles et qui ont peine à exprimer les réalités nouvelles. En vérité, l'enveloppe seule est carolingienne

1. C. 1240 (968), sentence rendue en faveur de paysans de Chevignes contre un seigneur qui contestait leur droit sur un pâturage.

et masque les transformations profondes de la société. En profondeur, bien des choses en effet ont changé depuis cinquante ans. Dans l'ordre économique ; c'est la ruine de l'alleu laïc, la déchéance progressive des lignages ; c'est l'ouverture des essarts dans les pays forestiers. Les institutions politiques se sont transformées encore davantage ; si la faillite de la magistrature royale n'a pas encore affaibli l'autorité que le comte exerce sur la haute aristocratie, elle a retiré son caractère public et sa légitimité au pouvoir comtal qui n'est plus en fait, depuis 950, qu'une puissance privée et personnelle ; des clientèles se sont formées et se développent, prenant peu à peu les hommes libres, riches ou pauvres, dans un réseau de dépendances de plus en plus serré ; enfin s'accusent les différences qui distinguent, devant la liberté, ses devoirs et ses avantages, le pauvre du riche, plus « noble ». Sous le vieux vêtement des institutions carolingiennes s'opère une révolution sourde et s'organise un nouveau corps social. Poursuivant notre enquête, nous allons observer la métamorphose et voir, se libérant de la carcasse surannée qui l'enserre, apparaître toute formée la société féodale.

DEUXIÈME PARTIE

LE TEMPS DES CHÂTELLENIES INDÉPENDANTES 980-1160

CHAPITRE PREMIER

FIN DE LA PRÉÉMINENCE DU COMTE

En 980, la décomposition de l'État politique franc n'avait pas encore atteint en Mâconnais l'institution comtale. Chef incontesté de l'aristocratie, avoué des églises immunistes, le comte de Mâcon conservait dans le *pagus* la direction éminente de tous les hommes libres. Mais dans les années suivantes, le mal profond qui minait depuis plus d'un siècle la monarchie carolingienne parvient au terme de son évolution et attaque la supériorité comtale. Le comte perd son autorité sur les puissants personnages qui, gardant les châteaux, étaient les principaux auxiliaires de son pouvoir ; il perd aussi ses droits sur les immunités ; il devient un seigneur privé parmi d'autres. Et cette déchéance entraîne la disparition de la notion même de droit public et une nouvelle répartition des pouvoirs de commandement.

1. *Les événements politiques*

L'affaiblissement de l'autorité comtale doit être mise en rapport avec les événements politiques contemporains et spécialement avec deux faits, d'ailleurs étroitement liés, les ambitions démesurées du comte de Mâcon Otte-Guillaume (982-1026) et l'introduction de la paix de Dieu dans les pays de la Saône (994-1025).

La veuve du comte Aubry II épousa vers 982 Otte-Guillaume. Celui-ci exerça d'abord des fonctions comtales en Mâconnais au nom des fils d'Aubry encore mineurs ; ces enfants étant morts rapidement, il hérita le comté avec les alleux familiaux du Jura[1]. Le nouveau comte était fils du roi détrôné d'Italie Aubert et

1. CHAUME, *Orig.*, I, p. 465 ; POUPARDIN, *Bourgogne*, p. 228.

petit-fils de Lambert, comte de Chalon ; il était de plus, par le second mariage de sa mère, le filiâtre du duc Henri de Bourgogne ; il était enfin, par sa femme, le beau-frère du puissant évêque de Langres, Brun de Roucy ; il mariera ses filles au comte de Nevers, au duc d'Aquitaine, au comte de Provence et l'un de ses fils sera gendre du duc de Normandie [1]. Ces illustres relations familiales entraînèrent Otte-Guillaume dans une politique de très vaste envergure. Les succès des rois germaniques en Italie lui ôtant tout espoir de recueillir la succession de son père, il se tourna vers la Bourgogne ; disposant en Mâconnais de solides prérogatives, jouissant de vastes possessions foncières outre-Saône, profitant de ses droits héréditaires sur le comté de Chalon et de l'affection du duc, il tenta à son tour, après Richard le Justicier et Hugues le Noir, de bâtir une grande principauté territoriale dans la vallée de la Saône. Il obtint l'avouerie de Saint-Bénigne de Dijon, assista son parâtre dans l'exercice de la magistrature ducale ; en 1002, à la mort d'Henri, il devint duc [2]. Mais sa tentative se heurta à une double opposition, celle du nouveau comte de Chalon, le jeune Hugues, évêque d'Auxerre, qui craignait qu'Otte-Guillaume ne lui arrachât un jour son comté, celle du roi Robert le Pieux, héritier des intérêts robertiens en Bourgogne et protecteur d'Hugues de Chalon [3] ; dès 1005, Otte-Guillaume dut renoncer à son projet et laisser le champ libre au Capétien [4]. Mais il se lança alors dans d'autres aventures, tenta de gagner dans le royaume de Bourgogne l'influence qu'il avait perdue dans le duché, chercha surtout, après la mort de l'empereur Otton III, à reconquérir en Italie les pouvoirs qu'avaient exercés ses ancêtres [5]. Ces lointaines entreprises absorbèrent toute son activité jusqu'à sa mort, en 1026.

Ces circonstances portèrent préjudice à l'autorité personnelle du comte en Mâconnais. Tout d'abord, le nouveau comte était en 982 un étranger, un inconnu, qui n'avait pas d'amis parmi les grands seigneurs de la région et qui, pour les tenir en main, ne pouvait compter que sur son ban. Ensuite, Otte-Guillaume, s'engageant dans la grande politique, perdit bientôt de vue les intérêts particuliers de son comté de Mâcon. À vrai dire, il s'associa de bonne heure son fils Guy et, dès les dernières années du xe siècle, lui délégua entièrement

1. Poupardin, *ibid.*, p. 220, 224-225 ; voir Jarry, Tableau généalogique II, les attaches familiales d'Otte-Guillaume.

2. Avoué de Saint-Bénigne, Chaume, *Orig.*, I, p. 465 ; préside un plaid aux côtés du duc Henri et de Brun de Roucy, Chevrier et Chaume, *Recueil de chartes de Saint-Bénigne de Dijon*, n° 215 (990-1002).

3. Chaume, *ibid.*, I, p. 473-475.

4. *Ibid.*, I, p. 476.

5. *Ibid.*, I, p. 490-491.

tous ses pouvoirs dans le *pagus* avec le titre comtal ; en 1005, Eudes, fils de Guy, succéda à son père défunt [1]. Mais ces représentants étaient manifestement trop jeunes pour exercer seuls un pouvoir efficace : Guy avait tout au plus dix-sept ans quand il devint comte et vingt-deux ans quand il mourut ; Eudes, qui ne pouvait avoir plus de huit ans lorsqu'il succéda à son père, parvenait tout juste à maturité à la mort de son grand-père. Enfin, il est certain que les adversaires d'Otte-Guillaume dans le duché de Bourgogne, le comte de Chalon et le roi Robert, s'employèrent à gagner des partisans en Mâconnais et à y ruiner la puissance du comte en soutenant contre lui les grands seigneurs et les églises.

L'appui qu'ils prêtèrent à l'aristocratie laïque n'est pas expressément attesté par nos sources, mais ses résultats sont du moins bien visibles : à partir de l'an mil, la zone d'influence du comte de Mâcon cessa de coïncider avec l'ancien *pagus matisconensis*. Hors des limites de cette circonscription, elle s'étendit un peu sur la rive orientale de la Saône ; en 1018, le comte Eudes détient en terre bressane un droit de réquisition qu'administrent ses agents (*exactores*) ; des procès relatifs à des alleux bressans sont jugés devant sa cour et le châtelain de Bâgé est son suivant le plus fidèle [2]. En revanche, elle recula considérablement du côté de l'ouest ; le comte n'intervient plus dans le bassin de la Loire ; en 1030, l'autorité y est exercée par le vicomte de Mâcon, Archimbaud le Blanc, gros alleutier dans la montagne de Chauffailles et proche parent de cet Artaud qui se dit à ce moment comte en Forez et en Roannais [3]. En outre, le rival direct d'Otte-Guillaume, Hugues de Chalon, installé déjà à Bragny, à Mont-Saint-Vincent et à Charolles, agit en maître dans le Clunisois ; en 988, le château de Sigy est en son pouvoir ; aux alentours de 1035, il préside une assemblée judiciaire à Bésornay, près de Cluny, où viennent plaider les chevaliers de la région [4]. Ainsi, les compétitions politiques favorisèrent un déplacement de la principauté mâconnaise ; les confins occidentaux du vieux *pagus*, trop écartés de la cité, s'en détachèrent naturellement ; la puissance des comtes de Chalon, seigneurs

1. Guy, C. 2407 – 2484 – 2552. Eudes, M. 487 (1004-1005).

2. M. 464 (1018-1030), 96 (1018-1030).

3. Archambaud devient vicomte après la mort de son beau-père Guigue de Montmerle, CHAUME, *Mélanges*, p. 286. Possessionné autour de Montmelard et de Bois-Saint-Marie, C. 1272 – 1273 (984), 1782 (987-996), 2922 (1037) ASL, H. 184, n° 2 (1067), P. 24 (sd). – Son fils Hugues tiendra les vigueries des environs de Charlieu, *NSP*. 51 (1096). – Les Blanc sont étroitement apparentés à Artaud, premier connu des comtes de Forez, POUPARDIN, *Bourgogne*, p. 244-245 et C. 2292.

4. C. 1794, le comte Hugues tient un plaid à Sigy ; C. 2848, plaid à Bésornay *ante domini Hugonis comitis presentiam et Tetbaldi*, où sont jugés Guichard de Ménézy et ses frères. – Notons aussi que les moines de Tournus confient l'avouerie du monastère au comte de Chalon en 1019, T. 26.

en Charolais, s'infiltra dans la vallée de la Grosne, refoulant Otte-Guillaume et ses représentants hors du royaume, vers les pays bressans inorganisés que les comtes traversaient constamment pour gagner leurs domaines jurassiens. Le comté de Mâcon fut désormais et définitivement axé sur la Saône.

D'autre part, Robert le Pieux, roi de France et duc de Bourgogne, aidé par Hugues de Chalon, prit sous sa protection les églises du Mâconnais, les conviant à se dégager de la tutelle comtale. Il prêta notamment son appui à la communauté clunisienne. Lors du séjour qu'il fit à Rome en 1016, il obtint du pape Benoît VIII qu'il lançât l'anathème contre les ennemis de l'abbaye ; frappé lui-même des censures ecclésiastiques, Otte-Guillaume se vit chassé par le comte de Chalon du château de Lourdon qu'il avait occupé pour assurer son pouvoir sur la seigneurie monastique ; en 1027, un diplôme royal, dirigé évidemment contre le comte de Mâcon, interdit à qui que ce soit d'édifier des forteresses dans le voisinage de Cluny, entre Mâcon, Chalon, Mont-Saint-Vincent et Charolles[1]. Le Capétien, prenant dans sa *tuitio* les établissements religieux, confirma leur privilège d'immunité ; il voulait affaiblir le comte de Mâcon en le dépouillant de ses droits d'avouerie. Par là, il soutenait l'effort des clercs pour installer en Mâconnais la paix de Dieu.

*

En effet, pendant la vie d'Otte-Guillaume, les dignitaires ecclésiastiques réunirent dans notre région des assemblées destinées à restaurer la sécurité sous la direction de l'Église.

La première de ces assemblées se tint dans le royaume de Bourgogne, à Anse, sur les bords de la Saône, à la fin de 994 ; mais trois évêques du royaume de France, ceux de Mâcon, de Chalon et d'Autun, suffragants de l'archevêque de Lyon, y assistaient[2]. En 1016, un nouveau concile, siégeant cette fois en France, à Verdun-sur-le-Doubs, fut présidé par les archevêques de Lyon et de Besançon ; notons que l'évêque de Mâcon était encore présent et que la réunion avait été préparée par le comte de Chalon, en accord avec le roi Robert, c'est-à-dire par les adversaires d'Otte-Guillaume[3]. Enfin, en 1025, une assemblée de paix se

1. Bulle de Benoît VIII, *Bull. Clun.*, VI-VII, contre les châtelains de Berzé, Beaujeu et Brancion, Girard de Saint-Aubain et Bérard de Riottier, cf. CHAUME, *Orig.*, I, p. 485. – Hugues de Chalon délivre Lourdon, chronique d'ADHÉMAR DE CHABANNES, III, p. 50, citée par CHAUME, *ibid.*, I, p. 486, n° 4 ; diplôme de Robert, C. 2800.

2. POUPARDIN, *Bourgogne*, p. 302-304. – Sur la paix de Dieu, HUBERTI.

3. *Gesta episcoporum autissiodorenssium*, C. 49 ; *per Hugonis tamen consilium, quicquid idem rex facere decreverat disposuit... Constituit ergo, pro redintegranda seu firmanda pace, concilium episcoporum*

réunit de nouveau à Anse pour confirmer les canons de 994 et pour obtenir d'une nouvelle génération de seigneurs les engagements qu'avaient pris leurs pères ; on y retrouve le comte Hugues de Chalon, que sa qualité d'évêque d'Auxerre ne désignait pas pourtant pour y assister et qui vint sans doute pour des raisons politiques [1].

Premières manifestations dans les pays bourguignons du mouvement pour la paix de Dieu, ces conciles apparaissent à la fois comme une cause et comme une preuve de l'affaiblissement du pouvoir comtal en Mâconnais. Une cause, parce que les décisions que l'on prit dans ces assemblées contribuèrent à renforcer l'immunité des églises et à les soustraire à la puissance des laïcs : on proclama le caractère inviolable des édifices religieux ; on interdit aux seigneurs (ce fut l'objet même du privilège que les moines de Cluny reçurent à Anse en 994) de commettre aucune violence sur la terre sacrée et d'y bâtir des forteresses [2]. Le comte était le premier visé : il ne pouvait plus pénétrer sur le territoire des domaines immunistes pour y exercer, personnellement ou par l'intermédiaire de ses agents, son pouvoir de contrainte ; il devait par conséquent abandonner l'avouerie. Une preuve également : si, à partir de 994, les gens d'Église éprouvent le besoin d'établir de nouvelles institutions de paix, de fonder la sécurité sur le respect de la morale chrétienne et sur les engagements personnels des combattants de profession, c'est que les anciens organes pacifiques, l'armée et le plaid du comte, se sont révélés inefficaces.

On voit donc que le pouvoir comtal en Mâconnais subit, entre 980 et 1030, les attaques conjuguées du comte voisin et de l'Église, appuyés l'un et l'autre par le roi de France. En remarquant toutefois que le souverain n'intervient plus comme ses prédécesseurs pour imposer sa supériorité au comte de Mâcon ; c'est désormais une puissance rivale qui, pour réduire un adversaire dangereux, prête son aide à ceux qui dans sa principauté peuvent lui faire concurrence ; la politique de Robert le Pieux préfigure ainsi celle de Louis VII et de Philippe Auguste. Il convient cependant de ne pas exagérer l'effet de ces circonstances politiques ; elles ont simplement favorisé l'évolution d'un mal interne : l'indé-

ac multorum tam nobilium quam plebeiorum innumerae multitudinis in comitatu quem gubernabat Cabillonense, in loco qui Viridunus dicitur.

1. M. 518 ; Manteyer.

2. C. 2255, *ut nullus judex publicus, aut exaccionarius, comes quoque vel quilibet exercitus aut conductius castrum facere aut aliquam firmitatem infra aut juxta eundem locum vel potestates... edificare... presumere audebit..., ut nulla secularis dignitas seu militaris sublimitas aut homines juxta Cluniacum commanentes... in eundem castrum vel in burgum ejusdem loci predam auffere vel predam aliquam tam in bubus, vaccis vel porcis quamque etiam in caballis, vel quicquid preda videri aut nominare potest, foris intus nec de intus foris mittere audeat.*

pendance des châtelains et des seigneuries immunistes était en germe dans la structure sociale et administrative du comté.

2. *L'indépendance des châtelains*

Pendant cette période, les grands seigneurs qui gardaient les forteresses se détachèrent du comte de Mâcon, mais non pas par une révolte brutale : en cinquante ans et d'une manière insensible, leurs obligations se relâchèrent progressivement. Ce sont encore les documents de nature judiciaire, les actes qui relatent les jugements de la cour comtale, qui permettent d'observer ce phénomène.

Ces sources montrent d'abord que les châtelains cessèrent alors de fréquenter régulièrement le plaid du comte qui, comme par le passé, tient toutes ses assises dans la cité. En 1002, dans l'une de ces réunions, Otte-Guillaume paraît encore entouré d'une brillante assistance ; à ses côtés siègent son fils Guy, l'évêque et le doyen de Saint-Vincent, deux grands seigneurs bressans, Oury de Bâgé et Milon de Montpont, et le juriste Eudes[1]. Mais dans les assemblées ultérieures, le nombre des assistants de marque se restreint progressivement. Une autre cour tenue en 1002 réunit autour du comte sa femme, son fils et de modestes chevaliers, parents, amis ou protégés des plaideurs[2]. Auprès du comte Eudes paraissent en 1019 l'évêque et un chanoine, vers 1025 le vicomte, un peu plus tard le seul châtelain de Bâgé[3]. Les *proceres patriae* viennent de plus en plus rarement et seulement quand leurs intérêts sont engagés dans le procès, lorsqu'ils sont liés personnellement à l'une des parties ou quand le bien en litige est voisin de leurs alleux[4]. Et encore, ces raisons ne suffisent pas toujours à les attirer : aux plaids de 1002, on ne voit ni Bernard d'Uxelles, frère pourtant de l'un des plaideurs, ni Guinebaud de Brancion, maître du district militaire où se trouve placé l'objet de la querelle[5]. Peu à peu le plaid comtal devient une assemblée d'allure toute domestique ; ses membres permanents sont les familiers du comte, ses proches parents et ses ministériaux. Le très ancien *mallus publicus*, point de ralliement de la haute noblesse régionale, disparaît alors défi-

1. C. 2406.
2. C. 2552 : Girbert, Renaud, Engeaume, Arlier, petits seigneurs des environs de Cluny, voisins et amis du monastère ou du clerc Maïeul.
3. C. 2719 ; M. 96 ; M. 464.
4. Oury de Bâgé, dont le père Thibert fréquentait régulièrement les assemblées comtales, n'est présent que s'il s'agit d'affaires bressanes : M. 96 (1018-1030), 464 (1018-1030).
5. C. 2406 – 2552. – Maïeul est frère de Bernard d'Uxelles, C. 2351 (996-1031), 2486 (999).

nitivement et laisse place à un organe judiciaire purement privé et de caractère patrimonial.

Nos sources montrent aussi que, peu après l'an mil, le comte de Mâcon devient incapable de juger les châtelains. Il parvient encore en 1002 à imposer l'exécution d'une sentence rendue par sa cour contre le clerc Maïeul Poudreux, frère du châtelain d'Uxelles, mais à grand-peine et en usant autant de la persuasion que de la force[1] ; à notre connaissance, le dernier jugement du tribunal comtal condamnant un châtelain date de 1019[2]. Plus tard, lorsqu'une communauté religieuse est en désaccord avec un membre de l'aristocratie, elle ne cherche plus à prouver son droit devant le comte mais préfère s'accorder directement avec son adversaire dans un colloque particulier[3].

Les gardiens des forteresses se sont ainsi dégagés de leurs obligations judiciaires envers le comte ; on peut admettre qu'ils lui refusèrent également leur service d'armes ; après l'an mil, ils cessèrent de reconnaître la supériorité de son pouvoir. Cette indocilité s'explique par le caractère nouveau que l'institution comtale avait revêtu depuis le milieu du xe siècle : l'affaiblissement de la royauté l'avait en un sens renforcée en la libérant de toute tutelle ; en revanche, elle se trouvait dépouillée de sa légitimité et n'avait plus d'autre fondement que la « coutume ». Les témoins du passage de Louis IV et leurs fils après eux purent croire encore jusque vers 980 au caractère public du ban comtal ; mais la troisième génération se persuada de sa nature personnelle et arbitraire. Dès lors, les grands seigneurs ne se jugèrent plus tenus d'obéir à un maître privé qui de surcroît était, nous l'avons dit, un étranger et l'adversaire du roi de France ; les châtelains de Bresse, les Bâgé, les Montpont, les Loisy, restèrent plus longtemps soumis au comte puis se libérèrent à leur tour. Ceux d'entre les puissants qui étaient attachés au nouveau comte Otte-Guillaume par un lien personnel étaient sans doute très peu nombreux ; ils continuèrent certes de s'acquitter envers lui de leurs devoirs vassaliques ; mais ces devoirs, dont nous connaissons l'imprécision, ne pouvaient remplacer les stricts services militaires et judiciaires, exigés jadis en droit public des *proceres*. Même vassaux du comte, les châtelains ne furent plus ses sujets ; ils échappèrent à sa juridiction comme à son autorité militaire. Toutefois, ils ne résignèrent pas les fonctions dont ils étaient investis et conservèrent en toute propriété leur droit de ban ; la forte-

1. C. 2406, *tam potestate quam blanda suasione fecerunt ei vuerpitionem facere.*

2. C. 2719, jugement rendu à la demande de l'abbaye de Cluny contre Tesse, épouse du châtelain de Brancion, et son fils Gautier, futur évêque.

3. Ainsi, quand les Clunisiens veulent obtenir raison de leurs adversaires Guigue et Robert Enchaîné, châtelains de Montmerle, ils les rencontrent à Saint-Romain-des-Îles, *in quodam placito ob hanc causam precipue adunato*, C. 3333 (1040 env.).

resse, source et symbole de leur puissance, devint au XIe siècle la pièce maîtresse de leur alleu[1] ; seul l'honneur vicomtal resta fief du comte[2].

Or, le pouvoir des châtelains relayait celui du comte dans les campagnes. Associés aux décisions du plaid de la cité, ils les faisaient exécuter ; ils étaient au château et à l'ost les chefs des petits seigneurs ; dans le district militaire, ils maintenaient en paix les paysans. Cessant de les tenir en main, le comte de Mâcon perdit de ce fait la direction supérieure qu'il avait exercée jusqu'alors sur tous les hommes libres de la région.

Les membres de la petite noblesse se trouvèrent en effet partagés entre les devoirs qu'ils devaient accomplir sous la direction du comte et le service du châtelain voisin. Obligés de choisir, ils n'avaient pas de raison de préférer au puissant, dont la force se faisait sentir au voisinage de leur demeure, le comte trop lointain, incapable désormais de défendre leur droit. Tout le prestige du plaid comtal venait en effet de la présence des grands seigneurs ; quand le comte n'eut plus autour de lui que les gens de sa maison, il ne fut plus en mesure d'imposer, même aux petits seigneurs, les sentences que n'avait pas corroborées le châtelain du lieu. Par leur forme même, les actes émanant du plaid comtal manifestent cette impuissance. Depuis 995, le plaideur qui bénéficie d'un jugement favorable ne se contente plus du procès-verbal rédigé par le notaire comtal ; il exige que l'adversaire délivre en son nom une charte expresse de désistement, garantie par son serment solennel, par l'adhésion de son lignage, par la menace de sanctions spirituelles ; il conserve avec soin le nom des témoins de l'accord, qui pourront au besoin prouver sa validité. Après 1030, il ne subsiste plus rien du formulaire des actes judiciaires de l'époque franche : ce sont de véritables traités qui s'élaborent devant le comte ; celui-ci n'est plus un juge, mais un conciliateur qui s'efforce, en les ménageant l'un et l'autre,

1. C. 2925 (1039) le vicomte Guigue et le château de Montmerle : *dono... res proprietatis mee, sitas in pago Lugdunensi ; hoc est castrum qui vocatur Mons Meruli, eum omnibus ibi pertinentibus, scilicet meas res indominicatas que ad me jure hereditario pertinent.* – Dans le nord-ouest de la France, les châteaux restent fréquemment des tenures féodales : en Anjou, les comtes concèdent les châteaux qu'ils ont construits en fief héréditaire, HALPHEN, *Anjou*, p. 157-158 ; dans le Maine, LATOUCHE, *Maine*, p. 59 ; en Hainaut, les comtes obligent les châtelains au XIIe siècle à reprendre leur forteresse en fief comtal, DIDIER, *Hainaut*, p. 43 et 81. – En Mâconnais, aucun texte n'indique que le comte ait tenu des châteaux dans sa mouvance, sinon les fertés qu'il construira au XIIe siècle et remettra à des familles de moins haute volée, les la Salle, les Montbellet et les Vinzelles (voir *infra*, ch. IX, B).

2. Étienne Blanc, frère du vicomte, feudataire du comte, C. 2845 (1023) ; en 1096, le comte approuve la donation par Hugues Blanc d'un bien du *vicecomitatus*, *NSP*, 51 ; le vicomte tient du comte une coutume à Mouhy, C. 3743 (1100). Aussi, jusqu'à la fin du XIIe siècle, les Blanc resteront-ils plus attachés aux comtes que les autres seigneurs de leur rang : C. 4279 (1180-1181), Artaud Blanc, témoin du comte.

d'accorder des intérêts opposés. Le mall est devenu pour tous une simple cour d'arbitrage[1].

Pourquoi, dès lors, les petits seigneurs se seraient-ils astreints à de longues chevauchées pour gagner la cité, alors qu'ils trouvaient au château un appui plus efficace. Seuls les « nobles » des bords de la Saône et des collines voisines, ceux qui étaient directement attachés à la forteresse de Mâcon, continuèrent encore à fréquenter les assemblées comtales. Du Beaujolais, du Tournugeois, du Clunisois, de la Bresse, il ne vient bientôt plus personne ; les gens aisés de ces pays s'attachèrent au châtelain local, dont le service était à la fois plus aisé et plus profitable. Après 1030, quand une église est en querelle avec l'un d'eux, c'est au plaid de la forteresse voisine qu'elle va défendre son droit[2]. La rupture entre le comte et les châtelains provoque le cloisonnement de toute l'aristocratie, et les petites milices régionales, qui jadis venaient se fondre, à l'appel du comte, dans les assemblées générales du *pagus*, s'isolèrent définitivement. Chaque château, Berzé, Beaujeu, Bâgé, Brancion, Uxelles, la Bussière, devint un centre politique rival du château de Mâcon, le siège d'une cour d'arbitrage concurrente de la cour comtale, le lieu de rassemblement d'une clientèle vassalique concurrente de la clientèle comtale.

Enfin, les maîtres de chaque forteresse, étendant leur prérogatives, soumirent à leur domination les paysans libres du district. Commandants militaires, ils continuèrent d'exiger d'eux les services d'armes et les taxes qui les remplaçaient ; comme par le passé, les francs pauvres durent répondre à la *clamor castri*, garnir la forteresse, suivre à pied les chevauchées et, dans l'intervalle des alertes, réparer les fortifications, faire le guet à tour de rôle, ravitailler la garnison. Le châtelain, par ailleurs, développa son pouvoir judiciaire. Il supplanta sans peine le viguier dont le rôle depuis longtemps s'effaçait : seul capable de faire exécuter les sentences de la cour vicariale, le châtelain, après l'an mil, contrôle entièrement les assemblées d'hommes libres qui se tiennent aux abords de son château ; elles deviennent des cours privées qui fonctionnent à son profit. Le dernier texte qui atteste l'existence indépendante de ces plaids ruraux date de 1004[3] ; à cette date déjà, le sire d'Uxelles possédait par droit héréditaire les

1. Voir références dans Duby, « Recherches » I, p. 156-157 [ci-dessous p. 1365-1366]. Cf. Bongert, p. 163-167.

2. Pour obtenir satisfaction des petits chevaliers qui détenaient indûment des serfs de Saint-Pierre, l'abbé de Cluny envoie les doyens *ad placitum in Brancidunensi et Seneciacensi castro*, dans les forteresses dont dépendaient ces chevaliers, C. 3822 (1103-1104). De même, le prieur de Paray-le-Monial va défendre son droit *apud castrum Sinevinea* (Sanvignes), P. 76, et *in castro Hychim* (Huchon), P. 166 (1080 env.).

3. Jalogny, C. 2591.

vicariae de son district[1]. Le viguier devint le ministérial du châtelain, chargé de prononcer les sentences et surtout de percevoir les amendes[2]. De la sorte, le gardien de la forteresse s'appropria la juridiction civile dans le territoire environnant. Il étendit également son droit de punir les crimes. Selon la tradition franque, seuls les serfs subissaient des châtiments corporels ; pour les libres, la justice du viguier était une justice de composition destinée à réconcilier les adversaires, et ceux qui brisaient la paix n'encouraient que des amendes ; seuls les crimes particulièrement odieux étaient punis de mort ou de mutilation et, dans ces cas exceptionnels, la poursuite et l'exécution appartenaient non au viguier mais au chef militaire, le comte ou son représentant au château[3]. Or, à la fin du Xe siècle, le mouvement pour la paix de Dieu, afin de mieux réprimer les désordres, multiplia les peines afflictives pour les paysans libres ; en cas de meurtre, de larcin, d'adultère, compositions et amendes pécuniaires furent remplacées par des châtiments corporels et le châtelain local, en vertu de son ban militaire, fut chargé de les infliger. À sa juridiction civile s'ajouta la justice de sang[4].

C'est ainsi que la puissance souveraine se fractionna aux alentours de l'an mil. Le déclin du pouvoir comtal reproduit exactement, avec un retard d'un demi-siècle, celui de l'autorité monarchique, dont il est d'ailleurs l'effet direct.

3. *L'indépendance des églises immunistes*

Mais alors que le roi était parvenu à conserver un peu de son influence sur l'Église, le comte de Mâcon perdit entièrement la sienne. Au moment même où les châtelains lui refusaient leur obéissance, les grands établissements religieux lui dénièrent le droit d'exercer dans leur patrimoine la puissance temporelle.

---

1. C. 2493 (999-1027), il donne à Cluny les *vicariae* dans les terroirs de Vaux, Montagny et Hautrecour.

2. Le viguier, prévôt du châtelain : ASL, H. 142, n° 2 (1067), le prévôt d'Artaud Blanc, Fouque de Montmelard, perçoit le *servitium vichariale*. – Sur cette évolution, LOT. « *Vicaria* » ; HALPHEN, « Prévôts » ; DAVID, p. 203 sq. – Un seul de ces voyers, celui de Brancion, fera souche de chevaliers ; Landry, *vicarius de Branceduno*, C. 3914 (1100 env.), *Landricus Vier*, F. 19 (1155 env.).

3. DOLLINGER, p. 48 sq.

4. HIRSCH, p. 198. – Le comte exerce la justice de sang dans le détroit de la forteresse de Mâcon, R. GL., IV, p. 2 (le crime de Châtenay, commune de Sancé), *quod compererat Ottoni comiti ceterisque civibus indicavit, qui protinus mittentes viros quamplurimos qui rei veritatem enquirerent, percentesque velocius repererunt... illum crudelissimum... quem deducentes ud civitatem in quodam horreo religatus at stipitem igne comburerunt* ; M. 589 (1096-1124), à Mâcon, *ad comitem pertinere adulteros, latrones publices...*

On sait que les grands sanctuaires du Mâconnais, Saint-Vincent de Mâcon, Cluny et Tournus, n'avaient pas cherché jusqu'alors à interpréter strictement les termes des diplômes d'immunité qui promettaient à leur domaine une administration autonome. Mais leurs droits n'étaient pas prescrits pour autant ; d'autant moins qu'ils avaient prudemment veillé à faire confirmer régulièrement leurs privilèges par les souverains. À la fin du xe siècle, les clercs, changeant d'attitude, utilisèrent ces diplômes authentiques et en forgèrent au besoin hâtivement de faux [1] pour libérer la terre sacrée et ses habitants de toute tutelle et, plus précisément, de l'avouerie comtale. La raison de ce revirement est celle-là même qui conduisit les grands seigneurs à se détacher du comte, le sentiment que l'autorité comtale ne possédait plus de caractère public : du moment que le comte apparaît comme un potentat privé, qui tire de sa puissance des profits personnels, il n'a plus qualité pour maintenir dans l'immunité la paix royale et il est légitime de se soustraire à son *dominium* [2]. On peut tenir pour l'une des plus profondes racines des tendances grégoriennes cette attitude nouvelle, réflexe naturel devant la défaillance des institutions franques. La position des clercs fut renforcée, d'abord par le roi Robert qui offrit aux églises une protection, celle-ci mieux fondée, et surtout par la paix de Dieu dont le but premier était de dégager l'Église de l'emprise des laïcs pour en faire la pièce maîtresse d'une nouvelle organisation pacifique.

Les conciles de paix, décidant de placer à l'abri des violences les bâtiments du culte, les personnes ecclésiastiques, et d'instituer la trêve pendant certaines périodes du calendrier liturgique, investirent d'abord l'Église d'un pouvoir judiciaire particulier. Dans le diocèse, l'évêque fut chargé de juger toutes les causes où seraient impliqués des clercs, les infractions à la paix ou à la trêve de Dieu et les violations des lieux d'asile [3]. Au début, le prélat infligeait seulement les peines spirituelles et attendait la correction des coupables des autorités temporelles et en particulier du comte ; mais, devant la carence de ce dernier, il ne tarda pas à devenir seul compétent [4]. Pour cette raison, l'évêque de Mâcon, déjà

1. Tels les deux faux diplômes d'immunité confectionnés à Saint-Marcel-lès-Chalon vers le milieu du xie siècle et dirigés expressément contre le comte de Chalon et le duc de Bourgogne, SM. 1 et 2. – Sur ces faux et leur intérêt, DOPSCH, *Herrschaft*, p. 21.

2. SEELIGER, p. 121-123.

3. M. 589 (l'évêque de Mâcon), *ad episcopum pertinere justicias integre de christianitate et treva et pace et cimiteriis et clericis et justicia clericorum plenarie quibuscumque rebus accusentur et rebus ecclesiasticis*.

4. Au début du xie siècle, partage d'attribution entre l'évêque et les puissances temporelles : lettres de saint Odilon et Cluny aux évêques italiens (1041), *Historiens de la France*, XI, p. 516, et son interprétation par MOLINIÉ, p. 48. – À la fin du xie siècle, le comte de Mâcon reconnaît que l'évêque est seul juge en la matière, M. 589 (1096-1124).

associé au comte dans l'exercice de la justice publique, forma une cour particulière, composée de chanoines et siégeant dans le cloître, qui se différencia du plaid comtal dans les premières années du XIe siècle[1].

Le premier concile d'Anse avait également proclamé la sauvegarde de l'abbaye de Cluny et confié à l'abbé le soin de lancer l'anathème contre les violateurs de cette paix[2]. Là encore, l'administration des sanctions temporelles fut d'abord abandonnée à la cour comtale[3] ; mais très vite, les moines infligèrent eux-mêmes les châtiments matériels et jugèrent seuls tous les délits de *fractio pacis* dans le voisinage du sanctuaire : en 1023, Josseran de Merzé, pour avoir tué un homme à la porte du monastère, doit payer à Cluny l'amende traditionnelle de six cents sous qui, à l'époque carolingienne, frappait les violateurs de l'immunité ; quelques années plus tard, Gilbert et son fils s'engagent envers l'abbaye, sous peine d'une amende de cent sous, à ne pas inquiéter les assassins d'un de leurs parents[4].

Dans chacun des grands sanctuaires, une cour de justice se constitua de la sorte à la fin du Xe siècle, certains membres de la communauté se spécialisant dans le droit – ainsi à Cluny, vers 990, cinq moines forment, sous la direction du prieur, une équipe de jugeurs professionnels[5]. La compétence de ces tribunaux ne resta pas longtemps limitée aux « causes de chrétienté » ; tout naturellement, tandis que la justice du comte perdait sa force, elles s'occupèrent de la défense du temporel ecclésiastique et tranchèrent les querelles qui opposaient à l'établissement les petits seigneurs voisins. Après 1030, le comte cessa de

1. M. 434 (mil. XIe), 31 (1062-1072), 548 (1076-1108), 504 (1096-1124) ; C. 3707 (1100 env.), 3868 (1107).

2. C. 2255 (994), *violatores anathemata maranatha dampnantes nisi resipuerint et poenitentiam egerint aut ab abbatibus sanctissimi loci Cluniensis vel a fratribus ipsius loci absoluti quandoque fuerint.*

3. Gilbert et Orné de Cluny sont condamnés à une amende par la cour comtale *propter locum quem violavimus*, C. 1989 et 2296 (995).

4. C. 2848 et 2784. – *Pro maleficio infra salvitatem perpetrato juxtam consuetudinem emendare debuit* (le texte porte *LXtos solidos*, mais chacun des six garants de Josseran s'engage à payer cent sous si l'amende n'est pas acquittée). – C. 2889, *ut ne nos nec ullus homo sit in damnum contra alium hominem pro morte fratris nostri, sin alias unusquique solvat solidos C...* – De même, Bernard, Duran et Benoît s'accordent à Lourdon devant les moines *et per cujus culpam jam amplius fuerit remotum sexaginta solidos emendet*, C. 594. – Sur l'amende de 600 sous, T. 91 et KROELL, p. 234. – Sur la juridiction attachée au droit d'asile, TIMBAL DUCLAUX DE MARTIN, p. 196. – Selon J.-F. LEMARIGNIER, « L'exemption monastique et les origines de la réforme grégorienne », dans *À Cluny*, p. 315-334, le développement de la juridiction de paix clunisienne parallèlement à celle de l'évêque est un effet du privilège d'exemption dont jouit le monastère (accordé par les papes en 1016, 1024, 1027) ; la circonscription diocésaine perd ainsi son unité au moment même où l'indépendance des châtelains morcelle la circonscription comtale.

5. Aimon, Garnier, Gison, Rainard, Guy, C. 1821 – 1965 – 2090 – 2508.

juger les procès intéressant Saint-Vincent de Mâcon qui furent désormais portés devant la cour épiscopale[1]. À Cluny, depuis 986, les chevaliers des environs qui sont en désaccord avec le monastère, Airoard de Courzy, Lambert de Merzé, Renaud de Château, Gilbert de Cluny, viennent plaider à la cour du prieur et, vers 1050, les moines renoncèrent eux aussi à recourir à la justice comtale contre les usurpateurs de leurs biens[2]. Enfin, ces plaids ecclésiastiques furent choisis, comme ceux du comte et des châtelains, par les nobles d'alentour pour arbitrer leurs différends particuliers[3]. En l'an mil, les sanctuaires immunistes devinrent, comme les châteaux, des centres judiciaires concurrents de la juridiction comtale.

En vertu de l'immunité, les clercs prétendirent également juger les paysans libres établis sur leurs terres et voulurent les détourner des cours de vigueries, maintenant complètement dominées par les châtelains. Dans chaque centre d'exploitation de leur seigneurie foncière, ils installèrent un tribunal privé à l'usage des paysans, présidé par le chanoine ou le moine chargé de l'administration du domaine. À vrai dire ces cours seigneuriales n'apparaissent pas dans nos sources avant les dernières années du XIe siècle[4]. Mais on peut faire état, pour admettre leur ancienneté, d'un document des archives clunisiennes qui concerne un territoire bourguignon proche du Mâconnais : avant 1031, et selon une tradition déjà fixée par la coutume, l'abbé de Cluny obligeait, sous peine de sanctions, les paysans de son domaine de Gevrey-Chambertin à se présenter

1. Dernière sentence connue prononcée par le comte contre un laïc adversaire de Saint-Vincent de Mâcon, M. 16 (1018-1030). Ensuite, règlement des affaires du temporel par la cour épiscopale, M. 156 – 186 – 204 – 282 – 284 – 292 – 409 – 420 – 426.

2. Le siège habituel de la cour monastique est à Cluny, mais des sessions se tiennent aussi dans le château voisin de Lourdon (C. 594) ou dans un doyenné où réside temporairement l'abbé (C. 3821). Normalement elle est présidée par le prieur, C. 594 – 1723 – 1759 – 1821 – 1851 – 1887 – 1965 – 2090 – 2508 – 2848 – 2975 – 3178 – 3262, mais parfois par l'abbé quand la cause est grave et le plaideur de très haute naissance, C. 1855 – 1978 – 2086 – 3666 – 3821 ; P. 130 – 207. Dans la première moitié du XIe siècle les moines réclament encore justice aux comtes de Mâcon ou de Chalon : C. 1989 (993-1020), 2406 et 2552 (1002), 2906 (1030 env.), 2992, 3342, 2848 (1050 env.), parfois pour faire exécuter la sentence du prieur : le clerc Maïeul, d'abord condamné par Cluny, C. 2508, l'est une seconde fois par le comte, C. 2406 – 2552. Mais, après 1050, on ne connaît pas de cause intéressant Cluny qui ait été jugée par le tribunal comtal.

3. C. 2889 (1032-1048), 594 (sd).

4. Saint-Vincent de Mâcon, M. 598 (1096-1124) ; Cluny, C. 3821 (1103-1104), juridiction du doyen de Chaveyriat ; C. 3790 (1100 env.), profits de justice dans les comptes du doyenné de Chevignes.

au *placitum generale*[1]. Ce terme désignait à l'époque franque la session solennelle de la cour vicariale ; un tel document prouve donc que la juridiction publique sur les libres de condition inférieure était dès lors accaparée par le seigneur immuniste.

Ainsi, entre 980 et 1030, les grands seigneurs d'Église se délivrèrent de l'avouerie comtale, s'approprièrent sinon le ban militaire, du moins l'autorité judiciaire et s'efforcèrent d'ériger leur domaine foncier en principauté autonome.

*

Par une évolution insensible, le comte de Mâcon perdit donc, avec le contrôle des châteaux et des immunités, son pouvoir souverain sur toute l'étendue du *pagus*. À la mort de son grand-père Otte-Guillaume, le comte Eudes ne commande plus les hommes libres, pauvres ou riches, qu'aux environs immédiats de la forteresse mâconnaise. Au sud, à Dracé et à Fleurie, à l'ouest, à Pierreclos et à Scissé, à l'est, à Replonges, il se heurte à la puissance des sires de Beaujeu, de Berzé, de Brancion et de Bâgé ; et, dans cette zone restreinte, chaque grand domaine ecclésiastique est une enclave où son pouvoir est contesté ; au cœur de la cité, à la porte de son château, est installée la sauveté de l'église cathédrale, où siège un tribunal indépendant. Ce fait est d'une importance capitale pour l'histoire de la société. En effet, avec la prééminence du comte, les institutions publiques de l'époque franque ont disparu. La nature du pouvoir s'est transformée et l'on ne fait plus de distinction entre le ban qui, jadis, émanation de la puissance royale, était tenu pour supérieur et la domination de fait exercée dans le privé sur les dépendants personnels. Comte, châtelains, immunistes, seigneurs de vassaux et maîtres de serfs ou de francs commendés, tous ceux qui protègent et dirigent, sont placés sur le même plan. À la hiérarchie des pouvoirs se substitue une juxtaposition de clientèles concurrentes, tandis que les devoirs généraux et précis envers la communauté tout entière font place à des engagements particuliers qui n'obligent qu'à des services limités et de contenus divers, dévouement du vassal à son *senior*, soumission de l'humble dépendant à son *dominus*. Du même coup, la classification sociale est remise en question : la notion de liberté se perd alors que l'opposition s'affirme entre les riches et les pauvres, les « nobles » et les paysans. Dans ces

1. C. 2723 (1019-1031), *ad placitum generale non venient nisi sponte venire voluerint. Si quis eis injuriam fecerit aut ipse alicui, per judicium majoris Sancti Petri justiciam faciant et accipiant si reclamatio ante illum venerit.*

deux classes, les relations politiques vont s'aménager différemment : tandis que l'aristocratie ne sera plus encadrée que par les institutions féodales, les hommes libres de condition inférieure vont se trouver soumis à une stricte domination et s'y confondre avec les serfs.

CHAPITRE II

L'ENCADREMENT DE L'ARISTOCRATIE
L'ORGANISATION FÉODALE

Par la défaillance de l'autorité comtale, les francs les plus riches se trouvèrent donc libérés des devoirs militaires et judiciaires auxquels étaient astreints leurs ancêtres. Les plus grands seigneurs, dont la puissance et la fortune égalaient celles du comte, refusèrent tout simplement de lui obéir, de paraître à sa cour et sans doute à son ost. Tous les alleutiers assez aisés pour porter les armes et fréquenter les assemblées comtales, ne relevant ni de la viguerie ni de l'immunité, échappèrent à la contrainte que les grands, laïcs et ecclésiastiques, firent peser après l'an mil sur la paysannerie ; la plupart d'entre eux rompirent toutes relations avec le comte et se placèrent sous la protection du châtelain ou du sanctuaire le plus proche, mais par une libre décision et dans les formes très souples de l'engagement vassalique. Quant à ceux qui, voisins du château de Mâcon, restèrent liés au comte, il leur fut facile d'obtenir de lui un traitement analogue, en le menaçant de porter ailleurs leur dévouement. Dans l'aristocratie, les relations politiques furent désormais commandées par les seuls rapports vassaliques. Ceux-ci s'aménagèrent progressivement dans le cours du XIe siècle.

A. LA VASSALITÉ ET LE FIEF

Le premier document mâconnais qui décrit le rite d'entrée en vasselage date du milieu du XIe siècle. À ce moment, le rite est double : le dépendant se « commende » d'abord en plaçant ses mains jointes dans celles du seigneur, geste qui symbolise la remise de lui-même ; puis il jure la foi en posant sa main sur les Évangiles ou sur les reliques[1]. Formalisme classique, encore que les deux parties de l'acte puissent être accomplies séparément et que l'engagement verbal, le serment de fidélité paraisse tenu pour l'élément le plus important, en tout cas le plus personnel ; Gautier de Berzé, par exemple, désirant prolonger les effets de l'hommage qu'il vient de prêter à Cluny, introduit lui-même les mains de ses deux jeunes fils entre celles de l'abbé, il les « commende » ; mais ils ne deviendront vraiment les vassaux du monastère qu'au moment où, parvenus à l'âge de raison, ils pourront engager personnellement leur foi[2]. Et l'on trouve également la trace d'un rite différent, de la foi seule, par le baiser[3]. Quant au vocabulaire, il se transforme quelque peu : le mot *vassus*, que l'on avait beaucoup utilisé dans les chancelleries ecclésiastiques entre 985 et 990 pour désigner les clients des sanctuaires ne s'applique plus ensuite, sauf de rares exceptions, qu'aux serviteurs domestiques les plus humbles ; *fidelis* reste plus longtemps en faveur ; mais, à partir de 1030, on appelle de préférence *homo* le dépendant personnel[4].

Mais le fait le plus remarquable dans l'histoire des relations vassaliques au XIe siècle, c'est l'importance croissante que prend la concession foncière dans le rapport d'homme à homme. Nous savons qu'en 980 l'abandon des droits sur

1. Hommage de Gautier de Berzé à l'abbé de Cluny, *jam dicto patri junctis manibus se commandavit ac insuper sancto Petro fidelitatem juravit... corpus et animam suam Deo et illis reddidit*, C. 3324 et 2985 (1050 env.). C'est la notion très générale de commendise, acte qui peut répondre à des intentions très différentes et entraîner des formes diverses de subordination. MITTEIS, *Lehnrecht*, p. 72, GUILHIERMOZ, p. 83-84. On commende des âmes à Dieu : *et cum mortui fuerimus animas nostras Deo commendent*, C. 2905 (1035 env.), on commende une terre à autrui : *commendo... ad custodiendum*, C. 889 (XIe) (DÉLÉAGE, *Vie rur.*, p. 611-612, confond à tort la remise d'une terre *in commanditia* avec la dédition de soi-même). Par les mêmes gestes, on entre dans une communauté monastique : *R... reddidit se pro monacho... in manibus domni Hugonis*, C. 3873 ; c'est le rite d'investiture appliqué à une personne.

2. C. 3324, *astantibus et conlaudantibus suis parvulis duobus filiis Eldino et Seguino, quos etiam supradicto patri commendavit, tali ratione ut cum ipsi ad intelligibilem etatem pervenerint, simili modo sancto Petro et sibi fidelitatem jurent*.

3. M. 26 (1074-1096), *osculatus et domnum episcopum in fide* ; M. 4 (1096-1124), *et etiam in fidelitate sua episcopum osculati sunt*.

4. Au XIe siècle, *vassus* n'est employé qu'une fois, en Chalonnais, C. 3651 (1040 env.) ; au XIIe siècle, le mot désigne les plus humbles domestiques, C. 4132 (1148), *sed de prebendariis... hoc est addiciendum quod, ante tempus nostrum, panis eis qualis inferiori familie dari solet, dabatur, hoc est de vassalorum*, cf. GUILHIERMOZ, p. 338, n. 21. *Fidelis* se maintient mieux : M. 462 (1009), C. 2764 (1022), 3577 (1030), 2848 (1030), 2869 (1031-1048), M. 483 (1031-1062), C. 3627 (1087), 3896 (1110-1116) ; mais il n'est guère employé que dans un sens collectif pour désigner l'ensemble de la clientèle. *Homo* s'impose pour désigner les dépendants, dans la chevalerie comme dans la classe inférieure ; premier emploi, M. 465 (1018-1030), C. 2118 (1040), 2493 (997-1027), M. 456 (1074-1096), etc.

une terre n'était pas le plus fréquent des services que se rendaient mutuellement le patron et son commendé. On voit encore parfois après l'an mil des hommes entrer en vasselage sans reconnaître à leur seigneur aucun pouvoir sur leur alleu et sans recevoir de lui aucun « bienfait » ; c'est le cas, par exemple, du châtelain Gautier de Berzé qui, vers 1050, obtient seulement, en échange de son hommage et de sa foi, la bienveillance de l'abbé de Cluny ; certains hommages, en effet, ont pour seul but de sceller une alliance et de garantir un contrat, et des liens personnels pourront toujours se nouer et durer en l'absence de toute concession de terre [1]. Cependant, un changement profond se manifeste dans la coutume aux alentours de 1030 ; dès lors, la commendise aristocratique cesse de soumettre, comme elle le faisait fréquemment jadis, l'alleu du vassal au contrôle du seigneur ; en revanche, l'usage s'impose de rétribuer régulièrement le service du dépendant et de lui abandonner, dès la prestation de l'hommage, les profits d'un domaine foncier. Si le commendé a, de son plein gré, offert à son patron une part de son bien en même temps que sa personne, aussitôt le seigneur lui en rend la jouissance et lui octroie encore une concession supplémentaire : ainsi, le chevalier bressan Eudes de Dommartin, devenu vassal de l'abbé de Cluny qui avait payé sa rançon, reçoit en « bénéfice », outre ses biens personnels qu'il avait offerts par reconnaissance, la part de l'alleu familial que ses deux frères, en prenant l'habit, avaient jadis donnée au monastère [2]. Et quand le service vassalique cesse d'être rendu, que le vassal meure ou vienne à négliger ses devoirs, le bien dont il avait la jouissance fait retour au seigneur : pour avoir porté préjudice aux moines de Cluny, Josseran de Merzé doit, en 1023, renoncer au « bienfait » qu'il tenait de Saint-Pierre [3]. La concession seigneuriale devient ainsi le salaire de la vassalité et lui est intimement liée.

Cette transformation s'explique par les nouvelles conditions de la vie politique : autrefois, le commendé était à la recherche d'un appui ; il l'achetait en mettant quelques-unes de ses terres à la disposition du seigneur ; au XIe siècle, c'est le seigneur qui désire s'attacher de nouveaux clients, qui les dispute à ses rivaux et s'efforce de les retenir ; c'est donc à lui à solder leur dévouement. En tout cas, l'union du bénéfice et de la vassalité contribua dans une large mesure à fixer le droit vassalique, en le forçant à s'ajuster au statut beaucoup plus précis

1. C. 3324, Vassalité et bénéfice ne sont jamais inséparables, MITTEIS, *Lehnrecht*, p. 519 ; KIENAST, p. 21.

2. C. 2118 (1040 env.).

3. *Dimitto etiam beneficium quod tenebam de sancto Petro*, C. 2784 (1023).

de la tenure foncière[1]. Ce statut, nous le connaissons aussi bien mieux, car les chartes, conservées pour garantir l'intégrité du temporel ecclésiastique, précisent naturellement la condition des terres. Mais il n'est pas resté non plus immobile et c'est en suivant dans son évolution la notion de salaire vassalique que la coutume féodale s'est formée progressivement dans le courant du XIe siècle.

Rétribuant un service personnel, la concession foncière devait remplir deux conditions : assurer au vassal un avantage substantiel, mais sauvegarder aussi les droits du seigneur, pour le cas où son homme ne tiendrait pas ses engagements. Jadis, le cadeau seigneurial prenait fréquemment la forme soit d'une donation en toute propriété, soit d'une concession en précaire ; l'une et l'autre présentaient de graves inconvénients. Convenable à la rigueur quand la récompense était accordée après de longs services, la donation en toute propriété, malgré les réserves dont elle était en fait entourée, ne pouvait être consentie sans danger dès l'entrée en vasselage. Aussi, on en abandonna rapidement l'usage : les dernières traces de telles donations disparaissent avant 1030[2]. Quant à la précaire, elle avait bien l'avantage de réaliser un transfert momentané de jouissance, en échange d'une redevance très faible et purement symbolique. Toutefois, cette sorte de concession, sous ses formes trop rigides, était encore imparfaite : selon les termes du contrat, le seigneur de la terre ne pouvait exiger ni hommage, ni service, il n'avait droit qu'au cens et à la taxe d'investiture (*vestitura*) ; de plus, il lui était difficile de déloger le précariste infidèle, qui avait reçu la tenure pour toute sa vie et qui pouvait encore parfois la transmettre à l'un de ses descendants[3]. Les gens d'Église restèrent cependant attachés à cette formule vénérable qui, sanctionnée par un acte écrit aux stipulations précises,

1. C'est parce que le droit vassalique est entièrement organisé à partir du XIe siècle selon le droit du fief que certains historiens du droit ne peuvent se résoudre à admettre l'antériorité des relations personnelles dans la féodalité, cf. OURLIAC, compte rendu de BLOCH, « Société », dans *BEC*, 1941, p. 223.

2. Au Xe siècle, nombre de « bienfaits » étaient donnés en toute propriété : C. 1451 (978) *dono a pendere et a donare* ; M. 59, donation royale *in alodum* ; M. 109 (860), *ad jus proprietarium* ; C. 363 (928), 813 (951), *quicquid senior noster per scripturarum testamentum donavit* ; C. 1039 (957), *facere quod volueris in omnibus habeas potestatem*. Au début du XIe siècle, le chanoine Augis donne à son fidèle Gaulen un courtil à Varennes-lès-Mâcon. M. 159 ; Gaulen le donne à son fils Vincent (M. 151), qui plus tard en fait don librement à Saint-Vincent pour l'âme de ses parents et celle d'Augis *qui ipsas res illis condonoverat*. Au XIe siècle encore, C. 2784 (1023), *quem dedit mihi in adjutorio senior meus* (le bien est donné librement à Cluny) ; C. 3577 (1030 env.) ; M. 462 (1009), Noë donne un bien à son fidèle Livon, qui aussitôt le cède en *sponsalicium* à sa femme, M. 463. Sur les réserves qui entouraient la donation en toute propriété du bienfait seigneurial, voir *supra*, n. 2 et 3, p. 78. Dernières mentions de cette pratique : M. 462, C. 2784 -3577.

3. Sur la tendance irrésistible des précaires à se muer en tenures héréditaires, voir n. 1, p. 65.

leur paraissait offrir de meilleures garanties ; si les Clunisiens adoptèrent plus rapidement d'autres usages, les chanoines de Mâcon utilisèrent la précaire pour récompenser leurs clients jusque vers 1080 [1]. Mais la précaire apparaissait dès lors comme une institution surannée ; mal adaptée aux conditions nouvelles, elle fut bientôt délaissée [2]. L'union étroite du « bienfait » et de la vassalité imposait l'usage d'une tenure qui fût à la fois temporaire et déchargée de redevances matérielles, c'est-à-dire de la concession *in beneficio* ou, comme on disait vulgairement, du fief [3]. En fait, après 1030, les services nobles et imprécis qu'imposait l'hommage furent généralement rémunérés par des fiefs. Tenure dégagée de toute redevance et dont les profits soldaient le dévouement personnel [4], tenure temporaire qui durait aussi longtemps que la relation d'homme à homme, le fief fut d'abord une tenure viagère. À la mort du vassal, la terre revenait au seigneur, libre en la concédant à nouveau de se choisir un nouvel obligé [5].

1. Les chanoines ont l'habitude du procédé : ils l'emploient couramment pour répartir entre les membres de la communauté les biens de la mense capitulaire. DÉLÉAGE, *Vie rur.*, p. 606, remarque que les ecclésiastiques sont nombreux parmi les bénéficiaires de précaires ; ajouter M. 37 (1060-1108), 461 (1031-1062), 562 (1031-1062), 568 (1096-1124), 3 (1096-1124), 110 (1031-1062), 595 (1074-1096), cf. WIART, p. 196. De plus, la précaire a l'avantage d'offrir des garanties formelles : sur simple examen du contrat écrit, les cours de justice font rendre gorge aux concessionnaires indélicats, C. 2719 (1019), LESNE, *Propr. eccl.*, I, p. 321.

2. Avant d'abandonner cette pratique, les établissements religieux engagèrent entre 1060 et 1100 une active campagne pour récupérer les précaires anciennement concédées, et leur entreprise fut pour une bonne part couronnée de succès : C. 3400 (1064), M. 26 (1074-1096), 560 (1074-1096), 578 (1096-1125), 547 (1107), etc.

3. BLOCH, *Société*, I, p. 254-256 ; DÉLÉAGE, *Vie rur.*, p. 612. Pour désigner la tenure du desservant de paroisse, les scribes emploient deux formules ; *beneficium quod sacerdos consuevit tenere*, C. 3627 (1087), et *fedus presbiterale*, ASL, H, 142, n° 2 (1067). Le mot *feudus* apparaît pour la première fois dans les documents clunisiens en 1036 (C. 2912) ; les rédacteurs mâconnais ne l'emploient pas avant la fin du XIe siècle, M. 21 (1077-1096). Les anciennes précaires se transformèrent en fiefs par la suppression du cens : M. 30 (1060-1108), 512 (1074-1096), 547 (1106). Elles changèrent de nom : la précaire de 1030 (C. 2087) est appelée fief en 1064 (C. 3400). SEELIGER, p. 28, DOPSCH, *Wirtsch. d. K.*, I, p. 228. Déchargées du cens, les précaires sont concédées *in beneficium*, C. 2973-2974 (1048-1049), 3293, 3712 (1096), 3713, B. 12 (1087). La rente fait place à la notion de service : C. 3556 (1080 env.), *teneat et serviat*. D'ailleurs, de nombreuses précaires étaient, malgré les interdictions formelles, redistribuées par les précaristes à leurs amis sous forme de bénéfices : C. 3278 (1050 env.), M. 26 (1074-1096), 577 (1118), 30 (1060-1108), 562 (1031-1062).

4. Certains historiens du droit considèrent le bénéfice comme une concession à charge de service, qui diffère de la *precaria* en ce que sa durée est illimitée ; ce qui leur permet de passer facilement à la notion de fief-tenure chargée de services militaires, CHÉNON, *Manuel*, I, p. 425. Nous tenons le fief au début du XIe siècle pour un véritable « bienfait », une délégation gracieuse de jouissance, récompense de services personnels faits ou à faire.

5. Fief-viager : C. 3627 (1087), *post mortem G... cui tantum in vita sua concesseram* ; C. 3750 (1100 env.), *ut ipse quam diu vixerit... teneat* ; C. 3278 (1049-1109) ; P. 111 (1050 env.), *ex hoc*

Réalisée dès 1030, l'union du fief et de l'hommage devint rapidement plus intime et bientôt le rapport foncier, qui n'était à l'origine que la conséquence de la fidélité, prit le pas sur le rapport personnel. Cette dernière transformation, la plus importante, s'observe en Mâconnais aux alentours de 1075. La pratique d'autres concessions foncières, précaires classiques et tenures paysannes, entretenait en effet l'idée que pour jouir d'une terre, il fallait payer un loyer : de nombreux fiefs d'ailleurs étaient d'anciennes précaires dont le cens avait été supprimé. On en vint donc tout naturellement à considérer que les services vassaliques, auxquels le dépendant s'était astreint par son hommage, constituaient en fait le loyer de son fief. Ainsi, le rapport entre la commendise et le bénéfice fut inversé : jadis concession gracieuse, libre de redevance, le fief devint une tenure chargée d'un service spécial, le service féodal, et le dévouement de l'homme à son seigneur dépendit de la terre et en suivit les destinées [1]. Après 1075, l'hommage n'est plus la cause mais l'effet de la concession foncière ; on le prête à cause du fief (*pro hoc beneficio*) pour percevoir les profits de tel ou tel fonds [2]. Lorsque le seigneur aliène un fief qui meut de lui, il perd son vassal, qui va porter sa foi et son service à l'acquéreur [3]. Et les rédacteurs des chartes, conscients de cette évolution, emploient depuis 1067 pour désigner le dépendant, de préférence au terme « homme » qui marque l'attache personnelle, le

manso beneficiavit quemdam militem... ea apposita conditione ut, si non ante, saltim in suo fine eundem mansum loco sancti redderet ; M. 471 (997-1015). Très intéressante est la dévolution du fief que Froger de Dommartin tient de Cluny, constitué par d'anciens alleux familiaux donnés au monastère ; il lui a été concédé sa vie durant ; à sa mort, ses fils sont exclus de la succession et les biens remis à son frère, puis, lorsque celui-ci disparaît à son tour, à l'un de leurs cousins, C. 2118 et 2950 (1040 env.) ; DÉLÉAGE est dans l'erreur lorsqu'il déclare que ce fief s'est transmis comme un alleu, *Vie rur.*, p. 616.

1. MITTEIS, *Lehnrecht*, p. 309-312 ; DUMAS, « Fidèles et vassaux », p. 255 ; SCHMITTHENNER, p. 244. Selon F. VERCAUTEREN (IXe *CISH*, II (Actes), Paris, 1951, p. 33), il convient de mettre cette évolution en rapport avec le mouvement démographique : les hommes sont plus nombreux, la fidélité devient moins précieuse que la terre.

2. M. 465 (1018-1030, mais rédigé en 1090 env.), *Gauslenus episcopus dedit ecclesiam de sancto Eptadio Ansedeo in beneficium et suus homo inde effectus est* ; M. 567 (1096-1124), *pro hoc beneficio a canonicis sibi collato L. hominium et fidelitatem juravit* ; M. 597 (fin XIe), *decimam... in feodum accepit et inde decano hominium cum fidelitate fecit.*

3. Transfert des liens personnels en même temps que la terre : C. 3323 (sd), *donavi etiam feudum quod A. miles a me eadem villa habebat... ut servitium quod mihi faciebat loco Cluniacensi faceret* ; P. 86 (fin XIe), *voloque ut prefatus miles Vulferius ex monachis beneficium suum tenens bene deserviat*. Dans la Bourgogne du Nord, fief et vassalité peuvent être cependant disjoints à cette occasion, C. 3531 (1078-1079), le duc Eudes, *si quis suorum hominum de beneficiis que de illo habent vellet dare sancto Petro... ut de fidelitate et servitio suo non substraherent*.

mot « feudataire » (*feodarius, fedalis, beneficiarius*) qui met l'accent sur le rapport foncier[1].

Ce transfert sur le fonds des obligations du vassal modifia notablement le statut du fief :

1. En premier lieu, il affermit singulièrement les droits du feudataire qui, son service accompli, entendit n'être plus troublé dans sa jouissance. En droit, le fief resta bien l'alleu du seigneur, libre de le vendre, de l'engager, de le partager à sa mort entre ses héritiers des deux sexes[2]. Mais cette liberté fut désormais limitée par les droits parallèles du vassal. Tenu de garantir à ce dernier la tranquille possession de sa tenure et de lui prêter aide et conseil si celle-ci était menacée[3], le seigneur dut soumettre tout projet d'aliénation à l'acquiescement de son homme et le dédommager si celui-ci, plutôt que de changer de maître, préférait se dessaisir de son fief[4]. Inversement, puisque le service était maintenant considéré comme attaché à la terre, le fieffé put disposer plus aisément de la tenure, la concéder à son tour à ses dépendants personnels et même l'aliéner : il suffisait que le seigneur acceptât de recevoir dans son hommage le nouveau tenancier et que l'ancien lui offrît une compensation matérielle[5]. La tenure vassalique devint ainsi beaucoup plus mobile et put passer de main en main par les communs accords des participants de cette possession collective[6].

1. *Feodarius, Fedalis, Feodatus, Beneficiarius*, ASL, H. 142, n° 2 (1067), *NSP*, 8 (1080 env.), P. 17 (1100 env.), M. 547 (1106), 556 (1107-1121), 569 (1096-1124), C. 3862 (1107), etc.

2. Aliénations : C. 3767 (1080 env.), 2783 (1023), 2846 (1030), 2996 (1090 env.), 3182 (1030), 3472 (1074), 3627 (1087) ; M. 569 (1096-1124) ; P. 76 (fin XIe), 87 (fin XIe) ; ASL, H. 142, n° 2 (1067). – Partage : Létard de Feugères distribue les fiefs qui meuvent de lui à sa sœur et à ses amis, CL. 10 (1090).

3. M. 569, en dérogation à la coutume, le seigneur promet de ne pas prêter à ses feudataires défendant leur droit sur leur tenure *auxilium seu testimonium* ; cf. DIDIER, *Hainaut*, p. 106.

4. Contestation du feudataire qui n'a pas été consulté avant l'aliénation : C. 2924 (1039) ; P. 35 – 86 – 87 (fin XIe). – Donation du feudataire confirmant la donation du seigneur : C. 2996 (1090 env.), 3073 (1090 env.), 3472 (1074), *consensu et petitione et etiam donatione ejusdem militis qui eam quasi hereditarium fevum tenebat*. – *Laudatio* du feudataire : C. 3182 – 3642 – 3767 ; M. 576. – Le seigneur dédommage les feudataires : C. 2783 ; C. 2846 (1030), le vassal, pour son salut, abandonne le *scamium* auquel il aurait droit ; C. 3577 (1050-1080), le seigneur rachète le droit du feudataire *reddito congruo excambio*.

5. C. 2846, *eodem seniore meo mihi benigne concedente et favente* ; C. 2995 – 3067 – 3252 – 3573 – 3627 ; P. 38 – 45 – 64 – 167. – Dédommagement du seigneur : C. 3862 (1107), *ut ego in bono illo partem bonam habeam* ; P. 154.

6. Quand le fief a été concédé à plusieurs reprises, si l'un des différents possesseurs qui se superposent veut disposer de son droit, il doit s'assurer l'approbation des autres participants, seigneurs ou vassaux : C. 2846 (1030 env.), Étienne Blanc tenait du comte de Mâcon un moulin qu'il concéda à l'un de ses hommes, puis à sa mort il en fit don à Cluny, C. 2577 ; aussitôt s'élevèrent les réclamations du seigneur, le comte, C. 2845, et du feudataire, C. 2099.

2. D'autre part, comme le tenancier paysan, le feudataire eut désormais le moyen de déguerpir à sa guise et de se libérer par cet abandon de ses obligations personnelles ; ainsi, chose toute nouvelle, le dépendant put rompre à son gré l'attache vassalique, ce lien qui jadis unissait toute leur vie le seigneur et son homme. Le vassal, par contre, ne pouvait être expulsé, à moins qu'il ne refusât d'acquitter le loyer de la tenure, c'est-à-dire d'accomplir son service personnel. Sinon, pour récupérer le fief, le seigneur devait racheter, et fort cher, les droits du feudataire [1].

3. Autre conséquence, le fief, comme la tenure paysanne, devint normalement héréditaire. Pour succéder dans la jouissance à son parent défunt, l'héritier devait simplement s'engager à acquitter les charges de la concession, c'est-à-dire, se plier à la formalité de l'hommage. Le resserrement des liens familiaux [2] accentuait depuis quelque temps la tendance à l'hérédité : dans la première moitié du XIe siècle, alors que le fief était encore en droit une tenure viagère, le seigneur devait déjà multiplier les garanties contre les prétentions de la parenté, précautions souvent vaines et qui n'empêchaient pas le feudataire de disposer illégalement de son chasement au moment de sa mort ; le seigneur devait souvent s'incliner, accepter la transformation du fief en tenure transmissible et, pour retenir l'homme dans sa clientèle, lui concéder d'autres bienfaits viagers [3]. Jusqu'au début du XIIe siècle, on rencontre en Mâconnais des concessions limitées à la vie du vassal, mais à partir de 1075, la plupart des fiefs se transmettent de père en fils et le seigneur qui, en 1050, contestait la validité de cette pratique l'admet dès lors parfaitement [1]. Un seul trait distingue la dévolution héréditaire

1. Cluny rachète pour 700 sous la tenure féodale d'Hugues Lébaud, C. 572 et 3067 (1085) ; Saint-Vincent de Mâcon récupère une terre concédée au comte, mais lui accorde en échange des bénéfices spirituels, M. 11 (1067) ; P. 108.

2. Voir *infra*, ch. v, A.

3. Le concesseur exige de ses feudataires la promesse solennelle de rendre la terre après leur mort : C. 2729 (1020) ; C. 3161 (1050 env.) ; abandon d'un héritier qui avait voulu garder le *feudum*, C. 2912 (1036). Illégalité de l'héritage : *licet inrationabiliter suam hereditatem faciens*, C. 2845 (1023). Les moines de Cluny sont obligés d'abandonner à Bernard de la Chapelle *terram quam sanctus Odilo concesserat illi in villa Cassinole, ut eam teneat jure in alodium, et cum ista terram de Monte Dernon in beneficio*, C. 3334 (1060 env.).

4. Fiefs héréditaires : C. 3278 (1060 env.), *ipse autem Aiminus post mortem suam dimisit filio suo Hugoni* ; C. 2124 (1030 env.) ; C. 3062 (1065), C. 3503 (1076), *feudum quem antecessores illius tenuerunt* ; C. 3221 (1080 env.), *fevum quem dedit S. prior patri meo, et pater meus mihi dimisit* ; C. 3472 (1074), *quasi in hereditarium fevum* : M. 563 (1100 env.), *cuidam laico hereditario jure concessit* ; P. 38 (fin XIe). – Mais le seigneur intervient pour investir les hoirs de la tenure : M. 26 (1074-1096), à la mort de Guichard et de ses fils, le seigneur Landry Gros concède le fief au gendre : C. 3400 (1064), *post cujus mortem hoc idem feudum reddidit et concessit dominus Hugo abbas... uxori ac filio*.

des fiefs de celle des alleux : comme les tenures paysannes, ils sont conservés indivis entre les héritiers[1].

4. Enfin, cette conception nouvelle du service vassalique eut pour effet de multiplier les rapports féodaux. Tant que le lien personnel resta au premier plan, l'hommage servit à aménager des relations politiques, à attacher au puissant son adversaire ou son protégé : dans les trois premiers quarts du XIe siècle, l'attache vassalique unit entre eux les grands seigneurs, le comte, les châtelains, les immunistes et leur soumet les petits nobles. Mais quand le fief devint héréditaire et plus facilement aliénable, quand le dévouement personnel parut le service de la tenure, l'usage de la concession féodale et de l'hommage qui en était maintenant la conséquence se vulgarisa. Après 1075, le nombre des seigneurs de fief s'accroît brusquement en Mâconnais, beaucoup sont de condition modeste et l'on voit parfois de grands personnages se commender, pour obtenir la jouissance d'une terre, à des hommes plus faibles qu'eux[2].

L'histoire du fief mâconnais n'a rien, on le voit, d'original. Mais il convenait, pensons-nous, d'en préciser la chronologie et d'en dater les deux étapes principales : 1030, le service vassalique est régulièrement rétribué ; 1075, il devient le loyer de la tenure féodale. Car la transformation des rapports entre la vassalité et le fief modifia profondément la nature de la relation personnelle :

1) d'abord, la durée du lien d'homme à homme cessa d'être exactement limitée à la vie des deux contractants. D'une part, le vassal put, en renonçant à son fief, se détacher plus facilement de son seigneur ; mais surtout, quand il fut reconnu que la concession féodale était héréditaire, les héritiers du feudataire restèrent liés d'ordinaire au seigneur de leur parent ; les clientèles, à la fin du XIe siècle, tendent à réunir pour des générations, non plus des personnes isolées, mais des lignages ;

2) il est certain, par contre, que le sentiment vassalique perdit de sa vigueur lorsqu'il fut subordonné à la concession d'une terre. Le hasard des successions, des donations et des ventes fait entrer dans le vasselage du seigneur des hommes qui lui sont étrangers, sinon antipathiques ; sauf en démembrant son patrimoine

1. M. 556 (1107-1124), tant qu'il est considéré comme un fief le bien est tenu indivis par les trois frères et les survivants recueillent la part du premier défunt ; mais si, par renoncement du seigneur, il perd sa qualité de fief, chaque participant pourra disposer de sa part au moment de sa mort.

2. Chevaliers, seigneurs de fief : Josseran de la Chapelle, C. 3767 (1075 env.) ; Josseran de Fautrières et Seguin Rongefer, P. 167 (1080 env.) ; Damas de Gigny, C. 2994 (1080 env.) ; Ancy d'Oublé, C. 2996 (1080 env.) ; les Bissy et Engilbert de Cortevaix, C. 3640 (1090 env.) ; Humbert de Sailly, C. 3642 (1090 env.) ; Hugues de Vitry, M. 563 (1100 env.) ; Hugues de Thoiriat, M. 569 (1096-1124) ; Aimin de Pizay, M. 575 (1130), etc.

pour distribuer de nouveaux fiefs, il n'a plus le pouvoir de choisir ses fidèles. Et surtout, la mobilité des tenures féodales rassemble souvent entre les mains d'un même possesseur des terres mouvant de seigneurs différents et, pour les conserver, il n'hésite pas à partager sa foi[1] ; ces hommages multiples, ces serments prêtés des lèvres seules à des hommes que l'on connaît mal, attachent certes moins solidement ;

3) mais en revanche, il faut remarquer que le lien féodal renforça dans une certaine mesure l'autorité du patron sur son dépendant. Dès que le fief fut considéré comme le salaire du vassal, il fut admis que le seigneur pouvait le reprendre s'il ne recevait pas les services qui lui étaient dus. Le fait est bien exprimé dans un des premiers contrats de fief et l'un des seuls que nous ayons, car la concession était presque toujours verbale ; « Je te concède pour ta vie les revenus de cette église », dit le chanoine Gondri au prêtre Aimin, « sauf le service que tu me dois et si, à ce propos, tu fais quelque chose contre moi, je les percevrai à ta place »[2]. Comme le tenancier paysan, le feudataire est menacé par la confiscation, la commise ; à cause du fief plus que de l'hommage, le seigneur détient ainsi sur ses hommes un pouvoir judiciaire particulier, d'origine strictement foncière, mais susceptible d'une large extension. En raison de sa tenure qui l'oblige à un certain comportement, le fieffé peut être amené à comparaître devant la cour seigneuriale pour y répondre de ses actes[3]. Et ce fut dans ces assemblées féodales, composées par le groupe des tenanciers de fiefs, que s'élabora la coutume et que se précisèrent les obligations des feudataires.

Malheureusement, les archives ont conservé fort peu de témoignages sur la jurisprudence de ces cours féodales et nous ignorons presque tout des services dus par le vassal en raison de son chasement. Quand par hasard une charte veut décrire l'attachement qui unit l'homme à son seigneur, c'est comme au xe siècle en termes très vagues ; « amitié », « bienveillance » réciproques, on ne précise pas davantage. Il semble cependant que l'obligation principale soit de caractère négatif : s'abstenir de faire tort, personnellement ou par personne interposée[4], et toutes les sentences de commises dont nous avons connaissance ont été rendues contre des vassaux qui avaient porté préjudice au seigneur :

1. C. 2784 (1023), Josseran de Merzé a reçu un alleu de son *senior*, le doyen de Mâcon Gautier, et il tient un fief de Cluny.

2. C. 1326 (972).

3. Jugements de Cluny, devant des assemblées composées des autres feudataires de l'abbaye, de Josseran de Merzé, C. 2784 (1023), de Lambert Deschaux, C. 3400 (1064), de Geoffroy de Saint-Nizier, C. 3503 (1076).

4. « Amitié » et « bienveillance », C. 2905 (1035 env.) ; *dampnum eorum non perquirant nec volentem perquirere recipiant*, C. 2985 (1050 env.).

Josseran de Merzé, vassal des moines de Cluny, a violé en 1023 l'immunité du monastère ; en 1065, Geoffroy de Saint-Nizier, membre de la même clientèle, a usurpé certains droits sur le patrimoine de Saint-Pierre[1]. Quant aux devoirs positifs, ils sont désignés par la formule classique : aide et conseil[2]. Comme jadis, cette assistance revêt un caractère familial : de son seigneur ou de son vassal, l'homme du XIe siècle attend l'appui même que lui prêtent ses parents, qu'il s'agisse de l'accompagner devant les tribunaux d'arbitrage, de témoigner en sa faveur, d'assurer son droit par un serment[3], qu'il s'agisse d'administrer sa seigneurie quand il est empêché de le faire[4]. Notons enfin qu'il existe en Mâconnais comme dans toute la France méridionale des fiefs qui sont chargés à l'instar des tenures paysannes de redevances matérielles : le chevalier Hugues de Pizay doit livrer à Cluny chaque année pour son fief douze deniers, dix setiers de vin, six pains et quatre muids de grain, c'est-à-dire des prestations équivalentes à celles qui sont exigées d'un tenancier paysan ; le sire de Bâgé, fieffé du chapitre, porte tous les ans sur l'autel de Saint-Vincent de Mâcon un plein bouclier de cire[5]. Dans ce cas, les obligations du vassal semblent bien se borner à l'acquittement de ces redevances.

Voilà tout ce que nos sources révèlent des devoirs qui incombent au fidèle. C'est trop peu pour répondre à cette question fondamentale : lorsque, après la

1. C. 2784 – 3503. – Voir aussi les motifs de la commise d'un fief prévôtal : *injustam pervasionem commississe*, C. 3666 (1093) ; *terris quas ultra feodum suum occupaverat*, C. 3685 (1095).

2. C. 2985 (1050 env.), *consilium non denegent et adjutorium impendant* ; C. 3868 (1107), *auxilium et consilium* ; M. 569 (1096-1124), *eis preberet auxilium*.

3. C. 2848 (1023), Josseran de Merzé vient au plaid avec son fidèle Gilbert. – M. 10 (1074-1096) ; Hugues *cum propinquis et amicis et senioribus suis*. – M. 569 (1096-1124), le seigneur témoigne en faveur du vassal. – Pour l'administration du patrimoine, les hommes conseillent le seigneur : M. 456 (1074-1096), C. 3896 (1110-1116).

4. *Miracles de saint Benoît*, VIII, p. 346-347 (fin XIe), le sire de Semur *totum funditus perdidit memoriam. Unde omnis ejus clientela quae in obsequio illius non pauca deserviebat... omnem suam impendebat operam. Quique etiam viri illustres, qui seu affinitate, seu amicitia, seu beneficio sibi adjuncti videbantur, super hoc ipsius infortunio valde afflicti, non minima detinebantur cordis angustia. Communi igitur consilio...*

5. C. 3278 (1030 env.), fief de Hugues de Pizay ; ASL, G. 222, n° 2 (1149), *casamenta pro quibus debebat hominium episcopo et plenum scutum de cera singulis annis in festo sancti Vincentii* ; il s'agit ici vraisemblablement du cens d'une ancienne précaire devenue bénéfice, et non pas d'une de ces taxes de remplacement du service d'armes qui existent dans la France du Nord-Ouest, DILLAY. – En Mâconnais, province méridionale, le langage courant assimile volontiers la censive paysanne au fief : C. 3089 (1040 env.), concession d'un « bénéfice » à un paysan clunisien ; C. 3610 (1085-1087), colonge tenue *jure beneficii* par des pêcheurs du comte ; SM. 47 (1070 env.), un serf chalonnais *cum toto suo fevo*. – Sur les fiefs du Sud-Est chargés de redevances, RICHARDOT, « Franc-Fief », p. 253-255.

défaillance du pouvoir comtal, l'armature politique de l'aristocratie reposa sur les obligations féodo-vassaliques, celles-ci avaient-elles absorbé certains des anciens devoirs publics francs, militaires et judiciaires ? En 1075, pas plus qu'en 980, il n'est jamais parlé d'une aide militaire et le mot *miles*, nous le montrerons plus loin, n'est pas synonyme de vassal. Quant aux obligations judiciaires, elles semblent découler surtout du rapport foncier. Il serait téméraire de tirer argument du silence des textes ; nous pensons cependant que les services féodaux furent en Mâconnais beaucoup moins précis que dans les provinces septentrionales du royaume : au XIe siècle et dans la première moitié du XIIe, jamais à notre connaissance n'y furent rédigés de ces accords qui, comme dans la Bourgogne du Nord de cette époque, établissent avec certitude, quand le vassal prononce le serment de foi, l'étendue de ses devoirs [1]. Toutefois, il paraît bien que la nature des services variait sensiblement selon les circonstances de la commendise et selon les positions respectives du seigneur et du vassal. Pour apprécier la valeur de la relation féodovassalique, il convient donc de l'examiner aux différents niveaux de l'aristocratie, en décrivant le réseau des liens d'homme à homme en Mâconnais à la fin du XIe siècle.

B. LES RELATIONS FÉODALES À LA FIN DU XIe SIÈCLE

Incapable de soumettre les châtelains à son ban, le comte de Mâcon s'efforça du moins d'obtenir leur hommage et leurs services. Mais comme les bénéfices que leurs ancêtres avaient jadis reçus s'étaient allodialisés, il dut leur distribuer de nouveaux fiefs prélevés sur son domaine. Exception cependant, l'honneur vicomtal restait mouvant du *comitatus* ; par lui, le comte conserva dans son vasselage les Blanc, seigneurs de Montmelard, de Matour et de Bois-Sainte-Marie : à la fin du XIIe siècle, le vicomte Artaud tient du comte les coutumes qu'il lève sur la terre de Saint-Pierre de Mâcon ; son frère Hugues qui lui succède

1. En Anjou, BLOCH, *Société*, I, p. 344 ; dans le Maine, LATOUCHE, p. 67, et FLACH, p. 553 ; en Touraine, FLACH, p. 555 ; HASKINS, p. 523. Dans le duché de Bourgogne, limitation et précision du service vassalique, *Chronique de Bèze*, p. 306-308, analysée par DÉLÉAGE, *Vie rur.*, p. 621. – Il semble bien que le Mâconnais soit situé dans une autre province de la géographie féodale, celle où souvent les tenures vassaliques sont déchargées d'obligations positives et garantissent seulement la fidélité du feudataire, qui ne doit pas nuire à son seigneur. Voir à ce propos l'importante étude de RICHARDOT, « Franc-Fief » ; si l'expression *francum feudum* ne se rencontre pas dans nos documents, les fiefs du moins paraissent singulièrement libres. Et notons la remarque de BRUSSEL, *Usage des fiefs*, I, p. 129, qui tient les fiefs du Mâconnais pour des fiefs sans services ; nous sommes enclins à croire pour notre part qu'ils en étaient exempts dans leur majorité dès le XIe siècle.

possède en fief comtal les vigueries du pays de Charlieu et les droits seigneuriaux à Mouhy ; jadis leur oncle Étienne avait reçu du comte Eudes en chasement des moulins à Chevignes[1]. Les autres grands seigneurs furent gagnés par des bienfaits : en 1040, pour obtenir son appui, le comte Geoffroy concéda les condemines de Reneins au châtelain de Montmerle, Robert Enchaîné ; le comte Guy obtint l'amitié du sire d'Uxelles, Josseran Gros, en lui permettant d'acquérir l'*abbatia* de Saint-Laurent-lès-Mâcon ; les châtelains de la Bussière reçurent en fief le mont d'Ajoux, dans le terroir de Brandon ; enfin, les Beaujeu devinrent vassaux du comte pour certaines tenures[2]. Grâce à ces concessions, le comte de Mâcon recevait donc l'hommage, au temps de la première croisade, des châtelains de la région. Toutefois, les fiefs, prix de leur dévouement, étaient de faible valeur : en Mâconnais, le domaine comtal n'était pas assez étendu pour que le comte, sans risquer de s'appauvrir dangereusement, pût se montrer très généreux ; il lui était beaucoup plus facile de chasser ses vassaux sur ses grands alleux forestiers du Jura et ce fut là, parmi les hobereaux du Revermont, qu'il recruta toujours sa meilleure clientèle[3]. Les châtelains du comté de Mâcon furent beaucoup moins solidement tenus que ceux du Charolais où le comte de Chalon disposait, pour solder leur fidélité, de bois immenses dont le défrichement commençait à peine.

De plus, ces grands seigneurs n'étaient pas seulement vassaux du comte ; l'hommage et le fief les liaient encore entre eux et aux principaux sanctuaires. Ces engagements étaient souvent, en l'absence de toute concession foncière, une garantie d'amitié réciproque : Gautier, sire de Berzé, était devenu l'homme de l'abbé de Cluny sans rien recevoir, sans rien non plus promettre de précis, sinon de garder fidèlement la paix qu'il venait de conclure ; on ne voit pas qu'il ait paru à la cour abbatiale, qu'il ait prêté au monastère une aide militaire ; entre les deux puissances voisines et rivales, l'hommage scellait un pacte de sécurité[4]. Souvent aussi le contrat vassalique prolongeait seulement un ancien rapport foncier, quand le châtelain tenait encore d'un établissement ecclésiastique quelque précaire jadis concédée à ses ancêtres et devenue fief. Tels les liens qui unissaient à Saint-Vincent de Mâcon les sires de Bâgé, ceux de la

1. Voir *supra*, n. 6, p. 186.

2. C. 3577 (1040 env.) ; 3475 (1074). – Les Deschaux de la Bussière, C. 4244 (1171). – Selon Aubret, *Histoire des Dombes*, I, p. 273 et 276, les Beaujeu auraient tenu en fief dès le XIe siècle le domaine de Cenves des comtes de Mâcon ; vassaux des comtes, M. 631 (1172).

3. C. 3682 (1107).

4. C. 2985 et 3324 (1050 env.).

Bussière à Cluny[1]. Par l'hommage, l'Église maintenait ses droits sur les portions les plus menacées de son temporel. Enfin, la concession féodale servit à aménager les seigneuries territoriales ; fréquemment les châtelains possédaient des alleux ou des droits dans le district d'une autre forteresse ; pour éviter les discordes, mieux valait en abandonner la jouissance au seigneur concurrent en échange de sa fidélité et de faveurs réciproques. Ainsi, les Bâgé, qui conservaient les pouvoirs de commandement au voisinage de leurs domaines de la montagne mâconnaise, les donnèrent en chasement aux Berzé, leurs cousins, maîtres du château voisin[2].

Par conséquent, dans la haute aristocratie, les rapports féodaux s'entrecroisent ; mais entre ces seigneurs de force égale, ils ne parviennent pas à établir de véritable subordination et à réduire l'indépendance de chaque châtelain. Dans les textes de la fin du XIe siècle, il n'apparaît pas que le comte de Mâcon reçoive de ses grands feudataires ni service d'ost, ni service de cour. Il attend d'eux soit un secours temporaire comme celui que lui fournit Robert de Montmerle, qui l'aide à s'emparer de l'héritage du vicomte Guigue, soit un dévouement partiel comme celui de Josseran Gros, retenu ailleurs par les « bienfaits » beaucoup plus avantageux qu'il a reçus de ses autres seigneurs, le comte de Chalon et l'évêque de Mâcon[3]. Et c'est seulement de loin en loin, à l'occasion d'une solennité exceptionnelle, que l'élite de la société vient encore, par une libre décision, se réunir autour du comte, ressuscitant pour un jour les antiques assemblées de la cité[4]. Le comte de Chalon semble avoir pu soumettre à une plus stricte discipline les châtelains du Charolais qui tiennent de lui de meilleurs fiefs : les Busseuil, les Chigy, les Digoine viennent assez régulièrement lui faire escorte et souscrire ses actes. Mais leur dépendance est encore très lâche : un grand seigneur comme Lébaud de Digoine se préoccupe d'abord de ses intérêts personnels, de ceux de ses hommes et même du service de son autre seigneur,

1. Les précaires des Bâgé au Xe siècle : C. 919 (954-994), M. 265 (971-977), 543 (996), sont l'origine des concessions féodales du XIe, M. 2 (1018-1030), 37 (1060-1108), 548 (1074-1096) et ASL, G. 222, n° 1 (1141). – Les Clunisiens ont confié aux Deschaux de la Bussière en précaire les aumônes de leurs ancêtres autour de Saint-Point, C. 2087 (1030 env.). – Précaire de Saint-Vincent aux sires d'Uxelles, M. 18 (1063-1072).

2. C. 2124 (1030 env.), 3062 (1080 env.).

3. C. 3577 (1040 env.), *ut sibi ad hunc optinendum fortes adquireret adjutores, jam predictas donavit condaminas Roberto Incathenato, qui tunc temporis potens videbatur illis in partibus*. – Les Gros jouissent d'une grosse précaire de Saint-Vincent de Mâcon à Saint-Gengoux-de-Scissé, M. 18 (1063-1072), restituée par M. 26 (1074-1096). Ils ont des fiefs du comte de Chalon, C. 3920 (1115 env.) et F. 111 (1147).

4. Par exemple la réunion de 1096 où Humbert de Beaujeu tient le rôle principal, C. 3726.

l'évêque de Mâcon[1]. L'hommage qui lie les châtelains aux comtes est loin de remplacer l'ancienne fidélité franque ; ce n'est pas un instrument de soumission. Il ne permet pas davantage à un châtelain ou à un établissement immuniste de contrôler les sires voisins : quand Oury de Bâgé a placé ses mains entre celles du nouvel évêque et déposé sur l'autel de Saint-Vincent l'écu de cire qu'il doit pour son chasement, il se tient quitte envers l'Église qui, semble-t-il, n'attend pas de lui d'autres services. Et d'ailleurs, quel moyen le seigneur, qui n'est ni plus puissant ni plus riche que son homme, aurait-il de lui imposer contre son gré des obligations ? Pour ces grands propriétaires fonciers largement pourvus d'alleux, le désir d'acquérir ou de conserver un fief n'est pas assez vif pour les conduire à aliéner vraiment leur liberté. Et, en cas de manquement à la foi jurée, comment contre de tels vassaux procéder à la commise du fief ? Au début du XIIe siècle, le sire de Bâgé refusa à Saint-Vincent l'hommage qu'il lui devait ; l'évêque et le chapitre, incapables de lui confisquer sa tenure, achetèrent pour mille sous et deux marcs d'argent son serment de foi ; c'était payer bien cher un engagement de pure forme, car, quelques années plus tard, le vassal se montrant encore indocile, les seigneurs de l'église de Mâcon durent s'en remettre à l'arbitrage de l'archevêque de Lyon[2]. Dans la couche supérieure de la noblesse, l'homme ne reconnaît donc pas l'autorité judiciaire ni sans doute militaire de son seigneur. À ce niveau, l'hommage et le fief ne sont que des moyens d'aménager et d'assouplir des relations souvent tendues entre des puissances concurrentes et foncièrement étrangères[3].

*

Le lien féodal est plus étroit lorsqu'il attache au comte, à un châtelain ou à une puissance ecclésiastique un membre de la petite aristocratie. Dans ce cas, le seigneur domine d'assez haut son vassal pour exiger des services plus éten-

1. Concessions de fiefs par les comtes de Chalon aux châtelains du Charolais : J. de Digoine, P. 64 (1050 env.), et L. de Digoine, P. 152 et 167 (fin XIe) ; Létaud de Chigny, C. 3340 (1040 env.) et son fils Bernard, sire de Chaumont, P. 87 (fin XIe) ; le prévôt gardien du château de Charolles, P. 45 (fin XIe). – Les châtelains dans la suite comtale : P. 45 – 87, etc. – Lébaud de Digoine auprès de l'évêque de Mâcon, M. 26 (1074-1096), dont il tient un fief près d'Ameugny, C. 3067 (1090 env.).

2. ASL, G. 81, n° 1 (1149), débat devant l'évêque Pons : Renaud de Bâgé reconnaît que ce qu'il possède est un chasement et consent à faire hommage ; mais il faut lui donner mille sous et deux marcs d'argent. En 1161, l'affaire est encore pendante et il faut la soumettre à l'arbitrage de l'archevêque de Lyon, ASL, G. 222, n° 1.

3. L'hommage est un traité de paix. Voir, sur cet emploi du contrat vassalique, LEMARIGNIER, *Hommage en marche*.

dus ; il peut fournir à son homme un appui assez précieux pour que celui-ci ne lui marchande pas son dévouement ; pour le feudataire, dont les alleux sont plus modestes, le fief, même s'il n'est pas de grande valeur, représente un surcroît appréciable de ressources et la crainte de la commise, qu'il ne peut guère esquiver, le maintient dans l'obéissance. Entre les deux degrés de l'aristocratie, les institutions féodales organisent véritablement les rapports politiques ; elles assurent l'encadrement de la petite noblesse.

Dans les dernières années du xe siècle, un certain nombre d'hommes libres de moyenne fortune étaient déjà commendés à un puissant, dont ils attendaient un secours matériel ou spirituel. Après l'an mil, l'affaiblissement de l'autorité comtale et l'évolution de la coutume féodale consolidèrent et étendirent ces clientèles ; bon gré, mal gré, les isolés choisirent un patron ; mais, les motifs de la commendise restant les mêmes, ils portèrent leur hommage au château et au sanctuaire les plus proches. À la fin du xie siècle, tous les chevaliers des villages environnants sont ainsi attachés au maître de la forteresse : Hugues de Germolles, Artaud de la Ferdière, Guy de la Roche sont les vassaux du sire de la Bussière ; Bernard de Mépillat, Bernard de Jayat, Geoffroy de Mizériat, André de Niermont, ceux du sire de Bâgé [1]. Ce sont les *milites castri*, les chevaliers du château [2] ; souvent, tels Létard de Feugères à Beaujeu ou Létaud de Cortambert à Lourdon, ils y possèdent une demeure personnelle où ils logent pendant leur service d'estage [3]. Par le fief, d'autre part, les grandes églises immunistes ont retenu dans leur hommage les descendants des précaristes et gagné des fidélités : les chevaliers de Merzé, de Mailly, de Saint-Nizier, de Bière, de Sologny, de Meulin, dont les alleux confinent aux terres de Saint-Pierre, sont placés de cette manière dans le vasselage de l'abbaye de Cluny [4]. Ces réseaux de dépendances tissés autour des forteresses et des principaux sanctuaires ont un aspect

1. C. 3829 (1105), M. 456 (1074-1096). Dans la clientèle des comtes de Mâcon, on connaît, avec les vicomtes et les châtelains de Montmerle, M. 589 (1096-1124), Robert de Bresse-sur-Grosne, C. 3841 (1100), Humbert Mulion de Crêches, M. 471 (1109), Bernard de Cenves et sa famille, C. 2769 (1022), M. 11 (1067).

2. C. 3822 (1103-1104), Brancion et Sennecey ; C. 3827 (1104), Charolles ; P. 111 (fin xie), Mont-Saint-Vincent ; P. 90 (fin xie), Semur.

3. CL. 10 (1090), Létard de Feugères possède une maison au bourg et une dans le château de Beaujeu ; C. 2195 (1030 env.), saint Odilon concède à Létaud d'Ameugny un cellier dans le château de Lourdon. Cf. Kiener, p. 111.

4. Tiennent des fiefs de l'abbaye les Merzé, C. 2784 (1030), 3161 (1050), 3159 et 3321 (1100) ; J. de Bière, C. 3038 (1080 env.) ; G. de Saint-Nizier, C. 3503 (1076) et sans doute les Mailly, les Cluny, les Sologny, les Meulin, que l'on voit siéger dans les cours féodales autour du prieur, C. 3400 (1064), 3685 (1095 env.). – Les moines ont donc su utiliser les institutions féodales (opinion contraire de de Valou, p. 85).

territorial : ils lient à la puissance locale tous les petits seigneurs qui résident dans le district du château ou dans les interstices du domaine immuniste.

Entre le chevalier et son seigneur, le rapport vassalique est encore, comme au xe siècle, un lien d'amitié réciproque très semblable à celui qui unit les membres d'un même lignage. Le groupe des commendés est une grande famille : voulant désigner, après tous les vassaux, leur commun seigneur, le rédacteur d'une charte ne trouve pas en 1 100 de meilleur terme que *caput mansi*, « chef de mesnie », l'expression même qui s'applique au membre le plus âgé de la communauté familiale [1]. Toutefois, le dévouement privé paraît ici avoir assimilé quelque chose des anciens devoirs publics. Vassaux du châtelain voisin qui dirigeait leur activité militaire, les *milites castri*, les chevaliers du district, furent sans doute amenés tout naturellement après l'an mil à considérer les vieilles obligations de chevauchée et d'estage comme l'un des services de leur fief. Par ailleurs, la juridiction que le seigneur possédait sur les tenures qu'il avait concédées l'autorisait à convoquer ses feudataires à des assises particulières dont la compétence, limitée en droit aux affaires contentieuses, pouvait à l'occasion des cas de commises se développer largement. Nous savons que dans chaque château et auprès de chaque église immuniste avait pris naissance une cour judiciaire qui arbitrait non seulement les différends entre le seigneur et ses hommes, mais aussi les conflits des chevaliers voisins. Les vassaux de la forteresse et du sanctuaire en furent normalement justiciables en raison de leur tenure féodale. On remarquera en particulier que les laïcs qui siègent aux environs de l'an mil à la cour de Cluny sont pour la plupart des précaristes de l'abbaye [2] ; que leurs successeurs du xie siècle tiennent des fiefs de Saint-Pierre [3] ; que les premiers plaideurs sont dans les notices expressément qualifiés de *vassi* [4] ; enfin que certaines sessions de cet organe judiciaire sont incontestablement des cours féodales, telle l'assemblée formée par les chevaliers fieffés du monastère, qui contraint en 1064 Lambert Deschaux à abandonner le bénéfice de son

1. C. 3784 (1100 env.), il s'agit du châtelain d'Uxelles. Sur l'interprétation de cette expression, Flach, II, p. 446-454 et 483.

2. Audin, C. 2549 ; Guibert, C. 2380 ; Grimon, C. 1837 ; Constantin, C. 2422 ; Gilbert et Orné, C. 2296.

3. Geoffroy et Oury de Cluny, les frères de Sologny, Hugues Burdin, Lambert Deschaux, C. 3262 – 3666 – 3685 – 3821 – 3828.

4. C. 1723 (986), 1759 (987-996), 1852 (990), 1885 (990). – Airoard (C. 1759) est précariste, C. 1528 ; J. et L. de Merzé (C. 1821) sont feudataires, C. 2848 ; de même Gilbert et Orné, C. 2296, et le clerc Maïeul, C. 2508 et 941 ; Achard de Merzé, C. 2975 et 3221 ; Hugues de la Bussière, C. 3262 et 3400.

père, ou celle qui huit ans plus tard, composée de la même manière, décide la confiscation du fief de Geoffroy de Saint-Nizier[1].

Au temps de la première croisade, service d'armes et service de plaid paraissent donc, pour le petit vassal, s'ajouter aux obligations de caractère familial. Ces devoirs resserrent le lien féodal, déjà renforcé par des sentiments vifs d'affection et de reconnaissance et par des contacts fréquents, qui unit le chevalier au puissant. Lorsque son droit est menacé le feudataire reçoit l'assistance de son seigneur, qui prend sa cause en main et l'appuie de toute son influence ; en retour, il l'aide de son mieux et non seulement s'interdit de lui faire tort, mais le sert dans ses guerres privées, se fait chaque fois qu'il en est besoin son témoin ou son garant[2] ; c'est une alliance étroite et profitable. Considérons, par exemple, l'attitude de Humbert le Hongre, chevalier du haut Mâconnais dont les alleux s'étendent entre Cortevaix et Chapaize ; il tient un fief des Gros, maîtres du château voisin d'Uxelles, et leur est entièrement dévoué ; il leur prête aide et conseil, souscrit leurs actes, témoigne pour eux en justice et s'astreint pour leur sûreté à demeurer en otage dans leur forteresse ; il leur confie son fils qui les suit à la cour du duc de Bourgogne ; et quand l'un des frères Gros, Josseran, devient moine et chambrier de Cluny, il passe avec lui dans la clientèle du monastère ; tout son comportement, comme celui de ses parents et voisins Artaud de Bussières, Engilbert de Cortevaix ou Élie de Cray, est commandé par le serment de foi qu'il a prêté au châtelain du territoire[3].

Il ne faudrait pourtant pas trop exagérer la rigueur du lien de dépendance. Au XIe siècle, la subordination des petits vassaux reste imparfaite pour deux raisons. La première, c'est la faible valeur du fief. Le Mâconnais, nous le montrerons plus loin[4], est resté un pays d'alleux ; riche de terres libres, le chevalier n'a pas besoin de sa tenure vassalique pour subsister ; son patron n'exerce pas sur lui de réelle contrainte économique. La seconde et la principale raison est

1. De même, les précaristes de Saint-Vincent se présentent devant la cour épiscopale : Maïeul de Vinzelles, M. 30 ; Hugues Burdin, M. 31. – Pour obtenir raison des petits nobles, les églises portent plainte devant la cour du châtelain, leur seigneur, C. 3822 ; P. 166. – Parmi les éléments divers qui se sont combinés pour former la juridiction des sires et des immunistes, il faut faire une place aux relations féodales, DUBY, « Recherches », p. 161, 167, 177.

2. Les vassaux de Rollan Bressan, sire de Berzé, C. 3744 (1100 env.) et de Bernard Gros, sire d'Uxelles, C. 3784 (1100 env.), otages de leur seigneur. – Confirmation de l'acte du seigneur, C. 2869 (1031-1048), 3896 (1110-1116) ; M. 456 (1074-1096). – Conseil au seigneur, C. 3577 (1040 env.).

3. Humbert, fieffé des Gros, C. 3703, souscrit leurs actes, C. 2995 – 3440 – 3574 – 3926 – M. 27, témoigne pour eux, C. 3302, leur otage au château d'Uxelles, C. 3784 – 3896 ; son fils à la cour ducale, C. 3809 (1101) ; client de Cluny, C. 3104.

4. Voir *infra*, ch. VI, A.

la pluralité des hommages. Aux frontières indécises du district militaire ou du territoire immuniste, châtelains et seigneurs d'église se disputent le patronage des chevaliers ; ils leur offrent protection et chasement et, pour les attirer, proposent de meilleurs avantages en échange d'obligations plus légères. Libre de porter sa foi à qui lui plaît, le petit noble choisit évidemment le patron qui aura sur lui moins de prise et, sûr de trouver aisément un protecteur prêt à l'accueillir et à lui concéder une tenure équivalente, il marchande ses services au maître de son fief. En outre, l'hérédité et la mobilité des tenures compliquent les relations personnelles : par les fiefs qu'ils ont hérités de leurs divers ascendants, Geoffroy de Saint-Nizier et Josseran de Bière sont ainsi attachés à la fois au sire de Berzé et à l'abbaye de Cluny ; Humbert le Hongre lui-même, si étroitement lié aux sires d'Uxelles, tient un chasement des Clunisiens et un autre du châtelain de Bourbon-Lancy[1]. À la fin du XIe siècle, il n'existe plus sans doute de chevalier qui ne soit l'homme de différents seigneurs. Participant à plusieurs compagnies vassaliques, protégé par chacun de ses patrons contre tous les autres, le chevalier fieffé est pratiquement libéré de ses obligations militaires et judiciaires les plus strictes ; en fait il est insaisissable. Les devoirs féodaux sont incontestablement plus lourds dans la petite aristocratie que dans la grande ; ils ne parviennent pas cependant à soumettre vraiment le vassal à son seigneur.

*

Depuis 1075, les pratiques féodales s'étant vulgarisées, on voit de simples chevaliers recevoir eux aussi l'hommage de vassaux, qui sont aussi riches et parfois même plus riches qu'eux. Ainsi, deux chevaliers beaujolais, Hugues d'Ardières et Geoffroy de Quincié, tiennent chacun un fief de Létard de Feugères, leur pair[2]. Doit-on penser que la vassalité et le bénéfice établissent des différences entre ces petits nobles, égaux en fortune et en puissance, et placent les uns sous l'autorité des autres ? Faut-il croire que ces hobereaux de villages se sont dépouillés d'une part de leur alleu dans l'espoir de soumettre leurs

1. H. le Hongre tient une terre à Sercy mouvante du sire de Bourbon-Lancy, C. 3642. – Cette surenchère pour obtenir l'hommage des chevaliers ne se produit pas seulement aux frontières de la châtellenie; on voit des sires attirer dans leur clientèle des nobles installés très loin de leurs domaines : le sire de Berzé a concédé une part des dîmes de Berzé-la-Ville aux chevaliers charolais J. et G. de Saint-Aubain, C. 3824 (1104-1105). Le réseau des dépendances est très enchevêtré et ne s'inscrit jamais exactement dans le cadre du sauvement. Dans la vallée de la Grosne les sires de Bourbon-Lancy, parce qu'ils avaient des terres à distribuer, reçoivent l'hommage des chevaliers de Cortevaix, de Sailly, de Bissey, de Vissandon, C. 3640, 3642 (1090 env.).

2. CL. 10 (1090).

voisins à leur juridiction ou d'exiger d'eux des services militaires ? Évidemment non. Les hommages ont suivi le sort des tenures féodales. Certains chevaliers sont devenus seigneurs pour avoir acquis ou hérité des fonds déjà tenus par des vassaux ; d'autres ont utilisé le fief, en raison de sa souplesse, pour régler avec leurs voisins certaines contestations foncières ; parfois aussi, dans le lignage, en concédant en bénéfice à tel neveu ou à tel cousin une portion du bien héréditaire, on a voulu préserver, malgré la division successorale, la prééminence du chef de famille et lui laisser le contrôle du patrimoine ancestral[1]. Mais dans la couche inférieure de la noblesse, la relation féodale est à peu près uniquement de nature foncière ; l'hommage et la foi, de pure forme, sont l'un des rites du contrat foncier : ils garantissent seulement les droits respectifs des deux possesseurs d'une même terre. Comme dans la haute aristocratie, entre des gens de même rang, ils n'engendrent évidemment aucune subordination réelle de la personne.

*

En définitive, les institutions féodales se sont adaptées, sans la modifier sensiblement, à la structure antérieure de la clause supérieure. Prêté entre grands seigneurs ou entre chevaliers, l'hommage est une simple garantie, un engagement à ne pas nuire ; prêté par un petit noble à un puissant, c'est un dévouement véritable, un engagement à servir. La vassalité et le fief, pratiques coutumières nées dans l'usage privé, ont aménagé les rapports qu'imposait déjà l'inégale répartition de la richesse et du pouvoir ; il n'en ont pas créé d'autres. Dans le Mâconnais du XIe siècle, il n'y a pas en particulier de pyramide vassalique, il n'y a pas de système féodal[2]. Le comte, les châtelains, les puissances ecclésiastiques sont autant de « têtes » *(capita)*[3], indépendantes les unes des autres en dépit des liens féodaux qui les relient et centres, chacune, d'une

1. C. 2994 (1080 env.), Olivier de Chassigneules tient un moulin en fief de son oncle ; C. 3627 (1087), Girard Orgeux a concédé un manse à son oncle pour le tenir sa vie durant ; C. 3375 (1061), Constantin fait une donation à Achard de Merzé *seniori et avunculo meo*.

2. Nous ne partageons pas l'opinion de VERRIEST, *Inst. méd.*, I, p. 30, qui, se référant à des textes du bas Moyen Âge, croit à une organisation hiérarchisée des services militaires dans le cadre du comté.

3. *Caput et dominus, de cujus capite erat*. – Seuls ces « chefs » accordent aux établissements ecclésiastiques une autorisation générale d'acquérir à l'avenir des fiefs de leurs vassaux. – Le comte de Mâcon, C. 2979 – 3862 – 3867 – *NSP*, 8 ; le vicomte de Mâcon, ASL, H. 142, n° 2. L'évêque de Mâcon, C. 3067 ; l'évêque d'Autun, C. 2994. Les sires de Beaujeu, M. 21, B. 8, C. 3577 ; de Montmerle, C. 3703 ; de Bourbon-Lancy, C. 3640 ; d'Uxelles et Brancion, C. 3759.

clientèle de chevaliers. Recrutées dans le district du château ou au voisinage de l'immunité, ces compagnies vassaliques ont une allure territoriale, mais leurs frontières ne sont pas nettes : la pluralité des hommages les fait se compénétrer et leur contour varie constamment avec les héritages et les ventes de fief. Malgré leur puissance et le pouvoir qu'ils ont de confisquer la tenure du vassal infidèle, les seigneurs ont peu de prise sur leurs hommes, ces alleutiers qui ont d'autres ressources, d'autres patrons et partant d'autres refuges. Au XIe siècle, après le fléchissement de l'autorité comtale, l'aristocratie, qui n'est plus encadrée que par les institutions féodales, se trouve en fait libérée de toute véritable contrainte ; les plus puissants jouissent d'une complète indépendance ; retenus davantage par le service de leur fief, les petits nobles sont pourtant très libres d'allure : à vrai dire, s'ils commettent un méfait, il n'y a pas de tribunal précis pour les juger, ni de puissance pour les punir. Pour la classe supérieure, la féodalité, c'est un pas vers l'anarchie.

C. LE MAINTIEN DE LA PAIX DANS L'ARISTOCRATIE

Anarchie ? il faut s'entendre. Certes, les documents ne manquent pas qui décrivent avec complaisance les excès des chevaliers et l'on ne saurait nier sans paradoxe que le XIe siècle n'ait connu plus que d'autres les violences et les usurpations. Remarquons cependant que nos sources, par leur nature, faussent notre vision. Les clercs qui rédigèrent chroniques et notices avaient une tendance professionnelle au pessimisme et noircissaient volontiers les méfaits de leurs adversaires laïcs. Il est certain que la société n'aurait pu subsister si les personnes et les biens n'avaient joui de quelque sécurité, si un peu d'ordre et de paix n'avait régné dans la classe dominante. Mais, et c'est le caractère des temps nouveaux, cet ordre et cette paix ne sont plus imposés du dehors à l'aristocratie par une autorité supérieure investie d'un pouvoir de contrainte ; ils reposent sur des engagements volontaires conclus de personne à personne ou de groupe à groupe. Seules, des considérations morales contiennent la turbulence des riches : la foi et le serment sont les soutiens de la paix.

*

La morale chrétienne était, ne l'oublions pas, le premier obstacle au désordre. Certes, on s'aventure sur un terrain singulièrement incertain lorsqu'on tente de pénétrer le sentiment religieux des laïcs au XIe siècle et il n'est guère possible de mesurer l'influence que leurs croyances pouvaient exercer sur leur comportement. On peut à la rigueur se faire quelque idée du climat spirituel qui régnait à l'intérieur des cloîtres et particulièrement au monastère de Cluny. Mais quel pouvait être le rayonnement de ces foyers de haute ferveur, puisque les moines abandonnaient le service de leurs paroisses et les besognes d'enseignement à des clercs séculiers [1] ? Du sentiment de ces derniers, certainement beaucoup plus divers, nous ne savons rien, sinon que les conciles locaux devaient en l'an mil interdire au clergé des campagnes les pratiques magiques et la divination [2]. D'ailleurs, ce que l'on entrevoit de la religion des clercs dans ses manifestations les plus épurées, à travers la liturgie, les écrits des moralistes clunisiens et les thèmes iconographiques de la primitive sculpture bourguignonne, donne à penser que le christianisme du XIe siècle s'accommodait d'une morale très fruste. Il ne paraît pas qu'il ait beaucoup exalté les vertus de douceur, d'humilité, de charité. Le Christ des tympans et des sermonnaires n'est pas le Dieu souffrant et compatissant aux misères des humbles, mais le maître glorieux, siégeant en majesté et distribuant impassible châtiments et récompenses. C'est le Seigneur. Un seigneur justicier, auquel le chrétien doit se « commender » pour lutter avec son aide contre les machinations du malin, de l'*inimicus veritatis* [3].

Selon toute vraisemblance, la religion des laïcs, mal informés, mal encadrés encore par l'institution paroissiale, restait pénétrée de formalisme et de superstition. Échapper à la damnation était bien le principal souci des fidèles et toutes les consciences étaient hantées par l'image du jugement, de cette grande balance, sculptée au portail des églises, où seraient pesées les œuvres de chacun, bonnes et mauvaises. Mais pour obtenir une sentence favorable, point n'était besoin de contenir toute sa vie les impulsions de la chair, puisqu'il suffisait au bon moment de racheter d'un seul coup les fautes accumulées, par un geste rituel ou une aumône appropriée. Au plaid de Dieu comme au plaid seigneurial, on ne scrutait guère les consciences ; la procédure était formaliste ; on « composait » avec Dieu comme avec ceux qu'on lésait sur terre ; l'important était de compter des amis parmi les saints, assesseurs du grand Juge, et l'on pouvait aisément gagner leur bienveillance en donnant un peu de son bien à leurs

1. LECLERC, p. 102.

2. Concile d'Anse, C. 2255 (994), *incantationes neque anguria nec divinationes faciant nec credant*.

3. Témoignages de l'iconographie, qui datent tout au plus des premières années du XIIe siècle ; Christ en majesté des fresques de Berzé-la-Ville et du tympan de Cluny ; jugement dernier de Saint-Vincent de Mâcon et de Saint-Lazare d'Autun. – Au milieu du XIIe siècle encore, la contemplation de Pierre le Vénérable est centrée sur le Christ en gloire, LECLERC, p. 325 sq. – L'âme du chrétien est aux prises avec le démon, qui la dispute à Dieu ; sur ce manichéisme latent et l'obsession du diable, voir les chapiteaux de Gourdon et d'Autun, les récits de Raoul GLABER et ceux de PIERRE LE VÉNÉRABLE dans son livre *Des Merveilles*.

serviteurs d'ici-bas. Aussi, malgré les réels progrès marqués au XIe siècle par la pensée théologique sur le chapitre de la pénitence [1], le rachat des péchés resta-t-il pour les laïcs une transaction individuelle, d'allure commerciale et soumise à des tarifs précis.

Cette conception limitait considérablement l'influence du sentiment religieux sur le comportement des chevaliers, mais enfin, elle n'était pas sans effets. Les malédictions, l'anathème étaient contre eux de bonnes armes ; les hommes vieux – et l'on vieillissait vite –, les hommes menacés – et qui ne l'était pas parmi des guerriers de profession ? – s'abstenaient certainement de trop nuire à leur prochain ou du moins s'employaient à réparer au plus vite les dommages causés dans un moment d'emportement [2]. Et quand, dans le cours du XIe siècle, au moment même où se resserraient les liens familiaux, l'idée se répandit que le salut d'un défunt pouvait être gagné par ses parents restés dans ce monde, que le bénéfice des bonnes œuvres pouvait être attribué au lignager trépassé [3], ces réparations devinrent plus fréquentes et plus durables. Si la morale chrétienne ne paraît pas à elle seule avoir refréné beaucoup la turbulence chevaleresque, elle contribua cependant à en atténuer sensiblement les conséquences [4].

*

Plus efficace fut l'effort de l'Église pour restaurer sous sa direction les institutions de paix que la chute du pouvoir comtal avait fait disparaître. Les clercs voulurent former une nouvelle communauté pacifique, plus étendue que l'ancienne puisque, s'identifiant avec la communauté chrétienne, elle englobait aussi les serfs. Leur tentative fut raisonnablement limitée : aux petites gens, le respect de l'ordre pouvait être imposé par la force et l'on sait qu'ils furent soumis à une justice répressive beaucoup plus stricte [5] ; mais les ecclésiastiques ne prétendirent pas interdire aux chevaliers toute violence ; ils s'employèrent seulement à protéger par une paix spéciale, la paix de Dieu, certains lieux et certaines personnes, à établir la trêve pendant certaines périodes. Nous savons

1. LE BRAS, *Introduction*, I, p. 33.

2. C. 310 (déb. XIe), 1931 (993), 2464 (997), 3125 (déb. XIe).

3. Au Xe siècle, le salut est une œuvre personnelle ; on doit le préparer *quamdiu in salo presentis vite agonizat*, C. 2464 (998) ; au XIe siècle, l'idée se fortifie que les vivants peuvent coopérer au salut des morts dont les âmes en peine ne se gênent pas pour venir leur remémorer leur devoir, PET. VEN., *Mirac.*, I, 26 (*PL*, 898-900), I, 11 (874-876), I, 27 (900-903).

4. ROUSSET, *Justice immanente*, montre que le chevalier faisait quelque effort pour échapper à la vengeance divine en conformant sa conduite à la morale chrétienne.

5. Voir *supra*, p. 168-169.

que des juridictions nouvelles furent instituées pour faire respecter ces prescriptions ; elles disposaient d'un puissant moyen de contrainte, l'excommunication, qui, les mettant au ban de la communauté chrétienne, plaçait hors la loi divine les violateurs de la paix ; elles manquaient cependant d'armes matérielles. Aussi, les promoteurs de la paix de Dieu rassemblèrent-ils dans des réunions régionales les membres de l'aristocratie laïque pour obtenir leur engagement personnel de se soumettre à la discipline commune. C'était se fonder habilement sur les sentiments les plus puissants qui animaient la classe supérieure : le respect de la foi jurée, le contrôle mutuel de tous les participants d'un pacte collectif.

On a conservé le texte malheureusement très mutilé du serment que prêtèrent en 1016 les assistants du concile de Verdun-sur-le-Doubs[1]. Chacun d'eux promit, sa vie durant :

1) de ne violer en aucun cas la paix des sanctuaires ;

2) de ne jamais pénétrer de force dans l'*atrium* des églises, sauf pour y saisir les violateurs de la paix de Dieu ;

3) de ne pas attaquer les clercs, les moines et leurs gens quand ils seraient sans armes ;

4) de ne pas s'emparer de leurs biens, sauf pour se dédommager d'un tort subi.

Chacun s'engagea également pour une durée de sept ans :

1) à ne pas participer pendant certaines périodes à des expéditions militaires, sauf à l'ost du roi, des prélats et des comtes ;

2) à s'abstenir durant ces chevauchées autorisées de piller et de briser la paix des églises ;

3) à ne pas attaquer les chevaliers désarmés pendant le Carême.

Celui qui violerait son serment devrait dans la quinzaine se placer en otage dans une cité épiscopale et n'en pas sortir avant d'être absous de sa faute. À l'assemblée d'Anse de 1025, les seigneurs laïcs prononcèrent des serments analogues, s'astreignant de surcroît à ne pas détruire les vignes et les moulins et à laisser en paix les paysans désarmés[2].

De tels engagements n'offraient évidemment pas une garantie parfaite et l'on vit bien des crimes commis aux portes mêmes des sanctuaires[3]. Mais il est indéniable que les serments de paix limitèrent les violences. En tout cas, ils

1. Ce texte, tiré des archives de Saint-Bénigne de Dijon, a été transmis par CHIFFLET, dans sa *lettre touchant Béatrice, comtesse de Chalon*, Dijon, 1656, p. 187 ; il est cité par POUPARDIN, *Bourgogne*, p. 305, n. 2.

2. MANTEYER, *l.c.*, étudie le serment prêté par Humbert aux Blanches-Mains, comte de Savoie, vraisemblablement à Anse en 1023.

3. C. 2784 (1023).

eurent un résultat durable en instituant des lieux d'asile, les sauvetés (*salvamenta*). Dans ces territoires privilégiés qui entouraient les bâtiments ecclésiastiques (*atria, cimiteria*), les pauvres gens vinrent se réfugier et, construisant des maisons, s'y installèrent définitivement ; ce fut l'origine d'une concentration de l'habitat paysan dans celui des hameaux de la paroisse où se trouvait l'église [1]. À la fin du XIe siècle, des privilèges pontificaux renforceront certaines de ces sauvegardes et en fixeront les bornes. Telle cette bulle d'Urbain II qui, en 1095, délimite soigneusement le « ban de Cluny », le territoire voisin de l'abbaye où nul, sous peine d'excommunication, ne doit user de la force et, en particulier, commettre d'homicide et de mutilation [2]. À la même époque, des prescriptions semblables seront édictées en faveur de Saint-Vincent et de Saint-Pierre de Mâcon et du monastère de Tournus [3].

*

Hors de ces îlots de paix et dans l'intervalle des trêves, la sécurité des personnes et des biens dans l'aristocratie était encore maintenue par d'autres serments de paix et d'autres accords mutuels.

Au XIe siècle, lorsqu'un chevalier subit un dommage, son premier geste est de tirer vengeance (*vindicta*) de son agresseur ; contre lui, il conduit la faide jusqu'à ce que le préjudice soit réparé. Contre Cluny, Bernard Benoît et ses fils mènent la guerre (*vuerra*) ; l'évêque de Mâcon est contraint par les lignagers d'un homme, mort par sa faute, de donner une terre, prix du sang versé [4].

1. Ces *cimiteria* entourent des églises paroissiales, P. 22 – 17 – 167 ; mais quand le sanctuaire est aux mains d'un laïc, le cimetière lui appartient aussi, P. 18 – 19 – 21 – 22 – 25 – 132 – 150 – 162 – 167. Cf. TIMBAL, p. 170. – Sur le sens du mot, MUSSET, « *Cimiterium ad refugium tantum vivorum non ad sepulturam mortuorum* », dans *RMAL*, 1948, p. 56-60.

2. *Bull. Clun.*, XXV, *huic loco... quosdam certos limites immunitatis et securitatis circumcirca undique assignare... infra quos terminos nullus homo, cujuscumque conditionis ac potestatis, umquam invasionem aliquam grandam vel parvam, aut incendium aut predam aut rapinam facere aut hominem rapere, vel per iram ferire, aut, quod multo gravius est, homicidium perpetrare vel truncationem membrorum hominis ullatenus audeat.* L'excommunication est de rigueur contre le violateur, mais *excommunicatus pro banno fracto ubi emendationem congruam faceret absolvatur.*

3. M. 514 (1096), T. 148 (1120) et 149 ; un faux diplôme en faveur de Saint-Marcel-lès-Chalon, rédigé vers le milieu du XIe siècle accorde le droit d'asile dans un rayon de deux mille pas. – FLACH, I, p. 180 ; TIMBAL, p. 154. – Après la fondation de l'abbaye de La Ferté, les évêques instituent autour du monastère une zone limitée par des croix et protégée par un « ban » particulier, F.I (1113).

4. C. 3868 (1107) – C. 2946 (1010 env.), *loco emendationis pro suo parente B. nomine quem interfecerat.* – Girbert et son fils promettent de ne causer dommage à personne à cause du meurtre d'un de leurs parents, C. 2889 (1032-1048). – S'il est lésé par un homme de Cluny, le sire de

Souvent, toutefois, la victime, soit qu'elle ait peu d'espoir d'obtenir satisfaction par ses seules forces, soit qu'elle répugne à s'engager dans une action longue et coûteuse, préfère l'accord. Ne pouvant comme jadis porter plainte contre l'agresseur devant un tribunal régulier, elle s'efforce de faire arbitrer sa querelle devant les cours qui réunissent les chevaliers fieffés autour du comte, des châtelains et des hauts dignitaires de l'Église. Il est normal de recourir à l'évêque, gardien de la paix de Dieu, ou à l'un des seigneurs féodaux de l'adversaire. Mais d'abord, il n'est pas toujours facile d'intéresser à sa cause l'un de ces grands personnages, peu soucieux de se mêler d'une affaire sans profit ; d'autre part, aucun seigneur justicier ne peut obliger le coupable à accepter la décision de son plaid. Aussi faut-il avant tout que les deux parties décident ensemble de se présenter devant telle ou telle assemblée et de se soumettre à son arbitrage. Cette entente préalable est difficile. Cependant parents et amis des adversaires s'entremettent pour la réaliser : les querelleurs les plus intraitables sont finalement obligés par la pression de leur entourage de faire juger leur cause.

Que l'on ait choisi de s'en remettre à la sentence d'une cour déjà constituée ou de réunir pour la circonstance une assemblée spéciale de conciliation, ce sont encore les amis et les proches des opposants qui viennent en nombre égal former le tribunal. Le plaignant doit alors faire la preuve du préjudice qu'il a subi, soit en produisant des actes écrits, soit, plus souvent, en présentant des garants qui, par leur serment, affirment son bon droit. L'issue du procès dépend d'un témoignage verbal ; les droits de chaque noble sont donc en dépôt dans le groupe de ses voisins, de ses obligés, de ses lignagers, et protégés par leur bonne foi. Enfin, quand les arbitres ont prononcé la sentence, reste encore à la faire appliquer. On ne peut compter sur les membres de la cour qui promettent seulement leur appui contre le condamné, mais qui n'ont sur lui aucun pouvoir de contrainte. Aussi, la seule manière d'éteindre définitivement le litige est-elle de satisfaire à la fois les deux parties : la plupart des procès se terminent par un partage de l'objet contesté et par des compensations réciproques ; parfois, la paix n'est rétablie que pour un temps limité : devant une assemblée présidée par le comte de Chalon, le chevalier Boniface s'engage à ne rien ravir pendant trois ans aux moines de Saint-Marcel[1].

Lente, incommode, coûteuse, car il faut distribuer des pourboires aux

Berzé promet de ne pas se venger tout de suite, *nullam vindictam accipiat quousque se per spatium. XL. dierum proclamet*, C. 3324 (1050 env.).

1. SM. 107 (1093), *non capiam in eo quicquam per violentiam per tres annos... et de tribus annis in antea scienter rapinam non faciam, neque ego neque aliquis de meis meo consensu, et si factum est reddam caput et legem et de hoc facio donum super altare sancti Marcelli* ; il fait aumône de son droit de vengeance.

arbitres, aux intermédiaires, aux témoins, et finalement inefficace puisqu'elle ne rétablit pas la victime dans tout son droit, la procédure d'arbitrage se révèle un moyen détestable. Pour éviter d'y recourir, on multiplie lors de chaque transaction les garanties préalables contre les chicanes. Toutes reposent sur des engagements personnels, sur la foi jurée, la solidarité du groupe et la crainte de la colère divine, et tissent entre les contractants et alentour un épais réseau de protection. C'est d'abord le serment mutuel de paix, renforcé parfois par le rite de l'hommage, qui scelle l'entente la plus étroite ; ce sont ensuite les menaces de malédiction dirigées contre le violateur éventuel de l'accord ; enfin d'autres hommes, parents, alliés, vassaux ou seigneurs de chaque partie, sont conviés à participer à la convention et à s'en faire, sur leur foi, solidaires. *Fidejussores*, responsables du paiement de l'amende si la paix est brisée, puis, dans les dernières années du XIe siècle, obligés de se remettre en otage jusqu'au rétablissement de l'entente, ils sont là pour donner des conseils salutaires à celui qui serait tenté d'oublier ses engagements et pour, le cas échéant, le contraindre par la force à les respecter[1].

*

Ainsi, après l'an mil, quand, par la carence du comte, les juridictions sont devenues à la fois plus nombreuses et moins capables de punir, l'aristocratie ne connaît d'autres contraintes que des pressions morales, et l'ordre dans les hautes classes de la société laïque est maintenu avant tout par la foi. Fidélité à l'enseignement chrétien, avivée par la crainte de la vengeance divine, fidélité au sentiment familial qui oblige à aider les parents vivants et à les détourner des fautes, à réparer celles des parents morts, fidélité enfin aux multiples engagements, serment vassalique, serment de paix, serment de garantie ou d'otage, que le chevalier est appelé à contracter en une foule de circonstances. Certes, tous ces liens sont lâches, mais ils se complètent les uns les autres et prennent le noble dans un tissu si serré qu'il est en fait attaché à tous ceux qui l'entourent et qu'il aurait l'occasion de léser. Le souci d'éviter la réprobation des ministres de Dieu, de son lignage, de ses voisins, de ses seigneurs et de ses hommes le force à se tenir tranquille. Violent, agité, le monde seigneurial n'est pas anarchique. On ne voit pas dans nos sources que les meurtres aient été si fré-

1. Sur la procédure d'arbitrage et les garanties des accords, DUBY, « Recherches » II, p. 25-33 [ci-dessous p. 1400-1406] et références ; BONGERT, p. 163-248.

quents[1]. Quant aux usurpations, aux vols, aux rapines, objets de la lamentation des clercs, ils étaient certainement nombreux en un temps où l'homme savait mal résister à ses convoitises ; mais il faut bien convenir que ces dommages étaient d'ordinaire réparés. Les titres des cartulaires montrent que les églises mâconnaises sont toutes fréquemment parvenues à obtenir, soit par des cadeaux, soit par des menaces, la restitution des droits qui leur avaient été enlevés par la violence. Ce qui caractérise le chevalier du XIe siècle, c'est bien d'abord son indépendance à l'égard des pouvoirs de contrainte, mais c'est aussi sa morale, ce code de la foi qui est pour lui la forme du contrat social.

1. C. 2784 (1023), 2889 (1032-1048), 2946 (1010 env.), 3125 (1020 env.), 2937 (1040), 588 (XIe) ; B. 13 (1090), 24 (1090) ; P. 17 (fin XIe). Il est vrai que nos documents ne sont pas faits pour relater de telles actions ; encore que les actes de donation à cause de mort mentionnent assez souvent les circonstances du décès lorsque celles-ci sont exceptionnelles, C. 3435 (1080 env.).

CHAPITRE III

LE POUVOIR SUR LES PAYSANS
L'INSTALLATION DE LA SEIGNEURIE BANALE

À l'orée du XIe siècle, les transformations politiques qui amélioraient le sort des francs de la classe supérieure accentuèrent au contraire la sujétion des paysans libres. En 980, ceux-ci étaient déjà défavorisés. Après l'an mil, l'aggravation du droit pénal dans le cadre de la paix de Dieu, la transformation des assemblées vicariales en cours privées présidées par un serviteur du châtelain ou de l'immuniste ont rapproché leur condition de celle des serfs. Confondus avec les non-libres, jugés par les mêmes tribunaux, supportant des charges de même nature, les francs pauvres devinrent les sujets d'une seigneurie.

Seigneurie d'un nouveau genre en vérité et qui ne se confond pas avec la seigneurie foncière. Comme celle-ci sans doute, le pouvoir seigneurial est d'allure patrimoniale, il se transmet par héritage, il arrive qu'il soit démembré par les divisions successorales et les aliénations [1] ; c'est une richesse qui, dans l'esprit de son possesseur, est avant tout l'occasion de perceptions lucratives ; fréquemment, enfin, il pèse sur les tenanciers du seigneur et les taxes qu'exige celui-ci se mêlent aux redevances foncières jusqu'à n'en être plus distinguées. Mais ce droit d'imposer n'a pas pour fondement la possession éminente de la terre et s'étend hors du patrimoine foncier sur des alleutiers ou sur les tenanciers d'autres domaines. Ne sont maîtres du sol ni le comte de Mâcon, qui exige un service d'un *famulus* de Cluny, ni le châtelain d'Uxelles, qui tient sous sa domi-

1. C. 2493 (1000 env.), J. Gros donne à Cluny des droits seigneuriaux *quas mihi parentes mei dimiserunt*.

nation un tenancier des moines[1]. Ils sont seigneurs des hommes. Alors que la seigneurie foncière est une association économique entre le possesseur d'un fonds et celui qui le cultive, la seigneurie nouvelle est une communauté de paix ; le chef défend le groupe contre les attaques extérieures et maintient l'ordre dans son sein ; les prestations qu'il exige sont le prix de la sécurité qu'il procure ; elles sont dues par les protégés ; c'est en somme l'image, à une échelle réduite et dans l'usage privé, de l'ancienne communauté franque. Il convient donc de distinguer ces deux formes d'exploitation seigneuriale, comme le faisaient les contemporains qui cherchèrent des termes particuliers pour désigner la seigneurie nouvelle. Comme elle repose sur le droit de commander, d'édicter des règlements et de punir les contrevenants, c'est-à-dire sur le droit de ban, nous proposons d'appeler seigneurie banale l'autorité du maître sur ses hommes et les profits qu'il en retire[2].

Chaque seigneurie banale est faite d'éléments divers. Ainsi le châtelain d'Uxelles, Josseran Gros, détient en l'an mil sur les paysans des bords de la Grosne, d'une part des droits de viguerie, qui sont un héritage des fonctions publiques qu'exerçaient ses ancêtres, d'autre part des « franchises et commendises », c'est-à-dire un pouvoir de protection et d'exploitation sur la personne et les biens d'hommes libres entrés en dépendance héréditaire par un engagement privé[3] ; ailleurs, le sire de Berzé juge et punit certains hommes à cause de leur personne, d'autres à cause de leur avoir[4]. De plus les contours de ces dominations complexes se sont fixés très lentement au cours du XIe siècle. Efforçons-nous, autant que nos sources le permettent[5], de reconnaître les origines de la seigneurie banale et de suivre les étapes de sa formation.

1. S. 92 (1075 env.), *Johannes de Blaniaco adiit comitem Vuidonem et petiit ab eo ut donaret ecclesie sancti Petri captiones quas in manso suo homines ejus faciebant, licet mansus esset alodium Duranni.* – C. 184 (990). – C. 3920 (1115), B. Gros lève une coutume sur un homme *quia homo ille est de dominio ejus, ab antecessoribus suis habet in eo captionem*, bien qu'il soit installé sur la terre de Cluny.

2. Génicot propose de l'appeler seigneurie hautaine ; mais le terme de « hauteur » en usage au pays de Namur n'est pas employé en Mâconnais. C.-E. Perrin oppose droits domaniaux et droits seigneuriaux ; mais le « domaine » au sens strict est la réserve, et non pas toute la seigneurie foncière.

3. C. 2493, *vicarias, franchisias et commandicias et omnes consuetudines*.

4. C. 3744 (1100), *aut per suum corpus aut per suum habere*.

5. Les seuls documents qui nous renseignent à cette époque sur les droits banaux sont les accords conclus entre les seigneuries d'églises, immunistes, et les laïcs, pour libérer le patrimoine des saints des coutumes étrangères. Nous sommes encore réduits à ne voir la seigneurie banale que par les yeux des clercs ; d'où un effort de transposition qui oblige bien souvent à recourir à l'hypothèse.

A. LES ORIGINES DE LA SEIGNEURIE BANALE

Un même terme, dont l'usage se répand brusquement aux alentours de l'an mil[1], le mot « coutume » (*consuetudo*), désigne l'exercice du pouvoir et ses profits ; il s'applique indifféremment à des droits qui procèdent manifestement des prérogatives royales et à d'autres qui, comme les taxes perçues par le propriétaire du bois sur les usagers, sont d'origine purement privée[2]. L'adoption unanime de ce vocable aux approches du XIe siècle prouve que, dès lors, les pouvoirs d'essence régalienne ne se fondent plus sur une délégation expresse de la souveraineté, mais sur l'habitude et sur le témoignage de la mémoire collective ; elle prouve aussi que la puissance publique et la puissance privée sont absolument confondues.

Il importe cependant de distinguer les divers fondements du pouvoir seigneurial. De tous, la possession d'une forteresse est incontestablement le plus solide. Les seigneuries banales dont l'existence est attestée par les documents les plus anciens et celles qui resteront les mieux assises et les plus étendues ont toutes un château fort pour point d'appui. Hormis le château de Chaumont, élevé par Bernard de Chigy au milieu des grands bois charolais et peut-être avec l'assentiment du comte de Chalon, on ne construira pas de forteresse nouvelle dans notre région avant le milieu du XIIe siècle[3]. Les premiers et les plus hauts seigneurs, ceux qui jusqu'en 1100 sont seuls décorés officiellement du titre de

1. Voir l'importante note de LEMARIGNIER, « Dislocation » ; en Mâconnais une seule mention du mot *consuetudo* antérieure à la période qui entoure l'an mil, M. 496 (930) : le comte de Mâcon, Aubry, demande que soient conservées à son fils Létaud *omnes consuetudines quas cernebatur habere in potestate Cosconaci*.

2. Coutumes d'origine régalienne levées par les comtes, C. 2297 (994-1015), 2852 (1031), 2933, 2979 (1049), ou par un châtelain, C. 517 (1000 env.), 2406, 2552 (1002), 2493 (999-1027), 2881 (1031-1060), 3012, 3066, 2777 (1023), 2907 (1035), 2988 ; M. 198 (1022). – Coutumes d'origine privée perçues par de simples chevaliers pour droit d'usage, C. 343, 2057, 2808 (1028), 2945, 3011 ; pour l'abandon d'une terre, C. 2065, *terra cum consuetudine* ; 3116, un manse *cum convicinalibus et ceteris consuetudinibus* ; 3065 (droit levé par le fils sur l'aumône de son père).

3. Le concile d'Anse interdit de construire des châteaux privés, C. 2255 (994) ; prescriptions analogues dans un diplôme du roi Robert en faveur de Cluny, C. 2800 (1027). – Les puissances pacifiques redoutaient donc l'érection de forteresses « adultérines » ; en fait, l'entreprise était hasardeuse, AUBENAS, « Château ». Un seul château est sûrement construit à la fin du XIe siècle, celui de Chaumont, élevé par Bernard de Chigy, au milieu des bois dans un secteur mal surveillé, P. 87. Un doute subsiste pour Sennecey. Selon PET. VEN., *Mirac.*, *PL*, 974-976, le château d'Uxelles aurait été fondé par Bernard Gros vers 1040 ; mais nous tenons cette opinion pour légendaire et pensons que le site d'Uxelles était beaucoup plus anciennement fortifié. Les autres forteresses mâconnaises de 1100 datent toutes du haut Moyen Âge, DÉLÉAGE, « Forteresses » et « Origines ».

dominus dans les chartes et les notices[1], sont donc, avec les abbés de Cluny et de Tournus, maîtres du château voisin de leur monastère, les comtes et les héritiers de leurs anciens délégués militaires. Leur pouvoir est directement issu du ban royal.

Comme le ban royal, la puissance qui émane de la forteresse est, c'est ce qui la caractérise, de nature territoriale ; elle s'étend sur les *agri* voisins, dans l'ancien « district » aux limites précises[2] ; les textes appellent cette circonscription soit *bannus*, parce qu'elle est le cadre du pouvoir de commandement, soit *salvamentum*, parce qu'elle est placée sous la sauvegarde du châtelain[3].

Dans ce territoire, ce dernier dispose d'abord du pouvoir des fonctionnaires de l'État franc, ses prédécesseurs. Chargé de maintenir la paix, il organise la défense avec le concours des paysans du sauvement ; il fait la police des champs et des vignes, des marchés et des routes. Ces fonctions l'autorisent à lever diverses exactions : il exige les corvées pour l'entretien des fortifications, des fournitures de vivres pour la garnison du château et, en particulier, d'avoine pour les chevaux, instruments essentiels du combat[4] ; la taxe de maréchaussée (*marescalcia*) solde la protection qu'il assure aux moissons et aux vendanges[5] ; il perçoit aussi des taxes sur les transactions et sur la circulation et s'arroge

1. Avant 1100, le titre *dominus*, réservé jadis aux représentants du pouvoir royal et aux dignitaires ecclésiastiques, n'est porté que par des châtelains : les Bâgé, M. 2 – 37 – 548 ; C. 2124 – 3062, Berzé, C. 3062 – 3565 ; Beaujeu, C. 3577 – 3726 ; M. 586 ; Montmerle, C. 3686 ; la Bussière, C. 3677 ; les Blanc, vicomtes de Mâcon, P. 24, etc. – Voir l'expression significative *Humbertus Borbonensis castri miles... et dominus*, C. 3806 (1100 env.).

2. Aucun document ne permet de restituer avec précision les limites de ces territoires : réunissant plusieurs *agri*, ils avaient sans doute des frontières nettes connues de tous, comme ces circonscriptions inférieures et soulignées par des accidents topographiques. Quelques mentions éparses jettent çà et là quelques lumières : le district de Brancion recouvrait la vallée du Grison et les hameaux de Culey, Colonges, Blanot, Chissey et Prailles : C. 517 et 3737 ; celui de Berzé, les deux versants de la montagne mâconnaise, de part et d'autre du passage du Bois-Clair (hameaux de la Chize, Pierreclos, Bussières, Beauplan, Courzy, Pourlange et Sainte-Cécile, Igé, Dommange, Aîne, Joux, Verzé, Ménézy), C. 2124 – 558 ; M. 198 ; celui d'Uxelles recouvre tout l'*ager* d'Aynart (Saint-Hyppolyte, Vaux, Hautrecour, Montagny, Ameugny, Sercy), C. 2493 – 3073 ; M. 479.

3. Le *salvamentum* désigne à la fois la fonction de protection, le droit de police générale et le territoire où il s'exerce, P. 179 (1100 env.). Il en est de même du mot *bannus*, *Bull. Clun.*, XXV (1095). – Voir dans M. 476 (1031-1060), le curieux emploi de *civitas* pour désigner le territoire où le sire de Beaujeu détient le droit de ban.

4. Corvées, C. 3328 (1049-1109) ; *equorum receptacula*, M. 198 (1022) ; fourniture de foin et de *cibariis ad equos*, M. 476 (1031-1060).

5. *Capturas garborum... tempore messis*, C. 3062 (1080 env.) ; *mares calciam bladi*, M. 479 (1031-1060).

certains privilèges commerciaux, tel le droit de banvin[1] ; il se fait héberger par ceux qu'il protège, lui, son escorte et sa cavalerie[2]. En outre le châtelain, chargé maintenant de la répression des crimes, détient le *bannus sanguinis*, la justice du sang, et administre l'ancienne justice vicariale ; ces nouvelles fonctions lui procurent, avec le produit des amendes et des confiscations, celui de redevances régulières, les taxes de viguerie et de plaid général[3]. Toutes ces exactions, tous ces pouvoirs ont leurs racines dans les institutions publiques de l'époque franque.

Toutefois, la manière de les percevoir et de les exercer s'est radicalement transformée. Le châtelain, qui tient son ban pour sa propriété personnelle, s'efforce d'en tirer le meilleur bénéfice. Il multiplie les réquisitions, extorque aux faibles qu'il domine de nouveaux « cadeaux » (*eulogiae*)[4]. La coutume, qui fixe le montant de ces prestations, enregistre en fait l'équilibre entre les prétentions accrues sans cesse du seigneur et la résistance passive de ses administrés[5]. La façon dont est rendue la justice est significative : jadis, le *judex publicus* attendait pour intervenir d'être saisi d'une plainte et la plupart des querelles se réglaient à l'amiable hors des tribunaux ; maintenant le seigneur guette toute occasion d'infliger des amendes, s'empare du coupable sans être sollicité et provoque au besoin les discordes[6].

Le nouveau caractère, lucratif et privé, que revêt au XIe siècle l'autorité du châtelain, engendre deux conséquences. D'abord, parce que son pouvoir est profitable, le châtelain prétend l'exercer aussi sur les non-libres. Fait capital, jadis chef des seuls francs, il revendique dès la fin du Xe siècle le droit de commander, d'exploiter et de punir, quel que soit leur statut, tous les habitants, tous les « manants[7] » du territoire. Ainsi, le comte de Chalon en 988, dans le village de Collange proche de son château de Charolles, exige des serfs comme

1. *Peditura*, C. 3440 (1075 env.) ; *peagium et conductum*, C. 3920 (1115). – Banvin au comte, à l'évêque et au vicomte, M. 589 (1096-1124) ; B. 24 (1090).

2. C. 3062 (1080 env.) ; 3821 (1103-1104) ; C. 889 (fin XIe).

3. *NSP*. 51 (1096) ; *servitium vichariale* levé sur un manse, ASL, H. 142, n° 2 (1067). – *Placitum generale*, M. 516 (déb. XIIe).

4. M. 198 (1022), 479 (1031-1060), *loco census vel eulogiarum*.

5. La « coutume » est leur seul fondement : le comte de Chalon réclame *exactiones quas comes Hugo avunculus meus exigebat per consuetudinem*, C. 2933 (1039-1048).

6. Les chartes de franchises du XIIe siècle accorderont aux manants l'assurance de n'être poursuivis par la justice seigneuriale que sur plainte expresse, voir *infra*, IIIe part., ch. III, B.

7. M. 476 (1031-1060), le sire de Beaujeu impose des coutumes *terris et villanis... que sunt in civitate mea vel videbantur esse in salvamento meo ; ... illi villani qui manent in illa parte*. P. 179 (1100 env.). *hominibus vicinis... manentibus juxta salvamentum quod dicitur Grantmont*.

des francs, exactions et droit de gîte[1]. Après l'an mil, c'est la règle ; le paysan serf monte aussi la garde au château, suit à pied les chevauchées militaires ; il est jugé par les tribunaux héritiers des cours de viguerie. Seconde conséquence, le pouvoir du châtelain, dépouillé de son caractère public, perd sa prééminence sur les autres dominations. De même que le comte avait vu la fidélité publique s'abaisser au niveau des obligations vassaliques, de même le châtelain doit au XIe siècle lutter à armes égales contre les patrons privés qui lui dénient le droit de diriger leurs serfs et leur commendés francs. Les seigneuries châtelaines qui, comme les anciennes circonscriptions administratives qu'elles prolongent, recouvrent tout le pays, doivent faire une place à des seigneuries concurrentes, d'origine différente, et d'abord aux seigneuries nées de l'immunité.

*

Le privilège d'immunité est en effet le second fondement de la puissance seigneuriale. Depuis la fin du Xe siècle, les ecclésiastiques jugent que le diplôme royal, interdisant à qui que ce soit de pénétrer sur la terre des saints pour y contraindre (*distringere*) les hommes, leur confère en fait le droit de ban. Comme les châtelains, ils prétendent donc commander les paysans, faire la police, exercer la justice vicariale ; soucieux de respecter la règle canonique qui leur interdit de verser le sang, ils se réservent seulement de confier à des laïcs l'exécution des criminels.

Conformément aux prescriptions du diplôme d'immunité, leur pouvoir doit s'étendre sur tout le patrimoine foncier du sanctuaire et sur tous ceux qui y résident, qu'ils soient ou non de condition libre. Les prétentions des gens d'Église tendent donc à parsemer les sauvements d'une poussière d'enclaves indépendantes. De plus, on peut facilement concevoir que les serfs et les commendés francs, hommes du saint patron, font partie de son patrimoine et relèvent par conséquent de l'immunité, même s'ils sont installés hors de la seigneurie foncière. En fait, les clercs veulent les commander et les punir seuls : l'évêque de Mâcon et les chanoines réclament la justice « sur leurs terres et sur leurs hommes » ; dans leurs doyennés, les Clunisiens s'efforcent de juger tous les dépendants de Saint-Pierre *tam interioribus quam exterioribus*[2]. Territorial dans la mesure où il s'inscrit dans les limites du domaine, le ban issu du privilège d'immunité pèse également sur des individus isolés, résidant dans

1. C. 1794 (988 env.) le comte renonce à ses droits en faveur de Cluny : *a francis hominibus nec a servis in predicta villa commanentibus audeat exactiones aliquas distringendo nec mansionaticos facere.*
2. M. 589 (1096-1124) ; C. 3821 (1103-1104).

d'autres circonscriptions seigneuriales, et ce caractère le rapproche, malgré ses origines publiques, des dominations de nature strictement privée.

*

En effet, si les seigneuries banales appuyées sur le château fort et sur l'immunité sont issues directement d'une délégation de la souveraineté royale et sont peu nombreuses, il est d'autres droits seigneuriaux d'origine privée et qui sont beaucoup plus largement distribués. Ils prolongent des relations d'homme à homme nées à l'époque précédente dans les très larges secteurs de l'activité sociale qui échappaient au droit public. Placés au XIe siècle sur le même plan que les pouvoirs qui jadis les dominaient de haut, ils entrent en concurrence avec eux.

Ce sont d'abord les droits que le maître détient sur son serf et sur le franc placé dans sa commendise. Objet de propriété, le serf était entièrement soumis au maître de son corps qui, au Xe siècle, le commandait et le punissait seul et pouvait réclamer de lui tout service. Plus limités jadis, puisque les dépendants libres relevaient toujours de la juridiction vicariale, les pouvoirs sur les francs commendés furent susceptibles de s'étendre après l'an mil quand l'assemblée de la viguerie perdit son caractère public. De ses serfs et de ses francs, le maître attend, au XIe siècle, des prestations personnelles, la mainmorte, le formariage, une aide matérielle quand il en a besoin [1]. Mais il prétend aussi assurer seul leur protection ; il conteste par conséquent aux seigneurs territoriaux, châtelains et immunistes, le droit de les juger et s'efforce de les soustraire à leur exploitation.

Enfin, quelques droits banaux et quelques coutumes se fondent sur une supériorité de nature économique et se sont développés aux abords de certaines seigneuries foncières. Certes, il faut le répéter, le fait de prendre une terre en tenure, lorsqu'elle n'appartient pas à une église immuniste, n'engendre aucune subordination personnelle. Il n'en reste pas moins que les plus grands possesseurs fonciers, au moins sur les portions les plus cohérentes de leurs domaine, sont bien placés pour jouer vis-à-vis de leurs tenanciers et des travailleurs domestiques de la cour domaniale le rôle de protecteurs ; en quelques points, leur influence l'emporte sur celle du seigneur territorial. C'est le cas en particulier quand le maître de la terre exerce en d'autres lieux les pouvoirs banaux ; tout naturellement les châtelains maintiennent sous leur domination person-

1. *Servitium*, C. 611 (déb. XIe), 2096 (1035 env.) ; c'est le prix de la protection du maître de son « sauvement », C. 3640 (1080 env.).

nelle les exploitants de leurs domaines situés hors du sauvement de leur forteresse : le comte de Mâcon charge d'exactions les paysans de ses alleux de la montagne mâconnaise, à Igé et à Joux en particulier, dans le district du château de Berzé [1]. Parfois même, sans avoir hérité aucun pouvoir public, de gros alleutiers parviennent à créer une petite seigneurie autonome dans les régions forestières, sur des domaines bien groupés : au milieu des bois de Grosne, dans le finage de Chazelle, qui lui appartient tout entier, et peuplé en majorité par ses serfs, Guichard lève comme un châtelain exactions et droit de gîte [2]. Dans ce cas, perçues par le même seigneur, coutumes et redevances se confondent absolument [3]. Dans bien des hameaux enfin, le hobereau dont la vaste demeure domine les masures paysannes exerce une primauté de fait au sein de la communauté rurale ; possesseur de l'église, des eaux courantes, de la plupart des pâtures et des bois, seul en état de construire le moulin et le pressoir, il permet à ses voisins pauvres d'user de tous ces compléments indispensables de leur exploitation, mais il exige d'eux en échange des services divers, en deniers, en nature ou en travail [4] ; c'est ainsi que çà et là les habitants de tout un terroir sont contraints de venir travailler en équipe sur la terre du maître de la forêt ou des sources dont ils ont l'usage [5]. Autour de quelques domaines compacts se constituent ainsi des seigneuries territoriales dont les bornes sont d'ordinaire celles du finage ; seigneuries coutumières, de bon rapport, elles assurent toutefois à leur détenteur un pouvoir plus restreint que le ban d'origine régalienne, dépourvu généralement de tout caractère militaire et judiciaire [6].

---

1. Le comte de Mâcon, C. 4279 (1180) ; Maïeul, fils du sire d'Uxelles, a conservé dans le district de Lourdon *quasdam consuetudines in terris beato Petro datis, videlicet in Blanusco et in Cotta villaris et de Varengo et de Lordono et quicquid villarum ad ipsas potestates aspicit*, C. 2552 (1002) ; son fils Eudes a des coutumes sur trois manses à Bassy, C. 3367 (1060 env.), dans le district de Brancion.

2. Il donne à Cluny, *omnibus malis consuetudinibus quas ipse et antecessores ejus immiserant in omnibus terris que in eorum videbantur esse custodia... unum receptum quem querebat in manso Gelavert*, sauf *eas consuetudines quas Wichardus, avus meus habere videbatur in eisdem terris ante unum diem obitus sui*, C. 3085 (1070 env.).

3. Les coutumes sont incorporées au loyer du manse, C. 2088 (déb. XIe) ; C. 2065 (mil. XIe), *illam terram cum consuetudine quam Mains tenebat et reddebat Henrico* ; SM. 119 (fin XIe).

4. Coutume de l'église, M. 544 (1076-1096) ; coutume pour l'usage des bois et des pâtis, C. 343 (mil. XIe), 2057 (sd), *de consuetudine... et pascuale ubi bestie pascebantur* ; C. 2852 (1031) ; C. 2907 (1035), *illa consuetudine quam mihi faciebant homines sancti Petri pro pastura que utebantur* ; C. 3011 (1049-1109) ; M. 198 (1022), *hanc consuetudinem non debere neque pro silva, neque pro pascuis, neque pro aqua...* Mais il n'est pas trace en Mâconnais de banalités au sens strict.

5. C. 3767 (fin XIe), à Poiseul, Damas de Gigny donne à Cluny l'usage des prés, des bois et des pâturages *propter quod rustici ejusdem ville corveiam ille faciebant*.

6. Voir la seigneurie de Bernard de la Chapelle-de-Bragny ; dans ce village forestier, il a, en concédant l'usage de ses bois, imposé des coutumes sur les terres voisines des siennes et constitué

B. LA CONCURRENCE ENTRE LES SEIGNEURIES BANALES

Il arrive que ces pouvoirs seigneuriaux d'origine diverse soient concentrés dans la même main. Ainsi des paysans du hameau de Tournier obéissent et paient des coutumes au châtelain de Berzé qui est à la fois le maître de leur corps, le détenteur du ban territorial, le seigneur de leur tenure et le propriétaire des friches où vont paître leurs chèvres. Mais très souvent les ruraux sont tiraillés entre des dominations concurrentes. C'est le cas des membres de cette famille de Pourlange en Clunisois ; serfs, ils appartiennent à des chevaliers du lointain village de Martailly-lès-Brancion, mais par leur résidence ils dépendent du château de Berzé et de plus, cultivant des terres clunisiennes, ils relèvent au dire des moines de leur seigneurie immuniste[1]. Comme le chevalier, le paysan du XIe siècle a la plupart du temps plusieurs seigneurs ; mais, tandis que le noble, capable de choisir entre ses patrons et de leur marchander ses services, tire bénéfice de cette pluralité de relations, le rustre ne peut échapper à l'emprise de ses différents maîtres et assiste passivement à leur rivalité.

Car chacun d'eux, le propriétaire de sa personne, le maître de la colonge qu'il cultive et le seigneur du territoire, veut l'exploiter seul et évincer les autres. Cette lutte pour la seigneurie banale est la principale source des conflits qui opposent les uns aux autres les membres de l'aristocratie. Elle est avivée par le caractère lucratif du pouvoir seigneurial ; elle est souvent envenimée par l'effort même des paysans qui, pour se libérer d'une taxe, réclament l'aide d'un autre protecteur. L'histoire de la seigneurie banale est celle de cette concurrence. En l'absence de toute juridiction supérieure qui puisse démêler l'inextricable enchevêtrement des droits et imposer sa décision, les contestations se règlent par la force ou par l'arbitrage, et l'aménagement des pouvoirs de commande-

---

un *salvamentum* ; il a aussi des droits sur l'église, le cimetière et sur le marché, C. 2905 et 2959 (1042). Celle de Robert Damas à Collange en Charolais, où tous les *villani* lui doivent deux corvées et une trousse de foin par an, C. 4001 (1128). Bernard de Merzé perçoit aussi des coutumes dans les hameaux où sont ses alleux, C. 2022 (1050 env.) – Il convient de ne pas confondre (ce que fait VERRIEST, *Inst. méd.*, I, p. 51 sq.) les droits seigneuriaux qui manifestement sont d'origine privée et prolongent le « service » du commendé ou du serf, et ceux qui, comme les tonlieux, les droits de police et de haute justice et les levées militaires, sont issus des pouvoirs publics de commandement. Évidemment, les hommes de la fin du XIe siècle ne font pas de distinction entre les coutumes qu'ils paient ou qu'ils encaissent ; mais ceux du Xe siècle ne s'y seraient pas trompés : ils savaient bien que le châtelain n'avait de droit de mainmorte que sur ses dépendants personnels et que, par contre, le maître privé ne pouvait condamner à mort son franc, si celui-ci avait tué un autre homme.

1. La famille de serfs appartenant à Arlier de Martailly, C. 3822 (1103-1104) ; droits du sire de Berzé sur Pourlange, C. 212, 4436 (1190).

ment s'opère en détail, lentement. Il est impossible évidemment de suivre dans tous ses détails cette organisation. Nous devons nous résigner à tout ignorer des luttes d'influence que menèrent entre eux les laïcs. Toutefois, un certain nombre de documents, tous d'origine ecclésiastique, montrent comment les seigneurs immunistes s'accordèrent avec les châtelains ; ils permettent d'entrevoir quels furent en général les résultats de cette compétition.

Au terme de ces multiples conventions, les rapports entre l'immunité et la seigneurie châtelaine sont réglés de trois manières différentes :

1. – Sur quelques points, la communauté religieuse l'emporte et, soit par un échange, soit par de l'argent, soit en usant de moyens spirituels[1], elle parvient à réserver son droit exclusif sur certains territoires ou sur certains groupes de dépendants. Il arrive qu'elle fasse respecter les clauses formelles du diplôme d'immunité, obtenant du seigneur territorial l'exemption de tous les fragments de son domaine et de tous ses dépendants épars dans le sauvement. Ainsi, le comte Thibaud de Chalon interdit à ses ministériaux de lever des coutumes sur la terre du monastère de Paray-le-Monial ; le sire de Beaujeu libère de tout service le patrimoine foncier de la collégiale fondée par ses ancêtres dans le château ; ainsi les Clunisiens soustraient à l'autorité du comte Guillaume tous les dépendants de leur doyenné de Beaumont-sur-Grosne résidant à Sennecey, à Laives et dans la circonscription soumise au pouvoir comtal[2]. À vrai dire, les arrangements de cette sorte sont rares et de courte durée ; la mobilité de la terre et des hommes les remet très vite en question ; il est difficile en effet d'empêcher les hommes du sanctuaire de s'unir par mariage aux sujets d'autres seigneuries, les tenanciers de prendre à cens quelque parcelle d'un autre domaine et de se trouver de la sorte partagés de nouveau entre plusieurs maîtres ; constamment, les pouvoirs rivaux doivent par de nouveaux accords préciser le statut de leurs dépendants[3]. Aussi, le plus souvent, l'immunité est-elle

1. Le moine *Hugues* (*Vita Hugonis abbatis, BC* 444 A) raconte que l'abbé saint Hugues obtint par sa prière que tombât malade Bérard de Luyseis, qui levait des coutumes injustes sur les domaines bressans de l'abbaye de Cluny ; quand il fut en danger de mourir, l'usurpateur se repentit et renonça à son droit de gîte, C. 3592 (1082).

2. P. 10 (1040 env.), B. (1080-1090) *nihil sibi in ea servitii vel obsequii, nisi in spiritualibus beneficis retinentes ;* C. 2277 (994-1015).

3. La mobilité de la population paysanne remet constamment en question les accords entre les seigneurs. Souvent, lorsqu'un dépendant s'installe sur la terre d'autrui, son attache personnelle se dénoue et il devient l'homme du maître du territoire. C'est la raison même du droit de formariage. Parfois les seigneurs s'entendent sur ce point : à Mâcon, les *advenae* établis sur la terre du comte ou sur celle de l'évêque *liceret manere hominibus comitis et episcopi... liceret per conjugia de terra unius in terra altrius transmutari*, M. 589 (1096-1124).

reconnue sur un territoire restreint, entièrement abandonné par la puissance laïque à la seigneurie d'Église.

L'exemption des coutumes est d'abord normalement conférée au sanctuaire, à la demeure des clercs et à leurs abords immédiats, dans la zone placée spécialement dans la paix de Dieu et délimitée par des croix[1] ; le seigneur territorial s'interdit d'y poursuivre les criminels à moins d'en être prié par les clercs[2]. Un accord intervenu entre le sire de Berzé et les chanoines de Saint-Vincent de Mâcon permet de connaître en détail le statut du cimetière de Pierreclos :

a) c'est un lieu d'asile ; tous ceux qui s'y sont réfugiés, même s'ils sont les hommes du châtelain, sont à l'abri, eux et leurs biens, de toute violence et de toute réquisition ;

b) lorsqu'un habitant du cimetière est en procès avec l'un de ses voisins ou avec un étranger, sa querelle est une « cause de chrétienté » et du ressort de la juridiction ecclésiastique ; ni le châtelain ni son prévôt ne peuvent recevoir la plainte ;

c) les crimes qui relèvent de la justice de sang sont jugés aussi par les clercs qui doivent seulement laisser au châtelain l'exécution des coupables[3].

Souvent aussi les grands établissements religieux parviennent à obtenir la seigneurie complète dans les finages où toute la terre leur appartient et même dans ceux où leurs domaines sont en majorité. À Saint-Hippolyte, le châtelain d'Uxelles, Bernard Gros, abandonne à Cluny, principal propriétaire foncier, toutes les coutumes et son droit de justice ; il n'y exercera plus ses pouvoirs de contrainte *nisi ut bonus vicinus et hoc rogatu eorum*[4].

1. F. I (1113).

2. Toute violence est interdite : à Aigueperse, le vicomte Artaud Blanc reconnaît que *si aliquis hic manens aliquam injuriam domino Artaldo vel alicui de suis fecerit... si... ille ad justiciam venire voluerit, per manum ipsius bene erit. Sin autem non ideo tamen eum vel sua infra locum istum capere audebit.* Le seigneur ecclésiastique doit lui livrer le coupable d'un crime de sang. CL. 12 (1100). – Le sire de Beaujeu à Belleville *sancivit ut nulli ad ipsum locum confugienti etiam in aliquo crimine vel negolio videretur obnoxius ulla vis inferretur*, CL. 39 (1158). TIMBAL, p. 151-155, 169.

3. M. 632 (1167-1184). *Si quis ibi inhabitaverit vicino vel extraneo, vel extraneus ipso qui inhabitat aliquid injurie fecerit, non esse Hugonis juridictionem... ; neque ad eum, neque ad prepositum ejus de hoc clamorem solere fieri (sed) justiciam esse christianitatis et capellani et obedientiarium... Si quis furtum ibi vel adulterium perpetrasse, confessus vel legitime convictus... Hugonis... debent esse animadversionem et castigationem.* – Voir le prolongement de ces accords au XIIIe siècle : à Sigy-le-Châtel, le prieur de Saint-Nicolas n'a que la basse justice sur sa terre et ses hommes « fors lo porpris de la maison de sain Nicholas. Dedans la quel maisom » il a la haute justice, les criminels étant exécutés par le châtelain, CANAT, p. 169 (1272) ; à Jully-lès-Buxy, C. 5325 (1288) ; au Puley, PETIT, V, p. 224 (1263).

4. C. 4131 (1147), l'abbé se réserve de recourir à lui *si necesse fuerit in aliqua actione*.

Dans les villages où le ban leur est reconnu, les gens d'Église conservent donc tous leurs droits sur les terres et sur les hommes qui leur appartiennent ; de plus ils étendent leur domination sur les dépendants d'autrui et sur les tenanciers des domaines étrangers, dénouant tous les liens qui les attachaient ailleurs. On l'a vu à Pierreclos, où les hommes du sire de Berzé cessent de lui être soumis ; à Pourlange, après avoir acquis la majeure partie du sol et racheté le ban territorial au sire de Berzé, les moines de Cluny arrachent à leurs propriétaires les serfs du village qui ne leur appartiennent pas déjà [1]. Quant aux petits alleutiers, francs et indépendants, ils versent au seigneur immuniste les taxes et les coutumes et sont soumis à sa juridiction ; beaucoup entrent en commendise, tel ce paysan libre, nouvellement installé dans un village du ban de Saint-Vincent qui, au bout de quelque temps, se fit l'homme des chanoines et s'engagea avec les siens dans une dépendance héréditaire [2].

La rivalité des châtelains et des immunistes a donc pour premier résultat de renforcer et d'étendre l'immunité sur les portions les plus compactes du domaine ecclésiastique et dans leur voisinage. Au milieu du district militaire s'installent de petites seigneuries autonomes que l'on appelle en Mâconnais des *potés* (*potestas*) [3]. Auprès des enclaves ecclésiastiques, telles Romenay ou Ozan, seigneuries de l'église de Mâcon, ou Boyer, seigneurie de l'église de Chalon, nos sources signalent l'existence dans le sauvement de potés laïques, appartenant à un gros propriétaire foncier qui a pu lui aussi, au cœur de son domaine, faire reconnaître son droit de ban par le châtelain. Dans le territoire du château de Berzé, le finage de Berzé-la-Ville est une seigneurie indépendante ; les Enchaînés de Montmerle y sont maîtres de tous les hommes, libres ou serfs, qui résident

1. Rachat des serfs, C. 3822 (1103-1104) ; rachat des coutumes du sire de Berzé, C. 2124 au début du XIIe siècle, Pourlange *juri Cluniacensis ecclesie noscitur subjacere*. La même chose à Blanot, à Varanges, C. 2552 (1002).

2. C. 3649 (déb. XIe), 3380 (1060), les Enchaînés donnent Berzé-la-Ville avec tout ce qui *ad ipsam hereditatem adtingit*, c'est-à-dire les hommes *qui in ipsa hereditate degunt et habitant, sive sint liberi, sive servi*. – C. 3715 (1096) et 3737 (1100) : à Blanot, les Neublans réclament *omnes... liberos, servos et ancillas ipsam terram habitantes*.

3. Depuis la fin du Xe siècle, la *potestas* est le territoire compact où le seigneur banal étend sa domination ; le mot est rapproché des attributs militaires et de la forteresse, C. 2255 (994), défense d'édifier près de Cluny *castrum... firmitatem... vel potestates* ; c'est un pouvoir sur les hommes, C. 3825 (1080 env.) : des dépendants sont répartis entre deux *potestates* : M. 573 (1074-1096), de *omnibus aliis hominibus in potestate sua existentibus*. La *potestas* ne se confond nullement avec le domaine foncier : P. 160 (fin XIe), H. Damas, châtelain en Charolais, réclame des hommes *qui erant de potestate Dioci castro et stabant in terra sancti Grati*. – Nous nous élevons vigoureusement contre la thèse de VERRIEST, *Inst. méd.*, I, p. 37 sq., qui prétend que toute seigneurie foncière est une *potestas*, une *dominatio*.

sur leur héritage[1] ; la poté de Bray appartient à Guichard de Chazelle, celle de Trivy à Hugues Bochard[2].

2. – Inversement, la seigneurie immuniste doit souvent s'effacer devant le ban du châtelain. Il est certain que les communautés religieuses ont perdu au cours du XIe siècle toute influence sur la frange extrême de leur domaine, que les terres et les hommes les plus isolés ont échappé entièrement à leur pouvoir seigneurial ; mais évidemment, on chercherait en vain dans les archives des traces de ces reculs, les clercs ne s'étant pas souciés de conserver les preuves de leurs échecs. On entrevoit du moins comment le seigneur territorial étendit sa domination sur les dépendants isolés des petits seigneurs laïcs. À partir de 1050, on ne connaît plus de paysan franc qui soit encore soumis à l'autorité d'un simple chevalier ; les nobles de seconde zone ne possèdent plus que des « franchises », et ces terres, chargées de coutumes, agrégées à leur domaine, sont la seule trace de l'emprise que leurs parents, par leur richesse, avaient jadis exercée sur les pauvres alleutiers de village. Ils conservent donc une rente lucrative et, sur la terre, une juridiction foncière inférieure ; mais le pouvoir sur les hommes appartient exclusivement aux détenteurs du ban territorial ; eux seuls reçoivent des services personnels ; eux seuls en effet sont capables de protéger[3]. L'attache servile a mieux tenu ; dans la seconde moitié du XIe siècle, le hobereau qui n'a plus de francs possède encore des serfs et commande seul ceux qui cultivent ses tenures les plus proches et surtout les membres de sa *familia* domestique. Pourtant ceux de ses serfs qui, chasés sur un manse éloigné, échappent davantage à son contrôle, ceux qui par mariage sont unis aux dépendants

1. C. 3380 (1060).

2. C. 3012 (1049-1109) ; 2905 (993-1049). – *Potestates* du comte à Saint-Cyr-sur-Grosne, C. 2924 (1039), des Blancs à Montmelard, autour de leur *curtis*, C. 1673 (984), du sire de Bâgé à Corgenon, C. 2265 (995).

3. Au XIe siècle, on ne donne plus de francs (dernière mention, C. 2689 (1014), on donne la « franchise », indépendamment de la personne de celui qui la tient : C. 2804 (1027-1031), 2983 (1048-1049), 3031 (1049-1109), 3276 (1049-1109). Le service du franc, abonné C. 3121 (1090 env.), *franchisiam quam habebam... videlicet, .VI. gallinas, .II. aucas, et .III. sextaria vini et totidem de civada*), est dû maintenant par la terre ; c'est un transfert analogue à celui qui s'est opéré pour la vassalité : les devoirs de l'homme sont devenus le loyer de la terre ; l'alleu du franc s'est commué en censive. – Les chevaliers conservant des franchises : C. 3150 (A. de Merzé), 3308 (les Cluny), 3121 (les Bresse), 3408 (H. de Saint-Nizier). Mais seuls ont des francs les châtelains : C. 3440 et 3473 (Gros), 3715 (Neublans), 3380 (Enchaînés), 3806 (Bourbon-Lancy), P. 20 (Busseuil) ; et les immunistes ; C. 3012 – 2985 – 3001 – 3342 – 3440 – 3715 (Cluny), 3649 (Saint-Vincent). Alors qu'au Xe siècle les faibles, cherchant un secours matériel, pouvaient s'attacher à des gens plus riches, mais de condition modeste, au XIe siècle, seuls les puissants procurent la sécurité et retiennent leurs clients.

d'un châtelain, et surtout les serfs forains, installés sur un autre domaine, subissent eux aussi l'attraction de la puissance territoriale. Lorsqu'il n'est pas parvenu à les soumettre entièrement à son ban, le châtelain du moins les charge d'exactions, surveille leur alleu ; son pouvoir supérieur limite celui de leur maître, qui ne peut plus les corriger à sa guise et n'exerce plus son droit de mainmorte sans son consentement[1]. De la même façon sans doute, beaucoup de serfs et de francs d'église sont passés sous la domination du châtelain.

3. – Enfin, et c'est le cas le plus fréquent, sur la majeure partie de leur temporel, les grands établissements ecclésiastiques ont bien conservé certains droits seigneuriaux, mais, abandonnant leurs prétentions à l'autonomie, ils doivent partager le ban avec le seigneur territorial. Admettant sa supériorité, moines et chanoines sont convenus d'utiliser sa puissance et, lui confiant les fonctions de protection qu'ils ne sont pas capables d'assumer, ils lui permettent en échange de lever sur leurs hommes des exactions bien définies, rétribution légitime de son action défensive et policière. Il devient le gardien de l'immunité et l'on appelle contrat de « garde » (*vuarda, custodia*) ces actes d'association entre le châtelain et l'immuniste[2].

Les premiers apparaissent au milieu du XIe siècle. C'est seulement alors en effet que les gens d'Église furent conduits par le mouvement de réforme ecclésiastique à faire rédiger leurs droits pour mieux les soustraire à l'ingérence des laïcs, que le besoin se fit sentir de marquer des limites précises entre les pouvoirs qui depuis un demi-siècle s'étaient développés dans l'anarchie[3]. Vers 1050, les chanoines de Mâcon s'entendent avec le sire de Beaujeu pour borner

1. À la fin du XIe siècle, tous les petits seigneurs possèdent des serfs, C. 3007 – 3027 – 3034 – 3077 – 3104 – 3215 – 3221 – 3261 – 3636 – 3646 – 3653 – 3767 – 3786, etc. – Mais ils doivent lutter contre les prétentions des maîtres des conjoints de leurs serfs formariés : C. 3574 – P. 66 – C. 3303 – 3400 – 3797 – M. 400, etc. ; et surtout du maître du territoire, qui souvent s'approprie leurs hommes, C. 2738 – 3474 – P. 64, et toujours réclame sur eux des droits, exactions, C. 3066 – 3324 – 3929 – 4054, droits sur l'alleu : M. 14 ; C. 3653, le sire de Berzé autorise l'aliénation d'une serve par Duran de Tournier, gros paysan du sauvement. – Le seigneur banal limite les droits du maître : le propriétaire des serfs installés dans le *cimiterium* de Saint-Bérain-sous-Sanvignes ne peut les châtier à sa guise (*nec etiam suis propriis servis aliquam vim inferrat*), ni percevoir la mainmorte sans l'assentiment du seigneur territorial (*neque si ejus servus, qui res suas in cimiterio habet, obierit, aliqua ex ejus rebus tangere praesumat, nisi per licentiam praesentis monachi decani loci*), P. 167 (1080 env.). – Sur les vicissitudes du lien servile, SEELIGER, p. 145 et 150-153.

2. *Custodia ; vuarda*. – On ne doit pas confondre ce droit limité à certains biens précis et la garde générale étudiée par DIDIER, *Garde* ; cf. DAVID, p. 174 sq.

3. Au moment même apparaissent en Lorraine les premiers règlements d'avouerie, PERRIN, *Recherches*, p. 118, n. 1.

leurs zones d'influences respectives ; à l'intérieur du sauvement qui lui est reconnu, le châtelain est autorisé à percevoir sur les terres et les hommes du chapitre des redevances en foin et avoine qui sont très nettement des redevances de caractère militaire [1]. Au même moment, les Clunisiens permettent au sire de Bâgé de lever sur leur doyenné de Péronne une coutume annuelle de cinq muids de vin [2].

Plus détaillés, les règlements du début du XIIe siècle précisent davantage les droits et les obligations du gardien. Leurs modalités sont diverses. Quand la seigneurie d'Église est puissante, elle parvient à limiter étroitement les prérogatives du *custos*. C'est le cas à Chaveyriat, où les moines de Cluny détiennent la plupart des terres et des paysans : tous les dépendants de Saint-Pierre, même ceux qui vivent hors du domaine, échappent à la juridiction du châtelain voisin de Châtillon ; celui-ci juge seulement les étrangers qui fréquentent le marché et punit, à la demande expresse du doyen, les membres de la clientèle clunisienne coupables d'un crime de sang ; il est ainsi confiné dans des fonctions subalternes, rétribuées par la moitié des profits de justice [3]. De même, à Saint-Didier, le châtelain de Brancion doit assurer la garde en échange de très faibles redevances [4]. Par contre, à Mâcon, où la puissance comtale est prédominante, la seigneurie de Saint-Vincent est étroitement soumise au pouvoir du gardien ; l'évêque et le comte assurent conjointement la police des rues et partagent avec le vicomte le droit de banvin ; *ratione personnae* et *ratione loci*, l'immuniste a la justice sur ses terres et sur ses hommes, mais le comte conserve une juridiction supérieure, châtie sans restriction tous les crimes de sang et peut aussi recevoir

1. M. 476 (1031-1060), le premier règlement doit même remonter à Guichard I, c'est-à-dire aux environs de 1020-1030 ; c'est une *divisio* des territoires seigneuriaux, la limite du *salvamentum* de Beaujeu, *in illa parte terrarum quas ipse et pater ejus tenuerunt secundum divisionem suam causa salvamenti*. L'accord fixe les droits du châtelain sur les hommes et les terres de Saint-Vincent situés *in civitate sua* ; il ne lèvera plus que deux setiers d'avoine et deux trousses de foin sur les laboureurs et la moitié seulement sur les manouvriers.

2. C. 3238 (1070 env.), Oury de Bâgé abandonna cette coutume pour 300 sous.

3. M. 589 (1096-1124), on revient aux coutumes anciennes sur le rapport de témoins : *si monachus... de aliquo adversario seu latrone vel malefactore justiciam sibi quereret, plenarie eam ipsi faceret et tunc jam ejusdem justicie legem et placita inter obedientiarium et seniorem de Luseiaco per medium esse deberent. Si quis etiam latro, videlicet qui de hominibus sancti Petri non esset, in foro Cavariaci furtum faciens, vel ab ipso domino de L. seu ab ipso preposito, scilicet de L., deprehendatur, eodem modo, videlicet medio, ab eo justiciaretur. De hominibus autem sancti Petri, tam interioribus quam exterioribus, nulla umquam ad eum justicia pertinebit.*

4. C. 3821 (1103-1104), on précise les droits d'Humbert de Châtillon, *III. solidos et pro hoc custodiam debet.*

les plaintes des dépendants de l'église qui désirent porter leur procès devant la cour de son prévôt[1].

Néanmoins, à la fin du XIe siècle, le contrat de garde apparaît aux administrateurs des seigneuries ecclésiastiques comme le meilleur moyen de contenir les tentatives menées par les seigneurs laïcs contre l'immunité. Et l'on voit même les Clunisiens, pour se défendre contre les exactions du sire de Beaujeu, forger de toutes pièces un faux traité d'association et, l'attribuant à saint Maïeul, le dater prudemment du Xe siècle[2]. Fabriqué librement dans le *scriptorium* de l'abbaye, ce document montre mieux que les accords réels comment l'on concevait alors la garde dans les milieux ecclésiastiques. L'abbé charge d'abord le châtelain d'une mission précise, la défense de certains domaines contre les malfaiteurs ; en échange, il veut bien lui permettre d'exercer un droit de gîte, mais en le limitant strictement[3]. Dans l'esprit des clercs, le gardien est un officier rétribué de l'immunité.

Toujours investi du ban militaire[4], le *custos* exerce dans le domaine immuniste la justice de sang et les pouvoirs de police des anciens fonctionnaires publics. Ses prérogatives ne sont pas sans rappeler celles de l'avoué carolingien et les contemporains s'y trompèrent parfois, qualifiant d'*advocatio* la garde exer-

1. C. 3920, *ibi nichil accipere debet nisi pugillum candellarum* et du comte et de l'évêque, sont désignés *ad distinguendas vero et determinandas consuetudines inter comitem et episcopum*. – L'évêque a la justice de « chrétienté », celle qui concerne la paix de Dieu ; avec les chanoines, il a *homines suos, domos, terras, possessiones, clausuras* ; mais le comte juge *adulteros, publicos, latrones publicos* ; il a les *clamores, ita quod per eum illi qui injuriam passi forent et domini eorum jus suum reciperent, et si clamor de hominibus episcopi vel canonicorum ad comitem et ministros ejus fieret legem clam comes habebat ; de injuriis vero de quibus ad eos clamor non fuerit nihil habebat.* Les procès entre les hommes de l'Église et ceux du comte seront arbitrés par le prévôt comtal. Banvin et police des rues sont partagés. Il est admis enfin que les immigrants pourront se commender à l'une ou l'autre puissance.

2. C. 889. Cet acte est un faux. Les obédiences d'Arpayé, d'Écussoles, de Poule et d'Aujoux n'étaient pas formées en 993 ; l'abbé n'avait pas alors le droit de lancer l'excommunication ; enfin, le comte Aubry (954-975), qui est censé approuver l'acte, n'aurait pas tenu un rôle aussi effacé dans un acte qui limitait son droit général d'avouerie.

3. *Commendo tibi has supranominatas obedientias ad custodiendum per consuetudinem requiras*, sauf un droit de gîte pour lui-même et six ou *ac defendendum a malis et perversis hominibus... non ut aliquem censum* dix chevaliers.

4. Il arrive cependant que de simples chevaliers se voient confier la garde des aumônes de leurs ancêtres, C. 3065 (déb. XIe), 2917 (fin XIe), 3059 (XIe), *salvamentum quod habebam in illo alodio quem pater meus dedit sancto Petro et consuetudines quos requirebam*, ou même des terres voisines, C. 2944 (mil. XIe) ; M. 27 *bis* (fin XIe). – Les administrateurs du temporel ecclésiastique ont voulu de la sorte se garantir contre les revendications lignagères : le meilleur moyen était de confier la garde des biens aux héritiers eux-mêmes et de les laisser percevoir sur l'ancien alleu familial des coutumes lucratives.

cée par le comte[1]. Pourtant, hormis le comte, les gardiens du XIe siècle ne sont pas les successeurs des avoués et, différent dans son but et dans son aménagement, le contrat de garde en Mâconnais n'a rien à voir avec l'institution de l'avouerie. La meilleure preuve, c'est que, lorsque deux établissements ecclésiastiques se disputent la seigneurie d'un territoire, le plus puissant se fait reconnaître la *custodia* sur le domaine de l'autre[2]. D'ailleurs, les pouvoirs du gardien, défenseur des biens et des hommes de l'église contre les agresseurs étrangers et chargé de réprimer les crimes, sont ceux non de l'avoué, mais du protecteur de la paix publique, le comte ou le châtelain. La garde n'est pas un résidu de l'avouerie, mais la reconnaissance, par un seigneur foncier, du pouvoir de contrainte du chef militaire local. Tout porte à croire que ce dernier l'exerce dans les mêmes conditions sur les petites seigneuries laïques du sauvement, qui elles n'ont jamais eu d'avoué.

*

De tels accords finirent par mettre un peu d'ordre et, progressivement, chaque seigneurie banale se fit sa place parmi les autres. Vers la fin du XIe siècle, la géographie des pouvoirs commence à se préciser dans la région mâconnaise. Géographie en vérité fort complexe. Voici, par exemple, un des cantons les moins obscurs, la vallée de la Grosne, immédiatement au nord de Cluny. Trois seigneuries maîtresses y sont installées, appuyées chacune sur une forteresse, Lourdon, Brancion et Uxelles. L'abbaye de Cluny, qui possède le premier de ces châteaux et un très vaste domaine répandu sur tout le pays, s'est taillé la meilleure part, mais l'autorité qu'elle exerce sur les paysans perd de sa vigueur à mesure que l'on s'éloigne des bâtiments monastiques : une auréole dégradée en serait la représentation la plus fidèle. Au voisinage du monastère et du château, les moines exercent un pouvoir très étendu, dans ce « ban » délimité par Urbain II en 1095, où nul ne peut manifester sa force sous peine des sanctions ecclésiastiques les plus sévères ; là l'immunité est complète. Au-delà, mais dans les limites du vieux district de Lourdon, les Clunisiens détiennent les droits

1. C. 4279 (1180-1181), *advocationem et custodiam* ; notons bien qu'il s'agit du comte de Mâcon, dont les ancêtres avaient effectivement l'avouerie. Comme dans la France du Nord-Est et dans l'Empire, la garde est d'ordinaire confiée aux anciens avoués, on la considère souvent comme un résidu de l'avouerie, SEELIGER, p. 167 sq.

2. Voir l'accord entre Cluny et Saint-Vincent de Mâcon pour la justice de Bésornay et de Saint-Vincent-des-Prés, ASL, H. 22, f° 29 (XIIIe). Voir aussi le règlement intérieur de Saint-Symphorien d'Autun : l'abbé exerce les pouvoirs du *custos* sur la mense capitulaire, DÉLÉAGE, *Recueil des Actes de Saint-Symphorien*, p. 20 (1098-1112).

seigneuriaux supérieurs ; ils ont pu peu après l'an mil évincer une branche cadette de la famille des châtelains d'Uxelles qui prétendait lever des coutumes sur les anciens alleux familiaux ; mais ils ont dû laisser quelque autorité à la petite aristocratie de village : çà et là quelques manants obéissent aux chevaliers de Merzé, à Geoffroy de Saint-Nizier, à Arlier de Varanges et leur paient quelques exactions. Plus loin, dans les sauvements d'Uxelles et de Brancion, les moines exercent encore le droit de ban général sur les portions les plus cohérentes de leur domaine : les châtelains ont reconnu l'immunité des finages de Saint-Hippolyte et de Blanot ; ailleurs, les Clunisiens ont dû céder le pas aux seigneurs territoriaux et leur abandonner au moins la garde de leurs terres et de leurs hommes. C'est aux confins des districts militaires que les pouvoirs sont les plus morcelés : au milieu de la zone forestière qui les sépare, les propriétaires des clairières ont pu soumettre celles-ci à leur domination privée : à Chazelle, à Bray, les Guichard sont les maîtres, comme les chevaliers de Meulin à Cortambert et les Gigny à Confrançon ; dans les bois de Joux, le sire de Berzé et Humbert d'Azé, seigneurs des taillis, imposent de strictes coutumes aux essarteurs qu'ils accueillent ; à Ameugny, les sires d'Uxelles, les chanoines de Saint-Vincent de Mâcon, de petits nobles comme Létaud ou Josseran Rainier partagent avec Cluny la seigneurie banale et gardent côte à côte leur clientèle personnelle [1]. Beaucoup moins compliquée que la carte de la possession foncière, celle des droits seigneuriaux apparaît cependant comme une juxtaposition de petites enclaves entre les territoires plus compacts qui entourent les châteaux et les sanctuaires, quelques grands domaines et des massifs forestiers ; elle est souvent en demi-teinte, puisque la plupart des petites seigneuries banales sont recouvertes par les grandes ; de plus elle est changeante : les accords qui ont fixé les bornes entre les pouvoirs concurrents ne durent qu'autant que se maintient l'équilibre des forces adverses ; dès qu'il est rompu, tout est remis en question, il faut un nouvel arbitrage qui, pour quelques années, établit une nouvelle répartition des pouvoirs.

Cependant, un fait ressort clairement : la supériorité des pouvoirs émanant du château. Les chevaliers qui détenaient des droits d'origine privée sur leurs

1. Voir croquis VI. Chaque seigneurie banale est un ensemble complexe et morcelé : les sires de Berzé, maîtres de la forteresse, perçoivent *exactiones et querimonias* dans tous les villages avoisinants, C. 2124 – 558 – M. 198 ; ils tiennent en fief des Bâgé les droits de sauvement, C. 2124 ; sur les usagers de leurs bois, ils lèvent des coutumes, C. 2907 – 3328 – 3654, au-delà des limites de la châtellenie. Mais ils ont dû respecter les droits de plusieurs seigneurs ; à Berzé-la-Ville, sur leur domaine compact, les Enchaînés sont les maîtres, C. 2997 ; les chanoines de Mâcon possèdent à Ménézy des manses exempts de charges, M. 198 ; Cluny a obtenu la réduction des coutumes pour ses domaines sis dans le sauvement, C. 2124 – 3062.

serfs, leurs commendés et les usagers de leurs bois ont dû, sauf exceptions, les abandonner ou les soumettre au contrôle d'un seigneur éminent ; ils sont les maîtres dans leur demeure et jouissent d'une entière autorité sur leur domesticité, mais hors de la *curtis* les pouvoirs qu'ils conservent sont de qualité inférieure : petites coutumes, basse juridiction, aide personnelle de leurs dépendants les plus proches. Les communautés religieuses sont parvenues à faire respecter leurs privilèges d'immunité ; toutefois, le ban qui en découle ne s'applique pas exactement sur le domaine ; en quelques points privilégiés, il déborde ses limites ; en revanche l'immunité est partielle sur la plus grande partie du patrimoine des saints recouverte par la domination du seigneur territorial, qui parfois l'efface complètement [1]. En définitive, ce sont les châtelains qui sortent victorieux de cette lutte pour l'exploitation des paysans ; ils exercent, dans les territoires les plus vastes, les pouvoirs les plus hauts. Dans une bonne part du sauvement, ils sont les seuls seigneurs ; ailleurs s'établit une hiérarchie de la puissance : les coutumes d'origine privée, formariage, mainmorte, aide, droit d'usage, le jugement des menues causes civiles, en constituent le degré inférieur ; le maître de la forteresse les abandonne, mais retient le pouvoir supérieur ; au témoignage de tous nos documents, le ban militaire, la justice de sang, la maréchaussée, c'est-à-dire la police des champs, sources des exactions les plus lucratives, sont le monopole des châtelains. Le château reste partout le siège du meilleur ban. Moins bouleversée par la chute du pouvoir comtal que le partage de l'autorité sur les riches, la distribution des pouvoirs de commandement sur la paysannerie à l'époque féodale prolonge sur plus d'un point l'organisation administrative franque.

*

Enfin, dans la société rurale, l'installation de la seigneurie banale est la cause d'un profond changement. Par la concurrence entre le seigneur de la personne et celui du territoire, beaucoup de liens d'homme à homme, attache servile ou libre commendise, se sont dénoués ; traités également par le maître du ban, le serf et le franc ne sont plus si nettement opposés ; la distinction la plus claire est maintenant celle qui sépare le paysan chargé seulement des coutumes territoriales, le vilain, le manant, de celui qui, de surcroît, est soumis à un seigneur personnel, l'homme propre astreint au formariage, à la mainmorte et au service.

Mais, quel que soit le statut, les paysans ont d'une façon générale vu leur condition s'aggraver. Les francs sont plus durement exploités ; les serfs, soumis

1. Immunité et domaine ne coïncident plus jamais, Seeliger, p. 172.

à des prestations militaires qui épargnaient leurs parents ; plus lourdes et plus fréquentes, les réquisitions diverses, corvées de bras ou de charroi, au château et sur la terre seigneuriale, droit de gîte, fournitures en nature ou en deniers, absorbent une bonne part de leur temps et de leur avoir. Le tenancier tire moins de profit de sa tenure, et l'alleutier doit maintenant livrer lui aussi une portion de sa récolte.

Toutefois, il ne faut pas oublier que ces exactions soldent des avantages certains : si les amendes sont lourdes et les crimes brutalement punis, s'il faut nourrir la cavalerie du maître et fortifier sa maison, en revanche, l'ordre, au sein de la poté, est maintenu strictement. Bien qu'il oublie souvent ses devoirs, le seigneur banal, poussé par son intérêt même, assure la paix dans les campagnes, protège les récoltes, surveille les marchés et les routes : il est juste que soit rétribuée sa fonction pacifique. Enfin, ces lourdes exactions sont peut-être moins arbitraires qu'il ne paraît : certes, le seigneur fait pression sur ses hommes, mais son droit connaît cependant une limite, celle que lui impose la coutume. Alors que tout est divers au sein de la seigneurie foncière et que, différemment traités, les tenanciers sont étrangers les uns aux autres, il existe dans la seigneurie banale une coutume qui s'applique à tous les sujets. Ils en sont en commun les dépositaires et c'est à leur témoignage que l'on a recours en cas de contestation. Devant les exigences du maître, les manants sont tous solidaires et, pour mieux se défendre, sont conduits à s'unir. Par son allure territoriale et coutumière, la seigneurie banale a cimenté la communauté villageoise, ce que n'avaient pu faire ni les pratiques agraires, ni les contraintes économiques de la seigneurie foncière.

CONCLUSION

Préparé de longue date par des transformations profondes dont il serait vain de vouloir dater les premiers signes, un bouleversement complet des rapports politiques apparaît à la lumière de nos documents dans le demi-siècle qui encadre l'an mil. Il semble étroitement lié à la défaillance du pouvoir comtal et engendre un extrême morcellement des pouvoirs de commandement.

En Mâconnais, la dissolution de l'autorité fut plus poussée que dans bien des provinces du royaume de France, où les comtes conservèrent le contrôle de la plupart des châteaux, d'importants droits d'avouerie et un pouvoir judiciaire supérieur sur les nobles du comté. Ce fait s'explique en partie par la politique personnelle du comte Otte-Guillaume, mais il a des causes plus profondes. Le voisinage d'abord de la très faible monarchie bourguignonne, que l'annexion à l'Empire en 1032 fut loin de renforcer, de ce comté de Lyon trop vaste où, depuis longtemps, nulle puissance efficace ne parvenait à s'imposer. Et, davantage, une structure politique particulière, bien différente en profondeur de celle de la France du Nord. Il régnait dans notre région d'autres habitudes, comme cette sédentarité urbaine, obstacle à la vigilance du comte dans les campagnes [1]. L'autorité de ce dernier était aussi, semble-t-il, restée plus molle, moins tendue, dans ce pays que les invasions du Xe siècle avaient presque complètement épargné. Enfin, le lien vassalique était sans doute plus lâche. En dernière analyse, l'imperfection de la vassalité, qui ne put remplacer les anciens devoirs judiciaires et militaires, paraît responsable de l'affaiblissement des comtes de Mâcon, et nous supposons, sur la foi seulement de quelques sondages, car les monographies régionales sont encore trop rares, qu'on l'observerait aussi marquée en Lyonnais, dans les pays du Rhône moyen et du Massif central, dans cette zone plus paisible où, loin de l'influence carolingienne, le système des relations privées d'homme à homme ne parvint pas à s'organiser assez tôt, où par contre se développèrent, plus précoces, les institutions de la paix de Dieu.

En tout cas, cette révolution politique impose au XIe siècle une classification sociale nouvelle. Tandis que, dans la seigneurie banale, se comble le profond fossé qui séparait le paysan libre du serf, la mince fissure qui jadis isolait à peine, au sein de la liberté, les plus « nobles » du vulgaire s'approfondit et devient la limite fondamentale. D'un côté sont les riches, qui échappent au ban seigneurial, n'ont de patrons que ceux qu'ils ont librement choisis, et dont la conduite est dictée seulement par leurs engagements sacramentels, les gens de fief, ceux que l'on nomme maintenant, en raison de leur vocation militaire, les *milites*, les chevaliers. De l'autre sont confondus, descendants de serfs ou de francs, tous les pauvres, ceux qui paient des coutumes, dont les crimes sont strictement châtiés et dont la fonction sociale est le travail des champs, les *rustici*, les paysans. Enfin, une moindre sécurité oblige les uns et les autres à se réfugier dans un groupe, dans une étroite communauté de défense : c'est le rassemblement des chevaliers dans le lignage, le rassemblement des paysans dans la communauté villageoise.

1. Tandis que le comte de Mâcon ne conserve que le château de la cité, le comte de Chalon, qui se déplace, tient, outre la forteresse de la cité, celles de Sigy, Charolles, Mont-Saint-Vincent, qu'il fait administrer par des prévôts, P. 194 (1030 env.) – 44 – 45 – 46 (2e moitié (XIe) ; ce sont des chevaliers rétribués par des fiefs et par le tiers des profits de justice ; mais ils sont soumis à l'autorité comtale.

CHAPITRE IV

LES NOUVELLES CLASSES : CHEVALIERS ET PAYSANS

L'abandon de l'ancienne classification sociale, fondée sur l'opposition entre la liberté et la servitude, se fit lentement, en deux étapes, séparées par tout le XIe siècle. D'abord, aux environs de l'an mil, l'existence d'une nouvelle catégorie juridique, la chevalerie, fut reconnue par la coutume. Mais il était plus facile d'admettre une nouvelle division que d'oublier la très vieille distinction qui, parmi les paysans, séparait les francs des serfs ; aussi, pendant trois générations, la société laïque fut-elle partagée en trois groupes : la classe chevaleresque, la paysannerie libre et la classe servile. C'est seulement au lendemain de la première croisade que les deux dernières catégories se confondirent et que s'effacèrent les traces de l'antique opposition sociale ; et celle-ci devait encore laisser dans le langage et dans la conscience collective des survivances tenaces.

A. LA FORMATION DE LA CLASSE CHEVALERESQUE

1. *L'apparition du titre*

En 971, *miles*, traduction latine du mot vulgaire chevalier, est, à notre connaissance, employé pour la première fois par les scribes mâconnais pour désigner le membre d'une classe sociale particulière[1]. Certes, le vocable était

1. C. 1297, auparavant *miles* et ses dérivés sont employés dans des locutions métaphoriques telles que *cingulum militie solvens*, C. 802 (951). – C. 889, daté de 954-975, est un faux forgé à la fin du XIe siècle, voir n. 2, p. 223.

en usage depuis un certain temps dans la langue populaire et son apparition dans les titres d'archives ne signifie pas qu'une nouvelle représentation sociale soit née à ce moment précis. Les rédacteurs de chartes et de notices avaient leur propre langage, consacré par la tradition, et l'expression nouvelle leur fut imposée de l'extérieur par la pratique courante [1]. Les chancelleries d'Église furent lentes à suivre le mouvement et c'est par inadvertance et contre sa volonté d'écrire un latin classique qu'un chroniqueur comme Raoul Glaber use à deux reprises du mot *miles* pour exprimer non la fonction militaire, mais une qualité sociale [2]. Lorsque les notaires adoptèrent l'équivalent latin de « chevalier », la transformation de la société était achevée, elle était éclatante. Néanmoins, la date de l'adoption est importante : c'est celle de la reconnaissance officielle de cette transformation et de sa consécration juridique. Tâchons d'expliquer le fait, en recherchant quel terme désormais périmé fut remplacé par *miles* et quelles furent les raisons de cette substitution.

*

Dans le beau livre où il étudie les origines de la noblesse française, Guilhiermoz a soutenu jadis que la notion qu'exprime le terme *miles*, disons la chevalerie, et les trois notions de liberté, de vassalité et de noblesse étaient, au XIe siècle, équivalentes. Pour lui, *miles* s'est substitué à *liber*, à *vassus* et à *nobilis*. Les textes mâconnais lui donnent-ils raison ?

Il y a longtemps que les érudits ont rejeté la première de ces propositions et démontré que la qualité de chevalier ne se confondait pas avec le statut de l'homme libre [3]. En fait, nos chartes montrent clairement que les expressions *liber* ou *francus* ne se sont pas effacées devant le titre chevaleresque, que, pendant tout le XIe siècle, il exista des laïcs qui, sans mériter d'être appelés chevaliers, n'en jouissaient pas moins de la liberté ; nous reviendrons sur ce point tout à l'heure en étudiant les classes paysannes. Certes, la chevalerie est incompatible avec la servitude ; des hommes riches et de grande influence, comme les prévôts des grands doyennés clunisiens, qui fraient avec la noblesse et vivent en seigneurs, n'ont pas droit au titre : ils sont serfs. Le Mâconnais n'a pas

1. C. 1297 (971), 1915 (990 env.), 2532 (1000) ; le terme est employé dans les *signa* sous la forme *S.N. milltis*.

2. Glaber emploie toujours *miles* dans son sens technique pour désigner les combattants : I, p. 3, 7 ; III, p. 2, 7 ; III, p. 9, 38 ; IV, p. 9, 26 ; V, p. 4, 21, *tola, falanx militum... tam equites quam pedites*. – Sauf dans deux passages : IV, p. 2, 5, le *miles* lombard entouré de ses domestiques et II, p. 10, 21, les *milites Autisiodori commanentes*, qui mènent une guerre contre un *nobilis* de la région.

3. Bloch, « Liberté et servitude » et « Passé de la noblesse », p. 366.

connu la ministérialité à l'allemande. Mais *miles* n'est pas pour autant synonyme de franc ; il désigne une catégorie particulière de laïcs libres, et cela dès le début de son usage, ce qui interdit de penser, notons-le, à quelque restriction ultérieure de son sens.

S'appuyant sur les capitulaires militaires de l'époque carolingienne, sur quantité de chartes et de textes littéraires, Guilhiermoz a voulu prouver que le service d'armes s'était au IXe siècle transporté des alleux sur les fiefs et que, par conséquent, le vassal, soldat par excellence, avait tout naturellement reçu le nom de *miles*. Sur ce point, sa démonstration n'a jamais été sérieusement attaquée et l'on admet communément l'équivalence entre la chevalerie et la dépendance vassalique [1]. À première vue, les documents mâconnais semblent bien confirmer cette opinion : le moment où se répand le qualificatif chevaleresque est celui-là même où les institutions féodovassaliques viennent encadrer l'aristocratie ; et surtout, dans bien des chartes, *miles* paraît remplacer dans la traduction latine des mots qui, comme *vassus* ou *fidelis*, expriment nettement une dépendance personnelle. Quand on voit le préambule d'un titre de précaire : « *Adiit quidam vassus..., quidam fidelis...* » devenir en l'an mil : « *Adiit quidam miles...* », quand, dans les notices de plaid, la formule : « *Proclamaverunt se... de quodam milite* » se substitue à « *Proclamaverunt se de quodam vasso* », on se laisserait volontiers convaincre, d'autant plus que ces actes ont pour objet, précaire évoluant vers le fief, mall public se transformant en cour féodale, des institutions toutes pénétrées d'influence vassalique [2]. La chevalerie n'est-elle donc que la vassalité ?

À vrai dire, si l'on regarde de plus près, trois faits font douter de l'identité absolue des deux notions. Le premier, c'est que tous les vassaux ne sont pas des *milites* : ainsi, dans une charte de 1107, le comte de Mâcon permet aux moines de Cluny d'acquérir des terres que tiennent de lui en fief « ses chevaliers

1. BLOCH, *AHES*, 1933, p. 369 ; *Société*, II, p. 15. – LOT, *Art milit.*, II, p. 421, « au Xe siècle, vassalité, cavalerie, noblesse se confondent. Un seul terme les désigne : chevalerie ».

2. *Adiit quidam miles N. nomine humiliter deprecans*, M. 505 – 391 – 398 – 475 – C. 2087 – 2195 – 2950, succède à *Adiit quidam vassus*, C. 920 (954-994), M. 410 (981-986), *quidam fidelis*, C. 912 (fin Xe), M. 9 (949), C. 2517 (fin Xe). – Pour désigner les membres de la cour judiciaire, clunisienne ou comtale, on emploie *miles* : C. 1821 (990), 2552 (1002), 2406 (996-1007), 3262 (1040 env.) au lieu de *fidelis*, C. 2407 (996-1007). – Dans les notices des plaids clunisiens, on employait la formule *Proclamaverunt se de quodam vasso...*, C. 1723 (986), 1759 (987-996), 1852 (990-991), 1855 (990-991), et brusquement, on remplace *vassus* par *miles*, C. 1842 (990 env.), 1887 (991-992), 1978 (993-996), parfois pour qualifier le même personnage, C. 1723 et 1887. – Enfin, pendant tout le XIe siècle, *miles* désigne le feudataire : C. 3323 (1030 env.), 2846 (1040 env.), 2924 (1039), 3246 (1040 env.), 3472 (1074), 3577 (1060 env.), 3829 (1105), P. 86 (fin XIe), 111 (1050 env.).

ou ses hommes[1] ». Le titre chevaleresque ne s'applique donc qu'à certains feudataires, ce qui réduit singulièrement la portée des déductions de l'auteur des *Origines de la noblesse*. La seconde constatation est d'ordre grammatical. Dans toutes les formules où *miles* désigne un dépendant, aussi bien dans nos textes que dans ceux que Guilhiermoz a rassemblés, la relation d'homme à homme est marquée non par le substantif lui-même, mais par un artifice grammatical, possessif ou génitif. Ainsi, quand Guilhiermoz juge que la locution *militare alicui* a un sens vassalique, il n'a pas tort, mais c'est le mot *alicui* qui exprime la dépendance personnelle et la notion de service, *militare* n'est là que pour indiquer la qualité particulière du service et le rang social du dépendant[2]. Il en est de même, il est vrai, quand sont employés *vassus* ou *fidelis*, mais, à l'inverse de ces deux termes, *miles* peut être employé seul et n'a plus dès lors aucune signification vassalique. Ceci nous conduit à notre dernière remarque. Très souvent *miles* est utilisé comme titre personnel ; c'est même là son emploi le plus original ; on s'en glorifie, on insiste : « moi, N., chevalier ». Si le mot évoquait seulement une soumission de la personne, pourquoi s'en parerait-on ? Il n'y a rien d'honorable en soi à se proclamer l'homme d'un autre, à moins que celui-ci ne soit un très haut personnage dont le patronage est particulièrement avantageux. Mais alors on l'indique, comme le faisaient les nobles du IXe et du début du Xe siècle lorsqu'ils se flattaient d'être non pas vassaux tout court, mais vassaux du roi ou du comte[3]. Ceci nous semble suffisant pour ne pas admettre plus longtemps la seconde équivalence de Guilhiermoz, dont la thèse se fonde d'ailleurs sur une conception de la société du XIe siècle qui a le tort, à notre avis, de surestimer l'importance des relations féodales et de négliger l'alleu. *Miles* n'exprime pas une attache personnelle, mais une qualité. Sans doute, la plupart des vassaux en sont-ils revêtus et leur seigneur alors le souligne : il ne

1. C. 3867, *adquirere a militibus vel ab hominibus suis de feodo quem ab illo possidebant* ; de même, C. 3862 (1107), *et quicumque de militibus meis et de hominibus honoratis meis et de feudalibus meis*. Voir aussi P. 8 (déb. XIe) : des vassaux font une donation *pro gratia senioris sui* ; un seul d'entre eux est dit *miles*. Enfin, nous avons dit déjà que le vocabulaire et le rituel de la vassalité étaient en usage dans toutes les classes de la société : les prévôts en particulier, qui ne sont pas tenus pour chevaliers, font hommage à leur maître et lui furent fidélité (voir *infra*, ch. VIII, B).

2. GUILHIERMOZ, p. 342. Il en est de même dans les expressions *miles alicujus effici, alicui se in militem dare*. Dans les textes cités p. 344, *miles* est toujours accompagné d'un possessif ou d'un génitif, chargés seuls de traduire la relation d'homme à homme.

3. Pourquoi, dans l'acte même où il donne à une église le *servitium* qu'il levait sur l'alleu de son fidèle, C. 1297 (971), ce très haut seigneur marquerait-il humblement, dans la souscription, sa propre subordination ? Jadis, on indiquait toujours dans les actes la qualité supérieure du patron, M. 204 (886-927), *G., vassalus domni Willelmi comitis*, C. 271 (926), *G. vassalus Gisleberti comitis*, C. 272 (926), etc.

les appelle plus seulement ses fidèles ou ses hommes, mais « ses » chevaliers, comme il dit, le cas échéant, « mon clerc », sans que nul ait jamais supposé que le terme *clericus* emporte avec lui l'idée d'un dévouement à un homme. Pas plus que de libre, chevalier n'est synonyme de vassal ; la chevalerie n'est pas la vassalité.

Ainsi, de la thèse de Guilhiermoz, subsiste seule l'identité entre la noblesse et la chevalerie. Celle-ci du moins est bien démontrée par nos documents. Reprenons toutes les formules où *miles* semblait remplacer *vassus* ; partout, un examen plus approfondi montre qu'en réalité l'expression nouvelle vient recouvrir le mot *nobilis* ou ses équivalents. Dans les chartes de précaire, les scribes n'avaient jamais parlé que par exception de fidélité, et sous leur plume, « chevalier » se substitue aux anciens qualificatifs nobiliaires, certaines redondances le prouvent [1] ; de même, dans les notices judiciaires, quand *miles* entre en usage, il y a déjà plusieurs années que l'adjectif « fidèle » a cédé la place à « noble » [2] ; dans les formules d'échange, où jamais n'étaient intervenues les notions vassaliques, c'est encore *nobilis* que *miles* vient remplacer [3]. Enfin, si de nombreuses expressions marquant le lien d'homme à homme restent en usage au XIe siècle, après 1030 les vieilles épithètes nobiliaires disparaissent : le dernier texte mâconnais connu où *nobilis* est utilisé comme étiquette sociale date de 1032 [4]. On se servira encore de temps à autre de ces adjectifs pour honorer particulièrement certains chevaliers [5], mais ils n'expriment plus le rang social, sauf cependant – et le fait est convaincant – celui des femmes de haute naissance, faute d'élé-

1. La formule la plus fréquente était *Adiit quidam nobilis vir ; fidelis* était peu employé. Voir M. 391 (996-1081), *R. nobilis miles, veniens ante presentiam...*

2. Voir C. 2552 (1002), pour désigner les assesseurs *ceterumque nobilium hominum qui ante eos stabant*, puis *ceterorum militum qui ibi aderant*. Dans les notices judiciaires, *fidelis* est remplacé à ce moment par des qualificatifs nobiliaires : dernier emploi de *fidelis*, C. 2406 (997-1007) ; ensuite *nobiles viri*, C. 2719 (1019), 3342 (1050-1065), *nobiles seniores*, C. 2992 (1049-1065). C'est la noblesse que l'on veut exprimer et c'est pourquoi *miles* remplace *fidelis*.

3. Formule ancienne *Placuit inter N. et nobilem hominem, N' nomine*, C. 271 (926), 1374 (974), 2532 (1000), P. 96 (1030 env.). Formules nouvelles : C 2532 (1000), dans les souscriptions, le contractant est appelé *miles* ; dans P. 96 : a) *inter quosdam nobiles viros... convenit...* ; b) *dederunt igitur... G. et H. militibus...*

4. C. 2883.

5. Non pas dans les actes, mais dans les cartulaires où les copistes ont voulu distinguer des simples chevaliers les sires châtelains ; cartulaire de N.-D. de Beaujeu (B. 19), de Saint-Marcel-lès-Chalon (SM. 6 et 48) et de Paray-le-Monial (P. 2 – 8 – 45 – 15 – 26 – 107), tous rédigés à la fin du XIe siècle.

ment de substitution et parce que *miles* est un terme essentiellement masculin [1]. L'adoption du titre chevaleresque ne marque donc pas une altération de la notion de liberté ; contemporaine de l'extension des relations vassaliques, elle n'en est cependant pas l'effet direct ; elle signifie avant tout que la noblesse a revêtu un nouvel aspect.

*

Il n'est pas étonnant que l'on ait utilisé pour désigner les « nobles » un terme militaire. Sans doute, jusqu'alors, ce mot technique avait-il été compris dans un sens précis, il s'appliquait aux combattants et pouvait par conséquent convenir à tous les hommes libres, à ceux du moins qui n'avaient pas coupé leurs cheveux et « dénoué leur baudrier » pour se faire clercs : au Xe siècle, la *milicia* était la liberté laïque [2]. Mais on sait bien que l'activité guerrière était en fait réservée depuis longtemps aux francs les plus fortunés qui, s'armant convenablement et entretenant des chevaux, pouvaient seuls tenir au combat un rôle efficace [3]. Seuls les membres de l'aristocratie, ceux que l'on qualifiait généralement de « nobles », étaient de vrais hommes d'armes et l'habitude était ancienne de tenir l'usage du cheval et de l'épée pour le signe extérieur de la noblesse [4]. Enfin, à l'approche de l'an mil, le mouvement pour la paix de Dieu accentua peut-être encore cette tendance naturelle des esprits : quand, pour mieux contenir le désordre, le port d'armes fut interdit aux petites gens et quand les paysans, réputés *imbelles, inermes*, jouirent d'une protection spéciale, la spécialisation militaire des riches fut affirmée. La synonymie s'explique donc aisément ; mais pourquoi la préférence ?

Les deux termes *nobilis* et *miles* n'ont pas, remarquons-le, la même fonction grammaticale : le premier est un adjectif, le second, un substantif. Légère nuance de l'expression certes, mais qui, croyons-nous, reflète une modification

1. *Nobilis femina* ; C. 315 (sd), 2853 (1031), 2883 (1032), 2014 (1010 env.), 2678 (1010 env.), 3734 (fin XIe), M. 498 (1018-1030), SM. 56 (1120-1123), B. 19 (1090). La seule fois où *nobilis* soit porté comme un titre, il l'est par une femme.

2. Antithèse classique entre les deux « milices » temporelle et spirituelle ; formules qui expriment l'entrée dans l'ordre des clercs (*cingulum militie solvere*, C. 802). Sur le sens technique du mot *miles*, emploi par R. Gl. (voir *supra*, p. 230, n. 2).

3. Dernière mise au point de cette question dans Lot, *Art milit.*, I, p. 91-94.

4. Vie de saint Géraud d'Aurillac par l'abbé Eudes de Cluny, dans Migne, *PL*, 133, col. 647 : *licuit laico homini in ordine pugnatorum posito gladium portare ut inerme vulgus... defensaret* ; canons du concile d'Anse, C. 2255 (994), *ut nulla secularis dignitas seu militaris sublimitas*. À Cluny, les hôtes à cheval, plus « nobles », sont mieux reçus que les piétons et logés dans un bâtiment particulier, Lesne, *Propr. eccl.*, p. 123.

profonde de la mentalité sociale. Si l'on a cessé de se servir du mot « noble », c'est qu'il n'était plus possible d'employer, pour désigner les membres de la classe supérieure, cette épithète de valeur comparative qui n'exprimait qu'une qualité d'intensité variable. Il fallait un nom, un titre, au sens certain, le même pour tout un groupe et qui pût, comme *clericus* ou *servus*, traduire un état et non pas seulement une supériorité relative et changeante. En fait, *miles* fut utilisé d'abord comme un titre et parce que le besoin d'un titre personnel se faisait sentir[1]. Il ne suffisait pas d'être tenu pour plus noble que certains ; il fallait pouvoir maintenant proclamer soi-même sa qualité, affirmer en toute occasion que l'on appartenait à une catégorie sociale bien définie. L'adoption du nom *miles* par les rédacteurs de chartes ne signifie pas seulement la reconnaissance juridique de la vieille identité de fait entre la vocation guerrière et la richesse ; elle nous paraît le premier signe, le plus caractéristique, d'une conscience de classe à son début. C'est la preuve que la « noblesse » indécise et fuyante trouve, à la fin du Xe siècle, ses limites, devient une classe véritable, dont tous les membres partagent, comme ceux des autres groupes juridiques, les clercs ou les serfs, le même statut.

Or, cette transformation du langage est absolument contemporaine de la révolution politique. Réalisée entre 971 et 1032, elle s'inscrit dans la période même où le mall comtal devient une cour privée, où apparaissent les premières coutumes de la seigneurie banale. La coïncidence est trop nette pour être fortuite et il convient de mettre en rapport avec les conditions nouvelles de la vie politique l'adoption du vocable militaire et la délimitation de l'aristocratie qu'elle implique : les trois phénomènes sont liés. Tant que, sous la direction du comte, les institutions publiques maintinrent en droit l'unité de la classe libre, la noblesse resta relative et des adjectifs comme *nobilis, strenuis, inluster*, qui marquaient seulement l'illustration morale, convenaient parfaitement pour exprimer une nuance supérieure de la liberté. Mais la chute du pouvoir comtal modifie tout le milieu social ; la nouvelle conception de l'autorité trace au sein de la classe libre une limite nette entre ceux qui sont soumis à la seigneurie et ceux qui lui échappent ; cette limite est désormais la frontière de la noblesse. En deçà sont placés des personnages plus ou moins nobles qui possèdent en commun le même privilège ; ce n'est plus un comparatif, c'est un titre qui doit les désigner. Et comme leur capacité militaire leur permet précisément de se soustraire à l'exploitation seigneuriale, les exempte des coutumes banales, il est

1. *Miles* est utilisé d'abord comme titre personnel dans les souscriptions, C. 1297 (971), 1915 (992), 2532 (1002), et dans les suscriptions, C. 911 (990 env.), 2573 (1002), 2574 (1002), M. 260 (1008) : « *Signum N. militis* » et « *Ego miles* », ce sont bien des titres.

tout naturel qu'ils mettent en avant, comme signe de leur noblesse, leur qualité de combattants. Les chevaliers sont les hommes libres de la classe supérieure qui ne connaissent pas la contrainte, mais seulement des obligations vassaliques. La chevalerie de l'an mil est l'ancienne « noblesse » pourvue enfin d'un contour et d'une définition qui s'est cristallisée autour du métier des armes et des privilèges juridiques qu'il procure.

2. *L'hérédité de la chevalerie*

C'était reconnaître en droit une supériorité de nature économique ; dans la société du xe siècle, les plus nobles étaient les plus riches et pour être guerrier de profession, fréquenter la cour du comte et non celle du viguier, il fallait jouir d'une certaine aisance. La limite précise que marque en l'an mil l'adoption du titre chevaleresque correspond à un certain niveau dans la hiérarchie des fortunes. Lequel ? Il importe de le définir, maintenant qu'il est nettement souligné et revêtu d'une valeur juridique.

On se réfère d'ordinaire pour cela aux antiques prescriptions des capitulaires de 806 et 807, qui obligeaient au service militaire les possesseurs de plus de quatre manses et exigeaient l'armement complet des seigneurs fonciers disposant d'une douzaine au moins d'exploitations agricoles [1]. Mais il nous semble téméraire de supposer que de telles notions se soient conservées pendant les deux siècles de troubles qui ont ébranlé l'édifice politique carolingien dans ses assises les plus profondes, et plus dangereux encore d'attribuer une valeur générale à des mesures qui n'eurent jamais qu'un caractère local et exceptionnel [2]. Mieux vaut s'en tenir à l'enseignement des textes contemporains. À quel prix d'abord pouvait-on s'équiper ? Le cheval n'était pas rare en Mâconnais, où les paysans en faisaient volontiers l'élevage, et tout propriétaire un peu aisé pouvait facilement se transformer en cavalier ; d'un bout à l'autre du xie siècle, un cheval vaut selon sa qualité de vingt à cinquante sous, c'est-à-dire cinq fois plus qu'un bœuf [3]. Plus coûteuses étaient les armes : le prix moyen de la seule cuirasse, élément essentiel du harnois

---

1. Capitulaires de 807 et 808, Borettus, I, p. 134-135 et 136-137 : service militaire des possesseurs de plus de quatre manses *vestiti* ; capitulaire de 806, Boretius, I, p. 123 : service avec la brogne des possesseurs de plus de douze manses. Déléage estime que ces distinctions sont à la base, à la fin du xe siècle encore, de l'opposition entre le domaine chevaleresque et le domaine paysan, *Vie rur.*, p. 445.

2. Halphen, *Charlemagne*, p. 171.

3. Paysans éleveurs et vendeurs de chevaux : C. 3789 (fin xie). Prix du cheval : a) fin du xe siècle, deux *milites* achètent des chevaux à Cluny, l'un est estimé 20 sous, C. 1769 (987-996), l'autre 50, C. 1848 (990-991) ; b) fin du xie siècle, à Montberthoud, le roncin vaut de 20 à 40 sous, le cheval de 25 à 50, C. 3789. Un bœuf coûte de 6 à 10 sous, C. 2334 (996-1031), 2957 (1042).

noble, était semble-t-il de cent sous ; c'était celui d'un bon manse[1]. Qui voulait acquérir l'équipement chevalesque devait donc disposer d'un capital mobilier de plusieurs livres ; ce n'était pas le cas de la plupart des paysans qui, pour remembrer leur héritage, mettent de longues années à rassembler une poignée de deniers. Et il ne suffisait pas d'être armé ; il fallait surtout au chevalier des loisirs, qu'il n'hésitât pas à abandonner, à la première alerte, la direction de son exploitation agricole : la vie chevaleresque était donc réservée à ceux qui pouvaient se reposer entièrement sur d'autres travailleurs du soin de leur domaine, à ceux qui menaient une existence purement seigneuriale[2]. Des seigneuries foncières de contenances très diverses pouvaient assurer l'indépendance économique indispensable et, comme les tenures rapportaient peu, l'important était d'avoir une bonne réserve et des domestiques en nombre suffisant ; mais généralement, le domaine du chevalier groupait autour de sa *curtis* une dizaine de manses : Fromaud, *nobilis homo*, frère de chevalier, qui, sans entrer en religion, se retire dans le cloître de Saint-Vincent de Mâcon, donne au début du XIe siècle à ses confrères les chanoines tout son bien, c'est-à-dire une quinzaine d'exploitations agricoles[3] ; à la même époque, Arlier le Chauve possède, dans la vallée de la Grosne, trois manses, cinq courtils, trois familles serviles et une belle réserve faite de terres dispersées[4] ; en 1080, le chevalier beaujolais Létard de Feugères partage entre ses parents une seigneurie foncière d'une semblable valeur[5]. Ces trois personnages appartiennent à la chevalerie la plus modeste. Par conséquent, l'accès de la *milicia* est réservé aux gros possesseurs fonciers, à ceux qui tiennent au moins cent cinquante hectares, c'est-à-dire en fait à un très petit nombre.

Aucun élément statistique ne permet de dénombrer avec exactitude ceux qui, au tournant de l'an mil, purent se parer du titre chevaleresque. Cependant, dans les cinq paroisses contenues dans l'ager de Merzé, ce territoire privilégié de notre documentation, où nous avons la certitude de connaître tous les personnages marquants, nous avons reconnu l'existence, à la fin du Xe siècle, de sept chevaliers[6]. Si l'on admet que les nobles étaient également répartis parmi les cent

1. C. 3034 (1080 env.), Landry Gros échange avec Cluny un manse contre une *lorica* estimée 100 sous.

2. HECK, I, p. 296-297.

3. M. 473 et 494 (1031-1062) et OBM II, f° 33, *bene apreciatos ad XV, mansos cum servis et ancillis.*

4. C. 1816 – 1883 – 2556 – 2429 – 2430 – 2775 – 1773 – 227.

5. CL. 10, il ne s'agit que des biens qui restent aux mains de la famille après la donation pieuse de Létard.

6. Voir *supra*, Ire part., ch. II, C. 3.

cinquante paroisses de la région mâconnaise, on peut avancer que la chevalerie [1], au moment de sa formation, rassemblait environ deux cents chefs de famille. De nos recherches sur l'origine des chevaliers du canton de Merzé, il ressort aussi que tous les membres de cette classe étaient les héritiers des plus riches possesseurs terriens du milieu du Xe siècle.

Mais puisque la richesse faisait le chevalier, la chevalerie à son début était une classe ouverte. Quiconque avait des armes et le goût de s'en servir, quiconque avait le temps de s'entraîner à l'escrime cavalière et pouvait sans souci quitter son domaine en pleine moisson ou en pleine vendange pour suivre une expédition militaire ou pour tenir garnison dans le château voisin, en faisait aussitôt partie. La fortune – et, bien entendu, la fortune foncière – était la condition suffisante : tout paysan enrichi s'approchait de la noblesse ; la fortune était aussi la condition nécessaire : tout fils de noble dont le patrimoine perdait de sa valeur se voyait du même coup déclassé. Rien de plus mouvant qu'un tel groupe ; achats, ventes, cadeaux, successions en faisaient constamment varier l'effectif. C'est du moins l'opinion de Marc Bloch qui se demande combien, parmi les *milites* du XIIe siècle, descendaient d'aventuriers heureux ou de paysans rassembleurs de terres [2].

À vrai dire, les conditions économiques laissaient peu de chances à la classe chevaleresque de s'enrichir de nombreux parvenus. Le commerce des denrées agricoles ne procurait jamais, nous le savons, que de maigres profits et les paysans ne pouvaient sérieusement espérer quitter un jour la charrue pour les chevauchées militaires. Quant aux concessions féodales, elles étaient beaucoup trop médiocres, nous le montrerons bientôt, pour élever d'un seul coup à la chevalerie un dépendant sans avoir. Au contraire, la tendance économique était à l'appauvrissement progressif des laïcs. Il est certain que l'on comptait en l'an mil beaucoup moins d'hommes en état de combattre à cheval que l'on n'en eût trouvé cinquante ans plus tôt ; plus d'un descendant de familles « nobles », appauvri par les donations pieuses de ses ancêtres et par les partages successoraux, ne put revêtir le titre chevaleresque et, après l'an mil, la désagrégation des patrimoines allait contraindre les plus pauvres des *milites* à renoncer au métier des armes et, partant, à la noblesse. Classe économique, la chevalerie risquait moins de s'étendre que de se vider par le bas.

Et c'était pour ses membres un danger très grave. Quand la « noblesse » n'était qu'une illustration dont l'éclat s'atténuait progressivement, on descendait

1. Remarques de LOT sur l'effectif des armées au Xe siècle, *Art milit.*, I, p. 94-113 : un comte rassemble d'ordinaire quelque deux cents cavaliers dans son ost.

2. *Société*, II, p. 10.

sans y prendre garde les degrés de la hiérarchie sociale, au prix seulement d'un dommage d'amour-propre ; ce n'était pas vraiment déchoir que ne plus fréquenter l'ost comtal, se confiner dans la vie du village et porter ses procès devant les cours vicariales ; on restait libre et indépendant et quelque heureux hasard pouvait un jour tirer de l'ombre le noble dans la gêne. Il n'en est plus de même au XIe siècle : si l'on n'est plus capable de combattre, on tombe aussitôt sous la domination d'un puissant ; il faut répondre aux exigences de ses prévôts, subir une dépendance infiniment plus dégradante que le libre engagement vassalique et celle-ci héréditaire : c'est une déchéance brutale et irrémédiable. Maintenant qu'une limite précise sépare les chevaliers des autres, la franchir, c'est perdre le plus précieux des avantages politiques et sociaux. Et l'on imagine sans peine le tourment des nobles peu fortunés, dont les revenus leur permettent tout juste de soutenir leur état, voyant des fils trop nombreux se presser sur un maigre héritage ; ils rêvent évidemment de leur transmettre, même dans la pauvreté, le privilège qu'ils doivent à leur relative aisance [1]. Selon toute vraisemblance, le désir d'assurer aux héritiers, à défaut d'une fortune suffisante, le titre chevaleresque naquit en même temps que la conscience de classe, que le sentiment d'appartenir à un groupe au contour strict et aux privilèges certains. L'évolution des institutions politiques avait conféré à la nouvelle noblesse trop d'avantages pour qu'elle restât longtemps ouverte ; elle devait rapidement se fermer, au moins dans un sens : car s'il importait avant tout d'empêcher la postérité de glisser hors de la noblesse, point n'était encore besoin de se défendre contre l'intrusion massive des parvenus. Il faudra un renversement des conditions économiques, l'apparition d'un phénomène nouveau, l'enrichissement des petits pour engendrer bien plus tard une fermeture totale [2]. Mais l'hérédité, elle, était en germe, dès sa formation, dans la chevalerie.

L'idée mit toutefois un certain temps pour s'imposer et, dans les premières décennies du XIe siècle, la classe chevaleresque perdit encore quelques-uns de ses membres. Des sept chevaliers qui vivaient en l'an mil dans l'*ager* de Merzé, l'un, Aidoard, mourut sans descendance ; deux autres, Seguin et Engeaume, ne léguèrent pas à leurs fils de quoi tenir leur rang et ceux-ci furent réduits à la condition paysanne : on voit en 1080 leurs descendants exercer les fonctions sans honneur de prévôts dans leur village natal, pour le compte du lointain châtelain de Bourbon-Lancy. À la fin du XIe siècle, seuls quatre lignages, plus

1. Au même moment, ils s'efforcent de protéger le patrimoine contre les risques de démembrement ; la fermeture de la classe chevaleresque doit être mise en rapport avec le resserrement du groupe familial que nous étudions *infra*, ch. V, A.

2. Aucune mention de l'adoubement dans les notices mâconnaises.

riches et surtout moins prodigues en aumônes, les Merzé, les Arlier, les Mailly et les Burdin, conservent le titre chevaleresque et nulle ascension de famille pauvre n'est venue combler le vide [1].

Mais, entre 1050 et 1075, de multiples indices montrent que la chevalerie cesse d'être la marque d'une supériorité de nature économique pour devenir une qualité strictement héréditaire. Tout d'abord l'usage du titre chevaleresque devient beaucoup plus fréquent. Auparavant, il était, comme les anciennes épithètes nobiliaires, employé de loin en loin, selon la fantaisie du rédacteur de l'acte : Ancy d'Oblé, par exemple, nommé dans treize de nos documents, n'est appelé chevalier que dans deux d'entre eux [2]. Par contre, à partir de 1060, tous ceux qui ont droit au titre l'arborent constamment ; c'est un rempart contre la déchéance. Dans les cartulaires rédigés à la fin du siècle, tel celui du prieuré de Paray-le-Monial, l'expression *quidam miles* est un véritable critère social : tous les noms qu'elle ne complète pas sont, sans exception, ceux de paysans ou de ministériaux [3]. Ce titre, d'autre part, d'abord simple appendice surajouté, commence vers 1050 à s'incorporer au nom de famille : à la forme « *N. de N'., miles* » on préfère « *N. miles de N'.* » ; il devient par là inséparable du patronyme ; comme lui, c'est la propriété du lignage et tous les héritiers le revendiquent [4]. L'évolution s'achève en 1075 : désormais, on est chevalier de père en fils, en dépit des vicissitudes de la fortune foncière ; le titre chevaleresque est revêtu

1. Seguin a fait une grosse donation funéraire à Cluny, C. 2427 ; vers 1080, les enfants de ses trois fils sont des paysans de Taizé, C. 3034, 3642. Engeaume a été lui aussi très généreux ; vers 1080, son petit-fils, toujours alteutier à Varanges, C. 3641, administre la seigneurie foncière des Bourbon-Lancy à Cortevaix, C. 3642 ; en 1100, Arlier, C. 3277 ; Merzé, C. 3301 ; Burdin, M. 31 ; Mailly, C. 3262.

2. Ancy d'Oblé : C. 2996 – 3026 – 3030 – 3032 – 3082 – 3104 – 3685 – 3753 – 3795 – M. 10 – 26 – C. 3078 ; *miles*, C. 3189 – 3758.

3. Avant 1050, dans la liste de personnages de rang différent, chacun porte le titre auquel il a droit et les chevaliers passent seulement au premier rang des laïcs ; plus tard, les hommes sont répartis dans des catégories bien séparées ; d'une part les *milites* ; de l'autre, les *burgenses et servientes* : C. 3874 (1108), ou plus souvent les *rustici* : M. 548 (1074-1096), 598 (1096-1121), C. 3726 (1097), ASL, H. 24, n° 8 (déb. XIIe), etc.

4. La forme N, *miles de N'*, adoptée vers 1050, C. 3340 (1050 env.), M. 483 (1031-1060), C. 2992 (1049-1065), devient la plus commune après 1075. – Comme N' est un nom de lieu, on s'est demandé si cette expression ne marquait pas la possession d'un fief et ne devait pas s'entendre « N, vassal, tenant le fief de N' », ce qui prouverait encore l'identité de la chevalerie et de la vassalité, NEUFBOURG, p. 244. Il n'en est rien : cette locution est la contraction de *N. miles, cognomento de N'*, comme le montrent les expressions intermédiaires : C. 3758 (fin XIe), *S. Bernardi et Hugonis, militum cognatorum de Busseria* ; C. 3867 (1107), *H. miles de Coloniaco, R. miles, cognomento Derochatus* ; C. 3026 (fin XIe), *W. miles, vocabulo de Biceg* ; B. 11 (1086), *G. quodam milite, cognomento de Stopis* ; C. 3796 (1100), *G., miles de Cluniaco, D., laicus de sancta Maria de Bosco.*

par tous les descendants mâles qui ne sont pas clercs ; mieux, il honore en bloc toute la famille, garçons et filles [1]. Et quand on voit Achard de Merzé, ce fils de chevalier qui, tonsuré, a abandonné toute activité militaire, qualifié cependant *clericus et miles*, on doit se persuader que le titre chevaleresque n'a plus rien à voir avec un genre de vie, avec l'aptitude personnelle au métier des armes ; c'est une étiquette sociale qui distingue les membres d'une classe héréditaire [2].

Dans le dernier quart du XIe siècle, la limite qui entoure la chevalerie est bien une barrière qui empêche ses membres d'en sortir. La *milicia* n'est plus une classe ouverte à tous ceux qui peuvent mener une certaine existence, mais une caste héréditaire et privilégiée, une vraie noblesse, au sens juridique du terme. Ce petit groupe, qui rassemble définitivement tous les descendants des quelques familles qui vers 1030 possédaient de quoi équiper leurs garçons, est le cristal solide aux arêtes vives où, sous l'effet de la révolution politique, s'est condensée la *nobilitas* large et mouvante du haut Moyen Âge.

B. FUSION DE LA LIBERTÉ ET DE LA SERVITUDE AU SEIN DE LA PAYSANNERIE

1. *Disparition des titres* francus *et* servus

La chevalerie, c'est-à-dire non pas tant l'aptitude à tenir dans le combat le meilleur rôle que la possibilité de vivre sans contrainte, de ne relever d'aucune justice définie et d'échapper aux exigences d'un maître, devient donc après l'an mil la qualité sociale par excellence, celle qui vraiment distingue un homme des autres, et relègue au second plan la vieille notion de liberté. Les nouvelles conditions politiques confèrent beaucoup plus de valeur à l'adoubement qu'à la *manumissio* et rapprochent du serf le franc trop pauvre pour porter les armes, à mesure qu'elles l'éloignent du chevalier. Dans la masse des non-nobles, liberté et servitude ne sont plus en fait que des nuances qui, graduellement, s'estompent.

Et pourtant, pendant tout le XIe siècle, on les discerne encore très nettement

1. Tous les fils de chevaliers, même ceux dont la fortune est modeste, sont chevaliers : C. 3677 (1094), *Ego, W., miles de sancto Pontio, cum fratribus meis, Petro videlicet clerico, S. quoque et P., militibus* ; C. 3758 (1100 env.), *B. et H. militum, cognatorum de Busseria* ; M. 31 (1067-1072), *quidam milites scilicet Ugo Burdinus, et Gaucerannus et Eldinus, fratres ejus*. – Le titre qualifie toute la famille ; C. 3822 (1103-1104), *Hi sunt milites qui hanc werpitionem fecerunt : W. de M. et omnes filii et filie ejus. Item H. et A. fratres, nepotes ipsius, et due sorores eorum... Item B... et G., frater ejus...*

2. Achard de Merzé est clerc ; c'est ainsi qu'on le désigne d'ordinaire, C. 2022 – 3290 – 2036, *ego Achardus, clericus*. Mais dans une notice rédigée à Cluny, où l'on tient à marquer sa qualité sociale, on l'appelle *clericus et miles*, C. 2975 (1065 env.).

et le servage reste une institution bien vivante. Au village, chacun sait que tel est serf, que tel autre ne l'est pas [1], et que dans tel ménage, les deux époux n'ont pas le même statut. Dans la ville même, parmi les immigrants, chaque jour plus nombreux, parmi ceux du moins qui ne viennent pas de trop loin, on distingue des autres ceux qui ne sont pas de naissance libre [2]. Enfin, la pratique de l'affranchissement n'est pas abandonnée, encore que les vieilles formules soient moins utilisées pour donner la liberté que pour transférer un dépendant d'un *dominium* dans un autre [3]. Malgré la fusion toujours plus intime entre les paysans serfs et les paysans libres, l'antique distinction survit encore aux approches du XIIe siècle.

Un document des archives clunisiennes porte un témoignage formel à la fois sur cette fusion et sur la persistance en droit du servage et de la franchise, c'est le fragment d'un accord conclu vers 1090 entre le monastère de Cluny et les chanoines de Saint-Vincent de Mâcon pour fixer leurs droits respectifs sur les hommes de deux villages, Ozan, hameau de pêcheurs des bords de la Saône et seigneurie du chapitre, et Blanot, dans la montagne mâconnaise, seigneurie des moines [4]. Les agriculteurs de ces deux terroirs, distants d'une quinzaine de kilomètres, séparés par plusieurs rangées de collines et par un large fleuve et situés sur des itinéraires différents, nouent cependant entre eux des alliances familiales et ces alliances engendrent des transferts de résidence et de propriété. Arrivant on ne sait d'où, un cultivateur s'établit à Ozan où l'on trouve de la terre à prendre ; il y épouse une immigrante (les femmes se déplacent aussi) et leur fille va se marier à Blanot. Une autre fille d'Ozan s'installe aussi à Blanot, y fonde un foyer et conserve dans son pays d'origine un héritage qu'elle conti-

1. P. 160 (fin XIe), *servos dedit pro servis, liberos pro liberis* ; C. 3806 (1100 env.), à Taizé, Humbert de Bourbon-Lancy possédait Bernard Crépu, « homme libre », et réclamait Gautier *pro servo* ; il le donne à Cluny *ut pro illo unum ex parentibus ejus accipiat, qui servili conditione teneatur astrictus.*

2. C. 3221 (fin XIe), G. de Merzé donne *unam ancillam cum filiis et filiabus suis in villa Cluniaco ;* à Cluny, de même, H. de Bourbon-Lancy possédait une serve mariée à un bourgeois et trois serfs avec leurs enfants, C. 3806 (1100 env.).

3. C. 3306 (fin XIe), Hugues de Berzé donne *unum de servis meis... ut ab hac die a mea et omnium meorum servitute liber et securus in servitio seniorum Cluniacensium maneat devotus* ; C. 3339 (1050 env.), *hominem quemdam... mee servituti proventum ab hac die et deinceps facio liberum nexuque totius servitutis absolutum, principi apostolorum Cluniacensisque cenobii trado in dominium, tali tenore ut cum omni nascentia ab hac die de se generanda sancto loco illo serviat* ; C. 3621 (1087). – Sur l'effet de l'affranchissement qui dénoue les liens anciens pour faire passer le dépendant au service d'un autre maître, BLOCH, « *Colliberti* », p. 28.

4. C. 3649.

nue à exploiter[1]. Ce texte témoigne d'abord de la mobilité de la paysannerie du XIe siècle. Il montre aussi que serfs et libres vivent côte à côte et s'unissent souvent par mariage, malgré les entraves seigneuriales : Aleaume de Blanot, serf de Cluny, pour épouser Ozanne, femme libre mais dépendante de Saint-Vincent, n'hésite pas à donner à ses maîtres deux serfs domestiques qu'il possédait[2]. Ce document prouve enfin que déplacements et alliances n'altèrent guère le statut individuel des paysans. Certes, sous la pression de la seigneurie territoriale, les libres perdent vite leur indépendance : s'il vécut quelque temps sans attaches, l'immigrant d'Ozan ne tarda pas à se commender aux seigneurs du village[3]. Mais une fois noués, ces liens résistent. Dans la *potestas* clunisienne de Blanot, les manantes originaires d'Ozan et filles dépendantes du chapitre de Saint-Vincent restent attachées aux seigneurs de leur père. Lorsque deux libres, dépendants de seigneuries différentes, ont des enfants, leur progéniture se partage entre les deux dominations. Et surtout, dans ces ménages mixtes où l'homme est serf et la femme libre, celle-ci conserve sa franchise et la transmet à ses enfants. Fille d'un serf de Cluny, résidant à Blanot, sur le territoire banal de la seigneurie clunisienne, une paysanne se voit réclamer un *servicium* par les moines ; parce que sa mère était libre, elle le refuse et la cour seigneuriale lui donne raison[4]. Servitude et liberté sont toujours clairement distinguées ; le franc qui se commende devient « homme de poté » et non pas serf et, dans les tribunaux de village, la coutume même de la seigneurie banale, qui épouse de très près l'évolution des mœurs, reconnaît encore, au temps de la première croisade, l'existence des deux statuts.

Mais brusquement, à l'orée du XIIe siècle, ils disparaissent l'un et l'autre. Dès le second tiers du XIe siècle, les gens les plus capables de discerner les nuances juridiques, les clercs chargés de rédiger les notices, semblent ne plus savoir vraiment ce qu'est la franchise, ce qu'est le servage. Ainsi la charte de 1062 qui relate l'acquisition par les Clunisiens du domaine de Berzé-la-Ville indique que sont cédés avec la seigneurie « les serfs et les serves qui résident sur tout le

1. *Primo venit quidam liber homo ad Osannum villam... ; contigit ut postea quedam libera femina similiter advenerit, quam predictus homo duxit uxorem.* Après leur mort, une de leurs filles *venit ad Blanoscum... aliis in Ausano remanentibus... accepit maritum de Blanosco.* Aleaume de Blanot *accepit uxorem de villa Ausannum ; ... hereditatem suam quem habebat in Ausana...*

2. *... quia de potestate sancti Vincentii erat, dedit pro ea duo mancipia....*

3. *... cum ibi in libera voce masisset, commendavit se senioribus ipsius ville.*

4. *... et ita factum est ut inter duas potestates parentela dividatur.* – La fille d'Aleaume et d'Ozanne, *cum ei servitium a Cluniaco quereretur, dixit publice quod, per occasionem de matre sua, transferret se ad potestatem sancti Vincentii. Hoc legaliter probari potest.*

patrimoine, qu'ils soient libres ou qu'ils soient serfs[1] ». Déjà le sens du mot *servus* s'obscurcit : le scribe sait bien encore qu'il s'oppose à « libre » et désigne les membres d'une catégorie juridique particulière de la paysannerie ; mais, suivant sans doute en cela l'usage populaire, il appelle serf, quel que soit son statut personnel, le manant, celui qui réside sur le territoire d'une seigneurie banale et acquitte les coutumes. À la génération suivante, la confusion est complète. En 1103, les moines de Cluny, qui avaient eu beaucoup de peine à récupérer une famille de dépendants que leur disputaient des chevaliers, firent rédiger un acte pour préserver leurs droits. Il s'ouvre par un préambule où l'on oppose avec emphase au *jugum servitutis* qui pesait jadis sur ces gens l'*ingenua libertas* dont ils jouissent maintenant. En fait, il s'agit de serfs donnés à Cluny et considérés dès lors comme affranchis (*liberti*) ; or, ils ne sont ni indépendants, ni libres, seul a été dénoué le lien personnel qui les attachait à leurs anciens maîtres. « *Hi sunt rustici qui a servitutis jugo liberati beati Petri servitio mancipati sunt* » : dans l'esprit du rédacteur, c'est-à-dire des moines de Cluny, sont « libres » les hommes qui dépendent uniquement de la seigneurie ecclésiastique, et sont « serfs », par opposition, ceux qui restent soumis à la puissance laïque. Cette déviation de sens, que légitime l'idée commune à tous les clercs que les sujets de l'Église sont favorisés par rapport aux autres paysans, témoigne au moins du complet obscurcissement des antiques notions de liberté et de servitude, encore vivantes en Mâconnais au milieu du XIe siècle et qui distinguaient clairement alors les membres de la communauté publique des hommes qui, par leur naissance, s'en trouvaient écartés[2].

Si les lettrés pouvaient commettre de tels contresens, il est certain que les gens du peuple ne comprenaient pas mieux la signification des étiquettes sociales qui s'attachaient traditionnellement à tel lignage. En fait, vers 1065, les maîtres commencent à employer pour désigner tous leurs dépendants un terme commun au sens très large, le mot « homme » ; ils ne s'inquiètent plus du statut personnel de ceux qu'ils commandent[3]. Quarante ans plus tard, en 1105, le titre *servus* est, à notre connaissance, appliqué pour la dernière fois à un

1. C. 3380 (1062), *villas cum servis et ancillis qui ubicumque in ipsa hereditate degunt et habitant, liberi sive servi*.

2. C. 3822 (1103-1104), ce document peut être rapproché du texte contemporain cité par BLOCH, « *Colliberti* », p. 34-35, où l'on voit un serf donné par son maître à une église et voué pour cela à la *libertas ecclesiastica*, mais non pas indépendant, puisque *sub jure ecclesiastice familie conditionaliter servitio divino sit mancipatus*.

3. C. 3324 (1065 env.) ; M. 34 (1063-1072) ; C. 3610 (1085-1087) ; SM. 119 (fin XIe), etc.

individu dans un acte écrit[1]. Désormais, ce vocable n'apparaîtra plus que très rarement dans les chartes et les notices, jamais plus pour indiquer la qualité sociale d'un personnage déterminé, mais uniquement dans des formules générales où sont accumulés tous les termes connus, même les plus périmés, pour prévenir, lors de la transmission des droits sur les hommes, toute restriction mentale et toute contestation future[2]. Après 1105, aucun homme en Mâconnais n'est plus considéré personnellement comme « *servus* » ; on ne connaît plus que des paysans. Peut-être l'abandon des vieux titres opposés, serf et franc, est-il plus précoce ici que dans d'autres provinces ; en tout cas, il se manifeste au même moment dans la France de l'Ouest et dans la France du Sud-Est et ne paraît guère antérieur à la disparition dans les pays de la Loire du mot « culvert » et de la catégorie sociale qu'il désignait[3]. C'est le signe d'un nouvel aménagement de la société rurale. Comment faut-il l'interpréter ?

2. *Les causes*

Si tout d'un coup, dans les documents qui dix ans plus tôt en parlaient à chaque instant, il n'est plus fait mention de serfs, ce n'est pas que ces hommes aient brusquement disparu ni qu'ils aient tous ensemble reçu la liberté. La classe servile jouissait de la même vigueur biologique que les autres groupes sociaux : en 1103, Bernouin de Pourlange a cinq petit-fils adultes et son lignage est aussi solidement planté que les familles paysannes libres ; le servage ne

1. C. 3825 (1105), donation de deux *villani* et d'un *servus*, qui est un ministérial.

2. C. 3737 (1100), *liberis, servis et ancillis* ; P. 160 (fin XIe) ; C. 3882 (1107), *vir vel femina... ingenuus vel servus... clericus laicusve* ; C. 3929 (1117), *in liberis, servis, ancillis, maritus vel feminis*, C. 4054 (1136), M. 588 (1144-1166).

3. BLOCH. « Serf de la glèbe », date du début du XIIIe siècle la disparition du mot *servus* des documents diplomatiques ; selon BOUSSARD, « *Colliberti* », p. 224, le servage se maintient en Anjou au XIIIe siècle. Mais au XIIe siècle, on ne rencontre plus ni *mancipia* ni *servi* dans les textes lyonnais et foréziens ; ni dans les censiers de la seigneurie auvergnate de Sauxillange (G. FOURNIER, dans *Mél. Halphen*, p. 241), ni dans les sources dauphinoises (VAILLANT, p. 228). La disparition du servage est réalisée au même moment dans tout « l'État anglo-normand », JOUON DES LONGRAIS, dans Soc. J. BODIN, *Servage*, p. 203-204. L'évolution du statut des paysans mâconnais suit de très près celle qu'on observe dans les campagnes anglaises et que BLOCH tenait pour très originale, *Société*, I, p. 413-414. – Les « culverts » disparaissent aussi au début du XIIe siècle et, depuis 1050, les incertitudes de langage se multipliaient, BLOCH, « *Colliberti* », p. 38-39 (17 mentions au XIIe siècle pour 105 au XIe) ; BOUSSARD, « *Colliberti* », attribue des causes économiques à la disparition des culverts, qu'il tient pour des serfs non chasés ; cette hypothèse, séduisante, paraît cependant assez fragile.

s'est pas éteint par dégénérescence [1]. Quant aux affranchissements, qui n'avaient jamais été bien fréquents, ils semblent bien au XIe siècle devenir de plus en plus rares ; on ne connaît pas d'affranchissements collectifs et même si l'on supposait, sans aucune preuve formelle d'ailleurs, que la condition des serfs était réellement améliorée lorsqu'ils entraient dans le patrimoine ecclésiastique [2], il faudrait encore convenir que depuis l'an mil les laïcs sont beaucoup moins généreux et ne donnent presque jamais de dépendants en aumône. Enfin, parmi ces paysans déracinés qui s'établissent dans les bourgs neufs, il y a certes beaucoup de serfs, mais la plupart d'entre eux, originaires des hameaux voisins, sont connus dans la ville et ne peuvent faire oublier leur condition [3]. On peut donc affirmer avec certitude que la classe servile ne s'est pas vidée de sa substance ; en 1100, elle comptait autant de membres sinon plus qu'en l'an mil. Mais justement, ne faut-il pas penser qu'elle s'était accrue au point d'englober tous les anciens paysans libres ? Est-ce la disparition de la classe libre qui a rendu vaine la distinction entre les serfs et les francs ?

Il est certain que la liberté paysanne était sérieusement menacée. Quand l'assemblée de viguerie devint une cour seigneuriale, le franc sans ressources n'eut plus guère de moyens de résister aux prétentions du puissant, surtout s'il était entré par son mariage dans une famille servile ou si son père était serf. Au XIe siècle, de nombreux documents le prouvent, les seigneurs laïcs se sont efforcés de réduire des hommes libres en servitude. Il est vrai que ces mêmes documents témoignent aussi de l'échec de ces tentatives : chaque fois, le paysan a pu prouver sa liberté. Mais notons bien qu'il n'a pu le faire qu'en s'appuyant sur un autre protecteur ; ce dernier, pour conserver son patronage sur un dépendant qui, réputé serf, lui eût entièrement échappé, l'a défendu contre l'usurpateur, et si un acte a été dressé, c'est qu'il a obtenu gain de cause [4]. Les asservissements, eux, n'ont pas laissé de traces et l'on doit admettre que bon

1. C. 3822. BLOCH, « Comment et pourquoi... », attribuait des causes démographiques à la raréfaction des *servi*.

2. Les clercs présentent comme une libération l'entrée d'un serf dans le patrimoine de l'église ; ils affirment que le service *secundum morem ecclesiasticum* est plus doux, M. 527 et PET. VEN., p. 146. Doit-on les croire sur parole ?

3. Les villes sont peuplées en effet avant tout par des hommes originaires de la campagne voisine, voir *infra*, ch. VII, A.

4. SM. B (989-999), un homme libre échappe au vicomte de Chalon en se réfugiant auprès des moines de Saint-Marcel ; C. 2009 (déb. XIe), les chevaliers de Cluny avaient des prétentions sur le mari d'une serve ; ce dernier *venit ante presentiam domni Odilonis abbatis, obsecrans eum ut de hac re sibi daret consilium salubre* ; C. 2174 (déb. XIe), les Clunisiens défendent les hommes de Trécourt ; de même, C. 3086 (XIe), C. 3027 (fin XIe), 3822 (1103-1104). Si la fille d'Aleaume de Blanot fait admettre sa liberté, c'est qu'elle dit appartenir à une autre seigneurie, C. 3849.

nombre de francs, ceux qui n'avaient pas de défenseur ou dont le patron était trop faible, ont glissé dans le servage. Mais il serait paradoxal de soutenir qu'ils y sont tombés tous d'un seul coup entre 1090 et 1110. Tout porte à croire que pendant tout le XIe siècle, malgré les pressions de la seigneurie banale, la classe servile et la classe libre ont conservé sensiblement les mêmes effectifs, l'asservissement de certains francs compensant la libération de certains serfs. Un fait est sûr en tout cas : l'un des groupes n'a pas absorbé l'autre. En réalité, les deux catégories sociales se sont subitement confondues à l'entrée du XIIe siècle parce que les caractères qui les distinguaient l'une de l'autre, depuis longtemps simples nuances, se sont décidément effacés. Au lendemain de l'an mil, le serf était, comme le dit justement Marc Bloch, « un vilain d'abord, mais un vilain *plus* quelque chose »[1] ; en 1110, c'est un vilain comme les autres, il a perdu ses traits particuliers. Et c'est au sein de la seigneurie banale, dans la coutume commune à tous les manants, que s'est réalisée cette fusion.

Être serf, c'était d'abord appartenir à un maître par sa naissance ; c'était surtout vivre en marge de la communauté franque et du droit public. Or, depuis très longtemps, le premier de ces traits avait cessé de caractériser les serfs ; par l'affranchissement, certains d'entre eux avaient reçu la liberté sans cesser pour autant d'être soumis à leur maître, tandis qu'inversement, de nombreux paysans, tout en conservant leur condition franche, étaient tombés dans une sujétion fort semblable par la commendise. Une classe intermédiaire s'était constituée de la sorte, où la liberté, au sens antique du terme, s'alliait à une dépendance étroite de la personne. Après l'an mil, cette classe est en progrès constant et rapide. Alors que les seigneurs du territoire contraignent les manants libres à s'avouer leurs hommes, des serfs en grand nombre voient se relâcher les liens qui les unissaient à leurs maîtres. Plus fréquemment que jadis, ils sont, comme le patrimoine dont ils font partie, l'objet d'une possession indivise ; partagés, leurs services s'amenuisent et ils peuvent plus aisément se dérober à leurs obligations[2]. D'autre part, les devoirs des sujets de la seigneurie sont maintenant fixés par la coutume, et souvent, les charges serviles, qui jadis ne connaissaient pas de limites, finissent par se borner à quelques redevances précises, comparables à celles que l'on exige des libres[3]. Enfin et surtout, nous

1. *Caract. orig.*, p. 88.

2. C. 3206 (XIe), *erat quedam ancilla... que non erat ex toto mei juris, sed eam communiter possedi cum ecclesia Cluniacensi* ; C. 3221 (fin XIe), G. de Merzé donne une serve et ses enfants, *meam videlicet partem* ; C. 3786 (1100 env.), le doyen de Chevignes possède quatre serfs en commun avec Pons de Sologny.

3. C. 3066 (1075 env.), donation d'un serf *et consuetudines quoque quas debebat* ; C. 3367 (1060 env.), des serfs donnés à Cluny doivent simplement un cens de 8 deniers, 8 pains et 8 setiers de

l'avons dit, les contestations se multiplient entre les seigneurs, qui se disputent le pouvoir sur les hommes : plus mobiles, plus enchevêtrés, les droits sur les serfs sont les plus menacés de tous. Les maîtres ont grand-peine à maintenir leur autorité sur ceux de leurs serfs qui cultivent la terre d'autrui ou qui sont installés loin de la *curtis* [1] ; presque toujours, un serf formarié est un serf perdu [2] ; les détenteurs du ban territorial parviennent très souvent à détourner de leur maître les serfs habitant leur poté ou du moins à desserrer beaucoup leur attache personnelle [3]. Le XIe siècle est le temps où se nouent des relations étroites entre le sire et ses manants ; mais, inversement, c'est celui où se résolvent les liens du servage. Au moment de la première croisade, bien des serfs sont moins rudement exploités, plus indépendants en somme, que certains libres ; la plupart, pris dans le cadre de la seigneurie banale, sont traités comme leurs voisins francs ; ils ont le même défenseur, le même juge ; ils s'acquittent sous la même direction des mêmes devoirs. Ce n'est pas que les serfs aient été affranchis, ce n'est pas non plus que les libres aient été réduits en servitude. Les uns et les autres, confondus dans une même dépendance, sont les sujets d'une seigneurie, des manants, des vilains.

Dès lors, seul un caractère juridique, la non-liberté, pouvait encore distinguer les serfs. Or, ce dernier trait, lui aussi, s'efface après l'an mil, à mesure que se perd la notion de droit public. Soucieux d'accroître leurs ressources et persuadés que leur pouvoir est un pouvoir privé, les héritiers du ban royal, comtes, châtelains et immunistes, réclament des serfs les services militaires et judiciaires qui jadis n'étaient dus que par les hommes de naissance libre. Ceux-ci sont maintenant passibles comme les serfs de châtiments corporels. Et quand on considère que les serfs peuvent monter la garde au château et doivent être jugés par les tribunaux qui prolongent les assemblées vicariales, on leur accorde tout naturellement certains droits qui jusqu'alors leur étaient refusés. Ils étaient exclus de la communauté villageoise : on les y admet désormais ; les droits d'usage sur les pâtures et les forêts seigneuriales sont accordés aux *villani*, aux

---

vin ; C. 3215 (1080 env.), 12 deniers de cens ; C. 3636 (1089) sur trois serves *nihil amplius nobis retinemus nisi quamdiu vixerint .VIII. denarios de unaquaque pro censu*. Un serf de Cluny s'accorde avec ses maîtres : il prend une terre en méplant ; son fils gardera la moitié des vignes sous un cens de 8 deniers, C. 3756 (1100 env.). Au XIIe siècle, PET. VEN., *Epist.*, I, p. 20 (*PL*, 99 A) considère le cens comme la charge ordinaire du serf, *quasi debitum censum ut servus domino reddis*.

1. C. 3822 (1103), les chevaliers de Martailly ont perdu leurs serfs de Pourlange.

2. Le maître s'empare du serf dont l'épouse lui appartient, C. 3574 (1080 env.), P. 66 (fin XIe) ; de la serve dont le mari lui appartient, C. 3303 (déb. XIe), 3400 (1064), 3797 (1100 env.), M. 400 (1060-1108).

3. Voir *supra*, p. 220-221.

rustici, à tous les habitants du hameau, quel que soit leur statut, et, pour désigner les communaux, la vieille expression *terra francorum* tombe en désuétude [1]. Le droit canonique interdisait aux serfs l'accès du clergé : dès le milieu du XIe siècle, certains clercs sont de condition servile [2]. Enfin, si jadis la parole du serf n'avait aucune valeur légale, les serfs maintenant souscrivent les actes publics, prêtent serment en justice [3] ; mieux, à l'approche du XIIe siècle, le maître exige de son serf un serment de fidélité [4]. Ce dernier fait témoigne à notre avis de la transformation radicale du servage ; ce lien naturel qui attachait à un patrimoine des hommes comme des biens immeubles devient un lien contractuel, comparable à la libre commendise et fondé comme elle sur un engagement personnel ; en 1100, comme le libre, le serf est soumis au *dominus* par sa foi. Toutes les incapacités juridiques, religieuses ou civiles, qui caractérisaient la condition servile sont tombées les unes après les autres. Dans la seconde moitié du XIe siècle, plus rien ne distingue donc le serf du paysan franc, sinon son titre, cette macule héréditaire qui s'attache à son corps. Mais ce titre n'exprime plus rien de réel. Au moment même où la chevalerie achève de revêtir ses caractères de classe, les distinctions juridiques parmi les non-nobles deviennent vaines.

Cependant l'usage s'en conserve quelque temps encore et l'on ne doit pas s'en étonner : on ne renonce pas facilement aux vieux titres, même quand ils ont perdu leur sens. Les paysans francs, qui se souvenaient encore des privilèges que leurs grands-parents devaient à leur condition, se targuèrent longtemps de leur liberté ; tenant les serfs pour des inférieurs, ils entendaient bien n'être pas

1. Octroi des droits d'usage à tous les *villani*, C. 2959 (1042), 3018 (1049-1109), 3302 (1049-1109), 3566 (fin XIe), 3737 (1100), 3767 (1100 env.), etc. – Dernière mention de *terra francorum*, C. 2954 (1041).

2. C. 2869 (1031-1049), Tesse de Brancion affranchit un serf qui est déjà clerc ; elle le donne à Cluny pour « servir » les moines : SM. 48 (fin XIe), B. d'Aluze donne un serf *filiumque ipsius unum clericum*. Voir PETOT, dans SOC. J. BODIN, *Servage*, p. 158, le serf bourguignon est admis à la cléricature (précisons, à partir du XIe siècle). L'exclusion de la prêtrise ne paraît d'ailleurs pas avoir été stricte, DOLLINGER, p. 219.

3. C. 3825 (1105), le serf souscrit la donation de sa maîtresse ; C. 3034 (fin XIe), des serfs approuvent la donation du maître et reçoivent deux sous pour prix de leur *laudatio* ; C. 3666 (1093), un serf condamné *sacramentum fecit* et jure avec ses fils de tenir l'accord ; il délivre une charte à ce sujet, C. 3686 (1094).

4. C. 3779 (1100 env.), serment des serfs de Cluny : *Ego Petrus et Eldebertus condonabimus nos in locum quo jusserit dominus noster abbas... ad fidelitatem ipsorum, et inde ne liberabimus nos per ullum ingenium sine precepto illorum Cluniaci... et hoc sacramentum non habemus ingeniatum nec in antea pro ingeniato tenebimus, si Deus nos adjuvet et istae sanctorum reliquiae. Similiter juraverunt Guitardus*, etc. – S.M. 117 (fin XIe), donation d'un serf *qui in illa hora fidelitatem juravit sancto Marcello et senioribus illius loci*. – C. 3666 (1093), un serf tiendra des alleux et des fiefs *quamdiu perstiterit in fidelitate nostra*.

confondus avec eux. Si le seigneur dès 1065 n'attachait plus d'importance au statut de ses dépendants, l'esprit de caste maintenait encore artificiellement au début du XIIe siècle des distinctions surannées entre les habitants d'un même village. Ces nuances pourtant étaient bien subtiles. Des gens cultivés eussent été capables de les discerner plus longtemps, mais les milieux les moins frustes s'en désintéressaient ; seule pour eux comptait la chevalerie. Aussi se brouillèrent-elles dans l'esprit des ruraux qui pensaient simplement. De même qu'au début du Xe siècle les colons s'étaient mêlés aux francs [1], de même franchise et servage se confondirent et, dès la quatrième génération, les paysans cessèrent de porter le titre sans valeur que leur avait légué leurs ancêtres. Au XIIe siècle, on ne connut plus parmi les laïcs que deux classes, les chevaliers et les autres. Pour désigner ceux-ci, serf ni libre ne convenait ; on choisit un terme neutre qui, comme le mot *miles*, exprimait le genre de vie. Les non-nobles furent les *rustici*, les paysans. Désormais, le servage au sens rigoureux du terme, qui prolongeait l'esclavage antique, est bien mort. Les textes sont formels ; ils ne connaissent plus de *servi* et nous avons peine à croire que cette catégorie sociale ait poursuivi son existence sans qu'on en parle jamais [2]. En droit, il n'y a qu'une classe de paysans et celle-ci n'est pas la classe servile.

3. *Manants et « hommes propres »*

Cette classe présente un caractère général, la dépendance. Tous les rustres sont placés sous un *dominium* et doivent à un maître des services plus ou moins lourds. Toutefois, la nature de cette domination et de ces services introduit parmi eux des différences. Au XIIe siècle, la coutume distingue les paysans qui, dépendants en raison de leur résidence, supportent seulement le ban territorial, de ceux qui, de surcroît, sont soumis à des obligations de caractère personnel, qui appartiennent au seigneur, dépendants par leur corps. Elle oppose aux « manants », aux « hôtes », les « hommes », les « hommes propres » (*homines proprii*). Ainsi, parmi ces paysans charolais qui paient des coutumes à Lébaud de Digoine, l'un est à lui par droit héréditaire, les autres, les « voisins », lui sont soumis seulement parce qu'ils habitent le sauvement [3] ; ainsi, le sire de Berzé et celui d'Uxelles ont un droit de justice sur certains hommes « à cause de leur

1. DÉLÉAGE, *Vie rur.*, p. 568.
2. VERRIEST pense que des francs et des serfs, soumis à des charges désignées par les mêmes termes, ont vécu côte à côte sans se mêler pendant tout le Moyen Âge, *Inst. méd.*, p. 218-223.
3. P. 179 (fin XIe), *vicinis... manentibus juxta salvamentium*.

corps », sur d'autres à cause de la terre qu'ils occupent[1] ; ainsi, dans leur seigneurie de Saint-Gengoux, les Clunisiens exigent des corvées « tant des hommes propres que des voisins » et l'abbé a la justice « de ses hommes et de ses hôtes »[2].

On est « homme propre »[3] peut-être encore parfois par une commendise individuelle, mais le plus souvent par naissance ; cette condition est héréditaire et se transmet par les mâles[4]. Seul le maître peut dénouer l'attache personnelle, soit en livrant à autrui le pouvoir sur le dépendant, soit en « affranchissant » ce dernier[5]. Toutefois, le lien paraît généralement renforcé par un serment de fidélité, exigé du dépendant lorsqu'il atteint sa majorité[6]. L'homme propre doit servir son maître, mais ce service n'est pas indéfini, il est fixé par la coutume[7] ; il consiste surtout en prestations matérielles, le chevage, et des tailles assises sur la terre qu'exploite le dépendant[8]. Le maître prétend juger seul son homme ; sans doute s'oppose-t-il au formatage, qui risque de lui enlever ses droits sur la progéniture[9], mais nos textes ne prouvent pas qu'il lève une taxe spéciale sur le dépendant formarié. Le maître enfin étend son pouvoir sur les terres de son homme, même lorsque ce sont des alleux ou les tenures d'une autre seigneurie foncière ; leur aliénation est subordonnée à son consentement[10] ; si l'on ne

1. C. 3744 (1100), *per suum corpus aut per suum habere* ; C. 3896 (1106), juridiction sur les hommes propres et sur celui *quem ego in jus ducere possem*.

2. C. 4143 (1155), les charrues du village doivent deux corvées *tam de propriis hominibus quam de vicinis* ; C. 4223 (1166).

3. DOLLINGER, p. 212, remarque que, dans l'Allemagne du Sud également, *homo proprius* tend à se substituer à *servus* au XIIe siècle.

4. C. 3931 (1117), donation de S. *cum omnibus illis qui ex lumbis ejus processerunt vel processuri sunt* ; P. 179 (fin XIe), *sunt hii homines ex stirpe cujusdam dicti L., cujus filius fuit A. pater predictorum hominum* ; C. 4389 (1200) ; C. 3983 (1125), 3829 (1105) ; CH. 162 (1194), etc.

5. Le droit sur l'homme est une dépendance du patrimoine : C. 3920 (1115), *homo ille est de dominio ejus ab antecessoribus suis* ; les hommes propres sont donnés ou vendus, P. 176, 152 (fin XIe), C. 3744 (1100 env.), 3931 (1117), CH. 162 (1167-1171), ou mis en gage, CL. 157 (1219). – Affranchissement : CH. 162 (1194), ASL, G. 6, n° 19 (1217).

6. C. 4098 *bis*.

7. C. 4143 (1155), les hommes propres doivent deux corvées de labour par an.

8. Chevage : C. 3610 (1085-1087), donation d'un homme *censum .IIII. denar. reddente quotannis*.

9. CH. 162 (1166 env.), J. Gros doit abandonner ses droits sur l'un de ses hommes formariés. – Autorisation du formariage aux immigrants de la ville de Mâcon, qui sont devenus par commendise les hommes propres du comte ou de l'évêque, M. 589 (1096-1124) ; c'est un arrangement entre les seigneurs pour sauvegarder leurs droits respectifs.

10. ASL, H. 25, n° 40 (1194), le maître autorise ses hommes à aliéner les essarts qu'ils ont ouverts sur les communaux du village ; ASL, H. 26, n° 34 (1209), le maître revendique les aumônes offertes par ses hommes sans son assentiment.

trouve pas dans nos documents mention expresse du droit de mainmorte, on sait que le maître recueille l'héritage quand s'éteint la famille de son dépendant[1].

Mais, dira-t-on, voilà les serfs ; ils n'ont fait que changer de nom et les charges de l'homme propre sont celles mêmes du *servus* du Xe siècle. Nous ne le pensons pas. Un certain nombre de simples manants sont en effet des paysans d'ascendance servile qui ont acheté leur indépendance personnelle ou qui, aidés par le seigneur du territoire, se sont soustraits à la puissance de leur maître naturel. Inversement, beaucoup d'*homines proprii* sont au XIIe siècle les descendants de francs commendés qui n'ont pu dénouer leur attache héréditaire. Le groupe des hommes propres ne prolonge donc pas celui des *servi*.

D'autre part, la condition de l'*homo proprius* procède non du servage, mais de la franche commendise. Comme celle du franc commendé, elle s'hérite en effet par le père, et non par la mère comme la macule servile[2]. Les services de l'homme propre sont limités et rattachés à son manse comme l'étaient ceux du franc dépendant. Comme le faisait ce dernier, l'homme propre témoigne en justice, participe aux enquêtes seigneuriales et jouit des droits collectifs de la communauté villageoise. Le critère de la servitude n'était pas l'attaché héréditaire, ni le chevage, ni le formariage, ni la mainmorte, mais bien, répétons-le, l'exclusion du peuple franc. Il n'en reste évidemment rien au début du XIIe siècle, puisque depuis cent ans il n'existe plus de communauté publique ; le servage a disparu avec elle[3]. Immédiatement après 1100 se situe en Mâconnais l'une des dates majeures de l'histoire sociale : avec la distinction entre serfs et libres s'efface alors le dernier vestige d'un système social qui pendant de

1. *BD*, II, p. 103 (1234).

2. PETOT, dans SOC. J. BODIN, *Servage*, p. 164, remarque que le « servage » bourguignon au XIIIe siècle est héréditaire par les mâles et qu'il se rapproche de la condition des vilains libres, à laquelle ne s'est mêlé aucun élément servile.

3. BLOCH a eu le tort, à notre avis, de tenir pour critère du servage le lien héréditaire indissoluble (« *Colliberti* », p. 12 ; « Transformation », p. 72, etc.). PETOT et VERRIEST, *Inst. méd.*, p. 179 sq. ont démontré contre lui que la mainmorte, le formariage et le chevage n'étaient, pas plus que la taille, propres aux serfs ; des libres ont donc été placés dans une semblable dépendance. BLOCH, qui a entrepris ses recherches en définissant très pertinemment le nouveau servage tel que les juristes le reconstituèrent à la fin du XIIIe siècle, a étendu imprudemment ses conclusions aux XIe et XIIe siècles. Il fait disparaître trop tôt l'esclavage antique : le *servus* de la fin du XIe siècle et le *servus* carolingien ont sensiblement le même statut. C'est vers 1100 et non vers 950 qu'il faut placer la disparition de l'ancienne classe servile qui n'a rien de commun avec la nouvelle (c'est-à-dire au moment où servitude et liberté se fondent dans le vilainage anglais, JOUON DES LONGRAIS, dans SOC. J. BODIN, *Servage*, où culverts, serfs et libres se confondent dans la vallée de la Loire, où le servage disparaît en Forez).

longs siècles avait encadré les relations humaines. À l'avenir, on connaîtra bien encore des dépendants héréditaires, mais on ne verra plus d'hommes exclus par leur naissance du droit commun. Le mot liberté ne cessera pas d'être employé, mais pour exprimer une notion toute différente de la liberté du xe siècle.

En effet, si les mots qui marquaient l'opposition entre la liberté et la servitude ne servent plus dans les chartes et les notices à définir le statut juridique de certains hommes, ils sont restés en usage dans le langage courant. Dans celui des écrivains : en 1140, Pierre le Vénérable oppose encore les serfs aux paysans libres. Dans la langue populaire aussi : dans le bourg de Cluny, à la fin du XIIe siècle, serf est une injure, la pire peut-être, plus outrageante pour certains que pourri, lépreux ou traître [1]. Mais ces termes ont changé de sens ; il n'apparaît même pas dans nos sources du XIIe siècle que le vieux vocabulaire de la servitude soit réservé à ceux dont la dépendance est héréditaire, aux hommes propres. Car on appelle maintenant *libertas* ou *franchisia* les exemptions de coutume, les adoucissements de l'exploitation seigneuriale dont le maître fait bénéficier les manants de la poté [2]. Le moine qui rédigeait la notice de 1103 désignait par servitude, nous l'avons montré tout à l'heure, l'état des paysans d'une poté clunisienne qui se trouvaient encore soumis personnellement à des maîtres laïcs ; quant à l'abbé Pierre, qui pourtant savait choisir ses mots, il exprime par *servitus* la condition des dépendants, manants ou hommes propres, de la seigneurie laïque [3]. L'un et l'autre considèrent en effet que les sujets de la domination ecclésiastique sont mieux traités et ont de plus l'avantage de servir Dieu, leur éminent seigneur ; dans leur esprit, la servitude est donc une sujétion plus lourde qu'une autre.

En un mot, à partir du XIIe siècle, la liberté, c'est l'indépendance, et nous l'entendons toujours bien ainsi. Ce n'est donc plus un « état » défini, qu'une frontière précise sépare de la servitude : selon qu'il est soumis à des devoirs plus ou moins stricts, un homme est plus ou moins libre, et s'il obtient de

1. PET. VEN., p. 146. – C. 4205 (1161-1172), coutumes de la ville de Cluny VII : *si quis alium jurem servum, putidum, perjurum, leprosum, traditorem vocaverit* ; l'injure est punie d'une amende de six sous. Sur le sens injurieux du mot serf dans la langue vulgaire, BLOCH, « Serf de la glèbe », p. 225.

2. L'affranchissement au XIIe siècle est souvent la libération de l'attache personnelle, CH. 162 (1166 env.), *H. de B. et filios ejus et omnes alios sibi in consanguinitate junctos... qui in servitute obligati erant dedi... libere* ; ASL, G. 6, n° 19 (1217), *G. de A. et filios suos et cognationem eorum manumisit et a compede servitutis absolvit et ecclesie sancte Marie Belliocensis liberos reddidit*. Mais la « franchise », dans son sens le plus commun, est l'abandon par le seigneur territorial de certaines exactions, voir *infra*, IIIe part., ch. III, B.

3. C. 3822 ; PET. VEN., *Epist.*, I, p. 28, *usuali et debita servitute.*

son maître des concessions successives, il se libère progressivement ; les plus libres de tous sont les chevaliers ; inversement, on tient, si l'on peut dire, pour plus serfs que les autres les paysans qui supportent les charges seigneuriales les plus lourdes[1]. À l'époque franque, il n'existait en droit que deux classes, les serfs et les libres, et ces derniers étaient plus ou moins dépendants, plus ou moins nobles. Au XIIe siècle, c'est l'inverse ; il y a bien toujours deux classes, les chevaliers et les paysans ; mais la liberté n'est plus un titre ; comme l'ancienne « noblesse », c'est une qualité d'intensité variable, qui se dégrade insensiblement. Par un complet bouleversement et parce que aux institutions publiques de l'État franc se substitua la pratique des relations d'homme à homme, la noblesse trouva dans la chevalerie ses limites tandis que, dans la paysannerie, la liberté perdait les siennes. Lorsque la plupart des non-nobles auront obtenu de leur seigneur une notable amélioration de leur condition, le droit savant, appliquant le vocabulaire retrouvé du servage aux dépendants qui n'auront pu se libérer des contraintes les plus dégradantes, pourra dans une certaine mesure ressusciter la classe servile. Mais le nouveau servage qui, fondé sur l'attache héréditaire et sur l'exploitation arbitraire du maître n'a rien de commun avec l'ancien, ne sera pas clairement défini en Mâconnais avant la seconde moitié du XIIIe, voire le XIVe siècle. La société féodale ne l'a pas connu.

CONCLUSION

Clercs, chevaliers et paysans, la société se retrouve, au début du XIIe siècle, partagée comme à l'époque franque en trois classes nettement différenciées par leur mentalité, leur genre de vie et leur fonction sociale, aussi strictement délimitées par la coutume que l'étaient, par le droit, les anciennes[2]. Après un moment

1. C'est ainsi que les membres des communautés urbaines ou rurales, qui ont reçu des chartes de « franchise », tiennent pour « serfs » les paysans qui restent liés par une stricte attache héréditaire, C. 4205 (1161-1172), *si convictus esse servus...* ; CANAT, p. 32 (1236), Cortevaix, ... *nisi de servitute poterit legitime convinci*.

2. Opposition entre clercs et laïcs : C. 3035 (fin XIe), M. 30 (1060-1108), C. 3503 (1076), 3821 (1103-1104). Sans doute un clerc peut-il être considéré comme *miles*, c'est-à-dire comme « noble », C. 2975, mais, d'ordinaire, la milice spirituelle s'oppose à la milice temporelle ; se convertir, c'est d'abord quitter la *milicia*, *NSP*, App. XIII (1100 env.), *Rainerius, secularem relinquens, militiam et devote sacrae assumens religionis habitum* ; C. 3300 (déb. XIIe), *Ego, Stephanus, quondam miles de Brugeria... ad sancte conversationis habitum veniens...* ; Étienne de Neublans n'est

d'hésitation, les deux classes laïques ont en effet trouvé leurs frontières et maintenant la chevalerie est bien close ; le cas des grands prévôts en fournit la meilleure preuve : au début du XIe siècle, quand la chevalerie encore mal formée s'ouvrait en fait à tous les riches, seule un tare, la macule servile, avait empêché d'y pénétrer ces gens fortunés qui tenaient de leur maître d'importants pouvoirs de commandement ; après 1100, plus de servage ; ils devraient sans peine entrer dans la noblesse ; or les plus heureux de leurs descendants attendront près de deux siècles avant d'être armés chevaliers [1]. La seule richesse ne suffit donc plus pour accéder à la chevalerie ; c'est une caste, un groupe restreint, dont les membres se connaissent trop pour qu'un parvenu puisse s'y glisser subrepticement. Il n'y a plus désormais de communication entre les deux « états » laïcs.b

Ils se mêlent, il est vrai, dans l'ordre des clercs, plus ouvert qu'autrefois car, depuis que l'on ne connaît plus de serfs, le sacrement d'ordination n'est refusé à personne ; le clergé rassemble riches et pauvres, fils de chevaliers et fils de paysans. Toutefois, à l'image du monde laïc, l'église séculière est fort hiérarchisée ; les rustres sont cantonnés dans les bas offices, et les meilleures dignités, les bénéfices fructueux sont en fait réservés aux grandes familles et se transmettent d'oncle à neveu : ainsi, à la fin du XIe siècle, le chapitre de Saint-Vincent de Mâcon est un cercle chevaleresque qui ne s'ouvre qu'aux nobles [2]. Le cloître des monastères est donc le seul lieu où puissent, pour quelque temps encore, se pénétrer les diverses éléments de la société féodale : au réfectoire de Cluny,

---

pas insensible aux préceptes évangéliques *quamvis miles*, C. 3017 (1100). Dans la description des assemblées, les chevaliers sont rangés d'un côté, les clercs de l'autre, B. 8 (1080-1090), *in presentia clericorum et militum Beljocensium* ; dans les listes de témoins, C. 3262 (1051), 3636 (1089), 3017 (1100 env.) ; dans une même famille, C. 2848 (1023) *Walterius clericus et Eldinus miles* ; C. 3677 (1094). – Opposition *miles* et *rusticus* : M. 548 (1074-1096), C. 3726 (1093), *cum pluribus militaris virii ac rusticis* ; M. 598 (1096-1124), *audientibus istis G.G., S. de B., G de L., R. clerico, clericis ; militibus, S. de M., H.N. rusticis S.L., B., J.A.* ; ASL, H. 24, n° 8, *atque multi milites et rustici ac clerici*. En Bavière, à la fin du XIe siècle, l'opposition s'affirme également entre les paysans et les chevaliers, DOLLINGER, p. 385-388. Aucune indication dans les textes mâconnais sur les marques matérielles (différences de costumes, etc.) qui pouvaient manifester cette distinction sociale.

1. Voir *infra*, IIe part., ch. VIII, B, et IIIe part., ch. II.

2. Les canonicats sont en fait *réservés* aux familles chevaleresques du Mâconnais et de la Bresse : Châtillon, M. 517 ; Rebutin, M. 602 – 596 ; Cluny, M. 612 ; Chaintré, M. 553 – 554 ; Baiviers, M. 569 ; Brancion, M. 620 ; Baiseneins, M. 596 ; Mailly, M. 517 ; Clessé, M. 596 ; Chavannes, M. 596 ; Berzé, M. 620 ; Igé, M. 620 ; Veyle, M. 620 ; Pizay, M. 598 ; Vinzelles, M. 596.

anciens prévôts et fils de serfs coudoient les descendants des plus hauts lignages ; ils sont tous frères [1]. Mais la fraternité monastique préfigure la communion céleste et n'est pas, à vrai dire, de ce monde. Sur la terre, un profond fossé sépare les nobles, clercs ou laïcs, des paysans.

1. C. 3021 (1049-1109), Robert Cornu, *proprius famulus* de Cluny obtient que son fils soit reçu comme oblat ; C. 3136 (1049-1109), Bernard, prévôt de Chaveyriat, se fait moine à Cluny et offre son fils *ut... a monasterii stipendiis nutriatur donec ad etatem eam pervenerit qua in monasterio recipi valeat*. Tandis qu'entrent dans la même fraternité le comte de Mâcon, C. 3528 (1078), les gros d'Uxelles, C. 3077 (1075 env.), Humbert de Bourbon-Lancy, C. 3602 (1083), les Deschaux de la Bussière, C. 3829 (1105), et une foule de chevaliers.

CHAPITRE V

LES SOLIDARITÉS NOUVELLES : LE LIGNAGE ET LA PAROISSE

À la fin du xe siècle, les hommes, encore suffisamment protégés par les institutions publiques héritées de l'époque carolingienne, pouvaient se permettre de vivre assez isolés les uns des autres ; les liens de famille restaient lâches et volontiers l'on s'en dégageait pour agir seul ; il n'existait de véritable solidarité et de puissantes contraintes collectives que parmi les non-libres, serfs des *familiae* domestiques ou juifs des cités. Mais après l'an mil, la nouvelle répartition des pouvoirs de commandement oblige les hommes à se grouper plus étroitement. Déjà les liens de subordination personnelle, hommage féodal pour les chevaliers, soumission au ban pour les paysans réunissent de petites communautés, mesnies vassaliques et seigneuries banales, qui servent maintenant de cadre aux relations politiques. Mais les liens naturels, liens du sang et de voisinage, se resserrent également. Trop indépendants, mal défendus contre certains dangers, les chevaliers cherchent refuge dans la solidarité lignagère, tandis que le pouvoir seigneurial contraint les paysans à se rassembler dans la communauté villageoise.

A. LE RESSERREMENT DES LIENS FAMILIAUX. LE LIGNAGE CHEVALERESQUE

Si l'affaiblissement de l'autorité comtale dégagea les membres de l'aristocratie de leurs obligations les plus strictes, en revanche, elle les laissa désarmés devant le péril. L'impuissance des cours judiciaires, qui leur valait d'échapper aux châtiments, leur ôtait aussi tout recours contre leurs agresseurs. Certes, quand le chevalier se trouvait en mauvaise posture, son seigneur et ses vassaux étaient tenus de lui prêter main-forte, mais il pouvait attendre une aide plus sûre, plus rapide et plus efficace de ceux qui naturellement lui étaient les plus proches, de ses « amis » par excellence, des membres de son lignage. Le manque de sécurité resserra les liens du sang et fit de la parenté une véritable communauté de défense. Une autre raison conviait aussi les membres des familles chevaleresques à s'unir plus étroitement. Dans la première partie du XIe siècle, avant que la coutume n'eût reconnu l'hérédité du titre nobiliaire, les fils de chevaliers ne pouvaient espérer jouir à leur tour des privilèges de la noblesse que si l'alleu familial conservait sa valeur ; le démembrement, la dilapidation de l'héritage devinrent des dangers majeurs, menaçant le lignage d'une dégradation définitive et d'un réel asservissement. Or, c'était précisément l'individualisme qui faisait courir les plus grands risques à la propriété allodiale, qui hâtait le partage des biens paternels entre les enfants et qui, livrant ensuite entièrement à chacun des lignagers sa part du patrimoine, permettait toutes les prodigalités. C'est pourquoi la solidarité économique se développa au sein de la famille ; renonçant à leur liberté de décision, ses membres se rassemblèrent sur la fortune héréditaire et se soumirent au contrôle collectif qui pouvait seul leur éviter la ruine. À partir de l'an mil et pendant tout le XIe siècle, le regroupement progressif du lignage chevaleresque se manifeste par des signes de plus en plus nets.

*

Il est rare qu'un chevalier s'engage dans une action de quelque importance seul ou dans la simple compagnie de ses voisins et de ses amis. La plupart du temps, la famille est là qui l'appuie et aussi le surveille ; parmi les témoins de son acte, au premier rang viennent les parents, et non pas seulement ses fils et ses frères, mais les oncles, les neveux, les cousins, tous les « proches ». C'est ce qui ressort de l'étude des *signa* et des listes de témoins dressées dans les notices dans la première moitié du XIe siècle, les lignagers y figurent de plus en plus nombreux ; après 1050, ils sont toujours représentés et les collatéraux éloignés qui, cinquante ans plus tôt, n'apparaissent que par hasard, sont maintenant cités une fois sur trois. On devine que chaque intention individuelle est discutée d'abord au conseil de famille, qui prend la décision ; que des réunions fréquentes rassemblent les membres dispersés du lignage : ceux qui vivent à distance se gênent pour y assister ou se font représenter si quelque embarras les retient chez eux ; les moines eux-mêmes, qui pourtant ont renoncé au monde, suivent de très près les affaires de la parentèle. Devant le danger extérieur, le groupe se resserre encore et le lignage fait front. Un homme subit-il un dommage, ses parents aussitôt sont derrière lui pour l'aider à se venger de l'agresseur et de tous les siens ; et si les deux adversaires décident de faire arbitrer leur querelle, ce sont encore les lignagers qui forment le tribunal de conciliation, qui prêtent les serments d'usage, qui s'offrent comme garants ou comme otages. Au XIe siècle, tous les conflits sont des conflits entre familles, entre des familles beaucoup plus étendues qu'autrefois [1]. Dans les documents de ce temps, on ne peut approcher un chevalier sans rencontrer à ses côtés les hommes de son sang. Adopté à l'extrême fin du XIe siècle et mentionné régulièrement dans les notices à partir de 1050, le surnom commun et héréditaire, que chacun des parents ajoute à ses nom et surnom personnels, est un signe de ralliement qui exprime la cohésion du lignage et sans doute la renforce encore [2].

Mais nos sources qui, pour la plupart, sont des titres de possession, éclairent surtout l'aspect économique de la solidarité familiale ; elles montrent comment la conception de la propriété allodiale se modifia après l'an mil, les droits individuels de chacun des lignagers se résorbant peu à peu dans le droit collectif du groupe tout entier. D'abord se manifestent les progrès rapides de l'indivision dans la parenté ; rare, vite rompue au Xe siècle, elle devient à la fois plus fréquente et plus complète et, sa durée se prolongeant, elle rassemble, dans une même communauté de biens, des parents de plus en plus éloignés.

1. *Progrès de l'indivision*

En premier lieu, l'union se fait plus étroite, sous la direction du mari, au sein du groupe conjugal. Un chevalier va se marier ; les deux lignages se sont accordés sur le montant de la dot, du « mariage » que, selon une coutume, semble-t-il, nouvelle, ses parents vont remettre à la promise ; en retour, après les noces, il est convenu que le nouvel époux donnera à sa femme le tiers de

1. À la cour du comte *venerunt ipse Hugo cum propinquis et amicis et senioribus suis*, M. 10 (1074-1078), C. 3951, M. 30. – Garants, *parentibus nostris, vicinis nostris et amicis nostris*, C. 2593 – 2848. – Otages, M. 560.

2. Les premiers patronymes chevaleresques apparaissent à l'extrême fin du Xe siècle, C. 2009 (990), Gilbert de Cray ; C. 2406 (997-1107), Maïeul, *cognomento Pulverello ;* C. 2578 (1003), Bernard Burdin ; C. 517 (1000 env.), Étienne d'Azé ; M. 471 (997-1015), Humbert Mulion. En Mâconnais, les surnoms sont très régulièrement héréditaires dès l'origine, plus régulièrement qu'en chalonnais ou en Charolais, où parfois des frères ont leur *cognomen* particulier, SM. 119 (fin XIe), *Gaucerannus de Marciliaco et frater ejus Landricus de Esparvens*. L'apparition des surnoms de famille est en relation avec l'abandon de la plupart des anciens noms, mais certainement aussi avec le resserrement du lignage. – Dans la classe paysanne, le surnom reste beaucoup plus fréquemment personnel : P. 56 (1100 env.), quatre frères tenanciers d'un manse : Martin Leroi, Géraud, Bernard Tosineau, Bernard Fromentin.

ses biens, coutume ancienne celle-ci[1]. Mais le vieux *sponsalicium* revêt au XIe siècle un aspect nouveau, devient une simple concession viagère qui annonce le douaire du droit féodal classique. Jadis, la femme pouvait aussitôt disposer librement de son cadeau d'épousailles ; désormais, elle n'en reçoit la jouissance qu'au décès de son mari, qui pendant toute sa vie en garde l'entier contrôle ; elle renonce en échange à toute prétention sur l'héritage conjugal ; enfin, la veuve doit à sa mort remettre son douaire intact aux descendants ou, à défaut, aux collatéraux du mari[2]. De la sorte, le mariage ne provoque plus comme autrefois la dislocation du patrimoine de l'époux ; celui-ci reste maître de tous ses biens propres sous le contrôle évidemment de son lignage qui surveille avec attention les destinées du bien héréditaire. Dans le ménage, la nouvelle mariée qui n'a reçu que des promesses a apporté ses biens personnels, sa dot et aussi les alleux qu'elle a pu hériter avant son union. En reste-t-elle pleinement maîtresse ? Dans une certaine mesure, oui : elle dispose elle-même de son avoir et, si elle disparaît la première, son mari n'en reçoit rien[3] ; mais il est clair aussi que le chef de famille a la gestion des biens de son épouse : elle ne peut les aliéner sans son autorisation ; certains textes montrent même qu'il peut parfois les utiliser seul et pour son profit particulier[4]. En un mot, le resserrement des

1. *Maritagium, matrimonium, dos.*

2. Les donations de *sponsalicium* sont beaucoup plus rares au XIe siècle, mais c'est que, dans les archives ecclésiastiques, on ne conserve plus les dossiers privés relatifs aux terres nouvellement acquises, et aussi que les femmes ne peuvent plus aliéner leur cadeau d'épousailles sans l'autorisation de leurs enfants. Mais la coutume subsiste. À la mort de la veuve, son douaire revient à ses enfants ou aux proches de son mari, C. 2618 – 2633 – 2628, B. 12, *Herbertus... prius duxerat uxorem sub jure dotalicii, cui dederat tertiam partem istius mansi in sponsalicium, a que segregatus fuerat causa consanguinitatis* ; la femme conserve le bien sa vie durant, mais il est bien entendu que les héritiers d'Herbert recueilleront le manse après sa mort (1087). Les donations du mari à son épouse ont le même caractère viager, C. 2605 (1004-1009), 2919 (1037). Dans le bourg de Cluny, selon les coutumes du XIIe siècle, l'épouse ne succède au mari intestat qu'en l'absence d'héritiers, C. 4205, IV.

3. L'épouse dispose de ses propres, C. 928 (déb. XIe), 3350 (1050 env.), 3724 (fin XIe). À sa mort, ses enfants héritent aussitôt son alleu, C. 2685.

4. Le mari représente sa femme : Guichard de Ménézy abandonne le bien *quam calumpniabat ex parte uxoris sue*, C. 2966 (1040 env.) ; le mari est associé à la donation de son épouse, C. 3636 – 3744, etc. – Bernard, qui agit seul, met en gage *totam illam possessionnem quam Herleius, uxoris ejus poter, habuit in Lovo, quam ipse Bernardus, ex parte sue conjugis... tenebat*, C. 2616 (1005). – Amélie Béraud donne un de ses biens héréditaires (l'autre moitié est possédée par la fille de son frère, C. 3636), *quam a viro suo et filiis suis sibi in elemosinam... retinuit, quando vir suus honorem suum filiis suis divisit* : l'héritage de l'épouse est ainsi englobé dans l'honneur du mari, C. 3574 (1049-1109). – Le mari possède la dot de sa femme, C. 3301 – 3302 – 3273 – 2528 ; M. 477, donation de la dot *per manum B. mariti sui* (fin XIe). – Le gendre approuve la donation de ses beaux-parents, C. 2035 ; la conteste, C. 3351 – 3874, Hugues de Chaumont, *qui predicti Hugonis Lebaldi filiam...*

liens familiaux se traduit d'abord par le renforcement de l'autorité maritale, par la fusion des biens des deux conjoints dans une masse commune dont le mari a l'administration[1]. Profond bouleversement des mœurs, l'homme au XIe siècle ne perd plus rien en se mariant ; au contraire, il peut être avantageux d'être gendre si l'épouse n'a pas de frères ; à l'époque féodale, le mariage devient pour les fils de chevaliers un moyen de faire fortune.

Lorsque le couple a des enfants, ceux-ci s'introduisent naturellement dans la communauté conjugale et participent au patrimoine dont le père a la gérance ; sur l'alleu paternel, sur le douaire et la dot de leur mère, sur tous les biens qu'ils sont appelés à recueillir un jour, ils ont des droits et des droits si précis qu'il leur arrive parfois d'en faire donation par avance[2]. D'ordinaire, leur père, dès qu'ils sont majeurs, les associe à tous les actes, achats ou aliénations, qui font varier l'étendue de l'héritage[3]. Entre parents et enfants, l'indivision est totale et se poursuit tant que le père et la mère sont en vie. Le temps n'est plus en effet où les fils pouvaient quitter le domaine paternel pour mener dans leur foyer personnel une existence indépendante. On ne pratique plus les avances d'hoirie et il n'est plus d'usage que les parents prélèvent une part sur le bien collectif pour avantager de leur vivant tel ou tel de leurs héritiers. De leur fils, du moins, car on sait que les filles reçoivent une dot lorsqu'elles sortent pour se marier du cercle familial. De même sont dotés les enfants mâles qui entrent en religion, mais les autres, s'ils veulent s'en aller, partent les mains vides. Le chevalier qui prend femme du vivant de ses père et mère ne fonde pas en effet un nouveau foyer ; il ne possède pas de biens individuels et ne peut que faire

duxerat uxorem, ac per hoc terras honoremque patris puelle possedit (1108) ; il hérite de leurs droits ; C. 3821 (1103-1104), *Humbertus autem iste accepit uxorem filiam videlicet Berardi de Luseiaco, qua ex causa surrexit in Cavariacum, estimans se posse quasdam ibi malas consuetudines exercere quas Berardus ille in vita sua finierat.* – Le beau-père, pendant sa vie, associe son gendre à ses donations, P. 96 (XIe) ; Gautier, sire de Berzé, délègue à son gendre Artaud tous ses pouvoirs, bien qu'il ait des neveux, C. 3268 – 3824 – 3654 ; Ancy de Bourbon-Lancy épouse la veuve de Guichard de Chazelles qui n'a qu'une fille et disparaît bientôt ; dès son mariage, il exerce un droit sur tout le patrimoine de Guichard, C. 2946, et recueille à la mort de sa femme une partie de l'alleu de son premier mari.

1. Olivier-Martin, II, I, p. 160.

2. C. 316 (sd), 2022 (993-1048), *et hoc quod post discessum matris mee mee parti debet evenire ;* C. 2867 (1031-1048), *de alia hereditate quam mater mea se vivente retinet... terciam similiter per omnia partem post decessum ejus.* – La veuve dédommage ses fils lorsqu'elle dispose de son héritage personnel, C. 2209 (993-1048), *propter calumniam... cujusdam filii mei... comprimendam dedi ei in commutationem unum mansum...*

3. Après l'an mil, les deux tiers des aliénations faites en commun par le père, la mère et les enfants.

entrer son épouse dans la communauté économique dont il fait partie, et si les coutumes matrimoniales se sont transformées, c'est justement pour favoriser cette installation : le douaire est une portion du bien collectif, mais qui n'en est pas détachée ; la dot vient s'adjoindre à la masse commune, c'est la part que le nouveau membre apporte dans l'association ; bref le nouveau ménage est complètement englobé dans l'ancien. Ce n'est pas le trait le moins remarquable de la société nouvelle que l'agrégation prolongée, dans la maison paternelle et sous l'autorité de l'ancêtre, des descendants, dépourvus de tout pécule personnel et de toute indépendance économique.

La mort de l'un des époux dissout la communauté conjugale. Si la mère disparaît la première, ceux des biens communs qu'elle possédait en propre échappent à la direction du père et reviennent immédiatement à ses enfants. Inversement, la veuve se retire de l'indivision avec son douaire qu'elle conserve en dépôt pendant sa vie. Mais presque toujours, les enfants s'entendent pour ne pas rompre dès le décès de leurs parents la communauté de biens. Le partage du patrimoine est dangereux ; on le retarde le plus possible et la communauté fraternelle, la frérêche, connaît une faveur croissante ; à la fin du XIe siècle, c'est pour les biens laïcs la forme de possession la plus courante. Elle se prolonge, elle résiste à toutes les causes de dissolution. Elle se poursuit quand l'un des participants entre en religion. Quelqu'un fait-il en mourant une aumône pour son âme, sa donation n'est pas séparée du patrimoine collectif ; on admet simplement dans l'association, pour une part correspondant à l'offrande, les saints patrons de l'église qui en bénéficie. Enfin, la frérêche n'est pas dissoute lorsque les frères mariés ont eux-mêmes des enfants ; oncles, neveux, cousins restent unis dans la même solidarité économique et le groupe grossit en même temps que la famille poursuit sa croissance[1]. Il faut se représenter ce qu'est alors la

1. Quand l'un des parents fait une aumône, des étrangers sont englobés dans le groupe des copossesseurs : C. 2942, Cluny reçoit une *portio* et est associé quelque temps au frère de la donatrice ; M. 546, la mère ayant donné sa part à Saint-Vincent, une famille de serfs devient la possession indivise de ses enfants et des chanoines. Dans le patrimoine de l'abbaye de Cluny, toute une partie consiste en participations à des indivisions de bois, d'églises, de dîmes et aussi de terres, comme en témoignent les indications de mitoyenneté, *terra sancti Petri et N. et N'*... – À partir de l'an mil, l'indivision s'étend rapidement aux parents éloignés : 950-1000, un cas sur cinquante ; 1000-1050, un cas sur seize ; 1050-1100, un cas sur sept. C. 3192 (1030 env.), *donamus... medietatem prati Guisiardi, quia cujus medietatem aliam jam conquisierant monachi... de consanguineis nostris Attone scilicet et Odone* ; C. 3538 (1079), *medietatem unius prati quod habebam cum S. consobrino meo* ; C. 3642 (1080 env.), les deux frères de Cortevaix ont en commun avec deux cousins germains quatre perches de terre ; C. 3308 (1080 env.), *Gaufredus et filii mei, uxor quoque mea, B. quoque nepos meus, A. etiam frater B., mulier etiam B. et filii ejus G. et H., donamus quicquid habuimus in podio de Rufiaco.*

maison chevaleresque, rassemblant sur le même domaine, dans la même « cour », une dizaine, une vingtaine de maîtres, deux ou trois couples avec leurs enfants, les frères et les sœurs célibataires et l'oncle chanoine qui vient de temps en temps et qui prépare la carrière de tel ou tel de ses neveux. Tous exploitent en commun l'alleu ancestral et cette étroite coopération économique est le plus solide soutien de la cohésion familiale. Elle est très avantageuse et permet en particulier de résoudre le grave problème de l'hérédité de la qualité chevaleresque. Même si la part de chacun est modeste, le groupe est assez riche pour entretenir un ou deux chevaux, pour posséder un ou deux harnois militaires, grâce auxquels il arme de temps en temps ses garçons ; et il se trouve toujours des frères ou des neveux pour tenir le domaine et diriger la culture pendant que les autres sont au combat ou font leur stage à la forteresse. S'ils ne peuvent l'être ensemble, les parsonniers sont du moins chevaliers à tour de rôle. Par contre, ils sont contraints à la cohabitation, sans espoir de s'évader ; ils doivent se plier à la discipline du groupe. Et que de discussions et de heurts sans doute lorsqu'il faut s'accorder sur la gestion du domaine et en répartir les fruits !

Au début du XIIe siècle, certaines communautés familiales durent depuis si longtemps que les gens qu'elles unissent paraissent avoir oublié leurs liens de parenté. Mais ce sont là des cas extrêmes et d'ordinaire l'indivision n'est qu'une solution temporaire. Plus tôt en l'an mil, plus tard au temps de la première croisade, le moment vient où les copossesseurs sont trop nombreux ou trop étrangers les uns aux autres pour supporter la vie commune ; il faut bien se séparer et partager l'héritage. À la fin du XIe siècle, il arrive encore, au moins dans les confins méridionaux de notre région, que le chef de famille règle d'avance la *divisio* de ses biens entre ses héritiers [1]. Mais, le plus souvent, c'est par un accord amiable que les participants décident de rompre la communauté et se partagent le patrimoine ; fréquemment, la division est partielle, soit que l'un des lignagers, l'un des rameaux de la famille se sépare seul du groupe, soit surtout que l'on préfère laisser en commun une portion du bien collectif, celle dont le partage

1. CL. 10 (1090 env.), *Ego Letardus hanc cartam in Dei nomine fieri jussi ut de honoris divisione mea inter heredes meos pax haberetur, quatinus si aliquis meorum heredum in ipsa divisione minus vel majus adjungere vellet, ad hanc cartam venientes, veritas non lateret. Sciatis etiam quod sic libere hanc divisionem mei honoris feci, ut hanc nullus homo contradicere neque irasci debeat, tum quia bene et scienter divisi, tum quia tante etatis sum scilicet XXXa annorum et trium, quod dividendi discretionem habere cognoscor... Et hec carta servata est in ecclesia sancte Marie Balioci* (la collégiale de Beaujeu) *jussu mei pastoris et amore mei, et jungata hec cum carta que est composita de dimissione pro redemptionis anime mei*. Au dos : *Ego sum veritas divisionis Letardi inter heredes*. Cet acte du chevalier Létard de Feugères est à notre connaissance le plus ancien témoignage de la renaissance du testament en Beaujolais ; *carta divisionis* et *carta donationis* sont encore distinctes.

serait difficile ou peu avantageux. Dîmes ou forêts sont encore l'objet de possession commune bien après que les manses, les champs et les hommes dépendants ont été répartis entre les héritiers[1]. Cette répartition est réglée selon les coutumes normales de succession, le droit des descendants primant celui des collatéraux, et, pour éviter les contestations, on préfère souvent diviser chaque élément du domaine en parts égales, quitte ensuite à remembrer par échange les parcelles trop dispersées. Ainsi la division successorale finit toujours par disloquer l'alleu chevaleresque ; mais le partage au XIe siècle est moins dangereux qu'au Xe : ses effets sont maintenant corrigés par les nouvelles coutumes familiales qui d'abord limitent le droit de chaque héritier sur la portion qu'il a reçue et qui restreignent d'autre part le nombre de ceux qui sont appelés à se partager l'héritage.

2. *Contrôle collectif de l'alleu individuel*

Après l'an mil, en effet, la *divisio* met seulement un terme à l'exploitation commune, mais la famille conserve sur l'ensemble du patrimoine un droit collectif ; chacun de ses membres ne peut à sa guise vendre ou donner la part qu'il possède ; c'est ce que prouvent, dans les actes de transactions foncières, les progrès de la *laudatio parentum*[2].

Au Xᵉ siècle, quand un homme achetait une terre, il était bien rare qu'il se préoccupât d'obtenir l'approbation des parents du vendeur : avant 950, le consentement des lignagers est mentionné dans 2 % des actes d'aliénation ; dans la seconde moitié du siècle, la proportion s'accroît mais n'excède pas 4 % ; on ne voit jamais intervenir que les très proches parents, trois fois sur quatre le père ou les fils, les frères n'étant appelés qu'en l'absence de descendants directs. Mais dès l'an mil, l'aliénation d'un alleu commence à devenir l'affaire de la famille. De 1000 à 1050, l'intervention des parents est beaucoup plus fréquente ; les fils, accompagnés maintenant des filles et des gendres, donnent régulièrement leur consentement ; les frères, les oncles, les neveux se joignent

1. C. 3627 (1087), l'oncle et ses trois neveux ne gardent dans l'indivision que les églises, le reste est partagé. – Les forêts se prêtaient à une exploitation commune ; on les possédait très souvent par portions ; voir l'état du domaine forestier de l'abbaye de Cluny dans les environs de Sologny, C. 3216 (XIᵉ), *in silva que vocatur Visco habet sanctus Petrus... medietatem pro Rotrude et Akardo, in alla medietate tertiam partem*, etc. ; C. 3538 (1079), Sigaud de Serrières donne les manses et les champs qui lui sont échus par division, mais les bois n'ont pas été partagés. – Indivision de la possession des églises, dont le partage était interdit par les conciles, DUMAS, « Propr. carol. », p. 627, n. 3 : P. 88 – 20 – C. 3267 – M. 556 – 536 – 576 – 577 – 578. – Dîmes, ASL, H. 142, nº 2.

2. FALETTI, p. 15-52.

à eux, et parfois des parents plus éloignés encore, désignés par le terme vague de *proximi*[1]. Enfin, dans la seconde moitié du XIe siècle, la solidarité lignagère devient rapidement plus étroite ; la *laudatio* sanctionne maintenant deux aliénations sur trois ; elle émane des branches les plus écartées de la parentèle et l'acheteur doit dédommager matériellement les lignagers : il s'agit bien d'un droit réel et non pas simplement d'une espérance d'héritage[2]. Le chevalier n'a donc que le dépôt temporaire de l'alleu héréditaire qui est en réalité la propriété de son lignage, et tous ceux de son sang contrôlent sa gestion et, au besoin, le protègent si quelqu'un vient contester ses droits.

Ce contrôle collectif est efficace ; il empêche les dilapidations inconsidérées et, plus précisément, réussit peu à peu, au cours du XIe siècle, à restreindre, dans une très large mesure, le nombre et l'importance des donations pieuses : le resserrement des liens familiaux permit à la fortune laïque de résister au puissant courant qui la désagrégeait et l'entraînait par morceaux dans le patrimoine de l'Église. Sans doute, l'aumône est-elle toujours tenue pour la plus salutaire des œuvres, encore que, semble-t-il, certains commencent à douter de sa valeur rédemptrice[3]. Mais, alors qu'autrefois, tout événement considérable de la vie morale était pour l'homme soucieux de son salut l'occasion de donner, depuis l'an mil et sous la pression du lignage, les aumônes ont tendance à se concentrer en une donation unique de caractère funéraire[4] ; l'achat de la sépulture, la conversion tardive du chevalier qui désire mourir sous l'habit de saint Benoît et, à la fin du siècle, plus rares et plus coûteuses, les fondations d'anniversaires en sont les formes ordinaires[5] ; on se contente pendant sa vie de

1. La *laudatio* est maintenant mentionnée dans une charte sur quatre ; une fois sur six, il est fait appel aux oncles, aux neveux, aux proches, même en présence des enfants et des frères.

2. À la fin du XIe siècle apparaissent les premières mentions du paiement de la *laudatio* : au conjoint, C. 3742 – 3768 – M. 571 – P. 64 – 66 – 159 – 87 – 115 – 200 ; aux fils, C. 3034 – 3531 – 3768 – 3873 – 3896 – P. 64 – 66 – 159 – 87 – 115 – 167 ; au frère, C. 3742 ; aux parents plus lointains, C. 3737.

3. Pierre le Vénérable devra combattre cette opinion qu'il juge hérétique. Dans son livre *Des merveilles*, il raconte l'apparition à Humbert de Beaujeu et à ses amis, de l'âme en peine du chevalier Guichard d'Oingt, tué dans un combat, qui demande que l'on distribue des aumônes et que l'on fasse dire des messes pour son repos, *Mir.*, I, p. 27, *PL*, 900-903.

4. La *carta donationis* est le pendant de la *carta divisionis*, voir n. 1, p. 263.

5. C'est une coutume chez les chevaliers de se faire moine au moment de la mort : C. 3024 – 3030 – 3098 – 3222 – 3292 – 3323 – 3418 – 3555 – 3578 – 3644 – 3823 – 3873. Pour être enterré à Cluny, il faut donner environ la valeur d'un manse ; c'est beaucoup pour les familles chevaleresques qui n'en possèdent qu'une vingtaine. – Anniversaire, *annuale obsequium*, B. 11 – 13 – 20 ; donation au luminaire, B. 20 – P. 152 – 188. Enfin, pour les très grands personnages, fondation d'une *refectio* pour la communauté religieuse le jour anniversaire de leur décès : C. 3742 (1100), 3610 (1085-1087), 3724 (1100 env.).

promesses qui prennent effet après la mort[1]. Une telle pratique était avantageuse pour le donateur lui-même, qui conservait jusqu'à son dernier jour la jouissance de tout son bien, mais son adoption montre surtout que l'individu confie désormais à sa famille le soin de veiller sur son âme. Les héritiers sont souvent chargés d'accomplir les dernières volontés de leur parent et parfois procèdent seuls, quand le défunt n'a pas eu le temps de les prévoir, aux donations d'usage : ainsi, « moribond et ne pouvant plus parler, Guichard de Ruffey fut transporté à Cluny et, avant son enterrement, ses proches et ses parents rassemblés délibérèrent sur ce qu'ils avaient à faire pour le salut de son âme[2] ». Et l'on peut compter sur les lignagers ; le sentiment plus vif de la solidarité familiale s'ajoute à leur piété pour leur faire sacrifier une part de l'héritage ; d'ailleurs, associés à la donation, ils bénéficient aussi des avantages spirituels qu'elle procure. Autre manifestation du regroupement dans le lignage, le salut devient au XIe siècle une œuvre moins individuelle que collective et la parenté tout entière y participe. Les lignagers sont unis devant le danger au spirituel comme au temporel.

Et de plus, la pratique nouvelle permet à la famille de mieux protéger l'alleu. Quand le défunt n'a pas fixé la valeur de son aumône, les héritiers chargés d'assurer la donation funéraire, moins généreux pour autrui que pour eux-mêmes, n'agissent pas sans une grande parcimonie[3]. S'il a le temps d'exprimer ses dernières volontés, le donateur est aussi retenu davantage par le souci de l'avenir de sa lignée ; les convenances obligent maintenant à ne pas dépouiller au-delà de certaines limites les héritiers les plus proches, à leur réserver une quotité encore, il est vrai, mal fixée, à ne pas oublier même en l'absence de descendants les parents plus éloignés[4]. Il semble d'ailleurs que la valeur des

1. C. 3869 (1108), accord entre les moines de Cluny et de Tournus, qui se disputent les aumônes funéraires : *quicumque homo se vel sua Cluniacensibus solo sermone sine investitura aliqua spoponderat, si procedentes tempore vel jam morti proximus priori voluntate mutata non ad eos quibus promiserat sed ad alteros se vel sua non verbo tantum sed et facto contulerit...*

2. C. 2009 (993-1048), *moriens et nil loqui prevalens deportatus apud Cluniacum, antequam sepeleritur affuerunt ejus propinqui et parentes qui inter se colloquentes ceperunt inquirere quid pro anima illius salute agere deberent.*

3. Par exemple, la donation très réduite des fils de Bernard Gros, sire d'Uxelles, pour leur père, sans rapport avec la grande richesse du châtelain, C. 3428 (1070 env.). Comparer la petite aumône d'Auger de Bière pour l'âme de son frère, C. 2386 (un pré et une vigne), à celles qu'il ordonne pour lui-même, C. 2088 – 2176 – 2721 (cinq courtils, plusieurs champs et des redevances).

4. Le donateur qui s'engage pendant sa vie subordonne la validité de ses promesses à l'absence de descendants : C. 2493 (999-1027), *quod si liberi ex meo et legalis uxoris mee semine progressi sine legalibus filiis de proprio germine exortis mortui fuerint, hanc donationem... a me libenter factam... absque ullius ex meis heredibus vel proheredibus contradictione sive participatione monachi Clunienses obtineant.*

biens dont chaque membre peut disposer pour son aumône (*retinere sibi in elemosinam*) soit précisée d'un commun accord au sein du groupe et que soient même désignées à l'avance les terres affectées à cet usage [1]. Et surtout, le chevalier sait bien que s'il se montre trop prodigue les survivants ne tiendront pas ses promesses. Certes, le mourant prend des précautions pour garantir la validité de ses décisions ; les clercs s'emploient à perfectionner les procédés juridiques de la donation *post mortem* et finiront par ressusciter dès la fin du XIe siècle pour des fins religieuses les pratiques testamentaires [2]. Il n'empêche que, de plus en plus fréquemment, les lignages se refusent à laisser échapper de la communauté allodiale les biens que leurs parents défunts ont concédés à l'Église.

Des querelles innombrables qui opposent à ce propos les héritiers aux ecclésiastiques, nous ne donnerons qu'un exemple. La famille des sires de Berzé possédait, sur le ruisseau qui coule au pied du château, certains moulins ; l'un d'eux échut en partage au chevalier Eudes, neveu du châtelain, qui, vers 1070, l'offrit à Cluny en donation funéraire. Mais sa famille le garda ; quelque temps plus tard, on retrouve le moulin dans la dot de la sœur d'Eudes. Les moines

---

Et ita per succedentia tempora legalibus filiis ex meo semine progressis sibi vicissim recta et legali generationis linea succedentibus, nulli liceat in aliorum heredum vel proheredum nostrorum possessione sive dominatione aliquid horum alienare... ; sed si ipsi aliquando ita defecerint, ut nullus remaneat post illius obitum... donum istum totum ad integrum... perveniat ad Deum. C. 3734 (1100)... *si Achardus filius ejus absque legitimo herede mortuas fuerit ; si vero legitimum heredum habuerit, de supradictis honoribus donum faciat Cluniaco conveniens.* On prévoit une clause de rachat par les hoirs, C. 2525 (1100 env.), *ut dum aliqui ex filiis meis ad perfectum etatem venerit, si redimere voluerit, redimat XLa solidis*, C. 2972 (1048), *ea ratione ut filius meus W. si voluerit eum redimere det pro ipso manso... XX solidos.* – Quant à la quotité qui doit revenir aux héritiers, il faut distinguer deux cas : a) lorsque le donateur a des descendants, il arrive qu'il les dépouille entièrement, C. 2118 (1040 env.), mais le cas est tout à fait exceptionnel ; généralement le mourant dote ses enfants et dispose du reste : C. 2621 (1005), Audin donne *omnem hereditatem meam... excepto illam partem quam filiis meis dedi... excepto hoc quod filie mee dedi* ; C. 2806 (1028), l'héritage est divisé en trois parts, le père donne la sienne, la mère aussi, mais en s'en réservant l'usufruit, le fils reçoit le tiers de l'alleu de ses parents ; SM. 106 (1090), *nisi heredem ex legitimo matrimonio generaret quod si forte contigerit eis medietatem cunctorum supradictorum... in perpetuum concessit* : b) si le donateur n'a pas de descendant, il est entièrement libre : C. 3001 (1050 env.), *cum essem sine heredibus, Deum et sanctos ejus apostolos... feci heredes* ; C. 3713 (1100 env.), *quia filios carnales non habeo, filios spirituales mihi eligo, Deum et beatos apostolos... heredes mihi instituo* ; sans souci de l'épouse : C. 2804 (1027-1031), *aut vivat uxor mea aut non* ; sans souci des frères ou des cousins, C. 2685 (1013), SM. 62, ou des neveux, SM. 61 – 63. D'ordinaire cependant, il ne les oublie pas. Voir LAPLANCHE.

1. Ainsi, lors de la répartition des biens de la compagnie familiale, Amélie Béraud se voit attribuer par son mari pour son aumône une part de la seigneurie de Chazelle, C. 3574 (1049-1109).

2. CHEVRIER, « Testament », qui pour le XIe siècle utilise les documents clunisiens et mâconnais. En Mâconnais et surtout en Beaujolais, la renaissance est très précoce, C. 3757 (fin XIe), B. 20 (1090), P. 176 (fin XIe), M. 608 (1107-1137). Voir à Paris, depuis 1126, OLIVIER-MARTIN, II, p. 491.

se résolurent à acheter au fils de cette dernière les droits qu'il prétendait détenir. Peine perdue : un oncle, frère du premier donateur, intervient. Oubliant qu'il avait jadis approuvé la donation, le voici qui met la main sur ce petit domaine et ne le lâche pas de toute sa vie. Mourant et craignant pour son âme, il consent enfin à reconnaître le droit du monastère et fait approuver son fils. Mais alors se dresse le châtelain, chef du lignage, que les moines doivent encore dédommager[1]. De telles contestations ont été facilitées par la disparition des garanties judiciaires ; mais si tant de legs pieux sont restés sans effet par suite de l'opposition de la famille, c'est aussi que l'alleu était maintenant considéré comme un bien collectif et que la décision du seul dépositaire ne paraissait pas suffire à l'aliéner. D'ailleurs, les aumônes mettaient parfois en jeu l'existence matérielle de tout le lignage ; les lamentations des cartularistes, leurs invectives contre la mauvaise foi et la cupidité des laïcs ne doivent pas faire illusion : ces derniers étaient bien souvent contraints, à l'encontre de leur piété naturelle, de s'accrocher désespérément à un patrimoine trop restreint[2].

En fait, il est certain que le rythme des donations qui s'était précipité à la fin du xe siècle se ralentit très nettement dans la seconde moitié du siècle suivant. On ne peut invoquer le témoignage des archives clunisiennes : elles paraissent trop mal tenues à partir de 1050 pour qu'on puisse comparer utilement le cartulaire de saint Hugues à ceux de saint Odilon ou de saint Maïeul. Mais, dans les documents de Saint-Vincent de Mâcon, de consistance plus uniforme, on mesure dans son ampleur le changement. Pendant les vingt-neuf ans que dura l'épiscopat de Gautier de Brancion (1031-1060), on a transcrit au cartulaire, outre des règlements intérieurs et des contrats de précaires, trente-six notices dont trente-quatre enregistrent des donations et deux seulement l'abandon par des lignagers de leurs contestations sur des aumônes ancestrales. Parmi les trente et une notices contemporaines de Bérard de Châtillon, qui fut évêque pendant vingt-huit ans (1096-1124), il n'y a que sept donations pour seize renonciations de parents. Tandis que les aumônes devenaient plus rares, les bénéficiaires éprouvaient à les faire accepter par la famille des difficultés accrues. En fait, le lignage, se rassemblant plus étroitement et se chargeant du salut des

1. Au XIe siècle, les *querellae, consanguinitatis objectione vel cupiditatis illectione*, jadis très rares, se multiplient et les contestations viennent fréquemment de parents très éloignés. Berzé, C. 3301, *licet jam laudasset ipsum donum tamen illico calumpniam fratribus Cluniacensibus intulit et usque finem vite sue calumpniam inferre non destitit. In fine vero vite sue... pro remedio anime sue donum quod frater suus fecerat bono animo laudavit et filio suo Garulfo laudare fecit* ; C. 3504.

2. D'ailleurs la renonciation à la *querella* procure à peu de frais les mêmes avantages spirituels que la donation, C. 3434 (1070 env.), 3800 (1100 env.), 3716 (1096).

parents morts, réussit à défendre l'alleu héréditaire contre l'un des pires dangers qui le menaçaient, la prodigalité aumônière des vivants.

3. *Évolution du droit successoral*

Un second péril venait de la division successorale. Il ne suffisait pas de soumettre chaque part individuelle au contrôle collectif, il fallait aussi que les héritiers ne fussent pas trop nombreux et que le patrimoine n'aille pas s'éparpiller en miettes infimes. Le resserrement des liens de parenté réussit en partie à parer à cet autre danger.

Tout d'abord, les nouvelles coutumes matrimoniales permirent de restreindre le droit des filles dotées à l'héritage ; en l'absence des fils, elles continuèrent d'hériter intégralement aux dépens des parents mâles, collatéraux ou descendants plus éloignés, ce qui fit la fortune de bien des gendres ; mais lorsqu'elles avaient des frères vivants, elles devaient se contenter de la dot qu'elles avaient reçue et étaient exclues de la succession [1]. Restaient les autres, garçons et vieilles filles, qui, selon l'antique usage, jouissaient tous au même degré d'un droit égal. Or, pour la première fois, à l'extrême fin du XIe siècle, on voit apparaître encore très indécise en vérité et qui ne s'affirmera que bien plus tard, une coutume nouvelle qui tend à réserver à l'un des héritiers une meilleure part. C'est encore l'effet du regroupement familial. Très uni, le lignage n'est pas sans avoir une espèce de chef ; il en faut un pour conduire les actions collectives, pour représenter le groupe en justice ou ailleurs ; tant que dure l'indivision, il en faut un pour diriger l'exploitation commune. Ce rôle revient naturellement au père, mais lorsqu'il disparaît, l'un des membres de la famille, non pas toujours le plus âgé, mais plutôt celui qui dispose des moyens les plus efficaces, prend sa place, jouit d'une primauté reconnue, traite au nom de tous, autorise,

1. Artaud de *Saniperio*, en épousant Dierne, fille du sire de Berzé Gautier, puis Rolland Bressan, en épousant Fautrude, fille d'Artaud, purent successivement au XIe siècle commander dans le château mâconnais, bien que leurs beaux-pères aient été fort bien pourvus de collatéraux mâles. – Lorsque le père est mort, ce sont les frères qui prélèvent sur l'héritage indivis la dot de la nouvelle mariée : C. 3302 – 3301 (elle reçoit la part d'un de ses frères morts), 2528, *de duobus mansis quos amita mea dedit domino Deo... materque mea maritans me rapuit jam dictos mansos et dedit mihi in dotem*. C'était en effet les biens les moins solidement attachés à l'alleu familial, dont la possession était moins sûre, que l'on abandonnait au gendre. – La fille mariée est exclue de l'héritage : C. 3304, chacun des quatre frères a reçu le quart de l'héritage, leur sœur n'a rien eu. Exclusion de la fille dotée dans les coutumes provençales, à Avignon et à Arles avant 1150, à Forcalquier en 1162, DIDIER, « Filles dotées ».

de préférence aux parents plus proches, les actes individuels[1]. Cette prééminence nécessaire bouleverse l'équilibre traditionnel de la famille ; parmi des parents de même degré, entre qui l'on s'efforçait jadis si jalousement de maintenir l'égalité, l'un s'élève et commande. L'admettre, c'était se préparer à accepter une transformation radicale des principes de dévolution successorale : si l'un des héritiers est destiné à prendre la tête du lignage, pourquoi ne pas lui réserver une place à part dès l'ouverture de la succession ? pourquoi ne pas lui remettre, à charge de pourvoir à l'entretien de ses parents, une portion plus considérable, sinon la totalité de l'héritage ? pourquoi ne pas transmettre à l'un des fils, à l'un des neveux la direction que le père ou l'oncle exerçaient sur l'ensemble des alleux ? Les vieilles formules testamentaires et, en particulier, l'institution d'héritier, dont l'usage s'était maintenu en Mâconnais et qui n'étaient pas complètement oubliées, en offraient le moyen[2].

À vrai dire, la nouvelle tendance ne se manifeste à l'approche du XIIe siècle que dans les couches les plus élevées de l'aristocratie, parmi ceux des chevaliers qui détiennent les droits de ban régalien. Pour être entrés dans leur patrimoine, ces pouvoirs n'ont pas perdu en effet tous leurs caractères : ils constituent un office qui semble indivisible. L'un seulement des fils du comte, de ses gendres, de ses frères exerce à sa mort la fonction comtale et il fallut des circonstances exceptionnelles pour provoquer la division, aux alentours de 1080, du comté de Chalon entre deux cousins éloignés[3]. Le titre de vicomte ne se partage pas davantage. Aussi bien, le château et les pouvoirs dont il est la source (ce qui prouve encore leur origine publique) ne sont jamais l'objet d'une possession collective : au XIe siècle, il n'y a qu'un seul châtelain, dont la supériorité sur ses frères, sur ses cousins, sur ses oncles même est incontestée[4]. La notion normale de l'indivisibilité des pouvoirs de commandement – très nette aussi, à un degré inférieur pour les fonctions prévôtales[5] – fit admettre vers 1100, dans le monde des châtelains, la notion, très révolutionnaire celle-ci, de l'indivisibilité de l'héri-

1. L'un des fils prend un engagement pour tous ses frères, C. 2996 (1050 env.), *ut non requiram ; neque aliquis pro me, non frater, neque aliis ex parentibus meis, non uxor, non filiis, non filia, nec aliquis ex heredibus meis* ; C. 3504, Artaud de Berzé, gendre, mais maître du château et, partant, chef du lignage, élève une contestation sur la donation d'un cousin de sa femme ; B. 24 (1090), Humbert de Beaujeu vend son consentement à la donation d'un de ses cousins.

2. Les formules d'institution d'héritier sont utilisées d'abord en faveur des établissements religieux, pour défendre les aumônes contre les collatéraux déshérités, C. 3011 – 3713.

3. CHAUME, « Un problème », et RICHARD, « Origines féodales ».

4. Le lignage de Berzé, rassemblé derrière Artaud, maître du château, C. 3504 – 3388 – 3654 etc. ; celui de Beaujeu derrière Guichard, B. App. II ou Humbert, B. 24.

5. M. 555 (1096-1124), parmi les fils du prévôt *ille qui prepositura habuerit*.

tage tout entier. On voit par exemple, dans les premières années du XIIe siècle, Artaud, fils du châtelain bressan de Chalamont, donner à Cluny du vivant de son père un manse que les moines recevront après la mort de ce dernier ; « mon père, précise-t-il, ne pourra le donner d'ici là à personne, ni à ses fils, ni à ses filles, ni le vendre, car il m'a déjà fait don de tout son honneur pour en jouir après sa mort[1] ». Cette pratique adoptée plus tôt préserva du morcellement la seigneurie territoriale, dont la cohésion contrasta plus nettement avec le morcellement des seigneuries foncières ; elle approfondit le fossé qui séparait le châtelain des simples chevaliers, de même, nous le verrons bientôt, qu'elle permit aux prévôts de s'élever rapidement au-dessus des autres paysans.

*

Le chevalier qui d'ordinaire vit à feu et à pot avec son père et ses frères, qui subit le contrôle constant de ses parents et l'autorité du chef de famille est, au temps de la première croisade, beaucoup plus attaché aux hommes de son sang que ne l'était le noble du Xe siècle. La classe chevaleresque ne groupe pas des individus isolés, c'est une collection de lignages. Et ce resserrement des liens familiaux, amorcé dès l'an mil mais qui se réalise vraiment entre 1050 et 1075, ne peut être séparé des autres transformations sociales qui l'accompagnent et que lui-même favorise. Il exerce une influence profonde sur l'évolution des institutions féodales : si, dans le dernier quart du XIe siècle, la coutume reconnaît l'hérédité de la tenure vassalique, c'est que le vassal est solidement encadré par sa famille qui prétend détenir un droit éminent sur son fief comme sur son alleu. Influence également sur l'évolution de la chevalerie : après 1075, le titre nobiliaire se transmet régulièrement de père en fils parce que le lignage chevaleresque, regroupé, est mieux défendu contre la déchéance économique et surtout parce que, l'individu disparaissant dans le groupe, la noblesse devient une qualité collective. Influence enfin même sur l'évolution du sentiment religieux, car, sans le rassemblement de la famille, les laïcs n'auraient pas si facilement admis qu'au spirituel aussi on peut s'entraider, que l'âme des défunts recueille le bénéfice des bonnes œuvres des vivants, c'est-à-dire l'essentiel du dogme de la communion des saints. Sans conteste, la famille est le cadre fondamental de la société chevaleresque.

---

1. C. 3031 (1049-1109), *tali tenore ut pater meus alicui persone, neque filiis, neque filiabus possit dare neque vendere propter hoc quia fecit mihi primitus donum de omni honore sua post mortem suam.* – C. 3737 (1100), des quatre fils d'Étienne de Neublans, *Hugo Blancus quem residui honoris mei heredem reliqui.*

B. LA COMMUNAUTÉ RURALE

La famille paysanne subit-elle au XIe siècle des transformations semblables ? À vrai dire, nous sommes mal renseignés sur les liens lignagers hors de la noblesse ; mais ce que l'on peut entrevoir de ces relations dans la paysannerie, permet de supposer qu'elles ne connurent pas des modifications aussi profondes ni surtout aussi spontanées. En effet, les rustres n'étaient pas aussi vivement poussés à chercher refuge auprès de leurs parents. Sous la rude main du seigneur, ils étaient bien défendus et lorsqu'un manant subissait quelque violence ou quelque spoliation, son lignage n'avait pas à le venger : avant même qu'il n'ait porté plainte, la justice seigneuriale entrait en branle, moins pour lui porter secours en vérité que pour tirer une amende fructueuse de son agresseur ; mais le résultat était le même. C'était le maître également qui protégeait l'héritage paysan contre les dilapidations et les partages successoraux : il contrôlait et interdisait au besoin les aliénations ; il imposait l'indivision aux héritiers qu'il investissait de la tenure de leurs parents. En somme, le seigneur assurait à la place du lignage la protection de ses hommes et si les paysans connaissaient, dans la famille, la solidarité économique, c'était par la volonté du maître et dans son intérêt. La dépendance même des classes rurales reléguait à l'arrière-plan les liens de parenté.

Par contre, cette dépendance favorisa entre les humbles l'établissement d'étroites relations de voisinage. Cette communauté d'intérêt qui n'avait pu s'établir au Xe siècle dans le hameau et au sein de la seigneurie foncière, où les hommes restaient séparés par leur statut juridique et par leur condition économique, se réalisa progressivement après l'an mil sous l'influence de la seigneurie banale. Dans la poté, dans le territoire du ban, tous les manants sont solidaires devant le maître ou son représentant, le prévôt ; serfs ou libres, tant que la distinction subsiste, alleutiers ou tenanciers, la coutume banale est la même pour tous et distingue seulement quelquefois les laboureurs des manouvriers ; ils supportent des exactions semblables, dont le montant est parfois fixé globalement pour tout le groupe et qu'ils doivent répartir entre eux ; encadrés par les agents seigneuriaux, ils vont ensemble aux corvées ou au combat ; enfin, leur intérêt est de s'entendre pour organiser efficacement la résistance aux exigences du seigneur. Rassemblée par la seigneurie territoriale, la communauté rurale s'est faite aussi contre elle. Et c'est au cours du XIIe siècle que se manifeste pour la première fois l'existence de ces communautés d'habitants, qui groupent, à l'exclusion des nobles, tous les paysans d'un même territoire. Manifestations encore extrêmement discrètes et fugitives, car les titres d'archives de cette époque, plus encore que ceux du Xe ou du XIIIe siècle, ne parlent guère que des gens riches. La vie paysanne est très obscure et l'on ne peut qu'esquisser à larges traits ces solidarités économiques et sentimentales qui, s'affirmant au siècle suivant, n'apparaîtront en pleine lumière qu'au XIIIe siècle, dressées contre le pouvoir seigneurial.

1. *Les solidarités économiques*

Ce sont d'abord les communautés de biens, les droits collectifs, suppléant aux insuffisances de l'exploitation individuelle et fournissant aux paysans, outre le bois et les produits de cueillette, le moyen de développer leur élevage, qui apparaissent le plus nettement dans les textes. Au XIe siècle, la solidarité économique des habitants du hameau, imparfaite avant l'an mil, s'établit peu à peu sous la direction du seigneur. En pays d'essarts, dans les nouveaux terroirs créés de toutes pièces aux dépens de la forêt, elle est réalisée tout de suite dès l'installation des immigrants. Là, en effet, tout le sol appartient au maître qui, lorsqu'il les accueille, impose à ses hôtes une discipline collective. Il les réunit d'abord, pour entreprendre dans les meilleures conditions l'œuvre de défrichement et d'assèchement. Puis, sur les portions du finage propres à la culture, il concède à chacun des parcelles, mais en fixant lui-même au préalable les servitudes, vaine pâture et droits de parcours, qu'elles devront supporter. Il ne donne pas de communaux aux habitants du village, mais, conservant la propriété des taillis et des friches, il leur laisse contre redevances l'usage de certains territoires. Affouage et pâturage sur la réserve seigneuriale, droits de parcours sur les jachères, les chaumes et les prés fauchés de chaque exploitation forment le patrimoine commun des villageois, gardé et surveillé en échange de quelques coutumes par le maître et ses agents[1]. Mais dans les hameaux des vieux pays, où la propriété était extrêmement morcelée, où de nombreux petits alleux voisinaient avec des fragments de seigneuries foncières, les paysans vivaient beaucoup plus isolés les uns des autres. Point de servitudes collectives sur leurs parcelles ; point d'usages communs à tout le village sur les bois et les pâtis, mais des accords particuliers entre les possesseurs de terres vagues et tel ou tel villageois. Des communaux par contre, mais ces « terres des francs » ne s'ouvraient qu'aux libres, les serfs n'ayant de possession collective que sur certaines

1. À Montgouin, essart ouvert dans les bois que l'église de Mâcon possède sur les bords de la Saône, toute la communauté paysanne jouit d'un droit de dépaissance dans la réserve seigneuriale en échange de coutumes ; c'est le seigneur qui ouvre le bois aux porcs du village après la glandée, M. 555 (1096-1124). De même, dans la vallée de la Petite Grosne, le bois seigneurial est ouvert aux usagers contre redevances ; le seigneur fixe la date de la paisson des porcs, celle aussi où les prés des villageois peuvent être mis en défens, M. 567 (1096-1124).

terres de leur maître[1]. Au Xe siècle, aucune communauté de biens ne réunissait jamais tous les *villani*. Or, peu à peu, la coutume de la seigneurie territoriale les rapproche et le maître du ban leur impose une solidarité économique fondée, comme dans les villeneuves, sur des contraintes collectives et des usages communs sur les terres seigneuriales.

Il n'est pas possible de suivre de près cette transformation et c'est à peine si l'on aperçoit sa ligne générale. Le communal, semble-t-il, s'ouvrit d'abord aux serfs que les pouvoirs privés traitaient maintenant comme les villageois francs ; du moins peut-on interpréter de la sorte l'oubli après 1040 de l'expression *terra francorum*[2]. Mais au même moment la possession collective changea de nature : terre commune et en somme publique, le communal était placé, comme les grands chemins, sous la garde du seigneur territorial qui, pour prix de sa protection, exigeait de la communauté certaines coutumes. Insensiblement, ces redevances furent confondues avec celles que les usagers payaient aux propriétaires de taillis et de pâtures. Il semble bien que la communauté villageoise ait souvent perdu, au profit du seigneur banal, la propriété éminente du communal, ne conservant sur lui qu'un droit d'usage collectif. À la fin du XIe siècle, dans les deux terroirs comme dans les finages récemment défrichés, il n'est plus fait mention de terres communes, mais les paysans, libres ou non, jouissent contre redevances d'un droit de parcours sur certaines portions de la réserve du seigneur[3].

Chargé de la police des champs, le maître du ban dirige d'autre part la vie agraire ; c'est lui qui tranche les conflits de bornage et de clôture ; ce sont ses agents qui protègent moissons et vendanges contre les déprédations des troupeaux. Tout naturellement, il en vient à fixer la date des récoltes, à régler les assolements, à établir le calendrier agricole, à interdire certaines clôtures, à imposer aux champs et aux prés des manses villageois la vaine pâture et les servitudes qu'ils ignoraient[4]. Introduisant des contraintes collectives, réduisant l'individualisme agraire, la seigneurie banale efface le dernier trait qui distinguait les vieilles *villae* des villages neufs. Puisqu'ils échappent aux droits de ban, les chevaliers qui possèdent leur maison et des terres dans le hameau sont exclus

1. La « terre des serfs » est une portion de la terre de leur maître laissée à leur usage collectif : M. 267 (968-971), *terra ad servos sancti Petri* ; C. 1694 (984), *terra sancti Petri et servorum ejus* ; C. 2326 (996-1031), *terra servorum Bernardi* ; SM 29 (XIe), *alodum servorum sancti Marcelli*.

2. Voir n. 1, p. 249.

3. Garde des communaux : le forestier seigneurial perçoit un denier par feu dans le village pour la garde du communal, M. 567. – Droit d'usage commun à tous les *villani* dans les vieux terroirs : Poiseul, C. 3767, Blanot, C. 3737.

4. C'est le « ban » rural, ban de moisson et de vendange.

de la communauté rurale, comme le sire et ses prévôts[1] ; mais tous les rustres du finage, tous les « vilains » sont désormais groupés dans une étroite communauté économique.

2. *La communauté paroissiale*

Vestige sur les collines mâconnaises de la primitive occupation du sol, la *villa* reste bien au XIe siècle le cadre de la communauté de biens, mais la véritable communauté d'habitants ne pouvait se fonder dans des limites aussi étroites. Souvent, le hameau ne groupe que trois ou quatre manses ; son finage est trop restreint pour contenir les héritages paysans qui la plupart du temps se dispersent sur plusieurs terroirs ; le défrichement progressif, rongeant la ceinture de bois et de friches, a fréquemment dépouillé l'antique cellule agraire de son individualité et oblige les vilains à chercher hors de ses bornes les terres vagues indispensables à leur exploitation ; parfois même, ils ont déserté l'ancien centre d'habitat et seuls la toponymie et le dessin des chemins et des champs garde la trace de l'ancien hameau. Trop rapprochées, comme ces cinq *villae* qui, sur moins d'une lieue entre Bassy et Bissy-la-Mâconnaise, s'échelonnent sur la voie romaine de Mâcon à Autun, ces agglomérations minuscules devaient se regrouper dans un ensemble plus vaste[2]. Au Xe siècle, *l'ager* avait encadré la communauté rurale la plus vivante, ouverte il est vrai aux seuls hommes libres ; mais la nouvelle répartition des pouvoirs de commandement avait définitivement brisé ce cadre ; après l'an mil c'est dans la paroisse que commencèrent de s'unir les paysans.

Fondées progressivement pendant le haut Moyen Âge, au hasard des initiatives individuelles, autour de chapelles domaniales et parfois aussi d'oratoires isolés aux frontières de deux finages, les paroisses rurales ont trouvé, au XIe siècle, des limites topographiques qui ne varieront plus guère[3]. Fort arbitrairement découpés à l'origine par les évêques qui se préoccupaient surtout de l'équitable répartition des profits curiaux[4], ces territoires, plusieurs fois rema-

1. Les forestiers et prévôts de l'église de Mâcon sont privilégiés : ils ne paient pas les droits d'usage ; ils échappent aux contraintes collectives, M. 555 – 567 (1096-1124).

2. *Villae* disparues, Bussonge, à Saint-Martin-Belleroche *olim villa sed jam penitus diruta*, M. 408 (937-954) ; Ménézy à Verzé, Bérizy à Péronne, etc. – Les quatre *villae* de Bassy. Scissé, Boyes et Bonzon vont se fondre dans la paroisse de Saint-Gengoux-de-Scissé.

3. Quelques fondations nouvelles cependant en pays d'essart au XIe siècle : Saint-André de Bâgé, T. 130 (1075) ; la Charmée, C. 3403 (1064).

4. Délimitation des paroisses de Sologny et de Milly dans M. CHAUME, « Le mode de constitution et de délimitation des paroisses rurales aux temps mérovingiens et carolingiens », *Revue Mabillon*, 1937-1938.

niés, sont maintenant cohérents et répondent aux besoins des paroissiens. Très étendues dans les pays boisés alors quasi déserts, en Bresse, en Charolais, sur les bords de la Saône et de la basse Grosne et dans la montagne beaujolaise, les paroisses sont beaucoup plus nombreuses et plus petites sur les collines peuplées du Mâconnais, du Clunisois et du Chalonnais[1]. Mais là aussi, dans un rayon de deux kilomètres en moyenne autour du sanctuaire, elles englobent toujours plusieurs *villae* et les bois ou les friches qui leur servent de bornes[2]. Assez vastes pour réunir bon nombre de familles, assez restreintes pour que chacun soit constamment en contact avec les autres, de telles circonscriptions offraient un cadre parfait au rassemblement des pauvres gens.

La communauté paroissiale est d'abord, évidemment, religieuse. Au centre de l'« aître », du « cimetière », espace consacré et borné par des croix, l'église réunit les paroissiens pour l'office au moins une fois par semaine ; c'est le lieu des principales cérémonies familiales, baptêmes, mariages, enterrements ; les morts reposent à son ombre ; on y distribue aumônes et secours aux pauvres inscrits à la matricule ; dans le sanctuaire enfin, on acquitte les redevances ecclésiastiques, non pas la dîme partagée d'ordinaire entre différents seigneurs laïcs, mais les prémices et les offrandes : pour les grandes fêtes liturgiques, tous les paroissiens viennent déposer devant l'autel des pains ou des chandelles dont le nombre est fixé par la coutume[3]. Or, à la fin du XIe siècle, cette solidarité religieuse commence à devenir plus étroite : les ecclésiastiques, l'évêque, les chanoines et les moines, qui maintenant possèdent toutes les églises paroissiales, sinon les dîmes et les cimetières, et qui nomment les desservants, s'emploient, pour des motifs spirituels et par souci de leurs intérêts, à resserrer le lien paroissial, et obligent les paroissiens à fréquenter leur église ; il leur est interdit d'aller ailleurs entendre la messe et recevoir les sacrements ; la paroisse est un groupe fermé dont on ne peut s'évader à sa guise[4]. Cependant, certains

1. La densité des paroisses est encore le meilleur document sur le peuplement au Xe et au XIe siècle.

2. Les paroisses ont pour limites des accidents topographiques, crête de colline ou ruisseau ; mais d'ordinaire, elles englobent les massifs forestiers plutôt qu'elles ne les partagent, ainsi à Cenves, à Verzé, à Chapaize. Certains mas isolés et certaines *villae* sont aux confins des paroisses : C. 2528 (XIe). Noureux *in confinio IV parrochiarum, videlicet sancti Martini et sancti Jangulfi, Circiaco, Supiniaco*.

3. C. 5035 (1261), à Davayé, l'évêque de Mâcon se plaint *de remotione crucum... quas cruces in cimiterio Davaiaci posuerimus, juxta testimonium proburum virorum qui nobis fines et limites cimiterii... designabant*. – Le marguillier et la matricule, C. 3538 (1079). Tarification des *offerendae, oblaciones, candele*, pour la Toussaint, Noël, la Saint-Martin, etc., C. 4143 (1148).

4. Dans les premières années du XIIe siècle s'achève en Mâconnais le mouvement de restitution des sanctuaires aux communautés religieuses, ainsi que la campagne de récupération des précaires et des fiefs formés par des terres d'Église. Les laïcs y participent, *Claromontensis concilii decretum*

habitants de la circonscription ecclésiastique n'en font pas partie ; il existe en effet, dans les châteaux et dans les plus importantes cours domaniales, des chapelles privées, desservies par un clerc domestique, qui dit la messe le dimanche et administre certains sacrements[1] ; mais elles sont à l'usage des seigneurs et de leurs familiers. En fait, seules les maisons chevaleresques sont à l'écart de la communauté spirituelle, comme elles le sont de la communauté de biens ; seuls les nobles se font ensevelir auprès des grands sanctuaires, loin du cimetière villageois, et s'assemblent dans des confréries particulières[2]. La solidarité paroissiale est purement paysanne, ce qui renforce évidemment son unité. Enfin, dans le cadre de la paroisse, ces paysans se groupent spontanément dans une confrérie ; association de prières, elle assume le même rôle que le lignage chevaleresque ; association charitable, elle remplit aussi des tâches plus profanes et convie ses membres à se prêter, devant tous les dangers, une aide mutuelle[3]. Si l'on peut douter de la profondeur du sentiment religieux des masses rurales, il est incontestable que l'union paroissiale, dirigée par un prêtre qui est l'un des leurs, gouverne en 1100 la vie sociale des paysans. C'est dans l'église qui les réunit chaque dimanche qu'achèvent de se confondre serfs et libres et la solidarité villageoise n'est sans doute jamais plus vivement ressentie qu'au sortir de la messe.

Et cette solidarité étroite, d'origine religieuse, se prolonge sur le plan temporel. L'église en effet est aussi un refuge contre les périls : le cimetière qui l'entoure, protégé spécialement par les institutions de paix, est un lieu privilégié où l'on redoute moins les violences. Serfs fugitifs, manants en rupture de ban

formidantes, M. 536 (1096-1124). Sur le resserrement de l'unité et de la discipline paroissiales dès le XIe siècle et surtout au XIIe, DUMAS, dans FLICHE et MARTIN, VII, p. 266 ; LE BRAS, *Introduction*, p. 35-38 ; DOBIACHE-ROJDESTVENSKY.

1. Les habitants du château de Berzé sont hors de la paroisse et dépendent de la chapelle castrale M. 550 (1144-1166), *de terra arabili habet autem primicias omnium habitantium in eodem castello, eorundem baptisterium capellanus visitet, infirmos communicet et quod sibi tribuunt habet, nec et preterendum quod mortui sepeliuntur apud Berziacum villam*. – Messe dominicale dans la chapelle du domaine clunisien de Chevignes, C. 4279 (1180).

2. Les chevaliers forment des confréries extraparoissiales : G. de Germolles est confrère de l'hôpital d'Aigueperse, C. 4837 ; les chevaliers de Chavannes ont leur sépulture à Tournus et *pro parrochianis ejusdem ecclesie se gerunt*, T. 185 (1219) ; ils choisissent leur sépulture hors du village : M. 550 (1144-1166) *si vero aliquis eorum corpus suum destinaverit ad aliquem congregationem*. La *conversio in extremis* a pour effet de les agréger à une lointaine communauté monastique qui les enterre parmi les siens.

3. Voir COORNAERT ; LE BRAS, « Confréries ». Témoignages à partir du XIIIe siècle : C. 5174 (1272), *in caritate Prisciaci* ; C. 5196 (1273), à Malay et à Ougy, messe du Saint-Esprit *pro aliquo confratre defuncto* ; C. 4387 (1200 env.), la « chandelle » de Germolles.

viennent y construire leur demeure ; tandis que les vieux hameaux se vident, les hommes s'agglomèrent autour du sanctuaire paroissial ; ainsi s'opère, au profit de la *villa* où s'élève l'église paroissiale, une concentration de l'habitat qui n'est pas sans accroître la cohésion de la communauté[1]. De plus, les actes solennels, contrats, engagements, serments, ont lieu devant l'assemblée des paroissiens et à la porte de l'église[2]. Enfin et surtout, très souvent au XIe et au XIIe siècle, la seigneurie territoriale, la poté, a pour limites celles de la circonscription religieuse ; c'est le cas régulièrement des dominations établies sur les clairières nouvellement ouvertes dans la forêt ; mais dans les vieux terroirs également, les accords entre seigneurs concurrents font fréquemment coïncider le ban et la paroisse[3]. Le pouvoir seigneurial affermit alors la solidarité des paroissiens : la coutume banale, que précisent les enquêtes, est une coutume paroissiale[4]. La paroisse, soutenue sans doute par la confrérie, se rassemble alors pour mieux résister à l'exploitation du sire et, nous le montrerons bientôt, les premières chartes d'affranchissement qui marquent le recul de la seigneurie banale seront concédées, non pas à tels dépendants dispersés dans plusieurs terroirs, ni aux habitants d'un seul hameau, mais à la communauté paroissiale.

Au temps de la première croisade, le rassemblement dans la paroisse est encore imparfait, il commence. Bien des territoires paroissiaux sont encore partagés entre des seigneuries concurrentes ; le petit hameau, communauté d'usagers, conserve encore sa personnalité. Mais la *villa* est moribonde et la paroisse ne tardera pas à posséder ses droits d'usage collectifs. Quant à l'*ager*, il est tout à fait mort, et c'est dans la paroisse que, depuis la fin du XIe siècle, les biens fonciers sont localisés par les rédacteurs de chartes[5]. Communauté spirituelle,

1. Peuplement du cimetière : C. 2860 (1031-1048), le « bourg », autour de l'église de Saint-Priest en Bresse, *unum curtilum... qui situm est in atrio ejusdem ecclesie* ; P. 25, *manentes... in cimiterio* ; C. 2959 (1042), P. 22 – 17 – 167 ; à la Charmée, C. 3403 (1064), *aliqui homines undecumque adventantes habitacula sibi commoda prepararunt in circuitu predicti oratorii* ; Cray, M. 592 (1121-1143), *censu cimiterii* ; Pierreclos, M. 632 (1147-1184) ; Berzé-la-Ville, C. 4143 (1150).

2. C. 4298 (1185), abandon d'une *querella* dans l'église de Taizé, *cunctis videntibus parochianis*.

3. Seigneuries de paroisses au XIe siècle : Ozan, C. 3825 ; Blanot, C. 3737 ; Bray, C. 3012 ; Chazelle, C. 3636 (1089), Chaveyriat, C. 3821.

4. M. 554 (1096-1124), enquête sur les droits de Saint-Vincent à Chaintré, *ut a tribus aut quatuor parochianis de Cantriaco vel de Quercu sub anathemata aut sacramenta terrarum veritas eis demonstraretur* ; F. 82 (1140 env.), renouvellement des limites du territoire de La Ferté, *convocatis hominibus vicinarum villarum Varenne et Sancti Ambrosii* ; M. 632 (1167-1184), Pierreclos, etc.

5. Dernières mentions de l'*ager* : C. 3144, 3263 (1050 env.), 2971 (1048), M. 50 (1060-1108). À la fin du XIe siècle, localisation *in parrochia N.* : (Mâconnais), M. 455 (1031-1062), Saint-Clément et Varennes ; M. 509, la Vineuse ; (Beaujolais), B. 22 – 23 – 24 ; (Charolais), P. 35 – 50 ; (Chalonnais), C. 3555 (1080 env.), 3403 (1064), 2838 (1030 env.). – C. 3636 (1089), bornes de Chazelle, *usque ad forestam de Breia et usque ad prata de Taysé et usque ad silvam Khessé* ; Bray, Taizé, Chissey

association d'intérêts, d'entraide et de défense, la paroisse est bien le plus vivant des cadres paysans, où peu à peu vont se resserrer toutes les activités sociales [1]. Fermée aux nobles, elle offre aux petites gens le refuge que les chevaliers trouvent dans le lignage. La chevalerie, avons-nous dit, est au XIIe siècle une collection de familles ; de même, la société rurale devient progressivement une collection de communautés d'habitants, les paroisses.

---

sont les chefs-lieux des paroisses voisines, mais entre ces localités et Chazelle, il existe des hameaux (Chazeux, Nazilly, Lys, etc.), qui ne sont pas mentionnés.

1. La paroisse, cadre de la communauté d'habitants, DUMAS, dans FLICHE et MARTIN, VII, p. 266.

CHAPITRE VI

L'ÉCONOMIE RURALE ET LES TRANSFORMATIONS POLITIQUES ET SOCIALES

Cette transformation profonde des conditions politiques et de la structure sociale a-t-elle affecté le statut de la terre et le régime domanial, a-t-elle modifié dans le milieu rural l'équilibre des fortunes foncières ? Tel est le problème qu'il convient maintenant d'examiner. Et d'abord, quel fut le sort de l'alleu ?

A. L'ALLEU DEVANT LA FÉODALITÉ ET LE POUVOIR BANAL

1. *La place du fief dans le patrimoine des chevaliers*

L'alleu prédominait à la fin du xe siècle dans le patrimoine des nobles. Mais alors, les hommes étaient eux-mêmes indépendants pour la plupart ; peu fréquentes, les relations vassaliques ne s'accompagnaient pas forcément de relations foncières. Lorsque, après 1030, tous les chevaliers du Mâconnais durent les uns après les autres entrer en vasselage, lorsque la coutume obligea le seigneur à chaser désormais dès l'hommage tous ses commendés, le nombre des fiefs ne s'accrut-il pas au point de l'emporter sur celui des alleux ? C'est ce qu'on admet communément et, si le fait est vérifié, il peut expliquer à lui seul les progrès de l'indivision, la réduction des aumônes, l'évolution des coutumes successorales, tous ces phénomènes que nous venons d'observer et de mettre au compte d'un resserrement de la solidarité lignagère. Conséquence plus grave encore, la multiplication des concessions féodales pourrait bouleverser la hiérarchie des fortunes et avec elle le recrutement de la classe chevaleresque, en appauvrissant les familles de seigneurs trop généreux envers des dépendants trop nombreux, en haussant en revanche au rang des riches certains obscurs serviteurs domestiques, largement fieffés par leur maître [1].

En réalité, les sources mâconnaises montrent que la proportion des tenures féodales par rapport aux alleux reste très faible au XIe siècle. Nous connaissons l'étendue de cinquante-neuf fiefs tenus entre 1030 et 1110 par des membres de la chevalerie. Sept seulement d'entre eux sont des seigneuries foncières complètes ou des fragments de domaines susceptibles de rapporter de gros revenus à leurs bénéficiaires ; ces sept fiefs, d'autre part, ont été octroyés par les comtes ou par les grands établissements ecclésiastiques aux possesseurs fonciers les plus riches, aux châtelains. Par conséquent, les gros chasements sont peu nombreux et, détenus exclusivement par la haute aristocratie, ils tiennent une place relativement restreinte dans la fortune du vassal et dans celle du seigneur. Toutes les autres tenures vassaliques, celles qui sont concédées à de simples chevaliers, sont de profit minime : une église, un moulin, une portion de dîme ou de coutume, une petite rente ; douze de ces fiefs sont constitués par un seul manse, onze autres par une parcelle de champs ou de vignes de quelques arpents [2]. À l'exception des *proceres*, les feudataires tirent donc chaque année de leur chasement tout au plus quelques mesures de grain ou de vin, à peine de quoi nourrir le plus vil des domestiques. Ce n'est certes pas la concession d'un manse ni même des revenus d'une église paroissiale qui peut faire un chevalier d'un humble suivant d'armes ; quant au patron, il ne risque pas de s'appauvrir en dotant de cette façon ses hommes. D'autant moins qu'il ne va pas pour les chaser puiser parmi ses biens les plus chers, au cœur de l'alleu ancestral que surveille attentivement son lignage ; il choisit les terres nouvellement acquises, celles dont on lui conteste la possession [3] ; plus souvent, il utilise

1. Le problème est posé par BLOCH, *Société*, II, p. 10.

2. Fiefs-seigneuries, C. 2087-3400 – 2118 – 2783-2888 – 2924 ; M. 26 – 507 ; P. 87 ; églises : C. 2846 – 3472 ; M. 536 – 556 – 21 – 465 – 576 – 607 ; P. 17 – 167 ; moulins, C. 2099 – 2845 – 2994 – 2995 – 2996 – 3750 ; M. 548 ; P. 45 ; dîmes ou coutumes ; C. 2124 – 3743 – 3914 – 3824 ; M. 563 – 565 – 597 ; rentes : P. 27 (en argent) – 35 (en nature : *omnes tertias fructum terre et duos panes et unum coxam vacce, duos sestarios vini et duos sestarios avene*), 108 (*.II. modios de sigilo et .III. de vino ac .V. solidos et unum pratum*) ; manses : C. 2912 – 3018 – 3161 – 3182 – 3275 – 3640 – 3642 – 3651 ; P. 38 – 111 – B. 12 ; ASL ; H. 142, n° 2 ; parcelles : C. 2206 – 2784 – 3067 – 3159 – 3278 – 3334 – 3577 – 3632 ; P. 64 – 154 – 200 ; une famille de serfs, P. 76.

3. Au XIe siècle, il est tout à fait exceptionnel que le fief soit constitué par un ancien alleu du vassal. Trois exemples seulement, C. 2118 – 3750 – B. 12. Mais fréquemment, les fidèles des seigneuries ecclésiastiques reçoivent en chasement certains biens jadis donnés en aumône par leurs

pour récompenser ses vassaux les précaires ou les fiefs que lui-même tient de ses seigneurs ; plusieurs fois redistribués par les bénéficiaires successifs, le même petit fonds, une église, un manse, quelques sillons, soutient ainsi toute une chaîne de relations personnelles : l'église de Saint-Bérain-sous-Sanvignes, par exemple, est en 1080 tenue en fief du comte de Chalon par le châtelain Lébaud de Digoine, qui l'a concédée à son vassal Hugues Lébaud ; ce dernier l'a remise en chasement à Seguin Rongefer, qui à son tour en a investi le chevalier Josseran de Fautrières ; « plusieurs autres », ajoute le rédacteur de la notice, « avaient encore part à la possession de ce bien »[1]. En somme, cette société d'alleutiers où le lignage resserre son emprise sur le patrimoine héréditaire réduit autant qu'elle le peut la part du fief. Il fallut bien, après l'an mil, créer des tenures nouvelles puisque tout l'ordre social reposait maintenant sur les engagements vassaliques ; on sacrifia donc des alleux, mais quelques-uns seulement et les moins profitables ; tout l'édifice des rapports d'homme à homme fut fondé sur ces frêles assises. Grâce à cette parcimonie, le fief ne forme au début du XIIe siècle qu'une frange étroite autour du patrimoine allodial.

Ne sommes-nous pas cependant victimes de cette illusion que nous avons déjà dénoncée ? Nous voyons peu de fiefs et de très petits, bien sûr, mais dans les domaines qui sont offerts en aumône à l'Église, les seuls que nous connaissions vraiment. Que la masse des terres laïques, de ces innombrables patrimoines dont nous ignorerons toujours la contenance et les destinées n'ait pas été féodale, c'est ce qu'il faudrait établir plus solidement. Il n'est pas absolument impossible de le faire, car notre documentation, très fragmentaire, permet pourtant de reconstituer le patrimoine d'un certain nombre de familles chevaleresques.

Voici d'abord un lignage de châtelains, les Deschaux, sires de la Bussière,

ancêtres : par exemple, C. 3159, 3713. – Le meilleur usage que l'on pouvait faire d'un bien usurpé était de le concéder en fief ; du même coup, on se déchargeait d'un souci et l'on gagnait à peu de frais une amitié ; biens contestés concédés en fief : C. 3278 – 3472 – 3577 – P. 111 – C. 3651 – M. 563 – 597. Inversement, les églises, pour conserver un droit sur leurs biens, que menaçaient les revendications des laïcs, les concédaient en bénéfice au plus dangereux compétiteur : C. 2975 – 3278 – M. 30 – 31 – 34 – 556.

1. Concession de fief sur une précaire ecclésiastique : C. 3246 – M. 11 – 26 – 37 ; sur une tenure féodale : C. 2099 – 2848 – 2846 – P. 27. Superposition : C. 2994 – 2996 – 3640 – 3767. Chaque feudataire n'a souvent qu'une part infime : quatre chevaliers participent à la possession d'un champ de neuf perches, C. 3642 ; trois autres, *qui dicebant istius rei in feudum partem habere*, M. 507 ; C. 3825 – M. 536 – 576 – 577 – 578 – 607. – À l'origine un ancien bien fiscal ou une portion de la terre ecclésiastique, donné par le comte ou l'évêque à quelque grand seigneur, partagé ensuite entre les fidèles de ce dernier et plusieurs fois concédé ensuite, telle est la situation de la plupart des fiefs mâconnais du XIe siècle.

l'un des rameaux du clan Bérard. Au xe siècle, leurs ancêtres possédaient en alleu la plupart des terres voisines de leur forteresse ; les fonds qu'ils donnèrent généreusement à Cluny, prélevés sur leurs grosses seigneuries à Trades, à Saint-Léger et dans les hameaux de la vallée de Saint-Point, étaient tous des terres indépendantes. Qu'advint-il du patrimoine après l'an mil, quand le maître du château s'attacha par un chasement les chevaliers du sauvement ? Si nous étions réduits au seul témoignage des textes du xie et du xiie siècle, nous serions en droit de dire que la famille alors perdit ses alleux, soit qu'elle les ait tous offerts en aumône, soit qu'elle en ait fait bénéficier ses vassaux : nous ne voyons plus en effet entre les mains des châtelains, Hugues et son fils Lambert, que des tenures féodales, les bénéfices qu'ils tiennent à Tizy de l'abbé de Cluny, à Brandon du comte de Mâcon. Mais l'ensemble des possessions héréditaires revient à la lumière au xiiie siècle, quand Renaud Deschaux, pressé de dettes, est contraint de vendre au monastère la seigneurie de tous ses biens : ceux-ci sont tous des alleux, à l'exception du château, récemment repris en chasement du sire de Beaujeu. Ces libres propriétés ne sont pas d'anciens fiefs allodialisés, car le bénéfice de Tizy a été restitué à Cluny en 1065, celui de Brandon abandonné vers 1150 ; situées à Trades, à Matour, à Montagny, à Bergesserin, dans les villages mêmes où trois siècles plus tôt étaient possessionnés les Bérard de la Bussière, ces terres n'ont pas cessé d'appartenir au lignage en toute indépendance ; les Deschaux ont conservé la plupart de ces fonds « en leur domaine » et n'ont sacrifié que de petites parcelles pour chaser les quatorze dépendants nobles qui leur prêtent hommage. Entre l'an mil et 1250, on a cessé d'apercevoir le gros alleu parce que les châtelains n'ont plus fait beaucoup d'aumônes aux églises, mais il a peu souffert des pratiques féodales et cette fortune, comme celle des autres *domini* de la région, est restée presque toute allodiale[1].

Alleu aussi le patrimoine du chevalier beaujolais Létard de Feugères qui, vers 1090, mourut sans descendance ; on ignore ce qu'il donna pour son âme à Notre-Dame de Beaujeu, mais les chanoines certainement n'acceptèrent que des terres libres ; quant aux biens qu'il partagea entre ses parents et ses amis, ses trois maisons, ses manses, ses condemines et ses vignes, il les possédait librement en franc héritage ; il n'avait prélevé que cinq parcelles pour les concéder en fief à ses compagnons, les chevaliers du château de Beaujeu. Peut-être tenait-il aussi des tenures vassaliques ; son testament n'en parle pas, car, n'ayant pas de fils ni de frère, il ne pouvait décider seul de leur dévolution ; mais quand

1. Alleux des Deschaux au xe siècle : C. 1162 – 1470 – 554 – 312 – 603 – 593 – 2911. Fiefs du xie siècle : C. 2087 – 3400 – 4244. Reprises d'alleux en fiefs au xiiie siècle : C. 5035 – *BC*, 1513.

bien même il en eût possédé beaucoup et de considérables, Létard était d'abord un alleutier et, riche des seuls domaines que ses ancêtres lui avaient légués dans les vallées d'Azergues et d'Ardières, il avait le moyen de mener la vie chevaleresque[1]. Nous ne multiplierons pas les exemples ; il suffit de dire que chaque fois que l'on peut connaître la fortune d'un noble, on trouve l'alleu au centre, la vraie richesse auprès de quoi les chasements sont accessoires et de surcroît.

Autre épreuve. Certains terroirs passèrent tout entiers en quelques années dans le patrimoine d'une église et l'on peut découvrir là l'exacte proportion des alleux et des fiefs. À Sercy, où les moines de Cluny, avant d'y fonder une grange, s'approprièrent vers 1090 toutes les parcelles les unes après les autres, presque toute la terre appartient en alleu à des chevaliers et à des paysans ; il n'y a que trois fiefs aux lieux-dits Champ-Boret et Morlac, trois fiefs minuscules, un manse, une condemine, un champ de neuf perches de large ; tous les trois sont de la mouvance des sires de Bourbon-Lancy qui, ayant récemment hérité ces biens très éloignés de leur château, n'en ont pas conservé l'exploitation directe ; ils ont concédé le premier à Gautier de Bissy, les deux autres à Humbert de Sailly. Ces chevaliers en ont investi à leur tour leurs parents et leurs amis Geoffroy de Vissandon et Humbert le Hongre, qui eux-mêmes en ont fait bénéficier les chevaliers de Cortevaix et de Bésornay. Ainsi, dans tout ce terroir, trois parcelles, noyées au milieu des alleux, garantissent cependant six engagements vassaliques[2]. Quelques années plus tard apparaissent dans la même clarté les campagnes qui bordent la forêt de Bragny et qui passent peu à peu aux mains des Cisterciens de la Ferté. De ces terroirs, le fief n'est pas absent ; les comtes de Chalon ont concédé en chasement aux châtelains de Brancion le domaine qu'ils possédaient au cœur du finage de Laives, trois condemines, un breuil, des bois ; les chevaliers attachés à la forteresse de Sennecey ont reçu quelques

1. CL. 10. – Voir encore le patrimoine de Bernard de la Chapelle-de-Bragny : ses ancêtres, les Achins, ont fait de très grosses donations à Cluny, C. 1049 – 1933 – 2729 ; mais il conserve des condemines et des manses à Saint-Gengoux, C. 3324 – 3437, des terres isolées à Poiseul, C. 3737, Noureux et Chabannes, C. 2905 – 3334, et le gros domaine récemment conquis sur la forêt de Bragny, à la Chapelle, C. 2959 – 2905. Sa femme lui a apporté des alleux à Étiveau et à Culles-les-Roches, C. 3407 – 3435 – 3436. Par surcroît, il tient de petits fiefs de Cluny, C. 3334, et du comte de Chalon, son seigneur, C. 3334 et 2959. – Le chevalier Josseran de Bière a reçu de son père, ami du comte de Mâcon, un domaine très amoindri par de grosses aumônes, C. 3314 – 2386 – 1892 – 2843 – 2088 – 2176 – 3287 ; pourtant, le fief de Cluny qu'il restitue à sa mort n'est qu'une annexe de ses possessions, C. 3018. – Dans le domaine des chevaliers de Merzé, le fief ne tient encore qu'une place très restreinte, C. 2022 – 2867 – 3159 – 3290 – 2975 – 3321 – 3292 – 3259.

2. C. 3640 – 3642.

tenures des châtelains, un pré ici ou là, une colonge, une part de dîme ; enfin quelques chevaliers ont accordé des bénéfices à certains de leurs amis. Mais sur les cent cinquante biens fonciers que nous connaissons, dix seulement sont des fiefs, cinq au village de Laives, deux à Saint-Ambreuil, trois en pleine forêt, dans les essarts, et, à l'exception d'un seul, celui que tient le puissant sire de Brancion, tous sont de très faible valeur[1]. Il faut donc s'en convaincre, à l'orée du XIIe siècle la terre chevaleresque est avant tout un franc alleu ; dans chaque paroisse, il n'y a que quelques petites tenures vassaliques ; les chevaliers ont fait hommage de leur personne, mais ils ont conservé une très large indépendance économique.

Dans ces conditions, le resserrement de la solidarité lignagère est bien un phénomène spontané, une réaction de défense et non l'effet de la rapide féodalisation des alleux familiaux. Dans ces conditions également, la hiérarchie des fortunes n'est pas sensiblement dérangée. Des documents nombreux et sûrs permettent de suivre l'évolution économique d'une bonne centaine de lignages chevaleresques dans le courant du XIe siècle. Deux seulement ont vu leur position nettement modifiée par le jeu des concessions féodales. Pour l'un, celui d'Eudes de Dommartin, ce fut la déchéance ; ce chevalier ayant repris tout son alleu en fief viager de l'abbé de Cluny, qui l'avait sauvé, son domaine, lorsqu'il mourut, échappa à ses fils qui, réduits au seul héritage de leur mère, ne purent se maintenir dans la noblesse. Inversement, une précaire de l'église de Mâcon permit aux petits seigneurs de Ruffey-lès-Cluny de s'installer définitivement dans la chevalerie[2]. Mais ce sont là les seuls exemples de dégradation et d'ascension sociales causées par l'usage de la tenure vassalique ; on peut tenir ces faits, qui d'ailleurs se sont produits l'un et l'autre au début du XIe siècle, pour tout à fait exceptionnels. Dans son ensemble, la chevalerie mâconnaise est donc, comme la « noblesse » qu'elle prolonge, une classe d'alleutiers ; tous ses

1. Fiefs concédés par le comte de Chalon, F. 111 ; par les sires de Sennecey, F. 12 (un pré), 31 (une dîme), 15 (un pré), 147 (une colonge) ; par les chevaliers de l'Épervière, F. 113 ; les Mallei, F. 43 ; Hugues de Laives, F. 107 ; les Martailly, F. 4 ; le chevalier de Nanton, F. 151.

2. C. 2118 (1030 env.), à la mort d'Eudes, tout son alleu, avec l'assentiment de ses filles et de ses fils, échoit au monastère, car il l'avait repris *in beneficio*. Les moines en font concession au frère d'Eudes, mais en fief viager ; ses neveux n'en recevront rien. – Les chevaliers de Cluny tiennent en précaire de l'église de Mâcon quatre églises paroissiales et des terres sises à Château, Carigny et Sivignon en Clunisois, Prissé, Chevignes, Monceau, Mouhy et Sancé en Mâconnais, M. 392 – 570 ; mais ils possèdent aussi de beaux alleux à Ruffey, Château, Dombines, Vaux et Sivignon, C. 1835 – 2293 – 2296 – 2324 – 2008 – 2009 – 3308 – 3299 – 961 – 331 – 3152 – 3116 – 2708.

membres doivent l'essentiel de leur fortune, non pas aux largesses d'un patron, mais aux propriétés que leur ont léguées leurs ancêtres.

2. *Maintien de l'alleu paysan*

L'alleu paysan était, lui, beaucoup plus menacé. Il était d'abord, à l'origine, plus rare et surtout plus petit. Vite émietté par les partages successoraux, vite amoindri par les aumônes, si modestes fussent-elles, il était condamné à disparaître plus tôt. D'autre part, dans la classe inférieure, la dépendance de la personne entraînait régulièrement la sujétion de l'héritage : l'alleu du serf était au pouvoir du maître ; de même, la « franchise », patrimoine du franc commendé, chargée de services, se transformait peu à peu en censive. Après l'an mil, lorsque tous les rustres tombèrent sous la domination d'un seigneur privé, tandis que les cours vicariales, protectrices du petit alleu, devenaient les tribunaux de la poté, l'installation de la seigneurie banale ne fit-elle pas entièrement disparaître l'allodialité paysanne et, leur imposant des coutumes, entrer les terres franches des dépendants dans la seigneurie foncière des détenteurs du droit de ban ?

Incontestablement, beaucoup de terres paysannes perdirent au cours du XIe siècle leur liberté tandis que leurs possesseurs devenaient les « hommes » d'un maître ; ce fut le cas, par exemple, du petit domaine de Guibert de Colonge qui, vers 1030, se trouva soumis au pouvoir supérieur des chevaliers voisins de Merzé [1]. En 1090, dans le terroir de Sercy, six familles paysannes venaient d'abandonner la propriété éminente de leur héritage : les manses de Jean et de Verran étaient devenus les « franchises » du sire de Bourbon-Lancy ; Jean de la Porte avait récemment placé le sien sous la sauvegarde du chevalier Josseran Rainier, qui dominait aussi l'alleu de Robert Échaussé ; les sires d'Uxelles contrôlaient le patrimoine de Duran Bâtard et celui des fils de Robert Court [2].

Il est certain cependant que de nombreux petits alleux subsistèrent ; ainsi, à Sercy, Jean de la Porte, devenu tenancier de son manse, conservait pourtant la propriété allodiale de quelques lopins et les cultivateurs qui purent disposer librement de leurs terres en faveur des moines de Cluny, Josseran Daniel et Bernard de Sercy, Albert de Cortamblein et Aie de Chassigneules, Pons de Montceau, les fils de Bernard Souffroy, Doon Roser, Bernard d'Orget et Bernard Rollan, restaient sensiblement plus nombreux que les autres. En 1100, nous

1. Arlier de Merzé puis son cousin Achard revendiquent des droits sur l'alleu donné à Cluny par Guibert de Colonge, C. 2975 – 2804.
2. C. 3034 – 3640 – 3759.

connaissons à Sologny quatre familles de petits propriétaires indépendants. Les documents mâconnais et clunisiens prouvent que partout au XIe siècle il existe des terres franches aux mains des paysans, en Bresse, en Charolais, dans la montagne beaujolaise comme sur les collines du Mâconnais et du Clunisois [1].

En vérité, après 1120, les témoignages brusquement disparaissent et les titres de Saint-Vincent de Mâcon et de Saint-Pierre de Cluny ne parlent plus que d'alleux chevaleresques. Comme le servage, l'allodialité paysanne s'est-elle finalement résorbée après avoir survécu pendant quelques générations aux grands bouleversements politiques ? Non pas. Ce silence s'explique d'abord par la négligence des archivistes qui, au XIIe siècle, ne prennent soin que des chartes les plus importantes, et aussi par la prudence des paysans qui donnèrent moins aux églises et ne vendirent plus. L'alleu des petites gens réapparaîtra dans les textes du XIIIe siècle comme celui des grands seigneurs et il suffit entre 1100 et 1150 d'explorer les cartulaires des nouvelles fondations monastiques, appliquées à conserver tous les titres de leurs acquisitions, qui attirèrent davantage les aumônes et qui durent acheter de la terre pour se constituer rapidement un domaine : on y trouve foisonnante la libre propriété des humbles. À Laives, où pendant le XIIe siècle s'étend le patrimoine de l'abbaye de La Ferté, il apparaît manifestement que tous les paysans qui tiennent en censive la terre des chevaliers possèdent également des alleux. Tels les Racinar de Saint-Ambreuil, tenanciers de Notre-Dame de Beaumont et du chevalier Guillaume, mais propriétaires d'un meix, de prés et de terres. Au lieu-dit Latillier, six alleux paysans, cinq « aux essarts de Laives » et onze parmi les taillis qui bordent la Grosne [2], voilà qui doit convaincre de la permanence à l'époque féodale de la petite propriété rurale. L'alleu des pauvres n'a pas disparu au XIe siècle pour se reconstituer d'une manière inexplicable au XIIIe [3]. Il a résisté à la pression de la seigneurie banale.

De la seigneurie de caractère territorial au moins. Car, à vrai dire, il semble que les héritages des « hommes propres », étroitement contrôlés par le maître

1. Sercy : Jean de la Porte, C. 3642 ; autres alleutiers, C. 3034 – 3640 – 3759. – Sologny : Bernard de Bussières, C. 3019, Duran de Sologny, C. 3380, Duran Bourger, M. 608, le prévôt Duran de Berzé, C. 3270. – Varanges, C. 3641 – Oublé, C. 3758. – Matour : six paysans donnent ensemble un alleu, ASL, H. 142, n° 2. – En Charolais, P. 48 – 56. – À Chaveyriat, en Bresse, C. 3136.

2. F. 105 – 106 – 114 – 115 – 120 – 123 – 124 – 125 – 126 – 128 – 131 – 132 – 134 – 141 – 142 – 143.

3. Génicot, p. 23, qui voit disparaître les alleux paysans du Namurois au XIe siècle, pour reparaître au XIIIe siècle, suppose que ces derniers sont des fragments de domaines de familles nobles appauvries par les partages successoraux, p. 79-81.

de leur corps, se soient plus facilement commués en censives : selon toute vraisemblance, c'est parce qu'ils étaient entrés en commendise que certains paysans du terroir de Sercy avaient perdu à la fin du XIe siècle la propriété éminente de leur alleu. Mais, à l'inverse du ban personnel, le ban territorial ne paraît pas réduire l'allodialité. Bien que, pour en faciliter la perception, les exactions, droit de maréchaussée ou de plaid général, soient généralement assises sur la parcelle bâtie, sur le manse au sens strict [1], la terre qu'exploite le simple manant est toujours tenue pour un alleu. Ainsi, on appelle alleu des manses où les agents du comte lèvent des coutumes [2]. L'installation de la seigneurie territoriale, l'appropriation par des seigneurs privés des taxes exigées jadis au nom du roi des alleutiers libres, n'a pas altéré le statut des propriétés paysannes.

3. *Progrès de l'allodialité*

Au témoignage de nos documents, les progrès de la censive et du fief furent donc après l'an mil fort limités. On peut même se demander si l'alleu n'a pas gagné plus qu'il n'a perdu et l'on serait tenté d'avancer cette opinion d'allure paradoxale : l'allodialité laïque est plus sûre aux temps « féodaux », entre 1075 et 1160, qu'elle ne l'était au Xe siècle. En effet, l'évolution sociale a eu pour premier résultat de mieux protéger l'alleu : le resserrement des liens lignagers défend la propriété chevaleresque tandis que le pouvoir seigneurial préserve l'intégrité de l'héritage paysan ; à la fin du XIe siècle, divisions successorales et donations pieuses se raréfient dans tous les milieux et les deux grands dangers qui menaçaient le domaine laïc se trouvent en grande partie conjurés. De plus, les circonstances favorisent l'extension de la propriété allodiale. L'affaiblissement des garanties judiciaires permet aux puissants d'usurper plus aisément le

1. Comme c'est la résidence, la qualité de *manens*, qui oblige à payer les exactions territoriales, il est normal de faire reposer les taxes sur la parcelle bâtie, sur le *mansus* au sens étroit ; c'était déjà le cas à l'époque franque pour les taxes de remplacement des services publics ; à Saint-Ambreuil, un meix doit la *brenneria*, F. 86 ; à Vérizet, les chanoines lèvent sur les manses, et non sur les parcelles isolées ou sur les hommes, le droit de maréchaussée, de plaid général et la taille, M. 493. Lorsque le manse est déserté, le seigneur réclame encore les taxes ; en 1190, les Clunisiens obtiennent avec peine du sire de Berzé qu'il y renonce, *in mansis qui sine habitatores deserta remanent, in quibus aliquid capere debemus, nichil debemus accipere donec ecclesia Cluniacensis acciperit inde servicium suum*, C. 4346 ; de même, en Dombes, le sire de Beaujeu accepte de ne rien exiger des mas *ermos et sterilis*, *BD*, I, p. 150 (1248).

2. Alleu des quatre frères de Mouhy, chargé de coutumes envers le comte et le vicomte, C. 3700 – 3743 ; S. 92 : *captiones quas in manso suo homines ejus faciebant, licet mansus esset alodium Duranni*. – Voir, en Bordelais, les destinées de l'alleu des « francs de l'Entre-deux-Mers », BOUTRUCHE, *Alleu*, p. 120 sq. – DUMAS, « Propr. carol. », p. 668-669, a bien montré qu'une terre pouvait conserver sa qualité allodiale tout en étant soumise aux exactions d'origine publique.

droit des faibles ; beaucoup sans doute en profitent pour soumettre à leur pouvoir les terres libres de leurs voisins, mais d'autres en revanche réussissent à transformer en alleu des tenures dont ils n'avaient que la jouissance. Ainsi, au début du XIIe siècle, disparaissent les dernières précaires d'église ; beaucoup ont été restituées ou transformées en fiefs héréditaires, mais combien sont devenues la propriété de leur usufruitier ? Et des paysans tentent aussi d'allodialiser leur tenure. Certains échouent comme le forestier de Montgouin, obligé de payer le cens qu'il refusait au seigneur, ou comme Bernard Blanc de Chevagny-sur-Veyle qui, sur le point de s'approprier son manse, fut contraint de le vendre à ses maîtres[1]. Mais on a tout lieu de penser que d'autres parviennent à leurs fins et que, sur plus d'un point, l'alleu, grand ou petit, s'étend aux dépens des censives.

Mais ce sont les défrichements surtout qui, au XIe et au XIIe siècle, fortifient l'alleu laïc, lui donnant sinon plus d'extension, du moins plus de valeur. La conquête de la terre inculte se poursuit ; constamment de nouveaux colons s'installent dans les « pays au bois », les plaines humides et lourdes et les croupes forestières, pour mener le combat contre l'arbre et le marécage. Toutefois, dans la seconde moitié du XIe siècle, l'aspect de la colonisation se modifie : on cesse de fonder de nouveaux villages au cœur des forêts et l'attaque des grands massifs est maintenant conduite depuis la périphérie par l'extension progressive des clairières villageoises. Voici, par exemple, comment les cultures pénètrent peu à peu depuis le sud la grande forêt de la basse Grosne, le Bragny. Elles se sont infiltrées de bonne heure le long des gros ruisseaux qui la traversent, dont les alluvions offrent des sols plus favorables, les « chambons » ; là sont installés de vieux villages, Mépilley et Sienne sur la Corne, Messey, Saint-Ambreuil et Beaumont sur la Grosne. Après l'an mil, trois nouveaux hameaux sont fondés et grossissent autour d'oratoires sylvestres : Lalheue, dont le noyau est un très vieux domaine gallo-romain ; la Chapelle-de-Bragny, où en 1042 les celliers paysans sont déjà rassemblés autour de l'église et de son petit marché ; enfin, en 1064, la Charmée : aux environs de ce sanctuaire isolé, des essarteurs ont construit leur maison et le comte de Chalon a dû ouvrir à la culture la réserve de chasse qu'il maintenait alentour[2]. Ces terroirs neufs ont morcelé la

1. R. de Montgouin, M. 555. – Les Blanc de Chevagny-sur-Veyle revendent pour quatre livres leur tenure et ce qu'ils avaient acquis des terres de Saint-Vincent, M. 627 – 628 – 629.

2. C. 3403, fondation de la Charmée : une chapelle *cincta undique silva densissima, quam passim incisam, aliqui homines undecumque adventantes habitacula sibi commoda prepararunt in circuitu predicti oratorii... Omnes convenae qui de aliis locis ibi advenerint...* ; le comte, qui *requirebat in silva... captura cervorum... et ob hoc prohibehat culturam agrorum in ipsa silva fieri*, doit y renoncer. – La Chapelle-de-Bragny, C. 2959.

forêt en grands quartiers, mais, dès lors, plus de « ville-neuve » ; les chemins qui sillonnent les quartiers forestiers resteront déserts, et solitaires les chapelles qui les jalonnent ; seuls quelques bûcherons itinérants, des ermites, les tenanciers des nombreux moulins qui tournent le long des rivières et, après 1113, les moines de La Ferté peupleront les grands bois fangeux, gorgés de boue mais privés d'eau potable. L'essartage sera désormais poursuivi depuis les villages du pourtour, Laives, Sermaisey et Saint-Ambreuil. Conquête individuelle maintenant. Aux lisières des finages, les paysans attaquent le bois en ses points faibles et, pendant les loisirs d'hiver, abattent les fûts, extirpent les souches, brûlent les taillis ; ils aménageront ainsi de petites clairières encore humides et la sylve devient une « vèvre », où les broussailles sont parsemées de prairies de fauche. Puis, quand ces clairières, agrandies, se rejoignent, les villageois entreprennent en commun les travaux de drainage, creusent les biefs qui, offrant une pente aux eaux stagnantes, les feront s'écouler. Alors on pourra labourer et même sur les meilleurs sols planter des vignes. L'essart est mûr, il rapporte et l'on peut poursuivre plus avant l'abattage. Ainsi s'étend la terre plaine sans que naissent de nouvelles agglomérations ; çà et là seulement s'installent quelques manses isolés aux points avancés de la friche. Et partout, après 1060, le défrichement est l'œuvre non plus de communautés, mais d'entreprises familiales indépendantes. Ce changement, qui s'explique sans doute par un progrès de la technique agricole, est à l'origine d'une nouvelle forme de peuplement, faite de maisons dispersées entre de gros villages et qui deviendra peu à peu prépondérante dans les vieilles terres forestières, la Bresse et le Charolais[1]. Dans notre région, le contraste actuel entre pays d'écarts et pays de hameaux est apparu à cette époque.

L'extension de la prairie aux dépens du bois, du labour aux dépens de la prairie profite d'abord à l'alleu des riches. Les forêts en effet n'ont pas cessé d'appartenir aux grandes familles et aux églises ; accueillant les essarteurs venus spontanément des terroirs surpeuplés (on ne connaît pas en Mâconnais de chartes de peuplement, de colonisation organisée par le seigneur) sur les por-

1. L'essart de Battrey, l'ermitage de Saint-Nicolas restent déserts ; au milieu du XIIe siècle on juge cependant que la fondation de nouveaux villages est encore possible : F. 18 (1155 env.), interdiction de bâtir des maisons ou d'édifier une *villa* dans le bois de l'Arçonne ; F. 100 (1142-1143), *quod si villam monachi Firmitatis ibi vel in loco eisdem Firmitatis facere, quod absit, voluerint*. – Extension des clairières en Mâconnais au cours du XIIe siècle : à Pierreclos, M. 584 (1147), Sologny, M. 632, Chevignes (mise en culture des pâquis), C. 4503 (1136). – Création de l'habitat intercalaire : à Saint-Ambreuil, écarts de *Chavals*, les Ruées, les Mouilles, *Sivoi*, *Cormanesche*, qui comptent un meix ou deux autour d'un puits ; à Montgouin, les essarteurs installent leur maison au milieu de la terre défrichée, M. 555.

tions en friche de sa réserve, le maître leur fait d'abord payer un droit d'entrée ; ses « hôtes » deviennent ses tenanciers et lui livrent une part des fruits de la terre qu'ils aménagent. De l'essart naissent d'ordinaire de nouvelles censives et aussi des breuils et des condemines, car autant qu'il le peut, le propriétaire du sol conduit lui-même le défrichement, aidé par ses domestiques[1]. Mais, en lisière des très grands massifs forestiers qui appartiennent à un haut seigneur lointain, incapable de les bien surveiller, l'alleu paysan progresse aussi. La forme nouvelle que revêt le défrichement à la fin du XIe siècle, extension progressive des terroirs cultivés et non plus création collective de hameaux, est en effet beaucoup plus favorable que l'ancienne à l'appropriation individuelle de l'essart : le défricheur n'acquitte la quinte ou la none que si le maître du bois ou son prévôt sont sur place et vigilants ; sinon, il prétend que la terre est à lui. C'est ainsi que les francs héritages pullulent au pourtour de la forêt comtale de Bragny ; dans le terroir de Laives, le centre primitif sur le rebord de la colline calcaire est entièrement couvert par des seigneuries foncières, portion de réserve ou tenures ; lorsqu'on descend vers les bois, on commence à rencontrer quelques alleux paysans dans les quartiers plus récents ; parvenus dans les essarts qui bordent la Grosne, on ne voit plus qu'eux et chaque jour il s'en crée de nouveaux. Le grand bois mal géré est le meilleur soutien de l'allodialité paysanne[2].

*

À la fin du XIe siècle, l'alleu se maintient donc partout et même çà et là progresse. La société que l'on est convenu d'appeler féodale est en Mâconnais une société où l'alleu prédomine, fait presque toute la richesse des chevaliers et tient dans le patrimoine des petites gens une place qui n'est pas négligeable. L'extension des relations vassaliques, la formation de la seigneurie banale, le profond bouleversement des cadres de la vie sociale n'ont guère affecté la répartition et le statut de la terre. Au contraire, les fortunes foncières se sont stabilisées ; entre 1030 et 1075, tandis que la noblesse indécise et mouvante de l'époque franque se rassemble et se fixe dans la chevalerie, le mouvement,

1. Droit d'installation sur l'essart : M. 555, *si pro homine hospitando quicquam accepit...* ; redevances : à Montgouin, les terres nouvelles doivent la quarte ou la quinte ; un pré doit *arietes singulos cum vellere*, M. 555 ; à Saint-Clément, les essarts doivent dîme et none, M. 567. – Essart dominical, Artaud le Blanc à Croux, ASL, H. 142, n° 2.

2. Les alleux paysans de Laives, voir n° 13 ; chaque essart porte le nom du défricheur, les essarts d'Arcalo, d'Ami Cholet, de Jean à Laives, F. 143 – 128 ; l'essart Savary à Coureau, C. 4235 (1170).

accéléré depuis un siècle, qui morcelait et rongeait le patrimoine laïc, ralentit, puis s'arrête. Au temps de la première croisade, la hiérarchie des fortunes est sur le point de s'immobiliser.

Mais entre riches et pauvres, les rapports économiques sont-ils les mêmes ? Les gros possesseurs fonciers qui peuvent louer de la terre à ceux qui n'en ont pas, ne cherchent-ils pas à exploiter davantage leurs tenanciers, et les détenteurs du droit de ban à tirer profit de leur pouvoir sur les humbles ?

B. SEIGNEURIE FONCIÈRE ET SEIGNEURIE BANALE

1. *Le régime domanial*

Au cours du XIe siècle, la seigneurie foncière s'est quelque peu étendue par le défrichement et en absorbant de petits alleux. Comme sont devenus moins fréquents partages successoraux et donations pieuses, elle a trouvé elle aussi plus d'aplomb et de stabilité. La différence est moindre entre les seigneuries d'Église, qui toujours s'accroissaient et se concentraient, et les seigneuries laïques, qui sans cesse allaient se morcelant et se réduisant. Le début du XIe siècle est dans l'histoire de l'institution domaniale un moment de grand équilibre.

C'est aussi le temps où le domaine mâconnais apparaît dans la lumière la plus vive. Entre 1080 et 1150, le patrimoine ecclésiastique ayant à peu près achevé sa croissance tandis que se manifestent les premiers symptômes d'un malaise économique dont nous reparlerons plus loin, les administrateurs du temporel s'emploient à mettre en ordre la seigneurie foncière ; ils font des enquêtes, établissent des inventaires et bon nombre des documents qu'ils ont alors rédigés existent encore. Trois censiers d'abord [1] : dans leur cartulaire, les moines de Paray-le-Monial ont joint à certaines notices l'état des redevances que payaient quelques tenures ; le cartulaire de Notre-Dame de Beaujeu, composé comme le précédent à la fin du XIe siècle, se terminait par des inventaires du temporel, dont les premiers feuillets subsistent ; ils contiennent la liste des cens levés par la collégiale ; enfin, sur une des pancartes de l'abbaye de La Ferté sont consignées quelques redevances perçues par les Cisterciens [2]. Deux

1. Nous adoptons la terminologie introduite par PERRIN, *Recherches*, et non celle de DÉLÉAGE, *Vie rur.*, p. 417-421.

2. a) Dans un certain nombre de notices du cartulaire de Paray, les redevances domaniales sont mentionnées ; elles ne figuraient pas dans les actes de tradition mais ont été incorporées au texte par le cartulariste (voir P. 44, un manse de Saint-Just doit un service de charroi *usque ad monaste-*

coutumiers qui, pensons-nous, datent des environs de 1100, étaient copiés sur le *Livre enchaîné* de Saint-Vincent de Mâcon ; l'un concerne la poté bressane de Romenay ; l'autre le domaine de Vérizet[1]. Enfin, quelques pièces des archives administratives de la seigneurie clunisienne ont été conservées : un fragment de comptes du doyenné de Chevignes et le rapport du prieur sur sa visite du doyenné de Montberthoud-en-Dombes, tous deux de la fin du XIe siècle ; les projets de budget domestique établis en 1148 par l'abbé Pierre le Vénérable ; le résultat enfin de la grande enquête menée en 1155 sur l'ordre de l'évêque Henri de Winchester[2]. Grâce à ces textes, tous imparfaits mais qui se complètent, nous connaissons bien le domaine ecclésiastique ; quelques mentions éparses dans les chartes et les notices éclairent un peu celui des laïcs ; nous

---

rium) ; b) Le censier de N.-D. de Beaujeu a été édité par GUIGUE à la suite du cartulaire ; les derniers feuillets du manuscrit (AR, G. I) ont été arrachés et seule la première partie de l'inventaire est parvenue jusqu'à nous. *Hii sunt debitales census de terra hujus ecclesie* ; les possessions sont classées en deux groupes : 1) les biens de la fondation primitive, offerts par les sires de Beaujeu au Xe siècle et dans les premières années du XIe siècle (*de antiquo dono*) ; 2) les acquisitions de la seconde partie du XIe siècle (*de moderno dono*). – Sur l'une des pancartes de La Ferté, une courte notice énumère les quelques redevances que les moines lèvent sur certaines parcelles du terroir de Saint-Ambreuil, F. 87 (milieu XIIe).

1. a) Coutumier de Romenay, M. 493, décrit par DÉLÉAGE, *Vie rur.*, p. 1225 sq., qui le date avec raison de la fin du XIe siècle, époque où l'on se préoccupe de reconstruire les églises ; par contre, nous ne suivons pas cet auteur lorsqu'il avance que la coutume reproduite est celle du Xe siècle ; les services mentionnés sont ceux que devaient les hommes de la poté au moment où fut rédigé l'acte ; il se peut qu'ils prolongent des services plus anciens, mais nous n'en savons rien ; b) Vérizet, M. 516, *Scriptum de redditibus Viriseti et de appendiciis ejus*. DÉLÉAGE, qui identifie le tenancier Duran Roux avec un autre Duran Roux possessionné à 20 km de là, à Saint-Amour (M. 605), date ce texte de 1150. Mais combien de paysans portaient ce nom et ce surnom ? En réalité, on peut seulement assurer que cet inventaire est antérieur à 1171, où le roi fut associé à la seigneurie ; si l'on considère la place qu'il occupe dans le cartulaire, on peut avancer qu'il fut établi vers 1100.

2. a) Comptes de Chevignes, C. 3790, fragment de registre où l'on inscrivait au jour le jour, sans les classer, toutes les recettes en deniers : il date des environs de 1100 (mention du prévôt de Solutré, Paien) ; b) Procès-verbal de la visite du prieur au doyenné de Monberthoud, à la veille de Noël, C. 3789 (déb. XIIe) ; il contrôle les profits du domaine et s'occupe de vendre les surplus ; c) *Dispositio rei familiaris Cluniacensis facta a domno Petro abbate*, C. 4132 (1148) ; c'est un programme d'administration économique où l'on trouve des renseignements épars sur la gestion du temporel et sur son rapport ; d) *Constitutio expensae*, C. 4143, dressée sur l'ordre de l'évêque de Winchester, Henri de Blois, qui, réfugié à Cluny et créancier du monastère, s'emploie à assainir les finances de la maison ; des enquêteurs ont fait en hiver la tournée des doyennés munis d'un questionnaire ; ils ont établi l'actif de chaque entreprise domaniale, produit des redevances et de la réserve ; ils ont indiqué comment ils jugeaient possible d'améliorer l'exploitation directe ; ils ont évalué enfin les charges de l'unité seigneuriale envers le monastère. Les résultats de 12 enquêtes seulement ont été transcrits sur le cartulaire ; les descriptions des doyennés de Laizé et de Cluny sont très sommaires. Voir DUBY, « Écon. dom. ».

sommes donc en mesure d'apprécier l'influence qu'exercèrent les transformations politiques et sociales sur la structure et le fonctionnement de la seigneurie foncière.

En 1100 comme en l'an mil, le maître se réserve l'exploitation directe d'une large part de sa terre. Censiers et coutumiers ne s'intéressent pas à cette réserve, mais ils prouvent son existence ; l'enquête clunisienne de 1155 la décrit dans ses détails. Chaque unité domaniale a pour centre une « cour » où l'on construit de nouvelles granges, des celliers, des étables ; c'est la résidence du régisseur et de ses aides ; elle abrite le cheptel domestique, quelques chevaux, mais surtout des ânes, des truies, des brebis parfois et toujours des bœufs. L'église, le four, la forge, des moulins et des pêcheries, souvent affermés, sont pourtant considérés comme des annexes de la « *curtis* ». Viennent ensuite les condemines, par groupes de trois, pour faciliter la rotation des cultures, les clos de vignes, les breuils, enfin des bois qui paraissent assez mal exploités et abandonnés sans beaucoup de surveillance à l'usage des paysans et au défrichement des hôtes[1]. En siècle, la réserve n'a pas changé de structure ; son étendue s'est-elle réduite ?

Certes, elle a souffert des empiétements des agents du maître, des chefs de travaux qui, frauduleusement ou non, en occupent une bonne part : dans le domaine qui entoure l'abbaye de Cluny, le prévôt s'est emparé d'une condemine ; à Montgouin, à Saint-Clément, les forestiers de Saint-Vincent se sont approprié nombre de champs nouvellement labourés dans les bois qu'ils surveillent[2]. Mais enfin, nos documents témoignent surtout de l'extension de la terre dominicale. Sans parler des Cisterciens de La Ferté qui, selon leur règle, travaillent eux-mêmes leur terre et expulsent à prix d'argent les tenanciers lorsqu'on leur donne des censives, il est certain que les moines de Cluny se sont efforcés de développer le faire-valoir direct : vers 1090, le cellerier Hugues de Bissy achète, pièce à pièce, tout un terroir pour y fonder une grange et, au milieu du siècle suivant, Pierre le Vénérable et son ami l'évêque de Winchester voient dans une meilleure gestion de la réserve le moyen d'échapper à leurs embarras financiers ; ils veulent avoir plus de charrues

1. La *curtis* groupe les *mansiones* (*granica, stabulum, coquina*), M. 493. Cheptel : brebis à Berzé-la-Ville, Arpayé, Montberthoud (110), Chaveyriat (400), C. 4143. Les condemines sont vastes : à Montberthoud, on a semé en seuls blés d'hiver, 52 setiers de grains, 44 à Lourdon ; celles de Jully ont été plantées en vigne, C. 4132 – 4143. Les clos sont en croissance (*novum clausum* à Saint-Hippolyte), mais de rendement variable : à Beaumont, ils produisent un char de vendange, à Lourdon, 60, C. 4143. Les églises, de bon rapport, sont souvent affermées au chapelain (celui de Solutré paie 50 sous par an) ; à la Charmée, la forge est concédée au fabre contre un *servicium*, C. 4147 (1150 env.) ; les moulins sont nombreux (15 à Laizé) ; à Montberthoud et Arpayé, les moines de Cluny ont de grosses pêcheries sur la Saône, C. 4143.

2. C. 3685 – M. 555 – 567 ; Ganshof, dans *Cambridge*, p. 294.

pour étendre les condemines ; ils s'appliquent à mieux soigner leurs ceps et à en planter de nouveaux[1]. Quant aux seigneurs laïcs, nous savons qu'ils défrichent leurs forêts pour accroître leurs labours[2]. Il semble bien que les possesseurs fonciers du Mâconnais soient restés fidèles aux méthodes d'exploitation de leurs ancêtres ; ce ne sont pas de purs rentiers mais des chefs de culture ; sur ce point, l'allure de la seigneurie foncière n'a pas changé.

Les tenures sont encore pour la plupart dans les trois censiers, dans le coutumier de Vérizet comme dans les documents dispersés, les vieilles unités d'exploitation agricole, manses, colonges ou courtils, qui ont chacune leur individualité, leur nom propre[3]. Dans cette région mieux qu'ailleurs, le maître est donc parvenu à préserver du démembrement les antiques cellules agraires, qui sont l'assiette des redevances, ce qui facilite grandement son administration. Cependant, ce maintien est fragile et bien des signes montrent que manses et colonges tendent irrésistiblement à se désagréger. Quelques-uns d'entre eux, bien que servant d'assise à une redevance globale, sont en fait exploités par plusieurs possesseurs : deux familles tiennent à Saint-Ambreuil le meix Isembart et certain manse de Vérizet est concédé à « Duran Roux et à ses associés »[4]. Parfois, il a bien fallu autoriser le partage entre les héritiers du tenancier[5] et déjà d'anciens manses sont complètement disloqués ; désert, le noyau central, la parcelle jadis bâtie, est maintenant divisée en champs[6], tandis que des paysans construisent leur maison sur d'anciens labours ; quant aux *appendicia*, ils sont dispersés et loués séparément. Et l'on voit déjà nombre de redevances peser soit sur des terres isolées, soit sur un groupe de parcelles confiées pour un loyer global à un seul exploitant. Et ces tenures nouvelles (*teneurae, tenementa*), moins rigides que les anciennes, sont peut-être plus nombreuses dans

1. DUBY, « Écon. dom. ». En Allemagne, transformation de villages en granges. DOPSCH, *Herrschaft*, p. 233.

2. ASL, H. 142, n° 2 ; condemines du sire de Berzé, M. 550 (1144-1166) ; réserves des comtes de Chalon, puis des sires de Brancion à Laives, F. 111 ; condemines de Saint-Ambreuil, F. 37 ; le chevalier Hugues de Laives possède 14 champs dispersés, 12 ouvrées de vigne, 5 charretées de pré et des droits sur les bois dans le seul terroir de Laives, F. 138 – 99 – 104.

3. Parmi les 135 cens enregistrés dans les trois censiers ecclésiastiques et le coutumier de Vérizet, 93 sont assis sur des manses, des colonges ou des courtils.

4. F. 87 – M. 516.

5. P. 60 (fin XIe), *tenementum O. de M., consobrini B., qui ambo detinebant unum mansum singuli per medietatem* ; *NSP*, 25, le manse de Cours à Levigny a été partagé entre deux frères.

6. À Saint-Ambreuil, *unam tilliam de terra in manso de Rues*, F. 58 ; *teneuram quam habebant in manso domine Oiselle*, F. 93. Inversement : *vercheria in qua R. construxit domum*, M. 603 (1144-1166) ; *vercheria in qua domus est*, M. 622 – 628 (1167-1184).

la seigneurie laïque[1]. Poursuivant une évolution qui s'amorçait au Xe siècle, les vieux cadres domaniaux sont en voie d'effritement et l'on va, fort lentement à vrai dire, vers un éparpillement de la rente foncière sur chaque parcelle du terroir.

Sur la tenure, les droits du seigneur et de l'exploitant sont restés sensiblement les mêmes. En échange d'un loyer fixe, le paysan a l'entière jouissance du fonds ; héréditaire, la tenure, tout comme l'alleu, appartient à tout le groupe familial[2]. Le maître prétend juger toute contestation relative à la censive ; il oblige le tenancier à améliorer la terre ou tout au moins à ne pas la laisser se déprécier ; il lui interdit par conséquent de la vendre ou de la partager sans son consentement et veille à ce qu'il n'abandonne pas les champs et les vignes aux ronces et aux épines[3] ; en cas de négligence, le contrat est rompu et le seigneur peut reprendre le bien. En fait, au XIIe siècle, il est aussi peu capable que ses ancêtres d'expulser le mauvais tenancier ; pour se débarrasser d'un masoyer qui laissait leur terre en friche, les chanoines de Mâcon, ne pouvant confisquer la

---

1. Les tenures concédées par Guillaume de Chalon à Hugues Paumier et Achard de Saint-Marcel, faites de parcelles dispersées et non rattachées à un mas, F. 52 – 37. À Laives, manses et colonges se sont mieux conservés sur la partie ancienne du terroir ; dans les nouveaux quartiers et les essarts, pas de manses, mais des « tenures ».

2. Le maître dispose seulement de son droit éminent : *predicte colonie dominium dedi... ita videlicet ut qui eam a me tenebant, a monachis eam recognoscent et nulli homini de ea reponderent nisi monachis*, F. 147 ; le tenancier renonce à sa possession par un acte formel et contre dédommagement, voir les contrats entre les moines de La Ferté et les paysans qui occupent les terres qui leur sont données en aumône, F. 38 – 41 – 42 – 51 – 52 – 54 – 57 – 62 – 78 – 58 – 40 – 161 – 67 – 90 – 93 – 60 – 63 – 64 – 65 – 75 – 80 – 83 – 84 – 77 – 95 ; ASL, H. 26, n° 16 (1206), le maître a fait don d'une terre où ses hommes avaient des droits : *reddidit illis cambium equipollens ita quod sine omni coactione et injuria dimisit unusquisque... quicquid ibi possiderat ; propter quod... adduxit L. qui sua sponte guerpivit... quicquid ibi habuerat... sacramento confirmans quod nec per se nec per alium aliquid ibi calumpniabatur.* – Tenure héréditaire, CH. 148 (1175), *si haeres ejusdem mansi venirent qui eandem coloniam incolerent et domum et mansionem in ea facerent et de omnibus consuetudinibus ecclesie Cabilonensi sufficienter satisfacerent, eam antiquo more haberent ; ... si... in presentia haeres non essent, ecclesia suam coloniam absque reclamatione haberet et arbitrio disponeret.*

3. F. 152 : *quamdiu censum expedit reddiderint poterunt eam excolere ; quod si censum noluerint reddere, mox ipsa terra domui Firmitatis debet redire. Si vero causa ipsius terre fuerint accole injuriate, causam suam ad monachos non ad alios reffere debent. Notandum quod terram illam nec in dotem filiabus suis dare, nec aliquo modo possunt a domo Firmitatis alienare.* Toute aliénation est soumise à l'approbation du maître, CH. 164 (1189), *alia quam ecclesia vendere non potuit nisi per premissam attestationem... si post expectationem duorum mensium ecclesia emere renunciasset, non nisi concessa et idonee persone et persolvendum canonem vendere potuisset.*

tenure, durent finalement se résoudre à acheter très cher son départ [1]. Et pourtant, bien des seigneurs, les ecclésiastiques en particulier, disposent maintenant du droit de commander et de punir ; qu'ils ne l'aient pu, qu'ils ne l'aient voulu, ils ne s'en sont pas servis pour modifier le statut de la tenure paysanne. Pas plus d'ailleurs que le système des redevances foncières.

Elles sont en effet très semblables à celles que percevaient les maîtres de l'an mil. De même type pour chaque région – en Mâconnais le tenancier fournit habituellement des pains, de l'avoine, du vin et des volailles ; en Beaujolais, on livre non des pains, mais des mesures de blé ; en Charolais s'ajoutent des redevances en chanvre et en viande de porc ou de bœuf – ces prestations sont toujours d'un taux différent d'une tenure à l'autre dans un même domaine : dans le village de Clessé, les douze manses qui sont soumis à Saint-Vincent connaissent sept régimes différents et leurs charges varient du simple au double [2] ; même lorsqu'il est investi du droit de ban le seigneur foncier ne cherche donc pas à unifier le service de ses tenures. Comme au xe siècle, les manses procurent pour la plupart des quantités fixes de denrées agricoles et, une fois sur deux, quelques deniers s'ajoutent à ces redevances en nature [3]. Les tenures nouvelles, dont le maître a pu librement fixer le loyer, supportent des charges analogues ; plus fréquentes dans les essarts, les redevances à part de fruits restent rares ; ce sont surtout les vignes qui sont concédées à moitié ou au quart ; mais certaines tâches ont été abonnées récemment, car le maître préfère la rente fixe plus facile à percevoir et l'installe dès qu'il le peut [4].

À la fin du xie siècle, cependant, la tendance est à la multiplication des cens

1. M. 571 (1108-1137), *cum incuria sua mansum, quia nec bene ipsius vineam foderat... nec fecerat jam quasi desertum et pene bestiis expositum paraverat* ; l'archidiacre *non mediocriter ira succensus, multas et sepissimas exinde calumpnias fecerit et querimonias ;* mais le tenancier, *in ambagibus suis confidens, satis pro nihilo eam que dicebantur... habuerat.* Il faut un arbitrage et le tenancier ne se retire pas avant d'avoir reçu un bon prix. De même, les chanoines de Saint-Pierre rachètent très cher le droit de G. des Cours *qui pejorari et desertari permiserat et insuper in vadimonio miserat. NSP*, 25 (1140).

2. 3 manses doivent 2 pains, 2 chapons, 2 mines de vin ; un autre, 1 pain, 1 chapon, 1 mine, 2 bichets d'avoine ; un autre, 3 bichets d'avoine ; un 6e, 2 pains, 2 chapons, 2 mines, 4 bichets d'avoine ; 4 manses, 2 pains, 2 chapons, 2 mines, 2 bichets ; un autre, 2 pains, 2 mines et 6 deniers ; le dernier, 2 pains, 2 mines, 1 chapon et 6 deniers, M. 516.

3. À Vérizet, 29 manses doivent des redevances en nature ; 3 paient en plus 6 deniers ; à Beaujeu, 14 courtils doivent des redevances en nature ; 22, des redevances mixtes.

4. Les tâches sont rares (1 mention à Vérizet, 3 à Paray, 3 à Beaujeu, dont une est abonnée pour un setier de froment) ; plus fréquentes peut-être dans le domaine laïc (M. 564, F. 4 – 14 – 27 – 94), on les rencontre surtout dans les essarts, M. 555 – 567. Vignes à quart ou à moitié, M. 557 – 564 – C. 4147. On rencontre à Saint-Hippolyte une forme de location particulière : le seigneur fournit la terre et la moitié du cheptel et prélève la moitié des fruits, C. 4143.

en argent. Il est exceptionnel que les terres nouvellement loties ne doivent pas au moins quelques deniers et la plupart des parcelles isolées s'acquittent entièrement en numéraire ; certaines notices montrent que des prestations en nature, exigées des colonges anciennes, ont été depuis peu remplacées par des cens en argent ; c'est le cas en particulier des redevances en bétail et en produits de basse-cour ; il arrive même parfois que la conversion soit complète, que le masoyer ne fournisse plus aucune denrée agricole et paie chaque année de deux à quatre sous [1]. Ce mouvement de conversion, effet, nous le dirons, de l'accélération de la circulation monétaire, est le seul qui modifie sensiblement le régime des redevances domaniales ; il n'affecte pas également toutes les seigneuries, mais il paraît prendre plus d'ampleur au XIIe siècle : vers 1090, le chapitre de Beaujeu tirait d'une part de ses tenures trente-cinq sous et vingt setiers de grains ; un demi-siècle plus tard, dans le domaine clunisien de Lourdon, la proportion des prestations en numéraire est beaucoup plus forte, huit cent cinquante sous pour vingt-trois setiers de grains [2].

Toutefois, si elles ont quelque peu changé de nature, les charges des censives sont toujours aussi légères et la rente de la terre concédée est comme au Xe siècle très médiocre. Dans la seigneurie de Vérizet, certains manses doivent des prestations extrêmement faibles, une mesure d'avoine ou trois deniers, et les tenures les plus imposées, les deux colonges de Quintaine, fournissent annuellement quatre pains, quatre mines de vin, huit bichets d'avoine, quatre poules, un mouton et un agneau ; les soixante-douze censives rapportent à leur seigneur, outre cinquante-sept setiers de vin, cinquante-deux chapons et quelques têtes de bétail, cent sept pains, huit setiers d'avoine et quarante sous [3]. C'est très peu de chose : les cent sept pains représentent en effet sept setiers de grains, de quoi distribuer sept cents rations journalières, de quoi entretenir pendant un

1. À Vérizet, alors que la plupart des manses s'acquittent en nature, 21 tenures nouvelles contre 2 sont chargées d'un cens mixte, M. 516. – Les terres isolées doivent le plus souvent des deniers, à Saint-Ambreuil, à Beaujeu, en Bresse, M. 628 – 630 ; à Jully, C. 4147 ; dans la seigneurie laïque, F. 60, ASL, H. 24, n° 46 (certaines cependant acquittent des redevances analogues à celles des tenures : à Vérizet, 3 vignes doivent 1 pain, du vin, de l'avoine et 12 deniers, M. 516 ; ou des redevances en nature, M. 555). – Conversions : à Vérizet, certains manses doivent 6 deniers au lieu du chapon ; les manses nouvellement acquis par N.-D. de Beaujeu ne doivent plus des bestiaux, mais des deniers ; à Romenay, le porc a été remplacé par un cens de 2 sous ; les Clunisiens reçoivent à Montberthoud 40 sous *de multone*, 66 sous à Beaumont *pro carne* et à Lourdon, 42 livres 10 sous *pro vino, pro carne... pro piscibus* ; d'un manse qui devait jadis à son seigneur laïc un setier de vin et 12 d., les moines de La Ferté réclament 20 sous, F. 150 – 152. – La conversion totale est rare, un manse et un courtil à Beaujeu, une colonge à Avenais doivent de 2 à 4 sous.

2. B. 28 – C. 4143.

3. M. 516.

an une famille de prébendiers[1] ; huit setiers d'avoine ne constituent pas non plus un revenu très important puisque les écuries du prieur et du chambrier de Cluny en consomment chaque année trois cents setiers chacune ; avec quarante sous enfin, on peut acheter dix setiers de seigle ou un cheval de qualité moyenne ; c'est huit fois ce qu'une femme noble dépense tous les ans pour se vêtir[2]. Les redevances d'une grosse seigneurie foncière fournissent tout juste de quoi faire vivre un ou deux ménages modestes et l'on comprend que les maîtres du sol aient pris grand soin de conserver leur réserve qui était de bien meilleur profit.

Cette réserve du moins, leurs tenanciers les aident-ils à l'exploiter ? Lorsqu'ils sont mentionnés, les services en travail[3] ne sont pas lourds. Dans le domaine de Vérizet, les dix manses du hameau de Marfontaines, les trois colonges de Quintaine et de Bérizy et l'un des manses de Vérizet doivent chacun trois corvées de labour, deux jours de façon dans les vignes, un jour à la fauchaison, un à la fenaison, deux charrois de foin, deux corvées de bois et quelques services pour la moisson et le battage ; ils sont donc associés à tous les gros travaux de la terre dominicale, mais leur contribution se limite chaque année à une quinzaine de journées aux moments de pointe du calendrier agricole. Et la plupart des tenures ne sont pas aussi chargées : à Vérizet, quatorze d'entre elles ne doivent que trois corvées de labour ; un manse à Avenais fournit un faucheur et un bûcheron ; la colonge de Péronne, trois hommes, l'un pour faucher, les autres pour bêcher le clos ; à Clessé, six manses doivent une corvée de bois et une façon de vignes ; enfin, la moitié des censives de toute la seigneurie sont libres de tout service, les tenures nouvelles étant régulièrement exemptées. Deux cent vingt travailleurs viennent chaque année sur la réserve ; les soixante-douze tenures du XIIe siècle fournissent à peu près la même main-d'œuvre qu'un seul manse servile de l'époque carolingienne[4].

1. À Laizé, village voisin de Vérizet, on fait avec un setier 16 pains pour le cens ; avec un setier, les moines de Cluny distribuent 100 rations au réfectoire ; ils allouent 7 setiers par an aux bouviers prébendiers de Chazelle, C. 4132 – 4143.

2. À Montberthoud, le prieur vend 4 sous une ânée de seigle, C. 3789, qui vaut un peu moins d'un setier (DUCANGE, V° *asinata*, l'ânée, en Bresse et en Lyonnais, vaut 7 bichets, le setier 8) ; un cheval moyen s'achète 40 sous, C. 3789 ; la mère d'un chevalier, pensionnée par les chanoines de Mâcon, reçoit 5 sous par an pour son vêtement, M. 24 (1060-1108). – Consommation des écuries de Cluny, C. 4132.

3. L'inventaire de Beaujeu n'énumère que les cens ; dans le cartulaire de Paray on trouve seulement deux mentions de services, un charroi dû par un manse, le travail d'un journal dû par une verchère. Il n'en est nulle part question dans les documents concernant la seigneurie laïque.

4. M. 516. – Pour 72 tenures, 14 doivent de 12 à 15 jours de travail ; 14, 3 jours ; 8, 2 jours. Le seigneur a droit à 84 corvées de labour, 16 faneurs, 13 faucheurs, 42 journées de vigne,

Il faut toutefois remarquer que les mentions de corvées sont plus fréquentes que dans les documents du xe siècle et que les services sont beaucoup plus uniformes que les cens : dans la seigneurie de Vérizet, tous les manses d'un même village sont presque toujours astreints aux mêmes corvées. Le ban seigneurial n'est-il pas cette fois intervenu pour accroître les services des tenanciers et en égaliser le montant ? C'est bien ce dont paraît témoigner l'aspect des services dans les domaines de l'abbaye de Cluny. Ils sont exigés dans huit des douze doyennés que décrit l'enquête de 1155, et, dans chacun, le taux est uniforme ; tous les hommes du village s'associent pour procurer au seigneur les charrues et les attelages dont il a besoin et se répartissent les travaux de bras ; les corvées pèsent moins, semble-t-il, sur les tenures individuelles que sur la collectivité des dépendants et relèvent plutôt des pouvoirs de commandement que de l'organisation domaniale. À vrai dire, ces prestations sont faibles. Plus de travaux dans le vignoble du maître : à Lourdon, ils ont été récemment remplacés par une redevance en argent. À Montberthoud, les tenanciers transportent encore le foin, le vin et le bois, et ceux de Lourdon mettent vingt-sept chars de dix bœufs à la disposition du seigneur ; mais ce dernier ne les utilise pas tous et les autorise à payer en échange de la corvée de charroi quatre sous par an. Les services de fauche sont attestés à Berzé-la-Ville, à Montberthoud, à Saint-Gengoux et à Lourdon ; mais là encore les travailleurs peuvent racheter leur journée deux deniers. Le maître – on pouvait déjà le remarquer à Vérizet – renonce volontiers à employer ses tenanciers dans le clos et le breuil, et préfère les deniers aux corvées de bras et de transport : à Lourdon, cette conversion rapporte aux Clunisiens plus de deux cents sous par an. Mais ils conservent les services de labour : les hommes d'Arpayé doivent un jour en automne ; ceux de Chaveyriat, Montberthoud et Berzé-la-Ville deux ; trois ceux de Beaumont et de Saint-Gengoux ; à Lourdon, le seigneur en exige quatre, deux sur la jachère, un au Carême et un en automne. Mal surveillés, les vilains s'en acquittent médiocrement – les enquêteurs notent que le nombre des charrues villageoises a récemment diminué ; mais le maître, usant de son droit de ban, les exige non seulement de ses tenanciers, mais des « voisins », des autres manants de la poté[1]. Dernière remarque : les services les plus lourds sont exigés dans le

35 coupes de bois, 13 charrois à la fenaison, autant à la moisson, quelques jours aux battages pour la préparation de l'aire.

1. Deux doyennés, Saint-Martin-des-Vignes et Saint-Hippolyte, ne connaissent aucun service. – Les corvées sont dues par tous les habitants du village : à la Charmée, le prévôt, ou plutôt son meix, doit les *diurnales sicut alii de villa*, C. 4147. Le nombre des charrues est variable : 2 à Malay, 7 à Berzé, 40 à Arpayé et à Lourdon ; mais les enquêteurs notent que le seigneur en a laissé se perdre par négligence : à Malay, il devrait en obtenir 7, et 30 à Chaveyriat au lieu de 20. – Le

doyenné de Lourdon, le plus proche de la forteresse monastique, celui où les pouvoirs de l'immuniste sont les plus étendus. Sur la terre clunisienne, les corvées sont donc apparemment, non pas des prestations domaniales, mais des exactions banales.

Et ceci est un trait général. Partout le chef du village, celui qui détient les pouvoirs de police, celui qui s'est rendu maître des bois et des pâtures dont les paysans ont l'usage, oblige les vilains à venir deux ou trois fois l'an labourer ses condemines, tel à Poiseul Damas de Gigny, à Collange Robert Damas et le sire de Beaujeu à Belleville [1]. Voici la seule transformation qui, dans le régime domanial, puisse être attribuée à l'évolution politique et sociale. Négligeant la rente du sol, ceux des seigneurs fonciers qui détiennent le droit de ban ne se sont pas préoccupés de modifier les redevances ; par contre, ils se sont servis de leur pouvoir pour uniformiser et étendre les services en travail, car c'est le faire-valoir direct qui les intéresse et ils s'emploient à fournir un surcroît de main-d'œuvre à leur réserve. En 1100, la corvée tend à se détacher de la tenure ; elle est due plus souvent au seigneur banal qu'au maître du sol et les équipes de travailleurs rassemblent sur la condemine auprès des tenanciers tous les voisins, tous les manants, tous les hommes de la poté.

Plus lourds qu'au Xe siècle, les services agricoles restent toutefois très limités ; ils ne fournissent guère qu'une main-d'œuvre d'appoint au moment des labours et surtout des labours d'automne et ne peuvent en aucune façon assurer l'entière mise en valeur de cette réserve, qui en Mâconnais se maintient et tend même parfois à s'accroître. La « cour » domaniale n'est donc pas seulement un grenier où sont recueillies les redevances, un poste de commandement d'où le maître dirige l'activité de ses corvéables, c'est comme autrefois un centre de culture, une « grange », munie d'instruments de culture et d'animaux de trait. À Saint-Hippolyte, les étables domaniales abritent trente bœufs de labour et celles de Lourdon vingt-quatre ; le chevalier Geoffroy de Germolles, n'ayant pas assez de bétail, en loue et le sire de Beaujeu entretient dans ses « granges » des

---

nombre des faucheurs est lui aussi variable et sans rapport avec celui des charrues : à Berzé, 86 pour 7 charrues, à Saint-Gengoux, 18 pour 20 charrues. – La conversion des services est générale : un manse bressan doit 6 d. *in cissione prati*, un setier d'avoine *in cissione messium*, M. 511 (1096-1124).

1. Le sire de Berzé exige à Joux des *curvatas* des usagers de ses bois, C. 3328 (1070) ; Poiseul, C. 3767 (1090 env.) ; Collange, C. 4001 (1128) ; Belleville, AUBRET, *Dombes*, I, p. 140 (1193) ; le comte de Chalon a un droit de charroi sur les hommes de Paray qu'il protège, C. 4277 (1180).

outils et des bœufs[1]. Comme ses ancêtres, le seigneur foncier du XIIe siècle commande une troupe de travailleurs domestiques, les *servientes*, les *famuli*. Dans les doyennés clunisiens, la *familia* est nombreuse et hiérarchisée ; au-dessus des agents spécialisés, chapelains, prévôts, celleriers, maréchaux, la *familia minor* groupe les valets de culture ; à Chevignes, ils sont dix, cinq à Laizé, à Saint-Hippolyte, une vingtaine[2] ; Geoffroy de Germolles entretient aussi chez lui des serviteurs et des servantes[3]. La plupart de ces gens sont nourris à la table du maître ; certains, les pâtres, les bouviers, éloignés par leur tâche, reçoivent une prébende annuelle[4]. À Romenay, les serviteurs de Saint-Vincent ont plus d'indépendance : ils sont chasés ; mais, comme les « serfs journaliers » allemands, ils restent astreints à un service domestique ; chacun façonne chez lui un certain nombre de pièces de bois ; tous ensemble, ils entretiennent les bâtiments de la *curtis*, ils exploitent entièrement les trois condemines et les deux breuils, font le radeau de bois de chauffage qui descendra à Mâcon par la Saône et l'hiver partent en troupe pour la cité aider à la réfection des églises épiscopales[5]. Sur cette main-d'œuvre domestique repose le travail quotidien de la réserve ; elle est secondée au moment des labours par les charrues des dépendants et, fait nouveau, pour la fenaison, le piochage des vignes et la vendange, par des salariés, que le seigneur rétribue avec les deniers que lui procure la conversion de certaines redevances. Dans dix de leurs domaines les Clunisiens dépensent dix livres par an en gages de tâcherons et sont prêts à en dépenser davantage[6]. Aux yeux des administrateurs les plus éclairés du XIIe siècle, une

---

1. Les bœufs dans les doyennés clunisiens, C. 4143 ; les enquêteurs jugent que l'on pourrait en entretenir davantage : à Lourdon et à Saint-Hippolyte, une charrue de 6 bœufs pourrait être ajoutée ; à Beaumont, on peut ajouter aux 8 bœufs 10 autres, *quia sufficit terra ad lucrandum*. G. de Germolles a loué un bœuf et deux vaches à son oncle ; il récolte son blé, C. 4387. Humbert de Beaujeu donne à l'abbaye de Belleville le matériel d'une « grange », *ut illud transferetur cum foeno et bobus et instrumentis ad excolendam terram necessariis*, CL. 39 (1164).

2. *Familia* de Beaumont, C. 4143, de Montberthoud, C. 3789, de Chevignes et de Laizé, dans les souscriptions de C. 4279.

3. C. 4387.

4. À Beaumont et à Saint-Hippolyte, les valets sont entretenus par le produit des moulins, C. 4143. – À Chazelle, les *pastores*, les *bubulci* reçoivent une prébende annuelle en grains, C. 4143.

5. C'est ainsi que nous interprétons les données du coutumier de Romenay, M. 493 ; les services ne sont pas dus par des tenures mais par les hommes, que le texte nomme expressément *servientes*. Ce sont des valets qui ont reçu un petit lopin, comme les tenanciers des *mansi proprii* de Marmoutier, astreints à des services domestiques, PERRIN, *Marmoutier*, p. 106 ; comme les serfs journaliers de Bavière, DOLLINGER, p. 265.

6. Salariat sur les réserves clunisiennes, C. 4143. – À Chaveyriat, où les paysans ne doivent pas de service de fauche, *pro falcatione dantur .LX. solidos* ; les enquêteurs prévoient pour la culture des vignes une dépense de 10 s. à Malay, de 20 s. à Berzé, de 30 s. à Arpayé, de 40 s. à Chaveyriat et

large réserve, mise en valeur par une *familia* bien entretenue, disposant d'un cheptel bovin suffisant, aidée aux semailles d'automne par les corvéables et dans le clos par des travailleurs à la journée, telle est l'exploitation idéale, celle qui procure les plus gros revenus.

Par conséquent, la gestion de la seigneurie foncière ne s'est pas beaucoup transformée depuis l'an mil[1]. Autant qu'on le peut, on pratique le faire-valoir direct, car c'est bien toujours le produit de la réserve qui fait la richesse du maître du sol ; le bilan de quelques domaines clunisiens dressé en 1155 le montre bien : affermées, églises et dîmes rapportent à elles seules beaucoup d'argent (55 sous à Beaumont contre 140 fournis par les tenures) et du grain en abondance (sept fois plus que les redevances à Montberthoud) ; moulins, fours, droits d'usage assurent l'entretien des serviteurs domestiques et procurent encore, comme à Saint-Hippolyte, cinq fois plus de froment que n'en livrent les tenanciers ; enfin le revenu des condemines et des clos est bien supérieur à celui des censives : tandis que celles-ci, dans le doyenné de Montberthoud, ne fournissent que 29 setiers de blé, on en récolte 280 dans les champs seigneuriaux. Ce qui permet au maître non seulement de vivre lui et les siens mais encore de vendre et d'ajouter ainsi des deniers à ceux que lui ont versés ses tenanciers : dans le même domaine de Montberthoud, le prieur recueille de la sorte certaine année, en écoulant les surplus de la production en grain et en bétail, 485 sous, autant ou presque qu'il en avait perçu sur la terre accensée[2]. Aussi, lorsqu'il dispose du droit de ban, le seigneur l'utilise d'abord au profit de sa réserve, en imposant des services en travail à ceux de ses dépendants qui ne tiennent pas sa terre. Mais des redevances, il se désintéresse, et la rente du sol reste aussi dérisoire : les propriétaires de tenures qui ne détenaient pas les pouvoirs de commandement n'étaient pas en effet en mesure de l'augmenter ; quant aux autres, ils ne se sont pas souciés de briser les résistances de leurs tenanciers, car le seul exercice de leur puissance sur l'ensemble de leurs hommes leur procurait hors du domaine des revenus beaucoup plus substantiels.

---

de 50 à Montberthoud. À Lourdon, les façons de vignes, converties en taxes d'argent, fournissent 60 s., 30 sont aussitôt utilisés pour solder des journaliers, le reste pourrait servir, pensent les enquêteurs, *ad vineas colendas vel, si innovate fuerint, manutendas*.

1. Voir les remarques de Perroy, « Jourcey », sur le régime domanial en Forez en 1130-1150 et antérieurement.

2. La réserve permet de récolter davantage qu'on ne consomme : à Montberthoud, le prieur vend 60 setiers de seigle sur les 200 récoltés, et les 40 setiers de froment qu'ont produits les condemines, C. 3789 ; à Saint-Hippolyte, la réserve a fourni 150 setiers de froment, 40 ont été semés, 30 vendus, le reste expédié à la grenette du monastère, C. 4143 ; Duby, « Écon. dom. ».

2. *L'exploitation économique du droit de ban*

L'appropriation du droit de ban a fait naître en effet au XIe siècle et s'organiser progressivement une nouvelle forme d'exploitation économique fondée non pas sur la propriété du sol mais sur la domination des personnes. Nous savons que le seigneur, qui procure à ses dépendants la paix et la sécurité, entend être payé de sa peine. Le moment est venu d'examiner l'aspect économique de la seigneurie banale.

Il est plus difficile à observer que le régime domanial. Les sires laïcs n'ont pas laissé de comptes, soit qu'ils n'en aient pas tenu [1], soit qu'ils les aient mal conservés et nous sommes encore une fois réduits aux sources ecclésiastiques. Or il est possible que les clercs n'aient pas cherché à tirer le même profit de leurs pouvoirs de commandement et la lettre fameuse que l'abbé de Cluny, Pierre le Vénérable, adressa vers 1124 à saint Bernard [2] pourrait même faire douter qu'ils aient chargé d'exactions leurs dépendants ; à la rapacité des laïcs, le grand abbé oppose en effet la mansuétude des moines qui, dit-il, ne réclamaient des paysans que des services légitimes et fixes. Faut-il entendre que les gens d'Église et les Clunisiens en particulier se contentaient des revenus de leur seigneurie foncière ? Sans doute ne sont en cause ni la sincérité, ni la compétence de Pierre le Vénérable qui, toute sa vie, se préoccupa personnellement de l'administration du temporel. Mais il convient aussi de ne pas isoler ces quelques phrases de l'ensemble de son argumentation. Au réquisitoire de l'abbé de Clairvaux qui reprochait aux moines noirs de trahir l'esprit bénédictin, de vivre en seigneurs, de hanter les cours de justice et de perdre leur temps en procès, Pierre répond par un plaidoyer dont, à plusieurs reprises, il souligne malicieusement le caractère judiciaire et dialectique. Il vaut mieux que les moines exercent eux-mêmes la seigneurie sur les habitants de leurs domaines plutôt que de les abandonner au pouvoir des laïcs, voilà sa thèse : et il veut prouver simplement que les coutumes de la domination ecclésiastique sont plus légitimes et plus régulières. Plus légitimes, parce que les religieux qui pratiquent la charité font de leurs ressources un meilleur usage ; plus régulières, parce que

1. Les méthodes d'administration de la seigneurie laïque étaient peut-être moins perfectionnées et s'appuyaient moins sur l'écrit que sur la mémoire. PET. VEN., p. 142-146, note la *negligentia, l'incauta ordinatione* des châtelains laïcs.

2. PET. VEN., p. 142-146, daté par LECLERC ; les laïcs *non enim contenti sunt eorum usuali et debita servitute, sed et res cum personis et personas cum rebus sibi semper immisericorditer vendicant. Inde est quod preter solitos census ter aut quatuor in anno, vel quotiens volent bona ipsorum diripiunt, innumeris servitis affligunt* ; les moines au contraire *rusticorum... legitimis et debitis solummodo servitiis... nullis exactionibus eos vexant.*

les seigneurs laïcs, qui ont moins d'ordre et vivent au jour le jour, sont parfois contraints, par le besoin, de lever la même année plusieurs tailles [1]. Que Pierre le Vénérable, emporté par sa rhétorique, se souvenant des luttes qu'il devait mener constamment contre les empiétements et les prétentions excessives des seigneurs gardiens du patrimoine monastique, ait un peu forcé la note, il ne faut pas s'en étonner. Mais en réalité, dès le XIe siècle, les seigneurs ecclésiastiques imposaient comme les autres des coutumes à leurs hommes et exploitaient, avec plus de méthode peut-être, leurs droits de ban. Nous savons déjà que les Clunisiens exigeaient des corvées de leurs dépendants non tenanciers ; à Saint-Gengoux, ils partageront avec le roi, en 1166, tailles, exactions et péages ; les bourgeois de Tournus se révolteront contre les trop lourdes coutumes levées par le sire abbé ; à Vérizet, enfin, les chanoines de Saint-Vincent réclament dans certains manses de leur domaine les droits de maréchaussée et de plaid général et peuvent encore s'y livrer à toutes les réquisitions qu'il leur plaît [2].

On doit par conséquent trouver dans les archives d'Église des renseignements de valeur générale sur l'exploitation seigneuriale. Malheureusement, dans les coutumiers et les inventaires, les droits seigneuriaux sont mal distingués des redevances domaniales, qui en effet sont perçues par les mêmes agents et versées dans la même caisse. La mesure d'avoine que doit tel manse de Vérizet est-elle une faible prestation d'origine foncière ou bien le prix de la protection que le seigneur immuniste accorde à un alleu ou à la tenure d'un autre domaine ? Il est impossible de le savoir. Les documents les plus clairs sont les accords conclus entre le gardien et le seigneur d'Église, qui fixent le montant des droits que le laïc lèvera sur les dépendants de la seigneurie d'Église, et les chartes concédées aux manants, qui limitent certaines exactions en précisant les autres. Mais ces textes sont tardifs et ne sont nombreux et circonstanciés que dans la seconde moitié du XIIe et au XIIIe siècle ; tout porte à croire que les redevances qu'ils énumèrent existaient de longue date mais le décalage chronologique est cependant gênant. Ils n'offrent surtout qu'une image incomplète de l'exploitation seigneuriale, car seules sont évaluées les charges en litige et l'on ne parle pas des autres. Aucune seigneurie banale ne se laisse connaître tout entière et

1. Les biens possédés par les moines sont employés à des fins religieuses ; ils sont sanctifiés ; leur domination est stable, régulière, paternelle ; elle contribue à étendre sur terre le règne de Dieu.

2. C. 4143 : les Clunisiens possèdent banvin, marchés, landes et des corvées sur les hommes de la poté ; pariage de Saint-Gengoux, C. 4223 (1166) ; les coutumes de Cluny réduisent les droits banaux, C. 4205 (1161-1172) ; les bourgeois de Tournus se soulèvent contre la mainmorte, la taille et les autres coutumes, T. 169 (1171) ; à Vérizet, des manses doivent la *marescalcia bladi*, le *placitum generale* et *quicquid ibi volumus facere*, M. 516.

c'est au prix de beaucoup d'incertitudes, en utilisant des indications éparses et de dates diverses, que l'on peut reconstituer la structure et le fonctionnement de cette forme d'exploitation économique.

Beaucoup plus complexe que le régime domanial, c'est la combinaison de droits multiples, d'origine et de nature très différentes, que l'on peut répartir en trois catégories :

1. Viennent d'abord les profits que le sire tire de ses fonctions de chef de guerre et de justicier. Les services militaires ne semblent pas avoir été convertis en redevances et, lorsqu'il part en expédition, le seigneur ne néglige pas de se faire accompagner par la piétaille de ses manants ; mais ceux-ci doivent aussi des corvées destinées en principe à maintenir en état les ouvrages défensifs : le maître les utilise en fait pour le transport de ses récoltes et le travail de ses champs ; et l'on peut se demander si certains des services de labour réclamés par le *dominus* n'étaient pas, à l'origine, des taxes dues en remplacement du service militaire. La justice, d'autre part, procure de très abondantes ressources, en numéraire surtout : le juge perçoit des taxes fixes, droit de plaid ou de viguerie, il confisque les biens des condamnés à mort ou au bannissement, il encaisse les amendes de trois, sept et soixante sous qui, selon leur gravité, punissent toutes les infractions à la paix ; il suffit, on le voit, qu'une rixe éclate dans la poté ou un simple conflit de bornage, que l'on vole ici quelques raisins ou que l'on surprenne un adultère, pour que, dans la chambre du seigneur justicier, affluent d'un seul coup plus de deniers que n'en fournit en un an la plus grosse seigneurie foncière ; et, les tenant prisonniers, le maître sait bien forcer les délinquants à trouver dans leur bas de laine ou chez leurs amis le petit sac de monnaie qu'il leur réclame [1].

2. D'autres taxes soldent la protection que le maître du ban accorde aux biens de ses dépendants. Ce sont les droits de maréchaussée, les moissonnages, les blaieries, levés au moment des récoltes par les sergents du seigneur qui, toute l'année, ont défendu les champs contre les maraudeurs et les saccages des troupeaux ; redevances en nature celles-ci, généralement fixes : à Ameugny,

---

1. Services militaires : les bourgeois de Cluny et les hommes de l'abbaye, *si per nuncium domini abbatis commoniti fuerint alicubi armati exire, ut omnes exerceant, nisi aliquis adeo infirmus sit quod nullo modo egredi valeat*, C. 4098 *bis* (1145). Le sire de Brancion cesse, en faveur de Cluny, de *in exercitus ducere homines terre neque ad aliquam munitionem construere*, C. 4131 (1147) ; fixation du service militaire dû au comte de Chalon par les hommes de Paray, C. 4277 (1180) : de chaque maison *singulos homines cum armis secum ituros dicebat, ita tamen quod ad domos suas possent ipsa die reverti ; homines ecclesie... opera sua facere compellebat, videlicet in fossatis suis erigendis et castellis construendis vel destruendis*. – Justice : droit de *vicaria*, *NSP*, 51 (1096) ; *servitium vichariale*, ASL, H. 142, n° 2 (1067), *placitum generale*, M. 516 ; amendes, C. 4205 (1161-1172).

les hommes de Saint-Vincent doivent chacun au sire d'Uxelles, qui fait la police rurale, un setier de vin et un pain ; le comte, à Igé, prend une gerbe aux manouvriers et deux aux laboureurs. Ce sont aussi les péages, guidages, conduits, survivances des anciens tonlieux ou taxes récemment créées sur les routes nouvelles, que le seigneur, gardien du grand chemin, lève sur les passants et sur leurs marchandises ; ainsi, le châtelain de Berzé exige quatre deniers de chaque bête de somme qui circule entre Cluny et Mâcon, Ogier de Veyle, trois mines de vin des bacs qui traversent la Saône. Le seigneur banal assure aussi la paix sur le marché et pour sa peine prélève une taxe sur toutes les transactions ; il surveille les poids et mesures et là encore se fait payer ; tout cela est de bon rapport : le marché de Cluny procure aux moines quarante sous par an et autant, à Chaveyriat, les « ventes » et le quartelage. Le maître s'arroge également des privilèges commerciaux, exige le crédit pour lui et les siens et jouit partout du droit de banvin : en août, avant les vendanges, lui seul peut vendre du vin et écoule au prix fort le fond de ses cuves. Enfin, sur les ventes immobilières qu'il garantit, il impose encore une taxe proportionnelle[1].

3. Restent les prestations, beaucoup plus lourdes, prix de la sécurité person-

1. a) Droit de moissonnage, M. 479 (1031-1060), B. Gros à Ameugny *tempore messionis... loco census vel eulogiarum* ; C. 3062 (1060 env.), Berzé, *capturas garbarum quas servientes ejus tempore messis capiebant* ; C. 4069 (1140), M. 516 ; C. 4346 (1190), C. 4277 (1180), C. 4279 (1180), C. 4406 (1201) ; b) Péages : installation du péage d'Uxelles, *infra*, ch. VII, n. 1, p. 318 ; Berzé *pedagium guerpivi... nec sub occasione quam solent aliqui querere caritatis, que procul dubio non est caritas sed violentia exactio, aliquid de rebus eorum extorquebo* ; pontonnage d'O. de Veyle, *NSP*, 5 (1131) ; 4 d. par trousse à Berzé, C. 4346 (1190) ; c) Marché : Cluny, C. 4143 ; Belleville, AUBRET, I, p. 410 (1193) ; taxe sur les transactions : Cluny (avoine), C. 4132 (1148) ; Chaveyriat, C. 4143 ; d) Surveillance des poids et mesures : à Pierreclos par le sire de Berzé, M. 632 (1167-1184) ; à Paray par le comte de Chalon, C. 4277 (1180) ; quartelage de Chaveyriat, C. 4143 ; e) Monopole de la vente du sel à Cluny, C. 4143, et Tournus, T. 182 (1202) ; banvin, à Mâcon, partagé entre le comte, le vicomte et l'évêque, qui ont chacun quinze jours, M. 589 (1096-1124) ; abonné, le droit épiscopal deviendra l'*amoagium*, AN, J. 259, n° 7 (1267) ; à Cluny, le banvin rapporte 6 livres par an C. 4143 ; f) Taxe sur les ventes immobilières : à Cluny, rapporte 40 livres par an, C. 4143 ; au XIIIe siècle, l'acheteur paie à Prissé le sixième du prix de vente, ASL, G. 96, n° 2 (1243) ; à Bâgé, 3 sous par livre, GUICHENON, *Bresse*, p. 65. De ce droit, il convient de rapprocher la mainmorte que le seigneur prélève sur la succession de ses hommes lorsqu'ils n'ont pas d'héritiers proches ; le seigneur leur vend alors le droit de tester et garantit leurs legs : C. 4205, à Cluny, le seigneur s'interdira de contrevenir aux dispositions testamentaires ; T. 182 (1202), à Tournus, abonnement de la « mainmorte » (c'était une taxe que payaient les veuves pour se remarier, les orphelins et les clercs pour disposer librement de leur alleu), voir PETOT, « Origines de la mainmorte », et VERRIEST, *Inst. méd.*, p. 204-209. – Dans les documents mâconnais, il n'est jamais question de banalité, au sens que les historiens donnent à ce terme ; les usagers du moulin ou du four paient un droit de mouture ou de fournage, mais rien ne prouve qu'ils soient astreints à user, à l'exclusion des autres, des instruments fournis par le seigneur ; cf. en Bavière, DOLLINGER, p. 189, 430.

nelle dont jouissent les dépendants ; ce sont les « aides » au sens strict. Droit de gîte d'abord, obligation d'héberger un jour ou deux par an le seigneur, sa suite, ses chevaux et ses chiens. Puis des exactions fixes, droits de garde ou de sauvement, qui sont levées en nature et spécialement en avoine ou en vin. Enfin, l'aide par excellence, une taxe variable, taille, tolte ou quête ; c'est le droit pour le seigneur de réclamer à ses hommes, chaque fois qu'il en a besoin, de l'argent ou des denrées [1].

Pierre le Vénérable accuse les *domini* laïcs de multiplier les réquisitions et d'accabler leurs dépendants de charges innombrables [2]. Les exactions sont pourtant, ne l'oublions pas, des « coutumes » ; un long usage seul les rend légitimes et les coutumes trop récentes passent pour mauvaises et indues ; leur montant est enregistré par la mémoire collective de la communauté rurale, que l'on consulte en menant une enquête auprès des manants les plus âgés [3]. En fait, dès le XIe siècle, le taux de la plupart des exactions, amendes, tarif des péages, taxes de transactions, le nombre des corvées et la durée du banvin sont fixés dans chaque seigneurie [4]. Les droits de moissonnage et de garde, très souvent aussi le droit de gîte, sont abonnés et se rapprochent beaucoup des redevances de la censive : parfois exigés en bloc de toute la communauté villageoise, assis le plus souvent sur le manse au sens restreint, ce sont d'ordinaire des prestations

1. a) Gîte : pour le seigneur et sa suite (selon le faux règlement de la garde, le sire de Beaujeu ne peut se faire accompagner par plus de dix chevaliers, C. 889 (fin XIe) ; pour les chevaux : M. 198 (1022), *equorum receptacula* : pour les chiens *brenneria canum*, F. 86, C. 4346 (1190). C'est l'*hospitium*, le *receptum*, l'*albergaria*, C. 3062 (1060), 3085 (1070), 3592 (1082), 4106 (1145-1147), 4279 (1180). Il est limité (*ita quod multitudine sociorum domum non gravaret*, C. 4277) et généralement converti au XIIe siècle en une rente fixe en denrées agricoles : SM. 119 (fin XIe), un setier de vin, 2 pains, 3 poules ; C. 3666 (1093), le prévôt de Berzé perçoit sur chaque manse 2 pains, 1 setier de vin et de la viande pour une valeur de 4 d. ; C. 4280 (1180), 1 pain et 1 poule. – Redevances en avoine pour les chevaux : C. 3743 (1100), 4001 (1128), ASL, G. 81, n° 1 (1149) ; C. 4280 (1180). Rarement convertie en argent : 6 d. pour la *brenneria*, F. 86 ; b) Exaction pour droit de garde ; en vin très souvent ; C. 3115 (1060), 5 muids ; C. 3238 (1060), 5 muids ; M. 192 (1063-1072), 1 muid et 3 muids ; C. 3743 (1100), 3 muids ; en chandelles : C. 3920 (1115), SM. 9 (fin XIe) ; en argent : C. 3920 (1115), M. 622 (1167-1184) ; c) Taille : M. 516 (déb. XIIe), *quicquid ibi volumus facere ; toltura* : C. 3592 (1082), C. 3743 (1100), 3841 (1106) ; *tallia*, C. 4106 – 4131 (1147), ASL, G. 81, n° 1 – G. 222, n° 1 (1161), T. 169 (1171), C. 4277 (1180), AUBRET, I, p. 410 (1193) ; *questa denariorum*, C. 4346 (1190).

2. *Supra*, n. 2, p. 304.

3. Enquêtes : C. 4205 (1161-1172) ; M. 632 (1167-1184), *per idoneos testes et indigenas* ; C. 4244 (1173), *de consuetudinibus sancti Pontii... dictum est quod ipse* (le seigneur banal) *inde non accipiet nisi quod per justiciam aut antiquum morem juxta testimonium seniorum hominum fuerit assecutum* : C. 4346 – 4279 – 4280.

4. *Supra*, n. 1, p. 307 et n. 1, p. 308.

en nature, stables et légères, fort semblables aux redevances domaniales. Vers 1050, les hommes de Saint-Vincent de Mâcon, qui vivaient dans le sauvement de Beaujeu, n'achetaient pas très cher la protection du châtelain : les plus aisés, les laboureurs, livraient tous les ans deux setiers d'avoine et deux charges de foin aux ministériaux qui les prenaient à domicile ; c'était deux fois moins que la charge ordinaire du manse beaujolais. De même, à Ameugny, la taxe de moissonnage était en moyenne trois fois plus légère que la redevance annuelle exigée par le seigneur foncier de son masoyer[1]. Or ces taxes ne varieront pas ; leur montant reste le même pendant le XIIe et le début du XIIIe siècle[2]. Un sac ou deux de grains, une bonne mesure de vin, quelques bottes de foin, deux ou trois jours de corvée pendant lesquels le travailleur est nourri, c'est tout ce que les plus gros ménages paysans doivent au seigneur qui les protège et cette charge est en définitive aussi modeste que celle de la terre amasée.

Le manant qui sait éviter les amendes ne serait donc pas à plaindre si une exaction, la taille, ne restait arbitraire, si le seigneur, après avoir perçu toutes les autres coutumes fixes, n'était libre encore de prendre dans le manse ce qui lui plaît, du pain, du vin ou des deniers. Aucune tradition ne limite plus alors ses exigences et, en fait, ce sont les tailles que l'on voit s'accroître rapidement dès le début du XIIe siècle. L'argent dont il a besoin chaque jour davantage, le seigneur banal l'extorque à ses dépendants ; on voit par exemple le châtelain d'Uxelles tirer en 1115 quarante sous d'un de ses protégés et cent sous d'un autre ; sommes énormes, infiniment plus importantes que tous les cens en argent que versaient à l'époque les tenanciers[3]. Voilà la plus lourde charge des classes rurales auprès de quoi les rentes foncières et les autres droits seigneuriaux ne sont rien. Gênante, parce que le paysan ne sait jamais ce que pourra lui réclamer son seigneur et ne peut équilibrer d'avance son budget, la taille est insupportable, elle oblige à paraître pauvre et tue l'esprit d'épargne ; c'est un

1. Beaujeu : M. 476 (1050 env.) ; redevance moyenne de la colonge en Beaujolais, B. 28, un demi-setier de froment, 2 d'avoine, 3 de vin et 1 porc. – Ameugny, M. 479 ; dans le terroir proche de Bérizy, un manse doit un cens de 6 d., 3 pains, 3 poules et 2 setiers de vin, C. 3199.

2. R. Damas à Collange : 1 botte de foin et 2 corvées, C. 4001 (1128) ; le sire de Bâgé à Boz : 4 métiers d'avoine, ASL, G. 81, n° 1 (1149) ; le sire de la Bussière à Saint-Point : 1 panal d'avoine, 1 pain de 1 d., 1 poule, C. 4280 (1180). – Au XIIIe siècle, droit de garde du sire de Berzé sur les manses appartenant à Cluny : 2 corvées, 2 poules, un demi-setier d'avoine, 1 pain de 1 d., C. 4930 (1250) ; à Massy : 3 corvées, 1 pain de 1 d. ; un quart de setier d'avoine, C. 4911 (1248) ; le sire de Bâgé à Biziat sur les manses appartenant à Tournus lève, outre la taille, une redevance en argent, un métier de blé, 2 poules, un « cadeau » en lin et en chanvre, T. 193 (1232).

3. C. 3920 (1115).

vol[1]. L'union des paysans et leur résistance se feront contre la taille, pour en obtenir la fixation. Mais c'est aussi la taille qui permet au seigneur de surmonter les crises de ses finances, qui le fait s'accommoder de la faiblesse des redevances domaniales. C'est la taille qui fait le grand profit de la seigneurie banale.

Peut-on se faire quelque idée de ce profit ? Difficilement, car il est très variable. La justice, la police des marchés et des routes rapportent plus ou moins selon la fréquence des délits, l'ampleur de la circulation commerciale et des transactions ; la taille est plus lourde si le seigneur est plus avide et si ses hommes ont de quoi payer ; bien des maîtres ne peuvent lever que quelques-unes des exactions, les droits de justice et non pas le péage, le moissonnage et non pas le gîte ; tous enfin luttent contre des concurrents qui leur disputent leurs revenus. Et surtout, nous ne pouvons établir aucun bilan complet de ces ressources. Nous nous risquerons cependant, sans nous dissimuler le caractère fortement hypothétique de ces déductions, à comparer les profits que tiraient au milieu du XIIe siècle d'un même groupe de paysans un seigneur foncier – en l'occurrence, la communauté clunisienne – et un seigneur banal – le châtelain de Berzé. En 1155, leurs censives de Berzé-la-Ville et des villages environnants rapportaient aux moines chaque année soixante-six sous, vingt-trois setiers de froment, vingt-huit d'avoine et cent de vin, cent poules et cent corvées de bras. En 1250, le sire de Berzé percevait sur les habitants de ce même domaine cent corvées de bœufs et de bras, cent poules, cinquante pains, dix setiers de blé, cinquante setiers d'avoine et vingt trousses de foin. À moins que le revenu domanial n'ait beaucoup augmenté pendant ce siècle, et rien n'autorise à le supposer, le seigneur recueillait donc alors dans ces censives des prestations sensiblement équivalentes à celles dont profitait le seigneur foncier. Mais les revenus du châtelain dans l'immunité venaient d'être considérablement réduits ; pendant tout le XIIe siècle, ses ancêtres avaient exigé en outre des hommes de Saint-Pierre les droits de moissonnage et de gîte et levé surtout une quête en deniers qui devait augmenter beaucoup leurs ressources. Dans la seigneurie foncière de Berzé-la-Ville, l'exploitation du seigneur gardien paraît donc bien avoir été en 1155 de beaucoup la plus profitable. Si d'autre part on admet qu'à cette époque un quart à peine des manants de la châtellenie résidaient sur le domaine de Cluny, que tous les autres, soumis aux mêmes charges envers le maître de la forteresse, étaient de plus ses justiciables et lui payaient les amendes, que le sire exploitait encore sur la route de Cluny un fructueux

1. *Rapinis et taliis*, C. 4131 (1147).

péage[1], on peut avancer que les profits du sire étaient plusieurs fois supérieurs à ceux des plus gros seigneurs fonciers du sauvement. La rente seigneuriale était beaucoup plus lucrative que la rente domaniale. Avec les vastes réserves, les larges condemines et les clos bien plantés, ce sont les exactions et surtout la justice et les tailles qui font à l'époque féodale les grandes fortunes.

Toutefois, si la seigneurie banale est de bon rapport, les frais de sa gestion sont considérables et absorbent une large part des bénéfices. Pour remplir sa fonction, le chef doit entretenir un nombreux personnel. Sans les sergents, les prévôts, les maréchaux, les viguiers, tous bien équipés et servant souvent à cheval, on ne peut en effet maintenir la paix, faire la police des champs, rendre la justice, bref procurer aux dépendants cette sécurité qui légitime l'exploitation seigneuriale ; sans eux on ne peut pas non plus percevoir les exactions. Il faut des hommes en permanence au péage, sur les marchés, pour contrôler les mesures et surveiller les transactions ; il faut des hommes pour saisir les délinquants, lever les gerbes sur les champs moissonnés et les transporter au château, contraindre enfin les paysans à payer la taille. Or tous ces auxiliaires vivent en parasite de la seigneurie ; ils en dévorent la substance. Pour stimuler leur zèle, il faut les intéresser à la gestion, abandonner au prévôt le tiers des amendes qu'il inflige, aux percepteurs, le quart, la moitié même des taxes ; certaines exactions leur sont parfois entièrement abandonnées ; et que ne détournent-ils pas[2] ? Les droits de ban, par conséquent, rapportent beaucoup à leurs déten-

1. Accord de 1250, C. 4930 ; revenus de l'abbaye de Cluny en 1155 dans le doyenné de Berzé-la-Ville, C. 4143. – Le sire de Berzé a levé de plus *marescalcia bladi, messiones, brennaria* et *quista denariorum*, C. 3062 (1060), 4069 (1140), 4346 (1190) ; il possède le péage du Charnay, C. 4069 (1140), des droits de marché, M. 632 (1167-1184) et la haute justice dans tout le sauvement, C. 4930. – Le seigneur banal perçoit donc des rentes fixes en produits de consommation, qui lui permettent de nourrir sa mesnie, ses chevaux, sa meute ; de l'argent en abondance : en 1200, une seule aide levée sur les hommes de Cluny habitant sa terre procure au sire de Beaujeu 300 marcs d'argent, *BC*, 1511 ; l'entretien de la forteresse est assuré par les corvées (pas entièrement cependant : l'abbé Étienne de Souvigny, qui tient le château de Berzé pendant la minorité de son neveu, y dépensa en réparations 3 000 marcs d'argent), C. 4877 (déb. XIIIe siècle).

2. Au château de Berzé sont employés au début du XIIe siècle au moins 12 sergents, C. 3744. – Les exactions sont perçues par les *exactionarii*, M. 464 (1018-1030), les *ministri*, M. 476 (1018-1060), M. 479, les *servientes*, C. 3062 (1060), les *apparitores*, P. 10 (1080 env.), les *pontonarii*, *NSP*, 5 (1131). – Le prévôt comtal de Mont-Saint-Vincent garde le tiers des amendes, P. 194 (1030 env.) ; celui d'A. Blanc détient le *servitium vichariale*, ASL, H. 142, n° 2 (1067) ; un forestier perçoit pour lui-même 1 d. par feu, M. 567 (1094-1126) ; le prévôt clunisien de Berzé lève sur les manses 2 pains, 1 setier de vin et 4 d. de viande, soit autant que le seigneur foncier, C. 3666. – Des 7 bichets d'avoine que perçoit le sire de Beaujeu sur les manses de Montberthoud, 4 seulement lui reviennent, 2 sont pour le gardien de son château et 1 pour le chassipol, C. 5053 (1260). – Autant que du châtelain, les Clunisiens se plaignent des agents de la seigneurie de Berzé, le prévôt, le

teurs, mais les délégués de ceux-ci, leurs « ministres » (*ministri*), en profitent largement et la seigneurie banale, qui dégage de la chevalerie l'élite des *domini*, des « sires », permet aussi l'élévation d'un groupe social particulier, l'aristocratie paysanne des ministériaux.

*

Ainsi, les transformations politiques et sociales du XIe siècle n'ont guère affecté la répartition de la terre ni le régime domanial. Le seul changement notable fut l'introduction d'un nouveau système d'exploitation économique, la seigneurie banale, aux côtés de la seigneurie foncière. Les deux seigneuries se superposèrent souvent mais sans se confondre absolument, les exactions levées en vertu du droit de ban restant généralement distinctes, dans l'esprit des maîtres comme dans celui des dépendants, des redevances domaniales.

L'exploitation privée des pouvoirs de commandement ne fut pourtant pas sans effets sur la hiérarchie des fortunes. Elle accentua d'abord la distance entre les deux groupes économiques, celui des chevaliers et celui des paysans. Alleutiers ou tenanciers, les *rustici* furent désormais dépouillés par le maître du ban d'une portion notable des profits de leur labeur. Par là leur position économique fut nettement abaissée par rapport à celle des chevaliers, dont le domaine, privilège majeur, échappait aux droits seigneuriaux. Dans le cours du XIe siècle, sur le plan économique, comme sur le plan juridique, le fossé s'approfondit entre la classe rurale et la classe chevaleresque. Ce qui contribua à mieux accuser les limites de la noblesse.

Enfin, dans chacune de ces classes, l'exercice du droit de ban dégagea deux petites élites de la fortune, celle des ministériaux et celle des châtelains. Certains paysans, en effet, auxiliaires du seigneur banal, les sergents et surtout les prévôts, exempts par leurs fonctions de la plupart des exactions et tirant bénéfice du pouvoir qui leur était délégué, s'élevèrent rapidement au-dessus des autres. Et tandis que la plupart des chevaliers, détenteurs d'un ban inférieur et sur des dépendants peu nombreux, ne purent accroître beaucoup leurs ressources et vécurent comme leurs aïeux des récoltes de la réserve, complétées par de médiocres redevances domaniales, le profit de la basse justice et quelques petites coutumes, les châtelains, seuls maîtres avec les établissements immu-

---

cellerier, le cuisinier, les sergents, qui levaient à leur seul profit le moissonnage, la garde et prélevaient sur les hommes des poules, des œufs, des fromages et de la paille, C. 4346 (1190), 4877 (1246). Aux exactions du maître s'ajoutent aussi celles, toutes personnelles, des ministériaux. – Sur les malversations de ces derniers, *infra*, ch. VIII, B.

nistes de la haute justice, des péages, des marchés, possédant les droits de gîte et de police sur un vaste territoire, assez puissants pour extorquer les plus lourdes tailles à de multiples protégés, disposant en outre pour labourer leurs condemines de très nombreuses corvées, virent leurs revenus s'augmenter considérablement sans être pourtant plus riches en terres que leurs ancêtres.

Exploitation plus poussée des non-nobles, enrichissement des prévôts et des châtelains, telles furent en définitive les conséquences de l'installation de la féodalité et de la seigneurie banale sur la structure économique de la société laïque. Mais celle-ci fut modifiée bien davantage par le renouveau commercial qui se manifeste en Mâconnais dans les dernières années du XIe siècle.

CHAPITRE VII

LE RENOUVEAU COMMERCIAL ET SES PREMIERS EFFETS

Sur les rivières et les grands chemins du Mâconnais, on voyait passer à la fin du Xe siècle des voyageurs étrangers et des marchands qui offraient des produits exotiques. Dans la cité, il n'était pas impossible de se procurer du poivre ou des étoffes précieuses ; certaines gens du pays prenaient aussi la route et non pas seulement ceux, dignitaires ecclésiastiques ou princes laïcs, que leurs fonctions obligeaient à se déplacer. Un courant de grande circulation traversait la région mâconnaise à la fin de l'époque franque. En vérité, ce n'était qu'un mouvement tangent qui glissait sans la pénétrer à la surface d'une société toute paysanne. L'économie agricole et le trafic à longue distance étaient deux domaines parallèles, étrangers, qui ne se rencontraient que sur une très mince lisière [1]. Or, et c'est le grand fait économique de la période que nous étudions, le mouvement commercial s'amplifie progressivement et devient dans le dernier quart du XIe siècle assez puissant pour pénétrer l'économie rurale ; il ne l'effleure plus seulement, il l'entraîne, et rompant son équilibre l'oblige à se transformer. De cette impulsion qui, dans tout le monde occidental, fait alors se multiplier les échanges à longue distance, il appartient à l'histoire générale de rechercher les causes [2]. Pour notre part, nous nous bornerons à en observer les effets sur la société mâconnaise.

1. ROLLAND, « Tournai ».
2. Le passage de l'économie agricole à l'économie urbaine fondée sur l'échange n'est pas une révolution mais une amplification, comme le montre R. DOEHAERD, « Au temps... ». – Sur les origines du renouveau commercial en Occident, voir les articles de M. LOMBARD.

A. MARCHANDS ET BOURGEOIS. LA RENAISSANCE URBAINE

1. *Progrès de la circulation commerciale*

Que notre région ait été affectée de bonne heure par le réveil du commerce au long cours, il ne faut pas s'en étonner. Elle jouit en effet, dans la géographie de la circulation médiévale, d'une situation de choix entre deux foyers de grande activité commerciale ; entre le carrefour de la France de l'Est où, dans les cités marchandes de Sens et de Langres et aux foires champenoises, se rencontrent les négociants septentrionaux d'une part [1] et, d'autre part, le domaine méditerranéen, lieu des grands pèlerinages, Rome, Saint-Jacques ou la Terre sainte, porte ouverte sur l'or et les richesses de l'Islam et de Byzance, sur l'Italie et sur l'Espagne.

En un temps où, sur de longs parcours, on ne transportait que des marchandises légères, le trafic n'était pas étroitement canalisé par les accidents du relief ; cependant, les facilités de la navigation fluviale et les meilleurs passages des montagnes offraient trois itinéraires principaux aux pèlerins et aux négociants qui, depuis les plateaux champenois et bourguignons, voulaient gagner les régions méridionales. Deux d'entre eux passaient loin du Mâconnais : le chemin d'Espagne par Auxerre, Nevers et la Loire ; celui d'Italie qui, franchissant la Saône soit à Losne, soit à Pontailler, soit plus tard à Auxonne, allait traverser le Jura au col de Jougne, les Alpes au Saint-Bernard [2]. Mais le troisième, plus long peut-être mais plus aisé, empruntait la vallée de la Saône. La rivière en effet, plus régulière peut-être qu'aujourd'hui, lorsque ses berges indécises et ses multiples faux-bras amortissaient les écarts de son régime, était en été, pendant la saison des foires et des voyages, à la montée comme à la descente, la voie la plus facile ; sur sa rive droite, une bonne voie romaine maintenue tant bien que mal en état, achevait de faire du val de Saône l'un des axes majeurs de la circulation occidentale [3].

---

1. Antiquité des foires champenoises, DOEHAERD, *ibid.*, mais leur essor semble se placer au milieu du XIe siècle. – C'est avec Langres que sont attestées les premières relations commerciales régulières à longue distance des pays mâconnais, n. 1, p. 318 ; dans un trésor enfoui à Tournus au XIe siècle, on trouve avec des deniers locaux de la monnaie langroise, P. PINETTE, « La trouvaille de Tournus », *Gazette numismatique française*, 1897.

2. Route d'Italie par le Saint-Bernard, SCHAUBE, p. 337. – Son entrée en Bourgogne, RICHARD, « Passages ».

3. Voyage par voies de terre : contrat de marchands italiens au XIIIe siècle pour le transport des marchandises par chevaux entre les foires de Champagne et Montpellier, les étapes sont Chalon, Tournus, Mâcon, Villefranche, Lyon, BAUTIER, « Registres ».

Chalon, avec ses grosses foires [1], en était le nœud principal où se concentrait le trafic venant du nord ; de là, la voie d'eau conduisait droit à la Méditerranée [2] ; toutefois, semble-t-il, la plupart des voyageurs ne la suivaient pas jusqu'à Lyon. Ceux qui se dirigeaient sur Asti, Gênes ou Rome, quittaient la Saône à Mâcon, pour gagner à travers la Dombes et les cluses savoyardes le grand passage du Mont-Cenis [3] ; les pèlerins de Compostelle et les trafiquants des marchés d'Espagne obliquaient vers l'ouest et rejoignaient facilement les routes d'Auvergne par les cols du Beaujolais et les vallées brionnaises ; mais toutes ces transversales sillonnaient aussi la région mâconnaise. Tournus était donc un actif centre de batellerie, à une étape de Chalon et de Mâcon, et cette dernière ville un point de transbordement de premier ordre, où les voyageurs et les marchandises quittaient les nefs pour emprunter vers la Loire ou vers les Alpes les voies de terre ; en 1077 un pont, qui est peut-être beaucoup plus ancien, franchit la rivière en face de la cité, et rien ne prouve qu'il ne soit pas déjà prolongé vers l'est, à travers la plaine inondable, par la levée coupée d'arches dont parlent les textes du XIIIe siècle [4].

Enfin, il y avait Cluny. Le monastère avait été fondé à l'écart des grandes routes, mais, tandis que croissait son renom, que l'ordre dont il était le chef s'étendait dans l'Occident et surtout dans l'Occident méridional, le long des chemins d'Espagne et d'Italie que jalonnaient ses filiales [5], il devenait un centre d'attraction de plus en plus puissant. Rares étaient ceux, négociants ou pèlerins, qui, passant par la Saône, hésitaient à se détourner de quelques lieues pour visiter la grande abbaye ; beaucoup de voyageurs, s'écartant davantage, quit-

1. AMMAN ; dans les censiers bourguignons, les foires de Chalon sont choisies très anciennement comme terme des redevances ; à Champdôtre en 937, DÉLÉAGE, *Vie rur.*, p. 1207.

2. Jean de Gorze, ambassadeur de l'Empereur à Cordoue, passe en 953 par Langres, Beaune, Lyon, puis descend le Rhône, SABBE. – Pour ses constructions, saint Odilon fit venir des colonnes antiques de Provence *magno labore*, par la Durance et le Rhône, *Vita sancti Odilonis* par JOUSSAUD, I, p. 13.

3. SCHAUBE, p. 339. – En 1190, le duc fixe les tarifs des péages perçus sur les marchands génois et astésans ; ceux-ci entrent dans le domaine ducal à Chalon ; ils sont donc venus par le Mont-Cenis et Mâcon. – Au début du XIVe siècle, itinéraire Paris-Savone par Mâcon et les cols savoyards, *Olim*, III, p. 660 (1311).

4. Donation à Mâcon *ad introitum pontis*, M. 13 (1077). – MORGAND. – La levée : *AR*, 48 H 1924, n° 8 (1279), *usque ad archum levate Matisconensis* ; ACM, GG. 154, n° 8 (1291), *desuper levatam pontis*.

5. Sur l'expansion de l'ordre au XIe siècle, voir les cartes dressées par S. BERTHELLIER, « L'expansion de l'ordre de Cluny et ses rapports avec l'histoire politique et économique du Xe au XIe siècle », *Revue archéologique*, 1938, p. 319-326, et par P. COUSIN, dans *À Cluny*, p. 188. – Sur les rapports avec l'Espagne, P. DAVID, « Grégoire VII, Cluny et Alphonse VI », dans *Études historiques sur la Galice et le Portugal du VIe au XIIe siècle*, Coïmbre, 1947.

taient même à cette fin les routes plus éloignées de la Loire ou du Jura. Du sud-ouest, par Bois-Sainte-Marie et Charolles, de Belleville, par Beaujeu et la Bussière, de Mâcon par Berzé, de Tournus et Chalon, par Brancion et Uxelles, les grands chemins convergeaient maintenant vers le sanctuaire qui, par sa présence, contribua encore au XIe siècle à orienter vers la région mâconnaise les grands itinéraires religieux et commerciaux[1].

Ces voies commencèrent de s'animer dès que des échanges devinrent plus fréquents entre le Nord et le Midi. Dès 1030, les progrès du trafic routier frappaient les contemporains et Raoul Glaber rapporta le phénomène dans ses *Histoires* ; toutefois l'aspect religieux retint principalement l'attention du moine, qui nota simplement que, dans toutes les classes de la société laïque mâconnaise, les pèlerinages devinrent à cette date à la fois plus fréquents et plus lointains[2]. Il est permis de croire que la circulation marchande s'amplifia au même rythme. En tout cas, vers 1070, un fait témoigne de son récent accroissement : aux principaux passages de la région mâconnaise, on perçoit de nouvelles taxes routières. Les détenteurs du droit de ban, qui jusqu'alors ne songeaient à exploiter que les paysans fixés dans le territoire, s'avisent de tirer également profit des passants qui transportent à travers leurs terres des cargaisons précieuses ; le comte et les moines de Tournus tenaient aux étapes de la Saône des tonlieux, vestiges du trafic antique ; à leur exemple, les châtelains barrent les chemins et créent des péages. Voici, en particulier, comment fut installé celui d'Uxelles : des marchands de Langres organisaient tous les ans une caravane qui, se rendant à Cluny, franchissait la Guye au gué d'Aynard, sous le château d'Uxelles. Un jour Landry Gros, qui commandait dans la forteresse, les arrêta et saisit leur chargement ; il consentit à en restituer une partie aux négociants que soutenaient leur évêque et l'abbé de Cluny, mais établit avec eux le montant du tribut annuel qu'ils devaient désormais lui verser. Et, comme les Langrois n'étaient pas les seuls à fréquenter la route, le châtelain, mis en goût, ordonna à ses sergents d'exiger un droit de passage de tous les voyageurs, trafiquants ou pèlerins. Pour trois cents sous que lui donnèrent les Clunisiens, il renonça vers 1075 à cette exaction. Trop de richesses cependant circulaient sur le chemin, la tentation était trop forte : quelques années plus tard, en 1115, les Gros levaient de nouveau le péage et, sur toutes les routes menant au monastère, les

1. Le détour par Cluny est d'usage : en 1344, le duc de Bourgogne et le duc de Normandie allant en Avignon quittent la Saône à Chalon, mais leur « arnois » descend par la Saône (contrat passé avec un batelier de Tournus : les nefs mettent deux jours pour aller à Lyon), PETIT, VII, p. 368.

2. R. GL., IV, p. 18.

maîtres des châteaux exigeaient comme eux « conduit » ou « charité ». En 1106, les moines avaient obtenu une bulle pontificale qui interdisait de rien prendre à ceux qui se rendaient à Cluny entre Mâcon, Bois-Sainte-Marie, Charolles, Beaujeu, Tournus et Jully-lès-Buxy ; elle était restée lettre morte et, pendant tout le XIIe siècle, les Clunisiens gaspillèrent beaucoup d'argent, sans pouvoir obtenir des puissants, les comtes, les Berzé, les Beaujeu, qu'ils renonçassent aux gros bénéfices que leur procuraient les passages[1]. Ces conflits incessants entre les péageurs et les usagers de la route prouvent que le Mâconnais, depuis le dernier quart du XIe siècle, était traversé par un courant commercial régulier.

2. *Croissance des villes*

Le progrès de la circulation eut pour premier effet de ranimer dans la région l'activité urbaine.

Aux principaux nœuds routiers, trois villes existaient déjà : Mâcon et Tournus, sur la voie fluviale, qui, en un temps où le commerce était prospère, s'étaient développées dans les meilleurs sites ; Cluny, née au Xe siècle du grand sanctuaire et des pèlerinages[2]. Il n'en fut pas fondé de nouvelles, mais ces agglomérations, dont avant l'an mil la fonction principale était religieuse ou administrative, devinrent le lieu des étapes, des échanges et se peuplèrent.

Le premier document qui signale l'extension de l'activité commerciale dans ces villes date de 1039 ; le diplôme d'immunité accordé aux moines de Tournus par Henri Ier sanctionne l'existence de trois nouvelles foires dans le bourg abbatial ; quelques années plus tard Cluny devint aussi le siège de quatre réunions

1. Affaire des marchands de Langres : C. 3340 (1075 env.), Landry, *a concupiscentia, que plerumque secularibus obrepit, abstractus et illectus*, a pris leurs biens ; *conventus ab episcopo Lingonensi ac senioribus Cluniacensibus, partem retinui, partem reddidi ipsis mercatoribus, ut sua recipeloco quasi tributi solverent constituentibus... Ex hoc peccato nata est mihi alterius peccati occasio, scilicet ut cunctis per terram meam iter agentibus, vocant imponerem et hoc meos ab eis, exigere juberem*. Jamais ses ancêtres ne l'avaient fait. – Bernard Gros recommence, C. 3920 (1115), *Peagium capere solebat, quod domino abbati Hugoni sacramento et datis obsidibus omnino dimiserat, illud deinceps cepit a transeuntibus extorquere et, mutato nomine, conductum vocavit, non peagium*. – Privilège de Pascal II, *Bull. Clun.*, XXXIV (1106), reproduit dans C. 3920. – Cluny et les péages au XIIe siècle : accord avec le sire de Berzé, qui renonce au péage sur les hommes de Cluny et de Paray, mais continue d'exploiter les autres passants, C. 4069 (1140) ; exemption pour les hommes de *villa Cluniaco* par le comte de Chalon, C. 4247 (1181-1182), du pontonnage de Belleville par le sire de Beaujeu, C. 4332 (1188), etc.

2. La ville de Cluny, dans un site que rien ne prédisposait au commerce, a bien été créée par le monastère et non par les marchands ; c'est un exemple de ces agglomérations abbatiales, d'origine religieuse et domaniale, voir LESTOCQUOY, « Abbayes et origines ».

marchandes[1]. Des auberges furent construites pour accueillir les marchands étrangers qui passaient plus nombreux ; à leur contact, les juifs de la cité, qui s'étaient faits paysans, s'adonnèrent de nouveau au trafic. Les grands domaines fonciers dont le centre était situé dans les villes, ceux du comte et de l'évêque à Mâcon, ceux des moines à Tournus et à Cluny, s'ouvrirent davantage sur l'extérieur ; les *famuli* de ces seigneuries, qui étaient chargés des échanges, firent aussi des affaires pour leur compte personnel[2] et, comme ils gagnaient de l'argent, les paysans qui labouraient des champs et qui soignaient des vignes au pied des murailles urbaines suivirent leur exemple et délaissèrent leurs terres : ainsi Girard de Cours et Alard l'Apôtre qui, dans le *suburbium* de Mâcon, tenaient chacun un courtil des chapitres urbains, l'abandonnèrent au début du XIIe siècle et, vendant leurs droits aux seigneurs, purent, avec un capital de quelques livres, se mettre eux aussi à trafiquer[3]. Enfin, à mesure que la circulation devenait plus intense, il fallait d'autres manœuvres sur le port, d'autres âniers, d'autres bateliers, d'autres intermédiaires ; de nouveaux venus vinrent s'établir dans les trois villes dont la population s'accrut.

Du développement topographique de Tournus, nous ne savons rien, sinon que le peuplement combla les intervalles qui séparaient naguère le château, l'abbaye et la *villa*, et que l'agglomération tout entière prit le nom de cette dernière ; de plus, les amples dimensions de l'église paroissiale de la Madeleine, dont la construction fut entreprise vers 1100, indiquent que la population bourgeoise à qui cet édifice était destiné était dès lors nombreuse[4]. Mais on suit de plus près la croissance de Cluny.

En l'an mil, le « bourg », groupé sur la colline autour de l'église paroissiale de Saint-Maïeul, n'était qu'un gros village à la porte du monastère. C'est au XIe siècle que l'on commença de bâtir, en bordure de la voie principale, du chemin marchand, de la « rue mercière » qui montait, longeant la muraille méridionale de l'enceinte depuis le pont sur la Grosne, des maisons étroites de

1. Les nouvelles foires de Tournus (juin, septembre et novembre), T. 78. – Les foires de Cluny, C. 4069 (1140).

2. Initiatives individuelles des marchands d'abbaye, DOEHAERD, « Laon », p. 158.

3. Dès le début du XIe siècle, des serfs de Saint-Vincent de Mâcon, enrichis sans doute par le trafic, construisent un four à l'entrée du pont et se font boulangers, M. 13. – Alard l'Apôtre tenait du chapitre, près des murs, un manse *more rustici et ad servicium annuale faciendum* ; mais il ne soignait plus sa terre et ne la faisait pas travailler par d'autres ; soutenu par ses amis bourgeois Étienne Bourse et Pierre Lemoine, il vend sa tenure à l'obéancier pour 4 livres, M. 571 (déb. XIIe) ; Girard de Cours, beau-frère de Bernard le Panetier, tenait la moitié d'un manse à Levigny ; il le laissait à l'abandon et l'avait mis en gage pour avoir de l'argent ; il le vend lui aussi à ses seigneurs les chanoines de Saint-Pierre pour 56 sous, *NSP*, 93 (1140).

4. Église de la Madeleine, DICKSON, p. 305-310.

façade mais profondes et prolongées par un jardin le long du ruisseau[1]. Pour ce quartier neuf est fondée en 1064 une nouvelle paroisse, Notre-Dame, et, l'extension se poursuivant, de nouvelles constructions s'élèvent à la fin du siècle au-delà de la Grosne, sur la route de Mâcon, autour de l'oratoire de Saint-Marcel[2]. En 1115, au moment où le rayonnement spirituel de l'abbaye est à son apogée, la ville est faite ; le vaste enclos monastique qui contient avec les églises et les cloîtres, les hôtelleries, les ateliers et les logements de certains domestiques, est alors entouré au couchant et au midi par une ceinture continue de maisons bourgeoises, établies sur les voies du commerce. Au XIIe et au XIIIe siècle, ce bourg, dévasté par trois incendies, s'embellira ; artisans et négociants enrichis remplaceront les premières masures de bois par des demeures de pierres, élégantes et cossues, dont quelques-unes subsistent encore ; on l'enfermera dans une enceinte ; mais il ne s'étendra plus guère[3]. La poussée décisive fut contemporaine, au temps de saint Odilon et de saint Hugues, du grand essor de l'ordre clunisien et de la renaissance commerciale.

À Mâcon, la vieille ville (*urbs vetus*)[4] ne changea guère d'aspect. Enfermé dans ses murs romains, le *castrum* resta le centre défensif et la résidence comtale ; bien que traversé de part en part entre la porte supérieure et la porte orientale[5] par une charrière, le « bourg majeur », il ne semble pas avoir été affecté par le progrès des échanges : on y trouve encore de grandes places vides et des champs cultivés. Lui aussi clos de murs, le bourg épiscopal paraît avoir été plus actif ; au chevet de la cathédrale et le long des deux cloîtres passait en effet le grand chemin successeur de la voie Agrippa et, sur les deux « rues franches » placées dans l'immunité de Saint-Vincent, se presseront ouvroirs et hôtelleries[6]. Mais, comme à Cluny, les nouveaux quartiers commerçants se développèrent hors des murailles. Au nord-est de la cité un faubourg existait déjà au Xe siècle, autour du portus, sur la route de Tournus, à l'entrée du château ; dans ce

1. Vers 1080, le prévôt construit des maisons sur la terre du bourg ; à cette époque les transactions sur les plâtres sont nombreuses, C. 3685. – *Domus et ortum qui adheret domui*, C. 3755 : *in ortis juxta aquam*, C. 4143. Les condemines des moines sont toutes proches, C. 3685.

2. Dédicace de Notre-Dame, *Gallia*, p. 885. – Saint-Marcel, ancienne chapelle Saint-Odon, construite à la fin du XIe siècle, VIREY, p. 255-258 ; elle deviendra paroisse en 1159, BC. 1660.

3. Incendies de 1159, 1208 et 1233, Chronique de Cluny, BN, n. acq. lat. 2483, f°s 13 et 14. – Enceinte construite en 1178, Chr. de Cluny, f° 13. – À la fin du XIIe siècle, la ville est à peu de chose près ce qu'elle est aujourd'hui ; au XIIIe siècle, on construit les grands étangs et le cours de la Grosne, détourné, ne sépare plus le quartier Saint-Marcel du bourg central, DEGUEURCE, « Cluny », Les champs *inter muros*, M. 13 (1077).

4. OBN, II, f° 43, *apud urbem veterem*.

5. Porte supérieure, S. 86 (1020) ; porte orientale, M. 3 (1096-1124).

6. OBM, II, f° 47 (1166), un *vicus* contigu au *vicus episcopalis*.

vieux centre des affaires était installée la communauté juive. Ses rues, le bourg Savoureux, le bourg de Chavannes, ceux d'Auxerre et de Châtillon [1], se peuplèrent de maisons nouvelles, mais le quartier s'étendit peu car, au XIe siècle, le foyer de l'activité urbaine se transporta plus au sud, à la tête du pont, à la croisée des deux voies principales, celle de la Saône, celle, est-ouest, d'Italie et de Cluny. C'est là que naquit et se développa le « bourg neuf » : une rue marchande, le chemin du midi, où s'installeront la boucherie, le change et le premier hôpital ; la grande charrière qui, longeant le mur du cloître et l'escarpement du château, monte du pont vers la Barre ; deux carrefours, l'un devant la porte de la forteresse, dont le rôle est administratif (c'est là que le prévôt comtal rend la justice des bourgeois), l'autre à l'issue du pont, à l'intersection de la vieille voie Agrippa, le cœur du mouvement commercial [2]. Au XIIe siècle, les hautes bâtisses de pierres de la cité, les murailles du château, les tours, les clochers des églises épiscopales, la nef de la cathédrale, dominent une agglomération d'auberges, d'étaux, d'entrepôts, construits hâtivement en bois, en gravier et en boue, d'aspect chétif mais où se cache la richesse, qui les isolent vers l'est et vers le sud de la rivière, des labours et des vignobles. Dans les trois villes, la vie s'est maintenant retirée des vieux quartiers enclos, points d'appui militaires et cloîtres des communautés ecclésiastiques, où jadis se concentrait toute l'activité urbaine et qui se dressaient directement sur le plat pays. Elle anime, à la périphérie, les bourgs marchands que le réveil du trafic au long cours a fait naître et parvenir en quelque cinquante ans à leur maturité.

Certes, il ne faut pas exagérer l'ampleur de ce développement topographique : nos villes restent de petites bourgades. Cependant, leur superficie a plus que doublé en très peu de temps ; c'est que des immigrants sont venus s'y fixer, y ont pris femme et bâti leur demeure. Ces *advenae*, ces aubains, d'où viennent-ils ? Sur leur origine, nous n'avons qu'une indication, le surnom qu'ils portent, qui le plus souvent est un vocable géographique et que l'on peut tenir, sans trop s'avancer, pour celui du lieu qu'ils ont quitté ou dont sont issus leurs parents. Quelques-uns de ces nouveaux venus sont tout à fait étrangers à la région et sortent des grosses villes qui jalonnent les principaux itinéraires

1. Bourg Savoureux, *burgus superior*, M. 161 – 195. Bourg d'Auxerre, C. 3841 (1106), de Chavannes, CL. 91 (1203), de Châtillon, C. 5394. Le vieux *portus* subsiste et porte le nom d'un prévôt comtal du XIIe siècle, Guyot de Nanton. Un hôpital existe au début du XIIIe siècle dans le bourg savoureux, ACM, GG. 147, n° 1.

2. Au bourg neuf sont installés l'hôpital, ACM, GG. 154, n° 1 (1202), la boucherie, AN, JJ. 46, nos 116, 203 (1213), la grenette CL 433 (1248). – Des maisons vont se construire entre l'hôpital et la Saône, ACM GG 154, n° 22. – Sur la rue qui monte à la Barre à travers les vignes, il existe des plâtres au XIIe siècle, OBM, II, f° 6. – Voir croquis VII et JEANTON, *Vieux Mâcon*.

commerciaux du Nord et du Midi : tels ces gens de Langres, de Besançon ou d'Auvergne qui sont installés dans la cité mâconnaise et, à Cluny, ceux de Dijon ou de Beaune, de Nevers ou de Charlieu. Mais ils sont rares et la plupart des immigrants sont nés dans les villages du voisinage, où ils ont gardé des attaches. Presque toutes les familles de la bourgeoisie clunisienne sont originaires soit des hameaux que traversent les routes menant au monastère, soit des terroirs où les moines possèdent leurs plus importants domaines : nous savons en particulier de source sûre que dix ménages bourgeois avaient récemment quitté en 1100 les trois villages de Taizé, Confrançon et Saint-Hippolyte, situés à la fois sur le chemin de Chalon et dans la seigneurie clunisienne. De même, ce sont les paysans et les pêcheurs des bords de Saône qui, en majorité, ont peuplé les bourgs de Mâcon[1]. Aussi n'appliquerons-nous pas à ces petites villes les thèses de Pirenne, qui prétendent que le fond de la population bourgeoise fut constitué par des êtres déracinés, « vagabonds du commerce »[2]. Quelques inconnus sont bien venus s'établir dans nos villes au terme de longues pérégrinations, comme ces « poudreux », ces *advenae qui vulgariter pulverei dicuntur* qui, nous dit un texte contemporain de la première croisade, se commendaient de temps en temps à Mâcon au comte ou à l'évêque et épousaient une fille de la cité[3]. Mais au XIIe siècle les habitants des nouveaux quartiers urbains sont presque tous, soit les descendants des petites gens qui, avant la renaissance commerciale, vivaient, aux abords de la cité ou des monastères, du travail de la terre ou du service des grands, soit les fils et les frères des villageois du voisinage. Le surpeuplement des vieux terroirs n'a pas seulement provoqué le défrichement des pays forestiers ; certains paysans, ceux qui résidaient à proximité des grandes routes, ont été happés par le courant de circulation et sont venus s'agglomérer aux points de jonction du trafic, où l'on pouvait sans terre gagner

1. Voir croquis VIII. – Immigration lointaine ; à Mâcon : Auvergne, M. 510 (1096-1124), Langres, M. 609 (1121-1143), Besançon, *Francigena*, M. 596 (1144-1166) ; à Cluny : Nevers, C. 4012 (1130 env.), Pommart, C. 4280 (1180), Beaune, C. 4387 (1200 env.). – Immigrants de Taizé, Confrançon et Saint-Hippolyte à Cluny : Humbert, sire de Bourbon-Lancy, et Bernard, sire d'Uxelles, seigneurs de ces villages, abandonnent aux moines les droits qu'ils avaient sur les habitants du bourg : deux femmes mariées à des bourgeois ; les trois fils de l'une d'elles ; B. Crépin ; G. de Taizé ; G. Jadeau ; G. de Confrançon ; R. de Saint-Hippolyte, qui réside près de la porte de l'abbaye, et tous leurs enfants, C. 3806 (1100 env.), 3926 (2 avril 1117, renouvelé le 7 septembre), C. 3929. – Voir, pour Bruxelles, BONENFANT, p. 305.

2. PIRENNE, *Villes*, I, p. 362-384.

3. M. 509 (1096-1124), *si vere* advenae qui vulgariter pulverei dicuntur, *primitus pene comitem aut pene episcopum vel canonicos venirent, ibi liceret manere hominibus comitis et episcopi vel canonicorum, liceret per conjugia de terre unius in terre alterius transmutari*. – Sur l'immigration rurale dans la ville de Metz, PERRIN, « Droit des bourgeois ».

sa vie. C'est la campagne voisine qui chez nous a soutenu presque seule la croissance des villes.

3. *Une nouvelle classe : la bourgeoisie*

Ce mouvement démographique introduisit dans la société du XIe siècle une classe nouvelle, celle des bourgeois. Le mot *burgensis* est en Mâconnais d'usage ancien ; le scribe qui l'utilise aux environs de l'an mil, pour désigner les habitants de l'agglomération clunisienne, est même, à notre connaissance, l'un des premiers en France à l'écrire [1]. Mais c'est seulement entre 1060 et 1075, au moment même où, par la création de nouvelles foires et de nouveaux péages, se manifeste le renouveau commercial, que le terme devient véritablement une étiquette de classe, appliquée à tous les membres d'un groupe social caractérisé et qui, dans les formulaires et les notices, les distingue désormais régulièrement des chevaliers et des paysans [2]. Aussitôt définie par ce titre, cette classe paraît jouir de la considération des seigneurs. Fréquemment et de plus en plus, le maître de la ville, le comte, l'évêque ou l'abbé, associe les meilleurs bourgeois à ses actes ; avec les moines et les prêtres, les ministériaux et les chevaliers, ils souscrivent les chartes seigneuriales, celles évidemment qui intéressent directement l'activité urbaine, mais d'autres aussi qui simplement ont été passées dans la ville [3]. À Mâcon, Pierre Lemoine et Étienne Bourse s'entremettent entre les chanoines et un de leurs tenanciers et finissent par les mettre d'accord ; les Galon, les Bermond, les Belin sont les conseillers du comte et de l'évêque, qui leur confient les missions délicates, les chargent d'enquêter sur leurs droits ; à Cluny, Duran de Bois-Sainte-Marie, Robert Crépin ou Jean Courdiou tiennent le même rôle auprès du prieur [4]. Au temps de la première croisade, alors que le grand commerce est maintenant tout à fait ranimé, alors que la ville achève sa croissance et groupe en un seul point plus de taillables et plus de combattants

1. C. 2331 (996-1031). – Premier emploi dans les textes de la France du Nord en 1007, PIRENNE, *op. cit.*, p. 387 et 120, n. 3.

2. Chron. de Tournus, T. 27 (1056-1061). – Mâcon, M. 510 – 589 (1096-1124) ; M. 571 (déb. XIIe siècle). – Cluny, C. 3874 (1108), les souscriptions : 1) moines et clercs ; 2) chevaliers ; 3) *de burgensibus vel servientibus*.

3. Pour Cluny, actes concernant la ville : C. 3806 – 3306 – 4054 ; actes solennels passés à Cluny, C. 3874 – 3674 – 3737 – 4053.

4. P. Lemoine et E. Bourse, M. 571 ; E. Belin, D. Galon, P. Lemoine, enquêteurs, M. 589 ; Bermond, M. 618 ; H. Dentu, M. 596 – 618. – Duran de Sainte-Marie, qui reçoit des moines un fief viager, C. 3250, est mêlé aux administrateurs du temporel, C. 3306 – 3674 (avec le prévôt Humbert), 3744 – 3737 (avec le prévôt de Chevignes), 3796 – 3806 – 3874 ; R. Crépin, C. 3874, SM. 106 ; J. Courdiou, C. 4053 – 4054.

à pied que le seigneur ne peut en commander dans plusieurs villages de sa châtellenie, la bourgeoisie parvient à maturité, se fait reconnaître et se situe tout de suite au-dessus des vilains. Quels sont à ce moment les traits distinctifs de cette classe ?

Le titre qui désigne ses membres met l'accent sur le lieu de résidence ; le *burgensis*, le *civis* (les deux mots semblent interchangeables[1]) s'oppose au *rusticus* : c'est l'habitant de la ville et plus précisément du « bourg », du quartier neuf. Il faut remarquer toutefois que toute la population de la ville n'est pas bourgeoise. Clercs et gens d'armes qui jadis en formaient le fond ne sont pas partis ; certes, cet élément ancien n'a pas progressé (sauf à Cluny où le nombre des moines et partant de leurs serviteurs s'est beaucoup accru dans le cours du XIe siècle, où des clercs nobles s'installent dans le bourg pour poursuivre leurs études[2]), mais pendant toute l'époque féodale il subsistera dans les trois villes mâconnaises, mêlé intimement aux négociants et aux artisans, un fort contingent de prêtres et de nobles. Et si les clercs et les chevaliers résident de préférence dans les vieux quartiers, on voit le long des rues marchandes des demeures ecclésiastiques ou chevaleresques côtoyer les masures roturières, telles, à Cluny, celles du chevalier Josseran, de Guichard de Chazelles et du chanoine de Mâcon Hugues Ruil[3]. De plus, à Mâcon toujours et peut-être à Tournus au XIIe siècle, des juifs vivent dans le bourg qui, en aucune manière, ne sont assimilés aux bourgeois. En 1100, le bourgeois est donc le chrétien qui n'est ni clerc ni chevalier, et qui ne peut pourtant être appelé paysan.

Mais il ne possède pas encore un statut juridique particulier et par plus d'un trait le climat social, dans le bourg neuf, rappelle celui des campagnes. Comme celui des villages, le sol de la ville et, dans les faubourgs, le terrain où l'on bâtit les nouvelles maisons est extrêmement morcelé, on y rencontre de petits alleux possédés par les anciens paysans devenus bourgeois[4] et surtout des tenures

1. *Cives* désigne plus spécialement les habitants de Mâcon, mais il s'applique aussi à ceux du bourg de Cluny, qui pourtant n'est pas une « cité » : C. 4205, *si quis in eadem villa Cluniaco... ut civis habitaverit*.

2. Au début du XIIe siècle, le monastère rassemble plus de 300 moines, *turba hospitum semper, pauperum numerus infinitus*, C. 4132 ; les *clericelli nobiles*, éduqués au bourg de Cluny, C. 4132.

3. C. 3406 (1065), le chevalier Josseran donne sa maison avec un serf pour en faire un hospice pour les pauvres pèlerins ; C. 3806 (1080 env.), G. de Chazelle avait une *domus*, avec des serfs ; M. 585 (1096-1108), l'archiprêtre Gontier ; OBM, II, f° 41 (XIIe siècle), H. Ruil, chanoine de Mâcon, possède des maisons à Cluny. – La présence des chevaliers dans la ville est encore un trait méridional, PIRENNE, *Villes*, I, p. 394 ; DUPONT, p. 666-673.

4. Bernard Guerdon possédait librement sa maison et son jardin de Cluny, qu'il engage avec ses terres de Varanges à son beau-frère, C. 3755 (1096 env.). De même Étienne de Charolles, C. 3758 (fin XIe).

dépendant des établissements ecclésiastiques et des grandes familles laïques. À Mâcon, le château et tout le quartier juif, des courtils dans le *suburbium* et le long de la Saône, la rivière elle-même, ses berges et ses îles, des parcelles isolées dans le bourg neuf et au pied des remparts, appartiennent au comte ; de Saint-Vincent relèvent, avec les cloîtres, des manses disséminés le long des rues, des terres à la tête du pont, tandis que de nombreux chanoines et des chevaliers des environs, le sire de Bâgé, les Enchaînés, les Mailly, possèdent çà et là des fonds isolés en alleu ou en tenure féodale [1]. Avant l'extension urbaine, la plupart de ces parcelles étaient des champs labourés ou plantés en vignes et les seigneurs fonciers entendent tirer le même profit qu'autrefois de ces censives ; les chanoines mâconnais ne comprennent pas que les tenanciers de leurs courtils urbains, pris maintenant par l'activité commerciale ou artisanale, négligent leurs terres et laissent péricliter le vignoble, abandonnent leurs champs « comme déserts et exposés aux bêtes » ; ils s'en indignent, exigent le respect du contrat et finalement achètent le départ du masoyer que le travail agricole n'intéresse plus [2]. Et l'évolution est extrêmement lente et impossible à observer de près, qui transforme ces tenures jadis rustiques et fait succéder aux manses et aux colonges les « aires » et les « plâtres » chargés de redevances différentes.

Tenanciers pour la plupart, les bourgeois sont aussi au XIe siècle en grande partie des serfs. Les liens qui attachaient à l'aristocratie urbaine un grand nombre des habitants primitifs de la ville, domestiques ou vignerons, ne se sont pas dénoués et les descendants de ces hommes, s'ils ont changé de métier, restent des non-libres. Quant aux immigrants, ou bien, épousant comme ces « poudreux » dont nous parlions des serves du bourg, ils ont fait souche de serfs, ou bien, issus de villages proches, ils n'ont pas échappé aux attaches qui les retenaient ; depuis le hameau qu'ils ont quitté, où ils ont laissé des parents et des héritages, le maître de leur corps les surveille et prend soin de ne pas laisser perdre les droits qu'il a sur eux [3]. Dans les premières années du XIIe siècle,

1. Le comte : M. 471 – 183 ; S. 86 (terres près de la porte du château), ACM, GG. 154, n° 1 (aires du bourg neuf), T. 195-198 (île Parve et île Saint-Jean). – Le vicomte, M. 183. – Saint-Vincent, M. 589 – 13 (des terres à l'entrée du pont). – Les chanoines, M. 195. – Le sire de Bâgé, M. 612 (maison d'Humbert, archevêque de Lyon), ASL, G. 8, n° 3 (droits au XIVe siècle près de la porte du château, dans les rues Châtillon et de la Chevroterie). – Les Enchaînés, qui vendent au XIIe siècle leurs possessions *infra muros et in suburbio*, et une maison rue Franche, OBM II, 47 (avant 1166). – Les chevaliers de Mailly, M. 589 (1121-1143), une maison.

2. M. 571 – *NSP*, 25.

3. La famille servile de Saint-Vincent qui achète à d'autres serfs une terre pour y construire un four, M. 13 (1077) ; à Cluny, les moines achètent des serfs à des seigneurs voisins : au sire de Berzé, C. 3306 (fin XIe) ; G. de Merzé vend une serve qui s'est mariée à Cluny, C. 3221 (fin XIe) : abandon par H. de Bourbon-Lancy de ceux de ses serfs d'Ameugny qui se sont installés dans le

le moment vient évidemment où dans la ville un même statut confond libres et serfs ; mais cette fusion n'est pas plus précoce qu'à la campagne ; en aucune façon le bourg n'a donné le signal de la liberté [1]. D'ailleurs, comme dans les terroirs paysans, si le servage a disparu, la dépendance personnelle subsiste et bien des bourgeois sont commendés et liés par une attache héréditaire à tel ou tel protecteur [2].

Enfin, sur le territoire urbain, s'étend une seigneurie banale. À Tournus et à Cluny, elle est unique ; les moines ayant conservé intégralement les droits que leur conférait l'immunité sont les maîtres de tous les bourgeois, qui leur prêtent serment de fidélité [3]. À Mâcon, où les prétentions de Saint-Vincent à l'autonomie seigneuriale se sont heurtées au pouvoir du comte, la situation est plus confuse : les clercs détiennent sur une partie seulement des « citains » des pouvoirs de commandement de qualité inférieure, le comte ayant conservé sur l'ensemble de la cité la haute justice et la seigneurie éminente [4]. Ces *domini* exploitent les manants de la ville comme ceux d'une poté de village, lèvent amendes, tailles et corvées, droits de gîte et de main-morte et surtout les taxes sur la circulation et le commerce qui sont là d'excellent rapport. Et devant eux, les bourgeois sont peut-être moins unis que ne le sont les dépendants ruraux. Rassemblés comme les villageois dans le cadre paroissial et la confrérie, possesseurs de communaux et de droits d'usage, ils forment bien une communauté d'habitants. Mais dans la ville il y a plusieurs paroisses, plusieurs associations religieuses ; la foule des *famuli*, des agents seigneuriaux, des serviteurs des

---

bourg, M. 3806 (fin IXe) ; Bernard Gros, héritier de Guichard de Chazelle, possède des serfs à Cluny et donne ses droits *in liberis servis, ancillis, maribus vel feminis, intra prefati Cluniaci burgum vel extra circacumque manentibus*, C. 3920 – 3929.

1. Le servage est attesté dans les villes jusque vers 1110, moment où il disparaît aussi dans les campagnes, C. 3929 (1117).

2. À Mâcon, les aubains deviennent les « hommes » du comte, de l'évêque ou des chanoines, M. 589 ; à Cluny, Ami de Charolles, Bernard le Fournier, Bernard des Brosses sont dans la dépendance héréditaire du sire de Chaumont, C. 4054 (1136).

3. Les moines ont la *potestas loci*, C. 4205. Le concile d'Anse, puis le « sacré ban » d'Urbain II ont placé le bourg dans l'immunité restreinte. Tous les bourgeois du XIIe siècle, lorsque les moines eurent racheté les droits des maîtres de leur corps (voir n. 3, p. 325 et n. préc.), prêtent *domino abbatis et ecclesie fidelitatem*, C. 4098 *bis* (1145). Dans le bourg, l'abbaye lève des cens, des droits de justice, de banvin, les laides, les taxes sur les transactions immobilières ; elle a le monopole de la vente du sel ; tout cela lui rapporte annuellement, en 1155, 125 livres, C. 4143. L'abbé de Tournus est le seigneur des bourgeois, les passe en revue tous les ans, Chr. de Tournus, T. 27 (1065) ; au XIIe siècle, l'abbaye lève sur la ville la taille, la mainmorte, les coutumes multiples : saunerie, bichonage, ventes, droit sur les pêcheries, etc., T. 169 (1171), 182 (1202).

4. Les droits respectifs de l'évêque et du comte sur la cité sont fixés par l'accord, M. 589 (1096-1124).

moines et des chanoines, si nombreux dans le bourg, sont fort détachés de la communauté ; leur subsistance, leur situation dépendent d'un maître qu'ils soutiennent volontiers contre leurs voisins, et le seigneur a plus d'amis dans l'agglomération urbaine que dans le village ; enfin, la diversité des fortunes et des activités, infiniment plus grande que dans le milieu rural [1], creuse entre les débardeurs, les bouchers, les artisans, les négociants, de profonds fossés qu'élargit encore entre ces derniers la concurrence commerciale. Le temps n'est pas encore à la solidarité bourgeoise qui sera d'ailleurs toujours, dans les petites villes de notre région, imparfaite et temporaire.

Au début du XIIe siècle, la bourgeoisie désunie, composée comme la paysannerie de tenanciers, de petits alleutiers, d'hommes propres et de manants, soumise aux exactions seigneuriales et dépourvue de privilèges, n'est donc pas une classe juridique. C'est, au sein du troisième « état », de l'ordre des « travailleurs », une classe de genre de vie. Caractérisée par la résidence d'abord, elle l'est aussi par sa fonction économique : installés sur le marché urbain, les bourgeois sont les spécialistes des échanges. Évidemment, parce que les villes du Mâconnais sont petites, les gens du bourg ne sont pas complètement détachés de la terre ; leurs maisons ont un jardin qu'ils travaillent assidûment ; les rues s'ouvrent sur les champs et les vignes qui se glissent jusqu'à l'intérieur des remparts ; les bourgeois entretiennent des bestiaux et la communauté possède des pâtures [2]. Beaucoup d'entre eux par ailleurs et peut-être les plus influents remplissent auprès des maîtres des fonctions administratives ou domestiques ; à Mâcon, l'un des principaux bourgeois, Ogier Galon, est prévôt comtal et les monétaires, les péageurs, les chambriers du comte ou de l'évêque forment l'élite des *cives* ; le bourg de Cluny est peuplé en grande partie par les ouvriers des ateliers claustraux, les serviteurs du réfectoire et de l'infirmerie, par les ministériaux des moines, comme Humbert le Prévôt, Garnier Bilon et Bernard Constantin [3].

1. À Tournus, il existe parmi les bourgeois des gens très pauvres qui reçoivent les secours de l'abbaye, T. 27.

2. À Mâcon, champs dans la ville, M. 13 ; courtils et manses tenus *more rustici*, M. 571 ; les pâquis de la ville sont gardés par le comte, CANAT, III ; *pascua ville Matisconensis*, dans la prairie de la Saône, ACM, GG. 147, n° 1 (1266), et à la porte du bourg neuf, CL. 432 (1248). – Les paysans immigrés ont gardé des biens-fonds et les exploitent : B. Guerdon, bourgeois de Cluny, possède une exploitation à Varanges, C. 3755 ; il n'a pas beaucoup d'argent, puisque pour partir à la croisade il met en gage ses immeubles pour 30 sous ; D. Bourger, qui tient à Mâcon un ouvroir près du cloître, possède des vignes à Mouhy et des terres à Varennes, M. 608 (1107-1137).

3. Ogier Galon : M. 11 – 14 – 548 – 554 ; NSP, 77 – 78 ; PET. VEN., *Mirac.*, p. 909-911 ; S. 92 ; Duran Galon, M. 589 ; Ogier II, prévôt, C. 4279. – Les monétaires, M. 448 – 449 – 577 – 586. – À Cluny, les *famuli* qui ont *familiolae suae in burgo*. PET. VEN., *Stat.*, 1033. Le prévôt Humbert, G. Bilon et B. Constantin, C. 3685, qui accompagne B. Guerdon à Jérusalem, C. 3755 ;

Cependant, l'artisanat et le commerce sont les activités spécifiques de la bourgeoisie ; dans la ville sont concentrés les fabres, les boulangers, les tanneurs, les tisserands, les groliers [1]. *Mercatores in stratis publicis*, voici ce que sont d'abord aux yeux du monde les principaux bourgeois de Mâcon, de Cluny ou de Tournus et non pas seulement Blanchard et Duran « les marchands » ou Robert « l'usurier » [2]. Tous, quels qu'ils soient, débardeurs, artisans ou aubergistes, agents seigneuriaux ou négociants professionnels, sont intéressés aux affaires parce qu'ils vivent dans la ville où se croisent les grands chemins. Fixés près du port et du champ de foire, ils servent tout naturellement d'intermédiaires entre le courant commercial qui traverse le pays et l'économie des campagnes. La circulation routière a fait naître au XIe siècle les bourgs marchands et installé au sein de la société rurale un corps étranger, la bourgeoisie, qui agit comme un ferment. C'est par cette nouvelle classe que le mouvement des échanges pénètre progressivement le monde des seigneurs et des paysans.

B. L'ARGENT ET LES ÉCHANGES DANS LES CAMPAGNES

1. *Introduction du numéraire dans le milieu rural*

Pour que les ruraux pussent eux aussi participer au trafic, se déplacer plus souvent et devenir les clients réguliers des marchands de la route et du bourg, il fallait que s'accrût dans les campagnes la masse de numéraire en circulation. Celle-ci, nous le savons, était très faible en l'an mil. Seuls quelques grands seigneurs, le comte qui exploitait les juifs et les anciens tonlieux, l'évêque et les chanoines, les moines de Cluny et de Tournus, qui recueillaient beaucoup d'aumônes, dont certaines étaient en deniers ou en métaux précieux, disposaient de ressources monétaires de quelque importance ; ils avaient pu consti-

Vincent le Maréchal, C. 4054 (1136) ; Jean de Mâcon, *famulus prioris*, C. 4244 (1173) ; le portier Sylvestre, Duran, chambrier de l'abbé, C. 4270 (1179) ; Duran de Varennes, H. Chevrier, H. de Beaumont, de la *familia* de l'abbé, C. 4279 (1180) ; Bonnet, cuisinier de l'hôtellerie, C. 4280 (1180).

1. Boulangerie : à Mâcon, M. 13 (1077) ; à Cluny, *B. Pistor*, C. 3306 (fin XIe). – Fabres, C. 3755 (1096 env.), Cluny. – Tanneurs à Cluny, C. 3755 – 3737. – Tisserands, groliers, aiguilliers, *scissores pannorum*, etc., Bourg. 82, Chartes nos 380 – 381 – 382.

2. PET. VEN., *Ep.*, VI, p. 27, 435 ; *Robertus Fenerator, Blancardus et Durannus, mercatores*, bourgeois de Cluny, C. 4012 – 4142. – *Robertus Mercator*, bourgeois de Mâcon, CL. 91, ACM, GG. 154, no 1.

tuer un trésor ; ils furent les premiers acheteurs d'épices et d'objets de luxe[1]. Mais tous les autres, les chevaliers comme les paysans, n'épargnaient jamais chaque année que quelques deniers, de quoi se procurer certaines denrées indispensables, du sel, des objets de fer, les pièces de vêtement que l'on ne pouvait confectionner à la maison, de quoi remplacer le vieux cheval ou le bœuf malade ; s'ils étaient obligés à quelque autre dépense, ils trouvaient des prêteurs, mais ils devaient alors mettre en gage un peu de leur alleu et, en temps ordinaire, force leur était de se contenter du produit de leur terre et de fermer leur porte aux colporteurs. Or, dans la seconde moitié du XIe siècle, la monnaie peu à peu devient moins rare ; aussitôt, on peut acheter, on peut vendre davantage, et, dans les villages, les conditions de la vie économique commencent à se transformer. Comment parvient le numéraire ?

Ce n'est pas que les commerçants au long cours aient acheté pour les vendre au loin les produits de la région, car les gens du pays n'avaient rien qui pût les intéresser. Hormis le sel peut-être, qui parvenait facilement par la rivière de Seille depuis les centres d'extraction du Revermont jusqu'à la vallée de la Saône ; mais ce produit était monopolisé par les comtes de Mâcon d'abord, propriétaires des puits de Lons et de Salins et maîtres des voies d'accès, par les Clunisiens ensuite, qui, au cours du XIe siècle, avaient acquis de nombreuses salines et en écoulaient la production sur le marché du bourg, par les moines de Tournus enfin, seigneurs du port de Louhans, où le sel était en partie distribué gratuitement aux pauvres, mais très certainement vendu aux autres[2] ; le trafic saunier profitait donc seulement à quelques grands seigneurs et à leurs ministériaux bourgeois, il n'intéressait pas les campagnes. On songerait au vin qui s'exportera largement vers le nord à l'époque moderne, mais il est douteux qu'il ait fait au XIe siècle l'objet d'un trafic intense : en un temps où l'on s'effrayait des longs transports, les côtes mâconnaises et beaujolaises, entourées de toutes parts de pays à vignes, étaient mal placées, malgré la proximité de la Saône, pour écouler leurs produits, et les négociants en vin des contrées septentrionales, qui trouvaient à s'approvisionner beaucoup plus près en Champagne, dans le Bassin parisien et dans la Bourgogne ducale, ne venaient pas jusque-là[3]. Dans le milieu

1. Trésors : Cluny, R. Gl., I, p. 9 ; IV, p. 12 ; IV, p. 22 ; *BC*, 317 et 419. Le comte de Chalon, M. 465, P. 10. – Le sire de Beaujeu, B. 19.

2. Monopole de la saunerie à Cluny, C. 4143 ; les moines de Tournus possèdent le port de Louhans sur la Seille *qui maximum eis confert emolumentum, dat enim singulis annis sal, quod laudabili consuetudine pauperibus ibi confluentibus dari opportet in principio Quadragesime*, T. 173 (1180) ; mais le reste est vendu dans la ville par les sauniers de l'abbaye, T. 182. À Louhans, le comte de Mâcon fonde vers 1160 un second port, concurrençant celui des moines, Pacaut.

3. Sur les marchés du vin dans le Bassin parisien, Doehaerd, « Au temps... » et « Laon ».

rural, les métaux précieux pénétrèrent donc d'une autre manière et d'abord par les voyageurs qui traversaient le pays et laissaient des deniers sur leur passage.

De loin en loin, les agents des seigneurs banaux les arrêtaient, leur réclamaient un droit de péage qu'ils acquittaient parfois en marchandises mais le plus souvent en argent. Et puis, ils devaient se nourrir et se loger, eux et leurs montures ; la marche était lente et les étapes fréquentes ; ils achetaient les aliments tout préparés et il est intéressant de constater que les premiers parmi les petites gens qui, au témoignage de nos sources, gagnèrent de l'argent, furent les boulangers des bourgades routières et leurs fournisseurs paysans ; tels ces serfs de Saint-Vincent de Mâcon qui, dans le milieu du XIe siècle, s'enrichirent rapidement en exploitant un four situé à l'entrée du pont en un point particulièrement favorable [1]. Marchands et pèlerins enfin utilisaient les services des bateliers et des débardeurs et les payaient. Tandis que s'animaient les grands chemins, les pièces de monnaie parvenaient donc plus nombreuses dans les coffres des hauts seigneurs, maîtres des passages, dans la bourse aussi des fourniers et des cultivateurs d'alentour, qui louaient leurs bras sur le port ou qui offraient aux passants le produit de leurs champs.

Toutefois, c'était dans les bourgs naissants que les voyageurs laissaient le plus d'argent et les valeurs mobilières s'amassèrent d'abord dans les villes ; mais bientôt les bourgeois les répandirent à leur tour dans les campagnes avoisinantes. Les gens des villes étaient restés à demi paysans : leur métier les détournait cependant des travaux agricoles : l'été, la saison des foins, des moissons, des vendanges, était celle aussi du commerce, le moment où se formaient les caravanes marchandes, où l'homme de peine et le batelier trouvaient le plus facilement à s'employer. Laissant leurs champs à l'abandon, comme le firent nous le savons Girard de Cours et Alard l'Apôtre, beaucoup de bourgeois préféraient sacrifier à l'achat des subsistances quelques-uns des deniers qu'ils avaient gagnés et les offrir en échange du pain et du vin qui leur manquaient aux grands seigneurs fonciers qui avaient des greniers dans la ville et aux cultivateurs plus modestes de la banlieue, aux parents qu'ils avaient laissés dans leur village d'origine et qui soignaient toujours la terre de leurs ancêtres. Peuplées de travailleurs spécialisés dont le nombre s'accroissait constamment, les villes devinrent d'importants centres d'achat de denrées agricoles ; un débouché permanent s'ouvrit ainsi aux exploitants ruraux, qui recueillirent un peu des métaux précieux que les bourgeois tiraient du trafic.

Un peu seulement, car la plus grosse part de leurs bénéfices s'accumula dans les coffres des *mercatores* et certains bientôt possédèrent de beaux trésors. La

1. M. 13 (1077).

plupart cependant ne laissaient pas dormir longtemps leurs richesses. Ils les employaient d'abord à sauver leur âme, plus menacée peut-être que les autres car on répétait autour d'eux que Dieu n'aimait pas les marchands. Bien des bourgeois, et les plus riches, se « convertissent » sur leurs vieux jours et, se dépouillant de tous leurs biens, les offrent aux pauvres du Christ, tel Girbert de Cluny, dont le geste en 1136 préfigure à un demi-siècle de distance celui de Pierre Valdès, bourgeois de Lyon, et celui de François, bourgeois d'Assise [1]. Ceux qui ne vont pas jusqu'à tout donner font du moins de belles aumônes aux églises, leur léguant non des terres car ils n'en avaient guère, mais de la monnaie, des métaux précieux en lingots ou en bijoux : au XIIe siècle, un autre marchand de Cluny fait don à l'abbaye d'une couronne dorée ornée de gemmes, d'une coupe, d'un calice, de candélabres d'or et d'argent et de quatre marcs d'argent [2]. Ainsi, la piété des bourgeois détourna vers les établissements religieux une bonne part des richesses mobilières que le courant commercial avait déposées dans les villes du Mâconnais. Quant aux trafiquants enrichis qui, jeunes et en bonne santé, ne pensaient guère à la mort, ils employaient leurs réserves en numéraire à des fins moins désintéressées : ils prêtaient volontiers, sur bons gages et avec usure, aux ruraux, seigneurs, chevaliers et paysans, qui pour quelque raison avaient besoin d'argent. Enfin, les seigneurs des villes soutirèrent une partie de la fortune bourgeoise, multipliant les « quêtes » en deniers ; ils firent payer plus cher à ces manants opulents la paix qu'ils leur procuraient et dont commerçants et artisans avaient besoin plus que les autres. Par les taxes de péage et de marché, par les exactions, par le prêt, les donations pieuses et les achats de denrées alimentaires, les deniers et les métaux précieux en quantités appréciables quittaient donc à la fin du XIe siècle la route et les bourgs et parvenaient aux ruraux, paysans et seigneurs.

L'argent et l'or vinrent aussi d'ailleurs. Entraînées par le mouvement même des échanges, les richesses qui s'étaient lentement accumulées au cours des siècles précédents dans les trésors des princes laïcs et des grandes églises se mirent de nouveau à circuler. La plupart de ces réserves devaient s'épuiser bientôt, mais quelques-unes, se reconstituant constamment par des apports extérieurs, furent pendant près d'un siècle des sources intarissables de valeurs mobilières. L'abbaye de Cluny en particulier introduisit en Mâconnais de grosses masses de numéraire et de métaux et fut peut-être en cela l'un des agents les plus actifs du renouveau de l'économie rurale.

1. C. 4056.
2. BC. 1662 D.

Dans la première partie du XIe siècle, le monastère était le plus grand seigneur foncier du pays et tirait chaque année de son domaine, outre le ravitaillement du réfectoire et des écuries, deux à trois cents livres en deniers que le chambrier dépensait aussitôt ; il distribuait des pièces de monnaie aux pèlerins à leur départ, il achetait aux marchands de passage les épices pour l'infirmerie et le drap des coules que l'on renouvelait tous les ans, et se procurait aussi chez les producteurs voisins quelques denrées alimentaires pour subvenir aux insuffisances de la production domaniale. Ce gros mouvement d'argent ne débordait pas cependant les cadres des échanges campagnards ; tout le numéraire dépensé provenait, sous forme de redevances, de taxes, d'amendes, de la paysannerie environnante et le circuit restait fermé. Mais, aux environs de 1080, l'abbaye se mit à dépenser bien davantage, profitant des abondantes ressources en argent et en or qui lui venaient cette fois de l'extérieur. Chef de l'ordre, qui s'étendait constamment dans le Sud de la chrétienté, elle imposait aux nouvelles filiales des prestations en numéraire ; les plus grands princes du Midi lui offraient des dons en espèces qui, répétés, devinrent bientôt des rentes annuelles ; la plus importante fut celle que constitua le roi Ferdinand de Castille, un cens de mille mangons d'or, que son fils Alphonse doubla vers 1077. Des plus riches provinces de l'Occident parvenait ainsi chaque année dans la chambre du monastère mâconnais beaucoup d'argent en deniers et en lingots, et surtout d'Espagne, où abondait l'or arabe, deux à trois cents onces de métal jaune. Ce revenu, qui représentait plus d'un millier de livres en monnaie clunisienne, pouvait être dépensé alentour sans amoindrir le capital foncier de l'abbaye [1].

En fait, dans le dernier quart du XIe siècle, à Cluny comme ailleurs, tous ceux qui possédaient des réserves d'argent s'en montrèrent prodigues. Les grands seigneurs, et surtout les laïcs, se laissèrent tenter par les produits de grand luxe que les marchands, plus nombreux, leur présentaient en plus grande abondance. Plus avisés, les gens d'Église pratiquèrent le crédit ; ils offrirent des deniers ou de l'or aux chevaliers qui en manquaient et en échange achetèrent ou prirent en gage quelques-uns des droits et des domaines laïcs. Ainsi, vers 1110, pour acquérir une part du comté de Chalon, les chanoines de la cité donnèrent à Savary de Vergy cent onces d'or, qu'ils s'étaient procurées en dépouillant de ses ornements la châsse de Saint-Vincent, et quatre mille sous, qu'ils gardaient en réserve et qui représentaient la valeur de cent autres onces d'or [2] ; entre 1090 et 1110, les moines de Cluny prêtèrent à des nobles mâcon-

1. Voir DUBY, « Écon. dom. ».

2. BOURG. 4, f° 14 ; *ducentas uncias auri purissimi quarum singula pretit quadraginta solidorum fuerant de moneta, cujus media pars argentea erat, quas nos de tabula sancti Vincentii corrasimus, domino Savarico accomodavimus.*

nais plus de neuf cents livres en deniers et plus d'une livre et vingt et une onces d'or[1]. Enfin, une large part de la fortune mobilière des très grands seigneurs fut employée à construire de nouvelles églises et se répandit de la sorte dans les couches plus profondes de la société.

Depuis le début du XIe siècle, en effet, et jusqu'au milieu du XIIe siècle, un immense chantier fut ouvert en permanence dans la région mâconnaise. Dans quelques grands centres, à Tournus, à Mâcon, on travailla sans interruption. À Cluny, saint Odilon avait, avant 1048, agrandi et embelli le sanctuaire et réédifié les bâtiments claustraux ; son successeur, saint Hugues, bâtit l'infirmerie puis dressa le plan grandiose de la « Grande Église » ; entreprise en 1088, la basilique nouvelle était déjà utilisable en 1095 ; en 1100, le transept était debout et, en 1125, la nef en voie d'achèvement. Dans le même temps s'élevait la basilique de Paray-le-Monial. Enfin, dans presque toutes les paroisses rurales, on reconstruisit l'église en belles pierres. C'est autour de 1100 que l'effort paraît avoir été le plus intense, quand le sanctuaire clunisien s'élevait avec une admirable rapidité, quand, à Mâcon, Gausmar, prieur de Saint-Pierre, édifiait un nouveau cloître, quand l'abbé Pierre de Tournus embellissait Saint-Philibert, tandis que plus de cinquante églises de village étaient en construction[2].

Pour mener à bien cette œuvre, il fallut charrier beaucoup de pierres ; pour les oratoires de campagne, on la prenait sur place dans ce pays où le calcaire n'est jamais loin, mais les architectes des grandes églises choisissaient des matériaux moins vulgaires : le marbre de Cluny venait de Berzé-la-Ville, la pierre de Tournus, extraite à Préty, franchissait la Saône[3] ; il fallut charrier du bois, moins pour la charpente que pour les fours à chaux. Les églises romanes mâconnaises témoignent du travail de tout un peuple de manœuvres, carriers et tailleurs de pierres, charbonniers et chaufourniers, rouliers, âniers, maçons, terrassiers. Or, il n'est pas possible que tous ces gens aient travaillé gratuitement : les serfs des *familiae* ecclésiastiques, occupés ailleurs, pouvaient bien entretenir les bâtiments, mais non pas les édifier seuls et, nous le savons, les tenanciers étaient

1. Notices du cartulaire de Cluny, C. 3666 – 3714 – 3716 – 3735 – 3737 – 3744 – 3760 – 3781, etc. ; l'or : C. 3042 – 3071 – 3478 – 3488 – 3654 – 3840. – Les emprunts remboursés n'ont évidemment pas laissé de traces.

2. Chronologie des constructions clunisiennes, C. OURSEL, « Étapes » (résumant les travaux de K.-J. CONNANT) ; K.-J. CONNANT, « Les églises de Cluny à l'époque de saint Odon et de saint Odilon », dans *À Cluny*, p. 37-43. – Mâcon, VIREY ; Tourous, DICKSON. – Saint-Pierre de Mâcon, *NSP*, II. – Églises rurales, VIREY et DICKSON.

3. FOURNIER et ROUYER.

peu coutumiers des corvées[1]. Dans les carrières et les coupes, sur les chantiers de construction, les seigneurs durent donc embaucher des ouvriers, leur donner un salaire en argent ou acheter de quoi pourvoir à leur entretien, de toute façon dépenser du numéraire. Les textes sont formels : ce fut l'argent qui permit d'élever les églises neuves ; un trésor providentiellement découvert servit à construire la basilique de Paray, et le roi Alphonse, plus tard les rois d'Angleterre, parce qu'ils avaient offert aux moines de Cluny des métaux précieux en quantité, passèrent aux yeux de tous pour les véritables « bâtisseurs » du nouveau Saint-Pierre[2]. Des coffres des monastères, des chapitres et peut-être aussi des grands seigneurs laïcs, qui fondaient de nouveaux sanctuaires ou voulaient embellir l'église de leur paroisse, le numéraire s'écoulait en 1100 vers un groupe nombreux de gagne-deniers, petits exploitants qui ravitaillaient les réfectoires des ouvriers, paysans qui s'embauchaient comme tâcherons aux mortes-saisons, et certainement aussi[3] maçons de profession, circulant de chantier en chantier, et qui formaient dans la société du temps, avec les bourgeois des villes, un second contingent de travailleurs spécialisés.

Enfin, les grandes communautés religieuses, et plus particulièrement celle de Cluny, s'accoutumant à l'usage de la monnaie qu'elles recueillaient en abondance, crurent pouvoir s'évader de l'autarcie domaniale et ne plus demander à la seigneurie foncière le ravitaillement quotidien : vers 1125, les innombrables tenures et les vastes réserves du patrimoine clunisien ne nourrissaient plus le monastère que trois ou quatre mois par an et, chaque année, le chambrier, pour acheter le grain et le vin qui manquaient, devait débourser plus de mille livres, somme énorme que se partageaient les producteurs ruraux d'alentour[4]. Prêteurs, consommateurs, employeurs, les plus grands seigneurs fournissaient donc les campagnes voisines en deniers et en métaux précieux, tout comme les voyageurs et les bourgeois des villes, et c'est ainsi que l'argent, apporté de très loin par le commerce et les aumônes, sorti des trésors où il dormait, se répandit

1. Selon les coutumiers de Saint-Marcel-lès-Chalon, SM. 7, et de Romenay, M. 493, la *familia* servile des domaines ruraux est chargée de l'entretien des édifices religieux et plus spécialement des toitures, mais non pas de la construction ; à Saint-Marcel d'ailleurs, il est prévu que le trésorier embauchera des *operatores*.

2. Paray : P. 2 (973), *erogans pecuniae... maximam quantitatem* ; Cluny, C. 4143. – Voir aussi les conjectures, un peu hasardeuses, de R. Oursel sur le « mécénat » des sires de Semur-en-Brionnais.

3. La plupart du temps, même dans les églises de campagne, la pierre est traitée avec une sûreté, un fini dont n'eussent pas été capables des travailleurs improvisés. On remarque des techniques semblables dans différentes églises, ainsi à Cluny et Saint-Hippolyte, Virey.

4. Duby, « Écon. dom. ».

depuis les dernières années du XIe siècle parmi les chevaliers et les paysans du Mâconnais. Quel fut l'effet de cet apport sur l'économie rurale ?

2. *Circulation des deniers dans la société rurale*

L'usage des paiements en nature ne se perdit pas entièrement : dans toutes les classes sociales, les vendeurs se satisfont souvent de recevoir des chevaux, du bétail, des pièces d'habillement et même des denrées agricoles, tels ce châtelain de Sennecey que l'on paie en mesures de froment et en quartiers de porc fumé ou le chevalier chalonnais qui, pour renoncer à ses droits sur une terre, exige seulement deux fromages [1]. Tout le métal d'autre part ne circulait pas sous forme de deniers ; l'or et l'argent non monnayés, au poids, en lingots, étaient pour les gros paiements des instruments plus commodes qu'utilisaient volontiers les riches, ceux qui achetaient les denrées les plus chères et en grosses quantités ; le chevalier qui partait pour un long voyage n'allait pas s'encombrer d'un gros sac de mauvaises pièces, il emportait des marcs d'argent et surtout des onces d'or [2] ; parfois, le poivre remplissait le même rôle [3]. Mais les deniers étaient cependant beaucoup plus nombreux qu'autrefois, il en venait des régions lointaines et l'on voit, à la fin du XIe siècle, entre les mains des gens du pays, des deniers de Toul, des poitevins, des tournois [4] ; de plus la frappe locale était plus active, la différenciation des types monétaires qui s'opère alors en témoigne. Jadis, les deniers, qu'ils sortissent des ateliers de Mâcon ou de Tournus, de Cluny ou de Lyon, étaient des deniers ; nul ne se préoccupait de spécifier l'origine de ceux qui avaient servi à tel ou tel paiement ; ils avaient tous la même valeur. Or, à partir de 1080, on commence à les distinguer régulière-

1. Le sire de Sennecey, ASL, H. 24, n° 25 (1190 env.) ; abandon de *querella* pour 4 bichets de froment et deux fromages, F. 152. Chevaux : C. 3333 – 3351 – 3400 – 3703 – 3737 – 3744 – 3768 – 3896 – 3873 ; M. 519 – P. 21 – 64 – 115 – 154 – 161 – 208 ; T. 135 ; bétail : F. 16 – 31 – 34 – 95, etc. – Vêtements : F. 34 – 41, etc. – Objets de luxe : C. 3806 (1100), *de scarlata rubea tunicam unam* ; C. 3874 (1108), *unum mantellum et unum pellicium varium* ; M. 519 (1031-1048), un vase d'argent doré. – Sur le maintien très explicable des règlements en nature, VAN WERWECKE, « Monnaie ».

2. Prêts d'or aux croisés, C. 3071, *tres auri uncias inde accepit quas in via Jherusalem portavit* ; C. 3478, 3 onces ; C. 3488, 10 onces ; C. 3654. – Marcs d'argent : Guichard de Beaujeu, 30 marcs et 5 esterlins, M. 586 (1117) ; C. 4069 ; ASL. G. 81, n° 1 (1149). – VAN WERWECKE, « Monnaie ».

3. C. 3758 (1100 env.), le chevalier Humbert de Sailly reçoit des moines pour prix de ses services une livre de poivre ; de même, P. 211 (1119).

4. Le chevalier Maïeul de Vinzelles paie en deniers tournois, M. 30 (1060-1108) ; le prévôt comtal de Charolles reçoit des poitevins, P. 46 (fin XIe) ; Toul, C. 2223.

ment ; dans chaque village, il existe une monnaie « courante »[1]. Le denier clunisien est utilisé autour de la vallée de la Grosne, celui de Mâcon aux environs de la cité et en Bresse, la monnaie de Lyon en Beaujolais, celle de Tournus et de Chalon au nord. Dans chaque zone, il circule d'autres pièces, mais leur pouvoir d'achat est légèrement différent ; ainsi, il faut quarante deniers mâconnais ou tournugeois pour régler une dette de trente-cinq deniers de Cluny[2]. D'autre part, les usagers s'aperçoivent maintenant que les pièces émises par le même atelier monétaire n'ont pas toutes la même valeur : le denier de bon alliage, le denier fort, est distingué du faible, le denier neuf du denier usé et rogné[3], ce qui prouve que les ateliers monétaires fonctionnent régulièrement, que leurs produits ne sont pas toujours semblables, mais qu'ils alimentent constamment le pays en nouvelles pièces. Ainsi, avec l'accroissement du stock monétaire, une notion tout à fait étrangère au monde rural s'introduisit à la fin du XIe siècle dans la mentalité collective, celle du change. Enfin, il est permis de supposer que les deniers plus abondants perdirent de leur valeur, que les prix montèrent, mais les rares mentions de paiements que l'on trouve ici et là dans les textes ne permettent pas de mesurer cet avilissement de la monnaie ni même de reconnaître s'il fut sensible aux contemporains.

En tout cas, avec le numéraire et les métaux précieux, c'était un facteur de désordre qui pénétrait dans la société. Elle venait de s'organiser dans un milieu où seule comptait la fortune terrienne ; sa hiérarchie s'appliquait exactement à celle des patrimoines fonciers, qui allait se stabilisant ; nantis des privilèges de la chevalerie, les héritiers des lignages les mieux pourvus de terres dominaient et exploitaient les pauvres, et nul n'imaginait que ceux-ci pussent s'enrichir ; en un temps où toute richesse était héréditaire, où l'on bougeait peu, le groupe familial s'était rassemblé autour de l'alleu, la solidarité villageoise autour des communaux et des droits d'usage. C'était en s'adaptant à une économie fondée sur la possession et le travail du sol que la société féodale avait trouvé son équilibre. Et voici qu'apparaissait une forme de richesse beaucoup plus mobile, beaucoup plus secrète aussi et que l'on pouvait soustraire au contrôle ; voici

1. Monnaie courante : C. 3161 (fin XIe) ; M. 552 (1096-1109), *illius scilicet monete que curretur in villa Gigniaci vel in civitate Matisconensi, sine alterius commutatione* ; C. 3887 (1110).

2. Premières mentions de la monnaie de Mâcon, M. 537 (1096-1124), 577 (1118), de Cluny : C. 3575 (1080 env.), M. 585 (1096-1118), M. 570 (1112-1139), de Lyon : C. 3703 (1096), M. 531 (1096-1118), de Chalon : C. 3575. – Équivalences : Cluny et Mâcon, M. 585 ; Cluny, Souvigny et Chalon, C. 3575 ; Mâcon et Tournus, ASL, H. 178, n° 6. – Une once d'or vaut 40 sous de Chalon au début du XIIe siècle, BOURG, 4, f° 14, et 36 sous de Cluny vers 1130, C. 4012.

3. M. 551 (1096-1124), *Matisconensis monete, bone et probate* ; C. 3575 (1080 env.) ; ... *solidos quos ob raritatem fortes vocant*.

que qui que ce soit par sa propre industrie avait le moyen de construire une fortune ; les courageux et les habiles pouvaient faire leur place auprès des héritiers. Le mouvement de l'argent menaçait de desserrer les liens familiaux. L'équilibre des fortunes, assise de la hiérarchie sociale, risquait d'être rompu par le trafic des biens meubles.

En réalité, ces effets dissolvants ne sont pas encore sensibles à l'orée du XIIe siècle. La structure de la société rurale ne semble pas encore modifiée par l'accroissement des échanges et de la circulation monétaire, pourtant très marqué depuis vingt-cinq ans. Une détente, une aisance générale, tel est le phénomène qui apparaît plus nettement à la lumière de nos sources. Pour le moment, la renaissance des villes et du commerce n'est pas à la campagne un élément de crise, mais un stimulant qui introduit la prospérité dans toutes les classes économiques.

Dans la paysannerie d'abord. Et plus particulièrement parmi les cultivateurs qui vivent à proximité des routes et des bourgs, qui vendent le surplus de leur récolte aux bourgeois et aux communautés religieuses dont la seigneurie foncière est déficitaire, qui louent leurs bras sur le chantier des églises, dans les condemines et dans les clos. Certains gagnent beaucoup. Un texte de 1115 apprend qu'un paysan du Clunisois, établi près du grand chemin de Chalon, avait pu épargner cinq cents deniers et son voisin douze cents, c'est-à-dire, à l'époque et dans le canton, la valeur soit d'une cuirasse de chevalier, soit d'un bon manse[1]. Quel emploi les petits exploitants ruraux font-ils de cet argent ? Nos sources ne permettent pas de reconnaître si leur niveau de vie s'élève, s'ils achètent davantage au-dehors. Elles montrent par contre que bon nombre des deniers amassés par les paysans leur sont soutirés par les seigneurs : la conversion en numéraire des redevances domaniales[2] permet au seigneur foncier de profiter de l'enrichissement de ses tenanciers ; par les amendes, les exactions, la taille, le seigneur de la personne ou du territoire est en mesure d'extorquer à ses dépendants presque tout l'argent qu'ils ne parviennent pas à lui dissimuler ; c'est ainsi par exemple que les grosses économies des paysans clunisois dont nous parlions plus haut leur furent soustraites d'un seul coup par le maître de leur corps. Mais enfin, vivant de peu et travaillant dur, les paysans ont tout de même le moyen de constituer clandestinement une petite réserve de deniers qui leur permet de supporter une mauvaise année, d'acquérir un peu de terre, de mieux établir leurs enfants. En tout cas, un fait est certain : la vente plus aisée des fruits de la terre et les profits qu'elle procure ont compensé les prélève-

1. C. 3920 (1115).
2. Voir *supra*, ch. VI, B.

ments des châtelains et des immunistes et permis aux cultivateurs de supporter sans dommage apparent l'installation de la seigneurie banale.

Chevaliers et sires voient également s'accroître leurs ressources en numéraire par la multiplication des cens en deniers, par l'exploitation du droit de ban, par le commerce enfin des denrées agricoles récoltées sur leur réserve : les moines de Cluny en effet ne sont certes pas les seuls seigneurs en 1100 à monnayer l'excédent de production dans certains de leurs domaines [1]. Et c'est sans doute l'espoir de tels bénéfices qui pousse alors les grands possesseurs fonciers à étendre leurs condemines par le défrichement et à exiger de nouvelles corvées pour les mieux cultiver. En l'absence de tout compte, ces profits seigneuriaux ne peuvent être évalués. Mais ce sont eux qui autorisent les membres de l'aristocratie à acheter davantage aux marchands et, en particulier, des objets de luxe et des parures pour figurer avantageusement dans les assemblées féodales. Là encore, les renseignements précis nous manquent, mais nous savons que dans le premier tiers du XIIe siècle les moines de Cluny s'accoutument à se vêtir d'étoffes coûteuses de provenance étrangère, et l'on peut avancer sans témérité que les nobles laïcs agissent de même [2]. Enfin, grâce à leurs nouveaux revenus, les chevaliers peuvent participer aux grandes expéditions, à la fois religieuses et militaires, qui s'organisent dans la chrétienté, et surtout, depuis la fin du XIe siècle, aux croisades.

Nos sources montrent que, dès le début du siècle, les seigneurs du Mâconnais n'hésitaient pas à entreprendre de lointains pèlerinages. Guigue, vicomte de Mâcon, Bernard, châtelain d'Uxelles, firent vers 1030 le voyage de Rome ; suivi par ses amis les chevaliers du Charolais, le comte Thibaut de Chalon conduisit une expédition contre les Sarrasins d'Espagne ; vers Jérusalem, on vit partir en 1027 Archimbaud le Blanc, puis, vers 1050, le chevalier clunisois Bernard de Merzé, un groupe de chevaliers et de clercs beaujolais en 1087 et des gens du Chalonnais trois ans plus tard [3]. Ces fréquentes mentions donnent

1. Duby, « Écon. dom. ».

2. Dans ses statuts promulgués en 1136, Pierre le Vénérable doit interdire l'usage de tissus et d'étoffes trop coûteuses, Pet. Ven., *Stat.*, 1033. Voir aussi les critiques adressées par saint Bernard aux Clunisiens, qu'il accuse de fréquenter assidûment les boutiques de drapiers pour y choisir les tissus les plus élégants.

3. Guigue Capels, C. 3577 (1030 env.) ; Bernard Gros, Pet. Ven., *Mirac.*, p. 900. – Thibaud de Chalon, accompagné par Girard de Busseuil et Damas de Saint-Aubain, P. 10. Archambaud le Blanc, C. 2922 ; B. de Merzé, C. 2867 (1031-1048) ; expédition beaujolaise, B. 12 – 7 : chalonnaise, SM. 106 ; départs pour l'Espagne : M. 24, *NSP*, 19 (1080), SM. 115 (1092), voir Défourneaux ; Chaume, « En marge » et « Croisades bourguignonnes » ; les pèlerins d'Espagne se recrutèrent d'ailleurs surtout dans la Bourgogne ducale et en Chalonnais, et dans les niveaux supérieurs de la société.

à penser que les nobles étaient déjà nombreux qui pour un temps quittaient leur domaine et partaient courir l'aventure ; ils se laissèrent facilement entraîner par la Croisade. Beaucoup de chevaliers s'en vont dès 1096, parmi lesquels les frères Hongre, Étienne Bonin et Hugues Bochard ; mais la plupart des croisés de la région mâconnaise gagnent la Terre sainte, un contingent un peu plus gros s'ébranle en 1101 derrière l'archevêque de Lyon, les châtelains Achard de Montmerle et Étienne de Neublans ; Robert Damas et Josseran de Vitry partent en 1106 ; en 1110, ce sont Bernard Gros, le sire de Châtillon et l'évêque de Mâcon, son frère ; enfin, en 1120, les châtelains de Berzé, de Bâgé, de Montmerle, de Neublans se mettent en route à la tête du groupe le plus nombreux [1]. Il est permis de croire qu'une forte proportion des chevaliers du Mâconnais partit pour le Levant dans les deux premières décennies du XIIe siècle.

Mieux pourvue de deniers, l'aristocratie terrienne contracte ainsi le goût du luxe et des voyages. On voit même certains chevaliers se laisser aller à dépenser plus d'argent qu'ils n'en recueillent. Lorsque se rassemblent les troupes de croisés, nombreux sont les petits seigneurs qui pour parfaire leur équipement empruntent quelques centaines de pièces, un petit poids d'argent ou d'or ; à partir de 1090 se multiplient les engagements de terres chevaleresques [2]. Les châtelains, chefs des expéditions, ont besoin de sommes plus importantes et sont conduits à vendre quelques-uns de leurs droits aux églises riches en numéraire : en 1100, les Clunisiens avancent deux mille sous à Achard de Montmerle et achètent au sire de Berzé un domaine pour quatre mille sous ; dix ans plus tard, Bernard Gros d'Uxelles sacrifie pour mille sous certaines coutumes et le sire de Beaujeu en 1117 emprunte trente marcs d'argent aux chanoines de Mâcon [3]. Mais il ne faut pas tenir ces opérations financières pour le premier signe d'un déséquilibre chronique des budgets seigneuriaux. Le prêt sur gage foncier et la vente de terres étaient, nous le savons, des pratiques courantes dans le milieu rural ; comme le numéraire est beaucoup plus abondant, les gros possesseurs empruntent maintenant plus souvent et de plus grosses sommes ; mais ils peuvent tout comme autrefois prêter aussi à l'occasion de l'argent à

1. Départ de 1096 : C. 3712 ; M. 537 ; P. 208 ; T. 135 ; de 1101, C. 3703 – 3737 – 3071 – 3755, *Cartulaire de Savigny*, n° 819 ; de 1106 : C. 3840 – 3850 ; de 1110-1116 : C. 3896, *Cartulaire d'Ainay*, II, n° 94 ; de 1120 : *NSP*, 21 – 22 ; SM. 41 – 65. – Sur les conséquences économiques des croisades, M. DAVID, p. 332-337.

2. Emprunts et ventes des croisés aux établissements religieux : Élie de Cray reçoit 3 onces d'or, C. 3071 ; R. Damas, 1 livre d'or, C. 3640 ; J. de Vitry, 6 livres puis 70 sous en deniers, C. 3850 ; les frères Hongre, 100 sous, C. 3712.

3. Ventes et emprunts : Montmerle, C. 3703 ; Berzé, C. 3744 – 4069 ; Gros, C. 3896 ; Beaujeu, M. 586.

leurs amis. C'est à un chevalier voisin que Josseran de Cypierre doit cent sous ; Lambert de Montpont est créancier pour cent sous de Létaud de Beaujeu ; le chevalier Artaud avance dix livres au comte de Mâcon et, à notre connaissance, les deniers empruntés au début du XIIe siècle par les petits seigneurs leur sont fournis pour les trois quarts par les gens de leur classe[1]. La noblesse pour le moment échappe donc à la crise.

En 1100, la circulation plus rapide des valeurs mobilières n'engendre encore dans la société mâconnaise que des effets heureux. Prospérité des paysans qui sans s'appauvrir peuvent acquitter les nouvelles coutumes banales, prospérité des seigneurs qui sans s'endetter plus que leurs pères peuvent se mieux vêtir et partir pour l'Orient, prospérité surtout des bourgeois, ces fils de serfs que la misère a chassés du courtil ancestral et jetés sur les routes et les marchés, mais qui, leurs riches aumônes en témoignent, amassent en quelques saisons dans leurs coffres de grosses quantités de métaux précieux, tels sont les premiers effets de la renaissance du commerce. De cette aisance générale, il est alors deux manifestations. La Croisade d'abord, expansion naturelle de la chevalerie, libérée par le renouveau des échanges des liens qui l'attachaient à ses alleux, et surtout la floraison artistique. Il ne faudrait pas que nous laissions oublier que le Mâconnais fut dans l'Occident de ce temps un foyer d'art et de grand art ; dans ce refuge, épargné par les invasions normandes et sarrasines, siège de la plus grande abbaye de l'époque, le mouvement qui s'était manifesté très tôt à Tournus et dans quelques petits villages s'épanouit, à la fin du XIe siècle, en un style architectural d'une grande noblesse et dans les productions d'une école de sculpture qui, en Brionnais et à Cluny, fut peut-être la plus précoce, en tout cas l'une des plus magnifiques des écoles romanes. L'art roman mâconnais où se mêlent des influences diverses, venues du Nord et du Midi, rhénanes, lombardes, auvergnates et provençales, témoigne de la nouvelle animation des routes où circulaient, avec les marchands, les idées et les techniques. Fleur de la renaissance commerciale, qui venait de stimuler heureusement le milieu social sans trop le troubler encore, il exprime la paix et la richesse qui régnaient entre la Saône et la Loire, au lendemain de la première croisade[2].

1. Chevaliers prêteurs : P. 46 (fin XIe), P. 69 (fin XIe), B. 24 (1090) ; C. 3636 (1089) ; F. 185 – 138 – 148. Entre 1075 et 1150, les emprunts de chevaliers mentionnés dans nos sources représentent un total de 62 livres ; 47 livres, soit plus des trois quarts, ont été prêtées par des chevaliers, le reste par des établissements religieux. En vérité, nous ignorons toujours le montant des dettes contractées par les nobles envers les juifs et envers les bourgeois et qui furent peut-être beaucoup plus importantes.

2. Voir les études détaillées de VIREY, DICKSON et R. OURSEL, ainsi que C. OURSEL, « Rôle et place ». – Si les monuments de l'art roman tiennent une place encore si large dans le paysage rural mâcon-

CONCLUSION

À l'entrée du XIIe siècle s'achève donc l'évolution qui en quatre générations a fait de la société franque la société féodale. « Féodale » ? Oui, gardons le terme, il est commode. Mais en notant bien qu'il est fort mal choisi. En 1100, la tenure vassalique tient en Mâconnais une place après tout secondaire ; la dissolution de la souveraineté est un trait bien plus caractéristique de la société nouvelle : cette époque est moins le temps des fiefs que celui des châteaux, assises des dominations privées, et c'est leur position en face de la seigneurie banale dont la forteresse est le centre qui assigne aux hommes, sires, chevaliers et manants, leur place dans la hiérarchie sociale et commande les rapports qu'ils entretiennent entre eux.

En tenant compte du retard qui sépare l'apparition des phénomènes sociaux de leur reconnaissance par les rédacteurs de chartes et de chroniques, nous pouvons rapprocher les dates principales que nous avons établies au cours de ce développement et marquer, pour conclure, les grandes étapes de cette transformation. La première, décisive, celle où les anciens cadres commencent à craquer, se place dans les toutes dernières années du Xe siècle. En 971, apparaît le titre chevaleresque et en 986 le premier tribunal privé, celui de l'abbaye de Cluny ; en 988, on voit pour la première fois un seigneur banal lever des exactions sur des paysans serfs comme sur les libres, et en 994 se tient à Anse le premier concile de paix. Cette phase initiale s'achève vers 1030 : 1004, dernière trace d'une cour vicariale indépendante ; 1019, dernière sentence rendue par le mall comtal contre un châtelain ; 1030, les services vassaliques sont régulièrement rétribués par une concession féodale ; 1032, *nobilis* disparaît, éclipsé par *miles*. Une seconde période s'ouvre ensuite, celle où les structures sociales, dégagées par l'effondrement des institutions politiques carolingiennes, se durcissent et se stabilisent ; son centre est autour de 1075. De 1050 environ date le premier de ces accords écrits entre seigneuries concurrentes, qui introduisent, avec la notion de la « garde », une hiérarchie parmi les pouvoirs de commande-

nais, c'est d'abord que le sol est ferme et que la construction sur les assises calcaires a bien résisté : c'est aussi que la région fut sans doute de bonne heure assez peu fervente et qu'au XVIIIe siècle, quand le trafic des vins lui rendit la prospérité, nul ne se préoccupa de rebâtir les vieilles églises ; c'est enfin que le style architectural élaboré au XIe siècle s'imposa aux générations suivantes : dans les constructions clunisiennes du XIIIe siècle on emploie bien l'ogive, mais la décoration reste romane. – Auprès de la sculpture qui s'épanouit en Brionnais et à Cluny dès la fin du XIe siècle, K.-J. CONNANT, dans *Bulletin monumental*, 1929 ; C. OURSEL, « Étapes », R. OURSEL, il faut faire une place à l'art de la fresque, qui manifeste sa maîtrise dans la chapelle du doyenné de Berzé-la-Ville, élevée par saint Hugues.

ment, vingt-cinq ans plus tard, la chevalerie est décidément héréditaire ; comme le fief qui, se vulgarisant, devient le support des services vassaliques ; au même moment, et tandis que se manifestent pour la première fois les effets du renouveau commercial, le groupe des bourgeois s'isole de la masse des manants ; enfin, terme de l'évolution, en 1105, un individu est pour la dernière fois tenu en droit pour un serf.

Parmi les influences multiples et complexes qui ont conduit la structure sociale à se transformer, il apparaît bien que les principales et les plus immédiates sont d'ordre politique : les bouleversements du XIe siècle sont les effets lointains mais directs de la faillite de l'État franc. Cependant, lorsque l'économie locale, jusqu'ici d'une grande stabilité, commence à se modifier, ce changement est fait pour contrecarrer l'aménagement des institutions féodales. À partir du milieu du XIe siècle, le mouvement social et le mouvement économique sont de direction opposée : l'un, qui se ralentit, va vers le resserrement dans des classes et des groupes fermés, l'autre, qui s'accélère, prépare une libération, un assouplissement de tous les cadres. Le moment viendra bientôt où les forces économiques l'emportant entraîneront la société dans une nouvelle évolution mais de sens inverse, où les liens d'homme à homme qui peu à peu s'étaient noués depuis l'an mil se relâcheront. Toutefois, entre 1110 et 1160, se place en Mâconnais une courte période d'équilibre et c'est alors que la société féodale revêt ses formes les plus pures. Notre propos est maintenant de nous arrêter un moment pour en tracer le tableau, pour voir vivre les hommes et esquisser la silhouette des principaux types sociaux de ce temps.

CHAPITRE VIII

TABLEAU DE LA SOCIÉTÉ LAÏQUE AU XIIe SIÈCLE

I. HORS DE LA NOBLESSE

Formée et entretenue dans les communautés religieuses et dans les milieux aristocratiques, vulgarisée par les sermons, les histoires, l'imagerie des fresques et des bas-reliefs, manifestée par l'ordonnance des cérémonies, une idée s'impose à tous au XIIe siècle : Dieu a réparti les hommes en trois catégories, en trois « ordres » distincts et stables ; isolant de la masse deux élites restreintes, le clergé et la chevalerie, il a chargé la première de le servir, la seconde de maintenir la paix ; les autres, les travailleurs, leur sont subordonnés au spirituel et au temporel, ils obéissent, ils paient : leur rôle est d'entretenir les spécialistes de la prière et du combat. Universellement répandu [1], ce thème est alors en Mâconnais le plus banal qui soit ; dès 1125, l'abbé de Cluny, Pierre le Vénérable, l'exprime en maints passages de ses traités et de ses lettres ; il apparaît plus nettement encore, un siècle plus tard, dans le discours moralisateur que le châtelain Hugues de Berzé versifia en français de France à son retour de la quatrième croisade [2]. Reflétant exactement la structure sociale qui peu à peu, spontanément, s'était établie au XIe siècle, il contribua en fait puissamment à la fixer en présentant cet aménagement comme une institution divine, juste par conséquent et définitive. Nul en tout cas à cette époque ne se forme une autre image de la société et, pour être conforme au sentiment unanime des contemporains, le tableau que nous allons dresser du monde laïc doit comporter deux volets bien séparés ; l'un, plus dégagé, mieux éclairé, réservé aux chevaliers ;

1. GUILHIERMOZ, p. 370-373.
2. PET. VEN., *Epist.*, I. 16, 86 ; IV, 36, 368 ; VI, 26, 435, HB, 179 sq.

l'autre où se presse la foule des non-nobles, dans une quasi-obscurité qui ne laisse entrevoir que des silhouettes indécises et les grandes teintes d'ensemble.

A. LES PAYSANS

Les travailleurs, les « laboureurs » par excellence, sont les paysans, et lorsqu'on évoque au XIIe siècle le troisième ordre, c'est à eux d'abord que l'on pense [1]. La classe rurale est sans conteste la plus nombreuse, mais aussi la plus difficile à connaître. Les documents qui concernent directement le petit peuple des campagnes sont extrêmement rares ; il n'est point encore de ces testaments, de ces contrats conclus avec le seigneur, qui livreront dès le milieu du XIVe siècle des renseignements abondants et précis ; les listes de témoins, les enquêtes, les censiers fournissent en abondance des noms, mais des noms seulement ; çà et là, des notices d'aumônes procurent des indications fragmentaires sur la fortune et la condition de certains cultivateurs, mais elles sont trop dispersées pour que l'on puisse suivre l'histoire particulière de telle famille. Aussi, pour prendre une vue concrète de la paysannerie, le mieux est-il encore d'observer dans son ensemble une paroisse rurale.

*

Grâce aux pancartes de l'abbaye de La Ferté, celle de Saint-Ambreuil, aux confins du Chalonnais, apparaît dans une lumière très vive pendant une génération entre 1130 environ et 1160.

Le village, que traverse le grand chemin de Chalon à Tournus, est installé autour de l'église sur un large dos de terrains lourds qui dominent légèrement, au nord du val de Grosne, les grandes prairies marécageuses des bords de la Saône, à la lisière de la forêt de Bragny. L'habitat, cependant, n'est pas strictement groupé : dans l'agglomération, des jardins et des champs séparent les maisons et quelques habitations s'en écartent, « cours » et « meix » isolés de la Combe, des Ruées, des Mez, de Cormanèche, ou rassemblés par deux ou trois autour d'un puits dans les petits hameaux de *Chavals* et de *Sivoi* [2]. Sur un sol uniforme, le terroir est régulièrement divisé en grands quartiers arables, les « champs », dont les noms, Saugevoisin, Champrichard ou les Argilauz, qui

1. PET. VEN., *Epist.*, VI, 26, 435 ; HB, 179.
2. L'habitat est lâche, le meix entouré de terres arables : F. 78 – 81 – 87 ; deux meix à *Sivoi*, trois à *Chavals*, F. 72 – 81 – 77 – 95.

évoquent la végétation naturelle, le souvenir d'un ancien possesseur, ou l'aspect de la terre, se sont pour la plupart maintenus jusqu'à nos jours [1]. Dans ces « champs », les grandes pièces, les condemines, sont rares et ne les recouvrent jamais tout entiers ; ils sont d'ordinaire morcelés à l'extrême en parcelles étroites et longues, les « poses », les « tilles », dont certaines ne sont larges que de deux ou trois sillons [2]. Sur ce terroir en écheveau et qui, semble-t-il, ignore les clôtures, les héritages sont éparpillés ; chaque paysan possède des terres dans plusieurs quartiers, qui joignent celles de ses voisins [3]. Les documents ne parlent pas de vigne mais il pouvait en exister ; on sait en tout cas que certains exploitants de Saint-Ambreuil soignaient des ceps sur les pentes mieux exposées de la colline de Mont-Saint-Martin, dans la paroisse voisine de Laives [4]. Dans les bas-fonds du pourtour, sur les « chambons » qui bordent la Grosne, s'étendent les prés de fauche, très morcelés eux aussi et que les paysans se partagent andain par andain [5]. Enfin, à la lisière occidentale, les bois reculent, cédant peu à peu la place aux essarts. Unis dans une communauté paroissiale, les hommes de ce village, qui pourtant vivent chacun chez eux dans leur meix isolé, semblent bien être rassemblés dans une communauté agraire ; l'agencement du finage (différent de celui du Mâconnais proprement dit et annonçant les paysages de la Bourgogne du Nord) appelle en effet une organisation collective de l'assolement, de la vaine pâture et du troupeau commun [6].

1. F. 56 – 77 – 52 – 59 – 87 – 92.

2. Cinq terres dans un quartier sont voisines d'une condemine : F. 69 – 37 – 52 ; parcelle d'un sillon, F. 71 ; de deux sillons, F. 37.

3. Dans le quartier de *Chavals* sont possessionnés : le prévôt de Givry, F. 34 ; Adèle Naviller, F. 36 ; Ami et Bertrand, F. 39 ; Humbert de Saint-Ambreuil, tenancler de Guillaume de Chalon, F. 54 ; Duran Marin, F. 57 ; Bernard Racinar, tenancier de Guillaume de Chalon, F. 60 ; Jonas de Beaumont, qui a trois sillons en alleu, F. 70 ; Lambert Racinar, F. 73 ; Doucet le prévôt, F. 83. Tous ces gens ont des parcelles dans d'autres quartiers : Achard de Saint-Marcel a deux poses à *Leima*, deux sillons près du meix du Perron, deux poses près de la condemine de B. de Saint-Ambreuil, une demi-pose au meix des Rues, une pose aux Arembert ; Hugues Paumier, tenancier comme Achard de Guillaume de Chalon, a quatre poses aux Rues et près de la condemine, deux poses près du meix de la Combe et une à Saugevoisin, F. 37 – 52.

4. Robert Guineman y a une vigne, ASL, H. 24, n° 6.

5. A Lanchère, 41 andains sont partagés entre Robert Gentil, Bernard Alget, Mainard et Doucet, Robert Guillaume, Achard Rechain, Adèle la Rachasse, F. 79.

6. Dans la plupart des villages du Mâconnais, du Clunisois ou de la Bresse, l'aménagement du terroir serait un peu différent, avec des champs plus compacts, et la communauté agraire moins étroite. Cette différence peut s'expliquer : à Saint-Ambreuil, le sol est plus uniforme et plus rare la vigne, qu'il faut protéger du bétail et clore ; mais il faut aussi évoquer une opposition plus profonde dans les usages paysans : nous sommes ici un peu au-delà de la frontière qui sépare les paysages agraires du Nord de ceux du Midi ; Saint-Ambreuil est déjà dans la zone des gros villages et de l'*open-field*.

Nous ne connaissons pas tous les membres de cette communauté, mais seulement les chefs de famille qui possèdent de la terre dans la portion sud-ouest du terroir, où, dans le courant du XIIe siècle, s'étend le patrimoine de la Ferté. Ils sont soixante-cinq. Douze sont étrangers au village et vivent dans les paroisses de Beaumont ou de Varennes, parfois dans des agglomérations plus éloignées ; en revanche, des cultivateurs de Saint-Ambreuil sont possessionnés dans les finages environnants ; l'exploitation paysanne n'est pas toujours contenue dans les limites d'un seul terroir[1]. Saint-Ambreuil abrite donc au moins cinquante-trois familles et est donc alors plus peuplé sans doute qu'aujourd'hui[2]. Car ces familles sont nombreuses : le paysan a d'ordinaire deux ou trois fils, autant de filles, qui jusqu'à sa mort vivent chez lui sous son étroite direction ; à leur majorité, les enfants sont associés aux transactions qui portent sur l'alleu, mais ils ne reçoivent pas leur part individuelle ; souvent même l'indivision se poursuit entre les frères après le décès des parents et réunit parfois, outre les beaux-frères, les oncles, les neveux et les cousins. Normalement cependant l'héritage et la famille se scindent à la seconde génération : s'ils conservent fréquemment quelques parcelles en indivis, les frères ont chacun leur alleu personnel et ne vivent plus en commun. Issus d'une même souche et portant le même surnom, les Racinar, par exemple, sont divisés en trois branches ; Bernard vit seul sur son bien, Odelet et Raoul exploitent ensemble une tenure mais possèdent chacun quelques alleux en propre ; le dernier, Lambert, reste associé à sa sœur et à ses neveux. Mais si nos paysans ne pratiquent pas longtemps la communauté lignagère, moins longtemps semble-t-il que les chevaliers, ils restent solidaires de leurs parents et conservent un droit sur la portion de l'héritage ancestral que tient leur neveu ou leur cousin[3].

Les villageois de Saint-Ambreuil sont placés sous l'autorité d'un seigneur banal ou plus exactement de deux. Maîtres de la forêt de Bragny, les comtes de Chalon ont un certain pouvoir sur les habitants de la paroisse qui usent des bois et qui ont récemment défriché une partie du territoire sylvestre. Les prévôts et les forestiers comtaux, dont deux, Doucet et Brun Canier résident à Saint-

1. Quatre possesseurs sont des paysans de Varennes-le-Grand, deux de Beaumont, un de Nully, un de Lalheue : d'autres résident plus loin, à Saint-Loup, à Sevrey et Jully, de l'autre côté de la forêt, et même outre-Saône, à Saint-Marcel-lès-Chalon.

2. En 1946, on recensait à Saint-Ambreuil un peu plus de 300 habitants.

3. L'indivision entre frères est fréquente : ASL, H. 24, n° 5 ; F. 36 – 42 – 45 – 49 – 54 – 75 – 76 – 80 ; beaucoup plus rare entre beaux-frères, F. 67, entre cousins, ASL, H. 24, n° 21, oncle et neveu, F. 48 – 73. Le partage est toujours prévu, ASL, H. 24, n° 5. Les Racinar : F. 73 – 76 – 53 – 47 – 60. Contestation sur l'aumône du frère, F. 46, du neveu, F. 81, du beau-père, F. 88, du cousin, F. 54.

Ambreuil, lèvent sur les meix quelques coutumes seigneuriales et, en particulier, un droit de brennage assez faible de six deniers[1] ; lorsqu'il faut mener une enquête à propos de la forêt, ils convoquent aussi les gens du village au nom du comte[2]. Mais la seigneurie comtale est marginale ; la *villa* de Saint-Ambreuil et la partie ancienne de son finage sont soumises tout entières au châtelain voisin, Tibert, sire de Sennecey. C'est lui qui rend la justice ; entouré de ses ministériaux, Jean de Saint-Cyr et Bernard Bosler, il préside les débats sur le perron de la place lorsque quelque contestation oppose des possesseurs fonciers du village ; parfois des chevaliers du voisinage, Richard de Sennecey et Bertrand de Sandon, amis du châtelain et ses feudataires, l'accompagnent, et, quand une église est mêlée au procès, l'évêque de Chalon ou l'un des archiprêtres viennent assister au plaid[3]. Le sire également commande : lorsque l'église en 1197 sera reconstruite ailleurs, c'est lui qui se chargera d'assurer la fréquentation du nouveau sanctuaire[4]. Tibert de Sennecey possède peu de terres dans le terroir ; sa seigneurie banale n'a pas d'assise foncière ; mais, par son château, il est le maître et ce sont ces droits supérieurs sur toute la *villa* que son descendant vendra au début du XIIIe siècle au sire de Brancion[5]. Toutefois, sous l'autorité du sire, les paysans jouissent d'une grande liberté. On ne sait ce qu'ils paient au prévôt, mais si les exactions sont comparables à celles que perçoivent les comtes, elles ne doivent guère grever leur budget. Les alleutiers en tout cas disposent à leur guise de leur héritage : jamais ils ne requièrent pour l'aliéner l'autorisation du seigneur. Il est sûr également que le châtelain ne juge pas toutes leurs querelles ; certaines sont réglées à l'amiable devant les « voisins » ; pendant des années, des rustres parviennent à tenir tête à l'abbé de La Ferté, refusant de restituer les droits qu'ils ont usurpés ; pour les amadouer, les moines doivent leur faire des cadeaux, solliciter leurs amis d'intervenir ; si les villageois étaient livrés entièrement à la juridiction seigneuriale, les Cisterciens attendraient-ils si longtemps leur bon plaisir, prendraient-ils tant de précautions contre leurs revendications éventuelles, exigeraient-ils leur serment, retien-

1. F. 86 (le brennage, *brenneria*, est un droit de réquisition pour l'entretien de la meute du seigneur) ; les comtes entretiennent en effet sur la lisière de la forêt une meute et des veneurs, F. 90.

2. F. 82.

3. F. 54 – 94 – 49 – 34.

4. ASL, H. 25, n° 59, *qui cum remota fuerit ipse Guido debet facere homines sancti Ambrosii et cogere illuc ire vel alibi*.

5. Les Sennecey possèdent de la terre ; ils donneront une parcelle pour reconstruire l'église. Mais ils n'ont aucun fonds dans la portion sud-ouest du terroir. Vente de la *villa*, ASL, H. 27, n° 52 (1238).

draient-ils des garants de la paix ? À Saint-Ambreuil, la puissance du châtelain n'accable pas les manants[1].

Dans le village, une bonne partie du sol appartient à des chevaliers ou à des établissements religieux. Terre d'église, le patrimoine de La Ferté qui gagne progressivement depuis la forêt et les prés de la Grosne vers le hameau de *Chavals* où les moines vont fonder une grange ; terre d'église, le vieux domaine de Notre-Dame de Beaumont, prieuré clunisien, qui, depuis le début du XIe siècle empiète sur la partie méridionale du finage de Saint-Ambreuil et englobe, plus avant, deux meix isolés et quelques champs ; terres d'église, les parcelles et les quelques tenures dispersées que possèdent le chapitre de Saint-Vincent de Chalon, le monastère de Saint-Pierre, le prieuré de Saint-Marcel. Quant aux chevaliers, ils ont d'abord les dîmes, objets de plusieurs concessions féodales que se partagent Richard de Sennecey, Hugues le Blanc, les Fontaine ; Guillaume de Chalon tient en alleu une grosse seigneurie foncière à *Chavals* dont les dépendances sont dispersées dans tout le terroir ; Hugues de Laives est propriétaire d'un meix à *Sivoi*, Landry de Sennecey, d'une tenure, la femme de Boémond de la Chapelle de Bragny, d'un demi-meix, Hugues de Mailly, de quelques tilles[2]. Certaines de ces terres sont exploitées directement par leurs maîtres : les Clunisiens de Beaumont ont « en domaine » plusieurs breuils ; les Cisterciens tiennent à travailler toute la terre qu'ils acquièrent et expulsent quand ils le peuvent ceux qui l'ont en tenure. Mais la plupart de ces fonds sont cultivés par les paysans du village. Les moines de La Ferté eux-mêmes sont contraints malgré eux de conserver quelques tenanciers, louent au moins les maisons qu'ils ont reçues en aumône et dont ils n'ont que faire et même, pour un temps limité, quelques parcelles arables[3].

Jadis, ces tenures paysannes étaient des exploitations complètes rassemblant autour d'un centre bâti, le meix, un certain nombre de terres et de droits qui lui étaient étroitement attachés. Mais des dix-neuf meix que nous connaissons

1. Les amis de Vial de Varennes interviennent pour l'accorder avec les moines, F. 88 ; un désaccord est tranché *coram vicinis sancti Ambrosii*, F. 58 ; les Cisterciens exigent un serment de paix, des *responsores pacis*, F. 44 – 77.

2. Le domaine de Beaumont achève de se constituer au début du XIe siècle, C. 2752 à 2759 (1021) ; il s'étend surtout sur les chambons de la Grosne, F. 50 – 60 – 63 – 75 – 64 – 65 – 80 – 84 – 83 ; mais il comprend aussi les meix de Doucet et de la Combe, et des terres à *Cormanesche*, F. 52 – 68 – 83. – Saint-Vincent de Chalon, F. 56 ; Saint-Marcel, F. 95 ; Saint-Pierre, F. 85. – La dîme, F. 31 – 32 – 135. – G. de Chalon, père des chevaliers de Buxy, a huit tenanciers au moins, ASL, H. 24, nº 12. F. 37 – 38 – 52 – 54 – 60 – 76 ; le meix de Hugues de Laives est tenu par G. Culier, F. 77 ; autres chevaliers, F. 72 – 85 – 43.

3. F. 87 – 57 – 58.

à Saint-Ambreuil, trois seulement conservent encore leurs anciennes dépendances ; les autres, concédés séparément, sont des parcelles qui n'ont plus d'autres particularités que d'être habitées ; certains même, complètement désagrégés, sont labourés, divisés en « tilles » et en « poses » ; dans ce village, la décomposition du *mansus* est fort avancée [1]. Parfois, plusieurs parcelles sont concédées à un même tenancier pour un cens global et forment une seule tenure (*teneura*) : Achard de Saint-Marcel et Hugues Paumier tiennent ainsi l'un et l'autre de Guillaume de Chalon six ou sept poses et des sillons répartis dans différents quartiers ; Duran de Varennes exploite onze pièces de la terre de Notre-Dame de Beaumont [2]. Mais le plus souvent, chaque andain de pré, chaque parcelle de labour fait l'objet d'une concession particulière ; la seigneurie foncière est d'ordinaire extrêmement morcelée. Quant aux redevances, elles sont faibles pour les tenures globales comme pour les pièces isolées, et presque toutes en argent ; à Saint-Ambreuil, le prieur de Beaumont ne tire de toutes ses tenures chaque année que cinq sous de Chalon, cinq pains et un quart de setier d'huile ; on ne voit qu'un pré qui soit loué à quart de fruits ; aucun cens n'excède quatre deniers par an ; enfin – et c'est peut-être parce que les seules grandes réserves sont aux mains des Cisterciens – il n'est jamais question de service en travail [3]. Comme celui de la seigneurie banale, le régime foncier est ici fort libéral ; le paysan qui travaille la terre d'autrui, maître chez lui sous réserve d'entretenir le fonds et de ne pas le morceler sans l'assentiment du propriétaire, se libère entièrement avec quelques pièces de monnaie ; pour les trouver, il lui suffit d'aller vendre aux voyageurs de la route (l'hospice du pont de Grosne n'est pas encore fondé) ou sur le marché de Chalon, quelques mesures de grain ou quelques fromages. Ce n'est certes pas le seigneur qui tire du fonds le meilleur profit.

Il se peut que certains villageois soient de purs tenanciers, tels Robert de Marnay ou Achard de Saint-Marcel qui, dépourvus de terre, ont quitté leur village et sont venus prendre ici une petite exploitation en location. Mais la plupart ont des alleux, un héritage, trop modeste certes pour qu'ils puissent en

1. Meix-tenures *cum appendiciis* : celui de R. Boer, F. 62, de G. Cullier, F. 77, de Doucer, F. 83. D'ordinaire, le meix est isolé, F. 60, partagé, F. 87 ; c'est la maison, F. 88. Il est parfois désagrégé : une tille *in manso R. B.*, F. 53 ; une tenure *in manso domine Oiselle*, F. 93.

2. Tenures globales : F. 37 – 52 – 56.

3. Faibles redevances en argent, F. 60 – 73 – 87 ; un pré au quart, F. 60 ; une terre pour 8 d. et un repas, F. 52. Le prieur de Beaumont, C. 4143 (1155), qui pourtant a au moins 13 tenanciers. Remarquons que dans la seigneurie de Beaumont toute proche, où les Clunisiens ont une grande réserve, les hommes du village doivent fournir ensemble trois corvées de vingt charrues tous les ans.

vivre, mais que complètent quelques champs et quelques prés tenus à cens d'un seigneur et généralement de plusieurs. Ainsi Bernard Racinar exploite pour deux deniers de service une pose qui appartient à Guillaume de Chalon et tient à quart de fruits un pré de Notre-Dame de Beaumont, mais il a sa part de l'alleu familial ; aux lisières de Bragny, il a aménagé sur les essarts des prairies nouvelles ; en possession de plusieurs maisons, il en loue une à Jean de Bolèse, son voisin[1]. D'ordinaire, l'exploitation paysanne comprend d'abord le logis, une petite « cour » avec sa grange, son étable, le jardin et la chènevière, tenus parfois sous un cens très médiocre, mais possédés le plus souvent en franc héritage ; puis en censive, quelques parcelles ; enfin, en alleu cette fois, quelques pièces de terre, quelques andains de pré dans les parties neuves du terroir récemment défrichées. Le père, aidé par ses fils et ses frères non mariés, vit aisément de ce petit domaine ; il en tire sans peine le froment, le seigle, le mil, les fèves qui suffisent à nourrir le ménage ; les porcs vont à la glandée en Bragny : la vaine pâture, un pré ou deux de fauche permettent d'entretenir le petit attelage de bœufs ; à défaut, l'âne, nourri de peu, est chargé du labour[2]. L'argent est rare, mais, quand il a payé les redevances et les coutumes banales, le paysan ne se soucie guère d'en avoir ; quand il vend ses droits sur un fonds, il préfère être payé en nature, recevoir des fromages, quelques mesures de froment, mieux encore du bétail, des pièces de vêtement, une chape, une pelisse, une paire de souliers[3]. Il vit simplement et ses habitudes ne changent guère si dans sa vieillesse, comme Hugues Paumier ou Duran Boler, il se fait convers au monastère voisin de La Ferté[4].

L'expansion démographique, la nécessité de diviser l'héritage du père risquerait de conduire au dénuement s'il n'y avait, en abondance et toutes proches, des terres vierges à essarter. Parfois même, un effort soutenu dans le défrichement, un heureux héritage permettent d'arrondir l'alleu ; quelques paysans de Saint-Ambreuil ont ainsi plus de terres qu'ils n'en peuvent travailler ; sans abandonner leur tenure, car le régime des redevances est trop avantageux pour que l'on songe à déguerpir, ils louent eux-mêmes un peu de leur propre bien et deviennent à leur tour des seigneurs. Tels les frères Doannel, tenanciers des moines de La Ferté et du prieur de Beaumont, mais gros alleutiers par ailleurs

1. F. 60. Robert Béranger possédait une maison, quatre sillons en Ravairoles, deux en Champeuil, deux tilles aux Ruées, une pose à Sivoi et tenait une charretée de pré de N.-D. de Beaumont au pré *Berolt*, F. 88.

2. F. 88. Grains de consommation : seigle, F. 37 ; mil, F. 53 ; fèves, F. 94.

3. Paiements en nature : fromages, F. 36 ; grains, F. 37 – 83 – 53 ; un bœuf, F. 88 ; vêtements, F. 41 – 51 – 88 – 83 ; souliers, F. 46 – 57.

4. Conversions, F. 52 – 88.

et qui perçoivent des tâches sur les essarts que d'autres paysans ont ouverts dans leurs bois[1]. Enfin, trois familles s'élèvent très nettement au-dessus des autres ménages paysans, celle de Bernard et Humbert de Saint-Ambreuil, propriétaires de condemines et d'une « forêt », celle de Pierre Fourche, qui vend sa terre pour dix livres alors que l'exploitation rurale moyenne ne vaut pas plus de soixante sous, enfin celle de leur cousin Oury de Bissey, prévôt du chevalier Josseran de Saules, maître d'un bel alleu et qui tient par surcroît de Hugues de Mailly cinq pièces de terre, en fief et non pas en tenure. Bernard, Pierre et Oury, proches parents, sont tous trois des seigneurs ; cinq tenanciers travaillent une part de leur bien ; tous trois sont alliés aux prévôts comtaux Bertrand et Létaud de Châtenay, qui eux vont de compagnie avec les chevaliers. On ne sait comment vivent ces coqs de village ; on ne connaît ni leurs goûts, ni leurs amis. Mais une chose est certaine : s'ils forment à Saint-Ambreuil une petite aristocratie paysanne, s'ils sont, comme les nobles, seigneurs fonciers et feudataires, ce ne sont pas des chevaliers ; ils n'épousent que des filles de leur classe ; leurs fils, leurs petits-fils ne sont pas adoubés. Riches, considérés, ils sont paysans et le restent[2].

*

Dans ce village dont l'histoire, au milieu du XIIe siècle, est de beaucoup la moins obscure, voilà tout ce que l'on peut connaître des paysans. Seule à peu près leur fortune foncière se laisse entrevoir, et partiellement. Tâchons de compléter ce tableau par quelques traits glanés ici et là dans les documents de l'époque.

Les notices de ventes ou de donations des pancartes de La Ferté ne mentionnent pas évidemment une catégorie sociale qui pourtant est sans doute représentée à Saint-Ambreuil comme dans tous les villages, celle des paysans sans terre, valets domestiques des grands domaines, la plupart attachés à la « cour » et n'en sortant de leur vie, naissant et mourant au foyer du maître, d'autres, comme les porchers et les pâtres, plus indépendants et consommant à part leur prébende, d'autres enfin exerçant des métiers spécialisés, pêcheurs des rives de la Saône ou artisans des forges villageoises, qui vivent de leur profession et

1. F. 75 – 87 – 94.

2. B. de Saint-Ambreuil, F. 69 – 52 – 37 – 85. P. Fourche, ASL, H. 24, n° 21 – F. 51. – O. de Bissey, F. 5 – 11 – 38 – 40 – 41 – 42 – 43 – 51 – 147. – Leurs parents, les Châtenay, reçoivent la garde des fils mineurs du chevalier G. de Chalon, ASL, H. 24, n° 21 – F. 37. – Leurs tenanciers, F. 38 – 40 – 41 – 42 – 51. – Leurs alliances : la sœur d'Oury, épouse du paysan Martin Flochet, F. 5 ; ses cousins sont de petits cultivateurs, F. 6.

versent une part de leurs profits au seigneur de la pêcherie ou de l'atelier[1]. Nulle trace non plus dans les documents cisterciens, de la profonde distinction de nature économique qui sépare laboureurs et manouvriers, « ceux qui font leur ouvrage avec des bœufs ou d'autres bestiaux » et les autres, qui retournent leurs champs à la houe. Elle est pourtant sentie partout, reconnue en particulier par les seigneurs banaux qui, d'ordinaire, exigent moins des brassiers que des manants pourvus d'attelage[2].

Les chartes de Saint-Ambreuil sont également muettes sur les liens de dépendance personnelle qui retiennent certains paysans. Aucun d'eux n'est jamais appelé serf, ce qui confirme nos observations précédentes. Mais dans d'autres paroisses, à Saint-Gengoux par exemple, on distingue les manants des hommes propres. Des *homines proprii*, nous en connaissons dans le terroir limitrophe de Saint-Ambreuil, à l'intérieur de la poté clunisienne de Beaumont : à quelques kilomètres de là, au village de Boyer en Tournugeois, seigneurie du chapitre de Chalon, tous les habitants sont manants des chanoines, mais quelques-uns sont en outre leurs hommes ou les dépendants d'autres seigneurs : Pierre de Colonge est attaché au chevalier Bernard de Chaunois, Guy de Chassagne appartient à l'évêque de Chalon, le prévôt a des droits sur certains paysans et le châtelain de Brancion réclame le service de quelques familles de cultivateurs ou de quelques rustres isolés entrés par leur mariage dans des maisons dépendantes de Saint-Vincent de Chalon[3]. Saint-Ambreuil ignore-t-il cette bigarrure et sur tous les villageois le sire de Sennecey est-il seul à exercer sa puissance ? Il est permis d'en douter : si le statut personnel des paysans n'est pas indiqué dans les notices des pancartes de La Ferté, c'est que les Cisterciens ne s'intéressent alors qu'à la terre et se soucient peu d'acquérir des droits sur les hommes. Toutefois, pour expliquer ce silence, il faut admettre aussi que les attaches personnelles, si elles existent, ne sont guère astreignantes. Ou bien les hommes propres vendent leur alleu aussi librement que les paysans indépendants et peuvent faire arbitrer leur querelle par leurs voisins, ou bien ils sont dans la communauté villageoise une infime minorité. En fait le XIIe siècle paraît bien le

1. Les bouviers prébendiers de Chazelle, C. 4143 ; le fabre de la Charmée, C. 4147 (1150 env.).

2. La distinction entre laboureurs et manouvriers est marquée dans les documents les plus anciens, M. 501 (928) ; M. 476 (1031-1060). Les uns et les autres ne sont pas également traités par le seigneur banal : C. 4279 (1181-1182), 4930 (1250), 5033 (1260) ; à Verzé, le tarif des sépultures est différent pour les *parrochianus... dominus hospitii... tenens et arens ad bovem seu boves*, ASL, G. 421, n° 1 (1307).

3. Distinction entre *homines* et *hospites* dans la poté clunisienne de Saint-Gengoux, C. 4223 (1166) ; à Beaumont, les *homines villae*, C. 4143 ; à Boyer, CH. 162 (fin XIIe), 164 (fin XIIe), 162 (1170), 157 – 158 (1197).

moment où, dans la paysannerie, hormis la sujétion au seigneur dominant le territoire, tous les liens personnels sont le plus relâchés ; l'ancien servage est mort, la nouvelle servitude est encore imprécise ; les hommes propres, peu nombreux, sont plus proches des autres que jamais.

Enfin, il est impossible à Saint-Ambreuil de pénétrer la vie profonde de la famille, de la communauté villageoise ou paroissiale, de deviner les sentiments et les goûts des travailleurs ruraux. Et là-dessus on ne trouve guère ailleurs d'indications plus précises. Notons seulement que des paysans partent à la croisade : en 1147, Gautier Lefranc de Laives et Constant de la Chapelle-sous-Dun se joindront à l'expédition de Louis VII ; à la fin du siècle, Guy de Chassagne, paysan de Boyer, voulant aller à Jérusalem, engagera sa tenure pour quatre livres [1]. Un peu tardive certes, mais pleine de notations concrètes, une enquête judiciaire du XIIIe siècle révèle quelques aspects de l'existence quotidienne dans un petit hameau du haut Beaujolais, Monnet, perdu dans les bois près de Matour. Il est presque entièrement peuplé par une seule famille, les Burdinet, dont l'un des membres tient la prévôté ; mais réunies sur quelques biens dans une communauté prolongée, les branches sont pour le reste nettement séparées. Devant le danger, il arrive que le lignage se regroupe : accusés d'un vol de porcs, tous les parents font front et se soutiennent. Toutefois, la solidarité familiale n'empêche à l'intérieur du groupe ni les coups de poing ni les coups de fourche ; contre son parent on porte plainte à la cour du sire et le prévôt n'hésite pas à saisir son cousin qu'il a surpris en adultère ; chacun surtout défend brutalement l'indépendance de sa part d'alleu : Hugues Burdinet bat son frère qui avait abreuvé ses bestiaux dans son pré. Cependant, violences et méfaits, ceux du moins dont le seigneur est averti, sont relativement rares : en quarante ans, les moines de Saint-Rigaud, maîtres du lieu, n'ont puni que cinq rixes, un adultère et trois vols ; et s'ils infligèrent de lourdes amendes, ils les perçurent avec une très grande modération : ils tinrent quitte pour cinq sous celui qu'ils avaient condamné pour effusion de sang à l'amende de soixante sous et libérèrent pour un bichet de seigle un paysan larron remis à leur merci [2].

Telle est la paysannerie du XIIe siècle. Prolifiques, les familles s'y morcellent assez vite et l'alleu avec elles ; rares sont les agriculteurs qui ne sont pas contraints d'être en partie au moins tenanciers ; mais les conditions du contrat leur sont d'ordinaire très favorables ; certains peuvent par le défrichement reconstituer leur propriété allodiale et concéder de la terre aux plus pauvres. Assez souvent, semble-t-il, le paysan est à la fois alleutier, tenancier et seigneur.

1. F. 120 – ASL, H. 142, n° 8 – CH. 115 (1219).
2. ASL, H. 144, n° 26 – 27 (XIIIe).

Abstraction faite de la taille arbitraire, les exactions que perçoit le seigneur du village paraissent en fait assez légères et le maître de la justice consent parfois à réduire les amendes ; les hommes propres sont plus durement exploités peut-être, mais ne sont-ils pas l'exception ? Bref, le sort des paysans ne semble pas si mauvais. Les documents sont trop clairsemés pour que nous puissions discerner l'évolution d'ensemble des petites fortunes rurales ; mais il ne paraît pas impossible que certains cultivateurs, les plus aisés, parviennent maintenant, depuis la renaissance économique, à améliorer lentement leur condition.

À ce propos, il faut se demander si le paysan peut s'élever assez pour sortir de son ordre, pour entrer dans la chevalerie. Sans aucun doute, les villageois les plus riches entretiennent avec les nobles des relations étroites, et d'abord avec la famille chevaleresque qui habite la paroisse ; durant les longs moments qu'il passe dans sa demeure champêtre, le chevalier coudoie les ruraux, ses tenanciers ou ses voisins ; il les rencontre aux assemblées judiciaires [1] ; il lui arrive de se lier d'amitié avec les gros exploitants qui ont presque autant de loisirs et de moyens que lui. On voit des laboureurs, mêlés aux rivalités féodales, combattre pour des chevaliers ; en retour, des nobles soutiennent parfois des vengeances paysannes. Peu après la fin du XIIe siècle, le fils d'un paroissien de Pierreclos fut tué par d'autres rustres, hommes de l'abbaye de Cluny ; son père, son frère et son beau-frère partirent pour le venger, aidés par leurs amis les chevaliers de Neublans, de Vinzelles et de Chaintré ; et comme les agresseurs cherchèrent appui auprès des moines, leurs seigneurs, et des vassaux de l'abbaye, cet obscur drame paysan mit en branle toute la chevalerie locale [2].

Cependant, si leur fortune, leurs intérêts et leurs soucis rapprochent fréquemment dans la vie quotidienne l'élite de la paysannerie et les plus pauvres des hobereaux, jamais les deux classes ne se compénètrent [3]. Les chevaliers ont de plus en plus le sentiment qu'ils appartiennent à un monde différent et supérieur, et ce préjugé commun écarte vigoureusement de la noblesse les plus riches héritiers des paysans heureux : par leur naissance, ils sont du « vulgaire » ; on les tient pour « non-nobles », *ignobiles* [4]. Dans le courant du XIIe siècle, l'ordre des clercs paraît se fermer plus étroitement à la paysannerie. Nous manquons de renseignements sur le recrutement des séculiers. Mais les ruraux qui, très

1. Chevaliers et paysans réunis dans les plaids de la campagne, M. 598 (1096-1124), 548 (1074-1096), C. 3726 (1097), ASL, H. 24, n° 8.

2. Affaire de Jacques de Pierreclos, C. 4584 (1229) ; elle n'est close qu'en 1237, C. 4723. – Jean Barnesse mêlé à une autre guerre féodale est tué par H. de Pierrechamp, chevalier, et son lignage conduit également la vengeance, aidé par des nobles, C. 4656 (1234).

3. Voir *infra*, ch. IX, A.

4. PET. VEN., *Epist.*, VI, 26, 465.

nombreux, se « convertissent » dans une communauté monastique sont maintenant confinés dans un rang inférieur : à La Ferté, on ne les admet pas comme moines mais comme convers et, pour ne pas les mêler aux fils de chevaliers, on interdira à ceux-ci en 1188 de se faire simple convers, ils devront prononcer tous les vœux ; l'abbaye de Cluny, jadis plus accueillante aux *rustici*, les admet moins volontiers au XIe siècle et les maintient aussi, loin du chœur, dans une position subalterne[1].

Partout donc, le paysan est tenu à l'écart. Il n'a qu'un moyen de sortir de sa condition, c'est d'accéder, en restant dans l'ordre des travailleurs, à l'aristocratie roturière des ministériaux et des bourgeois. En fait, les meilleures familles paysannes vont vers ces deux élites, celle de l'argent, la classe urbaine, celle du pouvoir, le petit groupe des prévôts ; Pierre Fourche et Bernard de Saint-Ambreuil sont, nous l'avons vu, cousins de prévôts et Oury de Bissey prévôt lui-même ; un autre lignage de paysans aisés, celui de Mouhy en Mâconnais, compte parmi ses membres un agent de la seigneurie clunisienne et un bourgeois de Mâcon et ces deux-là sont de tous leurs parents ceux qui ont le mieux réussi[2].

B. LES MINISTÉRIAUX

Au XIIe siècle, les principaux agents des grandes seigneuries forment parmi les non-nobles une petite classe particulière qui, profitant de l'autorité déléguée par les maîtres, est à la campagne et dans les villes, riche et respectée ; les plus heureux de ses membres fréquentent les chevaliers, adoptent leur genre de vie et sont souvent même plus fortunés ; leurs ancêtres pourtant étaient de très humbles dépendants domestiques. Comment ces familles sont-elles progressivement sorties de leur obscurité ? C'est ce qu'il convient d'examiner d'abord.

*

1. Les convers de La Ferté, F. 52 – 133 – 114 – 153. – Fils et petit-fils de paysans, Geoffroy de Taizé se fait moine à Cluny en 1185, C. 4298 ; mais Pierre le Vénérable, dans les *Statuts*, recommande de ne pas admettre trop de paysans, de vieillards et de faibles d'esprit, *Stat.* XXXV (1035), et Cluny a ses convers qui servent les moines de chœur, PET. VEN., *Épist.*, IV, 18 (345), *Stat.*, XXIV (1033).

2. Arbaud, Duran, Hugues et Bernard, manants du comte et qui possèdent le gros manse de Mouhy, C. 3700 – 3743 (1100), sont alliés à Arbaud, prévôt de Vergisson puis du doyenné de Chevignes, C. 3565, et à Duran Bourger, bourgeois de Mâcon, M. 511 – 608.

Les serviteurs sont très nombreux dans la société de ce temps. Dès qu'un homme dispose de plus de revenus qu'il n'en faut pour entretenir sa famille, il s'entoure de serviteurs, de *servientes* ; c'est le meilleur usage qu'il pense faire de sa fortune. Dans toutes les demeures chevaleresques, mais aussi dans bien des maisons bourgeoises et dans les ménages des paysans les plus aisés, vivent à l'époque féodale quelques hommes de peine, palefreniers ou garçons de charrue, chargés d'accomplir les travaux les plus ingrats. Mais les plus riches seigneurs sont évidemment les mieux servis et nourrissent de grandes troupes d'auxiliaires ; à certains d'entre eux ils confient une besogne particulière, un « métier » (*ministerium*) ; ces domestiques spécialisés sont proprement les ministériaux [1].

Leurs fonctions sont diverses et beaucoup se distinguent à peine des tâcherons propres à tout : tels les gardes du corps, les artisans qui fournissent la maison en produits fabriqués, ceux qui gèrent un moulin, ceux que le maître envoie de temps en temps aux foires conclure en son nom les achats et les ventes. Quelques-uns cependant émergent de la foule, les chefs de service qui commandent les équipes de domestiques, le cuisinier, le cellerier, le maître-valet qui dirige la culture de la réserve. Enfin, lorsque le domaine, trop vaste ou trop dispersé, contient plusieurs centres d'exploitation, le seigneur installe dans ces annexes les plus sûrs de ses familiers et les investit de ses pouvoirs ; il en fait ses forestiers, gardiens des bois, qui les protègent contre les maraudeurs et les déprédations du bétail et qui perçoivent les droits d'usage ; ou bien ses prévôts, les délégués par excellence, que l'on appelle aussi maires en Chalonnais et chassipols en Beaujolais et en Dombes, et qui eux tiennent dans toute une *villa* la place même du maître, commandent aux serviteurs, installent les nouveaux tenanciers et accueillent les essarteurs, engrangent les récoltes, lèvent les cens et les dîmes [2].

Ces auxiliaires, et principalement ceux qui assument les fonctions les plus importantes, doivent être bien tenus en main, surveillés, punis de leurs indélica-

1. Le terme utilisé dans les documents mâconnais est *minister*. Sur les ministériaux dans la région mâconnaise, DÉLÉAGE, *Vie rur.*, p. 524-525 (début du XIe siècle), et, en général, HALPHEN, « Prévôt », et BLOCH, « Ministérialité ».

2. Sur les différents types de ministériaux, BLOCH, *ibid.*, p. 48-49 et 63-64. – Chefs de service : cuisiniers, C. 3666 – 4346 ; celleriers, C. 3714 – 3716 – 3737 – 4279 – 4001 – 4346 ; dans le doyenné de Chevignes, auprès du prévôt, un médecin, un maréchal, un cellerier et neuf valets, C. 4279. – Les prévôts (HALPHEN, p. 298), *major* : SM. 81, CH. 310, F. 103 – 129 – 133 – 140 ; *chacipol* : ASL, H. 142, n° 2 – T. 193 – 219 – C. 5013 ; *baillivus* : T. 183 – CANAT, p. 32 – *BC*, 1504 – *BD*, II. 103. – Perception des cens ; C. 4329 – 4856 – ASL, H. 28, n° 68 ; des dîmes, M. 627 – 597. – Installation des hôtes, M. 555.

tesses. Aussi le maître les choisit-il parmi les hommes qui lui sont le plus strictement soumis. En l'an mil, tous les ministériaux sont d'origine servile et, pendant tout le XI siècle, chacun pense en Mâconnais qu'un prévôt ne peut être libre ; s'il le devient, il doit alors résigner son office ; c'est ainsi que l'abbé de Cluny saint Hugues, qui avait affranchi l'un de ses prévôts, lui retira aussitôt sa charge, jugeant qu'il n'était plus capable de la remplir [1]. Cependant, s'ils sont placés par leur condition juridique dans la dernière classe de la société, certains ministériaux, chefs des services domestiques dans les très grandes maisons, celles du comte, des châtelains et des principales communautés religieuses, forestiers et prévôts surtout, occupent en fait, dès la fin du Xe siècle, une position bien supérieure. Ils ne sont plus prébendiers, ils recueillent les profits d'une tenure particulière, libérée de tout service et que tout le monde appelle un fief ; leur maître leur abandonne aussi une part des redevances qu'ils perçoivent en son nom et la plupart, mal surveillés, gardent pour eux plus qu'ils ne devraient [2]. Ils jouissent ainsi d'une indépendance économique qui manque aux autres valets et pour cela ils sont riches, beaucoup plus que bien des paysans libres leurs voisins, et leur fortune est d'autant mieux assise que leur office, attaché au fief, est régulièrement héréditaire [3]. Par ailleurs, investis de la puissance du maître, ils exercent une autorité très profitable ; les tenanciers francs, par leur liberté, échappent en droit à leur pouvoir, mais ils doivent compter avec ces percepteurs des cens, avec ces directeurs des corvées et ils cherchent par des cadeaux à se les concilier, à s'entendre avec eux derrière le dos du seigneur ; quant aux serfs du domaine, leurs égaux, ils leur sont entièrement soumis, comme à leur maître lui-même. En 1004, Gobert, maire du domaine que possède à Ouroux-sur-Saône le prieuré de Saint-Marcel-lès-Chalon, est le juge par délégation de la troupe servile ; sans son autorisation, les hommes de la *familia* ne peuvent aliéner leur alleu [4]. Riches, tout-puissants sur les non-libres, craints par les francs tenanciers, quelques lignages d'officiers seigneuriaux formaient déjà dans la société franque une véritable aristocratie du servage.

1. P. 184 – C. 2968 – 3003.

2. Fief : P. 184 – C. 3003 – 3642 – 3666 – 3685 – M. 555 – 567. – Part des perceptions : C. 3666 – M. 555 – 567 – F. 86 – ASL, H. 142, n° 6 (déb. XIIe), *Aalardus prepositus de causa VI d. ; de introitu XI d. ; ulterius in causa duas partes monachi et prepositus terciam. In exertis qui fuerint scisi de Dumchis I d... Si in tempore messis sata custodierit, quantum messor accipiet et si vim fecerit usque ad unam cultam susteneatur. Si quercum vendiderit I d... Nemus mortuum suum.*

3. Hérédité : SM. 81, les frères du maire ont des droits sur ses revenus ; P. 184, indivision des forestiers. Bloch, « Ministérialité », p. 50, pense que c'est l'usage du fief qui a conduit à rendre l'office héréditaire.

4. SM. 81 (1004).

Or, cette élite s'est élevée davantage au cours du XIe siècle, à la faveur des transformations sociales et l'on peut marquer dans cette ascension deux étapes principales :

1. La haute ministérialité profita d'abord beaucoup de l'appropriation par les seigneurs privés des pouvoirs de commandement. Elle gagna en nombre car, pour remplir leurs nouvelles fonctions, les détenteurs du droit de ban durent recruter d'autres auxiliaires ; partout après l'an mil les agents seigneuriaux remplacèrent dans les cours vicariales les anciens représentants de la puissance publique ; il fallut des gardes des moissons, des péageurs, tout un personnel sur les marchés et sur les routes, dans les villages et dans les bourgs, pour maintenir l'ordre et pour percevoir les exactions ; c'est alors que les châteaux et les centres d'immunité se peuplèrent de ces sergents de toutes fonctions dont nul seigneur banal ne pouvait désormais se passer. Dans le même temps s'accrurent l'autorité et les revenus des auxiliaires des *domini* ; tous les manants du territoire banal, et non plus seulement les serfs du domaine, furent placés sous leur contrôle ; ils saisirent tous les délinquants, libres ou non, tous ceux qui brisaient la paix du maître, présidèrent le plaid du village, exécutèrent les malfaiteurs ; ils devinrent les vrais maîtres de la communauté paysanne tout entière. Et comme ils avaient leur part des coutumes seigneuriales, on put les voir empressés à lever les tailles, à compter les gerbes du moissonnage, à infliger les amendes, sûrs de travailler ainsi à leur fortune autant au moins qu'à celle du maître [1]. Ainsi grandirent, non pas tous les ministériaux – les petits prévôts des domaines chevaleresques dont le seigneur n'avait rien recueilli ou presque des droits de ban, conservèrent leur position avantageuse, mais sans sortir de la médiocrité – mais les délégués des comtes, des châtelains, des églises immunistes, les forestiers enrichis par le défrichement et le peuplement des solitudes qui leur étaient confiées. Ceux-ci, entre 1020 et 1050, se haussèrent d'un coup au-dessus des autres, par le même mouvement qui élevait leurs maîtres, les sires, au-dessus des simples chevaliers ; ils formèrent dans la ministérialité une couche supérieure ; rapidement enrichis, ayant acheté de la terre, de la bonne terre libre, qui s'ajouta à leurs fiefs, aux tenures que leur avaient concédées leurs maître, ils devinrent seigneurs fonciers pour leur propre compte et, sans

1. Le viguier devient un ministérial : Duran, chassipol de Montmelard, perçoit le *servitium vicharialе*, ASL, H. 142, n° 2 (Halphen, « Prévôt », p. 315). – Les *ministri* du châtelain d'Uxelles font la police des champs à Ameugny, M. 479 (1031-1060) ; P. 10 (1040 env.), C. 3340 (1050 env.). Dans les seigneuries immunistes placées sous la garde d'une puissance laïque, les *ministri* de l'église perçoivent les exactions pour les remettre au seigneur-gardien, M. 476 (1031-1060).

conteste, les exploitants les plus aisés des villages dont ils étaient déjà les régisseurs, les gardiens et les juges[1].

2. Ces parvenus devaient cependant rester serfs pendant tout le XIe siècle. Non qu'ils n'eussent de quoi acheter leur affranchissement, mais parce que leur seigneur, sentant bien ce qu'il perdrait en les libérant – francs, ils auraient pu devenir chevaliers –, se refusa à le leur vendre. Mais aux environs de 1100, quand la notion de servitude se perdit partout, les ministériaux cessèrent d'être tenus hors de la liberté, devinrent des paysans comme les autres, sans rien de dégradant dans leur statut. On vit alors des fils de francs, et parfois des descendants appauvris de grandes familles, comme Lambert de Chevignes ou Engeaume de Varanges, se disputer les avantageuses fonctions prévôtales que jusqu'alors leur liberté et la méfiance des maîtres leur avaient interdit d'exercer[2]. Confondus avec eux, débarrassés de leur infériorité juridique, les anciens serfs marquèrent ainsi un nouveau progrès. Ils restèrent tous bien sûr dépendants, pour leur personne et pour leurs biens, d'un *dominus*, leur juge, exigeant d'eux comme de ses autres manants un serment de fidélité ; beaucoup même, liés à leur maître par une attache personnelle et héréditaire, furent des hommes propres[3]. Mais, pour les plus grands prévôts, ce lien fut beaucoup moins étroit

1. Puissance des agents seigneuriaux : Cl. 12 (1100), *ministri sue terre, ad hoc coegerunt* ; rendent la justice : C. 3744 – 3821 – M. 589 – ASL, H. 142, n° 6 – CH. 130 – M. 632 ; lèvent les exactions, ASL, E. 350, n° 15 (1171), CH. 163 – C. 4280 – C. 4346 ; et en retiennent une partie, ASL, H. 142, n° 6 – M. 627 (1169-1184), le prévôt a la première gerbe du *solagium* ; F. 86, il retient 6 d. de brennage. Ils ont donc des droits sur la seigneurie et donnent leur consentement aux aliénations décidées par le maître : C. 3034 (fin XIe), *hoc laudaverunt, acceperunt similiter .XV. sol.* ; C. 3530 (1078), P. 66 – 159 – F. 29 – P. 25 (fin XIe), *qui hoc donum laudavit et ea quae de sua prepositura erant Deo obtulit ac XXXta solidos accepit*. – Le prévôt a reçu de nouvelles tenures, C. 3686 – M. 555 – 567 – 628 ; il se constitue un alleu : Bernard, prévôt de Chaveyriat, possède une maison et une vigne, un pré, une part de champ et de bois, C. 3136 (1049-1109) ; Engeaume de Varanges a une petite seigneurie dans son village et des alleux à Sercy, C. 3641 – 3759 (1090 env.) ; C. 3685 – M. 628 – 537. – Le défrichement enrichit les forestiers, M. 555 – M. 567 – ASL, H. 142, n° 6.

2. Les ministériaux restent serfs jusqu'au début du XIIe siècle, tant que dure le servage, C. 3636 (1089), 3825 (1105) ; mais le lien tend à se relâcher depuis 1080 environ ; d'autres que leur maître, et en particulier le seigneur du territoire, leur réclament des services ; certains vont devenir des manants comme les autres : C. 3829 (1105), P. 165 (1090 env.). – Dès ce moment, des hommes libres sont employés par les maîtres : Oury de Bissey, Landry de Monceau, Engeaume de Varanges (descendants du chevalier Engeaume, qui vivait en l'an mil), Arbaud de Vergisson, allié aux gros paysans de Mouhy ; Lambert, issu d'une branche cadette des Bérard.

3. Le serment de fidélité est toujours réclamé, C. 3654 (XIe), 3666 – 4147. Le ministérial, même le mieux considéré, n'a pas un *senior* comme le noble, mais un *dominus* comme le manant, C. 3685 – M. 555, qui a des droits sur son alleu : C. 3806 (1100 env.), autorisation de vente ; C. 3666 – 3685, confiscation. – Hommes propres, C. 4223 (1180), 4389 (1200 env.).

que celui qui jadis retenait leurs parents ; la fidélité que promettaient ces personnages puissants et riches, qui avaient des amis dans la noblesse, qui comme les chevaliers tenaient des fiefs, tendit à se confondre avec l'engagement vague et souple qui soumettait le vassal à son seigneur ; comme celui-ci, elle s'accompagna de l'hommage manuel ; comme celui-ci, elle cessa peu à peu d'être personnelle pour s'attacher au fief et à la fonction ; sortant du servage, l'élite de la ministérialité fut prise, non pas dans la stricte dépendance paysanne, mais dans les relations infiniment plus lâches de la vassalité et partagea avec la chevalerie le meilleur de ses privilèges, l'indépendance[1]. On le voit bien quand un forestier ou un prévôt d'une grande seigneurie est en conflit avec son maître ; sans doute se remet-il à sa merci, mais on ne va pas, comme un simple manant, le juger dans le tribunal domestique du domaine ; ce sont des chevaliers, amis de l'accusé, qui forment la cour et s'offrent à garantir la paix ; la sentence est prudente : elle ménage le coupable et, pour être sûr qu'il l'exécutera, le maître exige encore des garanties multiples. Envers son prévôt infidèle, il agit presque comme envers son vassal félon ; la procédure est semblable : commise du fief prononcée par une cour chevaleresque ; restitution quand la paix est faite[2]. Parfois même le seigneur ne peut aller jusque-là : pour se débarrasser d'un de leurs plus petits délégués qui les vole, le prévôt de Vergisson, les moines de Cluny doivent en 1120 venir plaider devant une assemblée d'arbitres, composée de chevaliers et présidée par l'évêque, et donner à leur adversaire une belle somme d'argent afin qu'il consente à abandonner quelques-unes de ses prétentions[3]. Enfin, alors que jadis, quand le ministérial était le serf du maître, on ne concevait pas qu'il pût exercer les mêmes fonctions dans une autre seigneurie, les principaux agents seigneuriaux purent, dès la fin du XIe siècle, être fidèles comme les vassaux nobles de plusieurs seigneurs ; par héritage, par achat, quelques-uns parvinrent à s'implanter dans différents offices, comme Landry de Monceau qui, sénéchal après son père du comte de Mâcon, gérait aussi au nom du chapitre de Saint-Michel les bois de Chevignes[4].

Les prévôts profitèrent aussitôt de leur indépendance. Serfs, ils mettaient quelques précautions à dépouiller leur maître ; dès 1080, à peine libérés du

1. Les plus grands ministériaux prêtent non seulement le serment de fidélité, mais l'hommage (BLOCH, « Ministérialité », p. 57-60), M. 555 – 567 – 597, qui est rendu pour le fief et la fonction.

2. Jugement des prévôts de l'abbaye de Cluny, C. 3666 – 3685 ; la commise cependant – et c'est en quoi ces sentences diffèrent de celles qui frappent les vassaux – porte non seulement sur les fiefs, mais encore sur les alleux.

3. C. 3951.

4. Landry, sénéchal du comte comme son père Archambaud, *NSP*, 77 (1080), 78 (1096), M. 11, 537 (1096-1124), forestier de Saint-Vincent, M. 567 (1096-1124).

servage, ils travaillèrent sans retenue à étendre aux dépens de la seigneurie leurs droits et leurs profits. Ils cherchèrent d'abord à décharger leur patrimoine de tout service ; refusant l'hommage pour leur fief, les redevances pour leurs censives, cessant de requérir l'autorisation du maître avant d'aliéner ou d'engager leur tenure, ils voulurent en faire un alleu, « posséder en héritage », dit la chronique de Tournus, « les honneurs qui leur avaient été concédés »[1]. Puis, ils tentèrent d'accroître leurs possessions ; ils s'approprièrent des pièces de la réserve, des droits sur les censives paysannes, firent défricher à leur profit la forêt seigneuriale, cessèrent de livrer au maître le produit des amendes, des cens, des exactions : Ogier, par exemple, chargé d'administrer le domaine du chapitre de Mâcon à Saint-Cyr-sur-Menthon, avait usurpé la dîme, des verchères dans le finage, des celliers et des plâtres dans le cimetière[2]. S'interposant décidément entre le seigneur et ses hommes, ils firent la loi dans le village, jugeant sans appel, accueillant sur les tenures les paysans qui savaient gagner leurs faveurs, expulsant les autres[3] ; certains formèrent peu à peu, parmi les manants, une clientèle toute à leur dévotion[4]. Leur maître essayait-il de les rappeler à l'ordre ? ils lui répondaient par des paroles narquoises et malhonnêtes[5]. Au début du XIIe siècle les grands ministériaux étaient installés au cœur des seigneuries, les rongeant progressivement ; déjà le maître ne tirait plus de son domaine qu'un médiocre bénéfice et l'on pouvait prévoir le temps où, puissants autant que des chevaliers, retenus seulement par une fidélité précaire et de surface, les plus hardis des prévôts allaient supplanter entièrement leur seigneur et, comme l'avaient fait cent ans plus tôt les châtelains à l'égard du comte, rompant avec lui, exploiter à leur seul profit la charge qui leur avait été confiée.

Les seigneurs virent le danger et, pendant qu'il en était encore temps, tentèrent de réprimer ces usurpations. Entre 1080 et 1150, tous les administrateurs du temporel ecclésiastique luttèrent contre leurs agents et l'on peut supposer que les seigneurs laïcs eurent alors le même souci[6]. Ils voulurent interdire le

1. T. 28 (1090 env.). – Refus de payer le cens : M. 555 – 557 – 567 – C. 4147 ; acquisition et aliénation de tenures sans autorisation : C. 3666 – 3685. – Des faits analogues s'observent au même moment dans d'autres provinces, BLOCH, « Ministérialité », p. 65.

2. M. 597 (1096-1124) ; C. 3685, *de terris quas ultra feodum suum occupaverat* ; C. 3951, le prévôt de Solutré a usurpé un manse et les terres d'un paysan ; M. 555, les forestiers de Montgouin se sont approprié deux bois avec les essarts et les hôtes ; M. 557 – 567.

3. M. 555 – C. 4147.

4. Le prévôt de Boyer, CH. 164 (fin XIIe).

5. C. 3685.

6. Les doyens de Cluny : C. 3666 – 3685 – 4147 ; l'abbé de Tournus, T. 28 ; l'évêque et les chanoines de Mâcon, M. 555 – 557 – 567 – 597 ; les moines de Saint-Rigaud, ASL, H. 142, n° 6 ; les Cisterciens de La Ferté à Clux, F. 268 (1158-1159 env.).

cumul, évincer les prévôts les plus dangereux ou, du moins, revenant sur la pratique de l'hérédité, faire de l'office une charge viagère, rétablir ainsi ce contrôle qui avait disparu en même temps que le servage [1]. En fait, les seigneurs ne purent aller si loin. Quelques-uns rachetèrent à beaux deniers comptants les droits de leurs administrateurs, préférant gérer eux-mêmes le domaine [2]. Mais la plupart, devant des cours d'arbitrage qui, peuplées par les amis des ministériaux, étaient favorables à ces derniers, n'obtinrent que l'établissement d'une charte de la prévôté. La fonction resta héréditaire ; transmise comme un alleu – à cette différence près que, comme toutes les charges comportant un pouvoir de commandement, comme l'honneur comtal et les seigneuries châtelaines, elle fut toujours tenue pour indivisible – il arrivera parfois au XIIe siècle qu'elle tombe entre des mains féminines [3]. On précisa les bornes de la tenure et ses charges, hommage, fidélité, redevances [4]. On fixa enfin les droits des agents sur la seigneurie, ce qu'ils devaient rendre au maître, ce qu'ils pouvaient garder pour eux : ainsi le maire de la Charmée dut promettre de ne pas voler à Saint-Pierre de Cluny plus de douze deniers par an [5]. Ce dernier trait exprime la portée de ces accords ; ils ne retirèrent pas aux ministériaux tout ce dont ils s'étaient injustement emparés au tournant du XIIe siècle ; les seigneurs durent faire la part du feu et leur réaction, incomplète, laissa les prévôts et les forestiers beaucoup plus riches et plus puissants que les serfs, leurs pères.

On mesure donc tout le profit qu'ils tirèrent de la disparition du servage ; elle leur permit de s'élever définitivement au-dessus de la classe paysanne ; ils ne seront plus désormais confondus avec les rustres. Mais cette libération fut trop tardive pour qu'ils pussent monter plus haut ; s'ils n'eussent été serfs entre 1020 et 1050, les mieux placés d'entre eux, assez riches sans conteste pour mener la vie noble, seraient, répétons-le, entrés dans la chevalerie alors en formation et toujours ouverte ; lorsque s'effaça la macule servile, la chevalerie était

1. Interdiction de cumul, M. 555 ; contre l'hérédité, T. 28, C. 3685 (après les avoir confisqués, l'abbé rend au prévôt de Cluny tous ses droits, mais en tenure viagère seulement), C. 4223 (1166), établissement des prévôts de Saint-Gengoux : *sic tamen ut in prepositura jus hereditarium penitus excludatur*.

2. Les Clunisiens rachètent pour 70 sous la prévôté de Solutré, C. 3951 ; les chanoines de Mâcon, pour 245 sous, les droits de leur agent Bernard Blanc à Chevagny-sur-Veyle, M. 627 – 628 – 629 (1169-1184).

3. Hérédité admise (les lignagers, héritiers éventuels, sanctionnent les accords), C. 3666 – 3685 – 3951 – M. 567 – P. 25. – Un seul des fils hérite, M. 555. – Les prévôtes, *prepositissae*, M. 624 (1144-1184), CH. 164 (fin XIIe), C. 5013 (1254).

4. M. 597 – 555 – 567 – C. 3666.

5. C. 4147.

close et c'est pourquoi la ministérialité fut en Mâconnais, non pas l'échelon le plus bas de la noblesse, mais une élite roturière[1].

*

Au XIIe siècle, elle est nombreuse. Sans doute n'est-il pas de village où elle ne soit représentée. Plus clairsemés dans le vignoble des collines où les grandes seigneuries sont rares, les ministériaux pullulent par contre dans les villes, dans les châteaux et dans les régions forestières, où les domaines sont vastes et compacts, où les grands bois en cours de défrichement exigent tout un personnel de surveillants. À Mâcon, le comte entretient un prévôt, un sénéchal, un chambrier, des péageurs, des monnayeurs et des sergents, qui voisinent avec les agents, au moins aussi nombreux, de l'évêque et des chapitres de Saint-Vincent et de Saint-Pierre. Un prévôt, un cellerier, un cuisinier, douze sergents vivent au château de Berzé, autour du sire. Dans quatre paroisses qui bordent la forêt de Bragny, Beaumont, Laives, Lalheue et Saint-Ambreuil, on compte vingt ministériaux, dont douze prévôts, attachés au comte de Chalon, au prieuré de Beaumont, au châtelain de Brancion et aux chevaliers possessionnés dans ces terroirs[2] ; tout compte fait, il semble que les serviteurs spécialisés, ceux qui se sont dégagés de l'humble domesticité des valets de ferme, des bouviers, des meuniers et des fabres, soient alors, dans les cent cinquante paroisses de notre région, au moins de quatre à cinq cents. Mais ils ne sont pas tous au même niveau car, nous l'avons vu, au cours du XIe siècle, la ministérialité s'est scindée en deux échelons.

Le plus bas, le mieux garni, rassemble les auxiliaires des petits chevaliers et ceux qui, dans les plus grandes seigneuries, n'occupent que des postes subalternes, les sergents d'armes, ceux des prévôts qui ne régissent que de petites unités domaniales. Ceux-ci sont mieux tenus par leur maître ; beaucoup, comme le prévôt de Bergesserin ou celui de Saint-Point, justiciables du châtelain voisin comme les autres paysans, sont des hommes propres ; la plupart, astreints seulement au serment de fidélité, ne sont pas jugés dignes de prêter hommage[3]. Sur les hommes de la seigneurie, ils exercent des pouvoirs restreints, soit que leur maître ne possède que des droits de ban limités, soit qu'ils

1. C'est, à notre avis, l'incompatibilité ressentie entre le servage et la chevalerie qui donna ses caractères particuliers à la ministérialité française, BLOCH, *op. cit.*

2. Mâcon, *NSP*, 78, ACM, GG, 154, n° 1. – Berzé, C. 3744 – 4346. – Laives, Beaumont, etc. : F. 14 – 99 – 17 – 115 – 148 – 138 – 86 – 82 – ASL, H. 24, n° 17. – ASL, H. 25, n° 7.

3. Bergesserin, C. 4389 ; Saint-Point, C. 4280.

se trouvent subordonnés à d'autres prévôts mieux placés. Ils se distinguent pourtant nettement des croquants leurs voisins ; ce sont, dans le hameau, les plus riches, les plus influents ; leurs fils, leurs frères sont aisément clercs et parviennent à la prêtrise et eux-mêmes, s'ils se convertissent, sont reçus comme moines dans les plus grands monastères[1] ; amis des paysans, ils n'épousent pourtant pas leurs filles, se marient entre eux et s'efforcent de fréquenter les chevaliers.

Voici, parmi bien d'autres, deux de ces personnages, et d'abord, Pierre, « préfet » des moines de Cluny dans la ville neuve qui s'est développée autour de l'oratoire de la Charmée, dans la forêt de Bragny. C'est un manant du village, astreint comme les autres aux corvées ; lié, non par l'hommage, mais par un simple serment de fidélité, il est l'homme du seigneur-doyen de Jully-lès-Buxy qui, par la force, le contraint à confesser ses malversations. Son fief est tout petit : la maison qu'il habite, et pour ses autres tenures, il doit comme les vilains payer le cens coutumier ; il verse à ses seigneurs chaque année en redevance douze deniers, quatre pains, deux setiers de vin et deux bichets d'avoine. Mais il est bien muni de terres ; peut-être a-t-il des alleux ; en tout cas, il tient, outre sa maison et son manse, un moulin, des celliers et des maisons qu'il loue et, à Jully, un beau vignoble et une cave ; il dispose du bois mort dans la forêt seigneuriale ; il garde pour lui un peu des cens qu'il perçoit : sur les tâches, on lui abandonne le panage, la redîme et la dîme du lin et du chanvre et, le jour du terme, il a l'habitude de lever sur chaque tenancier une taxe personnelle de quatre deniers ; les hommes du village se prêtent à ses exigences ; le forgeron et le meunier lui sont entièrement dévoués et s'entendent avec lui pour gruger le seigneur. Il a rêvé de transformer sa tenure en fief, de ne plus fournir ni corvées ni redevances ; déjà, il vendait à sa guise le bois vif de ses maîtres et gardait toutes les tâches ; c'était trop. Il a dû renoncer à ses entreprises, mais il reste bien assis dans son office ; son fils qui lui succédera aura peut-être plus de chance ; il serait étonnant qu'il ne gagne pas quelque chose ici ou là ; la famille furtivement s'élève. Et déjà Pierre a pour amis des chevaliers, Bertrand de Cortevaix, Geoffroy Passebarre et Bernard de Malay, l'oncle du sire de Brancion, qui le soutiennent quand il est en conflit avec ses seigneurs les moines[2].

Plus aisé est Rainfroi, forestier de Montgouin, qui, dans ce terroir boisé des bords de la Saône, gère sous le contrôle du chantre le patrimoine du chapitre

1. Le fils d'Engeaume est clerc, C. 3641, comme le frère du prévôt de Solutré, C. 3951 ; le fils de Gontelme de Saint-Hippolyte est prêtre, C. 3806 (1100) ; Bernard de Chaveyriat entre à Cluny, son fils est oblat, C. 3136, comme celui de Robert Cornu, *famulus* de Cluny, C. 3021 (1049-1109).

2. C. 4147 (1117-1147, se date par B. de Malay).

cathédral mâconnais. C'est le défrichement et le peuplement qui l'ont enrichi. Bien traité par ses maîtres, il tenait un beau fief, une « grange », des maisons, des courtils, des verchères, des vignes, le droit de paisson gratuit pour un troupeau de vingt-cinq porcs, une part des droits d'entrage que paient les nouveaux hôtes. Mais il a pris de plus, à cens ou à part de fruits, des tenures de son seigneur et, plantant des vignes, il améliore progressivement cette grosse exploitation. Et lui aussi, mal surveillé, tout-puissant sur les défricheurs qui, pour se faire admettre, doivent accepter ses conditions, outrepasse ses droits légitimes. Dans le terroir qui s'aménage, se parsème de masures nouvelles, il fait le maître, étend son fief aux dépens de la réserve, prétend garder pour lui tout l'argent qu'il perçoit et rendre seul la justice. Le chantre parvient à défendre son droit, mais contre lui Rainfroi est fort : de connivence avec le châtelain voisin de Montmerle qui conteste sur le territoire de Montgouin les droits de l'église immuniste, il parvient, entre les deux seigneurs concurrents, à bien planter son indépendance ; l'hommage et la foi qu'il prête au seigneur chantre ne l'engagent pas à grand-chose. Bientôt Étienne, celui de ses fils qui lui succédera dans sa charge, poursuivra ses empiétements. À la fin du XIIe siècle, la famille finira par accéder à la couche supérieure de la ministérialité, à entrer dans la société fermée des grands prévôts[1].

Celle-ci réunit environ cinquante lignages, les régisseurs généraux des doyennés clunisiens, les administrateurs des plus compactes seigneuries foncières, les principaux auxiliaires du comte et des châtelains. Ce sont de vrais seigneurs. Ils possèdent en alleu, outre une exploitation agricole beaucoup plus étendue que toutes celles des villageois qu'ils commandent, leurs propres tenanciers, de bonnes rentes et des dépendants qui les servent. Ils ne connaissent guère d'autres liens que ceux du vasselage et prêtent hommage, ainsi qu'à leur maître, à d'autres chevaliers qui leur ont concédé des fiefs. Tel à Boyer le prévôt du chapitre de Chalon, propriétaire au village de cinq familles paysannes, qui tient un chasement du chevalier Geoffroy Richard ; tel encore, à Saint-Ambreuil, Oury de Bissey[2], prévôt des seigneurs de Lalheue et fieffé de Hugues de Mailly. Ces grands ministériaux sont beaucoup plus proches des chevaliers que des paysans ; le chevalier Hugues Burdin est l'ami du prévôt Humbert de Cluny et d'Engeaume de Varanges, qui gère en Clunisois les domaines des sires de Bourbon-Lancy ; il les aide quand ils sont dans l'embarras, les défend contre leurs seigneurs ; les frères de Châtenay, officiers des comtes de Chalon, ont la garde

1. M. 555 – 557 – 558.

2. CH. 156 (1189), la prévôte a des droits sur Gautier Muguet et Hugues Cortet et possède un fief. – Oury de Bissey, voir *supra*, n. 2, p. 351.

des fils mineurs du défunt chevalier Guillaume de Chalon[1]. On les rencontre dans les réunions de la noblesse ; mêlés aux vassaux militaires, ils accomplissent auprès des châtelains les devoirs de cour et d'otage. Dans ce grand monde, ils ne sont pas sans influence et s'entremettent parfois entre de hauts seigneurs : les chanoines de Saint-Pierre de Mâcon chargent Jean de Blany, familier du comte de Mâcon, de transmettre leur requête à son maître ; son compagnon, le prévôt Ogier, laissa longtemps dans les milieux ecclésiastiques le souvenir d'un homme puissant et dangereux ; pour s'entendre avec le chevalier Robert de Chaintré, l'évêque de Mâcon eut recours à lui[2].

Méprisant pour les rustres et tenant ses distances, empressé à partager les mœurs et les idées des nobles, rêvant d'être un jour confondu avec eux, tel se montre, par exemple, Duran de Berzé-la-Ville. Il sort d'une vieille famille de serviteurs ; son aïeul était cuisinier du vicomte Guigue et les Enchaînés, héritiers de ce dernier, avaient chargé ses parents d'administrer leur *villa* de Berzé ; quand, en 1062, les moines de Cluny achetèrent cette seigneurie, les prévôts passèrent à leur service et n'eurent pas à s'en plaindre, car Berzé devint le centre d'un doyenné ; toutes les possessions de Saint-Pierre sur le revers oriental des collines lui furent rattachées et placées, par conséquent, sous le contrôle supérieur de ces ministériaux. En 1100, Duran, leur fils, est un personnage ; témoins de son humble origine, ses cousins peinent dans le village voisin de Sologny sur des tenures paysannes ; mais, s'il leur prête parfois main-forte, il ne les fréquente plus. Par le mariage, il est allié à d'autres grands prévôts du domaine clunisien, Humbert, du doyenné de Cluny, Arbaud, du doyenné de Chevignes ; Hugues de Meulin, Artaud de la Bruyère, chevaliers, l'honorent de leur amitié. Ces nobles d'ailleurs ne sont pas plus riches que lui ; à son fief, fait de belles terres, de bonnes vignes, à d'importantes redevances qu'il perçoit sur toutes les tenures du village – il est possible que le domaine de Berzé lui rapporte plus qu'à ses propriétaires, car chaque masoyer lui porte tous les ans deux deniers, deux pains et un setier de vin –, s'ajoute l'alleu que lui ont légué ses ancêtres ; dans les finages voisins, il possède des champs, des courtils, des manses, qui vraisemblablement sont exploités par des tenanciers. Cette seigneurie foncière lui fournit de quoi vivre noblement : il monte à cheval. Mais pour satisfaire ses grands goûts, qui sont ceux de la classe chevaleresque, il lui faut parfois plus

1. H. Burdin accompagne Humbert de Cluny au plaid, C. 3685 ; il garantit un acte d'Engeaume de Varanges, C. 3641. – Les Châtenay, F. 37.

2. Le prévôt de Beaujeu est otage pour son maître avec des chevaliers, M. 586 (1117). – Jean de Blany, S. 92 (1075). – Ogier Galon, prévôt comtal, est le héros d'une des anecdotes édifiantes du livre *Des merveilles*, PET. VEN., *Mirac.*, I, 1 (911) ; intermédiaire, M. 554 (1096-1124).

d'argent qu'il n'en recueille ; il vend à l'occasion quelques terres et fait des dettes. Coq de village, alleutier, feudataire, emprunteur, il a tout du chevalier [1].

Tout sauf le titre, car Duran et ses pareils sont maintenus hors de la noblesse. Ce n'est pas que les chevaliers tiennent pour déshonorantes les fonctions qu'ils remplissent : à la fin du XIIe siècle, on voit des nobles et même des châtelains, tentés par les gros profits que procure l'office prévôtal, tâcher de se le faire confier. Ancy de l'Épervière, *vir nobilis et castellanus*, acheta vers 1180 les biens et la charge du défunt prévôt de Boyer ; il en espérait de beaux revenus et comptait aussi s'introduire par ce moyen dans la seigneurie immuniste des chanoines de Chalon. Ceux-ci s'en avisèrent et, s'opposant à la vente, portèrent plainte devant l'évêque ; la veuve du prévôt, disaient-ils, avait conclu l'affaire sans leur consentement, sans leur laisser le temps d'user de leur droit de retrait ; mais ils alléguaient surtout qu'Ancy n'était pas qualifié pour occuper le poste : châtelain, surchargé de besogne, obligé de recourir à des auxiliaires, comment pouvait-il songer à se faire lui-même l'agent d'un autre seigneur ? Mais le sire de l'Épervière tint bon et il fallut, après plusieurs compromis, le dédommager largement pour qu'il consentît à lâcher prise [2]. Aux yeux du chevalier, le grand ministérial occupe donc une position enviable. Sa naissance seule l'empêche d'être noble. Ce qui prouve que la chevalerie, dès la fin du XIe siècle, n'est pas une classe de genre de vie, mais une caste héréditaire, une vraie noblesse.

Roturière, la ministérialité présente tout l'éventail des conditions économiques : par son origine et ses plus bas échelons, elle rejoint une domesticité

1. Les familles de la haute ministérialité sont très unies entre elles : Humbert de Cluny est frère du prévôt de Mazille, C. 3177, allié au prévôt de Berzé-la-Ville, C. 3666, qui est lui-même cousin du prévôt de Chevignes, C. 3019. – Duran et Alaise sont les cousins du prévôt de Berzé, témoin de leur donation, C. 3330. – Duran de Berzé, descendant du *cocus domini Wigonis*, C. 3666 ; ses parents tenaient déjà la prévôté pour les Enchaînés, C. 3666 ; des chevaliers amis sont à son plaid, C. 3666 (Humbert de Cluny a pour amis, avec H. Burdin, les chevaliers de Meulin, d'Oublé, de Cluny, et le sire de la Bussière, Lambert Deschaux, C. 3685) ; ses droits sur chaque manse ; et, de plus, droit aux *prandiis omnibus que debentur a colonis per vendemias, cum mensura una de singulis cuppis, que nimirum metreta vocatur brazaige*, C. 3666 ; alleu, C. 3270 ; fief : (au moins un manse à Berzé, des terres et des courtils dans un autre village), C. 3666 ; son cheval (BLOCH, « Ministérialités », p. 72), C. 3270 ; il vend des terres pour 20 sous et un cheval, C. 3270 ; il emprunte, C. 3666.

2. CH. 153 – 156 – 164 (1189). – Jugement devant l'évêque de Chalon et appel à l'archevêque ; *quod autem Anserius ad hoc idonea persona non fuerit taliter ex parte ecclesie probabatur, nam cum ille qui indiget curatione curator esse non possit, predictus A., vir nobilis et castellanus, cum suis superesse negotiis non sufficiat sed prepositis indigeat, sequitur ul nullatenus fieri debeat prepositus*. – Ancy reçoit 100 livres de Tournus. – Notons que les comtes de Chalon installèrent comme gardiens de leurs châteaux, avec le titre de prévôts, des chevaliers ; voir à Charolles, P. 44 – 45 – 46 (fin XIe). Mais ces châtelains appartiennent en fait à un autre groupe social que les ministériaux (cf. le prévôt de Vendôme, HALPHEN, « Prévôts », p. 307-309).

misérable, dépendante et méprisée, tandis qu'à son sommet elle confère la richesse, la puissance et hausse ses membres si près de la noblesse que seuls les convenances et les préjugés de caste les empêchent d'y pénétrer. Mais ce qui distingue le plus nettement cette classe de la simple paysannerie, c'est que l'on peut y faire rapidement fortune ; en trois générations, avec de la chance, de l'adresse, sans trop de scrupules, une famille de prévôts peut construire une belle seigneurie. Cette aristocratie paysanne est une classe montante, tout comme la bourgeoisie, avec laquelle elle entretient d'ailleurs d'intimes relations.

C. LES BOURGEOIS

Après le brusque essor qu'elle connut entre 1050 et 1100, la population urbaine s'accroît encore au XIIe siècle, mais plus lentement. Il ne semble pas que les trois vieilles bourgades, Mâcon, Cluny et Tournus, s'étendent alors notablement. Une quatrième, il est vrai, naît vers 1160, c'est Belleville, qui se forma par la volonté des seigneurs du lieu, les Beaujeu. Il y avait là, près du village d'Aiguerande, un « port » parmi tant d'autres qui jalonnaient la rivière, plus actif cependant parce qu'un péage était installé sur l'autre rive sous le château de Montmerle, et surtout parce qu'un chemin quittait ici la grande route, menant par la vallée d'Ardières ou la côte d'Avenas vers Cluny et vers la Loire[1]. Humbert de Beaujeu, qui voulait attirer les marchands pour recueillir lui aussi les grands profits que tiraient de leur ville le comte de Mâcon et l'abbé de Cluny, fit de ce terroir encore tout rural un lieu franc, puis fonda pour retenir les passants une abbaye bien pourvue de reliques. Sur la franchise, une petite agglomération se développa aussitôt ; dès 1170, quelques négociants y faisaient leurs affaires et les péages de Montmerle et de Chavagnieu y furent transférés. Cependant, trop proche de Mâcon pour être un gîte d'étape, elle ne connut pas la rapide fortune de Villefranche ou de Thizy que le sire de Beaujeu avait créées en même temps qu'elle et de la même manière. Belleville ne fut jamais que le premier en date et le plus riche de ces petits bourgs dont les princes féodaux, pour des raisons financières et stratégiques, favorisèrent l'installation à l'approche du XIIIe siècle aux meilleurs points de leur seigneurie[2].

---

1. L'antique étape de *Ludna*, à l'embranchement de la voie romaine d'Avenas, ne laissait plus alors aucune trace. M. BESNIER, « Le problème de Lunna », *Bulletin archéologique*, 1926. – Mais Belleville ressuscite cet ancien nœud routier.

2. L'église Notre-Dame, fondée en 1158, devient abbaye, CL. 39 (1168-1179). – Belleville, Villefranche et Thizy ont été fondées au même moment par Humbert le Vieux vers 1160 (sur les raisons politiques de ces fondations, PERRAT). – Franchises, ACHERY, IV, p. 181-186. – Les mar-

Il n'est pas possible d'évaluer avec précision l'effectif de la classe bourgeoise en Mâconnais au XIIe siècle. Nous possédons pourtant un élément d'estimation dont nous allons essayer de tirer parti. En 1309, après une émeute, on recensait dans le bourg de Cluny cinq cent cinquante adultes mâles, sans compter les nombreux serviteurs de l'abbaye et les marchands qui pouvaient se trouver alors en voyage, soit au moins deux milliers d'habitants[1] ; on peut admettre que la ville, alors en nette décadence, avait retrouvé à peu près, après la grande prospérité du XIIIe siècle, sa population du XIIe. Si l'on accepte ce chiffre, on peut en déduire approximativement l'effectif de la bourgeoisie de Mâcon en comparant dans les quartiers marchands des deux villes la longueur des rues bordées à cette époque de maisons ; celles-ci mesurent environ 1 400 mètres à Cluny et 2 900 à Mâcon ; la cité était donc sans doute deux fois plus peuplée que le bourg abbatial. Par le même raisonnement, on peut attribuer environ mille habitants à Tournus et un peu plus de trois cents à Belleville[2]. Sept à huit mille bourgeois des deux sexes et de tous âges, tel est vers 1160, pour les quatre bourgades de la région mâconnaise, le chiffre qui, dans l'état de nos connaissances, paraît le moins éloigné de la réalité.

Ces villes sont donc de gros villages et Mâcon, la plus importante, est tout juste dix fois plus peuplée que Saint-Ambreuil. Les bourgs marchands ne sont pas enclos de murailles – la première enceinte, celle de Cluny, fut élevée en 1178 et rapidement détruite par ordre royal[3] ; rien ne les sépare de la campagne qui les pénètre profondément ; bien des bourgeois sont cultivateurs ou s'occupent, dans les bourgs de la Saône, de leurs filets et de leur barque de pêche ; dans les villes, enfin, prévôts et sergents sont plus nombreux qu'ailleurs[4]. La frontière est donc très floue qui sépare la bourgeoisie des deux autres

chands : donation à N.-D. de Beaujeu *de redditu mercantium*, CL. 39. – Péage : en 1188, les Clunisiens obtiennent l'exemption du péage de Belleville, C. 4332. – Sur la réunion à Belleville des anciens péages de la Saône, Mathieu de VAUZELLES, *Traité des péages*, Lyon, 1550. – Sur la naissance plus récente des bourgades de Saint-Gengoux, Beaujeu et Bâgé, *infra*, IIIe partie, ch. I, E.

1. Liste des bourgeois qui, après une émeute, jurèrent fidélité à l'abbé : Bourg, 82, chartes originales nos 380 – 381 – 382. Cluny compte de nos jours environ 4 000 habitants, dont les trois quarts sont établis hors de l'ancienne enceinte abbatiale, DEGUEURCE, « Cluny ».

2. Dans la population urbaine, il faut tenir compte des juifs, toujours nombreux à Mâcon et dont certains s'étaient sans doute installés à Tournus et à Belleville. Au XIIe siècle, on ne sait à peu près rien d'eux, sinon qu'ils pratiquaient le prêt sur gage, PET. VEN., *Epist.*, II, 20 (232), IV, 36 (366-368), et que pour cela les bourgeois chrétiens les jalousaient fort ; mais les seigneurs de la ville les protégeaient, car ils en tiraient profit (franchises de Belleville, XXXX).

3. BN, n. acq. lat. 2483, f° 13.

4. À Cluny : C. 3685 – 4270 – 4054 – 4280 – 4279 – 4244 – PET. VEN., *Stat.*, XXIV (col. 1033).

classes de l'ordre des travailleurs, la paysannerie et la ministérialité. Toutefois, nous l'avons dit, la plupart des habitants de la ville qui ne sont ni clercs ni chevaliers ont une fonction économique particulière ; ils vivent en partie au moins de l'artisanat ou du négoce. La maison bourgeoise du XIIe siècle – il en reste encore quelques-unes à Cluny – exprime cette vocation : c'est une demeure paysanne adaptée à la vie de relation. Bâtisse étroite à un étage, elle a la même structure que le petit vigneronnage des hameaux mâconnais ; mais elle n'est pas comme lui reléguée au fond du courtil ; elle est installée au bord de la voie passante, son jardin est par-derrière et, au rez-de-chaussée, l'étable et le cellier sont remplacés par une large pièce, ouvroir ou étal, qu'un grand arc béant sur la rue ouvre à tout venant ; dépouillée de ses annexes agricoles, la maison est devenue un appendice de la route et du marché.

Ses traits originaux, le milieu bourgeois les doit par conséquent à sa fonction marchande. Il est d'abord le plus ouvert qui soit. Tous les urbains, même les plus obscurs, sont en contact avec des gens d'ailleurs, tous rencontrent des étrangers qui traversent le bourg, beaucoup font de fréquents voyages. Les familles bourgeoises les plus riches ont même des intérêts et des attaches dans plusieurs villes ; on se marie beaucoup d'un bourg commercial à l'autre et souvent les besoins du négoce conduisent à installer dans un autre marché le fils, le frère ou le neveu. Ainsi des gens de Cluny ou de Tournus, qui ont des amis à Sens ou à Dijon, viennent se fixer à Mâcon où le mouvement des affaires est plus vif ; Pierre Prévôt, bourgeois de Belleville, a des maisons à Cluny, des parents à Lyon ; ses voisins du lignage de l'Ouvroir sont partagés entre Belleville, leur pays d'origine, Lyon et Mâcon, et des familles mâconnaises, les Dentu ou les Geoffroy, ont des représentants dans la bourgeoisie lyonnaise[1]. Certains individus sont même personnellement bourgeois de plusieurs villes ; ces « forains » n'ont dans chacune qu'un pied-à-terre, qu'un entrepôt et la plupart du temps ils sont ailleurs[2].

Ces déplacements, ces amitiés extérieures, le contact des voyageurs confèrent à la mentalité bourgeoise une indépendance singulière ; infiniment moins borné que celui des paysans, l'horizon des bourgeois est même souvent plus dégagé que celui de la plupart des nobles. Non pas qu'ils soient instruits à la manière des clercs ; illettrés, les plus grands « merciers » utilisent les services d'écrivains

1. Bourgeois de Cluny à Mâcon, C. 4279 (1181-1182), à Lyon, CL. 183 (1222). – Pierre Prévôt, propriétaire à Cluny, C. 5223, bourgeois de Belleville, est lié à Étienne Albus de Lyon. S. de l'Ouvroir, mariée à Lyon, CL. 778, possessionnée à Mâcon, LE LABOUREUR, I, p. 568. – P. Geoffroy marie sa fille à un Flamand de Lyon, AR, 13, G. 644, n° 7 ; ACM, GG. 154, n° 12 ; ACM, GG. 147, n° 1. – Humbert Dentu, bourgeois de Lyon, S. 151 – 152.

2. CANAT, Franchises de Mâcon, XVI.

professionnels[1]. Mais ils ont beaucoup vu et entendu. C'est par les villes que pénètrent les idées nouvelles : si les bourgeois de Tournus réclamèrent à leur seigneur l'abolition des taxes matrimoniales qu'ils appelaient mainmorte, c'est qu'elles étaient pour les étrangers de passage un objet de moquerie[2].

Comme son expérience, la nature de sa fortune distingue nettement le bourgeois des autres. L'homme de la ville gagne des pièces de monnaie, les garde et sait s'en servir. Alors qu'à la campagne l'argent compte encore peu, que les paysans lui préfèrent les choses qui se mangent et les objets qui servent, que les chevaliers le sacrifient allégrement au plaisir de paraître, dans la ville on connaît la valeur et le numéraire fait au XIIe siècle l'essentiel du patrimoine bourgeois. Certes, les biens immobiliers n'en sont pas absents. Descendants pour la plupart, nous l'avons montré, de familles paysannes du voisinage, les bourgeois conservent dans la ville même ou dans les villages environnants les tenures ou les alleux que leur ont transmis leurs ancêtres ; beaucoup, à défaut du sol où elle s'élève, possèdent en propre leur maison[3]. Mais le temps n'est pas encore venu où le bourgeois songe à investir les deniers qu'il a gagnés dans un domaine foncier. Il n'accepte pas volontiers les biens-fonds en garantie des prêts qu'il consent : avant 1203, nous connaissons un seul bourgeois détenteur d'une engagère[4] et au XIIe siècle les financiers urbains ont coutume d'exiger de leurs débiteurs des gages mobiliers ; créanciers de l'abbé Pierre le Vénérable, les juifs de Mâcon ou le marchand Pierre de Montmin tiennent jusqu'au remboursement de l'emprunt des objets précieux de la sacristie[5]. Les vraies richesses du bourgeois sont donc mobiles ; c'est le stock de marchandises, l'arche où il serre ses bijoux, les deniers de toutes frappes, les lingots d'argent et d'or surtout, qu'il recherche particulièrement, convertissant dès qu'il le peut en métal jaune les pièces locales qu'il a gagnées[6]. De cette fortune, il est le seul maître ; lui seul en connaît le montant, elle tient dans un sac, il peut l'emporter quand

1. Hugues de la Mâconnière, bourgeois de Chalon, lègue 20 sous à Guillerme, écrivain à Chalon, pour son travail, PETIT DE VAUSSE, V, p. 168.

2. T. 182 (1202), *odiosa, dura nimis et importabilis burgensibus villae Trenorchii erat, sed et infamis et peregrina videbatur extraneis*.

3. Maisons, C. 4056 (1136) ; H. Lèvematin, bourgeois de Mâcon, possède par sa femme des alleux au bord du Doubs, à Clux, F. 254 ; Duran Bourger de Mâcon, M. 608 (1107-1137).

4. Bernard Geoffroy tient vers 1160 les dîmes de Saint-Symphorien en gage de l'abbaye de Tournus, T. 166 ; en 1203, Ogier de Chavannes possède un gage foncier à Bâgé, CL. 91.

5. DUBY, « Écon. dom. ».

6. À Belleville, selon la charte de franchises, le bourgeois qui emprunte de l'argent engage d'abord sa maison, son seul immeuble (XXIII), puis son stock de marchandises (XXI). – Trésor de bourgeois : *BC*, 1662 (1180 env.), 80 marcs d'argent, des bijoux d'or et d'argent. – Préférence pour l'or : C. 4012, DUBY, « Écon. dom. ».

il veut. Ce n'est pas un alleu, elle échappe donc au contrôle de son lignage ; il peut la donner à Dieu et à ses pauvres ; il peut la faire fructifier, la tripler en une saison et s'enrichir tout seul autant que trois générations de grands prévôts ; il peut aussi la perdre si l'affaire est mauvaise, se retrouver aussi pauvre que ses pères lorsqu'ils quittèrent leur village, mais alors nul ne peut lui faire reproche. La ville est le seul lieu où l'on jouisse, dans l'ordre économique, d'autant d'indépendance ; à la stabilité des patrimoines paysans et chevaleresques que l'on voit à peine changer en un siècle s'oppose le constant va-et-vient de la richesse bourgeoise ; mêlant aux parvenus les malchanceux qui végètent ou qu'un hasard a ruinés, le milieu urbain est, de ce point de vue encore, le plus divers qui soit. Parce que nulle part ailleurs l'héritage ne tient aussi peu de place.

Pour ces raisons, parce que le bourgeois voyage et parce qu'il fait lui-même sa fortune, il est, et surtout quand il est riche, dégagé des contraintes. Et d'abord des contraintes lignagères. La famille rurale se resserre pour défendre l'alleu ancestral ; ici, les fonds comptent moins que l'activité individuelle et chacun va de son côté ; les fils font leurs affaires personnelles, gagnent un argent qui ne doit rien à personne et échappent à l'autorité paternelle. La famille bourgeoise se disperse plus vite ; ses branches séparées connaissent des sorts très différents ; parmi les Dubois de Cluny, certains sont d'importants personnages qui vont de pair avec les chevaliers, d'autres d'obscurs gagne-petit, qu'une petite tenure de l'abbaye fait vivre [1]. Existe-t-il, en revanche, dans les villes des solidarités de caractère professionnel réunissant tous les membres d'un même métier ? Les documents dont nous disposons ne nous éclairent guère sur ce point. Un seul texte, daté de 1213, montre les bouchers de Mâcon s'engageant tous ensemble par serment à donner pour leur âme et celles de leurs ancêtres aux malades de l'hôpital et aux lépreux de la cité les viscères de tous les animaux de race bovine ou ovine abattus dans la ville ; le comte confirme l'aumône collective, promet de respecter lui-même la convention et de contraindre les bouchers à l'observer à l'avenir [2]. Ce corps de métier forme donc à tout le moins une association de nature religieuse et peut-être une communauté plus étroite, reconnue et contrôlée par l'autorité comtale. Mais on ne peut dire s'il en va de même pour d'autres professions et dans les autres bourgades. Apparemment l'individualisme est l'un des traits caractéristiques du milieu urbain.

Mal retenus par les liens de parenté et de voisinage, les manants du bourg sont aussi mieux traités par leur seigneur. Sans doute n'essaient-ils pas avant

1. Guillerme Dubois, ami de Josseran Gros, qu'il sert au château de Brancion, C. 4481 (1214) ; son cousin Geoffroy est tenancier du même Josseran à Lournand, C. 4544 (1224).

2. ACM, GG. 154, n° 2 (*vidimus* AN, JJ. 46, f° 116, n° 203).

1170 de secouer brutalement sa tutelle ; ils savent que le sire est leur meilleur client, que, sans sa présence dans la ville, les affaires y seraient moins prospères, qu'il assure la paix, que lui seul peut les défendre sur les routes, obtenir des châtelains voisins des exemptions de péages, leur fournir au besoin la meilleure des cautions. Leur principal privilège est – ce qui explique la bourgeoisie foraine – de pouvoir se réclamer d'un seigneur puissant et respecté dans leurs démêlés avec les percepteurs de taxes routières, les chevaliers pillards et les marchands concurrents[1]. Aussi le maître du territoire urbain conserve-t-il tous ses pouvoirs, la position des bouchers de Mâcon à l'égard du comte en témoigne : c'est un chef, c'est un juge, tous les habitants sont ses hommes et, avant 1160, aucune concession écrite ne vient limiter ses droits[2]. Toutefois, il ménage les bourgeois parce qu'il a besoin de leur argent et de leur aide militaire.

Sa richesse en numéraire est la première supériorité de la bourgeoisie ; mais elle bénéficie d'un autre avantage, sa valeur guerrière. Le négociant de ce temps est en effet par profession un coureur d'aventures : pour mener les caravanes marchandes, pour tenir tête aux sergents péageurs, se faire payer des clients nobles, se défendre contre les dangers du chemin, il doit savoir se battre. En fait, il a de l'audace, de l'endurance et se montre bien meilleur soldat que le paysan. Riche, il peut s'armer : bien des bourgeois possèdent des chevaux, et dans les familles les plus aisées on se transmet de père en fils une armure tout comme dans les lignages chevaleresques[3]. Dans chacune de nos villes, quelques centaines de combattants valeureux et bien harnachés sont prêts à l'expédition. Certes, le bourgeois préfère la paix ; il veut que la circulation soit libre pendant l'été, saison du combat mais aussi du commerce, et soutient tous les mouvements pacifiques ; quand, en 1153, l'abbé Pierre le Vénérable parvient à réunir à Mâcon une assemblée de paix, dernière manifestation dans notre région de l'action pour la paix de Dieu, les habitants de Cluny, et ceux sans doute des autres bourgs, s'engagent à faire respecter l'accord et à courir sus, s'ils en sont

1. L'abbé de Cluny fournit une caution pour ses bourgeois, C. 4742 (1239). – Exemptions de péages obtenues par Cluny pour ses hommes : C. 4069 (1140), 4277 (1181), 4332 (1188), 4346 (1190) *cum extranei homines dent .IV. d. pro trosello, homines Cluniaci non debent nisi duos*. – Dès le IXe siècle, des exemptions de tonlieu sont accordées par les rois aux hommes de Saint-Philibert de Tournus sur les marchés publics et les routes, qu'ils fassent leurs affaires ou celles des moines, T. 109. – Exemptions pour les « citeins » – de Mâcon, CANAT, Mâcon, XIII ; c'est même l'avantage principal, celui en tout cas qui intéresse seul les bourgeois forains, XV et XVI.

2. Sur les chartes de franchises, *infra*, IIIe partie, ch. III, B.

3. Hugues de la Mâconnière, bourgeois de Chalon, lègue son armure à son neveu, PETIT DE VAUSSE, V, p. 168.

requis, aux fauteurs de guerre [1]. Les bourgeoisies tâchent également de se libérer des obligations militaires : en 1226, les « citeins » mâconnais refuseront de suivre en Avignon l'expédition royale [2]. Mais s'il s'agit de défendre leurs intérêts propres, ceux de la ville et, quand les affaires peuvent en profiter, ceux du seigneur, les bourgeois marchent et marchent bien. Ainsi, le sentiment de leur commun profit réunit le maître et les manants de la ville, fait régner au XIIe siècle à Cluny comme à Mâcon, à Tournus comme à Belleville, une bonne entente que troublent à peine de loin en loin quelques mouvements de colère, quelques émotions sans lendemain.

C'est à Cluny que nos sources permettent d'observer le mieux ce phénomène. L'abbé requiert fréquemment l'assistance financière de ses bourgeois ; il trouve parmi les gros marchands des prêteurs ou du moins des garants qui lui fournissent le moyen de contracter ailleurs d'autres emprunts ; quand l'évêque de Winchester, Henri de Blois, met en 1149 pour quelque temps à la disposition de Pierre le Vénérable une grosse masse de métaux précieux, la convention est jurée par vingt et un négociants du bourg qui s'obligent à rester en caution dans le cloître si les échéances sont retardées, et par conséquent à coopérer au besoin au remboursement. Les moines utilisent également pour leur politique les relations d'affaires de leurs hommes qui peuvent faire pression sur leurs débiteurs, châtelains ou chevaliers rivaux du monastère, et les persuader de se montrer plus conciliants [3]. Et quand il s'agit d'obtenir le concours des bourgeois pour la guerre, les seigneurs de Cluny sont prêts à toutes les concessions. C'est ce que montre bien l'accord, véritable traité d'alliance, conclu entre l'abbaye et les gens de la ville dans l'hiver 1145, pour prendre effet à Pâques, à l'ouverture de la saison militaire. Il fallait alors défendre le temporel du monastère contre les entreprises du châtelain de la Bussière, qui tenait les routes du Sud et les péages. Pour cette raison, les bourgeois avaient intérêt à combattre, mais certains d'entre eux étaient les amis ou les créanciers du sire et de ses vassaux, et les habitants de Cluny posèrent leurs conditions. Tous les hommes âgés de plus de quinze ans jurèrent une convention temporaire qui renforçait leurs obligations coutumières. Ils s'interdirent sous peine d'une amende de vingt sous d'abriter les ennemis de l'Église, de leur fournir aide et conseil et particulièrement de l'argent ; s'ils étaient déjà en rapport financier avec eux, ils devaient s'efforcer

1. *BC*, 592.
2. AN, J. 259, n° 21.
3. Prêts des bourgeois : C. 4012 – 4813 (1244), ils avancent 400 livres que l'abbé prête à son tour au sire de la Bussière ; garantie de la dette envers l'évêque de Winchester, C. 4142 (1149) ; action sur les débiteurs, C. 4098 *bis* (1145).

d'obtenir le remboursement de leurs prêts ou s'arranger pour que leurs débiteurs se tiennent hors du conflit. Tous, sauf les infirmes, iraient au combat à toute réquisition et, du commun conseil de l'abbé et des « meilleurs » bourgeois, seraient désignés ceux qui garderaient la ville, ceux aussi qui, suspects – on voit que la population urbaine n'était pas unanime –, devraient rester chez eux et fournir des remplaçants. En échange, les moines promirent d'abord de ne pas lever d'exactions pendant la durée de l'accord ; ils abandonnèrent aux bourgeois, pour les besoins de la communauté, le produit de l'amende de vingt sous, et les laissèrent par conséquent la lever seuls ; ils fournirent des garanties contre les dangers de la guerre : les morts recevraient la sépulture gratuite et de beaux services funéraires ; les vivants seraient réconciliés par les soins de l'Église avec les lignages de ceux qu'ils pourraient tuer, blesser ou dépouiller et, en attendant que soient conclues les compositions, seraient maintenus en sécurité. Les bourgeois obtinrent enfin l'assurance que le conflit ne troublerait pas la circulation commerciale et que l'on défendrait spécialement les étrangers visiteurs du marché et des foires [1]. On voit le prix que l'abbaye attachait à l'aide bourgeoise et, en fait, durant tout le XIIe siècle, la milice urbaine de Cluny combat et non sans succès, lutte en 1166 contre les routiers du comte de Chalon, menace plus tard les châteaux de Brancion et de Nanton, mène la guerre contre un autre péageur, le sire de Berzé ; c'est une force [2]. Seigneurs et habitants des villes paraissent donc bien à cette époque étroitement solidaires et, plus souvent qu'ils ne s'opposent, se prêter un mutuel appui.

Riches et bien armés, les bourgeois ne bénéficient pas seulement des ménagements du *dominus ville*, mais aussi de la considération de toute la haute société. Si le paysan d'ordinaire, qui gagne lui-même le peu d'argent dont il a besoin, n'attend rien de l'homme de la ville, ministériaux, chevaliers et châtelains, chanoines et moines noirs, dont les besoins en numéraire excèdent parfois les ressources, sont bien forcés de temps à autre d'emprunter aux plus aisés des marchands des deniers, de l'argent ou de l'or. Ils doivent compter avec ces créanciers qui, par ailleurs, se font craindre. La silhouette du gros bourgeois de ce temps qui, délaissant l'atelier ou le banc, chevauche, chapeau de fer en tête, ressemble curieusement à celle du chevalier. Et l'on voit parfois les plus auda-

1. C. 4098 *bis*.

2. Expédition contre le comte de Chalon, *Chronique d'Hugues de Poitiers*, dans *Hist. de la Fr.*, XII, 342 A ; contre les sires de la Bussière, C. 4098 *bis* (1145), 4244 (1173), 4280 (1180), *BC*, 1497 (1207) ; contre le sire de Brancion, C. 4410, 4482 (1203-1215), *burgenses Cluniacenses... propter injurias multas... burgensibus irrogatas ad castrum de Brancione et ad castrum de Nanton et ad villam de Chassangiaco, armata manu et valida descenderunt... mala plurima perpetrarunt* ; contre le sire de Berzé, C. 4425 (1205).

cieux et les plus fortunés entrer personnellement en lutte ouverte contre les membres de la classe militaire. Guillerme Dubois, de Cluny, se saisit un jour du chevalier de Neublans, cousin pourtant de châtelains, et le traite sans ménagement ; lorsque les amis de sa victime viennent à la rescousse, il tient tête, aidé par d'autres bourgeois, à toute une coalition féodale [1]. Par ses degrés supérieurs, la bourgeoisie est au niveau de la noblesse. À Mâcon, à Cluny, à Tournus, où vivent, nombreux, chevaliers et gens d'Église, les meilleurs bourgeois cherchent à fréquenter les hommes de bonne naissance et souvent y parviennent. Leurs fils entrent au monastère ou dans les chapitres urbains ; presque entièrement fermé aux paysans, le cloître de Cluny s'ouvre toujours aux gens des villes dont les aumônes en numéraire viennent fort à propos soulager les finances abbatiales ; à la fin du XIIe siècle, les membres des plus riches familles de la cité sont admis au chapitre mâconnais de Saint-Vincent, transmettent à leurs neveux leur prébende et leur dignité ; ces chanoines ne semblent pas d'ailleurs se désintéresser du commerce et, à leur exemple, leurs confrères de naissance noble, achetant dans le bourg des maisons et des ouvroirs, s'adonnent aussi, indirectement, au négoce [2] ; toutes les communautés religieuses de la ville paraissent pénétrées par la mentalité, les soucis, les habitudes bourgeoises ; l'argent y abonde et c'est là sans doute que s'opère le mieux la fusion entre le monde des marchands et celui des chevaliers. Étroites aussi sont les relations entre la bourgeoisie et l'aristocratie laïque : à Cluny, Pons de Beaune gère la fortune mobilière du chevalier Guigonnet de Germolles ; un autre négociant est lié à Henri de Vienne, fils du comte de Mâcon, qui lui cède, en garantie d'un emprunt, des revenus aux foires de Champagne ; un troisième est l'ami de Guy Deschaux, sire de la Bussière, qui vient mourir dans sa maison ; Guillerme Dubois, enfin, se mêle aux chevaliers dans la suite du puissant châtelain de Brancion et accomplit avec eux au château le service d'otage [3].

Aucun bourgeois au XIIe siècle ne parvient cependant à la noblesse. Parce que la chevalerie, nous le savons, est une caste fermée et qu'il ne suffit plus pour y entrer d'être riche et apte au métier militaire. Mais le bourgeois a moins de chance encore que le ministérial de s'y faire admettre, car sa fortune, presque

1. C. 4551 (1227) ; des bourgeois sont aussi en lutte personnellement contre le chevalier Landry de Brancion, C. 4589 (1230) ; contre les Deschaux, *BC*, 1497 (1207).

2. Conversions à Cluny, C. 4056 (1136), *BC*, 1662 (1180) ; C. 4650 (1234) ; bourgeois de Mâcon dans le chapitre ; Guillaume Dentu, AR, G. 6, n° 24 ; Pons Geoffroy, OBM, II, 44 ; Étienne Bermond, C. 4471 ; Pierre Bressoud, CL. 254. – Les chanoines de famille chevaleresque ont des ouvroirs dans la ville : OBM, II, 53 ; G. de Régnié a acheté un étal au bourgeois mâconnais H. de Tournus, AR, G. 5, n° 34.

3. C. 4387 – 4618 – 4481 – PETIT DE VAUSSE, V, p. 168.

exclusivement mobilière, est individuelle ; son élévation l'est aussi ; on ne voit pas encore de solides dynasties bourgeoises. Le marchand enrichi ne s'estime pas tenu en effet de laisser à ses héritiers l'argent et les bijoux qu'il a gagnés tout seul ; à sa mort, et parfois plus tôt s'il se convertit, il vide son coffre et emploie son trésor à fonder des anniversaires ; les principales aumônes viennent maintenant de la bourgeoisie. Les fils de marchands ne recueillent donc guère que des biens immobiliers ; mais ceux-ci, au XIIe siècle, sont encore, nous l'avons dit, de médiocre valeur ; pour se procurer le capital indispensable à la conduite des affaires, ils sont fréquemment obligés d'aliéner ces fonds. Nos sources montrent que les bourgeois jeunes vendent des rentes sur leur alleu [1] ; dans le bourg de Cluny, les maisons changent très souvent de main, achetées par les marchands âgés aux jeunes gens qui manquent d'argent [2]. Au début de son histoire, au XIe et au XIIe siècle, le groupe des *mercatores* est, sans assises foncières, un milieu de parvenus, dont les pères souvent n'étaient rien et dont les fils, s'ils sont médiocres ou malchanceux, retomberont dans l'obscurité. Dans chaque bourgade, le groupe des « meilleurs » se renouvelle sans cesse [3] : à Cluny, les Dubois, qui sont, à la fin du siècle, les plus riches, seront bientôt supplantés par les Nicon, les Laroche, les Garcin. Les familles qui s'approchent de la noblesse s'en éloignent très vite ; c'est la rançon de cette indépendance économique dont les bourgeois ont alors le privilège.

À Mâcon cependant, dans la ville la plus active, commence à s'affirmer à l'extrême fin du XIIe siècle la supériorité de cinq lignages, les Geoffroy, les Bermond, les Chevrier, les Bressoud et les Dentu ; et la stabilité de leur aisance semble tenir à trois causes principales :

1) ces familles d'abord paraissent avoir pratiqué plus tôt le prêt sur gages fonciers. Ainsi Bernard Geoffroy, vers 1160, avança trois cents sous à l'abbaye de Tournus et reçut en garantie les dîmes de Saint-Symphorien-d'Ancelles ; par de telles opérations, il assit plus solidement sa fortune et ses petits-enfants posséderont de beaux alleux dans les environs de la cité, à Saint-Clément et dans la prairie de la Saône, des étaux et des ouvroirs dans la ville, et des cens à Mouhy et à Prissé [4] ;

1. Achats de rentes dans la ville par les moines de Cluny : 10 livres, *BC*, 1660 (1163-1173) ; 9 livres, *BC*, 1661 (1173-1176).

2. C. 4903 – 4970 – 5067 – 5194 – 5307.

3. *Meliores et ditiores*, C. 4098 *bis*.

4. Bernard, M. 609 (1121-1143), 596 (1144-1166), 615 (1158), T. 166 (1160 env.). – Pons, OBM, II, 44 ; héritage paternel de sa nièce mariée à un bourgeois de Lyon, AR, 13, G. 644, n° 7 ; ACM, GG. 154, n° 12 – GG. 147, n° 1.

2) ces familles sont de plus entrées de bonne heure dans les grands chapitres urbains. En 1200, Pons Geoffroy, Pierre Bressoud, Étienne Bermond, Colomb Dentu sont chanoines de Saint-Vincent[1]. Leurs parents profitent de leurs relations, leurs neveux recueilleront leur prébende ;

3) enfin et surtout, ces grands bourgeois, tout en pratiquant le négoce et le commerce de l'argent, sont au service du seigneur. Les Chevrier reçoivent vers 1180 la prévôté comtale ; depuis des générations les Bermond, les Bressoud, les Dentu appartiennent à la haute domesticité de l'évêque[2]. Et c'est là le fait essentiel : ceux qui dans le bourg peuvent à la fois hasarder des deniers dans des affaires commerciales et remplir un office seigneurial profitable occupent la position la plus sûre. Avec de la chance, ils gagnent gros ; sinon, ils ne perdent pas tout, et leur « métier » héréditaire soutient la prospérité familiale. Ces cinq familles, qui participent à la fois aux deux classes montantes, à la bourgeoisie la plus entreprenante et à la ministérialité des plus puissantes seigneuries, forment hors de la noblesse l'échelon le plus élevé. Le préjugé nobiliaire les exclut encore de la chevalerie, mais elles seront les premières au XIIIe siècle à en forcer l'entrée[3].

1. Pons, OBM, II, 44, propriétaire du moulin de la Balme, de censives à Prissé, de quatre étaux et de trois ouvroirs dans la ville. – Pierre, OBM, II, 49, possède 1 000 sous, des vêtements sacerdotaux, des vases précieux. – Étienne, C. 4471. – Colomb, fils d'Humbert, bourgeois de Lyon et de Mâcon, fondateur de la chapelle Sainte-Catherine et Saint-Thomas, à Saint-Vincent, S. 151 – 152.

2. Évrard Chevrier succède aux Galon, ACM, GG. 154, n° 1 (1202). – Les Bermond au service de l'évêque : M. 571 (déb. XIIe), 618 (1153), *BD*, II, 52 (1186-1198). – Les Dentu : M. 618, 596 (1144-1166), 620, 615 (1158), *BD*, II, 52.

3. Voir les remarques de SCHNEIDER, p. 88-91, 128, sur les origines du patriciat messin.

CHAPITRE IX

TABLEAU DE LA SOCIÉTÉ LAÏQUE AU XIIe SIÈCLE

II. LA NOBLESSE

Au XIIe siècle la chevalerie est donc séparée de la paysannerie par la plus haute, la plus infranchissable des barrières contre laquelle viennent aussi buter tous ceux, bourgeois ou ministériaux, qui ont acquis la richesse ou le pouvoir. Cette classe est un « ordre », une division de la société « régulière, nettement délimitée, conforme au plan divin »[1], définie d'abord par un titre que portent tous ses membres ; puis par une fonction sociale particulière : le chevalier, soldat par excellence, doit défendre les autres ordres, « *justicier les robeours* », « *defendre de ceus qui roboient les menues gens et garder* »[2] ; enfin par une condition privilégiée : le chevalier échappe au pouvoir banal qui pèse sur tous les autres laïcs. Privilégiée, cette classe est héréditaire, c'est une noblesse ; les contemporains tiennent *miles* pour synonyme de *nobilis vir*[3] La chevalerie cependant comporte deux échelons et cette hiérarchie n'est pas commandée par l'institution féodale – depuis la fin du XIe siècle, le réseau des hommages et des concessions féodales est trop embrouillé et presque tous les nobles sont à la fois seigneurs et vassaux – mais par la répartition des pouvoirs sur les humbles : ceux qui exercent sur tout un territoire l'ancien ban royal et qu'on appelle

1. BLOCH, *Société*, II, p. 49.
2. HB. 185 – 218 – 219.
3. Les chevaliers groupés sous le nom de *nobiles viri*, C. 4235 (1170) ; le clerc fils de chevalier est dit noble, C. 4132, *clericelli nobiles ;* aux chevaliers s'opposent les *ignobiles*, PET. VEN., *Epist.*, VI, 26, 435.

les « sires » (*domini*), les « châtelains » (*castellani*) [1] se distinguent des simples chevaliers qui n'ont derrière eux qu'un petit nombre de dépendants personnels.

A. LES CHEVALIERS

Dans notre région, c'est-à-dire sur l'étendue de cent cinquante paroisses, nous connaissons l'existence, au temps de la première croisade, de quatre-vingt-dix-huit familles chevaleresques. À vrai dire, notre documentation n'est pas assez serrée pour que nulle ne nous ait échappé ; mais, dans quarante-sept paroisses des environs de Cluny, pour lesquelles les sources sont beaucoup plus abondantes, quarante-trois familles se laissent entrevoir. Nous pouvons donc admettre qu'il existait à peu près autant de lignages nobles que de paroisses, en remarquant cependant que la répartition des chevaliers est inégale. Plusieurs vivent côte à côte dans le même village tandis que certains terroirs sont vides, ceux en particulier qui sont tout entiers dans le domaine de l'Église : la chevalerie est absente, dans la moyenne vallée de la Grosne, des finages de Jalogny, Clermain, Brandon, Mazilles, potés de l'abbaye de Cluny ; elle est aussi très clairsemée dans le vignoble mâconnais où la propriété foncière était, dès la fin du xᵉ siècle, trop démembrée pour entretenir beaucoup de maisons nobles ; en revanche, elle est fort dense à la lisière des grands bois. En tout cas, la classe chevaleresque est peu nombreuse : les *milites*, les hommes adultes de ces cent cinquante lignages, sont tout au plus cinq à six cents ; leur nombre est donc inférieur à celui des ministériaux et des bourgeois, inférieur certainement aussi à celui des « nobles » de l'époque franque.

En limitant notre enquête pour plus de certitude au Clunisois, où la documentation pour le xᵉ et le xiᵉ siècle est de bien meilleure qualité, voyons cependant d'où sortent ces familles. Quarante-trois lignages ; huit apparaissent brusquement vers 1100, sans que l'on puisse identifier leurs ancêtres ; mais pour les trente-cinq autres, les conclusions sont formelles : vingt-deux, soit près des deux tiers, sont issues des deux plus riches lignages de l'ancienne noblesse, des Bérard ou des Évrard ; quatre ont pour souche commune Humbert, autre grand personnage, ami des comtes à la fin du xᵉ siècle ; cinq maisons chevale-

1. *Castellani et milites, Hist. de la Fr.*, XVI, 130 A ; *milites, castellanos et ipsos comites*, PET. VEN., *Epist.*, VI, 45 (464) ; A. de l'Épervière, *miles, vir nobilis et castellanus*, CH. 164 (1189). – *Dominus* est encore généralement réservé aux châtelains : ASL, H. 178, nº 5 (1174), parmi les *milites*, seul le sire de Neublans porte ce titre. – « Baron » n'est employé que dans des documents qui n'ont pas été écrits dans le pays, C. 4233 (1170), T. 211 (1257).

resques descendent de ces gros alleutiers qui, sans appartenir à la très haute aristocratie, étaient les plus riches dans leur canton ; seules les trois dernières, celles de Saint-Point, de Curtil et de Serrières, peuvent avoir une origine plus modeste : il est possible que leurs fondateurs aient été, vers l'an mil, de gros paysans, fort bien pourvus de terres et à demi nobles, qui surent s'enrichir encore en un temps où tous les patrimoines se désagrégeaient[1]. Par conséquent,

1. Huit familles d'ascendance inconnue : Bruyère, Merle, Vitry, Vissandon, la Ferdière, Nay, Dardy, Chasautiart.
Descendants des Bérard :
A) des Bérard de Trambly, C. 505 (939), sortent :
1) les Deschaux : Geoffroy I, neveu des Bérard, C. 1162 (962), 1318 (972), 1470 (979), père de Geoffroy II, C. 554 – 312 – 603 – 2090 – 2678, père de Hugues, C. 2914 (1037), 3262 – 2685 – 2087, père de Lambert, C. 3400 (1064), 3565 – 3503 – 3673 – 3685 – 3351 – 3829 ;
2) les Germolles ; Gautru, fille des Bérard, C. 1318 (972), mère d'Aidoard, C. 2236 (994), 443 – 460, père d'Hugues, C. 2400 (997), 170, père de Guigue de Germolles, M. 594 – C. 3300 – 3370 ;
3) Hugues de Trambly, cousin des Deschaux, C. 3011 (milieu XIe).
4) les chevaliers de la Bussière, cousins des Deschaux : Hugues, M. 594 – 596 (1116) – C. 4045 (1134), est frère de Guy Deschaux, C. 4280, M. 576 (1116) ;
5) les La Roche, C. 4045, CHAUME, « Féod. mâc. ».
B) de la branche du vicomte Guigue :
1) les Blanc, vicomtes de Mâcon : Archambaud épouse la fille du vicomte Guigue, C. 2939 (1040), CHAUME, *Mélanges*, p. 286 ;
2) les Meulin, Guillaume, C. 3000, fils d'Archambaud et Béatrice, CHAUME, *ibid.*, père d'Hugues, M. 544 (1074-1096) ;
3) les Berzé : Alexandra, femme de Geoffroy, C. 1870 (991), 1279 (970), 1818 – 1972, etc., est fille de Bérard et cousine du vicomte Guigue, CHAUME, « Berzé » ;
4) les Merzé : Lambert et Josseran, frères d'Alexandra, C. 2567 ;
5) les Ménézy : Guichard, fils de Josseran de Merzé, C. 2021 (993), 2992 – 3115 – 3337 – 2966 ;
6) les Bière : Josseran, fils de Gandaumeu, cousine d'Alexandra et des Enchaînés, neveux du vicomte Guigue, C. 3314 – 319 – 1579 ;
7) les Saint-Nizier, C. 2503 – 3104 – 3267.
Descendants des Évrard :
A) de Josseran d'Uxelles :
1) les Ameugny : Odilon, fils de Létaud I, cousin des fils de Josseran, C. 776 (950), 1619, 2651 (1007), père de Létaud II, C. 2906 – 3065 ;
2) les Chazelle : Guichard I, frère d'Odilon, C. 1619, père de Guichard II, C. 1651 – 2634 – 2405, père de Guichard III, C. 565 – 3085 – M. 498 – 465 ;
3) les Béraud, par Amélie, fille de Guichard III de Chazelle, C. 3060 – 3574 ;
4) les Bissy, descendants de Josseran, donateur à Taizé, cousin de Josseran d'Uxelles, C. 2091 ;
5) les Cortevaix, neveux de Bernard et Guillaume de Bissy, C. 3120 – 3331 – 3133 – 3640 – 3642 – 2838.

en supposant même que les huit lignages dont l'ascendance est incertaine soient eux aussi de petite extraction – et rien n'est moins sûr : le moment où ces gens sortent de l'ombre n'est certainement pas celui où ils accèdent à la chevalerie ;

B) des Évrard de Sologny ; CHAUME, « Féod. mâc. » :

1) Renaud II de Sologny, fils de Dominique, C. 1350 (974), 1952 – 2295, neveu de Renaud I, C. 1641, 1769 ; C. 2504 – 2022 – 2183 – 2810 – 2019, aïeul de Renaud III, C. 3215 – 3796 – 3330 – 3744 – 3873 (1108) ;

2) Guy de Sologny, fils de Josseran, neveu d'Acelin, C. 2518 – 3284 – 3035, père de Pierre, C. 3744 (1100) ;

3) Pons de Sologny, C. 3302 – 3798 – 3786 – 3674 – 3824 – 3565, cousin du précédent ;

C) des Évrard d'Aîne (Humbert, archidiacre, puis doyen de Mâcon, CHAUME, « Féod. mâc. », M. 7 – 22 – 27 – 276 – 296 – 317 – C. 634 – 1406) ; les Igé, C. 3524 (1078).

Descendants d'Humbert de Sailly, C. 2326 – 2234 – M. 465 – C. 2273 (994) ;

1) les Sailly : Josseran, neveu d'Humbert, C. 2945, père d'Étienne, C. 3030 – 3196, père de Geoffroy, C. 3931 (1117) – 3784 – 3983 ;

2) les Ruil ; Bernard, frère de J. de Sailly, C. 2944, père de Geoffroy et d'Elgod I, C. 3032 – 952 – 3642, père de Pierre et d'Elgod II, C. 3983 (1125) ;

3) les Marchizeuil : Artaud, fils d'Humbert, C. 349 – 298 – 597 – 2114 – 2195 – 299, père de Geoffroy I, C. 597, père de Geoffroy II, C. 3825 – 3875 (1108) – 3961 – 4054 ;

4) les Bésornay : Geoffroy, frère d'A. de Marchizeuil, C. 597, père de Guichard I, C. 3151 – 3298, et de Gautier, C. 3037 – 3198, père de Guichard II, C. 3067 – 3640.

Familles issues de la moyenne aristocratie :

1) les Cluny : Audin, neveu de l'évêque Mainbaud (C. 259 – 667 – M. 266 – 296), C. 961 (954-994) – 1264 – 1558, père du chanoine Orné, C. 2313 (996-1031) – 2296, et de Gilbert, chevalier, C. 2090 ;

2) les Mailly : Constantin I, beau-frère de Gilbert de Cluny, C. 2206 – 2048 – 2536 – 3174, père de Constantin II, C. 3375 (1080) ;

3) les Taizé : Bernier, scabin de la cour comtale, C. 1397 (974), 1619 – 641, père de Seguin, C. 2039 – 2430 – 2550 – 2555 – 2621, époux d'une Bérard, C. 2120 – 2348 – 2647 – 2427, aïeul de Bernard, C. 3034 – 3642 – M. 585 ;

4) les Oblé : Guillaume, C. 2382 – 2560 (1002) – 2578, aïeul d'Ancy, C. 3758 – 2996 – 3104 – 3685 – 3753 – 3795 – M. 10 – 26, père de Bernard, C. 3032 – 3068 – 3806 ;

5) les Massy : Guy, C. 1357 (972) – 1618, père de Reine, C. 2803 – 2436 – 3734, mère d'Achard I, C. 3734, père d'Achard II, C. 3896 (1100).

Familles issues peut-être de la grosse paysannerie :

1) les Serrières : Arraud, C. 2733, 2604 (1004), 2837, épouse une riche béritière, Érembourge ; son fils Nardouin, C. 3538, 2604, épouse une descendante des Évrard de Sologny ; l'un de ses trois fils possède plus de six manses, C. 3538 (1079) ;

2) les Curtil : Bernard, C. 2695 (1015) est déjà seigneur ; ses fils recueillent les débris de l'héritage des Atton, gros propriétaires du village, nobles au Xe siècle, mais ruinés par les donations : C. 2999 – 1687 – 2685 – 2848 ; Bernard, chevalier, C. 3087 ;

3) les Saint-Point : Renard, C. 1431 (979), père de Bernard, C. 167 – 2551 (1002), 2601, est lié aux Thibert (Évrard) de Tizy, C. 1209 (996), 2551 : Renard II est prêtre, C. 2501 – 183 – 174, ses neveux sont chevaliers, C. 3677 – M. 547 (1106). – On voit que ces trois familles sont liées étroitement aux lignages de la noblesse et sont vraisemblablement issues elles aussi de l'aristocratie.

nobles depuis longtemps, on les voit apparaître soit quand ils adoptent un surnom familial qui permet de les distinguer des autres, soit quand ils commencent à faire des offrandes à une communauté religieuse qui a laissé des archives – la chevalerie des environs de Cluny sort presque tout entière de l'ancienne noblesse et de la plus haute ; dans ses rangs, les descendants de vieille race sont de beaucoup les plus nombreux[1]. C'est bien ce qu'enseignait l'histoire des fortunes : quand vers le milieu du XIe siècle la qualité chevaleresque devint héréditaire, la plupart des héritiers de l'aristocratie moyenne étaient déjà trop appauvris pour la revêtir ; seuls possédaient encore des revenus suffisants quelques-uns des lignages de la noblesse villageoise qui avaient pu maintenir leur aisance, mais surtout les rejetons des très grandes familles. Tous ceux-ci portèrent le titre et le transmirent avec les privilèges de la chevalerie à leurs enfants qui ne le lâchèrent plus, mais refusèrent de le partager avec de nouveaux venus. L'esprit de caste ainsi que les conditions de la vie économique, l'insignifiance des « bienfaits » seigneuriaux et l'impossibilité pour les ruraux de s'enrichir, empêchèrent de s'agrandir le petit groupe des *milites*. Pour toutes ces raisons, la chevalerie du XIIe siècle est une classe restreinte dont les membres ont presque tous des ancêtres illustres.

1. Hors de la zone où les documents sont très abondants, la plupart des familles sont d'origine inconnue : en Beaujolais, Pizay, Étoux, Cercié, Marchampt, Verney, Feugères ; en Bresse, Asnières, Feillens, Boche, Rebutin, Neiel, Veyle, Mépillat, Mizériat, Baiseneins ; en Tournugeois, les deux branches de Sennecey, Nanton, Hongre, Brancion, Cray, Martailly, Saules, Clessé, Lugny, Roux, Burgy ; Thoriat et Chaintré en Mâconnais ; Pierrechamp aux confins du Charolais. – Cependant, neuf lignages sortent de la moyenne aristocratie : les Bresse et les Créteuil, descendants des Achard, *milites* au Xe siècle, C. 2102 – 3265 – 589 – 2195 – 2322 ; les La Salle et les Montbellet, descendants de Nardouin, « fidèle » du comte, M. 72 (941-954) – 488 – 155 – 292 – 420 ; les Sennecé, descendants de Garnier, parent de l'évêque Adon, C. 751 (949) ; les Burdin, descendants de Flobert, *nobilis vir*, M. 148 – 411 – C. 2594 (1004) ; les Vinzelle, descendants de Bradinc, *vir illustris*, et d'Aimon, précariste de Cluny, C. 1374 (974) – C. 1497 (979) – 1101 – 1102 – 2087 (993-1048) ; les Verneuil, alliés aux Sologny, M. 477 ; les Varennes, alliés aux Vinzelle, M. 572. – Six autres sont de meilleure origine : la Chapelle et Sercy sont les héritiers du grand lignage des Aquin, grands seigneurs fonciers possessionnés au Xe siècle autour de Saint-Gengoux et dans la montagne beaujolaise, C. 1049 (958) – 1789 – 1933 – 2959 – 3176 – 2729 (1020) ; les Neublans et leurs cousins les Grateil, les héritiers de Garoux, châtelains de Brancion au Xe siècle ; les Chigy et les Chaumont descendent de grands fidèles des comtes de Chalon, C. 1249 (967-978), 3340 – 3234 – 3182 – 3827. – On retrouve encore six branches des Bérard ; les Beaujeu, les Enchaînés de Montmerle, neveux du vicomte Guigue, C. 928 – M. 220 – C. 2956 – 3314 – 3666 – 3380 ; les Vers et les l'Épervière, voir p. 384, et n. 1, p. 385 ; les Chassigneules : les Saint-Aubain, cousins des Blanc, CHAUME, *Mélanges*, p. 286 ; et trois Évrard : les Bâgé, les Gros d'Uxelles et les Barberêche, descendants des Évrard d'Aîne, C. 2861 (1031-1048) – 2969 – 2492 – M. 537 – C. 3420 (1068).

À des degrés divers, la plupart des chevaliers du Mâconnais sont donc cousins. On peut les croire capables de reconstituer leur généalogie pendant quatre ou cinq générations : peu d'hommes sont indifférents à l'histoire de leur famille et, dans un milieu où l'héritage a tant d'importance, où toute la parenté participe au culte des morts, où les liens du sang sont les plus solides et où les gens quittent rarement la terre de leurs ancêtres, le souvenir des aïeux doit être particulièrement vivace. Aussi, remontant sans peine jusqu'à leur origine commune, les dix-sept familles issues des Bérard, les quatorze issues des Évrard sont certainement conscientes de leur parenté. De plus, ces liens de cousinage sont encore étendus, multipliés et resserrés par les alliances matrimoniales ; nous en avons reconstitué suffisamment pour avancer que jamais, depuis l'an mil, les chevaliers ne prennent femme au-dessous de leur condition, que presque toujours, ils se marient dans le voisinage et que, contraints par l'Église à choisir leurs épouses hors de leur proche parenté, leur union entraîne rapidement la fusion des familles qui par leur ascendance étaient encore étrangères [1]. Au XIIe siècle, tout chevalier, par ses grands-parents, par sa femme, par ses oncles et ses tantes, ses beaux-frères et ses gendres et ses brus, est allié à tous les autres. Et lorsqu'on mène ces recherches généalogiques, partant d'un lignage, on finit par tirer à soi la classe chevaleresque tout entière. Voici par exemple la famille qui au XIe siècle porte le surnom patronymique de Gigny et se divise après 1100 en deux branches, les Vers et les l'Épervière ; Damas, qui vivait au temps de la première croisade, était cousin par son père des chevaliers de Sercy et de la Chapelle de Bragny et allié, par sa grand-mère maternelle, qui s'était mariée deux fois, aux Enchaînés, châtelains de Montmerle, et à tous les Bérard ; il était le gendre de Landry Gros, châtelain d'Uxelles, et rattaché par là à toutes les maisons nobles du confluent de la Guye et de la Grosne, dont le rapprochait déjà son ascendance maternelle ; ses fils et ses neveux, les chevaliers de Vers, de Chassigneules et de l'Épervière, concluront des alliances familiales avec les Bresse et les la Chapelle, qui leur sont déjà cousins, et avec des familles plus lointaines, les chevaliers chalonnais de Saint-Marcel, les chevaliers charolais de

1. À la fin du Xe siècle : A. de Bière épouse une Bérard ; A. de Sennecé, une Évrard ; Ève de Mailly, un Merzé ; G. de Cluny, une Mailly ; Seguin de Taizé, une Bérard ; G. Deschaux, une riche héritière de Trades ; son fils, la fille d'un seigneur charolais, et sa belle-sœur, un Saint-Aubain. Au début du XIe siècle, H. Deschaux épouse une Bérard ; B. de la Chapelle, une Bresse, ainsi que G. de Créteuil ; la veuve de G. de Chazelle épouse A. de Bourbon-Lancy. – À la fin du XIe siècle : H. Burdin épouse une Merzé ; B. de Chigy la fille de H. Bochard, puis la sœur de A. de Montmerle ; G. de Burzy, une Oblé ; la veuve de S. de la Chapelle, R. de Bresse ; E. Hongre, une Merle ; J. de Cypierre, une Chazelle ; B. de Verneuil, une Sologny.

Saint-Aubain[1]. Ce cas n'est pas exceptionnel et nous pourrions aisément démêler l'écheveau complexe où sont pris les Germolles, par exemple, ou les Meulin, ou les Merzé[2]. On voit les conséquences de ces unions : les querelles familiales se répercutent de proche en proche d'un bout à l'autre de la chevalerie et ne laissent personne indifférent ; le culte des morts rassemble tous les lignages autour des principaux sanctuaires où sont ensevelis côte à côte leurs défunts. Il faut enfin souligner l'extrême importance de ce cousinage : si la chevalerie au XIIe siècle se ferme si bien aux enrichis de la bourgeoisie ou de la ministérialité, c'est qu'elle forme en réalité une seule grande famille, dont tous les membres se connaissent personnellement et se sentent du même sang ; un parvenu ne peut subrepticement s'introduire dans cette parenté alors que les usages, les préjugés, le refus des mésalliances interdisent qu'il y soit admis ouvertement.

Effectivement, dans le courant du XIIe siècle, trois noms nouveaux seulement apparaissent dans les listes chevaleresques : deux, Vérizet et Genost, se découvrent sur les bords de la Saône, aux lisières de notre domaine d'investigation, dans le secteur le plus obscur, et il est à peu près certain qu'ils ne sont pas portés par des familles nouvellement issues de la roture ; un seul, Lespinasse, paraît dans les campagnes bien connues du Clunisois[3]. Ce chevalier est-il un homme de rien, un fils d'aventurier heureux ? On croirait plus volontiers que ce nouveau patronyme remplace l'un de ceux qui au même moment cessent d'être portés. Car loin de s'accroître, la chevalerie du Mâconnais perd pendant cette période de son histoire vingt et une familles. Est-ce à dire que nos conclu-

1. Damas est fils de Robert de Gigny et d'Arembourge, C. 3360 – 143 – 787 – 1022 : celle-ci est fille de Bernard, possessionné à Sercy-en-Chalonnais, à Marchizeuil et dans l'Autunois méridional, C. 2573 (1003) – 2574 – 2973 – 2974, et de Gertrude, fille d'Arlier, seigneur à Confrançon et à Joux, C. 928 – M. 220 – C. 2616 – 2760 (1020), qui en premières noces avait épousé Guillaume, frère du vicomte Guigue, C. 928 – M. 220. Arembourge était ainsi la demi-sœur des Enchaînés de Montmerle ; aussi D. de Gigny est-il appelé à sanctionner la donation par ces derniers de l'« honneur » de Berzé-la-Ville, C. 2997. – D. épousa la sœur de Landry Gros, C. 2994. – Il est l'oncle d'Olivier de Chassigneules, C. 2994. – Son frère Bertrand de Vers, C. 2995 – 2996 – 3066, etc., est, par alliance, grand-père de Josseran de Saint-Aubain, ASL, H. 25, n° 59 (1197). – Guillaume de l'Épervière est fils de D. de Gigny, CH. 181 (1136) ; sa fille épouse Simon de la Chapelle, F. 163 ; il est grand-père d'Eudes de Saint-Marcel, ASL, H. 27, n° 2 (1202). Voir croquis IX.

2. Les Germolles sont cousins des Veyle, M. 611, des Cluny, M. 620, des Mailly, C. 4348, des Pizay, SP. 10, et des Sauvage, OBM, II, 46. Par leur ascendance, ils sont cousins des Deschaux, des chevaliers de la Bussière, des Trambly et des La Roche et peu éloignés des Beaujeu. – Les Merzé, cousins des Ménézy et, par leur origine, des sires de Berzé, sont liés aux Mailly, C. 3375 – 3292, aux Burdin, C. 3713, aux Cluny, C. 3221.

3. Humbert de Genost et Jean de Vérizet, chevaliers, GUICHENON, *Bresse*, p. 141 (1186) ; Artaud de l'Espinasse, C. 4280 (1180).

sions soient fausses, que le titre chevaleresque ne soit pas absolument héréditaire et que, s'appauvrissant, certains lignages puissent encore, comme avant 1050, glisser hors de la noblesse ? Nous ne le pensons pas car nous connaissons la raison de six de ces disparitions, ce qui, dans l'état de la documentation, est considérable et permet de porter un jugement d'ensemble. Dans deux cas, ce sont les branches d'un même lignage qui, un moment différenciées, se réunissent de nouveau ; les autres fois, la famille s'éteint faute d'héritier mâle [1]. Si dans l'ensemble la classe chevaleresque paraît conserver son effectif, le nombre des groupes familiaux diminue ; certains privés d'héritiers disparaissent, ceux qui sont prolifiques, étroitement repliés sur eux-mêmes n'essaiment plus, tandis que d'autres pour plus de sécurité retournent à l'unité primitive. Et à la fin du siècle, on ne connaît plus en Mâconnais que soixante-dix-neuf familles nobles ; dans le Clunisois, plus du quart d'entre elles se sont éteintes ou résorbées dans d'autres groupements. La chevalerie est donc bien close ; la cérémonie de l'adoubement, sur laquelle d'ailleurs aucun texte ne nous renseigne, paraît une formalité automatique qui consacre simplement la majorité du fils de noble [2] ; la chevalerie même est trop fermée et l'anémie menace cette caste d'héritiers.

*

Plus que tout autre, le chevalier en effet est un héritier ; comme le titre et l'aptitude à la *militia*, sa fortune est héréditaire et, par sa fonction et son genre de vie, il est de tous le moins bien placé pour accroître personnellement son avoir ; tandis que, sans parler du bourgeois, le paysan entreprenant peut gagner des deniers et acheter un peu de terre, tandis que le châtelain et le ministérial ont quelques chances, en usant de leur autorité sur les hommes, d'augmenter leurs revenus, le chevalier doit se contenter de ce que lui ont laissé ses parents. Les pratiques successorales ont ainsi dans ce milieu tant d'importance qu'elles impriment certains des traits les plus caractéristiques de la mentalité et du comportement chevaleresques.

1. Disparition : Ameugny, Chazelle, Bésornay, Curtil, Saint-Point, Saint-Nizier, Bière, Bissy, Chigy, Chassigneules, Burdin, Sennecé, dans la première moitié du XIIe siècle ; Cluny, Cortevaix, la Ferdière, Igé, les Étoux, Enchaîné, Burgy, Neiel, Barberêche, dans la seconde moitié. – Causes : 1) fusion : Bésornay-Marchizeuil ; Chaumont-Chigy ; 2) extinction : Chazelle (le dernier héritier mâle, Guichard III, est mort sans fils, M. 98 – 465) ; Burdin (Hugues), sans fils, adopte un clerc, C. 3713 (1100 env.) ; Pierre des Étoux, mort sans enfant, CL. 81 (fin XIe), comme Hugues Neiel, CL. 99 – 163 (1200 env.).

2. C. 4387 (1200 env.), les fils de Guigonnet de Germolles, encore mineurs, ne pourront disposer de leur héritage tant qu'ils ne seront pas adoubés, *donec fiant milites*.

Dans la chevalerie, la solidarité familiale est d'abord la plus étroite. Certes les hommes du même sang se groupent parce que, au combat ou en justice, il n'est de meilleure rescousse que de «*parenté ou d'amis*[1] » ; mais c'est bien l'héritage ancestral qui rassemble la famille noble : neuf fois sur dix, le surnom commun à tout le lignage est dans la noblesse, et dans la noblesse seule, le nom d'une terre, de l'alleu qui nourrit tous les parents. Car le chevalier a passé la plus grande partie de sa vie dans la maison de son père ou de son oncle ; il recevait sa part des profits communs, on le consultait avant d'engager ou d'aliéner une portion du patrimoine, il contrôlait avec ses frères, ses oncles, ses cousins, héritiers futurs comme lui-même, la gestion du chef de famille ; mais il n'avait aucune indépendance, nul moyen d'aller vivre seul ailleurs à sa guise ; après la mort de ses parents, il a continué à exploiter l'héritage avec ses frères et même, pour quelques biens, avec des lignagers plus lointains ; ils ont fini par partager, mais maintenant le chevalier vieillissant supporte encore la contrainte ; il devine l'impatience de ses fils qui, comme lui jadis, souffrent de dépendre d'autrui ; il est tenu par le souci de leur laisser une fortune qui convienne à leur état ; on le surveille, il n'ose préparer son salut par des aumônes et se demande avec inquiétude si, quand il ne sera plus, ses héritiers se montreront aussi chiches qu'il le fut lui-même pour l'âme de ses parents[2]. Dans le très conventionnel poème du sire de Berzé, la seule page vraiment sincère est celle où s'expriment ces sentiments proprement chevaleresques : cet homme mûr, qui possède un bel héritage, sait ce que sont les lendemains de sépulture quand

s'en part chascun tout sans demeure ;
ja nus ne cuide veoir l'eure
qu'il n'en soit sevrés et partis.
Puis commence entre aus l'estris
de sa terre et de son avoir...[3] ;

il connaît les pensées secrètes des héritiers :

Si fill, si frère e si ami

1. HB. 45.
2. L'indivision entre cousins, oncles et neveux est beaucoup plus rare que la frérêche (14 pour 100 des cas) ; rareté, de même, parmi les *laudationes* de celles des parents éloignés. – Les bâtards, qui n'ont pas part à l'héritage, vivent dans la mesnie : parmi les témoins de la donation de l'épouse d'Eudes de Dammerey, *Johannes, filius Odonis de Dalmariaco, bastardus*, F. 19.
3. HB. 723-727.

desirent plus la mort de lui
cent fois qu'il ne font de l'autrui
qu'ils cuident qu'il en avieugne
k'aucuns riens lors en remeugne... [1] ;

il partage enfin l'amertume des chefs de famille qui, obligés de sacrifier leurs besoins personnels et les plus pressants de tous, ceux de leur âme, doutent du bon usage que leurs descendants feront de leur chevance :

E savez vous que cil en font
qui sa terre e son avoir ont ?
Sausse vers e chaudes pevrées
E robes plaines et coées [2].

S'agit-il de prendre femme ? le souci du patrimoine est encore là qui domine tous les autres, car le nouveau marié aura des droits sur les biens de son épouse et leurs enfants jouiront un jour des deux héritages conjugués [3]. Discussions, marchandages précèdent les épousailles. Conclu avec une fille de châtelain ou bien avec l'unique héritière d'un lignage chevaleresque, le mariage est parfois une bonne affaire qui assure les destinées de la famille, mais, plus souvent, la femme n'apporte qu'une dot modeste ou de petites espérances et, comme elle a toutes chances d'être féconde et de donner au chevalier au moins trois ou quatre fils qui vivront assez vieux pour se partager son bien, l'union risque d'être ruineuse pour l'héritage. C'est pourquoi l'on se marie peu dans la noblesse. Pour ne pas multiplier les prétendants éventuels à la succession, le bon père de famille n'autorise habituellement qu'un ou deux de ses fils à fonder un foyer ; les autres resteront célibataires, et il s'efforce d'en caser le plus qu'il peut dans les monastères et surtout dans les chapitres : ils prieront mieux pour leurs parents ; ils jouiront, s'ils sont d'Église séculière, de bénéfices avantageux ; ils ne renonceront pas tout à fait aux plaisirs de la vie chevaleresque, car le chanoine voyage, mène une existence confortable et, à l'occasion, combat comme ses frères laïcs, tel Étienne Rebutin, chanoine de Mâcon, célèbre par ses capacités militaires, et qui sut maintes fois manier l'épée pour la défense de son

1. HB. 736-740.
2. HB. 745-748.
3. On sait que le mari gère les biens de sa femme : une fille de l'Épervière possédait par héritage des dîmes à Neuilly ; son premier mari en fait donation ; puis le second mari la conteste, F. 163 ; enfin le mari de sa fille revendique à son tour le bien, F. 24.

église et aussi pour sa satisfaction personnelle [1] ; le moine lui-même sort parfois du cloître quand l'exigent les besoins de la famille, pour remplacer un moment ses frères à la tête de la seigneurie [2] ; enfin, l'oncle chanoine introduira ses neveux dans les communautés ecclésiastiques, où bientôt la famille aura sa place réservée : les prébendes canoniales seront dès lors des annexes de l'héritage, qui permettront à bon compte de désintéresser certains héritiers et de faire aux autres la part plus belle [3].

Cette stricte discipline familiale évite d'étendre outre mesure la parenté – en 1200, les chevaliers de Saules, par exemple, ne sont pas plus nombreux qu'au début du siècle [4] – et, combinée avec la pratique de l'indivision, assure la stabilité de la fortune chevaleresque. Ces patrimoines qui, cent ans plus tôt, allaient tous se démembrant traversent sans grand dommage le XIIe siècle ; les documents nombreux et prolixes qui les décrivent après 1200 les montrent sensiblement aussi étendus qu'au moment de la première croisade. Achard de Massy, par exemple, tient encore les beaux alleux qu'exploitaient du temps de saint Hugues de Cluny ses lointains ancêtres, les chevaliers d'Oblé [5]. Toutefois, s'ils sont aussi vastes, les héritages nobles sont beaucoup plus dispersés ; c'est le résultat des alliances matrimoniales, et l'aspect du bien héréditaire reflète fidèlement l'histoire de la famille ; ainsi le lignage de Vers, dont nous avons tout à l'heure indiqué les attaches, est possessionné à la fois sur les collines du Tournugeois, dans les clairières de la forêt de Bragny et aux environs de Cluny ; il conserve des morceaux des domaines que possédaient jadis séparément ses

1. OBM, II, 64 (1240), *strenuus in armis, qui pluries pro defensione ecclesie decertavit usque ad effusionem sanguinis*.

2. Étienne de Berzé, moine de Cluny et prieur de Souvigny, tient le château familial pendant la minorité de son neveu, C. 4584 (1229), 4877.

3. Le népotisme est la règle : dans l'abbaye de Tournus, ASL, H. 178, n° 5 (1174), H. de Beaufort, obéancier de Grevilly, est neveu de l'abbé ; Josseran son *cognatum* est moine et lui succédera ; dans le chapitre cathédral de Mâcon, les chanoines à la fin du XIIe siècle : Rebutin, Mailly, Montbetlet, Brancion, Veyle, Berzé, Chaintré, Pizay, M. 508 (1182) ; au milieu du XIIIe siècle : Rebutin, Mailly, Montbellet, Chaintré, Chavannes, Lugny, Germolles, Boche, OBM, I, 3. – Le chevalier Girard de Villon, qui fait son testament au début du XIIIe siècle, partage son alleu entre trois de ses fils, Artaud, Renaud et Hugues ; *volo... quod Raynaudus et Hugo faciant monachos in ordine Cluniaci Gaufridum, Achardum, Jocerannum, filios meos* ; à ces derniers, il ne lègue rien, AR, G. 4, n° 12.

4. Dans la première moitié du XIIe siècle, cinq frères, Josseran, Guy, Guichard, Hugues, Bernard ; deux sont moines, F. 17, ASL, H. 24, n° 9 ; l'un n'est pas marié ; à la seconde génération : Josseran, Damas, Seguin, Geoffroy ; à la troisième, vers 1200, les fils de Josseran et Damas, qui seuls ont fait souche ; Jacques, Gautier, Damas, Guichard, Barthélemy, Bernard ; deux encore sont moines, ASL, H. 26, n° 16.

5. Possessions des Oblé ; à Massy, C. 3189 – 3734 ; une part, échue à la branche de Massy, reste entre les mains de la famille pendant tout le XIIIe siècle, C. 4617 – 4911 – ACO, B. 10477.

ancêtres les Gigny, les Achin et les Audin[1]. Et c'est toujours ainsi ; les biens de ces familles qui toutes sont cousines, se juxtaposent et s'entremêlent ; de même que, dans le finage de Saint-Ambreuil, les sillons des paysans du village voisinent dans chaque quartier, de même les lignages chevaleresques tiennent des terres côte à côte dans tous les terroirs du canton : au début du XIIIe siècle, les quatre familles de Massy, d'Oblé, de Meursault et Merle ont toutes des alleux à Massilly, la Vineuse, Oblé, Sassy, Massy et Vitry[2]. Et quand, à propos de tel ou tel fonds, s'élève une contestation, aussitôt une dizaine de chevaliers interviennent qui tous, parents ou voisins, ont leur mot à dire dans l'affaire.

Au XIIe siècle, l'héritage chevaleresque est formé presque exclusivement de terres. Les simples *milites* ne détiennent jamais les grands droits régaliens et ne jouissent pas des exactions qui leur sont liées ; ils ne profitent ni des péages, ni des marchés, ni des moissonnages, ni des belles amendes de la haute justice. Quelques-uns, il est vrai, perçoivent quelques coutumes, mais petites et d'origine privée, redevances versées par les habitants du hameau pour l'usage du bois ou des pâtures, droit de garde levé sur d'anciens domaines familiaux offerts autrefois à l'Église[3]. Les chevaliers n'ont guère d'hommes propres, hormis leurs domestiques : depuis 1117 jusqu'en 1167, aucun texte mâconnais ne parle de paysans dépendants pour leur personne d'un seigneur de petite noblesse[4]. Enfin, depuis le début du siècle, ils ne possèdent plus d'églises, bien qu'ils aient conservé la majeure partie des dîmes[5]. Toutes ces rentes, coutumes, cens personnels ou dîmes, ne sont jamais qu'un complément, qu'une annexe du patrimoine. Celui-ci est une seigneurie foncière, composée d'une réserve et de terres accensées. Choisissons, parmi les textes qui la décrivent, les moins laconiques. Voici le domaine de Replonges que se disputent les héritiers du chevalier bressan Hugues Neiel, mort sans enfants vers 1200 : auprès de la *mansio*,

1. Les biens de Confrançon et Massilly viennent de Gertrude, grand-mère de D. de Gigny, C. 5007 (1259) – C. 928 – 2760 (1022), 2616 (1005) ; ceux de Bray et de Cortambert viennent de Landry Gros, beau-père de D. de Gigny : C. 5007 – C. 3066 (1075 env.), ceux de Boyer, CH. 148 (1175), du père de D. de Gigny, comme ceux de Vers, CH. 159 (fin XIIe) ; ceux de Laives, Sermaisey, Mont-Saint-Martin, F. 146 – 147 – 148, du grand-père maternel de D. de Gigny ; voir croquis IX.

2. Massilly, C. 4662 – 5323 ; la Vineuse, ASL, H. 22, f° 322 r° – C. 4696 ; Massy, ACO, B. 10477 – 4911 ; Vitry, ASL, H. 22, f° 321 v° – C. 5019.

3. Comme Robert Damas à Collange, C. 4001 (1128), Bernard à la Chapelle de Bragny, C. 2905, Achard à Sainte-Hélène, F. 190 (1169). Sur la terre donnée en aumône à l'église paroissiale par son frère, Étienne de Germolles aura 2 d. de *custodia*, C. 4387 (1200 env.).

4. C. 3931 (1117), M. 630 (1167-1184).

5. Les dernières églises détenues en alleu ou en fief sont abandonnées au début du XIIe siècle ; M. 556 (1107-1124), 576 (1096-1120), 607 (1096-1124), C. 3795, 3825 (1107).

deux « champs », c'est-à-dire dans ce pays deux grands quartiers, dont un « fromental », deux prés et un bois forment la réserve ; quelques vignes et une prairie ont été louées à cens ou au tiers des fruits à des paysans du village [1]. Au pied du château des Deschaux, leurs seigneurs, les chevaliers de la Bussière ont aussi leur « maison », qu'entourent des champs, des breuils, une garenne et des bois ; de cette réserve dépendent un moulin sur la Grosne, des prés concédés en tenure, quelques censives aux Cours et à Montravant ; à quatre kilomètres de là, sur le territoire de Matour, de grands bois et quatre manses accensés [2]. Voici enfin le patrimoine d'Achard de Massy qui comprend une maison, quatre condemines, deux breuils, des vignes, de petites pièces de terre dispersées, des essarts enfin et, en arrière, à Bougy, des forêts et des garennes ; hors de l'exploitation dominicale, on compte encore dans le village au moins quatre manses dépendants et, dans les terroirs voisins d'Oblé, de Sassy, de Baine et de Bésornay, divers biens concédés à cens [3].

Les tenures, manses de type ancien ou, le cas semble plus fréquent, parcelles louées isolément, sont de faible rapport [4]. Aussi – c'est du moins ce que l'on entrevoit sur l'image très brouillée de la seigneurie laïque – le seigneur s'efforce-t-il d'exploiter directement tous les fonds qui sont à sa portée. Certes, en raison de la dispersion croissante du patrimoine, la réserve a tendance à s'amoindrir : on ne peut confier aux valets des champs éloignés de plus d'une lieue et il faut bien les concéder, soit en censive à des paysans, soit en fief à des chevaliers, amis ou parents, dont la « cour » est plus proche. Et il paraît bien, notons-le, que la concession réciproque de tenures féodales servit surtout dans la petite noblesse à remembrer des réserves éparpillées par le jeu des héritages. Mais le chevalier conserve encore en alleu, comme à Massy, de grandes pièces de labour et des prés récemment conquis sur la forêt ou bien, comme Hugues de Laives, des petites parcelles disséminées dans les différents quartiers mais qui valent à elles toutes plusieurs tenures [5]. Et si, par hasard, il n'a pas assez de terres auprès

1. CL. 99 – 163 – 289 (1200 env.).

2. C. 5035 – 5074 – ASL, H. 143, n° 13 et H. 144, n° 9.

3. C. 4718 – 4717 – 4911 – ACO, B. 10477.

4. Les manses accensés par les laïcs doivent des prestations mixtes et faibles : M. 564 (1121-1143), à Émeringes, 4 pains, 2 setiers de vin, 18 d. pour un manse, la moitié du fruit, une mine de vin et 3 sous pour une vigne. Pour les parcelles isolées, les redevances sont d'ordinaire en argent et très faibles : ASL, H. 25, n° 27, trois pièces de terre d'une contenance d'un journal doivent un cens de 8 d., plus 15 sous d'entrage ; C. 4387 (1200 env.), une quartelée de terre, 12 d. ; ASL, H. 24, n° 46, un pré, 4 d.

5. 14 poses réparties dans 11 quartiers, 5 charretées dans 2 prés, 12 ouvrées de vigne à Sermaisey et des droits dans les bois de Grosne, F. 138 – 99 – 104, ce qui vaut environ trois exploitations paysannes, F. 37.

de lui, il n'hésite pas à prendre à cens, en tenure paysanne, les fonds qu'il n'a pu obtenir en fief et qui complètent heureusement son domaine [1]. Répétons-le, le petit noble du XIIe siècle est un exploitant rural ; certes, il a des rentes qu'il perçoit à terme fixe, mais qui ne lui suffisent pas pour vivre ; il doit compter sur les fruits de sa réserve et comme, d'ordinaire, il n'a pas droit aux corvées du village [2], comme, souvent, il ne peut entretenir un prévôt, il faut bien qu'il s'occupe lui-même de son exploitation. Il possède parfois, en ville ou au château, une maison [3], mais ce n'est qu'un pied-à-terre, sa vraie demeure est aux champs ; il y partage les soucis et les travaux des rustres ; non pas qu'il y pousse lui-même la charrue, mais, secondé par ses domestiques, il a l'œil sur ses condemines et sur ses bois, sur le grenier et sur l'étable, il suit la poussée de ses blés, le croît de son bétail et, quand le travail presse, peut-être vient-il à l'occasion prêter main-forte aux travailleurs, ses hommes. Il y a dans le genre de vie chevaleresque un côté paysan.

Pour s'en convaincre, il suffit de regarder vivre Guigonnet, l'un des membres de la famille noble de Germolles, qui fit son testament à la fin du siècle [4]. Cet homme encore jeune a deux fils mineurs qu'il confie à l'aîné de ses trois frères ; il marque beaucoup de révérence au chef du lignage, son oncle paternel ; il est plus spécialement attaché à l'un de ses neveux et à sa filleule, fille d'un chevalier voisin, Guichard de la Roche ; voilà sa parenté. Avec ses frères il garde dans l'indivision les portions les plus écartées du patrimoine, des bois sans doute et des censives à Matour et à Saint-Igny-de-Vers. Il possède en propre des tenures : le manse de Vandenesse qui vaut cinq livres, des parcelles à Germolles, dont l'une lui rapporte annuellement douze deniers, et d'autres terres. Il gère lui-même une belle réserve, le meilleur de sa fortune, qu'il veut conserver intacte pour ses fils : les legs qu'il institue ne l'affecteront pas. À Germolles, la maison qu'il habite n'est pas une « tour », car le simple chevalier du XIIe siècle n'a pas de château, ni même de maison forte [5] ; c'est un centre de travail agricole peuplé

1. B. 11 (1086), la veuve de Rollan de Montagny, chevalier, prend pour 3 sous et demi de cens 3 meiterées de vigne aux Étoux, *necessitate compulsa... sicut et alii agricole, quia hereditas mea longe aberat*.

2. Il arrive cependant que le chevalier exige des journées de travail des usagers de ses bois, C. 4001 – 3767 : mais les corvées ne sont jamais mentionnées parmi les services des tenures ; il est peu probable qu'elles soient plus importantes que dans la seigneurie d'Église.

3. À Cluny, C. 3713 – 3806 – 3406 ; à Mâcon, M. 471 ; à Beaujeu, CL. 10.

4. C. 4387. – Cf. les préoccupations économiques de la petite noblesse allemande au XIIIe siècle, DOPSCH, *Herrschaft*, p. 210.

5. BLOCH, *Société*, II, p. 27 et 35, évoque à tort l'« isolement du chevalier dans sa tour » ; au XIIe siècle, le chevalier, qui n'est pas isolé, n'habite pas encore une maison forte.

de serviteurs et de servantes, garni du bétail nécessaire au labour, et qui abrite le vin et le blé récoltés dans l'année sur les condemines et dans le clos ; bref, c'est un « manse » comme les autres, plus grand seulement et mieux pourvu. Et, en vérité, Guigonnet est d'abord un paysan *plus* riche. Il se mêle aux villageois ; il n'est ni leur maître, ni leur juge, ni le gardien de leurs récoltes ; comme eux il est avec ses frères membre de la confrérie paroissiale de Saint-Nicolas, son rang lui vaut seulement d'en entretenir le luminaire symbolique ; comme eux, il s'intéresse aux caprices du temps, car si la saison est mauvaise, il vivra comme eux dans la gêne ; nonchalante en hiver, tendue et soucieuse aux jours de fenaison, de moisson et de vendange, son existence est rythmée par le calendrier agricole.

Pourtant, Guigonnet est un paysan qui, de temps en temps, mène une autre vie. Mieux secondé, plus à l'aise, il peut, abandonnant le labour champêtre, s'installer pour une huitaine, comme ses amis les chevaliers et les prêtres nobles, dans un refuge au milieu des grandes forêts beaujolaises et poursuivre à l'épieu la grosse bête[1] ; il n'est pas seulement paroissien de Germolles, mais aussi confrère de l'hôpital d'Aigueperse, où il retrouve périodiquement les hobereaux du voisinage, membres comme lui de cette aristocratique association de charité. Enfin et surtout, il peut quand il le veut monter le bon cheval qu'il a payé fort cher et partir au combat.

*

« *Bons guerriers e vaillans selonc son endroit* », tel doit en effet se montrer le chevalier car, tout le monde en est persuadé, Dieu, en le faisant naître dans la noblesse, l'a chargé de défendre contre ceux qui troublent la paix, les clercs et les laboureurs ; c'est cette *legalis militia*[2] qui justifie ses privilèges, sa fortune et les loisirs qu'elle lui procure. Ce sentiment collectif prouve, il convient de le remarquer, que tout souvenir n'est pas perdu au XIIe siècle de la vieille organisation militaire de l'époque franque : la *defensio patriae*[3] paraît toujours un service public que doivent assurer les plus riches, les mieux capables de combattre, les chevaliers, et nul d'entre eux ne songe à se dérober. Quant aux cadres, ils n'ont guère varié depuis le Xe siècle : chaque *miles* est affecté au château le plus proche

1. ASL, H. 144, n° 27 (XIIIe siècle), R. Damas vient passer une semaine dans son *hospitium* de Monnet, où il chasse le sanglier en compagnie du curé de Matour, d'Étienne de Vaux, de Roux, de Varennes, etc.
2. HB. 730 – 731 ; PET. VEN., *Epist.*, IV, 36 (368).
3. CH. 162 (1171), le châtelain rassemble les *milites apud Brancedunum pro deffensione patriae.*

de sa résidence, qui commande la défense du territoire ; il doit répondre à l'appel que lance en cas de danger le chef de la forteresse et, en temps normal, accomplir dans l'enceinte des stages périodiques[1] ; c'est pourquoi beaucoup de chevaliers des campagnes ont une seconde demeure au château ou dans le bourg qui s'est formé à l'entour. Entre tous les « chevaliers du pays » (*milites patriae*), entre tous les nobles qui habitent la châtellenie, se noue de la sorte une solidarité de caractère professionnel qui renforce encore leurs attaches familiales ou de voisinage ; rassemblés par intervalles pour vivre pendant toute l'alerte dans l'enceinte exiguë, ils s'unissent alors dans une seule « maison » dont le châtelain a la direction[2] ; enfin les rapports vassaliques qui, de père en fils, les lient tous à ce dernier, ramassent le groupe encore davantage. Cette communauté militaire n'est pas sans analogie avec celle qui, au village, réunit les paysans. Comme celle-ci elle est de nature territoriale : bien que les « chevaliers du château » soient les hommes du châtelain, ils lui sont moins attachés qu'à la forteresse ; quand elle change de maître, les hommages vont aussitôt au nouveau possesseur, et lorsqu'un même seigneur commande dans plusieurs châteaux, ses vassaux se répartissent en groupes distincts reliés chacun à l'un des centres militaires et qui ont chacun leurs obligations et leurs intérêts particuliers[3]. Comme la communauté de village, celle qui rassemble les chevaliers de la châtellenie revêt un aspect économique : par le fief ses membres participent à un patrimoine collectif ; ainsi, les chevaliers du château de Brancion, les Martailly, les Vers, les Loisy, les Laives, les Roux possèdent en commun certains fonds avec le châtelain Bernard Gros[4] et, avant d'aliéner un droit attaché à la forteresse, le sire doit obligatoirement consulter la mesnie des *milites castri*.

Cependant, l'introduction des pratiques féodales a modifié sensiblement les obligations militaires des chevaliers. Ils ne combattent plus seulement pour la défense du pays. Hommes du châtelain, ils doivent l'aider selon leur pouvoir, c'est-à-dire par les armes ; en retour, s'ils sont menacés, leur seigneur secondé par ses autres vassaux se portera à leur secours. De plus, comme leur service paraît chaque jour plus nettement attaché à la tenure féodale et comme ils ne tiennent pas seulement des fiefs du châtelain, ils sont amenés à chevaucher,

1. *Milites castri*, C. 3822 ; *Milites castrenses*, Pet. Ven., *Epist.*, IV, 27 (436) ; un châtelain ne veut quitter son château *quia praetendebat milites suos in castro Ussela in estagio existere, Hist. de la Fr.*, XVI, 155 A (1171).

2. *Caput mansi*, C. 3784 (1100 env.).

3. Dans la seigneurie des Gros, les chevaliers du château de Brancion et ceux du château d'Uxelles forment deux groupes distincts : les premiers seuls participent à la défense de la première forteresse, C. 4410.

4. F. 99, après le châtelain, les chevaliers qui *hujus terre participes erant* abandonnent leurs droits.

loin du château, à la rescousse d'un autre seigneur ; la solidarité des *milites castri* n'est pas exclusive : autour du sire de Brancion des chevaliers qui, hors du territoire, sont ses feudataires, les Chaumont, les Sennecey, viennent parfois se joindre à la « chevalerie du pays » tandis que des hommes d'armes du château vont à l'occasion servir le comte de Mâcon ou le comte de Chalon [1]. Si l'obligation territoriale et, si l'on peut dire, publique semble primer l'obligation féodale et personnelle – en cas d'invasion, toutes discordes particulières cessantes, chaque chevalier rejoint le château dont il dépend et n'en sort plus [2] –, il n'en reste pas moins que la plupart des guerres du XIIe siècle sont des guerres privées. Guerre privée, par exemple, celle que mena, vers 1200, derrière la dame de Brancion et ses deux fils, le groupe de leurs hommes et de leurs alliés, les lignages de Sennecey, de Nanton, de Brancion, de Saules et de Lugny : il s'agissait de défendre les châtelains contre les bourgeois de Cluny, las des péages, et le conflit se termina, tout comme une vengeance familiale, par une composition personnelle entre les adversaires. Guerre privée encore celle qui, un peu plus tard, mobilisa les mêmes hommes contre les marchands du même bourg, non pas cette fois pour soutenir le seigneur, mais l'un de ses vassaux, et qui, conduite de la même manière, s'acheva par des accords semblables [3]. Le chevalier, la plupart du temps, se bat non pour protéger les paysans et les gens d'Église, mais pour venger son patron, ses parents, ses amis ou lui-même.

Pour cela, il se bat souvent. Sans doute la société féodale n'est-elle pas aussi troublée qu'on l'a dit ; les relations intimes que le chevalier entretient avec tous les autres étouffent rapidement la plupart des querelles, et la rivalité des seigneurs banaux paraît bien être la principale cause des conflits ; tous leurs vassaux d'ailleurs n'y sont pas mêlés et ne manquent pas de prétextes pour se tenir à l'écart [4]. Néanmoins, le chevalier qui, préoccupé seulement par le *defensio patriae*, n'aurait guère eu d'ouvrage, trouve de multiples occasions d'exercer son

1. Sennecey, C. 4410 ; Chaumont, C. 4692 – 4547. – Les chevaliers de Brancion sont d'abord attachés aux maîtres du château voisin, les Gros, M. 625 – F. 99 – 111 – C. 4410 – 4526 – 4589 – 4593 et aux Neublans, héritiers des anciens châtelains, les Garoux, ASL, H. 25, n° 17 – H. 178, n° 5, mais également aux comtes de Mâcon et de Chalon, C. 4122 (1147), F. 26 (1147).

2. Pendant les deux grandes guerres de 1166 et 1171 (voir *infra*, IIIe partie, ch. II, A), la chevalerie se regroupe dans les châteaux : à Brancion et Uxelles, CH. 162 – *Hist. de la Fr.*, XVI, 155 A.

3. C. 4410 (1203-1205), 4526 (1220), 4593 (1230), affaire de Landry de Brancion en désaccord avec certains bourgeois de Cluny.

4. Il ne faut pas prendre trop au sérieux les lamentations des clercs, *Hist. de la Fr.*, XVI, 130 A. – Pendant la guerre entre Cluny et Brancion, les chevaliers de Martailly, de Cray, de Vers, de Laives, de la Chapelle, de Roux, qui pourtant sont des *milites Branceduni* et de plus les vassaux des Gros, se tiennent à l'écart de la querelle ; ils sont plus nombreux que les participants, les Saules, Nanton, Sennecey, Brancion et Lugny, C. 4410.

métier et les saisit volontiers. Au besoin même il les provoque : ainsi, en 1145, l'abbé de Cluny Pierre le Vénérable, qui disputait certains droits de ban au sire de la Bussière, dut résister à la pression des chevaliers du voisinage qui tous, désireux de participer à une entreprise plaisante et profitable, le pressaient de résoudre le conflit par les armes [1]. Car, pour le chevalier, la guerre offre plus d'avantages que de dangers. D'une part, elle n'est guère meurtrière : l'examen d'un grand nombre de généalogies chevaleresques prouve que ces spécialistes du combat mouraient presque tous naturellement, et quand, vers 1160, les gens du pays virent arriver quelques centaines de ces routiers qu'ils appelaient « Brabançons » et qui, connaissant leur affaire, firent quelques victimes, ils furent épouvantés et scandalisés [2]. Ces chevauchées saisonnières d'autre part affirment la supériorité sociale du chevalier ; elles l'arrachent à son milieu rural où il risquait de s'enliser ; elles rapprochent ce gros paysan de ceux de son monde, lui font partager d'autres soucis et surtout d'autres joies ; elles font de lui le pillard « *plus engrés de rober que li autre e plus angosseus* [3] », que redoutent les rustres, les bourgeois et les clercs [4]. Et il n'y a pas seulement la guerre, les combats qui en eux-mêmes procurent des satisfactions sportives, mais tout ce qui les prépare et les suit, les exercices militaires, les tournois parfois plus dangereux que la lutte [5], les voyages, les plaids, les cours féodales où les conflits se règlent, les assemblées plus paisibles enfin où viennent aussi les dames. C'est

solaz de rire et de chanter
e de tornoiier et d'errer

---

1. Pet. Ven., *Epist.*, VI, 45, *inveni universos adjacentes nobis, milites, castellanos, ipsos insuper comites et duces Burgundiae... quasi argentei fumi nidore attractos, ad arma sumenda nostros undique concitare.*

2. *Hist. de la Fr.*, XVI, 130 A, *Teutonicorum, quos Brabantiones vocant, immanissima pestis accessit...* ; 131 A, *vix enim quadringenti sunt.* – Ils firent des victimes : OBM, II, 38, *commemoratio V. de M., clerici et aliorum qui pro defensione hujus ecclesie a Brebentionibus interfecti fuerunt* ; mais moins qu'on ne l'a dit et surtout dans la piétaille ; selon les chroniqueurs, plus de cinq cents bourgeois auraient été massacrés par eux à Cluny en 1166, *Historia Ludovici*, p. 172-174 ; Hugues de Poitiers, *Hist. de la Fr.*, XII, 342 A ; en fait, on retrouve dans les documents urbains les mêmes signataires avant et après, C. 4142 (1149), 4244 (1173).

3. HB. 220-221.

4. Chevalier est synonyme de pillard : Pet. Ven., *Epist.*, I, 3 (164), *militibus raptoribusque* ; VI, 26 (435), *vulgi depredatores* ; VI, 27 (436), *quanto fortiores, tanto ferociores, impotentum et pauperum oppressores* ; ils sont la terreur des *mercatores in stratis publicis* et des *agricolae in agris*.

5. P. 176 (1149), G. de Digoine meurt dans un tournoi à Tournus. – Le chevalier voyage, mais la plupart du temps, dans les limites de la châtellenie : Richard Blanc de Sennecey suit les assemblées chevaleresques à Laives, F. 99 – 144 – ASL, H. 25, n° 6, Saint-Ambreuil, F. 34 – 54, Sainte-Hélène, ASL, H. 25, n° 7, La Ferté, F. 89 – ASL, H. 25, n° 22, Ameugny, M. 626, Brancion, CH. 158.

de dosnoiier e de servir
et de cours mander e tenir [1].

Voilà pourquoi les chevaliers ont une autre morale, une autre mentalité et d'autres besoins que ceux des paysans de leur village.

Cette existence agréable, il importe d'abord de la concilier avec l'enseignement chrétien. Le chevalier connaît les vertus qu'il devrait pratiquer, la foi, la charité, la chasteté ; il sait que son mariage devrait rester « *sans villanie e sans putage* ». Mais comment, lorsqu'on est homme de guerre, éviter le meurtre et le larcin, l'orgueil et la démesure ? Comment renoncer à la joie – le mot revient constamment dans le poème du sire de Berzé – et en est-il vraiment besoin ? Ne peut-on gagner le paradis « *plains de joie e envoisiés* » ? On sent les meilleurs partagés entre un grand amour du monde et le non moins vif désir du salut, souffrant de ne pouvoir préférer à la voie facile, « au chemin ferré », l'« étroit sentier » qui mène à Dieu. Le mieux serait évidemment, dit naïvement Hugues de Berzé, d'être prévenu un an ou deux avant sa mort pour s'y préparer à loisir, mais la mort guette, comme l'archer au créneau, et ce sera le grand jugement.

ou ja mes n'avera loisir
d'excuser ne de plait tenir [2].

Alors que faire ? Des aumônes ? Les chevaliers du XIIe siècle, dont les ancêtres étaient si prodigues, n'en font plus guère ; ils ne donnent plus qu'au moment de mourir, et parcimonieusement, une petite terre, une part de dîme [3], beaucoup moins que les bourgeois et moins même que certains paysans. Leurs legs ont également changé de destination : aux vieilles abbayes, aux cathédrales, seuls donnent encore ceux qui, par tradition familiale, continuent de s'y faire enterrer ; les aumônes vont maintenant aux ordres militaires, aux hôpitaux et

1. HB. 93-96. Dans son adolescence, le chevalier a souvent vécu dans le château, auprès du seigneur naturel de son père, et l'a suivi dans ses expéditions ; en 1248, Josseran Gros, sire de Brancion, emmène avec lui à la Croisade *li fiz mon signour Jocerant de Nantum*, l'un de ses vassaux les plus fidèles, JOINVILLE, éd. de WAILLY, 97.

2. HB. 128-131 – 30 – 613 – 188-205 – 777-783 – 821 – 825-826 – 943-946.

3. Josseran Gros, à la fin du XIe siècle, avait donné à Cluny 2 églises, des condemines, un manse, 2 prés, un serf, des coutumes, C. 3472 – 3475 – 3077 – 3012 ; son arrière-petit-neveu Josseran (1172-1200) n'a rien offert à notre connaissance à l'abbaye. Thomas de Mailly, dont les ancêtres au Xe et au XIe siècle donnaient à toute occasion, offre très peu de choses : des condemines, C. 4440, sa maison de Mâcon, M. 593 (1121-1143).

aux établissements de charité[1]. Plus souvent ce sont leurs héritiers qu'ils chargent de fonder pour eux des messes et des « annieux » ; mais ces derniers ont, plus vif encore, le souci de conserver l'alleu. La chevalerie du XIIe siècle est beaucoup moins aumônière ; la sensibilité morale s'est affinée ; on n'achète plus son salut ; on le gagne par ses œuvres et par ses intentions[2].

Parmi les moyens qui lui ouvrent le ciel, deux plaisent particulièrement au chevalier : ou bien il s'associe de près ou de loin à une communauté de prière dont les membres, après sa mort, soigneront son âme mieux que ses héritiers ; ou bien il amasse d'un seul coup par le pèlerinage ou la croisade une bonne provision d'indulgences. Nombreux sont les chevaliers qui finissent leurs jours sous l'habit monastique ; les portes des couvents leur sont grandes ouvertes ; ils y retrouvent leurs parents, leurs amis ; la règle convient aux vieillards ; c'est une heureuse retraite[3]. Mais, en pleine vigueur, hésitant à quitter le siècle, le noble préfère s'introduire dans une communauté de prière qui lui laisse sa liberté ; ces associations foisonnent et sont de toutes sortes, depuis les charités paroissiales où se rencontrent des gens de toutes conditions jusqu'aux confréries aristocratiques, comme celle de Saint-Georges de Chalon, réservées aux chevaliers, et autour de chaque monastère et de chaque chapitre des laïcs forment une société qui participe aux bienfaits spirituels recueillis par les religieux[4]. Le pèlerinage cependant est la pratique préférée, celle qui répond aux goûts et aux habitudes chevaleresques, qui associe heureusement aux avantages moraux les plaisirs du voyage, parfois la joie des combats et, qui sait, les profits matériels. Pèlerinages locaux, comme celui de saint Roclain de Thizy, où l'on

1. Les anciens établissements monastiques ne sont plus en faveur parmi les laïcs, voir la critique de HUGUES DE BERZÉ, p. 259-348, particulièrement contre Cluny : *c'est des ordres la plus faillie*, p. 334 ; mais les Cisterciens de La Ferté recueillent les aumônes en abondance jusque vers 1160. – Donations aux ordres militaires, dont les maisons se sont fondées en Bresse : B. VIII, CF 939 ; à l'église paroissiale, C. 4387 – AR, G. 5, n° 2 – G. 4, n° 12 – ASL, H. 27, n° 84 ; aux hôpitaux, C. 4387 – AR, G. 5, n° 2.

2. HB. 748 – 796-797.

3. La conversion est tardive : il est bon de quitter le siècle, mais on n'en a pas le courage. HB. 357-358. – Cependant, à Cluny, Pierre le Vénérable insiste pour que l'on n'accueille pas trop de vieillards, *Stat.*, XXXV (1035 D). La conversion s'accompagne toujours d'une donation importante *ad vestiandum*.

4. Confréries autour des communautés religieuses : dès le XIe siècle, OBM, II, 33, Fromaud, *laicus... confrater* du chapitre de Mâcon ; c'est une association à tous les bénéfices spirituels, une participation aux prières pendant la vie et après la mort, C. 3966 – CH. 162 – ACM, GG. 154, n° 1 – C. 4488 – ASL, H. 26, n° 85. Oury de Bâgé, *amicus et confrater* de Saint-Pierre de Mâcon, *NSP*, 57. – Confréries paroissiales, C. 4387. – Confrérie de Saint-Georges de Chalon, ASL, H. 27, n° 84. – Confréries hospitalières, C. 4387.

va chercher la guérison ; pèlerinages lointains, comme celui de saint Thomas de Cantorbery, qu'accomplit peu après 1170 Pierre des Étoux, chevalier beaujolais[1] ; mais surtout la croisade. Nous savons que dans les vingt années qui suivirent le concile de Clermont les nobles mâconnais étaient partis très nombreux pour l'Orient ; leurs fils au XIIe siècle les imitèrent ; suivant les principaux châtelains, le comte, le sire de Neublans, Bernard Gros d'Uxelles, le sire de Beaujeu, un fort contingent de chevaliers participa à la seconde croisade et, bien que l'on commençât dès cette époque, dans les milieux clunisiens, à douter de la valeur morale du voyage de Terre sainte[2], de grands seigneurs, des chevaliers et des ministériaux accompagnèrent avec enthousiasme Philippe Auguste. On vit dans Constantinople conquise, Damas de Sercy et Pons de la Bussière. Mais il semble que l'expédition d'outre-mer soit bien moins en faveur au début du XIIIe siècle dans les cercles chevaleresques : Hugues de Berzé, qui l'avait faite, juge sévèrement la quatrième croisade. Plus tard quelques nobles iront en Albigeois, les princes suivront le roi en Terre sainte, mais la plupart des petits chevaliers cessèrent après 1200 d'aller à tour de rôle sauver leur âme et tenter leur chance en Orient. Peu à peu la vieille habitude se perdit[3].

Mais elle avait suffisamment duré pour exercer une grande influence sur la mentalité chevaleresque ; le monde s'était ouvert aux hobereaux de village. Certes pendant les expéditions ils formaient corps et vivaient entre eux[4] ; mais ils entraient cependant en contact avec des pays nouveaux, avec les seigneurs chrétiens d'autres provinces, leurs compagnons de route, et particulièrement avec le roi de France, que leurs ancêtres n'avaient jamais connu que de nom. Et ceux qui n'étaient pas morts en route, ceux qui pouvaient se résoudre à reprendre leur existence mesquine, rapportaient dans leur campagne, avec l'usage de la langue mondaine, du dialecte français[5], des idées neuves et, dès le XIIe siècle, on voit autour des croisés revenus et dans les réunions de la

1. CL. 157.

2. PET. VEN., *Epist.*, II, 15 (206-207), V, 7 (397) ; l'abbé met en garde ses correspondants contre *levitas, instabilitas, curiositas, superbia, spes lucri* ; la conversion est préférable.

3. Croisade de 1147 : M. 623 – ASL, H. 178, n° 5 – C. 4131 – PET. VEN., *Épist.*, VI, 26 – C. 4132. – Troisième croisade : ASL, H. 25, n° 48 – n° 52 – CH. 126 – C. 4346 – AR, G. I, n° 2 – ASL, H. 25, n° 51. – Les Mâconnais à Constantinople, *BC* 1484. – Jugement sur la quatrième croisade, HB. 419-492. – En 1219, le sire de Bâgé, GUICHENON, *Bresse*, p. 10 ; en 1239-1240, Josseran Gros, ASL, H. 27, n° 59 ; P. Béraud, ASL, H. 27, n° 62 ; Humbert de Beaujeu, C. 4754 – BD, II, 112. – En Albigeois : R. de Marnay en 1213, ASL, H. 26, n° 53 ; H. de Verney, CL. 222 (1226).

4. À Constantinople, D. de Sercy et P. de la Bussière vivent avec leurs compagnons du Chalonnais ; ils prennent leurs repas tous ensemble, *BC* 1484 C.

5. Voir l'œuvre de Hugues de Berzé.

noblesse se développer une culture originale. Elle est, dans son fond, de nature pratique et essentiellement juridique : pour avoir réglé leur héritage, tranché des différends dans les cours féodales, entendu traduire en langue vulgaire les notices des cartulaires, les chevaliers connaissent la coutume de chez eux et ont quelques notions de celles d'ailleurs de la « loi » aussi que l'on commence avant 1188 à leur opposer[1]. Mais quelques-uns ont également fréquenté les écoles, tels Damas de Sercy, « noble et bien instruit »[2], et tous ont un oncle, un frère, un cousin qui, destiné à l'Église, s'est formé dans le *studium* épiscopal ou fut compté dans sa jeunesse parmi les vingt *clericelli nobiles* entretenus pendant leurs études dans le bourg de Cluny[3]. Par eux, un peu de la science livresque pénètre dans le milieu chevaleresque qui, vraisemblablement, dut recueillir quelque écho des jeux littéraires auxquels se livraient Pierre le Vénérable et ses familiers dans les refuges sylvestres que l'abbé s'était ménagés à quelque distance du monastère[4]. En tout cas, au XIIe siècle, certains chevaliers mâconnais, sans être « clercs ni lettrés », se mêlent de poésie, comme Hugues de Berzé ou Humbert de Beaujeu, qui récitait « pour ceux qui ne savaient grammaire » ses poèmes en langue romane[5].

Mais cette vie de combats, de voyages et de société ne risquait-elle pas de rompre l'équilibre du budget chevaleresque ? Car par sa fortune et ses ressources le hobereau de village participe à l'économie paysanne où l'argent est rare, tandis que ses besoins l'entraînent dans le milieu des routes et des marchés où le numéraire est indispensable. Pour tenir son rang le chevalier doit être non seulement bon guerrier mais encore « *bien despendant* »[6]. Il lui faut en effet dépenser pour s'équiper, pour paraître aux assemblées et la croisade surtout exige de grosses disponibilités en valeurs mobilières. Aussi n'est-il pas rare au XIIe siècle de voir des petits nobles, surtout lorsqu'ils partent pour Jérusalem, chercher à vendre quelques droits ou quelques terres ou, plus souvent, car ils rêvent de revenir plus riches, à mettre en gage une partie de l'alleu[7]. Pourtant,

1. Les « légistes » qui argumentent à Cluny dans les procès et attaquent la coutume, C. 4329 (1188), IV-V.

2. *BC*, 1484 (1206), *valde litteratus*.

3. Sur la vie intellectuelle à Cluny au XIIe siècle, DE VALOUS, I, p. 312 sq., LECLERC. – *Clericelli nobiles*, C. 4132, *parvi scholares*, PET VEN., *Stat.*, LXVI (1043).

4. À Montmin, entre Cluny et Igé, PET. VEN., *Epist.*, IV, 29 à 35.

5. HB. 388. – Sermon en vers du sire de Beaujeu, V. LECLERC, *Hist. littér. de la France*, t. XXIII, p. 250 sq.

6. HB. 730.

7. Emprunts : C. 4132 (1148), Humbert le Hongre, 4 000 sous ; AR, G. I, n° 2 (1189), E. de Varennes, 20 livres ; ASL, H. 25, n° 49. – Les emprunts sont plus rares qu'en 1090-1120 ; mais c'est sans doute que les chevaliers s'adressent de plus en plus aux gens des villes, qui n'ont pas

dans l'ensemble, la petite chevalerie ne paraît pas encore souffrir beaucoup du manque d'argent. La croisade certes appauvrit quelques lignages, mais elle eut surtout des effets heureux : d'abord certains croisés revinrent au pays mieux pourvus qu'ils n'étaient partis ; beaucoup aussi ne rentrèrent pas et leurs parents, moins nombreux lors du partage de la succession, en profitèrent ; en fait, le pèlerinage de Terre sainte, drainant le trop-plein de la chevalerie, assura la prospérité de bien des lignages en préservant leur patrimoine de la dislocation[1]. Quant aux frais de parure et d'équipement, les chevaliers semblent les avoir couverts aisément. N'oublions pas que la cuirasse, que le cheval de guerre se transmettent dans la famille et au besoin se prêtent, que le seigneur châtelain est généreux, distribue les tuniques et les armes, nourrit les estagers et les hommes de sa cour. Les quelques sous de cens, la vente aussi des excédents de récoltes suffisent généralement aux achats. En tout cas, en 1200, si la plupart des chevaliers sont endettés, il faut bien voir qui sont leurs créanciers : le plus souvent, tout comme leurs ancêtres de la fin du XIe siècle[2], ils ont trouvé l'argent dans leur famille ou chez leurs amis. Hugues Neiel a emprunté à sa sœur, au chevalier voisin de Feillens[3] ; Guigonnet de Germolles, que nous retrouvons, doit à son oncle soixante sous et à l'archiprêtre huit sous dont il avait eu besoin pour acheter son cheval ; mais il a dans son coffre une cinquantaine de sous ; il a su placer à Cluny un peu de son capital qui, investi dans les affaires bourgeoises, lui rapporte un denier d'usure chaque semaine ; enfin, il a pu prêter cent sous au chevalier Oulard de Montbellet, son compagnon à la cour du comte ; donc s'il dépense du numéraire, il en gagne aussi et ne paraît pas gêné[4]. Au XIIe siècle, il n'existe donc pas de malaise économique au sein de la petite noblesse ; le genre de vie chevaleresque est encore assez voisin de l'existence paysanne, frugale et laborieuse, pour qu'une petite seigneurie foncière, l'héritage, le vieil alleu complété par de médiocres fiefs, suffisent à l'entretenir.

---

laissé d'archives. – Les donations qui précèdent la croisade pour assurer un heureux voyage sont, elles aussi, une cause d'appauvrissement : ASL, H. 178, n° 5 – H. 25, n° 48 – M. 623 – CH. 162 – C. 4131 – 4346 – ASL, H. 25, n° 52 – n° 49 – H. 27, n° 59 – n° 62.

1. Le lignage Hongre : à la fin du XIe siècle, ils étaient cinq mâles ; deux étaient moines, deux autres partirent à Jérusalem et n'en revinrent pas, C. 3712 (1096), Humbert recueillit ainsi tout l'alleu. – Son petit-fils partit en 1147, laissant encore l'héritage intact à son frère, C. 4132. – Pour cette raison, les deux chevaliers Hongre du début du XIIIe siècle sont encore bien pourvus.

2. Voir *supra*, p. 339-340.

3. CL. 99 – 163.

4. C. 4387.

*

Un petit nombre de familles très unies par les liens du sang et la camaraderie militaire, héritières d'un domaine, d'une fonction, d'un titre et qui entendent bien se réserver les privilèges dont, au lendemain de l'an mil, avaient joui leurs ancêtres, forment donc la classe chevaleresque. Or, leur supériorité n'est plus aussi manifeste. Des paysans aisés, les ministériaux, certains bourgeois, des professionnels, sergents et mercenaires, et même des clercs, savent comme eux combattre à cheval, noblement[1] ; parmi les travailleurs, certains sont en passe de devenir plus riches qu'eux. À ces parvenus qu'ils coudoient dans les villes, au château, dans les cours solennelles, au sein des confréries religieuses et des chapitres urbains, les chevaliers ne refusent pas leur amitié. Mais ils tiennent leurs distances ; ils ne veulent pas admettre ce fait nouveau, l'enrichissement des petits et leur ascension sociale ; ils s'attachent à la notion d'« ordre » ; pour eux les classes sociales sont héréditaires et closes. Et, se rapprochant les uns des autres, réduisant volontairement l'expansion de leur race, ils se réunissent autour de ce qui les distingue encore, leurs habitudes de vivre et de penser, leurs bonnes manières, leur titre, toutes choses qui, de jour en jour, semblent plus vaines.

B. LES CHÂTELAINS

Maîtres des paysans, des ministériaux et des bourgeois, seigneurs des chevaliers qu'ils commandent au combat et dont ils arbitrent les querelles, viennent enfin les châtelains. Membres de la chevalerie, partageant ses soucis, ses préjugés et ses goûts, ils forment cependant un groupe à part, la classe la plus élevée, la moins nombreuse et aussi la mieux connue, car ils sont à la fois grands bienfaiteurs et grands adversaires des églises. Pour commencer, décrivons l'ascension et la puissance d'un de ces lignages dominants, celui des Gros ; au XIIe siècle, ses représentants sont au premier rang, égaux des comtes ou des sires de Beaujeu, et, comme ils furent de tout temps en relations étroites avec l'abbaye de Cluny, leur histoire est de toutes la plus claire.

---

1. Bourgeois, ministériaux, paysans même se battent, les clercs aussi, OBM, II, 38 – 21 – 64. Au XIIe siècle apparaissent les mercenaires, ceux qu'engage à prix d'or l'abbé Pons de Cluny, PET. VEN., *Mirac.*, II, 12 (923), et les Brabançons ; BOUSSARD, « Mercenaires ».

*

La famille des Josseran et des Bernard sort de l'ombre vers le milieu du xe siècle ; issue du clan des Évrard, elle est illustre et fort riche, de cette richesse qui, à l'époque franque, récompensait les amis et les auxiliaires des rois et des princes[1]. En 980, son patrimoine est dispersé comme c'est le cas dans les lignages de la haute aristocratie. Josseran l'ancêtre a des droits dans la vallée de Saint-Point et des terres jusqu'en Bresse, mêlées à celles de ses cousins, les futurs sires de Bâgé[2]. Mais l'essentiel de sa fortune est concentré au confluent de la Grosne et de la Guye, autour du vieux gué romain d'Aynard ; il possède la colline isolée d'Uxelles qui commande le passage, avec les gros domaines de Malay et de Seugnes ; de grands fonds sur les collines du couchant à Saint-Hippolyte, Morveugny, Vaux, Montagny, Hautrecour, Curtil-sous-Burnand, ainsi qu'à Cortevaix et à Mont, au sud d'Aynard ; enfin des biens plus dispersés et qui progressivement s'éparpillent vers Cluny, le long de la Grosne, à Simandre, Taizé, Flagy, Massilly, Sassy, Lourdon, Lournand, Chevagny, Cotte et Varanges. Son alleu comprend des églises paroissiales, quelques villae compactes de type ancien, des condemines et des clos, des manses, des champs et des prés isolés, des familles de serfs[3]. Ses proches parents ont recueilli un peu de l'héritage ancestral, les Arlier à Taizé et Varanges, les Odilon à Simandre et Ameugny, les Guichard à Sercy, à Chazelle, à Bray et dans les grands bois qui ferment vers l'est ces terroirs ; mais tous se montrent pleins de révérence envers le plus puissant de leurs cousins[4]. Enfin, Josseran est allié par le sang aux grandes familles du comté, à Thibert de Bâgé, aux Bérard de Berzé-la-Ville, aux Garoux enfin, les châtelains de Brancion[5].

1. Les deux lignages des Gros et des Garoux sont confondus et entremêlés dans les travaux de JEANTON, « Uxelles » ; BAZIN, *Brancion* ; CHAUME, « Brancion » et « Points de contacts ». Avant 950, toutes les conjectures généalogiques sont téméraires.

2. Tizy, Saint-Victor, Pourlange, C. 1521 (981) ; Mont, près de Bâgé, C. 1845 (990).

3. Saint-Hippolyte, C. 2943 ; Morveugny, C. 1538 ; *Crevadicios*, C. 2322 ; Curtil, C. 1577 ; Montagny, Vaux, Hautrecour, C. 2493 – 3073 – 2881 ; Aynart, C. 3472 ; Malay, C. 3621 ; Taizé, Simandre, C. 2827 ; Flagy, Varanges, C. 2202 ; Sassy, C. 898 ; Lournand, C. 2351 ; Cotte, Lourdon, C. 2552 – 2406 ; Cortevaix, Mont, C. 3077 – 3012.

4. Les Arlier, ancêtres des Merzé : copropriétaires du bois de Vèvre à Massily, C. 2202 – 2354 – 2867 ; Josseran est leur seigneur, C. 1580. – Odilon d'Ameugny, C. 2651 ; son fils Létaud, C. 2096 – 3065, beau-frère de Josseran II (la famille à la fin du xie siècle reste possessionnée à Ameugny et Aynart, M. 585 – 2995). – Guichard, frère d'Odilon, C. 779 – 2634 – 1137 – 1651 – 2634 – 565 – 3085.

5. Thibert, C. 1538 ; les Enchaînés de Berzé-la-Ville, C. 3474 (Bernard III approuve la vente) ; Garoux : voisins à Chissey, C. 896 ; l'église d'Aynart, tenue en précaire par Garoux, M. 465. (1018-

Entre 980 et 1030, cette grosse fortune a subi le sort commun à tous les alleux laïcs ; elle s'est démembrée. Les Gros firent à Cluny de très larges aumônes, fondant à peu près seuls les futurs doyennés de Saint-Hippolyte et de Malay[1], et Josseran avait trois fils qui se partagèrent son bien. Cependant, plusieurs hasards regroupèrent l'héritage : des trois frères qui vivaient en l'an mil, l'un mourut jeune, l'autre, chanoine de Mâcon, reçut une portion moindre ; le dernier n'eut qu'un fils qui recueillit la majeure partie des terres de son aïeul et les transmit presque intactes à son seul héritier mâle[2]. Celui-ci, Bernard Gros, put encore en 1040 s'emparer partiellement de la seigneurie foncière de Bray et de Chazelle, que laissait son cousin Guichard mort sans fils[3]. Il se montrait aussi moins généreux envers l'Église et, contestant les donations de ses ancêtres, parvenait même à en récupérer quelques-unes ; il sut obtenir enfin de l'évêque de Mâcon une belle précaire, quoiqu'un peu éloignée du centre de ses domaines, la *villa* de Saint-Gengoux-de-Scissé[4]. Au milieu du XIe siècle, l'alleu des Gros a donc moins souffert que les autres ; ébréché à l'ouest par la donation de Saint-Hippolyte, amputé de ses annexes méridionales, il s'est consolidé autour d'Uxelles et commence à gagner au levant, dans les collines

1030), revient ensuite à Josseran III, C. 3472 (1074) ; l'église de Saint-Sorlin, possession des Garoux, C. 254, échoit en précaire au clerc Maïeul, C. 941 (994), 2827 (1030) ; l'alliance vient sans doute de Rotrude, femme de Josseran I.

1. C. 1577 – 896 – 898 – 2827 – 2202 – 1845 – 2493.

2. Josseran I, mari de Rotrude, C. 896 – 898 – 1521 – 1538 – 1577, père du chanoine Maïeul Poudreux, C. 941 – 2827 – 2202 – 2552 – 2406 – 2508 – 1845 ; – d'Israël, mort en 999, C. 2846 – 2617 ; – et de Bernard I, mari d'Emma, *vir clarissimus*, C. 2322 – 2351 – 2532 – 2846 – 2617. Maïeul Poudreux eut un fils, Eudes, chanoine comme lui à Saint-Vincent de Mâcon, C. 2828 – 3367 ; Bernard I, un seul fils, Josseran II, C. 2322 – 2493 ; père de Bernard II, qui le premier revêt le *cognomen* « Gros », et hérite de tout ce qui n'a pas été donné aux églises, sauf les alleux méridionaux (Cotte, Varanges, Lourdon, Flagy, Bassy, Chissey) qui ont échu aux Poudreux (Josseran II a hérité cependant de son oncle Maïeul, à Hautrecour et Seugnes, C. 2445).

3. Guichard de Chazelle est mort vers 1030, laissant une seule fille, C. 2230 – M. 498 – 465. Son « honneur » est partagé entre son gendre Béraud, qui reçoit Chazelle et les bois voisins, C. 3060 – 3574 – 3017 – 3966 – 3575 – 3636 ; les sires de Bourbon-Lancy (Ancy avait épousé la veuve de Guichard), qui obtiennent les alleux de Sercy, Simandre, France, Miolan, C. 3646 – 3806 – 3332 ; et les Gros, cousins de Guichard : Bernard II a des biens à Sercy, M. 479 ; son fils Josseran III, des droits à Bray, dépendant de l'« honneur » de Guichard, C. 3012 ; au début du XIIe siècle, Bernard IV confirme la donation des bois de Grosne et de Bray dont il a les trois quarts indivis avec les Béraud, C. 3966 – 3896 ; il a des droits sur les hommes de Guichard devenus bourgeois de Cluny, C. 3920 (1115).

4. C. 2142 (996-1049), notice *de malis quam fecit Bernardus* (il n'est pas certain qu'il s'agisse de Bernard Gros) ; M. 18 (1063-1072), il avait reçu Saint-Gengoux de Scissé en précaire après s'en être emparé injustement.

boisées où dominent les Garoux de Brancion ; perdant les vieux terroirs, la famille a gardé les forêts que l'on défriche. Bien qu'il soit parsemé d'enclaves, alleux des églises, des chevaliers, des paysans, ce domaine est d'une cohésion singulière ; bien installé sur le passage de la Grosne, il offre un point d'appui solide pour établir une seigneurie banale.

Celle-ci se forme vers l'an mil. Sur l'éminence d'Uxelles s'élevait en effet un château très ancien, d'origine publique, dont le *districtus*, vite borné au nord par la frontière du *pagus* de Chalon, limité ailleurs par les territoires militaires des forteresses voisines, Brancion, Lourdon et Sigy, recouvrait l'*ager* d'Aynard ; les Gros, grands propriétaires fonciers dans le canton, en avaient tout naturellement la garde. Ils avaient par ailleurs au xe siècle accordé leur patronage personnel aux membres de la petite aristocratie, leurs parents ou leurs amis, dont ils défendaient les intérêts à la cour du comte et leur influence s'étendait de la sorte dans toute la vallée de la Grosne. Le château et cette clientèle leur permirent de se saisir des droits régaliens et de grouper autour d'eux les chevaliers quand le comte de Mâcon perdit sa puissance. Avant 1030, ils détenaient la viguerie dans les campagnes avoisinantes et levaient des coutumes sur les paysans libres entrés dans leur commendise[1] ; ils prétendaient aussi exercer le ban sur les alleux qu'ils possédaient hors du sauvement d'Uxelles[2]. Cependant, ils durent résister à la pression de leurs concurrents, châtelains voisins et immunistes, qui, tandis que s'effondraient les anciennes structures politiques, tentaient par tous les moyens de s'approprier le pouvoir. Au milieu du siècle, pendant cette période décisive où se fixèrent les limites des territoires banaux, Bernard Gros, qui avait déjà étendu le domaine foncier, sut consolider la puissance de la famille ; il renforça d'abord les défenses du château ; il s'attacha personnellement tous les chevaliers qui servaient dans la forteresse et même des nobles plus éloignés, en leur concédant, en fief, quelques petits biens choisis parmi les moins sûrs de son alleu ; Humbert le Hongre, Létaud de Chigy, Damas de Gigny furent chasés sur des domaines injustement repris aux Clunisiens et la précaire de Saint-Gengoux servit à gagner l'hommage d'un lignage du Mâconnais[3]. À peu de frais, il eut ainsi des alliés sûrs. Renonçant à empiéter sur la zone où commandait le

1. Au xe siècle, patronage sur Arlier, C. 1580, sur Guy de Saint-Point, C. 1521. – *Franchisiae, vicaria, commandiciae, consuetudines* à Saint-Hippolyte, Vaux, Montagny, Hautrecour, C. 2493.

2. Coutumes levées par Maïeul Poudreux au voisinage de ses alleux de Blanot, Cotte, Varanges et Lourdon, C. 2552, 2406 (1002).

3. Concession de coutumes indues à Humbert le Hongre et Létaud de Chigy, C. 3073 ; D. de Gigny tient en fief l'église d'Aynart, aumône des ancêtres injustement conservée, C. 3472 ; Guichard de Sennecé a reçu illégalement en fief des biens à Saint-Gengoux de Scissé, indûment prélevés sur la précaire de Saint-Vincent, M. 26.

châtelain de Brancion, il étendit sa puissance sur les petites gens autour de ses alleux de Bray et d'Ameugny, aux confins du territoire de Lourdon, et surtout dans celui de Sigy : à Hautrecour, il levait des exactions, à deux pas de cette forteresse[1]. Enfin, il s'opposa vigoureusement aux prétentions des moines de Cluny qui voulaient soustraire à ses coutumes et à sa justice les domaines, anciens alleux de la famille pour la plupart, qu'ils possédaient au voisinage de son château[2]. Mort à Sutri vers 1050, au retour du pèlerinage de Rome qui devait racheter les dommages par lui infligés aux serviteurs de Dieu, cet homme laissa dans le pays un souvenir durable : au milieu du XIIe siècle, on le tenait non sans raisons pour le vrai fondateur de la châtellenie d'Uxelles[3].

Il avait eu cinq fils dont trois lui survécurent ; mais la seigneurie ne devait pas se démembrer : la coutume s'établit, que la famille allait toujours respecter, de mettre hors du partage successoral les pouvoirs de commandement. De plus les deux aînés, après avoir été successivement seuls maîtres pendant quelque temps du château et des droits régaliens, entrèrent à Cluny et devinrent, l'un chambrier, l'autre prieur. À peine entamé par les donations mesurées de terres et de coutumes que les deux frères firent au monastère qui les accueillait[4], l'héritage échut tout entier au dernier fils, Landry. Ce « très noble chevalier », enrichi par le péage qu'il installa sur la route chaque jour plus fréquentée que dominait son château, en paix avec son concurrent le plus redoutable, le monastère de Cluny, que lui conciliaient ses frères, ami aussi des comtes de Chalon et de Mâcon et qui parfois se rendit en Bourgogne faire sa cour au duc, était, au moment de la première croisade, un grand personnage, seigneur, comme ses cousins les sires de Berzé ou de la Bussière, d'une vingtaine de familles chevaleresques, maître de quinze paroisses[5]. Bernard, son fils, fut encore beaucoup plus puissant, car il joignit à la seigneurie que ses pères avaient bâtie autour d'Uxelles celle toute semblable des châtelains de Brancion.

Situé dans le *pagus* de Chalon, cette dernière forteresse était tenue au Xe siècle par une autre grande famille, les Garoux, dont les alleux, malgré les aumônes, s'étendaient largement autour du château et, en Mâconnais, jusqu'à Berzé-la-

1. Coutumes à Bray, C. 3012 ; moissonnage à Ameugny, M. 479 ; Hautrecour, C. 3073.

2. Mauvaises coutumes à Montagny, C. 2881 – 3073 – 2142.

3. PET. VEN., *Mirac.*, 1, 9 (874-876).

4. Josseran III, de *Castro Uxella*, seul héritier, C. 3472 – 3475 – 3428 ; se fait moine, C. 3077 ; est prieur de Cluny entre 1096 et 1100. – Son frère Bernard III se fait moine et devient chambrier ; C. 3077. – Donations, condemines de Sercy et de Talangont, un pré à Cortevaix, trois manses à Simandre, un serf à Mont.

5. Landry, *nobilissimus miles*, OBM, II, 28 ; le péage, C. 3440 ; dans l'entourage du duc, C. 3809 (1101).

Ville et Monceau au sud, jusqu'à Péronne à l'est[1]. Ces gens, après l'an mil, rallièrent eux aussi les *milites castri*, et soumirent les paysans à leur pouvoir ; au-delà du district militaire, compris entre ceux d'Uxelles, de Tournus et de Sennecey et limité au nord par le pouvoir que les comtes de Chalon conservaient sur la forêt de Bragny, le sauvement de Brancion recouvrit les terroirs où dominaient les alleux des Garoux, les clairières de Chissey, de Prailles, de Blanot ; il formait vers 1050 un territoire compact, bien assis sur l'échine boisée de la montagne mâconnaise et sur l'étroite vallée du Grison, commandant les passages entre la Saône et la Grosne moyenne. Mais la race des Garoux s'était rapidement éteinte avec son dernier rejeton mâle, l'évêque de Mâcon Lébaud ; son beau-frère, membre d'un grand lignage du Chalonnais, qui tenait aussi sur les bords du Doubs et à la lisière du Revermont le fort château de Neublans[2], recueillit la seigneurie ; simple annexe de la principauté bressane, celle-ci fut dès lors tenue par une branche cadette de la famille. Elle n'en souffrit pas : quand, vers 1080, après une délicate succession, l'autorité comtale en Chalonnais se morcela, les Neublans, s'emparant des droits que les comtes exerçaient sur Beaumont, Laives et la portion méridionale de Bragny, reculèrent vers le nord les bornes de la châtellenie de Brancion[3]. Mais quand on apprit vers 1100 que le sire, Hugues l'Abandonné, ne reviendrait pas de Terre sainte, ce fut Bernard Gros d'Uxelles qui lui succéda[4]. Les circonstances de cette substitution sont malheureusement assez obscures ; on voit seulement que les Gros s'étaient infiltrés déjà dans le territoire de Brancion : ils y possédaient des terres ; ils comptaient parmi leurs parents et leurs amis certains chevaliers du château voisin ; Damas de Gigny

1. Monceau, C. 359 ; Igé, C. 359 – M. 240 – C. 856 – 1087 ; Verzé, C. 248 ; Blanot, C. 387 ; Lanque, C. 283 ; Saint-Sorlin, C. 254 ; Culey, Chazeux, Crusilles, M. 802 – 1140 ; Saint-Gengoux de Scissé, C. 798 – 1460 ; Péronne, C. 818 ; Prailles, C. 517.

2. Lébaud, fils de Garoux, évêque de Mâcon (996-1018), C. 1246 – 1460 – 2636 – M. 347 – 249 – 406 – 478. – Sa sœur Tessa épouse Guinebaud de Neublans qui tient le château (son frère Roclin, est dit *clericus de Branciduno*, M. 523), C. 517 – 1969 – 2401 – 1198 – 2719 – 2802 – 2869 – M. 99. – Leur fils Gautier succède à son oncle sur le siège de Mâcon, C. 2965 (1047). – Son frère, Garoux, garde la forteresse, M. 465 (1019-1030), qui passe ensuite à son fils Bernard de Brancion, C. 3746 – 3747, puis à son second fils Gautier de Neublans, SM. 10 (1077), C. 2965 (1047). – Des trois fils de Gautier, Étienne est sire de Neublans, C. 3737 (1100). Hugues l'Abandonné tient Brancion, C. 3715 (1095 env.), CH. 163, *Hugo de Branciduno*.

3. Partage du pouvoir comtal en Chalonnais vers 1080 (les sires de Semur et de Bourbon-Lancy y gagnent leur indépendance), CHAUME, « Problème », et RICHARD, « Orig. féod. ». – Hugues de Brancion succède aux comtes de Chalon dans la garde de Beaumont et de Saint-Didier, C. 3920 (Saint-Didier est un ancien alleu de Guinebaud et Tessa, C. 1969) ; – droit des comtes à Beaumont, C. 2277 (994-1015).

4. Bernard IV, héritier des prérogatives de Hugues de Brancion, C. 3920 (1115) ; il réside *in castro Branceduno*, C. 4131 (1147).

était entré dans leur hommage et dans leur famille ; Humbert le Hongre avait des domaines à Chapaize[1]. Il semble aussi qu'ils aient été proches parents des Garoux et des Neublans[2]. Enfin il est possible que les comtes de Chalon soient intervenus et, plus précisément, l'un des deux coseigneurs du comté, Savary de Vergy, qui ne songeait qu'à monnayer ses droits ; non pas que le château fût encore leur fief, mais dans le Chalonnais du XIe siècle l'autorité éminente des comtes sur les forteresses s'était sans doute mieux conservée qu'en Mâconnais[3]. En tout cas, les Neublans ne paraissent pas s'être opposés à l'installation de Bernard ; ils entretinrent au XIIe siècle d'excellentes relations avec les Gros et conservèrent d'ailleurs ce qui restait des alleux Garoux à Blanot, à Chissey, à Chapaize, à Lugny et même certaines coutumes[4]. Maître du château de Brancion et des droits régaliens, Bernard d'Uxelles devint avant 1115 l'un des plus grands seigneurs de la région.

Sa puissance recouvre alors un seul territoire qui, c'est le meilleur de sa position, s'étend aux confins de deux comtés. Borné au nord par le cours de la Grosne (les terroirs de Laives, de Beaumont, de Saint-Didier forment sa pointe avancée), il englobe la vallée de Nanton jusqu'à la crête des collines dont le versant oriental relève du château de Sennecey, mais la franchit plus au sud, vers Mancey et Royer, et s'avance sur Vers et sur Boyer. Puis sa limite s'infléchit carrément vers l'ouest, abandonnant Lugny, Blanot, Chissey même, où les Neublans ont gardé les droits des anciens sires de Brancion. Mais toute la croupe forestière qui sépare le Mâconnais du Clunisois est dans le sauvement des Gros, qui pousse vers le sud jusqu'à Varanges, aux portes de Cluny. Vers le couchant, l'extension du domaine monastique complique à l'extrême ses frontières : Taizé,

1. D. de Gigny, vassal, C. 3472 ; beau-frère de Landry, C. 2994. – Alleux des Gros dans le district de Brancion, à Bassy, C. 3367, Blanot, C. 2552, Chissey, C. 2508 ; à Saint-Gengoux de Scissé, ils ont remplacé les Garoux. – Alleu des Hongre à Chapaize, ASL, H. 552, n° 5 et Chissey, C. 3983.

2. Voir n. 5, p. 403. – Guinebaud est en relation avec les Gros, C. 2493, 1969. – Ermengarde, épouse de Bernard de Brancion, semble la fille ou la sœur de Bernard III, C. 3746 – 3747.

3. Bernard IV hérite des prétentions du comte Savary à Paray-le-Monial ; C. 3920, de *Paredo... licet Saverico illic moraretur ; nichil inde debet rapere*. – Sur l'usage que Savary de Vergy fit de ses droits comtaux en Chalonnais, RICHARD, « Orig. féod. ».

4. Au moment où Bernard IV prit possession de Brancion, Étienne de Neublans était d'ailleurs en Terre sainte, C. 3737. – Bonne entente des Neublans et des Gros ; la dame de Neublans réside chez les Gros, CH. 116 ; Josseran V, otage pour Guillaume de Neublans, ASL, H. 178, n° 5. – Les Neublans conservent les alleux à Sagy, ASL, H. 178, n° 5, Colongette. ASL, H. 25, n° 17, Chapaize, ASL, H. 552, n° 1, Prailles, ACO, B. 10479, Blanot, C. 4711 ; ils en concèdent en fiefs aux Gros, BOURG. 39, f° 55. – Ils prétendent exercer à Boyer, CH. 149 – 152, les coutumes qu'exerçaient leurs ancêtres les châtelains de Brancion, CH. 163.

Chazelle, Massilly sont sous le ban de l'abbaye, mais le sire d'Uxelles est maître des forêts et par le faîte des collines étend son influence jusqu'à Massy. Enfin, enfermant la grosse enclave clunisienne de Saint-Hippolyte, le territoire s'avance jusqu'à Sigy et Saint-Gengoux où, de nouveau, l'immunité du patrimoine de Saint-Pierre le refoule vers le sud[1]. On voit combien sont sinueuses les limites de la châtellenie ; en effet, le pouvoir laïc a ses racines les plus solides dans les friches et dans les bois des hauteurs, tandis que dans les vieux terroirs de vallées, où beaucoup de terres sont à l'Église, il est rongé par l'immunité ; c'est un fait de la géographie féodale : les châtelains sont seigneurs des forêts, les moines et les chanoines seigneurs des plaines et des campagnes ouvertes. Du moins comme les autres *domini* laïcs, les Gros gardent-ils la maîtrise des passages, du gué d'Aynard, le plus important, où passent forcément tous ceux qui du nord vont à Cluny, des chemins aussi qui, à travers bois et collines, viennent de Tournus[2]. Ce territoire a deux centres, les deux forteresses anciennes de Brancion et d'Uxelles ; mais, pour le mieux tenir, les Gros vont construire au XIIe siècle d'autres châteaux ; les Clunisiens parviendront à les empêcher de fortifier la colline qui domine Flagy, ce qui les eût coupés de leurs domaines de l'ouest ; mais à Boutavant et à Nanton, deux châtelets s'élèveront, postes avancés de la seigneurie[3]. Chacun de ces points fortifiés aura son *districtus* propre, ses chevaliers, ses manants, mais pendant toute l'époque féodale ils resteront sous un unique commandement. Car le lignage, très discipliné, ne connaît qu'un chef, devant qui s'effacent tous ses oncles et ses frères, qui seul porte le titre de sire, détient seul les pouvoirs de commandement et administre les alleux maintenus dans l'indivision. Il arrivera que la veuve du châtelain ou son frère tiennent un moment en douaire ou en apanage l'une ou l'autre des forteresses, mais cette séparation sera toujours temporaire : à la fin du XIIe siècle, Henri Gros, qui avait abandonné Brancion à sa mère, reprend bientôt tout l'héritage ; il laisse Uxelles à son second fils, mais sous le contrôle de l'aîné

1. Voir croquis X.

2. Les moines de Cluny avaient obtenu des exemptions de péage, C. 3440 – 3920, mais les accords ne furent pas respectés et ce fut l'occasion de nombreux conflits entre les châtelains et la bourgeoisie clunisienne.

3. En 1147, Bernard IV avait renoncé à construire de nouvelles forteresses qui pourraient gêner les Clunisiens, C. 4131 ; Josseran VI en 1235 s'engagera encore à ne pas fortifier la Dent de Turge entre Massy et Flagy, *BC* 1506. – Mais Boutavant, au nom suggestif, C. 4711 (1237) et Nanton, C. 4410 (1203-1215) furent édifiés au XIIe siècle.

Josseran, qui ne tarde pas à ressaisir le château. Depuis son achèvement, la seigneurie de Brancion-Uxelles forme un tout[1].

Dans ce territoire, les Gros évidemment ne possèdent pas toute la terre. Faute d'inventaire, leur fortune foncière se laisse mal connaître ; toutefois, il est certain qu'elle est en majeure partie allodiale. Les fiefs – quelques terres tenues des Neublans au voisinage de Brancion, un domaine à Laives, concédé par le comte de Chalon, échangé plus tard contre les biens à Bray[2] – ne comptent guère auprès des propriétés ancestrales, que l'on devine largement étendues autour d'Uxelles, à Chassigneules, à Cortevaix, dans les bois de la Grosne moyenne, à Coureau, à Cortambert, et des acquisitions plus récentes de la vallée du Grison, à Nanton et à Laives[3]. Ce domaine comprend surtout des censives sur les marges, loin des châteaux, et, au centre, de belles réserves, condemines et breuils que les manants, par leurs corvées, contribuent à mettre en valeur[4]. Il est incomparablement plus vaste que celui des petits nobles et les Gros sont d'abord de très grands propriétaires fonciers. Mais s'il déborde vers Lourdon et Vitry, les limites du sauvement, ce domaine est bien loin de le remplir ; partout, et surtout dans la portion orientale de la seigneurie, la place est large pour les alleux ecclésiastiques, chevaleresques et paysans.

Par contre, dans ce territoire, tous les chevaliers sont soumis aux châtelains. Ils sont d'abord, par leur résidence, attachés aux forteresses ; pendant la crise politique de 1166, ils y tiennent garnison pour la « défense du pays », sous la direction de sire Josseran[5]. Ils sont de plus unis aux Gros par des liens personnels ; certains, comme les Béraud ou les Vers, sont de près ou de loin leurs cousins et tous tiennent d'eux un fief et sont leurs hommes. Sans doute leur tenure est-elle très modeste ; c'est une part de coutumes, un coin de bois, la

1. Les alleux sont indivis, C. 3896 (1110-1116), mais il n'y a jamais qu'un « sire », C. 3972 (1124). – Alice de Chalon, veuve de Josseran V, possède en douaire avec ses deux fils cadets Guillaume et Bernard le château de Brancion, dont elle est dame, C. 4410 (1203-1215) ; elle mène une politique distincte de celle de son fils aîné Henri (elle est seule en guerre contre Cluny), qui, lui, a succédé à son père dans le château d'Uxelles, CH. 126 – 158 (1190) ; C. 4361 *bis* (1192). – La veuve d'Henri est, avec son fils puîné Henri, maîtresse d'Uxelles, C. 4545 (1225), *domina de Osselis*, C. 4481 (1214) *dominus Usselle*, tandis que Josseran VI l'aîné est sire de Brancion, ASL, H. 26, n° 16 (1206).

2. Fiefs des Neublans, BOURG, 39, f° 55 ; des comtes de Chalon, F. 111.

3. Coureau, C. 4235 ; Massilly, C. 4711 ; ASL, H. 27, n° 59 ; Cortevaix, CANAT, p. 31 ; Lournand, Chevagny, C. 4544 ; Lourdon, Chassigneules, C. 4702 ; Flagy, Massy, *BC* 1506 ; Laives F. 2 ; Nanton, ACO, B. 10471.

4. Censives à Lourdon, Lournand, Massilly, Massy, C. 4544 – 4702.

5. CH. 162 ; *dum prefatum Jocerannum milites apud Brancedunum pro deffensione patriae teneret*.

jouissance de quelques redevances domaniales[1] ; mais elle soutient leur fidélité et leur dévouement vassalique et, par quelques chasements de médiocre valeur, certains chevaliers des châtellenies voisines, les Massy, les Chaumont, les Vérizet, sont attirés dans la clientèle des sires de Brancion[2]. Au XIIe siècle, ceux-ci sont les patrons d'une trentaine de lignages nobles, mais tous ne leur sont pas aussi étroitement liés.

Les chevaliers de Burzy, de Cray, de Bussières, de Brancion, les Hongre, les Merle, les Sailly, les Massy, les Roux, les Créteuil, forment le petit noyau des amis sûrs qui, depuis des générations, sont entièrement dévoués à la famille ; vivant à l'ombre du château, leurs terres mêlées à celles du seigneur, on sent qu'ils ne le quittent pas : dès qu'il paraît dans un document, ils sont auprès de lui ; ils ont dû dans leur enfance être élevés avec lui ; maintenant ils mangent à sa table, couchent dans sa chambre ; quand il part à la croisade, ils l'accompagnent et sont tous unis pour défendre ses intérêts[3]. Viennent ensuite, très fidèles, mais plus indépendants, restant volontiers chez eux et servant à l'occasion d'autres seigneurs, les *milites patriae*, les chevaliers de la châtellenie, Nanton, Martailly, la Chapelle, Laives, Saules, Lugny, et les cousins, installés à l'écart, les Béraud et les Vers[4]. Puis, n'apparaissant au château qu'aux moments de grand danger et marchandant leur service, voici les vassaux plus lointains, qui se sont commendés aux Gros pour jouir d'un fief ou pour se garantir du châtelain de leur canton, les chevaliers de Saint-Aubain, de Vérizet, d'Oblé, de Loisy, de Taizé, de Pierrechamp[5]. Enfin de petits châtelains trop faibles pour être tout à fait libres apportent, à charge de revanche, leur aide au sire de Brancion, les Montbellet, les Chaumont et les Sennecey[6]. N'oublions pas enfin

1. Parts de bois, F. 2 – 99 ; redevances domaniales, C. 4447 – 4544 – 4718 – 5002.

2. C. 4718 – 4547 – 4692 – 5002.

3. Burgy, C. 3784 ; Cray, C. 3784 – 3896 – M. 26 ; Bussière, C. 3440 – 3754 – 3784 – 3896 – 3926 ; Brancion, F. 99 – 111 – C. 4410 ; Hongre, C. 3440 – 3574 – 3896 – 3784 – 3926 – M. 26 – C. 3703 – 3809 – 4481 – 4482 – 4361 *bis* ; Merle, C. 3784 – 4481 – 4544 ; Sailly, C. 3462 ; Massy, C. 3896 ; ASL, H. 25, n° 40 – C. 4617 ; Roux, F. 99 – C. 4131 – M. 625 ; Créteuil, C. 3784 – 3926 – 3966 – 4447 ; ASL, H. 25, n° 40.

4. Nanton, F. 99 – M. 625 – C. 4410 – F. 2 ; Martailly, F. 99 – 111 ; la Chapelle ; ASL, H. 25, n° 46 (1187) ; Laives, F. 99 ; Saules, C. 3926 – 3929 – F. 101 – 2 – ASL, H. 25, n° 40 – n° 50 – C. 4410 – CH. 66 ; Lugny, C. 4410. – Vers, cousins par D. de Gigny, C. 3066 – M. 26 – F. 2 – 99 – 111 – C. 4481. – Béraud, cousins par les Chazelle, C. 3966 – ASL, H. 27, n° 60.

5. Saint-Aubain, C. 4481 ; Vérizet, C. 5002 ; Oblé, C. 3733 – M. 26 – C. 3784 – 2995 ; Loisy, F. 99 – CH. 162 – 172 ; Taizé, C. 4603 ; Pierrechamp, C. 4481.

6. Montbellet, C. 4481 ; Chaumont, C. 4547 – 4692 ; Sennecy, F. 2 – 99 – 4410 – CH. 158 – ASL, H. 26, n° 16.

que parfois se joignent aux vassaux nobles des amis de moindre condition, les plus riches prévôts de la seigneurie, comme Pierre de Cortevaix, ou des bourgeois riches, comme Guillerme Dubois de Cluny[1].

Tous ces gens servent le sire, font la guerre pour lui, garantissent ses actes et s'offrent comme otages ; c'est avec leur appui qu'il peut résister aux entreprises des autres seigneurs banaux, qu'il peut les menacer à son tour et s'étendre à leurs dépens. Lorsque ces chevaliers sont aux prises avec un adversaire dont ils ne peuvent venir à bout par leurs seules forces, ils ont recours à la justice du châtelain et c'est encore au châtelain que se plaignent, pour obtenir raison d'eux, ceux qu'ils ont lésés, clercs ou laïcs. Dans ses châteaux de Brancion ou d'Uxelles, le sire tient de fréquentes cours judiciaires que composent ses vassaux ; il préside les débats, recueille les témoignages, prononce enfin la sentence qu'a rendue l'assemblée. Enfin, si la querelle ne peut s'apaiser, il soutient ses hommes et combat au besoin pour eux comme ils ont combattu pour lui[2]. Il est l'ami, le chef militaire, le juge et le protecteur de tout un secteur de la chevalerie.

Dans le territoire enfin, il est le maître des non-nobles, des voyageurs qui le traversent comme des paysans qui y sont fixés. Aidé par ses nombreux ministériaux, sergents, forestiers, prévôts, dont certains, et particulièrement ceux d'Uxelles et de Cortevaix, sont riches autant que des chevaliers, il procure aux faibles la sécurité, le *salvamentum* et, en échange, il les exploite. Mais nous connaissons mal le pouvoir que les Gros exerçaient sur leurs manants. À Cortevaix, avant qu'ils n'accordent des franchises à la communauté villageoise, ils avaient droit au service militaire ; l'homicide, le larron et l'adultère étaient à leur merci et, pour les moindres délits, ils infligeaient des amendes en argent ; ils levaient la taille et les hommes acquittaient encore une taxe sur les ventes et sur les héritages ; le sire enfin avait droit au banvin[3]. On peut croire que les châtelains détenaient des pouvoirs semblables dans les quelque trente paroisses du sauvement. En remarquant cependant que tous les non-nobles n'étaient pas partout également traités. Beaucoup n'étaient pas seulement manants, mais

1. C. 4481.

2. Les plaids à la cour de Brancion, F. 116 – 145 – ASL, H. 532, n° 1 – H. 533. – Aide militaire des vassaux, C. 4410. – Aide du sire à ses hommes : témoignage, F. 147 – ASL, H. 25, n° 17 ; fidéjussion, CH. 66 ; aide militaire, C. 4589.

3. Franchises de Cortevaix, CANAT, p. 31-36 (1236). – Ministériaux des Gros, F. 99 – 116 – ASL, H. 25, n° 40 ; ils ont des prévôts à Uxelles, Brancion et Cortevaix. Ceux d'Uxelles sont, à la fin du siècle, d'importants personnages ; la fonction est héréditaire ; ils ont des droits à Ameugny en alleu, M. 624 (1144-1184). Au début du XIIIe siècle, ils sont rentiers et tiennent des fiefs, ASL, H. 26, n° 25 (1208).

aussi tenanciers ou hommes propres du sire et devaient, outre les coutumes territoriales, le loyer de la terre ou des services personnels. Les simples habitants, en outre, payaient-ils tous les mêmes taxes ? On peut en douter : aux lisières de la châtellenie, les villageois de Laives paraissent, comme leurs voisins de Saint-Ambreuil, vivre sur leur alleu dans une grande indépendance [1] ; loin du château, la condition des rustres était peut-être meilleure. En vérité, nous n'en savons rien, car dans les châtellenies laïques les coutumes n'apparaissent clairement que lorsqu'elles sont en débat entre le sire et une église immuniste. Et l'on connaît mieux que les vrais manants les quelques hommes qui, hors du sauvement, se réclamaient des Gros, dans les potés ecclésiastiques de Boyer ou de Saint-Hippolyte et dans le bourg de Cluny (ils s'étaient commendés au seigneur lointain pour se soustraire à la puissance de leur maître naturel ou bien, dépendants héréditaires des sires de Brancion-Uxelles, ils avaient quitté le territoire, attirés par la vie urbaine ou pour se marier) [2] et mieux encore, à l'intérieur de la seigneurie des Gros, les hommes d'autres seigneurs.

En effet, parmi les manants, certains échappent au châtelain, domestiques des maisons chevaleresques, tenanciers ou hommes propres d'une communauté religieuse. Car les chanoines de Mâcon ont des domaines à Ameugny ; ceux de Chalon, à Boyer et à La Rochette ; au cœur de la châtellenie s'est fondée l'abbaye de femmes de Lancharre ; à Bonnay, Tournus possède une petite seigneurie ; Cluny enfin a des terres partout, plus denses à Beaumont, Saint-Didier, Sercy, Saint-Hippolyte et Chazelle ; et tous ces clercs, se réclamant du privilège du patrimoine ecclésiastique, veulent soustraire leurs dépendants à la *districtio* du sire. En réalité, la plupart d'entre eux sont obligés de les laisser sous sa garde ; les Gros les protègent et les exploitent : à Bonnay, par exemple, ils jugent les hommes de Saint-Philibert et perçoivent sur eux des coutumes [3] ; la communauté villageoise de Saint-Didier, dépendante de Cluny, leur doit chaque année de la cire et trois sous « pour la garde » [4]. Mais quelquefois, comme à Boyer et à Saint-Hippolyte, les seigneurs d'Église ont réussi à se dégager entièrement de la tutelle des châtelains. Non sans peine : à Saint-Hippolyte, la lutte

1. À Laives, les paysans sont, comme à Saint-Ambreuil, alleutiers pour la plupart et disposent de leur propriété à leur gré, sans jamais réclamer l'assentiment du seigneur territorial ; leurs procès avec les moines de La Ferté sont souvent réglés à l'amiable, par l'entremise des voisins, F. 106 – 114 – 115 – 119 – 120 – 121 – 123 – 124 – 125 – 126 – 127 – 128 – 129 – 130 – 131 – 132 – 133 – 134 – 139 – 140 – 141 – 142 – 143 – 149.

2. Dépendants des Gros dans le bourg de Cluny (ce sont d'anciens paysans de Sercy ou de Taizé), C. 3926 – 3929 ; à Boyer, CH. 162 ; à Saint-Hippolyte, C. 4481.

3. T. 213 (leurs descendants y renoncent en 1257).

4. C. 3920.

dura deux siècles ; au lendemain de l'an mil, les moines de Cluny avaient reçu le village avec les pouvoirs de commandement, la viguerie, les franchises, les commendises et les coutumes ; mais les Gros y conservaient des terres, des hommes et le regret surtout d'avoir perdu ce beau morceau de l'héritage ancestral et d'avoir laissé se former au sein de la seigneurie cette enclave. Il n'est pas un des chefs de la famille qui, au XIe et au XIIe siècle, n'ait à certains moments cherché à étendre ses condemines aux dépens du domaine de Saint-Pierre, n'ait quelque temps, appuyé sur les dépendants personnels qu'il avait dans le hameau, exercé le droit de garde, levé les exactions, rendu la justice haute et basse, bref ne se soit conduit à Saint-Hippolyte comme dans la poté voisine de Cortevaix. La seigneurie clunisienne ne fut définitivement libérée qu'au début du XIIIe siècle [1].

Plus que l'obligation d'aider leurs vassaux, le souci de conserver et d'accroître les grands profits que procure l'exploitation des humbles détermine l'attitude des châtelains de Brancion-Uxelles envers leurs voisins, ce que l'on n'ose appeler leur politique. Est-ce une illusion due à l'origine exclusivement ecclésiastique de nos sources ? Ils paraissent en bien meilleurs termes avec les puissants laïcs et s'être opposés surtout à l'église de Chalon, dont les seigneuries pressaient la leur à La Rochette et à Boyer, et à l'abbaye de Cluny. Pour un moine du grand monastère, pour un bourgeois de la ville, le Brancion est l'ennemi par excellence, le plus redoutable des châtelains qui entourent le sanctuaire et tiennent les chemins qui y conduisent ; quant aux Gros, ils se heurtent partout, aux portes mêmes de leur château d'Uxelles, aux droits des Clunisiens. Cette rivalité pourtant n'est pas permanente : les sires, qui volontiers s'y convertissent, sont tous enterrés à Cluny ; leur aïeux, leur père, leur oncle, leur frère à leur entrée en religion, ont donné beaucoup, plus que tout autre, et eux mêmes, lorsqu'ils vieilliront, feront leur aumône à Saint-Pierre ; par moments, la concorde est parfaite. Mais bientôt, parce que l'héritier a mis la main sur ce que son père avait abandonné, il faut de nouveau aller plaider sans résultats devant l'évêque, devant l'archevêque et, de temps en temps, se résoudre à combattre ; on vit plus d'une fois la milice bourgeoise défier, sous les murs des forteresses, la

1. L'immunité de Saint-Vincent de Mâcon à Ameugny est reconnue dès le milieu du XIe siècle, C. 479 (1031-1062). – Renonciation à la seigneurie banale à Boyer et la Rochette, CH. 162 (1170), 126 (1190). – Saint-Hippolyte : première donation, C. 2493 (999-1027) ; renonciations successives, C. 2881 (1031-1060), 3073 (1050 env.), 3920 (1115), 3926 (1117), 4106 (1147), 4131, 4428 (1207) ; il s'agit d'*exactiones*, d'*hospitia*, de la *custodia*, de la justice, de la seigneurie personnelle de certains villageois.

cavalerie des vassaux[1]. Avec les seigneurs laïcs, les relations semblent plus cordiales ; nous savons que les Gros surent s'accorder avec les plus dangereux, les Neublans ; qu'ils tiennent dans leur clientèle les petits châtelains voisins ; les Berzé, les Deschaux de la Bussière, les Bâgé sont leurs parents et leurs amis[2] ; ils sont enfin très liés aux deux comtes de Chalon et de Mâcon, par le fief et par les alliances familiales ; fidèles à leur serment de foi, ils rendent à l'un et à l'autre quelques services[3]. Mais à la faveur justement de cette double attache, ils sont indépendants et guettent patiemment, pour en profiter, tout ce qui peut affaiblir le pouvoir comtal – on le verra quand les expéditions royales viendront menacer Mâcon et Chalon[4] – et lentement gagnent ce qui peut être gagné. Prenant puis lâchant les biens ecclésiastiques, ils savent se faire donner ou prêter par les clercs l'argent qui leur manque ; une chevalerie fidèle les soutient ; seul Cluny qui, avec la ville, dispose de plus de monnaie et peut-être de meilleurs soldats, peut leur tenir tête et c'est de ce côté qu'ils reculent. Depuis la fin du XIIe siècle, abandonnant Saint-Hippolyte, les biens épars dans le territoire de Lourdon et même la forteresse de Boutavant, ils glissent vers la Saône sans rencontrer de résistance, achètent Beaumont à Cluny, Saint-Ambreuil aux Sennecey[5]. Uxelles n'est plus qu'une annexe. Ils sont en passe de devenir, comme le comte ou le sire de Beaujeu, des seigneurs de la grande route, celle de la Saône.

1. PET. VEN., *Mirac.* I, 9. – Accord à la fin du XIe siècle par l'entremise des hommes de la famille entrés au monastère ; ensuite, la rivalité, permanente, ne s'apaise que lorsque le sire part en croisade, C. 4106 – 4131 – 4361 *bis*, ou lorsqu'il sent sa mort prochaine. – Arbitrage de l'évêque d'Autun, C. 3920, de l'archevêque, CH. 126. – Guerres : 1203-1215, C. 4410 ; 1220, C. 4472.

2. Les Gros, otages pour le sire de Berzé, M. 584 (1147), pour les Deschaux, C. 4813 (1244) ; cousins d'Étienne de Berzé, abbé de Cluny, C. 4702 (1236).

3. Josseran III, ami du comte de Mâcon, qui lui a facilité l'acquisition de l'*abbatia* de Saint-Laurent-lès-Mâcon, C. 3475 ; son petit-neveu Josseran IV, *proceres* de la terre du comte, C. 4127 – 4131 ; Josseran V, fidèle du comte Girard, M. 631 (1172), ASL, H. 25, n° 13, C. 4223 ; Josseran VI épouse Marguerite de Vienne, fille du comte Guillaume, et tient des fiefs de son beau-père, AN, J. 259, n° 1 (1228). – Josseran IV, feudataire du comte de Chalon, F. 111, Josseran V épouse Alice, fille du comte Guillaume de Chalon, C. 4410 ; son petit-fils Henri, otage pour le comte, C. 4525 (1220). – En 1229, Josseran VI reprend son château de Nanton en fief du duc de Bourgogne, sauve la foi qu'il doit aux comtes de Mâcon et de Chalon, ACO, B. 10471.

4. *Infra*, IIIe partie, ch. II, A.

5. Abandon de Saint-Hippolyte et de Sercy en 1214, C. 4481 – 4482 ; reprise en fief à Flagy et Massy, *BC*. 1506 (1235) ; vente de Boutavant, Bray, Cortambert, C. 4711 (1237). En échange de Boutavant, Josseran VI reçoit les seigneuries clunisiennes de Beaumont et de Saint-Didier et de l'argent qui lui permet d'acheter à Colin de Sennecey la seigneurie de Saint-Ambreuil, ASL, H. 27, n° 52 (1238).

*

Autour de chacun des *castra* de l'époque franque, une famille de grands alleutiers créa après l'an mil, en s'attachant les chevaliers et en s'appropriant le droit de ban, une seigneurie de même nature que celle de Brancion-Uxelles, mais pas toujours de même importance ni de même forme. Car tous n'étaient pas également armés dans la lutte qui opposa pendant la première moitié du XIe siècle les comtes, les châtelains et les immunistes se disputant les pouvoirs de commandement. Certains avaient plus de valeur personnelle, d'autres disposaient d'un plus bel héritage et surtout les conditions géographiques, les positions respectives du château, de l'alleu, de la clientèle, jouèrent un rôle essentiel dans l'installation des seigneuries territoriales. Après une longue concurrence qui, sur plus d'un point, se poursuit encore, on est parvenu cependant, vers le milieu du XIIe siècle, à un certain équilibre : de petits cantons, que l'on commence à nommer des châtellenies [1] et dont les limites ne changeront plus guère pendant le reste du Moyen Âge, se partagent le pays tout entier. Nous avons essayé d'en dresser la carte [2], carte imparfaite en vérité et dont les tracés sont pour la plupart incertains dans le détail. De cette carte, nous ne donnerons ici qu'un bref commentaire.

Plaçons d'abord la seigneurie des comtes de Mâcon [3]. À l'inverse des autres, récemment constituées, c'est le débris d'un ensemble beaucoup plus vaste et mieux ordonné. Les comtes ont conservé leur puissance dans les campagnes voisines de leurs grands alleux, c'est-à-dire sur la côte mâconnaise, autour de Cenves, de Prissé, d'Igé et de Laizé, et surtout sur les rives de la Saône, entre Saint-Romain-des-Îles et Tournus [4] ; mais les assises profondes de leur seigneurie sont, d'une part, le château de Mâcon, le plus grand de tous, dont les défenses

1. C. 4223 (1166), Saint-Gengoux, *infra castellaniae ipsius limites* ; CL. 91 (1203), *castellania Balgiaci* ; Layettes I, 1419 (1220), des hommes *de castellatione domini de Segiaco* ; CL. 226 (1226) ; T. 187 (1227), *totam castellaniam Seniciaci* ; C. 4650 (1234), *sub dominio ville Cluniaci et castellania de Lordone* ; AN, J. 249, n° 9 (1239), *de Charolois et de Monte Sancti Vincentii et castellaniis et pertinentiis eorum*.

2. Voir croquis XI.

3. Voir la consciencieuse étude de Mgr RAMEAU, « Les comtes héréditaires de Mâcon », *AAM*, 1901. – Entre 982 et 1156, le Mâconnais fut rarement séparé de la principauté des comtes de Bourgogne, assise sur le Jura ; en 1156, Girard, comte de Mâcon et de Vienne, est homme lige de son frère aîné, Étienne, « comte en Bourgogne », M. 631.

4. C'est le résidu, après les aumônes, de la fortune foncière du Xe siècle, voir croquis V ; Cenves, M. 11 – C. 4684 ; Prissé, C. 3743 – 4053 ; Igé, C. 4279 – OBM, II, 56 ; bords de Saône, M. 623 – *NSP*, 6 – M. 615 – T 173 – ACM, GG. 154, n° 1 – ACO, B. 10470 – C. 4507 – T. 196 – S. 157.

ont été récemment renforcées[1], avec la ville qui l'entoure, et, d'autre part, les grands chemins, les vieilles voies royales. La seigneurie comtale est une seigneurie routière et, tandis que les autres sont ramassées en un noyau compact accroché aux terroirs les plus ingrats, elle est écartelée le long des antiques itinéraires dont le comte est toujours le gardien. Il est le maître de la rivière et de la route qui la longe à l'ouest sur tout son parcours dans l'ancien *pagus*, entre Dracé et Tournus ; puis de la Seille, qu'il tient par ses alleux et ses droits de ban à Darbonnay, Romenay, Loisy, Louhans ; enfin du chemin qui conduit à la Loire : par-delà les collines clunisiennes, le comte le contrôle encore grâce aux points d'appui qui le jalonnent à Brandon, à Vigousset, à Dun, grâce aussi à la fidélité des vicomtes, ses vassaux. Après 1050, lorsqu'ils eurent perdu le pouvoir sur les anciennes forteresses, les comtes, pour surveiller les routes, en construisirent d'autres, trois le long de la Saône, Montbellet, La Salle et Vinzelles, deux sur le versant de la Loire, hors du champ de notre étude, à Dun et à Châteauneuf ; ils les gardent bien en main, confiées à de petites familles chevaleresques qui leur sont entièrement dévouées[2]. Ainsi disposée, la seigneurie comtale n'est pas sans avantages ; d'abord, plus que toute autre, elle profite du trafic commercial et, par les vieux tonlieux et les nouveaux péages, par l'exploitation aussi de la juiverie de la cité, le comte fut le premier des seigneurs laïcs à voir les deniers remplir ses coffres ; et puis, tenant tout le pays comme une main, cette seigneurie routière permet de s'insinuer partout. Jusqu'ici les comtes n'en ont guère profité et ont laissé se perdre la plupart de leurs droits : c'est qu'ils étaient tournés vers le Jura, berceau de leur famille ; après l'an mil, le Mâconnais devint une simple annexe de la principauté comtoise, où le lignage des comtes de Bourgogne plaçait ses cadets ; souvent absents, les comtes avaient en Revermont, voire en Suisse, leurs vrais amis, leurs vassaux les plus fidèles et, avec les salines de Lons, leurs plus sûres ressources. Mais vers le milieu du XIIe siècle une réaction s'amorce. Appuyé précisément sur les positions d'outre-Saône, le comte Girard cherche à s'étendre aux dépens des églises ; haut justicier dans la cité, il prétend ressaisir les anciens droits d'avouerie sur les domaines de Saint-Vincent, lève des coutumes et le droit de gîte à Romenay, à Vérizet, rêve même de s'approprier les régales de cet évêché royal[3] ; il presse de toutes parts Tournus et se fait octroyer la *custodia* des terres de Saint-Philibert

1. T. 171 – AN, J. 259, n° 4.

2. Les routes : les *strata*, le pont de Mâcon, AN, J. 259, n° 4, jusqu'au comté de Chalon, à la terre de Cluny et à celle de Beaujeu ; la Seille, T. 173 – 174. – Brandon, C. 4244 ; Vigousset, Montmelard, C. 4507. – Les nouveaux châteaux : La Salle, Montbellet, Vinzelles, M. 631 ; Dun, Châteauneuf, ASL, H. 142, n° 9.

3. T. 168 – M. 631.

à Saint-Romain, à Leynes, à Romanèche[1] ; enfin, dans les doyennés clunisiens proches de ses alleux, à Laizé, à Igé, à Chevignes, il se dit avoué et réclame à ce titre la justice de sang, le gîte et le gerbage[2]. Quant aux châtelains, sans les brusquer, il se les concilie par des fiefs ; les Berzé, les Deschaux, les Gros, les Beaujeu eux-mêmes sont ses fidèles, ses « barons »[3]. Bref, démembrée après l'an mil, la puissance comtale, fortifiée par le renouveau commercial, est encore solide et l'on en peut tirer beaucoup : ce que feront les rois dès qu'ils en auront la disposition.

Si le *comitatus* est comme une plante tenace dont les grandes routes sont les branches et la cité la racine, les diverses seigneuries ecclésiastiques s'éparpillent dans le pays en enclaves de toute grandeur ; installées autour des sanctuaires et sur les domaines les plus cohérents, certaines sont limitées au *cimiterium* de l'église villageoise[4], d'autres recouvrent plusieurs terroirs ; la plupart sont placées sous la garde d'un seigneur laïc qui exerce le pouvoir militaire et la haute juridiction ; quelques-unes, épaulées par un ancien château ou des fortifications neuves, proches d'un établissement que protège spécialement la paix de Dieu, sont des immunités complètes. Ces seigneuries dépendent de très nombreuses institutions religieuses : églises lointaines qui, comme l'abbaye d'Ainay à Sancé, celle de Saint-Claude à Saint-Oyen, celles de Remiremont ou de Saint-Benoît-sur-Loire à Mellecey ou à Sigy, ont acquis là jadis par hasard un domaine ; chapitres ou monastères des régions voisines, dont ce sont là les possessions périphériques – les chanoines de Saint-Vincent de Chalon ont à Boyer une poté solide, comme les moines de Saint-Rigaud à Monnet ; petites communautés de fondation récente, dont le patrimoine est encore modeste, les monastères de Lancharre et de Belleville, la collégiale de Beaujeu, l'hôpital d'Aigueperse[5]. Trois seulement de ces églises sont de vraies puissances : Saint-Vincent de Mâcon, Tournus et Cluny. Les domaines ruraux de Tournus sont disséminés par petits groupes dans tout le Mâconnais et la Bresse occidentale et sont tous dans le sauvement d'un châtelain, le comte, Brancion ou Bâgé ; l'abbaye n'exerce les pouvoirs souverains que dans les environs du monastère, de l'ancien *castrum* et de la bourgade qui les réunit[6]. Au contraire, l'église de Mâcon est plus libre

1. T. 183 – 173 – 174.
2. C. 4279.
3. M. 631 – C. 4244 – ASL, H. 25, n° 13.
4. Ainsi, par exemple, l'immunité de Saint-Vincent à Pierreclos, M. 632.
5. Beaujeu, B. 8. Saint-Rigaud à Monnet, ASL, H. 142, n° 2 ; Saint-Pierre de Mâcon, *NSP*, 8 ; La Ferté, F. I. Boyer, CH. 156 – 164 ; Aigueperse, CL. 82 ; Belleville, CL. 39 ; Sigy, Canat, p. 169.
6. Garde du sire de Bâgé, T. 192 ; du sire de Brancion, T. 213 ; du comte, T. 183. Seigneurie de l'abbaye sur la ville et ses environs, T. 169.

dans ses possessions rurales que dans la cité où, malgré les bulles pontificales qui renforcent leurs diplômes d'immunité, l'évêque et les chanoines ont dû laisser la meilleure place au comte et se contenter, sur leurs bourgeois, de la basse justice et d'exactions modestes ; seul est indépendant le petit bourg épiscopal, les deux « rues franches » qui le longent et que défendent deux tours nouvellement bâties. À la campagne, les clercs de Saint-Vincent se sont mieux défendus et tiennent en particulier quatre grandes *potestates*, Prissé, Crêches, Vérizet et Romenay en Bresse ; pour défendre ces deux dernières que menace le comte, ils élèvent au XIIe siècle des fortifications[1]. La seigneurie clunisienne enfin est la plus puissante ; dans quelques-uns de leurs doyennés, à Arpayé et Berzé-la-Ville, Chevignes et Écussoles, les moines ont dû laisser la garde aux châtelains voisins ; ailleurs, comme à Saint-Gengoux et à Saint-Hippolyte, à Beaumont et à Laizé, ils parviennent à conserver la plupart du temps leurs droits souverains ; enfin, tout autour du monastère, de la ville et du château de Lourdon, ils ont fondé une principauté compacte qui s'étend sur une douzaine de paroisses ; maîtres de la vallée de la Grosne entre Massilly et Brandon et de toutes les collines de l'ouest, ils bâtissent eux aussi de nouvelles défenses, entourent le bourg d'une enceinte et, à Clermain et Mazille, dressent des remparts contre les entreprises des sires de la Bussière[2].

Les châtellenies laïques fondées depuis l'an mil se partagent l'espace laissé libre par les immunités et la seigneurie comtale. Deux d'entre elles, Beaujeu et Bâgé, sont plus étendues encore et mieux assises que celle des Gros, construites comme elle par une grande famille très riche d'alleux autour d'un château bien placé, aux bons passages et sur la frontière des anciens *pagi*, mieux situées même que Brancion et Uxelles à la lisière de l'inconsistant pays lyonnais.

1. À Mâcon, le comte a la seigneurie supérieure, M. 589 ; mais il reconnaît à l'évêque le droit de fortifier, M. 590 (1123-1146). En 1180, le roi, de nouveau, fait respecter par le comte les remparts des cloîtres, T. 171, *Clericis vero claustrum utrumque, claustrum videlicet ecclesiae et claustrum domorum cum universis domibus sitis infra ambitum claustri contentis, pro beneplacito suo licebit firmare, et in villis suis, in quibuscumque aliquo tempore firmitates habuerant, precipue apud sanctum Clementem, firmitates edificare vel augere.* – Romenay, M. 631. Prissé, Crèches, Vérizet, ASL, E. 350, no 15 (1171). – L'évêque Pons fortifie Vérizet, OBM, II, 47 (avant 1166) *quod sua usque tempora sepibus et aggere clausum extiterat muris et propugnaculis viriliter et excellentissime clausit* ; Fortifications à Romenay, OBM, II, 46 (1176), *magnam turrim lapideam*, OBM, II, 56 (1185), une « motte ».

2. La seigneurie clunisienne s'appuie sur le château de Lourdon, les bulles pontificales qui ont délimité le *bannus Cluniacensis, Bull. Clun.*, XXV, et les grands domaines compacts de la vallée de la Grosne moyenne, l'ancien fisc de Mazille, les *villae* de Clermain et de Brandon, C. 4244. – Murs de Cluny, *BC.* 1662 D ; fortifications de Mazille et de Clermain, C. 4244 (1173) ; au début du XIIIe siècle le clocher de l'église de Saint-Hippolyte devient une tour de défense, C. 4428 (1207), J. Virey ; enfin les moines vont acheter le château de Boutavant, C. 4711.

Maîtres des grands bois de la montagne et des bords de la Saône, contrôlant toutes les vallées qui du Mâconnais vont vers l'ouest et le sud, entourés de vassaux très fidèles, les Bérard de Beaujeu, qui avaient installé dans leur forteresse une église à eux, furent, dès la fin du xe siècle, les premiers à se rendre indépendants des comtes, puis étendirent constamment leur puissance après l'an mil. Arrêtés vers le nord par la seigneurie clunisienne et celle des comtes, ils gagnèrent facilement ailleurs, prenant dans le *pagus lugdunensis* tout ce que leur laissèrent prendre le sire de Bâgé et le comte de Forez, l'abbé de Savigny et l'archevêque de Lyon. En 1150, Humbert, *vir illustrissimus princeps Bellijocensis*, passe pour le plus grand seigneur de la région ; Pierre le Vénérable le croit capable d'assurer la paix par sa seule présence et d'arbitrer les querelles féodales, et tient son château pour « le plus noble et le plus redoutable de tous ». Les sires de Beaujeu fondent alors les villes neuves de Thizy, Villefranche et Belleville ; ils n'appartiennent plus désormais au Mâconnais que par la lisière septentrionale de leurs possessions. Du moins sont-ils là maîtres absolus de la vallée d'Ardières, des cantons montagnards d'Ouroux, de Monsols, d'Avenas, et dominent entièrement jusqu'à Fleurie au moins et à Dracé la noblesse et la paysannerie du vignoble et des rives du fleuve[1]. En Bresse, le château de Bâgé est tenu, depuis le xe siècle, par une branche de la famille des Évrard qui longtemps conserva des alleux dans les collines mâconnaises, autour de Berzé et de Péronne, et sortit moins vite de la fidélité comtale ; aussi la seigneurie fut-elle plus longue à trouver ses limites : au milieu du xie siècle, les châtelains de Bâgé exerçaient les pouvoirs régaliens loin de leur château en quelques villages du Mâconnais, tandis que les comtes, qu'ils secondaient dans les plaids de la cité, se montraient de temps à autre dans les campagnes bressannes. Mais bientôt,

1. Il n'y a pas de bonne histoire des sires de Beaujeu ; toutes sont redevables à l'ouvrage du vieux La Mure. – Leur ancêtre est Bérard, B. 3, C. 1039, cousin des Guichard de Montmelas ; son fils Humbert I (... 966-994...) est un très gros alleutier dans la vallée d'Ardières, la montagne jusqu'à Monsols et la plaine jusqu'à Dracé et Saint-Georges de Reneins, M. App. I, C. 1218 – 1376 – 2005 – 2669 – 2666 – 2040 – 2728 ; son petit-fils Guichard II fonde la seigneurie banale, M. 476 – 483 ; avec Humbert II, gendre du comte de Chalon, M. 21 – B. 8 – 24 – C. 3698, les Beaujeu deviennent aussi puissants que les comtes. Guichard III arbitre une querelle entre l'église et le comte de Mâcon, M. 590 (1123-1146), épouse Lucienne de Montlhéry, se fait Templier et finit ses jours à Cluny, Pet. Ven., *Mirac.*, I, p. 27 (900). – Pour l'abbé, le château de Beaujeu *tam sui nobilitate quam prudenti dominorum strenuitate pene omnia adjacentia castra praecellit*. – Humbert III, fondateur de Belleville, CL. 39, avoué de Savigny, B. 30, gendre du comte de Savoie et ami du roi, T. 169, est sans conteste le plus puissant seigneur de la région. Sur l'expansion de la seigneurie beaujolaise hors du cadre géographique de notre étude, en Lyonnais et en Forez, voir l'introduction par J.-E. Dufour du *Dictionnaire topographique du Forez et des paroisses du Lyonnais et du Beaujolais formant le département de la Loire*, Mâcon, 1946.

abandonnant leurs terres du couchant et cessant de fréquenter la cour du comte, ils s'installèrent plus solidement autour de leur forteresse, sur leurs alleux et sur les fiefs qu'ils avaient obtenus des églises mâconnaises, groupèrent autour d'eux toute la chevalerie du pays, et toute la contrée, alors en plein défrichement, passa sous leur autorité. En 1150, Renaud, sire de Bâgé, est le maître entre la Reyssouze et la Saône, depuis Pont-de-Vaux jusqu'à Pont-de-Veyle, et le comte de Mâcon n'a plus rien à voir chez lui [1].

Les châtelains de Berzé et de la Bussière étaient en l'an mil aussi bien pourvus de terres et de droits que ceux de Beaujeu, de Bâgé et d'Uxelles mais, refoulés par des concurrents plus vigoureux, Cluny, le comte et les Beaujeu, ils ne purent s'étendre comme les autres et leur seigneurie resta de seconde zone. Au passage de la montagne mâconnaise, sur le chemin de plus en plus fréquenté qui relie Mâcon à Cluny, la forteresse de Berzé est dans une position avantageuse ; ses maîtres, héritiers des Bérard et des Évrard, possesseurs des forêts qui couvrent les deux versants, installèrent un péage et exercèrent le droit de ban dans les limites de l'ancienne *vicaria Berziacensis*, entre Saint-Sorlin, Serrières, la Valouse et Igé. Mais dans ce territoire les aumônes firent bientôt de l'abbaye de Cluny le plus grand propriétaire foncier ; les sires de Berzé ne purent empêcher les moines d'acquérir le beau domaine que leurs cousins, les châtelains de Montmerle, possédaient au pied de leur château, à Berzé-la-Ville ; il fallut compter avec les immunités clunisiennes et les maîtres du ban eurent grand-peine à conserver dans les nouvelles possessions de Saint-Pierre la justice de sang et quelques coutumes. De même à Igé ils durent céder la place au comte, qui était

1. Tous ceux qui ont parlé des Bâgé ont suivi l'ancien historien Guichenon, qui les crut descendants d'un marquis de Bresse imaginaire et leur attribua le titre comtal, voir Jarrin, *La Bresse et le Bugey*, Bourg. 1883 ; Martin, « Les sires de Bâgé », dans *Revue du Lyonnais*, 1854, critiqué par Rameau, « Origines de la maison de Bâgé », dans *Revue de la société littéraire de l'Ain*, 1876. Ils sortent en réalité d'une branche des Évrard, Chaume, « Féod. mâc. », de Rathier, principal fidèle du comte de Mâcon vers 940, C. 432 – 625 – 680 – 1037 – M. 71 – 76 – 103 – 155 – 420 – 488 – 496 : de son fils Thibert, *vir illustrissimus*, alleutier en Bresse et précariste de Mâcon et Cluny, M. 330 – 265 – C. 919. Oury, fils de Thibert, a des domaines dans tout le Mâconnais, C. 2611 – 2265 – 2605 – M. 201 – 430 – 543, et en Bresse autour de Bâgé, C. 1718 – 1958 – 2605 – 2265 ; il tient une précaire à Saint-Cyr-sur-Menthon, M. 543 ; sur tous ces domaines et alentour, il détient le ban, mais reste étroitement attaché au comte, C. 2124. À la fin du xie siècle, son petit-fils Oury II abandonne les possessions mâconnaises (il renonce à la *custodia* de Péronne, C. 3238 ; cède en fief aux Berzé le *salvamentum* dans le voisinage de leur château, C. 2124) ; il concède des fiefs en Bresse, M. 37, exerce le pouvoir sur les domaines bressans de Saint-Vincent de Mâcon et de Saint-Pierre, M. 456 – 577, Guichenon, I, p. 42 ; il est lui aussi gendre du comte de Savoie. – Renaud, qui lui succède, accroît encore sa puissance, ASL, G. 81, n° 1 (1149), G. 222, n° 1 (1161) ; l'un de ses frères est archevêque de Lyon, un autre évêque de Mâcon, *Gallia*, 1073-1074.

lui aussi le plus gros alleutier du village. Après ces reculs, la châtellenie de Berzé, réduite, reste pourtant solide, bien enracinée dans les bois et recouvrant huit paroisses qui les bordent, soutenue par la fidélité de dix familles chevaleresques, les quatre lignages de Sologny, les Saint-Nizier, les Merzé et les la Bruyère, les Barberêche, les Ménézy et les Mailly[1]. La Bussière est aussi, vers le sud, la clé des grands chemins, mais les Deschaux qui commandaient dans le château furent étouffés entre Cluny et la seigneurie beaujolaise ; ils purent s'étendre à l'ouest, vers Matour, où la pression était moindre, et maintenir sous leur *custodia* les domaines clunisiens de Saint-Point et du Mont-de-France ; mais quand ils voulurent, au milieu du XIIe siècle, pousser plus loin, bâtir devant Brandon sur un fief comtal un château avancé qui leur eût assuré le contrôle de la Grosne méridionale et mordre ainsi sur la seigneurie de l'abbaye, ils échouèrent. Entourés eux aussi d'une dizaine de vassaux fidèles, ils restèrent maîtres, comme les Berzé, de huit paroisses et des grands bois environnants[2].

1. CHAUME, Berzé – Geoffroy l'ancêtre, un Évrard, mari d'une Bérard, possède vers l'an mil de grands aileux sur la croupe boisée, de Saint-Point à Igé, C. 1870 – 2329 – 1893 – 1638, etc. – Son fils Audin, s'accordant avec les Garoux et les Bâgé, dont les domaines fonciers confinaient aux siens, installa une seigneurie banale dans les villages de Ménézy, la Chize, Courzy, Igé, Dommange, Sainte-Cécile, Pourlange, Beauplan, Aîné, Joux, Pierreclos, M. 198 – C. 2124. Gautier (...1030-1050...) vit avec déplaisir s'accroître les domaines de Cluny dans son sauvement et lutta vigoureusement pour conserver ses droits ; mais vassal du monastère, il dut reconnaître l'immunité des terres de Saint-Pierre, C. 2985 – 3324 – 3325. Ses successeurs, son gendre Artaud, C. 3824 – 3654 – 3744 – 3504 – 3330 – 3388, Hugues, son petit-fils, C. 3504 – 3301 – 3674 – 3565 – 3306 – 3824, Rollan Bressan, beau-frère de ce dernier, C. 3744, durent également respecter les droits de Cluny. Au XIIe siècle, le péage, le droit de maréchaussée, les tailles, la haute justice furent constamment en discussion : partant en croisade, le sire les abandonnait à Cluny ; son héritier les reprenait aussitôt, C. 4069 (1140), 4346, (1190), 4436 (1207), 4500 (1216). On connaît deux guerres en 1206 et 1213. C. 4425 – 4472. – Les Berzé possèdent les bois et les essarts de la montagne entre Joux et Montangerant, C. 4069 – 4240 – M. 633 – OBM, II, 59 – C. 4523 ; les dîmes dans les paroisses de la châtellenie, M. 550 – 584 – CL. 226 ; et les grandes condemines au voisinage du château, M. 550. – Droits seigneuriaux avec exemption partielle des domaines clunisiens à Berzé, Bourgvillain, Sologny, Pierreclos, Serrières, Saint-Sorlin, Bussières, Verzé, C. 4346 – 4877 – 5456 – ASL, H. 22, f° 314 v°. – Vassaux : les trois familles de Sologny, Saint-Nizier, Bruyère, Mailly, C. 3744, les Merzé, M. 584 – 632, les Barberêche, M. 632 – AN, K. 1150, n° 59 *bis* ; des chevaliers charolais, les Saint-Albain, sont liés aux Berzé et leurs feudataires, C. 3824.

2. Origine des Deschaux, voir *supra*, n. 1, p. 384. – Au XIe siècle, Hugues et Lambert tiennent en fief les domaines clunisiens de Saint-Point, C. 2087 – 3400 ; en 1105, Lambert abandonne des mauvaises coutumes, C. 3829 ; mais les sires de la Bussière conservent, avec le péage de Bergesserin, des exactions sur les possessions clunisiennes de la vallée de Saint-Point et du Mont-de-France, C. 4244 – 4280 – 4618. – Tentative d'Hugues Deschaux vers 1145, qui construit un château sur le mont Ajoux à Brandon sur un fief comtal, PET. VEN., *Epist.*, VI, 45 (464 sq.) ; il doit le détruire et promettre de ne jamais fortifier entre son château et Cluny, C. 4244 ; après lui, cependant, son fils Guy tentera d'étendre sa *custodia* sur le village clunisien de Clermain, C. 4404. – La châtellenie

Restent quelques châteaux, pour la plupart plus récents (au XIIe siècle en effet on commence à construire des forteresses nouvelles aux lisières des districts militaires de l'époque franque), centres eux aussi de seigneuries banales, mais resserrés dans les faibles espaces que laissent entre elles les grandes châtellenies : Sigy, dont on ne sait rien, sinon qu'il est passé au XIIe siècle des mains des comtes de Chalon à celles des sires de Luzy ; Sennecey et, tout neuf, l'Épervière, l'un sur la route et l'autre sur la Saône, et qui commandent tout juste deux ou trois villages ; Chaumont, que bâtirent vers 1080 les chevaliers de Chigy, amis des comtes chalonnais, et dont le sauvement, tout forestier, recouvre à peine cinq finages ; les trois *castra* enfin de Montbellet, La Salle et Vinzelles, que le comte de Mâcon a récemment confiés à des familles chevaleresques de son vasselage. Mais ces petites châtellenies ne comptent pas et sont les annexes des grandes principautés. De Chalon relèvent en effet Sigy et Chaumont, de Mâcon, les trois postes fortifiés des bords de la Saône ; Sennecey et l'Épervière sont sous le patronage des Gros. Et ceux qui les tiennent sont des chevaliers un peu plus riches et plus puissants que les autres, mais qui n'appartiennent pas vraiment à la haute aristocratie des sires[1].

---

de la Bussière englobe Saint-Léger, Montagny, Trambly, La Chapelle, Meulin, Bergesserin, Saint-Pierre-le-Vieux, Matour et déborde sur Saint-Point, C. 4796 – 5035 – *BC* 1513. – Chevaliers vassaux : La Bussière, C. 3829 – 5035, Dardy, C. 4280 – 5035, la Ferdière, M. 578 – 3829. La Roche, M. 578 – 3829, L'Espinasse, C. 4280, Nay, C. 5035, Meulin, C. 5035, les Barberêche, déjà liés aux Berzé, C. 4244 – 4280 – 5035, Germolles, C. 3829, Sologny, C. 5035 ; Mailly, M. 578 – 4244, Ruil, M. 578 – 4244.

1. *a)* Sigy était au Xe siècle au pouvoir des comtes de Chalon, C. 1794 (988). – Au XIIe siècle, il appartient aux sires de Luzy, *Layettes*, I, 1419, CANAT, p. 169, qui sont alliés aux Brancion, C. 4545. Dans la châtellenie de Sigy se trouve Salornay-sur-Guye, *Layettes*, I, 1419 ; *b)* Sennecey à la fin du XIe siècle est aux mains de Bernard Souffroy, SM. 79 – F. 6 – C. 3822 ; les sires étendent leur pouvoir sur Saint-Ambreuil, Sens, La Charmée ; ils se sont attaché par des fiefs quelques chevaliers, les Fontaine, F. 11, les Vers, ASL, H. 25, n° 6, les chevaliers de Sennecey, F. 102 ; mais ils sont sous l'influence des Gros, F. 6 : C. 4410. Au XIIIe siècle, la seigneurie va se disloquer : vente de Saint-Ambreuil aux Brancion, ASL, H. 27, n° 52 ; hommage à l'abbé de Tournus pour toute la châtellenie sauf la tour, T. 187 – 229. Le péage et le pontonnage du pont de Grosne sur la grande route font, semble-t-il, toute la fortune des sires ; *c)* Létaud de Chigy était au XIe siècle l'un des principaux fidèles des comtes de Chalon, C. 3340 – 3234 – 3182 – 3016 ; son fils Bernard, feudataire des comtes, P. 87, gendre des châtelains de Montmerle, C. 3703, construit le château de Chaumont dans les bois de son alleu. La châtellenie englobe la forêt d'Avaize et les bois de Marizy, la paroisse de Saint-Bonnet-de-Joux et les petits essarts en lisière des déserts forestiers, Availly, Plan-Chassagne, Villorbane, ACO, B. 10476. Les Chaumont, alliés des Gros, C. 3073 – 4547, sont très attachés aux comtes de Chalon, P. 87 – 221 – 176. CH. 129 – 4421 – 4466 ; *d)* Les chevaliers de l'Épervière paraissent avoir élevé un château dans le cours du XIIe siècle, CH. 159 – 156 ; ils sont liés aux comtes de Mâcon, C. 4122 – 4507, mais surtout aux Gros, CH. 162-172. Par mariage la seigneurie de l'Épervière fut un moment fondue avec celle de Loisy en Bresse, de la

*

En effet, les membres des six grandes familles seigneuriales, celles des comtes, de Beaujeu, de Bâgé, de Brancion, de Berzé et le lignage Deschaux, forment au XIIe siècle, au sein de la chevalerie mâconnaise, un petit groupe bien distinct. Ils sont très unis les uns aux autres, par les liens de l'amitié féodale d'abord : les châtelains se concèdent mutuellement des fiefs et sont tous vassaux du comte [1] ; mais leurs communs ancêtres et les alliances plus récentes les rapprochent davantage : Josseran Gros, par exemple, est l'époux de la fille du comte de Chalon qui, veuve, se remariera avec Oury de Bâgé, veuf lui-même d'une fille du comte de Mâcon [2]. Souvent troublée par les querelles et les rivalités de frontières, leur union reste profonde ; deux châteaux sont-ils en guerre, on voit aussitôt les autres sires s'entremettre pour rétablir la concorde [3]. Par contre, ils se séparent nettement des petits nobles. Il arrive parfois qu'un châtelain donne

mouvance des comtes de Mâcon, T. 186 ; *e)* Les Montbellet (sur l'origine de la famille, voir n. 1, p. 383) tiennent en fief du comte le château, C. 4233 – M. 631 – C. 4279 – ASL, H. 25, n° 13, et les pouvoirs qui en dépendent, T. 168 ; ils ont des alleux au voisinage, à Viré, OBM, II, 28 – 40, Marnay, ASL, H. 27, n° 5, Uchizy, T. 200, Asnières, Saint-Jean-le-Priche, Ozenay, ASL, G. 108, n° 1, Azé, T. 169, Dommange, ASL, H. 22, f° 326, Sermoyer, AR, 13 G. 644. – La châtellenie est vite bornée par la poté épiscopale de Vérizet, T. 168 ; le péage, là encore, est la meilleure source de profits, ASL, H. 178, n° 15 ; *f)* Les La Salle, cousins des Montbellet (voir n. 1, p. 383), alleutiers à Charbonnières, C. 3881, Saint-Albain, Fleurville, M. 619, Senozan, tiennent leur château du comte, M. 626 – 631 – C. 4279, avec les coutumes qu'ils lèvent sur la terre de Saint-Vincent et au voisinage ; *g)* Les Vinzelle (sur l'origine, voir n. 1, p. 383), alleutiers à Vinzelle, Chaintré, Serrières, M. 30 – 512 – C. 3261, étaient au XIe siècle liés à Cluny (précaristes, C. 2087) ; à l'église de Mâcon (précaristes, M. 30 – 461), aux vicomtes de Mâcon, M. 459 – 512 – C. 2943, mais surtout aux comtes, C. 3610. Au XIIe siècle, ils tiennent le château de ces derniers, M. 631 – C. 4279 – 4233 – ASL, H. 25, n° 13 – T. 184. – L'influence des comtes de Chalon s'étend aussi sur la portion marginale de la région mâconnaise ; après le partage successoral de 1080 et les arrangements familiaux qui l'ont suivi, les Guillaume ont leur meilleur domaine en Charolais, soutenu par les châteaux de Charolles et de Mont-Saint-Vincent ; mais ils gardent des droits sur la forêt de Bragny et les rives de la Saône jusqu'à Tournus, F. 1 – 111 – ASL, H. 25, n° 16 – 60 ; au XIIIe siècle, la comtesse Béatrice et son fils Jean entretiendront d'étroits rapports avec Cluny et se glisseront en Clunisois, voir *infra*, IIIe partie, ch. II, A.

1. L'hommage comtal : Beaujeu, Gros, les trois châtelains de la Saône, M. 631, Berzé, C. 4127, Deschaux, C. 4244, le vicomte, C. 4279. – Les Berzé sont feudataires des Bâgé, C. 3062, les Deschaux des Beaujeu, C. 5035.

2. Oury de Bâgé, *Hist. de la Fr.*, XVI, p. 135 – C. 4450 – ASL, H. 25, n° 61 ; il marie sa fille à Humbert de Beaujeu, GUICHENON, p. 10.

3. Entremise du sire de Berzé entre Cluny et les Deschaux, PET. VEN., *Epist.*, VI, 45 (465). – À vrai dire, les alliances familiales n'empêchent pas les guerres ; le comte de Mâcon se saisit de son gendre Oury de Bâgé et le garde prisonnier, *Hist. de la Fr.*, XVI, p. 135.

sa fille en mariage à un simple chevalier[1], mais toujours il choisit son épouse et celles de ses fils dans son monde, dans les lignages des comtes et des *domini*. Enfin, le genre de vie des grands seigneurs, les ressources dont ils disposent les élèvent bien au-dessus des hobereaux de village ; entre les deux niveaux de la noblesse, la distance est aussi grande qu'entre le grand prévôt ou le riche bourgeois et le pauvre laboureur.

Tandis que le chevalier, paysan plus qu'à demi, ne mène que par périodes la vie noble, cette vie joyeuse qu'égaient les voyages, les combats et le service des dames, le châtelain la mène continuellement, sans en être jamais distrait. Il n'a plus de soucis agricoles. Bien qu'il soit grand exploitant foncier, qu'il possède de larges condemines, des « granges » garnies d'instruments aratoires et de bétail[2], bien qu'il nourrisse ses gens du produit de sa terre, il n'est pas personnellement en contact avec son domaine et avec ses tenanciers. On ne le voit pas dans les champs surveillant les domestiques ou à la cour percevant les redevances ; d'autres, ses prévôts, ses parents, accomplissent pour lui ces besognes ; il est libre. De même, son logis n'est pas une annexe de l'exploitation agricole, pressée entre l'étable et le grenier ; lui habite dans la « tour ». Et cet édifice de pierres, carré, à deux étages, bien que dressé dans un site retiré et d'accès difficile, isolé encore par des défenses plus légères de bois ou de terre[3], est un lieu de réunion, un centre de vie mondaine. Souvent, quand la seigneurie est grande, à Beaujeu, à Bâgé, à Brancion, un petit « bourg » l'entoure qui groupe quelques demeures de chevaliers, les maisons des ministériaux, des artisans et des marchands qui ravitaillent le château. Et, dans la forteresse, le *dominus* n'est jamais seul ; sa table est large et sa chambre, la nuit, pleine de familiers[4]. À ses compagnons permanents, sa parenté tout entière rassemblée

1. Landry Gros est beau-frère de Damas de Gigny, C. 2994 ; la sœur d'Humbert de Beaujeu épouse Lébaud de Digoine, C. 3350.

2. M. 550 (1144), Hugues de Berzé a, au pied du château, un clos, deux condemines, deux autres par-delà la montagne, six autres à Sologny, d'autres encore à Montmin, C. 4069, des essarts à Montangerant, M. 633. – La grange du sire de Beaujeu à Belleville, CL. 39.

3. Le *castrum* du XIIe siècle est une tour carrée de pierres, OBM, II, 46 (1176), *magnam turrim lapideam*, T. 187 (1227), PET. VEN., *Epist.*, VI, 45 (p. 464), construction du château du mont Ajoux : on a élevé des murs alentour *et excepta lapidea turri, cujus jam materiam pene totam jam dictus Hugo congregaverat, lignea interim jam erecta, fere ex integro consummatum*. – La tour, sise sur une colline ou sur une « motte » artificielle, est entourée de levées de terre ou de palissades de bois, OBM, II, 48 (déb. XIIIe), le comte Guillaume *tribus ligneis et propugnaculis et aggeribus circumquaque vallaverat* le château de Mâcon. Il subsiste d'importants vestiges de ces ouvrages pris dans des constructions ultérieures à Brancion et à Berzé, BAZIN, *Brancion*, CONTENSON et RAFFIN.

4. Humbert de Beaujeu est entouré la nuit par ses *familiares*, des chevaliers, dont Guichard de Marzeu, PET. VEN., *Mirac.*, I, 27 (p. 902).

autour de lui, ses sergents, le clerc qui dessert la chapelle castrale [1], ses domestiques et souvent un lignage chevaleresque fixé près du château, se joignent les chevaliers du pays qui viennent à tour de rôle faire leur stage, les vassaux que réunit le plaid, les amis de passage.

Si le châtelain a le privilège de goûter en permanence les plaisirs de la vie noble, son horizon est aussi beaucoup plus large que celui des simples chevaliers et au XIIe siècle, depuis que les châtellenies sont achevées, s'étend progressivement : le chevalier est un paysan qui sort de son village, le sire, un chevalier qui sort de son canton. Son fils entre-t-il en religion, ce n'est pas pour rester confiné dans le cloître ou pour se contenter des petites prébendes canoniales, les plus hautes dignités ecclésiastiques lui sont promises. Les comtes de Mâcon ont dans leur parenté des archevêques de Besançon et de Vienne et un pape, Calixte II ; moine, le frère du sire de Berzé devient vite prieur de Souvigny puis abbé de Cluny et, dans la première moitié du XIIe siècle, l'archevêque de Lyon, les évêques de Mâcon et d'Autun sont des Bâgé [2]. Dans l'Église, la distance se maintient entre petits nobles et grands seigneurs : si le chevalier est frère de chanoine, le sire est frère de prélat.

S'agit-il de pèlerinage et de croisade, les châtelains sont les premiers à partir ; quand l'un revient, son frère aussitôt ou son fils le remplacent ; en Espagne au XIe siècle, en Terre sainte au XIIe siècle, les grands lignages du Mâconnais sont constamment représentés ; il n'est pas un sire de Bâgé ou de Berzé qui ne se soit croisé et tous ont rencontré à Jérusalem ou à Constantinople les Gros, les Beaujeu ou les comtes [3].

---

1. Si les sires ne possèdent plus d'églises paroissiales ils gardent le patronage des chapelles privées, M. 550 (1144-1166), Hugues de Berzé donne au chapitre de Mâcon la chapelle de son château avec les *oblationes* et les dîmes.

2. Hugues, archevêque de Besançon, Guy, archevêque de Vienne, puis pape sous le nom de Calixte II, sont les fils du comte Guillaume, les frères des comtes Renaud et Étienne. – Les Berzé, dignitaires du chapitre de Mâcon, Gautier, archidiacre, M. 562 (1031-1062) ; Gautier, doyen, M. 593 (1121-1143) et son frère Geoffroy, chanoine, M. 613 – 615 – 617 (1151-1158) ; Gautier, archidiacre, obéancier de Chevagny-sur-Veyle, ASL, H. 25, n° 17 (1172) – M. 508 – C. 4240 – 4346, puis doyen, M. 632 (1187-1194) ; Étienne, prieur de Souvigny, C. 4584 (1229), puis abbé de Cluny (1230-1235). – Hugues de Beaujeu, abbé de Saint-Just de Lyon, M. 586, *Cart. de Savigny*, n° 907 (1117). – Bâgé : Étienne, évêque d'Autun, *Rec. des actes de Saint-Symphorien*, n° 20 (1112) ; son neveu Humbert, archidiacre d'Autun, puis archevêque de Lyon, M. 612 (1148-1153), 622 ; un autre neveu Étienne, évêque de Mâcon, *Gallia*, 1073 – 1074. – Barthélemy Gros, évêque de Fünfkirchen en Hongrie, C. 4664 (1234), 4669 (1235).

3. Les comtes : Renaud en Espagne, *NSP*, 15 (1090), Guillaume l'Allemand, M. 423 (1158-1180). – Guichard III de Beaujeu et son fils Humbert, Pet. Ven., *Mirac.*, I, 27 (p. 900), *Epist.*, VI, 27 (p. 435). – Oury de Bâgé, Guichenon, p. 29 ; Berzé : Rollan Bressan, *NSP*, 89 (1120) ; son fils Hugues (Templier), OBM, II, 19 ; Hugues, le poète, C. 4346 (1190). – Bernard IV Gros part deux

Enfin, les châtelains sont alliés par le sang aux plus hautes familles de la chrétienté. Comme les voisins de leur rang sont déjà leurs très proches cousins, ce qui interdit les nouvelles unions, pour ne pas se mésallier ils doivent se marier hors de la province ; or les familles de haute noblesse sont après tout peu nombreuses ; ils ne tardent donc pas à se rapprocher des lignages princiers. Au XIIe siècle, les châtelains mâconnais sont cousins de rois : le comte de Mâcon est proche parent de l'Empereur ; par les comtes de Savoie, les Bâgé sont apparentés à Louis VII et le sire de Beaujeu sera beau-frère de Philippe Auguste [1].

Ces alliances, comme leurs relations dans le haut clergé et les amitiés qu'ils contractent en Terre sainte, les attirent hors de leur château. Souvent le père envoie son fils se former au loin dans la maison d'un seigneur ami : au début du siècle, l'un des Gros, adolescent, vit en Flandre [2] ; et par ces liens, resserrés dans la jeunesse, chaque lignage de châtelains est rattaché à quelque grande cour de l'Occident. Les comtes regardent vers l'Empire, les Bâgé vers la Savoie, les Gros se rapprochent des ducs de Bourgogne et les Beaujeu, de très bonne heure, des Capétiens : dès 1095, Humbert est en Auvergne dans l'escorte de Philippe Ier ; soixante ans plus tard, son petit-fils tiendra en Lyonnais le parti du roi ; Guichard mourra à Douvres, au début du XIIIe siècle, au service de Louis de France et son fils Humbert exercera un commandement royal en Languedoc [3]. Tous sont intéressés à la grande politique et par eux les grandes crises qui, à la fin du XIIe siècle, troubleront l'Occident, auront en Mâconnais leur écho. Bref, le château est pour le sire ce qu'est pour le chevalier sa demeure champêtre, une source de revenus, un refuge où l'on passe la mauvaise saison et où l'on vient finir ses jours, mais un séjour sans agréments que l'on quitte dès qu'on le peut pour le monde plus joyeux des grandes réunions et des

fois : il revient de croisade en 1116, C. 3896 ; part en 1147 et se fait Hospitalier, C. 4106 – 4131. Henri Gros, CH. 126 (1190).

1. Frédéric Barberousse épouse la fille du comte de Bourgogne, oncle de Girard de Mâcon. – Renaud de Bâgé, petit-fils d'Amé de Savoie, est cousin de Louis VII, *Hist. de la Fr.*, XVI, 135. – Guichard III de Beaujeu épouse une Montlhéry ; son fils, la fille du comte de Savoie ; Humbert IV, Agnès de Montpensier ; Guichard IV, Sibille de Hainaut. – Les Gros, alliés aux comtes de Mâcon et de Chalon, se marient dans les grandes familles de Bourgogne, les Vignory, C. 4478 (1214), les Luzy, C. 4545 (1225).

2. C. 3896 (1110-1116). – À la fin du XIIe siècle, Josseran IV est gendre du duc Thierry de Lorraine, AUBRY DES TROIS FONTAINES, *M. G. Script.*, XXIII, p. 871.

3. C'est sans doute en raison des relations étroites qu'ils entretiennent avec les comtes de Forez : en 1095, Humbert souscrit un diplôme de Philippe Ier à Mozat, C. 3698 ; son fils prend femme dans le lignage des Montlhéry ; Humbert III fait escorte à Louis VII se rendant au Puy ; il a des cousins, dont Guy de Chevreuse, dans la *familia regis*. B. 30 ; allié du roi dans la crise de 1166-1171, T. 169 – M. 631. Guichard VI à Douvres, C. 4502 – 4504.

expéditions lointaines. À Berzé, Hugues le poète ne paraît pas avoir vécu longtemps ; en 1190, il accompagna son père à la croisade de Philippe Auguste, puis, en 1204, il participa à la quatrième ; au retour de Constantinople, tandis que son fils gérait la seigneurie, il s'attarda en Italie parmi les troubadours ; il est en Mâconnais en 1207, mais peut-être est-il reparti dans le Midi en 1220[1].

Enfin, les six familles dominantes forment dans la chevalerie une élite de la fortune. Héritières des grands alleux de l'époque franque, elles possèdent des domaines beaucoup plus vastes ; les droits de ban leur procurent de l'argent en abondance ; leur patrimoine, par surcroît, échappe aux démembrements : des coutumes successorales particulières laissent à l'un des fils du sire – depuis le milieu du XIIe siècle au moins, c'est l'aîné[2] – ou, s'il n'en a pas, à l'un de ses gendres la gestion de l'héritage tout entier ; ses parents participent aux propriétés allodiales, mais sous l'étroit contrôle du chef de la famille ; les pouvoirs de commandement ne se partagent jamais[3]. Sans doute ces vastes seigneuries sont-elles de rendement plus médiocre, car il faut trop d'agents pour les administrer. Néanmoins, les châtelains disposent, avec les grandes communautés religieuses, des plus larges greniers et, avec les gros marchands, des coffres les mieux remplis.

Mais ils ont aussi de très grands besoins. Ils doivent d'abord entretenir une très nombreuse mesnie, tous les parents dont ils gèrent le bien commun, les ministériaux, ouvriers de leur puissance, et cette suite nombreuse qui fait l'agrément du château. Il leur faut encore se montrer plus larges, plus « despendants » que les autres car, mieux que les fiefs de petite valeur, les cadeaux, deniers, armes ou parures, qu'ils distribuent assurent la fidélité de leurs hommes. Les corvées des manants ne suffisant pas à maintenir en état les forteresses, à construire les défenses nouvelles : pendant le court moment où il tint au nom de son neveu mineur le château de Berzé, le prieur consacra trois cents marcs

1. Lecoy, « Chronologie ».

2. *Primogenitus* : Hugues de Berzé, C. 4331 (1188) ; Giraud de Vienne, C. 4526 (1220) ; la fille aînée du sire de Bâgé héritera de tout son honneur si elle n'a pas de frère, Guichenon, p. 10 (1218).

3. Contrôle du chef de la famille sur l'alleu des parents : Humbert II consent à l'aumône de son cousin Étienne, B. 24 (1090 env.) ; Artaud de Berzé consent à l'aumône de son cousin Eudes, C. 3504 (1076). – Succession des gendres : Artaud dirige la seigneurie de Berzé pendant la vieillesse de son beau-père, C. 3654 ; son gendre lui succède, C. 3674. – Il n'est qu'un exemple de partage de seigneurie territoriale, la division du comté de Chalon en 1080, parce que le sire ne laissait que des cousins, Chaume, « Problème... » ; le fils aîné est souvent associé au pouvoir du vivant de son père : Berzé, C. 4331 ; le fils du comte de Mâcon, ASL, H. 142, n° 9 (1202), CH. 160 – T. 186. Au début du XIIIe siècle, Girard de Vienne reçoit le comté de Mâcon ; son frère n'a que des biens qui viennent de sa mère, dont les rentes sur les foires de Champagne, Petit de Vausse, IV, p. 168 (1219).

d'argent à le réparer[1]. Conduire la guerre entraîne d'autres dépenses, si l'on en croit Pierre le Vénérable qui, pour éviter ces frais, préféra donner deux cent vingt livres à l'un de ses rivaux[2]. Et que coûtent les voyages lointains et la croisade, quand on part à toute occasion, en grand équipage ? Au XIIe siècle, le châtelain répand donc autour de lui l'or et les deniers ; il épuise le produit des tailles et des péages, vide le vieux trésor et doit parfois vendre ou gager des morceaux de sa seigneurie. Cette classe est la plus dépensière et va connaître la première, nous le verrons, les embarras financiers. De même que les ministériaux qui, pourtant, de beaucoup les plus riches, sont parmi les paysans les seuls à peu près à emprunter, de même le châtelain se distingue du chevalier par ses grosses dettes autant que par l'ampleur de ses revenus[3].

*

Telle apparaît, entre 1120 et 1160, la société laïque en Mâconnais. Dans chacun des deux ordres strictement séparés on découvre un milieu stable qui évolue très lentement, au rythme des héritages, la paysannerie d'une part, la chevalerie de l'autre. S'en dégagent de petites élites qui détiennent la puissance et l'argent ; les châtelains comme les ministériaux et les bourgeois ont des relations plus étendues, une plus grande expérience que ceux de leur classe, et d'autres goûts qui les amènent à dépenser bien davantage ; pour cela leur position est moins solide : ils se sont élevés rapidement, mais ils risquent de retomber soudain. Toutefois, ces différents groupes se rassemblent et s'organisent dans un seul cadre, la châtellenie ; tous, chevaliers et manants du sauvement, sergents, habitants du bourg et marchands de la route et du marché, ont les yeux tournés vers le château fort, demeure du sire. Le château est vraiment la pièce maîtresse dans la structure sociale que l'on appelle féodale et qui, en Mâconnais, paraît avoir atteint sa perfection vers le milieu du XIIe siècle.

1. C. 4877.
2. PET. VEN., *Epist.*, VI, 45 (p. 465).
3. Voir *infra*, IIIe partie, ch. I, B.

TROISIÈME PARTIE

DE LA CHÂTELLENIE À LA PRINCIPAUTÉ

1160-1240

Aux environs de 1160, certains traits du tableau que nous venons de dresser commencent à s'altérer. Modifications légères d'abord, mais qui progressivement s'accentuent, si bien que l'organisation générale de la société laïque se transforme entre 1230 et 1250. Cette dernière période marque dans l'histoire sociale de la région mâconnaise un tournant comparable, bien que moins accentué, à celui de l'an mil, que nous avions choisi pour point de départ : dès lors, en dépit de survivances multiples et tenaces, le climat sera tout différent. Nous conduirons donc notre étude jusqu'à ce terme, en essayant, grâce à des documents de plus en plus nombreux et explicites, quoique encore très incomplets, de démêler les influences complexes qui, en trois générations, ont ruiné les cadres de la société féodale.

CHAPITRE PREMIER

LES TRANSFORMATIONS ÉCONOMIQUES

Un changement des conditions économiques est à l'origine de ce bouleversement : l'amplification progressive du mouvement commercial, qui jusqu'alors n'avait fait qu'assouplir les relations sociales, les dérange et les convie à s'organiser différemment.

A. LES SIGNES DE L'ACCÉLÉRATION DES ÉCHANGES

1. *L'activité commerciale*

À vrai dire, sur l'activité commerciale, les témoignages directs sont très rares. Avant 1250, les sources mâconnaises sont encore à peu près toutes d'origine ecclésiastique – il n'existe pas encore d'archives bourgeoises [1] – et mal faites par conséquent pour nous renseigner sur l'histoire du commerce. Elles apprennent seulement que les routes de terre autour de Mâcon s'aménagent [2] ; que des étoffes et des fourrures d'importation traversent le bourg de Belleville et que l'on y vend du drap ; que des marchands de Cluny, associés à des Lyonnais, fréquentent les foires de Champagne ; que le grand mercier mâconnais Pons

1. Les documents des archives ecclésiastiques ne fournissent d'indications que par hasard et celles-ci restent beaucoup trop dispersées pour éclairer d'une manière satisfaisante l'histoire du mouvement commercial.

2. Les routes de terre, semble-t-il, s'aménagent au XIIIe siècle : mention de la levée qui prolonge le pont de Mâcon sur la rive gauche à travers la plaine d'inondation, AR, 48, H. 1924, n° 9 (1279), ACM, GG. 154, n° 8 (1291). Voir la belle carte des routes d'Italie dans VITAL CHOMEL et J. EBERSOLT, *Cinq siècles de circulation internationale vue de Jougne*, Paris, 1951, p. 189-191.

Dentu est en relation d'affaires avec des bourgeois de Bordeaux ; la présence des Lombards n'est pas attestée avant 1270[1]. Ces indications seraient de peu d'intérêt si nous ne connaissions par ailleurs les progrès de la circulation marchande sur les routes de la Saône et si nous ne savions qu'à la fin du XIIIe siècle la plupart des laines exportées vers le sud sortaient du domaine capétien par Tournus et Mâcon, bourgades frontières[2].

Plus apparent est le développement dans les campagnes d'un trafic de nature différente et portant sur les produits agricoles. Depuis la fin du XIIe siècle, les paysans réclament le droit de tenir chez eux des mesures pour les grains ; sur leur demande, les seigneurs banaux fondent de nouveaux marchés hebdomadaires dans les villages, à Cortevaix et à Prissé notamment, et des foires aux bestiaux saisonnières dans les plus gros bourgs à Paray, à Bâgé, à Prissé ; ils assouplissent les entraves à la circulation et réglementent le crédit à court terme, d'un marché à l'autre, indispensable aux transactions paysannes. Les stipulations des chartes de franchises montrent que les ruraux s'intéressent davantage au trafic, souhaitent l'allégement des taxes sur les ventes et la suppression des privilèges commerciaux des seigneurs[3].

Les deux mouvements d'ailleurs sont liés : le commerce rural ravitaille en produits alimentaires les aubergistes, les artisans et les marchands des villes ; ceux-ci fournissent en objets importés l'aristocratie campagnarde. On peut avancer que le progrès des échanges, sur les grands chemins comme dans les villages, fut constant pendant le XIIe siècle et la première moitié du XIIIe.

2. *Accélération de la circulation monétaire*

Avec la circulation des denrées s'accélère celle du numéraire, mais là encore la documentation est tout à fait insuffisante et l'on doit renoncer à connaître

1. En 1210, on perçoit à Belleville une taxe de circulation sur les *pannis, corduano sive quibuscumque pellibus*, C. 4456. Mention de marchands drapiers à Belleville, ACHERY, p. 184. – Geoffroy Vert, Pierre et Geoffroy Dubois, de Cluny, fournissent une caution pour deux marchands lyonnais allant aux foires de Champagne, C. 4742 (1239) ; un autre bourgeois de Cluny achète une rente sur ces mêmes foires, PLANCHER, II, Preuves, 3 (1219). – Le bailli de Mâcon rend une sentence contre Pons Dentu en faveur d'un négociant bordelais, *Olim*, I, p. 929, XVII (1273). Relation d'un lombard d'Asti avec un châtelain de la Saône, *Olim*, II, p. 126 (1270).

2. BIGWOOD.

3. Mesures : Pierreclos, M. 632 (1167-1184) ; Prissé, ASL, G. 96, n° 2 (1243), *quilibet de dicta villa potest vendere in domo sua vinum et bladum et habere mensuram justam et legitimam vini et bladi*. Fondation de marché avec guiage à Cortevaix, CANAT, p. 32 (1236), à Prissé, ASL, G. 96, n° 2 (1226). Foires : Paray et Toulon, C. 4577 (1228), Prissé, ASL, G. 96, n° 2 (1243), Bagé, GUICHENON, p. 14 (1272). Règlement des gages d'un marché à l'autre, CANAT, p. 32, ASL, G. 96, n° 2.

en détail l'histoire de la monnaie. Pendant tout le XIIe siècle les ateliers de Tournus, de Cluny et de Mâcon semblent satisfaire les besoins et alimenter régulièrement les régions voisines ; seule la monnaie de Chalon est en recul et cède la place vers 1180 aux deniers de Cluny et à ceux de Gien et de Souvigny [1]. C'est en 1200 que le stock des monnaies locales devient manifestement insuffisant ; les seigneurs territoriaux, maîtres de la frappe, qui jusqu'alors ne s'en étaient guère souciés, commencent à réglementer la circulation de leurs pièces ; ils en imposent le cours, ils en fixent la valeur ; le comte de Mâcon installe à Bois-Sainte-Marie un nouvel atelier. Mais leurs émissions sont trop réduites et comme, pour les accroître, ils rognent sur le poids et mêlent plus de cuivre à l'argent, les deniers malgré eux s'avilissent et restent trop rares [2]. À ce moment, ceux qui utilisent l'argent en grosse quantité, les bourgeois et les plus puissants châtelains, utilisent pour leurs comptes, et peut-être déjà pour leurs paiements, d'autres monnaies, plus abondantes et plus stables. Le digenois s'introduit d'abord, vers 1210, dans la région chalonnaise ; après 1230 apparaissent simultanément les deniers royaux de Tours et de Paris et la monnaie viennoise. Dès lors, les pièces locales ne sont plus employées que pour les transactions modestes et pour le règlement des cens. Après 1250, elles reculeront même dans les campagnes devant les deniers d'importation, le viennois surtout qui supplantera alors tous les autres, et l'on commencera à convertir les vieilles rentes en ces monnaies de bon aloi [3].

1. Les deniers locaux restent en usage pour le règlement des cens et pour le paiement dans les mêmes aires que jadis. Le denier de Gien remplace la monnaie de Chalon entre 1162 (dernière mention du denier chalonnais, F. 116) et 1193 (première mention de la monnaie de Gien, ASL, H. 25, n° 57), mais disparaît après 1217 (ASL, H. 26, n° 62). En 1212, la comtesse de Chalon autorise le cours de la monnaie clunisienne par toute sa terre, sauf dans la prévôté de Chalon, C. 4466. Deniers de Souvigny utilisés à Laives, ASL, H. 25, n° 46 (1187) et à Sainte-Hélène, ASL, H. 25, n° 47 (1188).

2. Fixation du cours, C. 4223 (1166), 4466 ; de la valeur *lege et pondere*, C. 4466. – Monnaie de Cluny en 1212 : *erat autem lunc temporis moneta Cluniacensis videlicet XII d. secundum legalem probationem in pondere argenti Vd. et oboli et cuperis VId. et oboli*, C. 4466. – Les contemporains ont le sentiment de l'avilissement graduel et se réfèrent volontiers au poids d'argent, C. 4466 – CH. 75 (1245) – C. 4856 (1245). – Les deniers en effet diminuent régulièrement de poids : les deniers de Tournus pèsent 1 gr. 40 au XIe siècle, 1 gr. seulement au XIIIe, et l'argent n'entre plus que pour moitié dans l'alliage, LAFAY.

3. Pour les gros paiements, on utilise l'argent non monnayé, T. 198 (1236), C. 4711 (1237). Rente en or à Villorbane, ACO, B. 10471 (1226), *quodam obolo aureo debitali annuatim*, due par le seigneur à l'évêque. – Le digenois apparaît en Chalonnais en 1211, ASL, H. 26, n° 44 – 47 ; il est utilisé pour fixer le montant des cens en 1238, ASL, H. 27, nos 54 – 55 – 68, etc. – Les bourgeois sont les premiers à utiliser dans leurs comptes les tournois et les parisis, C. 4650 (1234), 4813 (1244) ; dès 1257, on constituera des rentes en monnaie royale, ASL, H. 28, n° 33 ; à partir de

3. *Hausse des prix*

L'avilissement des monnaies comtales et abbatiales, l'invasion du numéraire étranger et l'inflation dont elle témoigne provoquèrent évidemment la hausse des prix et, s'il est impossible de suivre de près cet enchérissement, du moins peut-on en évaluer l'ampleur. Vers 1100, le prieur de Cluny vendait, à Montberthoud dans les Dombes, sept bichets de froment pour quatre sous ; en 1264, sur le marché de Chalon, le prix moyen du bichet, celui que l'on choisissait comme étalon pour les conversions de cens, était de dix sous [1]. Il est hasardeux de comparer les prix de deux ventes conclues, l'une directement par le producteur et dans son domaine, l'autre au cœur d'une grosse ville, et sans savoir si les mesures de capacité étaient strictement équivalentes. Mais ce rapprochement fournit cependant un repère, et les rares indications que nous possédons encore sont concordantes. Raoul Glaber raconte que, pendant la famine de 1044, on put vendre le muid de vin au prix exorbitant de vingt-quatre sous ; les bourgeois chalonnais en 1264 le payaient couramment le double. Un cheval enfin coûte huit livres en 1211, trente-cinq livres en 1230 ; cent ans plus tôt, le prieur de Cluny payait les siens, selon leur qualité, de trente à cinquante sous [2]. On peut donc dire que les denrées agricoles valaient au milieu du XIIIe siècle de dix à vingt fois plus cher qu'au temps de la première croisade ; trop lente sans doute pour être sensible aux contemporains, la montée des prix fut donc en définitive considérable. Elle eut des effets heureux ; la pièce de monnaie, de bien moindre valeur, devint un instrument beaucoup plus souple, qui put servir à des achats quotidiens, et cela permit d'étendre la pratique du salariat. En revanche, l'avilissement du denier détermina un égal amoindrissement des revenus fixes en numéraires et fit décroître rapidement le pouvoir d'achat des rentiers.

4. *Vulgarisation des objets de luxe*

La prospérité du grand commerce, la circulation plus intense de l'argent et des objets précieux suscitèrent d'autre part, dans la société jusqu'ici très rustique, des besoins nouveaux, et d'abord dans les classes supérieures. Chevaliers

---

1265, ces deniers serviront de base à l'établissement des cens, ASL, H. 28, n° 28. – Le viennois s'introduit en 1238, C. 4734 – 4903, devient d'usage général partout après 1250 et sert à l'évaluation des cens dès 1257, ASL, H. 22, f° 214 r°. – Synchronisme de l'introduction des deniers viennois et royaux en Forez : sur l'expansion de la monnaie viennoise, VILLARD.

1. Montberthoud, C. 3789 ; Chalon, CL. 634.

2. R. GL., V, p. 3, 20 ; CL. 634 ; à Laives en 1160-1170, le setier de vin est estimé 19 sous, F. 150 – 152. – Prix des chevaux, ASL, H. 26, n° 13 (1211) – OBM, II, 48 (1230) ; en 1100, C. 3789.

et chanoines, tentés par les marchandises que l'on colportait sur les routes et que l'on étalait aux étapes dans les ouvroirs des villes, se prirent à user communément de choses qui eussent semblé luxueuses à leurs ancêtres du XIe siècle. Faute de documents, on ne peut suivre en Mâconnais l'évolution du costume et de l'armement nobles [1], mais çà et là quelques traits attestent un penchant plus marqué pour la parure et pour le faste. Les moines eux-mêmes se laissèrent entraîner et, dès 1132, l'abbé de Cluny devait déjà, par souci d'économie, réduire dans sa maison la consommation des épices et interdire aux religieux l'usage des draps de couleur dits de Ratisbonne et des fourrures étrangères trop coûteuses. Et l'on sait qu'il eut grand-peine à faire appliquer ses décisions [2]. Dans le même temps, le sire de Beaujeu possédait des livres, des bijoux, des étoffes orientales [3]. Au XIIIe siècle, les testaments des chanoines énumèrent tous quantités d'objets de luxe, anneaux ornés de gemmes, soieries, nombreux vêtements d'apparat [4]. Soucieux de faire bonne mine dans les assemblées, les nobles bientôt ne purent se passer de ce que les marchands leur offraient en plus grande abondance ; ils durent dans leur budget ménager une place plus large à ce que les administrateurs ecclésiastiques nomment les *exteriora*, les denrées que ne produit pas le domaine et qu'il faut se procurer au-dehors à prix d'argent. Ces objets coûtaient de plus en plus cher (bien que, se vulgarisant, leur enchérissement fût moins rapide sans doute que celui des fruits de la terre). Or, les gens de la haute société n'avaient pour la plupart de ressources que foncières ; leur réserve de numéraire fut vite épuisée ; parmi leurs revenus en deniers beaucoup s'amenuisaient avec la dépréciation des espèces. Ils furent bien tôt contraints, pour soutenir leur train de vie, de réaliser une partie de leur capital. C'est ainsi que la fortune terrienne fut prise elle aussi dans le mouvement [5].

1. En 1195, le sire de Beaujeu possède des chaussures de fer, B. App. VIII.

2. Pet. Ven., *Stat.*, XI (1029), suppression du *pigmentum*, vin mêlé d'épices, car celles-ci son trop chères ; XVII (1031), fourrures et draps dont l'achat contraint de s'endetter ; Préambule (1025), murmures des moines devant ces restrictions.

3. CL. 39 (1158), constitution du trésor de la collégiale de Belleville, *de panno Antiochiae de cico tincto*, etc.

4. Testaments d'Ancy de Lugny, CH. 216 (1250), de Gilbert de Régnié, AR, G. 5, n° 34 (1251), de Bernard Bourdon, doyen de Beaujeu, AR, G. 5, n° 31 (1244).

5. Sur la mobilisation de la terre, consécutive au progrès de la circulation monétaire, Cipolla *Propr. ecclés.*, p. 318.

5. *Mobilisation des capitaux fonciers*

La multiplication des transactions immobilières est le dernier effet de l'évolution économique. Pour en mesurer l'ampleur, il suffit de dépouiller n'importe quel fonds d'archives ecclésiastiques : jusqu'au milieu du XIe siècle, il ne contient à peu près que des actes de donation ; au XIIe, les règlements, les accords, les pièces de procès prédominent ; mais depuis 1160 les notices d'achats, de prêts sur gage deviennent plus nombreuses[1] ; après 1200, elles sont en majorité et dans la seconde moitié du XIIIe siècle on ne voit presque plus qu'elles. Cependant, pour que le capital foncier pût entrer dans le circuit des échanges, il fallut perfectionner les moyens de le mobiliser.

Cette société rurale où l'argent était rare avait toujours fait grand usage du mort-gage et le procédé, malgré les interdictions pontificales, conserva sa faveur au XIIIe siècle[2]. Mais le renouveau commercial acclimata des pratiques plus souples. Le prêt sur simple lettre garanti par des pleiges solidaires du remboursement, employé depuis longtemps par les marchands, se répandit dans le monde seigneurial dans les dernières années du XIIe siècle[3]. Depuis quelque temps, les possesseurs fonciers avaient adopté également la vente de rentes sur leurs biens comme un moyen commode de se procurer de l'argent liquide. Les premières cessions de rentes foncières apparaissent vers 1120 ; inspirées par des motifs pieux, elles furent d'abord utilisées pour fonder des anniversaires sans aliéner le patrimoine. Mais on vit bientôt que l'on pouvait de cette manière acquérir non seulement des avantages spirituels mais de la monnaie : dès 1128-1134, le chevalier Bertrand de Cortevaix autorisait les Clunisiens à percevoir

---

1. En fait, depuis le milieu du XIe siècle, les aliénations à titre onéreux sont présentées comme des donations dans les notices mâconnaises, G. CHEVRIER, « Évolution de la notion de donation dans les chartes de Cluny du XIIe siècle », dans *À Cluny*, p. 203-209, mais ici seul nous intéresse le fait, la constante progression des ventes et la raréfaction des libéralités.

2. Sur les caractères juridiques du mort-gage, GÉNESTAL, VERCAUTEREN, « Note ». – Le prêteur perçoit les fruits, qui ne sont pas comptés en déduction de sa créance, C. 5173 (1272), malgré l'interdiction d'Alexandre III ; le vif gage est extrêmement rare, C. 4795 (1243). – Pour ne pas léser le créancier, l'emprunt ne peut être remboursé qu'en mars, ASL, H. 27, n° 46 – CH. 149, etc.

3. Usage de la lettre, avant constitution d'otages en cas de défaut de remboursement, d'abord chez les bourgeois (qui ont peu de biens immeubles) : C. 4142 (1130 env.). – Puis le procédé est utilisé par les seigneurs : C. 4361 (1192), le sire de Beaujeu s'engage à rembourser en deux termes la dette de son père et fournit 20 otages ; C. 4477 (1214), après remboursement, le duc de Bourgogne doit rendre à son débiteur, l'abbaye de Cluny, les lettres ; comme elles se sont perdues, il en donne une autre prouvant *quod si predicte littere abbatis aliquando in publicum vel audentiam venirent, non valerent* ; C. 4612 (1222), Cluny prétendait avoir remboursé la comtesse de Chalon, mais comme le comte détient toujours les lettres, l'abbaye doit de nouveau payer pour les ravoir. – Sur les constitutions de pleiges, OLIVIER-MARTIN, II, p. 520-521.

chaque année sur son alleu de Bresse-sur-Grosne deux muids de vin, quatre setiers de froment et un setier de fèves ; en échange, les moines s'engageaient à célébrer l'anniversaire de son père défunt, mais en outre ils lui versaient immédiatement les sept cents sous dont il avait besoin [1]. À partir de 1200, ce procédé parut préférable à l'emprunt sur gage et tendit à le remplacer. Ceux qui avaient trop d'argent, les clercs soucieux d'investir les legs qu'ils recevaient en numéraire et de percevoir un revenu régulier, les bourgeois, certains paysans qui venaient de vendre à bon prix leur récolte, tiraient ainsi un profit sûr de leurs deniers sans avoir la peine de gérer un domaine ; les autres, sans perdre la possession de leur terre, recevaient la somme exacte qui leur manquait [2]. Rien n'exprimerait mieux l'adaptation progressive de la société rurale à l'économie monétaire qu'une liste chronologique complète des ventes de rentes foncières. Nos sources sont malheureusement beaucoup trop fragmentaires pour permettre de la dresser. Elles montrent du moins que l'usage, adopté vers 1120, se répandit d'abord lentement, puis plus vite après 1200, et enfin très brusquement après 1250. Les ruptures de cette courbe marquent les dates maîtresses de l'histoire économique des campagnes mâconnaises [3].

1. C. 4002 (1128-1134). – La rente est utilisée d'abord, à notre connaissance, pour les services de luminaire ou d'anniversaire, M. 600 (1144-1166), B. App. VIII (1195), C. 4387 (1200), PETOT, *Constitution*, p. 69 ; GÉNICOT, p. 215, n° 1. – Utilisée également dans les compositions qui terminent les guerres privées : C. 4524 (1220), rente de 10 livres constituée par le comte de Chalon en faveur de Cluny ; AR, G. 5, n° 31 (1244), G. Sauvage doit une rente de 20 sous sur la terre de Dracé au doyen de Beaujeu *pro emenda* ; C. 4877 (1246), constitution d'une rente de 20 sous par le sire de Berzé en faveur des amis de J. de Merzé qu'il a tué.

2. L'achat d'une rente procure un intérêt de 5 % à 8 % (voir GÉNICOT, p. 192) ; la rente est assez souvent en nature, C. 4002 – ASL, H. 27, n° 5 (1228) – H. 28, n° 12 (1252) – 91 (1261) – G. 187, n° 4 (1253). – Elle est assise sur un alleu « franchement », CL. 373 (1241), et le plus souvent sur un revenu, une dime (ASL, H. 27, n° 5) ou une censive ; le tenancier alors paie d'abord le rentier, sinon le débiteur doit assigner la rente sur une autre censive : ASL, H. 28, n° 68 (1265), *si dicti homines tenentes... in solutione deficerent...* (le créancier) *teneret predicta... tamquam sua propria donec eidem a predictis* (les débiteurs) *assignatur homo qui solveret... dictas censivas plenarie cum emenda* ; si la tenure est déserte, le rentier perçoit les fruits, ASL, H. 143 (1214). – La rente est aussi parfois assignée sur une portion de réserve ; par défaut de paiement le créancier entre en possession de l'alleu : C. 4002, *si ego vel successorum meorum quilibet aliquam injuriam vel quamlibet fraudem de hoc pacto fecerimus nisi infra octo dies in Clun. monachorum beneplacito satisfecerimus, predictum alodium omnino perdamus*. – L'inconvénient pour le vendeur, c'est que la rente ne peut être rachetée, GÉNICOT, p. 188, 260.

3. XIIe siècle : C. 4002 – *BC* 1660 E – *BC* 1661 B. – 1200-1250 ; ASL, H. 26, n° 251 – H. 143, n° 2 – *Gallia*, p. 288. – 1250-1275 : ASL, G. 187, nos 4 – 9 – 10 – ACM, GG. 154, n° 16 – n° 7 – *BC* 1532.

6. *Relâchement des solidarités économiques entre parents*

Mais pour permettre à chacun de gager sa terre, de la charger de rentes ou de la vendre, il fallait que se relâchassent les liens nombreux qui retenaient la possession foncière. Depuis longtemps, il était admis que le possesseur d'une tenure, fief ou censive, pouvait en disposer avec l'approbation du seigneur ; au XIIIe siècle, cet assentiment devient une formalité automatique et le droit du possesseur éminent se limite à la perception d'une taxe de mutation[1]. En revanche, sur les tenures comme sur l'alleu, le lignage avait resserré son emprise au XIe et au XIIe siècle : la terre dut se libérer des contraintes familiales et l'assouplissement des liens de parenté qui s'observe entre 1200 et 1250 est encore pour beaucoup une conséquence des transformations économiques[2].

Jusqu'à la fin du XIIe siècle, nul ne pouvait toucher à sa part du bien héréditaire ni même à ses propres acquisitions sans le consentement de la famille tout entière. Après 1210, les parents éloignés, les oncles, les cousins ne sont plus consultés et l'on voit de plus en plus l'homme se passer même de l'autorisation de ses frères et de ses fils. La *laudatio parentum* se raréfie progressivement pour disparaître à peu près complètement des actes de vente et d'engagement dans la seconde moitié du XIIIe siècle[3]. L'abandon de cette coutume n'est pas seulement l'effet du progrès des garanties judiciaires et de l'évolution consécutive des formulaires, car l'usage de l'indivision tend à se perdre en même temps qu'elle. Dans les titres de l'abbaye de La Ferté, par exemple, on remarque que les frérêches sont entre 1210 et 1250, pour un nombre égal de documents, quatre fois moins nombreuses qu'entre 1120 et 1210, et qu'il n'est plus jamais alors question de communauté de biens entre parents plus éloignés[4]. La possession foncière est en train de redevenir individuelle comme au Xe siècle. Au sein

1. Le seigneur de la tenure vend son approbation à l'aliénation, *salvo censu*, CH. 115 – ASL, H. 26, n° 92 – H. 27, n° 13, etc. Dès le milieu du XIIe siècle, les lods sont considérés comme l'un des profits de la censive, C. 4143 (1155) ; à Prissé, en 1243, le seigneur perçoit le sixième de la vente, ASL, G. 96, n° 2. – Pour le fief, le seigneur reçoit aussi parfois un dédommagement, F. 38 – ASL, H. 25, n° 19 ; mais pas toujours, voir *infra*, ch. II, C.

2. C'est aussi l'effet du meilleur fonctionnement des institutions judiciaires, *infra*, ch. II, D.

3. Dans le fonds de La Ferté, par exemple, où la densité est uniforme : 1120-1210, 76 *laudationes*, dont 10 par des parents éloignés ; 1210-1250 (deux fois moins d'aliénations), 26 *laudationes*, qui toutes proviennent des fils ou des frères ; 1250-1270 (autant d'aliénations que pendant la période précédente), 8 *laudationes* de proches parents ; LAPLANCHE, p. 69, 100 ; GÉNICOT, p. 196. Le phénomène doit être également mis en rapport avec la notion d'une quotité disponible qui revient à chacun des membres de la famille, notion qui se fixe au début du XIIIe siècle, OLIVIER-MARTIN, II, p. 308.

4. 1120-1210 : 35 indivisions, dont 7 entre parents éloignés ; 1210-1250 (pour deux fois moins d'actes), 4 frérêches seulement.

même du groupe familial élémentaire, l'autorité du père, qui s'était affirmée après l'an mil, se relâche rapidement dans la première moitié du XIIIe siècle. Le mari jadis paraissait maître des biens de sa femme ; après 1200, le *maritagium* et le douaire sont beaucoup plus distincts de ses propres ; il n'en a que la gestion dont il doit rendre compte, et s'il lui arrive d'en disposer, il lui faut dédommager son épouse ; celle-ci, par contre, de nouveau, les donne et les vend seule. Les donations entre époux, qui reparaissent après 1250, marquent le terme de cette évolution : longtemps confondus sous l'autorité maritale, les deux patrimoines ont retrouvé l'individualité dont ils jouissaient à l'époque franque [1]. Enfin, dès le début du XIIIe siècle, les fils de nouveau jouissent d'une certaine indépendance économique ; souvent, lors de leur mariage, ils reçoivent une part de l'héritage et, bien avant la mort de leurs parents, ils ont leur fortune foncière personnelle et la faculté d'en disposer librement [2]. En cinquante ans le changement est total. Le bien foncier était encore à la fin du XIIe siècle le capital commun du lignage, vaste coopérative économique dont les membres ne pouvaient se retirer ; en 1250, c'est la possession d'un individu. Le mouvement des richesses a rendu inutiles et gênantes les solidarités familiales. La société rurale retourne avec entrain aux vieilles habitudes individualistes, que légitiment maintenant les formules retrouvées du droit romain, et reprend cette liberté d'allure dont le milieu bourgeois, alors seul pénétré profondément par l'économie d'échanges, avait eu le privilège à l'époque féodale.

*

Circulation plus intense des marchandises et de la monnaie, hausse des prix, accroissement des besoins, mobilisation de la fortune foncière, tels sont les aspects, mal distincts dans l'ombre épaisse où nous laissent les titres d'archives, d'un bouleversement économique qui s'amorce au premier quart du XIIe siècle

1. Dédommagement du mari à sa femme : CL. 80 (1200 env.) ; le mari administre les propres de sa femme *pro uxore sua et pro filiis ejusdem*, SP 10 (1225). – L'épouse dispose de ses biens, CH. 141 – ASL, H. 28, n° 91 – ACO, B. 10473 – ASL, H. 26, n° 44 – n° 66 – H. 27, n° 21. – Donations entre époux : ASL, H. 28, n° 44 – H. 29, n° 55 – H. 28, n° 20.

2. ASL, H. 26, n° 10 (1203), Guy de Sercy donne des biens avec l'approbation de son père et de ses frères ; CL. 220 (1226), testament de Bernard du Teil, ses deux fils sont *emancipati : volo... quod divisiones quas feci eis quando matrimonium contraxerunt firmiter observerentur* ; ASL, H. 552, n° 3 (1234), Hugues de Pierrechamp *jam emancipatus* donne un bien de son alleu avec l'agrément de son père ; C. 4723 (1247), Paien de Pierreclos avait conclu une paix avec Cluny *eo tempore quo ipse et ejus filius erant insimul et communiter bona sua omnia possidebant pro indiviso* ; mais l'indivision a pris fin. Renaissance de la notion de tutelle dans la seconde moitié du XIIIe siècle, ASL, H. 28, n° 5 (1251), n° 20 (1256), etc.

et produit tous ses effets dans la première moitié du XIIIe. Ils se conjuguent pour modifier la hiérarchie des fortunes et du même coup celle de la société. L'argent parvient en effet en plus grande abondance aux négociants et aux cultivateurs, à ces « travailleurs » que la coutume maintenait dans une condition inférieure, alors que l'avilissement des revenus en numéraire, le goût croissant pour les objets achetés hors de la seigneurie obligent les membres de l'aristocratie rurale à dépenser plus qu'ils ne gagnent et, pour se procurer les deniers, à monnayer leurs droits et leurs terres et à les vendre aux non-nobles. C'est ce transfert de la richesse foncière qu'il convient maintenant d'observer.

B. LES FINANCES DES CHÂTELAINS

En réduisant leurs donations pieuses et en aménageant le droit familial, les seigneurs laïcs étaient parvenus à la fin du XIe siècle à conjurer la ruine qui les menaçait. Vinrent les croisades, qui contraignirent les seigneurs aux premières ventes et aux premiers emprunts importants, mais qui ne paraissent pas pourtant, nous l'avons dit, avoir porté dans l'ensemble grave préjudice à la fortune chevaleresque. Par contre, vers 1180, au moment où le goût du voyage d'outremer commence à se perdre chez nous, se manifestent les premiers symptômes d'une gêne qui deviendra constamment plus pressante au XIIIe siècle. Cette crise frappa d'abord les châtelains.

En vérité, nous sommes mal armés pour observer ce malaise économique ; il est impossible d'établir à aucun moment le budget d'une maison noble et, encore une fois, nous ne voyons rien que par les yeux des ecclésiastiques ; jamais la fortune laïque n'apparaît quand elle est prospère et seuls se montrent ceux qui empruntent ou vendent à l'Église ; ils font oublier les autres, portent à exagérer l'ampleur de la crise. Nous devrons nous en méfier.

1. *L'exemple clunisien*

Profitons du moins des archives religieuses et, pour préparer nos recherches dans l'aristocratie laïque, voyons comment se comportèrent devant l'évolution économique les grands établissements ecclésiastiques et plus spécialement celui que nous connaissons le mieux, l'abbaye de Cluny.

Au temps de l'abbé Hugues, le monastère avait vécu dans l'opulence ; de Provence, d'Italie, d'Espagne, l'or et l'argent affluaient dans ses coffres et la communauté s'était très vite accoutumée à cette aisance, prenant l'habitude du confort, négligeant la seigneurie foncière et entreprenant la construction d'un sanctuaire splendide. Or, vers 1125, à la grande surprise des administrateurs du temporel, les besoins soudain excédèrent les ressources. Selon toute apparence, ce déséquilibre budgétaire fut provoqué, non par la réduction des ressources en numéraire, mais par la hausse des prix dans la région mâconnaise : au début du XIIe siècle, avec les mêmes sommes, le chambrier achetait moins de marchandises. Pendant tout son abbatiat (1122-1155), Pierre le Vénérable s'exténua, mais en vain, à résoudre ce problème financier. Le plus sûr remède eût été de revenir à la frugalité d'autrefois, de renoncer aux beaux vêtements, à la nourriture abondante et variée du réfectoire, de fermer le chantier de la basilique encore inachevée. Mais il était impossible de rompre brutalement avec des habitudes qu'avaient favorisées les saints abbés du XIe siècle et quand Pierre voulut réprimer très modérément un luxe superflu, bien des frères murmurèrent. Il s'efforça donc d'accroître le rendement de la seigneurie, voulut développer le faire-valoir direct pour tirer au moins du domaine le ravitaillement quotidien. Là encore il échoua : cette énorme seigneurie foncière, encombrée de régisseurs et de domestiques, se révélait incapable de nourrir une communauté trop nombreuse et trop exigeante. Force fut donc d'acheter comme jadis, outre le drap, la fourrure, le cuir, les épices, de grosses quantités de blé et de vin. Tout cela coûtait de plus en plus cher ; aumônes, dîmes, cens, exactions couvraient une part toujours moindre des dépenses. En conséquence, les administrateurs de la seigneurie clunisienne furent obligés d'emprunter.

L'abbaye, usant de son prestige moral et de sa position politique, n'eut pas de peine à trouver des prêteurs, juifs mâconnais et chalonnais d'abord, qui prirent en gage les objets précieux de la sacristie, puis marchands de Cluny, empressés à gagner ainsi les bonnes grâces de leurs seigneurs et sûrs de recevoir bientôt en paiement de leurs fournitures l'argent qu'ils avançaient ; plus tard l'évêque de Winchester, Henri de Blois, confia son trésor au monastère. Entre 1122 et 1155, Pierre le Vénérable emprunta ainsi des deniers pour près de 10 000 marcs d'argent, soit plus de cinq fois la recette annuelle en numéraire [1].

Après sa mort, l'économie clunisienne se fonda délibérément sur le crédit, et les dettes s'accumulèrent, remboursées partiellement de loin en loin, au hasard d'une riche aumône, aux dépens aussi de la fortune personnelle de l'abbé, que désormais on choisit à dessein dans les lignages les plus riches. En 1176, l'abbé Gautier avait désintéressé la plupart des créanciers ; mais deux ans après, le monastère était de nouveau si gêné que le roi d'Angleterre lui offrit mille marcs ; à la fin du siècle, l'abbé Hugues V en consacrait 3 500 au remboursement des dettes et Girard, son successeur, en 1215, plus de 12 000 livres. Jusque-là,

1. DUBY, « Écon. dom. ».

l'abbaye avait pu se contenter du crédit local et s'était adressée aux bourgeois de la ville, aux juifs des cités de la Saône et à quelques grands seigneurs comme le comte de Chalon ou le duc de Bourgogne ; après 1250, elle devra chercher plus loin, elle empruntera entre autres aux marchands de Sens et, par l'entremise pontificale, à des compagnies italiennes qui, en 1256, lui avanceront 24 000 livres[1].

Malgré ses très gros revenus et un effort soutenu pour développer le rapport de la seigneurie, le monastère connut donc le manque d'argent dès le second quart du XIIe siècle, et cela pour deux raisons : l'avilissement des espèces, provoqué en grande partie par ses propres dépenses, ensuite l'accroissement des besoins de la communauté qui, pendant les années d'aisance, avait adopté un genre de vie très dispendieux. Mais cette gêne n'entraîna pas une réduction des dépenses. Les moines n'eurent aucun scrupule à s'endetter et même ils empruntèrent souvent plus qu'ils n'avaient besoin, pour pouvoir eux-mêmes avancer de l'argent à leurs voisins laïcs en difficulté et acquérir de la sorte, par le prêt sur gage et par l'achat, de la terre ou des hommages. Au plus fort de la crise, l'abbaye resta pour les chevaliers un établissement de crédit : ainsi, durant l'abbatiat d'Étienne de Berzé (1230-1236), Cluny consacra 8 200 livres à des investissements fonciers alors qu'elle empruntait des sommes inconnues aux juifs de Chalon, cent marcs d'argent au duc et quinze marcs d'or en paillette à Barthélemy Gros, évêque de Fünfkirchen[2].

Cette position économique n'est d'ailleurs pas particulière au monastère clunisien ; les autres communautés religieuses agirent de même : dès 1167, les dettes de Saint-Philibert de Tournus étaient si lourdes que le pape dut un moment disperser les moines. Parmi les établissements ecclésiastiques, seuls conservèrent des finances saines les Cisterciens de la Ferté, parce qu'ils vivaient dans l'abstinence, et les collégiales urbaines enrichies par les aumônes bourgeoises et qui s'intéressaient elles-mêmes directement au mouvement des affaires[3].

---

1. Abbé Gautier, *BC* 1661 E ; Henri II, C. 4260 (1177-1179) ; abbé Hugues, *BC* 1663 E ; abbé Girard, *BC* 1664 D ; emprunt de 200 marcs au duc, C. 4477 (1214) ; de 100 marcs au comte de Chalon, C. 4612 (1234) ; aux juifs de Chalon, C. 4657 (1234) ; de 12 marcs d'or en paillettes à Barthélemy Gros, C. 4669 (1235) ; de 400 l. par. aux bourgeois de Cluny, C. 4813 (1244) ; de 6 000 l. à des marchands de Sens, C. 4976 (1260) ; à cette date, le seul doyenné de Saint-Martin des Vignes près de Mâcon, a 1 200 l. de dettes, CHEVALIER, *Visites*, p. 129.

2. Emprunts : C. 4612 – 4657 – 4669. – Prêts, 892 l. ; achats, 6570 l. ; acquisitions de la directe féodale, 60 l. ; remboursement de vieilles dettes, 600 l. : C. 4612 – 4663 – 4683 – 4684 – 4691 – 4696 – 4642 – 4650 – 4653 – 4711 – 4716 – 4593 – 4877 – 4666 – 4673 – 4675 – 4681 – 4700.

3. Emprunt de 300 sous à des bourgeois mâconnais, T. 166 ; dispersion de la communauté (deux moines et un bourgeois percevront les revenus et paieront les dettes), T. 167 – 168 ; en

2. *Situation économique des châtelains*

Les châtelains étaient dans une situation comparable à celle des Clunisiens. Comme ceux-ci en effet ils disposaient d'abondantes ressources en numéraire car, répétons-le, héritiers des pouvoirs régaliens, ils étaient de tous les chevaliers les mieux approvisionnés en deniers. Certains n'avaient pas entièrement épuisé le trésor de leurs ancêtres[1] ; tous, par leur droit de ban, recueillaient de l'argent et de plus en plus. Avec le renouveau commercial, la frappe des monnaies, les taxes qu'ils levaient sur la circulation et sur les transactions devenaient de meilleur rapport, et ces profits s'accrurent encore au XIIIe siècle quand se fondèrent de nouveaux marchés et de nouvelles foires. Il est certain que quelques seigneurs territoriaux, ceux qui tenaient les meilleures routes et avaient dans leur *dominiura* les plus actives places de commerce, les comtes de Mâcon, maîtres de la cité, du pont, du plus gros péage et qui acquirent bientôt des intérêts dans les foires de Champagne, les Beaujeu, fondateurs de Belleville et de Villefranche, d'autres châtelains de moindre envergure, comme les Montbellet, virent alors leurs ressources en argent s'accroître considérablement[2]. Les seigneurs banaux profitaient aussi de l'enrichissement de leurs manants : si la maréchaussée, la *custodia*, la plupart des coutumes étaient fixes, les gardiens de la paix publique pouvaient en effet réclamer l'aide de leurs protégés aussi souvent qu'ils en avaient besoin. Ils ne s'en privèrent pas et l'histoire des tailles, de la « quête en deniers », suit de très près celle de la renaissance économique ; vers 1080, les premières mentions sont exactement contemporaines des plus précoces manifestations de la prospérité marchande ; les prélèvements se multiplient après 1145 en même temps que leur montant s'élève ; enfin, à partir de 1200, aux collectes régulières s'ajoutent les aides exceptionnelles que le seigneur perçoit dans certains cas, quand il est obligé de débourser beaucoup d'argent[3]. La

1197, le prieuré tournusien de Bâgé est mis en gage pour plus de 1 000 sous, ASL, H. 178, n° 6 ; emprunt de 500 l., en 1247, T. 207 ; un juif mâconnais, sans doute créancier de l'abbaye, tient le prieuré de Leynes et ne veut pas le lâcher, T. 191 (1230). – En 1228, un juif du comte de Chalon a prêté 184 l. au moins à Saint-Bénigne de Dijon, PÉRARD, p. 412. – Dans le pays messin, les établissements religieux connaissent de semblables difficultés entre 1170 et 1220, SCHNEIDER, p. 290.

1. Trésor de Beaujeu en bijoux d'argent et d'or, CL. 39 (1158) ; du comte de Mâcon, T. 174 (1180).

2. En 1219, le fils puîné du comte percevait une rente de 250 l., sur les foires de Champagne, PLANCHER, II, Pr. 3 ; le comte en 1228 concède une rente de 50 l., sur son péage de Mâcon.

3. Tailles : 1080-1145 : C. 3592 – 3743 – 3841 ; 1145-1200 : C. 4106 – 4131 – ASL, G. 81, n° 1 – I. 169 – C. 4277 – 4346 ; AUBRET, I, p. 1410 – C. 4406 – *BC* 1511 ; 1200-1250 : *BD*, II, 65 – C. 4527 – CANAT, p. 31 – 43 – C. 4911 – T. 213. – Aides : *BC* 1511 (1200) (mariage de la fille, achat de terre) – CANAT, p. 43 (1236) (le cinquième des meubles pour le mariage de la fille,

fiscalité seigneuriale s'est donc perfectionnée quand le numéraire devint plus abondant entre les mains des petites gens et permit aux puissants de soutirer aux non-nobles placés sous leur protection une bonne part des deniers qu'ils gagnaient par leur travail.

Mais, comme les Clunisiens, les châtelains subirent les effets de la hausse des prix, tandis que se multipliaient pour eux les occasions de dépenser. Nous savons qu'ils devaient entretenir un nombreux personnel, se montrer généreux envers leurs vassaux [1] et quitter leur château pour des expéditions lointaines. Vers le milieu du XIIe siècle, les nouvelles conditions de la vie politique augmentèrent brusquement leurs besoins. C'est alors, nous le verrons, que l'emprise des princes lointains, le roi, le duc de Bourgogne, le comte de Savoie, commença à s'affirmer dans la région mâconnaise ; il convint de les servir, de se présenter à leurs plaids, de suivre leurs chevauchées ; il fallut voyager davantage. À ce moment aussi la guerre devint plus savante et plus onéreuse. On dut aménager le vieux *castrum*, élever des fortifications nouvelles aux points faibles de la seigneurie [2] ; en 1165 apparurent les premiers mercenaires [3]. Or ces nécessités naissaient au moment où la monnaie perdait graduellement de sa valeur. Pour tenir son rang, garder ses vassaux, rester l'ami du prince, le châtelain dut compter non plus par deniers ni par sous, ni même par marcs d'argent, mais par centaines, par milliers de livres.

Déjà au temps de la première croisade, les grands seigneurs territoriaux avaient dû, nous l'avons vu [4], emprunter et même aliéner quelques-uns de leurs droits banaux ou fonciers pour couvrir des dépenses extraordinaires. Toutefois, pendant la plus grande partie du XIIe siècle, alors que l'on voit s'accentuer le déséquilibre du budget clunisien, il n'apparaît pas dans nos sources que les châtelains aient contracté de nouvelles dettes ; les documents, il est vrai, ne

---

le voyage d'outre-mer et la rançon du seigneur) ; GUICHENON, p. 65 (1250) (voyage d'outre-mer, mariage de la fille, chevalerie du seigneur et achat de terre).

1. Par son testament, le sire de Bâgé lègue, en 1255, 100 sous viennois à 40 filles nobles de sa terre pour leur « mariage », CF. 939.

2. Entre 1160 et 1250, on fortifie beaucoup en Mâconnais. L'église de Mâcon fait édifier des tours dans la cité, M. 590, à Vérizet, OBM, II, 47, Romenay, OBM, II, 46 – 56, Solutré, OMB, II, 48. Cluny, autour du bourg, *BC* 1662, à Saint-Gengoux, C. 4223, Mazille et Clermain, C. 4244. Saint-Hippolyte, C. 4428. Le comte aménage le château de Mâcon, BOUTARIC, I, p. 1, fait construire Montbellet, la Salle et Vinzelle, M. 631, fortifie sa maison d'Igé, C. 4684 ; les Gros fondent les châteaux de Boutavant et Nanton, C. 4711, ACO, B. 10471. Pour la réfection du château de Berzé, on dépense, entre 1230 et 1236, 300 marcs d'argent.

3. En 1165, les comtes de Mâcon et de Chalon ont à leur service de ces routiers que l'on appelle Brabançons, *Historia Ludovici*, p. 172 ; *Hist. de la Fr.*, XVI, 130 A – 131 A.

4. *Supra*, IIe partie, ch. VII, B.

peuvent fournir là-dessus des données certaines ; on peut croire cependant que le développement de la circulation commerciale et les progrès de la fiscalité leur épargnèrent pour un temps les soucis financiers. Par contre, à partir de 1180, il semble que leurs besoins excèdent plus souvent leurs profits et que le numéraire leur fait défaut. La parcimonie de leurs donations funéraires, la faiblesse du « mariage » qu'ils allouent à leurs filles en sont les premiers signes. En 1195, Guichard de Beaujeu laisse à sa mort 180 livres seulement pour le soin de son âme ; le sire de Bâgé, dont la femme n'avait eu pour dot que 150 livres, lègue par testament 133 livres en 1255 ; alors que peu de temps auparavant, un bourgeois mâconnais de moyenne aisance, Romain de Saint-Clément, avait pu consacrer 90 livres à la fondation de messes et d'anniversaires et contribuer en outre à la réfection de la cathédrale[1]. D'autre part, les emprunts contractés par les châtelains deviennent progressivement depuis les dernières années du XIIe siècle à la fois plus fréquents et plus importants.

3. *Les châtelains et le crédit*

Tous cependant ne jouissaient pas du même crédit et, par l'effet de l'évolution économique, la classe des sires se divisa en deux groupes.

Quelques-uns, les comtes de Mâcon et de Chalon, les Beaujeu ; les Bâgé, ceux dont l'horizon politique était le plus étendu, ceux qui tenaient sous leur domination les bourgeoisies et les communautés juives, trouvèrent facilement, comme les Clunisiens, des créanciers très accommodants. Leurs revenus réguliers, assis sur des péages et des foires, inspiraient confiance : on pouvait leur prêter sur simple lettre garantie par leurs nombreux vassaux ; à leur seigneur, gardien de la paix commerciale et, de plus, leur meilleur client, les marchands ne pouvaient rien refuser ; au besoin, le maître fournissait en caution ses parents et ses amis, les grands abbés et les évêques[2] ; et lorsque ses bourgeois se trouvaient démunis, il était assez connu et assez influent pour trouver des prêteurs sur les places plus lointaines. Comme les Clunisiens, ces grands seigneurs, sans se soucier de remboursement et se fiant à d'heureux hasards pour éteindre un jour leur dette, fondèrent donc délibérément leurs finances sur le crédit. De leurs emprunts, nous ne connaîtrons jamais que ceux qui, par quelque côté, ont intéressé l'Église ; ils sont déjà considérables. Les Beaujeu, par exemple, devinrent en 1192 débiteurs d'un bourgeois de Cluny pour 20 000 sous, sous

1. Beaujeu, B. App. VIII ; Bâgé, Cf. 939 ; dot de sa femme, CF. 968 ; aumône de R. de Saint-Clément, OBM, II, 24 (1250 env.).

2. L'évêque de Mâcon garantit la dette du sire de Bâgé envers un bourgeois de Belleville, M. App. I (1237).

la garantie de l'abbé ; puis, en 1219, le chapitre mâconnais de Saint-Pierre, riche en deniers car il desservait la paroisse urbaine, leur prêta 7 000 sous. Avec un argent gagné sans doute au service du roi, ils purent en 1240 éteindre la seconde de ces dettes, mais en 1255 ils empruntaient à Lyon 150 livres et, cinq ans plus tard, 1 000 livres à un marchand de Mâcon[1].

Ces emprunts faciles permirent à ces grands personnages de subvenir sans peine à leurs besoins et de conserver intact leur capital ; mieux, ils purent profiter de la gêne de la petite noblesse et des seigneurs territoriaux moins bien placés et, avec leurs dettes, devenir eux-mêmes, comme les moines de Cluny, acheteurs de droits et de terres et créanciers. Seuls sont connus les prêts qu'ils consentirent aux églises : Cluny en 1214 emprunta 200 marcs d'argent au comte de Chalon et 100 autres au duc en 1230 ; les Beaujeu prêtèrent, en 1240, 250 livres à leur collégiale ; en 1235, le sire de Bâgé avança 500 livres aux moines de Tournus – ce prêt ne correspondait pas à ses disponibilités réelles puisque, deux ans après, il devait emprunter 350 livres à un bourgeois de Belleville, mais il lui gagnait la bonne volonté de l'abbaye, sa concurrente dans plusieurs villages bressans[2]. Ainsi, par leur seul crédit, certains châtelains purent, malgré la crise, devenir, comme le monastère de Cluny, de véritables puissances financières, se maintenir et étendre leur influence sur la noblesse appauvrie.

Ceux en revanche dont la seigneurie était toute rurale, qui ne dominaient que des chemins secondaires et n'avaient chez eux ni bourgs ni foires, durent pour trouver l'argent qui leur manquait se soumettre à des conditions beaucoup plus dures et sacrifier leur capital. Leurs concurrents plus heureux consentirent à leur avancer l'argent de leurs bourgeois, mais réclamèrent des gages, reçurent la jouissance d'une part de leurs domaines et souvent leur achetèrent soit leur hommage, soit des fonds, soit quelques-uns de leurs droits régaliens. Ces sacrifices amoindrissaient des revenus déjà insuffisants ; il fallait bientôt quêter de nouveau le numéraire et, le mouvement s'accélérant, on vit, dans le cours du XIIIe siècle, les châtellenies rurales se démembrer et tomber sous la dépendance des seigneuries routières et urbaines. Telle fut, par exemple, la décadence des Deschaux, sires de la Bussière. Ils commencèrent par monnayer les droits de garde qu'ils avaient pu conserver jusqu'alors sur certains domaines clunisiens ; ces abandons leur procurèrent, en 1173 et en 1180, 600 livres. Mais cette somme fut vite dépensée et l'on sait que pendant les premières années du

1. C. 4361 – AR, G. 5, n° 23 – *BD*, II, 81 – CL. 356 – *BD*, II, 134 – AUBRET I, p. 480.

2. Emprunts de Cluny : C. 4477 – 4612 ; prêt des Beaujeu, CL. 367 ; du sire de Bâgé, T. 207, débiteur lui-même, M. App. I.

XIIIe siècle les Deschaux empruntèrent ici et là autant qu'ils purent ; vers 1240, ayant épuisé tout leur crédit, ils durent se résoudre à amputer leur patrimoine et la ruine se précipita. En 1243, sire Renaud pour 25 livres reprit d'abord en fief de Cluny certaines coutumes, puis les vendit aux moines pour une somme égale ; l'année suivante, l'abbé de Cluny empruntait pour lui 400 livres parisis à ses bourgeois et recevait en garantie la seigneurie de Matour et de la vallée de Dardy ; Renaud Deschaux dut ensuite vendre au sire de Beaujeu l'hommage de son château, puis reprendre tout le reste de sa châtellenie en fief de Cluny en 1261[1]. En vingt ans, la vieille seigneurie encore en extension moins d'un siècle plus tôt était démantelée, tombait tout entière sous la domination supérieure des puissances voisines mieux fournies en numéraire et le châtelain se trouvait abaissé au niveau des petits chevaliers de village. Les Berzé, dès le milieu du XIIe siècle, avaient dû eux aussi, pour obtenir des deniers, vendre quelques-uns de leurs revenus et remettre en 1194 la seigneurie de leur château au roi de France ; mais l'important péage qu'ils exploitaient au Charnay sur le chemin de Cluny leur épargna une ruine aussi complète ; parents de l'abbé Étienne, ils purent entre 1230 et 1236 emprunter dans de bonnes conditions à Cluny[2]. En revanche, les Chaumont, perdus dans les forêts charolaises, durent non seulement entrer dans la mouvance ducale, mais encore engager en 1265 leur châtellenie tout entière à des bourgeois de Cluny[3]. Les sires de Brancion eux-mêmes, malgré leur puissance et leurs relations lointaines, connurent la gêne au début du XIIIe siècle : ils avaient songé trop tard à s'avancer sur la route de la Saône ; à partir de 1214, ils vendirent leurs droits et leur hommage, ils empruntèrent et finalement, entre 1253 et 1259, ils aliénèrent par morceau toute leur seigneurie pour 12 000 livres et des rentes viagères[4].

Ainsi, malgré les profits croissants du droit de ban, le déséquilibre s'installe dans le budget des châtelains aux alentours de 1180. À la faveur de ces difficultés, une sélection s'opère dans la classe supérieure. Les uns ne parviennent pas

1. C. 4244 – 4280 – 4801 – 4796 – 4797 – 4813 – 5035.

2. M. 584 (1147), C. 4069 (1140), les deux opérations procurent à Hugues de Berzé 3 000 sous et 2 marcs d'argent ; C. 4366 *bis* (1194) ; C. 4877, emprunt de 440 l.

3. ACO, B. 10476 (1265).

4. C. 4481 – 4482 (1214), abandon de Saint-Hippolyte pour 1 000 l.. ; C. 4544 – 4547 (1224-1235), *BC* 1506 (1235), reprise en fiefs et engagement d'alleux pour plus de 320 l. ; C. 4711 (1237), vente de Boutavant pour 1 500 marcs d'argent et 400 l. (500 l. sont employées pour acheter aux Sennecey le village de Saint-Ambreuil), ASL, H. 27, nº 52 (1238). – Vente au duc des seigneuries de Beaumont et de l'Épervière pour 300 l. et 500 l. de rente, PETIT, V. p. 175 (1259) ; emprunt de 1 500 l., BOURG, t. 71, fº 42 (1253) ; vente de Brancion et Uxelles pour 9 000 l., PETIT, V, p. 176 (1259) ; les héritiers de Henri Gros ne gardent que les seigneuries de Cortevaix et de Laives, JEANTON, « Uxelles », p. 209-211.

à sortir d'embarras et finissent, entre 1240 et 1260, par être ravalés au rang des simples chevaliers ; les autres, au contraire, pouvant emprunter à meilleur compte, exploitent la détresse des premiers et se haussent davantage. Les sires se rangent dans l'un ou l'autre de ces deux groupes selon que leur château est mal ou bien situé par rapport aux routes et aux bourgeoisies ; c'est ce que montre bien le cas des Montbellet. Au XIIe siècle, tenant au nom du comte une forteresse secondaire, ils émergeaient à peine de la chevalerie, mais ils surveillaient la Saône et la grande voie marchande ; en relation avec les marchands du Nord et du Midi qui avaient besoin d'eux, ils obtinrent facilement crédit : en 1200, ils étaient déjà plus à l'aise que les Deschaux ; au milieu du XIIIe siècle, ils ne connaissaient pas encore la gêne et, par l'abaissement de ceux qui jadis les dominaient, se trouvaient occuper dans la noblesse l'une des meilleures positions[1].

C. LES DIFFICULTÉS ÉCONOMIQUES DANS LA PETITE NOBLESSE

1. *Chronologie de la crise*

Vingt-cinq ans après les châtelains, les simples chevaliers connurent à leur tour la gêne. Et la crise financière frappa en même temps qu'eux les grands ministériaux qui, bien que séparés de la noblesse par une barrière juridique, partageaient ses goûts et ses besoins et disposaient de ressources semblables, celles que procuraient l'exploitation d'une belle seigneurie foncière et l'exercice d'un droit de ban inférieur.

Au XIe et au XIIe siècle, la petite aristocratie rurale avait eu fréquemment recours au crédit ; rares étaient les chevaliers qui, à quelque moment de leur existence, ne contractaient pas une dette. Mais ces emprunts, provoqués par des circonstances exceptionnelles, étaient peu importants ; les chevaliers percevaient suffisamment de deniers pour couvrir leurs dépenses habituelles et ils étaient même en mesure d'avancer un peu d'argent à leurs parents ou à leurs voisins momentanément gênés. Le chevalier d'ordinaire – rappelons le cas de Guigonnet de Germolles – était débiteur de certains de ses amis, mais créancier d'autres nobles pour des sommes équivalentes ; en fait son budget restait en équilibre. Jusqu'au début du XIIIe siècle, la fréquence des emprunts de consommation

1. Avant 1260, nulle trace apparente d'aliénation, si ce n'est la reprise en fief de Tournus de biens à Uchizy, T. 200 (1240) ; en 1275, emprunt de 30 marcs d'or à un bourgeois de Sens, BOUTARIC, I, p. 1978 ; en 1278, le sire de Montbellet réclame au comte de Champagne un lombard d'Asti, BOUTARIC, I, p. 2180.

témoigne, non pas d'une crise des finances seigneuriales, mais du rythme trop lent de la circulation monétaire.

Aux alentours de 1205 se manifeste un premier changement : les chevaliers ne paraissent pas emprunter davantage, mais ils ne peuvent plus prêter. Humbert de Genost, Girard de Villon et Renaud de Feillens, créanciers en 1206 de Hugues Neiel, sont dans nos documents les derniers chevaliers prêteurs [1]. Dès lors, les membres de l'aristocratie rurale n'ont plus d'excédents en numéraire pour secourir leurs compagnons ; s'ils ont besoin d'une aide financière, ils doivent maintenant la chercher hors de leur lignage, hors de leur classe. C'est le début de la crise.

Puis, progressivement, le besoin d'argent devient plus pressant. Les chevaliers remettent une partie de leurs terres aux églises et aux bourgeoisies en garantie de leurs nouvelles dettes ; mais ne pouvant les engager toutes, ils sont obligés, à partir de 1230, de vendre parcelle après parcelle leur héritage.

Ils aliénèrent très rarement la réserve – sur soixante et une transactions que nous avons relevées, quatre, dont deux seulement sont certaines, affectèrent des éléments de l'*indominicatus* – et ne vendirent jamais à notre connaissance de rentes sur leurs fonds. Ils abandonnèrent de préférence les censives qui leur rapportaient peu et aussi les revenus éloignés, les parts de dîmes levées hors de leur village et qu'il était difficile de percevoir. Le plus souvent, reprenant en fief leur alleu, ils sacrifièrent l'indépendance de la terre et vendirent leur hommage [2]. C'était bien l'opération la plus avantageuse, qui permettait, sans perdre aucun des revenus, de recevoir d'un seul coup quatre fois environ le profit d'une année [3]. Les chevaliers dans le besoin commencèrent tous par là. Voici quelques exemples qui montrent l'aggravation de la ruine.

La famille de Vers dont nous avons étudié déjà la fortune foncière connut les

1. CL. 99.

2. 1200-1260, 61 ventes ; 4 portent sur la réserve ; 12 sur des revenus isolés dans un finage éloigné ; 17 sur des revenus proches (5 dîmes, 6 cens, 4 tenures, 1 dépendant) ; 28 sont des ventes de l'hommage.

3. Le prix de l'hommage varie selon l'intérêt du nouveau seigneur : Cluny achète la même année (1259) pour la même somme (20 l. viennoises) la directe de 100 sous clunisiens de revenus sis à Massilly, dans un finage où l'abbaye cherche par tous les moyens à étendre sa mouvance, C. 5007, et celle de 10 l. de Cluny de revenus à Essertines, où elle ne possède encore presque rien et se soucie peu d'acquérir, C. 5010. – Généralement, le chevalier commence par reprendre en fief une portion de l'alleu, puis il l'engage au seigneur, enfin, il vend les derniers droits qui lui restent : J. de Nanton, C. 4655 (1234), 4700 (1235) ; G. de Baiseneins, C. 5170 (1270), 5175 (1272), etc. ; l'engagement procure trois à quatre fois plus de deniers que la vente de la directe. – Sur les caractères juridiques de ces opérations dans le Lyonnais au XIIIe siècle, M. DAVID, p. 117-123. – Sur les conséquences politiques et sur l'intérêt des acquéreurs, *infra*, ch. II, B.

premiers embarras aux environs de 1238 : André, déjà marié mais qui n'avait pu encore se faire adouber, vendit alors pour 70 livres à l'abbaye de Cluny quelques fragments parmi les plus écartés de son patrimoine, un manse à Bray et des revenus divers à Cortambert ; devenu chevalier, il emprunta 30 livres au chapitre de Chalon en 1244 et remit en gage les dîmes de Nogent ; trois ans plus tard, il engagea de nouveau pour 30 livres encore les 75 sous de cens et les redevances en nature que lui devaient dans le hameau de Sens plusieurs ménages paysans ; en 1252, l'hommage au chapitre de Chalon pour ses biens de Virey et de Lessart lui procura 50 livres ; il vendit à Guy de Germolles en 1255 toutes ses possessions de Saint-Ambreuil pour 20 livres ; enfin, en 1259, il reprit en fief de Cluny pour 20 livres un manse à Confrançon et des dîmes qui lui rapportaient 100 sous par an. En vingt ans, André de Vers dut donc se procurer au moins 220 livres et l'on peut évaluer à 11 livres son déficit annuel[1]. Les Hongre, vassaux du sire d'Uxelles, étaient au même moment aux prises avec des difficultés semblables ; déjà, au XIIe siècle, pour partir à la croisade, ils avaient été contraints de gager certaines terres et de vendre, mais leur embarras devint permanent à partir de 1230 ; ils engagèrent pour 90 livres en 1235 la dîme d'Aynard, déjà reprise en fief de l'abbaye de Cluny ; l'année suivante, ils empruntèrent 40 livres aux administrateurs du monastère, qu'ils devaient rembourser en blé ; puis ils vendirent, on ne sait à quel prix, à Cluny encore, la directe féodale de leurs possessions de Saint-Hippolyte ; Tournus, qui déjà avait acheté leur hommage, obtint pour 20 livres en 1259 les biens qu'ils avaient à Uchizy ; enfin, en 1262, ils reprirent en fief du duc de Bourgogne leur alleu de Chapaize pour 20 livres[2]. De même, entre 1217 et 1266, les Sauvage, gentilshommes beaujolais, se procurèrent par la vente et la reprise en fief de leurs alleux plus de 90 livres qui leur manquaient ; les Pierrechamp, 135 livres entre 1235 et 1265 ; les Massy, plus de 285 livres entre 1235 et 1267 et ils devront encore emprunter 500 livres en 1274[3]. Dans tous les lignages chevaleresques,

1. C. 4734 – CH. 301 – 76 – 213 – ASL, H. 28, n° 19 – C. 5007.

2. XIIe siècle : C. 4132 – 4361 *bis*. – XIIIe siècle : C. 4666 – 4703 – 4820 – T. 214 – ACO, B. 10475.

3. Sauvage : 1214, engagement pour 40 l. des dîmes de Saint-Lager, *BD*, II, 76 ; 1217, vente pour 10 l. à Odenas ; 1245, reprise en fief pour 10 l. de dîmes à Saint-Lager, SP. 30 ; 1266, reprise en fief pour 30 l. à Tramayes, C. 5129 ; avant 1285, vente à un paysan de Noireux, C. 5319. – Pierrechamp : 1235, reprise en fief et engagement à Aynart pour 90 l., C. 4674 ; 1243, engagement pour 5 l. à Saint-Hippolyte, C. 4795 ; reprise en fief à Ozoles pour 40 l., ACO, B. 10475. – Massy : 1232, reprise en fief à Baines, C. 4617 ; 1235, vente à Bésornay pour 80 l., C. 4696 ; 1248, vente de droits seigneuriaux pour 75 l., C. 4911 ; 1267, reprise en fief à Massy pour 130 l., ACO, B. 10477 ; avant 1270, vente d'un fief, C. 5158 ; 1274, vente pour 500 l. au moins des revenus de leur seigneurie pour quinze ans, ACO, B. 10480. – Ménézy : 1237, vente à Merzé pour

on voit se déclencher vers 1230 la même crise qui s'aggrave après 1250. Elle frappe également les ministériaux. Ainsi Pierre, prévôt d'Uxelles, dut en 1252 reprendre en fief de l'église de Chalon, puis lui remettre en gage son domaine de Saint-Martin-du-Tartre pour obtenir 50 livres ; il vendit ensuite à l'abbaye de La Ferté en 1262 une rente sur son alleu de Saint-Vallerin pour 14 livres ; deux ans plus tard, il abandonnait pour 40 livres à ses seigneurs les chanoines chalonnais la propriété complète de ses biens de Saint-Martin ; pendant ce temps-là, sa sœur empruntait elle aussi 10 livres sur certains de ses revenus ; en douze ans, il leur avait donc manqué au moins 114 livres[1].

Quelles sont les causes du déficit budgétaire dont souffrent alors tous les petits seigneurs ? Fut-il provoqué par un amoindrissement de leurs ressources ? Une réduction de leur fortune foncière ? Ou par une diminution de son rapport ?

2. *À la recherche des causes : coutumes successorales et donations pieuses*

On peut se demander en effet si le relâchement des solidarités lignagères et le retour à l'individualisme économique qui s'observent en Mâconnais dans la première moitié du XIIIe siècle n'ont pas de nouveau livré le patrimoine chevaleresque aux divisions successorales et aux aliénations pour motifs pieux, n'ont pas déclenché de nouveau le mouvement qui, à la fin de la période franque, avait appauvri les grands lignages. Mais, en fait, il n'en est rien et la seigneurie foncière reste aussi bien défendue contre ces dangers.

Pour la transmission de l'héritage, l'affaiblissement des contraintes lignagères et la résurgence des pratiques romaines ont en effet restitué au père de famille la faculté de tester, d'avantager certains héritiers et de limiter ainsi le morcellement de son bien. Dans notre région, et surtout dans le sud-est, en Beaujolais et en Dombes, l'usage du testament ne s'était jamais entièrement perdu. Succédant aux *cartae divisionis* de l'époque franque, on trouve des testaments de forme embryonnaire dès la fin du XIe siècle ; de nombreux documents du XIIe siècle témoignent de l'extension de cette pratique ; dans le bourg de Cluny,

20 l., C. 4716 ; 1265, reprise en fief, puis, 1269, engagement à Vaux-sous-Targe, ASL, H. 22, fos 322 et 324. – Merzé : 1268, reprise en fief à Blanot, Courzy, Igé, ASL, H. 22, fo 351 et C. 5127 ; reprise en fief à Verzé, Pierreclos, C. 5399 ; vente à Sologny, C. 5399 ; 1270, vente à Ruffey pour 60 l., C. 5163. – Merle : 1235, reprise en fief et engagement à Savigny pour 25 l., C. 4671 – 4673 ; 1258, reprise en fief à la Vineuse pour 25 l., C. 5001 ; 1266, reprise en fief à Flagy, C. 5128. – Le mouvement ne cesse de s'accélérer : 12 lignages chevaleresques se sont procuré de cette façon : 1) entre 1210 et 1230, 55 l. (3 aliénations) ; 2) 1230-1250, 535 l. (16 aliénations) ; 3) 1250-1270, 500 l. (23 aliénations).

1. CH. 61 – 64 – ASL, H. 28, no 55 – CH. 231 – ASL, H. 28, no 24.

en 1161-1172, le testament paraît d'emploi régulier, après 1200, écrit ou oral, on le trouve partout, en Chalonnais et en Charolais comme sur la basse Saône, dans toutes les classes de la société et ses formes se stabilisent[1]. Il ne faudrait certes pas croire que l'on oublia les vieilles règles qui prescrivaient de partager également l'héritage entre tous les héritiers de même rang. De nombreux domaines se morcelèrent encore, soit qu'en l'absence de règlement successoral on ait dû suivre l'ancienne coutume, soit que le testateur s'y soit volontairement conformé, soit enfin que les héritiers aient attaqué avec succès le testament : ainsi, en trois générations[2], l'alleu du lignage Oblé se divisa en douze portions. Mais il est certain que l'usage de favoriser quelques parents aux dépens des autres s'installa progressivement au XIIIe siècle.

Ainsi, quand le mourant n'a pas d'enfants, il est normal qu'il institue un seul héritier ; il laisse à l'un de ses frères, à l'un de ses neveux tout son avoir, amputé seulement de quelques legs de consolation en faveur de son conjoint, de ses plus proches lignagers et de ses filleuls[3]. Lorsqu'il a des enfants, le testateur hésite davantage à choisir parmi eux. Toutefois, comme il est maintenant de règle d'exclure de la succession les filles qui ont reçu leur *maritagium*, le père

1. Renaissance du testament, AUFFROY, p. 427 ; CAILLEMER, *Exécution*, p. 101 ; AUBENAS, « Famille », p. 524 ; en Bourgogne, CHEVRIER, « Déclin ». – Au XIIe siècle : M. 608 (1107-1137), *fecit hanc cartulam in infirmitate sua, quem donum confirmaret si improvidus vel intestatus obiret* ; C. 4014 (1130), testament de Guichard d'Anton ; M. 596 (1144-1166) ; C. 4440 (1150 env.), B. App. VIII (1195) ; à Cluny, coutumes de 1161-1172 (C. 4205). – Après 1200, diffusion rapide du testament écrit : C. 4287 – CL. 80 – 194 – 220 – 222 – ASL, H. 26, n° 57 – n° 71 – n° 80 – ASL, H. 27, n° 4 – n° 5 – n° 26 – n° 84 – C. 4618 – AR, G. 4, n° 12 – G. 5, n° 2, etc.

2. En l'absence de testament, la coutume règle le partage du bien, C. 4205 – *BD*, II, 65 (déb. XIIIe) ; souvent le testateur divise également son bien entre ses enfants : ASL, H. 28, n° 20 (1257), *item volo... ut pueris meis videlicet cuidam masculo et duobus puellis per terciam partem terra mea omnino dividatur*. Parfois, les héritiers lésés attaquent le testament : CL. 103 (1210), la nièce de Bernard d'Andilly, qui le prétend intestat alors que nous avons conservé ses dernières dispositions (CL. 80) ; CL. 157 (1180-1219) ; AR, G. 6, n° 23 (1239), revendication de la mère de Thomas de Grandris ; CL. 226 (1226). – Héritage des Oblé à Massilly : les enfants de Perraud de Meursaut en ont le douzième indivis avec G. d'Oblé, H. de Massilly, J. Damas et les hoirs de G. de Merle, C. 5323 (1285) ; de même le domaine des Rebutin à Crottet se partage en trois, AR, 48, H. 1921, n° 5 – 24 – 1922, n° 4.

3. Parfois le testateur distribue son avoir entre sa femme, ses frères, ses neveux, ses amis : testament de Thomas de Grandris, AR, G. 5, n° 2 (1238). – Mais le plus souvent, il institue héritier l'un de ses frères : CL. 222 (1216), AR, G. 3, n° 2 (1269), G. 5, n° 31 (1244), n° 34 (1251), CL. 720 (1275) ; l'un de ses neveux, ASL, H. 178, n° 5 – H. 28, n° 91 – AR, G. 3, n° 4 ; ou bien, en commun, un frère et l'un des fils d'un autre, AR, G. 5, n° 34. – Les autres parents n'ont que de petits legs : un surcot et une chape au second frère, AR, G. 5, n° 34 ; remise d'une dette à la sœur, AR, G. 3, n° 2 ; *maritagium* à la nièce, AR, G. 3, n° 2 – G. 5, n° 31 (1244) ; une vache au neveu, AR, G. 3, n° 2 ; une maison à une filleule, G. 5, n° 34.

transmet très souvent la plus grosse part de son bien à ses fils, en fixant seulement le montant, d'ordinaire modeste, de la dot que recevront, des mains de leurs frères, les filles encore non mariées ; parfois aussi, il désigne parmi ses fils ceux qui seront faits moines et ne leur lègue rien. Ces pratiques limitèrent notablement les effets de la division : des sept enfants du chevalier de Villon, trois seulement, en 1234, se partagèrent son héritage et l'un reçut beaucoup plus que les deux autres[1]. Au milieu du XIIIe siècle, on est en effet tout près d'admettre dans nos pays le droit supérieur de l'un des fils. Sans doute, hors de la classe des châtelains, la notion d'aînesse n'est-elle pas encore communément reçue. Mais peu à peu les petits nobles adoptent les usages qui, depuis longtemps, réglaient la dévolution des seigneuries banales[2] ; entre 1200 et 1250, les vieux principes égalitaires sont en recul très net. On partage beaucoup moins et, en définitive, les patrimoines chevaleresques souffrirent assez peu de l'abandon des indivisions prolongées.

Mais, délivrés du contrôle de la parenté, les chevaliers n'ont-ils pas de nouveau prodigué les aumônes ? La faveur du testament, qui laissait aux legs pieux la première place, leur permettait de mieux affirmer leur volonté et, grâce au perfectionnement des institutions judiciaires[3], les églises pouvaient maintenant

1. La fille qui a reçu son « mariage » (constitué maintenant le plus souvent en argent, CL. 194 (1233), AR, G. 5, n° 31 (1244) ASL, H. 28, n° 91 (1261), est exclue de la succession : GUICHENON, p. 10 (1218), une seule fille du sire de Beaujeu recevra tout l'héritage à charge de marier ses sœurs *de pecunia et terra* ; AR, G. 4, n° 12 (1234), G. de Villon lègue à sa fille quelques biens *nisi eam maritavero ante decessum meum* ; C. 5174 (1273), les petits-enfants *non maritati* sont avantagés sur les autres, qui ne reçoivent que des bribes ; la fille, en plus de son « mariage », reçoit deux vignes et une maison *et ipsam in istis heredem suum instituit et voluit ipsam esse contentam*. – La part des filles non mariées est souvent fort réduite (CL. 570 [1260], l'une a trois moutons, l'autre des chèvres). Le fils prêtre reçoit moins que les autres, C. 5174. – Testament de Girard de Villon, chevalier, AR, G. 4, n° 12 (1234) : son fils Artaud reçoit la majeure partie du domaine et de la mouvance ; Renaud et Hugues ont une part moindre mais encore belle ; la fille Isabelle aura quelques terres si elle n'est pas dotée auparavant ; l'épouse conserve la tutelle des trois fils sous la surveillance des exécuteurs testamentaires ou bien, si elle préfère, elle aura la moitié de leur héritage en douaire ; R. et H. devront faire moines dans l'ordre de Cluny les trois derniers fils. Ainsi la moitié de l'alleu au moins, qui au XIe siècle se fût partagé en sept, revient au fils aîné.

2. L'aîné ne voit encore nettement exprimer son droit supérieur que dans les familles de châtelains, C. 4331 – 4440 – 4526 – CL. 387. Cependant, la parole du *primogenitus* commence à prendre dans les lignages moins haut placés plus de valeur que celle de ses frères : Thomas de Mailly, *major natus*, approuve seul l'aumône de son père, C. 4440 (1207-1215) ; Ogier Boche accomplit seul, sans la participation de ses frères, les dernières volontés de son père, CL. 262 (1230) ; la *laudatio* du fils aîné est payée 60 sous et un taureau, celle du puîné, un bichet de froment seulement, ASL, H. 27, n° 8 (1229).

3. Assurer les aumônes funéraires est peut-être le but premier du testament, CAILLEMER, *Exécution*, CHEVRIER, « Déclin ». Sur les garanties judiciaires, *infra*, ch. II, B.

résister victorieusement aux contestations du lignage. Les donations pieuses auraient donc pu se multiplier si la mentalité religieuse ne s'était transformée : au XIIIe siècle, le chrétien ne donne guère pendant sa vie ; sur son lit de mort, il se préoccupe d'abord de réparer les torts qu'il a causés, il choisit d'être enseveli à l'ombre d'un sanctuaire renommé, il prépare ses obsèques et fonde pour l'avenir des services anniversaires. Tout cela se paie selon des tarifs précis [1], mais ceux-ci restent assez bas pour ne pas ruiner les familles. Les aumônes funéraires des chevaliers sont modestes : Guigonnet de Germolles, qui avait prêté cent sous à Oulard de Montbellet, en consacre seulement cinquante à ses libéralités ; Bernard du Theil donne vingt livres pour sa sépulture et ses aumônes et, pour son anniversaire, constitue une rente de sept sous ; son ami Humbert de Vernay fonde deux anniversaires seulement, l'un à la collégiale de Beaujeu, l'autre dans l'église de sa paroisse ; Girard de Villon distribue six livres aux prêtres qui prieront à son enterrement et lègue sept sous de rente ; le chevalier chalonnais Guichard de Sandon offre cent sous à l'abbaye de La Ferté et trente sous de rente à d'autres églises et confréries [2]. Tous ces legs ne sont pas de taille à réduire beaucoup l'héritage. Remarquons d'ailleurs que les dispositions aumônières se sont adaptées à l'évolution économique ; on donne son argent, on constitue des rentes mais on ne se sépare plus de sa terre ; ainsi les établissements religieux recueillent maintenant de la monnaie et, si leur domaine s'accroît, c'est par achat [3]. Quant au patrimoine chevaleresque, il souffre moins que jamais dans sa forme des pratiques de piété. Il s'est donc conservé intact jusqu'à la crise.

3. *À la recherche des causes : l'évolution du régime domanial*

Cependant, si la fortune foncière des petits nobles n'a pas sensiblement varié dans son étendue, son rendement a pu diminuer. Voyons si l'on peut discerner, dans la première moitié du XIIIe siècle, une altération dans les méthodes domaniales fâcheuse pour les finances des seigneurs.

Il convient là encore d'interroger d'abord les documents administratifs du

1. Un anniversaire à la collégiale de Beaujeu s'achète, vers 1210, 7 l. ou 7 sous de rente ; vers 1250, un anniversaire à la cathédrale de Mâcon vaut 45 l. ou 45 sous de rente, OBM, II, 26 – 27 – 34 – 38 – 55.

2. C. 4387 (1200), CL. 220 (1226), CL. 212 (1226), AR, G. 4, n° 12 (1234), ASL, H. 27, n° 84 (1245).

3. Cluny, 1234-1235 : une donation de terre par un prévôt ; 5 prêts sur gage pour un montant de 245 l. ; 4 achats de fonds pour 400 l. ; 5 achats de la directe féodale ; un achat de la seigneurie foncière d'un alleu paysan. – La Ferté, 1233-1235 (ASL, H. 27, nos 22 à 41), 3 donations de terres ; 2 donations de rentes ; 1 prêt sur gage pour 30 l. ; 3 achats de fonds pour 43 l.

domaine ecclésiastique. Malheureusement, ils sont rares et tardifs. Deux seulement sont utilisables : l'inventaire des cens que les chanoines de Saint-Paul de Lyon percevaient dans quelques villages des bords de la Saône et un registre où sont consignés quelques revenus de la collégiale de Beaujeu ; ils datent l'un et l'autre de l'extrême fin du siècle [1].

Ces textes montrent d'abord que la réserve s'est récemment réduite. Ils ne la décrivent pas ; ce n'est pas leur rôle ; mais quelques-uns des cens qu'ils énumèrent pèsent sur des terres qui jadis lui appartenaient et qu'exploitent maintenant des tenanciers pour de grosses redevances en argent ou à part de fruits. Les condemines de Dracé, que les premiers sires de Beaujeu avaient données au milieu du xe siècle à l'église de leur château, sont tenues par trois paysans du village qui paient seize sous par an et doivent la moitié des blés ; outre-Saône, à Bétheneins, deux frères tiennent à tierce deux condemines qu'ils doivent moissonner sous l'œil du maître [2].

On voit d'autre part que l'effritement des vieilles tenures a fait de grands progrès depuis le xiie siècle ; quelques manses gardent leur nom, mais ils sont exploités par plusieurs familles qui chacune acquittent directement leur quote-part des charges, et la division se poursuit. Une addition postérieure au censier de Saint-Paul le montre bien : les hoirs de Pierre de la Trève, qui possédaient naguère en commun le quart seulement du manse de la Trève, viennent de rompre l'indivision ; la veuve garde le quart de l'héritage en douaire ; sa fille en a reçu le sixième et les deux autres parts ont été vendues [3]. Ce mouvement désagrège rapidement toutes les tenures globales et la plupart des parcelles sont concédées séparément, d'une part les maisons et les courtils, de l'autre les champs, les vignes, les prés et les bois. Le contraste est complet entre les courts

1. Le premier, édité par G. GUIGUE, sous le nom de *Polyptyque de Saint-Paul de Lyon* fut établi aux environs de 1280 ; nous intéresse la description des domaines de Sermoyer, Crottet et Bétheneins près de Thoissey. – Le second, conservé aux archives du Rhône sous la cote G. I, n° 11, est un registre dont subsistent 18 folios ; on y retrouve la liste de revenus perçus par la collégiale dans la vallée d'Ardières, à Villié-Morgon et à Dracé ; ce document fut établi du vivant du chanoine Jean Gilles, mort vers 1288 (AR, G. 4, n° 9).

2. Dracé, AR, G. I, n° 11, f° 9, r° ; Bétheneins, SP, p. 64.

3. Survivance du manse : AR, G. I, n° 11, f° 5, r° ; 9 r° ; 17 v°. Le manse de Vaurelle est tenu par les hoirs de Mathieu de Vaurelle, pour 18 d. et un setier de vin, et par la veuve d'A. de Vaurelle et les frères Boisson, qui doivent ensemble 18 d. et un setier de vin et, de plus, deux *prebendaria frumenti*, AR, G. I, n° 11, f° 9 r°. – Le manse de la Trève est d'abord divisé en 4 parts égales : les fils de la Roche, la fille de J. de Mez, Th. de Croix et les enfants de P. de la Trève doivent chacun 4 d., une coupe de froment et une quarte et demie de vin, SP. 60 ; quelque temps après, la quatrième part, qui pourtant ne contient qu'un métier de terre, se divise en six portions ; Th. de Croix en achète deux, SP. 70.

censiers de la fin du XIe siècle, qui énuméraient tout au plus quelques dizaines de manses, et les inventaires démesurés du XIIIe qui fixent les redevances pièce à pièce [1].

Enfin, le seigneur tire maintenant surtout des deniers de ses tenures. En vérité, s'il n'est jamais question de services en travail, c'est que les enquêteurs n'étaient pas chargés de les relever ; de plus, les tâches proportionnelles à la récolte restent assez nombreuses dans ce pays d'essarts ; les condemines récemment accensées doivent notamment une part des fruits [2]. Mais le seigneur abonne volontiers ces redevances difficiles à percevoir : Jean de la Combe, qui devait pour sa vigne, en 1240, la tâche et la tierce, livre plus tard deux quartes de vin [3]. Et la plupart des prestations en nature ont été remplacées par des cens en argent. C'est en partie, semble-t-il, le résultat de la dislocation des tenures ; quand le manse beaujolais, qui au XIe siècle devait d'ordinaire, outre quelques deniers, deux ou trois mesures de grain ou de vin, s'est morcelé en une quinzaine de parcelles, on n'a pu fractionner les redevances en nature et l'on a réclamé de chaque fragment quelques pièces de monnaie. En tout cas, ces cens sont très faibles : de toutes leurs terres de Dracé, les chanoines de Beaujeu tirent chaque année vingt-huit sous, somme dérisoire, le prix sur le marché de Chalon de trois bichets de blé ; l'accensement des condemines a été beaucoup plus avantageux, qui leur procure seize sous et la moitié de la récolte [4].

Accensement partiel de la réserve, émiettement des tenures, prépondérance

1. Mais cette évolution est très lente et l'on peut se demander si les seigneurs en prirent conscience.

2. E. Charbonnel, de Bétheneins, exploite sa tenure à cens fixe ; une quantité double de terre (un essart ?) *ad taschiam septimam* et, avec son frère, une quantité quadruple (les deux anciennes condemines) *ad taschiam terciam*, SP. 64. Tenure *ad taschiam duplicem*. SP. 67. Les *terre taschiabiles* de Crottet, SP. 124.

3. On retrouve certains biens donnés en 1241 par R. de Tresmont (AR, G. 3, n° 10) dans l'inventaire de Beaujeu, f° 3 r°. – Le pré de P. du Fourcher a changé de main, mais non de loyer, de même que la tenure de G. Béraud ; celle de M. de Treis a subi une légère conversion : elle rapporte 10 sous, 2 métiers d'avoine et 3 poules, au lieu de 8 sous, 1 métier de froment, 1 d'avoine et 3 poules ; les tâches de J. de la Combe ont été abonnées.

4. Les manses, quand ils ne sont pas démembrés, sont chargés de redevances semblables à celles du XIe siècle : le manse de Vaurelle, qui devait en 1100 2 sous, 2 setiers de vin, une mine de froment et un setier d'avoine, doit vers 1280 3 sous, 2 setiers de vin et une certaine quantité de froment ; la transformation a donc été fort limitée en deux siècles. – Ce sont les parcelles isolées, nées de la dislocation des vieilles tenures, qui supportent les redevances en argent : à Brouilly (SP. 63), 4 redevances mixtes (de 6 à 30 d., du vin et du grain) sur 2 verchères, une vigne et un pré ; 12 cens en argent (de 6 à 43 d.) sur 7 terres, 3 vignes et deux maisons. À Dracé (AR, G. I, 11, f° 9 r°). Sermoyer (SP. 123) : 23 sous et 7 poules pour 29 pièces de terre (les poules sont dues par les courtils).

des cens fixes en deniers, tels sont les traits marquants que révèlent les documents domaniaux d'origine ecclésiastique. Notons bien que les deux derniers ne sont pas nouveaux et se montraient déjà nettement au XIIe siècle – que la conversion des redevances en nature est dangereuse certes en temps d'inflation monétaire, mais aussi qu'elle accroît les ressources du maître en numéraire ; enfin que l'abandon du faire-valoir direct est sans doute partiel, en tout cas récent et prudent : le seigneur conserve une large part des produits de ses condemines dont il surveille étroitement la mise en valeur. On ne voit pas dans tout cela les facteurs d'une crise profonde. Tournons-nous maintenant vers la seigneurie foncière des chevaliers.

Nous pouvons y remarquer une semblable tendance au morcellement des tenures. Sans doute le maître a-t-il pu assez souvent sauvegarder l'intégrité apparente des anciens manses ; dans chaque seigneurie il subsiste de ces unités d'exploitation chargées d'un loyer unique. En réalité, cette unité est d'ordinaire fictive ; des exploitants de plus en plus nombreux se répartissent les *appendicia*, édifient des maisons séparées sur le *mansus* et s'entendent entre eux pour acquitter le service. Finalement, le seigneur reconnaît ce fractionnement : dans la seconde moitié du XIIIe siècle, le manse aux Jus, dans la paroisse de Verzé, sera partagé entre vingt-cinq groupes de tenanciers qui verseront leur part des redevances entre les mains du maître, et nul ne saura plus très bien dans le terroir distinguer les parcelles qui relèvent de l'ancienne tenure [1]. Comme les ecclésiastiques, les chevaliers sont seigneurs d'un très grand nombre de petites censives ; à Pierreclos, Guichard de Béseneins est maître de deux manses encore intacts, d'un autre divisé en deux tenures, d'un champ, d'un pré, d'une vigne et de plusieurs pièces de terre ; Gautier de Mailly perçoit les redevances de soixante-deux parcelles éparpillées entre Cluny et Sainte-Cécile [2].

Comme les seigneurs d'Église, les chevaliers ont également laissé la plupart de leurs redevances en nature devenir des cens fixes en deniers. Quelques manses ont conservé leurs anciennes prestations mixtes, mais beaucoup ne

1. Dans huit actes qui décrivent en détail, entre 1200 et 1260, la seigneurie chevaleresque – CL. 99-163 (1204), ASL, H. 27, n° 28 (1229), C. 4655 (1234), AR, G. 5, n° 2 (1238), OBM, II, 37 (1250), OBM, II, 27 (1250), C. 5013 (1260), 5039 (1261) –, nous avons relevé : 20 tenures globales (dont 9 manses, 5 courtils, 2 borderies), un demi-manse et plus de 109 parcelles isolées. – Survivance du manse : à Massilly, le manse « aux Allardet » est tenu par la famille des Allardet et est chargé d'une redevance unique ; mais le groupe lignager est divisé ; chaque ménage vit dans sa maison et exploite ses terres, C. 5323 (1285) ; le manse aux Jus, ACM, GG. 155, n° 7 ; devant la cour du prévôt de Mâcon, on ne peut savoir si la censive d'É. du Biez dépend ou non du manse, ACM, GG. 155, n° 8 (1298).

2. C. 5157 (1270), 5039 (1261).

doivent plus que de l'argent. Autour de Pierreclos et de Berzé-la-Ville, des sept manses de Guichard de Béseneins, l'un doit seulement du grain et une poule, quatre, quelques fournitures de denrées agricoles et de deux à six deniers, les deux derniers, trois sous chacun. Mais les vingt-six parcelles de sa seigneurie, sauf une, sont chargées de redevances en numéraire [1]. C'est la règle : les pièces de terre louées séparément, qui maintenant sont de beaucoup les plus nombreuses, rapportent généralement des deniers à leur propriétaire éminent [2]. La multiplication des cens en argent est donc bien en partie l'effet de la dislocation des tenures. Mais il est certain également que le seigneur a souhaité cette conversion. Peu soucieux sans doute de vendre sur les marchés le produit de ses redevances, inconscient de l'avilissement progressif de la monnaie, il a préféré recevoir du numéraire et le tenancier s'est prêté à la transformation. Cette préférence se marque dans les accords écrits, à vrai dire fort rares, conclus entre l'exploitant et le maître du sol [3], et plus souvent dans les nouveaux contrats d'accensement ; jamais le seigneur ne réclame de service à part de fruits ; une fois sur quatre, il exige quelques prestations en denrées agricoles ; mais la plupart du temps le masoyer doit livrer uniquement de l'argent [4]. Plus la conversion est tardive, plus le cens est lourd : avant 1200, le manse doit rarement plus de trois sous ; après 1250, certains paieront plusieurs livres [5]. Les tenures donc procurent de moins en moins de blé et de vin, de plus en plus de deniers, et les seigneurs qui manquent de numéraire semblent bien s'en féliciter.

Cependant, si les censives des seigneuries laïques se comportent comme celles du domaine de l'Église, les chevaliers ont tous conservé au XIIIe siècle une réserve importante. Sans doute arrive-t-il qu'ils accensent quelque condemine ou quelque clos. Les deux grands quartiers arables et les vignes que Josseran

1. C. 5157.

2. Sauf une, les 62 censives de la seigneurie de G. de Mailly, et qui sont des parcelles minuscules, doivent des deniers, C. 5039.

3. À Châteauneuf, pour un pré et une terre, B. de Monveniez devait en 1263 2 sous fort neufs de Lyon, ASL, H. 143, n° 19 ; en 1265, il paie 4 sous viennois, ASL, H. 143, n° 25. – Des tenanciers chalonnais demandent de verser 8 sous au lieu de 5 quartes de froment, ASL, H. 28, n° 91 (1261) et H. 29, n° 17 (1274). – À Collongette en Mâconnais, un cens de 10 d., 5 quarterons de froment et 5 setiers de vin est transformé en 1296 en 10 d., 2 métiers d'avoine et un métier d'orge et 15 sous viennois, ACM, GG. 155, n° 5.

4. Nouveaux accensements : redevances en nature, CL. 325 (1238), CH. 188 (1245) ; redevances mixtes, C. 4670 (1235), ASL, H. 1, n° 7 (1251), H. 22, f° 214 v° (1257) ; cens en argent, CL. 248 (1228), 6 sous ; CL. 254 (1229), 12 d. ; ASL, H. 27, n° 54 (1238), 15 sous ; ACM, GG. 154, n° 7 (1255), 14 sous ; C. 5024 (1260), 3 sous, etc.

5. CL. 239 (1228), 10 sous ; OBM, II, 32 (1240), 15 sous ; C. 5000 (1258), 20 sous ; ASL, H. 29, n° 27 (1278), 40 sous.

de Nanton possède à Noureux étaient naguère encore « en son domaine » ; il en a abandonné l'exploitation à des bourgeois de Saint-Gengoux qui lui versent une part des récoltes et de gros cens en argent ; il ne garde plus dans sa main que la dîme et un vignoble nouvellement planté qu'il louera probablement dès qu'il sera en plein rapport [1]. De même, Ardouin de Lugny a récemment transformé en tenures l'une des condemines de Sennecé et la moitié d'une autre ; à Jalogny, Gautier de Mailly ne conserve plus qu'un quart de condemine ; condemine encore jadis et maintenant censive, la grande terre de trente journaux que possèdent les Meursaut à Massilly [2]. Mais il s'agit toujours de fonds éloignés de la demeure du maître et qu'il n'est pas avantageux de confier aux domestiques. En revanche, autour de chaque maison de chevalier on découvre toujours une belle réserve compacte. À Sainte-Hélène, la noble dame Bonne n'a que deux tenanciers et dirige elle-même l'exploitation de deux prés et de sept champs ; trois condemines, un breuil, un clos, quatorze terres, deux petits prés et deux bois, dispersés dans le terroir, dépendent de la « cour » d'Isabelle de Vaux-sur-Aine ; à Villers, seules quelques parcelles de la terre noble sont accensées ; Guyot de Mailley fait valoir lui-même trente journaux de terre, neuf journaux de bois et deux soitures de pré à Saint-Germain-des-Bois, vingt journaux de terre, neuf journaux de bois, cinq soitures de pré et une vigne à Saint-Vallerin [3]. Ainsi, quand le noble hérite dans un terroir lointain un morceau de réserve, il l'accense, mais il s'efforce par contre d'étendre son exploitation autour de sa « grange » ; il fait défricher les bois, crée des prés de fauche et de nouvelles condemines, plante en vigne les meilleures terres ; l'*indominicatus* gagne plus par l'essart qu'il ne perd par l'accensement et, au milieu du XIIIe siècle, le domaine chevaleresque n'a pas changé de structure. La « cour » est au centre d'un gros domaine mis en valeur directement, en lisière des friches et mordant sur elles ; à la périphérie sont les censives [4]. Le gentilhomme n'a pas souhaité se libérer des soucis agricoles et devenir un pur rentier du sol ; il reste un exploitant rural et il est même en meilleure posture qu'autrefois pour faire travailler ses terres.

1. C. 4655 (1234), condemine du Néflier, 14 sous ; les vignes du Néflier : 12 sous 8 d., 2 s. 20 d. et le quart des fruits ; condemine des Champs, 15 sous 4 d. ; moulin du Ponteau, 20 sous.

2. OBM, II, 37 – C. 5039 – 5323.

3. ASL, H. 27, n° 8 (1229), C. 5130 (1267), 5062 (1262) ; cartulaire de l'évêché de Chalon, f° 98 r° (1291).

4. Le domaine des frères de Massy comprend, dispersés entre Baines, la Vineuse et les bois de la montagne, les condemines de Bruille, des Gares, les terres de Poisereau et des Devanier, les champs des Plantes et du Petit Orme, la vigne de la Platière, le pré sur la rivière, la forêt de Massy, les bois de Bougy et d'Oblé avec, sur la lisière, la maison et les essarts de la Roche ; les censives sont à Sassy et à Prémarin, ACO, B. 10477 (1267).

Car si les censives ne doivent presque jamais de corvée[1] et si le gros labeur incombe comme autrefois aux domestiques, l'assouplissement de l'instrument monétaire permet de recourir plus aisément aux salariés et, surtout, l'autorité que les hobereaux de village acquièrent progressivement au XIIIe siècle sur leurs dépendants personnels et sur la communauté paroissiale[2] leur donne le moyen de se faire aider quelques jours par an par les paysans voisins[3].

Peut-on dire alors que les méthodes d'administration du patrimoine chevaleresque se sont suffisamment transformées entre 1150 et 1250 pour mener à la ruine l'aristocratie foncière ? Certes, le fractionnement des censives est fâcheux dans une très grande seigneurie ; s'il ne tient pas une stricte comptabilité, le maître risque de perdre bien des redevances. Mais l'inconvénient est moindre quand l'avoir est restreint et bien groupé, comme l'est celui de la plupart des chevaliers, qui connaissent personnellement tous leurs tenanciers et embrassent d'un seul coup d'œil leurs tenures. Il se peut même qu'ils aient tiré quelque profit de ce morcellement ; pour obtenir le partage de la tenure paternelle, les héritiers des masoyers ont dû se montrer conciliants, consentir à un aménagement des redevances favorable au seigneur ; plusieurs parcelles, semble-t-il, rapportent plus qu'un seul manse[4]. Enfin, la mobilité de la terre permet au maître de percevoir plus souvent les taxes de mutation. Quant à la conversion des redevances, elle n'a pas été non plus sans offrir quelques avantages immédiats : le seigneur, qui récoltait assez de denrées alimentaires sur sa réserve, voulait de l'argent ; il en eut, beaucoup plus que ses pères. En vérité, l'avilissement de la monnaie lésait à la longue le seigneur du sol. Au milieu du XIIIe siècle, le rapport des censives est devenu extrêmement faible ; parce que l'accensement est récent, l'ancienne réserve de Josseran de Nanton à Noureux lui procure chaque année 63 sous ; mais Gautier de Mailly ne tire que 30 sous de ses soixante-deux censives[5]. Toutefois, nous savons que le produit des tenures n'avait jamais

1. Une seule mention à Collonges-sous-Saint-Boil ; un meix appartenant à des bourgeois de Saint-Gengoux doit tous les ans une corvée de six bœufs, C. 5232 (1278).

2. *Infra*, ch. III, A.

3. À Massy, 3 corvées annuelles, C. 4911 (1248) ; à Sainte-Hélène, le chevalier réclame *quemdam secatorem, quemdam fenatorem et quemdam fossarium* dans un meix qui relève de l'abbaye de La Ferté, ASL, H. 26, n° 2 (1202) ; G. de Loisy possède les corvées de Saint-Ythaire, Vaux et Montagny, C. 4652 (1234) ; les Meursaut à Massilly ont une partie de *omnibus corveis dicte ville* et le douzième des corvées de Collonges, C. 5323 (1285). – Les châtelains évidemment continuent de requérir les paysans pour la corvée, C. 4406 – *BC* 1510 – 5033 – 4930.

4. Les tenures du manse aux Jus procurent toutes ensemble 11 l. de Cluny par an, ACM, GG. 155, n° 7 (1298) ; on ne voit jamais un manse intact chargé, même à cette époque, d'un cens aussi lourd.

5. C. 4655 – 5039.

tenu une grande place dans le budget seigneurial. Le fait essentiel, c'est que la réserve se soit maintenue ; le chevalier garde ses condemines, son clos, ses bois et aussi les dîmes qui achèvent de remplir ses greniers et sa cave. À Massilly, les Meursaut, qui n'ont qu'une partie des dîmes du village, perçoivent tous les ans environ soixante bichets de blé, plus de cinq fois le rapport de toutes les terres accensées [1]. Au milieu du XIIIe siècle, le *mansus indominicatus* est de beaucoup la portion la plus profitable de la seigneurie ; en 1267, les chevaliers de Massy, qui perçoivent cent sous sur toutes leurs tenures, estiment à dix livres le revenu annuel de leur domaine direct ; en 1274, la réserve des damoiseaux de Villers vaut douze fois plus que leur terre amassée [2].

*

En 1230, au moment où commencent les embarras financiers permanents, les ressources des chevaliers ne paraissent donc pas s'être beaucoup amoindries. Ils ont sensiblement autant de terres que leur arrière-grand-père ; ils n'ont pas comme les grands seigneurs à partager leurs revenus avec un grand nombre d'intermédiaires ; les récoltes de la réserve et le produit des dîmes assurent entièrement le ravitaillement de leur maison et ils n'ont pas à se préoccuper de la hausse des prix agricoles ; s'ils veulent écouler les surplus de leur exploitation, ils peuvent même en profiter. De l'argent, ils en recueillent plus que leurs ancêtres ; les censives procurent davantage de deniers ; le châtelain, leur seigneur, les leur distribue plus généreusement [3]. Quelques nobles sont en relations d'affaires avec des bourgeois, tel Guigonnet de Germolles, tels peut-être Gautier de Savianges et son frère [4]. Il faut enfin remarquer que les hobereaux à la recherche de l'argent vont profiter de l'évolution générale des conditions politiques, que nous étudierons tout à l'heure en détail. Marquons dès maintenant que l'affaiblissement de bien des châtelains va leur permettre de s'approprier certains pouvoirs de commandement sur les rustres ; ils jugeront leurs hommes, infligeront des amendes en deniers et réclameront eux aussi des aides.

1. C. 5323, les 60 bichets valent au moins 15 l. ; les trois manses, les neuf maisons, une terre et un bois, un pré, ne rapportent que 60 sous. – Sur l'importance des dîmes au XIIIe siècle dans les revenus seigneuriaux, GANSHOF, dans *Cambridge*, p. 313.

2. Les ventes de la directe féodale, qui rapportent d'ordinaire quatre années de revenus, permettent d'apprécier la valeur de la réserve : les Massy reçoivent 60 l., soit 20 pour les censives et 40 pour la réserve, ACO, B. 10477 ; les Villers, 7 l. et ils ne perçoivent que 3 sous de cens, C. 5202.

3. Voir *supra*, n. 1, p. 446.

4. Les chevaliers de Savianges reçoivent une caution de marchands clunisiens pour deux bourgeois lyonnais, C. 4742 (1239).

Les premières tailles levées par de simples chevaliers apparaîtront vers 1240, qui doubleront les profits des cens[1]. Tandis que la reconstitution des grandes principautés régionales, employant un nombreux personnel administratif, permettra à quelques nobles, à partir de 1250, de se mettre au service des puissants et d'ajouter ainsi au produit de leur seigneurie le salaire qui rétribue ces fonctions[2].

Par conséquent, les difficultés financières de la petite noblesse furent causées, comme celles de la communauté clunisienne, comme celles de la haute aristocratie, par une augmentation des dépenses c'est-à-dire par la hausse des prix et par de nouveaux besoins. Il est certain que les chevaliers et les grands ministériaux prirent, à l'exemple des grands seigneurs, l'habitude du luxe et achetèrent plus souvent des vêtements et des armes. Par là, ils souffrirent de l'enchérissement de toutes choses : au début du XIIe siècle, le petit noble qui voulait acheter un cheval devait sacrifier le revenu annuel d'une quinzaine de manses ; en 1235, la même opération absorbe d'un seul coup le profit d'une bonne centaine de censives. Sans doute le chevalier pouvait-il élever lui-même ses chevaux, revêtir l'armure démodée de ses ancêtres et se contenter des pelisses et des chapes que de temps en temps lui offrait son seigneur ; mais même alors, il avait davantage besoin de deniers, car l'usage de l'argent s'était introduit partout. Il en fallait maintenant pour marier ses filles, pour faire entrer ses fils en religion. Les œuvres de piété exigeaient aussi du numéraire ; chaque décès vidait les coffres ; souvent l'héritier devait emprunter pour acheter la sépulture et accomplir les dernières volontés de ses parents ; multipliées de génération en génération, les rentes foncières qui soldaient les anniversaires obligeaient à livrer chaque année aux établissements religieux une portion croissante du produit des cens en argent ; c'était la rançon de l'intégrité apparente du patrimoine. Pendant un certain temps, la conversion progressive des redevances en nature permit de couvrir ces nouveaux frais. Mais dans les premières années du XIIIe siècle, le mouvement qui entraînait à la dépense l'emporta et le déséquilibre s'installa en permanence dans le budget des chevaliers.

*

1. Voir *infra*, ch. III, A. – À Massilly, les Meursaut perçoivent 60 sous de redevances et, bon an, mal an, 60 sous de taille, C. 5323 (1285) ; V. Dessagne, aux Ardillats, doit, pour sa part du manse Dessagne, 2 s. 9 d., une mesure d'avoine et une de seigle, plus 9 s. viennois de taille, AR, G. 2, n° 3 (1289).

2. Voir *infra*, ch. II, Conclusion.

De la gêne croissante des petits seigneurs profitèrent tous ceux qui avaient de plus grandes disponibilités en numéraire.

Les sires qui pouvaient facilement emprunter achetèrent les hommages. C'est ainsi, par exemple, que la plupart des terres nobles des environs de Cluny passèrent entre 1230 et 1236 dans la mouvance de l'abbaye[1]. La crise de la petite noblesse détermina de la sorte la féodalisation rapide des seigneuries alleutières et la soumission progressive des chevaliers aux puissants.

Les églises, et surtout les églises urbaines, qui recueillaient en abondance les aumônes en argent et percevaient, chaque jour plus nombreuses, les rentes d'anniversaires, prirent en gage et achetèrent les cens et les dîmes[2]. Le domaine ecclésiastique, après un temps d'arrêt, reprit de cette manière son expansion aux dépens de l'alleu noble.

Enfin, champ par champ, censive par censive, les vieilles familles cédèrent un peu de leur patrimoine aux non-nobles enrichis, à quelques paysans et à de nombreux bourgeois.

D. DESTIN DIVERS DES FORTUNES PAYSANNES

Le développement des échanges profita en effet à tous ceux qui vendaient plus qu'ils n'achetaient, aux trafiquants de drap, aux exploitants ruraux écoulant sur les marchés urbains et campagnards un peu de leur blé et de leur vin. À l'appauvrissement des chevaliers répond l'enrichissement des « travailleurs ».

Au début du XIIIe siècle, les conditions économiques sont, dans l'ensemble, favorables à la paysannerie. Sans parler du progrès de la technique agraire dont nous ne savons absolument rien, la conversion en argent des redevances en nature avantage les cultivateurs. Elle leur laisse l'entière disposition de leur récolte au moment où l'extension de la population urbaine, un trafic routier plus intense, la fondation de marchés et de foires permettent d'écouler plus facilement les excédents de récoltes et les produits de l'élevage, et à meilleur prix, puisque ces denrées enchérissent. En outre, l'avilissement de la monnaie réduit la valeur du cens ; pour la plupart des exploitations tenancières, le loyer du sol, qui toujours avait été faible, tend à devenir insignifiant. À Noireux, par exemple, à la fin du siècle, un manse de vingt-huit bicherées de terre produit bon an, mal an soixante bichets de céréales, trente de froment, trente de blé de printemps, qui peuvent se vendre, semble-t-il, de quinze à vingt livres ; il doit

1. Voir *infra*, ch. II, p. 500-502.
2. Voir *supra*, n. 3, p. 456, les acquisitions des moines de La Ferté en 1233-1235.

au seigneur un service relativement lourd, car la conversion est récente, dix sous par an ; cette somme cependant représente à peine 2 à 3 % du revenu[1] ; que dire alors de la rente des tenures, et ce sont de beaucoup les plus nombreuses, dont le cens n'excède pas vingt deniers ? Enfin, le développement du salariat agricole permet aux manouvriers, trop pauvres en terres pour songer à travailler pour la vente, de gagner eux aussi des deniers en s'engageant sur les grands domaines. De toute manière, l'argent parvient facilement aux paysans. Or, ceux-ci dépensent peu ; ils ne paraissent pas avoir contracté de nouveaux besoins et leurs testaments ne mentionnent ni la vaisselle de cuivre, ni les vêtements de bonne étoffe ; la hausse des prix ne peut donc en temps normal leur porter grand préjudice.

Toutefois, ces heureux effets sont dans une large mesure amortis ; et d'abord, vraisemblablement, par une poussée démographique. La raréfaction des *laudationes* ne permet plus guère de dénombrer les effectifs familiaux, mais l'aisance, une meilleure alimentation de la mère et des enfants réduisirent sans doute la mortalité et l'on fut dans le courtil plus nombreux à consommer les produits de l'exploitation. De plus, si les cens et les coutumes fixes ont tendance à s'alléger sous l'effet de l'inflation monétaire, on sait que les seigneurs banaux à court d'argent réclament plus fréquemment l'aide de leurs hommes, que les tailles se multiplient, que les simples chevaliers se mettent eux aussi à quêter les deniers. Les recettes en numéraire sont donc, comme toujours, largement absorbées par la fiscalité seigneuriale. Enfin, il ne semble pas que la mentalité paysanne se soit transformée ; les ruraux ne s'intéressent pas à l'argent ; ils préfèrent l'utiliser pour acquitter leurs charges et sont d'accord avec le seigneur foncier pour convertir les prestations en nature ; quand leurs maîtres leur laissent un peu de numéraire, ils ne se soucient pas d'en constituer des réserves, craignant sans doute d'exciter la cupidité des percepteurs de tailles. Les deniers n'apparaissent pas dans les rares testaments paysans que nous avons conservés ; la dot des filles est toujours constituée en biens-fonds, comme les donations pieuses et les fondations d'anniversaires ; la terre, le cheptel, la récolte de l'année font toute la fortune des petites gens des campagnes[2]. Aussi sont-ils très sensibles aux aléas du climat ; deux ou trois gelées tardives, deux ou trois étés

1. C. 5319. GÉNICOT, p. 242, 247.

2. Un prêtre de campagne lègue à son frère sa part de la tenure paternelle, à sa nièce une jument pour son *maritagium*, à son neveu une vache ; sa sœur lui doit 17 bichets de seigle ; il a acheté une rente sur la terre d'un de ses cousins, mais il ne laisse pas d'argent, AR, G. 3, n° 2 (1269). Le prévôt de Chevignes dépense 20 sous pour ses aumônes, mais constitue les rentes de ses anniversaires en nature ; sa fille a reçu en dot des biens-fonds, C. 5174 (1272).

de grêle les obligent à acheter de quoi vivre au prix fort ; c'est la misère ; ils doivent gager leur terre ou la vendre.

Dans ces conditions, il est difficile de croire à une ascension générale de la paysannerie dans la hiérarchie économique et, en fait, nos sources portent principalement témoignage des difficultés financières de certains cultivateurs. Dans les documents ecclésiastiques, en effet, les mentions d'alleux paysans se multiplient brusquement à partir du XIIIe siècle. Signe de prospérité dira-t-on, une récente aisance ayant favorisé l'extension de la propriété [1]. Mais nous savons que celle-ci s'est maintenue très vigoureuse pendant toute l'époque féodale. En réalité, si l'alleu paysan paraît dans les chartriers, c'est qu'il vient d'être absorbé par le patrimoine de l'Église, c'est que son propriétaire à court d'argent a dû s'en séparer.

En effet, les nobles ne sont pas les seuls à s'endetter. Depuis la fin du XIIe siècle, les documents révèlent que de petits exploitants empruntent aux communautés religieuses : vers 1190, Pierre Cholet de Boyer engage sa tenure aux chanoines de Chalon pour 23 livres en deniers de Tournus ; en 1217, des paysans doivent 33 sous aux moines de La Ferté ; partant pour la Terre sainte en 1219, un tenancier de l'évêque de Chalon engage l'un des prés de son manse pour quatre livres ; autre dette de 12 livres en 1226, de 30 sous en 1243 ; après 1250, les créances deviendront beaucoup plus nombreuses et plus importantes, et l'on verra des prêts de plus de cent livres [2]. Après l'engagement vient la vente ; les premières apparaissent vers 1220 ; elles seront brusquement plus fréquentes après 1260. Une fois sur deux, le paysan aliène quelques parcelles, un journal de terre, deux ou trois sillons, souvent un pré de fauche, quand la gêne l'oblige à vendre ses bœufs et à devenir manouvrier ; assez souvent, il vend une rente sur son alleu ; beaucoup plus rarement on voit vendre des terres accensées, ce qui prouve que la crise a frappé surtout les paysans pauvres qui travaillaient tout leur héritage [3]. Enfin, après 1230, on découvre les premières reprises d'alleux en censives ; cet abandon du domaine éminent se paie lui aussi, mais il est beaucoup moins avantageux que la cession de rente et témoigne d'une gêne plus pressante ; car le nouveau tenancier ne s'oblige pas seulement à payer des redevances, il aliène souvent son indépendance per-

1. Voir en particulier GÉNICOT, p. 77 sq.

2. CH. 149 (1190 env.), 23 l. ; ASL, H. 26, n° 66, 33 sous ; CH. 115, 4 l. ; ASL, H. 27, n° 1, 12 l. ; n° 74, 30 sous. – Dettes des paysans messins au XIIIe siècle, SCHNEIDER, p. 355-356.

3. ASL, H. 26, n° 66, 40 sous ; C. 4684 (1235), un pré pour 10 l. ; ASL, H. 27, n° 73, des terres pour 40 sous ; C. 5061 (1263) ; ASL, H. 28, n° 93 (1268) – H. 28, n° 26 – n° 63 – G. 187, n° 7 – C. 5171, etc. – Ventes de rentes : CL. 248 (1226), 6 sous pour 74 sous ; C. 5115 *bis* (1265), 3 sous pour 60 sous ; ASL, G. 187, n° 10 (1274), un muid de vin pour 25 l., etc.

sonnelle[1]. Les transformations économiques ont donc déclenché dans la paysannerie mâconnaise une crise sociale dont les premiers signes se manifestent dans les dernières années du XIIe siècle et qui s'aggrave, lentement d'abord, puis brusquement après 1260 ; l'alleu se charge de rentes, change de main et parfois même se perd tout entier dans une grande seigneurie ; cette déchéance a pour terme l'asservissement de la personne et du patrimoine d'un certain nombre de ruraux.

Cependant, répétons-le, les titres conservés dans les archives de l'Église et qui décrivent l'extension du patrimoine des saints sont beaucoup mieux faits pour révéler l'appauvrissement des laïcs que leur enrichissement. Or, dans ces sources, les indices de la ruine paysanne sont en vérité peu nombreux ; les ventes ne portent que sur quelques parcelles ; les dettes sont légères ; il est bien rare que la misère oblige à sacrifier l'alleu tout entier. Certes, des ruraux sont gênés, mais ils sont apparemment une minorité. Auprès d'eux certains prospèrent, les petits ministériaux d'une part et d'autre part quelques agriculteurs plus entreprenants et plus heureux dans leur négoce.

Les mieux placés pour s'enrichir sont en effet les ministériaux inférieurs, qui tirent bénéfice de leurs fonctions et qui pourtant ne se sont pas encore assez poussés dans le monde pour partager les prétentions et les goûts dispendieux des chevaliers. Tel, par exemple, le prévôt qui administre pour les moines de Cluny la seigneurie de Chevignes. Quand il mourra en 1271, il ne laissera pas beaucoup d'argent, ayant investi tous ses profits dans des immeubles : il a construit en effet trois maisons et en a acheté deux autres dans le village, ainsi que des terres, des vignes et des prés ; dans les paroisses de Chevignes, Prissé, Davayé, Condemines et Charnay, il possède un gros bien, exploite plusieurs moulins, perçoit les redevances de ses censives[2]. Le mouvement économique est en train de scinder la classe des ministériaux : ceux qui fraient avec les nobles se ruinent ; ceux qui vivent en paysans s'enrichissent et cela montre

1. Reprise d'alleu en censive : C. 4670 (1231), 5024 (1260), AR, G. 3, n° 2 (1270), C. 5308 (1281), etc.

2. C. 5174 (1272) ; il a cependant dû vendre une rente de 14 s. mâconnais sur son bien de Thoiriat, OBM, II, 26. – Tous les petits prévôts de village connaissent alors la même prospérité : celui de Laumusse achète des rentes à des bourgeois de Bâgé, AR, 48, H. 1921, n° 12 (1275), n° 13 (1277), n° 15 (1282), 48, H. 1924, n° 10 (1281) ; celui de Bray a acquis les dîmes, C. 5309 (1283) ; celui de Mellecey possède en alleu les corvées du village, ACO, B. 10479 (1271). – Le maire de Laives donne de son alleu 6 censives ; sa femme possède une dîme et deux manses à Étrigny, ASL, H. 27, n° 1 (1226). – Les desservants des paroisses rurales appartiennent à la même classe économique ; ils achètent à leurs paroissiens terres et rentes : ASL, H. 27, n° 73 (1243), H. 28, n° 26 (1257), C. 5216 (1276), etc.

bien que l'origine de la crise des fortunes aristocratiques n'est pas dans une diminution des ressources, mais dans une augmentation des besoins ; Pierre d'Uxelles, qui joue au gentilhomme et s'endette, n'a pas moins de profits que le prévôt de Chevignes, mais ses relations dans la noblesse l'obligent à dépenser davantage.

D'autres paysans gagnent de l'argent et arrondissent leur patrimoine par leur travail, plus d'astuce sur les marchés, une heureuse politique matrimoniale ou l'usage plus précoce de la liberté testamentaire. Ils profitent des difficultés de leurs voisins, leur prêtent des deniers, acquièrent quelques parcelles, achètent volontiers des rentes. Formées pièce à pièce entre 1210 et 1240, ces petites seigneuries rentières apparaîtront très nombreuses dans la seconde moitié du siècle[1]. Quelques rustres enfin sont assez riches pour se faire céder par des chevaliers des seigneuries toutes faites : en 1217, des paysans de Neuilly possèdent un pré qui jadis appartenait au chevalier de Nanton ; un peu plus tard, un gros cultivateur des environs de La Guiche achète à deux nobles, Guichard Sauvage et Hugues de Saint-Prix, une grande terre comprenant réserve et censives et rapportant quatre-vingts sous par an, avec l'entier domaine, la taille et la justice[2] ; il n'est certes pas le seul à s'être ainsi substitué dans une seigneurie foncière à des lignages de vieille noblesse. Le XIIIe siècle voit prospérer rapidement l'aristocratie villageoise dont nous avions reconnu l'existence à Saint-Ambreuil au siècle précédent.

Les nouvelles conditions économiques tendent donc à hiérarchiser davantage la paysannerie. La plupart des rustres vivent comme autrefois très facilement de leur exploitation dans une aisance modeste ; mais des enfants plus nombreux et les exigences accrues du maître du ban les empêchent d'accroître leur avoir. L'accélération des échanges et de la circulation monétaire précipite la ruine des moins favorisés qui doivent amoindrir leur alleu, supporter, cens ou rentes, de nouvelles charges. Par contre, ceux qui déjà s'élevaient, se haussent plus vite, achètent les droits de hobereaux en difficulté ou la seigneurie des petites exploitations voisines et établissent leur supériorité sur les plus pauvres. C'est ainsi que, dans le village de Laives, où tous les paroissiens se trouvaient sensiblement au même niveau au milieu du XIIe siècle, certains sont maintenant de purs tenanciers et travaillent pour cinq familles rentières, celles du maire, de Roland

1. ASL, H. 28, n° 63 (1264), H. 29, n° 26 (1274), G. 187, n° 7 (1262), C. 5226 (1277), ACM, GG. 147, n° 2 (1278), GG. 154, n° 16 (1274), n° 30 (1289), etc.

2. ASL, H. 26, n° 66 (1217), C. 5319 (1285).

Saunier, des Danviaux, de Martin le Duc et des Toulaud[1]. Cette classe de coqs de village est déjà bien assise en 1250 ; ils prêtent hommage et parfois rendent la justice, mais leurs goûts restent simples et leur fortune par conséquent solide. Ils sont plus riches que bien des nobles et parviennent quelquefois à épouser leurs filles[2].

E. L'ENRICHISSEMENT DES BOURGEOIS

De toutes les classes, la bourgeoisie fut évidemment la plus favorisée. Elle profita d'abord de l'essor du commerce dont bénéficièrent tous les gens des villes. Mais aussi de la formation des grandes principautés et de la complexité croissante de l'administration seigneuriale, car les seigneurs souverains, les Beaujeu et les Bâgé, le comte puis le roi, utilisèrent volontiers les bons offices de ces hommes avisés et rompus aux affaires. La haute ministérialité avait toujours eu de fortes attaches urbaines ; au XIIIe siècle, le bourgeois est plus que jamais au service du prince et en tire gros bénéfice ; le grand seigneur en effet n'est pas bon comptable de ses revenus et l'on peut aisément s'enrichir à ses dépens ; en outre, il est généreux et paie largement en terres, en rentes et surtout en deniers. Les grands marchands des vieilles villes ont donc maintenu certains de leurs enfants dans la ministérialité ; eux-mêmes, sans délaisser leurs propres affaires, se sont chargés temporairement de celles des hauts seigneurs. Tels Geoffroy Berrier, de Chalon, qui à la fin de sa vie se repentit d'avoir frustré son maître le comte de Mâcon de plus de quarante livres, ou Pons Dentu, le marchand mâconnais, qui reçut pour prix de ses services un droit sur le péage de Mâcon[3]. Par ailleurs, le regroupement des pouvoirs souverains a fait naître autour des grands châteaux des bourgeoisies nouvelles, occupées à ravitailler la cour, mais aussi à aider le maître à administrer sa seigneurie. Trois nouvelles petites bourgades se sont développées dans la première moitié du XIIIe siècle :

1. Les ancêtres du maire de Laives (voir n. 2, p. 468) étaient au XIIe siècle de petits essarteurs comme les autres, F. 114 ; Rollan Saunier, ASL, H. 27, n° 27 (1233) ; les Danviaux, Martin le Duc, les Toulaud, ASL, H. 29, n° 20 (1274).

2. Voir *infra*, ch. IV.

3. CH. 229 (1263), G. Berrier offre une rente de 50 s. digenois pour l'anniversaire du comte J. de Braine, *ea... ratione qua idem G. fuit quondam in servitio Johannis comitis et aliqua habuit de bonis ipsius comitis usque ad estimationem. XL. librarum turonensium supra quibus minime satisfecit.* – AN, J. 259, n° 6 (1259).

Saint-Gengoux, autour du château royal fondé après 1166, Beaujeu et Bâgé[1]. Ainsi, la classe bourgeoise croît en nombre et en richesse.

Dans les petits centres administratifs et surtout dans les bourgades de commerce, Mâcon, Cluny, Tournus et Belleville, l'argent abonde. Les testaments qui pourraient nous fournir des données précises sur la fortune des bourgeois ont malheureusement disparu presque tous. Nous savons cependant qu'un « citain » mâconnais, Romain de Saint-Clément, qui ne comptait pas pourtant parmi le plus riches, pouvait distribuer en aumônes vers 1250 presque autant de deniers et de bijoux que le sire de Bâgé[2]. Une large part de ces ressources en numéraire était certainement dépensée en donations pieuses, en coutumes versées au sire, en achats de subsistances et aussi de denrées plus précieuses, car bien des négociants formèrent avec leurs bénéfices un trésor d'étoffes et de vaisselle d'argent et d'or[3]. Mais enfin, il restait aux mains des plus entreprenants une belle quantité de ces deniers qui manquaient de plus en plus aux ruraux. Ceux-ci pour s'en procurer étaient prêts à négocier leurs terres et leurs droits. Les bourgeois enrichis profitèrent de la gêne des autres classes économiques, que le besoin d'argent livrait à leur discrétion.

Ils purent ainsi obtenir en premier lieu l'adoucissement des banalités que percevait le seigneur de la ville. Ils lui avancèrent en effet beaucoup d'argent : les marchands de Cluny, qui avaient aidé Pierre le Vénérable à sortir de ses

1. À Saint-Gengoux, au carrefour des chemins de Cluny, de Mâcon, de Chalon et d'Autun, un bourg existe déjà au XIe siècle, C. 3176 (1040) ; un bourg neuf apparaît au XIIe siècle, C. 4223 (1166), *in vico qui dicitur burgum novum*. C'est l'installation du roi en 1166 qui fait de cette localité une bourgade administrative ; elle est le centre du domaine royal pendant 73 ans avant l'acquisition du comté de Mâcon, et le siège d'une châtellenie. Les paysans des villages voisins, de Bourges, de Jully, de Fley, de Bissy, d'Uxelles, des gens de Cluny et de Buxy s'y établissent et deviennent bourgeois de Saint-Gengoux (première mention en 1190, CH. 126 – 154 – 161 – 157, ils sont associés à l'activité judiciaire du châtelain). – Un bourg est mentionné autour du château de Beaujeu dès le XIe siècle, B. 15 – 24 – CL. 10 ; première mention des bourgeois en 1198, AR, G, I, n° 38 – CL. 153 (1218) – 220 (1226) ; mais Beaujeu reste une bourgade de chevaliers et de chanoines, qui possèdent la plupart des maisons bourgeoises, AR, G. 5, n° 2 – G. 4, n° 11 – CL. 194 – AR, G. 3, n° 10 – G. 5, n° 3 – G. 3, n° 6 – G. 4, n° 11 – G. 4, n° 4 – G. 3, n° 4, etc. – Le bourg de Bâgé apparaît au XIIIe siècle, CL. 79 (1200) ; autour du château, tous les chevaliers bressans ont leur maison, GUICHENON, p. 14 (1272), AR, 48, H. 1924, n° 4 (1276). Mais la présence même du sire, de ses vassaux, de ses sergents fait de Bâgé-la-Ville un petit marché local ; des paysans des environs s'y installent, CL. 505 ; les premiers bourgeois, qui se montrent vers 1200, CL. 79, sont déjà riches. – Ces trois bourgades donnent une idée de ce qu'étaient Mâcon, Cluny ou Tournus vers 1050 : des centres religieux et administratifs, abritant un petit groupe de revendeurs, d'artisans et aussi beaucoup de paysans qui cultivent les terres d'alentour.

2. Voir *supra*, n. 1, p. 447.

3. Trésor de S. de l'Ouvroir, de Belleville, LE LABOUREUR, I, p. 568.

embarras financiers, prêtèrent encore à l'abbé au XIIIe siècle l'argent nécessaire à ses achats de terres ou d'hommages et en particulier les 400 livres qui lui permirent d'acquérir une partie de la châtellenie de la Bussière[1]. La réduction des usages, la limitation des coutumes furent le prix de ces services. Grâce à leur richesse mobilière, les bourgeois du Mâconnais, entre 1160 et 1250, gagnèrent leurs franchises[2].

Mais ils s'approprièrent aussi des biens-fonds. Fait nouveau, à l'extrême fin du XIIe siècle, on voit les bourgeois commencer d'investir leur argent dans des immeubles. Ils ne purent toutefois acheter facilement le sol de la ville, qui appartenait en majorité aux églises urbaines, abondamment ravitaillées en deniers par les aumônes et répugnant à aliéner leur patrimoine foncier. Dans le bourg, ils employèrent surtout le numéraire à l'amélioration de leur demeure. La maison bourgeoise devint plus solide, plus confortable, plus belle aussi et sa valeur s'accrut constamment : en 1100, on pouvait acquérir une maison à Cluny pour 30 sous ; à la fin du XIIIe siècle, certaines se vendront près de 200 livres[3]. Des maisons, des ouvroirs, des étaux formèrent d'abord la fortune immobilière des bourgeois[4].

Mais à la campagne la terre était offerte à des conditions très avantageuses par les paysans ruinés et par les nobles à court d'argent. Par le mort-gage, l'achat de rentes ou l'acquisition complète du fonds, les bourgeois pouvaient donc se procurer à bon compte soit des revenus sûrs en deniers, soit les produits agricoles qui nourriraient leur ménage et qu'ils pourraient même revendre avec profit sur le marché urbain. Dans le cours du XIIIe siècle, la possession foncière des bourgeois s'étendit donc hors de l'agglomération urbaine. La nature de nos sources nous interdit encore de suivre de près ce progrès : nous ne connaissons guère que les rapports des gens des villes avec l'Église ; or la terre des saints

1. C. 4012 (1130 env.), 4813 (1244).

2. Voir *infra*, ch. III, B.

3. C. 3755, C. 5194 (1273), le fils de J. de Cluse vend celle de son père, dans la rue d'« Arvi », pour 170 l.

4. Mâcon : M. 608 (1107-1137), un ouvroir ; CL. 91 (1200), une maison ; CL. 433 (1248) ; ACM, GG. 154, n° 5 (1254), une maison, un courtil ; AR, G. 5, n° 34 (1251), des étaux ; ACM, GG. 154, n° 21, une maison : OBM, II, 2, des cens sur une maison ; II, 6, deux plâtres ; II, 13, une maison ; II, 40, une maison ; II, 25, un cens sur une maison ; II, 44, quatre étaux, trois ouvroirs ; ACM, GG. 154, n° 22, une maison, n° 28, des maisons, n° 34, une maison ; C. 5394 (1294), une maison, etc. – Cependant, chevaliers et chanoines conservent dans la ville de larges possessions : le chanoine G. de Régnié possède deux maisons et un étal acheté récemment à un bourgeois, AR, G. 5, n° 34 ; A. de Pommier, un ouvroir rue Franche et une maison, OBM, II, 53 ; H. de Baiseneins, des droits sur le clos de la Barre, OBM, II, 9 ; R. de Montbellet, une maison rue de Chavannes, OBM, II, 40.

n'était pas celle qui se laissait le plus aisément acheter ou prendre en gage ; le bien bourgeois lui aussi ne se montre qu'au moment de disparaître, lorsqu'il est aliéné ou offert en aumône. On peut cependant distinguer les tendances générales du mouvement.

Au milieu du XIIIe siècle, dans les environs immédiats de la ville, les terres semblent bien appartenir en majorité aux bourgeois. Les petits cultivent eux-mêmes quelques alleux[1]. Les plus aisés accensent les parcelles qu'ils ont acquises et constituent de petites seigneuries rentières aux portes de l'agglomération. Ainsi, dans la banlieue de Cluny, Mariette Sur-l'Eau a concédé aux Dubois ses vignes de Ruffey ; le financier Jean Nicon loue pour six sous de cens la vigne qu'il a achetée à la Crâ ; Guichard Leclerc perçoit les services de deux courtils près de la porte Saint-Maïeul[2].

Dans les terroirs plus éloignés, les possessions bourgeoises sont beaucoup plus clairsemées, mais ce sont toutes de grosses exploitations ; elles sont tenues par les négociants les plus riches qui les ont prises à cens ou achetées à des seigneurs. En 1217, les Lassalle de Belleville tiennent des chanoines de Saint-Paul de Lyon la collecte des dîmes de Brouilly ; le bourgeois clunisien G. Dubois exploite en 1224 pour un cens de 12 sous le clos de Boges à Lournand, alleu du sire de Brancion ; en 1235, des bourgeois de Saint-Gengoux, Pierre Savinel et les Boutières, ont pris en censive l'ancienne réserve du chevalier de Nanton à Noureux ; un Mâconnais recevra en 1261 en fermage viager des moines de Tournus, le domaine de la Gravière ; en 1271, les chanoines de Chalon concéderont l'une de leurs granges Duran Rénier de Cluny[3]. D'autres bourgeois ont reçu en rétribution du seigneur qu'ils servent des biens fonciers, tel Ogier Bourget qui obtient en 1255 du sire de Bâgé un manse et une terre à Replongest[4]. Ces concessions et ces accensements manifestent seulement le goût nouveau de l'élite bourgeoise pour l'exploitation de la terre, dont les marchands connaissent maintenant les profits[5]. Mais les achats de domaines chevaleresques sont les conséquences directes des transformations économiques.

Avant 1200, Hugues Bressoud, bourgeois de Mâcon, a acquis les dîmes de Saint-Pierre de Senozan du châtelain Ardouin de la Salle ; Bonjean de Belleville

1. Cluny : à la Crâ, C. 5032 (1260), 5322 (1285) ; à Ruffey, C. 5050 (1262), à Jalogny, C. 5227 (1277). – Bâgé, AR, 48, H. 1921, n° 12 ; 1924, n° 10 (1275).

2. C. 5050 (1262), 5281 (1281), 5298 (1282). Humbert Cholet de Bâgé lève un cens de 14 d. sur une vigne aux Huches, AR, 48, H. 1921, n° 15 (1282), etc.

3. SP. VII – C. 4544 – 4655 – JUENIN, I, p. 170 – CH. 31.

4. CF. 939.

5. Sur l'intérêt croissant des bourgeois, vendeurs de denrées agricoles, pour les profits de l'exploitation foncière, SCHNEIDER, p. 348.

en 1218 est en possession des dîmes de Lentignié, qui appartenaient auparavant à la famille noble de Sercelle (les bourgeois, remarquons-le, ont été d'abord tentés par les dîmes qui leur épargnaient les soucis d'exploitation) ; avant 1236, Jean Cholet, de Bâgé, et Guillaume Bermond, de Mâcon, ont acheté ensemble le manse bressan de la Revermondière, avec les droits sur le manant et l'ont payé 21 livres au damoiseau Thomas de Verjon ; en 1239, le chevalier de Nanton vend à Berthelin de Tournus la rente de quatre bichets de seigle qu'il percevait sur une grange des Cisterciens de La Ferté ; de même, Romain de Saint-Clément a acquis avant 1250 une terre à Mouhy du chevalier de Gorrevod ; plus tard, Morel de Bourgrameau, bourgeois de Saint-Gengoux, achètera pour 25 livres la seigneurie noble de Curtil-sous-Burnand [1]. Quand on considère que seul le hasard de la documentation révèle ces multiples acquisitions, on peut avancer que la révolution économique transféra, dès la première moitié du XIIIe siècle, une part appréciable des héritages chevaleresques dans le patrimoine de la haute bourgeoisie. De plus en plus nombreux les marchands enrichis entrèrent dans la classe des seigneurs fonciers ; ils appliquèrent les vieilles méthodes de l'exploitation domaniale : les deux manses que possèdent en commun à Collonge-sous-Saint-Vallerin, Guillaume Pelars, Robert de Fley et Duran Magnien, bourgeois de Saint-Gengoux, leur procurent à chacun tous les ans un bichet de froment et un d'avoine, un setier de vin, sept poules, un char de foin et également une corvée de six bœufs, qui les aide à mettre en valeur leur réserve [2].

Ce transfert de la terre noble introduisit également les bourgeois dans le système féodal. À partir de 1240, on voit certains d'entre eux prêter hommage pour les fonds qu'ils possèdent : Guillaume de l'Ouvroir, de Belleville, est feudataire du châtelain chalonnais de Montaigu ; en 1259, le marchand mâconnais Pons Dentu, ayant acquis une part du péage de Mâcon, devient homme du roi ; recevant en gage d'un prêt de 800 livres la châtellenie de Chaumont, qui meut du duc de Bourgogne, Pierre Nicon de Cluny deviendra lui aussi feudataire vers 1265 ; Barthélemy Cholet de Bâgé prêtera hommage au Temple de Laumusse en 1273 [3]. Mieux, des bourgeois, par leur richesse, seront bientôt seigneurs de fiefs. En 1260, Pons Dentu achètera la directe féodale du domaine chevaleresque de Mizériat ; avant 1276, Aimon de l'Ouvroir, fils de Guillaume, recevra l'hommage, entre autres feudataires, du chevalier de Montagnieu [4].

1. OBM, II, 8 – CL. 153 – CL. 299 – ASL, H. 27, n° 61 – OBM, II, 41 – ASL, H. 28, n° 69.
2. C. 5232 (1278).
3. S. 160 – AN, J. 259, n° 6 – C. 5173 – AR, 48, H. 1924, n° 3.
4. Aubret, I, p. 509 – II, 24.

Ainsi, après 1200, par l'effet du mouvement économique, le contraste très vif qui opposait naguère le milieu urbain au milieu campagnard commença à s'atténuer. Achetant de la terre et des revenus fonciers, les bourgeois devinrent possesseurs terriens au moment même où l'usage de la monnaie se répandait chez les ruraux ; ils adoptèrent les pratiques féodales. Les fortunes bourgeoises perdirent de cette mobilité qui les caractérisait. Un nouveau type social apparut, celui du bourgeois rentier, du bourgeois héritier. Parfois même ces investissements immobiliers se révélèrent excessifs : nos sources particulièrement faites pour déceler la gêne des laïcs enseignent que certains bourgeois au XIIIe siècle manquèrent aussi parfois d'argent, durent constituer des rentes sur leurs domaines récemment acquis et même les vendre à leurs voisins plus heureux ou à l'Église [1]. Dans la mesure où elle devint campagnarde et se détacha du négoce, la bourgeoisie partagea les difficultés financières des seigneurs ruraux.

*

Tous les gens des villes ne tirèrent pas le même profit du renouveau commercial et, dans la première moitié du XIIIe siècle, on voit se diversifier davantage la classe bourgeoise. Trois niveaux économiques apparaissent et la distance entre eux s'accroît progressivement.

Au plus bas se situe un groupe dont le genre de vie diffère très peu de celui des paysans et qui est formé par le petit peuple des villes les plus importantes, la plupart des habitants des bourgades récentes et les plus humbles serviteurs des seigneurs urbains. C'est le plus mal connu, mais on distingue pourtant quelques figures. Celle de Jean Dopier, de Bâgé, qui exploite près du bourg quelques parcelles de vignes, portion d'un héritage partagé avec ses cousins, mais qui devra bientôt vendre pour dix-huit sous une rente de douze deniers assise sur ce modeste alleu [2]. Celle de Baron, cuisinier des chanoines de Beaujeu, qui fit son testament en 1260 : il possède un courtil et une vigne, il entretient une servante ; mais il vit comme un laboureur, moissonne son seigle, mange le

1. Des bourgeois de Cluny vendent des rentes sur leur maison à la fin du XIIe siècle, *BC* 1660 E – *BC* 1661 B ; ils vendent aussi leur maison, C. 4093 – 4970 – 4654 – 5032 – 5067 – 5194 – 5281 – 5307. – Des bourgeois de Bâgé vendent des rentes, AR, 48, H. 1921, n° 12 (12 d. pour 18 sous), n° 22 (2 sous pour 40 sous), ou des revenus, CL. 484 (1252) (45 sous), ou des fonds, AR, 48, H. 1924, n° 3 (4 l.) ; 1924, n° 10 (25 sous).

2. AR, 48, H. 1921, n° 12.

porc qu'il a nourri ; sa jument, ses chèvres, ses brebis font presque toute sa fortune mobilière et il ne léguera pour son âme que quarante sous viennois [1].

Vient ensuite une classe moyenne dont les membres sont aussi aisés que les petits chevaliers et s'enrichissent encore. Elle comprend, d'une part, dans les bourgs administratifs, les principaux ministériaux ; d'autre part, dans les centres routiers, la majorité des marchands et des artisans. À la première de ces catégories appartient Ogier Bourget, de Bâgé, à la fois vigneron, fabricant et marchand de souliers et de plus chambellan du châtelain. Sa fortune s'accroît : son maître lui lègue par testament cent sous mâconnais, une rente de cent sous sur les foires du bourg et un petit domaine à Replonges ; il achète dans la ville et les environs des étaux, des plâtres et des terres qu'il accense [2]. Bourgeois de Mâcon, Romain de Saint-Clément, mort vers 1250, représente la seconde catégorie. Il possédait beaucoup d'argent : il a donné à Saint-Vincent des vases précieux, il a payé de ses deniers la réfection d'un arc de pierre à l'entrée du chœur, fondé la chapelle de Sainte-Élisabeth et acheté pour l'entretien du desservant quatre livres de rentes dans la ville ; il a donné quarante livres à la fabrique, cinquante livres pour son anniversaire et vingt sous à la confrérie de Sainte-Catherine. Il était aussi propriétaire foncier : ses terres de Chevignes lui rapportaient au moins quarante-cinq sous par an ; il avait acheté pour vingt-huit livres un domaine à Mouhy à des chevaliers ; à Saint-Clément, dix-sept parcelles accensées lui procuraient dix-neuf sous de revenus [3].

Enfin, à Mâcon, à Cluny, à Belleville et à Tournus se dégage une élite de bourgeois très riches. Les Nicon de Cluny pratiquent le prêt sur gages immobiliers ; ils ont des débiteurs fort loin, comme Guillaume de Vauthieu, chevalier de l'Autunois, qui leur a emprunté cent sous ; bientôt, ils achèteront pour quinze ans les revenus de la seigneurie de Massy et recevront en garantie d'un prêt de huit cents livres, non pas un simple domaine, mais une châtellenie, celle de Chaumont, fief du duc de Bourgogne, et qui emporte haute justice et

1. Par testament en 1270 (CL. 570), il laisse à ses deux fils une vigne aux Étoux et un courtil accensé ; une jument, deux muids de seigle, un quart de bacon et sa courtepointe à sa femme, une robe à sa servante ; les chèvres et les brebis, qu'il a à Vernay, à ses filles.

2. Legs de son maître, CF. 939 (1255) ; à sa mort, sa femme donne pour son âme une maison (il en possède une autre contiguë), dix étaux où l'on vend des souliers, une vigne et un plâtre, AR, 48, H. 1924, n° 4 ; le père d'Ogier était déjà, en 1200, l'un des premiers bourgeois de Bâgé, CL. 79.

3. OBM, II, 27 – 34 – 41 – 42.

baronnie[1]. Plus puissant encore est à Belleville le lignage de l'Ouvroir. Guillaume, le père, marchand drapier, allié par mariage aux Albi, riches négociants lyonnais, est créancier des grands seigneurs ; en 1237, l'évêque de Mâcon se porte garant du prêt de 380 livres qu'il a consenti au sire de Bâgé ; le sire de Montaigu en Chalonnais recourt aussi à ses services et le récompense par un fief. Son fils Aimon exploite en partie le gros péage de la Saône ; il avance de l'argent au chapitre de Beaujeu, accense à ses voisins des maisons du bourg ; des nobles tiennent de lui des fiefs ; sa sœur, mariée à Lyon, laissera à sa mort de très grandes richesses, un gros trésor d'or et d'argent, des biens fonciers à Belleville, à Mâcon, à Lyon et jusque dans les diocèses de Sens et d'Auxerre[2]. Quant au négociant mâconnais Pons Dentu, dont l'oncle était chanoine et sous-diacre du pape, il fait des affaires avec des marchands bordelais ; au service du sire de Pagny, il a gagné une part du péage de la cité ; pour de l'argent, un fils de chevalier reprend de lui en fief, libre il est vrai et sans service, le domaine de ses ancêtres[3]. Ces quelques exemples montrent jusqu'où la pratique du commerce put hausser certains des non-nobles. Dans la première moitié du XIIIe siècle, les petits-neveux de modestes trafiquants, d'humbles domestiques de l'évêque, du comte ou de l'abbé se sont peu à peu substitués à l'ancienne noblesse terrienne. Non seulement ils ont acquis des parcelles de l'alleu chevaleresque, mais, tenant des châteaux, des péages, des justices de sang, feudataires des grands princes et recevant eux-mêmes l'hommage de petits nobles, ils ne sont pas loin d'occuper en 1250, dans l'ordre économique, féodal et politique, la place même des plus grands seigneurs du XIe siècle, les châtelains.

1. *Cart. de l'église d'Autun*, II, p. 103 (1253) ; gage de Chaumont, C. 5173 (1272) ; achat de la seigneurie de Massy pour 15 ans, ACO, B. 10480 (1279). J. Nicon est seigneur foncier autour de Cluny, C. 5281 (1281) ; mais ses cousins exploitent des censives de G. de Mailly, C. 5039 (1261).

2. Guillaume, mari d'Allemande (CL. 778), créancier du sire de Bâgé, M. App. I ; feudataire du sire de Montaigu, S. 160 (1240). Aimon achète à d'autres bourgeois des services sur des maisons du port de Belleville, AR, fonds de Belleville, liasse I, n° 61 (1261) ; son cousin A. de Montgiraud, chantre de Beaujeu, lui laisse en héritage des biens à Arpayé et les 47 livres qu'il lui avait prêtées ; il possède le tiers du péage de Chavagnieu, levé au port de Belleville, AUBRET, II, p. 57 ; seigneur du fief d'E. de Montagnieu à Trévoux, AUBRET. II, p. 24 ; lègue 100 sous à Pons Albi, moine à l'Île-Barbe, LE LABOUREUR, I, p. 377. Testament de sa sœur Sauvage, mariée à P. Orient, puis à Pons d'Albon, citoyens de Lyon, LE LABOUREUR, I, p. 568.

3. Colomb, son oncle, a fondé à la cathédrale de Mâcon, la chapelle de Sainte-Catherine, S. 151 – 152 (1214-1222). Pons est allié aux Chevrier, AUBRET, II, p. 25 ; péage de Mâcon, AN, J. 259, n° 6 (1259) ; reprise en fief de J. de Mizériat, qui lui fait hommage, AUBRET, I, p. 509 (1260) ; alleux à Crèches. ACM, GG. 154, n° 17 (1277).

CONCLUSION

Entre 1180 et 1250, la hiérarchie de la société mâconnaise est bouleversée par les transformations économiques ; et la cause de ce bouleversement est l'inégale répartition de la monnaie. Parmi les laïcs, trois petits groupes en possèdent plus qu'ils n'en dépensent : les bourgeois d'abord, commerçants, artisans et serviteurs des puissants ; ensuite ceux des châtelains qui peuvent emprunter à des conditions avantageuses ; quelques paysans, enfin, mieux placés pour produire et vendre sur les marchés les denrées agricoles. Les autres, par contre, ne parviennent pas à satisfaire leurs besoins en numéraire.

Cette inégalité engendre un nouveau transfert de la propriété foncière. Au XIIe siècle, la restriction des aumônes et le rassemblement du lignage étaient parvenus à freiner le mouvement qui désagrégeait la plupart des fortunes laïques et à stabiliser la plupart des héritages ; après 1200, un courant régulier s'amorce qui va ruiner les plus petites exploitations paysannes et les grands alleux de la noblesse au profit, d'une part, des très vastes seigneuries laïques et ecclésiastiques et, d'autre part, des patrimoines qu'arrondissent pièce à pièce les coqs de village et les bourgeois. Mais cette circulation des biens fonciers n'a pas du tout les mêmes effets que celle que l'on observait au Xe et au XIe siècle.

Elle conduit d'abord à la concentration. Acheteurs et vendeurs choisissent en effet l'objet de la transaction, et, si les terres jadis, par aumônes et par successions, tendaient à s'éparpiller, ces opérations financières maintenant les rassemblent. Le chevalier se défait des censives éloignées, mais conserve et étend autour de sa maison le domaine ; les pratiques testamentaires réduisent les causes de morcellement ; les nouveaux riches de la ville et de la campagne s'efforcent eux aussi d'arrondir peu à peu leur avoir dans un seul finage. En 1250, dans presque toutes les paroisses, on peut distinguer ainsi une ou deux grosses exploitations en pleine croissance, comme celles des familles nobles à Villers, à Vaux-sur-Aine ou à Massy, celle du bourgeois Romain à Saint-Clément, celle du paysan Clément de Fussy à Noireux ; elles gagnent progressivement dans le terroir et de la sorte tendent à se constituer des seigneuries foncières compactes, qui rappellent par leur aspect celles qui s'étaient démembrées au Xe siècle.

Par ailleurs, ce mouvement est très défavorable à l'alleu : celui des chevaliers, par la vente des hommages, va se perdre dans la mouvance des princes et des grands établissements ecclésiastiques ; celui des paysans appauvris se charge de cens et de rentes foncières.

Enfin, si les donations pieuses et les partages successoraux avaient, sans déranger la hiérarchie sociale, porté préjudice aux laïcs de toute condition, les achats et les ventes tendent à répartir les hommes dans des classes économiques qui ne correspondent plus aux classes de droit. La noblesse est divisée : quelques grands seigneurs, par l'exploitation fructueuse des villes et des routes et par le crédit, conservent leur supériorité, mais la plupart des nobles, châtelains ruinés et chevaliers de village, se mêlent dans une classe moyenne avec les grands bourgeois et quelques paysans enrichis ; la misère isole plus nettement au dernier échelon de la société un groupe d'exploités à la merci des riches.

Pour terminer, rassemblons les dates que nous avons relevées au cours de cette étude et tâchons d'établir la chronologie de cette évolution. 1120-1130, c'est le début : la hausse des prix rompt l'équilibre du budget clunisien et provoque les premières ventes de rentes foncières ; vers 1180 apparaissent les premiers grands emprunts contractés par les sires pour soutenir leur politique ; entre 1200 et 1230, alors que l'accroissement des échanges nécessite l'emploi des grandes monnaies régionales, le manque d'argent gagne la classe des chevaliers, les biens fonciers se libèrent du contrôle familial et les bourgeois achètent des terres ; après 1230, on voit se multiplier acquisitions et ventes de domaines ruraux. Au milieu du XIIIe siècle, la hiérarchie économique est ainsi complètement modifiée.

CHAPITRE II

LE RETOUR DU ROI ET LA SOUMISSION DE L'ARISTOCRATIE

La révolution économique et les transformations sociales qu'elle engendrait préparaient un nouvel aménagement des pouvoirs de commandement. Les châtellenies, ces petites cellules indépendantes où, dans un rayon d'un demi-jour de marche, les paysans étaient soumis au principal propriétaire foncier, maître de la forteresse et défenseur de la paix, s'étaient isolées davantage dans un monde rural où la terre était la seule richesse, où l'argent et les contacts lointains étaient rares. Au repliement de l'économie répondait le cloisonnement de la vie politique. Les rois, les ducs, les comtes n'exerçaient de pouvoirs qu'au voisinage des biens fonciers qu'ils avaient pu conserver. Mais, quand la circulation des hommes et des richesses devint plus intense, quand l'aristocratie terrienne commença de souffrir du manque d'argent, il fut de nouveau possible d'agir au loin, et les souverains, qui n'avaient rien perdu des prétentions de leurs ancêtres, quelques seigneurs locaux aussi, mieux fournis de deniers, étendirent leur influence sur les châtelains appauvris et affirmèrent leur autorité sur la chevalerie. Depuis le troisième tiers du XIIe siècle, on voit se constituer lentement en Mâconnais de grandes dominations régionales semblables à celles qui s'étaient défaites à l'orée des temps féodaux.

A. L'INTERVENTION CAPÉTIENNE

1. *Position du roi de France en Mâconnais au milieu du* XIIe *siècle*

« Notre pays est sans roi, sans duc et sans prince », écrivait vers 1140 l'abbé de Cluny Pierre le Vénérable[1]. En fait, depuis 951, les rois de France n'avaient jamais paru dans la région ; la Bresse ignorait tout pouvoir supérieur ; au début du XIe siècle, Otte-Guillaume avait tenté pour la dernière fois de réunir dans une vaste principauté les pays de la Saône moyenne et il avait échoué. Cet effacement des puissances souveraines avait favorisé le fractionnement de l'autorité et l'établissement autour de chaque forteresse de petites seigneuries autonomes. Toutefois, les souvenirs du passé ne s'étaient pas tous perdus.

De temps à autre, au XIe et au XIIe siècle, les rédacteurs des chartes mâconnaises rappelaient que leur pays était « bourguignon ». Quel sentiment, quelle réminiscence de l'ancienne unité ethnique et politique le mot Bourgogne pouvait-il éveiller dans l'esprit des contemporains, c'est ce qu'il est bien difficile de dire. À cette époque cependant, les ducs dijonnais ne sont pas tout à fait des étrangers ; quelquefois, un comte de Mâcon vient à leur cour ; on y voit plus souvent les seigneurs du Nord de notre région, les sires d'Uxelles et de Brancion, les comtes de Chalon et leurs vassaux du Charolais ; vers 1120, le duc Hugues II a acheté à Savary de Vergy une partie du comté de Chalon et, en particulier, avec des droits sur les rives de la Saône et sur la grande forêt de Bragny, le châtelet de la cité ; depuis lors, l'influence ducale s'insinue dans les campagnes du nord de la Grosne[2]. Pourtant, il ne semble pas que l'on reconnaisse au duc de Bourgogne une quelconque prééminence ; on le tient pour un seigneur comme les autres et ses pouvoirs sont de même nature que ceux d'un châtelain privé.

Il n'en va pas de même pour le roi de France. L'idée se conserve fort claire qu'il jouit d'un droit supérieur dans un territoire bien défini, le *regnum*, et la frontière de ce territoire est connue de tous en Mâconnais. On a dit que les frontières entre les États s'étaient estompées à l'époque féodale, étaient deve-

1. PET. VEN., *Epist.*, I, 21 (101), IV, 26 (435).

2. CHAUME, *Savary de Donzy*, p. 55 ; le duc achète le quart des droits sur la cité et ses environs, le châtelet de Chalon, avec les chasements des *milites castri* ; la moitié en indivis avec la seconde branche des comtes de Chalon, qui seule conserve le titre comtal, de la forêt de Bragny et de la Saône. Mais Hugues ne réunit pas cette seigneurie au *ducatus* : abandonnée à son fils puîné Hugues le Roux, puis au fils de ce dernier, Guillaume de Chalon, elle ne revient aux ducs qu'à la fin du XIIe siècle, PETIT, II, p. 225, 240, 242. – Sur le pouvoir ducal et son extension aux lisières du Mâconnais, voir J. RICHARD.

nues des zones indécises. Pourtant, dans le Mâconnais du XIIe siècle, la limite entre le royaume de France et « l'Empire des Allemands ou des Romains[1] » reste une ligne précise, parce qu'elle est en grande partie fixée par le cours de la Saône ; au sud de Dracé, elle était jadis plus arbitraire, quittant la rivière pour suivre à travers le Beaujolais les confins du diocèse de Lyon, mais elle s'est maintenant plaquée sur le fleuve et le suit jusqu'à sa conjonction avec le Rhône[2]. Partout donc elle est ferme : les mariniers savent bien que la rive du levant est d'Empire, celle du couchant, du royaume. Certes, elle ne gêne en rien les relations privées, économiques ou féodales, mais elle borne distinctement la contrée où le roi, en droit, étend cette autorité qui, chacun en est bien persuadé, domine celle des seigneurs privés : aux yeux de Pierre le Vénérable, la cité de Mâcon, ville frontière, où l'évêque et le comte se partagent les droits régaliens, est pourtant « au temporel soumise au roi de France[3] ».

Or, dans ce territoire, la supériorité du souverain n'est pas seulement théorique. D'abord, les deux évêchés de Mâcon et de Chalon sont restés royaux et, pendant tout le XIe siècle, les Capétiens se sont montrés fort soucieux d'exercer leurs prérogatives ; ils ont sanctionné les élections, concédé les régales et reçu la fidélité des prélats[4] ; par là, un lien s'est maintenu entre les cours de l'Île-de-France et les confins orientaux du royaume. Les autres établissements religieux conservaient dans leurs archives les diplômes royaux qui garantissaient leurs privilèges ; devant les prétentions des seigneurs laïcs, ils se retranchèrent derrière l'autorité du souverain qui seule conférait une valeur à leur immunité ; en 1027, par exemple, les moines de Cluny avaient demandé la confirmation de leurs droits au roi Robert, qui s'était engagé à tirer une vengeance personnelle de ceux qui les violeraient[5]. Les clercs n'ont cessé de considérer le roi comme le défenseur suprême de la paix et le protecteur particulier des églises ; en même temps que les leurs, ils ont maintenu ses droits. Et quand, en 1140, Pierre le Vénérable note l'absence du monarque, ce n'est pas pour s'en réjouir ; si le roi était là, le patrimoine clunisien ne serait pas exposé à la rapacité des seigneurs, les moines n'auraient pas à réunir constamment de vaines assemblées de paix,

1. PET. VEN., *Mirac.*, II, 1 (909).

2. PET. VEN., *Mirac.*, II, 1 (909), *in finibus regni Francorum, quod a Teutonicorum vel Romanorum imperio Arar fluvius a Lotaringis sumens initium Rhodannusque in mare Mediterranea habens profluxum disterminat.*

3. PET. VEN., *Mirac.*, II, 1 (909).

4. Références dans NEWMANN, p. 224. – Grégoire VII autorisa l'évêque de Mâcon à tenir son fief de Philippe Ier, FLICHE, *Invest.*, p. 45 ; en 1080, Philippe Ier installe une de ses créatures sur le siège de Chalon, BAZIN, « Év. de Chalon », p. 134.

5. C. 2800, *si quis mostro precepto non obaudierit, nos ipsi ultores erimus.*

à solliciter l'aide incertaine et coûteuse du sire de Beaujeu ou d'autres châtelains moins puissants. Enfin, même sur les laïcs qui détiennent le ban, les prérogatives royales ne se sont pas prescrites ; les souverains n'ont laissé passer aucune occasion de revendiquer le contrôle et la disposition des forteresses, pour pouvoir « assumer, en droit public, la défense de la couronne du royaume de France » ; *ex regia dignitate*, ils réclament la propriété éminente de tous les châteaux[1]. Au XIIe siècle, ces tenaces survivances de l'autorité royale permettent donc au Capétien d'agir, d'intervenir personnellement pour défendre les églises ou tout simplement le royaume. Or, fait capital, le Mâconnais est « sans duc et sans prince » ; alors que la constitution précoce de quelques grandes principautés ferme à l'ouest, au nord, à l'est, la plupart des provinces françaises à l'intervention du roi, notre région appartient à une zone molle qui ignore encore toute organisation régionale solide et qui s'ouvre naturellement à l'expansion de la monarchie. Ici, la longue absence des rois n'est pas sans remède ; quand il le voudra, quand il le pourra, le souverain rétablira sans peine sa puissance dans les limites du *regnum*.

Depuis la fin du XIe siècle, les contacts devenaient plus réguliers entre le roi de France et les pays de la Saône. En 1095, à Mozat en Auvergne, on avait vu le châtelain Humbert de Beaujeu, avec l'archevêque de Lyon et le duc de Bourgogne, dans l'escorte de Philippe Ier. Depuis que l'ordre de Cluny avait pénétré en Île-de-France, les moines étaient entrés en rapport étroit avec le roi ; en 1119, ils avaient demandé à Louis VI de prendre sous sa sauvegarde l'abbaye et toutes ses dépendances[2]. Mais le tournant décisif se place pendant le règne de Louis VII.

L'éditeur de l'*Histoire du roi Louis VII* s'est étonné de l'importance que prend dans cette chronique rédigée à Paris la relation des événements bourguignons ; il a supposé que l'auteur était originaire de la Bourgogne, qu'il était pour cela mieux informé des choses de sa province et qu'il leur accordait une attention excessive[3]. Ne faut-il pas croire plutôt que la composition de l'*Historia* reflète la véritable perspective ? Il est certain que Louis VII fut attiré vers la Bourgogne, on sait l'influence qu'exerça sur lui saint Bernard, la prédilection qu'il montra

1. C. 2800, Robert le Pieux interdit de construire des châteaux aux abords de Cluny. – C. 3943 (1119), Louis VI, prenant sous sa sauvegarde la communauté clunisienne, se réserve d'utiliser les forteresses que tiennent les moines : *Fortalicia autem, castra et munitiones, propter necessitates et defensiones coronae regni Francie publice faciendas, in manu corone Francie habebimus, abbate et conventu Cluniscensi prius requisitis*. – En 1167, Louis VII concède en fief au comte de Forez *jus quod ex regia dignitate habebamus in castellis*, AN, K. 24, n° 14.

2. C. 3698 (1095), 3943 (1119).

3. MOLINIER, Introduction à l'*Historia Ludovici*.

pour le monastère de Vézelay. En vérité, au moment où les comtes de Flandre et de Champagne affermissaient leur pouvoir, où les Angevins arrêtaient l'expansion vers l'Aquitaine qui s'était esquissée au début du règne, il était normal que la royauté plus vigoureuse, étouffant dans les limites du vieux domaine, glissât du côté du sud-est. Dans l'hiver 1146, alors que le roi séjournait à Autun, les moines de Saint-Philibert de Tournus lui portèrent, pour les confirmer, leurs très vieux diplômes d'immunité [1]. Puis ce fut la croisade, prêchée dans un monastère bourguignon, par un abbé bourguignon. Les historiens, qui sont sans indulgence pour le père de Philippe Auguste, ont insisté sur les conséquences fâcheuses de cette expédition. Qu'elle ait manqué son but, que ce long voyage ait été désastreux pour le ménage royal, qu'il ait détourné l'attention du souverain des problèmes que posait la puissance angevine, c'est bien certain. Mais, en participant, le premier des rois de France, à la grande entreprise chrétienne, Louis VII a pu vivre pendant des mois au milieu des seigneurs venus des confins du royaume, qui n'avaient jamais vu un roi et pour qui la royauté était une idée abstraite. Or, la prédication de Vézelay avait eu un grand retentissement dans la chevalerie mâconnaise ; le comte, les sires de Brancion et de Beaujeu partirent en 1147 accompagnés d'un bon nombre de leurs vassaux [2] ; en Terre sainte, ils connurent le Capétien.

Cependant, le Mâconnais resta plusieurs années encore sans roi. Aux frontières des châtellenies, la rivalité des seigneurs banaux entretenait une agitation désordonnée, dont les clercs, à les entendre, souffraient seuls avec les pauvres [3]. On rêvait toujours de paix, mais nul n'avait encore songé à demander au roi de venir lui-même châtier les fauteurs de désordre. Il fallut des circonstances exceptionnelles, la politique bourguignonne de l'Empereur et la crise du schisme, qui groupèrent les seigneurs de la région en deux partis opposés dont l'un se réclama du roi de France, pour décider Louis VII à conduire son ost sur les bords de la Saône.

2. *Les campagnes de 1166, 1171 et 1180*

En 1156, après son mariage avec l'héritière des comtes de Bourgogne, Frédéric Barberousse souhaita rendre effective l'autorité impériale dans l'ancien

1. T. 160.
2. Voir *supra*, p. 399.
3. Lettre de l'abbé Étienne de Cluny à Louis VII, *castellani et milites terrae feruntur quique in alteros sed insanias et mala eorum solae luunt ecclesiae, Hist, de la Fr.*, XVI, p. 130. Les clercs, pour assurer la paix, comptent plutôt sur l'action du pape ; Pierre le Vénérable avait cru un moment dans la puissance du sire de Beaujeu, PET. VEN., *Epist.*, VI, 26 et 27 ; il fut vite déçu.

royaume rodolphien ; l'année suivante, il tint à Besançon une diète solennelle qui devait manifester sa puissance jusqu'aux frontières de l'Empire. Certains seigneurs de France, qui avaient des intérêts outre-Saône, crurent, en s'attachant étroitement à l'Empereur, pouvoir triompher plus facilement à l'ouest de leurs rivaux. Tel le comte de Mâcon, Girard de Vienne, qui, par ses alleux familiaux, par ses relations, par sa formation, était un prince d'Empire ; gendre du sire de Salins, il tenait son comté en hommage lige de son frère aîné Étienne d'Auxonne, chef maintenant du lignage des anciens comtes bourguignons ; le mariage de 1156 en avait fait le cousin germain et désormais l'ami fidèle de Frédéric. Tel aussi l'archevêque de Lyon qui, pour défendre les droits régaliens de son église contre les entreprises des comtes de Forez, se rapprocha de l'Empereur ; Héracle de Montboissier fut le premier à Besançon et en revint revêtu du titre pompeux d'exarque du palais de Bourgogne et porteur d'une bulle d'or qui conférait au siège archiépiscopal les *regalia* et le pouvoir comtal à l'est de la Saône [1]. Étroitement associés, les deux alliés de l'Empereur, le comte de Mâcon et l'archevêque, voulurent, dès 1158, régler à leur profit les vieilles querelles féodales ; ils marchèrent ensemble contre Guigue de Forez [2]. Frédéric Barberousse pensa-t-il les utiliser pour étendre son influence dans le royaume capétien et en particulier pour ramener dans son ancien tracé la frontière qui, en Beaujolais et en Lyonnais, s'était avancée jusqu'à la Saône ? Notons qu'il ne livra le pouvoir souverain aux prélats lyonnais qu'en deçà de la rivière ; mais notons aussi qu'il laissa son chancelier Rainald de Dassel encourager directement Girard et Héracle et que les seigneurs du royaume sentirent bien que cet appui augmentait dangereusement les forces de leurs adversaires. « Le comte de Mâcon, en la puissance de qui nous sommes, écrivait alors l'abbé Hugues de Cluny, est lié à l'Empereur par des serments, aussi tient-il le glaive suspendu sur notre tête [3]. »

À ce moment s'ouvrit le schisme pontifical, et cet événement troubla intimement notre région où les deux obédiences allaient s'affronter. Le comte de Mâcon embrassa résolument la cause victorienne et s'en fit le champion à l'ouest de la Saône ; dans l'église de Lyon, où la plupart des chanoines n'avaient aucune attache du côté de l'Empire [4], on hésita davantage ; un parti hostile à l'influence frédéricienne se constitua au sein du chapitre et Dreux de Beauvoir, élu en 1163 à la mort d'Héracle, s'efforça de ne pas rompre avec

1. Pouzet, dans Kleinclausz, p. 115.
2. AA. SS., août II, 654.
3. Lettre à Gilbert Foliot, évêque de Londres, citée par P. Fournier, *Roy. d'Arles*, p. 35.
4. Nous tenons ces indications de M. J. Déniau.

Alexandre III. Ce dernier en tout cas vit aussitôt que son intérêt était de soutenir tous ceux que menaçaient les amis de Barberousse ; il répondit avec empressement aux appels des clercs en quête de paix et, en 1162, après son installation en France, il s'employa activement à réunir ses partisans, à rallier ceux qui, comme Cluny, étaient restés sur la réserve[1], à former un parti solide en face du parti impérial. En 1163, tous les établissements religieux du Mâconnais défendaient avec le comte de Forez la cause alexandrine ; seuls les deux grands châtelains, Beaujeu et Brancion, encore indécis, attendaient le développement de la querelle pour se ranger du côté du plus fort et en tirer profit.

Louis VII, lui non plus, n'était pas très pressé de se mêler de cette affaire. En 1162, le pape l'avait réconcilié avec Henri II d'Angleterre, le délivrant de son plus grand souci ; il était maintenant convaincu de la légitimité d'Alexandre ; mais, depuis Saint-Jean-de-Losne, il était aussi bien décidé à ne rien faire qui pût lui aliéner Frédéric Barberousse. Sans doute n'était-il pas, à cette période de sa vie, de tempérament très aventureux (encore que l'on ait, croyons-nous, tendance à exagérer les effets de cette pusillanimité naturelle), mais un souverain moins timoré aurait pris le même soin d'éviter le rapprochement du Staufen et du Plantagenêt. Louis VII intervint malgré lui, cédant à la pression pontificale. Cette pression en vérité fut intense, car Alexandre III était persuadé qu'une action militaire du roi de France, menée spécialement en Bourgogne, pourrait retourner la situation en sa faveur. De 1163 à 1165, aidé par son ami l'archevêque de Reims, frère de Louis VII[2], il fit tout pour attirer l'attention du Capétien sur cette portion de son royaume ; il poussa ses partisans à s'adresser directement au souverain et, mettant en avant « le bien et l'honneur du royaume », à solliciter son aide.

En 1163, Louis VII, conduisant l'ost en Auvergne, avait prudemment évité de semondre le comte de Forez, son vassal ; celui-ci, dans une lettre, manifesta aussitôt son étonnement, protesta de son dévouement personnel et insista habilement sur la menace qui, à travers lui, pesait sur le royaume : Girard de Mâcon et les schismatiques lyonnais l'ont attaqué ; ils sont venus, dit-il, non seulement pour le déposséder, mais « pour faire passer son comté, qui relève de la couronne de France, à l'Empire teutonique » ; le roi doit se garder de ce côté[3]. Au retour, le roi, passant par Montbrison, entra en contact avec les Foréziens, avec

1. Le 11 juillet 1163, Alexandre III prend la défense de Cluny contre ses adversaires, CF. 915.
2. Mahn, p. 143-145.
3. CF. 915.

le sire de Beaujeu et avec quelques vassaux directs du comte de Mâcon, ses châtelains des bords de Saône, les sires de la Salle et de Vinzelles [1].

L'année suivante, le pape Alexandre était installé à Sens ; Thomas Becket, réfugié à Paris, se faisait son interprète auprès du souverain. Pour l'attirer en Mâconnais, le pape confia alors à Louis VII les affaires de l'abbaye de Tournus ; pour assainir les finances de cette maison, il fallait disperser la communauté ; le roi prendrait l'église sous sa protection et enverrait sur place des gens à lui [2]. Et sans cesse Alexandre III entretenait le Capétien des affaires lyonnaises, dénonçant les interventions de Rainald de Dassel qui, à Lyon, en personne, faisait commencer de nouvelles fortifications [3].

En 1165, le conflit s'aggrava sur les bords de la Saône. À Lyon, les partisans d'Alexandre poussèrent de l'avant ; une partie du chapitre élit contre Dreux de Beauvoir, qui n'était pas encore consacré, le Cistercien Guichard de Pontigny, que Thomas Becket présenta à Louis VII comme un homme capable de lui gagner « sa ville et même le pays [4] ». En Mâconnais, en revanche, Frédéric Barberousse fournit une aide plus efficace à ceux qui soutenaient son pape ; par un mariage, le comte de Chalon était entré, lui aussi, dans son lignage et dans son parti ; des routiers venus de l'Empire, les « Brabançons », commencèrent de courir la campagne à la solde des deux comtes, s'attaquant aux églises alexandrines ; Girard de Vienne rêvait même de s'approprier les régales de l'évêché de Mâcon [5]. Devant le trouble croissant les tenants de la cause pontificale, l'abbé de Cluny, l'évêque et les chanoines mâconnais, adressèrent au roi des lettres plus pressantes. « Malgré son nom, son royaume ne comprend pas seulement la France, mais aussi la Bourgogne » ; qu'il se hâte, car, sur ces confins de l'Empire, de grands dangers menacent la couronne ; c'est le moment d'intervenir, car le comte de Forez, Humbert de Beaujeu et la plupart des clercs sont pour lui [6]. Ils finirent par vaincre les hésita-

1. B. 30 ; le roi ménage la paix entre Forez et Beaujeu : le comte Guigue restitue à Humbert la garde de l'abbaye de Savigny. On voit, dans la *familia* du sire de Beaujeu, Ardouin de la Salle et son cousin Oulard, Hugues de Vinzelles et ses frères Maïeul et Guillaume. – FOURNIER, *ibid.*, p. 49.

2. T. 167.

3. *In confinio regni tui*, CF. 917.

4. *Hist. de la Fr.*, XVI, p. 125.

5. *Hist. de la Fr.*, XVI, p. 130.

6. Lettre de l'abbé Étienne de Cluny, *non sola Francia de regno vestro est, licet sibi nomen regis specialiter retinuerit. Est et Burgundia vestra, Hist, de la Fr.*, XVI, p. 130 ; ... *ut terrae nostrae quae finibus imperii collimitatur, cito consuleretis ; eo quod a partibus illis, si res et tempora mutarentur, plurima regno possint imminere pernicies... Et cum vestri sint, et comes Forensis et dominus Humbertus de Bellojoco, et plurima pars clericolum ecclesiae coronnae vestras faveant, ad bonum et honorem vestrum et regni, restitui res posset in melius.* – Lettres de l'évêque et du chapitre de Mâcon, de Pierre, évêque de Pavie, *Hist. de la Fr.*, XVI, p. 131-132.

tions de Louis VII. À la fin de l'année 1165, quand il quitta la France pour l'Italie, Alexandre III avait gagné la partie ; les rivalités féodales en Mâconnais étaient devenues affaires royales. Le roi de France allait être son mandataire sur les bords de la Saône.

Il existe des récits très sûrs et détaillés des trois expéditions royales de 1166, 1171 et 1180[1] et nous ne nous attarderons pas à les décrire. Louis VII commença par envoyer dans notre région des représentants laïcs et ecclésiastiques pour enquêter, s'aboucher avec les seigneurs et tâcher de les réconcilier : il répondait ainsi au vœu de ses correspondants, qui ne se souciaient guère de voir l'armée royale venir ajouter aux déprédations des routiers[2]. Ces messagers furent très bien accueillis. Humbert de Beaujeu promit de soutenir Guichard de Pontigny ; le comte Girard accorda une trêve aux chanoines de Saint-Vincent de Mâcon et se déclara prêt à faire arbitrer sa querelle[3]. En réalité, l'apaisement restait superficiel. Malgré les trêves, Étienne de Bâgé, récemment élu au siège épiscopal mâconnais, n'osait sortir de la ville pour se rendre à la cour du roi porter sa fidélité et recevoir les régales[4]. Au printemps de 1166, le pays était toujours parcouru par des gens de guerre ; le vieux conflit qui opposait à Cluny les comtes de Chalon à propos de l'avouerie du prieuré de Paray-le-Monial était en particulier plus aigu que jamais ; conduits par le fils du comte, les routiers impériaux massacrèrent aux portes de leur ville les bourgeois de Cluny. Cet événement qui fit scandale décida le roi à venir lui-même avec son ost[5].

Accompagné par le comte de Nevers et par le duc de Bourgogne qui, nous le savons, s'intéressait de près aux affaires chalonnaises, Louis VII s'avança dans

1. Pour les deux premières, Perrat ; pour la troisième, Cartellieri, I, p. 84-86.

2. *Videretur saniori consilii ut aliquos de episcopis et proceribus vestris hunc premitteretis, qui statum terrae considerarent, qui ordinarent res, loquerentur principibus, pacificarent patriam ; Hist. de la Fr.*, XVI, p. 131. – *Scribite etiam super hoc comiti Cabilonensi, comiti Matisconensi Gerardo, domino Humberto de Bellojoco et Dalmacio de Luzeio, Hist. de la Fr.*, XVI, p. 132.

3. Lettre de H. de Beaujeu : *Nos... totam terram nostram ex debita subjectione voluntatis vestrae ac mandatis vestris exponimus... Petitionem vestram factam de domino Lugdunensi archiepiscopo laeti recepimus, Hist. de la Fr.*, XVI, p. 134. – Lettre de Girard de Mâcon, V, 1re éd. : *Placuit mitterre ad nostras partes nuncios vestros pro Matisconensis ecclesia... Paratus fut... ad honorem vestri stare ad consilium eorum de omnibus querelis quas habebant* (les chanoines) *licet ego possem de eis et gravius et justius conqueri... Dedi et firmavi treugas ipsis canonicis, Hist. de la Fr.*, XVI, p. 133.

4. Lettre du chapitre, *Hist. de la Fr.*, XVI, p. 133, et de l'abbé de Cluny, *Hist. de la Fr.*, XVI, p. 134.

5. *Historia Ludovici*, p. 172 (le chroniqueur prétend que les Brabançons tuèrent plus de 500 bourgeois ; c'eût été anéantir toute la population adulte mâle de la ville ; or, on ne voit pas, dans les textes, que la bourgeoisie clunisienne ait beaucoup perdu de sa vitalité) ; Hugues de Poitiers, *Hist. de la Fr.*, XII, p. 342.

l'été jusqu'à Chalon et Mont-Saint-Vincent[1]. L'expédition était uniquement dirigée contre le responsable du massacre. Il n'était pas question du schisme. Le roi en profita, il est vrai, pour réconcilier le comte et l'église de Mâcon, qui comparurent à Chalon devant sa cour[2]. Mais il ne fit rien pour aider l'archevêque Guichard à entrer dans Lyon ; il ne chercha même pas, semble-t-il, à entrer en rapport avec Humbert de Beaujeu ; et il prit bien garde de ne pas s'approcher des frontières de l'Empire. Cependant, cette première intervention rapide et prudente suffit à retourner la situation en faveur du Capétien et de ses amis. Louis VII s'était montré ; ses droits s'étaient affirmés sur les églises placées sous sa protection ; c'est à lui désormais que vont s'adresser les grands seigneurs du pays, les Brancion ou les Berzé, pour caser leurs parents dans le chapitre mâconnais, en protestant de leur fidélité : aux confins du royaume, ils ne voient pas souvent le roi, mais ils lui sont attachés par le cœur et ils sont prêts à obéir à tous ses ordres[3]. Le comte Guigue va reprendre en fief royal les meilleurs châteaux du Forez[4]. Enfin, coïncidant avec le désastre qu'essuyait Barberousse en Italie, l'expédition royale renforça le parti alexandrin. Guichard de Pontigny put enfin en 1167 s'installer sur son siège ; il conclut aussitôt avec le comte de Forez un accord heureux pour le royaume, puisqu'il reconnaissait les droits du vassal de Louis VII dans la cité de Lyon[5]. Le danger qui venait de l'Empire était décidément conjuré ; le roi de France avait désormais toute liberté d'agir.

En 1171, quand les clercs de nouveau réclamèrent son aide, Louis VII vint cette fois sans hésiter, poussa jusqu'à Mâcon pour châtier le comte, avec l'appui du sire de Beaujeu enfin sorti de sa réserve[6]. La cour royale arbitra toutes les discordes et, jusqu'à la mort du roi, la paix ne fut plus troublée. Alors seulement les seigneurs laïcs crurent pouvoir reprendre leurs attaques contre les domaines

1. *Hist. Lud.*, p. 173 ; Hugues de Poitiers, p. 342.

2. T. 168. Le comte renonce au droit de dépouille qu'il revendiquait et à des coutumes qu'il levait sur la terre de Saint-Vincent et que tenait de lui son vassal, le sire de Montbellet (lire *dominus Montisbelleti* et non *dominus Miribelli*).

3. Lettre de J. Gros *domino suo : Quamvis vestrae majestatis praesentiam, utpote in extremis regni vestri positus, non saepius video, tamen vestrae reverentiae diligentiam memori pectore infixam assidue teneo. Ad omnia a vobis imperata prout possum obedire paratus maneo, Hist. de la Fr.*, XVI, p. 134 ; Hugues de Berzé, XVI, p. 135.

4. AN, K. 24, n° 14.

5. Pouzet, dans Kleinclausz, p. 115 ; P. Fournier, *Arles*, p. 53.

6. Le comte Girard s'est attaqué en 1170 à l'église de Mâcon (lettre d'Alexandre III à Thomas Becket, Migne, *Pat. lat.*, T. 200, p. 700) : il fait sa soumission à Vézelay en 1172, M. 631. Au passage, le roi tient des plaids à Tournus et devant Mâcon, *Hist. de la Fr.*, XVI, p. 155 – CH. 132 – 163 – T. 169 (*cum nobili et fideli nostro Humberto de Bellojoco*).

ecclésiastiques malgré les « immunités » royales, et le jeune roi Philippe dut, en 1180, conduire une troisième expédition « pour la défense des églises et la liberté des clercs » contre les comtes de Mâcon et de Chalon et peut-être aussi le sire de Beaujeu[1]. Mais à peine son armée entrait-elle en Bourgogne que l'ordre se rétablissait.

3. *La fondation du domaine royal*

Ces campagnes, les deux premières surtout, parurent aux contemporains des événements de grande importance. Dans l'entourage capétien on tint l'expédition de 1166 pour une action très profitable à la couronne et pour une œuvre pie dont Louis VII fut récompensé par la venue de ce fils qu'il attendait depuis si longtemps[2] ; en Mâconnais, pour célébrer le voyage royal, on modifia après 1171 l'inscription dédicatoire du très bel autel de l'église d'Avenas[3]. À première vue, cet enthousiasme paraît exagéré, car l'action du roi fut contenue dans d'étroites limites.

Les pays bourguignons, lit-on dans les préambules des diplômes de Louis VII, souffraient depuis trop longtemps de l'absence des rois, qui les laissait sans discipline ; le souverain est venu avec son armée pour venger les crimes, punir la malice des méchants, arrêter les guerres et installer la paix dans la contrée[4]. Des formules plus exactes notent qu'il répondit à l'appel des clercs, qu'il vint les défendre contre ceux qui les opprimaient, prêter son aide et son conseil à tous les faibles, aux gens d'églises, aux veuves, aux orphelins[5]. Il remplissait ainsi l'un des devoirs essentiels de sa charge. Mais, en fait, s'il parut en vengeur,

1. Rigord, I, p. 17, *egressi sunt filii iniquitatis, scilicet Ymbertus de Bellojoco et comes Cabilonensis cum complicibus suis adversus ecclesias Dei ; qui cum graviter contra regias immunitates ipsas ecclesias gravare presumpsissent... rex, pro defensione ecclesiarum et clerici libertate collecto exercitu, terras eorum intravit...* Le roi agit aussi contre le comte de Mâcon qui comparaît devant la cour à Pierrepertuis, T. 171. Malgré Rigord, tout donne à croire qu'Humbert de Beaujeu était encore du côté du roi, Cartellieri, I, p. 84-86, C. 4396.

2. *Hist. Lud.*, p. 176.

3. Pour Perrat, l'autel aurait été élevé après 1166 ; R. Oursel, « L'autel d'Avenas », *AB*, 1948, p. 204, soutient que la sculpture elle-même est antérieure et que l'on modifia simplement les premières lignes de l'inscription. En tout cas, on voulut célébrer Louis VII, protecteur et vengeur des églises.

4. Préambule de la notice du plaid de Chalon (1166), T. 168 ; du jugement de Tournus, T. 169 (1171), *ad compescendam praedonum malitiam et guerrarum assiduitatem, quae longo tempore jam invaluerat, cum armis Burgundiam ingressi...*

5. *Ad querimoniam ecclesiarum contra earum impugnatores in multa regia copis Burgundiam intravimus, ut que malefactorum injuriis opprimebantur nostro recreerentur auxilio et firmam ecclesiis pacem restitueremus*, T. 171 (1180) ; Rigord, voir *supra*, n. 1.

le roi, remarquons-le bien, épousa une cause particulière ; en attaquant ceux qui étaient placés sous sa protection, on l'avait personnellement lésé ; il prit parti et les guerres qu'il mena furent des guerres privées. Ainsi, en 1166, Louis VII conduisit la faide des lignages bourgeois de Cluny et des moines contre certains meurtriers, les Brabançons et celui qui les payait ; il ne songea pas à punir d'autres crimes ; seuls l'aidèrent ses amis et il ne demanda pas le concours de la *militia patriae*, car il ne s'agissait pas d'une expédition publique ; son armée contourna les châteaux où les chevaliers s'étaient prudemment enfermés : Josseran Gros, prétextant la défense du pays, ne sortit pas de Brancion où ses hommes faisaient estage [1] ; vainqueur, le roi châtia ses ennemis personnels, fit pendre les routiers, confisqua les alleux du comte de Chalon, les partageant entre ceux qui l'accompagnaient, le comte de Nevers et le duc de Bourgogne [2]. Et, en réalité, les assemblées successives qui à Vézelay terminèrent chacune des trois campagnes ne furent pas des réunions publiques préparant une pacification générale ; toutes privées elles aussi, elles rétablirent seulement la paix entre le roi et ses adversaires. Les barons arbitrèrent la querelle particulière, fixèrent les termes de la composition ; satisfait, le roi restitua les biens qu'il avait confisqués et, pour assurer la réconciliation, réclama des garanties : en 1172 par exemple Girard de Mâcon dut prêter un serment de paix solennel, fournir des pleiges, son frère Étienne, son beau-frère Gaucher de Salins, ses principaux vassaux les sires de Brancion et de Beaujeu [3]. Accordé avec ses ennemis, le roi se préoccupa ensuite de régler les différends qui pouvaient opposer ceux-ci à ses alliés : en 1167, l'abbé de Cluny fit sa paix à Vézelay avec le comte de Chalon ; en 1172, le comte Girard s'accorda devant Louis VII avec le sire de Beaujeu et l'église de Mâcon ; Philippe Auguste, en 1180, apaisa par le conseil de ses barons les conflits qui opposaient les évêchés royaux et l'abbaye de Cluny aux seigneurs qu'il venait de châtier [4]. Et après avoir pacifié les querelles qui l'intéressaient directement, le roi s'en retourna. Par ses buts, ses méthodes, ses conclusions, la guerre du roi fut donc semblable à toutes celles

1. Quand le roi parvient *per partes Cluniacensis provincia*, les veuves et les orphelins des bourgeois accourent vers lui, *ut eis manum consilli et auxilii misericorditer porrigeret, Hist. Lud.*, p. 173. – *Vindictas*, T. 168 : *ultio, Hist. Lud.*, p. 173. – Le sire de Brancion, CH. 162.

2. *Hist. Lud.*, p. 173, *omnem illius tiranni terram... cepit et ejusdem terre mediam partem duci Burgundie donavit, reliquam partem comiti Nivernensi contradivit*, p. 174, *Brebentiones furcis suspendi fecit*.

3. M. 631. – En 1166 à Vézelay, *occurit ei filius comitis Cabilonensis et agente abbate fecit pacem cum rege*, Hugues de Poitiers, *Hist. de la Fr.*, XII, p. 342.

4. C. 4396 – M. 631 – T. 171 : en 1180, on présente devant la cour le texte du premier accord établi par l'intermédiaire du roi entre le comte et l'église de Mâcon en 1166 ; le roi fait la paix *baronibus regni nostri astantibus*.

que menaient les seigneurs privés. À vrai dire, elle fut beaucoup plus facile et les trois expéditions, ne se heurtant à aucune résistance sérieuse, furent de courtes promenades. Mais si la présence de l'armée royale faisait s'incliner toutes les puissances locales, toutes relevaient la tête et retournaient à leurs chicanes dès qu'elle était loin. Le milieu était rétif et la paix du roi de courte durée.

Les interventions de Louis VII et de Philippe Auguste modifièrent cependant profondément le milieu politique. Ces châtiments d'abord étaient choses nouvelles dans un pays où, en l'absence de toute autorité supérieure, les méfaits des grands n'avaient jamais été punis. Chacune des chevauchées royales fournit par ailleurs au souverain l'occasion d'arbitrer bien des querelles privées. À chaque étape, dans le camp de l'ost, le roi présida des sessions judiciaires de sa *curia*, où se présentèrent des seigneurs qui n'étaient pas pris dans sa faide, mais qui cherchaient un arbitre capable de les réconcilier. « Siégeant pour juger les affaires et connaître les causes », Louis VII, en 1166, départagea le comte et Saint-Vincent de Mâcon ; à Tournus, en 1171, l'abbé et les bourgeois portèrent leur différend devant lui ; Josseran Gros et les chanoines de Chalon vinrent plaider « au camp devant Mâcon » ; et Philippe, en 1180, sanctionna de nombreux accords particuliers [1]. En réalité, les arbitrages royaux ne différaient pas de ceux que rendaient des conciliateurs privés ; sur ceux qui n'étaient pas pour lors ses ennemis, le souverain n'exerçait aucune pression pour les contraindre de recourir à sa justice ; les deux parties décidaient librement, d'un commun accord, de se soumettre à son dit [2]. Mais le roi, qui prononçait la sentence, garantissait la paix et se ménageait l'occasion d'intervenir en cas de rupture. Peu à peu, l'aristocratie s'accoutuma ainsi à porter ses procès devant la cour royale ; les laïcs comme les clercs voyaient maintenant dans le roi le justicier suprême, le garant de la paix. Et si les premiers arrêts de la *curia regis* furent mal exécutés, on hésita, après 1180, à violer les accords transcrits sur les chartes royales [3].

---

1. T. 168 – 169 – *Gallia*, p. 243, *Diu agitatum est verbum in curia nostra et cum tandem juxta Matisconem in castris essemus... adjudicavimus vobis per judicium curiae nostrae* ; en 1180, accord entre Cluny et le comte de Mâcon, C. 4279 ; entre Cluny et le sire de la Bussière, C. 4280 ; le vicomte de Mâcon abandonne la garde du prieuré d'Ambierle, C. 4276 ; accord entre Cluny et le comte de Chalon, C. 4281.

2. T. 169, *ex utraque parte in sententiam nostram compromiserunt et in dictum nostrum et curie nostre se miserunt*.

3. Inexécution des premières sentences : lettre de l'évêque de Chalon dénonçant Josseran Gros qui, malgré la décision de la cour royale, CH. 163, refuse de se présenter devant la cour épiscopale, *Hist. de la Fr.*, XVI, p. 154 et 155.

Mais il y eut davantage. Quand il eut accordé aux églises un appui efficace, le roi de France prétendit en retour affirmer sur elles son pouvoir. Il tint la main à ce que les évêques et les abbés des monastères royaux se rendissent plus régulièrement à sa cour ; en raison de la distance, il admit que l'on procédât aux élections sans lui demander d'abord la *licentia eligendi* ; mais il exigea que les élus vinssent aussitôt lui prêter serment[1]. Il assura son droit sur les régales de Saint-Vincent de Mâcon qui menaçaient de se perdre, imposa aux évêques et à l'abbaye de Tournus le gîte, la taille pour son aide, le service d'ost ; chaque fois désormais que le souverain, son fils, le sénéchal, le connétable ou le maréchal conduiraient une expédition dans la région, le prélat serait tenu d'aller à leur rencontre jusqu'à Dijon avec ses chevaliers[2]. Louis VII enfin chercha à tirer un profit matériel de son office de gardien.

Jusqu'ici tout théorique, le droit de garde générale que revendiquaient les rois ne leur avait valu aucun avantage ; mais s'étant mis en frais pour servir les intérêts de l'abbaye de Cluny et de l'église de Mâcon, le souverain entendit être dédommagé. On sait que les établissements religieux avaient coutume de placer les parties les plus exposées de leur domaine sous la protection du châtelain voisin ; ce dernier avait droit en échange à des redevances particulières ; il participait en quelque sorte à la seigneurie. Pour solder la garde royale, on ne fit qu'adapter ce système au cas particulier : le *custos* n'avait encore dans le pays aucun château, aucune terre ; pour l'installer, on lui remit la moitié de certaines

1. Règlement des régales de Mâcon, 1) *Rec. des actes de Philippe Auguste*, II, 708 (1202) ; *Quotienscumque episcopus Mat. morietur vel quotienscumque sedes Mat. vacaverit et capitulum Mat. a nobis licenciam de electione facienda requisierint, sine contradictione eligendi licenciam concedemus*. Si l'évêque meurt intestat, le roi aura *omnia mobilia* ; mais s'il dispose de ses meubles par testament, le roi respectera ses volontés. *Omnia regalia et omnes proventus regalium* sont au roi pendant la vacance ; 2) AN, K. 176, 2, 7 (1209), le roi abandonne son droit de dépouille, conserve la *procuratio* et l'*exercitus* ; il accorde que, *propter locorum distantiam Mat. ecclesiae damnum aliquod periculum immineret si canonici mortuo episcopo suo eligere non possint nisi prius a nobis peterent licenciam eligendi*, les chanoines puissent élire sans l'autorisation ; mais l'élu viendra, *facta nobis fidelitate de manu nostra regalia recepturus*.

2. Le comte de Mâcon revendiquait le droit de dépouille avant 1166, T. 171. – L'abbé de Tournus doit se rendre auprès du roi *pro expeditione aut pro regali nostro recipiendo*, T. 169. – Service d'ost de l'évêque de Mâcon, AN, K. 176, 2, 7 (1209). *Exercitus etiam in predictis regalibus non simpliciter sed tamen hoc modo retinemus, si nos vel filius noster vel marescallus vel senescallus vel constabularius Francie de mandato nostro versus partes illas exercitus ducerent, dictus Mat. episcopus usque ad Divionem et non ultra nostrum exercitum cum militibus et armis venire tenetur*. En 1228, l'évêque et le chapitre devront garantir le paiement de l'amende réclamée des bourgeois de Mâcon qui ne s'étaient pas rendus au siège d'Avignon, AN, J. 259, n° 21. – Le roi a les régales de Chalon (règlement par Louis IX en 1264, Bourg, 102, f° 109 r°). Taille royale sur la ville de Tournus *pro auxilio aut procuratione nostra*, T. 169 (1171).

potestates ecclésiastiques. En 1166, les Clunisiens associèrent ainsi Louis VII à leur seigneurie de Saint-Gengoux ; en 1171, l'évêque et le chapitre de Mâcon partagèrent avec lui Vérizet, Prissé et Crêches[1]. Au terme de ces contrats de pariage, le Capétien, représenté par des délégués permanents, remplit dans la seigneurie les fonctions mêmes du châtelain, du gardien local : il doit défendre la terre et les hommes de l'église ; pour mieux le faire, il construira des fortifications – s'il n'en existe pas encore – qui lui appartiendront en propre, et il lèvera les exactions qui, comme le droit de péage, paraissent la dépendance naturelle des forteresses[2]. Ses pouvoirs, comme la *custodia* des châtelains, sont soigneusement délimités : il ne peut installer sur le territoire qu'il protège de mauvaises coutumes, ni s'interposer entre le seigneur d'Église et ses hommes ; son représentant doit jurer fidélité à l'associé ecclésiastique ; les sanctuaires et les demeures des clercs conservent leur entière immunité et échappent à sa puissance[3]. En échange, la moitié des revenus domaniaux et seigneuriaux lui est abandonnée, à l'exclusion des dîmes, des profits de la justice de chrétienté et des redevances de nature proprement religieuse[4]. Ainsi se constituèrent, aux dépens de l'Église, les premiers éléments du domaine royal en Mâconnais : par son droit souverain, le roi obtint des plus importants établissements, sauf du monastère de Cluny, des services précis ; il reçut en outre de certains d'entre eux des terres, des droits, des châteaux ; après être resté pendant plus de deux siècles un étranger et presque un inconnu, il reprit ainsi sa place parmi les seigneurs du pays.

Il agit également sur l'aristocratie laïque. Tout d'abord, en prêtant sa force aux clercs, en faisant respecter leur immunité, en les autorisant à construire de nouvelles défenses[5], le roi de France rompit l'équilibre qui s'était peu à peu établi au XIIe siècle entre les seigneuries territoriales rivales. À partir de 1166, les châtelains durent reculer, perdant les pouvoirs qu'ils avaient étendus sur de larges portions du domaine de l'Église. En 1171, le comte de Mâcon abandonna

1. C. 4223 ; Luchaire, n° 611. Au même moment, Saint-Martin d'Autun associe le roi à Saint-Pierre-le-Moutier, *Ordonnances des rois*, VII, p. 266 (1166). En 1186, pariages de Couches et d'Anzy.

2. Vérizet : *nos... terram custodiamus et deffendamus..., si aliquam firmitatem ibi fecerimus aut pedagium levaverimus, nostrum proprium erit*. Saint-Gengoux : *pro arbitrio nostro in eadem possessione unam vel plures habebimus munitiones*. Sur les caractères juridiques du pariage, Collet.

3. Vérizet : *nec ministralis noster... aliquam injuste faciet exactionem nec... homines suos manutenebit*. Saint-Gengoux : *si abbas... aliquem de suis hominibus vel hospitibus in causam traxerit, idem prepositus nec per se nec per aliquem ministrorum suorum in partem adversariam stabit*. Le prévôt de Saint-Gengoux, dont la charge ne doit pas être héréditaire, jurera fidélité aux deux coseigneurs. – À Vérizet comme à Saint-Gengoux, les églises et les maisons des clercs sont tenues hors du partage.

4. Vérizet : *unam medietatem omnium reddituum et justiciarum, nisi clericorum, qui tota episcopi erit*.

5. T. 171 (1180), le roi autorise les chanoines à fortifier leurs maisons.

toute prétention sur le village de Viré et sur celui de Romenay qui relevaient de l'évêque. En 1180, le comte de Chalon renonça à la garde du prieuré de Paray-le-Monial ; dans les environs de la cité, il conserva la police des chemins et la haute justice sur les terres de Saint-Vincent de Chalon, mais dut consentir à n'exercer ses droits qu'à la requête des chanoines. La même année, le châtelain de la Bussière libéra le village clunisien de Saint-Point de toute coutume, hormis la justice de sang, tandis que le comte de Mâcon reconnaissait l'immunité des domaines de l'abbaye à Dommange, Laizé et Igé et n'était plus à Chevignes que le gardien des chemins et l'exécuteur des sentences de haute justice [1]. Tournus, en 1211, parvint à libérer de l'avouerie comtale son doyenné de Saint-Romain-des-Îles, puis, en 1232, à limiter les prétentions du sire de Bâgé sur le prieuré de Biziat [2]. L'intervention royale affaiblit ainsi les châtellenies laïques. Mais le souverain prétendit aussi les contrôler.

Quand Louis VII était venu pour la première fois, tout ce qui comptait dans la société avait reconnu sa supériorité personnelle ; les comtes, Josseran Gros, Hugues de Berzé, l'avaient proclamé leur seigneur, Renaud de Bâgé, qui pourtant n'était pas du royaume, son seigneur aussi et son ami [3]. Le roi ne se contenta pas de cette fidélité de parole ; il voulut se les attacher par les liens qui lui semblaient les plus étroits et réclama l'hommage et la foi. Nul ne songea à les lui refuser et tous, le souverain comme ses hommes, eurent le sentiment de renouer des attaches traditionnelles et non pas, ce qui était pourtant le cas, de créer de toutes pièces un système nouveau de relations. À vrai dire, le roi n'obtint pas toujours un hommage lige, Girard de Mâcon se reconnut son vassal mais sauva la foi qu'il devait à son frère aîné le comte Étienne et, avant d'être les fidèles du souverain, Josseran Gros et Humbert de Beaujeu étaient ceux du comte [4]. Mais Louis VII et Philippe Auguste s'employèrent à consolider ces engagements personnels en les doublant par le lien féodal. Ils n'avaient pas de terres dans le pays (ils ne pouvaient distribuer les domaines de leurs pariages) ;

1. Paray, C. 4277 ; accord dans les limites de la *potestas de Chonois*, CH. 130 ; Saint-Point, C. 4280 ; Chevignes, C. 4279, le comte conserve la *custodia viarum et pascuorum* et l'exécution des criminels *qui in presentia decani... legitime approbati fuerint*.

2. Saint-Romain-des-Îles, T. 183, le comte n'a *nullam penitus juridictionem, nullum dominium, nullam legem parvam sive magnam, neque furtum, neque adulterium, neque homicidium*. – À Biziat, le sire de Bâgé conserve seulement une redevance (*bannum sanguinis*) sur certains manses ; il punit les flagrants délits et exécute les sentences de la cour décanale, T. 193.

3. Lettre du comte de Mâcon *serenissimo domino suo, Hist. de la Fr.*, XVI, p. 133 ; des sires de Brancion et de Berzé, *ibid.*, p. 134 et 135 ; de Renaud de Bâgé, *ibid.*, p. 155 et 156.

4. M. 631 : le comte de Mâcon *recognovit se hominum nostrum esse... salva fidelitate primogeniti fratris sui comitis Stephani*. En cas de félonie, H. de Beaujeu et J. Gros prêteront main-forte à Louis VII, mais retourneront ensuite *in fidelitatem comitis*.

ils demandèrent donc à leurs hommes de reprendre certains de leurs alleux en fief royal. Les comtes, en particulier, firent hommage, non pour l'ancien *comitatus* dont les souverains ne revendiquaient plus la propriété éminente, mais pour quelques-unes de leurs possessions héréditaires. Ainsi le comte de Mâcon reconnut tenir en chasement son château de la cité et les trois *castella* de sa mouvance, Montbellet, La Salle et Vinzelles[1]. Il faut bien remarquer que les rois cherchèrent à gagner avant tout la suzeraineté des forteresses, ces fondements de la puissance territoriale, que leurs ancêtres avaient toujours prétendu surveiller[2]. Par là, ils purent exiger des principaux seigneurs banaux des services définis attachés à leur fief. En 1180, on voit que le comte de Chalon est tenu de se rendre à l'*exercitus* royal ; la même année, le comte Girard de Mâcon, qui avait agrandi sans autorisation la citadelle de la cité, doit promettre, après un jugement de la *curia regis*, de la remettre à la réquisition du roi ou de ses gens, qui pourront la garnir selon leur plaisir, « parce qu'elle dépend du fief royal[3] ».

Les trois rapides chevauchées de 1166, 1171 et 1180 ont donc bien suffi à restaurer en Mâconnais l'autorité royale. Le roi a repris en main les droits régaliens qui pèsent sur les églises et sur les châteaux forts. Les *proceres patriae* sont entrés dans son hommage et les principaux éléments de leur seigneurie meuvent désormais de lui. Les assises maîtresses du domaine royal sont fondées et dans les meilleures positions. Sur la frontière, une ligne de places fortes, Tournus, Montbellet, Vérizet, La Salle, Mâcon, Vinzelles, Crêches, forme tout le long de la Saône un front de défense continu. Ainsi, au moment où le royaume était menacé sérieusement, moins sans doute par les desseins de l'Empereur que par les menées personnelles de ses amis, le roi de France a paré le danger que dénonçaient les partisans d'Alexandre III. Les empiétements ne sont plus à craindre de ce côté ; au contraire s'est installée une solide base de départ vers l'est. Remarquons bien cependant que Louis VII et son fils ont pris grand soin de ne pas dépasser les limites du *regnum* ; le pariage ne fut pas étendu aux portions des seigneuries de Crêches et de Vérizet qui se trouvaient au-delà de la Saône ; les Capétiens se gardèrent bien de répondre aux sollicitations directes

1. M. 631, *in casamentum recepisse de nobis... tria castella Vinzellas, Montembeletum et Salam*.

2. Le comte de Forez reprend en fief également ses châteaux *que numquam prius de domino habuerat*, AN, K. 24, n° 14 (1167).

3. T. 171, le comte *in villa Mat. nullam firmitatem habere debeat preter turrim suam quae tunc temporis habebat... De domo vero quam comes Girardus in eadem civitate habebat, quia supra consuetum statum firmitatem eidem domui adjacerat, in curia nostra arbitratum est quod quotienscumque nobis vel nostris expediret eandem domum nobis vel nostris redderet liberam, ut hominum multitudinem sive parcitatem nostro beneplacito ibidem imponeremus, cum ad jura feodi nostri pertineret*. Sur l'intérêt du roi pour les châteaux, Aubenas, « Châteaux », p. 580. – Service d'ost du comte de Chalon, C. 4277.

que le sire de Bâgé, leur cousin, leur adressait en terre d'Empire, leur offrant avec son hommage la seigneurie de son château [1] ; ils n'avancèrent même pas en pays lyonnais, dans cette zone qui n'avait pas toujours été du royaume [2]. Cette prudence était sage ; sans heurter l'Empereur, elle permit de gagner davantage en Bourgogne et plus spécialement en Mâconnais. Car le roi ne resta pas non plus dans le pays de Chalon, où l'influence du duc de Bourgogne était déjà puissante et s'affirma encore après l'expédition de 1166 [3]. Mais à Mâcon le Capétien fut désormais chez lui. Que pouvait faire le comte, après avoir renoncé à ses prétentions sur les églises de Saint-Vincent et de Tournus, après avoir reconnu dans ses meilleurs châteaux la supériorité royale ? Rien, et il s'en rendit bien compte [4]. En fait, dès ce moment, le roi l'a remplacé et va reprendre, avec de bien plus grands moyens, sa politique. Enfin, installé à Saint-Gengoux, aux carrefours des grandes routes entre Cluny, Brancion, Chalon et le Charolais, le souverain peut désormais surveiller les principales seigneuries de l'intérieur et les tenir.

B. LA CONSTITUTION DES PRINCIPAUTÉS FÉODALES

1. *Progrès de la seigneurie royale*

Après 1180, les rois de France, pour étendre leur pouvoir, n'eurent qu'à tirer parti de cette avantageuse position. Par deux fois, ils se montrèrent encore en Mâconnais ; au début d'août 1190, Philippe Auguste, partant pour la croisade, traversa le pays, par Cluny sans doute ; à Lyon le rejoignirent les trois évêques

1. Vérizet, *usque ad ulteriorem ripam Araris* (et non *maris*, comme l'imprime LUCHAIRE, cf. ASL, E. 350). – R. de Bâgé réclame l'aide du roi, *et ne vos retardent impensae, quia plena vobis pro voluntate vestra restituam, et omnia castella mea, que a nullo teneo, a vobis accipiam, Hist. de la Fr.*, XVI, p. 156. Cependant, la paix de 1172 exclut les affaires de Bâgé, *praeterquam de Ulrico de Balgiaco* (fils de Renaud et gendre du comte de Mâcon) *de quo faceret posse suum*, M. 631.

2. Indépendance de l'église de Lyon, entre le royaume et l'empire, POUZET, dans KLEINCLAUSZ, p. 116.

3. Le duc tint un moment la cité confisquée, CH. 162.

4. Vers 1180, le comte Girard fait une donation à La Ferté, *post multa discrimina que primo ab imperatore post modum a rege passus sum in terra mea, ad me ipsum regressus sum videns quod melius est sperare in Domino quam in pricipibus*, ASL, H. 25, n° 13. Les comtes de Mâcon lutteront encore contre l'église du temps de l'évêque Aimon (1219-1242), OBM, II, 48. Mais ils sont rejetés outre-Saône ; c'est là maintenant qu'ils agissent, hors de l'atteinte royale. Contre Tournus à Louhans, T. 173 (1180 env.), 188 (1229) ; ils fondent une villeneuve près de Cuisery, ACO, B. 10470 (1221) ; ils exercent la garde des domaines clunisiens à Montberthoud, C. 4279 (1238), 4536 (1222), à Chaveyriat, AN, J. 259, n° 3 (1235).

de Mâcon, Chalon et Autun, Henri Gros d'Uxelles, Hugues de Berzé et son fils, le comte de Chalon [1]. En 1226, Louis VIII, qui allait en Albigeois, passa par Prissé dont il était coseigneur [2]. Mais le roi n'avait plus besoin de paraître en personne ; il avait maintenant sur place des représentants qui agissaient en son nom, défendaient ses droits et s'employaient à les renforcer.

Certains de ces gens du roi venaient de son hôtel, chargés d'une mission temporaire, tels ces *nuntii domini regis* qui, en 1176, arbitraient avec le duc et l'évêque de Mâcon la querelle de l'abbé et de la ville de Tournus, tels le « sergent royal » Raoul de Sens, qui reçut en 1236 l'aveu du comte de Mâcon, ou Pierre de Brossey, « chevalier du seigneur roi », qui la même année réconcilia le sire de Bâgé et les moines de Saint-Philibert [3]. D'autres étaient de grands seigneurs du pays que le roi avait investis pour quelque temps de sa puissance ; Itier de Toucy, « vicaire de sire Philippe en Bourgogne », défendit en 1208 les intérêts de la couronne contre le chapitre de Chalon ; en 1220, Pons de Mont-Saint-Jean tint au nom du roi le château épiscopal de Solutré que menaçait le comte de Mâcon ; Josseran Gros, sire de Brancion, s'intitulait en 1232 « châtelain du roi en Bourgogne » et en 1236 « bailli en Bourgogne » [4]. Enfin, le roi entretenait aussi un petit personnel permanent dont les chefs furent de 1166 à 1239 les châtelains de Saint-Gengoux ; d'origine beaucoup plus humble, mais revêtus du prestige même du souverain, ces mandataires administraient la seigneurie royale et exerçaient aussi au-dehors la justice du roi : en 1197, le châtelain Erlouin arbitra un litige à la demande des chanoines de Chalon ; en 1206, il obligea le chevalier Guichard de Saules à faire droit aux moines de La Ferté qui avaient porté plainte devant lui [5].

Conciliateurs, ces représentants firent rayonner la paix du roi ; mais ils s'occupèrent également d'arrondir son domaine. De nouveau contrats de pariage agrandirent la seigneurie ; en 1183, le roi fut associé par les moines de Mont-Saint-Jean à leur *potestas* de Saint-André-le-Désert ; Damas de Luzy, châtelain de Sigy, partagea vers 1220 avec Philippe Auguste son village de Salornay-sur-Guye [6]. Parfois, sollicités par les clercs, les gens du roi prirent pour quelque

1. De Vézelay, où il était fin juillet, Philippe parvient à Lyon le 15 août, par Perrecy-les-Forges et Villefranche, *Rec. des actes*, I, p. 325 – 326 – 327. – Réunion de Lyon, CH. 126.

2. ASL, G. 92, n° 2.

3. C. 4256 – AN, J. 259 – T. 198.

4. CH. 151 – OBM, II, 48 – C. 4614 (lire *castellanus domini regis* et non *Reginaldi*) – AN, J. 259.

5. CH. 157 – ASL, H. 26, n° 16.

6. *Rec. des actes de Phil. Aug.* I, n° 248, *homines qui ad presens mansionarii sunt in potestati Beatri Andree et illos qui deinceps ibi mansuri venient, in protectionem et custodiam nostram p(ro) posse nostrum*

temps sous leur sauvegarde certains domaines d'Église ; en 1192, les paysans de Boyer, hommes de Saint-Vincent de Chalon, réclamèrent la protection du châtelain de Saint-Gengoux, lui offrant un cens annuel ; cette commendise devait cesser après cinq ans, mais en 1208 Itier de Toucy prétendait encore en profiter ; en 1204, Paray-le-Monial passa dans la garde royale et en 1220 les agents du souverain assurèrent temporairement la défense du château de Solutré [1]. En même temps s'affirmait la supériorité féodale du roi de France. La foi, l'hommage, les services étaient strictement exigés ; ceux qui n'accomplissaient pas leurs devoirs devaient fournir des excuses valables [2] ; on enquêtait scrupuleusement sur les droits de la couronne : ayant fourni le témoignage de dix-huit de ses chevaliers, de seize chevaliers de la terre de Brancion, et de huit chevaliers de la terre de Beaujeu, le comte de Mâcon avoua à Tournus, à la Saint-Martin de 1236, tenir du roi, outre les deux châteaux de la cité et les trois châteaux du val de Saône, le pont de Mâcon et les grandes routes [3]. De nouveaux alleux entrèrent dans la mouvance royale : en 1195, le sire de Berzé reprit son château en fief, et le sire de Sigy, vers 1220, la moitié de Salornay qu'il avait conservée ; en 1239, le duc de Bourgogne fit hommage pour son château de Charolles et pour celui de Mont-Saint-Vincent [4]. Et maintenant, après les avoir défendus contre les seigneurs laïcs, les délégués royaux commençaient d'empiéter sur les immunités ecclésiastiques, réclamant la haute justice et les exactions [5]. Enfin, en 1239, Saint Louis cueillit le fruit mûr et acheta pour 10 000 livres tournois et une rente de 1 000 livres à Jean de Braine, qui n'avait pas d'enfant, son comté de Mâcon et toutes ses appartenances sises dans le royaume, c'est-à-dire, outre le domaine direct du fief royal et la vassalité immé-

suscipimus quamdiu per rationem eos tueri poterimus ; le roi reçoit la moitié des revenus – Salornay, AN, J. 398, n° 38.

1. CH. 156 (1197), *custodia que exigebatur ab eis a castellano sancti Janguifi tali conditione fuit constituta quod non esset nisi per quinque annorum spatium duratur. Predicto autem elapso termino, homines Boiaci predictam custodiam dedixerunt et quod exinde promiserunt singulis annis reddiderunt* ; Erlouin avait reconnu l'abandon, CH. 154 – 161 ; revendication d'I. de Toucy, CH. 151 ; Paray, C. 4413 (1204) ; Solutré, OBM, II, 48.

2. La comtesse de Chalon, qui n'avait pu prêter hommage *pro essonio corporis*, dut faire hommage entre les mains de l'archevêque de Lyon, mandataire royal, AN, J. 253, nos 1-2 (1223).

3. AN, J. 259, n° 4.

4. C. 4366 *bis* – AN, J. 398, n° 38 – J. 249, n° 9.

5. Dans la seconde moitié du XIIIe siècle, nombreux conflits entre les gens du roi et Cluny : à Saint-Gengoux, *Olim*, II, p. 68, IV (1276), p. 295, XV (1290) ; Igé : ASL, E. 350, n° 3 (1277) ; Salornay, ASL, H. 22, f° 245 (1292). Avec l'église de Mâcon à Vérizet, *Olim*, II, p. 845, XX (1271) ; à Saint-Clément, *Gallia*, p. 1082 (1279). Avec Saint-Pierre de Mâcon, *Olim*, II, p. 208, XIX (1282) ; avec l'abbaye de Saint-Rigaud, ASL, H. 144, nos 26-27.

diate des feudataires du comte, la portion restée allodiale du *comitatus*, des biens dans la cité et dans les environs, au Parc, à Chevignes, à Saint-Romain, la forteresse d'Igé et plus loin, vers la Loire, en direction de Charlieu, où le roi était depuis longtemps installé, les seigneuries de Châteauneuf, Dun et Bois-Sainte-Marie[1]. Dès lors, le souverain aura à Mâcon son bailli, des châtelains à Igé, Vérizet, Saint-Gengoux, Châteauneuf et Dun, des prévôts à Prissé, Chevignes, Sancé et Saint-André-le-Désert, la disposition en Mâconnais des châteaux forts de Berzé, La Salle, Montbellet et Vinzelles, avec l'hommage de la chevalerie avoisinante[2].

2. *Extension des grandes seigneuries laïques et ecclésiastiques*

Toutefois, depuis quelque temps, d'autres seigneuries étaient également en extension. Hors de la zone que les annexions de 1166-1180 avaient réservée au roi de France, le duc de Bourgogne, le sire de Beaujeu, l'évêque de Mâcon, les communautés monastiques de Tournus et de Cluny cherchaient aussi à contrôler les châteaux encore indépendants, à s'emparer des pouvoirs supérieurs, à faire entrer dans leur hommage les petits châtelains et les chevaliers. L'ébranlement provoqué par l'installation royale favorisait cette expansion ; ce furent les églises, protégées par le souverain, et ses amis laïcs, ceux qui les premiers lui avaient fourni leur aide, qui progressèrent, tandis que reculaient les comtes, victimes des exécutions de Louis VII. Mais l'établissement de ces petites principautés fut servi plus encore par les bouleversements économiques. Ces seigneurs, qui pouvaient se procurer facilement le numéraire alors que l'aristocratie tout entière en manquait, n'eurent pas de peine à acquérir terres et coutumes, à élargir leur domaine direct ; à prix d'argent, en offrant aux châtelains ruinés et aux hobereaux de village la valeur en deniers de trois ou quatre années de revenus, ils firent passer de nombreux alleux dans leur mouvance. Le mouvement commença donc au moment où les chevaliers furent contraints de se procurer de la monnaie par tous les moyens, c'est-à-dire entre 1200 et 1230[3] ; mais il fut aussitôt très rapide.

Suivons de près, jusqu'au milieu du XIIIe siècle, les progrès de la domination clunisienne[4]. Les moines ont l'appui du roi qui les défend mais aussi les sur-

1. AN, JJ. J, f° 99.

2. Liste des prévôtés royales en 1249, dans BRUSSEL, *Usages des fiefs* I, p. 445. Voir croquis XII.

3. Premières mentions d'acquisition d'hommage, OBM, II, 48 (1219-1242) – ASL, H. 178, n° 11 (1219).

4. Voir la politique féodale de l'archevêque de Lyon, Renaud de Forez, au début du XIIIe siècle, dans M. DAVID, p. 72 sq.

veille (en 1186, Philippe Auguste a ordonné la destruction des murailles que l'abbé Thibaud avait fait élever en 1178 autour du bourg)[1] ; ils ont l'appui peut-être plus efficace du comte de Chalon et du duc de Bourgogne, qui espèrent s'introduire grâce à eux dans la vallée de la Grosne[2] ; ils bénéficient surtout de l'aide financière de leurs bourgeois. Négligeant leurs possessions périphériques, ne cherchant pas encore à gagner sur la châtellenie de Berzé – la forteresse est devenue fief royal et, entre 1230 et 1236, le sire est le neveu de l'abbé – les administrateurs du temporel veulent affermir leur position autour de l'abbaye, le long de la Grosne. Ils poussent vigoureusement au nord du côté de Brancion. Les Gros, après les expéditions de Louis VII, ont rêvé de profiter de l'affaiblissement des comtes ; ils se sont mis au service du roi ; mais ils n'ont pas chez eux de très gros péages, ni surtout des bourgeoisies riches comme celles qui, par exemple, à Belleville et à Villefranche, soutiennent les Beaujeu ; ils ont de gros besoins d'argent. Aidé par le duc et le comte de Mâcon, Cluny force Josseran Gros, en 1214, à abandonner tous ses droits sur la grange de Sercy et la seigneurie de Saint-Hippolyte ; le sire de Brancion reçoit 1 000 livres digenoises, fait hommage à l'abbé, et des lettres du roi sanctionnent l'accord[3]. En 1224, Josseran met en gage les alleux qu'il avait au pied du château de Lourdon et ne pourra jamais rembourser son emprunt[4]. En 1237, il cède à l'abbaye la châtellenie de Boutavant, avec les villages de Bray et de Cortambert, en échange de 1 500 marcs d'argent, de 400 livres digenoises et du prieuré de Beaumont-sur-Grosne[5] ; tout le versant des collines mâconnaises passe ainsi dans la seigneurie du monastère. En même temps, avec l'accord du châtelain, les chevaliers de la forteresse d'Uxelles reprennent en fief de Cluny les alleux voisins de Saint-Hippolyte et la mouvance de l'abbaye s'étend rapidement entre la Grosne et la Guye, depuis Aynard jusqu'à Sercy, Saint-Gengoux et Curtil-sous-Burnant[6]. Au sud du ban de Cluny, dans la haute vallée de la Grosne, la châtellenie de la Bussière, qui offre encore moins de résistance, est aussi peu à

1. BN, n. acq. l. 2483, f° 13.

2. Concession à vie du doyenné de Bésornay à la comtesse, C. 4476 (1213-1237) ; Bergesserin, Curtil, Blanot sont sous la sauvegarde des comtes, C. 4552 – 4553 (1227) ; association du duc de Bésornay, PETIT DE VAUSSE, IV, p. 402 (1252) ; aide du duc contre Brancion et Berzé, C. 4472 (avril 1213).

3. C. 4478 – 4481 – 4482 (avril-août 1214).

4. C. 4544 – 4545.

5. C. 4711.

6. C. 4614 (1232), Sercy ; C. 4617 (1232), Massy ; C. 4652 (1234), Saint-Hippolyte ; C. 4655 (1234), Saint-Gengoux ; C. 4662 (1234), Massilly ; C. 4671 (1235), Savigny, Vaux, Curtil ; C. 4674 (1235), Aynart ; C. 4675 (1235), Cortamblein, Aynart ; C. 4681 (1235), Burnant ; C. 4683, Massilly ; *BC* 1506 (1235), Massy, Flagy.

peu entamée ; depuis 1234, les moines achètent l'hommage des petits nobles à Bergesserin, Curtil, Dompierre, Trivy, le long de la route de Paray-le-Monial [1] ; après 1243, la gêne oblige sire Renaud Deschaux à céder morceau par morceau sa seigneurie, sur la lisière d'abord, à Saint-Point et au Mont-de-France, puis plus avant autour du doyenné clunisien d'Écussoles [2] ; enfin, en 1261, la châtellenie tout entière, avec la domination de six villages, l'hommage de quatorze maisons chevaleresques, deviendra fief du monastère. Seul le château échappera à Cluny, entré auparavant dans la mouvance du sire de Beaujeu qui, depuis les montagnes, s'est avancé aussi de son côté [3]. Grâce aux deniers des marchands du bourg, les moines ont étendu leurs pouvoirs jusqu'à ce qu'ils se heurtent, vers Saint-Gengoux et vers Igé, au roi de France, au duc du côté de Suin, au sud à la puissance beaujolaise, et construit, dans la zone où nul ne contestait leur supériorité, une principauté compacte, fondée sur une belle seigneurie foncière, la possession des forteresses et les contrats féodaux.

Dans le même temps, l'abbaye royale de Tournus achetait elle aussi les hommages, entre Montbellet, Grevilly et Sennecey [4] ; l'évêque de Mâcon s'appropriait « de nombreux chasements de chevaliers [5] ». Faute de documents, l'expansion de la principauté beaujolaise apparaît moins distinctement ; elle gagna surtout vers le sud, hors du domaine de nos recherches, et au-delà de la Saône ; en 1233, Humbert de Beaujeu fut associé par contrat de pariage à la seigneurie clunisienne de Thoissey et, six ans plus tard, il acheta aux moines la partie qu'ils avaient conservée [6] ; vers le Mâconnais, les progrès furent plus limités : le roi était là et les églises qu'il défendait ; mais les Beaujeu s'avancèrent tout de même vers la montagne, acquirent Cenves du comte de Mâcon et l'hommage du sire de la Bussière [7]. Le nord et l'ouest de notre région revinrent au duc de Bourgogne [8], Hugues III en 1166 s'était empressé d'accompagner Louis VII et avait reçu un moment une part du comté de Chalon confisqué [9].

1. C. 4654 (1234), Trivy et Curtil ; C. 4717 (1237), Dompierre, Curtil, Bergesserin.

2. C. 4796 – 4797 – 4801 (1243), reprise en fief puis vente de Saint-Point et du Mont ; *BC* 1513-1514 (1244), Matour, Dardy.

3. C. 5035.

4. Grevilly, ASL, H. 178, n° 11 (1219) ; Sennecy, T. 187 (1227) ; Grevilly, T. 189 (1235) ; Uchizy, T. 200 (1240).

5. OBM, II, 48, notice de l'évêque Aimon, 1219-1242. Mais les archives épiscopales ont été détruites au XVIe siècle.

6. C. 4630 – 4631 – 4632 – 4756.

7. Aubret, I, p. 460, achat de Cenves pour 1 000 marcs d'argent (1227). C. 5035.

8. *Supra*, n. 2, p. 481.

9. *Hist. Lud.*, p. 173 ; mais il dut la rendre après la paix de Vézelay (opinion contraire de Petit, II, p. 169).

Le roi parti, il songea à le remplacer et intervint en toute occasion : en 1176, il arbitra avec les délégués royaux le conflit qui opposait les bourgeois de Tournus à l'abbé ; son successeur Eudes III s'allia contre le comte de Forez à Guichard de Beaujeu qui, en échange de cet appui, reprit en fief de lui en 1202 Belleville, Thizy et d'autres seigneuries ; en 1208, il garantit un accord entre les Lyonnais et leur archevêque et, à la veille de Bouvines, offrit son aide à Cluny contre Brancion et Berzé[1]. Mais la progression méthodique ne commença qu'après 1220 et se limita aux pays de Chalon et de Charolles ; en 1229, le château de Nanton, alleu des Gros, entra dans la mouvance ducale, puis, en 1237, un échange remit au duc ce qu'il ne possédait pas encore du comté de Chalon, avec ses larges dépendances charolaises. Dès lors, la supériorité féodale du duc de Bourgogne ne cessera de s'étendre vers le Clunisois depuis la basse Grosne, depuis Mont-Saint-Vincent, depuis Charolles ; les châtellenies de Sigy et de Chaumont, avec les chasements chevaleresques et les droits de ban, deviendront bientôt fiefs ducaux ; de Saint-Bonnet-de-Joux à Marchizeuil, de Saint-André-le-Désert à Massy, les chevaliers vendront l'hommage de leurs alleux ; associé depuis 1252 à la seigneurie clunisienne de Bésornay, le duc achètera en 1259 la majeure partie de la seigneurie des Gros, avec les châteaux de Brancion, d'Uxelles et de l'Épervière[2].

Tous ces seigneurs, on le voit, agirent comme le roi de France. Pour étendre leur pouvoir, ils ne semblent pas s'être beaucoup souciés d'acquérir de la terre ; ils voulurent d'abord s'approprier les forteresses, qu'ils considéraient avec raison comme les fondements de toute puissance ; et ils s'efforcèrent par ailleurs d'augmenter le nombre de leurs vassaux. Or l'hommage et les services dépendaient du fief ; très rarement, ils constituèrent sur leur domaine de nouveaux chasements ; par contre, comme le roi, ils tâchèrent de faire passer les alleux chevaleresques en grand nombre dans leur mouvance. De la sorte, à partir de 1166, ce pays, où certes les pratiques vassaliques étaient depuis longtemps partout répandues, où depuis le XIe siècle la relation personnelle s'accompagnait toujours d'une relation foncière, mais où le fief était resté petit, rare et perdu au milieu des alleux, se féodalisa rapidement. De cette transformation, l'intervention capétienne fut dans une large mesure responsable. Le roi se préoccupa d'introduire dans la région mâconnaise, pour la mieux tenir, les pratiques dont on usait dans le nord du royaume. Lors de sa première expédition, il exigea

1. C. 4256 (1176) – CF. 30 (1219) – C, 4472 (1213).

2. ACO, B. 10471 (1229), AN, J. 252 (1237). Reprise en fief du château de Sigy, ACO, B. 10477 (avant 1266), du château de Chaumont, ACO, B. 10476 (avant 1265). Achat de la seigneurie des Gros, PETIT, V, p. 175 – 176 (1259).

d'abord que les plus grands seigneurs reprissent de lui en fief, avec leurs châteaux, leurs droits supérieurs ; il souhaita ensuite que les petits chevaliers devinssent les hommes de ses tenants en chef, que la terre noble tout entière et par elle la noblesse se prît dans un système cohérent de dépendances qui, par échelons successifs, aboutît à sa personne. Les besoins d'argent de l'aristocratie favorisèrent la réalisation de ce dessein et la hiérarchie féodale s'établit progressivement, gagnant de proche en proche depuis les couches supérieures de la société. Au milieu du XIIIe siècle, on observe déjà une remise en ordre générale des pouvoirs de commandement, une grande simplification de la carte politique. Les vieux cadres, certes, n'ont pas disparu et la coutume conserve les limites des châtellenies du XIe siècle ; mais, par-dessus l'ancien tracé, un nouveau s'inscrit, beaucoup moins complexe et qui graduellement s'affirme. Le pays est maintenant partagé en quelques zones d'influence, qui bientôt vont trouver leurs frontières, où un seigneur éminent, le roi, le duc, le sire, un établissement religieux de première grandeur, prétend à la domination supérieure sur toutes les forteresses et sur toute la terre chevaleresque.

3. *L'organisation féodale au milieu du XIIIe siècle*

Cependant, au moment où nous abandonnons notre enquête, le mouvement se poursuit encore et il a même tendance à s'accélérer : après 1258, les transformations d'alleux en fiefs vont brusquement se multiplier. Où en sommes-nous au milieu du XIIIe siècle ?

Vers le haut, l'encadrement des grandes seigneuries est déjà largement réalisé. Le roi, qui ne fait hommage à personne – l'évêque de Mâcon renoncera en 1267 contre dédommagement à l'hommage que lui devait le possesseur du comté pour certains droits dans la cité et le *suburbium* [1] –, est le maître des six châteaux de son domaine ; il domine par son droit souverain les trois châteaux des églises royales et par son droit féodal quatre châteaux laïcs du Mâconnais ; le sire de Beaujeu, le duc de Bourgogne sont ses hommes liges [2]. Ces derniers, qui forment avec les établissements religieux le second degré de la hiérarchie, étendent leur pouvoir sur la plupart des autres forteresses, que le châtelain tient d'eux en fief lige et doit livrer à leur requête ; les chasements des *milites castri*

1. AN, J. 259, n° 7.

2. Notion de ligesse introduite au XIIIe siècle pour les inféodations à des fins politiques : AN, J. 253, n° 1 (1223), la comtesse de Chalon fait hommage au roi, mais doit *hominium ligium* au duc ; ACO, B. 10471 (1229), l'hommage lige de J. Gros au duc, sauve sa fidélité aux comtes de Mâcon et Chalon. – En 1272, contestation entre le sire de Bâgé et certains de ses vassaux à propos de la nature de l'hommage, GUICHENON, p. 14.

sont leurs arrière-fiefs ; ils contrôlent dans leur zone d'influence toutes les maisons fortes des petits nobles[1].

Toutefois, bien des imperfections subsistent. Entre le roi, les grands seigneurs laïcs et les puissances d'Église, l'écheveau des relations vassaliques est embrouillé par les accords antérieurs. Pour illustrer son *Tractatus super feudis et homagiis* qu'il rédigera vers 1260, le juriste mâconnais Jean de Blanot, docteur de Bologne et chevalier du duc, trouvera sans peine dans son pays des exemples des subtilités et des contradictions de la coutume féodale. Ainsi, l'évêque de Mâcon fait hommage au roi ; or, avant 1239, le comte faisait hommage à l'évêque *pro comitatu* ; l'évêque ne doit-il pas maintenant tenir le comté du roi, ou bien le roi tenir le comté de l'évêque[2] ? Les reprises en fief, d'autre part, ont démembré bien des châtellenies, car le châtelain a d'abord fait hommage au roi ou au prince pour le château fort, puis vendu ensuite à d'autres seigneurs la directe féodale des domaines et des chasements qu'il avait conservés en alleu ; c'est le cas de la Bussière que se partagent Beaujeu et Cluny, de Berzé, dont le château relève du roi, mais dont le district passera bientôt dans la mouvance clunisienne[3]. Enfin, à la lisière du Mâconnais, du Chalonnais et du Charolais, aux points où s'amortissent les pressions royales et ducales, plusieurs châteaux, Brancion, Uxelles, Sigy, Chaumont sont encore indépendants ; ruiné, le sire de Sennecey vient de vendre aux Gros la seigneurie de Saint-Ambreuil et de faire hommage à Tournus pour tous ses biens au sud de la Grosne, mais il reste seul maître de la tour et du péage[4] ; quant à la principauté clunisienne, c'est un alleu souverain, placé seulement sous la garde supérieure du roi.

1. Voir les efforts du comte de Hainaut pour que tous les châteaux soient tenus de lui et rendables, DIDIER, *Hainaut*, p. 46-81. – En 1266, le châtelain de Sigy et sa femme, *homines ligios feodales*, avouent tenir en arrière-fief du duc, à raison du château de Sigy les chasements de 22 nobles appendant au château, ACO, B. 10477. – Maisons-fortes : Bâgé en 1272, GUICHENON, p. 14.

2. Cité par CAILLEMER, « Blanot », p. 93 ; le *Tractatus* est édité par J. ACHER, « Notes sur le droit savant au Moyen Âge », *RRD*, 1906. – Après l'achat de 1259, le duc tiendra son château de Brancion de l'évêque de Chalon ; les sires de Brancion tiennent des fiefs des sires de Bâgé, CF. 968 (1267). – En 1237, un bourgeois de Belleville prête 380 l. au sire de Bâgé et exige une garantie ; il obtient que le sire reprenne son château de Saint-Trivier en fief de l'évêque de Mâcon qui, en échange, s'engage à assurer le remboursement à la date prévue. Une opération de crédit vient ainsi compliquer le dessin des relations féodales, M. App. I.

3. C. 5035 (1261). Berzé : 1195, inféodation du château, C. 4366 *bis ;* 1264, inféodation de Berzé-la-Ville et de la vallée de la Valouze à Cluny, C. 5070 ; 1297, inféodation à Cluny du reste de la châtellenie, C. 5456.

4. T. 187 (1227), ASL, H. 27, n° 52 (1238).

Et quand on parvient aux échelons inférieurs, dans la petite noblesse campagnarde, on s'aperçoit que le système féodal est à peine esquissé. D'abord, les alleux subsistent très nombreux dans le patrimoine chevaleresque. Voici par exemple l'héritage du lignage des Oblé, dispersé dans les vallées de la Gande et de la Grosne. Guillaume, chef de la branche aînée, a repris en fief de Cluny en 1234, pour 40 livres, tous les droits qu'il avait dans le cimetière de Massilly ; il tient celui de Vitry de l'évêque de Mâcon ; mais il lui reste en alleu des dîmes, des cens à Lourdon et Lournand, sa maison de Vitry, une autre dans le château de Sigy, avec une grange au pied des murs, des biens à Bourgvillain, à Cormatin, à Chapaize [1]. Son cousin, Achard de Massy, a repris en fief de Cluny en 1232 trois manses, des condemines et sa part des dîmes de Sassy ; il tient du sire de Brancion ses biens de Bésornay et de Saint-Vincent-des-Prés ; mais le cœur de son patrimoine, à Massy, est tout allodial [2]. Le dernier rameau de la famille possède encore librement tout son avoir à Meursault, Massilly et la Vineuse [3]. Tous ces alleux deviendront fiefs avant la fin du siècle, mais le mouvement qui les entraîne ne fait encore que s'amorcer.

D'autre part, quand le besoin d'argent l'oblige à reprendre ses alleux en tenures féodales, le petit noble ne les remet pas tous à un seul seigneur ; il vend son hommage par morceaux, ne sacrifie de sa terre libre que ce qu'il faut pour payer ses dettes ; les fiefs sont toujours minuscules : dans la paroisse de Milly, deux chevaliers tiennent du sire de Berzé trois parcelles de terre et une vigne [4]. Débité au plus offrant, le domaine chevaleresque, qui est d'ordinaire éparpillé dans plusieurs terroirs, se répartit donc toujours entre plusieurs mouvances ; ainsi, l'abbaye de Cluny, le duc de Bourgogne, l'évêque de Mâcon, les sires de Brancion, de Berzé et de Sigy se partageront la seigneurie de la terre des Oblé [5].

De plus, les relations féodales ne s'établissent pas seulement entre la haute aristocratie et la chevalerie des campagnes. Au XIe siècle, nous l'avons dit, l'usage de la tenure féodale s'est vulgarisé : elle sert à tout, à garantir des arrangements familiaux, à contracter des assurances, à remédier à la dispersion de l'exploita-

1. Fiefs : C. 4617 – 5019 – 5020 ; alleux, C. 4955 – 5026 – ACO, B. 10477 – B. 10481 – C. 5177.

2. Fiefs : C. 4617 – 4696 – 4718 ; alleux, ACO, B. 10477.

3. C. 5323 – ASL, H. 22, f° 322.

4. AN, K. 1150 (1291).

5. Cluny : C. 4662 – 5177 – 5323, Massilly ; C. 4617, Massy, Sassy ; ASL, H. 22, f° 322, la Vineuse. – Duc : ACO, B. 10477, Oblé ; Massy, Bourgvillain, Sigy ; ACO, B. 10481, Chapaize. – Sigy : ACO, B. 10477. – Gros : C. 4718, Bésornay. – Évêque : C. 5019, Vitry, Saint-Maurice-de-Sathonay. – Berzé, ASL, H. 22, f° 322, Charbonnières, Berzé-la-Ville.

tion seigneuriale ; aussi n'est-il pas un hobereau de village qui n'ait lui-même, amis ou parents, ses feudataires ; d'un petit noble comme Guichard de Laye meuvent non seulement des fiefs, mais des arrière-fiefs [1]. Il arrive que le seigneur de ces chasements inférieurs les reprenne à son tour en fief d'un seigneur plus élevé [2] ; mais le plus souvent, le chevalier qui vend l'hommage de son domaine conserve en alleu sa mouvance [3]. Aussi, déjà beaucoup plus rares que les terres franches, les fiefs tenus par des chevaliers ne sont-ils même pas tous intégrés dans la pyramide des relations foncières qui, par les princes, conduit au souverain.

Enfin, n'oublions pas que les pratiques féodales ne sont pas le privilège de la noblesse. Bien des fiefs sont tenus par des ministériaux et des paysans ; tels ces villageois bressans, possesseurs d'une « terre lige » dans le manse de Chavannes, qui à cause d'elle font hommage aux Templiers de Laumusse et doivent, « pour leur fief », un cens annuel de deux métiers de froment [4] ; le prévôt de Trivy et trois paysans, Bernard Veziaux, Martin Lerat et Pierre Berlière, sont, avec des nobles, feudataires du sire de la Bussière [5]. Mieux, comme l'inféodation des alleux est la plupart du temps une opération financière, on voit des fils de chevaliers appauvris vendre leur hommage à des bourgeois et reprendre d'eux une part de leur héritage en tenure vassalique [6].

Fiefs roturiers, pluralité des seigneurs, prépondérance encore de l'alleu, la féodalisation dans le Mâconnais vers 1250 est imparfaite et très désordonnée dans le détail. Cependant, l'autorité du roi et de quelques grands seigneurs s'est affirmée suffisamment, le contrôle qu'ils exercent sur les châteaux et sur une

1. ASL, H. 29, n° 39 (1282) ; G. de Loisy était seigneur de 5 chevaliers, de 2 prévôts et d'un paysan, tenant de lui des *casamenta*, C. 4652 (1234).

2. ACO, B. 10475 (1263), sire R. Damas reprend du duc, avec sa maison de Collange, *lo fie que Hugos de Tramaoles tient doudit Robert et lou fie que tiennent doudit Robert li hours monseignor Estienne Pantin à Vauzelles* ; ASL, H. 29, n° 39 (1282) – C. 4652 (1234) – T. 200 (1240), reprise en fief par le sire de Montbellet à Uchizy *tam in feodum quam in domenura*.

3. À Bourgvillain, G. d'Oblé reprend en fief ducal tout ce qu'il avait sauf les fiefs tenus de lui par G. de Laye et E. de Bourgvillain, ACO, B. 10477 (1266) ; les Massy, tout ce qu'ils avaient, sauf le fief tenu par le chevalier de Sandon, ACO, B. 10477 (1267).

4. CL. 325 (1233).

5. C. 5035. – Reprise d'un alleu *in feodo* pour un cens annuel par deux paysans, C. 4670 (1235) ; par un prévôt, C. 5019 (1259), ASL, H. 27, n° 97 (1248) ; CH. 216 (1262), accensement à Saint-Martin-du-Tartre *de quibus recepit in hominem suum dictum A. et de eisdem fecit feodum et cepit ei in feodum... pro LX solidis... censualibus* ; AR, 48, H. 1924, n° 3 (1273), un bourgeois de Bâgé reprend un de ses alleux en fief, *homagium fecit* ; il promet *servare fidelitatem omnimodam quam tenetur vassalus domino observare.*

6. J. de Mizériat, E. de Montagnieu, feudataires de bourgeois de Mâcon et de Belleville, AUBRET, I, p. 509 ; II, p. 24.

notable portion de la terre noble est déjà assez efficace pour changer les conditions de la vie politique et pour soumettre à une certaine discipline les membres de la classe supérieure.

C. LES DEVOIRS DES NOBLES

1. *Les services du fief*[1]

Quel intérêt avaient donc les puissants à faire entrer dans leur mouvance les châteaux et les alleux chevaleresques, quand il fallait pour cela organiser des expéditions militaires, sacrifier les deniers et parfois s'endetter ? Sur son fief, en effet, l'ancien alleutier ne perdait aucun de ses droits ; il en conservait tous les profits ; il pouvait le transmettre à ses héritiers et gardait liberté entière de le vendre ou de le donner. Ces mutations, sans doute, étaient soumises au contrôle du seigneur ; à la mort du feudataire, les héritiers étaient investis de la tenure par le seigneur ; son assentiment devait précéder toute aliénation, ou bien le fief était confisqué[2]. Percevait-il alors quelque taxe lucrative, droit de lods ou de relief ? C'est ce qu'on ne sait pas bien ; au XIIe siècle, on voit quelquefois l'acquéreur d'une tenure féodale verser un peu d'argent entre les mains du seigneur ; après 1200, il n'est plus trace de tels paiements. La coutume était peut-être indécise ; en tout cas, à l'époque moderne, en Mâconnais, en Beaujolais, en Bourgogne, le fief était « sans profit », exempt de droits de mutations ; comme dans l'Empire, le seigneur était obligé de transférer aussitôt à un nouveau feudataire le fief qu'il avait confisqué ; il fallait que le lignage du vassal s'éteignît complètement pour que la tenure revînt dans son domaine[3].

1. Les documents qui permettent de connaître les usages féodaux sont encore extrêmement rares dans la première moitié du XIIIe siècle. Voir la très claire mise au point de CHEVRIER, « Conjectures », d'après les sources des XIVe-XVIIIe siècles.

2. Parfois, lors de l'inféodation, le seigneur règle à l'avance la dévolution du fief : concession par J. Gros de la *villa* de Saint-Ambreuil à P. Béraud, ASL, H. 27, n° 60 (1239). – Commise pour aliénation sans l'autorisation du seigneur : ASL, H. 27, n° 17 (1232), le seigneur *eandem helemosinam postmodum ad se revocasset, auferens eam... pro eo quod... illud quod datum fuerat... de feodo suo erat et de assensu ejus nequaquam datum fuerat* ; C. 5060 (1263), H. de Berzé prétend le clos de Mary *commissum pro eo quod G. de V... quondam eundem clausum qui de feodo nostro erat vendiderat* (sans sa permission). Souvent le feudataire, qui veut aliéner sa tenure, reprend en fief une quantité égale de ses alleux, F. 31, *ut sine calumniam antefatis monachis eam tradere potuisset, accepit de suo proprio alodio ab eodem Odone in feudo... unum mansum... et fecit ei hominium*. – Paiement de la *laudatio* : F. 38 (40 sous), ASL, H. 25, n° 19 (1174) (50 sous).

3. SALVAING DE BOISSIEU, cité par BRUSSEL, *Usage des fiefs*, I, p. 129 ; E. CHAMPEAUX, « Quelques traits caractéristiques du droit bourguignon », *AB*, 1932, p. 280-281. – Restitution du fief commis

Ce ne fut donc pas l'espoir d'un revenu casuel qui poussa les grands à acheter l'hommage des plus faibles. S'ils cherchèrent à étendre leur supériorité féodale sur les forteresses et sur les terres nobles, c'est qu'ils comptaient par ce moyen tenir les hommes.

Au XIIIe siècle, en effet, le feudataire doit, comme on dit alors, « faire » ou « servir » son fief ; en raison du chasement, il est tenu de fournir au seigneur certaines prestations fixées par l'usage ; il existe une « coutume des fiefs », un « droit féodal », et le fief qui n'est pas « servi » est passible de la commise [1]. Malheureusement, parce qu'ils sont coutumiers, et bien connus de tout le monde, ces services ne sont jamais décrits dans les actes et c'est à peine si nous pouvons entrevoir leur nature. Tenir un fief oblige d'abord à prêter l'hommage et à renouveler cette cérémonie chaque fois que la tenure change de possesseur ou de seigneur. À vrai dire, ce geste n'est pas toujours gratuit et parfois le vassal est en droit d'attendre un cadeau ; ainsi, chaque fois qu'il faisait hommage à l'abbé de Tournus, le sire de Sennecey recevait un palefroi [2]. Du moins fait-il du feudataire le « fidèle » du seigneur de la terre, établissant une relation de dépendance entre les deux hommes qu'il oblige l'un envers l'autre à des devoirs mutuels.

Coutumiers eux aussi, les devoirs vassaliques ne sont pas précisés davantage, mais il semble bien qu'ils n'aient guère changé depuis le XIe siècle. Seigneur et vassal se doivent l'un à l'autre aide et conseil ; ils forment une association de défense ; à la guerre, à la cour, au plaid, ils se soutiennent ; ainsi l'on voit les hommes du sire de Beaujeu garantir son testament « sur leur foi et sur leur fief », Renaud Deschaux, pressé de dettes, s'adresser d'abord à ses vassaux, puis à son seigneur l'abbé de Cluny, qui lui prête de l'argent « comme il le doit à

au parent le plus proche, T. 231 (1302). – Le fief n'est pas comme dans la France propre « une tenure avant tout rentable », BLOCH, *Société*, I, p. 319-321.

1. *Facere feodum*, C. 5002 (1258) ; *feodum deservire*, ACO, B. 10480 (1270) ; *salvis nobis... jure feodali et servitio feudi*, C. 5173 (1272) ; un vassal prête hommage et foi et, de plus, jure l'aide et le conseil que tout feudataire ou vassal doit au seigneur « de coutume et de droit », CL. 486 (1252) ; *promittens quicquid homo fidelis et feodarius dominis suis perpetuo debet facere et prestare*, ASL, G. 108, n° 1 (1282). – Si le fief n'est pas servi, le seigneur le peut *ad se... advocare, retinere et sine auctoritate judicii occupare*, ACO, B. 10480 (1279).

2. Hommage *ad mutationem hinc inde domini et vassali*, C. 5284 (1281) ; mais il y a toujours des hommages sans fief, comme celui de J. Gros à Cluny, C. 4482 (1214) ; 4528 (1220-1228) ; ASL. H. 22, f° 318 (1252) ; c'est le cas aussi des hommages-amendes : ACO, B. 10477 (1266), *racione cujusdam emende... quam debebat domino duci* ; *Cart. de l'évêché de Chalon*, f° 204 (1294), *pro injuriis et dampnis datis dicto episcopo* ; DIDIER, *Hainaut*, p. 26 ; MITTEIS, *Lehnrecht*, p. 483. – G. de Sennecey renonce au palefroi *quem ab abbate petebam ratione homagii faciendi*, ASL, H. 116, n° 4 (1228).

son homme »[1]. En fait, ces obligations sont surtout négatives : seigneur et vassal ne sont guère engagés qu'à ne pas se nuire[2]. Attaché au fief, l'hommage paraît être le plus souvent une simple formalité et l'on peut douter de la valeur profonde d'un serment que l'on prononce avec le seul souci de conserver la jouissance de quelques arpents ou de quelques cens. En fait, dans notre région, les feudistes d'Ancien Régime ont tenu pour des fiefs sans service ceux qui devaient seulement l'hommage et la foi[3]. Acquérir la directe féodale, c'était dans ces conditions augmenter simplement le nombre de ses fidèles, étendre son influence morale sur l'aristocratie, obtenir aussi *ratione materiae*, la juridiction sur certains fonds[4] et, par la menace de la commise, se prémunir contre les attaques éventuelles de ses voisins. Selon toute apparence, la « coutume des fiefs » ne garantissait pas d'autres avantages au seigneur d'une tenure vassalique.

Toutefois, certains engagements supplémentaires pouvaient être inclus dans le serment de fidélité ; la prestation de l'hommage pouvait être l'occasion d'un véritable traité garanti par le fief, dont les services étaient alors étendus et définis. On voit ainsi en Mâconnais des fiefs chargés de prestations matérielles : en 1239, des chevaliers, qui ne voulaient pas lâcher l'aumône d'un de leurs frères, la reçurent en fief d'Église pour un cens de dix sous clunisiens ; en désaccord avec un décimateur, l'abbé d'Ainay, en 1227, lui inféoda la dîme l'obligeant à livrer tous les ans deux ânées de seigle[5]. Souvent aussi l'institution féodale servit à consolider un accord politique. L'abbaye de Tournus, par exemple, concéda en fief au sire de Bâgé en 1230 les trente muids de seigle qu'il percevait dans certains domaines monastiques ; la garde de ceux-ci constitua le service féodal ; c'était un aménagement, plus avantageux pour le monastère, de l'ancienne *custodia*[6]. En 1200, Pons de Cuiseaux, par son hommage lige, promit à Tournus

1. Aide réciproque : C. 4432 (1214), *ecclesia etiam Clun. ipsum Jocerannum tamquam hominem suum et ipse ecclesiam tamquam dominam suam debet custoditre* ; ASL, H. 116, n° 13 (1267), après l'hommage, le seigneur reçoit son homme *ad consilium et alter alteri quilibet pro se et suis fidelitatem perpetuum promisit*. – Aide en justice, ASL, H. 178, n° 15 (1174) ; vassaux de Beaujeu, B. App. VIII (1195) ; R. Deschaux, C. 4813 (1244).

2. Le seigneur ne peut rien faire contre son fidèle : C. 4528 (1220-1228), J. Gros fait hommage à Cluny *salvo jure abbatis in hoc quod quicquid poterat petere coram me et proponere in jure, non obstante homagio postea possit sicut ante*. Didier, *Hainaut*, p. 65 ; Mitteis, *Lehnrecht*, p. 482.

3. Richardot, « Problème » et « Franc-fief ». – L'expression *francum feudum* n'est pas employée en Mâconnais, mais on la rencontre dans un texte bressan, CL. 468.

4. ASL, H. 27, n° 13 (1230), le seigneur prétend juger seul, car l'objet du procès, un pré, *de suo erat feodo*.

5. Sur l'adjonction d'un contrat précis, Bloch, *Société*, I, p. 337-338. – CL. 334 – *Cart. Ainay*, II, p. 211.

6. T. 192.

son aide militaire ; en retour, l'abbaye lui fournirait aide et conseil et, sauf le droit du roi, lui ouvrirait ses châteaux[1].

On a tout lieu de penser que, par de tels accords particuliers, le roi de France et, après lui, les grands seigneurs, aggravèrent les obligations coutumières du fief mâconnais. Quand ils reçurent l'hommage lige des châtelains, ils entendirent que les forteresses seraient mises à leur disposition : par droit féodal, le château comtal de Mâcon fut rendable et, en 1239, en prêtant la foi, le duc de Bourgogne jura de livrer ceux de Charolles et de Mont-Saint-Vincent « à grande et à petite force chaque fois qu'il en serait requis »[2]. Ils se firent aussi promettre les services militaires : on sait que le comte de Chalon après l'intervention de Louis VII, dut se rendre à l'ost[3]. Enfin, ils se firent reconnaître un pouvoir judiciaire, le droit de recevoir les plaintes dirigées contre leurs principaux vassaux : menacés par le comte de Mâcon en 1238, par le sire de Berzé en 1246, les moines de Cluny eurent recours à la justice royale et les deux vassaux ne songèrent pas à se dérober[4]. Au sommet de la hiérarchie féodale, le Capétien et ses amis réussirent donc, en développant le serment de foi, à introduire des services beaucoup plus stricts que les vagues obligations d'amitié qui liaient au XIIe siècle les vassaux mâconnais à leur seigneur. Ainsi, la féodalisation progressive de la région mit fin tout d'abord, entre 1166 et 1250, à l'indépendance des châtelains ; par leur fief, ils furent soumis à l'étroit contrôle d'une autorité supérieure qui prétendit juger leurs querelles, obtenir leur concours militaire et user à son gré de leur forteresse.

Les petits fiefs de chevaliers furent-ils eux aussi chargés de nouveaux services militaires et judiciaires ? La coutume féodale pour la petite noblesse devint-elle plus rigoureuse que jadis ? On ne saurait l'affirmer. Les feudataires inférieurs ne furent sans doute pas tous traités de la même manière ; plus souvent qu'autrefois, ils furent liés à différents seigneurs et partagés entre des fidélités concurrentes. Mais même si – et il est permis de le croire – les services coutumiers du chasement chevaleresque restèrent limités au simple hommage, il est certain que les petits nobles perdirent pourtant, par la seule inféodation de leur alleu, beaucoup de leur liberté. Mieux attachés au châtelain voisin, ils furent reliés par lui à son seigneur éminent et sentirent sa puissance ; ceux qu'ils lésaient savaient maintenant à qui se plaindre ; la commise n'était plus une vaine menace qu'un petit seigneur local, pour ne pas effrayer ses hommes, n'osait

1. T. 181.
2. T. 171 (1180), *et hoc se sacramento firmaret* ; AN, J. 249, n° 9 (1239).
3. C. 4277 (1180).
4. C. 4731 – 4877 – plainte contre le duc de Bourgogne, AN, J. 259, CL. I (1253).

pas mettre à exécution. Pour conserver intact un patrimoine, dont ils n'étaient plus entièrement les maîtres et qui ne suffisait déjà pas à les faire vivre, les hobereaux besogneux durent, eux aussi, compter avec le prince, le servir de leur mieux, en tout cas ne pas le braver et se tenir plus tranquilles. Par le retour du roi, par l'encadrement de la terre noble, par la hiérarchie des hommages, bien qu'elle fût encore très imparfaite, une autorité s'imposa progressivement à l'aristocratie et la chevalerie commença dès le début du XIIIe siècle à se discipliner. L'évolution des pratiques judiciaires le prouve [1].

2. *Évolution des institutions judiciaires*

Les chevaliers jusqu'alors avaient vécu sans frein, sans connaître personne au monde qui fût capable de les punir ; c'était même ce privilège qui les distinguait le mieux des non-nobles. Pour se prémunir contre leurs violences, les gens d'Église, au milieu du XIIe siècle, étaient encore réduits comme en l'an mil à réunir des assemblées de paix. À l'appel de l'abbé de Cluny, les comtes de Mâcon et de Chalon, les châtelains de Brancion, de Beaujeu, de Berzé, de la Bussière, un grand nombre de « nobles de Bourgogne » étaient venus à Mâcon en 1153 jurer devant le légat, l'archevêque et tout le haut clergé de la région de ne pas attaquer les églises, de se porter contre les fauteurs de trouble, d'assiéger les châteaux où ils se retireraient [2]. Contre ceux qui contestaient leurs droits, les clercs comme jadis se plaignaient à l'évêque ou au pape, qui lançaient l'excommunication, ou au châtelain ; mais ni les prélats, ni les sires ne pouvaient agir contre les coupables : vers 1170, à la requête de son chapitre, l'évêque de Chalon était venu à Brancion sommer Josseran Gros de respecter ses engagements ; le châtelain ne voulut ni remettre les otages qu'il avait promis, ni se soumettre au jugement « sinon selon sa coutume à lui et celle de ses ancêtres » [3]. Aucun procès n'était réglé que par des arbitres ; ceux-ci faisaient une enquête ; s'ils ne parvenaient pas à s'entendre, un nouvel arbitrage était nécessaire pour les départager ; la procédure était toujours infiniment lente, la sentence, un compromis qui ne rétablissait pas la victime dans tous ses droits car, avec des amis vigoureux, l'agresseur obtenait toujours quelque

---

1. Valeur politique et sociale des hommages dans la classe moyenne : des bourgeois de Tournus faisaient hommage à des nobles pour se soumettre à leur *dominium*, à leur *jurisdictio*, pour ne plus servir l'abbé, seigneur de leur ville, T. 211 (1257). – La multiplication des inféodations et des hommages depuis le dernier quart du XIIe siècle n'est pas particulière à la région mâconnaise ; en Hainaut, on observe après 1170 « comme une explosion de la féodalité terrienne », DIDIER, p. 8-9, n° 52-53 ; en Limousin, aménagement de la hiérarchie féodale par Henri II Plantagenêt : c'est une restauration, une concentration de l'autorité, TENANT DE LA TOUR, p. 593 sq.

2. M. *Praevia*, CCLVIII – CCLIX.

3. *Hist. de la Fr.*, XVI, p. 155.

chose [1]. Trop souvent l'une des parties contestait ensuite le jugement et tout était à recommencer. La discorde qui avait opposé le sire de la Bussière à Pierre le Vénérable ne s'apaisa que vingt-cinq ans plus tard, en 1173, bien après la mort de l'abbé ; une querelle, soumise au sire de Beaujeu en 1169, était toujours pendante en 1219 [2]. Les serments, les malédictions, les otages, les *responsores pacis* pouvaient seuls retenir les chevaliers [3]. Garanties précaires, et, en 1150, les clercs appelaient de tous leurs vœux la puissance temporelle qui pourrait assurer la justice et la paix et pensaient avec Pierre le Vénérable que l'absence du roi ou d'un prince était la raison du désordre.

Avec le roi reparut en 1166 un justicier, mais dont l'action, on le sait, fut volontairement limitée. Vengeur de quelques crimes insignes, le souverain se contenta d'arbitrer les différends les plus graves et même, peu soucieux de se mêler à des querelles inextricables, confia le règlement de certains procès aux évêques, à ceux-là mêmes qui, avant sa venue, étaient choisis de préférence comme conciliateurs [4]. Cependant, lorsque des délégués de la puissance royale furent installés à demeure en Mâconnais, le châtelain de Saint-Gengoux puis, après 1239, le bailli de Mâcon, quand les principautés ecclésiastiques soutenues par le roi se fortifièrent, quand le duc s'avança en Chalonnais et en Charolais, quand l'inféodation des alleux nobles fournit aux puissants le moyen de contraindre les chevaliers, il se trouva des juges capables de faire exécuter leurs arrêts, de hâter le règlement des vieilles discordes, de poursuivre ceux qui brisaient ouvertement la paix. Peu à peu s'installèrent des juridictions supérieures, prêtes, celles-ci, à répondre à toute *clamor*. Encore une fois, ce ne fut pas une révolution brusque, mais insensiblement, entre 1166 et le milieu du XIIIe siècle, la haute société s'accoutuma à l'existence d'une autorité

1. La réconciliation est préparée par les amis des deux parties, C. 4279 (1180), *mediantibus viris prudentibus et religiosis*. – Plaid préalable, pour désigner la cour d'arbitrage : M. 590 (1126-1143), *si comes Willelmus quereret rectum veniret inde in curiam episcopi... et ibi per judicium curie episcopi rationem acciperet. Quod si ibi non possit deffiniri venirent ante dominum Wicardum* (de Beaujeu) *et ipse diffiniret. Si vero nec ipse deffinire valeret, convenirent ad sanctum Marcellum comes Reginaldus et domnus Wicardus et dictum eorum sequerentur hinc et inde et ipsi dicere non dimiterent* ; CH. 163 (1189), Ancy de l'Epervière s'engage devant l'archevêque à soumettre sa cause à la cour de l'évêque de Chalon et à ne pas faire appel. – Désaccord des arbitres, ASL, H. 26, n° 17 (1206) *set idem arbitri dicebantur de prolato arbitrio discordare*. – Importance des appuis personnels : G. Sauvage, plaidant devant le sire de Beaujeu, était *bene munitus consilio*, car il était le gendre d'un ami du sire, E. de Pizay, CL. 157 (1180 env.).

2. C. 4244 – CL. 157.

3. Solidarité collective : ASL, H. 25, n° 58 (1197). *Responsores pacis* : M. 610 – 617 – 621 – 624 – 625 – 626 – ASL, H. 178, n° 6 – H. 25, n° 43 – n° 46 – n° 47 – CH. 66 – AR, G. 1, n° 2 – n° 3 – ASL, H. 25, n° 23 – n° 51 – AR, 13, G. 644, n° 1 (fin XIIe siècle) (*obsides pacis*).

4. Sur l'ordre du roi, la querelle entre J. Gros et le chapitre de Chalon est jugée par l'évêque, *Hist. de la Fr.*, XVI, p. 154 (1166-1171).

pacifique et les procédés qui, durant l'« anarchie » du XIe siècle, étaient entrés spontanément en usage, l'arbitrage, les garanties, la *responsio pacis*, s'adaptèrent, se perfectionnèrent, devinrent à la fois d'emploi plus régulier et plus efficace. La paix de Dieu fit place à la paix du prince.

À vrai dire, on ne voit pas dans la première moitié du XIIIe siècle que les crimes des nobles soient déjà réprimés par autorité judiciaire. Comme jadis, les amis de la victime engagent contre le coupable une action privée ; c'est la guerre. Une paix, une composition la termine, ménagée « par le conseil des amis de chaque partie » ; le meurtrier paie une somme d'argent ou constitue une rente sur sa terre pour racheter le sang versé. Le chevalier Hugues de Pierrechamp avait tué un homme de Cluny, Jean Barnesse ; poursuivi par la vengeance de ceux qu'il avait ainsi lésés, il dut promettre en 1236 de faire dire cent messes pour le repos de l'âme de sa victime, moyennant quoi le fils de Jean, oubliant « toute rancœur », lui donna le baiser de paix ; et comme un autre dépendant de l'abbaye avait été tué dans la guerre, Hugues dut aussi dédommager les moines [1]. De même Gautier de Berzé donna vingt sous de rente pour le meurtre de Josseran de Merzé « après composition faite entre lui et les amis de Josseran » [2]. Le roi lui-même, quand il intervient contre un criminel, poursuit une vengeance particulière ; en 1166, Louis VII avait conduit la faide de Cluny ; en 1248, les agents royaux, exécutant une sentence de la *curia regis*, allèrent détruire le château du sire de Montbellet, parce que celui-ci avait tué le bailli de Mâcon, Guy Chevrier, et porté ainsi un préjudice personnel à Louis IX [3]. Cependant, comme le nombre s'accroît de ceux qui sont placés sous la garde du roi ou du duc, les exécutions de la puissance souveraine se multiplient. Après 1260, on verra des chevaliers requérir l'« assurement » du prince, qui punira ceux qui lui feront tort et, sa protection se substituant à celle du lignage, les faides deviendront de moins en moins fréquentes. De cette façon, le roi, le duc, le sire de Beaujeu exerceront bientôt sur la noblesse de leur territoire un droit de police, un « sauvement », comparable à celui que détenaient sur les manants de la châtellenie les *domini* privés du XIe siècle [4].

Les progrès furent plus rapides et plus précoces au civil, pour le règlement des *querellae*, des conflits de possession. Entre 1170 et 1240, on peut observer dans la forme des actes des transformations profondes qui témoignent d'une

1. C. 4656.
2. C. 4877 (1246).
3. *Olim*, I, p. 654, XI.
4. ACO, B. 10477 (1266), amende *pro eo quod... fregerat domum uxoris... Stephani Pantini militis qui erat in assecuratione domini ducis* ; M. App. III (1272), arrêt du Parlement contre des chanoines de Mâcon qui ont attaqué un prieur *existentem de garda regis* ; *Olim*, I, p. 828, XXX (1270), le bailli de Mâcon impose un assurement à Étienne de Berzé.

révolution des pratiques judiciaires. Au milieu du XIIe siècle, quand la sûreté des contrats reposait uniquement sur des engagements personnels, tout titre de possession était un véritable traité entre deux groupes rivaux, les amis de chaque contractant se rendant solidaires de son acte. Progressivement, ce pacte collectif devient un accord entre deux individus que garantit une juridiction supérieure.

On cesse d'abord de réclamer des otages ; seuls en fournissent encore au XIIIe siècle les très grands personnages, les comtes, les sires de Berzé ou de Beaujeu [1] ; ainsi se perd cette coutume caractéristique de la justice féodale, qui s'était introduite lorsque la chevalerie s'était libérée de toute contrainte. Puis, vers 1170, on commence à se contenter d'un seul *responsor pacis*, dont l'autorité morale et matérielle est jugée suffisante, qui, à la demande des deux parties, fait rédiger l'acte et y appose son sceau : « ils m'ont demandé », dit la comtesse de Chalon, « de munir de mon sceau la présente charte et ainsi de me porter garante de la paix pour les choses susdites,... ce que j'ai promis de faire selon mon pouvoir » [2]. Les évêques, qui disposent des armes spirituelles et dont la chancellerie est mieux organisée, sont choisis les premiers comme uniques répondants de la paix, dans la seconde moitié du XIIe siècle [3] ; à Chalon depuis 1213, à Mâcon depuis 1226, l'official agit en leur nom [4] ; à partir de 1208, les archiprêtres sont aussi, dans leur circonscription, très souvent appelés à authentiquer les actes, ainsi que, de temps en temps, les curés de paroisses rurales [5]. Parmi les laïcs, on eut d'abord recours aux comtes, dès 1179, puis aux grands châtelains ; on conserve plus de vingt actes, datant de 1224-1249, scellés par Josseran Gros et garantissant des conventions passées dans les limites de la châtellenie de Brancion-Uxelles [6]. Avant 1248,

1. AR, G. 5, n° 23 (1219), C. 4577 (1228), T. 198 (1236), C. 4813 (1244).

2. ASL, H. 26, n° 35 (1209).

3. Premières traces de la juridiction gracieuse de l'évêque de Chalon dans les pancartes de la Ferté : F. 18 (1155 env.), *Jussit... hoc donum firmari sigillo Cab. episcopi quatinus si quis sue parentele in posterum aut etiam aliorum hominum hoc donum vellet infringere excommunicationi subjaceret perpetua dampnatione, nisi Deo et sancte Marie de Firm. et monachis ejusdem loci plenarie satisfaceret de transgressione*. – C. 4240 (1171), 4244 (1173), 4259 (1177), 4280 (1180), CH. 160 – ASL, H. 25, nos 22 – 30 – 32 – 33 – 34 – 43 – 44 – 45 – 46 – 47 – 50, etc.

4. Chalon : ASL, H. 26, n° 57 (1213) ; Mâcon : ACO, B. 10471 (1226).

5. Archiprêtres : ASL, H. 26, n° 28 (1208), n° 48 (1212), n° 61 (1216), etc. – Curés : ASL, H. 26, n° 81 (1223), H. 27, n° 61 (1239), C. 4903 (1248), etc.

6. Comte de Chalon, ASL, H. 25, n° 22 (1179) ; comte de Mâcon, ASL, H. 25, n° 55 (1193). – Le sire de Bâgé : CL. 69 (1195), T. 180 (1197), AR, 48, H. 1921, n° 1 (1224), 1931, n° 1 (1236), n° 3 (1244), n° 2 (1244), n° 6 (1238), CL. 208 (1225), 224, 251 (1229), 299 (1236), 387 (1244), 393, 453 (1251). – J. Gros : CH. 149 (1244), ASL, H. 552, n° 3 (1234), H. 178, n° 11 (1229), C. 4614 (1232), 4617 (1232), 4652 (1234), 4655 – 4667 – 4671 – 4673 – 4674 – 4675 – 4681 – 4691 – 4700 (1236), 4703 – 4718 (1237), 4734 (1238), 4813 (1244), 4911 (1249). – Sur la juridiction gracieuse du sire de Brancion, DÉLÉAGE, *Rec. des actes de Saint-Symphorien*, Introduction.

on ne voit pas que les officiers du roi ou du duc aient été sollicités, mais c'est sans doute que leurs archives ont souffert davantage [1].

Or, quand l'accord était notifié et scellé par une autorité qui s'engageait à le maintenir, toute autre garantie devenait superflue. Il n'était plus besoin de menacer les violateurs éventuels de la vengeance divine, de conserver le nom des témoins, de se prémunir contre les contestations possibles des lignagers en achetant leur consentement [2]. Les contractants pouvaient traiter seul à seul devant l'évêque et le sire. Aux notices succédèrent des actes individuels dont la forme ne tarda pas à se rapprocher beaucoup de celle des chartes d'avant l'an mil. Des formules furent élaborées par les juristes de profession, les « légistes », qui bientôt furent chargés d'administrer les juridictions gracieuses ecclésiastiques [3]. À partir de 1218, dans le sud, de 1232 dans le nord de notre région, les titres de vente et de donations sont dressés selon des modèles uniformes dont les clauses finales se réfèrent volontiers aux prescriptions de la « loi » [4]. Ils expriment d'abord la promesse du contractant (*Promittens*...), puis sa renonciation à tous les droits dont il pourrait se réclamer (*Renuntians*...) ; ils stipulent enfin les garanties du contrat.

Demander à une puissance ecclésiastique ou laïque de rédiger l'accord, c'était en effet s'engager à se présenter devant sa cour en cas de rupture, accepter à l'avance les sanctions qu'elle infligerait. « Si jamais je brise cette paix », proclame en 1219 la dame de Beaujeu, « je veux que moi et ma terre subissions les censures ecclésiastiques et je me soumets à la juridiction de l'évêque de Mâcon » [5]. Par l'usage de la juridiction gracieuse, la procédure de l'arbitrage se régularisa. Bientôt, l'habitude se prit d'exiger des contractants une garantie matérielle de leur soumission. La première formule précise d'obligation que nous ayons retrouvée, par laquelle des biens sont constitués gages de la paix, date de 1226 [6]. Désormais, l'autorité qui authentique la convention dispose d'un moyen de contrainte efficace, la saisie, et par cette voie s'introduira bientôt de nouveau la pratique de l'amende pécuniaire, partagée entre le juge et la victime, que l'affaiblissement des pouvoirs publics avait fait délaisser à la fin du xe siècle [7]. Vers

1. C. 4999 (1258), le châtelain de Saint-Gengoux.

2. C'est l'une des causes de la disparition des *laudationes parentum*, voir *supra*, ch. I, A.

3. Il y eut toujours en Mâconnais des juristes professionnels, C. 2407 (999-1007), *Oddo, legis doctor* ; M. 603 (1144-1166), *Bernardus, litis peritus*. Les coutumes de Cluny en 1186 prévoient que *si aliquis hominibus forinsecis contra aliquem Cluniaci morantem placitaturus legis peritos ad cause sue munimen adduxerit, burgensis Clun. legistam advocatum habere poterit*, C. 4329.

4. Beaujolais : CL. 152 (1218), SP. 10 (1225), C. 4642 (1233) ; Chalonnais : C. 4612 (1232) ; Mâcon : C. 4684 (1235) ; Brancion : C. 4711 (1237).

5. AR, G. 5, n° 23.

6. ASL, H. 27, n° 1 (1226), C. 4653 (1234), 4711 (1237), 4734 (1238), 4758 (1240), etc.

7. ASL, H. 1, n° 9 (1277) *volumus compelli ad observantiam omnium predictorum... per curiam domini ducis Burgundie cujus juridictionis quoad hec supponimus* ; ASL, H. 29, n° 31 (1279), n° 36

1240, l'évolution est achevée : l'obligation des biens du contractant n'est plus qu'une clause de style ; il se place en fait sous la juridiction de l'autorité qui a délivré l'acte et qui agira immédiatement contre lui s'il viole son engagement.

Alors disparaissent les compromis ménagés par des amis communs, dont l'usage se maintenait encore ; les procès deviennent beaucoup plus rares et sont plaidés devant des cours régulières, celles du châtelain ou de l'évêque et, de plus en plus, celles de l'official ou des officiers royaux[1]. Les accusés ne peuvent

---

(1281), CH. 198 (1291), ASL, H. 29, n° 34 (1280) : le bailli de Mâcon *possimus ipsos compellere... per captionem omnium bonorum suorum ad observandum* ; C. 5295 (1282), 5284 (1281) ; ASL, H. 29, n° 55 (1285), la partie qui rompra le contrat paiera une amende de 100 marcs d'argent, *quarum medietas erit illustris domini ducis Burgundie et alia medietas erit illius partis qui dictas concordias integraliter voluerit observare*. Sur l'évolution de l'obligation, Olivier-Martin, II, p. 528-532.

1. Jugements : A) *per communes amicos* ; B) par l'évêque ; C) par l'official ; D) par l'archiprêtre ; E) par un châtelain ; F) par un officier royal ou ducal :

	A	B	C	D	E	F
1200	ASL, H. 16 – 17 C. 4406 C. 4410 C. 4428 C. 4440	H. 26 – 6 H. 26 – 16 H. 26 – 27 C. 4421 C. 4430			H. 26 – 14 H. 26 – 16 H. 142 – 9	
1210	T. 186 C. 4482 C. 4507 C. 4553 C. 4524 CL. 162	CL. 103			C. 4527 CL. 121 CL. 122	
1220	C. 4559 C. 4584 C. 4589 C. 4593	CL. 157		AR, 13, G. 631 – 2		
1230	T. 193 T. 198 C. 4556 CL. 278 H. 27 – 85	C. 4551 SP. 10 CL. 252 CL. 136 CL. 644	H. 27 – 40	H. 26 – 92 AR, 48, H. 1932 – 1	H. 487 SP. 12	C. 4690 C. 4731
1240	T. 206 C. 4911 H. 27 – 94	H. 487 T. 191 CL. 261	AR, 48, H. 1959 – 17	H. 27 – 12	H. 553 H. 27 – 88	H. 22 – 29 C. 4875 CH. 158
1250	H. 28 – 5 H. 543	H. 27 – 13 C. 4825		CL. 505	C. 4930	
1260			CH. 229 CH. 31			ACO, B. 10477 M. App. III Bout. I, 1043
1270	C. 5168					H. 29 – 14 H. 29 – 22 E. 350 – 3

plus se dérober : en 1206, les moines de La Ferté, en difficulté avec le chevalier Josseran de Saules, portèrent plainte devant la comtesse de Chalon, devant le prévôt ducal du Châtelet de Chalon et devant le châtelain royal de Saint-Gengoux, et ces trois puissances réunies forcèrent Josseran à comparaître devant la cour de l'évêque[1]. Certes, dans la première moitié du XIIIe siècle, tous ces juges agissent encore en conciliateurs et, dans leurs assises, la procédure est comme autrefois une procédure d'arbitrage : Blanche de Castille, avant de faire enquêter sur les droits que se disputaient en 1235 Cluny et le comte de Mâcon, réclama le consentement formel des deux parties ; et, en 1246, avant de trancher le différend qui opposait la même abbaye au sire de Berzé, le bailli de Mâcon exigea d'abord de ce dernier la promesse d'accepter sa décision ; il s'engagea ensuite à faire enquête, à juger selon le droit ou bien, « si cela lui paraissait plus avantageux, à établir entre les parties un compromis amiable, avec le consentement de chacune d'elles »[2]. Sans doute aussi la procédure est-elle encore souvent très lente et l'accord difficile à réaliser. En 1223, par exemple, les chanoines lyonnais de Saint-Paul entamèrent une action judiciaire contre un simple paysan de leur poté de Sermoyer, Humbert Pescut, qui ne voulait pas livrer l'aumône de son père ; mais le seigneur personnel du manant, le chevalier Guichard de Chavannes, prit aussitôt l'affaire en mains. Excommunié, il accepta de la soumettre au sénéchal de l'église de Mâcon, promit d'exécuter la sentence et fournit des garanties. Le bien fut adjugé aux chanoines qui, par prudence, acceptèrent de donner à Humbert un petit dédommagement. Ce compromis ne satisfit pourtant ni Guichard, ni son homme, qui réclamèrent un second plaid. Une nouvelle assemblée se réunit donc à Bâgé ; mais Humbert n'y parut point et Guichard de Chavannes en prit prétexte pour réclamer une troisième session. On l'accorda aux deux opposants ; ce fut pour les entendre récuser le premier jugement, en appeler au pape et quitter aussitôt la cour[3]. Ce cas montre bien que l'administration de la justice conserve au XIIIe siècle de fâcheuses imperfections. Toutefois, le progrès est évident, la force ne compte plus seule : Guichard ne menace pas comme l'eût fait son aïeul, il plaide, il fait appel, il use pour se dérober de subtilités juridiques. Après

1. ASL, H, 26, n° 16.

2. C. 4690 ; *partes in hoc presentia nostra constitute in hoc consenserunt quod nos mittemus ad partes illas tales qui... inquirent* ; C. 4878. C'est ainsi qu'avait jugé la *curia regis* en 1166-1171, T. 169-171.

3. AR, 13, G. 644, n° 13. – De même G. Sauvage ne se présente pas ; on attend un an, puis la cour le condamne, CL. 157 (1219).

1240, l'ordre, la régularité sont installés dans la juridiction civile et la possession est désormais efficacement garantie. C'est là le fait capital, celui qui marque une étape très nette dans l'histoire de la société.

D. CONSÉQUENCES SOCIALES

Les clercs mâconnais qui, vers 1170, célébraient le retour du Capétien comme le grand événement de leur existence voyaient donc juste : ce fait est à l'origine d'une profonde transformation de tout le milieu social. Ce changement certes fut très lent, car l'autorité souveraine s'introduisit doucement, sans d'abord les déranger, dans les cadres de la société féodale. Louis VII commença par prendre parti dans une guerre privée, puis devint un châtelain parmi les autres, pourvu comme ses voisins d'un domaine foncier et exerçant, avec l'aide de ministériaux recrutés dans le pays, les mêmes droits seigneuriaux. Puis, pour étendre sa puissance hors de sa châtellenie, il utilisa les usages coutumiers, profita des pratiques féodales, prit sous sa sauvegarde tel territoire, telle communauté villageoise, tel lignage noble, et s'offrit pour arbitrer les conflits. Cependant, sous son vêtement féodal qu'il sera long à dépouiller tout à fait, le pouvoir royal était en réalité d'essence différente ; les principes de l'autorité monarchique s'étaient conservés intacts et le roi disposait maintenant pour les appliquer d'une indiscutable supériorité matérielle, qu'affirmait la ruine progressive de l'aristocratie. C'est pourquoi la présence royale bouleversa en trois quarts de siècle les conditions de la vie politique. En 1240, le roi n'est pas seulement le maître des paysans et le seigneur des chevaliers autour de Saint-Gengoux ou de Saint-André-le-Désert ; il tient en main les églises et contrôle même la seigneurie clunisienne (en 1253, le bailli de Mâcon occupera la forteresse de Lourdon et extorquera de l'argent aux moines)[1] ; vers le roi convergent la plupart des hommages ; les bourgeois de Tournus lui portent leurs deniers et ceux de Mâcon ont été punis en 1228 pour n'avoir pas suivi son ost, deux ans auparavant, au siège d'Avignon[2]. Dans les limites du royaume, le roi exerce bien la direction suprême ; le moment est venu où ses gens vont

1. C. 4956 (1253).
2. T. 169 (1171), AN, J. 259, n° 21 (1228).

s'immiscer dans les seigneuries, disputer leurs droits aux églises, aux châtelains et même au duc de Bourgogne, où le Parlement de Paris jugera de plus en plus nombreuses les affaires du Mâconnais[1].

La structure sociale a subi les effets de cette évolution politique. Tout d'abord, l'aristocratie laïque a perdu cette complète indépendance qui était son meilleur privilège ; châtelains et chevaliers ont maintenant des devoirs ; comme leurs ancêtres du Xe siècle, ils doivent suivre les expéditions royales, ils relèvent de certains tribunaux ; s'ils se dérobent, ils risquent de perdre leurs terres ; ils sont de nouveau encadrés, surveillés, certains même plus étroitement que bien des non-nobles. Ruinée par le mouvement économique, la vieille noblesse est également rabaissée par les progrès du pouvoir souverain.

Deux ou trois seigneurs cependant ont échappé à cette déchéance et dominent d'autant les autres. Ce sont les amis du roi, qui se sont résolument mis à son service et en ont profité pour construire de leur côté une principauté féodale. Tel, dans une certaine mesure, Josseran de Brancion, qui, avant d'aller se ruiner et mourir à la croisade de Saint Louis, est le mandataire du roi aux confins du duché de Bourgogne, l'arbitre de la paix entre la Grosne et la Saône et qui s'enrichit aux dépens du comte de Mâcon[2]. Tel surtout Humbert de Beaujeu. Cousin germain de Louis VIII par sa mère, beau-frère du comte de Champagne, il est de la maison capétienne. Connétable de France, il défend les intérêts du souverain en Languedoc, mais sans perdre de vue ceux de sa seigneurie. Il gagne sur les Clunisiens, guette l'affaiblissement du Bâgé, son parent, pour pousser plus en avant en Dombes, s'étend partout où le roi n'est pas. Par ses soucis, son train de vie, l'ampleur de ses relations, il est plus proche du roi de France que de son voisin, le pauvre sire de Berzé, qui végète dans sa châtellenie disloquée et soumise, et dont l'arrière-grand-père pourtant, au milieu du XIIe siècle, allait encore de pair avec le sien[3].

Enfin, la concentration des pouvoirs supérieurs de commandement a suscité la naissance d'une aristocratie nouvelle, celle des serviteurs des princes. Pour

1. Empiétements du bailli de Mâcon dans la châtellenie ducale d'Uxelles, PETIT, VI, p. 241 ; le château finira par passer dans la mouvance royale, AN, JJ. 245, f° 130 (1310). Multiplication des appels au Parlement de Paris, voir index des *Olim*.

2. En 1228, J. Gros reçoit en augmentation du fief qu'il tient du comte de Mâcon une rente de 50 l. sur le péage, AN, J. 259, n° 1. Il montra glorieux mais ruiné à la Mansourah, JOINVILLE, éd. de WAILLY, p. 97.

3. LA MURE, avec notes de C. GUIGUE au t. III, pièces supplémentaires, p. 16 sq ; AUBRET, avec notes de C. GUIGUE.

tenir les châteaux qu'ils avaient acquis, pour préparer les jugements, rédiger les actes, tenir leurs registres, le roi, les prélats et les très grands seigneurs durent employer un personnel administratif plus nombreux et plus spécialisé. Entre 1170 et 1240, chacune des petites capitales, Saint-Gengoux et Mâcon, Beaujeu et Bâgé, se peupla d'auxiliaires subalternes, recrutés dans le bas clergé, la petite bourgeoisie locale et les vieilles familles ministériales. Ces sergents, ces greffiers, ces tenants du sceau n'étaient chargés que de basses besognes ; ils s'enrichirent pourtant et nous avons déjà montré la position avantageuse d'Ogier Bourget, chambellan du sire de Bâgé, qui profita à la fois des profits de son métier et des générosités de son maître [1].

Mais quelques-uns s'élevèrent beaucoup plus haut, ceux qui reçurent, avec la garde des forteresses ou la présidence des assises judiciaires, le bail entier de l'autorité souveraine. Les offices supérieurs de justice furent le plus souvent confiés à des gens d'Église : au XIIIe siècle, le *cognitor curie domini Bellijoci* est toujours un chanoine de Beaujeu et le « juge de la terre de Bâgé », d'ordinaire un clerc [2]. Certains de ces délégués généraux furent pris également dans l'ancienne noblesse ; les chevaliers n'hésitaient pas à se charger de fonctions qui, par les pouvoirs qu'elles conféraient, étaient fort honorables ; ainsi la prévôté royale de Saint-André-le-Désert sera occupée à la fin du siècle par un descendant d'un grand lignage de l'époque franque, Odet de Neublans [3]. Cependant, les officiers de naissance chevaleresque furent pour la plupart étrangers au pays, comme les baillis de Mâcon, comme ceux que les comtes de Savoie installeront à Bâgé et à Pont-de-Vaux quand ils deviendront seigneurs de Bresse [4]. Enfin, quelques-unes des plus hautes fonctions furent également remplies par des gens de petite extraction.

Duran Rodon qui tint au nom des comtes de Chalon le château de Charolles, puis les Colomb qui lui succédèrent et qui portèrent le titre de baillis ducaux, semblent bien avoir été d'origine roturière [5]. En tout cas, Robert Savinel, châtelain royal de Saint-Gengoux vers 1250, est fils d'un bourgeois de la ville, qui soignait des vignes aux environs, et neveu d'un clerc obscur, chargé des écri-

1. *Supra*, ch. I, E.
2. AR, fonds de Belleville, liasse I, n° 61 ; G. 4, n° 14 ; G. 6, n° 14 ; G. 2, n° 12. – Bâgé ; AR, 48, H. 1921, nos 13 – 14.
3. C. 5385 (1291), ACO, B. 10479 (1271).
4. Baillis de Mâcon, *Hist. de la Fr.*, XXIV, p. 172 sq. – Bâgé : AR, 48, H. 1924, n° 3 (1273) – 1921, n° 20 (1285). – DROUET.
5. C. 4466 (1212), ACO, B. 10473 (1251), ASL, E. 280, n° 1 (1296), LAROCHE.

tures de la châtellenie ; Jacques de Saint-Gengoux, qui lui succéda après avoir été clerc du bailliage de Mâcon, appartient au même milieu [1]. Or, pour garder un château, convoquer les *milites castri*, les commander pendant leurs stages, mieux valait être chevalier ; les princes adoubèrent donc ces ministériaux de basse naissance et les firent de la sorte entrer dans la noblesse [2]. Nous pouvons suivre l'histoire de deux de ces familles de serviteurs, celle des Chevrier et celle des Blanot.

Guy Chevrier sortait de cette fraction de la bourgeoisie mâconnaise qui vivait au service des comtes. En 1206, son père, prévôt comtal, avait reçu du maître, avec la chevalerie, des vignes aux portes de la cité pour les tenir en fief. Lui-même, vers 1230, mena la guerre contre l'évêque, prit le château de Solutré et le tint un moment au nom du comte ; excommunié pour cela, il se racheta en payant de ses deniers la rançon du sénéchal épiscopal ; en 1232, Jean de Braine lui concéda en augmentation de fief le trézain des péages de Mâcon et de Loisy. Après l'achat du comté, il passa au service du roi ; en 1248, il est à Toulouse ; à son retour, il devient bailli de Mâcon et meurt en service, tué par le sire de Montbellet. De ses fils, l'un, Guy, hérita la chevalerie paternelle et, marié à une fille de haut parage, mena la vie noble dans les domaines fonciers qu'avait gagnés son père ; l'autre, Pierre, resta, comme ses ancêtres, bourgeois de Mâcon et de Lyon et, dans ces deux villes, avec tous ses enfants, servit de son mieux le roi de France. Et la famille ainsi se partagea entre la noblesse rurale, l'aristocratie de service et la bourgeoisie marchande [3].

---

1. En 1190, les Savinel, bourgeois de Saint-Gengoux, souscrivent les actes du châtelain Erlouin, CH. 126 – 154 – 157 – 161 ; l'un d'eux, clerc, les rédige, CH. 154. P. Savinel tient des vignes à Noireux de J. de Nanton, C. 4655 (1234) ; Robert, C. 4999 (1258), est riche ; son vignoble vaut 170 l., C. 5232 (1278). Jacques de Saint-Gengoux sera châtelain en 1278, C. 5232 ; lui aussi achète de la terre, ASL, H. 30, n° 3 (1290).

2. Duran Redon est chevalier de la comtesse, C. 4466 ; Colomb ne l'est pas encore, mais son fils le sera, ASL, E. 280, n° 1.

3. En 1202, Évrard Chevrier est l'un des premiers domestiques du comte, ACM, GG. 154, n° 1. – En 1206, Guy I est chevalier lorsqu'il reçoit des vignes *in feudum et homagium ligium*, S. 157. – Aimon, évêque de Mâcon, relève Guy II de la sentence d'excommunication, avec la garantie du comte, S. 158 (1231). – Trézain, S. 159. – Guy et Henri Chevrier, chevaliers de Louis IX à Toulouse, S. 163. – Bailli de Mâcon, Guy est tué par le sire de Montbellet, *Olim*, I, p. 654, XI. – Ses fils : Jean, franciscain à Lyon, S. 166 (1268) ; Humbert, chanoine de Mâcon, OBM, I, 20 (1284) ; Guyonnet, chevalier, gendre du chevalier de Pizay, CL. 720 (1277) ; il a des terres à Sancé qui viennent du comte, et il reprend des alleux à Feillens en fief du sire de Bâgé. GUICHENON, p. 14 (1266) ; Pierre « citain » de Mâcon et de Lyon, sergent du roi, *Olim*, I, p. 654, XI (1266), BOUTARIC, I, p. 747 (1271). – Des enfants de Pierre, Humbert succédera à son oncle au chapitre de Mâcon ; une fille, Bernarde, épousera un chevalier du Viennois (son testament dans LE LABOUREUR, I, p. 449) ; Barthélemy, « citain » de Lyon, cousin du négociant mâconnais Pons Dentu, sera échanson

Les Blanot se haussèrent moins rapidement, mais ils partaient de plus bas. En 1225, Duran était prévôt des moines de Cluny dans son village. Cependant, alors que son frère cultivait à Varanges une modeste tenure, lui-même, gendre d'un autre ministérial, était par sa fonction le plus marquant des paysans de ce petit canton forestier. Il fut mêlé aux querelles féodales : pour défendre les intérêts de l'abbaye, il affronta des chevaliers et dut se placer sous la sauvegarde du comte de Chalon. En tout cas, il fit fortune. Son fils Jacques, qui lui succéda dans sa charge et dans celle de son grand-père maternel, hérita en effet de beaux alleux à Blanot et dans la vallée de la Grosne, dont beaucoup étaient exploités par des tenanciers et qu'il reprit en fief lige du monastère ; et Jacques recevait lui-même l'hommage d'un chevalier, Guichard de Sandon, qui tenait de lui un chasement à Culles-les-Roches ; c'était un vrai seigneur. Mais surtout, Duran avait eu le moyen d'envoyer son second fils Jean, né vers 1220, aux écoles de Bologne. Clerc, « légiste », spécialiste de droit féodal, il revint dans son pays et se mit au service du duc qui le fit chevalier. En 1268, son maître lui concédera en fief lige la forteresse d'Uxelles, avec la châtellenie et tous les hommages des nobles et des sergents. Ce neveu de rustre, ce fils de prévôt, noble lui-même et qui transmettra sa noblesse à son fils, remplaça ainsi, parce qu'il savait du droit, la vieille famille ruinée des Gros [1].

---

du roi, *Obit. de l'égl. de Lyon*, II, p. 1295, AUBERT, II, p. 25 ; Guy sera chevalier du roi, AN, JJ. 64, n° 40. Ces indications, en complément des études de STEIN et CAROLUS-BARRÉ.

1. Duran, prévôt de Blanot, *serviens noster*, disent les moines, C. 5013, frère de Geoffroy de Varanges, paysan. En 1227, il est pris par le chevalier J. de Neublans en guerre avec Cluny (Blanot était une ancienne *potestas* des Neublans) ; il se place dans la commende du comte de Chalon avec les manants clunisiens de Blanot, Varanges et Donzy-le-Pertuis, C. 4551 – 4553. En 1229, il est garant à Cluny, avec le chevalier J. de Merzé, dans la paix de P. de Pierreclos (ce qui marque son rang social : comme les ministériaux du XIe siècle, non noble il est aussi influent que les chevaliers), C. 4584. Gendre du prévôt clunisien de Villars (comm. de Donzy), C. 5013. – Il est mort en 1251 quand son fils Jacques accense les deux moulins de Merzé, avec les battoirs et les fouloirs, qu'il possédait en indivis avec son frère puîné Jean, ASL, H. 1, n° 7. – En 1259, Jacques abandonne une rente sur les granges de Blanot et de Villars, perçue en raison de la « chassipolerie » qu'il exerçait après son père et ses grands-pères dans les deux domaines ; il tient des terres de l'abbaye pour un cens annuel de 10 sous ; il reprend en fief lige de l'abbé tout son bien, des tenures (un manse, un courtil, une verchère, une borderie, huit champs et un étang à Blanot, des manses, un moulin, une condemine, une vigne, quatre prés, trois terres à Collonge et à Lourdon) qui constituent sans doute la dotation prévôtale ; des alleux aussi, une réserve à Blanot (maison, verchère, prés, terres), des parcelles exploitées par des tenanciers dans les vallées du Grison et de la Grosne, le fief que tient G. de Sandon à Culles, C. 5013. C'est encore un paysan qui conserve des droits d'usage dans les bois du seigneur, comme les autres *homines de Blanos*. – Son frère Jean, auteur d'un *Traité sur les fiefs* (voir *supra*, n. 2, p. 505), maître ès-arts puis docteur de Bologne, revient se mettre au service du duc qui le fait chevalier :

Par ce groupe social dont les Chevrier, les Blanot, les Savinel sont les membres les plus représentatifs et qui s'est formé dans la première moitié du XIIIe siècle lors de la renaissance des grandes dominations territoriales, la liaison s'établit enfin entre l'humble ministérialité des temps féodaux et la chevalerie. Ces gens se sont élevés très vite, beaucoup plus vite encore que les grands trafiquants ; leurs frères, certains de leurs fils même restent des paysans ou des bourgeois ; mais ces « chevaliers et docteurs en loi » feront pourtant souche de nobles. Ils sont les premiers représentants d'une nouvelle noblesse, la noblesse de fonction, dont l'apparition vers 1240 marque encore en Mâconnais le début d'une nouvelle période de l'histoire sociale.

Hunc Burgundorum dux Hugo, scemate morum
Praeditus, accivit equitemque sibi stabilivit

(voir son épitaphe en vers dans BN, ms. lat. 18522). – Concession du château d'Uxelles en 1263, Arch. d'Uxelles, n°s 12 – 13 (le duc enjoint à R. de Bresse, A. de Vers, G. de Saules, D. le Hongre, G. de Tramayes, G. et H. Rebutin de prêter hommage à J. de Blanot, nouveau possesseur du château dont dépendent les chasements) ; confirmation de la donation en 1272, ACO, B. 10479. En 1278, *dominus Uxellarum*, il s'accorde avec Cluny sur la justice de Malay-Ougy, C. 5238 – *BC* 1533. – Son fils passera au service du roi de France et lui prêtera hommage pour Uxelles, AN, JJ. 245, n° 130 (1310), *Olim*, III, p. 607, XCIX (1310), *Olim*, III, p. 830, CV (1312). – Jean, fils de Jacques, fut chanoine de Mâcon en 1267, maître de droit canon à Paris en 1272, puis official de Lyon entre 1274 et 1287, ASL, H. 144, n° 23 – OBM, II, 60. – Voir les notices de JEANTON et de CAILLEMER.

CHAPITRE III

LES NON-NOBLES FACE AU POUVOIR L'ÉVOLUTION DE LA SEIGNEURIE BANALE

Entre 1160 et 1240, la seigneurie banale elle aussi se transforme. D'une part, la reconstitution des principautés souveraines prive les châtelains de l'absolue supériorité dont ils jouissaient naguère au voisinage de la forteresse ; les droits de ban se partagent et, sous le contrôle éminent de l'autorité supérieure, beaucoup de petits nobles et même certains roturiers peuvent étendre leur pouvoir sur les petites gens. D'autre part, les conditions économiques, défavorables aux maîtres et favorables aux dépendants, permettent à la plupart de ces derniers de s'affranchir progressivement des contraintes seigneuriales les plus gênantes.

A. LE MORCELLEMENT DES DROITS SEIGNEURIAUX

Au XIIe siècle, les pouvoirs de commandement étaient presque tous concentrés entre les mains des possesseurs de châteaux forts. Héritiers, dans les anciennes circonscriptions militaires, des droits régaliens qui, réputés indivisibles, échappaient aux partages successoraux, ils étaient restés assez puissants dans un territoire restreint et faciles à surveiller, pour triompher de leurs concurrents, s'arrogeant la garde des domaines immunistes et détachant les hommes propres de leur seigneur naturel. Les simples chevaliers ne conservaient d'autorité que sur les domestiques de leur maison et parfois, mais alors très restreinte, sur les paysans du village, usagers de leurs bois et de leurs pâtures. Or, à partir de 1160, la châtellenie cesse d'être la pièce maîtresse dans l'organisation des pouvoirs banaux.

Elle est d'abord englobée dans un système politique plus vaste. Vassal ou mandataire d'un prince qui se prétend la source de la paix et de la justice, le gardien de la forteresse est ainsi dépouillé par le haut des plus élevées de ses prérogatives. La protection qu'il accorde a moins de prix puisque les manants peuvent maintenant recourir directement au roi, au duc, aux puissances ecclésiastiques. Le ban qu'il conserve encore prend un caractère plus nettement privé ; il est plus facilement démembré, partagé entre les héritiers ou vendu par morceaux.

De plus, nous l'avons montré, le retour du roi et la crise économique nivellent l'aristocratie laïque. Sauf un ou deux qui deviennent des princes, les châtelains du Mâconnais sont rabaissés au niveau des autres nobles. Deux faits marquent ce nivellement. D'abord, le titre de sire (*dominus*), qui, exprimant la puissance, était jadis réservé aux maîtres des châteaux, se répand dans la noblesse et, à partir de 1190, il est porté régulièrement par tous ceux qui ont reçu la chevalerie [1]. D'autre part, un peu plus tard, vers 1230, on voit les demeures des petits chevaliers de village changer d'aspect : elles sont désormais construites sur une motte – une « poype », comme l'on dit en Bresse –, entourées de fossés, flanquées d'une ou deux tours, elles deviennent des « maisons fortes ». C'est alors en effet, et non pas, comme on l'a trop dit, au xe siècle, que se multiplient les lieux fortifiés [2]. Or, l'idée subsiste que la possession d'un point d'appui défensif confère le droit de protéger et de commander. Les chevaliers, qui maintenant sont appelés sires et logent eux aussi dans une tour, se jugent les égaux des châtelains et prétendent partager avec eux le ban. Ils y parviennent souvent. En effet, quand le château voisin est encore indépendant, son maître n'a plus assez de force pour leur résister et les princes voisins soutiennent toutes les tentatives

1. Au xiie siècle, il est tout à fait exceptionnel de voir un simple chevalier porter le titre de *dominus*, C. 3300 – 3565 – 3931 – M. 598 – SM. 102. À partir de 1190, tous les chevaliers sont régulièrement appelés *dominus* et ce titre les distingue des nobles qui ne sont pas adoubés. C. 4331 (1188). 4348 (1190), CL. 99 (1206), ASL, H. 26, n° 36 (1209), C. 4482 (1214), C. 4652 (1234), etc.

2. Au xiie siècle, les sires avaient élevé de nouvelles fortifications pour consolider leur principauté territoriale. Dès le second tiers du xiiie siècle apparaissent auprès des *castra* les maisons fortes. En droit, elles sont bien distinctes des châteaux, Guilhiermoz, p. 165 ; mais extérieurement elles leur ressemblent : à Marchizeuil, *domium meam fortiorem clausam fossatis*, ACO, B. 10474 (1259) : à Saint-Aubin, *cum turribus et fossatis circa dictam domum factis*, ACO, B. 10478 (1268) ; à Jully, *unam motam, unum plastrum cum fundo et fossatis, in qua pater meus ceperat edificare, Cart. évêché Chalon*, f° 198 (1291) ; en Bresse, la maison, la « poype », les fossés *cum tota forteressia*, Guichenon, p. 14 (1272). – Ces constructions sont sources de dépenses et aggravent les difficultés financières des chevaliers.

qui peuvent amoindrir sa puissance [1] ; quand le château relève d'un grand seigneur, celui-ci entend bien conserver l'autorité la plus haute, la justice supérieure, le sauvement général, « la garde et le ressort [2] », mais il laisse volontiers s'épanouir la seigneurie des petits nobles, ses vassaux. Cela simplifie sa tâche, et l'installation de la hiérarchie féodale permet maintenant de concevoir et d'aménager une hiérarchie correspondante des pouvoirs de commandement.

Pour ces raisons, les droits de ban se divisent et se vulgarisent. Les dominations territoriales se morcellent en seigneuries de paroisses ; la seigneurie personnelle, longtemps étouffée sous le ban du château, reprend une vigueur nouvelle et une nouvelle forme de sujétion apparaît, la dépendance par prise de mas.

1. *Les seigneuries de paroisse*

La communauté de paroisse s'était progressivement resserrée pour devenir au XIIe siècle la cellule la plus vivante de la société paysanne [3]. Dès lors, les châtellenies semblèrent des agglomérations de paroisses et le châtelain parut moins le maître d'un territoire compact que le commun seigneur de territoires paroissiaux juxtaposés [4]. En fait, dans chacun d'eux, il était représenté par un ministérial particulier ; le partage des droits seigneuriaux entre le châtelain et l'immuniste, les associations par pariage, la concession de franchises aux manants se réglaient dans les limites de la paroisse [5]. Ainsi, au XIIIe siècle, chacune des paroisses de la châtellenie d'Uxelles avait son régime propre, Cortevaix était devenue une ville franche, Saint-Hippolyte, une poté indépendante abandonnée aux Clunisiens, à Malay, à Ougy, à Bissy, à Cortamblein, le sauvement seigneurial était aménagé selon des modalités différentes [6].

---

1. Les châtelains prétendent cependant autoriser la construction des maisons fortes et faire démolir celles que l'on avait édifiées sans leur permission, C. 4428 (1207), protestation de D. de Luzy, sire de Sigy, au sujet de Saint-Hippolyte ; *Olim*, III, p. 296, XXXIV, et 460, LXIX (1308), procès entre le sire de la Bussière et le chevalier de Saint-Point.

2. ASL, H. 29, n° 39 (1282).

3. *Supra*, IIe part., ch. v, B.

4. Canat, p. 31 (1236), J. Gros, *dominus... Cortevasii* ; ASL, H. 29, n° 25 (1275), le sire de Montaigu, seigneur de Mellecey.

5. Pariage de Salornay, AN, J. 398, n° 38 ; Pariage de Thoissey, *BC* 1503 (1233).

6. C. 4482 (1214), abandon des droits à Saint-Hippolyte *in domo, in villa et in parrochia* ; Cortevaix, Canat, p. 31 ; Malay, Ougy, Cortamblein, Bissy, *BC* 1533. – De même, la répartition des droits de justice entre Cluny et le chapitre de Mâcon s'opère dans les territoires paroissiaux de Bésornay et de Saint-Vincent-des-Prés, ASL, H. 22, f° 29 (1293) ; l'église de Mâcon a la justice dans la paroisse de Saint-Clément, *Gallia*, p. 1082 (1279), etc.

Aussi, quand la gêne financière obligea les châtelains à aliéner par pièces leur seigneurie, ils cédèrent tout naturellement leurs droits territoriaux paroisse par paroisse. Les Gros vendirent d'abord à l'abbaye de Cluny, en 1214 et en 1237, le ban dans les paroisses de Saint-Hippolyte, de Bray et de Cortambert ; puis ils cédèrent en fief au chevalier de Loisy la seigneurie de la paroisse de Saint-Ythaire en 1234, au chevalier Pierre Béraud celle de la paroisse de Saint-Ambreuil en 1239. Dans la seconde moitié du siècle, après la cession des châteaux de Brancion et d'Uxelles au duc de Bourgogne, les deux branches de la famille conserveront seulement, l'une la paroisse de Cortevaix, l'autre la paroisse de Laives. Trois petites seigneuries de village tenues par les moines de Cluny, quatre petites seigneuries de village tenues par des chevaliers se formèrent ainsi sur les débris de l'ancienne châtellenie [1]. De même, après 1229, le sire Hugues de Berzé abandonna à son frère Étienne la seigneurie paroissiale de Pierreclos, et Renaud, sire de la Bussière, la seigneurie paroissiale de Montagny à son frère Hugues [2]. Au milieu du XIIIe siècle, un certain nombre de lignages chevaleresques ont donc obtenu, par la vente, la concession féodale ou les dispositions testamentaires du châtelain, la seigneurie de leur paroisse, née du démembrement de l'ancien sauvement.

D'autres parvinrent au même résultat en étendant leurs droits privés dans le finage voisin de leur demeure. Aux frontières des châtellenies, dans les zones où l'autorité des sires était moins assurée, quelques chevaliers avaient pu dès le XIe siècle constituer de petites dominations territoriales indépendantes dans le terroir où la majorité des terres et des hommes leur appartenait [3]. Les seigneuries de cette sorte apparaissent beaucoup plus nombreuses dans la première moitié du XIIIe siècle. Les entreprises des hobereaux de village furent en effet favorisées par l'affaiblissement des châtelains et aussi par le regroupement des domaines fonciers, qui, nous l'avons dit, par les achats, les échanges, les progrès de l'insti-

1. Saint-Hippolyte, C. 4482 ; Bray et Cortambert, C. 4711 ; Saint-Ythaire, C. 4652 (1234) ; Saint-Ambreuil, ASL, H. 27, n° 60 (1239). – Cortevaix avait été donné en dot à la sœur de Henri Gros, dernier sire de Brancion ; après procès devant le Parlement de Paris, la seigneurie de la paroisse fut remise à la veuve du sire, *Olim*, I, p. 234, VIII (1266), 645, VII ; ASL, H. 523. – Laives revint à Marguerite, fille d'Henri, puis à ses enfants, Guillaume de Traves et ses frères, *soignours de Loyve*, ASL, H. 30, n° 35 (1299).

2. Pierreclos, C. 5035 (1261) ; la seigneurie est mouvante du château de Berzé, PETIT, VI, p. 298 (1282). – Montagny, C. 4801 (1243). – De même, Robert de Sainte-Hélène tient en fief de G. de Bourbon les droits banaux dans le village (la *costuma borbonoise*), ASL, H. 27, n° 70 (1242). – Les empiétements de certains ministériaux créèrent aussi des seigneuries de village aux dépens des châtellenies : à la fin du XIIIe siècle à Jambles, le maire tenait en fief du chapitre de Chalon, seigneur territorial, la justice, les lods et ventes, tous les droits banaux dans la paroisse, CH. 310.

3. *Supra*, IIe part., ch. III.

tution testamentaire, tendaient maintenant à se concentrer dans un seul finage. Ainsi, les chevaliers de Saules qui, aux confins de la châtellenie de Brancion et du ban forestier des comtes de Chalon, avaient dirigé le défrichement du terroir de Lalheue dans les bois de Bragny, étaient au XIIIe siècle maîtres à la fois de tout le sol et de la communauté paysanne[1]. Entre le pariage royal de Salornay, le sauvement d'Uxelles, celui de Lourdon et la poté clunisienne de Bésornay, les chevaliers de Massy possédaient une belle seigneurie foncière dans leur village ainsi qu'à Baine, à Chanve, à Sassy et dans tous les bois environnants ; soutenus sans doute par leurs seigneurs, les Gros, qui rêvaient d'étendre par leur intermédiaire leur domination féodale, ils revendiquèrent vers 1240 sur tous les habitants de la vallée, depuis la crête des collines jusqu'au pont sur la Gande, sur ceux mêmes qui par leur personne dépendaient de l'abbaye de Cluny, la justice haute et basse, le châtiment « du sang et du larron », la police des champs et des prés, leur réclamèrent quatre corvées de labour par an et perçurent dans chaque demeure paysanne une mesure d'avoine, un pain, des poules et un service de charroi « pour la garde ». Ils prétendirent même empêcher les Clunisiens de tailler leurs hommes propres à leur guise ; ils consentirent à leur laisser seulement une taxe en orge tous les sept ans, se réservant d'autoriser toute levée supplémentaire. Certes, les moines réagirent ; après une enquête auprès des paysans, ils obtinrent le droit d'exploiter librement leurs dépendants personnels et, *ratione loci*, la justice sur toutes leurs terres. Mais les chevaliers de Massy conservèrent tout leur pouvoir sur les autres manants de la vallée et l'abbaye leur permit même de recevoir tous les ans de ses hommes propres un pain et une mesure d'avoine, « non pas », à vrai dire, « à cause de leur *dominium*, mais des usages dont jouissaient ces villageois dans les bois et les eaux courantes »[2]. Au même moment, un cousin des Massy, Guillaume d'Oblé, devenait sans difficulté « seigneur de Cormatin », autour de la maison forte qu'il venait d'élever[3]. Et tout le lignage réuni, Oblé, Massy, Sassy, Meursault, s'appropriait encore le pouvoir seigneurial dans les limites de la paroisse voisine de Massilly : là, les diverses branches se partageront à la fin du XIIIe siècle la dîme, les corvées des hommes du village, la justice « sur tous les lieux, terres, pâtures et chemins

1. ASL, H. 26, n° 66 (1265) ; H. 29, n° 41 (1282), n° 54 (1284), n° 55 (1285), n° 57 (1286).
2. C. 4911 (1248).
3. C. 5399 ; cette seigneurie va gagner aux dépens de la châtellenie d'Uxelles : Arch. d'Uxelles, n° 16, accord entre H. d'Oblé, sire de Cormatin, et les prévôts d'Uxelles sur les amendes dans les terroirs de Cortamblein et de Mont.

communaux... par toute la paroisse » et la propriété éminente des *consortes communes* [1].

Ainsi, soit par le morcellement du ban castral, soit par le développement des droits privés que le principal possesseur foncier, maître des taillis et des pâturages, exerçait au sein de la communauté agraire, un grand nombre de paroisses mâconnaises se trouvèrent placées, dans la première moitié du XIIIe siècle, sous l'autorité immédiate d'une famille chevaleresque. Un type social jusqu'alors peu répandu devient beaucoup plus commun, celui du hobereau, seigneur de son village, qui maintenant vit à l'écart dans la maison forte élevée aux lisières du terroir, maître d'une belle réserve que les corvées paroissiennes l'aident à mettre en valeur, qui contrôle les communaux, fait la police des champs, règle le cycle des cultures, détient la basse justice et parfois la haute et perçoit des exactions sur chaque feu paysan. Cette seigneurie est très nettement de caractère patrimonial et ses profits se partagent par héritage, mais d'ordinaire les coseigneurs délèguent leur pouvoir à un seul prévôt qui verse à chacun d'eux sa part du revenu [2]. Elle est tolérée par l'autorité supérieure qui s'efforce seulement de la contrôler. C'est ainsi que les moines de Cluny reconnaîtront en 1285 les droits des seigneurs de Massilly, mais en se réservant la haute juridiction, et ils s'arrangeront pour que le *dominium* soit tenu d'eux en fief ; de même, à la fin du XIIIe siècle, la seigneurie de Lalheue sera mouvante du duc de Bourgogne, qui prétendra la tenir dans sa garde et dans son ressort [3]. De la sorte, les pouvoirs

1. C. 5323 (1285), droit *in omnibus corveis dicte ville, videlicet de panibus... quod debent homines dicte ville dominis ipsius ville* ; droit de justice *in locis, terris, pascuis et chiminis communibus... per totum parrochiatum ville, in pascuis dicte ville et omnes terras et consortes communes dicte ville nonam partem, sicut alii domini per totum parrochiatum de Maxilliaco* ; ces droits sont partagés entre les Massy, les Oblé, les Meursaut, les Merle. – Le chevalier G. Ruffin prétend également exercer la justice dans la paroisse de Buffières, ASL, H. 22, f° 29 (1269). – À Sermoyer, les seigneurs du village interdisent aux paroissiens de rouir le chanvre dans l'étang, ASL, H. 178, n° 18 (1245). – Ces prétentions à la domination du village sont liées à la construction des maisons fortes, *Olim*, I, p. 722, XX (1268) : pour en avoir érigé une à Saint-Laurent-lès-Mâcon, le sire de Pagny prétend exercer la justice sur le pont.

2. Division : le village de Lalheue est partagé entre B. de Grevilly, fille de J. de Saules, sa nièce A. de Pierrechamp, leurs cousins B. de Saint-Romain et G. de Laye, ASL, H. 29, n° 55 (1285), H. 29, n° 16 (1274), H. 28, n° 68 (1265). – Mais la seigneurie est une communauté indivise : Lalheue, ASL, H. 28, n° 68 ; Laives (les coseigneurs ont désigné un seul juge du village), ASL, H. 30, n° 35 ; Sermoyer (les chevaliers du Pré, G. de Gratay *et alios participes ville*), ASL, H. 178, n° 18 ; Massilly, C. 5323.

3. C. 5323, les criminels seront remis au doyen de Lourdon. – En 1262, le duc concède aux moines de La Ferté la seigneurie de Lalheue que ses feudataires leur avaient vendue, *salva garda et ressorto nostro*, ASL, H. 29, n° 39. – Le seigneur territorial tentera parfois, mais sans succès, de réduire par la force les seigneurs de village ; le duc de Bourgogne, sire d'Uxelles, fit détruire avant

territoriaux, qui jadis étaient pour la plupart rassemblés autour des châteaux forts, se trouvent démembrés. Les plus hauts sont revendiqués dans une circonscription beaucoup plus étendue que l'ancien sauvement par une domination supérieure ; les droits inférieurs, la direction quotidienne des communautés d'habitants reviennent fréquemment dans le cadre paroissial aux petits nobles et s'intègrent dans leur patrimoine. L'organisation des pouvoirs s'est adaptée à la fois à la restauration de la souveraineté régionale et aux progrès des solidarités villageoises. Vers 1240, à la juxtaposition de châtellenies autonomes a succédé la hiérarchie du ban et de la justice soutenue par les institutions féodales.

2. *La dépendance personnelle par prise de mas*

L'affaiblissement des châtelains permit également aux petits nobles d'étendre et de renforcer ceux de leurs pouvoirs seigneuriaux qui se fondaient sur une attache personnelle. Au XIe et au XIIe siècle, le ban territorial avait dénoué la plupart des rapports qui liaient aux simples chevaliers les descendants des serfs appartenant à leurs ancêtres et des paysans libres qui s'étaient placés sous leur protection : entre 1117 et 1167, les documents mâconnais ne mentionnent aucun paysan dépendant pour sa personne d'un seigneur de la petite noblesse. Mais, dans le dernier quart du XIIe siècle, on voit de nouveau les chevaliers affirmer leurs prérogatives sur certains rustres, les proclamer leurs hommes propres, les défendre contre les maîtres du ban et les exploiter. Vers 1175, Humfroi d'Épaisse se fait reconnaître par les chanoines de Saint-Vincent le droit de protéger un villageois ; en 1177, Josseran le Merle possède des dépendants dans la poté clunisienne de Jalogny ; en 1189 et en 1197, Ancy de l'Épervière et Bernard de Charmoi ont les leurs à Boyer, dans le territoire soumis au ban de l'église de Chalon[1]. Après 1200, ces petites clientèles rurales apparaissent de plus en plus souvent dans nos sources[2], tandis que s'affirme le pouvoir du maître. En 1240, la plupart des nobles lèvent des tailles sur certains paysans et les jugent : Guichard, chevalier de Sandon, a toute juridiction sur ses hommes propres et, les donnant en 1244 à l'abbaye de La Ferté, il peut se réserver sur eux la justice de sang ; Josseran de Boussière empêche les chanoines de Chalon de percevoir une amende sur l'un de ses dépendants qui pourtant avait tué l'un

1279 la maison forte des Oblé à Cormatin, mais ceux-ci obtinrent raison devant le Parlement de Paris, *Olim*, II, p. 149, XXI (1279), ACO, B. 10481 (1280).

1. M. 630 – C. 4259 – CH. 154 – 157.

2. CL. 189 (1200), R. d'Asnières ; C. 4389 (1200), G. de Sivignon ; C. 4404 (1200), G. Sauvage ; ASL, H. 26, n° 16 (1206), G. de Saules, etc.

des leurs et sur leur terre[1]. En même temps que la châtellenie se partage et pour les mêmes raisons, des manants en plus grand nombre échappent au ban territorial pour dépendre personnellement de simples chevaliers. Mais, à ce moment, les caractères de la dépendance personnelle commencent à se modifier : elle tend à prendre désormais une assise foncière.

Toujours le maître du paysan avait étendu son pouvoir sur la terre de son homme. Au début du XIe siècle, l'alleu du serf, celui des francs commendés étaient contrôlés et exploités par le seigneur de la personne ; de même – et suivant en cela l'évolution du rapport féodo-vassalique[2] – les services de l'homme propre se transportèrent progressivement sur son exploitation agricole qui, alleu ou censive, supporta les charges que lui imposait sa dépendance, la taille, les coutumes, les corvées, la justice. L'idée prit corps au XIIe siècle et se précisa pendant la concurrence entre les seigneurs banaux. Vers 1130, Pierre le Vénérable remarquait que les puissants laïcs réclamaient « les biens en même temps que les personnes, les personnes en même temps que les biens[3] ». En effet, il parut bientôt indispensable, pour éviter d'interminables chicanes, que les droits sur les hommes et les droits sur leur lieu de résidence appartinssent au même seigneur. Et lorsqu'ils étaient partagés, on s'efforça par des accords de les réunir dans la même main. Ainsi, quand en 1214 le sire d'Uxelles abandonna ses prérogatives dans le terroir de Saint-Hippolyte, ceux des villageois qui étaient ses hommes propres et qui voulaient rester dans sa dépendance furent expulsés de la localité et durent abandonner les tenures qu'ils avaient reçues des Clunisiens, nouveaux seigneurs de la paroisse[4]. Au XIIIe siècle, les hommes propres ne sont jamais donnés ou vendus sans leur manse[5]. Quand un paysan se place sous la sauvegarde d'un seigneur, il se commende avec tout son bien, sur lequel est assise la taxe de protection[6]. C'est maintenant la règle, les droits seigneuriaux sont attachés au manse du dépendant : en 1202, à Sainte-Hélène, les coutumes et la corvée exigées par le maître pèsent non sur

1. ASL, H. 27, n° 76 – CH. 158.
2. *Supra*, IIe part., ch. II, A.
3. PET. VEN., *Épist.*, I, 28 (p. 146).
4. C. 4482, *de hominibus qui apud S.H. pro Joceranno se tenet, statutum est... ut infra festum sancti Michaelis instans de villa S.H. et de tenementis ecclesie Clun. exeant et quicquid ab ecclesia Clun. tenebant liberum ecclesie remanebit* (les *edificia domorum* leur seront remboursés à moins qu'ils ne préfèrent les emporter avec eux)... *Quod si infra illum terminum inde non exierint, monachis expellere eos inde licebit*.
5. CL. 109 (1200) ; ASL, H. 26, n° 4 (1202) ; CH. 115 (1219) ; CL. 157 (1219) ; ASL, H. 26, n° 73 (1220) ; CL. 325 (1238) ; CL. 299 (1236) ; CH. 187 (1243).
6. C. 4553 (1227).

les villageois mais sur les exploitations ; en 1232, à Biziat, un grand nombre de colonges doivent au sire de Bâgé la taille, la garde, les corvées, le service militaire, le « ban du sang », et tout homme qui vient s'y installer, quels que soient son origine et son statut, est soumis de ce fait à un régime particulier, devient « l'homme de la garde », relève d'un nouveau juge, d'un nouveau seigneur[1].

L'évolution s'achève vers 1230. Un certain nombre de manses, au sens restreint de ce terme, de ces parcelles bâties et habitées que l'on appelle « mas » en Mâconnais, en Beaujolais et en Bresse, « meix » en Chalonnais et en Tournugeois, celles qui se trouvent alors occupées par des hommes propres, sont définitivement revêtues d'un statut spécial. Avec toutes leurs appartenances, elles sont placées sous l'entière juridiction du maître de l'occupant[2]. La taille, les corvées, toutes les aides strictement personnelles que le dépendant doit à son protecteur passent pour le service de ces terres et, quand le mas est une tenure, elles s'ajoutent aux redevances domaniales et se confondent avec elles[3]. Enfin, ces lieux, soustraits au ban territorial du châtelain ou du seigneur de village, forment de petites enclaves, de véritables immunités. Pour distinguer ces mas des autres, on les appelle des mas « taillables », « justiciables » ou « exploi-

1. ASL, H. 26, nos 2 et 12. – T. 193, *in colongiis et mansis in quibus habemus talliam... pro garda, habemus bannum sanguinis ; ... illi... de colongiis et mansis in quibus habemus talliam... debent nobis corvatas et cavalcatas quando per nos vel prepositum nostrum fuerint requisiti.* – Les exactions avaient toujours été assises sur les parcelles habitées (à Vérizet, c'étaient les mas qui devaient à la maréchaussée le plaid général et la taille, M. 516). – Mais l'habitat ne coïncide plus toujours avec le mas ; ou bien celui-ci est désert (*absus*) ou bien il est occupé par plusieurs ménages. Au XIIIe siècle, dans ce dernier cas, les droits seigneuriaux sont souvent répartis entre les parsonniers : dans le mas Dessagne aux Étoux, deux des participants doivent ensemble un tiers de la taille ; deux autres, cinq neuvièmes ; le dernier, un neuvième, AR, G. 2, no 3 (1289) ; ou bien, exigés non du mas mais du feu, de l'« hôtel » : C. 4911 (1248), *in quolibet homine tenente hospitium* ; C. 4930 (1250), le sire de Berzé, qui exige des coutumes de tous les mas clunisiens habités ou non, les lèvera désormais *de quolibet hospitio* ; C. 5264 (1279), à Blanzy, le sire exigeait un droit spécial dans chaque ménage *quando divident focos suos* ; C. 5385 (1291), à Saint-André-le-Désert, dans un mas tenu par un groupe d'héritiers, le seigneur perçoit, outre la taille, une poule *pro quolibet igne existente in dicto manso.* – Pour éviter la désertion du mas qui le privait de ses coutumes, le seigneur, nous le verrons, imposera la résidence.

2. Les moines de Saint-Rigaud ont la justice sur une parcelle *ratione loci* parce qu'elle dépend *de manso dictorum as Burdineys hominum taillabilium sancti Rigaldi*, ASL, H. 144, nos 26 et 27 (1250 env.).

3. G. de Sandon avait la justice sur les hommes et sur le mas qu'ils occupent, ASL, H. 27, no 36 (1244) et sur un autre mas, ASL, H. 543 (1258). – Confusion des droits seigneuriaux et des redevances domaniales : le mas de la Chanal à Quincié doit 20 sous viennois, 16 quartes de vin, 3 mesures de froment de servis annuel *et de tallia alta et bassa annuatim... imponanda tenementariis mansi*, AR, G. 2, no 9 (1291).

tables »[1]. La dépendance personnelle et les obligations qu'elle engendre sont désormais la conséquence de la résidence sur certains fonds.

De tels mas, en effet, ne peuvent plus être habités par des paysans indépendants ou attachés à un autre seigneur[2]. En premier lieu donc, le maître du mas taillable oblige ses hommes propres qui l'occupent à ne pas quitter leur demeure, car en s'installant ailleurs ils échapperaient à son emprise et se délivreraient de leur service. Sous peine de perdre tous leurs droits sur les terres attachées au mas, ils doivent donc « tenir feu et lieu » sur la parcelle bâtie, y être « couchants et levants »[3]. Et ceux de leurs héritiers qui refuseraient de s'établir à leur place seraient exclus pour la même raison de la succession[4]. L'interdiction de déguerpir sous peine de confiscation devient ainsi l'un des traits essentiels de la dépendance. Inversement, le tenancier d'un des mas taillables qui avoue un autre seigneur doit aussitôt abandonner son exploitation[5].

D'autre part, le paysan sans attache qui accepte de s'installer dans un tel lieu renonce *ratione mansi* à son indépendance ainsi que tous ceux de ses descendants qui consentiront à y demeurer. Par le contrat d'« amasement » ou d'« hébergement », qui prend de plus en plus fréquemment une forme écrite – le premier qui nous ait été conservé date de 1234 –, il se reconnaît sous serment l'« homme lige et quitte », l'« homme propre » du maître du sol, s'engage à observer les coutumes du mas, promet d'acquitter taille et services et se place

1. C. 5323 (1285), *mansum seu tenementum Es Alardez, qui est taillabilis.*

2. T. 219 (1281), *homines domini Baugiaci aliqua de mansis taillabilibus domus Pristiaci... contra jus et contra terrae consuetudinem destinebant.*

3. Obligation de la *statio*, CH. 189 (1242), C. 5024 (1260), AR, G. I, n° 11 (fin XIIIe) *de quibus debet hominem levantem et cubantem esse* ; CH. 306 (1266), *J. confitetur... se esse hominem et justiciabilem ipsius domini decani... quod ipse et fratres sui levant et cubant apud Saules in mansis...* ; C. 5323 (1285), *et omnes tenementarii predicti sunt taillabiles et debent tenere focum et locum in dictis mansis.* – Si le mas est désert, en effet, le maître perd ses revenus (voir *supra*, n. 1, p. 533. Il consent parfois, sous certaines garanties, à laisser partir son homme : les Templiers de Laumusse autorisent un tenancier à s'installer à Bâgé, mais il jure de rendre le cens *et stare secundum consuetudinem et usus hominum dicti Templi... scilicet reddere querimoniam et curvuatas et jugera*, CL. 505 (1254). Ils obligent un autre de leurs hommes à leur engager tous ses biens, car *il li fu fayt a en croire que li dit S. se voloyt remuer de fors la tennoyre de Laumusse*, CL. 642 (1265).

4. En 1175, l'hoir, pour succéder dans la colonge, doit *eandem coloniam incolere et domum et mansionem in ea facere*, CH. 148 (Boyer) ; CL. 299 (1236) ; C. 5024 (1260).

5. ASL, H. 532, n° 1 (1234), *contra voluntatem priorissae se non debet ad alterius dominium transfere, quod si temptaverit cadet a possessione rerum predictarum et ille res penitus cadent penitus immunes dominio ecclesie.* À ce prix, le désaveu est libre : ASL, H. 29, n° 33 (1278), *nisi forte vellent alibi se transfere et alium dominium facere, quod si facerent possent recedere a locis predictis securi a nobis... per diem et noctem dum tamen nobis reddant... primitus terciam partem omnium bonorum suorum mobilium.*

sous la justice du seigneur. Il devient comme son mas et aussi longtemps qu'il l'occupe « taillable », « justiciable » ou « exploitable »[1].

Cette dépendance « par prise de mas », comme diront les juristes de l'ancienne Bourgogne, diffère aussi bien de l'ancien statut servile que de la condition des hommes propres du XIIe siècle. En effet, les services matériels, dont le montant est fixé par la coutume du mas et qui sont peu à peu assimilés à des redevances foncières, peuvent être modifiés d'un commun accord par le maître de la tenure et le paysan ; à court d'argent, le seigneur peut en vendre une partie, soit à son homme, soit à d'autres seigneurs, aliéner la taille tout en conservant la justice[2] ; enfin ils sont parfois répartis entre les occupants du mas quand ceux-ci, rompant la communauté familiale, forment des ménages séparés[3]. Pour cela, ils sont très divers d'un lieu à l'autre. Au milieu du XIIIe siècle, certains mas mâconnais doivent la taille « à la volonté du seigneur[4] » ; pour d'autres, le taux des prélèvements seigneuriaux est fixe[5] ; parfois aussi, le tenancier, profitant de la gêne du maître, a pu racheter la plupart des prestations et s'affranchir ainsi en même temps que son manse[6]. D'autre part, puisque la dépendance est maintenant fonction de la résidence, le formariage devient superflu : s'il s'y installe, un mari se rend taillable « à cause du manse de sa

1. Le tenancier est d'abord reçu par le seigneur comme son homme, ASL, H. 532, n° 1 ; CL. 325 (1238), leur seigneur ayant vendu leur mas aux Hospitaliers d'Épaisse, H. et M. de Chavanai *fecerunt homagium fratribus Hospitalis* ; CH. 189 (1242), accensement, *Dictus J. recognovit se esse hominem proprium et specialem capituli* ; C. 5024, reprise d'alleu en censive par des paysans qui reconnaissent *se esse homines ecclesie* ; AR, 48, H. 1921, n° 19 (1284), accensement, les « emphythéotes » *volunt se et suos esse homines de Mucia ad usus et consuetudines dicte domus*. – *Albergatio*, ASL, H. 532, n° 1 (1234), CH. 189 (1242), etc. – L'homme est dépendant *ratione mansi* : G. Bachet, *expleitabilis homo*, a des biens *de quibus tenetur esse homo Templi*, CL. 505 (1254) ; un paysan reconnaît *se esse hominem ligium domus Hospitalis... ratione mansi seu tenementi dicte uxoris sue... ad usus et consuetudines aliorum hominum dicte domus*, CL. 836 (1292) ; procès entre le seigneur et ses hommes ; le maître dit qu'ils sont *sui homines taillabiles et explectabiles ratione mansorum suorum* ; les hommes le contestent, C. 5385 (1291) ; en 1259, lors de l'*albergatio*, l'homme a promis de payer *tailliam altam et bassam... una cum censu* ; dès lors, les seigneurs ont levé la taille *ratione et nomine tenementi seu mansi... aliquociens plus aliquociens minus*. – Sur ce transfert de la dépendance de l'homme sur sa tenure, BLOCH, « Serfs de la glèbe » (la même forme de dépendance se répand dans la France du Nord au début du XIIIe siècle).

2. Des mas appartenant à La Ferté sont soumis pour la justice de sang à l'ancien possesseur, G. de Sandon, ASL, H. 27, n° 76 (1244).

3. Division de la taille du mas Dessagne, AR, G. 2, n° 3 (1289).

4. *Ad voluntatem suam*, C. 5323.

5. AR, G. 2, n° 9 (1291) ; C. 5165 (1271), *taillam IV sol. Clun... in tenemento N... in triginta sex jornalia terre arabilis*.

6. C. 5385 (1291).

femme[1] ». Par contre le désaveu et la désertion de la tenure permettent de rompre à tout moment l'attache personnelle. L'homme n'est plus lié que par le désir de conserver son manse. L'adoption de cette nouvelle forme de dépendance doit être pour cela mise en rapport avec les transformations économiques et démographiques : les hommes sont maintenant moins rares, les terres plus précieuses, à mesure que se restreignent les espaces vierges ouverts aux défricheurs ; la menace de l'expulsion est désormais le moyen le plus efficace d'imposer sa volonté aux paysans.

Pour cette raison également, la dépendance du XIIIe siècle, à l'inverse de celle de jadis, revêt un caractère nettement économique. Autrefois, on était serf ou homme propre par sa naissance ou par sa commendise, quelle que fût sa fortune ; maintenant, on ne reste taillable et justiciable que contraint par la pauvreté. Car lorsque l'occupant d'un lieu taillable s'enrichit, il peut soit offrir à son maître le prix de sa franchise et se libérer de ses obligations, soit acquérir des alleux et, délaissant l'ancien héritage, aller s'établir sur une terre libre et gagner ainsi son indépendance. Tandis que seuls les miséreux, les paysans ruinés, les cadets de familles trop nombreuses acceptent, parce qu'ils ont faim, les conditions très dures des contrats d'hébergement. L'histoire des pouvoirs de commandement rejoint ici l'histoire des fortunes. Les nouvelles conditions économiques rabaissaient, nous l'avons dit, au plus bas de la paysannerie, un petit groupe d'exploitants malchanceux. Destinée à peupler les mas taillables, cette classe de pauvres gens allait être à la fin du XIIIe siècle plus rigoureusement circonscrite par une commune infériorité juridique.

Ainsi, entre 1160 et 1240, une hiérarchie des droits seigneuriaux s'installe progressivement en Mâconnais qui, dans une large mesure, correspond à la hiérarchie des hommages et que souligne la distinction plus nettement exprimée entre la haute et la basse justice[2]. Au sommet, une autorité souveraine, dont la renaissance du droit romain accentue le caractère public, celle du roi, de ses grands vassaux ou des églises qu'il protège, s'appuie toujours sur les châteaux forts ; par eux, elle tient les nobles, assure la police des grandes routes et étend sa sauvegarde supérieure sur toute la population d'une région ; elle exige pour les besoins du prince l'aide générale et le service militaire. Sous son contrôle

1. CL. 836 (1292).

2. La distinction entre haute et basse justice commence à être nettement exprimée au XIIIe siècle : T. 183 (1211), C. 4482 (1214), C. 4911 (1248), T. 213 (1257), CANAT, p. 169 (1272), *la grant justice, ce es assavoir ez meffaiz ou apartient mort de hommes ou tranchement de membre ou fors bannissement de pais*. Il apparaît même une moyenne justice, celle des amendes de plus de 60 sous, C. 5325 (1288).

éminent, les pouvoirs de commandement inférieurs sont maintenant dispersés et revêtus d'un caractère patrimonial très net.

À l'inverse de l'ancien ban du château ou de l'immunité, les seigneuries de paroisses et surtout les seigneuries de mas sont intimement mêlées à la seigneurie foncière. Par là s'introduit une notion toute nouvelle qui fait du droit de justice et des exactions banales des éléments de la propriété. Dès 1270, on prétendra en Mâconnais « qu'il est d'usage général dans le pays... que les nobles et les églises aient la justice sur leurs hommes et sur leurs fonds » et désormais, les terres seront aliénées « avec toute justice, juridiction et domination »[1]. Mais notons bien que cette forme de la seigneurie, où les droits banaux et les redevances domaniales ne sont plus distingués, où tout noble est dans son domaine un *dominus* et qui sera celle du bas Moyen Âge, n'apparaît pas dans les documents mâconnais avant le XIIIe siècle. Des historiens qui manquaient de sources antérieures à cette époque ont cru pouvoir lui attribuer une origine beaucoup plus ancienne[2]. Mais l'on voit bien dans notre région que seule la désagrégation des châtellenies du XIe et du XIIe siècle a permis l'émiettement, la vulgarisation de la justice et des pouvoirs de commandement et la confusion de la seigneurie banale et de la seigneurie foncière, si nettement distinguées avant 1200.

Un moment les chevaliers furent seuls à profiter de cette transformation ; ils remédièrent par là quelque peu à leurs embarras financiers et purent accroître les revenus de leur domaine en exigeant tailles et corvées : dans ses trois mas taillables de Massilly, Perraud de Meursaut percevait bon an mal an soixante sous de « complainte », plus que ne lui procuraient les anciennes redevances[3]. Mais lorsqu'elles furent attachées à certains fonds, la taille, la justice, la seigneurie personnelle suivirent les destinées des terres, furent partagées lors des successions, achetées, vendues, passèrent de main en main et parvinrent bientôt dans le patrimoine des non-nobles les plus fortunés. Dès 1236, Jean Cholet, bourgeois de Bâgé, Guillaume Bermond, bourgeois de Mâcon, qui avaient acquis d'un fils de chevalier le mas de la Revermondière, possédaient aussi en alleu « l'homme habitant le mas et ses descendants qui l'habiteraient ». Un peu plus tard, le paysan Clément de Fussy, successeur de nobles ruinés dans un domaine

1. ASL, E. 350, n° 3 (1277), *generalis usus est in patria... quod nobiles et ecclesiae habent justicias in suis hominibus et treffundo*. – ACO, B. 10478 (1269), vente d'une terre *cum omni justicia et dominio* ; ASL, H. 29, n° 55 (1285) : ACM, GG. 154, n° 23 (1289) ; C. 5399 (1290). SEIGNOBOS, p. 236, s'étonnait que la vente de la justice avec le fonds fût si tardive.

2. VERRIEST, *Inst. méd.*, p. 49-85, approuvé par BOUTRUCHE, *RH*, 1949, p. 87.

3. C. 5323 (1285).

foncier, rendra la justice sur sa terre[1]. Comme la dépendance personnelle, le pouvoir seigneurial devient ainsi, à la fin de notre période, non plus le privilège d'une classe juridique héréditaire, mais l'un des attributs caractéristiques d'une classe économique.

B. LES AFFRANCHISSEMENTS

Tandis que se démembraient les châtellenies, la plupart des manants parvinrent, entre 1160 et 1240, à limiter l'arbitraire du seigneur, à alléger le poids des exactions et obtinrent même quelquefois le droit de gérer eux-mêmes certains intérêts de leur communauté.

1. *Les chartes de franchises*

À vrai dire, dans la région mâconnaise, les accords écrits conclus directement entre le maître du ban et les non-nobles soumis à sa puissance, les chartes de franchises, sont fort rares avant le milieu du XIIIe siècle. Dix seulement ont été conservées. La première, concédée par l'abbé de Cluny aux bourgeois de la ville, date de 1161-1172 ; on peut mettre cette concession en rapport avec les événements militaires qui provoquèrent l'intervention de Louis VII et penser que les bourgeois l'obtinrent en 1166, lorsqu'ils soutinrent le parti des moines contre les routiers du comte de Chalon[2] ; mais elle enregistre des conventions orales antérieures, qui remontent peut-être aux toutes premières années du XIIe siècle, et elle fut complétée en 1188 par des concessions nouvelles[3]. Avant 1170, les Beaujeu, voulant attirer les marchands au carrefour de Belleville, accordèrent à ce lieu un régime de faveur[4]. Entre 1171 et 1202, les bourgeois de Tournus se libérèrent progressivement des coutumes les plus lourdes qu'exigeaient leurs seigneurs, les moines[5]. Mâcon reçut des franchises au temps des

1. CL. 299 (1236) *cum homine qui manet in ipso manso et successoribus ipsius hominis in eodem manso mansuris* ; C. 5319 (1285) ; *justiciam et juridictionem*.

2. C. 4205, l'acte est présenté comme la rédaction de coutumes accordées par les anciens abbés et en particulier par saint Hugues (1049-1109).

3. Deuxième concession, C. 4329.

4. ACHERY, IX, p. 181-186 ; Humbert le père, qui associa son fils Humbert à son pouvoir en 1170, agit encore seul ; la rédaction que nous possédons fut accordée en 1233 par Guichard.

5. T. 169 (1171), par l'arbitrage de Louis VII, la taille est limitée (*temperavimus*), mais les autres coutumes sont maintenues ; en 1176, un nouvel arbitrage rendu par les envoyés du roi, le duc et l'évêque de Mâcon suspend la taille de l'abbé pour trois ans, C. 4256 ; en 1202, les bourgeois rachètent un certain nombre de coutumes et obtiennent la conversion de la mainmorte, T. 182.

comtes, c'est-à-dire avant 1239, mais on ne peut préciser davantage la date de cette concession[1]. Beaujeu reçut les coutumes de Belleville au début du XIIIe siècle et le bourg de Bâgé fut affranchi en 1250[2]. Avec les villes, quatre localités rurales bénéficièrent d'une charte de libertés, Saint-André-le-Désert en 1188, Salornay vers 1220, Prissé en 1226 puis en 1243, Cortevaix enfin en 1236[3]. Selon toute vraisemblance, la communauté de Saint-Gengoux fut affranchie elle aussi, mais nous ne possédons pas la charte[4].

Très peu nombreuses, ces concessions écrites furent en effet délivrées dans des circonstances exceptionnelles. La codification du ban supposait d'abord que le territoire privilégié fût placé tout entier sous la ferme autorité d'un seul seigneur ou de deux coseigneurs se partageant également les droits. Il n'y eut donc de franchises rédigées que pour les potés les plus compactes et non pour les villages où le châtelain et l'immuniste se disputaient le pouvoir territorial, où la seigneurie personnelle était vigoureuse. D'autre part, les chartes de franchises furent accordées plus spontanément par les hauts seigneurs laïcs, le roi, le comte, les grands châtelains, alors que les évêques et les abbés ne s'y résolurent que contraints par la révolte de leurs dépendants ou pressés par le roi dans les seigneuries où ils l'avaient associé à leur pouvoir[5]. Enfin, pour qu'intervînt la limitation des coutumes banales, il fallait ou bien que la communauté des sujets fût assez unie, assez riche, assez puissante pour arracher au seigneur la renonciation à ses droits, ou bien que le maître lui-même eût intérêt à favoriser ses manants.

Victoire des non-nobles sur le sire, ce fut le cas dans les villes. Peuplées de marchands bien munis de deniers, bien armés et courageux, avertis des franchises dont jouissaient déjà certains bourgeois qu'ils rencontraient aux foires, les agglomérations marchandes furent toutes libérées et les plus prospères les premières. La plupart du temps, les communautés urbaines obtinrent sans lutter les concessions seigneuriales, en échange seulement du concours militaire et financier que les bourgeois apportaient à leur maître. Il semble bien que Mâcon et Beaujeu aient

– Une nouvelle crise éclatera en 1257-1258 : les bourgeois chercheront l'appui d'autres seigneurs ; les gens du monastère en tueront quelques-uns ; l'abbaye sera punie par sentence du Parlement, mais les bourgeois resteront soumis à l'exploitation royale, T. 211, *Olim*, I, p. 445, XXVI.

1. *Vidimus* de 1317, CANAT, p. 3-6.
2. Beaujeu : rédaction et confirmation de 1263, *BD*, II, supp. 65. – Bâgé, GUICHENON, p. 65.
3. Saint-André, *Rec. des actes de Ph. Aug.*, I, n° 248, p. 302. Salornay, AN, J. 398, n° 38. – Cortevaix, CANAT, p. 32 – Prissé : ASL, G. 96, n° 2 (1243, certains usages ont déjà été accordés par Louis VIII en 1226).
4. Mention de bourgeois dès 1190 (CH. 126) ; pariage royal.
5. PERRIN, *Franchises*, p. 16.

gagné paisiblement leurs libertés. Les négociants de Cluny, étroitement solidaires de l'abbaye, combattant pour elle et lui prêtant de l'argent, reçurent de « bonnes coutumes » avant tous les autres. Ceux de Bâgé profitèrent d'un moment de faiblesse de la seigneurie – le châtelain était mineur et ruiné par la croisade de son père – et achetèrent pour cinq cents livres leur affranchissement [1]. Cependant, certaines bourgeoisies furent obligées, pour parvenir à leurs fins, de se rassembler plus étroitement par un engagement collectif d'aide mutuelle, par un serment de commune. En 1206, après une guerre contre le sire de Berzé, alors que les moines gênés par leurs finances se montraient plus exigeants et voulaient exploiter outre mesure les bourgeois de Cluny, ceux-ci se groupèrent dans une *communia*, qui fut dissoute quand l'abbé eut juré de respecter les bons usages [2]. À Tournus, les bourgeois s'unirent également par une conjuration temporaire pour obtenir la suppression des tailles et de la mainmorte ; après l'arbitrage royal de 1171 qui leur donna en partie satisfaction, la commune fut elle aussi rompue et interdite à l'avenir, sauf accord de l'abbé ; il semble toutefois qu'elle se soit renouée à différentes reprises, en 1176 en particulier, pour obtenir la suspension des tailles pendant trois ans, puis en 1202 pour forcer le seigneur à supprimer les exactions les moins tolérables [3]. Armes de combat seulement, mais efficaces, les communes chez nous ne durèrent pas.

Dans les localités rurales, en revanche, ce fut le maître du ban qui prit l'initiative de l'affranchissement. Il voulut, par ce moyen, fonder dans sa seigneurie une communauté d'habitants qui lui fût plus attachée, plus nombreuse, plus riche et pût, par conséquent, le mieux servir par l'argent ou par les armes. Certains seigneurs, en effet, voyant hors de chez eux des villes prospères et croyant que cette prospérité venait seulement de leurs franchises, espérèrent pouvoir, par une charte de libertés, la fondation d'un marché privilégié, la concession d'avantages commerciaux, en créer une semblable dans leur domaine. Les Beaujeu seuls y parvinrent à Belleville, parce que les conditions géographiques étaient propices, mais les autres villes franches restèrent de gros villages. Du moins Josseran Gros, qui venait d'abandonner aux Clunisiens la

1. GUICHENON, p. 65.

2. C. 4425, l'abbé abandonne ses exigences *super expensis factis occasione guerre Berziaci et communie* ; il renonce *omnibus aliis injuriis et preteritis gravaminibus nobis ab illis et per illos illatis*. Les bourgeois renoncent *obligationi et communie sacramento*. La paix est faite *salvo dominio nostro et debita nostra justicie potestate*, sauvées les bonnes coutumes *scriptis et non scriptis*, qui avaient cours avant *tempus communie*.

3. T. 169 (1171), *communiam aut communie juramentum non licebit burgensibus facere sine abbatis et tocius capituli assensu*. Sur le caractère de la commune et son avortement, PETIT-DUTAILLIS, *Communes*, p. 126-127.

seigneurie de Saint-Hippolyte, put-il, en concédant des libertés à Cortevaix, regrouper ses hommes propres expulsés des terroirs cédés et consolider sur ce point sa seigneurie. De même le roi, quand il s'installa dans ses pariages, voulut renforcer ces noyaux de son domaine ; il y parvint en délivrant des chartes de franchises à Saint-Gengoux sans doute, en tout cas à Saint-André-le-Désert et à Salornay, sur le modèle de celle de Lorris et dès l'association, un peu plus tard à Prissé [1]. En Mâconnais, les quatre franchises rurales ont été accordées pour des raisons politiques et stratégiques, lors des grands remaniements territoriaux qui suivirent l'intervention capétienne.

*

Urbaines ou rurales, les chartes d'affranchissement sont toutes présentées comme la simple rédaction d'usages anciens. À Cluny, l'abbé Étienne, « désireux de connaître et de conserver les bonnes coutumes, ordonna à certains bourgeois choisis parmi les plus âgés de se réunir, de se remémorer les statuts de la ville et, après en avoir discuté, de lui présenter par écrit ceux sur lesquels ils se seraient mis d'accord ». De même, en 1243, l'évêque de Mâcon et le bailli royal se rendirent dans le pariage de Prissé à la demande de leurs hommes pour rechercher les bons usages ; ils convoquèrent douze villageois, les plus vieux et les « plus dignes de foi », qui prêtèrent serment et ils confirmèrent les résultats de l'enquête [2]. En réalité, toutes les coutumes de la localité affranchie ne furent pas écrites et l'on ne rédigea jamais que celles qui prêtaient à discussion entre le seigneur et ses manants. Et il ne s'agit pas non plus d'une simple codification. À Saint-André-le-Désert, à Salornay et, dans une certaine mesure, à Cortevaix, furent introduits des usages absolument nouveaux, ceux qui avaient cours dans le lointain village de Lorris-en-Gâtinais [3] ; les Beaujeu forgèrent de toutes pièces le statut de la communauté qu'ils voulaient voir s'installer à Belleville, puis

1. Lors de l'accord de 1214 sur Saint-Hippolyte, Cluny et J. Gros prévoyaient l'institution de villes franches dans l'une et l'autre seigneurie, C. 4482. – À Saint-André et Salornay, la concession de coutumes est incluse dans le contrat de pariage (cf. pour les bastides du sud-ouest, O. DE SAINT-BLANQUAT, « Comment se sont créées les bastides du sud-ouest de la France », *A*, 1949, p. 278-289, et Ch. HIGOUNET, « Cisterciens et bastides », *MA*, 1950, p. 68-84).

2. C. 4205 ; ASL, G. 96, n° 2, *rogati ab hominibus nostris de Prisseyo accessimus... ad inquirendum usus... et advocati coram nobis senioribus et fide dignioribus dicte ville, receptis ab eisdem super sacrosancta Dei evangelia juramentis, quorum fuit numero duodecim, invenimus usus...*

3. Saint-André, *eisdemque consuetudines Lorriaci concessimus* ; Salornay, *secundum maneriam et usum de Losriz* ; PROU, *Lorris*, a montré que les franchises de Cortevaix s'inspiraient en partie de celles de Lorris, p. 276.

l'appliquèrent plus tard tel quel au bourg de leur château ; Louis VIII fonda le marché de Prissé qui n'existait pas [1] ; à Cluny, après avoir confirmé les anciennes coutumes, l'abbé en accorda gracieusement de nouvelles [2]. Les franchises furent donc en grande partie des innovations [3] qui modifièrent profondément le droit, et plus spécialement le ban territorial.

Elles s'appliquent en effet à un territoire bien déterminé, à tel village et à son finage, et parfois la charte indique avec précision les bornes au-delà desquelles cesse la liberté [4]. Elles ont le même caractère territorial que l'immunité des vieux *cimiteria*. Pour jouir des privilèges qu'elles confèrent, il suffit donc d'être manant dans la ville franche, c'est-à-dire non seulement d'y vivre quelque temps, mais d'y avoir résidé pendant un an et un jour au moins, parfois d'y posséder une maison, en tout cas d'y tenir feu et lieu [5]. D'autre part, les chartes de libertés réglementent uniquement les coutumes territoriales. Le seigneur qui les concède n'est jamais le seul propriétaire foncier de la localité et il n'a pas le pouvoir de modifier le régime des tenures qui ne relèvent pas de lui ; leurs redevances restent les mêmes et l'on continue de les payer au maître du fonds [6]. Mais l'exercice du droit de ban est codifié. Le pouvoir judiciaire d'abord : les clauses les plus nombreuses des chartes de franchises fixent le tarif des amendes, interdisent les arrestations arbitraires, exemptent l'accusé qui fournit caution de l'emprisonnement préalable, garantissent la régularité de la procédure [7]. Ensuite

1. ASL, G. 96, n° 2.

2. En 1188, l'abbé Hugues confirme les bons usages de Cluny et de plus *quedam que ad pacem sunt eis gratuite concessimus*, C. 4239.

3. Perrin, « Franchises », p. 14. Contre Bloch, *Société*, I, p. 422-424, qui minimise le caractère novateur de ces actes, et aussi Petit-Dutaillis, *Communes*, p. 51, qui prétend que la charte ne fonde pas un droit nouveau, mais garantit seulement contre l'arbitraire.

4. C. 4205, *de statu ville* ; ASL, G. 96, n° 2, *usus et consuetudines dicte ville* ; bornes de la franchise de Bâgé, Guichenon, p. 65.

5. An et jour : C. 4205, I ; Prissé, X ; Cortevaix, III ; à Belleville et Beaujeu, il faut de plus jurer fidélité au sire et aux franchises ; à Mâcon (XII – XIV – XV – XVI), il faut posséder une maison ou bien tenir feu et lieu et payer le vin d'août ; les forains qui achètent une maison doivent, pour bénéficier des franchises, se présenter, après résidence ferme d'un an, à la Pentecôte, Toussaint et Noël, à moins qu'ils ne soient en pèlerinage, en prison ou que l'inondation rende la ville inaccessible.

6. Beaujeu, XVII : les servis continueront d'être payés aux seigneurs des tenures ; Perrin, « Franchises », p. 27.

7. Petit-Dutaillis, p. 49. – Tarifs d'amendes : C. 4205, VI – VII – VIII – IX – X ; Mâcon, VI – VII ; Belleville, Beaujeu, XIX – XX – XXIX – XXX – XXXI – XXXVII ; Cortevaix, VII – IX ; Prissé, II – VI – XI ; Bâgé, III. – Caution, C. 4205, IV ; Belleville, VII ; Mâcon, II – XXIV ; Cortevaix, VI ; Prissé, I. – Jugement dans la ville : Belleville, XIII – XIV ; Prissé, VII – IX. – À Cluny, on ne peut utiliser des légistes que dans les procès avec des étrangers, C. 4239, IV – V. – Le seigneur ne perçoit l'amende qu'après dédommagement de la victime : Mâcon, XXIV ; Belleville, XXIV. – Garanties

sont précisées et généralement fort réduites les obligations militaires de la communauté[1]. La taille est parfois supprimée ; plus souvent, elle est remplacée par un cens fixe levé sur chaque maison, et le seigneur se réserve seulement de réclamer une aide supplémentaire dans certains cas exceptionnels qui l'obligent à dépenser beaucoup d'argent, le paiement de sa rançon, le départ en croisade, l'établissement de sa fille, l'achat de droits qui renforcent sa puissance et dont profitent par conséquent ses sujets, parfois l'accomplissement de services qu'il doit au souverain[2]. Le seigneur renonce aussi à son droit de mainmorte, reconnaît la liberté des testaments et des successions[3] ; à Tournus, en 1202, une redevance stable, proportionnelle à l'importance des hôtels bourgeois, est substituée aux taxes arbitraires que l'abbé exigeait des veuves remariées, des clercs et des orphelins qui voulaient disposer de leur héritage[4]. Enfin, les localités affranchies reçoivent des privilèges économiques : les prétentions du seigneur d'acheter à crédit ses subsistances sont limitées, le droit de banvin abonné, fixé le taux des lods et ventes[5] ; la plupart du temps, le maître fonde un marché hebdomadaire, parfois une foire annuelle quand il n'en existe pas encore, accorde des exemptions de leide et de péage, et les habitants tiennent d'ordinaire ces avantages commerciaux pour les plus importants[6].

---

contre le prévôt qui ne peut être chevalier, ne peut témoigner contre un bourgeois et n'a pas de privilèges judiciaires, Belleville, XI – XVII – XXV – XXXIII.

1. Belleville, IX, pas de chevauchées *nisi de gratia*, pas de garnison ; Cortevaix, XIII, un jour aux frais du seigneur ; Mâcon, XIX, un jour gratuit ; Bâgé, II, trois jours.

2. Taille supprimée à Mâcon, XVIII ; Bâgé, aide aux quatre cas ; à Belleville, I, Cortevaix, I, Bâgé, I, la taille est remplacée par un cens proportionnel à la largeur des maisons ; à Salornay, par une taxe fixe de 2 sous, un bichet de froment et un d'avoine pour les laboureurs, de 2 sous pour les manouvriers ; à Tournus, l'abbé ne pourra lever la taille que pour le service du roi ou pour le gîte du roi, du pape ou d'un cardinal ; ou bien s'il doit aller à la cour du pape ou du roi *pro expeditione aut pro regali nostro recipiendo aut pro alio negocio nostro vel ecclesiae quod fuerit grande*. Il le fera alors *rationabile* selon la qualité et l'importance de l'affaire. Pour une affaire privée ou un désaccord entre lui et les moines, *nullam pro hoc faciet questam*, T. 169 (1171).

3. Liberté testamentaire, C. 4205, XII – XIII – XIV ; Belleville, IV ; Cortevaix, X.

4. À Tournus en 1171 la mainmorte est maintenue, T. 169 ; on établit sur chaque toise de maison, plâtre ou jardin le long des charrières un cens variable de 2 sous à 6 d. *pro diversitate commoditatum* ; qui est doublé *in stallis rerum venalium et banchis ad carnes vendendas* ; en échange est abolie la coutume que l'on appelle mainmorte, *ita etiam ut vidue cum voluerint nubant et orphani et clerici de his que jure hereditario possident liberam sicut alii facultatem habeant testandi*, T. 182.

5. Crédit limité : Mâcon, V, Belleville, XXXIV, Cortevaix, XIV. – Banvin : Mâcon, XI, Cortevaix, XIX, Bâgé, X. – Lods et ventes : Belleville, II, Prissé, V. Bâgé, VIII.

6. Marché : Salornay, Prissé, Cortevaix, IV. – Foire : Salornay, Prissé. – L'exemption de la leide et du péage est tenue à Mâcon, XIII et à Belleville-Beaujeu, V pour la véritable franchise ; à Bâgé, V, Prissé, XII – XV. – Les étrangers restent taxés, Belleville, XXXIII, Prissé, XV.

Par les franchises qui, notons-le bien, sont exactement de même nature dans les villages et dans les plus grosses villes, et sensiblement aussi étendues, l'exploitation seigneuriale perd donc son caractère arbitraire ; elle est contenue dans des limites bien nettes et plus étroites. Mais elle n'est pas supprimée. S'il s'est engagé à se conformer aux usages fixés par la rédaction [1], le seigneur conserve son droit de ban et, dans chaque ville franche, un prévôt installé à demeure l'exerce en son nom. Il perd quelques-uns de ses revenus, mais la plupart des profits variables, les tailles où les mainmortes, ont été convertis en rentes stables en deniers, plus régulières, plus faciles à percevoir et garanties par la coutume ; et la perte est compensée par le produit des marchés et des foires, puisque les marchands étrangers continuent d'acquitter les taxes sur la circulation et les transactions, et par l'augmentation de la population qu'on escompte, puisque les cens nouveaux pèsent sur les maisons et les feux. En fait, les lieux francs se peuplèrent et, sans parler de Belleville, Prissé, Cortevaix, Salornay se développèrent rapidement aux dépens des villages voisins. Pour le seigneur, la concession des libertés ne fut pas une mauvaise affaire, avant du moins que la dépréciation des monnaies ne vînt diminuer la valeur des revenus fixes.

Pour les manants, le bénéfice fut beaucoup plus grand. C'était d'abord, la garantie, la possibilité de prévoir les exigences du maître, d'établir un budget à l'avance. La franchise consolida en outre la communauté d'habitants, la communauté de paroisse (à Cluny, la première charte de coutumes est pour une part un règlement paroissial ; bourgeois et paroissien sont deux mots synonymes et, en même temps que les exactions banales, sont abonnées les taxes proprement religieuses) [2], le seigneur reconnut sa personnalité. Si, en Mâconnais, les associations communales ont été éphémères, elles ont installé le sentiment de la solidarité, l'habitude du groupement ; des chefs parlèrent au nom de tous ; après l'octroi de la charte, ils restèrent les intermédiaires entre le seigneur et la ville, chargés à Belleville de régler les dettes des bourgeois morts intestat, à Tournus d'asseoir les nouveaux cens, à Bâgé de répartir les aides [3]. À Tournus, la taxe sur le sel et sur les fours, les droits de mouture et de pesage furent rachetés par les gens de la ville qui continuèrent de les percevoir, mais en utilisèrent les

1. Belleville-Beaujeu, XVI, le sire jure les franchises avant d'exiger l'hommage et la foi des bourgeois.

2. C. 4205, I, *si quis... per annum et diem ut civis habitaverit deinceps eum ecclesia pro parriochano tenet et fert et habet* ; XI, fixation de la taxe perçue par le chapelain pour les mariages.

3. À Cluny en 1145 l'organisation militaire du bourg est réglée *consilio... abbatis et meliorum burgensium*, C. 4098 *bis*. À Belleville, les bourgeois *sanioris consilii*, IV – XXXI. – Bâgé, VII – T. 182. – À Marcigny, six ou huit délégués répartissent le cens annuel, C. 5012 (1259).

profits pour leurs intérêts communs[1] ; à Belleville et à Beaujeu, le sire accorda aux habitants le droit de se cotiser pour les besoins du bourg et promit de contraindre ceux qui ne voudraient pas contribuer[2] ; la communauté eut ainsi ses finances. Très souvent enfin, le seigneur lui abandonna une part de ses pouvoirs. À Cluny, à Mâcon, à Belleville, à Beaujeu, à Cortevaix, les manants purent juger eux-mêmes les petits procès et les délits sans gravité, assurer la police sur les éléments troubles de la population, sans qu'intervînt la justice seigneuriale ; à Tournus et à Prissé, ils reçurent la garde des vignes, des moissons et des prairies[3]. Ainsi certaines communautés obtinrent le ban inférieur et la basse justice et exercèrent des droits comparables à ceux que détenaient dans les villages voisins les seigneurs de paroisse ; de petites seigneuries collectives roturières prirent ainsi leur place auprès des seigneuries chevaleresques au plus bas échelon de la nouvelle hiérarchie des pouvoirs.

Enfin, les habitants des territoires affranchis furent désormais distingués juridiquement de la masse des non-nobles et jouirent d'un statut particulier qu'on appela, d'une manière générale, le droit de bourgeoisie. Le mot *burgensis* en effet changea alors de sens. Appliqué à tous les « travailleurs » qui n'étaient pas des ruraux mais résidaient dans une agglomération marchande, il désignait jadis une classe de genre de vie. À la fin du XIIe siècle, lorsque les principales communautés urbaines eurent obtenu l'atténuation du régime banal, il désigna désormais une classe de droit, devint un titre, comme *miles* ou *clericus*, exprimant une condition juridique particulière. Deux faits le prouvent. D'abord, le mot « bourgeois » s'appliqua dès lors à tous ceux qui bénéficiaient des privilèges d'une franchise, qu'ils résidassent dans une localité rurale ou dans une ville : en 1243, les villageois affranchis de Prissé sont des bourgeois[4]. Ensuite, dans les plus grandes agglomérations, tous les habitants n'eurent pas droit au titre ; il ne fut porté ni par les manants installés dans le bourg depuis moins d'un an, ni peut-être par les domestiques, ni par les mauvais garçons et les filles

1. T. 182.

2. Belleville, XVI ; Beaujeu, XX ; autorisation de faire une *commune ad opus ville sue* (sur le sens de ce mot, qui ici signifie collecte, PETIT-DUTAILLIS, *Communes*, p. 15).

3. C. 4205, V, accord direct *per manum vicinorum* s'il n'y a pas de plainte, sauf pour *fractum ville* (vol, coups, adultère), qui est puni par le *magistratum loci* ; Belleville-Beaujeu, VIII, accord amiable ; XIX, le seigneur n'a pas l'amende du sang s'il n'y a pas plainte ; Mâcon, IV, tout malfaiteur est jugé par les « citains » ; Cortevaix, VIII. Police sur les *glutones et meretrices* à Cluny, C. 4205, XVIII, Mâcon, VIII, Belleville-Beaujeu, XVIII. – À Tournus, les bourgeois choisissent les *custodes vinearum* qui prêtent serment au doyen ; c'est ce dernier qui perçoit les amendes, T. 182 ; à Prissé, la *custodia bladorum, vinearum et pratorum* est exercée par la communauté *ad utilitatem et consilium dicte ville*.

4. *Habebitur pro burgense*, ASL, G. 96, n° 2.

publiques qui étaient soumis à un régime d'exception [1]. Au XIIIe siècle, le bourgeois est le non-noble qui, ayant satisfait aux conditions de résidence et d'honorabilité, participe aux franchises accordées par une charte.

Le trait caractéristique du statut bourgeois fut la « liberté ». On reprit en effet pour ceux qui bénéficiaient des concessions seigneuriales le vocabulaire qui, avant 1110, avait désigné ceux qui échappaient au servage. Les rédactions de coutumes furent appelées *franchisiae, libertates* [2] ; l'homme qui avait résidé pendant un an et un jour dans une localité privilégiée fut tenu pour « libre », exempt de toute « servitude », et les bourgeois ne connurent plus de pire injure que le mot serf [3]. Ces termes ne se retrouvent au XIIIe siècle que dans les chartes de franchises ; c'est là qu'ils se sont conservés, ainsi que les notions opposées de liberté et de servitude. Mais en réalité tous ces mots prirent un sens nouveau et l'on ne doit pas penser que les « affranchissements » du XIIIe siècle aient voulu supprimer le servage du XIe [4].

Qu'est-ce donc en effet que la liberté du bourgeois ? Il n'est pas absolument indépendant puisqu'il est soumis au seigneur de la ville et lui doit fidélité [5]. Mais, d'une part, les services que lui réclame le maître du territoire sont très allégés ; il est partiellement exempt des anciennes coutumes banales, celles qu'il acquitte encore sont fixes ; il échappe à l'arbitraire, c'est son premier privilège et au libre s'oppose d'abord celui qui reste livré au bon plaisir d'un *dominus*, qui paie la mainmorte, qui est taillable, corvéable, justiciable à merci. D'autre part, la dépendance du bourgeois est strictement territoriale et rien n'attache son corps. Il a toute latitude de quitter la localité et ne doit alors plus rien au seigneur. La bourgeoisie délivre de tout lien personnel : quand un homme propre vient s'établir dans une ville franche, le maître de sa personne peut faire valoir ses droits pendant un an et un jour et le seigneur de la ville contraint alors le dépendant à la quitter ; mais, passé ce délai, il est bourgeois et aussitôt toutes les attaches qui pouvaient le lier ailleurs se dénouent ; il n'a plus d'obliga-

1. À Cluny on distingue *burgenses* et *habitatores*, C. 4205, V. Régime d'exception pour les gens de mauvaise réputation, C. 4205, XVIII ; Belleville-Beaujeu, XVIII ; Mâcon VIII. – PERRIN, « Droit des bourgeois ».

2. Belleville, préambule : *firmavit... se franchisiam et libertatem... custodire*.

3. Belleville, préambule : *firmavit... se franchisiam et libertatem...* III, *liber et quietus permanarit, nisi de servitude poterit legitime convinci*. – Prissé, X, *defendetur a dominis tamquam liber*. – À Cluny, injure : *servus*, C. 4205, VII.

4. Bloch n'a pas complètement évité cette confusion et VERRIEST, *Inst. méd.*, p. 196-197, le reprend avec raison. Mais on ne peut suivre ce dernier auteur lorsqu'il avance (p. 220-227) que seuls les libres ont bénéficié des chartes de liberté : tout homme résidant depuis un an et un jour dans la franchise est libre et peut la quitter quand il veut.

5. *Hominium et fidelitas*, Beaujeu, XVI.

tions qu'envers le *dominus villae*, qui désormais le défend « comme un libre » contre tous ceux qui pourraient exiger de lui des services [1]. C'est pour cela surtout que les territoires affranchis se peuplèrent, comme s'étaient peuplés les « cimetières » du XIe siècle, et attirèrent tous ceux qui voulaient échapper à une exploitation trop lourde ; les seigneurs personnels sentirent bien le danger et, chaque fois qu'ils le purent, réclamèrent à leurs voisins concesseurs de franchises l'engagement de ne pas accueillir leurs hommes ou tout au moins de les dédommager [2].

Ainsi le bourgeois est libre parce qu'il sait exactement ce qu'il doit au seigneur territorial et parce qu'il n'a pas de seigneur personnel. Entre 1160 et 1240, la rédaction de quelques coutumes introduisit donc une conception nouvelle de la liberté, tenue non plus comme autrefois pour l'aptitude native à faire partie de la communauté publique, mais pour un privilège lié à la résidence et caractérisé par l'indépendance de la personne et l'exonération partielle des droits seigneuriaux. Qualité susceptible par conséquent de degrés divers : en 1171, les habitants de Tournus étaient déjà libres, ils le furent davantage en 1202 quand l'abbé les eut délivrés en outre du droit de mainmorte. Par opposition se forma une notion du servage bien différente, elle aussi, de l'ancienne servitude ; on se mit à regarder comme des non-libres ceux qui dépendaient personnellement d'un maître et qui restaient soumis à une exploitation sans limites ; on employa pour définir leur condition les anciens termes serviles. Un nouveau servage apparaît peu à peu dans le second tiers du XIIIe siècle ; il entraîne, lui aussi, la dépendance héréditaire, mais, à l'inverse de l'ancienne

1. Liberté de départ : Belleville, XXXIX ; Cortevaix, XV ; Bâgé, VIII. – Protection contre l'*interpellatio de servitute* : Belleville, XVI ; C. 4205, II ; Cortevaix, III ; l'habitant convaincu de « servitude » n'est pas livré à celui qui le réclame comme sien, mais *cum rebus suis quo voluerit perrecturus villam exeat*, C. 4205. III. – À Mâcon, le seigneur ne défend que les hommes francs qui vivent dans la ville. – Le maître ne tolère pas que les bourgeois se lient à d'autres seigneurs : certains habitants de Tournus avaient fait hommage *alicui baroni vel alii nobili* pour se soustraire à la domination de l'abbaye et lui refusaient tout service ; le pape les contraint sous peine d'excommunication à quitter la ville *dimissis illis que a monasterio tenant*, T. 211 (1257). C'est l'attitude même du maître d'un mas taillable qui empêche le masoyer d'avouer un autre seigneur sous peine d'expulsion.

2. Accord entre Cluny et J. Gros : *si autem apud S.H. ecclesia Clun. villam francam fecerit, homines Joceranni vel hominum suorum non poterit retinere. Similiter dictus Jocerannus vel homines sui homines Clun. ecclesie ubilibet positos ullo umquam tempore alicubi non poterunt retinere*, C. 4482 (1214). – Bâgé, XIV – XV : si leurs hommes viennent s'installer à Bâgé, les chevaliers du sire pourront prendre le tiers de leurs biens meubles. On a vu les garanties que les Templiers de Laumusse exigeaient de leurs hommes qui souhaitaient s'installer à Bâgé, *supra*, n. 3, p. 534.

servitude, il se définit moins par des incapacités que par des charges caractéristiques [1].

2. *La nouvelle servitude*

Mais puisque avant 1250 les chartes de franchises furent en Mâconnais si peu nombreuses, les bourgeois, donc les libres, ne formèrent-ils pas au sein de la roture une élite extrêmement restreinte ? Non, car il n'y eut pas fixation de la coutume, limitation des pouvoirs banaux, indépendance personnelle, bref liberté, que dans les dix localités affranchies. Un mouvement beaucoup plus ample – mais qu'il est difficile d'observer car il est très lent et n'est qu'imparfaitement enregistré par les actes écrits – transforma progressivement depuis le milieu du XIIe siècle les coutumes seigneuriales, les précisa, les réduisit, mit souvent fin à l'arbitraire, détacha bien des hommes propres de leurs maîtres, si bien que vers 1240, la plupart des paysans jouissaient d'un statut fort semblable à la liberté bourgeoise. La concurrence entre les seigneurs est la raison principale de cette évolution.

Lorsque les droits de ban étaient disputés dans un village, nul ne pouvait lui concéder des franchises, mais pour délimiter leurs pouvoirs respectifs, les seigneurs rivaux étaient amenés à rechercher la coutume territoriale, donc à mener auprès des manants les plus âgés une enquête identique à celle qui précédait la rédaction des chartes de libertés. C'est ainsi que les « meilleurs » villageois de Pierreclos vinrent en 1167-1184 réciter les usages locaux, avouer leurs obligations envers les chanoines de Mâcon et le sire de Berzé ; qu'en 1173 ceux de Saint-Point furent appelés à indiquer les droits respectifs du châtelain de la Bussière et des moines de Cluny ; que, pour trancher le différend qui opposait ces mêmes religieux au comte de Mâcon, on recueillit en 1180 le témoignage des « plus fidèles » paysans d'Igé, de Laizé et de Chevignes [2]. Or, dans la charte qui établissait l'accord entre les seigneurs concurrents, on inscrivait les résultats de l'enquête. Une partie au moins de la coutume du village était ainsi codifiée et, si l'un des seigneurs venait à outrepasser ses droits, ses exigences étaient

1. C'est à partir du XIIIe siècle que la thèse de BLOCH sur les « charges caractéristiques du servage » se vérifie dans les sources mâconnaises.

2. M. 632 – C. 4244 – C. 4279. À Chevignes en 1190, C. 4346 ; à Saint-Romain-des-Îles, *inquisita... veritate quandoque palam, quandoque sigillatim per capellanos, milites, servientes et antiquos rusticos terre et vicinatis*, T. 183 (1211) ; dans la châtellenie de Berzé, *obscuritatis tollende gratia per homines Berziaci et Cluniaci communiter electos finibus positis terminare feci*, C. 4523 (1220) ; à Biziat, *tam ab hominibus meis* (le sire de Bâgé) *quam ab hominibus abbatis... inquisierunt per sacramentum veritatem*, T. 193 (1232).

réputées indues et les manants pouvaient, en s'appuyant sur l'autre maître, recourir au document écrit qui jouait le rôle même d'une charte de franchises. Ainsi, en 1232, les moines de Tournus étaient parvenus à fixer les droits du sire de Bâgé dans leur village de Biziat ; aux termes de l'accord, le prévôt seigneurial devait lever les amendes « selon la coutume de la terre » et l'importance du délit ; le montant des tailles et des autres exactions était noté avec précision dans la charte ; les villageois possédaient donc les mêmes garanties que des bourgeois, et quand plus tard le châtelain essaya d'élever les taxes, ils lui opposèrent avec succès les « bonnes coutumes[1] ».

Enfin, lorsqu'ils récitaient la coutume, les manants pouvaient, malgré leur serment, glisser sur les plus défavorables de ses articles et laisser oublier certaines exactions[2]. Fixé par l'écriture, le régime banal était ainsi souvent adouci, et l'on vit des communautés villageoises obtenir même, grâce à la rivalité des seigneurs, une certaine autonomie administrative : depuis la fin du XIIe siècle, le cimetière de Pierreclos, dont les habitants, protégés contre les violences et le droit de prise du seigneur territorial même s'ils étaient ses hommes propres, jugeaient seuls les petites causes sous la présidence du desservant de la paroisse, était un lieu aussi privilégié qu'une ville franche[3].

Or, dans un très grand nombre de villages, les seigneurs s'étaient disputé au XIIe siècle les droits de ban ; au XIIIe, l'installation des souverainetés régionales, la constitution des seigneuries de paroisse, multiplièrent les conflits, donc les enquêtes et la fixation des coutumes[4]. Fait remarquable, le tarif des amendes vers 1240 est partout sensiblement le même ; il n'est pas plus élevé par exemple dans le village de Monnet, perdu pourtant dans les forêts de la montagne beaujolaise et soumis à l'autorité exclusive de l'abbaye de Saint-Rigaud, que dans les

1. T. 193 ; garanties judiciaires : l'accusateur doit faire la preuve ; appel possible à l'abbé et au sire qui doivent juger *secundum consuetudines terre Baugiaci in hujusmodi criminibus approbatas* ; taille limitée : *tailliam, XXVI libras Matisconensium pro garda, unum meterium bladi tempore messium et nihil amplius*. – T. 219 (1281), le sire levait *plures gallines quas duas* ; on respectera à l'avenir les termes de la charte de 1232.

2. PERRIN, *Recherches*, p. 677 sq, et « Franchises », p. 24-31, a montré le rôle que joua en Lorraine l'accord entre le seigneur ecclésiastique et l'avoué, germe du rapport de droits, dans la fixation et l'aménagement de la coutume.

3. M. 632 (1167-1184), le seigneur territorial promet de conserver *consuetudinem et libertatem cimiterii*. Voir les remarques de PERRIN, « Le grand domaine en Allemagne », dans SOC. J. BODIN, *Domaine*, p. 144-145, sur le caractère populaire de ces enquêtes (il s'agit des *Weistümer* germaniques), qui opposent une barrière efficace à l'arbitraire du seigneur. Il n'existe pas en Mâconnais de rapports de droits à l'intérieur de la seigneurie, mais les enquêtes sur la coutume, destinées à trancher les conflits entre seigneurs concurrents, eurent pour les paysans des résultats comparables.

4. À Massy, par exemple, C. 4911 (1248).

villes les plus libres, à Belleville ou à Cluny[1]. Malgré la rareté des chartes de liberté, les coutumes sont très souvent rédigées ; lorsqu'elles ne le sont pas, elles ont tendance à se stabiliser, à se rapprocher de celles des localités affranchies ; elles s'imposent au seigneur et mettent un terme à son arbitraire : pour la plupart des manants, c'est donc la liberté. Et l'on s'explique que les contemporains aient vu dans la fondation du marché et dans la concession de privilèges économiques, bien plus que dans l'abonnement des tailles ou dans la précision du code pénal, l'avantage majeur des chartes de franchises[2].

Le ban territorial ainsi limité, restait la seigneurie personnelle. Mais la rivalité entre les seigneurs permit encore à bien des hommes propres de rompre ce lien et de devenir simples manants. Quand leur maître ne détenait pas le droit de ban dans leur village, ils pouvaient se placer dans la sauvegarde du seigneur territorial qui les défendait, les « maintenait », en échange des exactions coutumières, contre le seigneur personnel, et qui parvint souvent à les en détacher complètement. Josseran le Merle dut ainsi en 1177 renoncer à ses droits sur des paysans de Jalogny, qui étaient les hôtes des moines de Cluny ; Hugues de Berzé, abandonner à ces derniers tout un lignage, en 1207, qui résidait dans la poté de Berzé-la-Ville[3] ; les dépendants des sires de Brancion qui s'étaient installés à Boyer dans la seigneurie des chanoines de Chalon furent délivrés au bout de quelque temps de leur sujétion personnelle, et l'acte par lequel Henri Gros, en 1194, s'engagea à ne plus rien leur réclamer fut tenu pour une *manumissio*[4]. De tels « affranchissements » devaient être fréquents puisque, pour les éviter, on prenait grand soin, dans les règlements de la *custodia* et dans les contrats de pariage, de stipuler que le seigneur gardien ne devait en aucun cas s'interposer entre l'associé et ses hommes propres[5]. À la fin du XIIe siècle, dans tous les villages où l'on peut observer de près les paysans, on voit que les hommes propres sont en très petit nombre.

1. Saint-Rigaud, ASL, H. 144, n°s 26 – 27 (1250 env.) ; adultère, 60 sous ; blessure profonde par coup, 60 sous ; petit vol, 3 sous.

2. Le Mâconnais, où les chartes de franchises rurales sont rares et en relation avec le droit de marché, où la coutume le plus souvent est fixée par enquêtes et accords entre des seigneurs rivaux, se rapprocherait ainsi de l'Alsace, PERRIN, « Franchises », p. 28.

3. C. 4259 – 4436.

4. CH. 162, *dedi et concessi libere*. – G. de Beaujeu *G. de A. et filios suos et cognationem eorum manumisit et a compede servitutis absolvit et ecclesie sancte Marie Bellijocensis liberos reddidit*, AR, G. 6, n° 19 (1217). – G. de la Bussière abandonne son droit de garde et des services en argent sur des manants du village clunisien de Clermain, C. 4404 (1202).

5. À Saint-Gengoux, C. 4223 (1166) ; à Vérizet, ASL, E. 350, n° 15 (1171) ; à Saint-Point, le sire de la Bussière a la garde, mais le doyen agira comme il voudra envers ses hommes, C. 4280 (1180).

Plus tard, l'affaiblissement des châtelains, l'établissement d'une autorité supérieure qui laissait volontiers la direction des petites gens à des patrons privés, permit, nous l'avons dit, aux établissements religieux, aux nobles et même à certains roturiers enrichis d'étendre leur domination sur les hommes. Mais alors, les prérogatives du seigneur de la personne commencèrent à être limitées par le pouvoir souverain et aussi par les seigneurs de paroisse, qui prétendirent dans certains cas se réserver le châtiment de ces dépendants et établir le montant de leur service personnel. Ainsi, sur les hommes propres que le chevalier Guillaume de Buxy tenait d'elle en fief, la comtesse de Chalon, en 1225, avait la garde et la justice [1] ; en 1235, Étienne, seigneur de la paroisse de Chaumont, reconnaissait aux Clunisiens la possession de certains habitants, mais entendait bien conserver sur eux les « usages du village [2] » ; avant 1248, Achard de Massy n'autorisait les moines de Cluny à lever de tailles sur leurs hommes de la vallée qu'une fois tous les sept ans et en orge seulement, et s'il dut renoncer à ce contrôle, c'est que l'abbaye était puissante et toute proche [3] ; on verra plus tard un dépendant de Saint-Rigaud refuser de payer la taille et porter plainte devant le châtelain royal de Bois-Sainte-Marie [4]. En recourant contre le maître de leur corps à une autorité supérieure, bien des hommes propres parvinrent donc à faire fixer le montant de leur service et gagnèrent ainsi une liberté relative.

D'autres, enfin, profitèrent des difficultés financières de leur seigneur qui, pour sortir d'un embarras qu'il croyait passager, accepta de leur vendre l'abonnement des exactions. S'ils furent écrits, de tels contrats d'« affranchissement » individuel n'ont pas été conservés dans les chartriers ecclésiastiques ; mais ils furent certainement nombreux, car, au témoignage des documents du XIIIe siècle, le taux des droits exigés du dépendant personnel est généralement stable et les exactions qui restent « à la volonté du seigneur » sont l'exception [5].

Vers 1240, la grande majorité de la classe paysanne semble donc bien soumise à une coutume fixe, même si elle n'est pas écrite, et garantie contre l'arbi-

1. CH. 138, *salvo tamen mea custodia, mea justicia et meo dominio.*

2. C. 4692.

3. C. 4911.

4. ASL, H. 144, n° 24 (1297).

5. Taille fixe : T. 193 (1232), C. 5033 (1260), 5165 (1271), AR, G. 2, n° 3 (1289), n° 9 (1291), 13, G. 645, n° 5 (1275), ASL., H. 30, n° 26 (1296). – Dans les inventaires domaniaux de Saint-Paul de Lyon et de N.-D. de Beaujeu, la taille fixe est mêlée aux redevances foncières. SP, p. 60. – Taille arbitraire : C. 5264 (1279), 5323 (1285), ASL, H. 144, n° 24 (1297). Il faut d'ailleurs remarquer que lorsque la taille reste à merci, les exigences du seigneur varient peu d'un an à l'autre ; à Massilly par exemple *in talliis hominum suorum ad valorem LX sol. Clun. aliquando et aliquando magis minus* (ce qui est peu, remarquons-le, pour six ménages bien pourvus de terres), C. 5323.

traire du seigneur. Certes les manants et les hommes propres dont la taille et les services sont simplement bornés passent pour moins libres que les bourgeois. Mais la conscience collective ne les tient pas pour serfs. L'idée de servitude paraît s'attacher à un groupe de paysans beaucoup plus restreint, à ceux seulement qui sont liés par leur corps à un maître, qui les juge sans contrôle et les exploite à sa guise.

À ce groupe appartiennent les tenanciers des mas qui doivent la taille à merci. Les textes montrent en effet que lorsque le maître d'un tels mas consent à supprimer ou à limiter la taille, la complainte, la corvée, il pense abolir le servage ; par son acte, dit-il, les exploitants de la terre deviennent « des personnes libres et immunes », sont « libérées et délivrées de tout genre de servitude »[1]. Les frontières de cette classe, pour qui l'on reprend l'ancien vocabulaire du servage, sont encore imprécises en 1240 ; la réflexion des juristes professionnels ne les fixera pas avant le XIVe siècle. Mais, selon toute apparence, le nouveau servage en Mâconnais tend à coïncider avec la dépendance par prise de mas. Il est donc réel au moins autant que personnel. C'est un servage de la glèbe.

En tout cas, cette classe juridique restreinte qui, dans la roture, forme le pôle opposé à la bourgeoisie, ne prolonge en aucune manière celle des *homines proprii* du XIIe siècle et encore moins celle des *servi* du XIe. C'est de plus en plus, répétons-le, une classe économique. Elle se vide progressivement par l'enrichissement de beaucoup de ses membres qui, dès qu'ils ont épargné un peu d'argent, peuvent, en menaçant de quitter le lieu taillable et de désavouer leur seigneur, obtenir la fixation par contrat de leurs obligations, c'est-à-dire la liberté. Tels ces tenanciers de Guichard de Créteuil qui, après 1279, ne devant plus qu'un cens précis, passeront pour « francs, exempts de service servile »[2]. Inversement, la classe servile accueille les alleutiers indépendants que la misère

1. C. 5385 (1291), *absolvit ab omni servitude, tallia, corveya, compleinta, angaria... et ab omnibus aliis generibus servitutis... volens quod dicti homines sui teneant... mansos suos tanquam libere personne immunes, liberos et absolutos ab omni genere servitutis.* – Sur la nouvelle servitude caractérisée par la taille à merci, BLOCH, « Liberté et servitude » ; PETOT, « Observations », p. 532. – Au XIVe siècle, la servitude en Mâconnais est généralement réelle : les principales clauses de la charte de franchises que les moines de Tournus accordèrent en 1331 à leur village d'Uchizy sont la réduction des corvées, l'abolition de la mainmorte et de la « servitude » et l'autorisation de quitter librement les meix, Ch. DARD, « Uchizy, monographie historique », *AAM*, 1924-1925, p. 47 sq.

2. ASL, H. 29, n° 33 : *sunt homines nostri franchi et sunt immunes ab omni servili servicio excepto quod debent nobis pro terris et possessionibus suis quas tenent... viginti et octo sol. Vien. censuales... Promittentes... quod nichil aliud quam dictum servitium... contra eorum voluntatem extorquendo exhigemus... nisi forte predicti homines velent se transferre et alium dominum facere* ; le maître alors a droit au tiers des meubles.

contraint à transformer leur franche exploitation en mas taillable et justiciable, et à sacrifier du même coup leur liberté [1].

CONCLUSION

Soulignons, pour conclure, les trois conséquences principales de cette évolution de la seigneurie banale. Elle a favorisé le resserrement de la communauté paroissiale, réduit l'allodialité paysanne, introduit enfin plus de diversité dans le statut juridique des non-nobles.

I. La solidarité paroissiale, constituée spontanément depuis le XIe siècle, avait facilité le fractionnement des châtellenies. Le morcellement des pouvoirs de commandement inférieur la rendit plus étroite. De plus en plus fréquemment au XIIIe siècle, les limites du ban territorial coïncident avec celles de la circonscription religieuse, que la puissance soit détenue par le principal possesseur foncier du village – à Massilly, par exemple, la seigneurie s'étend *per totum parrochiatum ville* [2] –, ou qu'elle soit aménagée par une charte de franchise [3]. Le cadre paroissial prend ainsi une valeur en droit civil : après 1260, les non-nobles qui ne sont ni bourgeois d'une ville franche ni dépendants d'un maître sont désignés dans les actes publics par le nom de leur paroisse, sous la forme *N., parrochianus de N'* [4].

Sous l'autorité du seigneur on voit se resserrer encore les liens qui unissent entre eux les paroissiens. Liens religieux : la première fabrique, chargée de l'entretien du sanctuaire, est mentionnée dans un texte de 1271 [5]. Liens économiques également : jadis chaque *villa*, chaque hameau du territoire paroissial détenait ses propres usages, ses propres *terrae consortes* ; après 1250, la paroisse tend à devenir le cadre de ces possessions collectives ; à Merzé, en 1271, le curé et ses ouailles vendront pour payer les réparations de l'église le bois des Hayes et une rente de trois sous sur un pré que les paroissiens possédaient dans l'indivision « en pur et franc alleu [6] » ; en 1273, les habitants de Montchanin

1. C. 5024 (1260), des hommes de Villers reprennent pour 60 sous leur alleu en censive de Cluny, sous un cens de 3 sous et en s'engageant *se esse homines ecclesie Clun. et mansionarios et stationes debere per se et heredes suos in locis supra expressis*.

2. C. 5323 (1285).

3. C'est parfois la vallée qui forme le cadre : Boyer, CH. 149 (1224), Blanot, C. 4711 (1237), Dardy, C. 4813 (1244), Massy, C. 4911 (1248) ; mais la paroisse est alors délimitée par les crêtes.

4. ACM, GG. 154, n° 7 (1260), ASL, H. 29, n° 10 (1272), CL. 816 (1287), 836 (1292), etc.

5. C. 5167.

6. C. 5167.

réclameront la vaine pâture dans la forêt d'Avaize, parce que ce bois est « de lor parroucheagie [1] ». Ces droits communs sont surveillés et défendus par le seigneur du village qui en a souvent la propriété éminente [2] et qui, établissant le calendrier agricole, fait aussi respecter les servitudes collectives [3].

Par là, l'histoire du pouvoir seigneurial rejoint celle du paysage agraire. Il semble, en effet, que la seigneurie de paroisse soit mieux installée dans les pays d'habitat concentré, sur les terroirs anciennement occupés du Chalonnais et des collines mâconnaises, alors que dans les cantons où prédominent les écarts, fondés récemment çà et là au hasard du défrichement, l'autorité est plus dispersée et s'exerce mas par mas : la Bresse est ainsi un pays de mas taillables. Mais inversement, dans les finages entièrement soumis à la puissance d'un seul maître, celui-ci, en usant de son droit de ban, a pu renforcer les pratiques communautaires et, déplaçant le *cimiterium*, interdisant de construire hors de ses limites, favoriser la concentration de l'habitat dans le village [4]. Et nous verrions volontiers dans l'inégal fractionnement de la seigneurie inférieure l'une des raisons de certains contrastes agraires, ceux, par exemple, qui opposent aux gros villages serrés du Chalonnais, région où la seigneurie de paroisse fut, semble-t-il, plus répandue, les fermes isolées de la Bresse où, au XIIIe siècle, la plupart des exploitations agricoles relevaient chacune d'un seigneur différent, qui interdisait aux occupants de la déserter [5].

II. Au XIIe siècle, le petit alleu avait pu subsister au sein de la seigneurie banale, parce que l'on distinguait nettement des cens et des redevances domaniales, les tailles et les coutumes levées par le maître du ban. Mais, en 1240, la plupart des

1. ASL, H. 29, n°s 14 – 22 – 35 (1273-1281) *se li diz bois est dou parrochage dont li homes sunt... il poent user et doyvent ou dit bois de la pasture de sus dite et se ce non ne poent user.*

2. Les seigneurs de Massilly possèdent les communaux, C. 5323 ; à Mâcon, CANAT, p. 5, le seigneur doit garder *les pasquiers et les choses comunes al profit des citiens et des habitans.*

3. En Forez, la *datio vindemiarum*, la *deputatio bladorum*, le *bannum vini*, la *datio mensurarum*, la *venacio* sont liés à la basse justice ; CF. 888 (1297). – Le sire de Mellecey fixe la date où les prés doivent être mis en défens, ASL, H. 29, n° 25 (1275) ; ceux de Sermoyer réglementent le rouissage du chanvre, ASL, H. 178, n° 18 (1245).

4. Vitry : *translato etiam alibi in fundo dicti militi cimiterio*, C. 5025 (1260).

5. En Bresse, mas isolés, qui portent le nom de la famille paysanne, CL. 240 – 278 – 444 – 393 – 344 – 702, et qui parfois se divisent (le grand et le petit mas de Montépin à Saint-André-de-Bâgé, AR, 48, H. 1924, n° 3). – Les anciennes *villae* du XIe siècle, Replonge, Flaciat, Mont, Crottet, Chavannes, sont maintenant perdues dans le semis des maisons seigneuriales (Genost, Broiseland à Crottet) et des mas dispersés (Romanèche, La Rollière, Vivier, Vaurelles, *Na grossa* à Crottet), AR, 13, G. 644, n° 9 – 48, H. 1924, n° 8 – 1921, n° 24 – 1922, n° 4 – 1924, n°s 6 – 11 – CL. 91 – 254. – En Mâconnais, c'est une forme mixte, avec des hameaux bien groupés et quelques exploitations isolées ; dans la vallée de Massy, hameaux de Massy, Sassy, Baines, Dombines, Chemilly, mas de Malar, de la Chanau, de Chanin, ACO, B. 10477.

droits seigneuriaux sont attachés à la terre et se confondent avec les prestations foncières. Le sens du mot alleu se restreint progressivement : au XIIe siècle, il désignait toute terre qui n'était pas une tenure mais la propriété d'un lignage (*proprium alodium*) et pouvait par conséquent s'appliquer à un fonds chargé d'exactions par le seigneur territorial[1] ; au milieu du XIIIe siècle, il ne qualifie plus que les biens qui ne doivent rien à personne « ni cens, ni taille, ni garde[2] » ; c'est ce qu'exprime la locution nouvelle « quitte, pur et franc alleu » qui met l'accent, non sur la propriété comme l'ancienne, mais sur la « franchise », c'est-à-dire l'indépendance[3]. Dès lors, seules conservent encore leur caractère allodial les possessions des non-nobles qui échappent aux seigneuries privées, personnelles et de paroisses, qui ne relèvent que du pouvoir souverain dont les exigences ne prennent pas la forme de redevances régulières, qui sont soumises seulement aux aides extraordinaires et aux droits de mutation[4]. Mais tous les héritages roturiers chargés d'une taille annuelle, toutes les appartenances des mas exploitables cessent, même s'ils n'étaient pas jadis des censives, d'être tenus pour des alleux. De même toutes les terres franches acquises par des hommes taillables qui, après leur mort, sont rattachées à leur mas[5]. L'allodialité paysanne disparaît ainsi par larges pans. Qu'en reste-t-il dans la seconde moitié du XIIIe siècle ?

Une carte des alleux roturiers (si l'on pouvait en dresser une qui ne montre pas seulement la densité des archives d'Église) présenterait de multiples taches blanches, tous les terroirs où sont établies des seigneuries de paroisse ; là, toutes les terres, sauf celles des nobles, doivent la taille : à Saint-Ambreuil où le petit alleu était partout au XIIe siècle, il est mentionné pour la dernière fois en 1216[6] ; plus d'alleux à Massilly ou à Massy où florissait au XIe siècle la petite propriété paysanne, et le contraste est frappant entre le finage de Monnet, où, sous la domination des moines de Saint-Rigaud, on ne voit que des tenures, et les

1. *Supra*, IIe part., ch. VI, A, 2.

2. AR, 48, H. 1921, n° 1 (1224), *non pertinebat ad juridictionem alicujus set erat de proprio alodio meo* ; ACM, GG. 147, n° 2 (1278), *libero, puro et franco allodio et ipsas res non esse de feodo alicujus seu alicui in aliquo obligatas* ; ASL, H. 144, n° 6 (1287), ne doivent cens, taille ni garde *nec etiam sunt de appendiciis alienus mansi seu tenementi*.

3. AR, 48, H. 1921, n° 10 (1255), C. 5013 (1259), ACM, GG. 154, n° 7 (1260), ASL, H. 28, n° 93 (1268), etc.

4. Cf. les droits ducaux sur les alleux du Bordelais, BOUTRUCHE, *Alleu*, p. 116-117 ; droits de mutation, GÉNICOT, p. 70-71 ; DUMAS, « Propriété », p. 670.

5. Au XIVe siècle, selon la coutume de Bourgogne, l'homme taillable par son meix *potest vendere acquestum suum ad vitam suam et post mortem applicatur manso. Très ancien coutumier latin*, art. 101, cité par JEANTON, *Servage*, p. 119, n° 2.

6. ASL, H. 26, n° 61.

terroirs voisins de Trivy, de Matour, de Dompierre, qui échappent encore à la seigneurie de village, où de nombreux paysans tiennent encore des francs alleux[1]. En effet, dans les paroisses où le pouvoir seigneurial est partagé entre des puissances concurrentes, le petit alleu subsiste encore entre les mas taillables, souvent par petites parcelles et plus nombreux, semble-t-il, au voisinage des villes[2].

Cependant, ce sont surtout les gros alleux, les alleux-seigneuries, qui se maintiennent entre les mains roturières, celles des bourgeois plus précisément, des prévôts et des coqs de village, de tous ceux qui ont de l'argent, qui souvent les ont achetés à des chevaliers ruinés et qui les arrondissent peu à peu aux dépens des francs héritages des paysans pauvres[3]. Là encore, nous apercevons l'effet des bouleversements économiques. Hors de la noblesse, l'alleu, comme l'exemption de tailles, comme la « liberté », comme la seigneurie, tend à devenir l'un des privilèges de la richesse.

III. Enfin l'aménagement différent de la coutume territoriale, les affranchissements progressifs, le nouveau caractère de la dépendance personnelle ont diversifié la condition juridique des non-nobles qui, au début du XIIe siècle, différaient beaucoup plus par leur genre de vie ou par leur fortune que par leur statut. Aux deux extrémités de la hiérarchie, deux groupes se distinguent nettement, les bourgeois d'une part, dont les privilèges d'ailleurs varient d'une ville franche à l'autre, et d'autre part les « hommes quittes et liges », dont beaucoup, obligés de résider en certains lieux, sont appelés « couchants et levants », qui, en raison de leur mas, doivent la taille et la corvée, ne peuvent être jugés que par leur maître et que l'on tient pour serfs. Dans la masse des paysans qui n'appartiennent pas à ces deux catégories, la forme variable que revêt l'exploitation seigneuriale selon les localités et les personnes marque encore des nuances, beaucoup

1. C. 5024 (1260), 5115 *bis* (1264), ASL, H. 144, n° 6 (1267), H. 143, n° 17 (1262).

2. On voit encore souvent des paysans à la fois francs tenanciers et alleutiers : à Crottet, les Baron, AR, 13, G. 699, n° 9 (1265), ACM, GG. 154, n° 35 (1291). Les Martinèche, SP. 163 – AR, 48, H. 1924, n° 8 : les Soutizon, AR, 48, H. 1924, n° 8 : près de Cluny, les meuniers de Merzé, ASL, H. I, n° 7 (1251), C. 5321 (1284). – Dans une même exploitation, terres franches et tenures se mêlent intimement : à Buxy, un prêtre possède une maison dont la moitié meut du Temple, l'autre de Cluny, une vigne dont la moitié meut du prieuré de Jully, l'autre des chevaliers de Buxy, une autre dont 16 ouvrées meuvent de l'église paroissiale et 3 *qui sunt inferio sunt de francho allodio*, ASL, G. 164, n° 4 (1294).

3. Sur 72 alleux roturiers mentionnés dans nos documents au XIIIe siècle, 40 appartiennent à des bourgeois ou à des prévôts et 19 sont des alleux-seigneuries : 32, à des paysans, dont 12 se transforment en censives ou se chargent de rentes. Sur le transfert de l'alleu des classes rurales à la bourgeoisie, BOUTRUCHE, *Alleu*, p. 95-98 et 103 sq.

moins tranchées certes, mais que le goût croissant de l'époque pour les classifications juridiques s'efforce aussi de définir.

Peu après 1240, une enquête judiciaire réunit dans le village de Monnet les paysans d'alentour et le rédacteur du procès-verbal prend soin de préciser le statut de chacun. Il fournit un saisissant témoignage de la complexité de leur condition. On voit comparaître en effet une femme libre de sa personne (*villana*), un homme « de franche condition », le prévôt du village qui appartient aux religieux de Saint-Rigaud, cinq de leurs « hommes taillables », un manant du roi, un homme « couchant et levant » du doyenné voisin d'Aigueperse, le taillable d'un petit noble et deux hommes propres, l'un dépendant de l'abbé de Cluny, l'autre du prieur de Charlieu [1]. Cette diversité du droit des personnes est encore un trait de la nouvelle structure sociale qui se forme progressivement en Mâconnais dans la première moitié du XIIIe siècle.

1. ASL, H. 144, n°s 26-27.

CHAPITRE IV

LE MAINTIEN DE LA NOBLESSE

Classe économique groupant les plus riches possesseurs fonciers ; classe de genre de vie caractérisée par un métier, celui des armes, et par une culture, celle des cours et des plaids, mais classe héréditaire aussi et classe privilégiée échappant à la surveillance et à l'exploitation des maîtres du ban, la chevalerie en 1160 était une vraie noblesse. Au cours du XIe siècle, la frontière qui délimitait cet « ordre » était devenue la plus rigoureuse des distinctions sociales, aussi profonde que celle qui jadis séparait les francs des serfs. Or les transformations économiques et politiques, ôtant aux chevaliers leur supériorité de fait, menacent au début du XIIIe siècle d'effacer cette limite.

*

Soumis maintenant au prince par leur hommage, obligés de l'aider et de le servir sous peine de perdre leur fief, contraints de porter leurs procès devant des cours régulières et d'accepter leur sentence, les chevaliers perdent en effet d'abord leur indépendance au moment où la plupart des non-nobles obtiennent de leur seigneur la fixation et souvent l'allégement des droits banaux et se placent, de plus en plus nombreux, sous la protection directe du pouvoir souverain. Aux assises du bailli ou de l'officialité, chevaliers, bourgeois, paysans se coudoient et sont pour l'essentiel traités de la même manière. Devant l'autorité, la distinction majeure n'est plus entre les nobles et les autres, mais bien entre les libres et ceux qui sont abandonnés entièrement à l'exploitation arbitraire et à la justice de leur maître, les hommes taillables et justiciables. En même temps s'atténue la supériorité économique des chevaliers et se forme, entre les princes et les « travailleurs », une classe moyenne de petits seigneurs où se mêle à l'aristocratie de vieille souche une élite de roturiers enrichis par le grand commerce, le trafic des denrées agricoles ou par le service des grands. Les uns et les autres exploitent des domaines aussi vastes, exercent les mêmes droits de ban inférieur dans leur village ou sur leurs hommes. C'est ainsi que dans la paroisse de Crottet la famille paysanne des Geoffroy possède un patrimoine tout à fait semblable par son étendue et sa structure à l'héritage des chevaliers de Bues, tandis que, dans le voisinage, deux bourgeois, Jean Cholet et Guillaume Bermond, dominent et jugent tout comme des nobles les tenanciers d'un mas taillable [1]. Comme les chevaliers, enfin, les bourgeois et les paysans riches sont coutumiers des pratiques féodales, tiennent des chasements et prêtent hommage aux plus grands seigneurs. On voit même des gens de naissance noble vassaux de roturiers pour certaines de leurs terres, comme Guichard de Sandon ou Josseran de Mizériat [2]. Le transfert des richesses n'a pas seulement ramené au même niveau les fils de rustres et les héritiers des plus vieilles familles ; il a parfois complètement renversé la hiérarchie.

Fils de chevaliers et hommes de basse naissance se mêlent aussi étroitement dans le clergé. Sans doute les fraternités bénédictines sont-elles maintenant fermées aux gens de peu ou les confinent dans un grade inférieur. Mais l'Église séculière les accueille plus largement qu'au XIIe siècle ; et, parmi les prêtres de paroisses rurales, on rencontre auprès des clercs de noble origine [3] beaucoup de frères de prévôts et même de paysans pauvres [4]. Certains de ces curés de petite extraction restent des paysans, comme Martin de Montcharnier, desservant de l'église de Chênelette, qui ne possède que des bestiaux et du blé et

1. En 1265, le clerc Hugues Geoffroy vend pour 500 1. vien. au chapitre Saint-Paul de Lyon la part de l'héritage paternel qu'il tenait en indivis avec ses deux frères. C'est un domaine groupé autour du vieux mas de Romanèche, étendu par le défrichement ; en dépendent la verchère de Romanèche, accensée pour 2 sous et 4 coupes de froment, le mas de Vaurelles, accensé pour 7 sous, le mas de *Na Grossa*, qui doit 6 sous et le tiers des fruits pour certaines appartenances, le quart pour d'autres, un pré loué 12 d., une terre, AR, 13, G. 644, n° 9. – Humbert de Bues, damoiseau, fils de Humbert, chevalier, met en gage en 1279, pour un prêt de 70 l. vien. consenti par le Temple de Laumusse, toute sa seigneurie : une réserve comprenant 41 parcelles dispersées dans 32 « climats » ; des censives qui lui rapportent chaque année 15 s. 7 d., 3 poules, un bichon et 3 coupes de froment, 5 coupes d'avoine, un bichon et une coupe de seigle, AR, 48, H. 1924, n° 8. – Mas de la Revermondière, CL. 299 (1236).

2. AUBRET, I, p. 509 (1260), C. 5013 (1259).

3. Henri d'Oblé, frère du chevalier Guillaume, sire de Cormatin, est curé de Lugny, C. 5177 (1272).

4. Fils de ministériaux : Henri, frère du prévôt d'Uxelles, C. 4685 (1235) ; Étienne, fils du prévôt de Chevignes, curé de Jullié, C. 5174 (1272). – Fils de paysans pauvres ; Jean de Villers reprend avec ses frères son alleu en censive, C. 5024 (1260) : de même, les deux clercs de Mont-Saint-Vincent, C. 4670 (1235).

exploite, en indivis avec son frère, la tenure de ses aïeux[1]. Mais nombreux sont ceux qui parviennent à s'élever au-dessus de leur condition. Ils sont instruits : Guillaume Bélion, curé de Trambly est l'auteur d'une légende de saint Thibaud versifiée en langue romane[2] ; ils ont de l'argent et souvent achètent de la terre, comme le chapelain de Crottet, Guillaume Amicauz, tenancier des chanoines de Saint-Paul et du chevalier Hugues de Bues, mais acquéreur de sept verchères et de plusieurs terres, et qui jouit, pour un cens de quarante sous mâconnais, de la plus grosse part du casuel de son église[3] ; enfin, ils mènent la vie noble : on voit dans les grands bois de sa paroisse Geoffroy, le curé de Matour, qui a sa meute et ses veneurs, courir le sanglier avec les chevaliers ses amis[4]. Quelques-uns font de belles carrières, soit administratives – ils se mettent au service des grands seigneurs qui ont besoin de gens instruits pour tenir leurs écritures et pour débrouiller les causes qui sont portées devant leur cour ; souvenons-nous de la brillante ascension du clerc Jean de Blanot –, soit proprement religieuses : vers 1250, des clercs d'origine paysanne vont pénétrer dans les grands chapitres urbains. Depuis longtemps, les chanoines de Saint-Vincent de Mâcon ne se recrutaient plus seulement dans la noblesse, beaucoup appartenaient aux lignages les plus riches de la bourgeoisie ; mais, en 1264, auprès des fils de marchands de Mâcon ou de Lyon, Bermond, Bressoud ou Chaponnay, prend place Étienne de Vergisson dont le père était un villageois et la sœur mariée à un rustre[5]. À ce moment, le chantre de Notre-Dame de Beaujeu est Aimon de Montgiraud, cousin de bourgeois de Belleville, mais fils d'un petit cultivateur de Cenves[6]. Or cette élévation n'est pas seulement individuelle ; toute la famille en profite, car le chanoine est riche et ne laisse pas tout à

1. Testament en 1269, AR, G. 3, n° 2 : il lègue à sa sœur 13 mesures de seigle qu'il lui avait prêtées ; à sa nièce, pour son « mariage », une génisse de 15 s. parisis ; à son neveu, une vache de 20 sous ; à son frère, sa part de la tenure.

2. En 1267, Hill.

3. En 1261, les moines de Cluny font ouvrir l'arche du chapelain de Jullié, mort intestat, et prennent des calices d'argent, C. 5036. – Martin de Montcharnier lui-même a acheté une vigne et une terre à l'un de ses cousins, AR, G. 3, n° 2. – G. Amicauz, SP. 122, tenancier d'Humbert de Bues, AR, 48, H. 1924, n° 8 (1279) ; prend sous un cens de 40 sous les deux tiers des sépultures, des prémices et des offrandes de l'église, AR, 13, G. 632 (1283). – Le curé de Cormoranche, seigneur rentier, ACM, GG. 154 n°s 18 – 29 (1285-1289).

4. ASL, H. 144, n°s 26 – 27 (1250 env.).

5. OBM, I, 12 ; il aliène un pré à Jalogny, hérité de son père, C. 5227 (1277) ; approbation de sa sœur mariée au paysan B. Avenier, C. 5228 ; son frère vend un pré près de Cluny, C. 5294.

6. Testament en 1274, AR, G. 3, n° 4 ; cousin du grand bourgeois A. de l'Ouvroir, seigneur à Matour, acheteur d'une maison à Beaujeu au chevalier G. de Feugères, il lègue à sa nièce Flore la moitié du mas de Montgiraud, qui lui vient de son père, et deux vaches à une autre nièce.

son église, il s'occupe de caser ses parents et l'un de ses neveux toujours lui succède[1] ; il a des relations dans le meilleur monde et peut ainsi favoriser l'établissement de ceux de ses lignagers qui restent dans le siècle.

La chevalerie et la roture commencent enfin à s'unir par des alliances familiales. Certes on ne voit pas avant le XIVe siècle de garçons nobles épouser des filles de basse condition[2]. Mais la ruine des maisons chevaleresques, l'usage du *maritagium* qui exclut les filles de la succession et qui pousse à les marier vite pour limiter le morcellement du patrimoine, l'impuissance où sont bien des nobles de doter avantageusement toutes leurs filles, les conduisent à les donner en mariage à des roturiers riches et préférant la noblesse de leur épouse à sa dot. Ces gendres de chevaliers ne sont pas des bourgeois, qui se marient dans leur milieu et voient dans leur union le moyen d'étendre leurs relations commerciales, mais des ministériaux d'abord – en 1251, le prévôt de Mellecey a pour femme la fille du chevalier de Marnay dont les ancêtres possédaient tout le village au XIe siècle et sans doute les aïeux mêmes du prévôt ; Paien, maire de Saint-Désert, est en 1278 gendre de Fromaud, chevalier de Damerey[3], – et aussi des paysans : Guichard, paroissien de Couciat, est, en 1260, gendre du chevalier de son village ; en 1263, des deux sœurs du noble Renaud de Villers, l'une a épousé un fils de chevalier, mais l'autre un paysan de la paroisse voisine ; le chevalier de Dracy a donné sa fille au clerc Brunet Charnier de Saint-Vallerin, et noble dame Béatrice de Chaintré, la sienne au paysan Aimond Giraud[4].

Au milieu du XIIIe siècle, les nobles mâconnais ont donc souvent pour confesseur, pour gendre ou pour cousin et quelquefois pour seigneur féodal un roturier ; ils ne se distinguent plus de bien des gens d'humble origine, aussi riches et non moins libres qu'eux, que par leur titre et celui de leurs ancêtres ; la noblesse n'a plus pour elle que son caractère héréditaire. Va-t-elle le perdre, s'étendre, accueillir tous ces bourgeois, ces ministériaux, ces coqs de village qui ont la fortune, la seigneurie et qui, auprès d'une compagne de bonne naissance, vivent dans le loisir comme les chevaliers du XIIe siècle ? Non pas. La soumission des chevaliers au pouvoir souverain, leur déchéance économique, l'ascension sociale de petites gens ont déclenché au contraire une réaction nobiliaire. Accroché à ses privilèges, ses préjugés, ses habitudes de classe, le petit groupe

1. E. de Montgiraud, neveu d'Aimon, est chanoine à Beaujeu et hérite la maison de son oncle, AR, G. 3, n° 4 ; le neveu d'E. de Vergisson est chanoine de Mâcon, OBM, I, 20.

2. Premier exemple connu : 1203, G. de la Salle, damoiseau, épouse la fille du prévôt de Cluny ; mais c'est pour s'approprier les profits de la prévôté, qu'il tient effectivement après son beau-père et qui lui rapporte beaucoup, BOURG. 82, Chartres originales, n° 377.

3. CH. 69 – ASL, G. 187, n° 11.

4. ACM, GG. 154, n° 7 – C. 5062 – ASL, H. 29, n° 27 – ACM, GG. 154, n° 33.

des gens bien nés s'isole encore davantage, reste en face, non seulement du servage, mais de la simple franchise, une catégorie sociale fondée en droit, un « ordre », la « gentillece », la noblesse.

*

Premier signe de cette évolution, la noblesse se détache du métier, de la fonction militaire, de la chevalerie, devient par conséquent une qualité absolument indépendante de la fortune et du genre de vie, et purement héréditaire.

Au XIIe siècle, un seul titre, *miles*, désignait tous les mâles de l'aristocratie dès qu'ils étaient parvenus à l'âge adulte ; en fait, ils étaient bien tous fils de chevaliers, mais leur noblesse était inséparable de leur vocation et la remise solennelle des armes marquait à la fois leur majorité et leur entrée dans une classe particulière. En 1220, le mot *domicellus*, que l'on utilisait depuis longtemps dans le privé pour désigner le fils de chevalier encore mineur, apparaît pour la première fois dans un texte mâconnais employé dans un sens juridique. C'est le titre dont se pare un fils de chevalier, sorti de l'enfance, appelé par son âge et souvent par la mort de son père à tenir son rang dans le monde, mais qui pourtant n'a pas encore été adoubé [1]. Réservé à ceux qui ne sont pas chevaliers, mais qui par leur naissance sont capables de l'être, ce titre exprime la seule noblesse d'origine, la gentillesse, qui dès lors est reconnue en droit.

Sans doute convient-il de faire remarquer que, jusqu'en 1250, les damoiseaux sont peu nombreux, que ce sont tous de jeunes hommes, d'ordinaire cadets de leur maison, attendant plus longtemps que l'aîné l'occasion de se faire armer ; qu'ils n'appartiennent pas tous, notons-le bien, aux familles les moins fortunées : des châtelains, Gautier de Berzé, Oulard de Montbellet, sont damoiseaux alors que de pauvres hobereaux de leur âge, les Bruyère, les Barberêche, sont depuis longtemps adoubés ; qu'ils insistent enfin sur la chevalerie de leur père, s'intitulant, non pas « damoiseaux » tout court, mais « *N., domicellus, filius N'., militis* » [2]. Au début donc, la condition de damoiseau est tenue pour un état

1. Première mention : ASL, H. 26, n° 73 (1220), *Hugo de Cristuil, domicellus, filius quondam domini Guidonis de Crestuil, militis*. – Sur le sens premier du mot, GUILHIERMOZ, p. 464. – Écuyer est très rarement employé chez nous : C. 5010 (1259), ASL, H. 179, n° 14 (1292).

2. De dix familles – les mieux connues – Barberêche, Brancion, Bruyère, Hongre, Mailly, Massy, Merle, Merzé, Oblé et Pierrechamp, 11 représentants vers 1230 sont chevaliers, 3 seulement damoiseaux. – Guy de Bâgé est *miles*, son frère cadet Renaud, *domicellus*, CL. 468 ; Hugues de Berzé, *miles*, son frère cadet Étienne, *domicellus*, C. 5035. – Cf. GUILHIERMOZ, p. 469-471, qui pense que le père se charge seulement de l'adoubement de l'aîné, les autres se font armer plus tard, à l'occasion. – Les châtelains damoiseaux : Gautier de Berzé, CL. 226 (1226), Oulard de Montbellet, ASL,

transitoire, une prolongation exceptionnelle et de courte durée de l'enfance, pendant laquelle il importe de réserver au jeune homme ses droits au métier militaire et aux privilèges sociaux qu'il confère.

Mais peu à peu l'habitude s'installe de retarder plus longtemps l'adoubement. Dès le milieu du XIIIe siècle, les damoiseaux vont se multiplier et devenir aussi nombreux que les chevaliers : dans le lignage de Merzé, tous étaient *milites* en 1230 ; en 1270, il y aura quatre damoiseaux pour un chevalier [1]. Certains mourront avant d'avoir été adoubés, ce qui ne les empêchera pas de transmettre leur noblesse à leur fils : on rencontre pour la première fois en 1255 un damoiseau, et en 1266 un chevalier, dont les pères sont morts damoiseaux [2]. À ce moment, la noblesse est tout à fait séparée de la chevalerie ; pour être noble, il suffit d'être fils de noble. La chevalerie n'est plus qu'une décoration supplémentaire, que le gentilhomme peut revêtir s'il lui plaît et qui assure une simple préséance au sein de la noblesse.

On a vu avec raison [3] dans l'évolution économique, dans les difficultés financières dont souffrit l'ancienne aristocratie après 1200, la cause profonde du changement de l'étiquette nobiliaire. L'adoption du nouveau titre est en effet absolument contemporaine des premières reprises en fief et des premières aliénations de l'alleu chevaleresque, sa vulgarisation, de l'aggravation de la crise. Il est certain que bien des nobles furent retenus dans leur désir d'armer leur fils ou de s'armer eux-mêmes par le souci de ne pas grever davantage un budget déjà déficitaire ; ils redoutèrent les frais d'une cérémonie que les perfectionnements de l'armement, la complication du rituel rendaient plus coûteuse ; ils remirent à plus tard, attendant une heureuse occasion. Au moment où des gens de basse naissance, en nombre toujours plus grand, possédaient, avec la fortune terrienne, avec le fief et la seigneurie, le moyen de vivre noblement, il importait de distinguer de ces parvenus les fils de bonne famille que la gêne seule empê-

H. 178, n° 15 (1231) ; dans ce cas, le damoiseau porte le titre de *dominus*, que ceux qui ne tiennent pas de château ne revêtent qu'après l'adoubement.

1. Dans les mêmes familles (voir n° 16), vers 1260, 10 représentants sont chevaliers, 10 damoiseaux. – Les Merzé : 4 damoiseaux, Josseran et Renier, C. 5050 – ASL, H. 22, f° 325, Guichard, C. 5127, Jean, C. 5434 ; un chevalier, Hugues, C. 5434. – Les feudataires de R. Deschaux en 1261 : 5 chevaliers, R. Damas, H. de la Bussière, J. de Barberêche, A. de la Bussière et G. de Sologny ; 9 damoiseaux : É. de Berzé, G. de Dardy, H. de Nay, G. de Chasautiart, G. de Chaigny, H. de Marchiseuil, G. de Busseuil, les fils de J. de Nay, les fils de G. de Meulin, C. 5035. – Vassaux de l'abbé de Cluny en 1295 : 10 chevaliers, 23 damoiseaux, C. 5434.

2. ASL, H. 28, nos 16 – 17, G. dit Paudoe, damoiseau, fils de Perraud de Torcy, damoiseau ; ACO, B. 10477, G. de Marchampt, chevalier, fils de P. de Marchampt, damoiseau. – En 1238, apparaît le féminin *domicella*, AR, 48, H. 1931, n° 6.

3. GUILHIERMOZ, p. 469 sq.

chait de s'armer. Au moment où la guerre devenait un métier, où des aventuriers de toute sorte s'engageaient dans des bandes soldées de combattants professionnels, il fallait aussi affirmer que les capacités militaires, pas plus que la richesse et le loisir, ne suffisaient à faire le gentilhomme. L'institution d'un qualificatif juridique marquant la noblesse de race fut bien une réaction de défense devant les bouleversements de la hiérarchie des fortunes.

Mais il est peut-être aussi d'autres raisons. Nous avons remarqué que certains châtelains retardaient plus longtemps leur adoubement que d'autres nobles pourtant beaucoup moins riches qu'eux. On doit noter aussi qu'au moment même où apparaissent les premiers damoiseaux, la coutume reconnaît au seigneur, lorsqu'il se fait armer chevalier, le droit de réclamer à ses hommes une aide exceptionnelle, qui suffit, semble-t-il, à couvrir la plupart de ses dépenses [1]. L'appauvrissement ne peut donc expliquer seul la désaffection des nobles pour le titre chevaleresque ; il faut tenir compte également des transformations internes que subit la chevalerie. À l'origine, elle rassemblait tous ceux que leur richesse rendait aptes au combat ; après une cérémonie toute simple, la remise du cheval de guerre et du harnois militaire, les adolescents se joignaient à leur père dès qu'ils étaient physiquement capables de le suivre ; la chevalerie était un groupe professionnel. Mais au cours du XIIe siècle, ses caractères militaires s'atténuèrent tandis que l'aspect moral, mystique, de plus en plus empreint de formalisme, passait au premier plan. En 1200, la chevalerie était devenue pour beaucoup une compagnie d'initiés, avec son rituel, sa morale, ses obligations parfois gênantes, une confrérie parmi les autres [2] ; la remise des armes n'était plus déjà le moment principal de la cérémonie d'initiation [3]. Il n'était plus dès lors aussi urgent de s'y faire admettre. Sans doute les fils de chevalier souhaitèrent-ils toujours participer comme leurs ancêtres à cette association aristocratique, dont il était de bon ton d'être membre, qui autorisait à se faire appeler *dominus* et qui plaçait au premier rang dans les cours et les assemblées [4] ; mais ils hésitèrent à payer trop cher cet honneur. Autant que les soucis matériels, le manque d'intérêt pour les avantages que procurait maintenant la chevalerie causa le retard de l'adoubement. Les chevaliers de la fin du XIIIe siècle ne furent

1. Aide des bourgeois de Bâgé, GUICHENON, p. 65 ; aide réclamée par le sire de Beaujeu à ses manants, *cum miles efficeretur* C. 5295 (1282) ; la taille que levait O. de Neublans, prévôt de Saint-André-le-Désert, est abolie, mais le seigneur percevra une aide arbitraire *si efficeretur novus miles*, C. 5385 (1291).

2. DENHOLM-YOUNG, « En remontant... », p. 262 ; GANSHOF, « Chevalerie » (p. 4 du tir. à part) ; COHEN.

3. GANSHOF, p. 5 ; GUILHIERMOZ, p. 476.

4. GUILHIERMOZ, p. 472-476.

pas les nobles les plus riches, mais les plus attachés aux traditions, peut-être même ceux qui, par cet éclat supplémentaire, cherchaient à faire oublier leur pauvreté.

*

En tout cas, depuis 1220 au moins, un titre distingue tous ceux qui ont du sang noble ou, plus exactement, tous ceux dont le père était noble. Ils vont s'isoler davantage des autres à la fois matériellement et juridiquement.

Matériellement, les nobles se retranchent des communautés roturières. Des bourgeoisies d'abord : dans les villes strictement marchandes comme Belleville, il n'y a pas d'hôtels chevaleresques [1] ; dans les autres, les demeures nobles semblent se concentrer dans un quartier particulier, à Mâcon, à Bâgé, à Beaujeu, près du château, laissant le bourg neuf aux gens de commerce. À la campagne, quand les nobles construisent leur maison forte, quand ils creusent des fossés et édifient des remparts autour de leur demeure, c'est moins peut-être, à notre sens, pour se défendre contre des dangers qui deviennent moins pressants, que pour dresser une barrière plus nette entre eux et le commun. On doit en effet remarquer que la maison du chevalier qui, au XIe siècle, était installée au cœur du village, à côté de l'église, s'élève maintenant presque toujours, comme le château moderne, aux lisières du terroir, en bordure des bois, loin de l'agglomération paysanne ; c'est le cas en Bresse, à Genost et à Broiseland, en Mâconnais, à Massy, à Courzy, à Cormatin, partout [2]. En fait, depuis que s'est consolidée en ses mains la seigneurie de village, le noble est le chef de la communauté agraire ; les paysans ne sont plus ses voisins, mais ses sujets ; il les juge, il les punit, il les tient à distance.

Juridiquement, la coutume reconnaît la condition privilégiée des nobles et ne les traite pas comme les autres. Ils ont droit à des distinctions, à des honneurs particuliers [3]. Ils prétendent surtout se réserver, à défaut de la richesse, du moins l'usage des pratiques féodales et la possession de droits seigneuriaux. Sans doute, le courant économique qui livre aux roturiers les fiefs, les justices et même les hommages est-il trop puissant pour qu'on puisse brusquement l'arrêter. Mais l'on commence du moins à penser que seuls les nobles détiennent

1. ACHERY, IX, p. 184.

2. Broiseland, AR, 48, H. 1921, n° 24 (1286) ; Genost, AR, 48, H. 1931, n° 2 (1244). – La maison des chevaliers de Massy, près des bois, ACO, B. 10477 (1267). Courzy, C. 5127 (1266). À Jully, la maison de Guyot de Mailley est sise aux Panclènes, hors du village, Cart. évêché Chalon, f° 198.

3. Béatrice de Saules sera enterrée à La Ferté, *sicut decet tales nobiles*, ASL, H. 29, n° 60 (1286).

normalement la justice sur leurs hommes et sur leurs fonds [1] ; si d'autres exercent les mêmes pouvoirs, c'est par une exception que l'on n'est pas loin de juger scandaleuse. On accorde une valeur supérieure à la fidélité des nobles [2] et l'on commence à s'efforcer d'empêcher l'acquisition des fiefs chevaleresques par les roturiers. Les manifestations de cette tendance apparaîtront nettement aussitôt passé le milieu du XIIIe siècle. Quand, vers 1265, Pierre Nicon, bourgeois de Cluny, prêtera 800 livres au sire de Chaumont, il recevra en gage toute la châtellenie, et le duc de Bourgogne, seigneur de ce fief, l'autorisera bien à le tenir ; mais, en 1272, souffrant de voir le château rester si longtemps en des mains roturières, le duc s'arrangera pour faire racheter le gage par un chevalier de son hommage, Jean de Châteauneuf, qui tiendra la seigneurie et servira le chasement en attendant que les héritiers de Chaumont soient en état de rembourser l'emprunt paternel [3]. Et quand, deux ans plus tard, les chevaliers de Massy engageront à Jean, fils de Pierre Nicon, un fief tenu aussi du duc, celui-ci n'abandonnera cette fois au financier que les revenus de la terre et obligera les Massy à « servir le dit fief selon la coutume du duché de Bourgogne toutes les fois qu'ils en seraient requis » [4]. L'idée se forme peu à peu que le non-noble est incapable de s'acquitter des obligations féodales. On admet plus difficilement encore que des nobles fassent hommage à des roturiers et s'engagent à les servir. Josseran de Mizériat reprendra bien son alleu en fief d'un marchand, mais librement et sans service [5], et quand, en 1282, le bourgeois lyonnais André d'Albon achètera pour 800 livres au comte de Savoie le vieux domaine que les Bâgé possédaient à Pierreclos et à École, les « hommages des nobles » seront exclus de la vente [6]. Dès le milieu du XIIIe siècle, l'effort est net pour tenir les distances, malgré le rapprochement économique, entre les gens bien nés et les autres, et les idées sont déjà installées qui s'affirmeront cinquante ans plus tard dans les premières rédactions de la coutume, réputant la terre noble une terre privilégiée, qui emporte justice et seigneurie, le fief roturier un fief inférieur, soumis à un statut et à des obligations moins honorables, et interdisant aux

1. ASL, E. 350, n° 3 (1277).
2. ACO, B. 10479 (1272), Guichenon, p. 14 (1272), les hommages des nobles sont distingués des autres.
3. C. 5173.
4. ACO, B. 10480.
5. Aubret, I, p. 509.
6. AR, 13, G. 644, n° 10.

gentilshommes de reprendre d'un roturier leur héritage en tenure vassalique, « car noblece de fie ne chiet pas en persone de borjois ou de non noble [1] ».

*

Cette réaction nobiliaire fut-elle efficace ? Et la noblesse, séparée de la chevalerie et dûment fondée en droit, put-elle rester aussi strictement héréditaire ? Ne dut-elle pas s'entrouvrir, accueillir quelques-uns des nouveaux riches ?

On doit reconnaître que le nombre des familles nobles, qui s'était sensiblement restreint au cours du XIIe siècle, tend de nouveau à s'accroître au XIIIe. Entre 1200 et 1240, seize nouveaux lignages de chevaliers et de damoiseaux apparaissent en effet à la lumière des documents que nous utilisons. Mais en vérité tous ne sortent pas de la roture. On peut établir que sept d'entre eux sont des rameaux de très anciennes familles chevaleresques, que la rapide dissociation des groupes consanguins isole à l'orée du XIIIe siècle : la maison de Pierreclos se sépare de celle de Berzé, les Laye des Ménézy, les Sauvage des Étoux, les Bues des Genost ; du lignage Oblé, dont s'étaient déjà séparés les Massy, sortent trois nouveaux rejets, les Massilly, les Sassy, les Meursaut [2]. Six autres, Uchizy, Saint-Maurice, Vaux, Pantin, Chaigny et Rufin, se révèlent dans des zones où la documentation était jusqu'ici presque inexistante et il est fort probable que leur noblesse est bien antérieure à leur apparition dans les titres d'archives ; on doit songer pour eux aussi à la division des vieilles familles et compter avec les changements de patronyme encore fréquents [3]. De l'ancienneté du quatorzième lignage, celui des damoiseaux de Villers, tout petits seigneurs alliés à des familles paysannes et cultivant eux-mêmes leurs terres, on a plus de raisons de douter : vers 1230, en effet, leur père Hugues Bertrand ne portait encore aucun titre ; peut-être est-ce un gros paysan qui fut suffisamment riche et bien marié pour se faire passer pour noble, mais on ne saurait l'affirmer [4]. Il

1. « Coutumier bourguignon de Montpellier », n° 54, édité par E. CHAMPEAU, dans *RHD*, 1906-1907, p. 802.

2. Pierreclos : Étienne, frère de Hugues de Berzé, C. 5035 – OBM, I, 14 ; Laye, oncle de H. de Ménézy, C. 4716 ; G. Sauvage, héritier de P. des Étoux, CL. 157 ; Bues, AR, 48, H. 1924, n° 8 ; Sassy, C. 5026, Massilly et Meursaut, C. 5323.

3. Béatrice de Saules ou de Grevilly, ASL, H. 29, nos 16 – 54, Guillaume de Bresse, de Créteuil ou de Lalheue, ASL, H. 29, nos 39 – 54 – 55 ; Hugues Rebutin ou Quinard, AR, 48, H. 1922, n° 2 – 1924, n° 17.

4. C. 5203 – 5202 (1275), *Renaudus de Vilers subtus Tervi, domicellus, G. et M., sorores ejus, liberi quondam Hugonis Bertrandi de Vilers, defuncti*. C'est le seul exemple à cette époque d'un damoiseau dont la noblesse du père n'est pas explicitement indiquée ; Marguerite est mariée à un paysan, Simon Leprêtre de Buffières, Guillermette, à Hugues de Vilers, qui dans cet acte ne porte pas de

ne reste en définitive que deux cas certains d'anoblissement, celui de Guy Chevrier et celui de Jean de Blanot[1]. Tous deux sont de grands ministériaux, tous deux ne sont pas entrés subrepticement dans la noblesse, mais par l'adoubement[2], par un acte solennel du haut seigneur leur maître qui, pour les récompenser et pour leur permettre de le servir plus efficacement, les arma chevaliers malgré leur basse naissance, modifiant la coutume en leur faveur en vertu de son pouvoir souverain. Leur noblesse enfin ne fut que partiellement héréditaire : nous savons que les Chevrier resteront partagés selon leur vocation personnelle entre la noblesse et la bourgeoisie.

Par conséquent, devant l'enrichissement des roturiers, la barrière qui défend l'entrée de la noblesse, renforcée, a tenu bon. Cette classe, qui maintenant ne se définit plus par sa supériorité de fait mais par ses communs préjugés, ne s'est même pas ouverte par les mariages mixtes. Dans ceux-ci, en effet, toujours la « gentillesse » était apportée par l'épouse ; le mari restait roturier et les enfants aussi, car toujours le noble se réfère à son père : la transmission strictement paternelle de la noblesse est une survivance de son primitif caractère militaire. Il en est une autre : si tous les nobles ne sont pas chevaliers, tout chevalier est noble et fait souche de gentilshommes ; l'adoubement supplée au défaut de naissance et c'est par ce moyen que la noblesse accueille les meilleurs des roturiers[3]. Mais de telles admissions restent exceptionnelles ; il n'y a que l'autorité souveraine qui puisse conférer la chevalerie à un homme d'ignoble extraction ; l'anoblissement par le prince de ses meilleurs serviteurs est encore une de ces innovations qui, au milieu du XIIIe siècle, témoignent des transformations profondes de la société. Hormis ces actes, l'esprit de caste, dans un cercle restreint où tous se connaissent, assure un strict contrôle. Après s'être sensiblement réduite entre 1050 et 1200 par suite du regroupement des lignages, la noblesse vers 1240 compte à peu près autant de familles que deux siècles plus tôt. Quelques-unes se sont déplacées, attirées dans un autre canton par un mariage, comme celle des Mailly, qui quitta le Clunisois pour le Beaujolais, celle des Pierrechamp qui s'installa à Aynard ; une concession de fief transporta les

---

titre. En 1263, Hugues de Vilers, *domicellus*, mari de Guillermette, a repris en fief de Cluny un de ses alleux de Curtil-sous-Buffières, C. 5062. Est-ce Hugues Bertrand, et dans ce cas la noblesse du lignage serait ancienne ? Est-ce son gendre ? De ce même Hugues de Vilers, dame Isabelle de Vaux-sur-Aîne, sa parente (son fils partage le bois de Nolandon avec Renaud et ses sœurs), tient en fief la dîme de Vaux, C. 5130 (1267). En définitive, la roture de Hugues Bertrand est bien improbable ; il semble issu de la vieille famille chevaleresque de Curtil dont le patronyme s'est perdu au XIIe siècle.

1. *Supra*, ch. II, Conclusion.
2. Pour J. de Blanot, le duc Hugues l'a adoubé, BN, ms. lat. 18522.
3. GANSHOF, « Chevalerie », p. 4 ; BLOCH, *Société*, II, p. 62.

Vérizet à Vitry, fixa les Béraud à Saint-Ambreuil[1]. Mais la plupart vivent dans les mêmes terroirs, sur les mêmes patrimoines[2], et cette stabilité de l'aristocratie, en dépit des bouleversements économiques et politiques, est bien l'un des faits les plus remarquables de toute cette histoire.

CONCLUSION

La première charte de franchises rédigée peu après 1161, la première intervention royale en 1166, l'évolution de la *responsio pacis* à partir de 1170 et l'accroissement des dettes des châtelains après 1180 sont les signes d'une transformation générale des conditions politiques et économiques. Dans les années suivantes, les caractères que la société mâconnaise avait revêtus dans le cours du XIe siècle s'altèrent progressivement. Entre 1210 et 1230, les liens de famille se desserrent, la noblesse se sépare de la chevalerie, les damoiseaux, manquant à leur tour d'argent, commencent à vendre leur hommage aux princes et leurs terres aux bourgeois. En 1230 apparaissent les premières maisons fortes et les premiers mas taillables. Au milieu du XIIIe siècle, la révolution est accomplie et la société mâconnaise présente un autre visage.

Par plus d'un trait ce nouvel aspect rappelle celui qu'elle avait dépouillé au lendemain de l'an mil. De nouveau, les relations sociales s'organisent par rapport au pouvoir souverain qui, aidé par des fonctionnaires nombreux et dociles,

1. Les Mailly, originaires des environs de Cluny, passent en Beaujolais par le mariage de Geoffroy avec la fille du chevalier d'Arpayé, M. 541 (1074-1096) ; leurs domaines les plus importants sont désormais à Lentigné, M. 541 – 593 (1124-1148), Tramayes, C. 4440 (1207-1215), Lancié, OBM, II, 42, Vauxrenard, OBM, II, 11, Chasselas, M. 621 (1158-1180) ; mais ils conservent des biens en Clunisois, entre Bourgvillain, Mazille et Cortambert, C. 5039 – 4970, et revendiquent longtemps les condemimes, aux portes du bourg abbatial, données par leurs lointains ancêtres en l'an mil, C. 4331 (1188), 4440. – Gendre du chevalier Hongre, Hugues de Pierrechamp installe ses descendants à Chapaize et près de Saint-Hippolyte, ASL, H. 552, n° 2 (1234), C. 4656 (1234), 4674 – 4675 (1235), 4975 (1243) ; son arrière-neveu, épousant l'héritière des Saules, deviendra seigneur de Lalheue, ASL, H. 28, n° 5 (1251). – Arlier de Vérizet reçoit un fief du sire de Brancion à Vitry, C. 5002 (1258). – P. Béraud, dont les aïeux possédaient Bray et Chazelle, C. 3017 (1090 env.), 3966 (1123), est installé à Saint-Ambreuil par le chasement de J. Gros, ASL, H. 27, n° 60 (1239).

2. Pendant dix générations, le domaine des Merzé s'est étendu entre Courzy et Ruffey, C. 2169 (993-1048), ASL, H. 22, f° 326 (1925). En 1237, Humbert de Ménézy possède encore la dîme de Merzé, dans le village où Josseran son ancêtre avait à la fin du Xe siècle son meilleur domaine, C. 2848 – 4716. De même, les Barberêche restent possessionnés entre Saint-Point, Berzé et Milly : C. 3420 (1068), C. 5165 (1271), AN, K. 1150, n° 59 *bis* (1291) ; les Hongre, près de Saint-Hippolyte : C. 2944 (1080 env.), 4280 (1244) ; les Vers, à Confrançon, C. 928 (990 env.), 5007 (1259).

étend partout son contrôle et la sécurité. L'affermissement de l'autorité publique fait s'accuser de nouveau l'opposition presque effacée entre la liberté et la servitude et les actes d'archives sont rédigés selon des formules aussi fixes et impersonnelles que celles que recopiaient les scribes de l'époque franque. Enfin, les relations familiales retrouvent aussi leur ancienne souplesse.

Ces ressemblances cependant sont superficielles et la société ne s'est pas tout simplement réinstallée dans ses anciennes structures. Tout d'abord, la tendance économique est radicalement différente : à la fin du xe siècle, toute fortune laïque était terrienne et héritée des ancêtres ; maintenant, l'argent occupe parmi les richesses une place toujours plus grande et la hiérarchie sociale ne s'applique pas seulement sur celle de patrimoines fonciers, mais aussi sur celle des fortunes mobilières, qui se font et se défont beaucoup plus vite. Et surtout, la période intermédiaire, celle des châtellenies indépendantes, a laissé des survivances nombreuses et tenaces. Toutes les innovations du XIIIe siècle se sont en effet coulées d'abord dans le cadre des institutions antérieures et, si elles les ont finalement transformées, c'est de l'intérieur et sans les faire complètement disparaître. Ainsi, le pouvoir souverain a commencé par s'introduire dans les vieilles châtellenies et les frontières, qui, vers 1100, s'étaient établies entre ces petites dominations territoriales, commanderont pendant tout le bas Moyen Âge la géographie politique et administrative ; il a utilisé également les relations vassaliques et, les aménageant à son profit, il les a systématiquement multipliées, si bien qu'en 1240 le pays est beaucoup plus féodal qu'au temps de la première croisade. De même, entre la liberté franque et celle que l'on reconnaît maintenant aux bourgeois, l'identité n'est que verbale ; le nouveau servage, qui d'ailleurs ne sera pas nettement défini avant le XIVe siècle, procède non de l'antique servitude mais des applications du droit de ban. La communauté villageoise est plus solide que jamais ; resserrée par la franchise et par la seigneurie de paroisse, c'est un héritage direct du XIe siècle. Enfin, l'effectif et les frontières de la noblesse sont sensiblement les mêmes qu'en 1050.

Pour cette raison, la hiérarchie sociale est au milieu du XIIIe siècle beaucoup plus complexe : à l'ancienne classification fixée par la coutume s'ajoute en effet celle qu'installe une nouvelle répartition du pouvoir et de la fortune. Au sein de la noblesse, les chevaliers forment un groupe particulier. Tous les degrés de la richesse, tous les degrés de la liberté dressent entre les roturiers des barrières, séparent bourgeois, vilains et taillables, seigneurs, laboureurs et manouvriers. Le monde se cloisonne ; l'usage de plus en plus fréquent de l'écriture et les progrès de la pensée juridique précisent encore ces distinctions et les accentuent.

CONCLUSION GÉNÉRALE

En Mâconnais, pendant le XIe et le XIIe siècle, la société laïque est organisée tout entière en fonction du château. Les forteresses, peu nombreuses, ont été élevées autrefois sur l'ordre des souverains ou de leurs représentants et pour les besoins de leur politique ; mais chacune d'elles appartient en propre à un seigneur privé dont les ancêtres, à l'époque carolingienne, étaient des fonctionnaires royaux, investis du ban militaire. Indépendants les uns des autres, ces sires (*domini*) détiennent le pouvoir de commander et de punir et l'exercent sur un territoire qui correspond en gros à l'ancien *districtus* de la forteresse publique. Seules quelques enclaves, où s'est maintenue et renforcée l'immunité ecclésiastique, sont entièrement soustraites à leur autorité ; partout ailleurs leur puissance domine et contrôle les droits de ban inférieurs, basse justice et petites coutumes, qui parfois sont laissés aux communautés religieuses et aux hobereaux de village sur leurs dépendants personnels et dans leur domaine. Cette répartition des pouvoirs de commandement n'affecte guère le régime des terres – les alleux petits et grands restent très nombreux et les méthodes d'exploitation foncière n'ont pas sensiblement varié – mais elle détermine le statut des hommes et les rapports qu'ils entretiennent.

Les laïcs, en effet, selon la nature de leurs obligations envers les châtelains, se répartissent en deux catégories juridiques. La première, très restreinte, groupe moins de deux cents familles dont les mâles, quand ils sont adultes, portent le titre de chevalier ; spécialistes du combat, ils sont exempts des coutumes banales : le maître de la forteresse dirige leur activité militaire mais n'a pas le pouvoir de les contraindre ni de les châtier. Les « travailleurs », par contre, paysans ou gens des villes, tenanciers ou alleutiers, sont étroitement soumis à son ban et à sa justice et sont chargés d'exactions. Ces deux classes sont héréditaires, mais elles correspondent dans une large mesure aux deux principaux degrés dans la hiérarchie des fortunes foncières ; en l'an mil, la qualité chevaleresque fut réservée aux plus riches, héritiers pour la plupart de quelques très grands propriétaires de l'époque franque, à ceux dont le domaine était suffisamment vaste pour leur fournir de quoi s'équiper, s'entraîner et participer aux expéditions militaires ; échappant aux tailles, protégés de l'appauvrissement par les contraintes lignagères, leurs descendants ont conservé leur supériorité économique.

De même les liens d'homme à homme se nouent généralement dans le cadre de la châtellenie. Certes, les chevaliers, strictement retenus dans la solidarité familiale, peuvent s'unir par l'hommage à d'autres patrons ; mais ils sont tous, en raison de leur résidence, attachés à la forteresse voisine et les *milites castri* sont de ce fait les feudataires et les fidèles du châtelain. Quant aux « travailleurs », rassemblés dans la communauté de paroisse, ils sont aussi ses manants, parce qu'ils habitent la circonscription qu'il régit ; certains sont les hommes propres d'un maître privé, mais la dépendance personnelle cède d'ordinaire le pas à la dépendance d'origine territoriale.

*

Cet aménagement de la société est la conséquence directe d'un fait politique, la décomposition de l'État carolingien. La faillite de l'institution royale entraîna d'abord l'affaiblissement du pouvoir comtal, le fractionnement du *pagus*, le partage des droits régaliens qui, lorsque la présence du souverain ne fut plus sensible, devinrent aux mains des châtelains des droits privés, des « coutumes ». Les alleutiers les plus aisés, qui naguère relevaient immédiatement du comte, échappèrent à la seigneurie banale et formèrent dès ce moment une classe distincte, la chevalerie, caractérisée par un titre, une fonction, des privilèges. Ce changement fondamental se produisit en Mâconnais entre 980 et 1030. Dans les années suivantes, la structure sociale se plia aux nouvelles conditions politiques : les devoirs vassaliques se fixèrent en s'attachant à la tenure féodale ; la chevalerie, d'abord classe de fortune et de genre de vie, devint peu à peu une caste héréditaire, une vraie noblesse, tandis que se resserraient les liens de parenté dans l'aristocratie, les liens de voisinage parmi les paysans. Entre 1080 et 1100, l'évolution parvient à son terme : avec l'antique distinction entre la servitude et la liberté disparaît alors la dernière survivance des institutions de droit public.

Mais l'effondrement de la monarchie carolingienne avait lui-même des causes plus lointaines, d'ordre économique celles-ci. La difficulté des communications, la rareté de la monnaie et des échanges conviaient les pouvoirs à se cantonner dans des territoires restreints, isolés les uns des autres. En s'organisant en fonction du château, la société mâconnaise achève donc au XIe siècle de s'adapter à l'économie presque exclusivement rurale du haut Moyen Âge.

Or, à ce moment, la tendance économique est déjà renversée. Depuis quelque temps, le commerce se ranime lentement en Occident, et le Mâconnais, pays de routes, ressent bientôt les effets de ce renouveau. Le défrichement des solitudes forestières entrepris dans cette région dès le milieu du Xe siècle favorise l'accroissement de la population ; des hommes plus nombreux entretiennent entre eux des relations plus étroites ; vers 1030, les contemporains s'émerveillent des progrès de la circulation routière ; les villes se développent et, autour de 1075, alors que se fondent les nouveaux péages, les bourgeois, spécialistes du commerce, se distinguent des autres « travailleurs ». Le mouvement, de jour en jour plus intense et plus facile, des voyageurs, des marchandises et de l'argent bouleverse les conditions de la vie quotidienne et oblige les relations sociales à s'organiser différemment. À peine installée dans ses nouveaux cadres, la société doit poursuivre son évolution et cette fois en sens inverse.

L'équilibre se maintient cependant tant bien que mal pendant près d'un siècle et c'est seulement vers 1160 que la châtellenie et la structure sociale qu'elle supporte commencent à se désagréger. Les bourgeois et certains paysans, gagnant facilement de l'argent, peuvent arrondir leur patrimoine et acheter à leur seigneur l'allégement des coutumes banales ; au contraire, les chevaliers et la plupart des châtelains recueillent moins de deniers qu'ils n'en dépensent et sont contraints pour satisfaire leurs besoins d'aliéner leur terre et leur indépendance, perdant ainsi ce qui faisait leur supériorité. Ainsi sont ébranlés les fondements économiques de la hiérarchie sociale. Pendant ce temps s'opère une nouvelle répartition de l'autorité : le roi et quelques grands seigneurs qui disposent de meilleures finances peuvent soumettre à leur contrôle les châteaux, entretenir un personnel d'administrateurs salariés donc dociles, acquérir l'hommage des nobles et reconstituer de cette façon de vastes principautés régionales. Au milieu du XIIIe siècle, la transformation est complète, et s'il fallait fixer un terme précis à cette évolution, nous choisirions volontiers, mais surtout pour sa valeur symbolique, l'année 1239, date de l'annexion du comté de Mâcon au domaine royal.

*

Dès lors, la condition des personnes dépend beaucoup moins de leur position face au château et à son seigneur que du statut des terres qu'elles possèdent. On commence en effet à distinguer trois catégories de biens-fonds, les terres nobles, les terres roturières et les terres taillables. Les premières, qui sont maintenant très souvent des tenures féodales, confèrent à ceux qui les détiennent, qu'ils soient fils de chevaliers ou fils de rustres, le droit de juger et d'imposer ; elles les astreignent en revanche à prêter hommage à un seigneur et à s'acquitter envers lui des honorables obligations vassaliques. Les secondes, qui, chargées d'exactions, passent d'ordinaire pour des censives, imposent à leurs possesseurs la prestation de services matériels dont le montant est fixé par la coutume. Les dernières enfin, soumises à des obligations plus dégradantes et que l'on tient pour serviles en raison de leur caractère arbitraire, déterminent la sujétion personnelle des paysans qui les exploitent et les privent de la liberté. Bien que la noblesse de sang se maintienne artificiellement, la structure sociale repose désormais sur un système de relations foncières, qui sert également d'assise aux nouvelles formations politiques. L'alleu est en voie de disparition.

Il faut donc distinguer dans ce qu'on appelle la féodalité deux aspects, un aspect politique, la dissolution de la souveraineté, un aspect foncier, la constitution d'un réseau cohérent de dépendances où sont prises toutes les terres et par elles ceux qui les tiennent. En Mâconnais, ces deux aspects ne sont pas simultanés mais successifs. Aux XIe et XIIe siècles, au temps où le pouvoir royal est le plus faible, où les châtelains sont maîtres absolus chez eux, où la division de la société laïque en deux ordres, celui des chevaliers et celui des travailleurs, est la plus nette, la plupart des terres sont indépendantes et la seigneurie banale, issue des pouvoirs régaliens, ne se confond pas avec la seigneurie foncière, issue du régime domanial. Au XIIIe siècle, les alleux nobles sont les uns après les autres repris en fiefs ; les droits banaux, que supportent les alleux roturiers, sont assimilés peu à peu aux redevances domaniales ; ainsi se raréfient rapidement les terres « quittes et franches » ; mais à ce moment, les pouvoirs supérieurs de commandement sont déjà repris en main par le roi et les princes, et les châteaux réintégrés dans l'État. Il existe bien « deux âges féodaux ».

L'expression est de Marc Bloch, qui plaçait la charnière entre deux périodes dans le courant du XIe siècle, au moment où se manifestent les premiers effets de la révolution économique[1]. Certes, c'est bien vers 1050 que le milieu commence à se transformer, mais le bouleversement de la structure sociale elle-même est plus tardif. Les documents du Mâconnais nous invitent à adopter une autre chronologie et à situer entre 1160 et 1240 le moment où le temps des fiefs, des censives et des principautés féodales succède à celui des châtellenies indépendantes.

1. Bloch, *Société*, I, p. 97, 114.

*

Pour approcher de plus près les hommes, nous avons concentré notre attention sur une toute petite région. Mais il est bien évident que la société mâconnaise n'a pas poursuivi son évolution dans l'isolement. Placé au cœur du monde carolingien, traversé par de grandes routes de commerce ou de pèlerinage, abritant avec Cluny l'un des hauts lieux de la chrétienté, ce pays est largement ouvert et, en fait, les phénomènes sociaux que nous avons décrits sont semblables dans leur ligne générale à ceux que l'on peut observer à la même époque dans tout l'Occident.

Ils présentent cependant certains traits particuliers. À la fin du xe siècle, le Mâconnais se trouvait en effet déjà trop loin vers le sud pour avoir subi fortement l'empreinte de la monarchie carolingienne ; les invasions normandes, sarrasines et hongroises l'avaient à peu près épargné ; les partages politiques du IXe siècle enfin l'avaient relégué à la périphérie des royaumes. Pour ces raisons, les habitudes vassaliques y étaient moins enracinées, l'autorité du souverain trop lointaine et celle du comte trop relâchée. Aussi la dissolution des pouvoirs régaliens y fut-elle peut-être plus poussée, le maintien de l'alleu plus tenace, la disparition du servage plus complète et plus précoce. Nous sommes en Mâconnais dans une province particulière de la féodalité, dont les frontières vers le nord sont toutes proches (en Chalonnais et en Charolais déjà le système des hommages et des fiefs est beaucoup plus cohérent ; le comte, lié au duc, garde la disposition de nombreux châteaux et tient plus solidement la chevalerie), mais qui englobe certainement la Bresse, le Lyonnais, le Forez et qui, semble-t-il, se prolonge loin vers l'est et vers l'ouest[1].

Mais nous trahirions notre dessein si, à la recherche des analogies et des différences, nous franchissions maintenant imprudemment les limites géogra-

1. Les études locales sont encore trop peu nombreuses pour que l'on puisse comparer utilement la structure sociale du Mâconnais à celle des pays voisins. Toutefois, quelques sondages parmi les chartes du Forez, les recherches de M. DAVID sur le patrimoine foncier de l'église de Lyon donnent à penser que l'évolution fut très uniforme entre les contreforts méridionaux du Jura et les abords de l'Auvergne et du Velay. D'autre part, on peut remarquer suffisamment d'affinités entre la société mâconnaise et, d'un côté, celle du Limousin, décrite par TENANT DE LA TOUR, de l'autre, celle de la Bavière, décrite par DOLLINGER, pour se demander si les relations sociales ne se sont pas organisées d'une manière assez voisine dans une large zone médiane, entre la féodalité d'entre Loire et Rhin et celle des régions méditerranéennes. Mais ce ne sont là qu'impressions et la géographie de la société féodale reste à faire.

phiques que nous nous sommes dès l'abord imposées. Nous offrirons donc ces études toutes locales à l'histoire comparée, en souhaitant qu'elles puissent aider à mieux connaître la société féodale, à la fois dans son unité et dans ses particularités régionales.

RÉPERTOIRE

1. – RÉPERTOIRE DES TERMES UTILISÉS DANS LES DOCUMENTS MÂCONNAIS POUR INDIQUER LA POSITION SOCIALE DES LAÏCS DU Xe AU XIIe SIÈCLE

ADVENA – aubain, immigrant.

ARMIGER – écuyer, syn. de *domicellus* ; n'est pas employé avant 1259.

BARO – baron ; n'est jamais utilisé que dans des documents qui n'ont pas été rédigés en Mâconnais, syn. de *proceris*.

BURGENSIS – bourgeois ; 1) premier emploi, 996-1031 ; non-noble résidant habituellement dans un bourg ;
2) au XIIIe siècle, non-noble qui, ayant satisfait aux conditions de résidence et d'honorabilité, participe aux franchises accordées par une charte.

CASTELLANUS – depuis la fin du XIIe siècle ; 1) maître d'un château ;
2) fonctionnaire préposé à la garde d'un château.

CIVIS – « citain », « citien », syn. de *burgensis*, mais employé de préférence pour désigner les bourgeois des cités.

COLONUS – de plus en plus rare (dernière mention, 1120-1121), syn. de *mansionaris*, tenancier (n'exprime plus un statut personnel particulier).

DOMICELLUS – damoiseau ; 1) enfant noble ;
2) à partir de 1220, noble non adoubé.

DOMINUS – 1) « sire », titre porté par les détenteurs du droit de ban, réservé au comte jusqu'en l'an mil, puis jusqu'à la fin du XIIe siècle aux châtelains ;
2) à partir de 1190, titre porté par les chevaliers ;
3) employé par les non-nobles pour désigner leur maître ;
4) depuis la fin du XIIe siècle, employé par le noble pour désigner le seigneur de son fief.

FAMULUS – domestique.

FEODARIUS, FEDALIS, FEODATUS et (plus rare) BENEFICIARUS – tenancier d'un fief et lié pour cela à un autre homme (depuis 1075).

FIDELIS – 1) fidèle, membre de l'aristocratie lié à un autre homme par son serment de foi ;
2) après 1050, rare et employé toujours dans un sens collectif pour désigner la mesnie vassalique ; reparaît après 1252 comme qualificatif individuel pour désigner le vassal, *homo fidelis et feodarius*.

FOSSATOR – manouvrier, paysan cultivant sa terre à la main.

FRANCUS – 1) jusqu'à la fin du XIe siècle, titre porté par les hommes de condition libre ;
2) *francus alicujus*, jusqu'à la fin du XIe siècle, homme libre dépendant d'un autre par sa commendise ou celle de ses ancêtres ;
3) à la fin du XIIIe siècle, *franchus*, paysan exempt des droits seigneuriaux les plus lourds.

HOMO (ALICUJUS) – dépendant ; 1) à partir de 1018-1030, chevalier lié par l'hommage ;
2) et, également, à partir de 1075, paysan soumis à la seigneurie d'un maître.

HOMO CUBANS ET LEVANS – à partir de 1250, paysan astreint à résider dans un manse dépendant.

HOMO LIGIUS – 1) à partir de 1266, noble ayant prêté l'hommage lige ;
2) après 1285, désigne également le paysan dépendant de sa personne.

HOMO MANENS – manant, paysan soumis par sa résidence au pouvoir banal (XIe-XIIe siècle).

HOMO DE POTESTATE – (XIe siècle et rare), homme de poté, paysan dépendant d'une seigneurie banale.

HOMO PROPRIUS – homme propre : depuis 1130 env., paysan dépendant de sa personne (1242 ; *homo proprius et specialis*).

HOMO TAILLIABILIS, EXPLEITABILIS, SERVICIABILIS, JUSTICIABILIS – depuis 1250, homme soumis à l'exploitation et à la justice d'un maître.

HOSPES – 1) 1030, paysan admis à défricher le bois seigneurial ;
2) milieu du XIIe siècle, manant résidant dans une seigneurie territoriale et soumis pour cela à sa coutume.

INGENUUS – XIe siècle, syn. de *liber homo*.

LABORATOR – laboureur, agriculteur disposant d'un attelage.

LIBER HOMO – 1) jusqu'à la fin du XIe siècle, syn. de *francus* ;
2) depuis 1166, non-noble indépendant de sa personne.

LIBERTUS – XIe siècle, serf affranchi.

MANCIPIA – (se raréfie progressivement et sort d'usage vers 1100) désigne collectivement les serfs.

MANSIONARIUS – masoyer, tenancier d'un manse (à la fin du XIIIe siècle, homme astreint à la résidence sur son manse, syn. de *cubans et levans*).

MILES – chevalier ; 1) depuis 971, titre porté par les membres de la classe supérieure de la société laïque ;
2) depuis 1220, titre porté par les nobles qui ont été adoubés.
miles alicujus, dépendant noble.

MINISTER – ministérial, domestique chargé d'un « métier ».

NOBILIS (STRENUIS, INLUSTER) – 1) jusqu'en 1032, membre de la classe supérieure de la société laïque ;
2) ensuite qualifie les femmes de la classe supérieure ;
3) depuis la fin du XIIe siècle, *nobilis vir*, qualificatif honorifique réservé aux *domini*, les châtelains d'abord, puis les chevaliers.

PROCERIS – désigne les plus puissants des nobles de la région, les châtelains.

RUSTICUS – paysan ; à partir de 1090 env., qualifie tous les laïcs qui ne sont ni chevaliers, ni ministériaux, ni bourgeois.

SENIOR – seigneur ; employé par le noble pour désigner l'homme auquel il est lié, par l'épouse pour désigner son mari.

SERVIENS – serviteur, sergent ; désigne les domestiques et les ministériaux de rang inférieur.

SERVUS (ANCILLA) – serf ; 1) titre individuel porté par les non-libres, disparaît après 1105 ;
2) depuis 1060 environ, employé par le maître pour désigner ses paysans dépendants ou ceux de ses manants qui ne sont pas ses hommes ;
3) entre 1105 et 1160, employé très rarement et toujours d'une manière abstraite, dans l'énumération des diverses conditions sociales ;
4) depuis 1105, dans le langage parlé et dans les chartes de franchises, désigne l'homme dépendant de sa personne.

VASSUS (ALUS) – 1) avant 940, de 981 à 986 et une fois en 1040 environ, dépendant noble ;
2) 1155, valet, domestique de rang inférieur ;
3) de nouveau en 1273, dépendant noble.

VILLANUS – 1) XIe-XIIe siècles, généralement, paysans manant dans le sauvement ;
2) milieu du XIIIe siècle, paysan « libre », indépendant de sa personne.

CROQUIS

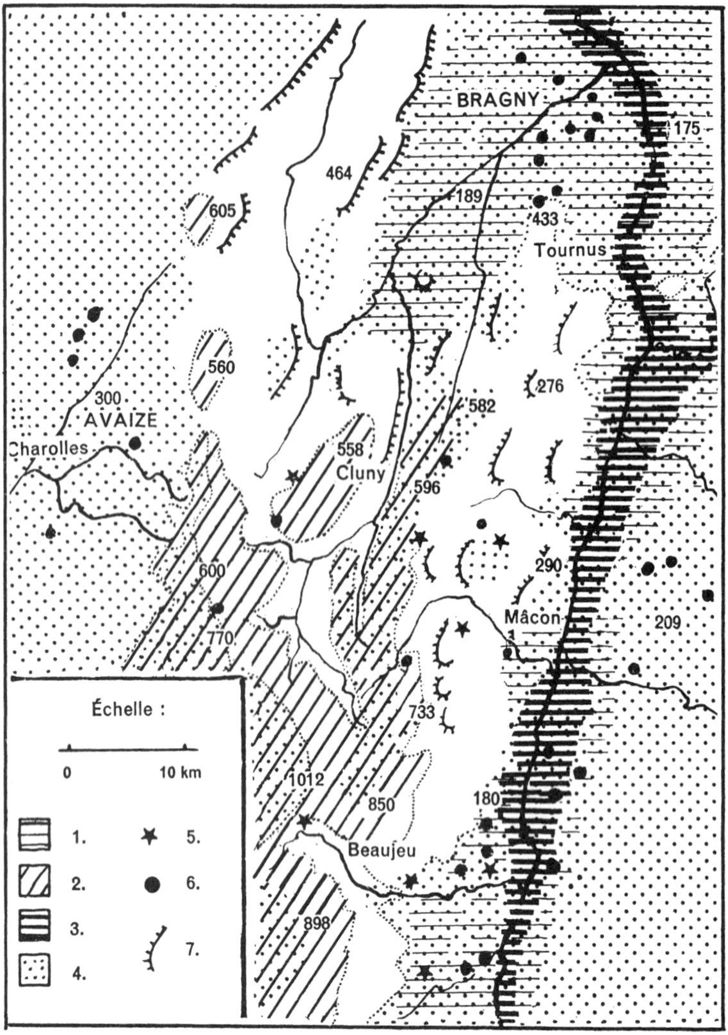

CROQUIS I. – RELIEF, VÉGÉTATION, DÉFRICHEMENT

LÉGENDE. – **1** : au-dessous de 200 m. – **2** : au-dessus de 500 m. – **3** : lit majeur de la Saône. – **4** : région de forte densité forestière. – **5** : essarts du Xe siècle. – **6** : essarts du XIe siècle. – **7** : côte calcaire.

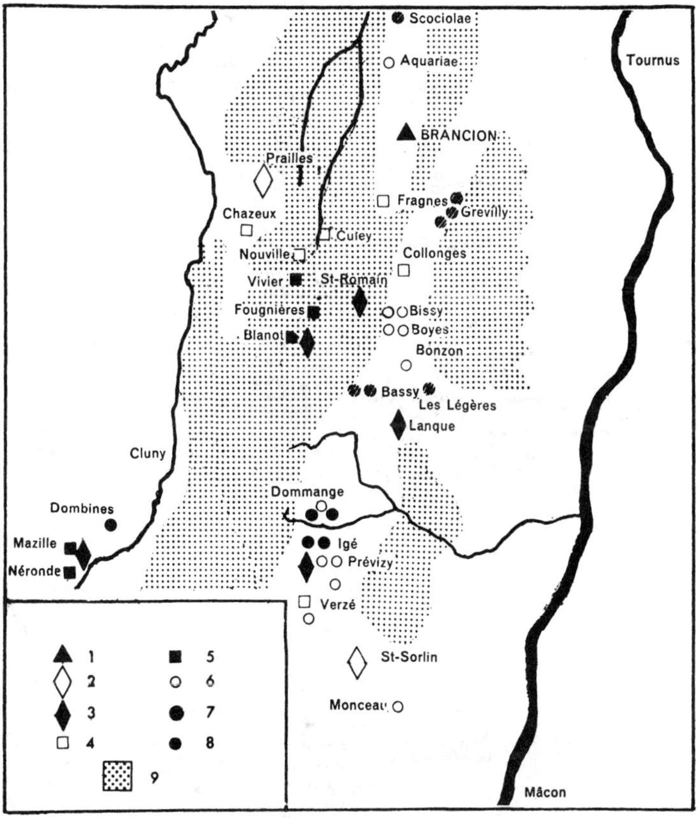

CROQUIS II. – LES POSSESSIONS DES GAROUX AU Xe SIÈCLE

LÉGENDE. – **1** : château. – **2** : villa. – **3** : église. – **4** : bien isolé. – **5** : alleu. – **6** : concession princière. 7 : précaire d'église. – **8** : zone boisée.

Références :

Aquariae, C. 271 (926). – Bassy, C. 1460 (978-979). – Bissy, C. 798 (951), 1087 (960). – Blanot, C. 283 (927), 387 (980). – Bonzon, C. 798 (951), 1087. – Boyes, C. 798, 1087. – Chazeux, C. 802 (951), 1460, 517 (début XIe siècle), M. 70 (937-962). – Culey, C. 802, 517, 2802 (1027-1028). – Colonges, C. 802, 1460. – Dombines, C. 214 (919-922). – Dommange, C. 856 (953). – Fragnes, C. 802, 1460. – Fougnières, C. 283, 387, 818 (951). – Grevilly, C. 1460. – Igé, C. 359 (928), 254, 856, 1087, 2719 (1019), M. 240 (888-927). – les Légères, C. 1460. – Mazille, C. 721 (948). – Monceau, C. 359. – Néronde, C. 721. – Prailles, C. 517 (début XIe siècle). – Prévizy, C. 248 (925). – Nouville, C. 802. – Saint-Pierre-de-Lanque, C. 283, 387. – Saint-Romain, C. 283, 287. – Saint-Sorlin, C. 254, 798, 1087. – **Scociolae**, SM. 27 (924). – Verzé, C. 802, 818, M. 205 (968-978), C. 1460. – Vivier, C. 283, 387.

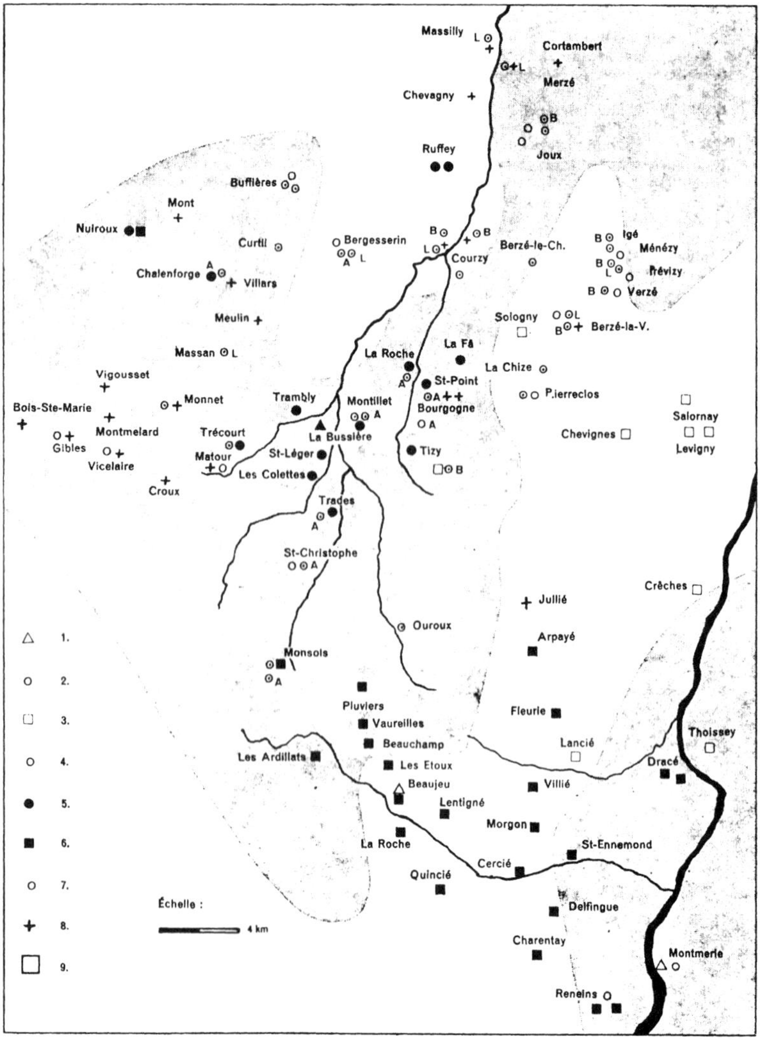

CROQUIS III. – FORTUNE FONCIÈRE DES BÉRARD AUX ENVIRONS DE L'AN MIL

LÉGENDE. – **1** : château. – **2** : alleu. – **3** : bénéfice. – **4** : branche du vicomte Guigue. – **5** : branche des Deschaux. – **6** : branche des Beaujeu. – **7** : branches secondaires (A – Germolles ; B – Berzé ; L – Merzé). – **8** : lignages alliés. – **9** : régions boisées.

Références :

Les Ardillats (Beaujeu), B. App. I (994-1000). – Arpayé (Beaujeu), C. 445 (936), 748 (949). – Beauchamp (Beaujeu), B. App. I. – Beaujeu (Beaujeu), B. 3 (950 env.). – Bergesserin (Guichard, oncle de Guigue), C. 1762 (987-996) ; (Aidoard de Germolles), C. 2400 (997) ; (les Mérzé), C. 2021. – Berzé-la-Ville (Guigues), C. 2956 (1041), 3380 (1062) ; (les Bière), C. 3018 ; (les Meulin), C. 3635 ; (les Merzé), C. 3254, 3267. – Bois-Sainte-Marie (les Blanc), P. 24. – Bourgogne (Germolles), C. 1368 (972), 2549 (1002). – Buffière (Guigue), C. 924 ; (les Bière), C. 2469 (998), 2299 (995) ; (les Merzé), C. 2021, 2848, 3115. – Cercié (Beaujeu), B. App. I. – Chalenforge (Deschaux), C. 505 (939) ; (Germolles), C. 443, 460. – Charentay (Beaujeu), B. App. I. – Chevagny (les Merzé), C. 1804 (999). – Chevignes (honneur vicomtal), C. 2777. – la Chize (le chanoine Bérard), C. 1806 (989). – les Colettes (Deschaux), C. 603. – Courzy (Merzé), C. 2169 (993), 2809, 2784 ; (Berzé), C. 1638 (963), 1554 (981), 1882 (991) ; (Geoffroy), C. 1913, 2329, 2200, 1985, 1986 ; (les Bière), C. 2088, 2176 (993-1048) ; (le chanoine Bérard), C. 1806. – Crèches (honneur vicomtal), M. 113 (1018-1030). – Croux (Blanc), ASL, H. 142, n° 2 (1067). – Curtil (Merzé), C. 2021. – Delfingue (Beaujeu), B. App. I. – Dracé (Beaujeu), B. 3. – les Étoux (Beaujeu), B. App. I. – Fleurie (Beaujeu), C. 2040. – Germolles (Germolles), C. 2579 (1003). – Gibles (Guigue), C. 1775 ; (Blanc), C. 976. – Igé-Dommange (Berzé), C. 2339, 2124 ; (les Bière), C. 2299 (995). – Joux (Berzé), C. 2907 ; (Guigue), C. 1343 (973), 2616 (1005) ; (les Bière), C. 2088. – Jullié (parents des Beaujeu), C. 2914 (1037). – Lancié-Lentignié (Beaujeu), C. 2266 (994), 2269 (994). – Levigny (honneur vicomtal), C. 2777. – Massan-Dompierre (Merzé), C. 3336, 3337. – Mâcon (honneur vicomtal), M. 183. – Matour (Guigue), C. 1775 ; (Blanc), C. 976, ASL, H. 142, n° 2. – Massilly (Seguin, allié des Berzé), C. 2430, 2555 (1002). – Ménézy (Guigue), M. 220, C. 333 ; (Berzé), M. 220 ; (Merzé), C. 2992. – Merzé (Merzé), C. 2809 (1028) ; (Seguin), C. 2427, 2348. – Meulin (les Meulin, descendant des Blanc), C. 3000. – Monnet (Blanc), C. 2922, ASL, H. 142, n° 2 ; (Merzé), C. 3207. – Mont (Saint-Aubain, alliés des Deschaux), C. 127, 128, 2678. – Montillet (Deschaux), C. 1162 (962) ; (Germolles), C. 2400 (977). – Montmelard (Blanc), C. 976, 2922. – Montmerle (Guigue), C. 2925 (1039). – Monsols (Beaujeu), C. 1376 (974), 2040 ; (Germolles), C. 1933, 2236 (994). – Morgon (Beaujeu), C. 1039 (957). – Nuiroux (Beaujeu), C. 2040. – Ouroux (branche secondaire des Beaujeu), C. 1272 (969). – Pierreclos (Guigue), C. 2378 ; (les Bière), C. 3018. – Pluviers (Beaujeu), B. App. I. – Quincié (Beaujeu), C. 1223 (967), 2005. – Reneins (Beaujeu), B. 3, C. 1218 (966), 1456 ; (Guigue), C. 2831 (1030), 2000. – La Roche (Quincié), Beaujeu, C. 2728 (1020). – La Roche (Saint-Point), Deschaux, C. 505 ; Germolles, C. 443, 460. – Ruffey (Beaujeu), C. 1264 (969). – Salornay (honneur vicomtal), M. 113. – Saint-Christophe (Germolles), C. 1933 (992). – Saint-Ennemond (Beaujeu), C. 1433 (979). – Saint-Léger (Deschaux), C. 1470 (979). – Saint-Point (Deschaux), C. 505. – Sologny (honneur vicomtal), C. 2821. – Tizy (Deschaux), C. 505, 554, 2087 ; (Germolles), C. 170. – Trades (Germolles), C. 1933. – Trambly (Deschaux), C. 748 (949). – Trécourt (Deschaux), C. 2174 ; (Guichard), C. 1762 (987). – Vaureilles (Beaujeu), B. App. I. – Vicelaire (Guigue), C. 928, 1775 ; (Blanc), ASL, H. 142, n° 2. – Vigousset (Blanc), C. 2501, 2777 (1023). – Villars (Meulin), C. 3000. – Villié (Beaujeu), M. 483 (1031-1060). – Verzé (Berzé), C. 1554 (981), 2198. – Lancié (honneur vicomtal), M. 113 (1018-1060). – Cortambert (Meulin), M. 544.

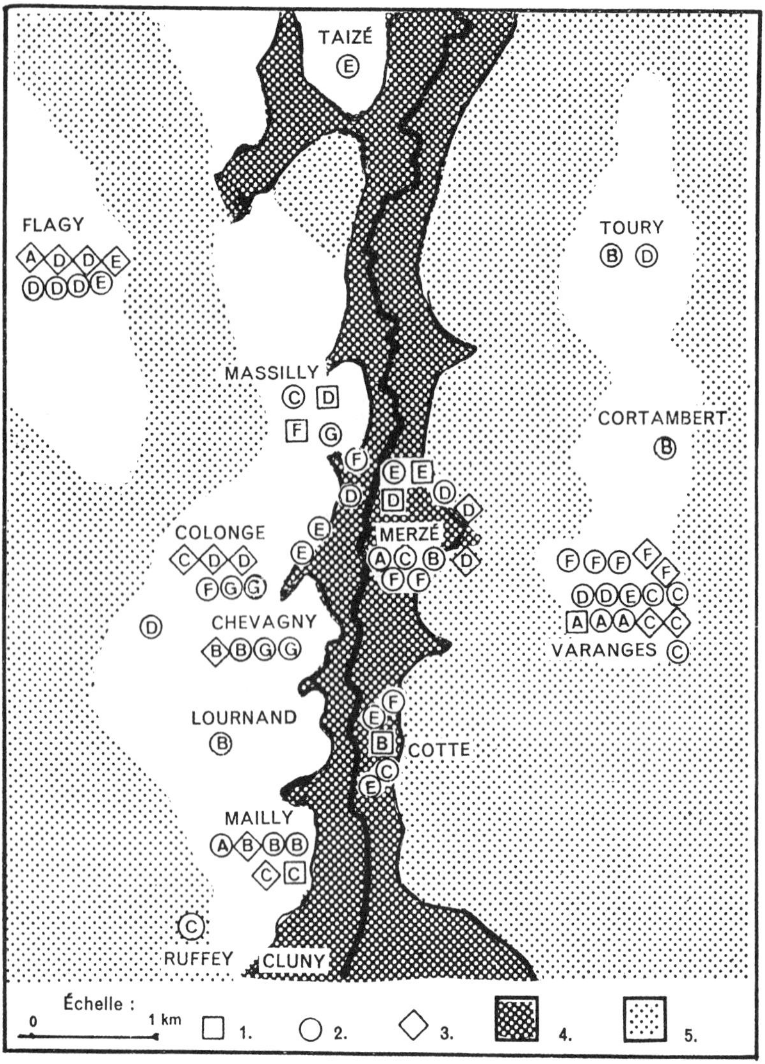

CROQUIS IV. – LES SEIGNEURIES FONCIÈRES LAÏQUES DANS L'**AGER** DE MERZÉ À LA FIN DU Xe SIÈCLE

LÉGENDE. – **1** : réserve. – **2** : bien dispersé. – **3** : exploitation concédée à des paysans. – **A** : Engeaume. – **B** : Bernard Burdin. – **C** : Constantin de Mailly. – **D** : Arlier – **E** : Seguin. – **F** : Aidoard. – **G** : Lambert. – **4** : prairie de Grosne. – **5** : bois.

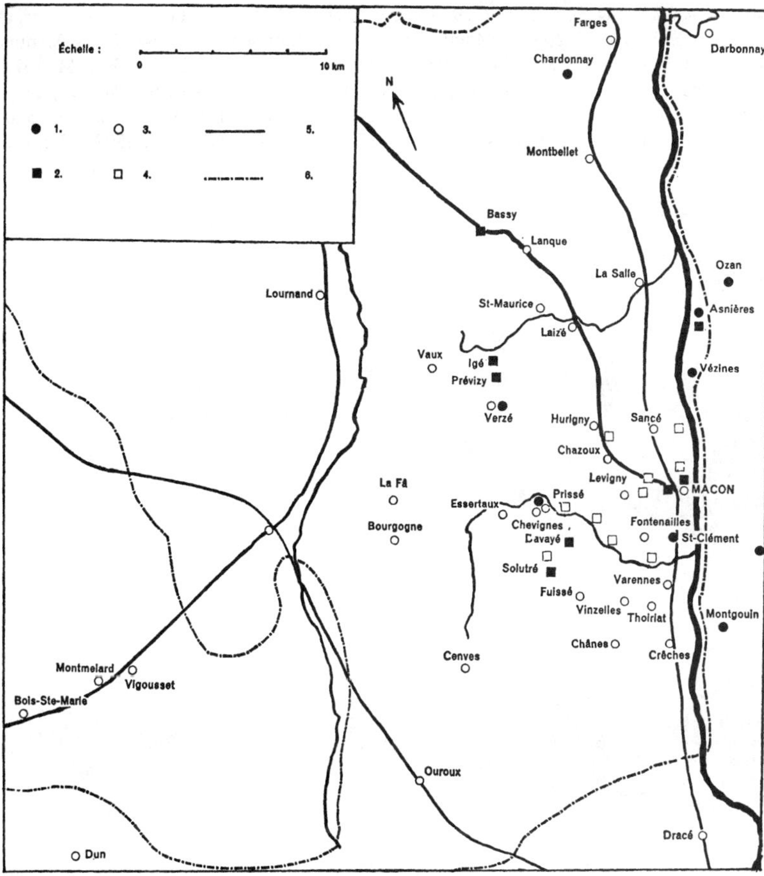

CROQUIS V. – SEIGNEURIE FONCIÈRE DU COMTE DE MÂCON À LA FIN DU Xe SIÈCLE

LÉGENDE. – **1** : ancien bien d'église. – **2** : bien provenant directement du **comitatus**. – **3** : bien d'origine inconnue. – **4** : bien de la communauté juive. – **5** : voie romaine. – **6** : limite du **pagus**.

Références :

Ajoux (concédé en fief aux sires de la Bussière au XIIe siècle), C. 4223. – Asnières, M. 688, C. 2712, 3610. – Bassy, C. 1124. – Bois-Sainte-Marie (attesté au XIIe siècle), ASL, H. 142, no 9. – Bourgogne, C. 680. – Cenves, C. 729, M. 11. – Chânes, M. 423. – Chardonnay, M. 70. – Chazoux, M. 32. – Chevignes, C. 2712, M. 409, C. 4053. – Crèches, M. 471, C. 2519. – Darbonnay, C. 432. – Davayé, C. 2712. – Dracé, M. 471. – Dun, ASL, H. 142, no 9. – Esserteaux, M. 86. – La Fâ, C. 680. – Farges, M. 8. – Fontenailles, M. 273. – Fuissé, M. 47. –

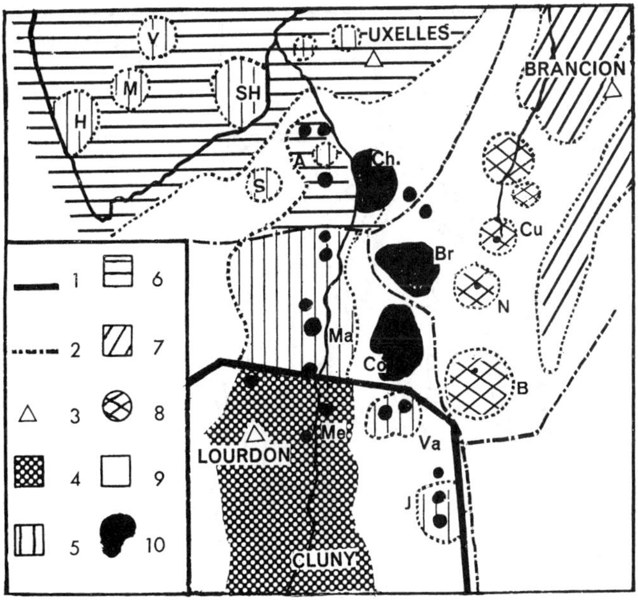

CROQUIS VI. – LES SEIGNEURIES BANALES DANS LA VALLÉE DE LA GROSNE À LA FIN DU XIe SIÈCLE

LÉGENDE. – **1** : limites du **bannus cluniacensis** (*Bull. Clun.* 26). – **2** : limites approximatives des territoires militaires. – **3** : château. – **4** : immunité restreinte de l'abbaye de Cluny. – **5** : droits seigneuriaux de l'abbaye de Cluny. – **6** : droits seigneuriaux du châtelain d'Uxelles. – **7** : droits seigneuriaux du châtelain de Brancion. – **8** : seigneurie clunisienne soumise au droit de garde du châtelain. – **9** : zone forestière. – **10** : seigneurie territoriale ou personnelle d'origine privée.

Références :

A – Ameugny : seigneurie de l'église de Mâcon exempte des coutumes du sire d'Uxelles, M. 479 (1031-1062) ; seigneurie de Létaud, C. 2906 (1035), 3065 (s.d.) ; J. Rainier a le **salvamentum** sur deux manses, C. 3640 (1080 env.). – **B, Cu, N** – Blanot, Culey, Nouville ; **P** – Prailles : domaines de Cluny sous la garde des Neublans, héritiers des Garoux qui renonceront en 110 « à la garde et au sauvement » dans toute la vallée, C. 3737, 3715. – **Br** – Bray : seigneurie de G. de Chazelles, passée aux Gros, C. 3012 (1075). – **C** – Contrançon : coutumes levées par la mère de D. de Gigny, C. 2761 (1002). – **Co** – Cortambert : coutumes levées par les Meulin, M. 544. – **Ch** – Chazelles : seigneurie des Guichard, C. 3085 (1060 env.). – **J** – Joux : coutumes forestières d'Humbert d'Azé, C. 343 (XIe siècle) et des sires de Berzé, C. 3654 (fin XIe siècle), 2907 (1035). – **Ma** – Massilly : coutumes levées par B. de Merzé, C. 3022 ; par G. de Saint-Nizier, C. 3503 (1076). – **SH, H, V, M** – Saint-Hippolyte, Hautrecour, Vaux, Montagny, domaines clunisiens exemptés à différentes reprises par les sires d'Uxelles, C. 2493 (1000), 2881 (1031-1060), 3073 (1050 env.), 3474 (1074). – **Va** – Varanges : coutumes levées par B. de Merzé, C. 2022 ; par Arlier, C. 2804 (1027).

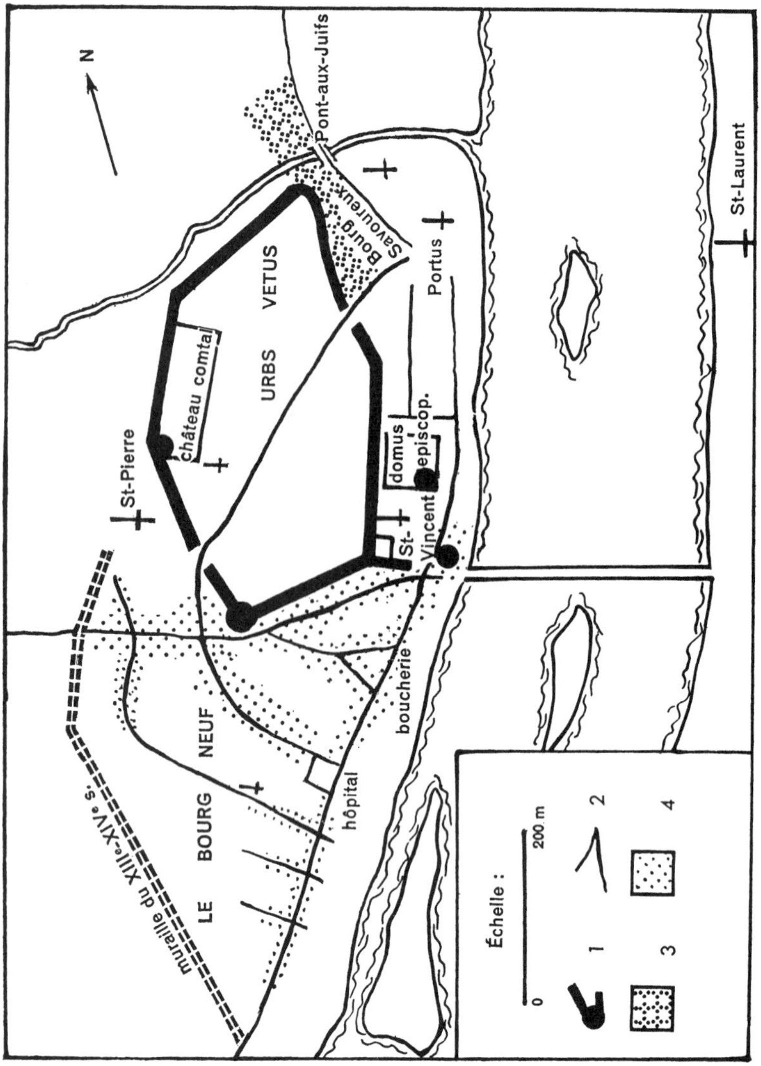

CROQUIS VII. – MÂCON AU XIIe SIÈCLE

LÉGENDE. – **1** : anciennes murailles et tours. – **2** : rues et chemins. – **3** : quartier juif. – **4** : expansion récente.

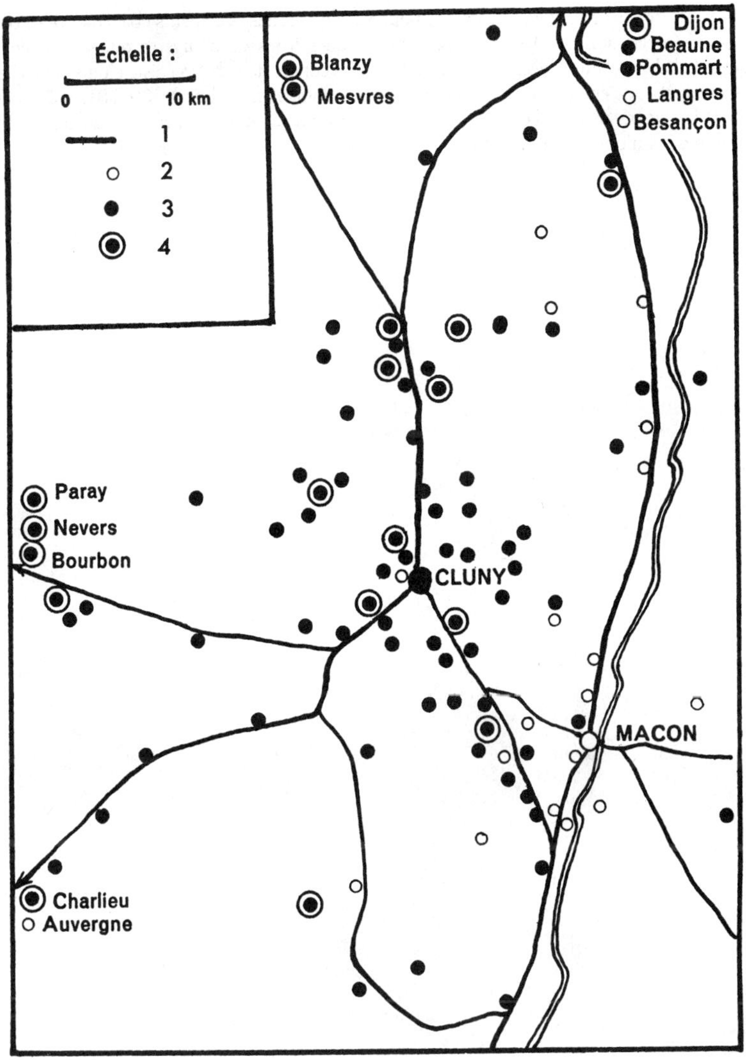

CROQUIS VIII. – L'IMMIGRATION À MÂCON ET À CLUNY

LÉGENDE. – **1** : grandes routes. – **2** : lieu d'origine des bourgeois mâconnais. – **3** : lieu d'origine des bourgeois clunisiens. – **4** : lieu d'origine des bourgeois clunisiens, lorsqu'il est aussi le siège d'un prieuré ou d'un centre domanial du monastère.

Nous avons dressé cette carte à l'aide : 1) pour Mâcon, de renseignements épars dans les notices du XIIe et du XIIIe siècle ; 2) pour Cluny, de quelques listes de bourgeois qui souscrivent les chartes de l'abbaye au XIIe siècle et aussi du grand inventaire de la bourgeoisie clunisienne dressé en 1309 après une émeute urbaine (Bourgogne, 82, chartes originales nos 380, 381, 382 – parmi les 550 bourgeois mâles recensés, 98 ont pour surnom un nom de lieu ; 13 de ces vocables géographiques n'ont pu être identifiés).

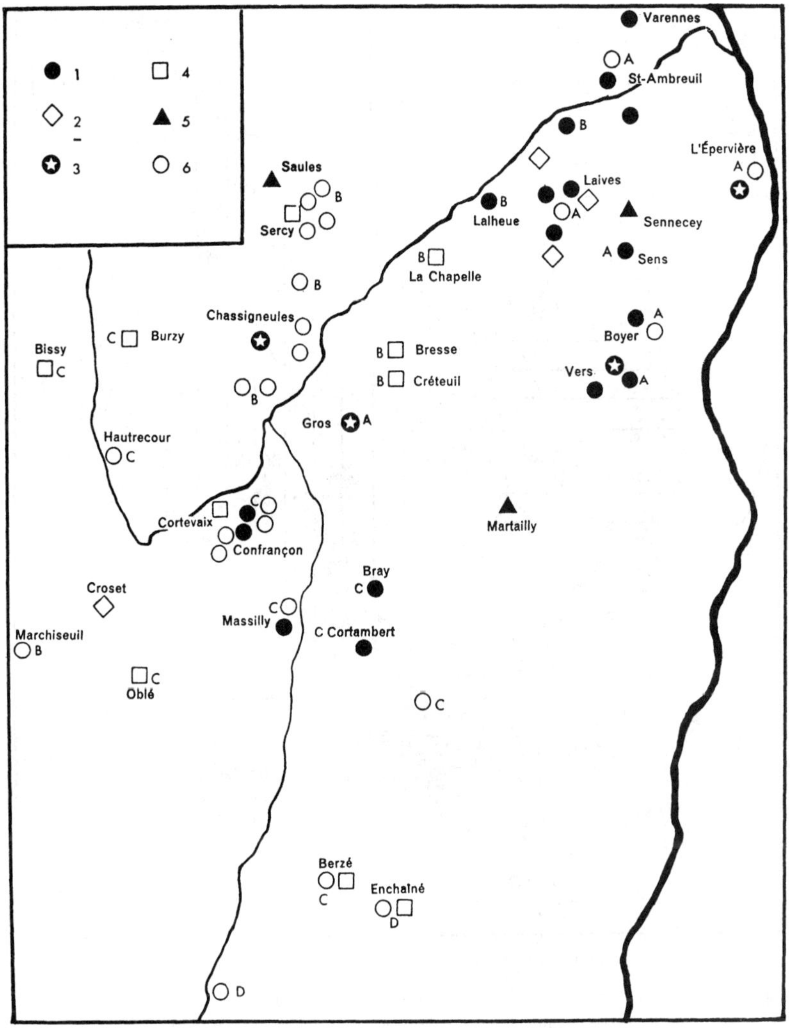

CROQUIS IX. – DOMAINE, PARENTÉ ET ALLIANCES DU CHEVALIER BERTRAND DE VERS (vers 1150)

LÉGENDE. – **1** : alleu. – **2** : fief. – **3** : proche parenté. – **4** : cousin plus éloigné. – **5** : lien vassalique ou de voisinage. – **6** : alleu des ancêtres ; **A** : de l'aïeul Robert de Gigny ; **B** : de l'arrière-grand-père Bernard de Sercy ; **C** : de l'arrière-grand-mère Gertrude ; **D** : du premier mari de Gertrude, Guillaume.

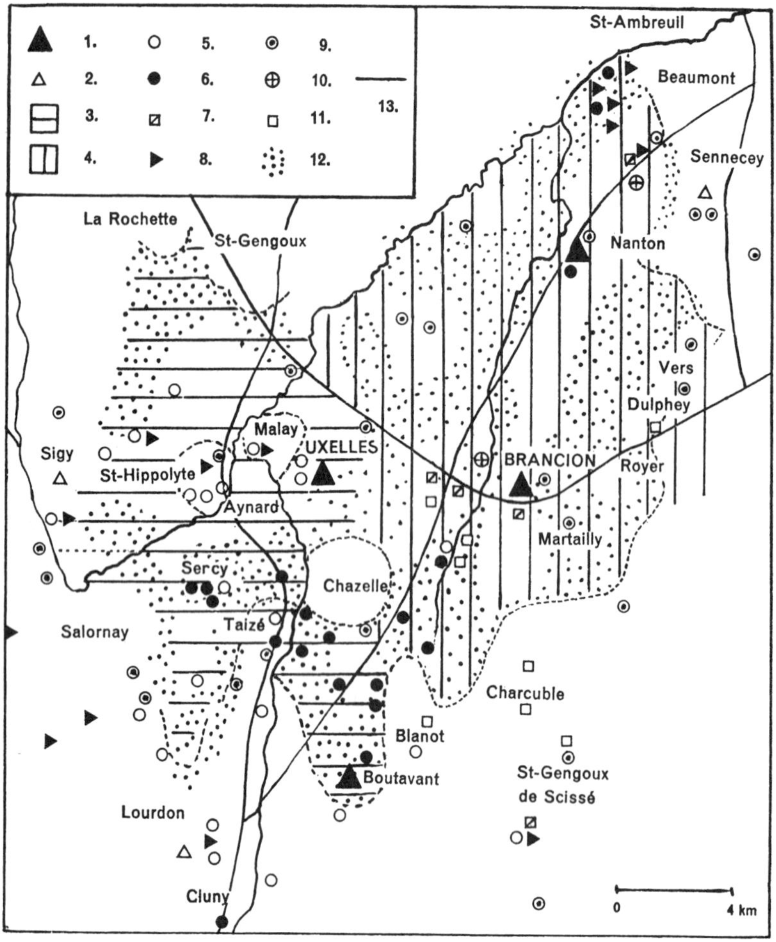

CROQUIS X. – LA CHÂTELLENIE DE BRANCION-UXELLES AU XIIe SIÈCLE

LÉGENDE. – **1** : forteresse de la châtellenie. – **2** : autre château. – **3** : châtellenie d'Uxelles. – **4** : châtellenie de Brancion. – **5** : alleu des Gros (X^e^-XIe siècle). – **6** : alleu acquis entre 1050 et 1120. – **7** : fief ou précaire. – **8** : fief concédé à un vassal. – **9** : chevalier vassal. – **10** : droit de garde sur un domaine ecclésiastique. – **11** : droits conservés par les Neublans. – **12** : zone forestière. – **13** : grands chemins.

N.-B. – Pour établir les limites sud-est du territoire, nous nous sommes référés, faute de documents, aux bornes de la châtellenie ducale au XIVe siècle (BAZIN, *Brancion*).

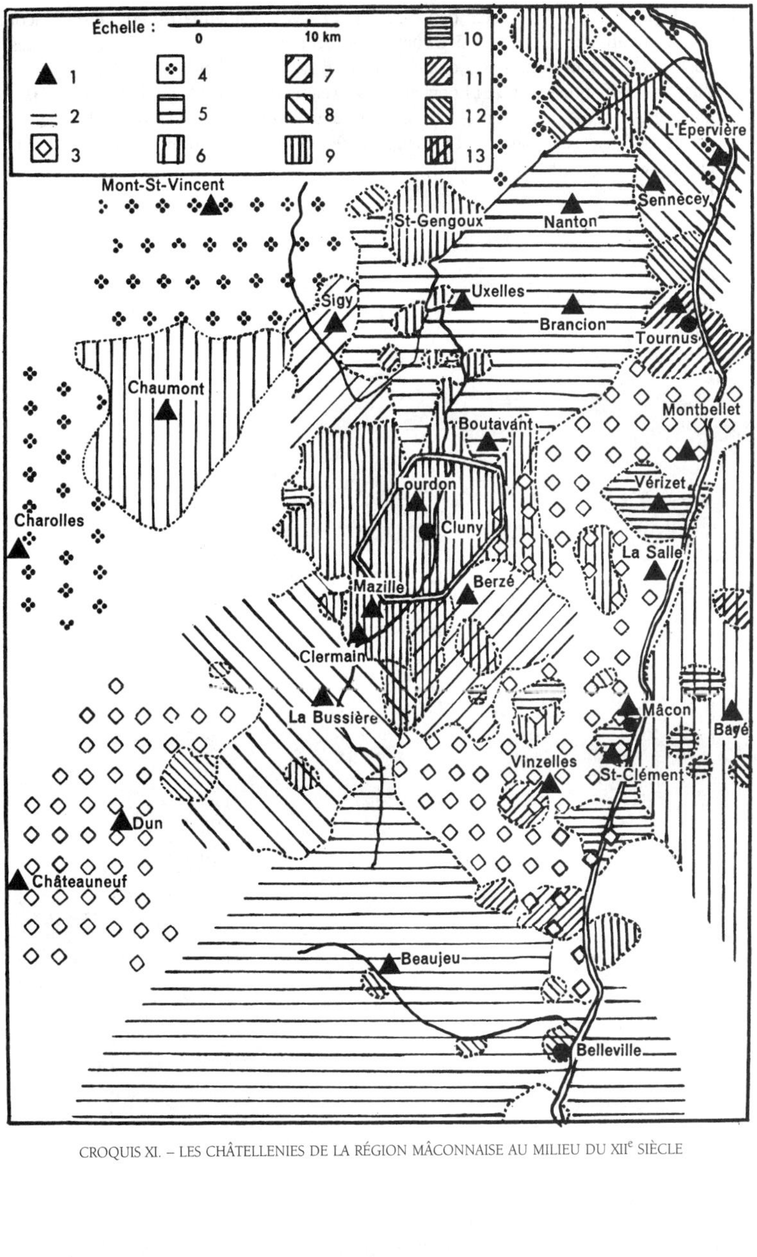

CROQUIS XI. – LES CHÂTELLENIES DE LA RÉGION MÂCONNAISE AU MILIEU DU XIIe SIÈCLE

LÉGENDE. – **1** : château. – **2** : « sacré ban » de Cluny. – **3** : seigneurie du comte de Mâcon. – **4** : seigneurie de Chalon. – **5** : châtellenie de Brancion-Uxelles – **6** : châtellenies de Bâgé et de Chaumont. – **7** : châtellenie de Berzé et de Sigy. – **8** : châtellenies de la Bussière, de Sennecey et de l'Épervière. – **9** : seigneurie de l'abbaye de Cluny. – **10** : seigneurie de l'église de Mâcon. – **11** : seigneurie de l'abbaye de Tournus. – **12** : seigneuries ecclésiastiques secondaires. – **13** : seigneurie ecclésiastique soumise à la garde du châtelain local.

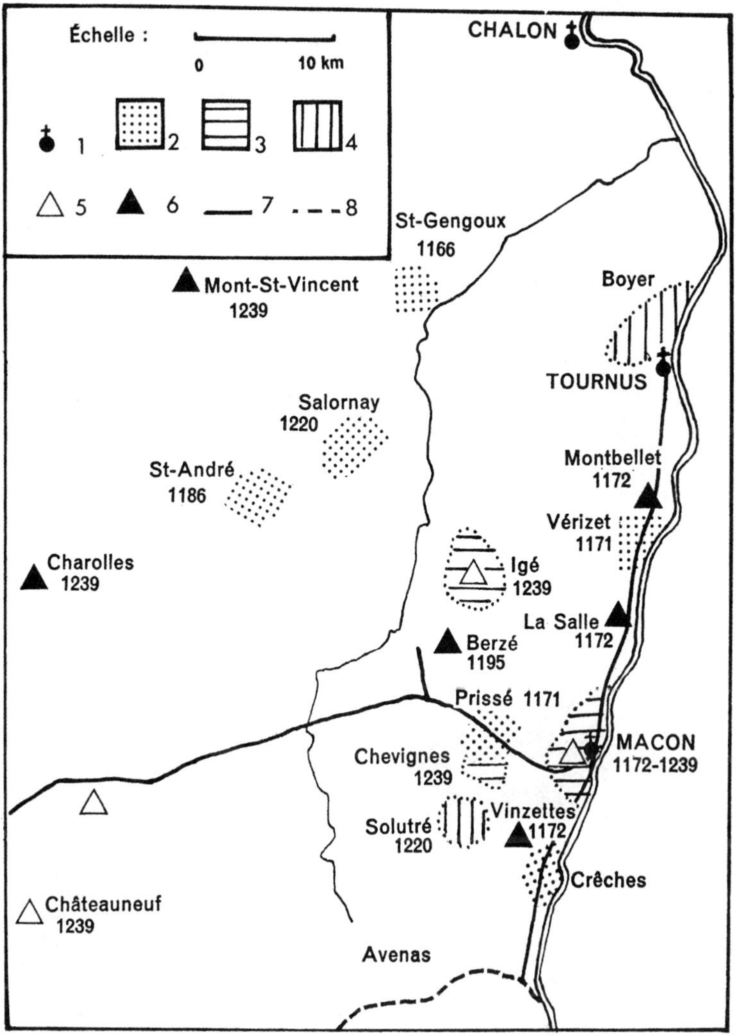

CROQUIS XII. – CONSTITUTION DU DOMAINE ROYAL (1166-1239)

LÉGENDE. – **1** : église royale. – **2** : pariage. – **3** : garde permanente sur les domaines ecclésiastiques. – **4** : garde temporaire sur les domaines ecclésiastiques. – **5** : château royal. – **6** : château mouvant directement du roi. – **7** : routes royales. – **8** : limite du royaume au Xe siècle.

L'ÉCONOMIE RURALE ET LA VIE DES CAMPAGNES DANS L'OCCIDENT MÉDIÉVAL

(France, Angleterre, Empire, IXe-XVe siècles)

Essai de synthèse et perspectives de recherches

AVERTISSEMENT

De toutes les civilisations du monde, aucune peut-être n'apparaît plus foncièrement rustique que ne le fut en réalité la civilisation médiévale. On la voit se former lorsque s'effondre le décor urbain que Rome avait un moment planté sur le fond de campagnes, de pâtures et de forêts, qui le cerna, le mina peu à peu et finit par le dissoudre. Pour qu'elle grandît, il fallut que les divers éléments de la société et de la culture citadines se fussent tout à fait ruralisés. Enfin, elle se désintégra à mesure que ses villes et ses bourgeoisies prirent de la vigueur, se dégagèrent de leur environnement champêtre et parvinrent à se l'assujettir. Il paraît, dans ces conditions, paradoxal que l'on connaisse fort bien ses moines et ses prêtres, que l'on discerne la silhouette de ses guerriers et de ses marchands, tandis que le monde des campagnes, et spécialement ses structures économiques, demeurent plongés dans l'ombre. En fait, le paysan du Moyen Âge, trop souvent, n'a pas d'histoire. Non point, comme l'entendait Spengler, que les cadres de son existence fussent restés immobiles, à l'écart des mouvements et des progrès qui entraînaient les civilisations courtoises, cléricales ou citadines. Il est certain qu'ils suivirent. Beaucoup plus lentement certes et non sans de longs retards, ils changèrent aussi. Si ces transformations sont, au premier coup d'œil, indiscernables, cela tient aux sources qui permettent de les observer. Extrêmement sèches et clairsemées, elles proviennent à peu près toutes de milieux extérieurs au monde rural. Ce qui déforme et brouille l'image qu'elles en procurent. L'historien se sent désarmé, il tâtonne ; il détourne son attention vers les cloîtres, les princes, les chantiers, les ateliers, les entrepôts urbains. Mal éclairé par les documents d'archives, le passé de la campagne européenne attend encore, en bien des points, les équipes de chercheurs qui viendront l'interroger.

À vrai dire, nous savons aujourd'hui que l'histoire ne se fait pas seulement avec des textes. Celle des paysans et des seigneurs médiévaux doit s'appuyer plus que toute autre sur les vestiges du passé qui complètent les sources écrites. Elle requiert le concours assidu d'investigations auxiliaires, de l'archéologie et de la géographie agraires, voire de la botanique et de la pédologie. Il n'est guère possible de parler de l'archéologie de la vie matérielle, sinon pour déplorer le fâcheux retard qu'elle accuse dans les pays d'Europe occidentale. Rappelons du moins qu'en France les géographes ont apporté à la connaissance de la vie rurale au temps de Charlemagne ou de Saint Louis, une contribution plus riche peut-être que celle des historiens *stricto sensu*. En tout cas, de cette déficience relative des documents écrits, il résulte que les progrès, dans l'histoire agraire médiévale, dépendent en grande partie de recherches conduites, si j'ose dire, au ras du sol. Choisir un pays de dimensions restreintes, où l'on sait que les fonds d'archives ne sont pas tout à fait vides ; commencer par l'observation minutieuse des paysages actuels et des conditions naturelles qui gouvernent les travaux paysans, de l'allure de son climat, de la fertilité de ses terres ; parcourir la campagne et pénétrer ainsi peu à peu dans son intime familiarité, jusqu'à déceler, sous les traits extérieurs de sa physionomie, ceux plus profonds mais souvent fort nets qu'imprima jadis le travail des hommes ; aborder alors les textes médiévaux, en poursuivre le dépouillement exhaustif, reconstituer par eux la société dans l'ensemble de ses liaisons, s'efforcer de saisir les rapports qu'entretenaient alors les villages et les hameaux avec les bourgs, les maisons paysannes avec la demeure du seigneur : cette méthode présente le décisif avantage de ne négliger aucune des relations qui unissent entre eux, pour former un paysage, la nature et les hommes, et de considérer ensemble tous les groupes sociaux qui, de près ou de loin, participèrent à l'exploitation de la terre. Comme à la phase maîtresse de toute recherche efficace, il paraît nécessaire de revenir toujours à de telles monographies régionales.

*

Ce livre-ci procède, en vérité, d'un tout autre esprit, d'une volonté délibérée de très ample synthèse. Confronter les résultats des investigations locales les plus fécondes, tenter d'en dégager des enseignements moins circonscrits, telle est son intention première. Il prétend aussi s'évader des cadres nationaux qui ont longtemps emprisonné la recherche historique en Europe et qui la gardent encore souvent, qu'on le veuille ou non, captive. Il y a maintenant trente ans, Marc Bloch publiait un admirable livre qui, par un recours constant à l'histoire comparée, parvenait à dégager magistralement les caractères originaux de l'histoire rurale française [1]. On doit à cet essai l'intérêt fort vif qui se porta aussitôt en France vers l'histoire agraire, et qui n'a pas faibli. Et l'on ne saurait trop déplorer l'absence, pour les divers autres pays d'Occident, d'ouvrages semblablement conçus. Toutefois, pour qui veut comprendre l'économie des campagnes médiévales et leur vie profonde, les frontières actuelles des États européens ne signifient rien. Elles risquent au contraire de barrer les véritables perspectives historiques. On ne peut douter, en effet, que des contingences, nées au XIXe siècle des divisions politiques, une organisation particulière des dépôts d'archives, des traditions érudites et universitaires dissemblables, l'influence surtout de chefs d'école qui ouvrirent certaines voies d'approche et engagèrent ensuite les chercheurs dans des itinéraires divergents, ont introduit, dans l'image que chaque nation se fait du passé de ses campagnes, de fortes disparités, dont beaucoup paraissent artificielles. Il convient de réduire celles-ci, pour mieux discerner les autres. Pour cela, l'horizon doit s'élargir. Et si l'on veut jalonner les limites vraies, celles qui commandaient dans la chrétienté médiévale les usages agraires et toute l'économie rurale, il faut briser d'abord les frontières arbitraires. Ce fut en dominant les histoires provinciales que Marc Bloch put esquisser les grandes lignes d'une géographie historique de la campagne française. On doit maintenant regarder plus loin encore, et étendre d'autant le champ d'observation.

Il faut attendre de cette vue plus large, non seulement qu'elle rectifie l'image, mais encore qu'elle fasse apparaître les régions favorisées, profondément pénétrées par le travail historique et, par contraste, les secteurs retardataires. C'est-à-dire qu'elle propose des explorations nouvelles et qu'elle en prépare, par comparaison, l'itinéraire. Elle doit permettre aussi aux médiévistes de chaque nation de modifier leur plan d'enquête en fonction des résultats acquis ailleurs et des méthodes qui permirent de les atteindre. Montrer aux chercheurs français comment leurs confrères d'Angleterre sont parvenus à mettre en lumière les aspects topographiques, économiques, démographiques de la seigneurie du XIIIe siècle, attirer leur attention sur la manière dont les historiens allemands ont récemment abordé l'étude des terroirs de la fin du Moyen Âge, du retrait de l'espace cultivé qui s'y observe alors et des mutations économiques qu'il exprimait, n'est-ce pas orienter leur curiosité et leurs efforts dans des directions jusqu'ici peu suivies dans leur pays ? Tandis qu'inversement, l'exposé succinct

1. J'exprime ici ma reconnaissance à l'Association Marc Bloch et à Robert Mandrou, directeur à la VIe section de l'École pratique des Hautes Études, qui m'ont permis de consulter les fiches accumulées par Marc Bloch pour préparer cet ouvrage.

de ce qu'ils ont eux-mêmes apporté à la connaissance des défrichements, par exemple, ou de l'exploitation par les seigneurs de leur pouvoir sur les hommes, peut inciter hors de France à renouveler certaines hypothèses de travail. L'espoir de stimuler de nouvelles recherches monographiques et de les rendre plus profitables peut seul justifier cet essai de synthèse.

*

On pourra s'étonner alors qu'il néglige certains des pays rassemblés dans la chrétienté latine, qui participèrent à la civilisation médiévale. Mon ignorance des langues slaves et, partant, la difficulté de prendre un contact suffisant avec la littérature scientifique de ces pays, m'a contraint d'exclure la Pologne et la Bohême. Non sans un regret très vif. On sait que des conditions particulières – la rareté des sources écrites, mais aussi l'ardeur patriotique et la volonté tenace d'atteindre, jusque dans leurs racines, les antiquités nationales, enfin l'incitation du marxisme conviant à une observation plus minutieuse des conditions matérielles de l'existence quotidienne et des instruments de la production – ont promu depuis quinze ans dans ces pays le progrès rapide d'enquêtes archéologiques, attentives à exhumer non seulement les monuments de l'art, mais les plus humbles objets. Utile exemple pour ceux des historiens français qui s'intéressent à l'organisation des terroirs, aux villages et à leurs maisons, aux outils médiévaux. Il faudrait tout un autre livre pour le développer à leur usage.

Des pays scandinaves, l'obstacle linguistique m'a de même détourné. J'ajoute que les systèmes agraires médiévaux, et les structures rurales conjointes, présentèrent sur ces franges périphériques du monde civilisé des traits fort singuliers, ce qui explique que cette étude ait aussi laissé de côté, avec l'Écosse, les pays celtes des îles ou du continent. Quant aux deux péninsules méditerranéennes, l'ibérique et l'italienne, on sent bien que leurs aptitudes naturelles, les vicissitudes de leur histoire, le climat économique et social qui les baignait, les situaient alors dans un monde très étranger à ceux des pays d'Occident qui subirent peu ou prou l'emprise carolingienne. Il paraît préférable de mener séparément, au moins dans ses prospections préliminaires, l'histoire de leurs milieux ruraux, encore à peine esquissée.

Restaient donc la France, l'Angleterre et les pays d'Empire : un champ immense. Le survoler d'un seul regard, réunir et comparer les principales études consacrées à l'histoire économique de ces campagnes alors si cloisonnées et si diverses, exige un rude effort, dont la témérité ne m'a point échappé. On ne se libère pas sans peine, comme il le faudrait pourtant dans une entreprise de cette sorte, de ses expériences antérieures, des habitudes de vision contractées en observant de près quelques-uns des secteurs qu'il devient nécessaire d'intégrer à leur juste place dans une vue d'ensemble. Nul ne s'étonnera de trouver dans ces pages des références plus nombreuses et plus précises aux paysans et aux seigneurs de France, aux provinces surtout dont le passé m'est plus familier, la Bourgogne, l'Île-de-France, la Provence. Ce regard porté sur l'Europe médiévale vient d'un Français, qui écrit d'abord pour des lecteurs français. Ceci dit pour parer d'avance les critiques que justifient les imperfections de cet essai, où l'on découvrira sans peine tel résultat local mal interprété, tel autre situé dans d'inexactes perspectives, et qui sans doute n'accorde pas toute l'attention qu'elles méritent à beaucoup d'études régionales.

J'ajoute que ce domaine de la recherche historique m'a paru l'objet de prospections encore trop superficielles et clairsemées pour que j'ose tenter mieux que de disposer les lignes de départ d'enquêtes futures. C'est ainsi que le cadre chronologique dans lequel l'exposé s'ordonne, s'ajuste moins bien peut-être à l'allure vraie de l'évolution économique qu'à l'état de la documentation, à la position des controverses en cours et aux phases entre lesquelles on s'accorde à diviser l'histoire générale de la civilisation européenne. Prudemment, il se répartit en trois compartiments, l'un pour l'époque carolingienne, l'autre pour les XIe, XIIe et XIIIe siècles, le dernier correspondant à la période apparemment plus troublée comprise entre 1330 et le début du XVe siècle. Cadre commode, mais qui se veut provisoire – comme d'ailleurs toutes les conclusions d'un livre appelant, à chaque page, rectifications et dépassements, et qui souhaite en susciter. Je voudrais qu'on le considère comme le plan directeur d'un vaste chantier, utile à la découverte, mais que le travail, à mesure qu'il progresse, rend caduc. Le caractère de cet ouvrage imposait donc de lui adjoindre un guide bibliographique assez ample (on verra qu'il ménage, lui aussi, aux travaux français une place privilégiée) et de nombreux documents, cartes, tableaux, textes surtout, dont la plupart sont rapidement commentés. Il a semblé, en effet, qu'un contact direct avec les matériaux de cette histoire en pleine construction pourrait provoquer des réflexions, faire lever des questions, inviter à leur chercher de nouvelles réponses. Il eût fallu, aux pages qui suivent, des marges immenses, offertes aux corrections, aux additifs. Tout comme les inventaires des seigneuries médiévales, l'une des bases les moins fragiles de l'histoire économique des campagnes, et qu'à peine rédigés l'on couvrait de ratures, ce livre, s'il atteint son but, devrait être en peu de temps détruit par ceux mêmes qui s'en serviront.

Plateau de Valensole, juillet 1961.

I. GÉNÉRALITÉS

A. Vues d'ensemble et exposés de méthode[1].

1. ABEL (W.) : *Agrarkrisen und Agrarkonjonktur in Mittel-europa vom 13. bis zum 19. Jahrhundert*, Berlin, 1935.
2. BELOW (G. von) : *Geschichre der deutschen Landwirt-schaft des Mittelalters in ihren Grundzügen*, Iéna, 1937.
3. BLOCH (M.) : *Les caractères originaux de l'histoire rurale française*, 2e éd., Paris, tome I, 1952 ; tome II (supplément établi par R. DAUVERGNE, d'après les travaux de l'auteur), 1956.
4. BOUTRUCHE (R.), « Histoire des institutions : Moyen Âge », *IXe Congrès international des Sciences historiques, I : Rapports*, Paris, 1950.
5. *Cambridge Economic History*, I. *The agrarian life of the middle ages* (éd. J. H. Clapham and Eileen Power), Cambridge, 1941.
6. CAROSELLI (R.) : « Saggio di una bibliografia di storia economica italiana », dans *Economia e storia*, 1958.
7. CARSTEN (F. L.) : *The Origins of Prussia*, Oxford, 1954.
8. DOREN : *Italienische Wirtschaftsgeschichte*, Iéna, 1934.
9. FOREVILLE (R.) et MOLLAT (M.) ; « Bibliographie pour servir à l'histoire de la société féodale et du régime seigneurial en France, du IXe au XIIIe siècle », dans *Revue d'histoire de la philosophie et d'histoire générale de la civilisation* (Faculté des Lettres de Lille), 1946.
10. FOURASTIÉ (J.) : « Histoire, Science et Action », dans *Hommage à Lucien Febvre*, I, Paris, 1953.
10 *a*. FRANZ (G.) : *Bücherkunde zur Geschichte des deutschen Bauerntums*, 1938.
11. GEORLETTE (R.) : « Apports français à l'histoire rurale et aux questions agraires », *Annales de Gembloux*, 1955.
12. GEORLETTE (R.) : « L'agriculture et la vie rurale en France au Moyen Âge », *Annales de Gembloux*, 1956.
13. GEORLETTE (R.) : « Les sources de l'histoire de l'agriculture et des campagnes françaises au Moyen Âge », *Annales de Gembloux*, 1956.

1. N.B. – Cette liste ne prétend pas être exhaustive. Elle comprend l'essentiel des études parues pendant les vingt dernières années. De la production scientifique antérieure, seuls ont été retenus les livres fondamentaux de l'histoire rurale, ainsi que quelques ouvrages dont l'usage demeure indispensable en l'absence de travaux plus récents.

14. Hilton (R. H.) : « The Content and Sources of English Agrarian History before 1500 », *Agricultural History Review*, III, 1955.
15. Kula (W.) : « Histoire et économie : la longue durée », *Annales ESC*, 1960.
15 *a*. Krzymowski (R.) : *Geschichte der deutschen Landwirtschaft*, 2e éd., 1951.
16. Kulischer (J.) : *Allgemeine Wirtschaftgeschichte des Mittelalters und der Neuzeit*, dernière édition, Berlin, 1954.
17. Lamprecht (K.) : *Deutsches Wirtschaftsleben im Mittelalter. Untersuchungen über die Entwicklung der materiellen Kultur des platten Landes auf Grund der Quellen, zunächst des Mosellandes*, 3 vol., Leipzig, 1885-1886.
18. Lütge (F.) : *Deutsche Sozial- und Wirtschaftsgeschichte*, Berlin, 2e éd., 1960.
19. Luzzatto (G.) : *Storia economica d'Italia. I. L'antichità e il Medio Evo*, Rome, 1949.
20. Luzzatto (G.) : *Breve storia economica d'Italia dalla caduta dell'Impero romano al principio del cinquecento*, Turin, 1958.
21. Pirenne (H.) : *Histoire économique de l'Occident médiéval*, Bruxelles, 1951.
22. Postan (M.) : « Histoire économique : Moyen Âge », *IXe Congrès international des Sciences historiques*, t. I : *Rapports*, Paris, 1950.
23. Postan (M.) : « Die wirtschaftlichen Grundlagen der mittelalterlichen Gesellschaft », dans *Jahrbuch für Nationalökonomie und Statistik*, 1954.
24. Roupnel (G.) : *Histoire de la campagne française*, Paris, 1932.
24. *a*. Saalfeld (D.) : *Bauernwirtschaft und Gutsbetrieb in der vorindustrielle Zeit* (*Quellen und Forschungen zur Agrargeschichte*, VI), Stuttgart, 1960.
25. Sapori (A.) : « Problemi di storia economica e sociale », *Nuova Rivista Storica*, 1958.
26. Sapori (G.) : *Le condizioni giuridiche e sociali in cui si e sviluppata l'agricoltura italiana*, Rome, 1955.
27. Slicher van Bath (B. H.) : *De agrarische geschiedenis van West-Europa (500-1850)*, Utrecht-Anvers, 1960.
28. Trow-Smith (R.) : *A History of British Livestock Husbandry to 1700*, Londres, 1957.
29. Tyminiecki (K.) : « Quelques parallèles de l'histoire agraire au Moyen Âge », *Acta poloniae historica*, 1958.
30. Wolff (Ph.) : « Le Moyen Âge », dans *Histoire générale du travail*. Tome II, Paris, 1960.
31. Wolff (Ph.) : « L'étude des économies et des sociétés avant l'ère statistique », dans *L'Histoire et ses méthodes* (Encyclopédie de la Pléiade), Paris, 1961.

B. Les conditions naturelles et les structures agraires.

32. ALLIX (A.) : *L'Oisans au Moyen Âge. Étude de géographie historique en haute montagne*, Paris, 1929.
33. *An Historical Geography of England*, Éd. H. DARBY, Cambridge, 1936.
34. BADER (K.) : « Gartenrecht », dans *Zeitschrift der Savigny Stiftung, Germanische Abteilung*, 1958.
35. BEAUJOUAN (G.) : « Le temps historique », dans *L'Histoire et ses méthodes* (Encyclopédie de la Pléiade), Paris, 1961.
36. BERESFORD (M. W.) et SAINT-JOSEPH (J. K. S.) : *Medieval England. An Aerial Survey*, Cambridge, 1958.
37. BLOCH (M.) : « Champs et villages », *Annales d'Histoire économique et sociale*, 1934.
38. BONENFANT (P.) : « À propos des limites médiévales », dans *Hommage à Lucien Febvre*, tome I, Paris, 1953.
39. BRUNET (P.) : « Problèmes relatifs aux structures agraires de la Basse Normandie », *Annales de Normandie*, 1955.
40. BRUNET (P.) : *Structure agraire et économie rurale des plateaux tertiaires entre la Seine et l'Oise*, Caen, 1960.
41. CHAMPIER (L.) : « La structure des terroirs bourguignons », *Annales de Bourgogne*, 1955.
42. CHAUMEIL (L.) : « L'origine du bocage en Bretagne », dans *Hommage à Lucien Febvre*, I, Paris, 1953.
43. DARBY (H. C.) : *The Domesday Geography of Eastern England*, 1952.
44. DARBY (H. C.) and TERRETT (B.) : *The Domesday Geography of Midland England*, 1954.
45. DEFFONTAINES (P.) : *Les Hommes et leurs travaux dans les pays de la moyenne Garonne*, Lille, 1932.
46. DERRUAU (M.) : *La grande Limagne auvergnate et bourbonnaise*, Paris, 1949.
47. DION (R.) : *Le Val de Loire*, Tours, 1934.
48. DION (R.) : « La part de la géographie et celle de l'histoire dans l'explication de l'habitat rural du Bassin parisien », dans *Publications de la société de géographie de Lille*, 1946.
49. AMERIJCKX (J.) et VERHULST (A.) : *Enkele historischgeographische Problemen in verband met de oudste geschiedenis van de vlaamse Kustvlakte*, Gand, 1958.
50. FEL (A.) : « Réflexions sur les paysages agraires des hautes terres du Massif central », *Annales de l'Est, Mémoire n° 21*, Nancy, 1959.
51. FÉNELON : « Structure des finages périgourdins », *Annales de l'Est, Mémoire n° 21*, Nancy, 1959.

52. FIRBAS (F.) : *Spät- und nacheiszeitliche waldgeschichte Mittel-europas nördlich der Alpen*, 2 vol., Iéna, 1949-1952.
53. FLATRÈS (P.) : « La structure agraire ancienne du Devon et du Cornwall et les enclôtures des XIIIe et XIVe siècles », *Annales de Bretagne*, 1949.
54. FOUGÈRES (M.) : « Les régimes agraires : recherches convergentes », *Annales d'histoire sociale*, 1941.
55. *Géographie et Histoire agraire, Annales de l'Est (publiées par la Faculté des Lettres et des Sciences humaines de l'Université de Nancy), Mémoire n° 21*, 1959.
56. HIGOUNET (C.) : « Observations sur la seigneurie rurale et l'habitat en Rouergue, du IXe au XIVe siècle », *Annales du Midi*, 1950.
57. HIGOUNET (C.) : « L'occupation du sol du pays entre Tarn et Garonne », *Annales du Midi*, 1953.
58. HIGOUNET (C.) : « La géohistoire », dans *L'Histoire et ses méthodes* (Encyclopédie de la Pléiade), Paris, 1961.
58 *a*. HÖMBERG (A.) : *Siedlungsgeschichte des oberen Sauerlandes*, Berlin, 1938.
59. HOSKINS (W. G.) : « The English Landscape », dans *Medieval England*, Oxford, 1958.
60. JUILLARD (E.) et MEYNIER (A.) : « Die Agrarlandschaft in Frankreich. Forschungsergebnisse der letzten zwanzig Jahre », dans *Münchner Geographische Hefte*, IX, 1955.
61. JUILLARD (E.), MEYNIER (A.), DE PLANHOL (X.), SAUTER (G.) : *Structures agraires et paysages ruraux. Un quart de siècle de recherches françaises. Annales de l'Est, Mémoire n° 17*, Nancy, 1957.
61 *a*. JUILLARD (E.) : « La genèse des paysages agraires », *Annales ESC*, 1951.
61 *b*. KEUNING (H. I.) : « Siedlungsform und Siedlungsvorgang. Einige Gedanken über die Entwicklung der ländlichen Siedlungen in den niederländischen Sandgebieten », dans *Zeitschrift für Agrargeschichte und Agrarsoziologie*, 1961.
62. KÖTSZSCHKE (R.) : *Salhof und Siedelhof in älteren deutschen Agrarwesen*, Berlin, 1953.
63. LE ROY LADURIE (E.) : « Histoire et climat », *Annales ESC*, 1959.
64. LE ROY LADURIE (E.) : « Aspects historiques de la nouvelle climatologie », *Revue historique*, 1961.
65. LIZERAND (G.) : *Le Régime rural de l'ancienne France*, Paris, 1942.
66. MAAS (W.) : *Les Moines défricheurs. Études sur les transformations du paysage au Moyen Âge aux confins de la Champagne et de la Lorraine*, Moulins, 1954.

67. MEYNIER (A.) : « La commune rurale française », *Annales de géographie*, 1945.
68. MEYNIER (A.) : « Problèmes de structure agraire », *Annales ESC*, 1955.
69. MORTENSEN (H.) : « Zur Entstehung der Gewannflur », dans *Zeitschrift für Agrargeschichte und Agrarsoziologie*, 1955.
70. MORTENSEN (H.) : « Die mittelalterliche deutsche Kulturlandschaft und ihr Verhältnis zur Gegenwart », dans *Vierteljahrschrift für Sozial- und Wirtschaftsgeschichte*, 1958.
71. PÉDELABORDE (P.) : *Le climat du Bassin parisien ; essai d'une méthode rationnelle de climatologie physique*, Paris, 1957.
72. PLANHOL (X. de) : « Essai sur la genèse du paysage rural en champs ouverts », *Annales de l'Est, Mémoire nº 21*, Nancy, 1959.
73. RODERICK (A. J.) : « Openfield Agriculture in Herefordshire in the Middle Ages », *Trans. Woolhope Nat. Field Club*, XXXIII, 1949.
74. SAINT-JACOB (P. de) : « Les enclosures anglaises », *Information historique*, 1955.
75. SCHOVE (J.) et LOWTER (A. W. G.) : « Tree Rings and Medieval Archaeology », dans *Medieval Archaeology*, 1957.
76. SCLAFERT (T.) : *Cultures en Haute-Provence. Déboisements et pâturages au Moyen Âge* (coll. « Les hommes et la terre », IV), Paris, 1959.
76 *a*. SERENI (E.) : *Storia del paesaggio agrario italiano*, Bari, 1961.
77. STEENSBERG (A.) : « Plough and Field Shape », dans *Selected Papers of the fifth international congress of anthrop. and ethnol. Sciences*, Philadelphie, 1956.
78. TITOW (J.) : « Evidence of Weather in the Account Rolls of the Bishopric of Winchester. 1206-1350 », *Economic History Review*, 2e série, XII, 1960.
79. TIMM (A.) : *Studien zur Siedlungs- und Agrargeschichte Mittel-deutschlands*, Cologne-Graz, 1956.
80. TULIPPE (O.) : *L'Habitat rural en Seine-et-Oise, Essai de géographie du peuplement*, Liège, 1934.
81. UTTERSTRÖM (G.) : « Climatic Fluctuations and Population Problems in Early Modern History », *The Scandinavian Economic History Review*, 1955.
82. VERHULST (A.) : « Probleme der mittelalterlichen Agrarlandschaft in Flandern », dans *Zeitschrift für Agrargeschichte und Agrarsoziologie*, 1961.
83. WREDE (G.) : « Die mittelalterliche Ausbausiedlung in Nord West Deutschland », dans *Blätter für deutsche Landesgeschichte*, 1956.

C. Démographie.

84. BARATIER (E.) : *La Démographie provençale du XIIIe au XVIe siècle, avec chiffres de comparaison pour le XVIIIe siècle* (coll. « Démographie et société »), Paris, 1961.
85. BOUTRUCHE (R.) : « Les courants de peuplement dans l'Entre-Deux-Mers », *Annales d'histoire économique et sociale*, 1935.
86. CIPOLLA (C.), DHONDT (J.), POSTAN (M.), WOLFF (Ph.) : « Anthropologie et démographie. Moyen Âge. » *IXe Congrès international des sciences historiques : Rapports*, t. I, Paris, 1950.
87. DELATOUCHE (R.) : « Agriculture médiévale et population », *Les Études sociales*, 1955.
87. *a*. REINHARD (M.) et ARMENGAUD (A.), *Histoire générale de la population mondiale*, Paris, 1961.
88. ROBINSON (W. C.) : « Money, Population and Economic Change in Late Medieval Europe », *Economic History Review*, 2e série, XII, 1959 (suivi d'une note de M. POSTAN).
89. RUSSELL (J. C.) : *British Medieval Population*, Albuquerque, 1948.
90. RUSSELL (J. C.) : *Late Ancient and Medieval Population* (Transactions of the American Philosophical Society, New serie, vol. 48), Philadelphie, 1958.

D. Le travail et les techniques.

91. BARATIER (E.) : « Production et exportation du vin du terroir de Marseille du XIIIe au XVIe siècle », *Bulletin philologique et historique*, 1959.
92. BENOIT (F.) : *Histoire de l'outillage rural et artisanal*, Paris, 1947.
93. BOUVIER-AJAM (M.) : *Histoire du travail en France des origines à la révolution*, Paris, 1957.
94. BRENTJES : « Der Pflug. Ein Forschungsbericht », dans *Zeitschrift für Agrargeschichte und Agrarsoziologie*, 1955.
95. DELATOUCHE (R.) : « Élites intellectuelles et agriculture au Moyen Âge », dans *Recueil d'études sociales à la mémoire de Frédéric Le Play*, Paris, 1956.
96. DION (R.) : *Histoire de la vigne et du vin en France, des origines au XIXe siècle*, Paris, 1959.
97. FAUCHER (D.) : « À propos de l'araire », dans *Pallas*, IV.
98. FRANKLIN (T. R.) : *History of Agriculture*, Londres, 1948.
99. GABOTTO (F.) : *L'agricoltura nella regione saluzzese dal secolo XI al XV*, Pignerole, 1901.

100. GEORLETTE (R.) : « Les coutumes et les usages agricoles des pays de l'Ancienne France », *Revue des sciences économiques*, 1956.
101. GILLE (B.) : « Le moulin à eau, une révolution technique médiévale », dans *Technique et civilisation*, 1954.
102. GILLE (B.) : « Les développements technologiques en Europe, de 1150 à 1400 », *Cahiers d'histoire mondiale*, III, 1956.
103. GRAND (R.) et DELATOUCHE (R.) : *L'Agriculture au Moyen Âge, de la fin de l'Empire romain au* XVIe *siècle*, Paris, 1950.
104. GRAS (N. S. B.) : *A History of Agriculture in Europa and America*, New York, 1925.
105. HARVEY (W.) : « Walter of Henley and the Old Farming », dans *Agriculture*, LIX, 1952-1953.
106. HAUDRICOURT (A.-G.) : « Contribution à la géographie humaine et à l'ethnologie de la voiture », *Revue de géographie et d'ethnologie*, 1948.
107. HAUDRICOURT (A.-G.) et HÉDIN (L.) : *L'Homme et les plantes cultivées*, Paris, 1944.
108. HAUDRICOURT (A.-G.) et JEAN-BRUHNES-DELAMARE (M.) : *L'Homme et la charrue*, Paris, 1955.
109. *Historia Agriculturae*, 2 vol., Groningue, 1954-1955.
110. HODGEN (M. T.) : *Change and History. A Study of Dated Distribution of Technological Innovations in England*, New York, 1952.
111. LEE (N. E.) : *Harvests and Harvesting through the Ages*, Cambridge, 1959.
112. LENNARD (R.) : « Statistics of corn-yields in Mediaeval England », *Economic History Review*, 2e série, III, 1937.
113. LESER (P.) : *Entstehung und Verbreitung des Pfluges*, Münster, 1931.
114. LINDEMANS (P.) : *Geschiedenis van de landbouw in België*, 2 vol., Anvers, 1952.
115. MEUVRET (J.) : « Agronomie et jardinage aux XVIe et XVIIe siècles », dans *Hommage à Lucien Febvre*, tome II, Paris, 1953.
116. OLSON (L.) : « Pietro de Crescenzi : the Founder of Modern Agronomy », *Agricultural History Review*, 1944.
117. OSCHINSKY (D.) : « Medieval Treatises on Estate Accounting », *Economic History Review*, XVII, 1947.
118. OSCHINSKY (D.) : « Medieval Treatises on Estate Management », *Economic History Review*, 2e série, VIII, 1956.
119. PAYNE (F. G.) : « The British Plough : Some Stages in its Development », *The Agricultural History Review*, 1957.
120. SAMARAN (C.) : « L'agriculture française au Moyen Âge », *Journal des savants*, 1951.

121. Schröder-Lemrke (G.) : « Entstehung und Verbreitung der Mehrfeldwirtschaft in Nordöst Deutschland », dans *Zeitschrift für Agrargeschichte und Agrarsoziologie*, 1954.
122. Sclafert (Th.) : « Usages agraires dans les régions provençales avant le xviiie siècle. Les assolements », *Revue de géographie alpine*, 1941.
123. Singer (Ch.) : *A History of Technology*, tome II, 1956.
124. Südhof (S.) : « Das deutsche Pelzbuch des Mittelalters und seine Einflüsse auf der europäische, Gartenlitteratur der Neuzeit », dans *Zeitschrift für Agrargeschichte und Agrarsoziologie*, 1954.
125. Südhof (S.) : « Die Stellung der Landwirtschaft im System der mittelalterlichen Künste », dans *Zeitschrift für Agrargeschichte und Agrarsoziologie*, 1956.
126. Timm (A.) : « Zur Geschichte der Erntegeräte », dans *Zeitschrift für Agrargeschichte und Agrarsoziologie*, 1956.
127. Usher (A. P.) : *A History of Mechanical Inventions*, 2e édition, 1954.
128. Verhulst (A.) : « Bijdragen tot de studie van de agrarische structuur in het Vlaamse land. Het probleem van de verdwijning van de braak in de Vlaamse landbouw (xiiie-xviie eeuw) », dans *Naturwetenschappelijk tijdschrift*, 1956.
129. White (Lynn) : « Technology and Invention in the Middle Ages », *Speculum*, 1940.

E. Les prix et les échanges.

130. Beveridge (sir W.) : *Prices and Wages in England. xiith.-xixth. centuries*, Londres, 1939.
131. Dupré de Saint-Maur : *Recherches sur la valeur des monnaies et sur le prix des grains avant et après le concile de Francfort*, Paris, 1762.
132. Fiumi : « Fioritura e decadenza dell'economia fiorentina », dans *Archivio storico italiano*, 1958.
133. Renouard (Y.) : « Le grand commerce du vin au Moyen Âge », *Information historique*, 1958.
134. Renouard (Y.) : « Le grand commerce des vins de Gascogne au Moyen Âge », *Revue historique*, tome CCXXI, 1959.
135. Suhle (A.) : *Deutsche Münz- und Geldgeschichte von den Anfängen bis zum 15. Jahrhundert*, Berlin, 1955.
136. Thorold-Rogers (J. E.) : *A History of Agriculture and Prices in England*, Oxford, 1866.

137. Usher (A. P.) : *History of the Grain Trade in France*, Cambridge (Mass.), 1913.
138. Vigneron (B.) : « La vente dans le Mâconnais du ixe au xiiie siècle », dans *Revue historique de droit français et étranger*, 1959.

F. Les structures sociales.

139. Bennett (H. S.) : *Life on the English Manor. A study of Peasant condition, 1150-1400*, Cambridge, 1937.
140. Bloch (M.) : « Village et Seigneurie : quelques observations de méthode à propos d'une étude sur la Bourgogne », *Annales d'histoire économique et sociale*, 1937.
141. Bloch (M.) : « L'esclavage dans l'Europe médiévale », *Annales d'histoire économique et sociale*, 1939.
142. Bloch (M.) : *La Société féodale*, 2 vol. in-8°, Paris, 2e éd., 1949.
143. Boeren (P. C.) : *Étude sur les tributaires d'Église dans le comté de Flandre du ixe au xive siècle*, Amsterdam, 1936.
144. Bognetti (G. P.) : « Sulle origini dei communi rurali nel medio evo », dans *Studi nelle scienze giuridiche e sociali*, XI, Pavie, 1927.
145. Boutruche (R.) : *Seigneurie et féodalité* : I. *Le premier âge des liens d'homme à homme*, Paris, 1959.
146. Caggese (R.) : *Classi e communi rurali nel medio evo italiano*, Florence, 1903.
147. Cam (H. M.) : *Liberties and Communities in Medieval England (Collected studies in local administration and topography)*, Cambridge, 1944.
148. Coulton (G. C.) : *The Medieval Village*, Cambridge, 1925.
149. Dollinger (Ph.) : *L'Évolution des classes rurales en Bavière depuis la fin de l'époque carolingienne jusqu'au milieu du xiiie siècle*, Strasbourg, 1949.
150. Gibbs (M.) : *Feudal Order. A Study of the Origins and Development of English Feudal Society* (coll. « Past and Present. Studies in the History of Civilization »), Londres, 1949.
151. Hilton (R.) : *Social structure of Rural Warwickshire in the Middle Ages*, Oxford, 1950.
152. Homans (G. C.) : « The Rural Sociology of Medieval England », *Past and Present*, 1953.
153. Jouon des Longrais : « Le vilainage anglais et le servage réel et personnel. Quelques remarques sur la période 1066-1485 », dans *Recueil de la Société Jean Bodin, II : Le servage*, Bruxelles, 1937.

154. Leicht (P. S.) : *Operai, artigiani, agricoltori in Italia dal secolo* VI *al* XVI, Milan, 1946.
155. Luzzatto (G.) : *I servi nelle grandi proprietà ecclesiastiche italiane*, Pise, 1910.
156. Luzzato (G.) : « La servitù in Italia nell'età feudale in confronto ai paesi d'oltralpo », *X*[e] *Congresso di scienze storiche, Roma, 1955, III*, Florence, 1955.
157. Lyon (B.) : « Medieval Real Estate Developments and Freedom », *American History Review*, 1957-1958.
158. Maitland (E. W.) : *Domesday Book and beyond. Three Essays in the Early History of England*, Cambridge, 1897.
158 *a*. Martini (F.) : « Das Bauerntum im deutschen Schriftum von den Anfängen bis zum 16. Jahrhundert », *Vierteljahrschrift für Litteraturwissenschaft und Geistesgeschichte*, 1944.
158 *b*. Mayer (T.) : « Bemerkungen und Nachträge zum Problem der freien Bauern », dans *Zeitschrift für württemberg. Landesgesch.*, 1954.
159. Perrin (Ch. E.) : « Le servage en France et en Allemagne », *X*[e] *Congresso Internazionale di Scienze storiche, Roma, 1955. Relazioni, III*, Florence, 1955.
160. Perrin (Ch. E.) : « Les classes rurales en Bavière au Moyen Âge (à propos du livre de Ph. Dollinger) », *Revue historique*, 1952.
161. Saint-Jacob (P. de) : « Études sur l'ancienne communauté rurale en Bourgogne », *Annales de Bourgogne*, 1941, 1943, 1946, 1953.
162. Stephenson (C.) : « The Problem of the Common Man in Early Medieval Europe », *American Historical Review*, 1946.
163. Verlinden (C.) : *L'esclavage dans l'Europe médiévale, I : Péninsule ibérique, France*, Bruges, 1955.
164. Verriest (L.) : « Les faits et la terminologie en matière de condition juridique des personnes au Moyen Âge : serfs, nobles, vilains, sainteurs », *Revue du Nord*, 1939.
165. Verriest (L.) : « Le servage en Flandre, particulièrement au pays d'Alost », *Revue historique de droit français et étranger*, 1950.
166. Winmill (J. M.) : « The Story of an Essex Village from the Confessor to the Reformation », *Essex Review*, 1952.

G. La seigneurie.

167. Ashton (T. H.) : « The English Manor », *Past and Present*, 1956.
168. Balon (J.) : « La structure du domaine », dans *Tijdschrift voor Rechtsgeschiedenis*, 1958.
169. Balon (J.) : *Jus medii aevi. I, La structure et la gestion du domaine de l'Église au Moyen Âge dans l'Europe des Francs. II, Lex juridictio. Recherches sur les assemblées judiciaires et législatives, sur les droits et sur les obligations communautaires dans l'Europe des Francs*, Namur, 1959-1960.
170. Bloch (M.) : « La genèse de la seigneurie : idée d'une recherche comparée », *Annales d'histoire économique et sociale*, 1937.
171. Bloch (M.) : « La seigneurie anglaise du Moyen Âge », *Annales d'histoire économique et sociale*, 1938.
172. Bloch (M.) : *Seigneurie française et manoir anglais (Cahiers des Annales 16)*, Paris, 1960.
173. Boutruche (R.) : *Une société provinciale en lutte contre le régime féodal : l'alleu en Bordelais et en Bazadais, du* XI*e* *au* XVIII*e* *siècle* (Publications de la Faculté des lettres de l'université de Strasbourg, vol. 100), Rodez, 1943.
174. Brunner (O.) : *Land und Herrschaft, Grundfragen der territorialen Verfassungsgechichte Osterreichs in Mittelalter*, Vienne, 1959.
175. Davenport (F. G.) : *The Economic Development of a Norfolk Manor, 1086-1565*, 1906.
176. Finberg (H. P. R.) : *Tavistock Abbey. A Study in the Social and Economic-History of Devon (Cambridge studies in Medieval Life and Thought*, pub. sous la direction de M. D. Knowles, New Serie, vol. II), Cambridge, 1951.
177. Fleming (L.) : *History of Pagham in Sussex, Illustrating the Administration of an Archiepiscopal Hundred, the Decay of Manorial Organization and the Rise of Sea-Side Resort*, 3 vol., Ditchling, 1949-1950.
178. Génicot (L.) : *L'Économie rurale namuroise au bas Moyen Âge (1199-1429). I : La seigneurie foncière*, Namur, 1943.
179. Génicot (L.) : *L'Économie rurale namuroise au bas Moyen Âge. II : Les hommes ; la noblesse*, Louvain, 1960.
180. Jones (P.-J.) : « An Italien Estate, 900-1200 », *Economic History review*, 2e série, VII, 1956-1957.
181. Konopkine (A. V.) : « Quelques particularités du régime foncier en France au Moyen Âge (en russe) », *Ucenye zapiski Ivanovskoyo pedagogicesko istituta*, II, 1957.

182. LEICHT (P. S.) : *Studi stulla proprietà fondiaria in Italia, I : Curtis e feudo*, Padoue, 1903.
183. *Les Dîmes en Forez (Chartes du Forez*, XV), Mâcon, 1957.
184. LOT (F.) : « L'alleu en Bordelais et en Bazadais (à propos de la thèse de R. BOUTRUCHE), *Journal des savants*, 1947.
185. LOT (F.) et FAWTIER (R.) : *Histoire des institutions françaises au Moyen Âge. I : Les institutions seigneuriales*, Paris, 1957.
186. LUZZATO (G.) : « Contributo alla storia della mezzadria nel medio evo », *Nuova rivista storica*, 1948.
187. MILLER (E.) : *The Abbey and Bishopric of Ely, The Social History of an Ecclesiastical Estate from the 10th. century to the early 14th. century (Cambridge Studies in Medieval Life and Thought*, publ. sous la direction de M. D. KNOWLES, New Serie, vol. I), Cambridge, 1951.
188. OURLIAC (P.) : « Tenures et contrats agraires », dans *Atti del primo Convegno internazionale di diritto agrario di Firenze*, Milan, 1954.
189. PERRIN (Ch. E.) : *Recherches sur la seigneurie rurale en Lorraine d'après les plus anciens censiers (IXe-XIIe siècles)* (publications de la Faculté des lettres de Strasbourg), Strasbourg, 1935.
190. RAFTIS (J.-A.) : *The Estates of Ramsey Abbey. A Study in Economic Growth and Organization (Pontifical Institute of Mediaeval Studies : Studies and Textes*, 3), Toronto, 1957.
191. *Recueils de la société Jean Bodin, III : La tenure*, Bruxelles, 1938.
192. *Recueils de la société Jean Bodin, IV : Le domaine*, Bruxelles, 1949.
193. RICHTERING (H. W.) : *Bäuerlich Leistungen im mittelalterlichen Westfalen mit besonderer Berücksichtigung der Naturdlabgaben und ihrer Verbreitung*, Münster, 1949.
194. SLOET (L.) : *Oorkondenbock van Gelre en Zutfen*.
195. TABACCO (G.) : « La dissoluzione medievale dello stato nella recente storiografia », *Studi medievali*, 1960.
196. TENANT DE LA TOUR (G.) : *L'Homme de la terre, de Charlemagne à saint Louis*, Bruxelles, 1943.
197. VERHULST (A. E.) : *De sint-Baafs-abdij te Gent en haar grondbezit* (Académie royale flamande des sciences, lettres et beaux-arts de Belgique, mémoire n° 30), Bruxelles, 1958.
198. VERRIEST (L.) : *Institutions médiévales. Introduction au Corpus des records de coutumes et des lois de chefs-lieux de l'ancien comté de Hainaut*, Mons et Frameries, I, 1946.
199. WITTICH (W.) : *Die Grundherrschaft in Nordwest Deutschland*, Leipzig, 1896.

II. – IXe-Xe SIÈCLES

A. Conditions générales.

200. Bergengruen (A.) : « Adel und Grundherrschaft im Merowingerreich », dans *Vierteljahaschrift für Sozial-und Wirtschaftsgeschichte*, Beihefte 41, 1958.
201. Bloch (M.) : « The Rise of Dependant Cultivation and Seignorial Institutions », *The Cambridge Economic History*, I, 1942.
202. Bloch (M.) : « Les invasions : A) Deux structures économiques ; B) Occupation du sol et peuplement », dans *Annales d'histoire sociale*, 1945.
203. Bloch (M.) : « Comment et pourquoi finit l'esclavage antique », *Annales ESC*, 1947.
204. Cipolla (C. M.) : « Encore Mahomet et Charlemagne », *Annales ESC*, 1949.
205. Cippolla (C. M.) : « Questioni aperte sul sistema economico dell'alto medio evo », *Rivista storica italiana*, 1951.
206. David (M.) : « Les *laboratores* jusqu'au renouveau économique des XIe et XIIe siècles », *Études d'histoire du droit privé offertes à Pierre Petot*, Paris, 1959.
207. Déléage (A.) : *La vie rurale en Bourgogne jusqu'au début du XIe siècle*, 2 vol., Mâcon, 1941.
208. Doehaerd (R.) : « Ce qu'on vendait et comment on le vendait dans le Bassin parisien au temps de Charlemagne et des Normands », *Annales ESC*, 1947.
209. Dubled (H.) : « *Allodium* dans les textes latins du Moyen Âge », *Le Moyen Âge*, 1951.
210. Dupont (A.) : « Quelques aspects de la vie rurale en Septimanie carolingienne (fin VIIIe-IXe siècles) », *Annales de l'Institut d'études occitanes*, 1954.
211. Dupont (A.) : « Considérations sur la colonisation et la vie rurale le Roussillon et la Marche d'Espagne au IXe siècle » *Annales du Midi*, 1955.
212. Fougères (M.) : « Aux origines de notre société rurale (à propos de la thèse de A. Déléage) » dans *Mélanges d'histoire sociale*, 1942.
213. Fournier (G.) : « Les transformations du parcellaire en Basse Auvergne au cours du haut Moyen Âge », *Annales de l'Est, mémoire n° 21*, Nancy, 1959.
214. Hartmann : *Zur Wirtschaftsgeschichte Italiens in frühen Mittelalter*, Gotha, 1904.

215. Herlihy (D.) : « The Agrarian Revolution in Southern France and Italy. 801-1150 », *Speculum*, 1958.

216. Latouche (R.) : *Les Origines de l'économie occidentale, IVe-XIe siècles* (Coll. « Évolution de l'Humanité », 43), Paris, 1956.

216 *a*. Lentacker (F.) : « Débats entre historiens et géographes à propos de l'évolution de la plaine maritime flamande au cours du haut Moyen Âge », *Revue du Nord*, 1960.

217. Luzzato (G.) : « Mutamenti nell'economia agraria italiana dalla caduta dei carolingi al principio del secolo XI » dans *Settimane di studio sull'alto medio evo*, II, Spolète, 1955.

218. Saint-Jacob (P. de) : « La Bourgogne rurale au haut Moyen Âge. À propos d'un ouvrage récent (la thèse de A. Déléage) », *Revue historique*, L. 195, 1945.

218 *a*. Schröder-Lemeke (G.) : « Zur Flurform der Karolingerzeit », dans *Zeirschrift für Agrargeschichte und Agravsoziologie*.

219. Stenton (F. M.) : *Anglo-saxon England (The Oxford history of England, II)*, 2e édition, Oxford, 1950.

220. Verhulst (A.) : « Types de structure agraire et domaniale en Belgique », *Annales, ESC*, 1956.

221. Werveke (H. van) : « La densité de la population du IXe siècle. Essai d'une estimation », *Annales du XXXe Congrès de la Fédération archéologique et historique de Belgique*, 1936.

B. La seigneurie.

222. Constable (G.) : « *Nona et decima*. An Aspect of Carolingian Economy », *Speculum*, 1960.

223. Dubled (H.) : « Encore la question du manse », *Revue du Moyen Âge latin*, 1949.

224. Dubled (H.) : « *Mancipium* », *Revue du Moyen Âge latin*, 1949.

225. Dubled (H.) : « Quelques observations sur le sens du mot *villa* », *Le Moyen Âge*, 1953.

226. Endres (R.) : « Das Kirchengut im Bistum Lucca vom VIII. bis X. Jahrundert », dans *Vierteljahrschrift für Sozial- und Wirtschaftsgeschichte*, 1916-1918.

227. Fournier (G.) : « La propriété foncière en Basse Auvergne aux époques

mérovingiennes et carolingiennes », *Bulletin historique et scientifique de l'Auvergne*, 1957.

228. Ganshof (F. L.) : « Le domaine gantois de l'abbaye de Saint-Pierre-au-Mont-Blandin à l'époque carolingienne », *Revue belge de philologie et d'histoire*, 1948.

229. Ganshof (F. L.) : « Manorial organization in the Low Countries in the 7th., 8th. and 9th. centuries », *Transactions of the Royal Society*, 4e série, XXXI, 1949.

230. Ganshof (F. L.) : « Les avatars d'un domaine de l'église de Marseille à la fin du viie siècle », dans *Studi in onore di Gino Luzzatto*, Milan, 1949.

231. Ganshof (F. L.) : « Grondbezit en Gronduitbating tijdens de vroege Middeleeuwen », dans *Brabants Heem*, 1954.

232. Ganshof (F. L.) : « Observations sur le manse à l'époque mérovingienne », dans *Revue historique de droit français et étranger*, 1955.

233. Grand (R.) : « Note d'économie agraire médiévale : *mansus vestitus* et *mansus absus* », dans *Études d'histoire du droit privé offertes à Pierre Petot*, Paris, 1959.

234. Grierson (P.) : « The Identity of the Unnamed Fiscs in the *Brevium exempla ad describendas res ecclesiasticas et fiscales* », *Revue belge de philologie et d'histoire*, 1939.

235. Herlihy (D.) : « The Carolingian *mansus* », *Economic History Review*, 2e série, XIII, 1960.

235 *a*. Herlihy (D.) : « Church Property on the European Continent, 701-1208 », *Speculum*, 1961.

236. Latouche (R.) : « L'exploitation agricole dans le Maine », *Annales de Bretagne*, 1944.

237. Metz (W.) : *Das Karolingische Reichsgut. Eine Verfassungs- und Verwaltungsgeschichtliche Untersuchung*, Berlin, 1960.

238. Motte-Colas (M. de la) : « Les possessions territoriales de l'abbaye de Saint-Germain-des-Prés du début du ixe au début du xiie siècle », dans *Mémorial du XIVe centenaire de l'abbaye de Saint-Germain-des-Prés*, Paris, 1960.

239. Musset (L.) : « Notes pour servir d'introduction à l'histoire foncière de la Normandie. Les grands domaines de l'époque franque et les destinées du régime domanial, du ixe au xie siècle », *Bulletin de la société des Antiquaires de Normandie*, 1942-1945.

240. Perrin (Ch.-E.) : « Observations sur le manse dans la région parisienne au début du ixe siècle », *Annales d'histoire sociale*, 1945.

241. Perrin (Ch.-E.) : « À propos d'une redevance en *fossoirs* inscrite au

polyptyque d'Irminon », dans *Études d'histoire du droit privé offertes à Pierre Petot*, Paris, 1959.

242. PERRIN (Ch.-E.) : « Le manse dans le polyptyque de l'abbaye de Prüm à la fin du IXe siècle, » dans *Études historiques à la mémoire de Noël Didier*, Paris, 1960.

243. PIVANO (S.) : *I contratti agrari in Italia nell'alto medio evo*, Turin, 1904.

244. SAINT-JACOB (P. de) : « Recherches sur la structure terrienne de la seigneurie », *Annales de l'Est, Mémoire n° 21*, Nancy, 1959.

245. VERHEIN (K.) : « Studien zu den Quellen zum Reichsgut der Karolingerzeit », *Deutsches Archiv für Erforschung des Mittelalters*, 1953-1955.

III. – XIe-XIIIe SIÈCLES

A. Généralités.

246. DANNENBAUER (H.) : « Politik und *Wirtschaft in der altdeutschen Kaiserzeit* », dans *Grundlagen der mittelalterlichen Welt*, Stuttgart, 1958.

247. DUBY (G.) : *La Société aux XIe et XIIe siècles dans la région mâconnaise* (Bibliothèque générale de l'École des hautes études, VIe section), Paris, 1953.

247 *a*. DUBY (G.) : « Considérations sur l'économie rurale en France au milieu du XIIIe siècle » (en polonais), dans *Kwartalnik Historyczny*, 1960.

248. HALPERIN (J.) : « Les transformations économiques aux XIIe et XIIIe siècles », *Revue d'histoire économique et sociale*, 1950.

249. GANSHOF (F. L.) : « Medieval Agrarian Society in its Prime. France, the Low Countries, and western Germany », *The Cambridge Economic History*, I, 1942.

250. GRATSIANSKI (F.) : *Les Campagnes bourguignonnes du Xe au XIIe siècle* (en russe), Moscou-Leningrad, 1935.

251. HILTON (R. H.) : « Life in the Medieval Manor (with a short glossary of manorial terms) », *Amateur Historian*, I (1952-1953).

252. HOSKINS (W. G.) (éd.) : *Studies in Leicestershire Agrarian History* (Leicestershire Archaeological Society), 1949.

253. LENNARD (R.) : *Rural England. 1086-1135. A Study of Social and Agrarian Conditions*, Oxford, 1959.

254. NEILSON (N.) : « Medieval Agrarian Society in its Prime. England », dans *The Cambridge Economic History of Europe*, I, 1942.

255. Perroy (E.) : *La Terre et les paysans en France aux* XII*e et* XIII*e siècles*. Explications de texte (les cours de Sorbonne), Paris, 1953.
256. Poole (A. L.) : *Obligations of Society in the Twelfth and Thirteenth Centuries*, Londres, 1946.
257. Sabata (T.) : « Sur la formation de la société féodale d'Europe occidentale » (en japonais), dans *Rekishigakukenju*, 1960.
258. Sabata (T.) : « Seigneur et village dans la société féodale » (en japonais), *Shirin*, 1960.
259. Sarre (F.) : « De Cisterciänser economie », dans *Citeaux in de Nederlanden*, 1952.
260. Stenton (D. M.) : *English Society in the Early Middle Ages. 1066-1037 (The Pellican History of England. 3.)*, Londres, 1952.
261. Strayer (J. R.) : « Economic Conditions in the County of Beaumont-le-Roger, 1261-1313 », *Speculum*, 1951.
262. Vinogradoff (P.) : *English Society in the XIth century. Essays in English Medieval History*, Oxford, 1908.

B. L'essor de la production rurale.

263. Bishop (T. A. M.) : « The Rotation of Crops at Westerham, 1297-1350 », *Economic History Review*, 2e série, IX, 1958-1959.
264. Boussard (J.) : « Hypothèses sur la formation des bourgs et des communes de Normandie », *Annales de Normandie*, 1958.
264 *a*. Chédeville (A.) : « Mise en valeur et peuplement du Maine au XIe siècle, d'après les chartes de l'abbaye Saint-Vincent du Mans », *Annales de Bretagne*, 1960.
265. Darby (H. C.) : « Domesday Woodland », *Economic History Review*, 2e série, III, 1950.
266. De Smet (A.) : « De l'utilité de recueillir les mentions d'arpenteurs cités dans les documents d'archives du Moyen Âge », *Fédération archéologique et historique de Belgique, 33e Congrès*, tome III, 1951.
267. Donkin (R. A) : « The Marshland Holdings of the English cistercians before c. 1350 », dans *Cîteaux in de Nederland*, 1958.
268. Donkin (R. A.) : « *Bercaria and Landria* », *Yorkshire Archeological Journal*, 1958.
269. Donkin (R. A.) : « Settlement and Depopulation on Cistercian Estates during the twelfth and thirteenth centuries, especially in Yorkshire », *Bulletin of the Institute of Historical research*, 1960.

270. DUBY (G.) : « Techniques et rendements agricoles dans les Alpes du Sud en 1338 », *Annales du Midi*, 1958.
272. FEUCHÈRE (L.) : « Le défrichement des forêts en Artois du IXe au XIIIe siècle », *Revue d'histoire économique et sociale*, 1950.
272. FINBERG (H. P. R.) : « The Domesday Plough-Team », *English Historical Review*, 1951.
273. FINDERG (H. P. R.) : *Gloucester Studies*, Leicester, 1957.
274. FOCKEMA ANDREAE (J. S.) : « Embanking and Drainage Authorities in the Netherlands during the Middle Ages », *Speculum*, 1952.
275. FOCKEMA ANDREAE (J. S.) : « L'eau et les hommes dans la Flandre maritime », dans *Tijdschrift voor Rechts-geschiedenis*, 1960.
276. FOURNIER (G.) : « La vie pastorale au Moyen Âge dans les monts Dore », dans *Mélanges Philippe Arbos*, Clermont-Ferrand, 1953.
277. GAUSSIN (P.) : « La terre de Saint-Oyen et le peuplement du Haut-Jura au Moyen Âge », *Cahiers d'histoire*, 1957.
278. GENICOT (L.) : « Sur les témoignages d'accroissement de la population en Occident, du XIe au XIIIe siècle », *Cahiers d'histoire mondiale*, I, 1953.
279. GRIMM (P.) : *Hohenrode, eine mittelalterliche Siedlung im Südharz*, Halle, 1939.
280. GSTIRNER (A.) : « Die Schwaighöfe im ehemaligen Herzogrum Steiermark », dans *Zeitschrift des Historisches Vereins für Steiermark*, 1937.
281. HALLAM (H. E.) : *The New Lands of Elloe : a Study of Early Reclamation in Lincolnshire* (Department of English Local History, Occasional Papers, nº 6), Leicester, 1954.
282. HALLAM (H. E.) : « Some Thirteenth Century Censuses », *Economic History Review*, 2e série, X, 1958.
282 *a*. HALLAM (H. E.) : « Population Density in Medieval Fenland », *Economic History Review*, 2e série, XIV, 1961.
283. HARLEY (J. B.) : « Population Trends and Agricultural Developments from the Warwickshire Hundred Rolls of 1279 », *Economic History Review*, 2e série, XI, 1958.
284. HAUSMANN (O.) : « Die bergbäuerliche Produktion im Raum von Staffter im 13-14. und im 20. Jahrhundert », *Zeitschrift für Agrargeschichte und Agrarsoziologie*, 1957.
285. HIGOUNET (Ch.) : « Chemins de Saint-Jacques et Sauvetés de Gascogne », *Annales du Midi*, 1951.
286. HIGOUNET (Ch.) : « L'expansion de la vie rurale au XIIe et au XIIIe siècle », *Information historique*, 1953.

287. Higounet (Ch.) : « L'assolement triennal dans la plaine de France au XIIIe siècle », dans *Comptes rendus des séances de l'Académie des Inscriptions et Belles-Lettres*, 1956.
288. Higounet (Ch.) : « La plus ancienne sauveté de l'abbaye de Moissac : la Salvetat de Belmont », dans *Xe Congrès de la Fédération Languedoc-Pyrénées-Gascogne*, Montauban, 1956.
289. Higounet (Ch.) : « Le Moyen Âge derrière la géographie. Un village d'hôtes royaux du XIIe siècle. Torfou », *Information historique*, 1957.
290. Higounet (Ch.) : « Une carte agricole de l'Albigeois vers 1260 », *Annales du Midi*, 1958.
291. Higounet (Ch.) : « Les types d'exploitations cisterciennes et prémontrées du XIIIe siècle, et leur rôle dans la formation de l'habitat et des paysages ruraux », *Annales de l'Est, Mémoire no 21*, 1959.
292. Hubert (J.) : « La frontière du comté de Champagne du XIe au XIIIe siècle », dans *Mélanges Clovis Brunel*, tome II, Paris, 1955.
293. Ilg (K.) : « Die Walser und die Bedeutung ihrer Wirtschaft in den Alpen », dans *Vierteljahrschrift für Sozial- und Wirtschaftsgeschichte*, 1950.
294. Latouche (R.) : « Un aspect de la vie rurale dans le Maine au XIe et au XIIe siècle : l'établissement des bourgs », *Le Moyen Âge*, 1937.
295. Latouche (R.) : « Défrichement et peuplement rural dans le Maine, du IXe au XIIe siècle », dans *Le Moyen Âge*, 1948.
296. Lennard (R.) : « Domesday Plough Teams : the Southwestern Evidence », *The English History Review*, 1945.
297. Lennard (R.) : « The Composition of Demesne Plough Teams, in XIIth century England », *English Historical Review*, 1959.
298. Lennard (R.) : « Statisties of Sheep in Medieval England », *Agricultural History Review*, 1959.
299. Martel (H.) : « Le défrichement en Artois du IXe au XIIIe siècle », dans *Bulletin de la société des antiquaires de Morinie*, 1956.
300. Martin-Demezil (J.) : « Recherches sur les origines et la formation de l'*aireau* blésois », dans *Recueil de travaux offert à Cl. Brunel*, II, Paris, 1955.
300 *a*. Molitor (E.) : *Die Pfleghaften des Sachsenspiegels und das Siedlungsrecht im sächsischen Stammesgebiet*, Weimar, 1941.
301. Mollat (M.) : « Les hôtes de l'abbaye de Bourbourg », dans *Mélanges Louis Halphen*, Paris, 1951.
302. Ourliac (P.) : « Les sauvetés de Comminges. Étude et documents sur les villages fondés par les Hospitaliers dans la région des coteaux commingeois », *Revue de l'Académie de législation*, 1947.

303. OURLIAC (P.) : « Les villages de la région toulousaine au XIIe siècle », *Annales ESC*, 1949.
304. QUIRING (K.) : *Die deutsche Ostsiedlung im Mittelalter*, 1954.
305. RICHARDSON (H. G.) : « The Medieval Plough Team », *History*, 1941-1942.
306. SCLAFERT (Th.) : « À propos du déboisement dans les Alpes du Sud », *Annales de géographie*, 1933.
307. STOLZ (O.) : *Die Schwaighöfe in Tirol*, 1930.
308. STOLZ (O.) : « Beiträge zur Geschichte der alpinen Schaighöfe », dans *Vierteljahrschrift fur Sozial- und Wirtschaftsgeschichte*, 1932.
309. TUCOO-CHALA : « Forêts et landes en Béarn », *Annales du Midi*, 1955.
310. VAN DER LINDEN (H.) : *De Cope*, Assen, 1955.
311. VERHULST (A.) : « Historische geografie van de Vlaamse Kustvlakte tot omstreeks 1200 », dans *Bijdragen voor de geschiedenis der Nederlanden*, 1959.
312. WINTER (J. M. van) : « Vlaams en Hollands recht bij de Kolonisatie van Duitsland in de XIIe en XIIIe eeuw », dans *Tijdschrift voor rechtsgeschiedenis*, 1953.

C. Le commerce.

313. AUBENAS (R.) : « Commerce du drap et vie économique à Grasse en 1308-1309 », dans *Provence historique*, 1959.
314. CAGGESE (R.) : « La Repubblica di Siena e il suo contado nel secolo XIII », dans *Bollettino senese di storia patria*, 1906.
315. DONKIN (R. A.) : « The Disposal of Cistercian Wool in England and Wales during the XIIth and XIIIth centuries », dans *Cîteaux in de Nederland*, 1957.
316. DONKIN (R. A.) : « Cistercian Sheep-Farming and Wool-sales in the thirteenth century », *The Agricultural History Review*, 1948.
317. EMERY (R. W.) : *The Jews of Perpignan in the XIIIth century*, New York, 1959.
318. ENGELMANN (E.) : *Zur städtischen Volksbewegung in Südfrankreich, Kommunefreiheit und Gesellschaft. Arles 1200-1250*, Berlin, 1959.
319. FARMER (D. L.) : « Some Price Fluctuations in Angevin England », *Economic History Review*, 2e série, IX, 1956.
320. FARMER (D. L.) : « Some Grain Price Movements in Thirteenth Century England », *Economic History Review*, 2e série, X, 1957.

321. Fontette (F.) : *Recherches sur la pratique de la vente immobilière dans la région parisienne au Moyen Âge (fin xe début xive siècle)*, Paris, 1957.
322. Fontette (F.) : « La vie économique dans la région parisienne d'après les actes de vente immobilière au xiiie siècle », *Revue historique de droit français et étranger*, 1959.
323. Herlihy (D.) : « Treasure Hoards in the Italian Economy, 960-1139 », *Economic History Review*, 1957.
324. Higounet (Ch.) : « L'arrière-pays de Bordeaux au xiiie siècle (esquisse cartographique) », *Revue historique de Bordeaux et du département de la Gironde*, 1955.
325. Higounet (Ch.) : « Les Alaman, seigneurs bastidors et péagers du xiiie siècle », *Annales du Midi*, 1956.
326. Joris (A.) : « Les moulins à guède dans le comté de Namur pendant la seconde moitié du xiiie siècle », *Le Moyen Âge*, 1959.
327. Mira (G.) : « Il fabbisogno di cereali in Perugia nei secoli xiii-xiv », dans *Studi in onore di Armando Sapori*, I, Milan 1957.
328. Mundy (J.-H.) : « Un usurier malheureux », *Annales du Midi*, 1956.
329. Musset (L.) : « A-t-il existé en Normandie au xie siècle une aristocratie d'argent ? », *Annales de Normandie*, 1959.
330. Perroy (E.) : « Les Chambon, bouchers à Montbrison, circa 1220-1314 », *Annales du Midi*, 1955.
331. Perroy (E.) : « Le décrochage des monnaies en temps de mutation. Le cas du viennois faible 1304-1308 », *Le Moyen Âge*, 1958.
332. Postan (M.) : « The Rise of a Money Economy », *Economic History Review*, XIV, 1944.
333. Schneider (J.) : *La Ville de Metz aux xiiie et xive siècles, Economic History Review*, XIV, 1944.
333. Schneider (J.) : *La ville de Metz aux xiiie et xive siècles*, Nancy, 1950.
333 *a*. Tihon (C.) : « Aperçus sur l'établissement des Lombards dans les Pays-Bas aux xiiie et xive siècles », *Revue belge de philologie et d'histoire*, 1961.
334. Zanoni (L.) : *Gli Umiliati nei loro rapparti con l'eresia, l'industria della lana ed i communi nei secoli xii e xiii*, Milan, 1911.

D. La seigneurie.

I. – Allemagne

334. *a.* Darapsky (E.) : *Die ländliche Grundbesitzverhältnisse des Kölnischen Stifts St-Gereon bis zum Jahre 1500*, Cologne, 1943.

335. Dollinger (Ph.) : « Les transformations du régime domanial en Bavière au xiiie siècle d'après deux censiers de l'abbaye de Baumburg », *Le Moyen Âge*, 1950.

336. Dopsch (A.) : *Herrschaft und Bauer in der deutschen Kaiserzeit*, Iéna, 1939.

336 *a.* Gensicke (H.) : *Landesgeschichte des Westerwaldes*, Wiesbaden, 1958.

336 *b.* Hillebrand (W.) : *Die Besitzverhältnisse des Osnabrücker Adels bis 1300*, Kiel, 1955.

336 *a.* Gensicke (H.) : *Landesgeschichte des Westerwaldes, Wiesbaden*, 1951.

337. Kuujo (E. O.) : *Das Zehntwesen in der Erzdiözese Hamburg-Bremen bis zu seiner Privatisierung*, Helsinki, 1949.

338. Lütge (F.) : *Die mitteldeutsche Grundherrschaft*, Iéna, 1934.

339. Lutge (F.) : *Die Agrarverfassung des frühen Mittelalters im mitteldeutschen Raum*, Iéna, 1937.

339 *a.* Mager (F.) : *Geschichte des Bauerntums und der Bodenkultur im Lande Mecklemburg*, Berlin, 1953.

340. Mayer (T.) : *Adel und Bauer im deutschen Staat des Mittelalters*, Leipzig, 1943

340 *a.* Moeren (E.) : *Zur sozialen und Wirtschaftlichen Lage des Bauernlums vom 12. bis 14. Jahrhundert. Studien über die Ländlichen Lehen auf Grund von Mainzer und Xantoner Quellen*, Francfort, 1939.

341. Perrin (Ch. Ed.) : « La société rurale allemande du xe au xiiie siècle d'après un ouvrage récent », *Revue historique de droit français et étranger*, 1945.

341 *a.* Roden (G. von) : « Wirtschaftliche Entwicklung und bäuerliches Rechts des Stifes Frondenberg an der Ruhr », *Münstersche Beiträge zur Geschichtsforschung*, 1936.

341. *b.* Ruland (H.) : *Die Entwicklung des Grundeigentums der Abtei Camp am Niederrhein im Bezirk des jetzigen Kreises Bergheim*, Cologne, 1936.

341 *c.* Schafer (A.) : « Zur Besitzsgeschichte des Klosters Hirsau von 11. bis 16. Jahrhundert », *Zeitschrift für württemb. Landesgeschichte*, 1960.

341 *d.* Schoemberger (F.) : *Geschichte des Kurkölnischen Amtes und der Dörfer Zeltingen und Rachtig an der Mosel*, Bonn, 1940.

341 *e.* Schöning (A.) : *Der Grundbesitz des Klosters Corvey im ehemaligen Landes lippe*, Detmold, 1958-1959.

341 *f.* STOLZ (O.) : *Rechtsgeschichte des Bauernstandes und der Land-Wirtschaft in Tirol und Voralberg*, 1949.
341 *g.* WEIBELS (F.) : *Die Grossgrundherrschaft Xanten im Mittelalter. Studien und Quellen zur Vernaltung eines mittelalterlichen stift am unteren Niederrhein*, Krefeld, 1959.
342. WIESSNER (H.) : *Sachinhalt und wirtschaftliche Bedeutung der Weistümer im deutschen Kulturgebiet*, Vienne, 1934.
342. *a.* WITTE (B.) : *Herrschaft und Land im Rheingau*, Meisenheim, 1959.
343. WITTICH (W.) : « Die Entstehung des Meierrechts und die Auflösung der Villikationsverfassung in Niedersachen und Westfalen », *Zeitschrift für Sozial- und Wirtschaftsgeschichte*, 1904.

2. – ANGLETERRE

344. ASHTON (T. H.) : « The Origins of the Manor in England », dans *Transactions of the Royal Historical Society*, 5e série, t. VIII, 1958.
345. BARG (M. A.) : « La conquête normande et l'organisation de la dépendance paysanne en Angleterre » (en russe), dans *Vosprosij Istorij*, VII, 1957.
346. BEVERIDGE (sir W.) : « Wages in the Winchester manors », *Economic History Review*, 2e série, vol. VII, 1956.
347. BEVERIDGE (sir W.) : « Westminster Wages in the Manorial Era », *Economic History Review*, 2e série, VIII, 1956).
348. BLAKE : « Norfolk Manorial Lords in 1316 », dans *Norfolk Archeological Papers*, 1952.
349. *Court roll of Chalgrave Manor, 1272-1312* (éd. M.K. DALE), Streatby, 1950.
350. DAVIS (R. H.) : *The Kalendar of Abbot Samson of Bury St. Edmunds and Related Documents*, Londres, 1954.
351. DENHOLM-YOUNG (N.) : *Seignorial Administration in England*, Oxford, 1937.
352. DREW (J. S.) : « Early Accounts Rolls of Portland, Wyke and Elewell », dans *Proceeding of Dorset Natural History and Archeological Society*, LXVII, 1947.
353. ERIC JOHN : *Land Tenure in Early England*, Leicester, 1960.
353 *a.* FAULKNER (P. A.) : « Domestic Planning from the twelfth to the fourteenth century », *Archeological journal*, 1958.
354. FINN (R. W.) : « The Assessment of Wiltshire in 1083 and 1086 », *Wiltshire Archeology and Natural History Magazine*, 1944.
355. GRAVES (C. V.) : « The Economic Activities of the Cistercians in Medieval England 1128-1307 », dans *Analecta sancti ordinis Cisterciensis*, 1957.

356. GRIFFITHS (W. A.) : « Some notes on the Earlier Records of the Manor of Deythur », dans *Montgomeryshire Collects*, LI (1949).
357. GUTNOVA (E. V.) : « Le problème de l'immunité dans l'Angleterre du XIIIe siècle (en russe) », dans *Sreknie Veka*, t. III, 1951.
358. HALCROW (E. M.) : « The Decline of Demesne farming on the Estates of Durham Cathedral Priory », *Economic History Review*, 2e série, VII, 1955.
359. HILTON (R. H.) : « Gloucester Abbey Leases of the Late Thirteenth century », *University of Birmingham Historical Journal*, t. IV, 1953.
360. HILTON (R. H.) : « Wichcombe Abbey and the Manor of Sherborne », *University of Birmingham Historical Journal*, III, 1949.
361. HOMANS (C. G.) : « The Frisians in East Anglia », *Economic History Review*, 2e série, IX, 1957.
362. HOYT (R. S.) : « The Nature and Origins of the Ancient Demesne », *English Historical Review*, 1950.
363. JONES-PIERCE (R.) : « A Caernarvonshire Manorial Borough », *Transaction of Caernarvon Historical Society*, 1941.
364. JONES-PIERCE (R.) : « Growth of Commutation in Guynedd during the Thirteenth century », *Bulletin of Celtic Studies*, X, 4.
365. KOSMINSKY (E. A.) : « Services and Money Rents in the XIIIth century », *Economic History Review, 1935*.
366. KOSMINSKY (E. A.) : « Les petites seigneuries dans l'Angleterre médiévale » (en russe), *Izv. Akad. Nauk., seriya Ist I filos-fi I*, n° 4, 1944.
367. KOSMINSKY (E. A.) : « Le travail dans les manoirs anglais au XIIIe siècle » (en russe), dans *Voprosy Istorii*, 1945.
368. KOSMINSKY (E. A.) : « The Evolution of Feudal Rent in England from the XIth to the XVth centuries », *Past and Present*, 1955.
369. KOSMINSKY (E. A.) : *Studies in the Agrarian History of England in the XIIIth century* (éd. R. H. HILTON), Oxford, 1956.
370. LAWSON-TANCRED (T.) : *Records of a Yorkshire Manor (Aldborough)*, Londres, 1937.
371. LENNARD (R.) : « The Hidations of "Demesne" in some Domesday Entries », *Economic History Review*, 2e série, VII, 1954.
372. LENNARD (R.) : « The Demesne of Glastonbury Abbey in the XIth and XIIth centuries », *Economic History Review*, 2e série, VIII, 1956.
373. LEVETT (A. E.) : *Studies in Manorial History*, Oxford, 1938.
374. MORGAN (M.) : *The English Lands of the Abbey of Bec (Oxford Historical Studies)*, Londres, 1946.
375. OSCHINSKY (D.) : « Notes on the Lancaster Estates in the Thirteenth and

Fourteenth centuries », *Transactions of Lancashire and Cheshire Historical Society*, 1949.

376. Page (F. M.) (éd.) : « Wellingborough Manorial Accounts, 1258-1323 », *Northamptonshire Record Society*, 1936.
377. Plucknett (T. F. T.) : *The Medieval Bailiff (The Creighton Lecture in History)*, Londres, 1954.
378. Postan (M.) : « Chronology of Labour Services », *Transactions of the Royal Historical Society*, 4e série, XX, 1937.
379. Postan (M.) : « The Manor in the Hundred Rolls », *Economic History Review*, 2e série, III, 1950.
380. Postan (M.) : *The « Famulus », the Estate Labourer in the* XIIth *and* XIIIth *centuries (The Economic History Review Supplement*, n° 2), Cambridge, 1954.
381. Postan (M.) : « Glastonbury Estates in the Twelfth Century : a Reply », *Economic History Review*, 2e série, IX, 1956.
382. Pugh (R. B.) : « The Early History of the Manors in Amesbury », *Wiltshire Archeology and Natural History Magazine*, 1947.
383. Sawyer (P. H.) : « The "Original Returns" and Domesday Book », *English Historical Review*, LXX, 1955.
384. Simpson (J.) : *Church, Manor, and Plough. The History of south Warnborough in Hampshire*, t. I, Winchester, 1946.
385. Taylor (E. G. R.) : « The Surveyor », *Economic History Review*, 2e série, XVII, 1947.
386. *The Red Book of Worcester* (éd. M. Hollings), IV, Londres, 1950.

3. France

387. Baratier (E.) : « Maillane et ses seigneurs à l'époque médiévale », *Provence historique*, 1956.
388. Berthet (B.) : « Abbayes et exploitations », *Annales ESC*, 1950.
389. Bloch (M.) : « Sous saint Louis : le roi, ses seigneuries et ses champs », *Annales d'histoire économique et sociale*, 1938.
390. Boussard (J.) : « La seigneurie de Bellême aux xe et xie siècles », dans *Mélanges Louis Halphen*, Paris, 1951.
391. Boussard (J.) : *Le comté d'Anjou sous Henri Plantagenet et ses fils, 1151-1204*, Paris, 1958.
392. Caillet (L.) : « Le contrat, dit de facherie », *Nouvelle Revue historique de droit*, 1911.
393. Carabie (R.) : *La Propriété foncière dans le très ancien droit normand (xre-*

XIIIe siècles). I : La propriété domaniale (Bibliothèque d'histoire du droit normand, 2e série, études, V), Caen, 1943.

394. CASTAING-SICARD (M.) : « Contrat de travail et louage d'ouvrage dans la vie toulousaine des XIIe et XIIIe siècles », dans *Recueil de la société d'histoire du droit écrit*, 1958.

395. CHANTEUX (H.) : « Quelques notes sur les vavasseurs », *Revue historique de droit français et étranger*, 1958.

396. CHÉDEVILLE (A.) : « Les restitutions d'églises en faveur de l'abbaye de Saint-Vincent du Mans », dans *Cahiers de civilisation médiévale*, 1960.

397. COOPLAND (G. W.) : *The Abbey of S. Bertin and its Neighbourhood, 900-1350*, 1914.

397. *a*. CONSTABLE (G.) : « Cluniac Tithe and the Controversy between Gigny and Le Miroir », *Revue bénédictine*, 1960.

398. DAVID (M.) : *Le Patrimoine foncier de l'église de Lyon de 984 à 1267. Contribution à l'étude de la féodalité dans le Lyonnais*, Lyon, 1942.

399. DIDIER (N.) : « Les censiers du prieuré de Domène », *Cahiers d'histoire*, 1957-1958.

400. DUBAR (L.) : *Recherches sur les offices du monastère de Corbie jusqu'à la fin du XIIIe siècle* (Bibliothèque de la Société d'histoire du droit des pays flamands, picards et wallons, XXII), Paris, 1951.

401. DUBLED (H.) : « Seigneurs et paysans en Languedoc », dans *Mémoire de la Société d'histoire du droit écrit*, 1958.

401. *a*. DUBLED (H.) : « Aspects de l'économie cistercienne en Alsace au XIIe siècle », *Revue d'histoire ecclésiastique*, 1959.

402. DUBLED (H.) : « La justice au sein de la seigneurie foncière en Alsace du XIe au XIIIe siècle », *Le Moyen Âge*, 1960.

403. DUBLED (H.) : « Administration et exploitation des terres de la seigneurie rurale en Alsace aux XIe et XIIe siècles », dans *Vierteljahrschrift für Sozial- und Wirtschaftsgeschichte*, 1960.

404. DUBLED (H.) : « Taille et "Umgeld" en Alsace au XIIIe siècle », dans *Vierteljahrschrift für Sozial- und Wirtschaftsgeschichte*, 1960.

405. DUBLED (H.) : « La notion de ban en Alsace au Moyen Âge », *Revue historique de droit français et étranger*, 1961.

406. DUBY (G.) : « Économie domaniale et économie monétaire ; le budget de l'abbaye de Cluny entre 1080 et 1155 », *Annales ESC*, 1952.

407. DUBY (G.) : « Un inventaire des profits de la seigneurie clunisienne à la mort de Pierre le Vénérable », *Studia Anselmiana, 40, Petrus Venerabilis*, 1956.

408. DUBY (G.) : « La structure d'une grande seigneurie flamande à la fin du XIIIe siècle », dans *Bibliothèque de l'École des chartes*, 1956.

409. DUBY (G.) : « Note sur les corvées dans les Alpes du Sud en 1338 », dans *Études d'histoire du droit privé offertes à Pierre Petot*, Paris, 1959.

409 *a*. DUBY (G.) : « La seigneurie et l'économie paysanne. Alpes du Sud, 1338 », *Études rurales*, 1961.

410. ÉPINOIS (H. de l') : « Comptes relatifs à la fondation de l'abbaye de Maubuisson », dans *Bibliothèque de l'École des chartes*, 1857-1858.

411. FEBVRE (L.) : « Deux contributions à l'histoire seigneuriale ; I : la seigneurie au pays de Namur ; II : alleu contre féodalité », *Annales ESC*, 1948.

412. FEUCHÈRES (P.) : « Un obstacle au réseau de subordination : alleux et alleutiers en Artois, Boulonnais et Flandre wallonne », dans *Études publiées par la section belge de la Comm. intern. pour l'Hist. des assemblées d'États*, t. IX, 1955.

413. FOSSIER (R.) : « Les granges de Clairvaux et la règle cistercienne », dans *Citeaux in de Nederlanden*, 1955.

414. FOURNIER (G.) : « La création de la grange de Gergovie, par les Prémontrés de Saint-André », *Le Moyen Âge*, 1950.

415. FOURNIER (G.) : « La seigneurie en Basse-Auvergne aux XIe et XIIe siècles, d'après les censiers du cartulaire de Sauxillanges », dans *Mélanges Louis Halphen*, Paris, 1951.

416. FOURNIER (G.) : « Cartulaire de Saint-Martin-des-Aloches », *Revue d'Auvergne*, 1951.

417. FOURNIER (G.) : « Les origines du terrier en Basse-Auvergne, XIe-XIVe siècles », *Revue d'Auvergne*, 1955.

418. GAUSSIN (R.) : « De la seigneurie rurale à la baronnie : l'abbaye de Savigny en Lyonnais », *Le Moyen Âge*, 1955.

419. GRAND (R.) : « Une curieuse appellation de certaines corvées au Moyen Âge : le "biau", "biain" ou "bien". Son origine, sa nature », dans *Mélanges dédiés à la mémoire de Félix Gret*, I, Paris, 1946.

420. HIGOUNET (Ch.) : « Cartulaires des templiers de Montsaunès », *Bulletin philologique et historique* 1957.

421. HIGOUNET-NADAL (A.) : « L'inventaire des biens de la Commanderie du temple de Sainte-Eulalie du Larzac en 1308 », *Annales du Midi*, 1956.

422. KIEPT (C. van de) : *Étude sur le chartrier et la seigneurie du prieuré de la Chapelle-Aude (XIe-XIIIe siècles)*, Amsterdam, 1960.

423. LAPORTE (Dom J.) : « L'état des biens de l'abbaye de Jumièges en 1338 », *Annales de Normandie*, 1959.

424. LAURENT (H.) : « Deux documents d'un type unique pour servir à l'histoire du régime seigneurial et de la vie rurale : le Terrier de l'évêque de Cambrai et le Rentier du seigneur d'Audenarde », *Bulletin de la Commission royale d'histoire de Belgique*, 1939.

425. LEMARIGNIER (J. F.) : « La dislocation du *Pagus* et le problème des *consuetudines*, Xe-XIe siècles », dans *Mélanges Louis Halphen*, Paris, 1951.

426. LEMARIGNIER (J. F.) : « Le domaine de Villeberfol et le patrimoine de Marmoutier (XIe siècle) », dans *Études d'histoire du droit privé offertes à Pierre Petot*, Paris, 1959.

427. MUSSET (L.) : « Autour de l'abbaye de Saint-André-en-Gouffern (Calvados). Notes d'histoire sociale », *Bulletin de la Société des antiquaires de Normandie*, 1946.

428. MUSSET (L.) : « Un type de tenure rurale d'origine scandinave en Normandie. Le mansloth », dans *Mémoires de l'Académie des Sciences et Belles-Lettres de Caen*, 1952.

429. MUSSET (L.) : « La vie économique de l'abbaye de Fécamp sous l'abbatiat de Jean de Ravenne, 1028-1078 », dans *L'Abbaye bénédictine de Fécamp. XIIIe centenaire*, Fécamp, 1958.

430. MUSSET (L.) : « Les censiers du Mont-Saint-Michel. Essai de restitution d'une source perdue », dans *Revue du département de la Manche*, 1960.

431. PETOT (P.) : « La constitution de rente aux XIIe et XIIIe siècles dans les pays coutumiers », dans *Publications de l'université de Dijon*, 1928.

432. PERRENET (P.) : « Les droits de seigneurie en Bourgogne », dans *Mémoires de la Société pour l'histoire du droit et des institutions des anciens pays bourguignons...*, VII, 1940-1941.

433. PERRIN (Ch. Ed.) : *Essai sur la fortune immobilière de l'abbaye alsacienne de Marmoutier aux Xe et XIe siècles*, dans *Histoire du droit et des institutions de l'Alsace*, fasc. 10, Strasbourg, 1935.

434. PERRIN (Ch. Éd.) : « Esquisse d'une histoire de la tenure en Lorraine au Moyen Âge », dans *Recueils de la Société Jean Bodin, III : La tenure*, Bruxelles, 1938.

435. PICOT (J.) : *La Seigneurie de l'abbaye de l'Île-Barbe*, Lyon, 1953.

436. REYNAUD (F.) : « L'organisation et le domaine de la commanderie de Manosque », *Provence historique*, 1957.

437. RICHARD (J. M.) : « Thierry d'Hireçon, agriculteur artésien », dans *Bibliothèque de l'École des chartes*, 1892.

438. SCHNAPPER (B.) : « Les baux à vie », *Revue historique de droit français et étranger*, 1957.
439. STRAYER (J. R.) : *The Royal Domain in the Baillage of Rouen*, Princeton, 1936.
440. VIARD (P.) : « La dîme ecclésiastique dans le royaume d'Arles et de Vienne aux XIIe et XIIIe siècles », dans *Zeitschrift der Savigny Stiftung, Germanische Abteilung*, 1911.

4. – ITALIE

441. GUKOVSKIJ (M. A.) : *Italianskoe vozrozdenij*, I, Leningrad, 1947.
442. IMBERCIADORI (I.) : *Mezzadria classica toscana con documentazione inedita dal IX al XIV secolo* (Academia economica agraria dei Georgofili), Florence, 1951.
443. NASALI-ROCCA (E.) : « La gestione dei beni del monastero cistercense di Chiaravalle della Colomba », dans *Economia e storia*, 1956.
444. ROMEO (R.) : « La signoria dell'abate di sant Ambrogio di Milano sul commune rurale di Origgio nel secolo XIII », *Rivista storica italina*, 1957.

5. – PAYS-BAS

445. BRUWIER : « Note sur l'exploitation des bois de Mirwart par le comte de Hainaut en 1333 », dans *Mélanges Félix Rousseau*, Liège, 1958.
446. DERVEEGHDE (D. van) : *Le domaine du val Saint-Lambert de 1202 à 1387. Contribution à l'histoire rurale et industrielle du pays de Liège* (Bibliothèque de la Faculté de philosophie et lettres de l'université de Liège, 130), Paris, 1955.
447. GODDING-GANSHOP (F.) : « Le prieuré de Grand-Bigard depuis sa fondation jusqu'en 1381 », *Annales de la société royale d'archéologie de Bruxelles*, 1948-1955.
448. *Oorkondenbock van het sticht Utrecht tot 1301* (éd. S. MULLER), 4 vol., 1920-1954.
449. SMET (J. de) : *Het memoriaal van Simon de Rikelike, Vrijlaat te St Pieters-op-den-Dijk, 1323-1336*, 1933.
450. STIENNON (J.) : *Étude sur le chartier et le domaine de l'abbaye Saint-Jacques à Liège*, 1015-1209 (Bibliothèque de la Faculté de philosophie et lettres de l'université de Liège, 124). Paris, 1951.

E. La dépendance personnelle et la ministérialité.

451. Borne (L.) : « Notes pour servir à l'histoire de la mainmorte dans le comté de Bourgogne », dans *Mémoires de la société pour l'histoire du droit... des anciens pays bourguignons...*, 1950-1951.

452. Bosl (K.) : « Freiheit und Unfreiheit » dans *Vierteljahrschrift für Sozial- und Wirtschaftsgeschichte*, 1957.

453. Boussard (J.) : « Serfs et *colliberti* (xie-xiie siècles) », dans *Bibliothèque de l'École des chartes*, 1947-1948.

454. Brelot (J.) : « La mainmorte dans la région de Dole », dans *Mémoires de la Société pour l'histoire du droit... des anciens pays bourguignons...*, 1950-1951.

455. Didier (N.) : « Les plus anciens textes sur le servage dans la région dauphinoise », dans *Études d'histoire du droit privé offertes à Pierre Petot*, Paris, 1959.

456. Dodwell (B.) : « The Sokeman of the Southern Danelaw in the Eleventh century », *Bull. Inst. Hist. Research*, 1938.

457. Dubar (L.) : « Les mairies rurales du monastère de Saint-Riquier », dans *Revue du Nord*, 1958.

458. Duby (G.) : « Géographie ou chronologie du servage ? Note sur les *servi* en Forez et en Mâconnais du xe au xiie siècle », dans *Hommage à Lucien Febvre*, I, Paris, 1953.

459. Génicot (L.) : « *Nobiles, milites, villici* au xie siècle », dans *Namurcum*, 1957.

460. Imbert (J.) : « Quelques aspects juridiques de la mainmorte seigneuriale en Lorraine », dans *Mémoires de la Société pour l'histoire du droit... des pays bourguignons...*, 1950-1951.

461. Lebon (M.) : « Textes sur le formariage en Lorraine, des origines au début du xiiie siècle », *Annales de l'Est*, 1951.

462. Ourliac (P.) : « L'hommage servile dans la région toulousaine », dans *Mélanges Louis Halphen*, Paris, 1951.

463. Ourliac (P.) : « Le servage dans la région toulousaine », *Xe Congresso Internazionale di Scienze storiche, Roma*, 1955. *Relazioni III*, Florence, 1955.

464. Petot (P.) : L'évolution du servage dans la France coutumière du xie au xive siècle », dans *Recueils de la Société Jean Bodin, II : le servage*, Bruxelles, 1937.

465. Petot (P.) : « L'origine de la mainmorte servile », *Revue historique de droit français et étranger*, 1940-1941.

466. PETOT (P.) : « Licence de mariage et formariage des serfs dans les coutumes françaises du Moyen Âge », dans *Czasopismo Prawno Historyczny*, II, 1949.
467. PETOT (P.) : « Servage et tonsure cléricale dans la pratique française du Moyen Âge », *Revue d'histoire de l'Église de France*, 1954.
468. TITS-DIEUAIDE (M. J.) : « Un exemple de passage de la ministérialité à la noblesse : la famille de Wesemael (1166-1250) » dans *Revue belge de philosophie et d'histoire*, 1958.
469. VACCARI (P.) : *L'affrancazione dei servi nell'Emilia e nella Toscana*, Bologne, 1926.
470. VACCARI (P.) : *Le affrancazioni collettive dei servi della gleba*, Milan, 1940.
471. VINOGRADOFF (P.) : *Villainage in England*, Oxford, 1892.

F. Les paysans et la communauté villageoise.

472. AUBENAS (R.) : *Chartes de franchises et actes d'habitation* (textes et mémoires pour servir à l'histoire de Cannes et de sa région), t. I, fasc. I, Cannes, 1943.
473. AULT (W. O.) : « Village By-Laws by Common Consent », *Speculum*, 1954.
474. AULT (W. O.) : *The Self-Directing Activities of village communities in Medieval England*, Boston, 1952.
475. BADER (K.) : *Das mittelalterliche Dorf als Friedens- und Rechtsbereich*, I, Weimar, 1957.
476. BERNI (G.) : « *Cives e rusticii* alla fine del 12, secolo ed. all'inizio del 13. secondo il *Liber consuetudinum mediolani* », *Rivista storica italiana*, 1957.
478 *a*. BOGNETTI (G. P.) : *Sulle origini dei communi rurali del medioevo con speziali asservazioni dei territorii milanese e comasco*, Pavie, 1927.
477. BOG (I.) : *Dorfgemeinde, Freiheit und Unfreiheit in Franken*, Stuttgart, 1956.
477 *a*. BOSL (K.) : « Eine Geschichte der deutschen Landgemeinde », dans *Zeitschrift für Agrargeschichte und Agrarsoziologie*, 1961.
478. BRELOT (J.) : « Caractères originaux du mouvement communal dans le comté de Bourgogne », dans *Mémoires de la société pour l'histoire du droit... bourguignon, comtois et romand*, 1954.
479. CIPOLLA (C. M.) : « Populazione e proprietari delle campagne attraverso un ruolo di contribuenti del secolo XII », *Bolletino della società pavese di storia patria*, 1946.

479 *a*. David (M.) : « Les *laboratores* du renouveau économique du XIIe siècle à la fin du XIVe », *Revue historique de droit français et étranger*, 1959.
480. Dodwell (B.) : « The Free Peasantry of East Anglia in Domesday », *Norfolk Archaeol.*, XLVI, 1940.
481. Dodwell (B.) : « The Free Tenantry of the Hundred Rolls », *Economic History Review*, XIV, 1944.
482. Dopsch (A.) : *Die älzere Wirtschafts- und Sozialgeschichte der Bauern in der Alpenländern Osterreichs*, Oslo, 1930.
483. Douglas (D. C.) : *The Social Structure of Medieval East-Anglia*, 1927.
484. Dovring (F.) : « Contribution à l'étude de l'organisation des villages normands au Moyen Âge », *Annales de Normandie*, 1952.
485. Ennen (E.) : « Ein Teilungsvertrag der trierer Simeonstiftes, der Herren von Berg, von Lister und des Ritters von Südlingen », *Rheinische Vierteljahrsblätter*, 1956.
486. Epperlein (S.) : *Bauernbedrückung und Bauernwiderstand im hohen Mittelalter*, Berlin, 1960.
487. Homans (G. C.) : « Partible inheritance of villagers holdings », dans *Economic History Review*, VIII, 1937.
488. Homans (G. C.) : *English Villagers in the thirteenth century*, Harvard, 1942.
489. Hoyt (R. S.) : « Farm of the manor and Community of the Vill in Domesday Book », *Speculum*, 1955.
490. Konotkine (A. V.) : « La lutte des paysans en vue de l'autonomie et de la commune dans le nord de la France aux XIIe-XIVe siècles » (en russe), dans *Voprosy Istorii*, 1948.
491. Kosminsky (E. A.) : *Le Village anglais au XIIIe siècle* (en russe), Leningrad, 1935.
492. Lennard (R.) : « The Economic Position of the Domesday Villains », *The Economic Journal*, 1946 et 1947.
493. Lennard (R.) : « The Economic Position of the Bordars and Cottars of Domesday Book », *The Economic Journal*, 1951.
494. Lennard (R.) : « Peasant Tithe Collectors in Norman England », *English Historical Review*, LXIX, 1954.
495. Luzzatto (G.) : « L'inurbamento delle popolazioni rurali in Italia nei secoli XII et XIII », dans *Studi di storia e di diritto in onore di E. Besta*, Milan, 1938.
496. Maas (W.) : « Loi de Beaumont und Jus Theutonicum », *Viertelfahrschrift für Sozial- und Wirtschaftsgeschichte*, 1939.
497. Martin-Lorber (O.) : « Une communauté d'habitants dans une seigneurie de Cîteaux aux XIIIe et XIVe siècles », *Annales de Bourgogne*, 1958.

498. PERRIN (Ch.-Ed.) : « Chartes de franchise et rapports de droit en Lorraine », *Le Moyen Âge*, 1946.
499. PLESNER (J.) : *L'Émigration de la campagne à la ville libre de Florence au XIIIe siècle*, Copenhague, 1934.
500. POSTAN (M.) et TITOW (J.) : « Heriots and Prices on Winchester Manors », *Economic History Review*, 2e série, XI, 1959, suivi de LONGDEN (G.) : « Statistical Notes on Winchester Heriots ».
501. SCHNEIDER (F.) : *Die Entstehung von Burg- und Landgemeinde in Italien*, Berlin, 1946.
502. STEINBACH (F.) : *Ursprung und Wesen der Landgemeinde nach rheinischen Quellen* (Arbeitsgemeinschaft für Forschung des Landes Nordrhein-Westfalen, 87), Cologne, 1960.
503. STEPHENSON (C.) : « Commendation and Related Problems in Domesday », *English Historical Review*, LIX, 1944.
504. WALREAT (M.) : « Les chartes-lois de Prisches (1158) et de Beaumont-en-Argonne (1282). Contribution à l'étude de l'affranchissement des classes rurales au XIIe siècle », *Revue belge de philologie et d'histoire*, 1944.
505. WIESSNER (H.) : *Beiträge zur Geschichte des Dorfes und der Dorfgemeinde in Österreich*, Klagenfurt, 1946.

IV. XIVe-XVe SIÈCLES

A. Le climat économique.

I. – CONSIDÉRATIONS GÉNÉRALES

506. ABEL (W.) : *Die Wüstungen des ausgehenden Mittelalters. Ein Beitrag zur Siedlungs- und Agrargeschichte Deutschlands* (Quellen und Forschungen zur Agrargeschichte, I), Iéna, 1943.
507. BOUTRUCHE (R.) : « Aux origines d'une crise nobiliaire : donations pieuses et pratiques successorales en Bordelais, du XIIIe au XIVe siècle », *Annales d'histoire sociale*, 1939.
508. BOUTRUCHE (R.) : *La crise d'une société : seigneurs et paysans du Bordelais pendant la guerre de Cent Ans* (publications de la Faculté des lettres de l'université de Strasbourg, 110), Strasbourg, 1947.
508 *a*. CIPOLLA (C. M.) : « Revisions in Economic History : the Trends in

Italian Economic History in the Later Middle Ages », *Economic History Review*, 2e série, II, 1949.
509. CIPOLLA (C. M.) : « L'economia milanese. I movimenti economici generali 1350-1500 », dans *Storia di Milano*, Milan, 1957.
510. FAWTIER (R.) : « La crise d'une société durant la guerre de Cent Ans : à propos d'un livre récent », *Revue historique*, t. CCIII, 1950.
510 *a*. FOURQUIN (G.) : *Les Campagnes de la région parisienne à la fin du Moyen Âge (du milieu du XIIIe siècle au début du XVIe)*, thèse encore inédite, soutenue à la Sorbonne en 1959 (résumé dans *Information historique*, 1961).
511. GRAUS (F.) : *Die erste Krise des Feudalismus, 14. Jahrhundert* (Ceskoslovenska Akademie Ved-Historicky Ustav), Prague, 1955.
512. GUERIN (I.) : *La Vie rurale en Sologne aux XIVe et XVe siècles* (coll. « Les hommes et la terre »). Paris, 1960.
513. HILTON (R. H.) : « Y eut-il une crise générale de la féodalité ? », *Annales ESC*, 1951.
514. HILTON (R. H.) : « L'Angleterre économique et sociale des XIVe et XVe siècles », *Annales ESC*, 1958.
515. JONES-PIERCE (T.) : « Some Tendancies in the Agrarian History of Caernarvonshire During the Later Middle Ages », *Trans. Caern. Hist. Soc.*, 1939.
516. KOSMINSKY (E. A.) : « Peut-on considérer le XIVe et le XVe siècle comme l'époque de la décadence de l'économie européenne ? », dans *Studi in onore di Armando Sapori*, I, Milan, 1957.
517. KOSMINSKY (E. A.) : « Les problèmes de base du féodalisme d'Europe occidentale dans la recherche historique soviétique », *Xe Congresso internazionale di scienze storiche, Roma, 1955, Atti*, Florence, 1955.
518. LÜTGE (F.) : « Das 14, und 15. Jahrhundert in der Sozial- und Wirtschaftsgeschichte », dans *Jahrbuch für Nationalökonomie und Statistik*, 1950.
519. LUZZATTO (G.) : « Per la storia dell'economia rurale in Italia nel secolo XIV », dans *Hommage à Lucien Febvre*, II, Paris, 1953.
520. MALOWIST (M.) : « La crise du système féodal aux XIVe et XVe siècles » (en polonais), *Kwartalnik Historyezny*, 1953.
521. MOLLAT (M.), JOHANSEN (P.), POSTAN (M.), SAPORI (A.), VERLINDEN (C.) : « L'économie européenne aux deux derniers siècles du Moyen Âge », *Xe Congresso internazionale di scienze storiche, Roma, 1955, Relazioni, VI*, Florence, 1955.
522. PERROY (E.) : « La crise économique du XIVe siècle d'après les terriers foréziens », *Bulletin de la Diana*, 1945-1946.

523. PERROY (E.) : « À l'origine d'une économie contractée : les crises du XIVe siècle », *Annales ESC*, 1949.
524. POSTAN (M.) : « The Fifteenth Century », *Economic History Review*, IX, 1938-1939.
524 *a*. SALTMARSH (J.) : « Plague and Economic Decline in England in the Later Middle Ages », *Cambridge historical journal*, 1941.
525. SCHREINER (J.) : *Pest of prisfall i sen middel alderen*, Oslo, 1948.
526. SCHREINER (J.) : « Wages and Prices in England in the Later Middle Ages », *The Scandinavian Economic History Review*, 1954.
527. STEENSBERG (A.) : « Archeological Dating of the Climatic Change in North Europe about A. D. 1300 », *Natura*, 1951.
528. TIMM (A.) : *Die Waldnutzung in Nordwestdeutschland im Spiegel der Weistumer Einleitende Untersuchungen über die Umgestallung des Stadt-Land-Verhältnisses im Spätmittelalter*, Cologne-Graz, 1960.

2. – LA POPULATION

529. ARNOULD (M. A.) : *Les Dénombrements de foyers dans le comté de Hainaut (XIVe-XVe siècles)* (Comm. roy. d'Hist.), Bruxelles, 1956.
530. DUBLED (H.) : « Conséquences économiques et sociales des mortalités du XIVe siècle, essentiellement en Alsace », *Revue d'histoire économique et sociale*, 1959.
531. FÉVRIER (P.-A.) : « La population de la Provence à la fin du XVe siècle, d'après l'enquête de 1471 », *Provence historique*, 1956.
532. FUJIWARA (H.) : « La population et les manoirs en Angleterre au XIVe siècle » (en japonais), *Shigaku Zasshi*, t. LIX, 1950.
533. FOURQUIN (G.) : « La population dans la région parisienne aux environs de 1328 », *Le Moyen Âge*, 1956.
534. GEREMEK (B.) : « Le problème de la main-d'œuvre en Prusse dans la première moitié du XVe siècle » (en polonais), *Przeglad Historyczny*, 1957.
535. GLENISSON (J.) : « Essai de recensement et d'interprétation des sources de l'histoire démographique en France au XIVe siècle », *XIe Congrès international des sciences historiques, Stockholm, 1960. Résumés des communications*, Stockholm, 1960.
535 *a*. GUENÉE (B.) : « La géographie administrative de la France à la fin du Moyen Âge ; élections et bailliages », *Le Moyen Âge*, 1961.
536. HELLEINER (K.) : « Europas Bevölkerung und Wirtschaft im späteren Mit-

telalter », dans *Mitteilungen des Instituts für Oesterreichische Geschichtsforschung*, 1954.

537. Helleiner (K.) : « Population Movements and Agrarian Depression in the Later Middle Ages », *Canad. Journ. Econ. and Pol. Sc.*, XV, 1959.
538. Meinsma (K. O.) : *De Zwarte Dood. 1347-1352*, 1924.
539. Postan (M.) : « Some Economic Evidence of Declining Population in the Later Middle Ages », *Economic History Review*, 2e série, II, 1950.
540. Renouard (Y.) : « Conséquences et intérêt démographique de la peste noire de 1348 », *Population*, 1948.
541. Werveke (H. van) : « De Zwarte Dood in de Zuidelijke Nederlanden, 1349-1351 », *Meded. Kon. Vlaamse Akademie voor Wetensch, (Lettres)*, 1950.

3. – Le retrait des cultures

542. Abel (W.) : « Wüstungen und Preisfall im spätmittelalterlichen Europa », dans *Jahrbuch für Nationalökonomie und Statistik*, 1953.
543. Beresford (M. W.) : « The Lost Villages of Medieval England », *Geographical Journal*, 1951.
544. Beresford (M. W.) : *The Lost Villages of England*, New York, 1954.
545. Boutruche (R.) : *La Dévastation des campagnes pendant la guerre de Cent Ans et la reconstruction agricole de la France* (publ. de la Faculté des lettres de l'université de Strasbourg, vol. 106 : Mélanges, II), Strasbourg, 1945.
546. Frolich (K.) : « Rechtsgeschichte und Wüstungskunde », dans *Zeitschrift für Rechtsgeschichte*, 1944.
547. Hilton (R. H.) : « Old enclosure in the West Midlands : a Hypothesis about their Late Medieval Developments », dans *Annales de l'Est, Mémoire no 21*, Nancy, 1959.
548. Hurst (J. G.) : « Deserted Medieval Villages », *Amateur Historian*, II, 1955.
549. Jaeger (H.) : « Zur Entstehung der heutigen Forsten in Deutschland », dans *Bericht zur deutschen Landeskunde*, 1954.
550. Jaeger (H.) : « Die Ausdehnung der Wälder in Mitteleuropa über offenes Siedlungsland », *Annales de l'Est, Mémoire no 21*, Nancy, 1959.
551. Kelter (E.) : « Das deutsche Wirtschaftsleben des 14. und 15. Jahrhunderts im Schatten der Pestepidemie », dans *Jahrbuch für Nationalökonomie und Statistik*, 1953.
552. Klein (H.) : « Das Grosse Sterben von 1348-1349 und seine Auswirkung

auf die resiedlung der Ostalpenländer », dans *Mitteilungen der Gesellschaft für Salzburger Landeskunde*, 1960.
553. KRENZLIN (A.) : « Das Wüstungsproblem im Lichte ostdeutscher Siedlungsforschung », dans *Zeitschrift für Agrargeschichte und Agrarsoziologie*, 1959.
554. MORTENSEN (H.) : *Zur deutschen Wüstungsforschung*, Göttingen, 1944.
555. MORTENSEN (H.) : « Neue Beobachtungen über Wüstungsbandfluren und ihre Bedeutung für die mittelalterlichen Kulturlandschaft », dans *Berichte zur deutschen Landeskunde*, 1951.
556. MORTENSEN (H.) : « Die mittelalterliche deutsche Kulturlandschaft und ihre Verhältnis zur Gegenwart », dans *Vierteljahrschrift für Sozial- und Wirtschaftsgeschichte*, 1958.
557. MORTENSEN (H.) : « Probleme der mittelalterlichen Kulturlandschaft », *Berichte zur deutschen Landeskunde*, 1958.
558. POHLENDT (H.) : *Die Verbreitung der mitrelalterlichen Wüstungen in Deutschland* (Göttinger geographischen Abhandlungen, 3), Göttingen, 1950.
558. *a*. RICHTER (G.) : « Klimaschwangungen und Wüstungsvorgange in Mittelalter », dans *Petermanns Mitteilungen*, 1952.
559. SCHARLAU (K.) : « Neue Probleme der Wüstungsforschung », dans *Berichte zur deutschen Landeskunde*, 1956.
559. *a*. ZIENTARA (B.) : *La Crise agraire dans l'Uckermark au* XIVe *siècle* (en polonais), Varsovie, 1961.

4. – LES FAMINES

560. CAPRA (P.) : « Au sujet des famines en Aquitaine au XIVe siècle », *Revue historique de Bordeaux*, 1955.
561. CURSCHMANN (F.) : *Hungersnöte im Mittelalter*, Leipzig, 1900.
562. FOSSIER (R.) et (L.) : « Aspects de la crise frumentaire en Artois et en Flandre gallicante au XIVe siècle », dans *Recueil de travaux offert à Cl. Brunel*, I, Paris, 1955.
563. LARENAUDIE (M.-J.) : « Les famines en Languedoc aux XIVe et XVe siècles », *Annales du Midi*, 1952.
564. LUCAS (H. S.) : « The Great European Famine of 1315, 1316 and 1317 », *Speculum*, 1930.
565. WERVEKE (H. van) : « La famine de l'an 1316 en Flandre et dans les régions voisines », *Revue du Nord*, 1959.

5. – La production rurale

566. Cipolla (C. M.) : « Per la storia delle terre della "bassa" Lombarda », dans *Studi in onore di Armando Sapori*, I, Milan, 1957.
567. Debien (G.) : *En haut-Poitou. Défricheurs au travail, xv*e*-xviii*e *siècles* (Cahiers des Annales, n° 7), Paris, 1952.
568. Février (P. A.) : « Quelques aspects de la vie agricole en Basse-Provence à la fin du Moyen Âge », *Bulletin philologique et historique*, 1959.
569. Février (P.-A.) : « La basse vallée de l'Argens. Quelques aspects de la vie économique de la Provence orientale aux xve et xvie siècles », *Provence historique*, 1959.
570. Latouche (R.) : *La vie en Bas-Quercy du xiv*e *au xviii*e *siècle*, Toulouse, 1923.
571. Payne (R. C.) : « Agrarian conditions on the Wiltshire Estates of the Duchy of Lancaster, the Lords Hungerford and Bishopric of Winchester in the thirteenth, fourteenth and fifteenth centuries », *Bull. Inst. Hist. Research*, XVIII, n° 54, 1940.
572. Sicard (G.) : « Les techniques rurales en pays toulousain aux xive et xve siècles d'après les contrats de métayage », *Annales du Midi*, 1959.
573. Slicher Van Bath (B. H.) : « The Rise of Intensive Husbandry in the Low Countries, 1960 », dans *Britain and the Netherlands*.
574. Tucoo-Chala (P.) : « Productions et commerce en Béarn au xive siècle », *Annales du Midi*, 1955.
575. Tucoo-Chala (P.) : « Une charte sur la basse vallée d'Ossau au bas Moyen Âge », *Annales du Midi*, 1959.

B. Les mouvements sociaux et la condition paysanne.

576. Aston (M. E.) : « Lollardy and Sedition, 1381-1431 », *Past and Present*, 1960.
577. Aubenas (R.) : « Le servage à Castellane au xive siècle », *Revue historique de droit français et étranger*, 1937.
578. Bavoux (F.) : « Les particularités de la mainmorte dans la terre de Luxeuil », dans *Mémoire de la Société pour l'histoire du droit... des anciens pays bourguignons...*, 13, 1950-1951.
579. Bossuat (A.) : « Le servage en Nivernais au xve siècle, d'après les registres du Parlement », dans *Bibliothèque de l'École des chartes*, 1959.

580. BOUYSSON (L.) : « La condition juridique du foyer rural en Haute-Auvergne au XVe siècle », *Revue historique de droit français et étranger*, 1942.

581. CELLIER (L.) : « Les mœurs rurales au XVe siècle d'après les lettres de rémission », dans *Bulletin philologique et historique*, 1959.

582. CHOMEL (V.) : « Communautés rurales et *casanae* lombardes en Dauphiné (1346) », dans *Bulletin philologique et historique*, 1953.

583. DUNKEN (G.) : « Der Aufstand des Fra Dolcino zu Beginn des 14. Jahrhundert », dans *Wissenschaftliche Annalen, VI*, 1957.

584. FALLETI (L.) : « Le contraste juridique entre Bourgogne et Savoie au sujet de la mainmorte seigneuriale », dans *Mémoires de la Société pour l'histoire du droit... des anciens pays bourguignons...*, 13, 1950-1951 ; 14, 1952.

585. FLAMMERMONT (J.) : « La Jacquerie en Beauvaisis », *Revue historique*, 1879.

586. GÉNICOT (L.) : « Le servage dans les chartes-lois de Guillaume II, comte de Namur : 1391-1418 », *Revue belge de philologie et d'histoire*, 1945.

587. GOGNON (M.) : *Les institutions et la société en Forez au XIVe siècle d'après les testaments*, Mâcon, 1960.

588. GOGNON (M.) : *La vie familiale en Forez au XIVe siècle et son vocabulaire d'après les testaments*, Mâcon, 1960.

588 *a*. GRAUS (F.) : « Au bas Moyen Âge : pauvres des villes et pauvres des campagnes », *Annales ESC*, 1961.

589. HILTON (R. H.) : « Peasant Movement in England before 1381 », *Economic History Review*, 2e série, II, 1949.

590. HILTON (R. H.) et FAGAN (H.) : *The English Rising of* 1381, Londres, 1954.

591. HUBRECHT (G.) : « Le servage dans le sud-ouest de la France, plus particulièrement à la fin du Moyen Âge », dans *Études d'histoire du droit privé offertes à Pierre Petot*, Paris, 1959.

591 *a*. HUGENHOLZ (F.) : *Drie boerenopstanden uit de vertionde eeuw*, Harlem, 1949.

592. JUGLAS (J.) : « La vie rurale dans le village de Jonquières, 1308-1418 », *Provence historique*, 1958.

593. LINDSAY (P.) et GROVES (R.) : *The Peasants' Revolt of* 1381, Londres, 1950.

594. LUC (P.) : *Vie rurale et pratique juridique en Béarn aux XIVe et XVe siècles*, Toulouse, 1943.

595. MERCIER (H.) : « Étude sur la mainmorte dans le pays de Montbéliard », dans *Mémoire de la Société pour l'histoire du droit... des anciens pays bourguignons...*, 13, 1950-1951.

596. PATRONE (A. M.) : *Le casane astigiane in Savoia* (Miscellanea di storia italiana), Turin, 1959.
597. PIRENNE (H.) : *Le Soulèvement de la Flandre maritime de 1323-1328*, Bruxelles, 1900.
598. PROST (B.) : *Inventaires mobiliers et extraits des comptes des ducs de Bourgogne de la maison de Valois, 1363-1477*, Paris, 1912-1913.
599. RICHARDOT (H.) : « Note sur les roturiers possesseurs de fiefs nobles », dans *Mélanges A. Dumas* (Annales de la Faculté de droit d'Aix), 1950.
600. SAMARAN (C.) : « Note sur la dépendance personnelle en Haute-Provence au XIVe siècle », *Annales du Midi*, 1957.
601. SAPRYKIN (J. M.) : « Les *Levellers* et la lutte des classes pour la terre » (en russe), dans *Vestnik Mosk. Univ.*, 1951.
602. SKASKIN (S. D.) : *Le condizioni storiche della rivolta di Dolcino* (Rapporti della delegazione sovietica al Xe Congresso internazionale di scienze storiche a Roma), Moscou, 1955.
603. TESSIER (G.) : « Vente d'hommes de corps et aveu consécutif de servitude (16 juillet 1340) », dans *Études d'histoire du droit privé offertes à P. Petot*, Paris, 1959.
603 *a*. TOUBERT (P.) : « Les statuts communaux et l'histoire des campagnes lombardes au XIVe siècle », dans *Bulletin d'archéologie et d'histoire publié par l'École française de Rome*, 1960.
604. VIGNIER (F.) : « L'exercice de la mainmorte par les ducs de Bourgogne dans le nord du bailliage de la Montagne au XIVe siècle », dans *Mémoires de la Société pour l'histoire du droit... des anciens pays bourguignons...*, 16, 1954.
605. WILKINSON (B.) : « The Peasants Revolt of 1381 », *Speculum*, 1940.

C. La seigneurie.

606. BEAN (J. M. W.) : *The Estates of the Percy family, 1416-1537*, Oxford, 1958.
607. BOULAY (F. R. H. du) : « The Pagham Estates of the Archbishops of Canterbury During the Fifteenth Century », *History*, 1953.
608. CHOMEL (V.) : « La perception des cens en argent dans les seigneuries du Haut-Dauphiné aux XIVe et XVe siècles », dans *Recueil de travaux offerts à Cl. Brunel*, Paris, 1955.
608. *a*. *Das grosse Zinsbuch des deutschen Ritterordens. 1414-1438* (éd. Thielen), Marbourg, 1958.

609. DAVISO DI CHARVENSOD (M.) : « Coltivazione e reddito della vigna a Rivoli nel secolo 14 », dans *Bolletino storico-bibliografico subalpino*, 1950.
610. DELATOUCHE (R.) : « Le rouleau de la Dame d'Olivet », dans *Bulletin de la commission historique de la Mayenne*, 1956.
611. DONNELLY (J.S.) : « Changes in the Grange Economy of English and Welsh Cistercian Abbeys (1300-1540) », *Traditio*, 1954.
612. DUBY (G.) : « Le grand domaine de la fin du Moyen Âge en France », dans *Première conférence internationale d'histoire économique, Stockholm, 1960* (coll. « Congrès et colloques », I,) Paris, 1960.
613. FILHOL (R.) : « Chartes poitevines relatives aux droits seigneuriaux », dans *Études d'histoire du droit privé offertes à Pierre Petoi*, Paris, 1959.
614. GARRIGOUX (A.) : « Chasse et pêche en Haute-Auvergne au XIVe siècle. Transaction entre le seigneur Louis de Dieuse et ses tenanciers au sujet de la chasse et de la pêche », *Revue historique de droit français et étranger*, 1939.
615. HAENENS (A. d') : « La crise des abbayes bénédictines au bas Moyen Âge. Saint-Martin de Tournai, 1290-1350 », dans *Le Moyen Âge*, 1959.
616. HAENENS (A. d') : « Le budget de Saint-Martin de Tournai, 1331-1348 », *Revue belge de philologie et d'histoire*, 1959.
617. HAENENS (A. d') : « Les gardiens de Saint-Martin de Tournai de 1309 à 1348 », *Revue d'histoire ecclésiastique*, 1959.
618. HAENENS (A. d') : *L'abbaye de Saint-Martin de Tournai de 1290 à 1350. Origines, évolution et dénouement d'une crise*, Louvain, 1961.
619. HILTON (R. H.) : *The Economic Development of Some Leicestershire Estates in the 14th ans 15th centuries* (Oxford historical Series), Londres, 1947.
620. HILTON (R. H.) : « A study in the pre-history of English enclosure in the fifteenth century », dans *Studi in onore di Armando Sapori*, I, Milan, 1957.
621. HOLMES (G. A.) : *The Estates of the Higher Nobility in the fourteenth century England* (Cambridge Studies in Economic History), Cambridge, 1957.
622. JANSEN (H. P.) : *Landbouw pacht in Brabant in de veertiende en vijftiende eeuw*, Assen, 1955.
623. JONES (P. J.) : « Le finanze della badia cisterciense di Settimo nel 14. secolo », dans *Rivista di storia della chiesa in Italia*, 1956.
624. JEANCARD (R.) : *Les Seigneuries d'outre-Siagne du XIVe au XVIe siècle*, Cannes, 1952.
625. LEWIS (E.A.) : « The Count Rolls of the Manor of Broniarth, 1429-1464 », dans *Bulletin of Celtic Studies*, XI, I.
626. MARTENS (M.) : « L'administration du domaine ducal en Brahant au

Moyen Âge (1250-1406) », dans *Mémoires de l'Académie royale*, Bruxelles, 1954.

627. Martin-Lorber (O.) : « L'exploitation d'une grange cistercienne à la fin du xive siècle et au début du xve », *Annales de Bourgogne*, 1957.

628. Merle (L.) : *La métairie et l'évolution agraire de la Gâtine poitevine, de la fin du Moyen Âge à la Révolution* (coll. « Les hommes et la terre », II), Paris, 1958.

629. Mirot (L. et A.) : *La Seigneurie de Saint-Vérain-des-Bois, des origines à sa réunion au comté de Nevers*, 1480, La Charité-sur-Loire, 1943.

630. Morel (P.) : « Les baux à cens avec réduction des redevances en Limousin après la guerre de Cent Ans », *Revue historique de droit français et étranger*, 1939.

631. Perroy (E.) : « Wage Labour in France in the Later Middle Ages », *Economic History Review*, 2e série, VIII, 1955.

631 *a*. Plaisse (A.) : *La baronnie du Neufbourg, Essai d'histoire agraire, économique et sociale*, Paris, 1961.

632. Putnam (B.) : « Records of the Courts of Common Law, especially of the Sessions of the justices of Peace. Sources for the economic history of England in the xivth and xvth centuries », dans *Proc. Amer. philos. Soc.*, XCI, 3, 1947.

633. Ross (C. D.) et Pugh (T. B.) : « Materials for the Study of Baronial Income in fifteenth century England », *Economic History Review*, 2e série, VI, 1953.

634. Salzmann (L.F.) : « The property of the Carl of Arundel 1397 », *Sussex Archeological Collection*, 1953.

635. Sicard (G.) : *Le métayage dans le Midi toulousain à la fin du Moyen Âge* (Mémoires de l'Académie de Législation, II), Toulouse, 1957.

636. *The Stoneleigh Leger Book* (éd. R.H. Hilton), Oxford, 1960.

637. Toms (E.) : « The Manors of Chertsey Abbey under Abbot John de Rutherwy (1307-1347) », *Bull. Inst. Hist. Research*, XIV, 1937.

637 *a*. Tucoo-Chala (P.) : *Gaston Fébus et la vicomté de Béarn, 1343-1391*, Bordeaux, 1960.

638. Wolfe (B. P.) : « The Management of English Royal Estates under the Yorkish Kings », *English Historical Review*, 1955.

639. Wolff (Ph.) : « La fortune foncière d'un seigneur toulousain au milieu du xve siècle », *Annales du Midi*, 1958.

D. *Villes et campagnes.*

640. Baratier (E.) : « Le notaire Jean Barral, marchand de Riez au début du xve siècle », *Provence historique*, 1957.
641. Borlandi (F.) : « Futainiers et futaines dans l'Italie du Moyen Âge », dans *Hommage à Lucien Febvre*, II, Paris, 1953.
642. Bossuat (A.) : *Le bailliage royal de Montferrand (1425-1556)* (Publications de la Faculté des lettres de l'université de Clermont, 2e série, fasc. 5), Paris, 1957.
643. Carus-Wilson (E.) : « Trends of the Export of English Woolens in the xivth century », *Economic history review*, 1950.
644. Carus-Wilson (E.) : « Evidences of Industrial Growth on some Fifteenth Century Manors », *Economic History Review*, 2e série, XII, 1959.
645. Coornaert (E.) : « Draperies rurales, draperies urbaines », *Revue belge de philologie et d'histoire*, 1950.
646. Craeybeckx (J.) : *Un grand commerce d'importation. Les vins de France aux anciens Pays-Bas (xiiie-xvie siècle)*, Paris, 1958.
647. Fedou (R.) : « Une famille aux xive et xve siècles, les Jossard de Lyon », *Annales ESC*, 1958.
648. Geremek (B.) : « Problèmes regardant les relations entre villes et campagnes en Prusse teutonique durant la première partie du xve siècle » (en polonais), dans *Przeglad Historyczny*, 1956.
649. Heers (J.) : *Le Livre de comptes de Giovanni Piccamiglio, homme d'affaires génois (1456-1459)* (coll. « Affaires et gens d'affaires », XII), Paris, 1959.
650. Houtte (H. van) : *Documents pour servir à l'histoire des prix de 1381 à 1794*, Bruxelles, 1902.
651. Kerling (N. J. M.) : *Commercial Relations of Holland and Zeeland with England from the late xiii^th century to the close of the Middle Ages*, Leyde, 1954.
652. Malowist (M.) : « Les produits des pays de la Baltique dans le commerce international au xvie siècle », *Revue du Nord*, 1960.
653. Malowist (M.) : « A Certain Trade Technique in the Baltic Countries in the *xv^th-xviii^th* centuries », dans *Poland at the XIth international Congress of Historical sciences at Stockholm*, 1960.
654. Nubling (E.) : *Ulms Baumwollweberei im Mittelalter*, Leipzig, 1890.
655. Pettino (A.) : *Lo zafferano nell'economia del medio evo* (Pubblicazione della Facoltà di economia e commercio dell'Universita di Catania, Seria I, vol. I), Catane, 1950-1951.
656. Rey (M.) : « Un témoignage inédit sur l'hôtel du roi : le journal de la

dépense du premier semestre 1417 », *Annales littéraires de l'université de Besançon*, 1955.

657. VERRIEST (L.) : « Étude d'un contrat privé de droit médiéval : le bail à cheptel vif à Tournai (1297-1334) », *Revue du Nord*, 1946.

658. WOLFF (Ph.) : *Commerces et marchands de Toulouse (vers 1350-1460)*, Paris, 1954.

659. WOLFF (Ph.) : *Les « estimes » toulousaines des XIVe et XVe siècles* (Bibliothèque de l'association Marc Bloch de Toulouse, Documents d'histoire méridionale), Toulouse, 1956.

660. YVER (J.) : « Évolution de quelques prix en Normandie aux XIVe et XVe siècles », *Revue historique de droit français et étranger*, 1958.

LIVRE I

IXe ET Xe SIÈCLES

C'est au temps de Charlemagne que, d'un coup, l'histoire des campagnes d'Occident s'éclaire. Jusqu'alors les documents écrits, très pauvres et d'une grande rareté, jetaient quelques lueurs perdues au sein d'une obscurité épaisse, décourageante. Il demeure bien sûr possible d'interroger d'autres témoignages, et qui ne sont pas les moins précieux, ceux que fournit l'observation attentive du paysage actuel. Sur celui-ci, en effet, la vie des paysans du très haut Moyen Âge a imprimé des traces profondes qui se marquent aujourd'hui encore dans la toponymie et les formations végétales, le dessin des champs et des chemins, dans l'allure des villages, et même de leurs maisons. Toutefois, pour que la connaissance historique soit assurée et précise, la rencontre entre ces vestiges et l'enseignement des textes s'avère indispensable. Car seuls ces derniers peuvent procurer des éléments de datation dont l'approximation ne soit pas trop lâche. Or, l'histoire de l'économie rurale ne saurait se passer de repères chronologiques. Parce que son rythme est relativement lent, il convient d'en mesurer minutieusement les cadences. Et, jusqu'aux abords de l'an 800, les écrits conservés demeurent beaucoup trop peu nombreux pour faire apparaître les étapes de l'évolution, et même ses phases principales. Tout change ensuite.

Ce qu'on appelle la renaissance carolingienne, c'est-à-dire un effort délibéré pour donner dans les pays francs une vigueur nouvelle au corps ecclésiastique, et à l'État qui n'en était guère distinct, en revivifiant, en recréant même les institutions scolaires, en restaurant des pratiques administratives fondées sur un usage régulier de l'écriture, fit brusquement se multiplier des textes beaucoup plus clairs. Beaucoup plus durables aussi, car ils étaient rédigés sur une matière solide, le parchemin. En fait, de ceux qui concernaient la vie rurale, beaucoup ont été conservés. L'essentiel de ce que nous pouvons savoir repose sur eux.

N'exagérons pas pourtant le nombre de ces documents : ils se comptent par dizaines. En outre, ils ont tous été composés dans l'entourage du souverain carolingien et des églises les plus proches de lui, ce qui localise assez étroitement ces sources. Hors de l'Empire, en effet, rien ne vient dissiper l'obscurité : de la vie des campagnes anglo-saxonnes, on sait seulement ce qu'apprennent les très rares chartes qui garantissaient les droits du roi, c'est-à-dire fort peu de choses. Et dans l'Empire même, de vastes régions sont à peu près vides de documents écrits. C'est le cas en particulier de toute la moitié méridionale de la Gaule, mal tenue par les souverains francs, peu pénétrée par le mouvement de rénovation des études. La Bavière, les pays lombards, où les traditions culturelles héritées de l'antiquité romaine se maintenaient plus vivaces, sont moins défavorisées. Cependant, la région privilégiée, celle où sont concentrées la plupart des sources et les plus explicites, se situe entre le Rhin et la Loire. C'est là seulement que l'on voit un peu clair. Encore n'y peut-on observer que quelques secteurs, fort limités, du monde rural : les indications portent presque toutes sur la gestion des très grosses fortunes financières. La part d'incertitude, on le voit, reste énorme, et nombre de questions demeureront toujours sans réponse.

Les espoirs sont minces, en effet, de faire encore, dans cette période de l'histoire rurale, d'importantes découvertes. Les archives ont à peu près livré tous leurs secrets, et les méthodes d'interprétation des textes ne risquent guère d'être sensiblement perfectionnées. Dans cette première partie, ma tâche sera donc relativement simple. Indiquer sommairement l'état des connaissances acquises, proposer quelques réflexions, émettre ici et là des hypothèses, signaler les points où la recherche pourrait être poussée un peu plus avant, délimiter enfin les rares secteurs où les disciplines annexes ont quelques chances de prolonger l'enseignement des documents écrits, c'est le but des pages qui vont suivre.

CHAPITRE PREMIER

LE TRAVAIL ET LA TERRE

I. L'occupation du sol. Systèmes de production et organisation des terroirs [1]

Un premier fait, bien assuré : dans la civilisation de ce temps, la campagne est tout. De vastes contrées, l'Angleterre, la Germanie presque tout entière, sont absolument sans villes. Il en existe ailleurs : d'anciennes cités romaines, moins profondément dégradées dans le sud de l'Occident, ou bien de toutes jeunes bourgades de trafic qui viennent de naître le long des fleuves menant aux mers du Nord. Mais sauf quelques exceptions lombardes, ces « villes » paraissent toutes des agglomérations dérisoires, qui rassemblent au plus quelques centaines d'habitants permanents, et qui vivent profondément engagées dans la campagne. Vraiment, elles ne s'en distinguent point. Les vignes les ceinturent, les champs les pénètrent ; elles sont pleines de bestiaux, de granges, de garçons de cultures. Tous les hommes, même les plus riches, les évêques, les rois même, et les rares spécialistes, juifs ou chrétiens, qui dans les cités font le métier du commerce à longue distance, tous demeurent des ruraux, dont l'existence est rythmée par le cycle des saisons agricoles, dont toute la subsistance dépend de la terre nourricière, et qui en tirent immédiatement toutes leurs ressources. L'historien de cette époque n'a donc pas à poser le problème, si préoccupant aux périodes suivantes, des rapports économiques entre ville et campagne.

Il est sûr aussi qu'il s'agit bien partout de *campagnes* – c'est-à-dire d'un

1. N. B. – Les articulations de l'orientation bibliographique permettent déjà de repérer les ouvrages qui soutiennent les diverses parties de l'exposé, et qui convient à en prolonger la lecture. On trouvera en note quelques références plus précises. Le chiffre qui suit le nom de l'auteur donne le numéro d'ordre de l'ouvrage dans la liste bibliographique.

paysage aménagé par l'homme autour de points d'établissement fixes. L'Occident du IXe siècle est peuplé dans son ensemble par une paysannerie stabilisée, enracinée. Non qu'il faille se la représenter tout à fait immobile : dans la vie rustique, une large place s'ouvre au nomadisme. À la belle saison, les « remues » pastorales ou les charrois entraînent beaucoup de paysans dans des déplacements parfois lointains ; d'autres s'engagent dans des équipées périodiques de cueillette, de chasse ou de rapines, à la quête d'un butin, d'un surcroît de provende : une part de la population rurale participe alors chaque été aux aventures guerrières. Cependant, pour la plupart des hommes, le nomadisme est latéral, saisonnier. Ils vivent le plus grand nombre de leurs jours sur une terre qui est celle de leur famille, dans un terroir organisé. On les sent établis dans un village.

En effet, l'existence du campagnard se déroule très exceptionnellement dans un habitat solitaire ; les maisons apparaissent plus ou moins proches les unes des autres, mais très rarement isolées ; la règle est le groupement. Certains historiens, davantage de géographes (en France surtout où l'histoire et la géographie demeurent, pour leur commun profit, heureusement alliées), soucieux de trouver dans le plus ancien passé une explication des structures agraires d'aujourd'hui, ont pu repérer ici et là, à travers les sources du très haut Moyen Âge, différents types de peuplement, par gros villages ou par hameaux plus modestes. Oppositions qui furent sans doute commandées à la fois par l'allure du sol et par les habitudes sociales[1]. Les patients travaux d'A. Déléage donnent, appliqués au cas bourguignon, un excellent exemple de la difficulté de ces recherches, de leur témérité peut-être, en tout cas de leur fécondité[2]. Voici l'un de ces champs d'études où les procédés d'observation les plus divers viennent éclairer l'enseignement souvent très laconique des textes. Il serait bon qu'il fût largement exploré. Mais dans l'état actuel des investigations, il paraît bien que ce sont les villages, quelle que fût leur taille, qui constituèrent, au IXe, au Xe siècle, le cadre normal de l'existence. Dans l'Angleterre saxonne, par exemple, le village servait de base aux perceptions, aux réquisitions rurales. Autour de ces points fixes, partout s'ordonnait l'aménagement du terrain, et notamment le réseau des chemins et des pistes qui, dans le paysage d'aujourd'hui, apparaît comme le vestige le plus tenace des structures agraires anciennes, le support le plus solide d'une étude archéologique des terroirs.

En Europe occidentale, les prospections commencent à peine, qui permettront un jour de connaître moins mal ce que fut la maison campagnarde médié-

1. JUILLARD, 161.
2. DÉLÉAGE, 207.

vale. Certains indices donnent à penser déjà que, sauf aux abords de la Méditerranée où l'on construisait en pierres, les habitations des hommes étaient, au haut Moyen Âge et même dans des temps moins reculés, des huttes de branchages et de terre, fragiles et éphémères : au début du XIIIe siècle encore, un paysan anglais fut condamné pour avoir détruit la maison d'un de ses voisins en coupant seulement les poutres centrales[1]. Pourtant les villages ne changeaient point de site, et ceci, semble-t-il, pour deux raisons. D'abord parce que l'aire du village se trouvait placée dans un statut juridique particulier, différent de celui des terres environnantes, et jouissait de privilèges coutumiers qui rendaient ses limites intangibles[2]. Les historiens du droit ont montré que l'agglomération était constituée d'une juxtaposition de ces parcelles que la plupart des textes carolingiens désignent par le mot *mansus*, et que les dialectes paysans du Moyen Âge plus proche nomment *meix, Hof, masure, toft*... Entendons par là des enclos, solidement enracinés par leur enceinte permanente de palissade ou de haie vive soigneusement entretenue, des asiles protégés, défendus, dont la violation était punie par les peines les plus graves, des îlots réservés, dont les occupants se prétendaient les seuls maîtres, aux bornes desquels s'arrêtaient les servitudes collectives, les exigences des chefs et des seigneurs. Ces clôtures, qui offraient un refuge aux richesses, au bétail, aux réserves de provisions, aux hommes endormis, qui les protégeaient contre les dangers naturels et surnaturels, et qui, jointes ensemble formaient le noyau villageois, traduisent la fixation sur un terrain d'une société dont la famille constituait la cellule maîtresse. Ajoutons que vraisemblablement, c'était l'occupation d'un de ces manses qui donnait place dans la communauté du village dont le droit collectif s'étendait sur l'ensemble des terres environnantes. En revanche, restaient tenus à l'écart, comme des habitants de seconde zone, les nouveaux venus, installés hors des enclos. N'est-ce point ceux-ci que les inventaires du IXe siècle appelaient déjà des « hôtes », c'est-à-dire des gens d'ailleurs, dont on tolérait la présence, mais qui n'étaient point intégrés au groupe villageois et ne participaient pas à tous ses droits ?

Ces stricts cadres juridiques, qui empêchaient la colonisation de s'opérer par ordre dispersé, freinaient donc considérablement les déplacements de l'habitat. Sa stabilité dépendait aussi d'un second facteur, celui-ci de nature économique. Les terres qui avoisinaient immédiatement les habitations et les étables étaient, en effet, spécialement précieuses et fécondes. Par sa seule proximité, l'agglomération paysanne se montrait fertilisante : les déchets des ménages, les allées

1. *Earliest Lincolnshire Assize Rolls, 1202-1209* (Éd. STENTON), p. 108.
2. SAINT-JACOB, 161 ; BADER, 475.

et venues du bétail domestique entretenaient autour du lieu de résidence, et précisément parce qu'il était stable, une fertilité continue ; en outre, ces mêmes terres, toutes proches des demeures, pouvaient être plus assidûment travaillées. Nulle part ainsi, le milieu naturel ne se trouvait plus profondément modifié pour les besoins de l'homme ; l'engrais et le fréquent bêchage avaient créé là un sol artificiel, y avaient installé une flore particulière et privée. Chaque enclos d'habitation enfermait donc et protégeait les « courtils », les « verchères », « les clos », c'est-à-dire des parcelles constamment cultivées, où le sol n'était jamais laissé en repos et où, à l'abri, dans un milieu spécialement propice, poussaient les plantes fragiles, les herbes et les racines de la nourriture quotidienne, le chanvre, la treille de vigne. Ces parcelles s'avéraient de beaucoup les plus nourricières, et l'auréole de jardinage qu'elles constituaient autour de lui contribua fortement à fixer le village.

*

Au-delà des haies, la nature rustique subissait également une discipline, mais bien moins stricte. Sans la dompter, l'homme pouvait, en effet, tirer d'elle une bonne part de sa subsistance. Le fleuve, le marais, la forêt et la broussaille offraient à qui voulait et pouvait les prendre de larges réserves, poisson, gibier, miel, et tant d'autres nourritures d'occasion. Il importerait d'examiner attentivement dans les textes de l'époque carolingienne, mais aussi dans des sources plus récentes, tout ce qui permet de mesurer plus exactement la place que tenaient la chasse, la pêche, la cueillette dans l'activité du campagnard de ce temps. Tout laisse croire que ce dernier maniait autant l'épieu, les rets ou le bâton fouisseur que la charrue. Vers 1180 encore, dans son traité *Du nom des outils*, Alexandre Neckham, maître anglais aux écoles de Paris, n'énumérait-il pas les filets, les lignes et les lacets pour prendre lièvres, biches et daims, parmi les ustensiles habituels du ménage paysan ? Il est certain que la forêt du haut Moyen Âge, très clairsemée, toute trouée de clairières, et où, par une gamme de formations végétales intermédiaires, la haute futaie se dégrade en herbage, constitue pour l'économie domestique un arrière-fond indispensable. Outre les vivres qu'elle offre généreusement aux cueilleurs et aux chasseurs, elle fournit la nourriture principale des bestiaux. Les moutons y vont paître, on y lâche également les gros animaux, chevaux et bovins, nourris pour la guerre ou le travail. Les porcs surtout vivent du bois. En Germanie, on appelle alors septembre « le mois des bois », parce que c'est celui où les glands sont mûrs[1]. Or,

1. TIMM, 528, p. 51.

dans de vastes contrées du nord de l'Europe, il semble bien que le lard occupait, au IXe siècle, une large place dans l'alimentation des hommes. Le troupeau de porcs, qui produit la viande et la graisse, forme donc, à cette époque et dans ces régions, l'un des éléments principaux de toute exploitation grande ou petite : on ne compte pas moins de seize articles concernant les vols de porcs dans la loi salique. En fait, l'archéologie agraire donne à penser que, dans de nombreux villages, spécialement dans les pays du Nord-Ouest et du Nord-Est, en Angleterre, en Frise, en Saxe, il n'existait pas de véritables terroirs, et que les jardins seuls étaient cultivés. Et au XIe siècle encore, on connaît dans les *Fens* anglais, dans le Wash, dans le lit inondable de la Saône, des agglomérations qui ne vivaient que de la pêche [1].

Presque partout pourtant, au jardinage et à la quête des fruits spontanés de la nature s'alliait un effort de mise en valeur de la terre qu'imposaient les habitudes alimentaires. On connaît encore mal ce que mangeaient les hommes du haut Moyen Âge en Europe occidentale, en dehors des communautés monastiques, dont le régime était peut-être exceptionnel. Belle enquête à conduire, et des plus urgentes : les progrès de l'histoire de l'économie rurale en dépendent. Il est évident que, dès cette époque, les hommes ne se nourrissaient pas de ce qu'ils pouvaient trouver par hasard ; ils s'efforçaient, au contraire, de tirer de la terre ce que la coutume leur imposait de consommer. R. Dion a montré que l'expansion de la viticulture en Gaule fut commandée par les pratiques de société en usage parmi les nobles, qui mettaient leur point d'honneur à boire du bon vin et à en offrir à leurs hôtes. Mais à des niveaux beaucoup plus humbles, tout le système de production rurale s'organisait aussi en fonction des convenances sociales qui réglaient les pratiques alimentaires.

Les indications des textes (mais il faudrait chercher plus loin, interroger aussi, comme on l'a fait ailleurs, en Pologne par exemple, les vestiges archéologiques) attestent l'usage universel du pain comme nourriture de base, même dans les régions les moins civilisées de la chrétienté latine. Voici, choisis parmi bien d'autres, deux écrits qui se répondent : un édit rendu en 844 par Charles le Chauve en faveur du bas clergé de Septimanie établit que l'évêque pouvait réquisitionner à chaque étape, au cours de ses tournées pastorales, dix poulets, cinquante œufs, cinq cochons de lait – mais d'abord cinquante pains ; selon un passage des lois du roi Ine, un village anglo-saxon devait livrer pour la consommation royale dix moutons, dix oies, vingt poules, dix fromages, dix mesures de miel, cinq saumons et cent anguilles – mais d'abord trois cents

1. Tel village fournissait tous les ans à l'église d'Ely une rente de 27 150 anguilles, DARDY, 33, p. 202.

miches[1]. Sans doute s'agit-il ici d'un évêque, là d'un roi, et il serait imprudent, à propos d'un monde où la hiérarchie sociale s'exprimait d'abord par la qualité des nourritures, d'en déduire aussitôt que le pain tenait une place équivalente dans l'alimentation des gens du commun. Mais tout laisse supposer que ceux-ci, sauf peut-être dans les contrées septentrionales demeurées plus sauvages et, partant, forestières et pastorales, consommaient davantage encore de céréales que les riches. Au témoignage de tous les textes, en effet, les légumineuses, les pois, les vesces, les fèves, les « herbes » et les « racines », ancêtres de nos actuels légumes, dont on glorifie les ermites de se contenter, la viande enfin, la part agréable de l'alimentation, dont les clercs ont grand-peine à faire respecter l'abstinence, ne constituent que le *companaticum*, l'accompagnement du pain. Celui-ci était considéré comme l'essentiel.

On voit assez clairement qu'il n'était pas seulement fabriqué avec du froment, du seigle ou de l'épeautre, mais avec beaucoup d'autres céréales mineures, avec l'orge, avec l'avoine même, qui servait alors sans doute beaucoup plus à la nourriture des hommes qu'à celle des bestiaux. Il est moins facile de discerner dans quelle mesure tous ces grains se trouvaient aussi consommés sous forme de bouillies. Mais pour la production de ces nourritures, pour le brassage des cervoises, qui constituaient la boisson habituelle dans toute la portion septentrionale de l'Occident et qui souvent, épaisses comme des soupes, tenaient lieu de nourriture autant que de breuvage, les paysans du IXe siècle devaient cultiver des céréales, bien que les aptitudes climatiques ne fussent pas toujours des plus favorables. Autour des villages, il leur fallait aménager des champs. Au milieu des bois et des pâtures, le plus près possible des demeures, les quartiers les mieux exposés, les plus faciles à travailler avaient donc été défrichés.

On y voyait parfois installées sur les meilleures parcelles constamment encloses quelques vignes pour les maîtres, partout où le climat n'interdisait pas aux raisins de mûrir. En outre, dans les parties les plus humides, s'étendaient des prairies de fauche, dont le foin fournissait, avec ce que l'on pouvait couper d'herbes et de roseaux dans les marais, la nourriture d'hiver du gros bétail. Toutefois, vignes et prés ne couvraient jamais qu'une étendue fort restreinte dans le terroir, car ce qui comptait, c'étaient les céréales, et presque tout l'espace organisé se trouvait réservé à leur culture. Il importait aussi de protéger ces champs contre le dégât des troupeaux ou des animaux sauvages. On les voit donc isolés des terrains non aménagés, ouverts au pacage, par des clôtures qui, dans les pays francs, semblent avoir été généralement temporaires. Lorsque l'herbe poussait, lorsque les blés levaient, on dressait ces défenses mobiles de

1. STENTON, 219, p. 285.

bois sec (la loi salique prévoit des peines contre ceux qui les voleraient ou les incendieraient) et l'on élevait les signes qui interdisaient aux bergers d'y mener leur bétail. Pendant une saison, ces parcelles apparaissaient ainsi, comme les jardins clos du village, des aires réservées à leur seul possesseur. Mais après la récolte, on abattait signes et clôtures, les parcelles retournaient pour un temps à l'exploitation pastorale ; elles se trouvaient un moment réincorporées à la vaste zone des étendues libres[1]. Plus ou moins étendu selon que les hommes avaient coutume de manger plus ou moins de pain, l'espace agricole apparaît ainsi comme un prolongement limité et temporaire de l'aire des jardins et de la possession privée aux dépens de la nature vierge, livrée à l'usage collectif.

Peut-on espérer délimiter un jour, même dans les zones les mieux éclairées par les sources, la portion de l'aire villageoise qu'occupaient alors les champs cultivés ? Le vocabulaire des inventaires seigneuriaux, que scrutait P. de Saint-Jacob, ne paraît pas devoir révéler beaucoup en ce domaine[2]. Plus fructueuses peut-être seraient les méthodes agrométriques proposées par L. Champier, et surtout l'examen direct, avec le concours des pédologues, des botanistes et des toponymistes, des quelques terroirs d'Occident que décrivent les moins laconiques des documents carolingiens d'administration domaniale. On entrevoit déjà que partout cette part était réduite et ménageait une large place à la végétation libre, à la forêt, aux pâtures dont la présence « avait contribué à former cette combinaison d'agriculture et d'élevage qui est le principal trait[3] » de l'économie rurale d'Occident. Dans bien des régions sans doute, les conditions naturelles, la jeunesse de la colonisation, l'adoption moins précoce peut-être d'un régime alimentaire à base céréalière, donnaient dans cette combinaison une nette prépondérance à la vocation pastorale. C'était le cas vraisemblablement de l'Angleterre presque entière, où le bétail faisait la vraie richesse des paysans et des seigneurs, spécialement dans les Highlands, les collines du Dorset, du Somerset, des Cotswolds. C'était le cas de toute l'Allemagne du Nord-Ouest, où régnait alors un système sylvo-pastoral, dans lequel les labours comptaient à peine. Cependant, la règle semble bien l'alliance indissoluble[4]. Labou-

1. Sur les clôtures et les signes *(Wiffa)*, *Lex Baiuwariorum*, X, 15, 16 ; sur la vaine pâture, et la nécessité d'abattre les haies, *M.G.H.*, *Capitularia Regum Francorum*, I, 20, 17. Des clôtures permanentes délimitaient parfois les grands quartiers défrichés, dont une part seule était chaque année cultivée, et close alors de barrières temporaires, Schröder-Lembke, 218 *a*.

2. Saint-Jacob, 244, p. 425 sq. ; L. Champier, « Protohistoire et géographie agraire. Essai de datation des plus anciens terroirs d'Europe occidentale », *Rhodania*, 1959.

3. Vidal de la Blache, « Les genres de vie et la géographie humaine », *Annales de géographie*, 1911.

4. Timm, 528.

rage et pâturage, *ager* et *saltus, Allmende* (les bois et les pâtis ouverts à l'usage collectif de la communauté de village) et *Gewannen* (les quartiers labourables), « gagnage » et « communs », l'union apparaît en effet constante, fondamentale tout au long du Moyen Âge. Trois zones pour ainsi dire concentriques, l'enclos du village, les « coûtures », c'est-à-dire l'espace céréalier, une large ceinture inculte enfin, telle était l'image que l'auteur des *Annales Cameracenses*, à la fin du XIIe siècle, conservait du village de son enfance[1]. Trois zones où la présence humaine, l'effort humain s'atténuent peu à peu à mesure que l'on s'éloigne du centre habité, mais trois zones également utiles, également nourricières.

2. Les hommes et leur nombre

Dans cette nature dont l'aménagement restait partiel, les hommes étaient-ils nombreux ? Il faut se résoudre à l'ignorer toujours. Toute estimation numérique, en effet, même approximative, s'avère impossible. Aucun chiffre, même le plus grossier, ne peut être avancé ni retenu. La recherche vient ici buter tout de suite contre une incertitude très grave, si l'on songe que l'économie de ce temps doit être observée et interprétée, sans que puisse entrer en jeu une donnée pourtant fondamentale, la démographie.

Selon l'opinion actuellement la plus commune aux historiens, l'Europe carolingienne aurait été fort peu peuplée. Cette impression se fonde sur l'exemple de l'Angleterre, pour laquelle ce document extraordinaire qu'est le *Domesday Book* fournit à la fin du XIe siècle une ébauche de dénombrement. On y décèle une densité de population très faible, et rien n'autorise à supposer qu'elle ait été plus élevée au IXe siècle. On peut admettre que les franges du Nord-Est de la chrétienté, la Saxe, la Germanie centrale, aussi près de la sauvagerie que l'était alors l'Angleterre, ne se trouvaient pas non plus fortement occupées. Mais l'Aquitaine ? Mais la Bourgogne ? Mais les pays d'entre Loire et Rhin ?

Dans cette dernière région, beaucoup mieux éclairée par les textes, l'observation n'est pas tout à fait impossible. Certains inventaires, certaines descriptions de domaines, celles qui furent dressées par les administrateurs les plus soigneux, les plus intelligents, qui sentaient le besoin d'une évaluation précise des ressources en main-d'œuvre, fournissent quelques repères démographiques, donnent la liste des corvéables, décrivent les familles des tenanciers. C'est le cas, par exemple, du plus célèbre et du mieux confectionné de ces inventaires, le polyptyque établi pour les domaines de l'abbaye parisienne de Saint-Germain-des-Prés au temps de l'abbé Irminon, au début du IXe siècle. Or, l'impression

1. *M.G.H., S.S.*, XVI, 511-512.

qui se dégage de ces dénombrements partiels n'est pas du tout celle d'un étiolement, ni même d'une stagnation. La population qu'ils décrivent paraît au contraire dense et vigoureuse. Ils engagent donc à apporter de fortes retouches à l'image trop simple d'une dépression démographique uniforme.

Pour inciter à étudier de plus près ces textes, tirons-en deux exemples de forte densité. Dans huit villages que possédait l'abbaye de Saint-Germain-des-Prés autour de Paris, les enquêteurs carolingiens, qui laissaient de côté le personnel domestique certainement très important dans les maisons seigneuriales, ont dénombré quatre mille cent paysans. Au XVIIIe siècle, à une époque où le voisinage d'une grande ville entretenait ici des conditions démographiques exceptionnellement favorables, on comptait cinq mille sept cents âmes dans ces mêmes localités. Le second exemple vient du Midi et du Xe siècle : l'acte de repeuplement d'une vallée des Pyrénées catalanes, autour du monastère de San Juan de las Abadessas, rédigé en 913, nomme cent soixante ménages paysans et cent cinquante-six individus isolés établis sur quelque cinquante kilomètres carrés, dans une région qui n'est pas précisément fertile (mais qui, aux frontières du brigandage islamique, se trouvait peut-être alors exceptionnellement encombrée de réfugiés [1]). Sur certains terroirs, on le voit, l'occupation du sol pouvait être donc fort serrée.

Trop serrée même. Un surpeuplement qui paraît résulter d'une croissance récente se trouve attesté par d'autres indices, et en particulier par la surcharge démographique des unités d'exploitation, que les documents du temps appellent des manses. Ces unités fiscales, qui auraient dû correspondre aux capacités d'une seule famille paysanne, paraissent, dans de très nombreux inventaires du IXe et du Xe siècle, occupées en fait par plusieurs ménages associés. Dans les Ardennes, c'est-à-dire sur un sol certainement beaucoup moins fécond que ne l'était le cœur très fertile de la région parisienne, un village appartenant à l'abbaye de Prüm, Villance, est décrit dans un polyptyque établi en 892-893. On y comptait cent seize familles de dépendants établis sur trente-cinq manses entiers ; quatre-vingt-huit familles se pressaient sur vingt-deux manses, et quinze familles sur cinq autres ; cinq manses seulement étaient occupés par deux familles et trois par une seule. Au témoignage de la plupart des enquêtes seigneuriales, le manse carolingien était surpeuplé [2]. Cette disparité entre le nombre des unités d'exploitation et de perception et celui des ménages porte à croire que la population rurale s'accroissait naturellement dans certaines

1. F. Udina Martorel, *El archivo condal de Barcelona en los siglos IX-X*, p. 160-161.
2. Perrin, 189 et 242.

régions. Quelques indications chiffrées des inventaires permettent d'estimer la vigueur de cette croissance.

Il y a plus d'un siècle, B. Guérard avait déjà tenté d'interpréter les données démographiques contenues dans le polyptyque d'Irminon. Ce document énumère deux mille quatre-vingt-huit ménages et dix mille vingt-six individus, ce qui donne en moyenne un peu plus de quatre personnes à chaque famille, les enfants étant cinq mille trois cent seize et les parents quatre mille sept cent dix [1]. Le taux de croissance n'apparaît donc pas négligeable. Plus récemment, A. Déléage, dénombrant les serfs mentionnés dans les textes bourguignons du Xe siècle, a poursuivi l'enquête. Il a compté trente-quatre célibataires et cent trente-cinq ménages ; parmi ceux-ci, sept seulement n'avaient pas d'enfants. Les documents font entrevoir la composition de quatre-vingts familles ; ils attribuent un enfant à vingt d'entre elles, deux à vingt-deux, trois à seize... : au total près de trois enfants par ménage. Trois cent quatre adultes, trois cent quatre-vingt-quatre enfants : dans ces proportions, la population se serait accrue d'un huitième à chaque génération [2]. En vérité, le traitement que ces deux historiens ont fait subir aux sources numériques demeure fort rudimentaire. Notons bien, en outre, que les chiffres contenus dans les documents de ce temps reflètent très imparfaitement la réalité. Sait-on si les rédacteurs d'inventaires ou de chartes enregistraient avec précision les tout petits enfants à la mamelle dont les espérances de vie étaient très limitées ? Ne se souciaient-ils pas seulement des individus utiles qui pouvaient aider le maître ? Les critères d'appréciation variaient d'ailleurs sans doute d'un inventaire à l'autre. Quoi qu'il en soit cependant, et même en interprétant les sources avec la plus grande rigueur, celles-ci montrent incontestablement, dans certains villages, des familles paysannes fécondes.

Certes, la fécondité n'est pas le seul facteur de croissance, et pour être tout à fait sûr que le taux d'accroissement naturel ne se situait point, au IXe siècle, à un niveau très bas, il faudrait posséder sur la mobilité des populations rurales, sur les incitations à l'émigration, sur les structures familiales, et spécialement sur la nuptialité, des connaissances dont nous manquons absolument. N'em-

1. *Polyptyque de l'abbé d'Irminon*, 1, *Prolégomènes*, p. 897.

2. Déléage, 207, p. 576 ; D. Herlihy propose d'utiliser un autre indice de la croissance démographique et du surpeuplement progressif des villages dans la France du Sud et en Italie (215) ; c'est la multiplication des transactions foncières ; l'extension de la famille morcelle les exploitations, incite à remembrer, à échanger, à vendre, hausse le degré de fluidité de la possession foncière. La méthode mérite attention. Mais le matériel documentaire utilisé dans cet article paraît trop dispersé et discontinu pour que l'orientation générale des graphiques qui l'accompagnent soit tout à fait convaincante.

pêche que les notations très grossières des enquêtes, lorsqu'on les confronte à l'évident encombrement des unités d'exploitation, invitent à conclure que presque toutes les seigneuries foncières décrites par les administrateurs des grandes églises impériales supportaient, aux temps carolingiens, une forte population paysanne.

Il serait toutefois bien téméraire de considérer l'état démographique révélé par certains passages de polyptyques comme l'état moyen normal, d'attribuer à l'ensemble de l'Occident, ou même à toute la région d'entre Loire et Rhin, des densités équivalentes, de calculer, comme le fit jadis F. Lot, en partant de ces densités locales, des densités générales[1]. L'étude attentive des inventaires les plus précis et dont le champ est le plus ouvert – la comparaison, par exemple, dans le polyptyque d'Irminon, entre les domaines de la région parisienne et ceux, beaucoup plus disséminés au sein de la nature moins domestiquée, que l'abbaye possédait aux confins du Perche, manifeste en effet que l'équipement en main-d'œuvre des seigneuries rurales accusait de vives inégalités d'un pays à l'autre. Les sources écrites montrent déjà certaines contrées beaucoup plus vides que d'autres. Elles autorisent à imaginer, pour l'ensemble de l'Occident, une occupation du sol très variable et marquée de brusques contrastes. De larges espaces demeuraient sans doute complètement déserts. Ailleurs, le semis des agglomérations paraît avoir été lâche, et surtout très discontinu. Certains villages rassemblaient peut-être alors autant d'habitants qu'aux temps modernes. En revanche, selon toute apparence, ils se trouvaient nettement moins nombreux et fort irrégulièrement répartis par constellations assez serrées sur les sols favorables, mais que séparaient largement les unes des autres de vastes zones de solitude. Ici, des îlots surpeuplés, où la croissance biologique stimulée par la prospérité agraire faisait se presser les hommes aux lisières de la disette ; là, des espaces vides très imparfaitement exploités. Telle est l'hypothèse la moins fragile.

Mais l'image d'un peuplement sporadique, la moins trompeuse, correspond aussi à ce que l'on devine du système de production, à la nécessité en particulier de laisser autour des clairières cultivées de vastes étendues libres pour les pâtures et la cueillette. L'obligation de sauvegarder cet environnement inculte explique sans doute que l'espace aménagé ne paraisse pas alors en voie d'élargissement. En dépit d'une tendance naturelle probable à l'expansion démographique, les entreprises de conquête agraire semblent bien avoir été extrêmement rares. Dans tous les textes de ce temps, dont beaucoup servaient de guides à l'exploitation seigneuriale, ou qui visaient à accroître les profits du maître, on

1. F. Lot, « Conjectures démographiques sur la France au IXe siècle », *Le Moyen Âge*, 1921.

rencontre très rarement des allusions aux défrichements, à des fûts abattus, à des friches labourées (sauf en Septimanie, aux lisières de l'Islam, où les Carolingiens accueillaient systématiquement les réfugiés chrétiens et les fixaient sur des terres neuves[1] ; sauf peut-être en quelques contrées de Germanie, ce pays tout neuf qui sortait alors de la sauvagerie la plus barbare). Ici et là – et l'on peut penser pourtant que les rédacteurs des polyptyques se montraient très attentifs à noter ces progrès –, quelques champs nouveaux apparaissent aux extrémités de la clairière cultivée[2], mais on les devine toujours tout petits, très rares, et cette avance timide se trouvait souvent compensée ailleurs par l'offensive mal contenue de la forêt.

L'enseignement, fort circonscrit, des documents écrits peut d'ailleurs sur ce point s'appuyer solidement sur l'étude des sites occupés par l'homme et en particulier sur ces enquêtes qu'ont menées et que mènent encore les géographes français[3]. D'ailleurs, pour les immenses régions où manquent les textes, seules l'observation archéologique de l'habitat, l'estimation par la toponymie de l'âge des établissements humains, la délimitation des espaces alors mis en valeur fournissent des données sur la densité du peuplement pendant ces époques obscures. L'état présent de ces recherches révèle qu'étaient alors à peu près seuls exploités en culture continue, et donc aptes à supporter des agglomérations permanentes, les sols très meubles, faciles, que l'on pouvait fouir sans trop de peine, où l'eau s'égouttait d'elle-même, où la végétation naturelle ne poussait pas trop drue. Les contrées heureuses, où de tels sols prédominent, supportaient sans doute des densités de population rurale qui ne se tenaient pas à un niveau très inférieur à celui du XVIIIe siècle. En revanche, les terres lourdes, trop grasses ou trop humides qui, pour porter des céréales, doivent être d'abord drainées étaient le plus souvent laissées vierges. Très peu d'hommes sans doute vivaient dans les pays recouverts par de tels sols. En Angleterre, les champs occupaient les alluvions légères des vallées, mais des prairies et des bois couvraient presque entièrement les épais limons qui les entourent. En Flandre, la discontinuité du revêtement limoneux imposait à l'occupation du sol un caractère très lacunaire ; sur les domaines de Saint-Bavon de Gand, les exploitations agricoles, incapables de gagner sur les terrains moins faciles, demeuraient de taille médiocre[4].

1. DUPONT, 211.

2. Mention de défrichements dans *Capitularia Regum froncorum*, I, 77. c. 19 ; I, 277, c. 12.

3. Voir en particulier R. DION, 48. Les observations pédologiques peuvent sur ce point apporter un concours très précieux à l'histoire agraire.

4. DARBY, 33, p. 129 sq. ; VERHOLST, 220.

Sans compensations possibles pour absorber le surcroît de naissances, les communautés de village apparaissent donc alors comme bloquées. Ce n'était pas les entreprises de défrichement, le départ d'essaims colonisateurs, mais les mortalités épisodiques, les accidents militaires, et de plus en plus, dans la deuxième moitié du IXe siècle et au Xe, les raids des envahisseurs [1], qui venaient soulager périodiquement la pression démographique. Cette situation semble celle d'une paysannerie mal pourvue d'outils efficaces et pour cela peu capable de dompter la végétation naturelle.

3. L'OUTILLAGE

En posant la question de l'outillage, on aborde un domaine dont l'exploration paraît indispensable à qui veut comprendre les mécanismes de la production. Malheureusement, ce domaine reste pour la période carolingienne à peu près inexploré. Marc Bloch, jadis, avait entrepris dans les pays français de premières reconnaissances, qui se révélèrent très fécondes, et ouvert quelques avenues. On ne peut dire qu'il ait été beaucoup suivi. Une enquête systématique sur les techniques de la terre serait pourtant des plus urgentes, car elle seule permettrait de saisir certains des faits qui forment le soubassement de toute l'économie, et l'on peut dire de toute la civilisation de l'Occident médiéval. Voici donc l'un des premiers champs où devraient se développer les recherches nouvelles. Recherches à vrai dire aussi difficiles et aussi décevantes que celles requises par la démographie de cette époque ; il ne semble pas que l'on puisse en attendre beaucoup. Notre ignorance actuelle tient en effet à ce que les documents sont sur ce point très laconiques et qu'il faut les solliciter longuement avant qu'ils ne livrent quelques pauvres et fragmentaires indications. Tentons pourtant, comme base de départ, de fixer brièvement ce que l'on entrevoit dans le secteur le mieux éclairé par les textes, à l'intérieur des grandes exploitations royales et ecclésiastiques des provinces carolingiennes, que l'on peut tenir pour les plus rationnellement gérées et situées alors tout à l'avant-garde de la technique.

On voit assez clairement comment ces seigneuries étaient équipées en instruments de meunerie. Les inventaires, en effet, fournissent sur ce point des renseignements nets, et ceux-ci avaient spécialement retenu l'attention de Marc Bloch [2]. L'installation d'un moulin à eau constituait certainement une entreprise délicate et coûteuse : l'aménagement des biefs, le transport, la taille, la mise en

1. À Villance, dans les Ardennes, après le passage des Normands, quinze manses étaient vides d'habitants.

2. GILLE, 101.

place des pierres meulières imposaient de lourds investissements, et l'entretien des mécanismes d'entraînement nécessitait aussi des dépenses régulières. Pourtant de tels engins n'étaient pas rares dès le IXᵉ siècle dans les grands domaines, et il apparaît même que le nombre des moulins hydrauliques s'accroissait alors rapidement autour de Paris : des cinquante-neuf moulins inventoriés dans le polyptyque de Saint-Germain-des-Prés, huit venaient d'être construits et deux récemment rénovés par l'abbé Irminon. Notons en outre que l'abbé Adalard de Corbie, se préoccupant de mieux ordonner l'économie de son monastère, attachait un très grand intérêt aux moulins. En effet, les administrateurs avisés, qui possédaient les moyens de faire construire ces installations, savaient pouvoir en tirer grand profit.

Ne parlons pas des longues journées jadis gaspillées par les domestiques pour broyer les grains à la main, et dont les meules animées par l'eau courante permettaient désormais de faire l'économie. Les maîtres sans doute attachaient plus d'importance au surcroît de revenus qu'ils pouvaient attirer de l'extérieur s'ils plaçaient les moulins du domaine à la disposition des exploitations paysannes d'alentour en échange d'une redevance. Ces profits pouvaient accroître très fortement les recettes domaniales. Considérons une seigneurie royale du nord de la Gaule, Annapes, dont nous avons conservé la description ; les cinq moulins et la brasserie faisaient rentrer chaque année dans les greniers seigneuriaux autant de grains que l'on en récoltait sur les immenses labours du domaine. À Villemeux, les meuniers au service de Saint-Germain-des-Prés livraient tous les ans une quantité de céréales panifiables égale à tout le froment que l'on semait sur les champs du maître. L'importance de ces perceptions (autre preuve, et la plus convaincante, de la prédominance du pain dans l'alimentation populaire en certaines régions) prouve le succès des installations mécaniques et montre que, malgré les taxes et le prélèvement qu'ils subissaient sur leur propre récolte, les paysans trouvaient avantageux d'utiliser l'instrument seigneurial. Un moulin tournant au fil de l'eau, c'était pour toute la contrée avoisinante, dans les huttes paysannes comme dans la maison du maître, le dégagement d'une appréciable quantité de main-d'œuvre. Ce temps libre pouvait être affecté désormais au travail de la terre, donc à la production, et devenait un facteur non négligeable de croissance économique.

Toutefois, on peut se rendre compte que l'équipement en moulins demeurait très incomplet, même dans les secteurs très évolués et très privilégiés de l'économie rurale que décrivent les sources. Le fragment conservé du polyptyque d'Irminon contient l'inventaire de vingt-deux domaines : huit seulement possédaient des moulins. On avait encore très largement recours aux meules à bras, dévoreuses de temps et de forces : dans les seigneuries de l'abbaye de

Saint-Bertin, où pourtant on avait déjà bâti quelques moulins à eau, des redevances en farine étaient régulièrement exigées des tenanciers, comme au temps, fort récent sans doute, où toute la préparation du pain demeurait besogne domestique. Et au début du xe siècle encore, le cartulaire de ce même monastère présentait la construction d'un moulin comme un acte digne d'une grande admiration. Incontestable, le progrès restait timide et fort limité[1].

Il est beaucoup plus difficile d'apprécier la qualité et l'efficacité de l'outillage agricole, car il faudrait pour cela posséder la description précise de l'instrument. L'historien, hélas ! trouve dans les textes quelques mots, pas davantage. Je prends tel passage du polyptyque de Saint-Maur-des-Fossés : il signale que six bœufs conduits par les tenanciers corvéables tiraient sur les grands champs du domaine un engin de labour[2]. On a beau la retourner dans tous les sens, cette phrase révèle fort peu. Certes, le nombre des bêtes attelées invite à se représenter un outil puissant et capable de défoncer utilement le sol. Encore faudrait-il pouvoir estimer la force véritable des bêtes, peut-être très chétives, et qui, pour les labours de mars, sortaient efflanquées des dures abstinences de l'hivernage. Ajoutons que l'on ignore tout des procédés d'attelage. Dans quelle mesure ceux-ci permettaient-ils d'utiliser à plein la force animale ? Reste la question principale : s'agissait-il d'un araire ou d'une charrue ?

Muni d'un élément d'attaque aux côtés symétriques, l'araire rejette également la terre de part et d'autre, plus ou moins selon que son soc est ou non muni d'« oreilles ». Il a pour lui d'être léger, fort maniable, facile à fabriquer par le cultivateur, qui n'a pas de peine à assembler les pièces de bois, coincées, emboîtées les unes dans les autres, à renforcer au besoin par une chape de métal la pointe durcie au feu. L'araire convient donc aux régions agricoles d'un niveau technique bas, où l'équipement en bêtes de trait est pauvre, qui utilisent peu le métal et qui manquent d'artisans spécialisés. En revanche, il n'ouvre le sol qu'en surface, l'ameublit seulement sans le retourner. Pour préparer valablement le champ avec un tel outil, il est donc nécessaire de procéder en outre de temps à autre, tous les douze, six, ou même quatre ans, à un défoncement profond à la bêche. Au travail des bêtes de labour, un important travail de bras doit donc être associé. Sur l'araire, l'outil qu'on appelle proprement une charrue, muni d'un soc dissymétrique et à versoir, offre un premier avantage : il économise de la main-d'œuvre. En le maniant, un paysan parvient en effet, en un seul passage, à retourner suffisamment la terre, donc à l'aérer et à reconstituer des éléments fertiles. Le bêchage périodique n'est plus nécessaire. En outre,

1. *Cartulaire de Saint-Bertin* (éd. Guérard).
2. *Polyptyque de l'abbé d'Irminon* (éd. Guérard), II, Appendices, p. 285.

la charrue peut s'attaquer à des sols lourds, dont il ne serait pas possible de tirer parti avec le simple araire. Elle permet d'étendre l'aire cultivée. En revanche, elle exige une force de trait beaucoup plus importante, un meilleur équipement en bêtes de travail plus vigoureuses. Enfin, c'est un outil compliqué, donc plus coûteux et qui ne peut être fabriqué par n'importe qui [1]. On mesure là combien il serait précieux, pour apprécier la capacité de production du paysan carolingien, de savoir lequel de ces deux outils il employait. Ce qui s'avère impossible dans l'état actuel de la recherche, et le demeurera sans doute toujours.

L'étude des noms que portent la charrue et l'araire dans les dialectes germaniques et slaves permet d'assurer que la charrue était suffisamment connue pour posséder son nom particulier en Europe centrale entre le ve et le xe siècle, moment où les invasions hongroises vinrent disloquer le monde slave [2]. Dans les campagnes européennes, les deux instruments coexistaient donc à l'époque carolingienne. Mais comment mesurer leur extension respective dans l'aire éclairée par la documentation écrite, où d'ailleurs l'on n'aperçoit que les grandes exploitations et les mieux équipées ? L'outil de labour se trouve bien désigné par le mot *aratrum* dans les statuts de l'abbé Adalard de Corbie, par *carruca* dans le polyptyque d'Irminon. Mais cette distinction verbale traduit-elle réellement une différence de structure ? ou seulement l'inégale habileté des scribes, le premier employant un mot du latin classique, le second un vocable vulgaire ? Le second terme, remarquons-le, exprime surtout l'idée d'un char (*carruca* a signifié d'abord voiture ; le mot avait encore ce sens dans le passage de la loi des Alamans, qui punit d'une amende de trois sous le bris des roues antérieures d'un véhicule ainsi désigné) : il peut donc évoquer seulement un instrument muni d'un avant-train à roues. Un tel appendice constitue certes un perfectionnement utile, puisqu'il offre une sorte de levier qui permet au laboureur, en pesant plus ou moins sur les mancherons, de contrôler la profondeur du sillon ; l'avant-train donne aussi le moyen, en inclinant le soc, de pratiquer un labour en billon plus efficace que le labour plat, en sol humide. Mais ce qui fait la vraie charrue, et le vrai progrès, le gain de main-d'œuvre, la possibilité de conquérir à la culture des terres épaisses, c'est le versoir. L'*aratrum*, la *carruca* des textes du IXe siècle en étaient-ils ou non munis ? Il faudrait, pour saisir le sens exact de ces mots, les confronter à des vestiges archéologiques. Ceux-ci manquent absolument. Quant aux témoignages de l'iconographie, séduisants à première

1. FAUCHER, 97.

2. HAUDRICOURT, 108. La plus récente étude, celle de F. SACH (« *Rádlo* » et « *pluh* » *en pays tchécoslovaque, I. Les plus vieux outils* (en tchèque), Prague, 1961), situe en Moravie, entre le VIIe et le IXe siècle, le passage du soc symétrique à l'asymétrique.

vue, ils déçoivent. L'art de ce temps était trop peu délibérément réaliste, trop engoncé dans des poncifs d'école, pour que l'on soit assuré que l'illustrateur ait toujours reproduit ce qu'il voyait, et non des types empruntés à des modèles de décoration. Tel dessin d'un manuscrit anglo-saxon du xe siècle représente, attelée de deux paires de bœufs couplés, une charrue à double étançon et à grand versoir [1]. Mais reste à savoir l'essentiel : où et par qui un tel outil, assurément de forte efficacité, se trouvait-il communément employé ? Cette indigence documentaire ne doit pourtant pas dissuader de poursuivre l'enquête. Il n'est pas impossible que, menées conjointement, l'étude archéologique des terroirs et la lecture attentive des pages des polyptyques qui décrivent les corvées de bras et d'attelage permettent de dissiper un peu les ténèbres, et en particulier de mieux délimiter la place que continuait à tenir le travail à la bêche [2]. Je la crois grande, même dans les exploitations modèles des abbayes du Bassin parisien. De très nombreux ouvriers manuels devaient en effet venir travailler sur les terres du maître, et spécialement sur les parcelles centrales du finage, les meilleures, les plus proches de la « cour » seigneuriale. Ces importantes réquisitions affectées au soin des seuls champs vraiment productifs, l'allure de jardinage que conservait par conséquent la culture des céréales, autorisent à supposer que les instruments tractés demeuraient alors de faible efficacité.

Toutefois, si l'on ne sait à peu près rien de la forme des outils, il n'est pas tout à fait impossible de connaître la manière dont certains d'entre eux étaient eux-mêmes fabriqués. On a jusqu'ici prêté peu d'attention aux indices, à vrai dire rares et courts, qui concernent cet aspect de l'histoire des techniques. Pourtant, certains inventaires de très grands domaines énumèrent les instruments de métal, qui constituaient un élément très précieux de l'équipement domestique. Ainsi ce guide pour l'exploitation des seigneuries royales qu'est le capitulaire *De Villis*, au chapitre 42. Ces objets se répartissent en ustensiles de feu, chenêts, crémaillères, chaudrons, et en outils. Ces derniers toutefois – des doloires, des cognées, des tarières, des serpettes – paraissent tous destinés, non point au travail des champs, mais à celui du bois, à la charpente ou à la menuiserie. La partie des statuts de l'abbaye de Corbie qui concerne les potagers fournit des indications concordantes. Quelques outils de jardinage sont ici mentionnés, six houes, deux bêches, deux faucilles, une faux, mais l'essentiel du matériel consiste en gouges, en cognées, en serpes. Quant à l'inventaire du domaine royal d'Annapes et de ses annexes, il enregistre, après les ustensiles de cuisine et de feu, certains outils aratoires, bêches ferrées, houes, faux et

1. Leser, 113, fig. 42.
2. Saint-Jacob, 244.

faucilles, mais en nombre étonnamment restreint. Les travailleurs de l'énorme exploitation d'Annapes, qui nourrissait alors près de deux cents bovins, disposaient seulement, en fait d'instruments de fer, de deux faux, de deux faucilles et de deux bêches. Ici encore, l'outillage de base servait à façonner le bois. Pour les autres travaux : *ustensilia lignea ad ministrandum sufficienter* – des outils en nombre nécessaire, mais en bois, et que l'on ne prend pas la peine de dénombrer. Ces indications donnent à penser que dans ces exploitations de première grandeur, mis à part les instruments coupants pour « scier » l'herbe ou les blés, ou pour abattre les arbres, tout l'outillage agricole, et notamment les instruments de labour, étaient normalement fabriqués en bois. Chaque centre domanial devait renfermer seulement un petit atelier bien muni d'outils en fer, destiné à la confection domestique des autres instruments et à leur réparation.

On pourrait, je pense, vérifier cette hypothèse de recherche en étudiant de près la situation dans la société rurale de ce temps de l'ouvrier spécialisé dans le travail du fer, du *faber*, du forgeron. Tous les documents de l'époque carolingienne le placent sur le même plan que l'orfèvre et le présentent comme le spécialiste de fabrications exceptionnelles et précieuses[1]. On le découvre très rarement dans les inventaires des domaines ruraux. Ni forge, ni forgeron, ni redevances en fer dans les polyptyques des abbayes de Montiérender et de Prüm, dont les possessions foncières se trouvaient pourtant situées dans des régions connues à l'époque féodale pour leurs aptitudes métallurgiques[2]. À Annapes, les enquêteurs ont noté l'absence de ces *ministeriales ferrarii*, que le capitulaire *De Villis* enjoignait de dénombrer avec soin. Pour tout le monastère de Corbie, un seul office, où tous les régisseurs envoyaient faire réparer leur outillage. Il était placé, fait significatif, sous la surveillance du chambrier : ce dignitaire chargé des achats, de la monnaie, du maniement des choses précieuses achetait au-dehors le métal. Or les charrues employées dans les grands potagers de l'abbaye n'étaient pas fabriquées là ; les maires des domaines ruraux, ceux qui dirigeaient la main-d'œuvre paysanne, devaient les fournir ; n'est-ce pas la preuve que ces instruments aratoires pouvaient être façonnés dans les maisons des rustres et qu'ils ne contenaient qu'une quantité très négligeable de fer ? Un seul des domaines de Saint-Germain-des-Prés décrits dans le polyptyque d'Irminon contenait des forges, celui de Boissy-en-Drouais, spécialisé dans la production du métal : les occupants des tenures serviles étaient

1. En particulier dans les réductions des lois barbares, *Les Burgundionum*, XXI, 2 ; X, 2, 3 ; *Lex Salica*, XXXV, 6.

2. *Actes du Colloque international : Le fer à travers les Âges* (*Annales de l'Est*, mémoire n° 16), Nancy, 1956.

astreints à une redevance annuelle en lingots de fer. Encore faut-il remarquer que les exploitants de ces ateliers devaient livrer non pas des socs, mais des cognées ou des lances. Instruments non point de labour, mais eux aussi militaires, que ces « fossoirs », pioches utilisées dans les travaux de campagne, exigés d'un groupe de tenanciers de Saint-Germain à La-Celle-les-Bordes [1]. Ainsi dans toutes les régions que l'on peut observer (sauf peut-être en Lombardie, où les *ferrarii* apparaissent beaucoup plus fréquemment dans les inventaires seigneuriaux, où sur les domaines de Bobbio, de San Giulia de Brescia, de Nonantola [2] de nombreuses tenures villageoises supportaient des redevances régulières en fer et, cette fois de manière très précise, en socs d'araire), l'impression demeure partout semblable, celle d'un emploi très réduit du métal dans l'outillage paysan.

Le progrès technique incontestable dont témoigne la diffusion du moulin à eau s'accompagna-t-il dans l'Europe des IXe et Xe siècles d'une amélioration de l'outillage agricole, de l'expansion des instruments de labour à avant-train, d'un perfectionnement des procédés d'attelage, de l'adoption d'un soc plus efficace ? Ce problème technologique majeur ne peut être résolu. Il est tout juste permis de supposer que, même dans les secteurs les plus favorisés de l'économie rurale, sur les grandes exploitations décrites par les inventaires, les hommes maniaient surtout de pauvres instruments de bois. Ils se trouvaient donc fort mal armés devant la nature et travaillaient, pour une grande part de leur temps, en « manœuvres ». La faiblesse de l'équipement technique limitait donc étroitement la capacité individuelle de production. Cette constatation s'accorde parfaitement à l'image entrevue de l'occupation du sol. Des villages très peuplés, car il fallait, pour préparer la terre des champs les plus proches, un très grand nombre de bras. Mais aussi des clairières très isolées par de larges franges incultes, parce que les outils trop médiocres ne pouvaient vaincre les résistances des sols épais, humides et touffus. Enfin, de vastes espaces de végétation libre adjoints nécessairement à chaque terroir, parce que, la culture céréalière absorbant trop de main-d'œuvre, chaque communauté agraire devait chercher des compléments de subsistance dans l'exploitation des produits spontanés de la friche, dans l'élevage, la chasse et la cueillette.

1. PERRIN, 241.
2. *Historiae Patriae Monumenta*, XIII, n°s 419, 422.

4. Les pratiques agricoles

Nourricières, les *culturae*, les portions restreintes de l'aire villageoise aménagées pour l'exploitation céréalière – les « coûtures » pour employer le vieux terme dont beaucoup de lieux-dits de la campagne française gardent encore le souvenir – n'étaient pourtant chaque année que partiellement productrices de blé. À l'inverse des jardins, dont le sol, engraissé par le voisinage même des maisons et des étables, pouvait être constamment cultivé, les champs devaient, sous peine de perdre toute fertilité, se reposer périodiquement. Chaque printemps donc, une part des quartiers arables n'était pas ensemencée ; elle restait libre, sans clôture, ouverte au pâturage, et retournait à la zone sauvage des friches et des communaux. Pour apprécier la productivité de la terre et la manière dont elle parvenait à nourrir les hommes, il conviendrait de bien connaître le rythme de ces repos. Quelle place occupait la jachère ? Et quelle place aussi, dans l'ensemencement, réservait-on aux grains semés au printemps, à l'avoine, aux légumineuses ? Enfin, quelle portion des terres attribuait-on aux blés semés à l'automne, c'est-à-dire à ceux-là qui servaient surtout à faire le pain, au froment, au seigle, à l'épeautre – la céréale la plus répandue dans les environs du Rhin et dans le nord-ouest de la France –, à l'orge enfin, qui était alors souvent un blé d'hiver ?

En vérité, s'il n'est pas possible de savoir avec certitude, même dans les pays d'entre Loire et Rhin, les mieux éclairés par nos textes, comment s'organisait alors exactement le cycle de rotation des cultures, les documents écrits livrent pourtant à l'interprétation de l'historien trois séries d'indices :

1° La description des récoltes ou des semailles et, plus fréquente, celle des prestations en grains dues par les paysans tenanciers, prouvent que, très généralement, les champs, ceux des rustres comme ceux des seigneurs, produisaient non seulement des blés d'hiver, mais des blés de printemps, et en particulier de l'avoine.

2° La disposition dans le calendrier agricole des corvées de labour exigées des dépendants des seigneuries indique que le cycle des labours s'ordonnait fréquemment en fonction de deux « saisons » de semailles, l'une d'hiver *(ad hibernaticum)*, l'autre d'été ou de trémois *(ad aestivum, ad tremissum)*.

3° Les pièces de labour dans les grandes exploitations apparaissent souvent par groupes de trois ; par exemple, dans près de la moitié des domaines de l'abbaye de Saint-Germain-des-Prés décrits dans le polyptyque d'Irminon, les enquêteurs ont dénombré trois, six ou neuf champs seigneuriaux. Cette disposition donne à penser que la culture s'y trouvait organisée en fonction d'un rythme ternaire. Ajoutons qu'un document, mais un seul, le polyptyque de l'abbaye de Saint-Amand, prouve sans conteste une répartition des champs seigneuriaux en trois portions égales, successivement occupées par les semailles d'hiver, par celles de printemps et par la jachère [1]. Celle-ci, préparée en mai par un premier labour, était ensuite ouverte par la charrue en novembre avant les semailles ; puis l'année suivante, après la moisson, on abandonnait les mêmes champs pendant tout l'automne et l'hiver à la dépaissance des troupeaux ; ils étaient ensuite labourés de nouveau au Carême et semés en grain de printemps, pour rester enfin toute une année en repos. Là du moins, un tiers seulement de l'espace agricole ne produisait rien [2]. Un autre tiers donnait le pain, et le troisième, de quoi cuire les bouillies et les soupes.

Je ne pense pas cependant que toutes ces indications soient suffisantes pour supposer sans témérité un usage général, ni même très répandu, de la rotation triennale régulière. D'abord parce que aucune d'elles ne concerne les pays méridionaux, où les conditions climatiques et notamment la sécheresse précoce du printemps rendent plus aventurées les semailles de mars. Ensuite parce que tous ces textes ne décrivent que les grandes exploitations monastiques ou royales, administrées sans doute d'une manière exceptionnellement rationnelle et disons même savante. Dans le mouvement général de *renovatio*, de référence à l'antiquité classique qui animait les intellectuels carolingiens, et dont témoignent à eux seuls l'usage de l'écriture et la rédaction des polyptyques, les administrateurs des terres de l'Église n'étaient-ils pas tentés d'appliquer aux champs dont ils avaient la gestion des méthodes aussi strictement équilibrées que celles recommandées par les agronomes romains ? On pourrait tenir le poème des mois de Vandalbert de Prüm pour la transcription lyrique du calendrier agricole effectivement en usage dans les pays rhénans ; il apparaît vite comme un pur pastiche de Virgile. Dans quelle mesure les pratiques agricoles subirent-elles autour des monastères l'influence des modèles intellectuels de l'antiquité ? Voici l'occasion d'indiquer que les historiens de la littérature peuvent eux aussi prêter main-forte à ceux de l'économie rurale. On peut attendre d'eux qu'ils repèrent dans les bibliothèques de ce temps les exemplaires de Caton, Varron ou Columelle. Car il n'est pas interdit de penser que, sur les exploitations d'avant-garde qu'étaient les domaines ecclésiastiques, une amélioration des techniques agraires fut alors stimulée par la lecture des agronomes romains. Non point de Pline l'Ancien ou de Cornélius Celsus qui préconisaient un type de mise en

1. *Polyptyque de l'abbé d'Irminon* (éd. GUÉRARD), II, p. 925.

2. Trois temps de labour donc, deux avant les semailles d'hiver, un avant les semailles de printemps. C'est ce qui est indiqué dans le polyptyque d'Irminon par la formule suivante : le manse *arat ad tres sationes*.

valeur extensive, visant à réduire la dépense en abaissant même les rendements, mais de ceux qui, tel Columelle, prônaient au contraire l'intensification du travail agricole [1]. Dans la méditation de ces textes par quelques hommes d'études et d'administration, il faut peut-être chercher l'une des plus profondes impulsions de l'expansion agricole médiévale.

Toutefois, l'exemple des classiques latins ne s'imposa pas dès cette époque sur tous les domaines de l'Église et du roi, même pour l'aménagement des rotations de culture. Nombre d'indications contenues dans les sources prouvent, en effet, que la terre arable pouvait être parfois fort inégalement répartie entre les emblavures d'hiver, celles de printemps et la jachère. Dans les quatre domaines royaux rattachés au centre administratif d'Annapes, l'orge était semée en automne (les semailles en étaient terminées, en effet, au moment de l'inventaire qui fut dressé en hiver, conformément à l'usage) : à Cysoing, les blés de printemps constituaient seulement le cinquième de la récolte, et le neuvième à Annapes ; Vitry et Somain n'en avaient pas produit du tout [2]. Exemple inverse : une terre de plus de quatre hectares, que possédait à Gand l'abbé de Saint-Pierre-du-Mont-Blandin, n'était jamais ensemencée qu'en avoine, et portait ainsi moisson une seule année sur trois [3]. La conjecture la plus prudente doit donc rester celle d'une très grande variété dans les cycles de rotation. Mal armé pour les modifier, l'homme devait se plier aux aptitudes naturelles des sols. Il faut supposer l'usage d'une gamme très étendue de systèmes, depuis la rotation triennale stricte jusqu'à la culture itinérante sur brûlis, aux labours pratiqués ici et là aux lisières extrêmes du terroir, après incendie des broussailles, et poursuivis plusieurs années de suite jusqu'à l'épuisement complet de la terre. Il est probable aussi que l'avoine et les autres grains de printemps représentaient le plus souvent une culture très accessoire, dérobée à la jachère, et que celle-ci, même dans le système d'alternance régulière de l'hivernage et du trémois, durait souvent plus d'un an sur la plus grande partie de l'espace arable. Il convient d'ajouter enfin que l'on semait toujours les blés fort clair ; les terres les mieux situées de Saint-Amand et de Saint-Germain-des-Prés recevaient d'ordinaire quatre muids de froment par bonnier, soit à peine deux hectolitres par hectare, et les taux s'abaissaient encore, jusqu'à devenir moitié moindres dans certains

1. J. Kolendo, « La moissonneuse antique en Gaule romaine », dans *Annales ESC*, 1960, qui cite M. E. Sergeenko, « Deux types d'économie rurale en Italie au Ier siècle de notre ère » (en russe), dans *Bulletin de l'Académie des sciences de l'U.R.S.S. ; classe des sciences sociales*, 1935.

2. Grierson, 234.

3. Ganshof, 228. L'étude de G. Schröder-Lembke, 218 *a*, sur l'organisation agraire des « coûtures » dans les grands domaines carolingiens, établit que des rythmes de rotations très divers pouvaient y être appliqués.

domaines plus défavorisés. L'agriculture de ce temps, qui exige une surabondance de main-d'œuvre, réclame aussi une surabondance d'espace.

L'impérieuse nécessité de longues jachères, l'obligation de disséminer largement la semence tenaient en partie à la médiocrité des outils aratoires, qui ne pouvaient suffisamment retourner le sol, mais elles tenaient aussi à l'absence, ou presque, d'engrais. Certes, nous l'avons dit, l'élevage constituait toujours le complément de l'agriculture, et les bœufs de charrue qui labouraient les champs pouvaient aussi contribuer, en les fumant, à les rendre plus fertiles. En réalité, la combinaison agro-pastorale n'était pas assez étroite pour que l'apport d'engrais animal pût beaucoup compter. Mal équipés, les hommes consacraient toutes leurs forces à produire leur propre nourriture ; le gros bétail passait après. Ils récoltaient un peu de fourrage, mais très peu, ce qu'il fallait pour maintenir en vie, tant bien que mal, les quelques bêtes qui n'avaient pas été tuées en automne, pendant les mauvais mois où la nature vierge ne fournit pas aux bêtes de quoi manger. Mais dans la plus grande partie de l'année, le troupeau se nourrissait seul, en plein air, dans l'espace que ne lui fermaient pas les haies. Sans doute parcourait-il ainsi les champs en repos et sa présence même les engraissait, mais très insuffisamment. Peu de fourrage, pas de stabulation prolongée, peu de fumier et ce peu se trouvait utilisé presque entièrement pour le jardinage, sur la ceinture prospère du village. Il fallait donc de vastes jachères. Et nous sentons de nouveau pourquoi chaque village, chaque famille avaient besoin d'une aire de subsistance très étendue, qui devait contenir, outre d'immenses terrains de pâture, un espace arable beaucoup plus large que la surface utilisée chaque année. Enfin, malgré ces longs repos, les rendements demeuraient certainement très faibles.

*

Tout au long de ce livre, nous nous heurterons, sans pouvoir le résoudre, au problème fondamental des rendements agricoles. Avec la pénurie de données démographiques et d'indications sur l'outillage, l'épaisse obscurité qui recouvre tout ce qui concerne la productivité des champs dresse le plus fâcheux obstacle à l'exacte compréhension de l'économie agraire médiévale. Pour aider à percer ces ténèbres, les indices sont rarissimes à l'époque carolingienne. Un seul document de la Gaule du Nord nous fournit des chiffres. Les enquêteurs, qui, dans l'hiver, visitèrent les domaines royaux rattachés au centre d'Annapes, ont enregistré à la fois le montant de la récolte précédente et la quantité de grain qui venait d'être prélevée pour les semailles ; ils ont certifié que le reste se trouvait bien dans les greniers lors de leur passage. Ces chiffres sont fort déroutants. Les voici pour le domaine d'Annapes, celui dont l'inventaire présente les données les plus complètes. Il n'est pas possible de comparer semence et récolte pour l'avoine, les pois et les fèves, puisque les semailles de printemps n'étaient pas encore faites. Mais des mille trois cent vingt muids d'épeautre moissonnés, on avait dû rendre à la terre sept cent vingt sous forme de semence ; des cent muids de froment, soixante ; des mille huit cents d'orge, onze cents ; enfin, les nouvelles semailles avaient absorbé toute la récolte de seigle, soit quatre-vingt-dix-huit muids. Le surplus de la moisson utilisable paraît donc ne pas dépasser, cette année-là, pour l'épeautre, 46 % ; pour le froment, 40 % ; pour l'orge, 38 % ; soit des rendements respectifs de 1,8, 1,7 et 1,6 pour un ; le profit semble nul pour le seigle. Les indications plus fragmentaires données pour les autres domaines sont concordantes ; rendement de 2 pour un pour l'épeautre et de 1,6 pour un pour le seigle à Cysoing ; pour l'orge, 2,2 pour un à Vitry, 1,5 à Cysoing, 2 à Somain[1]. Dans l'ensemble, les surplus consommables se révèlent donc nettement inférieurs, l'année de l'inventaire, à la quantité qu'il avait fallu réserver pour les semailles. Les rendements peuvent-ils avoir été réellement aussi dérisoires ?

Pourtant, le texte est formel. Il interdit de supposer que, la semence mise à part, des grains aient été prélevés, entre les moissons et le passage des enquêteurs, pour la consommation domestique ou pour des expéditions à l'extérieur du domaine. Faut-il supposer l'écrit, connu par une seule copie d'époque carolingienne, altéré par la tradition manuscrite ? Sans doute fut-il transcrit, comme un modèle pour des inventaires futurs, par des scribes qui ne se montraient attentifs qu'aux formules et à l'organisation de l'acte, qui n'ont pas relevé tous les chiffres, et qui peut-être ont commis des erreurs ou introduit de la fantaisie parmi les nombres qu'ils ont notés. Mais la seule hypothèse ferme pour expliquer l'étonnante faiblesse des rendements consiste à supposer que l'on dressa cet inventaire après une très mauvaise récolte. En effet, lorsqu'il fut rédigé, on conservait encore dans les greniers de ces domaines des tas de grains récoltés l'année précédente, beaucoup plus gros que les pauvres surplus de l'an présent. Les enquêteurs trouvèrent à Annapes mille quatre-vingts muids de vieille épeautre et mille deux cents d'orge ancienne, pour six cents et sept cents de nouvelles. Cette importante épargne atteste que le rendement des semailles s'élevait nettement plus haut un an auparavant. De ce document unique, on peut donc déduire que la productivité des champs variait énormément d'une saison à l'autre, et qu'elle pouvait devenir extrêmement faible.

---

1. GRIERSON, 234. SLICHER VAN BATH, 27, p. 76, ne paraît pas interpréter correctement les données numériques du texte.

On ne peut se permettre de généraliser l'enseignement d'un seul texte. Mais il est possible de trouver ailleurs quelques autres traces de rendements moyens, un peu supérieurs à ceux que l'on peut calculer d'après l'inventaire d'Annapes, mais cependant fort bas, et de profit dérisoire par rapport à la valeur du capital engagé en terres et en grains. Fait significatif : les enquêteurs qui visitèrent en 905-906 les « cours » de l'abbaye de San Giulia de Brescia pour dresser un polyptyque trouvèrent dans les greniers des réserves de grains qui dépassaient à peine les quantités nécessaires à l'ensemencement, et qui leur étaient même parfois inférieures : ainsi, à Porzano, où les champs pouvaient recevoir trois cents muids de semence, les réserves du grenier domanial s'élevaient seulement à trois cent soixante muids de grains (dont cent quarante de mil) ; à Canella, quatre-vingt-dix muids aux semailles, cinquante et un dans les greniers ; à Temulina, trente-deux et trente-sept[1]. Autre indice : dans le domaine que l'abbaye de Saint-Germain-des-Prés exploitait à Maisons, dans cette campagne parisienne qui paraît avoir joui d'une particulière fertilité, on semait six cent cinquante muids à l'automne sur les « coûtures » seigneuriales ; tous les ans, les tenanciers de trente-quatre manses devaient battre dans les granges chacun douze muids de blé et les transporter au monastère ; si l'on admet que les services en travail étaient grossièrement ajustés aux besoins normaux de main-d'œuvre, on doit penser que les administrateurs de la seigneurie n'attendaient pas, compte tenu des quantités que les serviteurs domestiques battaient eux-mêmes au fléau et conservaient pour leur propre consommation, un surplus très supérieur à quatre cents muids, pour une semaille de six cent cinquante. La proportion s'établit encore à 1,6 pour un[2].

Toutes ces indications fugitives permettent du moins une conclusion sûre. Menée avec un équipement technique rudimentaire et sous un climat qui lui était généralement peu favorable[3], la culture des céréales se montrait alors extrêmement sensible aux caprices des saisons. Un printemps ou un été trop humides pouvaient rendre presque improductif, même sur les exploitations les mieux outillées, le lourd travail des champs. En dépit d'une énorme dépense de main-d'œuvre et de l'extension démesurée de l'aire des villages, il faut s'imaginer ces ruraux tenaillés par la faim. Leur seule préoccupation était sans doute de subsister, de tenir pendant le printemps et le début de l'été, au moment des travaux les plus durs. Lorsque le peu qui restait des réserves alimentaires après les réquisitions des chefs commençait à s'épuiser, s'ouvrait alors chaque année

1. *Historiae Patriae Monumenta*, XIII, col. 707-710.
2. *Polyptyque de l'abbé d'Irminon* (éd. Guérard), II, 271-272.
3. Le Roy-Ladurie, 63.

le temps des grandes privations et des nourritures de hasard, où l'on trompait sa faim en dévorant les herbes du jardin, les baies de la forêt, où les paysans quêtaient un peu de pain à la porte des riches. Toute l'économie de ce temps paraît bien dominée par la menace permanente de la disette.

CHAPITRE II

RICHESSE ET SOCIÉTÉ. L'ÉCONOMIE SEIGNEURIALE

Cette menace ne pesait pas aussi lourdement sur tous les hommes. Certains mangeaient largement à leur faim. Ni le poids du besoin ni celui des tâches n'étaient égaux pour tous. Aussi convient-il maintenant de situer, au sein de la société, producteurs et consommateurs, de les placer à leur rang et dans les groupes qui les encadrent, d'observer comment labeurs et profits se trouvaient partagés en fonction des hiérarchies et des solidarités sociales.

1. Le cadre familial

La cellule sociale élémentaire est la famille. Elle commande la structure du village et du terroir, la répartition du travail et de la consommation. Nous avons déjà repéré dans le paysage rural son empreinte très profonde. L'enclos de la maison rassemble la parenté et la protège ; les annexes la nourrissent ; l'ensemble constitue le lien de toute l'organisation agraire. En fait, les hommes de l'époque, et non seulement sans doute ceux qui réfléchissaient et qui écrivaient, avaient dans l'esprit la notion d'une unité typique d'exploitation, ajustée aux forces et aux besoins de la famille.

Un terme est employé pour l'exprimer depuis le début du VIIe siècle dans les textes latins des pays où s'est épanouie la civilisation carolingienne (il ne semble pas en usage dans les provinces périphériques, comme le Maine ou l'extrême sud de la Gaule ; il ne se répand en Brabant du Nord qu'à la fin du VIIIe siècle, en Provence et en Italie qu'au IXe[1]) : c'est le mot *mansus*. Au sens le plus strict, ce vocable désigne la parcelle habitée dans le village, le lieu du foyer. Mais par extension, il s'applique à l'ensemble de l'exploitation dont le point de résidence est le centre. Le *mansus* se trouve ainsi flanqué d'*appendicia*, répandus dans l'aire villageoise : annexes toutes proches dans la ceinture des jardins, champs dispersés parmi les « coûtures », droits de participer enfin à l'exploitation collective des terres incultes[2]. Le terme *huba* employé à l'Est, dans les régions de dialecte germanique, possédait vraisemblablement le même sens. L'Angleterre connaissait sous le nom de *hide* une entité équivalente.

De longue date les historiens se sont interrogés sur la situation véritable du manse dans le droit et dans les relations sociales de l'époque carolingienne. Leurs recherches sont loin d'avoir dissipé toutes les obscurités : le problème demeure fort complexe. On peut pourtant le simplifier beaucoup, lorsqu'on écarte les aspects purement juridiques pour considérer seulement la valeur économique de l'institution.

Il faut remarquer, en premier lieu, qu'une notion théorique et comme abstraite du *mansus*, de la *huba*, de la *hide* était familière aux hommes de ce temps. Cette notion apparaît d'abord très liée à celle de famille. Des équivalences sémantiques l'attestent en de nombreux textes : pour Bède le Vénérable, la *hide* est la « terre d'une famille » ; dans les documents de Germanie, la *huba* est le « lieu de résidence d'une famille », ou tout simplement la *familia*[3]. En outre, ces termes se trouvent en corrélation avec les unités très simples et très concrètes alors utilisées pour mesurer le travail agricole : la *hide*, la *huba* sont aussi « terres d'une charrue ». Entendons par là que les annexes de l'enclos familial, répandues dans la zone arable du terroir, sont censées recouvrir la superficie que l'instrument aratoire et son attelage peuvent labourer en un an. Cette surface correspond à cent vingt acres ou à cent vingt journaux, puisque l'acre et le journal représentaient, variable en étendue selon la qualité du sol, la tâche journalière de l'équipe de travail. Le manse est conçu comme un multiple de ces mesures. Dans l'esprit du paysan médiéval, il existait donc une étroite relation naturelle entre le groupe familial, l'enclos de la maison et les trois « saisons » de labour, de quarante jours chacune[4]. Pour cela, les coutumes ont gardé très longtemps l'usage du mot « manse » ou du mot *hide* comme mesure

1. Latouche, 216 ; Ganshof, 231 et 232.
2. Saint-Jacob, 161.
3. Déléage, 207, p. 306-340.
4. « On appelle manse dans le dialecte italien la quantité de terre que deux bœufs peuvent labourer dans l'année », *Glose ordinaire et décrétales de Grégoire IX*, III, 39, 10.

de superficie. En 1216, encore, le duc de Limbourg faisait don à l'abbaye de Val-Dieu d'une terre et d'un bois « ayant en longueur un manse et en largeur un demi » ; l'année suivante, la même abbaye recevait « un manse de terre contenant douze bonniers[1] ».

Cependant, de manière plus concrète et pratique, le *mansus*, la *huba*, la *hide* ont été surtout utilisés par les rois et par les chefs comme des unités commodes pour répartir les réquisitions et en assurer la perception. Ce fut sans doute à l'époque la principale fonction économique du manse et de ses équivalents. Dans cette société familiale, il était normal, en effet, de faire reposer les charges non pas sur les individus, difficiles à saisir et d'ailleurs tout à fait absorbés dans le groupe de la maison, non pas sur les champs, dont le nombre et l'étendue, sans doute, en tout cas la situation dans le terroir variaient selon le rythme des rotations de cultures, selon l'avance ou le recul des écobuages, mais sur les enclos bien enracinés, bien délimités, faciles à dénombrer, où l'on engrangeait les récoltes, où les ménages avaient résidence. Cadres naturels de la production agricole et de la vie familiale, les manses apparaissent ainsi davantage comme les pivots majeurs de tous les transferts de services et de richesse liés à l'exercice du pouvoir et à l'existence de la seigneurie. Manse coutumier tenu pour unité de superficie agraire, manse fiscal servant d'assiette aux redevances et aux services, de ces deux notions la puissance et la très large expansion dans la mentalité collective sont fortement significatives des représentations que cette société se faisait d'elle-même. Toutefois, l'image qu'elles transmettent d'une famille établie dans chaque manse, doté lui-même d'un lot de labour uniforme, est bien loin de correspondre à celle que révèle le texte des polyptyques carolingiens.

*

Ceux-ci, à vrai dire, projettent sur les réalités campagnardes un éclairage très particulier, et qui peut-être les déforme. Ceci pour trois raisons principales. D'abord les inventaires ne décrivent que les exploitations paysannes soumises à l'autorité et au pouvoir économique d'un maître. Or, il en existait certainement d'autres, indépendantes, et dont, faute de sources, on ne connaîtra jamais ni le nombre, ni la situation, ni la consistance. D'autre part, rien ne prouve que les cadres où, dans les polyptyques, sont ordonnées les charges incombant aux dépendants, aient toujours coïncidé avec la répartition véritable de la possession foncière dans le terroir. Car pour simplifier les tâches de perception, les administrateurs de seigneuries qui dirigèrent la réception des inventaires maintenaient

1. *Cartulaire de l'abbaye cistercienne de Val-Dieu* (éd. Ruwet), nos 10 et 12.

peut-être artificiellement des cadres vétustes et désadaptés. Un polyptyque enfin n'est pas un cadastre ; il n'énumère pas toutes les parcelles d'un terroir, mais seulement les terres qui relèvent de la seigneurie. Comment savoir si tel paysan, qui tenait du seigneur son manse et quelques-uns des champs qui lui étaient attachés, ne possédait pas à côté d'autres pièces de terre, qui complétaient son exploitation et contribuaient à nourrir sa maison ? Ces réserves exprimées, il faut bien reconnaître que, sans les documents rédigés dans les grands domaines, on ne saurait rien du manse ni de la famille rurale. Ces témoignages ont fait l'objet d'examens minutieux : nous nous trouvons dans l'un des secteurs les mieux explorés de l'histoire rurale. Grâce à eux, l'état des connaissances peut être résumé de la manière suivante :

1° De toute évidence, à l'intérieur des seigneuries de l'époque carolingienne, il n'existait pas d'exacte coïncidence entre la superficie des annexes arables du manse et la capacité de travail d'une charrue. Je prends pour exemple deux extraits d'inventaires. À Poperingues, l'abbaye de Saint-Bertin possédait quarante-sept manses, dix d'entre eux détenaient chacun trente hectares de champs ; dix autres, vingt-cinq ; dix autres, dix-neuf hectares ; les derniers, dix-sept seulement[1]. Voici maintenant quatre villages de la région parisienne où l'abbaye de Saint-Germain-des-Prés possédait des manses. Dans l'un d'entre eux, ceux-ci contenaient en moyenne 4,85 hectares de labours ; dans un autre, 6,10 ; dans le troisième, 8 ; dans le quatrième, 9,65. Ajoutons qu'il s'agit là de moyennes, et qu'elles masquent une diversité beaucoup plus marquée entre les exploitations individuelles. Certains manses en effet disposaient d'une annexe labourable de quinze hectares ; d'autres, de vingt ares seulement[2]. Première constatation : la surface utile des manses pouvait donc varier considérablement.

2° On peut considérer d'abord que ces inégalités se trouvaient en quelque mesure correspondre à l'organisation juridique hiérarchisée des tenures paysannes. Dans certains polyptyques, en effet, les manses les mieux pourvus de champs sont fréquemment désignés comme des manses « libres », les autres comme « serviles ». Comme les tenanciers des seconds devaient seulement au seigneur des corvées manuelles, on peut penser qu'en principe ils ne possédaient pas de bêtes de trait, ni de charrue ; d'autre part, ils étaient requis plus souvent de travailler hors de chez eux. Pour ces deux raisons, parce qu'ils devaient retourner leur terre à la houe et parce qu'ils ne pouvaient lui consacrer autant de leur labeur, le lot de champs annexé à leur demeure était plus restreint. On voit donc que, dans la seigneurie, l'inégale répartition de la terre

1. Ganshof, 229.
2. Perrin, 240.

labourable entre les manses se trouvait en partie commandée par l'existence de deux niveaux économiques et juridiques au sein de la société paysanne : les possesseurs d'attelage, plus libres de leur temps, étaient mieux nantis que les travailleurs de bras, moins dégagés de l'emprise du maître. Reflétant ces réalités sociales, les coutumes germaniques connaissaient un manse libre théorique d'une contenance de soixante journaux, deux fois plus vaste que le manse servile abstrait.

3° Toutefois, la plus grande inégalité régnait souvent à l'intérieur même des diverses catégories juridiques. Ainsi, dans les possessions parisiennes de Saint-Germain-des-Prés, certains manses libres exploitaient dix fois plus de terre que d'autres, et parmi les manses serviles la disproportion atteignait parfois quarante-cinq contre un. D'aussi fortes disparités dans l'équipement des exploitations familiales peuvent être considérées comme le résultat d'une longue évolution ; des achats, des ventes, des partages, des échanges, clandestins ou consentis par le seigneur, auraient, au cours des générations, introduit parmi les patrimoines les inégalités qu'ont enregistrées à tel moment les polyptyques. À l'appui de cette hypothèse, on notera que, dans les pays belges, où l'occupation du sol, l'organisation du terroir et l'installation de la seigneurie étaient certainement beaucoup plus récentes que dans le centre du Bassin parisien, les manses se trouvaient au IXe siècle d'étendue beaucoup plus uniforme [1]. On est conduit à penser ainsi que, dans certaines provinces au moins, à l'intérieur même de la seigneurie et à plus forte raison en dehors d'elle, la possession paysanne jouissait à cette époque d'une relative mobilité. Assez facilement sans doute, des parcelles de champ se détachaient d'un manse pour s'adjoindre à un autre ; de la sorte, certains ménages s'enrichissaient, d'autres s'appauvrissaient. La constatation est d'importance. Ajoutons enfin que les migrations paysannes, l'établissement de nouvelles familles dans le village venaient encore accentuer parfois la diversité des lots. On rencontre, en effet, dans certains terroirs que décrivent les inventaires, des *appendaria*, des *cabannariae*, ou encore des *hospitia*, tenures beaucoup plus petites que les manses ; on peut voir en elles des lopins attribués à des immigrants, qui ne s'intégraient pas dans la communauté de village et ne recevaient pas de part à l'utilisation des terres libres.

4° Les documents seigneuriaux indiquent enfin que le nombre des familles tenancières ne correspondait pas à celui des manses, et que beaucoup de ceux-ci étaient occupés non par une famille mais par plusieurs. Il arrivait que ce surpeuplement aboutît au partage de l'enclos habité : dans certains polyptyques,

1. F. L. Ganshof, *La Belgique carolingienne* (coll. Notre Passé), Bruxelles, 1958, p. 111.

celui de l'abbaye de Prüm en particulier, on trouve inventoriés quelques « quarts de manse[1] ». Mais le plus souvent, le seigneur maintenait intacte l'unité de perception, sans se préoccuper de la manière dont les familles occupantes pouvaient se répartir entre elles les charges, la surface de l'enclos et les parcelles attenantes. À Verrières, près de Paris, un cinquième seulement des manses contenait une seule famille, la moitié en contenait deux, et le tiers, trois[2]. Fixée par les haies, par les usages agraires, par le système rigide des perceptions, l'organisation des manses survivait alors, mais comme un tissu cellulaire sclérosé et qui ne coïncidait plus avec la structure vivante, celle des familles. Nous avons déjà signalé, pour ce qu'elle laisse entrevoir du mouvement démographique, l'accumulation des ménages sur certaines parcelles habitées. Mais si l'on confronte cette distribution très incohérente du peuplement aux très inégales portions de terre arable allouées à chaque manse, on s'aperçoit que les manses les mieux pourvus de labours n'étaient pas forcément les plus chargés d'hommes. Les écarts de situation économique déterminés par la répartition désordonnée de la surface arable se trouvaient souvent encore aggravés. De ce fait, il n'existait plus aucune correspondance entre les forces et les besoins du groupe familial et le lot de terre qu'il pouvait travailler, les quantités de nourriture que ce labeur pouvait produire, les exigences enfin du seigneur.

Tels apparaissent, dans les descriptions de seigneuries, les rapports réels entre le manse et la famille. Encore serait-il très important de connaître la consistance interne du groupe familial paysan. Jusqu'à quel degré de parenté les individus vivaient-ils alors en communauté matérielle, sous la même hutte et autour du même foyer ? Combien de personnes constituaient le ménage, en y associant les domestiques, car la *familia* ne comprenait pas seulement les parents, mais tous les habitants d'une même maison : le polyptyque de Prüm indique que des tenanciers paysans possédaient leurs propres esclaves, qui accomplissaient pour eux les corvées[3] ? Nos connaissances demeurent sur ce point tout à fait insuffisantes. Carence très regrettable, car ignorer si la société familiale était large ou restreinte, la maison peuplée ou non, c'est s'interdire d'évaluer ses capacités de production et de consommation, et donc de la situer exactement dans l'économie de ce temps, en fonction des charges seigneuriales ou du mouvement des échanges. Les textes fournissent pourtant quelques indications susceptibles d'être interprétées, et qu'il importerait de recueillir avec soin. Les inventaires les plus détaillés qui, comme le polyptyque d'Irminon, dénombrent les occu-

1. Perrin, 242.
2. *Ibid.*, 240.
3. *Ibid.*, 242.

pants des manses, livrent l'image de familles généralement peu étendues, de structure conjugale : le ménage réunit seulement le père, la mère, les enfants. La solidarité ne paraît pas rassembler de parents plus éloignés, et il semble que les enfants mariés aient coutume de s'établir à l'écart dans leur propre cabane. Mais ces indices concernent le milieu social particulier des paysans tenanciers, que leur condition même invitait peut-être à rompre plus vite la communauté familiale. On voit parfois celle-ci se prolonger plus longtemps dans la paysannerie indépendante. Ainsi le polyptyque d'Irminon décrit un gros manse pourvu de vingt-cinq hectares environ de terres arables ; il venait d'être offert en aumône à Saint-Germain-des-Prés, mais restait occupé et exploité par les descendants du donateur ; antérieures à l'offrande, les relations de parenté s'étaient organisées dans un climat d'indépendance ; or la maisonnée réunissait ici vingt personnes, deux frères mariés, l'un père de trois enfants, l'autre de cinq, leur sœur et ses six enfants et une autre sœur célibataire. Dans la structure familiale régnait donc aussi la diversité. Les familles, groupes de coopération économique élémentaire, se trouvaient dans des situations fort inégales, par leur composition et leur effectif aussi bien que par leurs ressources.

2. Les grandes fortunes foncières

Parmi les tenanciers de la seigneurie, on parvient donc à discerner des riches et des pauvres. Mais les uns comme les autres cultivaient la terre d'un maître, incomparablement plus fortuné qu'eux-mêmes. C'est à l'intention de cette aristocratie terrienne [1] qu'ont été rédigés tous les textes qui portent témoignage sur l'économie rurale de cette époque ; ils ne concernent que leurs biens. Ils livrent l'image d'une société très abruptement hiérarchisée, où un petit groupe de « puissants » dominent de très haut la masse des « rustres » qu'ils exploitent. Certes, il existait pourtant alors, entre les tenanciers et leurs seigneurs, des cultivateurs de condition modeste qui parvenaient à sauvegarder une part au moins de leur indépendance économique. J'évoquais tout à l'heure cette famille paysanne de vingt personnes, dont la situation nous est accidentellement connue, parce que la donation de l'ancêtre vint intégrer sa terre dans le patrimoine d'une grande église ; avant cette aumône, le bien de ce lignage était autonome. Par d'autres documents, et en particulier par les dispositions qui réglementent le service dans l'armée royale, on devine la présence et la vitalité de cette catégorie de paysans qui exploitaient un seul manse. Ce furent sans doute les multiples donations de tels agriculteurs, cadeaux très modestes, à la

1. Renvoyons à l'excellente analyse de cette structure sociale présentée par Boutruche, 145.

mesure de leurs moyens, qui ont enrichi au IXe siècle les grandes abbayes de Germanie méridionale. Toutefois, on ne saurait nier que les manses, les labours et les espaces incultes se concentraient par très grosses masses dans la possession des souverains, des grands établissements ecclésiastiques et de quelques très riches familles. Il existait ainsi d'énormes fortunes foncières. La part du temporel de l'abbaye de Saint-Bertin affectée au IXe siècle à l'entretien des moines contenait dix mille hectares, et l'on a évalué à plus de dix-huit mille hectares la superficie du domaine laïc de Leeuw-Saint-Pierre en Brabant [1].

De toutes les formes où s'encadre alors l'économie rurale, ces grands domaines sont les premières – et à peu près les seules – que montrent bien les documents écrits. On peut observer assez clairement ces ensembles cohérents, gérés au profit d'un maître, et que la langue savante de l'époque désignait par le mot *villa*, le terme même qu'avaient utilisé les textes latins classiques. Du moins voit-on de manière satisfaisante ceux qui, situés dans l'aire de la civilisation carolingienne, entre la Loire et le Rhin et en Lombardie, appartenaient aux plus grands monastères. Inventaires, descriptions ont permis aux historiens de dessiner les traits d'un système économique particulier qu'il est convenu d'appeler le « régime domanial ». Il a fait l'objet d'études nombreuses et souvent fort claires, ce qui permet ici de ne pas s'attarder.

*

Sous les aspects que révèlent les documents les plus célèbres, ceux qui furent les premiers décrits par les érudits et présentés par eux comme étant les plus « classiques », le système se fondait sur la division de la *villa* en deux portions complémentaires. L'une était gérée en exploitation directe. Les historiens français ont pris l'habitude d'appeler cette part la « réserve » ; mais lorsqu'ils en parlaient, les seigneurs et les paysans du Moyen Âge employaient le mot « domaine », et c'est celui que je retiendrai. L'autre part était constituée par les tenures, petites exploitations concédées.

Le domaine apparaît comme un « manse », le manse du maître, *mansus indominicatus*. Mais il s'agit d'un manse démesuré parce qu'il correspondait à une « maison », à une *familia* particulièrement nombreuse, productive et exigeante. Sa structure cependant ne différait pas de celle des autres manses. Au cœur, un enclos, la « cour » : l'espace, contenu par une solide palissade, renfermait, outre le verger et un grand jardin, un ensemble de bâtiments qui en faisait un véritable hameau. Voici celle d'Annapes, qui appartenait au roi. Autour d'un palais de

1. GANSHOF, *La Belgique carolingienne*, p. 106.

pierre très bien bâti, avec trois grandes salles au rez-de-chaussée et onze chambres à l'étage, s'aggloméraient de nombreuses constructions en charpentes, une étable, trois écuries, la cuisine, la cabane à faire le pain, dix-sept baraques pour abriter les domestiques et les réserves de nourriture. Quant aux *appendicia*, rattachés à la parcelle centrale, ils comprenaient toujours des labours en grandes pièces, des prés et, autant que possible, des vignes, enfin de très vastes friches. De la « cour » de Somain, près d'Annapes, dépendaient ainsi deux cent cinquante hectares de champs, quarante-quatre de prés, sept cent quatre-vingt-cinq de bois et de pâtures. Toutefois, les « cours » n'étaient pas toutes aussi largement pourvues : celle de l'abbaye de Saint-Pierre-du-Mont-Blandin à Gand ne possédait pas cent hectares [1].

D'une manière générale cependant, les « manses de maîtres » valaient plusieurs dizaines des manses que les paysans recevaient en tenures. En effet, d'après les images les plus fréquemment transmises par les sources, un certain nombre de manses concédés épaulaient l'exploitation maîtresse. Ceux-ci possédaient des annexes labourables dont l'étendue, nous l'avons vu, était très diverse, mais toujours inférieure à la quantité de terre qui correspondait théoriquement aux capacités d'une famille paysanne. Pourtant, nous l'avons vu aussi, ces manses se trouvaient souvent occupés par plusieurs ménages. Certaines tenures, dites « libres », étaient en moyenne dotées d'appendices plus vastes que d'autres, dites « serviles ». Ajoutons que le statut des manses ne coïncidait pas toujours avec la condition personnelle de leurs tenanciers.

*

La première fonction de ces grands domaines était de permettre à quelques hommes de vivre dans l'oisiveté, l'abondance et la puissance. Ils soutenaient la magnificence d'une élite très restreinte de « grands ». Dans cette civilisation encore primitive, en un temps de pénurie alimentaire généralisée, le « puissant » apparaît d'abord comme celui qui mange toujours à sa faim. C'était celui surtout qui faisait manger les autres, le « généreux », et son autorité se mesurait au nombre des hommes qu'il nourrissait, aux dimensions de sa « maison ». Autour des chefs, laïcs et religieux, vivaient des centaines de commensaux, leurs parents, leurs amis, ceux qui s'étaient placés sous leur patronage (à la cour du souverain carolingien, le vocabulaire officiel les nommait précisément des « nourris »), des hôtes accueillis avec largesse et qui répandaient au loin la gloire de la maison, des foules de domestiques enfin, et parmi eux ces artistes du

1. Grierson, 234 ; Ganshof, 228.

métal, de la charpente ou du tissage, qui édifiaient le cadre luxueux convenant au rang du maître, qui façonnaient ses armes, ses bijoux, ses parures. Ce type d'existence supposait un large ravitaillement, des greniers et des celliers toujours pleins, donc l'entretien de jardins bien tenus, de treilles, de clos de vigne, la culture de champs de dimensions exceptionnelles, pour fournir, en dépit du bas niveau des rendements, les grains en abondance, la disposition enfin de vastes étendues incultes pour l'approvisionnement en gibier et pour l'élevage des chevaux qui, en voyage et au combat, constituaient les attributs de la vie aristocratique. Il fallait pouvoir puiser sans compter. C'était le propre du noble, en effet, que d'échapper en tout temps à la gêne : il devait pouvoir, au milieu des affamés, demeurer toujours prodigue. Comme les récoltes variaient considérablement d'un an à l'autre, ses régisseurs, pour ne jamais manquer, s'employaient à pousser la production, et spécialement celle des blés.

Ne supposons pas cependant, dans l'attitude des maîtres et de leurs agents d'administration, un souci de développer l'exploitation, d'accroître les revenus, et comme l'amorce d'une mentalité de profit. Ils ne souhaitaient pas accumuler les biens, mais avoir toujours le moyen, sans inquiétude pour le lendemain, de distribuer autour d'eux la provende, d'étendre leur « famille », d'accroître le groupe de leurs obligés. En ce temps, la valeur fondamentale était en effet le dévouement personnel et le service. Les sources révèlent seulement les principes de gestion des chefs de maisons religieuses. Ces « intellectuels » possédaient peut-être un sens plus développé de la prévision. Du moins leur préoccupation essentielle était-elle d'établir un état précis des besoins en produits de la terre. Tel apparaît le but des « statuts » que l'abbé Adalard dressa pour le monastère de Corbie ; ils précisent en particulier, avec minutie, la qualité des pains, leur poids, la provenance des farines, la ration des différents allocataires, leur nombre. Une connaissance exacte des nécessités précédait ainsi et commandait la répartition des fournitures entre les différents domaines conformément à leurs aptitudes. Les tournées d'enquêteurs, la rédaction d'inventaires avaient pour but d'aménager au mieux cette répartition, et aussi de faire connaître s'il était possible d'accueillir de nouveaux frères, de multiplier les aumônes, donc d'augmenter le nombre de bouches à nourrir. À l'intérieur d'un plan de longue durée, qui était de consommation et non de production, la *villa* était pourvoyeuse et devait répondre sans défaillance.

3. L'exploitation du grand domaine

Dans le modèle économique qu'ont construit les érudits, il y a quelques décennies, en se fondant sur de rares textes tenus pour des autorités, et qu'ils ont proposé comme constituant le « régime domanial classique », la *villa* se présentait par conséquent comme un centre d'exploitation directe. Un centre fort étendu, en raison de la faiblesse des rendements agricoles. Le monastère de San Giulia de Brescia consommait au début du Xe siècle six mille six cents muids de grains chaque année. Pour assurer son approvisionnement, il fallait en semer neuf mille[1]. Les techniques de production demeuraient si rudimentaires que la subsistance d'une seule famille de l'aristocratie exigeait une superficie arable démesurée, généralement plusieurs *villae*, pourvues chacune d'*appendicia* très étendus. Le principal problème qui se posait aux administrateurs était par conséquent de main-d'œuvre.

*

Sa solution était facilitée par l'existence de l'esclavage. L'Occident tout entier le pratiquait alors, et de manière plus intense sans doute sur ses franges moins évoluées, plus proches du paganisme, en Angleterre, en Germanie surtout. Très nombreux en tout cas étaient les hommes et les femmes que les textes latins, fidèles au vocabulaire classique, nomment *servus, ancilla*, ou désignent par un terme collectif et neutre, *mancipium*. Leur condition juridique était celle des esclaves de la Rome antique ou des peuples barbares, à peine adoucie par l'ambiance chrétienne. On reconnaissait leur mariage ; ils avaient le droit d'amasser un pécule, d'acquérir de la terre. Mais ils dépendaient entièrement de leur maître, qui les vendait ou les achetait ; ils faisaient partie de l'équipement de sa maison, avec leur descendance et leurs biens. Rien ne limitait leur devoir d'obéir, et le travail qu'ils fournissaient était gratuit. Beaucoup, installés sur un manse par leur maître, qui le leur avait confié pour s'y établir en famille et en vivre, jouissaient d'une plus large autonomie. Mais beaucoup aussi travaillaient dans la maison et se trouvaient alors placés dans une situation économique comparable à celle des bêtes de labour : on les nourrissait, on les soignait pour ne pas perdre un capital précieux ; ils se tenaient à la disposition du maître pour toutes les tâches. On peut penser que, parmi les esclaves, ceux de condition domestique étaient les plus nombreux. Des indications éparses laissent supposer que certains paysans eux-mêmes en employaient dans leur demeure. L'homme de fortune modeste qui gérait pour les moines de Saint-Bertin leur domaine de Poperingues avait quatre esclaves à son service ; son voisin, le régisseur de Moringhem, avec un manse pourvu de vingt-cinq hectares de terres de

1. Luzzatto, 155.

labour, en entretenait une douzaine pour son usage personnel[1]. Quant aux maisons de grands, aux « cours » des *villae*, elles en abritaient des troupeaux.

Nos sources parlent peu de ces équipes de cultures. Les esclaves « de main » *(servi manuales)* qui les composaient, les *mancipia non casata*, ces esclaves qui n'avaient pas reçu de case pour y mener une vie familiale individuelle, qui logeaient dans l'enclos de la cour et que l'on appelait aussi les « prébendiers », car le maître assurait tout leur entretien, se trouvaient en effet rangés par un capitulaire de 806 parmi les biens meubles, que les inventaires ne décrivent pas toujours[2]. De telles équipes existaient pourtant partout, et partout la production reposait d'abord sur elles. Trois *mancipia* par exemple assuraient la mise en valeur de tel manse domanial, d'une vingtaine d'hectares, qui venait d'être donné à Saint-Germain-des-Prés lorsque fut confectionné le polyptyque d'Irmion[3]. Et dans la *villa* d'Ingolstadt, offerte par Louis le Pieux à l'abbaye de Niederalteich, vingt-deux esclaves domestiques travaillaient sur les quatre-vingts hectares labourables du domaine. En Lombardie, on comptait de huit à quarante-neuf esclaves par « cour » en 905-905 sur les possessions de l'abbaye de San Giulia de Brescia[4].

L'entretien de ces serviteurs ne posait pas de problèmes insurmontables. Dans les seigneuries où fonctionnaient des moulins, le produit des taxes de mouture perçues sur les usagers suffisait souvent à nourrir la *familia* servile. Il ne faut pas croire non plus que le recrutement des domestiques fût malaisé. Certes, les progrès de la christianisation entravaient quelque peu l'activité des trafiquants d'esclaves[5], mais les marchés restaient approvisionnés. En outre, certains serviteurs étaient mariés (c'était le cas, dans telle *villa* de l'abbaye de Farfa, de deux des *homines manuales* qui travaillaient dans la « maison ») et, parmi les servantes, beaucoup avaient des enfants, légitimes ou non[6]. Sans doute s'avérait-il peu profitable d'élever ces jeunes dans la « cour » du maître, car il fallait les nourrir longtemps avant qu'ils pussent rendre des services. En

1. *Polyptyque de l'abbé Irminon* (éd. GUÉRARD), II, Appendices, p. 400. Les tenanciers de l'abbaye de Prüm mettaient leurs *mancipia* à la disposition du maître pour les corvées de fenaison et de moisson, PERRIN, 242.

2. Le droit carolingien distingue les esclaves non casés, rangés parmi les meubles, et ceux qui « *jam casati sunt* », qui constituent l'« héritage, immobilier, *Capitularia regum Francorum*, I, p. 129. En 804, des Italiens cèdent à leurs créanciers tous leurs biens « *excepto mobilio, servos et ancillas manuales* », *Registrum Farfense*, n° 175.

3. *Polyptyque de l'abbé Irminon* (éd. GUÉRARD), II, 123.

4. LUZZATTO, 155.

5. LATOUCHE, 216, p. 188.

6. LUZZATTO, 155.

revanche, il est à peu près sûr que les maîtres prélevaient librement leurs valets et leurs filles de ferme parmi la progéniture des esclaves établis sur des manses serviles. Ceux-ci constituaient donc – peut-être était-ce même leur principale fonction économique – une pépinière de jeunes travailleurs domestiques.

Une raison interdisait toutefois aux maîtres de confier aux seuls serviteurs de leur maison tous les travaux des champs : ceux-ci se trouvaient fort inégalement répartis au long du calendrier agricole. La production céréalière, à la différence de l'élevage ou de la viticulture, juxtapose en effet de longues mortes-saisons à des périodes fébriles où les travailleurs doivent être rassemblés en très grand nombre. Les labours, la moisson surtout, et la récolte du foin nécessaire à l'entretien du bétail de trait, qu'il faut mener très vite sous un climat capricieux, constituent des époques de grosse activité. Ajuster l'effectif permanent du personnel domestique aux besoins de ces moments de pointe, c'était s'obliger à l'entretenir dans l'oisiveté pendant la plus grande partie de l'année, donc à gaspiller la nourriture. C'était réduire considérablement le rendement déjà fort restreint de l'agriculture et, par conséquent, déséquilibrer l'économie du domaine. Mieux valait adjoindre à la petite équipe, suffisante pour les besognes quotidiennes, un appoint saisonnier de main-d'œuvre rétribuée.

Les conditions économiques de l'époque n'excluaient pas absolument le salariat. À Corbie, les préposés à l'exploitation des jardins employaient des aides pour bêcher les plates-bandes, pour les premières plantations, pour le sarclage ; ils recevaient chaque année, pour l'entretien de ces journaliers, cent pains, un muid de pois et de fèves et un muid de cervoise (ce qui prouve que ces travailleurs à la journée étaient payés par un repas) ; mais soixante deniers étaient en outre réservés « pour embaucher ces hommes [1] ». Toutefois, l'instrument monétaire manquait de souplesse ; aussi l'usage du gage en argent demeurait-il exceptionnel. Il était beaucoup plus commode de rétribuer les travailleurs associés temporairement à l'exploitation du domaine par la concession d'un lot de terre, de les installer sur des manses. La force productive de ces hommes et celle de leur propre famille se trouvait ainsi partagée. Une partie leur en était laissée pour tirer de leur lopin de quoi pourvoir à leur entretien. Ils devaient placer le reste à la disposition du maître de la terre. On reconnaît ici une autre fonction économique des tenures satellites du domaine.

*

1. *Statuts d'Adalard*, II, I (*Polyptyque de l'abbé Irminon* (éd. GUÉRARD), II).

En échange de leur donation, les « maisons » paysannes devaient à la « maison » du maître des prestations dont la nature était pour chaque catégorie de manses généralement uniforme dans la *villa*, et même dans toutes les *villae* appartenant au même possesseur. Venaient d'abord des redevances portées à la « cour » chaque année à certaines dates. De montant fixe, elles consistaient parfois en quelques petites pièces d'argent, en poules, en œufs, en une tête ou deux de petit bétail, mouton ou porc. On peut tenir ces prestations soit pour des taxes payant l'usage des bois et des friches du maître, soit pour des impôts d'origine publique. Certaines prolongeaient des réquisitions pour le ravitaillement de l'armée royale jadis exigées des paysans libres ; le grand propriétaire foncier avait été chargé de les percevoir, et il se les était appropriées. La charge de ces diverses redevances restait toujours légère en vérité, et le profit minime pour le maître de la terre. On voit comment se situaient les redevances dans l'économie de la *villa*. Elles se plaçaient, non point au niveau du gros labeur nourricier, de la lutte pour la subsistance, mais dans la marge de facilité, celle de l'élevage de basse-cour et du petit commerce des surplus. Sur la production des petits exploitants tenanciers, elles ne constituaient qu'un prélèvement de surface. Au seigneur, ces viandes, cette menue monnaie ne procuraient qu'un superflu et ne contribuaient, petitement, qu'à son luxe.

En revanche, les services en travail imposés aux tenures formaient la liaison économique essentielle entre celles-ci et le domaine, le nœud du régime domanial. La capacité de main-d'œuvre de chaque exploitation satellite se trouvait, comme on l'a vu, supérieure à ce que réclamait la culture de ses champs. Ce surplus devait aller à la « cour ». Sous forme d'abord de livraisons périodiques de produits façonnés : chaque manse devait préparer un tas de bois de chauffage, ou bien un certain nombre de piquets, de poutres, de planches, ou même parfois des outils, de ces outils rudimentaires que n'importe qui pouvait confectionner. Dans les tenures d'esclaves, les femmes tissaient pour le domaine des pièces de toile ou de drap. Mais les tâches principales étaient agricoles, et la contribution revêtait alors trois formes distinctes, souvent conjuguées :

1° Le manse était en premier lieu chargé d'un travail défini. Il lui incombait par exemple de dresser sur une certaine longueur de clôture temporaire qui protégeait au printemps les moissons et les prés. Plus généralement, il recevait mission de mettre complètement en valeur, depuis les labours préparatoires jusqu'à l'engrangement, un lot, l'« ansange », prélevé sur les labours du domaine, dont les produits devaient revenir intégralement au maître. De cette manière, chaque année, dans les parties du terroir mises en culture, un certain nombre de parcelles arables qui dépendaient du manse domanial lui étaient temporairement soustraites et s'adjoignaient aux *appendicia* des manses paysans.

Elles les complétaient et absorbaient ainsi une part des forces productives inemployées de la population tenancière.

2° D'autres obligations étaient plus astreignantes, car elles laissaient moins d'autonomie aux travailleurs des manses. Elles les sortaient du groupe familial et les intégraient périodiquement à l'équipe de travail constituée sur les terres de la « cour ». Ces réquisitions – les « corvées » au sens strict, car le mot signifie proprement demande, c'est-à-dire réquisition – ne touchaient en revanche dans chaque manse qu'une unité de travail, manuelle ou d'attelage, qu'un homme ou qu'une charrue. Ceci rendait le service sensiblement plus léger, surtout lorsque le manse était occupé par plusieurs familles, ou lorsque les tenanciers possédaient eux-mêmes des domestiques, ce qui était sans doute fréquent. Parfois, le manse devait un nombre fixe de journées, à certaines saisons, ou bien chaque semaine ; parfois le corvéable collaborait à une tâche définie jusqu'à son accomplissement. En certains cas, il s'agissait proprement de « main-d'œuvre » *(manoperae)*, de travail de bras ; l'homme requis venait au matin à la « cour » se joindre aux domestiques et attendre les ordres, mais le manse conservait l'usage de tout son outillage et des bêtes de trait. D'autres corvées recevaient au contraire une affectation spéciale. Ainsi celles qui réunissaient dans les ateliers domaniaux les femmes des manses dits serviles, ou bien les services de message et de charroi qui impliquaient la fourniture d'un attelage, et incombaient par conséquent aux manses dits libres, mieux équipés.

3° Les tâches que les inventaires appellent les « nuits » constituaient enfin une troisième catégorie de travaux. Ceux-ci plaçaient le tenancier au service du seigneur plusieurs jours d'affilée, sans qu'il fût sûr de pouvoir rentrer chaque soir au gîte, ce qui permettait de l'employer au loin, de l'envoyer en mission. Et l'on peut penser que ces obligations indéterminées constituaient pour le domaine une réserve de main-d'œuvre, immédiatement et durablement mobilisable en cas de nécessité imprévue.

Ces diverses tâches très souvent se combinaient et s'ajoutaient les unes aux autres. Mais elles étaient généralement moins lourdes, plus strictement mesurées, moins dégradantes pour les manses libres. En principe, en effet, ces derniers étaient occupés par des paysans de condition libre, dont les ancêtres souvent avaient vécu dans l'indépendance, mais qui, trop pauvres ou trop faibles, avaient laissé leur terre s'introduire dans le système économique de la *villa*, en échange de secours et de protection. Même si les migrations rurales, les mariages mixtes, les aliénations de terre avaient aboli, ce qui était souvent le cas, la coïncidence entre la « liberté » de la tenure et le statut de ceux qui l'occupaient, ces derniers possédaient une exploitation assez vaste pour nourrir du gros bétail. Fournir des bœufs ou un cheval, collaborer ainsi aux labours, aux charrois, aux liaisons avec l'extérieur, constituait sans doute leur contribution la plus précieuse à l'équipement du domaine, celle de laboureurs, de conducteurs, de cavaliers plus que de manœuvres. On peut supposer, au contraire, que les manses serviles avaient été créés par le maître pour caser quelques-uns de ses esclaves domestiques, pour se décharger de leur entretien et les laisser élever eux-mêmes leurs enfants, mais sans cesser de prétendre à les commander et à les exploiter à sa guise. Les tenanciers des manses serviles se trouvaient pour cela beaucoup plus engagés dans le travail quotidien de la « cour ». Ils accomplissaient les travaux de main, car d'ordinaire ils ne disposaient pas d'attelage. À eux de monter la garde de nuit dans la « cour », de faire la lessive, de laver les moutons et de les tondre. On voyait leurs femmes ou leurs filles travailler dans les ateliers domaniaux. Aux manses serviles incombaient les corvées hebdomadaires de travail indéfini. En Germanie, ils devaient très généralement mettre un homme à la disposition du seigneur trois jours par semaine ; autrement dit, chacun de ces manses fournissait tout au long de l'année un domestique à mi-temps. Leur dotation en terre arable était plus réduite que celle des manses libres, ce qui s'explique. Leurs tenanciers étaient requis plus longtemps au-dehors et pouvaient consacrer moins d'effort à leur exploitation familiale, mais en revanche, comme ils mangeaient au réfectoire lorsqu'ils étaient de corvée dans la « cour », leur consommation dans le manse s'en trouvait réduite d'autant[1].

Puisque son rapport ne correspondait pas aux services dont elle était chargée, la tenure n'était pas exactement un salaire. Il faut avant tout considérer la concession des manses comme un moyen de soulager partiellement l'intendance domaniale du soin de nourrir la main-d'œuvre domestique. Ajoutons que la cour pouvait disposer ainsi d'une quantité de travail surabondante. On a calculé que les huit cents familles dépendantes de l'abbaye de San Giulia de Brescia devaient, au début du xe siècle, accomplir au service du maître soixante mille jours de travail[2]. Le maître, là encore, voulait pouvoir puiser sans compter, être toujours servi et se ménager une réserve pour les besoins imprévus. Mais il semble qu'en temps normal, toutes les corvées dues n'étaient pas requises.

Ainsi se présente le « régime domanial ». Le chef de la grande exploitation du village s'appropriait, pour l'affecter à la mise en valeur de ses propres terres, le surplus des forces productives des familles paysannes sur lesquelles il étendait sa puissance. Mais comme le labeur humain produisait peu, ce surplus s'avérait

1. On distingue aussi dans certains polyptyques la catégorie intermédiaire des manses « lidiles » correspondant à la condition sociale des affranchis.
2. Luzzatto, 217.

très maigre et il importait par conséquent qu'un grand nombre de manses satellites fût adjoint au domaine.

4. Destination des profits domaniaux

On considère souvent la *villa* carolingienne comme un organisme clos destiné à fonctionner entièrement replié sur lui-même. Il faut fortement nuancer cette image. La *villa*, en effet, s'intégrait généralement dans un ensemble économique plus vaste, parce que les « grands » possédaient d'ordinaire plusieurs domaines. Trois conséquences en découlaient :

1° Dans le plan établi pour la satisfaction des besoins du maître, les livraisons attendues des différents domaines étaient parfois spécialisées en fonction des aptitudes naturelles. C'était le cas, en particulier, pour la production la plus exigeante, celle du vin. Le vin passait alors pour la boisson noble, l'ornement de la table des riches ; il formait le présent de choix pour les amis, et les seigneurs mettaient leur fierté à produire dans leur clos des vins de qualité, qui leur fissent honneur. Aussi choisissaient-ils soigneusement parmi leurs terres les plus propices à l'établissement d'un vignoble. Ce souci commandait même une certaine politique d'acquisition foncière. Les abbayes de la Gaule du Nord, les « puissants » de Germanie s'efforçaient d'obtenir des terres dans le centre du Bassin parisien, dans la vallée du Rhin, sous des climats où le raisin pouvait heureusement mûrir.

2° En outre, comme il possédait plusieurs domaines, le maître n'occupait que par intervalle avec sa suite la grande maison qui, dans la cour de chacun d'eux, était construite à son usage. Il venait à chaque occasion. À ce moment, les serviteurs préparaient les couches et les écuries, cuisaient les viandes et les pains. Pendant quelque temps, le seigneur et son entourage consommaient les réserves accumulées en prévision de leur visite. Mais ils étaient de passage, allant sans cesse d'une cour à l'autre. L'aristocratie de ce temps errait ainsi en constante migration au cours des saisons. Ceci posait un problème de gestion : pendant ses absences, le maître devait avoir un mandataire. De cet intendant dépendait tout le fonctionnement du régime domanial. La direction des domestiques, la réquisition des corvéables, la garde des provisions lui revenait. Il supportait de lourdes responsabilités, mais détenait un grand pouvoir. Quand il était seul, il commandait, châtiait à sa guise. Aussi le seigneur s'efforçait-il de le tenir en bride : tout le capitulaire *De Villis* est un ensemble de consignes aux *villici*, aux intendants des domaines royaux.

3° Enfin, la multiplicité des centres de production relevant d'un même maître nécessitait des liaisons, et, dans une certaine mesure, des transports. Lorsque le domaine était spécialisé dans certaines récoltes, le maître ne pouvait d'un coup consommer les surplus sur place ; il fallait les acheminer vers lui. Ainsi pour le vin : chaque année, un moine de Saint-Bertin se rendait au moment des vendanges dans le vignoble que l'abbaye possédait dans la région de Cologne et revenait avec un convoi de tonneaux[1]. D'autres transports étaient organisés lorsque le maître, depuis l'une de ses résidences, envoyait quérir tel ou tel produit qui, sur place, lui faisait défaut. Ces expéditions de denrées devenaient beaucoup plus considérables et plus régulières lorsque la « famille » seigneuriale ne pouvait se déplacer et devait faire venir de ses domaines éloignés toute sa provende. C'était le cas des monastères, institutions stables. L'abbaye de Corbie entretenait cent quarante serviteurs spécialisés, chargés uniquement de conduire l'approvisionnement vers la communauté des moines. Dans ce monde tout sauvage et coupé de déserts incultes, les rivières, les mauvaises pistes étaient donc constamment sillonnées de caravanes et de porteurs de nouvelles. Or, les techniques de circulation restaient, elles aussi, fort rudimentaires. Pour les messages, pour les transports, il fallait mobiliser des chevaux, des bœufs en grand nombre, et surtout des hommes pour conduire les chars, ramer dans les barques, ou pour porter à pied sur leur dos les chargements. Une part des corvées exigées des tenanciers était affectée à cet office, et constamment, sauf aux moments de grande presse, une fraction du personnel se trouvait occupée hors du domaine. Ce qui déterminait une très lourde déperdition de main-d'œuvre.

*

On gaspillait donc les forces. Mais cet acharnement même à faire venir des possessions les plus éloignées toute la provende, comme l'incessant déplacement des « maisons » seigneuriales, attestent que les maîtres mettaient leur idéal à tirer de leur terre de quoi subvenir à tous leurs besoins, et « qu'il ne fût pas nécessaire de quérir ou d'acheter quelque chose ailleurs[2] ». En réalité, cet idéal d'autarcie ne pouvait être réalisé. Des échanges devaient s'établir entre le groupe de domaines qui constituait le patrimoine seigneurial et l'extérieur. D'ailleurs, la structure interne de l'économie du domaine impliquait une certaine ouverture, et d'abord de la part des exploitations paysannes satellites.

La topographie même de la *villa* imposait de telles relations avec les centres

1. DION, 95, p. 419 ; H. VAN WERVEKE, « Comment les établissements religieux belges se procuraient-ils du vin au haut Moyen Âge ? » dans *Revue belge de philologie et d'histoire*, 1923.

2. *Capitulaire de Villis*, c. 42.

de production avoisinants. Il semble certain, en effet, que la *villa* ne s'identifiait qu'exceptionnellement avec un village et son terroir. Elle s'étendait sur plusieurs clairières sans en recouvrir entièrement aucune. Les « coûtures » du domaine, les manses des tenures, leurs parcelles attenantes se trouvaient ainsi juxtaposées à d'autres champs et à d'autres enclos qui n'appartenaient pas au maître. Les tenanciers participaient avec d'autres paysans, leurs voisins, à des usages collectifs sur les friches. Cette contiguïté était certainement l'occasion d'échanges de services. Les intendants des domaines recrutaient sans doute parmi les voisins les quelques journaliers gagés qu'ils embauchaient. Il faut aussi supposer, nous l'avons dit, que certains tenanciers possédaient, outre leur tenure, beaucoup trop petite pour suffire à nourrir leur famille, d'autres parcelles, ou bien tout à fait indépendantes, ou bien relevant d'autres seigneuries. La communauté économique qui rassemblait les travailleurs du domaine n'était par conséquent pas toujours exclusive, ni tout à fait close. Certains paysans s'y trouvaient sans doute partiellement intégrés, qui participaient en même temps à d'autres groupes d'intérêt, à d'autres équipes domaniales, ou simplement à la communauté du village.

Ajoutons que la monnaie, les « deniers », ces pauvres petites pièces d'argent noir, jouaient leur rôle dans les relations entre seigneurs et paysans. Les lois et les coutumes punissaient, en effet, de peines pécuniaires les moindres infractions à la paix ou aux usages. Pour cela, les tenanciers les plus humbles avaient toute chance d'être amenés à débourser de loin en loin quelques pièces. Il leur fallait aussi acquitter en argent certaines redevances annuelles. Sauf dans les provinces périphériques du monde carolingien, comme la Bavière, les maîtres de la terre percevaient chaque année sur les manses quelques deniers, autorisaient les tenanciers à racheter certaines prestations en nature ou certaines corvées. Les documents de Bobbio, de Lucques, de San Giulia de Brescia montrent que les prestations en numéraire étaient particulièrement fortes dans les seigneuries italiennes. L'institution de ces versements périodiques implique que les exploitants des tenures vendaient régulièrement une part de leur production propre ou de leur travail.

En fait, on repère l'existence de très nombreux marchés hebdomadaires dans les campagnes et dans les plus petits villages. Il s'en créa beaucoup au IXe et au Xe siècle. Ce n'était pas des organes internes du domaine, destinés seulement aux transactions entre les tenanciers. Ils servaient aux relations extérieures, et le capitulaire *De Villis* met en garde les intendants contre l'attrait qu'exercent les marchés sur les travailleurs du domaine, qui vont y flâner, y perdre leur temps, négocier peut-être le fruit de petits larcins. Il existait donc un mouvement naturel d'achats et de ventes, limité certes mais régulier. Les inégalités même de la production agricole d'un an à l'autre, le passage constant des voyageurs sur les pistes qui traversaient le village offraient aux plus petits exploitants la possibilité d'échanger contre de l'argent quelques-uns des produits de leur jardin ou de leur basse-cour. Averti de ces profits, le maître voulait en avoir sa part ; en exigeant des redevances en deniers, il bénéficiait de l'activité marchande de ses dépendants, et la stimulait en même temps.

Enfin, il chargeait aussi ses intendants de commercer de manière plus directe. Autant que les tenures, et plus largement encore, le domaine pratiquait le négoce. À Corbie, le portier achetait régulièrement du bois [1]. Régulièrement, les régisseurs des domaines royaux achetaient des grains pour les semences, car il leur était recommandé, pour obtenir de meilleurs rendements, de ne point confier à la terre les grains mêmes qu'elle venait de produire. Régulièrement surtout, une portion de la production domaniale s'écoulait au-dehors. Gratuitement pour une part, en cadeaux, en secours qui valait à la personne du maître dévouement et reconnaissances. Chaque maison seigneuriale (davantage celles des religieux, mais aussi bien celles des chefs soucieux de leur prestige) distribuait les aumônes aux indigents, et cette dispersion périodique des surplus domaniaux parmi les groupes sociaux les plus défavorisés, le soutien qu'en tiraient les faibles, constituent des faits économiques que l'on aurait tort de négliger. On sait par exemple que chaque jour, à la porte du monastère de Saint-Riquier, quatre cents pauvres recevaient leur pitance. Cette époque a certainement pratiqué davantage la charité et le cadeau que le commerce.

Une part pourtant des profits du domaine était normalement échangée contre de l'argent. Dans les domaines les plus éloignés de leurs abbayes, les moines faisaient vendre les denrées pesantes pour éviter de les transporter sur de trop longues distances [2]. Mais les seigneurs vendaient aussi, parce qu'il leur était nécessaire, pour satisfaire certains de leurs besoins, de posséder de la monnaie, et davantage que n'en fournissaient les petites prestations des tenanciers. Lorsque l'abbé de Ferrières commandait de vendre du vin et du grain, il songeait à la nécessité de renouveler la garde-robe de ses moines [3]. Tous les ans, aux Rameaux, les intendants des domaines royaux apportaient au palais carolingien « l'argent tiré des récoltes ». De la sorte, les transactions marchandes des surplus domaniaux entretenait, le long des rivières et sur les axes où la circulation était moins malaisée, une activité commerciale aux horizons parfois fort larges.

Les céréales faisaient certainement alors l'objet de trafics à longue distance.

1. *Polyptyque de l'abbé Irminon* (éd. Guérard), II, Appendices, p. 370.
2. *Ibid.*, p. 334-335.
3. Loup de Ferrières, *Lettres* (éd. Levillain), I, p. 117.

Eginhard évoque « des négociants de la cité de Mayence qui avaient coutume d'acheter le froment dans le haut pays et de le descendre à la ville par le Main[1] ». Mais les opérations commerciales les plus fréquentes et les plus régulières portaient sans doute sur le vin de qualité. Dans le Nord-Ouest, de vastes régions ne pouvaient en produire, et les grands de ces contrées étaient prêts à payer fort cher pour s'en procurer. En fonction de cette demande, des vignobles se développèrent à l'époque carolingienne le long de la Loire (Alcuin honorait l'évêque d'Orléans Théodulfe du titre de « père des vignes »), le long du Rhin (si l'on en croit Ermold le Noir, c'étaient les Frisons qui faisaient la prospérité des Vosges en venant acheter la vendange). Ils s'épanouirent surtout dans le bassin de la Seine[2]. À la foire du 9 octobre, l'abbé de Saint-Denis vendait aux Saxons, aux Frisons, aux Rouennais, qui le convoyaient vers l'Angleterre, de très grosses quantités de vin nouveau venu de ses domaines[3].

Tout porte à croire que ce furent les excédents de production des grands domaines qui soutinrent, au IXe siècle, l'essor du négoce, le développement le long des rivières des *portus* et des agglomérations marchandes, l'activité d'un petit groupe de spécialistes des échanges, les seuls hommes qu'animait alors l'esprit de lucre. Car cette époque, qui connaissait les petits achats de subsistance sur le marché du village, n'ignora pas les spéculations sur les fruits de la terre, qu'encourageaient les larges écarts de production, le surpeuplement des terroirs, la pénurie permanente, la disette menaçante chaque printemps. En 794, un capitulaire tenta de fixer le prix des céréales vendues au détail. Un autre, en 806, condamnait « ceux qui, aux moissons et aux vendanges, achètent du blé ou du vin sans nécessité, mais avec une arrière-pensée de cupidité, par exemple en achetant un muid pour deux deniers et en le conservant jusqu'à ce qu'ils puissent le revendre six deniers ou même davantage ». Un règlement de 809 fait allusion aux cultivateurs et aux seigneurs qui, pressés par le besoin, « vendent le vin et le grain avant la récolte et par là deviennent pauvres[4] ». Dans ce climat, le domaine n'était pas isolé, comme il pourrait apparaître à la lecture trop rapide des inventaires. Il se trouvait en communication avec d'autres domaines, avec les exploitants paysans qui l'environnaient. Il vivait au milieu d'un monde en mouvement.

1. *Histoire de la translation des saints Marcelin et Pierre*, 39 (*Pat. Lat.*, CIV, col. 560).
2. DION, 95, p. 211.
3. DOEHAERD, 208.
4. *Capitularia Regum Francorum*, I, 74, 132, 152 ; LATOUCHE, 216, p. 180 sq.

5. Diversité des structures seigneuriales

Ce mouvement même l'entraînait et le transformait, et les sources qui nous éclairent permettent de discerner quelques-uns de ces changements. Ce furent d'abord des changements de forme. En effet, la *villa* était généralement une portion d'un patrimoine, lui-même mouvant. Lorsque cette fortune appartenait à une famille laïque, le domaine subissait à chaque génération les effets des partages successoraux. Et même si le père était très riche, même si l'alleu englobait plusieurs *villae*, le souci très vif d'attribuer aux héritiers de même rang des parts égales conduisait fréquemment à morceler chaque domaine en « parts ». Séparées les unes des autres, elles allaient s'agréger à des ensembles économiques indépendants. Les dons, qui tenaient une si grande place dans les relations sociales de l'époque, constituaient un second facteur de dislocation. Dons aux amis, à ceux dont on voulait récompenser les services ou gagner le dévouement, à commencer par les générosités des souverains qui, dans une large mesure, ont établi la supériorité économique des grandes familles. Dons aux églises, car l'aumône était alors tenue pour la plus efficace des pratiques de piété. Ces bienfaits amputaient souvent la *villa* de quelques fragments, ils lui retiraient un ou plusieurs manses dépendants, ou bien une partie des labours du domaine. Ainsi des groupes domaniaux constamment se défaisaient.

Mais d'autres constamment se constituaient. Dans certaines provinces périphériques, la formation de *villae* nouvelles suivit les progrès de l'occupation du sol. On le voit assez clairement en Flandre, en Brabant, où les documents écrits et l'archéologie agraire montrent que de nombreux domaines furent créés au IXe siècle sur des clairières de défrichement nouvellement ouvertes[1]. Dans ces régions qui émergeaient peu à peu de la sauvagerie, l'implantation de grands domaines accompagnait aussi l'établissement d'une organisation sociale moins primitive. Ainsi, dans la Germanie conquise par les Carolingiens et le christianisme, l'installation des comtes francs, et surtout la fondation des établissements chrétiens, évêchés et monastères, multiplièrent-elles les *villae* et stimulèrent la diffusion du régime domanial.

Sur l'ensemble de l'Occident, la croissance des groupes domaniaux est mise en évidence par certains documents d'Église, et en particulier par ces « livres de donations » dont beaucoup furent composés dans les abbayes germaniques. Les aumônes des grands et des humbles venaient enrichir d'année en année le patrimoine des saints patrons. Celui-ci englobait ainsi constamment de nouveaux esclaves, mais surtout de nouvelles possessions foncières, de toute valeur

1. Verhulst, 197 et 220.

et de toute dimension. Les acquisitions portaient parfois, lorsque le donateur était un « puissant », sur une *villa* tout entière ; elle prenait place, toute formée, dans la constellation des domaines qui nourrissaient le monastère. Mais la plupart des dons étaient menus et dispersés : un ou deux manses dans tel village, dans tel autre un lopin seulement. Ces éléments éparpillés devaient être peu à peu réunis, liés les uns aux autres, pour l'échange des services qui constituait le nœud du régime domanial. Cette intégration était lente. Dans certaines seigneuries de Saint-Germain-des-Prés, à Corbon, à Villemeux, elle restait encore très imparfaite lorsque fut rédigé le polyptyque d'Irminon. Les « manses » acquis par des donations récentes demeuraient encore presque tous des exploitations économiquement autonomes ; on ne leur avait pas imposé de corvées ; ils ne participaient donc pas à la mise en valeur d'une réserve. Le maître s'était assuré leur collaboration à l'approvisionnement de la maison seigneuriale de la manière pour lui la plus simple, en exigeant chaque année une portion de leur propre récolte. Ici, le recours au métayage, procédé d'exploitation foncièrement différent du régime domanial « classique », était peut-être transitoire et préparait l'établissement progressif de prestations de main-d'œuvre. En tout cas, l'historien ne doit pas se laisser prendre à l'illusion d'immobilité que peut communiquer la lecture des inventaires. L'état que ceux-ci décrivent est en réalité fugitif et marque un bref passage au sein d'une évolution continue.

*

Les modifications que subissait la *villa* dans sa forme, sa désagrégation par les partages ou par les dons aussi bien que sa croissance, mettaient à elles seules constamment en crise le « régime domanial » lui-même. Les liaisons entre le domaine et les tenures s'en trouvaient dérangées. Elles rompaient l'équilibre nécessaire entre les besoins de la cour en main-d'œuvre, le nombre de manses et le montant des services en travail qui leur étaient imposés. Que le maître se séparât d'une tenure, qu'il acquît un champ ou qu'il fît étendre par défrichement sa terre labourable, il risquait de manquer de travailleurs. S'il aliénait au contraire une part de son domaine, ou s'il faisait acquisition de nouveaux manses corvéables, il disposait alors de services et de corvées dont il ne trouvait plus l'emploi.

Mais certains déséquilibres dans les relations de travail paraissent également liés à d'autres changements plus profonds. L'évolution des techniques a pu déterminer des modifications de longue durée. Dans la mesure où des améliorations furent introduites – la nécessité ressentie par exemple de multiplier les labours, de renforcer par le marnage la fertilité du sol –, elles incitèrent les maîtres à étendre les réquisitions de main-d'œuvre. Inversement, la domestication des forces naturelles, un accroissement de la productivité du travail, un meilleur équipement technique, pouvaient faire tomber en désuétude les corvées les plus ingrates, comme celles qui, avant l'installation du moulin à eau, obligeaient les occupants des manses esclaves à préparer à la main la farine.

D'autre part, la population de la seigneurie était instable. De temps à autre, elle subissait des calamités accidentelles ; famines, épidémies, incursions désastreuses de pillards ouvraient de larges brèches. En revanche, une poussée démographique naturelle, lente et continue, tendait à multiplier les ménages dans l'enclos du manse. En fait, tous les inventaires carolingiens énumèrent, et parfois côte à côte, des tenures surpeuplées et des manses « vidés » *(absi)*. La puissance de travail que les tenanciers pouvaient mettre à la disposition du maître accusait de la sorte de sensibles variations, qui imposaient d'adapter le régime domanial. Dans la *villa* de Villance, en Ardenne, dont la description, dans le polyptyque de l'abbaye de Prüm, fut dressée en 893, après un passage de Normands, de nombreux manses désertés lors de l'invasion n'avaient pas encore été réoccupés. Ils ne procuraient donc plus d'aide en travail, mais accroissaient au contraire les besoins en main-d'œuvre, par la nécessité d'employer domestiques ou corvéables sur leurs annexes arables, qui restaient en friche et se trouvaient temporairement réunies au domaine. En revanche, les paysans s'entassaient sur les exploitations voisines. Cédant sans doute aux prières des familles, le seigneur avait admis le fractionnement de certains manses. On comptait là onze « demi-manses » et vingt « quarts de manse », mais les deux tiers de trente-cinq manses qui demeuraient entiers étaient occupés chacun par quatre familles d'exploitants. De ce surpeuplement, les administrateurs avaient tiré profit pour accroître leurs exigences. Les services en travail des manses divisés étaient devenus plus lourds ; dans les manses restés intacts, on demandait à chaque famille d'occupants d'acquitter en deniers toutes les redevances[1].

Il faut enfin prendre en considération la souplesse même du milieu économique. Le commerce des fruits de la terre introduisait peu à peu au sein de la société paysanne des différences de fortune, plaçait côte à côte des pauvres et des riches. Certains tenanciers étaient donc tentés de vendre, à l'insu du seigneur, les lopins attachés à leur manse, rompant par là l'équilibre entre les charges pesant sur l'unité de perception et ses capacités contributives. Un édit de Charles le Chauve tenta vainement de mettre un terme à de telles pratiques sur les domaines royaux, où quelques tenanciers refusaient de remplir leurs

1. Perrin, 189, p. 640.

obligations, parce que leur manse avait perdu presque tous ses appendices. Enfin, dans les régions les plus pénétrées par les courants d'échange, le développement de l'activité commerciale, une familiarité plus grande, dans les maisons paysannes comme dans celle du seigneur, avec l'usage de la monnaie, conviaient à fonder en partie sur l'argent les rapports économiques entre les tenures et le domaine.

*

Des ajustements étaient ainsi constamment nécessaires. L'histoire de chaque *villa* est malheureusement tout à fait obscure, même dans le secteur le mieux éclairé par les polyptyques. Bien rares en effet sont les inventaires qui furent régulièrement tenus à jour et qui contiennent ainsi plusieurs états successifs, permettant de mesurer les changements subis par un même groupe domanial. Mais cette histoire – histoire interne, celle des rapports entre les paysans et l'intendant – impliquait, on le devine, un jeu complexe d'abandons, d'exigences nouvelles, de refus et de résistances. Soucieux avant tout de maintenir les revenus stables en fonction de leur plan de consommation, les administrateurs souffraient de devoir opérer de continuelles réadaptations. On peut penser que l'une des fonctions des polyptyques consistait précisément à fixer solidement le nombre des tenures et leurs charges. Ils devaient aussi empêcher que tel ou tel service, auquel on avait momentanément renoncé, ne fût pour cela perdu. À travers un jugement rendu en 828 par le roi Pépin d'Aquitaine, apparaît un conflit qui opposait les moines de Cormery à leurs tenanciers du village d'Antoigné. Ces derniers refusaient d'acquiter des redevances que « depuis longtemps » l'on n'avait pas exigées. Mais l'avoué et le prévôt de l'abbaye firent produire devant le tribunal une ancienne « description » où, sur la foi même des dépendants, ces réquisitions avaient été autrefois inscrites ; ils obtinrent gain de cause [1]. D'autres textes prouvent au contraire que des paysans purent alors combattre efficacement, devant les cours publiques, les « innovations » de leurs seigneurs. En 905, l'église Saint-Ambroise de Milan dut ainsi renoncer aux corvées qu'elle réclamait à ses dépendants de Lemonta [2]. Mais combien de rustres purent-ils, comme ceux-ci, trouver appui, hors de la clairière du village, contre les empiétements du seigneur ? Et nul document d'archive ne dira jamais rien des victoires paysannes, et de ce qui se perdit des redevances et des corvées par oubli, par impuissance des intendants à vaincre la passivité des tenanciers

1. *Recueil des actes de Pépin Ier et de Pépin II, rois d'Aquitaine* (éd. Levillain).
2. Leicht, 154, p. 83 sq.

ou à tirer quelque chose de leur misère. En tout cas, même dans les domaines où étaient dressés des inventaires, l'évolution du régime domanial ne s'en trouvait pas pour cela complètement arrêtée. En témoignent la réfection périodique des polyptyques ou les corrections qu'il fallait bien, au moins de temps à autre, apporter à leurs manuscrits.

Le système que décrivent les plus anciennes de ces enquêtes apparaît d'ailleurs comme déjà usé et considérablement évolué. Le fait est clair dans le polyptyque d'Irminon. Au terme de mouvements démographiques et de mutations économiques et sociales, qui duraient sans doute depuis des générations, il n'existait plus la moindre coïncidence dans les *villae* des environs de Paris entre le statut du tenancier et celui de son manse, entre le nombre des tenures et celui des ménages paysans, entre les services dus par les travailleurs et l'étendue du lopin qui leur était concédé. En comparant, dans les régions où la documentation est la moins indigente, les états enregistrés à diverses époques dans des seigneuries qui ne sont pas trop éloignées les unes des autres, il n'est pas impossible de déceler le sens très général de cette évolution.

*

Une première tendance, la plus nette et la plus générale, est celle qui peu à peu fit tomber en désuétude la distinction entre manse libre et manse servile, et traiter de la même manière toutes les unités d'habitation et de perception satellites de la seigneurie. La mobilité que l'on devine dans la paysannerie, le surpeuplement des manses, les discordances entre la condition du tenancier et le statut de sa tenure facilitèrent sans doute cette assimilation, qui était en outre une simplification et convenait donc à une société fruste, peu capable de distinctions juridiques abstraites.

D'autres orientations s'observent encore, mais ne semblent pas aussi marquées dans toutes les provinces. Dans les régions les plus primitives, comme la Germanie, il semble que les charges des tenures, et spécialement les services en travail se trouvaient, au IXe siècle, en voie d'aggravation. La loi des Bavarois, celle des Alamans, rédigées dans la première moitié du VIIIe siècle, indiquent que le manse d'esclave ne devait, normalement, en fait de corvées, que trois jours de travail par semaine. De cette même catégorie de tenures, dans certaines seigneuries qui firent l'objet d'une description au siècle suivant, on exigeait en outre une coopération au labour des champs du maître, analogue à celle qui incombait jadis aux seuls manses d'hommes libres. Cette tendance conduisait d'ailleurs aussi, on le voit, à rapprocher les diverses catégories de manses et finalement à les confondre. Mais elle s'explique sans doute aussi par la croissance interne de l'économie domaniale, par un essor de l'agriculture au détriment de l'élevage ou d'activités plus primitives, qui obligeaient le maître à accroître son personnel de labour, bref, par un progrès d'ensemble de la civilisation matérielle.

De la même manière, mais dans les provinces au contraire les plus évoluées, et plus tard, au cours du xe siècle, il semble que l'on puisse déceler une multiplication des prestations en numéraire parmi les charges qui pesaient sur les tenanciers. Ainsi, les redevances en deniers tenaient-elles, au xe siècle, beaucoup plus de place dans telle seigneurie bourguignonne que dans les *villae* de l'abbaye de Prüm, en Ardenne, inventoriées quelques années plus tôt. Ajoutons que ces redevances en monnaie semblent bien avoir été exigées en remplacement d'anciennes livraisons de bétail ou d'anciennes corvées, de charroi de bois ou de guet. D'un commun accord, les paysans et les maîtres avaient sans doute choisi d'utiliser davantage l'instrument monétaire. La substitution de redevances en argent aux services en travail et aux redevances en nature s'observe plus nettement encore en Italie du Nord, dans la deuxième moitié du ixe siècle et au xe. Ici, le phénomène peut être mis en rapport certain avec l'essor commercial incontestable que connut la vallée du Pô à cette époque, et avec la multiplication des marchés ruraux [1].

Remarquons qu'à ce moment-là, les redevances en monnaie étaient encore tout à fait inconnues dans bien des seigneuries bavaroises. Il existait donc alors des discordances très considérables dans l'évolution économique des diverses provinces d'Occident. Ces contrastes régionaux, joints aux contingences qui, ici et là, accéléraient ou ralentissaient l'évolution de tel ou tel patrimoine, freinaient ou précipitaient sa dislocation ou sa croissance, obligent donc à rectifier le schéma abstrait du régime domanial « classique », à lui substituer une image certainement beaucoup plus fidèle, en mettant avant tout l'accent sur l'extrême diversité que revêtit à l'époque carolingienne la structure économique des grandes fortunes foncières. Par rapport à la région parisienne dont les sources, magnifiquement présentées il y a plus d'un siècle par B. Guérard, ont permis d'élaborer le « modèle » du régime domanial, des divergences fort vives s'affirment dès que l'on s'éloigne un peu vers l'Ouest, sans même sortir du patrimoine monastique de Saint-Germain-des-Prés. Sur les terres que cette abbaye possédait dans la région de Dreux, à Villemeux, à Boissy par exemple, la propor-

1. Luzzatto, 217. Au xe siècle, des tenanciers de San Giulia de Brescia devaient mener de la soie au marché royal de Brescia et, pour dix livres vendues, verser au seigneur cinquante sous, Lopez, dans 5, p. 279 sq.

tion des champs intégrés dans le « domaine » et réservés à l'usage du maître était beaucoup moindre qu'aux environs de Paris (on peut l'évaluer à 11,5 % dans la seigneurie de Villemeux contre 35,7 % à Palaiseau). En outre, les possessions foncières s'éparpillaient beaucoup plus, ce qui relâchait sensiblement le lien économique entre les multiples « coûtures » et les tenures. Parmi celles-ci, beaucoup enfin ne devaient aucune corvée et leurs occupants ne paraissaient à la cour seigneuriale que pour apporter les redevances.

Les polyptyques de Germanie décrivent des possessions beaucoup moins rassemblées encore. Souvent, la « cour » paraît ici avoir joué seulement le rôle d'un centre de perception, tant les terres dépendantes se trouvaient dispersées. À proximité du domaine, on ne rencontrait jamais plus d'une dizaine de manses, et parmi ceux-ci, les manses d'esclaves prédominaient nettement : les diverses seigneuries de l'abbaye de Lorsch n'en contenaient pas d'autres. Alors qu'à l'ouest de l'Empire carolingien une forte portion de la paysannerie « libre » subissait la très stricte emprise économique du grand domaine, il semble que l'exploitation des terres aristocratiques soit demeurée, en Germanie, plus repliée sur elle-même, en liaison beaucoup moins étroite avec l'environnement paysan. Des travailleurs privés, esclaves prébendiers, nourris à la maison, ou casés sur quelques tenures, accomplissaient l'essentiel de la besogne. L'économie domaniale paraît ici moins publique, plus domestique, moins envahissante, que cela tienne à une plus forte présence de l'esclavage dans ces régions périphériques de la civilisation chrétienne, à l'implantation plus récente de l'institution seigneuriale, ou, plus probablement, à l'existence de communautés plus vigoureuses de paysans de condition franche. De toute manière, l'association de ces derniers à l'exploitation de la réserve demeurait l'exception.

Dans l'Italie du Nord, les inventaires révèlent une structure encore différente. Dans les « cours » travaillaient, comme en Germanie, de fortes équipes d'esclaves prébendiers, des « maisonnées » *(masnada)*. Elles recevaient l'aide de quelques familles de *servi*, casés sur des tenures et astreints à des services illimités *(angaria)*. Mais la plupart des tenanciers – on en comptait trois cents sur les terres de l'abbaye de Bobbio au milieu du IXe siècle – étaient des *libellarii*, c'est-à-dire des hommes libres, souvent possesseurs d'alleux par ailleurs, mais qui avaient reçu concession d'une terre par contrat écrit, pour une longue durée, vingt-neuf ans au moins. Ce pacte conclu avec le seigneur du sol prolongeait des traditions très antiques ; il imposait parfois un certain nombre de corvées, mais toujours limitées à quelques semaines par an ; la plupart de ces tenanciers cependant demeuraient exempts de toute collaboration au travail du domaine.

Pour eux l'association à l'économie de la cour seigneuriale revêtait une autre forme. Ils devaient livrer au grenier du maître une certaine part de leur propre récolte, le tiers du grain, la moitié du vin sur les terres de San Giulia de Brescia, le dixième du grain et du lin, le quart ou le tiers du vin sur celles de l'église de Ravenne[1]. Le système ici différait donc plus sensiblement encore du régime domanial classique. Il s'agissait en réalité de la juxtaposition d'une exploitation domestique de type servile à l'allemande, et d'un mode de gestion de la terre fondé sur la concession à bail temporaire et sur le métayage. Ajoutons que la vivacité des échanges, l'usage moins restreint de la monnaie tendaient à réduire rapidement les obligations des tenanciers. À la fin du xe siècle, ceux du chapitre épiscopal de Lucques ne devaient plus guère de services en travail ni de redevances en nature ; ils livraient surtout des deniers[2].

À considérer les seigneuries de Germanie et de Lombardie, et même les plus occidentales de Saint-Germain-des-Prés, on ne peut se défendre d'un doute. Est-il prudent, dans une reconstruction forcément très hypothétique de l'économie rurale des temps carolingiens, d'attribuer une place déterminante au jeu des corvées qui reliaient les tenures au domaine, à cette association de travail entre les « maisons » paysannes et celle du maître, dont on a fait l'essence du « régime domanial » ? Dans bien des régions, un tel régime d'exploitation paraît bien avoir été, sinon inconnu, du moins tout à fait exceptionnel. On ne peut dire grand-chose de l'Angleterre, alors plongée dans des ténèbres épaisses. Une emprise bien moindre de l'aristocratie, l'entretien du roi et de sa suite par des fournitures fixes de nourriture apportées périodiquement par les villages, l'usage de concéder une terre, des semences, un équipement à des familles paysannes en échange de services personnels, c'est tout ce que les documents anglo-saxons permettent d'entrevoir[3]. Mais voici la Flandre, le Brabant, les confins de la Frise, à proximité des centres de civilisation carolingienne. En 893, sur les terres que l'abbaye de Prüm possédait à Arnhem, les manses devaient livrer chacun vingt-six deniers, deux muids de seigle, quatre chars de bois, une poule, cinq œufs, deux porcs de cinq deniers ; astreints seulement à quatre semaines de corvées par an, deux en mai et deux en automne, on ne peut les considérer comme associés vraiment à l'exploitation du domaine[4]. Quant aux trente hectares de labours, aux dix-huit hectares de prés que possédait en domaine l'abbaye de Saint-Pierre à Gand, ils étaient exploités exclusivement par une petite équipe

1. Leicht, 154, p. 64 ; Luzzatto, 217 et 219.
2. Endres, 226.
3. Stenton, 219, p. 276 sq.
4. Sloet, 196, n° 66.

d'esclaves domestiques, dix-neuf valets, dix filles de ferme, trois vachères ; les tenanciers des vingt-cinq manses attenants ne devaient aucun service agricole [1]. Créées sans doute par défrichement récent, isolées du centre domanial et vouées surtout à l'élevage, les tenures ne contribuaient pas davantage à la mise en valeur des « coûtures », dans les cinq *villae* qui appartenaient, au nord-est de Gand, à l'abbaye de Saint-Bavon [2]. Ce qui frappe ici, c'est bien la disjonction entre la réserve, confiée tout entière à la *familia*, et les tenures qui fournissaient une rente. Dans la Gaule de l'Ouest (dans le Maine, où le mot *mansus* n'est pas employé, où la concentration des terres en grosses exploitations semble l'exception [3]), dans la Gaule du Sud, où les textes sont à vrai dire extrêmement rares et d'interprétation difficile (en Auvergne par exemple, où l'on ne voit pas que des corvées aient uni les manses ou les *appendariae* à l'*indominicatum* [4]), il est probable qu'une telle disjonction était bien le cas le plus fréquent.

6. Le grand domaine et l'économie paysanne

Cette constatation engage à poser un autre problème, le principal peut-être, mais auquel il est impossible de donner des solutions convaincantes. Moins étendue sans aucun doute et moins pénétrante qu'il n'apparaît à travers nos sources, qui sont beaucoup trop clairsemées, répétons-le, et de provenance uniquement aristocratique, l'influence du grand domaine ne laissait pas cependant de s'exercer sur les exploitations voisines. Mais dans quelles limites ? Gouvernait-il autour de lui les relations économiques entre maisons, entre familles ? Ou bien celles-ci s'organisaient-elles plus spontanément dans le cadre d'une communauté de voisins ?

On ne peut guère formuler à ce propos que des hypothèses. Dans quelques petites régions, autour de l'abbaye de Saint-Gall par exemple, au IXe siècle, dans certaines contrées lombardes ou en Mâconnais au Xe, une documentation moins indigente permet d'apercevoir nombre d'« alleux », c'est-à-dire de patrimoines familiaux dégagés de toute emprise seigneuriale, dont les dimensions sont extrêmement diverses. Auprès d'énormes ensembles, de la taille de ceux que décrivent les polyptyques, prospéraient de petites exploitations autonomes, qui ne groupaient pas plus de terres que les manses satellites des grands domaines. Certains actes écrits, en particulier les constitutions de douaire en faveur de l'épouse, permettent de mesurer l'étendue des fortunes. Ils attestent la présence

1. Ganshof, *La Belgique carolingienne*, p. 105.
2. Verhulst, 197.
3. Latouche, 216, p. 226-228.
4. Fournier, 227.

partout, dans ces secteurs où les conditions de la recherche sont exceptionnellement favorables, de paysans de condition modeste qui géraient leur bien en toute indépendance, aidés par leurs enfants et par quelques esclaves. Certains terroirs étaient tout entiers intégrés dans une seigneurie ; la cour du maître, établie sur le lieu même d'une ancienne *villa* romaine, dominait là toute la clairière. Mais dans la plupart des villages voisinaient de nombreuses exploitations, qui croissaient ou se désagrégeaient, et dont le destin économique se poursuivait de manière tout à fait autonome. À Varanges, petit hameau voisin de Cluny, on a dénombré, dans la deuxième moitié du xe siècle, quarante-sept possesseurs distincts ; encore ne les connaît-on pas tous. Parmi eux, certains s'efforçaient patiemment d'arrondir leur bien. Tels les époux David et Dominique qui, pour vingt-huit sous par petits achats échelonnés, acquirent peu à peu onze modestes parcelles, soit en tout moins d'un demi-hectare. Parce qu'ils n'avaient pas d'enfant et que tout leur avoir passa après leur mort aux mains de l'Église, on a gardé la trace du lent rassemblement de terres pour lequel ils avaient épargné [1]. Mais combien d'autres rustres ont-ils comme eux, profitant de la gêne de leurs voisins, investi ainsi l'argent qu'ils avaient gagné sur le marché du village ?

Ces exploitants, dont les manses voisinaient dans l'agglomération villageoise, se trouvaient sans conteste réunis par divers liens en une communauté vivante, qui ne coïncidait pas avec le groupe de coopération dont la cour seigneuriale constituait le centre. Des solidarités agraires d'abord les reliaient. Sur ce point, les témoignages sont extrêmement minces, mais le déplacement annuel des labours et des semailles entre les divers quartiers de l'aire cultivée, l'aménagement de la dépaissance sur les chaumes et les jachères, l'érection des clôtures à certaines dates supposent une discipline collective, de même que la possession commune des terrains de parcours, cette « terre des Francs » dont il est question au xe siècle dans tous les villages mâconnais. Les habitants libres se sentaient également, en principe, tous solidaires face au pouvoir public, celui du roi et de ses représentants officiels. Périodiquement, ils se rassemblaient au village voisin, siège de la centaine ou de la viguerie, pour trancher les petits procès qui n'avaient pu être réglés à l'amiable [2]. Tous ensemble, ils se cotisaient pour héberger les envoyés du roi, le comte, l'évêque ou leurs agents, pour répondre aux convocations militaires, pour munir de ravitaillement, à l'ouverture des expéditions guerrières, l'escouade formée par les plus riches. Enfin, l'église paroissiale constituait pour les villageois un dernier point de ralliement. Au

1. Déléage, 207, p. 244.
2. Bosl, p. 244.

IXe siècle, au Xe siècle au plus tard, les dernières mailles du réseau de sanctuaires ruraux furent mises en place. Quelles que fussent la profondeur de l'empreinte chrétienne, la qualité du sentiment religieux et la résonance des rites au fond des consciences, la maison du culte était le centre de réunion au moins hebdomadaire, le lieu où reposaient les ancêtres, où se déroulaient les cérémonies les plus marquantes, où l'on affranchissait les esclaves, où l'on concluait les contrats. Le clocher, point fort du village, servait de refuge lors des alertes : on y mettait à l'abri les richesses, le bétail, les réserves de nourritures.

Il est bien évident que tous ces liens engendraient des rapports économiques. L'équilibre fragile entre la culture, l'élevage, la cueillette reposait sur les servitudes collectives qui liaient tous les chefs de maison. Les amendes, les réquisitions perçues au nom du roi, détournaient vers les chefs une part de la production et des forces du village. Enfin, tout comme la cour du maître, l'église était un centre de perception. Le prêtre desservant la paroisse détenait lui-même un manse qui devait le nourrir. Mais, aux fêtes, les paroissiens déposaient dans le sanctuaire des pains, des œufs, la brebis pascale, la cire pour le luminaire, en offrandes strictement tarifées, et à peu peu l'habitude s'insinua de consacrer au service de Dieu le dixième des récoltes. L'histoire de l'implantation de la dîme reste à écrire [1], fort importante pour apprécier le mouvement des biens au niveau des exploitations paysannes. On peut en tout cas se demander si, pour un nombre notable de paysans, ces services paroissiaux et publics, envers l'Église et l'État confondus, ne constituaient pas les seules obligations d'ordre économique.

Pourtant, trop d'indices attestent l'énorme puissance dont jouissait alors l'aristocratie. Ils incitent à penser que les paysans qui n'étaient pas tenanciers subissaient, eux aussi, d'une certaine manière la pression de la « cour », du manse-maître, qu'il fût situé dans le village même ou dans ses abords. Cette pression se faisait certainement sentir même si le lien économique entre le domaine et les tenures se nouait moins étroitement qu'on ne l'a dit sur la foi de quelques témoignages, même si les très grands patrimoines étaient moins nombreux, plus dispersés, offraient des interstices plus larges où pussent s'épanouir de petites entreprises agricoles autonomes. Ainsi, toute église rurale se trouvait exploitée par un « patron », et les dîmes allaient en fait remplir les greniers d'un seigneur. Dans les polyptyques, l'église paroissiale apparaît inventoriée parmi ceux des éléments du domaine qui procurent des revenus extérieurs, on la range avec les moulins, les brasseries, les fours. Toutes ces installations mises à la disposition des paysans du voisinage, qui parfois se

1. *Les Dîmes en Forez*, 183.

trouvaient contraints de les utiliser, permettaient au seigneur d'opérer une ponction sur les profits des petites exploitations voisines, sur celles même qui n'étaient pas les tenures de son domaine. Évoquons aussi les secours qu'allaient quémander près de lui ses voisins malheureux, les emplois qu'il offrait, embauchant à certaines saisons une main-d'œuvre auxiliaire dans son jardin ou dans son clos. Quant à la communauté agraire, lorsque les meilleurs champs, lorsqu'une large part de friches appartenaient à un grand domaine, comment auraitelle pu s'abstraire des désirs et des intérêts du seigneur ?

Mais surtout, celui-ci était presque toujours un chef. La richesse foncière se trouvait alors étroitement liée à l'exercice du pouvoir, à la possibilité de commander. Beaucoup de grands domaines, en effet, appartenaient aux détenteurs de la puissance publique, au souverain, à ses représentants, les comtes et les grands, les évêques et, dans le monde carolingien, aux avoués, qui géraient la part d'autorité que les rois, par la concession du privilège d'immunité, avaient abandonnée aux grands monastères. En outre, dans un milieu très cloisonné, où la circulation était très difficile, où les institutions publiques rudimentaires se montraient peu efficaces, l'homme privé, qui dans la clairière possédait les meilleures terres et les grands bois, pouvait fort librement étendre sur ses voisins plus pauvres une autorité de fait. Celle-ci rayonnait bien au-delà de sa « maison », de la « famille » de ses esclaves, du groupe de ses propres tenanciers. Ce « puissant », comme l'appellent les textes, apparaissait en effet comme le protecteur quotidien, le conciliateur. On recourait à lui pour pacifier les discordes. Lui seul pouvait châtier les grands crimes sur-le-champ. Dans le danger, devant la famine, il était le secours, parce qu'il pouvait armer ses valets pour la défense commune, parce que ses greniers, en temps de pénurie, étaient les derniers à vider. À lui s'adressaient les immigrants pour se faire accueillir comme « hôtes » sur le terroir, pour obtenir le droit de bâtir une cabane auprès des manses. Enfin, il avait souvent la charge de lever les taxes royales, d'organiser les charrois, de rassembler les livraisons de foin et de viande pour l'armée. Toutes ces fonctions lui valaient la reconnaissance, les services, les cadeaux. Et contre ses exigences, ses empiétements, où trouver un appui efficace ?

Sur cette domination de fait, les textes sont à peu près muets. C'est pourquoi le problème que j'ai posé, celui des rapports véritables entre l'économie domaniale et son environnement, reste sans réponse. Ce mélange de générosités et de contraintes, les habitudes qu'elles enracinaient, les « coutumes » que les enquêteurs ont hésité à enregistrer parce qu'elles ne paraissaient pas à leurs yeux assez légitimes, mais qui pourtant orientaient, sous l'enveloppe trop rigide du texte des inventaires, le destin vivant de l'exploitation seigneuriale, ont entretenu, hors du cadre strictement domanial, tout un réseau de services demandés et rendus, de prestations, d'échanges de biens et de travail, qui reliaient solidement les petites exploitations d'alentour à la grande. Peut-être dans certaines provinces périphériques restées très primitives, comme la Frise, la Saxe, l'Angleterre du Nord, où la répartition de la terre était moins inégale, de fortes paysanneries autonomes échappèrent-elles plus longtemps à l'emprise seigneuriale. Mais partout ailleurs, le seul voisinage du grand domaine, la puissance qu'il conférait au maître ou à l'intendant, contribuaient à drainer, dans ce milieu très pauvre où les hommes séchaient de fatigue pour de maigres moissons, les petits surplus gagnés dans les maisons paysannes, par de dures privations sur des réserves infimes, vers le tout petit monde des chefs et de leurs parasites. Ils s'évaporaient ensuite très rapidement, par le gaspillage et les déprédations d'une aristocratie tout entière dominée par l'amour du luxe et le souci de manifester sa grandeur par la destruction des richesses. L'idée d'investir n'effleurait ces riches que si l'accompagnait l'espoir certain d'attirer par là aussitôt un surcroît de revenus, occasion de plus larges dépenses. Ce qui fait que les maigres capitaux créés aux IXe et Xe siècles par le travail paysan finirent par s'accumuler, sous forme de bijoux et de parures, dans le trésor des églises et des princes, ainsi, mais pour une très faible part, qu'entre les mains des rares négociants professionnels qui commençaient alors à s'enrichir aux carrefours des routes lombardes. On peut presque négliger la portion de ce capital qui servit, à cette époque, à améliorer les instruments de production et à accroître la fertilité de la terre ou l'efficacité du labeur des hommes.

LIVRE II

XIe-XIIIe SIÈCLES

Allure et limites de l'expansion

Le IXe siècle est une période d'exceptionnelle clarté dans l'histoire des campagnes d'Occident. Ensuite, les ténèbres retombent. Les témoignages écrits se raréfient ; ils deviennent surtout beaucoup moins riches. Car l'essai de renaissance intellectuelle tenté par le haut clergé carolingien a finalement échoué en grande partie. Au XIe, au XIIe siècle, ce furent de nouveau les paroles, les gestes, les cérémonies, beaucoup plus que les écrits, qui fondèrent les relations sociales. Et même dans les établissements ecclésiastiques, où les cadres d'une culture scolaire se maintinrent, et parfois se renforcèrent, le parchemin fut alors fort peu utilisé pour la gestion des domaines ruraux. Dans ses rapports avec ses intendants, avec les paysans des tenures, tout seigneur se fiait alors à la mémoire, que ravivaient assemblées et « aveux » périodiques. Les droits et les devoirs de chacun étaient établis et maintenus avec souplesse par la coutume, par l'ensemble d'usages anciens dont la communauté, les habitants du village, les sujets de la seigneurie conservaient collectivement le souvenir. Aussi les cartulaires rédigés à cette époque dans les monastères et les évêchés contiennent-ils seulement des actes d'acquisition ou d'échange, des pièces de procès, des notices enregistrant une sentence favorable, des titres donc qui garantissent la possession, et qui d'ailleurs fournissent d'abondants renseignements sur l'histoire foncière. Mais il est exceptionnel d'y trouver un fragment de compte ou un état de redevances, de ces documents d'administration qui mettent en évidence les mécanismes économiques. On ne rencontre à peu près plus de chiffres, ni d'évaluations d'aucune sorte. Il semble que le sens de la précision numérique, le souci de dénombrer, d'estimer les quantités et les valeurs se soit considérablement affaibli.

Cependant, dans la deuxième moitié du XIIe siècle, les textes deviennent rapidement plus abondants et plus explicites. Les structures administratives commencent alors à se modifier, à se compliquer. On voit se former progressivement un groupe de spécialistes de l'administration qui avaient reçu une formation technique particulière fondée sur l'écriture et le calcul, et qui se préoccupaient d'enregistrer, de compter, d'évaluer, d'arpenter[1]. Par eux, la lumière se fait. Elle éclaire vivement le XIIIe siècle, et surtout sa seconde moitié. Mais le moment d'obscurité qui précède est gênant. Il interrompt l'observation, il masque les liaisons entre les types d'économie que décrivent les polyptyques carolingiens et ceux qui sortent de l'ombre à la fin du XIIe siècle. Or, l'évolution de l'économie n'est pas entraînée par un mouvement régulier, elle procède par saccades et par mutations, de phase relativement courte. On sait par exemple que les années 1075-1120, en d'autres secteurs mieux éclairés de la civilisation, furent marquées par des progrès particulièrement rapides. Furent-elles aussi décisives pour l'évolution des rapports entre les paysans, leurs seigneurs et les marchands, pour le perfectionnement des moyens de production ? Le vide, qui n'a cessé de s'approfondir pendant tout le XIe siècle et le début du XIIe dans le matériel documentaire, empêche de repérer avec précision l'ampleur et les cadences de bien des changements.

En outre, l'inégalité de l'information, les zones d'ombre et de clarté qu'elle dispose établissent dans la chronologie des coupures qui ne sont pas forcément en coïncidence avec les flexions majeures de l'évolution économique. Et, répétons-le, décrire dans des chapitres séparés les faits du IXe siècle, puis ceux des XIe et XIIe siècles, et enfin la période qui débute vers 1180, c'est peut-être se laisser trop impressionner par de simples différences d'éclairage.

*

Inégale dans le temps, la densité de la documentation l'est aussi, et davantage peut-être encore, dans l'espace. Les différences de région à région tiennent pour une part à ce que les archives n'ont pas été partout aussi bien conservées, n'ont pas souffert au même degré des révolutions, des guerres, des négligences. Cependant, les inégalités qui affectent aujourd'hui le matériel documentaire étaient déjà en partie marquées à l'époque médiévale, car elles reflètent des discordances dans les techniques d'expression. Dans certaines régions, le recours à l'écriture s'est répandu plus tôt, les méthodes d'administration bénéficièrent de perfectionnements plus précoces. C'est le cas du midi de la France,

1. De Smet, 266.

où de très bonne heure, dès la fin du XIIe siècle, il était d'usage dans les sociétés rurales de faire établir les contrats devant notaire. C'est le cas plus nettement de l'Italie. Ici, la raréfaction des documents écrits est beaucoup moins accusée au XIe siècle que partout ailleurs. L'Angleterre enfin est particulièrement favorisée pour des raisons qui sont, cette fois, moins culturelles que politiques. Ce petit royaume bien rassemblé fut fortement pris en main au dernier tiers du XIe siècle et géré par de bonnes équipes de scribes et de gens de comptes. Ceux-ci, dès 1086, ont dressé pour le roi un inventaire général d'une exceptionnelle richesse, le *Domesday Book*, l'équivalent par le souci d'exactitude numérique des polyptyques carolingiens les plus soignés. Mais l'enquête s'élargit ici aux dimensions mêmes du royaume. Elle fait d'un coup sortir de l'ombre, et définitivement, toute la campagne anglaise.

Ainsi la densité changeante de l'information établit sur la carte de l'Occident de nombreux contrastes. Ceux-ci sont encore accentués par l'état des travaux historiques et leur orientation. Car la recherche n'a pas été partout poussée aussi loin. Dans certains pays sous-exploités au plan du travail historique, les chartriers et les bibliothèques sont loin d'avoir livré toutes leurs richesses. D'autre part, pendant le dernier demi-siècle, les investigations sont demeurées, ne l'oublions pas, prisonnières de cloisons nationales. Elles n'ont pas été menées dans les mêmes directions dans les divers pays d'Europe. En Angleterre, l'étude des campagnes médiévales, déjà favorisée par la qualité et l'abondance des sources, fut conduite par des équipes nombreuses et actives, soucieuses d'appliquer à l'interprétation des vestiges du passé les découvertes et les théories des économistes contemporains ; elle est plus avancée outre-Manche que partout ailleurs. En France et en Allemagne, en fonction sans doute de structures universitaires particulières, l'attention s'est portée beaucoup moins sur les relations économiques que, d'abord, sur l'occupation du sol – la précocité de la *Siedlungsforschung* est responsable de cette orientation, aussi bien que la vitalité de l'école française de géographie humaine dans les années 30 du XXe siècle – et, d'autre part, sur les aspects juridiques et politiques du monde rural. En Italie, les médiévistes sont demeurés fascinés par l'histoire urbaine.

Cet inégal avancement, ces préoccupations diverses risquent de fausser un peu plus encore les vraies perspectives, d'accentuer outre mesure par exemple, par rapport à d'autres régions, l'importance des défrichements en Allemagne et en France, ou des rapports entre la ville et la campagne en Italie, d'accorder une place excessive aux mécanismes internes de l'économie seigneuriale en Angleterre, où surabondent les documents administratifs et les comptes de gestion. Précisément, l'un des propos de ce livre serait d'atténuer un peu ce qu'il y a d'artificiel dans ces contrastes, en essayant d'embrasser d'un seul regard ce que des générations d'historiens ont observé par morceaux. L'entreprise est hasardeuse et sans doute prématurée. Il ne faudrait pas d'ailleurs qu'elle fasse oublier que le champ d'observation est immense. Constitué de communautés villageoises fort isolées encore les unes des autres, le monde paysan était alors d'une diversité extrême et sans doute infiniment plus nuancée encore que ne le laissent entrevoir les sources. Ceci interdit d'étendre la portée d'observations qui toutes sont locales et fort sporadiques. Reconstituer, sur des fondements si faibles et si dispersés, l'histoire d'ensemble des campagnes médiévales paraîtra sans doute une aventure téméraire. Elle l'est sans conteste, et de surcroît souvent décourageante.

En dépit de leur très imparfaite répartition dans le temps et dans l'espace, les documents communiquent l'impression d'un essor général et continu de l'économie rurale qui s'est amplement développée, selon des cadences variables, jusqu'aux alentours de 1330. Sans cette prospérité continue des campagnes, l'expansion d'ensemble de toute la civilisation d'Occident pendant les XIe, XIIe et XIIIe siècles serait incompréhensible. Faut-il relier ce long mouvement aux prémisses de croissance qu'annonçaient certains documents carolingiens, à ce premier progrès dans l'outillage que marquait la lente diffusion du moulin à eau, à l'implantation progressive de la seigneurie foncière dans les contrées arriérées de Germanie, à la pénétration de l'instrument monétaire et à l'accélération des échanges que l'on décèle en certains secteurs d'avant-garde, comme la Lombardie ? L'information est trop clairsemée et trop imparfaite pour que puisse être exactement mesurée la vivacité du progrès au temps carolingien. Et comment reconnaître si les reculs, imposés ici et là à la fin du IXe et au Xe siècle par les invasions normandes, sarrasines ou hongroises, ont été profonds et durables jusqu'à totalement arrêter le mouvement ? Comment savoir si celui-ci s'est poursuivi au contraire jusqu'à rejoindre et soutenir l'ample poussée dont les documents attestent, à partir de 1050, à la fois la vigueur et la continuité ? Force est de limiter l'observation à ce qui est relativement clair. Comme à l'époque carolingienne, toute l'information converge sur l'institution seigneuriale ; ce que l'on connaît le moins mal de l'économie médiévale s'ordonne dans le cadre de la seigneurie, et nos observations les plus précises, tout à l'heure, la concerneront. Auparavant, il faut tenter d'analyser les aspects d'une croissance qui s'est poursuivie pendant trois siècles, et d'en situer les principales étapes. Tâche singulièrement malaisée, puisque des indications toutes locales, discontinues, disséminées sur d'immenses espaces et des périodes interminables, dépourvues de tout repère, interdisent de saisir toutes les liaisons entre la production, la circulation et la consommation des fruits de la terre.

CHAPITRE PREMIER

L'EXTENSION DES CULTURES

Le régime alimentaire des hommes commande toute l'économie rurale, et jamais sans doute de manière plus impérieuse qu'aux époques où les conditions d'existence demeurent précaires. C'était, nous le verrons, le cas encore de celle-ci. Malheureusement, comme je l'ai dit, l'histoire de l'alimentation médiévale reste tout entière à explorer[1], et si j'expose ici ces quelques données dérisoires, c'est surtout pour inciter à reprendre, et sans tarder, la question de fond en comble.

Rien ne permet pour le moment de comparer valablement la manière dont se nourrissaient les contemporains de Charlemagne et ceux de Saint Louis. Quelques indices cependant donnent à penser qu'un certain changement s'est produit dans le cours du XIIIe siècle. On discerne que, dans toutes les catégories sociales, le *companagium*, l'« accompagnement du pain », devint alors plus riche et plus abondant. Voici, par exemple, deux règlements internes de léproseries champenoises. L'un, du XIIe siècle, accorde à chaque lépreux une ration hebdomadaire de trois pains, d'un gâteau et d'une mesure de pois ; le second, établi en 1325, enjoint de servir aux malades, outre le pain, l'huile, le sel et les oignons, de la viande trois jours par semaine, et les autres jours, des œufs ou des harengs. En 1244, la pitance d'un chanoine, dans la communauté de Marœuil-en-Artois, se composait de quatre œufs le matin, de trois œufs le soir, de viande salée ou de trois harengs[2]. Est-il vrai que la consommation de la

1. On peut attendre que vienne progressivement l'éclairer l'« enquête ouverte » en 1961 dans *Annales, ESC*, sur la vie matérielle et les comportements biologiques.

2. Les textes champenois sont cités par P. Jonin, *Les Personnages féminins dans les romans français de Tristan au XIIe siècle*, Gap, 1958, p. 127 ; *La Chronique et les chartes de l'abbaye de Marœil* (éd. Bertin).

viande, du beurre, du fromage se soit largement accrue, en particulier dans le nord-ouest de l'Europe, au cours du XIIIe siècle ? Comment mesurer cette extension ? Il est sûr, en tout cas, que la plupart des hommes à la fin du XIIIe siècle ne se contentaient pas de céréales. En 1289, à Ferring, manoir dépendant de l'abbaye anglaise de Battle, les charretiers de la corvée attendaient qu'on leur donnât, avec le pain de seigle et la bière, du fromage le matin, et à midi, de la viande ou du poisson. En 1300-1305, pour les ouvriers qui édifiaient le clocher de l'église de Bonlieu-en-Forez, on achetait, outre le seigle du pain et les fèves du potage, des œufs, du fromage, de la viande, beaucoup de vin [1]. Tous les inventaires normands des alentours de 1300 prévoient, pour la nourriture des corvéables ou des chefs de travaux, des pois, du lard, du sel, des harengs, de la volaille, du fromage et d'énormes quantités d'œufs. Dans telle maison dauphinoise de l'ordre de l'Hôpital, les dépenses habituelles pour le *companagium* représentaient, en 1338, deux fois et demie la valeur du grain consommé ; et la même année, à l'abbaye de Jumièges, en Normandie, on avait consacré sept cent quarante livres à l'achat des céréales panifiables, et mille sept cent quatre-vingts à l'achat des autres denrées de bouche [2].

Cette ouverture progressive du régime alimentaire qui témoigne d'une aisance croissante, d'une décontraction de la vie matérielle, constitue un facteur très important de l'évolution économique des campagnes. Elle mériterait une étude sérieuse. Il faudrait tenter de la dater avec précision et de la mesurer aux divers niveaux de la hiérarchie sociale. En effet, elle n'a pas été sans modifier l'activité des travailleurs de la terre, sans élargir de nouveaux secteurs de production, sans stimuler certains courants d'échanges, dont nous aurons plus loin à évaluer l'importance. Il semble bien toutefois que cette ouverture resta limitée. Hormis les blés, toutes les denrées de table étaient considérées comme accessoires au début du XIVe siècle encore ; on les servait pour le plaisir de la bouche, et par souci de luxe : en fait, leur importance dans la consommation variait sensiblement en fonction de la condition sociale du rationnaire. Ainsi, dans une commanderie d'Hospitaliers, elles valaient deux fois moins pour un conducteur de charrue que pour un frère chevalier, et trois fois moins que pour le supérieur de la maison [3]. C'était par la richesse de ce superflu, comme par la qualité du vêtement, que s'exprimait en effet la hiérarchie des « états ».

---

1. BENNETT, 139, p. 235 ; E. PERROY, « Note complémentaire sur les comptes de construction du clocher de Bonlieu », *Bulletin de la Diana*, 1959.

2. L. DELISLE, *Étude sur la condition de la classe agricole en Normandie*, Paris, 1851, p. 189 sq. ; Archives des Bouches-du-Rhône, H. (O.M.), 115 ; LAPORTE, 423.

3. DUBY, 409 *a*.

Mais dans l'esprit de tous les hommes, le pain demeurait la vraie nourriture. Sa situation fondamentale est manifeste dans tous les textes des XIe-XIIIe siècles, les règlements des communautés religieuses, les constitutions de pensions viagères, les comptes domestiques. Il semble bien que, dans les villes, la boulangerie ait alors formé le métier de bouche le plus actif. Combien d'aventuriers se sont-ils enrichis en prenant la gestion d'un moulin ou d'un four dans les bourgs en extension ? Au XVe siècle encore, dans les milieux urbains les plus évolués, le pain constituait la provende maîtresse [1]. On peut même se demander si, dans bien des régions, celles qui avaient peu à peu contracté des habitudes alimentaires moins primitives, la place du pain n'était pas devenue sensiblement plus large qu'au IXe siècle. Des recherches minutieuses donneront peut-être un jour réponse à cette interrogation. Il est bien certain que, tout au long de cette période, les travailleurs des campagnes furent partout en premier lieu sollicités de produire des céréales. Pour cette raison, l'expansion de l'économie rurale aux XIe-XIIIe siècles fut avant tout marquée par un essor agricole.

Cette expansion céréalière apparaît comme un phénomène très complexe qui mit en mouvement tout le système de culture. Elle impliquait une modification conjointe de l'équipement technique et des rapports de main-d'œuvre, de l'aire exploitée et des méthodes de travail. À vrai dire, la plupart des aspects de cette évolution échappent à l'observation historique ; et l'on doit se résoudre à ne jamais mettre en lumière que certains d'entre eux, imparfaitement. Commençons donc par ceux qui apparaissent le plus clairement, et d'abord par l'extension de la surface cultivée. L'exposé suivra, beaucoup plus imprécis, de nos connaissances actuelles sur les mécanismes de la production, les cycles de semailles, sur l'outillage et les pratiques agraires, sur les rendements. En dernier lieu sera placé le peu que l'on sait du nombre des hommes, cet élément primordial, nous l'avons déjà dit, de ces transformations de structure.

1. L'avance des cultures

Dans les campagnes carolingiennes, les villages, selon toute apparence, étaient surpeuplés, la production de grain insuffisante et la pénurie constante. Pourtant, sauf en Germanie et en Flandre, les documents signalent fort peu de tentatives pour créer de nouveaux champs, hors des sols légers et faciles à labourer. Était-ce répugnance, aversion pour l'aventure solitaire des défricheurs ? Ou bien plutôt insuffisance de l'équipement, pauvreté des techniques et de

1. Tel citoyen génois dut acheter prés de dix-neuf tonnes de blé pour approvisionner pendant trois ans et demi sa maison, composée d'une dizaine de personnes, HEERS, 649, p. 42.

l'outillage ? Il semble, en tout cas, que la poussée démographique ait alors été bloquée par l'impuissance des hommes à étendre l'espace agricole, à accroître par là leur subsistance. En revanche, le signe le plus apparent d'une décontraction de l'économie rurale est fourni, à partir du xe siècle et dans des textes pourtant beaucoup plus laconiques, par la multiplication des termes qui, comme « essart » ou le mot « plaine », évoquent des terres nouvellement conquises. En fait, les temps nouveaux s'ouvrent par un progrès de la culture aux dépens des pâturages, des landes, des forêts, des marécages et de la mer. Pour tous les historiens, et surtout pour les historiens français et allemands, l'ère de prospérité des campagnes médiévales est le temps des « grands défrichements ». Ce vaste mouvement de mise en valeur, qui a changé l'aspect des campagnes médiévales et dont il est si souvent fait état, reste cependant mal connu. N'est-on pas porté même à en exagérer l'ampleur ? Il bouleversa incontestablement les conditions d'existence en certaines contrées. Mais d'autres, semble-t-il, ne furent touchées qu'en surface. On sent bien l'urgence de poursuivre les recherches dans ce secteur. Mais de quels documents dispose-t-on ?

*

L'étude des résidus floraux livrerait sans doute les témoignages les plus sûrs. Sous certains climats, certains sols, ceux des tourbières en particulier, ont pendant des siècles recueilli et fossilisé le pollen émis par les végétaux environnants. On sait aujourd'hui dater les couches successives de ces dépôts, et les analyser. Cette méthode permet de mesurer au cours des âges la proportion respective et changeante des pollens d'arbre ou de broussaille et de ceux des plantes cultivées. De telles données sont les seules qui reflètent l'évolution continue du paysage rural, et qui autorisent à la traduire en courbes ininterrompues. Les vestiges botaniques font, depuis longtemps, l'objet d'examens approfondis en certains pays, et particulièrement en Allemagne. Souhaitons que ce procédé d'enquête soit appliqué à toutes les campagnes européennes, en s'adaptant aux diverses conditions pédologiques. Il conviendrait en outre que fût affinée la précision chronologique, encore fort approximative, des indications que l'on peut ainsi récolter. Mais sans doute faudra-t-il attendre longtemps de la sagacité des botanistes, avant que les documents exhumés par ces procédés soient nombreux et moins inégalement répartis.

À l'attention immédiate de l'historien s'offre, en revanche, la masse de faits que dégage l'observation du paysage actuel. Le nom que portent encore villages et lieux-dits, l'allure des lisières forestières, le plan des agglomérations humaines, l'organisation des quartiers dans le terroir, la composition des formations végétales spontanées qui peuplent aujourd'hui les friches et les prairies, constituent autant de signes qui, confrontés, sont susceptibles d'éclairer l'histoire des établissements agricoles. Ces indices ont l'avantage d'être fort abondants, et naturellement liés les uns aux autres. Leur défaut majeur est de ne pas se laisser dater avec certitude.

Force est donc de recourir surtout aux textes. Quelques-uns de ceux-ci ont été rédigés en fonction même des entreprises de défrichement, qu'ils préparaient ou consacraient. C'est le cas spécialement de toutes les chartes de peuplement destinées à attirer les colons, ou des contrats par lesquels des seigneurs s'associaient pour ouvrir un espace vierge à la culture. De tous les documents, ceux-ci sont évidemment les plus riches. Mais ils révèlent seulement le côté le plus spectaculaire du grand mouvement d'extension du sol arable et demeurent relativement peu nombreux. Ne considérer qu'eux, et même leur accorder une importance excessive, conduirait à restreindre dans des limites trop étroites ce fait majeur de l'histoire rurale européenne. Les progrès s'accomplirent en réalité dans un champ beaucoup plus vaste. C'est pourquoi un dépouillement attentif de tous les documents de cette époque s'impose. Des indications utiles risquent en effet d'être dépistées jusque dans des textes qui sembleraient ne concerner en rien la conquête agraire. Les vies de saints ou les chroniques militaires peuvent révéler par exemple bon nombre de toponymes aujourd'hui oubliés. Certaines chartes de donation ou de partage décrivent, et souvent dans le plus grand détail, l'aspect de la forêt et des clairières qui peu à peu l'ont trouée. Toutes fourmillent d'allusions à des « hôtes », c'est-à-dire des pionniers, à des « champarts » ou à des « tâches », c'est-à-dire aux redevances typiques imposées aux terres nouvellement aménagées, aux dîmes « novales » enfin, que l'on levait sur les portions neuves du terroir. La moisson a toute chance d'être abondante. Mais en bien des régions elle attend ses ouvriers.

Enfin, il ne faut pas se dissimuler que les sources écrites ne mettront jamais en lumière qu'une part fort restreinte de l'œuvre de défrichement. Dans ces conditions, la démarche la plus féconde serait sans doute de confronter, dans les régions où la documentation textuelle est la moins clairsemée, les données sûres et de stricte chronologie que fournissent des actes écrits à celles que l'on peut dégager en observant le paysage actuel[1]. Peut-être parviendrait-on de cette manière à isoler certains types topographiques et toponymiques régionaux, en les datant de façon certaine. Ce qui permettrait ensuite d'interpréter avec moins

1. E. Juillard, 60, propose aussi, pour observer les étapes de l'occupation du sol, de classer les parcelles du terroir selon leur longueur respective.

d'hésitations les traits anciens du paysage que révèlent les cartes et les photographies aériennes.

*

Le premier but de la recherche est de mieux situer dans la durée le mouvement de défrichement, et d'abord son départ. À quel moment, dans telle ou telle région, les essarts ont-ils commencé à se multiplier et à s'étendre ? En bien des provinces, l'indigence des sources antérieures au XIIe siècle interdit de répondre à cette question. Dans les documents du sud de la Bourgogne, qui sont d'une exceptionnelle abondance, les indices que j'ai relevés donnent à penser que l'attaque des forêts, dans les fonds argileux des bords de la Saône et sur les collines beaujolaises, a commencé dans la deuxième moitié du Xe siècle. En Flandre, on voit que, vers 1100, l'assèchement des marais nés d'une récente transgression marine venait de débuter par la construction de petites digues ici et là, et que les établissements religieux possédaient dès cette époque des *polders* aménagés et partiellement habités. En revanche, dans le *Domesday Book*, les allusions aux essarts récents sont très rares ; encore que certains faits relevés par les enquêteurs, comme l'amenuisement des troupeaux de porcs dans certains manoirs, entre 1066 et 1086, puissent être interprétés comme le signe d'une régression des espaces boisés[1].

En tout cas, de toute évidence, les témoignages deviennent partout beaucoup plus nombreux dans la documentation écrite à partir du XIIe siècle. Dans l'état actuel de l'étude, voici donc l'hypothèse la plus convaincante. L'activité des pionniers, restée pendant deux siècles timide, discontinue et très dispersée ici et là, devint à la fois plus intense et plus coordonnée aux approches de 1150. L'ardeur plus vive de leurs efforts apparaît clairement dans les textes après cette date, spécialement en Angleterre et dans le nord de la France, en Germanie et dans la plaine du Pô. L'effort pour domestiquer les eaux courantes dans la plaine lombarde, pour organiser l'irrigation dans les collines qui l'entourent, entre alors dans sa phase décisive. On voit les grandes communes urbaines de l'Italie septentrionale entreprendre l'aménagement agraire du *contado* qu'elles dominent : en 1186, les magistrats de Vérone vinrent répartir entre cent quatre-vingts ménages de colons prêts à peupler la *villafranca*, le vaste terroir que l'établissement d'un canal de drainage allait ouvrir à la culture. Quelques années plus tôt, le comte d'Anjou Henri Plantagenêt ordonnait de consolider et

1. J. DHONDT, dans *Revue belge de Philologie et d'Histoire*, 1941 ; LENTACKER, 216 *a* ; DARBY, dans 33, p. 181.

d'étendre les digues de la Loire pour protéger des inondations les villages d'essarts de la basse vallée, et implantait sur ces « turcies » des hôtes chargés de les tenir en état[1]. C'était l'époque où les défrichements prenaient une allure résolument conquérante dans le centre du Bassin parisien, région où les sources écrites sont particulièrement abondantes, et qui fut peut-être l'une des plus profondément transformées par l'extension des cultures céréalières. Quant aux analyses de pollens effectuées à Roten-Moor, sur le plateau de Rhön, elles attestent que la proportion du pollen de hêtre dans le sol des tourbières a décliné très régulièrement depuis le IXe siècle. Ceci montre que, dans le pays neuf qu'était alors la Germanie, la forêt avait commencé à reculer dès le temps de Charlemagne. Le retrait des espèces sylvestres fut exactement compensé par l'invasion des céréales, preuve du progrès continu de l'agriculture à partir des temps carolingiens. Mais la part du pollen des blés dans les résidus floraux s'accroît de manière beaucoup plus vive entre 1100 et 1150, qui fut ici la période décisive de la conquête agraire. La même méthode d'observation autorise à placer aussi au XIIe siècle la grande phase de l'extension des cultures de céréales au voisinage des marais du Mecklembourg[2]. On le voit, tous les indices actuellement recueillis concordent : le XIIe siècle fut le moment culminant des défrichements.

*

Les grands artisans n'en ont pas été, comme on l'a longtemps cru, les moines. Les clunisiens, les bénédictins d'ancienne observance, menaient en effet une vie de type seigneurial, donc oisive. Ils attendaient qu'on leur donnât en aumône de la terre toute faite, toute munie du personnel nécessaire à sa mise en valeur, des manses « vêtus », comme on disait alors, d'hommes et de bétail. Ils ne se souciaient nullement de défricher[3]. À la fin du XIe siècle, de nouveaux ordres religieux, plus soucieux d'ascétisme, décidèrent de s'établir dans la solitude, donc au milieu des friches ; ils restaurèrent en même temps la dignité du travail manuel. À Grandmont, à Cîteaux, le groupe des moines de chœur était assisté d'une équipe de frères convers, chargés de besognes de force. On imagine

1. SERENI, 76 *a*, p. 76-78 ; DION, *Histoire des levées de la Loire*, Paris, 1961, p. 123.

2. ABEL, 542, p. 45 sq.

3. Ceci incite à se demander si les entreprises de défrichement ne furent pas, aux IXe et Xe siècles, plus étendues qu'il n'apparaît dans les textes de cette époque, qui émanent presque tous de monastères de ce type. Nous voici devant l'une des difficultés majeures de la recherche historique : les changements qu'elle décèle ne sont-ils pas illusoires, et ne reflètent-ils pas, au lieu de la réalité, de simples modifications du matériel documentaire ?

volontiers ces derniers attelés à l'essartage. Toutefois, partout où l'observation a été poursuivie minutieusement, elle a montré que les nouveaux monastères s'établirent dans des clairières déjà, partiellement au moins, aménagées ; d'autre part, ces communautés de religieux se vouaient surtout à l'élevage, et donc se préoccupaient relativement peu d'étendre les champs ; enfin, par le soin qu'elles mirent à protéger leur « désert », à tenir à distance les paysans, les abbayes de style nouveau contribuèrent plutôt à protéger certains îlots forestiers contre les entreprises de défrichement qui, sans elles, les auraient réduites [1]. En fait, les seuls hommes de Dieu qui de leurs propres mains aient participé efficacement à l'attaque des zones incultes, qui aient abattu des arbres et ouvert de nouveaux labours, furent les ermites, qui vivaient si nombreux aux XIe et XIIe siècles aux lisières des forêts d'Europe. L'histoire du mouvement érémitique n'est pas faite ; elle permettra de mieux mesurer la part qui revient à ces solitaires, apparemment mal outillés pour dompter la nature vierge. Avec les chasseurs, les charbonniers, tous ceux qui partaient pour une saison faire de la cendre, du fer ou de la cire au milieu du bois, ils jalonnèrent pourtant les premières voies de l'essartage.

D'une manière très générale, celui-ci fut poussé par l'entreprise conjointe des paysans et des seigneurs. Il paraît avoir résulté en effet d'une double initiative. Les paysans fournirent la main-d'œuvre : ils se trouvaient nombreux, et beaucoup étaient affamés, en quête d'un lopin qui pût les nourrir. Mais il fallut aussi que les seigneurs, maîtres des friches, consentissent à laisser transformer celles-ci en labours. Décision difficile, puisqu'elle obligeait à renoncer aux avantages que présentaient la gâtine et la brousse. Les seigneurs durent sacrifier notamment l'un de leurs plaisirs majeurs, la chasse. Accueillir des « hôtes » dans le bois, laisser reculer ses lisières, réduisait en effet le terrain de parcours et de subsistance des bêtes sauvages. On sait quel obstacle dressa longtemps en Angleterre le privilège royal de la forêt au progrès des cultures. Pour obtenir que leurs paysans pussent poursuivre leur effort de défrichement, les moines de Cluny durent supplier le comte de Chalon de détruire ses « haies » et ses parcs aux cerfs, et lui offrir surtout un dédommagement matériel [2].

L'espace cultivé ne put donc se dilater au grand jour et sans contrainte, avant que les seigneurs n'eussent découvert les avantages de l'exploitation agricole et qu'ils ne se fussent accoutumés aussi à des formes nouvelles de perception. Quand se persuadèrent-ils qu'il était vraiment profitable de lever les « tâches », les « champarts », c'est-à-dire de prélever une partie des gerbes que l'on moissonnait sur les anciennes broussailles et les anciens taillis ? Autrement dit,

1. Pour le site même de Cîteaux, ROUPNEL, 24, p. 129.
2. DUBY, 247, p. 302.

quand commencèrent-ils à penser en termes d'intérêt, à se laisser gagner par l'idée de profit ? Parce que les seigneurs y prirent une part décisive, les défrichements reflètent un profond changement dans l'attitude psychologique de l'aristocratie. On va répétant que les chevaliers d'Île-de-France n'avaient aucun souci du gain et de l'accroissement de leurs revenus fonciers. Au temps de Philippe Auguste et de Saint Louis, ils se privèrent pourtant en partie des joies de la vénerie afin d'emplir leurs greniers.

Il vaudrait la peine de rechercher minutieusement d'où vinrent les premiers encouragements à l'essartage. Des seigneurs d'Église ou des laïcs, quels furent les premiers responsables ? Quel rôle tinrent les possesseurs des dîmes, premiers bénéficiaires d'une extension de la surface cultivée [1] ? Et en tête des instigateurs, ne faut-il pas placer les agents seigneuriaux qui, pour accroître leur prestige et leurs profits, s'efforcèrent d'attirer de nouveaux agriculteurs ? À ces questions, on peut espérer trouver quelques réponses dans les documents rédigés dans le centre du Bassin parisien à la fin du XIIe siècle et au début du XIIIe siècle. Mais il conviendrait aussi de dater plus exactement les premières initiatives des seigneurs et de leurs mandataires. Je serais tenté de distinguer deux périodes successives. L'une où les seigneurs ont simplement toléré, autorisé, et non sans rechigner, les premières conquêtes. Puis une seconde où ils prirent eux-mêmes la direction du combat, soit en étendant la partie labourée de leur propre domaine, soit en appelant de nouveaux colons. Ne peut-on proposer comme hypothèse de travail l'idée que l'accélération du mouvement de défrichement, dans la première moitié du XIIe siècle, correspondit à ce retournement d'attitude de la part des maîtres des terres incultes ?

2. L'élargissement des terroirs anciens

Pour la plupart, sans doute, les champs nouveaux s'étendirent en bordure même des anciennes « coûtures » du village, et gagnèrent sur la ceinture des friches et des pâtures par un simple et progressif élargissement de la clairière. Cette manière de défricher était la plus aisée et la plus discrète. On peut concevoir même qu'elle fut menée quelquefois à la dérobée, à l'insu du seigneur. Mais pour cette raison même, elle a laissé peu de traces dans les archives ; elle est donc la plus difficile à déceler. Pour repérer cette première forme de l'extension agraire, il faut collecter divers indices épars, explorer le terrain aux lisières des espaces boisés qui subsistent aujourd'hui, enfin interpréter les micro-toponymes, les noms de champs ou de quartiers qui, dans le cadastre actuel, évo-

1. Lamprecht, 17.

quent soit le défrichement lui-même (« les essarts », « artigue vieille », « les plans »), soit la végétation primitive et sauvage sur laquelle furent gagnés les labours (« les brosses », « les vernes »).

Quelques textes pourtant portent directement témoignage sur cette extension furtive du terroir. Certaines seigneuries ont laissé des séries d'inventaires ou de comptes successifs, à travers lesquels on peut voir se multiplier peu à peu dans tel terroir les champs soumis à redevances. Ainsi, dans les villages que l'évêché d'Ely ou l'abbaye de Ramsey possédaient en lisière des *Fens*, le montant des cens s'est accru considérablement entre la fin du XIIe et la fin du XIIIe siècle par la constitution de nouvelles tenures sur des terres aménagées aux dépens du marécage[1]. Des indications plus explicites sont fournies par les pièces de certains procès. Parfois, les communautés villageoises durent en effet poursuivre en justice les défricheurs pour défendre les terrains de parcours collectifs. Les archives des cours publiques anglaises conservent de nombreuses traces de telles plaintes. Il arrivait aussi que la communauté soutînt ses membres en quête d'essarts contre les possesseurs privés des forêts et des friches. D'autres conflits enfin opposèrent les exploitants des nouveaux quartiers cultivés, paysans ou seigneurs, aux décimateurs qui prétendaient y lever les dîmes « novales ». Mais, à vrai dire, presque tous ces documents écrits datent du XIIIe siècle, d'une époque où les bois et les pâtures étaient devenus rares, beaucoup plus précieux, et pour cela farouchement défendus par ceux qui en détenaient la jouissance. À ce moment, le mouvement d'expansion parvenait à son terme. Dans sa phase culminante, il échappe à peu près à l'observation.

On réussit à discerner cependant que l'élargissement du terroir ancien provient parfois d'une action collective que menèrent tous les hommes du village sous la conduite du seigneur : ce fut sans doute le cas dans les quelques villages anglais où un nouveau « champ » fut ajouté au XIIIe siècle aux deux anciens quartiers du terroir. Quelquefois aussi, le seigneur stimulait directement les efforts des paysans en installant dans le village de nouvelles familles. Suger agit de la sorte, et se vanta d'avoir accru de vingt livres le revenu annuel d'une « cour » adjacente à l'abbaye de Saint-Denis en établissant quatre-vingts nouveaux hôtes « dans les terres neuves qui y étaient contiguës[2] ». Le drainage, l'aménagement des eaux nécessitaient d'ailleurs très souvent une discipline, de l'entraide et la mise en commun des efforts ; ils impliquaient par conséquent une intervention seigneuriale.

Celle-ci demeurait cependant limitée. Les champs créés au voisinage des

1. MILLER, 187, p. 95 sq. ; RAFTIS, 190, p. 74 sq.
2. SUGER, *Liber de rebus in administratione sua gestis* (éd. LECOY DE LA MARCHE), I, p. 158.

anciens labours, dans la zone extérieure du terroir (l'*outfield* des campagnes anglaises, la « terre gaste » des seigneuries de Provence), sur une aire soumise traditionnellement à de simples écobuages temporaires, furent sans doute pour la plupart aménagés séparément par des pionniers isolés. Le fait apparaît nettement dans les villages avoisinant la forêt de Bragny-en-Chalonnais, au sein de laquelle s'installa l'abbaye cistercienne de La Ferté, et dont on connaît fort bien l'histoire au XIIe siècle, du fait de ce voisinage et de l'extension du temporel monastique. Lorsque l'on quittait le cœur de ces terroirs en direction du bois, on pénétrait bientôt dans des quartiers où les parcelles, les « essarts », portaient un nom de personne, celui du paysan qui le premier s'était attaqué aux arbres ou aux broussailles. Ajoutons que les alleux de petites gens, fort rares dans le voisinage du village, se multipliaient dans la partie récemment défrichée. Les rustres revendiquaient ici la possession entière des champs qu'ils avaient gagnés sur la grande forêt comtale, et sans doute subrepticement, en trompant la garde des forestiers. On peut penser en effet que de telles entreprises individuelles de défrichement ont, d'une manière générale, fait proliférer aux XIe et XIIe siècles la petite propriété paysanne en bordure des espaces boisés mal surveillés [1].

*

Ainsi fut progressivement rongée la ceinture des terres incultes. Aux lisières des landes ou de la forêt, qui d'ailleurs à l'époque était généralement fort clairsemée, on dressait d'abord ici et là quelques clôtures pendant les loisirs d'hiver. Les lopins ainsi protégés et réservés à l'usage du paysan qui avait là brûlé les buissons et extirpé les souches portaient d'abord de l'herbe. Le plus souvent, un pré de fauche occupait, pour plusieurs années, l'essart [2]. Puis, lorsque la terre se trouvait bien drainée, on la labourait pour la semer en grain. De tels enclos dispersés trouaient et morcelaient les bois et les pâtures. Ils constituaient pendant quelque temps cette zone intermédiaire entre la friche et la campagne que Wolfram von Eschenbach décrit dans son *Parzival* : à Gauvain qui avait longtemps chevauché dans le bois, « peu à peu la forêt apparut toute mélangée ; ici une avancée de bois, là un champ, mais si étroit qu'on eût pu à peine y dresser une tente. Puis, regardant devant lui, il aperçut un pays cultivé... [3] ».

1. Duby, 247, p. 305 ; Boutruche, 173, p. 76 sq. ; Genicot, 178, p. 63.

2. Dans le bois de Favières, près de Paris, en 1208 : « Si l'un de ceux qui ont l'usage dans le dit bois fait un pré... S'il arrive qu'il transforme le pré en terre arable... » (Archives nationales, S, 117, 530).

3. VIII, vers 18 et 15.

Mais les parcelles aménagées se multipliaient les unes près des autres, elles finissaient par se rejoindre, elles formaient alors un nouveau quartier cohérent de labours. Pendant quelques saisons encore, on maintenait les barrières entre les lopins individuels, puis elles tombaient : le terroir s'agrandissait ainsi d'un nouveau « champ » ouvert, que rien ne distinguait des plus anciens, sinon le nom qu'il portait, et parfois le dessin moins régulier de ses parcelles.

Au terme d'un tel progrès, très lent et insidieux, le gain fut souvent considérable. Voici des chiffres, extraits des archives seigneuriales anglaises. Dans la deuxième moitié du XIIe siècle, trente paysans tenaient cent quarante hectares d'« essarts » dans le manoir de Cranfield dépendant de l'abbaye de Ramsey ; les lopins labourés par les dépendants du manoir voisin de Holme couvraient cent quatre-vingt-trois hectares à la fin du XIIe siècle, deux cent quarante-deux ans plus tard[1]. Il arriva souvent que les bois et les terres incultes utilisés pour l'élevage fussent de la sorte repoussés fort loin du village. Parfois, la distance seule et le sentiment qu'ils perdaient trop de temps, qu'ils fatiguaient leurs bœufs à labourer des champs trop éloignés de leur manse, arrêtèrent les défricheurs. Mais souvent aussi, lorsque les villages se trouvaient assez voisins les uns des autres, lorsqu'ils étaient séparés par une barrière assez mince d'arbres et de pâturages, celle-ci fut parfois en grande partie détruite, et les terroirs se rejoignirent. Des points de repère, des bornes, des arbres fruitiers, des croix plantées sur le chemin marquèrent désormais les limites entre les terroirs paroissiaux, au milieu des espaces découverts.

La plus commune de toute, cette forme de conquête fut dans aucun doute aussi la plus précoce. Elle s'est poursuivie quelquefois fort avant dans le XIIIe siècle. En 1241, les paysans d'Origgio, près de Milan, laissaient encore incultes 45 % des terres du village ; il n'en restait plus que 16 % dans cet état en 1320[2]. Il semble que beaucoup de contrées européennes n'aient pas connu au Moyen Âge d'autre mode d'extension des cultures. Le Périgord par exemple, où tous les terroirs communaux d'aujourd'hui se formèrent progressivement, par auréoles successives, autour d'un ancien domaine gallo-romain devenu le lieu du village[3]. L'Angleterre presque tout entière paraît bien dans le même cas, puisque, dans la description du *Domesday Book*, les espaces solitaires étaient déjà fort rares, et les hameaux très voisins les uns des autres[4]. Toutefois, en

1. Raftis, 190, p. 72-74.
2. Romeo, 444.
3. Fénelon, 51.
4. Dardy, 33, voir la carte p. 131 ; Lennard, 253, p. 3 sq.

certaines régions, le défrichement revêtit un autre aspect. Les hommes fondèrent de nouveaux villages au milieu des massifs incultes.

3. Les villages neufs

Dans le haut Moyen Âge, de vifs contrastes opposaient en effet des pays fortement occupés et semés de villages à d'autres au contraire presque ou même tout à fait vides d'hommes. En 1086 encore, alors que le sud du comté de Warwick se trouvait entièrement colonisé, les bois en recouvraient presque entièrement le nord. Autre exemple d'opposition nette : jusqu'au XIIe siècle, la Brie orientale faisait figure de désert forestier entre la Champagne, couverte de points habités dès avant l'époque romaine, et les cantons de l'Île-de-France, où, sur les sols légers et mieux drainés, les hommes, au cours des siècles, avaient pu attaquer les bois, les expulser des finages, et peu à peu réunir ceux-ci les uns aux autres en une vaste campagne ouverte[1]. Ces épaisses solitudes, où la lourdeur du sol, l'humidité surtout, avaient jusqu'alors interdit aux laboureurs de s'aventurer, furent quelque peu réduits sur leurs lisières lorsque les terroirs des villages riverains s'agrandirent. Mais les habitants de ceux-ci ne pouvaient étendre efficacement leurs défrichements au-delà d'une certaine distance. Plus avant, certains « déserts » furent alors colonisés par des pionniers. Quittant le hameau de leurs pères, ces hommes vinrent établir leur maison en terrain vierge et luttèrent contre l'arbre surtout dans le Bassin parisien, la France de l'Ouest, les pays de la Garonne, contre les eaux torrentielles dans le Val de Loire ou en Lombardie, contre les marécages en Germanie du Nord et de l'Est, contre la mer enfin dans les Pays-Bas.

Ces déracinés, ces « aubains », comme on les appelait, ces « hôtes », se groupaient, semble-t-il, pour l'aventure, et menèrent leur combat en équipe. Ils créèrent de la sorte non point un habitat disséminé, mais de nouveaux terroirs, de nouvelles paroisses, de nouveaux villages avec leurs manses rassemblés, bref, un cadre de vie sociale analogue à celui qu'ils avaient quitté. La réunion fut parfois spontanée. Ainsi, les paysans, qui s'avancèrent depuis les campagnes voisines le long des laies forestières et qui, dans le milieu du XIe siècle, construisirent les cabanes côte à côte à la Charmée ou à la Chapelle, au milieu de la forêt bourguignonne de Bragny, s'étaient apparemment groupés de leur propre initiative. Il en était de même de ces aubains venus de l'Île-de-France, dont le comte de Champagne, cent ans plus tard à peu près, autorisait l'établissement dans la forêt de Jouy. Quelques villages ainsi se formèrent d'eux-mêmes. On les

1. Harley, 283 ; Brunet, 40, p. 443 sq. ; Hubert, 292.

voit apparaître au hasard d'un texte lorsque l'évêque fut sollicité de transformer l'oratoire en église paroissiale, lorsque le maître de la forêt accepta de limiter ses droits de chasse[1].

Il est permis de penser cependant que la plupart des « villeneuves » naquirent par la volonté délibérée des seigneurs, qui en préparèrent la création. Ces fondateurs étaient les détenteurs de l'autorité régalienne, les rois eux-mêmes, les comtes, les châtelains, les grands établissements religieux et, en Italie du Nord, les seigneuries collectives que constituaient les grandes communes urbaines. Sauf exception, en effet, les vastes espaces solitaires appartenaient à l'aristocratie la plus haute. Celle-ci, changeant d'attitude, décida d'en organiser le peuplement.

Ce choix fut fréquemment dicté par des considérations politiques. Il s'agissait de renforcer la sécurité d'une route en peuplant les forêts qu'elle traversait, ou bien de raffermir la frontière d'une principauté en établissant, dans les marches boisées et désertes qui jusqu'ici formaient autour d'elle un large glacis protecteur, de fortes communautés paysannes astreintes au service d'armes. C'est ainsi que, dans le bassin de la Garonne, les « sauvetés » des XIe et XIIe siècles jalonnèrent de lieux habités les « chemins de Saint-Jacques », que les « bastides » du XIIIe siècle flanquèrent les frontières de points d'appui militaires[2]. Intervinrent aussi des préoccupations de profit. Le village neuf allait constituer un nouveau centre de perception, où l'évêque pourrait lever la dîme, et le prince, les exactions coutumières, les droits de marché, les tailles, les amendes de justice. Il serait intéressant à ce propos de mesurer, parmi les charges qu'imposèrent les seigneurs aux défricheurs, la part des redevances foncières et celle des taxes publiques. Apparemment, en effet, les fondateurs de « villeneuves », maîtres du pouvoir de commandement, cherchèrent moins à multiplier les tenanciers que les sujets et les justiciables. Ils se préoccupèrent moins de créer une seigneurie foncière que de rendre plus profitable l'exploitation du droit de ban. On peut se demander même si les initiatives des hauts seigneurs n'ont pas coïncidé avec la naissance et le développement d'une fiscalité efficace, avec l'essor et la

1. DUBY, 247, p. 302 ; R. BAUTIER, « Les foires de Champagne », dans *Recueils de la Société Jean-Bodin, La Foire*, p. 110.

2. HIGOUNET, 285 ; encore au XIVe siècle, le bailli, le maire et les échevins de Herstal, dans les Ardennes, confient à un convers de l'abbaye de Valdieu trois bonniers de bois pour les essarter et y édifier un hospice à l'usage des passants, parce que c'était « un lieu périlleux et mal sûr, qu'il y avait meurtriers, robeurs et mauvaises gens », *Cartulaire de l'abbaye cistercienne de Valdieu* (éd. RUWET), n° 190 (1337). Les rois de Germanie encouragèrent le peuplement des bois qui leur appartenaient, pour renforcer la classe des paysans libres sur lesquels ils comptaient s'appuyer, BOSL, 452.

consolidation de la seigneurie banale. Des confrontations chronologiques seraient sur ce point révélatrices. De l'élargissement des clairières, de l'extension des cultures autour des anciens villages bénéficièrent à la fois certains paysans et les petits seigneurs fonciers, ainsi que les décimateurs ; cette première forme du défrichement fit en effet se propager les petits alleux et s'accroître le rendement des cens, des rentes et des dîmes. En revanche, le peuplement des solitudes forestières et marécageuses, l'implantation de nouveaux villages profitèrent surtout aux « sires », c'est-à-dire aux membres de la haute aristocratie politique. La création des « villeneuves » ne fournit-elle pas aux seigneurs territoriaux, depuis les plus modestes châtelains jusqu'aux rois eux-mêmes, un remède contre la gêne financière dont ils commençaient, dans la deuxième moitié du XIIe siècle, à sentir durement la pression ? Et l'on peut penser que les entreprises de colonisation menées sur une grande échelle soutinrent très efficacement la croissance de bien des principautés féodales, de celle des comtes de Flandre, par exemple, ou des évêques de la Germanie du Nord-Ouest[1].

*

Pour ces seigneurs, le problème consistait à attirer de nouveaux habitants sur un terrain tenu jusqu'alors pour hostile. Ils devaient donc au préalable – et c'est pourquoi l'initiative ne pouvait venir que des détenteurs de la puissance publique – attribuer un statut juridique particulier à l'emplacement choisi pour l'agglomération future, et le doter de privilèges qui pussent tenter des immigrants. Au XIe, au XIIe siècle, on dressait des croix qui délimitaient une « sauveté » ou un « bourg », c'est-à-dire un espace protégé par la paix de Dieu, où les violences étaient interdites et la sécurité renforcée. Plus tard, on rédigeait à l'avance une charte qui limitait les exigences seigneuriales et précisait le régime de faveur dont jouiraient les hôtes. Parfois, le lieu ouvert ainsi au peuplement se trouvait proche de villages surpeuplés, où les paysans trop pauvres et les cadets de famille étaient rapidement avertis des avantages promis. Le transfert s'opérait aisément. Ce qui se produisit par exemple à Bonlieu, en Beauce, vers 1225 : ce furent des hommes du terroir voisin de Grigneville qui répondirent aux invitations des religieuses d'Yères et qui vinrent très vite construire leur hutte sur les « hostises » qui leur étaient offertes[2].

Au contraire, l'entreprise se révélait beaucoup plus difficile lorsque le désert

1. VAN DER LINDEN, 310. La rareté des villeneuves en Angleterre ne peut-elle être mise en relation avec la très faible extension des pouvoirs seigneuriaux privés ?

2. Archives Nationales, LL. 1599 B, p. 143.

était profond, le site de colonisation solitaire, ou bien quand le terrain, trop ingrat pour tenter les gens du pays, nécessitait l'établissement de techniciens du drainage. De gros efforts s'imposaient alors pour recruter, transplanter les ménages, pour leur fournir l'équipement indispensable, les nourrir même pendant les premiers mois, les aider à édifier leur manse, les encadrer pour les travaux collectifs. Le seigneur, qui souvent était un très grand prince, hésitait à se charger seul de l'organisation de la publicité, du rassemblement des capitaux, de la direction même du lotissement. Il cherchait alors des associés et dressait avec eux des contrats écrits. Voici pourquoi nous sommes beaucoup mieux renseignés sur les formes les plus hasardeuses et les plus délicates de la colonisation que sur la croissance spontanée et sans histoire de la plupart des terroirs de village.

Fréquemment, l'associé était un entrepreneur subalterne, d'un rang social très inférieur à celui du maître, qui pouvait s'occuper lui-même de l'affaire et y trouvait son intérêt. On rencontre souvent dans cette fonction des membres de la « famille » seigneuriale, des ministériaux. Quelquefois, quand il s'agit d'une communauté religieuse, l'un des frères, tel chanoine, reçoit délégation du bois à peupler et l'attribution personnelle d'une part des profits futurs. Mais souvent aussi un cadet de famille chevaleresque trouvait dans une tâche de ce genre l'occasion de s'établir, de créer une petite seigneurie personnelle qui complétait sa part d'héritage, qui lui permettait de s'évader de la maison paternelle, de se marier, de tenir son rang. Tel ce chevalier Eudes, que les moines de Saint-Avit d'Orléans chargèrent en 1207 de peupler et de mettre en culture leur terre de Cercottes ; il devait en percevoir tous les fruits et verser seulement une rente annuelle de deux muids de grain [1]. Ce système de coopération a été bien étudié dans les terres de colonisation d'Allemagne orientale. On voit, à partir du milieu du XIIe siècle, sur l'Elbe moyenne, se multiplier les *locatores*, familiers du prince, clercs ou laïcs, parfois gens de la ville, soucieux de faire fructifier dans une entreprise foncière un petit capital en deniers. Un espace désert leur est attribué, qui doit être partagé entre un nombre d'exploitations fixé à l'avance. À eux de délimiter les parcelles, de raccoler les immigrants et de les établir. Ils reçoivent pour leur peine un important lot de terres et une part des droits seigneuriaux levés dans le village, qu'ils vont contribuer à faire naître.

Mais souvent aussi le seigneur du « désert » faisait compagnie avec un autre seigneur par l'un de ces contrats qu'on appelle, en France, des « pariages ». Selon ces pactes, chaque contractant s'engageait à fournir une participation. L'un apportait la terre et les droits de ban sur l'espace inculte, l'autre la puis-

1. *Cartulaire de Saint-Avit d'Orléans*, n° 50.

sance ou les relations qui permettraient de recruter les hommes, l'argent qui devait assurer leur installation. Les profits de l'entreprise, et en particulier le produit des taxes banales, se trouvaient partagés ensuite à égalité. On connaît surtout les associations de ce genre qui unirent un établissement religieux et un seigneur laïc. Affaire de documentation encore une fois, les gens d'Église tenant seuls des archives en ordre.

En réalité, les clercs et les moines furent effectivement souvent sollicités, parce qu'ils possédaient des réserves de valeurs mobilières. Par le réseau des congrégations et des filiales, les établissements religieux se trouvaient également mieux placés pour organiser la publicité lointaine dans les contrées surpeuplées. Parfois, le sol leur appartenait. Dans ce cas, ils s'entendaient avec le prince pour que celui-ci modifiât le droit territorial et accordât les franchises qui devaient amorcer le courant d'immigration. Fréquemment, des moines ou des chanoines, renonçant au faire-valoir direct, souhaitaient en effet lotir une « grange », un domaine isolé dans la forêt, et en faire un village. Les Prémontrés traitèrent de la sorte en 1220 avec le comte de Champagne à propos de leur grange de Septfontaines, et beaucoup de « bastides » d'Aquitaine naquirent de la même manière. D'autres fois, c'était le seigneur de la forêt qui sollicitait un pariage avec des hommes d'Église, bons recruteurs et bien munis d'argent. Ce que fit, par exemple, Bouchard de Meung qui s'associa, en 1160, aux Hospitaliers d'Orléans pour le peuplement de son bois de Bonneville ; il mettait dans l'affaire le droit foncier et le droit banal sur le futur terroir ; il attendait des frères de l'Hôpital qu'ils l'équipent en hôtes et « édifient » soixante arpents [1].

Les villages ainsi créés devinrent à leur tour de nouveaux ferments de colonisation. Leurs terroirs s'étendirent progressivement comme l'avaient fait ceux des anciens hameaux. De cette façon se désagrégèrent peu à peu certaines des grandes étendues qui recouvraient de solitude et de sauvagerie les pays d'Occident. Les agglomérations paysannes nées à cette époque se reconnaissent encore au nom qu'elles portent aujourd'hui ; ce sont les « villeneuves », les « neuvilles », les « abergements » et, en pays de langue germanique, tant d'agglomérations dont le toponyme est constitué d'un nom d'homme et d'un suffixe : *berg, feld, dorf, rode* ou *reuth*. Ces villages présentent aussi fréquemment une structure particulière. La photographie aérienne révèle, comme dans tel hameau d'Angleterre, la stricte égalité des parcelles attribuées jadis à chaque ménage de pionniers [2]. Beaucoup de villages de colonisation forestière se développèrent en ligne, le long du sentier de pénétration, et l'attaque du bois fut menée de part et

1. Higounet, 291 ; Archives Nationales, S, 5010[1], fol. 43[v].
2. Beresford, 36, p. 97.

d'autre en longues lanières de labour, qui s'appuyaient chacune sur la maison et son enclos, au bord du chemin.

*

Les lignes qui précèdent sont pleines d'allusions à des apports extérieurs de capital. Élargir la clairière villageoise n'en nécessitait point : en transférant sur la frange des essarts une faible quantité de main-d'œuvre, libérée pendant les mortes-saisons de la culture, la croissance naturelle de la population paysanne, conjointe à de légers perfectionnements de l'équipement agricole, suffisait à entraîner ce lent mouvement de conquête. En revanche, pour créer un village neuf, il fallait que l'entrepreneur engageât de l'argent. L'attitude spéculative des seigneurs, qui décidèrent de prélever dans leur trésor un peu de métal précieux, afin d'accroître le nombre de leurs sujets et de rendre ainsi plus profitables leurs perceptions futures, ouvrit donc cette seconde phase du défrichement. Moment très important dans l'histoire des campagnes médiévales : ce fut alors qu'une part des richesses accumulées lentement dans les maisons aristocratiques entra en circulation pour être directement investie dans la production des céréales. Cette période décisive de la croissance agricole exigerait d'être située très précisément dans le temps.

Il faudrait, à vrai dire, une enquête d'ensemble pour mieux dater le mouvement (ce qui n'est pas possible à l'aide des seuls indices toponymiques et topographiques). On devine qu'il a commencé de bonne heure en certaines provinces. Dans la région mâconnaise, tous les nouveaux villages étaient déjà bien établis avant 1060, et les « sauvetés » du Toulousain furent fondées vers 1100. En Normandie, onze « bourgs » apparaissent avant 1066, puis trente-deux avant la fin du XIe siècle, quarante-six au XIIe, quarante-sept dans les années qui suivirent 1200. Aux villages de structure linéaire, établis dans les forêts briardes aux XIe et XIIe siècles, vint s'adjoindre, entre 1150 et 1225, toute une famille de « villeneuves [1] ». Une carte de tous les nouveaux villages dont la création est attestée par un acte écrit, qui mentionnerait la date de leur apparition et qui couvrirait l'ensemble de l'Europe, serait extrêmement précieuse. Elle révélerait sans doute nombre de discordances régionales ; elle montrerait une extension par vagues successives ; elle ferait apparaître aussi des espaces vides : ainsi dans le sud de la Bourgogne où n'existent ni chartes de peuplement, ni fondations seigneuriales. Une telle entreprise cartographique, qui n'est pas démesurée, fournirait aux historiens de l'économie, à ceux des structures poli-

1. Duby, 247, p. 302 ; Ourliac, 302 ; Boussard, 264 ; Brunet, 40.

tiques, religieuses, culturelles même, un instrument de travail d'un exceptionnel intérêt.

On devine déjà que le mouvement s'est poursuivi, au XIVe siècle, aux confins septentrionaux et orientaux des pays germaniques, qu'il était encore vif au milieu du XIIIe dans les pays aquitains, où des préoccupations stratégiques semblent alors l'avoir relancé. Toutefois, presque partout, et spécialement dans le Bassin parisien, l'une des régions d'élection des villeneuves, l'avance paraît bien définitivement arrêtée en 1230-1240. Après le premier tiers du XIIIe siècle, dans les régions où le semis des communautés villageoises restait très clair, la conquête agraire s'est encore poursuivie. Mais la plupart du temps, les pionniers n'étaient plus groupés. Ils tentaient individuellement l'aventure et construisaient à l'écart leur maison, au milieu des terres qu'ils arrachaient aux friches.

4. Le peuplement intercalaire

Dans le haut Moyen Âge, il existait bien déjà entre les hameaux et les villages un habitat isolé. Mais ces gîtes étaient le plus souvent temporaires et mobiles, occupés par des hommes des bois, des ermites, des chasseurs, ou ces éleveurs de porcs qui vivaient nombreux, en particulier dans les forêts anglo-saxonnes[1]. La Gaule franque avait aussi connu, peut-être, quelques cultivateurs solitaires. Au Xe siècle, les montagnes d'Auvergne étaient parsemées de maisons isolées, et certaines fermes de la Brie, écartées des villages, paraissent installées sur le site d'exploitations gallo-romaines[2]. À la fin du XIe siècle et au XIIe, cette forme de peuplement par dispersion se répandit sans doute quelque peu en certaines régions dans les espaces nouvellement mis en culture. Parmi ces nouveaux écarts, beaucoup furent d'origine religieuse. L'essor de la circulation routière fit fonder maisons-Dieu et hôpitaux sur les portions les plus solitaires des itinéraires. Les filiales des ordres érémitiques, comme les chartreuses, essaimèrent au sein des solitudes. Des « granges » enfin furent créées en grand nombre par les chanoines réguliers et les cisterciens, ainsi que par d'anciens monastères, comme Cluny ou Saint-Denis, qui les imitèrent. Ces grosses exploitations s'installèrent toutes en marge des vieux finages. Quelques-unes même se substituèrent à d'anciens villages dont les occupants partirent résider ailleurs, après avoir cédé aux religieux leurs droits sur les terres[3]. Mais en certains cas, le nouvel

1. Lennard, 253, p. 14-15.
2. Fel, 50 ; Brunet, 40, p. 441.
3. Epperlein, 486.

habitat dispersé naquit par l'initiative de quelques pionniers paysans qui choisirent de ne pas se grouper étroitement.

Parfois en effet le cloisonnement des sols cultivables imposait l'éparpillement. Parfois les colons établissaient des exploitations à dominante pastorale, et le souci de demeurer à proximité des terres de pâture les poussait à édifier « vacheries » ou « bergeries » à distance les unes des autres. Ce type de peuplement devint ainsi prédominant dans les pays gagnés sur la mer, où les terres neuves furent vouées essentiellement à l'élevage pendant des années, en attendant d'avoir évacué le sel. Dans les polders flamands, sur les rivages du Lincolnshire, les maisons à la fin du XIIe siècle étaient bâties sur le chemin et sur la digue, mais isolées les unes des autres par la grande pièce de prairies et de marais, enclose et d'un seul tenant, qui les entourait. Il s'agissait au fond de villages-rues, mais de texture si relâchée que la communauté d'habitation se trouvait tout à fait disloquée.

Il serait imprudent de généraliser les résultats d'observations encore beaucoup trop fragmentaires. Il semble bien cependant que les demeures rurales isolées se multiplièrent au XIIIe siècle, et surtout depuis les alentours de 1225. Beaucoup d'écarts fondés à cette époque le furent par des seigneurs et formèrent le centre de grandes exploitations, comparables par leur étendue aux granges monastiques établies au siècle précédent. J'ai décelé au XIIIe siècle en Mâconnais une tendance des demeures de chevaliers à se déplacer depuis le milieu du village, où elles se trouvaient installées de toute ancienneté à proximité de l'église et souvent sans doute sur l'emplacement même d'une *villa* romaine, vers les lisières, vers ce qui subsistait encore de la ceinture forestière [1]. Il vaudrait la peine de vérifier si le phénomène fut commun, et de chercher en ce cas à l'expliquer. Cet éloignement fut-il provoqué par le désir des hobereaux de mieux marquer les distances qui les plaçaient juridiquement au-dessus des paysans, à un moment où leur supériorité économique commençait à se trouver mise en cause ? Souhaitaient-ils ainsi s'assurer un espace suffisant pour suivre une nouvelle mode aristocratique et creuser un fossé autour de la maison, en faire une « maison forte », la réplique réduite d'un château ? Les motifs n'étaient-ils pas plutôt d'ordre économique ? Les petits seigneurs, dépossédés des terres centrales du terroir par les aumônes de leurs ancêtres, ont-ils voulu rapprocher leurs greniers et leurs étables des nouvelles « coûtures » que leurs domestiques venaient d'aménager par défrichement et des pâtures dont ils se réservaient maintenant l'usage ? Les traces ne manquent pas en effet d'entreprises de conquête agraire qui aboutirent à reconstituer des domaines nobles à l'écart des

1. Duby, 247, p. 590.

vieux terroirs. Beaucoup de hobereaux français s'employèrent ainsi à étendre leur patrimoine, comme ces chevaliers qui, en 1219, reçurent du chapitre de Notre-Dame de Paris cent arpents à essarter, avec défense de les concéder à des hôtes. Et l'on rencontre, au milieu du XIIIe siècle, dans les campagnes d'Île-de-France, beaucoup de maisons ou de pourpris, avec jardins clos et fossés tout entourés de bois, nouvellement édifiés par des gens de la petite noblesse [1].

Le déplacement des demeures nobles doit être en tout cas rapproché de la création, par les patriciens des villes, de « gagnages » ou de « bastides ». Ces fortes exploitations cohérentes se constituèrent par le remembrement de parcelles acquises aux confins des quartiers arables, et se maintinrent séparées volontairement de la communauté agraire du village. Le phénomène a été bien étudié autour de Metz, où, dans un rayon d'une dizaine de kilomètres, de nombreux établissements bourgeois de cette sorte apparurent entre 1275 et 1325 [2]. Mais les quartiers de friches qui ne s'étaient pas résorbés dans l'extension des clairières villageoises ne furent pas seulement parsemés de nouvelles et grosses maisons de riches. La plupart des écarts qui naquirent à cette époque étaient des masures paysannes, comme celles qui s'élevèrent entre deux villages de l'Île-de-France, Corbreuse et Brétencourt, au milieu de leurs pâtures communes. De celles-ci l'existence est connue par les pièces d'un procès, réglé par enquête en 1224. Les colons venaient de Corbreuse ; les gens de Brétencourt partirent briser les haies des nouvelles cabanes, et leur bétail, en paissant librement, dévasta les jardins et les prés nouveaux. Les témoins requis par les enquêteurs se souvenaient encore qu'une première maison avait été édifiée en

1. *Cartulaire de Notre-Dame de Paris* (éd. GUÉRARD), I, p. 399 ; II, p. 297. Dans un cours professé à l'École des hautes études en 1961, et dans une conférence prononcée la même année à Aix, M. Postan a exprimé le sentiment qu'il fallait aussi comprendre, parmi les moteurs les plus actifs du défrichement, l'épuisement des sols d'ancienne culture. Au XIIIe siècle, en Angleterre, certaines terres des manoirs, victimes d'une exploitation céréalière trop intensive, auraient, selon lui, perdu leur fertilité, et seraient devenues définitivement incapables de produire des céréales panifiables. Pour compenser cette détérioration, les seigneurs auraient alors abandonné ces champs aux paysans, et auraient aventuré la culture sur des terres encore vierges, et pourtant de moins bonne qualité : le défrichement ferait alors pour une part figure de migration. Attendons pour examiner de plus près cette hypothèse la parution prochaine du livre de l'éminent historien économiste. Remarquons tout de suite qu'elle fournirait une explication séduisante au transfert des domaines seigneuriaux dont il est question ici. En revanche, la fixité des sites de la plupart des villages français depuis l'époque gallo-romaine porte à penser que les conditions techniques et pédologiques de l'agriculture évoluèrent différemment de ce côté de la Manche.

2. SCHNEIDER, 333, p. 394 sq.

1175, une seconde vingt ans plus tard. En ce lieu, certains paysans avaient donc préféré la solitude au groupement dès la fin du XIIe siècle [1].

Le choix d'une habitation isolée devint, au cours du XIIIe siècle, commun à la plupart des pionniers qui s'établirent dans les régions peu peuplées, au sein des larges intervalles qui séparaient encore les uns des autres les terroirs villageois. Le fait est clair dans la Brie. Après 1225, après qu'eurent été fondées les dernières « villeneuves », une ultime vague de peuplement dissémina les écarts dans ce qui subsistait de « déserts ». Même évidence sur les hautes terres du Massif central. En Margeride, l'organisation actuelle de l'habitat rural fut mise en place à l'approche du XIVe siècle par un semis de maisons isolées. Le Maine fut colonisé de la même manière. En Bresse et dans la montagne beaujolaise, pays de mas et non point de hameaux comme l'étaient les toutes proches collines mâconnaises, on sait que nombre d'écarts furent fondés après 1240. Le phénomène s'observe aussi en Angleterre, sur le pourtour des forêts royales. À la lisière de la forêt de Peak, entre 1216 et 1251, le bailli autorisa cent vingt-six paysans à construire un « pourpris », c'est-à-dire l'enclos isolé d'une maison. Le Devon, le nord du Warwickshire, qui se peuplèrent après 1086, sont aussi des pays d'habitat dispersé. Tout comme le Plateau bavarois, les Alpes autrichiennes, les *kampen* des environs de Bois-le-Duc, où la colonisation paysanne se développa postérieurement au XIIe siècle [2].

*

Ce nouveau mode d'occupation du sol reflète un changement d'attitude de première importance, une nouvelle disposition de l'homme à l'égard de la nature. Il détermine, en effet, l'extension d'un type particulier de paysage, où domine l'enclos permanent.

Le blocage est certainement d'origine complexe. On en repère des exemples dans les temps les plus reculés. On le voit naître aussi à des époques très récentes. Mais nombre de recherches ont montré que la plupart des pays d'enclos en France et en Allemagne correspondent à des zones de peuplement tardif, généralement postérieur au XIIIe siècle. Lorsque le défrichement était mené autour d'un village, les essarts, nous l'avons dit, restaient enclos pendant quelque temps. Mais dès qu'ils s'étaient rejoints pour constituer un quartier compact, celui-ci comme les anciennes pièces de labour devenait une « campagne »

1. *Cartulaire de Notre-Dame de Paris* (éd. GUÉRARD), II, p. 307.

2. BRUNET, 39 ; FEL, 50 ; LATOUCHE, 216 ; DUBY, 247 ; FINBERG, 176 ; HOMANS, 151 ; JANSEN, 622 ; WIESSNER, 505.

par la destruction des haies permanentes. Au contraire, en s'installant à l'écart, au milieu de la friche où il avait pu aménager d'un seul tenant tout son domaine, qui demeurait cerné par les terres de pâture, l'exploitant isolé implantait une clôture durable, en haie vive ou de pierre. En fait, dans les textes médiévaux, l'enclos, sauf exception, va de pair avec l'habitat dispersé. La clôture, en effet, remplit trois fonctions majeures. Résidu du bois et son substitut, la haie procure d'abord certaines des fournitures traditionnelles de la forêt, les branches, les piquets, les feuilles pour la litière des bestiaux ou leur fourrage d'hiver. En outre, elle protège des récoltes qui restent en permanence aventurées, contre la dévastation des troupeaux et des bêtes sauvages. Enfin et surtout, la barrière permanente est un symbole d'appropriation, le signe et le rempart d'une exploitation individuelle isolée au milieu des terres de jouissance collective. Elle place l'ensemble des champs sous le régime protégé dont les jardins avaient jadis le monopole[1].

La colonisation par maison dispersée, donc par enclos, modifia profondément la situation économique de l'exploitation. À la vieille économie collective qui, par l'usage des communaux, par la construction et la destruction périodique de clôtures temporaires, faisait alterner, sur les quartiers labourés, la culture individuelle et l'élevage en commun, se substitua un système d'individualisme agraire. C'est dire le très vif intérêt d'une étude serrée, à la fois chronologique et géographique, du mouvement de dispersion. A-t-il bien partout commencé de se développer aux environs de 1220 ? Quand faut-il situer ici et là sa phase la plus intense ? Je pense que cette étude devrait être menée conjointement à celle de la puissance et de la fiscalité seigneuriales. En certaines régions, en effet, on peut observer, dans le cours du XIIIe siècle, une sorte d'éclatement de la seigneurie de village. L'habitude se prit alors de lever les exactions banales feu par feu, tout en obligeant l'homme soumis aux tailles à faire résidence héréditaire dans le manse qu'il occupait[2]. Ne faut-il pas considérer ce changement comme une adaptation des méthodes de perception au fractionnement nouveau de l'habitat ?

Si l'on s'interroge sur les raisons qui poussèrent les petits exploitants à s'établir à l'écart, on peut invoquer d'abord le simple effet des progrès de l'essartage. Un moment vint où, pour ne pas rentrer chaque soir au village lors des grands travaux, les défricheurs construisirent sur les champs les plus lointains un abri de fortune, qui devint ensuite le lieu d'une occupation permanente. Mais s'agissait-il seulement d'une adaptation à la distance ? On peut penser aussi que,

1. MEYNIER, 60 ; BRUNET, 39 ; BADER, 34, p. 100 sq ; CHAUMEIL, 42.
2. Voir p. 487.

bien souvent, l'acquisition d'un meilleur outillage vint, à partir du XIIIe siècle, autoriser le ménage rural à se risquer seul, à se dégager des anciennes nécessités de l'entraide [1]. N'était-ce pas aussi très fréquemment affaire de sol ? Il conviendrait de vérifier si la dernière phase de la conquête agraire ne s'étendit pas sur des terrains qui exigeaient une coordination différente et plus individualiste de la culture céréalière et de l'élevage, et qui notamment imposaient une prédominance de ce dernier. Enfin, les hommes riches, seigneurs ou bourgeois, qui avançaient de l'argent aux défricheurs, n'auraient-ils pas alors découvert qu'ils pouvaient attendre un meilleur rapport du capital investi en aidant à créer, non point des clairières agricoles exploitées par la collectivité d'un village, mais des exploitations isolées ? Cette ultime forme du défrichement refléterait ainsi un mouvement profond de l'économie rurale, un détournement des investissements vers les productions pastorales.

Il est en effet permis de croire que la modification du système de culture, impliqué par l'allure que revêtit alors la colonisation, fut stimulée par l'ouverture des circuits d'échange, et notamment par un commerce plus actif des viandes, des laines, des cuirs [2]. À l'appui de cette supposition, il apparaît que les initiateurs du changement ne furent pas les paysans, mais les maîtres, engagés les premiers dans les spéculations commerciales. Les cisterciens donnèrent l'exemple, dès le XIIe siècle ; les riches hobereaux et les patriciens les imitèrent. Les humbles, plus tard, suivirent. La maison isolée, un lot compact de terres entourées de haies (qui non seulement protègent les champs contre le bétail étranger, mais enferme celui du maître et lui réserve toute l'herbe) semblent bien répondre en effet à un organisme de production où l'élevage sur la prairie naturelle constitue la principale ressource, et où la culture des grains représente un appoint, de grande importance certes, mais secondaire. Ainsi, la colonisation en ordre dispersé du XIIIe siècle pourrait bien manifester, après la période de fondation des « villeneuves », une sorte de retrait de l'essor proprement agricole. Pendant la dernière étape de la conquête des sols utilisables, il faudrait voir

1. Ainsi, dans l'Italie septentrionale, la diffusion de l'habitat dispersé paraît avoir été favorisée par l'investissement des capitaux urbains qui renforcèrent l'équipement des exploitations paysannes et leur permirent de s'individualiser.

2. Il conviendrait de la mettre en relation avec les changements que l'on devine alors dans les régimes alimentaires, avec la demande accrue de viande et de produits laitiers, spécialement forte de la part des milieux urbains et aristocratiques. En Italie du Nord, l'extension à la même époque d'un type de paysage cloisonné, dont la haie constitue l'un des éléments majeurs, se relie à l'essor des cultures arbustives : la pénétration de l'économie urbaine paraît, ici encore, le principal facteur de mutation.

alors dans l'extension des labours un phénomène second, subordonné à l'essor pastoral et à une exploitation plus intensive des herbages.

*

Quelle que soit la valeur de ces hypothèses et le sort que leur feront les recherches futures, l'effort d'expansion agricole s'essouffla, selon toute apparence, dès le début du XIIIe siècle. En quelques pays il ne semble pas fléchir jusqu'après 1300, ainsi dans l'est lointain de la plaine germano-slave, en Lombardie où se poursuit la domestication des torrents alpestres, dans la montagne jurassienne, dans le nord du comté de Warwick. Mais on le voit s'arrêter dès 1230 dans la région parisienne, au milieu du XIIIe siècle en haute Provence comme en Picardie, où tout le terrain valable se trouvait à ce moment défriché. L'arrêt s'observe aussi dans le même temps dans les campagnes anglaises où prédominait l'agriculture, sur les domaines de l'église d'Ely par exemple. Et l'on voit la colonisation de la Brie s'achever aux approches du XIVe siècle[1].

À vrai dire, ces termes chronologiques, qui constituent l'un des plus importants jalons de l'histoire rurale européenne, sont loin d'être partout repérés avec exactitude. Leur vérification minutieuse s'impose. Ainsi l'opinion commune considère qu'il ne fut plus créé d'essarts en Artois après 1270 ; on voit pourtant, en 1316, tel seigneur de ce pays lotir l'un de ses bois, y installer sept familles et créer ainsi un hameau[2]. Toutefois, il demeure bien établi que dès les dernières années du XIIIe siècle un mouvement de recul s'était amorcé ici et là. Certains sols, qui s'étaient très vite détériorés après leur mise en culture, commençaient d'être abandonnés. J'emprunte un exemple à la montagne beaujolaise. Un petit seigneur avait voulu créer là vers 1240 une douzaine d'exploitations paysannes dépendantes ; en 1286, trois de ces manses se trouvaient délaissés et le maître vendait tout l'essart à des conditions très mauvaises[3]. Il est permis de penser que, dès cette époque, sauf peut-être dans les nouvelles exploitations isolées vouées surtout à l'élevage, le défrichement avait dépassé le seuil pédologique, au-delà duquel le rendement de l'agriculture céréalière cessait de payer le cultivateur de ses efforts.

Les réflexions qui précèdent proposent donc un cadre de recherches. Elles invitent à distinguer des types d'occupation agricole, à les situer plus exacte-

---

1. HILTON, 36 ; GAUSSIN, 277 ; BISHOP, 263 ; MILLER, 187 ; BRUNET, 40, p. 446 sq. ; SCLAFERT, 76, p. 37.
2. MARTEL, 299 ; *La Chronique et les chartes de l'abbaye de Marœil* (éd. BERTIN), n° 195.
3. PERROY, 255, p. 129 sq.

ment dans le temps et dans l'espace. Déjà, ce que l'on sait aujourd'hui des régions où les documents inventoriés sont les plus denses, en France du Nord et du Centre, dans les Pays-Bas, en Allemagne rhénane, incite à se représenter de la sorte, et provisoirement, l'allure générale du mouvement de conquête agraire. Il semble bien se décomposer en trois phases successives. L'élargissement des clairières primitives, œuvre surtout paysanne et menée dans le cadre de la communauté du village, paraît avoir débuté ici et là dès le xe siècle ; il se peut même que cet essor ait prolongé directement, en certains cas, une lente expansion antérieure. Encouragée par les hauts seigneurs, la fondation de villages neufs commença plus tard dans la plupart des régions, et il faut sans doute placer entre 1150 et 1200 le moment de plus grande intensité de cette seconde vague. Enfin, une troisième période se caractérise par un ralentissement, progressif mais dans certaines régions fort brusque ; l'Allemagne du Nord-Ouest mise à part, où de nouveaux villages se formèrent alors [1], les seuls progrès notables qui se manifestent encore en quelques zones forestières paraissent liés au peuplement dispersé et à l'essor de l'activité pastorale. Mais dresser ce schéma problématique, c'est bien sûr inviter immédiatement à le rectifier et, s'il le faut, à le détruire.

1. Timm, 528, p. 98 sq.

CHAPITRE II

LES TRAVAUX DES CHAMPS

De tous les aspects de l'expansion agricole, le recul des friches est celui que l'on peut le plus nettement discerner. Pour cette raison, je l'ai décrit d'abord, afin de disposer sur cette esquisse les traits les moins imprécis. Mais cette marche en avant se trouve elle-même étroitement associée à deux mouvements parallèles, qui la poussent, et qu'elle entraîne : un essor démographique et un perfectionnement des méthodes de travail. Ces progrès en vérité se laissent très difficilement observer. Attachons-nous cependant d'abord à cette étude des techniques qui, en histoire agraire, devrait suivre, et du même pas, celle de l'espace cultivé.

*

Sur l'équipement et sur les pratiques agricoles, des indications abondantes sont fournies par les ouvrages d'agronomie qui furent composés et qui se répandirent dans divers pays européens pendant la seconde moitié du XIIIe siècle. Parmi ceux qui connurent le plus grand succès figurent le traité du Bolonais Pietro de Crescenzi, les divers manuels de *Housebondrie*, c'est-à-dire d'économie domestique, dont le plus célèbre fut écrit par Walter de Henley, enfin le recueil, anglais lui aussi, de la *Fleta*, qui contient à la fois une description fort concrète de l'exploitation agricole modèle, et des conseils aux seigneurs pour l'administration de leur fortune. Tous ces livres sont rédigés en langue vulgaire ; ils s'adressaient à un public de gens instruits, mais qui n'étaient pas tous des clercs.

Fait notable en lui seul que l'épanouissement de cette littérature technique. Elle prolonge et étend la faveur qu'avaient connue, dès l'époque carolingienne, les écrits des rares agronomes latins qui conviaient à pousser la production de la terre, et qui proposaient des méthodes d'exploitation plus efficaces. Elle manifeste ainsi la diffusion progressive de l'esprit d'entreprise parmi les administrateurs de seigneuries. Déjà présent à l'époque franque dans les grands monastères de la Seine et de la Meuse, où les traités de Varron et de Columelle séduisaient les artisans de la « renaissance » intellectuelle, celui-ci pénétra au XIIe siècle dans les abbayes cisterciennes. On y considérait l'agriculture comme un « art mécanique », digne d'intérêt scientifique, et susceptible d'un perfectionnement systématique[1]. Mais que cette curiosité se soit transportée ensuite hors des milieux ecclésiastiques et intellectuels où l'on parlait latin, ait saisi certains représentants de la noblesse et de la haute administration, constitue un fait de la plus grande importance. Il est significatif encore de voir cet intérêt s'étendre et s'aiguiser en certains pays, l'Italie et l'Angleterre, et aux alentours de 1250, c'est-à-dire au moment où la pression démographique, l'accélération des échanges, les mutations sociales qu'elles déterminaient, rendaient plus sensible aux seigneurs l'urgence d'une surveillance attentive et d'une direction rationnelle de la production domaniale. Dans la chronologie très imprécise de l'expansion agricole, l'apparition des traités d'agronomie en langue vulgaire établit un précieux jalon. Elle fournit un solide argument à ceux qui pensent que, dans l'ensemble des campagnes d'Occident, l'agriculture n'a cessé de devenir plus intensive du XIe au XIIIe siècle, dans le temps même où elle élargissait son aire.

Il conviendrait donc – la tâche serait relativement facile et singulièrement utile – d'examiner avec la plus grande attention tous ces ouvrages, d'en mesurer exactement le succès, d'en reconnaître aussi la portée véritable. S'agissait-il vraiment de manuels pratiques et qui furent utilisés comme tels ? Il importerait aussi d'extraire l'enseignement de ces traités, en le dégageant de ce qui est compilation, copie servile des auteurs exemplaires et des classiques latins, en établissant ce qui vient en revanche d'une expérience directe des choses de la terre. Ceci conduirait enfin à comparer aux schémas théoriques que proposent ces livres l'état des techniques réellement en usage. Seule manière de vérifier si cette époque bénéficia réellement d'un progrès des méthodes de culture.

C'est ici que l'exploration devient en vérité terriblement malaisée, et risque de s'avérer fort décevante. Elle se heurte à deux difficultés qui se conjuguent. L'une tient aux sources, presque inexistantes avant le XIIIe siècle, fort rares ensuite, peu loquaces et surtout tout à fait discontinues. Mais la complexité même des techniques agricoles constitue un second obstacle. Elles se comman-

1. SÜDHOF, 125.

dent les unes les autres. Elles forment un système cohérent, dont il faudrait pouvoir observer simultanément les divers éléments dans leurs progrès conjoints, ce qui est tout à fait impossible. Pour cette raison, et aussi pour la clarté de l'exposé, pour proposer à la recherche un cadre simple, quitte à séparer arbitrairement des pratiques associées par leur nature même, résignons-nous à considérer successivement deux grands aspects de ces usages agraires. Dans quels cycles les semailles se trouvaient-elles ordonnées ? Comment préparait-on la terre ?

1. Les cycles de culture

Les ouvrages d'agronomie contenaient de nombreux conseils sur la manière de disposer les semailles et d'en organiser la rotation parmi les champs afin d'obtenir les récoltes les plus profitables. Dans quelle mesure étaient-ils suivis ? Pour mieux discerner les pratiques elles-mêmes à travers une documentation des plus ingrates, pour ne pas transporter sans précaution dans le passé médiéval les modèles d'assolements, biennal ou triennal, familiers à l'agriculture traditionnelle de l'Europe moderne, il convient d'abord de laisser de côté le problème obscur de ce qui est à proprement parler l'« assolement », c'est-à-dire l'organisation dans le terroir de « soles » homogènes, de quartiers dont toutes les parcelles sont traitées chaque année de la même façon, ensemencées en tel blé ou laissées en jachères [1]. Cet usage collectif n'est nulle part attesté de façon évidente avant le XIVe siècle ; en outre, il participe étroitement aux rapports des champs et de la forêt, de l'agriculture et de l'élevage ; il en sera question plus loin. Considérons ici seulement deux points distincts.

L'aménagement des cycles est en premier lieu commandé par la répartition, dans les cultures, des grains qui sont semés en automne, tels le froment et le seigle, et des blés de printemps, orge et avoine. Mais cette répartition même dépend en grande partie des habitudes alimentaires. Comme le pain formait alors le fonds de la nourriture des hommes, ceux-ci se trouvaient incités à produire d'abord des céréales panifiables, c'est-à-dire des blés d'hiver. Moins exigeant, plus facile à battre, le seigle aurait eu souvent leur préférence, d'autant que sur les sols siliceux il rend bien davantage. Toutefois, les riches mangeaient du pain blanc, pétri de froment seul. Qu'il fût moine, noble ou homme de la ville, le seigneur imposait donc, pour les besoins de sa table, de semer du froment sur des terres qui, pour beaucoup, eussent été sans cela vouées au seigle. Et il se peut même que la culture du froment ait progressé pendant le

1. D. Faucher, « L'assolement triennal en France », *Études rurales*, 1961.

XIIe et le XIIIe siècle, en raison de cette vulgarisation des modes aristocratiques qui caractérise l'histoire des mœurs en période de croissance économique. Ajoutons que ce bon grain trouvait acheteur à meilleur prix. Marchandise de qualité, il faisait l'objet d'un trafic moins irrégulier. Voilà donc qui poussait à ménager plus de place au blé d'hiver.

Cependant, le pain médiéval, le mauvais pain noir qui nourrissait le peuple, les paysans et les valets, contenait toutes sortes de graines, parfois du mil [1], très souvent de l'orge, céréale de gros rendement, enfin de l'avoine, que les hommes consommaient aussi en bouillies. Les seules nécessités de l'alimentation humaine invitaient donc à introduire les blés de printemps, de « mars » ou de « trémois », dans le cycle des cultures. Considérons aussi que l'avoine servait à l'élevage des chevaux de combat. Or, la civilisation aristocratique du Moyen Âge occidental était essentiellement cavalière. Les chefs de village exigeaient pour leur écurie des redevances en avoine. Au XIe, au XIIe siècle, avant que ne se répandît la taille en argent, les maîtres de châteaux, ceux dont la cavalerie assurait la protection de la contrée, requéraient avant toute chose de leurs sujets des « exactions » en avoine. Ces exigences – ajoutons la substitution en certaines régions, au XIIIe siècle, du cheval au bœuf dans l'attelage de la charrue [2] – contribuaient à étendre la part des grains de printemps dans les emblavures.

Un système qui ne se limite pas à produire des blés d'hiver, mais leur associe le trémois, présente en outre des avantages techniques. Alterner les semailles favorise la croissance des plantes et leur robustesse. Semer du froment ou du seigle sur certains champs, de l'orge ou de l'avoine sur d'autres, permet de répartir les risques de mauvaise récolte sous le climat capricieux que connaît la plus grande partie de l'Europe occidentale. Comme l'ont montré de patientes recherches menées dans les comptes du XIIIe siècle conservés dans les archives de l'évêché de Winchester, un excès d'humidité, et surtout de trop fortes pluies d'automne, se montraient souvent pernicieux pour les céréales d'hiver [3]. Ces années-là, les blés de printemps venaient en renfort. Cette culture mixte enfin, qui introduisait au moment du Carême une nouvelle saison de labour, donnait le moyen d'étaler plus largement dans le cours de l'année les travaux agricoles, de mieux utiliser la main-d'œuvre domestique et les bêtes de trait. Le même équipement se trouvait alors en mesure de tirer parti d'une plus large surface.

1. Le mil semble avoir été le grain le plus cultivé dans le Comminges au XIIe, et au XIIIe siècle dans la forêt d'Orléans, HIGOUNET, 420 ; *Cartulaire de l'abbaye de la Cour-Dieu*, n° 13. Dans la Lombardie médiévale, le millet occupait dans l'alimentation des hommes une place considérable, celle même que tient aujourd'hui la *polenta*, TOUBERT, 603 *a*.

2. Voir p. 199.

3. TITOW, 78.

Les traités d'agronomie rédigés en Angleterre au XIIIe siècle font remarquer qu'une seule charrue peut mettre en culture soixante-quatre hectares de champs semés en froment ou en seigle, mais soixante-douze si ceux-ci se partagent entre l'« hivernage » et le « trémois ».

On peut par conséquent conclure au progrès, à l'aménagement plus judicieux de l'exploitation, lorsqu'on voit les blés de printemps pénétrer dans le système agricole et s'y étendre. Or la répartition des semailles peut être observée d'assez près, car les archives médiévales contiennent de très nombreuses indications sur la nature des grains qui parvenaient dans les greniers seigneuriaux. À vrai dire, la composition des redevances perçues par un seigneur est trompeuse ; elle dépend moins de la production paysanne que du désir des maîtres ; pour satisfaire ceux-ci, le tenancier livrait peut-être tout le froment, toute l'avoine qu'il avait moissonnés, et l'on ne sait rien de ce qu'il conservait dans sa grange. Plus sûre est l'étude des dîmes qui, prélevées sur la récolte paroissiale, en reflétaient fidèlement la composition. Les meilleures sources sont évidemment les comptes de seigneuries ou les inventaires domaniaux ; la quantité des différents grains que l'on sema ou que l'on récolta telle année sur tel domaine s'y trouve évaluée, et les documents de cette sorte se multiplient pendant le XIIIe siècle. À ce moment, d'autres renseignements tout aussi précieux peuvent être extraits des contrats de fermage ou de métayage, qui renferment des consignes d'exploitation. Tout un matériel encore très mal exploité, sauf en Angleterre, attend, on le voit, les chercheurs.

Ceux-ci devront peiner beaucoup plus durement pour apercevoir clairement le second élément du cycle des rotations, et peut-être n'y parviendront-ils jamais. Il s'agit de la durée des jachères. La terre était-elle laissée en repos un an sur deux, un an sur trois, davantage ? Le roulement était-il biennal, triennal, ou bien, beaucoup plus lâche, introduisait-il la culture des blés d'hiver et de printemps au sein d'amples phases improductives ? Dans le terroir, l'étendue nourricière se trouvait-elle largement déployée ou bien, faute d'engrais et par la nécessité de ne pas abaisser le rendement de la semence à des taux trop dérisoires, restreinte à quelques parcelles investies de toute part par de larges brousses périodiques ? Question fondamentale. La résoudre, ce serait mesurer l'intensité véritable de l'agriculture médiévale, situer le travail humain dans son vrai milieu naturel, inscrire dans ses justes limites économiques l'effort des défricheurs. Par malheur cette question s'avère à peu près insoluble. Faute de documents, car les enquêteurs, les régisseurs et tous les scribes ne se souciaient guère d'estimer l'étendue des champs non cultivés. Mais l'enquête butte aussi contre des difficultés insurmontables, parce que la durée de la jachère dépend directement de la qualité du sol, et que celle-ci varie considérablement d'un lieu à l'autre. Aux temps modernes, les paysans appliquaient ici et là des rythmes fort divers. Leurs ancêtres médiévaux ne devaient point agir différemment. Mais cette diversité même restreint singulièrement la portée des indices que livrent les sources. Ceux-ci en effet ne concernent jamais que telle ou telle terre isolée, dont on ignore absolument le degré de fertilité.

Il convenait de préciser ces points et d'exprimer ces réserves. Tentons maintenant de résumer et de classer ce que, dans l'état de la recherche, l'on peut entrevoir de cet aspect fondamental de l'économie rurale.

*

Si l'on en croit quelques passages de polyptyques, un cycle triennal, qui partageait entre les blés d'hiver et de trémois l'espace mis en culture chaque année, était appliqué, dès l'époque carolingienne, sur certaines terres des grandes abbayes entre la Loire et le Rhin [1]. L'obscurité tombe ensuite, jusqu'au XIIe siècle. En ce qui concerne la composition des semailles, les quelques documents explicites montrent alors l'extrême diversité des usages. Un inventaire très consciencieux a décrit, vers 1150, dix des domaines qui relevaient de l'abbaye de Cluny, tous situés à peu de distance du monastère. Je l'utiliserai souvent. Voici ce qu'il apprend sur la question qui nous occupe. Dans deux seulement de ces exploitations, la place faite aux blés de printemps sur les terres du maître équivalait à celle des blés d'hiver ; dans les autres, la proportion se limitait aux deux tiers, à la moitié, au tiers, au quart ; l'un des domaines même ne produisait que du seigle et un peu de froment [2]. La répartition des semailles correspondait donc d'abord aux besoins domestiques : grosse maison seigneuriale aux vastes écuries, le monastère consommait avant tout du froment, et beaucoup d'avoine ; mais, localement, elle apparaît entièrement gouvernée par les aptitudes de la terre. Le système employé était fort souple et complexe.

Pour la même époque, quelques sources renseignent sur la disposition de la jachère. Elles montrent que l'on pratiquait très communément une culture itinérante entrecoupée de très longs repos, en particulier dans les quartiers récemment gagnés sur les friches. En 1116, les habitants de tel village de l'Île-de-France reçurent le droit de labourer d'anciens défrichements dans une forêt royale, et la permission d'ouvrir de nouveaux essarts ; mais à condition « qu'ils les cultivent en en récoltant les fruits pendant deux moissons seulement, puis

1. Voir p. 674.
2. Duby, 407.

qu'ils aillent ensuite en d'autres parties de la forêt[1] ». Cette interdiction visait sans doute à conjurer le risque d'un épuisement total de la nouvelle terre par une culture continue et prolongée ; le seigneur roi, qui prélevait une part des récoltes, en eût pâti. Mais cette prescription implique que la jachère recouvrait normalement beaucoup plus que le tiers des champs. Le fait même qu'elle ait été édictée prouve que les méthodes primitives de l'écobuage périodique étaient loin d'être ici délaissées. La région pourtant n'était pas des plus attardées : un siècle plus tard, elle apparaît à l'avant-garde du progrès agricole. J'évoquerai un second témoignage, qui date du début du XIIIe siècle. Dans leur « villeneuve » de Bonlieu en Beauce, les religieuses d'Yères obligeaient les hôtes à cultiver « selon les saisons », c'est-à-dire selon un rythme régulier ; il ne laissait qu'un an sur trois à la jachère. Leur préférence pour le cycle triennal apparaît donc incontestable. Le règlement autorisait cependant les paysans à maintenir les labours en friche plusieurs années de suite en certains cas : pour « raison de pauvreté » (c'est-à-dire s'ils se trouvaient momentanément privés de bêtes d'attelage), mais aussi « pour l'amélioration de la terre[2] ». Ce texte est fort éclairant. Il prouve qu'une grande liberté régnait dans le choix des rotations et que les petits exploitants se trouvaient moins ligotés qu'on ne le pense parfois par la routine ou les contraintes collectives. Ils étaient maîtres d'organiser le cycle de leurs semailles en tenant compte, autant que des traditions agraires, de la qualité du sol et des conditions climatiques. Ajoutons que le cycle triennal est présenté, sur ce terroir en plein aménagement, comme la pratique la plus souhaitable, mais aussi comme un usage de riche. Il ne peut être appliqué qu'au sol fertile, et par des cultivateurs bien équipés, capables de retourner la terre assez profondément pour en renouveler la fertilité. C'est une méthode exigeante. Il est probable que, pour cela, sa diffusion demeura plus limitée sans doute qu'on ne croit.

*

Nous entrons ainsi dans le XIIIe siècle, que les documents éclairent moins chichement. Vers son milieu surgissent les premiers témoignages formels d'un emploi de rotations tout à fait équilibrées sur trois ans. En 1248, les quelque quatre cents hectares cultivés dans la grange de Vaulerent en Île-de-France étaient répartis en trois « années », « blé », « marsage » et jachère, en trois soles

---

1. *Cartulaire de Notre-Dame de Paris* (éd. GUÉRARD), I, p. 258.
2. Archives Nationales, LL 1599 B, p. 143.

de superficie très sensiblement égale[1]. Il s'agit là, notons-le, d'une exploitation cistercienne, gérée par conséquent selon les meilleurs principes. Sur ce grand domaine périphérique, établi à l'écart des terroirs villageois, l'alternance des semailles pouvait être organisée très librement. Mais on a la certitude qu'un rythme semblable était généralement suivi en Normandie dans la deuxième moitié du XIIIe siècle[2], et, au seuil du XIVe, dans de très nombreuses exploitations de l'Île-de-France. En 1334-1335 par exemple, sur le domaine que possédait l'abbaye de Saint-Denis à Tremblay, cent trente-six arpents furent semés en blé d'hiver et cent cinquante-quatre en blé de printemps ; on en avait laissé cent soixante-trois en jachère[3]. Rapprochons ces observations de ce que l'on sait des campagnes anglaises où, dans certains villages, les paysans aménagèrent à cette époque un troisième « champ », gagné sur les pâtures de l'*out-field*. Ils se proposaient par là de remplacer le système des « deux champs », dans lequel chaque année la moitié du terroir ne portait pas de moisson, par une organisation moins extensive, qui distribuait également les terres entre les semailles d'automne, celles de printemps et la jachère. Il s'agit bien ici de la pénétration progressive d'un cycle triennal[4].

Une observation attentive révèle cependant qu'il ne faut pas supposer trop étendue l'aire où ce dernier se trouvait en usage au seuil du XIVe siècle. On peut à ce propos formuler quatre remarques :

1° Les campagnes du Midi n'ignoraient pas les rotations en trois temps. Telle mention relevée dans un registre de notaire apprend qu'une terre était alors concédée, dans un village de haute Provence, « pour les six ans à venir ou pour quatre saisons ». La formule exprime que la pratique commune était d'ensemencer le champ deux ans sur trois. Et l'enquête, des plus minutieuses, qui décrit les domaines exploités par les Hospitaliers en 1338 dans les Alpes du Sud, manifeste que dans nombre d'entre eux les champs seigneuriaux étaient soumis au cycle triennal équilibré[5].

2° En vérité, les deux documents que j'ai pris pour exemple montrent aussi fort clairement les limites d'une telle pratique. La stipulation du premier est ambiguë ; elle laisse entendre que les quatre années productives (elles seules importaient en l'occurrence, puisque le texte est un contrat de métayage) pouvaient, en cas de nécessité, s'étaler sur une période plus ou moins étendue.

1. Higounet, 287.
2. Strayer, 261.
3. Fourquin, 510 *a*.
4. Stenton, 260, p. 122 ; Hilton, 619 ; Darby, 33, p. 239.
5. Arch. des Bouches-du-Rhône, 369 E 17, f° 71 ; Sclafert, 122.

Quant à l'inventaire des domaines de l'Hôpital, il montre surtout la manière extrêmement souple dont les semailles se trouvaient réparties, et la place au demeurant restreinte des blés de printemps. La composition de la dîme levée dans les paroisses environnantes révèle que les ménages paysans, plus vivement pressés de tirer de la terre tout ce qu'elle pouvait rendre, risquaient plus fréquemment la semaille de mars, hasardeuse en ce climat. Mais un sur six seulement des domaines seigneuriaux consacrait à l'orge et à l'avoine la moitié ou plus des ensemencements ; dans quarante-six exploitations sur cent vingt, on récoltait uniquement des blés d'hiver ; dans cinquante-deux autres, le froment ou le seigle occupaient la plus grande place. En outre, les régisseurs jugeaient le plus souvent nécessaire de laisser en jachère beaucoup plus que le tiers des champs ; dans plus des deux tiers des domaines, ceux-ci se reposaient un an sur deux, et davantage encore dans la moitié des autres ; les domestiques de l'une des commanderies abandonnaient même quatre ans sur cinq les terres à la friche.

3° Il apparaît que la production des blés d'hiver l'emportait également dans bien des terroirs septentrionaux. En 1249, dans tel village des Ardennes, la dîme avait rapporté quatorze mesures de froment et quatorze de seigle, contre vingt mesures d'avoine [1]. Il serait du plus grand intérêt de dépister attentivement tous les témoignages qui permettent d'évaluer récoltes et semailles.

4° Ceux qui révèlent l'existence de jachères prolongées sont plus significatifs encore. Ils s'avèrent fort nombreux, car la médiocrité des engrais, l'insuffisance des labours, l'impuissance des hommes à reconstituer artificiellement la fécondité des sols, interdisaient de restreindre outre mesure les temps de liberté octroyés aux champs. Le très raisonnable auteur du traité d'agronomie qu'on appelle *Fleta* n'engageait-il pas ses lecteurs à préférer une seule bonne récolte sur deux ans à deux médiocres sur trois ? Il conseillait de s'en tenir au vieux système des « deux champs », l'un laissé en repos, l'autre cultivé par portions en blé d'hiver et en blé de printemps. En fait, les campagnes d'Angleterre, où les seigneurs s'inquiétaient sans doute alors plus que partout ailleurs d'élever la productivité de leurs terres, furent beaucoup plus lentes qu'on ne l'a dit parfois à adopter le strict cycle triennal. Dans tout le Lincolnshire, on ne découvre pas d'indice certain de son usage avant le XIVe siècle [2]. En France, les documents écrits fournissent d'innombrables traces, encore mal inventoriées, d'une pratique fort commune des longues jachères. À la fin du XIIIe siècle, dans la montagne beaujolaise, tels champs seigneuriaux demeuraient vides pendant une

1. *Cartulaire de l'abbaye cistercienne de Val Dieu*, n° 101.
2. STENTON, 260, p. 123 ; STENTON, *Documents of the Danelaw*, p. XXX-XXXI.

année, après avoir donné de l'avoine ; on les ensemençait ensuite en seigle, pour les laisser encore reposer toute l'année suivante [1]. À la même époque, on connaît dans le Forez des terres qui n'avaient porté moisson que trois fois en trente ans. L'usage des cultures temporaires, dérobées de loin en loin sur la friche et la pâture, se maintenait très vigoureux, et notamment sur les franges qu'entamaient les défrichements par colonisation dispersée, et dont l'aridité avait jusqu'alors rebuté des pionniers. Ainsi, la garrigue provençale et languedocienne était-elle mise en valeur par écobuages sporadiques [2]. La nécessité des jachères prolongées accusa sans doute la vocation herbagère et pastorale des exploitations périphériques, fondées après 1250 dans les nouveaux bocages.

En fin de compte, la plupart des textes actuellement connus, qui attestent expressément pour la France de la seconde moitié du XIIIe siècle une stricte limitation de l'année de jachère au tiers de l'espace arable, proviennent des pays limoneux du Bassin parisien, c'est-à-dire des régions mêmes où, dès l'époque carolingienne, la terre des grandes abbayes était soumise à une exploitation intensive. Que se passait-il ailleurs ? Tout laisse croire que, sur des sols moins homogènes, le rythme des emblavures demeurait un peu partout beaucoup moins régulier, et qu'une vaste portion de la surface cultivée restait chaque année sans semaille. Certains indices autorisent bien à parler d'un progrès du triennal depuis le IXe siècle. Mais à condition de ne point évoquer une victoire décisive. La pénétration de la rotation en trois temps fut certainement plus profonde qu'on ne le pense d'ordinaire dans les régions méridionales. Sans doute fut-elle, en revanche, contenue au Nord dans des limites plus étroites. Il est sage de conclure que, pendant cette période de croissance agricole, l'extension de l'espace ensemencé résulta beaucoup moins d'une réduction des temps de jachère que du défrichement.

*

Toutefois, tout à la fin du XIIIe siècle, dans des régions qui se trouvaient alors à la pointe de l'expansion économique, certains changements fort remarquables se décelèrent à travers des documents qui deviennent un peu moins laconiques. Ceux-ci manifestent bien la volonté d'aménager la surface cultivée de manière plus rationnelle, et pour de plus grands profits. Remarquons d'ailleurs que ce souci détermina en quelques points comme un retrait de la rotation triennale. Ainsi dans les campagnes alsaciennes, qui adoptèrent un cycle biennal, fondé

1. PERROY, 255, p. 143.
2. SCLAFERT, 76, p. 25 sq.

sur une seule récolte de froment tous les deux ans, mais beaucoup plus abondante [1]. Cet effort d'adaptation répondait à l'accroissement des besoins alimentaires dans les villes rhénanes alors en rapide développement, et à la hausse consécutive du prix du froment. Ici donc, il parut d'un meilleur rapport de renoncer au blé de printemps, et par conséquent d'étendre la jachère. Des rendements plus élevés, une production concentrée désormais sur les grains de plus forte valeur marchande compensaient, dans l'économie paysanne, la restriction des emblavures.

Ailleurs, en Angleterre, dans la France du Nord-Ouest, en Westphalie, les semailles de printemps furent conservées, mais différemment ordonnées. Souvent, l'orge remplaça l'avoine. Cette substitution fut dictée parfois, et notamment dans les grosses exploitations anglaises, par le souci de maintenir les rendements, car ceux de l'avoine devenaient dérisoires ; ailleurs, des modifications encore mal observées du régime alimentaire la provoquèrent ; dans certains cas enfin, l'appât des profits commerciaux fut vraisemblablement déterminant : l'essor de la fabrication de la bière élevait fortement les prix de l'orge dans les pays riverains de la mer du Nord [2].

On observe aussi que, fréquemment, les légumineuses prirent la place de l'avoine. En 1314, dans le domaine qu'exploitait Thierry d'Hireçon à Roquetoire en Artois, le « trémois » était composé de 25 à 30 % d'avoine, de 50 à 60 % de vesces, de 15 % de pois, de 5 % de fèves [3]. Ce changement affecta beaucoup plus profondément la structure économique de l'exploitation. Non seulement parce que ces « blés » rendent beaucoup, non seulement parce qu'ils possèdent une plus haute valeur nutritive [4], mais parce que, loin d'épuiser les sols, leur culture les reconstitue : laissées sur place, les fanes apportent un engrais naturel. Si bien que l'extension des légumineuses put s'effectuer parfois aux dépens de la jachère. Elle aboutit à l'application d'une rotation qui mettait la terre en état de produire des denrées nourricières trois ans sur quatre. Progrès décisif. Voici,

1. Juillard, 61, p. 35.

2. Raftis, 190, p. 161 ; Verhulst, 128 ; Schröder-Lembke, 121.

3. Richard, 437. À l'extrême fin du xive siècle, les semailles se répartissaient de la façon suivante sur les champs de l'un des domaines de la seigneurie du Neufbourg en Normandie : blés d'hiver, 20 setiers de froment ; trémois, 2 setiers d'orge, un peu d'avoine, 12 setiers de légumineuses, Plaisse, 631 *a*.

4. Au début du xiie siècle, pour remédier à la pénurie de subsistances, le comte de Flandre « ordonna que quiconque ensemencerait deux mesures de terre dans le temps des semailles, ensemencerait une autre mesure de terre en fèves et en pois, parce que ces espèces de légumes poussant plus promptement, et dans une saison plus favorable, nourriraient plus vite les pauvres si la famine et la disette ne cessaient pas cette année-là », Galbert de Bruges, *Vie de Charles le Bon*, éd. Guizot, p. 245.

par exemple, le système qui fut appliqué pendant tout le XIVe siècle dans le manoir anglais de Crawley : un an de froment ou de seigle, un an d'orge de printemps, une troisième année de vesces et d'avoine, et un an seulement de jachère. Nombre d'exploitants adoptèrent des cycles comparables. L'usage en est attesté, dès la fin du XIIIe siècle, en d'autres villages d'Angleterre et en Normandie [1].

*

Dès qu'elles deviennent suffisamment explicites, les sources révèlent donc d'abord la multiplicité des formules de rotation. C'est le premier point à mettre en évidence. Il détourne des généralisations hâtives ; il manifeste l'infinie diversité des méthodes de production dans les campagnes d'Occident, où les qualités du sol, les composantes du climat, la distribution de la terre ne sont nulle part identiques. Des systèmes fort souples répondaient à l'inégale pénétration de l'économie d'échanges ; ils reflétaient parfois peut-être une évolution divergente des régimes alimentaires. Par eux, l'on sent combien les usages locaux se montraient flexibles. Ils révèlent enfin, chez quelques gros exploitants au moins, la volonté d'améliorer les méthodes, de les adapter aux conditions du marché, autrement dit, un véritable esprit d'entreprise.

Les indications demeurent cependant bien trop rares et trop inégalement réparties pour laisser discerner nettement un progrès général. À plus forte raison, ne peut-on dire avec certitude si ce progrès était au XIIIe siècle un mouvement nouveau, ou s'il s'agit d'une ample impulsion dont le départ doit être situé aux temps carolingiens. Risquons pourtant l'hypothèse prudente que voici.

Pendant les deux premières périodes du mouvement de défrichement, celle où les clairières s'élargirent, celle où se fondèrent les « villeneuves », c'est-à-dire jusqu'au second tiers du XIIIe siècle, la création continue de champs nouveaux aux dépens d'un espace vierge qui paraissait offrir d'inépuisables ressources dispensa sans doute d'appliquer des cycles de culture plus intensifs sur les vieux terroirs. S'il y eut un perfectionnement des procédés en usage à l'époque carolingienne, on peut penser que celui-ci se propagea selon des cadences fort lentes.

Au contraire, passé le milieu du XIIIe siècle, l'extension de l'espace cultivé ne s'opérait plus guère que par exploitations dispersées et de vocation à demi pastorale. En certains endroits même, des champs étaient abandonnés, tandis

1. N. S. et E. C. GRAS, *The Economic and Social History of an English Village, Crawley, Hampshire*, Cambridge (Mass.), 1930 ; DELISLE, *Normandie*, p. 297.

que, sur bien des labours récemment aménagés aux dépens des friches, les rendements s'abaissaient lentement. Tout se passe alors comme si, sous la pression d'un besoin soutenu de subsistance, la phase de progrès externe par conquête sur les landes et les bois eût été relayée par une phase de conquête interne, par un effort pour tirer davantage de nourriture d'une même surface, en réduisant autant que possible la jachère. C'est à ce moment en effet, et dans les régions même où le défrichement s'était arrêté plus vite, où la demande d'approvisionnement se montrait plus pressante, que l'on peut déceler les premières applications d'une rotation quadriennale, c'est-à-dire le seul important changement dans le sens d'une intensification qui soit attesté par les sources écrites.

2. Le rendement des semences

Lorsque l'on considère les efforts déployés par les agriculteurs médiévaux pour aménager le cycle des cultures, il apparaît très clairement que leur souci premier était d'élever le rendement de la semence, d'éviter en tout cas qu'il ne fléchît. Cette préoccupation vitale mit partout obstacle à la réduction des jachères ; elle poussa parfois à les étendre. Qui veut se faire une idée juste du perfectionnement des techniques, qui veut suivre l'allure de l'expansion doit donc observer l'évolution des rendements agricoles, établir leur situation progressive par rapport aux taux du IXe siècle, que les estimations les moins hasardeuses font apparaître si dérisoires. Il convient par conséquent de relever tous les indices. Patiemment et sans trop d'espoir, car ce n'est pas avant les dernières années du XIIIe siècle qu'un peu de lumière commence à éclairer ces phénomènes.

À ce moment, l'adoption de procédés de gestion seigneuriale moins primitifs, l'attitude même de certains maîtres, qui se montraient plus attentifs aux oscillations de la production et qui cherchaient à mieux apprécier ce que rapportaient leurs terres, firent se multiplier les données numériques dans les documents de la seigneurie. Les archives des manoirs anglais, en particulier, fournissent des indications fort abondantes, et dont certaines peuvent être ordonnées en séries continues pendant des décennies. Encore ne faut-il pas croire que ce matériel documentaire soit d'un maniement aisé, ni qu'il procure des renseignements tout à fait sûrs. Les mesures de capacité variaient d'un lieu à l'autre, ce qui gêne les comparaisons. En outre, on ne peut jamais savoir avec certitude ce que représentent les chiffres livrés par ces textes sur le montant des récoltes. Celles-ci furent-elles évaluées au moment même de la moisson ? Ou bien plus tard, dans la grange, après qu'elles eurent subi le prélèvement du salaire des moissonneurs et des batteurs, de la dîme, de la nourriture des domestiques [1] ? Mais malgré leur imprécision, ces données paraissent des plus précieuses, au sein de l'obscurité obsédante qui recouvre alors l'histoire de la production agricole. L'impression la plus nette qui s'en dégage est celle d'une extrême diversité, ce qui n'est pas pour surprendre :

1° Sur les mêmes champs, le rendement des divers blés pouvait être fort différent. J'ai parlé tout à l'heure du comportement très dissemblable de l'orge et de l'avoine, qui conduisit certains cultivateurs à modifier la répartition des semailles. Dans tel manoir de l'abbaye de Ramsey, le rendement de l'orge oscillait entre six et onze pour un ; de rapport presque nul, la récolte d'avoine excédait à peine la semence [2].

2° De vifs contrastes régionaux marquaient aussi les taux moyens. Dans certaines plaines limoneuses, ceux-ci se tenaient à un niveau élevé et s'approchaient des rendements actuels en terre médiocre. En Artois, par exemple, sur des terres d'Église pourtant en exploitation indirecte, et qui ne semblent pas avoir joui d'une fertilité exceptionnelle, le rapport du froment, au début du XIVe siècle, dépassait parfois quinze pour un ; en moyenne, il se situait autour de huit, celui de l'avoine autour de six. Dans cette même province, les domaines de Thierry d'Hireçon livraient des moissons aussi généreuses : à Roquetoire, le froment rapporta 7,5 grains pour un en 1319, 11,6 pour un en 1321 ; à Gosnay, 11 pour un en 1333, 15 pour un en 1335. Le rendement du froment était également très haut (huit pour un en moyenne) sur les terres qu'exploitait l'abbaye de Saint-Denis à Merville, en Île-de-France [3]. En revanche, à la même époque, on peut le situer entre trois et quatre pour un sur des domaines seigneuriaux répartis dans l'ensemble des Alpes provençales ; parfois même, il s'abaissait à un niveau carolingien, deux pour un, en certains terroirs de montagne ; c'était seulement dans quelques petits « ferrages » voisins des villes, sur des sols exceptionnellement alimentés d'engrais, qu'il atteignait six ou sept pour un, ainsi que, çà et là, en certaines campagnes de grande fertilité, aux environs d'Arles et de Fréjus [4].

3° Le rendement apparaît enfin fort inégal d'un an à l'autre. Pour une même semaille de 216 mesures de froment, les administrateurs de Merton College en récoltèrent 869 en 1334, 1 040 en 1335, et, dans le domaine bourguignon d'Ouges, le rendement en froment, qui s'élevait à 10 pour un en 1380, tomba

1. FARMER, 320.
2. FAFTIS, 190, p. 176-178.
3. FOSSIER, 562 ; RICHARD, 437 ; FOURQUIN, 510 *a*.
4. DUBY, 96.

l'année suivante à 3,3. Remarquons d'ailleurs que les variations annuelles des différents grains n'étaient pas concomitantes. Sur les terres de Gosnay en Artois, le taux de rendement du froment se situa deux fois plus haut que celui de l'avoine en 1333, trois fois plus haut l'année suivante [1]. Cette diversité dans l'espace, cette instabilité dans le temps, nettement plus marquées que de nos jours, tenaient à l'efficacité plus restreinte des pratiques agricoles, à l'impuissance à dompter les conditions naturelles. Elles conféraient à l'économie rurale un premier trait, qu'il importait d'abord de mettre en évidence : l'extrême irrégularité de la production céréalière.

Mais, par-delà ces variations, est-il possible de saisir ce qu'était la productivité moyenne ? Les agronomes anglais du XIIIe siècle ont établi, dans leurs traités, les taux qui leur paraissaient normaux. Les voici : huit pour l'orge, sept pour le seigle, six pour les légumineuses, cinq pour le froment, quatre pour l'avoine. En réalité, des études menées sur les très longues séries de comptes de certains manoirs d'Angleterre donnent à penser que ces chiffres étaient, dans les meilleures conditions, fort optimistes. Entre 1200 et 1450, sur les terres bien travaillées de l'évêché de Winchester, le froment rendit en moyenne 3,8 pour un, l'orge autant, et l'avoine, 2,4 [2]. Ces taux sont modestes. Ils apparaissent nettement inférieurs à ceux que révèlent les documents de l'Artois ou de la région parisienne. En revanche, ils se situent au voisinage des raux de rendement que les enquêteurs enregistrèrent en 1338, sur le rapport des régisseurs, dans les domaines provençaux des Hospitaliers. Ils ne diffèrent guère de ceux qui servaient alors de base à l'établissement des baux de métayage dans la région toulousaine [3]. Le rendement moyen du froment, qui atteint aujourd'hui vingt pour un dans la campagne du Neufbourg en Normandie, n'y excédait pas 3,2 sur les champs seigneuriaux, à l'orée du XVe siècle [4]. Toutes ces indications convergentes incitent donc à tenir les champs limoneux du nord-ouest de la France pour exceptionnellement fertiles, à penser que la plupart des cultivateurs d'Occident autour de 1300 s'attendaient à moissonner trois ou quatre fois ce qu'ils avaient semé, et qu'ils n'espéraient guère davantage.

*

1. J. SALTMARSH, « A College Homefarm in the XVth Century », *Economic History Review*, 1937 ; MARTIN-LORBER, 497 ; RICHARD, 437.

2. BEVERIDGE, « The Yield and Price of Corn in the Middle Ages », *E.H.R.*, 1927.

3. SICARD, 572.

4. PLAISSE, 631 *a*, p. 165 sq.

Les comptes des archives de Winchester ne révèlent pas de changements très notables sur leur longue durée. Dans la première moitié du XIIIe siècle, les rendements moyens du froment, de l'orge et de l'avoine se situaient respectivement autour de 4,3-4,4 et 2,7 ; on peut les établir à 3,6-3,5 et 2,2 dans la deuxième moitié du siècle, et, dans les cinquante années suivantes, à 3,9-3,7 et 2,6. On remarque donc un fléchissement de la productivité après 1250 ; il fut suivi d'un redressement cinquante ans plus tard. Ces deux oscillations, à vrai dire, sont faibles. Mais les rendements eux-mêmes étaient si bas, et la portion utile de la récolte si réduite, qu'une variation apparemment dérisoire se répercutait en fait de manière très sensible sur le volume des subsistances. Ajoutons enfin que ces chiffres concernent des terres seigneuriales exceptionnellement bien soignées, et surtout que la période de fléchissement des taux coïncide ici avec l'abandon des champs marginaux et la concentration du domaine sur les sols de meilleure qualité, où tous les moyens de production dont disposait le seigneur vinrent s'accumuler. Selon toute apparence, la baisse de productivité fut alors plus accusée dans les exploitations modestes. L'affaissement des rendements après 1250 engagea sans doute, en certaines régions au moins, les paysans à ne pas trop réduire l'étendue des jachères, et aiguisa leurs réticences à l'égard du cycle triennal. Il les amena à abandonner les essarts dès que la fertilité de ceux-ci commença de s'épuiser. On est tenté de placer ce phénomène à l'origine du premier repli des cultures les plus aventurées, que l'on voit s'amorcer dans la seconde moitié du XIIIe siècle[1]. Il est probable aussi que ce fléchissement, pourtant fort limité, stimula l'effort d'amélioration des cycles de culture aux approches du XIVe siècle, et déclencha des perfectionnements qui, l'allure de cette courbe le montre, suffirent presque à ramener les taux à leur niveau antérieur[2].

Cependant, le redressement fut lui aussi très faible. Au seuil du XIVe siècle, le rapport de la semence demeurait très inférieur à celui que l'on obtient normalement dans les campagnes européennes depuis la révolution agricole des temps

1. Mais aussi, selon l'opinion de M. Postan, à l'origine inversement de certains défrichements, qui transférèrent la culture sur des terres moins épuisées.

2. Remarquons bien que, dans les comptes de l'évêché de Winchester, si les taux du rendement de la semence s'élèvent après 1300, ceux du rendement par acre continuent de fléchir. L'amélioration résulta donc d'un éclaircissement des semailles et de l'adoption de pratiques de culture plus extensives. On sollicita moins vivement cette terre que l'on sentait s'épuiser. Il convient de préciser que les semis avaient toujours été très clairs. Dans toutes les seigneuries françaises et anglaises, des équipes de femmes venaient chaque printemps « sarcler » les blés, et arracher les mauvaises herbes entre les tiges, DUBY, 409 *a*.

modernes. On a calculé pour l'Angleterre qu'il était cinq fois moindre [1]. La sélection des semences restait imparfaite, la moisson incomplète, la préparation des sols insuffisante, et pour cela, les champs médiévaux rendaient fort peu. Notons bien toutefois qu'ils n'étaient guère plus ingrats que ceux du XVIe siècle, ni même, en certaines contrées, que ceux du début du XIXe siècle. Dans son *Théâtre d'agriculture*, Olivier de Serre remarque que les semences, « même dans les bonnes terres, ne font que quintupler ou sextupler [2] », et, en 1812, le sous-préfet de Marseille répondait à une enquête que « la récolte moyenne sur un terme de dix années est de quatre et demi à cinq [3] ». Ici, la coïncidence est frappante : le rendement considéré comme normal n'était pas sensiblement meilleur que celui des terres exploitées par les Hospitaliers dans cette région même un demi-millénaire plus tôt. Comparaison fort éclairante. Elle prouve que l'agriculture médiévale avait atteint, à la fin du XIIIe siècle, un niveau technique équivalent à celui des époques qui précédèrent immédiatement la révolution agricole.

En revanche, lorsque l'on compare ces rendements moyens à ceux que l'on devine pour les temps carolingiens, la supériorité du XIIIe siècle est manifeste, sauf peut-être pour certains terroirs très disgraciés. Le rapport des semailles, en effet, ne paraît pas avoir beaucoup dépassé deux pour un à l'époque franque [4]. Or, Walter de Henley estime dans son traité qu'une terre qui ne rapporte pas plus de trois fois la semence ne rapporte rien. « À moins, ajoute-t-il, que le prix du blé ne soit très élevé [5]. » Cette restriction, cette allusion aux prix sont significatives. Elles incitent à penser que, dans l'esprit de l'agronome, un rendement inférieur à trois pouvait permettre tout de même à la famille de l'exploitant de subsister (ne l'oublions pas, les paysans vivaient alors aux limites de la famine). En revanche, les années où le rapport s'élevait au-dessus de trois pour un, la récolte laissait un excédent que l'on pouvait vendre aux marchands. Le jugement de Walter atteste enfin que, de son temps et dans les campagnes dont il avait l'expérience, de telles conditions se trouvaient généralement remplies. Cette notation d'un spécialiste, ainsi que toutes les indications chiffrées que livrent les archives des manoirs anglais, donnent donc à supposer qu'une grande mutation de productivité, la seule de l'histoire avant les bouleversements des

1. La différence est pour le froment du simple au sextuple entre 1400 et les temps actuels dans la campagne normande du Neufbourg, PLAISSE, 631 *a*, p. 170.

2. II, 4, § 8.

3. Archives des Bouches-du-Rhône, M. 13.

4. Voir p. 85.

5. Ch. XIX ; BENNETT, 139, p. 86.

XVIIIe et XIXe siècles, s'est produite dans les campagnes d'Europe occidentale entre l'époque carolingienne et l'orée du XIIIe siècle.

La chronologie de ce mouvement demeurera toujours incertaine, car il s'est développé dans le temps même où les sources écrites sont les plus pauvres. L'une d'elles, l'inventaire clunisien dont j'ai déjà utilisé les données à propos de l'évolution des cycles de culture, fournit quelques indications pour le milieu du XIIe siècle. Leur isolement même au sein d'un absolu désert documentaire leur ôte la plus grande part de leur valeur. Plaçons quand même ces quelques chiffres en regard de ceux, tout aussi clairsemés, qui concernent le IXe siècle. L'année où les enquêteurs visitèrent les domaines de l'abbaye de Cluny, les moissons n'avaient pas été bonnes ; ils tinrent compte de cette pénurie accidentelle dans leur état des revenus, et notèrent que les régisseurs estimaient le déficit sur la récolte de froment au cinquième d'une moisson normale. Si l'on compare les quantités de grain engrangées à celles que l'on consacra aux nouvelles semailles, le rendement s'avère médiocre et très inégal d'une exploitation à l'autre. Dans l'un des domaines – le plus soigné et le mieux équipé –, la récolte avait valu six fois la semence ; le seigle, sur les terres d'une autre « cour », avait rendu cinq grains pour un, le froment quatre. De tels rapports approchent de ceux du XIIIe siècle. En revanche, dans les quatre dernières exploitations dont l'inventaire évalue les récoltes et les semailles, le rendement demeurait, cette année-là, entre deux et deux et demi pour un. Ce niveau-ci correspond à peu près à celui que révèlent les documents carolingiens [1]. De cette source unique, il serait fort téméraire de tirer des conclusions générales. Ne fournit-elle point cependant un argument à ceux qui considèrent la hausse des rendements agricoles comme en pleine marche dans le milieu du XIIe siècle, mais encore imparfaite, et limitée aux domaines les plus attentivement gérés ?

3. La préparation de la terre

On ne peut contester, du moins, que le rapport de la semaille se soit élevé entre le IXe et le XIIIe siècle. Si l'on me pressait à toute force d'estimer cette croissance, je risquerais l'hypothèse suivante : des rendements moyens qu'il est permis de situer aux environs de 2,5 pour un passèrent, dans les cas les moins favorables, aux environs de 4. Autrement dit, la portion de la récolte dont pouvait disposer le producteur doubla.

Il n'apparaît pas cependant que la pratique des fumures se soit entre-temps notablement améliorée. On trouve bien dans les traités d'agronomie de longs

1. Duby, 407.

passages consacrés aux engrais ; ils montrent que les gros exploitants en reconnaissaient l'avantage. Les seigneurs d'Angleterre exigeaient de leurs tenanciers qu'ils rassemblassent la nuit leurs moutons sur la terre du domaine pour l'engraisser ; ils revendiquaient aussi parfois le privilège d'accueillir sur leurs champs les foires à bestiaux. Ajoutons que les blés étaient moissonnés haut à la faucille ; on enfouissait par le labour, pour nourrir le sol, la paille que les troupeaux n'avaient pas dévorée pendant la vaine pâture ; à en croire Walter de Henley, elle valait pour cela fort cher. Cependant, les techniques d'élevage restaient les mêmes. Dans beaucoup de régions, les animaux demeuraient peu nombreux. Le bétail vivait en plein air, séjournait rarement à l'étable. Le peu de fumier recueilli était très parcimonieusement distribué sur les terres arables. Aux environs de Paris, dans l'une des régions situées à l'avant-garde du progrès économique, tel contrat de bail du XIIIe siècle imposait au fermier de fumer la terre « une seule fois en neuf ans, la cinquième année [1] ». D'ordinaire, on réservait l'engrais pour quelques champs enclos de petite taille et constamment cultivés, comme les « ferrages » de Provence, c'est-à-dire pour des sortes de jardins. Il se peut que le progrès des clôtures, qui se manifeste au cours du XIIIe siècle, ait répondu au désir des plus gros exploitants, riches en bêtes, d'utiliser sur leurs seules terres, bien à l'écart des autres, le fumier de leurs vacheries et de leurs bergeries. En tout cas, les cultures délicates, et, dans les pays vignerons comme l'Île-de-France, les clos de vigne, absorbaient presque entièrement les déchets des étables. L'agriculture céréalière ne paraît pas avoir profité de l'essor de l'élevage [2], puisque le surplus d'engrais fut détourné vers des productions spéculatives de jardinage, qui se développèrent au même moment. Seule peut-être, la culture plus large des légumineuses vint, à la fin du XIIIe siècle, fournir au sol des champs des éléments reconstituants en plus grande abondance. Il se peut que cette modification des cycles de culture fût en partie responsable du léger relèvement qu'accuse, après 1300, la courbe des rendements anglais. Cependant, à la lumière d'une information très indigente, on a le droit de penser que la hausse de productivité postérieure à l'époque carolingienne fut provoquée principalement par plus d'assiduité dans le travail de la terre, que le perfectionnement des instruments aratoires rendait en même temps plus efficace.

En premier lieu se répandit la pratique du hersage, dont les effets sont fort bénéfiques. La « tapisserie » de Bayeux, qui date des environs de 1100, représente déjà une herse en action ; un siècle et demi plus tard, tous les documents attestent la généralisation des corvées « pour la couverture des semences d'hiver ».

1. FONTETTE, 322 ; BENNETT, 139, p. 77 sq.
2. Voir p. 811 sq.

Les labours surtout se multiplièrent. Les maîtres des grands domaines carolingiens en exigeaient trois par an de leurs corvéables, deux sur la jachère avant les semailles de froment et de seigle, un autre sur les chaumes des blés d'hiver pour préparer les semailles de mars. Ce rythme ancien se modifia, mais lentement, semble-t-il. Sur les dix domaines de l'abbaye de Cluny, dont on possède au milieu du XIIe siècle la description, les corvées de labour s'organisaient encore comme au IXe siècle ; dans une seule seigneurie, on exigeait un troisième labour de la jachère. Le progrès demeurait par conséquent fort circonscrit. Mais il se révélait aussi très directement profitable : sur le domaine où la semaille d'hiver était préparée par un triple labour, elle rapportait six grains pour un, c'est-à-dire deux ou trois fois plus que dans les autres exploitations [1].

Cent ans plus tard, à Villeneuve-Saint-Georges et à Thiais, c'est-à-dire sur les terres mêmes qu'avait décrites le polyptyque d'Irminon, les paysans étaient requis sur la terre du seigneur, tout comme leurs lointains ancêtres, pour le « premier et le deuxième labour » et pour le « labour de mars ». Toutefois, à Villeneuve, on attendait d'eux double travail pour le second labour de jachère [2]. Amélioration légère encore. Selon toute apparence, ce fut seulement dans la seconde moitié du XIIIe siècle que la pratique du quatrième labour se généralisa dans les campagnes françaises [3].

Le progrès se poursuivit ensuite et plus rapidement peut-être. Sur les exploitations modèles que dirigeait Thierry d'Hireçon, la semaille d'hiver était préparée, dans les premières décennies du XIVe siècle, par quatre labours successifs de la jachère. Il faut remarquer que les indices de tels perfectionnements apparaissent à l'époque même, et peut-être dans les mêmes régions, où l'on cherchait à aménager les cycles de culture pour tirer du sol plus de provende. La multiplication des labours accélère en effet la reconstitution du sol et contribue très vivement à renouveler sa fertilité. Il n'est donc pas interdit de penser que l'amélioration des pratiques agraires qu'elle constitue put à elle seule élever sensiblement le rendement des semailles [4]. C'est pourquoi toutes les indications

1. DUBY, 407.

2. Mêmes constatations pour l'Allemagne, G. VON BELOW, *Die Hauptsache der älteren deutschen Agrargeschichte*, p. 71.

3. RICHARD, 437. Dans les campagnes toulousaines, les baux de métayage des XIVe et XVe siècles imposent à l'exploitant six et sept labours préparatoires à la semaille, SICARD, 572 ; mais il s'agit ici de labours à l'araire, fort peu profonds, et qui, pour être efficaces, réclament d'être croisés et répétés.

4. On notera que sur les exploitations seigneuriales du Neufbourg en Normandie, où les rendements se tenaient fort bas au début du XVe siècle (3,2 pour le froment, 3,4 pour l'orge, 3,1 pour l'avoine, 2,9 pour le seigle), on ne pratiquait alors que trois « saisons » de labour, PLAISSE, 631 *a*, p. 147.

qui, dans les documents écrits, permettent de la saisir, de la dater, de la suivre, devraient faire l'objet d'une recension systématique. Or, il se trouve que le rythme des travaux de la terre se répercute directement sur l'aménagement des corvées. On peut espérer pour cela que les documents seigneuriaux, les inventaires, les censiers, les coutumiers, livreront beaucoup sur ce point, même pour les époques de grande pénurie documentaire.

*

Ce fut donc avant tout le labeur des hommes qui parvint à tirer de la terre un surcroît de production et, dans l'état très défectueux de nos connaissances, le renforcement de l'effort humain apparaît bien comme le principal moteur de l'essor agricole. Encore doit-on se demander s'il résulta d'une simple prolifération des ouvriers, ou si ceux-ci purent aussi disposer de moyens plus efficaces. Du nombre des travailleurs, on ne sait à peu près rien ; mais les textes carolingiens font supposer que dès le IXe siècle la main-d'œuvre était surabondante. En revanche, on la sent alors très mal outillée. Ceci conduit à supposer que le grand progrès provint d'abord d'un perfectionnement des instruments agricoles. C'est l'hypothèse la plus séduisante. L'étude de la multiplication des labours doit rejoindre en tout cas celle de l'outillage.

Étude en vérité fort décevante : encore très peu poussée, l'observation se révèle d'une extrême difficulté. Le XIIIe siècle a laissé des images assez nombreuses d'instruments paysans. Par tradition, elles servaient aux artistes à représenter symboliquement les mois dans les calendriers sculptés au portail des églises, ou peints sur les livres pieux[1]. Mais on ne peut être sûr que ces représentations aient copié exactement la réalité, et ne procèdent pas de types iconographiques figés par les routines d'ateliers. Quant aux descriptions d'outillage que l'on trouve dans les œuvres des universitaires philologues comme Jean de Garlande ou Alexandre Neckham, ou dans des fantaisies littéraires comme le *Dit de l'outillement du vilain*, elles ne livrent à peu près rien. Reste, source majeure, très abondante et très riche pour le XIIIe siècle, la masse des inventaires, des comptes, des règlements de fermage. Elle demeure encore à peu près inexplorée.

Seuls, ou presque, la diffusion et le progrès des instruments hydrauliques ont fait l'objet d'études attentives. Celles-ci établissent que les moulins à grain actionnés par le cours des eaux n'ont cessé de se répandre pendant toute cette

1. J. LE SÉNÉCAL, « Les occupations de mois dans l'iconographie du Moyen Âge », dans *Bulletin de la Société des antiquaires de Normandie*, 1924.

période. On les voit pénétrer dans les campagnes qui jusqu'ici en étaient mal pourvues, comme le Devon, où les abbés de Tavistock firent beaucoup d'efforts au XIIe siècle pour en équiper leurs domaines[1]. On les voit surtout se multiplier dans les villes, où de vastes entreprises de meunerie se concentrent sur les fleuves, souvent autour des ponts. Il existait deux moulins sur un ruisseau dans un quartier de Rouen au Xe siècle ; au même endroit, on en construisit cinq nouveaux au XIIe siècle, dix autres au XIIIe, quatorze au XIVe siècle. Onze moulins furent établis à Troyes entre 1157 et 1191. À Toulouse, les bourgeois soucieux d'un bon placement achetaient alors des parts dans l'exploitation des grands moulins du Bazacle. N'oublions pas les moulins à vent, signalés à Arles pour la première fois en 1162-1180, et dont l'usage commençait à se répandre aussi à la fin du XIIe siècle en Normandie, en Angleterre, en Flandre[2]. Les vieux moulins à bras, pourchassés et détruits par les sergents seigneuriaux partout où régnait l'obligation de porter les grains au moulin banal, devinrent des outils de pauvres, ou des instruments de remplacement, comme les dix moulins à bras et le moulin à cheval qui travaillaient en temps de siège à la fin du XIIIe siècle dans la cité de Carcassonne[3]. Il faut ajouter enfin que le jeu des aubes et des pignons fut alors également utilisé pour actionner d'autres machines, pour brasser la bière ou presser l'huile dès le XIIe siècle, pour animer des marteaux et des battoirs. Ces derniers apparaissent pour la première fois, dans les textes aujourd'hui inventoriés, au milieu du XIe siècle, et en Dauphiné, où ils servaient à fouler les textiles. On les rencontre partout cent ans plus tard. Au même rythme se répandaient martinets et moulins à fer. Les premiers que l'on connaisse fonctionnaient à Issoudun en 1116, en Catalogne en 1138[4]. Leur diffusion témoigne du progrès de la métallurgie.

Ce progrès-ci est certain ; il fut décisif pour l'économie rurale. À partir de la fin du XIe siècle, les textes livrent, en effet, un faisceau d'indices dont il serait passionnant d'entreprendre l'inventaire systématique. Ils attestent que le fer tenait alors dans les usages quotidiens des ruraux une place beaucoup plus importante qu'aux temps carolingiens, et que celle-ci s'étendit très vite. Dans les règlements de marchés, dans les tarifs de péages, par exemple, les mentions se multiplient de fer en barres ou en lingots, ou d'objets de métal façonné, en particulier d'instruments agricoles. La production du métal était très dispersée,

1. Finberg, 176.
2. Gille, 102 ; Sicard, 635.
3. G. J. Mot, « L'arsenal et le parc du matériel de la cité de Carcassonne », *Annales du Midi*, 1956.
4. Gille, 101 ; Joris, 326 ; E. Carus-Wilson, « An industrial revolution of the XIIIth century », *Economic History Review*, XI, 1941.

car le minerai, alors utilisable dans l'état des techniques métallurgiques, se trouvait à peu près partout. Mais le bois de feu constituait la matière première la plus nécessaire, ce qui localisait les forges dans la forêt. Les fabricants de fer vivaient donc dans les espaces boisés, comme les ouvriers itinérants des forêts royales anglaises, ou ce « fèvre » que Louis VI possédait dans la forêt d'Othe, et dont il fit don en 1131 aux Hospitaliers[1]. Le comte de Champagne exploitait autour de Wassy de nombreuses « forges à faire le fer » ; il en offrit en aumône en 1156, à l'abbaye de la Crète ; en 1157, à celle de Clairvaux ; en 1158, à celle d'Igny ; en 1171, à celle de Trois-Fontaines[2]. Ces donations répétées prouvent peut-être que la production se développait alors ; elles montrent en tout cas que les monastères cisterciens, contres de grosses exploitations rurales, ressentaient à ce moment le besoin de mieux assurer le ravitaillement en fer de leur atelier d'outillage.

La fabrication des outils, en effet, n'était pas, elle, installée en forêt. Il semble qu'elle se trouva un moment concentrée dans les villes. Le pauvre homme que le comte d'Anjou, Geoffroy Martel, rencontra un jour dans un bois, où il faisait du charbon pour les forgerons, allait le vendre à Loches, la bourgade la plus voisine[3]. Dans la ville de Metz, la « socherie » constituait le « métier » le plus important au XIIe siècle ; sept sochiers tenaient leur office de l'évêque contre une redevance annuelle de vingt-huit socs de charrue ; l'évêque retenait douze de ceux-ci, qu'il destinait à ses domaines hors de la ville et vendait les autres[4]. Mais les artisans du fer se trouvaient sans doute, dès cette époque, disséminés dans les villages. Au dire de Guibert de Nogent, un autre charbonnier – de marque, celui-ci, puisque c'était l'ancien sire de Puiset, retiré du monde par pénitence – vendait, vers 1100, le charbon de forge *per rura et oppida*[5]. Parmi ces forgerons ruraux, on rencontrait sans doute beaucoup d'anciens domestiques seigneuriaux. Chargés jadis de ferrer les chevaux du maître et de réparer ses harnais, ils avaient mis leur enclume au service des paysans ; continuant de payer redevances au châtelain, ils façonnaient, moyennant salaire, des outils

1. LENNARD, 253, p. 13, 242 ; A. LUCHAIRE, *Études sur les actes de Louis VII*, n° 479.

2. MAAS, 66.

3. *Historia Gaufredi Ducis* (éd. HALPHEN), p. 134.

4. SCHNEIDER, 333, p. 227.

5. Guibert DE NOGENT, *De vita Sua*, I, IX. Les articles de métal occupent une place considérable dans un tarif de péage rédigé à Poitiers dans la seconde moitié du XIIe siècle ; il fait état de vente de serpes, scies, couteaux, faucilles, clous, fers à cheval, mais aussi de lingots, de marteaux et d'enclumes, que les artisans des environs venaient peut-être acheter à la ville. D. CLAUDE, *Topographie und Verfassung der Städte Bourges und Poitiers bis in das II. Juhrhundert*, Lubeck-Hambourg, 1960, p. 141.

champêtres pour une clientèle rurale. Contre ces ouvriers de villages, les sochiers de Metz ne pouvaient plus, au XIIIe siècle, défendre leur monopole. Au XIVe siècle, on les rencontre partout au travail ; ils recevaient alors souvent de leur client la matière première, et souvent aussi ils assuraient contre une pension annuelle en céréales[1] tout l'entretien du matériel des grosses exploitations agricoles. L'activité croissante des forges de campagne constitue l'indice le plus sûr du perfectionnement de l'outillage paysan. C'est dire l'intérêt d'une enquête approfondie qui, dans les comptes de manoirs, dans les tarifs de péage, les baux de fermage, les registres des notaires, dans l'onomastique même (en repérant l'apparition et la diffusion des patronymes significatifs, Schmidt, Smith ou Lefèvre), chercherait à mieux établir l'histoire du forgeron médiéval.

Les outils eux-mêmes, en effet, se laissent mal discerner. Les inventaires de seigneuries – qui sont le plus souvent tardifs, et postérieurs à 1300 – enregistrent bien des instruments de fer incomparablement plus nombreux que sur les grands domaines royaux et monastiques du IXe siècle. La grange que Thierry d'Hireçon possédait à Bonnières en Artois était équipée, en 1315, de huit fourches longues et de huit courtes, de cinq fourchets de fer, de cinq pelles ferrées, de quatre bêches, un pic, une serpe, une cognée et deux herses[2]. Mais que valaient ces outils ? Peut-on les croire meilleurs que ceux du paysan carolingien ? Que savons-nous en particulier de l'arme principale du laboureur, la charrue ?

Elle était encore construite presque tout entière en bois : un prieuré de Marmoutier reçut, en 1180, le droit d'usage dans un bois pour ses tenanciers, qui iraient y prendre le matériau « de leurs charrues, de leurs mancherons et de leurs haies[3] ». Mais des indications fréquentes apprennent qu'au XIIe siècle sa partie tranchante se trouvait toujours renforcée de fer, même dans les pays arriérés comme la Balagne corse[4]. En revanche, on ignore tout de la forme des socs, qu'il s'agisse de ceux que l'on forgeait à Metz pour l'évêque, ou des autres. Aucune information sur ce point essentiel : les paysans employaient-ils communément de ces instruments qui, comme certains de ceux que les illustra-

1. DUBY, 409 *a* ; RICHARD, 437.

2. RICHARD, 437.

3. *Cartulaire des possessions de l'abbaye de Marmoutier dans le Dunois*, CXC ; Archives des Bouches-du-Rhône, B. 161, fol. 53 2° (1341) ; des bourgeois de Digne reçoivent l'usage d'un bois « *causa edificandi, aratoria et alia quacumque* ».

4. Archives de la Corse, H. 9 ; dans tels contrats de métayage établis en Toulousain dans la seconde moitié du XIVe siècle, il est enjoint à l'exploitant de « tenir l'araire en bon état, suffisamment muni de fer et de bois ». SICARD, 635 ; en 1338, les Hospitaliers de Provence fournissaient aux forgerons qu'ils employaient du fer et des « fustes », Arch. des Bouches-du-Rhône, H. (OM) 156.

tions représentent dans les manuscrits, possédaient un versoir ? L'étonnement de Joinville, qui, à la décrue du Nil, vit les paysans égyptiens « chacun labourer en sa terre à une charrue sans rouelle », prouve que l'outil de labour possédait normalement des roues dans la Champagne du XIIIe siècle. Indication fugitive. Suffirait-il de scruter de plus près les textes, et surtout l'iconographie, pour en découvrir beaucoup d'autres, pour dissiper un peu les ténèbres épaisses qui masquent l'histoire de l'araire et de la charrue, pour assurer l'hypothèse d'une diffusion progressive de celle-ci dans les pays du Nord ? Il est douteux que les sources puissent sur ce point fournir jamais des lumières assez vives.

Un autre perfectionnement cependant se laisse mieux suivre, et qui eut de grandes conséquences. Il permit peut-être à lui seul de pousser les labours au-delà des sols les plus faciles, où se limitait la culture aux temps carolingiens. Ce progrès affecte non pas la forme de l'instrument, mais sa puissance. Il consiste en une triple amélioration de la traction. Il semble bien d'abord que furent adoptés, au cours du XIe siècle, de meilleurs procédés d'attelage, le collier d'épaule pour les chevaux, le joug frontal pour les bœufs, ainsi que, pour les uns comme pour les autres, la ferrure. En second lieu, un peu plus tard, on vit dans une partie de l'Europe occidentale (mais c'était celle-là même qui, depuis l'époque carolingienne, tenait la tête du progrès agricole) le cheval se substituer au bœuf pour le labour. Quand ? Non point sans doute avant le XIIe siècle. Les chevaliers qui prêtèrent un serment de paix à Verdun-sur-le-Doubs en 1016 promirent bien de ne pas commettre d'agression contre le *caballarium ad carrucam* [1], mais le mot *carruca* dans ce texte désignait sans doute encore une voiture. En Île-de-France, une donation royale de la fin du XIe siècle évoque une terre « que peuvent labourer six bœufs ». Cent ans plus tard, on devine la transformation en marche, mais encore incomplète. Un document orléanais parle d'animaux de labour « soit bœuf, soit cheval, soit âne », et Jean de Garlande, dans sa description de la charrue, la présente munie soit d'un joug, soit d'un collier. En revanche, en 1218, les « coûtures » de Palaiseau, près de Paris, étaient toutes labourées par des chevaux ; ces derniers paraissent seuls en 1277 dans une enquête menée tout près de là, à Gonesse, aussi bien que sur les dessins qui vinrent décorer à la même époque le *Veil Rentier* des seigneurs d'Audenarde [2]. Il n'est pas aventuré de penser que la mutation s'est opérée dans les plaines de France, de Picardie, de Flandre et de Lorraine, aux alentours de 1200.

1. Éd. BONNAUD-DELAMARE, dans *Bulletin philologique et historique*, 1955-1956, p. 151.

2. *Recueil des actes de Philippe Ier*, n° 121 ; Archives Nationales, 48 J. fol. 80XXX ; Archives nationales, L. 885, 114 et 115 ; S. 196 B ; *Veil Rentier*, éd. VERRIEST.

Elle se révélait avantageuse. Moins sans doute sur la frange des essarts, où l'extirpation réclamait la force des bêtes bovines, que sur les « campagnes » aménagées. L'adoption du cheval de trait convenait moins à l'extension de l'espace agraire qu'à l'intensification de la culture. Ce changement apparaît ainsi, contemporain du ralentissement des défrichements, comme un nouveau signe d'une conversion générale de l'économie rurale au cours du XIIIe siècle. Le cheval en effet est rapide, beaucoup plus que le bœuf. L'employer, c'était accélérer considérablement les façons de la terre, donc se donner les moyens de multiplier les labours, et aussi de passer la herse que, dès le XIe siècle, la « tapisserie » de Bayeux montre traînée par un cheval. L'abandon de l'attelage bovin engageait aussi à étendre la culture de l'avoine ; il semble ainsi lié à une pratique plus régulière de la rotation triennale. Dans les campagnes qui s'y résolurent, il permit surtout d'améliorer notablement la préparation de la terre, donc sa fertilité, de réduire les temps de jachère, de hausser le rapport des semailles. Il marque l'avènement d'un système agraire plus hautement productif[1].

Pourtant, dans beaucoup de régions, les paysans continuèrent d'atteler des bœufs. Délimiter les contrées où régna cette réticence apprendrait beaucoup. Cette étude géographique n'est pas faite. On sait toutefois que le cheval de labour ne pénétra pas dans les pays du Midi, peut-être parce que l'avoine y venait trop mal. Mais on pourrait discerner dans les contrées septentrionales de larges zones réfractaires. En Bourgogne, au milieu du XIIIe siècle, on voit encore travailler des charrues à huit bœufs. En 1274, des paysans briards astreints à la corvée étaient censés atteler des chevaux et des ânes, mais aussi des bœufs. Toutes les évaluations dans les enquêtes normandes furent faites à cette époque en fonction de « bêtes bovines ». Quant aux traités anglais d'agronomie, ils déconseillaient l'usage du cheval, qui coûtait trop cher, car il fallait beaucoup dépenser pour les fers et pour l'avoine[2]. La substitution du cheval au bœuf fut donc peut-être au XIIIe siècle, elle aussi, plus limitée qu'on l'a dit. D'où l'intérêt de mieux la circonscrire et de chercher à établir les rapports entre cette modification et les rares aspects de l'économie et de la technique qui se laissent entrevoir.

L'amélioration de l'attelage revêtit enfin un troisième aspect : qu'il fût composé de chevaux ou de bœufs, il se renforça. On ne peut rien savoir

1. « Le bœuf chaque fois disparaît parce que trop lent à répondre à une culture conquérante du blé, exigée le plus souvent par une progression démographique », F. BRAUDEL, *La Méditerranée au temps de Philippe II*, p. 298.

2. *Cartulaire de Saint-Étienne de Dijon*, 117 ; Archives nationales, S. 11 583 ; DELISLE, *Normandie*, p. 302.

certes de la vigueur même des bêtes, qui sans doute s'accrut alors dans bien des campagnes par la sélection progressive des races et l'octroi d'une nourriture moins chiche. Du moins peut-on assez facilement dénombrer les animaux et mesurer, grâce à certains comptes et certains inventaires, le progrès de l'équipement en bétail de trait dans les plus grosses exploitations. Pendant les deux générations qui suivirent la rédaction du *Domesday Book*, le nombre des animaux de labour s'était accru de 20 à 30 % dans neuf des manoirs de l'abbaye de Ramsey[1]. L'attention que portaient les enquêteurs seigneuriaux au gros bétail est ici significative. Au milieu du XIIe siècle, lorsque l'abbé de Cluny fit dresser un inventaire des domaines afin d'accroître la production, ses envoyés prirent grand soin de noter le nombre de « charrues » supplémentaires dont il leur paraissait souhaitable de munir telle ou telle cour en acquérant des bœufs[2]. Pour ces administrateurs, de bons attelages en nombre suffisant constituaient la condition même du progrès économique. Pourquoi ne pas considérer comme eux que l'essor agricole du Moyen Âge central résulta d'abord d'une plus grande efficacité de l'instrument de labour, due moins peut-être au perfectionnement de l'outil lui-même qu'à la puissance renforcée des animaux qui l'actionnaient ?

Toutefois, ces améliorations de l'équipement ne pénétrèrent pas dans toutes les exploitations agricoles. Il est probable que leur très inégale diffusion accusa les diversités économiques, et d'abord entre les régions. Des recherches précises feraient sans doute apparaître un contraste de plus en plus vif entre l'Île-de-France, par exemple, et ces campagnes de la France du Midi, où des bœufs étiques traînaient comme autrefois des araires sans coutre, où le fer même restait rare. Dans les villages de haute Provence, une faux valait une fortune au XIVe siècle, et l'équipement en outils métalliques de la commanderie des Templiers de Sainte-Eulalie-du-Larzac demeurait d'allure carolingienne : on y trouvait seulement, comme au IXe siècle dans l'atelier d'Annapes, des chaudrons, des crémaillères, des doloires, des tarières, des limes[3]. Il est probable aussi que le progrès technique ne put pas s'introduire dans la masse des ménages paysans, trop dénués de ressources pour améliorer leur « outillement ». Il ne suffisait pas en effet de reconnaître les avantages de la charrue à versoir pour abandonner l'araire. Encore fallait-il pouvoir acquérir le soc, et surtout des bêtes capables de le tirer. L'infiltration des perfectionnements techniques dans les maisons des humbles demeura certai-

1. Raftis, 190, p. 66 ; Darby, dans 33, p. 197.
2. Duby, 407.
3. Archives des Bouches-du-Rhône, 396 F. 18, f° 109 ; Higounet-Nadal, 421.

nement très lente, et pour cette raison des différences plus profondes que jadis se marquèrent pendant longtemps entre les exploitations des riches et celles des pauvres[1].

1. Le médiéviste ne considérera pas sans intérêt combien fut lente l'adoption générale de la charrue dans le cours du XVIIe siècle au Canada. Ici, des sources précises nous renseignent. Les premiers pionniers travaillèrent pendant plus de vingt ans à la bêche. « Jusqu'à ce qu'un habitant du pais recherchat les moyens de relever de peine les hommes qui travaillaient ordinairement à bras, pour labourer la terre, laquelle fut entamée par le soc et les bœufs le 27 avril 1628 » (*Œuvres de Champlain*, 6 vol., Québec, 1870, I, ch. V). L'emploi de la charrue ne se généralisa pas avant le milieu du siècle. R. L. SEGUIN (*L'Équipement de la ferme canadienne aux XVIIe et XVIIIe siècles*, Montréal, 1959, p. 21) donne trois raisons à ce retard. La charrue est fabriquée à la ferme, mais certaines pièces et, en particulier le versoir (en bois revêtu de fer jusqu'au XIXe siècle), doivent être façonnées par un artisan spécialisé. D'autre part, l'équipement en bœufs de trait est insuffisant. Enfin, la charrue est difficile à manœuvrer entre les souches calcinées par le feu des abatis. Il importe que les emblavures soient assez nettoyées pour que l'on puisse labourer régulièrement à la charrue. En fait, en 1672 encore, les terres étaient remuées partiellement « à la pioche ».

CHAPITRE III

L'EXPANSION AGRICOLE ET LES STRUCTURES DE LA SOCIÉTÉ

L'histoire de l'expansion agricole médiévale est trouée d'énormes lacunes. Toute observation se trouve ainsi pour le moment interdite dans les pays italiens, en dépit de conditions documentaires que l'on devine très favorables. Pour l'ensemble des campagnes d'Occident, c'est à peine si l'on entrevoit quelques orientations de l'histoire des techniques. Plus urgente que toute autre, une tâche immense requiert ici des chercheurs, et d'abord des archéologues attentifs aux vestiges de la civilisation matérielle, des demeures et des terroirs, de l'alimentation, de l'outillage et du cheptel. En revanche, tous les changements conjugués qui ont affecté les moyens de production déterminèrent au sein de la société des modifications dont on peut moins malaisément découvrir les traces dans les archives des seigneuries, et qui retentirent à leur tour sur les rapports économiques. Il convient d'évoquer brièvement ce que nous en savons.

1. La condition paysanne

Le progrès agricole suscita d'abord certains aménagements des structures juridiques. L'expansion vers les terres neuves hâta l'allégement des charges seigneuriales, et les aires de défrichement apparurent généralement comme des zones de liberté. Prenons encore un exemple anglais : au XIIIe siècle, les *free tenants* composaient la moitié environ de la paysannerie dans le nord du Warwickshire, pays d'essarts, mais ils n'en représentaient que le tiers dans le sud ; deux villages sur cinq, au nord, échappaient à toute corvée ; un village seulement sur cinq au sud jouissait de cet avantage. Les *liberi tenantes* pullulaient également sur les terres de l'église d'Ely qui avoisinaient les marais en voie de colonisation. On sait d'autre part que les lisières des grandes forêts du XIIe siècle se trouvaient parsemées de petits alleux, dérobés à la surveillance seigneuriale, et que les chartes de peuplement établirent dans les villeneuves un régime banal fort assoupli. En 1159, les « hôtes » installés sur les polders de l'abbaye flamande de Bourbourg bénéficiaient de la liberté personnelle et relevaient directement de la justice publique du comte ; ils possédaient une tenure héréditaire et aliénable, et ils devaient seulement au haut seigneur un cens léger de reconnaissance. Dans une semblable condition se trouvaient les *Freibauern* que les rois saliens avaient établis dans les forêts de Saxe et de Thuringe, ainsi que tous les censitaires, affranchis de servitude, qui défrichèrent dans les Vosges les terres abbatiales de Saint-Dié ou de Remiremont, ainsi que tous les pionniers qui peuplèrent le plateau bavarois, les montagnes d'Autriche et de Styrie[1]. Enfin, pour empêcher leurs hommes de se laisser tenter par la publicité des entrepreneurs de colonisation et de déguerpir vers les terres nouvelles où leur était promis un meilleur traitement, les seigneurs des vieux villages durent relâcher sur eux leur pression.

N'a-t-on pas trop dit cependant que le défrichement signifiait liberté ? Dans les pays neufs, l'immigrant arrivait souvent les mains vides, sans appui, sans même de quoi manger avant que l'essart ne fructifiât. Il lui fallait d'abord se faire admettre, obtenir une aide, se soumettre à la discipline collective, sans laquelle le nouveau terroir ne pouvait être aménagé. Il est frappant de voir un peu partout les hôtes qui, venus de loin, se disaient tous libres, bientôt se « recommander », se placer sous la protection et sous la coupe du seigneur local. En Auvergne, les corvées les plus lourdes se rencontrent dans les cantons d'occupation récente, et c'est là qu'elles persistèrent le plus longtemps. Nulle part la seigneurie ne se montra plus tenace qu'en Combraille ou dans le Jura, régions de défrichements très tardifs[2].

À vrai dire, si la pression du pouvoir seigneurial se révèle fort inégale dans les diverses régions d'essarts, le fait tient sans doute à ce que celles-ci ne furent pas colonisées au même moment, ni de la même manière. Pendant les premières phases du mouvement de défrichement, au XIe, au XIIe siècle, la libre migration vers les terres immenses que des attelages moins chétifs permettaient de mettre

1. Homans, 151 *a* ; Miller, 187 ; Boutruche, 173, p. 65 ; Mollat, 301 ; Bosl, 452 ; Van den Linden, 310 ; Perrin, 189, p. 662 sq. ; Dollinger, 149 ; Harley, 283. On peut admettre que la condition juridique reconnue au pionnier en Flandre et en Germanie au XIIe siècle procédait du statut primitif des *Königsfrein*, réunis à l'époque franque dans la *centena*, Bosl, 476 *b*.

2. Duby, 247, p. 13 ; Gaussin, 277 ; Fournier, *Cahiers d'histoire*, 1959.

en culture dut sans doute, en relâchant la pression démographique, desserrer sensiblement les contraintes seigneuriales. Mais qu'advint-il au XIIIe siècle ? Il est possible que les formes nouvelles de peuplement par exploitation isolée aient favorisé l'indépendance personnelle du paysan. Loin du maître et caché derrière la haie du bocage, le tenancier pouvait plus aisément dissimuler les gerbes dont il lui fallait abandonner une part. Mais en revanche, la terre devenait alors de plus en plus rare. Pour obtenir le droit d'installation, on devait maintenant payer une lourde taxe d'entrée, parfois même se résoudre à abandonner sa liberté et celle de sa descendance. Il semble bien que, dans certaines régions au moins, les colons de ce temps fussent de pauvres hères, dont le maître des friches exploitait durement le dénuement.

*

La condition paysanne fut modifiée d'une autre manière. Le perfectionnement de l'instrument aratoire et de son attelage, ainsi que la multiplication des façons de la terre, qui constituaient l'essentiel du progrès technique, accrurent notablement l'importance du labour dans le travail agricole. À travers les comptes des Hospitaliers provençaux, on voit que le labourage coûtait en 1338 quatre fois plus cher que tous les autres travaux du domaine[1]. Le progrès fit croître également la valeur relative de l'équipement, de l'outil, du train de culture. Dans l'Italie du XIIIe siècle, une paire de bœufs valait autant que toutes les terres d'une exploitation familiale. Facteur de l'élévation des rendements, l'amélioration des instruments et des pratiques agraires entraîna dans les sociétés rurales un lent déplacement du capital d'exploitation : les terres perdirent de leur prix par rapport au cheptel. Ce transfert, qu'il conviendrait d'observer d'après les stipulations des baux à ferme, mérite lui aussi réflexion. On en perçoit en tout cas quelques effets.

Le fossé qui, dès le Xe siècle, séparait les « laboureurs » des gens de bras, s'est creusé après l'an mil. L'organisation des taxes seigneuriales en donne la preuve : au XIe siècle, les exactions levées par le maître du ban sont moins lourdes pour les paysans pauvres dépourvus d'attelage, qui manient la houe, qui vivent du jardinage et d'un emploi temporaire dans les grandes maisons, que pour « ceux qui font leur ouvrage avec des bœufs ou autres bestiaux[2] ». Entre laboureur et manouvrier, l'opposition devint alors sans doute plus marquée dans les pays du Nord qu'au Midi, où l'araire demeurait facile à manier, à construire, à tirer,

1. Duby, 409 *a*.
2. *Cartulaire de Saint-Vincent de Mâcon* (éd. Ragot), n° 476.

et muni de peu de fer[1]. La dévalorisation des corvées manuelles par rapport à celles de bêtes, et, de ce fait même, la dépression sociale des « cottiers », des « bordiers », de tous les manouvriers, se discernent en effet plus nettement dans les seigneuries septentrionales. Cependant, de l'Angleterre à la Provence, le « bouvier », c'est-à-dire le conducteur d'attelage, était devenu dès le XIIe siècle le domestique de ferme par excellence[2]. La « charrue » – entendons l'équipe constituée par l'outil, par les bœufs ou les chevaux capables de l'animer et par l'homme qui les menait – achevait alors de s'imposer comme la cellule économique de base, comme la mesure permettant au seigneur d'estimer la valeur de ses paysans dépendants et des services qu'il en attendait. C'est par charrues que les corvées se trouvaient dénombrées dans l'inventaire clunisien du milieu du XIIe siècle, tout comme dans ceux qui furent dressés un peu plus tard pour les seigneurs anglais[3].

En revanche, pour tous les travailleurs manuels, dépourvus d'animaux de trait, point de progrès technique, point de hausse de rendement, mais au contraire un affaissement relatif de leur condition. Or, ils constituaient à la fin du XIIIe siècle une forte proportion de la société villageoise. On peut l'évaluer dans quelques régions grâce à certains documents : les seigneurs qui levaient l'impôt tenaient à connaître la fortune mobilière de leurs sujets et ordonnaient parfois de recenser leur cheptel ; on conserve aussi des registres où furent inscrites les taxes perçues sur l'héritage des dépendants. Une des recherches récentes qui jettent les lumières les plus vives sur la situation du paysan médiéval, et qui se fonde sur les archives de l'évêché de Winchester, montre que dans certains villages de cette seigneurie, 40 % des villains payaient en argent le *heriot*, qui normalement obligeait à livrer au maître le meilleur animal de l'étable : ils ne possédaient donc point de bétail[4].

Il est indéniable enfin que la valeur accrue du matériel dans l'exploitation renforça l'emprise des riches sur la paysannerie. Par des prêts, des avances pour l'achat du bétail, ou par des locations de bœufs, la puissance du capital urbain s'insinua dans le *contado* des villes italiennes. Partout, le seigneur maintenait son autorité sur ses hommes en les aidant à accroître leur cheptel, ou en les menaçant de le confisquer. Lorsque, au XIIIe siècle, naquit et progressa dans

1. À Manosque, le seigneur exigeait pourtant deux corvées de labour par an de ceux « qui travaillaient avec un araire, des bœufs, des ânes ou d'autres bêtes », et seulement des services de portage et des journées de main des autres dépendants, *Livre des privilèges de Manosque* (éd. ISNARD), p. 20.

2. POSTAN, 380 ; DUBY, 409 *a*.

3. POSTAN-TITOW, 500.

4. Voir p. 925 sq.

certaines provinces un nouveau servage, ce fut certainement le désir de recevoir un équipement agricole, efficace mais coûteux, qui poussa bien des paysans pauvres à se reconnaître en dépendance ; le même souci les retint dans la servitude, puisqu'ils avaient le droit de déguerpir, d'avouer un autre maître ou de se proclamer libres, à condition toutefois d'abandonner leurs biens meubles, donc leurs bêtes de labour. En fait, l'essor agricole apparaît de la sorte comme un très puissant agent de différenciation sociale.

2. L'exploitation familiale

En hâtant la désagrégation du manse, il bouleversa d'autre part les cadres très anciens où s'inscrivait la vie quotidienne des familles paysannes. Il est difficile en effet de penser que la dissolution de cette cellule fondamentale fut provoquée par un changement des structures familiales, par la dislocation du groupe de parenté : déjà des ménages de type conjugal occupaient en effet les manses décrits par les inventaires carolingiens [1]. Le fractionnement résulta en partie de l'effet conjugué de la pression démographique et d'un renouvellement des cadres utilisés pour les perceptions seigneuriales. Mais son principal agent fut incontestablement le meilleur rendement du travail humain : pour vivre, chaque maisonnée n'avait plus besoin de terres aussi étendues. L'amenuisement du lot de terres considéré comme suffisant à nourrir une famille, et, d'une manière plus générale, la réduction des dimensions moyennes de l'exploitation paysanne, apparaissent ainsi comme l'un des critères du progrès agricole. Leur chronologie vaut d'être précisée.

En Lorraine, où l'étude se trouve poussée plus loin qu'ailleurs, le « quartier » (fraction de l'ancien manse qui, d'ailleurs, ne correspondait pas toujours à son quart) apparaît déjà sporadiquement dans les polyptyques de la fin du IXe siècle. Cependant, les seigneurs adoptèrent décidément ce type de tenure comme nouvelle assise des redevances au XIIe siècle. La superficie moyenne des terres adjointes à chaque « quartier » atteignait alors de quinze à seize journaux, c'est-à-dire de trois à quatre hectares. En fait, l'exploitation était à peu près quatre fois moins vaste que le manse du haut Moyen Âge [2]. Comme rien n'atteste alors un quelconque amenuisement du groupe paysan qui vivait dans chacune de ces tenures familiales, il faut bien admettre que la réduction des périodes de

1. Voir p. 684. Toutefois si l'on considère que certains tenanciers de l'époque franque employaient des esclaves domestiques, il est permis de supposer que la raréfaction de la main-d'œuvre servile au niveau des exploitations paysannes a pu hâter après l'an mil le fractionnement du manse, Perrin, 242.

2. Perrin, 189, p. 644 sq.

jachère, jointe à la hausse des rendements agricoles, avait à peu près quadruplé la productivité des sols labourables entre le IXe et le XIIe siècle. Ou bien supposer que les tenanciers, par l'essartage des lisières de la clairière villageoise, avaient acquis la disposition, en alleux ou en censives, de parcelles supplémentaires qui complétaient les « appendices » du « quartier ». Ou bien encore, et c'est l'hypothèse la plus vraisemblable, que les ressources de la famille paysanne s'étaient accrues à la fois par le défrichement et par l'intensification de la culture.

Le morcellement des unités agraires du haut Moyen Âge s'observe très généralement dans toutes les régions qui bénéficièrent de l'expansion agricole. La poursuite du mouvement tendait d'ailleurs à désagréger à son tour le « quartier » lotharingien : dans le pays de Namur au XIIIe siècle, certaines de ces nouvelles tenures nourrissaient chacune plusieurs familles, qui les tenaient et les exploitaient conjointement [1]. Ici et là, la résistance du manse fut plus ou moins tenace. Il avait tout à fait disparu dès le XIe siècle dans les campagnes normandes. Vers 1150, dans tel village de la Bourgogne méridionale, trois manses seulement parmi les dix-neuf que les documents font connaître possédaient encore des « appartenances » labourables et constituaient véritablement des exploitations cohérentes ; tous les autres se trouvaient complètement décomposés, et la toponymie seule en conservait le souvenir. Au XIIIe siècle, tous les anciens manses, entièrement découpés et éparpillés en parcelles, s'étaient désagrégés dans la région parisienne et en Flandre, comme en Alsace ou en Souabe [2]. Dans d'autres contrées, cependant, les unités d'exploitation familiales maintenaient alors solidement leur cohésion. Parfois, elles avaient été mieux protégées par les méthodes de gestion de la seigneurie, ou par les pratiques successorales. Ainsi en Bavière, où le partage des tenures nées du défrichement était interdit, en Allemagne du Nord-Ouest où l'institution du droit d'aînesse fut précoce en milieu paysan [3]. Mais il est remarquable que les manses les plus vigoureux, ceux qui survécurent au Moyen Âge et dont les photographies aériennes révèlent aujourd'hui encore la cohésion intacte, soient d'ordinaire situés, ou bien dans

1. GENICOT, 178, p. 231 sq.

2. DUBY, 247, p. 373 ; BLOCH, 3, p. 166 ; DUBY, 408 ; DUBLED, 223 ; FOURQUIN, 510 *a*.

3. DOLLINGER, 149 ; WITTICH, 199. En Westphalie, l'allusion la plus ancienne au droit d'aînesse apparaît dans le *Hofrecht* de l'abbaye d'Abdinghof, qui date de 1152, ROTHERT, *Westfälische Geschichte, I. Das Mittelalter*, 1949, p. 266. On notera qu'en Angleterre, la *hide* a fait place au XIIe siècle à des unités agraires plus petites, la vergée, qui en est le quart, la buvée, qui en est le huitième ; mais l'une et l'autre servaient toujours, dans le manoir, d'assiette aux charges paysannes, ce qui les maintenait stables, et bloquait à ce niveau le fractionnement des tenures. Toutefois la possession des familles de tenanciers ne s'inscrivait pas exactement dans ces cadres des perceptions seigneuriales.

les campagnes méridionales dont la rénovation ne fut jamais aussi poussée, ou bien dans les zones les plus tardivement gagnées par le défrichement, le haut Beaujolais, la Bresse, les pays de l'Ouest français, les montagnes du Massif central [1]. Or, dans ces dernières régions, les cadres de l'exploitation s'implantèrent, en effet, à une époque où les progrès techniques avaient développé toutes leurs conséquences, et sur des sols plus ingrats où la productivité n'eut point possibilité de s'accroître ultérieurement. Ces considérations renforcent l'impression que la désintégration du manse, entre l'an mil et le milieu du XIIIe siècle, fut pour une bonne part déterminée par le perfectionnement des techniques agricoles.

Ces progrès enfin, et les mutations démographiques qui leur sont étroitement liées, ont travaillé de l'intérieur les structures de la communauté villageoise. Les terroirs plus productifs purent nourrir davantage de ménages, accueillir les immigrants et les nouveaux foyers fondés par les enfants du pays restés sur place. De la sorte, à l'écart du cercle traditionnel et restreint des chefs d'anciennes maisons, qui s'estimaient seuls détenteurs légitimes des droits d'usage sur les communaux [2], grossit le groupe des nouveaux venus, des « hôtes ». Leurs « cabanes », leurs « bordes », leurs « cottages », qui apparaissaient déjà çà et là dans quelques inventaires carolingiens, se multiplièrent au XIe et au XIIe siècle, construits les uns après les autres aux flancs des vieux enclos. Puis, à partir du second tiers du XIIIe siècle, des exploitations isolées s'établirent en marge du finage ; elles rompirent tout à fait les solidarités du village ; on ne voyait plus leurs habitants qu'à la messe paroissiale ; ils fermaient leurs terres à la dépaissance collective et limitaient ainsi le terrain de parcours du troupeau commun. Cette dernière forme d'implantation modifia profondément les cadres coutumiers de l'existence. Provoquant la contraction défensive de la communauté villageoise, elle opposa désormais les zones d'individualisme à celles où se renforçaient les contraintes collectives [3].

3. L'essor démographique

Le perfectionnement des techniques agraires accrut de manière considérable la production des subsistances. Tout comme l'élargissement de la surface cultivée, il recula les obstacles qui contenaient la poussée démographique. Il ouvrit un libre champ à celle-ci, qui d'ailleurs stimulait elle-même puissamment l'effort

1. Higounet, 56 ; Fournier, *Cahiers d'histoire*, 1959.
2. Bader, 475, p. 51.
3. Voir p. 262 sq.

de défrichement et d'amélioration des méthodes de culture. Incontestablement, les campagnes d'Occident se peuplèrent alors davantage. Mais l'historien manque de moyens pour mesurer de près cette croissance.

Fort nombreux, tous les indices convergent pour évoquer un vif essor du peuplement pendant le XIe et le XIIe siècle ; mais les données qu'ils fournissent demeurent imprécises ; les chiffres font tout à fait défaut [1]. Ceux-ci apparaissent au XIIIe siècle ; on les voit se multiplier après 1250, lorsque la fiscalité devint moins rudimentaire. Les princes et les seigneurs se soucièrent alors de dénombrer ceux qui leur devaient les taxes, ou plus exactement les « feux », les foyers, les ménages, qui servaient désormais presque partout d'assise aux perceptions. L'enseignement de ces documents fiscaux peut être utilement complété par les descriptions de seigneuries, les censiers, les cadastres, les registres des cours judiciaires, qui révèlent ici et là le mouvement des terres et de leurs occupants, qui permettent aussi parfois l'analyse de certaines structures familiales. Ces sources restent certes beaucoup trop imparfaites pour que l'on puisse espérer jamais connaître de manière satisfaisante les mouvements démographiques de cette époque. Elles méritent toutefois grande attention. En fait, on a commencé en quelques endroits à les exploiter. L'histoire de la population a partout fortement progressé ces derniers temps.

La plupart des données sûres et convenablement analysées sont tardives et locales. Mais elles indiquent avec netteté le sens et la vigueur du mouvement. Je prends l'exemple de la Provence, où l'on voit doubler le nombre des feux entre le milieu du XIIIe siècle et le début du XIVe [2]. Si l'on admet que le dénombrement par feu n'était pas un simple artifice de perception et que la consistance du ménage n'avait pas subi de modifications notables, cette indication prouve que les hommes devinrent en cinquante ans deux fois plus nombreux dans ces cantons, dont beaucoup pourtant étaient fort pauvres. Dans neuf villages de la viguerie de Nice, on recensa quatre cent quatorze feux en 1263, sept cent vingt-deux en 1315. Encore la hausse affectait-elle ici fort inégalement les différents villages ; si l'un d'eux, avec vingt-cinq feux, restait stagnant, tel autre passait en deux générations de soixante-six à cent cinquante-sept, tel autre encore de trente à cent trois [3].

Il n'est pas possible de mesurer avec autant de précision la poussée démographique sur des champs plus vastes, et les évaluations des historiens divergent pour cela beaucoup. W.C. Robinson a pu nier récemment que le taux moyen

1. Genicot, 278.
2. Baratier, 84.
3. Baratier, 84, p. 180.

annuel de croissance ait alors dépassé 0,2 % pour l'ensemble de l'Europe, alors que W. Abel l'évalue à 0,39 % pour la France, à 0,48 % pour l'Allemagne [1]. En réalité, le royaume d'Angleterre paraît bien le seul pays où les hypothèses démographiques peuvent s'appuyer sur une base documentaire solide, grâce à des enquêtes d'ensemble d'une richesse exceptionnelle, comme le *Domesday Book* ou les registres de la *Poll tax* levée en 1377. Les estimations les plus sérieuses font penser que la population du royaume s'éleva de 1 100 000 habitants en 1086 à 3 700 000 en 1346. Selon W. Russell, le taux moyen de croissance annuelle se situerait ici autour de 0,46 % [2]. Cependant, cette fois encore, si l'on examine le phénomène de plus près, il apparaît que la poussée fut très inégalement répartie entre les diverses régions anglaises. D'un village à l'autre, l'expansion suivit des cadences fort dissemblables. Certains furent entraînés dans un mouvement très vif : dans quelques hameaux établis en bordure des marais du Holland, on a pu estimer que le nombre des hommes s'était multiplié par six ici, par vingt-quatre là, pendant les deux siècles qui suivirent la rédaction du *Domesday Book* [3].

De telles inégalités locales incitent donc à la prudence. Elles interdisent en particulier d'étendre à l'ensemble de l'Europe occidentale les taux d'accroissement que l'on peut calculer pour l'Angleterre, puisque ce pays était encore sauvage au temps de Guillaume le Conquérant, et relativement vide par rapport notamment à certaines provinces françaises. Il n'est pas impossible que quelques villages de la région parisienne aient nourri au IXe siècle déjà presque autant d'hommes qu'au XIVe siècle. En revanche, dans tel terroir bourguignon, un sur cinq des quatre cents habitants recensés en 1248 était un essarteur, qui venait de conquérir sur les friches ses champs nourriciers [4]. Considérer par conséquent que, dans toutes les campagnes, la population a triplé uniformément aux XIIe et XIIIe siècles serait aussi fallacieux que d'attribuer à l'ensemble de la Gaule carolingienne les fortes densités que permet d'établir, pour Villeneuve-Saint-Georges ou Palaiseau, le polyptyque d'Irminon. Mieux vaut s'attacher à explorer minutieusement les secteurs limités où l'observation s'avère possible.

1. ROBINSON, 88 ; ABEL, « Wachstumsschwankungen mitteleuropäischer Völker seit dem Mittelatter », dans *Jahrbücher für Nationalökonomie und Statistik*, 1935.
2. RUSSELL, 89, p. 246.
3. HALLAM, 282 *a*.
4. MARTIN-LORBER, 497 ; FOURQUIN, 510 *a*.

*

La poussée démographique latente, que comprimaient seules au haut Moyen Âge les insuffisances de la technique agraire, semble bien, dès qu'elle fut libérée par les perfectionnements de l'outillage et par l'élévation de la productivité, avoir d'abord répandu les hommes dans les espaces vides ou peu peuplés. On estime que vingt à trente mille nouveaux habitants se répandirent ainsi dans la Brie forestière entre 1100 et 1250. De toute évidence, le taux d'accroissement de la population fut beaucoup plus élevé dans les secteurs de grands défrichements. Entre 1086 et 1279, la population des villages n'avait que très faiblement progressé dans le sud du Warwickshire, déjà fortement colonisé à l'époque saxonne ; elle avait même décliné dans sept paroisses ; en revanche, elle doublait et triplait dans le nord du comté [1]. La conquête agraire provoqua donc d'abord d'amples déplacements ruraux.

L'étude de ces migrations est l'une des moins malaisées pour les époques anciennes. Parmi les hommes du XIIe siècle dont le nom figure dans les documents seigneuriaux, beaucoup portent en effet, pour se distinguer des autres, un surnom qui évoque leur pays d'origine. On aperçoit de cette manière qu'un bon nombre de paysans émigrèrent et partirent peupler les faubourgs, en croissance continue, des villes et des bourgades voisines. Mais beaucoup d'autres aussi quittèrent le vieux terroir de leur père pour les terres pionnières et les pays d'essarts. Ce fut le cas de cet homme qui vint s'établir, au milieu du XIe siècle, dans un village du bord de la Saône et s'y maria avec une fille qui, elle non plus, n'était pas née dans le pays, mais avait émigré là, seule de sa famille, depuis un village distant d'une quinzaine de kilomètres. La population rurale se révèle à cette époque beaucoup plus mobile qu'on ne croit d'ordinaire. Dans tel canton de Lombardie, en 1181, 12 % des exploitants agricoles, et parmi eux de très humbles, ne résidaient pas dans le village de leurs ancêtres. On repère d'autre part à cette époque même des mouvements de grande ampleur qui conduisirent Flamands et Hollandais vers les pays allemands du Nord et de l'Est, et qui peuplèrent de Vendéens et de Bretons l'Entre-deux-Mers, entre Garonne et Dordogne [2].

Toutefois, ces déplacements depuis les contrées surpeuplées vers les zones vides, le dégorgement des anciens villages vers les « villeneuves », n'atténuèrent guère l'inégalité des densités régionales. On l'aperçoit toujours très brutale au

1. Brunet, 39 ; Homans, 151 *bis*.
2. *Recueil des chartes de l'abbaye de Cluny*, V, n° 3649 ; Cipolla, 479 ; Boutruche, 85 ; Epperlein, 386.

XIVe siècle parmi les divers comtés d'Angleterre ; elle oppose aux campagnes pleines de l'Est-Anglie ou du Leicestershire les déserts du Devon, les demi-solitudes des Midlands. En 1328, le Hurepoix apparaît presque vide, alors que la plaine de France toute voisine, avec dix-neuf feux par kilomètre carré, peut être tenue alors pour la campagne la plus peuplée d'Europe. Il est visible donc que les bonnes terres d'occupation ancienne, pépinière des aventuriers du défrichement, n'alimentèrent pas seulement la colonisation des zones incultes ; elles connurent aussi une croissance interne, si vive qu'elle détermina l'extension des vieilles clairières, qu'elle suscita l'effort de progrès technique, et cette même hausse des rendements qui l'entretint. La région parisienne, déjà trop pleine d'habitants au IXe siècle, en nourrissait pourtant deux fois plus un demi-millénaire plus tard[1].

*

Il faut considérer enfin que l'attitude démographique ne fut peut-être pas identique dans les différents groupes sociaux, et l'étude de ces disparités, dans les très rares cas où la documentation la permet, devient passionnante. Les historiens anglais viennent d'établir que les variations de la mortalité étaient plus accentuées dans le petit peuple des « cottiers », ces gens presque sans terre, qui vivaient d'embauche sur les domaines seigneuriaux[2]. Ces ménages dont le salaire constituait la principale ressource n'étaient-ils pas tentés, en revanche, d'élever davantage d'enfants, leur vraie richesse ? Les taux de nuptialité étaient-ils les mêmes aux différents niveaux de la hiérarchie des fortunes ? L'étude économique des campagnes médiévales appelle des recherches approfondies sur la structure de la famille rurale, qui ne sont certainement pas toutes impossibles.

Notons enfin que les mouvements de populations se trouvaient freinés ici, accélérés là par les conditions juridiques, et notamment par les divers régimes successoraux. On a récemment reconnu des structures de la population fort dissemblables à la fin du XIIIe siècle dans deux villages dépendants du prieuré bénédictin de Spalding, situés l'un et l'autre en bordure des *Fens*, et sur des sols de même qualité. Ici, beaucoup de jeunes ménages ; là, des mariages tardifs, moins d'enfants, une tendance nette à chercher fortune ailleurs. Or, le premier village était peuplé de *sokemen*, de libres paysans qui pouvaient diviser sans contrainte leur bien entre leurs héritiers ; en outre, chaque portion d'héritage

1. Fourquin, 533.
2. Postan-Titow, 500.

libre, si menu fût-il, conférait un droit de pâture dans les marais voisins ; tout ménage pouvait donc vivre sans terre en élevant une centaine de brebis ; aussi tous les enfants avaient le moyen de fonder un foyer et de s'établir dans le village même. C'est pourquoi un puissant dynamisme interne animait la population. Dans le second village, au contraire, vivaient des *operarii*, des gens de condition servile à qui leur seigneur interdisait de partager le patrimoine ; ils étaient par là contraints au célibat prolongé, à la restriction des naissances, ou bien à l'émigration [1].

4. Le surpeuplement

Poussé en avant par la croissance continue de la population, le progrès agricole paraît bien cependant avoir été finalement impuissant à dégager tout à fait la paysannerie de la pénurie alimentaire. L'histoire des famines le prouve.

Au XIe, au XIIe siècle, l'irrégularité des récoltes entretenait ici et là la disette, et des troupes d'affamés, en quête de secours en nourriture, assaillaient périodiquement la porte des monastères. Dans ces établissements religieux, l'aumône faisait figure d'institution et remplissait une fonction économique régulière : les moines de Cluny partageaient chaque année, à l'entrée du Carême, deux cent cinquante porcs salés entre seize mille indigents ; ceux de Saint-Benoît-sur-Loire nourrissaient, bon an, mal an, parfois cinq cents mendiants, parfois sept cents [2]. Aux échelons inférieurs de la société rurale, vivaient des groupes tout à fait démunis ; ceux-ci souffraient durement des écarts de récolte, de la chute des rendements en année trop pluvieuse, des étés trop chauds, où la consommation de nourritures de fortune devenait plus nocive, et pendant lesquels régnaient les dysenteries meurtrières. Il semble pourtant que les grandes famines généralisées, encore terribles au premier tiers du XIe siècle, se soient ensuite espacées, affaiblies, pour disparaître même tout à fait. Une dernière menace fut parée en 1217-1218 dans la vieille Germanie par l'importation des grains des terres nouvelles de l'Est. On ne connaît plus de pénuries générales en Allemagne et dans les Pays-Bas entre 1215 et 1315, mais seulement quelques disettes qui frappèrent surtout des provinces relativement arriérées comme l'Autriche [3].

Des crises frumentaires catastrophiques paraissent toutefois avoir de nouveau frappé les campagnes de France et d'Angleterre à partir du milieu du XIIIe siècle. Notre connaissance des famines demeure à vrai dire incertaine. Quelle valeur

1. Hallam, 282.
2. Duby, 406 ; *Recueil des Chartes de Saint-Benoît-sur-Loire* (éd. Prou), I, n° 149-150.
3. Curschmann, 561.

accorder aux témoignages des chroniqueurs, naturellement portés à romancer et à amplifier les drames, dont les échos leur parvenaient déjà déformés ? Tout se passe pourtant comme si la pression démographique, relâchée depuis l'an mil par l'ouverture de nouveaux labours, s'était renforcée lorsque les défrichements cessèrent de progresser après 1250. La hausse soutenue du prix des céréales, depuis l'époque où les documents permettent de l'observer (c'est-à-dire en Angleterre depuis 1160 environ), fournit une preuve de la tension croissante de la demande ; on peut en voir une autre dans la stagnation et même la légère baisse des salaires. Dans la seconde moitié du XIIIe siècle (et cela tient peut-être à la soudaine abondance de l'information), le surpeuplement des campagnes devient en tout cas manifeste.

On peut en trouver les signes les plus nets dans les documents seigneuriaux qui décrivent la terre paysanne. Les partages successoraux répétés ont alors éparpillé les petites exploitations. « Dans l'essart des Jeannenque, il y a des parts dont la sixième a été donnée à ceux de Lactote ; des cinq autres, on a fait cinq parts, et l'une de ces parts de parts a été divisée en trois, et dans l'une de ces trois parts, ils ont la moitié, et Bertrand Carbonnel l'autre [1]... » Le sort de cette parcelle des environs d'Arles n'est point singulier. Dans un village du Norfolk, soixante-huit tenanciers vivaient au temps du *Domesday Book* ; on en comptait cent sept en 1291 entre lesquels se répartissaient neuf cent trente-cinq tenures, elles-mêmes disloquées en deux mille vingt et une parcelles ; dix tenanciers se partageaient une pièce de deux hectares et demi ; dans tel autre village de l'Est-Anglie, un lopin se fractionna en vingt fragments entre 1222 et 1277 ; à Rozoy en Île-de-France, un héritage de cent soixante arpents se trouvait dispersé en soixante-dix-huit parcelles [2]. Cette pulvérisation donne la mesure de la prolifération familiale, qui a rompu entièrement les cadres administratifs de la seigneurie. Les documents de la deuxième moitié du XIIIe siècle montrent aussi l'accroissement rapide de la population sur les tenures. Dans un village lombard, on dénombrait quatre-vingt-neuf censitaires en 1248, une centaine vingt ans plus tard. À Weedon-Beck, dans l'est de l'Angleterre, le nombre des familles tenancières passa, sans qu'il y ait eu extension du terroir par défrichement, de quatre-vingt-un à cent dix entre 1248 et 1300 [3].

L'évolution des taux de mortalité porte un dernier témoignage, le plus probant, sur la charge démographique excessive qui accablait certaines campagnes

1. Archives communales d'Arles, authentique du chapitre, f° 116 (1182).

2. BENNETT, 139, p. 47 ; D.C. DOUGLAS, *The Social Structure of Medieval East-Anglia*, Oxford, 1927 ; FOURQUIN, 510 *a* ; MORGAN, 374.

3. ROMEO, 444 ; MORGAN, 374.

d'Occident à la fin du XIIIe siècle. En fait, la seule étude sérieuse concerne l'Angleterre pour les années 1240-1350 et repose sur les extraordinaires séries de comptes conservées dans les archives épiscopales de Winchester[1]. Elle atteste la précarité de l'existence dans la population paysanne, qui après 1300 paraît en certains cantons dépasser de 20 % celle du XVIIIe siècle. En 1245, l'espérance de vie pour un homme de plus de vingt ans était de vingt-quatre ans. Pour l'ensemble de la période on peut évaluer le taux de mortalité à quarante pour mille. Comme les documents ne prennent en considération que les adultes, et comme on ne sait rien de la mortalité infantile, le taux pour l'ensemble de la population devait alors se situer aux environs de soixante-dix pour mille, c'est-à-dire beaucoup plus haut que dans toutes les populations, même les plus arriérées, que les statistiques modernes permettent d'observer. En outre, ce taux s'élève encore à partir de 1290. Il devient, pour les adultes, de cinquante-deux pour mille entre 1297 et 1347, et l'espérance de vie tombe alors à vingt ans. Comme les oscillations de la courbe de décès sont très vives et expriment la sensibilité aux épidémies d'une population en état de déficience physique, comme elles apparaissent en étroite correspondance avec celles de la courbe des moissons, comme une analyse sociale plus poussée montre que les paysans riches mouraient moins que les pauvres, ces données numériques, de précision tout à fait exceptionnelle pour l'époque, fournissent la preuve la plus éclatante de l'insuffisance des perfectionnements agricoles. En dépit des aménagements mis au point dans les dernières années du siècle, le progrès technique ne parvenait pas à répondre aux besoins d'une population trop nombreuse, que la faim tenaillait tout entière aussi cruellement peut-être qu'aux temps carolingiens.

1. POSTAN-TITOW, 500.

CHAPITRE IV

L'ESSOR DES ÉCHANGES ET SES EFFETS

Mais sur tout son cours l'expansion agricole fut accompagnée par un autre mouvement de longue amplitude, une ouverture progressive des relations économiques et la lente croissance des activités commerciales, qui peu à peu pénétrèrent le monde des campagnes. Elles contribuèrent à soutenir sa prospérité, et aidèrent efficacement le milieu rural à supporter une charge excessive de population. En effet, les exploitations rurales furent sollicitées de produire, outre leur propre subsistance, de quoi répondre à la demande constamment plus pressante des acheteurs. Car, depuis la période obscure qui suit l'époque carolingienne, le niveau de la civilisation matérielle ne cessa de s'élever en Occident. Les quelques rassemblements d'hommes riches qui, au IXe siècle, attendaient du travail paysan leur nourriture et la fourniture des matériaux servant à façonner les ornements de leur vie de parade, devinrent plus exigeants, et surtout de plus en plus nombreux. En conséquence, les échanges s'animèrent. Tous cependant n'impliquaient pas des transactions à proprement parler commerciales. Pendant tout le Moyen Âge, l'essor de la circulation économique s'ordonna dans deux systèmes parallèles, et d'ailleurs étroitement imbriqués. Dans le cadre de la seigneurie, les courants qui véhiculaient les produits des champs et des bois vers les cours et vers les résidences urbaines de l'aristocratie prirent à la fois de l'ampleur et de la rapidité ; eu même temps, on vit s'étendre et se ramifier un réseau d'échanges fondés ceux-ci sur l'achat, sur la vente et sur le maniement de la monnaie.

1. La demande

Cette circulation plus active répondit d'abord à l'extension des consommations de luxe. Deux parures majeures faisaient alors l'agrément de la vie noble : les vins de qualité et les draps de belle laine, teints de couleurs éclatantes. Dans les assemblées chevaleresques, la mode de boire du vin s'était répandue largement jusqu'aux confins les plus brumeux et les plus froids de la chrétienté ; quant au goût pour les tissus précieux, il commandait toutes les attitudes économiques de la noblesse ; à tel point que les princes du XIIIe siècle, pour empêcher leurs vassaux de se ruiner, durent limiter par ordonnances le nombre et la qualité des vêtements dont l'achat était permis chaque année aux différents niveaux de la haute société. Ces lois somptuaires sont significatives, mais plus encore la vulgarisation progressive de tous ces ornements, dont l'usage pénétra d'un mouvement continu dans les couches moins élevées de la hiérarchie sociale, s'insinua peu à peu dans les habitudes des hobereaux de village, des patriciens des villes, et jusque dans les mœurs de la paysannerie. Vers 1330, dans tel village perdu des montagnes de haute Provence, lorsqu'un rustre mariait sa fille, la coutume lui imposait de la parer d'un manteau en drap d'Ypres ou de Champagne, et s'il était vraiment trop pauvre, s'il n'avait pas trouvé d'usurier qui voulût lui avancer l'argent en prenant un gage sur ses brebis, c'était le mari qui partait acheter l'étoffe dans la bourgade voisine [1]. Tout ce que le dépouillement systématique des registres des notaires, des livres de comptes des négociants ou de la littérature descriptive, tout ce que l'archéologie de la vie matérielle apprendront sur la diffusion du luxe enrichira singulièrement notre connaissance de l'économie rurale depuis le XIIe siècle. Car la matière première de ces breuvages et de ces vêtements venait entièrement des campagnes, et celles-ci furent sollicitées de développer, parallèlement à la culture des céréales, d'autres productions. La structure de la société médiévale, dont tous les axes convergeaient vers une aristocratie toute-puissante et dépensière, animée principalement par le souci de paraître, concentrait entre les mains des seigneurs tous les nouveaux revenus engendrés par l'expansion agricole. Elle les détournait vers des achats de luxe. On s'explique donc que la circulation des denrées somptuaires se soit amplifiée la première et le plus largement. Ainsi, lorsque les capitaux formés par le progrès des cultures retournèrent s'investir à la campagne, ce ne fut point la production des céréales qui en profita d'abord, mais celle des biens de consommation noble, comme le vin ou la viande, et des matières premières de l'artisanat de qualité.

1. Archives des Bouches-du-Rhône, 396 E 17.

Cependant, l'activité proprement agricole fut également stimulée par une demande accrue de produits alimentaires, car le nombre des hommes qui ne produisaient plus eux-mêmes, par le travail de leur propre terre, l'approvisionnement de leur maison, ne cessa de se multiplier. Les renseignements numériques manquent tout à fait, qui permettraient d'entrevoir la croissance de ces groupes de consommateurs. Mais on devine leur composition. Ils étaient formés d'abord de tous les spécialistes, de tous les gens de « métier », que la hausse générale du niveau de vie et la progressive division du travail rendaient constamment plus nombreux. Certains vivaient dans les châteaux et les demeures aristocratiques, comme ces artisans qui, précisément, fabriquaient les objets de luxe, ou bien comme ces soldats professionnels, dont les compagnies s'accrurent dans toute l'Europe à partir du XIIe siècle [1]. Toutefois, les plus grosses demandes de ravitaillement venaient des villes. Leur croissance fut, ici et là, plus ou moins précoce, et plus ou moins vive : on découvre les premiers indices d'un développement urbain dans les dernières années du Xe siècle à Marseille et à Toulouse, mais seulement soixante ans plus tard en Mâconnais ; très ancienne et très intense en Italie, la poussée d'urbanisation n'affecta l'Angleterre et l'Allemagne centrale qu'au XIIIe siècle, et faiblement. Les historiens de l'économie rurale attendent donc de ceux qui étudient les phénomènes urbains qu'ils précisent dans chaque région la chronologie et l'ampleur du renouveau d'activité que connurent alors les villes. Car, sans considérer celles-ci, leur situation, leur taille, leur fonction, on ne saurait observer valablement ni comprendre les mécanismes de la production ou de la circulation des biens dans les campagnes voisines à partir du XIe siècle.

*

L'un des effets les plus importants de l'expansion urbaine fut d'absorber en partie le surcroît de la population rurale, et de soulager dans les villages environnants la pression démographique. On sait maintenant que les villes et les bourgades ont grandi surtout par une immigration paysanne proche [2]. On sait aussi que ces agglomérations ne cessèrent d'attirer des gens de la campagne. Pour cette raison, beaucoup des nouveaux « bourgeois » restèrent plus qu'à moitié des ruraux et continuèrent à travailler leur terre familiale, à en tirer de quoi se

1. Il fallait assurer le ravitaillement des garnisons et des armées en campagne. En 1203, deux mille deux cent dix porcs fumés furent envoyés d'Angleterre à Rouen, pour l'armée du roi. A. L. Poole, *From Domesday Book to Magna Carta*, Oxford, 1945.

2. Plesner, 499 ; Duby, 247, p. 340.

nourrir, et même de quoi nourrir leurs voisins. La part des activités paysannes demeura toujours considérable dans l'économie des villes médiévales, et le bourg, surtout lorsqu'il restait petit, n'était en fait qu'une simple excroissance très engagée dans la campagne qui l'avait fait naître. En raison de cette étroite symbiose, chaque ville produisait donc elle-même une bonne part de sa subsistance. Toutefois, dans chacune d'elles, quelques hommes au moins devaient acheter leur pitance. C'était le cas des étrangers de passage d'abord. Toute ville constituait un nœud de la circulation routière, et celle-ci n'avait cessé de s'intensifier. Dans toute la France, au XIe siècle et au début du XIIe siècle, les documents font apercevoir la naissance d'hospices ou d'auberges aménagés pour les passants. Ils montrent aussi que certains des habitants sédentaires de la ville abandonnaient peu à peu le travail de la terre, pour s'adonner à des « métiers » spécialisés plus profitables ; nombre de documents des seigneuries urbaines relatent les embarras des maîtres obligés, par la défection de leurs tenanciers, de reprendre l'exploitation de parcelles jadis cultivées, mais laissées à l'abandon dans les faubourgs. Enfin, certaines agglomérations devinrent vite trop peuplées pour pouvoir tirer tout leur approvisionnement du *suburbium*. Une ville de trois mille âmes – et beaucoup atteignirent et dépassèrent cette taille au XIIIe siècle – consommait chaque année au moins mille tonnes de grains ; pour produire une telle quantité de nourriture, il était nécessaire, dans l'état des techniques agricoles et des rendements, d'ensemencer quelque mille cinq cents hectares, et par conséquent, pour ménager à la terre les repos nécessaires, de disposer d'une superficie arable au moins deux fois plus vaste. La zone pourvoyeuse devait s'étendre fort loin des murs. Ainsi, la Florence du trecento ne pouvait vivre plus de cinq mois par an des terroirs proches ; le surplus de son ravitaillement dépendait de trafics établis sur des distances parfois fort longues. Ces trois raisons expliquent que l'on aperçoive dans les villes du XIe siècle, et que l'on voie prospérer ensuite, des marchands de denrées alimentaires. Ainsi, j'ai reconnu à Mâcon que d'anciens domestiques de l'évêque s'étaient mis à gérer le four à l'entrée du pont et à vendre du pain aux voyageurs. Ils firent rapidement fortune [1]. Même réussite partout pour les bouchers, qui formèrent souvent les premières associations professionnelles urbaines, et les plus puissantes. Au XIIIe siècle, ils étaient une douzaine à Montbrison, petite bourgade du Forez qui ne comptait pas plus de deux mille habitants, et ils s'enrichissaient en vendant des viandes, mais aussi du sel, du cuir, des laines, des bêtes sur pied [2].

1. *Cartulaire de Saint-Vincent de Mâcon* (éd. RAGUT), n° 13.
2. PERROY, 330.

Toutefois, même lorsqu'il était de provenance lointaine, l'approvisionnement des centres de consommation échappait en très grande part aux activités commerciales proprement dites ; il était assuré par le jeu des institutions seigneuriales. Toutes les villes, en effet, abritaient une ou plusieurs grosses seigneuries. Vers ces « maisons » convergeaient les surplus d'un grand nombre d'exploitations rurales petites et grandes ; ils venaient remplir les granges dîmières des évêques et des chapitres, les celliers des demeures nobles. Domestique ou cliente de ces centres seigneuriaux, une forte proportion de la population urbaine se trouvait nourrie par eux ; ils entretenaient aussi nombre d'indigents ; des domaines ruraux, des rentes foncières fournissaient les hospices en provende. Les spécialistes du négoce et des fabrications artisanales eux-mêmes se préoccupèrent très vite d'utiliser le pouvoir seigneurial pour approvisionner leur étal ou leur atelier, pour éviter de traiter avec les producteurs des campagnes et de débattre avec eux le prix des denrées. Ils prirent à ferme les revenus domaniaux ; ils se substituèrent aux seigneurs dans l'exploitation des vignobles, dans la perception des dîmes ; ils cherchèrent à tenir par le crédit les paysans et les petits nobles, tissèrent dans la campagne environnante un réseau de contrats, d'engagements, de rentes, qui les rendirent maîtres, ici d'une part des moissons, là de la moitié d'un troupeau. Enfin, ils achetèrent de la terre, devinrent eux-mêmes seigneurs dans les biens aliénés par des nobles endettés, ou dans de nouveaux « gagnages » créés par remembrement [1].

Cependant, les mouvements de plus en plus vifs que suscitait l'accroissement de la demande déterminèrent l'ouverture générale des relations économiques et leur rapide assouplissement. La monnaie était nécessaire et commode, l'usage s'en répandit de plus en plus, et la part du négoce s'étendit. Les documents de la seigneurie montrent qu'il intervint de plus en plus au sein même des organismes seigneuriaux. J'ai parlé déjà de ces convois qui, dans le haut Moyen Âge, acheminaient vers l'abbaye de Saint-Bertin le produit des vignobles qu'elle possédait près de Cologne ; un moine les accompagnait ; à la fin du XIIe siècle, on voit que celui-ci ne ramenait plus avec lui des tonneaux, mais l'argent qu'avait produit sur place la vente des vendanges [2]. Certaine année, vers 1100, le religieux qui gérait un doyenné clunisien dans les Dombes avait vendu des chevaux et du blé pour près de deux mille deniers. Quant à l'abbaye de Cluny elle-même, qui nourrissait alors plusieurs centaines de personnes, elle avait cessé, vers la même époque, d'attendre tout son ravitaillement de sa seigneurie ; pour acheter du grain, elle dépensait chaque année une somme énorme, plus

1. Voir p. 163-164.
2. Dion, 95, p. 419.

de mille livres ; deux cent quarante mille pièces de monnaie étaient répandues de la sorte parmi les producteurs ruraux d'alentour[1]. Ce recours progressif à l'achat et à la vente provoqua dans les campagnes l'aménagement de courants commerciaux réguliers et l'implantation de l'équipement nécessaire aux échanges.

2. Les instruments du commerce : la monnaie et les marchés

Sera-t-il jamais possible de suivre d'assez près l'histoire de la monnaie dans le milieu rural ? De nombreux indices attestent cependant que l'emploi du numéraire y devint peu à peu moins exceptionnel. On devine que les ateliers monétaires se multiplièrent depuis le haut Moyen Âge dans tous les pays qui en étaient mal pourvus ; ainsi les empereurs saxons et saliens en créèrent-ils des quantités au-delà du Rhin, où il n'en existait pas encore[2]. Il semble aussi que les émissions soient devenues plus fréquentes, et peut-être plus abondantes, sans parvenir pourtant à suffire tout à fait aux besoins nouveaux. Une enquête a récemment montré que, dans les chartes de l'Europe méridionale, lorsqu'il est question de prix ou de paiement, les mentions d'équivalences en bétail ou en denrées deviennent de plus en plus fréquentes jusque vers 1075, puis se raréfient ensuite et disparaissent vers 1140[3]. On peut y voir le signe que les échanges se développèrent d'abord plus vite que ne s'accélérait la circulation des deniers, puis que l'intensification de la frappe parvint ensuite à réduire la pénurie de numéraire.

Plus évidente est la diffusion dans le monde des campagnes de la notion du « change », d'une valeur diverse et variable, des différentes pièces en circulation. On sait maintenant que l'habitude se répandit entre 1050 et 1100, dans l'ensemble des provinces françaises, de distinguer dans les actes écrits les espèces émises par tel ou tel atelier, de spécifier la nature des pièces exigées pour tel règlement, de parler d'une monnaie « courante[4] ». À la même époque s'accrut la part des deniers dans les pensions viagères, dans les prébendes, dans les gages ; à Cluny, dès 1080, les domestiques de l'infirmerie, entièrement entretenus par leurs maîtres, recevaient en outre chaque année un petit salaire de quarante deniers ; dans l'un des domaines de l'abbaye, on avait distribué en 1155 trois cent soixante deniers aux travailleurs des vignes[5]. Toutes ces indica-

1. Duby, 406.
2. Suhle, 135.
3. Herlihy, 323.
4. Duby, 247, p. 357 ; *Les Origines des villes polonaises*, Paris, 1961, p. 230.
5. Duby, 406.

tions concordent. Mais il faut souhaiter qu'un examen approfondi des sources et qu'une renaissance de la recherche numismatique viennent préciser dans chaque région de l'Occident la chronologie d'un mouvement, qui ne connut certainement pas partout le même rythme. On remarque que la conscience de l'instabilité des valeurs monétaires s'éveilla plus tôt en Aquitaine que dans la vallée de la Saône, pourtant traversée par l'un des axes majeurs de la circulation routière. On entrevoit aussi que les deniers étaient relativement très abondants dès le début du XIe siècle en Normandie et dans les pays anglais [1], pourtant sans villes, ce qui interdit, notons-le, de relier trop étroitement à l'essor urbain l'accoutumance au maniement de la monnaie. En 1115, un seigneur mâconnais pouvait extorquer cinq cents deniers d'un paysan, et mille deux cents d'un autre [2] ; mais deux cents ans plus tard, l'argent était encore fort rare parmi les montagnards de la haute Provence, dont le bétail formait encore la seule richesse mobilière. Réunir les éléments d'une géographie de la pratique monétaire, voici encore une tâche délicate que réclame l'histoire économique des campagnes médiévales.

L'installation de nouveaux péages, la hausse constante des revenus qu'ils procurèrent, constituent d'autres symptômes de l'adaptation des ruraux à des relations économiques moins contractées. La phase principale se situe en France dans la seconde moitié du XIe siècle : le profit du tonlieu de Saint-Lô était quatorze fois plus élevé en 1093 qu'en 1039 ; vers 1075, les châtelains du Mâconnais commencèrent de lever des taxes sur les négociants qui traversaient leur district, tandis que dans l'Ouest on rédigeait les premiers tarifs de péages [3]. Une seconde vague se dessina au milieu du XIIIe siècle, dans le Midi français au moins. Des protestations s'élevèrent alors contre les exactions routières que les seigneurs de haute Provence venaient d'instituer sur les chemins ruraux menant vers Aix ou vers Marseille ; à la même époque, sur la Garonne, un hobereau s'avisait de barrer la rivière et de taxer les barques de vin [4]. Toutefois, ces innovations fiscales intéressaient surtout les spécialistes du trafic à longue distance, et n'affectaient qu'indirectement le milieu paysan. Sur les activités de celui-ci, la multiplication des marchés hebdomadaires et des foires, dans les bourgades et dans les villages même, porte un témoignage plus immédiat.

On observe ce phénomène dans l'ensemble de l'Occident, l'Italie mise à part. Là, le réseau des marchés campagnards s'était en effet installé beaucoup plus

1. MUSSET, 329.
2. DUBY, 247, p. 359.
3. MUSSET, 329 ; DUBY, 247, p. 335.
4. SCLAFERT, 76, p. 69 ; HIGOUNET, 325.

tôt, dès le xe siècle ; mais, au xie siècle, la croissance précoce de l'économie urbaine concentra vers les villes l'essentiel du trafic des denrées agricoles, et fit s'atrophier très vite les marchés de villages [1]. En revanche, on peut suivre la prolifération continue de ceux-ci en Germanie, à travers les diplômes royaux d'abord, au xie siècle et pour les provinces de l'Ouest, puis, au xiie siècle, à travers les actes de fondation des nouveaux villages dans les terres neuves de l'Est. En France, les documents les plus riches sur ce point sont les chartes de liberté accordées après 1100 aux petites bourgades, et dont les clauses principales concernent toujours l'activité marchande, que la communauté des habitants souhaitait pouvoir exercer sans contrainte. Un marché hebdomadaire fut établi ou réglementé. On réduisit les monopoles commerciaux du seigneur, son privilège de vendre le vin à certaines saisons, son droit d'acheter à crédit dans le village. Les habitants réclamèrent l'autorisation de détenir chez eux des mesures pour le vin ou les céréales. Parfois, une foire à bestiaux fut fondée.

Toutes ces stipulations manifestent l'intérêt croissant des sociétés rurales pour le négoce des fruits de la terre, et leur inventaire minutieux serait des plus éclairants. On devine déjà que ces préoccupations nouvelles durent s'introduire vers la fin du xie siècle, mais qu'il faut sans doute situer au seuil du xiiie siècle dans l'ensemble de l'Europe occidentale la phase culminante du retournement d'attitude. À ce moment s'implanta dans la Provence intérieure une constellation serrée de petites foires saisonnières. À ce moment, dans le Sud-Ouest français, on fonda toutes les « bastides », dont la fonction principale était d'abriter, autant que des garnisons, des marchés ruraux. À ce moment, l'Angleterre se couvrit d'un réseau très dense de marchés établis dans les bourgs et les villages, et qui, dans ce pays sans villes, jouèrent un rôle d'une importance extrême : on peut dénombrer trente-trois marchés actifs dans le comté de Leicester, c'est-à-dire un pour soixante-cinq kilomètres carrés ; on en repère vingt-sept (un pour cent quinze kilomètres carrés) dans le Gloucestershire, et quatre-vingts dans le Devon [2].

Dans les localités qui abritaient des réunions marchandes périodiques s'établirent à demeure quelques spécialistes, qui servaient d'intermédiaires entre les entrepreneurs de trafic à longue distance, au service d'une clientèle lointaine, et les producteurs locaux. Ils sont souvent appelés *mercatores*, comme ces deux boulangers et ces deux bouchers « qui achetaient et vendaient tout le nécessaire à la nourriture », et dont, autour de 1100, une charte de peuplement du pays

1. Skaskin, 602 ; Luzzatto, 19, p. 127.
2. Sclafert, 76, p. 83 ; Hilton, 547.

blésois prévoit l'installation dans la future « villeneuve [1] ». À Ferrières-en-Gâtinais, des taverniers remplissaient cette fonction d'entremise vers 1180, et le seigneur leur imposait de fermer boutique pendant la période où il détenait seul le droit de vendre le vin, parce qu'ils pratiquaient le courtage pour les acheteurs étrangers au pays [2]. Auprès de tous ces marchés locaux prospéraient des trafiquants de toutes choses, tel Armanno de Bonifacio qui, lorsqu'il mourut en 1238, conservait en stock dans sa demeure neuf cent quarante-sept peaux d'agneaux et de chèvres, achetées par petits trocs aux éleveurs du sud de la Corse [3].

Il est certain cependant que, malgré les limitations instituées par les chartes de franchise, la seigneurie jouait à la campagne un rôle plus étendu et plus efficace encore qu'à la ville, dans les transactions qui assuraient la mise en circulation des produits du sol. Les seigneurs tenaient en très grande partie les moyens de transport, grâce aux corvées de charrois et de portage, qui furent d'ordinaire les dernières à disparaître [4]. Ils tenaient aussi dans les bourgades bon nombre des points de vente. À Montlhéry, par exemple, les religieux des Vaux-de-Cernay exploitaient une taverne en 1265, où ils vendaient non seulement du vin, mais du blé ; le prieuré de Saint-Pierre-de-Jusiers possédait une maison sur le marché de Mantes qui lui servait à négocier le produit de ses vignes, jusqu'à ce que la commune, lasse de supporter cette concurrence, la lui rachetât en 1290 [5]. Les seigneurs enfin réunissaient entre leurs mains, par le produit des cens et des dîmes, les cargaisons marchandes les plus importantes, et aussi les plus précieuses, puisque d'ordinaire ils exigeaient des paysans en redevances les denrées qui pouvaient se vendre le mieux, le froment ou le vin [6]. Les gros acheteurs venus des villes traitaient donc d'abord avec eux, et c'était souvent par leur intermédiaire que les petits producteurs écoulaient les surplus de leur exploitation. On peut voir ainsi que les abbayes anglaises vendaient aux trafiquants italiens ou flamands des quantités de laine bien supérieures à celles que livrait dans leurs manoirs la tonte de leurs propres moutons ; elles achetaient

1. *Cartulaire de l'abbaye de Marmoutier pour le Dunois*, p. 56 (1064-1119).

2. Perroy, 255, p. 87.

3. Lopez, dans 5, p. 326.

4. Duby, 409.

5. Olim, I, 206, 3 ; *Cartulaire de Saint-Père de Charres* (éd. Guérard), II, p. 721. Les chanoines de Saint-Paul de Saint-Denis vendaient le vin dans leur cellier, Archives nationales, LL. 1157, p. 234 (1243).

6. À Origgio, saint Ambroise de Milan percevait au XIIIe siècle des cens en vin, dont le produit était vendu au marché voisin. Romeo, 444.

donc la production des petits exploitants pour les revendre à bénéfice[1], et dès 1214, le concile général de Cîteaux s'inquiétait des profits que les communautés d'Angleterre pouvaient tirer de ces trafics intermédiaires[2]. Toutefois, le fait important, celui qui modifia peu à peu de fond en comble la situation économique de tout le monde rural, fut la dispersion, l'extrême décentralisation de l'activité commerciale que permit l'implantation d'innombrables marchés locaux entre l'an mil et les premières années du XIIIe siècle. De la sorte, un système de circulation très souple et très complexe s'instaura. On peut le tenir pour responsable de la grande diversité des prix d'un canton à l'autre, dont témoignent les documents du XIVe siècle, et dont jouèrent sans doute les trafiquants les plus avisés, achetant ici et vendant ailleurs.

En tout cas, partout, de petites bourgades actives devinrent, pour la dizaine, la vingtaine de villages environnants, le foyer d'une activité commerciale qui intéressait même les ménages les plus modestes, et qui ne cessa de s'amplifier. Les paysans y trouvaient le fer des outils, le drap pour les noces. Ils allaient y porter du grain que venaient acheter régulièrement les négociants des villes ou bien, pour leur propre consommation, les communautés monastiques. On sait que, dès 1120, le ravitaillement du monastère de Cluny dépendait des bourgs proches, tout comme, au XIIIe siècle, celui des abbayes du Leicestershire[3]. Cependant, les textes mentionnent plus fréquemment les transactions qui portent sur deux denrées. Sur le vin d'abord, dans les pays français et rhénans. Ainsi la bourgade de Ferrières-en-Gâtinais apparaît-elle avant tout en 1185 comme un marché du vin ; les « viniers » venus d'ailleurs devaient acquérir au cellier seigneurial une part de leur chargement, mais ils s'adressaient pour le reste à d'autres vendeurs, et ceux-ci étaient sans doute des paysans. Il apparaît bien d'autre part que, dans l'ensemble de l'Occident, l'activité la plus manifeste des marchés locaux concernait les produits de l'élevage. Les foires étaient d'abord des foires aux bestiaux, aux laines, aux cuirs, dont la date s'établissait en fonction du calendrier pastoral, les unes en automne, les autres au printemps. Les conditions de l'élevage imposaient en effet aux petits exploitants de vendre leurs bêtes aux premières de ces réunions, d'en acheter de nouvelles aux secondes. C'est ainsi qu'agissaient les paysans d'Orsonville, qui avaient coutume d'aller à Étampes ou à Gaillardon au début de la saison pour acquérir des bœufs de travail, dont ils se débarrassaient ensuite à l'entrée de l'hiver[4].

1. Carus-Wilson, dans 5, p. 375 ; Hilton, 619.
2. Martène, IV, col. 1249.
3. Hilton, 619.
4. Archives nationales, LL. 1351, f° 82°.

Faut-il se fier entièrement au témoignage, encore très partiellement recueilli, des documents écrits ? Ils donnent en tout cas à penser que l'essor des échanges et les sollicitations des négociants stimulèrent surtout dans les campagnes des activités extérieures et parallèles à la culture des céréales.

3. Le commerce des blés

Il ne faudrait pas pour autant sous-estimer l'extension du commerce des blés. Mais la trace doit en être cherchée surtout dans les archives urbaines. À vrai dire, elle est difficile à discerner et, dans les documents qui ont été jusqu'ici exploités, elle n'apparaît guère avant la fin du XIIe siècle. Ajoutons que le mouvement qui s'opérait par mer se laisse beaucoup mieux observer, car dans les ports on a très tôt levé des taxes douanières, donc évalué les cargaisons et tenu des registres. La nature des sources explique que, dans l'état des recherches, la circulation soit plus évidente en deux régions de l'Europe. En Angleterre d'abord. Voici, à titre d'exemple, trois indices, parmi les plus précoces, qui proviennent des archives de ce pays : en 1198, un droit frappait des blés exportés vers la Flandre ; l'année suivante, des marchands entreprirent de transporter en Norvège des grains récoltés dans l'Est-Anglie ; on sait d'autre part qu'un réseau de corvées de charrois reliait alors les domaines de l'église d'Ely au port d'embarquement de Lynn, et servait expressément à « vendre le blé du maître [1] ». Le second secteur actif est méditerranéen. Dès la fin du XIIe siècle, les trafiquants gênois fréquentaient les foires de Fréjus [2], et les seigneurs de Provence aménageaient les corvées pour faire descendre, par longs convois muletiers, le blé des moissons montagnardes vers les ports où l'on trouvait toujours acheteurs. En dehors de ces deux franges maritimes, il faut attendre que les progrès de l'histoire urbaine révèlent l'orientation et l'ampleur des trafics céréaliers.

D'ores et déjà, il est cependant permis d'affirmer que le blé fit l'objet, à cette époque et dans toute l'Europe, d'une demande soutenue. La preuve en est la hausse que connurent alors les prix, et que la documentation permet d'observer en certains points privilégiés à partir du XIIIe siècle. L'étude de ce phénomène n'a été poussée qu'en Angleterre. Il est douteux qu'elle soit possible ailleurs, sauf peut-être en Italie et dans la France du Sud, grâce aux archives notariales. Sur des séries anglaises qui s'étendent de 1208 à 1325, on a pu remarquer d'abord que les prix des quatre « blés », froment, seigle, orge et avoine, se

1. Miller, 187.
2. Février, 569.

comportaient sensiblement de la même manière[1], et que les uns comme les autres subissaient de très fortes fluctuations à court terme. Les prix se trouvaient donc fort étroitement liés à la variation saisonnière des récoltes, ce qui ne surprend pas dans une société surpeuplée, qui savait mal conserver les grains et accumuler les réserves, dans un monde, qui, peu ou prou, tenait le pain pour la nourriture fondamentale et qui ne disposait pas de beaucoup de nourritures de remplacement. En longue période, la hausse apparaît continue. Elle fut rapide avant 1250, et semble alors prolonger un flux dont il faut sans doute situer le départ au milieu du XIIe siècle. Cette montée brusque représenterait « le plus violent mouvement de prix de l'histoire anglaise » ; en effet, le prix moyen des blés doubla ou même tripla entre le troisième quart du XIIe siècle et le premier quart du XIIIe siècle. L'élévation se poursuivit ensuite, mais plus lentement : en 1320, les prix se tenaient, semble-t-il, quatre fois plus haut qu'en 1180[2]. L'allure de la courbe donne à penser que les exploitants furent constamment sollicités de produire davantage pour répondre à l'accroissement de la consommation.

Peut-on généraliser l'enseignement des sources anglaises ? Quel était ailleurs le degré réel de la fluidité des prix ? Dans les Alpes du Sud, une enquête de 1338 montre ceux-ci extrêmement cloisonnés ; ils variaient du simple au double ou au triple d'un marché de village à l'autre, sans que la géographie commerciale parvienne à rendre compte de telles disparités, et l'on peut se demander si la force des coutumes ne leur conférait pas une grande rigidité[3]. Dans quelle mesure enfin les ruraux furent-ils sensibles à ces variations de longue durée ? À ce propos, il conviendrait de distinguer certainement entre la masse des petits exploitants et les gros. Si la production céréalière se trouva stimulée directement par le mouvement des prix, ce fut d'abord sur les grands domaines. Encore faut-il penser que les avantages du marché ne furent point perçus par les seigneurs eux-mêmes, mais par leurs intendants, par ces gérants en faveur desquels furent mises au point, précisément pendant cette période, de nouvelles formes

1. Du moins les courbes de leurs fluctuations sont-elles parallèles ; mais pour les grains consommés par les plus pauvres, comme leur prix se tenait à un niveau inférieur, ce parallélisme traduit en réalité des écarts de plus forte amplitude. Le relevé des prix moyens par année entre 1266 et 1277, transcrit dans les statuts urbains de Brescia, montre que la valeur des céréales pauvres était plus instable, TOUBERT, 603 *a*.

2. BEVERIDGE, 130 ; FARMER, 320. La correction et l'interprétation des indices, fournis surtout par les rouleaux de comptes où les administrateurs des manoirs transcrivaient le montant des ventes de récolte, s'avèrent très difficiles. D'où les divergences entre les courbes tracées par les divers historiens.

3. DUBY, 409 *a*.

d'association aux profits d'exploitation. Venue des villes consommatrices, l'incitation fut transmise au monde des campagnes par ce groupe d'entrepreneurs, investis de grands pouvoirs économiques, mais encore incomplètement gagnés par les modes et les préjugés nobiliaires condamnant l'esprit de lucre, et qui représentèrent sans doute, nous y reviendrons, le principal élément de dynamisme et de progrès au sein de l'économie rurale. Quoi qu'il en ait été, les documents seigneuriaux montrent (en Angleterre au moins, parce que les sources se montrant beaucoup plus clairsemées ou moins accessibles, l'étude est à peine entreprise ailleurs) que, dès le début du XIIIe siècle, la part des grains récoltés sur les grands domaines, et que l'on destinait à la vente, était considérable. Dans les trente-deux manoirs dépendants de l'évêque de Winchester, les opérations commerciales portaient en année moyenne sur cinq mille hectolitres, c'est-à-dire sur près de la moitié du produit brut des champs domaniaux ; elles touchaient par conséquent 80 % du produit net, déduction faite des blés réservés pour les semences [1].

Cependant, ce fut, semble-t-il, aux alentours de 1300 que le grand commerce des céréales atteignit dans toute l'Europe sa période culminante. C'était, notons-le, le moment précis où les administrateurs des grandes exploitations se préoccupaient d'améliorer les procédés de la culture. Tout ce qui n'est pas seigneurial ou bourgeois dans le mouvement économique échappe, on le sait, à l'observation. Du moins peut-on voir à ce moment que les seigneuries, même de rang modeste, se sont toutes adaptées à produire pour le commerce. En Provence, chaque commanderie des Hospitaliers tirait ses meilleures ressources de la vente des grains, et dans les six manoirs que le duché de Lancastre possédait en Wiltshire, douze cents mesures de blé étaient vendues sur les treize cents qui restaient disponibles après les semailles [2]. Le trafic maritime s'était amplifié, profitant du progrès des techniques de navigation qui avait fortement accru la capacité des navires : des trafiquants de Méditerranée convoyèrent, en 1317, vingt mille hectolitres de froment vers Bruges où régnait la famine [3] ; les barques de l'Elbe, les « cogues » de la Baltique, commençaient alors à conduire vers l'Occident les excédents de blé produits sur les terres neuves de la chrétienté orientale : dans les années 1260 en Brandebourg, vingt ans plus tard en Prusse, on repère les premiers indices d'un trafic d'exportation [4]. On discerne partout

1. Postan, dans 5, p. 195.
2. Duby, 409 *a* ; Postan, dans 5, p. 195.
3. Van Werveke, 565.
4. Malowist, 652 et 653 ; Carsten, 7. C'est alors, par exemple, que les bourgeois de Prenzlau aménagent la rivière Ucker pour conduire les convois de grains jusqu'à la Baltique, Zientara, 559 *a*.

des courants réguliers d'approvisionnement qui s'établissent en direction des régions plus urbanisées. Thierry d'Hireçon, gros exploitant de l'Artois, dont on a conservé certains comptes d'administration, négociait directement l'écoulement des surplus de ses récoltes avec des négociants venus de Gand ou de Bruges ; parfois, il organisait lui-même des convois par voie d'eau vers la Flandre ; celui qu'il dirigea vers Gand en 1329 lui rapporta deux cent vingt-cinq livres, dont trente-neuf devaient être déduites, pour couvrir les frais de transport [1]. Une aire de ravitaillement dont les limites se rapprochent ou reculent, selon que l'année est de pénurie ou d'abondance, se dessine alors autour de chaque ville, petite ou grosse. À Nice, par exemple, l'achat du blé constituait le souci premier de la municipalité, sa dépense principale ; on allait le chercher partout, dans la montagne voisine, à Marseille ou à Montpellier, à Gênes ou à Pise, parfois jusqu'en Flandre. Paris s'approvisionnait normalement dans la plaine de France ; mais en cas de disette, les subsistances parvenaient de régions plus éloignées : en 1304, les réseaux nourriciers s'étendirent dans le Vexin, l'Orléanais, et jusqu'à Sens et Tours [2].

4. Le vin

L'instabilité saisonnière des itinéraires marchands qui ravitaillaient en blé les villes, comme les fortes saccades qui, d'année en année, perturbaient la courbe des prix, montrent avec évidence que le commerce des céréales manquait tout à fait de régularité. Il semble en revanche que les produits de la zone des enclos, des jardins, des cultures manuelles, soignées, protégées par les haies, ou bien ceux des terres vagues, domaine du bois et de l'herbe, aient fait, au XIIIe siècle, l'objet de trafics beaucoup plus stables. Même si elles n'étaient pas toujours les plus fructueuses, ces ventes alimentaient beaucoup plus régulièrement en deniers les coffres seigneuriaux et les ménages paysans.

Les jardins nourrissaient nombre de ces plantes précieuses, délicates, exigeantes, qui servaient à préparer les produits de luxe. On y cultivait d'abord certains végétaux producteurs de fibres textiles, et des plantes tinctoriales. « Les chanvres, lins, guesdes et pastel, garance, gaude, charbon à bonnetier, roseau et autres matières servant à faire des toiles, à teindre, à préparer et draps et peaux et autres services, se logeront, dit encore au XVIIIe siècle le dictionnaire de Trévoux, dans l'enceinte du jardinage [3]. » Jadis, on les soignait pour la fabrica-

1. Richard, 437.
2. Fourquin, 510 *a*.
3. Meuvret, 115.

tion domestique des vêtements destinés à la maison, ou à celle du seigneur. Lorsque l'artisanat textile commença de se concentrer dans certaines villes, on eut l'occasion de les vendre. Produite d'abord dans les jardins de la vallée de la Somme, introduite ensuite dans le cycle des cultures céréalières sur les champs limoneux du plateau picard, triturée dans les moulins qu'animait la rivière, puis exportée jusqu'à Londres, la guède faisait au XIIIe siècle une large part de la forte prospérité des environs de Nesle, de Corbie, d'Amiens surtout [1]. Toutefois, la production essentielle des clos, en France du moins et en Lotharingie, c'était le vin.

Du vignoble français, R. Dion vient d'écrire magnifiquement l'histoire [2]. Ce qui permet ici d'évoquer seulement le très précoce épanouissement de la vigne autour de toutes les cités, séjours des nobles et des élites religieuses, puis la croissance dès l'époque franque d'un vignoble orienté vers l'exportation. Autour de Laon, de Paris et sur les côtes de Moselle, c'est-à-dire au plus près des provinces défavorisées par le climat mais où le goût du vin se répandait, on produisit en quantité, pour des consommateurs lointains, ce vin blanc et léger, le plus apprécié alors sur les tables aristocratiques. Après l'an mil, les vignerons de ces contrées furent sans cesse sollicités davantage par les négociants : la clientèle s'étendait en effet, notamment dans les villes, où le vin devint vite l'une des gloires de la fortune bourgeoise. Les vignobles gagnèrent donc du terrain, le long des voies d'eau qui seules offraient alors le moyen de convoyer les tonneaux à bon compte, et sans les disloquer par les cahots [3]. Les premiers progrès de la viticulture marchande s'observent depuis la Moselle en direction du Rhin (les trafiquants de Cologne exportaient le vin rhénan vers les Pays-Bas, l'Angleterre et la Scandinavie), depuis Paris et depuis Laon en direction de Noyon, Soissons et Beauvais. Cependant, dans ces régions fort aventurées vers le Nord, les vendanges produisaient peu lorsque la saison n'avait pas été très favorable. L'irrégularité de la récolte conduisit les marchands à chercher plus loin vers le Midi leur ravitaillement. Au XIIe siècle, on voit s'affirmer la renommée des vins d'Auxerre, d'Anjou, de Saint-Pourçain, et de ceux qui parvenaient des lisières maritimes de l'Aunis et de la Saintonge [4]. Cent ans plus tard, le jeu de la politique, qui ne laissait plus aux souverains anglais qu'une seule possession continentale, la Guyenne, fit naître et croître très vite le grand vignoble borde-

1. Carus-Wilson, dans 5, p. 376 sq. ; Joris, 326.
2. Dion, 95.
3. Renouard, 134.
4. Première mention des vins de La Rochelle à Liège en 1198.

lais, dont les ramifications profondes se poussèrent le long des rivières [1]. Au même moment, les ducs de Bourgogne travaillaient à la popularité des vins de Beaune, dont l'expansion avait été longtemps contrariée par leur mauvaise situation par rapport aux réseaux fluviaux, ainsi que par leur épaisseur, leur force jugée excessive, et qui surprenait la clientèle. Mais, au milieu du XIIIe siècle, un voyageur reconnaissait en France trois grandes régions productrices, autour d'Auxerre, de La Rochelle et de Beaune. Dans une seule province française, le Midi rhodanien et méditerranéen, pourtant la plus favorisée par la nature, la production du vin pour la vente ne connut point d'essor. Elle était trop éloignée des gros centres de consommateurs. En outre, au seuil de la Bourgogne et du Languedoc, des communautés vigneronnes puissamment soutenues par leurs princes barraient jalousement la route à ses produits.

D'innombrables ceps furent donc plantés. Cette entreprise apparaît certes plus localisée que les grands défrichements agricoles, dont elle fut d'ailleurs tout à fait contemporaine. Elle leur est pourtant très comparable par l'ampleur des moyens mis en œuvre, comme par les effets qu'elle exerça sur le milieu rural. La « plante » réclamait, elle aussi, une étroite coopération entre les seigneurs de la terre et les paysans, dans des conditions cependant sensiblement différentes. Car il s'agissait d'un jardinage, d'une culture patiente et de rapport lointain ; exigeant de longs travaux de bras, la viticulture n'imposait pas un effort d'équipement en matériel et en bêtes, mais appelait plutôt un gros apport de main-d'œuvre. Dans les régions qui en bénéficièrent, le développement du vignoble revalorisa donc les tâches manuelles. De la sorte, il offrit du travail aux brassiers, à tous les paysans dépourvus d'attelage que le perfectionnement des instruments aratoires refoulaient vers des tâches incertaines. Au plan de l'emploi, l'essor viticole fit, dans une certaine mesure, compensation aux progrès des techniques agricoles.

Il s'opéra parfois directement aux dépens des friches : en Bordelais, les « palus » se couvrirent de ceps, et le roi Édouard Ier ouvrit sa forêt aux planteurs de vignes nouvelles. Mais très généralement, au XIe, au XIIe siècle, le vignoble gagna sur les labours. Des contrats d'égaux à égaux furent conclus, non point entre seigneurs, comme les « pariages » qui préparaient la fondation des villeneuves, mais entre le maître du champ et le travailleur qui acceptait de le transformer en une vigne. Au terme de tels contrats, dits de « méplant » ou de « complant », et dont l'usage était général depuis le Mâconnais jusqu'à l'Aunis ou au pays de Trèves, le lot devait être partagé en deux moitiés au bout de cinq ans, lorsque les ceps commençaient à rendre, et l'une des parts revenait en alleu, pour sa

1. Higounet, 324.

peine, au paysan créateur du clos. L'aménagement du vignoble comme celui des nouveaux quartiers de labours, mais de manière plus légitime, fit progresser ainsi l'allodialité paysanne. Il s'ensuivit que les petites gens, ces hommes trop pauvres pour tenir des bœufs de labour chez eux et qui possédaient seulement leurs bras et une bêche, participèrent très largement à la production des vins et à ses profits directs. Dès qu'elle se répandit dans la paysannerie, la vocation viticole revêtit un caractère démocratique, qui la distingua du labourage. Certains traits originaux de la société rurale en France, pays des plus grands vignobles, viennent de là.

Les meilleurs crus, toutefois, ceux que recherchaient les négociants et qu'ils payaient plus cher, provenaient des clos des riches, des dignitaires de la haute Église, des nobles ou, au XIIIe siècle, des patriciens de la ville. Ces gens de qualité mettaient en effet leur point d'honneur à maintenir et à améliorer la dignité de leur vin. Ils tenaient à surveiller de près la préparation de la terre et la vendange. Les bonnes vignes n'étaient donc point sans réticence abandonnées à des exploitants paysans, en tenure ou en métayage. On les confiait à des domestiques ou, et de plus en plus, à des travailleurs gagés. À l'expiration du contrat de complant, le seigneur prenait en main l'exploitation de sa part de la vigne nouvelle. Beaucoup plus étroitement que la production du blé, la viticulture se trouvait liée au faire-valoir direct. Dès le XIIe siècle, elle paraît aussi beaucoup plus étroitement associée au salariat et au maniement de la monnaie. En 1148, l'abbé de Cluny affectait à l'entretien du vignoble les gros cens en argent que lui rapportaient ses seigneuries d'Angleterre[1]. Au XIIIe siècle, la meilleure pratique consistait à établir sur la vigne un « closier », régisseur domestique, nourri et logé par le maître, qui dirigeait le travail de « laboureurs de vignes », rétribués en deniers à la journée. Soutien du petit alleu, le vignoble le fut donc aussi du petit peuple des salariés. Les clos seigneuriaux fournirent leur principal gagne-pain à d'innombrables petits ménages sans capitaux, riches seulement d'un petit clos personnel où, rognant sur les heures de salaire, l'homme allait, le soir ou le matin, piocher sa propre terre.

Les maîtres tenaient à ce que leur vigne demeurât à portée de leur surveillance. Pour cette raison, le vignoble de qualité resta cantonné dans la banlieue des villes, où les principaux seigneurs ecclésiastiques étaient établis de toute ancienneté, et qui redevenaient, dans la France du XIIIe siècle, la résidence de prédilection pour toute la haute société, ainsi que le siège des grandes entreprises de commerce. Les clos formaient autour d'elles une vaste ceinture. Aussi, les petits vignerons et les salariés viticoles, les « affaneurs », comme on les appe-

1. DUBY, 406.

lait à Lyon, n'étaient pas répandus dans toute la campagne ; ils constituaient des groupes à demi urbains, ou du moins fortement localisés sur quelques terroirs de banlieue. De ces zones, il arrivait que les cultures vivrières fussent presque complètement expulsées. Passant à Auxerre en 1245, fra Salimbene s'étonnait : « Les gens de ce pays ne sèment point, ne moissonnent point, n'amassent point dans les greniers. Il leur suffit d'envoyer leur vin à Paris par la rivière toute proche, qui précisément y descend. La vente du vin en cette ville leur procure de beaux profits qui leur paient entièrement le vivre et le vêtement. » Cette notation fait sentir à quel point l'établissement des vignobles d'exportation perturba l'économie rurale, suscitant de nouveaux et larges besoins d'approvisionnement en céréales, animant des courants d'échanges entre pays de vigne et pays de blé, entre la Picardie, par exemple, et le Laonnais, entre les coteaux parisiens et la plaine de France, excitant ainsi l'activité des petites bourgades qui assuraient la liaison entre les cantons de vocation complémentaire.

5. Les produits de la forêt et des pâturages

En même temps que celle des jardins fut vivifiée la mise en valeur des terres incultes. En ceinture de chaque terroir, ou exploités en commun par plusieurs communautés villageoises riveraines, le bois et ces formations végétales dégradées nées des écobuages périodiques, la lande, la « terre gaste », la « gâtine », avaient toujours été nourricières, et des systèmes de participation à leur exploitation avaient été très anciennement mis au point. La communauté du village fixait combien de bêtes chaque chef de maison pouvait envoyer sur la pâture. Ou bien le seigneur, en échange de quelques prestations, de la fourniture de deniers, d'un porc, d'un mouton ou d'une certaine quantité d'objets façonnés, abandonnait à ses propres tenanciers et aux paysans voisins des droits d'usage de nature bien précise sur les parties incultes de sa réserve. Les coutumes distinguaient soigneusement le « pasnage », c'est-à-dire le droit d'envoyer paître les porcs en forêt ; la « glandée », le droit de récolter les glands ; enfin l'« usage », le droit de ramasser le bois mort, ou l'autorisation de couper dans telle partie de la forêt une certaine quantité de bois vif. Après l'an mil, comme dans le plus haut Moyen Âge, le petit élevage constituait un appoint indispensable, un complément souvent fort important des profits de la culture.

Les textes indiquent que les ménages paysans élevaient surtout des porcs : la forêt suffisait à les nourrir. Dans tel village de l'Essex que décrit le *Domesday Book*, le domaine seigneurial nourrissait quarante porcs, mais les tenures deux milles deux cents. En revanche, les gros troupeaux de moutons, qui broutaient l'herbe des jachères et les engraissaient de leur fumier, appartenaient alors pour la plupart aux maîtres, en Angleterre du moins. Des treize cents moutons inventoriés à la fin du XIe siècle dans le village de Southminster, proche du précédent, sept cents étaient conduits par les bergers de la cour seigneuriale [1]. À cette époque enfin, il existait encore des pays de bois et d'herbage, où l'élevage ne fournissait pas seulement un complément mais la principale ressource. Au XIe siècle certains des domaines de l'abbaye de Fécamp, en Normandie, offraient l'aspect de clairières toutes pastorales ; ces seigneuries avaient reçu du duc en aumône, comme premier établissement, des vaches avec leur veau, des bœufs, des porcs [2]. Toute l'Angleterre du *Domesday Book*, l'Est-Anglie mise à part, paraît foncièrement vouée à l'élevage. Dans le Weald, on rencontrait alors, isolés en forêt, des établissements spécialisés dans l'engrais des porcs, qui livraient au manoir du maître des redevances en viande séchée, et la grande enquête place à part des autres paysans les « porchers » du Devon et du Wiltshire. Même dans les régions plus agricoles de l'Est, de larges étables, de vastes bergeries flanquaient toujours les exploitations seigneuriales. Le manoir que possédait l'évêque d'Ely à Doddington contenait cent vaches et vingt-quatre juments, et le domaine de Colne en Essex, de petite taille pourtant (on évalue dans l'enquête son labour à trois charrues et ses près à vingt acres), nourrissait vingt vaches, dix-neuf bœufs, trois chevaux, cent vingt moutons et soixante porcs [3].

Les documents font entrevoir cependant que, dès la fin du XIe siècle, la mise en valeur des terres vaines, spécialement par l'activité pastorale, commençait à s'intensifier. Cette stimulation résultait en partie directement des progrès de l'essartage. On sait que les défricheurs aménagèrent d'abord des pâtures encloses, des près producteurs de foin. Le mouvement de conquête s'est manifesté dans ses premières phases comme un effort pour tirer meilleur parti de l'herbe des bois et des gâtines. Longtemps, les polders de la mer du Nord, les marais des *Fens* d'Angleterre nourrirent en terrain humide des moutons d'abord, puis des vaches lorsque les prés furent dessalés. Longtemps, l'« hôte » vécut de laitages et des légumes de son jardin enclos, et c'était également le régime alimentaire des ermites comme de tous les religieux qui, solitaires ou en communautés, partirent, à la fin du XIe siècle, pour le « désert ». Les cisterciens vécurent en pasteurs, et mirent en valeur avant tout par l'élevage les espaces vides qui leur furent concédés. Les moines de la Grande Chartreuse possédaient une cinquantaine de vaches très peu de temps après leur établissement. En

1. LENNARD, 253, p. 260-264.
2. MUSSET, 429.
3. LENNARD, 253, p. 258 sq. ; MILLER, 187, p. 79 et 83 ; DARBY, 33, p. 204.

1226, ils soignaient sept cent cinquante brebis, trois cents agneaux, cent quatre-vingts chèvres. Les archives de tous ces nouveaux monastères sont pleines de titres qui leur assuraient la possession de droits de pacage sur les terres d'autrui, domaines seigneuriaux ou terroirs de villages, de droits de libre passage pour la transhumance ; elles sont remplies aussi de l'écho des chicanes qui opposèrent les religieux, à propos du fourrage, aux communautés paysannes d'alentour, et même à leurs frères d'autres abbayes. Pour l'utilisation des alpages, d'âpres rivalités dressèrent la Grande Chartreuse, dès sa fondation, contre Chalais, les templiers de Lus contre les chartreux de Durbon[1]. Moines et convers des « déserts » paraissent gagnés, au XIIe siècle, par cette agressivité conquérante, procédurière et batailleuse, qui caractérisait les éleveurs. Très tôt également, on les voit se préoccuper d'exemption de péage : dès 1195, l'abbaye de Boscaudon, dans l'Embrunais, obtenait un privilège de commerce à Marseille[2]. Ces religieux, en effet, ne pouvaient eux-mêmes utiliser tous les produits que les friches où ils étaient installés livraient en abondance. Aussi devinrent-ils très vite gros vendeurs de bêtes, de laine et de bois, de cuir et de souliers. Activité fort lucrative : complètement isolés du monde, perdus dans les solitudes inaccessibles, les premiers chartreux pouvaient, en 1173, disposer de cinq cents sous viennois et acheter ainsi le désistement d'un concurrent[3] ; à la même époque, la richesse des cisterciens, leur habileté commerciale étaient proverbiales dans la noblesse française, qui dissimulait mal à leur égard sa méfiance et sa jalousie.

Il semble bien d'ailleurs que les dernières années du XIIe siècle marquent l'orée d'une période particulièrement favorable à la vente de ces denrées. L'étonnante précision des archives seigneuriales anglaises permet de repérer, aux alentours de 1180, une hausse très sensible des prix du bétail, qui depuis quelque temps étaient demeurés stables. Un bœuf, qui valait trois sous à la génération précédente, se vendait presque deux fois plus cher ; il fallait maintenant six deniers au lieu de quatre pour avoir un mouton[4]. Un essor semblable à celui que connut, pendant tout le XIIIe siècle, le commerce du vin entraînait, au même moment, celui du bois d'une part, et des divers produits de l'élevage.

*

1. *Recueil des plus anciennes chartes de la Grande-Chartreuse* (éd. Bligny), Grenoble, 1960, n°s 26, 27, 28, 42, 43.

2. Sclafert, 76, p. 13.

3. *Recueil des plus anciennes chartes de la Grande-Chartreuse*, n°s 30, 43.

4. A. L. Poole, « Livestock Prices in the Twelfth Century », dans *English Historical Review*, 1940, Raftis, 190, p. 62.

Dans les forêts du haut Moyen Âge, très claires, fort mal tenues et que dégradait une exploitation désordonnée, les beaux arbres, le bois d'œuvre pour les amples constructions, avaient toujours été rares. On connaît l'aventure de Suger qui, pour ses bâtiments de l'abbatiale de Saint-Denis, cherchait vers 1130 douze grosses poutres. Il comptait les trouver sur le domaine du monastère, dans la grande forêt d'Iveline. Les charpentiers parisiens s'étonnèrent : le sire de Chevreuse, qui tenait la moitié du bois en fief de l'abbaye, avait utilisé tous les beaux arbres pendant ses guerres contre le roi et Amaury de Montfort « pour faire ses fortifications ». Ils conseillèrent donc à l'abbé d'envoyer prendre les poutres dans le Morvan. Suger tint bon, trouva les arbres. Mais on parla de miracle[1]. Plus tard, au XIIIe siècle, on avait à peu près cessé de construire des châteaux en bois. En revanche, d'innombrables maisons se bâtissaient dans les villes en plein essor ; sur les fleuves et les rivages des mers, d'innombrables nefs étaient mises en chantier, de ces navires légers qui s'usaient très vite et qu'il fallait reconstruire au moins tous les dix ans. Tous ces besoins multipliés par le progrès de la civilisation matérielle firent constamment monter le prix du bois d'œuvre.

La forêt fournissait également quantité de matériaux qui s'avéraient de jour en jour plus nécessaires, à mesure que les conditions d'existence devenaient moins frustes : fagots pour le feu, pour les fours et les ateliers, résine pour les torches, écorces qu'utilisaient les cordiers, cire des cierges, chaux, cendres, charbon des forges. De l'extension du vignoble résultait une très forte demande de bois pour la fabrication des tonneaux et des cuves, de cette vaisselle vinaire qu'il importait de renouveler partiellement à chaque vendange, pour la taille des échalas dont l'emploi permet seul aux plants de résister aux gelées blanches et que, chaque saison par quantités énormes, on façonnait dans le cœur de chêne ou de châtaignier. Des liens étroits unissaient de la sorte la viticulture à l'exploitation forestière. Un clos était-il créé ? Aussitôt, on craignait dans le voisinage « qu'à cause de la vigne, il n'y ait des dommages dans les bois[2] », et les maîtres de la forêt renforçaient le taux des amendes qui punissaient l'usage abusif des arbres.

En fait, il apparaît bien dans les sources écrites que les hommes, dès la fin du XIIe siècle, commencèrent à considérer l'espace boisé comme une valeur précieuse qui méritait une protection spéciale[3]. Or, à ce moment même, il était attaqué et rétréci par les entreprises des défricheurs, qui jamais sans doute ne

1. SUGER, *De consecratione* (éd. LECOY DE LA MARCHE), p. 221.
2. *Cartulaire de l'abbaye de Val-Dieu*, n° 262.
3. LAMPRECHT, 17, I, 1, p. 137.

furent plus nombreuses et plus conquérantes. D'autre part, les paysans usagers ne se contentaient plus de s'y servir de bois « pour leur cuisine, leur maison et leur clôture » ; tentés par les profits du négoce, ils allaient y charger leur âne ou leur char pour conduire jusqu'au bourg voisin fagots et bûches. Après 1160, on rencontre de plus en plus nombreux dans tous les dossiers d'archives de la France et de la vieille Allemagne les parchemins qui réglementent les usages de la forêt, qui les restreignent, qui délimitent les droits des forestiers en renforçant leur autorité sur les paysans et sur les pâtres, qui associent parfois aux revenus du bois, pour que celui-ci soit mieux défendu, un haut seigneur du voisinage, aux forts pouvoirs de justice, avec le titre de gardien [1]. Voici, choisi parmi tant d'autres, l'acte par lequel les religieuses de Chelles confièrent, en 1205, la protection de leurs taillis à Guillaume de Garlande, et qui réglait en même temps le rythme de l'exploitation : au bout de cinq ans, on ferait une coupe ; puis, pendant les sept années suivantes, le bois serait laissé intact et protégé ; on le mettrait ensuite aux enchères ; quatre années durant après chaque coupe, nulle brebis n'y aurait accès [2].

Modification profonde. La forêt du haut Moyen Âge avait été une large réserve ouverte à tous, où chacun selon ses besoins pouvait venir puiser, plus encore une vaste pâture où vagabondaient, en toute liberté, les bêtes domestiques, les porcs, les moutons, les bœufs et les chevaux de ces grandes hordes sauvages où se reconstituait la cavalerie des grands seigneurs. Elle devint, au XIIIe siècle, comme une culture protégée de l'arbre, destinée à pourvoir aux besoins de la construction, de l'artisanat et du chauffage. En fait, dans les revenus seigneuriaux, la part fournie par la vente du bois s'élargit alors considérablement. L'étude systématique de ces profits mériterait d'être entreprise, et les sources sont moins rares qu'il ne paraît. Dans les recettes du comté de Beaumont-le-Roger, le rapport des forêts dépassait, après 1250, celui des cens fixes de la terre [3]. Par ces ventes, les gros possesseurs fonciers entrèrent en rapport étroit avec les professionnels du négoce, qui parfois, jouant sur le manque de numéraire qui tenaillait en permanence la plupart des seigneurs ruraux, achetaient les coupes à l'avance à meilleur compte. Les religieux de Saint-Denis, qui avaient aliéné de la sorte en 1201 le droit d'exploiter une part de bois, touchèrent cent

1. Timm, 528 ; Philippe Auguste fit en 1183 clore le bois de Vincennes, Rigord, *Gesta Philippi regis*, 21.

2. Bibl. de Meaux, ms. 59, p. 105.

3. Strayer, 439, p. 77. En 1289, Pierre le Bouvier, de Verrières, achète à Notre-Dame de Paris dans le bois de Chatenay, la coupe de deux lots couvrant un et onze hectares, pour une somme très élevée, 994 livres. *Cartulaire de Notre-Dame de Paris* (éd. Guérard), II, n° 63.

trente-trois livres à la Saint-Jean pendant les sept années suivantes[1]. Cependant, on vendait le plus souvent les coupes à la criée et à « renquiérissement ». Il fut décidé par exemple, en 1307, que la portion boisée du domaine abbatial de Saint-Benoît-sur-Loire, à Varty, serait « criée » au marché de Clermont, et « que qui plus en vourra donner viegne avant et on li recherra ». Thierry d'Hireçon procédait de la même manière, ou bien chargeait ses forestiers d'embaucher des tâcherons à la semaine et de vendre par petits lots le bois d'œuvre et le bois de feu[2]. Tout comme la viticulture donc, l'exploitation forestière attirait, à la fin du XIIIe siècle, les marchands et leur monnaie jusque dans les contrées les plus retirées : elle accroissait les profits du faire-valoir direct ; elle procurait enfin des emplois et l'appoint d'un salaire aux gens de bras, qui n'avaient pas assez de terres ni d'outils suffisants pour produire eux-mêmes tout leur pain.

*

Au moment même où la forêt commençait à se fermer aux bestiaux, l'enrichissement progressif du régime alimentaire que l'on entrevoit à travers quelques textes, l'accroissement de la consommation de viande et de fromage qu'il détermina, les besoins toujours plus pressants de cuir et surtout de laine, conviaient aussi, et de manière plus vive encore peut-être, les gens des campagnes à étendre leur activité pastorale. Les bouchers, si actifs dans toutes les petites bourgades, les pressaient de s'engager dans cette voie. Dans le cours du XIIIe siècle, l'élevage ovin accomplit des progrès très rapides, qui ont été observés de près en Angleterre. Ils firent en grande partie la prospérité de ce pays, où tous les exploitants prirent alors conscience des gros profits qu'ils pouvaient tirer de la vente des peaux aux parcheminiers et de celle du lait (pour Walter de Henley, vingt brebis peuvent rapporter autant que deux vaches et donner chaque semaine deux cent cinquante livres de fromage et un demi-gallon de beurre). Mais c'était surtout la laine que recherchaient partout des acheteurs, venus de Flandre et d'Italie. Pour les satisfaire, les races furent améliorées. Par l'élargissement progressif de leurs dimensions, les parchemins que l'on conserve aujourd'hui dans les dépôts d'archives portent un témoignage très concret sur la croissance biologique des bêtes dont la peau servit à les fabriquer. Elle se poursuivit pendant tout le XIIIe siècle, et les abbayes cisterciennes, où l'on pratiquait les méthodes d'élevage les plus rationnelles, jouèrent sans doute un rôle déterminant dans ce perfectionnement. Des races à longue laine furent peu à

1. Archives nationales, L.I. 1157, I, p. 529.
2. RICHARD, 437 ; BRUWIER, 445.

peu constituées dans certaines provinces, comme dans le Lincolnshire et le Shropshire[1].

Cette spécialisation régionale introduisit de la diversité dans les prix des laines. Dans les contrées comme le Devon, où celles-ci étaient les plus mauvaises, et par conséquent les moins chères, l'essor de l'élevage resta très limité : en 1420, dans les comptes de l'abbaye de Tavistock, le rapport des ventes de blé l'emportait encore sur celui des ventes de blé l'emportait encore sur celui des ventes de laine[2]. Ceci montre à quel point l'activité pastorale était dépendante du marché. Et les éleveurs le sentaient bien, qui n'hésitaient pas à consacrer de fortes sommes d'argent à renforcer la qualité de leurs bêtes. En 1196, le manoir de Sulby, dans le Northamptonshire, dépensa trente-trois sous quatre deniers pour remplacer par des sujets à bonne laine cent moutons à laine grossière. Investissement profitable : le revenu annuel du domaine s'éleva de neuf livres deux sous à dix livres[3]. Les troupeaux surtout grossirent considérablement. Seules les grandes seigneuries ont laissé des archives assez abondantes pour que cette croissance puisse être suivie de près. Un exemple : les domaines de l'évêque de Chichester nourrissaient trois mille cent cinquante bêtes en 1220, cinq mille neuf cents au XIVe siècle[4]. Toutefois, de multiples indications donnent la certitude que les bergeries des plus humbles paysans s'enrichirent dans les mêmes proportions, et que la plus grande part des moutons d'Angleterre (on estime leur nombre à huit millions au milieu du XIVe siècle) était nourrie par les villageois. En 1225, près de Salisbury, dans le manoir de Damerham et le hameau voisin de Martin, le seigneur abbé de Glastonbury élevait cinq cent soixante moutons sur le domaine, mais le troupeau des cent quatre-vingt-dix-huit villageois comptait trois mille sept cent soixante têtes[5].

Sur le continent, les recherches sont poussées beaucoup moins loin, mais il est probable qu'elles ne tarderont pas à mettre en évidence des phénomènes de même ampleur. On discerne déjà dans quelques contrées un essor rapide et prolongé des activités pastorales pendant le XIIIe siècle. Ce fut à cette époque, semble-t-il, que s'organisa l'exploitation des « alpes » et de toutes les prairies de haute montagne. Dans le Tyrol et les Alpes bavaroises se fondèrent en grand nombre les *Schwaighöfe*. Sur les alpages jusqu'alors déserts et improductifs, les seigneurs installaient en altitude un troupeau de cinquante à cent bêtes, vaches

1. E. POWER, *The Medieval English Wool Trade*, Oxford, 1941 ; PELHAM, dans 33 ; TROW-SMITH, 28.
2. FINBERG, 176.
3. A. L. POOLE, *From Domesday Book...*, p. 54.
4. *The Chartulary of the High Church of Chichester* (éd. PECKHAM) ; A. L. POOLE.
5. PELHAM, dans 33, p. 240 ; E. POWER, *The Medieval English Wool Trade*, Oxford, 1941, p. 30.

et brebis, et le confiaient à une famille de pâtres ; celle-ci aménageait un jardin, dérobait quelques petits champs sur le pâturage, mais vivait surtout de lait, de produits de cueillette et d'un peu de blé que fournissait le maître. Elle lui livrait tous les ans en redevance plusieurs centaines de fromages et une vingtaine de kilos de beurre[1]. À la même époque, les communautés paysannes des vallées organisèrent en Béarn et en Auvergne la mise en valeur des grands herbages des sommets. Ce fut souvent l'occasion d'ententes avec des éleveurs de la plaine ou des contrées plus lointaines, à qui l'on ouvrait les pâturages à la belle saison. Tel cet accord conclu en 1295 à propos des pâtures voisines du lac d'Issarlès, dans le Velay, entre les cisterciens d'Aiguebelle et le prieur d'un petit établissement religieux local, qui traitait au nom des montagnards ; ceux-ci se réservaient la liberté d'établir dans les prairies des clôtures pour protéger des champs et des prés ; ils autorisaient les moines à monter chaque été cent vingt « trentains » de brebis ; mais ils exigeaient une redevance annuelle de neuf sous par an et d'un demi-quintal de fromage, et imposaient que, sauf par temps de pluie, les bêtes séjournassent toutes les nuits sur l'aire cultivée du terroir pour le fumer[2].

Dans les pays du Sud, les premiers règlements écrits de la transhumance apparaissent également dans les dernières années du XIIe siècle. Orienté, endigué par les autorisations de parcours, par les accords de passage conclus le long des itinéraires entre les conducteurs de troupeaux et les communautés agricoles, s'établit alors de façon régulière le grand balancement saisonnier qui transportait, à la recherche d'une herbe plus drue, des dizaines de milliers de bêtes entre les montagnes provençales et les grandes pâtures d'hiver du pays d'Arles. Dans les archives des comtes de Provence, un fragment de compte pour l'année 1300 révèle que, cet hiver-là, sur le territoire des bailliages de Saint-Maximin et de Barjols, plus de vingt mille bêtes étaient descendues des seules vallées de l'Ubaye, de la Bléone et de l'Asse. Le 12 juin 1345, le troupeau des hospitaliers de Manosque, prêt à partir pour les alpages, comptait soixante-trois béliers, cinq cent trente-quatre brebis, cent soixante-huit moutons, deux cent soixante-quinze agneaux, trois cent quatre-vingt-un agnelets. À ce moment-là, les hauts pâturages des Alpes méridionales apparaissent surchargés de bétail, et dévorés ; les communautés villageoises cherchaient à en interdire l'usage aux gens de l'extérieur ; ceux des montagnards qui n'avaient pas émigré, ruinés par l'invasion des transhumants, gémissaient contre les troupeaux des seigneurs et des entrepreneurs d'élevage des bourgades de la vallée. Beaucoup de bêtes qui sillonnaient, à chaque retournement des saisons, les chemins de Provence, appar-

1. HAUSMANN, 284.
2. *Chartes et documents de l'abbaye d'Aiguebelle*, n° 115.

tenaient, en effet, à des nobles ou à des professionnels ; seize éleveurs possédaient six mille cinq cents des moutons recensés dans le compte de 1300, et le seigneur de Digne en tenait à lui seul près de deux mille. Cependant, beaucoup aussi sortaient de bergeries paysannes, car les coutumes villageoises autorisaient chaque chef de maison du village à nourrir huit « trentains » de bêtes sur la terre commune. Chèvres et brebis formaient, au début du XIVe siècle, la seule fortune de bien des ménages dans les villages de haute Provence [1].

On peut penser enfin que les archives seigneuriales, encore si mal exploitées, livreraient en France, en Allemagne, en Italie, de quoi mesurer l'importance que prit l'élevage, au XIIIe siècle, dans l'exploitation domaniale. En 1229-1230, les administrateurs du domaine que possédait l'abbaye de Saint-Denis à Maisoncelles, en Brie, avaient vendu cinq cent seize bêtes à laine, quarante porcs, trente vaches, sept bœufs, et ceux du domaine de Tremblay, plus de quatre cents peaux de moutons [2]. La bergerie des Templiers de la Cavalerie, en Larzac, abritait, en 1308, cent soixante chèvres et mille sept cent vingt-cinq moutons, et les hospitaliers de Manosque nourrissaient, en 1300, outre mille cinq cents ovins, trois cents porcs, soixante-dix-sept chèvres et quatre-vingt-dix vaches [3]. Les comptes de gestion des domaines qu'exploitait en Artois Thierry d'Hireçon fournissent, pour le début du XIVe siècle, de très précieuses informations sur les achats et les ventes de bestiaux d'un gros exploitant, et sur les profits qu'il en tirait. Il élevait des chevaux (vingt-quatre dans la seule maison de Bonnières), les nourrissant l'hiver avec la paille et les grains de trémois ; mais cet élevage était uniquement destiné à l'équipement des charrues et au travail des champs. Le maître, par conséquent, vendait seulement des poulains et les bêtes « usées » ; il était surtout acheteur de sujets vigoureux. L'élevage des porcs se trouvait davantage orienté vers les profits du négoce : des trois cents que l'on tenait à Bonnières en 1328, douze avaient été engraissés et tués pour la table du maître, et trente-sept vendus au marché. La vente des veaux et celle surtout des fromages et du lait rendaient plus lucratif encore, et plus ouvert sur l'économie marchande, l'élevage des vaches. Toutefois, comme en Angleterre, les transactions les plus fructueuses portaient sur les moutons. Entre l'exploitation de Roquetoire et les foires de Saint-Riquier, s'établissait un mouvement incessant d'achats et de ventes à forts bénéfices. En 1320, par exemple, on avait acheté cent soixante moutons à huit sous et demi chacun ; l'année suivante, deux seulement avaient péri, et les survivants étaient revendus dix sous et demi.

1. SCLAFERT, 76, p. 50.
2. FOURQUIN, 510 *a*.
3. HIGOUNET-NADAL, 421 ; REYNAUD, 436.

Thierry d'Hireçon avait investi dans l'affaire soixante-huit livres ; elle lui en rapporta quatre-vingt-trois, mais en vendant la laine de ces mêmes bêtes, il gagna encore cinquante-deux livres, ce qui éleva finalement à 100 % le bénéfice total de l'opération [1].

*

Comme l'exploitation forestière et la viticulture, l'élevage était donc avant tout affaire d'argent et de commerce. Il approvisionnait en deniers la maison rurale ; il la plaçait en rapports avec les maquignons, avec les trafiquants de laine ; il la reliait surtout au petit bourg voisin et à ses foires de fin de saison. Car, les affaires de Thierry d'Hireçon en donnent l'exemple, l'activité pastorale supposait le passage continu des bêtes de main en main. Ce roulement était singulièrement vif au XIIIe siècle, puisque, sauf en pays de transhumance, la plupart des exploitants ne disposaient pas de réserves de fourrage suffisantes pour garder chez eux l'hiver un grand nombre de bêtes. Les prés étaient rares, le foin cher. Le prix des glands atteignait parfois des niveaux étonnamment élevés [2]. Les hommes enfin étaient trop obsédés par la crainte de la famine pour puiser sans réticences, afin de nourrir le bétail, dans leurs petites provisions de grains. Restaient la paille, les feuilles cueillies dans la forêt ou sur la haie. Pendant les mauvais mois, le bétail devait donc jeûner ; il maigrissait, risquait la mort, perdait toute force et toute valeur. Les traités anglais d'agronomie estimaient à quarante-deux deniers la valeur du lait que pouvait produire une vache entre avril et octobre, pendant trente-quatre semaines ; mais pendant les vingt-huit semaines d'hiver, où pourtant le lait se vendait trois fois plus cher, ce rapport tombait à dix deniers seulement [3]. Aussi, chaque automne, sacrifiait-on les bêtes en très grandes quantités. Hécatombes de porcs d'abord ; leur viande se conservait dans le sel, ce qui faisait l'importance de cette denrée dans l'économie rurale : les achats de sel constituaient sans doute l'une des dépenses les plus régulières et les plus lourdes des ménages paysans. On se débarrassait aussi du gros bétail aux foires de septembre ou d'octobre : à celles d'Étampes, les paysans d'alentour conduisaient pour les revendre les chevaux et les ânes qu'ils avaient achetés l'année même pour la « saison [4] ». La nécessité de se défaire des bêtes au seuil de l'hiver offrait ainsi l'occasion de grosses spéculations dont

1. RICHARD, 437.
2. DUBY, 409 *a*.
3. Walter DE HENLEY, 77 ; BENNETT, 139, p. 91.
4. Archives Nationales, LL. 1351, fol. 82ro.

profitaient largement quelques exploitants plus avisés ou mieux pourvus, qui savaient se procurer des nourritures hivernales, qui avaient accumulé le foin et les autres fourrages. Cette situation explique les énormes bénéfices que réalisait Thierry d'Hireçon, et comme lui tant de bouchers des villes. Il est permis de penser que l'espoir de ces profits contribua beaucoup à étendre dans les dernières années du XIIIe siècle la place des légumineuses dans les cycles de culture : pois et vesces étaient donnés l'hiver aux brebis dans les bergeries de Roquetoire ou de Bonnières.

On aperçoit ainsi que l'activité pastorale, étroitement liée aux transactions marchandes et à la monnaie, se trouvait dominée par les riches. Dans les exploitations modestes, elle était gouvernée par le capital des seigneurs, et plus encore par celui des gens de la ville. Au XIIIe siècle, les bouchers des petites bourgades comme Digne ou Seyne-les-Alpes, ceux des gros marchés régionaux comme Metz ou Coventry, ainsi que bien des bourgeois de toute profession qui souhaitaient bien placer leur argent, ménageaient à l'élevage une part très importante dans leurs affaires. Ils avançaient des deniers à des paysans ; ils les aidaient à se constituer un troupeau ou à l'accroître, ils se réservaient une portion des profits, au terme de l'un de ces contrats aux formes juridiques très diverses, que l'on nommait bail à cheptel, « gasaille », ou, en Italie, *soccida*. Ces « sociétés » masquaient toutes, en fait, des prêts usuraires, et pourtant, dès 1226, le chapitre général de Cîteaux autorisait les maisons de l'ordre à les contracter. Parfois de tels contrats organisaient une sorte de demi-salariat, comme cet accord conclu en 1334 à Cipières en haute Provence, et portant sur cinq « trentains » de brebis : l'éleveur apportait dans l'affaire un tiers du cheptel ; après cinq ans, l'association devait se rompre et il garderait la moitié du troupeau ; mais dès la conclusion du contrat il recevait de son associé vingt-deux setiers de blé, vingt sous pour le « companage », et quatre livres en salaire. Plus souvent, et c'est ce que l'on appelait proprement la « gasaille » dans la France méridionale, le paysan recevait la totalité du troupeau, et devait le rendre tout entier après un, deux ou trois ans, en gardant seulement la moitié du croît ; tels ces deux paysans d'Auribeau à qui, en 1309, un bourgeois de Grasse confia une vache et son veau, estimés cinquante-cinq sous, « à moitié profit, commun péril et fortune[1] ». Prêt déguisé : en fin de bail, le pasteur, s'il possédait l'argent nécessaire, l'offrait et gardait les bêtes. Ces contrats se pliaient à de multiples combinaisons, permettaient à tel villageois de reprendre en gasaille le bétail qu'il avait dû vendre à un boucher pour se procurer un peu de numéraire, à tel autre de confier son troupeau à un berger pour la transhumance. Mais leur principale

1. Archives des Bouches-du-Rhône, 396 E 17, f° 80 ; AUBENAS, 313.

fonction fut d'établir des liaisons entre les réserves monétaires dont disposaient les gens des villes et les plus humbles maisons des campagnes.

Les sources montrent également que certains bourgeois créèrent pour eux-mêmes des domaines pastoraux au voisinage des villes, exploités comme l'étaient les vignobles par des intendants et des domestiques, mais souvent aussi abandonnés à des métayers, car la nécessité de surveillance était ici moins pressante. On sait que les « gagnages » bourgeois des environs de Metz pratiquaient davantage l'élevage que l'agriculture céréalière. Les profits qu'ils attendaient de l'activité pastorale suscitèrent, au XIIIe siècle, parmi les riches, les ecclésiastiques, les nobles, les bourgeois et les plus fortunés des paysans, un intérêt croissant pour les herbages. Ceci les incita à aménager des exploitations isolées, fermées par des haies, et qui se dégagèrent de la solidarité villageoise, des contraintes collectives, qui cherchèrent à échapper à l'obligation du troupeau commun et de la vaine pâture. L'infiltration du capital dans les campagnes par les spéculations pastorales ne fut évidemment pas étrangère à l'expansion des nouvelles formes de peuplement que révèlent, au XIIIe siècle, les sources écrites, la toponymie et l'observation des paysages ruraux. Les profits de l'élevage accélérèrent le progrès des clôtures et de l'habitat dispersé. Ils contribuèrent à l'édification du bocage.

6. L'essor du commerce et l'évolution sociale

Le relevé précis de tous les indices épars, leur situation comparée dans le temps et dans l'espace permettraient seuls d'avancer, sur le rythme de pénétration de l'économie d'échanges dans les milieux ruraux des différentes provinces d'Occident, des hypothèses qui ne soient pas trop hasardeuses. Cette prospection est loin d'être accomplie. Est-ce l'effet encore d'une illusion communiquée par l'ampleur croissante de l'information et le moindre laconisme des sources : il semble bien que le mouvement se soit intensifié rapidement au long du XIIIe siècle qui, dans son ensemble, apparaît comme une ère nouvelle de très large décontraction et de transactions multipliées. Le jeu des opérations marchandes dans les campagnes atteignit en tout cas, au seuil du XIVe siècle, une vivacité et une extension qui peut surprendre. Pour en donner la mesure, je citerai seulement trois témoignages. Le premier permettra de se représenter quel pouvait être parfois le débit des courants qui véhiculaient sur de longues distances certains produits de la terre : bon an, mal an, les navires exportaient par la Gironde, au début du XIVe siècle, quelque quatre-vingt mille tonneaux de vin gascon, c'est-à-dire environ sept cent mille hectolitres[1]. Un second exemple montrera la place qu'occupaient, dès la première moitié du XIIIe siècle, les achats et les ventes dans la gestion des seigneuries. On conserve, imparfaitement édités, les fragments d'un compte tenu par maître Richard de Toury qui, entre 1236 et 1242, exerçait la direction financière de l'abbaye cistercienne de Maubuisson, forestière et isolée comme toutes les maisons de cet ordre religieux. Parmi les recettes en numéraire venaient d'abord la vente du produit des dîmes, qui sans doute était négocié sur place ; puis celle de certaines productions du domaine sylvestre, porcs, fer, braises, charbon, écorces ; la vente enfin, soldée en trois termes, du droit de couper les bois et de paître les pourceaux. Tous les deniers ainsi recueillis étaient dépensés à la foire du Lendit pour acheter des chevaux avec leur harnais, la ferrure des chars, des chaudrons, du cuir pour les souliers, du parchemin, des draps et des toiles, du vin, de l'avoine ; ils servaient aussi à payer le salaire des charpentiers, des coupeurs de bois, des transporteurs[2]. Enfin, pour donner quelque idée de l'intensité de la circulation sur les pistes d'un pays pourtant fort cloisonné, voici les enseignements d'un registre tenu en 1307-1308 par les péageurs du comte de Provence à Valensole. Sur ce plateau qui domine la moyenne Durance, passait l'un des itinéraires que suivaient marchands et muletiers entre les montagnes de Gap, de Digne, de Barcelonnette, de Castellane et les bas pays d'Avignon, d'Aix, de Marseille et de Grasse. L'été, entre juin et août, des bêtes de somme descendaient les grosses pièces de bois vers les chantiers urbains d'Aix et vers les ateliers de Marseille ; c'était le principal trafic (on avait compté cette année-là sept cent quinze passages). Mais en même temps, depuis mars, et de plus en plus chargés jusqu'en juillet, montaient les convois de blé en direction des pays montagnards de vocation pastorale ou forestière, dont les greniers se vidaient vite. En septembre, commençait, pour trois mois, le passage des toiles que les trafiquants de la plaine allaient vendre dans les bourgades du haut pays, après les foires de fin d'été qui avaient muni d'argent les paysans de ces contrées. Au printemps, les convois transportaient du sel à la montée, de la laine et surtout des peaux brutes à la descente. Enfin, pendant tout l'hiver, avaient passé les gros « nourriguiers », les éleveurs de Digne ou de Seyne, de Marseille ou d'Aix, qui conduisaient des bœufs ici et là, selon des occasions du négoce[3].

1. Y. Renouard, « Recherches complémentaires sur la capacité du tonneau bordelais », *Annales du Midi*, 1956.

2. H. de l'Épinois, « Comptes relatifs à la fondation de l'abbaye de Maubuisson », dans *Bibliothèque de l'école des Chartes*, 1857-1858.

3. Sclafert, 76, p. 74 sq.

*

Ce mouvement commercial, les possibilités qu'il offrait de compléter par de menus gains le rapport des exploitations agricoles, rendirent plus supportable dans les villages la surcharge démographique, dont tous les documents de la fin du XIIIe siècle font sentir le poids très lourd. Pour les bordiers et les manouvriers, l'élevage pendant la bonne saison du petit bétail, des porcs, des moutons dont le seigneur ou les bouchers avaient avancé le prix, et qu'il était facile de nourrir sur les terres incultes, offrait le moyen de subsister presque sans terre. Les salaires constituaient une autre ressource d'appoint, et considérable[1]. Dans la mesure même où les grands domaines s'ouvraient eux aussi sur l'extérieur, les maîtres et leurs intendants, qui pouvaient renouveler à chaque foire, par la vente des excédents, leurs réserves de numéraire, hésitaient moins à embaucher des journaliers et à leur offrir, outre la pitance, des deniers. En 1338, les hospitaliers de Bras, en Provence, distribuaient en salaires de journée près de cinquante livres (c'est-à-dire plus du double de l'argent que leur procuraient les cens et les taxes seigneuriales, et 20 % de ce que pouvait leur rapporter la vente du grain récolté) à des centaines de moissonneurs, de faucheurs, de femmes embauchées en avril pour sarcler les blés[2]. Ce fut l'une des fonctions majeures de la grande exploitation céréalière à la fin du XIIIe siècle que d'animer un ample mouvement de capitaux, d'introduire dans la circulation commerciale de larges quantités de denrées agricoles, et de redistribuer une part de leur valeur sous forme de gages parmi les paysans sans terre et sans attelages. Ajoutons enfin que le développement d'un secteur artisanal offrit des profits complémentaires à des populations rurales que l'agriculture ne parvenait pas à faire vivre. Il faut situer là, en premier lieu, la viticulture, métier de bras et de morte-saison. Des milliers d'hommes trouvèrent un gagne-pain dans l'artisanat vigneron.

Mais il conviendrait aussi d'examiner attentivement, en dépit des difficultés de l'entreprise et des énormes lacunes de l'information, comment peu à peu certains paysans se spécialisèrent dans la fabrication d'objets qu'ils destinaient à la vente. Dans le haut Moyen Âge, tout campagnard était par force un artisan qui devait confectionner de ses mains les ustensiles de son ménage, sa demeure d'abord et son vêtement, les pots, les outils agricoles ; il travaillait aussi pour la

1. Dès le milieu du XIe siècle, l'histoire pieuse de saint Thibaut, ermite, montre que des hommes pouvaient « pourvoir à leur nourriture par de petits revenus » en se louant pour des travaux « très vils et agricoles », tels que le transport des pierres, le nettoyage des étables, la coupe du foin et des prés, *Vita S. Theobaldi*, *AA. SS.*, VII, 544.

2. DUBY, 409 *a*.

maison de son seigneur, puisqu'il devait livrer périodiquement certains objets façonnés, des bardeaux, des échalas, des voliges – travail d'homme – et des pièces de laine ou de toile – travail des épouses et des filles. Les redevances de cette sorte continuèrent pendant longtemps de peser sur les tenures paysannes. Elles se maintinrent très durablement en Allemagne. En 1031, les manses dépendant de l'abbaye de Saint-Emeram de Ratisbonne demeuraient pour la plupart astreints à fournir des draps que fabriquaient les femmes de la maison avec la laine seigneuriale, et qui servaient soit à l'usage des moines, soit aux aumônes. Un polyptyque établi à Fulda vers 1150 fait état des redevances en outils forgés, en couvertures de laine, en fil de lin. Et, dans certaines « cours » alsaciennes, on habillait encore au XIIIe siècle les domestiques avec les tissus fort grossiers confectionnés chez eux par quelques tenanciers. Une semblable permanence s'observe en certains points de la campagne anglaise. Dans le *Livre Noir* de l'abbaye de Peterborough rédigé au début du XIIe siècle, sont dénombrées les aunes de drap que les villages dépendants du monastère devaient livrer le jour de la fête du saint patron. En France enfin, parmi les divers engagements que les chanoines de Notre-Dame de Chartres exigèrent vers 1130 des maires qui les représentaient dans leurs domaines, figurait celui de ne point réclamer aux paysannes des corvées de laine[1]. Très longtemps donc, la maison rurale fut un atelier dont le seigneur se réservait d'utiliser les services.

Un moment vint pourtant où celui-ci renonça à de telles prestations en objets fabriqués. Plus précoce en Italie, où elles ont tout à fait disparu des inventaires seigneuriaux avant 1100, beaucoup plus tardif en Allemagne, cet abandon peut, dans l'état actuel des recherches, être situé en France pendant la première moitié du XIIe siècle. Il résulta principalement de l'établissement sur le marché des villes d'échoppes où l'on pouvait se procurer à bon compte des objets de meilleure qualité. Précisément, l'une des fonctions des quartiers neufs des cités, et aussi de ces petites bourgades qui grossissaient autour des foires et d'un marché hebdomadaire, fut de répondre à la demande d'une clientèle, que la hausse continue du niveau de civilisation rendait plus exigeante sur la qualité, et plus nombreuse. Clientèle de seigneurs d'abord, clientèle de paysans bientôt, dès que ceux-ci, moins dépourvus de deniers, n'hésitèrent plus à les utiliser pour acquérir un soc de charrue plus efficace ou des chaussures moins primitives. On aimerait pouvoir distinguer, dans l'« outillement » des maisons paysannes, celles des pièces d'équipement qui sortaient des ateliers d'artisans ; mais les

1. Heimpel, *Das Gewerbe im Stadt Regensburg*, p. 35 ; Maitland, 158 ; *Cartulaire de Notre-Dame de Chartres* (éd. Lepinois et Merlet), I, n° 58.

inventaires qui décrivent le mobilier des ménages de condition modeste sont malheureusement, même au XIIIe siècle, d'une désolante rareté [1].

En tout cas parmi les premiers artisans que l'on aperçoit dans les petits bourgs ruraux de la fin du XIIe siècle et du XIIIe, figurent en effet les forgerons et les cordonniers. Dans la villefranche, dont les moines de Marmoutier, associés à un seigneur du pays de Blois, se préoccupaient vers 1100 d'assurer le peuplement, il était prévu d'installer, outre deux boulangers et deux bouchers, deux ouvriers de forge et un cordonnier [2]. Si, dans le cours du XIIe siècle, les cisterciens de la Ferté en Bourgogne payèrent nombre de leurs achats avec les souliers que fabriquaient les convers dans l'atelier domestique, les artisans du cuir étaient nombreux à Ferrières-en-Gâtinais en 1185, lorsque cette petite agglomération marchande reçut ses franchises. Parmi les éléments très divers qui, dans la première moitié du XIIIe siècle, assuraient la prospérité du prévôt d'une châtellenie des bords de la Saône, figurait la vente des souliers sur l'étal qu'il possédait à la porte du château [3]. À cette époque, des gens de métier se rencontraient dans les plus petits villages. À Ouges en Bourgogne, au début du XIVe siècle, prospéraient des boulangers, des cordonniers, des charrons [4], et il vaudrait sans doute la peine d'observer dans les listes de paysans que livrent les archives seigneuriales l'apparition des surnoms qui évoquent une spécialisation professionnelle, de suivre la multiplication rapide au XIIIe siècle des Sabatier ou des *Schuhmacher*.

Les premiers artisans villageois furent, jusqu'au XIIe siècle au moins, des esclaves, les stricts dépendants des seigneurs, employés d'abord pour les besoins du domaine, mais qui peu à peu reçurent l'autorisation de travailler aussi contre rétribution pour autrui. Vers 1300, le forgeron, le bourrelier (ajoutons le meunier, lui aussi spécialiste et partiellement nourri par ceux qui avaient recours à ses services) restaient encore à demi des ministériaux, et demeuraient étroitement attachés à la grosse exploitation seigneuriale qui constituait leur meilleure clientèle et qui souvent les pensionnait ; ils tenaient presque toujours du seigneur, à cens ou à ferme, l'atelier, le moulin, la forge et son outillage. Toutefois c'était leur spécialité qui les faisait vivre. L'introduction dans le milieu

1. Voir p. 530.

2. *Cartulaire de l'abbaye de Marmourier pour le Dunois*, XLIV, p. 56.

3. *Recueil des Pancartes de l'abbaye de la Ferté-sur-Grosne* (éd. DUBY, n° 46, 57, 115, 127) ; PERROY, 255, p. 87 ; DUBY, 247, p. 525. La charte de franchises du bourg bressan de Louhans énumère au milieu du XIIIe siècle « drapiers, fripiers, pelletiers de cuir, merciers, cordonniers, bouchers, ferratiers, épiciers, saulniers, panneliers et changeurs », M. PACAUT et F. GAUTHIER, « Louhans au Moyen Âge », dans *Cahiers d'histoire*, 1960.

4. MARTIN-LORBER, 497.

rural de ces petites équipes artisanales ouvrit donc encore des emplois dans les villages et permit à quelques-uns de ceux qui étouffaient dans la maison agricole aux ressources trop restreintes de s'occuper et de subsister[1].

Toutefois, pour les familles de cultivateurs, il était plus facile de se procurer quelques ressources d'appoint en exerçant, sans abandonner le travail de la terre, un artisanat à temps partiel, pendant les mortes-saisons du calendrier agricole, en fabriquant à la maison quelques objets, semblables à ceux que jadis réclamaient les seigneurs, mais cette fois pour les vendre. Les draps, les toiles que le métier domestique avait pendant des générations fabriqués pour les redevances, furent portés aux marchés ou offerts aux courtiers du bourg dès que la « cour » du maître cessa de les exiger. D'une grande importance économique, cette conversion est aussi très obscure. D'Angleterre encore viennent quelques lueurs. On a reconnu là que les villes où s'était jusqu'alors concentrée l'industrie lainière de qualité déclinèrent au XIIIe siècle et que la fabrication du drap se dispersa dans les campagnes. Le fait se trouve lié à l'expansion du moulin à fouler la laine. Beaucoup de seigneurs en construisirent le long des ruisseaux campagnards à partir de la fin du XIIe siècle. Des foulons s'installèrent au village, où se développa le tissage. Travail d'hiver, il fit, avec la filature, rentrer un peu d'argent dans les ménages de manouvriers[2]. L'enquête est tout entière à entreprendre dans les autres pays d'Occident, mais quelques indices recueillis ici et là font supposer que l'artisanat textile offrait partout au XIIIe siècle un complément de subsistance à bien des ruraux. En France, dans certaines provinces du moins, les moulins à foulons n'étaient peut-être pas moins nombreux que dans les campagnes anglaises ; on peut repérer beaucoup de ces « paroirs » à laine dans les Alpes du Sud, terre pastorale aux sols ingrats et trop peuplés. Le travail de la futaine se répandait alors autour des villes de l'Italie du Nord ; dans la deuxième moitié du XIIIe siècle, un atelier d'*Umiliati* fonctionnait dans le petit village d'Origgio en Milanais[3]. On sait que dans les contrées méridionales de la chrétienté, les hérésies trouvèrent un terrain d'élection dans les milieux d'artisans, à tel point que le mot « tisserand » en vint à désigner les adeptes des mouvements de pauvreté, hétérodoxes ou non. On sait aussi que, traqués dans les villes, les hérétiques se répandirent au XIIIe siècle dans les villages. L'étude des documents d'inquisition pourrait être, en Languedoc comme

1. Notons cette allusion, dans un registre de notaire du début du XIVe siècle, au prêtre d'un village de la montagne provençale qui place son frère en apprentissage dans la ville voisine pour y apprendre le métier de savetier, Archives des Bouches-du-Rhône, 396 E, 18, f° 292.

2. CARUS-WILSON, 644.

3. SCLAFERT, 76, p. 61 sq. ; ROMEO, 444 ; BORLANDI, 641, p. 261.

en Lombardie, l'un des points de départ de ces recherches sur l'artisanat rural, sans lesquelles certains mécanismes économiques fondamentaux continueront d'échapper à l'historien des campagnes.

Mais d'ores et déjà il ne fait aucun doute que beaucoup de villageois pratiquaient alors un métier complémentaire. Cette activité se reliait, comme la forge ou la meunerie, au perfectionnement des techniques agricoles, ou bien comme le charroi ou le transport muletier, à l'essor commercial, ou bien encore, comme le tissage, à l'élevage des bêtes à laine, ou bien enfin, comme la fabrication des échalas ou de ces tonneaux dont l'entretien et le remplacement coûtaient si cher aux producteurs de vin, à l'exploitation forestière ou à la viticulture. De même que l'essor du vignoble et l'extension des troupeaux, la diffusion de ces artisanats détendit singulièrement les relations sociales dans le milieu rural. Fille de la prospérité et de l'ouverture du pouvoir d'achat aux niveaux supérieurs de la hiérarchie des fortunes, la spécialisation progressive de certains paysans dans la production de denrées marchandes rendit possible l'extraordinaire entassement de population sur les tenures pulvérisées, que révèlent à la fin du XIIIe siècle certains inventaires seigneuriaux et qui, sans supposer l'appoint de ressources extérieures au travail agricole, resterait tout à fait inexplicable [1].

7. La communauté de village et les entrepreneurs

L'essor des opérations commerciales sur le bétail et sur les produits forestiers avait considérablement élevé le prix des terres non cultivées. Au XIIIe siècle, il dépassait parfois de beaucoup celui des champs. Dans les environs de Paris, l'arpent de pré valait alors en moyenne deux fois plus cher que celui de labour [2] ; en 1297, un bonnier de futaie se louait cinq sous par an en pays liégeois, c'est-à-dire deux fois plus que le bonnier de terre. Cet enrichissement incitait les maîtres des herbages et des taillis à faire obstacle à leur dégradation, et à contrecarrer notamment les entreprises des essarteurs. Le ralentissement du mouvement de défrichement dans le second quart du XIIIe siècle eut sans doute, dans bien des cas, pour cause principale la revalorisation des friches. Celle-ci, un peu plus tard, engagea même à délaisser les essarts aventurés sur les sols les

1. En 1267, dans le district d'Elloe voisin des *Fens* d'Angleterre, les habitants se pressaient si nombreux sur des terroirs pourtant notablement élargis par l'effort de défrichement, que chaque habitant n'avait guère à sa disposition plus d'un demi-hectare de terrain aménagé. Comment ces hommes auraient-ils subsisté sans tirer du marécage proche, par l'élevage extensif, par la pêche, par l'extraction du sel, non seulement des nourritures complémentaires, mais des quantités considérables de produits négociables ? Hallam, 282 *a*.

2. Fontetie, 322.

moins fertiles : il s'avérait plus avantageux d'exploiter leur végétation naturelle que de les ensemencer. Et pourtant, la population était toujours plus nombreuse, la crainte de la faim plus anxieuse.

Le XIIIe siècle ne paraît pas avoir connu la rivalité entre laboureurs et vignerons. Produire du vin pour le vendre (il s'agissait alors exclusivement d'un vin de qualité, vin de coteaux donc ou de banlieues, et non point encore de plaine) relevait du jardinage, et les vignobles avaient peu mordu sur les espaces céréaliers. En revanche forestiers et pasteurs commencèrent à disputer la terre, et de plus en plus âprement, à tous ceux qui désiraient y semer du grain. Dans le haut Moyen Âge, labourage et pâturage étaient paisiblement associés, parce que le parcours des bestiaux sur les jachères enrichissait le sol et parce que l'espace se trouvait en telle abondance que les deux activités étaient plutôt juxtaposées et pouvaient se développer dans l'aisance. Le progrès des défrichements d'une part, et d'autre part le souci nouveau de protéger le foin et les arbres, imposèrent de les combiner plus étroitement et d'organiser, de manière plus rationnelle et plus complexe, une aire nourricière devenue beaucoup plus restreinte. Or, pour décider des formes que revêtirait cet aménagement, se heurtaient des intérêts concurrents. Le XIIIe siècle devint pour cela le temps des longs procès, dont les pièces remplissent les dépôts d'archives.

*

D'un côté se dressait la communauté villageoise. Elle réunissait, solidaires, tous les habitants des anciens manses qui pratiquaient en premier lieu l'agriculture, mais qui souhaitaient aussi bénéficier des profits complémentaires de l'élevage ; ce souci animait davantage ceux d'entre eux qui se sentaient moins bien pourvus de terre arable. L'enjeu pour ces hommes consistait donc à sauvegarder leurs droits collectifs de parcours et de dépaissance sur l'ensemble du terroir (les jardins enclos proches du village seuls mis à part), et notamment sur la portion de bois et de pâturages que les défrichements avaient laissée subsister. Ils luttèrent contre toutes tentatives pour réduire davantage l'espace ouvert au troupeau commun, contre ceux qui entreprenaient de construire de nouvelles cabanes sur les communaux ou d'y labourer de nouveaux champs. Ils luttèrent contre les clôtures permanentes, à la fois symboles d'appropriation individuelle et obstacles opposés au libre parcours du bétail. Voici, choisis comme exemples d'une telle résistance, parmi tant d'autres conflits dont le souvenir est conservé dans les rouleaux des cours royales, les procès qui firent se dresser la même année 1221 deux collectivités villageoises anglaises contre l'un de leur membre : le coupable ici avait dressé une clôture au milieu des pâtis ; là, il s'était permis de labourer huit acres sur les communaux. Exactement à la même époque, tout le village de Brétencourt, au sud de la forêt de Rambouillet, uni derrière son prévôt, partait en expédition vengeresse détruire les haies et les maisons que venaient d'élever sur les pâtures collectives les hommes d'une autre communauté [1].

Les villages se défendirent aussi contre ceux de leurs habitants plus entreprenants qui cherchaient à développer outre mesure leur propre élevage ou qui, par contrat de gasaille ou autrement, introduisaient sur les herbages les bêtes d'autrui. Contre leurs entreprises, le corps des habitants fixa le nombre de moutons et de vaches que chaque maison avait le droit d'envoyer sur les communaux, et des taxes furent levées sur le bétail étranger. À la fin du XIIIe siècle, dans les villages des Alpes du Sud, de la Lombardie et de l'Apennin, les assemblées se mirent à élaborer les premiers statuts forestiers destinés à contenir dans des limites précises l'utilisation des bois par les habitants et à surveiller de plus près le troupeau des bouchers. Les villages protestèrent enfin contre les seigneurs qui interdisaient aux usagers paysans les « forêts », ces réserves de chasse dont les cerfs, les daims ou les sangliers venaient gâter les récoltes [2].

La nécessité de lutter et de se défendre renforça donc alors la solidarité paysanne. Partout en Occident, la communauté villageoise, cette association de tous les chefs de famille née des relations de voisinage et soudée plus étroitement par la nécessité de régler les rapports entre la possession privée des champs et la possession collective des terres incultes, se serra davantage ; l'agglomération devint un gros noyau plus dur au centre du terroir. Il fut plus strictement interdit de bâtir hors de son aire : mesure de discipline contre les francs-tireurs du défrichement et contre les planteurs de barrière. Il est permis de supposer que les gros villages que l'on voit aujourd'hui encore installés au milieu de plaines largement ouvertes ont revêtu toute leur cohésion au cours du XIIIe siècle. Ce rassemblement s'opéra d'ordinaire d'accord avec le seigneur, qui y trouvait lui aussi son intérêt, car il pouvait plus aisément exploiter ses sujets réunis ; les autorités religieuses encouragèrent aussi ce groupement qui facilitait l'instauration de la discipline ; il permettait de mieux dépister les hérétiques ou ceux qui s'efforçaient de se dérober aux obligations paroissiales.

---

1. DARBY, dans 33 ; Archives Nationales, S 206, n° 29 (1224).

2. En 1211, Philippe Auguste promet de ne pas introduire de cerfs dans le bois de Boulogne, *Recueil des Actes*..., n° 1279. Dans tel village de Picardie, selon une enquête menée en 1317, « les gainages sont mengiés et desgastés par les bêtes du bois de Piquigny », Archives Nationales, J. 737, n° 23.

*

Cependant, face au village, s'aiguisaient en même temps les appétits des seigneurs. Ceux-ci tenaient en leur domaine une bonne partie des terres encore incultes. Détenteurs de la justice publique et de la police des champs, ils protégeaient les communaux. Sous prétexte de les mieux défendre, ils voulurent s'arroger le droit d'en réglementer l'usage à leur guise et, bien sûr, à leur profit. Le renforcement de la puissance seigneuriale sur le terroir et sur les coutumes champêtres, son appesantissement surtout sur les terrains de parcours commun s'observent au cours du XIIIe siècle dans tous les pays d'Europe. Cette transformation coïncide avec le resserrement de la communauté villageoise. Comme celui-ci, elle fut certainement précipitée par les nouvelles conditions économiques, par l'appât des bénéfices escomptés de l'exploitation forestière et de l'élevage, ainsi que par l'amenuisement des terres vaines. Fait significatif : les communautés paysannes qui, dans les pays germaniques, purent alors maintenir contre les prétentions seigneuriales leurs droits sur des pacages étendus, sont situées dans les seules régions où les défrichements laissaient encore subsister de vastes solitudes [1].

En effet, les nobles ou les religieux qui exerçaient le pouvoir dans le village tentèrent de l'utiliser pour s'approprier les droits de pâture et pour en exclure la communauté. Ainsi, en 1322, dans le village provençal de Sénas, les seigneurs prétendaient se réserver le privilège exclusif d'envoyer paître leur troupeau sur les chaumes [2]. D'autres fois, plus simplement, les maîtres réunirent une portion des communaux à leur réserve. Enfin, ils fermèrent entièrement celle-ci, ils la mirent, comme on disait, « en défens ». Des coutumes, de toute ancienneté, reconnaissaient aux voisins le droit d'y pénétrer et de participer à la libre exploitation de ses portions incultes. Or, dès la fin du XIIe siècle, les seigneurs et leurs intendants s'efforcèrent de restreindre ces usages. Les taxes que devaient payer les usagers, jadis fort légères et de simple reconnaissance, furent alourdies, prirent peu à peu l'allure d'un prélèvement seigneurial sur les bénéfices de la vente des bois et des produits de l'élevage. Les forestiers du maître commencèrent à devenir les ennemis les plus redoutés des paysans. Puis certaines portions des friches furent déclarées « forêts » ou « haies » ou « garennes ». Interdiction d'y essarter, interdiction d'y paître : les infractions méritaient de lourdes amendes. Dès 1160, les hôtes de la villeneuve de Bonneville en Beauce ne pouvaient mener leur troupeau au bois dans les trois années qui suivaient les coupes, et

1. TIMM, 528.
2. Archives des Bouches-du-Rhône, B. 3343, f° 429°.

selon les *Établissements de saint Louis*, « l'homme coutumier, s'il garde bœufs ou vaches en le bois du seigneur qui n'ait pas trois ans, ou chèvre, il en paie soixante sous d'amende... ». Au XIIIe siècle, cette protection du jeune bois s'étendit généralement jusqu'à la « cinquième feuille », ou la septième, c'est-à-dire que le délai d'exclusion qui plaçait les pousses à l'abri des troupeaux s'allongea jusqu'à cinq ou sept ans [1].

À ces bornes dressées par l'autorité du seigneur, à ces limitations qui refoulaient progressivement le troupeau des paysans vers le centre du terroir et sur la zone des cultures, vinrent encore s'en ajouter d'autres, celles que tentèrent d'imposer les possesseurs de domaines périphériques nouvellement créés en lisière des communaux. À commencer par le seigneur qui choisit alors d'établir sa demeure hors de l'agglomération, au centre d'un domaine qui de plus en plus s'enfermait derrière des protections coutumières. Ces exploitations concurrentes, qui lésaient les droits de la communauté villageoise, s'étaient parfois constituées aux dépens des terrains de parcours collectifs, et avec l'accord du maître. En Provence, au début du XIVe siècle, dans de nombreux villages, les seigneurs concédèrent en tenure de larges quartiers de la « terre gaste » à de gros paysans, qui parfois s'associaient entre eux pour exploiter ces grands pacages, en dehors de la communauté et contre elle [2]. Toutes ces terres, isolées en gros blocs aux frontières du finage, tendaient à s'entourer de haies permanentes pour réserver toute l'herbe au troupeau particulier de leur possesseur. À propos de ces clôtures, de toutes ces tentatives d'exploitation individuelle, naquirent de nouveaux conflits, de nouveaux procès.

*

L'issue en fut très diverse ici et là, car le rapport des forces affrontées variait beaucoup d'un lieu à l'autre. Du moins contribuèrent-ils tous à mettre en place, et pour des siècles, une nouvelle organisation du terroir. Ils aboutirent d'abord au partage des très vastes terrains de parcours qui demeuraient communs à plusieurs groupes villageois ; ils mirent un terme aux accords tacites de compascuité, si fréquents entre communautés voisines pendant le haut Moyen Âge, alors que la terre se trouvait en grande partie vide. À l'intérieur même du finage,

1. *Établissements de saint Louis*, I, CLVIII ; OLIM, III, p. 59. Des villageois de Champagne obtinrent le droit d'envoyer dans les bois d'un chevalier « vaccas ad quintum folium, equos post duos annos completos a tempore scissionis dicti nemoris, et communiter omnes bestias, absque etiam garda, tempore quo terra in tota patria et territoria cooperta est niva, et omni anno in die veniris in Passione Domini ac in die Resurrectionis ejusdem », OLIM, III, p. 56, n° XXII.

2. SCLAFERT, 76, p. 29.

les traités qui terminèrent ces querelles établirent un « cantonnement », la délimitation stricte de secteurs, « défens » ou « garennes », qui demeureraient désormais, et légitimement, soustraits à l'exploitation collective. En 1224, le monastère de Montmartre consentit à ce que son bois de Rouvray fût divisé en deux parts ; l'une restait entièrement ouverte à l'usage paysan ; mais dans l'autre, « mise en défens contre les bêtes », l'abbaye gardait seule le droit de pâture. De la même manière, le doyen du chapitre de Meaux renonçait en 1228, en faveur du comte de Champagne, au droit d'usage que détenaient dans telle forêt de Brie cinq communautés villageoises riveraines qui dépendaient de sa seigneurie ; il reçut en échange l'entière disposition d'une portion de la zone forestière [1]. Dans le centre du Bassin parisien, il semble bien que le mouvement de cantonnement des bois ait débuté au moment précis où les seigneurs cessèrent de créer des villeneuves. La charnière entre ces deux étapes successives de l'aménagement du paysage rural situerait dans les années vingt du XIIIe siècle le moment où la haute aristocratie de cette région changea d'attitude à l'égard des profits de la forêt, et trouva plus avantageux de vendre le bois que d'exploiter par l'impôt de nouvelles communautés paysannes. À des époques voisines – le nord-ouest de l'Allemagne accuse ici un retard d'un bon siècle –, des dispositions très semblables furent édictées partout en Europe occidentale. En bloquant l'expansion agraire aussi fermement qu'avaient pu le faire les conditions techniques au IXe siècle, elles contribuèrent à renforcer la tension démographique dans les villages. Les mesures, en même temps, accusèrent l'opposition entre le bocage et la « plaine ».

*

Elles visaient toutes en effet à établir une nette ségrégation entre l'élevage paysan et l'élevage seigneurial. En 1255, tel arbitrage autorisait les seigneurs d'un village provençal à mettre en défens certains bois, mais les privait, en

1. *Recueil des chartes de l'abbaye royale de Montmartre* (éd. de BARTHÉLÉMY), n° 122 ; Bibliothèque nationale, ms. lat. 5993, A, f° 483ro. Autre exemple de partage, plus complexe. En 1276, les moniales de la Trinité de Nouaillé en Poitou s'entendirent de la manière suivante avec les hommes du village. Le bois serait divisé en deux parties égales. Dans l'une, les moniales se réservaient de couper les arbres pour les vendre, et pendant les trois années suivantes, d'exclure le troupeau paysan. Celui-ci pourrait ensuite paître librement, mais l'autre part du bois serait alors coupée et mise en défens pour trois ans. Les moniales maintenaient leur droit à transformer tout le bois en culture ; mais dans ce cas, elles s'engageaient à laisser jouir les paysans de la vaine pâture sur les champs moissonnés (M. S. LA PU, *Chartes et documents poitevins du XIIIe siècle en langue vulgaire*, dans *Archives historiques du Poitou*, LVII, 1960, p. 66-68).

échange, du droit de prendre du foin et de mener paître leurs bœufs sur le terroir cultivé ; la vaine pâture appartiendrait là aux seuls paysans[1]. Souvent, ces accords légalisèrent donc l'érection de certaines clôtures permanentes, qui réservaient à l'exploitation individuelle des enclaves sur certains espaces. Les seigneurs furent généralement les instigateurs et les bénéficiaires de ces « enclosures ». On sait comment, en Angleterre, le statut de Merton en 1236 leur permit d'abord de dresser des haies sur les terres vaines du manoir, à condition de laisser à leurs tenanciers des pâtures suffisantes ; puis comment le statut de Westminster, en 1285, étendit leur faculté de clore les communaux[2]. Ces barrières permanentes renforcèrent autour des défens la protection qu'assuraient déjà les coutumes et la menace des amendes. Elles s'élevèrent pour la plupart autour de portions du « domaine », que celles-ci fussent cultivées par des domestiques ou baillées à ferme. Mais l'autorisation d'élever des clôtures permanentes fut souvent aussi conquise par d'autres gros exploitants, gens de la ville qui avaient acheté de la terre et des herbages dans le finage, ou paysans plus aisés que leurs voisins. Les uns comme les autres souhaitaient échapper aux contraintes communautaires qui n'étaient pas pour eux, comme pour les plus pauvres, bénéfiques mais gênantes.

Toutes ces clôtures se dressèrent soit sur les anciennes terres communes, soit sur leurs lisières. Tel censier établi au XIVe siècle dans le nord du Warwickshire permet de repérer l'emplacement des enclos ; on les voit presque tous situés à la place d'anciens bois, à la périphérie de l'*open field* ; mais quelques-uns mordent sur le terroir anciennement cultivé, autour de parcelles remembrées ; on discerne aussi que la plupart de ces haies avaient été aménagées par des villageois plus entreprenants, qui entretenaient des rapports plus étroits avec les négociants en laines, et qui les premiers avaient délaissé l'agriculture pour l'élevage. De la sorte, ici et là, au milieu des grandes plaines, un paysage bocager commença de se construire peu à peu dans la seconde moitié du XIIIe siècle sur les points du terroir où les droits de la collectivité paysanne, moins bien défendus, fléchirent. Mais le bocage s'étendit plus largement dans les régions d'occupation moins dense, où les communautés villageoises se trouvaient plus lâches et moins résistantes, et où les formes les plus récentes du défrichement, plus individuelles, plus nettement orientées surtout vers l'élevage, le firent alors, on l'a vu, progresser.

1. F. Allemand, « Histoire de Jarjayes », dans *Bulletin de la Société d'études des Hautes-Alpes*, 1895.
2. Darby, 33, p. 189.

*

Dans l'ancien terroir, la nouvelle disposition des coutumes agraires vint donc interdire au troupeau paysan de pénétrer dans une large partie des bois et des pâtures, et des barrières permanentes lui fermèrent même certains quartiers arables. Comment les petites gens purent-ils assurer dès lors la subsistance de leurs bêtes ? Beaucoup sans doute durent alors réduire leur cheptel. La croissance de l'économie pastorale, toute dominée par l'argent, contribua, autant au moins que les perfectionnements de l'équipement agricole, à dresser entre riches et pauvres ces fortes oppositions que connurent les sociétés villageoises de la fin du XIIIe siècle. Mais les petits exploitants s'efforcèrent de ne point perdre complètement les ressources si nécessaires qu'ils tiraient de l'élevage : les riches réservant à leurs spéculations les meilleures prairies et les pâtis les plus vastes, les pauvres cherchèrent donc, sur l'espace agricole qui leur était abandonné, des substituts de l'herbage. L'archéologie de l'outillage apprend que, dans l'Allemagne du XIVe siècle, on substitua pour la moisson la faux à la faucille, qui jadis laissait sur le champ la tige des blés. Ce changement manifeste l'intérêt nouveau que les petits exploitants se mirent à porter à la paille. Celle-ci fournissait une litière au bétail, puisque le rétrécissement des terrains de parcours rendait plus difficile de récolter fougères ou feuilles. Elle procurait surtout un fourrage de remplacement. On traita les champs comme des prairies ; on les faucha. C'était un premier expédient[1]. En outre et surtout, le droit collectif de vaine pâture fut renforcé sur la portion du finage qui échappait encore aux clôtures. Les seigneurs se prêtèrent à cet aménagement, car ils voyaient dans l'établissement d'une réglementation plus sévère des occasions de réprimer plus fréquemment les contraventions, et d'encaisser les amendes. On institua donc un calendrier très strict, qui protégeait à partir de certaines dates l'herbe et le jeune blé sur les parcelles individuelles ; on aggrava les peines qui réprimaient les dégâts des troupeaux ; on autorisa les cultivateurs à marquer par des « signes » les pièces qui devaient porter moisson, et qui se trouvaient temporairement défendues. Mais on fit la chasse à toute clôture illégale. Dans les documents lorrains du XIIIe siècle, au moment même où apparaissent les premières mentions du berger commun, celles des haies se raréfient. Au cœur de l'ancien finage, abandonné aux exploitations paysannes, ces mesures rendirent plus homogène le paysage de champs ouverts. Il contrasta désormais de manière beaucoup plus vigoureuse avec le paysage d'enclos[2].

1. TIMM, 126.
2. PLANHOL, 72.

La cherté nouvelle du bois interdisait en effet, maintenant, d'y multiplier les barrières temporaires, tandis que des partages successoraux répétés, désormais autorisés par le seigneur, divisaient à l'infini les parcelles et les éparpillaient en lopins minuscules. Le moyen le plus sûr d'éviter aux cultures le voisinage périlleux des troupeaux était bien, dans ces conditions, de réunir, quartier par quartier, les terres qui devaient être labourées et moissonnées au même moment. Il importait du même coup d'imposer à tous les habitants du village (à tous ceux du moins qui n'avaient pas conquis le droit d'enclore tout leur bien) une discipline commune des rotations culturales, et de constituer ainsi des soles compactes, les unes pour les blés d'hiver et de printemps, dont le troupeau commun venait, dès la moisson, pâturer les chaumes ; les autres pour la jachère, ouvertes pendant une ou plusieurs années entières à la libre dépaissance. Il apparaît que les contraintes d'assolement s'établirent, en certains terroirs, au moment où l'intensification de la culture céréalière et l'amenuisement des terres vaines obligeaient à réaliser plus strictement l'imbrication du labourage et du pâturage. L'institution de l'assolement forcé fut favorisée par le renforcement de l'autorité seigneuriale et par la consolidation conjointe de la communauté d'habitants. Dans l'Allemagne rhénane, seule région où, jusqu'à présent, l'étude ait été menée en profondeur, on ne peut repérer la trace évidente de cette pratique avant l'extrême fin du XIIIe siècle [1]. C'était l'époque même où les défrichements achevaient de réduire l'étendue de la ceinture d'herbage et de pâtures, où, par conséquent, il devint très urgent de disposer, pour l'usage du troupeau trop nombreux, de l'étendue libre des sols en jachère. Mais les contraintes d'assolement ne pénétrèrent pas dans les pays méridionaux. Là, en effet, sur des sols beaucoup moins homogènes, subsistaient, à proximité de chaque « campagne », des aires suffisantes de « pays au bois », de *saltus*, de garrigues ; souvent, en outre, par la transhumance, on pouvait envoyer le bétail chercher au loin sa nourriture. On peut considérer l'assolement réglé, avec l'ultime aménagement des rotations de cultures, comme l'un des remèdes que chercha, pour s'évader de la pénurie alimentaire, une population dont le progrès agricole et l'essor des échanges avaient permis la libre expansion pendant trois longs siècles, mais qui, à l'approche de 1300, se trouvait de nouveau trop nombreuse dans presque tout l'Occident.

1. JUILLARD ; 60 ; SCHRÖDER-LEMBKE, 121.

Un cheminement aussi difficile à travers les étapes de l'expansion économique et les aspects multiples qu'elle revêtit dans les campagnes médiévales peut-il aboutir à l'établissement d'une chronologie ? En vérité, les connaissances demeurent encore beaucoup trop lacunaires et trop inégalement réparties, on s'en est bien rendu compte, pour autoriser des constructions trop ambitieuses. En outre, le milieu se révèle trop divers : comment ne pas supposer d'énormes désaccords dans les rythmes de l'évolution entre l'Italie, déjà couverte avant l'an mil de villes fort actives, et la Saxe, demeurée, au seuil du XIIIe siècle, comme en pleine préhistoire germanique, toute forestière et pastorale ? La seule intention de cet exposé étant cependant d'inciter à poursuivre les recherches, il lui convient de faire le point, de dresser un schéma directeur, dont le caractère provisoire peut faire excuser l'imprécision et la témérité. En réservant des marges assez larges où puissent trouver leur place les fortes discordances que l'on devine entre régions évoluées et régions arriérées, voici donc comment l'on peut situer, dans l'état actuel du travail historique, les phases majeures de l'évolution économique.

1. Le départ de l'expansion est perdu dans l'obscurité du Xe siècle.

2. L'essor du peuplement ainsi que des perfectionnements techniques indiscernables, mais qui élevèrent le rendement des semailles, poussèrent en avant le progrès agricole. Dans la seconde moitié du XIe siècle, un premier développement des échanges commençait d'assouplir les relations économiques, d'aviver dans les campagnes la circulation des monnaies, de stimuler le développement des activités artisanales. Peu à peu, l'élargissement de l'aire cultivée s'accéléra, à la faveur peut-être d'une diffusion de l'outillage en fer. On est tenté de placer vers le milieu du XIIe siècle le point où la conquête agraire connut sa plus grande intensité.

3. Les quatre ou cinq décennies qui encadrent l'an 1200 marquent un tournant dans l'expansion. La croissance agricole se poursuivait très vivement, entraînée par une hausse rapide du prix des grains que l'on peut repérer en certaines régions. Mais les difficultés dont souffraient alors les finances de nombreux hauts seigneurs, et qui se propageaient au sein de l'aristocratie moyenne, témoignent d'une brusque croissance commerciale et de l'ouverture du marché de produits divers, dont beaucoup venaient directement de la terre ; elles paraissent ainsi l'un des signes d'une mutation économique. Celle-ci se manifeste en particulier par l'institution des cycles de foires, l'organisation des marchés régionaux, par une très forte poussée urbaine. Les succès rapides de la viticulture dans les pays français en offrent une autre expression.

4. Après le premier quart du XIIIe siècle, l'élévation continue du niveau de la civilisation matérielle, qui se traduisit notamment par certains enrichissements du régime alimentaire et par la vulgarisation progressive des modes aristocratiques, vint élargir encore et gonfler tous les circuits commerciaux. On sent croître la demande de denrées non agricoles, dont s'élevait constamment la valeur. En même temps, se multipliaient, parmi les responsables de la production rurale, des hommes mieux formés aux méthodes rationnelles de gestion, plus attentifs aux fluctuations du marché comme aux réflexions des agronomes.

5. Une période que l'on peut inscrire entre 1275 et 1330 connut l'arrêt de l'expansion céréalière. Dans la plupart des régions, dans celles qui avaient le plus largement bénéficié du progrès, les champs cessèrent de gagner sur les friches et commencèrent même en certains points à reculer ; la production des blés fléchit. Ceci n'empêche pas l'économie rurale de présenter à ce moment dans son ensemble les apparences d'une solide prospérité. Du moins peut-on remarquer que l'antagonisme s'accentuait alors entre les petites gens des campagnes et un groupe d'entrepreneurs, qui se renforçait. La condition des premiers se détériorait ; ils devenaient trop nombreux et avaient peine à se nourrir ; lorsqu'ils ne se trouvaient pas disséminés et isolés les uns des autres dans les zones où la colonisation se poursuivait en ordre dispersé, ils se groupaient dans le village en robustes communautés de défense, étroitement liées par les solidarités nouvelles de l'assolement. Les seconds achevaient de bâtir, à l'écart, des exploitations tout ouvertes sur le commerce ; ils ne cessaient d'améliorer leur équipement, de perfectionner les techniques ; pour intensifier la production des céréales, ils appliquaient en particulier des formules de rotation plus complexes, ils embauchaient davantage d'ouvriers pour mieux travailler le sol. Toutefois, leur intérêt s'attachait surtout à la vigne, au bois, à l'herbe, à la conduite des troupeaux, qui leur procuraient les meilleurs de leurs profits.

LIVRE III

XIe-XIIIe SIÈCLE

La seigneurie et l'économie rurale

Dans les documents du haut Moyen Âge, c'est à peine si l'on peut deviner l'existence des petits alleux, ces terres qu'exploitaient librement des familles paysannes. Mais, passé l'an mil, elles apparaissent beaucoup plus fréquemment. L'Angleterre mise à part, où le système juridique de la possession foncière se trouvait tout entier construit en fonction de la notion de tenure, on sent les alleux paysans partout présents. Les recherches récemment menées dans les pays français ont mis en particulière évidence leur très large extension pendant toute l'époque féodale. J'en donnerai deux exemples. Aux alentours de 1100, on connaît par chance tous les possesseurs fonciers d'un petit terroir du Mâconnais, parce qu'ils cédèrent leur bien, l'un après l'autre, à l'abbaye de Cluny : parmi eux, se trouvaient quinze paysans ; six tenaient d'un seigneur une partie de leur exploitation ; mais les terres de tous les autres étaient entièrement libres, dégagées de toute sujétion. Et lorsqu'on examine la condition de soixante-cinq paysans possessionnés, une cinquantaine d'années plus tard, dans tel quartier d'un autre village bourguignon, on n'en aperçoit pas plus de deux qui fussent de purs tenanciers ; tous les autres possédaient certes quelques champs qui relevaient d'un ou de plusieurs seigneurs, mais le manse où vivait leur famille, les parcelles récemment gagnées sur la forêt leur appartenaient en propre [1]. Ajoutons que, fréquemment, les textes montrent des dépendants très humbles, des serfs, des hommes qui n'avaient pas même la disposition de leur corps, en possession d'une terre libre.

Ils révèlent aussi que ces petits alleux se trouvaient très menacés. Le jeu

1. Duby, 247, p. 296, 374.

des aumônes d'abord les désagrégeait : presque toujours, lorsque l'une de ces propriétés paysannes apparaît dans un acte écrit, c'est qu'elle vient de pénétrer, par donation, dans le patrimoine d'un grand établissement religieux. Les partages successoraux, d'autre part, les morcelaient. Ils subissaient cette dégradation générale et continue qui affectait alors toutes les fortunes laïques, et contre laquelle les tenures étaient bien mieux protégées que les terres contrôlées par la famille seule. Ces alleux supportaient enfin la forte pression de la seigneurie. Dans le terroir mâconnais que j'évoquais à l'instant, les six paysans qui n'apparaissent plus qu'à demi alleutiers avaient perdu tout récemment la complète indépendance de leur bien et venaient d'abandonner la propriété éminente de quelques-unes de leurs terres à l'un des gros possesseurs de l'endroit. Avaient-ils agi de leur propre gré, pour s'assurer une protection ? Avaient-ils fléchi sous le poids d'un pouvoir envahissant, s'étaient-ils soumis malgré eux ? En tout cas, partout et toujours, les grandes fortunes gagnaient alors sur les petites ; elles les investissaient, les accablaient et finalement les absorbaient.

Mais partout aussi, sur le continent, l'alleu paysan se reconstituait. De cent façons. Il progressait par les contrats de complant, qui, au XIe et au XIIe siècle, firent croître le vignoble des petites gens en même temps que celui des maîtres [1]. Il progressait aussi, et plus souvent sans doute, par la fraude, par l'appropriation subreptice de terres mal surveillées, par la négligence du seigneur à exiger les redevances, qui bientôt sortaient de la mémoire collective, donc de la coutume, et perdaient leur légitimité. Pour n'avoir rien payé pendant des années, tel champ ou tel pré était réputé ne plus rien devoir, chacun le tenait pour libre. Ainsi les défrichements créèrent-ils de longues franges de terre indépendante en lisière des friches seigneuriales. Lorsqu'en 1309, on se soucia de faire reconnaître les droits du duc de Guyenne sur les terres incultes des bords de la Garonne, longtemps laissées sans surveillance, les enquêteurs découvrirent partout de petites exploitations allodiales ; ils se heurtèrent à leurs possesseurs, souvent pourtant de condition très humble, mais qui refusaient énergiquement d'admettre que leur terre fût soumise à autrui [2].

Toujours renaissante, la terre sans seigneur foisonnait donc, et non seulement dans certains pays, comme la Frise, où la seigneurie ne s'était jamais beaucoup développée. Partout, en réalité, les possessions seigneuriales étaient fort loin de recouvrir l'ensemble des terroirs. Elles laissaient de larges espaces où s'étendaient les alleux modestes [3]. Les petits propriétaires se groupaient pour défendre

1. Voir t. I, p. 244 [ci-dessus p. 809].
2. Boutruche, 173, p. 66 sq.
3. Par exemple, dans le village lombard décrit dans Romeo, 76.

en justice l'indépendance de leur bien, et pour mieux résister aux empiétements des maîtres. Ils formaient l'élément le plus actif de la communauté de village, et celle-ci, face à la maisonnée du seigneur, constituait partout au XIIIe siècle la cellule maîtresse de la société rurale. En Angleterre même, les historiens se sont depuis longtemps avisés qu'ils ne pouvaient considérer le « manoir » comme le cadre exclusif de la vie paysanne ; si les coutumes de ce pays n'admettaient pas l'allodialité, on y trouvait en très grand nombre des tenures si libres, qu'elles échappaient pratiquement à toute sujétion foncière véritable.

*

Toutefois, la seigneurie des temps féodaux se présente comme une institution fort complexe. Elle ne se réduit point à des droits sur des terres, et le terme même qui la désigne, est ambigu et de sens mouvant. Celui que le paysan d'alors nommait son seigneur, celui que les textes contemporains désignaient comme le *dominus*, le « sire », le *Herr*, n'était pas toujours le possesseur éminent du sol. Tel cultivateur pouvait fort bien se considérer comme alleutier. Il n'en demeurait pas moins soumis à un maître, dont il subissait l'emprise économique. Ce pouvait être le seigneur de sa personne, auquel le liait un dévouement très strict, générateur d'obligations sévères, et qui contraindraient plus tard ses enfants. Ce pouvait être aussi bien le chef de guerre, le détenteur privé de la justice et du ban, chargé de la police dans toute la contrée, qui assurait la défense et qui levait en contrepartie des exactions sur les habitants. À défaut d'un autre, le paysan avait enfin le roi pour seigneur et subissait alors directement ses exigences et ses réquisitions. Réputé libre, le petit alleu supportait donc toujours une domination économique, qui, de quelque façon et en quelque mesure, absorbait une part de sa production. En outre, les conditions de la petite exploitation se trouvaient modifiées par la seule présence d'une grosse maison seigneuriale dans le voisinage. Par ses achats et ses ventes, celle-ci gouvernait tout le marché local ; elle commandait aussi le calendrier agricole dans tout le terroir par les rythmes de culture adoptés sur ses terres partout disséminées ; parce qu'à certaines saisons, elle embauchait des journaliers, parce qu'elle offrait son entremise lorsqu'il fallait négocier avec les gros acheteurs de denrées, parce que parfois elle prêtait appui et ouvrait crédit, elle tenait dans sa subordination, sans qu'il y parût, les petits alleux du voisinage. Cette domination, que l'on devine seulement à l'époque carolingienne, se manifeste au grand jour après l'an mil. Or, aucune des possessions paysannes indépendantes ne se trouvait jamais très éloignée d'une « cour » seigneuriale. Par les réactions qu'elle déterminait au sein de toutes les exploitations environnantes, comme par l'ample circulation de richesse et de travail qu'entretenaient ses exigences et ses secours entre les maisons paysannes qui lui étaient soumises juridiquement et son chef-lieu, la seigneurie, vaste ou modeste, constituait incontestablement alors le moteur le plus actif de toute l'économie rurale. En observant dans les pages précédentes les conditions générales de l'expansion, nous l'avons partout rencontrée dans les positions maîtresses.

L'économie seigneuriale mérite donc une considération particulière, d'autant que durant toute cette période, les lumières des documents convergent encore sur elle. Son histoire reste pourtant pleine d'incertitudes. Chaque seigneurie possédait en effet sa propre destinée et sa structure originale ; il en est fort peu dont on puisse examiner la gestion de manière satisfaisante ; enfin, l'organisation de leur économie se révèle très dépendante de la personnalité des hommes qui, à tel moment, les administraient [1]. Il est fort malaisé d'éliminer ces contingences. Il existe encore trop peu d'études monographiques pour que l'on puisse sans témérité dégager des sources certains types régionaux et proposer un schéma simple de leur évolution au cours des âges. Essayons pourtant de reconnaître comment l'histoire de la seigneurie s'est insérée dans l'évolution d'ensemble du milieu économique, dont on vient, non sans tâtonnements et beaucoup d'hypothèses, de risquer l'analyse. Il est tentant pour cela d'utiliser, en dépit de son imperfection, le cadre chronologique qui termine le précédent chapitre. Conservant donc comme charnière les années qui entourent l'an 1200, je chercherai à situer d'abord pendant le XIe et le XIIe siècle les principaux problèmes de l'histoire seigneuriale.

1. Voir, par exemple, pour l'abbaye de Fécamp, MUSSET, 429 ; pour le monastère de Saint-Martin de Tournai, HAENENS, 615.

CHAPITRE PREMIER

AUX XIe ET XIIe SIÈCLES. FORTUNES ET PUISSANCE

Cette première période est obscurcie par la sécheresse des sources. L'emploi de l'écriture se restreignait presque partout au monde très étroit de la haute Église, et dans ce milieu même, on ne se souciait guère de compter : plus de chiffres ou presque. Les textes proviennent tous de maisons religieuses. Les plus riches sont des inventaires établis dans la tradition des polyptyques carolingiens, des « censiers », des listes de redevances ; on les appelle « coutumiers » lorsque place y fut faite aux « coutumes », aux exactions nouvelles, aux taxes qui pesaient non plus sur les tenures, mais sur des « hommes », des protégés, des sujets [1]. Toutefois, ces documents précieux demeurent rares : la masse de l'information provient des cartulaires, collections des titres divers qui garantissaient l'intégrité du patrimoine seigneurial, enregistraient les acquisitions qui, progressivement, l'avaient enrichi, gardaient aussi la mémoire des procès gagnés, des victoires remportées contre les seigneuries concurrentes. Tout à fait extraordinaire, l'enquête royale de 1086, le *Domesday Book*, place les campagnes anglaises dans un éclairage exceptionnel.

Ce matériel documentaire livre relativement peu d'indications sur les phénomènes proprement économiques. Il met surtout en évidence les relations juridiques, la dépendance des terres, les rapports d'homme à homme, de protection et d'obéissance. Mais en cela il reflète assez fidèlement l'un des traits majeurs de l'époque. Au XIe, au XIIe siècle, le mouvement commercial, qui commençait à s'animer, se maintenait encore dans un rôle secondaire ; il demeurait trop

1. PERRIN, 189, p. 589 sq.

superficiel et périphérique (sauf en Italie qui précéda toujours d'un bon siècle, en ce domaine, l'avance de l'Occident) pour modifier en profondeur les cadres traditionnels hérités du haut Moyen Âge. La nouvelle répartition des pouvoirs de commandement constitue bien, pendant cette période, le fait dominant, celui qui orienta l'évolution de l'économie seigneuriale.

1. Le patrimoine foncier des grands établissements religieux

Le principal enseignement des documents de ce temps concerne l'histoire des grandes fortunes et, bien sûr, avant tout, celle des fortunes ecclésiastiques. L'intarissable flot des aumônes ne cessait de les enrichir. Encore très fruste, le sentiment religieux faisait alors en effet considérer l'offrande de biens matériels aux serviteurs de Dieu comme le plus salutaire des gestes de piété. Tous les chrétiens donnaient, et souvent. Ils donnaient ce dont ils étaient riches et ce qu'ils jugeaient le plus précieux, c'est-à-dire de la terre. Les attitudes religieuses déterminèrent donc à cette époque un transfert de richesses d'un extraordinaire ampleur, qui fit naître et prospérer aux dépens des patrimoines laïcs d'innombrables seigneuries d'Église. Ce n'est point être aveuglé par l'origine toute ecclésiastique des sources que de tenir le mouvement des donations pieuses pour le plus puissant courant qui ait alors animé l'histoire économique.

En réalité, il se décompose en plusieurs phases d'inégale intensité et d'orientations différentes, dont il serait utile et relativement facile de préciser, région par région, la chronologie [1]. Dans toute l'Europe, la période culminante doit sans doute être placée à la fin du xe et au début du xie siècle. À ce moment, chaque faute grave était pour le fidèle l'occasion d'aumônes de rachat d'une importance proportionnelle aux ressources du pénitent : les rois offraient des contrées entières. En profitèrent surtout les abbayes bénédictines et, secondairement, les églises cathédrales. Tout le temporel du monastère d'Ely, en Angleterre, se constitua, par exemple, entre 970 et 1020 [2], et c'est pendant cette même période que, dans les cartulaires de Cluny, la densité des actes d'acquisition gratuite se montre la plus forte.

Il semble que, dans la deuxième moitié du xie siècle, le zèle des donateurs ait progressivement tiédi. On peut y voir l'effet d'un affinement de la spiritualité, de la découverte par certains d'un christianisme d'abord plus héroïque, puis

1. La méthode statistique proposée par D. Herlihy, 235 *a*, mérite attention. Elle consiste à établir la proportion des terres d'Église parmi les confronts des parcelles que les actes cherchent à localiser, puis à suivre les variations de cette proportion. On la voit s'élever jusqu'à 40 % du début du xe siècle, puis retomber à 15 % vers 1200.

2. Miller, 187, p. 23.

plus charitable. Beaucoup d'hommes attachèrent sans doute alors une valeur accrue à d'autres « œuvres », comme le pèlerinage lointain ou les soins donnés aux voyageurs ; ils les jugeaient plus salutaires, parce qu'elles exigeaient un effort plus difficile que le simple geste de donner. Mais il convient aussi de mettre la réduction des aumônes en rapport avec un certain resserrement des familles de l'aristocratie laïque ; appauvris par les générosités de leurs ancêtres, les nobles se montraient plus soucieux de protéger contre des dilapidations imprudentes leur patrimoine foncier, garant principal de leur supériorité sociale. Les dons devinrent donc plus menus et moins fréquents ; on les voit, dans les cartulaires, se restreindre peu à peu aux offrandes de funérailles et à la fondation parcimonieuse de services pour les défunts. Le jeu des aumônes demeura pourtant fort actif. Aux alentours de l'an 1100, convaincus par la prédication des clercs réformateurs, les seigneurs laïcs abandonnèrent la possession de presque toutes les églises rurales ; celles-ci furent cédées aux chapitres et aux monastères ; elles constituèrent le noyau de nouveaux domaines ecclésiastiques, que fortifièrent peu à peu de petites aumônes, celles des humbles paroissiens. Au même moment, tous les seigneurs de quelque importance fondèrent dans leur château des collégiales ; ils souhaitaient avoir auprès d'eux le petit groupe d'hommes instruits nécessaire à la conduite de leurs affaires et à l'éducation des jeunes de leur maison.

Le XIIe siècle fut surtout, pour les établissements religieux de fondation ancienne, le temps des chicanes et des procès. Ces querelles ne parvinrent pas souvent à faire reculer les voisins laïcs, qui s'efforçaient alors d'empiéter sur le temporel. Les droits de ces églises anciennes s'effritèrent donc quelque peu à cette époque ; en outre, elles ne recevaient plus guère de terres en aumône. Toutefois, elles en achetaient de plus en plus. L'argent, en effet, parvenait plus facilement dans leurs mains que dans celles des seigneurs laïcs, en particulier par les importants dons en numéraire des premiers bourgeois enrichis. Il convient de remarquer d'ailleurs que le courant des donations en terres ne s'était pas entièrement tari ; il se détournait vers d'autres maisons religieuses qui, par un style de vie plus conforme aux nouvelles exigences de la piété, captaient désormais la faveur des fidèles. Les offrandes enrichirent alors rapidement les communautés solitaires et ascétiques de Cisterciens, de chanoines réguliers ou de Chartreux, les commanderies de Templiers, les hôpitaux. Ainsi grossirent, et surtout dans les régions où les domaines des églises anciennes s'étaient peu développés, de nouveaux patrimoines religieux. Toutefois, quel que fût le succès de ces fondations de dernière vague, leur seigneurie foncière s'établit d'ordinaire dans des sites plus ingrats ; elle resta concentrée à proximité de la maison, à portée d'une exploitation directe ; elle ne connut pas la gigantesque croissance qui, vers l'an mil, avait dispersé sur des provinces entières les possessions des grandes abbayes.

*

En vérité, celles-ci se révélaient souvent beaucoup trop vastes. Durant le XIe siècle, nombre d'établissement religieux avaient reçu des terres à ne savoir qu'en faire, beaucoup plus, en tout cas, qu'ils n'en avaient besoin pour assurer leur existence et pour pratiquer la charité, beaucoup plus enfin que leurs administrateurs ne se souciaient d'en gérer. Les relations économiques se trouvaient, en effet, beaucoup trop contractées encore pour que nul ne songeât à fonder l'exploitation d'une seigneurie sur la vente régulière des surplus. Cette idée serait-elle venue aux chefs de ces communautés, l'esprit de lucre et d'entreprise eût paru en ce temps trop condamnable à des consciences ecclésiastiques. Comme aux temps carolingiens, une seule chose importait aux administrateurs d'un monastère ou d'un chapitre : faire vivre la « famille » largement, sans gêne et sans soucis matériels.

Une forte proportion du patrimoine de ces établissements fut donc concédée à des « amis », aux membres des grandes familles auxquelles l'Église se trouvait liée et dont elle souhaitait s'assurer la protection ou les faveurs. Il s'agissait, en droit, de concessions temporaires, mais on les voyait, pour la plupart, régulièrement reconduites de génération en génération ; elles s'incorporaient ainsi à la fortune familiale des bénéficiaires. En outre, ces concessions étaient toutes à peu près gratuites. Certaines revêtaient la forme de fiefs qui n'astreignaient leurs possesseurs qu'à l'hommage et à des « services » souvent imprécis. Plus fréquemment, ces biens faisaient l'objet d'un contrat de « précaire » ou, comme on disait en Italie, de *livello* [1] ; l'Église s'en réservait seulement la propriété nominale ; elle percevait un cens annuel de quelques pièces de monnaie, simple symbole d'allégeance sans signification économique. Sous l'influence des idées grégoriennes et devant la raréfaction des aumônes, certains administrateurs ecclésiastiques commencèrent, vers la fin du XIe siècle, à condamner ces cadeaux, à les interdire, et ils s'employèrent à récupérer les « bienfaits » de leurs prédécesseurs. Toutefois, la plupart restèrent aux mains des seigneurs laïcs. Ainsi se trouvèrent, dans une large mesure, compensées les amputations que les offrandes pieuses des ancêtres avaient fait subir à leur patrimoine.

Malgré ces générosités, la fortune de bien des établissements anciens demeurait énorme. Son étendue même, et souvent sa dispersion, posaient aux admi-

1. DÉLÉAGE, 207, p. 599 ; FIUMI, 132 ; DIDIER, 399, p. 257.

nistrateurs un difficile problème de gestion. Comment tirer profit de ces terres démesurément vastes et parfois fort lointaines ? Comment les surveiller, comment en recueillir les produits ?

*

Au XIe siècle, les biens fonciers des monastères et des églises cathédrales, qui n'avaient pas été concédés en précaires ou en fiefs, se répartissaient généralement entre plusieurs unités d'administration seigneuriale. Chacune d'elles était de taille assez restreinte pour faire l'objet d'une surveillance directe et efficace. La fortune de Saint-Emmeram de Ratisbonne se trouvait ainsi divisée, vers 1030, en trente-trois groupes domaniaux. Une vingtaine de « doyennés » se partageaient les terres du monastère de Cluny à la fin du XIe siècle et, dans la plupart des chapitres de chanoines, le patrimoine collectif se trouvait distribué en portions, « prébendes » ou « obéances »[1]. Autant que possible, ces unités d'administration étaient confiées chacune à l'un des membres de la communauté religieuse ; il en avait toute la charge et se trouvait détaché dans cette fonction. Dans bien des abbayes, on s'autorisait d'une interprétation large de la règle bénédictine pour installer un moine dans chaque seigneurie rurale. Ceux des chanoines qui n'étaient pas astreints strictement à la vie commune allaient, de temps à autre, séjourner sur les terres de la prébende dont ils détenaient la jouissance. Fréquemment d'ailleurs, ces seigneurs délégués géraient des terres qu'avait jadis données leur famille. Transmises d'oncle à neveu et enrichies de génération en génération par les générosités du lignage, bien des prébendes canoniales étaient devenues les satellites et presque les annexes du patrimoine des grandes familles de la région[2]. En introduisant certains de leurs fils comme oblats dans le monastère voisin, en obtenant qu'ils administrassent plus tard les larges donations de leurs ancêtres, nombre de seigneurs purent conserver un regard sur les anciens alleux de leur parenté. Ces procédés prolongeaient encore la confusion entre la terre d'Église et celle de l'aristocratie, et atténuaient pour cette dernière les effets d'une excessive prodigalité dans l'aumône.

Toutefois, les devoirs mêmes de leur état interdisaient à ces régisseurs ecclésiastiques de résider en permanence dans la cour qui leur était confiée ; même lorsqu'ils étaient présents, ils ne pouvaient tourner toute leur activité vers l'administration seigneuriale. Pendant leurs absences, et d'une manière générale, ils déléguaient leurs pouvoirs à des préposés laïcs, à des domestiques. Les textes

1. Dollinger, 149 ; Duby, 406.
2. Raftis, 190, p. 11 ; Duby, 247, p. 420.

appellent ceux-ci *villici*, comme à l'époque carolingienne, ou bien « prévôts », « maires ». Ces gens, parfois très humbles mais compétents, détenaient la véritable direction de ces unités de gestion. Nous atteignons ici les réalités profondes de l'économie seigneuriale. Son cadre était de dimensions restreintes : des terres, des droits divers répandus très généralement dans plusieurs villages et sur les espaces incultes environnants, mais toujours à portée de surveillance et situés de telle sorte qu'un homme à pied pût sans peine visiter les plus éloignées de ces annexes dans la journée ; tout cela se rassemblait autour d'une « cour », d'un lieu de résidence, d'une maison, d'un « manoir », celui du maître ; mais dans ce poste central agissait surtout un mandataire, un homme de métier, qui connaissait personnellement tous les tenanciers, tous les dépendants et s'en faisait craindre, qui conservait dans sa mémoire ce que devait chacun, ce qu'il fallait attendre des champs, ce que les ventes avaient rapporté au dernier marché. Au XIIe siècle, on le voit, la cellule économique de la seigneurie ecclésiastique différait bien peu, par son étendue et sa consistance, de la *villa* que décrivent les polyptyques de l'époque franque.

*

La difficulté principale consistait, comme jadis, à assurer la liaison entre ces centres secondaires et la maison des maîtres dont ils devaient assurer l'entretien. Le problème se posait dans les mêmes termes qu'au IXe siècle. Il était moins ardu pour certains seigneurs d'Église. Libres de leurs mouvements, les évêques pouvaient, comme les rois et les comtes, voyager d'un domaine à l'autre. Ils disposaient dans chacun d'eux d'un « hôtel » bien construit. Ceux de France fortifièrent, au XIIe siècle, ces demeures rurales. Ils s'installaient dans chacune d'elles avec leur suite et leur cavalerie, vidaient sur place les greniers et les celliers, donnaient directement aux intendants leurs consignes. Point de changement par rapport aux temps carolingiens. De même, les chanoines prébendiers allaient consommer sur place une part des fruits de leur dotation et se chargeaient d'acheminer le reste vers leur résidence du cloître.

Mais les moines, eux, vivaient rassemblés en communautés, astreints à la stabilité. En outre, leur régime alimentaire, toutes les nécessités de leur existence matérielle étaient déterminés par une stricte règle. Leur seigneurie devait donc être gouvernée de loin ; il fallait, en outre, qu'elle procurât de quoi subvenir exactement aux besoins ; ses produits enfin devaient être acheminés jusqu'au réfectoire. Pour cela, l'économie seigneuriale était rigoureusement planifiée. Nulle intention de tirer des terres tous les profits possibles. Le souci premier était au contraire d'amortir toutes les fluctuations, de s'assurer des revenus stables, aux échéances régulières et qui fussent étroitement ajustés à des consommations réputées elles-mêmes invariables. Les bons administrateurs monastiques étaient donc ceux qui savaient évaluer avec précision la consommation domestique, en fonction du nombre des frères, des serviteurs, des pauvres secourus, des hôtes de passage, de l'importance des rations, du poids des grains. La permanence des formules appliquées au IXe siècle est ici encore fort saisissante. En fait, les statuts d'Adalard de Corbie servirent de modèle aux économes dans nombre de monastères des XIe et XIIe siècles[1].

Pour couvrir les besoins ainsi exactement estimés, la tâche principale consistait à répartir les charges d'approvisionnement entre les différentes unités seigneuriales, en fonction de leurs capacités respectives. On connaît par quelques écrits la manière dont se tira de cette difficulté, au début du XIIe siècle, l'abbé de Cluny, Pierre le Vénérable ; il spécialisa quelques-uns des vingt-trois doyennés dans des fournitures particulières (l'un d'eux, où les récoltes d'avoine étaient les meilleures, dut par exemple ravitailler l'écurie) ; il chargea les autres de pourvoir à tour de rôle à toutes les nécessités ordinaires de la maison ; chacun se trouvait « de service » pendant une période plus ou moins longue ; tous ensemble se partageaient entièrement l'année. Comme l'unité théorique de ce service était le mois, on désignait par le mot *mesagium* ou *mesaticum* le système de roulement lui-même. On s'aperçoit qu'il était en usage dans toute la chrétienté. Dès le Xe siècle, les abbayes de la Germanie du Nord-Ouest l'employaient : leurs *villici*, chacun leur tour, devaient alimenter le réfectoire. Dans la seigneurie anglaise d'Ely, la répartition du service entre les trente-trois manoirs se faisait par semaines ; tandis que dans celle de Rochester, l'ordre de succession – « *ordo maneriorum quomodo firmas facere debent* » – divisait l'année, d'une Saint-Michel à l'autre, en périodes de vingt-huit jours[2].

La difficulté résidait évidemment dans l'ajustement de cette fonction périodique d'approvisionnement au rapport réel de chacune des seigneuries satellites ; les récoltes y variaient sensiblement d'un an à l'autre ; le jeu des aumônes, des procès, des concessions modifiait en outre constamment leur étendue et leur production. En 1148, Pierre le Vénérable, après de nombreux tâtonnements et remaniements, pensait avoir abouti à une répartition équitable ; dès 1155, il dut entreprendre une nouvelle enquête dans les doyennés, afin de mieux équilibrer les revenus et les charges de chacun d'eux[3]. De toute manière, pour éviter de devoir en mauvaise année trop restreindre les rations distribuées aux

1. Voir le cas de Cluny, dans DUBY, 406.
2. DUBY, 406 ; MILLER, 187, p. 38 ; LENNARD, 253, p. 130-133.
3. DUBY, 407.

membres de la communauté, il importait de prévoir des marges étendues et de n'exiger en fait qu'une portion réduite des profits normaux de chaque unité seigneuriale. Quant au reste, on en abandonnait la disposition au régisseur. On attendait de lui, certes, qu'il transmît à la maison des maîtres le surcroît, qu'il livrât en particulier tout l'argent que pouvait rapporter la vente des surplus. En fait, une très grande liberté lui était laissée : le système faisait de lui un entrepreneur fort indépendant.

Par là, cette méthode de gestion se rapprochait beaucoup du fermage. D'ailleurs, la ferme elle-même était employée en liaison avec l'organisation du *mesaticum*, notamment en Angleterre. Dans ce pays, l'habitude d'un tel procédé était ancienne. Avant la conquête normande, les villages saxons devaient livrer aux rois et aux *earls* des quantités fixes de nourriture. L'unité de service était ici la « nuit ». Il s'agissait en fait d'un droit de gîte tarifié. On employait à son propos le mot *feorm* qui veut dire provision. Après 1066, la confusion se fit tout naturellement, dans l'esprit des clercs normands, avec le mot et la notion de *firma*, de « ferme »[1]. En tout cas, dans les documents anglais de la fin du XIe et du XIIe siècle, il est fréquent de rencontrer dans le patrimoine des églises, à la tête des unités seigneuriales, un homme nommé *firmarius*, qui n'est ni le délégué de la communauté religieuse, ni un domestique préposé. C'est un concessionnaire qui, pour un certain temps, le plus souvent pour la durée de sa vie, a reçu tous les pouvoirs du maître. La terre et les paysans qui la peuplent, les corvées dont ils sont redevables, tout le train de culture, l'*instauramentum*, le bétail, quelquefois même un stock de céréales, lui sont remis. Le contrat qui le lie est comparable à celui des précaires, à cette différence près qu'il comporte un lourd service d'approvisionnement. Le « fermier » s'engage à maintenir en état l'exploitation. En principe, si les livraisons de nourriture ne sont pas assurées, si le bien est négligé, la concession prend fin. Il s'agissait bien là d'un contrat de fermage général, et lorsque le bénéficiaire n'était pas un personnage trop puissant, le seigneur conservait le contrôle de son « manoir ». Il lui était même loisible d'accroître le montant des fournitures annuelles qu'il en attendait, si les capacités de la seigneurie se renforçaient. À cette fin, on procédait à des estimations périodiques qui permettaient d'apprécier la *valor* de l'exploitation et de mieux asseoir les prestations. En fait, sur le patrimoine de l'abbaye de Ramsey, le produit des fermes doubla entre 1086 et 1140[2].

Il ne semble pas que ce procédé, si commode pour des ecclésiastiques qui souhaitaient s'épargner les ennuis de la gestion directe, ait été alors employé

1. LENNARD, 253, p. 128.
2. RAFTIS, 190, p. 76 sq. ; LENNARD, 253, p. 190 sq.

seulement dans les campagnes anglaises. En Saxe et en Rhénanie, à la fin du XIIe siècle, des seigneuries d'Église étaient fréquemment concédées, à vie ou pour un temps déterminé, au *villicus*, en échange d'une *pensio*, d'une participation fixe au ravitaillement de la maison[1]. On concédait aussi des terres en « mainferme » dans l'Île-de-France. L'usage était-il ici très répandu ? On entrevoit que la proportion des baux à vie décrut au cours du XIIe siècle. Mais l'abbé Suger rapporte qu'il confiait la seigneurie de Beaune-la-Rolande, en Gâtinais, à des intendants par un contrat renouvelable chaque année. L'extension de la ferme générale à l'époque féodale est encore mal mesurée. Il suffirait d'un examen minutieux des chartriers pour apporter sur ce point des précisions fort nécessaires[2].

Fermiers ou intendants, les régisseurs des seigneuries d'Église, dont les maîtres n'avaient pas le moyen de venir sur place en consommer les produits, devaient, comme au haut Moyen Âge, expédier ceux-ci par convois. Au milieu du XIIe siècle encore, une flotille de barques halées par les hommes du monastère et par leurs chevaux remontait le Rhin chaque année en direction des domaines que possédait, à proximité du fleuve, l'abbaye de Deutz ; elle faisait étape au voisinage de chaque cour ; les intendants nourrissaient les corvéables et leurs bêtes, chargeaient sur les nefs le grain, les poules, le petit bétail ; les porcs suivaient en troupeau le long de la berge[3]. Ce procédé, qui prolongeait les pratiques carolingiennes, gaspillait comme celles-ci beaucoup de main-d'œuvre. Il parut avantageux à certains administrateurs de commuer les livraisons en nature en transferts de monnaie. Les gérants étaient, de longue date, accoutumés à vendre une part des surplus des domaines ; l'essor des échanges, la souplesse croissante de l'instrument monétaire autorisaient l'extension des opérations commerciales. L'intervention plus fréquente du numéraire dans les liaisons entre les seigneuries annexes et la demeure des maîtres constitue la modification la plus apparente qui ait affecté, aux XIe et XIIe siècles, l'organisation économique du patrimoine de l'Église.

L'exemple de l'Angleterre montre très clairement que ce changement toutefois ne revêtit nullement l'aspect d'un progrès continu. De très bonne heure, dès l'époque où apparaissent les premiers documents écrits, un système mixte de prestations en argent et de fournitures de provende était appliqué dans certains domaines, comme ceux de l'abbaye de Ramsey : dans le fermage, *censa*

1. LATOUCHE, 216, p. 336.
2. SCHNAPPER, 438.
3. SLOET, 194, n° 302 (1155-1165).

et *firma* se trouvaient combinées [1]. S'il y eut commutation dans les livraisons, celle-ci fut toujours commandée par les besoins particuliers de la maison, par la plus ou moins grande difficulté d'acheter ou de vendre sur place les denrées. Et l'on voit que la conversion ne s'orienta pas toujours dans le même sens, qu'elle rétrécit quelquefois la part du numéraire. Ainsi, pendant la première moitié du XIIe siècle, l'usage des fermages en nature se maintint-il et s'étendit même d'une manière générale dans les abbayes anglaises ; une renaissance du monachisme augmentait alors l'effectif des diverses communautés et accroissait de la sorte le volume de la consommation domestique et les difficultés de ravitaillement ; il fallait apporter davantage aux réfectoires. En revanche, le mouvement se renversa après 1150, mais pour des raisons diverses. Dans la seigneurie de Cantorbery, ce fut la réduction du nombre des religieux qui engagea à restreindre la proportion des denrées agricoles dans les fournitures des domaines. Mais les administrateurs de l'abbaye de Ramsey furent poussés dans la même voie par l'alourdissement des dettes et l'obligation de trouver à toute force de l'argent. Par contre, les difficultés financières, que provoqua dans le monastère de Cluny le tarissement des ressources en métaux précieux provenant d'Espagne, conduisirent à réorganiser le système du *mesaticum* et, pour réduire les dépenses, à demander à chaque seigneurie annexe des livraisons plus abondantes en produits du sol [2].

La situation propre à chaque communauté, les initiatives personnelles des supérieurs firent donc adopter des solutions fort diverses – ce qui incite l'historien à se défier des généralisations trop hâtives. L'enseignement des textes donne cependant à penser que le rôle de l'argent dans l'économie interne des grandes fortunes ecclésiastiques était moins restreint à la fin du XIIe siècle qu'en l'an mil. Je prends l'exemple de Saint-Paul de Londres, dont vingt manoirs constituaient le patrimoine. En 1181, six seulement d'entre eux livraient une « ferme » tout entière en denrées agricoles ; les six derniers n'envoyaient à la communauté que de l'argent [3]. Pour ceux-ci, le lien se trouvait très relâché entre les maîtres et leurs terres. L'administrateur responsable jouissait d'une beaucoup plus large autonomie. Son attention se tournait vers le mouvement des prix et la situation des marchés ; il était entraîné à jouer sur les achats et les ventes ; l'esprit de profit commençait à le saisir. Ce changement d'attitude, l'initiative abandonnée aux agents intermédiaires, doyens, régisseurs ou fer-

1. Raftis, 190, p. 10 ; pour l'église d'Ely, Miller, 187, p. 40.
2. Lennard, 253, p. 139 ; Duby, 406 et 407.
3. Lennard, 253, p. 179.

miers, a sans doute fortement contribué à mettre en branle le progrès général que connut en ce temps l'économie des campagnes.

2. Les fortunes laïques

Fort mêlée aux destinées du patrimoine de l'Église, l'histoire des fortunes laïques fut pourtant très différemment orientée. D'autres forces, en effet, la gouvernaient, dont les plus actives étaient dissolvantes. Aux aumônes qui amenuisaient ces fortunes s'ajoutaient les partages successoraux qui les émiettaient. Dans les quelques régions où la documentation dissipe un peu l'obscurité, on peut voir, au XIe siècle, les familles de l'aristocratie expulsées peu à peu par les donations pieuses des meilleurs terroirs, où s'installait à leur place la seigneurie d'Église, tandis que certains rameaux latéraux de ces lignages prolifiques se trouvaient rabaissés en quelques générations, par le morcellement des héritages, au niveau des modestes paysans alleutiers[1]. La seigneurie laïque était alors vouée à la dégradation progressive.

Pourtant, elle se défendit. La plupart des grands lignages parvinrent à se maintenir dans une position économique très supérieure à celle de la paysannerie. Ils profitèrent beaucoup des largesses, spontanées ou contraintes, de l'Église, des concessions de précaires, de fiefs, de *livelli*, et même de la ferme des domaines, dont certains seigneurs laïcs ne dédaignaient pas de se charger. En outre, la solidarité familiale se resserra et parvint, en contrôlant plus strictement les aliénations individuelles de la terre ancestrale, à restreindre les aumônes. L'indivision prolongée dans le groupe de la parenté, la limitation des mariages, l'institution enfin, au XIIe siècle, de la dot en numéraire qui permit en certaines régions d'exclure du partage les filles mariées, atténuèrent notablement les effets des coutumes successorales, qui partout accordaient aux héritiers de même rang un droit égal sur l'alleu. Enfin, l'expansion agricole qui remplit cette période accrut le rapport de tous les patrimoines aristocratiques. Le meilleur rendement des champs du domaine, les revenus croissants tirés des dîmes, des moulins, des taxes levées sur les usagers des bois et des pâturages fournirent aux familles nobles le moyen de vivre mieux que leurs ancêtres, d'une fortune foncière pourtant moins étendue. En outre et surtout, ces lignages s'intéressèrent de beaucoup plus près que les seigneurs ecclésiastiques aux opérations de défrichement. En Allemagne, la vitalité sans défaillance de la noblesse fut soutenue, depuis les temps carolingiens, par la conquête ininterrompue de nouvelles

1. Duby, 247, p. 58 sq.

terres de labour. En France, les domaines aristocratiques, que les progrès du patrimoine de l'Église rongeaient inlassablement sur les portions anciennement cultivées des terroirs, se reconstituèrent peu à peu aux dépens des forêts ; par ce lent glissement, ils se détachèrent du village ; les documents de la fin du XIIe siècle les montrent établis en lisière des derniers bois et sur les collines. Dans la plupart des contrats de pariage, qui fondaient une « villeneuve » en associant un établissement religieux et un seigneur laïc, celui-ci se réservait dans l'essart les éléments d'un petit domaine, une maison, une « cour » où devaient se concentrer les revenus nouveaux qu'il attendait de l'entreprise.

Tous ces facteurs de restauration expliquent que l'aristocratie apparaisse, aux XIe et XIIe siècles, dans une position économique aussi éminente et aussi sûre qu'à l'époque franque. Maîtresse en très grande partie de la terre qui n'appartenait pas à Dieu, aux saints et aux églises, elle dominait d'aussi haut le peuple des paysans. Ces nobles possédaient le privilège héréditaire de la richesse et de l'oisiveté ; ils étaient alors séparés de ceux qui devaient travailler pour vivre par un fossé abrupt et qui paraissait à tous absolument infranchissable. La réflexion des hommes d'Église avait construit, au Xe siècle, des représentations très schématiques du corps social ; elles divisaient le peuple chrétien en trois « ordres » voués chacun à une fonction sociale particulière ; elles plaçaient d'un côté les non-producteurs, moines, clercs et gens de guerre, de l'autre, les *laboratores*, les « travailleurs », les *rustici*, les « paysans [1] ». Or, de toute évidence, les réalités économiques qui avaient naguère inspiré cette conception apparaissaient à tous inchangées dans les dernières années du XIIe siècle, au temps où Étienne de Fougères, dans son livre des *Manières*, montrait les « laboureurs » chargés par Dieu de peiner pour entretenir tous les autres hommes, et réduits à se nourrir de ce que les seigneurs dédaignent :

> ne mangera ja de bon pain,
> nous en avons le meilleur grain
> et le plus bel et le plus sain...

*

Toutefois, entre les membres de cette aristocratie vigoureuse, la fortune foncière n'était pas également partagée, et pour peu que l'on observe la répartition des terres laïques, on repère deux niveaux économiques, deux échelons bien

1. David, 206.

distincts. Un petit groupe de « grands » – ces *principes, optimates, proceres* dont les textes du XIe siècle célèbrent la particulière distinction et qui sont nommés « barons » ou « sires » dans les sources postérieures – s'élevait très au-dessus des autres nobles. Leur famille détenait généralement une fonction de commandement, une part du pouvoir public, un titre de comte, la garde d'une forteresse. Cet office de direction échappait aux partages successoraux qui morcelaient les biens fonciers. Il revenait à l'un seulement des fils ou des frères et, par conséquent, maintenait de génération en génération dans une situation solide et très supérieure la branche maîtresse du lignage. Cette supériorité même la plaçait en bonne posture pour recevoir encore les cadeaux des rois, des évêques ou des abbayes, soucieux, les uns comme les autres, de s'attacher l'amitié du « puissant », chef de la parenté. Ajoutons que ces « princes », du fait même de l'autorité publique qu'ils accaparaient, dominaient les grands espaces incultes, disposaient ainsi d'un énorme capital foncier encore improductif, mais que l'effort des pionniers paysans mettait peu à peu en valeur.

Leur richesse en terres peut donc être comparée à celle des cathédrales ou des monastères les plus favorisés par les offrandes. Elle présentait la même structure : immense, dispersée, divisée en multiples unités seigneuriales. Aussi, tout comme les évêques – tout comme les grands de l'époque carolingienne – ces « sires » se déplaçaient-ils d'une « cour » à l'autre. Les mentions contenues dans les diplômes qu'ils ont délivrés permettent de suivre les rois seuls dans leur continuel vagabondage. Mais les comtes, les grands châtelains n'étaient pas plus sédentaires, même s'ils s'établissaient pour de plus fréquents séjours dans une demeure de prédilection. Des six grands barons laïcs qui possédaient des seigneuries dans le comté d'Oxford à la fin du XIe siècle, un seul y résidait de manière presque permanente, mais les autres ne paraissaient que de loin en loin[1]. Dans ces seigneuries, des intendants, les *villici*, les « maires », établis dans la maison du maître qui leur était entièrement confiée en son absence, jouaient donc un rôle de tout premier plan, celui même que remplissaient les mandataires de la communauté sur les terres des grands monastères. Faute d'archives, leur activité nous échappe. Il semble bien, cependant, que l'usage du fermage ait été fort répandu, parce qu'il soulageait le seigneur des besognes de surveillance, importunes et indignes de son rang. À l'exception d'un seul, tous les manoirs qui constituaient le domaine d'Eudes de Bayeux, dans le Kent, étaient affermés au temps du *Domesday Book*[2]. Comme dans les domaines ecclésias-

1. Lennard, 253, p. 43.
2. Lennard, 253, p. 113-117 (bien que, par hasard, Eudes fût titulaire d'un évêché normand, ses possessions d'Angleterre doivent être considérées comme une seigneurie laïque).

tiques, le fermier livrait de l'argent ou des denrées selon les besoins de la maisonnée. Au temps du roi Henri Ier, la conversion en numéraire fit de rapides progrès dans les domaines de la couronne d'Angleterre concédés en fermage, parce que la cour du souverain passait beaucoup de temps en Normandie : il n'était plus autant nécessaire de pourvoir outre-Manche à son ravitaillement ; il importait, en revanche, d'envoyer sur le continent des deniers[1]. Il semble que la plupart des prévôtés du domaine capétien au XIIe siècle étaient également mises à ferme contre des versements en monnaie. Sur la terre des grands comme sur celle de l'Église, les régisseurs conquirent donc peu à peu leur indépendance économique.

Toutefois, une large part de cette terre – et l'analogie avec les grandes seigneuries ecclésiastiques se révèle encore une fois très frappante – se trouvait concédée en « bienfait », en fief. Par fragments, elle s'incorporait de la sorte au patrimoine des « amis » du maître, de ses vassaux, de ceux dont il attendait le dévouement. Ces hommes occupaient d'ordinaire une situation économique plus modeste ; ils formaient l'échelon inférieur de l'aristocratie. De certains, cette concession constituait toute la fortune. C'était le cas, après la conquête normande, de beaucoup de hobereaux d'Angleterre, aventuriers chanceux, qui se partageaient une portion, souvent importante, de la fortune foncière des barons. Dans le comté d'Oxford, si bien étudié par R. Lennard, le tiers au moins, les deux tiers parfois du patrimoine des grands seigneurs se trouvaient entre les mains de leurs vassaux[2]. En Mâconnais, au contraire, les fiefs des chevaliers étaient généralement minuscules. Ils ne représentaient jamais qu'un appoint modeste à leurs possessions, constituées essentiellement d'alleux qui leur venaient des ancêtres[3]. Mais quelle que fût leur taille, ces tenures nobles, inaliénables et indivisibles, n'étaient point désagrégées par les aumônes et par les partages de succession. Exemptes presque toujours de redevances matérielles, dégagées, par conséquent, de tout lien de subordination économique à l'égard du propriétaire éminent qui les avaient concédées, elles procuraient des revenus importants et solides au lignage qui en détenait la jouissance.

Formée d'alleux ou de fiefs, la terre de ces vassaux, que les textes désignent alors dans toutes les régions de la chrétienté latine par le mot « chevalier » et ses équivalents, était suffisamment vaste et productive pour leur permettre de vivre largement sans mettre eux-mêmes la main à la charrue. Ils en tiraient assez de ressources pour participer, en tout loisir et avec le harnois convenable à leur

1. LENNARD, 253, p. 140.
2. LENNARD, 253, p. 27.
3. DUBY, 247, p. 291 sq.

rang, à l'activité politique et militaire digne de l'homme bien né, dans l'entourage des grands, leurs bienfaiteurs. Il existait certainement parmi ces guerriers des différences de fortune. Tous du moins vivaient en seigneurs, et les biens fonciers dont ils avaient la disposition excédaient largement l'étendue d'une simple exploitation de paysan. Le *thegn* anglais, au début du XIe siècle, était censé posséder un *hall*, une cuisine, une église et une terre de cinq *hides*, c'est-à-dire cinq fois plus vaste que celle des plus grosses familles paysannes. À ces dimensions, à cette valeur correspondait, après la conquête normande le « manoir » qu'Audoin de Scalers tenait à Whaddon, dans le comté de Cambridge, de son seigneur l'évêque d'Ely. C'était aussi sensiblement l'importance du bien attribué, en 1159, par l'évêque de Magdebourg au *locator* de tel village nouvellement fondé près de la Havel. En Mâconnais, une quinzaine, une trentaine de manses paysans relevaient d'ordinaire de chaque maison chevaleresque et lui portaient des redevances [1]. Plus vastes, semble-t-il, les fiefs de certains chevaliers normands s'étendaient sur des centaines d'hectares et équivalaient à plusieurs prébendes de chanoines.

Il est fort rare que les textes de cette époque décrivent dans le détail la fortune foncière de ces seigneurs de seconde zone. Lorsqu'on peut l'entrevoir, la structure de ces patrimoines se montre partout semblable. Ils s'organisaient tous autour d'une « maison », le point d'attache de la famille : à partir du XIe siècle, le nom de cette demeure a servi de surnom commun à tous les membres du lignage. Ce n'était pas une forteresse, mais un centre d'exploitation agricole, plein de valets et de bestiaux. L'église paroissiale se dressait d'ordinaire à côté de cette maison. Construite par les ancêtres, elle demeura possession de la famille jusqu'au moment où les objurgations des clercs réformateurs obligèrent à s'en séparer. On la donna à tel ou tel établissement religieux, mais en conservant d'ordinaire les meilleures dîmes. À la maison se trouvait directement attaché un beau domaine. Des exploitations paysannes enfin en dépendaient, dispersées ici et là, mais rarement très loin. Cette structure paraît au fond très semblable à celle de ces portions de très grandes seigneuries, qui étaient confiées à des domestiques préposés ou à des fermiers. Elle ressemble également fort à celle des domaines qui se formèrent, au XIIe siècle, autour des établissements religieux de fondation récente, maisons de Templiers ou granges cisterciennes. Ces gens de la basse aristocratie vivaient en contact étroit avec la terre ; ils géraient eux-mêmes leur bien et se faisaient suppléer pendant leur absence par leur frère ou leur femme ; leurs biens-fonds produisaient largement de quoi satisfaire leurs besoins domestiques, mais laissaient peu d'excédents négocia-

1. STENTON, 219, p. 482 ; MILLER, 187, p. 72 ; DUBY, 247, p. 422.

bles ; ils commandaient sans intermédiaire aux travailleurs des champs ; ils étaient les voisins des paysans et partageaient leurs soucis en temps de mauvaise récolte[1].

On parle toujours de seigneurs, mais sans beaucoup distinguer entre eux, ce qui apparaît pourtant très nécessaire. Car ils se rangeaient en réalité dans deux catégories économiques bien distinctes. Plaçons donc d'un côté les « grands », les abbés, les évêques, les comtes, les « princes ». Ceux-ci n'entretenaient pas de relations directes avec leurs biens fonciers ; ils s'en trouvaient séparés par leur entourage qui les isolait, et surtout par des mandataires s'interposant entre eux et les rustres qui travaillaient leurs champs ; enfin, ils ne voyaient parvenir jusqu'à eux qu'une faible part du rapport de leur fortune. Toute différente était la situation des hobereaux de village, des chanoines ou des moines responsables d'un prieuré rural, dont la position économique, en revanche, différait peu de celle des ministériaux et des fermiers des grands seigneurs. Les uns comme les autres, en effet, géraient un fonds assez limité et assez compact pour être administré par un seul homme. Les uns comme les autres en recueillaient immédiatement les profits. Entre les paysans et les hauts seigneurs, ils constituaient ce groupe d'entrepreneurs, qui fut à cette époque le moteur principal de la vie économique des campagnes.

3. La puissance sur les paysans

Si les maîtres des petites seigneuries et les régisseurs domestiques des grandes paraissent, au regard de l'histoire économique, occuper une situation comparable, leurs contemporains du XIe siècle établissaient une profonde distinction juridique entre les uns, clercs, moines ou chevaliers, qui échappaient aux contraintes et aux réquisitions exigées du vulgaire, et les autres, qui les supportaient. En effet, dans les années qui encadrent l'an mil, les textes font apparaître dans tout l'Occident une répartition de l'autorité qui s'imposait alors à la conscience collective, mais qui différait apparemment de celle qu'avait connue le haut Moyen Âge. Elle soumettait l'ensemble des travailleurs paysans, alleutiers ou tenanciers, à la domination privée de quelques chefs. Elle réservait à une petite élite d'hommes de bonne naissance, à ceux précisément qui possédaient un domaine suffisamment vaste pour vivre dans l'oisiveté, la liberté véritable, le droit de porter les armes, l'immunité de la maison. Elle les soustrayait à toute obligation, hormis celles de l'honneur et de la foi jurée. Cette transformation politique, et la soumission économique des masses paysannes qu'elle entraîna,

1. Duby, 247, p. 425.

pesa de tout son poids sur l'évolution de l'économie rurale. Elle commandait, en effet, l'organisation de la fiscalité, et par là l'orientation des transferts de richesse les plus actifs qui parcouraient à cette époque le monde des campagnes. Elle gouvernait aussi en grande partie les rapports de main-d'œuvre. Il convient donc de l'examiner de près[1].

*

La mutation revêtit peut-être sa plus grande ampleur dans le royaume de France. Le relâchement de l'autorité royale dans la première moitié du xe siècle, suivi cinquante ans plus tard dans les provinces méridionales par un semblable fléchissement de la puissance du comte, la mise en marche enfin, compensatrice, du mouvement de la paix de Dieu, placèrent le château au centre d'une organisation politique nouvelle. La forteresse, presque toujours fort ancienne, avait été érigée jadis sur l'ordre royal, mais son gardien la tint désormais pour un bien personnel ; autour d'elle, il s'appropria le « ban », c'est-à-dire le pouvoir même dont disposaient les souverains du Moyen Âge et qu'ils déléguaient à leurs agents. Dans tout le territoire environnant, le maître du château se chargea de maintenir la paix et la justice, s'arrogea le pouvoir de poursuivre et de punir les criminels, de rassembler les guerriers en cas d'alerte, d'édicter les règlements. Les tribunaux de basse justice, qui jadis, dans les gros villages, réunissaient en assemblées publiques les paysans de condition libre, passèrent dans sa main. Lui-même jugea ou chargea ses domestiques de juger. Il perçut donc les amendes. En outre, en rétribution de la fonction de protection qu'il remplissait, il réclama une « aide », il leva ces taxes que les documents du temps nomment des « coutumes ». Voilà ce qui importe à l'histoire de l'économie rurale : le châtelain prétendit dorénavant exploiter à sa guise toute la population du canton.

Sa puissance et son pouvoir d'extorquer de l'argent ne s'appesantirent pas, à vrai dire, sur les seigneurs petits ou grands, ses parents, ses amis ou ses feudataires, dont il attendait seulement une libre fidélité et des services d'armes. Mais toute la paysannerie lui fut soumise. Jadis, les esclaves échappaient au contrôle de l'autorité régalienne, ils ne relevaient que de leur maître. Avide d'accroître ses perceptions, le châtelain voulut ignorer l'antique limite, d'ailleurs en voie de rapide effacement, qui séparait dans la foule des rustres les esclaves et les libres. Devant les exigences du châtelain, s'estompèrent donc les nuances juridiques qui excluaient jadis les hommes de naissance servile de la fréquentation

1. On en trouvera un bon exposé pour l'Italie, l'Allemagne et la France dans TABACCO, 195.

des assemblées de justice publique ou de la jouissance des communaux. On savait encore, vers 1050, quelle famille dans tel village était esclave, quelle autre jouissait de la liberté. Mais dans la seconde moitié du XIe siècle, les mots *servus* et *francus*, ainsi que leurs équivalents, tombèrent peu à peu en désuétude dans la plupart des provinces françaises [1]. On voit disparaître ces vocables des inventaires seigneuriaux ou des actes de donation, parce que l'appropriation des pouvoirs régaliens par les seigneurs privés avait désormais dépouillé les qualités que ces mots exprimaient de toute signification économique perceptible. Pour le maître du ban, et pour ses sergents, seule comptait la qualité de « travailleur », qui soumettait tous les paysans résidant sur le territoire du château au pouvoir du « sire » et à sa fiscalité.

Certains rustres cependant continuèrent de leur échapper. En effet, face aux prétentions des châtelains, s'était renforcée, développée, tendue, l'autorité toute privée exercée par les chefs des familles nobles et les établissements religieux sur leurs propres dépendants, sur les hommes de leur « maison ». Puissance domestique, celle-ci, qui, de toute ancienneté, avait soustrait au contrôle royal l'enclos de la demeure et placé sous la protection, la justice, le commandement du chef de « maisonnée » ou de « manse » (*caput mansi*, disent certains textes de la fin du XIe siècle) sa parenté, ses serviteurs, sa « famille » au sens large. Cette dernière englobait tous les esclaves, mais aussi quelques hommes de naissance libre qui, se confiant au maître avec leur descendance, se donnant à lui, étaient ainsi venus s'incorporer à sa maisonnée. Tous ces dépendants, esclaves ou protégés, n'échappaient pas, lorsqu'ils quittaient la maison du patron pour s'établir sur une tenure et vivre dans leur propre manse, à cette autorité familiale. Petits nobles et seigneurs d'Église revendiquèrent donc le droit exclusif de diriger, de juger et d'exploiter tous « leurs » hommes. Ils les défendirent âprement contre les exigences des châtelains, ils les empêchèrent autant qu'ils purent d'y répondre. En effet, ils tenaient les possessions individuelles de leurs dépendants pour une annexe de leur patrimoine ; ils considéraient donc les taxes que pouvaient payer ces hommes à autrui comme un prélèvement abusif sur les ressources de leur propre maison.

La résistance des seigneuries religieuses fut peut-être plus ardente, car elles possédaient des groupes de dépendants plus nombreux et plus dispersés (beaucoup d'hommes et de femmes, dont certains nobles et appartenant à des lignages de grande fortune, étaient entrés naguère et entraient encore à cette époque dans la *familia* du saint patron du sanctuaire par piété et pour gagner

---

1. Sauf au nord de la Seine et du plateau de Langres, où ces termes se maintinrent en usage mais en changeant sensiblement de signification juridique.

leur salut). En outre, la plupart des grands établissements ecclésiastiques pouvaient exhiber un de ces diplômes d'immunité, concédés jadis par les souverains, et qui interdisaient aux puissances locales d'exploiter les dépendants de l'Église. Ajoutons enfin que, dans le cours du XIe siècle, les idées grégoriennes vinrent aviver le sentiment que les biens ecclésiastiques ne devaient pas être soumis aux autorités temporelles. En tout cas, la documentation éclaire uniquement les conflits qui, pour la domination et la taxation de leurs hommes, opposèrent les seigneurs d'Église aux châtelains. Ces rivalités entre la seigneurie que l'on peut dire banale, puisqu'elle se fonde sur le « ban », sur la puissance territoriale d'origine régalienne, et la seigneurie que l'on peut dire domestique, puisqu'elle émane du pouvoir détenu par les chefs de famille sur leur maison, aboutirent à des résultats fort divers.

Le plus souvent l'autorité banale l'emporta. Bien des maîtres perdirent la domination de quelques-uns de leurs anciens esclaves, établis trop loin de leur demeure, et la protection de certains hommes libres. Les chefs de forteresse disposaient en effet d'ordinaire de forces beaucoup plus imposantes. L'appui qu'ils promettaient à ceux qui se plaçaient sous leur garde apparaissait plus efficace. On recherchait donc leur patronage. Ainsi vit-on, au XIIe siècle, les hommes des « sauvetés » fondées par les Templiers dans la région toulousaine, et que les croix de la paix de Dieu mettaient pourtant à l'abri des sévices et des exactions, entrer de leur propre gré dans la clientèle des châtelains du voisinage [1]. Les seigneuries domestiques perdirent ainsi, au profit des seigneurs territoriaux, leurs éléments les moins solides et les plus périphériques. Fréquemment aussi, entre le seigneur domestique et le seigneur banal s'établit un partage de pouvoir, le châtelain s'arrogeant une autorité supérieure de contrôle, la puissance militaire, la punition des crimes graves. Le paysan subissait alors deux maîtres, dont sur lui les exigences se superposaient. Cependant, nulle châtellenie ne devint jamais un territoire compact ; chacune demeura toujours parsemée d'enclaves. Toutes les seigneuries domestiques en effet, et jusqu'aux plus modestes, celles que dominaient les moins fortunés des hobereaux, gardèrent sous leur autorité, à l'intérieur même de la demeure du maître et alentour, un groupe de sujets entièrement soustraits à l'exploitation du seigneur banal. Ce résidu gagna rapidement en cohésion. Parmi les « gens de la maison », on cessa de distinguer les esclaves et les libres. Au début du XIIe siècle, lorsqu'un seigneur parlait de quelqu'un de sa « famille », il disait : « C'est mon homme. » Expression vague, mais qui insistait fortement sur la possession.

1. OURLIAC, 303.

*

Hors de France, l'évolution se laisse moins clairement entrevoir. Elle accuse parfois de sensibles décalages chronologiques. Elle s'oriente cependant dans le même sens. En Italie, la ville, précocement puissante, comptait autant au moins, vers l'an mil, que le château rural ; les communes urbaines s'approprièrent donc fréquemment le pouvoir banal dans les campagnes environnantes. Mais, dans la première moitié du XIe siècle, les mêmes rivalités se discernent au-delà des Alpes pour l'exploitation des paysans par le ban territorial ou par la protection personnelle. Là aussi, les humbles se trouvèrent tiraillés entre l'autorité de celui qui se disait *dominus loci*, seigneur du lieu, et qui à ce titre prétendait commander tout le monde, et celle du patron à qui certains paysans s'étaient « commendés », confiés pour, selon les formules du XIe siècle, être « nourris, vêtus, chaussés » par lui comme tous les gens de sa maison [1]. Ce domaine italien de l'histoire sociale demeure encore imparfaitement exploré. On voit cependant dans les campagnes lombardes, piémontaises ou toscanes, les documents seigneuriaux de l'âge féodal marquer nettement la distinction entre les serviteurs domestiques, encore pris dans la gaine de l'esclavage, soumis entièrement au droit de correction du maître de leur corps et à ses ordres (ces « hommes d'autrui » que les communautés urbaines du XIIe siècle se refusaient d'accueillir dans leur sein sans que fût tranchée au préalable l'attache qui les liait), et d'autre part, les « manants » que leur résidence en tel lieu astreignait à certains services [2].

L'émiettement de la puissance régalienne paraît beaucoup moins poussée dans la part septentrionale de la chrétienté, en Germanie, en Angleterre et dans les principautés du nord-ouest de la France, la Normandie et la Flandre. Les châteaux demeurèrent ici dans la main des princes, des rois ou des comtes. Le pouvoir banal ne fut pas morcelé et partagé entre des territoires restreints, autonomes et concurrents. La vitalité des assemblées rurales d'hommes libres où l'on continuait de rendre la justice en vertu de la « loi du pays » (*Landrecht*), de la « loi commune », maintint vivante la notion d'une autorité publique. Chargés dans toute leur principauté du châtiment des crimes et du maintien de la paix, les chefs du peuple conservèrent seuls le privilège de lever certaines exactions, les plus lourdes. Les paysans n'échappèrent point aux taxes. Mais celles-ci profitèrent surtout à des maîtres moins nombreux, plus illustres et plus lointains. La concentration de la fiscalité ne fut pourtant pas totale. Dans ces contrées

1. MURATORI, I, 837.
2. JONES, 180 ; FIUMI, 132 ; LUZZATTO, 156 ; GABATTO, 99, p. CXLI.

subsistèrent et se développèrent aussi sur certains hommes des pouvoirs privés de protection et de domination, qui permirent à beaucoup de seigneurs d'accroître singulièrement leurs ressources. L'évolution toutefois revêtit des formes particulières dans les pays germaniques d'une part, et d'autre part dans ceux de la Manche et de la mer du Nord.

*

En Allemagne et sur ses franges occidentales, néerlandaises et lotharingiennes, la frontière entre liberté et servitude conserva la même netteté qu'aux temps carolingiens. Les coutumes régionales rédigées au milieu du XIIIe siècle mettaient encore à part les paysans libres. On ne les confondait pas avec les « nobles », qui échappaient aux exactions, ni avec les « chevaliers », qui possédaient seuls depuis le milieu du XIIe siècle le droit de porter les armes. Toutefois ils continuaient de relever exclusivement des tribunaux comtaux. Ils ne pouvaient donc passer pour *servi*, pour esclaves. Comme les « francs » des temps carolingiens, ils devaient assister aux assemblées publiques de justice. Les plus riches d'entre eux étaient astreints d'y siéger régulièrement comme échevins. En cas de danger militaire, on les mobilisait, et ces services d'armes furent exigés très longtemps dans la Germanie du Nord et aux lisières du monde slave. Dans les contrées moins exposées, où l'activité guerrière devint, comme en France, affaire de spécialistes, les paysans libres coopérèrent à la défense commune par des fournitures d'avoine. Nette différence cependant : c'était le comte, au nom du roi, et non point un seigneur privé, qui percevait cette taxe de protection, ce *Grafenschatz*. Et ce fut également au comte, au margrave ou à l'évêque investi des pouvoirs comtaux, que les défricheurs, en Thuringe, dans les polders flamands ou sur les bords de l'Elbe, acquittèrent le cens, signe de leur liberté[1].

La vigueur prolongée des institutions publiques n'empêcha pas cependant chaque établissement religieux, et, de toute évidence, chaque maison noble, de revendiquer sur les hommes de sa « famille » des droits que la dégradation insensible, très lente mais continue, de l'autorité royale commençait à renforcer singulièrement au XIIe siècle. Ces protégés, soumis au maître et souvent fort étroitement, dans ce vaste royaume forestier où les agents du roi ne visitaient les clairières que de loin en loin, qui étaient-ils ? Des esclaves d'abord, puisque la notion primitive d'esclavage survivait encore. Beaucoup portent dans les textes le nom d'« esclaves de la maison », de *servi salici*, d'« esclaves en service

1. BOSL, 452 et 456 *b* ; VAN DER LINDEN, 310.

perpétuel ». « Nourris », « prébendés », logés dans la demeure du maître, ou installés à proximité dans une case, mais continuant de prendre au réfectoire ou dans les greniers de la cour leur nourriture, ces hommes et ces femmes ne possédaient rien en propre. Leur maître pouvait les corriger et les commander à sa guise. D'autres cependant sont désignés comme des « esclaves mangeant leur propre pain ». Ils vivaient sur un manse qu'ils exploitaient et qui entretenait leur famille. Eux aussi servaient de leur corps et devaient exécuter tous les ordres. Toutefois, moins proches de la main du maître, ils subissaient une dépendance plus relâchée. Pour les plus éloignés d'entre eux, elle se confondait presque avec celle des gens de la *familia* qui étaient de condition libre.

Ces derniers se trouvaient surtout nombreux dans la seigneurie de l'Église. En Allemagne du Sud et de l'Ouest, en Lorraine, en Flandre et jusqu'en Picardie, des personnages de tout rang, des gens âgés, des veuves, des hommes pieux et soucieux de leur salut, d'autres en quête d'une simple protection temporelle ou d'un secours matériel, entrèrent en effet en grand nombre au Xe et au XIe siècle dans la commendise d'un sanctuaire. Ces « hommes de l'autel » – les grandes abbayes bavaroises en possédaient chacune plusieurs milliers – s'étaient voués, eux et leur postérité, au saint patron. Comme les esclaves affranchis, dépendants mais libres, ils n'étaient pas astreints à un service de leur corps. Ils n'en appartenaient pas moins à la « famille » d'un maître, et leurs biens se trouvaient intégrés d'une certaine façon dans le patrimoine de ce dernier.

Dans les pays allemands, d'âpres concurrences s'élevèrent entre l'autorité publique et les patrons privés pour l'exploitation de ces dépendants de statuts divers. Bien étudiées, les destinées de l'« avouerie », cette délégation du pouvoir royal à l'intérieur des immunités ecclésiastiques, révèlent des attitudes et des conflits très comparables à ceux dont on trouve les traces en France dans les chartriers monastiques. Dès la fin du Xe siècle, les avoués germaniques considéraient leur fonction comme un élément de leur fortune héréditaire. Ils prétendaient en disposer à leur gré, en distribuer des fragments en fiefs à leurs amis. Ils l'utilisaient surtout comme prétexte pour tirer profit des paysans établis sur le domaine de l'Église, pour leur extorquer des cadeaux et, les jugeant, leur infliger des amendes. Les administrateurs des monastères luttèrent contre ces prétentions : dans le cours du XIe siècle, des règlements écrits limitèrent le champ d'action des avoués. On permit à ceux-ci de présider trois fois l'an les « plaids généraux », assemblées judiciaires solennelles ; ils reçurent mission de police et d'exécution militaire ; ils purent aussi lever certaines coutumes sur les tenanciers, les punir pour les fautes graves, percevoir une portion des profits de justice. Mais les abbés défendirent vigoureusement leur seigneurie domestique ;

ils parvinrent à faire respecter l'exemption totale des « esclaves de la maison » et souvent de la *familia* tout entière [1].

*

Les phénomènes anglo-normands semblent plus complexes. L'influence politique et économique des protecteurs privés s'épanouit dans ces pays sans doute plus tardivement, après l'an mil. Le roi concéda à certains grands la *feorm* de tel village ; beaucoup d'hommes libres de fortune modeste, harcelés par les obligations de guerre, tenaillés par la faim en année de mauvaises récoltes, cherchaient aussi un *lord*, à qui se confier et se soumettre. On voit de cette manière se former et s'étendre des clientèles, et ce pouvoir de *sake and soke* (le terme apparaît en 956) qui astreignait les protégés à se rendre à la cour du patron, à plaider devant lui leurs causes, à l'aider de leur service. Les liens de dépendance, qui attachaient non seulement les hommes mais leurs terres, apparaissent plus ou moins serrés, et l'on reconnaissait à l'époque de nombreuses nuances entre le libre dévouement du *thegn*, homme d'armes lui-même seigneur, et la dure astreinte des humbles paysans. Ces derniers, nourris dans la maison, plaçaient leurs bras à l'entière disposition du patron [2].

En 1086, après la conquête, le *hall*, la maison du chef, où l'on se réunissait pour juger et pour servir, avait acquis déjà une telle importance dans les relations sociales que les clercs normands qui rédigèrent le *Domesday Book* organisèrent leur description du royaume non point dans le cadre du village, mais en fonction de ce qu'ils appelèrent le « manoir ». Ce terme dans leur pays désignait la maison de l'homme puissant. En liquidant l'élite saxonne, en étendant sur la population indigène la lourde contrainte des envahisseurs campés sur place et établis dans les maisons des anciens chefs, la conquête venait d'ailleurs de renforcer singulièrement l'autorité des maîtres de « maisons ». On rencontrait alors encore de nombreux esclaves domestiques, surtout dans l'ouest du pays. En 1086, on en dénombra vingt-cinq mille, autant que de *sokemen*, d'hommes libres soumis au *sake and soke*. On peut estimer qu'ils formaient presque le dixième de la population mâle. Trois cents d'entre eux travaillaient sur le domaine de l'église d'Ely, répartis dans presque tous ses manoirs [3]. Toutefois, l'ancienne notion de servitude commençait à s'estomper dans le cercle des hommes attachés au manoir. Les conciles, les prédicateurs dénonçaient l'activité

1. Perrin, 189, p. 675 ; Dollinger, 149.
2. Stenton, 219, p. 463 sq.
3. Miller, 187, p. 44.

des trafiquants d'esclaves. Les rédacteurs du *Domesday Book* répugnaient déjà à employer le mot *servus* pour désigner ces serviteurs domestiques. Pour classer les hommes en fonction de leur plus ou moins étroite dépendance, les clercs du roi adoptèrent un autre critère, la nature des services dus au *lord* par ses hommes, et plus encore par leurs terres.

Ils qualifièrent de « libres tenanciers » les *sokemen*, ceux qui n'étaient pas astreints à travailler les champs du manoir, ou qui du moins n'y peinaient que de temps à autre. Les paysans qui participaient par des corvées régulières à la mise en valeur du domaine et qui chaque semaine devaient, un ou plusieurs matins, se présenter au manoir pour y recevoir les ordres du seigneur, furent rangés en deux groupes, selon l'étendue de leur exploitation. On désigna comme « vilains » ceux qui possédaient une terre assez vaste pour nourrir leur famille. Les autres, dont la tenure, simple case flanquée d'un jardin, ne suffisait pas à les faire vivre, et qui devaient en s'embauchant dans la maison du maître ou ailleurs trouver un supplément de ressources furent nommés « bordiers » ou « cottiers [1] ». La conquête, les révoltes qui la suivirent, les exigences des nouveaux seigneurs, réduisirent d'ailleurs le nombre des libres tenanciers. Dans un petit manoir, vassal de l'église d'Ely, un quart de la terre arable constituait le domaine en 1066, et quinze *sokemen* se partageaient le reste ; vingt ans plus tard, le domaine avait doublé de superficie ; on ne trouvait plus de *sokemen*, mais neuf « vilains » et vingt « bordiers ». Des neuf cents *sokemen* établis avant la conquête dans le comté de Cambridge, deux cent treize seulement avaient conservé leur relative indépendance lors de la rédaction du *Domesday Book* [2].

En tout cas, dans l'Angleterre de la fin du XIe siècle, tenure et attache personnelle tendaient à se confondre. À l'intérieur du « manoir », pouvoir sur les hommes et pouvoir sur la terre, seigneurie domestique et seigneurie foncière coïncidèrent. En revanche, il n'existait pas à proprement parler de seigneurie banale autonome, de principauté territoriale indépendante. Guillaume le Conquérant tenait les châteaux. Il avait distribué à ses compagnons d'aventure de vastes domaines, mais éparpillés ici et là. On voit par exemple que, dans les douze villages d'une vallée du comté d'Oxford, onze « barons », onze très grands seigneurs, possédaient des terres disséminées et entremêlées [3]. La possession seigneuriale se trouvait même si morcelée qu'il était exceptionnel de voir un

1. C'était reprendre des distinctions établies déjà entre les diverses catégories de dépendants libres avant la conquête, et décrites en particulier dans le texte intitulé *Rectitudines singularum personarum*.

2. Miller, 187, p. 73 ; Maitland, 158, p. 62.

3. Lennard, 253, p. 59.

seul « manoir » recouvrir entièrement le terroir d'un village. Pour cette raison, la plupart des paysans coudoyaient des hommes qui, tenanciers d'un seigneur qui n'était pas le leur, relevaient d'un autre manoir, donc d'une autre protection. Si quelque procès naissait entre eux, ils étaient enclins à porter leur querelle, non point devant leur *lord*, mais devant l'assemblée du village, ou bien à la cour de justice publique qui tenait des assises régulières dans le comté et dans ses subdivisions, les « centaines ». En effet, comme en Germanie, la tradition des réunions locales, qui rassemblaient périodiquement les hommes libres pour juger au nom du roi, demeurait très vivante. Les rois normands n'avaient eu garde de l'affaiblir. Et, comme en Germanie, dans chaque comté, un représentant du roi, le *sheriff*, percevait en son nom les amendes, mobilisait les hommes pour la guerre et exigeait d'eux des taxes pour collaborer à la défense. Les plus grands seigneurs tentèrent pourtant, dans la première moitié du XIIe siècle, de s'approprier les prérogatives royales. Ils y parvinrent et les conservèrent aux frontières des pays sauvages d'Écosse et de Galles, où l'alerte était permanente, où les chefs de guerre détenaient tout le pouvoir et tout le prestige sur des populations clairsemées et constamment menacées d'invasion. Mais ces lisières mises à part, le souverain parvint après 1155 à reprendre solidement en main les pouvoirs supérieurs de justice et de paix sur l'étendue de son petit royaume. Presque toutes les fourches et les potences que les *lords* avaient dressées sur leur domaine furent abattues, et le droit de punir les crimes, de juger les hommes libres revint de nouveau aux seules cours de comté et de centaine, et aux juges royaux itinérants.

Toutefois le roi reconnut l'autorité personnelle de tous les seigneurs de manoir, ce qui consolida la seigneurie domestique. Parmi les tenanciers du manoir une distinction s'établit. On tint les « libres », ceux qui échappaient aux corvées régulières, pour justiciables des tribunaux publics (ainsi dans les inventaires de la seigneurie d'Ely, les libres tenanciers sont-ils appelés *hundredarii*, les « hommes de la centaine [1] »). En revanche, tous les autres, les « vilains », les « bordiers », ne relevèrent plus de la « loi commune ». Ils se virent abandonnés au jugement et à la correction de leur maître, à la coutume du manoir. Ils devinrent aux yeux de tous des « hommes coutumiers ». Autrement dit, ils passèrent entièrement sous un pouvoir privé.

Dans la salle du manoir, des cours régulières continuèrent de se tenir pour apaiser les querelles des dépendants. Des hommes libres du village portaient parfois leur procès devant cette assemblée de conciliation, plus proche que la cour de centaine, où ils se sentaient moins étrangers, et dont les décisions

1. MILLER, 187, p. 117.

s'avéraient souvent plus efficaces. En outre, le tribunal manorial collaborait à la paix publique. Il poursuivait les petits délits commis par les gens de la « famille » et par les voisins contre la paix du roi. Dans certaines seigneuries plus puissantes, c'était même devant lui qu'avait lieu la « vue de franc-pleige », c'est-à-dire la vérification des petits groupes de solidarité pénale, entre lesquels se trouvaient répartis tous les adultes mâles du royaume. Ainsi tout maître de manoir tenait-il une justice. À ce titre, il encaissait le produit des amendes. En outre, la réflexion des juristes, qui redécouvraient le droit romain, identifia à cette époque même la condition du « vilain », exclu des assemblées publiques, à celle de l'esclave antique. On le déclara donc *servus*, et comme tel héréditairement attaché à la glèbe, réputé l'objet d'une exploitation illimitée, livré à l'arbitraire du maître au point de « ne savoir le soir ce qu'il devrait faire le lendemain ». Ainsi une large portion de la paysannerie anglaise glissa dans la servitude complète à la fin du XIIe siècle. De ce fait, elle subit désormais une domination économique très lourde, beaucoup plus pesante que celle supportée par les hommes libres de la part des agents royaux[1].

*

Dans l'ensemble de l'Occident, par l'exercice du ban territorial ou par la dépendance personnelle, une autorité de protection, privée ou publique, vint donc s'appesantir au XIe et au XIIe siècle sur les humbles, sur les paysans, sur ceux que leur état condamnait à travailler pour nourrir les grands. Elle ne cessa de s'alourdir, et les profits que procuraient l'exercice de la justice, les réquisitions, l'aide réclamée des sujets s'ajoutèrent aux ressources qui venaient de la possession de la terre. Ils se confondirent avec elles dans le patrimoine des princes, des grands établissements religieux et des familles les plus riches. Ils accrurent les revenus de tous les seigneurs.

Cependant, si l'on entend par « seigneurie » (et c'est bien dans ce sens que ce mot doit être pris par les historiens de l'économie) un pouvoir d'exploitation économique, il existait au XIe, au XIIe siècle, plusieurs natures de seigneurie. Le langage du temps ne les distinguait pas, et les contemporains non plus, qui se montraient d'abord attentifs au montant de ce qu'ils devaient recevoir ou donner, et fort peu soucieux d'analyser la source juridique de ces revenus ou de ces charges. Les inventaires seigneuriaux du XIIe siècle étaient devenus des « coutumiers », parce qu'à côté des cens qui pesaient sur les champs, et confondues avec eux, ils enregistraient maintenant les « coutumes », les taxes exigées des

1. A. L. Poole, *From Domesday Book...*, p. 39 sq.

hommes en raison de leur dépendance. Toutefois, si l'on veut pénétrer plus profondément dans la compréhension des mécanismes économiques, il n'est pas mauvais de considérer à part ces divers profits. Séparons donc l'étude de la seigneurie foncière, dont la terre domaniale et les tenures qui lui étaient attachées constituaient l'assise, et celle des seigneuries banales et domestiques, qui l'une et l'autre s'étendaient sur des hommes et liaient par un réseau de service et de prestations un groupe de familles paysannes à la maison de celui qui sur elles exerçait le pouvoir.

CHAPITRE II

AUX XIe ET XIIe SIÈCLES. SEIGNEURS ET PAYSANS

I. La seigneurie foncière

Devant qui cherche à suivre l'histoire de la seigneurie foncière, la raréfaction des sources écrites aux xe et xiie siècles dresse un obstacle d'une particulière gravité. Dans les rares provinces d'Occident où quelques terres seigneuriales avaient fait l'objet d'inventaires à l'époque carolingienne, il est tout à fait exceptionnel que ces mêmes biens apparaissent de nouveau dans des textes explicites aux siècles suivants. La continuité de l'évolution échappe donc très généralement à l'observation. Pourtant, sur quelques-uns des parchemins qui supportent le texte des polyptyques, on parvient parfois à repérer des retouches ultérieures, des ratures, des interpolations. Ces corrections visaient à adapter peu à peu les documents administratifs à l'incessante modification des rapports économiques et sociaux. Il n'est pas toujours impossible de dater ces strates successives. Elles méritent en tout cas la plus grande attention. C'est en concentrant sur de tels vestiges ses patientes recherches que Ch.-Ed. Perrin est parvenu à mettre en lumière les transformations progressives de la seigneurie lorraine. Ajoutons que la pratique des enquêtes et des inventaires, le souci de dresser de loin en loin une liste des tenanciers et un état de leurs services, restèrent vivants sur le continent dans les établissements religieux ; ils pénétrèrent en Angleterre. On possède ainsi parfois pour certains domaines du xiie siècle des suites de censiers grâce auxquelles on peut discerner les tendances de l'économie seigneuriale [1]. L'évolution de celle-ci pose de nombreuses et graves questions, mais toutes ne restent pas complètement sans réponse.

1. Perrin, 189 ; Didier, 399.

a) *L'étendue du domaine.*

Les médiévistes considèrent généralement que l'étendue du domaine se restreignit beaucoup entre le IXe et le XIIe siècle, et ils opposent volontiers aux immenses champs dominicaux que bêchaient les esclaves des grandes abbayes carolingiennes, la réserve limitée et toute proche de la maison dont les seigneurs, trois siècles plus tard, tiraient l'approvisionnement de leur table. En fait, on trouve sans peine dans les documents de cette période des indices certains d'une dissolution, d'un lotissement du domaine. Nombre de maîtres agirent alors comme les moines de Tournus en Bourgogne qui, en 974, partagèrent les vastes coûtures qu'un comte venait de leur offrir en aumône ; les parcelles ainsi constituées furent rattachées à de nouveaux manses, où les seigneurs établirent sept familles de tenanciers [1]. Mais plus fréquemment sans doute, les pièces labourables du domaine s'amenuisèrent peu à peu par des amputations légères et successives. De petits lots s'en détachaient que l'on remettait à des exploitants, en concessions d'abord temporaires, bientôt définitives. Ainsi en 1147, un prêtre reçut de l'abbé de Waulsort, une *possessioncula* prélevée sur l'une des coûtures du monastère ; il devait la tenir « selon le droit des tenanciers de manses » et payer une redevance proportionnelle à l'étendue de la terre concédée [2]. Si l'hypothèse d'un lent progrès des techniques agricoles pendant cette période se révèle fondée, elle pourrait suffire à expliquer cette réduction progressive des réserves seigneuriales. Les rendements s'élevaient sur les champs du maître ; le ravitaillement de la cour n'exigeait donc plus des cultures aussi étendues. Pourquoi poursuivre alors l'exploitation directe des terres superflues ? On trouvait en effet sans peine des hommes qui, pour prendre les champs, acceptaient de payer loyer.

Toutefois, ni en France, ni en Angleterre, ni en Allemagne, les documents n'autorisent à penser qu'une portion très considérable des labours du maître ait été alors délibérément distribuée par lots à des tenanciers. Jusqu'à la fin du XIIe siècle, le procédé paraît au contraire d'usage exceptionnel. Dans les textes, il fait généralement figure d'expédient ; lorsque les seigneurs se résolvent à l'appliquer, on les devine contraints soit par une pénurie temporaire de main-d'œuvre, soit par la difficulté de mettre directement en valeur une terre nouvellement acquise ou trop éloignée de la maison. Mais ils répugnent à se séparer durablement des terres domaniales. Il faut donc tenir la plupart du temps le

1. DUBY, 247, p. 73.

2. *Les chartes de l'abbaye de Waulsort* (éd. DESPY), n° 25 : « ... ex indominica cultura in villa Pondrem nobis jure mansionarii cessit, et secundum quantitatem terre censum solvere precepit... »

lotissement de l'*indominicatum* pour un phénomène accidentel, provoqué souvent par la croissance même du patrimoine.

Les donations pieuses jouèrent ici leur rôle. Les aumônes en effet introduisaient souvent des terres nouvelles dans la fortune foncière des églises, mais sans l'appoint de main-d'œuvre nécessaire à leur mise en valeur. Faute de domestiques ou de corvéables, il fallait bien adjoindre ces champs aux anciens manses, les concéder à des « hôtes », ou bien, comme les moines de Tournus, créer de nouvelles exploitations. Les partages successoraux provoquèrent également la dégradation de bien des « condemines » et des « coûtures » et leur éparpillement en parcelles. Pour être sûrs de posséder chacun des parts égales, les héritiers divisaient en effet entre eux les champs de chaque *villa*, et ces « portions » finissaient par se fragmenter au cours des générations en lopins disséminés dans plusieurs villages, et dont les plus éloignés devenaient des tenures. Intervint enfin la constitution de fiefs ou de précaires. La dotation des chevaliers vassaux et des ministériaux, toutes les faveurs consenties aux « amis », morcelèrent les domaines des grands, et notamment les énormes réserves que possédaient les établissements religieux du haut Moyen Âge[1]. Ces terres se divisèrent en lots d'étendue beaucoup plus restreinte. Remarquons bien cependant que, pour la plus grande part, elles demeurèrent en exploitation directe. En définitive, on peut douter que beaucoup de champs seigneuriaux soient devenus à cette époque champs paysans. Il est sans doute plus juste de penser que les labours domaniaux, sans perdre notablement de leur étendue, se répartirent alors en exploitations de plus en plus menues par le jeu des héritages et des « bienfaits ». Ce fractionnement résulta, pour une bonne part, de la croissance démographique, de la prolifération des lignages aristocratiques et de la multiplication des seigneurs.

Lorsqu'on examine attentivement les textes, on s'aperçoit d'ailleurs que les traces d'une extension du domaine n'y sont guère moins nombreuses que celles de son amenuisement. Elles attestent clairement que certains seigneurs se soucièrent de pousser davantage le faire-valoir direct. Ce fut le cas, très généralement, de toutes les communautés religieuses qui se formèrent depuis la fin du XIe siècle en réaction contre le monachisme de type seigneurial en faveur à Cluny. Elles s'imposèrent de travailler elles-mêmes leur terre. Ainsi les cister-

1. Ce fut au Xe siècle, semble-t-il, que les usurpations des grands et le trouble consécutif aux invasions morcelèrent les domaines des grands monastères du royaume franc. Pour l'abbaye de Saint-Wandrille, F. LOT, *Études critiques sur l'abbaye de Saint-Wandrille*, p. LXV et 59 ; pour Saint-Germain-des-Prés, M. DE LA MOTTE-COLAS, dans *Mémorial du XIVe centenaire de l'abbaye de Saint-Germain-des-Prés*, Paris, 1959.

ciens s'interdirent-ils d'acquérir des dîmes, des moulins, des cens (c'est-à-dire des rentes) et des « colons » (c'est-à-dire des tenanciers). Tant que ces dispositions furent respectées – jusqu'au milieu du XIIe siècle au moins – la fortune de ces établissements, très nombreux et que les aumônes enrichirent vite, fut donc tout entière exploitée en domaine et divisée en d'innombrables « granges », confiées chacune à une équipe de travailleurs domestiques. Le fait est bien connu. On sait moins que les ordres religieux anciens se préoccupèrent également au XIIe siècle d'étendre l'exploitation directe de leur terre. L'exemple du monastère de Cluny me paraît fort significatif. Vers 1090, le chambrier de l'abbaye, c'est-à-dire le dignitaire chargé du maniement des deniers, s'efforça d'acquérir tout le terroir d'un village, que les possesseurs fonciers nobles et paysans lui vendirent très cher ; en ayant expulsé les habitants, comme les cisterciens le firent très souvent ailleurs, les religieux créèrent là une « grange ». Une trentaine d'années plus tard, c'était encore dans la remise en état du domaine, et dans l'intensification de sa production, que l'abbé Pierre le Vénérable cherchait le remède aux graves embarras que subissait l'économie du monastère ; pour parvenir à réduire notablement les achats des denrées alimentaires, pour assurer le ravitaillement direct des greniers et du cellier, il n'hésitait pas à consacrer de fortes sommes à l'accroissement du nombre des charrues, à la plantation de nouvelles vignes [1]. On découvre à la même époque de semblables intentions chez Suger. L'abbé de Saint-Denis affecta vingt livres à créer un clos à Saint-Lucien ; ce qui devait permettre de ne plus mettre en gage chaque année, aux foires de Lagny, les ornements précieux des autels pour payer les achats de vin. À Rouvray, il fit rebâtir la « cour » et « établir là trois charrues », et d'un coup les profits du domaine quintuplèrent [2]. Nous avons déjà vu que les entreprises de défrichements furent souvent conduites par les seigneurs dans le même souci de hausser le rendement de l'exploitation domestique. Sur les terres gagnées par l'essart naquirent certes beaucoup de tenures nouvelles. Mais très souvent aussi, une notable portion des nouveaux champs fut conservée en domaine. En lisière des forêts bourguignonnes, foisonnaient aux XIe et XIIe siècles les « essarts domaniaux », les condemines « avec les essarts qui leur sont adjoints », et dans bien des villeneuves, les seigneurs se réservaient une maison, son pourpris, un lot de terre arable, de quoi occuper une ou deux charrues [3].

Qu'expriment de tels investissements, sinon le très vif attachement des maîtres de ce temps à la mise en valeur directe de leurs terres, et la persistance

1. DUBY, 406.
2. *Liber de rebus in administratione sua gestis* (éd. LECOY DE LA MARCHE), I, p. 158, 169, 170.
3. DUBY, 247, p. 304.

des types de gestion que révélaient les documents carolingiens ? En fait, il est impossible d'apercevoir une seigneurie aux XIe et XIIe siècles qui fût dépourvue de domaine, ni de seigneur qui tirât uniquement des rentes de sa terre. Pas de manoir sans domaine par exemple dans le *Domesday Book*, et les précieuses évaluations de l'enquête montrent que ce domaine couvrait toujours une proportion considérable des terres labourées : 22 % sur les possessions de l'évêché de Winchester, et cinquante-huit au moins des quatre-vingt-cinq charruées de terre qui relevaient d'Eudes le Sénéchal ; dans six des vingt manoirs que possédait l'abbaye de Burton, le domaine occupait une surface égale à celle des tenures ; et dans deux autres, il était plus étendu qu'elles [1]. Les cartulaires ecclésiastiques du sud de la Bourgogne fournissent des témoignages concordants. Tout chevalier de cette région dont on parvient à connaître un peu la fortune, faisait cultiver des champs cinq à six fois plus vastes qu'une exploitation paysanne moyenne ; on rencontre même des seigneuries dont apparemment ne dépendait aucune tenure, mais qui étaient tout entières constituées par un domaine [2]. De celui-ci, les labours formaient la pièce maîtresse. Ou bien ils se concentraient en larges parcelles, ou bien ils se disséminaient par lopins dans les différents quartiers du terroir. Au milieu du XIIe siècle, tel petit noble du comté de Chalon possédait, outre des bois, cinq charretées de pré et douze ouvrées de vigne, quatorze champs dispersés, mêlés à ceux des paysans du village [3].

Évidemment, de telles exploitations paraissent singulièrement plus modestes que les immenses espaces labourés au IXe siècle par la valetaille de certains grands monastères francs. Mais il ne faut pas oublier que la description des polyptyques avait toujours concerné des domaines d'étendue exceptionnelle. Et pour être de dimensions beaucoup plus restreintes, les réserves domaniales d'après l'an mil n'en possédaient pas moins de vigueur. On doit en tout cas se représenter toutes les maisons seigneuriales de ce temps comme des centres de travail agricole.

b) *La main-d'œuvre domestique.*

Les méthodes d'exploitation domaniale ne paraissent pas très différentes de celles que l'on suivait au IXe siècle. Les tâches principales, et en particulier le labour, incombaient en premier lieu à des serviteurs domestiques. La « char-

1. LENNARD, 253, p. 74 sq.
2. DUBY, 247, p. 78.
3. DUBY, 247, p. 424.

rue », c'est-à-dire le groupe de travail constitué par l'outil lui-même, les bêtes de trait et les valets qui les menaient, formait l'équipement de base de toutes les « cours ». C'est en « charrues » que l'on évaluait généralement leur puissance économique. En fait, dans toutes les régions d'Occident, chaque maison, religieuse ou noble, abritait une petite bande de domestiques employés à plein temps, et parmi eux, quelques « bouviers », c'est-à-dire de ces hommes qui, deux par deux, l'un conduisant l'attelage, l'autre tenant les mancherons, actionnaient l'instrument de labour. À la fin du XIe siècle, douze familles vivaient dans le domaine de tel chevalier bourguignon, attachées à son exploitation. Cinquante ans plus tard, on comptait vingt de ces *famuli* dans l'un des doyennés de l'abbaye de Cluny. Ils étaient trente, vers 1180, dans un manoir anglais dépendant de l'abbaye du Bec [1]. Toutes les mentions qui concernent ce groupe social méritent d'être soigneusement relevées, celles surtout qui permettent de saisir la véritable condition de ces travailleurs.

Leur maître se chargeait entièrement d'entretenir un bon nombre d'entre eux. Beaucoup, en effet, apparaissent dans les textes sous le nom de « prébendiers ». « Des bouviers, et de la *familia* des bouviers, et des autres qui vivent du pain des frères », lit-on sur un document rédigé en 1122 pour le chapitre de Notre-Dame de Paris. En 1195, une charte de la même région parle du *famulus* d'un chevalier « vivant du pain de son maître [2] ». Sur le domaine de Cluny, c'était le grain que rapportaient les moulins et les fours qui servait à les nourrir. En Italie, les textes présentent ces hommes comme « vivant régulièrement des distributions du maître [3] ». Juridiquement, on les voit désignés comme des *servi*, dans toutes les régions où la notion d'esclavage ne s'était pas encore effacée. Ils constituaient le noyau le plus compact de la *familia*, le plus étroitement soumis à l'autorité domestique. Tous échappaient entièrement à tout autre pouvoir et n'obéissaient qu'au chef de la maison. Dans les communautés religieuses nouvelles, qui remirent en honneur le travail manuel, une semblable fonction de service permanent fut remplie par des religieux de recrutement paysan, les « convers ». On les traitait comme les frères des moines de chœur, ils formaient avec eux une même fraternité. Mais, sans instruction, vivant à part, astreints à des exercices liturgiques très simplifiés qui leur laissaient tout leur temps, ils accomplissaient les gros travaux des « granges ». Formule heureuse : au XIIe siècle, les bénédictins d'ancienne observance l'adoptèrent aussi.

À cette époque cependant, les textes font apparaître une autre catégorie de

1. DUBY, 407 ; MORGAN, 374.
2. *Cartulaire de Notre-Dame de Paris*, 1, p. 406 ; *Recueil des Actes de Philippe Auguste*, 11, n° 512.
3. MURATORI, I, 589 (1034).

serviteurs, dont le nombre semble en croissance. Il s'agit encore de domestiques permanents, mêlés pendant le jour à l'équipe des prébendiers. Mais à la différence de ceux-ci, ils possédaient leur propre maison. Ils logeaient sur une petite tenure (une cabane avec son jardin et parfois un petit champ) toute proche de la cour où ils travaillaient. Ils menaient une existence familiale et vivaient de distributions de nourritures qu'ils consommaient chez eux, c'est-à-dire d'un gage. Cette condition un peu moins dépendante était vraisemblablement celle des *servi quotidiani*, des « valets de journée » dont les censiers allemands décrivent les services. Celle aussi des « sergents », des *servientes*, de tel domaine de Bresse qui, nantis chacun d'une hutte familiale, assuraient tous ensemble la mise en valeur des terres du domaine, l'entretien des bâtiments de la cour, l'expédition des convois de nourriture vers la demeure de leur seigneur, l'évêque de Mâcon[1].

Les « bouviers » d'Angleterre (dans les inventaires anglais de la fin du XIe et du XIIe siècle, les mentions de ces travailleurs se multiplient et se substituent à celles des esclaves, alors en voie de disparition rapide) semblent avoir partagé une condition économique fort comparable. Eux non plus ne vivaient pas dans le *hall*, bien que leur activité quotidienne s'exerçât tout entière sur le domaine. On les voit en possession d'une tenure, exempte de charges matérielles. Ce fief même (fief de « sergenterie », comme le désignait la coutume) les astreignait à leur « métier », c'est-à-dire à remplir auprès du maître l'office auquel les vouait leur capacité professionnelle. Considérons, par conséquent, ces *bovarii* comme des « ministériaux », des domestiques spécialistes, casés hors de la maison du seigneur. Toutefois, le lot de terre dont ils avaient reçu la jouissance était manifestement trop petit pour qu'ils pussent en tirer leur subsistance, et pour qu'il soit possible de voir en lui un véritable salaire. Ce qu'il pouvait produire – quelques gerbes, les herbes et les racines du jardin – ne constituait qu'un appoint de nourriture. La fonction majeure de cette tenure réduite, semblable à celle des *quotidiani* germaniques, était donc plutôt de fixer ces travailleurs, de les attacher plus solidement au service de la cour, en un temps de population clairsemée, où les bras manquaient encore, et où les paysans changeaient volontiers de résidence. Cette tenure leur permettait aussi de vivre en ménage, donc d'élever des enfants. Mais la vraie rétribution des « bouviers » anglais consistait en d'autres avantages, le droit par exemple d'utiliser certains jours la charrue seigneuriale, de semer leur champ avec le grain du maître ; elle était constituée surtout par des gages, en nourriture et en monnaie[2]. Les « bouviers » de la

1. DOLLINGER, 149.
2. POSTAN, 380.

région mâconnaise recevaient aussi à la même époque, des rations de céréales qu'ils allaient consommer chez eux. Certaines remarques des documents d'administration seigneuriale incitent à faire aussi une place assez large à ce que ces serviteurs pouvaient emporter en cachette. En somme, la présence de ces cabanes satellites, groupées autour de la cour, manifeste comme un éclatement de la maison du maître. Réfectoires et dortoirs s'étaient déjà partiellement vidés, et le salariat commençait à s'insinuer au cœur de l'économie domestique.

D'ailleurs, à ces serviteurs permanents, liés au domaine par leur tenure, venaient se joindre, de temps à autre, des auxiliaires temporaires, des « mercenaires » engagés pour l'accomplissement de certains travaux, pour la moisson, la façon des vignes, le soin des bestiaux. Ainsi, dans le manoir anglais de l'abbaye du Bec que j'évoquais plus haut, huit salariés prêtaient main-forte au moment de la moisson aux trente valets domestiques. En 1134, le chapitre général de l'Ordre de Cîteaux régla l'emploi des serviteurs gagés, que l'on embauchait dans les granges pour aider les convers. Les chartreux et leurs voisins les moines de Chalais rétribuaient aussi les bergers qui menaient leurs troupeaux dans l'alpage [1]. On peut tenir enfin pour des salariés partiels, et situés dans une position économique peu différente de celle des « bouviers », tous les « bordiers » des manoirs d'Angleterre, les « cottiers », ceux que les textes de l'époque saxonne nommaient *kotsetla*. La tenure dont on les voit pourvus ne couvrait, en effet, pas plus de quelques acres ; sa surface équivalait tout au plus au sixième de celle des exploitations que l'on jugeait alors capable d'assurer l'entretien d'une famille de paysans. À cause d'elle, ces travailleurs devaient chaque semaine au maître un ou deux jours de travail gratuit. Mais le reste du temps, ils louaient leurs services soit à d'autres cultivateurs, soit, plus souvent sans doute, à leur propre seigneur. Dans certaines cours, les *lundinarii* se présentaient chaque lundi pour travailler gratuitement. Revenaient-ils les autres jours, on leur donnait alors un gage. À peine corvéables, on les devine plus qu'à demi journaliers.

c) *Les corvées.*

La corvée demeurait cependant aux XIe et XIIe siècles, et dans toute l'Europe, le principal moyen de procurer à l'équipe des serviteurs installés dans la maison ou alentour, un renfort en main-d'œuvre pour les grosses tâches saisonnières. Dans tous les dépôts d'archives, les textes de ce temps mentionnent des services en travail imposés aux tenanciers et aux dépendants. Souvent même on voit

1. *Recueil des plus anciennes chartes de la Grande-Chartreuse*, p. 80, 124.

s'établir des corvées nouvelles dès qu'un nouveau champ seigneurial est créé, comme dans telle paroisse de basse Auvergne, où, pour labourer une condemine récemment aménagée, une corvée de bœufs venait d'être imposée vers 1050 à chacune des douze familles de tenanciers. Ce fut en partie pour attirer de nouveaux corvéables, qui pussent les aider à mettre en valeur un domaine arable étendu par le défrichement que les seigneurs de Normandie ou du Maine fondèrent au XIe siècle tant de « bourgs » dans les campagnes [1]. Pourtant ces services de charrue ou de main-d'œuvre paraissent partout moins lourds, et souvent de beaucoup, que ceux énumérés par les inventaires de l'époque carolingienne. Et si l'on regarde de plus près, on entrevoit une organisation sensiblement différente du travail forcé, dans les diverses provinces de l'Occident. Il importerait de mieux connaître cette géographie de la corvée. Tentons de l'esquisser à très grands traits, en attendant qu'un examen plus approfondi des sources permette d'en préciser les frontières et d'en saisir plus finement les nuances.

*

Sur tout le flanc méridional de notre aire d'observation, en Italie et dans les pays français situés au sud de la Bourgogne et de la Loire, les corvées se révèlent légères, et d'une valeur économique fort restreinte. La plupart des tenures mentionnées dans les cartulaires s'en trouvaient totalement exemptes. On ne rencontre ici aucun lot-corvée confié à telle famille de dépendants pour être mis par elle en valeur au profit du maître : la plus méridionale des « ansanges » dont j'ai retrouvé la trace en France se trouvait à la hauteur de Chalon-sur-Saône. Enfin, lorsque les textes font état de services en travail, on peut voir que ceux-ci n'accablaient guère la famille qui devait les accomplir. À la fin du XIIe siècle par exemple, les moines de Vallombreuse en Toscane exigeaient seulement d'un tenancier trois corvées de bœufs par an et trois d'ânes, d'un autre deux corvées de bœufs et des travaux manuels. Tout le censier de la seigneurie auvergnate de Sauxillanges n'enregistre pas plus de quelques jours de labour. Dans une seigneurie de l'évêché de Mâcon, qui fut inventoriée après 1100, treize des manses dépendants coopéraient assez activement à l'exploitation du domaine : chacun devait tous les ans fournir un attelage pour huit journées de labourage, deux hommes pour le travail des vignes, un faucheur et un faneur ; il lui fallait encore mener deux chars de foin, faire deux corvées de bois, participer enfin à la moisson et au battage. Mais quatorze autres manses n'étaient astreints qu'au service de labour, et les huit derniers ne participaient aux travaux domaniaux

1. FOURNIER, 416 ; BOUSSARD, 264.

que par deux ou trois journées d'hommes. En tout, dans l'année, les trente-cinq exploitations paysannes sujettes mettaient à la disposition du maître deux cent vingt jours de travail : au IXe siècle, un seul manse dépendant des grandes abbayes d'entre Loire et Rhin en fournissait souvent davantage. L'enquête menée vers 1150 dans les doyennés proches de l'abbaye de Cluny fait état de contributions encore plus faibles. Pas de corvées du tout dans trois unités seigneuriales. Dans les autres, on réquisitionnait des « ouvriers » pour la fauchaison, et les « charrues » du village pour le labour, mais pour un seul jour parfois, et jamais plus de quatre dans toute l'année [1].

Il paraît donc évident que, dans ces régions, les seigneurs négligeaient souvent de réclamer une aide en travail des exploitations paysannes placées en leur pouvoir. Sinon, ils attendaient d'elles avant tout un coup de main au moment des labours, ce labeur de fond de l'entreprise agricole, dont les progrès techniques haussaient alors la valeur, et qui demandait un renfort d'équipement plus que de main-d'œuvre. Les attelages les intéressaient visiblement plus que les corvées de bras. Ainsi, sur les domaines clunisiens, l'appoint exigé des corvéables était-il évalué en « charrues » : les enquêteurs se représentaient les paysans réquisitionnés formant des équipes de travail, dans lesquelles sans doute ils associaient leurs bêtes de trait. Ajoutons que dans les textes du XIIe siècle, ces services d'attelage paraissent souvent supportés non point comme à l'époque carolingienne par les tenures, mais par les « habitants », par les « voisins », comme disaient les enquêteurs de Cluny, par tous les hommes du village. Procédaient-ils vraiment dans ce cas de la seigneurie foncière ? Ne faut-il pas plutôt les considérer comme l'une de ces « aides » que le seigneur du territoire, en vertu de son pouvoir de ban, demandait maintenant à tous ceux qu'il protégeait ? Tout porte à voir, dans beaucoup de ces corvées de labourage, des « exactions » banales, affectées au cours du XIe siècle à la mise en valeur du domaine des « sires », et par conséquent des adjonctions récentes au système de l'exploitation domaniale.

En revanche, les corvées de mains semblent bien au milieu du XIIe siècle en voie d'amenuisement. Le fait apparaît nettement sur les terres de l'abbaye de Cluny. Dans l'un des doyennés, cent cinquante faucheurs venaient effectivement travailler sur les prés seigneuriaux ; mais cent autres se trouvaient dispensés de leur tâche, et payaient en échange une redevance de deux deniers par tête. Même commutation pour les services de charroi et pour les travaux du vignoble : pour en être exemptés, les dépendants versaient ensemble tous les ans soixante sous. Dans cette seule seigneurie, la conversion des services

1. LUZZATTO, 155 ; FOURNIER, 415 ; DUBY, 247, p. 314 sq., et 407.

procurait chaque année au régisseur plus de cinq mille deniers. L'argent ainsi perçu servait à rétribuer les salariés, qui accomplissaient les mêmes besognes. Mais ces journaliers gagés n'absorbaient qu'en partie les deniers versés par les corvéables. De la commutation, le seigneur tirait ainsi bénéfice. La moitié de la taxe qu'acquittaient les paysans pour ne pas travailler aux vignes suffisait, par exemple, à rémunérer les mercenaires qui les remplaçaient. Autrement dit, converti en valeur monétaire, le rendement du travailleur rétribué était double. Dans ces seigneuries, que rien n'autorise à juger particulièrement évoluées, le recours à la monnaie et à l'embauche avait fait très sensiblement reculer le travail forcé dès le milieu du XIIe siècle [1].

Doit-on pour autant supposer que c'étaient des commutations semblables mais plus précoces qui, dans l'obscurité du Xe et du premier XIe siècle, avaient peu à peu démoli dans toutes ces régions le « régime domanial » ? Faut-il considérer la rareté des corvées en 1150, et leur faiblesse, comme l'effet d'une évolution récente qui aurait réduit à presque rien une combinaison de services, comparable autrefois par son ampleur à celle qui absorbait, dans les seigneuries carolingiennes du nord de la Gaule, une part si considérable de la force des tenanciers ? Répondre trop vivement serait téméraire : les sources du haut Moyen Âge s'avèrent dans cette région trop laconiques pour que l'on puisse fonder solidement sur elles une hypothèse. Mais quelques sondages dans les documents d'Italie incitent à penser que les provinces du Midi, où les paysans les plus chargés ne peinaient plus, au XIIe siècle, que quelques jours dans l'année sur les champs du seigneur, n'avaient jamais connu un régime de travail obligatoire aussi strict que les campagnes situées au nord des Alpes et de la Loire. On discerne ici, dans les grandes exploitations du haut Moyen Âge, une séparation fort nette entre, d'une part, de grosses « familles » d'esclaves domestiques entièrement chargées des besognes domaniales, de l'autre, des ménages paysans qui portaient au maître une part de leur récolte ; sans doute dès cette époque existait-il peu d'échanges de main-d'œuvre entre la terre du maître et celle des tenures [2]. On est ainsi amené à se demander plutôt si quelques-unes au moins des légères corvées de labour qu'ont enregistrées certains documents rédigés après 1100 ne résultaient pas en réalité d'innovations. Le perfectionnement des techniques agricoles, le souci de mieux retourner la terre avait peut-être récemment incité les seigneurs à les imposer ; certains y étaient parvenus en utilisant des pouvoirs nouveaux que mettait entre leurs mains l'extension du droit de ban. Il n'est pas impossible que, dans ces régions, le système de corvées réduites

1. Duby, 407.
2. Voir T. I, p. 128.

que connut le XIIe siècle soit non point le résidu d'un édifice dégradé, mais, en partie au moins, une construction récente.

*

Dans la moitié septentrionale du continent, c'est-à-dire dans la zone dont les grands polyptiques carolingiens éclairent beaucoup mieux pour le haut Moyen Âge les structures agraires, les services en travail demeuraient au XIIe siècle nettement plus lourds. Les tenanciers du domaine de Manise, dans le pays Mosan, devaient alors travailler gratuitement deux ou trois jours par mois, avec leurs bêtes s'ils en possédaient ; des corvées supplémentaires s'ajoutaient encore à cette coopération régulière lors des labours de printemps et d'automne, au moment des foins et de la moisson ; chaque manse fournissait de la sorte cinquante-sept journées de travail par an ; en outre, chaque tenure accomplissait un travail à la tâche, le labour en mai d'un lot prélevé sur les champs domaniaux. Les abbayes lorraines exigeaient des exploitations paysannes qui flanquaient leur domaine des services de même type que ceux du IXe siècle : des fournitures de bois façonné ; la culture d'une « ansange » constituée par deux parcelles prélevées sur la réserve, l'une semée en blé d'hiver, l'autre en blé de printemps ; des corvées saisonnières enfin. Chaque manse devait construire en mars une clôture sur une longueur déterminée ; puis faucher, faner et rentrer le foin en juillet ; en août, il participait à la moisson, au charroi des récoltes, au nettoyage du grenier ; enfin et surtout, il lui fallait prêter sa charrue aux trois saisons des labours[1].

Ces obligations cependant paraissent toutes sensiblement moins astreignantes que celles supportées par les manses carolingiens, même les moins chargés d'entre eux. Les services en travail se réduisirent donc entre le IXe et le XIIe siècle ; impossible ici d'en douter. On peut d'ailleurs saisir dans certains documents seigneuriaux les modalités de cette réduction. Sur les domaines du monastère de Marmoutier en Alsace, les manses devaient encore au XIe siècle le *servitium triduanum*, le service gratuit des trois jours hebdomadaires qui caractérisait jadis dans la Germanie carolingienne les tenures serviles. Un acte écrit apprend que l'abbé le supprima en 1117. Il le convertit en une redevance en argent assez lourde, puisqu'elle valait autant que toutes les autres prestations en numéraire attendues du tenancier. Les administrateurs de la seigneurie avaient pris cette décision en considérant « l'incurie, l'inutilité, la mollesse et la

1. F. L. GANSHOF, « Note sur une charte de saint Gérard pour l'église de Brogne », dans *Mélanges F. Courtoy*, Gembloux, 1952.

paresse de ceux qui servaient[1] ». Inutilité : cette main-d'œuvre ne trouvait plus un emploi suffisant ; paresse : les corvéables traînaient dans la cour, désœuvrés. La corvée ne servait plus à rien ; mieux valait, bien sûr, profiter des ressources en monnaie dont disposaient maintenant les ménages paysans. Ceux-ci acceptaient de racheter cher le temps qu'ils perdaient hors de chez eux, et l'on pouvait avantageusement engager les quelques mercenaires qui suffiraient à la tâche.

Cet exemple est éclairant. Dans la portion septentrionale de l'ancien Empire carolingien, il se peut que certaines corvées aient çà et là disparu par suite d'une réduction de la surface exploitée par les seigneurs en faire-valoir direct. On voit, en particulier, que certains lots-corvées se détachèrent du domaine ; ils vinrent s'ajouter aux appartenances du manse qui, jadis, en avait le soin, et qui reçut l'entière disposition de ces parcelles arables en échange de redevances supplémentaires. On entrevoit aussi que la dissolution des rapports de main-d'œuvre entre réserve et tenure fut précipitée par les démembrements de la seigneurie, par les partages ou les aumônes qui séparaient certaines tenures des champs seigneuriaux qu'elles avaient pendant des générations contribué à exploiter. Le fractionnement des manses joua également son rôle : il n'était pas toujours aisé en effet de diviser les services en travail entre les tenanciers, maintenant autonomes, de chacun des fragments de la tenure démantelée ; on préféra souvent convertir ces services en une livraison de numéraire qui se prêtait plus facilement à la répartition. Nombre de corvées se perdirent sans doute de la sorte. Toutefois, il semble bien que deux raisons économiques principales déterminèrent l'amenuisement des labeurs forcés entre le IXe et le XIe siècle. D'abord la main-d'œuvre proposée par les corvéables devint superflue, « inutile » pour reprendre les termes du texte alsacien. Le perfectionnement de l'outillage aratoire et l'amélioration de la productivité qu'il provoquait rendirent sans beaucoup d'intérêt les services purement manuels. L'utilisation de meilleures charrues, de bêtes plus robustes, de procédés d'attelage plus efficaces dispensaient de rassembler des équipes de manœuvres aussi nombreuses que jadis pour retourner les champs à la houe, ou pour transporter sur leur dos les denrées. Or, à ce moment même, la poussée démographique, la création de nouvelles tenures, le fractionnement des anciennes, l'installation de la seigneurie banale enfin accroissaient le nombre des corvéables. Beaucoup de seigneurs ne surent plus que faire de ces bandes trop nombreuses. Alors intervint une seconde incitation. C'était l'époque où l'essor des échanges introduisait davantage de monnaie dans les petites exploitations sujettes, en même temps qu'il facilitait l'embauche des

1. PERRIN, 433, p. 102.

salariés. Les maîtres furent engagés par là, tout comme dans les régions méridionales, à commuer les services. En définitive, on peut considérer que la désagrégation du système carolingien des corvées fut progressive et s'étala largement sans doute de part et d'autre de l'an 1100. Mais selon toute vraisemblance, le progrès technique, puis l'accélération de la circulation monétaire la hâtèrent dans le cours du XIIe siècle, au moment même où, nous l'avons dit, les maîtres renonçaient également, et pour les mêmes motifs, à exiger des livraisons de produits fabriqués [1].

*

Il convient de considérer à part l'Angleterre. Dans certaines seigneuries ecclésiastiques au moins, les seules dont on devine l'agencement économique, l'association de travail entre tenures et domaines y demeurait au XIIe siècle beaucoup plus étroite que partout ailleurs, et aussi stricte que celle dont les polyptyques révèlent le fonctionnement sur le continent au IXe siècle. De telles liaisons se trouvaient déjà en place à l'époque saxonne, comme en témoigne le texte, rédigé peu après l'an mil, qui décrit les services du *gebura*, du « paysan ». Elles n'étaient pas sensiblement dérangées dans la deuxième moitié du XIIe siècle, lorsque se multiplièrent les inventaires des grandes seigneuries monastiques.

Les manoirs possédaient alors tous leurs propres charrues, et les bouviers qui les conduisaient. Toutefois ces équipes ne suffisaient pas à travailler entièrement la terre du domaine, et les tenanciers devaient effectuer le tiers, parfois la moitié du labourage. Tous ne supportaient pas les mêmes charges, et selon le poids et la nature de leurs obligations, les documents de ce temps les rangeaient dans deux catégories distinctes. Les uns accomplissaient seulement quelques corvées saisonnières d'appoint. *Boonworks, precariae*, ces services consistaient en des tâches définies, qui mettaient en œuvre généralement des bêtes de trait, pour les charrois et, spécialement encore, pour le labour. Les tenanciers du manoir dont la coopération se trouvait ainsi limitée étaient considérés comme « libres », en fonction des critères juridiques que reconnaissait alors la coutume. À l'égard de l'exploitation domaniale, leur position économique différait peu de celle des paysans d'Allemagne ou du nord de la France. Main-d'œuvre occasionnelle, ces

1. Voir p. 820. Il faudrait aussi rechercher si ce phénomène ne peut pas de quelque manière être mis en relation avec une modification des rapports économiques et sociaux au sein de la paysannerie. À l'époque carolingienne, certains tenanciers disposaient d'esclaves domestiques qui les aidaient à s'acquitter des services en travail dus par leur manse. Or, cette main-d'œuvre auxiliaire paraît bien s'être résorbée après l'an mil, PERRIN, 242.

travailleurs de renfort venaient, le jour de leur service, s'asseoir au réfectoire et partager la pitance des domestiques. D'autres tenures en revanche s'associaient beaucoup plus étroitement à la mise en valeur des terres seigneuriales. Laissons celles des « bordiers » et des « cottiers » : le travail de ces hommes dans la cour du maître, gratuit un ou deux jours par semaine et rétribué les autres, ressemblait fort, on l'a vu, à celui des bouviers et des valets domestiques. L'apport principal de main-d'œuvre corvéable était fourni par ceux que les textes anglais, depuis le *Domesday Book*, nomment les « vilains », les « paysans » par excellence.

Tout comme les manses carolingiens, les tenures « en vilainage » des seigneuries monastiques du XIIe siècle contenaient des surfaces arables fort inégales. En moyenne, cependant, ce lot de terre (une charrue pouvait le retourner en trente jours) suffisait à peu près à nourrir la famille paysanne ; mais il ne requérait que la moitié environ de la capacité de travail du vilain et de son attelage. Disponible, l'autre moitié revenait au maître, de plusieurs façons. La tenure en vilainage était d'abord astreinte, comme les autres, aux *boonworks*. Remarquons que ces tâches prenaient souvent pour elle une allure plus domestique. Le vilain, par exemple, lavait et tondait les moutons ; à Noël et à Pâques, il préparait le malt pour la brasserie du manoir. Elles constituaient toujours un notable apport de main-d'œuvre : sur les domaines de l'abbaye de Peterborough, au premier quart du XIIe siècle, le vilain devait prêter sa charrue pour le labour trois jours en automne, trois jours au printemps, un en été ; en outre, il recevait un lot d'un hectare et demi pour le préparer et pour le semer en blé de mars. Toutefois, les obligations spécifiques du vilainage consistaient en un service hebdomadaire, les *weekworks*. Trois jours par semaine, chaque tenure de cette catégorie envoyait un homme le matin se présenter au manoir, pour exécuter tout ce qu'on lui commanderait de faire [1].

Cette coopération régulière se trouvait à vrai dire rythmée de telle sorte qu'elle pût répondre aux nécessités du calendrier agricole. En 1185, sur l'un des domaines qu'exploitaient les templiers dans le comté de Gloucester, les tenures de vilainage fournissaient seulement deux journées d'homme par semaine pendant la saison creuse, depuis la Saint-Martin jusqu'à la fenaison. En revanche, elles en devaient quatre tant que durait la récolte des foins, puis de nouveau deux jusqu'au 1er août. Commençait alors le temps des moissons, c'est-à-dire l'époque de l'année où les besoins de main-d'œuvre devenaient plus pressants que jamais ; chaque semaine, six journées d'hommes étaient alors requises, deux le lundi et le mercredi, une le mardi et le jeudi. Les blés rentrés, le

1. STENTON, 260, p. 136.

service retombait jusqu'au 11 novembre à quatre jours hebdomadaires[1]. Cette disposition des corvées montre bien qu'elles ne constituaient pas, comme les *boonworks* ou les services exigés dans les domaines du continent, un simple appoint ; elles instauraient réellement une collaboration très étroite qui, dans certaines seigneuries, finissait parfois par intégrer, lors des travaux d'août, toute la maisonnée du vilain dans l'équipe des serviteurs permanents du manoir, la semaine entière, sauf le dimanche. Comme l'esclave casé des domaines allemands du IXe siècle, le vilain anglais fait figure en fait de domestique à mi-temps, nourri par son maître certains jours de plein service, et gagé par le lot de champs de sa tenure : on attendait qu'il en tirât l'essentiel de sa subsistance et celle des siens. Il se situait donc dans une position intermédiaire entre les deux catégories de travailleurs employés dans toutes les seigneuries d'Europe, entre les serviteurs permanents de la *familia* et les corvéables périodiques qui, de loin en loin, se rassemblaient sur les champs du maître pour contribuer à leur exploitation.

Il faut remarquer encore que dans les manoirs anglais (dans ceux du moins, répétons-le, dont on peut observer la structure économique, c'est-à-dire qui relevaient de quelques établissements religieux, pour la plupart bénédictins d'ancienne observance) un lent mouvement de commutation se dessine pendant le XIIe siècle. Comme sur le continent, il tendait à substituer des prestations en numéraire aux services en travail. Les seigneurs à vrai dire n'abandonnèrent pas leur droit de requérir les paysans pour telle ou telle tâche. Mais ils acceptèrent de le leur « vendre » pour l'année. Je prends comme exemple le manoir de Fontmell, possession de l'abbaye de Shaftesbury, dans le Dorset, que l'on connaît par deux enquêtes successives. En 1130-1135, au tenancier du vilainage incombaient, outre les trois jours hebdomadaires, le labour d'un acre et demi, le hersage d'un acre, une redevance d'une mesure de blé et de sept deniers et demi, une taxe enfin de dix deniers, levée pour le bois de clôture et que l'on peut considérer comme le premier « rachat » d'une contribution en main-d'œuvre. Quarante ans plus tard, les *weekworks* n'étaient plus exigés. Le seigneur conservait seulement la disposition des travaux saisonniers de fenaison, de moisson et de charroi. En revanche, il percevait sur chaque tenure une redevance beaucoup plus lourde, qui variait entre trente-cinq et cinquante deniers, et qui représentait le prix des services dont les vilains se trouvaient maintenant exemptés[2]. La conversion est tout à fait semblable à celle dont l'abbé de Marmoutier prit en 1117 l'initiative ; elle s'inspirait sans doute des mêmes considérations. De la même manière, les moines de Burton avaient renoncé aux services de

1. A. GUITING, A. L. POOLE, *From Domesday Book...*, p. 42.
2. STENTON, 260, p. 140.

certaines tenures en vilainage en échange d'une redevance de deux ou trois sous. N'imaginons pas que des changements analogues se soient produits dans tous les manoirs. On les repère cependant dans un grand nombre de ceux que les documents permettent d'observer. Il semble que les seigneurs s'y prêtèrent plus facilement lorsque leur résidence n'était pas toute proche, et qu'ils avaient peine à surveiller le domaine. Au seuil du XIIe siècle, à Minchinhampton, lointain manoir de l'abbaye de la Trinité de Caen, les services étaient effectivement requis dans vingt-six tenures tandis que dans neuf autres on levait seulement des redevances ; cinquante ans plus tard, il ne restait plus que vingt tenures à accomplir les corvées ; enfin, vers 1170, ces dernières avaient complètement disparu [1].

*

Le régime du travail forcé et la présence partout de fortes équipes de travailleurs domestiques confirment ce que laisse entrevoir l'observation topographique du domaine : les seigneurs des XIe et XIIe siècles ne s'étaient nullement détachés de l'exploitation directe. Qu'il fût maintenu dans la main du maître ou bien confié à un intendant ou à un fermier, ce domaine constituait incontestablement la portion la plus productive de la seigneurie foncière. J'utiliserai pour le montrer les données numériques de l'enquête dont firent l'objet vers 1150 les doyennés de l'abbaye de Cluny. Dans six de ces unités seigneuriales, et pendant cette année médiocre, les terres du seigneur avaient produit quatre fois plus de grain et de vin que n'en avaient livré toutes les tenures. Les besoins domestiques se trouvaient ainsi très largement couverts et la récolte laissait même de gros surplus que l'on pouvait vendre : l'administrateur de l'une de ces seigneuries avait négocié le huitième du froment moissonné sur les coûtures ; celui d'un autre doyenné, toute la récolte de froment et le tiers de celle de seigle [2].

On peut entrevoir cependant que les méthodes de gestion ne demeuraient pas tout à fait identiques à celles dont on a connaissance pour le haut Moyen Âge. Elles paraissent s'être modifiées surtout dans le courant du XIIe siècle, en Angleterre aussi bien qu'en France et en Allemagne (les phénomènes italiens restant encore dans l'ombre). L'importance croissante du labour dans la préparation de la terre arable, le rôle plus efficace tenu dans la production des céréales par les animaux d'attelage incitèrent alors à renforcer les équipes de charrue

1. A. L. POOLE, *From Domesday Book...*, p. 45.
2. DUBY, 407.

dans la maison seigneuriale, où les « bouviers », les valets spécialistes de l'instrument aratoire, se placèrent peu à peu au centre de toute l'économie domestique. Ils engagèrent également à ne pas laisser perdre les services de bêtes dus par les tenanciers aux différentes saisons de labourage. Ils poussèrent même à les exiger plus âprement, à les étendre, à ajouter des corvées de hersage, à utiliser le droit de ban pour attirer aussi sur les champs du domaine les animaux de trait des villageois qui n'étaient pas tenanciers. Au XIIe siècle, incontestablement, la valeur des corvées de bétail se renforça.

En revanche, il devenait beaucoup moins profitable de réunir dans la cour des manœuvres aux dents longues, prompts à la maraude et qui gaspillaient leur temps. Les seigneurs préférèrent donc souvent renvoyer les corvéables sur leur tenure et les laisser produire là un surcroît de denrées ; l'ouverture croissante du marché permettait aux paysans de vendre celles-ci plus aisément ; le maître était tenté de prélever en monnaie une part de ces profits, et de solder avec cet argent quelques salariés embauchés aux moments nécessaires. La commutation affecta spécialement les travaux du vignoble, car le soin des ceps est minutieux et mieux valait ne pas le confier à des travailleurs forcés qui auraient bâclé la besogne.

Cette évolution relâcha notablement les liens qui attachaient à l'exploitation du maître celles qu'il avait confiées à des paysans dépendants. Ceux-ci disposèrent beaucoup plus librement de leur force productive. Ils purent mieux travailler leur propre terre et en tirer davantage. Ils s'accoutumèrent à fréquenter plus souvent les marchés pour s'y procurer les deniers qu'on leur réclamait. Ils parurent moins fréquemment au manoir, et surtout pour y porter les redevances ou de l'argent. Les relations personnelles se détendirent. Quant aux seigneurs et à leurs délégués, ils virent leur position économique se modifier quelque peu. Ils agirent plus qu'autrefois en employeurs, distributeurs de prébendes ou de salaires, et ils devinrent davantage des percepteurs de rentes.

d) *Structure de la rente seigneuriale.*

Dès l'époque carolingienne, les inventaires montrent que les seigneurs fonciers parvenaient à s'approprier une part imposante des biens produits aux abords de leur « cour » par les paysans, en permettant à ceux-ci d'utiliser contre redevances certains éléments de leur domaine. Les bois et les pâtis, le moulin, le four, la brasserie, l'église paroissiale enfin par les oblations et les dîmes, produisaient des rentes. Ponction directe sur la production de toutes les exploitations paysannes environnantes, tous ces profits domaniaux s'enflèrent considérablement au cours des XIe et XIIe siècles, lorsque les habitants du village devinrent plus nombreux et la terre moins ingrate. On peut penser même que ce fut par l'exploitation des moulins et par la levée des dîmes que les seigneurs tirèrent les meilleurs avantages du défrichement et du peuplement des solitudes [1]. Accueillait-on des hôtes dans un quartier de bois, aussitôt s'élevait le montant des prémisses, des taxes funéraires, et s'emplissaient les granges dîmières. En tout cas, au milieu du XIIe siècle, toutes les enquêtes montrent la place fort large qu'occupaient parmi les profits de la seigneurie foncière les revenus provenant de ces sources. Le fait se révèle très clairement dans la description des domaines clunisiens que j'ai plusieurs fois utilisée. Dans deux doyennés le produit des moulins suffisait à nourrir l'ensemble du personnel domestique ; une seule église rapportait chaque année six cents deniers et cinquante mesures de grain, c'est-à-dire plus de blé que toutes les redevances en nature perçues dans une de ces deux seigneuries, et plus d'argent que le maître n'en tirait de tous ses tenanciers dans l'autre. Les greniers d'un troisième domaine recevaient, par l'église et par les dîmes, sept fois plus de grain que n'en livraient les tenures paysannes, et cinq fois plus par les moulins, les fours et les droits d'usage sur les bois [2]. En ce temps, les plus fortes rentes ne venaient donc pas des tenures : il s'avérait beaucoup plus profitable de posséder de bons moulins, l'église d'une grosse paroisse, ou surtout les dîmes. C'est pourquoi les familles nobles qui tenaient ces dernières ne les lâchèrent pas lorsque la propagation des idées grégoriennes les obligea, autour de 1100, à abandonner la propriété des sanctuaires. C'est pourquoi aussi tant de procès portèrent dans les régions de défrichement sur la destination des dîmes « novales ». C'est pourquoi enfin nombre des dîmes, réputées à l'époque moderne de nature religieuse et réclamées comme telle par l'Église, avaient peut-être été en fait arbitrairement instituées à l'époque féodale par les seigneurs laïcs [3].

*

Les chartes de donation et les inventaires rédigés au XIIe siècle décrivent des tenures paysannes organisées pour la plupart comme au haut Moyen Âge. Partout en Allemagne et en France, il est alors question de manses, de demi-manses ou de quartiers, c'est-à-dire d'unités de perception seigneuriale compo-

1. Voir p. 733.

2. DUBY, 407.

3. *Les Dîmes en Forez, Chartes du Forez XV*, Mâcon, 1959 ; KUUJO, 337 ; VAN DER LINDEN, 310. En Rouergue, au XIe siècle, toutes les dîmes sont entre des mains laïques et seules quelques-unes sont ensuite données à l'Église, J. BOUSQUET, « Vie sociale et vie religieuse en Rouergue. Les plus anciennes chartes de Saint-Austremoine (XIe-XIIIe siècle) », *Annales du Midi*, 1961.

sées comme à l'époque carolingienne d'une parcelle bâtie où vivait la famille et d'un ensemble cohérent d'« appartenances » constituant toute l'exploitation. La parcelle habitée servait d'assiette aux services, même lorsque plusieurs ménages de tenanciers y résidaient. Chacune d'elles était désignée dans les censiers par le nom de ceux qui la tenaient et qui se trouvaient solidairement responsables des charges. Même structure dans les campagnes anglaises : la « vergée », la « bovée », bien que leur superficie fût fort inégale, apparaissaient aux yeux des seigneurs de ce pays et de leurs intendants comme la cellule de base de l'organisation manoriale, établie pour nourrir une famille paysanne. « Cette terre a été comptée pour deux vergées, mais parce que deux hommes ne peuvent y vivre les deux vergées ont été réduites en une seule[1] » : des rectifications de cette sorte attestent la solidité des liaisons entre l'institution familiale et ces unités agraires. En France, on rencontre parfois dans les documents seigneuriaux de l'époque, des groupements appelés « tenures », qui semblent être de formation plus récente ; mais ils présentent une structure analogue : la maison et les terres, solidement liées ensemble, étaient confiées en bloc à une famille d'exploitants, astreinte pour le tout à un service global.

Pour les tenures ainsi constituées, le service comprenait généralement, outre ce qui subsistait (ou ce qui s'était ajouté) de corvées, un groupe complexe de prestations fixes. La composition et le montant de ces redevances pouvaient présenter, à l'intérieur d'une même seigneurie, des différences sensibles bien que les unités de perception fussent de superficie peu dissemblable. Dans tel village mâconnais, douze manses relevaient du même seigneur ; leurs charges diverses s'organisaient de sept manières distinctes, et accusaient des inégalités pouvant aller du simple au double[2]. En règle générale, des tenanciers voisins supportaient donc à l'égard du seigneur foncier des obligations de poids très divers. Au XIIe siècle, les listes de cens conservées dans les chartriers sont infiniment plus compliquées que les inventaires carolingiens ; elles s'ordonnent en interminables énumérations, car elles doivent enregistrer d'innombrables disparités.

Ces redevances étaient fréquemment mixtes et s'acquittaient à la fois en produits de la terre ou de l'élevage et en argent. Dans les textes mâconnais du XIIe siècle qui analysent la composition des cens, la moitié environ des tenures devaient verser au moins quelques deniers ; la proportion se révèle beaucoup plus forte dans les documents d'Angleterre, où il était exceptionnel que les tenures ne fussent pas astreintes à des livraisons périodiques de numéraire.

1. A. L. Poole, *From Domesday Book...*, p. 48, n° 3 (1189).
2. *Cartulaire de Saint-Vincent de Mâcon*, n° 516.

Toutefois, d'une manière générale, les redevances en nature l'emportaient, et – le fait vaut d'être mis en évidence – cette prépondérance apparaît souvent beaucoup plus nette que dans les inventaires carolingiens. Il s'agissait de fournitures de céréales surtout, exigées en froment et en avoine, les deux « blés » nécessaires à la table et à l'écurie du seigneur. Fréquemment aussi, les manses alimentaient la maison du maître en viande, livraient des « cuisses de vaches », un agneau ou un porc, de la volaille élevée dans le courtil. Dans les régions où les petites exploitations produisaient du vin, elles en fournissaient aussi quelques mesures. Elles devaient parfois porter du chanvre, et d'autres menus produits du jardinage. Ces livraisons s'échelonnaient au long de l'année. Voici par exemple comment se distribuaient les cens dus par les manses dépendants d'un prieuré dauphinois : un pain et de la viande au premier janvier ; le chapon au Carême ; à Pâques, un agneau et du pain ; quelques sacs de céréales après la moisson ; le porc ou le mouton à la Saint-Julien[1]. Au fond, peu de choses.

Il est impossible de discerner nulle part à cette époque une tendance affirmée à remplacer ces fournitures de nourriture par des apports de monnaie. Dans tel ou tel écrit, un cens en denier paraît bien le substitut d'une ancienne redevance en tête de bétail. On voit par exemple telle tenure en Comminges payer douze deniers « pour un porc[2] ». Mais les indices de cette nature demeurent beaucoup trop clairsemés pour attester l'existence d'un mouvement bien orienté qui aurait entraîné une commutation des redevances parallèle à celle des services en travail. Les conversions, en effet, lorsqu'on en découvre les traces, ne se dirigent pas toutes dans le même sens. Certaines tendent à accroître le volume des redevances en deniers. D'autres au contraire à le restreindre. Ainsi en Italie du Nord : depuis le milieu du XIe siècle, de nombreuses prestations en numéraire furent transformées en livraisons de produits agricoles au gré des maîtres, gens de la ville qui voulaient profiter eux-mêmes de l'élargissement du marché des céréales ou du vin. Il serait donc imprudent de supposer que la conversion des redevances ait, autant que celle, même partielle, des corvées de main, accru les rentrées d'argent dans les caisses des seigneurs fonciers.

1. Didier, 399.

2. Higounet, 402. Une portion de la seigneurie du chapitre de Beaujeu rapportait en 1090 vingt setiers de grain et trente-cinq sous. Soixante ans plus tard, dans un groupe domanial voisin appartenant à l'abbaye de Cluny, la perception en blé était à peu près équivalente, mais on récoltait des deniers pour une valeur de huit cent cinquante sous (Duby, 247, p. 313). À vrai dire, comme la structure des services variait alors infiniment d'un domaine à l'autre, la comparaison entre ces deux types de perception ne peut pas prouver que la valeur des cens en argent se soit généralement gonflée dans cette région dans la première moitié du XIIe siècle.

*

Dans les inventaires les plus tardifs, on voit à la fin du dénombrement des tenures familiales compactes, s'allonger la liste de tenures de structure différente, simples parcelles chargées chacune d'une redevance particulière. Certains des champs ou des prés qui avaient ainsi fait l'objet d'un accensement séparé, apparaissent comme des fragments lotis du domaine, comme d'anciennes « ansanges » maintenant concédées contre redevances. D'autres semblent des terres, jadis allodiales, que des paysans pauvres, entrés en patronage, avaient placées sous la protection du maître en même temps que leur personne, les chargeant en signe d'allégeance d'un service en deniers.

Cependant, quand on y regarde de près, on se rend compte que la plupart des petits lots de terre concédés isolément se situaient dans les quartiers du terroir les plus récemment aménagés. Ils procédaient de cet aménagement même, le seigneur ayant distribué le terrain à mettre en valeur par parcelles restreintes entre les villageois qui s'étaient chargés des travaux nécessaires. Parmi ces tenures d'un nouveau genre, beaucoup sans doute étaient des concessions temporaires, viagères ou pour deux et trois « vies ». Mais celles-ci n'ont guère laissé de traces dans les archives, qui ne conservaient point les titres à l'expiration du contrat. Presque toutes celles qu'on aperçoit ont donc été des concessions héréditaires, mais bien moins rigides que les anciennes tenures, et notamment cessibles, en tout ou en partie. Dans les pays méridionaux, elles se coulèrent dans des formes juridiques héritées de l'antiquité romaine, comme les *livelli* d'Italie, ou les « emphytéoses », ainsi baptisées au XIIe siècle par les juristes de la Gaule du Sud nourris de droit savant. Partout, leur seule charge consistait en un cens. Ni corvées, ni soumission à la justice du maître. Elles formèrent la « terre censale », les « censives », et leur nombre se multiplia avec l'extension du vignoble et les opérations de défrichement.

Sauf dans les régions où la vigne était depuis très longtemps chez elle et le vin boisson commune, les manses ne possédaient pas, dans leurs appartenances, des clos plantés de ceps. Seule la demeure du maître s'en trouvait pourvue. Mais au XIIe siècle, au XIe même, beaucoup de seigneurs, on le sait, voulurent étendre le vignoble. Ils chargèrent autant qu'ils purent les valets de leur maison de ces plantations nouvelles. Mais l'entreprise réclamait une grosse main-d'œuvre ; ils s'entendirent donc souvent avec des paysans voisins, et leur concédèrent certains champs du domaine pour les transformer en vignes. Les premiers de ces contrats, ceux dont on trouve la trace dès le Xe siècle en Mâconnais et au XIIe siècle en Saintonge [1], aboutissaient, on l'a vu, à partager le nouveau clos, dès qu'il commençait à produire, en deux moitiés, dont le paysan gardait l'une en toute propriété. Mais couramment au XIIe siècle, le maître de la terre préférait laisser la vigne tout entière entre les mains du vigneron en échange d'une participation à la récolte : il se réservait le quart, le tiers, la moitié de la vendange. Ce n'était point à proprement parler un métayage, puisque tous les frais restaient à la charge de l'exploitant, mais un moyen d'ajuster le loyer de la terre au revenu éminemment variable de la viticulture. Pendant les cinq ou six premières années, les jeunes plants ne rendant rien, il n'était donc pas possible d'imposer, dès lors, une redevance fixe à l'homme qui peinait sans profit dans le clos ; plus tard, celui-ci souhaitait n'être pas seul à supporter les aléas de la production. On appliqua donc aux pièces de vigne un procédé de perception à part de fruit, très familier aux gens de la campagne, puisque c'était celui de la dîme. Il n'avait qu'un désavantage pour le seigneur : il lui fallait tenir l'œil bien ouvert, s'il voulait n'être point grugé.

Un semblable système de répartition des profits entre le seigneur du sol et l'entrepreneur paysan fut appliqué aux champs et aux prés gagnés sur les friches du domaine, que le maître n'avait pas fait essarter lui-même par ses domestiques. Les conditions d'exploitation différaient peu de celles du vignoble : long travail préparatoire improductif, incertitude des rendements futurs. Un prélèvement annuel sur la récolte, de la quatrième, de la neuvième, de la douzième gerbe – que l'on appela « champart » ou « terrage » dans la France du Nord, « tasque » ou « agrier » au Sud – devint ainsi la charge caractéristique des parcelles sur les quartiers neufs du terroir.

Toutefois, cette sorte de redevance présentait aussi des inconvénients. Pour le paysan d'abord. Elle lui paraissait souvent abusivement lourde. En un temps où le rendement moyen ne dépassait guère quatre pour un et se tenait souvent plus bas, abandonner au seigneur le quart de la moisson, c'était lui laisser au moins le tiers du fruit disponible. La rente seigneuriale s'élevait alors à un niveau nettement plus élevé que sur les anciennes terres des manses. Le champart conservait ses avantages pour l'exploitant pendant la jeunesse de l'essart, lorsque les cultures demeuraient encore vagabondes, lorsqu'on laissait les parcelles en repos plusieurs années de suite, pendant lesquelles il n'y avait rien à livrer. Mais dès que l'exploitation devenait plus régulière et plus intensive, le paysan prenait conscience de la lourdeur excessive de la charge. En outre, le maître exigeait de prélever sa part « sur le champ » ; il fallait donc attendre pour mettre les gerbes à l'abri que le terrageur ait fait sa tournée :

1. DION, 95, p. 360.

son blé remaint de l'autre part
qui est au vent et à la pluie
au vilain malement ennuie
de son blé qui gît par le champ [1].

De son côté, le seigneur souffrait de la fraude. Sur ces terres neuves, encore pleines d'arbres et de buissons, rien de plus facile que de dissimuler quelques gerbes. Les maîtres, qui souhaitaient des revenus stables, s'accommodaient plus mal encore de l'inégalité des perceptions. Or, on avait déjà l'habitude d'appliquer aux prés nouveaux, immédiatement productifs et dont le rapport d'année en année variait beaucoup moins que celui des labours, une redevance différente, fixe celle-ci : ils étaient concédés contre un cens annuel en deniers, proportionnel à leur superficie. Ainsi, au terme d'un accord rédigé en 1208, le paysan usager du bois de Favières en Parisis devait, lorsqu'il aménageait un pré, « donner au seigneur un seul denier de "novale" et, pour chaque arpent de pré, une seule obole de cens annuel. S'il arrivait qu'il transformât le pré en terre arable, il rendrait la dîme et le champart [2] ». La perception fixe paraissant à tous beaucoup plus commode, seigneurs et paysans, d'un commun accord, l'étendirent aux labours lorsque les essarts parvinrent à leur plein rapport. En fait, vers le milieu du XIIe siècle, on voit dans les textes champarts et tasques se raréfier considérablement, et se multiplier les cens. Ce fut à ce moment que la « terre de sarte », comme on l'appelait en Lotharingie, constituée en auréole autour de la « terre de mes », des quartiers anciens où les parcelles demeuraient attachées aux manses et concédées en même temps qu'eux, devint, dans le vocabulaire paysan, la terre des « censives ». Tout comme la *nova terra* qui croissait peu à peu aux dépens des *Fens*, dans le terroir des villages anglais riverains des grands marécages. Les lopins de labour supportaient une redevance en deniers, levée par unité de surface. Charge généralement minime et très inférieure à la valeur locative de la terre : les défricheurs, en effet, avaient bénéficié d'une prime [3].

Aux « hôtes » qui venaient s'établir en pleine forêt dans les villages neufs, on concédait des tenures globales, de même structure que les manses : un lot de terre arpentée, lié à la maison – l'« hôtise » de l'Île-de-France, le « casal » d'Aquitaine, la *Hufe* des colons germaniques – et à son jardin. Il arrivait que le maître de l'essart, lorsqu'il se réservait un domaine dans le nouveau finage, imposât

1. *Conte des vilains de Verson*, vers 66-69, dans L. DELISLE, *Normandie*, p. 669.
2. À Bois-Rufin, un cens est levé sur les prés, un « terrage » sur les champs.
3. MILLER, 187, p. 98 ; VERHULST, 197 ; GENICOT, 178, p. 239.

deux ou trois jours de travail forcé au moment des labours [1]. Mais d'ordinaire, les pionniers ne subissaient aucune corvée, et la redevance imposée à leur tenure se trouvait donc de même type que celles qui pesaient sur les parcelles essartées en lisière des vieux terroirs. Pour la maison, un cens fixe, en denier et en volaille [2] ; pour les terres, la « dîme », la « none », un « champart » ou une « tasque ». Mais dans ces villeneuves aussi, on ne tarda pas à renoncer aux prélèvements sur la récolte et à étendre le cens aux champs. Aux hôtises qu'ils instituèrent en 1199 dans un de ces villages, les chanoines de Notre-Dame de Paris appliquèrent une redevance fixe, établie par mesure de superficie : six deniers par arpent [3].

*

Résumons-nous : 1° Par la multiplication des censives, l'essor continu de l'agriculture, et, dans certains pays, de la viticulture, ne cessa de fortifier la rente seigneuriale pendant les XIe et XIIe siècles. Ce qui explique la floraison de tant de maisons religieuses et la prospérité de la noblesse, l'élévation de son niveau d'existence, le vif progrès de la civilisation et de la culture. Il importe cependant de répéter que la plupart des profits nouveaux vinrent alors de l'exploitation des moulins, de la levée des dîmes ou des champarts, c'est-à-dire d'un prélèvement direct sur les récoltes. Or, la plupart des maîtres durent charger des intermédiaires de l'effectuer pour eux. Des domestiques furent postés à la porte du pressoir pour jauger la vendange, coururent les bois pour y débusquer les gerbiers ; on concéda généralement à des fermiers le moulin ou l'église paroissiale. Ces agents gardaient pour eux une part des perceptions. De la sorte, grossit et prospéra le groupe des petits parasites de la seigneurie qui, situés dans la société villageoise entre le maître et les paysans, s'enrichissaient aux dépens de l'un comme des autres.

2° On doit, d'autre part, remarquer que dans le cours du XIIe siècle, mais plus vivement à partir de 1150, l'accélération de la circulation monétaire commença d'inciter les seigneurs à étendre dans les perceptions la part du numéraire. Beaucoup de maîtres, en effet, par les modifications mêmes que leur nouvelle aisance et des préoccupations moins frustes introduisaient dans leur genre de vie, se détachaient peu à peu du cadre champêtre, et adoptaient un comportement moins rustique. Les petites amendes infligées dans la cour privée, où le

1. *Cartulaire de Saint-Père de Chartres*, II, p. 438 (1111-1129).
2. Dans les plus anciennes villeneuves, le cens de la parcelle bâtie est en nature, HIGOUNET, 288.
3. *Cartulaire de Notre-Dame de Paris*, I, n° 79.

maître tranchait les différends l'opposant à ses tenanciers à propos des services, les « nouveaux cens » remplaçant les champarts, les deniers rachetant les corvées, dirigèrent donc vers la maison seigneuriale une portion un peu plus importante des pièces de monnaie qui parvenaient entre les mains paysannes[1].

3° Toutefois, la proportion des revenus en argent demeura faible. On le voit clairement dans cet inventaire des seigneuries clunisiennes, où pourtant la commutation des services paraît déjà très avancée. Et toutes les enquêtes seigneuriales antérieures à 1180 révèlent cette même prépondérance des perceptions en nature. Elles montrent aussi l'habituelle légèreté de la rente foncière. Des soixante-douze tenures qui relevaient au début du XIIe siècle de l'une de ses unités seigneuriales, l'église cathédrale de Mâcon recevait chaque année, outre cinquante-sept mesures de vin, huit mesures d'avoine, cent sept pains (et ces quantités de denrées alimentaires correspondaient à peu près à la prébende annuelle d'une famille de serviteurs), quarante sous seulement, soit à peu près le prix d'un mauvais cheval. Un tel revenu permettait tout juste d'entretenir un ou deux ménages de train de vie modeste[2]. En fait donc, la rente ne représentait d'ordinaire qu'un appoint dans les ressources du seigneur, dont les plus gros profits provenaient de l'exploitation du domaine. Ajoutons que le régime de la seigneurie foncière se montre, à travers la plupart des textes de ce temps, très favorable à l'économie paysanne. Il n'accablait pas les petits exploitants et n'absorbait qu'une faible proportion de leur gain. Les hommes qui ont poussé aux XIe et XIIe siècles le rendement de la culture, et qui ont conquis tant de champs sur les terres en friches, n'avaient point apparemment le sentiment de peiner pour le seul profit d'un maître. Entre les mains des paysans, la possession d'une tenure n'était guère moins profitable que celle d'un alleu. Mais il ne faut pas oublier que tous les humbles, les alleutiers comme les tenanciers, devaient encore abandonner une part de leurs profits à d'autres seigneurs, à ceux qui prétendaient dominer non point leur terre, mais leur personne.

2. L'EXPLOITATION DES HOMMES

a) *La familia.*

Il existait d'innombrables seigneurs fonciers, et de tout rang. Les documents du XIIe siècle montrent en effet certains paysans qui possédaient trop de terre pour l'exploiter toute eux-mêmes, et qui concédaient quelques parcelles à

1. RAFTIS, 190, p. 93.
2. DUBY, 247, p. 313-314.

d'autres villageois moins bien pourvus ; ils instituaient ainsi sur ces tenanciers un pouvoir d'exploitation économique. Dominer des hommes était certes un privilège moins commun. On peut penser cependant que toute demeure noble, tout monastère, tout chapitre, commandant et exploitant alentour une *familia*, un groupe de paysans dépendants, constituait le centre d'une seigneurie domestique. Sans doute même eût-il fallu présenter en premier lieu cette forme de domination économique, car elle possédait certainement un plus grand prix aux yeux des maîtres du XIIe siècle. Les hommes étaient alors encore relativement peu nombreux, beaucoup plus précieux que la terre, qui sans leur travail serait restée sans valeur. La puissance d'un seigneur et l'essentiel de sa fortune tenaient donc d'abord à l'importance de sa « maison », au nombre de ses serviteurs, à l'environnement de dévouements et de services qu'il pouvait attendre d'une large troupe de fidèles. Ni les champs, ni le petit trésor de bijouterie que l'on serrait dans la chambre du maître n'étaient l'objet de plus forts attachements, ni de plus âpres convoitises. La vraie richesse de ce temps, il faut la voir dans la « famille ».

Ce groupe social de nature complexe englobait d'abord des domestiques. Il rassemblait aussi des paysans établis dans leur propre demeure. Certains tenanciers du maître, mais pas tous. Des alleutiers entrés en patronage. Les tenanciers parfois d'autres seigneurs. La seigneurie domestique n'épousait nullement le contour de la seigneurie foncière. Anciens esclaves, ou descendants d'hommes libres qui s'étaient jadis placés en « commendise », tous ces êtres, avec leur progéniture et leurs possessions propres, appartenaient véritablement au maître qui pouvait les donner, les vendre, les affranchir. Il les tenait pour « ses hommes ». Qu'en attendait-il ?

*

Du travail d'abord. La « famille » du XIe et du XIIe siècle constituait, avant toute chose, une réserve de main-d'œuvre, où le maître pouvait librement puiser pour l'exploitation de son domaine. Le premier devoir du dépendant consistait dans le « service » ; entendons par là qu'il devait exécuter tous les ordres. Pour tirer meilleur parti de ce personnel entièrement disponible, le seigneur l'entretenait autant que possible chez lui. Les grosses quantités de grains procurées par la seigneurie foncière servaient d'abord à nourrir ces domestiques, pour la plupart garçons et filles, non mariés sinon sans enfants. Encore fallait-il renouveler cette main-d'œuvre, qui ne présentait d'intérêt qu'en pleine vigueur. On le fit longtemps en partie par des achats, tant que le commerce des esclaves conserva de l'activité, c'est-à-dire en Germanie et en Angleterre jusqu'au début du XIIe siècle au moins. Les maîtres prenaient aussi les bâtards nés dans la maison. Enfin, et ce devint le moyen normal de recrutement, ils choisissaient leurs serviteurs parmi les enfants de ceux de leurs « hommes » qui vivaient en ménage dans leur propre case. Un diplôme délivré en 1035 par le roi d'Allemagne Conrad II précise les pouvoirs de l'abbé de Limbourg sur « les fils non mariés (des gens de sa *familia*) ; il mettra celui qu'il voudra à la cuisine, celui qu'il voudra à la boulangerie, celui qu'il voudra fera la lessive, celui qu'il voudra prendra soin de l'écurie, et il affectera ceux qu'il voudra à chaque service. Quant à ceux qui sont mariés, l'abbé selon son gré en fera des celleriers, des grénetiers, des percepteurs de péage, des forestiers... ». Dans les manoirs de l'abbaye de Gloucester au XIIIe siècle, on passait chaque année les vilains en revue ; les plus jeunes, les plus vigoureux étaient triés ; on les retenait dans la maison du maître en service domestique. À la même époque, les vilains du manoir de Chalgrove, dans le comté d'Oxford, qui avaient des fils adultes, devaient à la Saint-Michel les présenter au maître ; celui-ci choisissait ceux qu'il voulait garder chez lui [1].

On peut penser qu'au XIe siècle, l'essentiel de la valeur économique de la *familia* se concentrait sur le groupe des domestiques. Quant à ceux des hommes que le maître avait « casés », ils demeuraient, certes, astreints à un service personnel, distinct des redevances et des corvées dues par leur tenure. Ils venaient travailler certains jours dans la maison. Leurs femmes tissaient le lin et la laine du seigneur à domicile ou dans les ateliers de la cour. Ils façonnaient chez eux quelques objets de bois pour l'équipement du domaine. Mais ces fournitures de travail demeuraient limitées. Leur maître attendait d'eux avant tout ce qu'on appela plus tard en Allemagne le *Gesindedienst* : qu'ils élevassent des enfants et les missent à sa disposition lorsqu'ils arrivaient en âge de servir. Comme les manses serviles des temps carolingiens, les cabanes habitées par les hommes de la *familia* jouaient le rôle de pépinières de jeunes domestiques.

*

Mais au cours du XIe siècle, quand les techniques se perfectionnèrent, il fallut dans la cour moins de manœuvres. Les tissus grossiers, les planches que livraient les ménages de dépendants perdirent de leur valeur. Peu à peu, les seigneurs réduisirent leur domesticité, casèrent un plus grand nombre de leurs hommes et laissèrent à ces ménages plus d'indépendance économique. Dans la seigneurie domestique comme dans la seigneurie foncière, et sans doute au même rythme, les liaisons se relâchèrent. Ce fut par des prélèvements pério-

1. Diplômes de Conrad II, n° 216 ; BENNETT, 139, p. 184.

diques sur la fortune de leurs hommes, que les maîtres, désormais, cherchèrent à tirer profit des droits qu'ils détenaient sur eux.

Dans les pays germaniques et le nord de la France, les maisons religieuses avaient toujours possédé dans leur « famille » des dépendants de condition trop relevée pour qu'on pût les astreindre à un service de corps. La soumission de ces « sainteurs » s'exprimait par le versement d'un cens annuel, parfois perçu en cire pour alimenter le luminaire du sanctuaire, la plupart du temps en deniers, mais d'ordinaire très faible. L'unique denier que chaque année, le jour de la solennité du saint, les *censuales* allaient déposer sur l'autel, suffisait souvent à témoigner de leur dépendance[1]. La redevance pourtant montait parfois à plusieurs sous, et prenait alors une réelle signification économique. Dans les abbayes bavaroises, on rangeait au XIIe siècle les « hommes de l'autel » en trois catégories, selon qu'ils devaient un, cinq ou trente deniers tous les ans. Signe du lien qui les attachait, exigé donc de tous les dépendants qui n'habitaient pas la maison, le versement annuel d'un petit cens personnel en argent, d'un cens par tête, par chef, d'un « chevage », fut certainement la plus précoce des perceptions qui s'instituèrent dans la seigneurie domestique.

Beaucoup plus profitable sans doute se révéla l'exercice de la justice. Les domestiques et les esclaves se trouvaient de toute ancienneté soumis à l'entière correction du maître. Celui-ci, lorsque s'affaiblirent les institutions publiques de justice, disputa au seigneur privé qui revendiquait la juridiction territoriale, le droit de punir tous ses hommes, et même de juger les étrangers à la « famille » qui causeraient préjudice à ses dépendants. Selon le coutumier d'une seigneurie berrichonne, lorsqu'un homme de la *familia* subissait un dommage, le seigneur percevait l'amende sur le coupable, et en outre, en tant que protecteur, le tiers des dommages et intérêts dus à la victime[2]. Les plus âpres contestations qui opposèrent les abbayes à leurs avoués en Allemagne et en France de l'Est, à leur « gardien » dans la France centrale, concernaient le pouvoir de justice, le droit d'infliger des amendes aux dépendants personnels. Car le moindre délit obligeait le coupable à verser cinq ou sept sous, beaucoup plus de deniers qu'il n'en possédait d'ordinaire dans son épargne. Le seigneur justicier était libre alors de rafler tout ce qu'il y avait de bon à prendre dans sa maison.

Enfin, de ses « hommes de corps », de ses « vilains », le seigneur s'accoutuma peu à peu à exiger des cadeaux en certaines circonstances. Lors de leur mariage d'abord. Le dépendant, en effet, ne s'appartenait pas, ne pouvait disposer de

1. Voir T. 11, p. 41.

2. VAN DE KIEFT, 422, pièce justificative n° 13 (1073), n° 30, p. 244 (mon interprétation diffère légèrement de celle de l'auteur, p. 123-125).

lui-même, ni de ses enfants. Si son fils ou sa fille se mariait, ces jeunes gens ne pouvaient plus entrer en service domestique. S'ils quittaient la case de leur père, la force productrice que le seigneur attendait d'elle s'affaiblissait. Avant les noces, il fallait donc solliciter une autorisation qui, progressivement sans doute et dans la mesure même où les ménages paysans devenaient plus prospères, cessa d'être accordée gratuitement. Au mariage de sa fille, le vilain anglais acquittait le *merchet*, somme égale à celle qui lui était réclamée lorsqu'il vendait son bœuf. Généralement d'ailleurs le seigneur exigeait que le mariage eût lieu au sein même de sa *familia*. En effet, si le conjoint choisi était de condition libre ou appartenait à un autre maître, une part du service du ménage risquait de lui échapper. Peut-être perdrait-il même la possession des enfants à naître. « Les hommes de la terre de Saint-Pierre ne prendront pas de femmes étrangères, tant qu'ils pourront trouver dans la cour des femmes qu'ils puissent épouser. Qu'il en soit de même pour les femmes[1]... » L'endogamie, en vérité, s'avérait fréquemment impossible, car l'idée que l'époque se faisait de l'inceste interdisait de s'unir à des parents pourtant fort éloignés. Bientôt devenus tous cousins, les gens de la *familia*, surtout lorsque celle-ci était de dimension restreinte, devaient donc, comme on disait alors, se « formarier ». Pour en obtenir le droit, il leur fallait offrir une compensation au seigneur. Dès le XIe siècle, un esclave de Cluny abandonnait la possession de ses propres serfs pour pouvoir épouser une femme de condition libre, qui dépendait d'un autre maître. Aux alentours de 1120, de telles perceptions sont mentionnées dans le serment prêté par les maires de Notre-Dame de Chartres[2].

La mort du dépendant offrait une autre occasion de prendre. On considérait, en effet, que les biens meubles acquis pendant sa vie par l'homme de corps appartenaient en premier lieu à son seigneur, qui se prétendait donc son premier héritier. Le maître, en fait, s'arrogea le droit de « mainmorte ». C'est-à-dire qu'il ne prenait pas tout, mais se réservait une portion de la succession mobilière. Il prélevait un tiers ou la moitié des meubles (tel était le *Buteil* exigé en Allemagne de certains dépendants) ou bien encore il choisissait le premier une tête de bétail à la mort de l'homme, une pièce de vêtement à la mort de la femme ; il prenait le « meilleur catel » selon l'expression en usage dans la France septentrionale. Cette prérogative fournissait au seigneur de corps un excellent moyen de s'approprier périodiquement les biens accumulés dans les maisons de ses dépendants casés. Ajoutons que, probablement, lorsqu'il était pressé par le besoin, le protecteur réclamait encore à ses hommes une « aide ».

1. *Cartulaire de Beaulieu*, n° 101.
2. *Recueil des chartes de Cluny*, IV, n° 3649 ; *Cartulaire de Notre-Dame de Chartres*, I, n° 58.

À vrai dire, l'histoire de toutes ces perceptions demeure encore assez mal connue. On ne discerne pas avec précision le moment où elles pénétrèrent dans la coutume. Le chevage existait certainement au xe siècle, et paraît de pratique plus ancienne encore. Contemporains, les premiers indices d'une ponction seigneuriale sur la succession du dépendant et les premières mentions du formariage datent des dernières années du xie siècle dans le sud de la Bourgogne. Tout porte à croire cependant que les exigences des maîtres se renforcèrent pendant le xiie siècle, au moment même où les services en travail perdaient de l'intérêt, au moment même où croissait la prospérité paysanne. Ce fut alors qu'en Bavière, les « hommes de l'autel », dépendants de condition libre attachés aux grands monastères, se virent réclamer mainmorte et taxe de mariage, glissèrent ainsi dans une servitude inférieure et perdirent ce que leur sujétion conservait encore d'honorable[1]. Il est permis de penser que les perceptions de la seigneurie domestique ont suivi du même pas, depuis le xie siècle, les progrès que marquait la fiscalité dans la seigneurie banale, sa concurrente.

b) *Le ban.*

Très rares étaient les seigneurs qui pouvaient exploiter le droit de ban. Dans une bonne moitié de l'Europe occidentale, en Angleterre et en Normandie, en France du Nord, en Germanie, les rois, les ducs et les comtes en détenaient le monopole sur de larges territoires. Même dans les régions où, comme en Aquitaine ou dans l'ancien royaume de Bourgogne, le pouvoir régalien s'était le plus morcelé, une vingtaine au moins de villages reconnaissaient alors le même protecteur. « Seigneurs » par excellence, les princes, les châtelains, les avoués des grandes abbayes infligeaient les sanctions judiciaires les plus lourdes et aussi les plus lucratives. Ils levaient dans des centaines de foyers ruraux les « exactions », les « coutumes », prix de la paix qu'ils faisaient régner. Des archives trop pauvres ne permettent pas d'apercevoir clairement l'allure que revêtait aux xie et xiie siècles l'exploitation économique du droit de ban. On connaît seulement un peu les droits que conservaient les églises immunistes (et ces prérogatives n'étaient pas généralement les plus hautes), parfois aussi certains de ceux que leurs concurrents laïcs leur avaient arrachés.

En France, où l'histoire des « coutumes » a fait l'objet d'études plus approfondies, la chronologie de la fiscalité banale peut être, dans ses grandes phases, rythmée de cette manière :

1° Le système se mit en place dans la première moitié du xie siècle. Les

1. Dollinger, 149.

premiers profits vinrent de l'exploitation de la justice. Les seigneurs s'approprièrent le droit de *vicaria*, c'est-à-dire qu'ils dominèrent les tribunaux ruraux et encaissèrent les amendes. Simultanément sans doute (ces taxes apparaissent vers 1020 dans les documents du Mâconnais) les châtelains responsables de la police étendirent les réquisitions qui servaient à entretenir la cavalerie de leurs gens d'armes. Ils perçurent les taxes de « maréchaussée » ou de « gîte des chevaux », réquisition de foin et d'avoine dont le taux était doublé pour les « laboureurs ». Les sergents du sire levaient aussi le « moissonnage » et prenaient dans les champs une part des gerbes dont, jusqu'à la récolte, ils avaient assuré la protection. Toutes ces « coutumes » portaient souvent le nom de « cadeau ». Elles étaient censées, en effet, manifester la reconnaissance des protégés.

2° Vers le milieu du XIe siècle, on voit se multiplier les allusions au droit de gîte, en vertu duquel le châtelain plaçait pour une journée à la charge des ménages paysans, l'entretien de ses agents, de leurs chevaux, des chiens de sa meute. Apparaissent à ce moment aussi les mentions de taxes annuelles de protection, de « sauvement », de « garde », imposées aux communautés villageoises.

3° Il semble que, dans le dernier quart du XIe siècle, de nouvelles exactions s'installèrent. Des corvées de charroi ou de labour, d'abord affectées à l'entretien et à l'approvisionnement de la forteresse, furent transférées sur le domaine du seigneur pour aider à sa mise en valeur. Pour tirer profit du trafic routier qui se ranimait, les « sires » instituèrent de nouveaux péages, s'arrogèrent des privilèges commerciaux, en particulier le *banvin*, qui leur réservait le monopole de la vente du vin en fin de saison, pendant l'été, quand le breuvage commençait à s'aigrir et quand il fallait vider les tonneaux en prévision des prochaines vendanges. À la même époque, les textes commencent à faire état d'autres monopoles qui obligeaient, par droit de ban, les habitants des villages à utiliser les instruments du seigneur, son pressoir, son four, ou bien à acheter une certaine quantité de vin à la taverne qu'il exploitait. De ce temps datent aussi les premières mentions de la « taille », de la *tolta*, du droit de « tollir », de prendre, qui permit au maître du pouvoir, lorsqu'il se sentait pressé par le besoin, d'exiger un secours matériel des habitants du territoire et de le répartir entre eux. L'acte par lequel, en 1090, le roi Philippe Ier concéda aux chanoines d'Orléans sur une vigne d'Île-de-France, en même temps que la *vicaria*, « toute notre justice, notre droit et la tolte que nous avons ici [1] », contient sans doute l'une des plus anciennes allusions écrites à cette levée. De montant arbitraire, elle venait s'ajouter de loin en loin, assez rarement semble-t-il, aux autres perceptions banales. Elle seule

1. *Recueil des actes de Philippe Ier*, n° 123.

demeurait instable. Le gîte, comme les corvées ou la taxe de maréchaussée, paraissent dès la fin du XIe siècle des exactions régulières, annuelles, strictement tarifées par la coutume, et assises sur le foyer, sur la maison du manant.

4° Ce système fiscal acheva de s'aménager pendant le XIIe siècle. Des règlements vinrent fixer les droits respectifs des seigneurs du ban territorial et des seigneurs domestiques. Aux approches de 1150, les châtelains s'intéressèrent de plus près aux marchés des villages, dont l'activité s'étendait. Ils firent reconnaître leur droit à prélever une taxe sur les transactions. Mais deux changements surtout se produisirent à cette époque. On sent, en premier lieu chez les seigneurs, un désir plus vif de recueillir de l'argent. Les exactions qui, jadis étaient perçues en nature, le furent désormais en numéraire. Vers 1050, les villages mâconnais livraient à leur gardien une certaine quantité de vin ; en 1115, ce droit de « garde » s'acquittait en deniers. De même la taille. C'est autour de 1180, à ma connaissance, que des textes la nomment pour la première fois « quête des deniers ». La seconde modification affecte aussi la taille. Dans la deuxième moitié du siècle, elle commença à perdre son irrégularité et son caractère arbitraire. Elle fut, comme on disait alors, « abonnée », elle prit l'allure d'une redevance annuelle fixe, d'un cens. Aux chanoines de Notre-Dame de Paris, qui en 1157 levaient les tailles à volonté, les hommes de Rozoy firent admettre qu'ils paieraient désormais tous les ans une redevance de dix-huit livres de provinois, cens qui serait réparti entre tous les manants du terroir. Aux termes de la charte de franchise octroyée en 1185 au bourg de Ferrières-en-Gâtinais, chaque maison devait pour la taille, un cens de cinq sous par an. Quelques années plus tard, la « tolte » que levait Étienne de Coucy se trouvait « tempérée » de telle sorte que « chaque homme devant la taille paie quatre deniers aux termes fixés[1] ».

Tel est le schéma chronologique que j'ai cru pouvoir établir en me fondant sur les documents de la France centrale. Je le propose comme cadre de repère pour une enquête qui s'étendrait à l'ensemble de l'Occident. Enquête fort utile, car l'établissement de la fiscalité banale s'est accordée aux tendances de l'économie des campagnes, à la pénétration de l'instrument monétaire, à l'enrichissement progressif des ménages paysans. À travers la chronologie de la taxation, plus facile à dater dans les pièces d'archives, il est donc permis d'atteindre les rythmes plus profonds et moins apparents de l'expansion.

1. *Recueil de chartes de Cluny*, IV, n° 3115 et V, n° 3920 ; *Cartulaire de Notre-Dame de Paris*, I, p. 389 ; PERROY, 255, p. 76 ; *Recueil des Actes de Philippe Auguste*, I, n° 279 ; sur le « tallage » d'Angleterre, voir, entre autres, BENNETT, 139, p. 139 sq.

*

Est-il possible, à la fin du XIIe siècle, d'estimer le poids sur l'économie paysanne de ce système de réquisition, dont l'établissement progressif paraît avoir accompagné la hausse continue des ressources villageoises ? Les documents de ce temps sont malheureusement beaucoup trop laconiques, et ménagent une place beaucoup trop restreinte aux évaluations numériques, pour que l'on puisse mesurer avec précision ces charges. Rien ne permettrait enfin de les mettre en rapport avec les facultés contributives des rustres, que l'on ignore tout à fait. Il faut se contenter d'indications vagues et éparpillées parmi les chartes. Elles donnent à croire que le poids des différentes exactions était fort inégal.

Abonnés, le gîte ou le moissonnage prélevaient chaque année sur les ressources de chaque foyer sujet quelques mesures de grain ou de foin, un pain ou deux, c'est-à-dire moins encore que les redevances dues par le manse, elles-mêmes fort légères. Mais par la taille, tant qu'elle fut arbitraire, le seigneur pouvait vider les maisons paysannes de toute leur épargne : on connaît, au début du XIIe siècle, un paysan mâconnais qui dut ainsi livrer au maître du ban quarante sous, un autre cent [1]. Même régularisées, ces « quêtes » transféraient dans les coffres seigneuriaux une grande part des deniers que l'on avait pu gagner au village. Il paraît bien cependant que l'instrument de perception le plus efficace fut encore la justice. Dans les pays anglais de la fin du XIIe siècle, alors qu'un salarié recevait pour un jour de travail un gage d'un denier, alors que le cheptel des paysans de moyenne aisance ne valait pas plus d'une dizaine de sous, des juges royaux infligeaient pour des centaines de livres d'amendes à chaque session solennelle. Les quatre cent trente sanctions pécuniaires prononcées en 1202 par l'assise de Lincoln s'élevaient ensemble à six cent trente-trois livres – une trentaine de sous en moyenne par coupable [2]. Certes, ces amendes excédaient, d'ordinaire, très largement les disponibilités des villageois. Le justicier devait donc se contenter souvent d'une part seulement de la somme qu'il réclamait, même en tenant serré le condamné et en le pressant de trouver dans sa parenté de quoi se libérer. Il suffisait cependant d'une rixe dans le village, pourvu que les délinquants fussent à demi solvables, pour faire venir d'un coup dans la main du haut seigneur beaucoup plus de deniers que n'en rapportait en un an la plus prospère des seigneuries foncières. Ceci explique que les droits de juridiction aient été si jalousement défendus, aient fait l'objet d'aussi âpres

1. Duby, 247, p. 326.
2. A. L. Poole, 256, p. 84 sq.

disputes. Ceci explique également que la justice seigneuriale se soit montrée si envahissante. L'une des premières « franchises » que sollicitèrent les paysans affirmait leur droit d'échapper à toute intervention du juge seigneurial, tant qu'ils n'avaient pas porté plainte.

Il est tout à fait impossible de comparer sur un même territoire les profits du ban à ceux des seigneuries foncières ou des seigneuries domestiques. Entre tous les revenus d'un maître, entre les « coutumes » et les autres perceptions, inventaires ou fragments de comptes n'établissent pas en effet de distinction. Ajoutons que la plupart des seigneuries banales, et les plus puissantes, étaient laïques, donc pratiquement sans archives. On peut tout de même avancer que les profits issus du droit de ban s'élevaient incomparablement plus haut que tous les autres. Le pouvoir banal permit en particulier à ses détenteurs de drainer plus tôt et beaucoup plus efficacement les deniers qui, de plus en plus nombreux, parvenaient dans les ménages paysans. En une seule « aide », et réclamée à ceux seulement des habitants de sa châtellenie qui étaient par ailleurs les « hommes » de l'abbaye de Cluny, le sire de Beaujeu put, en 1200, extorquer trois cents marcs d'argent, somme énorme[1]. Pour cette raison, la seigneurie banale joua un rôle de tout premier plan dans l'évolution de l'économie rurale. Il faut suivre, en particulier, E. Perroy lorsqu'il invoque la disposition différente du système fiscal en France et en Angleterre, pour expliquer l'orientation divergente que suivit dans ces deux pays la mise en valeur des grands domaines à partir de la fin du XIIe siècle[2]. Si les administrateurs des seigneuries monastiques anglaises s'acharnèrent alors à pousser la production sur les champs du manoir, c'est que la puissance de l'autorité royale limitait étroitement leur pouvoir d'exaction ; c'est que la taille et même la justice étaient bien loin de leur procurer les gros profits qui permirent, en France, aux détenteurs du ban de se désintéresser peu à peu du domaine.

On trouverait sans doute dans les applications diverses du pouvoir banal la clé de bien des mécanismes économiques. Ainsi, dans la hiérarchie des fortunes, le ban haussait-il les quelques seigneurs qui pouvaient l'exercer bien au-dessus de tous les autres chefs de maisons nobles, qui ne possédaient que des tenures et un petit groupe d'hommes de corps. Inversement, le poids des exactions tendait à niveler les conditions économiques dans la paysannerie. Nettement plus lourd que celui des redevances foncières, il réduisait les alleutiers au niveau des possesseurs de tenures. Les exigences des sires stimulaient vivement la production paysanne. Mais dans la mesure même où les tailles demeuraient

1. DUBY, 247.
2. E. PERROY, « Seigneurie et manoir », *Annales ESC*, 1961.

irrégulières et arbitraires, et vidaient périodiquement les petites exploitations de leurs réserves mobilières accumulées, elles ralentissaient le mouvement d'ascension économique des plus chanceux ou des plus entreprenants parmi les rustres.

*

Beaucoup plus riche que les autres seigneurs, le maître du ban se trouvait également beaucoup plus éloigné de la source de ses recettes. Pour remplir ses fonctions de paix et de justice et pour percevoir les exactions, il lui fallait l'aide de très nombreux « sergents », qui participaient à sa puissance et aux avantages économiques qu'elle procurait. L'évolution de la seigneurie foncière tendait, on l'a vu, à multiplier les intermédiaires. Mais ceux-ci foisonnaient en bien plus grand nombre au service de toutes les seigneuries territoriales. Les progrès de la fiscalité banale contribuèrent très fortement à enrichir ces auxiliaires du pouvoir qu'étaient les ministériaux. On ne voit aucun groupe, au sein de la société de ce temps, qui ait bénéficié d'une ascension économique aussi rapide. Sur le continent du moins, car la ministérialité ne prit pas le même essor en Angleterre, par suite sans doute de l'extrême éparpillement des grandes seigneuries, d'un développement beaucoup plus étriqué des pouvoirs privés et enfin d'un moindre relâchement des liens qui attachaient la domesticité à ses maîtres. Mais de ce côté de la Manche, les membres de la ministérialité qui s'élevèrent alors jusqu'à rejoindre et parfois dominer dans les villages les familles de vieille noblesse, paraissent bien avoir été au XIIe siècle les premiers bénéficiaires de la prospérité croissante des campagnes.

Ces hommes étaient tous des domestiques. Pour en faire des forestiers ou des péageurs, l'abbé de Limbourg choisissait, on l'a vu, les fils mariés de ses esclaves[1]. Nul dans la *familia* ne se trouvait plus étroitement qu'eux lié au maître. Celui-ci confiait, en effet, les « métiers », les fonctions de direction seigneuriale, aux plus sûrs de ses hommes, afin de pouvoir les tenir en bride et les châtier s'il était nécessaire. À la fin du XIe siècle encore un ministérial se dégageait-il par l'affranchissement de la soumission la plus stricte, il lui fallait aussitôt résigner sa fonction. Toutefois, celle-ci conférait souvent la plus grande indépendance. C'était le cas, en particulier, lorsque le ministérial, établi loin du maître, dirigeait l'une de ses cours ou surveillait les espaces forestiers. Dans l'intervalle des passages du seigneur, de tels délégués détenaient, en fait, tous les pouvoirs du chef de maison sur la troupe des serviteurs de rang inférieur.

1. Voir p. 894.

Ils percevaient les redevances, géraient le domaine, en recueillaient les profits. Ils commandaient. Ils rendaient la justice. Ils traitaient avec les marchands. Parfois, ils tenaient entre leurs mains toute l'économie domestique, sous la seule obligation de livrer à date fixe une certaine « pension ».

Dans toutes les seigneuries, même les plus petites, la situation de ces agents s'améliora lentement pendant le XIe siècle. L'aisance des plus humbles meuniers crût au même rythme que celle de leur seigneur. Mais aux approches de 1100, des témoignages brusquement se multiplient dans les chartriers des grands établissements religieux, révélant pour certains d'entre ces serviteurs spécialisés un enrichissement tel qu'il commençait à inquiéter leurs maîtres. Parmi ces parvenus se trouvaient d'abord les forestiers. L'installation des droits d'usage, puis le mouvement de défrichement, avaient accru, en effet, l'importance de leur fonction ; les bois se peuplant, ces surveillants encaissèrent des perceptions plus abondantes, ils étendirent leur autorité et leur juridiction sur des paysans plus nombreux. S'enrichirent également les « maires », les « prévôts », les « baillis », les *villici*, tous ceux qui géraient une unité seigneuriale. Ces derniers profitèrent surtout de l'extension de la seigneurie domestique et de l'installation des coutumes. Sur la paysannerie plus étroitement assujettie aux exigences de leur maître, ils détinrent une autorité plus lourde. Pouvoirs renforcés, revenus multipliés.

Les délégués du seigneur recevaient d'ordinaire en rétribution un « fief », un lot de terre concédé gratuitement ; ses fruits constituaient le salaire de leur « métier ». En outre, afin qu'ils se montrassent plus diligents, une portion des droits qu'ils avaient mission de percevoir et des amendes qu'ils pouvaient infliger, leur était abandonnée. C'est de cette manière qu'ils bénéficièrent directement de la hausse des recettes seigneuriales. En fait, ils exploitaient une seigneurie parasite, installée au centre même de celle qu'ils avaient mission de gérer. Ils devinrent ainsi les vrais maîtres des paysans, se créèrent leur propre clientèle dans la *familia* et au-dehors. Beaucoup placèrent dans la terre les bénéfices de leur fonction, acquirent des alleux et se dégagèrent ainsi quelque peu de leur position dépendante. Certains même en vinrent à ne plus résider sur la terre dont ils avaient la surveillance, et à faire exercer leur métier par leurs propres « sergents ». De telles réussites se consolidaient peu à peu, car la plupart des ministériaux étaient vite parvenus à rendre leur office héréditaire. En deux ou trois générations, les familles de maires ou de forestiers construisirent ainsi une fortune comparable à celles des petits nobles, et adoptèrent un genre de vie semblable. Leur seigneur, dès lors, eut peine à les mener. Indociles, ces serviteurs devenaient des concurrents qui menaçaient de déposséder le maître tout à fait.

Ce dernier tenta de réagir. D'un bout à l'autre du continent, rares furent les seigneuries ecclésiastiques (des autres, on ignore toute l'histoire interne) dont les administrateurs n'essayèrent pas au XIIe siècle de reprendre le contrôle des ministériaux. Chaque fois que c'était encore possible, ils les firent juger et condamner au tribunal domestique de la *familia*, confisquèrent une part de leur fortune, précisèrent strictement le montant des perceptions auxquelles ils avaient droit. Ils les subordonnèrent à des supérieurs, chargés de les surveiller, et qui gardaient pour eux les fonctions les plus hautes, en particulier la justice. Dans la France du Nord et de l'Ouest, en Germanie, les maires furent ainsi très souvent soumis à un membre délégué de la communauté religieuse. Les ministériaux durent, par serment, s'interdire de transgresser les limites de leur fonction. Les maires de Notre-Dame de Chartres s'engagèrent ainsi à ne plus tenir de plaid, à ne pas exercer un pouvoir de contrainte sans l'avis du prévôt, à refuser les « cadeaux » des paysans, à ne point exiger des corvées pour leur usage[1]. En fait, la réaction ne put jamais être poussée très loin. Les offices demeurèrent des fiefs héréditaires. Ils restèrent si profitables, qu'ils tentèrent parfois des nobles. À la fin du XIIe siècle, un petit châtelain bourguignon avait acheté une prévôté dont les seigneurs, les chanoines de Chalon, eurent toutes les peines du monde à l'expulser[2]. La meilleure solution pour les maîtres fut souvent de racheter la fonction, lorsque les ministériaux, qui avaient alors adopté tout à fait les mœurs de la noblesse, commencèrent au XIIIe siècle à s'endetter.

On voit donc que les fortes seigneuries, dans le climat de progrès économique, ne permirent pas seulement aux hommes de la haute Église et de la noblesse de sortir de leur rusticité et de vivre dans un luxe plus éclatant. Elles soutinrent l'ascension d'un grand nombre de serviteurs, et beaucoup d'entre eux édifièrent une fortune qui finit par les rendre tout à fait autonomes. L'économie seigneuriale, en effet, était par essence une économie de gaspillage. Peu soucieux de compter, le maître laissait largement puiser dans ses richesses ceux qui le suivaient ou le représentaient, et dont la prospérité même contribuait à sa gloire. Ainsi put se dégager de la paysannerie une petite aristocratie rurale. Elle restait juridiquement très inférieure au monde des nobles, des gens de haute naissance, dont elle partageait pourtant l'autorité, l'aisance et les goûts. Dans la région mâconnaise à la fin du XIIe siècle, les quelque cinquante familles de grands ministériaux, installées dans les seigneuries des évêques et des comtes, des châtelains, des chapitres et des grands monastères, et les cent

1. *Cartulaire de Notre-Dame de Chartres*, I, n° 58.
2. DUBY, 247, p. 395.

cinquante lignages de hobereaux de village semblent les unes et les autres placées sensiblement au même niveau économique. La seule différence était que, dans les premières, l'esprit de gain et d'entreprise se maintenait plus vif, et moins émoussé le sens des réalités paysannes.

CHAPITRE III

LE XIIIe SIÈCLE (1180-1330). ÉVOLUTION DE LA RENTE SEIGNEURIALE. L'EXPLOITATION DES PAYSANS.

On ne discerne rien au XIIe siècle de l'histoire des seigneuries qui ne sont pas de très grande taille et qui n'appartiennent pas à l'Église. On entrevoit, du moins, que l'économie des plus vastes s'adapta pendant cette période aux modifications du milieu. Non sans peine et sans crises. L'information révèle surtout les brusques remises en ordre, la lutte contre les châtelains concurrents ou les ministériaux et, plus nettement encore, les efforts de quelques réformateurs, qui comme Suger à Saint-Denis, Meinhardt à Marmoutier, Pierre le Vénérable à Cluny, se débattirent au sein des difficultés d'approvisionnement et de trésorerie, et cherchèrent tant bien que mal à les surmonter. Ils ne se préoccupèrent point d'ordinaire d'inventer des solutions nouvelles ; tournés vers le passé, comme l'était d'ailleurs toute la société monastique, ils prétendaient restaurer l'ordre ancien ; les règlements administratifs hérités de l'époque carolingienne demeuraient pour eux des modèles. En fait, ils innovaient. Ainsi, par secousses, l'organisation de la seigneurie se rajeunit.

À partir de 1180, le mouvement se poursuivit sur un rythme précipité, les structures seigneuriales se modifièrent en fonction de nouveaux changements ; elles s'adaptèrent à la pénétration de plus en plus profonde de la monnaie et des échanges à l'intérieur du monde rural. Une documentation beaucoup plus riche permet de suivre plus aisément des transformations jusqu'alors très difficiles à dépister.

La multiplication après 1180 des inventaires et des comptes, le souci nouveau de la précision numérique qu'ils attestent, sont en partie l'effet du progrès général de la culture. Ils témoignent aussi d'une accoutumance à l'usage de la monnaie ; les maîtres et leurs agents prirent peu à peu conscience plus claire de la valeur des choses, s'habituèrent à apprécier, à compter [1]. Mais l'enrichissement des sources fut surtout déterminé par les modifications qui intervinrent alors dans l'organisation même de la seigneurie. Tous les grands seigneurs commencèrent à s'entourer de fonctionnaires instruits, rétribués par des gages ou des pensions, de techniciens spécialement formés pour l'administration, dont le « métier » était d'écrire, de tenir des livres, de calculer, de contrôler. Alors que Suger, Pierre le Vénérable et les autres réformateurs de l'économie domaniale avaient été, si l'on peut dire, des amateurs, à partir des deux dernières décennies du XIIe siècle les plus grands organismes seigneuriaux commencèrent d'être dirigés par des professionnels. La présence même de ces spécialistes imprima à la gestion un tout autre caractère. C'est ainsi, par exemple, que les « gardiens » fonctionnaires qu'avait nommés auprès de l'abbaye de Saint-Martin de Tournai le roi de France accoutumèrent les moines à voir plus clair dans leurs finances, à établir une sorte de budget annuel [2]. Il s'agit là d'un changement d'importance considérable, et qui ne détermina pas seulement le brusque gonflement des dépôts d'archives. En outre, dans certaines régions, quelques seigneuries d'Église abandonnèrent alors le système de la ferme générale ; le domaine fut désormais directement géré par des agents responsables qui devaient rendre au seigneur des comptes périodiques. Ainsi dans les manoirs des grands établissements religieux d'Angleterre, le *reeve*, le vilain chargé de la direction du domaine, dut-il garder soigneusement dans sa mémoire le souvenir de toutes les entrées et sorties d'argent ; des scribes venaient à la Saint-Michel en rédiger sous sa dictée le relevé, pour le soumettre ensuite à la vérification des « auditeurs ». La richesse des archives seigneuriales en ce pays, en particulier la continuité des séries d'*accounts rolls*, de rouleaux de comptes, procède de ces méthodes de gestion [3]. À partir de ce moment, le recours à la statistique n'est donc plus tout à fait interdit à l'histoire économique des campagnes. L'observation, d'un coup, prend de la précision. En revanche surgit alors une difficulté nouvelle, celle de dominer des indications profuses et éparses, et de confronter des recherches très inégalement poussées dans les différents pays d'Europe.

1. Duby, 409 *a*.
2. Haenens, 617.
3. Bennett, 139, p. 166 sq. ; Miller, 187, p. 99 ; Raftis, 190, p. 128.

1. Mobilisation des fortunes seigneuriales

Jusqu'alors, donations pieuses, concessions de type féodal et partages successoraux avaient entièrement gouverné les destinées des grandes fortunes foncières[1]. On voit désormais le mouvement du numéraire intervenir comme un ferment des plus actifs pour modifier la consistance de ces patrimoines. Les habitudes de luxe, le goût du voyage, de la parure, et cette ostentation qui définit alors le genre de vie aristocratique ne cessèrent en effet d'accroître les besoins de monnaie dans les maisons seigneuriales, ecclésiastiques et laïques. Or, avec les réseaux d'amitiés et de dépendances personnelles, la terre faisait à peu près toute la richesse des maîtres. La nécessité les engagea donc à mobiliser en partie cette fortune. Au XIIIe siècle, l'endettement commence à caractériser l'attitude économique des seigneurs.

Depuis longtemps, ceux-ci avaient largement recours au petit crédit à court terme. Dès la première moitié du XIe siècle, tous les maîtres du ban s'étaient fait reconnaître sur le marché du village le droit de différer d'une quinzaine de jours le paiement de leurs achats de pain, de viande ou de vin. Ils en abusèrent, soulevant les récriminations des paysans, qui s'efforcèrent d'obtenir la suppression de ce privilège, dans les chartes de franchise. En outre, les seigneurs se mirent à contracter des emprunts en métaux précieux, monnayés ou non. Les premières grosses demandes semblent être venues des chevaliers qui partirent à la croisade et qui s'adressèrent alors aux grands sanctuaires, détenteurs d'un trésor abondamment garni d'or et d'argent. Les religieux exigeaient qu'on leur remît en gage, jusqu'au remboursement, une quantité de terre dont le revenu correspondît à peu près à l'intérêt de la somme prêtée. Des dettes comme celles-ci, provoquées par les nécessités d'une campagne lointaine, gardèrent longtemps un caractère très occasionnel. Ce fut après le milieu du XIIe siècle que l'endettement devint chronique. La gêne toucha, en premier lieu, les seigneurs les plus puissants, les plus riches, qui étaient aussi les plus dépensiers : les princes d'abord, les grands établissements religieux, puis les châtelains. Vers 1140, le monastère de Cluny se trouvait pris dans des emprunts dont il lui fut impossible de se dégager jamais. Quinze ans plus tard, les abbayes cisterciennes

1. Certains aménagements limitèrent l'effet de ces pratiques dissolvantes. L'habitude se répandit alors de doter les filles pour les exclure de la succession, de donner à l'aîné des garçons une forte part de l'héritage. Moins prolifiques après 1250, les familles nobles devinrent aussi moins généreuses : ce qu'elles donnaient aux églises ou à leurs vassaux, ce n'était plus de la terre, mais de l'argent. Genicot, 178, p. 50 ; Duby, 247, p. 498-502.

commençaient à leur tour à s'endetter. Pour les établissements religieux du pays de Metz, le moment critique se situe vers 1170[1].

Des couches sociales plus profondes et beaucoup plus étendues connurent, un peu plus tard, des soucis analogues. Les sources montrent que les dettes contractées par la petite aristocratie laïque dans la région mâconnaise s'alourdirent dans les premières années du XIIIe siècle. Il semble bien que, dans toute l'Europe, des difficultés financières aussi pressantes aient depuis cette époque tenaillé tous les nobles et les grands ministériaux, leurs égaux. Ces gens possédaient de fort belles fortunes, mais qui rapportaient peu et qui produisaient encore surtout des denrées agricoles. Or, participer aux fêtes, suivre les modes vestimentaires, faire la guerre, renouveler l'écurie réclamait toujours plus d'argent. Force était de s'adresser à des créanciers. Mort en 1230, tel chevalier des environs de Metz laissait dix-neuf livres de revenus annuels et une fortune mobilière évaluée à trente livres, mais ses dettes s'élevaient à trente-trois livres, si bien que sa veuve dut, un peu plus tard, aliéner partiellement l'héritage[2].

En effet, la multiplication des achats et des ventes de terres et de droits fonciers suivit de peu celle des emprunts. Ce phénomène peut être tenu pour l'un des plus caractéristiques de la phase nouvelle qui s'ouvre en 1180 dans l'évolution de l'économie seigneuriale. L'alleu avait été jusqu'alors protégé contre les ventes par la solidarité familiale, le fief par la vigilance du seigneur. Mais des procédés juridiques furent mis au point dans les premières années du XIIIe siècle pour assouplir ces contraintes. On voit, dans la région parisienne comme en Mâconnais, l'usage du contrat de vente, tombé en désuétude depuis des générations, se répandre de nouveau après 1200[3]. L'approbation, qu'il fallait avant toute aliénation solliciter des lignagers ou du seigneur féodal, devint vite une formalité. Tel homme se sentait-il vivement pressé d'argent, il pouvait vendre au meilleur prix quelques parcelles du domaine, des censives, l'une ou l'autre des familles paysannes dépendantes. Ces aliénations, des acquisitions compensatrices, modifièrent dès lors la physionomie de toutes les fortunes seigneuriales, et beaucoup plus vite que ne l'avaient fait, deux siècles plus tôt, les aumônes et la division des héritages. Le groupe social des seigneurs prit de la sorte plus de fluidité. En France, en particulier, la noblesse semble devenir, après 1200, un groupe moins strictement fermé[4].

1. DUBY, 406 ; SCHNEIDER, 333, p. 300.
2. DUBY, 247, p. 494 sq. ; SCHNEIDER, 333, p. 327 ; TITS-DIEUAIDE, 468.
3. FONTETTE, 321 ; VIGNERON, 138.
4. G. DUBY, « Une enquête à poursuivre : la noblesse dans la France médiévale », *Revue historique*, 1961.

Les textes montrent surtout le mouvement sans cesse plus vif qui fit alors passer les bribes de seigneurie des mains des nobles en celles des gens d'Église. Les établissements religieux étaient eux-mêmes couverts de dettes, mais ils recevaient constamment en aumône du numéraire ou des métaux précieux ; les volontés des donateurs les empêchaient souvent d'utiliser ces valeurs pour désintéresser leurs créanciers ; ils se hâtaient de placer cet argent. En 1191, le chapitre général de Cîteaux avait interdit les achats d'immeubles ; la mesure fut bientôt abolie ; elle avait d'ailleurs été aussitôt tournée. Dans tel village bourguignon, où ils avaient en 1202 reçu par donation un droit sur les dîmes, les cisterciens achetèrent en 1225 le pouvoir seigneurial ; à partir de 1260 et pendant quarante ans, ils ne cessèrent d'acquérir à prix d'argent des parcelles de toute grandeur, profitant de tous les avantages du marché de la terre ; dans la seule année 1322, ils s'assurèrent ainsi la possession de quinze champs, entre la moisson et les semailles. Par des achats semblables, Saint-Ambroise de Milan, qui, en 1240, ne tenait qu'un sixième des terres du village d'Origgio, en possédait la moitié en 1320 [1]. Ce fut essentiellement par l'investissement délibéré de leurs disponibilités en monnaie que les seigneurs d'Église arrondirent à cette époque leur patrimoine. Aussi les plus grands progrès furent-ils réalisés par les établissements qui recueillaient les plus abondants revenus en numéraire : les abbayes cisterciennes tant qu'elles pratiquèrent activement le négoce, les chapitres urbains établis au cœur de l'économie marchande, et fort liés aux milieux commerciaux.

Toutefois, une certaine part des prérogatives seigneuriales passa également par achat entre les mains d'hommes de petite naissance. Les nouveaux riches ne manquent pas au XIIIe siècle. Les œuvres littéraires composées pour le public chevaleresque, pleines de sarcasmes à l'égard de ces « vilains » aux manières ridicules, qui venaient s'installer dans les manoirs et cherchaient à tenir la place des gens bien nés, portent un témoignage très direct sur l'ampleur récente de cette ascension sociale et sur le scandale qu'elle suscitait. Beaucoup de ces parvenus sortaient de la ville. Trafiquants enrichis, ils avaient avancé des deniers aux chevaliers ; ils en reçurent quelques fonds en gage, puis ils acquirent entièrement la terre et les droits. Ainsi, autour de 1200, un usurier toulousain put-il acheter toutes les terres que l'abbaye de Saint-Sernin possédait dans un village, avec les trente-deux familles paysannes dépendantes ; tel marchand de Cluny reçut, en 1265, pour un prêt de huit cents livres la disposition d'un château tenu en fief du duc de Bourgogne, avec toute la haute justice et les pouvoirs de ban qui en rayonnaient. Les financiers de Metz créèrent de cette manière

1. Martin-Lorber, 497 ; Romeo, 444.

dans la campagne environnante leurs domaines fonciers entre 1275 et 1325. On aperçoit certains paysans qui parvinrent à se hausser suffisamment pour acquérir à deniers comptants des biens nobles, et notamment le droit de lever la taille et de rendre la justice [1].

Les mentions de biens seigneuriaux vendus à des non-nobles abondent après le milieu du XIIIe siècle dans tous les fonds d'archives, spécialement dans les pays plus fortement urbanisés, l'Italie, les Pays-Bas, la France. Elles ont capté l'attention des historiens, qui tout naturellement se porte d'abord sur les faits nouveaux et insolites. On doit cependant remarquer que presque toutes ces transactions portaient sur de petits fragments de seigneuries. Il faut donc se défendre contre la tentation d'attribuer dès cette époque trop d'acuité aux difficultés économiques de l'ancienne noblesse, et d'en exagérer l'appauvrissement. Dans la société rurale, la supériorité matérielle des familles chevaleresques, et même des moins relevées, ne fut pas, sauf exceptions, mise en question sérieusement dès cette époque par l'ascension toute relative de quelques hommes d'affaires exceptionnellement heureux. Au seuil du XIVe siècle, la participation des bourgeois ou des rustres à la possession seigneuriale demeurait fort réduite. Prenons le cas des Alberti dei Giudice, gros négociants de Florence ; ils ne possédaient, en 1315, qu'un seul domaine de quatre-vingts hectares, flanqué d'une centaine de parcelles louées à des paysans ; comme celle des autres marchands de leur ville ou de Pise, leur richesse consistait surtout en métaux précieux et en fonds urbains. En ce temps-là, dans les seigneuries de la région parisienne, l'infiltration bourgeoise restait également à peine perceptible [2]. La plupart des lignages nobles n'avaient encore cédé que des bribes du patrimoine ancestral ; très souvent d'ailleurs les générosités des princes venaient rapidement compenser ces pertes. Bref, en 1300, toutes les seigneuries, à quelques exceptions près, demeuraient aux mains des hommes d'Église ou des hommes de guerre.

Toutefois, si la position sociale des maîtres n'avait pas sensiblement changé, on discerne une modification certaine dans leur comportement économique. Tous s'accoutumaient à acheter, à vendre, à manier les deniers. Ils se sentaient par là sans doute, beaucoup plus que leurs prédécesseurs, responsables des destinées de leur seigneurie. Ils avaient pris conscience que leur fortune était mouvante, et qu'ils pouvaient freiner son déclin, gouverner sa croissance. On devine, chez les seigneurs d'Église qui disposaient des plus gros moyens financiers, une volonté patiente de remembrer, de rassembler leurs droits sur les

1. Duby, 247, p. 524 ; Mundy, 328 ; Schneider, 333, p. 394 sq.
2. Fourquin, 510 *a*.

hommes et sur la terre en ensembles compacts. En Lombardie, en Bourgogne, aux environs de Paris, l'époque est à la concentration des domaines ecclésiastiques, qui prennent l'allure de grands biens cohérents, mieux tenus, et d'ailleurs de direction plus facile. Le succès des ouvrages d'agronomie en langue vulgaire atteste que, dans certaines régions au moins, en Angleterre et en Italie du Nord, cette attention plus soutenue portée à l'économie domaniale, le désir de gérer la seigneurie de manière plus rationnelle, n'étaient pas entièrement le monopole des clercs. Comme ceux-ci, bien des chevaliers agissaient en seigneurs plus avisés que leurs ancêtres, beaucoup moins étrangers à l'esprit de profit, plus âpres dans la mesure même où la gêne les pressait. De ce changement d'attitude procèdent nombre des aspects nouveaux que présente au XIIIe siècle l'économie seigneuriale.

2. L'affaissement des cens

Discontinue, extrêmement dispersée, fort inégalement mise en œuvre, la documentation n'est pas faite pour montrer clairement l'évolution des perceptions seigneuriales. Il est certain d'ailleurs que celle-ci s'orienta, selon les régions et même d'une seigneurie à l'autre, dans des directions très différentes, et qu'on ne pourra jamais la réduire à un schéma simple. Contentons-nous de repérer les tendances les moins confuses. Au premier coup d'œil, il apparaît qu'au XIIIe siècle le revenu des ménages paysans subissait un prélèvement qui s'opérait généralement d'une autre manière, mais qui n'était pas moindre que par le passé.

Pour bien des seigneurs, trouver de l'argent constituait désormais le souci le plus lancinant. Ceci les conduisit à demander à leurs tenanciers et à leurs hommes de leur fournir des deniers plutôt que du travail ou des denrées agricoles. La conversion des services et des redevances offrait une solution simple et immédiate aux difficultés de trésorerie. Elle agréait, sinon à tous les paysans, du moins aux plus entreprenants. Ceux-ci acceptaient d'abandonner des pièces de monnaie, pourvu qu'on leur laissât la disposition de leur récolte, et des possibilités plus larges d'en porter les surplus au marché.

C'est pourquoi les commutations, déjà fréquentes à la fin du XIIe siècle, ne cessèrent de se multiplier par la suite. Il ne paraît pas que tous les maîtres aient alors renoncé à ce qui subsistait encore de corvées ; on voit même dans les seigneuries monastiques d'Angleterre l'intensification du faire-valoir direct renverser un moment la tendance, et les vilains contraints de nouveau, dans la première moitié du XIIIe siècle, d'accomplir effectivement les travaux que pendant des années il leur avait été loisible de racheter. En revanche, après les tailles, le formariage et la mainmorte furent désormais perçus en numéraire. Dans le paiement des cens surtout, jusqu'alors très communément exigés en nature, la monnaie se substitua aux céréales, au vin, au bétail et à la viande. Rien ne prouve que la mutation ait été générale. En certains lieux, la plupart des cens continuèrent d'être perçus en nature. Mais ailleurs ils furent rapidement et presque entièrement commués. Un exemple : au seuil du XIIe siècle, sur les terres de l'abbaye bavaroise de Baumburg, manses et parcelles isolées de champs ou de vignes ne fournissaient aux seigneurs que des denrées agricoles ; en 1245, 58 % des uns, 98 % des autres ne procuraient plus que des deniers [1]. En définitive, nombre de témoignages concordants permettent de penser qu'au début du XIVe siècle dans presque toutes les seigneuries d'Europe, une rente en argent avait remplacé une bonne part des redevances fixes en nature.

À vrai dire, pour les seigneurs, le bénéfice de cette transformation se révélait vite illusoire, dans une période de hausse continue des prix. En fait, la valeur réelle des cens en argent baissa constamment au XIIIe siècle, et plus nettement qu'ailleurs dans les campagnes : ils y étaient, en effet, stipulés en ces deniers de frappe locale, qui ne cessaient de s'affaiblir relativement aux grandes monnaies régionales. Alors que la croissance démographique rendait, à la fin du XIIIe siècle, la terre de plus en plus rare et la faisait constamment enchérir, le loyer des tenures héréditaires, lorsque leurs services avaient été depuis longtemps convertis en deniers, se tenait à un taux dérisoire. Le tenancier d'un manse mâconnais, dont on évaluait le rapport annuel à une vingtaine de livres, versait en redevance foncière dix sous par an à son seigneur ; autrement dit, il gardait par devers lui près de 98 % des profits. Dans le Namurois, les seigneurs fonciers percevaient couramment deux deniers par bonnier sur des parcelles qu'ils auraient pu louer facilement trente fois plus cher ; ce qui signifie qu'ils en avaient pratiquement perdu la propriété [2].

Sans doute les tenures changeaient-elles alors plus fréquemment de main qu'autrefois, et retombaient ainsi plus souvent au pouvoir du seigneur. Ce dernier, avant d'en investir de nouveaux possesseurs, pouvait donc discuter avec eux et réajuster de la sorte le cens à la valeur réelle du fonds. Ceci explique que, dans la même seigneurie, des terres voisines, à la fin du XIIIe siècle, aient parfois supporté des charges d'une incroyable inégalité. Dans tel village flamand, les sires de Pamele-Audenarde percevaient sur deux bonniers de terre arable, d'une fertilité apparemment équivalente, ici un denier, là deux sous et demi ; dans telle grande prairie de fauche relevant de la même seigneurie, le cens d'une

1. DOLLINGER, 335.
2. DUBY, 247, p. 513 ; GENICOT, 178, p. 247.

parcelle rapportait au maître cent fois plus que celui d'un lopin voisin de même superficie[1]. Cependant, d'autres témoignages donnent à penser que, bridé sans doute par la force de la coutume locale, se heurtant peut-être aussi à la coalition tacite des intérêts paysans, le seigneur foncier n'avait pas le moyen de relever beaucoup le niveau des redevances en argent, à l'occasion d'un nouvel accensement. Ajoutons que d'innombrables prestations, par manque de surveillance, par impuissance à vaincre la passivité des censitaires récalcitrants, s'amenuisèrent lentement et même se perdirent tout à fait. La part des cens dans les revenus seigneuriaux finit ainsi par se restreindre, jusqu'à ne plus compter du tout. Aux alentours de 1300, leur produit représentait à peine plus de 1 % des recettes annuelles du monastère de Saint-Denis. À la même époque, de soixante-deux tenures, un chevalier bourguignon ne parvenait à tirer tous les ans qu'une trentaine de sous, c'est-à-dire à peine le tiers du salaire qu'il convenait de donner alors à un valet de charrue en complément de sa nourriture[2].

3. Profits en hausse : les taxes de mutation

La dépréciation du loyer de la terre achevait ainsi de confondre la condition économique de la tenure et celle de l'alleu. Elle soulageait considérablement la paysannerie. Toutefois, les valeurs que les ménages de cultivateurs purent épargner ainsi sur les redevances leur furent soustraites d'une autre manière. Pour les maîtres, la hausse compensatrice d'autres ressources seigneuriales vint atténuer fortement les inconvénients de la chute des cens[3].

1. Duby, 408.
2. Fourquin, 510 *a* ; Duby, 247, p. 509 ; même situation dans l'Italie septentrionale, Luzzato, 19.
3. Point n'est besoin de beaucoup insister sur les bénéfices que les seigneurs continuèrent à tirer de l'essor agricole tant que celui-ci se poursuivit. Les seigneurs de très haut rang, comme les sires de Pamele-Audenarde, aussi bien que les plus modestes – tels ces damoiseaux qui, possesseurs seulement d'une part des dîmes dans un village mâconnais, en tiraient cinq fois plus de revenus que de toutes leurs censives – trouvaient toujours en France et en Allemagne les plus importantes de leurs ressources dans une ponction directe sur la plus-value des récoltes paysannes par la dîme, par l'exploitation du moulin et de l'église (Duby, 408, 247). De même, dans leurs ultimes progrès, les défrichements ne cessaient d'accroître le nombre des tenures. Notons aussi que les maîtres des bois purent concéder les derniers essarts à des conditions beaucoup plus avantageuses, car des hommes plus nombreux étaient en quête d'un établissement. Lorsque dans la seconde moitié du XIIIe siècle, les moines de Saint-Bavon-de-Gand s'avisèrent de lotir ce qui leur restait de friches, ils n'eurent pas de peine à trouver des bourgeois pour prendre ces lots, chargés pourtant d'une rente très lourde de dix à douze sous le bonnier. Ce fut surtout par la création de nouvelles censives dans les marécages en cours d'assèchement que les revenus en argent de l'église d'Ely purent s'élever de 20 % entre 1222 et 1251, Verhulst, 197 ; Miller, 187, p. 96 sq.

Le désir de tous les paysans de disposer plus librement de leur terre fournit d'abord aux seigneurs une occasion facile d'accroître leurs exigences. Parmi les rustres, en effet, les besoins d'argent s'avivaient aussi, et pour se procurer de la monnaie, beaucoup souhaitaient, tout comme les nobles, mettre en gage une part de leur fonds ou même le vendre. Ils ne pouvaient qu'à la toute dernière extrémité aliéner leur tenure entière. Du moins souhaitaient-ils obtenir le droit d'en distraire un fragment, d'en rompre, par conséquent, l'unité. Ils désiraient aussi pouvoir doter leurs filles avec quelques lopins. En outre, bénéficiaire des legs, l'Église poussait à ce qu'ils pussent ordonner à leur guise leur testament. La souplesse croissante des relations économiques rendait enfin plus gênantes les règles successorales qui interdisaient de diviser la tenure. De multiples forces se conjuguaient donc pour délivrer la terre paysanne des entraves qui faisaient obstacle à sa mobilité.

Cette tendance menaçait les intérêts seigneuriaux. Accepter la dislocation des anciens manses, ou des autres tenures globales qui conservaient encore leur consistance (en 1180, la plupart d'entre elles se trouvaient dans ce cas), c'était rendre beaucoup plus malaisée la levée des redevances en les éparpillant par parcelles, et risquer de voir les lopins les plus écartés se transformer en alleux après quelques années d'oubli. Pourtant, dans toutes les campagnes d'Occident, les maîtres du sol acceptèrent au XIIIe siècle de délier les parcelles dont l'ensemble avait jusqu'alors constitué des tenures familiales. De cette époque date la disparition générale du manse et de ses équivalents en tant qu'unités d'exploitation et de perception, mis à part les cantons arriérés, où la paysannerie restait engoncée dans les vieilles habitudes d'indivision et trafiquait peu avec l'extérieur, et les terres de colonisation nouvelle où l'occupation du sol s'était faite et continuait de se faire par exploitations isolées, dont les terres concentrées et closes devaient garder longtemps leur cohésion [1]. Le manse demeura cellule familiale en Graisivaudan jusque vers 1250. En 1280, il servait encore de cadre à l'inventaire des droits de Saint-Lambert de Liège [2]. Mais ailleurs, les tenures se trouvaient alors généralement pulvérisées. Dans tel village mâconnais, vingt-cinq groupes de tenanciers se partageaient vers 1260 la possession d'un ancien manse, et les ministériaux avaient grand-peine à retrouver dans le terroir les parcelles qui jadis avaient constitué la tenure. Dans le « Veil Rentier » composé pour les seigneurs de Pamele-Audenarde aux alentours de 1275, les cens se

1. Voir p. 780. L'étude approfondie des pratiques successorales dans le monde paysan devrait permettre de délimiter les régions où, comme dans le nord-ouest de l'Allemagne, l'institution du droit d'aînesse vint sauvegarder l'unité des exploitations familiales.

2. DIDIER, 399.

disséminent sur une multitude de parcelles. Même en Alsace et en Souabe, où les seigneurs s'opposèrent vigoureusement aux morcellements, la superficie moyenne des tenures décrites dans les inventaires ne dépassait pas, à cette époque, deux journaux, étendue dérisoire. Une centaine d'hectares labourables se trouvaient alors divisés dans un village d'Île-de-France entre cent soixante concessionnaires[1].

Lorsqu'il considérait ses censives, l'administrateur d'une seigneurie foncière n'avait donc plus devant lui comme naguère l'image simple d'une vingtaine, d'une trentaine de maisons familiales, où l'on pouvait prendre à telle ou telle saison certaine quantité de provende ; il lui fallait garder en mémoire la position et les charges de centaines de parcelles. L'éclatement des tenures globales favorisa pour cela beaucoup l'institution des cens en argent, et entraîna la simplification du calendrier des perceptions, qui furent d'ordinaire réunies en un seul terme annuel. En revanche, il compliqua extraordinairement l'organisation de la terre censitaire, d'autant que ces multiples parcelles changeaient très souvent de main. Certaines finissaient même par se perdre : en 1222, les agents du chapitre de Saint-Paul de Londres ne parvenaient pas à retrouver une terre de trois acres inventoriée lors d'une récente enquête[2]. Dès la fin du XIIe siècle, l'usage du censier-coutumier, liste écrite de redevances, tendait à disparaître dans les campagnes françaises et allemandes. D'autres manières d'enregistrer les prérogatives seigneuriales, mieux adaptées à la complexité et à la mobilité de la tenure, se répandirent en remplacement. Le *Weistum*, le « record de coutume », fut adopté dans les pays germaniques et sur leurs franges occidentales : tous les habitants de la seigneurie, réunis chaque année dans la maison du maître, avouaient oralement leurs obligations envers lui[3]. Dans le centre et le sud-est de la France, le « terrier » enregistra les confronts de chaque parcelle, qui permettaient de la repérer dans le terroir.

En revanche, lorsque le seigneur, exauçant le vœu des paysans, les autorisa à fractionner leur tenure, il put souvent en profiter pour relever sensiblement la rente de la terre. La comparaison des listes successives de redevances montre que, fréquemment, la somme des charges imposées à chaque portion d'un ancien manse excédait, et parfois de beaucoup, le montant du service primitif. Toutefois, pour le seigneur, l'avantage principal du fractionnement fut de percevoir plus fréquemment sur ces terres, moins rassemblées donc plus mobiles,

1. Duby, 247, p. 505 ; Duby, 408 ; Fourquin, 510 *a*.
2. Bennett, 139, p. 47.
3. Perrin, 189, p. 686 sq.

les taxes de mutation que l'usage depuis le XIIe siècle imposait aux nouveaux tenanciers[1].

Aux héritiers d'abord. Pour entrer en possession de l'héritage, ils devaient payer au maître de la terre un « relief », un « rachat » ; parfois confondu avec la main-morte lorsque le possesseur était un dépendant personnel, ce droit équivalait souvent à une année de cens. Pour les tenures globales possédées par les vilains de l'abbaye anglaise de Ramsey, il atteignait cinq sous, forte somme, et si les successeurs ne parvenaient pas à payer une taxe aussi lourde, il arrivait que la terre tombât en « échoite ». À ce moment, les héritiers en conservaient la possession, mais ils devaient en livrer tous les fruits au seigneur jusqu'à ce qu'ils pussent se libérer de leur dette[2].

Des taxes furent également imposées aux acheteurs de tenures. Les ventes devinrent en effet bientôt aussi fréquentes peut-être que les transmissions successorales : dès les premières années du XIIIe siècle, on devine que le marché de la terre paysanne s'ouvrit partout très largement. Les seigneurs se réservèrent toujours le privilège d'autoriser les aliénations. Ils voulaient pouvoir empêcher que par achat ne pussent s'introduire sur leurs tenures des nobles, des clercs ou des gens de la ville, des hommes que leur condition sociale aurait rendus plus difficiles à exploiter. Ainsi dans les environs de Metz, les maîtres du sol veillaient-ils à ce que ne fussent pas acquises par des bourgeois les « terres de meix », dont la possession entraînait encore soumission à la justice domaniale[3]. Entre paysans, les transactions furent, en revanche, tout à fait libérées. Mais en échange de son « lods », de son approbation, qui n'était plus que formalité, le seigneur prélevait une part du prix de la vente. Il s'agissait d'ordinaire du « trézain », d'un treizième ou, ce qui revenait à peu près au même, d'un denier par sou. Le maître s'appropriait parfois davantage : dans la France de l'Est, il réclamait, pour lui, jusqu'à 15 % de la somme versée[4]. Ajoutons enfin que la pénurie croissante de terres fit accepter le paiement d'un fort droit d'entrée par les paysans, prêts à tout pour être accueillis sur la tenure qui devait les aider à subsister. La perception de l'« entrage », du droit d'« abergement », se généralisa et devint vite très lucrative. Toutes ces taxes de mutation s'acquittaient en numéraire. Elles apportaient aux finances seigneuriales un très précieux renfort.

1. Ces taxes étaient entrées dans la coutume dans le cours du XIIe siècle, DIDIER, 399 ; dans les censiers d'un prieuré dauphinois, elles portaient alors le nom de « plaids », ce qui signifie que leur montant faisait l'objet d'un accord amiable, mais peu à peu, elles prirent de la fixité. Elles aussi furent « abonnées ».

2. RAFTIS, 190, p. 222.

3. SCHNEIDER, 333, p. 362.

4. Pour le Namurois, GENICOT, 178, p. 155.

Les documents foréziens permettent d'estimer que, bon an mal an, elles élevaient d'un quart la valeur du cens[1].

4. L'exploitation du pouvoir sur les hommes : la taille

On vit en outre se prolonger en s'affirmant le mouvement qui, à l'époque précédente, avait adjoint déjà, et mêlé aux perceptions foncières, celles de la seigneurie banale ou de la seigneurie domestique. Toutefois, les modalités de l'exploitation des hommes se modifièrent sensiblement au XIIIe siècle sous deux influences : d'une part, la diffusion des « franchises » conféra plus de régularité aux pouvoirs d'exaction ; d'autre part, le renforcement dans toute l'Europe des principautés régionales institua progressivement une fiscalité à deux étages.

*

En bien des pays, des accords conclus entre le seigneur et les communautés rurales vinrent à cette époque fixer ici et là l'étendue des droits seigneuriaux. Il serait bon qu'une enquête collective, appuyée sur une chronologie et une cartographie très précises, suive l'extension du mouvement des « libertés » villageoises dans l'ensemble de l'Europe occidentale. Dans l'état actuel des recherches on discerne de vastes contrées où les villages n'ont point obtenu une charte qui fixât par écrit les « bonnes » coutumes. En Lorraine, seules les grosses bourgades bénéficièrent de telles concessions. Plus à l'est, au-delà du Rhin, l'octroi d'une charte de liberté resta tout à fait exceptionnel. En Angleterre, quelques « bourgs » ruraux furent fondés au XIIIe siècle, avec promesse de « libertés » pour ceux qui viendraient s'y établir, mais ces villages privilégiés demeurèrent fort rares dans un pays où le souverain se réservait les pouvoirs supérieurs de commandement[2]. L'Italie, et semble-t-il la Provence, dont les agglomérations paysannes, d'une structure semi-urbaine, obtinrent en grand nombre et très tôt, dès le début du XIIe siècle[3], des institutions communales comparables à celles des villes, méritent d'être situées à part. Reste la France, où le mouvement d'affranchissement pénétra partout, mais plus ou moins tôt, et connut une extension très variable selon les provinces. En certains pays du

1. Perroy, 255, p. 127 ; Hilton, 359. La valeur croissante de ces taxes explique que les seigneurs aient essayé au XIIIe siècle de contrôler très étroitement les mutations. C'était l'une des fonctions principales des cours de justice rurale.

2. Perrin, 498 ; Bennett, 139, p. 296.

3. Leicht, 154 ; Aubenas, 472.

Bassin parisien, de nombreuses communautés avaient reçu leurs « libertés » dès la première moitié du XIIe siècle : les petits villages vignerons des environs de Laon conquirent en 1129 les mêmes franchises que la ville voisine. En revanche, dans la région parisienne, le grand moment où l'on rédigea les « bonnes coutumes » paysannes se situe beaucoup plus tard, entre 1245 et 1275. Les rédactions furent un peu plus tardives encore dans le comté de Bourgogne ; un village sur cinq en bénéficia. Elles demeurèrent beaucoup moins nombreuses en Dauphiné. Dans le petit comté de Comminges, une soixantaine de localités furent affranchies entre 1202 et 1300 [1].

Considéré du point de vue de l'économie rurale, le mouvement d'« affranchissement » eut pour premier résultat de livrer d'un coup aux maîtres du ban territorial les masses importantes de numéraire que les paysanneries les plus prospères étaient parvenues à épargner. Car les chartes de libertés furent presque toujours vendues aux communautés, et fort cher. La haute valeur marchande qu'atteignirent alors les franchises dans les campagnes françaises porte un précieux témoignage sur les préjudices que l'exercice désordonné du droit de ban causait à l'économie paysanne, mais surtout sur le prestige que conservait la liberté personnelle dans la conscience collective. Pour obtenir les franchises, les habitants de Thiais en Île-de-France offrirent à leur seigneur au milieu du XIIIe siècle deux mille deux cents livres, ceux du village voisin d'Orly quatre mille. Sommes énormes et qui dépassaient de beaucoup les disponibilités des villageois [2]. On dut leur consentir de larges facilités de paiement, leur ouvrir de longs crédits. Une seconde conséquence des concessions de franchises fut donc d'aggraver l'endettement paysan, d'étendre la pénétration des usuriers et de tous les hommes d'argent dans les campagnes. En spéculant sur le désir des ruraux de voir proclamer leur « liberté » et abolies les charges alors considérées comme symboliques de la servitude, le chevage, le formariage, la mainmorte, toutes les « macules » que l'opinion commune tenait pour dégradantes et insupportables, beaucoup de seigneurs parvinrent, par les créances, à resserrer durablement leur étreinte économique sur le village. Ils s'approprièrent les deniers, longtemps dissimulés aux percepteurs de tailles. La vente des chartes leur permit de surmonter un moment les difficultés de leurs finances sans amoindrir notablement leurs profits futurs. Elle fut le plus souvent pour les seigneurs une bonne affaire.

Les « libertés », en effet, n'abolirent point leur pouvoir de lever des exactions.

1. Brelot, 477 ; Chomel, dans *Annales ESC*, 1956, p. 353-355 ; Bloch, *Rois et serfs*, Paris, 1920, p. 112.

2. Fourquin, 510 *a*.

Elles supprimèrent les intermédiaires, ministériaux ou sergents, dont les exigences et les tracasseries étaient souvent moins supportables que celles du seigneur, parce qu'elles venaient de gens moins respectés. Les villageois reçurent, en outre, assez souvent le droit d'assurer la police rurale par des agents désignés par eux. Ils purent aussi répartir eux-mêmes les coutumes entre les foyers, aménager l'« assise » de la taille en fonction des possibilités de chacun, en fonction, du moins, des apparences de prospérité de chaque ménage, de l'importance du cheptel, par exemple, ou de la longueur de façade des maisons. Mais sur tout le territoire de la franchise, soigneusement délimité par la charte, sur tous les habitants, continuaient de peser l'autorité et les réquisitions seigneuriales. Les manants avaient souhaité surtout prévoir à l'avance ce qu'il faudrait donner ; ils avaient accepté de payer autant, et peut-être même davantage, pourvu que les levées cessassent d'être arbitraires. Il faut bien voir que les chartes d'affranchissement ont beaucoup moins limité la fiscalité banale qu'elles ne l'ont régularisée, introduite dans la coutume, donc légitimée, et pour cela installée plus solidement. Si bien que les villages affranchis ne se trouvaient pas, en définitive, dans une situation économique très privilégiée par rapport aux innombrables localités qui n'avaient pas obtenu de chartes, mais qui bénéficiaient de la progressive fixation des coutumes.

Il arrivait, en effet, très souvent que la rivalité de plusieurs seigneurs, se disputant les profits du ban, ou simplement les progrès des méthodes d'administration, la pénétration de l'usage de l'écriture, amenassent à rédiger les coutumes, au moins partiellement. Cette rédaction les établissait et les simplifiait tout à la fois. Les règlements d'avouerie et les accords sur la garde, les initiatives seigneuriales qui fixaient le taux des exactions pour régulariser les rentrées d'argent (ce fut le cas dans bien des villages lorrains, « mis en assise » par le maître du pouvoir banal), l'habitude que l'on prit, en Allemagne, d'écrire sur un rouleau de *Weistum* le « rapport de droit » naguère récité par la communauté de village [1], toutes ces transcriptions de la mémoire collective contribuèrent à délivrer les rustres de l'arbitraire et à stabiliser le ban inférieur. Tout comme les chartes de liberté, elles installèrent plus solidement ce pouvoir dans le cadre du terroir villageois.

*

Dans toutes les régions où l'autorité princière s'était désagrégée au Xe siècle, commença d'autre part de s'appesantir de nouveau après 1200 un pouvoir

1. DUBY, 247, p. 612 ; SCHNEIDER, 333, p. 330 ; PERRIN, 498.

supérieur, lointain mais exigeant, celui du roi, du duc, du comte. Cette autorité fut désormais représentée sur place en permanence par des agents envahissants, des fonctionnaires étrangers au pays, souvent changés de poste, empressés à étendre les prérogatives d'un souverain dont le prestige faisait leur propre puissance, plus empressés encore à lever au nom de leur maître des deniers dont beaucoup restaient entre leurs mains. Sans être délivrés des réquisitions de leurs seigneurs proches, les paysans durent supporter en outre une fiscalité plus extérieure, mais non moins pesante. Vinrent s'ajouter, après la fin du siècle, les exigences du pape. À partir du XIIIe siècle, le poids des états en croissance ne cessa donc de s'alourdir sur le monde rural jusqu'à parfois l'écraser ; il faut, en tout cas, considérer dès lors les levées du prince comme l'un des rouages majeurs de l'économie des campagnes.

Dans certaines contrées, la pression du pouvoir supérieur s'exerçait directement. Les recruteurs des rois anglais arrachèrent nombre de jeunes gens à leur village pour les envoyer combattre les Gallois, les Écossais ou les Français. De même, les paysans du Brandebourg, mobilisés en cas d'invasion, s'acquittaient tous envers le margrave d'une taille, la *Bede*, et de charrois de guerre. En 1185, lorsque les habitants de Ferrières-en-Gâtinais reçurent leur charte de franchise, celle-ci mentionnait les droits que se réservait le roi de France : une exaction spéciale de quinze livres levées chaque année sur la communauté par son prévôt, et le service militaire [1]. Toutefois, plus fréquemment, le prince ne sollicitait que les seigneurs, mais ceux-ci aussitôt se tournaient vers leurs paysans. Obligés de s'endetter pour répondre aux demandes royales ou pontificales, les abbés de Ramsey aggravèrent le poids des perceptions dans les manoirs : ils exigèrent plus âprement les taxes d'entrage et de relief. À la même époque, dans les villages de haute Provence, le comte percevait directement sur chaque feu paysan l'« albergue », son ancien droit de gîte ; mais il laissait les seigneurs lever pour lui la « cavalcade » et lui fournir les hommes d'armes. En vérité, de toutes manières, la charge retombait tout entière sur la paysannerie [2].

Au XIIIe siècle et au début du XIVe, les exigences princières restaient encore généralement intermittentes, donc imprévisibles. De ce fait elles perturbaient plus fortement les circuits économiques. Le passage des collecteurs prenait allure de catastrophe temporaire, d'un fléau comparable par son effet de surprise

1. BENNETT, 139, p. 119 ; CARSTEN, 7, p. 39 ; PERROY, 255, p. 75.

2. RAFTIS, 190. Au XIIIe siècle, les paysans dépendant de l'église de Hildesheim subissaient trois charges fiscales superposées, une taille générale *(Landessteuer)*, des subsides réclamés de temps à autres par l'évêque, enfin la taille de l'avoué, A. PETERS, « Die Entwicklung der Amtverfassung im Hochstift Hildesheim », dans *Zeitschrift des hist. Vereins für Niedersachsen*, 1905.

et ses incidences aux calamités climatiques ou aux épizooties. D'où le concert de plaintes, et parfois les sursauts défensifs. Pour cette même raison, les taxes des souverains ne firent point disparaître les exactions coutumières que les détenteurs du ban ou les possesseurs d'hommes de corps considéraient comme partie intégrante de leur fortune. La croissance des états étouffa seulement les pouvoirs intermédiaires, ceux des châtelains. Ces derniers perdirent au profit des princes les plus élevées de leurs prérogatives, le pouvoir de réquisition militaire, le châtiment des grands crimes, la haute police. Quant aux manifestations inférieures du ban territorial, la basse justice, le gîte, la taille, la direction de la vie champêtre, on vit leur caractère privé s'accuser. Ces droits se fondirent tout à fait dans les patrimoines de ceux qui les avaient possédés. De la sorte, au gré des successions et des ventes, ils se morcelèrent. Ils s'abaissèrent au niveau de la seigneurie domestique. Les débris de l'ancienne puissance territoriale vinrent se confondre avec les prérogatives qu'avaient exercées, jadis, les chefs de maison sur les hommes de leur « famille ». Ils se mêlèrent parfois aux redevances foncières. De toute manière, le pouvoir de lever les exactions, et notamment la taille, cessa d'être un privilège réservé à quelques puissants ; il se vulgarisa. À partir du XIIIe siècle, l'exploitation économique du ban s'effectua dans toutes les campagnes d'Europe comme, jadis, dans la seule Angleterre : en contrebas de la fiscalité princière, et de manière beaucoup plus locale au profit de maîtres plus modestes, seigneurs d'une seule paroisse ou de quelques foyers paysans.

*

Au XIIIe siècle, on rencontre partout sur le continent, depuis les marches de Brandebourg et la Franconie jusqu'au Milanais et à la Provence, des hommes qui se disent seigneurs de tout un village, mais d'un seul. Ces dominations de petite taille provenaient, en fait, d'un fractionnement des anciennes châtellenies en quelques morceaux d'étendue plus restreinte, ajustés généralement aux frontières du territoire paroissial. L'insertion de la puissance seigneuriale dans le cadre du village répondait à la cohésion croissante de la communauté d'habitants, ainsi qu'à la rigueur nouvelle que les autorités ecclésiastiques imposaient alors au lien paroissial, dans l'Europe travaillée par l'hérésie. Il convient aussi de mettre cette disposition du pouvoir de commandement en rapport avec les modalités du défrichement par fondation de villeneuves [1] et avec l'octroi d'une « franchise ».

1. Voir p. 739.

Quant au seigneur du village, c'était parfois un fonctionnaire du souverain. En 1229, le duc de Brabant, inféodant la haute justice dans un terroir à Arnoud de Wesemael, son ministérial, en fit le « sire » du lieu. Il arrivait aussi que celui-ci fût le fils cadet ou le gendre d'un châtelain, qui avait reçu en héritage une portion du ban dans le cadre paroissial. Dans l'est de l'Allemagne, cette place fut tenue d'ordinaire par les descendants du *locator* qui, après la création du village, avait rempli les fonctions de *Schultheiss*, de juge subalterne rétribué par le tiers des amendes, et qui avait construit le moulin et la forge avec l'autorisation du prince. Cependant le *dominus loci* était la plupart du temps le plus gros propriétaire foncier du finage, ecclésiastique ou laïc, qui, par achat ou par cadeau, avait acquis aussi le droit de réprimer les menus délits sur les chemins et dans l'air du village, de contrôler l'usage des communaux, de protéger les moissons, de percevoir les amendes et les « coutumes » qui soldaient ses fonctions de surveillance et de justice. Parfois, cette seigneurie de paroisse se trouvait elle-même partagée. Dans la France du Sud, on la voyait souvent tenue dans l'indivision par de multiples coseigneurs : de telles associations groupaient fréquemment une douzaine, une quinzaine de participants dans des villages languedociens au seuil du XIVe siècle[1].

À cette époque, le seigneur du village résidait communément dans le terroir. Il se tenait ainsi beaucoup plus près des paysans que ne l'était jadis le châtelain, que ne se trouvaient alors les gens du prince contre lesquels les villageois le prenaient souvent pour défenseur. De fortune moyenne, il dirigeait lui-même une exploitation agricole. Mais parce que sa condition sociale l'obligeait à beaucoup dépenser, ce hobereau, très au courant de la prospérité des rustres ses voisins, étendait autant qu'il pouvait ses prétentions. Il se servait d'abord de son pouvoir pour améliorer le rendement de sa terre ; il accaparait les quelques corvées générales, utilisait toutes les bêtes de trait du village deux ou trois jours par an pour labourer ses champs, ou charrier à la ville voisine ce qu'il voulait vendre de ses récoltes ; il s'efforçait surtout de détourner, à son profit, les contraintes agraires collectives et l'usage des communaux[2]. Pour cette raison, les rapports se tendirent souvent entre la maison forte où il résidait à l'écart du village, et la communauté des habitants que conduisait parfois le curé. Mais si, pour la plupart, les seigneurs de village utilisaient d'abord la possession du ban inférieur pour mieux exploiter leur domaine, leur pouvoir leur valait aussi des revenus réguliers en argent, ceux que fixaient la charte de franchise ou le *Weistum*. Ils exploitaient le marché hebdomadaire. Ils percevaient les amendes

1. Tits-Dieuaide, 468 ; Duby, 247, p. 586 sq. ; Dubled, 401.
2. Voir p. 264 [ci-dessus p. 826].

petites et moyennes, punissant les infractions aux usages agraires, qui devenaient à cette époque beaucoup plus stricts. Ils réclamaient aux habitants leur aide financière en certains « cas » prévus par la coutume, lorsqu'ils devaient débourser une forte somme pour marier leur fille, par exemple, armer chevalier leur fils aîné, payer la rançon ou accomplir le voyage d'outre-mer. Enfin et surtout ils levaient la taille. Parfois répartie par les délégués de la paroisse, mais toujours assise sur les « masures », sur les demeures familiales, cette exaction procurait alors le plus gros bénéfice que les seigneurs de village tiraient de leur autorité.

*

Dans tous les terroirs qui bénéficiaient d'une charte de franchise, la servitude personnelle se trouvait abolie. Plus d'hommes de corps. Et après un séjour d'une année, qui attestait leur volonté de s'établir durablement, les immigrants étaient garantis contre les prétentions et les requêtes du seigneur de leur personne. Dans les villages affranchis, ce qu'on appelait parfois la « baronnie », entendons les profits supplémentaires que valait l'exploitation des hommes, appartenait exclusivement au *dominus loci*, au seigneur du village. Ailleurs au contraire, c'est-à-dire dans la grosse majorité des localités, d'autres seigneurs que le maître du ban territorial percevaient des exactions et spécialement la taille dans certains foyers et sur certains ménages. Ces maîtres avaient conservé le droit d'exploiter leurs propres dépendants.

Le XIIIe siècle connut, semble-t-il, une reviviscence de la servitude, au moins dans certaines régions. Délimiter avec précision ces zones, y mesurer exactement la proportion des libres et des non-libres exigerait des recherches beaucoup plus poussées et surtout plus largement étendues que celles dont les résultats sont aujourd'hui utilisables. L'accent nouveau mis dans certains villages sur la condition juridique déprimée d'une partie des habitants, la vigueur renforcée de l'attache qui les liait à un maître doivent être, semble-t-il, mis en liaison avec l'extension même des franchises. Proclamer la liberté de certains rustres, c'était, en effet, par contrecoup désigner les autres comme étant pris dans les nœuds de la servitude. On voit nettement dans les documents que le vocabulaire de la dépendance reprit vie par opposition aux expressions remises en honneur pour désigner la supériorité des « francs ». Doit être également prise en considération l'influence de la renaissance des études juridiques qui, dans la pensée des hommes de loi (et beaucoup d'administrateurs de seigneuries sortaient dans la seconde moitié du XIIIe siècle des écoles de droit) ranima la notion même d'esclavage, et convia à lui chercher des équivalences dans les structures sociales du temps. Enfin, les différences de plus en plus marquées qui se dessinaient entre les fortunes paysannes, la constitution progressive dans les villages d'une catégorie de pauvres, attendant leur subsistance de la générosité des puissants, favorisèrent l'institution d'un réseau plus serré de liens de subordination dans les échelons inférieurs de la hiérarchie économique. On a vu déjà que, dès le milieu du XIIe siècle, l'opinion commune commençait en Angleterre à rapprocher le statut du vilain de celui de l'esclave, ce qui raffermissait le pouvoir des maîtres sur leurs hommes de corps. Sur le continent, l'évolution fut plus tardive, mais après 1250, la conscience collective commençait un peu partout à reconnaître l'existence d'une condition sociale particulière, considérée comme dépendante.

C'était celle des « serfs » en Champagne et dans la Lorraine, des *Leibeigene* de Souabe, des « hommes taillables ou exploitables » bourguignons, des « questaux » ou « hommes de queste » en Aquitaine, des « malservis » provençaux. Tous ces hommes appartenaient de corps à un maître. Leur attache héréditaire se trouvait souvent resserrée par un serment de fidélité, par une cérémonie d'allégeance, dont les rites, fort divers, rappelaient parfois curieusement ceux de l'hommage vassalique. Certaines prestations n'incombaient plus qu'à eux ; le chevage, la mainmorte, le formariage, la taille « à merci » semblèrent caractériser leur état. Le nom même qu'on leur donnait les désignait comme soumis à une exploitation plus arbitraire que celle que subissaient des hommes de franche condition. Enfin, ils étaient d'ordinaire astreints à résider en certains lieux. On les disait « couchants et levants » en Bourgogne, ou, selon l'expression provençale, « hommes de casement ». Les juristes avaient, en effet, exhumé du droit romain l'idée que le serf devait être attaché à la glèbe [1].

Il peut paraître surprenant de voir renaître ces entraves à la mobilité des familles paysannes à une époque où, précisément, la terre libre devenait de plus en plus rare, où quantité de paysans sans ressources se disputaient l'avantage d'être accueillis sur les exploitations vacantes et, pour être admis, acceptaient de verser un lourd droit d'« entrage ». En fait, l'attache de l'homme de corps répondait au désir des maîtres de mieux tenir leurs dépendants, de les empêcher de sortir de leur pouvoir en s'installant dans une « villefranche », de céder à l'attrait toujours plus vif qu'exerçaient sur les moins bien lotis des ruraux la vie urbaine et ses profits jugés faciles. Tel villageois de Provence qui, trompant la vigilance du maître de son corps, venait de s'installer à Grasse, la ville toute proche, dut, après discussion, s'engager à établir son fils dès sa majorité dans

1. Jacques DE VITRY, B. N. Ms. latin 17.509, f° 133, distingue quatre catégories de *servi*, d'« homme », de la « glèbe », de « naissance » et de « louage » ; DOLLINGER, 149 ; HUBRECHT, 591 ; AUBENAS, 577 ; SAMARAN, 600 ; Archives des Bouches-du-Rhône, B. 169.

la tenure que lui-même avait quittée et qu'un habitant du village se chargeait provisoirement d'exploiter ; les héritiers y demeureraient perpétuellement, menacés en cas d'infraction d'une amende énorme de cinquante livres. La résidence forcée donnait assurance que les charges caractéristiques de la dépendance ne cesseraient pas d'être perçues. Bien qu'elles frappassent surtout des pauvres, celles-ci possédaient, en effet, du prix aux yeux du seigneur : les taxes de formariage que le collecteur royal leva en 1282-1284 dans les bailliages de Senlis et de Vermandois oscillaient selon les ménages entre douze et soixante-quatorze sous parisis[1]. À vrai dire cependant, pour tous les seigneurs du XIIIe siècle, posséder des « hommes » signifiait avant tout pouvoir leur imposer la taille. Des « taillables » ou des « questaux », la condition juridique impliquait, par essence, qu'ils supportassent les réquisitions de leur maître, qu'ils payassent des taxes. Les dépendants ne constituaient plus alors, comme au XIe siècle, une réserve de main-d'œuvre. Ils offraient des possibilités d'exaction. Ils étaient matière à perception fiscale. Cette conversion manifeste plus clairement que tout autre changement l'allure nouvelle que revêtirent, après 1200, les rapports entre seigneurs et paysans.

Si les dépendants du XIIIe siècle étaient obligés de « faire feu » en une certaine demeure, s'il leur était interdit de la quitter, sous peine de voir le maître confisquer tout le « meuble », c'est donc que ce dernier tenait avant tout à s'assurer le contrôle du fonds de richesses mobilières, dont les perfectionnements techniques avaient accru la valeur, et sur lequel, par la taille, s'effectuaient ses meilleurs prélèvements. Mais ces prescriptions conduisaient à relier étroitement la condition servile à la résidence en certains lieux, et à transférer de l'homme sur sa « masure » les obligations fiscales spécifiques de la dépendance. En fait, certaines parcelles bâties furent réputées « serviles ». On distinguait dans certains villages des « meix taillables », des « feux serfs ». S'y installer, c'était tomber en servitude. En revanche, on pouvait se libérer en les quittant, à condition d'accepter de partir les mains nues. Ainsi le caractère domestique de la dépendance personnelle s'estompa. La nouvelle servitude revêtit plus souvent un caractère « réel », qui ne cessa de s'accuser[2]. Elle se transporta sur certaines terres, et par là vint se mêler intimement à la seigneurie foncière.

À la fin du XIIIe siècle, les maîtres de quelques tenures particulières ne les

1. Archives des Bouches-du-Rhône, 396 E 17 ; référence dans M. BLOCH, *Rois et serfs*, Paris, 1920, p. 185. En 1234, les moines de Saint-Denis imposèrent une amende de 500 livres à un de leurs hommes de corps, sans doute un ministérial, qui avait épousé une fille de chevalier, Archives Nationales, L. 848, n° 32.

2. DUBY, 247, p. 591 sq.

confiaient plus qu'à des paysans qui acceptaient de s'avouer leurs hommes, ceci afin de percevoir dans ces maisons non seulement les cens et les taxes de mutations, mais encore la taille et les autres droits personnels. Pour cela, cette servitude devint peu à peu celle des pauvres et des malchanceux. Dès qu'un dépendant avait réuni quelque épargne, fasciné par le mirage de la liberté personnelle, il pouvait offrir au maître de la terre le prix de sa liberté, c'est-à-dire un capital dont l'intérêt équivalait à peu près au montant de la taille. On vendit ainsi beaucoup de « franchises » individuelles. Les moines de Saint-Maur-des-Fossés libérèrent de la sorte en 1268 vingt-neuf familles résidant à Vitry, pour deux cent cinq livres payables en cinq ans. Et, dans la seconde moitié du XIIIe siècle, nombre de « vilains » anglais devinrent « libres tenanciers » par le rachat des services qui caractérisaient leur condition [1]. En outre, les plus entreprenants des hommes de corps avaient le loisir de déguerpir et de chercher fortune ailleurs. Sur la terre serve, seuls des pauvres qui, chargés d'enfants et tenaillés par la faim, acceptaient de prêter le serment de fidélité et de se lier, venaient les remplacer. À l'approche du XIVe siècle, temps de forte surcharge démographique, la renaissance du servage apparaît dans les contrées où on peut l'observer, comme l'une des expressions les plus évidentes de la récente soumission économique d'un nouveau prolétariat paysan aux maîtres de la terre.

*

En tout cas, qu'elle fût levée dans les villages soumis tout entiers à un seigneur territorial, ou bien dans ceux qu'occupaient côte à côte des paysans libres et des dépendants héréditaires, qu'elle fût perçue sur l'ensemble de la communauté ou sur quelques-uns des « feux » réputés « taillables », la taille était devenue, à peu près partout dans la seconde moitié du XIIIe siècle, le meilleur instrument pour tirer profit d'un pouvoir sur les hommes. Exigée encore parfois en nature, mais beaucoup plus communément en argent, elle prit alors presque toujours la forme d'une redevance annuelle et fixe [2]. Jusque-là, nombre de seigneurs l'imposaient seulement lorsqu'ils subissaient un pressant besoin d'argent, et de loin en loin. Dans tel village du Bassin parisien, une taille de cinquante livres avait été levée vers 1190, une autre de quatre-vingts livres en 1248, et aucun habitant au milieu du XIIIe siècle ne conservait le souvenir d'une autre perception. Trop espacées, donc mal intégrées dans la coutume, ces exi-

1. Archives Nationales, I.I., 46, f° 118 ; BENNETT, 139, p. 283 sq.
2. FOURQUIN, 510 *a*. Au milieu du XIIIe siècle, la taille fut également abonnée dans bien des villages du pays rhénan, EPPERLEIN, 486, p. 46.

gences irrégulières étaient mal supportées par les populations rurales. Elles suscitaient des rébellions. En Île-de-France, les dépendants de l'abbaye de Saint-Denis refusèrent de répondre en 1250 à la demande de leur seigneur, et deux mille paysans des environs se liguèrent avec eux. D'un commun accord, les tailles qui demeuraient encore arbitraires furent donc « abonnées ». Après 1250, le mouvement de régularisation amorcé une centaine d'années plus tôt parvint à son terme : presque toutes les tailles qu'enregistrent les documents écrits présentent un taux et une périodicité fixes, même pour les plus humbles et les plus soumis des dépendants. Tout comme un cens, on les levait désormais à certaines dates dans la maison du taillable.

Fréquemment, par achat ou par échange, le seigneur foncier de la demeure paysanne était d'ailleurs parvenu à s'approprier aussi la taille sur la famille qui y résidait. Ce qui acheva de lier très étroitement cet impôt à la terre. Il en suivit les destinées : à la fin du XIIIe siècle, on vendait des manses avec la taille qu'ils supportaient. Acquis, vendu, donné, transmis par héritage, le privilège de lever cette exaction, symbole naguère du plus haut pouvoir, s'éparpilla de la sorte en parcelles, et se répandit entre toutes les mains. À la fin du XIIIe siècle, nombre de paysans français enrichis exploitaient eux-mêmes des taillables. En tout cas, aux yeux des rustres comme à ceux des seigneurs, la taille apparaissait alors de plus en plus comme un complément de la redevance foncière, dont elle venait corriger l'insolente faiblesse. Elle constituait le principal rapport de bien des tenures. Elle doublait, quintuplait parfois la valeur des cens.

Réelles, mêlées aux redevances, et assises parfois parcelle par parcelle, les tailles vinrent ainsi renforcer très sensiblement, et de manière beaucoup plus efficace que les taxes de mutation, les profits de la seigneurie foncière. Personnelles, elles faisaient la valeur principale des « hommes de corps [1] ». Toutes ensemble, elles formaient alors le plus gros revenu de tous les seigneurs, grands et petits, qui détenaient une part du pouvoir sur les hommes : dans l'un des villages de la seigneurie de Pamele-Audenarde, elles rapportaient vers 1275, deux fois plus de monnaie que tous les cens [2].

*

1. En 1340, un seigneur du pays de Blois vendit seize hommes de corps pour 80 livres ; cette somme représentait sensiblement vingt fois la taille annuelle ; ce qui indique que les autres perceptions ne comptaient guère aux yeux du vendeur, TESSIER, 603.

2. DUBY, 408.

Les mouvements d'adaptation, dont le départ se discerne en certains pays dès le début du XIIe siècle, aboutirent donc, après 1180, à transformer profondément les structures de la rente seigneuriale : fusion progressive de la seigneurie foncière et des seigneuries banale et personnelle ; baisse des cens ; mais profits beaucoup plus élevés des dîmes, des moulins, des taxes de mutations et des tailles. De ce fait, la pression économique ne se relâcha pas sur la paysannerie, devenue dans son ensemble plus prospère. Elle s'appesantit même sensiblement, en certains secteurs du monde rural. Deux poussées adverses, en effet, avaient orienté cette évolution : les maîtres exploitaient leurs prérogatives pour satisfaire leurs besoins, et notamment leurs besoins en numéraire ; les paysans résistaient – et mieux que les autres, les moins faibles. En fait, tous les aménagements apportés au régime des perceptions seigneuriales, les formes nouvelles de la servitude, la conversion en argent des redevances, enfin et surtout la régularisation des tailles, profitèrent aux paysans les plus riches. Les prélèvements du seigneur n'avaient jamais été que très grossièrement proportionnels à la fortune des sujets. Ils le furent de moins en moins : au XIIIe siècle, la fiscalité seigneuriale accablait les plus pauvres et les enfonçait davantage. De la sorte, l'évolution de la rente rejoignait et favorisait d'autres modifications des rapports économiques. Celles-ci, plus récentes – on n'en trouve pas trace dans les documents avant 1200 – vinrent grossir encore le courant déjà très puissant qui transférait en d'autres mains la plus grosse part des profits des petites exploitations.

5. L'endettement paysan et ses effets

Le XIIIe siècle vit, en effet, s'ouvrir dans le monde paysan une demande de crédit de plus en plus large, et de vastes possibilités de placement pour les détenteurs de numéraire. Superposés aux vieux cens et aux taxes coutumières, les arrérages des rentes nouvellement constituées vinrent grever encore davantage, et parfois très lourdement, la terre des rustres.

La circulation plus vive du numéraire n'avait pas seulement aiguisé chez les nobles, les clercs et les moines le besoin d'argent. Tous les villageois étaient eux aussi sollicités d'acheter davantage que leurs ancêtres. Il leur fallait de plus en plus de deniers soit pour acquérir des bêtes et développer leur train de culture, soit pour orienter un peu plus leur exploitation vers l'élevage, soit pour s'établir sur des terres qui enchérissaient constamment, soit pour accéder à la liberté juridique, et gagner les franchises qu'offraient les seigneurs, soit enfin pour se procurer ces objets, ces outils, ces vêtements que fabriquaient les artisans au bourg ou dans le hameau. N'oublions pas le rôle majeur que joua l'essor de la fiscalité : chacun devait maintenant trouver du numéraire pour satisfaire les collecteurs du seigneur, éviter qu'ils ne saisissent les bêtes, ou qu'ils ne pillent toute la maison. Beaucoup de paysans, qui ne possédaient à peu près que leur terre et leurs bestiaux, empruntèrent donc, et la multiplication des créances rurales figure parmi les plus sûrs témoignages de l'expansion économique de ce temps.

Nombre de prêts qui leur furent consentis étaient de véritables investissements. Ainsi les sommes que l'abbaye de Bourbourg en 1218 avança à ses « hôtes » qui voulaient creuser un nouveau canal afin d'étendre le polder. Ainsi les très nombreux contrats *ad medium lucrum*, à profits partagés, qui remplissent les registres de notaire dans les pays méridionaux : en 1309, par exemple, l'épouse d'un chevalier des environs de Grasse confiait à un ménage de paysans dépendant de son mari, une petite somme de quarante sous, à charge de les faire valoir ; l'an suivant le capital serait restitué et le gain partagé [1]. Toutefois, les paysans contractaient surtout des emprunts de consommation. Ils s'adressaient soit directement aux marchands – la plupart des denrées, le drap en particulier, se vendaient alors à crédit – soit à des usuriers professionnels.

Les « Lombards » se répandirent dans toutes les campagnes de la France orientale à la fin du XIIIe siècle, en Dauphiné ou en Lorraine comme en Namurois ou en Hainaut, établissant dans les bourgades leurs *casane*, offrant des deniers à ceux que tenaillait la nécessité de payer. On a conservé les reconnaissances de dettes que des financiers lombards firent souscrire par leurs débiteurs dans un petit bourg du pays de Namur pendant les années 1295-1311 ; stipulées en céréales, elles garantissaient des avances de subsistances à court terme, ou, plus vraisemblablement, l'achat anticipé des moissons [2]. Les manieurs d'argent juifs exploitaient aussi une forte clientèle paysanne. Pour visiter la leur, les Juifs de Perpignan parcouraient régulièrement les campagnes environnantes. Il est impossible de retrouver les traces de tous leurs débiteurs ; les plus humbles en particulier, ceux qui empruntaient sur gage à la petite semaine, ne figurent pas sur les documents écrits qui nous restent ; mais 65 % des créances des usuriers perpignanais qui furent enregistrées aux alentours de 1300 devant notaire, avaient été contractées par des campagnards ; ces emprunts étaient moins souvent que ceux des citadins stipulés en argent et davantage en denrées agricoles ; la plupart des paysans s'endettaient en automne, le besoin d'argent coïncidant avec le départ des troupeaux transhumants, avec le temps des semailles ; les

1. MOLLAT, 301 ; AUBENAS, 313.

2. CHOMEL, 582 ; GENICOT, 178, p. 187, n° 3 ; TIHON, 333 *a* ; F. VERCAUTEREN, « Documents pour servir à l'histoire des financiers lombards en Belgique (1309) », dans *Bulletin de l'Institut historique belge de Rome*, 1950-1951.

prêts devaient être généralement remboursés à la moisson, et eux aussi sans doute dissimulaient des ventes anticipées de récoltes [1].

Souvent aussi, les paysans gênés trouvaient secours auprès d'un voisin plus aisé. Le cas paraît fréquent dans ces villages de Provence, dont les registres de notaires, encore trop mal explorés, dévoilent depuis le seuil du XIVe siècle la vie profonde. Emprunts innombrables remboursables en blé ou en argent, consentis pour acheter un âne, un bœuf, une maison, des céréales. Le blé devait être remboursé au prix du mois de mai, et parfois le débiteur s'astreignait à porter lui-même les sacs à la ville proche, à les vendre au plus offrant et à en rapporter le prix. La plupart des prêts, dans ces montagnes où le niveau économique de la paysannerie se situait nettement plus bas qu'aux alentours de Perpignan, étaient garantis par un gage. Un statut comtal de 1266 avait interdit de prendre à cet effet les instruments et les bêtes de labour ; aussi la maison ou la récolte à venir servaient-elles généralement de garantie à la dette. On engageait aussi des terres : en 1334, un paysan de cette région céda pour douze livres à l'un de ses voisins beaucoup plus riche (il venait de donner en dot à sa fille cinquante-trois florins d'or) le produit de sa terre pendant douze ans ; il la travaillerait, mais sa dette serait diminuée de deux livres après chaque semaille. En fait, ce petit exploitant venait de vendre ainsi, en échange d'une fourniture immédiate de monnaie, une rente en nature sur son fonds [2]. On rencontre dans les sources d'innombrables transactions de cette sorte après 1250. Elles livraient aux possesseurs de numéraire les moissons de tel ou tel lopin pour quatre, dix, vingt années. Ainsi s'établit la domination des maisons riches du village sur les plus humbles.

Dans les montagnes provençales, les rentes ainsi acquises grevaient la terre provisoirement. Elles s'éteignaient peu à peu, la livraison de la récolte délivrant le paysan de sa dette. De telles opérations équivalaient aux achats de récoltes sur pied, pratiqués sur une large échelle et sous le masque de prêt de céréales, par les financiers petits et grands des bourgades et des villes. La pratique des rentes constituées qui se répandit dans la deuxième moitié du siècle doit être considérée comme un phénomène économique d'une aussi vaste ampleur, mais d'une tout autre portée.

*

On en découvre les premières traces en France dans le cours du XIIe siècle. Ce procédé s'était lentement diffusé à partir de 1200 ; il devint d'usage universel

1. EMERY, 317.
2. Archives des Bouches-du-Rhône, 396 E 18, f° 75 sq.

après 1250. Le mécanisme en est fort simple. Voici un homme qui possède une terre, alleu ou tenure (car depuis le milieu du XIIIe siècle au moins, les censitaires obtinrent dans les pays français le droit de constituer une rente sur la censive, à condition de dédommager le seigneur par une taxe de mutation analogue à celle qu'il aurait perçue à la vente). En échange de la somme exacte dont il a besoin, cet homme cède une rente annuelle et perpétuelle, qu'il « constitue » sur cette terre. L'acheteur percevra sur le fonds, chaque année, 5 à 8 % environ de la somme dont il s'est défait. Cet arrérage lui parvient en argent, mais aussi très souvent en nature, en blé surtout. En Namurois, la plupart des rentes s'acquittaient en céréales, même celles perçues par les plus grands seigneurs [1].

Aucun procédé ne permettait plus facilement à un possesseur foncier d'obtenir exactement la somme qui lui faisait défaut. Et cette facilité pour le vendeur compensait les désavantages de la pratique : l'impossibilité de racheter, qui assujettissait à perpétuité la terre à la rente ; le poids accablant que constituait, en année de mauvaise récolte, l'obligation de s'acquitter en blé. Pour l'acheteur, l'inconvénient tenait à la nécessité d'acquitter une taxe de mutation. En revanche, le titre de possession acquis de la sorte avait pour lui d'être très mobile, aisément transférable, négociable, transmissible aux héritiers. Le procédé surtout offrait au capital un placement très sûr, car en cas de défaillance, l'acquéreur était autorisé à saisir le bien sur lequel la rente se trouvait assise ; il ne courait guère de danger d'être frustré des arrérages, et toute une jurisprudence se développa, qui lui fut favorable. Ces dispositions jointes à la gêne croissante de certaines catégories rurales expliquent le succès prolongé de la constitution de rente. On l'utilisa pour des transferts de fonds de multiple sorte, pour établir un douaire, pour prélever une aumône sur un patrimoine en respectant apparemment sa cohésion. Des fidèles qui, par piété, faisaient une donation à leur église, y fondaient des messes, des anniversaires, une chapellenie, donnaient fréquemment une somme d'argent, mais à charge d'acquérir une rente fixe dont le montant assurerait tel ou tel service perpétuel. L'universelle extension de ce procédé dans la seconde moitié du XIIIe siècle prouve que le marché des rentes était toujours ouvert, toujours actif, en particulier à la campagne. Certes les paysans, victimes d'un embarras financier passager, s'efforçaient-ils de recourir à d'autres procédés de crédit, à court terme et sur gage, qui n'engageaient pas autant l'avenir. Mais, en fait, ce fut surtout par l'achat de rentes constituées que s'organisèrent les apports de capitaux aux exploitations

1. GENICOT, 178, p. 264 sq.

paysannes. Ce moyen permit aux détenteurs de numéraire d'acquérir une participation directe et durable à la production agricole. En exigeant que les arrérages leur fussent versés en céréales, ils approvisionnaient leur maison sans emprunter les circuits commerciaux ; ils esquivaient la hausse continue qui affectait alors le prix du blé ; ils échappaient surtout à la forte variation saisonnière des cours. Ceux dont les disponibilités étaient plus larges parvenaient même à mettre la main sur des quantités considérables de denrées agricoles, dont ils pouvaient faire le commerce. Beaucoup de rentiers se substituèrent aux paysans pour négocier les excédents de la production céréalière. À la fin du XIIIe siècle, les rentes tenaient un rôle majeur dans les mécanismes de commercialisation des céréales [1].

De la sorte s'établit, sur la terre allodiale comme sur les censives, une domination économique d'une nouvelle nature, beaucoup plus mouvante que la seigneurie, car très engagée dans le commerce et les transactions de toutes sortes, mais très assurée, pesante et qui opérait, comme la seigneurie foncière, banale ou personnelle, d'importantes ponctions sur les profits des agriculteurs ou des vignerons. En achetant ces rentes, largement offertes, de très nombreuses catégories sociales, d'un niveau souvent assez humble, purent participer à l'exploitation des travailleurs des champs. Il faut cependant remarquer que les plus gros acquéreurs appartenaient aux vieilles classes seigneuriales, et en particulier au clergé, qui plaça de cette manière une forte part de ses liquidités. C'est par là que l'organisation du crédit rural contribua au renforcement de la rente seigneuriale [2]. Bien des seigneurs exploitèrent les besoins d'argent dont souffraient leurs propres dépendants. Ils achetèrent des rentes sur les terres que travaillaient leurs hommes de corps. Ils en acquirent même sur bien des fonds dont ils détenaient la seigneurie et qui étaient cultivés par leurs tenanciers. La rente qu'ils achetaient au paysan prenait alors la forme d'un supplément, d'un renfort des cens, et l'avance de numéraire aboutissait à relever le loyer de la tenure de façon définitive. Le phénomène s'observe très clairement au milieu du XIIIe siècle dans la région parisienne. Pour payer les franchises, l'abonnement des tailles ou des dîmes, les villageois désiraient de l'argent ; leurs seigneurs leur offrirent de leur acheter des rentes sur la terre. À Orly, à l'Hay-Chevilly, dans bien d'autres localités, la concession des franchises détermina la constitution de très nombreuses rentes en faveur du seigneur, dans les années qui suivirent la rédaction

1. GENICOT, 178, p. 275.

2. FOURQUIN, 510 *a* ; GODDING-GANSHOF, 447. En 1240, le chapitre général de Cîteaux autorisa les abbayes de l'ordre à acheter des rentes lorsqu'elles recevaient un don en argent à cette fin, MARTÈNE, IV, 1253.

de la charte, et pendant lesquelles il fallait débourser les annuités. Ainsi s'instaura un nouveau système de prestations périodiques qui compensa largement pour le maître le peu qu'il avait perdu en assouplissant le régime banal. Ces charges reposèrent sur les maisons paysannes les moins prospères. Seules les plus aisées, qui n'eurent pas à chercher ailleurs l'argent des « franchises », avaient été vraiment libérées [1].

*

Dans la seconde moitié du XIIIe siècle, un dernier moyen s'offrit aux seigneurs de compenser la chute des cens fixes et de se prémunir contre le mouvement général des prix qui, insensiblement, réduisait la valeur de leurs perceptions en numéraire. Le surpeuplement croissant des villages, le grand nombre des paysans disposés à prendre des terres à n'importe quelle condition, l'instabilité de la société rurale, la fréquence des mutations et des migrations, permirent quelquefois aux seigneurs fonciers de changer, malgré la force de la coutume, le statut des censives devenues vacantes. Ils purent imposer un nouveau régime de concessions qui, celles-ci, n'étaient plus héréditaires, mais révocables à la volonté du maître, ou consenties pour un très court terme. De ces terres, le seigneur pouvait adapter périodiquement le loyer en fonction de la productivité accrue du sol, de la mutation des monnaies ou de leur progressive dépréciation, de l'état du marché des tenures, enfin de la prospérité apparente du tenancier.

L'histoire de ces tenures nouvelles n'est que très partiellement connue. Ses grandes lignes apparaissent en quelques régions. Dans les portions les plus anciennement occupées du pays bavarois, celles où la pression démographique s'exerçait le plus fortement, on voit se répandre dans le cours du XIIIe siècle une sorte de tenure révocable, le *Freistift*. Dans le *Bauding*, l'assemblée qui réunissait autour de lui ses tenanciers, le seigneur foncier procédait chaque année à une nouvelle concession de la terre ; généralement, il la rétrocédait à celui qui l'avait tenue, mais après discussion et marchandage ; il recevait alors un cadeau, ou bien faisait admettre un ajustement du cens [2]. Dans les seigneuries d'Angleterre se multiplièrent pendant la seconde moitié du siècle les concessions *per cartam*, qui faisaient l'objet d'un contrat écrit et qui étaient consenties pour un terme court. En 1299, 50 % et en 1342, 57 % des redevances perçues par l'église d'Ely provenaient de ces tenures contractuelles et, par adaptation progressive,

1. FOURQUIN, 510 *a*.
2. DOLLINGER, 149.

leur rapport avait triplé entre 1251 et 1336[1]. Après 1260, dans la région des Cotswolds, nombre de vilains perdirent l'hérédité de leur tenure ; elle leur fut concédée à bail, pour une ou deux vies et contre un loyer en espèces assorti d'une forte taxe d'« entrée »[2]. À cette époque, la plupart des exploitations paysannes dans l'Allemagne du Nord-Ouest se trouvaient baillées à ferme pour neuf, douze, ou vingt-quatre ans. On voit aussi qu'un même système de concession temporaire était largement pratiqué dans les polders flamands. Au terme d'un inventaire des revenus de l'abbaye de Saint-Bavon de Gand dressé en 1281, les tenures perpétuelles ne rapportaient plus aux moines que trente-deux livres, alors qu'ils en tiraient cent quatre-vingt-seize des terres baillées à ferme[3].

L'usage des concessions à très court terme, reconduites de gré à gré, s'étendit à la même époque dans les seigneuries italiennes. L'application de ce procédé permit à Saint-Ambroise de Milan de doubler à peu près le rapport des redevances dans sa seigneurie d'Origgio entre 1250 et 1320. Les tenures qui dépendaient de l'abbaye cistercienne de Settimo en Toscane se trouvaient, en 1338, presque toutes louées pour cinq ans au plus, par contrat d'*affictum*. Toutefois, dans les campagnes italiennes, où les villes, soucieuses de leur ravitaillement et peuplées de négociants en produits alimentaires, dominaient entièrement l'économie rurale, la préférence des seigneurs fonciers allait aux perceptions en nature. Autour de Settimo comme à Origgio, les tenures à court terme acquittaient un cens en céréales. Dans ces campagnes se généralisa, très tôt aussi, l'usage du métayage, de la *mezzadria*, lié au bail à court terme : pour quelques années, le paysan recevait l'exploitation équipée, à charge de remettre au patron la moitié de tous les fruits[4].

Qu'elle facilitât la hausse des cens en deniers, ou qu'elle accrût les perceptions en produits agricoles, cette rénovation du régime des concessions affectait plus que toute autre modification, les structures de la seigneurie foncière. Elle s'inspirait de certaines méthodes employées de plus longue date pour la gestion du domaine, et de ces contrats de fermage que les maîtres concluaient avec leurs régisseurs. Ce fut en tout cas pour les seigneurs fonciers la parade la plus efficace face aux risques d'amenuisement qui menaçaient les rentes. En vérité, seule la dépression d'une partie de la paysannerie, consécutive à la poussée de

1. MILLER, 187, p. 94 et 109.
2. HILTON, 359.
3. WITTICH, 199 ; VERHULST, 197.
4. ROMEO, 444 ; JONES, 623 ; IMBERCIADORI, 442 ; LUZZATTO, « Contributo alta storia della mezzadria nel medio evo », *Nuova rivista storica*, 1948.

population et au mouvement de l'argent, rendit possibles des innovations aussi défavorables aux petits exploitants.

*

Par tous les biais, en effet, et forçant les rigueurs de la coutume, les seigneurs exploitèrent la situation économique des paysans pour compenser le déclin des perceptions d'ancien type. Serrés par le besoin et beaucoup mieux avertis que leurs prédécesseurs des réalités économiques et de la valeur des biens, ils jouèrent sur la hausse de productivité et sur la pénétration de plus en plus profonde de la monnaie dans le monde rural. Ils exploitèrent à la fois l'esprit d'entreprise et d'épargne des villageois les plus aisés, et les difficultés des autres. Ils tirèrent parti de leurs monopoles et des pouvoirs de commandement que leur laissaient exercer les états en reconstruction. Ils profitèrent enfin de la supériorité que leur valait la disposition de cette terre arable, qui devenait de plus en plus rare et précieuse, et parfois la possession de disponibilités monétaires dont le besoin commençait à gagner le monde paysan. Ces compensations multiples maintinrent à son niveau la rente seigneuriale et l'élevèrent même souvent très sensiblement. De la prospérité rurale, les seigneurs furent ainsi, en fin de compte, les principaux bénéficiaires.

Il convient de remarquer cependant que la décontraction générale de l'économie et la mobilité nouvelle de tous les biens avaient rendu la seigneurie non seulement plus complexe, mais plus fluide. Les frontières abruptes qui, jadis, séparaient les échelons de la hiérarchie sociale et qui réservaient les profits seigneuriaux à de petites élites, s'estompaient. À la fin du XIIIe siècle, des négociants et certains paysans enrichis percevaient des cens, des dîmes, des rentes foncières et bénéficiaient même des gros profits de la taille. Tous ces droits, jusqu'à ceux dont l'origine très lointaine était régalienne, s'achetaient, se vendaient, passaient toujours plus vite d'un patrimoine à l'autre. De la sorte, les prérogatives seigneuriales s'éparpillèrent, et les courants qui menaient vers les demeures seigneuriales le produit du travail paysan se divisèrent en canaux innombrables dont l'orientation se modifiait sans cesse. Cette souplesse nouvelle, comme cette instabilité, résultaient évidemment de la fonction majeure que jouait maintenant la monnaie dans les relations entre les maîtres et les travailleurs de la terre. Dans quelle mesure ces transformations et les facilités proposées par l'emploi de l'argent avaient-elles détaché les seigneurs de l'exploitation directe de leurs biens ruraux ? Étaient-ils devenus de purs rentiers du sol ? Que représentait pour eux maintenant le domaine ?

CHAPITRE IV

LE XIIIe SIÈCLE (1180-1330). LA MISE EN VALEUR DU DOMAINE.

I. L'Angleterre

Il convient de considérer en premier lieu les faits anglais, qui sont de très loin les mieux connus, et d'abord l'attitude des grands seigneurs d'Église, que la richesse des archives permet d'observer de très près. Aux yeux des administrateurs des plus importants monastères d'Angleterre, le domaine semble avoir revêtu depuis les dernières années du XIIe siècle une valeur nouvelle. À ce moment, la hausse rapide du prix des subsistances vint rendre, en effet, le produit des fermes, lorsqu'elles étaient acquittées en argent, insuffisant à assurer le ravitaillement des réfectoires. Les moines anglais furent alors placés dans une situation très comparable à celle où l'abbé Pierre le Vénérable s'était trouvé cinquante ans plus tôt à Cluny[1]. Pour restreindre leurs dépenses et équilibrer mieux leur budget, les administrateurs de ces seigneuries s'efforcèrent de ne pas renouveler les contrats de fermage et de reprendre en mains l'exploitation directe du domaine. À Ely, à Ramsey, on abandonna le système de la ferme générale après 1175. À partir de ce moment, on voit se multiplier, dans les fonds d'archives, les enquêtes destinées à mesurer plus exactement les ressources des manoirs, à déterminer ceux des biens dont le rapport pouvait être stimulé, à orienter une politique soutenue d'investissements. On consacra beaucoup d'argent à l'amélioration du cheptel. On en sacrifia davantage encore en

1. Cette similitude doit inciter à examiner de plus près les rapports chronologiques entre les expériences que l'on peut suivre sur le continent et l'essor économique des grands domaines monastiques insulaires.

n'acceptant plus de numéraire en échange des corvées, que la pénétration de l'économie monétaire avait incité à « vendre » aux paysans pendant les décennies précédentes, et que l'on exigea réellement désormais[1].

La vigueur nouvelle des liens d'homme à homme, la condition d'étroite dépendance où l'évolution politique du royaume plaçait alors une grande partie de la population des manoirs, permirent de relancer une exploitation de type esclavagiste. Sur le vilainage s'appesantirent des services en travail, et spécialement des services de labour, aussi lourds qu'au XIe siècle. On ne toléra plus d'exemption, même pour les veuves, pour les malades, pour le paysan que l'on chargeait de la direction du domaine : tous les hommes dépendants durent travailler sur les champs seigneuriaux. Dans les seigneuries de l'église d'Ely, un enregistrement plus strict des obligations paysannes permit ainsi d'étendre de 10 %, entre 1221 et 1251, les *week-works*, les corvées hebdomadaires.

En même temps, la régie du domaine fut réorganisée. Dans chaque manoir, l'un des vilains fut désigné comme *reeve*. Surveillé par des « prévôts » ou des « baillis », il portait pour tout un an la lourde responsabilité de diriger l'exploitation directe et de requérir les corvéables. Sa principale mission consistait à vendre au-dehors les excédents. Les opérations commerciales occupaient, en effet, une place de plus en plus étendue dans l'économie seigneuriale. Parmi les recettes en argent des chanoines de Leicester, le produit des redevances excédait encore celui des ventes en 1254 : 44 % contre 41 % ; mais en 1297, les rentes ne représentaient plus que 32 %, les ventes de grain 27 %, celles de laine 35 %. À cette époque, dans quinze manoirs anglais de l'abbaye du Bec, le rapport se décomposait ainsi : deux cent soixante-dix-huit livres provenaient des cens et rentes, trois cent soixante de l'exploitation directe[2].

Dès lors pourtant, celle-ci se trouvait déjà en retrait dans les plus grandes seigneuries monastiques. Le domaine avait procuré à l'église d'Ely la moitié de ses ressources en 1255 ; il n'en livrait plus que 40 % en 1298. L'analyse très poussée que l'on a faite des compte manoriaux de l'abbaye de Ramsey montre que, sur ces terres, les seigneurs se détachèrent rapidement de la mise en valeur du domaine pendant le troisième quart du XIIIe siècle. Malgré le maintien des rendements agricoles, et bien que la hausse prolongée des prix incitât toujours plus vivement à produire des excédents, les agents des moines cessèrent de vendre le grain ; les vilains purent de nouveau racheter leurs services en travail, inemployés. Cette défaillance de l'exploitation domaniale semble bien ici déterminée par le poids de la fiscalité royale et pontificale. Couverts de dettes, les

1. MILLER, 187, p. 85 sq. ; RAFTIS, 190.
2. HILTON, 19, p. 25-26 ; MORGAN, 374.

seigneurs d'Église cherchèrent de nouveau à monnayer leurs droits, fût-ce en sacrifiant l'avenir, pour échapper à des difficultés insoutenables. Ils revinrent aux formules du XIIe siècle : laisser à la paysannerie dépendante de plus larges initiatives économiques ; la mettre à même d'accroître sa propre production et d'en vendre les surplus ; prélever sur ces profits une large part en renforçant considérablement les perceptions de numéraire. Dans la deuxième moitié du XIIIe siècle, on voit s'amorcer dans la seigneurie d'Ely une réduction de l'étendue du domaine, aux dépens duquel se formèrent des tenures nouvelles[1].

*

Les sources éclairent de manière particulièrement vive l'évolution économique des grandes seigneuries monastiques de l'Angleterre centrale et orientale. Il ne faudrait pas en déduire que des procédés d'exploitation identiques aient été appliqués alors sur tous les domaines de la campagne anglaise. Ces méthodes en vérité étaient archaïsantes et constituaient, au contraire, un cas fort aberrant. Associer encore les tenanciers au travail de la réserve apparaissait au XIIIe siècle comme un régime anachronique qui se conservait figé dans les seules communautés canoniales et monastiques, traditionalistes de nature. D'ailleurs, même dans les manoirs des anciens établissements religieux, le retour à la gestion directe du domaine impliquait un recours plus accentué au travail salarié, l'emploi permanent de valets domestiques et l'embauche saisonnière de journaliers. Tel manoir de l'église d'Ely employait, en 1316, une *familia* de onze hommes qui travaillaient aux labours, aux charrois, à l'entretien du bétail ; le blé était battu par des ouvriers payés aux pièces ; on avait embauché en outre un semeur, deux garçons chargés d'étendre le fumier, cinq laboureurs enfin pendant cent quarante-sept jours, aux gages d'un denier par journée. Dès les premières années du XIIIe siècle, les administrateurs de la seigneurie épiscopale de Winchester dépensaient tous les ans des centaines de livres en salaires. Dans un manoir de l'abbaye de Crowland en 1322, les corvées, fort lourdes, valaient quatre livres dans le bilan annuel, mais plus de neuf livres étaient distribuées à des travailleurs mercenaires. Ajoutons que, dans les comtés les plus occidentaux, lorsque les responsables des seigneuries ecclésiastiques développèrent le faire-valoir direct, ils le firent sans exiger de nouveau les services en travail des vilains. C'est ainsi que sur les terres de l'église de Worcester, l'essor de l'économie domaniale reposa entièrement sur un meilleur équipement des manoirs en bêtes de trait et en main-d'œuvre gagée. Enfin, les grandes enquêtes royales de

1. RAFTIS, 190, p. 217 sq. ; MILLER, 187, p. 110 sq.

la fin du siècle permettent d'entrevoir que la grande majorité des seigneuries foncières d'Angleterre, celles des chevaliers et de beaucoup de maisons religieuses, présentaient une structure fort différente de celle des entreprises épiscopales et monastiques, immenses mais vétustes[1].

Des documents très riches, comme les *Hundred Rolls* – le recensement effectué en 1279 de tous les seigneurs du royaume, de leur domaine, de leurs revenus, des hommes qui leur étaient soumis, et qui fait écho à deux siècles de distance au *Domesday Book* – ou comme les enquêtes *Post mortem*, menées pour évaluer la fortune des feudataires royaux et mieux asseoir les taxes successorales, montrent d'abord que la plupart des manoirs de ce temps étaient de petite taille. Dans le sud des Midlands, 36 % seulement des manoirs décrits par les *Hundred Rolls* couvraient plus de deux cents hectares de terre arable. Pour cela de très nombreux villages (un sur deux dans le Leicestershire) contenaient plusieurs seigneuries foncières ; dans tel d'entre eux, on en comptait cinq, deux laïques, trois d'Église. Les enquêtes générales montrent aussi que les manoirs d'étendue restreinte exploitaient un domaine proportionnellement beaucoup plus vaste et, en revanche, réunissaient des tenures en vilainage beaucoup moins nombreuses. On a pu calculer d'après les *Hundred Rolls* que les terres du domaine n'occupaient que 26 % de la superficie des grandes seigneuries et les tenures en vilainage 51 %, tandis que dans les petites, 33 % seulement des terres étaient concédées à des vilains, mais 41 % conservées en réserve. Dans les manoirs de faible dimension, enfin, les services étaient pour la plupart perçus en argent[2]. Le registre de comptes de Henri de Bray, chevalier de fortune modeste, montre que les corvéables ne participaient pratiquement pas à l'exploitation du domaine, qui incombait tout entière à des mercenaires[3]. Temporaire, puisqu'on la voit nettement fléchir après 1275 dans les grandes seigneuries monastiques, et de portée restreinte puisque les corvées n'apportaient jamais qu'un renfort aux salariés du manoir, la reviviscence du travail forcé dans l'Angleterre du XIIIe siècle apparaît donc, en définitive, comme un phénomène fort limité.

Pourtant, la vitalité du faire-valoir direct était tout à fait générale. Dans les petites seigneuries, c'est-à-dire dans la très grosse majorité des manoirs, elle ne

1. Miller, 187, p. 90 ; F. M. Page, *The Estates of Crowland Abbey : a Study in Manorial Organization*, Cambridge, 1934 ; *The Red Book of Worcester*, 386. Le cas de l'Angleterre du XIIIe siècle doit être médité par les historiens de la seigneurie carolingienne : les types d'exploitation décrits par les polyptyques ne sont-ils pas au IXe siècle eux aussi exceptionnels, par rapport à la grande majorité des seigneuries foncières de moindre importance, que nulle source ne permettra jamais d'approcher ?

2. Voir, en particulier, le tableau dans Kosminsky, 369, p. 100.

3. *Henry de Bray's Estate Book* (éd. D. Willis), Londres, 1916.

manifeste aucun signe d'affaiblissement dans le troisième quart du XIIIe siècle. Mais elle prenait appui sur un usage étendu du salaire. Il faut considérer alors, en effet, les vilains eux-mêmes comme des demi-salariés, puisqu'on les nourrissait dans la maison du maître certains des jours où ils y venaient travailler, et puisqu'on les autorisait quelquefois à emporter chez eux le soir une gerbe de blé qu'ils avaient moissonné. Les conditions nouvelles de l'économie condamnaient, en effet, la remise en vigueur des services en travail, et invitaient, au contraire, à recourir davantage au salariat. Elles conviaient à appliquer plus largement les méthodes inaugurées au XIIe siècle, c'est-à-dire à « vendre » leurs journées aux corvéables et à payer avec l'argent ainsi perçu des travailleurs librement engagés. Bien que les corvées de vilainage fussent minutieusement réparties au long du calendrier agricole, le salariat offrait, en effet, l'avantage de la souplesse, d'une flexibilité qui permettait d'ajuster beaucoup plus exactement l'emploi aux besoins de main-d'œuvre, très variables d'une saison à l'autre. Ajoutons enfin, et c'était la condition déterminante, que les salaires en argent restèrent à peu près stables pendant tout le XIIIe siècle et la première moitié du XIVe siècle : en période de hausse lente et continue des prix agricoles, cette stabilité favorisait évidemment les employeurs.

En définitive, la vigueur de l'exploitation domaniale qu'attestent de très sûrs témoignages dans tous les villages d'Angleterre, apparaît étroitement liée à l'existence d'un marché de la main-d'œuvre avantageux pour les maîtres, et liée, par conséquent, au surpeuplement des campagnes. Les « cottiers », les « bordiers », tous les *freeholders* que leur tenure amenuisée par les partages successoraux ne parvenait plus à faire vivre, tous les fils de vilains qui ne pouvaient pas s'employer sur la tenure paternelle, constituaient un prolétariat partout répandu et de plus en plus misérable, dans un pays où les villes restaient petites, où les espaces susceptibles d'être essartés avaient presque disparu, où les terres anciennement défrichées perdaient peut-être de leur fertilité. Souvent exclus de la communauté villageoise et des droits collectifs de pâturage, incapables, par conséquent, de profiter des ressources d'appoint que procurait le petit élevage, quantité d'hommes et de femmes faméliques offraient leur travail aux hobereaux et aux régisseurs des manoirs. Voilà ce qui maintenait fort bas le niveau des gages, ce qui rendait profitable l'exploitation de la réserve, non seulement pour approvisionner la maison, mais pour vendre. Car la présence même de tous ces journaliers qui devaient acheter leur provende contribuait aussi à soutenir les prix du grain. Si l'on ajoute à ces conditions très favorables du marché la présence en ce pays d'une monarchie très puissante qui avait considérablement freiné l'extension d'une fiscalité privée et qui maintenait dans des limites étroites le profit des exactions, on s'explique aisément que les maîtres des manoirs anglais ne soient pas devenus des rentiers, mais soient tous demeurés au seuil du XIVe siècle des producteurs agricoles. Ils ne pratiquaient pas seulement l'élevage pour profiter des hauts cours de la laine à l'exportation, ils vendaient aussi du blé sur le marché intérieur. L'embauche facile, le pays surpeuplé et rempli de paysans sans terre entretenaient leur très sûre prospérité.

2. Le continent

L'histoire de l'exploitation domaniale demeure beaucoup plus obscure sur le continent, où l'exploration des documents seigneuriaux est poussée beaucoup moins loin. On devine à peine dans l'état actuel de la recherche les dimensions du domaine, et si celles-ci tendaient alors ou non à se restreindre.

Il convient d'examiner à part le cas des grandes exploitations conduites par les ordres religieux dont la règle imposait le travail manuel et la mise en valeur directe du patrimoine foncier. Comme les seigneuries monastiques anglaises, elles représentaient, en effet, un type que les sources mettent clairement en évidence, mais qui s'écartait notablement des pratiques les plus communément appliquées. On aperçoit que ces grands domaines souffraient fortement dès 1200, en France comme en Allemagne, d'une crise de main-d'œuvre. Les maisons religieuses avaient peine à recruter des frères convers. Il est difficile de reconnaître ce qui détourna alors les fils de paysans d'une vocation qui avait attiré tant d'hommes aux générations antérieures. Faut-il attribuer cette désaffection à la modification lente des attitudes de piété dans le monde rural ? À l'attrait de la vie urbaine ? À la séduction d'autres engagements religieux ? Le fait est que les cisterciens et les autres ordres travailleurs durent engager de plus en plus de mercenaires. Cette embauche plaça les budgets abbatiaux en déséquilibre à partir du XIIIe siècle. L'obligation faite à ces moines de cultiver eux-mêmes toute leur terre était depuis longtemps déjà subrepticement tournée dans la plupart des monastères cisterciens. Les chapitres généraux l'atténuèrent officiellement après 1200. Ils autorisèrent, en 1208, la concession à cens des terres « peu utiles », puis en 1224, de toutes les « granges »[1]. Beaucoup d'entre elles furent donc loties. On n'avait alors aucune difficulté à trouver des paysans disposés à prendre la terre en tenure. Souvent les moines s'associèrent par pariage au seigneur du pays et fondèrent avec lui un nouveau village sur l'emplacement de leur « désert ». Ici donc, le faire-valoir direct subit, à cette époque, un recul très marqué. Une nette modification dans les conditions de la main-d'œuvre le provoqua.

1. Jones, 623.

Dans les archives des autres seigneuries, on découvre aussi quelques traces d'un lotissement des domaines. Elles s'avèrent incontestablement plus nombreuses que dans les documents du XIIe siècle, ce qui tient sans doute à la plus grande abondance des sources, mais aussi à la plus vive mobilité de la terre. Les aliénations partielles morcelèrent d'innombrables seigneuries, transférant en d'autres mains des portions du domaine. Les nouveaux acquéreurs n'étaient pas toujours en mesure de les exploiter eux-mêmes. Ils les transformaient en censives. Aussi peut-on repérer dans les inventaires, dans les « rentiers » de la fin du siècle, nombre de parcelles dont le nom même ou celui du quartier dans lequel elles se trouvent situées atteste que jadis elles avaient appartenu au domaine. Beaucoup de « condemines », de « crouées », de « coûtures », de « dimanche-prés » furent ainsi disloqués et concédés par bribes à des exploitants paysans, en échange d'un cens ou bien d'un prélèvement sur la récolte. Telle charte, par exemple, permet d'apercevoir vers 1230 quelques terres qui avaient constitué naguère le domaine d'un chevalier mâconnais : les champs étaient maintenant tenus par des bourgeois de la bourgade voisine sous de fortes rentes en argent ; des tenanciers se partageaient le clos de vigne et portaient au maître, outre un petit cens, le quart des vendanges. À ces fragments de la terre domaniale, les seigneurs préféraient, en effet, imposer des redevances à part de fruit, qui les faisaient participer à la récolte ; ils avaient le sentiment ainsi de demeurer en quelque sorte associés à l'exploitation. Au début du XIIIe siècle, des redevances de cette nature étaient appliquées aux portions loties de la réserve dans la seigneurie du monastère de Baumburg en Bavière, comme dans celle de Saint-Bavon de Gand [1].

Tous ces indices cependant ne dissipent pas l'impression que le lotissement n'affecta jamais, au XIIIe siècle comme au XIIe, qu'une portion fort limitée du domaine. L'entreprise, en effet, heurtait trop de préventions psychologiques, les réticences des maîtres à se séparer de la terre qu'avaient exploitée leurs pères, la force des coutumes qui ne parvenaient pas à traiter de la même manière, dans le terroir, les anciens champs du seigneur et les parcelles traditionnellement concédées à des exploitants paysans. En outre, les documents écrits montrent que les amputations de la terre domaniale se trouvaient largement compensées. Ce que tels domaines perdaient ici, d'autres le gagnaient ailleurs. Le plus souvent par la culture des friches : on a dit déjà que la réserve arable

1. *Recueil de chartes de Cluny*, VI, n° 4655 ; telle coûture rapporte 14 sous, telle autre 15, un moulin 20 sous, les vignes 14 sous et le quart de la vendange ; le seigneur ne conserve en sa main que la dîme et une vigne nouvellement plantée qu'il louera sans doute lorsqu'elle sera en plein rapport.

d'innombrables maisons chevaleresques d'Île-de-France, établies en lisière des bois, venait vraisemblablement au milieu du XIIIe siècle d'être aménagée, en partie au moins, par l'essart. On voit, par exemple, en 1219, de petits nobles prendre à cens du chapitre de Notre-Dame de Paris cent arpents de bois à défricher sous un cens de quatre deniers l'arpent, outre une dîme à la onzième gerbe ; il leur était strictement interdit d'y établir des hôtes ; il appartenait donc à leurs valets de créer la terre et de la cultiver[1]. D'autres domaines s'étendaient par achat. Entre 1220 et 1270, les administrateurs des monastères lorrains acquirent à prix d'argent beaucoup de terres par petits lots, ils les remembrèrent, constituèrent peu à peu de petits domaines enclos, qu'ils vouèrent en partie à l'élevage du mouton, mais surtout à la culture ; un peu plus tard, des entreprises analogues furent menées par les bourgeois. Le hasard des sources fait apercevoir en cette même région un seigneur de village qui parvint à réunir ainsi à sa réserve entre 1302 et 1320, vingt-trois tenures paysannes dont il avait acheté la possession complète[2]. L'animation croissante du marché de la terre favorisait de tels remembrements.

Si bien que le domaine apparaît partout à la fin du XIIIe siècle en position très solide, sauf peut-être en Italie. Certes, les plus grands seigneurs laïcs étaient-ils alors entièrement détachés de l'exploitation directe. On connaît, par un inventaire dressé en 1289, les vingt-cinq seigneuries du comte de Namur ; neuf d'entre elles ne contenaient plus de réserve, et celle-ci dans l'ensemble du patrimoine couvrait seulement 9 % de la terre. La proportion apparaît encore plus faible dans le « Veil Rentier » qui décrit les possessions de très riches seigneurs flamands de Pamele-Audenarde[3]. Toutefois, une restriction poussée du domaine ne s'observe guère que dans les seigneuries princières. Les plus grands établissements religieux exploitaient encore à cette époque des champs, des prés, des vignes de bonne taille. Sans doute dans le village de Thiais, dépendant de l'abbaye de Saint-Germain-des-Prés, la réserve se trouvait-elle au XIVe siècle presque trois fois moins vaste qu'au temps du polyptyque d'Irminon. Toutefois, elle s'étendait encore sur quatre-vingt-dix hectares. Et l'abbaye de Saint-Martin de Tournai conservait en son domaine cinq mille hectares distribués en trente-sept cours. Les dégâts que les bourgeois d'Arles firent subir vers 1250 aux labours et aux prés de l'archevêque furent estimés à vingt mille sous. À Tremblay en Île-de-France, où ses censives couvraient mille quatre cents hectares, l'abbaye de Saint-Denis exploitait en réserve deux cents hectares de champs et

1. *Cartulaire de Notre-Dame de Paris*, II, p. 287.
2. SCHNEIDER, 333, p. 355.
3. GENICOT, 178, p. 99 sq. ; DUBY, 408.

trois cent soixante-quinze hectares de prés. Rédigée en 1296, la description des terres relevant du prieuré wallon de Grand-Bigard montre que le domaine occupait encore le quart de tout le patrimoine[1].

Encore s'agit-il là de vastes seigneuries. Or, comme en Angleterre, l'étude des fortunes foncières plus modestes permet d'y déceler une vitalité plus forte encore de la terre domaniale. Vers 1300, les seigneuries les plus nombreuses, celles des familles de moyenne noblesse, des petites communautés religieuses, des quelques bourgeois enrichis qui avaient pris pied à la campagne, contenaient avant tout une « grange » bien munie de bétail, équipée d'un fort personnel permanent, et constituée par de larges prairies de fauche et de vastes labours, dont les remembrements avaient récemment renforcé la cohésion. À ce type appartiennent, par exemple, toutes les « maisons » que possédaient en France les Templiers, au moment où cet ordre fut condamné ; le domaine faisait la valeur principale de la commanderie de Sainte-Eulalie du Larzac, qui élevait de vastes troupeaux, comme de celle de Caen, dont une vingtaine de valets domestiques labouraient les cent quinze acres de champs, soignaient les trente-trois bêtes bovines, les vingt-six chevaux, les deux cent quatre-vingts moutons, les cent huit porcs. À cette même époque, les templiers de Berlin faisaient cultiver un domaine de vingt-cinq *Hufen*, c'est-à-dire cinq ou six fois plus étendu que les exploitations paysannes de dimensions moyennes. Certaines de ces « granges » se trouvaient d'ailleurs en pleine création. Les prémontrés de Gergovie constituèrent la leur par de multiples petits achats dans le cours du XIIIe siècle, tandis qu'à Ouges, en Bourgogne, les cisterciens réunissaient peu à peu cinq cent cinquante journaux de labours, dont les deux tiers groupés en larges « corvées », des prés, plus de quatre cents journaux de bois. En Toscane, en dépit d'amputations récentes, l'abbaye de Settimo conservait en domaine en 1338 une grange, un jardin, un verger, une vigne, des moulins, des pêcheries, un four, un beau troupeau. Et le peu qui se laisse entrevoir du patrimoine seigneurial laïc permet d'affirmer que la plupart des maisons de la noblesse rurale commandaient une exploitation de semblable structure. Dans celle que Pierre d'Orgemont possédait à Gonesse près de Paris, on dénombrait au milieu du XIVe siècle six cents moutons, deux charrues, plusieurs chevaux de labour. Sur les hautes bruyères qu'il avait tenté de faire défricher dans la montagne beaujolaise une quarantaine d'années plus tôt, et qu'il dut vendre en 1286, un petit noble s'était réservé une coûture de deux à trois hectares, et les cinquante hectares de bois qu'il maintenait dans son domaine étaient dans son intention

1. Fourquin, 510 *a* ; Haenens, 618, p. 56 ; Archives des Bouches-du-Rhône, III, G 3, n° 208, éd. par. ; Engelmann, 318, p. 191 ; Godding-Ganshof, 447.

destinés à l'essartage. Voici une seigneurie appartenant à des chevaliers mâconnais en 1267 : les terres du domaine leur rapportaient tous les ans dix livres, celles concédées en tenures cent sous seulement. Tout porte à croire que, comme les petits seigneurs anglais des Midlands, les chevaliers, les « damoiseaux », les *Ritter*, tous les ministériaux de France et d'Empire tirèrent leur principale ressource du domaine pendant tout le XIIIe siècle et au-delà [1].

*

Vers 1300, le maître dirigeait lui-même la mise en valeur de la plupart de ces domaines, aussi souvent en tout cas qu'il résidait sur sa terre et pouvait la surveiller constamment, tenir à l'œil sa domesticité, ou du moins se reposer sur des mandataires fidèles. Le cas de Thierry d'Hireçon est tout à fait caractéristique de ce commun attachement à l'exploitation directe. Homme d'Église (et pour cela peut-être administrateur plus soigneux), conseiller de la comtesse d'Artois, il espaça dans son âge mûr les séjours qu'il faisait dans son hôtel parisien ; il vécut de plus en plus dans les maisons qu'il avait acquises en Artois même. Il s'occupait personnellement de celle de Roquetoire ; dès 1310, il prit « en sa main » le domaine de Bonnières, grosse exploitation de quatre cent cinquante journaux de labours ; et, en 1325, dès que la fin du bail lui permit d'évincer le fermier, il décida de faire valoir lui-même sa terre de Sailly et y établit une « mesnie » de douze valets et deux servantes. Il employait des intendants, dont il exigeait qu'ils tinssent des comptes exacts pendant ses absences, ce qui fait que nous connaissons assez bien la gestion de cette fortune rurale de moyenne ampleur [2].

Dans la plupart de ces domaines, la part ménagée aux terres labourables demeurait fort large. Le seigneur tenait, en effet, à produire son pain ; pour cela il étendait largement les emblavures afin que, même en cas de mauvaise récolte, son grenier fût suffisamment approvisionné. Mais il s'intéressait aussi très directement à la vente des grains. Ainsi Thierry d'Hireçon expédiait-il tous les ans des céréales en Flandre, et les hospitaliers de Provence négociaient une forte proportion du blé produit par le domaine [3]. Or, l'exploitation céréalière exigeait un fort équipement en outils et en bêtes de trait, et surtout une abondante main-d'œuvre. Aux moissons, aux labours d'été et d'automne, un petit nombre

1. Higounet-Nadal, 421 ; Delisle, *Normandie*, p. 721 ; Carsten, 7, p. 34 ; Fournier, 414 ; Martin-Lorber, 627 ; Fourquin, 510 *a* ; Perroy, 255, p. 141 ; Duby, 247, p. 507.

2. Richard, 437.

3. Richard, 437 ; Duby, 409 *a*.

de corvées amenaient encore au XIIIe siècle quelques tenanciers et quelques hommes de corps sur les champs du domaine, avec leurs chevaux ou leurs bœufs [1]. En quelques régions même, en Normandie, en Flandre, le lotcorvée demeurait en usage. Dans leur domaine de Vliezde en 1227, les moines de Saint-Bavon de Gand distribuaient un hectare et demi de champs à chaque manse dépendant pour y effectuer cinq labours ; la tenure devait aussi fournir deux manœuvres au mois de mars, accomplir en juin deux journées de sarclage, moissonner pendant seize journées, mettre enfin deux hommes et un char deux fois par an à la disposition du maître pour répandre le fumier sur les champs [2]. Cet exemple montre, dans le nord au moins du continent, que le travail forcé occupait encore au début du XIIIe siècle dans l'économie domaniale une place qui, en certains cas, n'était pas tout à fait négligeable.

Ces obligations pourtant étaient bien loin de suffire à assurer entièrement la mise en valeur des terres arables. En outre, seigneurs et paysans s'entendaient parfois maintenant pour substituer aux corvées de labour des prestations en argent. Les services en travail s'amenuisèrent très rapidement en certaines seigneuries dans le cours du XIIIe siècle : en 1290, les tenanciers du domaine flamand de Vliezde n'étaient plus astreints qu'au seul service de fumure. Les indications numériques précises que l'on commence à cette époque à découvrir dans certains documents seigneuriaux permettent de mesurer la faible valeur attachée aux corvées. Dans les grands domaines de Thuringe, on estimait à la moitié ou même au tiers du travail d'un salarié, celui qu'effectuait le corvéable. Or, cette tâche n'était pas tout à fait gratuite, il fallait généralement nourrir l'homme de peine. Celui qui venait herser sur les terres de l'église de Bayeux réclamait un pain blanc, un pain bis, une mesure de bière, trois harengs ou cinq œufs. Ces dépenses de nourriture excédaient souvent la valeur du travail accompli. En 1315, les onze charrues corvéables de quatre chevaux qui venaient labourer une seule matinée sur la terre de Thierry d'Hireçon coûtaient en fait trente sous, c'est-à-dire le tiers du gage annuel d'un valet domestique. Dans un inventaire de 1338, les services dus aux hospitaliers de Provence par leurs corvéables valaient moitié moins que ceux qu'aurait effectués à leur place un journalier, mais le repas qui leur était servi, deux ou trois fois plus que la ration d'un domestique [3]. Dans l'intérêt du seigneur, bien des corvées disparurent

1. En 1234, par exemple, les templiers de Manosque s'étaient entendus avec la commune pour limiter à deux journées par an le travail dû par les dépendants et par leurs bêtes, *Livre des privilèges de Manosque* (éd. ISNARD), Digne, 1894, p. 20.

2. VERHULST, 197, p. 370.

3. LÜTGE, 338 ; DELISLE, *Normandie*, p. 80 ; RICHARD, 437 ; DUBY, 409 *a*.

donc. Il n'en restait plus guère sur les domaines provençaux de l'Hôpital que dans les cantons montagneux les plus reculés ; encore étaient-elles loin d'être toujours exigées : aux yeux des administrateurs, seules conservaient quelque valeur les corvées de charroi, pour le transport des excédents de récolte vers les bourgades marchandes. Dans le « Veil Rentier » d'Audenarde, les rares corvées de labour encore imposées aux tenures (les plus lourdement chargées devaient trois journées par an) étaient sans exception rachetées, et très bon marché, par les paysans [1]. La mise en valeur des terres labourées incombait donc, sur le continent comme en Angleterre, à des salariés, permanents ou temporaires.

Les trois domaines qu'exploitait Thierry d'Hireçon en employaient un grand nombre. Pour les semailles, on embauchait un homme dont le gage était proportionnel à la superficie des emblavures. Des femmes, payées de quatre à six deniers par jour, sarclaient les blés au printemps. La moisson ouvrait de multiples emplois temporaires, rétribués, soit à la journée, soit au forfait, soit à la surface, soit à la pièce, les travailleurs recevant la onzième, la quinzième, la vingtième gerbe récoltée. L'hiver enfin, les batteurs touchaient un salaire en grain et en argent. Toutefois, les serviteurs domestiques qui travaillaient à temps complet dans la maison effectuaient le gros du travail agricole, c'est-à-dire le labour et le hersage. Vingt-trois personnes vivaient dans la cour de Bonnières, dont douze valets de charrue qui, outre leur nourriture (du pain, de la bouillie d'avoine, des pois, des harengs au Carême et pendant les gros travaux d'août, de la viande le dimanche) recevaient chacun entre quarante-cinq et cent sous par an. Personnel assez instable : à Sailly, entre 1325 et 1328, neuf postes sur quinze avaient changé de titulaires. La situation de la main-d'œuvre était tout à fait semblable dans les seigneuries provençales des hospitaliers en 1338. L'une d'elles employait toute l'année vingt domestiques qui consommaient pour quatre-vingts livres de nourriture, et dont l'entretien et les gages exigeaient encore une dépense de trente-six livres en deniers. Ils étaient aidés pour le sarclage des blés, pour la moisson et pour le transport des grains par des travailleurs temporaires des deux sexes ; pour ces mille deux cent quatre-vingts journées, la maison déboursait chaque année cinquante livres [2].

*

Offrir aux paysans d'alentour des emplois fixes, distribuer sous forme de gages à la journée de fortes quantités de numéraire (plus de cent livres se

1. Duby, 408 et 409.
2. Richard, 437 ; Duby, 409 *a*.

trouvaient ainsi tous les ans réparties, denier par denier, entre de multiples travailleurs saisonniers dans la commanderie de Comps en Provence), transférer de la sorte dans les couches les plus déprimées de la population rurale une portion notable des gains réalisés par la commercialisation des excédents, constituaient l'une des fonctions économiques de l'exploitation seigneuriale, et non des moindres. En grand nombre, des travailleurs de petite condition trouvaient ainsi dans le domaine un surcroît considérable de ressources. La situation qui leur était faite apparaît souvent fort avantageuse. On peut calculer que les valets de condition supérieure, les « premiers bouviers » employés dans les maisons provençales de l'Hôpital, jouissaient de ressources au moins équivalentes à celles d'un cultivateur en possession d'une exploitation de bonne taille ; en outre, ils vivaient dans une sécurité économique beaucoup plus ferme : nourris à la table du maître, ces hommes avaient la certitude, même pendant les disettes les plus aiguës, de pouvoir manger toujours à leur faim[1]. Quant aux gages temporaires, ils apportaient un complément indispensable dans la maison des paysans mal pourvus de terre, des « brassiers », des *Söldner*, de *Gartner*, de tous ces tenanciers de maigre lopin qui occupaient, dans les campagnes françaises et allemandes, la situation même des *cottiers* d'Angleterre. Les salaires gagnés par les femmes et les filles au sarclage, par le père et tous les hommes de la maison à la saison des récoltes ou pendant les battages, sauvaient la famille de la totale misère. On devine, en lisière des pays de montagne, les migrations saisonnières qui s'organisaient pour les moissons. Elles transportaient depuis les plaines, où les épis avaient mûri plus tôt, jusqu'aux champs les moins bien situés, des équipes de salariés qui amassaient en quelques semaines, à raison de seize ou vingt-quatre deniers par jour, de quoi passer l'hiver. La relative cherté de la main-d'œuvre embauchée pour les tâches saisonnières, et surtout pendant les grands travaux de l'été, n'a rien qui puisse surprendre : ces besognes s'accomplissent dans la hâte et, toutes manuelles, exigent une forte concentration d'ouvriers. Les gros exploitants se disputaient alors les journaliers, et les structures économiques de la société paysanne s'organisèrent en fonction de ces exigences. À l'accumulation de l'emploi en quelques périodes courtes du calendrier agricole répondait l'existence d'un prolétariat de manœuvres, assurés de gagner en peu de temps leur pitance. Entre le domaine et la paysannerie, que l'abandon des corvées avait détachés l'un de l'autre, le salariat établissait une liaison nouvelle, infiniment plus souple, mais, à l'un comme à l'autre, aussi nécessaire.

Cependant, la grosse masse des gages, ainsi que les frais d'entretien du maté-

1. Duby, 409 *a*.

riel et du bétail, amenuisaient beaucoup les rapports de l'exploitation céréalière, sauf dans les domaines qui, voisins des grandes villes ou des voies d'embarquement, bénéficiaient d'une situation commerciale très favorable, et dans ceux dont les rendements ordinaires s'élevaient nettement au-dessus de quatre pour un. Aux alentours de 1300, les inventaires et les comptes, que les dépôts d'archives contiennent en plus grande abondance qu'on ne croit, commencent à fournir des indications numériques assez précises pour que l'on puisse établir le bilan de certaines exploitations agricoles. Ils donnent à penser que la marge des profits était souvent des plus réduites. Dans telle commanderie des hospitaliers de Provence, la moisson valait en année normale deux cent soixante-six livres ; mais les dépenses affectées proprement au travail des champs et au traitement des récoltes s'élevaient à deux cent vingt-deux livres, absorbant donc 84 % de la recette brute [1]. Sans doute, en année stérile, certaines dépenses pouvaient-elles être comprimées. On engageait moins de moissonneurs, et l'on devine que les larges écarts de la production céréalière se répercutaient sur la condition économique de la petite paysannerie, autant au moins par l'ouverture plus ou moins large de l'emploi saisonnier que par les variations du prix des denrées alimentaires. Mais il n'était pas possible après une mauvaise récolte de débaucher tous les valets, de vendre les bœufs ou les chevaux. Les plus gros frais se révélaient incompressibles, et rendaient alors l'entreprise, en année d'intempérie, très nettement déficitaire. En fait, les bribes de comptes seigneuriaux qui ont été conservées communiquent le sentiment que les prés et les clos de vigne constituaient dans le domaine des éléments de rapport beaucoup plus sûr, et qui paraissaient aussi les plus précieux aux yeux du maître.

Au XIIIe siècle et au début du XIVe en effet, la vente du bétail sur pied, du cuir, de la laine procurait de gros bénéfices et, sur le continent comme dans les seigneuries monastiques anglaises, conduisait bien plus d'argent que la vente des blés vers les coffres seigneuriaux. J'ai parlé déjà des très gros profits que rapportaient à Thierry d'Hireçon les moutons qu'il achetait chaque automne pour les revendre à la bonne saison, ainsi que des efforts soutenus des bourgeois de Metz pour édifier de fortes exploitations pastorales [2]. Même lorsque le seigneur n'entretenait pas délibérément des affaires suivies avec les bouchers et les acheteurs de laine, il conservait volontiers la gestion directe des « breuils » pour nourrir les bêtes de labour et pour élever ses chevaux. L'élevage était, en effet, l'entreprise la moins coûteuse. Les valets s'occupaient des étables. Seule la coupe des prés réclamait une importante main-d'œuvre d'appoint. Fait significa-

1. DUBY, 409 *a*.
2. Voir T. I, p. 256 et 259 [ci-dessus p. 819 et 821].

tif, les corvées de fenaison se montrèrent en France et aux Pays-Bas les plus tenaces. Elles furent les dernières à être réellement exigées par les ministériaux des sires de Pamele-Audenarde ; des corvéables fauchaient la plus large part des prairies de Saint-Bavon de Gand ; à la Saint-Jean, les vilains de Verson en Normandie travaillaient longuement dans les prés seigneuriaux[1]. Mais, même lorsque le maître devait embaucher des hommes et des femmes pour ces tâches, la dépense demeurait faible relativement à la valeur du foin.

Quant au jardinage et à tous les soins nécessaires pour produire le vin, ils exigeaient une très abondante main-d'œuvre. On sait que les travaux du vignoble furent les premiers confiés à des salariés rétribués à la journée, à ces « ouvriers de vignes », nombreux surtout dans la banlieue des villes, où se rassemblaient la plupart des clos. À la masse des gages s'ajoutaient les grosses dépenses imposées chaque automne par l'entretien et le renouvellement des cuves et des tonneaux, de toute la « vaisselle vinaire ». Les frais de la viticulture pesaient donc fort lourd. Cependant les seigneurs les supportaient allégrement, car ils tenaient à servir à leurs hôtes et à offrir en cadeau du vin produit sur leur terre et par leur soin propre. D'autre part, nulle production rurale ne se vendait mieux que le vin. Si bien que d'ordinaire, les hauts gages des travailleurs de la vigne n'atteignaient pas la moitié de la valeur de la vendange. Dans les régions où la culture de la vigne se trouvait très largement répandue, où le vin ne se distinguait pas par une noblesse particulière et tentait peu les marchands, les seigneurs renoncèrent parfois à exploiter directement leur clos. Celui du château de Rivoli, en Piémont, fut loti en 1337[2]. Mais d'ordinaire, la vigne fut avec le pré clos la dernière pièce du domaine dont les maîtres acceptèrent de se séparer. Les livres d'agronomie rédigés au XIVe siècle, comme celui que composa dans la région de Bamberg Gottfried von Franken[3], traitent surtout de l'art des jardins et du soin des vignes, qui intéressaient plus que tout autre labeur paysan les gens de qualité.

*

Exploitation céréalière par tradition, viticole par attachement de cœur, pastorale par intérêt, le domaine demeurait donc au seuil du XIVe siècle, sur le continent tout comme en Angleterre, l'objet d'une gestion directe dans les seigneuries de taille petite et moyenne. Dans les plus vastes, toutefois, celles

1. Duby, 408 ; Verhulst, 197 ; Delisle, *Normandie*, p. 678.
2. Davisod di Charvenso, 609.
3. Südhof, 124.

dont le maître vivait fort éloigné de ses biens, on n'exploitait pas directement les terres domaniales. Non point qu'elles fussent loties. Elles conservaient leur étendue, et leurs éléments restaient nettement distincts des censives. Mais le seigneur, qui gardait souvent « dans sa main » les prairies, les enclos et les vignobles, confiait à des fermiers la mise en valeur des champs labourés. Il ne s'occupait plus lui-même de la culture des blés qui demandait le plus lourd travail pour les moindres profits.

On a vu combien la pratique du fermage général était ancienne. Au début du XIe siècle, rares étaient les monastères qui n'avaient pas confié pour un temps à un mandataire la direction complète de telle ou telle seigneurie en échange d'une « pension » annuelle. Au XIIIe siècle, l'usage de cette méthode se modifia très sensiblement. On a vu que les grandes seigneuries ecclésiastiques d'Angleterre l'abandonnèrent pour un temps. Sur le continent, au contraire, le bail à ferme progressa, mais en s'adaptant de deux manières. D'une part, le domaine seul, dont l'économie se trouvait maintenant beaucoup plus indépendante des tenures, fut d'ordinaire mis en fermage. D'autre part, la durée de la concession se restreignit peu à peu, à mesure que, dans le monde seigneurial, on prenait plus claire conscience de la mobilité des prix et de la production. L'étude des sources demeure trop partielle encore pour qu'il soit possible de saisir à ses débuts cette adaptation du fermage. Il semble que l'usage de bailler à ferme le domaine seul commença de se répandre un peu partout, en Normandie et dans le Maine comme en Flandre, en Bourgogne ou en Roussillon, dans l'Italie du Nord, le Hainaut et la basse Saxe, pendant les dernières années du XIIe siècle ou au début du XIIIe. En Namurois, il fut appliqué d'abord à la réserve des plus grands seigneurs : vers 1200, seules les terres du comte et celles des chapitres étaient affermées ; les abbayes ne suivirent, et non sans hésitation, qu'après le milieu du siècle[1].

La pénétration s'opéra partout sans doute de la même manière, par imitation des méthodes qu'avaient employées les premiers les princes, les évêques, les seigneurs les moins proches de leur terre. Vers 1300, du très vaste domaine de Saint-Lambert de Liège seuls quelques prés n'étaient pas encore mis en fermage, alors que celui du prieuré voisin de Grand-Bigard, de taille beaucoup plus modeste, restait presque tout entier en faire-valoir direct. Toutefois, les pratiques nouvelles s'installèrent plus ou moins vite selon les régions. Vers 1250, des *conductores* géraient en Lombardie un très grand nombre de domaines, alors que cinquante ans plus tard, en Île-de-France, les administrateurs des monastères et des collégiales s'avisaient à peine d'appliquer, et à leurs seuls labours, un sem-

1. GENICOT, 178, p. 107.

blable mode de gestion. Aux alentours de 1280 (au moment même où en Angleterre l'usage du bail du domaine s'introduisait de nouveau sur les terres de l'abbaye de Ramsey) les moines de Saint-Bavon de Gand l'adoptèrent pour leurs terres de Zélande ; mais ils tardèrent beaucoup plus longtemps à abandonner la gestion directe des anciennes *villae* de la Flandre intérieure [1]. Les études demeurent encore trop peu poussées pour que l'on puisse apercevoir d'où vinrent les incitations à délaisser ainsi l'exploitation directe. Les administrateurs furent-ils d'abord sensibles au mouvement des prix, ou bien à la détérioration locale du marché de la main-d'œuvre, à la difficulté plus grande ici et là de recruter des ouvriers agricoles ? Il conviendrait aussi d'observer de près le genre de vie des seigneurs. N'est-ce pas alors que beaucoup d'entre eux cessèrent de faire d'aussi fréquents séjours dans leurs résidences campagnardes ? Si l'histoire du bail à ferme depuis 1180 était plus avancée, et mieux connue dans sa géographie comme dans sa chronologie, on discernerait sans doute plus clairement les raisons profondes de son succès.

Celui-ci fut précipité, semble-t-il, par la progressive réduction de la durée des baux. En France, l'usage se maintient pendant toute la première moitié du XIIIe siècle de confier l'exploitation au fermier pour sa vie entière, et souvent la concession se prolongeait encore pendant la vie de l'un de ses héritiers. Mais le bail « à deux vies » recula rapidement après 1250 devant l'expansion des contrats à court terme [2]. Ces derniers d'ailleurs étaient entrés, semble-t-il, plus tôt dans l'usage en Allemagne du Nord et dans les Pays-Bas. Adaptée au rythme des rotations de culture, la concession durait pendant six, neuf, douze, vingt-quatre ans ; elle s'étendait rarement davantage, car au-delà de ce terme, il importait de marner la terre, opération coûteuse qui ne pouvait être laissée à la charge du fermier. Toutefois, dans les campagnes italiennes, et peut-être aussi dans la France méridionale, les baux étaient d'ordinaire de durée beaucoup plus courte, de trois ans, et même très souvent d'un an seulement ; ceci sans doute parce que les paysans s'y trouvaient en moins bonne posture économique.

Il arrivait parfois que la terre du domaine fût affermée par lots. Douze paysans, en 1280, se partageaient par portions inégales les vingt-quatre bonniers de labours que jadis les chanoines de Saint-Lambert de Liège exploitaient eux-mêmes dans un village ; et dans le rentier des sires de Pamele-Audenarde, telle condemine se trouvait affermée chaque année, bonnier par bonnier, telle autre,

1. Derveeghde, 446 ; Godding-Ganshof, 447 ; Fourquin, 410 *a* ; Cipolla, 566 ; Raftis, 190, p. 124 ; Verhulst, 197.
2. Schnapper, 438.

découpée en plusieurs parcelles[1]. Mais ce fermage par morcellement paraît bien avoir été tout à fait exceptionnel au XIIIe siècle. L'usage commun consistait à bailler l'exploitation tout entière (à la seule exception, fréquente, des prés, des vignes et de la maison du maître) garnie de tout l'équipement nécessaire, des outils et du personnel domestique, sans en détacher les quelques corvées qui continuaient d'être requises, munie enfin du bétail. Souvent un accord spécial concernant le cheptel complétait le contrat et fixait la dévolution particulière des profits de l'élevage. Il n'était pas rare enfin que le seigneur avançât au fermier de l'argent ou des semences. De la sorte, la « grange » conservait toute sa cohésion ; rien ne venait modifier sa structure économique ; seule changeait la personne du gérant. Encore cette substitution ne se produisait-elle pas toujours, puisqu'il n'était pas rare que le fermier fût l'ancien maire, l'intendant, le *villicus* et même parfois la communauté des domestiques.

De ceux qui assumaient à sa place les soucis de l'exploitation, le seigneur attendait souvent une portion de la récolte, que l'on mettait de côté pour lui dans le grenier après le battage : le contrat instituait ainsi un métayage. Cette pratique avait été de longue date appliquée à certains domaines. Déjà au milieu du XIIe siècle, dans l'une de leurs seigneuries, les moines de Cluny avaient conclu un accord de ce genre avec un villageois, lui concédant temporairement quelques arpents de labour, lui confiant la semence et les deux bœufs qui lui manquaient pour équiper une charrue convenable, et se réservant en échange la moitié de la récolte. Et dès avant 1149, les maires de Notre-Dame de Chartres devaient promettre à leur seigneur de ne pas pratiquer de *medietates* avec les paysans[2]. En tout cas, au XIIIe siècle, le contrat de métayage, ou de « facherie » comme on l'appelait en Provence, connut partout la plus grande faveur. Ses stipulations étaient très diverses. Il conférait au maître une part des fruits très variable, selon la qualité de la terre et la condition du fermier : parfois c'étaient les deux tiers de la récolte, souvent la moitié ou le tiers ; mais parfois le prélèvement seigneurial demeurait beaucoup plus limité, notamment lorsque le sol était peu fertile : les hospitaliers provençaux en 1338 ne trouvaient pas de paysan qui acceptât de prendre certaine terre de leur domaine à bail, même en lui offrant de garder pour lui les dix-neuf vingtièmes de la production.

Aux maîtres, le métayage offrait un avantage majeur : il les faisait bénéficier de l'accroissement de productivité espéré du domaine, ainsi que de la hausse des prix agricoles. Avantage plus précieux encore peut-être, il les mettait en possession des fruits mêmes de leur propre terre, dont ils se sentaient ainsi

1. DUBY, 408 ; DERVEEGHDE, 446, p. 30-31.
2. DUBY, 407 ; *Cartulaire de Notre-Dame de Chartres*, I, n° 58.

moins détachés. Même lorsque la part du seigneur se trouvait minime, le contrat lui assurait une importante participation aux profits nets. N'oublions pas, en effet, que le métayer prélevait les semences et parfois la dîme sur la portion qui lui était laissée. Lourde charge, si l'on considère la faiblesse commune des rendements agricoles. Toutefois, ce système présentait des inconvénients auxquels les seigneurs étaient fort sensibles. Les très forts écarts qui affectaient le montant des récoltes obligeaient à surveiller de très près l'exploitation. Aussi, pour s'épargner les soucis, beaucoup de maîtres, dès que la périodicité des baux fut réduite et qu'il devint possible de procéder fréquemment au réajustement des taux de perception, préférèrent-ils un fermage fixe, acquitté soit en blé, soit en argent, soit les deux ensemble, et que complétaient d'ordinaire quelques livraisons accessoires, ainsi qu'une taxe d'« entrée ». Fréquemment, on calculait le montant du fermage en fonction de la surface ensemencée. Ainsi dans le domaine de Sailly, avant que Thierry d'Hireçon ne le reprît en main : le fermier devait fournir six mesures de froment et cinq mesures d'avoine par mesure de terre semée en céréales [1].

Par le bail, le domaine ne se trouvait en rien aliéné. Il restait la « terre du maître », que celui-ci pouvait un jour reprendre. Le seigneur ne s'en sentait pas frustré. Dégagé de toutes les charges de la gestion, il ne cessait pas de profiter de la hausse éventuelle des revenus, soit que le bien fût tenu en métayage, soit que l'on adaptât périodiquement le fermage à la valeur croissante des profits. Les comptes du domaine capétien en Normandie, tout entier affermé en 1260, montrent que le taux de la rente suivit fidèlement la montée des prix et du loyer de la terre dans la seconde moitié du siècle [2]. Il importait seulement de pouvoir tenir le fermier, l'empêcher d'abîmer la terre en la forçant trop et de laisser ruiner les édifices. Les contrats fixaient donc très soigneusement les devoirs de l'exploitant, le contraignaient à ne pas rompre le rythme des rotations, à utiliser sur le domaine tout le fumier, toute la paille et le travail de toutes les bêtes, à entretenir les outils. Un système d'obligations et d'hypothèques vint garantir les maîtres contre les exploitants de mauvaise foi.

*

Ainsi les premiers contrats de fermage se révélèrent-ils sans doute plus profitables aux seigneurs du sol qu'aux cultivateurs qui se chargeaient de le mettre en valeur. On ne peut dire en tout cas qu'ils aient desserré la prise de la

1. Richard, 437.
2. Strayer, 439.

seigneurie sur l'économie rurale. Les seigneurs avaient si claire conscience des avantages de leur position, qu'ils tentèrent d'appliquer aux tenures les procédés juridiques aménagés pour la gestion indirecte du domaine. Ils y parvinrent lorsque la situation de la paysannerie se prêtait à ces modifications de la coutume. Ainsi les *Hofe* d'Allemagne occidentale et les *podere* d'Italie firent-ils dans la seconde moitié du XIIIe siècle l'objet de concessions à court terme, en fermage ou en métayage [1]. Souples et sûres, ces formules nouvelles avaient apparemment toute la faveur des administrateurs seigneuriaux.

Les recherches d'histoire économique ont jusqu'ici prêté peu d'attention à la condition des fermiers. D'où venaient les hommes qui acceptèrent de diriger les travailleurs du domaine et d'écouler les surplus ? Dans quelle situation se trouvaient-ils pour en attendre des profits ? Gardèrent-ils longtemps ces fermes ? S'enrichirent-ils ? L'étude sociale demeure tout entière à faire dans le détail. Il est permis d'en attendre des résultats de première importance. Beaucoup des « amodiateurs », des « grangiers », des *Meyern* appartenaient, semble-t-il, au clergé, à la bourgeoisie et même à la petite noblesse, tout comme les *locatores* qui avaient dirigé les défrichements dans la première moitié du XIIIe siècle. Beaucoup aussi sortaient de la ministérialité. Il ne manque pas d'exemples enfin, en Allemagne notamment, de fermes qui furent baillées à la communauté des villageois. Mais combien de paysans purent-ils prendre en charge individuellement l'exploitation du domaine ? À moins que celui-ci ne fût morcelé (mais, sauf en Italie peut-être, le cas, répétons-le, semble avoir été rare) la plupart des villageois manquaient d'expérience et de moyens pour assumer la direction d'une entreprise de cette envergure ; ils manquaient d'autorité pour commander à l'équipe des valets et pour requérir les corvées. Si quelques paysans devinrent fermiers des domaines, il ne put jamais s'agir que des plus aisés, de ceux qui s'élevaient déjà nettement au-dessus du commun. De toute manière, l'ensemble de la paysannerie ne fut nullement intéressé par l'abandon du faire-valoir direct, lequel demeurait d'ailleurs au début du XIVe siècle strictement limité aux plus vastes seigneuries.

En fait, on ne voit pas que le plus grand nombre ait tiré quelque profit de l'affermage du domaine. Il ne permit pas, en tout cas, aux paysans pauvres d'obtenir en concession les quelques lopins qui leur faisaient défaut pour que leur exploitation pût nourrir leur famille. Sauf exceptions, il ne modifia nullement les rapports économiques entre la maison seigneuriale et les hommes du village, pas plus que le régime de la main-d'œuvre, les conditions d'emploi des domestiques permanents ou des journaliers, si ce n'est en hâtant peut-être la

1. WITTICH, 199 ; LUZZATTO, 186, voir p. 498.

disparition des corvées. Le bail à ferme engendra tout au plus un transfert de responsabilités dans les rares cas où il substitua au seigneur lui-même ou à ses intendants le plus riche paysan du village, celui qui petitement, en prêtant sur gages, en achetant des rentes, commençait à étendre sa domination économique sur ses voisins. Cet homme alors s'installa dans la situation même du maître. Ce fut lui qui désormais traita avec les négociants, tenta de profiter de la disparité entre les salaires et les prix, d'exploiter les embarras des petits exploitants qui devaient vendre leurs bêtes à l'automne. Il adopta l'attitude du maître en face de la communauté de village : il s'en écarta. Il s'efforça, pour étendre ses profits, de soustraire davantage les champs et les prés du domaine aux contraintes collectives, à la vaine pâture, aux obligations du troupeau commun. Plus près de la terre, moins dépensier que le noble, plus retors, il accrut ainsi sa fortune. De la sorte, le premier progrès du fermage eut pour principal effet de desserrer les solidarités agraires et d'accentuer les tensions entre riches et pauvres au sein de la société paysanne.

Conclusion
Les paysans et la seigneurie au seuil du XIVe siècle

À qui tente d'embrasser d'un seul regard l'ensemble de l'Occident, l'économie seigneuriale présente ici et là, au début du XIVe siècle, des traits fort divers. L'inégal avancement de la recherche historique dans les différents pays européens accentue peut-être les oppositions régionales ; celles-ci semblent cependant profondes, et tenir en grande partie à des discordances d'évolution. C'est ainsi, pour considérer le cas le plus net, que d'un bout à l'autre du Moyen Âge, l'histoire de la seigneurie italienne semble devancer d'un bon siècle celle de la seigneurie française. Qu'il s'agisse du recul du faire-valoir direct ou de la diffusion du métayage, on voit en Milanais et en Toscane se mettre en marche, dans la deuxième moitié du XIIIe siècle, des mouvements qui n'ont gagné les campagnes du Toulousain ou de l'Île-de-France que trois ou quatre générations plus tard. Il est tentant de mettre en rapport cette précocité avec la puissance plus tôt affirmée de l'économie urbaine. Inversement, en effet, en Thuringe, pays sans ville, les seigneuries paraissent très archaïques, très proches encore des modèles carolingiens. En Angleterre même, où les agglomérations urbaines demeurent rares et de dimensions restreintes, l'évolution de l'économie seigneuriale manifeste, en certains points, un net retard par rapport aux phénomènes continentaux, et particulièrement sur les patrimoines monastiques plus attachés aux traditions. Les formes anciennes de l'esclavage semblent bien, sur la terre des abbayes d'outre-Manche, être restées vivantes plus longtemps que partout ailleurs. Elles laissèrent, dans les rapports entre paysans et seigneurs, des résidus tenaces, et notamment cette vigueur de corvées qui, dans ces seigneuries, prolongea peut-être quelque peu la durée de l'entreprise agricole de large envergure.

Toutefois, la diversité de l'institution seigneuriale se révèle localement plus profonde encore. Dans une même province, les différences de structure économique apparaissent souvent considérables. Voici, par exemple, saisies au même moment par un inventaire dressé en 1338, situées dans la même région, incorporées dans la même fortune foncière, celle de l'ordre de l'Hôpital, trois unités seigneuriales : Sallier, près d'Arles ; le Poët-Laval, dans les collines voisines de Montélimar ; Puimoisson, sur le plateau entre Durance et Verdon. La première procure de très larges bénéfices : cent cinquante livres de dépenses, l'entretien des seigneurs inclus, sept cent vingt livres de recettes ; cette prospérité vient de la situation des terres à blé sur des sols fertiles, et à proximité d'un gros marché exportateur de grains ; elle repose surtout sur l'application délibérée du bail en métayage aux champs du domaine : très faibles frais d'exploitation, très grosses rentrées de denrées négociables. Le Poët, où la maisonnée seigneuriale est trop nombreuse, le domaine arable presque inexistant, où la plupart des recettes proviennent des dîmes et des droits seigneuriaux, ce qui impose d'entretenir un gros personnel de perception, est au contraire déficitaire : six cent treize livres de revenus, six cent cinquante-six de débours. Quant à Puimoisson, on la voit comme une forte entreprise de production céréalière, que le bas niveau des salaires rend lucrative ; mais les seigneurs dépensent beaucoup plus de deniers qu'ils n'en perçoivent, ce qui fait de la vente des excédents de récolte la clé de l'économie domaniale.

Il importe d'abord de bien marquer dans cette conclusion la complexité des positions économiques seigneuriales. Le danger dans cette histoire serait bien, en effet, de parler de « la » seigneurie et de masquer, en accentuant trop les traits généraux, l'originalité des physionomies individuelles. Chaque seigneurie avait son destin propre. Son organisation interne lui était particulière, et les problèmes de gestion qu'elle posait réclamaient des solutions originales. Les hommes qui eurent à les résoudre le firent plus ou moins bien, mais toujours en fonction de leur propre caractère et de leur propre expérience, et dans un certain terroir, face à certaines coutumes, à certaines routines paysannes. Ceci dit, il est bien évident que toutes les seigneuries, au long de cette ample période d'expansion rurale qui prit son départ avant l'an mil, s'adaptèrent progressivement aux modifications du milieu économique et social. D'une manière générale, à l'orée du XIVe siècle, on ne discerne nulle faiblesse dans l'économie seigneuriale. Partout, au contraire, se manifeste la vigueur des exploitations de taille moyenne, gouvernées par les petits nobles demeurés sur la terre de leurs ancêtres, par les intendants des princes et des prélats et, de plus en plus, par des fermiers, dont quelques-uns sortaient de la paysannerie du village. Cette aisance reposait sur la prospérité générale des campagnes. Mais tous les ruraux participaient-ils également à cette prospérité ?

*

Très certainement, le rapport de la plupart des petites exploitations s'était élevé, au cours du XIIIe siècle, à la faveur d'une ouverture générale des horizons économiques, de l'expansion de l'élevage et de la viticulture, des facilités nouvelles qui permettaient à tous, riches ou pauvres, de vendre au-dehors, soit la force de leurs bras, soit les excédents de la production domestique. Malgré l'impossibilité totale où se trouve l'historien d'estimer le poids des exigences seigneuriales en même temps que la part des profits que prélevait le possesseur éminent du sol ou le maître de la justice et du ban [1], on peut penser que la plus-value des exploitations paysannes ne fut pas tout entière épuisée par l'alourdissement des redevances et des taxes. En fait, on voit nettement que, sauf exception, les seigneurs fonciers ne parvinrent jamais à hausser le taux des cens aussi vite que s'élevaient la valeur des terres et leurs profits. On voit plus clairement encore que les paysans ne mettaient aucun empressement à s'acquitter envers les seigneurs de leur tenure, envers les détenteurs des rentes qu'ils avaient vendues sur leurs fonds, ni envers les percepteurs de la taille. Ces créanciers demeuraient, en vérité, fort mal armés pour triompher de leur passivité. Tous les comptes seigneuriaux, tous les registres de justice montrent avec évidence que la plupart des prestations étaient perçues après de très longs retards, au prix de beaucoup de menaces et criailleries. Ces documents attestent aussi que le seigneur devait souvent transiger et remettre aux paysans une large part de la dette. Il est évident enfin que la communauté villageoise formait bloc contre les exacteurs, et que les agents chargés d'opérer une saisie ou de confis-

1. Toute tentative pour reconstituer le budget des familles paysannes (voir, par exemple, ABEL, 542, p. 157 sq.) se heurte à l'indigence des sources. On peut utiliser quelques inventaires mobiliers, dressés par les percepteurs seigneuriaux et les indications beaucoup plus nombreuses sur la superficie des terres que telle famille tenait d'un maître. Mais comment évaluer les moyens et les besoins réels de tel ou tel petit exploitant, lorsqu'on ignore à peu près tout des cycles de culture, des rendements, du prix des grains, de la composition même du ménage, de son régime alimentaire, de l'appoint constitué par les gages ? Une énorme marge d'incertitude entoure donc toutes les hypothèses qui peuvent être à ce sujet formulées.

quer une terre trouvaient parfois toute la population soulevée pour les empêcher d'accomplir leur mission. La mauvaise volonté des ruraux, leur inertie et parfois leur résistance active comptent parmi les facteurs les plus déterminants de toute cette histoire. Ainsi fut sensiblement freiné le transfert des gains paysans vers les coffres des seigneurs et de leurs ministériaux.

Cependant, les très rares textes qui font entrevoir la position économique individuelle des villageois de ce temps ne donnent pas à penser que la plupart d'entre eux aient vécu dans l'aisance. Au début du XIVe siècle, les maisons paysannes que décrivent les inventaires étaient encore de pauvres cabanes à peu près vides. Pas de meubles ou presque, un coffre parfois, une caisse, une broche, une ou deux couvertures, très exceptionnellement un pot de cuivre ou d'étain, de petites réserves de blé, mais jamais d'argent, tel est d'ordinaire le « catel », l'équipement mobilier qu'ont enregistré les sergents chargés de percevoir la mainmorte dans les masures des vilains d'Angleterre[1]. Sans doute ces listes furent-elles dressées par les hommes du seigneur, dans le dessein de s'emparer d'une part au moins de ces meubles ; devant eux on dissimulait, et il convient de ménager une place à ces fraudes qui faussent le témoignage de toutes les sources d'origine fiscale. Mais celui, moins suspect, des inventaires après décès, des testaments et des contrats de mariage que contiennent les registres des notaires ruraux de la France méridionale ou de l'Italie, ne paraît pas sensiblement différent. Il atteste lui aussi que le niveau de la vie matérielle des rustres ne s'était guère relevé entre le XIe et le XIVe siècle, singulièrement moins en tout cas que celui des nobles. On voit très rarement des familles paysannes parvenir à épargner des quantités importantes de monnaie. Leur fortune se trouvait à peu près tout entière constituée par des terres d'une part, par l'équipement de travail d'autre part, et par le bétail. On a conservé plus d'indications directes sur la condition économique des prêtres de village, qui sans doute ne s'abaissait pas au-dessous de la situation moyenne des paroissiens. Tel prêtre du Beaujolais mort en 1269 ne laissait pas du tout d'argent à ses héritiers : il léguait à sa sœur le seigle qu'il lui avait prêté, à sa nièce une jument, à son neveu une vache[2]. Au début du XIVe siècle, dans toutes les campagnes d'Europe, c'est le nombre des bêtes du troupeau qui d'abord manifeste extérieurement le niveau des fortunes paysannes.

Quant aux dimensions moyennes des exploitations elles apparaissent souvent fort réduites. En Namurois, en Flandre, en Angleterre, le plus grand nombre des ménages paysans cultivaient entre deux et trois hectares de champ, pas

1. Stenton, 260, p. 249 ; Bennett, 139, p. 233.
2. Archives du Rhône, G 3, n° 2.

davantage. En 1305, par exemple, 70 % des tenanciers de l'abbaye de Saint-Bertin, à Beuvrequem, disposaient de moins de quatre hectares, et 43 % de moins de deux[1]. Maîtres d'un train de charrue et de quelques moutons, ces « laboureurs » formaient le corps de cette communauté d'habitants qui s'était partout notablement renforcée depuis la fin du XIIe siècle et qui, par l'entraide, par la jouissance des possessions collectives, leur offrait un sûr refuge contre l'adversité. Il n'est pas douteux que le resserrement des solidarités agraires contribua efficacement à protéger les exploitants moyens contre l'appauvrissement aussi bien que contre les excessives prétentions seigneuriales. Toutefois le fait remarquable est qu'il existait désormais, au-dessous et au-dessus de ce niveau moyen, deux groupes, l'un de pauvres, l'autre d'enrichis, qui l'un et l'autre tendaient à se situer à l'écart de la communauté villageoise. Les premiers avaient été souvent rejetés par elle, les seconds s'en étaient dégagés pour mieux garantir leur indépendance économique.

*

On peut, en effet, considérer la disparité croissante des fortunes comme le changement le plus net qui ait affecté les structures de la société paysanne pendant la période d'expansion agricole, dans sa phase finale qui couvre le XIIIe siècle. Les hiérarchies, jadis, s'ordonnaient en fonction des distinctions juridiques héréditaires qui distinguaient libres et non-libres. En 1300, ce sont les différences de condition économique qui comptent. Dans les régions où les frontières entre liberté et servitude ne sont point effacées de la conscience collective, ou s'y sont de nouveau introduites, elles n'imposent pas des distinctions aussi nettes, aussi quotidiennement vécues que les divers degrés de la hiérarchie des fortunes. Ainsi dans les campagnes anglaises, où la prospérité de bien des vilains contraste avec la pauvreté d'un nombre croissant de francs-tenanciers[2]. Sur le continent, les conditions nouvelles de la dépendance personnelle font généralement que les liens de la servitude n'emprisonnent que les malheureux, et laissent aisément s'évader les riches. La situation économique gouverne maintenant tout à fait le statut juridique individuel.

La vivacité nouvelle des échanges et la mobilité plus grande des tenures provoquèrent l'ouverture de l'éventail des fortunes paysannes. Mais celle-ci fut

1. Coopland, 397, p. 77. Cette exiguïté des possessions foncières implique que la plupart des ménages paysans trouvaient des ressources complémentaires dans l'activité pastorale, dans l'artisanat ou dans le salariat.

2. Miller, 187, p. 113 et 149.

accélérée par la multiplication des perceptions en numéraire. L'évolution qui tendait à fonder de plus en plus sur la monnaie les rapports entre seigneurs et ruraux obligeait en effet les exploitants les moins aisés à vendre à tout prix. En même temps qu'elle vivifiait le commerce au village, elle précipitait donc le mouvement qui faisait glisser une bonne part de la population des campagnes dans la sujétion économique des manieurs d'argent et des négociants des bourgades. Elle offrait en revanche une prime aux plus habiles des rustres qui savaient profiter des occasions du marché. Favorisant les riches au détriment des pauvres, elle contribuait à aviver les disparités économiques au sein de la société paysanne, que les exactions arbitraires au contraire avaient fortement nivelée pendant le premier âge féodal.

On s'explique donc que seuls quelques signes avant-coureurs de la différenciation sociale se discernent dans les documents de la seconde moitié du XIIe siècle. Dans l'un des manoirs dépendants de l'abbaye de Shaftesbury qu'un premier inventaire décrit vers 1130-1135, deux hommes seulement, dont le prêtre du village, possédaient des terres nettement plus vastes que celles de leurs voisins ; cinquante ans plus tard, une nouvelle enquête révèle l'existence d'un troisième gros tenancier. Parmi les paysans qui furent condamnés aux assises de Northampton en 1176 à la confiscation de tous leurs biens, les écarts de fortunes étaient déjà larges : l'un ne possédait que six deniers, un autre plus de soixante-dix sous. Mais ce fut dans le cours du XIIIe siècle que partout s'étendit la distance entre les riches et les pauvres. Dans tel village des plaines de la Saône, où tous les habitants paraissaient vers 1180 placés au même niveau économique, on pouvait voir cent ans plus tard prospérer cinq familles nettement plus fortunées, et qui commençaient à acquérir des rentes sur le patrimoine des paysans voisins moins heureux[1]. À la fin du XIIIe siècle, toutes les enquêtes seigneuriales, en France comme en Italie ou en Angleterre, mettent en évidence de nettes disparités dans la superficie des exploitations dépendantes. Des témoignages convergents peuvent être extraits des registres de notaires. Voici deux paysans qui vers 1330 marièrent leur fille dans le même village de haute Provence ; l'un dota la sienne de soixante-quinze livres en monnaie, d'une tunique de drap de Chalons, d'un manteau de drap d'Ypres garni de fourrure, d'un coffre, de deux garnitures de lit ; l'autre ne put offrir que deux toiles et une couverture, et laissa le gendre payer la tunique et le manteau de drap dont la coutume imposait de vêtir l'épousée. Dans ce même village, il semble bien qu'à cette époque, certains gros paysans qui pouvaient donner en dot à leur fille

1. Poole, 256, p. 73 ; Duby, 247, p. 518.

une cinquantaine de florins d'or s'élevaient presque au niveau des hobereaux les moins aisés [1].

On rencontre à la vérité encore fort peu de paysans riches dans les documents rédigés aux alentours de 1300. Mais ceux-ci commencent à constituer de petites seigneuries, et à s'imposer en maîtres à leurs voisins moins heureux. Ce très petit groupe englobe avant tout les ministériaux (plaçons parmi ceux-ci les prêtres qui, parfois, lorsqu'ils ont affermé leur église et les dîmes, se montrent gros acheteurs de rentes foncières) et les quelques paysans fermiers de domaines ecclésiastiques ou nobles. Tout près d'eux enfin se tiennent certains tenanciers entreprenants. Ces derniers ont profité de la disparition des obstacles à l'aliénation des tenures pour adjoindre à la leur, fragment par fragment, de nouvelles parcelles. Ils ont loué à bail les lopins prélevés sur la réserve du seigneur. Ils parviennent ainsi à exploiter plusieurs dizaines d'hectares de bonne terre. Or la conjoncture favorise les moyens entrepreneurs de culture et d'élevage. Ce sont eux qui vendent aux marchands de la bourgade voisine la plus grosse part des excédents de production du village, les produits des dîmes et des terrages, leur propre récolte, celle de la terre seigneuriale, celle aussi des paysans moins riches qui leur ont vendu sur pied leur moisson ou leur vendange pour se procurer vite les deniers nécessaires au paiement des redevances et des tailles. Eux seuls, dans le monde paysan, profitent vraiment des conditions favorables du marché. Ils placent habilement le numéraire qu'ils gagnent. Ils s'associent par des contrats de gasaille aux exploitants plus modestes du village, pour des opérations d'élevage dont ils tirent les meilleurs profits. Ils pratiquent l'usure autour d'eux. Ils avancent à leur voisin de l'argent à diverses conditions, qui toutes sont très avantageuses. Voici deux frères, deux gros paysans d'un hameau des Alpes de Provence ; en 1334, ils achetèrent pour douze livres à un pauvre cultivateur du même village toute la récolte que pendant quinze ans il tirerait d'une certaine terre ; ils prêtèrent l'année suivante quatre livres et dix sous à deux voisins ; la somme devait être employée à semer et à labourer deux champs dont les créanciers se réservaient, bien sûr, toute la moisson [2].

Souvent, ces enrichis envoyaient l'un de leurs fils aux écoles. Ils lui préparaient ainsi une carrière d'Église ou d'administration. Et ce fut de cette manière que le monde paysan commença de s'immiscer dans les cadres supérieurs de la société ecclésiastique. En Italie, dans la France méridionale, les hommes de ce groupe cherchèrent souvent à immigrer dans la ville voisine, à s'introduire dans la société des marchands ou des notaires. Ceux de France parvinrent

1. Archives des Bouches-du-Rhône, 396 E 18, f° 75, et 17, f° 27.
2. Archives des Bouches-du-Rhône, 396 E 17, f° 71, 18, f° 73.

parfois à épouser une fille noble, à prendre pour gendre un homme de bourgeoisie. Beaucoup, comme tel paysan aisé d'Autriche qui affectait de boire du vin [1], avaient contracté certaines habitudes de la société chevaleresque. Mais dans les campagnes françaises, au moins, on voit très rarement qu'ils aient réussi à se faire admettre tout à fait dans la noblesse. À vrai dire, cette exclusion les protégea contre les tentations de gaspillage mondain, et assura en fait leur aisance. En tout cas, le mouvement d'ascension économique qui les entraînait ne cessa de s'amplifier. Ils furent poussés à s'élever toujours davantage, à surenchérir dans les ventes de bois ou dans les amodiations de domaines. Bref, on peut voir en eux, à cette époque, les agents les plus actifs d'une poursuite de l'expansion.

Mais inversement, au seuil du XIVe siècle, s'accélère la dépression d'un groupe beaucoup plus nombreux de paysans vulnérables. Toute l'évolution de l'économie rurale s'est accomplie, on l'a vu, au détriment des plus pauvres. L'abonnement des tailles et la vente des franchises, la diffusion de la rente foncière, les facilités mêmes de l'emprunt de consommation, toutes les formes par lesquelles s'effectua la pénétration de l'économie marchande ligotèrent les paysans les moins fortunés dans un lacis de dettes, qui les rendit véritablement esclaves de la ville ou de leurs voisins plus aisés. Les destinées de la dépendance personnelle, la hausse du prix des bêtes de labour, et jusqu'au remplacement des services par des versements de monnaie placèrent dans une condition plus précaire les *cottiers* anglais, les « manouvriers » ou les « malservis » des campagnes françaises, comme les *Höldner* d'Allemagne, et tous ces hommes dont la terre trop petite pour les nourrir ne pouvait évidemment leur procurer de quoi vendre et trouver les deniers que le seigneur et leurs créanciers attendaient. Le petit élevage eût pu les aider, mais ces tenanciers se trouvaient souvent exclus des communaux et des droits de pacage collectifs par le seigneur, par les plus gros exploitants et même par la communauté de village. Avec la fin du siècle, disparurent les dernières possibilités de défrichement et d'établissement sur les mauvaises terres des lisières.

Lorsqu'ils avaient vendu les bribes de leur héritage, beaucoup partaient pour la ville, en quête de gains plus faciles. Cet exode prenait parfois le caractère de migrations saisonnières : tel homme qui, l'hiver, fabriquait des outres à Toulouse, retournait, l'été, travailler la terre dans le village où il était serf ; dans un village des Alpes méridionales, une enquête fiscale recensa dans l'hiver 1340 cent dix maisons habitées et quarante-deux fermées : les familles qui y résidaient étaient descendues passer la mauvaise saison dans la plaine pour y gagner un

1. E. Patzeltt, *Oesterreich bis zum Ausgang der babanbergerzeit*, Vienne, 1946 ; p. 154-155.

peu d'argent[1]. Le meilleur recours contre le complet dénuement restait pour ces gens l'entrée en service. Tous ces manœuvres attendaient leur pain d'une embauche, permanente ou temporaire, sur les champs, les prés et les vignes des grosses exploitations. On a vu que cette masse de travailleurs disponibles stimula très vivement l'abandon des corvées, en même temps que le maintien du faire-valoir direct. Toutefois la stabilité des salaires conjointe à la hausse du prix des grains, provoquées l'une et l'autre par la présence de cette foule toujours plus nombreuse en quête d'emploi, maintenaient ces journaliers en état de sous-alimentation chronique. L'étude précise des taux de mortalité que certaines archives manoriales anglaises, particulièrement riches, ont permis de conduire récemment, montre que ces paysans, sans terre ou presque, subissaient beaucoup plus fortement le coup des mauvaises récoltes. Celles-ci les frappaient trois fois : en les forçant à acheter davantage de grains, en les obligeant à les payer beaucoup plus cher, enfin en supprimant certains emplois à la moisson et au battage. Pour ces pauvres, les années de maigre moisson étaient des années de maladie et de mort. Et la hausse du taux moyen de mortalité que ces documents révèlent à partir de la fin du XIIIe siècle procède sans conteste de la multiplication rapide des villageois misérables[2].

Effet second provoqué depuis le milieu du XIIe siècle par l'essor de l'économie rurale, la différenciation des catégories sociales au sein de la paysannerie fut d'abord favorable aux seigneurs qui en tirèrent parti. Ce faisant, ils l'accentuèrent encore. Mais elle devint à son tour l'un des facteurs les plus actifs des modifications que commençait à subir vers 1300 l'économie seigneuriale. Le lent dérangement des structures engageait en tout cas l'avenir. Prospères, vidées de presque toutes leurs friches, pleines de travailleurs et couvertes de moissons, les campagnes d'Europe étaient en réalité au seuil du XIVe siècle surpeuplées et chargées d'un nombre croissant de paysans faméliques. On peut penser même que l'activité productive, vivement poussée par un petit groupe d'entrepreneurs, par les seigneurs, leurs mandataires et ces gens des villes qu'attiraient les spéculations sur les grains ou les bestiaux, épuisait peu à peu certains sols et de manière définitive, abaissait le niveau des salaires, et réduisait les possibilités d'achat de presque toutes les familles paysannes. Ainsi dans ce monde sans grosses réserves de richesses et au fond très vulnérable, se préparaient insensi-

1. Wolff, 658, p. 67 ; Baratier, 84, p. 73.
2. Postan-Titow, 500.

blement des lendemains difficiles. Premier symptôme : en 1258, la disette qui s'abattit sur l'Angleterre prenait des allures de famine. En 1309-1311, les campagnes d'Allemagne souffrirent d'une pénurie de subsistance beaucoup plus cruelle [1]. Le temps des difficultés commençait.

1. CURSCHMANN, 561.

LIVRE IV

LA MUTATION DU XIVe SIÈCLE

Les documents qui éclairent la vie économique des campagnes après le milieu du XIVe siècle sont considérablement plus nombreux, dans la plupart des dépôts d'archives de l'Europe occidentale, que ceux dont disposent les historiens des époques antérieures. Ces grosses masses accumulées, toujours de lecture malaisée, souvent mal classées et de manipulation difficile, se montrent au premier abord fort rebutantes. Leur abondance encombre les voies de la recherche. Elle impose des techniques d'investigation particulières, le recours aux sondages, au choix d'échantillons. Elle requiert le travail en équipe, l'invention de procédés nouveaux de dépouillement et de mise en fiches. Ces sources enfin ne se prêtent guère à la publication. En fait, elles sont encore très mal explorées. Ajoutons en effet que, sauf en Angleterre et dans l'Allemagne du Nord-Ouest, les historiens intéressés par l'économie des deux derniers siècles du Moyen Âge ont concentré à peu près exclusivement leur attention sur les villes, sur les marchands, sur les « affaires » de commerce et d'artisanat. Pour ces raisons, les structures rurales de ce temps, en dépit d'une documentation beaucoup plus riche, demeurent en réalité plus obscures que celles des XIIe et XIIIe siècles.

On s'aperçoit aussi que les sources ont changé de nature, et plus encore de provenance. Les actes dressés pour le seigneur, les inventaires, les comptes s'avèrent après le premier quart du XIVe siècle relativement plus rares qu'aux époques immédiatement antérieures. Ils existent encore très nombreux. Beaucoup ont été repérés et exploités en Angleterre, et les chartriers des seigneuries allemandes, françaises et italiennes en contiennent d'épaisses liasses. Toutefois, par rapport à la richesse des fonds seigneuriaux, en certaines contrées au moins, à la fin du XIIIe siècle et pendant les premières décennies du XIVe, le fléchissement apparaît très net. En revanche, on voit se multiplier alors les documents rédigés par les fonctionnaires des états et des principautés, et notamment les registres fiscaux ou judiciaires, les dénombrements, les « estimes » des fortunes. Ainsi le point d'observation se déplace-t-il progressivement. Le monde rural est entrevu dorénavant sous un angle différent. Le chercheur se doit d'en tenir compte s'il veut éviter que les phénomènes mêmes ne lui paraissent transformés du seul fait de ce changement de perspective. Enfin, il n'est pas jusqu'au ton des textes qui, dans une certaine mesure, ne se soit modifié. Dans les actes conclus entre les seigneurs et les paysans pour l'aménagement de leurs relations économiques, comme dans les suppliques adressées à la puissance publique pour obtenir un dégrèvement fiscal, un secours, une lettre de pardon, abondent les plaintes, les allusions à la misère des temps et aux catastrophes. La défaillance de l'institution seigneuriale, dont témoigne au premier regard le contenu même des fonds d'archives, jointe à cette tonalité pessimiste, et confrontée à la tension politique incontestable qui régnait alors entre les états et à la permanence de la guerre, communique le sentiment d'une nette et rapide détérioration de l'économie rurale. Entre l'ample période de croissance qui se prolongeait encore au seuil du XIVe siècle et le départ d'une nouvelle grande vague ascendante qui, aux approches de 1450, vint ranimer partout la prospérité, ne faut-il pas considérer le long siècle intermédiaire comme une phase de recul, à tout le moins de stagnation ?

Soucieux les premiers de transposer dans l'observation des campagnes médiévales les modèles construits par les économistes pour expliquer les changements de conjoncture aux époques contemporaines, les historiens anglais ont naguère proposé de reconnaître dans l'économie rurale deux tendances successives de longue durée, l'une positive, l'autre négative. Le passage de l'une à l'autre se serait situé pendant la première moitié du XIVe siècle. Il y a douze ans, un bel article d'E. Perroy, analysant de plus près ce renversement en Angleterre et dans le nord de la France, construisait un schéma plus complexe. Diverses « crises », frumentaires, monétaires, démographiques, se seraient enchaînées depuis 1315 jusqu'en 1370, pour ouvrir finalement une longue période de récession. L'auteur conviait les historiens à vérifier dans les documents ces hypothèses. En fait, des études plus récentes ont engagé à nuancer encore davantage, à distinguer dans l'interprétation de la conjoncture de profondes diversités géographiques, à délimiter les multiples zones où les rapports économiques évoluèrent selon des rythmes particuliers. Elles ont interdit de se représenter l'Europe occidentale comme un ensemble homogène, et donc d'étendre sans précaution des conclusions fondées seulement sur des faits décelés dans les pays riverains de la Manche et de la mer du Nord. Elles ont invité surtout à observer, sous les grandes oscillations, des fluctuations de moindre amplitude. Ne peut-on discerner bien avant la fin du XIIIe siècle de premières impulsions dépressives ? Et en revanche, des poussées temporaires de prospérité au sein du marasme du XIVe siècle finissant ? Il convient enfin de faire cas de la critique des historiens marxistes. Rejetant les modèles cycliques, condamnant l'explication par les catastrophes démographiques ou par le mouvement des prix, ceux-ci convient à voir dans les difficultés que les documents mettent en évidence, non point un malaise de l'économie rurale tout entière, mais le signe seulement d'un effondrement de la « féodalité » – entendons, de l'exploitation seigneuriale. Par le transfert des forces productives qu'elles déterminèrent, ces transformations se seraient révélées finalement favorables à la paysannerie. Elles auraient directement préparé l'ample mouvement de reprise que l'on voit s'amorcer dès le milieu du XVe siècle [1].

1. Voir notamment les discussions sur le rapport d'histoire économique de la fin du Moyen Âge, présenté au Congrès de Rome en 1955, *X° Congresso internazionale di scienze storiche ; Roma, 1955, Atti*, Florence, 1955 ; PERROY, 523 ; HILTON, 513 ; KOSMINSKY, 516 ; GRAUS, 511.

CHAPITRE PREMIER

CARACTÈRES NOUVEAUX DE L'ÉCONOMIE RURALE

Il est nécessaire de répéter au seuil de cette esquisse que toute étude de la conjoncture doit, à cette époque, être conduite dans un cadre géographique restreint. Les documents du XIVᵉ siècle, qui, beaucoup plus serrés, permettent lorsqu'on les interroge systématiquement une analyse nettement plus fine des conditions qui commandèrent l'évolution de l'économie rurale, montrent en effet combien le monde des campagnes demeurait encore cloisonné. Il apparaît d'abord très clairement que certaines grandes régions de l'Europe continuèrent de jouir pendant cette période d'une prospérité soutenue, qui prolongeait pour elles le mouvement ascendant du XIIIᵉ siècle. Ce fut le cas de la Hollande, où la croissance des villes marchandes, l'effort inlassable pour reconquérir des terres périodiquement ravagées par les transgressions marines et pour en gagner de nouvelles, l'essor de l'élevage et de la fabrication de la bière, stimulèrent sans fléchissement la vitalité de l'économie rurale. Ce fut aussi le cas de la basse Lombardie. Dans la deuxième moitié du XIVᵉ siècle, c'est-à-dire au moment où les difficultés s'aggravaient en France et en Angleterre, ce pays bénéficia à la fois d'un net élan démographique et d'une large expansion agricole et pastorale, que vivifièrent des investissements massifs et l'activité de toute une génération d'entrepreneurs. La situation enfin des pays de l'Est allemand apparaît singulière. Ils connurent d'incontestables difficultés, et subirent en particulier une forte dépopulation. Mais certains éléments favorables, notamment une meilleure tenue des prix agricoles, préparèrent ici la mise en place d'exploitations céréalières de grande envergure dont la prospérité s'affirma à l'époque moderne.

On doit tenir compte d'ailleurs d'une diversité régionale beaucoup plus menue. De vifs contrastes opposaient alors de petits pays très voisins. Les dénombrements contenus dans des documents fiscaux comme, dans le royaume de France, l'*État des Paroisses et des Feux* de 1328, ou les registres de la *Poll Tax* qui fut levée en Angleterre au dernier quart du XIVe siècle, révèlent ces discordances. On les voit se maintenir, s'accentuer même pendant les crises. Tout au long du XIVe siècle, des différences vigoureuses s'accusent entre les coteaux forestiers et presque déserts du Hurepoix et la grasse plaine de France, entre les comtés du sud de la Tamise et la zone opulente qui entoure le Wash [1]. Les sources donnent à penser qu'une organisation de l'économie des campagnes par petites unités régionales, solidement constituées autour d'une bourgade, s'était mise en place pendant la période d'expansion et d'essor commercial du XIIIe siècle. L'armature en était constituée par un réseau serré de liaisons, qui ne se relâchèrent pas toutes au bas Moyen Âge. Certaines au contraire se nouèrent plus fortement. Dans chacune de ces régions, le comportement démographique, les conditions de l'emploi, de l'occupation du sol et de la production, l'allure des marchés, les structures agraires et même familiales, présentaient des caractères particuliers. Fondées sur la large abondance des sources, et notamment sur les enquêtes des archives princières qui embrassent de grands ensembles et qui se déploient sur un champ beaucoup plus large que ne le font les documents de la seigneurie, conduites en recourant constamment à l'observation géographique, des monographies qui s'attacheraient à l'analyse de ces unités économiques et de leurs singularités, ouvriraient sans doute des perspectives très neuves. Elles permettraient de reprendre, de rectifier les grandes impressions d'ensemble, de les expliquer peut-être, en tout cas de poser plus justement les problèmes de l'économie rurale si dépendante des conditions locales. Force est pour le moment de se contenter d'une observation plus rapide et plus floue et d'en rester au témoignage le plus général des sources. Or celui-ci, pour l'ensemble de l'Occident, et pour l'Italie même (en Toscane, en Ligurie, on cherche en vain des traces évidentes d'une croissance comparable à celle qui animait alors autour de Milan la vie économique des campagnes [2]) atteste bien le repli des activités au sein de difficultés croissantes.

1. FOURQUIN, 533 ; voir la carte des densités de la population rurale anglaise, établie d'après les données de la *Poll Tax* de 1377 par PELHAM, dans DARBY, 33, p. 232.

2. Intervention de R. LOPEZ, dans *X° Congresso internazionale di scienze storiche, Roma, 1955, Atti*, p. 401, 402.

1. Les fléaux

De ces malaises, les indices apparaissent multiples, même si l'on se défie, comme il le faut, des exagérations qui tiennent à la nature des sources, et plus encore peut-être à la sélection qui fut parfois faite parmi elles par les érudits trop attentifs aux témoignages de désolation. Il convient d'abord de considérer tous les signes de catastrophes, tout ce qui évoque des ruptures brutales, des chocs extérieurs venant détruire les réserves de richesse, disperser les forces de production et perturber les circuits d'échanges. Les documents du temps sont d'excellents témoins de ces calamités, que l'on peut ranger en trois catégories.

Les troubles de l'approvisionnement en subsistance se montrent les plus précoces. Menée dans des conditions climatiques généralement peu favorables et sur des sols souvent médiocres, ou qu'épuisaient des pratiques agraires trop primitives, la production du blé, aliment de base, avait toujours présenté de fortes irrégularités. Au XIIe, au XIIIe siècle, les années de disette succédaient aux années grasses, et dans les meilleures saisons, beaucoup d'hommes devaient se contenter, à la fin du printemps et en attendant la moisson prochaine, de nourritures de hasard. Mais enfin, depuis les décennies qui suivirent l'an mil, l'Europe semble bien avoir échappé aux grandes famines, aux crises de subsistance assez graves pour faire périr une partie notable de la population. À vrai dire, ce secteur de l'histoire de l'alimentation demeure, lui aussi, très insuffisamment exploré. Il faut bien reconnaître d'ailleurs que son étude est des plus difficiles. Les chroniques monastiques de l'époque féodale fourmillent d'allusions aux pénuries alimentaires ; mais elles ne donnent jamais le moyen de mesurer même approximativement la gravité de ces crises, ni de délimiter les zones où elles sévirent. Néanmoins, on peut suivre l'opinion des historiens qui considèrent que les difficultés de ravitaillement s'aggravèrent dans les dernières années du XIIIe siècle, au moins dans les contrées les plus occidentales de l'Europe, et qu'une ère de pénurie catastrophique s'ouvrit après 1300.

Il semble en particulier qu'une succession d'années trop pluvieuses rendit beaucoup plus aiguës des difficultés chroniques, et déclencha en 1309 dans le sud et l'ouest de l'Allemagne, une crise frumentaire, qui s'étendit ensuite sur l'ensemble de l'Europe de l'Ouest. Son point d'extrême gravité se situerait dans les années 1315-1317. De mai à août 1316, un habitant sur dix mourut de faim dans la ville d'Ypres ; furent frappés bien sûr les plus pauvres, qui ne possédaient pas de réserves et qui ne purent esquiver une hausse des prix d'amplitude extraordinaire. Les documents des villes attestent le retour périodique de famines semblables : on peut en repérer sept à travers les archives toulousaines entre 1334 et le milieu du XVe siècle[1]. Partout, en Italie comme en Languedoc ou en Allemagne, le ravitaillement devint au XIVe siècle un souci permanent et d'une constante acuité pour tous les corps municipaux.

Notons bien toutefois que ces inquiétudes alimentaires apparaissent toujours dans les sources de cette époque comme des phénomènes spécifiquement urbains. Les documents ruraux, beaucoup plus laconiques, n'ont jamais été interrogés sur ce point. Que livreraient-ils ? On peut penser que les campagnes étaient moins vulnérables, et que la plupart des paysans trouvèrent toujours aux pires années de quoi ne pas mourir d'inanition. Dans quelle mesure la partie misérable de la population villageoise fut-elle touchée ? On a vu que, dès la fin du XIIIe siècle, la mortalité s'élevait notablement en temps de mauvaises récoltes parmi les *cottiers* des seigneuries anglaises qui ne possédaient pas de terre, vivaient d'un salaire et devaient acheter leur pain[2]. Il n'est donc pas impossible que le prolétariat des campagnes ait été lui aussi décimé par ces vagues de pénurie. Celles-ci, en tout cas, troublèrent fortement l'économie des villages. L'oscillation désordonnée du prix des céréales qu'elles provoquaient sur le marché urbain perturbait à la campagne les conditions de vente, et par contrecoup celles de la production et de l'emploi.

*

D'autres dérangements extérieurs vinrent des guerres. Les hostilités, les pillages, les incendies de récoltes avaient toujours été accidents fort communs aux temps féodaux. Cependant, depuis la fin du XIIIe siècle, la croissance des principautés qui s'affrontèrent, la constitution d'un groupe de soldats professionnels vivant des combats et intéressés à ce qu'ils durent, ainsi peut-être que des modifications plus profondes qui restent imparfaitement analysées, entretinrent dans toute l'Europe des tensions militaires plus aiguës. La guerre devint désormais à peu près permanente, se rallumant ici dès qu'elle s'éteignait là. En outre, ses pratiques se modifièrent et gagnèrent en efficacité destructrice. La lutte demeurait fort localisée, et n'engageait jamais que des bandes infimes de combattants. Mais les compagnies de soldats de métier, mal rétribuées par les princes, se nourrissaient sur le pays qu'elles exploitaient à fond. Elles dévastaient surtout les campagnes, car les villes se trouvaient bien protégées par leurs remparts et les milices bourgeoises. En outre, le « dégât », la destruction systématique des richesses, encore une fois surtout rurales, fut fréquemment

1. Van Werveke, 565 ; Capra, 560.
2. Postan-Titow, 500.

employé comme tactique d'agression ou de parade. Peut-être les historiens ont-ils tort de ne pas attacher plus d'importance aux faits de guerre, dans l'analyse des conditions économiques pendant les XIe-XIIIe siècles : un examen attentif du *Domesday Book* incite à penser qu'ils purent dès cette époque déterminer des effets profonds [1]. Il est sûr, en tout cas, qu'après 1300, leur intervention put localement infléchir de manière sensible l'évolution de l'économie rurale.

Il n'est pas de province d'Occident dont les villages n'aient souffert périodiquement des passages de troupes, pour la plupart heureusement rapides et fort espacés. Dans certaines régions, comme la Flandre au début du XIVe siècle, comme les environs de Paris, ou le Bordelais plus tard, la prolongation des opérations militaires accumula les ruines. Dans le patrimoine de Saint-Martin-de-Tournai, vingt-deux « cours » et sept moulins avaient été détruits par l'incendie en 1302. Dans la région parisienne, la dîme des grains qui rapportait normalement à Antony trente-cinq muids était tombée à vingt en 1384, et celle du vin de cent vingt queues à vingt seulement ; ces chiffres montrent dans quelle proportion une chevauchée de gens d'armes pouvait détériorer la production d'un village. La même année et par l'effet des mêmes opérations militaires, on dut laisser en friche vingt-deux arpents de vigne sur trente-deux, et quatre-vingt-dix arpents de champs sur cent quatre-vingt-dix sur les terres de l'abbaye du Lys près de Melun. Par suite d'une semblable restriction des cultures provoquée par des événements de même nature, les moines de Saint-Denis, qui avaient vendu, en 1342-1343, cent trente-trois muids de blé, ne purent pas en offrir aux marchands plus de quatre en 1374-1375 [2].

Toutefois, si l'économie rurale pâtit incontestablement de la guerre, ces dommages restèrent la plupart du temps moins graves qu'il n'apparaît à travers des sources trop pathétiques. Ils affectèrent plus légèrement les exploitations modestes. La population paysanne, prompte à s'enfuir et qui attendait à l'abri, dans les bois ou les marais, la fin des alertes toujours brèves, ne souffrait pas physiquement des hostilités, sauf exception tout accidentelle. Il faut considérer aussi que le matériel d'équipement agricole était alors si rudimentaire, qu'il

1. DARBY, dans 33, p. 166 sq. La défaillance du pouvoir royal, les luttes ardentes entre seigneurs se disputant les prérogatives régaliennes, entretinrent dans l'Allemagne du XIIIe siècle des conflits qui désolèrent les campagnes de ce pays. Les sources ici sont pleines d'allusions aux ravages de récoltes, aux paysans réduits à la pauvreté et à l'exode, EPPERLEIN, 486, p. 136. Des destructions de cette ampleur n'ont certainement pas été sans incidences sur l'évolution économique ; elles ont peut-être favorisé dans le nord-ouest de l'Allemagne les progrès du bail à ferme. En fait, il n'y a guère qu'en France que le contraste soit vif entre la paix du XIIIe siècle et les désordres militaires du XIVe.

2. HAENENS, 615 ; FOURQUIN, 510 *a*.

fallait très peu de temps pour le remettre en état. La paix revenue, on reprenait le labourage. Après un repos forcé, la terre portait à nouveau moisson. Les incursions des gens de guerre n'affectèrent jamais durablement la production des céréales. En revanche, les cultures de jardinage subissaient des dégâts moins superficiels, et notamment la vigne ; lorsque les ceps avaient été détruits ou laissés trop longtemps à l'abandon, il fallait replanter et soigner quelques années le vignoble avant qu'il ne rapporte à nouveau. Le bétail surtout constituait une proie tentante pour les gens de guerre. Lorsque les villageois n'avaient pas eu le temps de disperser leurs troupeaux dans les cachettes forestières, les passages de troupes détruisaient d'ordinaire une partie du cheptel. La guerre portait de cette manière à l'économie paysanne les coups les plus graves. Lorsque bœufs et chevaux d'attelage étaient ainsi décimés, le choc se répercutait sur le travail agricole et sur son rendement.

En fait ce furent surtout les demeures seigneuriales qui souffrirent, plus exposées en raison même de leur relative richesse, ainsi que leurs annexes, les moulins, les fours, les clos, les vergers, bref tout ce qui faisait le luxe des campagnes. Le fait mérite d'être noté : la guerre éprouva plus durement l'économie seigneuriale. Frappant davantage les riches, elle contribuait à niveler dans les campagnes les écarts de fortune. Les pertes de capital qu'elle détermina se répartirent en tout cas fort inégalement dans la société rurale.

Même inégalité entre les régions. Partout on entreprenait avec acharnement les réparations aussitôt que le danger s'éloignait. Très vite ainsi tous les organes de production, et jusqu'aux installations les plus fragiles, se trouvaient restaurés. On s'aperçoit par exemple que, dans les campagnes bordelaises, des phases de reconstruction alternèrent avec les phases de ravages[1]. On s'explique ainsi que même dans les régions les plus profondément saccagées, les coups portés par la guerre furent rarement assez rudes pour déranger durablement la répartition de l'habitat ou les structures agraires. Mais il apparaît aussi très nettement que les pays pauvres et moins peuplés souffrirent plus profondément des destructions, et surtout qu'ils s'en remirent bien plus lentement. En effet, moins robustes, ils fléchirent davantage sous l'épreuve. S'ils tardèrent autant à se remonter, c'est que l'effort de la réparation et les investissements se portèrent d'abord vers les contrées plus fertiles. À la fin du XVe siècle, les bonnes terres à blé du Valois se trouvaient depuis fort longtemps tout à fait restaurées, aussi pleines d'hommes et aussi productives qu'avant les troubles militaires, alors

1. BOUTRUCHE, 508, p. 193 sq.

que dans les mauvais pays de la Brie toute proche, les plaies de la guerre attendaient encore d'être pansées[1].

*

À la famine et à la guerre s'ajoutèrent encore d'autres calamités qui, celles-ci, ébranlèrent plus profondément les structures de l'économie rurale. Il s'agit des mortalités, des épidémies, des « pestes », et en particulier de la plus brutale d'entre elles, qui en 1348 et 1349 ravagea l'Europe entière, à l'exception de quelques cantons d'Allemagne : la Peste Noire. Il est probable que les villes où l'entassement de l'habitat, les très mauvaises conditions d'hygiène et les difficultés d'approvisionnement favorisaient la contagion, souffrirent davantage de ce dernier fléau. Mais il n'épargna pas les populations des campagnes. Dans un canton du Surrey, on enregistra quinze fois plus de décès que d'ordinaire en 1348-1349, et dix fois plus en 1349-1350. Les observations qui portent sur le milieu rural montrent surtout que les attaques de la peste manifestèrent une intensité très variable selon les lieux. Dans tel village anglais, sept cent quarante-sept personnes moururent en 1349, mais cinq seulement dans la localité contiguë, qui n'était pas moins peuplée. Les exemples ne manquent pas de villages que la Grande Peste apparemment épargna tout à fait. Dans le censier de Garges, près de Paris, rédigé en 1351, les deux tiers des hommes portent des noms familiaux déjà enregistrés vingt ans plus tôt, ce qui, dans les conditions de transmission des patronymes et de rédaction des inventaires, témoigne d'une forte stabilité démographique[2]. Il n'en reste pas moins que le monde des campagnes subit, de par la Peste Noire, une très forte secousse, et dont les effets se prolongèrent. Pendant plus d'un demi-siècle, la maladie se réveilla en poussées périodiques qui se montrèrent, ici et là, plus meurtrières que la grande épidémie de 1348-1349. Aussi faut-il considérer que si les famines et les campagnes militaires demeurèrent des accidents de surface, les mortalités, qui déterminèrent une rupture durable dans l'évolution démographique, atteignirent vraiment les structures rurales. Par elles, nous touchons à des modifications de profondeur que révèlent de nouvelles séries d'indices.

---

1. Fourquin, 510 *a*.
2. Fourquin, 510 *a*. Une province comme le Béarn fut presque complètement épargnée, Tucco-Chala, 637 *a*.

2. Le dépeuplement des campagnes

La plus apparente de ces modifications est une baisse de population, non point celle-ci accidentelle, mais de longue durée. Cette défaillance succède, semble-t-il, de manière assez brusque à la très longue période de croissance ininterrompue. Elle est attestée par un ensemble convergent de témoignages indirects, tels que la hausse des salaires, la restriction des surfaces ensemencées et l'abandon de lieux habités. Mais elle est immédiatement visible dans les dénombrements qui se multiplient précisément à cette époque en Europe. En vérité, ces documents présentent de très fâcheuses imperfections. En premier lieu, tous ces recensements procédaient d'intentions essentiellement fiscales. Ils préparaient la répartition des subsides accordés aux princes, que l'on avait alors coutume de partager entre les villages au prorata de leur population. Il en résulte que les déclarations sur lesquelles ils se fondaient se trouvaient au départ faussées, en dépit des serments, par le désir des communautés d'alléger le poids des impôts. En outre, on ne dénombrait pas les individus, mais les unités imposables, c'est-à-dire les foyers, les « feux ». Combien d'êtres vivaient alors en moyenne dans un « feu » rural ? De forts désaccords séparent les estimations que proposent les spécialistes. Ajoutons que, fréquemment, les listes conservées ne concernent que les foyers solvables, car les enquêteurs ne se souciaient pas d'alourdir leur tâche en enregistrant les feux trop pauvres pour participer à la collecte. Pour rectifier les données de ces textes, il faudrait donc connaître la proportion des misérables ; fort variable, celle-ci ne peut faire l'objet que de conjectures très hypothétiques [1]. D'autres documents qui ne concernent qu'une partie de la population rurale, comme les états de recrutement des milices, les listes des tenanciers ou des taillables utilisées par les percepteurs seigneuriaux, complètent les indications des dénombrements. Bien que de qualité médiocre, le matériel d'information autorise ainsi des observations fort utiles, et permet enfin à l'historien de l'économie rurale une observation moins décevante des mouvements démographiques. Indiquons que ces sources demeurent encore pour la plupart inexploitées, mais aussi que l'étude de la population constitue

1. Voir, sur ce point, les remarquables analyses critiques dans Arnould, 529, et Baratier, 84. On connaît des cas d'extraordinaire entassement dans un même foyer. En 1484, dans une maison d'un bourg normand vivaient soixante-dix personnes, « parce qu'elles craignaient les tailles, car si chaque personne mariée tenait, comme on dit communément, un ménage particulier, ils seraient bien forcés à payer une plus forte taille... ». Preuve intéressante d'une incidence directe des méthodes fiscales sur les structures du peuplement, Guenée, 535 *a*, p. 321.

l'un des secteurs de recherche les plus actifs dans l'histoire médiévale, celui dont les progrès récents sont peut-être les plus marqués[1].

Dans l'état actuel des investigations, de fortes particularités se discernent d'abord entre les quelques régions qui ont fait l'objet d'examens approfondis. Certaines d'entre elles en effet n'accusent aucune tendance dépressive, mais au contraire des signes fort nets de croissance. Ainsi dans le nord de l'Italie, dans le Tyrol où l'on estime que la population s'éleva de moitié entre 1312 et 1427. Dans le Brabant septentrional, les dénombrements mettent en évidence une hausse du nombre des feux entre le dernier quart du XIVe siècle et la seconde moitié du XVe siècle ; selon les villages, elle varie entre 6 et 32 %. Un essor démographique est également attesté localement après le milieu du XIVe siècle dans certains cantons des Midlands en cours de défrichement[2].

Toutefois, dans la plupart des provinces, les observations ont décelé un fléchissement parfois très prononcé. En Provence, dont la très riche documentation vient d'être récemment exploitée, la baisse se manifeste dès les premières années du XIVe siècle et précède par conséquent d'une bonne distance le déclenchement des grandes épidémies : dans le village de Maillane par exemple, on comptait cent « feux » au milieu du XIIIe siècle et quatre-vingts seulement en 1319[3]. Cependant la chute de la population provençale s'est fortement accélérée après 1320, et dans l'ensemble de l'Europe occidentale, il faut semble-t-il situer la période la plus critique de l'histoire démographique pendant les vingt années qui ont suivi la Peste Noire. C'est alors que les courbes accusent les défaillances les plus brutales. Ce qui montre que le choc porté par la Grande Peste, frappant un milieu déjà déficient, avait exercé une influence déterminante[4]. Après 1370, une dépression démographique s'installa pour plusieurs décennies dans presque toutes les campagnes européennes.

On la devine très profonde. Je prends pour exemple des données qui concernent un petit village de Bourgogne[5]. Quarante et un feux en 1375, soit moitié moins qu'en 1268. Stabilisation ensuite à un niveau légèrement supérieur : cinquante-quatre feux en 1378, cinquante-trois en 1400. Ensuite effondrement brutal : en 1423, treize feux. Telle est bien l'allure générale du mouvement qui

1. Après le rapport présenté au Congrès de Paris, 86.

2. CIPOLLA, 509 ; J. CUVELIER, *Les Dénombrements de foyers en Brabant (XIVe-XVIe siècles)*, Bruxelles, 1912-1913 ; HILTON, 620.

3. BARATIER, 84 (voir en particulier le tableau concernant la région de Sisteron, p. 172-173) et 387.

4. D'après les témoignages anglais utilisés par RUSSELL, 89, la mortalité des enfants semble s'être fortement relevée après 1348 ; à la fin du siècle, ce fut la fertilité qui baissa.

5. MARTIN-LORBER, 497.

ne semble aucunement dépendre des catastrophes militaires. Un semblable recul peut s'observer partout. Le *contado* florentin se dépeupla dans les mêmes proportions ; à cette époque on ne trouvait plus à Maillane aucun feu solvable. D'une manière générale également, la courbe de population se releva dans le second quart du XVe siècle. Le village bourguignon choisi comme témoin comptait vingt-huit feux en 1436, quarante-deux en 1450. La poussée s'accéléra après 1460-1470 dans les régions riches de France et d'Angleterre, alors que les cantons pauvres restaient stagnants et continuaient même parfois de se dépeupler.

Quelques zones rurales exceptionnellement favorisées mises à part, la saignée avait été étonnamment forte. Ainsi peut-on penser que, dans son ensemble, le comté de Nice perdit les deux tiers de sa population entre 1320 et le début du XVe siècle ; et les secteurs les plus pauvres de haute montagne avaient davantage encore souffert de la dépopulation. Dans une bourgade de la haute vallée du Var, on recensa deux cent soixante-huit foyers en 1313 et quatre-vingt-neuf seulement en 1471. Dans la région de Senlis, la densité des feux par kilomètre carré était tombée des environs de quinze en 1328 à trois ou quatre au milieu du siècle suivant [1]. Vers 1470, alors que la reprise était déjà franchement lancée, les feux demeuraient, dans la plupart des villages d'Europe, moitié moins nombreux qu'au début du XIVe siècle.

3. Restriction de l'espace cultivé

À la raréfaction des hommes correspond le recul des cultures, une phase d'*Entsiedlung*, de repli dans l'occupation du sol, qui suivit de peu l'arrêt des défrichements. Ces modifications de l'espace agraire ont fait l'objet d'études approfondies en Allemagne et en Angleterre. On voit dans ces pays que l'abandon affecta dans de très nombreux terroirs un certain nombre de champs situés généralement dans les quartiers périphériques du finage, dans les zones que les agriculteurs avaient les dernières conquises sur les friches, et qui furent alors délaissées. Les sources écrites attestent également la désertion de certains manses, de parcelles d'habitation situées soit à l'intérieur des villages, soit dans les zones d'habitat dispersé. On voit enfin que des villages disparurent complètement avec leur terroir. Seules quelques traces en demeurent aujourd'hui dans la toponymie. Parfois le dessin des anciennes rues et des enclos, le quadrillage des longues parcelles apparaissent à ras du sol à peine marqués par un léger relief. En Angleterre, la photographie aérienne en lumière frisante a révélé

1. Baratier, 84, p. 186 ; Guenée, 535 *a*.

quelques-uns de ces vestiges sous la prairie qui les a recouverts et qui les conserve. Les recherches ont décelé l'existence d'un très grand nombre de ces *lost villages*, de ces *Wüstungen*, dont l'abandon peut être situé dans la seconde moitié du XIVe siècle et au début du XVe. On estime que quatre cent cinquante gros villages et davantage de petits hameaux, c'est-à-dire le cinquième environ des agglomérations rurales, furent ainsi délaissés en Angleterre ; la plupart se trouvaient dans les régions de l'Est, dans les campagnes les plus anciennement vouées à la production céréalière. Dans l'est et le sud-ouest de l'Allemagne, entre 20 et 30 % des localités disparurent. Le mouvement de retrait prit une ampleur beaucoup plus considérable dans le centre des pays allemands. En Thuringe septentrionale, cent quarante-six des cent soixante-dix-neuf lieux habités connus dans le haut Moyen Âge s'étaient vidés complètement avant 1600. Il serait fort utile d'étendre à la France de semblables enquêtes, et d'entreprendre le repérage, région par région, des points d'occupation humaine qui furent alors abandonnés. On sait déjà qu'en Brie, en Provence, certains hameaux disparurent dans la seconde moitié du XIVe siècle[1].

Pour fournir les moyens d'interpréter de tels changements du paysage agraire, la recherche doit s'attacher aussi à établir, avec toute la précision possible, la chronologie de la désertion. En confrontant les observations archéologiques et l'enseignement des sources écrites, on a pu reconnaître que nombre de villages anglais perdirent leurs habitants lors de l'épidémie de la Peste Noire et ne furent plus réoccupés. De même, l'étude topographique, beaucoup plus délicate lorsque l'on ne cherche pas seulement à repérer les « villages perdus » mais à délimiter, dans les terroirs qui continuèrent à être partiellement cultivés, la frange de rétraction, doit mesurer le degré de fertilité des champs délaissés, prendre garde aussi à leur situation par rapport aux grands massifs forestiers ou aux agglomérations urbaines. Une particulière attention doit être également portée à la nature des formations végétales qui succédèrent aux labours. Parfois le champ fut remplacé par la prairie. Les exemples abondent en Angleterre. Le hameau de Tusmore, « village perdu » du comté d'Oxford, dont les fondations se devinent encore au soleil couchant sous l'uniformité du gazon, comptait trente-trois ménages de paysans en 1279. En 1357, il était vide ; son seigneur fut autorisé à enclore tout le terroir et à l'utiliser pour nourrir ses troupeaux ; et le lieu ne fut plus jamais habité[2]. Cependant la plupart des parcelles qui cessèrent d'être cultivées furent gagnées par les bois et les friches, temporairement comme ce fut le cas en France aux pires moments de la guerre de Cent

1. Beresford, 543 ; Abel, 506, p. 8 ; Brunet, 49, p. 431.
2. Beresford, 36, p. 111-112, et figure 43.

Ans, ou pour toujours. L'avance des forêts aux dépens des clairières ouvertes entre le XIe et le XIIIe siècle est véritablement stupéfiante dans l'Allemagne centrale. Les analyses de pollens opérées dans les tourbières de Roten Moor montrent nettement que les céréales reculèrent entre 1350 et 1420, mais aussi que ce retrait fut compensé par le progrès des espèces sylvestres. Des coudriers et des bouleaux, arbres de poussée rapide, s'installèrent d'abord sur les champs délaissés ; ils préparaient le terrain au peuplement de hêtres, à la futaie épaisse qui peu à peu s'appropria de nouveau le sol, que l'effort des hommes lui avait un moment arrachée. L'invasion de la végétation sauvage au XIVe et au XVe siècle constitue, dans l'histoire de la civilisation européenne, un épisode d'égale importance à l'aventure des défrichements.

4. L'ÉVOLUTION DES PRIX ET DES GAGES

Les dernières modifications de structures concernent la valeur respective des denrées agricoles et du travail paysan. Ces changements, à vrai dire, apparaissent beaucoup moins clairement. L'histoire des prix à l'époque médiévale se révèle en effet infiniment plus difficile et plus conjecturale que celle de l'occupation du sol, ou même de la population. Il est possible de dresser quelques séries continues en de très rares lieux isolés les uns des autres, en utilisant les comptes des quelques très grandes seigneuries, presque toutes anglaises, qui ont continué après le début du XIVe siècle à vendre régulièrement les produits de leur domaine. La plupart des données proviennent cependant de documents urbains. Or le mécanisme des prix agricoles, et spécialement des prix des grains, semble avoir été beaucoup trop complexe pour que des observations conduites depuis des points aussi clairsemés puissent autoriser des conclusions étendues. Tout porte à croire que le marché des grains demeurait étroitement cloisonné, comme il l'était déjà au début du XIVe siècle, que les cours d'achat pouvaient varier du simple au double d'un village à l'autre, que les transactions s'opéraient en tout cas dans des conditions tout à fait différentes sur le marché des grosses villes et dans la grange des exploitants. Ces remarques enlèvent beaucoup de leur valeur indicative aux séries de prix que l'on a pu reconstituer d'après les archives de Montauban ou de Francfort. Il est possible d'établir toutefois, d'après ce matériel documentaire insuffisant, un certain nombre de faits fort significatifs.

Il apparaît en premier lieu que le marché des grains demeurait agité par de très fortes fluctuations de courte durée. Celles-ci semblent s'être notablement amplifiées pendant le XIVe siècle. On voit en particulier s'accuser l'amplitude, chaque année, de la variation saisonnière régulière. La tendance à la pénurie, et davantage encore une attitude psychologique nouvelle, la crainte des famines que l'on savait de nouveau possibles, rendaient en effet la demande plus sensible aux aléas de la récolte. La forte hausse de printemps, qui succédait normalement à la baisse de septembre, s'accentuait lorsque la moisson précédente avait été médiocre ; elle prenait des proportions démesurées lorsque la prochaine s'annonçait de mauvaise qualité. Et si plusieurs années stériles se succédaient, les oscillations, en s'enchaînant, finissaient par devenir monstrueuses. Pendant la crise frumentaire de l'année 1316, on paya le blé en Flandre douze et même vingt-quatre fois plus cher qu'à l'accoutumée. Sous l'effet combiné de la disette et du dérangement monétaire, le prix du setier de seigle à Paris passa, entre 1415 et 1421, de six sous à quatre cent quarante-huit ; en 1422, il retombait à vingt-huit sous [1].

Cependant, quand on observe sur une longue période les prix des diverses céréales (animés d'ailleurs généralement les uns et les autres par des fluctuations très parallèles), on s'aperçoit qu'ils étaient stagnants ou qu'ils se trouvaient en certains points en diminution régulière. On saisit ici le principal changement par rapport à la période d'expansion agricole des XIIe et XIIIe siècles, qu'entraînait, on le sait, une montée lente et prolongée des cours. Il semble bien que le changement d'orientation ne résulta pas de bouleversements brusques ou de chocs extérieurs. La tendance se renversa lentement après 1300. Les famines de la seconde décennie du XIVe siècle, qui suivirent plusieurs années de forte abondance, n'exercèrent sans doute pas, même dans les pays riverains de la mer du Nord, des répercussions aussi prolongées qu'on l'a cru sur le mouvement des prix agricoles. Au moment de la grande pénurie, les cours accusèrent une nette élévation sur le marché parisien, mais ils rejoignirent ensuite aussitôt le niveau moyen d'avant la crise, et s'y maintinrent : les prix demeurèrent bas et étales entre 1320 et 1342 dans les comptes de l'abbaye de Saint-Denis. En Angleterre, le prix des blés s'abaissa rapidement après 1325 ; il se trouvait en moyenne en baisse de 20 % dans le deuxième quart du XIVe siècle par rapport au premier. La Peste Noire détermina une brusque chute de production qui un moment releva sensiblement le niveau. Celui-ci était retombé après 1370 [2].

Dans les comptes du monastère de Saint-Denis, les cours à la vente ont peu varié entre 1374 et 1410 ; ils paraissent animés de mouvements désordonnés entre 1410 et 1440, bousculés par l'effet des opérations militaires et par le remuement des monnaies ; on les voit ensuite stagner, puis s'affaisser lentement jusqu'aux approches du XVIe siècle. On peut reconstituer en d'autres régions des

1. Van Werveke, 565 ; Fourquin, 510 *a*.
2. Fourquin, 510 *a* ; Postan, dans 5, p. 198.

courbes d'allure quelque peu différente. Certaines séries dressées d'après des documents anglais témoignent d'un rapide effondrement pendant les années 1375-1380. À Francfort, les prix revinrent en 1371-1380, après une hausse sensible, au niveau de 1351-1360, baissèrent d'un quart dans la décennie suivante et remontèrent ensuite de 15 %, pour fléchir régulièrement tout au long du XVe siècle. Toutefois, dans l'ensemble, une chute des cours est attestée par toutes les sources ou presque, et s'avère souvent profonde. Si, dans les comptes de la seigneurie normande du Neufbourg, la valeur de la mesure de froment se tient sensiblement au même niveau entre 1325 et 1400, on a pu calculer que le blé valait, à Caen, en 1428, moitié moins qu'en 1270. On estime la perte de valeur entre le milieu du XIVe siècle et le milieu du XVe à 35 % en Basse-Autriche, à 63 % en Angleterre, à 73 % à Francfort. La faiblesse des prix de la nourriture fondamentale parut sans doute d'autant plus sensible que les cours du vin et des autres productions paysannes se maintinrent solidement pendant toute cette période. On a calculé que les prix moyens du bétail baissèrent seulement de 11 % en Angleterre entre 1350 et 1450. Ceux du beurre s'élevèrent pendant le XIVe siècle [1].

Dans les exploitations agricoles de grandes et de moyennes dimensions, les conséquences du fléchissement des prix des céréales se trouvèrent aggravées par la hausse notable des salaires ruraux. Il s'agit, ici encore, d'un renversement complet de la tendance, et celui-ci s'opéra d'une manière plus brutale, car le taux des gages subit directement les répercussions du mouvement démographique. Dans les campagnes anglaises, la surabondance de la main-d'œuvre prolongea jusque vers 1320 la stabilité des salaires en argent. On les voit ensuite s'élever un peu ici et là. Ce fut pourtant la Grande Peste qui, d'un coup, précipita la hausse. Sur les domaines de l'abbaye de Tavistock, un laboureur qui recevait trois deniers et demi par semaine en 1298, en exigeait déjà quatre en 1334 ; mais on dut lui en donner six en 1373, sept en 1381, huit en 1385 [2]... Calculé d'après les données que fournissent les archives épiscopales de Winchester, l'indice des gages en argent passa de cent en 1300-1319 à cent vingt-quatre en 1320-1339, puis à cent trente-trois en 1340-1359, à cent soixante-neuf en 1360-1379, à cent quatre-vingt-huit en 1380-1399 ; il se stabilisa ensuite à ce niveau. Dans les comptes de l'abbaye de Saint-Denis, les salaires doublent entre 1349 et 1370, puis ne bougent plus [3].

1. PLAISSE, 631 *a*, p. 229 ; ABEL, 506.

2. FINBERG, 176.

3. POSTAN, 539 ; FOURQUIN, 510 *a*. Voici quelques indications précises sur l'évolution du salaire journalier des vignerons à Marseille :

On observe d'autre part, et partout, que l'éventail des salaires se referma. En effet, ce furent les gages des manœuvres sans qualification qui réagirent le plus vivement à la hausse. À la fin du XIIIe siècle, on payait à Winchester un couvreur trois fois plus cher qu'un journalier de moisson ; dans la première moitié du XVe siècle, le premier recevait seulement un tiers de plus que le second. L'important pour les destinées de la grande entreprise agricole est que l'enchérissement de la journée de travail se produisit au moment même où s'effondraient les cours des grains : dans les manoirs de l'évêché de Winchester, alors que l'indice des salaires doublait entre le début et la fin du XIVe siècle, celui du prix des blés évoluait en sens inverse et passait de cent à soixante-cinq. La distorsion s'accentua encore vers le milieu du XVe siècle : si l'indice des salaires ne se modifia pas sensiblement, celui des prix se mit à baisser de nouveau après 1440 ; on peut l'établir à cinquante-trois pour la période 1440-1459, à quarante-sept pour 1460-1479[1]...

5. Essai d'interprétation

Voici les faits. Comment les interpréter ? On ne peut nier qu'au XIVe siècle et dans la première moitié du XVe l'économie rurale n'ait été ébranlée de l'extérieur et de manière accidentelle par des calamités. L'hypothèse même de certaines altérations climatiques ne peut être éliminée sans examen. Considérant que, de manière concomitante, on abandonna la culture des céréales en Islande, que les colonies scandinaves du Groenland cessèrent de pouvoir subsister, que la limite des forêts en altitude s'abaissa dans les Sudètes, que la viticulture recula en Angleterre et devint plus hasardeuse en Allemagne, certains savants ont en effet supposé que le climat de l'Europe du Centre et du Nord s'était refroidi entre le début du XIVe siècle et 1460[2]. Certes, on peut rétorquer que la plupart de ces phénomènes peuvent s'expliquer par la seule modification des circuits commerciaux. Mais il conviendrait que fût poussée davantage l'histoire des fluctuations climatiques. Celle-ci se trouve encore à la recherche de ses sources, qui sont rares et peu précises pour les époques anciennes. De bons indices

	1306	*1331-1336*	*1349 à 1363*	*1409 et 1439*	1480
Salaire masculin...	10 à 15 d.	15 à 18 d.	4 à 5 s.	5 à 6 s.	7 s. 6 d.
Salaire féminin...	5 à 6 d.	7 à 8 d.	2 s. à 2 s. 8 d.	2 s. 8 d.	3 s. 4 d.

Baratier, 90 *a*

1. Postan, 539.
2. Steensberg, 527.

relatifs aux variations climatiques de longue durée peuvent être fournis par la chronologie des débits glaciaires. Or les observations, en ce domaine, manquent de sûreté pour le Moyen Âge. Il semble bien, preuve d'une détérioration durable des conditions atmosphériques, que les glaciers européens aient en effet progressé, mais plus tard, entre 1450 et 1600. Toutefois l'étude de la croissance séculaire des grands arbres conduite en Amérique a permis de déceler que la pluviosité devint plus abondante au XIVe siècle dans l'ouest des États-Unis. Peut-on penser que cette modification des conditions pluviométriques se répercuta sur tout l'hémisphère Nord et, par conséquent, que l'excès d'humidité, si préjudiciable à la culture des céréales, s'aggrava alors dans les campagnes européennes ? Il n'est pas impossible en tout cas que l'Occident soit entré vers 1300 dans une longue période d'adversités climatiques, qui pourrait expliquer en partie le retour des pénuries alimentaires et l'abandon de certains terroirs [1].

Une autre modification extérieure aux structures rurales affecta celles-ci directement. Il s'agit de la croissance des états et de ses séquelles : la recrudescence des guerres et le très large développement des fiscalités princières. Dans un monde qui déjà ne disposait pas d'un stock monétaire à la mesure de ses besoins, les exigences financières démesurément accrues des princes et de leurs serviteurs, les pillages et les rançons, l'avidité des hommes de guerre vinrent pendant un siècle et demi bouleverser la répartition des fortunes, perturber la circulation des monnaies, introduire le désordre dans les prix. Le sentiment général d'instabilité et d'insécurité qui s'ensuivit contracta toutes les activités économiques. Il incita à thésauriser, à restreindre la production, à limiter les échanges. Tous ces troubles furent certainement ressentis beaucoup plus fortement dans les villes, mais ils n'épargnèrent pas les campagnes. Dernier coup porté du dehors, et que l'on peut considérer comme accidentel : la Peste Noire et le regain de morbidité qu'elle implanta pour un demi-siècle en Europe.

*

Ces catastrophes ne sauraient toutefois expliquer à elles seules les mutations qui affectèrent l'économie des campagnes. Celles-ci résultèrent dans une bien plus large mesure d'une évolution interne qui affecta les rapports de production et de consommation. Il faut sans doute chercher assez loin dans le passé les ressorts les plus profonds du renversement de la conjoncture. Il fut préparé pendant les dernières années du XIIIe siècle par l'appauvrissement progressif d'un secteur toujours plus étendu de la paysannerie et par le surpeuplement qui

1. LE ROY-LADURIE, 63 et 64.

poussait à étendre exagérément les défrichements, à solliciter des terres trop pauvres. Épuisées et définitivement après quelques récoltes, celles-ci durent bientôt être abandonnées à jamais. Les premiers replis de l'espace agricole aux approches de 1300 se produisirent sur les marges des terroirs, aux pointes extrêmes et téméraires de l'essart [1]. D'autre part, dans la masse des manouvriers, mal nourrie, soumise aux contrecoups des variations de récoltes et des aléas climatiques, le taux de mortalité se trouvait, semble-t-il, en voie d'élévation dès 1290 [2]. Comme le recul agraire, la défaillance démographique s'amorçait donc antérieurement au début du XIVe siècle.

Ces deux mouvements atteignirent leur plein développement entre 1320 et 1370, où doit être placé le moment décisif de la mutation. Dans ces campagnes beaucoup trop peuplées (chargées de deux mille huit cent vingt-huit feux, les montagnes stériles de l'Oisans devaient nourrir autant d'hommes au moins en 1339 qu'en 1911 [3]) la tension démographique dès lors se relâcha très vite et le groupe économique des paysans les plus défavorisés se résorba en quelques décennies. Cette évolution précipitée, dont on trouve les traces évidentes dans les dénombrements, résulta apparemment d'impulsions multiples. Le taux de mortalité dans les couches inférieures de la société rurale se tenait vers 1300 à des niveaux tellement élevés qu'une hausse même légère, comme celle que reflète aux dernières années du XIIIe siècle le profit des taxes sur les successions dans les archives anglaises, put suffire en une génération à inverser le rapport entre le nombre des naissances et celui des décès. Ceux-ci l'emportèrent, ce qui pendant quelques années freina la croissance de la population, puis en détermina le déclin. En certaines régions, le trouble des guerres aggrava les conséquences de cet épuisement biologique. Le passage des armées, les réquisitions de troupes emportèrent avec eux les moins enracinés des paysans et les entraînèrent dans leur mouvement désordonné ; ils les arrachèrent aux villages et les éparpillèrent. Place doit être faite également à l'exode rural vers les agglomérations urbaines. Presque partout en Europe on voit en effet les villes grossir fortement au début du XIVe siècle. Elles se peuplèrent par immigration, car ce qu'on entrevoit du taux des naissances montre qu'il s'y trouvait beaucoup trop bas pour assurer même le renouvellement naturel de la population. Beaucoup de villageois s'y transportèrent pour jouir d'une meilleure protection : les villes

1. L'examen des comptes manoriaux de la fin du XIIIe siècle, les chutes de rendement et le déplacement des champs du domaine seigneurial qu'ils révèlent, ont amené M. Postan à penser que la détérioration du sol avait en Angleterre affecté également les parties centrales du terroir.

2. Postan-Titow, 500.

3. Allix, 32.

encloses en effet constituaient des refuges en temps d'alerte, et l'on sait par exemple que, pendant les crises politiques, entre 1358 et 1360, entre 1410 et 1420, des foules de ruraux des environs vinrent s'entasser dans Paris[1]. Beaucoup de travailleurs des campagnes émigrèrent aussi à la ville dans l'espoir d'y trouver un gain meilleur, un emploi plus lucratif. Les salaires urbains atteignaient alors en effet des taux moyens nettement plus élevés. En Artois au début du XIVe siècle, un bûcheron[2] gagnait de neuf à douze deniers par jour, un maçon lorsqu'il travaillait en ville[3] en recevait de quinze à dix-huit. Ainsi le nombre des journaliers diminua lentement dans les décennies qui suivirent 1300. Cette résorption du prolétariat rural contribua sans doute à l'abaissement des prix du grain comme à la hausse des gages, mouvements qui se dessinaient au seuil du XIVe siècle et qui allèrent peu à peu en s'accentuant. Les changements qui modifièrent à la campagne les conditions de l'emploi déterminèrent peut-être en certaines régions (et notamment en Artois et dans le sud de la Flandre, que secouèrent alors plus brutalement les opérations militaires et les répercussions des crises frumentaires) un premier affaissement de la production céréalière.

Survint alors la Peste Noire. Terriblement violente, l'épidémie de 1348-1349 porta des coups d'une extrême rudesse à des structures démographiques en situation de fragilité. Il faut cependant considérer que les effets immédiats du choc se trouvèrent quelque peu amortis : les gens d'âge moyen résistèrent mieux que les autres à la maladie, et l'on entrevoit qu'un gros flux de naissance succéda aussitôt à la grande mortalité et combla rapidement les vides. De conséquences beaucoup plus prolongées furent sans doute les accès périodiques de « peste » qui suivirent : ils inclinèrent d'une manière décisive la courbe démographique. Dans la population rurale, tout donne à penser que les grands vides se creusèrent entre 1350 et 1380.

Ce fut pendant cette période que le nombre des prolétaires se réduisit de manière décisive dans les campagnes. Les pauvres disparurent en partie par élimination physique : l'épidémie les frappa plus que les autres. En tout cas, les survivants trouvèrent l'occasion de s'établir dans les exploitations que la mortalité avait rendues vacantes. Des familles qui, depuis des générations, vivaient dans la misère et sous la domination économique des employeurs, purent prendre des terres en location, et des meilleures : on leur en offrait de toute part. Selon toute apparence aussi l'évacuation des quartiers infertiles,

1. Fourquin, 510 *a*.
2. Richard, 437.
3. Fossier, 562.

l'abandon des villages mal situés se produisirent pendant ces trois décennies. Non que les décès aient été plus nombreux dans les zones de *Wüstungen*, mais parce que les hommes que la peste avait épargnés quittèrent ces sols plus ingrats. Seule une pression démographique intense avait peuplé les espaces les moins doués pour la culture des grains ; dès que cette pression s'allégea, ils se vidèrent. Ainsi l'exode rural et les poussées catastrophiques de mortalité déterminèrent dans les campagnes un aménagement nouveau des forces productives, un vaste reclassement qui affecta à la fois les conditions de l'emploi et la mise en valeur de la terre. L'effectif des catégories de travailleurs les moins favorisées s'amenuisa considérablement. Les parcelles médiocres, les régions arides, les montagnes, les « pays au bois » devinrent de nouveau déserts.

Ces conditions incitent à interpréter dans un sens moins pessimiste tous les indices d'un repli de l'espace arable. Dans la plupart des cas, celui-ci résulta directement de la dépression démographique, mais il manifestait aussi une concentration de l'agriculture sur les sols les plus propices. Les recherches les plus récemment menées sur les *Wüstungen* d'Allemagne montrent d'ailleurs, qu'en certaines provinces retardataires au moins, le retrait fut certainement en fait moins considérable que ne le laisserait croire la simple recension des écarts ou des quartiers réoccupés durablement par la forêt. La plupart de ceux-ci n'avaient jamais été en effet que des établissements précaires, des points temporairement exploités par une agriculture itinérante, largement extensive, et dont la fonction dans l'économie rurale se trouvait en réalité subordonnée à celle de l'espace boisé. On doit par conséquent se garder de considérer leur abandon, et le regroupement aux XIVe et XVe siècles de tous les champs en quelques terroirs cohérents et soumis à de strictes contraintes agraires, comme les signes d'un malaise économique, d'une faillite agricole et d'un déclin très prononcé de la population. Au contraire, ce transfert topographique traduit une crise de croissance de l'économie céréalière, plus tardive d'un siècle ou deux, mais très comparable dans son déroulement et dans sa nature à celle dont l'Île-de-France avait été le théâtre pendant le XIIIe siècle. Ainsi, dans la Germanie du Nord-Ouest, les seigneurs cantonnèrent-ils leurs bois dont la valeur ne cessait de croître ; ils les cernèrent de haies, les fermèrent aux porcs des paysans et interdirent d'y procéder désormais à des écobuages périodiques. La puissance seigneuriale, en opérant ce cantonnement, fit refluer les familles qui dans ces zones sylvestres tiraient en majeure partie leur subsistance de la forêt, de l'élevage et accessoirement de quelques cultures. Elles les obligea à modifier leur genre de vie. Le *Waldbauer* devint un *Ackermann*, un véritable cultivateur établi sur des champs fixes. Par une concentration de tous les écarts, l'habitat se renforça en gros villages, ceinturés de ces chênes dont les glands dès lors nourrissaient les porcs. Autour de ces agglomérations, le défrichement créa des terroirs très homogènes que ces pays n'avaient jamais connus [1].

*

En France, en Angleterre, dans les Pays-Bas, les divers mouvements qui modifièrent les structures de la société paysanne réduisirent durablement le nombre des hommes qui sollicitaient un emploi salarié. Toutes les ordonnances des princes ne parvinrent donc jamais à rabaisser les salaires à leur niveau d'avant la Grande Peste. Bien au contraire, ils continuèrent de s'élever pendant tout le XIVe siècle. Ce qui permit aux paysans demeurés en service (les registres de la *Poll Tax* montrent que les domestiques, *servientes*, et les ménages de journaliers, *laboratores*, constituaient encore en 1377 un bon tiers de la population des campagnes anglaises) de hausser singulièrement leur niveau d'existence.

D'une manière générale, dans le nouvel équilibre qui semble peu à peu s'établir autour de 1380, après le grand bouleversement des conditions démographiques dans les régions qu'il affecta, après les migrations et les transferts de peuplement dans les autres, il semble bien que la plupart des ruraux vivaient dans une situation économique un peu moins précaire que celle de leurs ancêtres. Plus exposée peut-être aux dégâts passagers, aux calamités. Sans doute aussi plus contractée, plus repliée sur elle-même. En définitive stabilisée. Les courbes de population, les indices des prix incitent en effet à considérer les quelque soixante années qui suivirent comme une période de stagnation, traversée seulement par endroits de catastrophes fugitives. Si l'on tente l'analyse grossière de cette conjoncture nouvelle, on remarque qu'elle se caractérise en premier lieu par un net affaiblissement de la vitalité démographique. Il se peut que la réduction du nombre relatif des journaliers privés de terres ait contribué à restreindre les possibilités de croissance. Les paysans établis sur un fonds se soucièrent sans doute davantage de limiter l'extension de leur famille, pour préserver leur patrimoine de l'émiettement. Ils y parvinrent en autorisant seulement certains de leurs enfants à se marier, en poussant les autres à quitter l'exploitation et à tenter l'aventure urbaine. On ressent une fois de plus cruellement le défaut de bonnes études sur les familles paysannes. Les sources du XIVe et du XVe siècle permettraient en certaines régions de les conduire assez loin. Ainsi a-t-on pu observer aux environs de Fribourg en Suisse que le nombre moyen d'enfants par ménage était alors sensiblement moins élevé (2,5) parmi les cultivateurs restés aux champs, que parmi ceux (2,9) qui, venus s'installer

1. TIMM, 528, p. 98 sq.

à la ville, se trouvaient détachés davantage de la possession foncière [1]. Il apparaît en tout cas que la densité humaine se maintenait légère dans bien des campagnes de la fin du XIVe siècle. La terre restait relativement abondante, son loyer bas, la main-d'œuvre chère.

La baisse durable de la population rurale paraît avoir également prolongé dans les campagnes la stagnation du commerce des céréales : beaucoup moins nombreux que jadis, les salariés des entreprises agricoles vivaient désormais pour la plupart en condition domestique ; nourris par leur employeur, ils n'avaient pas à acheter leur pain. Par ailleurs, dans les villes, le volume des achats de grain demeurait faible pour diverses raisons. En premier lieu, la plupart des agglomérations urbaines d'Europe, secouées plus brutalement par les épidémies dont l'entassement des habitants aggravait la malignité et qui souffraient aussi du resserrement général de l'économie d'échange, se dépeuplèrent sensiblement à la fin du XIVe siècle et au début du XVe, malgré l'afflux constant des gens de la campagne. En outre, dans ces villes en déclin, le ravitaillement des ménages était devenu moins dépendant des marchands de céréales : la crainte de la famine avait en effet poussé nombre de citadins à s'assurer un approvisionnement direct en achetant de la terre ou des rentes, ou en concluant avec les producteurs ruraux des contrats de fourniture de céréales [2]. Peut-être faut-il enfin tenir compte des modifications qui paraissent avoir affecté alors le régime alimentaire. On aperçoit en effet que le mouvement tendant à réduire en certaines régions la consommation du pain et à accroître inversement les sommes consacrées à l'achat des aliments d'accompagnement, qui se discernait déjà dans les documents du XIIIe siècle, s'est ensuite poursuivi régulièrement. On peut l'observer dans les *Weistümer* de l'Allemagne méridionale, qui fixaient les quantités de viande et de fromage que le régisseur de la seigneurie devait servir aux travailleurs du domaine. Il transparaît aussi à travers les comptes domestiques. On voit tel petit noble saxon dépenser des sommes relativement très fortes pour ravitailler sa maison en saucisses, en poisson, en miel ; même répartition des achats de nourriture dans les registres du collège parisien de l'Ave Maria ou dans ceux de l'hôtel du roi de France, dont l'approvisionnement en viande coûtait en 1417 huit fois plus cher que l'approvisionnement en blé [3].

Tous ces phénomènes conjoints permettent d'expliquer le marasme prolongé du prix des grains, qui surprend au premier abord en un temps où l'on voit

1. F. Buomberger, « Bevölkerungs-und Vermögensstatistik in der Stadt und Landschaft Freiburg um die Mitte des 15. Jahrhunderts », dans *Zeitschrift für Schweizerische Statistik*, 1900.

2. Voir p. 820.

3. Abel, 506, p. 147 sq. ; Rey, 636.

l'espace consacré à la culture des céréales se restreindre partout de manière considérable. C'est ici qu'il convient de ne pas oublier aussi que seuls les sols médiocres furent désertés et que la concentration de l'agriculture sur les terrains les plus favorables provoqua vraisemblablement la hausse des rendements moyens. De la sorte, dans l'intervalle des disettes saisonnières ou périodiques, l'offre sur le marché des blés se maintenait supérieure à l'état de la demande. Ajoutons que les écarts de récolte incitaient tous les exploitants à étendre très largement les emblavures en prévision des moissons mauvaises, et que d'autre part, le poids toujours plus lourd de la fiscalité obligeait tous les ménages paysans à produire des excédents négociables. Pour ces raisons, toutes les exploitations agricoles, dont la purge démographique avait accru la productivité, mettaient en vente en temps normal d'abondantes quantités de céréales.

Toutefois, l'affaissement toujours plus accusé du prix des grains par rapport aux salaires ruraux, que la concurrence des métiers urbains et la large diffusion de l'artisanat textile dans bien des campagnes d'Europe maintenaient à un niveau fort élevé, condamnait les entreprises de culture de trop grande envergure. En fait, il semble bien que l'abandon du domaine et le grand recul du faire-valoir direct dans les seigneuries se soient produits, en France et en Angleterre au moins, dans les années qui suivirent 1380. Il importe cependant de bien considérer que ce fléchissement de l'économie seigneuriale ne signifie nullement que les exploitations agricoles de dimensions moyennes, employant une main-d'œuvre toute familiale ou épaulée seulement par deux ou trois domestiques et, de loin en loin, par quelques tâcherons à la journée, aient alors en quelque manière perdu de leur vitalité.

CHAPITRE II

LA DÉFAILLANCE DE L'ÉCONOMIE SEIGNEURIALE

En fait, si l'économie rurale des deux derniers siècles du Moyen Âge apparaît sous des couleurs aussi sombres, c'est que les sources n'éclairent toujours à peu près que les entreprises seigneuriales, et que celles-ci se sont trouvées alors fort défavorisées par la conjoncture. Il est permis de penser que la récession du XIVe siècle se manifesta avant tout dans les campagnes par une défaillance de la seigneurie. Ajoutons que, plus touchées par la détérioration du marché des blés et des conditions de l'emploi, les exploitations seigneuriales souffrirent plus que les autres de l'ébranlement provoqué par les troubles d'origine politique.

On a vu déjà que les opérations de guerre détériorèrent surtout les manoirs et le capital seigneurial. En outre, après les passages de la guerre, il fallait que le maître aidât les paysans à reconstruire leur propre exploitation, s'il ne voulait pas les voir émigrer et déserter durablement sa terre, ou tout simplement s'il voulait se conformer à l'image exemplaire du seigneur, et continuer à remplir au milieu des rustres le rôle tutélaire que le sentiment collectif attendait qu'il tînt. Les fortunes nobles et ecclésiastiques souffrirent ainsi lourdement. Elles pâtirent aussi, et plus qu'on ne le pense communément, du rapide appesantissement de la fiscalité. Une étude récente donne à penser que les exigences pontificales furent très largement responsables de la détérioration économique de telle grande abbaye flamande pendant les premières décennies du XIVe siècle : les pertes que subirent alors ses finances du fait des ponctions fiscales furent trois fois plus lourdes au moins que celles consécutives aux dégâts militaires[1].

1. Haenens, 618, p. 124 sq.

Plus dommageables encore peut-être, parce qu'ils perturbaient en profondeur les rouages de l'économie seigneuriale, se révélèrent enfin les mouvements tumultueux qui agitèrent alors le monde des seigneurs laïcs. Ces derniers, étroitement mêlés aux événements politiques, se trouvèrent entraînés dans l'aventure guerrière. Beaucoup y perdirent leurs biens, momentanément ou pour toujours. Presque tous furent contraints à des éloignements prolongés, qui les détachèrent de leurs terres. Les études de R. Boutruche montrent admirablement combien, dans les campagnes bordelaises que la guerre il est vrai ravagea fort cruellement, la gestion du domaine, les relations entre maîtres et paysans, la loyauté des tenanciers, la fidélité des régisseurs purent souffrir de ces longues absences, comme de l'arrivée de nouveaux seigneurs inconnus, souvent avides et qu'une affection héréditaire n'attachait point de cœur au sol et aux hommes [1]. Il est sûr enfin que les soubresauts qui remuèrent alors les structures politiques hâtèrent en bien des provinces le lent transfert qui, depuis le XIIIe siècle, attirait vers la ville les aristocraties rurales. Un grand nombre de nobles, de religieux, de dignitaires de l'Église espacèrent à cette époque leurs séjours dans les demeures champêtres. Ils s'éloignèrent par là de leur terre et des soins qu'elle réclamait ; ils devinrent plus étrangers aux habitants de la seigneurie. Cet exode des maîtres vers les demeures urbaines détermina de profondes modifications dans les procédés d'exploitation et dans la circulation des produits de la terre. Il transforma davantage encore les conditions psychologiques de la gestion, dont l'histoire économique ne saurait se désintéresser.

Plus complexe, plus vulnérable, associée au destin plus instable des élites de la société, mêlée enfin par ses assises les plus profondes aux structures féodales que disloquaient et balayaient les convulsions du Moyen Âge finissant, la seigneurie fut donc soumise à des heurts très violents et les supporta beaucoup plus mal que les exploitations paysannes. Certes, il faut encore une fois se garder d'exagérer la dépression de l'économie seigneuriale. On doit considérer en premier lieu que les calamités et les mouvements de la société éprouvèrent beaucoup moins durement la propriété ecclésiastique, laquelle, en bien des villages, paraît même après les troubles mieux assise. En outre, lorsque les seigneurs durent aliéner de larges portions de leur patrimoine, les terres les mieux situées et les plus productives demeurèrent généralement entre leurs mains. Aux pires moments, ils conservèrent d'ordinaire des ressources suffisantes pour faire face, pour rebâtir, pour investir de nouveau après chaque vague de destruction. N'oublions pas que, dans la seconde moitié du XVe siècle, nobles et gens d'Église participèrent très largement au nouveau mouvement d'expan-

1. Boutruche, 508, p. 233 sq.

sion et, dans la plupart des cas, en prirent la tête. À ce moment-là, le monde des campagnes restait dominé d'aussi haut par l'aristocratie, et la pièce maîtresse de l'économie rurale demeurait bien toujours la seigneurie. Parlons de sa défaillance, mais à condition de bien sentir que celle-ci resta limitée, temporaire et relative. Ajoutons enfin qu'elle ne fut pas partout uniforme.

*

Les troubles politiques ne remuèrent pas aussi profondément toutes les provinces d'Occident, et certaines, on l'a vu, bénéficièrent d'une conjoncture plus favorable. Trop d'études comparatives font encore défaut pour qu'il soit possible de distinguer clairement les traits originaux que revêtit, ici et là, l'économie seigneuriale. On discerne cependant certaines régions où la seigneurie demeura plus vigoureuse et prospère. Ainsi l'Italie septentrionale. À vrai dire, on ne connaît encore que par de rares sondages la vie des campagnes dans cette portion de l'Europe dont les archives sont si riches, mais si dispersées et parfois d'accès malaisé. Du moins entrevoit-on, par exemple aux environs de Gênes, la solide persistance au XVe siècle de l'exploitation domaniale et des corvées. On peut reconnaître aussi que, sur les terres de telle abbaye cistercienne toscane, la perception des rentes ne fléchit nullement pendant tout le XIVe siècle et le début du XVe siècle, et que les cadres de l'économie seigneuriale furent fort peu dérangés par la Peste Noire. Même impression de stabilité dans l'aisance sur les biens fonciers que possédait l'évêque de Pavie près de Bobbio, où le nombre des tenanciers s'accrut pendant cette période [1]. Des investigations plus profondes permettront sans doute de discerner bientôt ce que la prospérité des seigneuries italiennes doit d'une manière générale à la persistance de la tendance expansive dans toute cette zone, où la vitalité démographique et l'ouverture des marchés stimulèrent durablement l'économie rurale. Mais elles devront aussi analyser de près les conditions sociales, qui présentaient d'une région à l'autre de notables diversités. La robustesse prolongée d'une seigneurie de type ancien dans les montagnes de Ligurie ou du haut pays niçois s'appuyait, semble-t-il, sur le profond enracinement des dominations féodales dans des contrées closes et attardées. Dans les plaines, le long des routes, c'était au contraire la puissance de l'économie urbaine qui entraînait et vivifiait la prospérité seigneuriale, en apportant des capitaux, en ouvrant des débouchés, et qui adaptait et renouvelait les relations entre seigneurs et paysans en proposant des contrats d'association de types très souples. Les efforts stimulants des entrepreneurs de la ville, la

1. J. HEERS, *Gênes au XVe siècle*, Paris, 1961, p. 511 sq. ; JONES, 623 ; LUZZATTO, 19.

véritable urbanisation des campagnes qu'ils provoquèrent, se sont traduits en particulier dans le cours du XIVe siècle par l'extension continue dans le *contado*, et notamment sur les collines, d'un système d'exploitation du sol qui s'était formé d'abord dans la banlieue des grandes cités : la *coltura promiscua*, qui mêle étroitement aux cultures sur parcelles irriguées les plantations de vigne et d'arbres nourriciers en une alliance, très artisanale, des productions fruitières et céréalières. On peut voir dans la construction du nouveau paysage, qu'ont représenté pour la première fois les peintres toscans du *trecento*, le plus clair symbole de la prospérité soutenue que la vitalité urbaine infusa dans ces campagnes [1]. Ici, les seigneurs étaient presque tous des citadins, nobles du plat-pays transplantés dans la ville voisine, ou fils de la cité qui avaient acheté des terres ou loué celles de l'Église à des conditions très avantageuses [2]. Ces gens des villes appliquaient-ils à gérer leurs biens ruraux le même esprit d'entreprise qui les animait dans les affaires de commerce et de banque ? Contribuèrent-ils ainsi à la poursuite de l'expansion ? Ou bien, fascinés par les styles de vie traditionnels de l'aristocratie, s'installèrent-ils au contraire dans les attitudes anciennes de la mentalité seigneuriale, oisive et négligente ? Bénéficièrent-ils alors passivement d'une prospérité qui ne devait rien à leur propre initiative ? La controverse est ouverte entre les historiens [3]. Seules des études minutieuses portant sur des cas précis pourront un jour les départager.

*

L'évolution de l'économie seigneuriale se révèle également très particulière sur le flanc oriental des pays germaniques. Dans ces pays neufs, ce furent les profonds bouleversements liés au dépeuplement et à la désertion de la terre cultivée qui suscitèrent dans l'institution seigneuriale un renouvellement de vitalité. Dans les larges vides ménagés par les *Wüstungen*, s'installèrent solidement de vastes exploitations domaniales. Le *Landbuch* qui décrit en 1375 la structure agraire du Brandebourg montre clairement que la terre noble se trouvait alors beaucoup moins étendue encore que la terre paysanne. Sur leur

1. SERENI, 76 *a*, p. 93. Autre signe de l'influence prédominante de l'économie urbaine, l'expansion à la même époque, dans les contrées environnantes, du système métrologique propre aux grandes communes lombardes, TOUBERT, 603 *a*.
2. CIPOLLA, 509.
3. SAPORI, 25 ; FIUMI, 132.

domaine qu'exploitaient des journaliers de condition libre[1], les hobereaux, détenteurs de la seule justice inférieure, apparaissaient comme les « voisins » des paysans, qui ne leur devaient point de corvées. Mais pendant le dernier quart du XIVe siècle, les seigneurs virent leur réserve s'accroître malgré eux de toutes les terres abandonnées, laissées désertes par une brusque dépression démographique. En même temps disparaissait la main-d'œuvre qui aurait permis d'étendre un type d'exploitation fondé sur le salariat. Une dissolution politique tardive, comparable à celle qu'avait connue la Gaule de l'an mil, permit alors à la seigneurie de réagir. Le facteur décisif fut, dans ces contrées, la faiblesse de l'état. Pour obtenir des seigneurs des subsides en argent, les princes leur abandonnèrent les droits régaliens. Ils soumirent les paysans à l'entier pouvoir de contrainte du hobereau local. Ainsi les maîtres purent-ils attacher les rustres à la glèbe, freiner de la sorte l'émigration vers les villes, et imposer les lourds services en travail que réclamaient leurs domaines démesurément élargis. Par la défaillance de la puissance publique, ce fut ici la seigneurie qui profita du dépeuplement. Un strict servage s'appesantit peu à peu pendant le XVe siècle sur toute une paysannerie, qui jadis vivait dans une plus large liberté que partout ailleurs en Europe. Il préparait la forte prospérité dont jouirent aux temps modernes les vastes entreprises agricoles du clergé et de la noblesse[2].

*

Il convient donc de mettre à part quelques secteurs où l'économie seigneuriale paraît dans son ensemble en croissance. Il importe également de reconnaître que, dans les autres régions d'Europe, la régression ne fut point aussi profonde pour toutes les seigneuries. Conservons en effet l'image d'une extrême diversité des organismes seigneuriaux. Leur structure interne les défendit plus ou moins bien contre les forces dissolvantes. Leur destin dépendait aussi de la personnalité de leur chef, de ses besoins, de ses désirs, du soin qu'il mettait à remplir sa tâche, de l'attachement qu'il ressentait pour la terre. On le voit très nettement sur les domaines de l'Église, où les phases de prospérité et de marasme se trouvent presque toujours en étroite correspondance avec le renouvellement des dignitaires responsables de l'économie domestique[3]. Dans les

1. Dans les cent quarante-huit villages de l'Uckermark, on dénombra cette année-là deux mille six cent quatre-vingt-quinze ménages de *Kossäten*, paysans pauvres qui se louaient sur les grosses exploitations, ZIENTARA, 559 *a*.

2. CARSTEN, 7, p. 23 ; TYMINIECKI, p. 29.

3. Étude très convaincante, à propos de l'abbaye Saint-Martin de Tournai, par HAENENS, 618, p. 98 sq.

Pays-Bas, en Angleterre, en France, dans tous les pays où les calamités et les troubles politiques aggravèrent les effets du renversement de conjoncture, le hasard épargna certains domaines, qui échappèrent aux dévastations et purent même se renforcer de l'affaiblissement des voisins. D'innombrables châteaux furent tenus sans rupture pendant toute cette période par la même lignée. La continuité de l'administration seigneuriale n'y connut pas de ces fâcheuses éclipses qui desserrèrent ailleurs les liens entre le maître et les travailleurs.

D'une manière générale, il semble que, comme les seigneuries ecclésiastiques, celles des princes et des très grandes familles aient moins durement pâti. Des procédés de gestion moins désordonnés, des archives mieux tenues, une volonté plus farouche de préserver l'intégrité du patrimoine et de revenir coûte que coûte à l'état ancien fortifiaient les seigneuries d'Église contre la désorganisation. Quant aux seigneuries princières, elles profitèrent d'abord de la concentration des pouvoirs de contrainte, qui les protégèrent et facilitèrent les remises en ordre ; elles reçurent aussi les renforts d'une fiscalité envahissante qui les alimentait en métaux précieux ; une part de ces capitaux servit à stimuler l'économie seigneuriale. Enfin, on voit alors un peu partout la très haute aristocratie laïque se réduire en nombre, et sa puissance par là se concentrer. Par ce mouvement, la fortune foncière de chaque grand lignage tendait à s'accroître. En Angleterre, où le phénomène a été observé de près, les patrimoines de la plus riche noblesse s'agrandirent sans cesse au XIVe et au XVe siècle par le jeu des alliances et des héritages, ainsi que par le placement des gros profits en numéraire que valaient aux grands seigneurs leur familiarité avec le souverain ou leur seule puissance politique[1]. Il est également permis de supposer que les nobles les plus humbles, les plus mêlés à la vie paysanne, purent gérer leurs biens dans des conditions moins défavorables. On pourrait sans doute, dans les archives notariales des régions méridionales, vérifier cette hypothèse. Dans l'état actuel de la recherche en tout cas, c'est bien au niveau moyen des fortunes seigneuriales que les signes les plus apparents du malaise se manifestent.

1. Le recul du faire-valoir direct

D'un bout à l'autre de la hiérarchie des fortunes, il apparaît très clairement à travers toutes les sources que les seigneurs du XIVe siècle demeuraient, non moins que leurs ancêtres, attachés de cœur à la terre domaniale. Ils souhaitaient tous voir leur table alimentée par leurs champs, leurs vergers, leurs vignes, et ces étangs qu'un peu partout des spécialistes aménageaient à proximité des

1. Holmes, 621.

résidences aristocratiques[1]. Tout homme riche entendait vivre de son bien et du travail de ses domestiques. Cette attitude d'esprit explique que l'intérêt pour la littérature agronomique n'ait en rien tiédi pendant les deux derniers siècles du Moyen Âge, qu'il apparaisse si vif dans ces hôtels urbains où vivaient désormais beaucoup de notables, et jusque dans les cours princières les plus calfeutrées. Charles V de France ne fit-il pas traduire pour sa bibliothèque le *Ruralium commodorum opus* de Pietro dei Crescenzi ? Ne commanda-t-il pas à Jean de Brie un traité *De l'état, science et pratique de l'art de bergerie ?* L'image idéale que le souverain se formait de sa position dans le monde impliquait en effet qu'il gouvernât sagement l'exploitation de son domaine.

En fait, les maisons nobles ou religieuses dont les documents de ce temps fournissent la description se montrent toutes encore entourées des terres qui devaient les ravitailler en pain et en vin, peuplées d'une domesticité nombreuse, et équipées de tous les instruments nécessaires aux travaux rustiques. On voit clairement dans les comptes des seigneuries anglaises que le faire-valoir direct parvenait encore à la fin du XIVe siècle à couvrir très souvent tous les besoins des maîtres : telle maison religieuse du comté de Leicester tirait sa nourriture des trois domaines qu'elle conservait en exploitation directe ; la vente des laines du troupeau dominical lui procurait de quoi solder les achats domestiques[2]. À la même époque, les seigneurs de l'Allemagne méridionale disputaient avec âpreté les terres communales aux paysans ; ils s'acharnaient à courber ceux-ci sous l'exigence de corvées nouvelles ; en effet ils ne pouvaient admettre que leur domaine, qu'avaient amenuisé les partages successoraux, ne parvînt plus à approvisionner leur maisonnée ; ils ne pouvaient imaginer un autre système de subsistance. En France, une semblable conception de l'économie domestique ranimait le courage des seigneurs dans les régions les plus ravagées par la guerre ; elle les faisait s'exténuer, dès l'alerte passée, à recruter des travailleurs pour labourer leurs propres « coûtures », à remettre patiemment en état leurs clos et leurs prairies. Ce même souci poussa nombre de maîtres à entreprendre des défrichements ; tel ce supérieur d'un prieuré rural du Boulonnais qui, vers 1440, avait « fait essarter, derrechier et mis en labour de nouveau cent cinquante journaux ou environ, tout en une pièce et en trois soles... lesquels de vie, d'âge et de mémoire d'homme... ne furent en labour[3] ». On voit clairement dans la seigneurie normande du Neufbourg, dont les comptes ont été fort bien analysés,

1. Sur l'importance des revenus des étangs au XVe siècle dans les profits des seigneuries de Sologne, voir GUÉRIN, 512, p. 131 sq.
2. HILTON, 619, p. 131-133 (abbaye d'Owston).
3. *Chartes de Lucheux*, nº 53.

quelle fonction remplissait le domaine. Son rapport en 1397-1398 n'excédait pas 6 % du revenu total. Mais le vaste potager et la basse-cour ravitaillaient presque entièrement la table du maître. Le complément nécessaire d'avoine et de froment venait des redevances paysannes qui, selon que la récolte sur les quelques champs domaniaux avait été bonne ou mauvaise, étaient perçues en argent ou en nature [1]. Les seigneurs de ce temps tenaient tous avant tout à ne rien débourser pour l'approvisionnement de leur maison. Que l'on ne s'étonne donc pas de voir, à travers des enquêtes successives, la superficie des champs, des prairies, des vignobles domaniaux s'étendre pendant le XVe siècle dans les seigneuries de Saint-Germain-des-Prés [2] : les traditions, les convenances, leur goût le plus profond conviaient alors les plus riches possesseurs fonciers à exploiter eux-mêmes, à regarder mûrir leur moisson et croître leur troupeau, à boire le vin de leur vigne.

*

L'historien des campagnes médiévales doit donc considérer ces résistances psychologiques comme un élément fondamental des structures économiques, comme un puissant facteur de stabilité, un obstacle majeur opposé aux sollicitations de la conjoncture. Ce frein toutefois ne parvint pas à ralentir la lente évolution qui s'était amorcée au XIIIe siècle dans les plus vastes seigneuries de France et des Pays-Bas, et qui vouait à une disparition progressive les entreprises agricoles de large envergure. Les études monographiques de seigneuries montrent en effet la poursuite au cours du XIVe siècle du mouvement qui éloignait les seigneurs de leurs champs, insensiblement et sans qu'ils en prissent conscience. Dans l'état actuel des recherches, il paraît se décomposer en deux phases successives.

Le retrait du faire-valoir direct se prolongea sur le même rythme lent jusque vers 1350. Mais on le voit dans le second quart du XIVe siècle s'opérer de deux manières différentes. En premier lieu, comme auparavant, par la mise à ferme de l'ensemble du domaine. Déjà largement appliqué vers 1320 dans les plus grands patrimoines de la France du Nord-Ouest, ceux des princes et des plus puissants monastères, ce mode de gestion continua de se répandre peu à peu. Et l'on ne voit pas que les premières modifications de la conjoncture aient si

1. Plaisse, 631 *a*, p. 222 sq. Cette indication sur la flexibilité des redevances doit inciter, remarquons-le, à tempérer toute affirmation trop tranchée quant au mouvement de conversion en argent des perceptions en nature.

2. Fourquin, 510 *a*.

peu que ce fût contrarié sa pénétration. On ne discerne aucun changement notable entre 1290 et le milieu du siècle suivant dans les stipulations des baux par lesquels les abbayes de la région parisienne confiaient pour quelques années à des fermiers l'exploitation globale d'une « cour ». Il n'apparaît pas non plus que les brusques perturbations qui affectèrent alors en certaines villes de cette partie de l'Europe le marché des céréales se soient répercutées sur le montant des fermages. Des observations récentes, qui portent sur le domaine du monastère de Saint-Martin de Tournai, manifestent la continuité des usages pendant toute la première moitié du XIVe siècle. Les religieux prirent seulement des précautions pour éviter que les mutations monétaires n'affaiblissent les revenus seigneuriaux. Ils exigèrent que les fermages fussent acquittés partiellement en blé. Ils établirent dans le bail que les sommes qui restaient à payer seraient calculées par référence à la valeur marchande du numéraire et non à sa valeur légale. Simple adaptation à l'instabilité monétaire [1]. Mis au point et introduit dans l'économie seigneuriale pendant la pleine prospérité du XIIIe siècle, le bail à ferme se révélait en réalité d'une suffisante souplesse. Son extension progressive au niveau des plus grosses fortunes foncières ne fut ni ralentie ni précipitée par les premières difficultés de l'âge nouveau.

On remarque toutefois que, parallèlement, l'exploitation domaniale commença aussi après 1320 environ à se contracter selon de nouvelles modalités qui troublèrent davantage les structures de l'économie seigneuriale. Certains maîtres poussèrent plus vivement le lotissement des franges périphériques du domaine, y découpant des tenures nouvelles. Il semble qu'ils aient ainsi répondu aux vœux des paysans pauvres, dont l'évolution démographique n'était point encore venue réduire sensiblement le nombre. Ces gens souhaitaient ajouter quelques parcelles à leur exploitation familiale trop restreinte. Ils étaient prêts à payer des cens élevés pour recevoir la disposition de ces terres labourables. Il devenait ainsi plus avantageux de louer ces parcelles que de les faire valoir. Les seigneurs le sentirent. Ils se débarrassèrent des champs les plus éloignés de leur maison, où se dispersaient les efforts de leur personnel. Ils abandonnèrent également les essarts récemment conquis sur des terres marginales dont la productivité baissait rapidement. Ils décidèrent de concentrer sur les meilleures terres leur exploitation et toutes les forces productives dont ils disposaient. Une telle rétraction des champs domaniaux est surtout visible en Angleterre dans l'état actuel des recherches. Elle prend l'allure d'un mouvement de très longue amplitude dont le départ se situe, lui aussi, au cœur de la période prospère de l'économie agricole. Ainsi dans huit manoirs dépendant de l'évêché de Win-

1. HAENENS, 616.

chester, la superficie des labours seigneuriaux diminua régulièrement de 37 % pendant la seconde moitié du XIIIe siècle, de 24 % pendant la première moitié du XIVe siècle, de 20 % dans la seconde.

Toutefois, lorsqu'on l'observe de près, la courbe des accensements semble accuser entre 1320 et 1340 une très brusque élévation. Ce fut à ce moment que les domaines que possédait en Angleterre le monastère normand du Bec subirent les plus lourdes amputations, tandis que les franges marginales de la terre domaniale relevant de l'abbaye de Leicester étaient concédées par petits lots à des paysans. Les revenus tirés du domaine s'abaissèrent alors des deux tiers dans tel manoir de l'église d'Ely ; dans tel autre, on les voit tomber de quatre-vingts livres en 1319 à dix livres en 1333-1334[1]. Il s'agit bien là d'une crise, d'une première et vive secousse. Le repli de l'exploitation domaniale, dont témoignent les données numériques puisées dans les archives des grandes seigneuries ecclésiastiques anglaises, résulta sans doute à la fois du désordre que la famine de 1316 avait introduit dans les prix des grains, et de la hausse des salaires que provoquait le lent amenuisement du prolétariat rural. Ces troubles détournèrent les administrateurs du domaine du faire-valoir direct. Ils les incitèrent à se décharger des soucis de l'exploitation sur des paysans tenanciers, que touchait moins la distorsion des salaires et des prix agricoles. Mais la crise fut en vérité passagère. Dans la plupart des seigneuries ecclésiastiques d'Angleterre, la superficie du domaine se stabilisa après 1340.

*

Dans tous les pays d'Europe où l'étude des entreprises seigneuriales est suffisamment poussée, l'Italie du Nord et l'Allemagne orientale mises à part, il apparaît clairement que le recul du faire-valoir direct revêtit une allure toute nouvelle après le milieu du XIVe siècle. D'une part, il s'accéléra. Il s'opéra d'autre part de telle manière que les incidences du phénomène sur l'économie générale des campagnes se modifièrent très sensiblement.

La première tâche qui incombe aux historiens consiste à établir avec plus de précision une chronologie de ce mouvement. Les résultats acquis demeurent très épars, mais ils communiquent l'impression que celui-ci atteignit sa plus vive intensité dans les années soixante-dix et quatre-vingt du XIVe siècle. On peut situer entre 1350 et 1370 le moment où, dans le pays de Liège comme en Brandebourg, les abbayes cisterciennes abandonnèrent la mise en valeur directe des dernières granges qu'elles exploitaient encore. Les accensements de terres

1. Hilton, 619, p. 88 ; Morgan, 374. Miller, 187, p. 105.

prélevées sur les réserves des seigneuries ecclésiastiques se multiplièrent dans la région parisienne après 1346. Ainsi les chanoines de Notre-Dame de Paris, qui exploitaient un beau domaine dans le village de Mitry-Mory, l'amputèrent-ils d'une trentaine d'hectares entre 1346 et 1348, puis d'une centaine entre 1352 et 1356 ; l'effritement s'arrêta un moment ensuite, mais reprit de plus belle entre 1380 et 1390. On voit les prémontrés affermer leur grange de Gergovie en Auvergne en 1381, les cisterciens celle d'Ouges en Bourgogne en 1382. Ce fut à ce moment que les hospitaliers de Provence confièrent à des fermiers la plupart des terres de leur réserve. Et si l'on observe les campagnes anglaises, on découvre que les moines de Ramsey commencèrent autour de 1370 à concéder les champs domaniaux de leurs manoirs à des paysans ; vingt ans plus tard leur domaine se trouvait tout entier affermé ; celui de la collégiale de Leicester et de beaucoup d'autres établissements religieux fut abandonné à des fermiers au début du XVe siècle [1]. Situer plus exactement le phénomène dans le temps et dans l'espace favoriserait l'approche d'un aspect plus profond de ce problème : pourquoi les résistances tenaces qui, dans la mentalité aristocratique, faisaient obstacle à l'abandon du faire-valoir direct avaient-elles cédé ?

Que ce fait se soit produit dans beaucoup de seigneuries autour de 1380 le rend plus explicable au premier coup d'œil. À cette époque en effet, sans même faire état des accidents militaires locaux, l'économie seigneuriale subissait les ébranlements les plus violents et se trouvait bouleversée par l'effondrement démographique, le marasme des prix agricoles et la hausse des salaires. Ici et là subsistent encore des inventaires, des fragments de comptes qui permettraient de mieux comprendre la décision des seigneurs et d'en pénétrer les motifs.

On est en droit de douter que les maîtres, et surtout les plus humbles d'entre eux, aient pris alors clairement conscience du mouvement des prix. La dégradation du marché des céréales s'opérait très lentement. Leur fut-elle perceptible, alors que normalement les conditions de vente variaient si fortement de mois en mois et d'une bourgade à l'autre ? En revanche, ils ressentirent immédiatement la difficulté d'embaucher des travailleurs. La fuite des domestiques, la disparition des journaliers entraînés par les mouvements militaires ou frappés par la peste, laissaient la terre sans soin et réduisaient brusquement les rendements. Cette raréfaction de la main-d'œuvre engageait à s'en remettre à autrui des soucis de l'exploitation. En déterminant un vif relèvement des salaires, elle introduisit surtout dans le budget un déséquilibre qui condamnait l'exploitation directe. Les comptes de la seigneurie cistercienne d'Ouges le montrent fort

1. CARSTEN, 7, p. 75 ; VAN DEERVEGHDE, 446 ; FOURQUIN, 510 *a* ; FOURNIER, 414 ; MARTIN-LORBER, 627 ; RAFTIS, 190, p. 259 ; HILTON, 619, p. 90 sq.

nettement. L'année 1380, le domaine agricole ne procura presque aucun profit. Des cent trente et un setiers de grains récoltés, il avait fallu consacrer vingt-sept à la semence ; mais les travailleurs domestiques en avaient consommé quatre-vingts. La recette en argent montait à cent soixante-treize livres, mais la dépense à cent soixante-huit, dont vingt-neuf livres pour l'entretien des bâtiments, trente-cinq pour l'équipement et l'outillage, cent enfin pour les salaires. Ceux-ci dévoraient tout. Aussi, deux ans plus tard, la grange tout entière était-elle amodiée et les moines dès lors, sans qu'ils eussent à s'en préoccuper, reçurent de bonnes qualités de grains. On voit également que les salaires pesaient très lourdement dans le budget des petites seigneuries saxonnes. Tel hobereau, qui par fidélité à la tradition n'avait pas abandonné l'exploitation de la réserve ancestrale, dépensait pour rétribuer ses vingt et un domestiques presque autant d'argent que pour assurer à sa table un luxe décent, pour se vêtir lui-même et donner aux siens les parures dignes de leur état [1]. Fait significatif, les régions d'Europe où l'exploitation directe demeurait plus vigoureuse, l'Allemagne orientale, certains pays germaniques du Sud-Ouest, l'Italie du Nord, étaient précisément celles où les autorités princières ou urbaines avaient pris des mesures assez énergiques pour maintenir favorables aux maîtres les conditions de l'emploi, notamment en freinant l'exode rural, en attachant le paysan à la glèbe. Déjà au XIIIe siècle, l'économie des grandes exploitations agricoles s'avérait fragile, accablée par le poids des dépenses d'administration, par le gaspillage, les malversations des régisseurs, par les procès interminables, tout ce qui dans les années heureuses entretenait dans l'aisance, autour de chaque domaine, un groupe d'intermédiaires parasites [2]. On peut penser que les remous de la conjoncture après 1348, qu'ils fussent directement ressentis ou insensibles comme l'était sans doute l'évolution des prix, se montrèrent assez puissants pour fausser décidément les rouages, pour convaincre les seigneurs de restreindre l'étendue de leur terre propre malgré leur répugnance, et d'en confier la mise en valeur à des fermiers.

Pour expliquer le brusque recul du faire-valoir dans les décennies qui encadrent 1380, il faut sans doute tenir compte aussi des modifications qui affectèrent les structures de la société seigneuriale. Les maîtres aimaient leur terre. Mais cette affection se trouvait contrariée par d'autres préoccupations. R. Boutruche fait justement remarquer que l'adoption du bail à ferme « répond à une mentalité qui recule devant les soucis et les risques de la gestion directe comme du métayage temporaire, et qui préfère un revenu fixe à un revenu changeant,

1. Martin-Lorber, 627 ; Abel, 506, p. 147.
2. Duby, 409 *a*.

même si celui-ci est élevé ». Pourra-t-on jamais mesurer les progrès dans les consciences seigneuriales de la prudence économique ? Il est plus simple de constater déjà que l'abandon du faire-valoir direct, le recours à la censive ou à des contrats qui, pour quelque temps, confiaient le domaine à un autre exploitant, convenaient spécialement à des maîtres qui devaient s'absenter plus souvent et perdre de vue leur domaine. Or n'apparaît-il pas que, dans bien des provinces d'Occident, la société seigneuriale se trouvait soumise alors à un grand brassage, et que, pendant cette période, de nombreux seigneurs furent amenés à changer de vie, notamment à quitter leur maison des champs ? Dans les archives seigneuriales d'un village du haut pays niçois, un large vide s'ouvre entre 1353 et 1453 : ces montagnes étaient alors plongées dans une complète désolation ; lorsque la famille reparaît, on la trouve établie à Nice où elle exploitait de très loin ses droits[1].

Quelle fut l'incidence de telles migrations sur l'économie domaniale ? Dans une commanderie provençale d'hospitaliers, le domaine, largement étendu en 1338, était presque tout entier affermé en 1411. Mais dans l'intervalle, la maisonnée des seigneurs, composée jadis de vingt-quatre personnes servies par huit domestiques, s'était réduite à six membres que le faire-valoir direct, bien que considérablement restreint, suffisait parfaitement à nourrir[2]. De la contraction du domaine et de celle de la « famille », quel avait été le phénomène premier ? Il serait utile en tout cas de suivre attentivement la composition des maisons seigneuriales, et de voir si les fortes compagnies qu'étaient aux temps féodaux les « mesnies » des hobereaux de villages ou des communautés religieuses rurales, ne se désagrégèrent pas pendant le XIVe siècle dans l'ensemble des campagnes d'Occident. N'oublions pas enfin l'effet de la concentration des fortunes, de l'accumulation des richesses foncières entre les mains de très hauts seigneurs qui, de tout temps, avaient régulièrement baillé leurs domaines à ferme. Tous ces transferts de résidence et de possession, encore très mal connus, pourraient bien compter parmi les plus puissantes incitations à la mise en location des terres de la réserve.

*

1. DURBEC, « Chartes du val de l'Esteron », *Provence historique*, 1953.
2. DUBY, 612. La structure de l'économie seigneuriale apparaît fort différente selon que le maître réside ou ne réside pas sur sa terre. En Normandie, plus de revenus en nature dès 1260 dans la seigneurie du roi ; alors qu'à la fin du XIVe siècle, les sires du Neufbourg recevaient de leurs tenanciers de fortes quantités de grain, STRAYER, 439, p. 16-20 ; PLAISSE, 631 *a*, p. 226.

Il semble bien d'autre part que, pendant la seconde moitié du XIVe siècle, les seigneurs aient adopté des procédés nouveaux pour transférer à d'autres la gestion de leur terre. L'observation de ces changements doit requérir également l'attention minutieuse des historiens. Ici encore, l'enquête demeure très insuffisante, et les recherches futures devront s'attacher à préciser un schéma dont voici, fondée sur quelques données trop clairsemées, la présentation provisoire.

1° De nombreux domaines furent alors désagrégés par la concession de petites parcelles en censives, coulée dans les cadres juridiques traditionnellement appliqués aux tenures paysannes. Ce mode de décomposition des ensembles domaniaux, qui avait fortement affecté une cinquantaine d'années auparavant les seigneuries ecclésiastiques d'Angleterre, paraît se répandre dans les campagnes françaises après le milieu du XIVe siècle et au début du XVe. Ainsi l'accensement des parcelles périphériques, celui de quelques champs plus vastes en bordure des grands labours réduisit-il la superficie du domaine seigneurial d'un tiers dans le village d'Ouges en Bourgogne, d'une moitié dans celui de Lorgues en Provence. Une bonne partie du vignoble que faisaient exploiter les moines de Saint-Denis fut également distribuée par petits lots à des tenanciers après 1345. Parfois même, certains domaines se désintégrèrent complètement de cette manière, et disparurent : beaucoup de « cours » monastiques furent entièrement loties en Brandebourg dans la seconde moitié du XIVe siècle [1].

2° Toutefois, la plupart des terres domaniales que les seigneurs cessèrent d'exploiter eux-mêmes furent concédées non point en censive héréditaire, mais pour un temps limité. Certes, on observe une tendance générale à étendre un peu la durée de ces concessions temporaires. Le bail à vie, dont on avait abandonné l'usage au XIIIe siècle, regagna largement du terrain : on le voit d'utilisation fréquente après 1370 sur les terres de l'abbaye anglaise de Ramsey aussi bien que dans les villages de la région parisienne [2]. Le malheur des temps et la rareté des hommes incitaient en effet, dans les zones dévastées par les gens de guerre, à s'attacher durablement les fermiers. Il semble aussi que les seigneurs aient parfois obtenu, en prolongeant la durée de la concession, que les exploitants prennent à leur charge toutes les réparations, et notamment la remise en état des terres qui se trouvaient dévastées. Cependant, selon toute apparence, le bail à court terme, caduc après quelques années seulement, conserva partout la

1. Martin-Lorber, 627 ; Fourquin, 510 *a* ; Carsten, 7, p. 75.
2. Raftis, 190, p. 260 ; Fourquin, 510 *a*.

faveur des maîtres [1]. Les contrats de cette sorte abondent dans tous les dépôts d'archives. Convions les chercheurs à procéder en quelques points choisis aux études statistiques exhaustives indispensables. Quant à la gaine juridique qui revêtait ces concessions, elle n'accusa pas de modifications importantes. Mais deux changements notables déplacèrent à cette époque très sensiblement la position du bail à court terme parmi les mécanismes de l'économie rurale.

3° Le premier concerne les obligations du preneur. Le métayage semble avoir alors progressé rapidement dans les campagnes de l'Europe méridionale. On a vu déjà que les contrats qui associaient le maître du sol à l'exploitant, l'engageaient à fournir la moitié des semences, à rétribuer en partie la main-d'œuvre, à contribuer à l'entretien de l'outillage, parfois à avancer pour la première année les grains et jusqu'à la nourriture du métayer et de sa famille, s'étaient amplement répandus dès le XIIIe siècle en Italie. En 1316, plus des trois quarts des baux conclus dans les campagnes environnant Sienne instauraient des associations en *mezzadria*. Ce mode de faire-valoir l'emporta sur les terres de l'abbaye toscane de Settimo dans le deuxième quart du XIVe siècle, et c'est alors que les mentions de métayers, de *massarii*, de *partiarii* se multiplient dans les statuts communaux des campagnes lombardes. L'usage de la « facherie », de la « mégerie » envahit alors très largement la Provence comme le Toulousain, le Quercy et tous les pays d'Aquitaine, jusqu'au Poitou, au Limousin, à la Sologne [2].

4° De conséquences plus profondes peut-être, la seconde modification porte sur l'étendue des lots concédés en fermage ou en métayage. L'idéal pour le seigneur était évidemment de ne point morceler l'exploitation domaniale qu'il avait reçue de ses prédécesseurs, de lui laisser sa large puissance étalée dans le terroir, et de la confier tout entière au fermier en un seul bloc cohérent de labour, de prés et de vignes, avec toutes ses étables garnies et ses troupeaux. C'est ainsi, on le sait, que l'on baillait ordinairement les domaines dans les années prospères du XIIIe siècle. Beaucoup de maîtres parvinrent encore dans le

1. Les seigneurs voulaient en effet garder la possibilité de reprendre en mains leur terre. Le fait s'est produit plus souvent peut-être qu'on ne croit. Face aux 2 500 acres de tenures, les trois domaines des seigneurs normands du Neufbourg n'en couvraient que 250. À la fin du XIVe siècle, ils étaient affermés en bloc à un gros paysan. En 1405, à l'expiration du bail, le domaine de Canteloup fut repris en exploitation directe. Le maître engagea trois familles de domestiques qui, loués à l'année, recevenaient un gage en argent payé en quatre termes et une allocation mensuelle de blé et de pois. En fait, ces salariés étaient auparavant au service du fermier. Ce qui montre, remarquons-le, que l'effet de l'amodiation ou du retour au faire-valoir direct sur les structures profondes de l'exploitation fut, au XVe siècle, souvent fort réduit, PLAISSE, 631 *a*, p. 138.

2. D'après le cadastre siennois, 6 500 des 15 000 propriétés étaient l'objet d'un contrat de location, 5 000 de ces contrats instauraient un métayage, IMBERCIADORI, 442, p. 49 ; JONES, 623 ; TOUBERT, 603 *a* ; OURLIAC, 188 ; SICARD, 635 ; GUÉRIN, 512, p. 262.

dernier quart du XIVe siècle et après le milieu du XVe, à recruter des entrepreneurs de culture assez audacieux et assurés de ressources assez solides pour se charger de toute l'exploitation, seuls ou en compagnie. Mais pendant les périodes de grande misère, dans les régions les plus ravagées, sur les sols les moins fertiles, chaque fois que les conditions d'embauche et de vente rendaient l'exploitation trop onéreuse ou incertaine, les preneurs éventuels se raréfiaient [1].

En fait, les difficultés incitèrent de nombreux seigneurs à vaincre leurs réticences, et à restreindre les dimensions de l'exploitation en fractionnant le domaine. Lorsqu'ils ne se résignèrent pas à le lotir entre des tenanciers, ils durent au moins rogner ses franges, le morceler et l'offrir aux fermiers et aux métayers par portions d'étendue plus modeste, dont la mise en valeur n'excédait pas les forces d'une famille. Équipées d'une ou deux paires de bœufs, vastes tout au plus d'une quarantaine d'hectares, les « bordes » du Toulousain, issues selon toute apparence du démembrement des domaines seigneuriaux et tenues par des métayers, constituaient en effet au XVe siècle des exploitations familiales dont la gestion n'exigeait pas de gros capitaux et surtout n'obligeait pas à employer de nombreux salariés. Les métairies qui se formèrent alors dans le Poitou présentaient des dimensions semblables, et c'était également la taille moyenne des *mezzadria* de Toscane. Certes on rencontre bien ici ou là, après 1450, dans les parages fertiles du Bassin parisien ou de l'Angleterre orientale, des fermes sensiblement plus vastes [2]. On rêve d'une vaste enquête qui, utilisant une documentation devenue fort abondante, établirait, région par région, vers le milieu du XVe siècle, l'étendue moyenne des exploitations formées sur les anciens domaines seigneuriaux. Tout donne à croire cependant que celle-ci s'était en général notablement restreinte et qu'il faut situer pendant le demi-siècle qui suivit la Peste Noire le moment de cette restriction. Les entreprises de production céréalière de grande envergure qui pouvaient subsister encore en Europe occidentale disparurent à ce moment. Les dimensions de l'exploitation agricole s'adaptèrent au resserrement du marché des grains, comme à celui plus prononcé qui affectait le marché du travail. On entrevoit là une transformation fondamentale de la vie des campagnes, qui mériterait une observation très attentive.

---

1. Déjà, en 1338, les hospitaliers de la montagne provençale devaient conserver malgré eux dans leurs domaines certaines terres de mauvaise qualité, que nul paysan n'acceptait de prendre en « facherie », DUBY, 409 *a*.
2. SICARD, 635, p. 25 ; MERLE, 628 ; IMBERCIADORI, 442 ; FOURQUIN, 510 *a*.

*

Pour expliquer les progrès du métayage comme la réduction de l'étendue des fermes, il paraît nécessaire ici encore de ne pas mener l'enquête sociale, de ne point observer les changements d'attitude économique dans le seul monde des seigneurs, mais de considérer aussi la situation des exploitants. D'où venaient les hommes qui assumèrent la gestion de la terre seigneuriale, et qui coopérèrent ainsi à modifier profondément les structures de la seigneurie ? Quels étaient leurs moyens, leurs intentions, et leurs espoirs ?

D'épaisses liasses, dans tous les fonds d'archives, contiennent des réponses à ces questions. On commence à entrevoir que, parmi les preneurs de baux, les clercs, les anciens ministériaux, les hommes d'affaires se trouvaient relativement moins nombreux qu'au XIIIe siècle. Dans la région parisienne, les bourgeois affermaient alors volontiers la perception des dîmes et des droits seigneuriaux. Mais ce furent des « laboureurs » qui, le plus souvent, se chargèrent de mettre en valeur les champs domaniaux. Indications concordantes en Angleterre : parmi les fermiers des domaines ecclésiastiques, on rencontre quelques négociants en grains ou en laine ; presque tous cependant se recrutaient dans la paysannerie, et spécialement dans le groupe des tenanciers aisés. Cette dernière constatation pourrait conduire à formuler plus nettement certaines hypothèses de recherche. L'ample mouvement qui, depuis le XIIIe siècle, élevait peu à peu au-dessus des autres quelques-unes des familles villageoises et qui fut accéléré par les troubles démographiques du XIVe siècle, n'a-t-il pas préparé la voie à la diffusion du fermage ? En tout cas, si des investigations plus poussées confirment ces impressions premières, la prise en main des terres domaniales par des exploitants de condition relativement plus modeste et dépourvus de très grands moyens expliquerait à elle seule qu'il ait fallu rompre la cohésion de l'exploitation seigneuriale, en réduire les dimensions et morceler le domaine avant de le concéder à bail.

Resterait à éclairer le contraste entre les pays de fermage du Nord, et ceux du Sud, que conquit alors le métayage. Il conviendrait de s'assurer d'abord que l'opposition n'est pas exagérément accentuée par la nature des sources. Dans les campagnes septentrionales, celles-ci continuent à renseigner presque exclusivement sur les seigneuries d'Église, plus routinières, alors que les archives notariales du Midi mettent très largement en lumière les pratiques communément en usage dans les milieux les plus divers et spécialement dans les milieux urbains. Convient-il de faire également intervenir l'influence de traditions juridiques opposées ? Faut-il enfin rendre responsable de ce contraste l'inégale pénétration de l'économie urbaine ? Association du capital à l'exploitation de la terre, le contrat de métayage ne tentait-il pas davantage des hommes d'affaires soucieux d'investir des valeurs monétaires, habitués aux risques et aux profits, et bien placés pour pouvoir écouler les surplus de l'exploitation ? Quelques indications des sources italiennes conduisent à le penser. Au milieu du XIVe siècle, alors que la plupart des citadins de Sienne avaient choisi depuis longtemps d'appliquer aux fonds du *contado* qui se trouvaient en leur pouvoir le procédé d'exploitation en *mezzadria*, les moines d'une abbaye voisine concédaient encore la plupart de leurs terres *a fitto*, c'est-à-dire contre une redevance fixe. Les archives toscanes montrent aussi que, cent ans plus tard, les bailleurs en métayage appartenaient pour les trois quarts à la bourgeoisie. Mais là encore, il faut craindre que la perspective ne soit sensiblement faussée par l'origine des documents et, davantage peut-être, par la nette avance des études d'économie urbaine dans les régions du Midi. Car les seigneurs du XVIe siècle qui construisirent patiemment et consolidèrent les métairies de la Gâtine poitevine n'étaient-ils pas pour les deux tiers des nobles terriens, tout à fait enracinés dans la tradition rurale, et qui comptaient parmi les plus riches et les mieux nés [1] ? La victoire du métayage dans le Sud, si elle se révèle aussi franche que l'exploration imparfaite des sources le donne à croire aujourd'hui, pourrait alors s'expliquer par la situation économique plus déprimée des paysans. Le fermier des campagnes septentrionales vivait dans l'aisance. La plupart des métayers du Midi paraissent d'assez pauvres hères qui s'installaient sur la terre du maître les mains nues, qui attendaient tout de suite un secours, l'avance de la semence, la fourniture des outils, parfois même de quoi nourrir leur famille pendant la première année. Les contrats de *mezzadria* et de « facherie » n'ont-ils point ligoté dans un réseau serré de dépendance économique une paysannerie plus vulnérable que dominait de plus haut la fortune des bourgeois et des nobles, et qui travaillaient des terres dont les progrès techniques n'avaient peut-être pas autant qu'au Nord accru la productivité ? On le voit, seul un élargissement des enquêtes d'histoire sociale, encore si limitées, permettrait peut-être d'apercevoir les vrais motifs du recul du faire-valoir direct, et de mieux discerner les diverses formes qu'il revêtit.

2. Les rentes

Il ne faut point avancer trop vite que les seigneurs de ce temps devinrent des « rentiers du sol ». L'homme qui a confié son bien à un métayer, qui le visite souvent, le surveille, garde l'œil sur le cellier et sur l'étable, participe aux ventes, s'associe aux profits comme aux pertes, reste tout près de la terre et apparaît

1. Imberciadori, 442 ; Jones, 623 ; Merle, 628.

vraiment comme un exploitant partiel. Il se trouve presque aussi mêlé aux soucis de la gestion que le seigneur qui dirige une équipe de domestiques par l'entremise d'un intendant. L'extension de la « facherie », de la « mégerie », de la « gasaille », de toutes les formes du métayage maintinrent donc le monde seigneurial en intime relation avec la production, l'écoulement des excédents et les vicissitudes mêmes de l'économie d'exploitation. Il est toutefois incontestable que tous les changements qui modifièrent la gestion du domaine accrurent nettement la part des rentes dans la plupart des recettes seigneuriales. Or il se trouve qu'à cette époque toutes les perceptions accusèrent un net fléchissement. La défaillance de l'économie seigneuriale résulte, en très grande part, de cette chute des rentes.

Le phénomène lui-même doit être mis en rapport direct avec les troubles extérieurs et accidentels, avec l'absence prolongée des maîtres, les saccages des hommes d'armes, toutes les calamités. À chaque période où s'aggravait localement le climat politique correspond dans les comptes seigneuriaux une baisse prononcée du produit des perceptions. Les rentrées s'amoindrissaient aussitôt dans les granges dîmières, car les dîmes et les terrages supportaient les premiers le contrecoup des fléaux [1]. La baisse des revenus se manifestait immédiatement aussi pour les moulins et pour les fours qui, détruits, cessaient de rapporter pendant plusieurs années. Les catastrophes entraînaient enfin très vite un rabais des redevances qui, lui, se prolongeait davantage car les paysans criaient misère et prenaient prétexte du délabrement de leur terre pour se prétendre pendant de longues années insolvables : les comptes de la seigneurie normande du Neufbourg montrent que 60 % des cens avaient, en 1436-1437, fait l'objet d'une remise partielle ou totale. Après les ravages que subirent les campagnes d'Île-de-France en 1360, dame Marguerite de Clermont ne percevait plus de ses terres de Montreuil-sous-Bois que six livres au lieu de quinze, que six setiers d'avoine au lieu de quarante-six. Les exactions, qu'il fallait renoncer à lever pendant les temps difficiles, s'effaçaient très vite de la mémoire collective et par là cessaient d'être garanties par la coutume ; on avait grand-peine à les rétablir dans les villages restaurés. Lorsque les chanoines de Notre-Dame-de-Paris réclamèrent en 1390 aux paysans de Sucy la taille annuelle de trente-trois livres parisis qu'ils n'avaient point exigée depuis les hostilités des années cinquante, ils durent requérir l'aide du roi pour vaincre les résistances de leurs hommes, et se débattirent pendant des années dans d'interminables procès [2]. Le tarisse-

1. On a vu combien s'abaissa en 1384 le rapport de la dîme d'Antony, et surtout celui de la dîme du vin, car le vignoble avait souffert davantage du passage des troupes [ci-dessus p. 978].

2. Plaisse, 631 *a*, p. 328 ; Fourquin, 510 *a*.

ment des ressources seigneuriales fut donc en grande partie fruit de la guerre. Ce qui fait que les historiens français, dont les observations les plus directes portent sur un pays plus accablé que les autres par les troubles militaires, ont souvent tendance à exagérer cet affaissement.

On s'aperçoit pourtant qu'il fut très général, car il procédait aussi du dépeuplement. Dans les villages désertés et sur les quartiers du terroir qui retournèrent à la friche, les cens se perdirent. Moins de foyers, moins de taillables : à Ouges, où toutes les maisons paysannes devaient la taille, la chute démographique abaissa de moitié le profit de cette taxe entre 1380 et 1445, tandis que dans une seigneurie de Sologne, ce profit était tombé au milieu du XVe siècle de vingt livres à deux livres : il n'y restait plus que six familles serviles [1]. La raréfaction des hommes exerça sur les profits seigneuriaux une influence moins directe, mais sans doute plus profonde. Les familles dépendantes, assurées de trouver sans peine ailleurs des terres vacantes où s'établir à de bonnes conditions, menaçaient de déguerpir. Pour les retenir, les seigneurs durent consentir à « amodérer » le taux des perceptions. Ils le rabattirent encore davantage lorsqu'ils souhaitaient reconstruire les terroirs dévastés par les mortalités, attirer de nouveaux exploitants, engager ceux qui n'avaient pas fui à s'atteler plus diligemment à la remise en état. Chaque effort de repeuplement ouvrait de longues palabres. Péniblement, on essayait d'ajuster les concessions seigneuriales aux revendications des rustres. Le seigneur y perdait toujours. Qu'on lise les vives et pénétrantes descriptions de l'exemple bordelais qu'a présentées R. Boutruche.

On découvre un autre facteur de défaillance dans la contraction des activités paysannes, qui s'observe à la fin du XIVe siècle et au début du XVe, c'est-à-dire au moment du grand dérangement des structures. La fermeture du marché de la terre abaissa fortement le produit des « lods et ventes » [2] ; l'amenuisement du cheptel retentit directement sur le rapport des droits de mainmorte ; les maîtres des marchés et des péages ruraux souffrirent de la stagnation des échanges. Ajoutons enfin que la chute des prix agricoles diminuait la valeur des perceptions fixes en nature. Entre 1430 et 1456, les revenus des chevaliers teutoniques dans leur commanderie de Coblenz s'abaissèrent pour cela de 40 % [3]. Dans bien des régions, les seigneurs renoncèrent donc à ce qui subsistait de champarts et de tâches, et s'efforcèrent de commuer en numéraire les prestations en blé ;

1. MARTIN-LORBER, 627 ; GUÉRIN, 512, p. 207 ; « des autres n'y en a plus cognoissance », dit le seigneur de La Ferté-Hubert, « et me sont demourez les héritages qu'ils tenaient partie en valeur et partie en ruine ».

2. Le rapport des taxes de mutation dans la seigneurie normande du Neufbourg tomba d'environ 13 livres en 1397, à moins de 9 livres en 1405 et à 18 sous en 1444, PLAISSE, 631 *a*, p. 324.

3. ABEL, 506, p. 136 sq.

d'ailleurs, dans les pays ravagés, obliger les tenanciers à s'acquitter en monnaie les incitait à hâter les restaurations. Mais dès lors les revenus subissaient la répercussion des mutations monétaires ; ils souffrirent en particulier d'une dépréciation continue des faibles espèces locales qui, dans bien des régions, servaient toujours de base à la perception des cens. Sans doute, beaucoup de seigneurs s'efforçaient-ils, lors des nouveaux accensements, de stipuler les redevances en monnaie forte. En haut Dauphiné, les cens en numéraire, qui d'ailleurs ne constituaient pas plus du tiers de l'ensemble des prestations, furent constamment réévalués à cette époque par référence au cours de la « bonne monnaie », ce qui les empêcha d'être sensiblement affectés par la dévaluation [1]. Celle-ci entraîna pourtant des pertes d'autant plus profondes que, pour attacher les paysans à la terre, on avait abandonné dans bien des seigneuries la pratique des tenures révocables. Les concessions de très longue durée ou perpétuelles interdisaient tout réajustement.

Partout donc, les profits seigneuriaux s'amenuisèrent. Il semble que la chute se soit amorcée d'assez bonne heure. Certaines sources anglaises la montrent en marche dès 1320. La régression s'accéléra avec la Peste Noire et se précipita après 1370. Voici quelques données numériques. L'arpent de vigne à Argenteuil qui trouvait preneur en 1300-1320, sous un cens annuel de douze à vingt-cinq sous parisis, se louait entre 1400 et 1410 pour une redevance de cinq à quinze sous et de huit pintes de vin ; cinquante ans plus tard, le cens annuel se tenait entre six et douze sous, outre les huit pintes convertibles en huit deniers parisis. En éliminant les variations dues aux modifications de l'étalon monétaire, on peut estimer la valeur moyenne du loyer d'un arpent de labour sur les terres de Saint-Germain-des-Prés à quatre-vingt-quatre deniers en 1360-1400, à cinquante-six deniers en 1422-1461, à trente et un deniers en 1461-1483. À Beaufour, en Normandie, le rapport des censives s'élevait en 1397 à cent quarante-deux livres ; il tomba à cent douze livres en 1428, puis à cinquante-deux livres en 1437 ; en 1444 il s'était réduit à dix livres. Dans le manoir anglais de Forncett, l'acre de terre était concédée sous un cens moyen de 10 deniers 69 en 1376-1378, de 9 deniers 11 en 1401-1410, de 7 deniers 78 en 1421-1430, de 8 deniers 02 en 1431-1440, de 7 deniers 72 en 1441-1450, de 6 deniers 26 en 1451-1460 ; mais ces chiffres en réalité réduisent fortement les proportions réelles de la régression, car la monnaie dans laquelle ils sont établis perdit beaucoup de sa valeur en argent entre 1368 et 1459. Une chute aussi brusque s'observe au XVe siècle dans les comptes seigneuriaux d'Allemagne. Les seigneurs de Holloben en Saxe avaient perçu en 1394 trente mesures de seigle, cinquante-

1. Chomel, 608.

quatre d'avoine et trente-trois pièces de monnaie ; en 1421 leur revenu s'abaissait à cinq mesures de seigle, neuf d'avoine et cinq pièces de monnaie. Établi en fonction des prix du blé, l'indice des fermages dans la campagne de Göttingen s'effondra de cent à quatorze entre la fin du premier tiers du XVe siècle et le milieu du XVIe [1].

*

En fait, la chute des rentes jointe au recul de la gestion directe, la nécessité de dépenser beaucoup en réparation réduisirent notablement pendant cette période les moyens financiers de tous les seigneurs. Partout ils apparaissent fort gênés, à l'affût de profits extérieurs et lancés souvent pour cela dans des carrières ou dans des aventures qui les éloignaient un peu plus de leurs terres. Ces ressources d'appoint, les emplois que leur offraient les principautés mieux charpentées en quête d'auxiliaires, le hasard des intrigues politiques et matrimoniales, assurèrent cependant le maintien de presque toutes les fortunes aristocratiques. Beaucoup de seigneuries changèrent de main. Certaines échurent à des nouveaux riches qui n'appartenaient ni à la noblesse ni à l'Église. Il ne faudrait pas cependant se laisser prendre à l'importance excessive que les orientations de la recherche historique risquent de conférer au mouvement des capitaux urbains ; les bourgeois enrichis qui avaient chassé les lignages chevaleresques de leur manoir demeuraient encore relativement fort peu nombreux en 1450 ; et parmi ceux-ci, la plupart avaient adopté toutes les habitudes et tous les comportements de l'ancienne aristocratie. La société européenne restait donc très solidement seigneuriale. Certes, les papiers des notaires montrent, en Provence ou en Forez, de petits nobles vivant tout à fait à la paysanne, dont la fortune foncière, où se mêlaient alleux et censives, fragments de dîmes et de tâches, présentait la même structure que celle de certains rustres du village et qui, tout comme ceux-ci, donnaient en dot à leurs filles quelques mesures de grain et quelques têtes de bétail. Les échelons inférieurs de l'aristocratie de race n'émergeaient point alors d'une médiocrité toute [2] rustique. Il n'empêche qu'aux XIVe et XVe siècles, d'énormes distances séparaient toujours, quant à l'influence, au prestige surtout, le moindre hobereau de village de ses voisins paysans [3].

Toutefois, dans son ensemble, le monde des seigneurs avait desserré sensible-

1. FOURQUIN, 510 *a* ; PLAISSE, 631 *a*, p. 326 ; DAVENPORT, 175 ; ABEL, 506, p. 143.
2. GONON, 587.
3. FOURQUIN, 510 *a*.

ment sa prise sur l'économie des campagnes. Une forte part des surplus arrachés à la terre par les paysans parvenait encore dans les mains seigneuriales. Mais les progrès constants de l'instrument fiscal avaient rendu celle que prélevaient les agents de l'État beaucoup plus considérable. Et surtout, ces rentiers vivaient maintenant à l'écart du monde rural. La seigneurie banale, les vestiges qui en subsistaient dans l'appareil des taxes avaient perdu toute signification devant le progrès des monarchies. Les seigneurs n'effectuaient plus le négoce des produits agricoles, dont les profits allaient maintenant aux fermiers de leurs revenus et de leurs domaines. Ils avaient lâché même l'exploitation de la terre. Au XVe siècle, l'entreprise rurale n'était plus, dans bien des cas, conduite par les maîtres, mais par des paysans.

CHAPITRE III

LES PAYSANS

Le fléchissement de l'économie seigneuriale, et particulièrement l'abandon du faire-valoir direct, parce qu'ils mettent un terme aux séries de comptes de gestion, appauvrissent sensiblement la documentation. En effet, l'exploitation menée par les rustres n'a pas d'archives et, partant, point d'histoire. Il ne manque pourtant pas d'indices qui laissent supposer que maints secteurs de l'économie rurale ne perdirent pas leur vitalité pendant cette période, et qu'un transfert d'activité s'opéra depuis la seigneurie vers les entreprises paysannes. Il était de longue date préparé. Pendant la grande prospérité du XIIIe siècle finissant, masquées par l'agencement même des chartriers seigneuriaux, par la lumière intense qu'ils projettent sur la demeure du maître, sur ses droits et ses besoins, nombre d'exploitations de taille moyenne s'étaient renforcées peu à peu aux mains des régisseurs et des gros paysans. Dans les grandes seigneuries monastiques anglaises, l'aménagement progressif de la gestion tendait dès cette époque, par l'allégement des corvées et l'alourdissement des redevances en numéraire comme par l'institution des tailles périodiques, à fonder toute l'économie seigneuriale sur la libre activité d'une paysannerie dynamique qui produisait, négociait les surplus et acquittait les cens sur le produit de ses ventes [1]. Déjà, l'Angleterre des manoirs était en train de devenir l'Angleterre des paysans. Pour peu qu'on y prête attention, des phénomènes semblables s'observent sur le continent. La Peste Noire et ses séquelles précipitèrent ce transfert. De toute manière, l'étude de l'exploitation seigneuriale au XIVe siècle n'éclaire jamais qu'un secteur de l'économie rurale et qui ne cesse de se restreindre. L'observa-

1. Voir notamment la suggestive étude de l'évolution de l'économie domestique dans l'abbaye de Ramsey, dans RAFTIS, 190, p. 217 sq.

tion conjointe, plus malaisée et imparfaite, de l'exploitation paysanne s'avère plus que jamais nécessaire.

1. Les révoltes populaires

Les sources les plus accessibles communiquent une impression première de difficultés et de déclin. Les crises accidentelles, qui dans le cours du XIVe siècle frappèrent si durement les exploitations seigneuriales et les ébranlèrent jusqu'en leurs fondements, n'épargnèrent pas les ménages de rustres. Ceux-ci durent en premier lieu supporter les efforts constants des maîtres qui, pour sortir de la gêne, voulaient tirer tous les profits possibles de leurs droits et exigeaient toujours davantage de leurs dépendants. Ils ne purent pas toujours résister. En fait, l'épargne paysanne paya les rançons, répara les manoirs brûlés et les clos dévastés. Les fléaux d'ailleurs frappèrent directement les petites gens des campagnes. Les moins tolérables, ceux qui suscitèrent les réactions les plus vives, furent semble-t-il les calamités d'ordre politique. Non point tellement les accidents rapides qu'étaient les hostilités, les pillages, l'arrivée des compagnies militaires : on faisait le vide devant elles, elles passaient. Mais restaient à demeure les agents des princes, les garnisons établies pour protéger la contrée, dont les villageois devaient assurer l'entretien, qui vivaient sur le pays, qui imposaient aux hameaux des rançons collectives et d'autres, personnelles, aux individus les moins pauvres... Menacés de voir brûler leurs maisons, les hommes d'Antony durent porter en 1358-1360 aux gens d'armes qui tenaient le château d'Amblainvilliers du vin, de la farine, du sel, de la chandelle, enfin vingt moutons d'or[1]. Point de différence entre les patrouilleurs amis ou ennemis, ils prenaient tous autant. Venaient aussi les percepteurs de taille, qui raflaient ce qu'ils pouvaient découvrir. Les seigneurs enfin récupéraient sur leurs hommes le montant des aides qu'ils étaient contraints de payer aux souverains. Sans conteste, de tous les maux qui les frappaient, les paysans ressentirent plus douloureusement et avec moins de patience le poids de la guerre et de la fiscalité lointaine. Ces charges suscitèrent très directement des agitations à la fois sociales et religieuses. Ces soulèvements traduisent les difficultés et les tensions au sein du peuple des campagnes.

Pendant tout le Moyen Âge, même aux moments de grande aisance, des mouvements tumultueux de résistance aux exactions avaient traversé le monde paysan. On les voit parfois éclater en surface en brusques émotions, comme ces coalitions qui, dans la région parisienne, réunirent parfois, au cours du

1. Fourquin, 510 *a*.

XIIIe siècle, les habitants de villages voisins, tous ligués contre la taille. De larges emballements, dans la France du Nord-Ouest, entraînèrent aussi des foules de prolétaires de campagnes dans des aventures sans lendemain : des « croisades » groupèrent en 1251 « pastoureaux » et « enfants », et en 1320, ce « ramas de paysans et d'hommes du commun » qui se mit en marche vers la Terre sainte[1]. Les incitations religieuses venaient ici orienter une agitation qu'elles ne parvenaient pas à brider, qu'elles surexcitaient peut-être : le pillage et les massacres accompagnaient ces troupes de prétendus pèlerins. De tels remous devinrent plus profonds peut-être dans le cours du XIVe siècle. Ils frappèrent en tout cas davantage l'attention d'un monde plus sensible aux troubles. Ils se révélèrent comme de purs mouvements sociaux et mobilisèrent contre eux les seigneurs coalisés, d'autant plus empressés à se défendre que leur position économique devenait elle-même moins sûre.

Des soulèvements paysans nettement dirigés contre les charges fiscales s'allumèrent et s'enchaînèrent alors à travers l'Europe. Les plus précoces troublèrent les campagnes de l'Italie du Nord qui pourtant paraissent bien situées à ce moment dans une grande prospérité. Dès 1300, une agitation rurale latente, intimement mêlée aux puissants courants pour la pauvreté évangélique qui, dans ce pays, s'épanouissaient largement aux lisières de l'orthodoxie chrétienne, finit par se concentrer autour de Verceil et, confondue avec l'hérésie, fut vite réprimée par le feu. Dix ans plus tard, les paysans de la Flandre maritime, dont la plupart vivaient dans l'aisance, s'armaient contre les impôts, attaquaient les agents du prince ; ils tournèrent bientôt leur hostilité contre la noblesse tout entière, et résistèrent pendant des années à la répression chevaleresque. En 1358, la jacquerie, sursaut de résistance affolée, se dirigea d'abord elle aussi contre les gens d'armes établis par le souverain. Quelques paysans sans chef véritable, dans un coup de colère, avaient commencé à tuer ; ils entraînèrent dans une folie sans espoir des foules aveugles que leur geste avait compromises, brûlèrent les maisons nobles, et furent bientôt exterminés par les chevaliers. Remarquons bien que le mouvement se développa dans le nord de la région parisienne, c'est-à-dire dans l'une des campagnes les plus prospères d'Europe. Les tumultes de « tuchins » qui traversèrent les régions méridionales sont mal connus, mais paraissent aussi, de toute évidence, des ripostes aux exactions. Flambée la plus vive de toutes, la grande révolte des travailleurs d'Angleterre s'alluma en 1381 dans l'est de ce pays – encore une fois dans la partie la plus peuplée, la plus évoluée, la plus prospère.

---

1. P. ALPHANDERY et A. DUPRONT, *La Chrétienté et l'idée de Croisade*, t. II, Paris, 1959, p. 125 sq., p. 259 sq.

Ce mouvement, mieux étudié que les autres, avait été préparé par une longue fermentation. Il faut en placer l'origine lointaine aux alentours de 1325, lorsque les seigneurs, pour réagir contre la première forte détérioration du marché des produits agricoles, avaient aggravé leurs exigences. Ce durcissement du régime domanial implanta dans le monde paysan une amertume durable, qui s'exprima par d'interminables chicanes devant les cours de justice publique et par une insubordination généralisée. Les mesures royales édictées après la Peste Noire pour réglementer le travail et interdire la hausse des gages frappèrent les très nombreux salariés des campagnes ; elles alourdirent le climat social. Survint enfin la *Poll Tax*, c'est-à-dire l'imposition par le souverain d'une nouvelle et lourde ponction fiscale, qui fit exploser la révolte. La conjoncture n'était pourtant pas alors défavorable, et les ruraux se trouvaient dans une condition économique certainement meilleure que cinquante ans plus tôt. On voit donc que ce soulèvement, comme les précédents, fut déterminé avant tout par une pression du pouvoir jugée insupportable, et par l'aggravation de la fiscalité. À vrai dire, les révoltés furent entraînés par un double courant, qui répondait à la complexité de la société paysanne. Ligués contre la puissance politique, les « travailleurs » appartenaient en fait à deux catégories économiques dont les intérêts divergeaient. Les plus nombreux sans doute étaient des paysans aisés. Ce qu'ils souhaitaient, c'était seulement l'assouplissement des entraves du régime seigneurial en faveur de la libre entreprise, l'abolition du servage et des corvées, un abaissement des cens. Ils réclamaient qu'on leur laissât une plus grande part dans la commercialisation des produits agricoles. Mais, à leurs côtés, luttaient de vrais « pauvres », des hommes sans terre, des journaliers, les *cottiers* du Kent conduits par John Ball. Ceux-ci espéraient une réforme sociale et agraire beaucoup plus profonde. Ils voulaient voir supprimer toute restriction à la liberté du travail. Ils attendaient la confiscation des terres d'Église et leur distribution par petits lots, la restitution des communaux. L'opposition radicale entre ces deux tendances fit sans doute que le mouvement échoua un peu plus vite.

Toute cette agitation qui troubla pendant le XIVe siècle les populations rurales de l'Europe occidentale mériterait une étude d'ensemble. Parmi les rustres en révolte, les meneurs n'appartenaient-ils pas aux couches les moins défavorisées ? L'important est de voir que, malgré l'influence qu'exerçaient sur ces émeutiers, et surtout sur les plus humbles, les prédicateurs errants, demi-hérétiques, qui leur parlaient d'Adam et Ève, de l'égalité primitive des enfants de Dieu, et qui rallumaient la mystique communautaire des compagnies d'artisans épris de pauvreté évangélique, tous ces soulèvements ne s'attaquèrent que par accident à la fortune des seigneurs. S'ils pillèrent et saccagèrent les demeures de plaisance des riches, ce fut dans l'entraînement de la destruction, dans l'impulsion de la cupidité la plus primitive et de quelques rancunes personnelles. En réalité, ils visaient moins le régime seigneurial qu'un type d'exploitation mené par les princes et par les chefs de guerre. Plutôt que l'appauvrissement, qu'une dépression générale de la paysannerie, ils exprimaient le désarroi de certains cantons plus opprimés par l'impôt et les garnisons, l'impatience devant trop d'exigences ou trop de dégâts. Ajoutons que ces révoltes furent généralement d'une extrême brièveté, sans prolongements, sans conséquences durables. Mais leur fréquence même et leur ubiquité font désirer plus vivement que se précisent nos connaissances sur la situation économique véritable de la paysannerie au XIVe et au début du XVe siècle. Il importerait de mettre en œuvre à cet effet toutes les sources d'information. Elles abondent en certaines régions. Le dépouillement, en quelques lieux choisis, des fonds notariaux, des cadastres, de ce qui subsiste d'inventaires seigneuriaux, permettra de vérifier les hypothèses et de répondre aux interrogations qu'il convient maintenant d'énoncer.

2. Riches et pauvres

À première vue, deux éléments au moins de la nouvelle conjoncture tendaient à l'amélioration de la condition paysanne. Plus que tout autre, le dépeuplement, et cette décompression qu'il introduisait dans tout le corps social. Dans ces campagnes qui semblent désolées, où gagnent les friches, où des villages tombent en ruine, les travailleurs des champs et des vignes se trouvaient sans doute – au moins dans l'intervalle des crises de destruction, du passage des soldats ou des percepteurs – sensiblement moins pressés de besoins que ne l'étaient leurs ancêtres, car l'espace nourricier leur était moins chichement mesuré. Tous les paysans, d'autre part, profitaient de l'abaissement de la rente seigneuriale, qui signifiait leur libération économique. Ce desserrement se faisait peu à peu, sans éclat. Les chartes de franchises se raréfient au bas Moyen Âge dans les campagnes françaises, se rétrécissent, n'accordent plus que des exemptions de détail. Ce fut par petits marchandages, par obstination, que les paysans se dégagèrent. Non point dans toutes les seigneuries certes : quelques-unes tinrent bon. Mais partout se manifestent les signes d'un progressif affranchissement. Ici les tenanciers, trompant la surveillance des maîtres, parvinrent à transformer leur censive en alleu : dans tel village de Provence, où en 1308 presque toutes les terres étaient des tenures, on les voit cent ans plus tard devenues des possessions indépendantes, soumises seulement à l'autorité du prince et à ses impôts. Là, les concessions à long terme, plus favorables à l'exploitant, progressèrent aux dépens des tenures précaires, incertaines, dont l'usage s'était très répandu lorsque la terre était rare et les hommes affamés :

ainsi, dans les villages des Midlands de l'Ouest, les tenures *at will* apparaissent-elles à la fin du XIVᵉ siècle en très net retrait par rapport aux baux de longue durée. Ailleurs, enfin, la dépendance personnelle se dénoua. Les registres de mainmorte permettent de constater que le nombre des « hommes de maisnie » appartenant aux comtes de Hainaut diminua de 70 % entre 1317 et 1350, puis encore de moitié pendant la fin du XIVᵉ siècle. Lorsque les seigneurs du Nivernais cherchèrent vers 1440 à exploiter de nouveau leurs serfs, ils se heurtèrent à de très vives résistances ; ces dépendants, beaucoup moins nombreux que leurs ancêtres, se trouvaient dans une condition économique sensiblement relevée ; certains nourrissaient quatre ou cinq valets dans leur demeure ; à en croire leurs seigneurs, quelques-uns, qui grognaient pour payer cinquante livres de taille, possédaient en fait plus de deux mille écus ; et s'ils protestaient contre le formariage, c'est qu'ils voulaient marier leurs filles « en noblesse et bourgeoisie[1] ».

Il est toutefois bien difficile de discerner si l'appesantissement de la fiscalité princière ne compensa pas largement l'allégement de la rente seigneuriale et si, en fin de compte, les ménages paysans parvinrent à conserver pour leur usage une meilleure part du fruit de leur travail. Cette incertitude explique que les historiens aient pu porter des jugements très discordants sur la condition économique des paysans de ce temps[2]. Beaucoup l'ont tenue pour fort déprimée. Et il faut bien reconnaître que les indices d'un dénuement très général abondent. Ainsi apparaît-il clairement que les emprunts de consommation contractés par les pauvres auprès des usuriers établis dans les bourgades rurales sont demeurés très fréquents à cette époque : l'exploitation des difficultés paysannes fit la fortune de ces manieurs d'argent d'Asti dont on voit les comptoirs se multiplier et prospérer au XIVᵉ siècle sur les terres des comtes de Savoie. Les villageois d'Angleterre, que peint Langland dans son œuvre, s'alimentaient fort mal, vivaient de lait et de bouillies ; le luxe pour eux était de manger du pain, de boire de la bière. Quant aux habitants des campagnes françaises, ils parurent à John Fortescue, qui venait d'Angleterre, faméliques et vêtus de haillons, à une époque où pourtant le mouvement de reprise se trouvait déjà vivement lancé. Au XIVᵉ siècle, les inventaires des biens de mainmorte vendus au bénéfice du duc de Bourgogne dans son bailliage de la montagne décrivent un mobilier des plus pauvres. Quelques torchons usés, de légères courtepointes, un coffre, de vieux vêtements, une ou deux bêtes, quelques mesures de grain, voilà ce que trouvaient les percepteurs dans les masures paysannes. Et lorsque Gaston Fébus, à court d'argent, proposa à ses hommes de corps du Béarn, en 1387,

1. JUGLAS, 512 ; BOSSUAT, 579.
2. ABEL, 506, p. 157 sq.

de leur vendre leur liberté, 40 % d'entre eux répondirent qu'ils ne disposaient d'aucun moyen financier pour l'acquérir[1]. Il faut se garder de considérer avec trop d'optimisme la situation des paysans de ce temps. L'affaissement de la rente seigneuriale procède en grande partie, on l'a vu, de leur appauvrissement. Deux signes évidents de la détérioration générale de leur condition économique se manifestent dans les testaments du Forez, après 1380 : l'amoindrissement des dots ; l'apparition de « pariers », associés à deux ménages pour exploiter ensemble la même tenure et constituer un seul feu[2].

À vrai dire, pour dépasser ces impressions d'ensemble, et approcher de plus près les réalités économiques, il conviendrait de rechercher comment se répartissait alors la richesse entre les paysans. Ceux qui vivaient dans la situation matérielle précaire que décrivent certaines enquêtes fiscales et certaines œuvres littéraires (témoignages qu'il ne faut pas accepter sans contrôle) composaient-ils la totalité du monde rural ? N'existait-il pas auprès d'eux un groupe d'exploitants plus aisés ? Autrement dit qu'était-il advenu de ce mouvement, de plus en plus rapide aux alentours de 1300, qui approfondissait les écarts de richesses entre les villageois, et qui haussait certains d'entre eux fort au-dessus de la masse des pauvres ? L'observation ne va pas sans difficultés. Quelques documents seigneuriaux, les listes successives où furent enregistrés les cens dus par les tenanciers, montrent bien comment peu à peu les parcelles concédées par le maître s'éparpillèrent ici et se concentrèrent là entre quelques mains. Mais ces indications ne prennent de valeur que si tout le village se trouvait alors englobé dans la seigneurie. Encore n'est-on jamais sûr que la tenure d'un paysan constituait vraiment toute sa fortune. Tel, qui tenait un lopin dérisoire, pouvait fort bien posséder ailleurs d'autres biens, qui le situaient à un tout autre niveau de la hiérarchie des richesses. Les documents fiscaux sont plus sûrs, et l'on peut attendre beaucoup d'exploration des séries de cadastres qui existent fort nombreuses, en particulier dans les archives des contrées méridionales[3]. Plaçons enfin quelque espoir dans les apports de l'archéologie rurale, encore si peu poussée en Occident. La fouille des villages désertés au XIVe siècle et au début du XVe ne fournira pas seulement des indications décisives sur la structure des exploitations, dont les maisons de l'agglomération constituaient le centre. Elle permettra peut-être d'entrevoir les distances réelles qui séparaient alors les

1. VIGNIER, 604 ; *Bulletin de la Société des sciences, lettres et arts de Pau*, 1879.
2. GONON, 587.
3. N'oublions pas les testaments : on en a conservé 3 228 pour le seul comté de Forez, datant du XIVe siècle, et plus des deux tiers émanent de paysans, GONON, 587.

Valeur du cens	Nombre de tenanciers		
	1248	*1300*	*1365*
plus de 1 livre			2
de 15 à 20 sous			1
de 10 à 15 sous	3	4	7
de 5 à 10 sous	46	33	26
de 2,5 à 5 sous	15	26	8
de 1 à 2,5 sous	7	18	8
moins de 1 sous	1	19	18
Service en travail seulement	9	7	3

riches et les pauvres, et la proportion de ces derniers. Dans l'état actuel des investigations, on peut déjà exprimer quatre remarques préliminaires :

1° On aperçoit que les fortunes paysannes ont continué de se différencier pendant la première moitié du XIVe siècle. Voici à titre d'exemple (voir tableau ci-dessus) les données numériques que l'on peut extraire des archives d'un manoir anglais, celui de Weedon Beck. Elles permettent de répartir à trois moments successifs les paysans dépendants en fonction du cens qu'ils acquittaient, donc en fonction de l'étendue de leur exploitation [1]. Compte tenu de la marge d'incertitude que laisse toujours subsister ce genre de sources, ce tableau montre clairement que la croissance démographique (le nombre des familles tenancières passa de 81 à 107) morcela dans la seconde moitié du XIIIe siècle un grand nombre de tenures et accrut de la sorte le nombre des paysans pauvres (la proportion de ceux qui devaient un cens inférieur à deux sous et demi doubla ; elle s'éleva de 20 à 40 %). En 1365, les exploitants se trouvaient en revanche beaucoup moins nombreux qu'au début du siècle, et moins nombreux même qu'en 1248. La proportion des petits tenanciers ne s'était pas réduite pour cela. La baisse de population avait permis seulement le regroupement de quelques tenures, et la formation d'une dizaine d'exploitations nettement plus vastes que la moyenne. Le mouvement apparaît identique, mais plus accusé à travers les documents du monastère de Stoneleigh, dans les Midlands : le pourcentage des paysans dont la tenure excédait dix-huit hectares était de 2 en 1280, de 23 en 1392 [2].

2° On devine en effet que, passées les années soixante-dix du XIVe siècle, le dépeuplement et l'adoption de formules de concessions moins rigides précipi-

1. Morgan, 374.
2. Hilton, dans 636.

tèrent l'évolution. En 1341, dans un manoir du comté de Leicester, deux cent cinquante hectares étaient tenus par vingt-six vilains, dont la plupart exploitaient une tenure de dimensions coutumières, la « vergée » de dix hectares ; vingt hectares étaient en outre concédés par lots minuscules à vingt-cinq « cottiers ». En 1477, on n'y dénombrait plus que trois « cottiers » ; restaient seulement dix-sept autres non libres, mais la terre dont ils se partageaient la concession conservait sensiblement la même superficie, si bien que sept d'entre eux possédaient une tenure valant entre deux et trois « vergées ». Le remembrement avait été plus rapide parmi les francs-tenanciers du manoir. À dix-neuf, ils cultivaient soixante-quatre hectares en 1341 ; en 1477, quatre seulement en tenaient entre eux plus de quatre-vingt-dix. De semblables phénomènes s'observent à la même époque en Sologne. La mortalité et les migrations ouvrirent ici de larges vides (dans telle localité, dix-huit seulement des trente-deux « hôtels » sur lesquels on percevait la dîme se trouvaient encore occupés au milieu du XVe siècle). Ceci permit à certains paysans de réunir beaucoup de terre. En 1448, tel censitaire était installé dans un grand « cheseau », qui faisait figure de véritable manoir (« une haute maison assise en ladite motte... à double cheminée... environnée de grands fossés carrés ») ; il tenait en outre une grange, deux étables, un vaste ensemble de labours d'un seul tenant, et trois autres « cheseaux » non bâtis. Il était arrivé à des serfs d'arrondir substantiellement leur avoir. La chevance de l'un de ces dépendants, mise aux enchères en 1411-1412, fut acquise pour cent dix-sept livres : elle comprenait, outre un bel équipement domestique et des bestiaux baillés à cheptel, de nombreuses terres et quatre maisons [1].

3° Il faut cependant remarquer que, dans les terroirs les plus fertiles, les places libérées par le dépeuplement furent souvent réoccupées très vite par des immigrants venus des mauvais pays. La densité démographique ne faiblit donc pas sensiblement. Ainsi, il n'apparaît pas que, malgré les pestes, les destructions, les exodes vers Paris, les exploitations paysannes se fussent restreintes en nombre et remembrées dans les très riches plaines à blé de l'Île-de-France, entre le milieu du XIVe siècle et la fin du XVe [2]. Au progrès des *Wüstungen* correspond, on le sait, l'entassement des hommes sur les sols les plus propices à la culture.

4° Manifestement toutefois, même dans les rares terroirs où la population n'était pas devenue un peu plus clairsemée, le lotissement du domaine seigneu-

1. À Stoughton, HILTON, 619, p. 100-102 ; GUÉRIN, 512, *ibid.*, p. 230-231, le mobilier fut vendu 12 livres, il comprenait un lit garni, des cuves et tonneaux, une huche, une table, des chaises, un mortier.

2. FOURQUIN, 510 *a*.

rial, baillé à ferme ou en métayage par parcelles de dimensions restreintes, étendit notablement la surface des terres dont pouvaient disposer les familles paysannes. Il se peut que certaines des plus pauvres fussent parvenues ainsi à adjoindre à leur exploitation des terres assez vastes pour assurer toute leur subsistance et pour cesser de travailler au service d'autrui. On doit penser cependant que le morcellement du domaine profita surtout aux plus gros exploitants, mieux placés pour conclure les contrats d'amodiation les plus avantageux. Ils consolidèrent ainsi leur fortune et affirmèrent leur supériorité. La plupart des journaliers et des domestiques qu'employait jadis la maison du seigneur vinrent s'embaucher dans la leur. Les recensements anglais de 1377 et de 1381 montrent que les salariés, très nombreux encore dans certains villages, travaillaient pour la plupart au service de paysans aisés : dans telle localité des Midlands où vivaient seize domestiques et dix-huit chefs de famille, un seul des seconds donnait de l'ouvrage à sept des premiers [1].

La communauté de village, resserrée par le malheur des temps [2], par la nécessité de faire face aux exigences du seigneur, aux percepteurs d'impôts, aux exactions des compagnies militaires, tenta souvent de mettre obstacle au développement de ces grosses exploitations paysannes. Elle y parvint rarement et ne freina pas leur croissance. Certes, devant les calamités accidentelles, ces entreprises de plus large envergure se montraient, tout comme jadis le domaine du seigneur, plus vulnérables que les autres ; les percepteurs de tailles avaient l'œil sur ces riches et leur serraient plus fort la gorge. Mais restés tout près de la terre, liés aux gens des bourgades, les paysans aisés se trouvaient en fait favorisés plus que toute autre catégorie de la société rurale par les dispositions de la conjoncture. Rien ne ralentit donc le lent mouvement qui accumulait les terres et les capitaux mobiliers entre les mains des gros tenanciers, des fermiers, des petits officiers de seigneurie, des prêtres (tel curé de la montagne bourguignonne possédait en 1377 beaucoup d'argent liquide, une chaîne en or, toute une vaisselle de cuivre et d'étain, quantité de toile de fil, et il avait baillé à cheptel sept cent quatorze bêtes, réparties entre une cinquantaine d'exploitants de sa paroisse et des paroisses voisines [3]). Avec quelques petits nobles entreprenants et quelques administrateurs avisés de biens d'Église, ces hommes, souvent associés aux hommes d'affaires des villes, continuèrent à stimuler l'activité éco-

1. R. H. Hilton, « Some Social and Economic Evidence in Late Medieval Tax Returns ».

2. On la voit en Lombardie s'ouvrir, après le milieu du XIVe siècle, aux paysans les plus pauvres, qui s'en trouvaient jusqu'alors rigoureusement exclus, Toubert, 603 *a*.

3. Vignier, 604.

nomique en ce temps d'apparente récession, et à soutenir le niveau de la production agricole.

3. La production agricole

Afin de contenir dans de justes limites le sentiment de pessimisme que communique l'examen des sources de cette époque, il faudrait s'assurer en effet, par des enquêtes très précises, que les conditions matérielles du travail rural ne furent pas en réalité assainies dans une forte mesure par certaines circonstances, en particulier par la régression démographique et par l'aiguillon même des difficultés. Les amples transferts de population qui modifièrent parfois si profondément la géographie de l'occupation agraire facilitèrent en effet dans certaines régions, comme l'Allemagne du Nord-Ouest, le passage nécessaire d'une économie très primitive de dévastation forestière à une agriculture céréalière organisée et intensive, harmonieusement associée à l'élevage. Ailleurs furent corrigés les effets de l'excessive extension des cultures, que le surpeuplement des dernières années du XIIIe siècle avait aventurées sur tant de sols infertiles. Les migrations soulagèrent les pays ingrats d'une population surabondante et famélique, rendirent aux bois et aux pâtures les terres inféconds, concentrèrent l'habitat aux meilleures places. Cette période de réajustement bénéfique demeure moins connue que celle des grands défrichements. Il semble bien pourtant que les traits les plus nets que présentent aujourd'hui les campagnes d'Europe leur furent imprimés à cette époque. Nombre de villages se regroupèrent, perdirent leurs écarts, se rassemblèrent en une seule forte agglomération. Autour d'elle, l'organisation des soles qui se préparait ici et là vers 1300 fut alors définitivement mise au point. En marge de ces finages mieux disciplinés et que gouvernaient des communautés d'habitants plus étroitement réunies, sur les lisières dégagées par les reflux du peuplement, parfois sur l'emplacement même d'anciens villages vidés par la mortalité ou par l'exode, purent s'étaler plus à l'aise les grosses exploitations d'un seul tenant, gardées par des haies, protégées contre les démembrements par un droit familial plus rigoureux et moins favorable aux partages.

Beaucoup s'étaient formées au XIIIe siècle. Il semble qu'elles se multiplièrent à la faveur du dépeuplement. Ici et là, dans les rares cantons où l'on s'est avisé de l'entreprendre, l'étude archéologique des terroirs montre sensiblement plus nombreuses les grosses fermes, les « bordes », les fortes métairies. En tout cas, elles gagnèrent leur complète autonomie et leurs terres rassemblées se dégagèrent tout à fait des contraintes collectives. En effet, l'affaissement de la tension démographique avait temporairement assoupli les durs conflits qui opposaient au XIIIe siècle les usagers des communaux aux maîtres des « gagnages » égaillés en francs-tireurs aux lisières du finage. Ainsi fut facilitée, sur les sols les moins propres à la culture céréalière, une meilleure adaptation à l'économie pastorale ou forestière. On peut penser qu'il s'ensuivit, aussi bien dans les herbages que sur les champs assolés, une hausse de productivité par unité de travail. Celle-ci se trouvait enfin favorisée par l'extension de la surface moyenne des exploitations qui partout, sauf peut-être dans les cantons d'exceptionnelle prospérité où l'immigration constante freinait les simplifications du parcellaire, ajustait les dimensions de la plupart des fonds aux forces d'une famille, épaulée par quelques domestiques.

En fait, dans les quelques terroirs d'Angleterre pour lesquels on dispose d'une évaluation des rendements de la semence, on voit ceux-ci, qui s'étaient affaiblis pendant les décennies qui encadrent le début du XIVe siècle, par suite sans doute d'une extension trop poussée des cultures et peut-être d'un épuisement des sols consécutif à leur sollicitation trop intense, se redresser nettement. Ainsi, sur les terres du domaine de l'évêché de Winchester, le rendement moyen de la semence de froment passa progressivement de 4,22 grains pour un en 1300-1349, à 4,35 en 1350-1399 et à 4,45 en 1400-1449, celui de l'orge de 3,8 à 3,96 et à 4,31, celui de l'avoine de 2,42 à 2,85 et à 3,62. L'abandon des franges peu fertiles et la concentration de l'effort agricole seigneurial sur les sols les mieux doués favorisèrent cette amélioration [1]. Mais il se peut aussi qu'elle ait été stimulée par un équipement et des méthodes plus efficaces. On ne doit pas en effet, sans examen attentif, tenir le XIVe siècle pour une période de stagnation technique. Mais à vrai dire, l'histoire de l'économie rurale bute ici contre une longue série de questions auxquelles on ne peut encore donner de réponses précises.

Faut-il penser que l'équipement en outils des exploitations de taille moyenne se détériora, que les paysans restreignirent leurs achats de fer, revinrent à la fabrication domestique d'instruments aratoires de fortune ? Ou bien qu'ils recoururent au contraire davantage aux services d'artisans spécialisés ? Cette dernière hypothèse ne doit pas être jugée trop aventurée, à propos d'une époque où les témoignages abondent d'un net progrès de la civilisation matérielle et d'une progressive diffusion dans les couches inférieures de la société

1. BEVERIDGE, « The Yield and Price of Corn in the Middle Ages », *Economic History Review*, 1927. Ces données concernent seulement les terres du maître ; or, celles-ci, par le seul abandon des parcelles marginales, avaient gagné en fertilité moyenne ; en outre, toutes les capacités de travail domestique se trouvaient alors accumulées sur une surface beaucoup plus restreinte. Qu'en était-il sur les terres des tenanciers ?

des ustensiles et des pièces d'équipement dont les milieux les plus aisés avaient d'abord possédé le monopole. Les enquêtes qui s'orienteraient dans ces directions pourraient, semble-t-il, s'appuyer sur une documentation nettement moins déficiente que celle du XIIIe siècle. Le matériel iconographique s'enrichit en effet à cette époque, et les progrès du réalisme dans les représentations figurées le rendent plus directement utilisable. On trouverait aussi de nombreuses indications dans les sources écrites, dans les stipulations des contrats de fermage, les registres domestiques. On pourrait aussi tirer de précieux renseignements des inventaires après décès et des comptes de marchands. Ne voit-on pas telle boutique de ferraterie du petit bourg épiscopal de Riez en Provence, où l'on achetait des fers pour les bestiaux, des socs, des clous, fréquentée au début du XVe siècle par une forte clientèle paysanne [1] ?

L'histoire du cheptel, de l'équipement en bêtes de labour pendant le XIVe siècle, mériterait aussi une très spéciale attention. *A priori*, on peut supposer que le bétail paysan souffrit durement des pillages et des déprédations [2]. Mais le repli des emblavures et le progrès corrélatif des herbages ne permirent-ils pas en revanche de le mieux nourrir et d'en faire un instrument plus efficace ? L'allure rapide que revêt la reconstitution des troupeaux pendant les phases de restauration est saisissante, de même que le très brusque essor de l'élevage lors de la reprise économique du milieu du XVe siècle : dans le village de Maillane en Provence où travaillaient une quarantaine de bêtes de trait en 1430, on en dénombrait deux cents en 1471 [3]. Et les progrès de l'élevage bovin, qu'encourageaient les spéculations urbaines, contribuèrent sans doute à fertiliser les champs. Ils permirent de les mieux retourner (les contrats de métayage du Toulousain imposent à l'exploitant de multiplier considérablement des labours [4]) ; ils leur apportèrent davantage d'engrais.

Il convient enfin de tenir compte des perfectionnements qui furent alors apportés à la rotation des cultures. Bien observée à travers certaines archives domaniales d'Angleterre, cette modification des cycles traditionnels, que la croissante demande de subsistances et l'épuisement des sols avaient déclenchée avant 1300, se poursuivit et s'amplifia pendant le XIVe siècle et le début du XVe. Comme le montre le tableau suivant, construit sur des données qui concernent

1. BARATIER, 640.

2. Les comptes des recettes provenant du passage et des droits de pacage dans la seigneurie du Neufbourg, en Normandie, indiquent que le nombre des vaches de l'élevage paysan était passé de 190 en 1397 à 30 en 1437, et celui des porcs de 2 234 à 430 en 1444, PLAISSE, 631 *a*, p. 323.

3. BARATIER, 387.

4. SICARD, 572.

quelques grands domaines ecclésiastiques, elle fit reculer largement les blés d'hiver devant l'orge, de meilleur rendement, et devant les légumineuses [1].

Seigneurie	Année	Froment	Avoine	Orge	Légumineuses
Wistow (abbaye de Ramsey)	1307	50 %	4 %	30 %	16 %
–	1340	38 %	7 %	19 %	36 %
–	1379	19 %	3 %	34 %	44 %
Leicester	1363	21 %			17 %
–	1401	17 %			32 %
Scherborne	1425	40 %	13 %	42 %	5 %
–	1435	34 %	10 %	50,5 %	5,5 %
–	1452	20 %	10 %	61 %	7 %

Cette évolution se développa à la même cadence dans les exploitations paysannes. On peut le vérifier dans les comptes de l'abbaye de Leicester en comparant aux moissons du domaine la proportion des divers grains prélevés par la dîme sur les récoltes des paroissiens. Elle répondait à certaines dispositions nouvelles du marché : la fabrication de la bière accroissait dans les villes les achats d'orge. Elle accompagnait peut-être la modification progressive des habitudes alimentaires (l'usage de la soupe aux pois semble alors plus répandu). Elle fut commandée plus directement par le souci de fournir une nourriture plus riche à des bestiaux que l'on vendait pour leur viande, ainsi que par la volonté de raccourcir les temps de repos laissés à la terre en semant après les blés des légumineuses, plantes fertilisantes. Dans les campagnes flamandes, où le voisinage de fortes villes stimulait singulièrement les initiatives économiques, on voyait dès 1328 la culture des pois s'étendre largement sur la jachère (la récolte dont un paysan de Bourbourg déplorait la perte pendant le soulèvement de la Flandre maritime se composait par tiers de froment, d'avoine et de fèves [2]). Les sources écrites de cette région révèlent en 1323, en 1368, en 1372, les premières tentatives connues pour combiner sur de nouveaux rythmes l'association du labourage et du pâturage en installant, d'accord avec les boucheries urbaines, pendant trois, quatre, voire six années la prairie close sur les champs moissonnés. Elles attestent un peu plus tard l'extension de la culture des navets sur les chaumes [3]. Ces innovations furent-elles aussi sporadiques qu'il apparaît

1. Raftis, 190 ; Hilton, 360 et 619.
2. Pirenne, 597, p. 208.
3. Lindemans, 114, I, p. 83-84, 412 ; Verhulst, 128.

à travers les documents aujourd'hui mis en œuvre ? Restèrent-elles cantonnées dans quelques régions rurales plus évoluées ? En Sologne, contrée pauvre et attardée où l'on pratiquait largement l'écobuage sur les « brandes arces », et où, à la fin du XVIIIe siècle encore, le tiers des labours d'une paroisse devait être maintenu en jachère plus de dix ans de suite, certains champs produisaient au XVe siècle, dans l'intervalle des moissons de seigle, des navets, des raves et le « potage », c'est-à-dire des pois et des fèves [1].

4. Les paysans et les gens de négoce

Dernier problème, aussi ardu que tous ceux posés par l'histoire des exploitations paysannes : quel était alors le degré d'ouverture des entreprises rurales sur les opérations marchandes ?

De nombreux indices ressort l'impression d'une récession générale de tous les trafics ruraux pendant le XIVe siècle et le début du XVe. Si l'on considère le commerce des blés, on voit en effet la courbe des prix fléchir, le profit des ventes tomber très bas dans les comptes de beaucoup de seigneuries anglaises. On voit les gens des villes, pour s'assurer contre les très fortes irrégularités des cours, chercher à soustraire aux professionnels du négoce le ravitaillement de leur maison : tel marchand gênois s'acharnait à acheter lui-même son blé sur place, même à très longue distance par l'intermédiaire de ses correspondants, mais sans recourir aux revendeurs locaux. On voit enfin partout thésauriser les grains : une enquête menée à Carpentras en 1473 montre que la moitié des ménages citadins possédaient de très grosses réserves de cette denrée nourricière [2]. Le climat semble à la contraction de tous les échanges. Les conflits militaires bouleversaient les circuits commerciaux, l'instabilité des monnaies troublait fortement l'activité marchande, la crainte de la disette faussait les trafics de céréales. Toute hypothèse de recherches doit donc au départ supposer une tendance à la fermeture et la détérioration de l'ensemble des marchés.

Toutefois l'étude de l'économie des campagnes réclame quelque défiance à l'égard des conclusions que proposent les historiens du commerce au long cours. Leurs observations portent en effet sur des espaces beaucoup trop vastes,

1. Guérin, 512, p. 74.

2. Heers, 649, p. 42 ; R. H. Bautier, « Feux, population et structure sociale au milieu du XVe siècle : l'exemple de Carpentras », *Annales ESC*, 1959. Si, effectivement, nombre de seigneurs ruraux de France, d'Italie ou des Pays-Bas transférèrent à cette époque leur résidence dans une grosse agglomération, ils détournèrent vers la ville le courant de rentes et de prestations qui alimentait leur maison ; de telles migrations seigneuriales pourraient bien expliquer en partie le ralentissement de certains négoces.

et restent souvent appliquées aux seules grandes places du commerce. Or l'activité qui se discerne sur ces gros marchés ne rejoignait souvent celle des campagnes qu'après des cheminements fort longs, au cours desquels les mouvements économiques changeaient d'intensité et parfois même de sens. Il n'est certes pas indifférent de savoir que les taxes douanières perçues dans les ports d'Angleterre à l'exportation des laines et à l'importation des vins accusèrent au XIVe siècle une diminution constante. Mais on doit pourtant considérer que ce phénomène, étroitement dépendant de décisions politiques et de la réglementation d'un commerce d'autant plus facile à surveiller et à gouverner qu'il était exclusivement maritime, pouvait traduire, autant qu'une restriction d'ensemble des échanges, des transferts géographiques de production et de consommation. Il serait dangereux de l'interpréter, sans un contrôle très attentif, comme le signe d'un ralentissement général de l'activité marchande au niveau des exploitations rurales, ou même des bourgades revendeuses. Les problèmes relatifs aux échanges dans les campagnes doivent être étudiés à petite échelle. Une meilleure connaissance des grands circuits commerciaux, et par exemple des forts trafics réguliers qui au XIVe siècle transportaient les céréales depuis les ports baltes jusqu'en Flandre, ou du Languedoc vers Gênes, permet de mieux énoncer certaines de leurs données. Ils exigent toutefois d'être posés de manière différente. L'avance rapide des travaux historiques relatifs à l'économie urbaine dans les derniers siècles du Moyen Âge prépare utilement leur solution. Pour hâter celle-ci, il conviendrait encore que les historiens des villes et des grands hommes d'affaires, dont la collaboration est indispensable, orientent leurs investigations dans un sens particulier.

*

Il ne faut pas espérer en effet dans ce domaine tirer les indications les plus nombreuses et les plus riches des archives qui proviennent de la campagne elle-même. Dans les documents des seigneuries, des notaires et des agents princiers qui concernent directement le monde rural, il conviendra bien sûr de recueillir avec soin toutes les précisions numériques relatives aux ventes, et de les interpréter en fonction des conditions locales. Sauf exceptions fort rares, toutes les transactions dont on peut retrouver la trace dans les sources rurales concernaient les excédents des plus grands domaines. Certaines de ces données témoignent d'une ouverture encore fort large sur les circuits extérieurs : en 1448, dans le domaine d'un grand seigneur du Wiltshire, on put consacrer à la vente

86 % des revenus nets en grains [1]. Quant au fléchissement du volume des ventes dont font état le plus grand nombre des sources seigneuriales, il faut veiller à le mettre en rapport avec l'évolution même de l'exploitation domaniale. Cette baisse est-elle bien toujours l'indice d'une contraction générale des échanges ? Ne traduit-elle pas plutôt, dans la plupart des cas, l'abandon du faire-valoir direct ? Si les relations entre les maîtres et les marchands s'espaçaient, on peut penser que leurs fermiers, qui n'ont point laissé d'archives, se substituaient à eux dans ces opérations commerciales.

Il n'est pas impossible de repérer dans les documents d'origine rurale certaines des incitations qui continuèrent alors à pousser les villageois à acheter et à vendre, quelles que fussent les conditions de la production ou du marché. En dépouillant les contrats de mariage et les constitutions de dot, on mesure à quel point les convenances sociales, le souci de faire étalage de prospérité contribuèrent à ouvrir de force les maisons paysannes sur les activités commerciales. Beaucoup de rustres, par fierté, s'acharnaient sans doute à tenir en leur étable un plus grand nombre de bestiaux qu'il n'eût fallu pour gérer sainement leur exploitation. L'aisance au XIIIe siècle avait installé dans les campagnes des habitudes somptuaires que les temps difficiles ne parvinrent pas à détruire toutes. Pour le plus grand profit des colporteurs et des revendeurs de bourgades, on ne cessa pas de parer les filles le jour de leur noce de tissus étrangers et de « merceries ». Toutes les paysannes du Forez, même les plus pauvres, possédaient depuis leur mariage la « garlande » qui avait retenu leur voile. On voit en Lombardie, dans le cours du XIVe siècle, la vente des épices s'accroître sur les marchés ruraux, et les communautés villageoises prendre des mesures pour restreindre le gaspillage aux repas d'épousailles ou d'enterrement [2].

De toute évidence aussi, les trafics ruraux continuèrent d'être puissamment stimulés pendant le XIVe et le XVe siècle par le développement de la fiscalité, qui poussait les paysans à se procurer par tous les moyens des pièces de monnaie en certaines périodes. Partout, les levées d'impôt gouvernaient impérieusement les relations entre les marchands et les rustres. Les courtiers qui collectaient le safran dans les montagnes des Abruzzes pour le compte des gros négociants de Nuremberg le savaient bien : ils organisaient leurs tournées en février, c'est-à-dire à l'époque même où les villageois devaient se procurer de quoi payer la transhumance de leurs troupeaux vers les Pouilles, mais où surtout ils devaient acquitter la taille royale. Et combien parmi les receveurs d'impôt n'étaient pas de près ou de loin intéressés au négoce ? Ajoutons que, pressés par leurs obliga-

1. À Winterbourne-Stoke, sur la terre de lord Hungerford, POSTAN, dans 5, p. 195.
2. GONON, 588, p. 157 ; TOUBERT, 603 *a*.

tions fiscales, les campagnards ne vendaient pas simplement des denrées, mais leur travail. L'alourdissement des tailles, en aiguisant dans les ménages paysans le besoin du numéraire, hâta sans doute également l'essor de l'artisanat rural, que les historiens jusqu'à présent ont observé surtout à partir des entreprises commerciales urbaines. Ces considérations inciteraient donc à mieux mesurer, dans les documents fiscaux ainsi que dans les livres rentiers de seigneurie, la pression qu'exerçaient sur les exploitations des campagnes les perceptions d'argent du prince ou du seigneur, à recueillir toutes les indications, malheureusement très clairsemées, qui donnent également quelque idée des fortunes paysannes et de la quantité de monnaie que l'on prélevait sur elles. Nul autre moyen d'investigation ne permettrait plus sûrement de jauger le volume des échanges au niveau du village ; on peut même espérer parvenir quelquefois par cette voie jusqu'à des phénomènes très profonds et fort obscurs qui commandaient toute l'économie rurale. En maintenant très bas les prix et les salaires, les exigences des princes ne favorisèrent-elles pas au XIVe siècle l'exploitation des campagnes par les citadins détenteurs de numéraire ? N'aménagèrent-elles point des conditions très favorables à la diffusion de l'industrie textile dans les hameaux voisins d'Augsbourg ou de Bourg-en-Bresse, ou dans les campagnes languedociennes ? La vitalité des établissements de crédit villageois que l'on voit fourmiller partout à cette époque ne fut-elle pas entretenue d'abord par elles ?

Qu'on examine encore dans les documents de la seigneurie toutes les mentions, dispersées mais fort nombreuses, qui éclairent d'autres aspects du marché local. Point n'est besoin d'insister sur l'intérêt de toutes les sources qui concernent les taxes perçues dans le village même sur les marchands, sur l'usage des mesures, sur les transactions commerciales[1] ; ou de toutes les notations éparses dans les comptes qui, dénombrant les salariés, décrivant la nature des gages, laissent entrevoir certaines des disponibilités d'achat ainsi libérées au voisinage du domaine. Du plus haut prix se révèlent aussi les indications que peut livrer l'archéologie de la civilisation matérielle sur le vêtement paysan, le mobilier, la demeure elle-même. Plus abondantes et précises que pour les époques antérieures, on peut attendre d'elles le moyen d'estimer moins arbitrairement le degré d'autarcie de l'économie domestique. Que l'inventaire après décès d'un ménage de veuve dressé en 1377 dans un village de Sologne fasse état d'un peigne à laine, d'un dévidoir, de deux livres de laine à filer, pourrait amorcer

1. Le produit de la ferme des coutumes levées sur les ventes dans le bourg normand du Neufbourg en 1444-1445 révèle, par exemple, que 60 % des transactions portaient d'ordinaire sur le bétail, 10 % sur les grains, et que l'on achetait beaucoup de vin chez les détaillants, PLAISSE, 631 *a*, p. 111.

l'une de ces recherches si nécessaires sur la fabrication domestique des textiles, et sur la manière dont l'artisanat se mêlait aux occupations rustiques[1]. Il ne faut pas se dissimuler cependant la relative rareté, dans la campagne même, de tous les témoignages directs sur les relations qu'entretenaient avec les paysans les courtiers et les revendeurs.

*

Pour observer le mouvement des échanges dans les villages, les petites bourgades constituent sans conteste les meilleurs postes, et les points d'où l'on peut conduire les enquêtes les plus fructueuses. Elles abritaient alors en effet presque toujours des organes de justice et de finances, les rouages inférieurs de l'administration princière qui, munis maintenant d'un personnel d'écritures, ont laissé fréquemment des archives bien garnies. En outre, tabellions et notaires y exerçaient leur activité en permanence. Elles offraient toutes enfin le lieu le plus favorable aux rencontres entre l'environnement campagnard et le négoce à longue distance. Dans chaque région s'articulait autour d'elles un souple réseau de foires locales très vigoureuses, qui se multiplièrent encore au XIVe siècle et achevèrent de s'ajuster aux dates maîtresses du calendrier agricole. Aux jonctions des différentes saisons, aux moments où l'on devait vendre le produit des moissons et des vendanges, où les exploitants agricoles achetaient leurs bêtes de labour, toute la population des villages environnants s'y rassemblait ; ces foires commandaient les dates coutumières des noces paysannes, préparées, même dans les plus pauvres familles, par les achats d'ornements ; elles ne cessèrent pas d'être fréquentées au plus fort des dangers militaires et des épidémies. Dans chacun de ces petits centres résidaient à demeure quelques entrepreneurs qui servaient d'intermédiaires entre les paysans et le grand commerce.

Il est parfois possible de découvrir, dans les fonds d'archives, des registres ou des livres de comptes tenus par ces hommes. Ces textes permettent d'observer dans le détail comment, pour quelques mois, s'organisaient leurs affaires. Je prends l'exemple de l'un d'eux qui agissait au seuil du XVe siècle à Riez, petit bourg des Alpes du Sud. Notaire, il possédait des biens dans le terroir même et dans les campagnes voisines, et ne cessait d'arrondir cette fortune foncière. Mais il exploitait aussi deux boutiques. Dans l'une, il vendait des objets de fer, des lingots, des clous, des éléments d'outillage, et sa clientèle pour ce genre d'objets paraît bien avoir été en majeure partie paysanne ; dans l'autre, les hobereaux et les gens d'Église des environs trouvaient des tissus d'importation.

1. GUÉRIN, 512, p. 230.

Ce négociant s'intéressait cependant davantage au commerce des grains, qui laissait de bien meilleurs bénéfices par toutes les possibilités qu'il offrait de jouer sur les grosses fluctuations des cours. Du blé, il en vendait un peu dans la bourgade même, mais il en prêtait surtout aux petites gens d'alentour, soit au printemps quand les huches commençaient à se vider, soit à la saison des semailles. Il exigeait d'être remboursé, avec fort bénéfice, au moment de la moisson ; parfois, il se faisait payer en journées de travail sur ses terres. Ses plus larges profits venaient cependant des gros convois muletiers qu'il dirigeait vers des lieux plus lointains, où la demande se montrait forte et permanente, en particulier vers le port de Fréjus, escale des navires génois qui venaient régulièrement y prendre cargaison. En 1417-1418, il avait expédié là-bas plus de deux mille setiers. Ces grains provenaient en partie de ses domaines. Il en achetait aussi des quantités, troquant par exemple du vin importé de basse Provence contre le blé moissonné par les gens de la montagne : cette même année, mille cinq cents setiers de froment et cinq cents setiers d'avoine, d'orge et d'épeautre étaient parvenus entre ses mains de cette manière. Enfin, il s'approvisionnait en céréales en prenant à ferme au voisinage du bourg des revenus seigneuriaux : en 1420, il se fit confier pour deux cents florins la levée de dîmes qui rapportait communément plus de mille deux cents setiers de céréales diverses. Ce notaire – et l'on sait le rôle majeur qu'il tenait quotidiennement du fait de cette fonction dans la société rurale – à la fois seigneur foncier, percepteur de rentes, exploitant direct, fermier, prêteur et négociant, réunissait en sa personne toutes les activités de liaison qu'assumait la bourgade pour la vingtaine de villages avoisinants. À travers ses entreprises, se manifeste en toute clarté la vivacité des échanges au plan local, à cette époque qui fut pourtant, dans le sud de la France, des plus sombres et des plus contractées[1].

Les sources mettent en particulière évidence l'ampleur que prenaient alors dans les petits centres ruraux les spéculations sur les produits de l'élevage, sur les bêtes, la viande, les cuirs. Sur elles reposait la prospérité des hommes les plus riches et les plus jalousés, ces bouchers qui tenaient le haut du pavé, épuisaient par la surcharge de leurs troupeaux les herbages communaux et narguaient les nobles. Dans la toute petite ville de Digne, on dénonçait en 1407 aux pouvoirs publics tel éleveur qui nourrissait chez lui, au détriment de tous, mais à son grand profit, quatre-vingts bêtes bovines. Les gens de Montferrand en Auvergne, s'étonnant qu'il ne demeurât plus en 1440 dans cette modeste bourgade d'administration que trois ou quatre boutiques de « merciers » en activité, et considérant en regard l'aisance des bouchers, supposaient que les

1. Baratier, 640.

entrepreneurs les plus habiles, « trouvant plus grand gain au bétail qu'en autre marchandise », s'étaient mis à nourrir des troupeaux dans les faubourgs ; « tant y ont multiplié bétail, disaient-ils, que tout est gâté, comme labours et vignes [1] ». Sur ce point, les remarques venues de toute part concordent. Les modifications de la conjoncture n'affaiblirent point la faveur que les hommes d'affaires de petite envergure avaient manifestée au XIIIe siècle envers l'économie pastorale. Au contraire, l'activité des foires aux bêtes, l'aisance étalée par les trafiquants en viande ou en toisons de laine à Lincoln ou à Coventry, comme dans les bourgades les plus resserrées d'Auvergne ou des Alpes, donnent à penser que le trafic des produits animaux demeura le plus actif de tous pendant les troubles du XIVe siècle, parce que l'un des plus lucratifs et des moins paralysés par les facteurs de récession.

Ces considérations ramènent de la bourgade aux villages proches et à l'observation des systèmes de production. Elles viennent confirmer tous les indices – nombreux en certaines contrées et que multiplierait sans doute l'étude systématique de la maison rustique, de sa structure, de ses annexes destinées aux bêtes et aux réserves de fourrage – d'une extension de l'élevage au détriment des autres activités rurales. Essor qui ne paraît pas limité à l'environnement des villes, qui touche tous les pays de haute montagne, où les communautés d'habitants achevèrent à la fin du XVe siècle d'organiser l'estivage et la mise en valeur de l'alpe [2]. Dans les campagnes, ici et là, on le voit déclencher une nouvelle avance des clôtures, multiplier les exploitations individuelles, où les rapports entre la culture des céréales et l'usage de l'herbe s'aménageaient à l'écart des contraintes collectives. Le dépeuplement, l'ouverture d'espaces libres, le manque de bras favorisèrent certainement en maintes circonstances l'orientation vers l'économie pastorale d'une multitude de petites entreprises, fondées soit sur la vaine pâture, soit sur la location des herbages aux maîtres des terres vaines, soit sur l'exploitation d'un fonds privé de prairies défendues par des haies. Il se peut aussi qu'une décision, dictée par des préoccupations de meilleur profit, ait parfois hâté le recul des emblavures. On a des raisons de penser que bien des sillons aujourd'hui momifiés sous le gazon d'Angleterre, bien des champs retournés à l'herbe et à la pâture dans l'Allemagne du Nord-Ouest, cessèrent à cette époque d'être ensemencés parce que les prix du bétail, à l'inverse de ceux des céréales, se tenaient fort bien à cette époque, parce que engraisser des vaches ou des moutons rapportait plus que produire des grains [3].

1. SCLAFERT, 76, p. 140 ; BOSSUAT, 642, p. 131-132.
2. Voir, par exemple, pour les montagnes autrichiennes, ILG, 293.
3. HILTON, 620 ; TIMM, 528.

Ce qui engage encore, notons-le, à ne point donner une interprétation trop pessimiste aux *Wüstungen*, comme à tous les autres signes de contraction agraire.

Lorsque, dans les années quarante du XVe siècle, une reprise de l'expansion commença de s'affirmer franchement, elle se manifesta d'abord par la vive croissance des troupeaux. De ceux des princes – René d'Anjou, comte de Provence, pour équiper un domaine qu'il venait d'acquérir, faisait acheter en 1458 mille trois cents brebis par l'intermédiaire de deux entrepreneurs d'élevage de Manosque, puis, l'année suivante, vingt-neuf bœufs dans une foire alpine, louait des pâtures, vendait les toisons de trois mille bêtes[1]. À n'en pas douter cependant, les étables des hobereaux, des fermiers, des paysans de toute condition ne furent pas les dernières à se repeupler. En 1471, dans huit paroisses des environs de Vence, on recensait vingt-cinq mille ovins et plus de onze cents bêtes à cornes : chaque famille rurale possédait là entre cent et deux cents têtes de bétail. Très frappantes dans ce document fiscal, l'importance du capital pastoral et la rapidité de sa reconstitution traduisent en réalité une évolution générale. On en découvre un autre signe : partout à cette époque se raviva l'antagonisme entre cultivateurs et pasteurs, que la défaillance démographique avait détendue pendant deux ou trois générations ; partout se ranimèrent les conflits relatifs aux communaux, aux défens, aux haies, à la vaine pâture, qui s'étaient assoupis vers 1350. Témoignage évident d'une renaissance agricole et d'une hausse de peuplement. Mais lorsqu'on voit la tension devenir peu à peu aussi vive que jadis dans des terroirs pourtant nettement moins peuplés, il faut croire que l'espace occupé par les entreprises d'élevage se trouvait en ces points très sensiblement élargi et en conclure, par conséquent, que pendant la phase de contraction l'expansion pastorale avait largement bénéficié du repli des cultures. Dans bien des exploitations paysannes, ne l'avait-elle pas, en partie au moins, compensé ?

Compte tenu de ce transfert d'activité vers l'élevage, dont les proportions véritables exigeraient d'être mesurées région par région, l'impression dernière demeure cependant que l'activité des petites bourgades, et donc tous les échanges ruraux, se contractèrent fortement pendant le XIVe siècle. La réduction du nombre des boutiques à Montferrand résultait en vérité d'un fort amenuisement de la clientèle rurale qui, privant les marchands de chalands, les avait détournés vers l'élevage. Comparons deux fragments de comptes de péage ; l'un concerne l'hiver 1299 et Pertuis, bourg rural ; l'autre vient d'Aix, la petite capitale régionale toute proche, il couvre les derniers mois de 1348 et la plus

1. SCLAFERT, 76, p. 237-238.

grande partie de l'année suivante, c'est-à-dire la période qui suivit immédiatement le choc de la Grande Peste. Le second de ces documents montre certes ces campagnes encore toutes parcourues par les muletiers et les colporteurs, toutes pénétrées de négociants, dont beaucoup faisaient résidence dans les villages et, plus qu'à demi paysans, achetaient du blé, des fruits, du vin, vendaient du sel, du cuir, des poissons séchés, des bêtes de labour. L'économie campagnarde demeurait donc largement ouverte. On s'aperçoit cependant que les courants de circulation enregistrés par les péageurs avaient été en réalité trois fois moins vifs alors dans ce carrefour de grands itinéraires routiers qu'à Pertuis, modeste étape, un demi-siècle plus tôt, pendant les mois correspondants de l'année 1299[1].

*

L'exemple d'Aix montre clairement que la clé des mécanismes commerciaux dont le jeu entraînait l'économie des campagnes doit être aussi recherchée dans les archives urbaines. Les enquêtes monographiques concentrées sur l'économie marchande d'une cité apportent donc une contribution fondamentale à la connaissance des échanges dans les villages lorsque, fondées sur le dépouillement exhaustif des documents concernant la ville comme l'étude menée par Ph. Wolff sur Toulouse ou par J. Schneider sur Metz, elles ne perdent de vue en aucun moment l'environnement rural.

J'ai parlé de monographies car, plus que tout autre, ce problème demande d'être abordé dans un cadre régional. Il importe en effet en premier lieu de délimiter soigneusement les zones où s'exerçait l'influence des agglomérations urbaines, et de jauger aussi l'intensité de leur rayonnement. D'autant que le degré d'urbanisation s'avère en réalité très divers au XIVe siècle d'une province de l'Occident à l'autre. En Angleterre, semble-t-il, la puissance des villes faiblit alors nettement, et une large part de leur activité se ruralisa. Ce fut le cas notamment de certaines fonctions artisanales. On sait que les entreprises de fabrication textile prospérèrent alors à la campagne, et ne cessèrent de se développer. Dans certains villages du Norfolk et du Suffolk et, un peu plus tard, des Costwolds, quelques drapiers capitalistes, qui continuaient à exploiter des terres, et dont certains même demeuraient pris dans les liens de la servitude, dominaient les tisserands, les foulons, les teinturiers disséminés dans les ménages paysans et étroitement associés à leur labeur. Leur fournissant la laine et vendant les tissus, ils accaparaient l'activité commerciale et le maniement des

1. Archives des Bouches-du-Rhône, B. 1595 et 1477.

fonds. On peut parler dans ces contrées d'un réel desserrement de l'emprise urbaine[1].

L'inverse se produisit dans les pays germaniques où naquirent alors beaucoup de nouvelles villes et où les anciennes grossirent. Entre 1362 et 1371, on n'avait jamais vu autant de paysans solliciter leur admission parmi les bourgeois de Colmar, tandis que de nombreux villages du vignoble alsacien se transformaient en bourgades. Même essor dans les régions forestières de l'Allemagne du Nord-Ouest : nombre de villages abandonnés se vidèrent à cette époque parce que leurs habitants partirent s'établir dans le bourg voisin qui se transformait en petite ville ; des études ont montré que les énormes besoins en bois d'œuvre suscités par la construction des quartiers neufs valorisèrent alors l'exploitation forestière, incitèrent les seigneurs à défendre leurs bois, et précipitèrent ainsi le progrès des *Wüstungen*. Qui veut comprendre l'évolution des campagnes allemandes, déceler les traits originaux qu'elles présentent à ce moment, s'expliquer les signes de croissance qui s'y discernent, notamment dans les provinces de l'Est et du Nord, doit tenir grand compte de ce mouvement d'urbanisation[2].

Le cas de la France est plus complexe. Incontestablement, nombre de villes y déclinèrent. Toutefois, le dépeuplement concentra davantage les fortunes urbaines, accrut les ressources de certaines grandes maisons, fit donc s'enfler leurs consommations et leurs dépenses, en même temps que la masse des biens qu'elles pouvaient investir à la campagne. Les liaisons entre le monde rural et la ville ne furent donc qu'en partie relâchées. Elles se nouèrent par contre beaucoup plus étroitement dans l'Italie du Nord, où la puissance de l'économie urbaine ne cessa de se renforcer. Toute l'expansion que connut la basse Lombardie aux alentours de 1400 fut conduite, on l'a vu, par des citadins. Dans l'espoir de profits encore meilleurs que ceux attendus de l'usure ou du négoce, les gens de la ville louèrent dans le *contado* la terre des églises. Ils la bonifièrent. Ils se placèrent à la campagne en tête des entrepreneurs, entraînant à leur suite les paysans riches dans la voie de la prospérité[3].

*

Malgré le ralentissement marqué des échanges dans la plus grande partie de l'Europe, la proximité d'une forte agglomération continua donc, même dans les régions où l'influence urbaine manifestait un certain retrait, d'agir comme un

1. Carus-Wilson, 644.
2. Timm, 528, p. 83 sq.
3. Cipolla, 566.

ferment dans l'économie rurale et d'animer en particulier toute l'activité des bourgades satellites. Sans exploiter les documents urbains, qui deviennent à cette époque de plus en plus abondants et de plus en plus explicites, il serait donc impossible d'atteindre certaines données indispensables à la compréhension du mouvement des richesses dans les campagnes. De comparer, par exemple, la situation faite aux travailleurs sur les chantiers urbains et dans les entreprises agricoles, et par là d'apprécier avec justesse les conditions de l'emploi au village. Les sources urbaines contiennent aussi les renseignements les plus utiles sur la consommation des denrées d'origine rurale, donc sur la manière dont étaient sollicités les producteurs. C'est à travers elles en particulier que l'on pourra mener l'étude d'un phénomène économique de première importance, encore trop imparfaitement connu, mais qui contribua pourtant d'une manière fort efficace à maintenir ouverte l'économie paysanne, malgré tout ce qui dans la nouvelle conjoncture la disposait au repliement. Il s'agit, plus nettement accusée dans les très grandes villes, de la vulgarisation continue de consommations longtemps réservées aux milieux aristocratiques. Ainsi la demande de vin paraît-elle au XIVe siècle plus forte que jamais dans l'ensemble de la société urbaine. Établir que la ration journalière de l'abbé de Saint-Pierre de Gand s'élevait à trois litres et demi, que celle des moines était à peine moindre, que les marchands parisiens vendirent à la cour royale en 1417 dix mille hectolitres de vin de « France » et de Beaune, atteste simplement en vérité que des courants d'approvisionnements, installés de longue date, conservaient leur puissance. L'historien de la production viticole retiendra avec plus d'intérêt que les Brugeois buvaient alors en moyenne cent litres de vin par tête et par an, que les cabarets se multipliaient dans Paris, que le peuple des villes s'accoutumait à boire du petit vin [1]. Car la fourniture en forte quantité de boissons communes affectait plus directement la condition économique d'une foule de vignerons modestes. Quant à l'histoire de l'élevage, il suffirait, pour l'éclairer singulièrement, de vérifier dans les archives urbaines si, comme on le devine, la consommation du cuir s'accrut sensiblement au XIVe siècle, et si la viande paraissait alors plus fréquemment que jadis sur la table des citadins de petite condition [2].

Les sources d'origine urbaine permettent seules également d'observer les liaisons économiques qui, de diverses manières, rattachaient à la grosse ville tout le plat pays environnant. Celles-ci paraissent bien s'être alors resserrées. Beaucoup

1. Craeybeckx, 646 ; Rey, 656 ; Dion, 95, p. 472 sq.

2. Réfléchissant sur deux articles allemands, R. Mandrou pose clairement le problème, « Théorie ou hypothèse de travail ? » *Annales ESC*, 1961, p. 965 sq.

d'hommes de la ville continuèrent en effet de placer ce qu'ils possédaient d'argent dans l'acquisition de fonds ruraux. La crainte de la famine les y poussait tous, et pour les plus fortunés, l'attrait de la vie noble, traditionnellement liée à la fortune terrienne, n'avait perdu aucun de ses prestiges. Certes, tout comme au XIIIe siècle, il faut se défier d'exagérer l'ampleur de ces achats et leurs conséquences, et considérer que l'intrusion des négociants ou des artisans enrichis dans l'exploitation directe de la terre demeura généralement contenue dans d'étroites limites. Les hommes d'affaires et les bourgeois de condition moyenne s'intéressaient surtout aux fonds producteurs des denrées les plus faciles à vendre, aux vignes, aux prairies d'élevage ; lorsque des labours passaient en leur possession, ils les concédaient à des paysans, à ferme ou en métayage. Seuls, quelques fonctionnaires anoblis parvinrent à rassembler de gros patrimoines fonciers de type seigneurial, dans le voisinage des capitales administratives, grandes ou petites. C'était le cas autour de Paris, où les bourgeois proprement dits n'avaient guère acquis au XVe siècle que de petites censives. Dans la banlieue de Lyon, les fortunes foncières les plus rapidement construites le furent par des hommes de fonction, comme ce Jossard, licencié ès lois et serviteur du roi de France, qui en vingt ans devint maître de deux grands châteaux et de seigneuries répandues dans tout le plat pays [1]. Or les gens de ce milieu perdaient beaucoup plus vite que les marchands parvenus l'esprit d'entreprise. Ils se hâtaient d'afficher à l'égard des richesses la désinvolture des chevaliers. Lorsqu'ils s'établissaient dans une seigneurie de campagne, les procédés de gestion et la destination des profits ne s'en trouvaient pas sensiblement modifiés.

On doit cependant reconnaître que les villes des XIVe et XVe siècles, et particulièrement les petites capitales régionales où résidaient de hauts seigneurs et les organes des grandes puissances politiques, parvenaient à s'approprier une portion plus considérable que jadis des biens créés par les producteurs ruraux. Elles étaient en effet devenues d'abord un point de concentration plus efficace de tous les profits seigneuriaux. À mieux assurer cette position économique maîtresse avaient contribué à la fois l'exode des maisons aristocratiques vers les résidences urbaines et la pratique maintenant généralisée parmi les grands seigneurs de bailler à ferme la perception de certains de leurs revenus à des citadins. Entendons par là non seulement les marchands, ni même les bourgeois, mais les ecclésiastiques des communautés urbaines, des nobles de fonction, tous ces officiers qui paraissent bien avoir constitué alors l'un des éléments les plus dynamiques du corps social. Ces hommes affermaient rarement des terres, mais très souvent la levée de la dîme, ou de tel autre droit seigneurial. Il s'agissait pour eux, la plupart du temps, d'une sorte d'achat anti-

1. Fourquin, 510 *a* ; Fédou, 647.

cipé qui plaçait dans leurs mains de grosses quantités de denrées agricoles, susceptibles d'être revendues à bénéfice. Au village, ces gens mieux introduits dans le circuit des affaires, pratiquant sans doute des méthodes de perception plus efficaces, se substituaient au seigneur traditionnel. Ils orientaient plus directement vers l'économie urbaine la part prélevée par l'institution seigneuriale sur les surplus des exploitations paysannes.

Autour des grandes villes qu'ont étudiées de près les historiens, on voit aussi que beaucoup de citadins continuèrent d'exploiter autant qu'ils purent le manque d'argent chronique dans le monde rural, qu'avivaient encore les exigences des collecteurs d'impôts. Ils engagèrent ainsi dans le crédit une large part de la richesse en numéraire qui parvenait dans la ville. Les observations que l'on a pu faire dans la région parisienne donnent à penser que les troubles économiques et politiques rendirent alors moins sûr et moins profitable l'achat de rentes constituées. Le large mouvement qui, au XIIIe siècle, avait par ce moyen noué tant de liens entre ville et campagne ralentit puis s'arrêta presque complètement au XVe siècle[1]. En revanche, on ne décèle aucun fléchissement dans l'activité usuraire, le crédit à la petite semaine, le prêt de consommation. Toutes ces opérations s'alliaient intimement au négoce et se présentent, dans les archives notariales des pays méridionaux, notre source d'information la plus féconde, comme des achats anticipés dont le contrat dissimulait les scandaleux profits. Furent ainsi camouflées en avances de grains, remboursables après la moisson et le battage, d'innombrables avances d'argent. À cette époque en effet, la situation économique de la plupart des villageois demeurait trop déprimée, la circulation du numéraire trop restreinte et trop perturbée par l'expansion du système fiscal, pour que les relations d'affaires entre paysans et bourgeois ne fussent pas d'abord marquées par un net caractère usuraire. Les gens de la ville abusèrent de la supériorité qu'ils devaient à leur réserve de monnaie. Pour avoir dépassé les bornes, prêté de l'argent à des conditions trop dures, acheté trop souvent aux pauvres gens leur blé et leur vin avant la récolte et les avoir revendus beaucoup plus cher que le prix normal du marché, tel gros bourgeois de Montferrand dut, en 1451, solliciter le pardon royal[2].

Toutefois, dans l'extrême complexité de pratiques fort souples, certaines affaires où se mêlaient commerce et crédit engageaient citadins et campagnards dans de véritables compagnies d'exploitation, dont beaucoup contribuèrent fort efficacement à maintenir ouvertes sur l'extérieur les exploitations rurales les plus modestes. Prenons l'exemple de ce négociant de Toulouse qui acheta en décembre 1382 à un

1. Fourquin, 510 *a*.
2. Bossuat, 642, p. 133.

paysan un stock de laine livrable en mai : il devait payer le salaire des tondeurs, qu'il appartenait au vendeur de nourrir ; il soldait tout de suite la moitié du prix, et l'argent ainsi avancé permettait d'élever les bêtes pendant l'hiver ; les deux hommes s'associaient véritablement pour mettre en valeur le capital [1]. On voit qu'il n'existait guère de distance entre l'achat, la créance, et ces innombrables contrats qui unissaient aux exploitants des bourgeois bailleurs de monnaie. Ici encore, il serait fort précieux de vérifier dans quelques villes choisies si l'usage de ces procédés s'est vraiment restreint pendant la période, ou si plutôt de telles associations n'aidèrent pas efficacement le monde rural à surmonter ses difficultés. Ces compagnies fournirent un solide appui aux entreprises agricoles moyennes et petites. Largement étendu aux abords des villes d'Italie et de France méridionale, sur des terres dégagées par l'exode et dont les citadins avaient pu s'assurer la disposition, le contrat de métayage représentait en fait l'une des formes que revêtit la coopération des bourgeois et des paysans à la mise en valeur des labours, à la production des céréales. On en décèle bien d'autres, limitées à la fourniture de l'équipement, d'une paire de bœufs, de l'araire ou de la charrue, de la semence, mais qui conduisaient toutes vers les greniers urbains une part des récoltes. Des sociétés de ce type se constituèrent en beaucoup plus grand nombre, semble-t-il, dans les branches de l'activité rurale qui intéressaient davantage les hommes d'affaires, la viticulture et l'élevage.

L'évidente vitalité du vignoble et de l'économie pastorale, l'étroite alliance du labeur paysan et du capital bourgeois qui la soutinrent, paraissent en tout cas fort significatives de cette période de l'histoire économique des campagnes. Tandis que la seigneurie se délabrait au sein d'indéniables difficultés nées des calamités, des accidents militaires et consécutives au dépeuplement, la conduite de l'économie ne passait-elle pas décidément dans les villages aux mains des paysans qu'aidait l'argent des citadins ? Union étroite entre ville et campagne : j'évoquerai tel contrat conclu à Toulouse en 1489, qui stipulait qu'en temps de peste, le maître irait loger hors de la ville chez son métayer, et qu'en cas de guerre, ce dernier se réfugierait chez le maître, à l'abri des remparts [2]. La participation des capitaux citadins aboutissait en fait à transférer vers les milieux urbains le fruit du travail rural, à assujettir plus étroitement la campagne à la ville. Elle n'en fut pas moins stimulante. Il faut voir en elle l'une des manifestations d'un esprit d'entreprise qui n'avait pas faibli dans l'adversité, malgré tous les dégâts et tous les ravages. Grâce à lui s'accumulaient lentement les forces qui, d'un coup, après le milieu du XVe siècle, entraînèrent l'économie rurale et toute la vie des campagnes d'Occident dans un nouvel élan.

1. WOLFF, 658, p. 205-211.
2. SICARD, 635, p. 33.

LA SOCIÉTÉ CHEVALERESQUE

Hommes et structures du Moyen Âge I

I

NOBLESSE ET CHEVALERIE

1

LA NOBLESSE DANS LA FRANCE MÉDIÉVALE [1]

Il y a vingt-cinq ans, Marc Bloch invitait les médiévistes à observer dans les divers pays de l'Occident, et spécialement en France, l'évolution de la noblesse [2]. Cet appel reçut plusieurs réponses notables, mais la plus riche peut-être et l'une des plus pertinentes vient de lui être donnée tout récemment par L. Génicot, professeur à l'université de Louvain, qui a consacré le second volume de son ouvrage sur l'économie namuroise dans le bas Moyen Âge à l'étude des nobles de cette petite contrée [3].

Dans tout le comté de Namur, c'est-à-dire pour quelque trois cent soixante-dix villages ou hameaux, on ne découvre pas plus d'une vingtaine de familles dont les chefs étaient appelés *nobiles*, au début du XIIe siècle, dans le latin des chartes. Très petit groupe donc, mais d'hommes fort riches, jouissant d'une grosse fortune foncière très dispersée, largement répandue dans les provinces avoisinantes et, selon l'hypothèse la plus vraisemblable, constituée quelques générations plus tôt par une dotation princière. Établies aux lisières de la principauté, les tiges maîtresses de ces lignages paraissent, à la lumière incertaine d'une documentation indigente, avoir possédé des églises paroissiales, souvent un château, en tout cas le pouvoir de commander et de punir. Il semble bien que, dans le vocabulaire des rédacteurs d'actes, « noble » et « libre » étaient interchangeables. Il est certain que tous les nobles étaient dits libres. Mais

1. Bibliographie [32].

2. « Sur le passé de la noblesse française ; quelques jalons de recherches », *Annales d'histoire économique et sociale*, 1936, précédé d'un « Projet d'une enquête sur la noblesse française », établi par le comte DE NEUFBOURG.

3. *L'Économie namuroise au bas Moyen Âge*, II : *Les Hommes, la noblesse*, Louvain, 1960 (Recueil de travaux d'histoire et de philologie de l'université de Louvain, IVe série, fasc. 20).

L. Génicot incline à penser aussi – bien que sur ce point on le sente moins assuré – qu'il n'existait pas alors, hors de la noblesse, d'hommes vraiment libres, c'est-à-dire échappant complètement aux coutumes banales, qui fussent jugés par les seuls tribunaux publics et qui pussent entièrement disposer d'eux-mêmes. Privilégiée, cette « noblesse » était enfin héréditaire : ses qualités et ses titres se transmettaient par le sang.

Aux « nobles » s'opposaient nettement alors des hommes que les textes disent appartenir à la *familia*, c'est-à-dire à une compagnie de serviteurs groupée autour d'un maître. Qui étaient ces maîtres ? Le comte sûrement ; les grands établissements religieux sans doute ; certains nobles peut-être (à vrai dire, on souhaiterait voir plus clairement si les châteaux n'ont pas été dans ce pays les points de concentration exclusifs de telles maisonnées). Leurs membres n'étaient pas tous d'origine servile, mais pourtant ils ne jouissaient pas de la pleine liberté ; en effet, ils ne possédaient pas de sceau ; ils vivaient en dépendance héréditaire ; ils n'échappaient pas aux exactions. Toutefois, vers 1150, on commence à voir certains d'entre eux distingués par un qualificatif particulier. Le titre de *chevalier* les décore. Apparemment, le service militaire à cheval les honore ; plus nécessaires au prince, on les sent en tout cas fort à l'aise. Ces *milites* forment une aristocratie qui se renforce, tout en se maintenant très en dessous de l'élite des familles « nobles » que la prolifération naturelle des lignages a rendues dans le même temps un peu plus nombreuses, donc moins riches.

Passé l'an 1200, l'étude s'appuie sur une documentation plus fournie ; elle devient plus fouillée et plus sûre. On voit alors les familles de la noblesse s'affaiblir peu à peu par le morcellement des héritages, la concurrence du prince qui leur dispute le pouvoir banal, la libération des communautés rurales, la baisse des revenus seigneuriaux, compensée pourtant par d'heureuses parades et notamment par le succès de quelques entreprises de défrichement. Seuls quelques lignages réussirent à sauvegarder leur patrimoine : ils constituèrent, au milieu du XIIIe siècle, le petit groupe des « pairs ». Mais plus de la moitié des « nobles » n'ont pu se maintenir dans l'aristocratie, et ceci au moment même où la situation des chevaliers se relevait. Beaucoup plus nombreux, détenteurs maintenant des attributs de la puissance, flanquant de tours leur demeure et jugeant les paysans, les *milites* ont vu, en effet, s'affirmer dans le cours du siècle le prestige de leur titre. On s'est mis à les appeler « messire », et bientôt eux seuls eurent droit à ce qualificatif ; vers 1280, dans les listes de témoins, la distinction cessa d'être faite entre les nobles et les chevaliers ; on plaça les chevaliers à part de tous les autres et – fait de conséquence dans un monde si attentif aux préséances – le noble non adoubé dut passer après les chevaliers non nobles. Enfin, dans le même temps, les chevaliers gagnèrent la liberté personnelle, le prince les ayant exemptés des coutumes banales. Héréditaire, puisque les enfants du chevalier pouvaient en jouir même s'ils ne portaient pas les armes, cette franchise acheva, dans la deuxième moitié du XIIIe siècle, de constituer le groupe des chevaliers en noblesse véritable. Pourtant, les « nobles » de vieille race veillèrent jalousement encore pendant plusieurs générations à ne point se mêler à eux. Ce fut seulement dans les dernières années du XIVe siècle que les alliances matrimoniales et l'extension à tous les chevaliers du titre de « noble homme » confondirent enfin les deux groupes. En 1420, il n'existait plus dans le Namurois qu'une seule classe supérieure de « gentilshommes ».

Classe largement ouverte depuis un siècle au moins. Pour s'y introduire, il avait suffi, en effet, à beaucoup d'hommes enrichis par l'administration, les affaires ou même une patiente épargne paysanne, de se soumettre à la cérémonie de l'adoubement. Celle-ci ne paraît pas avoir été strictement contrôlée. Mais il convient de remarquer que les descendants de ces parvenus cessaient bientôt de faire armer leurs fils. Parmi les gentilshommes, les chevaliers se raréfièrent, et très vite après 1350. Il ne manque pas de raisons qui expliquent une telle désaffection pour la qualité chevaleresque. Elle contraignait à des dépenses d'armement et de monture, imposait des obligations gênantes, exposait aux dangers, alors que le simple écuyer était de mieux en mieux considéré. Mais surtout il suffisait de compter un chevalier parmi ses ancêtres en deçà du septième degré pour profiter des privilèges fiscaux, judiciaires et militaires, pour être « libre », pour se ranger parmi les « hommes de loi et de lignage ». Ce fut cette classe juridique qui, dans le Namurois du bas Moyen Âge, se substitua à la vieille « noblesse » lorsque son souvenir même eut achevé de se perdre. Constituée en majorité par des hommes riches, possesseurs de maisons fortes, avec motte, tour, « bloquehut » et chapelles, elle rassemblait cependant aussi nombre de personnes modestes, d'artisans et même de valets. Car, tout comme l'antique *nobilitas*, elle fondait son privilège sur la seule naissance et la qualité des ancêtres.

Il a semblé nécessaire de donner de ce beau livre un résumé substantiel. Pour mieux en louer d'abord la méthode. Le dépouillement complet de tous les textes écrits qui concernent une petite région assure la rigueur de cette étude, permet seul, en particulier, de suivre d'aussi près l'évolution des patrimoines et de retrouver la trace des destins individuels : pour cela, l'exposé fourmille de notes très concrètes et s'anime ainsi d'une vie entraînante [1]. Mais on notera spécialement

1. On regrettera seulement que les schémas cartographiques n'aient fait aucune place aux réalités du paysage.

que la recherche s'est appuyée d'une part sur l'inventaire systématique, le classement chronologique et même l'examen grammatical de tous les termes qui furent utilisés pour qualifier les hommes de ce temps, d'autre part, et surtout, sur la construction patiente d'un très grand nombre de tableaux généalogiques qui constituent, comme il se doit, l'illustration maîtresse de l'ouvrage.

L'allure même de ces arbres familiaux fait ressortir la principale faiblesse de l'étude : avant le début du XIIIe siècle, la documentation qui la soutient est fort réduite ; elle est pratiquement inexistante pour le XIe siècle. Cette déficience des sources anciennes réduit notablement la portée des observations de L. Génicot, comme de celles qu'ont formulées, pour la noblesse du Brabant, P. Bonenfant et G. Despy [1]. Une telle indigence interdit, par exemple, de déterminer ici et là avec certitude si, au XIIe siècle, les possesseurs de châteaux, les détenteurs du droit de ban étaient bien tous et seuls qualifiés de *nobiles*. Une telle indigence surtout dresse très vite un seuil contre lequel viennent buter les investigations régressives des généalogistes. Il est impossible de discerner en particulier si, parmi les *milites* qui apparaissent en Namurois dans la seconde moitié du XIIe siècle, certains n'appartenaient pas aux rameaux latéraux des grands lignages de la haute aristocratie. En Saxe [2] et en Allemagne du Sud-Ouest [3], on peut établir, en effet, comme en Mâconnais, l'existence d'une vigoureuse petite noblesse tout entière issue des races dirigeantes et, dans les pays allemands, cette « basse noblesse de souche » partage alors le titre chevaleresque avec la « nouvelle basse noblesse » des ministériaux. Enfin, l'on peut se demander si des témoignages moins clairsemés n'eussent pas permis d'observer de plus près les rapports entre la *libertas* et la noblesse. L'affirmation de la complète identité, au XIIe siècle, des nobles et des libres est, en effet, surprenante, car dans maintes régions de France, d'Allemagne et même de Lotharingie, les textes montrent avec évidence qu'il existait alors beaucoup d'hommes libres qui ne prétendaient point à la noblesse. Même si l'on considère que tous les chevaliers, intégrés à la *familia*, étaient des ministériaux, il faut tenir compte de l'opinion de nombreux médiévistes allemands qui pensent, comme H. Dannenbauer [4], que beaucoup de libres de condition modeste se placèrent au service cavalier des grands ; un acte brabançon de 1180 ne distinguait-il pas trois *milites ingenui* dans une *familia* comtale [5] ?

De la savante étude du professeur de Louvain, il ressort en tout cas que la

1. « La noblesse en Brabant aux XIIe et XIIIe siècles : quelques sondages », *Le Moyen Âge*, 1958.
2. A. HAGEMANN, « Die Stände der Sachsen », *Zeitschrift der Savigny-Stiftung, Germ. Abt.*, 1959.
3. K. BOSL, « Der Wettinische Ständestaat im Rahmen der mittelalterlichen Verfassungsgeschichte », *Historische Zeitschrift*, n° 191, 1960.
4. « Königsfreic und Ministerialen », *Grundlagen der mittelalterlichen Welt*, Stuttgart, 1958.
5. BONENFANT et DESPY, *op. cit.*, p. 40.

société aristocratique présentait à l'époque féodale, dans ce pays d'Empire, des traits différents de ceux qui marquaient la plupart des provinces françaises : vigueur prolongée de ces troupes domestiques que l'on désignait par le nom de *familia* ; notion plus complexe, plus différenciée, plus hiérarchisée de la liberté ; influence plus prononcée peut-être de l'ascendance maternelle dans l'hérédité des statuts juridiques. Qu'en Namurois les critères de la noblesse aient été particuliers, qu'ils ne fussent point identiques à ceux que l'on croit pouvoir discerner dans la Bourgogne ou le Forez, il ne faut pas s'en étonner. On connaît les discordances qui ont marqué, en France et en Germanie, l'évolution des structures sociales établies aux temps carolingiens ; A. Borst vient encore de les souligner dans un essai plein d'intelligence, à propos précisément de la dignité chevaleresque, de son extension, de son contenu, de son expression littéraire [1]. Mais, à l'intérieur même de ces grands corps territoriaux, les coutumes régionales étaient fort diverses, et notamment toute une gamme de transitions entre les types français et les types germaniques s'établissait sans doute dans les pays de la Meuse, de la Saône, du Jura et des Alpes. Les conclusions de L. Génicot n'infirment pas celles des érudits qui, ailleurs, ont essayé de voir clair. Mais elles ont le grand mérite d'apporter une pièce capitale au débat, de le réveiller, de renouveler et rajeunir les anciennes hypothèses de travail. Ainsi, cet ouvrage incite à poursuivre l'enquête dans les pays français, et spécialement dans trois directions principales.

*

Il conviendrait, en premier lieu, d'examiner attentivement la manière dont s'est transmise la qualité nobiliaire. Les recherches de L. Génicot mettent en évidence, en effet, un fait désormais incontestable : la noblesse médiévale est indépendante de la chevalerie et lui est antérieure ; c'est une qualité qui vient des ancêtres, une affaire de race. Nulle part cette proposition n'est plus vigoureusement exprimée que dans un livre tout récent d'un autre historien belge, L. Verriest – livre rageur, mal ordonné, défiguré parfois par des sophismes et toujours par un acharnement immodéré à détruire toute opinion qui ne s'accorde pas entièrement avec les idées très originales de son auteur, mais porteur cependant de remarques fort pertinentes [2]. Parmi celles-ci, on doit retenir en particulier la critique des thèses de Marc Bloch. Ce dernier, et je l'ai longtemps

1. « Das Rittertum im Hochmittelalter : Idee und Wirklichkeit », *Saeculum* n° 10, 1959.

2. *Questions d'histoire des institutions médiévales – Noblesse, chevalerie, lignage – Condition des gens et des personnes – Seigneurie, ministérialité, bourgeoisie, échevinage*, Bruxelles, 1959.

suivi, pensait que, les familles nobles du haut Moyen Âge s'étant éteintes, une toute nouvelle noblesse avait dû se reconstituer aux temps féodaux, en fonction d'un certain niveau de fortune, d'une manière de vivre distincte de celle du commun et, notamment, d'une aptitude singulière à l'exercice des armes. En fait, on peut considérer maintenant établi que la noblesse carolingienne s'est transmise par le sang dans une abondante postérité féodale et, d'une façon plus générale, que tout noble se disait d'abord *de nobilibus ortus* ou « gentilhomme », c'est-à-dire qu'il ne se référait pas, en premier lieu, à sa puissance ou à sa richesse, mais à ses aïeux. Toute son illustration venait de ceux-ci et non point de sa personne. Il suffit de considérer la conception que notre monde se fait encore aujourd'hui de la noblesse [1] pour se convaincre que celle-ci s'est toujours fondée sur l'honneur d'une ascendance et se renforce naturellement en remontant dans le passé, le long des arbres généalogiques. À tel point qu'il peut paraître vain de s'interroger sur les « origines » de la noblesse, puisqu'il n'est aucun noble qui ne soit poussé en avant par les prestiges d'un ancêtre, fût-il mythique. On a vu que l'étude de L. Génicot était bâtie sur des généalogies. Ainsi, l'enquête sur la noblesse rejoint directement celle, plus ample et non moins ardue, dont l'objet est la famille médiévale.

Car une question, tout de suite, se pose : ascendance, mais de quel côté ? Paternel ? Maternel ? Les deux ensemble ? Faute d'indication claire avant l'époque moderne, la réponse de L. Génicot est pleine de circonspection ; elle suppose que la noblesse, impliquant la liberté, ne pouvait comme cette dernière se transmettre que par les femmes ; mais que le prestige croissant de la chevalerie, affaire purement masculine, dut, après 1200, étendre le rôle du père dans la dévolution d'un statut juridique supérieur. L. Verriest tranche plus brutalement. Pour lui, le sang maternel anoblit seul, partout et toujours. À vrai dire, ses allégations reposent sur des textes tardifs et très localisés, qui ne sauraient emporter l'adhésion [2]. Pour conclure valablement, il conviendrait de mener dans

1. Le petit livre de P. du Puy de Clinchamps, *La Noblesse*, Paris, coll. « Que sais-je ? », 1959, ne contient rien de neuf sur la noblesse médiévale, mais en revanche d'utiles indications sur celle d'Ancien Régime et sur ses survivances contemporaines. Les aspects juridiques et sociologiques que revêtit l'institution dans les temps modernes peuvent suggérer aux médiévistes d'utiles réflexions.

2. Je ne pense pas, en particulier, que l'on puisse déduire beaucoup des généalogies dressées pour leur défense par ces sainteurs accusés en justice d'être serfs et qui, dans les régions où la macule servile était d'hérédité strictement féminine, insistaient sur la bonne naissance de leurs aïeules seules, sans rien dire de la qualité de leurs pères, ce qui ne leur eût servi de rien.

les diverses régions de la France féodale une étude approfondie des structures familiales [1].

Il semble fort utile d'examiner, à cette fin – puisqu'on n'a pas conservé avant le XIVe siècle de dossiers constitués dans le seul dessein de prouver une noblesse –, la littérature généalogique qui a fleuri entre le Xe et le début du XIIIe siècle dans certaines provinces, et dont des débris notables ont été conservés. De tels documents apprennent, en effet, beaucoup sur l'attitude d'esprit de ceux qui ont ordonné de les établir, sur le souvenir que ces hommes conservaient de leurs aïeux et sur le souci qu'ils avaient de les célébrer. Ils donnent de la conception vécue de la famille une image plus exacte que les arbres généalogiques reconstitués par les érudits modernes en fonction de leurs propres schémas. Il conviendrait donc, d'abord, de faire la recension systématique de ces sources, car bon nombre d'esquisses généalogiques sont incorporées dans des œuvres littéraires, et même dans des chartes [2], puis d'en entreprendre l'étude interne, en observant de près dans ces textes la place respective ménagée aux ascendances de ligne masculine et de ligne féminine, ainsi que les qualificatifs employés pour exprimer l'illustration des ancêtres.

J'indique, à titre d'exemple, l'intérêt du tableau que brossa de sa propre famille l'auteur des *Annales Cameracenses*, le chanoine Lambert, né en 1108 [3]. On notera que sa mémoire ne remonte pas au-delà des grands-parents, mais englobe largement les consanguins, même lointains, de la génération précédente, et se montre plus fidèle pour les branches les plus illustres. L'accent, en effet, est ici vigoureusement marqué sur la gloire des prédécesseurs, leurs actions guerrières, et sur le souvenir qui s'en maintient dans les « cantilènes des jongleurs ». Le titre de *miles*, enfin, décore aussi bien le grand-père paternel de Lambert que ses oncles maternels et ses cousins des deux lignages ; toutefois, le mot *nobilis* et ses dérivés n'interviennent qu'à propos de la grand-mère maternelle et de sa parenté. Mais si, dans cet écrit comme dans bien d'autres, les femmes surtout sont dites « nobles », n'est-ce pas aussi parce que « chevalier » n'a pas de féminin et que, comme j'ai cru le voir dans les chartes mâconnaises,

1. J'indique qu'une telle étude est entreprise depuis plusieurs années dans le séminaire d'étude des mentalités et structures sociales que je dirige à la faculté des lettres d'Aix, et que la publication de certains résultats partiels est en préparation.

2. M. Vercauteren, professeur à l'université de Liège, attirait naguère l'attention des auditeurs de mon séminaire sur celles que Gislebert de Mons, chancelier du comte de Hainaut, à la fin du XIIe siècle, avait l'habitude d'introduire dans les actes qu'il délivrait au nom de son maître.

3. *M. G. H., SS.*, XVI, p. 511-512. Il appartient à M. Vercauteren, qui a eu l'extrême obligeance de me signaler ce document et de l'expliquer devant mes élèves, d'en donner le commentaire approfondi qu'il mérite.

nobilis parut le seul terme convenable pour désigner les femmes de condition sociale équivalente ?

Cependant, quand l'on se borne à considérer les œuvres littéraires strictement généalogiques et qui furent composées en l'honneur des seuls seigneurs de très haut rang, il faut bien convenir que la filiation en ligne masculine a retenu presque entièrement l'attention de leurs auteurs, et donc qu'elle avait presque seule du prix aux yeux des grands qui les firent rédiger pour la célébration de leur noblesse. Voici la généalogie des comtes d'Angoulême, incluse dans l'*Historia pontificum et comitum Engolismensium*, dont J. Boussard a procuré une excellente édition [1], et qui fut écrite vers 1160 par un chanoine d'Angoulême. Elle remonte, à travers huit générations, jusqu'au second tiers du Xe siècle, jusqu'à Guillaume Taillefer, héros de légende. Elle n'est pas tout à fait indifférente aux filiations féminines, puisqu'elle fait mention, parmi les épouses des comtes, de celles qui donnèrent naissance à leur héritier. Mais elle s'articule strictement de père en fils et ne se déploie jamais en direction des lignes maternelles. Quelques sondages préliminaires opérés dans cette littérature [2] montrent qu'une semblable disposition linéaire selon les primogénitures mâles, fonction d'une transmission essentiellement masculine de la gloire familiale et de la mémoire des aïeux, fut adoptée très généralement dans la très haute aristocratie au XIIe siècle. Mais une observation attentive révèle que les généalogies plus anciennement composées accordaient sans doute une place beaucoup plus large aux lignées féminines. Les tableaux familiaux du XIe siècle, ceux qui concernent les comtes d'Anjou par exemple, sont construits eux aussi de manière à établir d'abord la filiation du titre comtal transmis de père en fils, mais ils s'ouvrent plus largement sur les alliances matrimoniales et sur les liens de parenté qui se nouent par des intermédiaires féminins. Et, beaucoup plus nettement encore, le plus ancien de tous ces écrits généalogiques, celui-ci qui décrit l'ascendance du comte Arnoul de Flandre et qui fut composé entre 951 et 959, insiste surtout sur les femmes, sur l'illustration de leur lignage ; les seules dates qu'il mentionne sont celles des mariages ; et tout le propos de l'ouvrage est d'assurer la noblesse du comte Arnoul en le rattachant, par sa grand-mère, à la famille carolingienne. Un tel changement de perspective pourrait bien être l'un des indices d'une mutation qui affecta, aux alentours de l'an mil, les structures de

1. Paris, 1957 (Bibliothèque elzévirienne, nouvelle série, Études et documents).

2. L'étude d'ensemble est en cours dans mon séminaire. *Cf.* A. HÖNGER, « Die Entwicklung der litterarischen Darstellungsform der Genealogie im deutschen Mittelalter von der Karolingerzeit bis zu Otto von Freising », *Mitteilungen der Zentralstelle für deutsche Personen und Familiengeschichte*, 1914 ; K. HAUCK, « Haus und Sippengebundene Literatur mittelalterlicher Adelsgeschlechter », *Mitteilungen des Instituts für österreichische Geschichtsforschung*, n° 62, 1954.

la famille aristocratique en Occident et ses représentations dans la conscience collective.

Cette constatation peut être, en effet, rapprochée de certains résultats d'une enquête générale sur la noblesse des pays rhénans, menée depuis quelques années à Fribourg-en-Brisgau sous la direction de G. Tellenbach[1]. Parmi les travaux déjà publiés, je retiendrai spécialement celui de K. Schmid, parce qu'il propose d'aborder d'un côté nouveau l'étude des lignages dominants de l'époque post-carolingienne et féodale[2]. Le point de départ de cette recherche est une considération de méthode formulée par G. Tellenbach[3] ; il devient très difficile de suivre au-delà des VIIIe-IXe siècles les traces des races aristocratiques ; cette difficulté tient sans doute au fait que les personnages ne portent plus dans les textes de surnoms familiaux et qu'un seul nom les désigne, que l'on peut confondre avec celui d'autres individus ; mais elle n'est pas seulement affaire de sources ; elle exprime un trait particulier de la mentalité noble qui n'attribuait pas alors aux filiations agnatiques la supériorité reconnue aux époques suivantes, mais situait sur le même plan cognats et agnats. Observant de près la noblesse d'Alémanie, K. Schmid a pu mettre plus clairement en évidence ce contraste. Au XIIe siècle, la conception familiale était résolument dynastique : on remontait vers ses ancêtres par les mâles, et lorsque, à la fin du siècle, l'usage des armoiries commença de se répandre, la symbolique héraldique s'organisa de manière à conserver le souvenir de l'origine agnatique commune dans les branches latérales dès que celles-ci se constituèrent en lignages indépendants. Cette représentation s'appuyait principalement sur l'idée d'une résidence commune, berceau de la famille, héritée de père en fils, et dont la lignée portait le nom : la « race » ainsi se présentait comme une « maison ». Or, avant l'an mil, les relations de parenté offrent dans les sources écrites un aspect très différent : plus de noms familiaux, mais des noms individuels ; au *Geschlecht*, c'est-à-dire au lignage réunissant tous les hommes qui se réclament en ascendance paternelle d'un ancêtre commun, s'est substituée la *Sippe*, groupement flou d'alliés. K. Schmid utilise, pour la première moitié du Xe siècle, époque de très grande indigence documentaire, les *libri memoriales* où, dans les grands établissements religieux, étaient consignés les noms des bienfaiteurs pour lesquels devait prier la communauté ; la manière dont les noms y sont disposés

1. G. TELLENBACH, *Studien und Vorarbeiten zur Geschichte des grossfränkischen Adels*, Fribourg, 1957.

2. « Zur Problematik von Familie, Sippe und Geschlecht, Haus und Dynastie beim mittelalterlichen Adel. Vortragen zum Thema "Adel und Herrschaft im Mittelalter" », *Zeitschrift für die Geschichte des Oberrheins*, n° 105, 1957.

3. « Zur Bedeutung der Personenforschung für die Erkenntnis des früheren Mittelalters », *Freiburger Universitätsreden*, 1957.

les uns par rapport aux autres reflète l'image vécue des liens de parenté dans les milieux aristocratiques ; elle fait apparaître que la parenté de la femme et celle de la mère jouaient alors un rôle égal à celui de l'ascendance paternelle dans la vie et dans la conscience de la famille. Attitude que d'autres indications confirment et expliquent : on donnait volontiers aux enfants des noms empruntés à la lignée de leur mère ; des deux côtés de filiation, c'était celui dont la noblesse était la plus éclatante, le prestige le plus grand, les ancêtres les plus glorieux, qui était mis en avant ; comme les filles détenaient un droit à l'héritage foncier, les mariages réunissaient dans une même communauté de biens alliés et descendants des deux lignées ; enfin, les grands n'étaient pas établis dans des résidences stables : dans ces familles aux possessions très dispersées, et mobiles au gré des héritages et des alliances, point de « maison » mais des gîtes multiples. Et, pour cela, point de « race ».

L'important serait de mettre en lumière le passage d'un système de parenté à l'autre, qui malheureusement s'est produit pendant la période la plus obscure du Moyen Âge, de le dater, de le confronter à l'évolution d'ensemble des structures sociales. Voici l'un des champs d'observation qu'il faut proposer aux historiens de la noblesse française. Pour l'Alémanie, K. Schmid ébauche une explication dont le grand mérite, à mon sens, est de rejoindre l'histoire des institutions politiques, car la notion même de noblesse et sa consistance se trouvaient sans conteste étroitement associées aux attributs de la puissance. À l'époque franque, il existait tout de même une « maison », celle du roi, et il est notable que la famille royale fut la première à se manifester comme une race, limitant à l'*agnatio* les noms des fils, confinant dans une situation subalterne les alliances par les femmes. Or, c'était seulement en s'agrégeant à la maison du roi qu'un noble pouvait alors faire sa fortune, en y vivant dans son adolescence parmi les autres « nourris », en obtenant ensuite du chef bienfaits et honneurs. Noblesse toute domestique donc (*Hausadel*) et qui, pour cela, ne pouvait s'organiser en « maison » particulière. Or, lorsqu'ils redistribuaient les charges, les Carolingiens choisissaient, dans le groupe d'alliance des anciens titulaires, parmi les descendants, les parents par le sang ou les alliés, sans se limiter nullement à la ligne agnatique et encore moins à la primogéniture[1]. Ce fut donc seulement lorsque les familles nobles se dégagèrent de la domesticité royale, s'approprièrent un pouvoir autonome, une seigneurie particulière, qu'elles s'ordonnèrent en dynastie. « La maison d'un noble devient une maison noble lorsqu'elle devient le centre et le point de cristallisation indépendant et

1. *Cf.* R. Louis, *De l'histoire à la légende : Girart, comte de Vienne (... 819-877), et ses fondations monastiques*, Auxerre, 1946, t. I, p. 5.

durable d'une race, à qui elle confère la puissance. » Ainsi, le passage de la *Sippe* au *Geschlecht*, le renforcement progressif de la ligne masculine, qui peu à peu se réserva la transmission héréditaire de l'autorité, de la fortune terrienne, de la gloire ancestrale et par conséquent de la noblesse, apparaît comme l'un des aspects de l'avènement de la « féodalité ».

Cet avènement se produisit par étapes successives dont le rythme ne fut pas le même dans toutes les provinces, ici plus précoce et là retardé. L'autonomie fut conquise d'abord par les maisons comtales – dont les chefs furent dans les textes latins distingués par le titre de *dominus* –, puis par les maîtres des châteaux et de la puissance banale – dont les familles étaient, en Mâconnais, organisées en lignages avant l'an mil –, enfin, mais sensiblement plus tard, par les chevaliers, autour de leur demeure devenue, à la fin du XIIe siècle ou au début du XIIIe, une « maison forte ». L'appropriation du pouvoir de commander et de punir, que l'homme seul peut exercer et qu'il transmet à son fils, l'hérédité purement masculine de l'honneur, du fief, du titre, du surnom familial, des armes, l'exclusion progressive des filles mariées de l'héritage paternel ont sans aucun doute puissamment contribué à donner aux familles nobles, et d'abord aux plus illustres, leur allure dynastique et, du même coup, à reléguer à l'arrière-plan la filiation maternelle, à restreindre singulièrement son rôle dans la transmission même de la « noblesse ». Il conviendrait d'examiner si ce mouvement ne coïncide pas très exactement avec l'exaltation de la vocation guerrière, de l'épée, de la *militia*. En tout cas, il importe d'observer de près, pour vérifier ces hypothèses de recherches, la littérature généalogique, l'histoire des coutumes successorales, la politique matrimoniale des grandes familles, l'évolution du blason (l'héraldique est, parmi les sciences auxiliaires, la plus précieuse pour ce genre d'études). On peut attendre d'une telle enquête qu'elle fasse ressortir dans l'ensemble des pays français de fortes diversités régionales, qu'elle délimite plus exactement la zone où, dans l'Empire et sur ses lisières, comme en Champagne, en Barrois, en Franche-Comté et en Namurois, la coutume maintint dans l'usage la transmission par les femmes de la qualité noble, alors que, semble-t-il, elle avait admis ailleurs, dès la fin du XIe siècle, pour la dévolution de la « noblesse » (comme aussi de la condition servile [1]) la prépondérance de l'hérédité masculine.

*

1. Dans la région parisienne, les règlements de la mainmorte attestent la précoce primauté de la ligne agnatique dans la population servile, *cf. Cartulaire de Notre-Dame de Paris*, I, p. 375 (1109).

L'étude des rapports entre noblesse et chevalerie est une seconde voie où l'on peut souhaiter voir s'engager les chercheurs. Les conclusions de L. Génicot se trouvent rejoindre sur ce point les récents apports de l'érudition allemande qui a fortement distingué la noblesse, liée à la puissance, à la seigneurie, donc à la race, et la chevalerie, affaire de service, d'allure domestique et par conséquent décoration toute individuelle [1]. Contraste entre *Herrschaft* et *Dienst* qui, dans les pays germaniques, s'est fort longtemps maintenu, puisque l'aristocratie allemande du XIIIe siècle vivait encore sur l'antithèse entre le *herren von geburte frî* et le *dienestman, ritter und kneht* [2]. Mais l'opposition s'y est peu à peu atténuée par le succès d'un type social exemplaire, celui du *miles christianus*, du combattant de Dieu, exalté par l'Église. Ce succès serait tardif : A. Borst le situe dans la seconde moitié du XIIe siècle et le met en rapport avec l'expansion des ordres religieux militaires dans les pays allemands. Il en fut de même en Lotharingie. Ainsi voit-on les nobles brabançons se faire armer chevaliers et se parer du titre de *milites* vers 1175, c'est-à-dire au moment même où hospitaliers et templiers s'implantaient dans le duché [3].

Cependant, la structure sociale des pays d'Empire se caractérisait, on le sait, à cette époque, par son archaïsme et la complexité des « états » que séparaient de nettes distinctions de statuts et de fermes obstacles aux alliances matrimoniales de groupe à groupe. On peut penser qu'en France l'évolution ne fut pas exactement concordante. Encore convient-il, et toujours en tenant compte des nuances régionales, de l'examiner attentivement. Selon toute apparence, on vit en France aussi une haute aristocratie gravitant autour de la maison royale, une *nobilitas*, se renforcer et s'enraciner à l'époque carolingienne. Une récente étude de K. F. Werner vient d'apporter sur ce point, pour la Neustrie, des informations de première importance [4]. À la recherche des origines des grandes familles princières et du groupe de vassaux qui les entouraient, cette enquête parvient à franchir le seuil que dressent, au milieu du Xe siècle, la raréfaction des documents et plus encore la modification des rapports qui unissaient les individus aux membres de leur parenté. Elle montre clairement que considérer les « nobles » de ces temps obscurs comme des hommes nouveaux est une illusion dont le laconisme des sources est seul responsable. En réalité, dans la Touraine, région plus bouleversée que d'autres par les incursions normandes et qui récla-

1. En dernier lieu, K. Bosl, « Über soziale Mobilität in der mittelalterlichen "Gesellschaft" », *Vierteljakrschrift für Sozial- und Wirtschaftsgeschiche*, 1960.

2. Borst, *op. cit.*, p. 223.

3. Bonenfant et Despy, *op. cit.*, p. 39.

4. « Untersuchungen zur Frühzeit des französischen Fürstentums (9-10 Jahrhundert) », *Die Welt als Geschichte*, 1958-1960.

mait l'aide des autres provinces de l'Empire, les familles dominantes étaient déjà solidement implantées en 845 et constituaient, autour de Robert le Fort, un réseau stable de dévouement vassalique. K. F. Werner achève de ruiner les hypothèses de Marc Bloch en établissant, pour le Bassin parisien, la continuité de l'aristocratie entre l'époque carolingienne et le milieu du xe siècle, point de départ des généalogies féodales sûres. Mais il discerne, dans ce corps social de direction politique, différents niveaux. Au sommet, la *Reichsaristokratie*, définie par G. Tellenbach, formée de quelques groupes de parenté répandus sur l'ensemble de l'Empire et chargés des plus hauts honneurs : elle est ici fort bien représentée par Robert le Fort, qui arriva de France orientale dans la région de Tours, mais qui trouva sur place parents et amis. Les membres de cette petite élite faisaient preuve d'une grande mobilité et exerçaient ici et là des commandements éphémères. Sous eux, on distingue en revanche, dès le milieu du IXe siècle, une aristocratie régionale beaucoup mieux fixée [1] et qui se décomposait elle-même en deux échelons : d'une part les comtes et les vicomtes, de l'autre les *vassi dominici* et les *vicarii*. Dans le second quart du xe siècle, ces derniers ont cessé d'être directement liés à l'autorité royale et sont passés sous l'entière subordination des premiers, qui les ont fait participer, par le système de la précaire, à la fortune foncière des grands établissements religieux. Ces deux échelons étaient nettement séparés : lorsqu'ils entraient dans l'Église, les fils de *vassi dominici* devenaient chanoines, les fils de comtes évêques ; on ne voit pas que des alliances matrimoniales se soient nouées d'un groupe à l'autre ; le second était en partie formé par les branches latérales des lignées comtales, mais celles-ci, en cas de déshérence dans la tige maîtresse, ne recueillaient jamais les grands honneurs qui étaient aussitôt confiés à d'autres membres de la catégorie supérieure. Toutefois, les deux groupes constituaient ensemble le corps des « nobles », qu'un large fossé séparait des simples hommes libres. Ceux-ci, vassaux des *vassi dominici*, ne paraissent pas sur les listes des témoins qui, au IXe et au xe siècle, souscrivaient les actes des Robertiens. Il existait donc bien, dès le haut Moyen Âge, une « noblesse » participant à la puissance publique, liée d'abord à la maison royale, mais peu à peu se détachant d'elle, consciente de sa position et de l'honneur de son ascendance, et, par conséquent, fermée aux parvenus [2]. Cette noblesse est la racine de la haute aristocratie des temps féodaux – les *vassi dominici* du IXe siècle sont les ancêtres des châtelains du XIe et des « barons » du XIIe ; elle tenait ses distances par rapport aux

1. « Die Herren an der Loire mögen wechseln, ihre Vassalen bleiben », *cf.* WERNER, *op. cit.*, p. 188.
2. « Wo es Schichten gibt, die auf ihren Rang achten, ist kein Platz für Emporkömmlinge », *cf.* WERNER, *op. cit.*, p. 186.

familles de l'aristocratie moyenne, celles qui donnèrent plus tard les chevaliers, mais qui, dès lors, et ceci ne concorde pas avec les déductions de L. Génicot, jouissaient de la liberté juridique.

Aux environs de l'an mil, le mot *miles* se répand dans les pays français comme un titre qui qualifie certains individus. Faut-il voir dans tous ces chevaliers des *ministeriales*, les serviteurs armés des grandes familles, mal distingués des autres valets ? Certains d'entre eux sans doute se tenaient dans une condition fort modeste. P. Petot signalait récemment l'existence en Flandre et en Champagne, mais aussi en Berry et dans la région parisienne, de chevaliers serfs, situés dans un état semblable à celui du *Ritter* allemand ; ce qui lui fait attribuer à l'esprit de simplification de Beaumanoir la nette opposition que celui-ci propose entre la chevalerie et la servitude [1]. Cette remarque engage à examiner de plus près le statut de ces hommes que les textes des XIe et XIIe siècles nomment les *milites castri* et sur lesquels, pour la Bourgogne, les travaux de J. Richard ont attiré notamment l'attention [2]. Quelles relations entretenaient-ils avec le maître de la forteresse à laquelle ils étaient attachés et qu'ils venaient garnir en cas d'alerte ? Sortaient-ils de sa domesticité ? Devaient-ils à sa seule générosité tous les biens fonciers qu'on les voit posséder dans les villages avoisinants et qui leur assuraient une situation économique autonome, fort supérieure en outre à celle des paysans ? En fait, il apparaît, au moins dans la France centrale, que les chevaliers du XIe siècle tenaient des fiefs minuscules et que leur fortune était constituée essentiellement d'alleux. Les remarques de E. Perroy, relatives à deux lignages chevaleresques attachés au château forézien de Donzy [3], rejoignent les observations qu'une documentation d'une exceptionnelle abondance m'a permis de faire dans la région mâconnaise. Là, les chevaliers, incontestablement tenus pour des hommes libres, appartenaient à des familles aisées, et ils se réclamaient pour la plupart des mêmes ancêtres que les châtelains, leurs seigneurs ; pour leurs fils, remplir les fonctions chevaleresques paraît avoir été, dès cette époque, une capacité strictement héréditaire. Mais l'image n'est point valable, sans vérification pour l'ensemble de la France, et l'on peut d'ores et déjà supposer qu'elle ne s'applique pas à la France du Nord-Ouest, aux régions bordières de la mer du Nord et de la Manche. Au XIIe siècle encore dans cette contrée, beaucoup de chevaliers vivaient, en effet, d'une prébende, en condition domestique, dans

1. « Observations sur les *ministeriales* en France », résumé dans *Revue historique de droit français et étranger*, 1960.

2. *Les Ducs de Bourgogne et la formation du duché du XIe au XIVe siècle*, Paris, 1954, p. 99-102, 260-262 ; « Châteaux, châtelains et vassaux en Bourgogne aux XIe et XIIe siècles », *Cahiers de civilisation médiévale*, 1960.

3. « Deux lignages chevaleresques en Forez au XIe siècle », *Bulletin de la Diana*, n° 34, 1957.

le château de leur seigneur ; et l'application précoce du droit d'aînesse poussait souvent à l'aventure les fils cadets qui, célibataires, obligés de faire eux-mêmes leur fortune, allaient s'agréger aux compagnies militaires de vassaux, constituées dans la « maison » des puissants [1].

Il apparaît d'autre part que l'exaltation de la condition du chevalier fut bien plus précoce dans les régions françaises qu'en Germanie. La formation dans les milieux ecclésiastiques d'un concept du *miles christi*, auxiliaire de l'Église, qui gagne son salut en accomplissant dans les cadres de la morale chrétienne les devoirs de son état, doit être placée à l'époque carolingienne [2], et ce fut pendant le Xᵉ siècle que mûrit rapidement la notion d'un « ordre » de militaires, chargé dans le peuple de Dieu d'une mission générale de protection, digne pour cela de certains privilèges juridiques. Elle était très ferme lorsque furent mises en place les institutions de la paix de Dieu, qui l'assurèrent plus solidement encore. Les règlements de paix, en effet, établirent l'ensemble des *milites* dans un statut particulier, très supérieur à celui des paysans. C'était le moment même où s'opérait une nouvelle répartition des pouvoirs de commandement, où s'installaient les « coutumes » exigées par les détenteurs du droit de ban, et dont furent exempts les chevaliers. Leur groupe s'affirma donc nettement dès le XIᵉ siècle, et bien avant la fondation des ordres religieux militaires [3], comme un corps privilégié au temporel autant qu'au spirituel, à qui l'Église proposait l'exercice de vertus particulières et des types exemplaires de vie religieuse spécialement adaptés à son activité professionnelle : Orderic Vital rapporte que, dans l'entourage du marquis de Chester, Hugues d'Avranches, un prêtre, prêchait aux chevaliers l'*emendatio vitae* et choisissait comme thèmes de ses sermons la vie des saints militaires, Démétrius, Georges, Sébastien, Théodore, Maurice, Eustache, et celle aussi du comte-moine Guillaume d'Aquitaine [4]. À la conception « germanique » qu'exprimait encore au XIIᵉ siècle Honorius Augustodunensis, présentant

1. Une enquête est commencée dans mon séminaire sur ces *juvenes* ; elle s'appuie au départ sur le témoignage de l'*Histoire ecclésiastique*, d'Orderic Vital, et l'*Histoire des comtes de Guînes*, de Lambert d'Ardres.

2. E. DELARUELLE, « Jonas d'Orléans », *Bulletin de littérature ecclésiastique*, 1954. La thèse de doctorat ès lettres entreprise par J. CHELINI, assistant à la faculté des lettres d'Aix, sur la situation religieuse des laïcs dans l'Europe carolingienne, doit permettre de préciser la chronologie de cette évolution mentale.

3. Au lendemain de la première croisade, il semble bien que noblesse et chevalerie étaient juridiquement confondues dans le royaume latin de Jérusalem ; les textes utilisés par J. PRAWER dans son article sur « La noblesse et le régime féodal du royaume latin de Jérusalem » (*Le Moyen Âge*, 1959) doivent être sur ce point examinés de près.

4. H. WOLTER, *Ordericus Vitalis : Ein Beitrag zur Kluniazensischen Geschichtsschreibung*, Wiesbaden, 1958, p. 100.

le genre humain divisé depuis le déluge en trois ordres hiérarchisés, les « libres », descendants de Sem, les chevaliers, descendants de Japhet, et les serfs, descendants de Cham, s'oppose, plus ancien de cent ans, le schéma bien connu d'Adalbéron de Laon qui répartit les laïcs en deux catégories seulement et place au-dessus des serfs l'ensemble des chevaliers, « protecteurs des églises, défenseurs du peuple » et échappant à toute contrainte[1]. Certes, l'idée se maintint en France d'une noblesse de sang dont l'éclat précédait et dépassait l'honneur de chevalerie. Adalbéron l'exprimait en disant que « les titres des nobles leur viennent de sang des rois dont ils descendent[2] ». Elle était aussi nettement proclamée, à la fin du XIIe siècle, dans la littérature romanesque : Perceval est noble sans le savoir et sa mère a voulu l'élever hors de la chevalerie ; pourtant, la force de son sang généreux triomphe de son éducation timide et l'entraîne aux vertus chevaleresques ; « gardez que chevalerie soit si bien emploiée en vos que l'amors de vostre lignage i soit sauve », tel est le conseil que Galaad, dans la *Queste du Graal*, donne au fils de roi qu'il vient d'adouber[3]. Mais il est évident que, dès le XIe siècle, les coutumes françaises distinguaient deux groupes juridiques : les chevaliers, francs de l'exploitation banale, parmi lesquels étaient les nobles, et les autres ; les témoins laïcs des actes se trouvaient répartis de la sorte, et les nobles se paraient déjà du titre chevaleresque. Évoquant leur grand-père ou leur grand-oncle paternel, les vicomtes de Marseille, en 1040, le désignent comme *nobilissimus miles* ; leur père, Guillaume, qui trente-six ans plus tôt se faisait recevoir à l'agonie dans la communauté bénédictine de Saint-Victor, proclamait déjà qu'il abandonnait pour le service de Dieu la *militia saecularis*[4]. C'est ici qu'apparaît très nécessaire une enquête générale sur la cérémonie de l'adoubement, sur ses rites, sur leur évolution, dont on sait à vrai dire fort peu de chose.

En revanche, on voit dès les premières années du XIIIe siècle s'opérer en France centrale comme en Brabant et en Namurois le rapprochement au sein de la chevalerie des différents niveaux de l'aristocratie. Contemporains, les phénomènes sont identiques ici et là : *dominus* ou *messire*, qualificatifs réservés jusqu'alors aux détenteurs du pouvoir banal, sont désormais revêtus par tous les chevaliers et par eux seuls ; en même temps, des fils de chevaliers, de plus en plus nombreux, ne sont plus adoubés dès qu'ils parviennent à l'âge adulte

1. HONORIUS AUGUSTODUNENSIS, « De Imagine mundi », P. L., 172, col. 166 ; ADALBÉRON DE LAON, *Poèmes au roi Robert*, trad. Pognon, *L'An mil*, p. 226.

2. *Op. cit.*, p. 219.

3. J. FRAPPIER, « Le Graal et la chevalerie », *Romania*, 1954.

4. Arch. mun. d'Arles, éd. L. BLANCARD, « Arlulf, origine de la famille vicomtale de Marseille », *Mémoires de l'académie de Marseille*, 1887.

et sont distingués par un titre nouveau : « écuyer » ou « damoiseau ». Cependant, pour expliquer de tels changements, il ne semble pas que l'on puisse se contenter d'invoquer l'exaltation de la dignité chevaleresque (beaucoup plus ancienne en France, on vient de le voir) et les difficultés économiques de la noblesse (car il n'est nullement certain que la plupart des nobles aient connu la gêne dès cette époque, et puisque, d'autre part, ce ne furent pas, bien au contraire, les familles les plus modestes qui renoncèrent le plus tôt à faire adouber leurs garçons). Le renforcement des pouvoirs princiers paraît avoir joué dans cette évolution un rôle beaucoup plus déterminant. Le nivellement des couches aristocratiques s'est produit, en effet, sous l'autorité reconstituée des princes territoriaux, qui soumit les châtelains indépendants en réduisant leur pouvoir, au moment même où le ban inférieur était abandonné dans la paroisse aux chevaliers de village ; ce fut alors que ceux-ci s'approprièrent un sceau, transformèrent leur demeure en maison forte. L'élévation des simples chevaliers au niveau de l'ancienne *nobilitas* des maîtres de châteaux coïncide avec la dispersion des droits seigneuriaux, de la taille, de la basse justice, avec une vulgarisation de l'autorité banale.

À ce moment d'ailleurs, la reconstitution des états ouvrait, d'une autre manière, une nouvelle phase dans l'histoire de la noblesse. Être noble, en effet, c'était échapper à la fiscalité. Il importait donc au prince de contrôler l'appartenance à cette catégorie franche. On le vit établir des critères qui autorisaient l'exemption. Ceux-ci d'ordinaire furent doubles – et l'on voit ici noblesse et chevalerie achever de se confondre –, fondés à la fois sur le sang et l'adoubement : pour participer aux libertés fiscales, il fallut se réclamer d'un ancêtre chevalier. Des règlements fixèrent les degrés d'ascendance, le septième pour les « hommes de loi » du Namurois ; traitant des « libertés des chevaliers », les statuts de Fréjus, édictés au XIIIe siècle par le comte de Provence, exemptaient de la quiste comtale, outre les chevaliers, les fils et les petits-fils de chevaliers ; mais s'ils ne s'étaient pas fait adouber, passé la trentaine, ces derniers perdaient leur franchise. Ajoutons que, pour conserver leur état, les nobles provençaux étaient tenus, dès cette époque, de ne pas prêter la main à des besognes paysannes[1]. Le contrôle de l'état introduisit donc très tôt la notion de dérogeance, et l'on ne peut suivre L. Verriest lorsqu'il nie toute relation entre la condition économique d'un individu et son statut juridique. En tout cas, dès lors, la

1. En 1205, une sentence rendue à Arles établit que *quisquis possidebat terram si miles est dat decimam, si alius agricultor tascam et decimam* ; les chevaliers jouissaient donc normalement de franchises (*miles* est ici une qualification juridique), et certains d'entre eux s'occupaient de faire valoir des terres (Arch. dép. des Bouches-du-Rhône, 60 H, 24, n° 4).

noblesse dut se prouver ; les postulants furent astreints à produire devant l'administration des actes originaux où leurs ascendants portaient des qualifications particulières. Il n'est pas indifférent de remarquer que les titres reçus n'étaient pas semblables, au XVIIe siècle, dans toutes les provinces de la France : « écuyer » et « chevalier » un peu partout, mais « noble » en Flandre, Artois et Hainaut, en Franche-Comté, Lyonnais, Dauphiné, Provence, Languedoc et Roussillon, « noble homme » en Béarn, Guyenne et Normandie. La diversité des qualificatifs nobiliaires est une nouvelle invite à ne point traiter, dans la recherche des rapports entre noblesse et chevalerie aux temps féodaux, la France entière comme un corps homogène.

*

Dernier problème : quel fut le degré de fluidité de la noblesse médiévale ? Dans quelle mesure ce groupe social fut-il rajeuni et renouvelé par l'intrusion des parvenus ? L. Génicot montre excellemment les quelques familles de la « noblesse » namuroise d'abord proliférant et se diversifiant en rameaux, puis se réduisant peu à peu depuis le XIIIe siècle par l'extinction progressive des lignages. On peut souhaiter qu'à son exemple les historiens se mettent à étudier dans les provinces françaises la démographie des familles aristocratiques, qui peut-être ne présentait pas les mêmes caractères que celle des autres couches sociales. Il est frappant notamment de voir avec quelle rapidité certains lignages nobles de l'époque féodale se sont étiolés et ont disparu. J'emprunte à l'*Historia comitum Ghisnensium* de Lambert d'Ardres[1] l'exemple de la postérité du châtelain de Bourbourg, Henri, qui mourut après 1151 ; il avait eu douze enfants dont sept fils ; deux de ceux-ci furent clercs, deux autres moururent d'accident, l'un *adulescentulus*, l'autre déjà chevalier ; un cinquième perdit la vue dans un tournoi, ce qui l'empêcha de briguer la succession de son père et, semble-t-il, de se marier ; Baudouin, l'aîné, successeur d'Henri dans le château, se maria deux fois, mais ses épouses ne purent lui donner de descendance ; le plus jeune des sept fils devint alors châtelain et prit femme, mais son seul héritier mâle mourut encore enfant, en 1194, et toute la belle succession d'Henri de Bourbourg revint à son unique petite-fille en ligne paternelle, Béatrice, proie tentante pour les jeunes nobles en quête d'établissement, et qui fut conquise de haute lutte par Arnoud, fils du comte de Guines. On voit par cet exemple que les

1. C. 122, « Genealogia Broburgensium », *M. G. H.*, *SS.*, XXV, p. 620-621. L'ensemble de ce texte très important pour l'histoire de la famille féodale est l'objet, dans mon séminaire, d'une étude approfondie.

destinées biologiques de la noblesse étaient alors fort menacées. En premier lieu par les périls inhérents à l'existence militaire, vie rude, on le sait, et parfois mêlée de réels dangers. Mais aussi par des habitudes de restriction démographique : pour éviter la dispersion de l'héritage, pour assurer à l'aîné, héritier du titre et de l'honneur, une seigneurie qui ne fût point démembrée, on plaçait le plus possible de cadets dans l'état ecclésiastique et l'on évitait de marier les autres. Le prolongement du lignage était alors à la merci d'un accident guerrier ou d'une union stérile. De rapides sondages dans les généalogies de la haute noblesse du Bassin parisien m'ont permis de reconnaître dans ce groupe social la fréquence, au XIIe siècle, de deux situations individuelles, d'ailleurs complémentaires : celle de l'aventurier célibataire, contraint de chercher fortune hors de la maison paternelle et qui souvent meurt au combat ; celle de l'unique héritière, point de mire de toutes les stratégies matrimoniales.

En étudiant la condition personnelle de soixante nobles du Forez, appartenant à quarante-trois lignages, qui se liguèrent en 1314-1315, contre la fiscalité royale, E. Perroy apporte la plus riche des contributions récentes à la connaissance des structures réelles de l'aristocratie [1]. Parmi les soixante ligueurs, quatre étaient des veuves de chevaliers, vingt-neuf chevaliers eux-mêmes, mais vingt-sept n'étaient pas adoubés et portaient seulement le titre de « donzeau » ; onze moururent dans cette condition et, des seize autres, six seulement furent armés chevaliers avant la quarantaine, cinq avant cinquante ans, quatre avant soixante, et le dernier encore plus vieux : on ne peut dire que l'empressement ait alors été très vif à briguer l'honneur chevaleresque. Onze ligueurs disparurent sans laisser de descendant mâle, et la postérité de vingt-six autres était éteinte moins d'un siècle après l'alliance de 1315. Ces chiffres permettent de mesurer le rythme qui entraînait alors le renouvellement de la noblesse. Car, pour la défense de leurs communs privilèges, luttaient aux côtés de puissants barons de très ancien lignage des hommes nouveaux qui s'étaient tout récemment introduits parmi les gentilshommes. C'était le cas de Guillaume Fillet, agent comtal, de naissance roturière, adoubé sept ans auparavant, de Pierre du Verney, encore bourgeois de Montbrison en 1304, fils d'un banquier du comte, de Pons de Curnieu, simple donzeau d'extraction paysanne. J'ajouterai que quatorze de ces cinquante-six nobles avaient épousé des héritières et devaient le meilleur de leur fortune à ces alliances ; il est même permis de penser que ce furent d'heureux mariages de cette sorte qui permirent à Pierre du Verney et à son neveu Guillaume d'accéder à la qualité chevaleresque et, bien que sortis du négoce,

1. « La noblesse forézienne et les ligues nobiliaires de 1314-1315 », *Bulletin de la Diana*, n° 36, 1959. E. Perroy achève l'étude généalogique de tous ces lignages.

de figurer parmi les nobles. Toutes ces vues s'accordent parfaitement à celles que les recherches de L. Génicot ont procurées de l'aristocratie namuroise dans les derniers siècles du Moyen Âge et font apparaître que, malgré les efforts des princes pour limiter les exemptions fiscales, pour établir un strict contrôle à l'entrée de la noblesse, celle-ci était au XIVe siècle une classe largement ouverte. L'extinction des anciens lignages s'y trouvait constamment compensée par l'accueil de nouvelles familles haussées par leurs alliances, leurs fonctions ou leur fortune.

Il m'est pourtant difficile de renoncer à l'image d'une étonnante permanence des familles chevaleresques entre le début du XIe siècle et la fin du XIIe, que m'a communiquée l'examen des très abondantes sources mâconnaises. Celles-ci manifestent, en effet, que les descendants de ces mêmes hommes qui, les premiers, avaient arboré après l'an mil la qualité de chevalier dans l'entourage des châtelains, se trouvaient, aux approches de l'an 1200, établis sur les mêmes patrimoines et dans la même supériorité économique que leurs ancêtres ; à leur niveau, point de parvenus, mais des cousins issus des mêmes lignages ; parmi toutes ces familles, celles qui s'étaient éteintes sans postérité au cours de ces cinq ou six générations paraissent avoir été très peu nombreuses, et le vide qu'elles laissaient fut comblé, non par l'ascension des gens du commun, mais par les rameaux des anciennes races qui trouvaient une place plus large pour s'étendre. Les études généalogiques sur les lignages du Forez, que mène E. Perroy à partir des listes de 1315, montreront si le brassage de la noblesse et son renouvellement rapide, attestés au seuil du XIVe siècle dans le sud-est du royaume de France, s'observent aussi vifs antérieurement au XIIIe siècle.

On peut, en effet, se demander si, dans beaucoup de pays français, l'aristocratie, que la qualification chevaleresque réunissait en un même corps nanti de privilèges juridiques, mais où les « nobles », élite restreinte formée des rejetons des vieilles races alliées aux rois francs et des héritiers de celles-ci dans l'exercice des droits de ban, demeuraient nettement distincts de la masse des simples chevaliers, leurs cousins des branches adjacentes ou les descendants des hommes libres fortunés du haut Moyen Âge, ne resta pas fort stable jusqu'aux environs de 1180. N'est-ce point seulement après cette date qu'une circulation monétaire plus active, l'attrait des résidences urbaines et les mutations de genre de vie qu'il suscita, le renforcement de l'autorité princière et la profonde remise en ordre des pouvoirs de commandement et des hiérarchies juridiques qu'il détermina, vinrent emporter dans une évolution accélérée les cadres de la société féodale et déranger en particulier les structures de la noblesse ? Il paraît convenable de clore précisément ce tour d'horizon et cette invitation à poursuivre une enquête par une dernière interrogation.

2

LES ORIGINES DE LA CHEVALERIE [1]

Au XIIIe siècle, la chevalerie forme, dans l'ensemble de l'Occident, un corps fort bien délimité et qui s'établit véritablement au centre de l'édifice social. Il s'est approprié la supériorité et l'excellence qui s'attachaient naguère à la notion de noblesse. En lui s'incarnent les valeurs maîtresses d'une culture. Comment se sont forgés les modèles, les images, les représentations mentales qui donnèrent à ce corps son armature et qui l'installèrent dans cette position éminente ? Comment parvint-il à une telle cohérence, comment trouva-t-il ses limites ? Comment l'idée de noblesse vint-elle finalement se conjoindre à l'idée de chevalerie ? Il n'est pas encore possible aujourd'hui de donner des réponses pleinement satisfaisantes à ces questions, qui touchent aux problèmes les plus profonds et les plus ardus que pose l'histoire de la société médiévale. Du moins peut-on risquer à leur propos quelques réflexions, quelques suggestions préliminaires, quelques hypothèses de recherches, en s'appuyant notamment sur certaines enquêtes tout récemment menées au sujet de la notion de noblesse et de la notion de pauvreté. Voici donc un petit nombre de remarques. Elles concernent presque toutes la France, parce que mon expérience personnelle de ces problèmes repose sur l'étude de documents français, mais aussi parce que la lente évolution dont il est ici question fut apparemment plus précoce dans les pays français que partout ailleurs.

*

1. Bibliographie [63].

Puisqu'il s'agit de délimiter et de caractériser un certain groupe social, de reconnaître comment il put s'insérer parmi les autres catégories de la société, et de discerner en fin de compte l'image que les hommes de l'époque prirent progressivement de sa situation et de ses attributs, il paraît de bonne méthode de se fonder d'abord sur une étude de vocabulaire. Au XIIIe siècle, un mot latin, *miles*, était uniformément employé pour exprimer l'appartenance à ce groupe cohérent qu'était alors la chevalerie. À quel moment, de quelle manière ce terme s'était-il introduit dans l'usage ? Je ne vois pas, pour ma part, de meilleure façon d'aborder le problème. À condition toutefois de limiter au départ l'enquête à un certain langage, celui des diplômes, des chartes et des notices, le plus révélateur en l'occurrence, puisqu'il est technique, en tout cas beaucoup plus strict que celui des œuvres littéraires, et parce qu'il se montre par nature spécialement attentif à définir des statuts juridiques, à les qualifier, à les distinguer des autres. Sans doute ce vocabulaire est-il très ritualisé, figé, fort rebelle aux innovations. On ne doit jamais oublier le retard, parfois très large, qu'il met ordinairement à refléter ce qui modifie dans le concret la condition des personnes. Du moins le moment où il accueille enfin un titre particulier pour désigner spécialement les membres d'une nouvelle catégorie sociale doit-il être tenu sans conteste pour celui où l'existence de ce groupe est unanimement reconnue, consacrée, tout à fait admise par la conscience collective, et transmise comme une structure stable aux générations ultérieures.

1. Pour saisir l'apparition et la diffusion du mot *miles* dans ce vocabulaire spécialisé, je m'appuierai en premier lieu sur le résultat des recherches que j'ai menées, il y a bientôt vingt ans, dans les documents de la région mâconnaise, et spécialement dans les cartulaires de l'abbaye de Cluny. Le matériel en effet se trouve ici, pour la période charnière de cette histoire (les années proches de l'an mil), d'une exceptionnelle densité. Nulle enquête sur le vocabulaire employé pour désigner l'aristocratie n'a été jusqu'à présent, à ma connaissance, poussée aussi loin, et ses résultats ont subi avec succès l'épreuve de la critique. Je me contenterai de résumer très brièvement les faits que j'ai pu établir et qui sont publiés dans mon livre sur la société dans la région mâconnaise[1].

a) C'est très exactement en 971[2] que le mot *miles* apparaît dans les actes qui ont été conservés. Dans certains de ceux-ci, dans les notices qui relatent un accord devant une assemblée judiciaire, dans les concessions de biens en précaire et dans les actes d'échanges, on voit dès lors ce terme se substituer progressivement à des qualificatifs qui insistaient auparavant sur la subordination

1. G. Duby, *La Société aux XIe et XIIe siècles dans la région mâconnaise*, Paris, 1953 [ci-dessus p. 7 à 597].
2. *Recueil des chartes de l'abbaye de Cluny*, éd. A. Bernard et A. Bruel, n° 1297.

vassalique, comme *vassus* ou *fidelis*, ou, comme *nobilis*, sur l'illustration de la naissance. En 1032, le transfert est achevé : le vocable chevaleresque a remplacé les autres formes verbales exprimant la supériorité sociale. On le trouve désormais employé de deux manières : soit individuellement et comme un titre personnel par des hommes qui l'arborent dans le protocole initial ou dans le protocole final des chartes, soit collectivement, pour exprimer la qualité particulière de certains des membres d'une cour de justice ou de certains témoins. Toutefois, pendant longtemps encore, le mot *miles* demeure d'usage exceptionnel et fort irrégulier.

b) Vers 1075, nouveau changement. L'emploi du titre – qui depuis quelque temps s'incorporait beaucoup plus intimement au nom des individus qu'il décorait, s'insérant entre leur *nomen* et leur *cognomen* [1] – se répand brusquement. Les scribes s'accoutument à l'appliquer systématiquement à tous les hommes qui occupent une certaine position. Aussi, dans le cartulaire du monastère de Paray-le-Monial, constitué entre 1080 et 1109, on peut vérifier que tous les personnages qui n'en sont pas parés appartiennent à des couches sociales nettement distinctes de l'aristocratie laïque.

c) Enfin, dans les toutes dernières années du XIe siècle, les formules des chartes révèlent trois modifications conjointes. D'une part, les plus hauts seigneurs de la région, tel le sire de Beaujeu, dans les chartes qu'ils font rédiger en leur nom, commencent alors à se parer personnellement du qualificatif chevaleresque [2] ; celui-ci, d'autre part, apparaît désormais, dans certaines locutions, définir moins la situation d'un individu que celle d'un groupe familial tout entier [3] – ce qui implique que la distinction sociale que ce titre manifeste est dès lors considérée comme le bien d'un lignage, où elle se transmet de génération en génération ; enfin, lorsqu'ils établissent des listes de témoins, les scribes, à partir de ce moment, se soucient d'opposer l'un à l'autre, parmi les laïcs, deux groupes, celui des chevaliers, des *milites*, celui des « paysans », des *rustici* [4]. Ces nouveaux emplois du mot *miles* donnent à penser que, dans la région mâconnaise, le mouvement qui s'était ébranlé avant 980 parvient à son terme à l'extrême fin du XIe siècle. Après cette date en effet, le langage des actes juridiques traite la chevalerie comme un groupe cohérent, compact, étroitement rassemblé autour d'une qualité familiale et héréditaire, comme un corps qui

1. *Cartulaire de Saint-Vincent de Mâcon*, éd. RAGUT, n° 483 (1031-1060).
2. *Recueil des chartes de l'abbaye de Cluny*, *op. cit.*, n° 3726 (1096).
3. *Ibid.*, n° 3677 (1094), 3758 (1100), 3822 (1103-1104).
4. *Cartulaire de Saint-Vincent de Mâcon*, *op. cit.*, n° 548 (1074-1096).

s'est annexé les échelons supérieurs de la noblesse et qui, par conséquent, s'identifie à l'aristocratie laïque tout entière.

2. À ces remarques, qui concernent une petite province de la France centrale, il est aujourd'hui possible de confronter d'autres observations qui, à vrai dire, demeurent elles aussi toutes locales et qui apparaissent moins solides et moins nettes, car elles reposent sur un matériel documentaire beaucoup plus pauvre.

a) J'évoquerai en premier lieu ce qui ressort de quelques sondages opérés parmi les sources, fort clairsemées, de la Provence. Ici, le mot *miles*, qui se trouve posséder un équivalent, *cavallarius*, paraît avoir été adopté par les rédacteurs de chartes après 1025, donc sensiblement plus tard que dans le Mâconnais. Mais en revanche, deux phénomènes se manifestent, beaucoup plus précoces : l'opposition formelle, dans les listes de témoins, entre chevaliers et paysans (premier exemple connu en 1035 [1]) ; l'adoption du qualificatif chevaleresque par les plus grands seigneurs : en 1035, dans le préambule d'une notice du cartulaire de Lérins, la mère des deux « princes » d'Antibes dit de l'un d'eux qu'il est évêque, de l'autre qu'il est chevalier [2]. C'est aussi à partir de 975 que A. Lewis voit, à l'ouest du Rhône, les mentions de chevaliers se multiplier dans les documents et, après 1020, le titre chevaleresque porté par des châtelains [3].

b) En Île-de-France, les recherches minutieuses menées par J.-F. Lemarignier dans les diplômes des premiers Capétiens montrent le mot *miles* entrant dans l'usage en 1022-1023, c'est-à-dire au moment même où apparaissent les premiers indices prouvant l'existence de châtellenies indépendantes ; dès 1060, le titre est porté par des châtelains [4].

c) Qu'il me soit enfin permis de rapprocher de ces observations éparses certains résultats de recherches que je mène actuellement sur les structures familiales de l'aristocratie et sur les écrits généalogiques de la France du Nord. J'en extrais deux remarques complémentaires : ces sources montrent que, dans les pays flamands et, au plus tard, dans le dernier tiers du XIIe siècle, les fils des plus grands seigneurs attachaient le plus grand prix à leur qualité de chevalier ; elles montrent d'autre part que la famille d'un homme comme Lambert de Wattrelos, l'auteur des *Annales Cameracenses*, qui se situait au degré le plus modeste de l'aristocratie, avait commencé de s'ordonner en lignage autour de la qualité chevaleresque vers le milieu du XIe siècle [5].

1. *Cartulaire de l'abbaye de Lérins*, éd. Moris et Blanc, n° 74.
2. *Ibid.*, n° 113.
3. A. Lewis, « La féodalité dans le Toulousain et la France méridionale », *Annales du Midi*, 1964.
4. J.-F. Lemarignier, *Le Gouvernement royal aux premiers temps capétiens, 937-1108*, Paris, 1965, p. 133.
5. *Cf.* chap. 8.

Il importerait, bien entendu, de poursuivre les investigations et de multiplier les enquêtes régionales. On est en droit d'attendre beaucoup, par exemple, des recherches actuellement conduites dans le sud du royaume de France, en Toulousain et en Catalogne, par les élèves de Philippe Wolff. Mais, dans l'état présent du travail historique, on peut déjà percevoir l'existence d'une évolution qui se développe aux niveaux supérieurs de la société laïque ou qui, plutôt, modifie peu à peu l'image que les hommes se faisaient à l'époque de l'aristocratie et de son statut juridique. De cette évolution, il est déjà possible aussi de discerner l'orientation et l'amplitude. Sans doute le mouvement fut-il très étalé dans certaines régions, puisque parfois son départ doit être situé au plus tard dans les années soixante-dix du Xe siècle et puisqu'il est encore en marche à l'orée du XIIe siècle. Peut-être fut-il plus brusque dans la partie la plus méridionale des pays français, celle où l'institution royale avait plus tôt fléchi. Son moment décisif paraît bien s'établir partout dans le second tiers du XIe siècle. Il aboutit en tout cas à conjoindre, par le commun usage d'un titre, le mot *miles*, et par une participation commune aux valeurs morales et à la supériorité héréditaire que ce titre exprimait, les diverses couches de l'aristocratie, et à mêler de la sorte les plus élevées de ces strates, celles qui jusqu'alors avaient formé proprement la noblesse, aux plus infimes.

3. Mais si, sans cesser d'employer les mêmes méthodes, on déplace l'observation vers d'autres régions, si l'on franchit vers le nord et vers l'est les frontières du royaume de France, on s'aperçoit que le mouvement qui s'achevait en Mâconnais vers l'an 1100 ne gagna qu'un siècle plus tard la Lotharingie et les provinces germaniques. Pendant tout le XIIe siècle en effet, le vocabulaire juridique continue de distinguer nettement, dans ces contrées, une « noblesse », identifiée à la véritable liberté, d'une chevalerie qui est considérée comme étant nettement subordonnée. Léopold Génicot a montré, par exemple, que les formules finales des chartes namuroises, jusque vers 1200, placent soigneusement à part les témoins qui sont des *nobiles* et ceux qui ne sont que des *milites*. Comme le font, jusque vers 1225, les scribes du duché de Gueldre[1]. Comme le fait dans sa chronique du Hainaut le très bon observateur des réalités juridiques qu'est Gislebert de Mons[2]. Comme le fait encore, en 1207, telle ordonnance de Philippe de Souabe[3]. Et d'autres sources qui, celles-ci, ne sont point juridiques manifestent de manière éclatante l'existence dans les représentations mentales d'une distinction stricte entre noblesse et chevalerie. Dans son traité

1. J. M. van Winter, *Ministerialiteit en ridderschap in Geldre en Zutphen*, Groningue, 1962.
2. *M.G.H., SS*, XXI, p. 571, 578, 584.
3. *M.G.H., Constitutiones*, II, p. 17.

De imagine mundi, Honorius Augustodunensis explique que le genre humain fut après le déluge réparti en trois catégories sociales, les *liberi*, fils de Sem, les *milites*, fils de Japhet, et les *servi*, fils de Cham [1]. Lui fait écho, quelques décennies plus tard, cette chronique alsacienne de 1163 évoquée par Karl Bosl [2], où l'on peut lire que Jules César, après avoir conquis les Gaules, établit les sénateurs comme *principes*, les simples citoyens romains comme *milites*, si bien que depuis lors les chevaliers, supérieurs aux rustres mais inférieurs aux nobles, coopèrent au maintien de la paix.

*

Tel est l'enseignement d'un certain vocabulaire. Reste à l'interpréter, c'est-à-dire à poser trois questions : pourquoi, en France, à la fin du xe siècle le mot *miles* commença-t-il à être préféré par les scribes à d'autres termes pour définir une supériorité sociale ? Pourquoi les valeurs que renfermait ce vocable devinrent-elles le ciment de ce qu'il est permis d'appeler une conscience de classe ? Pourquoi enfin ce mouvement fut-il propre au royaume de France (faute d'études appropriées, on voit encore très mal ce qui se passe en Italie, en Angleterre et dans les royaumes chrétiens d'Espagne) et pourquoi les pays d'Empire, qui accueillirent la notion de chevalerie, ne la confondirent-ils point aussitôt avec la notion de noblesse ?

1. Pour tenter de répondre à la première de ces questions, le moyen le plus sûr est encore de revenir au mot, mais en passant cette fois du dénombrement à la sémantique, en cherchant quelle était sa signification à l'époque où il fut adopté par les rédacteurs de chartes et, dans les pays français, préféré à d'autres termes, comme *fidelis*, comme *nobilis* surtout, qu'il finit par éclipser. De quel poids, de quelles valeurs sentimentales était-il chargé par ses usages antérieurs ? Il convient à ce propos d'interroger non seulement les diplômes et les notices, mais un autre langage que j'ai jusqu'ici, pour la France, volontairement mis à part, celui des œuvres littéraires.

a) À la fin du xe siècle, le mot *miles* (qui n'a pas de féminin, si bien que, lorsqu'il supplante dans les chartes le terme *nobilis*, l'usage de cet adjectif se maintient fermement pour qualifier les épouses et les filles de chevaliers) apparaît incontestablement porteur d'une signification militaire. On l'utilisait pour

1. P.L., 172, col. 166.

2. « Kasten, Stände, Klassen in Deutschland » : colloque organisé en décembre 1966 par le Centre de recherches sur la civilisation de l'Europe moderne de la Sorbonne (Problèmes de stratification sociale : castes, ordres et classes).

désigner des combattants, ou plus exactement une certaine catégorie de combattants, les cavaliers. Témoigne de cette acception l'emploi que fait Richer de ce vocable ; dans la description qu'il donne des combats, il oppose *milites* et *pedites*, et il use indifféremment pour exprimer la même réalité sociale de deux expressions : *ordo militaris* et *ordo equestris* [1]. En témoigne plus clairement encore l'équivalence indiscutable des mots *miles* et *caballarius* [2] dans les chartes qui proviennent du midi de la France, c'est-à-dire de régions où les termes de la langue vulgaire se sont plus facilement insinués dans le langage des scribes, comme le font nettement apparaître les recherches de F.-L. Ganshof sur le vocabulaire féodal. En Provence, en Languedoc, en Cerdagne, en Catalogne, au XIe siècle, sont synonymes le terme latin classique et le terme dialectal latinisé. Une telle équivalence exprime fort clairement que le seul guerrier digne de ce nom était, aux yeux des hommes de ce temps, celui qui utilisait un cheval. En conséquence, le succès du mot *miles* doit être mis en relation avec l'évolution des institutions proprement militaires, dont l'étude a fait l'objet de notre rencontre. Ce succès traduit en vérité la prise de conscience de trois faits complémentaires : un fait technique, la supériorité du cavalier dans le combat ; un fait social, la liaison entre le genre de vie réputé noble et l'usage du cheval, liaison encore très mal étudiée, mais certainement très profonde et très ancienne (il conviendrait de pousser l'enquête jusqu'aux tombes de chevaux voisines de celles des chefs dans la préhistoire germanique et, dans l'Antiquité classique, jusqu'à la signification sociale de l'équitation) ; un fait institutionnel enfin, la limitation du service d'armes à une élite restreinte. Toutefois, ces trois faits étaient tous, à l'approche de l'an mil, fort anciens ; le plus récent sans doute, le troisième, peut être discerné déjà dans des textes du IXe siècle, comme l'*Adnuntiatio Karoli* ou le Capitulaire de Quierzy, qui réservaient l'obligation de combattre, hormis les cas d'invasion, aux vassaux fieffés des princes [3]. Aussi faut-il chercher à l'irruption du vocable chevaleresque dans les chartes de l'an

1. I, 5 ; I, 7 ; IV, II, 18.

2. *Cavallarius* : *Cartulaire de l'abbaye de Lérins*, *op. cit.*, n° 29 (1038) ; *Cartulaire de Saint-Victor de Marseille*, éd. B. GUÉRARD, n° 799 (1042), 834 (1058), 209 (1029) ; *cavallaria* : DEVIC et VAISSETTE, *Histoire de Languedoc*, t. V, n° 425 (1105). L'équivalence entre les deux termes est très apparente dans un acte d'hommage prêté par un châtelain de Cerdagne à la fin du XIe siècle, cité par P. GUILHIERMOZ, *Essai sur l'origine de la noblesse en France au Moyen Âge*, Paris, 1906, p. 142, n° 15.

3. Le capitulaire de Meersen (BOR., II, 71), après le partage de Verdun, autorise à suivre son seigneur s'il réside dans un autre royaume, sauf en cas d'invasion où tout homme est astreint au *lant weri* dans le royaume où il habite. Le Capitulaire de Quierzy (BOR., II, 358) permet aux héritiers d'un fidèle de réclamer l'honneur ; mais s'ils préfèrent vivre tranquillement sur l'alleu, rien ne leur sera demandé, sauf encore en cas d'invasion. Dès cette époque, en dehors des levées en masse *pro defensione patriae*, l'activité militaire était un service lié au vasselage et au bénéfice.

mil d'autres raisons que des changements ayant récemment affecté les méthodes de combat et la condition des guerriers.

b) En vérité, on s'aperçoit assez vite que le sens proprement militaire n'était sans doute pas en l'an mil le sens le plus profond du mot *miles*. Et je reprendrai à ce propos certaines observations, un peu trop négligées depuis les travaux de Marc Bloch, de P. Guilhiermoz, dont l'*Essai sur l'origine de la noblesse en France au Moyen Âge* demeure l'ouvrage de base pour toute enquête de ce genre, en raison spécialement de son appareil critique, de l'énorme renfort d'érudition sur quoi repose cet ouvrage. Les textes cités par Guilhiermoz incitent à penser que, par sa plus lointaine histoire et par les usages que le Moyen Âge avait hérités de la Basse-Antiquité, le mot *miles* signifiait, avant tout, servir. Le langage officiel du Bas-Empire avait en effet utilisé ce terme, ses dérivés et toutes les expressions métaphoriques qui en découlent, telle l'image du *cingulum militiae*, pour désigner le service public dans la maison de l'empereur. Cette signification commanda désormais toutes les interprétations de certains passages de la Vulgate et, notamment, de ces deux textes de saint Paul, que tous les scribes de l'an mil avaient lus et relus : *Arma militiae nostrae non carnalia sunt* (II. Cor., X, 4) et *Labora sicut bonus miles Christi Jesu* (II. Timothée, II, 3). La valeur sémantique appliquée à ces vocables explique que les biographes des saints mérovingiens aient parlé de leurs héros comme de *milites Dei*. Elle explique que dans Grégoire de Tours, comme dans les Évangiles et dans les Actes des Apôtres, *miles* définisse des auxiliaires subalternes de la puissance publique chargés de garder les prisonniers et d'exécuter les criminels. Elle explique enfin qu'à l'époque carolingienne, alors que renaissaient les études et que le latin se purifiait par un retour aux sources classiques et paléochrétiennes, alors surtout que, dans le cadre de la vassalité, l'action militaire prenait peu à peu l'allure d'un service spécialisé, honorable et privé, celui d'un cavalier gagé par un bénéfice, le terme *miles* ait été souvent préféré à ceux qui, comme *vassus*, sortaient des parlers vulgaires, pour qualifier des hommes servant par les armes dans la suite d'un patron, ou bien – c'est le cas dans le *De ordine palatii* – les jeunes gens de l'aristocratie nourris dans la maison du roi pour y faire leur apprentissage. Incontestablement, pour tous les écrivains de l'an mil, l'expression *militare alicui* ne pouvait signifier autre chose que servir en vasselage.

c) Mais cette valeur même de subordination qu'emportait avec lui le vocable chevaleresque empêchait ces écrivains, Flodoard, Abbon, Richer, Gerbert ou Dudon de Saint-Quentin, contemporains des premiers scribes du Mâconnais qui usèrent du mot *miles* comme d'un qualificatif social, d'appliquer le vocabulaire de la *militia* à tous les membres de l'aristocratie laïque. Aucun d'entre eux ne manque d'établir une nette distinction entre les *principes*, les *proceres*, les *optimates*, c'est-à-dire les nobles, et d'autre part, la masse des chevaliers [1]. Tous proposaient l'image d'un édifice social à deux niveaux, plaçant les « princes », responsables de la paix publique, soit par une délégation de pouvoirs royaux, soit du fait d'un charisme attribué par Dieu à certaines races, bien au-dessus des auxiliaires qui les aident à remplir cette mission, hommes d'armes comme eux et associés étroitement à leur fonction, mais subalternes, dépendants, nourris et récompensés par leurs dons. Bref, la structure que montrent les œuvres littéraires de la fin du xe siècle est celle-là même qui devait rester vivante en Lotharingie et en Germanie jusqu'après 1200. Ces remarques permettent donc de comprendre facilement que, dans le vocabulaire des chartes mâconnaises, le mot *miles* ait pu remplacer des termes comme *vassus* ou comme *fidelis* qui évoquaient comme lui la soumission et le service. Mais elles accroissent la difficulté d'une autre interrogation, située celle-ci au cœur du problème : comment ce même mot put-il, peu à peu, évincer *nobilis*, comment put-il être arboré comme un titre avant la fin du xie siècle par des nobles incontestables, par les princes d'Antibes, les châtelains de l'Île-de-France ou les sires de Beaujeu ?

2. Je proposerais pour ma part de relier cette substitution à une double et lente maturation, l'une se situant au plan des attitudes et des représentations mentales, l'autre au plan des institutions publiques. Pour bien saisir le premier de ces phénomènes, il convient d'observer d'abord la germination et l'évolution progressive de la théorie des *ordines*, c'est-à-dire de partir cette fois du niveau carolingien. Dès que les hommes d'Église se mirent à réfléchir à la vocation respective des différents corps de la société humaine, et aux diverses missions que Dieu assigne aux hommes lorsqu'il les place dans telle ou telle condition terrestre, ils découvrirent bien vite qu'il existait en réalité de leur temps deux façons différentes de *militare*, de servir Dieu et de coopérer au bien public : par les armes et par la prière. Dans une lettre du pape Zacharie à Pépin, datée de 747, le balancement de la phrase oppose aux princes les évêques, aux *saeculares homines* les prêtres, aux *bellatores* les *Dei servi*, qui coopèrent, chacun selon sa propre vocation, à la défense du pays [2] ; sous la plume d'Agobard, en 833, l'opposition s'établit entre deux *ordines*, « militaire » et ecclésiastique, c'est-à-dire entre la *saecularis militia* et le *sacrum ministerium* [3]. À vrai dire, ces premiers écrits soulignent seulement le partage profond de la société chrétienne entre le service de Dieu et l'état laïc, lesquels devaient demeurer strictement séparés,

1. Flodoard, *M.G.H., SS*, III, p. 396. Lorsque Richer veut situer un personnage très en contrebas de la noblesse des « princes », il le dit sortir *ex equestri ordine* (I, 5) ou *de militari ordine* (IV, II).

2. Codex Carolinus, 3, *M.G.H., Epist. Karolini aevi*, I, p. 480.

3. *M.G.H., Epist. Karolini aevi*, p. 191-192.

comme le rappelaient les canons du concile de Meaux-Paris en 845-846[1]. Comme toutes les métaphores qui définissent par l'abandon du harnois militaire l'entrée en pénitence ou la profession monastique, ces textes caractérisent simplement la « milice séculière », la manière de service dans le siècle, par le port de ces « armes charnelles » dont parlait saint Paul. Alors que, dans les *Miracles de Saint-Bertin*, c'est-à-dire à la fin du IXe siècle, apparaît une autre division, triple cette fois, qui sépare des *oratores* et des *bellatores* l'*imbelle vulgus*[2], et qui conduit tout naturellement au schéma proposé, dans les années trente du XIe siècle, par les évêques de la France du Nord, par Gérard de Cambrai (*oratores, agricultores, pugnatores*)[3] et par Adalbéron de Laon (*orare, pugnare, laborare*)[4]. À propos de la formation et de la diffusion de ce schéma tripartite, qui représentent un moment capital dans le mouvement d'idée où naît la notion de chevalerie, trois remarques s'imposent.

a) Pour désigner les membres de l'*ordo* que le dessein divin vouait, à leurs yeux, à l'activité guerrière, aucun des écrivains des IXe, Xe et XIe siècles n'employa jamais le mot *miles*. Ils sentaient tous parfaitement en effet que, dans ce terme, la signification proprement militaire se trouvait en fait éclipsée par la notion de service. Voici pourquoi ces lettrés choisirent dans le latin classique d'autres vocables, *bellator, pugnator*, où s'exprimait toute pure la vocation au combat. Davantage : lorsque Adalbéron de Laon développe sa pensée, il est très clair que dans son esprit l'opposition entre les « guerriers » et les « travailleurs » s'ajuste à celle qui sépare noblesse et servitude[5]. Pour lui, ces « combattants, protecteurs des églises, et qui défendent tous ceux du peuple, grands et petits », ne sont point des *milites*, ce sont des *nobiles*, parmi lesquels, au premier rang, il place le roi et l'empereur.

b) La délimitation d'un troisième ordre, lequel au seuil du XIe siècle apparaît chargé d'une mission particulière, qui est de travail et, plus spécialement, de travail rural, paraît bien devoir être rapprochée du progrès d'une conception de l'ordonnance sociale différente de la précédente, celle qui fut récemment mise en évidence par Karl Bosl et qui, dans le peuple de Dieu, vint placer la distinction majeure entre les « puissants » et les « pauvres »[6]. Selon ce nouveau

1. *Non possunt simul Deo et saeculo militari*, BOR., II, 407.
2. *M.G.H., SS*, XV, p. 513.
3. *M.G.H., SS*, VII, p. 485.
4. *Carmen ad Rodbertum regem*, v. 298, éd. HÜCKEL, in *Bibl. fac. des lettres de Paris*, XIII, 156.
5. *Ibid.*, v. 279.
6. K. BOSL, « *Potens und Pauper* : Begriffsgeschichtliche Studien zur gesellschaftlichen Differenzierung im frühen Mittelalter und zum "Pauperismus" des Hochmittelalters », *Alteuropa und die moderne Gesellschaft : Festschrift für Otto Brunner*, Göttingen, 1963.

schéma, en effet, que précisèrent et vulgarisèrent peu à peu dans le cours du xe siècle certains mouvements de la pensée religieuse, les *pauperes* constituaient au sein de l'ordre laïc une catégorie qui, tout comme l'ordre des serviteurs de Dieu, se trouvait désarmée, donc vulnérable, et qui pour cela réclamait, tout comme les serviteurs de Dieu, une protection particulière. Ainsi, tandis que se répandait cette image, le port des armes et les missions spécifiques qui paraissaient être liées à celui-ci se trouvèrent devenir au sein des représentations mentales que véhiculait la théorie des *ordines*, comme ils le devenaient d'ailleurs de plus en plus clairement dans la réalité par l'évolution des institutions militaires, le fait d'une portion seulement du laïcat. Ainsi, peu à peu, se déplaça la barrière sociale : jadis elle s'établissait entre noblesse et servitude ; elle vint séparer chaque jour plus nettement de la masse des « pauvres » les puissants, c'est-à-dire, véritablement cette fois, toute la « milice séculière ».

c) De ce transfert découle sans doute la vraie mutation mentale, celle qui lentement mit en place, et notamment dans le clergé, parmi les maîtres à penser, dans le monde des écrivains et des rédacteurs de chartes, de nouvelles attitudes à l'égard de la vocation militaire. Pour cette raison, une place toute particulière doit être faite, parmi les textes qui permettent de percevoir ce mouvement d'idées par l'intermédiaire des formes verbales qui le traduisent, à la vie de saint Géraud d'Aurillac qu'écrivit dans les années trente du xe siècle l'abbé de Cluny saint Odon[1].

Notons que c'est de la France du Sud, c'est-à-dire dans la région qui paraît bien avoir été le creuset des nouvelles structures, anticarolingiennes, où la société féodale trouva certaines de ses armatures, que provient ce texte capital. Il est capital, parce que c'est la première des *Vitae* dont le héros soit un laïc, non pas un roi, ni un prélat, mais un prince, un représentant authentique de la *nobilitas*. Il est capital surtout parce qu'il entend démontrer qu'un « noble », qu'un « puissant » peut accéder à la sainteté, devenir un *miles Christi*, sans déposer les armes. Le propos de saint Odon est de définir ce que peut être une sainteté laïque, ou plus précisément noble, c'est-à-dire en définitive de conférer à l'activité militaire, fonction spécifique de la noblesse, une valeur spirituelle. Ainsi s'applique-t-il à faire admettre que saint Géraud était parvenu à unir l'exercice de la puissance à la pratique de l'humilité et surtout au souci des pauvres, c'est-à-dire à deux vertus proprement monastiques[2]. Odon de Cluny surtout précise les missions de l'homme armé. « *Licuit igitur laico homini in ordine pugna-*

1. La plus récente étude dans J. Fechter, *Cluny, Adel und Volk : Studien über das Verhältnis des Klosters zu den Ständen, 950-1156*, Stuttgart, 1966.

2. *Vita Geraldi, in Bibliotheca Cluniacensis*, n° 84.

torum posito (pas plus qu'Adalbéron de Laon ou que Gérard de Cambrai, Odon n'utilise, pour désigner le groupe des spécialistes du combat, le mot *miles*, qui sous sa plume qualifie ou bien, comme on vient de le voir à l'instant, le serviteur de Dieu, ou bien le « jeune », c'est-à-dire le suivant d'armes d'un seigneur) *gladium portare ut inerme vulgus velut innocuum pecus* (le peuple est à la fois désarmé et innocent) *a lupis, ut scriptum est, vespertinis defensaret. Et quos ecclesiastica causa subigere nequit, aut bellico aut vi judiciaria compesceret* [1]. » Voici donc proposées les deux fonctions qui justifient, au sens le plus fort du terme, le port des armes : la protection des pauvres et la poursuite des ennemis de l'Église. Saint Odon reprend cette idée maîtresse dans ses *Collationes* [2], lorsqu'il affirme que les puissants reçoivent de Dieu leur épée, non pour la souiller, mais pour poursuivre ceux qui vont contre l'autorité de l'Église en opprimant les pauvres.

Voici bien là, très exactement, le point d'insertion dans la théorie des *ordines* de la dialectique puissance-pauvreté. Dans les pays d'Aquitaine, où plus tôt que partout ailleurs le pouvoir des rois perdit son efficacité, fut offerte pour la première fois aux détenteurs des armes séculières une voie de salut et de perfection spirituelle : reprendre la mission proprement royale en assumant, à la place du souverain désormais incapable de s'acquitter de cette tâche, la défense de l'Église et des pauvres, c'est-à-dire des deux autres ordres de la société. Cette proposition s'adressait aux *bellatores*. Donc, de toute évidence, en premier lieu aux *optimates*, aux princes, aux nobles. Mais en vérité ceux-ci n'étaient pas seuls à combattre, et ils ne pouvaient remplir le rôle qui leur était assigné sans l'aide de leurs auxiliaires naturels, ces spécialistes de la guerre, ces cavaliers à qui ils distribuaient des fiefs ou qu'ils entretenaient dans leur maison. L'appel concernait donc en fait tous les porte-glaive, c'est-à-dire à la fois les deux groupes, *principes* et *milites*, associés par les liens féodo-vassaliques à la « puissance » et à l'activité militaire. En valorisant cette dernière, le progrès de la pensée religieuse dans le cours du xe siècle construisait au plan spirituel un cadre où, dans le service de Dieu et des pauvres, la *nobilitas* et la *militia* pouvaient se réunir.

3. Or à ce moment même, en Aquitaine, en Provence, dans le royaume de Bourgogne, un peu plus tard dans le nord du royaume de France (mais non point au-delà de ses limites septentrionales, et orientales, dans la Lotharingie et les pays germaniques) se préparait le double changement institutionnel, dont on voit se développer les manifestations entre la fin du xe siècle et les environs

1. *Ibid.*, n° 7.
2. III, 24, in *Bibliotheca Cluniacensis*, n° 236.

de 1030 (c'est-à-dire au moment précis où le mot *miles* dans les chartes du Mâconnais se substitue au mot *nobilis*), et qui favorisait également, non plus cette fois au spirituel mais au temporel, la réunion de la noblesse et de la chevalerie.

a) La première de ces modifications concerne la distribution des pouvoirs de commandement. Ce qu'on appelle dans certaines régions le ban perd alors son caractère public ; des seigneurs privés se l'approprient et s'en servent pour lever, dans le cadre de la châtellenie, des exactions. Or, la manière dont s'organise cette exploitation de l'autorité précise et accuse à la fois le clivage entre *potentes* et *pauperes*. Seuls les « pauvres », c'est-à-dire les travailleurs, c'est-à-dire les paysans (c'est-à-dire les membres du troisième ordre d'Adalbéron ou de Gérard de Cambrai), subissent les contraintes et les réquisitions du seigneur banal. En sont exempts les nobles – c'est par ce privilège même qu'ils se trouvent définis dans le poème d'Adalbéron :

Sunt alii quales constringit nulla potestas
Crimina si fugiunt quae regum sceptra coercit [1].

Mais en sont exempts aussi tous les *milites*. Et c'est bien cette situation d'exemption qui juridiquement les caractérise tous, qui érige leur groupe en classe cohérente, nettement délimitée, et qui nécessite (au moment même où les vieilles notions de liberté et de servitude tendent à s'effacer au sein de la classe antagoniste des travailleurs) l'emploi d'un titre capable de définir exactement ce nouveau statut personnel. L'apparition de ce titre dans les actes juridiques répond en fait à l'établissement d'une frontière précise qui cerne l'aristocratie et qui rassemble ses différentes strates dans la participation à un même droit. *Miles* fut à ce moment choisi et préféré à *nobilis* parce qu'il était un substantif, pour sauvegarder aussi sans doute le point d'honneur des descendants des vieilles races qui entendaient que leur titre distinctif ne fût point galvaudé, mais surtout, je pense, parce que la nouvelle frontière se plaçait à la base de la couche aristocratique, parce que c'était bien la moins élevée des strates de l'aristocratie, le groupe des chevaliers, qu'il importait de séparer nettement du peuple. Ainsi se dressa cette barrière sociale, désormais fondamentale, entre *milites* et *rustici*, qui trouva sa traduction dès 1035 dans les formules finales des chartes provençales et, vers 1080, dans celles des chartes mâconnaises.

b) Mais l'établissement des châtellenies indépendantes et l'installation des

1. *Carmen ad Rodbertum regem*, v. 282-283.

coutumes banales se trouvent étroitement solidaires d'une autre innovation, la mise en place des institutions de la paix de Dieu, et c'est bien assurément dans les textes qui concernent ces institutions [1], dans les canons des conciles qui se réunirent pour les implanter, que l'on trouve le plus tôt et le plus clairement formulée l'opposition entre les chevaliers et les paysans. J'ai tenté de montrer ailleurs, dans une communication présentée en 1965 à la Semaine d'études de la Mendola [2], que ce mouvement, qui est parti du sud du royaume de France, des provinces où l'empreinte carolingienne était la plus légère et où était le plus cruellement ressentie la défaillance de la puissance monarchique, fut un effort de l'Église pour assurer elle-même, avec le concours des princes mais en usant d'armes essentiellement spirituelles, la défense des pauvres, lesquels, dès le premier des conciles de paix, celui de Charroux en 989, sont définis comme étant des paysans. Cette tentative s'inscrivait dans le cadre mental de la théorie des *ordines* dont elle hâta singulièrement la maturation (en même temps d'ailleurs qu'elle fournissait une justification à l'établissement et à la répartition des exactions banales). L'action pour la *reformatio pacis*, ses mots d'ordre, les décisions qui la soutinrent, toutes ses formules et toutes les représentations idéales que celles-ci véhiculaient, contribuèrent très vivement, à partir de 990 et pendant tout le XIe siècle, à renforcer le sentiment que la chevalerie constituait un groupe social cohérent. D'abord parce qu'elle réunissait la *militia*, tous les *caballarii* [3], dans une commune réprobation, parce qu'elle organisait contre le corps tout entier, pour s'en protéger, un système d'interdits, parce qu'elle l'englobait, comme le fit l'évêque Jourdain de Limoges en 1031, dans une même malédiction [4]. Mais dans une seconde phase, et sans que se dissipent aussitôt les méfiances et les condamnations des hommes d'Église à l'égard des chevaliers, l'idéal qui fit se propager le mouvement de paix vint rejoindre les modèles qu'avait proposés cent ans plus tôt Odon de Cluny : l'action pour la paix de Dieu exalta cette fois la fonction militaire, elle l'associa à la construction du royaume de Dieu. Par les prescriptions de la trêve, par cette inflexion de l'esprit de paix qui débouche sur l'esprit de croisade, la chevalerie apparut de plus en plus clairement en France, entre 1030 et 1095, comme l'une des voies de la *militia Dei*, parallèle au sacerdoce et à la profession monastique ; elle se chargea

1. Réunis dans L. HUBERTI, *Studien zur Rechtsgeschichte der Gottesfrieden und Landfrieden*, Ansbach, 1892.

2. *Cf.* chap. 3.

3. C'est là le terme, opposé à *villani*, que contient le texte latin des serments de paix prêtés à Verdun-sur-le-Doubs, puis à l'instigation de l'évêque de Beauvais, ainsi que des canons du concile de Narbonne en 1054 (HUBERTI, *op. cit.*, I, 167, 320).

4. *Ibid.*, I, 214.

de tant de valeurs spirituelles que les membres de la plus haute noblesse ne répugnèrent plus bientôt à se parer eux aussi du titre chevaleresque.

*

Certes, en France, l'aristocratie demeura diverse. Et je noterai à ce propos, pour revenir en terminant à ces observations linguistiques qui ont fourni, tout au long de cet exposé, le principal support à mes réflexions, quelques changements très significatifs qui dans le dernier tiers du XIe siècle affectent le vocabulaire. Celui des chartes voit en France reparaître le mot *nobilis* et ses équivalents, mais cette fois comme épithètes honorifiques adjointes au substantif *miles* pour marquer l'éclat particulier de tel chevalier, que la possession d'un château, la maîtrise du pouvoir banal, placent au sommet de l'aristocratie locale[1]. Par un même souci de précision, et pour rendre compte de l'hétérogénéité économique et sociale de la chevalerie, les auteurs qui rédigent vers 1100 des ouvrages littéraires prennent grand soin de distinguer les *milites gregarii* des *milites primi* ou *mediae nobilitatis*. Cependant, et c'est bien cela qui compte, en dépit de cette diversité, et bien que divisée en plusieurs couches superposées par l'inégale distribution de la richesse et du pouvoir, l'aristocratie en France formait un tout dès la fin du XIe siècle. Elle s'identifiait au vieil *ordo pugnatorum*, devenu décidément *ordo militum*. Des rites maintenant la réunissaient (ici devrait prendre place cette histoire de l'adoubement qui reste tout entière à écrire et qui, sans doute, permettrait de voir plus clairement comment se renforça peu à peu la conscience de classe) autour de la qualité chevaleresque, autour de la liturgie que l'Église inventa pour consacrer le *miles Christi* et autour de la morale commune qui prenait progressivement plus de corps dans un cadre dont Odon de Cluny avait été le premier constructeur.

La Lotharingie, les pays germaniques sans doute accueillirent-ils cette morale, ces rites et tout ce qui chargeait d'une valeur spirituelle nouvelle la vocation militaire. On peut en être assuré en mesurant la place considérable que, dans ces contrées, les chroniqueurs du XIIe siècle attribuent à la *militia* des plus grands princes[2]. Toutefois les propagateurs de la *reformatio pacis* n'avaient pas franchi la frontière qui séparait du royaume de France les terres d'Empire, dont le souverain, affirmait vers 1025 l'évêque de Cambrai, conservait assez de force pour assurer tout seul le maintien de la paix ; de fait, l'autorité monarchique

1. Par exemple, en Mâconnais, *cf. Recueil des chartes de l'abbaye de Cluny*, *op. cit.*, n. 3438 (vers 1070).
2. Voir à ce propos les textes réunis par GUILHIERMOZ, *op. cit.*, p. 400-401, n. 19.

demeurait ici solide et n'avait point perdu le plein exercice de l'autorité publique. Elle n'était pas fortement affectée par la double mutation – l'établissement de la paix de Dieu et la construction des châtellenies indépendantes – qui avait permis dans le royaume de France et dans le royaume de Bourgogne la fusion des valeurs de chevalerie et des valeurs de noblesse. Ce fut pour cette raison principalement – il est permis au moins de formuler en conclusion cette hypothèse – que, dans les provinces allemandes et lotharingiennes, pendant tout le XIIe siècle et jusqu'à la tardive victoire des modèles culturels transmis par la courtoisie française, la survivance des vieilles structures politiques carolingiennes et royales maintint vivante et pleine de résonances concrètes l'antique distinction qui séparait les chevaliers des princes, porteurs exclusifs de la liberté complète et seuls tenus pour de vrais nobles.

3

LES LAÏCS ET LA PAIX DE DIEU [1]

« En l'an mil de la Passion du Seigneur », écrit Raoul Glaber au IVe livre de ses *Histoires*, les évêques et les abbés commencèrent, « et d'abord dans les pays d'Aquitaine, à réunir l'ensemble du peuple dans des conciles. On y apporta beaucoup de corps saints et d'innombrables châsses pleines de reliques. Depuis là, par la province d'Arles, puis celle de Lyon, et ainsi par la Bourgogne jusqu'aux extrémités de la France, on en vint à annoncer dans tous les diocèses que des conciles seraient tenus en des lieux déterminés, réunissant les prélats et les princes de tout le pays, pour la réforme de la paix et l'institution de la sainte foi ».

Ce texte donne une image fort exacte du mouvement pour la paix de Dieu. L'ensemble des documents aujourd'hui conservés confirme en effet que celui-ci s'est développé dans de très larges assemblées, que l'on tenait souvent dans les prés, hors des cités, afin d'y réunir des foules, et où l'ostentation des reliques joua sans aucun doute un grand rôle. L'initiative, d'autre part, semble bien être venue des évêques et des supérieurs des monastères, notamment de l'abbé Odilon de Cluny, et les prélats parvinrent à gagner à leurs vues les membres de la haute aristocratie régionale ; du moins s'efforcèrent-ils de les associer à leur action en obtenant qu'ils présidassent en leur compagnie les conciles de paix. Le mouvement enfin prit effectivement naissance dans le sud de la Gaule, en Aquitaine et en Narbonnaise ; il progressa vers le nord par la vallée du Rhône et de la Saône, et, en 1033, il était parvenu jusqu'aux frontières septentrionales du royaume de France. En vérité, toutefois, il se déroule plus lentement que le

1. Bibliographie [48].

texte de Glaber ne le laisse entendre. Dans l'état actuel des sources, on peut situer son départ en 989-990 à Charroux et à Narbonne ; on le voit prendre une première extension jusqu'aux alentours de l'an mil dans toute l'Aquitaine ; ce fut en 1023-1025 qu'il pénétra dans la Bourgogne, et de là, aussitôt, se répandit dans la France du Nord ; commence alors une seconde phase active qui s'ordonne, conformément à la description de Raoul Glaber, autour de l'année 1033, mais qui s'est développée très amplement entre 1027 et 1041 dans l'ensemble de la Gaule, plus intensément encore cependant dans le Sud [1]. Pendant ce demi-siècle, le phénomène fut donc limité à la Gaule et surtout à l'Aquitaine et à la Provence : il apparaît de toute évidence d'inspiration ecclésiastique et de direction épiscopale. Dans quelle mesure la situation des laïcs fut-elle modifiée par les règlements qu'il suscita et par les représentations mentales dont il favorisa la naissance ?

Pour mieux répondre à cette question, il me paraît utile de ne pas perdre de vue que, comme tous les faits d'histoire religieuse, le mouvement pour la paix de Dieu se présente en fait sous deux aspects ou, si l'on veut, se situe à deux niveaux que l'on peut, en toute fidélité d'ailleurs aux schémas de pensée des intellectuels et des ecclésiastiques de l'époque, opposer franchement l'un à l'autre : le spirituel et le temporel. D'une part, les institutions de paix sont conçues et établies en fonction de certaines aspirations à la perfection et au salut ; elles se présentent comme l'un des moyens de réaliser le royaume de Dieu et se trouvent pour cela porteuses de valeurs morales ; à ce niveau, elles tendent par conséquent à modifier la situation du laïcat au sein de l'Église [2]. Mais, d'autre part, le mouvement répond à une certaine insertion de l'Église au cœur du siècle, de ses problèmes et de ses changements ; l'évolution propre des structures sociales le pousse en avant ; il naît en vérité de cette impulsion ; ce qui fait qu'il traduit aussi, qu'il fixe et, dans une certaine mesure, sacralise les formes nouvelles que revêtirent à cette époque les rapports de puissance et de fortune, les relations politiques et sociales au sein du monde laïc [3]. En d'autres termes, la paix de Dieu, considérée comme l'agent d'une rénovation de la notion de laïcat, participe, comme l'une de ses manifestations initiales, à cette grande poussée qui bouleversa la chrétienté d'Occident et culmine à la fin

1. La chronologie établie par B. Töpfer, *Volk und Kirche zur Zeit der beginnenden Gottesfriedensbewegung in Frankreich*, Berlin, 1957, peut être rectifiée d'après R. Bonnaud-Delamare, *Les Institutions de paix en Aquitaine au XIe siècle, La Paix*, I (Société Jean Bodin, XIV), Bruxelles, 1962.

2. Cet aspect est fort bien mis en évidence dans l'étude de R. Bonnaud-Delamare parue dans les *Mélanges Halphen*, Paris, 1951.

3. La relation de l'idéologie de paix avec les structures sociales est placée en pleine lumière dans l'ouvrage de Töpfer.

du XIe siècle dans ce que nous appelons la réforme grégorienne et dans la croisade ; en même temps, elle coopère à l'avènement de la société dite féodale, dont elle a contribué grandement à fixer les traits. Il importe, à mon sens, de considérer le mouvement de paix conjointement par ces deux faces. Ce que je me propose de faire en l'observant dans son développement, c'est-à-dire dans un approfondissement qui s'est opéré, au cours du XIe siècle, en trois degrés successifs.

*

Lorsqu'il le décrit dans ses *Histoires*, Raoul Glaber intègre le mouvement de la paix à l'effort général des hauts dignitaires de l'Église pour dégager celle-ci des pressions du temporel, pour la situer de ce fait en position dominante et la rendre capable d'une mission jadis royale : la conduite du peuple de Dieu vers son salut. C'était voir juste. Dans les premières années de son essor, le mouvement se trouvait bien orienté dans ce sens, et la récente évolution des forces politiques déterminait cette orientation. Le moment où se réunissent les premiers conciles de paix, la dernière décennie du Xe siècle, semble bien en effet correspondre, dans le midi de la Gaule, à celui où parvenait à son terme la décomposition des institutions publiques carolingiennes.

Dans cette partie de l'Occident et dans les années 990, la royauté avait perdu tout pouvoir, toute action sur les puissances locales. Celles-ci exerçaient désormais, à titre privé et pour leur profit, les *regalia*, les prérogatives de commandement jadis déléguées par le souverain et qu'elles détenaient maintenant par droit héréditaire. Juger, punir, devenait dès lors l'occasion de lever sur les populations des taxes lucratives, les *consuetudines*. Chacun des seigneurs laïcs qui avait hérité ce droit cherchait à l'étendre ; il le revendiquait notamment sur les terres et sur les hommes de l'Église ; ces terres et ces hommes étaient pourtant protégés par les privilèges d'immunité ; mais la défaillance de l'autorité royale avait rendu ces diplômes sans effet. D'autre part, parmi les *regalia* qui passaient alors dans le patrimoine privé des comtes figurait aussi, dans la Gaule méridionale, le droit de nommer aux plus hautes dignités religieuses, de disposer des sièges épiscopaux et des fonctions abbatiales. De deux manières donc, les pouvoirs temporels menaçaient ici les libertés de l'Église. La fortune de Dieu et des saints, d'une part, les offices pastoraux, d'autre part, venaient, en 990, de passer sous le contrôle et dans l'exploitation d'une autorité privée, non point sacrée comme l'était celle des rois, mais purement coutumière. Le spirituel en devenait esclave ; il importait de l'en dégager. C'était du moins le vœu de la portion du haut clergé qui n'était pas trop contaminée par les pratiques simoniaques, et notamment, dans l'Église monastique, de ceux qui étaient touchés par le mouvement clunisien, particulièrement actif à l'époque même et dans les provinces où se propageaient les idées de paix.

Les dispositions des premiers conciles sont donc fort simples. Elles visent tout bonnement à protéger contre la violence et contre les intrusions des nouveaux pouvoirs laïcs, qui se construisent alors et s'affrontent dans une concurrence agressive, les « choses sacrées », c'est-à-dire les sanctuaires d'abord, les serviteurs de Dieu ensuite, enfin les pauvres. Les textes sont clairs. J'en évoquerai deux, placés aux extrémités de ce que je tiens pour la première phase du mouvement de la paix. 989, Charroux : trois catégories de violences sont réprimées ; l'anathème punira d'abord ceux qui violeront une église et y prendront quelque chose de force, ensuite ceux qui frapperont un clerc sans armes, enfin ceux qui dépouilleront un « paysan ou un autre pauvre [1] ». 1031, Limoges : l'évêque Jordan dénonce les « puissances séculières » de son diocèse « qui violent les sanctuaires, qui affligent les pauvres qui lui sont confiés et les ministres de l'Église [2] ».

On a depuis longtemps fait remarquer que, sur ces points, les décisions des conciles de paix reprenaient les termes d'une législation antérieure, ceux notamment des capitulaires et des édits carolingiens [3]. En introduisant cependant une modification capitale : la paix qu'évoquaient les textes du IXe siècle n'était ni la paix de Dieu, ni la paix des évêques : c'était celle du roi. Le roi seul avait charge de défendre « les pauvres, les orphelins, les veuves et les églises de Dieu » ; qui violait cette protection tombait sous le coup de l'amende royale de 60 sous. En 857, par exemple, Charles le Chauve avait enjoint à ses *missi* de respecter les immunités de la sainte Église, de n'opprimer en rien les moniales, les veuves, les orphelins et les pauvres, et de veiller à ce que leurs biens ne fussent pas pillés. Que signifient par conséquent les premières stipulations de la paix de Dieu, sinon l'aboutissement dans les années qui encadrent l'an mil du lent transfert qu'entraînait le progressif affaiblissement de l'autorité royale ? Dans une région plus que toute autre privée de roi, les évêques entreprirent d'assumer les fonctions propres d'un souverain devenu décidément absent et sans puissance ; ils voulurent protéger eux-mêmes des choses sacrées, dont ils se sentaient responsables, contre la montée de pouvoirs laïcs, certainement

1. Malgré ses imperfections, le recueil de textes contenu dans L. HUBERTI, *Studien zur Rechtsgeschichte der Gottesfrieden und Landsfrieden*, Ansbach, 1892, est le plus utile. C'est à lui que je donnerai référence. Ici, p. 35.

2. *Ibid.*, p. 212.

3. TÖPFER, *op. cit.*, p. 35, n° 26 ; BONNAUD-DELAMARE, *Les Institutions de la paix...*, p. 422.

moins brutaux et moins avides que ne le proclamaient les décisions conciliaires, mais illégitimes aux yeux des clercs parce que non sacrés. Les évêques feraient eux-mêmes régner la paix de Dieu, en usant de sanctions spirituelles ; ils travailleraient, comme il est dit en 1011-1014 au premier concile de Poitiers, « à la restauration de la paix et de la justice[1] », mission éminemment royale.

Le mouvement de paix apparaît donc comme une tentative pour pallier la défaillance d'une autorité royale où se confondaient spirituel et temporel. Elle aboutit de ce fait à dresser le pouvoir spirituel des évêques face au pouvoir temporel des ducs et des comtes. Cette tentative conduisait donc – et c'est ce qui nous importe ici – à séparer plus strictement, dans la vie sociale et au plan des statuts juridiques, les laïcs des clercs et des moines. En cela, la *restauratio pacis* s'inscrit bien dans une aspiration beaucoup plus ample. Elle se situe dans le mouvement de réaction contre les structures carolingiennes qui avaient étroitement mêlé, et jusqu'à les confondre, dans la personne royale, Église et chrétienté, mouvement annonciateur des attitudes grégoriennes. Il faut louer Roger Bonnaud-Delamare d'avoir rapproché les prescriptions du premier concile de Charroux des condamnations que prononçait au même moment Abbon de Fleury contre les clercs trop attachés à l'argent ou qui combattaient comme des laïcs[2]. Il convient aussi de remarquer que le premier concile de Poitiers ne légiférait pas seulement contre les violences menaçant les choses sacrées, mais contre la simonie et le concubinage des prêtres[3]. Tout est lié. L'Église, au sens restreint du terme, est alors un corps qui veut se mettre à l'écart. On lui reconnaît un droit à des protections spéciales, que garantissent des sanctions qui ne sont pas pécuniaires mais spirituelles. Mais au moment même et dans les mêmes perspectives, on commence à vouloir que les clercs respectent des interdits, qui jusqu'alors ne s'imposaient qu'aux moines. Dans ce corps, les deux principaux *ordines* des schémas sociologiques carolingiens, celui des clercs et celui des moines, tendent à se confondre en un seul, lequel s'isole plus rigoureusement du laïcat. La législation de la paix de Dieu aboutit de la sorte, d'abord, à cette ségrégation plus tranchée entre deux groupes, laïcs et ecclésiastiques.

---

1. HUBERTI, *op. cit.*, p. 136. Était-ce bien là le rôle des prélats ? Lorsque le mouvement parvint après 1023 aux lisières de l'Empire, dans des régions où le pouvoir royal apparaissait fort capable de remplir ses fonctions, certains prétendirent le contraire. L'évêque Gérard de Cambrai remontra qu'il « appartenait aux rois de réprimer les séditions, d'apaiser les guerres et d'étendre les rapports pacifiques ; quant aux évêques, ils avaient simplement à exhorter les rois à combattre pour le salut du pays, et à prier pour leur victoire » (*ibid.*, p. 162).

2. BONNAUD-DELAMARE, *Les Institutions de la paix*..., p. 425-426.

3. *Ibid.*, p. 447.

Cependant elle introduit, au sein même de la société laïque, une distinction nouvelle. Dans leur effort pour mieux protéger les choses de Dieu, et pour empêcher notamment, comme le disent les canons du concile du Puy, que les terres d'Église ne fussent « déshonorées par quelque mauvaise coutume [1] », les évêques, juges et défenseurs des clercs et des moines, furent amenés en effet à prendre également sous leur protection une partie du peuple laïc, celle que les rois jadis avaient mission de sauvegarder. Dès lors, les laïcs, à l'égard du pouvoir spirituel, furent répartis en deux catégories : ceux qu'il fallait défendre et ceux dont il fallait réprimer les tendances agressives. Les premiers, c'étaient les pauvres. Le premier concile de Charroux entend par « pauvres » avant tout les paysans. *Agricultores* [2], *villani* [3], tels sont les hommes dont l'Église se sent responsable, ceux qu'il lui arriva, à Bourges, en 1038, de mobiliser pour la défense de la paix ; aux ruraux, le texte des serments de paix de 1023-1025 adjoint les marchands, les pèlerins, les femmes nobles [4]. Tous ont en commun d'être sans armes – et ce fut effectivement sans armes, *multitudo inermis vulgi*, que, pour leur plus grand désavantage, l'évêque de Bourges les entraîna en 1038 contre les fauteurs de troubles. Aux *pauperes*, les textes parfois opposent brutalement les « nobles [5] ». Mais ce sont, plus clairement, des *milites*, des « chevaliers », qu'excommunie l'évêque Jordan de Limoges, maudissant leurs armes et leurs chevaux, c'est-à-dire les instruments de leur turbulence et les insignes de leur position sociale [6].

En effet, la violence, les convoitises, les exactions, les entreprises préjudiciables aux églises, aux serviteurs de Dieu et aux pauvres, venaient de la classe des combattants professionnels, de ces hommes qui, dans les nouvelles structures de la société, détenaient le privilège de l'action militaire. En fait, dans le laïcat, la ségrégation s'établit en fonction du port des armes. *Milites et rustici*, chevaliers et paysans, telle est bien l'opposition fondamentale que viennent délimiter, parmi les laïcs, les décisions des conciles de paix. Or, il faut remarquer une coïncidence chronologique de première importance. Au moment où le vocabulaire des décisions conciliaires commence à distinguer chevaliers et paysans, le vocabulaire des chartes rédigées dans la Gaule du Sud s'applique à opposer aussi les mêmes catégories sociales. C'est dans les années 980 que le mot *miles* prend une signification juridique et sociale. La division de fait de la

1. HUBERTI, *op. cit.*, p. 124.
2. *Ibid.*, p. 35.
3. *Ibid.*, p. 123, 166.
4. *Ibid.*, p. 123, 124.
5. *Ibid.*, p. 183.
6. *Ibid.*, p. 214.

société laïque en deux classes se trouve alors pour ainsi dire institutionnalisée par l'installation, dans les cinquante années qui encadrent l'an mil, de la seigneurie banale, dont l'agencement, en soustrayant les *milites*, en assujettissant les *rustici*, aux coutumes seigneuriales et à la justice répressive, achève de faire des premiers des privilégiés et des seconds des exploités. Les prescriptions de la paix de Dieu sont ainsi venues s'ajouter à la division qu'introduisait au sein du peuple laïc la nouvelle répartition et l'ont en quelque sorte légitimée. Car, en définitive, ce que la législation des conciles de paix et le mouvement beaucoup plus ample qui la suscita viennent proposer dans les toutes dernières années du xᵉ siècle, c'est une nouvelle disposition des *ordines* entre lesquels le Créateur a divisé la *societas christiana*. Trois ordres encore, mais désormais un seul ordre ecclésiastique et deux ordres laïcs. Certes ce schéma préexistait, dans certains secteurs de la pensée religieuse, aux premiers conciles de paix. Mais il faut bien reconnaître que le poème d'Adalbéron au roi Robert leur est tout à fait contemporain, et quand l'évêque Gérard de Cambrai, qui s'opposait aux propagandistes de la paix de Dieu parce que dans son pays le roi pouvait assurer la paix lui-même, leur répondit que « le genre humain a été divisé dès l'origine en trois groupes, les hommes de prière, les guerriers et les agriculteurs[1] », il reprenait en fait à son compte le modèle de société que proposaient les canons conciliaires.

*

Aux *milites*, les premiers conciles de paix n'avaient pas dénié le droit de combattre. C'était en effet leur vocation : les armes qu'ils portaient leur avaient été confiées par la volonté divine ; elles leur conféraient des pouvoirs : celui notamment de juger et de punir. Dès l'origine, la législation de la paix de Dieu prévoit que seuls seront mis à l'abri de la violence séculière les « pauvres » qui n'auront pas mérité, par un délit, d'être dépouillés de leurs biens[2]. « Que nul ne prenne l'avoir d'un paysan », proclame en 1054 le concile de Narbonne, « sinon son corps pour un forfait qu'il aurait commis lui-même, et que nul ne le soumette à un pouvoir sinon par droit[3] ». Ce qui est condamné, c'est le pillage injuste. Sont justes au contraire les amendes de justice et les exactions régulièrement perçues : la puissance banale, la soumission des *rustici* au seigneur du territoire, au *dominus loci*, ou au maître de leur corps s'ils sont *homines*

1. *Ibid.*, p. 206.
2. *Ibid.*, p. 35.
3. *Ibid.*, p. 320.

proprii, sortent légitimées de la législation de paix. D'autre part, les chevaliers, hommes dangereux mais également hommes menacés, ont aussi parfaitement le droit d'affronter et d'assaillir leurs ennemis, lorsque ce sont des hommes qui, comme eux, sont en armes, fussent-ils clercs : la paix de Dieu, rappelons-le, ne protège que les clercs désarmés. Le combat, et notamment ce que les textes désignent par le terme *werra*[1], c'est-à-dire la guerre privée, n'est point condamné. Les premiers conciles de paix ont seulement tenté, par un système de sanctions et d'engagements collectifs, de contenir entre certaines limites cette activité licite ; ils ont protégé, contre l'agression et le pillage, des lieux et des catégories sociales déterminés ; ils ont délimité des zones de sécurité interdites à la turbulence chevaleresque. Privilège d'un corps social, l'action guerrière ne devait plus désormais déborder au-dehors. La paix de Dieu, en ses débuts, tendit seulement à cantonner les violences militaires dans un secteur du peuple chrétien, celui des hommes qui portaient le glaive et l'écu et qui allaient à cheval.

Toutefois, l'intention de réforme mûrissant et se développant, certains prélats en vinrent bientôt à considérer que la construction du royaume de Dieu réclamait des mesures plus profondes. Dès l'instant où l'Église s'était substituée au roi pour guider les hommes dans la voie droite, il lui fallait encore œuvrer pour extirper le péché du monde. Voici que, vers 1020, dans la France du Sud la période instable, où s'étaient mises en place les assises de la société féodale, s'achevait. L'Église n'avait plus, comme dans les premiers temps du mouvement de paix, à s'adapter à ces innovations, à s'en protéger, à en hâter l'accomplissement dans une direction qui lui fût favorable et qui préservât les immunités du spirituel. Elle pouvait aller plus avant. Alors apparurent les premières décisions qui engageaient l'idée de paix dans un nouveau prolongement.

Dès sa naissance, je l'ai dit, l'exigence de paix se trouvait incluse au sein d'une volonté plus générale de purification. Aux yeux de la part du clergé placée aux avant-gardes du mouvement réformiste, combattre, porter les armes et s'en servir, commençait d'être considéré à la fin du Xe siècle comme une souillure au même titre que le goût de l'argent et que l'acte sexuel. Depuis toujours, se faire moine, c'était renoncer à l'épée, en même temps qu'à l'or et aux femmes. Dans un corps de serviteurs de Dieu où, face au laïcat, l'état des clercs et l'état des moines tendaient à se rapprocher l'un de l'autre et où, de ce fait, les prêtres étaient invités à s'imposer les renoncements et les purifications du monachisme, l'intention pacifique se trouva liée à l'idéal conjoint de chasteté et de pauvreté dont les grégoriens allaient se faire les champions. Il ne manquait pas alors de

1. *Ibid.*, p. 166.

prélats casqués ni de chanoines entraînés aux exercices de la guerre, pour qui *militare* ne signifiait pas seulement servir Dieu. Ceux-ci ne furent point protégés par les sanctions qu'édictaient les premiers conciles de paix. Mais Abbon de Fleury déjà avait exprimé l'idée qu'ils n'agissaient pas conformément aux missions de leur ordre. Cette conception chemina, portée par les institutions de la paix de Dieu : les pauvres étaient par définition sans armes ; or, il apparaissait de plus en plus nécessaire que, pour être purs et vraiment dignes de leur état, les prêtres fussent pauvres, menassent comme des moines la vie commune. On en vint vite à considérer qu'ils devaient, comme les moines, déposer les armes et se situer parmi les *inermes*. Du succès de cette conception, pendant le XIe siècle, l'évolution des formules de paix porte un clair témoignage. Les textes de la fin du siècle interdisent d'assaillir les clercs ; ils ne précisent plus que seuls soient garantis les clercs sans armes : à cette époque, normalement, les clercs n'en portaient pas [1].

Mais le même idéal fut très vite proposé aux laïcs, comme un engagement salutaire de pénitence. Il apparaît en effet que les conciles de paix revêtirent après 1020 un caractère pénitentiel beaucoup plus marqué. Rassemblant des foules autour des reliquaires chargés de vertus propitiatoires, imposant aux laïcs réunis une profession collective de renoncement, ils visaient à conjurer la colère de Dieu, à vaincre les fléaux, à faire reculer la famine et les pestes. Peut-être même faut-il alors situer leur intention délibérée de pénitence au sein d'une propagande de purification universelle, suscitée par l'approche du millénaire de la Passion et par l'attente, à certains niveaux au moins de la conscience collective, de la fin des temps. Raoul Glaber en tout cas introduit clairement le mouvement de paix dans ces perspectives ; il le relie à la grande conversion qui faisait alors, dans tous les milieux sociaux, se multiplier les pèlerinages. Et, de toute évidence, lorsqu'en 1028 Adhémar de Chabannes rédigeait sa chronique, il existait dans l'esprit de l'écrivain une relation étroite entre l'épidémie qui sévissait alors, l'intervention prophylactique des reliques et, d'autre part, la prédication de *reformatio pacis* [2].

La paix de Dieu change alors de caractère. Elle n'est plus seulement un pacte social, cimenté par la menace de sanctions spirituelles. Elle prend résolument l'aspect d'un pacte avec Dieu. Il s'agit de L'apaiser par la promesse d'abstinences volontaires ; il s'agit, devant Son courroux, de se purifier du péché. Donc de suivre l'exemple de la profession monastique. Bien auparavant les rites

---

1. *Ibid.*, p. 406, 417 (1095, concile de Clermont ; serment de paix de Foulque d'Anjou et des grands de Touraine).

2. BONNAUD-DELAMARE, *Les Institutions de la paix...*, p. 432.

de la pénitence publique imposaient au pécheur de se dépouiller de ses armes, en même temps qu'il renonçait aux biens du monde et se vouait à la chasteté, en même temps qu'il prenait la route du pèlerinage rédempteur. Dans les années qui entourent 1033, l'Église proposa donc aux laïcs qui par état étaient armés, aux nobles, aux *milites*, de s'associer à l'œuvre commune de renoncement. Qu'ils ne se contentent plus de respecter les règlements antérieurs de la paix, en évitant, au cours des opérations militaires ou dans l'exercice de la puissance seigneuriale, de porter atteinte aux églises, aux ministres de Dieu et aux pauvres. Qu'ils acceptent aussi, dans le champ d'une activité permise par le droit mais que l'on commençait à juger périlleuse pour l'âme, de se priver des joies du combat et du pillage. Les chevaliers furent conviés à s'abstenir de guerre en certaines périodes, comme le peuple tout entier en certaines périodes (et c'étaient parfois les mêmes) s'abstenait de nourritures trop réjouissantes, et ceci dans le même esprit de pauvreté. Les nouvelles dispositions de la législation de paix apparaissent en effet inséparables – et les chroniqueurs de l'époque l'ont bien senti – d'un durcissement des consignes pénitentielles et, notamment, d'un renforcement du jeûne [1].

L'engagement de paix se transforma donc. À l'obligation de respecter la paix, l'ancienne paix royale, gardienne des zones vulnérables de la communauté publique, à la *pax* vint s'adjoindre la *treuga*, la trêve, c'est-à-dire une suspension générale et temporaire de l'activité militaire. La guerre est réputée source de péché. C'est un plaisir que l'on doit se refuser. À certaines dates, la classe belliqueuse, par un mouvement de conversion quasi monastique, se l'interdit. Les premières dispositions qui préparaient cette inflexion nouvelle se discernent dans le texte des serments de paix, bourguignons puis français, rédigés en 1023-1025. La version proposée par l'évêque Garin de Beauvais [2] étendait la sauvegarde promise aux pauvres par la juridiction de la paix de Dieu, au chevalier qui pendant le Carême s'était volontairement dépouillé de son harnais militaire. Nul ne devait l'attaquer. La mesure était naturelle : pénitent, le chevalier a renoncé à ses armes, il a rejoint les pauvres et, par esprit de pauvreté, il s'est incorporé au groupe des *inermes* ; il a donc droit aux mêmes sécurités. Mais la stipulation était novatrice en ce qu'elle révélait une inclination peut-être nouvelle parmi les hommes de guerre à considérer l'abstinence du combat comme

1. Huberti, *op. cit.*, p. 241 : en 1027, les canons du concile d'Elne punissent l'inceste et la répudiation en même temps que les violences ; *ibid.*, p. 203, 205, Raoul Glaber et les chroniques contemporaines indiquent que les conciles des alentours de 1033 ont imposé l'abstinence de vin le jeudi et l'abstinence de viande le vendredi, en même temps qu'ils réformaient la paix.

2. Huberti, , *op. cit.*, p. 167.

salvatrice et à la pratiquer pendant le temps de rédemption du Carême. Quatre ans plus tard, le concile d'Elne imposait la trêve chaque dimanche[1]. Mesure toute naturelle encore : en ce jour saint, les travaux serviles étaient réputés illicites et déjà les édits carolingiens leur avaient assimilé la guerre privée[2]. Ces dispositions préliminaires et l'esprit profond qu'elles traduisaient, cette réprobation de l'action militaire présentée à la conscience publique comme une jouissance condamnable, servirent de fondement à l'établissement de tout un ensemble législatif dont les articles furent pour la première fois réunis en corps au concile d'Arles en 1037-1041 : depuis le mercredi soir jusqu'au lundi matin, la paix devait régner « entre tous les chrétiens, amis ou ennemis, voisins ou étrangers », ceci en mémoire du Christ, de son ascension, de sa Passion, de son ensevelissement et de sa résurrection.

L'idée de trêve succède ainsi à l'idée de paix. Elle la prolonge et l'approfondit de façon singulière. À la classe chevaleresque, désormais bien établie dans la société nouvelle, elle propose un type d'ascèse, approprié à la fonction de cet *ordo*. La même morale qui impose aux *pauperes* de se soumettre de bon cœur à la domination seigneuriale célèbre l'idéal du chevalier pénitent. Celui-ci tient à honneur, non seulement de ne point attaquer et dépouiller les chrétiens désarmés, mais pour l'amour du Christ, il ne doit point tirer l'épée pendant les temps saints. La législation de la trêve s'intègre cette fois à l'effort de l'Église féodale pour christianiser l'éthique des guerriers ; elle rejoint par conséquent le progrès, assez mal discernable encore dans l'état actuel des recherches, de l'influence ecclésiastique sur le rituel de l'adoubement.

*

Mais du moment où, par la paix et surtout par la trêve, se trouvait réprimée l'agressivité des chevaliers, il importait de lui ménager d'autres issues. De fait, la proposition de croisade se trouvait en germe dans les dispositions des conciles de paix. Car ceux-ci avaient progressivement étendu, au sein du peuple de Dieu, le champ interdit à la guerre : certains lieux, certains groupes sociaux d'abord, puis certaines périodes vouées à la pénitence ou à la glorification du Seigneur. Ils en vinrent à la réprouver complètement entre chrétiens. En 1054, le premier des chapitres concernant la trêve parmi les canons du concile de Narbonne

1. *Ibid.*, p. 240 : « Nul homme n'attaquera son ennemi entre la neuvième heure du samedi et la première du lundi. »
2. Capitulaire de 813 cité par HUBERTI, *op. cit.*, p. 246.

prononce cette condamnation[1] : « Que nul chrétien ne tue un autre chrétien, car qui tue un chrétien répand sans aucun doute le sang du Christ. » Or le chevalier avait reçu de Dieu mission de combattre. Désormais, il ne lui fut plus permis de le faire qu'à l'extérieur de la communauté chrétienne, qu'à l'extérieur du corps du Christ et contre les ennemis de la foi. À cette guerre pour la foi, la seule qui fût désormais vraiment licite, il devait, selon la morale des assemblées de paix, consacrer entièrement ses armes que les prêtres, dans les cérémonies de l'adoubement, s'étaient mis à bénir. Il était devenu, comme la jeune littérature à son usage le lui répétait sans cesse, le « soldat du Christ ». Voici pourquoi – et nous parvenons ici au troisième degré de la maturation des idées pacifiques – le concile de Clermont, en 1095, fut d'abord un concile de paix. En premier lieu, parce qu'il reprit les injonctions de pénitence[2]. Ensuite parce qu'il conféra valeur universelle aux stipulations jusqu'ici locales de la trêve de Dieu[3]. Enfin et surtout, parce que l'intervention pontificale étendit à tous ceux qui entreprendraient le voyage de pénitence vers la Terre sainte les privilèges assurés jusqu'ici aux pauvres, aux laïcs sans armes[4]. La croisade sans conteste porte l'exigence de la paix de Dieu à son accomplissement. Car elle suscite le départ du peuple des *pauperes* vers Jérusalem, c'est-à-dire vers le Royaume, inaugurant ainsi une marche confiante, pacifique, désarmée, mais pourtant irrésistible, comme jadis, en 1038, l'avait été celle de la *multitudo inermis vulgi* mobilisée par l'évêque de Bourges. C'est aux chevaliers pénitents qu'il convient d'encadrer ce nouvel exode, de le protéger, de forcer s'il le faut son progrès en combattant les mécréants. Toutes les formules de la croisade sont reprises des canons des précédents conciles de la Gaule du Sud, jusqu'au symbolisme de la Croix, rempart contre les violences, signe de protection et d'asile[5]. Dans le voyage de Jérusalem s'est en fait réalisé l'idéal de la *reformatio pacis*.

Celle-ci avait été rendue nécessaire par la dégradation de l'institution royale et par l'évolution de la société, où l'activité guerrière devenait le privilège d'une classe déterminée. En fait, toutes les dispositions des conciles réformateurs visaient cette classe nouvelle et les puissances d'agressivité dont elle était chargée. Il fallut d'abord s'en défendre, les discipliner, puis s'efforcer de les détourner vers le bien. Aussi seule une portion du laïcat – le groupe des *milites* – des chevaliers, subit-elle directement l'influence des institutions de paix. Mais celle-

1. *Ibid.*, p. 317.
2. *Ibid.*, p. 406 (et notamment la consigne de jeûne).
3. *Ibid.*
4. *Ibid.*, p. 411. On notera que le concile d'Arles de 1037-1041 avait imposé le pèlerinage à Jérusalem en pénitence d'un homicide commis pendant la trêve de Dieu (*ibid.*, p. 273).
5. *Ibid.*, p. 408.

ci fut profonde. La réglementation édictée par les conciles fixa d'abord les contours de ce corps social ; elle lui donna sa consistance ; ce fut elle qui le constitua en *ordo*. Puis elle lui forgea une morale particulière. Au seuil du XIIe siècle la *nova militia*, revêtue d'armes bénites, se voyait assigner deux tâches conjointes – celles du « prud'homme », celle que Saint Louis s'efforcera d'assumer mieux que personne : en premier lieu, défendre l'Église et les pauvres ; en second lieu, combattre les ennemis du Christ. C'est-à-dire, en fait, faire régner la paix de Dieu.

4

LA FÉODALITÉ ?
UNE MENTALITÉ MÉDIÉVALE [1]

Qu'est-ce que la féodalité ? Le très utile précis de droit féodo-vassalique écrit en 1914 par F.-L. Ganshof donne à cette question, sur le plan des institutions juridiques, une réponse nette, simple et d'une admirable clarté. Peut-on lui reprocher sa simplicité même ? Les règles établissant les relations d'homme à homme, coutumes non écrites, transmises par la parole et attachées à des cérémonies rituelles, à des formules, à des mots dont le sens, variable dans l'espace et le temps, est difficile à découvrir sous le travestissement latin qu'ils revêtent dans les chartes, n'eurent jamais sans doute cette rigueur cartésienne. Mais l'irremplaçable mérite de ce petit livre dense, rempli de textes parfaitement commentés, est d'offrir au débutant le meilleur des guides, au spécialiste un instrument de référence d'une garantie éprouvée et d'une absolue loyauté. Une troisième édition vient de paraître [2]. Elle est plus élégante encore : quatre belles planches reproduisent quelques images illustrant les principaux actes juridiques de la féodalité, hommage, serment, investiture, plaid. Elle comporte un précieux index, des termes techniques. Elle présente enfin des adjonctions notables. En particulier l'auteur a gonflé les développements consacrés au vocabulaire, et les recherches qu'il a menées pour reconnaître l'apparition et la diffusion de mots tels que fief, honneur, hommage, l'ont conduit à utiliser davantage les documents de la France méridionale. C'est en Aquitaine en effet que les innovations

1. Bibliographie [17].
2. F.-L. Ganshof, *Qu'est-ce que la féodalité ?*, 3e éd., Bruxelles, 1957.

linguistiques s'observent d'abord ; le fait mérite d'être mis en évidence : il tient sans doute à un usage plus tôt répandu de l'acte écrit, à la plus grande liberté des scribes à l'égard du latin classique dans un pays où la renaissance des études grammaticales fut moins poussée, où le fossé était moins large entre langue vulgaire et langue écrite, où celle-ci était moins figée, plus capable d'innovations. En tout cas, F.-L. Ganshof a été amené par là à ménager une place plus grande à la description des formes originales que montrent dans la France du Midi (dans ces pays si longtemps négligés par les études médiévales) les institutions féodo-vassaliques – tel ce fief sans service qu'on appelle franc-fief, naguère étudié de près par Hubert Richardot. La description de ces particularités régionales constitue le meilleur enrichissement de ce manuel.

*

À vrai dire, dans l'histoire de la féodalité, deux domaines restent encore grands ouverts à la recherche. En premier lieu l'étude des formes tardives des liens féodaux. L'origine, le développement de ces relations ont été observés de très près ; mais qu'en subsiste-t-il au XIVe, au XVe siècle, plus tard encore ? Que sont devenus les attaches d'homme à homme, les rapports fonciers entre seigneur et feudataire, la juridiction féodale ? Plus soucieux d'étudier les nouveautés que les rémanences, les historiens n'ont pas encore prêté une suffisante attention à ces questions. Second champ d'investigation, à peu près vierge, et qui promet d'être fécond : les attitudes mentales. Car la « féodalité » n'est-elle pas avant tout un état d'esprit, ce complexe psychologique formé dans le petit monde des guerriers peu à peu devenus des nobles ? Conscience d'abord de la supériorité d'un état caractérisé par la spécialisation militaire, et qui suppose le respect de certaines consignes morales, la pratique de certaines vertus ; idée conjointe que les rapports sociaux s'organisent en fonction du compagnonnage de combat ; notions d'hommage, de dépendance personnelle, désormais au premier plan, et qui se substituent à toutes les formes antérieures de liaison politique. Cette disposition mentale se manifeste par certains signes, des gestes rituels surtout, mais aussi des mots. Le vocabulaire est bien sans doute le document le plus riche dont dispose l'historien de la psychologie sociale. Le plus riche, mais aussi le plus difficile à exploiter, car les mots sont des enveloppes dont le contenu n'est pas le même dans les différents milieux sociaux et se modifie d'autre part avec le temps. Modifications d'un intérêt capital, mais difficiles à détecter, et qui ne se produisent pas en exact synchronisme avec les changements du comportement et des relations sociales ; elles s'opèrent avec un retard, plus ou moins long, qui se laisse difficilement mesurer. Car le langage est fixé par des habitudes qui pèsent de toute leur inertie, surtout quand il s'agit du langage écrit (le seul qui soit à la portée de l'historien), vocabulaire des juristes professionnels ou des littérateurs, toujours factice.

Pour utiliser cette source le médiéviste ne saurait donc se passer de l'aide des techniciens de la sémantique. L'un d'eux, K.-J. Hollyman, vient de faire paraître une étude fort intéressante sur le développement du vocabulaire féodal en France pendant le haut Moyen Âge [1]. S'engageant sur des voies ouvertes par Marc Bloch, l'auteur a choisi un certain nombre d'expressions qui désignent « la terre et la propriété » (ce dernier terme est à vrai dire peu convenable) : terre, honneur, fief, tenure, service ; « les classes inférieures et supérieures » (expressions qui prêtent elles aussi à la critique) : serf et vilain, sergent et bourgeois, seigneur, vassal, baron, chevalier... ; enfin, « les vertus et les vices ». À travers de très nombreux textes sont repérés les changements de sens qu'ont subis ces vocables jusqu'à l'orée du XIIe siècle. Les résultats de cette enquête sont fort importants. Ainsi montre-t-elle que le mot *senior* avait cessé, dès l'époque classique, de désigner seulement l'homme plus âgé et avait pris un sens nettement politique, s'appliquant au groupe des dirigeants ; sens qu'il conserva pendant tout le haut Moyen Âge, ce qui le fit choisir lorsqu'il fallut donner un nom particulier aux patrons des compagnies vassaliques et sans que cette notion de patronage se trouvât liée, comme on pourrait le croire, aux habitudes de révérence prises dans le groupe familial à l'égard de l'ancien, du chef de maison.

Très riche est également l'étude des termes de valeurs : baron, vassal, qui qualifient l'homme pratiquant les vertus spécifiques du guerrier, vaillance, courage, ainsi – la liaison mérite d'être soulignée – loyauté et haute naissance (ces mots ont une telle signification dans les chansons de geste, mais là seulement, et l'on peut se demander si « en fin de compte, ces transpositions... sont plus que des finesses de style des trouvères [2] »). Pour évoquer les défauts compatibles avec l'origine honorable, orgueil, cruauté, démesure, ou l'infidélité envers le seigneur (comme envers Dieu, encore une liaison remarquable), on emploie le mot félon, alors que les attitudes plus choquantes, celles que l'homme bien né ne peut vraiment se permettre, sont exprimées par des adjectifs comme vilain ou culvert, qui manifestent l'infériorité de condition.

Le rapport entre les termes de valeurs et des qualificatifs sociaux est l'un des signes les plus nets de cette conscience de classe peu à peu renforcée dans le

1. K.-J. HOLLYMAN, *Le Développement du vocabulaire féodal en France pendant le haut Moyen Âge*, Genève/Paris, 1957.

2. *Cf.* p. 151.

milieu chevaleresque ; d'un particulier intérêt est l'histoire sémantique du mot culvert, terme technique appliqué dans certaines provinces à une catégorie spéciale de dépendants ruraux et qui connut un grand succès comme épithète péjorative parce qu'il évoquait à la fois le rustre et, par ses consonances, les parties honteuses du corps humain. Enfin, il ressort des recherches de K.-J. Hollyman que le moment critique de l'évolution du langage se situe aux VIIIe-IXe siècles ; c'est alors que se sont opérées les grandes mutations sémantiques, que se sont réunies les constellations de mots clés du vocabulaire féodal. L'auteur aurait dû mettre davantage en valeur ce fait, preuve supplémentaire de l'importance majeure de l'époque carolingienne dans la gestation de la civilisation féodale. On attendait de lui qu'il avance quelques hypothèses linguistiques d'explication. Ces modifications coïncident en effet, non seulement avec des changements dans les structures sociales et politiques, mais avec de grands bouleversements dans les moyens d'expression, qui ont certainement contribué à assouplir les habitudes de langage et facilité les innovations : divorce entre le latin et le vulgaire, victoire, dans les cercles aristocratiques, des dialectes romans sur les parlers germaniques.

À ce livre, il est permis de faire d'autres critiques. Notons d'abord que sa publication est tardive : ce qui est livré au lecteur en 1957 a été écrit en 1950. Était-il impossible de mettre cette rédaction à jour, de tenir compte des travaux qui entre-temps ont apporté quelques lumières nouvelles sur la société féodale et particulièrement sur le vocabulaire des relations sociales ? L'enquête, par ailleurs, est trop générale. L'auteur a dépouillé d'innombrables cartulaires dispersés dans la France entière ; il a lu trop vite des documents trop nombreux. À une investigation en survol comme celle-ci, je crois pour ma part plus utile un travail de champ plus restreint, mais poussé en profondeur, et s'efforçant surtout d'éclairer l'étude des vocables par une connaissance moins superficielle des conditions sociales. Si, par exemple, K.-J. Hollyman avait observé de plus près les textes, il aurait vu que le mot *dominus* n'est pas employé dans les chartes du XIe siècle pour qualifier n'importe quel noble, mais seulement ceux qui détiennent le pouvoir de commander et de punir – ce qui n'est pas sans intérêt ; de même n'aurait-il pas considéré que *hom de poesté* désignait au XIIe siècle tout paysan, car l'expression s'appliquait spécialement à ceux qui se trouvaient en situation de particulière dépendance à l'égard du détenteur de la *potestas*, c'est-à-dire du chef chargé de maintenir dans le village paix et justice... Une analyse plus serrée lui aurait également permis d'établir une chronologie plus précise de l'évolution : quand donc *miles* est-il adopté par les rédacteurs de chartes pour désigner les membres de l'élite ? J'ai pu remarquer en Mâconnais que le terme se répand entre 970 et 1030. Nuances de chronologie, mais aussi nuances géographiques. *Collibertus* est le seul mot dont l'aire d'utilisation soit délimitée par l'auteur, qui utilise les travaux de Marc Bloch. Or il me semble que les variations régionales méritent d'être observées de près ; une enquête sur le vocabulaire de la dépendance paysanne, qu'ont entreprise des étudiants d'Aix sous ma direction, commence à faire apparaître certaines zones frontières où le langage change, des domaines où les mutations sont plus précoces : géographie du vocabulaire qui n'a pas moins d'intérêt que son histoire.

Enfin, K.-J. Hollyman a limité son étude à un petit nombre de mots qu'il a choisis. Ce sont bien les termes pivots. Mais le choix est cependant arbitraire : pourquoi étudier *villanus* et non point *rusticus*, qui lui est presque équivalent ? Il me paraît difficile d'isoler l'étude de *miles* de celle de *nobilis*. Ce qui conduit à se demander si l'étude des mots isolés est vraiment féconde. Il semble bien en outre que l'histoire d'un mot ne puisse être utilement suivie qu'à l'intérieur d'un milieu linguistique homogène. Or K.-J. Hollyman a étudié avant tout deux langues, celle des chartes, celle des premiers textes en vulgaire ; et ces deux langues ont très peu de rapports entre elles. Il est frappant de voir par exemple que *vassal* ou *culvert* sont repris par les littérateurs au moment même où les notaires les abandonnent, et en changeant complètement de contenu sémantique. Plus féconde par conséquent paraît être l'étude globale d'un certain vocabulaire, qui permet d'observer les associations, de poser le problème des fréquences. Étude difficile, étude collective qui pourrait s'organiser autour du Centre de Besançon... Plein d'intérêt, je l'ai déjà dit, le livre de K.-J. Hollyman doit être considéré comme la pierre d'attente d'un édifice d'ampleur singulièrement plus vaste.

*

D'une tout autre portée est le récent ouvrage consacré par Bryce D. Lyon aux fiefs-rentes[1], qui éclaire à la fois l'histoire de la mentalité féodale et celle des formes tardives de la relation féodo-vassalique. Il s'agit de ces tenures féodales constituées non par une terre, mais par un revenu annuel fixe, en argent ou en nature, de ces rentes, de ces pensions qui se distinguaient des autres en ceci seulement qu'elles engageaient à l'hommage, en ce que leur bénéficiaire était en position de vassal. De cette institution, M. Sczaniecki avait amorcé l'étude, en s'occupant seulement des pays français[2]. B. D. Lyon a étendu l'enquête à

---

1. B. D. Lyon, *From Fief to Indenture : The Transition from Feudal to Non-Feudal Contact in Western Europe*, Cambridge, Mass., 1957.
2. M. Sczaniecki, *Essai sur les fiefs-rentes*, Paris, 1946.

l'Occident tout entier. Ce qui lui a permis d'abord de délimiter la zone où fut répandue la pratique du fief-rente : Angleterre et pays d'entre Loire et Rhin, ce sont les provinces qui ont été les plus profondément pénétrées par les habitudes féodales et qui ont en même temps connu les progrès les plus précoces de l'économie monétaire. L'usage du fief-rente s'est développé au même rythme dans toute cette région : ses premières manifestations datent de la seconde moitié du XIe siècle (1048 à Fulda, 1066 en Angleterre, 1079 en Normandie, 1087 aux Pays-Bas) ; mais il ne se généralisa, et très brusquement, que dans les dernières années du XIIe siècle. Ce sont les grands princes surtout qui utilisèrent ce procédé : toutes les concessions en Angleterre, les trois quarts d'entre elles en France, furent royales ; en Allemagne, au contraire, les seigneurs de fiefs-rentes étaient pour la plupart de moindre puissance : la ville de Cologne s'attachait par ce moyen des vassaux qui lui devaient une aide militaire. Florissante au XIIIe siècle et dans la première moitié du XIVe, l'institution entra ensuite en déclin ; passé 1450, on n'en découvre plus que des traces.

Régi en principe par les mêmes règles coutumières que le fief foncier, comme lui héréditaire et aliénable (ce qui détermina aussitôt la pluralité des hommages et le débat si commun : lequel des multiples seigneurs servir ?), le fief-rente était en réalité d'une pratique beaucoup plus souple. Grâce à lui, le seigneur pouvait gagner des obligés très loin de ses domaines, punir plus aisément les défaillances du feudataire, puisqu'il lui suffisait de suspendre le paiement des annuités. Procédé plein d'avantages par conséquent, et pour le vassal lui-même, qui préférait recevoir, directement et sans souci de gestion, de la monnaie (sauf aux Pays-Bas, les rentes en nature se raréfièrent très rapidement dès le XIIe siècle). Aussi les clauses, qui dans le contrat stipulaient que le recours à la rente n'était que provisoire et prévoyaient son rapide remplacement par une concession foncière dès que les circonstances le permettraient, étaient-elles le plus souvent de pure forme. En fait ces fiefs continuèrent d'être assignés sur des revenus particuliers, tels péages et tonlieux, d'être à la charge des trésoriers des princes ou des manieurs de fonds à leur service (après avoir chargé au XIIIe siècle les templiers de La Rochelle de verser en leur nom les arrérages à leurs feudataires du continent, les rois d'Angleterre utilisèrent ensuite les compagnies d'affaires italiennes).

Michel Sczaniecki et Walter Kienast avaient avancé que les fiefs-rentes avaient joué un rôle surtout politique et diplomatique, mais non point militaire. B. D. Lyon prouve le contraire, et c'est l'un des principaux résultats de ses recherches. Certes la concession d'une rente en échange de l'hommage fut employée à bien des fins – rarement pour rétribuer des fonctionnaires qui recevaient des gages, des rentes non féodales, mais du moins pour constituer des apanages, voire des dots, et pour s'attacher des personnages influents dans les cours étrangères (pratique si courante que nul n'était choqué de voir les conseillers les plus intimes des rois ou des papes recevoir une pension annuelle de princes concurrents de leur maître, dont ils étaient pour cela les vassaux). Toutefois le seigneur attendait bien avant tout des bénéficiaires de fiefs-rentes un service d'armes, garde des forteresses en Allemagne et dans la France de l'Est, participation à l'ost, très généralement : ainsi, les concessions de fiefs-rentes par les rois de France et d'Angleterre se multiplièrent pendant les phases actives du conflit qui les opposait. Mais l'auteur montre bien que le fief-rente n'était pas la solde du service militaire ; il avait pour fonction d'assurer par l'hommage une fidélité vassalique, les services eux-mêmes étant rétribués par d'autres dons, gages ou indemnités, qui s'ajoutaient à la rente féodale. Ce qui prouve que les princes préféraient, au prix d'une dépense supplémentaire non négligeable, employer des soldats qui leur fussent liés par un engagement d'homme à homme – donc que les habitudes de vassalité étaient encore bien vivantes dans la première moitié du XIVe siècle. Telle est bien la signification du fief-rente : « *Feudal custom could not be abruptly pushed aside merely because there was more money*[1]. »

À la fin du XIIe siècle, au moment même où les nouvelles conditions économiques, l'accélération de la circulation monétaire commençaient à mettre en question des relations de fidélité trop étroitement dépendantes de relations purement foncières, les maîtres des principautés les plus évoluées, et les rois d'Angleterre les premiers, se mirent à utiliser l'argent pour récompenser des dévouements personnels, mais sans abandonner les formes féodales : ils distribuèrent des rentes en réclamant l'hommage. Les usages vassaliques furent ainsi revigorés. Lié à la fois à des nécessités militaires plus pressantes, à de plus larges disponibilités en numéraire, à la pratique universelle des engagements d'homme à homme, l'usage du fief-rente ménagea ainsi la transition entre l'ensemble de coutumes et d'habitudes mentales qu'on appelle la féodalité et le monde nouveau où les rapports politiques se fondèrent surtout sur l'argent. Plus tard, l'évolution des institutions militaires entraîna le déclin du fief-rente : recours à l'arrière-ban qui détacha le service d'armes du devoir vassalique, utilisation surtout de ces contrats qu'on appelle en Angleterre *indentures* et qui assuraient au prince le service d'un capitaine en échange d'une pension, mais sans qu'intervînt l'hommage – contrats qui, dès le règne d'Édouard III, constituèrent la base du recrutement. Cependant la raison profonde de l'abandon du fief-rente est moins l'évolution économique ou politique que celle de la mentalité. Du milieu

1. *Cf.* p. 244.

du XIVe siècle au milieu du XVe, le contrat d'*indenture* et le fief-rente furent conjointement utilisés. Si le fief-rente ensuite sortit d'usage, ce fut parce que l'hommage (donc le lien vassalique) ne présentait plus d'intérêt, ce fut parce que la conception féodale du service, jusqu'ici vigoureuse, se perdit. Rendu possible dès la fin du XIe siècle par l'ouverture progressive de l'économie, vite répandu par la suite en raison de ses avantages, de la souplesse qu'il conférait aux relations d'homme à homme (on peut penser que la plupart des bénéficiaires de ces tenures ne virent jamais le seigneur qui recevait leur hommage par procuration), l'usage du fief-rente était en réalité dépendant d'une certaine attitude mentale. Le beau livre de B. D. Lyon, en montrant à la fois les liaisons et les discordances entre l'évolution des conditions matérielles et celle de la psychologie collective, engage à prolonger l'histoire économique par celle des mentalités. Il illustre parfaitement cette évidence : qu'est-ce que la féodalité ? Ce fut d'abord une disposition d'esprit.

II

LE LIGNAGE ARISTOCRATIQUE

5

LIGNAGE, NOBLESSE ET CHEVALERIE AU XIIe SIÈCLE DANS LA RÉGION MÂCONNAISE. UNE RÉVISION [1].

Le sud de la Bourgogne est au XIe siècle très pauvre en sources narratives. On n'y trouve notamment aucun de ces écrits généalogiques qui permettent, dans d'autres provinces, de percevoir l'idée que les contemporains se faisaient de l'antiquité de leur maison, c'est-à-dire de leur noblesse. En revanche, les chartriers des établissements religieux, et spécialement de l'abbaye de Cluny, offrent ici pour les Xe et XIe siècles un matériel documentaire plus abondant et plus dense que partout ailleurs, ce qui permet d'observer, plus clairement que nulle part, les niveaux supérieurs de la hiérarchie sociale. Afin que cette vue soit plus précise encore, j'ai choisi pour cette révision de limiter l'observation à un champ géographique plus restreint que celui qu'embrassait ma première étude. Je la concentre sur le secteur où la documentation est la plus riche et la plus continue. C'est-à-dire un espace de moins de deux cents kilomètres carrés, aux environs immédiats de l'abbaye de Cluny, une zone où les acquisitions de biens par le monastère furent les plus précoces et les plus nombreuses.

Une quarantaine de communes rurales aujourd'hui, en l'an mil quarante-cinq paroisses, une centaine de hameaux et de terroirs paysans, quatre châteaux, l'un, Lourdon, en possession de Cluny, les trois autres, Berzé, Uxelles, La Bus-

1. Bibliographie [88].

sière, aux mains des seigneurs laïcs occupés alors à construire autour de chacune de ces forteresses une domination territoriale autonome, bloquée sur l'une de ses marges par le « ban de Cluny », par la zone de protection que tentaient d'instaurer autour du monastère les institutions de la paix de Dieu – telle est l'aire de cette recherche. Son but : pratiquer une coupe dans la société ; se placer pour cela à la fin du XIe siècle, saisir tous les possesseurs mâles de biens laïcs qui furent actifs entre 1080 et 1100, et dont on sait que leurs descendants portèrent au XIIe siècle le titre chevaleresque ; mais se limiter autant que possible à une même génération, exclure donc les oncles ou les pères encore vivants, les fils déjà adultes à l'époque du sondage ; écarter aussi certains hommes présents dans la région, mais n'y tenant que des possessions marginales, n'y faisant que des apparitions occasionnelles (c'est le cas en particulier de trois autres maîtres de châteaux, ceux de Bâgé et de Montmerle, en Bresse, celui de Bourbon sur la Loire, et de quelques familles de l'aristocratie charolaise). Au total, peuvent être de cette manière dépistés cent cinq individus, qui appartiennent à trente-quatre groupes familiaux, trente-quatre « maisons » – sept d'entre elles se trouvant elles-mêmes divisées en deux ou trois branches cousines ; ce qui fait donc, en tout, quarante et une *fraternitates*, quarante et un groupes de frères... Partant de cet échantillon, je me suis efforcé d'abord de situer ces individus dans une généalogie et, remontant le fil des générations, d'atteindre jusqu'à leurs plus lointains ancêtres. J'ai tenté de reconnaître ensuite, en repérant dans les chartes et les notices qui les mettent en scène, tous les qualificatifs sociaux attribués à ces cent cinq individus et à leurs ascendants, si les lignées furent tenues à l'époque pour lignées de nobles ou pour lignées de chevaliers.

Dans les documents datant de 1080-1100, les groupes familiaux se trouvent nettement individualisés par un *cognomen*, par un surnom que portent en commun les frères et les cousins. En fait, trois de ces *cognomina* sont chacun portés par deux groupes distincts ; possessionnés dans les mêmes lieux, ils sont parents, mais d'une parenté très lointaine ; ils forment alors des lignées séparées. Remarquons encore que des trente et un surnoms en usage, sept sont des sobriquets devenus héréditaires ; deux d'entre eux, ce qui mérite attention, désignent deux des trois possesseurs de châteaux. Les vingt-sept autres sont des noms de terroir, c'est-à-dire de patrimoine foncier. C'est-à-dire d'héritage.

Qui, de cette base sûre, entreprend de partir à la recherche des ancêtres se heurte à de graves difficultés. Les premières tiennent à ce que la densité de la documentation est loin d'être homogène. Très forte aux alentours de l'an mil, elle s'affaiblit peu à peu dans le cours du XIIe siècle, et ceci pour deux raisons principales. D'abord parce que le flot des aumônes offertes aux établissements religieux perd progressivement de sa puissance, en même temps que se restreint peu à peu le recours à l'écriture pour l'enregistrement des donations ; ce qui fait que les chartriers du monastère de Cluny ou de la cathédrale de Mâcon, nos principales sources, sont nettement moins riches vers 1100 qu'ils n'étaient cent ans plus tôt. Ensuite parce que l'expansion même de la propriété ecclésiastique dans la région observée en expulse petit à petit les possesseurs laïcs ; ceux-ci sont rejetés insensiblement sur les biens fonciers qu'ils tiennent encore à l'extérieur de cette zone ; de ce fait, ils sortent lentement du champ d'observation. Si l'on ajoute que la chronologie des actes, et spécialement des chartes et notices clunisiennes, devient beaucoup plus vague dans la seconde moitié du XIe siècle, on retiendra qu'il n'est pas fort aisé de relier la génération qui fait l'objet du sondage initial à celle qui était active cent ans plus tôt, aux alentours de l'an mil.

Pour y parvenir, il faut utiliser trois sortes d'indices : les mentions expresses de filiations contenues dans les documents ; les « surnoms » ; enfin les noms individuels, hérités des ancêtres, du moins pour une large part, eux aussi, mais selon des règles qui peut-être n'étaient pas absolument contraignantes à l'époque, en tout cas qui ne sont pas claires pour nous. Le premier de ces fils conducteurs perd de sa solidité à mesure que la recherche remonte dans le temps. L'indication des liens de parenté dans les actes qui garantissent des transferts de droits est en effet d'autant plus fréquente que ces liens ont plus de vigueur et que l'individu se sent moins libre vis-à-vis des hommes de son sang de disposer de son patrimoine. Or, les structures de parenté – j'y reviendrai longuement dans la suite de cette étude – se sont apparemment modifiées pendant le XIe siècle, dans le sens d'un resserrement progressif de la solidarité lignagère. Il en résulte que les indices de filiation ou d'apparentement sont beaucoup plus nombreux en 1100 qu'en l'an mil, qu'il est donc beaucoup plus difficile, à cette dernière date, de rattacher les membres de l'aristocratie à un groupe familial et de les relier à leurs descendants. La seconde série de repères se désagrège elle aussi très vite : en 1100, adjoindre au nom d'un contractant un surnom familial était une pratique récente parmi les rédacteurs de chartes : sur les trente et un surnoms, quatorze seulement apparaissent dans les actes avant 1070, onze avant 1050, cinq avant 1035 ; aucun n'est mentionné avant l'an mil. Restent les noms individuels. Mais l'utilisation de ce dernier matériel documentaire est elle-même contrariée par des modifications qui interviennent dans le cours du XIe siècle, par une évolution en soit fort importante, qui mériterait une étude approfondie, mais à quoi seule une allusion peut être faite ici : je parle de la réduction progressive du nombre des noms. Les quarante-sept laïcs mâles, actifs en l'an mil, reconnus comme les ancêtres des cent cinq individus qui constituent l'échantillon de base partageaient entre eux trente-cinq noms. Déjà il y avait parmi eux des homonymes : sept Bernard, par exemple, trois Josseran –, mais peu. Pour désigner leurs cent cinq descendants de 1100, trente-neuf noms seulement sont employés. C'est-à-dire que les homonymies sont deux fois plus fréquentes : sept Bernard toujours, mais maintenant dix Josseran, quinze Hugues, douze Geoffroy, cinq Humbert... Ce phénomène se relie étroitement à l'usage de mieux en mieux établi du surnom familial ; il résulte aussi d'un double mouvement, qui affecte les relations de parenté et sur lequel je reviendrai, à la fois de déploiement des troncs familiaux en branches divergentes et de rapprochement des lignées par le jeu d'alliances matrimoniales. Toutefois, si l'on considère que des trente-cinq noms portés en l'an mil, dix-sept se sont perdus définitivement peu après, et que par conséquent des trente-neuf noms de 1100, vingt et un sont nouvellement adoptés par les familles considérées, il apparaît que l'évolution de l'anthroponymie est complexe, associant un phénomène de condensation et un phénomène d'innovation, et qu'elle est, de ce fait, plus riche encore de significations à la fois psychologiques et sociales. On doit remarquer en effet que, des cinq noms les plus portés en 1100 (ils le sont par quarante-neuf individus, c'est-à-dire par près de la moitié de l'ensemble), l'un, Hugues, est celui de l'homme qui depuis 1049 est abbé de Cluny, l'autre, Geoffroy, appartient au lignage des comtes de Mâcon, que les trois autres, Josseran, Bernard et Humbert sont la possession héréditaire de deux familles très puissantes qui tiennent les plus forts châteaux. Ainsi, de tous les noms qu'avaient portés les ancêtres furent retenus de préférence ceux qui rappelaient à la mémoire les racines les plus prestigieuses de l'ascendance ou ceux qui manifestaient un apparentement avec les plus glorieux lignages du pays. Quant à l'apparition de nouveaux noms, elle s'explique d'abord par l'exogamie à quoi étaient obligées ces familles aristocratiques, qui devaient marier leurs enfants de plus en plus loin hors du cousinage. Mais certaines innovations ne se comprennent que par un changement d'attitude mentale. Ainsi l'intrusion de noms empruntés au Nouveau Testament, ceux des quatre Étienne, des deux Pierre de 1100, procède sans doute d'une lente évolution des représentations religieuses, tandis qu'intervient peut-être la fascination exercée par les héros épiques : Girard, Roland et Olivier figurent en effet parmi les noms nouveaux. De toute manière, le renouvellement de l'onomastique masculine vient encore brouiller la plus sûre et la plus continue des pistes qui s'offrent à la recherche généalogique. Comme enfin les personnes les plus présentes dans la documentation que j'utilise sont des célibataires ou des individus sans enfants parce qu'ils ont été les plus généreux envers l'Église, comme les familles dont l'histoire est la moins obscure sont celles qui ont le plus donné, au point de s'appauvrir ou de s'éteindre, en tout cas de disparaître du champ d'observation, et comme en revanche les groupes de parenté les plus vigoureux, les plus solidement ancrés sur leur fortune foncière, moins prodigues d'aumônes, apparaissent plus rarement dans les chartriers, on comprendra que la reconstitution des ascendants à laquelle je me suis livré demeure incomplète et incertaine.

La densité des documents et, parmi ceux-ci, des indices directs et sûrs est cependant suffisante pour que la tentative ne soit pas vaine. L'image se précise d'ailleurs si l'on utilise aussi d'autres signes moins évidents mais qui, lorsqu'on les rencontre associés les uns aux autres, étayent solidement l'hypothèse. On est en droit d'assurer que deux individus sont parents par le sang lorsqu'ils portent le même nom rare et lorsqu'il apparaît, en même temps, que leurs biens héréditaires sont voisins les uns des autres dans les mêmes terroirs. Et la présence dans un patrimoine, de génération en génération, de certains éléments exceptionnels – telle précaire tenue d'un établissement religieux, tel domaine compact, telle église paroissiale – est un indice sûr de filiation entre leurs possesseurs successifs. Certes, dans cette région d'alleux, au terme d'une chaîne séculaire de partages successoraux et d'alliances matrimoniales, la possession foncière se trouve-t-elle pulvérisée. Au point que, dans la plupart des terroirs où progresse la fortune terrienne de l'abbaye de Cluny, on voit, possessionnés côte à côte, une foule d'héritiers, qui sont certainement parents, mais de manière si lointaine qu'il est pratiquement impossible de débrouiller l'écheveau des relations qui les unissent. Je prends un exemple, celui du terroir de Sercie (à huit kilomètres au nord de Cluny). Vers 1090, le cellérier de l'abbaye, Hugues de Bissy – il est cousin germain de trois des chevaliers qui font l'objet de cette enquête – entreprend de l'acquérir tout entier, pièce à pièce, par des *conventiones* ou des *comparationes*, conclues, dit le texte, « avec ses oncles, avec autres parents, et avec d'autres hommes [1] ». Au nom du monastère, il doit alors traiter avec trente-sept groupes de possesseurs, parmi lesquels dix alleutiers paysans ; vingt des cent cinq individus concernés par notre étude sont représentés ici, appartenant à neuf groupes familiaux ; trois d'entre eux tiennent leur terre en fief, deux autres du chef de leur épouse. Mais cinq groupes familiaux, dont celui des seigneurs d'Uxelles, paraissent bien se partager dans ce terroir l'héritage d'un lointain ancêtre. Ainsi se renforce l'impression, déjà communiquée par l'étude des noms individuels, d'un étroit cousinage qui réunit toute la société aristocratique en un bloc homogène. Cette cohérence même, parce qu'elle emmêle inextricablement les liens de parenté, rend plus difficile l'établissement de généalogies. Mais elle renforce les présomptions de filiation. En définitive,

1. *Recueil des chartes de l'abbaye de Cluny*, éd. A. Bernard et A. Bruel, 3034, 3066, 3642.

les résultats de l'enquête sont, je pense, les meilleurs que l'on puisse espérer pour toute l'Europe de ce temps. Les voici.

*

Première question : jusqu'à quelle profondeur du passé la ligne généalogique de ces trente-quatre groupes familiaux peut-elle être remontée ? Autrement dit, quelle était au seuil du XIIe siècle l'ancienneté de ces familles, c'est-à-dire leur « noblesse », puisque la noblesse est avant tout affaire d'ancêtres lointains et bien établis ? L'aristocratie, vers 1100, est-elle, dans cette région, formée d'héritiers de vieille richesse ? Ou bien, au contraire, de parvenus que le service d'un maître ou la faveur d'un bienfait ont fait récemment sortir du commun ?

1. Pour quatre groupes de frères (4, 16, 17, 34) manque toute indication formelle de filiation : on ne connaît pas le père des douze individus qui les représentent à la fin du XIe siècle. Mais à vrai dire, pour deux d'entre eux (4, 34) des indices multiples autorisent à reconstituer en toute sécurité un schéma généalogique déployé sur quatre générations. Restent ainsi seulement huit personnages dont l'ascendance est inconnue.

2. Viennent ensuite quatre autres groupes (9, 13, 24, 26), soit quatorze individus, dont on repère avec certitude le père et les oncles. Toutefois on peut, avec la plus grande probabilité, pousser pour l'un d'entre eux (26) la filiation sur quatre générations, et même pour deux autres (9, 13) sur six.

3. De trente personnages, représentant neuf autres groupes (6, 10, 15, 18, 20, 21, 28, 29, 33), on situe clairement certains grands-parents, et pour quatre de ces groupes (6, 15, 18, 33) le schéma généalogique peut être prolongé sur une quatrième génération.

4. Viennent ensuite quatorze groupes dont la filiation est tout à fait certaine sur quatre générations (1, 2, 3, 5, 8, 11, 14, 19, 23, 25, 27, 30, 31, 32) ; pour cinq d'entre eux (1, 2, 3, 8, 23), une cinquième peut être ajoutée sans hésitation.

5. Cette extension sur cinq générations est sûre pour deux groupes (7, 12).

6. Pour le trente-quatrième (22), elle est certaine sur six générations.

Quatre conclusions peuvent être tirées de ce dénombrement.

1. Vingt-huit des trente-quatre familles qui forment, à la fin du XIe siècle, la couche supérieure de la société laïque, soit plus de 80 pour 100 de l'ensemble, apparaissent déjà solidement implantées sur de riches alleux avant l'an mil ; sans trop avancer, on peut élever la proportion à 95 pour 100, c'est-à-dire, compte tenu de l'état de la documentation, proposer de considérer toute l'aristocratie de 1100 comme bien établie depuis plus d'un siècle au moins ; pour

douze familles, c'est-à-dire pour plus du tiers d'entre elles, l'ancienneté de cette assise foncière peut être encore reculée d'une cinquantaine d'années.

2. J'ai dit que trois des trente-quatre groupes familiaux tenaient chacun un château et les pouvoirs de commandement attachés à la forteresse. Ces trois familles se situent bien parmi celles dont on peut pousser le plus haut dans le passé la filiation ; le plus lointain ancêtre connu des maîtres du château de Berzé et de ceux du château de La Bussière était actif vers 960, et probablement vers 940, celui des maîtres du château d'Uxelles, vers 980. Toutefois la recherche ne permet pas d'attribuer des racines plus profondes à ces lignées qui sont au XIIe siècle plus puissantes que les autres. La famille la plus anciennement connue de toutes n'est point parmi elles ; le premier représentant de la dynastie qui commande au château d'Uxelles apparaît dans les sources moins tôt que celui de huit lignées sûrement, et probablement de onze. Certes, n'oublions pas les défauts du matériel documentaire sur quoi se fonde ce dénombrement ; ce sont en réalité les contacts qu'ils prennent avec les établissements religieux qui font surgir de l'ombre les membres de l'aristocratie laïque : les schémas généalogiques les plus étendus dans le passé concernent en fait, pour les trois quarts, des familles possessionnées dans l'aire où s'est le plus tôt répandue la fortune foncière clunisienne, et la famille des seigneurs d'Uxelles n'est pas de celles-ci. L'important est cependant de remarquer que la lignée des hommes qui, aux environs de l'an mil, ont entrepris de construire autour de la forteresse où ils étaient établis une châtellenie indépendante n'apparaît pas de richesse allodiale plus ancienne que beaucoup de lignées voisines. Autrement dit, on ne peut assurer que ce fut une position familiale mieux établie localement qui permit à ces trois familles, en s'appropriant le pouvoir banal et ses profits, d'entreprendre l'ascension qui, à la fin du XIe siècle, les place nettement au-dessus des autres dans la hiérarchie de la puissance et de la fortune. Il est, en revanche, possible d'avancer que la progressive émergence de ces lignées est la conséquence de l'installation d'un de leurs aïeux, par un jeu de délégation d'autorité qui nous échappe, dans un château préexistant.

3. On doit constater encore que les tiges les plus anciennes de ces familles (une sûrement, neuf probablement) entrent dans la lumière de l'histoire très peu de temps après le moment où le comté de Mâcon devient héréditaire, et sensiblement avant que ne se montre en action le fondateur de la plus puissante principauté laïque de la région, la seigneurie de Beaujeu. La moitié, sinon les deux tiers, de ces groupes familiaux se révèle solidement installée avant que ne soit discernable le grand mouvement de mutation politique et sociale qui, vers l'an mil, fait accéder les maîtres des châteaux à l'autonomie, se former la seigneurie banale, se développer le mouvement pour la paix de Dieu, avant le

GÉNÉALOGIE DES 34 GROUPES FAMILIAUX CONSIDÉRÉS

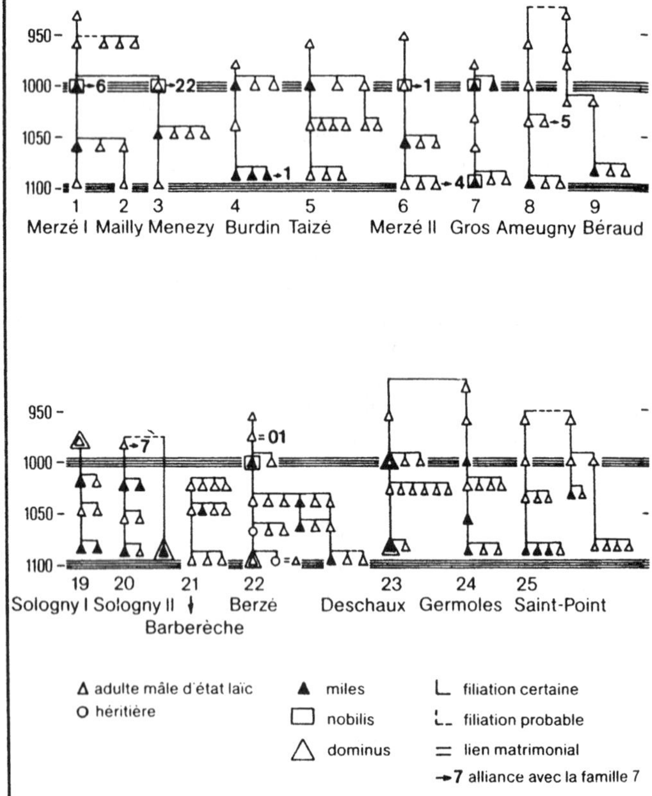

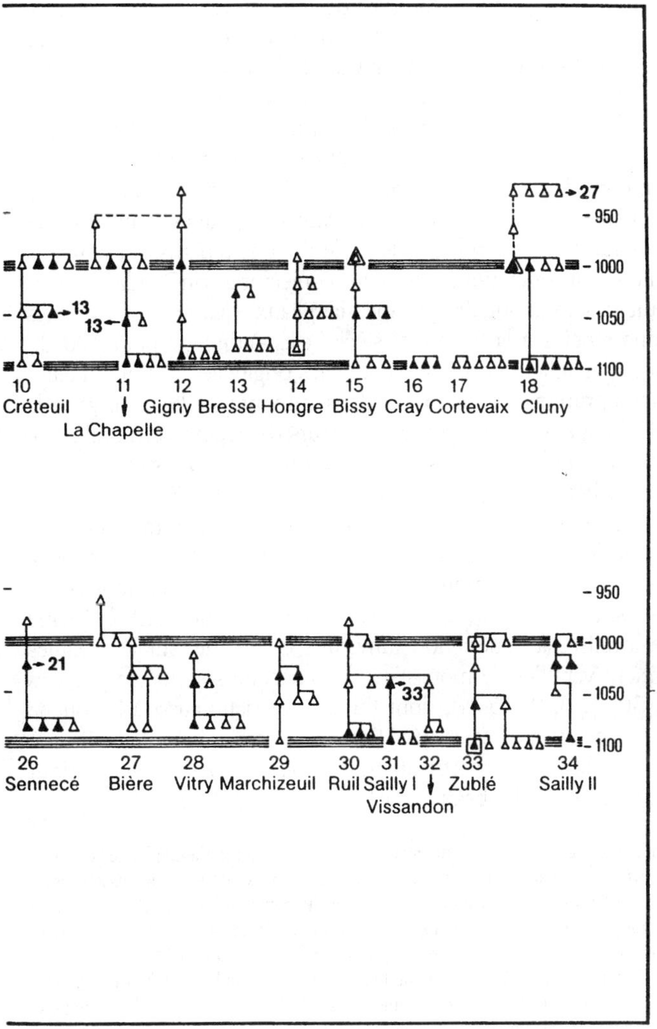

27
- 950
13
13
- 1000
- 1050
- 1100
10
Créteuil
11
La Chapelle
12
Gigny
13
Bresse
14
Hongre
15
Bissy
16
Cray
17
Cortevaix
18
Cluny
- 950
21
33
- 1000
- 1050
- 1100
26
Sennecé
27
Bière
28
Vitry
29
Marchizeuil
30
Ruil
31
Sailly I
Vissandon
32
33
Zublé
34
Sailly II

moment – notons-le – où le mot *miles*, le titre chevaleresque, s'introduit dans le vocabulaire juridique et s'y diffuse. Ce qui permet d'avancer que l'aristocratie des environs de Cluny n'est point du tout née de cette mutation. Tout se passe même comme si, dans son ensemble, elle était déjà vigoureusement enracinée sur sa fortune allodiale lorsque, vers le milieu du xe siècle, la rapide croissance de la primitive dotation foncière de l'abbaye clunisienne commence à jeter une première clarté sur le milieu social avoisinant. On ne la voit pas naître : on la saisit toute formée dès que se dissipent les ténèbres anté-historiques.

4. Enfin, si l'on considère conjointement les mentions expresses de filiations et d'alliances, la manière dont se distribuent entre les groupes familiaux aux différentes générations les noms individuels, celle dont se répartissent entre les terroirs les patrimoines aristocratiques, on peut conjecturer sans audace excessive que vingt-huit des trente-quatre groupes familiaux, quatre-vingt-trois des cent cinq individus repérés à la fin du xie siècle, c'est-à-dire 80 pour 100 du milieu aristocratique, se relient en fait à six souches originelles. À l'une d'elles, dont les possessions primitives s'étendaient dans la montagne beaujolaise et la haute vallée de la Grosne, dont sortent les seigneurs de Beaujeu et nombre de familles aristocratiques implantées hors de la zone que nous avons choisi d'observer, on peut rattacher huit lignées (1, 2, 3, 24, 22, 23, 27, 5). Deux de celles-ci et six autres (4, 19, 14, 20, 21, 26) procèdent d'une autre souche, la famille des Évrard et des Alard, dont le plus ancien représentant connu dans la région mâconnaise vivait dans l'entourage de Charles le Chauve et dont la fortune ancestrale se situe entre Cluny et la vallée de la Saône. Une troisième souche peut être localisée à l'ouest de Cluny, une quatrième, sur les collines boisées qui dominent vers l'est le monastère ; de chacune sortent cinq lignées (31, 34, 32, 33, 30, 7, 8, 9, 15, 4), dont l'une se rattache aussi à la souche Évrard. Des deux dernières racines, situées l'une et l'autre le long de la Grosne en aval de Cluny, semblent bien sortir quatre et trois groupes familiaux, dont deux se relient aussi à la souche beaujolaise[1].

1. Sans doute, d'ailleurs, à ces cousinages déterminés par une commune ascendance, viennent s'en ajouter d'autres provoqués par de plus récentes alliances matrimoniales, et qui tissent entre ces familles un réseau de liaisons plus serré encore. L'usage du nom *Wichardus*, par exemple, en même temps qu'il les rapproche des sires de Beaujeu, établit un lien entre cinq groupes descendant de la souche beaujolaise (1, 2, 3, 23, 5), deux groupes descendant des Évrard (19, 21), trois autres issus d'une même autre souche (8, 9, 15). De même l'usage du nom *Humbertus* relie-t-il apparemment entre eux, en même temps qu'aux sires de Beaujeu, Sailly II, Sennecé, Barberèche, Hongre et Berzé. On a vu enfin que vraisemblablement Gros, Bissy, Taizé, Cortevaix et Besornay avaient hérité à Sercie d'un ancêtre commun. Enfin, à la génération que nous avons prise pour point de départ, celle de la fin du xie siècle, et à la génération immédiatement antérieure, les textes font connaître un certain nombre de mariages qui nouent plus solidement l'écheveau : ainsi Geoffroy de Merzé II

Ce qui est sûr, en tout cas, c'est que l'aristocratie de 1100 est une société d'héritiers. Ses membres, pour la plupart, descendent d'hommes qui, au siècle précédent, avant que ne s'y étendît le patrimoine de Cluny, possédaient par grandes masses la terre de cette région. On en a la preuve : ces gens de la fin du XIe siècle détiennent encore – ou détenaient tout récemment – un bon nombre d'églises paroissiales, les Béraud celle de Chazelle, les Ameugny celle de Taizé, les Créteuil celle de Chassy, les Bière celle de Berzé-la-Ville, les La Chapelle celle de Bragny, qui est l'origine de leur surnom patronymique. Tout se passe comme si, au plus tard vers le milieu du Xe siècle, six très grands ensembles patrimoniaux – dont le destin antérieur échappe à l'histoire – s'étaient morcelés par partages successoraux pour fonder la fortune terrienne des divers rameaux de l'aristocratie locale. Mais ce processus de fragmentation qui, dans son ensemble, échappe à l'observation historique paraît s'être progressivement ralenti. À ces six souches en effet, on peut, dès la fin du Xe siècle, rattacher vingt-quatre branches individualisées : par la suite, dans le cours du XIe siècle, seuls quatre groupes familiaux nouveaux s'en détachent encore, par la triple ramification de deux de ces branches. En même temps qu'émergent de l'obscurité les six familles que l'on ne peut avec certitude rattacher à ces souches. En même temps que quatre groupes familiaux mis en évidence par les documents des environs de l'an mil s'éteignent. À une période de dispersion, de dissociation, de prolifération a donc succédé, au XIe siècle, une phase de rigidité. Pour quelle raison ? Les relations de parenté se sont-elles modifiées ? Telle est la seconde question qu'il convient maintenant de poser.

*

Il y a vingt ans, j'avançais l'idée d'une modification des structures familiales dans l'aristocratie, qui se serait produite au cours du XIe siècle. Comme, depuis lors, les meilleurs connaisseurs de l'aristocratie post-carolingienne, les meilleurs spécialistes de l'investigation généalogique – j'ai nommé les élèves de Gerd Tellenbach – ont été conduits à formuler eux-mêmes, à propos des pays d'Empire, l'hypothèse d'une cristallisation progressive des relations de parenté en

se relie par sa femme aux Ménezy et par son beau-frère aux Burdin ; Dalmas de Gigny et Letaud d'Ameugny ont épousé les sœurs des sires d'Uxelles ; des mariages unissent aux Bresse les Créteuil et les La Chapelle. Une certaine endogamie pratiquée, en dépit des censures de l'Église, rend, semble-t-il, les cent cinq personnages tous cousins, à quelque degré.

dynasties patrilinéaires, en lignages [1], comme d'autre part de tels phénomènes se relient étroitement au problème mis en discussion ici, celui de la notion de noblesse, il m'a semblé utile de reprendre l'examen du matériel documentaire que j'avais autrefois mis en œuvre. Dans ce domaine, à vrai dire, je considère que la révision n'est pas achevée ; l'étude en effet se révèle difficile tant les sources sont défectueuses. Défectueuses d'abord parce que très peu abondantes : en l'absence de toute formulation expresse de règles ou de coutumes, il faut partir des documents de la pratique et s'efforcer de discerner à travers eux ce qu'étaient les usages ; or les allusions sont fort rares et pour la plupart d'interprétation délicate. En outre la documentation a ce défaut plus grave d'être pendant la période qui nous occupe affectée par une évolution dont on peut se demander si elle ne vient pas fausser toute observation. D'une part, le formulaire des actes se transforme : les cadres stricts utilisés au xe siècle pour la rédaction des chartes de donation, de vente ou d'échanges se détériorent très vite dès l'an mil pour se dissoudre ensuite complètement. Au même moment, dans les chartriers des établissements ecclésiastiques, on voit se raréfier puis disparaître les actes écrits établis entre laïcs à propos de biens ou de droits ultérieurement acquis par l'Église, soit que, passé une certaine date, les archivistes aient négligé de conserver ces titres, soit que l'usage de rédiger de tels actes se soit effectivement perdu dans la société laïque. Dans cette dégradation qui affecte le matériel documentaire, le tournant décisif paraît bien se situer vers 1035, c'est-à-dire qu'il se relie étroitement à la disparition des juridictions publiques, à l'abandon de la preuve écrite, à l'adoption d'autres procédés pour garantir la possession foncière. Mais face à cette modification des sources, il convient de se demander si les éléments de statistique qui servent de support aux hypothèses que je vais émettre traduisent bien la réalité, et non pas simplement les transformations externes des documents. Si l'on ajoute que ceux-ci permettent de percevoir un seul aspect des rapports de parenté, celui qui touche aux relations économiques et au patrimoine, on jugera de la fragilité des conjectures [2].

L'allure des schémas généalogiques incite à supposer entre le milieu du xe et la fin du xie siècle un net ralentissement de l'expansion biologique des familles. L'hypothèse de base consiste à mettre ce phénomène en relation avec une

1. Notamment Karl Schmid, « Zur Problematik von Familie, Sippe und Geschlecht, Haus und Dynastie beim mittelalterlichen Adel. Vortragen zum Thema : Adel und Herrschaft im Mittelalter », *Zeitschrift für die Geschichte des Oberrheins*, 105, 1957.

2. Pour la réduire, j'ai ici tiré parti des sources qui concernent non seulement l'aire très étroite choisie pour observer les familles aristocratiques les mieux visibles, mais l'ensemble de la Bourgogne du Sud.

contraction des liens de parenté dans le cadre d'une lignée strictement masculine, avec l'apparition de structures proprement lignagères. Pour vérifier cette hypothèse, je propose de poser successivement trois questions : voit-on, pendant cette période, se resserrer la solidarité des consanguins autour de l'héritage ? Peut-on discerner une progressive affirmation de la primauté masculine ? Apparaît-il que certains privilèges soient alors reconnus aux aînés ?

1. Le premier de ces trois aspects des relations de parenté est le plus visible, celui qui se prête le mieux au traitement statistique. S'observent sans conteste ici des changements, qui vont dans le sens d'une plus grande cohésion du groupe. Mais ces changements sont complexes et se décomposent en quatre mouvements distincts : progrès de l'indivision entre héritiers ; présence accrue de la parenté parmi les témoins des actes ; fréquence croissante du consentement des parents aux aliénations ; enfin multiplication des usurpations familiales sur les aumônes des ancêtres. J'étudierai séparément ces quatre mouvements ; pour simplifier, je découperai la durée en quatre tranches chronologiques, première puis seconde moitié du Xe siècle, première moitié du XIe, enfin période comprise entre 1050 et 1120 ; pour chacune de ces tranches, je donnerai le pourcentage des actes conservés où les diverses manifestations d'une même évolution sont décelables.

a) Rare avant 950, l'indivision devient ensuite un mode de possession dont la fréquence demeure à peu près constante. Ce qui change – et ce qui traduit la coagulation croissante des liens de parenté –, c'est l'accroissement progressif, après le milieu du Xe siècle, de l'indivision entre frères, que les textes nomment *fraternitas*, ou *frereschia* (28, puis 33, puis 50 pour 100) ; plus significative peut-être est la participation de plus en plus nette à la possession indivise de consanguins plus éloignés (2, puis 6, puis 14 pour 100).

b) L'examen de l'eschatocole des actes fait apparaître nettement l'intrusion progressive des membres de la parenté parmi les signataires (de 4 à 10, puis à 16, puis à 20 pour 100). Le phénomène ne peut certes être isolé de la disparition simultanée des assemblées publiques. Il est accentué par le fait que les indications formelles de parenté sont beaucoup plus rarement notées au Xe siècle, dans le protocole final des documents. Mais que les scribes n'aient pas jugé utile alors, aussi souvent que par la suite, de les consigner est en soi un indice remarquable. On notera, en tout cas, que, parmi les parents signataires, la place du père ou de la mère ne cesse de s'amenuiser jusqu'à disparaître presque complètement (28, 7, 5, 4, 3 pour 100). Ce qui prouve que, dès l'an mil, les fils ne possédaient plus, du vivant de leurs parents, un droit autonome sur leur part d'héritage. Relevons en revanche l'extension du rôle des *proximi*, c'est-à-dire des consanguins plus éloignés que les enfants ou les frères (de 3 à 10, 14,

18 pour 100). On doit enfin remarquer que l'évolution paraît ici très continue, sans aucune rupture de rythme.

c) L'intervention de la parenté, comme disent les textes, pour *laudare, concedere*, donner un *consilium* à l'occasion d'une aliénation d'un bien héréditaire, devient, elle aussi, de plus en plus fréquente (4, 7, 7, puis 33 pour 100 des actes). Toutefois ici une rupture se marque entre la première et la seconde moitié du XIe siècle. Ajoutons que, vers 1080, apparaissent les premières mentions d'un prix payé en espèces monétaires pour cette approbation. Et si la proportion des fils reste la même (le tiers environ), celle des « proches » passe de 3 pour 100 entre 950 et 1000 à 14, puis à 16 pour 100.

d) À peu près inconnue avant l'an mil (je n'en ai relevé que trois cas), la *querella*, la *calumpnia*, la revendication des lignages sur un ancien bien familial possédé par un établissement religieux reste rare au cours du XIe siècle. Elle devient cependant plus fréquente (de 1,6 à 3 pour 100). L'important encore est que la part des « proches », relativement à celle des fils ou des frères, dans des contestations *consanguinatis objectione vel cupiditatis illectione*, comme dit un document de 1030[1], s'étend peu à peu : elle passe de 12 à 35 pour 100 de l'ensemble des contestations.

Ces quatre croquis statistiques fournissent donc des indications convergentes, attestant clairement le progressif renforcement des solidarités de sang face à l'héritage. Ce mouvement lent, continu, apparaît en marche dès la seconde moitié du Xe siècle ; si la modification dont j'ai parlé dans l'allure extérieure des actes ne fait pas illusion, elle s'est accélérée dans le second tiers du XIe siècle.

2. Les droits des fils ou des frères se sont-ils étendus aux dépens de ceux de leurs sœurs ? Cette société, autrement dit, du moins quant à la possession héréditaire, est-elle devenue plus nettement masculine ? Qui pose cette seconde interrogation se sent sur un terrain beaucoup moins ferme. Sur les pratiques successorales en effet, les témoignages sont rares et incertains. Il est fait allusion parfois à ces usages dans les actes de donations et dans ceux qui tentent de mettre un terme aux contestations d'héritiers. Mais jamais un héritage n'est entièrement décrit, ni son partage ; jamais donc on ne peut évaluer avec certitude ce que fut la portion d'un héritier et la comparer à celle des autres. Enfin, les indices sont si clairsemés qu'il faut renoncer à saisir une tendance évolutive.

Il est évident que des femmes héritent de leur père. Cependant plus fréquentes et plus explicites sont les allusions à une transmission de mère à fille,

1. *Recueil des chartes..., op. cit.*, 2906.

de sœur à sœur, d'alleux venus de la branche maternelle[1]. D'autre part, si certains textes donnent à penser que les droits des femmes à la succession pouvaient être égaux à ceux de leur frère, ces textes sont rares et d'interprétation discutable. En fait la plupart des mentions laissent entendre que les héritiers mâles recevaient une part plus belle[2]. Cette supériorité pouvait-elle conduire à exclure entièrement les filles de l'héritage ? La fréquence des indivisions de biens entre les frères seuls, des partages où le nombre des lots est égal à celui des seuls garçons, inciterait à ne pas repousser absolument cette hypothèse. On peut d'ailleurs l'appuyer sur des documents formels. Voici un couple qui avait cinq enfants, « quatre fils et une fille... l'un s'est fait moine à Cluny ; ils lui ont donné sa part d'héritage » ; un autre, l'aîné, s'est donné, après la mort du père, à l'abbé Odilon qui avait payé sa rançon, et lorsqu'il meurt à son tour, il lègue au monastère « devant ses fils et ses filles » l'ensemble de ses biens. « Ensuite, le troisième frère... est fait moine à Cluny et donne à Saint-Pierre sa part. Le quatrième, dernier né, resté seul, a tenu en fief viager toutes les portions de l'héritage », lequel, après sa mort, passe intégralement dans le domaine de Cluny. Il n'est jamais fait la moindre allusion au cinquième enfant, une fille. Est exclue de la même manière la sœur, mariée, de tel donateur (l'un des cent cinq personnages de l'échantillon), lequel offre « le quart d'héritage qui m'est venu par droit héréditaire après partage avec mes trois frères[3] ». De tous les modèles que l'on peut construire à partir de ces documents, le moins flou est sans conteste celui d'une société où la dévolution successorale est affaire d'hommes, où les femmes n'ont qu'un droit mineur, où les sœurs non mariées demeurent sous la tutelle de leurs frères et reçoivent tout au plus, pour leur aumône funéraire, une petite part de l'héritage indivis, généralement prise sur les biens patrimoniaux de leur mère, où les filles mariées, enfin, ont quitté la maison, avec leur petite dot, sans pouvoir désormais rien prétendre sur l'alleu familial.

Cette impression générale, l'examen du droit matrimonial la confirme. Ici,

1. Alexandra fait un don in *locum divisionis* à sa fille Landrée ; un peu plus tard, celle-ci, par un acte identique, lègue le bien à sa sœur, *Cartulaire de Saint-Vincent de Mâcon*, n° 467 et 468 (960 et 997-1031) ; Élisabeth donne « une terre qui m'est venue de ma mère et de mes ancêtres », « ma part d'héritage », *ibid.*, 2860 (1031-1048).

2. Un homme possède la moitié d'un manse, l'autre est à *ses* sœurs, *ibid.*, 1899 (991) ; un donateur tient de son père les deux tiers d'un domaine, sa tante à l'autre tiers, *ibid.*, 3574 (le partage a eu lieu vers 1050) ; donation des deux tiers d'une église « qui me viennent par droit héréditaire ; l'autre tiers est à mes sœurs... », *ibid.*, 2860 (1031-1048).

3. *Ibid.*, 2118 (1030 env.), 3304 (1080 env.), le beau-frère intervient parmi les signataires de l'acte.

RESSERREMENT DE LA SOLIDARITÉ DES CONSANGUINS AUTOUR DE L'HÉRITAGE

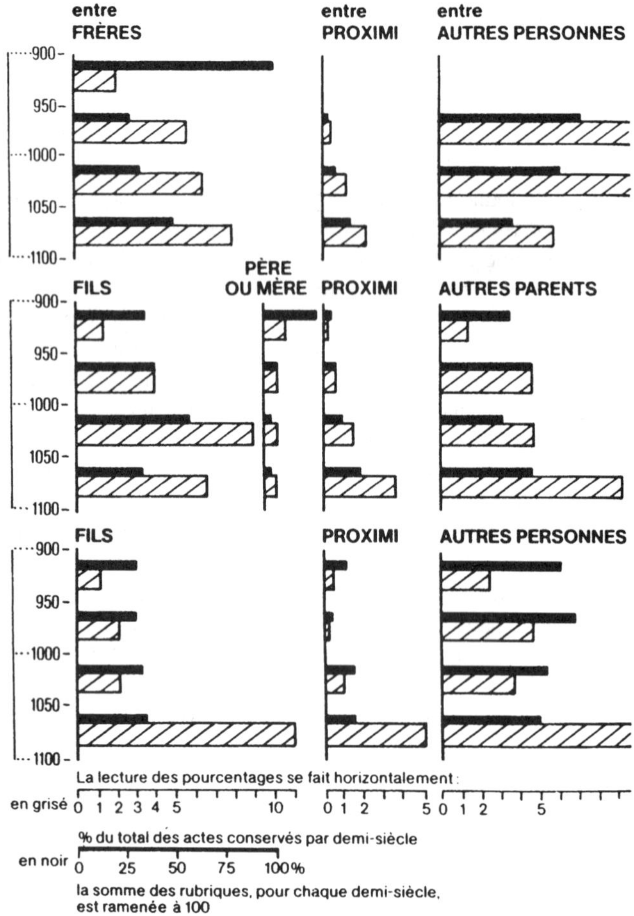

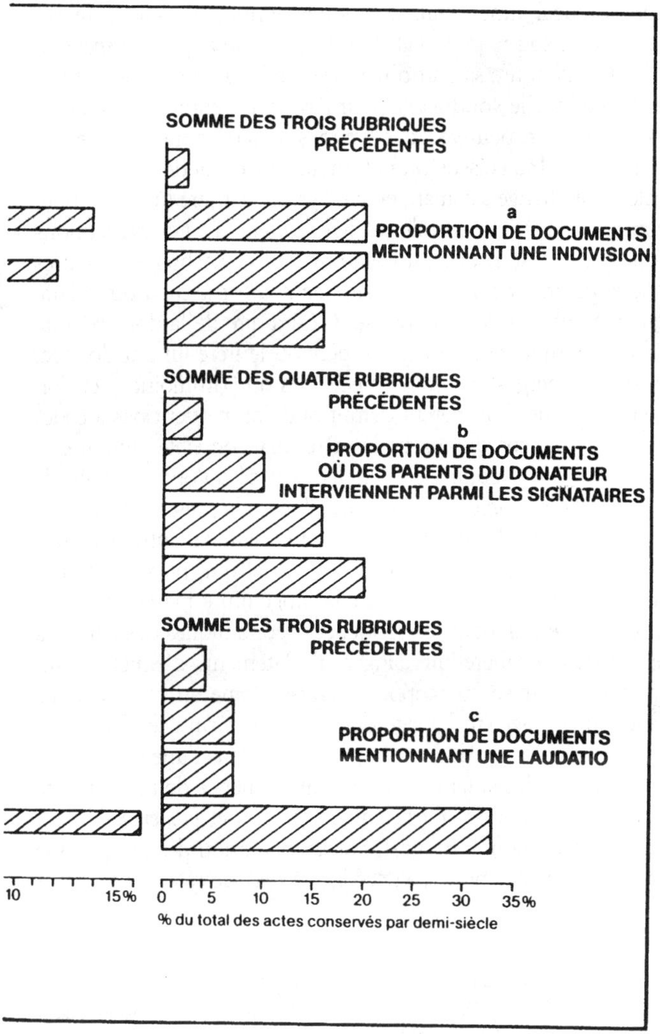
SOMME DES TROIS RUBRIQUES PRÉCÉDENTES
a
PROPORTION DE DOCUMENTS MENTIONNANT UNE INDIVISION
SOMME DES QUATRE RUBRIQUES PRÉCÉDENTES
b
PROPORTION DE DOCUMENTS OÙ DES PARENTS DU DONATEUR INTERVIENNENT PARMI LES SIGNATAIRES
SOMME DES TROIS RUBRIQUES PRÉCÉDENTES
c
PROPORTION DE DOCUMENTS MENTIONNANT UNE LAUDATIO
10
15%
0
5
10
15
20
25
30
35%
% du total des actes conservés par demi-siècle

un changement est perceptible entre le xe et le xie siècle ; il renforce l'emprise du mari sur la fortune du couple. Avant l'an mil, en effet, l'épouse paraît garder, au sein du groupe conjugal, une claire autonomie juridique : elle gère ses propres biens héréditaires ; son mari lui fait don de ce qu'on appelle le *sponsalitium*, c'est-à-dire du tiers de toute sa part d'héritage, de la moitié même parfois, et ceci pour « en faire ce qu'elle voudra », « pour l'avoir, le vendre, le donner ». Donation si complète que l'on peut voir des femmes remariées transmettre aux enfants de ce second lit des biens issus du patrimoine ancestral de leur premier époux[1]. Au xie siècle, tout change : le mari, et son lignage derrière lui, expriment leur volonté de conserver le strict contrôle du *sponsalitium*. Toutes précautions sont prises pour que celui-ci ne risque plus, comme jadis, d'échoir en d'autres mains que celles de la parenté de sang. Et maintenant, c'est le mari qui assure la gestion des biens héréditaires de son épouse. C'est-à-dire de la dot, de cette portion restreinte de la fortune familiale que le père ou le frère lui ont donnée, prélevée d'ailleurs sur les marges les moins précieuses du patrimoine – et l'on utilise à cette fin telle aumône d'un parent défunt que l'on ne tient pas à céder à l'Église, souvent aussi les biens dotaux de la mère, mais on évite, autant que faire se peut, de prendre sur le cœur de l'héritage, sur ce qu'ont transmis les plus lointains ancêtres[2]. Le renforcement incontestable de la puissance maritale paraît bien traduire la réaction de défense d'un groupe familial autrement rassemblé que jadis, agglutiné autour d'un bien patrimonial qui, plus clairement que jadis, apparaît destiné à soutenir le train de la progéniture masculine, qu'il faut donc protéger contre ce qui, dans les incidences économiques des alliances matrimoniales, représentait naguère un danger d'éclatement, d'émiettement. Une telle réaction doit être mise en rapport étroit avec une attitude mentale plus consciente, avec une image du lignage que l'on voit formulée clairement pour la première fois vers 1025 – la date est importante – dans l'une des clauses de cet acte de donation : « Si les enfants, issus par ma semence de mon épouse légitime, meurent sans *fils* légitime », mes héritiers (*heredes* et *proheredes*) n'auront aucun droit à ma succession. « Et ainsi, par la succession des temps, que les fils légitimes issus de ma semence, se succédant à tour de rôle par droite et

1. Mâcon, 210 (xe siècle), *ibid.*, 2265 (994), 254 (925-926), 370, 798, 953.

2. *Cartulaire de Beaujeu*, n° 12 (1087, Mâcon n° 463 (997-1034). Dot donnée à Saint-Vincent de Mâcon « par la main de Bernard, son mari », Mâcon, n° 477 (fin xie siècle). Dot constituée par d'anciennes aumônes : *Recueil des chartes..., op. cit.*, 3301 (1049-1109) ; 2528 (début xie siècle) : la tante avait donné à Dieu des manses : « ma mère, me mariant, ravit ces deux manses, et me les donna en dot... ».

légale *ligne* de génération, ne puissent faire passer quelque chose de ces biens dans la possession ou la seigneurie de nos autres héritiers [1]. »

3. Dans cette lignée de « fils », de mâles, les aînés – dernière question – étaient-ils, en quelque mesure, privilégiés ? De toute évidence, c'est bien au contraire d'un droit égal des frères à l'héritage que l'ensemble des textes utilisables procure l'image. Cependant, dans cette région, tout au long de cette période, on n'a cessé de reconnaître au père la capacité d'opérer lui-même la répartition de ses biens entre ses héritiers. Aux allusions directes à des « chartes de division » succèdent, après 980, des allusions directes à des « divisions », qui, sans doute, ne sont plus confiées à l'écriture, mais dont l'usage assure la continuité entre les dispositions écrites du Xe siècle et le premier des nouveaux testaments écrits que nous ayons conservés, rédigé en Beaujolais vers 1090 [2]. Malheureusement, il ne s'agit là que d'allusions : aucun témoignage ne permet de mesurer si les aînés étaient peu ou prou avantagés par de tels partages, non plus que par ces donations entre vifs de parents à enfants, qui furent fréquentes jusqu'au début du XIe siècle, mais qui disparaissent ensuite, peut-être devant le renforcement de la solidarité familiale. Sans doute voit-on à deux reprises les privilèges de l'aînesse se manifester dans nos sources, et brutalement. Mais à vrai dire, ces manifestations se situent, d'une part, à l'extrême fin de la période, aux approches du XIIe siècle, et, d'autre part, dans un milieu social restreint, celui des possesseurs d'un château, c'est-à-dire d'un office qui, bien qu'objet d'appropriation familiale, conservait son caractère public, et pour cela sans doute, était réputé indivisible. Voici deux seigneurs de châteaux. L'un, partant en 1100 pour la Terre sainte, distribue des legs et institue « héritier du reste de son honneur » l'un de ses quatre fils. L'autre, à peu près à la même date, affirme que son père, encore vivant, lui a fait déjà « don de son honneur » s'interdisant « d'en rien donner ni vendre à personne, ni à ses fils ni à ses filles [3] ». Que déduire de témoignages si limités, si tardifs ? Ce que l'on sait des pratiques successorales ultérieures dans le sud de la Bourgogne autoriserait à voir en eux les premières manifestations d'un mouvement qui prit ensuite de l'ampleur. Je resterai pourtant, à ce propos, sur la réserve. Toutefois, même si l'on admet la persistance des principes qui imposaient de laisser à chaque fils une part égale de l'héritage, il est incontestable que l'allure des schémas généalogiques montre clairement, à partir du début du XIe siècle au plus tard, une tendance des lignées

1. *Recueil des chartes...*, *op. cit.*, 2493. De même, en 1100 (*ibid.*, 3030), « si mes deux fils que je laisse dans le siècle sont morts sans héritier, aucun de mes héritiers ne réclamera rien de cet alleu ».
2. Publié dans le *Cartulaire lyonnais*, n° 10.
3. *Recueil des chartes...*, *op. cit.*, 3737, 3031.

familiales à se cristalliser autour d'une seule tige, d'un axe, où, semble-t-il, les fils se succèdent par ordre de primogéniture. Favorisée par le resserrement de la solidarité entre consanguins, par les privilèges de masculinité, et davantage sans doute par les nouvelles dispositions des coutumes matrimoniales, cette cristallisation apparaît pourtant résulter davantage d'une prudente restriction des mariages. Sans doute tous les fils possédaient-ils les mêmes droits à la succession, mais à la mort de leur père ils ne partageaient pas l'héritage. Seul l'un d'entre eux s'était marié, avait engendré des fils légitimes. Ceux-ci, grâce à la pratique de l'indivision prolongée, recueilleraient plus tard sans difficulté les droits de leurs oncles restés célibataires et la totalité de l'héritage, amputé seulement de ce que ces derniers auraient offert à l'Église en aumône funéraire.

De cette limitation des alliances à un, à deux garçons tout au plus, les signes abondent. Je reprends l'exemple que j'ai cité tout à l'heure de cette famille de quatre fils, dont deux sont faits moines à Cluny, dont l'aîné seul eut des enfants et dont le dernier mourut non marié. J'ajouterai le cas des seigneurs du château d'Uxelles ; en 1070 ils étaient cinq garçons, deux entrèrent à Cluny, deux autres ne laissent aucune trace, un seul fait souche. J'indiquerai encore que, parmi les donations entre vifs, celles de l'oncle célibataire à l'un de ses neveux sont bien les plus nombreuses et celles dont l'usage se maintient le plus longtemps. J'évoquerai les témoignages incontestables d'hommes qui dressent des actes au nom de leurs frères, qui agissent seuls, les autres mâles donnant seulement leur « conseil », leur consentement. Je renverrai enfin au résultat de mes recherches généalogiques. Sans doute ces résultats sont-ils partiels : on ne peut espérer connaître tous les membres adultes d'une parenté, et ceux qui échappent à l'observation se situent précisément dans les branches collatérales. On doit cependant tenir compte de ces faits : trente-quatre lignages ; trois seulement d'entre eux ont pris leur individualité dans le cours du XIe siècle par ramification de deux des troncs primitifs ; il n'y en a pas plus de huit autres où, à telle ou telle génération, plusieurs fils aient eu des enfants ; restent vingt-trois tiges uniques dont les rameaux adventices se sont étiolés sans proliférer. Et si l'on considère les maîtres des châteaux, on voit là, très évidente, depuis les alentours de 980, c'est-à-dire depuis l'origine du processus qui a donné naissance aux châtellenies indépendantes, la supériorité de l'aîné sur ses frères : au château de Berzé, par exemple, Gautier, vers 1030, a cinq frères ; il est chanoine ; et pourtant il commande seul – comme le fait cinquante ans plus tard son petit-fils Hugues, dont on connaît au moins trois cousins issus de germain. Notons enfin – et c'est une dernière preuve des privilèges de fait de l'aînesse – que le principe de la supériorité des descendants sur les collatéraux, joint aux effets de la restriction des mariages, fait que fréquemment une fille, en l'absence de frère, recueille, bien qu'elle ait des oncles et des cousins, l'héritage paternel. C'est alors son mari qui le « tient ». Ainsi le château de Berzé fut-il à deux reprises, vers 1060 et vers 1090, entre les mains de deux gendres, de deux hommes étrangers à la région, de deux parvenus peut-être, alors que les branches collatérales du lignage étaient fort bien pourvues de mâles. Toutes les indications que j'ai mises en œuvre sont ténues, mais elles sont convergentes. Et ce nouvel examen me permet de maintenir l'opinion que j'énonçais jadis dans mon livre sur la société du Mâconnais, celle d'une condensation, d'un resserrement autour d'une lignée de mâles, celle de la progressive affirmation, plus accentuée sans doute parmi les possesseurs de châteaux, mais commune cependant à toute l'aristocratie, d'un état d'esprit dynastique.

*

Reste enfin le dernier des problèmes, mais qui nous ramène à notre interrogation initiale : dans la conscience que cette aristocratie prend d'elle-même, se réfère-t-elle à la notion de noblesse ou bien à celle de chevalerie ? L'intérêt de la mise au point qui précède est, en fait, de mettre l'étude du vocabulaire social et ce qu'il révèle des attitudes psychologiques en relations plus étroites et plus sûres avec la réalité vivante, c'est-à-dire avec les hommes, ou plutôt avec ces trente-quatre groupes familiaux qui se sont mieux individualisés au cours du XIe siècle.

Quant au vocabulaire, voici ce que j'ai déjà dit, autrefois, mais qu'un traitement statistique plus rigoureux des sources me permet de préciser et d'affirmer plus fortement ici.

1. Pour manifester l'appartenance de tel individu à l'aristocratie, on utilisait au milieu du Xe siècle l'adjectif *nobilis* (ou des équivalents, *clarissimus, illustris*, etc.). Mais, d'une part, cet usage était rare ; d'autre part, dans 80 pour 100 des cas, il apparaît lié aux exigences de certaines formules traditionnelles, celles des contrats de précaire et des actes d'échanges, lorsque le terme est employé pour désigner individuellement le bénéficiaire de l'acte, celles des procès-verbaux d'assemblée judiciaire, lorsqu'il s'agit de désigner collectivement les assesseurs du juge.

2. À partir de 970 environ, un double changement se produit.

a) L'usage d'abord se répand peu à peu de distinguer des autres les hommes qui appartiennent à la strate dominante de la société laïque. La diffusion des qualificatifs aristocratiques dans le vocabulaire des notices et des chartes atteste que les scribes sentent de plus en plus la nécessité d'exprimer la supériorité de certains personnages. Ceci parce que l'aristocratie prend plus de consistance et plus de poids, parce qu'un fossé s'approfondit à un certain niveau de la hiérarchie des conditions sociales. Ainsi, parmi tous les actes où l'on rencontre des termes marquant l'appartenance à l'aristocratie, la proportion des anciens formulaires où il était de tradition d'employer ces mots se restreint progressivement : lentement d'abord, puis beaucoup plus vite dès la seconde moitié du XIe siècle. Elle passe de 76 pour 100 entre 970 et 1000, à 56 pour 100 de 1000 à 1030, à 29 pour 100 entre 1030 et 1060, à 10 pour 100 dans la dernière période.

b) En même temps s'introduit parmi ces vocables un terme qui bientôt supplante tous les autres, le mot *miles*. Dans les documents aujourd'hui conservés, il apparaît pour la première fois, employé dans ce but, en 971.

– Il pénètre dans les anciennes formules traditionnelles, où il prend peu à peu l'avantage sur des mots comme *vassus* ou *fidelis* qui exprimaient la subordination vassalique et, plus nettement, sur *nobilis*. On le trouve dans 20 pour 100 des actes de ce type entre 970 et 1000, dans 53 pour 100 entre 1000 et 1030, dans 70 pour 100 entre 1030 et 1060 ; la proportion tombe à 50 pour 100 entre 1060 et 1090, mais à ce moment les formulaires sont presque sortis de l'usage.

– Le triomphe du titre chevaleresque est plus évident dans les autres actes : les deux tiers des emplois entre 970 et 1000, les quatre cinquièmes entre 1000 et 1030, 87 et 85 pour 100 dans les deux tranches chronologiques suivantes. Ajoutons qu'ici il sert de plus en plus de qualification individuelle, attribuée au personnage qui est censé délivrer l'acte ou à celui qui intervient comme témoin (16, 23, 33, 48 pour 100 enfin de tous les actes).

3. Il s'agit bien là d'une substitution véritable comme le prouvent parmi d'autres ces deux exemples, datant l'un de 1002, l'autre de l'an mil. Dans la relation d'un plaid judiciaire que présidait le comte de Mâcon, on parle successivement de *ceterorum nobilium hominum qui ante eos stabant* et de *ceterorum militum qui ibi aderant*. Une formule d'échange met en scène un certain Bernard (le seigneur d'Uxelles) : il est désigné comme « *vir clarissimus* selon la dignité du siècle » ; mais il signe « Bernard, *chevalier* ». Certes *miles* n'élimine-t-il pas tout à fait *nobilis*, mais il prend sur lui, à partir de 1030, une écrasante supériorité : 31 pour 100 des termes employés pour marquer la supériorité sociale entre 970 et 1000, 64 pour 100 entre 1000 et 1030, 81 et 82 pour 100 ensuite.

Mais pour prouver que ceux qui sont appelés nobles et ceux qui sont appelés chevaliers sont les mêmes personnages, il faut quitter le seul examen des vocables, placer derrière ceux-ci les hommes. Reprenons nos cent cinq individus, dont trois, je le rappelle, commandent dans un château, dont quatre-vingt-

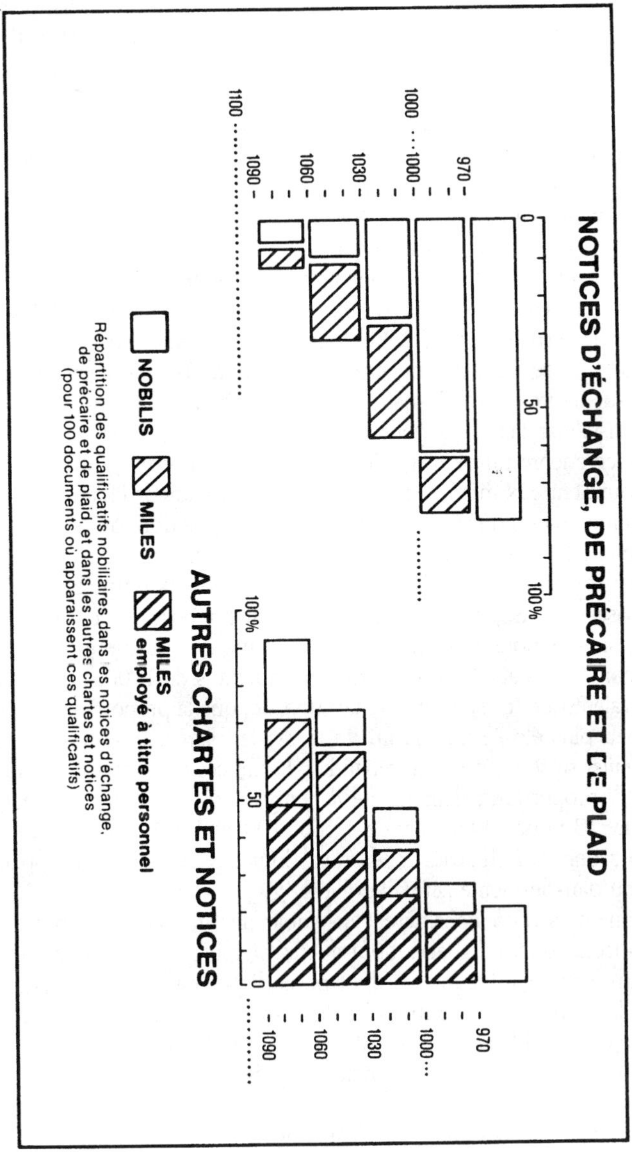

Répartition des qualificatifs nobiliaires dans les notices d'échange, de précaire et de plaid, et dans les autres chartes et notices (pour 100 documents où apparaissent ces qualificatifs)

seize sûrement sont d'ancienne richesse et qui tous sont cousins. L'adjectif *nobilis* (d'ailleurs sous sa forme superlative) est appliqué à quatre d'entre eux seulement ; trois sont désignés ainsi dans le même acte ; or, ils ne comptent pas parmi les plus puissants, ni parmi ceux dont on connaît les plus lointains ancêtres ; d'autre part, deux d'entre eux sont, ailleurs, appelés chevaliers ; le quatrième est le seigneur d'Uxelles, *nobilissimus* certes, mais l'obituaire de Mâcon qui le nomme ajoute : *nobilissimus miles*[1]. Considérons un autre qualificatif qui exprime lui aussi la supériorité, le mot *dominus* : je le trouve utilisé trois fois, mais sans doute dans un souci plus rigoureux d'exprimer la hiérarchie sociale, puisque, des trois personnages qui portent ce titre, deux sont des maîtres de châteaux, celui de La Bussière et celui de Berzé[2]. Prenons enfin *miles* : on le trouve attribué à trente-quatre individus. L'usage est nettement plus large, encore qu'il ne concerne que 32 pour 100 des personnes et vingt lignages sur trente-quatre. Dans quatre de ces groupes familiaux, tous les frères restés dans l'état laïc le portent ; dans douze autres, il est appliqué à l'aîné seul ; est-ce encore un privilège de l'aînesse ? Parmi ceux qui sont nommés ou qui se nomment eux-mêmes chevaliers, deux seigneurs de châteaux et le cousin du troisième, mais, en même temps qu'eux, des gens dont on ne connaît même pas le père, tels les trois frères de Cray. Restent soixante et onze individus sans titre, dont trente-neuf sont, il est vrai, frères ou neveux d'un chevalier.

Ces bases établies, remontant, autant qu'il est possible, dans le passé des lignages, situons-nous aux environs de l'an mil. Sur quarante-sept laïcs mâles repérés comme les ancêtres des cent cinq individus de 1100, quinze portent le titre chevaleresque (c'est-à-dire, remarquons-le, que la proportion, 34 pour 100, est un peu plus élevée qu'à la fin du XIe siècle, bien que, entre-temps, l'usage du mot *miles* se soit, on l'a vu, répandu). Parmi ces quarante-sept personnages, davantage, proportionnellement, de *domini* (quatre) et surtout de *nobiles* (six, c'est-à-dire 13 pour 100 au lieu de 4 pour 100 en 1100). De ces six « nobles », deux possèdent un château, mais trois, dont ces deux-là, sont appelés aussi, ailleurs ou dans le même acte, chevaliers.

Finalement, si l'on considère l'ensemble des généalogies, on ne voit que trois des trente-quatre lignages dont aucun membre n'ait porté, à telle ou telle génération, dans les documents dont nous disposons, le titre de chevalier. De ces trois-là, l'un surgit à ce moment de l'ombre (c'est le seul à propos duquel on puisse émettre l'hypothèse, fragile, d'une irruption de parvenus dans l'aristocratie) ; les deux autres sont d'ancienne puissance ; du représentant de l'un

1. *Ibid.*, 3104 (vers 1090). Ob. de Mâcon, II, p. 28.
2. *Recueil des chartes...*, *op. cit.*, 3671, 3565.

d'eux en l'an mil, il est dit qu'il était *prepotens amicus* du comte de Mâcon ; l'un des mâles du dernier est appelé « noble » en 1080. Restent tous les autres, c'est-à-dire 92 pour 100 de l'ensemble. Pour sept d'entre eux, la qualification chevaleresque n'est attestée qu'à la génération de 1080-1100 ; elle l'est pour sept autres dès la génération précédente ; pour 18 (53 pour 100), dont deux des seigneurs de châteaux, on la repère aux environs de l'an mil.

Le titre *nobilis* – ou ses équivalents – ne paraît pas en revanche réservé aux membres d'une petite élite. Les possesseurs de châteaux, pas plus qu'ils n'accaparent les plus lointaines généalogies, ne sont désignés comme étant plus nobles que les autres ; c'est un autre terme, *dominus*, qui marque leur situation particulière[1]. Partout, donc, les mots « noble » et « chevalier » paraissent interchangeables ; partout, il y a continuité dans la titulature. Dans toutes les familles, comme dans celle des seigneurs d'Uxelles, il semble bien que l'on puisse appeler indifféremment, et en l'an mil comme en 1100, tel représentant mâle *vir clarissimus* ou *nobilissimus miles*. Concluons donc, sans hésiter, à l'homogénéité de la société aristocratique. Tout rassemble ses membres en un seul groupe cohérent – et ceci depuis la seconde moitié du xe siècle, c'est-à-dire avant les grandes mutations qu'illustrent la naissance de la seigneurie banale et la diffusion des institutions de paix : des ancêtres communs, un cousinage que resserre encore la persistance de pratiques endogamiques, une supériorité économique que tend à sauvegarder le raffermissement des structures lignagères, une vocation commune enfin à la puissance et au service d'armes, qui accentue le caractère masculin de cette couche sociale. C'est cette vocation commune qui explique sans doute que l'on ait pu aisément passer, dans un milieu où le fief tenait fort peu de place au regard des alleux, de la notion de « noblesse », sous-tendue par l'image d'une ancienneté de race en même temps que par l'idée d'autorité native et de puissance, à la notion de « chevalerie », étroitement liée, elle, à la notion de service militaire public.

*

Cette révision me permet donc d'affirmer avec plus d'assurance ce que j'avançais jadis. Dans une zone remarquablement éclairée par une documentation exceptionnellement riche, il existe au xie siècle une aristocratie foncière bien établie, assise sur des patrimoines que, de génération en génération, tiennent des lignées, issues pour la plupart d'ancêtres plus riches, mais que la défaillance

1. À Berzé, le seigneur de l'an mil est appelé *miles* et *dominus*, celui de 1100, *dominus* ; inversement, celui de La Bussière, *dominus* en l'an mil, *miles* et *dominus* en 1100.

des sources empêche d'apercevoir plus haut que le milieu du xe siècle. Avant l'an mil, les usages successoraux, la relative indépendance économique des individus menaçaient la cohésion de ces fortunes. Mais, pour que ne fût pas compromise la supériorité du groupe social, les relations de parenté, au sein de coutumes très ductiles, se modifièrent lentement dans le sens d'une accentuation des traits lignagers. Cette contraction fut plus précoce dans les familles qui détenaient les « honneurs », c'est-à-dire, avec un château, la mission de commander et de punir : au niveau des « maîtres », investis d'une puissance d'origine publique, se sont formées les « maisons » les plus tôt cohérentes. C'est ici que se montre l'influence des structures politiques sur les structures familiales. Toutefois, ces hommes qui, se dégageant vers l'an mil de toute subordination effective à l'égard du comte, construisent autour de la forteresse une petite principauté indépendante sortent de lignées semblables aux autres, ni plus riches, ni plus anciennes. C'est seulement parce que l'évolution des rapports politiques leur permet de s'enrichir, par le profit des « exactions » levées sur les paysans, et de devenir les chefs de la *militia* locale que, dans le cours du xie siècle, une certaine différenciation commence à se dessiner au sein d'un corps social homogène. Elle isole peu à peu au sommet de l'aristocratie une mince couche dominante, celle des « sires ». Plus riches, plus puissants, certes, mais non pas perçus comme plus « nobles » que leurs cousins, les autres : puisque, dès l'an mil, ils se parent du même titre que ces derniers, le titre chevaleresque. Ce titre, apparemment, ne qualifie pas des parvenus, des hommes élevés brusquement par la fidélité, le service d'armes et l'octroi d'un fief. Il vient désigner de manière plus ferme et plus explicite un groupe social préexistant. La modification que traduit le rapide succès de ce terme affecte non pas la structure matérielle de la société, mais l'image que les hommes se forment de celle-ci. Reste à expliquer que l'on ait préféré un substantif qui met l'accent sur la fonction militaire et le service à des adjectifs exprimant l'éclat, d'intensité variable, d'une naissance. La date de ce changement de vocabulaire incite à le mettre en relation avec des mutations d'ordre politique, la construction de la seigneurie banale et la diffusion de l'idéologie de la paix de Dieu.

6

SITUATION DE LA NOBLESSE EN FRANCE AU DÉBUT DU XIIIe SIÈCLE [1]

Les années qui avoisinent l'an 1200 paraissent bien être le moment, dans l'évolution de la société française, où s'achève un long mouvement qui a progressivement fait de l'aristocratie une véritable noblesse. À vrai dire, les travaux manquent encore, qui permettraient de donner une description précise et sûre de cette catégorie sociale. Je me limiterai à présenter ici quelques réflexions, qui ne prétendent pas à autre chose qu'à ouvrir des perspectives de recherches, à jalonner un chantier qui reste largement ouvert ; je m'efforcerai simplement, en me plaçant au début du XIIIe siècle, de poser un problème d'histoire sociale qui reste à résoudre dans son ensemble, en le reliant à l'histoire économique, mais aussi à l'histoire des mentalités et en me référant par conséquent à des documents d'intérêt capital, lorsqu'il s'agit de saisir dans le passé les attitudes psychologiques collectives, c'est-à-dire aux sources littéraires.

1. Depuis le début du XIe siècle, dans les pays français, l'aristocratie formait un corps strictement délimité, et notamment par le privilège dont elle jouissait d'échapper aux taxes seigneuriales pesant sur les paysans, sur les travailleurs, sur les *laboratores*. Toutefois, au sein de ce corps, de cet ordre, de cet *ordo*, pour reprendre la terminologie proposée par les intellectuels dans les années 1020-1030, il existait des distinctions. On le voit en réalité, divisé en deux niveaux : – d'une part, une petite élite, les hommes qui dans les chartes sont distingués par un titre : *dominus*, l'équivalent du français « sire ». Ce sont les

1. Bibliographie [70].

possesseurs des châteaux, ceux qui détiennent le pouvoir de commander, de punir, d'exploiter les paysans, ce qu'on appelle le ban ; – d'autre part, les simples chevaliers, les *milites*, situés dans une position sociale et économique très inférieure à celle des châtelains, soumis envers ceux-ci aux devoirs féodaux, obligés à les servir, combattant pour eux et constituant leur cour, vraiment subordonnés.

2. Or, ce qui paraît se produire au seuil du XIIIe siècle – plus exactement entre 1180, environ, et 1220-1230 –, c'est la destruction des différences entre ces deux niveaux de l'aristocratie, une fusion rapide, un rapprochement, une réduction des distances qui jadis avaient séparé les châtelains des simples chevaliers.

Différents signes manifestent ce mouvement.

D'abord l'importance que revêt pour les plus hauts seigneurs leur entrée dans la chevalerie, l'adoubement, la remise des armes. Je me réfère à un texte extrêmement riche, par ce qu'il révèle des comportements et des attitudes mentales dans l'aristocratie de l'époque, l'*Histoire des comtes de Guines* (des seigneurs du nord du royaume, aux lisières de la Flandre et du comté de Boulogne) écrite en latin vers 1195. L'auteur, lorsqu'il présente le héros de cette histoire, l'héritier des comtes, place au point central de cette biographie l'adoubement, le moment où le jeune homme, qui était un *dominus*, châtelain lui-même déjà, et appelé bientôt à succéder dans le comté à son père, devient en outre un *miles*, c'est-à-dire revêt un éclat, une distinction, qu'il considère pour lui comme majeure. Il ne lui suffit pas d'être un « sire », il lui faut en outre, et c'est pour lui capital, être un chevalier.

Autres signes qui manifestent inversement l'appropriation par les simples chevaliers, par eux tous, par eux seuls, de distinctions jadis réservées aux seuls possesseurs de châteaux. Dans les chartes françaises, la coutume s'installe aux environs de 1200 d'appliquer à tous les chevaliers, comme signe distinctif de leur état, le titre *dominus*, qui traduit le français « messire ». Au même moment, les plus humbles chevaliers se mettent à transformer leur demeure. C'était une simple ferme, plus vaste et plus riche que les autres. Ils en font une espèce de château, creusent des fossés, élèvent des tourelles, en font ce qu'on appelle alors une « maison forte ». Pourquoi ? Non point pour des raisons de protection : l'époque, en effet, est incontestablement plus calme, plus sûre. Il n'est pas question de danger. Pour eux, c'est une affaire de prestige, le moyen d'apparaître comme des châtelains. Au même moment, à l'instar des membres de la haute aristocratie, les simples chevaliers commencent à prendre des armoiries familiales, à adopter dans les coutumes successorales des pratiques jusqu'alors en usage seulement dans le milieu des possesseurs de châteaux, tels les privilèges qui favorisent, lors du partage successoral, l'aîné des fils aux dépens de ses frères. Enfin, au même moment, la ségrégation matrimoniale qui existait entre les deux niveaux de l'aristocratie (les châtelains se mariaient entre eux) se relâche, et l'on voit plus fréquemment des chevaliers trouver pour épouse à leur fils une femme appartenant à la catégorie sociale qui se trouvait jadis en état de supériorité manifeste. Rapprochement, fusion. Quelles peuvent en être les causes ?

3. Il faut faire état très certainement, en ce tournant des XIIe et XIIIe siècles, d'un phénomène politique, le renforcement des grandes principautés régionales. Le roi, dans une grande partie de l'espace français, les ducs et les comtes ailleurs, en Flandre, en Provence, en Savoie, en Bourgogne, en Guyenne, commencent alors à disposer de moyens qui leur permettent de réduire l'autonomie des petites puissances locales qui s'étaient construites autour de chaque château au début du XIe siècle, lors de la décomposition féodale. Ces pouvoirs régionaux écrasent les « sires », ils les rabaissent. Les agents des princes revendiquent pour leur maître la puissance supérieure, la levée des troupes pour la guerre, la haute justice, c'est-à-dire ce qui faisait jadis le prestige et la richesse des châtelains. Quant aux droits seigneuriaux inférieurs, l'exploitation menue des paysans, la police des villages, ils tendent à se fractionner, à passer par fragment (avec le consentement des princes, dont l'intérêt est de voir se disloquer les châtellenies qui les gênent) entre les mains des simples chevaliers. Ceux-ci, autour de leur demeure, autour de leur maison forte, s'approprient à cette époque des pouvoirs judiciaires et fiscaux très semblables, quoique plus limités, à ceux dont les seigneurs de forteresse avaient eu jusqu'ici le monopole.

D'autre part, le roi, les princes seigneuriaux, s'efforcent d'acquérir l'hommage et les services féodaux directs des chevaliers, de se les attacher immédiatement et de les détourner de leur ancienne dépendance envers le châtelain local. Ainsi se détruisent les institutions qui avaient marqué les distances entre les deux échelons de l'aristocratie ; ainsi se dissout la supériorité politique des châtelains ; ainsi s'explique la diffusion, la vulgarisation du titre *dominus* de la maison forte, des armoiries...

Quant à l'autre aspect de la transformation, c'est-à-dire la valeur que prennent aux yeux des châtelains la dignité, l'honneur de la chevalerie, il faut pour l'expliquer évoquer un mouvement beaucoup plus ample, beaucoup plus étalé dans le temps, qui touche, lui, aux représentations mentales, et qui parvient précisément à son achèvement à l'époque dont j'ai parlé. Dès le début du XIe siècle en France, l'Église avait forgé un modèle de comportement moral, présenté à l'aristocratie tout entière comme la mission la plus propre à justifier ses privilèges sociaux, sa vocation militaire. Je dis bien à justifier, c'est-à-dire à les introduire dans le plan divin du salut du monde. Ce modèle, c'était celui du *miles*

Christi, du chevalier du Christ, « Chevalier », comme les membres les plus humbles du groupe aristocratique mais au service non point d'un maître, au service du Seigneur et combattant pour lui. Idéal qui aboutit à l'institution des ordres religieux militaires, à cette *nova militia* que célébra saint Bernard. Les plus hauts seigneurs avaient donc mis leur point d'honneur à être *aussi* des chevaliers, à se ranger dans cet *ordo*, dans cet « ordre » qui peu à peu se sacralisa : puisque la liturgie envahit aux XIe et XIIe siècles les rites de l'adoubement, en fait un sacrement véritable.

Ce fut donc autour de l'idéal chevaleresque, de la morale qu'il contenait, des vertus de vaillance et de loyauté que s'est cristallisée la conscience de classe qui fit peu à peu l'homogénéité de l'aristocratie française. Et dans la diffusion de ce modèle de comportement, le rôle majeur fut sans doute tenu par un groupe social à qui j'ai consacré un article paru dans la revue *Annales* en 1964 (*cf.* chap. 7), je parle de ces hommes que les documents latins du XIIe siècle appellent les *juvenes*, des jeunes. Ce sont des adultes, des chevaliers, qui ne sont pas encore mariés. Parmi eux, et les dirigeant, sont les fils des « sires », des *domini*. Ils le seront plus tard eux-mêmes, lorsque leur père leur cédera la place. Mais, pour le moment, ils ne sont que chevaliers et s'efforcent de l'être le plus pleinement. Ce fut pour ces jeunes gens, qui peuplaient les cours des princes, que furent vraisemblablement composées les œuvres maîtresses de la jeune littérature de divertissement en langue vulgaire, la littérature épique et la littérature amoureuse, et les héros de ces œuvres exaltent tous la chevalerie. Ainsi l'aristocratie de France, que les progrès de la puissance princière achèvent vers 1200 de niveler politiquement en rabaissant les châtelains, le fut aussi, au plan des attitudes mentales, par la valorisation de la figure exemplaire du chevalier et trouva finalement son unité foncière autour de l'idéal chevaleresque.

D'une telle cohésion portent clairement témoignage un certain nombre d'écrits composés au tournant du XIIe et du XIIIe siècle pour un public aristocratique. D'abord, des œuvres d'une littérature moralisante, et l'on peut même dire sociologique, dans la mesure où les morales qu'elle propose conviennent à chacun des « états du monde », des divers corps qui composent la société. L'une des plus anciennes est le *Livre des manières*, écrit vers 1175 par Étienne de Fougères, ancien chapelain d'Henri, qui était roi d'Angleterre, mais d'abord prince français, comte d'Anjou, duc de Normandie et d'Aquitaine. Étienne identifie l'aristocratie tout entière à la chevalerie, qui forme incontestablement à ses yeux un groupe uni. Unité d'ordre économique : le chevalier a été placé par Dieu au-dessus des travailleurs pour être entretenu par ceux-ci. Unité de mission : le chevalier tient l'épée pour la défense des faibles et pour la justice. Unité morale surtout : le chevalier doit respecter trois devoirs principaux, qui sont ceux du *miles Christi*, vaillance, loyauté, soumission à l'Église. S'il les respecte il est le « prud'homme » ; en cela il est l'égal de tous les « prud'hommes », ses pairs, ses égaux. C'est donc bien, avant tout, l'exercice de ces vertus qui rassemble l'aristocratie dans un corps homogène. Enfin, pour Étienne de Fougères qui sortait lui-même de ce groupe bien qu'il appartînt à l'Église, la supériorité de chevalier est native, héréditaire ; elle est héritée des ancêtres. La chevalerie rassemble des hommes bien nés, des « gentilshommes », comme le dira un peu plus tard la langue française. Elle est donc, véritablement, par ce dernier trait une noblesse.

Ce thème fut indéfiniment repris et développé dans les œuvres du même genre. Ainsi, par exemple, le traité écrit par Robert de Blois au milieu du XIIIe siècle, l'*Enseignement des princes*, exprime à l'usage des nobles un certain nombre de préceptes de bonne conduite. Ils doivent être courtois, pratiquer les vertus chrétiennes, et c'est cette morale même qui à la fois les distingue des autres et les rend solidaires. Morale de classe : ils doivent honorer tous les autres « prud'hommes », même s'ils sont pauvres. En revanche, qu'ils se défient de tous ceux qui n'appartiennent pas à la chevalerie et qui sont collectivement désignés, de manière péjorative, comme des « serfs ». Morale de classe, exclusive, ségrégative.

Et l'on retrouve les mêmes schémas, dans une autre série d'œuvres littéraires, dans les romans composés au début du XIIIe siècle. Romans d'intention réaliste, dont les plus intéressants ont été écrits par Jean Renart, et qui présentent bien la noblesse comme un style de vie, comme le fruit d'une éducation particulière. Toutefois, dans ces dernières œuvres, se dessine un autre trait, fondamental, et sur lequel je voudrais maintenant attirer votre attention : groupe uni, homogène, rassemblé par sa supériorité native, héréditaire, et son commun respect de l'idéal chevaleresque, la noblesse en France au début du XIIIe siècle se sent aussi une classe menacée, et devant cette menace elle renforce sa cohésion, elle se ferme.

À cette époque, dans la littérature, se diffuse largement un thème très expressif de ce sentiment, celui de *vilain* parvenu. Le mot *villanus* désigne originellement le paysan, donc celui qui appartient au groupe antithétique de la chevalerie au sein de la société laïque. Mais il revêt, dans l'ordre moral, une couleur péjorative, celle qu'il a gardée dans la langue française actuelle. Le personnage qui apparaît dans les romans ou les contes des environs de 1200 est un homme de mauvaise naissance, de mauvaise éducation, mais qui s'est enrichi, qui s'est élevé jusqu'au niveau économique des chevaliers, qui a pris leur place, qui est devenu seigneur, qui s'est substitué, dans leur situation, dans leur propre maison, sur leurs propres terres, à des nobles, et qui singe maladroitement, vilainement, leurs manières de vivre. Personnage grotesque, scandaleux, mais personnage réel. Scandale aussi du mauvais prince qui tolère cette intrusion, qui favorise une telle ascension sociale des non-nobles, en les acceptant dans ses conseils ou dans son armée et que dénonce la littérature moralisante, et par exemple l'*Enseignement des princes* que je citais tout à l'heure, exhortant les hauts seigneurs à se défier des « serfs », de tous ces gens qui, parce qu'ils ne sont pas de bon sang, ne peuvent être vaillants ni loyaux. Réaction de défense contre des parvenus qui montent à l'assaut de ses positions sociales. Réaction d'inquiétude de la noblesse devant les difficultés économiques dont elle commence à percevoir la menace. De fait, dans les documents de la fin du XIIe et du début du XIIIe siècle on peut trouver nombre d'indices de ces difficultés économiques et d'abord l'endettement des familles aristocratiques. Il était chronique, aux XIe et XIIe siècles. Ce qui change vers 1200, c'est que les chevaliers ne parviennent plus à trouver parmi leurs parents, leurs amis, leurs seigneurs, parmi les autres chevaliers, des prêteurs. Il leur faut s'adresser aux hommes d'affaires des villes, à des « vilains ». Et ils peinent à rembourser ces dettes. Après 1200 environ, signe de difficultés plus profondes, ils doivent vendre. Vendre d'abord leur hommage, aux princes reprenant en fief les domaines que leurs ancêtres avaient possédés en toute indépendance. Vendre aussi des terres, des fragments de leur seigneurie, et à qui ? À des non-nobles qui possèdent l'argent et qui par ces achats deviennent les vilains parvenus, dont se moque la littérature.

Autre signe : la difficulté que rencontrent les familles aristocratiques à adouber leurs fils lorsqu'ils parviennent à l'âge adulte, à les armer chevaliers. Car c'est une cérémonie coûteuse, où il faut dépenser beaucoup d'argent. L'argent manque. On attend une occasion. Le fils est en âge d'être chevalier, il ne le devient pas, il attend un heureux hasard, une rentrée de capitaux, ou plutôt la générosité d'un seigneur qui supportera les frais de la fête. Le nombre de ces fils de chevaliers sans armes peu à peu s'accroît. Dans la région mâconnaise, au sud de la Bourgogne, il n'en existait pas avant 1200 ; en 1250, ils forment plus de la moitié de l'aristocratie. Les princes s'en inquiètent, car le service militaire qu'ils attendent de la noblesse risque d'en être amoindri. En 1233, le comte de Provence promulgue un statut où sont distinguées dans la noblesse trois catégories, les *domini*, les *milites* et les *filii militum*. À ceux-ci, il enjoint de se faire chevaliers, sous peine de perdre les privilèges fiscaux dont ils jouissent.

Et c'est à ce moment même que, par réaction de défense, pour se protéger contre une déchéance sociale qui engendrerait son appauvrissement, l'aristocratie en France invente un titre particulier pour désigner ces hommes qui, par leur naissance, pourraient être chevaliers, mais qui, faute de ressources, ne le sont pas encore. Ce titre, *armiger*, « écuyer », dans le nord de la France, *domicellus*, « damoiseau », dans le sud, est vraiment un titre nobiliaire, puisqu'il exprime une supériorité sociale qui ne tient pas à un état, à une fonction, comme le titre de chevalier, mais à la seule naissance. Son adoption, sa diffusion au seuil du XIIIe siècle marquent plus nettement que tout que l'aristocratie se conçoit dès lors comme une noblesse, comme une caste ouverte à tous ceux qui sont bien nés, même s'ils sont pauvres, comme une caste fermée à tous ceux qui ne sont pas de bonne naissance.

Difficultés économiques ? Quelles en sont les causes ? Marc Bloch proposait de les chercher dans une modification de la gestion des domaines aristocratiques, dans l'abandon de l'exploitation directe de la terre, dans la transformation des seigneurs en rentiers du sol à un moment où la dépréciation de la monnaie réduisait progressivement la valeur de la rente foncière. Je ne pense pas que cette explication soit valable. Mes études sur l'économie rurale me persuadent en effet que l'exploitation directe n'a pas été abandonnée, que les entreprises de défrichement, la création des vignobles, l'essor général de la productivité agraire ont au contraire accru au début du XIIIe siècle la rente foncière. Que les profits, en constante hausse, des dîmes, des moulins, des taxes sur les mutations, que le passage aux mains des chevaliers des droits seigneuriaux jadis perçus par les seuls châtelains, et notamment de la taille, ont permis à tous les nobles de prélever sur la paysannerie des revenus en argent beaucoup plus importants que ceux dont disposaient leurs ancêtres.

En dernière analyse, il faut voir l'origine des difficultés économiques de l'aristocratie non dans une diminution des ressources, mais dans une augmentation des dépenses. Mener la vie noble coûte incontestablement beaucoup plus cher au XIIIe siècle qu'au XIIe. Parce que l'équipement militaire s'est perfectionné (les progrès les plus rapides de la civilisation matérielle touchent à l'armement), ce qui rend en particulier de plus en plus lourds les frais de l'adoubement. Mais aussi parce que le poids de l'État est plus lourd. Nous retrouvons ici l'incidence de ce phénomène dont j'ai déjà parlé, le raffermissement des pouvoirs du prince. Le roi, le duc, le comte sont plus exigeants que ne l'était naguère le châtelain ; les servir coûte beaucoup plus cher ; d'autant que, dans le cadre des institutions féodales, aux obligations personnelles, au service de cour et de combat, se sont adjointes des charges fiscales : il faut payer au seigneur du fief des taxes de succession ; il faut en certains cas lui porter une aide en monnaie.

Enfin et surtout, être noble, c'est gaspiller, c'est une obligation de paraître, c'est être condamné, sous peine de déchéance, au luxe et à la dépense. Je dirais même que cette tendance à la prodigalité s'est affirmée au début du XIIIe siècle par réaction devant l'ascension sociale des nouveaux riches. Pour se distinguer des vilains, il faut les surclasser, en se montrant plus généreux qu'ils ne sont. Le témoignage de la littérature est ici formel. Qu'est-ce qui oppose le chevalier au parvenu ? Le deuxième est avare, le premier est noble parce qu'il dépense tout ce qu'il a, allégrement, et parce qu'il est couvert de dettes. Cette attitude est certainement la cause de la distorsion dramatique entre les ressources, pourtant accrues, des nobles et leur besoin d'argent. La cause, en tout cas, de la multiplication des « prud'hommes » pauvres.

Pour ceux-ci, quels remèdes ? Le plus sûr : servir un prince. Un autre trait de la noblesse française à partir du XIIIe siècle, c'est sa progressive domestication. Elle se rue vers le roi, vers le prince régional – qui eux, par les progrès de la fiscalité, disposent de ressources monétaires considérables – pour obtenir un emploi rémunéré qui la sauve de la gêne. Ils servent dans l'armée, car le service militaire, depuis la fin du XIIe siècle, tend à devenir mercenaire, soldé. Ils servent dans les offices d'administration, car la reconstruction de l'État requiert l'aide de nombreux agents. Mais dans ces postes, le chevalier commence aussi à trouver des concurrents : des hommes de peu, d'humble naissance, des « vilains », des « serfs », mais efficaces. Ces aventuriers vigoureux, qu'un Philippe Auguste engage pour l'aider à la guerre et qui, plus habiles que les chevaliers, s'emparent de Château-Gaillard. Ces bourgeois de Paris, qu'un Philippe Auguste charge de gérer son trésor et qui s'entendent mieux aux affaires financières que les chevaliers.

Scandale – et la littérature chevaleresque dénonce ces mauvais princes qui s'entourent de croquants et qui ne réservent pas aux gentilshommes les emplois de leur cour et les pensions dont a besoin la noblesse pour consolider ses positions économiques. Et réaction de la vieille aristocratie qui se replie sur la seule supériorité qui lui reste, une supériorité morale, éthique, une supériorité de genre de vie, et qui se ferme plus strictement.

J'en arrive au dernier point. Cette réaction fut-elle efficace ? La noblesse parvint-elle effectivement à se fermer ? Non point. Il semble, au contraire, que dans le début du XIIIe siècle, la frontière qui la sépare des classes inférieures soit devenue moins étanche. E. Perroy a mené récemment des études précises sur l'aristocratie d'une petite région qu'il connaît bien, le comté de Forez à l'ouest de Lyon. Ces recherches ont montré que, dans le cours du XIIIe siècle, un grand nombre des familles nobles de cette région se sont éteintes et que les vides ainsi creusés ont été comblés par de nouveaux venus, par les serviteurs des grands établissements religieux ou du comté, par des bourgeois enrichis dans les affaires, parfois même par des paysans rassembleurs de terres.

Montée sociale, renouvellement : des « vilains » ont réussi à forcer les barrières, à s'infiltrer dans la noblesse. Comment ?

Souvent par des mariages : il est fréquent, en effet, que des nobles acceptent de donner sans dot leur fille en mariage à un non-noble. Le mari, certes, reste ce qu'il est, un Georges Dandin que l'on méprise. Mais les fils qui naissent de cette union héritent du bon sang de leur mère et parviennent à se faire admettre dans la caste des gens bien nés.

Mais souvent aussi intervient le prince, le prince encore, l'État, dont le rôle ici reparaît. Il recrute pour le servir des vilains, parce qu'ils sont utiles, parce qu'ils ont fait, parfois à Bologne, des études que les perfectionnements de l'administration rendent maintenant nécessaires. Mais pour que leur service soit plus efficace, dans les fonctions de commandement où il les a établis, il faudrait aussi qu'ils manient l'épée. Le prince, alors transgressant par son droit souverain la coutume qui réserve au fils de noble le privilège de l'adoubement, les arme chevaliers. Ainsi, par le statut où il les installe, il les anoblit. Car au centre des structures aristocratiques, au centre de l'idée de noblesse, demeure, comme au XIIe, comme au XIe siècle, cette valeur éminente, éclatante, glorieuse, anoblissante, la chevalerie.

7

LES « JEUNES » DANS LA SOCIÉTÉ ARISTOCRATIQUE DANS LA FRANCE DU NORD-OUEST AU XIIe SIÈCLE [1]

Dans les écrits narratifs composés au XIIe siècle dans le nord-ouest du royaume de France [2], on voit certains hommes de bonne naissance désignés comme étant des « jeunes », soit individuellement par l'adjectif *juvenis*, soit collectivement par le substantif *juventus*. De toute évidence, ces termes sont des qualificatifs précis, utilisés pour marquer l'appartenance à un groupe social particulier. Parfois, ils sont employés à propos de gens d'Église, et notamment pour distinguer une certaine fraction de la communauté monastique [3]. Le plus souvent, cependant, ils s'appliquent à des hommes de guerre et servent à les situer dans une étape bien déterminée de leur existence. De cette étape, il importe en premier lieu de reconnaître les bornes. Il apparaît très clairement que celui qu'on appelle un « jeune » n'est plus un enfant, qu'il a dépassé le temps de l'éducation et des exercices préparatoires à l'activité militaire. Pour qualifier les fils de la noblesse

1. Bibliographie [42].

2. Je les utilise dans une enquête générale sur la famille aristocratique aux temps féodaux dont la note ici publiée expose quelques points de vue préliminaires.

3. Ainsi, par ORDERIC VITAL, *Historia ecclesiastica (H. E.)*, éd. LEPRÉVOST et DELISLE, S. H. F., 3, t. II, p. 47, 94. Pour l'exploitation des livres III-VII de l'*H. E.*, mes remarques s'appuient sur l'étude inédite de J. PAUL, « La famille et les problèmes familiaux en Normandie au XIe siècle d'après l'*Historia ecclesiastica* d'Orderic Vital », D. E. S., Aix, 1960.

qui apprennent encore les usages et les techniques propres à leur état, les auteurs de ces récits usent, en effet, exclusivement d'autres mots, *puer, adulescentulus, adolescens imberbis*. Ces vocables sont employés par eux à propos de jeunes gens qui sont nettement sortis de ce que nous appelons l'enfance, qui ont dépassé quinze, dix-sept et même dix-neuf ans, mais qui n'ont pas terminé leur apprentissage. Le « jeune », par conséquent, est un homme fait, un adulte. Il est introduit dans le groupe des guerriers ; il a reçu les armes ; il est adoubé. C'est un chevalier [1]. On remarque, d'autre part, que normalement les chevaliers sont appelés « jeunes » jusqu'à leur mariage, et même au-delà : dans l'*Histoire ecclésiastique* d'Orderic Vital, des chevaliers mariés, mais qui n'ont pas encore d'enfants, sont présentés comme étant des « jeunes », alors que tel autre, d'âge moins avancé mais déjà père, est nommé non point *juvenis* mais *vir* [2]. Dans le monde chevaleresque, l'homme de guerre cesse donc d'être tenu pour « jeune », lorsqu'il est établi, enraciné, lorsqu'il est devenu chef de maison et souche d'une lignée. La « jeunesse » peut donc être par conséquent définie comme la part de l'existence comprise entre l'adoubement et la paternité [3].

Nos sources montrent aussi que cette tranche de vie peut être fort longue. À vrai dire, sa durée est, pour la plupart des individus, difficile à préciser, car ces textes sont très pauvres en indices biographiques qui se laissent exactement dater. Je citerai cependant deux exemples. Guillaume le Maréchal, âgé de onze ou douze ans, quitta vers 1155 la maison paternelle pour être *puer* auprès de son oncle Guillaume de Tancarville. Il fut armé chevalier en 1164, courut les tournois en 1166-1167, puis mena une vie d'« aventure » et de « prouesse » [4]. Il prit femme en 1189, alors qu'il avait environ quarante-cinq ans ; sa « jeunesse » avait duré un quart de siècle. Sans doute s'agit-il là d'un cas exceptionnel. Mais Arnoud d'Ardres, fils du comte Baudouin de Guines, adoubé en 1181 et marié en 1194, est resté « jeune » pendant treize ans. Ce que l'on entendait alors par « jeunesse », c'est-à-dire à la fois l'appartenance à une classe d'âge et une certaine situation dans la société militaire et dans les structures familiales, pouvait recouvrir une large portion de l'existence chevaleresque. Elle réunissait

---

1. *H. E.*, 8 : Robert de Rhuoddan, désigné comme *puer* jusqu'à ce qu'il soit *miles*. D'ARBOIS DE JUBAINVILLE, *Histoire des comtes de Champagne*, VII, I, 70 : Baudouin VI, fils du comte de Hainaut, « *juvenis etiam miles* ».

2. *H. E.*, 4 (II, p. 219) : Richard, fils de Hugues de Chester, « *juvenis adhuc liberisque carens* » ; ibid., 3 (II, p. 25) : Ernauld de Montreuil, qui en mourant laisse un fils, est appelé *vir*.

3. Pour exprimer cette notion, « bachelier » semble bien, dans la langue romane, l'équivalent exact de *juvenis*. *L'Histoire de Guillaume le Maréchal (G. M.)*, éd. P. MEYER, S. H. F., v. 1477 ; *Charroi de Nîmes*, v. 23-25 ; *Chanson de Roland*, v. 3018-3020.

4. *G. M.*, v. 1895, 1901.

donc un nombre considérable d'individus. De ce fait, ce groupe constituait à cette époque, au sein de l'aristocratie de ces régions, un corps de poids considérable.

Son importance, d'ailleurs, ne tenait pas seulement au nombre, mais au comportement particulier des hommes qui le composaient. La « jeunesse » apparaît en effet, dans ces récits, comme le temps de l'impatience, de la turbulence et de l'instabilité. Dans la période antérieure et dans la période postérieure de sa vie, l'individu est fixé, tant qu'il est « enfant », dans la maison de son père ou dans celle du patron qui l'éduque, lorsqu'il est lui-même mari et père, dans sa propre maison. Entre-temps, il erre. Ce refus du « séjour », cette errance se révèle comme un trait fondamental, au centre de toutes les descriptions que l'on conserve de l'existence du « jeune ». Celui-ci part ; il est en marche ; il parcourt provinces et pays ; il « erre par toutes les terres [1] ». Pour lui, la « très belle vie », c'est « se mouvoir en maintes terres pour prix et aventures quérir », « pour prix et pour honneur conquérir [2] ». C'est une quête donc, de la gloire et du « prix », par le moyen de la guerre, et plus encore du tournoi [3].

Ce vagabondage est, à ses débuts, considéré comme un complément nécessaire de formation, une « étude », *studia militiae*, celle que poursuit par exemple, « dans les guerres impériales et royales », le jeune Arnould de Pamele, qui, brusquement entré en cours de route dans un monastère, mourut saint et évêque de Soissons [4]. Le voyage de jeunesse n'est donc point généralement solitaire. Le jeune, dans les premiers temps au moins de son errance, est flanqué d'un mentor qu'a choisi son père, un chevalier, un « jeune » aussi, mais de plus

1. « Errer », *G. M.*, v. 2399, 2444 ; *ibid.*, v. 1890 :
Que nus qui velt en pris monter
N'amera ja trop long sejor...
... Ains s'esmovit en mainte terre
Por pris e aventure quere
Mais souvent s'en revenait riche...
LAMBERT D'ARDRES, *Historia comitum Ghisnensium (H. Gh.)*, 91 : « *torniamenta frequetendo, multas provincias et multas regiones... circuivit* ».

2. *Puis mena si très belle vie*
Que plosors en orent envie
En torneiemenz e en guerres
E erra par totes les terres. (G. M., v. 754, 2997-2998.)

3. Notons que les jeunes gens de bonne famille, qui n'étaient pas adoubés mais voués à l'étude des lettres, se trouvaient entraînés dans une errance fort semblable, où la dispute scolastique, occasion de prouesses et de prix, jouait le rôle du tournoi. Le comportement du jeune Abélard, le vocabulaire même qu'il emploie, dans les premières pages de l'*Histoire de ses malheurs*, sont sur ce point fort expressifs.

4. *Acta sanctorum*, 15 août III, p. 232 A.

d'expérience, chargé de le conseiller, de le contenir, de parfaire son éducation, de conduire aussi son itinéraire vers les tournois les plus profitables. C'est le rôle que remplit, dans la *Chanson d'Aspremont*, Ogier auprès de Roland, et dans la réalité Guillaume le Maréchal auprès du « jeune » Henri, fils d'Henri II d'Angleterre. Lorsque Arnoud d'Ardres fut adoubé, son père et le comte de Flandre, seigneur de celui-ci, instituèrent comme son conseiller « *in torniamentis et in rebus suis disponandis* » un homme d'âge, lequel, ne pouvant lui-même se déplacer sans cesse, plaça auprès de lui, en précepteur d'armes, l'un des ses neveux, jusqu'alors compagnon d'Henri d'Angleterre le « jeune »[1]. Cependant, de manière plus générale, le « jeune » se trouve incorporé dans une bande d'« amis » qui s'« entraiment comme frères »[2]. Cette « compagnie », cette « maisnie » – ce sont les termes propres des textes en langue vulgaire –, est parfois constituée, au lendemain même de la cérémonie de l'adoubement, par les jeunes guerriers qui ont ensemble, le même jour, reçu le « sacrement de chevalerie » et qui demeurent unis[3]. Le plus souvent elle se cristallise autour d'un chef, qui « retient » les jeunes, c'est-à-dire leur distribue armes et deniers, et qui les guide vers l'aventure et son prix[4]. Il arrive parfois que ce conducteur soit un homme établi, mais c'est presque toujours un « jeune ». Souvent, dans ce cas, l'équipe rassemble, autour du fils nouvellement adoubé du seigneur de leur père, les « jeunes » des familles vassales. Orderic Vital montre ainsi Robert Courte-Heuse entraînant derrière lui les fils de son âge des vassaux de son père, jusqu'alors « nourris » et « armés » par celui-ci[5]. Un essaim d'« enfants », parvenus à l'âge adulte, sort de cette manière de la grande maison seigneuriale, conduit par l'héritier qui vient d'accéder à la qualité chevaleresque et qui s'évade vers les vagabondages de la « jeunesse ». La cohésion vassalique, qui unissait les pères, se reconstitue alors parmi les « jeunes » : au sein de la bande, elle se prolonge pour une nouvelle génération. Toutefois, d'ordinaire, la compagnie est de structure un peu plus complexe. Dans la *familia* qu'entretenait Hugues de Chester, des *pueri* en cours d'apprentissage, des clercs et des courtisanes se mêlaient aux chevaliers, tous *juvenes*[6]. Quels étaient les « jeunes » qu'Arnoud

1. *Aspremont*, v. 7515-7516, *G. M.*, v. 2427-2432, Henri II confie son fils à Guillaume le Maréchal, qui fait en même temps son éducation et le conduit où il y a des tournois ; *ibid.*, v. 1959-1967 ; *H. Gh.*, 92.
2. À propos du fils de Guillaume le Maréchal et du comte de Salisbury, *G. M.*, 15884.
3. *H. Gh.*, 91.
4. Le jeune Henri d'Angleterre a su « retenir » les jeunes gens ; à son exemple, les hauts hommes distribuent aux jeunes armes et deniers, *G. M.*, v. 2673-2675, 2679-2685.
5. *H. E.*, 5 (II, p. 381), 7 (III, p. 190).
6. *Ibid.*, 6 (III, p. 4).

d'Ardres entraînait à l'aventure ? Deux amis de cœur, ses compagnons inséparables, des chevaliers aussi qui ne sortaient pas de la maison de son père, mais venaient de loin, tel Henri le Champenois, enfin tous les « tournoyeurs » de la principauté paternelle [1].

La joie règne dans ces bandes. Le chef dépense sans compter, aime le luxe, le jeu, les mimes, les chevaux, les chiens [2]. Les mœurs y sont fort libres [3]. La grande affaire est cependant de combattre, « en tournoiement et en guerres ». Une troupe de chevaliers de France se détourne un jour de sa route pour visiter Clairvaux. On était à trois jours du Carême, et saint Bernard les exhorta à s'abstenir des armes. Mais « comme c'étaient des jeunes et de forts chevaliers, ils refusèrent » et repartirent après boire, vers les jeux militaires [4]. Les compagnies de jeunes forment par conséquent l'élément de pointe de l'agressivité féodale. Aux aguets de toute aventure d'où l'on puisse retirer « honneur » et « prix », et, s'il se peut, « revenir riche » [5], toujours mobiles et prêtes au départ, elles entretiennent l'agitation guerrière. Ces bandes attisent des foyers de turbulence dans les zones instables et fournissent les meilleurs des contingents à toutes les expéditions lointaines [6]. C'est un jeune qui dirige l'action militaire du clan des Erlembaud lors des troubles de Flandre ; ce sont des jeunes, de « pauvres bacheliers », que Guillaume d'Orange harangue lorsque, pour « revêtir sa maisnie », il organise l'expédition contre Nîmes. Et parmi les pèlerins armés, parmi les croisés, combien de jeunes [7] ? Vouée à la violence, la « jeunesse » constitue, dans la société chevaleresque, l'organe d'agression et de tumulte. Mais elle se trouve par là offerte aux dangers. Agressive et brutale, la jeunesse est, par situation, un corps décimé. Sur ce point, les informations abondent. Dans les textes que j'utilise, les allusions les plus nombreuses aux jeunes concernent effectivement leur mort violente. Celle-ci survient accidentellement, à la chasse ou dans les exercices d'armes, mais plus souvent dans les affronte-

1. *H. Gh.*, 92.

2. *Cf.* la *familia* de Hugues de Chester, *H. E.*, 6 (III, p. 4), dont le chef, *in militia promptus, in dando prodigus*, entretient jongleurs et prostituées.

3. Lorsque Roger et ses compagnons quittent la maisnie de Hugues de Chester pour se convertir, Orderic Vital les montre revenant *quasi de flammis Sodomiae, ibid.*, 6 (III, p. 16). Sur la dépravation des *juvenes*, voir, entre autres, GUIBERT DE NOGENT, *De vita sua* (éd. BOURGIN), I, 15, p. 57 ; III, 19, p. 220.

4. *Fragmenta Gaufredi*, Analecta Bollandiana, t. L (1932), p. 110.

5. *G. M.*, v. 1897.

6. *H. E.*, 3 (II, p. 54) : le duc de Salerne reçoit en renfort *de electis juvenibus Normanniae aliquos*.

7. *Charroi de Nîmes*, v. 641-646.

ments militaires[1]. Elle fauche parfois par groupes entiers les rejetons des lignages ; elle y creuse toujours de larges trous. Deux des fils du châtelain Henri de Bourbourg sont morts dans leur « jeunesse », tandis qu'un troisième revenait aveugle d'un tournoi[2]. Lorsque Lambert, l'auteur des *Annales Cameracenses*, dresse, dans un très curieux passage de ce récit, un tableau de sa parenté, il évoque la mémoire des dix frères de son aïeul Raoul, tués le même jour dans un combat dont les « cantilènes des jongleurs » ont prolongé de son temps le souvenir ; et, sur les quinze hommes de son sang que d'autre part il nomme, trois sont morts au combat, un quatrième d'une chute de cheval[3].

La vocation militaire de l'aristocratie, les stimulations d'ordre biologique, et tout ce qui tient à l'âge même de ces hommes, peuvent rendre compte de leur comportement. Mais pour en mieux saisir les ressorts profonds, je pense qu'il faut aussi considérer les cadres familiaux dans lesquels s'insérait le groupe des « jeunes », car leur structure a beaucoup contribué à aiguiser l'avidité de ceux-ci et à les jeter dans l'aventure et la turbulence. Des sondages statistiques fondés sur un nombre important de généalogies donnent à penser que, dans la société aristocratique de cette région et de cette époque, l'écart moyen des générations était d'une trentaine d'années. Or, à la fin du XIIe siècle, le fils aîné parvenait normalement à l'âge adulte et recevait les armes entre seize et vingt-deux ans, c'est-à-dire alors que son père, dans la cinquantaine, tenait encore fortement en main le patrimoine et se sentait très capable de le gérer seul. Il semble bien que les convenances incitaient les pères les plus fortunés et les plus soucieux de la gloire de leur maison à fournir à leur fils aîné de quoi conduire un groupe de « jeunes » dans l'errance pendant un an ou deux après la cérémonie de l'adoubement[4]. Au terme de cette randonnée, le « jeune », revenu dans la maison paternelle, s'ennuie. Il étouffe ; il a goûté pendant sa tournée l'indépendance économique et la liberté de dépense, il lui coûte d'en être désormais privé ; il guigne des revenus qui lui soient propres. Si sa mère est morte, de mauvais conseillers l'incitent à demander ce qu'elle a laissé d'héritage : ce que

1. Richard, fils de Guillaume le Conquérant, mort à la chasse, *H. E.*, 5 (II, 391) ; Hugues, fils de Giroie, *juventute florens*, meurt blessé par un javelot dans un exercice, *ibid.*, 3 (II, 29) ; Ernauld de Montreuil, qui n'est pas un jeune, meurt en luttant contre un *juvenis, ibid.*, 3 (II, p. 25) ; Guillaume de Guînes, *strenuissimum quidam militem, sed in flore juventutis apud Colvinam mortuum, H. Gh.*, 72 ; Simon d'Ardres, *jam adultum et juvenem mortuum, ibid.*, 134 ; des quinze hommes formant la bande conduite en Pouille par Guillaume Giroie, deux seulement rentrent au pays natal.

2. *H. Gh.*, 122.

3. *M. G. H., SS*, XVI, p. 511-512.

4. Henri le Jeune « bien erra an e demi », *G. M.*, v. 2444 ; *H. Gh.*, 91. Arnoul de Guînes, *multas regiones fere per biennium non omnino sine partri auxilio et patrocinio circuivit.*

fait, par exemple, Arnoud d'Ardres [1]. Longues discussions, premier affrontement avec le père, qui parfois doit céder. Mais même alors, le « séjour » pèse. Les tensions s'aggravent contre la puissance paternelle. L'histoire des grands lignages est pleine de telles discordes ; elles provoquent souvent un nouveau départ du fils, agressif celui-ci : le « jeune » fils aîné, entouré de ses jeunes compagnons, entre en lutte ouverte contre le vieux seigneur [2]. De toute manière, « long séjour honnit jeune homme ». Aussi, même si la paix de la famille n'est pas si violemment troublée, le jeune héritier, incapable de se satisfaire de sa seule activité domestique, reprend la route [3]. Son père lui accorde avec soulagement son congé [4]. Il ne le rappellera que tout à fait impotent [5]. Il semble à chacun normal que le fils chevalier non établi, non marié, prenne du champ et s'en aille au loin.

Les règles de gestion du patrimoine aristocratique incitaient donc alors le fils aîné à la quête aventureuse. Mais il avait des frères, et d'ordinaire beaucoup. La lecture d'Orderic Vital donne à penser que, dans les maisons nobles, cinq, six, sept garçons parvenaient normalement à l'âge adulte. Ceux-ci se trouvaient également poussés au départ, et bien plus vigoureusement que le premier-né. Dès le début du XIe siècle, le privilège qu'avait l'aîné de recueillir en succession les pouvoirs seigneuriaux de son père et sa maison était en effet fermement établi dans les lignées des plus hauts seigneurs, les rois, les comtes et les châtelains. Les prérogatives de la primogéniture furent sans doute plus lentement admises dans les familles de moindre volée. À la fin du XIIe siècle, elles s'impo-

1. *H. Gh.*, 92.

2. Robert Courte-Heuse, *H. E.*, 5 (II, p. 381) ; le fils aîné de Guillaume le Maréchal, accompagné d'un autre jeune, soutient le parti du roi de France que combattait son père, *G.M.*, 15884. Au XIe siècle, le fils de Robert le Pieux, avec une troupe de *socii* de son âge, ravage les terres paternelles, RAOUL GLABER, *Historiarum libri quinque*, III, 9.

3. *H. Gh.*, 93. Arnoud d'Ardres préfère aller en d'autres pays *propter torniamentorum studium et gloriam*, plutôt que de rester dans le pays où il n'y a pas de guerre ; *G. M.*, v. 2391 (Henri le Jeune) :

En Angleterre sejornèrent
Près d'un an qu'ils ne s'atornèrent
A nule riens fors a pleidier
Ou a bois ou a tornoier
Mais al giemble rei pas ne ploust
Tel sejor, anceis li desplout.

4. *G. M.*, v. 2404 : Henri II donne congé à son fils de partir ; Guillaume le Maréchal, jeune, demande congé à son père, *ibid.*, v. 1391-1394.

5. *H. E.*, 5 (II, p. 457), Ansould de Maule, fils aîné, est rappelé de la croisade par son père vieilli ; il revient, se marie et lui succède. Les autres fils sont loin de la maison. V. aussi *ibid.*, 5, II, p. 463.

saient pourtant à toute la société chevaleresque, dans cette région où les alleux devenaient rares et où le droit féodal faisait obstacle au morcellement des fiefs. En témoigne le soin que prennent les écrivains à désigner, dans les énumérations généalogiques, l'aîné des garçons et même l'aînée des filles [1]. Quel était alors le sort des cadets ? Deux ou trois d'entre eux pouvaient espérer de fructueux établissements dans l'Église. Aux autres revenait quelquefois une petite part de l'héritage, constituée généralement par certaines acquisitions récentes ou par les biens de la branche maternelle [2]. Mais dans ce cas, il s'agissait d'une possession précaire. Et ces bribes entretenaient des discordes entre frères, nourrissaient les avidités, aiguisaient les tentations de s'emparer par la force de la part des autres frères ou des neveux [3]. Privés de tout espoir d'hoirie certaine, les fils puînés ne voyaient qu'une issue : l'aventure.

Au niveau des coutumes réglant la dévolution des héritages et la distribution des ressources familiales, il convient donc de placer la racine des pulsions qui jetaient dans la vie errante, après l'adoubement, les chevaliers du XIIe siècle.

À ses compaignons ensement
Ennuia molt très durement
Car esrer plus lor pleüst
Qu'a sejornez, s'estre pleüst
Quer bien saciez, ce est la somme
Que lonc sejor honist giemble homme.

Encore faut-il, pour mieux éclairer la situation de la « jeunesse », examiner de près le jeu des pratiques matrimoniales et ses incidences, puisque, on l'a vu, la jeunesse se poursuivait jusqu'au mariage et, pratiquement, se terminait avec lui. Nul besoin d'insister sur le fait que tout mariage était alors une affaire décidée, conduite et conclue par le père et les anciens du lignage [4]. Ceux-ci, bien sûr, traitaient en premier lieu du mariage du fils aîné. Mais comme cette union mettait en jeu l'avenir de la maison, ils y mettaient beaucoup de prudence ; ils attendaient l'occasion vraiment bonne, et ceci prolongeait d'autant la « jeunesse ». À l'égard des autres fils, leur attitude était beaucoup plus circonspecte encore, pour d'autres raisons. Il importait, en effet, de ne point autoriser

---

1. *H. Gh.*, 63 ; *Annales Cameracenses, M. G. H., SS*, XVI, p. 511-512.

2. Dans les pays du Sud-Ouest, le vieux seigneur procédait de son vivant à *la dispositio* de sa succession. V. *Historia pontificum et comitum Engolismensium*, 26, 31, 36.

3. *Historia pontificum et comitum Engolismensium*, 30.

4. *H. Gh.*, 149. Le mariage d'Arnoud d'Ardres est décidé par le père du mari et par les oncles de l'épouse.

trop de cadets à prendre femme, de crainte que ne se multipliassent à l'excès les branches latérales du lignage et qu'elles ne vinssent à étouffer la tige maîtresse. En outre, et surtout, marier un fils c'était toujours amputer le patrimoine, pour établir le nouvel époux et pour garantir la « dot », c'est-à-dire le douaire de sa femme[1]. On s'y résignait pour l'aîné. On se montrait beaucoup plus réticent à le faire de nouveau en faveur d'un autre fils. Les fils puînés étaient voués à une plus longue « jeunesse ». Autre empêchement : dans l'environnement de la famille, les filles susceptibles d'être épousées étaient rares. D'anciennes alliances réunissaient en effet toute la chevalerie d'un pays dans un même cousinage. La notion que ce temps se faisait de l'inceste, les interdits de consanguinité contrôlés par l'Église, dressaient là un obstacle formel. Il était renforcé par le jeu vécu des épousailles : les tableaux généalogiques montrent en effet que les chefs de maison traversaient, pour la plupart, plusieurs veuvages : pour que leur mariage fût fructueux, on leur avait en effet donné pour femme une veuve plus âgée qu'eux, ou bien le rejeton malingre d'un lignage en décrépitude biologique ; intervenaient certainement aussi les accidents de l'accouchement. Veufs, en tout cas, et d'autre part établis, fixés, ils cherchaient une nouvelle épouse dans le voisinage. Or leur position, leur prestige, leur entregent, les favorisaient dans la course au mariage. Ils s'adjugeaient les meilleurs partis et ôtaient ainsi toutes leurs chances aux « bacheliers » sans femme. Tout se conjuguait ainsi pour prolonger la « jeunesse » et pour lancer les « jeunes » dans l'aventure lointaine.

En fait, celle-ci se révèle être aussi, et peut-être surtout, une quête aux épouses. Pendant toute son errance, la bande des jeunes se trouvait animée par l'espoir du mariage. Elle savait que son chef, dès qu'il serait lui-même établi, tiendrait pour son premier devoir de marier ses compagnons[2]. Tous les *juvenes* guettaient la riche héritière. En apercevaient-ils une, ils s'efforçaient de se la réserver, à peine nubile ; parfois, ils entraînaient l'enfant dans leur course, quitte à la restituer au père s'il leur arrivait de trouver mieux en chemin ou si quelque autre jeune venait la réclamer avec trop d'insistance. J'emprunte encore un exemple à l'*Histoire des comtes de Guînes* : certain aventurier avait emmené en Angleterre la fille du châtelain de Bourbourg, qui lui était promise ; Baudouin d'Ardres, ayant gagné l'amitié du père par ses entreprises guerrières, obtint que

1. La dot (*H. Gh.*, 149) ; Manassé, troisième fils du comte Baudouin de Guînes (le second est mort *in juventute*), est établi, lors de son mariage, sur une seigneurie constituée par son père et formée de biens récemment acquis.

2. *Aspremont*, 5572-5573 : le chef de guerre donne des femmes aux guerriers en récompense. *H. Gh.*, 64 : lorsque Arnould de Gand s'établit dans le comté de Guînes, il appelle tous ses compagnons, en « retient » quelques-uns chez lui, *illos in terra maritabat*.

l'on discutât pour faire revenir l'héritière, qu'il finit par épouser[1]. L'intention de mariage paraît bien commander tout le comportement du jeune, le pousse à briller au combat, à parader dans les réunions sportives. Ainsi, par ses prouesses, Arnoul de Guînes tenta d'abord de séduire la comtesse de Boulogne ; puis il se promit à la fille du comte de Saint-Pol ; bientôt, rompant toute attache, il se jeta sur l'héritière des châtelains de Bourbourg dès qu'il la sut bonne à prendre[2].

La chasse à la fille riche, au bel établissement, n'était donc pas toujours décevante. Mais ses hasards et ses profits ne s'expliquent que par la relative abondance du beau gibier, c'est-à-dire par l'étiolement fréquent des lignages nobles, qui faisait tomber l'héritage entier entre les mains d'une héritière. Or ce phénomène lui-même se trouve étroitement lié à l'existence du groupe des « jeunes », à sa situation particulière, à la vie aventureuse de la « jeunesse » masculine, aux dangers qu'elle court et qui la déciment. Et nous voici par là conduits à revenir à des considérations sur la démographie de ces familles. L'examen des généalogies seigneuriales est ici très instructif et convaincant. Voici deux cas, qui ne sont point exceptionnels. Celui, d'abord, de la descendance du seigneur normand Hugues de Grentemesnil. Il fut père de dix enfants, parvenus à l'âge adulte, dont cinq garçons. Deux moururent « jeunes », au sens précis de ce terme ; deux autres furent éloignés par l'aventure ; l'un se fixa en Pouille, le second, plus près, en Angleterre, où il eut deux fils, mais ceux-ci moururent, en voyage de « jeunesse », dans le naufrage de la *Blanche Nef*. Un seul fils restait sur le patrimoine, l'aîné, Robert, peut-être parce qu'on l'avait plus vite marié, plus tôt soustrait aux dangers de la « jeunesse » ; celui-ci cependant n'avait qu'une fille, et par elle la fortune familiale passa dans un autre lignage[3].

Voici maintenant le cas du châtelain Henri de Bourbourg. Il est établi qu'en vingt-quatre ans sa femme lui donna douze enfants qui vécurent jusqu'à leur maturité (de telles données incitent à ne pas trop exagérer, dans ce milieu social, les effets de la mortalité infantile). Parmi eux, sept fils furent casés dans des prébendes ecclésiastiques ; l'aîné tint le château à la mort de son père, se maria deux fois mais n'eut pas d'enfant ; trois autres – je l'ai dit déjà – moururent ou devinrent infirmes alors qu'ils étaient jeunes ; le dernier-né fut châtelain après son frère, se maria, mais son fils mourut sans sortir de l'enfance ; l'héritage entier revint alors à sa fille, celle qui fut happée par Arnoud d'Ardres[4].

1. *H. Gh.*, 39/60.
2. *Ibid.*, 93, 149.
3. *H. E.*, 11 (IV, p. 167, n. 2).
4. *H. Gh.*, 122.

La « jeunesse », on le voit, ce groupe de turbulence prolongée, exclu par tant de conditions sociales du corps des hommes établis, des pères de famille, des chefs de maison, cette marge instable qui suscita et soutint à la fois les entreprises de la croisade, l'engouement pour les tournois, la propension au luxe et au concubinage, exerça une influence décisive sur la démographie de la noblesse de cette région et sur l'évolution de ses patrimoines. En maintenant la plupart des garçons dans le danger et le célibat, cette structure, certes, réduisit notablement les risques de démembrement des héritages. Mais elle réduisit aussi les chances de survie des lignages, hâta l'extinction de bien des familles et favorisa le renouvellement de la haute aristocratie par les succès matrimoniaux fortuits d'aventuriers de moindre parage. Qui s'interroge sur le comportement et sur les destinées de la chevalerie doit donc examiner de fort près ce groupe social.

Je voudrais indiquer encore que la présence d'un tel groupe au cœur de la société aristocratique entretint certaines attitudes mentales, certaines représentations de la psychologie collective, certains mythes, dont on trouve à la fois le reflet et les modèles dans les œuvres littéraires écrites au XIIe siècle pour l'aristocratie, et dans les figures exemplaires qu'elles proposèrent, qui soutinrent, prolongèrent, stylisèrent les réactions affectives et intellectuelles spontanées. Il convient de remarquer tout d'abord que la « jeunesse » formait le public par excellence de toute la littérature que l'on appelle chevaleresque et qui fut sans doute composée avant tout à son usage. J'ai parlé des mimes qu'entretenait dans sa maisnie Hugues de Chester, des cantilènes qui rappelaient au souvenir de l'auteur des *Annales de Cambrai* la mémoire de ses dix grands-oncles tués au combat. Lorsque le mauvais temps retenait le « jeune » Arnoud d'Ardres dans l'ennui du séjour domestique, il se faisait raconter des histoires. Son parent, Gautier de l'Écluse, contait pour distraire la bande la légende de Gormont et Isembart, de Tristan et Iseult, mais aussi la geste des anciens seigneurs du château[1]. Qu'on ne s'étonne pas si la situation typique de la « jeunesse », la quête aventureuse, la prouesse d'armes, ont fourni leurs cadres et leurs ressorts aux récits épiques, aux romans – j'ajouterai : aux sermons composés pour les maisnies, puisque Gérald d'Avranches, prêtre de la *familia* de Hugues de Chester, prenait pour thème de sa prédication, d'ailleurs efficace, d'*emendatio vitae* la vie des saints militaires, Démétrius et Georges, Maurice et les martyrs de la légion thébaïne, Eustache et Sébastien[2]. Il ne serait donc pas sans intérêt de considérer à nouveau la thématique de la littérature chevaleresque en fonction

1. *Ibid.*, 96.
2. *H. E.*, 3, 3-18.

des goûts, des préjugés, des frustrations, du comportement quotidien des « jeunes ». Je me bornerai ici à deux points précis.

En premier lieu, le transfert, dans la littérature généalogique écrite au XIIe siècle dans le nord-ouest de la France, du modèle majeur, proposé aux rêves et aux espérances des *juvenes*, celui du jeune aventurier, qui conquiert par sa prouesse l'amour d'une riche héritière, réussit ainsi à s'établir loin des siens dans une forte seigneurie et devient la souche d'une puissante lignée. K. F. Werner a montré que, dans l'entourage des grands seigneurs de cette région, la mémoire collective conservait des schémas généalogiques qui venaient buter sur un obstacle lorsqu'ils atteignaient les IXe-Xe siècles : au-delà, plus d'ancêtres connus. On en inventa, et les écrivains spécialisés imaginèrent comme premier ancêtre des grandes familles princières un étranger, jeune et brave, *miles peregrinus*, remarqué pour ses qualités guerrières, et conquérant sa seigneurie parfois par un mariage[1]. Le cas est connu pour les familles d'Anjou, de Blois, de Bellême. Mais Lambert d'Ardres, prêtre au service du « jeune » Arnoul, imprégné de toute la littérature goûtée par la « jeunesse », lorsqu'il remonta la lignée des comtes de Guînes et parvint au premier quart du Xe siècle, plaça ici la figure de Siegfried le Danois. Cet ancêtre est un « jeune » ; il courait l'aventure. Sa quête le conduisit dans la maisnie du comte de Flandre. Là il servit d'amour la sœur du comte ; il ne put l'épouser, mais l'engrossa d'un fils bâtard, lequel devint la souche des comtes de Guînes[2].

Ma seconde remarque touchant les transpositions littéraires des attitudes mentales propres à la jeunesse concerne précisément la formation de l'érotique courtoise. Elle m'amène à quitter le nord-ouest du royaume de France, à glisser sensiblement vers le sud, à atteindre les troubadours de la génération de 1150. Cercamon, Marcabru, Allegret ont exalté la notion de *Jovens* ; par ce terme, semble-t-il, ils désignent moins une vertu abstraite que l'idéal animant le groupe des « jeunes ». « Jeunesse », dont les troubadours eux-mêmes sont les porte-parole, apparaît dans leurs chansons vaincue par la structure sociale : les jeunes ne trouvent pas femme qui les accueille ; elles sont toutes mariées. Et quand elles se livrent aux jeux adultères de l'amour, leur partenaire n'est pas un jeune, mais lui-même un mari. Ce qui se révèle alors dans les chansons d'amour de la seconde moitié du XIIe siècle, c'est la proposition d'un nouveau type de relations amoureuses, mieux ajusté à la situation des *juvenes* : que les maris ne courtisent pas les dames ; qu'ils n'empêchent pas leurs femmes d'accueillir les jeunes et

1. « Untersuchungen zu Frühzeit der französischen Fürstentums », *Die Welt als Geschichte*, 1960, p. 116-118.
2. *H. Gh.*, 9-11.

leur service d'amour. Au trio « mari, épouse, amant marié », les poètes de la « jeunesse » ont proposé de substituer le trio « mari, dame, jeune servant de courtoisie ». Ils ont voulu briser au profit des « jeunes » le cercle des relations érotiques [1]. On sait le succès de ce thème idéal. En fait, le jeu était lui-même vécu, mais il changeait alors quelque peu de teinte. Et pour conclure, je reviendrai une fois de plus à Lambert d'Ardres et à son patron et héros, Arnoul le « jeune ». Sa quête de prouesse l'a fait remarquer de la comtesse Ida de Boulogne qui, restée maîtresse de la seigneurie, lui apparaît une magnifique aubaine et la promesse d'un admirable établissement. Il échange avec elle des messages secrets d'amour ; il l'aime – ou plutôt fait semblant. En effet, « *ad terram tamen et Boloniensis comitatus dignitatem, veri vel simulati amoris objectu, recuperata ejusdem comitisse gratia, aspiravit* [2] ».

Telle est la jeunesse aristocratique dans la France du XIIe siècle : une meute lâchée par les maisons nobles pour soulager le trop-plein de leur puissance expansive, à la conquête de la gloire, du profit et de proies féminines.

1. R. Nelli, *L'Érotique des troubadours*, Toulouse, 1963, p. 108 sq.
2. *H. Gh.*, 93.

8

STRUCTURES DE PARENTÉ ET NOBLESSE DANS LA FRANCE DU NORD AUX XIe ET XIIe SIÈCLES [1]

Dans les perspectives d'une histoire des attitudes mentales qui, comme il se doit, s'insère étroitement dans l'histoire sociale afin de la prolonger et de l'éclairer à la fois, j'étudie depuis plusieurs années l'histoire des liens familiaux dans la France féodale et dans le secteur de la société qui seul apparaît suffisamment éclairé par les documents, c'est-à-dire dans l'aristocratie. De telles recherches s'orientent naturellement dans deux directions parallèles. Elles visent à mieux connaître l'état réel, concrètement vécu, des relations de parenté, en observant l'évolution démographique de la famille, sa fortune, son implantation (lieux de résidence, lieux de sépulture), ses pouvoirs, ses alliances, sa plus ou moins grande dispersion, tous les signes, surnoms patronymiques ou emblèmes héraldiques, qui manifestent extérieurement la cohésion de ses membres. Mais ces recherches visent également à découvrir comment les hommes de cette époque et de ce milieu se représentaient eux-mêmes leur parenté et leur propre situation au sein du groupe ; elles entendent reconstituer l'image mentale des rapports familiaux, pour confronter enfin ces formes idéales à la réalité vécue. D'une telle étude, l'un des instruments de base est, de toute évidence, la généalogie. Or, il existe en vérité deux espèces de généalogies.

Celles, d'une part, que reconstruisent après coup les historiens, en dépistant

1. Bibliographie [59].

patiemment tous les indices de filiations et d'alliances à travers les cartulaires, les titres de possession et les documents nécrologiques. Les généalogies de cette sorte, toujours incomplètes, souvent incertaines, livrent l'image vraie, je dirais biologique, du groupe familial dans sa durée, et elles sont évidemment indispensables pour saisir les conditions matérielles de l'histoire familiale. Alors que les généalogies de la deuxième catégorie, autrement construites mais non moins précieuses, apportent, elles, un témoignage fondamental sur une psychologie de la famille, sur la manière dont étaient sentis à l'époque même les liens de parenté : il s'agit des schémas généalogiques qui furent composés par les contemporains. Ces représentations traduisent une certaine conscience de la cohésion familiale ; en outre, et ceci est fort important, elles ont fixé cette conscience, elles se sont imposées durablement aux membres du groupe et ont guidé dans une certaine mesure leur conduite pendant les générations ultérieures. Il serait évidemment de premier intérêt de comparer de telles figures au réseau des relations réelles. Mais, à vrai dire, les généalogies de ce deuxième type sont rares.

J'ai commencé l'étude systématique de la littérature généalogique des XIe-XIIe siècles dans le royaume de France. J'indiquerai seulement – c'est un point déjà qui mérite réflexion et qui réclame d'être interprété en fonction des traditions culturelles, des modes littéraires, des systèmes d'éducation, aussi bien que des réalités politiques et sociales – que cette littérature fut particulièrement florissante après 1150 et qu'elle s'est presque exclusivement développée dans les provinces occidentales, depuis la Gascogne jusqu'en Flandre. C'est précisément de la fin du XIIe siècle et de l'extrême nord du royaume, d'une région qui confine à l'Empire, que proviennent les deux documents dont je propose ici un commentaire. Je tenterai d'en extraire ce qui peut répondre aux interrogations suivantes : quelle image un homme de l'aristocratie pouvait-il alors se faire de sa parenté ? Quelle était l'étendue et la précision de cette image ? Quelle mémoire conservait-il de ses ancêtres ? À combien d'individus, vivants ou morts, se sentait-il lié par le sang et les alliances ? Quelle place tenaient respectivement dans cette représentation la filiation paternelle et la filiation maternelle ? Comment enfin cette structure mentale s'ordonnait-elle par rapport aux deux assises, idéales et réelles, de la société aristocratique, la conscience nobiliaire d'une part et, d'autre part, la puissance seigneuriale ?

*

Je dois de connaître le premier de ces textes à Fernand Vercauteren, qui lui a déjà consacré un précieux article[1]. Il émane d'un certain Lambert qui entreprit en 1152 d'écrire une chronique et qui en poursuivit la rédaction jusqu'en 1170. Tandis qu'il composait cette œuvre historique, connue sous le nom d'*Annales Cameracenses*, Lambert, parvenant à l'année 1108, date de sa naissance, choisit alors d'introduire là ce qu'il appelle la « généalogie de ses ancêtres », *genealogia antecessorum parentum meorum*[2]. Témoignage précieux entre tous, et je puis dire unique. D'abord parce que ce tableau d'une parenté ne fut point construit sur commande, et pour autrui, pour la gloire d'un patron et l'illustration d'une grande lignée ; il fut dressé spontanément par son auteur et pour soi-même. Par un « intellectuel », certes, très soucieux de beau langage, par un homme d'Église, formé dans un monastère et devenu chanoine régulier à Saint-Aubert de Cambrai, et par conséquent par un individu – ceci déforme quelque peu la vision qu'il se faisait de sa parenté – qui vivait détaché de sa maison familiale, incorporé dans une autre fraternité, et qui surtout avait pris ses distances, du fait de son état, à l'égard du patrimoine ancestral, de l'héritage, auquel il ne participait plus. Mais ce religieux, cependant, demeurait fort préoccupé de son rang et de la valeur de sa race. Cette généalogie d'autre part est, si l'on peut dire, naïve : elle ne s'appuie pas sur des recherches menées dans des archives ; elle se fonde sur la mémoire personnelle d'un homme d'environ quarante-cinq ans, précisée seulement, nous dit-il lui-même, par certains témoignages oraux. Enfin – et c'est ce qui achève de conférer à ce document un prix tout à fait exceptionnel – cette généalogie n'est point d'un grand seigneur mais d'un membre de la petite aristocratie ; Lambert est issu d'un lignage de simples chevaliers de Flandre : son grand-père paternel avait été, à la fin du XIe siècle, chevalier casé (*miles et casatus*) de l'évêque de Cambrai. Pour analyser convenablement ce témoignage de toute première valeur, il importe de présenter d'abord sommairement le schéma de parenté, en respectant scrupuleusement l'ordre qu'a suivi Lambert pour l'établir.

Lambert donc vient de parler de sa naissance et de sa maison natale. Il a nommé son père et sa mère. Il évoque alors son ascendance et il décrit, en premier lieu, le côté paternel. Pour cela, il remonte immédiatement, par son père et son grand-père, jusqu'à l'oncle de celui-ci, seul représentant de la plus ancienne génération connue par l'auteur et qui est en tout cas, à ses yeux, son plus lointain « ancêtre ». Parvenu à ce point, Lambert descend de degré en degré ; il évoque les fils de cet homme ; à propos de l'aîné d'entre eux, il parle

1. « Une parentèle dans la France du Nord aux XIe et XIIe siècles », *Le Moyen Âge*, n° 69, 1963, p. 223-245.

2. *M. G. H.*, *SS*, XVI, p. 511-512.

aussi de ses alliances ; puis il passe aux frères de son père, à leurs épouses, sans nommer leurs descendants, à l'exception d'un seul, le plus proche de l'ancêtre commun ; il parvient enfin à ses propres frères et à ses sœurs. Commence alors la description de la branche maternelle, ordonnée de manière identique : le grand-père, ses frères, puis ses sœurs ; la grand-mère, ses frères et les lignées qui en sont issues ; les oncles de Lambert, les tantes et leur descendance. Telle est la disposition de ce schéma simple. Il fait apercevoir aussitôt que, dans l'image que Lambert se formait de sa famille, les hommes ont toujours le pas sur les femmes et les aînés toujours sur les cadets, enfin que la parenté par alliance tient une large place auprès de la parenté par le sang. Quant au contenu même, il révèle que le champ de la conscience familiale était relativement restreint.

Si Lambert fait allusion, et seulement d'ailleurs dans le lignage de sa mère, à quelques rameaux éloignés – de « fameux chevaliers », des « hommes éminents par leur naissance », « certains autres très nobles » –, il n'évoque expressément que soixante-treize individus. Encore n'en désigne-t-il par leur nom que trente-cinq, dix-huit du côté paternel, dix-sept du côté maternel. De ces hommes et de ces femmes qu'il nomme, dix-sept appartiennent à la génération de son père et de sa mère. À la génération antérieure, la troisième, son souvenir perd de sa précision : sept noms seulement. Plus haut dans le passé, à la quatrième génération, seul échappe à l'oubli l'aîné du lignage paternel et son épouse, un homme dont on trouve la trace parmi les documents d'archives aux environs de 1050 et qui, par conséquent, était actif une soixantaine d'années avant la naissance de Lambert, guère plus d'un siècle avant le moment où celui-ci rédige cette description : notons combien la mémoire des ancêtres est courte.

Quant aux gens de sa parenté qui appartiennent à sa propre génération, Lambert en parle fort peu. Ceci s'explique : il vit, retiré du siècle, dans une communauté de chanoines réguliers ; son propos, par ailleurs, il le dit nettement, est de parler de ses « ancêtres ». À ce niveau, du côté paternel, il nomme donc seulement deux hommes : l'aîné de ses cinq frères, lequel d'ailleurs est déjà mort, tué dans un combat ; un autre personnage, décoré du titre de « chevalier » que renforce encore l'adjectif *potens* et qui porte le nom de l'ancêtre le plus lointain (ce chevalier est, en fait, le premier descendant, en ordre de primogéniture masculine, du grand-père paternel ; on peut penser qu'il tient par héritage le fief qui fut jadis concédé à celui-ci ; il s'agit de toute évidence du chef actuel de la lignée). Deux hommes, pas davantage. Surpris par une telle restriction, F. Vercauteren a émis, pour l'expliquer, cette hypothèse : si Lambert insiste peu sur ses contemporains de la branche paternelle, c'est que celle-ci, à l'époque où il écrivait, se trouvait en voie de rapide régression économique. Il est à peu près sûr, en effet, que ses neuf frères et sœurs, dont le père et la mère étaient eux-mêmes les derniers-nés de leur famille, devaient se trouver dans une situation de fortune assez médiocre. Du moins, le choix qu'il opère de ce côté de sa parenté est-il significatif : il nomme seulement des hommes, et des hommes de guerre ; il met résolument l'accent sur la primogéniture. Dans son esprit, sa famille paternelle s'ordonne comme une « maison », un lignage de guerriers, où compte très fortement l'aînesse.

Du côté maternel, Lambert désigne par leur nom sept individus de sa génération, et ce sont des parents moins proches : le tableau se déploie donc de ce côté-ci plus largement. À vrai dire, et ce peut être l'explication la plus profonde, ces gens sont presque tous d'Église : trois cousins germains, l'un moine à Mont-Saint-Éloi, comme Lambert le fut lui-même, les deux autres chanoines réguliers, comme il l'est aussi. Apparaissent encore, dans un cousinage moins proche et rattachés au lignage de la grand-mère maternelle, d'autres ecclésiastiques, ceux-ci de plus haute dignité, deux abbés et une abbesse. Mais le dernier nommé est un laïc qui s'est illustré dans l'ordre militaire, fut porte-étendard du comte de Flandre et mourut lui aussi à la guerre. Autre héros. Ainsi, dans l'image que livre Lambert des parents de sa génération, le côté maternel l'emporte : c'est qu'il est, socialement, mieux situé.

Aux degrés successifs de l'ascendance, le côté paternel reprend cependant l'avantage : seize individus nommés, dont douze hommes.

1. Voici d'abord le père, ses trois frères et le grand-père. Lambert ne dit mot des frères de ce dernier. En eut-il ? La difficulté est que l'on ne dispose pas, malgré les minutieuses recherches de F. Vercauteren, d'un tableau généalogique vrai et complet, que l'on puisse superposer à ce tableau composé de mémoire, ce qui permettrait de délimiter exactement les zones d'oubli. Du moins peut-on justifier la présence exclusive de ces cinq hommes en se fondant sur ce que dit Lambert de son existence familiale. Son grand-père vivait à Néchin, sur un domaine qui lui venait de sa femme. En s'établissant là par un heureux mariage, il avait quitté sa demeure natale et rompu de la sorte la communauté de vie avec son père et avec ses frères, s'il en avait jamais eu. Pour Lambert, né lui-même à Néchin, le souvenir de ses grands-oncles et de son arrière-grand-père s'est, de cette manière, effacé : la mémoire qu'il conserve est celle du foyer, de la maison et des hommes qui véritablement y vécurent en commun.

2. Il se souvient pourtant aussi, à la génération antérieure, la plus lointaine qu'il rappelle, d'un oncle de son grand-père. Il le désigne par son nom et aussi par son *cognomen*, qui est le nom d'une terre et d'une autre maison : Wattrelos. Pour lui, ce surnom est devenu le symbole même de sa race, et de l'unité de celle-ci. De cette race, cet homme, sans doute par droit d'aînesse, incarnait la

tige maîtresse ; voici pourquoi Lambert, muet sur son arrière-grand-père, nomme tous les fils de cet ancêtre, à l'exception d'un seul dont le nom, dit-il, est à présent sorti de sa mémoire.

3. Restent quatre hommes présents dans le côté paternel du tableau. Ils appartiennent à trois maisons alliées par les femmes au lignage de Wattrelos. Ce sont les frères – aînés, donc chefs de maison – de trois épouses : celles des deux oncles de Lambert dont la descendance n'est pas éteinte (l'aîné est mort avant son père, ses enfants ne sont plus vivants, et, pour ces deux raisons sans doute, il n'est pas fait mention du lignage de son épouse) ; celle enfin de l'aîné des fils du plus lointain représentant du lignage. Le quatrième homme est le fils du précédent ; il représente en effet l'alliance la plus brillante, celle qui unit la race de Lambert à une race située à un degré supérieur dans la société aristocratique, une famille de châtelains, les sires d'Avesnes.

4. Enfin, du côté paternel, Lambert nomme quatre femmes : la grand-mère, qui a fait entrer dans le patrimoine du lignage l'alleu où Lambert est né ; les épouses de ses deux oncles ; l'épouse, enfin, du plus lointain chef de la maison de Wattrelos. La seule femme qu'il évoque, sans dire son nom, est une tante, morte sans être mariée : de ce côté, les femmes dont le souvenir se conserve sont celles qui ont participé à l'accroissement du patrimoine familial ou qui, venues d'une autre race, ont partagé la vie de la maison et l'ont unie à d'autres lignages.

Du côté maternel, la mémoire se déploie plus loin, mais avec une moindre précision : dix noms seulement dans l'ascendance, et une plus forte proportion de femmes, la moitié. Sont nommés, le grand-père et la grand-mère. De leurs frères respectifs, la valeur sociale est amplement évoquée, mais sans que les individus soient distingués personnellement : le souvenir est ici celui d'un éclat, d'une gloire, un souvenir d'honneur, mais non point de familiarité domestique, et surtout, de ce côté, la parenté ne se concrétise pas par un héritage, par une communauté de possession foncière. Sont nommés encore tous les oncles et toutes les tantes de Lambert, mais celui-ci ne désigne pas par leur nom les époux des tantes mariées ; il ne cherche pas à faire connaître la maison où elles sont entrées ; il donne le nom de l'épouse de l'oncle marié, mais non point celui du frère de celle-ci, ni de la maison dont elle sort. De ce côté, les alliances matrimoniales des membres du lignage ne semblent pas retentir dans la conscience familiale comme elles le font dans la branche paternelle.

De ce dénombrement, de cette longue analyse, que dégager ?

1. Un fait évident d'abord : les hommes occupent dans la mémoire familiale une place nettement prépondérante : dix-neuf femmes seulement parmi les soixante-treize individus évoqués ; une proportion un peu plus forte (30 pour

100) parmi les individus désignés par leur nom (encore faut-il préciser que toutes les femmes nommées sont des parentes très proches, à l'exception d'une seule, mais qui fut abbesse d'un grand monastère). D'autre part, répétons-le : dans l'ordre de la description, les hommes apparaissent toujours avant les femmes et, par sa construction générale, le schéma généalogique place au premier rang l'*agnatio*. Cette prééminence masculine est explicable en partie par la situation personnelle de Lambert, qui était un homme lui-même, et de plus homme d'Église. Mais elle reflète sans doute aussi très directement l'influence des règles successorales qui réservaient aux mâles l'héritage des biens immobiliers. Ces règles de dévolution, celles en particulier qui s'appliquaient au fief (Lambert vivait dans une région et appartenait à un milieu social où la plupart des terres étaient l'objet d'une possession féodale), expliquent aussi l'attention qu'il prête à l'ordre des naissances. Il prend grand soin de l'indiquer toujours et met un accent particulier sur la primogéniture, qu'il s'agisse des fils ou des filles. Précisons cependant que la prépondérance des hommes est plus nettement accusée du côté paternel, où les trois quarts des individus nommés sont masculins, alors que du côté maternel la mémoire fait une place égale aux hommes et aux femmes.

2. Du côté du père, la mémoire s'ordonne très nettement en fonction de la conscience d'une race et d'un sentiment lignager dont l'expression, le soutien, est un *cognomen*, un surnom patronymique. Celui-ci désigne un lieu, une terre ; il est porté à la fois par les deux grands-pères de Lambert ; il les relie l'un et l'autre à l'ancêtre le plus éloigné dans le temps et qui, dans l'esprit de l'auteur, représente la racine connue de son lignage. Ces deux grands-pères, surnommés « de Wattrelos », avaient-ils en fait conservé des possessions dans ce terroir ? C'est probable pour le grand-père maternel, dont le fils aîné, chevalier, fut ensuite maire de Wattrelos ; c'est très improbable pour le grand-père paternel, feudataire de l'évêque de Cambrai, qui vint s'établir sur le domaine héréditaire de son épouse, où vécurent ses fils, où naquit son petit-fils. Or, même dans ce cas, même lorsque ces hommes étaient casés sur un fief personnel, installés sur l'alleu de leur femme ou sur celui de leur mère, ils se réclamaient désormais (c'est-à-dire depuis la fin du XIe siècle, au plus tard) du nom de la terre ancestrale, à laquelle pourtant ils n'avaient plus part directement. Ce nom, devenu pour eux abstrait, marquait leur appartenance à une « maison », à une lignée, à une race, organisée de manière strictement agnatique et gouvernée par les règles de la primogéniture. Ciment de la cohésion lignagère, ce nom de la maison-souche du lignage était aussi le support de la mémoire familiale. Et si l'on se demande pourquoi le souvenir de Lambert ne remonte pas au-delà d'un ancêtre de la quatrième génération, d'un homme qui vivait vers 1050, est-il interdit de

penser que, dans cette région, le milieu du XIe siècle fut précisément le moment où, au niveau des *milites*, dans cette couche inférieure de l'aristocratie dont procédait Lambert, les groupes familiaux se constituèrent en lignées, justement en se fixant sur une terre, soit sur des alleux, soit plutôt sur des fiefs indivisibles devenus décidément, selon l'évolution récente des coutumes féodales, héréditaires par droit de primogéniture ? Ce fut seulement alors, par conséquent, qu'ils s'organisèrent en « maisons », adoptant du même coup un *cognomen*. Auparavant, par-delà ce seuil chronologique, les relations familiales parmi la chevalerie s'ordonnaient sans doute d'une autre manière. Point de maisons, donc point de *cognomina* familiaux, point de race, mais des groupes de parenté, qui gravitaient autour de la maison d'un seigneur, d'un patron. De ces réseaux familiaux, beaucoup moins cohérents, diffus et changeant au gré des mariages, le souvenir s'est perdu très vite. La mémoire des ancêtres est devenue ferme au moment même où les structures de parenté se sont modifiées et ont pris, autour d'un « casement » foncier, d'un héritage, d'un faisceau de droits définis et bien attachés à un patrimoine, une allure résolument agnatique. Le témoignage de Lambert de Wattrelos permettrait donc de situer cette transformation fondamentale, dans cette région et dans cette couche sociale, vers le milieu du XIe siècle. Ce que l'on sait de l'histoire de l'aristocratie et des structures féodales ne contredit point à première vue cette hypothèse.

Il apparaît clairement d'ailleurs que le côté maternel, dans le schéma de Lambert, se trouve organisé semblablement en lignage : des fils du grand-père, un seul, l'aîné, est marié et c'est lui qui possède les biens héréditaires de la lignée ; de ses trois frères, deux sont restés des « jeunes », entendons des chevaliers d'aventures, célibataires et sans établissement ; le dernier est entré en religion. Toutefois, dans la conscience de Lambert, le lignage de sa mère occupe une position quelque peu différente. Ceci m'amène à considérer un autre point : le rôle des femmes et des alliances matrimoniales.

3. Celles-ci, je l'ai dit, n'ont pas le même poids ni la même résonance des deux côtés de l'ascendance, et non sans raison. En se mariant, en effet, l'épouse pénètre dans la maison de son mari ; elle s'y incorpore. Du côté paternel, Lambert considère donc les épouses de ses oncles comme annexées. Il les nomme. Mais il nomme également, sinon leur père, du moins leur frère aîné ou le fils de celui-ci, l'homme qui, au temps de la rédaction des *Annales Cameracenses*, dirigeait leur lignage. Car, par leur intermédiaire, un lien de familiarité s'est établi effectivement entre les hommes de la maison de Lambert et ceux des maisons d'où sortent ces femmes. Un tel lien de familiarité n'est point perçu aussi fortement par Lambert quant aux femmes agrégées par mariage au lignage de sa mère ; sans doute se sont-elles bien incorporées à cette maison, mais

celle-ci, à l'égard de la lignée maîtresse, celle du père de l'auteur de cette généalogie, se trouve elle-même en retrait. Quant aux filles de la race, l'alliance matrimoniale les a fait sortir complètement de leur maison, et la mémoire familiale, pour cette raison, ne retient même pas le nom de leur mari.

4. Au plan des relations affectives et concrètes, l'apport des femmes étrangères au lignage apparaît pourtant, à travers la description des *Annales Cameracenses*, considérable à trois points de vue.

a) Le frère de ces femmes, en premier lieu, semble bien exercer une forte influence sur le destin de leurs enfants mâles. Il est pour eux le soutien naturel, le protecteur, et l'on trouve ici l'illustration concrète de la position privilégiée qu'occupaient alors les liens entre neveu et oncle maternel dans le réseau des relations de parenté. Certains historiens de la société féodale, et notamment Marc Bloch, avaient interprété dans ce sens quelques-uns des thèmes de la littérature chevaleresque[1]. Or voici un témoignage direct qui corrobore ces observations. Il montre clairement que de tels rapports se sont développés sans que les contrarient, bien au contraire, les structures patrilinéaires de la parenté. Ainsi, Lambert : le nom qu'il porte est celui d'un frère de sa mère ; c'est un autre de ses oncles maternels, homme d'Église, devenu abbé de Mont-Saint-Éloi, qui l'a guidé dans la carrière, qui l'a pris dans son monastère, puis l'a établi dans sa situation canoniale – comme il a casé d'ailleurs trois des fils de ses autres sœurs. Quant au frère aîné de Lambert, le seul nommé, voué, lui, à l'état militaire, il semble bien avoir suivi, dans l'existence aventureuse des *juvenes*, des guerriers non mariés, l'un des frères de sa mère, lui-même chevalier d'aventures.

b) L'épouse, en se mariant, apporte dans la maison de son mari des biens, certaines richesses qui viennent de son propre lignage et qui sont destinés, à la génération suivante, à se joindre, dans la fortune de ses enfants, aux biens hérités de leur père. Fait significatif : dans le croquis généalogique établi par Lambert, les seuls *cognomina* cités, hormis le *cognomen* de sa race et celui des beaux-frères de ses oncles paternels, font mémoire de la maison de sa mère et de celles de ses deux grand-mères, c'est-à-dire qu'ils évoquent des parts d'héritage, des biens introduits par ces femmes dans le patrimoine familial. De quels bien s'agit-il ? La grand-mère maternelle, parce qu'elle avait en grand nombre des frères et des sœurs, n'a point apporté de terres à son mari, mais des biens meubles, des esclaves (*servi et ancillae*), et son petit-fils s'en souvient encore. En revanche, la grand-mère paternelle, sans doute parce qu'elle n'avait pas de frères, amenait avec elle le beau domaine de Néchin où vécut son mari, où

1. *Cf. La Société féodale : la formation des liens de dépendance*, Paris, 1939, p. 213.

vécurent ses enfants, où naquit son petit-fils. On peut donc remarquer dans la famille de Lambert de Wattrelos un phénomène qui me paraît fort important dans le jeu des relations sociales au sein de l'aristocratie de cette époque. Le mariage unit très souvent des conjoints de fortune inégale, et il apparaît d'ordinaire que l'épouse se situe à un niveau de fortune supérieur à celui de son mari. Le cas est très évident ici pour trois au moins des mâles du côté paternel, l'un des oncles, le fils aîné du grand-oncle, le grand-père surtout, ce *miles casatus* qui épousa l'héritière d'un alleu fort riche. Et c'est peut-être en raison d'une semblable inégalité que Lambert ne tient pas à nommer les maris de ses tantes.

c) Ce fait m'amène en tout cas à une dernière considération : la femme apporte d'ordinaire au lignage où elle est entrée par mariage un appoint de renommée, c'est-à-dire de noblesse. Dans le schéma présenté par Lambert, très nettement, le côté glorieux, c'est le côté maternel. Par le père de sa mère, par les dix frères de celui-ci, qui, Lambert insiste à plaisir sur ce point, furent tués le même jour dans le même combat, le souvenir familial s'ouvre sur l'épopée, rejoint les « cantilènes » que les jongleurs, au temps de la rédaction des *Annales*, chantent encore. Mais, par sa grand-mère maternelle surtout, Lambert a conscience de toucher à ce qu'il appelle la *nobilitas*. *Nobilis, nobilior*, il emploie ces adjectifs exclusivement à propos du lignage de sa grand-mère maternelle, ce lignage largement propagé dont il est fier et vers lequel il se tourne surtout lorsqu'il veut évoquer, au niveau de sa propre génération, les parentés les plus honorables, les « amis » les plus célèbres. Toute la charge de gloire, d'illustration, de noblesse, est de ce côté-là.

Ces réflexions débouchent de la sorte sur l'épineux problème de la noblesse et de ses rapports avec la chevalerie. Dans cette région et à l'époque où furent composées les *Annales Cameracenses*, existait-il, dans la conscience aristocratique, identité ou différence entre le titre *nobilis* et le titre *miles* ? Au premier abord, un texte comme celui-ci, ce qu'il révèle des attitudes mentales à l'égard des relations de parenté, paraît soutenir l'hypothèse des historiens qui considèrent que, dans le nord de la France, la noblesse au XIIe siècle se transmettait en ligne maternelle : c'est en effet par la mère de sa grand-mère maternelle que Lambert se plaît à montrer ce qui le rattache aux *nobiles* de Flandre. Cependant, on peut rétorquer bien vite que, si Lambert applique à sa grand-mère le qualificatif *nobilis*, c'est en fait parce que le mot *miles* n'a pas de féminin et qu'il lui fallait trouver un autre terme pour marquer la haute naissance de cette femme. Mais on peut avancer encore d'autres arguments plus décisifs. Cette grand-mère noble avait eu des fils, héritiers de son sang et par conséquent de sa noblesse. Lambert n'eût pas manqué de les désigner eux aussi comme des nobles, si ce titre dans sa pensée eût été différent du titre chevaleresque, et supérieur à lui.

Or, c'est bien le mot « chevalier », et ce terme seul, qu'il emploie à leur propos pour indiquer leur rang social. La description prouve donc clairement que, dans cette zone de l'aristocratie, et dès le troisième quart du XIIe siècle, le seul qualificatif qui marquât la supériorité sociale d'un mâle, c'était le mot *miles*. Ajoutons encore que si la noblesse s'était effectivement transmise par les femmes, le tableau n'eût certes pas présenté cette structure d'ensemble si décidément masculine et patrilinéaire. Dans ce milieu d'hommes, de guerre et d'Église, les liens de famille, en même temps que la conception de la dignité d'une race, de l'illustration d'un sang, avaient dès lors revêtu une forme strictement agnatique et la notion de noblesse s'était, du même coup, tout à fait confondue avec celle de chevalerie. Il n'empêche évidemment que, dans la conscience du chanoine Lambert, le versant maternel de sa parenté apparaissait briller d'un éclat plus vif. Mais c'était la conséquence fortuite d'une réalité sociale, la fréquence des mariages inégaux, l'effort persévérant des lignages pour marier leurs fils à un niveau supérieur, l'effort, plus efficace sans doute, des grands seigneurs soucieux de caser leurs vassaux domestiques, les « bacheliers » de leur maison, sans trop s'appauvrir eux-mêmes, et qui leur donnaient pour femme la veuve ou la fille fortunée d'un vassal, l'impuissance enfin des maisons aristocratiques, dont les enfants mâles se trouvaient naturellement privilégiés par les coutumes successorales, à découvrir pour les filles de la race, sauf si l'absence de frères les rendait héritières du patrimoine, des époux qui ne leur fussent pas sensiblement inférieurs.

*

Le second texte, le second témoin de la littérature généalogique de la France du Nord que j'ai choisi d'interpréter ici, est un document d'une tout autre ampleur, qui ne remplit pas, comme le texte de Lambert de Wattrelos, une seule page des *Monumenta Germaniae Historica*, mais soixante. Il s'agit, d'autre part, d'un ouvrage qui fut, lui, composé sur la commande d'un seigneur par un écrivain professionnel, par un homme qui n'a pas travaillé seulement sur le contenu de sa propre mémoire ou de celle de ses familiers, mais sur toute une documentation, sur des archives, des écrits généalogiques rédigés antérieurement et sur les souvenirs attachés aux tombeaux d'une nécropole familiale. Cette source est donc infiniment plus riche et contient notamment d'innombrables traits latéraux de psychologie collective que je me réserve d'utiliser ailleurs ; en revanche, le témoignage est beaucoup moins frais, moins spontané, moins significatif d'une certaine image mentale individuelle. Ce document, sur lequel je travaille depuis longtemps déjà et dont je suis très loin d'avoir achevé l'exploration, c'est l'*Historia comitum Ghisnensium* qu'écrivit à l'extrême fin du XIIe siècle le prêtre Lambert d'Ardres[1]. Cette œuvre historique s'organise en fonction de la personnalité d'Arnoud d'Ardres, le chef de la maison où Lambert servait en domestique, qui était fils aîné du comte de Guînes, l'héritier désigné de celui-ci, et qui détenait déjà du chef de sa mère la seigneurie d'Ardres. Le livre est construit comme une généalogie d'Arnoud, c'est-à-dire d'un châtelain, d'un « sire », d'un homme appartenant à une couche aristocratique qui surplombait fort nettement le lignage des chevaliers de Wattrelos, et ce texte introduit par conséquent dans un autre monde, où la « noblesse » est plus éclatante. De cette généalogie, je ne puis reconstituer ici tout le schéma dans son détail ; il est beaucoup trop complexe, et ce serait dépasser très largement les cadres de cet article que l'analyser aussi minutieusement que le précédent. Je me bornerai donc à quelques remarques ; elles viennent en simple complément de l'étude approfondie que j'ai donnée du croquis généalogique laissé par Lambert de Wattrelos.

1. Le soin que prend Lambert d'Ardres à décrire l'adoubement de son héros renforce la conviction que le titre chevaleresque possédait dans ce milieu et à cette époque une valeur des plus éminentes, et qu'un seigneur du plus haut parage, conscient de rejoindre par ses ancêtres les plus lointains la race même de Charlemagne, mettait sa gloire, alors, à s'en parer.

2. Il apparaît, d'autre part, que les deux tableaux de parenté, celui de Lambert de Wattrelos et celui d'Arnoud d'Ardres, présentent une structure très semblable. Celui du châtelain est simplement plus développé dans toutes les directions. Ici deux cents individus sont nommés ; la mémoire s'étend sur huit générations ; elle cherche même à vaincre les résistances et à remonter plus loin encore. Cette extension tient aux capacités techniques de l'auteur de la généalogie. Mais elle tient surtout à la qualité sociale de ce groupe familial, où se mêlent, pour aboutir à Arnoud, des lignages, non pas de chevaliers, mais de châtelains, de vicomtes, de comtes. Cela dit, la mémoire – cette mémoire que l'écrit même a pour fonction de stabiliser – se déploie de la même manière : 87 pour 100 des individus nommés appartiennent aux générations I, II, III et IV, 50 pour 100 aux générations I et II, mais la génération même d'Arnoud est moins représentée que la génération immédiatement antérieure, qui rassemble 37 pour 100 des individus nommés.

3. Même prépondérance des hommes qui, parmi les individus désignés par leur nom, sont très exactement deux fois plus nombreux que les femmes. Même priorité du côté paternel : c'est par lui que l'histoire commence, de ce côté que

1. Ed. H. Heller, *M. G. H. SS*, XXIV.

le souvenir s'enfonce plus profondément dans le passé, et de beaucoup, puisqu'il remonte d'un siècle plus haut. Ce souvenir va s'aventurer même si loin dans cette direction qu'il perd pied et que, pour se prolonger, il lui faut s'engager dans le domaine de la légende, de la fiction, du mythe. Parvenu, en passant toujours des fils à leur père, jusqu'à la huitième génération, c'est-à-dire jusqu'en 928, Lambert d'Ardres se heurte à l'impossibilité d'établir des filiations patrilinéaires sûres. Utilisant un procédé dont K. F. Werner a montré qu'il était couramment employé en ce temps par les auteurs de généalogies princières [1], Lambert invente alors un ancêtre. Il situe à cet endroit celui qu'il appelle *auctor ghisnensis nobilitatis et generis*, un personnage qui paraît bien mythique et qu'il traite d'ailleurs en héros courtois. Ce *Sifridus*, il en parle comme d'un aventurier scandinave, mais il l'apparente toutefois, et ceci sans aucun fondement documentaire, aux plus anciens seigneurs connus du pays, par un artifice qui manifeste, encore une fois, le souci constant de représenter la famille jusque dans sa plus lointaine durée comme un lignage, comme une succession d'héritiers qui de mâle en mâle se transmettent un patrimoine. Enfin, il fait de ce héros fondateur d'une part, et ceci est fort important, le constructeur du château de Guînes, de la forteresse qui devait devenir la tête de la puissance comtale et l'assise matérielle de cette lignée ; il en fait d'autre part le séducteur d'une des filles du prince voisin, le comte de Flandre. Par cette union illicite, l'homme devient la racine de cet arbre de Jessé que constitue après lui la *genealogia ghisnensium*. Avec son fils, bâtard, la puissance familiale reçoit sa légitimation, puisque le nouveau comte de Flandre, son oncle, l'adopte pour filleul, l'arme chevalier (encore un transfert mythique dans le passé des valeurs que possédait l'adoubement à la fin du XIIe siècle), érige sa terre en comté, et enfin la lui concède en fief [2]. Telle est l'image que les comtes de Guînes se faisaient à la fin du XIIe siècle des origines de leur famille : pour eux la filiation lignagère commençait dans les années vingt du Xe siècle par l'union de l'ancêtre avec la fille d'un prince, qui lui-même descendait par les femmes des Carolingiens ; l'origine du lignage coïncidait pour eux exactement avec l'institution d'une puissance autonome autour d'une forteresse, du titre et des pouvoirs qui lui étaient attachés, et qui devait former désormais le cœur du patrimoine familial. Si l'on considère maintenant, dans le même texte, la lignée maternelle d'Arnoud, celle des seigneurs d'Ardres, qui eux n'étaient point comtes mais simples châtelains, on voit – et c'est la différence essentielle à mon propos – que le souvenir remonte

1. K. F. Werner, « Untersuchungen zur Frühzeit des französischen Fürstentums », *Die Welt als Geschichte*, 1960, p. 116-118.

2. *H. Gh.*, 7-12.

ici beaucoup moins haut vers le passé : le plus lointain ancêtre cité vivait vers 1030. Ainsi, la mémoire d'une filiation lignagère remontait jusqu'au premier tiers du xe siècle dans une famille comtale, jusqu'au premier tiers seulement du xie siècle dans une famille châtelaine. Ces deux points chronologiques me paraissent dignes d'attention.

4. En tout cas, la parenté apparaît dans les deux branches, dans leurs diverses ramifications et dans toutes les directions ascendantes, de structure absolument agnatique, et l'auteur se soucie constamment de présenter les individus des deux sexes dans l'ordre de leur naissance et de bien distinguer des autres les aînés. C'est à propos du comte qui mourut en 1020 qu'est faite dans l'*Historia* la première allusion à une règle de succession par primogéniture. Selon Lambert de Wattrelos, selon Lambert d'Ardres, le schéma généalogique est donc le même. Avec cependant, dans la parenté d'Arnoud, ce caractère particulier : il se trouve que les deux châteaux, d'Ardres et de Guînes, qui formaient le cœur de son patrimoine ancestral, étaient passés l'un et l'autre une fois, l'un à la troisième génération, l'autre à la quatrième, par extinction des hériters mâles et par le mariage d'une héritière, entre les mains d'une autre lignée, moins puissante. Autres exemples de ces mariages inégaux, dont j'ai parlé tout à l'heure, et de cette course aux riches héritières qui, je l'ai montré dans une autre étude [1], a tenu tant de place dans les préoccupations et dans l'existence aventureuse des *juvenes* de l'aristocratie de cette région, pendant les xie et xiie siècles. Il résulte de ce fait, dans la rédaction généalogique, des décrochements dont l'orientation est d'ailleurs très significative : l'auteur de l'*Historia* ne poursuit pas très loin, dans la direction patrilinéaire, la description de l'ascendance de l'heureux mari de l'héritière. Il peine sans doute à le faire, car la mémoire des ancêtres de cet homme médiocre, de ce parvenu qui par son mariage avait brusquement avivé l'éclat de sa noblesse, ne s'était pas conservée : il s'agissait d'un homme nouveau. Lambert abandonne donc vite cette voie, il revient à l'épouse et développe alors son récit du côté de l'ascendance de cette femme, du lignage de ses pères, des hommes qui ont été les possesseurs du bien, du château, du titre, du *cognomen*, c'est-à-dire, en un mot, des vrais ancêtres de la *maison*.

5. On voit ici encore le rôle des femmes. Certes Lambert d'Ardres, à trois reprises, et toutes les fois du côté paternel, fait allusion à des alliances qui par les femmes rattachent son héros à des ancêtres carolingiens. Ici aussi, et très nettement, la mémoire la plus glorieuse s'établit du côté des branches maternelles. Toutefois, l'ensemble de l'histoire en fait, toute la mémoire généalogique que l'on conserve de la maison seigneuriale où vit Lambert, et que son œuvre

1. *Cf. supra*, chap. 7.

a pour but de fixer, s'organise en fonction d'un héritage, de l'héritage d'un double titre et d'une double seigneurie. Le patrimoine paraît bien le support essentiel de la mémoire des aïeux et de la conscience familiale. À tel point que l'auteur étend sa description et la prolonge vers tous ceux qui, contemporains de son héros, pourraient éventuellement prétendre avoir quelque droit sur cette fortune, y compris – chose notable – les bâtards et les descendants des bâtards du père, des grands-oncles, de l'arrière-grand-oncle. Dans ce milieu de haute aristocratie, parmi ces chefs de principautés, le sentiment de parenté s'attache de toute évidence à une maison, au château, support de la puissance, et à la collégiale qui le flanque ; elle remonte avec sûreté jusqu'à l'ancêtre de quelque côté qu'il soit, qui a bâti la forteresse et qui a fondé de la sorte le pouvoir et la gloire de la lignée. Au-delà, le souvenir se perd.

Je voudrais conclure en insistant sur un point qui me paraît essentiel et en formulant à son propos une hypothèse de recherches. Dans cette région de l'Occident, la mémoire généalogique des hommes qui vivaient à la fin du XIIe siècle paraît bien s'étendre inégalement selon le rang qu'ils occupent : au niveau de la petite chevalerie, elle remonte jusque vers le milieu du XIe siècle ; dans les familles de châtelains, jusqu'aux abords de l'an mil ; enfin dans les familles comtales, jusqu'au début du Xe siècle. Ces seuils, au-delà desquels se perd le souvenir des ancêtres, sont d'autant plus reculés que le lignage est plus haut placé dans la hiérarchie des conditions politiques et sociales. Ceci n'est guère surprenant. Mais il est intéressant d'observer que ces trois points chronologiques se trouvent être exactement ceux jusqu'où parvient la recherche des érudits lorsqu'ils s'efforcent aujourd'hui de reconstruire les filiations réelles des familles, et que de telles recherches ne parviennent pas à pousser plus haut. Ainsi, dans la société du Mâconnais, j'ai pu reconstituer la parenté jusqu'à la première moitié du XIe siècle dans les lignages de chevaliers, jusqu'à la fin du Xe siècle dans les lignages de châtelains, jusque vers 920 dans les lignages des comtes [1]. Au-delà de ces dates, il m'a été impossible de découvrir qui était le père du plus lointain ancêtre connu. Or, l'obstacle n'est pas dans la documentation, qui ne change ni en nature ni en densité. On peut donc croire que cette incapacité (semblable à celle que surmonta Lambert d'Ardres en inventant le personnage de l'aventurier *Sifridus*) résulte de la transformation même des structures de parenté. La disparition des indices de filiation patrilinéaire dans les sources écrites lorsque, remontant dans le temps, la recherche franchit ces seuils chronologiques, traduit en fait une moindre importance de ces filiations, à partir de cette date même, dans la conscience familiale. Dans les documents dont

1. G. DUBY, *La Société aux XIe et XIIe siècles dans la région mâconnaise* [ci-dessus p. 1051-1411].

nous disposons, tout apparaît donc comme si, progressivement, aux différents degrés de l'aristocratie, les structures de parenté s'étaient transformées entre le début du Xe et le milieu du XIe siècle. Antérieurement, pas de lignage, pas de conscience proprement généalogique, pas de mémoire cohérente des ancêtres ; un homme de l'aristocratie considérait sa famille comme un groupement, si je puis dire, horizontal, étalé dans le présent, sans limites précises ni fixes, constitué aussi bien de *propinquii* que de *consanguinei*, d'hommes et de femmes liés à lui aussi bien par le sang que par le jeu des alliances matrimoniales. Ce qui comptait pour lui, pour son succès, pour sa fortune, c'était moins ses « ancêtres » que ses « proches », par lesquels il pouvait s'approcher des sources de la puissance, c'est-à-dire du roi, du duc ou du chef local, en tout cas de l'homme capable de distribuer les charges, les « bienfaits », les honneurs. Il attendait tout de ce *senior* ; il s'efforçait donc, par des alliances de toutes sortes, de se rattacher plus étroitement à sa maison, de s'y incorporer ; parce qu'il était en fait dépendant de ce patron, l'important pour lui, c'était ses relations et non son ascendance. Il était un bénéficiaire ; il n'était pas un héritier. Alors que, plus tard, l'individu se sent pris au contraire dans un groupe familial de structure beaucoup plus stricte, axé sur la filiation agnatique, et d'orientation verticale : il se sent membre d'un lignage, d'une race où de père en fils se transmet un héritage ; l'aîné des garçons assume la direction de cette maison, et l'histoire de celle-ci peut s'écrire sous la forme d'un arbre enraciné dans la personne de l'ancêtre fondateur, qui se trouve à l'origine de toute la puissance et de toute l'illustration de la race. L'individu est devenu lui-même un prince ; il a pris une conscience d'héritier. J'ajoute : il se sent noble, puisque être noble, c'est d'abord se réclamer d'ancêtres connus, c'est se référer à une généalogie.

Mais, et voici ce qui importe, aux trois moments successifs où, depuis le haut de l'aristocratie jusqu'à ses moindres niveaux, la mémoire des ancêtres se perd, pour nous autres historiens, comme elle se perdait déjà à la fin du XIIe siècle dans l'esprit de leurs propres descendants, paraissent bien se situer aussi d'importantes modifications qui affectent les structures politiques et juridiques. Une telle coïncidence mérite attention. Dans le royaume de France, le début du Xe siècle est en effet le temps où les comtes gagnent leur autonomie par rapport aux grands princes territoriaux et commencent à disposer librement en faveur de l'aîné de leurs fils de leur « honneur » désormais parfaitement intégré à leur patrimoine : aux alentours de l'an mil c'est le tour des maîtres des châteaux d'accéder à l'indépendance et de s'approprier les forteresses où jusqu'alors ils commandaient au nom d'un autre ; dans les années trente du XIe siècle enfin, on voit d'une part, au niveau inférieur de l'aristocratie, se multiplier les concessions de fiefs, la tenure féodale prendre un caractère plus nettement héréditaire et se transmettre régulièrement de père en fils par règle de primogéniture, tandis que, d'autre part, la situation de fait de cette petite aristocratie se cristallise en privilèges juridiques autour d'un qualificatif, le titre de « chevalier », et des fonctions particulières qu'il définit. De toute manière, la conscience généalogique apparaît à l'instant même où la richesse et le pouvoir, ceux du comte, ceux du châtelain, ceux du simple chevalier, revêtent décidément une allure patrimoniale et où commencent d'entrer en jeu, par conséquent, des règles successorales qui favorisent les fils aux dépens des filles, les plus âgés aux dépens des puînés, et qui valorisent donc à la fois la branche paternelle et l'aînesse. Je reprends donc volontiers une réflexion de Karl Schmid, qui a singulièrement éclairé mes recherches : « La maison d'un noble devient une maison noble quand elle devient le centre et le point de cristallisation indépendant et durable d'une race[1]. » Mais en insistant fortement sur l'idée d'indépendance, et en reliant très étroitement un tel phénomène au processus de décomposition de la puissance royale, à cette dissémination de l'autorité, à cette dissociation progressive des pouvoirs de commandement que nous appelons la féodalité. L'apparition de nouvelles structures de parenté dans l'aristocratie et la mise en place du système féodal n'ont-elles pas progressé du même pas ? Il existe en tout cas entre structures de parenté et structures politiques une corrélation intime, une liaison véritablement organique, qui s'exprime au niveau des représentations mentales par la notion même de noblesse, et que cet article – c'est là son seul but – invite à étudier en profondeur.

1. « Zur Problematik von Familie, Sippe und Geschlecht, Haus und Dynastie, beim mittelalterlichen Adel. Vorfragen zum Thema "Adel und Herrschaft im Mittelalter" », *Zeitschrift für die Geschichte des Oberrheins*, n° 105, 1957.

9

REMARQUES SUR LA LITTÉRATURE GÉNÉALOGIQUE EN FRANCE AUX XIe ET XIIe SIÈCLES [1]

J'ai entrepris depuis plusieurs années d'étudier les relations de parenté dans l'aristocratie des pays français aux XIe et XIIe siècles, étude qui conduit à aborder par des voies nouvelles certains des problèmes centraux que pose la société féodale, celui par exemple des rapports entre noblesse et chevalerie, celui de l'évolution des patrimoines laïques, celui de la distribution de commandement. Ces recherches d'histoire sociale, je m'efforce de les mener conjointement à deux niveaux, au plan, si je puis dire matériel, des supports biologiques et économiques de la destinée familiale, mais aussi au plan des attitudes mentales, de la perception des liens de parenté. Le principal instrument de telles investigations est, de toute évidence, la généalogie. Mais il existe en vérité des généalogies de deux sortes, lesquelles, d'ailleurs, correspondent à peu près aux deux niveaux dont je viens de parler. Voici d'une part – et c'est d'abord à celles-ci que l'on pense – les généalogies que les historiens ont construites au cours des âges et qu'ils continuent de construire, ou de rectifier, en recueillant tous les indices de filiation ou d'alliance dispersés parmi les cartulaires, les chartiers ou les nécrologies. Toujours incomplètes, souvent incertaines, ces généalogies-ci offrent de telle ou telle famille l'image concrète, dans sa croissance et dans sa fortune. Beaucoup plus rares, et ne pouvant s'accroître que par la découverte de parchemins inconnus, sont les généalogies de l'autre genre, j'entends celles

1. Bibliographie [57].

qui furent composées à l'époque même par les contemporains. Or, celles-ci sont également très précieuses par le témoignage qu'elles apportent sur la psychologie familiale et sur les représentations mentales qui formèrent l'armature de la conscience lignagère. À propos de ces derniers documents, je voudrais présenter brièvement les premiers résultats de recherches que j'ai poursuivies avec l'aide diligente de Mlle de Guilhermier, collaborateur technique au Centre national de la recherche scientifique. Mon propos est d'abord d'étendre au royaume de France des investigations conduites dans l'Empire par A. H. Hönger[1] et plus récemment par Karl Hauck[2], c'est-à-dire de faire un inventaire de ces sources. Je tenterai aussi d'interpréter celles-ci et, m'inspirant des travaux publiés en Allemagne encore par K. F. Werner[3] et par les élèves de Gerd Tellenbach, notamment par Karl Schmid[4], de risquer quelques remarques, lesquelles ouvrent, semble-t-il, des perspectives assez larges, et non pas simplement sur l'histoire sociale, mais aussi sur l'histoire politique et sur l'histoire culturelle.

J'entends me limiter ici à une partie seulement de la littérature familiale, aux écrits proprement généalogiques, c'est-à-dire qui dressent le tableau d'une parenté. J'exclus donc trois catégories de documents, dont certains sont du plus grand intérêt pour l'histoire de la conscience familiale, mais qui me paraissent relever d'un autre genre et mériter des études spéciales : en premier lieu, les histoires et chroniques qui, comme au XIe siècle celle d'Adhémar de Chabannes et, au XIIe, celle de Geoffroy du Vigeois, contiennent de nombreuses ébauches de généalogies, mais qui n'ont point été écrites pour l'illustration d'une lignée ; ensuite, toutes les *vitae*, qui procèdent directement soit de l'hagiographie, soit des éloges ou des déplorations funéraires ; enfin, certaines listes comtales, souvent liées à des listes épiscopales, qui ne contiennent aucune mention de filiation, comme celle qui figure dans le cartulaire de la cathédrale de Mâcon. Au terme de cette sélection, qui fait écarter en particulier toutes les œuvres composées au XIe siècle dans l'entourage des ducs de Normandie et, aux XIe et XIIe siècles, dans l'entourage des rois de France, reste donc, non comptées quelques continuations, une vingtaine de textes antérieurs à la fin du XIIe siècle.

---

1. « Die Entwicklung der literarischen Darstellungsform der Genealogie im deutschen Mittelalter von den Karolinger Zeit bis zu Otto von Freising », *Mitt. der Zentralstelle f. deutsche Personen- und Familiengeschichte*, 1914.

2. « Haus- und Sippengebundene Literatur mittelalterlichen Adelsgeschlechter », *Mitt, des Instituts für öster, Geschicht.*, 1954.

3. « Untersuchungen zur Frühzeit des französischen Fürstentums, IX. bis X. Jahrhundert », *Die Welt als Geschichte*, 1960.

4. « Zur Problematik von Familie, Sippe und Geschlecht, Haus und Dynastie beim mittelalterlichen Adel », *Zeitschrift für die Geschichte des Oberrheins*, 1957.

Il s'agit là, bien sûr, du mince résidu d'une production dont on sait avec certitude, et notamment par certaines mentions incluses dans les œuvres qui n'ont pas été perdues, qu'elle fut beaucoup plus abondante. De ce qui subsiste et qui peut être actuellement repéré dans l'état de l'édition et des études historiographiques voici, sommairement esquissé, l'inventaire.

a) On trouve d'abord, très isolée en plein xᵉ siècle, la généalogie du comte de Flandre, Arnoul le Grand, composée par Vuitgerius entre 951 et 959 et conservée à l'abbaye de Saint-Bertin.

b) Entre le milieu du xiᵉ siècle et 1109 se situent une notice sur l'ascendance du comte de Flandre Arnoul le Jeune, rédigée au monastère de Saint-Pierre-au-Mont-Blandin ; une généalogie des comtes de Vendôme, insérée dans le cartulaire de Vendôme ; six généalogies des comtes d'Anjou, enfin, issues de Saint-Aubin d'Angers.

c) Des toutes dernières années du xiᵉ siècle datent le premier état de la généalogie des comtes de Boulogne et un fragment d'histoire des comtes d'Anjou que les études critiques de L. Halphen permettent d'attribuer au comte Foulques Réchin.

d) Entre 1110 et 1130 apparaissent deux nouvelles généalogies des comtes de Flandre, l'une composée à Saint-Bertin, l'autre insérée par Lambert de Saint-Omer dans son *Liber Floridus*, et, d'autre part, le premier état conservé de la geste des comtes d'Anjou, lequel est dû à Thomas de Loches.

e) Les environs de l'an 1160 forment une zone de particulière fécondité. Tandis que les généalogies flamandes et angevines font l'objet d'importants remaniements, tels l'écrit que l'on appelle *Flandria generosa* et les versions nouvelles de la *Gesta consulum andegavorum* par Breton d'Amboise ou Jean de Marmoutier, paraissent simultanément, outre deux nouvelles esquisses généalogiques composées à Saint-Aubin d'Angers, des écrits consacrés aux sires d'Amboise, aux comtes d'Angoulême, aux comtes de Nevers. De cette époque datent les œuvres de Wace et de Benoît de Sainte-More. Notons enfin que c'est à partir de ce moment même que les auteurs d'histoire et de chronique régionales se montrent beaucoup plus attentifs aux données généalogiques, comme en témoignent par exemple certaines notes provenant de l'abbaye d'Anchin en Artois et de celle de Foigny, dans le diocèse de Laon.

f) En 1194, Lambert d'Ardres écrit l'*Histoire des comtes de Guines*, à la fois le plus riche et le plus significatif des écrits de ce genre. Ce simple inventaire suscite immédiatement quelques remarques préliminaires, que je limite volontairement à l'extérieur et comme à la surface de ces textes, et plus précisément à leur localisation dans le temps et dans l'espace.

1. Il apparaît au premier coup d'œil que le genre littéraire qui nous occupe se trouve cantonné à cette époque dans les parties septentrionales et occidentales du royaume de France. Et si l'on met à part le duché de Normandie, dont l'historiographie présente des traits originaux et s'écarte sensiblement des formes proprement généalogiques, celles-ci s'ordonnent autour de deux foyers, le comté de Flandre, où elles apparaissent en premier lieu et où elles demeurent les plus nombreuses, et le comté d'Anjou. Ce n'est qu'après 1160 que, depuis ces deux centres, elles se diffusent, et fort discrètement vers l'est et vers le sud.

2. Avant l'extrême fin du XIIe siècle, où la chancellerie de Philippe Auguste devient un atelier d'écrits généalogiques, il n'existe pas de généalogies qui concernent proprement les rois de France. Ce genre littéraire relève bien d'une *Adelsliteratur*, pour reprendre l'expression de Karl Hauck. Toutefois, il ne fleurit d'abord que dans l'entourage de très grandes familles, de races immédiatement inférieures à celles des rois, de lignages établis dans de vastes principautés régionales. Mais on observe aussi que, par l'effet d'un lent processus de vulgarisation, il tend à gagner progressivement des étages moins élevés de la société aristocratique, le niveau d'entités politiques de moindre envergure, tels le comté d'Angoulême, le comté de Guines, les seigneuries d'Amboise et d'Ardres. Encore cette pénétration est-elle fort lente et ne peut-elle être attestée avant le milieu du XIIe siècle ; il convient en effet de mettre à part la généalogie des comtés de Boulogne, dressée certes aux alentours de 1100, mais alors que deux membres de ce lignage recueillaient des titres supérieurs au titre comtal, celui de duc de Basse-Lorraine et la royauté de Jérusalem.

3. Les phénomènes d'ensemble se relient incontestablement, d'une part à l'histoire des formations politiques, d'autre part à l'histoire de l'expression littéraire, c'est-à-dire de la culture, et l'on peut à ce propos formuler déjà quelques hypothèses de recherches.

a) Il importe, en premier lieu, de souligner que l'établissement de ces généalogies paraît très souvent répondre au souci de légitimer un pouvoir. Cette observation peut expliquer l'absence de généalogies royales, le roi n'ayant nul besoin d'assurer une puissance fondée en droit sur l'élection et sur le sacre, alors que, dans le nord du royaume et dans l'Anjou, la confection de ce type de texte entend apparemment confirmer une prétention à la souveraineté, prouver le bon droit d'un héritier lors d'une succession contestable. C'est le cas des généalogies flamandes composées dans les années encadrant l'an 1100 qui exaltent l'ascendance carolingienne des comtes, de la notice sur le comte de Vendôme qui justifie l'acquisition de cette principauté par le comte d'Anjou Geoffroy Martel, des tableaux dressés à Saint-Aubin d'Angers, alors que le titre comtal angevin vient d'échoir à une branche collatérale, et qui entendent rehausser la gloire de celle-ci en montrant les alliances illustres qui l'attachent aux plus grandes maisons princières de l'époque. Ces textes, par conséquent, doivent être rangés parmi les matériaux qui consolidèrent l'établissement des principautés territoriales nées de la dissolution des pouvoirs régaliens.

b) Il convient aussi, et c'est se tourner cette fois vers l'histoire culturelle, de situer ces documents au sein d'une géographie, qui reste tout entière à construire, de la production littéraire. Leur localisation atteste en premier lieu la fécondité et, on peut le dire, la prééminence, dans le XIe et le premier XIIe siècle, de certains foyers littéraires de racine carolingienne, ceux de la Basse-Loire d'une part, et ceux de la Lotharingie dont les ateliers flamands constituent en fait les prolongements occidentaux. Il faut remarquer par ailleurs que ce type de littérature est, pendant cette période, le lieu d'un enrichissement progressif. Les plus anciens de ces écrits sont de simples catalogues ; ceux qui leur succèdent prennent l'allure de récits et gagnent peu à peu de l'ampleur. L'opinion de Hönger qui, dans les pays d'Empire, voyait dans les catalogues des résumés tardifs de textes antérieurs plus développés ne peut être appliquée à la France ; il est certain, par exemple, que les gestes des comtes d'Anjou et celles des seigneurs d'Amboise, que l'*Histoire des comtes de Guines*, furent élaborées à partir de listes généalogiques plus sommaires, et l'on voit les généalogies flamandes se nourrir constamment au cours du XIIe siècle de nouvelles adjonctions. Au long de ce progrès continu, deux étapes principales se laissent entrevoir, l'une dans la dernière décennie du XIe siècle, l'autre aux alentours de 1160 ; il ne serait sans doute pas inutile de confronter cette périodisation à celle que les historiens de la littérature en langue vulgaire peuvent établir de leur côté. Mais cette dernière remarque me conduit à proposer maintenant des interprétations plus profondes, en analysant cette fois le contenu même de ces écrits, en m'efforçant de reconstituer le schéma des structures familiales qu'ils présentent, le modèle des relations de parenté qu'ils fixèrent dans la conscience des contemporains, et de suivre ce modèle au cours des temps dans les modifications qui l'affectèrent.

Tous ces écrits dérivent d'un prototype, qui est royal. Le premier de ceux que l'on conserve pour le royaume de France, la généalogie d'Arnoul de Flandre qui, je le répète, date du milieu du Xe siècle, présente en effet un double aspect. C'est d'abord, assorti de prières funéraires, l'éloge d'un prince dont sont exaltées les vertus. Mais pour montrer que les mérites naturels de son héros s'accordent à la noblesse de ses origines, l'auteur adjoint à cet éloge une généalogie véritable, celle des souverains carolingiens. Sur la *sancta prosapia domini Arnulfi*, laquelle, en ligne patrilinéaire, ne remonte pas plus haut que le grand-père d'Arnoul, le comte Baudouin Ier, vient se greffer ainsi, par l'intermédiaire de l'épouse de ce dernier, Judith, fille de Charles le Chauve, une *genealogia nobilissimum Francorum imperatorum et regum*, une liste surimposée, utilisée sans critique et empruntée aux *scriptoria* de Lotharingie [1]. Incorporée de cette manière à la mémoire familiale des tenants d'une principauté, cette liste royale s'imposa comme un type ; on la voit, en effet, reprise jusqu'au XIIIe siècle, dans tout l'espace culturel qui nous occupe, aussi bien par Guillaume de Malmesbury que par les généalogistes des comtes de Boulogne, par ceux de Foigny et d'Anchin. Ainsi s'introduit dans la conscience de la haute aristocratie un schéma de parenté que l'on peut définir brièvement : filiation strictement agnatique, le titre – à l'instar du titre royal – se transmet de père en fils ; mais comme il arrive parfois que le titre ou la vocation à la puissance s'hérite par l'effet d'une alliance – ainsi les comtes de Flandre reçurent le sang carolingien, ainsi, beaucoup plus tôt, les ancêtres de Charlemagne avaient reçu le sang mérovingien –, le fil généalogique en remontant vers le passé peut subir des décrochements, abandonner la lignée patrilinéaire moins illustre pour, à partir de telle aïeule dont les descendants ont conscience de tirer un héritage plus éclatant, remonter de fils en père cette lignée plus honorable. Que ce cadre mental, où vient désormais s'inscrire, dans la haute aristocratie, la mémoire des ancêtres, procède d'un modèle emprunté à la famille royale, manifeste une appropriation parallèle à l'usurpation des pouvoirs régaliens sur quoi se fondent les dynasties nouvelles. Cette constatation autorise à étendre à la France certaines remarques énoncées pour les pays allemands par les historiens de l'école de Fribourg, et notamment par Karl Schmid : lorsque la haute aristocratie commença, par l'effet de la décomposition du pouvoir royal, à s'organiser en maisons, en lignages, elle le fit à l'image de ce qui avait été jusqu'alors la seule « maison », la seule race, la seule généalogie véritable, celle du souverain.

Se limiter à la filiation masculine et décrire une lignée d'hommes, insister de plus en plus fortement après la fin du XIe siècle sur la primogéniture, tandis que les règles successorales favorisent plus nettement les aînés, puis délaisser les ancêtres paternels au profit de ceux de la mère, si l'héritage est venu par celle-ci, comme le fait Foulques Réchin, et après lui tous les auteurs de généalogies, comme le fait d'ailleurs, du côté germanique, un Otton de Freising, peut aisément s'expliquer : tous ces écrits se préoccupent avant tout de la transmission d'un « honneur » au sens primitif, disons carolingien, du terme. « Moi, Foulques... j'ai voulu confier à l'écriture comment mes ancêtres ont acquis et tenu leur honneur jusqu'à mon temps, et comment moi-même je l'ai tenu, aidé

1. *P. L.*, 209, p. 929.

par la merci de Dieu[1] », ainsi débute l'écrit attribué au comte Foulques d'Anjou. La geste des comtes d'Amboise insiste sur la constitution progressive d'un patrimoine, sur l'apport dotal des épouses, sur les partages. Et la généalogie composée par Lambert d'Ardres, dont le maître est à la fois l'héritier du comté de Guines et de la seigneurie d'Ardres, se présente en fait comme une histoire de ces deux patrimoines et de leur consolidation progressive. Les auteurs de ces écrits s'efforcent de découvrir dans son plus lointain passé l'origine de cette possession héréditaire. Voici qui vient renforcer l'hypothèse proposée par les élèves de Gerd Tellenbach : c'est au moment où les membres de la haute aristocratie cessent de devoir leur fortune aux faveurs temporaires d'un souverain, de tenir un pouvoir et des biens par concession viagère et révocable, au moment où leur puissance s'assied sur un patrimoine librement transmissible de père en fils, que les groupes de parenté, jusqu'alors mouvants et sans consistance, s'ordonnent selon la stricte armature d'un lignage ; point de lignées, point de maisons nobles avant que l'honneur ne devienne franchement héréditaire, c'est-à-dire avant le IXe siècle pour les plus grands princes, avant le Xe siècle pour les seigneurs de moindre volée – et j'ajoute, en France, avant le XIe siècle pour les simples chevaliers. De fait, tous les textes qui nous occupent ne se soucient pas à proprement parler de décrire toute la parenté, mais seulement la part de celle-ci qui détient le patrimoine. En fait, cette conscience familiale est une conscience d'héritiers.

Cependant, entre ceux de ces écrits qui sont antérieurs à la première décennie du XIIe siècle et les autres, il existe une différence notable, dont je voudrais, pour terminer, dire quelques mots. Les premiers demeurent très secs, peu développés, même lorsqu'ils ne sont point de simples catalogues, comme le récit de Foulques Réchin. Ils reposent alors sur une mémoire. Foulques s'est expliqué : il s'appuie sur ses propres souvenirs et sur ce qu'il tient de son oncle Geoffroy Martel ; on ne voit point qu'il ait utilisé les tableaux composés antérieurement dans le monastère de Saint-Aubin ; il avoue ne rien savoir des premiers comtes d'Anjou ; il ignore même où se trouve leur sépulture. Alors que les généalogies du XIIe siècle se développent dans toutes les directions, des reprises successives les enrichissent, rajoutant des noms de fils cadets, de filles, d'ancêtres qui n'étaient pas jusqu'alors mentionnés, développant des filiations parallèles... L'arbre dont elles dressent le profil déploie plus amplement ses ramures et pousse plus profondément ses racines. Il importe à l'histoire culturelle autant qu'à l'histoire sociale et à l'histoire politique d'observer de près cette extension. Je ferai à son propos trois remarques.

1. *Chroniques des comtes d'Anjou*, éd. Halphen et Poupardin, p. 232.

1. Elle témoigne d'abord d'un progrès des techniques littéraires, d'un accroissement des ressources intellectuelles. Les premières généalogies avaient été élaborées dans des monastères privés, intégrés dans le patrimoine de grandes familles princières. Un rôle majeur fut alors tenu par Saint-Bertin et Saint-Aubin d'Angers, dont respectivement les comtes de Flandre et ceux d'Anjou détenaient l'abbatiat et qui occupaient dans ces principautés la place même que tinrent successivement dans la principauté capétienne Fleury et Saint-Denis, abbayes nécropoles, et des liens étroits unissent apparemment les premiers tableaux généalogiques aux épitaphes des seigneurs défunts dont on sait par Raoul Glaber que la composition jouait, au seuil du XIe siècle, un rôle majeur dans l'activité littéraire [1]. Au XIIe siècle, parmi les auteurs des écrits dont je parle, on trouve encore des moines mais beaucoup désormais sont des clercs, et des clercs domestiques, tels Thomas de Loches, qui fut chapelain de Foulques le Jeune, et le prêtre Lambert attaché à la maison des seigneurs d'Ardres. Par un transfert qui prend place dans un mouvement général de laïcisation de la culture, l'atelier principal de cette littérature devient alors la cour du prince ; il utilise certaines des ressources de celle-ci, dont le dépôt d'archives et, on le sait pour les comtes de Guines à la fin du XIIe siècle, sa bibliothèque. Les rédacteurs qui y travaillent sont instruits, formés au métier d'écriture ; certains sont très avertis du droit familial, comme en témoigne l'arbre explicatif des divers degrés de parenté qui illustre aux folios 126-127 le manuscrit du *Liber Floridus* de Lambert de Saint-Omer conservé à la Bibliothèque nationale. Écrivant sur commande, ils manifestent une nouvelle attitude à l'égard de la tâche qu'ils ont à remplir. Il ne s'agit plus seulement pour eux de relater un souvenir, mais de construire véritablement une histoire ; partant d'une biographie de leurs maîtres, ils s'efforcent de bâtir aussi une *vita* de chacun des personnages qui prend place dans la lignée qu'ils décrivent. Ils réunissent à cette fin une documentation, ils s'appuient sur des textes. Par leur art, la mémoire ainsi se précise, s'étoffe, se prolonge. À travers leurs œuvres on peut suivre l'enrichissement progressif de la technique et de la conscience historiques, et découvrir, dans le XIIe siècle, un moment capital de l'histoire de l'histoire.

2. Littérature de cour, de plus en plus laïcisée par rapport à ses origines liturgiques et monastiques, la littérature généalogique se trouve aussi étroitement liée au développement parallèle d'une littérature de divertissement, composée dans le même milieu, dans ce rassemblement chevaleresque où, je

1. F. VERCAUTEREN a montré que, au XIIe siècle encore, Gislebert de Mons, dont on sait le goût pour les généalogies, composait aussi des épitaphes (« Gislebert de Mons, auteur des épitaphes des comtes de Hainaut Baudouin IV et Baudouin V », *Bulletin de la Commission royale d'histoire*, 1960).

l'ai montré ailleurs, les « jeunes », les coureurs d'aventures, jouent alors un rôle culturel de premier plan. Il convient ici d'évoquer les rapports qu'entretiennent les écrits généalogiques du XIIe siècle avec les légendes épiques. Leurs auteurs, en effet, n'utilisent pas seulement des textes, mais aussi les histoires qui circulent dans l'entourage du seigneur. Ainsi, Thomas de Loches introduit dans la geste des comtes d'Anjou les récits légendaires qui enveloppaient le souvenir de Geoffroy Grisegonelle. Quant à Lambert d'Ardres, il avoue avoir tiré parti des histoires que racontaient, pour distraire l'héritier des comtes de Guines, trois de ses amis, trois « jeunes » comme lui, spécialement doués pour le conte divertissant. Cette ouverture sur la légende et sur l'imaginaire est fort importante à deux points de vue. Elle explique d'abord la place ménagée aux héros dans les nouvelles généalogies, qui prennent désormais l'allure d'une galerie de types exemplaires, modèles de vertu. Dans son armature profonde, je l'ai dit, la généalogie relate la transmission d'un titre, d'un patrimoine. Mais elle prend subsidiairement après 1110 un autre caractère lorsque, sous l'influence des récits épiques et par l'introduction de biographies plus étoffées, elle tend à devenir une suite d'éloges individuels. Les aïeux revêtent de ce fait une autre apparence dans la conscience de leurs descendants. Ils n'ont point seulement transmis les assises de la puissance politique, mais encore un héritage de gloire, un « honneur » – prenons cette fois ce mot au sens moderne du terme – dont les héritiers doivent se montrer dignes. Devenant exemplaire, cette littérature s'insère parfaitement dans le climat de concours permanent qui baigne, autour du prince, le milieu des jeunes. Elle coopère à la construction de sa morale particulière. L'étude de ce genre d'écrits se montre ainsi susceptible d'apporter une utile contribution à l'histoire de l'éthique chevaleresque, de la formation d'une conscience de classe dont le rôle est fondamental dans l'évolution, à cette époque, de la notion de noblesse.

3. Mais l'intervention des légendes, la contamination que subissent alors les textes généalogiques de la part des œuvres de divertissement et d'évasion dans l'imaginaire, se trouvent encore à l'origine de la modification la plus remarquable qui affecte au XIIe siècle les généalogies : l'invention d'ancêtres mythiques. Les auteurs de ce temps, je l'ai dit, s'efforcent de pousser plus haut dans le passé la racine du lignage. La première généalogie flamande remontait jusqu'à Baudouin Ier, c'est-à-dire jusqu'au dernier tiers du IXe siècle, jusqu'à un personnage qui peut-être n'était pas le premier de sa lignée à détenir l'honneur comtal, mais qui est bien le premier dont l'érudition puisse contrôler l'existence dans les documents subsistant aujourd'hui. Rédigée après 1110, la *genealogia bertiniana* prolonge de trois générations cette liste et attribue à Baudouin Ier trois ancêtres, dont l'érudition ne peut trouver nulle part ailleurs la trace. De même,

en Anjou, les généalogies du XIIe siècle enfoncent deux générations plus avant dans le passé les premières séries comtales sur des données invérifiables. Le souci nouveau de pousser le souvenir ancestral jusqu'au cœur de l'époque carolingienne, c'est-à-dire jusqu'au moment privilégié décrit par les chansons de geste, de dépasser, par conséquent, le seuil chronologique auquel s'arrêtait jadis la mémoire de la parenté et qui dresse aujourd'hui encore un obstacle infranchissable aux recherches érudites, incita donc selon toute apparence les historiographes domestiques à s'aventurer dans le mythe. Le fait a été fort bien mis en évidence par K. F. Werner. Le contenu de l'*Histoire des comtes de Guines* apporte sur ce point un témoignage de toute première valeur. Lambert d'Ardres, étant parvenu dans ses recherches jusqu'en 928, place à cet endroit comme *auctor Ghisnensis nobilitatis et generis* un personnage étrangement parent des héros de la jeune littérature romanesque. C'est un aventurier, un *tiro*, un « jeune » batteur d'estrade, comme l'étaient, à l'époque où écrivait Lambert, les chevaliers errants compagnons de l'héritier du comté, de noble naissance certes, mais pauvre et étranger. Il séduit la fille du comte de Flandre, et le garçon qui naît de cette union reçoit plus tard l'investiture du comté de Guines, qui vient en fait légitimer l'heureuse aventure matrimoniale de son père. Ainsi se trouvent à la fois transposés dans ce qui veut être une histoire les thèmes des récits de divertissement tels qu'ils se développent alors dans le milieu courtois, et cette réalité sociale du XIIe siècle, parfois concrètement vécue, en tout cas constamment rêvée par tous les jeunes hommes de l'aristocratie de ces régions, l'aventure, l'errance, la poursuite d'une riche héritière, la quête d'un mariage fructueux, qui assurât la conquête d'un établissement et d'un patrimoine où s'enracinât une lignée nouvelle, bref ces unions profitables qui de fait tiennent une place que j'ai déjà fortement soulignée dans les généalogies vraies. Cette inflexion de la littérature généalogique dans le cours du XIIe siècle se montre de la sorte fort significative d'attitudes mentales qui s'établissent alors et peu à peu se fortifient. Sans doute serait-il du plus grand intérêt de rapprocher le témoignage que fournit cette littérature de ce qu'apprennent les chansons de geste et les romans qui furent composés à l'époque même et dans cette même région de la France du Nord et de l'Ouest, mais aussi d'une histoire des tournois et d'une histoire de l'adoubement qui, ni l'une ni l'autre, ne sont encore faites.

Vulgarisation progressive d'un modèle royal, celui du lignage par qui s'effectue le passage de la noblesse fluide des IXe-Xe siècles à la noblesse fixée de l'époque féodale, affermissement de la conscience familiale, qui d'abord s'attache à l'hérédité d'un titre et d'un patrimoine, mais qui peu à peu devient plus attentive à la valeur morale des aïeux et aux exemples de comportement qu'ils proposent, je souligne en terminant ce qui me paraît être l'apport principal de ce genre de sources à une histoire sociale, soucieuse de ne pas se fonder uniquement sur l'histoire économique, mais aussi sur celle des structures politiques et de la culture.

III

CULTURE ET SOCIÉTÉ

10

HISTOIRE ET SOCIOLOGIE DE L'OCCIDENT MÉDIÉVAL RÉSULTATS ET RECHERCHES [1]

Je ne pense pas pouvoir présenter l'état des recherches récentes menées en France sur l'histoire de la sociologie de l'Occident médiéval sans prononcer le nom de Marc Bloch, sans évoquer ce qu'il fut pour nous, et plus précisément ce qu'il fut pour moi. J'avais vingt ans ; la *Société féodale* venait de paraître ; paraissaient régulièrement les *Annales d'histoire économique et sociale*, toutes pleines de lui ; autant d'appels à l'ouverture sur des disciplines encore très jeunes et incertaines, à tout un rajeunissement de l'histoire. Je suis sûr que si, pendant un temps, en France, l'histoire de la société médiévale s'est placée à l'avant-garde de la recherche historique, ce fut grâce à lui.

La voie qu'il traçait ? De très solides approches, en premier lieu, d'histoire économique. On est frappé de voir, dans les papiers qu'a laissés Marc Bloch, la place faite à tous les soubassements de l'évolution sociale, à l'histoire monétaire, à celle de la démographie, à celle des techniques. Attaché à l'examen d'une société agraire, Bloch portait un particulier intérêt aux choses de la terre. De son fait s'opéra un retournement vers les campagnes d'une attention que les premiers animateurs d'une histoire économique du Moyen Âge avaient portée surtout, jusqu'alors, aux villes et aux commerces. C'est ici qu'il faut placer un fait décisif pour l'orientation des investigations : le lien entre l'histoire sociale et la géographie humaine. En 1940, ce lien apparaissait non seulement néces-

1. Bibliographie [75].

saire mais naturel. Enfin l'œuvre de Marc Bloch ouvrait deux avenues. L'une vers l'histoire comparée : il s'agissait de parvenir à une typologie des sociétés médiévales. L'autre vers la connaissance de l'« outillage mental », perspective essentielle qui se trouvait dès lors au moins indiquée. Voici d'où nous sommes partis, essayant de poursuivre.

Si l'on s'interroge sur les conditions de cette poursuite, il faut établir un premier point. Comme l'avait fait Marc Bloch, les recherches d'histoire sociale se sont, dans les vingt dernières années, fondées sur l'exploitation des documents d'archives, aidée par le recours au cadastre, à la carte, à la photographie aérienne, c'est-à-dire aux outils des géographes. Pour la période comprise entre le Xᵉ et le XIIIᵉ siècle (les études sur le plus haut Moyen Âge souffrent encore en France d'un net retard), le matériau de base est fourni par les chartes et les notices des cartulaires. C'est celui qu'utilisent, pour évoquer les recherches les plus récentes, Robert Fossier, pour sa très belle thèse consacrée aux campagnes de Picardie, Pierre Toubert ou Pierre Bonassie, dont les recherches portent sur le Latium et sur la Catalogne. Pour la période suivante (et c'est dans ce secteur chronologique que les travailleurs sont actuellement les plus nombreux), les sources les plus riches sont les documents fiscaux ou judiciaires et les registres de notaires. De ce point de vue se trouve privilégiée la France méridionale, et c'est pourquoi s'est opérée une sorte de renversement : jusqu'alors, les recherches, menées surtout depuis Paris, laissaient le Sud presque inconnu ; voici maintenant que le voile ici se lève. Ce sont les villes surtout qui ont retenu l'attention. J'évoquerai les livres de Philippe Wolff et de Jacques Heers sur Toulouse et sur Gênes, et les travaux que mènent mes élèves sur les villes de Provence.

Quant aux méthodes, voici, très brièvement, les traits qu'il importe de souligner. Chaque chercheur d'abord s'est efforcé de découvrir un fonds documentaire dense et cohérent, sans trop de lacunes, qui puisse livrer des suites, des séries – tels que sont, par exemple, les cartulaires du XIᵉ siècle de l'abbaye de Cluny ou les registres notariaux du XIVᵉ et du XVᵉ siècle à Toulouse. Il s'agit en effet de disposer d'une continuité suffisante pour saisir pendant plusieurs décennies l'évolution d'ensemble d'un corps social. Second caractère remarquable : les recherches sont généralement menées dans un espace restreint ; l'exemple de la monographie, régionale ou urbaine, était donné par les beaux travaux des géographes français des années trente et quarante. Troisième trait enfin : le souci, à partir de ces séries documentaires, de compter ce qui peut être compté, une tentative de traitement statistique, peu à peu affiné. J'indique que l'on expérimente actuellement l'usage des ordinateurs, ainsi pour la mise en œuvre des éléments numériques contenus dans un document d'une exceptionnelle richesse, le *catasto* florentin de 1427. Ces essais de comptage n'ont pas été sans déterminer les interrogations, les champs d'investigation, et par conséquent les directions dans lesquelles se discernent les progrès les plus vifs.

Je placerai au premier rang la démographie au sens très large. Qu'il s'agisse d'observer l'évolution quantitative d'une population globale à partir de dénombrements d'intention fiscale, dont les premiers apparaissent à la fin du XIIIe siècle (un bel exemple est fourni par les travaux d'Édouard Baratier sur la démographie de la Provence), ou de mener des recherches plus profondes sur la composition des foyers, sur le destin des familles ou sur les variations différentielles de la densité du peuplement. Viennent ensuite les études sur la distribution de la fortune. Ce qui importe essentiellement, c'est que l'emploi de ces procédés statistiques a jusqu'à présent privilégié ce qui relève de l'économie dans l'explication des structures sociales. De ce fait s'est réduite la part qu'occupait avant 1945 l'histoire du droit dans les approches d'une histoire de la société. Mais la fascination du nombre, de la quantification a conduit à surestimer peut-être la fonction de l'économique, et, plus précisément, plus dangereusement, à construire de l'économie de ce temps, et spécialement pour la période comprise entre le Xe et le XIIIe siècle, une image qui ne correspond pas aux attitudes des contemporains à l'égard des richesses.

Or, et c'est sur ce point qu'il faut maintenant insister, se discerne depuis quelques années parmi les historiens de la société médiévale une sensibilité à d'autres problèmes, qui ouvre la voie d'un véritable dépassement. Et cet enrichissement de la problématique s'accompagne d'un renouvellement du matériel documentaire utilisé. On peut repérer de ce point de vue, en ce qui touche à une sociologie du Moyen Âge occidental, deux directions principales.

La première mène à l'ébauche d'une archéologie de la civilisation matérielle. Il s'agit d'une grande nouveauté en France, où l'archéologie médiévale, attentive aux chefs-d'œuvre, servait surtout jusqu'alors l'histoire de la création artistique. À l'exemple de l'étranger, et surtout des pays de l'Est européen, des chercheurs se mettent à l'étude de vestiges plus humbles. Les principales équipes travaillent à l'Institut d'archéologie médiévale de l'université de Caen, à la VIe section de l'École pratique des hautes études et dans le Laboratoire d'archéologie médiévale de l'université d'Aix. Pour le moment, ce sont surtout les sites de villages qui sont fouillés. Ce choix est significatif de l'hégémonie exercée dans le domaine de l'histoire sociale par une problématique fondée sur l'économie et la démographie. En effet, les problèmes auxquels se sont attachés la plupart des archéologues sont ceux des villages désertés à la fin du Moyen Âge, c'est-à-dire d'un renversement de la conjoncture économique et démographique dans le cours du XIVe siècle. Ces fouilles se révèlent cependant fort utiles pour l'observation des fondements matériels d'une structure sociale. Celles que mène Gabrielle Demians d'Archimbaud sur l'emplacement d'un village de Provence éclairent, par exemple, la répartition des fortunes et l'aménagement des forces productives dans un groupe de pasteurs et d'agriculteurs rassemblés autour d'une forteresse. Mais le recours à l'archéologie de la vie quotidienne offre aussi le moyen d'élargir le cadre et de dégager quelque peu l'histoire sociale de sa dépendance à l'égard de l'histoire économique. On le voit déjà par les résultats des recherches conduites à Caen, sous la direction de Michel de Boüard, sur les châteaux, c'est-à-dire sur les assises de l'organisation politique de l'époque féodale. Repérer les « mottes », analyser les dispositions de l'habitat castral, c'est aborder concrètement, en confrontant aux documents écrits ceux que procurent les fouilles, des problèmes sociologiques fondamentaux, celui de la distribution de l'aristocratie en diverses strates, celui de la dissolution progressive des domesticités militaires et de la fixation des dynasties chevaleresques. Mais on peut souhaiter aussi le développement d'une archéologie des signes de différenciation sociale, des emblèmes, des costumes, de tout ce qui relève du luxe, à tous les niveaux de la hiérarchie des fortunes, et jusqu'aux plus infimes. Et par cette référence aux signes, j'atteins la seconde perspective, celle qui personnellement m'attire et me retient.

Ce qui peut, le plus efficacement, à mon sens, stimuler la recherche en histoire sociale, l'ouvrir, l'enrichir, c'est, sans que soit le moins du monde négligé le quantitatif, de revenir à l'étude des qualités sociales. Ici, les disciplines dont l'historien peut attendre incitations et entraînement sont la linguistique, la psychologie sociale, l'anthropologie. La structure d'une société ne dépend pas seulement, en effet, d'un système de production, et de la manière dont se répartissent les richesses entre les groupes, les strates et les classes. Elle est très directement informée par ce qui dépend du rituel, ce qui découle de pouvoirs qui ne sont pas uniquement d'essence économique, par la façon dont cette société prend conscience d'elle-même, le système de références qu'elle respecte, le vocabulaire qu'elle emploie, par des phénomènes qui sont du domaine de la culture, de l'idéologie, dont le mouvement se relie étroitement, bien sûr, à celui des structures économiques, mais n'est pas avec celui-ci en étroite synchronie. L'important est de compléter l'image concrète d'une sociologie économique par l'image abstraite, mais ressentie profondément par les contemporains et qui gouverne pour une bonne part leurs comportements, d'une psychosociologie. Pour saisir cette image, il convient de réhabiliter un genre de documents, longuement, patiemment exploité pendant le XIXe et le début du XXe siècle, alors que l'histoire était celle de la politique et de l'événement, mais qui fut négligé lorsque l'attention se porta spécialement sur les faits économiques. Je parle des écrits narratifs. Ces textes livrent des mots, ou plutôt des associations, des constellations de vocables, qui situent les individus ou les groupes les uns par rapport aux autres. Il appartient à l'historien des sociétés de définir les plus significatives de ces expressions, d'en pénétrer le sens, de suivre autant qu'il est possible les glissements sémantiques qui les affectent, de repérer les discordances entre les catégories et les relations que ces termes entendent désigner et celles qu'établissent les rapports effectifs de puissance. Doivent être interprétés de la même façon d'autres signes que ces textes révèlent encore, tous les procédés destinés par les liturgies, le cérémonial, l'agencement des préséances, à ordonner périodiquement le corps social, à le rendre conforme aux représentations idéales de la conscience collective. Il importe enfin de mettre en évidence ces représentations, et tous les modèles culturels qui déterminent, aussi impérieusement que l'inégale répartition des richesses, les relations sociales.

Considérons, à titre de simple exemple, les problèmes que posent, aux XIe et XIIe siècles, la formation et la consolidation du groupe social qu'on appelle en France la chevalerie. Cet exemple est démonstratif, car Marc Bloch fut l'un des premiers à débroussailler le chantier, à proposer un plan directeur. Par le recours aux documents d'archives et par un premier traitement statistique de ces matériaux, on apprend déjà beaucoup. Il est possible de dégager de ces textes tout un vocabulaire social, qui s'introduit avec retard, pour s'y cristalliser, dans la langue des scribes professionnels. En comptant, en classant ces mots, il est possible de cerner le groupe, de le voir prendre consistance, s'affirmer autour d'un titre, qui commence à être porté individuellement dans les trente dernières années du Xe siècle et qui devient collectif après 1030. Les chartes permettent aussi de sonder les assises économiques de cette strate, de la situer par rapport aux patrimoines, aux prérogatives, à la puissance économique qui établissent ses membres dans une certaine zone de l'échelle des fortunes. Elles montrent notamment que, dans les environs de l'abbaye de Cluny, tous ceux qui, en l'an mil, portaient le titre chevaleresque étaient des propriétaires libres ; ils tenaient aussi des fiefs, mais de dimensions dérisoires par rapport à leurs alleux, et ils semblent bien être, pour la plupart, les descendants de grands seigneurs de l'époque carolingienne. Elles font apparaître aussi la position de ce groupe social par rapport aux mouvements que l'on discerne dans la population de cette époque ; elles révèlent la remarquable stabilité de ses effectifs pendant le XIe et le XIIe siècle. Toutefois, si l'on utilise encore les résultats de la prospection archéologique et ceux de l'exploitation des sources narratives, d'autres pans d'obscurité, très larges, commencent à se dissiper.

Ainsi, l'étude des lieux fortifiés met en évidence deux faits. La chevalerie du XIe siècle n'est pas toute l'aristocratie ; elle est en réalité dominée par une couche sociale beaucoup plus mince, constituée par les quelques personnages qui commandent dans une forteresse et à qui sont attachés, et véritablement subordonnés, les chevaliers. Mais au cours du XIIe siècle commencent à se multiplier des châteaux plus modestes, ceux qu'on appellera plus tard des « maisons fortes ». Ce phénomène manifeste, entre autres choses, le souci de la chevalerie d'adopter le genre de vie des maîtres des châteaux, de s'approprier leurs prérogatives, de se hisser à leur niveau. Il traduit donc un mouvement profond qui vulgarise peu à peu les comportements de la haute aristocratie, et dont l'effet est d'estomper progressivement les hiérarchies au sein de la classe seigneuriale et de rendre celle-ci plus homogène.

Mais pour saisir l'ampleur de ce mouvement et pour parvenir jusqu'aux modifications qui le déterminent, il convient d'interroger parallèlement les sources narratives et ce qu'elles expriment. Il apparaît alors que des attitudes mentales et des modèles culturels ont joué dans cette évolution un rôle déterminant. Au niveau de l'aristocratie supérieure, des « princes », des « grands », pour employer le langage des documents de l'époque, était encore vivante au début du XIe siècle une ancienne conception de la noblesse, dont la composante essentielle réside en une aptitude héréditaire – je dirais même biologique puisqu'elle est transmise par le sang et que l'éducation ne compte ici pour rien – à commander, un charisme natif de puissance. C'est cette notion qui établissait un fossé entre les « nobles » et les simples chevaliers. Or ce fossé tend à se combler – et très tôt, dès la fin du Xe siècle, dans les environs de l'abbaye de Cluny. L'idée gagne que les chevaliers, eux aussi, sont des nobles et qu'ils possèdent, héréditairement, les mêmes vertus. Ceci ne paraît pas l'effet d'une fusion matérielle ; la ségrégation matrimoniale demeure ferme entre les deux groupes, aussi bien que les inégalités d'ordre économique : l'évolution des profits seigneuriaux, loin de résorber celles-ci, les rend alors de plus en plus vives. Il faut convenir qu'intervient ici la propagation d'une idéologie, celle de la paix de Dieu, qui se développe à partir du sud de la France et depuis les dernières années du Xe siècle. Ce développement est la conséquence d'un fait politique, l'effondrement du pouvoir royal, lequel est lui-même directement déterminé par les conditions économiques : il répond aux structures d'une société agraire, cloisonnée, et qui n'est plus irriguée par les profits de la guerre que distribuait jadis le souverain. Mais la pénétration de cette idéologie transforme la manière dont la société aristocratique se conçoit elle-même. Elle retentit sur les représentations mentales collectives, et sur quatre plans.

1. Elle met à part des autres hommes tous ceux qui portent les armes. Elle les constitue ainsi en un corps homogène, séparé, exclu, donc en une catégorie sociale beaucoup plus nettement délimitée que naguère. Ce qui explique, en

particulier, la diffusion, à partir de la fin du Xe siècle, d'un titre spécifique, le mot chevalier, qualificatif commun qui, mettant l'accent sur la spécialisation militaire, entend marquer nettement les frontières du groupe.

2. La propagation de l'idéologie de la paix hâte aussi l'instauration d'une morale propre à tous les guerriers. Cette morale repose sur une valorisation de l'action militaire : les intellectuels d'Église cherchent alors une justification spirituelle à la violence chevaleresque ; ils construisent – et ceci prépare la maturation de l'idée de croisade – le modèle exemplaire du *miles Christi* et le proposent à l'aristocratie laïque tout entière, c'est-à-dire également aux membres de la strate supérieure, aux « grands », aux « nobles ». Ceux-ci, dès le dernier tiers du XIe siècle, mettent leur honneur à se comporter comme des chevaliers. Ils se parent eux aussi du titre chevaleresque. Par là se trouvent déjà rapprochées les deux couches aristocratiques. Mais la fusion devient plus complète, car des valeurs propres à la noblesse prennent tout naturellement leur place dans cette éthique commune, et notamment la notion spécifiquement nobiliaire d'une « vertu » héréditaire, transmise par le sang, par la race.

3. La vulgarisation de l'idée de noblesse entraîne un autre changement, mal étudié encore, mais d'importance capitale. Elle conduit à une modification des relations de parenté dans l'ensemble de la société aristocratique, à un raffermissement des solidarités familiales dans le cadre du lignage. Les structures lignagères, patrilinéaires, solides, strictes, d'abord vivantes au niveau des plus hauts seigneurs, semblent en effet s'être elles-mêmes vulgarisées et diffusées peu à peu dans les couches inférieures de la chevalerie. Ce qui est sûr, c'est que les chevaliers, dont beaucoup vivaient encore au XIe siècle dans la maison d'un maître de château en condition domestique, s'établissent sur une terre ; la plupart en prennent le nom, nom héréditaire, comme la terre elle-même, et qui sert de support à la conscience lignagère. La chevalerie devient ainsi une société d'héritiers, et d'autant plus solide et close que, pour maintenir leur état de fortune, les lignages s'efforcent de limiter la prolifération des naissances, notamment en pratiquant une stricte limitation des mariages. Ce comportement rend compte de la stabilité des effectifs de ce groupe social, que révélait l'analyse des cartulaires.

4. Cette dernière attitude explique aussi l'importance, parmi les chevaliers, des célibataires, de ceux qu'on appelle alors les « jeunes » et qui n'ont pu trouver à s'établir. Leur présence entretient, dans le monde chevaleresque, la mobilité, la turbulence, l'agressivité, autant de traits qu'exprime et qu'exalte une littérature de divertissement, composée pour une grande part à l'intention de ce public de « jeunes ».

Cet exemple invite à des réflexions sur la méthode. L'essentiel, en face des écrits narratifs comme des sources d'archives, est de partir d'une connaissance assurée des faits économiques qui fondent les rapports sociaux. Il convient en effet de ne pas s'en tenir à ce que révèlent d'une culture les modes d'expression d'une minorité, mais de découvrir les assises temporelles des attitudes mentales. Cependant, il apparaît non moins nécessaire de s'interroger sur les répercussions des idéologies qui dominent à telle ou telle époque. Ces représentations mentales prennent en effet, à certains niveaux, de l'indépendance à l'égard des réalités politiques et économiques qui en ont déterminé la formation. Elles leur survivent, et l'on peut discerner maintes discordances entre la nature concrète d'un groupe social et l'image qu'il se fait de lui-même. Il importe, donc, de relier étroitement l'étude des faits économiques à celle des mentalités et d'observer, entre les deux séries de faits, les cohérences et les distorsions.

11

LA VULGARISATION DES MODÈLES CULTURELS DANS LA SOCIÉTÉ FÉODALE [1]

J'exposerai ici quelques considérations de méthode et proposerai l'ébauche d'une problématique. On connaît en effet si peu de chose des attitudes mentales à l'époque médiévale qu'il serait à mes yeux téméraire de s'aventurer aujourd'hui plus avant. Je partirai d'une idée très banale, de la simple constatation d'un fait d'évidence : la tendance des formes culturelles construites pour les catégories supérieures de la société à se vulgariser, à se répandre depuis ses sommets, à descendre de degré en degré dans des couches de plus en plus frustes. Si, prenant le mot culture dans son sens le plus étroit, on s'en tient pour commencer au domaine des créations littéraires ou artistiques, des savoirs, des croyances et des attitudes religieuses, il est très facile de discerner en effet ce phénomène de vulgarisation. C'est pourquoi je puis me contenter de l'évoquer par deux exemples qui concernent le XIVᵉ siècle européen ; deux exemples conjoints, deux exemples parallèles.

Chacun sait que, au XIVᵉ siècle, dans les villes au moins, par l'action de propagande des ordres mendiants, le christianisme a commencé de devenir une religion populaire, ce qu'il avait cessé d'être depuis des siècles, et que par le sermon en langue vulgaire, par le théâtre, par les *sacre rappresentazioni*, par le chant des laudes, se sont peu à peu révélés au peuple laïc un certain nombre de préceptes évangéliques et un aspect du visage du Christ qui lui étaient

1. Bibliographie [60].

jusqu'alors inaccessibles. Encore ne s'agit-il pas seulement de la large diffusion en dehors du milieu étroit des gens d'Église de quelques textes et de quelques représentations mentales. Cette époque voit s'introduire, dans les couches profondes des sociétés urbaines, des attitudes de piété qui pendant des siècles avaient été propres à un petit nombre d'ecclésiastiques, aux moines et aux chanoines, j'entends la pratique du chant collectif, celle de la méditation solitaire, et pour quelques laïcs au moins, la lecture régulière du livre d'heures. Parallèlement, pendant le XIVe siècle, on voit dans le monde laïc des hommes, ou plutôt des groupes, groupes familiaux et confréries, situés à des niveaux de plus en plus bas dans la hiérarchie des pouvoirs et des fortunes, s'approprier l'usage des formes artistiques qui jadis avaient été créées pour des élites extrêmement restreintes. Dans le très haut Moyen Âge les rois seuls avaient une chapelle, faisaient orner leur tombeau et possédaient des reliques ; à la fin du XIVe siècle, quantité de familles bourgeoises possèdent un autel privé, entretiennent des chapelains, ont une sépulture et commandent aux artistes de décorer un retable ou de construire des effigies funéraires. On monte des reliques en bijoux de corps pour des hommes de moyenne noblesse. Le procédé xylographique permet de répandre dans des couches sociales extrêmement larges la menue monnaie du grand art aristocratique. Et, phénomène assez curieux, le dessin d'architecture, qui encadre ces images pieuses, fait de ces très vulgaires objets d'art que sont les gravures sur bois comme des simulacres de chapelle à l'usage des pauvres. Tous ces faits sont très apparents, ils sont d'une étude relativement aisée, ce qui me dispense d'insister. Mais je m'appuie sur ces considérations préliminaires pour poser trois catégories de problèmes.

La première peut se résoudre dans cette simple interrogation : le mouvement est-il aussi simple, la procession descendante de vulgarisation n'est-elle pas accompagnée d'un retour ? Autrement dit, dans quelle mesure, aux temps médiévaux, la culture aristocratique (et je me tiens toujours au sens le plus restreint du mot culture) a-t-elle accueilli des valeurs ou des formes issues du plus bas de l'édifice social ? Ici l'observation est infiniment plus difficile parce que, d'une part, les mécanismes de la création culturelle se laissent, à l'époque médiévale, fort mal discerner, et parce que, d'autre part et surtout, s'il est possible à l'historien du Moyen Âge de découvrir certains traits de la culture aristocratique, parce que celle-ci s'est incarnée, s'est exprimée dans des formes qui ont duré jusqu'à nous, il est à jamais condamné à ignorer presque tout de la culture populaire et à ne pouvoir même en prouver l'existence. Trois faits seulement, me semble-t-il, apparaissent avec clarté.

1. Lorsque culture et propagande se rejoignent, et c'est le cas dans le dévelop-

pement du christianisme médiéval, où il s'agit de convertir et pour convertir d'éduquer, il est évident que les ateliers de création culturelle situés aux niveaux supérieurs de l'édifice social, dans les foyers d'avant-garde du corps ecclésiastique, mais œuvrant consciemment à l'usage du peuple, ont volontairement accueilli des tendances diffuses, des schémas, des images mentales répandus dans des niveaux de culture inférieure, ceci afin de les apprivoiser, de les incorporer à leur construction de propagande, et pour que cette propagande, revêtue de traits plus familiers, pût moins malaisément pénétrer dans les masses. Accueil par conséquent de ce qu'on est convenu d'appeler le folklore – et que l'historien ne connaît que par cet accueil même. Le phénomène s'est produit aussi bien à l'époque mérovingienne que dans le XIIIe et le XIVe siècle, lorsque dominicains et franciscains s'appliquaient à rendre le Christ vivant dans le peuple des villes.

2. Mais la culture aristocratique se montre également accueillante au folklore, d'une manière toute naturelle et permanente, par son inclination au « populisme » – inclination très visible, par exemple, dans les milieux princiers du XVe siècle, curieux de bergeries, de divertissements champêtres, et puisant, semble-t-il, certains ornements du décor figuratif de leurs demeures, certains ornements aussi de leur musique de cour, dans les mélodies « populaires », c'est-à-dire en fait dans des formes jadis créées pour des cercles très aristocratiques, sacrés ou profanes, mais simplifiées depuis lors, décantées, devenues faussement naïves au cours du long mouvement de vulgarisation qui les avait peu à peu fait adopter par des couches sociales inférieures.

3. Et ceci me conduit à évoquer un troisième fait : tandis qu'ils s'enfoncent peu à peu de niveau en niveau à l'intérieur du corps social, les éléments de la culture aristocratique subissent des transformations qui se traduisent d'une manière générale, au plan des formes et au plan des moyens d'expression, par une simplification, par une schématisation progressive ; quant au contenu, par une dissolution progressive des cadres logiques et par l'invasion de l'affectivité. De telles modifications ont marqué par exemple l'art religieux et les attitudes de piété au XIVe siècle, lorsque le christianisme s'est popularisé. Mais il semble bien qu'il se soit alors produit – et c'est là à mon sens le fait important – une sorte de choc en retour, un changement corrélatif dans les données culturelles aux plus hauts niveaux sociaux. Le christianisme de la haute Église et celui des cours princières se sont au XIVe siècle incontestablement enrichis des valeurs de sensibilité venues du fonds populaire, qui trouvèrent à s'exprimer à mesure que les créations de l'art et que les attitudes de dévotion pénétraient plus profondément à l'intérieur du peuple. Il s'agirait par conséquent – et ce pourrait être un premier champ d'investigation – d'observer comment le jeu de la vulgarisation, des modèles aristocratiques, qui est bien le mouvement essentiel, le moteur

déterminant de l'histoire culturelle, établit en fait une communication à double sens entre les fonds culturels des différents niveaux sociaux.

Mais le réseau de problèmes se développe lorsque l'on étend l'interrogation en prenant cette fois le mot « culture » dans un sens moins étriqué. On s'aperçoit aussitôt que le mouvement de vulgarisation agit sur un ensemble beaucoup plus vaste qui affecte non seulement les croyances, les savoirs, les attitudes religieuses, mais également les modes, les représentations sociales, la façon dont une société se conçoit elle-même, qui touchent aux comportements individuels, aux valeurs éthiques, bref à tout un style de vie. On s'aperçoit également que le phénomène de vulgarisation revêt un double aspect : réception, imitation, par les couches sociales inférieures, de modèles, d'attitudes proposées par les élites, et, dans le sens inverse, adoption par les élites mêmes de quelques valeurs issues de niveaux moins élevés. Je voudrais le montrer maintenant en analysant la culture, au sens le plus large de ce terme (au sens que lui donnent aujourd'hui les ethnologues), de l'aristocratie française des XIe et XIIe siècles.

Voici un groupe social que la formation progressive d'attitudes, de règles juridiques, et de convenances, d'une morale, bref la constitution d'une culture commune a rendu peu à peu plus cohérent, plus homogène, bien qu'il fût en fait primitivement constitué par une quantité de feuillets superposés, bien qu'il rassemblât en son sein des types sociaux très divers, aussi différents, par exemple, que pouvaient l'être les uns des autres un duc de Normandie, les chevaliers que j'ai observés en Mâconnais, et enfin tous ces soldats d'aventure, tous ces chevaliers domestiques, issus en partie de la ministérialité, si nombreux autour des familles nobles dans le nord-ouest de la France. Cette culture commune s'est forgée essentiellement par l'extension à tous les membres d'un groupe que les transformations des structures politiques, que l'implantation de ce qu'on nomme la féodalité avaient aux environs de l'an mil strictement délimité, et dont les contours s'étaient alors fixés, par l'extension à tout ce groupe d'habitudes qui, au départ, n'étaient en fait partagées que par une très mince élite, que par le feuillet supérieur de cette classe, par les vieilles races de la noblesse.

Je considérerai deux aspects de ce qui est bien, à l'intérieur de l'aristocratie féodale, un mouvement de vulgarisation culturelle, et j'isolerai d'abord l'une des attitudes mentales qui me paraît vraiment au cœur de la culture aristocratique. Je parle du sentiment dynastique, de la vénération portée aux ancêtres mêmes, du sens lignager, un ensemble de représentations mentales qui forme véritablement l'armature de la notion de *nobilitas*. Je crois discerner que l'organisation de la famille aristocratique en lignage, en lignée, en maison, en généalogie fondée sur une filiation strictement agnatique, strictement patrilinéaire – et tout ce qui est lié à cette conception, c'est-à-dire les usages matrimoniaux, la notion de primogéniture, l'adoption de surnoms patronymiques, de signes héraldiques, etc. –, est certainement plus récente qu'on ne le croit et constitue en fait une nouvelle structure qui peu à peu s'est installée dans l'aristocratie pour en devenir le cadre sans doute primordial. Mais j'ajouterai que cette installation de nouvelles structures de parenté s'est opérée progressivement, par un mouvement orienté de haut en bas, c'est-à-dire par un mouvement de vulgarisation. En effet, les nouvelles formes de relations familiales sont visibles en France, au niveau de la très haute aristocratie, disons des princes territoriaux et des familles comtales, dans le milieu du xe siècle ; elles apparaissent au niveau des familles de châtelains vers l'an mil, et elles se répandent enfin au niveau des simples chevaliers vers 1050. Vulgarisation par conséquent. Mais vulgarisation aussi, plus lente en vérité, de certains attributs qui originairement se trouvaient réservés aux membres de la noblesse, de l'aristocratie la plus élevée. Je pense à la tour, considérée comme symbole de puissance, de souveraineté, de domination militaire et judiciaire. La tour fut d'abord un monopole royal, détenu par le souverain lui-même et par ses agents, les comtes, par ses serviteurs, les évêques. Elle devient aux environs de l'an mil possession plus vulgaire, tombe entre les mains de quelques lignages privés, mais encore en petit nombre. Enfin, dans le cours du xiie siècle, on voit les tours devenir moins rares ; certaines passent dans la possession de branches latérales des grandes races dominantes ; aux environs de 1200, de simples chevaliers commencent eux aussi à ériger des tourelles, à creuser des fossés autour de leurs demeures, à faire de leur résidence champêtre, berceau de leur lignage, une « maison forte », c'est-à-dire la réplique réduite des grandes forteresses princières. De même, et au même rythme, se vulgarisent l'exploitation de la puissance seigneuriale, l'usage du sceau, le port d'un titre, *dominus*, « messire », qui, vers l'an mil, strictement réservé aux seuls possesseurs de châteaux, aux seuls détenteurs de la véritable puissance, vint à qualifier vers 1200 tous les chevaliers, s'appliquant à eux tous et servant à les distinguer des autres. Si bien que l'on pourrait à cette date, à l'extrême fin du xiie siècle, définir l'aristocratie en France comme l'ensemble des hommes partageant des prérogatives, des titres et des usages qui, vers l'an mil, étaient encore le privilège de quelques familles, le privilège des *proceres*, des *optimates*, et qui sans doute, deux siècles plus tôt encore, étaient même le privilège d'une seule famille, la famille du roi.

Toutefois, lorsqu'on analyse la culture de l'aristocratie féodale, on doit reconnaître que l'un de ses axes principaux s'est lui aussi projeté par un mouvement progressif, mais orienté en sens inverse, partant non point du sommet de la couche sociale aristocratique mais au contraire du bas. En fait la culture aristocratique, la culture de l'aristocratie féodale s'ordonne autour de deux notions majeures : la notion de noblesse, qui s'est répandue depuis le niveau supérieur, depuis la petite élite des *nobiles* de l'an mil, et d'autre part la notion de chevalerie qui, elle, émane incontestablement des couches les moins élevées de l'aristocratie. En effet, au début du XIe siècle, *miles* est un titre, mais seuls s'en parent les aventuriers ou les seigneurs de fortune moyenne, qui gravitent autour des châteaux et des maîtres des principautés, car, à cette époque, *militare* ne veut pas dire seulement combattre, il signifie aussi servir. Toutefois, peu à peu, l'usage de ce titre – et, en même temps, la reconnaissance des valeurs qu'il implique, valeurs propres de courage, de compétence militaire, de loyauté, destinées à prendre tant d'importance et pour si longtemps dans l'éthique aristocratique –, l'usage de ce titre s'étend, remonte, pénètre dans des niveaux sociaux de plus en plus élevés. En 1200, l'évolution se trouve achevée : à ce moment les plus grands princes, et les rois eux-mêmes, se targuent d'être chevaliers ; pour eux la cérémonie de l'adoubement marque l'une des étapes primordiales de leur existence. Aussi pourrait-on donner de l'aristocratie en France à cette date, à l'extrême fin du XIIe siècle, une définition tout aussi juste que celle que j'ai proposée tout à l'heure, comme l'ensemble des hommes qui partagent les vertus, les capacités et les devoirs spécifiques des *milites* de l'an mil, c'est-à-dire des garçons décidés dont certains venaient de très bas et qui formaient la *familia*, la domesticité, l'escorte des grands. Il s'agirait donc, et ce pourrait être un second champ d'investigations, de reconnaître quels sont les mouvements qui interviennent dans la formation des modèles culturels et si, comme c'est le cas dans l'analyse très sommaire que je viens de vous proposer, ils ne proviennent pas fréquemment des deux extrémités d'une même couche sociale. Interrogation très importante parce qu'elle conduirait sans doute à une meilleure compréhension, au plan des représentations mentales, au plan de la psychologie collective, des mécanismes qui conduisent peu à peu à la formation de ce que l'on peut oser appeler une classe.

Pour terminer, je voudrais précisément rassembler mes dernières questions autour de cette notion de modèle culturel dont je crois l'importance très grande comme ciment, comme facteur de la cohésion de certains groupes et de leur isolement par rapport à d'autres. Ces modèles concrets de comportement, ces types exemplaires d'accomplissement humain ont été proposés d'abord aux membres de certaines couches sociales, mais bientôt aussi, et très vite, aux groupes que cette couche sociale surplombait, et la fascination qu'ils exercèrent constitue le plus puissant moteur des mouvements de vulgarisation dont j'ai parlé. Dans la société de l'Occident féodal, ces modèles sont en nombre très restreint. Deux seulement sont clairement perceptibles, bien définis, d'ailleurs strictement opposés l'un à l'autre ; l'un tourné vers la part sacrée, l'autre vers la part profane de la culture aristocratique. Encore que l'un et l'autre représentent en fait, à mon sens, les deux faces d'un exemplaire unique et sans doute primitif : le modèle royal, si tant est que la culture du Moyen Âge central culmine dans la figure du souverain, image de Dieu, si tant est que la source initiale de tout le processus de vulgarisation se trouve, comme je le crois, dans la fascination exercée par l'exemple royal. Ces deux modèles sont, d'une part, celui de l'homme de guerre, disons le chevalier – et je ne m'étendrai pas davantage sur celui-ci –, et, d'autre part, celui de l'homme de sacerdoce, celui du clerc. À propos de ce dernier il conviendrait – et ce pourrait être l'une des voies de notre problématique – de mieux saisir comment, dans le courant du XIe siècle, le modèle clérical s'est progressivement rapproché d'un modèle différent, d'un modèle supérieur dans la hiérarchie morale, plus prestigieux, plus avancé dans la perfection spirituelle, c'est-à-dire le modèle monastique, mais comment aussi, après 1100, tous les refus, le repli, volontaire ou non, de l'institution monastique ont rapidement laissé seul au premier plan le type du clerc, c'est-à-dire d'un homme spécialisé dans les exercices de l'intelligence autant que dans ceux de la prière.

De ces deux modèles, il faudrait bien sûr analyser attentivement les composantes. Mais d'autres questions surgissent, qui touchent à leur puissance de séduction. À ce propos, je me bornerai – car, en fait, le programme de l'enquête est tout entier à construire – à considérer deux aspects de ce problème. Le premier, qui me paraît fort important, c'est la solidité, la permanence de ces deux modèles, dont les traits sont, en France, tous bien en place vers 1130 et qui ne changent plus guère ensuite, pendant deux siècles et demi au moins. De cette stabilité, voici un exemple que j'emprunte aux recherches de l'un de mes élèves, Jacques Paul. Celui-ci vient d'étudier le vocabulaire, les mots et les divers champs sémantiques qu'utilisa vers 1260 le franciscain Salimbene pour faire l'éloge des hommes qu'il avait connus. Dans cette gerbe de qualificatifs, rien qui dénote la moindre influence de la spiritualité franciscaine, ni la moindre aptitude à se dégager des deux modèles socioculturels, de la part d'un homme qui pourtant savait observer avec la plus grande attention les paysages et qui savait les décrire de manière tout à fait personnelle. Pour lui, tous les laïcs estimables qu'il a rencontrés sont à la fois « beaux et nobles » – deux mots parfaitement associés. Ils sont *docti ad proelium*, ils sont courtois, larges, riches (la pauvreté est encore, pour ce franciscain, une tare), ils sont aptes à composer des chansons ; c'est-à-dire, en fait, que ce dont il est fait éloge en eux se réfère très exactement à l'exemplaire chevaleresque. D'autre part tous les hommes d'Église estimables sont pour lui à la fois saints et lettrés, c'est-à-dire que le personnage que Salimbene vante en eux est, lui aussi, tout à fait conforme à l'exemplaire clérical. À quel moment, sous quelles influences, ces modèles en vinrent-ils à se désagréger, voici ce que des investigations bien conduites parmi les témoignages littéraires, parmi aussi les témoignages iconographiques du dernier Moyen Âge, permettraient peut-être de préciser.

Quant à l'origine de ces modèles, quant aux lieux où ils prirent naissance et qui les firent peu à peu rayonner, je crois que l'attention pourrait utilement, au départ au moins, se concentrer sur un milieu social qui fut à mon sens le point de cristallisation de ces représentations collectives : il s'agit des cours princières. Autour du prince, et nourris de ses dons, se rassemblaient les représentants des élites, des deux élites de la société : de l'élite religieuse et de l'élite laïque. Au sein de ce rassemblement que constituait la cour, le dynamisme ne venait-il pas des « jeunes », des *juvenes* ? – J'ai dit autre part (*cf. supra* chap. 7) l'importance dans la société féodale de ce groupe de garçons déjà formés à remplir leur mission militaire, ou religieuse, déjà éduqués, déjà initiés, déjà passés par le cérémonial qui les introduisait dans la société des adultes, mais non pas encore établis, dans un foyer, ni dans une place de chanoine, et cherchant fortune. Je n'ai parlé dans ce chapitre 7 auquel je fais allusion que des jeunes de la chevalerie. Mais je suis persuadé que, parmi les clercs, on pourrait aisément discerner des groupements, des attitudes, des frustrations tout à fait comparables. Dans ce groupe à la fois clérical et chevaleresque qui réunit les jeunes de l'entourage princier se situe, je pense, le point central de l'émulation, des rivalités (la notion de valeur, de prix, gagné dans la joute, militaire ou bien oratoire, est ici fondamentale), d'un concours permanent qui prend naturellement référence à des types de perfection dont cette émulation même contribue à fixer des caractères et qu'elle impose à tous. La cour, dans sa partie la plus juvénile, me paraît bien être véritablement le foyer où se forgèrent les modèles et où se créèrent les figures exemplaires du chevalier parfait et du clerc parfait. Dans les joutes qui opposaient les jeunes clercs aux jeunes chevaliers, les disparités entre ces deux modèles se sont accusées, se sont fixées. Évoquons seulement l'un des thèmes majeurs des jeux célébrés dans la chambre des dames : qui vaut-il mieux aimer, du clerc ou du chevalier ? Mais également, au sein de ce rassemblement et dans le contact permanent entre clercs et chevaliers, se sont peu à peu opérées des rencontres entre les deux types exemplaires, et ce fut au sein des cours princières que, d'une part, la sainteté, au cours du XIe siècle, prit peu à peu couleur d'héroïsme, et que plus tard, au cours du XIIe siècle, le chevalier inclina peu à peu à devenir, lui aussi, *litteratus*. Foyer de création par conséquent, mais bien sûr aussi foyer de diffusion, par toutes les voies dont la cour princière était le carrefour, et qui de relais en relais propagèrent ces modèles, à proprement parler courtois, jusqu'aux lisières extrêmes de la société aristocratique, pour ensuite les répandre enfin, d'une manière très large, en contrebas, parmi tous les hommes qui n'étaient pas nobles mais que l'éclat de la cour fascinait. Le prince (c'est-à-dire le roi) – près de lui le clerc et le chevalier –, en contrebas la masse, qui admire ces modèles de perfection humaine, tel est le schéma le plus simple de la société féodale. Tel est, aussi bien, le cadre des mouvements de vulgarisation, de ces phénomènes complexes d'emprunts, d'échanges à tous les degrés de ce que l'on peut appeler, faute d'un autre mot, la culture.

SEIGNEURS ET PAYSANS

Hommes et structures du Moyen Âge II

1

LE GRAND DOMAINE DE LA FIN DU MOYEN ÂGE EN FRANCE [1]

Présenter en France et dans les derniers siècles du Moyen Âge l'évolution du grand domaine – prenons ce mot dans son sens ancien et son sens strict, en entendant par là ce que les médiévistes français appellent plus volontiers la réserve seigneuriale – n'est pas une tâche aisée. Non point que les sources fassent défaut ; certes, le principal document d'administration seigneuriale de ce temps, le *terrier*, décrit-il seulement les tenures ; mais les archives des grandes seigneuries ecclésiastiques et même laïques renferment nombre d'inventaires, de comptes, et les fonds notariaux sont d'une inépuisable richesse. Cependant cet abondant matériel est resté jusqu'à présent – quant à l'objet de cette étude – assez imparfaitement exploité. En effet, les historiens économistes du bas Moyen Âge français se sont intéressés surtout au commerce et aux villes : pour cela les aspects les moins obscurs de l'économie des campagnes sont-ils entrevus pour le moment en fonction de l'activité et des soucis des marchands de Toulouse, de Metz ou de Rouen – point de vue très particulier. Quant aux études portant spécialement sur les phénomènes ruraux, elles restent fort clairsemées ; les plus nombreuses sont l'œuvre d'historiens du droit, attentifs surtout aux mécanismes juridiques ; la meilleure, celle que Robert Boutruche a consacrée aux campagnes du Bordelais, est moins une œuvre d'histoire économique que d'histoire sociale.

La prospection donc est insuffisante. Ajoutons que la France de ce temps est immense et diverse. D'un pays à l'autre, parfois d'un canton à l'autre – Guy

1. Bibliographie [26].

Fourquin a fort bien mis en évidence de tels contrastes à l'intérieur de la seule Île-de-France –, ni la densité de la population, ni l'état des techniques de production ne sont semblables. Prenons le cas des rendements agricoles : sur certains domaines d'Artois, on récoltait bon an mal an dans la deuxième moitié du XIVe siècle huit à dix grains de froment pour un semé, alors que dans les Alpes du Sud le rendement moyen des champs seigneuriaux était de quatre pour un, et souvent ne s'élevait guère au-dessus de deux[1]. Or, en bon terroir et sur sol médiocre, les conditions de la grande exploitation étaient bien sûr radicalement différentes. Elles n'étaient pas non plus identiques en pays de vignobles, sur les terres à grains et dans les régions de vocation pastorale, dans les secteurs écartés ou dans les régions au contraire sollicitées par la proximité d'un actif centre de consommation, dans les campagnes ravagées et dans celles qui furent moins touchées par les dévastations[2]. En outre le marché des denrées agricoles, et spécialement des céréales, se révèle à cette époque extrêmement cloisonné : une description des domaines des hospitaliers en 1338 montre que, dans le voisinage des diverses seigneuries dispersées dans les Alpes méridionales, les relations entre le prix des grains et les salaires ruraux variaient considérablement d'une vallée, parfois d'un village à l'autre : pour gagner la valeur d'une même mesure de froment, un homme devait travailler cinq jours à La Faye, quatre à Draguignan, trois seulement à Bras[3]... Extrême diversité donc des possibilités d'écoulement, des conditions de l'embauche, des rapports entre profits et frais de gestion. Extrême diversité par conséquent des facteurs déterminants de l'économie domaniale. Cette diversité même rend dans l'état actuel des recherches, avant que ne soient multipliées les monographies locales soucieuses d'exploiter à fond les ressources des archives, toute considération d'ensemble fort hasardeuse. Voici pourtant quelques-uns des traits généraux qui, dès lors, semblent se dégager.

*

1. J.-M. RICHARD, « Thierry d'Hireçon, agriculteur artésien (13..-1328) », *Bibliothèque de l'École des chartes*, 1892 ; R. et L. FOSSIER, « Aspects de la crise frumentaire au XIVe siècle en Artois et en Flandre gallicane », *Mélanges Clovis Brunel*, t. I, Paris, 1955 ; G. DUBY, « Techniques et rendements agricoles dans les Alpes du Sud en 1338 », *Annales du Midi*, 1958.

2. G. FOURQUIN, « La population de la région parisienne aux environs de 1328 », *Le Moyen Âge*, 1956, et *Les Campagnes de la région parisienne à la fin du Moyen Âge (du milieu du XIIIe au début du XVIe siècle)*, Paris, 1964.

3. *Cf. infra*, chap. 2.

Frappante d'abord est, dans le premier tiers du XIVe siècle, l'universelle présence du grand domaine dans toutes les régions françaises qui ont été étudiées de près. Partout des « granges », des « courts » – c'est-à-dire de grosses maisons flanquées de greniers, d'étables, de dépendances, entourées du clos et du courtil, et qui gouvernaient dans le terroir un bel ensemble de parcelles dont certaines, les « coutures », les « condemines », les « corvées », étaient de larges pièces de labour. À Tremblay, en Île-de-France, l'abbaye de Saint-Denis, dont les censives s'étendaient sur 1400 hectares, possédait ainsi en « domaine » 200 hectares de terre et 375 hectares de prés[1]. Vigueur donc de la grande exploitation : les traces de « lotissements » qui auraient pu la réduire sont, contrairement à ce que pensait jadis Marc Bloch, imperceptibles. Il semble bien au contraire que beaucoup de ces domaines se soient alors récemment étendus par acquisitions et remembrements ; la grange des prémontrés à Gergovie en Auvergne, celle des cisterciens à Ouges, en Bourgogne, s'étaient ainsi constituées par un groupement systématique de parcelles dans le cours du XIIIe siècle[2]. Ajoutons que ces domaines formaient la partie de la seigneurie de très loin la plus productive : en 1300, 2 pour 100 seulement des profits de l'abbaye de Saint-Denis venaient des censives ; à Pugnafort, en Haute Provence, le domaine des hospitaliers rapportait, en 1338, 144 livres et le reste de la seigneurie 3 livres[3].

À vrai dire, nombre d'entre eux n'étaient plus directement mis en valeur par leurs maîtres, mais baillés à ferme. C'est vers 1300 que les ecclésiastiques de la région parisienne ont commencé à affermer leurs réserves ; en 1350, les « courts » de l'abbaye Saint-Martin de Tournai étaient pratiquement toutes louées[4]. Il convient de remarquer toutefois que le fermage restait partiel, le maître conservant généralement en sa main la maison, et souvent les clos de vignes et les prés – que, portant sur l'ensemble des terres labourables qui se trouvaient confiées à un chef d'entreprise pour un temps limité, neuf, douze, quinze années, la concession ne déterminait nullement le démembrement de l'exploitation, pas plus qu'elle ne la détachait durablement du maître –, enfin que ce procédé de gestion ne fut adopté, selon toute apparence, que par les

1. FOURQUIN, *Les Campagnes...*, *op. cit.*

2. G. FOURNIER, « La création de la grange de Gergovie par les prémontrés de Saint-André et sa transformation en seigneurie (XIIe-XVIe siècle). Contribution à l'étude de la seigneurie », *Le Moyen Âge*, 1950 ; O. MARTIN-LORBER, « L'exploitation d'une grange cistercienne à la fin du XIVe et au début du XVe siècle », *Annales de Bourgogne*, 1957.

3. FOURQUIN, *Les Campagnes...*, *op. cit.*

4. A. D'HAENENS, « La crise des abbayes bénédictines au bas Moyen Âge : Saint-Martin de Tournai, 1290-1350 », *Le Moyen Âge*, 1959.

très grands seigneurs nomades et par les importantes communautés religieuses qui vivaient, les uns et les autres, éloignés de leurs domaines et ne pouvaient les surveiller de près.

En effet, le faire-valoir paraît avoir été alors pratiqué par tous les seigneurs qui résidaient sur leur terre ou assez près pour avoir constamment l'œil sur elle et sur la domesticité. Fort caractéristique est le cas de Thierry d'Hireçon, l'homme de confiance de la comtesse d'Artois : administrateur avisé, il prit en 1320 « en sa main » sa terre de Bonnières, grosse exploitation de 450 journaux de labour ; dès qu'il le put, en 1325, à l'expiration du bail, il mit fin à la ferme de sa terre de Sailly, y établit une « maisnie » de douze valets et de deux servantes, et s'occupa de la faire valoir lui-même ; il résidait en effet de moins en moins dans son hôtel parisien, de plus en plus dans ses maisons rurales artésiennes [1]. Il est permis de penser que cette attitude était commune aux familles de la noblesse rurale, ancienne et nouvelle : la maison de Pierre d'Orgemont à Gonesse, que pillèrent les bourgeois parisiens en 1358, abritait deux charrues, plusieurs chevaux de labour et six cents moutons [2]. En tout cas, c'est bien celle des petites communautés religieuses qui vivaient à la campagne. Les cisterciens exploitaient eux-mêmes à Ouges trois cent cinquante journaux de terre, dont près de la moitié rassemblés dans quelques grandes « corvées » ; les labours en faire-valoir direct des quelque cent commanderies provençales de l'ordre de l'Hôpital couvraient en 1338 plus de sept mille hectares. Sur certains domaines d'Église, la main-d'œuvre était fournie par les membres de la communauté : ainsi les vignes de Gergovie étaient-elles piochées par les donats de Prémontré [3]. Mais dans la plupart des granges vivait une équipe de domestiques embauchés à l'année – une dizaine, une vingtaine de travailleurs qui recevaient, outre le logement, la nourriture et le vêtement, un « loyer » en argent strictement hiérarchisé selon les emplois. Cette main-d'œuvre peu stable – dans l'un des domaines de Thierry d'Hireçon, neuf des valets de charrue sur quinze quittèrent leur place entre 1325 et 1328 [4] – avait le soin des labours et du bétail ; elle recevait l'appoint de quelques corvéables [5] et de fortes bandes de journaliers recrutés pour les foins, les moissons, la vendange ou le travail des vignes. Dans la commanderie des hospitaliers de Comps en Provence, plus de cent livres chaque année étaient distribuées, denier par denier, à ces travailleurs saison-

1. Richard, *op. cit.*
2. Fourquin, *Les Campagnes…*, *op. cit.*
3. Fournier, *op. cit.*
4. Richard, *op. cit.*
5. G. Duby, « Note sur les corvées dans les Alpes du Sud en 1338 », *Mélanges Pierre Petot*, Paris, 1958.

niers. Une bonne part des récoltes était vendue : 65 pour 100 dans le domaine de Bras en 1338 – et Thierry d'Hireçon vendait régulièrement ses grains à des marchands de Bruges ou de Gand, ou bien organisait lui-même les expéditions par convois de bateaux vers la Flandre : c'était sa principale recette. Toutefois, les profits de l'exploitation céréalière paraissent avoir été souvent très faibles, spécialement dans les terroirs à rendement médiocre, car les frais de gestion, et spécialement les dépenses de main-d'œuvre, étaient fort lourds : ils représentaient à Bras 85 pour 100 de la valeur des récoltes. Beaucoup plus profitables étaient en revanche l'élevage et la culture de la vigne. En 1321, Thierry d'Hireçon tirait 135 livres de cent soixante moutons qu'il avait achetés l'année précédente 68 livres ; les salaires des ouvriers de la vigne de Bras n'absorbaient que la moitié de la valeur de la vendange[1].

*

Après 1340, l'histoire du grand domaine français devient beaucoup plus obscure. On trouve ici et là des indices attestant que parfois le domaine a été en partie loti et que certaines parcelles de la terre seigneuriale furent ainsi converties en censives. Ainsi les chanoines de Notre-Dame de Paris ont-ils concédé en tenure par petits lots cinquante et un arpents de leur réserve de Mitry-Mory entre 1346 et 1348, cent cinquante-sept arpents entre 1352 et 1356. Dans la grange cistercienne d'Ouges, toutes les petites parcelles isolées et certains champs en bordure des grandes corvées furent accensés entre 1380 et 1445 ; le domaine s'est ainsi trouvé concentré sur les meilleures terres, mais diminué du tiers. Celui des hospitaliers à Rue en Provence était moitié moins étendu en 1411 qu'en 1338. Mais d'autres témoignages montrent que d'une manière générale les réserves se sont maintenues et que même certaines se sont étendues, spécialement au XVe siècle. Voici deux des domaines de Saint-Germain-des-Prés, Thiais et Villeneuve-Saint-Georges ; dans le premier, en 1384, cent quatre-vingts arpents de labours, quarante-quatre de prés, quinze de vigne – en 1510, deux cent cinquante arpents de labours, trente et un de prés, trente de vigne ; à Villeneuve, entre les deux dates, les champs se sont accrus de quarante arpents, les prés de seize, les vignes de trois[2]. On voit aussi, à la fin du XVe siècle, les seigneurs de la Gâtine poitevine avancer de l'argent à leurs tenanciers gênés, les tenir ainsi par le crédit et finalement, rachetant les droits des paysans, inté-

1. RICHARD, *op. cit.*
2. FOURQUIN, *Les Campagnes...*, *op. cit.*

grer d'anciennes censives à leur domaine [1]. On peut donc se demander si, du début du XIVe à la fin du XVe siècle, les rapports entre l'étendue du domaine et celle des exploitations paysannes se sont sensiblement modifiés dans la plupart des terroirs.

Mais si le grand domaine ne paraît pas s'être beaucoup transformé dans ses dimensions, les méthodes de gestion ont profondément changé. L'abandon du faire-valoir direct et la pratique du fermage, attestés pour les plus grandes seigneuries au seuil du XIVe siècle, se sont largement répandus par la suite. Dans la plaine de France, progrès réguliers : le mouvement s'est poursuivi au même rythme avant comme après la peste de 1348 [2]. Dans bien des régions cependant, il semble s'être accéléré pendant les décennies qui encadrent 1400. La première amodiation de la grange des prémontrés de Gergovie eut lieu en 1381 ; elle fut suivie d'une autre en 1409. À Ouges, la grange est concédée une première fois en 1382 pour neuf ans ; nouveau contrat en 1399. En 1411 tout le domaine de Rue était exploité par des fermiers, et l'on conserve l'une des concessions qui date de 1405 [3]. Remarquons cependant que, comme au début du XIVe siècle, les vignes et les prés sont restés souvent exclus du bail : à Thiais, en 1384, champs et prés étaient affermés, mais non point les clos ; en 1458, prés et vignes constituaient l'essentiel du « territoire propre » mis en valeur par Jacques Ysalguier, seigneur toulousain [4]. Les stipulations des contrats, de plus en plus détaillées, sont fort variables (ce qu'on appelle bail à ferme en Île-de-France est la combinaison d'un fermage en grain et en argent et d'un métayage pour le cheptel vif [5] ; en Provence, on distingue parfois la « facherie », qui est un métayage des grains, et la « mégerie », association pour l'élevage du paysan et du maître qui apportent chacun leur part du troupeau) – mais généralement le bailleur ne fournit pas seulement la terre, il avance de l'argent, des grains, le train de culture, la valeur des bestiaux surtout ; il semble que dans le cours du XVe siècle, l'intervention du capital, et spécialement du capital urbain, soit devenue plus déterminante. Mais voilà un point fort important pour lequel manquent encore des études précises. Les concessions en tout cas étaient pour la

1. L. MERLE, *La Métairie et l'évolution agraire de la Gâtine poitevine de la fin du Moyen Âge à la Révolution*, Paris, 1958.

2. FOURQUIN, *Les Campagnes*..., *op. cit.*

3. FOURNIER, *op. cit.* ; MARTIN-LORBER, *op. cit.*

4. P. WOLFF, « La fortune foncière d'un seigneur toulousain au milieu du XVe siècle », *Annales du Midi*, 1958.

5. FOURQUIN, *Les Campagnes*...

plupart à très court terme, trois ans en Bordelais [1], trois, six, neuf ans en Île-de-France, trois, quatre ou cinq ans en Provence, quatre en Toulousain [2]. G. Fourquin remarque que, dans la région parisienne, les fermiers n'ont montré nulle tendance à s'incruster ; tandis que G. Sicard observe en Toulousain un allongement progressif des baux du XIVe au XVe siècle.

Toutefois, après 1450, le bail ne porte généralement plus sur des exploitations aussi vastes. Au début du XVIe siècle, la grange de Gergovie était ainsi confiée à plusieurs fermiers, en lots d'étendue moyenne [3] ; les « bordes » toulousaines du XVe siècle étaient équipées d'une ou deux paires de bœufs seulement, et leur historien suppose qu'elles sont nées souvent d'un démembrement du domaine seigneurial [4] ; ce fut aussi un train de quatre bœufs et la superficie de terre correspondante qu'un marchand de Fréjus confia pour cinq ans, en 1477, à deux chefs de famille venus de Ligurie [5]. Il semble bien par conséquent – et c'est là sans doute le changement majeur – que le grand domaine au cours de la seconde moitié du XIVe et pendant le XVe siècle, sans s'amoindrir notablement et parfois même en s'étendant, ait du moins perdu sa cohésion. Il s'est d'ordinaire morcelé en plusieurs unités d'exploitation. Ainsi s'est formé sans doute ce type d'entreprise agricole bien observé par L. Merle dans la Gâtine poitevine, mais aussi par G. Sicard en Toulousain et par G. Fourquin dans la plaine de France, et qui, au début du XVIe siècle, s'oppose fortement aux petits ménages paysans, tènements, mas ou masures, que décrivent terriers et livres de cens : la « ferme » ou la « métairie » des campagnes modernes. De grands bâtiments isolés du village, vingt à cinquante hectares de terres bien groupées, souvent encloses, exemptes des contraintes agraires, souvent aussi vouées en grande partie à l'élevage. L'ensemble est tenu par un exploitant point trop aisé, aidé par les avances nécessaires du maître de la terre qui vit à la ville ou dans le château voisin ; plusieurs paysans de son envergure sont fermiers comme lui dans la paroisse, ses alliés par les mariages ; il entretient peu de valets, embauche peu de journaliers, beaucoup moins en tout cas que les seigneurs d'avant la guerre de Cent Ans. Et la position de cette exploitation de taille moyenne est de la sorte bien différente de celle des grands domaines du début du XIVe siècle, beaucoup moins étroitement liée à l'économie paysanne par le

1. R. Boutruche, *La Crise d'une société : seigneurs et paysans du Bordelais pendant la guerre de Cent Ans*, Paris, 1947.

2. G. Sicard, *Le Métayage dans le Midi toulousain à la fin du Moyen Âge*, Toulouse 1957.

3. Fournier, *op. cit.*

4. Sicard, *op. cit.*

5. P.-A. Février, « La basse vallée de l'Argens : quelques aspects de la vie économique de la Provence orientale aux XVe et XVIe siècles », *Provence historique*, 1959.

jeu des gages et des prestations de services. En vérité beaucoup d'études détaillées sont encore nécessaires pour que l'on puisse observer d'assez près le passage entre ces deux types d'entreprises, entre la grosse grange cohérente de 1300 et le domaine de 1500 divisé en plusieurs « gagneries », pour que soient datées plus précisément les étapes de l'évolution, pour qu'apparaissent les diversités régionales, pour que la formation de la ferme et de la métairie puisse être valablement mise en rapport avec l'état des fortunes seigneuriales et paysannes, et avec la plus ou moins grande cohésion de la solidarité villageoise. Tout un chapitre de l'histoire des campagnes françaises reste à construire.

*

Ces faits très imprécis, il est évidemment beaucoup plus difficile encore de les situer dans l'évolution générale de l'économie rurale, que l'on connaît elle-même fort mal. Sans doute quelques éléments numériques sont-ils susceptibles d'être exploités et peuvent donner lieu à des interprétations mathématiques et statistiques ; Guy Fourquin a pu disposer en graphiques l'évolution des prix du vin, du blé-méteil, de l'avoine, ainsi que des dépenses d'exploitation du vignoble seigneurial à Saint-Denis entre 1284 et 1342. Mais on ne peut dresser des mercuriales, suivre les variations du cours des métaux précieux et des monnaies que dans les grosses villes. Or on sait combien les valeurs marchandes sont différentes d'un canton à l'autre. Que valent ces données lorsqu'on passe du monde des négociants urbains au monde des ruraux ? En outre, trop d'éléments font défaut pour qu'une étude valable de la conjoncture soit possible. On est très mal renseigné sur le marché du travail en milieu agricole, et notre connaissance des conditions de l'emploi demeurera peu sûre tant qu'il n'existera pas d'études sérieuses de l'industrie villageoise : de nombreux « texiers » travaillaient dans les campagnes d'Île-de-France à la fin du XVe siècle[1]. En était-il de même cent ans plus tôt ? Et dans d'autres provinces ? Enfin que sait-on vraiment de la démographie rurale ?

En 1949, un bel article de E. Perroy invitait à étudier attentivement les « crises » du XIVe siècle et à vérifier si les phénomènes que les médiévistes anglais ont mis en évidence s'étaient également produits en France[2]. En fait, cet appel n'a pas encore reçu de vraie réponse, et l'on n'en sait guère plus aujourd'hui qu'alors. Il semble bien toutefois que la « crise frumentaire » des années 1315-

1. Fourquin, *Les Campagnes..., op. cit.*
2. E. Perroy, « À l'origine d'une économie contractée : les crises du XIVe siècle », *Annales ESC*, 1949.

1318 n'ait pas eu de répercussions profondes dans la plupart des pays français : les recherches de G. Fourquin montrent qu'en Île-de-France l'évolution de l'exploitation domaniale ne fut point infléchie après ces années mauvaises. On découvre en revanche, dans les registres de la graineterie de l'abbaye cistercienne Notre-Dame-des-Prés à Douai, le témoignage d'une chute de la production céréalière en Artois et en Flandre gallicante de 1332 à 1370, le niveau le plus bas se situant entre 1340 et 1360 [1] : de cette régression, les calamités météorologiques ne sont sans doute pas responsables : elle tient au défaut de main-d'œuvre que provoquèrent à la fois les troubles politiques et les épidémies. De toute évidence, l'économie de la plupart des régions françaises fut au milieu du XIVe siècle perturbée par des catastrophes et spécialement par la guerre.

La détérioration des conditions de l'emploi, la hausse des salaires et la difficulté de recruter des travailleurs ont affecté immédiatement le faire-valoir direct : à Ouges, en 1381, à la veille de la première amodiation, les frais d'exploitation du domaine étaient devenus supérieurs aux recettes de celui-ci et absorbaient même presque tous les revenus des droits seigneuriaux [2]. L'intérêt évident des maîtres était de concéder leurs labours à court terme contre un fermage mixte en céréales et en numéraire qui, comme l'a montré A. d'Haenens, constituait aussi une assurance contre les mutations monétaires [3]. L'expansion du fermage et du métayage fut donc hâtée par la misère des temps. Encore fallait-il trouver preneur, c'est-à-dire que le marché des produits agricoles et du travail ne fût pas trop défavorable à l'exploitant. Déjà en 1338, les hospitaliers provençaux devaient malgré eux maintenir dans leur réserve certaines terres, parce que nul paysan ne voulait les prendre en fâcherie – et c'était bien sûr les plus mauvaises. Entre 1409 et 1444, c'est-à-dire au paroxysme des ravages militaires, les cisterciens furent contraints de mettre de nouveau eux-mêmes en valeur leur grange d'Ouges dont plus personne ne voulait se charger [4]. Le trouble démographique provoqué par les mortalités et les transferts de population explique donc que bien des maîtres aient cherché, entre le milieu du XIVe et le milieu du XVe siècle, à lotir au moins les franges périphériques les moins fertiles de leur domaine, à attirer des tenanciers par des conditions d'accensement fort avantageuses ; il explique également le maintien plus prolongé du faire-valoir direct dans les régions plus pauvres, qui – on le voit bien en Île-de-France – souffrirent davan-

1. Fossier, *op. cit.*
2. Martin-Lorber, *op. cit.*
3. A. d'Haenens, « Le budget de Saint-Martin de Tournai, 1331-1348 », *Revue belge de philologie et d'histoire*, 1959.
4. Martin-Lorber, *op. cit.*

tage du pillage des gens de guerre et, par l'exode des paysans, du dépeuplement ; il explique enfin que la concession du domaine en fermage et en métayage de la fin du XVe siècle se soit opérée par lots de dimensions moyennes, à la mesure d'exploitations familiales déchargées d'une domesticité trop lourde, devenue difficile à recruter comme à rétribuer.

Ne faut-il pas cependant considérer pestes et hostilités comme des accidents qui vinrent seulement accentuer certains traits, interrompre momentanément ou bien au contraire accélérer des mouvements de profondeur qui se prolongèrent ensuite ? Toutes les études menées sur la remise en état des campagnes françaises après la guerre de Cent Ans mettent en évidence le conservatisme des reconstructeurs. Il importe donc d'observer aussi certains facteurs moins fugaces de l'évolution domaniale, d'examiner les méthodes de gestion en fonction des structures sociales et des mentalités. Robert Boutruche a fort justement noté que le bail à ferme « répond à une mentalité qui recule devant les soucis et les risques de la gestion directe comme du métayage temporaire, et qui préfère un revenu fixe à un revenu changeant, même si celui-ci est plus élevé [1] ». Ajoutons qu'il convient spécialement aux maîtres qui ne sont pas toujours là pour surveiller. En revanche, les contrats d'association de capital par « mégerie » ou « gasaille » [2] constituent des procédés d'investissement qu'adoptent volontiers des hommes soucieux de profits et accoutumés aux pratiques du négoce. Par conséquent, pour mieux comprendre les progrès du bail à ferme depuis la fin du XIIIe siècle, les remembrements de domaines dans la seconde moitié du XVe siècle, la diffusion du métayage autour des villes pour la production du bétail ou du vin, il serait bon d'examiner de près certaines modifications de la société.

Beaucoup de maîtres n'ont-ils pas alors changé de genre de vie ? Et en particulier abandonné leur maison des champs parce qu'ils étaient emportés par les mouvements de la guerre, ou parce qu'ils furent sensibles aux attraits de la vie urbaine ? Vingt-quatre seigneurs servis par huit domestiques vivaient en 1338 dans la commanderie provençale de Rue ; en 1411, la maisonnée était réduite à six personnes. N'observerait-on pas d'une manière générale la réduction des maisons seigneuriales, l'éclatement de ces fortes compagnies qu'étaient à l'époque féodale les « familles » des hobereaux de village ? Et ce changement ne peut-il être tenu pour l'une des incitations les plus puissantes à l'affermage des réserves ? Il faudrait aussi disposer de données beaucoup plus précises sur le renouvellement du milieu seigneurial, et en particulier sur le passage de certains domaines des mains de la vieille noblesse à celles de la bourgeoisie. Ces nou-

1. Boutruche, *op. cit.*, p. 53.
2. P. Wolff, *Commerces et marchands de Toulouse (vers 1350-vers 1450)*, Paris, 1954.

veaux maîtres enrichis par le commerce et résidant en ville, étaient-ils partout aussi nombreux que dans la banlieue dijonnaise ou toulousaine ? Dans quelle mesure furent-ils responsables des remembrements domaniaux, d'une orientation plus poussée vers l'élevage et les cultures spéculatives, d'une multiplication des contrats de gasaille ? Les bailleurs en métayage des environs de Toulouse étaient pour les trois quarts des bourgeois. Pourtant jusqu'à l'orée du XVIe siècle, très rares furent les grands domaines acquis par les marchands parisiens – et les seigneurs qui construisirent au XVIe et au XVIIe siècle les métairies de la Gâtine poitevine étaient pour plus des deux tiers des nobles résidents, parmi les plus riches et les plus grands [1]. Que l'on regarde aussi du côté des agents d'administration, de ce groupe social si dru dans les premières années du XIVe siècle [2]. La multiplication des baux réduisit notablement leur rôle : à Rue, au début du XVe siècle, le faire-valoir direct complètement abandonné, il n'est plus trace, dans les comptes, de ces avoués, procureurs, sergents, receveurs qui, cent ans plus tôt, vivaient si nombreux en parasites de la seigneurie. Mais combien parmi ces auxiliaires devinrent fermiers ? En effet, l'évolution de l'économie domaniale serait certainement pour nous beaucoup plus claire si l'on étudiait systématiquement l'origine de ceux qui au XIVe et au XVe siècle prirent à ferme ou en métayage les condemines, les breuils et les clos. Parmi eux étaient-ils nombreux les immigrants sans avoir qui n'apportaient que leurs bras et à qui le maître devait avancer non seulement la semence, mais la nourriture de la première année, tels ces Ligures qui repeuplèrent les villages abandonnés de la Provence maritime à l'extrême fin du XVe siècle [3] ? Les fermiers furent-ils au contraire d'anciens régisseurs, d'anciens valets, d'anciens maîtres bouviers moins instables que la plupart ? Des tenanciers gênés, ou bien au contraire des laboureurs déjà sortis de la médiocrité et tentés par l'entreprise ? Beaucoup d'enquêtes, on le voit, restent à faire. Celles qui, dans tel domaine, se proposeraient de suivre du côté des maîtres et du côté des exploitants les destins familiaux ne seraient pas, à mon sens, les moins fécondes.

1. Sicard, *op. cit.* ; Fourquin, *Les Campagnes...*, *op. cit.* ; Merle, *op. cit.*
2. Boutruche, *op. cit.*
3. Février, *op. cit.* ; R. Jeancard, *Les Seigneuries d'outre-Siagne*, Cannes, 1952, p. 529.

2

LA SEIGNEURIE ET L'ÉCONOMIE PAYSANNE ALPES DU SUD, 1338[1]

L'extrême rareté des évaluations précises rend très incertaine l'étude de l'économie rurale en France pendant la plus grande partie du Moyen Âge. Les administrateurs des seigneuries les plus importantes, les plus méthodiquement gérées, recouraient très exceptionnellement à l'écriture, et, dans les très rares textes qui ont été conservés, les notations numériques sont fort peu nombreuses. On se souciait quelquefois de dénombrer les sujets de la seigneurie, d'enregistrer leurs redevances : « tel homme, telle tenure doit à telle date livrer tant de deniers, tant de mesures de grains... » ; ces répertoires, censiers ou coutumiers étaient rédigés, parce qu'il existait des précédents carolingiens et parce que ces documents pouvaient être utilisés en justice lorsque des contestations s'élevaient à propos de services. Il arrivait aussi que, dans telle communauté monastique, on jugeât bon d'inscrire le montant des rations allouées à chaque membre de la maisonnée, embryon d'un état des besoins annuels en nourriture destiné à faciliter les tâches de répartition. Mais ces écrits sont à peu près les seuls que l'on puisse découvrir dans les fonds d'archives. Pas de mention de prix, ou presque (ici et là dans une chronique, le souvenir d'un niveau insolite, en temps d'extraordinaire abondance ou d'extraordinaire pénurie ; ici et là, dans une reconnaissance de dette, l'équivalence entre la monnaie et telle autre valeur : « Je dois payer telle somme en deniers ou tant de vaches... »). Pas

1. Bibliographie [33].

d'inventaire de gestion, pas de bilan, aucun essai de mettre en balance les besoins et les ressources d'une maison seigneuriale. Privé d'une armature de chiffres, l'historien se sent mal à l'aise, ce qui explique sans doute que l'histoire de l'économie rurale soit en France si peu poussée, par rapport à celle des villes et du commerce, ou par rapport à l'histoire du droit seigneurial.

Il convient de remarquer cependant que cette indifférence des milieux ruraux à la précision numérique a commencé à s'émousser dans les pays français dans la seconde moitié du XIIIe siècle (c'est-à-dire bien après que l'usage du chiffre, du compte écrit, de l'inventaire se fut introduit dans l'administration des grands domaines ecclésiastiques d'Angleterre). Ce changement de mentalité apparaît de première importance : le besoin nouveau d'évaluation, le souci de mesurer profits et pertes, le désir de prévoir, impliquent en effet une attitude différente à l'égard des réalités économiques, et l'on peut penser que cette attitude modifia quelque peu les rapports entre seigneurs et paysans et la situation même de la seigneurie dans le mouvement des échanges. Aussi faut-il souhaiter que des études attentives, une exploration méthodique des archives seigneuriales, précisent les étapes de ce progrès technique et établissent ses liaisons avec le perfectionnement des finances princières, avec le renforcement d'un corps d'administrateurs professionnels, spécialistes de l'écriture et des comptes. Mon expérience se limite à la France du Sud-Est et se fonde sur des sondages encore très incomplets. Voici ce que j'entrevois. Avant le XIVe siècle, je ne connais qu'un seul document qui livre sur l'administration d'une grosse entreprise agricole quelques indications chiffrées convergentes. Il est contenu dans l'un des cartulaires de l'abbaye de Cluny et il fut rédigé vers 1155. Son titre est fort expressif : *Constitutio expense*, c'est une mise en ordre de la dépense, un plan de gestion de la fortune commune en fonction du ravitaillement des très nombreux consommateurs que réunissait alors le monastère. Il présente donc – très grossièrement encore, très brièvement – d'une part l'évaluation des besoins en nourriture, de l'autre l'inventaire, seigneurie par seigneurie, des ressources utilisables. Ce document jette, en plein XIIe siècle, un coup de lumière déjà fort vive, mais il est tout à fait isolé. Il vient en effet de Cluny, d'un milieu très en avant-garde ; en outre, cette enquête fut entreprise sur l'initiative de l'évêque de Winchester, Henri de Blois, frère du roi d'Angleterre et grand seigneur d'outre-Manche, qui était alors réfugié en Bourgogne : selon toute apparence, l'influence des méthodes anglaises d'administration fut déterminante[1]. En

1. G. DUBY, « Un inventaire des profits de la seigneurie clunisienne à la mort de Pierre le Vénérable », *Studia Anselmiana*, n° 40, 1957, *Petrus Venerabilis*, p. 129-140. *Cf. infra*, chap. 9 [p. 1342-1357].

vérité, les pratiques nouvelles qui ont préparé le changement d'attitude ne se manifestent qu'un siècle plus tard.

C'est alors seulement que l'on découvre les premiers livres de comptes, dressés pour leur maître par les responsables financiers, tel ce précieux petit registre, connu sous le nom de « Rationnaire du comte de Provence », qui contient des états de recettes et de dépenses seigneuriales pour les années 1249-1254[1]. Mais ces écrits renferment seulement le relevé désordonné des perceptions et des débours, et ce qui concerne les domaines ruraux du maître s'y présente inextricablement mêlé à tous ses autres revenus, aux dépenses de toutes sortes. D'autres textes sont liés à un usage propre aux congrégations religieuses, que les papes encouragèrent au XIIIe siècle : tous les ans, à l'automne, on inspectait les maisons filiales. L'intention première était de contrôler leur état moral, mais les visiteurs sentaient bien que la régularité des mœurs était étroitement dépendante de la situation matérielle ; ils attachèrent peu à peu plus d'intérêt à l'état des bâtiments, aux réserves de nourriture, bientôt au montant des dettes, car c'était précisément l'époque où les emprunts se multipliaient et s'alourdissaient. Dresser l'état des profits et des pertes[2] devint finalement la tâche première des enquêteurs.

L'évolution fut lente, à vrai dire. À ma connaissance, en effet, le premier document véritablement explicite qui permette d'étudier en détail, dans le sud-est de la France, la gestion d'une seigneurie rurale (encore est-il tout à fait isolé dans son temps) date de 1338. C'est un registre de visite des maisons de l'ordre de Saint-Jean de Jérusalem dépendant du grand prieuré de Saint-Gilles, le procès-verbal de la longue tournée que deux dignitaires accomplirent à la fin de l'été, la moisson faite, les greniers pleins, à travers les trente-deux commanderies, les quelque cent vingt seigneuries rurales disséminées à l'est du Rhône, des environs de la Grande-Chartreuse à la Camargue, de l'Embrunais au pays niçois. Cette enquête, d'une exceptionnelle précision, répondait directement aux injonctions pontificales. Le pape Benoît XII voulait réformer les ordres religieux. Cistercien, il s'était intéressé d'abord, et dès 1335, à l'ordre de Cîteaux,

1. Arch. dép. des Bouches-du-Rhône, B. 1500.

2. La visite des prieurés a été instituée dans l'ordre de Cluny au début du XIIIe siècle, puis généralisée sur le conseil des papes, en particulier Grégoire IX et Innocent IV, dans tout le monde monastique. G. de Valous, *Le Temporel et la situation financière des établissements de l'ordre de Cluny du XIIe au XIVe siècle*, Paris, 1935, p. 95 sq. ; J. Berthold-Mahn, *L'Ordre cistercien et son gouvernement des origines au milieu du XIIIe siècle*, Paris, 1948. Mais les procès-verbaux des visites des maisons clunisiennes sont très laconiques, Bruel, « Visite des monastères de l'ordre de Cluny de la province d'Auvergne, 1294 », *Bibliothèque de l'École des chartes*, Paris, LII ; U. Chevallier, « Visites de la province de Lyon de l'ordre de Cluny », *Cartulaire de Paray-le-Monial*.

invitant en particulier à évaluer avec exactitude la fortune et les ressources de chacune des abbayes, pour mieux fixer le nombre des moines qu'elles pourraient décemment entretenir ; l'année suivante, il étendit sa sollicitude aux bénédictins et aux autres congrégations. On entreprit donc partout des inventaires à la fin de 1337 et en 1338 ; beaucoup sont encore conservés dans les chartriers des établissements qu'ils concernent [1]. Ces documents, qui présentent au même moment une description des revenus ou des dépenses d'un grand nombre de communautés religieuses, permettraient une étude comparée de l'économie régionale d'un bout à l'autre de la chrétienté. Il serait bon qu'une équipe de chercheurs s'emploie à les découvrir et à les explorer.

*

Revenons au registre que conservent les Archives départementales des Bouches-du-Rhône, dans le fonds de l'ordre de Malte. Trois cent six folios de belle écriture [2]. Dressé maison par maison, cet inventaire ne décrit que leur état matériel : c'est un tableau de l'économie domestique, organisé selon le point de vue des enquêteurs, qui est déjà fort révélateur. Dans chaque commanderie, ils ont commencé par dénombrer les seigneurs, ceux dont les besoins commandent tout. Il ne s'agit pas de toute la maisonnée, mais de la « famille » des maîtres, strictement hiérarchisée : vient d'abord le précepteur, puis les chapelains, les frères chevaliers, les simples sergents, les « donats » enfin, ces gens du siècle qui s'étaient assuré une retraite paisible au sein de la fraternité religieuse. L'enquête décrit ensuite l'actif, l'avoir, les ressources, et cette fois encore, dans un ordre hiérarchique. Elle présente en premier lieu le « domaine », la terre en faire-valoir direct ; et les labours, richesse majeure, précèdent les vignes, les prés, les bois et pâtures. Les rentes ne viennent qu'après, perceptions de toutes sortes qui sont classées selon leur nature, d'abord ce qui peut se manger et se

1. Ceux de Normandie ont été repérés et utilisés ; L. Delisle, « Enquêtes sur la fortune des établissements de l'ordre de Saint-Benoît en 1338 », *Notices et extraits des manuscrits de la Bibliothèque nationale*, Paris, XXXIX, 1916 ; Dom. J. Laporte, « L'état des biens de l'abbaye de Jumièges en 1338 », *Annales de Normandie*, 1959 ; *cf.* aussi P. J. Jones, « Le finanze della bedia cistercence di Settimo nel xiv secolo », *Rivista Storia della Chiesa in Italia*, 1956. L'enquête concernant les hospitaliers d'Angleterre, beaucoup moins précise que la nôtre, a été publiée par la Camdem Society en 1857 (*The Knight Hospitallers in England : The Report of Prior Philip de Thame to the Grand Master Elyan de Villanova for A.D. 1338*, éd. L. B. Larking, introd. par J. M. Kemble).

2. H (D M) 156. L'intérêt du document a été signalé au Congrès des Sociétés savantes de Toulouse en 1953, par M. J.-A. Durbec, qui a bien voulu mettre à ma disposition le texte de sa communication.

boire, ensuite seulement les pièces de monnaie. Le dernier tableau est celui des dépenses : on y voit encore les produits de la terre, les rations de grain, de vin distribuées dans la maison aux maîtres et aux serviteurs, passer avant les sorties d'argent, les achats de « denrées », les dettes, la contribution de chaque maison aux frais de l'ordre.

Les enquêteurs ont tout préparé pour que, à l'intérieur d'une même maison comme d'une maison à l'autre, les divers éléments de l'inventaire fussent comparables. Ils ont tout compté très soigneusement. Ils ont noté le prix de chaque chose pour permettre l'entière appréciation en numéraire des récoltes et de la consommation. Ils ont enfin converti toutes les valeurs monétaires, les ramenant à une unité semblable, « une monnaie dont un tournois vaut seize deniers[1] », et tous leurs calculs sont presque sans erreur. Un tel soin, cette aisance de gens accoutumés à manier les chiffres facilitent singulièrement l'utilisation de ce gros texte. Certes il laisse sur deux points subsister de l'imprécision. Sur les quantités de grains et de vin d'abord. Les visiteurs qui, familiers des opérations de change, se sont appliqués à convertir les monnaies[2], n'ont point réduit à l'unité les mesures dont ils se servirent pour évaluer les récoltes, le produit des redevances, la consommation domestique, et pour fixer le niveau des prix. Jugeaient-ils d'un lieu à l'autre leurs variations négligeables ? C'est peu probable : les valeurs du setier, de la charge, de la millerolle étaient, lors de l'introduction du système métrique, très différentes à Aix ou à Orange, à Tarascon ou à Draguignan[3], et ces disparités existaient déjà de toute évidence au XIVe siècle. En fait, les enquêteurs pouvaient s'épargner ces ennuyeuses opérations de conversion : il leur suffisait de combiner prix locaux et mesures locales pour établir l'état en livres, sous et deniers qui seuls avaient de l'intérêt pour eux. Mais cette négligence empêche de comparer avec précision d'une seigneurie à l'autre les quantités de grains ou de vin. En outre, les données numériques n'ont pas la rigueur que l'on attendrait d'une enquête semblable : qu'il s'agisse du rendement de la semence, des rations allouées tous les ans aux domestiques, des profits de la justice, du nombre des salariés engagés à la journée, du montant des salaires distribués, qu'il s'agisse enfin du prix des denrées, les valeurs

1. Fol. 5 v°. Le florin vaut 15 sous 6 deniers de cette monnaie de compte (fol. 7 r°). Seul l'inventaire de la commanderie d'Échirolles exprime les données en monnaie viennoise (fol. 64-72).

2. Au Poët-Laval, les cens sont exprimés dans une monnaie dont 20 deniers valent un tournois, mais les valeurs globales sont ramenées à l'étalon monétaire choisi pour tout l'inventaire (fol. 23 v°).

3. NICOLAS, *Tableau comparatif des poids et mesures anciennes du département des Bouches-du-Rhône*, Aix, 1802 ; L. BLANCHARD, *Essai sur les monnaies de Charles Ier, comte de Provence*, Paris, 1868, p. 343-350.

enregistrées sont toujours des valeurs « communes ». « *Communiter* », le mot revient à chaque page : « cette terre rend communément », « la charge de blé vaut communément dans cette ville »... Cette attitude à l'égard du nombre vaut d'être remarquée. Les enquêteurs savent que les récoltes, que les prix varient d'un an à l'autre, mais ils tiennent ces variations pour accidentelles et il ne leur paraît pas utile d'enregistrer exactement les données du moment, de cette année 1338 ; ce qui compte pour eux, ce qui est vraiment valable, c'est l'habituel, le « coutumier ». Ces hommes prudents, ces administrateurs avisés et soigneux ont donc alors, ce qui est fort important, le sentiment que les valeurs sont stables et doivent l'être, le sentiment d'une stabilité profonde, foncière, sous-jacente à des modifications qu'ils tiennent pour superficielles et négligeables. Pour l'historien en tout cas, ce parti pris n'est pas sans avantage : il permet de repérer les niveaux que les contemporains considéraient comme normaux. De telles estimations toutefois sont moyennes, subjectives, donc affectées à nos yeux d'un certain coefficient d'incertitude. Ces réserves faites, l'enquête de 1338, par son honnêteté, son ampleur, la large étendue de campagne qu'elle permet d'embrasser d'un seul coup d'œil, porte un témoignage d'exceptionnelle valeur sur l'économie seigneuriale. Qu'en tirer ?

*

Économie essentiellement domestique : tel est bien le cadre de l'inventaire. En ce temps, c'est la « maison », le groupe « familial » dont il s'agit de connaître les besoins et les ressources. La « famille » seigneuriale est ici quelque peu particulière, puisqu'il s'agit d'une communauté religieuse, puisque son train de vie, son comportement vis-à-vis des richesses se trouvent déterminés par des dispositions particulières, par une règle. Cette discipline[1] fait sa part à l'austérité, invite à limiter consommations et dépenses. En vérité, les restrictions étaient légères, et chaque commanderie n'était sans doute pas très différente par sa structure sociale, par ses besoins économiques d'une maison de moyenne noblesse rurale. Elle groupait un petit nombre de maîtres aux goûts militaires, largement nourris et soucieux de leur équipage ; ils étaient cinq ici, trente là, cinquante à Manosque, la plus forte communauté, en moyenne une vingtaine. Auprès d'eux vivaient quelques serviteurs pour « faire la cuisine, pétrir la pâte, laver le linge[2] », deux ou trois « garçons » d'armes pour l'honneur de l'escorte ;

1. *Cf.* J. Besse, art. « Hospitaliers », *Dictionnaire de théologie catholique*, 1922.
2. Fol. 191 v°.

ajoutons trois ou quatre chevaux à l'écurie, la table ouverte aux hôtes de passage, l'obligation pour le chef de la compagnie de voyager de temps à autre en bel appareil. Chaque maison de l'Hôpital avait certes ses fonctions – et ses dépenses – proprement religieuses. Elle secourait voyageurs et malades ; c'était là sa mission spécifique. Trois fois par semaine pendant les mauvais mois, de la Saint-Michel à la Saint-Jean de juin, elle distribuait du grain aux pauvres, mais parcimonieusement : quelque deux cents kilos par an de gros blé à Saint-Jean de Trièves, dix-huit quintaux dans la très grosse commanderie de Puimoisson près de Riez, qui en engrangeait dix-huit cents à chaque moisson ; à Bras cette distribution hebdomadaire absorbait moins de 0,4 pour 100 de l'ensemble des ressources [1]. Réunis, frais d'hospitalité et aumônes atteignaient rarement le cinquième des sommes dépensées pour l'entretien de la maisonnée seigneuriale. S'ajoutaient les contributions en argent pour les besoins généraux de l'ordre. Mais elles aussi étaient légères. Tout ceci ne dépassait sans doute guère la valeur de ce que chaque année, en offrandes, en rentes d'anniversaires, toute famille noble consacrait à ses pénitences ou à ses dons funéraires [2]. Petite ou grosse, la commanderie était donc équivalente à la maison forte, et les dépenses des frères différaient peu de celles d'un lignage de chevaliers.

L'enquête montre avec netteté la nature de ces dépenses. Le besoin premier était de grosse nourriture. Pour chaque seigneur, une ration égale : un kilo de pain environ par jour, pain de froment précisons-le [3]. Puis du vin, en quantités variables ici et là et difficiles à évaluer ; mais on en servait partout, même si le domaine n'en produisait pas assez et s'il fallait l'acheter très cher. Pain blanc, vin pur, voilà déjà ce qui distinguait le train de maison des maîtres. En outre, ils ne mangeaient pas leur pain sec ; une autre dépense était prévue pour le *companagium*. On entendait par là, outre les nécessités de feux et d'éclairage, toutes les dépenses accessoires de nourriture. Selon l'inventaire de la commanderie d'Échirolles en Dauphiné, ces frais annexes étaient ainsi répartis : un cinquième pour le bois et la chandelle, deux cinquièmes pour la viande, fraîche ou salée, un cinquième pour les œufs, le fromage, le poisson, le reste pour le sel, l'huile et les amandes, l'oignon, l'ail, les épices [4]. Cependant l'allocation de

1. Fol. 76 r° ; 187 r° ; 175 r°.

2. Sur les donations pieuses dans les familles nobles à cette époque, *cf.* R. Boutruche, « Aux origines d'une crise nobiliaire. Donations pieuses et pratiques successorales en Bordelais du XIIIe au XVIe siècle », *Annales d'histoire sociale*, Paris, 1939.

3. Sauf à Lardiers, à Roussillon et dans les trois commanderies d'Arles où le froment des frères est mélangé au seigle et à l'orge.

4. Fol. 69 : 100 livres de viennois pour la viande fraîche et salée, 22 livres pour 22 quintaux de fromage, 10 livres 10 sous pour les œufs, 24 livres pour le poisson, 16 livres pour l'huile, 10 livres

companage n'était pas égale pour tous les seigneurs : de 60 sous par an pour le maître de la commanderie, elle était fixée à 35 sous pour un frère, à 25 seulement pour un donat. Dans ce monde par conséquent, la hiérarchie des dignités se marquait en premier lieu au raffinement de la table. Elle était toutefois surtout manifestée par le vêtement. C'est pourquoi les échelons étaient plus nombreux, plus espacés aussi, au dernier poste des dépenses d'entretien : les frais de vestiaire. Pour leur habillement, il était alloué 120 sous au chef de maison, 60 au frère chevalier, 50 au chapelain et au donat noble, 40 seulement au sergent et au donat de petite naissance.

Les dépenses de companage et de vêture sont en effet, dans l'inventaire, évaluées en numéraire. On achetait les étoffes, les cuirs et aussi la plupart des denrées que l'on servait à table pour accompagner les miches. Deux catégories, par conséquent, de besoins domestiques (et le plan même de l'inventaire s'organise, on l'a vu, en fonction de cette distinction) : besoins de grain et de vin d'une part, besoins d'argent de l'autre. Comparons-les. À Puimoisson, chaque frère consommait douze coupes de vin, qui valaient 2 sous l'une, et dix-huit setiers de froment à 2 sous ; soit 60 sous pour l'année ; les dépenses en numéraire étaient, comme dans les autres commanderies, de 95 sous pour un chevalier, de 65 sous pour un sergent[1]. Ainsi, dans le groupe seigneurial, les consommations de denrées « extérieures » comme on disait au XIIIe siècle, de celles qui faisaient sortir l'argent des coffres, représentaient – même pour ceux qui étaient placés au bas bout des tables – une valeur au moins égale à celle des nourritures que l'on tirait du cellier ou de la grenette ; et la dépense en deniers était beaucoup plus élevée pour les meilleurs de la « famille », particulièrement pour le chef de la communauté, parce qu'à travers lui se manifestait au-dehors la puissance de la « maison ». Tels étaient les besoins. Voyons comment la seigneurie parvenait à les satisfaire.

*

Seigneurs, les hospitaliers de Saint-Jean détenaient en premier lieu le pouvoir d'opérer des ponctions périodiques sur l'avoir des paysans qui étaient leurs hommes ou les tenanciers de leur terre. C'est-à-dire sur certains habitants des villages d'alentour, car la seigneurie était tout le contraire d'un bloc territorial homogène : telle famille était sujette, tel lopin relevait de la commanderie, tel

---

pour le sel, 9 livres pour les épices, une livre pour 20 livres d'amandes, 2 livres pour l'ail et les oignons, 8 livres pour des fèves et des pois, 20 livres pour les cierges et les chandelles.

1. Fol. 186.

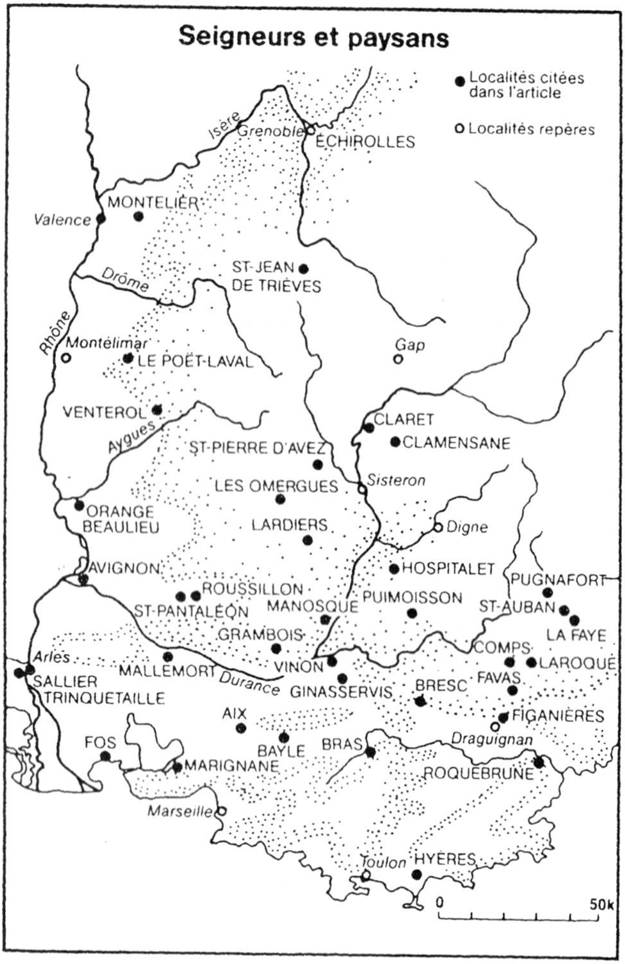

Seigneurs et paysans

oustau se trouvait sous son « empire ». Très dispersés, les droits du seigneur étaient en outre d'une grande diversité, les uns fonciers, les autres personnels. « Exactions », pouvoirs de commander, donc de juger et d'encaisser les amendes, hautes ou basses, de lever les tailles, protection du marché, donc prélèvement sur le montant des ventes, monopole du four, du moulin à grain ou à huile, des battoirs de drap ou de chanvre, cens perçus sur les maisons ou sur les terres, assortis de taxes de mutations (fort lucratives, ce qui atteste pour cette époque la grande mobilité de la possession paysanne), dîmes enfin, et les multiples profits qui vont au maître de l'église paroissiale, prémices, oblations, droit de sépulture... tout dans l'inventaire est mêlé. En fait, pour les seigneurs, pour les enquêteurs de 1338 (comme aujourd'hui pour l'historien de l'économie seigneuriale), parmi tous ces revenus, une seule distinction importe en vérité : certaines prérogatives autorisaient un prélèvement direct sur les récoltes du dépendant et faisaient parvenir à la maison du maître des biens immédiatement consommables, grain ou vin ; les autres, au contraire, procuraient de l'argent, prises indirectes celles-ci, et qui obligeaient les petits exploitants, pour pouvoir s'acquitter, à vendre les surplus de leur production ou un peu de leur travail.

Dans la seigneurie de Saint-Jean de Jérusalem, les revenus en numéraire provenaient presque exclusivement des droits de ban, de la justice, des tailles et des taxes de funérailles[1]. Il s'agissait par conséquent de rentrées irrégulières. Tel homme, dit-on, « rapporte quand il commet un délit[2] » ; à Figanières, le maître perçoit les amendes dans cinq oustaus, « mais il n'a rien eu depuis dix ans[3] ». De ces profits incertains, l'inventaire ne fournit par conséquent qu'une évaluation moyenne. Variables, ces profits étaient généralement faibles. À Bras par exemple, où l'on dénombrait cent quarante feux et dont la *senhoria* appartenait pour moitié aux hospitaliers, ceux-ci percevaient bon an mal an 6 livres 9 sous, c'est-à-dire à peine ce que dépensait pour son seul vêtement le précepteur de la commanderie. On estimait à 10 sous par an le profit des amendes sur les dix-huit oustaus de Favas, comme sur les dix-huit oustaus de Bresc ou sur les « hommes liges » de Clamensane[4] ; et des trente et une familles de Claret soumises à leur basse justice, les frères tiraient chaque année moins de 11 livres en deniers : 4 livres pour l'église et les dîmes, 1 livre pour les amendes, 30 sous

1. Fol. 11 ; 19 ; etc.
2. Fol. 124.
3. Fol. 159.
4. Fol. 171 ; 156 ; 171.

pour les bans, 50 sous pour les cens et les lods[1]. L'apport de numéraire était donc insuffisant, et en temps normal, trop faible pour couvrir les dépenses d'habillement et de companage des seigneurs. Ainsi au Poët-Laval, les quarante-huit personnes de la « famille » seigneuriale dépensaient 224 livres par an en deniers, alors que les droits seigneuriaux n'en procuraient que 105 ; on percevait 30 livres en numéraire à Saint-Jean de Trièves, où l'on en déboursait 64. Il fallait des circonstances exceptionnelles pour que le montant des deniers ainsi prélevés dans la paysannerie excédât celui des frais d'entretien des seigneurs : ou bien que la seigneurie fût très vaste comme à Puimoisson (recettes : 195 livres, dépenses d'entretien du groupe seigneurial : 135) – ou bien qu'elle avoisinât une ville : tout près d'Arles, et affermant très cher les droits de chasse dans la Camargue, la commanderie de Sallier recueillait presque trois fois plus d'argent que n'en dépensait la petite communauté de six personnes. Première conclusion, très nette : dans cette province et à cette époque, la seigneurie rurale rapportait peu de monnaie. En revanche, dès que la main du seigneur s'introduisait dans une bourgade, elle s'emplissait de deniers : parmi les dépendances de la commanderie de Comps, celle de Pugnafort, sur les hauts plans de Provence, rendait aux frères 1 livre par an, mais celle de Draguignan, 94.

La prédominance des profits en nature, et spécialement des entrées de grains, apparaît donc écrasante dans les revenus seigneuriaux : 65 pour 100 à Puimoisson, 80 pour 100 au Poët-Laval, 85 pour 100 à Saint-Jean de Trièves. Mais ce n'était point le ban ni la justice qui procuraient ces revenus en nature ; ils venaient avant tout par le four du village, le moulin, l'église ou les dîmes, sources principales de ces perceptions. Rapport irrégulier encore, suspendu aux aléas de la récolte villageoise, mais beaucoup plus substantiel. Le seul four de Venterol fournissait toute l'année du pain pour huit personnes[2] ; à Lardiers, 60 pour 100 des rentes venaient des églises ; à Puimoisson, fours, moulins et dîmes rapportaient deux fois plus que les cens, huit fois plus que le pouvoir de ban[3]. Ces observations confirment ce qu'indiquent tant de documents seigneuriaux français des XIIIe et XIVe siècles : le seigneur riche n'était pas celui qui étendait sa justice et son pouvoir de contrainte sur la plus large étendue de campagne, ni le possesseur des plus nombreuses tenures ; c'était le maître des meuniers, le percepteur des dîmes. Et alors que les cens rentraient mal en année mauvaise, quand il fallait renoncer à percevoir intégralement les amendes sur des sujets

1. Fol. 100.
2. Fol. 16 v°.
3. À Puimoisson, 330 livres contre 150 pour les cens, 44 pour les droits banaux ; au Poët-Laval, 320 contre 140 et 88.

trop pauvres, dîmes, droits de mouture et de fourrage emplissaient les greniers seigneuriaux[1].

Toutefois, ces rentes quelles qu'elles fussent, qu'elles permissent de recueillir du blé ou des sous, étaient, tout compte fait, de profit restreint. Car on ne les levait pas sans de gros frais. Frais de chicanes d'abord, parce que ces revenus constituaient la part du patrimoine la moins sûre, la plus disputée par les concurrents (les droits des hospitaliers se trouvaient en effet entremêlés à ceux d'autres seigneurs), la plus contestée enfin par les assujettis, qui renâclaient et tâchaient de s'esquiver. On devait plaider constamment, donc entretenir avocats et procureurs, gagner des appuis, acheter des complaisances. À Venterol, l'enquête fait état d'une dépense annuelle de 16 livres pour les procès, à Montelier de 10 livres[2]... En outre, la perception coûtait fort cher. Sans doute, les censitaires étaient-ils tenus d'apporter eux-mêmes leurs redevances ; mais prélever le sou de la livre sur les ventes du marché nécessitait la présence en permanence d'un surveillant intègre. De même, avant d'encaisser les amendes, force était bien de prononcer la sentence, donc de gager des officiers de justice. Il fallait des gens dévoués sur l'aire, à l'entrée du pressoir, si l'on voulait éviter de trop grosses fraudes sur la dîme ou la tasque. Il était sage enfin de laisser à tous ces auxiliaires une part des profits qu'ils étaient chargés de recueillir. Ainsi, à Beaulieu d'Orange, le décimateur gardait pour lui 10 pour 100 de sa recette avouée[3] et le mandataire que, pour faire valoir leurs droits, les frères avaient installé à Clamensane, petit village de vingt maisons, recevait à lui seul pour son salaire 9 livres, le tiers de sa maigre perception[4]. On voit ici se dresser, entre le seigneur et ceux qu'il exploite, un petit groupe d'intermédiaires, gens de loi ou collecteurs qui, en tout ou en partie, vivent aux dépens de la seigneurie.

Le maître devait enfin tenir en état les édifices et les instruments qu'il mettait contre redevances à la disposition des paysans. Au moulin de Saint-Michel-de-Manosque, par exemple, il fallait tous les quatre ans changer les meules : il en coûtait 100 sous[5], et c'était 30 livres qu'exigeait chaque année l'entretien du gros moulin de Vinon et de son bief[6]. Aux églises de son domaine, le seigneur fournissait l'huile du luminaire, les cierges, l'encens. Surtout, il nourrissait, habillait, rétribuait le desservant. Certes, ces dépenses étaient relativement

1. *Cf.* Duby, *Inventaire*... et « La structure d'une grande seigneurie flamande à la fin du XIIIe siècle », *Bibliothèque de l'École des chartes*, 1956.

2. Fol. 20 r° ; 46 v°.

3. Fol. 9 v°.

4. Fol. 101.

5. Fol. 213.

6. Fol. 279 v°.

modestes, car les tâcherons du service religieux recevaient d'ordinaire un tout petit salaire en nature, le companage et l'allocation de vêtement de la domesticité la plus humble. Mais on leur attribuait la ration de vin et de grain d'un frère chevalier : les serviteurs de Dieu mangeaient le pain blanc des maîtres. Frais et soucis de gestion étaient donc pesants ; aussi pour s'en libérer et s'assurer un revenu plus régulier, les hospitaliers concédaient fréquemment fours, moulins, dîmes, églises à des fermiers. Autres intermédiaires qui prélevaient leur part. En fin de compte, le rapport des prérogatives seigneuriales se trouvait fort amputé. Voici Poët-Laval, très grosse seigneurie : trois moulins, deux fours, trois églises, des cens, la justice et le ban dans sept villages. La recette était considérable : 540 livres, en nature et en deniers. Mais sur ce revenu, il fallait d'abord entretenir un clerc, trois fourniers, deux bailes, une dizaine de sergents, gardes champêtres et percepteurs, qui dévoraient près de 100 livres. Si bien que les innombrables petites exactions levées sur tout un canton paysan ne suffisaient plus à procurer les 520 livres nécessaires tous les ans à la dépense des quarante-trois frères, de leurs serviteurs et de leurs hôtes.

En premier lieu, l'inventaire met donc en évidence la faiblesse de la rente seigneuriale. Le bas niveau s'explique sans doute par la pauvreté des sujets. On ne possède aucune information directe sur la fortune paysanne (ce qui réduit beaucoup la portée des enseignements de l'enquête, puisque le poids réel des exigences seigneuriales, le pourcentage de ces prélèvements ne peuvent être appréciés, même de loin). On devine cependant que les rustres soumis aux hospitaliers étaient, dans la plupart des cantons, de pauvres gens. Population nombreuse (140 feux à Bras, qui compte aujourd'hui moins de 700 habitants ; 18 familles à Favas, 40 à Esparel, ces lieux maintenant quasi déserts au milieu des pierrailles), population trop nombreuse sans doute et réduite au dénuement. Des vingt-huit ménages sujets de La Roque-Esclapon, douze seulement disposaient de bêtes de travail ; à Clamensane, sur vingt foyers, un seul possédait un bœuf, un autre un âne. À Bresc, les dix-huit familles dépendantes ne tuaient à elles toutes jamais plus de trois porcs tous les ans[1]. Par conséquent, le seigneur pouvait bien tenir en sa main tous les pouvoirs de contraindre et de percevoir. Que pouvait-il extorquer à ces misérables ? D'autant qu'ils étaient très souvent soumis à d'autres exigences, celles du Dauphin, celles du comte de Provence, de ces chefs de principautés dont la fiscalité était en plein essor et qui venaient se servir les premiers... Peut-être les maîtres parvenaient-ils à retirer du paysan tout l'argent ou presque qui lui passait entre les doigts. Mais il en venait peu. Combien de rustres, passibles de fortes amendes, ne furent-ils

1. Fol. 149 ; 101 ; 184.

pas tenus quittes pour quelques mauvaises pièces, parce que les juges du maître n'avaient aucun espoir d'en jamais tirer davantage ? Dès que le canton est moins pauvre, le montant des revenus seigneuriaux d'un coup s'élève fortement ; ainsi dans la campagne d'Arles ou dans la vallée de l'Argens. Mais ces zones de prospérité sont exceptionnelles et limitées généralement au voisinage des bourgades. D'ordinaire, la nature est ingrate, les paysans faméliques, et fort maigres les revenus qui parviennent à la maisonnée seigneuriale.

*

Celle-ci ne pouvait donc s'en contenter, même lorsqu'elle détenait la haute justice, même quand elle possédait la dîme et tous les moulins. Aussi restait-elle très attachée à l'exploitation directe de la terre. En 1338, les hospitaliers de Saint-Jean tenaient dans ce pays un immense « domaine ». Il contenait peu de bois, et de fort pauvres, quelques amandiers, quelques noyers, quelques oliviers, des prés, des clos de vignes. Les labours en formaient l'essentiel. Les terres à blé de l'ordre couvraient quelque 7 000 hectares, en pièces d'étendue variable, inégalement réparties entre les différentes maisons. Certaines étaient fort bien pourvues ; à Manosque, à Vinon, la réserve s'étendait sur 300 hectares de champs [1]. Je m'étonne de trouver dans l'inventaire si peu d'indications sur l'économie pastorale. Presque partout, les animaux de trait apparaissent seuls ; on dénombre bien ici et là une trentaine de moutons, mais où sont les grands troupeaux de bêtes ovines, dont il est question à cette époque dans les comptes de certaines commanderies, celle de Manosque, par exemple [2] ? Dans la saison où fut menée l'enquête, ils étaient bien sûr en transhumance. Mais comment un état aussi minutieux des ressources domestiques peut-il rester muet sur les rapports de l'élevage, dans une région dont celui-ci faisait alors la richesse ? Si l'on s'en tient au document, on voit que les enquêteurs ont présenté l'exploitation domaniale comme orientée tout entière vers la production des céréales. Pour eux, les terres arables formaient la portion solide du bien, la partie vraiment nourricière de la seigneurie. Dans la plupart des maisons de Saint-Jean, le

1. La superficie des terres arables est estimée en « séterées ». Selon la qualité du sol et la capacité de la mesure, la surface de champ qui peut recevoir un setier de semence est fort variable. On semait en moyenne, dans l'agriculture provençale traditionnelle, 200 litres de grains à l'hectare, et la plupart des setiers valaient autour de 40 litres. J'ai donc pris comme valeur d'estimation un hectare de cinq séterées.

2. F. Reynaud, « L'organisation et le domaine de la commanderie de Manosque », *Provence historique*, 1956 (Mélange Busquet) ; T. Sclafert, *Cultures en haute Provence : déboisements et pâturage au Moyen Âge*, Paris, 1959.

rapport brut de la réserve, converti en valeur monétaire, l'emportait en effet de beaucoup sur celui de toutes les redevances réunies. Je prends l'exemple de la commanderie de Comps, dont dépendaient neuf unités seigneuriales dispersées entre le haut Verdon et la côte des Maures. Deux d'entre elles, Esparel et Favas, étaient de simples centres de perception, sans domaine ; les droits seigneuriaux y formaient la seule recette : 55 et 50 livres. À Draguignan, seigneurie plus urbaine que rurale, les taxes, très profitables, rendaient 104 livres, le double exactement de ce qui venait ordinairement du vignoble, des prés et d'une pièce de 6 hectares de très bonne terre. Mais partout ailleurs, les gros profits étaient tirés de la terre du maître, 38 livres contre 23 à La Roque-Esclapon, 334 contre 56 à Roquebrune, 6 livres contre 1 à Riufre, 58 contre 3 à La Faye, 144 contre 74 à Comps, 144 contre 3 à Pugnafort.

Et pourtant sur ces terres bien soignées et qui bénéficiaient souvent de longs repos[1], les rendements étaient très faibles. L'inventaire fournit sur ce point cent vingt-trois indications. Dans soixante-cinq des domaines, pour une mesure de grain semée, on en récoltait « communément » quatre. Dans vingt-quatre autres, cinq – mais ces bonnes terres étaient toutes situées dans ses secteurs privilégiés : plaine du bas Rhône autour d'Arles et de Châteaurenard, banlieue de Manosque. Sept fois seulement on a fait état d'un rendement moyen supérieur (il s'agissait alors de ces « ferrages », terres de petites surfaces, voisines des villes et exploitées en culture continue). En revanche, dans vingt et une exploitations le rendement était seulement de trois pour un, et dans cinq terroirs de montagne, d'un grain de blé on ne pouvait attendre plus de deux. Pauvres moissons, sur lesquelles devaient être prélevées la prochaine semence, et même la part laissée aux dépiqueurs (un vingtième, un treizième parfois). On saisit là l'extrême précarité de la vie paysanne. Comment les petits exploitants, qui sans doute ne travaillaient pas d'aussi bons sols, et dont les moyens techniques étaient plus restreints, pouvaient-ils soustraire à ces surplus dérisoires la dîme, la tasque, les droits de mouture et de fournage, et parvenir encore à nourrir leurs enfants ? En tout cas, pour que les greniers seigneuriaux s'emplissent des grosses quantités de céréales enregistrées dans l'inventaire, il importait que le domaine fût fort étendu, et par conséquent nombreux les travailleurs chargés de son exploitation. Problème de main-d'œuvre donc. Pour retourner, sarcler, moissonner ces champs immenses, le seigneur ne pouvait pas compter sur les corvées. Il conservait bien le droit de requérir quelques journées d'hommes et de bêtes, mais seulement dans une vingtaine de villages, parmi les plus reculés

1. G. Duby, « Techniques et rendements agricoles dans les Alpes du Sud en 1338 », *Annales du Midi*, 1958.

de la montagne. Encore n'utilisait-on pas tous ces services, car le corvéable travaillait mal, mangeait trop. Mieux valait le libérer en échange d'une toute petite prestation en deniers : dans l'inventaire, ces corvées sont toujours enregistrées au chapitre des revenus en numéraire. Seuls étaient effectivement accomplis les services de charroi[1]. La main-d'œuvre, la grosse main-d'œuvre que réclamaient des sols souvent très peu fertiles, devait donc être rétribuée. Ce qui conduit à se demander si, en dépit des apparences, l'exploitation de ces grosses réserves était vraiment profitable.

Pour les vignes et les prés – parce que le vin et le foin étaient des denrées chères – le rapport net était élevé. À La Faye, où l'on récoltait deux cents charges de foin, qui valaient à elles toutes une vingtaine de livres, les journaliers embauchés pour faucher, faner et rentrer les chars coûtaient seulement 3 livres 16 sous. À Sallier, on dépensait 21 livres pour faire travailler le clos, mais les 15 muids de vin que celui-ci donnait en année moyenne se vendaient 45 livres. Dans la commanderie de Bras, les frais d'exploitation du vignoble représentaient moins de 50 pour 100 de la récolte, ceux des prés 35 pour 100[2]. Mais pour les labours, l'intérêt du seigneur était beaucoup moins sûr. Observons encore l'inventaire de la commanderie de Bras. Les frères y mettaient en culture plus de 300 hectares. Comme la terre était laissée en jachère deux ans sur trois, une centaine d'hectares portaient chaque année du blé d'hiver ; en outre, on ensemençait quelque 50 hectares en avoine, en orge et en fèves, – culture dérobée sur les chaumes, ce qu'on appelait le « restouble ». C'était un terroir de rendement moyen : quatre pour un. Bon an mal an donc, on récoltait environ 650 quintaux, dont près de la moitié en froment. Cette moisson procurait au maître deux fois plus de grains que, tous réunis, les cinq moulins, la dîme de quatre paroisses et les cens, et elle valait fort cher : 266 livres. Mais pour la préparer il fallait employer douze araires. Ce qui d'abord réclamait le service d'un forgeron, à qui l'on donnait, outre le fer dont il avait besoin, une pension d'un setier de froment par soc, soit 3 quintaux : coût, 5 livres et demie. Ensuite il était nécessaire de nourrir toute l'année à l'étable un important bétail d'attelage, 48 bœufs et 8 bêtes de somme, qui consommaient 120 charges de foin et 24 setiers d'avoine ; comme on devait ferrer les mules, remplacer de temps à autre les animaux fatigués, la dépense annuelle atteignait presque 55 livres[3].

1. Id., « Notes sur les corvées dans les Alpes du Sud en 1338 », *Études d'histoire du droit privé offertes à Pierre Petot*, Paris, 1959.

2. Fol. 147 r° ; 332 r° ; 176 r°.

3. Les frais de renouvellement du bétail ne sont pas évalués dans cette commanderie. À La Motte-du-Caire où il n'y avait que quatre bœufs, la *renovatio boum* coûtait 8 livres par an. On peut penser que cette dépense absorbait une quarantaine de livres à Bras.

Le maniement des instruments de labour, le soin des bêtes occupaient de nombreux domestiques, douze conducteurs d'araires, quatre palefreniers, quatre valets de culture. Leur pitance, leur vêtement, leurs gages absorbaient 36 livres en numéraire et près de 700 setiers de seigle (à peu près tout ce que rapportaient les redevances) – c'est-à-dire, le tout réduit en monnaie de compte, 115 livres. Enfin, ces serviteurs permanents ne suffisaient pas à toutes les tâches ; pour les aider, on embauchait, au moment des gros travaux, des journaliers. Le prix de 550 journées de femmes qui sarclaient les blés, de 537 journées d'hommes qui moissonnaient, de 190 journées de femmes qui liaient les gerbes, le vannage du grain, le transport : encore près de 50 livres à débourser. Au total, la seule culture des céréales entraînait une dépense de 225 livres, ce qui réduisait le profit net de l'exploitation à une quarantaine de livres, pas plus de 15 pour 100 de la valeur de la récolte. Ceci en année « commune ». Qu'advenait-il quand la saison était mauvaise ?

Certes le bénéfice était moins faible dans les terroirs de sol plus fertile et de rendement moins bas, mais il ne montait jamais bien haut. Dans la commanderie de Puimoisson, sur 225 des 400 hectares de la réserve, le rendement s'élevait à six pour un, ce qui était tout à fait exceptionnel : pourtant – parce que le froment se vendait ici à bas prix – les quatre cinquièmes de la valeur des grains (235 livres sur 300) étaient mangés par les frais d'exploitation. L'entreprise était évidemment nettement déficitaire dans les cantons ingrats, où les rendements de la semence se trouvaient inférieurs à la moyenne. C'était le cas à Saint-Jean de Trièves : en dépit de la cherté des grains, la moisson n'y valait pas plus de 61 livres ; le seul entretien du matériel et des animaux de labour (on louait quatre bœufs faute de pouvoir les nourrir toute l'année) coûtait presque autant : 56 livres. Venaient alors en déficit tous les frais de main-d'œuvre, et notamment l'entretien de neuf domestiques de culture, c'est-à-dire 79 livres.

Dans ces conditions, l'intérêt bien compris des seigneurs n'eût-il pas été de confier la mise en valeur de la terre à d'autres, de bailler ces champs ingrats à des métayers ? Un document comme celui-ci montre avec évidence que les administrateurs de seigneuries françaises qui, de plus en plus nombreux au XIIIe et au XIVe siècle, abandonnèrent le faire-valoir direct et mirent le domaine en fermage furent engagés dans cette voie par le seul examen lucide de leur bilan. Les hospitaliers avaient eux-mêmes recours à ces concessions temporaires à part de fruit, qu'on appelait dans la région contrat de « facherie ». Chaque fois, c'était à leur plus grand avantage[1]. L'une des seigneuries qui rapportait le plus,

1. L. Caillet, « Le contrat dit de facherie », *Nouvelle Revue historique de droit français et étranger*, 1911.

celle de Sallier près d'Arles, était si profitable parce que 90 pour 100 des 200 hectares de « domaine » étaient placés en métayage ; ces terres procuraient, sans aucun frais, pour 434 livres de grains. Pourtant l'affermage en facherie des labours était relativement peu développé ; 1 200 hectares de domaine seulement sur plus de 7 000 étaient soumis à ce régime, et le procédé était employé surtout dans les vallées du Rhône, de la Durance, de l'Argens, c'est-à-dire dans les pays les plus ouverts, où précisément le sol était moins ingrat, l'exploitation plus rentable et la vie économique plus active. Ailleurs, c'est-à-dire dans les seigneuries où le faire-valoir direct rapportait le moins, les frères de Saint-Jean avaient peu de métayers. Pourquoi ? Routine ? Méconnaissance de leur intérêt véritable ? Il apparaît que souvent ils étaient obligés de conserver leurs labours parce que personne n'avait voulu les prendre à part de fruit, même lorsque les cinq sixièmes, les sept huitièmes, les huit neuvièmes de la récolte étaient laissés aux exploitants, même lorsqu'on mettait à la disposition des fermiers, comme à La Faye ou à Monfort [1], ce que les paysans devaient encore en corvée de bras et de bêtes. À Saint-Auban, les 60 séterées de la réserve « restent longtemps sans que l'on puisse trouver quelqu'un qui veuille les prendre à facherie au tiers [2] ». Cette situation est encore déterminée par la grande pauvreté paysanne. Pour s'atteler à la mise en valeur de ces « terres fragiles », pour engager au départ les gros frais de cheptel, d'outillage, de main-d'œuvre en vue d'un profit incertain, il fallait des capitaux, un train de culture bien supérieurs à ceux dont pouvaient apparemment disposer les moins faméliques des habitants de ces campagnes. Comme bien d'autres seigneurs sans doute, les hospitaliers de Provence en 1338 restaient malgré eux exploitants d'une bonne part de leur terre.

Cependant, il n'est pas certain que les dispositions de l'économie domestique aient été dès cette époque déterminées par la seule considération du meilleur profit. Pour expliquer cet attachement tenace au faire-valoir direct, il convient d'invoquer d'autres motifs. Motifs de sentiments, ceux-ci. Confier la terre à des métayers, c'était un peu la perdre. À quoi bon recueillir davantage de grains ? Pour les vendre, accumuler des capitaux ? Ne valait-il pas mieux continuer d'entretenir dans la maison une plus large « famille », ce groupe de domestiques de culture attachés au travail de la réserve, qui formaient autour des seigneurs le précieux entourage de dévouement familier ? On peut penser que, dans la mentalité chevaleresque que partageaient sans aucun doute les frères de l'Hôpital, l'aristocratie rurale préférait encore, au seuil du XIVe siècle, la fidélité d'une valetaille nombreuse et proche, à l'accroissement des revenus en argent par des

1. Fol. 147 r° ; 163 r°.
2. Fol. 147 r°.

ventes mieux conduites. C'est pourquoi, semble-t-il, les hospitaliers, contre leurs intérêts bien compris, vivaient entourés de bouviers et de travailleurs des champs. C'est pourquoi le « domaine » constituait toujours la pièce maîtresse de l'économie seigneuriale.

*

Comment, dans ces conditions, situer celle-ci dans l'ensemble de l'économie des campagnes ? Il apparaît en premier lieu que les exigences de la maison des maîtres stimulaient l'activité des petites exploitations paysannes placées dans sa dépendance. Parce qu'il fallait acquitter la dîme et les cens, chaque ménage – même parmi les plus pauvrement équipés – devait tirer de son bien plus que sa propre subsistance. Dans les terroirs où venait surtout du seigle, il fallait produire tout de même un peu de ce froment que le maître attendait [1]. Et parce que de temps en temps force leur était de trouver les quelques deniers d'une amende, de la taille, de la taxe de funérailles ou de baptême, les plus humbles paysans devaient s'efforcer de vendre – ce qu'ils pouvaient. La seigneurie se dressait ainsi comme un obstacle de plus à la complète autarcie de l'exploitation paysanne. Elle entretenait autour d'elle par sa simple présence un courant d'échanges. Elle vivifiait la circulation monétaire jusqu'au fond des combes alpestres les plus isolées. 10 livres pour la taille, 8 sous pour les cens, 1 livre 10 sous pour la justice, 8 sous pour le « mortelage » de l'église, 3 livres pour les bans et les taxes de marché, c'est-à-dire plusieurs milliers de pièces de mauvaise monnaie devaient ainsi chaque année, avant d'être récoltées par les gens du seigneur, passer entre les mains des quelques habitants de Saint-Pierre d'Avez, ce pauvre village aux terres pierreuses, à l'écart des grands chemins [2].

Mais le mouvement des richesses se trouvait stimulé de façon plus directe par la gestion seigneuriale. Les revenus du maître, en effet, ne correspondaient pas exactement à ses besoins. Très généralement, moulins, dîme, fours, domaine surtout, mettaient dans ses greniers beaucoup plus de blé qu'il n'en pouvait consommer, lui, ses hôtes, ses valets, les pauvres qu'il entretenait, les bêtes de son écurie ; en revanche ses tonneaux n'étaient pas toujours assez

1. Pour connaître la répartition des cultures céréalières d'après les inventaires seigneuriaux, il ne faut pas considérer l'ensemble des redevances, mais seulement les revenus qui proviennent d'un prélèvement direct sur les récoltes paysannes, ceux des moulins, les dîmes, les tasques. À Ginasservis (fol. 263 v°), les cens exigés par le seigneur rapportent 164 setiers de froment et 64 d'orge ; la dîme, 160 setiers de froment, 238 de seigle, 20 d'avoine. Dans le terroir, on cultive donc normalement deux fois plus de seigle que de froment, mais ce dernier grain est surtout livré au seigneur.

2. Fol. 93.

pleins ; jamais il ne recevait assez d'argent de ses sujets. À Bras, par exemple, la maison seigneuriale ne consommait guère que le tiers de ses profits en nature. Il restait en fin d'année un excédent considérable : 350 quintaux de froment, 100 de seigle, autant d'orge et autant d'avoine, du foin, 80 hectolitres de vin. Mais elle ne recueillait pas plus de 21 livres en numéraire, douze fois moins qu'elle n'en devait dépenser pour l'achat de vêtements, des viandes, du sel, des épices, pour les procès, l'entretien des bâtiments, le renouvellement du troupeau, les salaires des journaliers. Ce déséquilibre obligeait donc à convertir en deniers les surplus des récoltes, et spécialement le blé. Par l'étendue de leur domaine céréalier, par l'importance de leurs moissons malgré la faiblesse des rendements, toutes les seigneuries qui paraissent dans l'inventaire étaient donc des centres vendeurs, et très gros vendeurs, de céréales. On peut penser qu'une telle disposition se trouvait encouragée, sur ces lisières méditerranéennes, par une forte et constante demande : le ravitaillement des grosses villes, et tout ce qui s'en allait sur la mer. Une bonne part des grains moissonnés dans la montagne descendait sans doute, par longues files muletières, vers Avignon, vers Arles, Fos ou Marseille, vers Fréjus ou vers Nice ; strictement exigées, les corvées servaient à ces transports. Mais l'inventaire des modalités ne révèle rien de ce commerce. Les religieux traitaient-ils directement avec les gros négociants des ports ? Ou bien utilisaient-ils l'entremise de ces modestes hommes d'affaires de bourgade, leurs fournisseurs de sel, de draps, de poissons salés ? Il est sûr, du moins, que la seigneurie favorisait par ses ventes l'aisance des trafiquants, des revendeurs, des courtiers. Nouveau groupe d'intermédiaires, et les mêmes gens peut-être qui, au service de l'ordre, faisaient aussi fonction de notaires, qui prenaient à ferme dîmes et moulins [1]. Il est sûr également que les responsables de l'administration seigneuriale, qui répondirent vers l'été 1338 aux interrogations des visiteurs, étaient très au courant du prix des denrées courantes.

L'enquête fournit précisément sur ces prix des indications très nombreuses. Toutefois, celles-ci sont d'interprétation délicate. D'une part, en effet, je l'ai déjà dit, les valeurs indiquées sont des valeurs moyennes, représentent l'estimation subjective d'un taux considéré comme normal parce que coutumier ; d'autre part, les mesures de quantité sont des mesures locales qui ne sont pas identiques d'un lieu à l'autre. En définitive, ce document de première valeur livre sur ce point moins qu'on ne pourrait l'espérer.

Son principal intérêt est d'offrir au même moment et dans la même unité

1. P.-A. Février, « La basse vallée de l'Argens : quelques aspects de la vie économique de la Provence orientale aux XVe et XVIIe siècles », *Provence historique*, 1959 ; E. Baratier, « Le notaire Jean Barral, marchand de Riez au début du XVe siècle », *Provence historique*, 1957.

monétaire un très grand nombre d'indices disséminés sur un très large espace. Il montre ainsi que le prix de certains produits du sol était relativement uniforme. C'était le cas du foin dont la charge est évaluée très généralement à 2 sous. Jamais plus de 2 sous et demi, jamais moins de 15 deniers, les écarts sont faibles. Ceux qui affectent le prix du vin sont au contraire très forts : le prix de la coupe oscille entre 1 et 4 sous ; mais ici la disparité des mesures rend l'observation très incertaine. Bornons-nous donc à considérer la valeur marchande de la nourriture majeure, le blé. Elle est extrêmement changeante d'un village à l'autre [1]. En premier lieu, les prix des différents grains s'établissent dans des rapports très divers. À Mallemort, la mesure de seigle vaut la moitié de celle de froment, à Puimoisson, les quatre cinquièmes. Le prix de l'avoine est inférieur à celui du froment de 80 pour 100 à La Bordette, de 25 pour 100 à Fos [2]. Pour expliquer ces discordances, on serait tenté de les mettre en relation avec une inégale répartition des différents grains dans les terroirs. En fait, la juxtaposition d'une carte des prix et d'une carte des cultures ne témoigne d'aucune liaison évidente. Un exemple : à Puimoisson, le terroir paroissial produit par moitié du seigle et du froment ; aux Omergues, le froment est seul cultivé. Or les prix des deux céréales sont ici et là dans le même rapport. Seconde observation : des variations très fortes affectent également d'un lieu à l'autre le prix d'un même grain. Je considère le froment seul, et pour éliminer ce qui dans les différences d'estimation peut tenir à la disparité des mesures de capacité, je choisis comme unité de comparaison, non point le prix du setier, mais celui de la ration annuelle allouée à chaque frère, qui sans doute variait peu d'une commanderie à l'autre. Ces quelque 350 kilos de grain valaient 25 sous à Mallemort, 36 à Puimoisson, à Fos, à Hyères, à Bras, 48 à Saint-Pierre d'Avez, à Claret, à Manosque, 56 à Aix, 60 à Avignon, 80 à Saint-Jean de Trièves [3].

De tels écarts s'expliquent difficilement. Les prix variaient-ils en fonction du rendement de la semaille ? Apparemment non. Certes, la plus grande cherté s'observe bien à Saint-Jean de Trièves, dans le terroir où le sol était le moins productif. Mais à Orange et à Sallier, où les rendements étaient les mêmes, le setier de bon grain valait ici 38 sous et là 54. Il en valait 48 à Manosque, où le rendement normal des terres de la réserve était de cinq pour un, et autant à Saint-Pierre d'Avez, où il ne dépassait pas trois. Mais alors ces différences de prix ne tenaient-elles pas, plutôt qu'aux conditions de production, aux conditions de

1. À Lardiers, le setier de froment vaut 2 sous, le setier de seigle, 18 deniers ; aux Omergues, à quinze kilomètres, ces grains valent respectivement 20 et 16 deniers le setier (fol. 221-223).
2. Fol. 320 ; 181 ; 285.
3. Fol. 181 ; 223 ; 320 ; 285 ; 312 ; 170 ; 92 ; 104 ; 195 ; 262 ; 245 ; 73.

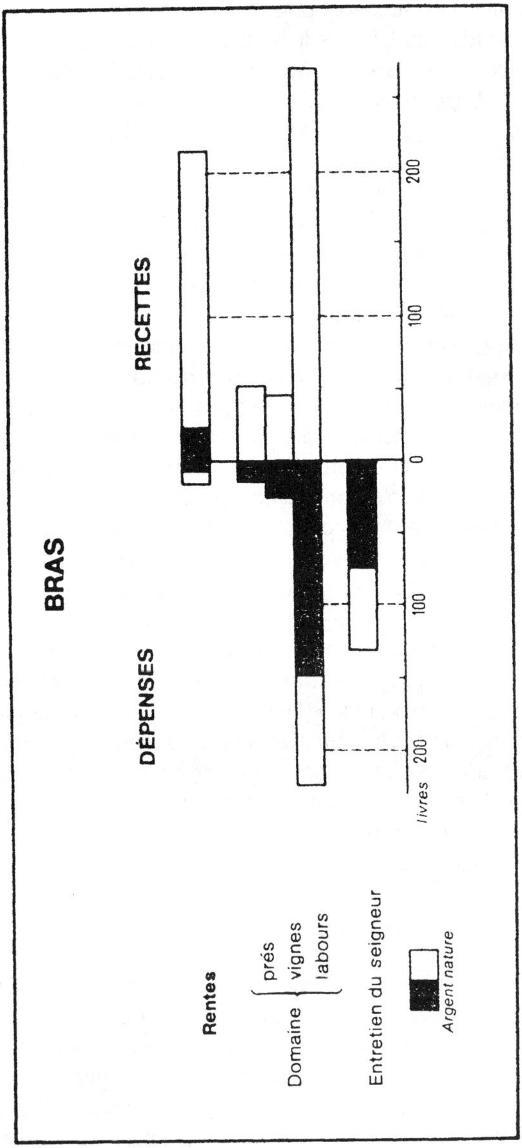
BRAS
RECETTES
DÉPENSES
200
100
0
100
200
livres
Rentes
Domaine
prés
vignes
labours
Entretien du seigneur
Argent nature

vente, c'est-à-dire à la situation plus ou moins favorable dans le réseau des chemins marchands ? En fait, des liaisons plus nettes apparaissent entre la géographie des prix et celle des courants commerciaux. Les points de cherté sont presque tous – Avignon, Arles, Aix, Nice – de grosses villes consommatrices ou des lieux d'exportation, et le froment est généralement meilleur marché en montagne, à Bras ou à Puimoisson. Toutefois des discordances surprenantes subsistent en grand nombre. Pourquoi dans le quartier très reculé de Saint-Pierre d'Avez, le grain vaut-il deux fois plus qu'à Mallemort dans la basse vallée de la Durance ? Pourquoi le paie-t-on moins cher à Fos ou à Hyères, ports d'embarquement, que sur les hauts plateaux du Verdon ?

Des écarts de cette sorte témoignent surtout d'un très grand cloisonnement du marché des céréales. Ils portent à croire que la valeur marchande de la nourriture de fond manquait de fluidité, que les prix étaient dans une certaine mesure figés dans cette région et à cette époque. Par le morcellement naturel d'un pays de montagne certes, mais plus encore peut-être par les usages. Ces prix « communs » en effet étaient des prix coutumiers. Ne dépendaient-ils pas des habitudes et de la tradition beaucoup plus que de facteurs proprement économiques ? Dans ces conditions, les rapports entre l'agencement interne de l'économie seigneuriale et le niveau des prix locaux paraissent complexes. À Puimoisson, le froment ne vaut presque rien, tandis qu'à Arles il vaut très cher. Or, ici et là, le domaine de Saint-Jean en produit énormément. On peut supposer pour Puimoisson que cette forte production excédentaire précisément maintient les cours en baisse, ce qui attire les acheteurs du littoral, entretient par là un courant habituel d'exportation, lequel à son tour stimule la production dans les champs seigneuriaux. On peut avancer avec autant de vraisemblance que les administrateurs arlésiens furent incités par les hauts cours à pousser la culture céréalière. Toutefois dans l'ensemble des domaines de Saint-Jean, on a peine à distinguer des relations claires entre l'organisation de la production domaniale et l'état des prix agricoles.

*

Il est évident pourtant que l'économie de ces seigneuries se liait étroitement au commerce et à l'usage de la monnaie. Dans la commanderie de Bras, par exemple, l'état des recettes et des dépenses implique que 65 pour 100 des denrées produites ou perçues devaient être vendues. L'une des principales fonctions économiques de la seigneurie était donc d'introduire dans les circuits commerciaux une partie de la production campagnarde, celle du domaine comme celle des terres paysannes soumises aux redevances et aux dîmes, et de

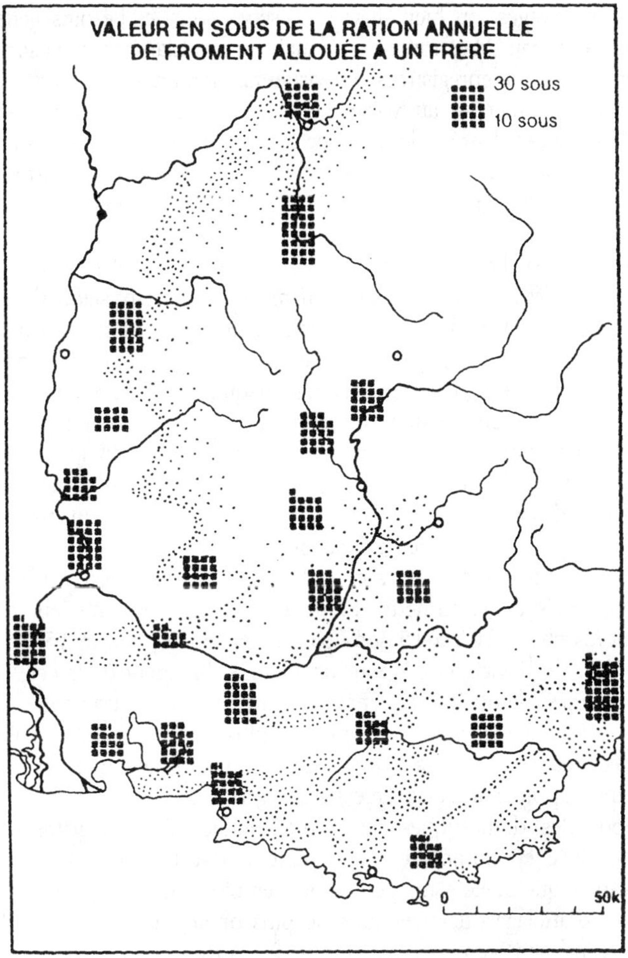
VALEUR EN SOUS DE LA RATION ANNUELLE
DE FROMENT ALLOUÉE À UN FRÈRE
30 sous
10 sous
0
50k

l'échanger contre des espèces monétaires. Que devenait ensuite l'argent parvenu ainsi dans les mains du seigneur ? Une certaine part se trouvait rapidement évacuée hors du milieu rural, livrée aux fournisseurs de marchandises lointaines, dépensée en voyages, ou bien mise en réserve pour les besoins généraux de l'ordre de Saint-Jean. Mais toute la monnaie ne s'évadait pas de la sorte. Parmi les dépenses qu'ont enregistrées les visiteurs, nombreuses étaient celles qui répandaient le numéraire au voisinage immédiat de la maison seigneuriale. L'achat de certaines denrées du « companage » profitait sans doute aux paysans d'alentour, vendeurs de porcs, d'œufs ou d'huile. Les deniers surtout étaient distribués en salaires, puisque tout un personnel, permanent ou temporaire, était employé dans les commanderies.

Dans chacune d'elles travaillait d'abord une équipe de valets de culture, intégrée dans la « famille ». Groupe plus ou moins nombreux selon l'étendue du domaine ; groupe divers dont les membres se situaient, selon leurs aptitudes, à des niveaux économiques superposés, depuis celui du « souillard », bon à tout, chargé des basses besognes quotidiennes, jusqu'à l'état de « maître bouvier », premier des conducteurs d'araire et véritable chef de l'exploitation. Mais tous ces domestiques vivaient en étroite communauté avec les seigneurs. Égale pour chaque « familier », la ration de grain n'était pas à vrai dire exactement semblable à celle des maîtres ; souvent plus lourde, elle était constituée par des céréales plus grossières, seigle, méteil, orge, ce qui plaçait les valets agricoles au-dessous des serviteurs de maison et des clercs. Ils ne buvaient pas non plus de vin pur, mais de la piquette. Enfin le « companage » qui leur était servi coûtait moins cher : 10 ou 15 sous par an seulement, contre 15 ou 20 sous pour un clerc de service, et 35 pour un frère. À l'intérieur de la cellule économique fondamentale qu'était la « maison », il existait donc une nette hiérarchie des conditions matérielles, et cette pitance plus rustique, dont le pain constituait la pièce maîtresse, dressait une barrière entre les seigneurs et les travailleurs du domaine, rapprochait ces derniers des paysans.

À propos des domestiques de culture, l'inventaire enregistre une autre dépense évaluée en numéraire : le vêtement, « vestiaire » et « chausse ». La somme variait quelquefois un peu selon l'emploi : ici et là, on attribuait au conducteur d'attelage quelques sous de plus qu'au simple valet[1]. Elle variait beaucoup plus d'un centre d'exploitation à l'autre – un bouvier avait droit à

1. À Authon, 23 sous pour le *bovarius*, 18 pour le *nuncius* (fol. 106) ; à Luc-en-Diois, 50 sous à l'un, 30 à l'autre (fol. 83) ; à Arles, les échelons sont plus nombreux : 30 sous au souillard, 60 au boulanger, 152 au fustier, 84 au « garçon », 30 au domestique des granges... (fol. 353).

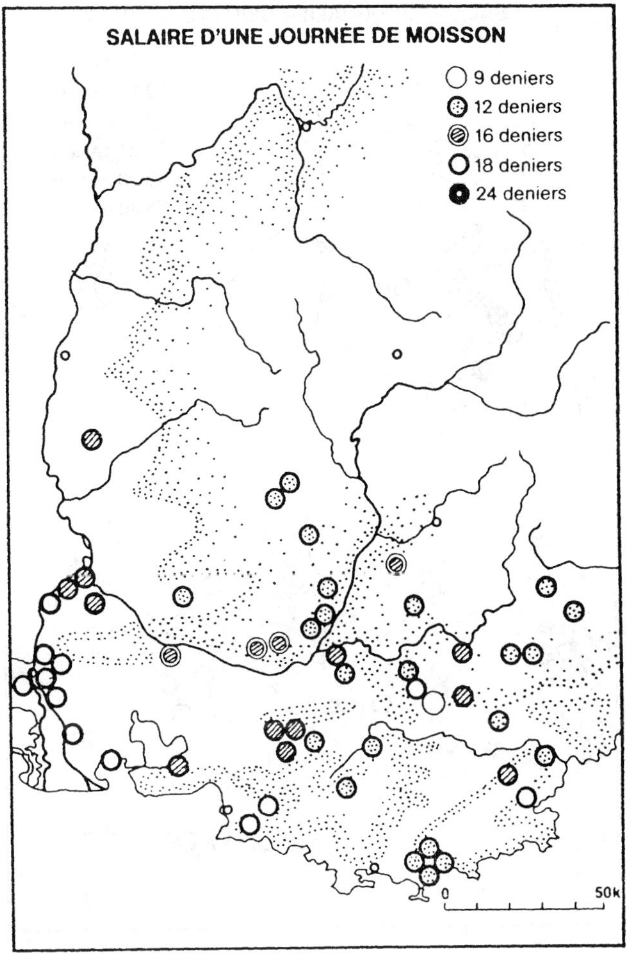
SALAIRE D'UNE JOURNÉE DE MOISSON
9 deniers
12 deniers
16 deniers
18 deniers
24 deniers
0
50k

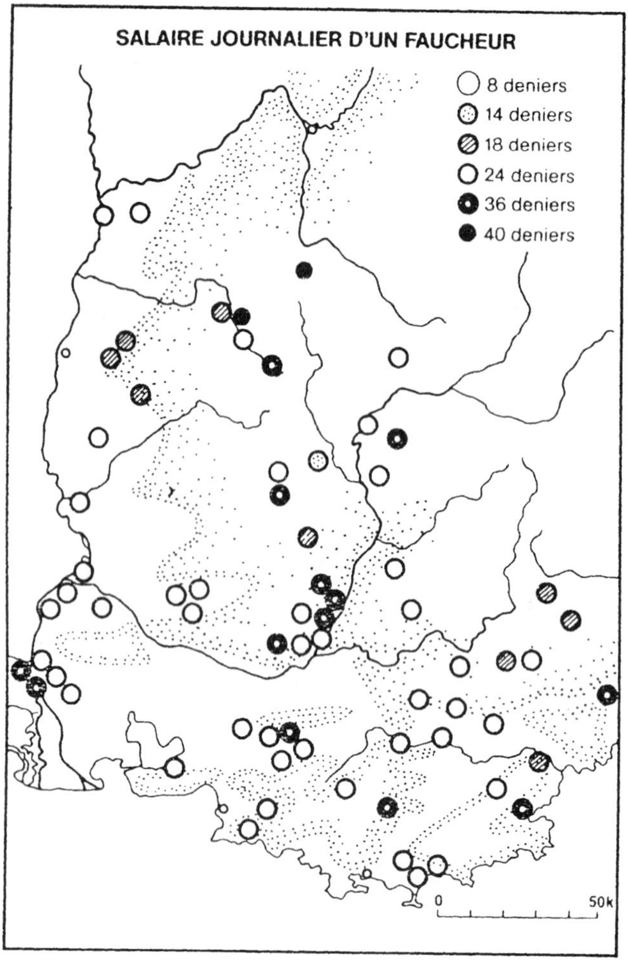
SALAIRE JOURNALIER D'UN FAUCHEUR
8 deniers
14 deniers
18 deniers
24 deniers
36 deniers
40 deniers
0
50k

10 sous à Marignane, à 100 sous à Trinquetaille[1] –, alors que pour les membres de la communauté seigneuriale elle était partout uniforme. Pourquoi ? S'agissait-il de fournitures directes, le maître achetant les effets d'habillement et les répartissant entre les serviteurs ? On s'expliquerait mal, dans ce cas, de tels écarts dans les dépenses. Le vestiaire n'était-il pas plutôt une allocation en numéraire remise à l'employé, censé se vêtir lui-même, c'est-à-dire un véritable salaire ? Certains passages de l'inventaire incitent à préférer cette seconde hypothèse. Dans le petit domaine de Saint-Pantaléon en pays d'Apt, qui employait quatre domestiques, la dépense de « vestiaire » était établie en sous, 8 pour chacun, mais celle de « chausse » l'était en froment : 8 mesures pour les valets de culture, 4 pour le serviteur de cuisine[2]. Curieuse manière d'évaluer ce qui devrait être un achat de tissus ou de cuir. Il ne peut s'agir dans ce cas que d'une rémunération individuelle, d'un supplément de gage. Même indication à Tarascon, où le domestique avait droit à une attribution globale de 16 mesures de froment pour son vestiaire, ses chausses et son salaire[3]. En effet, outre la nourriture et l'allocation de vêtement, les travailleurs agricoles permanents, comme les serviteurs domestiques, les clercs et les suivants d'armes de la maison seigneuriale, recevaient un « loyer », un salaire, lui-même nettement hiérarchisé. Au maître bouvier de Roquebrune étaient attribués par an 25 setiers de froment, aux deux autres bouviers 16, au palefrenier, au valet et au boulanger 18[4]. La valeur de cette rétribution était généralement supérieure à celle de la ration de blé consommée au réfectoire. Elle était quelquefois payée en argent, comme au col de Menée où l'on donnait 40 sous par an au bouvier ; le gage des domestiques était évalué aussi en numéraire dans toutes les maisons des commanderies de Nice, de Beaulieu, de Sellier[5]. Dans celle de Comps, le salaire était payé en grain, de la Saint-Jean à la Saint-Michel ; mais l'hiver, en sous, 35 pour le maître bouvier, 30 pour le second, 25 pour chacun des autres[6]. Presque toujours cependant l'inventaire fait état d'une allocation en blé. Qu'en faisaient les bénéficiaires ? Faut-il supposer qu'ils nourrissaient une famille hors de la maison seigneuriale ? Ou bien qu'ils échangeaient ce froment ou cet orge contre d'autres valeurs ? En tout cas, ce « loyer », ce pécule dont ils avaient la libre

1. Fol. 296 ; 342.
2. Fol. 242 v° ; 243 r°.
3. Fol. 251 r° ; de même à Manosque, le herseur employé de la Saint-Julien jusqu'à Noël recevait 8 setiers de seigle « tant pour sa nourriture que pour sa tunique et ses souliers » (fol. 216).
4. Fol. 151.
5. Fol. 91 ; 124 ; 135 ; 137 ; 306 ; 329.
6. Fol. 143 ; 146 ; 148 ; 154.

disposition leur ménageait au sein de la communauté « familiale » un secteur assez large d'indépendance économique.

Cependant puisque beaucoup d'entre eux étaient peut-être, en partie du moins, rémunérés en nature, il n'est pas sûr que l'emploi de ces salariés à plein temps ait transféré de grandes quantités d'argent dans l'environnement paysan des seigneuries de l'ordre. Ce transfert s'opérait davantage par la distribution des gages aux travailleurs embauchés pour les gros travaux. Ceux-ci étaient parfois rétribués à la saison. À l'Hospitalet, à Granbois, pendant deux mois d'automne, « l'homme qui suit les araires pour herser le guéret » est entretenu avec les autres domestiques, reçoit la même pitance et touche le même salaire [1]. À Saint-Michel-de-Manosque, cette situation est celle de l'aiguadier qui règle l'irrigation de la Pentecôte à la Saint-Michel [2]. Mais d'autres fois, pour les vendanges, les foins, le vannage, il s'agissait d'un labeur à la tâche, d'un contrat à « prix fait » ; le seigneur traitait avec une équipe de travailleurs saisonniers, offrant une rémunération forfaitaire, tout entière en argent cette fois [3]. Enfin presque toujours, la main-d'œuvre auxiliaire était embauchée à la journée pour un salaire individuel. On réunissait ainsi de très fortes équipes. Dans le domaine de Bayle dépendant de la commanderie d'Aix, qui était d'étendue moyenne, on payait chaque année 200 journées de femmes pour sarcler les céréales, 200 journées de moissonneurs, 66 journées de femmes qui liaient les gerbes, 12 journées d'hommes pour faire le gerbier, 230 pour les diverses façons du vignoble, 30 vendangeuses, 18 faucheurs, 15 faneurs, 5 hommes qui rentraient les foins [4]. Ces emplois déterminaient ainsi de grosses sorties de numéraire : 37 livres par an dans la commanderie de Sallier, où pourtant presque tout le domaine était en métayage, 85 à Bras, plus de 100 à Comps... Tout porte à penser que ces « loyers » quotidiens étaient intégralement soldés en numéraire, indépendamment des avantages supplémentaires en nature, et notamment de la nourriture, dont pouvaient profiter parfois les journaliers [5].

Les prix de la journée de travail que mentionne l'inventaire variaient eux aussi, notablement. Non point en fonction du sexe – les femmes qui liaient les gerbes avaient droit souvent au même gage que les moissonneurs qui travail-

1. Fol. 192 ; 216.
2. Fol. 212 ; à Roussillon, « l'homme qui fait le gerbier » est entretenu aussi pendant deux mois.
3. Fol. 59.
4. Fol. 271.
5. Chacun des quatre-vingts moissonneurs de La Roque-Esclapon recevait un salaire de 12 deniers ; en outre, une dépense de 30 sous est enregistrée pour leur nourriture (fol. 150) ; de même à Puimoisson : 510 journées de moissonneurs à 12 deniers et 4 livres 10 sous pour leur pitance (fol. 188).

laient à côté d'elles –, mais en fonction de la tâche accomplie, et plus encore, semble-t-il, de la saison, donc de la durée du jour. Les fortes payes allaient aux faucheurs qui travaillaient au solstice et gagnaient généralement huit fois plus que les femmes qui sarclaient les blés à la première pointe du printemps. Les salaires étaient aussi très différents de canton à canton, de village à village. Si l'on considère les grands ensembles, on peut dire que les gages étaient plus élevés dans les régions les plus ouvertes, celles des forts rendements agricoles. Sur une carte des prix de la journée de moisson, les hauts salaires sont ainsi nettement localisés autour d'Arles, dans la vallée du Rhône, dans le bassin d'Aix. Mais une observation plus minutieuse, plus attentive aux variations locales, révèle que celles-ci, inégales d'ailleurs selon les emplois, étaient fort indépendantes des conditions générales de la vie économique et, notamment, des prix alimentaires. On ne voit pas qu'elles fussent en relation, même lointaine, avec les variations qui affectaient le prix des blés. Pour gagner la valeur d'un setier de froment, un homme de moisson devait travailler 5 jours à La Faye, 4 à Draguignan, 3 seulement à Bras. Le marché du travail paraît aussi cloisonné que celui des céréales. On peut voir là une autre manifestation de la rigidité des prix, qu'il s'agisse de ceux des denrées ou de ceux du labeur humain, et sans doute une autre preuve de la puissance des usages, des traditions coutumières propres à chaque localité.

Toutes ces rétributions sont fortes, et cette constatation s'accorde mal à ce que l'on devine des précaires conditions d'existence dans ces villages qui paraissent surpeuplés. L'embauche sur la terre seigneuriale était fort avantageuse, plus avantageuse incontestablement que le travail individuel d'un lopin de terre. Le fait vaut d'être mis en lumière. Je prendrai pour cela un exemple précis, en isolant d'abord la condition du valet de culture. À Bras, l'entretien complet de l'un d'entre eux pendant une année coûtait à peu près 75 sous. C'était dans ce terroir le prix d'environ 40 setiers de seigle. S'il eût été laboureur indépendant, donc obligé de payer les dîmes et les taxes, de réserver le quart au moins de la moisson pour la semence prochaine, le même homme, pour disposer des mêmes ressources, aurait dû récolter 80 setiers, c'est-à-dire, dans l'état des techniques, gouverner une exploitation de 10 ou 12 hectares arables. On voit donc que le *bovarius*, le conducteur d'araire, vêtu de la même bure, nourri du même pain noir que les paysans, ses voisins, se trouvait pourtant en bien meilleure posture économique que ceux-ci. Car, avantage premier, fondamental dans un milieu misérable, il vivait d'abord dans la sécurité ; pour lui dans la maison seigneuriale, il y avait toujours à manger et à boire ; il était assuré d'un surplus régulier, son gage ; tout ce qu'il gagnait, enfin, échappait aux exactions et aux tailles ; et n'oublions pas qu'il participait encore à toutes les grâces recueillies par les prières de la communauté, qu'il avait la bonne conscience de travailler pour saint Jean et pour Dieu. Or les valets de la commanderie de Bras ne comptaient pas parmi les plus favorisés. Aux Omergues, la prébende du domestique de ferme valait 90 sous, à Draguignan 170[1]. La situation matérielle de ces serviteurs se trouvait ainsi très supérieure à celle des desservants de paroisse rurale. D'une manière générale, la part des richesses de la maisonnée qui leur était attribuée était égale ou presque à celle d'un frère sergent, leur maître[2]. Entrer dans l'une de ces maisons seigneuriales comme travailleur permanent, c'était en ce temps changer véritablement d'état économique, échapper aux soucis et aux privations des rustres pour partager l'aisance des seigneurs.

Aux salariés temporaires, l'économie seigneuriale assurait des gains moins réguliers mais plus importants encore. Dans maints domaines des hospitaliers, il ne fallait pas plus d'une journée à un faucheur, de deux à un moissonneur, de trois à un ouvrier de vigne pour gagner la ration de seigle que consommait en un mois un domestique. Et pour revenir à la commanderie de Bras qui me sert d'exemple, un journalier pouvait en moins d'un quart d'année, en se louant aux moments de presse, quinze jours pendant la fenaison, quinze jours à la moisson, quinze jours pour tailler les vignes, dix jours pour les piocher, quinze autres pour les biner, recueillir en salaire 75 sous, soit l'équivalent de l'entretien annuel d'un domestique ou des profits d'une exploitation paysanne de 12 hectares.

Certes, on peut douter qu'il existât alors beaucoup de salariés purs, vivant seulement de l'embauche. Certains, peut-être des moissonneurs ou des faucheurs engagés sur les domaines, venaient, par bandes transhumantes, de villages éloignés[3]. Mais la plupart d'entre eux sortaient, sans doute, pour un labeur temporaire, des ménages paysans du voisinage, de ceux-là mêmes qui devaient payer aux hospitaliers les bans et les droits de justice. Pour ces pauvres gens, des salaires aussi élevés constituaient un appoint de première importance, le recours véritable contre la misère. Ainsi, par la culture directe de vastes domaines céréaliers, par tous les emplois qu'elle offrait, la seigneurie se montrait, dans l'économie rurale, véritablement nourricière, beaucoup plus, en tout

1. Fol. 230 ; 154.

2. Dans la commanderie d'Avignon, la dépense pour un sergent monte à 135 sous, pour un bouvier à 134 (fol. 249 r°).

3. En Toulousain, les moissonneurs viennent de la montagne ; *cf.* G. SICARD, « Le métayage dans le Midi toulousain à la fin du Moyen Âge », *Mémoires de l'Académie de législation*, II, Toulouse (s. d.).

cas, que par ses maigres distributions d'aumônes aux indigents[1]. Et même, distribuant en multiples salaires les deniers, elle restituait très largement à la campagne environnante l'argent qu'elle en avait tiré par les tailles, les cens, les amendes. À Puimoisson, les gages des travailleurs équivalaient à la moitié de l'argent que le seigneur percevait autour de lui ; à Comps, aux deux tiers. À Saint-Jean de Trièves, tous les dépendants réunis livraient chaque année 30 livres en numéraire, mais la commanderie en payait 35 aux journaliers. À Bras, enfin, les deux mille journées de travail valaient quatre fois les recettes en deniers de tous les droits seigneuriaux. Ici, en répandant autour d'elle une part du produit de ses ventes, la maison seigneuriale fournissait en argent le monde rural environnant. Par leurs gros besoins en main-d'œuvre autant au moins que par leurs perceptions, les domaines des hospitaliers se trouvaient intimement associés à l'économie paysanne.

*

Gardons-nous d'étendre trop vite la portée de ces observations. La diversité même des descriptions que contient l'inventaire invite à la prudence. Il montre en effet, côte à côte, des seigneuries de structure économique fort différente. Quel contraste entre celle du Poët-Laval, sans domaine ou presque, donc sans salariés, où la communauté des maîtres parvenait difficilement à se suffire du produit des rentes, celle de Puimoisson, très grosse entreprise agricole au contraire, qui embauchait à la journée des milliers de travailleurs, celle enfin de Sallier, au bilan très largement excédentaire et où l'emploi généralisé du métayage abaissait les frais d'exploitation à moins de 15 pour 100 du revenu brut. Méfions-nous aussi du caractère même du document : il place la seigneurie seule en lumière, isolée de l'économie paysanne dont se devinent à peine quelques traits incertains. Risquons cependant, pour finir, quelques conclusions brèves.

Le document révèle d'abord que, dans les Alpes du Sud, l'institution seigneuriale devait, pour nourrir dans l'oisiveté un petit groupe de maîtres, pousser en un sol maigre des racines très lointaines, puiser la subsistance sur un large terrain. Ainsi pour entretenir, et modestement, les sept frères et les quatre donats de la commanderie de Roussillon, il fallait 350 hectares de labours, les cens de neuf villages, un four, un moulin, vingt bœufs de travail, et onze garçons

1. À Roussillon, les cinquante-trois pauvres qui ont droit à l'aumône hebdomadaire consomment à eux tous chaque année 60 émines de seigle, c'est-à-dire deux fois et demie seulement la ration d'un frère (fol. 240).

de ferme, plus de quatre cents journées de tâcherons... L'économie de la seigneurie était donc, elle aussi, de bien faible rendement. On s'explique ainsi que tant de hobereaux de haute Provence paraissent si faméliques dans les documents du début du XIVe siècle. Leurs prérogatives pouvaient à peine leur assurer de quoi vivre.

À vrai dire, et c'est le second enseignement de cette enquête, les maîtres étaient loin d'être les seuls à profiter des revenus seigneuriaux. Beaucoup d'autres personnes y prenaient part, et d'abord tous ces intermédiaires que nous avons rencontrés en chemin, ceux qui affermaient revenus, dîmes, églises, terres, les acheteurs et les fournisseurs, tous les notaires, les juges, les procureurs, gens de plume et de chicane, et, rétribués comme eux par des pensions annuelles, les artisans, fabres ou fustiers, qui fabriquaient et rénovaient les araires, les maréchaux-ferrants, les barbiers, les médecins. Une part plus grande encore des récoltes, des perceptions, du fruit des ventes allait, parce que les seigneurs n'étaient pas de purs rentiers du sol, à des travailleurs paysans, domestiques ou mercenaires.

Économie de suffisance ou économie de profit ? La question, dans ces conditions, doit être posée en d'autres termes. Il est évident que les administrateurs de chaque commanderie de Saint-Jean ne songeaient guère à investir les bénéfices dans l'entreprise pour la développer. Dans l'inventaire qu'ont dressé les visiteurs, la part réservée aux investissements est en effet extrêmement faible et n'excède pas quelques livres pour la « réparation » de la maison ou du cheptel. La seigneurie du petit hameau de Clamensane procurait 28 livres par an, qui laissaient un rapport net de 19 livres ; on n'y dépensait pas plus de 10 sous pour améliorer l'équipement[1]. 4 livres pour l'entretien général, 8 livres pour le renouvellement du bétail dans toute la commanderie de Claret, alors que 5 livres étaient mangées par les seuls frais de procédure[2]. Au Poët, les dépenses d'investissement représentaient à peine plus de 1 pour 100 du rapport brut, 7 livres sur 613. Cela ne signifie point, en vérité, que les seigneurs n'aient eu aucun souci d'accroître leurs profits. Toutefois, dans leur esprit, ce surcroît de ressources devait avant tout permettre d'étendre encore la « famille ». Leur réticence à affermer le domaine en est une preuve. Être riches, pour eux, c'était recruter de nouveaux frères, d'autres domestiques, intégrer dans la communauté de la maison une portion plus importante de la société rurale, se gagner au-dehors davantage d'obligés, marchands, acheteurs, salariés. Pour cela encore, comme par l'usage qui était fait de leurs revenus, chacune de ces seigneuries

1. Fol. 104 v°.
2. Fol. 107.

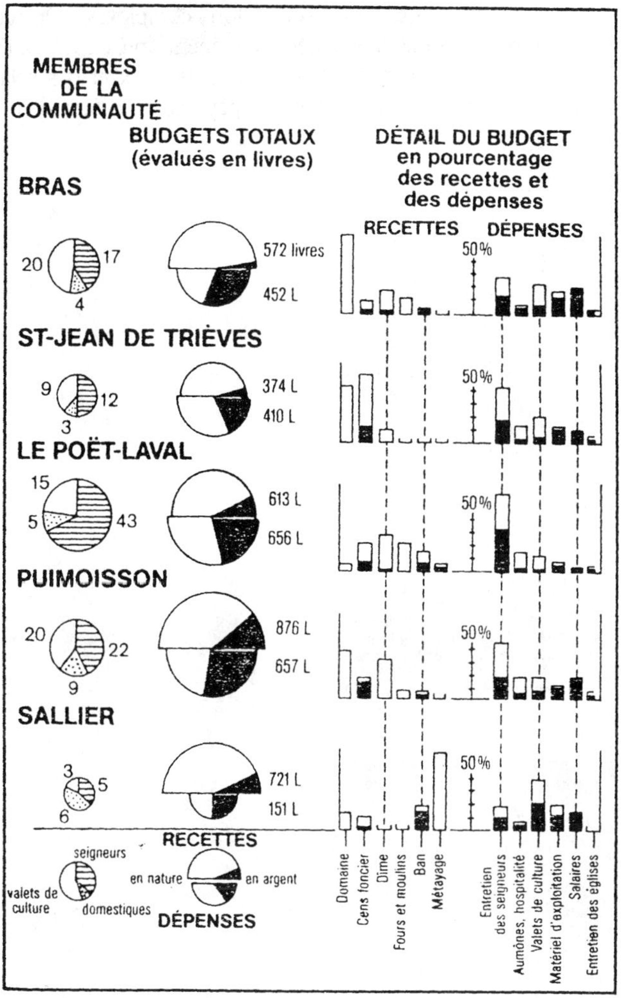
MEMBRES DE LA COMMUNAUTÉ
BUDGETS TOTAUX (évalués en livres)
DÉTAIL DU BUDGET en pourcentage des recettes et des dépenses
RECETTES
DÉPENSES
50 %
BRAS
20
17
4
572 livres
452 L
ST-JEAN DE TRIÈVES
9
12
3
374 L
410 L
LE POËT-LAVAL
15
5
43
613 L
656 L
PUIMOISSON
20
22
9
876 L
657 L
SALLIER
3
5
6
721 L
151 L
seigneurs
valets de culture
domestiques
RECETTES
en nature
en argent
DÉPENSES
Domaine
Cens foncier
Dîme
Fours et moulins
Ban
Métayage
Entretien des seigneurs
Aumônes, hospitalité
Valets de culture
Matériel d'exploitation
Salaires
Entretien des églises

rurales stimulait de façon fort active les échanges de biens et de services. Toute l'économie villageoise s'ordonnait autour d'elles. Mais elles étaient, de ce fait même, par les multiples liaisons qui les mêlaient aux milieux du négoce et à la paysannerie environnante, des organismes fort complexes. On comprend qu'elles aient mal résisté, quelques années seulement après 1338, au dérangement des circuits commerciaux, au dérèglement des prix et des salaires, aux fléaux, pestes et pillages, qui accablèrent ce pays comme tant d'autres campagnes d'Occident.

3

LES VILLES DU SUD-EST DE LA GAULE DU VIIIe AU XIe SIÈCLE [1]

Dans l'histoire urbaine du sud-est de la Gaule, la période comprise entre le début du VIIIe siècle et le milieu du XIe est un moment de particulière obscurité. Non point qu'elle n'ait pas été étudiée, mais les travaux assez nombreux dont elle a fait l'objet [2] sont de valeur inégale. En outre et surtout, la documentation qu'ils utilisent est d'une extrême indigence : l'insécurité, et peut-être une certaine disposition d'esprit des gens d'Église à l'égard de la culture, font qu'il n'existe à peu près pas de sources narratives et que les pièces d'archives elles-mêmes sont rares. Aussi l'historien est-il contraint d'aller à tâtons et, dans l'état actuel de la recherche, d'échafauder surtout des hypothèses. Cet exposé est

1. Bibliographie [23].

2. La mise au point la plus récente est de G. Sautel, « Les villes du Midi méditerranéen au Moyen Âge ; aspects économiques et sociaux (IX-XVIIIe siècle) », Société Jean Bodin, *La Ville*, 2e partie, *Institutions économiques et sociales*, 1955, p. 313-370. Cet exposé rapide est fondé essentiellement sur le travail ancien et presque sans références de E. Duprat, *Encyclopédie des Bouches-du-Rhône*, t. II, Marseille, 1924, p. 129-302, et sur la thèse de A. Dupont, *Les Cités de la Narbonnaise première depuis les invasions germaniques jusqu'à l'apparition du consulat*. Nîmes, 1942. Il comporte une bonne bibliographie. Ajouter aux ouvrages signalés : A. Fliche, « L'État toulousain », *in* F. Lot et R. Fawtier, *Histoire des institutions françaises au Moyen Âge*, t. I, *Institutions seigneuriales*, Paris, 1957, p. 71-100, et R. Busquet, « La Provence », *in ibid.*, p. 249-266 ; J. H. Mundy, *Liberty and Political Power in Toulouse, 1050-1230*, New York, 1954 ; J. Pourrière, *Recherches sur la première cathédrale d'Aix-en-Provence*, Paris, 1939 ; E. Griffe, « L'ancien suburbium de Saint-Paul à Narbonne », *Annales du Midi*, n° 55, 1943, p. 459-488. Le Ve Congrès international d'archéologie chrétienne tenu à Aix-en-Provence en 1954 a publié les excellentes études de J. Hubert, Benoît, Rolland, Février, Formigé sur les *Villes épiscopales d'Aix, Arles, Marseille, Fréjus et Riez*, Paris, 1954. Je signalerai aussi la dissertation de E. Engelmann, *Kommunefreiheit und Gesellschaft : Arles, 1200-1259.*

donc avant tout destiné à situer les principaux problèmes et à orienter ainsi les futures enquêtes. Je l'ai organisé autour de deux grandes questions. La première pourrait se formuler de la sorte : quelle était alors dans cette région la vitalité des villes ? Repli, stagnation ou essor ? La seconde concerne les structures politiques : comment le pouvoir était-il distribué à l'intérieur de l'espace urbain ?

I

Les conditions de la vie urbaine sont, dans cette partie de la Gaule, originales. Parce que cette région a été la première et la plus profondément marquée par l'influence de Rome, qui, dans ce domaine, a stimulé des habitudes sociales certainement très antérieures, c'était au début du Moyen Âge la contrée par excellence des cités : elles y étaient beaucoup plus nombreuses qu'ailleurs, plus anciennes, plus solidement plantées, et y conservèrent plus longtemps leur pleine vitalité (il suffit d'évoquer ce qu'était encore Arles au temps de saint Césaire, le port très animé, avec ses fortes colonies de trafiquants orientaux). Pour cette raison, la ville occupait encore ici au VIIIe siècle une place importante, dans le paysage – avec ses indestructibles édifices de pierre – comme dans les relations sociales. Mais à partir de ce moment même, cette province a souffert plus que toute autre du déplacement des foyers de la civilisation chrétienne. Elle est devenue un pays marginal, une zone frontière, face, du côté de l'ouest, aux terres dominées par l'islam, et exposée à l'est sur les rivages aux pillages venus de la mer. Frontière mal défendue – région menacée donc, constamment sur le qui-vive, offerte aux incursions des bandes armées et aux dévastations.

Première incertitude : quelle fut l'intensité exacte du danger ? Certes, il est possible d'établir assez nettement la chronologie des événements militaires. On la voit se décomposer en trois phases principales.

a) Tout le VIIIe siècle est dominé par la menace des bandes musulmanes venues d'Espagne. Leurs premiers passages se situent peut-être en 713 ; elles occupèrent rapidement la Septimanie, poussèrent très vite des pointes au-delà, le long du Rhône et en Provence ; à cette progression répondit la descente des armées austrasiennes : expéditions punitives de Charles Martel en 736-739, puis reconquête du pays narbonnais par Pépin (752-759) [1]. Mais les Sarrasins pillaient encore en 793 les abords de Narbonne [2].

1. DUPONT, *op. cit.*, p. 266-280.
2. *Ibid.*, p. 313.

b) Au début du IXe siècle, alors que, du côté occidental, la constitution progressive de la marche d'Espagne assurait la sécurité, commençaient à l'est du Rhône les descentes des gens de mer – de toute origine, musulmans, mais aussi normands. Ces incursions touchèrent Nice en 813, Marseille en 838 puis en 848, Arles en 842 ; en 869 l'archevêque de cette ville, Roland, mourut en combattant les bandes sarrasines qui tenaient la Camargue. Avec l'établissement à poste fixe de ces équipes de brigandage dans les Maures, on peut placer semble-t-il, au tournant des IX-Xe siècles, le moment de plus grand péril. Mais, dès 940, la basse vallée du Rhône échappait au danger, et ce furent les nobles de cette contrée qui, après 972, chassèrent les derniers pirates sarrasins de la Provence orientale [1].

c) Si les pays provençaux furent désormais délivrés (sauf coups de main toujours possibles et difficiles à parer : ainsi Antibes fut saccagée en 1003, et Toulon, par deux fois, en 1178 et 1197 encore...), l'offensive musulmane en Catalogne dans le dernier tiers du Xe siècle plaça de nouveau le flanc occidendal en état d'alerte : les Sarrasins pillèrent Narbonne en 1020 [2].

Le danger fut donc constant, d'un bout à l'autre de cette période. Remarquons cependant qu'il fut toujours localisé, le fait essentiel étant, à mes yeux, ce grand balancement de part et d'autre du Rhône entre l'est et l'ouest. Mais cela établi, il reste très difficile de mesurer, même approximativement, l'étendue des dommages que de ce fait subirent directement les villes. Furent-elles durablement atteintes ? Les destructions demeurèrent-elles superficielles ? On trouve dans les travaux des érudits des opinions très divergentes [3]. Toutefois certains faits paraissent assurés.

a) On ne peut nier que la vie urbaine ait été fortement perturbée en Provence et spécialement sur ses franges maritimes de l'est entre le milieu du IXe et celui du Xe siècle. La cité de Fréjus fut alors détruite [4] ; celle de Toulon subit sans doute le même sort [5] ; la liste épiscopale est interrompue à Nice entre 788 et la

1. G. DE MANTEYER, *La Provence du Ier au XIIe siècle : Études d'histoire et de géographie politique*, Paris, 1908 ; DUPONT, *op. cit.*, p. 147-163 ; F. BENOÎT, « Documents historiques sur les incursions des Sarrasins et des Barbaresques en Camargue au Moyen Âge », *Revue tunisienne*, 1932.

2. C. PFISTER, *Étude sur le règne de Robert le Pieux*, Paris, 1885, p. 294.

3. À propos d'Aix, critique des sources par POURRIÈRE, *op. cit.*, p. 187, qui doute que la ville ait été détruite en 869-870. Pourtant, un texte de 1092 atteste que l'on croyait à Aix à ce moment-là que la ville avait été rasée par les Sarrasins.

4. Gallia christiana novissima, I, 535, *civitas Forojuliensis acerbitate Sarracenorum destructa atque in solitudinem redacta*.

5. *Cartulaire de Saint-Victor de Marseille*, éd. GUÉRARD, I, 104.

fin du xe siècle ; le siège d'Antibes est resté vacant jusqu'en 987[1]. L'archevêque d'Aix Odalric (928-947) *qui ob persecutionem sarracenorum a sede sua recesserat* vint se réfugier à Reims[2] ; en 923, l'évêque de Marseille demandait à l'archevêque d'Arles un établissement pour ses chanoines qui *propter continuos sarracenorum impetus* ne pouvaient demeurer dans leur résidence[3].

b) Les chanoines de Marseille, remarquons-le, vivaient alors sans doute à Saint-Victor, monastère suburbain. D'une manière générale en effet, on peut assurer que les incursions militaires déterminèrent la disparition, au moins temporaire, des quartiers extérieurs aux enceintes urbaines : ainsi les faubourgs narbonnais furent brûlés en 793 ; en 883 les habitants d'Arles restauraient la tombe de saint Césaire, située hors les murs, et qui avait été dévastée par les « païens », sarrasins ou normands[4].

c) Mais la conséquence principale, et celle-ci incontestable, de l'insécurité permanente fut, à mon avis, d'accentuer très fortement le caractère militaire de la vie urbaine dans la Gaule du Sud-Est. Certes les cités constituèrent pour les pillards les proies les plus tentantes. Mais leurs remparts, et ces grandes bâtisses de pierre qui pouvaient être aisément barricadées, en firent surtout les plus sûrs des réduits défensifs, les meilleurs des refuges pendant les alertes. Or, et ceci me semble fort important, les villes étaient ici en nombre suffisant pour former à elles seules un réseau serré de forteresses. Pour cette raison, on ne voit pas que les fortifications rurales se soient multipliées comme elles l'ont fait ailleurs au tournant des xe-xie siècles. Dans cette région – et c'est l'un des traits qui sans doute l'opposent le plus nettement aux autres provinces de Gaule – le château rural ne prit pas à cette époque cette importance majeure qu'on lui connaît ailleurs : la cité demeura le centre presque exclusif de la vie militaire. Aussi ne faut-il pas se hâter d'attribuer aux passages d'hommes armés et aux expéditions de pillage une influence exclusivement préjudiciable à la vie urbaine. Le danger a en fait exalté ici l'une des fonctions de la ville. La vocation défensive demeura le facteur déterminant de la vitalité urbaine.

*

1. De même aucune indication sur les évêques de Vence entre 879 et 1029, sur ceux de Toulon entre 899 et 1021, Gams, *Series episcoporum*, p. 554, 558, 651, 636.
2. Flodoard, *Hist. remensis eccl.*, IV, 22 (*M.G.H., SS.*, XIII, 579).
3. *Cartulaire de Saint-Victor*, 1, 3.
4. *Chronicon Moissiacense*, ad ann. 793 ; J. Hubert, « La topographie religieuse d'Arles au vie siècle », *Cahiers archéologiques* 2, 1947.

Qu'en fut-il de cette autre fonction, celle-ci spécifiquement urbaine, la fonction commerciale ? L'obscurité est là peut-être encore plus profonde. Sans doute de nombreux indices attestent-ils d'un bout à l'autre de cette période la permanence d'un commerce à longue distance d'objets précieux. Permanence d'un cabotage le long des côtes, même aux pires moments de la menace sarrasine [1]. Permanence de la circulation marchande le long d'un itinéraire qui, depuis la vallée du Rhône, se dirigeait vers l'Espagne musulmane et que jalonnait, à chaque étape, dans chaque cité, une puissante colonie juive. Juiveries prospères, actives, voire envahissantes et menaçantes pour la foi chrétienne, et qui servirent sans conteste de relais, de Narbonne à Béziers, à Nîmes, à Uzès, d'Arles à Vienne et à Lyon, à un trafic d'orientation méditerranéenne [2]. Des textes enfin parlent des cuirs de Cordoue, des tissus de fabrication orientale, des monnaies musulmanes que l'on voyait alors dans ces villes [3].

À vrai dire, il ne faut pas surestimer l'intérêt de ces indications : on ne saurait s'étonner que cette lisière méridionale du continent chrétien ait été un lieu d'échanges, et les pillards ne se seraient sans doute pas autant acharnés sur un pays sans richesses faciles à prendre. L'important serait en réalité de mesurer l'intensité de ce passage : échanges intermittents, occasionnels, affaires de hasard comme c'est le cas dans les bourgades les plus reculées, les moins dégagées de la vie rustique ? Ou bien, au contraire, courant robuste et régulier, assurant la prospérité bien assise d'un groupe important de spécialistes du négoce ? L'important serait surtout de repérer les variations de rythme de l'activité marchande, de les situer exactement par rapport aux soubresauts de la vie militaire. Ce qui, dans l'état de la documentation, n'est pas possible.

Dans son étude sur les cités de la Narbonnaise première, André Dupont a cru déceler, à propos de l'économie urbaine, une opposition entre l'époque carolingienne et celle qu'il appelle féodale, disons les Xᵉ et XIᵉ siècles. Essor et prospérité pendant la première, parce que, dit-il, la ville, résidence de l'aristocratie, se serait trouvée en étroite liaison avec la campagne environnante et que

1. Sur ce point : F.-L. GANSHOF, « Notes sur les ports de Provence du VIIIᵉ au Xᵉ siècle », *Revue historique*, nº 183, 1938 ; A. LEWIS, *Naval Power and Trade in the Mediterranean, A.D. 500-1100*.

2. M. LOMBARD, « La route de la Meuse et les relations lointaines des pays mosans entre le VIIIᵉ et le XIᵉ siècle », *L'Art mosan*, Paris, 1953 ; E. SABBE, « L'importation des tissus orientaux en Europe occidentale aux IXᵉ et Xᵉ siècles », *Revue belge de philosophie et d'histoire*, 1935. Sur les Juifs de Narbonne, J. RÉGNÉ, *Étude sur la condition des Juifs de Narbonne du Vᵉ au XIVᵉ siècle*, Narbonne, 1912.

3. Riche butin ramené des faubourgs de Narbonne par Abd el Malek en 793, *Histoire de Languedoc*, I, p. 897-898 ; THÉODULPHE, *Paroenesis ad judices*, vers 171-176, 210-215, 245-246 ; donation de l'évêque d'Elne à son église, *Histoire de Languedoc*, V, col. 135.

celle-ci aurait profité alors d'une rénovation profonde[1]. « Crise », en revanche, avec l'établissement de la « féodalité », parce que celle-ci aurait installé le désordre et engendré des dévastations rurales[2], parce qu'elle aurait interrompu les relations entre villes et campagnes, parce que se seraient alors multipliés les péages, qui auraient fait obstacle à la circulation[3]. L'activité économique aurait donc été dans la ville moindre au xe siècle et dans la première moitié du xie qu'elle ne l'était au ixe. Cette interprétation des documents me paraît difficile à admettre. Considérant l'évolution d'ensemble de l'économie rurale en Europe occidentale, on a peine à croire d'abord que les campagnes de cette région, compte tenu précisément du mouvement de repeuplement et de colonisation que les Carolingiens avaient encouragé, aient été en 1050 moins productives que deux cents ans plus tôt ; et les récriminations des gens d'Église, si fréquentes dans les cartulaires du xie siècle, contre les violences et la cupidité des seigneurs laïcs, réaction naturelle devant l'institution par ces derniers des *consuetudines*, des taxes seigneuriales sur les domaines ecclésiastiques, ne signifient pas que les récoltes aient été en permanence la proie des pillages et des incendies, ni que le rendement du travail paysan fût en baisse. Pour la Provence maritime en tout cas, il est certain que les domaines ruraux, déjà dans un piètre état au seuil du ixe siècle (sur la portion du patrimoine de l'Église de Marseille que décrit en 814 l'inventaire de l'évêque Vuadalde, tant de tenures paysannes étaient désertes), pâtirent lourdement des brigandages venus de la mer : au contraire, la fin du xe siècle fut ici incontestablement un moment de grande expansion agricole. Que les liens entre la ville et la campagne aient été moins étroits aux temps féodaux qu'à l'époque carolingienne paraît également fort douteux. En fait, dans la Septimanie du ixe siècle, l'essor rural semble avoir moins profité aux cités qu'aux nombreux monastères nouvellement fondés et qui ne sont point urbains mais ruraux ; certains courants économiques dirigés jadis vers les centres urbains s'en trouvèrent sans doute détournés[4]. Au xe et au xie siècle, en revanche, la reconstitution du temporel des églises cathédrales, le grand mouvement de restitution qui fit passer paroisses rurales et dîmes dans le patrimoine des églises urbaines[5], la concentration dans les cités de chevaliers

1. P. 345 : « La renaissance rurale a certainement entraîné un relèvement de la ville qui reste la source de ravitaillement en produits artisanaux et qui, par son marché, peut répondre d'une façon permanente à la demande du domaine en même temps qu'absorber sa production. »

2. P. 484 : « Brigandages seigneuriaux d'autant plus violents dans le Midi que le terroir est riche et le rendement productif (?). »

3. P. 487.

4. Dupont, *op. cit.*, p. 338-343.

5. M. Fontana, *La Réforme grégorienne en Provence orientale*, Aix-en-Provence, 1957.

fieffés à la campagne ont déterminé, me semble-t-il, plus que jamais, la convergence vers les villes des surplus de la production agricole. Quant à la multiplication des péages, fut-elle seulement une entrave entraînant la paralysie des échanges ? N'est-ce pas plutôt le signe de l'intérêt nouveau qu'ont porté dans la seconde moitié du XIe siècle les seigneurs en possession du droit de ban à une circulation routière qui devenait précisément plus active ?

En fait à propos de la fonction marchande des villes de la Gaule du Sud-Est, je proposerai seulement trois observations.

a) Sur cette frange de contact entre la chrétienté latine et les mondes islamique et byzantin, le trafic d'objets de haut prix, esclaves ou produits des artisanats de luxe de l'Orient, ne s'est selon toute apparence jamais complètement interrompu. On peut penser seulement que, du fait des événements militaires, les itinéraires commerciaux, orientés surtout du milieu du VIIIe à la fin du Xe siècle vers la Septimanie et la Marche hispanique, se sont ensuite déplacés depuis Arles vers la mer et Marseille, ranimant dès lors la Provence rhodanienne.

b) Toutefois, ce commerce au long cours paraît avoir été longtemps trop réduit et trop discontinu pour constituer un élément important de vitalité urbaine. Deux faits, à mes yeux, doivent être à ce sujet pris en considération : la position économique, d'abord, des communautés juives, qui se montrent alors préoccupées surtout d'investissements fonciers, qui exploitent des terres aux portes des villes et parfois plus loin, et qui paraissent s'être très fortement ruralisées [1] ; l'histoire, d'autre part, du monnayage provençal [2] : l'atelier carolingien d'Arles cesse son activité à la fin du IXe siècle ; brève reprise par l'archevêque entre 962 et 985 (en correspondance avec le grand élan de reconquête sur les Sarrasins des Maures) ; mais la frappe ne repart vraiment que dans la seconde moitié du XIIe siècle. En fait les premiers indices sûrs d'une nette réanimation des routes marchandes sont tardifs : construction de nouveaux ponts, mention de nouvelles taxes sur la circulation, à Narbonne en 1066, sur le Rhône en 1070 [3]. Et l'essor véritable, le moment du grand dégel maritime et routier, ne se situe pas dans cette région avant 1150, c'est-à-dire bien au-delà du terme de cette étude.

1. Nîmes : M. Gouron, « Nîmes au haut Moyen Âge », *Bulletin de l'École antique de Nîmes*, 1931 ; Kahn, « Les Juifs de Posquières et de Saint-Gilles au Moyen Âge », *Bulletin de l'académie de Nîmes*, 1912. À Narbonne, propriétés rurales juives dans le suburbium, *Histoire de Languedoc*, V, col. 134. La situation est analogue à celle que j'ai observée en Mâconnais, *cf.* G. Duby, *La Société aux XIe et XIIe siècles dans la région mâconnaise*, Paris, 1953, p. 30.

2. H. Rolland, *Monnaie des comtes de Provence, XIIe-XVe siècle*, Paris, 1956, p. 101-105.

3. *Histoire de Languedoc*, V, col. 536, col. 584 (là encore, on remarque le synchronisme avec la Bourgogne méridionale).

c) Toutefois un trafic me paraît avoir constamment entretenu une certaine activité commerciale dans quelques cités, et j'attire spécialement l'attention sur lui car il mériterait d'être étudié de près : c'est le commerce du sel. On devine que cette denrée était alors rassemblée dans les villes proches de la mer pour être acheminée ensuite vers l'intérieur. À la fin du xe siècle, la production des salines de Fos et d'Istres se concentrait à Arles. Autre carrefour du sel, Narbonne : la cathédrale se fit octroyer par Charles le Chauve la moitié des droits royaux perçus sur les salines, puis en 881 la moitié des salines elles-mêmes dans les comtés de Narbonne et de Razès ; en 990, en 1005 elle consolida ses droits sur les installations [1], et l'on notera que les Juifs s'intéressaient spécialement à la fabrication du sel [2].

En conséquence, il est permis de penser que, par le trafic saulnier, par le passage de loin en loin des trafiquants des marches méditerranéennes, par le maintien de fortes communautés israélites, résidus des grosses colonies marchandes du Bas-Empire, mais surtout par le commerce du sel, du cuir, des produits agricoles, la vitalité économique ne fut pas étouffée dans les villes de cette région ; elle s'est même trouvée certainement stimulée à partir de la fin du xe siècle par des liaisons plus étroites avec la campagne voisine. Toutefois, jusqu'en 1050 au moins, la fonction marchande paraît bien être restée secondaire par rapport à la fonction défensive. Le marché et le port n'ont jamais eu alors autant d'importance dans la ville que la muraille et les tours.

*

Si, pour juger de la vitalité urbaine entre le VIIIe et le XIe siècle, on considère enfin l'histoire topographique des cités, le terrain devient plus sûr, encore que les bonnes monographies soient bien rares [3]. Dans cette région où le semis des agglomérations avait été dans l'Antiquité si dense, pas de ville nouvelle : la naissance, très obscure, de Montpellier et de Beaucaire – formées l'une et l'autre, remarquons-le, autour d'une forteresse rurale majeure – doit être située, semble-t-il, après le milieu du XIe siècle, au moment même où apparaissent les nouveaux péages, lorsque se développe décidément l'activité des routes de terre

1. *Histoire de Languedoc*, II, col. 237-238 ; III, col. 69 ; V, col. 320, col. 350.

2. *Histoire de Languedoc*, V, col. 454, partage des salines entre le vicomte et l'archevêque *excepto illo sale quod exierit de alode judaico quod hodie habent*. V. pour Arles, Engelmann, *op. cit.*, la thèse (inédite) de l'École des chartes de J. de Romefort, *La Gabelle du sel des comtes de Provence des origines à 1343* (1929) ; pour Marseille, les salines du territoire de Saint-Victor, *Cartulaire de Saint-Victor*, nos 10, 32, 84.

3. Il faut regretter en particulier l'absence de tout plan dans la synthèse de A. Dupont.

et de mer[1]. En revanche, quelques cités disparurent alors, disparition temporaire pour Fréjus, Antibes, Toulon – définitive pour Cimiez absorbée par Nice, pour Vénasque dont l'évêque transporta son siège en 982 à Carpentras[2]. Toutes enfin, au VIIIe, au IXe et dans la plus grande partie du Xe siècle, paraissent en état de rétraction défensive. Beaucoup – on le sait pour Marseille, Arles, Avignon comme pour Narbonne et Toulouse – avaient hérité de la Basse-Antiquité une large ceinture de bonnes murailles, qui avaient été maintenues tant bien que mal en état ; dans les périodes de forte insécurité, toutes les excroissances que ne protégeait pas l'enceinte furent la proie des pillages et des destructions[3]. L'espace entouré par les murs devint même trop ample : on vit la défense se concentrer en quelques points plus faciles à tenir, s'organiser autour d'un réduit fortifié, d'un *castrum* ; à Arles, à Nîmes, l'amphithéâtre romain fut aménagé à cette fin[4] ; à Marseille, le *castrum Babonis*, mentionné à partir du IXe siècle, fut érigé sur un escarpement naturel, la butte Saint-Laurent[5].

À cette phase de repli succéda à partir de la fin du Xe siècle une phase de progressive détente : des quartiers nouveaux se peuplèrent. Il faut noter que les basiliques suburbaines qui, dans la France du Nord, de l'Ouest et du Centre, jouèrent un rôle déterminant dans l'aménagement topographique des villes en croissance[6], n'ont exercé dans cette région qu'une action fort limitée. Il n'y a guère que Narbonne et Toulouse où les sanctuaires érigés sur les tombeaux de saint Paul ici, de saint Sernin là, mentionnés pour la première fois en 722 et 844 mais certainement d'ancienneté plus grande, aient constitué le noyau d'une agglomération particulière, d'un *burgus* extérieur à la *civitas*. Toulouse, Narbonne, c'est-à-dire les cités les plus occidentales, les moins exposées au danger. Il paraît bien, en effet, que ce soit l'insécurité prolongée qui ait dans la plupart des villes (et notamment à Arles, à Marseille où l'abbaye suburbaine de Saint-Victor, longtemps délaissée, resta toujours un lieu aventuré et solitaire) empêché, à l'époque carolingienne et immédiatement après, la germination de nouveaux foyers de peuplement près des nécropoles paléochrétiennes.

---

1. DUPONT, *op. cit.*, p. 517-520 ; A. LEWIS, « The Development of Town Government in the XIIth Montpellier », *Spaeculum*, n° 22, 1947.

2. Ce transfert vers la plaine du siège épiscopal venaissin est un signe de cette détente dont profite alors la Provence rhodanienne.

3. *Cf.* note 4, p. 1258 ; en 904, le corps de saint Victor était à l'abri dans l'enceinte de Marseille.

4. Nîmes : *castrum arene*, en 876 et 898, MÉNARD, *Histoire civile et ecclésiastique de Nîmes*, Paris, 1750, I, Preuves, p. 10 et 16.

5. *Cartulaire de Saint-Victor*, n° 10 (904).

6. LESTOCQUOY, « De l'unité à la pluralité. Le paysage urbain en Gaule du Ve au IXe siècle », *Annales ESC*, 1953, p. 159-172.

L'expansion se manifesta cependant par des signes évidents aux alentours de l'an mil. Le premier desserrement est marqué à Marseille par l'apparition vers 980 auprès du château Babon du quartier neuf de Sauveterre, au nom significatif, aire protégée, dotée par les vicomtes d'une sécurité particulière, placée sans doute dans la paix de Dieu et ouverte aux immigrants ; puis, entre 1039 et 1040, on construisit une enceinte nouvelle, englobant la *villa episcopalis*, naguère domaine rural exploité au profit de l'Église ; en même temps se formait sur le port le bourg de Tolonée, autour du poste où les agents vicomtaux levaient le tonlieu, tandis que se fondait le monastère de femmes de Saint-Sauveur[1]. Même rythme à Narbonne : sauf à proximité de la basilique Saint-Paul, les abords des remparts de la cité étaient au début du xe siècle en pleine rusticité[2] ; en 990 trois « bourgs » existaient, bien peuplés, avec des maisons d'aspect déjà urbain, et l'un d'eux portait le nom de Villeneuve[3] ; le faubourg Saint-Paul, mieux placé sur la voie Domitienne, à la tête du pont sur l'Aude, connut autour de son marché un développement continu : on y distinguait en 1035 au moins quatre « bourgs » particuliers[4]. Un semblable bourgeonnement hors les murs s'observe à Nîmes, où s'édifiait en 990 l'abbaye Saint-Sauveur-de-la-Font, tandis qu'était rénové Saint-Baudile et que s'organisait la nouvelle paroisse autour de l'église dédiée à saint Guillaume[5]. C'est aussi après 980 que se multiplient les mentions de sanctuaires suburbains jouxtant la cité de Carcassonne[6]. Un peu plus tard, vers le milieu du xie siècle, l'ouverture de chantiers de construction, la rénovation des vieux édifices religieux est un autre témoignage (moins précis, à vrai dire, faute de recherches suffisamment poussées) d'un regain général de vitalité.

Ces observations, rapprochées de ce que l'on devine de l'histoire militaire et de celle des échanges, permettent, je crois, d'affirmer un lent renouveau de la vitalité urbaine dans les pays de la Gaule du Sud-Est à partir de 980. Dans l'ensemble, cette décontraction doit, semble-t-il, être considérée comme l'effet premier d'une intensification de la circulation. L'origine marchande de la stimulation est peu douteuse : le plus actif des quartiers neufs est situé, à Narbonne,

1. Duprat, « Marseille : évolution urbaine », *Encyclopédie des Bouches-du-Rhône*, t. XIV, Marseille, 1935, p. 73-75.

2. On ne peut suivre Dupont, *op. cit.*, p. 419-421, emporté par sa théorie d'une expansion à l'époque carolingienne suivie d'une rétraction « féodale » ; les textes qu'il cite attestent une évolution inverse.

3. *Histoire de Languedoc*, V, col. 329-334.

4. Griffe, *op. cit.*

5. M. Gouron, *Les Étapes de l'histoire de Nîmes*, 1939, p. 31.

6. E. Griffe, *Histoire religieuse des anciens pays de l'Aude*, 1933, p. 156 sq.

sur la route maîtresse et autour d'un marché [1], et, à Marseille, à proximité du port et du tonlieu. Cependant il faut bien marquer que la croissance urbaine resta très limitée et que la population de toutes ces villes, très faible [2], ne parvint jamais à cette époque à remplir l'espace trop vaste où s'étalaient les agglomérations antiques. Enfin l'expansion du premier XIe siècle, parce qu'elle demeurait encore restreinte et parce que les périls restaient présents, n'altéra pas le caractère foncièrement militaire des cités. Que tous les quartiers neufs soient appelés « bourgs » n'implique pas qu'ils fussent fortifiés, car le mot désignait en fait à l'époque un groupe de maisons organisé autour d'une rue ou d'une place [3]. On a pourtant la preuve que ces quartiers étaient fermés par des fossés [4] et que la ville, en même temps qu'elle s'étendait, se cloisonnait en petites unités topographiques bien individualisées, repliées sur elles-mêmes. Frappant est également, à Marseille, l'empressement avec lequel on se soucia d'enclore dès 1040 les récentes excroissances urbaines dans une enceinte neuve. Il faut enfin remarquer que l'extension de l'agglomération ne s'est pas faite, comme dans la Gaule septentrionale, par le développement de petits foyers isolés peu à peu réunis par un peuplement intercalaire, mais par une croissance concentrique, le gonflement progressif de bourgs étroitement accrochés au réduit défensif de la cité : le faubourg resta ici collé à la muraille. Celle-ci était bien encore au milieu du Xe siècle l'élément fondamental du paysage urbain. J'évoquerai la physionomie d'Aix, telle qu'on la devine dans un acte d'hommage de 1049-1050 [5] : du vaste champ de ruines repris par la nature champêtre surgissent trois îlots fortifiés où se concentrent les résidus de la vie urbaine : ce qu'on appelle alors la cité, c'est-à-dire le massif de maçonnerie constitué par la porte romaine sur la route d'Italie et par un mausolée voisin, ensemble de défense que les comtes de Provence ont choisi au XIIe siècle comme leur résidence la plus sûre – le « cloître », appuyé sur le vieux *castellum*, où s'est établi le chapitre de la cathédrale Saint-Sauveur – enfin les « tours » occupées par l'archevêque. Ces villes, quelques peu ranimées

1. De même à Arles – où des témoignages plus anciens n'ont pas été relevés – les deux bourgs sont au XIIe siècle organisés autour du marché, ENGELMANN, *op. cit.*

2. Arles en 1194 n'avait peut-être pas plus de 3 000 habitants, F. KIENER, *Verfassungsgeschichte der Provence seit der Ostrogothenherrschaft bis zur Errichtung der Konsulate (510-1200)*, Leipzig, 1900, p. 173.

3. Sur le changement de sens du mot *burgus*, E. ENNEN, *Frühgeschichte der europäischen Stadt*, Bonn, 1953, p. 124 sq. ; DUPONT, *op. cit.*, p. 503, fonde sur la signification militaire du mot bourg son hypothèse d'un arrêt de l'expansion urbaine au XIe siècle.

4. À Narbonne, GRIFFE, *op. cit.*

5. POURRIÈRE, *op. cit.*, p. 157-158.

par la circulation routière, demeuraient donc bien avant tout des repaires de gens armés.

II

Comment étaient-ils commandés ? J'en arrive au second problème, celui de la distribution du pouvoir. Celle-ci est également étroitement liée aux circonstances militaires. Les assises de la puissance publique dans les villes de cette région ont été établies au milieu du VIIIe siècle par les conquérants austrasiens. C'est pourquoi la situation politique fut quelque peu différente de part et d'autre de la vallée du Rhône. L'empreinte carolingienne fut en effet beaucoup plus profonde en Narbonnaise qu'en Provence, qui, semble-t-il, avait surtout pâti des expéditions militaires de Charles Martel et qui plus tard, au moment où la réorganisation eût pu être poussée plus avant, se trouva très vite troublée en profondeur par la piraterie maritime. L'histoire des fondations monastiques fait ressortir le contraste entre les deux régions (ainsi que ce déplacement de la vitalité entre l'ouest et l'est, sur lequel j'ai attiré l'attention dès le seuil de cette étude) ; tandis que la Septimanie s'est couverte d'abbayes nouvelles au IXe siècle, le mouvement n'a pas atteint la Provence avant la seconde moitié du Xe [1].

Dans toutes les cités, les Carolingiens s'appliquèrent à restaurer la fonction épiscopale et à renforcer l'autorité politique de l'évêque ; mais ils ne menèrent vraiment à bien leur tâche qu'à l'ouest du Rhône. Seules les églises cathédrales de la province de Narbonne profitèrent pleinement des restitutions de biens [2], des concessions de l'immunité [3], puis, au milieu du IXe siècle, de l'octroi des *regalia* [4]. De telles faveurs royales sont, en Provence, d'une rareté qui sans doute ne tient pas seulement au mauvais état des archives [5] : en fait les rois francs laissèrent l'épiscopat provençal en état de faiblesse face au pouvoir civil.

1. Voir la carte suggestive « Klöster und Stift bis zum Tode Ottos III », *Werdendes Abendland am Rhein und Ruhr* (catalogue de l'exposition d'Essen 1956), p. 214.

2. Narbonne, *Histoire de Languedoc*, II, col. 47-50 (782) ; Maguelonne, *Cartulaire de Maguelonne*, éd. ROUQUETTE, I, p. 3 (819).

3. Nîmes, *Histoire de Languedoc*, II, col. 93-94 (814) ; Narbonne, *ibid.*, II, col. 94-96 (814).

4. Narbonne : concession au siège métropolitain de la moitié des droits comtaux sur les tonlieux, les navires, les salines, *ibid.*, II, col. 237-238 (844). Agde : le tiers des droits comtaux, *ibid.*, II, col. 277-279 (848).

5. Diplôme d'immunité pour Saint-Victor de Marseille, *Cartulaire de Saint-Victor*, I, 8 (790) ; concession des tonlieux à Saint-Victor, *ibid.*, 8, 12. Confirmation à l'église de Marseille des péages et des immunités concédés par Charlemagne et par Louis le Pieux, Gallia christ. nov. Marseille, n° 49 et 50.

De chaque côté du Rhône, ils avaient confié celui-ci à des comtes qui, institués dans chaque cité, y firent selon toute vraisemblance résidence fixe [1]. Mais les souvenirs tenaces du passé local, ainsi que la nécessité d'organiser solidement la défense en ces régions frontières soumises à de constantes menaces, déterminèrent un rapide regroupement du pouvoir ; de grands commandements régionaux se constituèrent au profit de certains comtes, de ceux en particulier qui étaient établis dans les anciennes capitales, Arles, Toulouse [2]. À vrai dire, les conditions politiques ne furent guère modifiées dans les villes par cette concentration de l'autorité, car, dans les cités d'importance stratégique où ils ne résidaient pas, les comtes déléguèrent au xe siècle leur puissance à des représentants permanents, les vicomtes [3]. Ainsi la cité ne cessa pas d'être le siège d'une autorité autonome ; au milieu du xe siècle, à Nîmes, à Béziers, à Narbonne, à Avignon, à Marseille, des vicomtes détenaient à titre héréditaire un pouvoir solide qui, de la ville, rayonnait sur la campagne environnante. Pouvoir judiciaire : le vicomte présidait les assemblées de justice [4]. Mais avant tout pouvoir militaire : le vicomte était le chef de la garnison urbaine, le défenseur de la forteresse majeure qu'était le *castrum* [5].

À ce moment et dans chaque cité, le chef militaire, comte ou vicomte, fortement établi sur le point d'appui défensif qu'était alors avant tout la ville, s'employa à exclure de l'espace urbain toute autorité concurrente, et en particulier à se soumettre l'épiscopat. Cette mainmise sur les fonctions ecclésiastiques est très visible en Septimanie, malgré tous les diplômes de sauvegarde délivrés par les souverains carolingiens et conservés dans les archives des établissements

1. Première mention en Septimanie en 754, *Histoire de Languedoc*, II, col. 26 ; en Provence en 781, *Cartulaire de Saint-Victor*, I, 112. DUPONT, *op. cit.*, p. 394, suppose que le comte, à la différence de l'évêque, « est amené à être de plus en plus itinérant » ; on a peine à trouver dans les textes l'appui de cette hypothèse : à Nîmes, par exemple, la justice comtale est toujours rendue aux arènes, MÉNARD, *op. cit.*, I, Preuves, p. 10, 16.

2. Un comte se maintient à Carcassonne et à Melgueil.

3. L'installation des vicomtes a été bien étudiée par KIENER, *op. cit.*, p. 119-125 (rajeuni par BUSQUET, « Le rôle de la vicomté de Marseille dans la formation du comté de Provence et l'origine de ses vicomtes », *Provence historique*, 1954), et par DUPONT, *op. cit.*, p. 452-455. Notons que c'est à ce moment que certaines églises provençales obtinrent des puissances régionales la concession de *regalia* : en 907, l'archevêque d'Arles reçoit de Louis l'Aveugle le tiers du port, BOUQUET, *Hist. fr.*, IX, 683, puis la monnaie et les droits sur les Juifs, *ibid.*, IX, 686.

4. Marseille : *Cartulaire de Saint-Victor*, I, 35-38, 105-106, 124 ; les comtes sont assistés par des *judices*, KIENER, *op. cit.*, p. 131-133.

5. KIENER, *op. cit.*, p. 125-126, qui remarque que les comtes de Provence ont installé des vicomtes aux points importants du système défensif.

religieux[1]. Les vicomtes s'assurèrent le contrôle des élections épiscopales, ce qui leur permit de faire désigner l'un de leurs fils : réglant sa succession entre ses deux fils, tel vicomte de Narbonne disposait à l'avance que l'un d'eux, clerc, deviendrait archevêque, ce qui était effectivement réalisé en 977[2] ; de 987 à 1016, puis de 1027 à 1077, l'évêché de Nîmes fut occupé par le frère ou le fils du vicomte[3]. De la sorte, la fonction épiscopale et tous les droits qui s'y trouvaient attachés ne tardèrent pas à glisser dans le patrimoine familial des seigneurs de la ville, à se confondre avec les autres biens héréditaires : par testament, Guillaume, vicomte de Béziers et d'Agde, léguait en 990 la cité d'Adge *cum suo episcopatu* à sa femme, la cité de Béziers *cum suo episcopatu* à sa fille, et par le mariage de celle-ci les deux évêchés passèrent dans la fortune des comtes de Carcassonne[4]. La domination du pouvoir laïc fut plus complète encore en Provence où l'épiscopat se trouvait en état de moindre résistance. Ainsi peut-on dire que la famille des vicomtes de Marseille posséda véritablement l'évêché de cette ville pendant un siècle, entre 965 et 1073 ; aux confins orientaux, ce furent les chefs militaires que le comte avait installés dans les cités nouvellement libérées des Sarrasins qui s'emparèrent de l'*episcopatus* : dans le premier tiers du XIe siècle, l'évêque de Nice Pons était sans doute le fils du châtelain[5] ; tous les seigneurs d'Antibes au XIe siècle ont fait attribuer la mitre à l'un de leurs fils[6]. Or, il faut remarquer que dans ces pays l'évêque resta longtemps le seul administrateur de tous les biens ecclésiastiques de la ville et de ses faubourgs – et aussi, et surtout, que le pouvoir de commander dans la ville fut toujours la possession collective d'un lignage. Aussi lorsque du groupe des frères et des neveux, détenteurs en commun de la puissance, l'un des membres devenait évêque, l'indivision effaçait toute distinction entre les droits d'origine ecclésiastique et les autres. En 1040 encore, la ville de Marseille, tout entière réunie dans la nouvelle enceinte, appartenait à tout le groupe consanguin dont l'un des mâles était le pasteur du diocèse, dont les autres portaient en commun le titre vicomtal. On peut dire qu'aux alentours de l'an mil, et plus particulièrement à l'est du Rhône, les immunités ecclésiastiques n'avaient plus de sens

1. Le dernier diplôme accordé par le roi à l'épiscopat méridional date de 922, *Histoire de Languedoc*, col. 143-144.
2. *Ibid.*, col. 256.
3. Dupont, *op. cit.*, p. 473.
4. *Histoire de Languedoc*, V, col. 327-328 ; Dupont, *op. cit.*, p. 471-472.
5. *Cartulaire de l'ancienne cathédrale de Nice*, éd. Cais de Pierlas, n° 8. *Chartrier de l'abbaye de Saint-Pons hors les murs de Nice*, éd. Caïs de Pierlas et Saige, n° 6.
6. G. Doublet, *Recueil des actes concernant les évêques d'Antibes*, 1915, p. LXXXVII.

dans les cités ; celles-ci formaient des unités politiques intégralement gérées par la famille qui détenait la puissance militaire.

Toutefois, dès ce moment, cette unité se trouvait minée par un mouvement de dissolution dont les premiers signes se manifestent à la fin du xe siècle et coïncident donc exactement avec les manifestations les plus précoces de la croissance urbaine, avec le premier gonflement des bourgs périphériques. Est-ce à dire qu'il faille mettre en rapport ce fractionnement du pouvoir avec un changement de la structure sociale déterminé par le développement des échanges, avec la formation d'une hypothétique bourgeoisie ? Je ne le pense pas : il s'agit, à mon sens, de la forme particulière que revêtit, dans les territoires urbains de cette région, cette désagrégation générale des pouvoirs de commandement entre 970 et 1030, que j'ai étudiée dans les campagnes mâconnaises et dont J.-F. Lemarignier a exposé certains aspects précédemment [1]. Cette dislocation fut certainement favorisée en Provence par les coutumes successorales qui, faisant des pouvoirs comtaux ou vicomtaux la possession collective du groupe familial, fractionnaient la puissance entre les mains de très nombreux participants, coseigneurs qui, au xie siècle, commencèrent ici et là à rompre l'indivision, à répartir entre eux les droits, à se partager justice et commandement dans la ville [2]. Mais le morcellement de l'autorité fut provoqué surtout par deux transformations concomitantes : d'une part, l'émancipation de l'Église qui, dégagée de la tutelle des laïcs, lutta pour obtenir sa part autonome de puissance ; et d'autre part, le renforcement dans la ville d'une petite aristocratie d'hommes de guerre qui s'empara de certains éléments du pouvoir.

*

La libération de l'Église fut très progressive. La lente individualisation des communautés canoniales la prépara. L'existence de chapitres urbains est attestée dès le viiie siècle à l'ouest du Rhône ; beaucoup plus tard, au xe siècle seulement, en Provence. Mais là, dès le dernier tiers du siècle, les chanoines apparaissent dans certaines cités en possession d'une mense particulière, distincte du patrimoine épiscopal : on le sait pour Avignon dès 962, pour Carpentras en 982, pour Arles en 990, l'année suivante pour Apt, et le premier conflit

1. « Structures monastiques et structures politiques dans la France de la fin du xe et des débuts du xie siècle », *Settimane di Studio*, IV, Spolète, 1957 ; du même, « La dislocation du *pagus* et le problème des *consuetudines* », *Mélanges Halphen*, Paris, 1951, et « L'exemption monastique et les origines de la réforme grégorienne », *À Cluny*, Dijon, 1950.

2. Par exemple à Nice, Kiener, *op. cit.*, p. 221-222.

opposant, pour la gestion du temporel, un prélat à son chapitre est attesté à Arles en 1003-1009[1]. Au même moment furent restaurées les abbayes urbaines et suburbaines que la longue période de danger avait désorganisées : l'évêque Honorat, d'accord avec ses parents les vicomtes, avait rétabli en 966 une congrégation distincte à Saint-Victor de Marseille ; à Arles, l'abbaye de Saint-Césaire dont les biens avaient été intégrés dans le patrimoine archiépiscopal retrouva son autonomie en 972[2]. Ces changements, soustrayant à la gestion de l'évêque certains biens d'Église, dégageant de son autorité des communautés spirituelles, commencèrent donc à desserrer l'étau de la puissance laïque qui tenait l'épiscopat.

Mais cette dernière fut sapée en profondeur par le cheminement des idées de réforme ecclésiastique. Cette fois, ce fut la partie provençale qui fut touchée la première, et de beaucoup. Les chapitres cathédraux furent réformés à Arles en 1032, à Avignon entre 1027 et 1039, à Vaison entre 1009 et 1055, un demi-siècle avant ceux de la province de Narbonne (Nîmes, 1075 ; Toulouse, 1077 ; Narbonne, 1093). Le voyage du pape Benoît IX, qui vint en 1040 consacrer au milieu d'un grand concours de prélats la nouvelle église de Saint-Victor à Marseille, fut un événement de grand retentissement, précurseur de l'épuration du personnel épiscopal[3]. En 1053, à Embrun, un synode présidé par le légat du pape Victor II – c'était Hildebrand, le futur Grégoire VII – déposa l'archevêque, convaincu de simonie. Puis les conciles réformateurs se succédèrent, à Toulouse en 1056, à Avignon en 1060, en 1063, en 1066[4]. Le branle était donné : peu à peu la désignation aux dignités religieuses redevint libre, ce qui aboutit à extraire la dignité épiscopale du patrimoine des seigneurs de la ville : la chose était faite à Marseille dès 1073.

Cette séparation et, d'une manière plus générale, la fermentation des idées grégoriennes eurent pour effet immédiat (et là encore je suis frappé du strict synchronisme avec les phénomènes que j'ai observés en Bourgogne[5]) de raviver la notion d'immunité, de pousser les gens d'Église à revendiquer les droits qui leur étaient garantis par les vieux diplômes royaux, à prétendre exercer sur les hommes et les terres de la ville dépendant de leur temporel une entière puissance. Les autorités laïques durent céder. Il s'ensuivit un partage des droits

1. À Marseille, le chapitre de la Major, mentionné dès 923, ne reçut son autonomie que beaucoup plus tard, en 1044 ; son premier dévot est nommé pour la première fois en 1060. Duprat, *Encyclopédie des Bouches-du-Rhône*, II, p. 229-232.

2. *Cartulaire de Saint-Victor*, I, p. 28-30 ; Duprat, *op. cit.*, p. 225-226.

3. Fontana, *op. cit.*, p. 18.

4. *Ibid.*, p. 19-22.

5. Duby, *op. cit.*, p. 214-224.

seigneuriaux dans le territoire urbain entre le comte, le vicomte ou le châtelain d'une part, l'évêque et les communautés religieuses autonomes de l'autre. Des accords, souvent confiés à l'écriture, furent ainsi conclus dans les deux derniers tiers du XIe siècle. Ils aboutirent généralement à une répartition territoriale du pouvoir, ils déterminèrent le cloisonnement juridique de l'espace urbain en quartiers bien délimités, soumis chacun au ban d'un seigneur particulier. À Marseille, avant 1069, le château, le bourg ancien et le vieux port furent ainsi réservés aux vicomtes, tandis que l'évêque recevait la juridiction autonome sur l'« alleu Sainte Marie », la *villa episcopalis* avec le petit port de *Porta Gallica*, c'est-à-dire sur les quartiers neufs récemment englobés dans la nouvelle enceinte ; en 1073, cette portion elle-même fut partagée en deux : « ville prévôtale » administrée par le chapitre, « ville des tours » dominée par l'évêque, qui venait en effet d'élever les fortifications de Roquebarbe[1]. On ne sait pas exactement quand fut opérée la division de la ville d'Arles entre l'archevêque et le comte, qui est attestée au XIIe siècle[2]. Mais dans le faubourg narbonnais de Saint-Paul, on distinguait dès 1035 un « bourg » vicomtal, un autre relevant de l'archevêque, un troisième soumis au chapitre de Saint-Paul ; dans la cité même, un arbitrage délimita en 1066 la zone où s'étendirent respectivement les seigneuries du vicomte et de l'archevêque : c'est ainsi qu'il y eut désormais par exemple deux juiveries distinctes dans la ville[3]. De même la réforme grégorienne est à l'origine du cloisonnement politique qui s'observe à la fin du XIe siècle dans Toulouse où, entre les quartiers bien individualisés de la cité, du bourg et de Saint-Pierre-des-Cuisines, se répartissent les pouvoirs distincts de l'évêque et du comte, de l'abbé de Saint-Sernin et des prieurs clunisiens de la Daurade et de Saint-Pierre[4]. Or, d'une part l'idée si puissante que l'assise véritable de l'autorité politique était la forteresse, d'autre part le souci de se prémunir contre les retours offensifs des seigneurs laïcs amenèrent les clercs, à peine dégagés de la tutelle, à élever eux-mêmes des « tours » en toute hâte dans les quartiers qui leur avaient été affectés : dans Nîmes, face au château des Arènes, siège de la puissance vicomtale, se dressèrent les défenses gardées par les hommes de l'évêque, la *turris bispalis* adossée au rempart et les deux tours flanquant la porte

1. DUPRAT, *op. cit.*, t. XIV, p. 99-100.

2. KIENER, *op. cit., Instr.* II, p. 278, *quando partibus est cum comite.*

3. GRIFFE, *op. cit.*, *Histoire de Languedoc*, V, col. 540 ; RÉGNÉ, *op. cit.* Un second accord en 1112 partage entre l'archevêque et le vicomte le sel, les tours et les maisons de la ville, la justice (le vicomte a la justice de sang dans la cité et le bourg ; l'archevêque, la justice des clercs et des hommes manants sur le domaine de l'église cathédrale), *Histoire de Languedoc*, V, col. 831-833.

4. MUNDY, *op. cit.*, p. 24.

d'Arles[1]. Ainsi, la formation dans la ville, au cours du XIe siècle, de seigneuries ecclésiastiques autonomes, en établissant dans le territoire urbain des frontières juridiques, en juxtaposant des « bourgs » enclos dont les habitants relevaient d'une autorité différente, accusa ce fractionnement qui caractérise alors la topographie des villes. L'aspect militaire des villes de cette région en fut encore accentué.

*

Il est vraisemblable que cette vocation militaire permanente, que la présence dans ces villes d'une forte garnison de spécialistes de la défense contribuèrent, elles aussi, après l'an mil, à la dissolution du pouvoir urbain. Mais ici nous nous aventurons dans un secteur encore beaucoup plus obscur, où les informations sont extrêmement rares et où, dans l'état actuel des recherches, sont seules possibles des hypothèses de travail fondées surtout sur la connaissance, celle-ci beaucoup plus assurée, de la structure sociale du XIIe siècle.

On voit entre 960 et 1050 se répandre dans les documents un terme nouvellement choisi pour désigner une situation sociale particulière, celle des laïcs qui disposent des moyens suffisants pour se consacrer entièrement à la vie guerrière : le mot *miles*[2]. Alors que dans les autres régions de la Gaule ces hommes – appelons-les chevaliers – résident soit dans les villages, sur le domaine qu'ils font exploiter, soit dans la forteresse rurale, ici ils vivent dans la ville, parce que celle-ci, je le répète, constitue avec ses forts remparts de pierre le cœur de la défense du pays. Dans la cité – et plus exactement dans sa partie la plus fortement gardée, dans le *castrum* –, ce sont eux qui, vraisemblablement, forment en plus grande partie, sous le nom de *boni homines*, la cour judiciaire que préside le comte ou le vicomte[3]. Mais leur fonction principale est militaire : ils garnissent les fortifications urbaines. Les premiers documents explicites qui montrent comment ils s'acquittent de cette tâche datent du XIIe siècle. À ce moment, chaque famille chevaleresque, largement possessionnée dans les cam-

1. M. GOURON, « La cathédrale romane de Nîmes », *Bulletin de la Société archéologique de Nîmes et du Gard*, 1936-1937. De même à Aix au XIIe siècle, l'archevêque, les chanoines, le comte ont leurs propres forteresses, POURRIÈRE, *op. cit.*

2. En Provence : KIENER, *op. cit.*, p. 107, n. 137-138. En Septimanie l'étude n'est pas faite (il est difficile de suivre DUPONT dans ses hypothèses sur l'origine des *milites* des cités, p. 667).

3. L'évolution du tribunal public, où les successeurs des scabins carolingiens sont finalement remplacés par les vassaux du comte ou du vicomte, a été étudiée de près en Provence par KIENER, *op. cit.*, p. 131-132 (évolution parallèle dans les cours comtales mâconnaises, *cf.* chap. 11).

pagnes avoisinantes [1], tient en fief du seigneur de la ville, avec obligation d'en assurer la défense, un secteur de la muraille, une porte, une tour ou une fraction de tour. C'est le cas en particulier des trente et un *milites castri arenarum* de Nîmes [2], des *castellani* de Carcassonne, astreints par leur serment d'hommage à résider avec leur famille pendant un temps déterminé dans la tour dont ils avaient reçu concession [3]. C'est le cas par exemple du lignage des *Barravi*, qui tenait à Toulouse une tour sur le mur de la cité et la rue voisine qui portait son nom [4]. Il n'est pas interdit de situer au début du XIe siècle, sinon plus tôt, l'origine de ces concessions féodales. Dès ce moment en tout cas, les *milites* paraissent à l'égard des chefs de la ville en situation de vassalité [5], dès ce moment, on devine qu'ils commencent à bénéficier de l'octroi par fragments de quelques droits régaliens : ainsi l'archevêque d'Arles Raimbaud (1030-1065) se reprochait-il d'avoir distribué en fief les revenus de son église à ses vassaux militaires, les ancêtres sans doute de ces chevaliers que l'on voit effectivement, un siècle plus tard, se partager morceau par morceau la seigneurie urbaine du siège métropolitain [6].

Il est probable en effet que l'émancipation de l'Église, que la constitution au profit des clercs de seigneuries concurrentes de celles des laïcs, renforcèrent dans la ville la position des hommes armés, qui profitèrent sans doute de la fermentation introduite par la réforme grégorienne pour consolider leurs avantages et leurs privilèges. On devine – et les présomptions sont particulièrement fortes pour Arles [7] – que, dans les dernières années du XIe siècle, les chevaliers, alliés peut-être aux premiers trafiquants enrichis par le renouveau des échanges, se groupèrent, dans les villes agitées par les antagonismes des seigneurs, en ces associations de paix, imitées des conjurations pour la paix de Dieu, qui furent la préfiguration des consulats.

1. Ce qui assure précisément cette étroite liaison économique entre ville et campagne que Dupont a cru pouvoir nier (*cf. supra*).

2. E. Michel, « Les chevaliers du château des Arènes de Nîmes », *Revue historique*, n° 102, 1909, p. 47.

3. J. Poux, *La Cité de Carcassonne ; l'épanouissement, 1067-1466*, Toulouse, 1931, p. 10-12 ; *Histoire de Languedoc*, V, col. 919-920 : *sic donamus tibi ad fevum et propter castellaniam in tali convenientia ut per quemque annum cum tuis hominibus et tua familia facies stationem in Carcassona per VII menses et predictam turrem custodire et gaitare facies omni tempore et ipsam urbem custodies.*

4. Mundy, *op. cit.*, p. 10, n. 36.

5. À Arles en 967, *Cartulaire de Saint-Victor*, I, 308.

6. Les chevaliers sont exempts des *consuetudines*, Kiener, *op. cit.*, p. 206. Morcellement des *consuetudines* en 1064, *Cartulaire de Saint-Victor*, II, 107. Authentique du chapitre d'Arles cité par Kiener, *op. cit.*, p. 147, n° 309. Pour le XIIe siècle, Kiener, *Instr.*, I et II, p. 276-279.

7. Kiener, *op. cit.*, p. 203-205 ; Mundy, *op. cit.*, p. 27.

La décomposition du pouvoir politique aux xe et xie siècles est donc semblable dans les villes du Sud-Est à celle qui a été bien étudiée dans d'autres régions de la France. Mais elle a, semble-t-il, été poussée plus loin : les chevaliers de Provence ont accaparé une portion des droits régaliens beaucoup plus tôt que ceux de la France du Nord. Sans doute parce que, au lieu d'être dispersés dans la campagne, ils formaient un corps dans la ville, c'est-à-dire à l'endroit même où les évêques et leur chapitre, d'une part, les comtes ou leurs délégués, d'autre part, se trouvaient affrontés pour la possession du pouvoir. Cette particularité est donc encore un effet de la vocation défensive de la cité, qui est d'abord une garnison. Comme l'évolution de la topographie urbaine, l'histoire de la puissance politique est ici commandée par les nécessités militaires. Telle me paraît bien avoir été, du viiie au xie siècle, la situation originale de ces villes, nombreuses, petites, encore peu marchandes, et qui furent avant tout, dans un pays constamment en état d'alerte, les points d'appui majeurs de la défense.

4

DÉMOGRAPHIE ET VILLAGES DÉSERTÉS [1]

Les limites de mon expérience d'historien m'obligent à fonder sur des observations qui touchent à l'époque médiévale ces brèves réflexions relatives aux rapports entre les mouvements de la population et la désertion des villages. On peut critiquer cette manière de poser le problème : entre le XIe et le XVe siècle, les documents qui permettent d'entrevoir l'évolution démographique sont rares, souvent fort imprécis, et toujours d'interprétation délicate. Avant 1300 il n'existe à peu près pas d'indices numériques utilisables ; passé cette date, quelques éléments susceptibles d'un traitement statistique apparaissent, mais très sporadiques et toujours discontinus ; ajoutons que ces données ont été presque toutes établies dans un but fiscal : les estimations qu'elles proposent ne concernent donc pas le nombre réel des habitants d'une agglomération ou d'une contrée ; elles fournissent tout au plus le chiffre approximatif des unités économiques dont les ressources étaient suffisantes et le statut juridique tel qu'on pût les charger d'impôts. L'image demeure donc extrêmement floue, et les vestiges de la topographie ancienne que l'on souhaiterait placer en regard des dénombrements ne sont guère moins rares, disconstinus et incertains.

Malgré ces graves imperfections, le point de vue du médiéviste n'est cependant pas sans avantages. Le Moyen Âge, en effet, est bien la seule période de l'histoire européenne où l'on puisse observer une large régression du peuplement succédant à une phase prolongée d'expansion. C'est pourquoi cette

1. Bibliographie [55].

époque constitue pour l'instant le champ de prédilection des savants qui étudient les *Wüstungen*, le vaste mouvement de repli des cultures et des lieux habités. À peu près tous les sites d'occupation humaine qui, en Europe occidentale, ont jusqu'à présent fait l'objet de fouilles systématiques sont ceux d'habitats qui furent abandonnés dans les derniers siècles du Moyen Âge. Je m'appuierai précisément, au départ, sur le résultat de ces recherches et considérerai d'abord la phase de fléchissement démographique, le XIVe et le XVe siècle.

*

Les documents fiscaux attestent pour cette époque dans la plupart des pays d'Europe une diminution considérable du nombre des ménages imposables. Cette diminution résultait sans doute, en partie, de l'appauvrissement des foyers : l'extrême dénuement où étaient tombés certains d'entre eux les excluait des évaluations ; on ne pouvait rien y prendre. Il ne fait pas de doute cependant que la population réelle s'était, elle aussi, très fortement réduite. Elle avait lentement cessé de croître dans la seconde moitié du XIIIe siècle ; stagnation d'abord, puis déclin ; précipité par les épidémies, celui-ci s'accéléra après 1300. Une histoire très sûre de la démographie de la Provence à cette époque établit que cette province, où l'on dénombrait environ 70 000 feux en 1315, n'en comptait guère plus de 30 000 en 1471 [1]. De tels chiffres cependant concernent l'ensemble d'une région et l'impression globale qu'ils communiquent doit être rectifiée au niveau des structures villageoises.

Dans toutes les régions où les érudits ont observé minutieusement ce retrait, ils l'ont vu en réalité fort inégal d'un canton à l'autre. Ce furent les zones marginales de l'espace agraire que les hommes abandonnèrent. Dans les terroirs fertiles, de sol fécond, aux gros rendements, il ne paraît pas, en revanche, que le nombre des habitants ait notablement fléchi. Ici, les vides que creusèrent les mortalités furent bientôt comblés par la croissance naturelle des familles survivantes ou par l'arrivée rapide d'immigrants. Sans doute quelques calamités fortuites, notamment l'installation prolongée des gens de guerre, purent-elles bien provoquer, çà et là, la désertion complète de tel ou tel village. Mais, dès que le danger s'écartait, des paysans, anciens occupants ou nouveaux arrivants, venaient s'établir, se mettaient à reconstruire le terroir. Bien vite on voyait revivre le village. Dans ces aires de prospérité agricole ou viticole, que favorisaient la fécondité de la terre ou une heureuse position sur les voies de la circulation,

1. E. Baratier, *La Démographie provençale du XIIIe au XVIe siècle, avec chiffres de comparaison pour le XVIIIe siècle*, Paris, 1961.

point d'abandon durable, point de villages désertés. La chute profonde et tenace du nombre des feux que l'on peut relever dans les séries d'estimes ou de dénombrements, les vestiges d'anciens habitats enfouis aujourd'hui sous le manteau de la végétation sylvestre ou de la pâture, la plupart des *Wüstungen* dont la trace se conserve dans la toponymie rurale, se situent en fait dans les « mauvais pays », sur les sols ingrats que seule la pression démographique locale avait porté jadis les hommes à solliciter, à dompter par un effort pénible et de peu de profit. En 1450, dans la région parisienne, à la plaine de France toujours aussi densément occupée qu'autrefois, s'oppose le Hurepoix durablement dépeuplé [1]. Encore faut-il se demander si, dans ces franges mêmes d'incontestable rétraction, le recul du peuplement a fait réellement disparaître les villages.

Il convient alors de regarder de fort près, et je considérerai pour cela deux secteurs de la montagne provençale que des équipes de géographes et d'historiens ont récemment soumis à une étude approfondie. Ici, le terroir de Saint-Christol ; tout à côté un groupe de cinq communes actuelles établies au nord de Banon, sur les pentes de la montagne de Lure [2]. Un pays dur. L'occupation paysanne s'y était, semble-t-il, assez récemment aventurée, poussée en avant par le fort élan démographique des XIe-XIIe siècles. Sur ces maigres clairières ouvertes au milieu des forêts, l'établissement demeurait fragile. Les dénombrements manquent presque totalement dans ce coin écarté ; de multiples indices attestent pourtant que la chute de la population fut profonde, surtout dans les toutes dernières années du XIVe siècle.

Le dénombrement fiscal de 1471 énumère dans la zone étudiée huit villages. Trois d'entre eux ne comptaient plus alors que quelques feux ; trois autres, Saint-Christol, Lardiers et Giron sont déclarés, par les enquêteurs, inhabités. Le coefficient de désertion est donc ici très fort. Il convient de le réduire, car un examen plus attentif montre que l'un de ces trois villages avait perdu ses habitants bien avant la crise démographique du XIVe siècle. Il s'agit de Giron. Ce fut dans le cours du XIIIe siècle que les hommes quittèrent ce site, perché dans la montagne, et vinrent s'établir dans un nouveau village de plaine, L'Hospitalet, l'une des cinq agglomérations rurales encore occupées en 1471. S'achevait alors ici le long transfert qui, au cours des siècles antérieurs – c'est-à-dire remarquons-le, hors de la phase de dépopulation –, avait vidé quelques-uns des *oppida*

1. G. Fourquin, *Les Campagnes de la région parisienne à la fin du Moyen Âge (du milieu du XIIIe siècle au début du XVIe)*, Paris, 1964.

2. D. Poppe, *Saint-Christol à l'époque médiévale* ; L. Stouff, « Peuplement, économie et société dans quelques villages de la montagne de Lure, 1250-1450 », *Cahiers du Centre d'étude des sociétés méditerranéennes*, n° 1, 1966, p. 35-109.

préromains de cette région. En 1471 Giron est bien désert, mais depuis deux siècles au moins. Restent Saint-Christol et Lardiers : deux villages sur sept. Dans cette région très défavorisée, le coefficient de désertion demeure donc considérable. Toutefois, il importe de remarquer que l'abandon fut très temporaire. Les textes manquent fâcheusement ; ils apprennent pourtant que Saint-Christol, encore peuplé en 1442, comptait de nouveau en 1540 quatorze maisons habitées ; en 1494 Lardiers n'en avait encore que six, mais dès 1531 son four était mis en fermage : le village, par conséquent, n'était déjà plus désert. Tout porte à croire que la période d'abandon total se réduisit à quelques années, à quelques décennies tout au plus. Remarquons encore un sensible retard du mouvement de désertion sur le rythme d'ensemble du peuplement dans cette région d'Europe : dans le troisième quart du XVe siècle, lorsque Saint-Christol perdait ses derniers habitants, l'élan de la reprise démographique était, depuis quelque temps, lancé. Enfin, lorsqu'on examine de très près, les rares textes en main, la topographie, il apparaît nettement, à Saint-Christol en particulier, que la désertion toucha d'abord un habitat dispersé de bastides nées au XIIIe siècle, que le village retint les derniers occupants et qu'il attira les premiers pionniers, lorsque ceux-ci revinrent mettre le terroir en culture.

Il ressort donc que les agglomérations villageoises ont, à cette époque, perdu presque tous leurs habitants. Elles ont pourtant tenu, pour la plupart, et n'ont pas connu un complet abandon. On me dira qu'un village qui ne contient plus que deux habitants n'est plus un village. Certes, mais s'il conserve encore deux habitants, on ne peut le dire déserté. Nous ne possédons pas pour les cantons voisins de la haute Provence une analyse aussi fine de la répartition des foyers ruraux. Mais les données plus grossières, globales, des dénombrements, incitent à croire que la rétraction du peuplement y revêtit des formes semblables. Deux des circonscriptions administratives de la haute Provence, les vigueries de Castellane et de Digne, perdirent entre 1315 et 1471, si l'on excepte cette dernière ville, les deux tiers de leurs feux fiscaux. Mais elles n'avaient pas vu disparaître les deux tiers de leurs villages. On y dénombrait en 1315, le terroir de Digne encore une fois mis à part, 98 localités : 16 seulement d'entre elles furent entièrement désertées au XIVe siècle et ne se repeuplèrent pas par la suite [1]. Dans ces campagnes, que la pauvreté de leurs ressources rendait très vulnérables, 65 pour 100 des foyers imposables disparurent ; ne furent pourtant durablement dépeuplés que 16 pour 100 des villages, pas davantage.

Sur ces montagnes arides, et pour cela plus durement frappées par l'effondrement démographique, de très nombreux champs, des quartiers entiers de ter-

1. Baratier, *op. cit.*, p. 156-160.

roirs retournèrent à la friche, à la « terre gaste », furent abandonnés à l'arbre, aux moutons. Des fermes isolées, de petits hameaux, délaissés, tombèrent en ruine, et l'on a peine aujourd'hui à en discerner les traces au milieu des broussailles. Mais le cœur de la communauté, le village, le centre de la paroisse, le *castrum*, le tas de maisons agglomérées en un groupe compact solidement défensif, conserva presque toujours quelques âmes. À l'intérieur de l'espace paroissial s'est en fait produit, à une échelle réduite, un reclassement de l'habitat comparable à celui que l'on discerne dans l'ensemble de la province et dont les raisons sont semblables. La population, se réduisant, s'est retirée des zones marginales les moins productives, les plus récemment mises en culture ; l'effort agricole s'est concentré sur les terres les moins mauvaises. C'étaient, bien sûr, les plus proches de l'agglomération centrale. Là s'étaient toujours trouvées les meilleures parcelles, les mieux exposées, celles qui avaient fixé le site du premier habitat. Le labeur intensif des générations successives, la fumure des étables voisines avaient encore fertilisé cette auréole de jardinage. On pouvait en attendre un profit plus sûr que d'un exode incertain vers les bons pays. En conséquence, il est bien rare qu'une ou deux familles ne demeurassent pas ou ne vinssent pas très vite s'établir au village pour s'acharner à tirer parti de son environnement de fertilité, sur le lieu où les premiers occupants s'étaient d'abord fixés et que leur établissement même avait par la suite enrichi. La dépopulation, on le voit, a donc profondément modifié la carte des établissements paysans, mais ce furent les facteurs économiques qui gouvernèrent ses dispositions nouvelles. Or, ceux-ci donnaient presque toujours l'avantage aux sites de villages. L'exemple provençal convie à proposer cette hypothèse de travail : aux XIVe et XVe siècles, dans la période de forte régression de la population rurale européenne, le processus de désertion a faiblement touché le village. Que sont presque toutes les *Wüstungen* et presque tous les sites abandonnés ? Ceux d'habitat intercalaire et, beaucoup plus nombreux, des lieux-dits, des champs périphériques.

*

Il est certain, cependant, que quelques villages disparurent définitivement. Le repli démographique fut-il la cause déterminante de leur désertion ? Faut-il, au contraire, considérer que ce dépeuplement les mit simplement en état de moindre résistance et que l'impulsion décisive qui provoqua leur complet abandon vint d'ailleurs ? Pour trancher, il conviendrait de connaître avec précision leur histoire et ses accidents de courte durée dans la période où les hommes les délaissèrent. La fouille, ici, ne suffit pas ; il est bien rare qu'elle établisse des points de repère solides et suffisamment rapprochés. On ne saurait non plus se fonder sur les indices d'ordinaire très discontinus, que fournissent les dénombrements. Pour hasarder ses conjectures, l'historien, à ce propos, ne doit pas observer le seul village, mais tout ce qui l'environne, le terroir, les terroirs voisins, la seigneurie et les seigneuries qui le jouxtent, le dominent.

Considérons en premier lieu l'un des *lost villages* de la campagne anglaise dont la photographie aérienne révèle l'implantation et ses traces aujourd'hui momifiées sous le revêtement des herbages, Tusmore, dans l'Oxfordshire. Vingt-trois familles paysannes y vivaient en 1279. Elles vivaient sans doute assez mal de ce terroir trop humide : la taxe qui fut imposée à la communauté en 1334 était de moitié inférieure à la moyenne locale des impositions villageoises. En 1355, Tusmore ne paye plus rien : la peste noire l'a vidé de ses habitants. Deux ans plus tard, le seigneur, Roger de Cotesford, reçoit l'autorisation d'« enclore » le village et le chemin qui le traverse, et de transformer tout ce terroir en pâture. Si cette permission lui fut accordée, c'est que, dit le texte, tous les habitants, qui étaient sujets du manoir, avaient alors disparu. La prairie s'installa sur les ruines ; elle les recouvre encore [1].

Voici maintenant en Provence, sur le flanc de la montagne de la Sainte-Baume, le village perché du Vieux-Rougiers, dont on fouille le site depuis trois ans. Presque toutes les données sont ici fournies par l'archéologie. Elles incitent à penser que le village était en voie de lent dépeuplement dans la seconde moitié du XIIIe siècle, au moment même où grossissait dans la plaine, au pied de la colline, une agglomération nouvelle – au moment même où, dans la montagne de Lure, la population rurale désertait complètement Giron, dont le site est très comparable. Mais entre 1340 et 1420 il apparaît que les départs cessèrent et que le Vieux-Rougiers accueillit de nouveaux occupants : il fut en cette période plus intensément peuplé que jamais. Le mouvement de désertion reprit après 1420 et aboutit rapidement à l'évacuation totale du village [2].

Dans le cas anglais, l'influence du facteur démographique paraît puissante. Parce que le dépeuplement l'avait profondément affaiblie, la communauté villageoise n'a pu résister à la pression du seigneur, qu'appuyait l'autorité royale. Elle a dû se plier à son désir, le laisser bouleverser à son profit l'économie du terroir ; elle a dû disparaître parce que cette transformation du système agraire était si profonde qu'elle impliquait la destruction du village et la désertion définitive de son site. Dans le cas provençal en revanche, la tendance générale à la dépopulation agit, semble-t-il, de manière beaucoup moins directe. Certes, il

1. M. W. Beresford et J. K. S. Saint-Joseph, *Medieval England : An Aerial Survey*, Cambridge, 1958, p. 112-113.

2. Voir la présentation des fouilles par G. Démians d'Archimbaud, *Villages désertés...*, *op. cit.*, p. 287.

est permis d'imaginer qu'en état de pression démographique très forte, quelques hommes se seraient acharnés à demeurer sur l'abrupt du Vieux-Rougiers. Beaucoup plus frappantes cependant sont les discordances entre le rythme de la désertion et la courbe d'évolution de la population régionale. Selon toute apparence, en effet, les premiers départs se produisirent avant que ne fût achevée la phase de surpeuplement du XIIIe siècle. Curieusement, ils s'arrêtèrent au moment où, en 1340, commençait à s'accélérer le lent fléchissement de la courbe démographique. Dans l'époque où la Provence, ravagée par l'épidémie et par les compagnies des gens de guerre, perd les deux tiers de ses feux, Rougiers revit, et le village dépérit de nouveau, il finit par mourir définitivement dans le XVe siècle, alors que la population régionale retrouve sa puissance expansive, qui la fait de nouveau croître, et rapidement. Il est possible d'expliquer par l'insécurité qui régnait en Provence dans la seconde moitié du XIVe siècle la reprise du peuplement et la concentration temporaire de l'habitat autour du château escarpé du Vieux-Rougiers. Mais les deux périodes d'abandon, celle de la fin du XIIIe siècle et celle du milieu du XVe, coïncident avec un ample mouvement de réaménagement de l'espace agricole étroitement lié lui-même à la croissance démographique. Ce mouvement conduisait à ouvrir de nouvelles cultures et à déplacer conjointement les points de concentration de l'activité villageoise. En fait, dans l'un et l'autre cas, à Tusmore comme à Rougiers, la désertion des villages apparaît bien provoquée, avant tout, par une mutation du régime agraire, là, conduite par le pouvoir seigneurial, ici, spontanément et lentement opérée par la communauté paysanne. Il peut donc, en fin de compte, sembler fortuit que cette désertion, et la mutation qui l'entraîne, soient ou non contemporaines d'un déclin général de la population. En effet, l'une et l'autre accompagnent la marche d'un développement dont l'économie paysanne fut ici la bénéficiaire et là la victime. Ce développement se révèle être le moteur premier, et le mouvement de la population, un phénomène accessoire. On peut observer sans peine, dans une histoire moins lointaine, d'autres formes de développement rural qui se déployèrent en plein essor démographique et qui, pourtant, déterminèrent, elles aussi, la disparition des villages. Peut-on jamais, dans toute l'histoire de la France rurale, compter autant de villages abandonnés que dans la grande poussée de croissance du XXe siècle ?

Ceci conduit à se demander si, en Europe, l'abandon des villages fut plus fréquent aux XIVe-XVe siècles – période de déclin démographique – que dans les trois siècles précédents, alors que de toute évidence la population ne cessait de croître et l'économie rurale de se développer. Ouvrons n'importe lequel des dictionnaires topographiques rédigés jadis en France par les érudits. Dénombrons les toponymes disparus : les plus nombreux sont ceux que les textes des xe, xie et xiie siècles ont enregistrés et dont la trace, ensuite, s'est perdue. À vrai dire cette constatation signifie peu de chose. Qu'est-ce qu'un lieu-dit mentionné dans un document de cette époque, même lorsque le terme *villa* l'accompagne ? Le nom d'un quartier ? Celui d'un écart ou d'une exploitation isolée ? Ou bien celui d'un village ? Seule une étude très attentive menée sur le terrain avec toutes les ressources de l'archéologie, de l'analyse pédologique et botanique, permettrait parfois de décider. Il est pourtant quelques provinces d'Europe où l'histoire de l'habitat ancien atteint à une précision suffisante pour fournir à ces considérations quelques données utiles.

Dans le Norfolk, par exemple, la liste des localités, *Nomina Villarum*, dressée en 1316, contient sensiblement autant de noms que le *Domesday Book* établi deux cent trente années auparavant. Mais ce ne sont pas toujours les mêmes : 70 de ces noms ne se trouvaient pas dans le *Domesday Book* ; en revanche, 69 des 726 noms de villages enregistrés à la fin du xie siècle ont disparu de la liste nouvelle. Simple changement de toponyme ? Parfois. Mais on peut établir que dans cette région 34 villages, c'est-à-dire 4,6 pour 100 des agglomérations rurales, furent désertés entre la fin du xie siècle et le début du xive, c'est-à-dire dans la période de pleine croissance démographique [1].

Les recherches conduites en Bourgogne pour une époque plus ancienne par André Déléage procurent des indications plus saisissantes encore. Dans l'actuel canton de Cluny (on y compte aujourd'hui 25 villages, 71 hameaux et 283 écarts), une documentation extrêmement abondante mentionne, vers l'an mil, 161 stations humaines. Or, 77 de ces toponymes ont ensuite disparu, soit une perte de 47 pour 100 [2]. Déchet énorme. On serait tenté de placer ce chiffre en regard d'un autre, 16 pour 100, ce coefficient de désertion villageoise calculé très approximativement et de manière très provisoire sur un examen trop superficiel des données provençales, pour les montagnes de Castellane et de Digne, en correspondance avec la catastrophe démographique du Moyen Âge finissant. En vérité, les 77 lieux-dits disparus dans le Clunisois après l'an mil n'étaient pas tous des villages. Il est possible d'établir que certains de ces noms désignaient en fait des exploitations rurales isolées, héritières d'une *villa* romaine. Mais il apparaît aussi fort nettement que d'autres noms, et relativement nombreux, s'appliquaient bien à des agglomérations de taille moyenne, lesquelles ont effectivement disparu. Et, semble-t-il, ces lieux se trouvaient précisément en voie d'abandon au début du xie siècle, à un moment où le développement rural modifiait sensiblement ici les conditions de la vie agraire. De toute évi-

1. K. J. Allison, « The Lost Villages of Norfolk », *Norfolk Archeological Review*, n° 31, 1955.
2. A. Déléage, *La Vie rurale en Bourgogne jusqu'au début du xie siècle*, Mâcon, 1941.

dence, il s'est opéré dans cette région, pendant la longue période d'expansion économique et démographique des campagnes médiévales, un reclassement de l'habitat rural. Celui-ci paraît au moins aussi profond que les modifications qui furent, un peu plus tard, contemporaines du retrait de la population. Les modalités de ce reclassement mériteraient de la part des historiens et des archéologues une attention plus soutenue que celle dont elles ont jusqu'ici bénéficié. Je risquerai, à leur propos, quelques observations d'approche.

La première concerne l'Allemagne du Nord-Ouest aux XIIe et XIIIe siècles. Ici, les *Wüstungen* abondent. Non point que ce pays se soit alors dépeuplé. Il est évident que les hommes, comme partout ailleurs, se multiplièrent dans ces régions, quelle que fût l'intensité du mouvement qui tirait de cette contrée des troupes de paysans, les poussant à la conquête des terres incultes au nord et à l'est. Mais l'époque fut ici celle d'un profond changement dans les structures agraires. Jusqu'alors le sol était exploité par des *Waldbauern*. Dispersés par petits groupes au milieu des forêts, ces hommes cultivaient peu les céréales ; ils jardinaient, ils élevaient des porcs. L'économie de ces campagnes se fondait sur le bosquet de chênes et sur la glandée, sur le travail assidu de quelques petits enclos jouxtant les maisons et, fort accessoirement, sur l'ouverture, chaque année, de quelques champs temporaires dégagés par écobuage au milieu des taillis, et vite abandonnés. Point de labours permanents, point de terroirs stables, point de villages. Un semis de sites habités, *Höfe* solitaires ou réunies à quelques-unes. Donc, d'innombrables lieux-dits. Mais après le milieu du XIIe siècle le paysage se transforma par l'effet d'un développement économique, lequel revêtit un double aspect. Les seigneurs, qui détenaient un droit supérieur sur les espaces sylvestres, s'aperçurent que le bois se vendait bien. Il en fallait des quantités pour construire les villes nouvelles, pour alimenter en matière première les forges, les salines et toutes les activités artisanales en expansion. Ils voulurent alors organiser l'exploitation des arbres, les protéger, les défendre contre les brûlis et la divagation du bétail. Utilisant leur pouvoir de commandement, qui précisément se renforçait alors, ils réservèrent à leur seul usage certains secteurs boisés ; ils en firent des « forêts » d'où les paysans furent bannis. L'institution des cantons de forêts seigneuriales provoqua un reflux de l'habitat, un exode paysan, la désertion des écarts. Elle créa de très nombreuses *Wüstungen*. Or, dans le même temps, l'économie paysanne s'orientait vers la production des blés. Les rustres mangeaient moins de porc, davantage de pain. Le *Waldbauer* devint un *Ackermann*. De ce fait il entreprit avec ses voisins d'organiser un terroir, d'implanter des quartiers agricoles. Il émigra de la forêt vers le centre de cette aire de culture permanente. Les habitats disséminés se regroupèrent en villages compacts, cernés de leurs haies, cœur d'une communauté disciplinée qui, sous l'autorité du seigneur, dut respecter des règles collectives, les usages de la vaine pâture, du troupeau commun, l'interdiction de bâtir hors de l'espace villageois. Deux transformations étroitement alliées, le renforcement du ban seigneurial, le passage d'une économie fruste et déprédative de type sylvo-pastoral à un système fondé sur l'exploitation plus rationnelle des bois et des champs cultivés, déterminèrent un complet remaniement de la carte du peuplement [1]. Certes, on ne saurait chercher dans la Saxe de cette époque beaucoup de villages abandonnés. Dans cette période les villages, ici, ne mouraient pas, ils se formaient. Mais leur renforcement même vidait nombre de sites et, notamment, bien des hameaux, d'où l'abondance des *Wüstungen*. Il est certain que les vieux pays saxons ne furent pas seuls affectés par cette forme de développement de l'économie rurale. Invitons les historiens de l'habitat rural à en rechercher les traces en d'autres provinces et, aussi, en d'autres périodes du Moyen Âge européen.

Je reviendrai donc à la région mâconnaise, dans un temps un peu plus éloigné du nôtre, pendant les XIe et XIIe siècles. Ici, point de bouleversement aussi radical du système agraire, mais seulement un essor régulier et lent des techniques de production qui soutient un essor continu et lent de la population. Les travaux d'André Déléage ont montré qu'un nombre important d'agglomérations paysannes furent abandonnées dans ce pays à cette époque. Qui s'interroge sur les modalités de cette désertion doit, à mon sens, regarder du côté de la seigneurie. D'abord parce que toute la lumière de la documentation se concentre alors sur cet organisme, mais aussi parce qu'il commande, dans une très large mesure, le développement économique des campagnes et l'oriente. Pour cela, l'institution seigneuriale a exercé alors une forte influence sur l'évolution de l'habitat paysan, et ceci de diverses manières.

Le hameau, ou même le village, gênait parfois l'exploitation seigneuriale dans sa croissance, principalement lorsque les administrateurs du grand domaine se souciaient d'étendre le faire-valoir direct, d'abandonner le système de la tenure productrice de redevances, de regrouper les champs pour en confier la culture à des équipes de domestiques et de corvéables. On sait que les abbayes cisterciennes pratiquaient résolument ces méthodes. Au XIIe siècle, au cours de la grande poussée démographique, de nombreux paysans durent, dans toutes les provinces d'Europe, sous la pression des moines blancs, quitter leur demeure pour s'établir ailleurs. Des villages, ainsi, moururent ; sur l'emplacement de leurs maisons détruites des granges s'élevèrent, isolées, exploitées par des

1. A. Timm, *Die Waldnützung in Nordwestdeutschland im Spiegel der Weistümer. Einleitende Untersuchungen über die Umgestaltung des Stadt-Land-Verhältnisses im Spätmittelalter*, Cologne/Graz, 1960.

convers[1]. Mais bien d'autres seigneurs agirent comme les cisterciens. Je prends le cas de *Serciacum* : un vrai village, celui-ci, situé à quelques kilomètres de l'abbaye de Cluny sur l'emplacement d'une *villa* romaine et groupant une bonne douzaine de *manses*. Vers 1080, l'un des administrateurs de ce monastère s'employa à acquérir, l'un après l'autre, tous les droits seigneuriaux et tous les titres de possession sur les parcelles de champs, de prés et de vignes, et sur les *manses* qui formaient l'agglomération. Il traita de la sorte avec dix-huit seigneurs, petits et grands, et quatorze familles d'alleutiers paysans ; il racheta leurs droits respectifs[2]. Lorsque fut achevé ce transfert de propriété, le village était vide. Les clunisiens y construisirent une grosse ferme. *Serciacum* devint la « Grange-Sercie », comme on l'appelle encore.

Pour accroître les revenus seigneuriaux, les détenteurs du pouvoir furent enclins parfois à favoriser, au contraire, la concentration de l'habitat paysan en certains points privilégiés. Ce groupement s'opéra au détriment des localités voisines, dont certaines quelquefois disparurent. On sait que dans l'Allemagne des XIIIe-XIVe siècles, le mouvement naturel d'urbanisation multiplia les *Wüstungen* : on voit celles-ci former une dense couronne autour de chaque petite bourgade dont les franchises avaient attiré les familles d'alentour. Mais, deux siècles plus tôt, dans les campagnes mâconnaises, un semblable mouvement de synœcisme opéra, à une échelle plus réduite, des transferts analogues. Lorsque, dans le cours du XIe siècle, se diffusèrent les règlements pour la paix de Dieu, quelques emplacements reçurent un statut juridique plus favorable que celui de l'espace commun : c'étaient les *cimiteria*, les aires sacrées voisines de certains sanctuaires. La nouvelle législation les mettait à l'abri des violences, on pouvait y trouver asile ; la famille paysanne qui y établissait sa demeure pouvait ainsi échapper à son seigneur, dénouer les liens de servitude qui l'attachaient à lui ; elle échappait aux exactions. Elle ne se libérait pas tout à fait, car elle devait payer certaines taxes au maître du sanctuaire et subir sa justice. Lorsqu'un seigneur proclamait la liberté d'un lieu, il espérait bien en effet voir s'y installer des travailleurs, dont l'exploitation, si modérée qu'elle fût, lui procurerait de nouveaux profits. En fait, parce que les paysans s'y savaient mieux traités qu'ailleurs, ces « cimetières », ces « sauvetés », toutes ces aires de paix et de franchise que délimitaient les croix dressées sur les chemins, se peuplèrent très vite ; les récriminations des seigneurs des agglomérations voisines et non exemptes, qui voyaient celles-ci perdre leurs habitants, n'y firent rien. On a conservé le texte

1. S. EPPERLEIN, *Bauernbedrückung und Bauernwiderstand im hochen Mittelalter*, Berlin, 1960.
2. *Recueil des chartes de l'abbaye de Cluny*, éd. A. BERNARD et A. BRUEL, nos 3026, 3034, 3077, 3642, 3066, 3332, 3475, 3640, 3759.

d'un accord entre le chapitre cathédral de Mâcon et le châtelain local garantissant à la fin du XIIe siècle les franchises particulières dont jouissaient les hommes résidant dans le cimetière du village de Pierreclos[1]. En fait, dans le paysage actuel, ce village conserve les traces d'une particulière concentration ; non loin de lui se situaient quelques-uns des toponymes disparus après le XIe siècle. Le jeu des privilèges produisit donc un effet comparable à celui de la mutation du régime agraire dans les pays saxons dont je parlais tout à l'heure : concentration du peuplement en quelques villages, autour des églises paroissiales, de celles du moins dont le maître avait le pouvoir de faire reconnaître les libertés ; affaiblissement parallèle des hameaux du voisinage, qui aboutit parfois à leur disparition totale.

Quelques générations plus tard, dans la première moitié du XIIIe siècle, l'octroi, par l'autorité de tel ou tel seigneur, d'une charte de franchise, qui non seulement allégeait le poids de la fiscalité, mais créait un marché, des foires, encourageait le négoce, plaçait la localité dans une situation plus favorable, à une époque où l'économie rurale s'ouvrait largement aux échanges, provoqua des réactions semblables et des modifications analogues dans la carte de l'habitat. Aujourd'hui encore le taux de concentration est spécialement élevé dans les communes de Salornay-sur-Guye, de Cortevaix ou de Prissé, qui reçurent des chartes de franchises entre 1220 et 1230[2]. Il n'est pas interdit de croire que la croissance du village privilégié de Prissé hâta la désertion d'un village voisin, Mouhy, réduit depuis lors à quelques maisons. Dans le Mâconnais des XIe-XIIIe siècles, le grand mouvement d'expansion démographique n'a pas augmenté sensiblement le nombre des agglomérations paysannes. Le pays, en l'an mil, n'offrait plus guère d'espace propice à la conquête agricole : toutes les terres utilisables, ou presque, étaient occupées. Pas de villes neuves donc, très peu même d'exploitations pionnières isolées. Les quelques exemples précédents montrent, en revanche, que parmi les hameaux très nombreux, souvent très proches les uns des autres, qui parsemaient cette contrée avant l'an mil, quelques-uns disparurent, tandis que certains grossissaient pour devenir des villages. Ce mouvement d'agglomération était favorisé par le progrès des techniques rurales de production et d'échange. Cependant il est visible que l'influence déterminante vint des décisions de la seigneurie.

1. *Cartulaire de Saint-Vincent de Mâcon*, éd. RAGUT, n° 632.

2. Arch. nat., J. 398, n° 38 ; M. CANAT, *Documents inédits pour servir à l'histoire de Bourgogne*, Dijon, 1863, n° 32 ; Arch. dép. de Saône-et-Loire, G. 96, n° 2.

*

Voici donc mes conclusions, très provisoires et qui prennent essentiellement la forme de propositions d'enquêtes.

1. La toponymie médiévale atteste l'abandon d'un très grand nombre de lieux-dits et, parmi eux, d'un nombre encore considérable de sites effectivement occupés à une certaine époque par des familles paysannes. Mais qui se préoccupe de repérer les villages désertés doit en premier lieu opérer parmi ces noms de lieux un tri sévère. Et d'abord se demander : qu'est-ce qu'un village ? Donc fixer certains critères, ce qui n'est pas commode et implique pour chaque région des définitions appropriées. On connaît sur ce point les hésitations des géographes lorsqu'ils s'avisent de classer dans le paysage actuel les types d'habitat. Il est évident que dans bien des cas la fouille seule peut résoudre les incertitudes, prouver sur l'emplacement de tel toponyme l'existence d'un habitat et donner des indications sur sa taille.

2. Lorsque se développe dans une région une tendance générale de régression démographique, il apparaît que le village offre aux populations rurales moins nombreuses un site si favorisé, doté notamment de tant d'avantages pédologiques, que les derniers habitants du terroir s'y raccrochent. Ils peuvent se réduire à quelques-uns, et même à une seule famille : il semble exceptionnel qu'ils l'abandonnent tout à fait et pour très longtemps. Les flux et les reflux de la population affectent essentiellement les sites d'habitat périphériques, gonflent et multiplient les écarts ou les fermes isolées, ou bien les vident et les font durablement disparaître.

3. Cependant, tous les sites villageois ne sont pas également favorisés par la nature ou par le droit, et l'histoire de l'économie, celle du pouvoir seigneurial, modifient leur situation respective. Entre eux règne la concurrence ; c'est elle qui, quelquefois, conduit à la complète désertion. Mais il faut bien voir que cette concurrence joue indifféremment dans les phases de repli ou de progrès démographiques d'ensemble. En fait, la croissance ou la diminution du nombre total des hommes paraît exercer une influence fort restreinte en comparaison d'autres facteurs. D'ordinaire, pour que les familles paysannes aient pu vaincre les routines et tout ce qui les attachait à l'habitat ancestral, aient enfin décidé d'abandonner un village, il fallut que les modifications de l'économie rurale aient tout à fait – et généralement de longue date car les résistances de mentalité sont fort puissantes – dépouillé son site de ses anciens avantages, l'aient placé en état de flagrante infériorité par rapport à d'autres emplacements. Ainsi, le retrait de l'agriculture, les progrès de l'économie pastorale dans la période de jonction entre l'Antiquité et le Moyen Âge avaient fait, en Italie, préférer des

sites de collines à bien des sites de plaines ; quelques siècles plus tard un retournement inverse du système agraire devait provoquer un inverse transfert. Mais, dans l'économie rurale, la production n'est pas tout. Comptent aussi et pour beaucoup le poids du pouvoir, ses pressions, les ponctions qu'il opère. Ce qui fait que certains villages furent abandonnés parce que le seigneur avait largement payé le prix d'un exode et d'un nouvel établissement, ou parce que ses agents poussaient plus loin qu'ailleurs l'exploitation fiscale des familles. Les désavantages du statut juridique ont ainsi pu, souvent, outrepasser les avantages qu'offrait le site pour la production ou l'écoulement des denrées. Quelquefois enfin, des villageois furent expulsés par la seule puissance expansive du grand domaine conquérant.

L'extension ou la résorption de l'habitat rural intercalaire, le gonflement, l'anémie ou la disparition d'un village, sont évidemment des faits d'histoire démographique. Toutefois, ce n'est pas seulement parce qu'ils sont plus ou moins nombreux que les paysans se groupent ou se dispersent de telle ou telle manière sur un territoire campagnard. Depuis quelques années les historiens ont entrepris de dénombrer les familles paysannes. Il faut les convier à observer également, et de très près, leurs migrations et leur répartition dans le terroir. Ce qui exige alors une attention précise aux données locales de l'économie, de l'économie de la seigneurie plus encore sans doute que de celle du village.

5

LE PROBLÈME DES TECHNIQUES AGRICOLES [1]

L'essor de l'Europe médiévale, toutes les manifestations d'exubérance qui apparaissent dans une vive lumière après l'an mil, la montée démographique, la renaissance des villes et des échanges, l'affermissement de l'ordre politique, aussi bien que la floraison culturelle, procèdent incontestablement, pour reprendre une expression de Fernand Braudel, d'une « réussite agricole ». Car ce pays était auparavant exclusivement rural ; les traditions alimentaires y imposaient de produire avant tout des grains. Tout le progrès fut par conséquent poussé en avant, sans nul doute, par un accroissement de cette production céréalière. Malheureusement, ce premier départ est tout à fait obscur. D'abord parce qu'il se situe aux niveaux les plus humbles de l'activité humaine, dans une zone qui laisse ordinairement peu de vestiges et qui pratiquement échappe, à toutes les époques, aux curiosités de l'historien. Mais aussi parce que ce progrès s'est produit entre le VIIIe et le Xe siècle, en un temps très barbare pour lequel la documentation est des plus indigentes. Il serait de premier intérêt de connaître quel était, à ce moment, le niveau des techniques agricoles. Or cette question capitale est presque entièrement insoluble. Comme l'indique le titre donné à mon intervention, je me propose seulement de poser le problème, de le cerner et d'en préciser brièvement les données.

L'espace et le temps où s'inscrivent ces remarques – je me limiterai à l'Europe carolingienne entre le XIIIe et le Xe siècle – furent par bonheur le lieu d'une première renaissance culturelle. C'est pourquoi nous ne sommes pas entière-

1. Bibliographie [50].

ment démunis de textes utiles. La rénovation de l'État, dont les rois francs furent les artisans, impliquait en effet un effort pour réintroduire l'usage de l'écriture dans l'administration, et notamment dans l'administration des grandes fortunes foncières, celle du souverain lui-même, celle aussi des grands établissements religieux dont il se sentait responsable. En fait, un certain nombre de documents furent alors rédigés et ils n'ont pas tous disparu. Les sources écrites demeurent toutefois, quant aux questions que nous nous posons, d'un intérêt limité. Elles sont d'abord très clairsemées et s'égrènent sur un peu moins d'une centaine d'années, entre le début du IXe et le début du Xe siècle. Les plus explicites, d'autre part, proviennent toutes des seules régions où l'action carolingienne fut réellement efficace, c'est-à-dire des pays d'entre la Loire et le Rhin, du sud et de l'ouest de la Germanie, et enfin de la Lombardie. En outre, elles ne concernent jamais qu'un secteur très privilégié de l'agriculture, de très vastes entreprises seigneuriales, gérées de manière exceptionnellement rationnelle par des hommes cultivés qui vraisemblablement appliquaient à leur terre les méthodes les plus évoluées. Ces textes, enfin, sont presque tous des inventaires. Ils révèlent la physionomie d'une exploitation, telle qu'un certain jour elle apparut aux yeux d'enquêteurs envoyés pour la décrire ; or, ces hommes avaient pour mission d'enregistrer l'*état* des biens, meubles et immeubles ; on n'attendait pas d'eux qu'ils dressassent un bilan ni qu'ils missent en évidence le sens d'une évolution. Images statiques donc, isolées les unes des autres et qui ne jettent que quelques traits de lumière très discontinus. Les techniques agricoles n'y sont jamais décrites pour elles-mêmes ; on ne peut en découvrir jamais qu'un reflet, fragmentaire et flou, celui qui avait pu s'imprimer dans la structure de l'une ou l'autre de ces grandes seigneuries rurales.

Certes, l'histoire des techniques ne se construit pas seulement avec des textes, et l'on peut même dire que la relation écrite n'apporte jamais sur le travail humain qu'un témoignage partiel. Rien ne saurait remplacer, lorsqu'il s'agit des techniques paysannes, l'observation directe de l'outillage et celle du paysage agraire, c'est-à-dire de l'espace naturel aménagé par l'effort des hommes. L'archéologie doit donc être appelée en renfort et peut efficacement contribuer à étendre et à compléter l'enseignement de l'écrit. C'est ici qu'il faut déplorer le net retard de la recherche archéologique ; elle est beaucoup moins poussée dans la partie carolingienne de l'Europe, l'Allemagne mise à part, qu'elle ne l'est en Angleterre, en Scandinavie ou dans les pays de l'Est. Sur les outils de cette époque, les fouilles n'ont pratiquement rien appris, et l'on ne peut rien attendre de précis de l'exploitation du matériel iconographique. Il s'avère, d'autre part, que reconstruire en palimpseste à partir de l'aspect présent des campagnes le paysage rural carolingien est une entreprise fort hasardeuse. La toponymie, et surtout la microtoponymie, ont subi depuis lors de telles altérations que la strate des VIIIe-Xe siècles se trouve, la plupart du temps, inaccessible. On pourrait attendre davantage d'un recours systématique à la génétique botanique, mais, en dehors encore de l'Allemagne, on peut dire que, dans l'espace géographique qui nous occupe, les recherches de ce genre n'ont pratiquement pas commencé. Ces considérations désabusées font pressentir le caractère conjectural et, la plupart du temps, négatif des remarques que je vous livrerai maintenant.

*

De toute évidence, le problème des techniques agricoles ne peut être abordé valablement qu'à l'intérieur d'un ensemble plus vaste, du système agraire tout entier, c'est-à-dire du complexe cohérent de pratiques que toute communauté rurale applique au terroir dont elle attend sa nourriture. Le champ de céréales n'est en effet jamais qu'un élément du paysage, et, selon qu'il en constitue un élément majeur ou un élément marginal, ni les méthodes de sa culture, ni même sa fertilité ne sont exactement les mêmes. Il importe donc de partir d'une première interrogation. Quelle place occupait alors l'agriculture dans l'économie rurale ? Autrement dit, quelle était la part respective du *saltus*, de la nature vierge, et de l'*ager*, de l'espace cultivé, dans le paysage agraire ? Pour y répondre, deux voies s'offrent à la recherche. On peut s'efforcer de délimiter l'importance relative des grains dans la production paysanne, et par conséquent dans l'alimentation humaine ; on peut essayer de reconstituer la structure ancienne du terroir. Mais ces deux voies ne conduisent jamais qu'à des résultats partiels et décevants.

1. En effet, les seules données précises dont l'historien dispose pour savoir comment se nourrissaient les hommes des temps carolingiens lui sont fournies par les règlements intérieurs des monastères. On y voit que l'usage de la viande était strictement limité et que le pain formait dans les cloîtres la nourriture fondamentale. Ces dispositions expliquent que l'exploitation de la terre monastique, la seule à peu près qui soit connue par les documents écrits, apparaisse résolument orientée vers la production des céréales. Mais l'on doit considérer que les abbayes constituaient un milieu très particulier, où le régime alimentaire était fixé par une règle et, en quelque sorte, ritualisé. Et l'on ne saurait en déduire qu'en dehors des communautés monastiques tous les hommes se nourrissaient semblablement, ni que les régisseurs des grands domaines laïcs n'attendaient pas des ressources beaucoup plus importantes de la forêt ou du pâturage.

En fait, les très rares textes qui décrivent des domaines laïcs attestent le rôle considérable que pouvait tenir ici l'exploitation de la végétation naturelle. On a remarqué que le capitulaire *De Villis*, recueil de directives à l'usage des régisseurs des seigneuries royales, s'occupe relativement peu de l'agriculture et qu'il s'occupe bien davantage de l'élevage et de la protection des bois, que les administrateurs du fisc avaient mission de défendre contre l'extension des cultures. Domaine royal, Annapes apparaît comme une vaste exploitation pastorale et, parmi les réserves de nourriture que les enquêteurs y ont inventoriées, les porcs fumés et les fromages occupaient, semble-t-il, une place sensiblement plus large que les stocks de grains. Se dessine ainsi, au moins dans le nord de l'Europe carolingienne, un premier contraste entre les grandes entreprises gérées pour des seigneurs laïcs et celles qui relevaient des moines.

2. L'archéologie des terroirs révèle d'autres contrastes qui, ceux-ci, sont géographiques. La plupart des données qu'elle fournit aujourd'hui proviennent, à vrai dire, des régions voisines de la mer du Nord, l'Allemagne du Nord-Ouest et les Pays-Bas. On entrevoit ici que l'espace aménagé pour la culture était fort restreint et que les hommes tiraient de la forêt, du taillis, des pâturages et du marécage, par la cueillette, la chasse et l'élevage, de très importants compléments de nourriture ; et les fouilles, d'autre part, attestent également l'importance de l'alimentation carnée. Hors de cette zone géographique, qui correspondait en fait à la partie la plus primitive, la moins évoluée du monde carolingien, on voit à vrai dire beaucoup moins clair. Plus au sud, il existait certainement aussi des régions où la culture des céréales se disséminait en champs de dimensions restreintes dispersés au milieu d'un vaste espace laissé inculte ; c'était le cas, par exemple, à Nully, aux frontières du Perche, dans le plus occidental des domaines de l'abbaye de Saint-Germain-des-Prés. Et si l'on considère les provinces qui, depuis l'époque romaine, avaient été toujours vouées à la production des blés, il n'est pas interdit d'émettre à leur propos l'hypothèse d'un certain retrait de l'agriculture. On peut la fonder notamment sur les déplacements de l'habitat rural ; dans les pays les plus proches de la Méditerranée, comme la Provence, l'abandon des sites de plaine pour des sites de hauteur paraît bien résulter d'une modification du système agraire, de l'extension de l'activité pastorale aux dépens de la culture céréalière, et peut être également tenu pour corrélatif à une évolution conjointe du régime alimentaire, à l'extension de la consommation de la viande, dont témoigne l'analyse des résidus de nourriture découverts sur les rares emplacements de villages qui ont été fouillés. Cependant, dans l'ensemble de l'Europe carolingienne, l'image très imparfaite que l'on peut construire sur les données de la toponymie rend plausible l'hypothèse d'une implantation de l'agriculture nettement moins restreinte

que dans les seuls pays du Nord-Ouest : il existait en Île-de-France de très vastes clairières agricoles ; dans le Mâconnais, la très forte densité de l'habitat rural implique que l'aire cultivée l'emportait nettement sur les espaces incultes.

3. Au demeurant, on peut s'arrêter à deux conclusions sûres. Il est évident, d'abord, que partout l'élevage avait sa place dans l'exploitation rurale. Toutefois une place plus ou moins grande, et j'ajoute tout de suite ces deux restrictions importantes : il s'agit partout essentiellement de l'élevage du petit bétail et spécialement du porc ; donc d'un élevage sauvage, de forêt et de plein vent, et non pas d'étable. D'autre part, les documents écrits (ils concernent tous des domaines relevant d'établissements monastiques, et ceci restreint la portée de leur enseignement) donnent à penser que, hors de la portion la plus septentrionale de l'Europe carolingienne, les étables étaient fort peu garnies dans les plus vastes entreprises céréalières, et qu'elles l'étaient assurément trop peu pour assurer un heureux équilibre agropastoral. J'emprunte deux exemples à l'inventaire de la fortune de l'abbaye de Santa Giulia de Brescia : dans la *curtis* de Canella, quatre bœufs seulement à l'étable, alors que l'on semait quatre-vingt-dix muids de grains sur les champs de la réserve ; six bœufs et quatre vaches à Porzano, où la terre arable du maître s'étendait sans doute sur quelque 70 hectares. Cette déficience en gros bétail me paraît fondamentale dans la plus grande partie de l'Europe carolingienne, et je me réserve d'y revenir tout à l'heure.

Mais, deuxième conclusion sûre, il est non moins évident que partout l'on cultivait aussi des céréales, non seulement sur la terre des seigneurs, non seulement sur la terre des moines. À Annapes, dans une zone de prédominance pastorale, les installations destinées à la préparation du grain placées par le maître à la disposition des paysans d'alentour, les moulins et les brasseries, procuraient chaque année de très grosses quantités de blé, prélevées sur les usagers : plus de mille cinq cents muids, c'est-à-dire autant ou presque qu'il en était semé en automne sur la terre domaniale. On ignore le taux du prélèvement et le nombre des foyers paysans qui le subissaient. Mais l'importance du profit assure que la population rurale, même dans cette région très retardée, très pastorale, fondait en partie au moins son alimentation sur le pain et la cervoise, et qu'elle récoltait pour cela des céréales – des céréales diverses : beaucoup moins de froment que, selon les contrées, d'épeautre, d'orge ou même de mil. Mais partout des champs établis sur les sols légers, les moins rebelles à la culture. Et, sur ce point les textes sont formels, partout des champs permanents.

*

Or, qui dit champs permanents entend la nécessité d'appliquer à la terre des techniques aptes à en renouveler périodiquement la fertilité. Dans le système agraire traditionnel des campagnes européennes, ce but était atteint par l'usage conjoint de trois procédés : d'une part, l'institution d'une rotation des cultures laissant des temps de repos au sol cultivé, restituant celui-ci momentanément, par la jachère, à la végétation naturelle ; l'apport du fumier d'autre part ; enfin, le labour. Qu'en était-il à l'époque qui nous occupe ? Je me suis assez longuement étendu sur cette question dans un autre ouvrage, et je me contenterai de brèves observations.

1. Le premier aspect du problème concerne la jachère et sa situation dans le cycle des cultures. Les inventaires des grands domaines carolingiens évaluent parfois la quantité des différents grains récoltés et semés sur la terre de maître, et, plus souvent, décrivent les prestations en céréales exigées des tenures ; ils indiquent d'autre part comment les services en travail effectués par les dépendants sur les champs de la réserve se disposaient dans le cours de l'année. Ces indications permettent d'établir avec certitude qu'une semaille de printemps – en avoine surtout et, accessoirement, en légumineuses – succédait normalement sur les champs seigneuriaux à la semaille d'hiver, de froment, de seigle, d'épeautre ou d'orge. Malheureusement, comme les enquêteurs ne se souciaient que de la part utile du domaine, comme les intéressaient seulement les surfaces ensemencées et les travaux préparatoires qui s'y trouvaient appliqués, il est tout à fait exceptionnel de trouver dans les textes des indications précises sur l'étendue de la jachère. Certes, l'inventaire des domaines de l'abbaye de Saint-Amand atteste avec clarté que les champs de la terre *indominicata* étaient répartis en trois portions égales, l'une cultivée en blés d'hiver, l'autre en blés de printemps, la troisième laissée au repos. Ici, l'emploi d'une rotation triennale, qui ne laissait chaque année improductif que le tiers de l'espace arable, est assuré. Cet emploi est probable également sur un certain nombre de domaines du centre du Bassin parisien où les corvées s'organisaient en fonction de deux « saisons » équilibrées, l'une d'« hivernage », l'autre de « trémois ». Mais ailleurs, et dans la plupart des cas, on discerne, dans les évaluations de récolte et de semailles, un net déséquilibre entre les deux catégories de céréales ; rarement les blés de printemps l'emportent, d'ordinaire ils ne constituent qu'une part très marginale de la production. Il faut donc considérer que la semaille de printemps n'était souvent répandue que sur une portion seulement de la terre précédemment cultivée en blés d'hiver, laissant le reste au repos total, et que, par conséquent, la jachère s'étendait normalement sur plus d'un tiers des labours. Les documents de l'abbaye flamande de Saint-Pierre-au-Mont-Blandin montrent que les champs n'étaient ensemencés qu'un an sur trois. Il est permis de supposer que la plu-

part des agriculteurs de ce temps sentaient la nécessité de ménager de très longs repos à la terre. La faim les tenaillait : ils laissaient pourtant en friche une partie importante de l'espace cultivé.

Pendant ces périodes de repos, les champs étaient-ils livrés à la libre pâture du bétail ? La question est importante, car le parcours du troupeau concourt efficacement à reconstituer la fertilité du sol. Pour la partie nord de l'Europe carolingienne, c'est-à-dire pour les régions où l'activité pastorale occupait la plus grande place dans l'économie des campagnes, différents textes, les inventaires du domaine, mais aussi les prescriptions des lois, font allusion à ces barrières temporaires, dressées autour des champs dès la première pousse des blés, puis abattues après la moisson, à ces signes que l'on élevait sur les champs ensemencés pour en interdire l'accès au bétail. Ces dispositions prouvent que les bêtes normalement étaient lâchées sur les chaumes et y demeuraient tant que le champ restait en jachère. Mais de telles indications manquent dans les documents qui concernent les autres provinces. Faut-il en déduire que l'*ager* était ici plus strictement isolé du *saltus* et que les jachères n'étaient pas pâturées ? L'eussent-elles été que, dans ces pays plus agricoles, l'insuffisance de l'élevage du gros bétail, que j'ai signalée tout à l'heure, eût fortement limité l'apport d'engrais naturel que la terre pouvait recevoir de cette manière. Dans la plupart des cas, on peut donc penser que la période de repos était à elle seule impuissante à reconstituer valablement la fécondité du sol. Il importait donc de nourrir celui-ci d'autre façon.

2. Dans l'ensemble, les sources écrites contiennent fort peu d'allusions à la fumure. Sans doute, l'inventaire des biens de l'abbaye bavaroise de Staffelsee mentionne-t-il que certaines tenures étaient astreintes à répandre chaque année du fumier sur la terre du maître. Mais quatre seulement des manses dépendant du domaine se trouvaient chargés d'un tel service, et chacun ne devait pas fumer plus d'un journal des champs de la terre *indominicata*, laquelle s'étendait sur 740 journaux : ce n'était donc guère plus de 0,5 pour 100 des labours seigneuriaux qui, chaque année, recevait sous cette forme de l'engrais. L'apport apparaît donc dérisoire, et ceci tient encore à la rareté du gros bétail. Le souci majeur, celui de nourrir les hommes, faisait réserver les meilleures terres aux grains, restreignait étroitement l'étendue des prés de fauche et, dans les campagnes les plus évoluées, sur les domaines les plus fermement orientés vers la production des céréales, limitait strictement le nombre des animaux que l'on pouvait alimenter de fourrage à l'étable et qui produisaient du fumier. La plupart des insuffisances de l'agriculture de ce temps me paraissent découler de là.

3. Le procédé essentiel, pour revigorer la fertilité des champs permanents, consistait donc, dans ces conditions, à en retourner la terre avant la semence,

à les labourer. Dans les exploitations où les techniques agricoles semblent les plus avancées, dans les grands domaines monastiques du Bassin parisien, on pratiquait trois fois dans l'année cet acte régénérateur ; deux labours préparaient la semaille d'hiver, après la longue jachère, un troisième précédait la semaille des blés de printemps. *Arare*, ce terme utilisé par les rédacteurs des inventaires, indique que ce travail s'effectuait à l'aide d'un instrument tracté. Toutefois, de la structure de celui-ci, on ignore à peu près tout. Les textes le nomment soit *aratrum*, soit *carruca*, mais ce dernier vocable signifie seulement d'une manière certaine qu'il avait des roues. Le soc dont il était muni ouvrait-il seulement la terre ? Ou bien, de structure dissymétrique, parvenait-il à la retourner, renforçant ainsi de manière fondamentale la valeur agronomique du labour ? Les documents iconographiques ne permettent aucune réponse à cette question capitale. On m'a montré, sur certains chantiers de fouilles de l'Europe orientale, des socs de fer datant vraisemblablement du xe siècle, mais qui étaient symétriques ; les archéologues néerlandais ont trouvé aussi des socs de fer, qu'ils ne peuvent dater précisément ; ils sont eux aussi symétriques, et l'on ne peut dire s'ils armaient des charrues ou des houes ; enfin on ignore la forme des socs métalliques que certains tenanciers lombards devaient livrer à leurs seigneurs. Quant aux instruments aratoires dont parlent les inventaires dans les pays d'entre Loire et Rhin, me fondant sur des arguments que je ne reprendrai pas ici, j'ai cru pouvoir démontrer que, vraisemblablement, c'étaient des outils de bois, donc à peu près sûrement symétriques. Dans les meilleurs des cas sans doute, la terre carolingienne était donc labourée par des outils qu'il faut techniquement définir comme des *araires*. Munis d'avant-trains, ceux-ci permettaient parfois, certes, de creuser des sillons profonds ; mais impuissants à retourner véritablement le sol, ils ne contribuaient qu'imparfaitement à le régénérer. Ce qui nécessitait sans doute d'envoyer périodiquement sur les champs, pour renforcer le labourage, des travailleurs manuels, armés d'outils à bras. C'était, je pense, de cette manière, à la main, à la houe, que les dépendants de l'abbaye de Werden devaient, une fois par an, défoncer une certaine étendue des champs seigneuriaux, avant le passage de l'araire. On peut croire que les si lourds services de bras imposés aux tenanciers carolingiens s'appliquaient ainsi aux champs de céréales, par un véritable jardinage, dû, lui, à la nécessité de compléter de temps à autre un labourage trop peu efficace.

Mal outillée, insuffisamment associée à l'élevage, l'agriculture de ce temps était donc très extensive ; elle exigeait pour la jachère de vastes espaces libres, et elle absorbait une main-d'œuvre surabondante, dans des campagnes qui pourtant paraissent alors fort peu peuplées, et qui d'ailleurs l'étaient fort peu sans doute pour cette raison même. J'ajouterai que l'agriculture était aussi fort peu productive, et je poserai en dernier lieu le problème des rendements. On ne trouve, dans les textes de cette époque, et d'ailleurs de la plus grande partie du Moyen Âge, qu'un seul moyen de les évaluer : comparer l'estimation des récoltes de l'année précédente, lorsque les enquêteurs l'ont enregistrée, à l'estimation de la semaille pour la future récolte, lorsque le document la mentionne aussi. La méthode est imparfaite car elle ne livre jamais le produit réel d'un ensemencement. On sait, d'autre part, qu'une seule des sources de cette époque fournit sur ce point des indications numériques : l'inventaire du domaine royal dont Annapes était le centre ; en outre, les chiffres donnés par cette source unique demeurent d'interprétation très conjecturale. Ces taux sont extraordinairement bas : dans la cour d'Annapes, de l'épeautre récolté aux moissons précédentes, 54 pour 100 des grains furent semés, du froment 60 pour 100, de l'orge 62 pour 100, du seigle 100 pour 100, et qui répond à des rendements respectifs de 1,8, 1,7, 1,6 et 1 pour 1 ; toutefois, certains rendements étaient plus élevés dans d'autres domaines du même ensemble seigneurial et s'élevaient parfois, pour l'orge, jusqu'à 2,2 pour 100. Ce document indique par ailleurs que, dans la *curtis* d'Annapes, où le surplus des blés d'hiver de la présente campagne, après les prélèvements pour la nouvelle semaille, ne dépassait pas 1 340 muids, il restait cependant encore dans les greniers, amassés pendant l'année agricole qui avait précédé l'enquête, des quantités considérables d'orge et d'épeautre : 1 180 muids. Ce qui incite à supposer qu'il pouvait exister des écarts importants, d'une année à l'autre, dans le taux des rendements. Telles sont les données du seul document explicite. Même si l'on tient l'interprétation de ces chiffres pour sujette à caution (et l'on a beaucoup de raisons de le faire), même si l'année de l'inventaire avait été à Annapes exceptionnellement mauvaise, ces taux de rendements, qui se situent entre 1,6 et 2,2 pour 1, semblent bien s'accorder à quelques autres indices, très fugitifs, que l'on peut glaner, çà et là, dans les sources écrites du IXe siècle. J'alléguerai deux de ces indices : dans tel domaine, dépendant de l'abbaye de Santa Giulia de Brescia, les enquêteurs n'avaient en fait trouvé, en 905-906, que 51 muids au grenier, alors qu'on en avait semé normalement 98. D'ailleurs, pour couvrir sa consommation de grains, qui s'élevait à 6 600 muids, ce monastère en faisait semer chaque année 9 000 sur sa terre, et les hommes responsables de l'économie domestique n'attendaient pas, par conséquent, des champs domaniaux un rapport supérieur à 1,7 pour 1. Seconde indication convergente : l'organisation de la corvée de battage dans la seigneurie de Maisons, dépendant de Saint-Germain-des-Prés, prouve que, de ce domaine, où l'on semait 650 muids de blé, les moines comptaient tirer normalement une livraison de 400 muids ; c'est-à-dire qu'ils espéraient encore un rapport net voisin de 1,6 pour 1. Il est certain que les grands possesseurs fonciers de l'époque carolingienne fondaient leur prévision de récolte sur ce fait d'expérience : le rendement de la terre cultivée était extrêmement bas. Et voilà bien l'origine de cette peur de manquer, de cette hantise de la disette, que je sais gré à M. Cipolla d'avoir désignée comme le trait majeur de ce que l'on pourrait appeler la mentalité économique de cette époque.

*

Je reviendrai, pour conclure, à mon point de départ. J'ai dit que l'essor de l'Europe du XIe siècle était le fait d'une « réussite agricole ». Or, que révèlent les sources du IXe siècle, sinon une emprise très précaire des hommes sur le sol cultivé, sinon des techniques très primitives et inefficaces ? Où sont, dès lors, les prémices de la réussite ? Où sont même les signes de progrès ? Telles allusions, fort rares en vérité, dans les inventaires, à de récents essartages ; tel passage d'un édit, promulgué en 864 par Charles le Chauve, qui suggère que, dans les campagnes de la France occidentale, la pratique du marnage s'était introduite au début du siècle. Rien de plus. Cependant, on doit remarquer que les documents écrits au Xe siècle, bien que beaucoup moins nombreux et plus secs, contiennent des indices plus évidents d'une hausse de la productivité. Dans les inventaires établis à cette époque, on peut discerner en effet, d'une part, que les tenures se sont fragmentées, qu'elles apparaissent désormais divisées entre plusieurs ménages et que, par conséquent, une famille de dépendants était censée tirer sa subsistance d'une moindre étendue de terre arable. On voit d'autre part que les corvées s'étaient fort amenuisées, ce qui permet deux hypothèses : ou bien la superficie de la réserve domaniale s'était elle-même réduite, mais alors c'était que ses champs étaient, eux aussi, devenus plus productifs, ou bien le travail de chaque corvéable avait gagné en efficacité. Toutefois on ne trouve rien non plus dans les textes du Xe siècle qui permette d'estimer les rendements, ni de percevoir sur quels perfectionnements techniques pouvait reposer l'intensification probable de la productivité.

À mon sens, il n'est qu'un moyen, dans l'indigence documentaire où nous sommes, de dissiper un peu cette obscurité, c'est de comparer aux écrits carolingiens les premiers inventaires de même type que l'on conserve pour l'Europe continentale, lesquels datent du XIIe siècle. Et, à titre d'exemple, je proposerai un essai de comparaison, me fondant sur la description de dix exploitations agricoles proches de l'abbaye de Cluny, qui firent l'objet d'une enquête aux alentours de 1150. La confrontation fait apparaître deux points d'intérêt capital. D'une part, les services en travail des dépendants étaient devenus au XIIe siècle incomparablement plus légers qu'au IXᵉ et même qu'au Xᵉ siècle ; ils consistaient essentiellement en quelques corvées de labour, les corvées manuelles ayant pratiquement disparu. D'autre part, et surtout, les rendements paraissent nettement moins bas. Le document que j'évoque fournit pour six exploitations l'évaluation conjointe des semailles et des moissons. Dans trois d'entre ces domaines, le rapport se situe entre 2 et 2,5 pour 1, c'est-à-dire à peine plus haut que dans les exploitations satellites du fisc d'Annapes ; mais dans deux autres, le rapport atteint entre 4 et 5 ; dans la sixième, il monte jusqu'à 6 pour 1. Par rapport aux vagues indices carolingiens, la hausse est donc sensible ; elle est aussi fort inégale ; mais même modeste, elle a bouleversé les conditions de vie dans les campagnes, car passer d'un rendement moyen de 2,5 pour 1 à 4 pour 1, c'est, en fait, doubler le surplus de la récolte, c'est produire avec moitié moins de terre et de travail autant de denrées alimentaires. Or, le même texte montre que, pourtant, la plupart des pratiques agricoles n'avaient pas changé par rapport à l'époque carolingienne. Point de modifications sensibles quant à la rotation des cultures : un cycle triennal était bien en vigueur dans deux domaines clunisiens, mais dans sept autres la semaille de printemps était, comme jadis sur les seigneuries carolingiennes, beaucoup plus réduite que celle d'hiver, et la jachère, par conséquent, plus prolongée ; elle durait un an sur deux dans la dixième exploitation. Point de changement notable en ce qui concerne le travail de la terre : dans un seul domaine, la jachère était labourée trois fois au lieu de deux avant l'ensemencement d'automne. Enfin rien ne laisse supposer un renforcement de l'apport d'engrais : aucune allusion non plus à la fumure, et les exploitations monastiques modèles du IXᵉ siècle. Je ne vois donc, pour ma part, qu'une hypothèse pour expliquer l'élévation du rapport de la terre : l'outil majeur – j'entends par là la charrue elle-même et les forces animales qui l'entraînaient – s'était amélioré. Par l'emploi d'un meilleur procédé d'attelage, par une plus grande vigueur des bêtes de trait – plus probablement par une modification fondamentale de l'instrument aratoire, par l'adoption d'un soc à versoir, fabriqué par l'un de ces forgerons que certains textes montrent alors au travail dans la région de Cluny. Simple hypothèse, et fragile. Mais j'invite une fois de plus, en terminant, à scruter attentivement toutes les sources des Xᵉ, XIᵉ et XIIᵉ siècles – époque sans doute d'une rénovation profonde en Europe des techniques agricoles – à la recherche des indices qui permettront peut-être un jour de fonder plus solidement cette supposition.

6

LE MONACHISME ET L'ÉCONOMIE RURALE [1]

Pour mettre en place ces quelques considérations générales sur les liens que l'on peut discerner entre l'institution monastique et l'activité rurale, je me suis permis deux libertés. Celle, d'abord, de concentrer la plupart de mes observations sur l'espace français, et ceci pour deux raisons : d'une part, je connais mieux cette région de la chrétienté ; d'autre part, c'est dans l'espace français que les sources les plus expressives me paraissent être le plus nombreuses. En second lieu, j'ai choisi d'opérer un léger décalage par rapport au cadre chronologique fixé à ce colloque, et de proposer une période commençant aux alentours de 1075 et se prolongeant en revanche jusque vers le milieu du XIIe siècle. Un tel décalage s'explique aisément. C'est celui-là même qui sépare de fait la chronologie de la réforme monastique et celle des retentissements de cette réforme sur les phénomènes économiques. Mon choix permet en effet, me semble-t-il, de mettre successivement en évidence, tout d'abord, un modèle de gestion économique, transmis par une longue tradition et encore communément appliqué dans les monastères d'Occident en 1075 –, puis la remise en cause dont ce modèle fut l'objet à partir de cette date sous la pression à la fois de l'esprit de réforme et d'une modification générale et lente du climat économique –, de montrer enfin les premières conséquences de cette remise en cause sur la vie même de l'institution monastique.

1. Bibliographie [83].

Pour décider de la *dispositio rei familiaris* – je reprends à dessein le langage de l'abbé de Cluny, Pierre le Vénérable [1] –, pour établir l'ordonnance de l'économie domestique, c'est-à-dire pour fixer son attitude à l'égard de la vie agricole, le monachisme occidental disposait d'un guide, d'un texte, celui de la règle de saint Benoît ; toutefois, au cours des âges, des interprétations avaient été données de ce texte, notamment par le capitulaire monastique de 816, afin d'en adapter l'esprit aux besoins d'une société et d'un milieu économique qui depuis le VIe siècle s'étaient sensiblement modifiés. De ces interprétations devenues coutumières, de ces « usages », les plus respectés, à l'époque que j'ai prise pour point de départ, ceux aussi qui sont le plus clairement attestés par les textes, étaient suivis dans le monastère de Cluny, dont je propose donc de faire ici l'un des champs privilégiés de notre observation. Ces règlements montrent immédiatement un premier fait, fondamental, et qui doit être à la base de toute interprétation économique du monachisme : c'est d'abord et surtout en codifiant les *besoins* de la communauté que les pratiques traditionnelles commandent la position des maisons monastiques au sein de l'économie rurale.

Une coutume fort ancienne répartissait ces besoins en deux catégories : d'une part, les besoins alimentaires, *victus* ; d'autre part, les besoins, disons, d'équipement, *vestitus*. Vis-à-vis de ces deux catégories les comportements économiques étaient, depuis le IXe siècle au moins, nettement différents, traditionnellement, institutionnellement, je dirais même rituellement (car, à l'égard de la consommation des biens matériels, l'attitude monastique est véritablement rituelle). Les nécessités du vestiaire, c'est-à-dire de l'équipement, devaient être normalement satisfaites par l'achat, c'est-à-dire par le recours à l'instrument monétaire, et donc par l'entremise du *camerarius*, percepteur et gardien des ressources en numéraire de la maison. En revanche, le domaine des victuailles se reliait, lui, à la mise en valeur, à l'exploitation directe des forces productives détenues par la famille monastique : le *cellerarius*, percepteur et gardien des fruits de la terre, procurait à la communauté, pour sa subsistance, les produits d'une entreprise agricole [2]. L'insertion du monastère au sein de l'économie rurale se situait donc très exactement au niveau des besoins alimentaires et dépendait par conséquent de ce que prescrivait à propos de ceux-ci la Règle et ses interprétations.

1. Sur les attitudes de Pierre le Vénérable à l'égard de l'économie, *cf.* chap. 8, et G. DUBY, « Un inventaire des profits de la seigneurie clunisienne à la mort de Pierre le Vénérable », *Petrus Venerabilis*, Rome, 1956, p. 128-140, *cf.* chap. 9.

2. Institution à Bobbio de deux *ministeria*, la chambre et le cellier, dès 834-836. *Cf.* E. LESNE, *Histoire de la propriété ecclésiastique en France*, t. VI, *Les Églises et les monastères, centres d'accueil, d'exploitation et de peuplement*, Lille, 1943, p. 251, 327 et 59 ; A.-E. VERHULST et J. SEMMLER, « Les statuts d'Adalhard de Corbie de l'an 882 », *Le Moyen Âge*, n° 68, 1962, p. 91-123, 233-269.

En ses chapitres 39 et 40, la règle bénédictine gouverne strictement (*constituta annona*, lit-on au chapitre 31) la nourriture et la boisson des moines ; elle fixe, selon les périodes du calendrier liturgique, le nombre des repas, la nature des denrées que l'on y sert, enfin leur quantité (en fonction cependant d'unités de mesure dont la valeur n'était pas restée stable ni conforme dans le monde chrétien, ce qui laissait sur ce point le champ libre à des précisions réglementaires et à de foisonnantes controverses). Disons brièvement que la Règle refuse formellement à tous les frères, sauf aux malades et aux faibles, la viande des quadrupèdes (encore que, pour des raisons impérieuses d'approvisionnement, il ait bien fallu autoriser au temps de Louis le Pieux de substituer la graisse animale à l'huile pour les assaisonnements) et qu'elle adjoint aux herbes, aux racines et aux légumineuses, fondement de l'alimentation aux temps primitifs du monachisme, le pain et le vin. Ajoutons enfin que les moines ne sont pas dans l'abbaye les seuls consommateurs, que le cellérier doit aussi nourrir « les malades, les enfants, les hôtes et les pauvres », que ces bouches supplémentaires sont parfois fort nombreuses (à Cluny au milieu du XIIe siècle, leur ravitaillement quotidien en céréales équivalait à celui des frères, à condition encore qu'un afflux exceptionnel de visiteurs ne vînt pas gonfler outre mesure les besoins de l'hôtellerie [1]), mais que les usages et les statuts avaient également ritualisé, et parfois dans les moindres détails, le régime alimentaire de cette population annexe et mouvante, ainsi que des serviteurs entretenus dans la maison [2]. Par là, la consommation des fruits de la terre se trouvait tout entière réglée ; il appartenait au cellérier de dresser un plan de distribution des vivres [3] ; planifiée de la sorte, l'économie domestique de chaque monastère s'organisait donc en fonction d'une demande, laquelle n'était point libre, mais régie par des coutumes rigoureuses. À cette demande, comment était-il répondu ?

Tous les établissements monastiques d'Occident possédaient de la terre. D'une manière très générale, le flot des donations pieuses avait accru ces patrimoines fonciers à tel point que, d'une part, il n'était point apparu jusqu'alors dangereux pour la satisfaction des besoins matériels de soustraire à cette fortune surabondante de quoi gagner les faveurs de l'aristocratie laïque par des concessions quasi gratuites en précaire ou en bénéfice, et que, d'autre part, la communauté se trouvait suffisamment pourvue de terres en plein rapport pour n'avoir

1. *Recueil des chartes de Cluny*, éd. A. Bernard et A. Bruel, t. V, n° 4143 (1155 env.).

2. Ainsi, les statuts d'Adalhard de Corbie établissent-ils, aux chapitres IV et V, la ration des pauvres ; vers 1080, selon le coutumier d'Ulrich (III, 11), l'abbaye de Cluny partageait, à Carêmentrant, 250 porcs salés entre 16 000 *pauperes*.

3. L. Levillain, « Les statuts d'Adalhard », *Le Moyen Âge*, n° 14, 1900, p. 378-382.

nul besoin de créer aux dépens des friches des champs nouveaux. L'image des moines défricheurs ne me paraît nullement convenir aux pays français en 1075. Des revenus de ces biens-fonds, une partie était de longue date affectée au *vestitus*, donc à l'office du chambrier. Ce qui impliquait pour une partie de la fortune foncière des modes de gestion susceptibles de faire parvenir au monastère non point des produits en nature, mais du numéraire. Les règles de la consommation obligeaient donc l'institution monastique – et c'est là une première constatation que je crois importante – à stimuler, au voisinage d'une portion au moins de son patrimoine, la commercialisation des denrées agricoles, soit en négociant ses propres récoltes, soit en exigeant de l'argent des exploitants ou des concessionnaires de sa terre, c'est-à-dire en les contraignant par là à vendre eux-mêmes. On saisit là le rôle que joua le monachisme, aux moments de pire contraction de l'économie rurale européenne, dans le soutien de la circulation monétaire.

Quant à la part des biens fonciers qui se trouvait affectée au *victus*, trois catégories de remarques peuvent intervenir à son propos.

1. Les principes de la consommation, c'est-à-dire le rituel alimentaire, vouaient ces terres à produire certaines denrées et commandaient par conséquent le système agraire qui leur était appliqué. Restreignant l'usage de la viande, ils réduisaient naturellement la part des activités pastorales ; ils incitaient en revanche à développer coûte que coûte la viticulture ; ils faisaient du jardin et du verger, d'où l'on tirait la substance des *pulmentaria* prescrits par la Règle, des éléments majeurs de la production ; ils plaçaient enfin au premier plan la culture des céréales panifiables. On peut se demander si, de cette façon, l'institution monastique n'a pas exercé une autre influence fondamentale sur l'évolution de l'économie rurale européenne : elle proposait en effet, sur les terres de son domaine direct, elle imposait, sur les terres exploitées par ses tenanciers, un modèle de production qui différait peut-être en bien des régions, qui dans certaines parties de l'Angleterre et de la Germanie différait sûrement, des pratiques indigènes et primitives de mise en valeur, mais qui fut peu à peu imité de proche en proche.

2. Mes secondes remarques touchent aux procédés d'exploitation appliqués à la portion du patrimoine foncier pourvoyeur de nourriture. La Règle et les usages n'interviennent plus ici au niveau de la consommation, mais à celui de la production. Le problème, autrement dit, est celui de la participation des moines au travail de la terre. Au chapitre 48, la règle de saint Benoît prescrit, on le sait, contre l'*otiositas*, « ennemie de l'âme », une activité manuelle quotidienne. À vrai dire, ce texte n'entend point par là imposer aux frères de retourner de leur main la terre de leurs champs. En effet, il considère seulement que

parfois les moines peuvent y être contraints par les circonstances, il croit bon alors de les exhorter à la patience, c'est-à-dire à supporter une peine physique tenue pour exceptionnelle, voire scandaleuse. Ajoutons un autre témoignage, celui du chapitre 66, qui traite de l'office du portier et qui insiste sur la nécessité de circonscrire l'activité des moines à l'intérieur de la clôture. Le texte cite à l'occasion les instruments de travail qui doivent se trouver là à cet effet, et qui constituaient le champ d'activité manuelle normal de la communauté ; de quoi s'agit-il ? Du moulin, du pétrin, du jardin. Travailleurs, les fils de saint Benoît ne participent donc pas normalement au labeur agricole, sinon par le jardinage ; leur tâche principale est de préparer la nourriture, non de la produire. Toutes les interprétations ultérieures de la règle accentuèrent d'ailleurs le détachement à l'égard de la terre. L'esprit de Benoît d'Aniane fit admettre que les moines devaient s'abstenir des gros travaux « pour l'honneur du sacerdoce » et étendre en compensation l'office liturgique. Peu à peu l'*opus manuum* fut restreint aux besognes de la cuisine, et même, dès 822 à Corbie, les religieux se déchargeaient des moins nobles de ces besognes sur des serviteurs laïcs[1]. Aussi, vers 1080, à qui l'interrogeait sur les travaux qu'il avait vu de ses yeux accomplir à Cluny par les moines, Ulrich, le rédacteur des coutumes, pouvait répondre (I, 30) : « Écosser les fèves, désherber le jardin, pétrir le pain. » Activités que l'on peut qualifier de symboliques. Un fait est clair : les moines du XIe siècle ne sont pas des agriculteurs. Dès le temps de Louis le Pieux, leurs prédécesseurs, qui faisaient bêcher leur jardin par des tenanciers corvéables ou par des tâcherons salariés, ne l'étaient pas davantage[2]. Une tradition séculaire, qu'est venue renforcer au lendemain de l'an mil la large diffusion de la théorie des trois ordres, les engage, tout comme les spécialistes de la guerre, à attendre du travail d'autrui leur nourriture, c'est-à-dire à vivre en seigneurs, à imposer aux tenanciers des redevances périodiques, à employer sur leurs terres en faire-valoir direct des esclaves domestiques, des corvéables ou des mercenaires.

3. Troisième point, et qui se relie directement à l'ensemble des remarques précédentes : il n'existe pas de centre d'exploitation agricole dans la proximité immédiate des établissements monastiques, lesquels d'ailleurs sont pour la plupart urbains ou, en 1075, en voie de s'urbaniser par la rapide expansion du bourg qui se développe à leur porte[3]. Les terres nourricières se situent donc à

1. *Ibid.*, p. 368.
2. *Ibid.*, p. 360-361.
3. L'absence de tout élément de production rurale proche, à l'exception du jardin, est attestée pour Corbie en 822 (*cf.* VERHULST et SEMMLER, *op. cit.*, p. 120) et pour Cluny au milieu du XIIe siècle (*cf.* DUBY, « Un inventaire... », *op. cit.*, p. 130 [ci-dessous p. 1343]).

distance. Aux alentours de Cluny, elles sont organisées en une quinzaine d'unités domaniales, placées chacune sous la surveillance d'un moine délégué, le *decanus* ; au cours d'une tournée annuelle, le grand prieur contrôle chacune de ces entreprises de production [1] ; de leur rapport, le tiers est réservé pour les besoins propres du domaine – j'indique au passage que la même proportion se trouvait déjà prescrite par le capitulaire *De Villis* ; le reste doit assurer l'approvisionnement de la maison et être conduit vers ses greniers. Remarquons bien cependant que l'économie du monastère est une économie de consommation, établie en fonction non point de la production mais de besoins déterminés à l'avance. La communauté se préoccupe donc, non point de développer indéfiniment le rapport de chaque domaine, mais de le maintenir à un niveau tel que les denrées agricoles lui parviennent chaque année en suffisance, compte tenu des calamités climatiques et des aléas de la production. Dans cette perspective, l'une des fonctions primordiales des administrateurs monastiques est d'abord d'établir une équitable répartition des charges entre les diverses unités de production, adaptant à la capacité de celles-ci le volume et la nature des fournitures. Très généralement, un système de roulement est institué, chaque domaine à tour de rôle devant assurer pendant une période de l'année le ravitaillement complet du monastère : ce que les documents appellent *mesaticum* ou *mesagium*. De telles méthodes, qui répondent à une économie planifiée au niveau des besoins, ont conduit naturellement, et notamment dans les abbayes anglaises, à l'affermage des domaines ruraux [2].

Remarquons d'autre part que la communauté monastique est astreinte à la stabilité et ne peut, comme le font les princes ou les évêques, se transporter sur place pour consommer les fruits de sa terre ; il faut l'approvisionner. Cette nécessité, le souci, en particulier, de réduire des transports difficiles et coûteux, incita à recourir également, dans cette part de l'économie domestique, à l'instrument monétaire. La règle de saint Benoît ne proscrivait pas en effet l'usage du numéraire ; au contraire, elle la réglementait ; et les instructions économiques de l'époque carolingienne, dont l'influence fut très grande sur les coutumiers monastiques, prévoyaient normalement l'emploi de l'argent. On s'accoutuma donc, dans les domaines ruraux affectés au service du réfectoire, à vendre une portion des récoltes pour, avec les deniers recueillis par ce négoce, acheter,

1. Témoignage d'Ulrich dans ses coutumes, III, 5.

2. Pour plus de détails, *cf.* G. Duby, *L'Économie rurale et la vie des campagnes dans l'Occident médiéval*, Paris, 1962, p. 390-394 [ci-dessus p. 847-851].

dans le voisinage du monastère, certains biens de consommation [1]. Ainsi, l'administration du *vestitus* n'était pas seule à favoriser la commercialisation des produits de la terre monastique. Parce qu'ils se déchargeaient du travail manuel sur des salariés, parce qu'ils tiraient leur nourriture d'exploitations rurales éloignées, les moines bénédictins, depuis le XIe siècle au moins, se trouvaient les promoteurs d'une économie d'échanges fondés sur l'usage du numéraire.

*

Dans le dernier quart du XIe siècle, le modèle dont je viens de présenter un schéma très simplifié fut l'objet d'une transformation, et d'abord sous la pression de l'évolution économique. Je pense que l'on peut, dans celle-ci, situer une flexion importante aux alentours de 1075 : à ce moment, la multiplication des échanges, l'accélération de la circulation monétaire commencent à s'insinuer jusqu'au fond des campagnes ; à ce moment aussi, le premier essor de la production agraire permet aux aristocrates de hausser notablement leur train de vie. Dans les abbayes bénédictines, ces conditions nouvelles amenèrent le comportement à l'égard des biens matériels à se déformer insensiblement. Qu'apprennent, sur l'orientation de ces changements, les documents qu'a laissés l'abbaye de Cluny ?

Dès 1080, les coutumes recueillies par Ulrich attestent d'abord, semble-t-il, une inclination vers une existence moins frugale, une tendance à laisser, tout comme dans les demeures de l'aristocratie laïque, s'élever les dépenses de l'écurie et de la table. Sans que soient transgressées les injonctions fondamentales de la Règle, un certain luxe s'est introduit dans le régime alimentaire des moines [2]. Incontestablement d'autre part, l'accroissement de la consommation se trouve favorisé par le fait que le monastère clunisien recueille dès ce moment des quantités de numéraires beaucoup plus importantes que naguère, et dont certaines lui parviennent de fort loin ; il perçoit en particulier des cens en deniers versés par les maisons de l'ordre ; des aumônes régulières lui viennent aussi des princes, et notamment des souverains de la Castille, qui ont institué en sa faveur une très grosse rente annuelle en or. Cet afflux de métaux précieux exalte l'office du chambrier par rapport à celui du cellérier et tend à modifier de ce fait les

1. Ventes et achats à l'époque carolingienne, F.-L. GANSHOF, *La Belgique carolingienne*, Bruxelles, 1958, p. 115-116 ; L. LEVILLAIN, « Les statuts... », *op. cit.*, p. 373, 375, 384. À Cluny, fin XIe et début du XIIe siècle : Ulrich, III, 11 : « *De his autem villis que tam longe sunt posite ut nec vinum nec annona que ibi nascitur possit ad nos pervenire ibidem venditur et precium camerario defertur* » ; *Recueil des chartes... op. cit.*, n.s. 3790 et 4143.

2. *Coutumes d'Ulrich*, I, 49 ; II, 35 ; III, 18. *Cf.* G. DE VALOUS, *Le Monachisme clunisien des origines au XVe siècle*, Ligugé, 1935.

relations de la communauté avec l'agriculture. Sans doute ne peut-on dire que le domaine soit négligé : on sait par exemple que, vers 1090, le cellérier s'efforça d'acquérir pièce à pièce tout un finage, en expulsa les exploitants paysans et put ainsi créer, affecté au ravitaillement des réfectoires, un nouveau centre d'exploitation directe[1] ; on perçoit également de la part des administrateurs en temporel, entre 1095 et 1120, un effort soutenu pour faire rendre gorge aux ministériaux, aux prévôts des divers doyennés dont l'activité parasite frustrait l'abbaye d'une portion notable des profits de sa terre[2]. Mais cependant l'habitude se prenait peu à peu, dans un climat d'aisance et de décontraction économique, de traiter du *victus* comme jadis du seul *vestitus*, c'est-à-dire de développer les opérations commerciales que le modèle ancien impliquait, mais maintenait marginales, et de faire finalement dépendre l'approvisionnement domestique beaucoup moins des ressources en nature que des ressources en argent. « Il arrive fréquemment, dit le coutumier d'Ulrich, que de toutes les ressources annuelles nous n'ayons rien pour les subsistances, sinon ce que l'on achète avec des deniers[3]. » Un fait est significatif : en 1077, l'énorme rente en métal précieux versée par les rois espagnols (on peut en estimer la valeur à quelque cent mille deniers de la monnaie clunisienne), d'abord affectée au vestiaire, fut transférée à l'achat de céréales[4]. Le mouvement s'accentua dans les années suivantes : Pierre le Vénérable affirme que, vers 1120, on dépensait pour le vin et pour le pain plus de deux cent quarante mille deniers[5]. Ce qui signifie tout simplement que la distance s'était démesurément élargie entre la vie des moines et l'activité agricole.

Tandis que cette évolution se développait dans le milieu clunisien, le modèle primitif se trouvait, d'autre part, non point seulement transformé de l'intérieur, mais, cette fois, contesté de l'extérieur par les réformateurs du monachisme. De la part de certains, il s'agissait d'une contestation globale. Cette aile radicale – plaçons ici, en particulier, les chartreux ou les moines de Grandmont – se reliait étroitement au mouvement érémitique ; elle proposait, d'une part, la retraite au désert ; elle exhortait, d'autre part, à une austérité alimentaire qui entendait retourner, par-delà saint Benoît, au régime des anciens pères, qui refusait le vin et qui, si elle n'excluait pas le pain, n'admettait pour sa confection que les céréales les plus viles[6]. De telles options modifiaient sur deux points

1. *Recueil des chartes... op. cit.*, n.s. 3034, 3036, 3642, 3759.
2. *Ibid.*, n.s. 3666, 3685, 3951, 4147.
3. *Coutumier*, III, 11.
4. *Recueil des chartes..., op. cit.*, n° 3509.
5. *Ibid.*, n° 4143.
6. Sur le régime alimentaire des chartreux, *cf.* Pierre le Vénérable, *De Miraculis*, II, 28.

l'insertion de la communauté monastique dans la vie rurale : elles suscitaient le défrichement, puisque les moines, partant s'établir au milieu des espaces incultes, devaient créer de toutes pièces leur terroir nourricier ; elles retranchaient la viticulture du système agraire et étendaient la part du jardinage aux dépens de celle du champ. En revanche, ce type de réforme ne considérait pas que les moines pussent être des travailleurs agricoles ; il prévoyait, bien au contraire, que leur existence serait assurée par le labeur d'autrui. Non point, à vrai dire, celui de paysans, serfs ou tenanciers, puisque la communauté devait résolument rompre avec le monde. L'entretien du groupe monastique incomberait à des religieux de seconde zone que leur inculture rendait inaptes à la prière et à la méditation, les *conversi*. Cette attitude des réformismes les plus rigoureux à l'égard du travail manuel montre qu'ils ne pouvaient s'abstraire d'une double exigence, imposée par l'ambiance culturelle. L'une intérieure au monachisme : des tendances très anciennes rapprochaient l'office du moine et le sacerdoce, exigeaient donc que le moine fût instruit ; or la réforme elle-même excluait maintenant de l'abbaye l'école et interdisait d'accueillir les oblations d'enfants ; les convertis adultes, qui n'avaient pas préalablement reçu l'instruction indispensable, devaient donc être cantonnés dans l'accomplissement de besognes matérielles. L'autre exigence venait du siècle et n'en était pas moins souveraine : à l'époque où nous sommes placés, la morale aristocratique se raidissait, elle condamnait le labeur des mains comme indigne et dégradant, elle dressait une barrière infranchissable entre les travailleurs et les autres, elle instituait cette ségrégation avec tant de puissance que les statuts de la Chartreuse, par exemple, tout tendus qu'ils fussent vers l'abstinence et l'humilité, prévoyaient deux sortes de pains, l'un « plus beau » pour les moines, l'autre pour les convers [1].

Quant à la contestation qui vint de Cîteaux, elle fut partielle. Elle entendait seulement réagir contre les déviations qu'elle jugeait abusives et revenir à la lettre de la règle bénédictine. Elle ne mettait par conséquent en cause ni la possession foncière, ni le maniement de l'argent. Mais, parce que la séduction de l'ascétisme et de l'érémitisme l'animait elle aussi, elle modifia finalement, dans le même sens que les options cartusiennes et grandimontines, les rapports entre la condition monastique et la vie rurale. Point n'est besoin de rappeler les invectives de saint Bernard contre les raffinements culinaires de Cluny. Refus de tout luxe alimentaire : du pain d'avoine, d'orge ou de mil ; des feuilles de fèves accommodées sans huile, des pois et des vesces le jour même de Pâques [2]. Fuite au désert, donc défri-

1. *Statuta Guidonis*, cqC. 32.
2. P.L., 66, 624 et 630. *Cf.* H. d'Arbois de Jubainville, *De la nourriture des cisterciens et principalement à Clairvaux, au* XII*e et au* XIII*e siècle*, Bibliothèque de l'École des chartes, 29, 1868.

chement, encore que, semble-t-il, bien des abbayes cisterciennes – c'est le cas par exemple de La Ferté, première fille de Cîteaux – se soient établies sur l'emplacement d'anciens ermitages, c'est-à-dire en des sites où l'attaque des bois et des marécages était déjà largement commencée [1]. Recours exclusif enfin au faire-valoir direct, puisqu'il n'est question, dans le texte de la règle de saint Benoît que l'on entendait suivre à la lettre, ni de dîmes, ni de corvées, ni de serfs. Toutefois, les coutumes cisterciennes s'engagèrent plus avant sur un point, celui du travail manuel. Cîteaux répartit bien ses frères, comme la Chartreuse et Grandmont, en fonction de l'éducation qu'ils avaient reçue avant leur entrée au monastère (c'est-à-dire de leur origine sociale) entre deux catégories aux fonctions économiques distinctes, les convers et les moines de chœur. Mais lisant au chapitre 48 de la Règle qu'« ils sont vraiment moines s'ils vivent du travail de leurs mains, comme nos pères et les apôtres », Cîteaux rétablit le contact direct, immédiat, physique de tous ses religieux avec la terre. Sur les initiales ornées des *Moralia in Job* de la bibliothèque de Dijon, ce sont effectivement des moines qui manient la hache de l'essarteur et la faucille des moissons.

*

Ainsi, au début du XIIe siècle (disons, reprenant la limite chronologique choisie pour ce colloque, en 1122) s'affrontaient dans le monachisme occidental deux systèmes nettement antagonistes. L'un d'eux, le clunisien, où l'agriculture était devenue véritablement extérieure – et je reprends à dessein le mot *exteriora*, qui dans le vocabulaire monastique de ce temps s'appliquait à ce qui relève de l'économie monétaire. L'autre, disons le cistercien, où la mise en valeur du patrimoine foncier était vraiment redevenue le fait de la communauté et où, sans l'aide de quiconque, moines et convers tiraient de leur terre, à la sueur de leur front, leur nourriture. Encore faut-il, en quelques mots, esquisser ce qu'il advint, dans le fil du courant réformiste et sous la pression des nécessités économiques, de ces deux systèmes.

Le premier était doublement vulnérable. Il prêtait le flanc aux critiques condamnant, dans l'institution monastique, trop de complaisance à l'égard du luxe ; il s'était aussi imprudemment aventuré dans la voie d'une économie monétaire qui supposait pour être poursuivie sans dommages, au sein d'un développement général des échanges générateur d'une dépréciation lente des espèces monétaires, un accroissement continu des revenus en argent. À Cluny même, la désagrégation de l'ordre, les débuts d'une désaffection de la part du

1. G. Duby, *Recueil des pancartes de l'abbaye de la Ferté-sur-Grosne*.

peuple fidèle qui commençait de détourner le flot de ses aumônes vers d'autres fondations religieuses (Pierre le Vénérable écrivit son livre *Des Merveilles* en partie pour conjurer ce péril) déterminèrent la stagnation, sinon le fléchissement de ces ressources[1]. L'approvisionnement de la maison devint difficile après 1120. Pendant tout son abbatiat, Pierre le Vénérable dut faire front, tentant à la fois de désarmer les attaques cisterciennes et d'assainir l'économie domestique. Son effort fut, non point d'innover, mais, en définitive, de revenir autant qu'il était possible au modèle primitif. Les statuts qu'il édicta réfrénèrent quelque peu l'inclination au luxe alimentaire qu'avait favorisé l'aisance du temps de saint Hugues. Il resserra les liens, devenus si lâches, entre le ravitaillement et l'exploitation du patrimoine foncier ; il tâtonna longtemps pour rectifier le *mesaticum* de telle sorte que les services de fourniture fussent accordés à la production des doyennés ruraux ; pour accroître celle-ci, il encouragea la restauration du faire-valoir direct[2], l'extension et le meilleur équipement de la réserve domaniale ; la crise de la sorte retentit directement sur le paysage rural aux alentours du monastère, et notamment par le développement de la viticulture. Pierre le Vénérable, cependant, ne suivit pas Cîteaux et ne fit rien pour que les moines clunisiens s'adonnent aux travaux champêtres. Il condamna à l'intérieur du cloître l'emploi de serviteurs salariés[3] ; il mit au travail les *conversi barbati*, les convertis sans formation intellectuelle – ceci, non pas pour des motifs économiques, mais pour lutter, comme le voulait saint Benoît, contre les dangers de l'oisiveté, puisque ces hommes, sauf ceux très peu nombreux qui savaient lire, dormaient ou perdaient leur temps tout le jour[4]. Notons bien toutefois qu'il ne les employa jamais qu'à des besognes internes et domestiques, qu'il ne les envoya ni dans les bois, ni dans les vignes, ni dans les champs. Le labeur des convers fut bien loin de prendre à Cluny l'ampleur qu'on lui connaît dans d'autres congrégations, notamment à Hirsau. Ajoutons enfin que toutes ces mesures se révélèrent finalement inefficaces, que la production domaniale ne fut pas stimulée au point de couvrir les besoins, que Pierre le Vénérable dut recourir à l'emprunt et que finalement l'économie clunisienne s'enfonça dans un endettement permanent qui ne favorisa pas le rayonnement spirituel de la congrégation. Celle-ci souffrit doublement de son insertion imparfaite dans l'économie nouvelle.

Considérons maintenant le monachisme réformé et, plus précisément, cister-

1. *Cf.* chap. 8.

2. Notons que Suger, à Saint-Denis, adopta les mêmes recettes et qu'en revanche, dans bien des abbayes anglaises, les aménagements portèrent sur le système de la ferme (*cf.* Duby, *L'Économie rurale..., op. cit.*, p. 394).

3. Pierre le Vénérable, *Statuta*, XXIV.

4. *Ibid.*, LXXXIX.

cien. Celui-ci se trouva après 1120 devant un autre problème, lequel était en profondeur beaucoup plus grave. Le modèle d'activité temporelle que proposait la réforme, bien que fondé sur la stricte lecture de la règle de saint Benoît, se révélait, lui, au contraire, trop bien ajusté aux conditions économiques du XIe siècle. À l'époque où – les enquêtes menées vers 1155 sur l'ordre de Pierre le Vénérable dans les domaines de Cluny le prouvent clairement [1] – les redevances paysannes rapportaient fort peu, où les corvées disparaissaient progressivement, où le recours à des salariés agricoles réduisait notablement la marge de profits de l'exploitation directe, refuser l'emploi de la tenure, disposer en la personne des convers d'une main-d'œuvre gratuite, enthousiaste et pour l'instant surabondante, plaçait les entreprises agricoles cisterciennes dans une situation privilégiée. D'autre part, l'intention ascétique en elle-même, qui refusait de décorer le sanctuaire, interdisait l'accumulation de richesses non productives et condamnait en particulier la possession d'un trésor d'ornement précieux. Seul le capital foncier pouvait s'accroître. Suger raconte que des monastères cisterciens lui vendirent des pierres précieuses, reçues en aumône des comtes de Champagne, mais qu'ils ne se sentaient pas en droit de conserver. L'argent provenant de telles ventes fut vraisemblablement investi dans l'achat de terres et permit l'accroissement de la fortune domaniale. Par un retour étrange, la vocation d'ascétisme favorisait ainsi l'extension d'exploitations rurales hautement productives. Enfin, l'établissement dans les solitudes incultes et le choix d'un système de culture de type sylvo-pastoral accentuaient encore ces avantages économiques en un temps où les progrès de la civilisation matérielle conféraient plus de valeur marchande à des productions qui n'étaient pas celles des vignes ou des champs de céréales, mais celles des pâtures et des bois, à la laine, la viande, le bois d'œuvre, les cendres, le charbon de bois. Comme les moines de Cîteaux ne trouvaient dans le texte de la règle bénédictine aucune interdiction de vendre, qu'ils y lisaient au contraire l'autorisation formelle d'échanger les surplus de la production domestique contre des deniers, ils s'avancèrent donc très rapidement vers la prospérité monétaire. Et cette prospérité ne tarda guère à contraster, de manière scandaleuse aux yeux du monde, avec la profonde austérité de leur vie. Méditons, pour conclure, sur ce fait apparemment paradoxal : les effets économiques de la réforme monastique préparèrent à long terme la condamnation même du monachisme, dans ses formes rénovées aussi bien que dans ses formes traditionnelles, par l'hérésie d'abord, puis par les ordres mendiants.

---

1. Duby, « Un inventaire... », *op. cit.* [ci-dessous p. 1342-1357].

7

LES CHANOINES RÉGULIERS ET LA VIE ÉCONOMIQUE DES XIe ET XIIe SIÈCLES [1]

Rechercher les rapports entre ce grand fait d'histoire religieuse qu'est le mouvement canonial et la vie économique des XIe et XIIe siècles est une tâche périlleuse. D'abord parce qu'il importe de laisser aux aspirations proprement spirituelles leur autonomie, et l'historien spécialisé dans les enquêtes économiques et sociales doit se garder de donner aux infrastructures une importance et une fonction qu'elles n'ont peut-être pas eues. Ensuite et surtout, parce que les études préalables, les recherches de détails, les monographies qui pourraient servir de support solide aux conjectures et aux vues d'ensemble font presque absolument défaut. À l'inverse des communautés de moines, les chapitres réformés n'ont pratiquement pas été, pour l'époque qui nous intéresse, l'objet d'études économiques approfondies. Ce rapport ne sera donc pas la mise au point, le bilan de résultats acquis, mais bien davantage un programme de recherches, un plan de travail, un ensemble de propositions, d'interrogations, d'hypothèses. Je ne me dissimule ni le vague, ni l'insécurité de ces considérations trop générales. Mais la discussion, je l'espère, permettra de les préciser et de les rectifier sur plus d'un point.

Je pense qu'il faut distinguer au départ deux champs d'investigation. D'une part, l'examen des questions particulières d'adaptation économique que posa dans chaque chapitre l'adoption de la régularité : quels aménagements, quelles

1. Bibliographie [37].

modifications de la gestion du patrimoine commun provoqua-t-elle ? Autant de problèmes que je me propose de considérer dans la deuxième partie de mon exposé. Dans la première partie je poserai une interrogation plus générale. Peut-on discerner des liens entre la multiplication des communautés de chanoines réguliers et les changements qui, à la même époque, ont affecté, dans la chrétienté occidentale, le milieu économique et social ?

Il est évident que le mouvement canonial, ce pullulement de collégiales nouvelles, n'est qu'une des formes de la nouvelle jeunesse qui saisit au XIe et au XIIe siècle l'ensemble de la civilisation occidentale, du bouillonnement, du renouvellement de toutes les structures – et il semble bien se développer au rythme même de l'expansion économique. Certaines concordances paraissent particulièrement significatives : le moment où le mouvement paraît se déclencher au tournant de l'an mil est aussi celui où se manifestent les premiers indices d'expansion ; la période de plus grande intensité de la réforme canoniale coïncide entre 1070 et 1125 avec la première et décisive ouverture de l'économie rurale dans l'ensemble de l'Europe, l'accélération de la circulation monétaire, la nouvelle animation des routes, une brusque croissance urbaine ; enfin les deux dernières décennies du XIIe siècle, où se produit un peu partout une remise en ordre des formules de la vie commune, sont à la charnière des deux âges féodaux, à l'orée d'une époque où la ville, en France au moins, commence à tenir décidément dans l'évolution de la civilisation le rôle prépondérant.

Dans ces perspectives très larges, on peut donc tout de suite considérer que, d'une part, l'aspiration à la pauvreté, qui est à la source de la réforme des chapitres, s'est trouvée stimulée par les bouleversements de l'économie, par le passage de la stabilité campagnarde à la mobilité des fortunes marchandes, par l'importance nouvelle de l'argent, la lente et insidieuse pénétration de l'idée de lucre, et relier, d'autre part, la restauration et la multiplication des chapitres à la renaissance urbaine. Mais il faut voir ces phénomènes de plus près et pour cela, je crois nécessaire d'examiner successivement deux points : la réforme des chapitres existants et la création de communautés nouvelles.

1. La réforme, on le sait, est une mise en question des coutumes instituées à l'époque carolingienne, et plus précisément de la règle d'Aix ; ce besoin de rénovation s'inscrit donc au milieu du XIe siècle dans le grand mouvement de réaction contre les structures religieuses carolingiennes, par référence à des usages plus proches des origines chrétiennes, à l'Église primitive, à la *Vita apostolica*. Mais il convient de bien marquer combien la règle d'Aix se trouvait parfaitement adaptée aux structures économiques et sociales du « premier âge féodal » (pour adopter l'expression de Marc Bloch, qui est commode). Adaptée d'abord

à une économie foncièrement terrienne et agricole : l'atténuation de la vie commune, le partage de la fortune collective en parts attribuées à chacun des membres, en prébendes, répondaient au cloisonnement naturel d'un monde ruralisé. Chaque fragment du temporel, chaque *obedientia* se trouvait placée sous la direction directe d'un chanoine qui s'en considérait comme le seigneur, qui l'administrait aidé de ses propres domestiques, des hommes bien à lui et fidèles, qui réglait lui-même les conflits avec les seigneurs concurrents, par le plaid, voire par les armes. Réponse à la nécessité d'un contact physique entre le chef et la paysannerie ; solution au problème difficile des transports de richesses ; suppression des très coûteux intermédiaires, intendants ou fermiers. Mais adaptation aussi à une société dominée par l'aristocratie militaire et rurale. Les concessions à l'individualisme, la possibilité de vivre à part dans sa propre maison du cloître à l'intérieur de l'immunité restreinte, avaient grandement facilité l'entrée dans les chapitres cathédraux régis par la règle d'Aix des fils des grandes familles du diocèse. Ceux-ci, tout en récoltant pour leurs frères et leurs cousins les bénéfices de la prière collective, continuaient d'être seigneurs et cavaliers, et chasseurs et soldats, ils continuaient à participer à la fortune du lignage. Transmise d'oncle à neveu et accrue par la libéralité de ses titulaires successifs aux dépens de l'alleu familial, la prébende n'était au fond qu'une annexe de cet alleu, et cette participation des principales familles chevaleresques au patrimoine capitulaire était comme la matérialisation du lien spirituel entre l'aristocratie des environs de la cité et la cathédrale. Elle assurait l'équilibre entre la seigneurie de l'Église et celle des laïcs, facilitait les donations pieuses et la sauvegarde du patrimoine ecclésiastique. Ces considérations permettent, je crois, de comprendre que les chapitres cathédraux soient restés généralement fidèles à la règle d'Aix dans les pays rhénans, l'Allemagne de l'Ouest, la France du Nord et du Centre jusqu'à Lyon, dont l'organisation du chapitre est typique de celle que je viens de décrire – c'est-à-dire dans la partie de la chrétienté la plus profondément marquée par l'empreinte carolingienne, où la constitution plus précoce d'une mense canoniale particulière rendait le chapitre plus indépendant de l'évêque –, mais surtout dans la région par excellence de la féodalité rurale, dans les pays où la ségrégation entre la population urbaine et la noblesse demeura nette jusqu'en plein XIIIe siècle, où, avant ce moment, les fils des plus riches bourgeois ne pénétraient pas dans les chapitres cathédraux.

En revanche, le succès de la réforme, le retour à la stricte vie commune, la renonciation à la possession individuelle furent peut-être favorisés dans d'autres régions par des conditions économiques et sociales différentes. D'abord par un nouvel aménagement interne de la mense capitulaire – mais, comme je l'ai annoncé, je me réserve d'examiner cet aspect dans la deuxième partie de cet exposé. Favorisé surtout par un milieu social moins exclusivement dominé par une aristocratie militaire et rurale. Il est remarquable que les provinces où la vie commune fut précocement introduite dans les chapitres cathédraux, le nord de l'Italie, l'Espagne, l'Aquitaine, la Provence, les pays alpins, sont précisément celles où la noblesse résidait communément dans les cités, s'y trouvait plus étroitement mêlée aux élites non chevaleresques, participait aux activités économiques proprement urbaines, disposait d'une fortune plus mobile, moins strictement attachée à l'exploitation directe de la terre. Des recherches locales menées dans les villes où la documentation est la moins parcimonieuse, étudiant de près les milieux où se recrutèrent les chanoines réguliers, confrontant les progrès de la réforme au peu qu'il est possible de connaître de l'évolution économique, de l'essor du négoce et de la circulation monétaire, montreraient peut-être que l'aspiration à la vie commune et à la pauvreté trouva un terrain plus propice dans les milieux plus libérés de l'économie foncière, plus pénétrés par les préoccupations mercantiles. Des recherches de ce genre sont en cours en Italie. Ailleurs, certaines concordances chronologiques sont significatives. Ainsi à Arles : première réforme du chapitre en 1032, c'est-à-dire au moment où s'amorce la renaissance commerciale ; installation de la règle de saint Augustin en 1191, au seuil de la grande phase de prospérité urbaine et de liberté communale. Il existe là incontestablement des liaisons dont l'étude systématique ne saurait manquer d'être féconde. J'ajouterai que, dans les cités du Nord, où le chapitre cathédral, entièrement tenu par la noblesse féodale, a résisté à la réforme, celle-ci s'est souvent introduite dans un chapitre marginal, dans une collégiale du bourg neuf, en rapport beaucoup plus étroit avec la société bourgeoise. Ainsi à Mâcon au XIIe siècle : les chanoines de la cathédrale Saint-Vincent sont des fils de chevaliers nantis de prébendes proches de leurs alleux familiaux dont elles sont comme les annexes, mais la vie commune est en pratique dans la collégiale Saint-Pierre, paroisse du bourg neuf où les gens de la ville, les artisans et les marchands se font ensevelir, et qu'ils enrichissent de leurs aumônes en numéraire.

2. De la réforme des chapitres anciens, passons à l'autre aspect du mouvement de rénovation, la création de communautés régulières nouvelles. Entre ce fait et les tendances de l'évolution économique et sociale des XIe et XIIe siècles, les liaisons sont plus évidentes ; je me contenterai d'indiquer les grandes directions où pourraient s'engager des recherches plus approfondies.

a) La multiplication des nouveaux chapitres, l'essaimage des communautés, le succès des fondations nouvelles, de celles en particulier qui groupent autour des clercs des convers laïcs – toute cette brusque expansion de l'ordre canonial dans les décennies qui encadrent l'an 1100 compte parmi les multiples indices de l'essor démographique qui caractérise cette période. Mais il ne serait sans doute pas sans intérêt d'examiner de plus près le phénomène – de voir dans quelle mesure la conversion dans une communauté nouvelle fut pour les familles trop nombreuses (familles nobles, bourgeoises ou paysannes) un moyen de réduire le surpeuplement du patrimoine familial. Comment faisait-on entrer son fils dans la fraternité ? À quel âge ? À quel prix ? En échange de quelle donation initiale ? De telles études de recrutement sont malaisées, elles ne sont pas impossibles. J'en ai jadis tenté une pour un monastère cistercien. Je suis persuadé que, pour les villes du Midi, les documents abondent dans le dernier quart du XIIe siècle.

b) Il semble également, mais l'enquête ici serait plus difficile, que l'on puisse rechercher si les formes nouvelles du mouvement canonial, celles en particulier qui se développent dans les communautés liées à l'érémitisme, ne peuvent être mises en rapport avec des mouvements sociaux plus profonds, ceux en particulier, encore très mal connus, qui affectent les structures familiales. Dans quelle mesure les conversions dans ces chapitres soumis à la vie commune ont-elles été stimulées par le relâchement des solidarités de lignage, relâchement plus précoce, notons-le, dans les milieux urbains et d'autant plus poussé que le patrimoine familial se trouvait plus dégagé de l'économie terrienne ? Dans quelle mesure les fraternités sont-elles apparues comme des refuges, comme des parentés de remplacement pour des individus mal à l'aise au milieu des hommes de leur sang ? Les belles recherches du professeur Ernst Werner sur la question féminine se situent strictement dans ces perspectives ; elles pourraient s'étendre à ces communautés de *sorores conversae* qui furent incluses dans l'ordre de Prémontré.

c) Il serait utile enfin de considérer bien des fondations nouvelles, et surtout les fonctions spécialisées qu'elles ont senti devoir remplir, comme une réponse à certains besoins nouveaux du peuple, nés de l'extension démographique ou du développement de la circulation, qu'il s'agisse de la *cura animarum*, du souci de satisfaire des besoins spirituels de groupes humains plus nombreux ou nouvellement implantés à l'écart des anciens lieux de culte. Dans son admirable exposé, M. Lemarignier assignait essentiellement des causes politiques à la fondation des collégiales castrales. Mais ces créations sont aussi une adaptation des structures religieuses aux conditions sociales nouvelles. Je suis frappé de voir en Provence tant de collégiales créées au milieu du XIe siècle aux lisières des diocèses dans des contrées dont l'équipement liturgique était insuffisant : à Barjols, à Moustier-Sainte-Marie, à Oulx. Besoins nouveaux, ceux que cherchent à satisfaire les communautés de vocations hospitalières. Elles se rattachent à ces formes de piété ouvertes sur l'action charitable qui se développent, semble-t-il (et là encore la passionnante étude reste à faire), d'abord en milieu urbain et bourgeois. Mais surtout elles se fondent en fonction de la nouvelle animation des passages, de ce fait social dont la brusque ampleur remplit cette époque, le voyage. À tel point que leur apparition, leur localisation, leur fortune comptent parmi les plus utiles matériaux d'une histoire de la route.

Il me faut maintenant passer, car je tiens à rester bref, à un autre ordre de questions, c'est-à-dire aux problèmes particuliers de gestion économique qu'a posés l'adoption de la vie commune. Mais, pour voir plus clair, il me faut encore une fois distinguer, d'une part, les chapitres simplement réformés – où il s'est agi de modifier, d'adapter aux exigences de la pauvreté individuelle, des structures anciennes correspondant à la règle d'Aix –, d'autre part, les communautés régies par *l'ordo novus*, les fraternités de tendance érémitique, inspirées par les Pères du désert, qui, refusant la jouissance de revenus seigneuriaux, se vouant à la solitude, à l'ascétisme, au travail manuel, ont adopté un style de vie original. C'est par ces dernières que je commencerai.

1. Dans ces fondations on voit en effet se développer, au cours du XIIe siècle, une forme d'entreprise très particulière : de grosses exploitations rurales, isolées au « désert », c'est-à-dire en terrain en grande partie inculte (je dis en grande partie, car le plus souvent ces exploitations se sont développées autour de petits essarts antérieurement ouverts par des ermites ou des colons paysans), et en tout cas à l'écart des terroirs organisés et des contraintes collectives ; le travail y est fourni par les membres de la « famille », de la fraternité qui, de ce point de vue, se répartissent en deux catégories : les clers, les *canonici* qui ne travaillent qu'à certaines heures dans l'intervalle de la célébration liturgique, les convers laïcs sur qui reposent, au contraire, la mise en valeur du patrimoine foncier, la production de la nourriture, et qui reçoivent leur tâche du *magister laboris*. Structure d'exploitation particulièrement profitable du point de vue économique, car elle avait l'avantage de fournir une solution au problème majeur de l'économie domaniale de ce temps, celui de la main-d'œuvre – problème que, depuis la disparition de l'esclavage, n'avaient pu résoudre ni le servage, ni le système de tenures corvéables, ni l'utilisation, encore très limitée pour des raisons monétaires, du salariat.

C'est par ces avant-gardes érémitiques et pionnières que l'institution des chanoines réguliers s'introduit, le plus profondément sans doute dans le mouvement d'expansion économique de ce temps, par sa participation au grand effort de conquête rurale en France, en Angleterre, en Allemagne surtout, et spécialement dans les provinces germaniques de l'Est, en pays slave. Évoquons le rôle tenu dans la mise en valeur du Brandebourg, de la Poméranie, de la Silésie, par les maisons de Prémontré. Il faudrait d'ailleurs étudier de près l'évolution économique des entreprises de colonisation menées par les chanoines réguliers, et ces recherches préciseraient ce que, en l'état actuel, on entrevoit à peine, c'est-à-dire les transformations fondamentales provoquées dans la seconde moitié du XIIe siècle d'abord par la difficulté de recruter de nouveaux convers, donc de constituer les équipes de travail. (J'indique entre parenthèses que ces difficultés de recrutement posent à elles seules un immense problème : doit-on les mettre en rapport avec un repli démographique, ou bien avec une modification des cadres familiaux, voire avec un progrès des techniques agricoles qui permit aux vieux terroirs d'absorber entièrement le surcroît de main-d'œuvre libéré par la croissance de la population, ou bien seulement avec un changement d'attitude religieuse, une désaffection pour les formes de piété dont la *conversio* représentait l'idéal ? On voit là combien l'histoire des chapitres se rattache étroitement à celle de l'économie, de la société, de la civilisation.) En tout cas, à ce moment, le défaut de main-d'œuvre semble avoir conduit les communautés canoniales, d'une part, à orienter l'exploitation vers l'élevage (celles au moins dont la règle n'interdisait pas, comme à Notre-Dame d'Hérival par exemple, de posséder des animaux [1]), c'est-à-dire, par l'écoulement nécessaire des surplus et spécialement de la laine ou des cuirs, vers l'économie marchande ; d'autre part, à abandonner en grande partie le faire-valoir direct. C'est ce qui se passe en particulier en Allemagne orientale où les chanoines réguliers à la fin du XIIe siècle appliquent à leurs possessions foncières le système de la *locatio*, organisant avec les capitaux fournis par la vente des surplus l'installation de colons tenanciers. Ils offrent à ces pionniers un régime de tenure très avantageux qui réduit à très peu la rente seigneuriale ; le plus clair des profits qu'ils attendent du peuplement leur vient des dîmes et de la perception de taxes ecclésiastiques. Au terme de cette évolution, c'est-à-dire dans le cours du XIIIe siècle, les communautés de régime érémitique se trouvèrent dans une situation économique peu différente de celle des chapitres réformés de l'*ordo antiquus*.

2. Pour ceux-ci, la réaction contre les complaisances de la règle d'Aix envers la possession individuelle, l'adoption de la vie commune stricte, nécessita au XIe et au XIIe siècle un aménagement de l'économie domestique.

a) La réforme, en premier lieu, suppose la consolidation d'une *substantia* suffisamment profitable pour que les membres de la communauté soient, dans le cloître, à l'abri des pénuries et pour que la célébration liturgique se déroule dans un cadre digne d'elle. Elle se trouve, par conséquent, étroitement liée à la reconstitution du temporel, à l'action menée dans la seconde moitié du XIe et au début du XIIe siècle pour dégager les biens d'Église de l'emprise des laïcs,

1. A. GALLI, « Les origines du prieuré d'Hérival », *Revue Mabillon*, 1959, p. 30.

pour récupérer les précaires et les fiefs. Elle fut préparée par le courant d'aumônes dont bénéficièrent, un peu plus tôt, cathédrales et collégiales. En Provence, la réforme des chapitres débute lorsque les fonctions épiscopales échappent aux familles dominantes, lorsque le temporel de la cathédrale gagne son indépendance. Confronter la chronologie des réformes à l'histoire de la propriété ecclésiastique serait une entreprise relativement facile et riche d'enseignements.

b) Encore fallut-il que les revenus du patrimoine aient acquis une certaine souplesse. À la possession de seigneuries foncières administrées directement convenait, je l'ai dit, le système de la prébende. L'institution de la vie commune interdit aux chanoines réguliers de gérer sur place les domaines, exige un transfert régulier vers le cloître de revenus, de préférence stables, donc un système plus perfectionné de liaison entre la terre et son seigneur collectif. Il faudrait examiner si la réforme s'est accompagnée d'un usage plus étendu de la concession à ferme. Il apparaît en tout cas que son installation fut favorisée par l'acquisition ou la récupération d'un grand nombre d'églises paroissiales et de dîmes. Je considère, par exemple, le patrimoine du chapitre cathédral de Nice que l'évêque Pierre voulut en 1108 ramener à la vie communautaire ; il augmente à cet effet la mense capitulaire et lui attribue toute la dîme de Nice, avec les *mortalagia*, les dîmes et mortalages de dix paroisses, la moitié des revenus synodaux, les prémices et les oblations de Nice. De même la collégiale de Pignans au diocèse de Fréjus, réformée selon la règle de saint Augustin, possédait en 1152 trente et une églises avec leurs dîmes. Or, de tels revenus étaient, par arrangement avec le desservant, parmi les plus aisément mobilisables et susceptibles d'être convertis en monnaie. J'ajoute enfin que la vie commune, le ravitaillement du réfectoire et le financement des services spécialisés me paraissent avoir été très facilités par la diffusion, à la fin du XIe et au XIIe siècle, des aumônes funéraires sous forme de fondations de services anniversaires, alimentés par des dons en nature ou en numéraire. La sépulture, la célébration de la liturgie des défunts ont été très souvent dans les villes l'une des principales fonctions sociales des chapitres réguliers, et les revenus qui soldaient ces services, fixes, perpétuels, de perception et d'affectation généralement aisées, ont pu facilement, en particulier par l'organisation des *procurationes*, assurer la subsistance d'une communauté libérée dans son ensemble des soucis d'administration. Je pense que l'étude des obituaires, celle aussi, pour l'extrême fin de la période que nous étudions, des testaments, jetteraient de vives lumières sur cet aspect de la vie économique des chapitres.

c) Ceux-ci, enfin, par vocation devaient, une fois leur entretien matériel assuré, assumer des charges particulières, principalement la célébration liturgique qui engageait aux dépenses de la sacristie et de l'œuvre – mais aussi l'enseignement, donc l'entretien de l'équipe d'écoliers –, enfin l'aumône. L'institution de la régularité s'accompagne souvent de la régularisation des offices spécialisés, pourvus de revenus distincts de ceux affectés à la *mensa canonicorum*. Ainsi, à Arles, l'archevêque Imbert, qui en 1191 avait restauré la régularité et introduit la règle de saint Augustin dans le chapitre, sanctionna quatre ans plus tard une nouvelle répartition des revenus entre sept dignitaires, le sacriste et l'archiprêtre, l'ouvrier, le capiscol, l'infirmier, le vestiaire et l'aumônier, chaque office recevant essentiellement des parts d'oblations et des cens dus par les églises.

d) J'indique pour terminer l'intérêt certain d'études comparatives de la prospérité des différents chapitres réformés, conjointe à celle de l'activité des villes qui les entourent. De telles recherches se relieraient étroitement à l'examen archéologique des constructions conduites par l'œuvre des communautés régulières. Resterait enfin à mesurer la part qui revient à celles-ci des aumônes de la ville et de ses environs, la concurrence qu'elles subissent dans le partage des libéralités pieuses de la part d'autres établissements religieux. À Arles, les premiers testaments bourgeois montrent, par exemple, que les générosités funéraires, dont les chanoines de la cathédrale avaient d'abord reçu la plus grosse part, avaient tendance, dans le premier tiers du XIIIe siècle, à se transporter en partie vers les institutions charitables, à aller aux trinitaires, aux hôpitaux, aux léproseries, puis aux ordres mendiants [1].

Voici donc quelques voies ouvertes. Cette présentation est sèche, et rares sont les références concrètes à des faits déjà repérés. J'aurais préféré pouvoir m'avancer sur un terrain mieux défriché. Mais j'espère que la discussion va permettre, maintenant, de donner à ces considérations quelque peu abstraites la consistance dont elles sont dépourvues.

1. E. ENGELMANN, *Zur städtischen Volksbewegung in Südfrankreich : Kommunefreiheit und Gesellschaft, Arles, 1200-1250*, Berlin, 1959.

8

LE BUDGET DE L'ABBAYE DE CLUNY ENTRE 1080 ET 1155[1] ÉCONOMIE DOMANIALE ET ÉCONOMIE MONÉTAIRE

Dans le cours du XIe siècle, le numéraire circule plus aisément en Europe occidentale. Les seigneurs fonciers commencent à acheter davantage au-dehors et à user plus largement de la monnaie. Mais les modalités et les conséquences de cette évolution restent obscures : très rares sont les documents qui permettent d'observer de près le mouvement de l'argent dans les caisses seigneuriales.

Pourtant, les archives de l'abbaye de Cluny renferment encore un certain nombre de textes rédigés durant le dernier tiers du XIe siècle et la première moitié du XII e qui procurent des renseignements de grand intérêt sur l'économie domestique de cet établissement. Des indications éparses sont d'abord fournies par les deux biographies de l'abbé saint Hugues (1049-1109) et dans les traités et les lettres de l'abbé Pierre le Vénérable (1122-1155)[2]. Les coutumes du monastère, recueillies vers 1080 par le moine Ulric de Zell, secrétaire de saint Hugues[3], et les statuts de réforme promulgués en 1132 par Pierre le Vénérable[4]

1. Bibliographie [4].

2. P. p. Doms MARRIER et DUCHESNE, *Bibliotheca Cluniacensis*, Paris, 1614.

3. *Udalrici Antiquiores Consuetudines* (P.L., 149). Pour la date, G. DE VALOUS, *Le Monachisme clunisien*, t. I, Paris, 1935, p. 20.

4. P.L., 189. – VALOUS, *op. cit.*, les dates de 1132 et Dom J. LECLERCQ, *Pierre le Vénérable*, Saint-Wandrille, 1946, de 1146.

fournissent des données détaillées sur la vie matérielle de la communauté. Dans les cartulaires, les titres des achats, des ventes, des aumônes en numéraires, des emprunts contractés par les moines et des prêts qu'ils ont consentis, apportent des témoignages sur la circulation des deniers et des métaux précieux. Trois fragments de comptes ont été conservés ; deux d'entre eux, dressés aux environs de 1100, établissent, chacun pour une subdivision du domaine monastique, un bilan partiel des revenus en numéraire [1] ; le troisième, un peu plus tardif, récapitule les cens que versaient à la maison mère les filiales provençales de l'ordre de Cluny [2]. Enfin, les informations les plus abondantes proviennent de deux grands actes administratifs du milieu du XIIe siècle. L'un, la *dispositio rei familiaris*, est l'œuvre de Pierre le Vénérable qui fit transcrire en 1148 sur l'un des cartulaires, autant pour justifier son action que pour guider ses successeurs, une relation des efforts qu'il avait déployés depuis son avènement pour assainir l'économie du monastère, et un exposé détaillé de la formule qui, finalement, lui avait semblé la plus efficace [3]. L'autre, la *Constitutio expense cluniaci*, est le résultat d'une enquête générale, destinée à préciser le rapport annuel du patrimoine foncier pour répartir plus équitablement les charges entre les diverses unités domaniales et en améliorer le rendement ; on conserva le rapport des envoyés, qui avaient parcouru les domaines entre les labours d'automne et les semailles de printemps, pour faire dans chaque seigneurie l'inventaire de la réserve, noter le produit des redevances, dénoncer les fautes de gestion. Ce travail, mené sur l'ordre d'Henri de Blois, évêque de Winchester, et (si l'on en croit une tradition bien établie à Cluny) lors du second séjour que ce haut dignitaire fit au monastère, peut être daté de 1155 [4]. Tous ces documents, qui se complètent, forment un ensemble d'une richesse exceptionnelle.

Certes, par ses dimensions, le domaine clunisien dépasse largement le cadre de la plupart des seigneuries contemporaines : il ne faudrait pas étendre sans précautions les résultats de son observation. D'autre part, les sources que nous

1. A. Bernard et A. Bruel, *Recueil des chartes de l'abbaye de Cluny* (désigné désormais pas la lettre *C.*), 3790, bilan des recettes en numéraire présenté par le doyen de Chevignes (com. Prissé, ca. Mâcon-Sud, Saône-et-Loire) au grand prieur de Cluny ; – *C.* 3789, compte des achats et ventes conclus par le grand prieur lors de sa tournée annuelle dans le doyenné de Montberthoud (com. Savigneux, ca. Saint-Trivier-sur-Moignans, Ain). Lambert de Barive, qui a recopié au XVIIIe siècle ces textes aujourd'hui perdus, les datait des environs de 1100.

2. *C.* 4395. Ce détail du cens de Provence dut être établi en 1148 lors de la réorganisation de l'office du vestiaire (v. *C.* 4132).

3. *C.* 4132.

4. *C.* 4143. Seuls douze inventaires ont été transcrits au cartulaire. Le texte original n'a pas été amputé : il s'arrête au milieu du fol. 295, v^o^, B.N., N. acq. lat., 1498.

nous proposons d'utiliser ne permettent pas de reconstituer le budget domestique dans tous les détails de son évolution. Elles fournissent cependant bon nombre de données numériques précises qui donnent le moyen d'étudier de manière concrète quelques-uns des problèmes que pose l'histoire de la seigneurie rurale[1]. On peut en particulier, grâce à elles, mesurer la place que tient l'argent dans l'administration d'un grand domaine, au moment même où se transforment les conditions de l'économie occidentale ; on peut examiner dans quelle mesure les méthodes de l'exploitation foncière ont été affectées par la renaissance de l'économie monétaire ; on peut rechercher enfin les causes de la crise qui frappa la plupart des fortunes seigneuriales dans les premières années du XIIe siècle.

1. *L'économie traditionnelle*

Rédigées par le moine Ulric vers 1080, les *Très Anciennes Coutumes* décrivent les pratiques traditionnelles, celles qui ont assuré la vie matérielle de l'abbaye pendant la plus grande partie du XIe siècle et qui, sanctionnées par un long usage, sont encore tenues, à l'époque de la rédaction, pour les plus sûres.

Ce document montre d'abord ce que sont les besoins de la communauté. Il faut d'abord entretenir environ trois cents moines accoutumés à vivre en seigneurs dans un confort voisin du luxe – leur vêtement, par exemple, froc et coule, tissé de bonne laine, est renouvelé chaque année[2]. Il faut nourrir, et presque aussi copieusement que leurs maîtres, de nombreux serviteurs, qui s'arrangent encore pour alimenter aux dépens du monastère leur famille installée dans le bourg[3]. Dix-huit pauvres pensionnaires, des visiteurs de passage presque aussi nombreux que les frères reçoivent également tous les jours leur pitance ; les écuries sont remplies par les chevaux des dignitaires et des pèlerins nobles ; l'abbaye procède enfin régulièrement à de grandes distributions d'aumônes : à

1. Elles ont été en partie utilisées par G. DE VALOUS, *Le Temporel et la situation financière des établissements de l'ordre de Cluny du XIIe au XIVe siècle*, Paris, 1935, mais ce travail mérite d'être repris dans un autre esprit. Le problème dans son ensemble a été abordé par Mgr LESNE, *Histoire de la propriété ecclésiastique en France*, t. VI (1943). Nous remercions particulièrement M. Ch.-Ed. PERRIN, professeur à la Sorbonne, qui a bien voulu examiner notre travail et nous guider dans son achèvement.

2. La vie matérielle des moines à la fin du XIe siècle est décrite en détail par G. DE VALOUS, *Le Monachisme clunisien*, t. I, p. 227 *sq*.

3. Les domestiques, *Antiq. consuet.*, III, 11 (P.L., 149, 752), 18 (762), 24 (767). – Dix-huit pauvres sont entretenus en permanence, *Antiq. consuet.*, III, 24 (766). – Les larcins des *famuli*, PIERRE LE VÉNÉRABLE, *Statuts*, XXIV (P.L., 189, 1032). Le monastère entretient aussi quelques *clericelli nobiles* qui fréquentent l'école, *C.* 4132.

l'entrée du Carême, 250 porcs salés sont partagés entre 16 000 indigents [1]. Bref, plusieurs centaines de personnes vivent, et très largement, aux frais de l'abbaye. La seule confection des pains nécessaires à leur subsistance réclame chaque année 2 000 setiers de grains ou, pour donner une image plus concrète, 2 000 charges d'ânes, qui souvent viennent de loin, car la communauté monastique obligée à la stabilité doit faire venir jusqu'à elle sa provende [2].

Le rédacteur des *Très Anciennes Coutumes* estime que, normalement, la production du domaine doit satisfaire la plupart de ces très grands besoins : au temporel, l'office majeur est celui du cellérier [3] qui, assisté du grainetier, du garde-vin et du garde de l'hôtellerie, rassemble les produits de la seigneurie et les répartit entre les réfectoires et les écuries. L'abbaye dispose en vérité d'un patrimoine foncier très vaste et bien administré. Formé progressivement depuis la fondation du monastère et surtout depuis la fin du xe siècle par d'innombrables aumônes, il réunit de très nombreuses terres dans un rayon de 5 à 6 lieues autour des bâtiments conventuels [4]. Beaucoup, il est vrai, sont des tenures, chargées pour la plupart de redevances très faibles, mais beaucoup aussi sont mises en valeur directement et cette réserve est en progrès constant. Le domaine est divisé en 18 seigneuries autonomes, les doyennés, ce qui permet une meilleure gestion. Chaque doyenné est dirigé par un moine intègre, établi sur place pour une longue période, souvent originaire du pays et connaissant ses pratiques agraires ; ce doyen est d'ailleurs surveillé étroitement par le grand prieur, qui chaque hiver vient contrôler les profits du domaine et décider de leur affectation [5].

Abondante, la terre est donc bien tenue en main. Malheureusement, aucun texte ne permet d'évaluer son rapport à cette époque. Il apparaît seulement que l'extension même du domaine et son organisation complexe en réduisent notablement le rendement. Une bonne part du produit de la terre est, en effet, consommée dans le doyenné même : des techniques encore rudimentaires obligent à réserver pour les prochaines semailles le tiers, sinon parfois la moitié de la récolte en grains ; de plus, les corvées exigées des tenanciers étant insignifiantes en Mâconnais, le doyen doit confier la culture des vastes réserves à

1. *Antiq. consuet.*, III, 11 (P.L., 149, 753).

2. Les moines consomment tous les jours trois setiers de froment, les hôtes et les domestiques, trois setiers de froment et de seigle *nisi majores supervenerit hospitum conventum, C.* 4143. En Mâconnais, l'ânée équivaut sensiblement au setier.

3. *Antiq. consuet*, III, 18, 19, 22 (P.L., 149, 761-764).

4. Répertoire commode des possessions foncières clunisiennes vers 1050 dans G. de Valous, *Le Domaine de l'abbaye de Cluny aux xe et xie siècles*, Paris, 1923.

5. *Antiq. consuet.*, III, 5 (P.L., 149, 740).

une troupe de valets, proches par leur statut des *prebendarii* des seigneuries germaniques, et cette *familia* absorbe encore une partie des profits ; la perception des redevances sur de multiples tenures dispersées nécessite d'autre part la présence dans chaque village d'un prévôt laïc qui, trompant toute surveillance, parvient encore à distraire à son profit une portion des revenus ; enfin le tiers des surplus est traditionnellement abandonné au doyen pour la distribution des aumônes et l'accueil des hôtes : chaque doyenné, à l'instar de la maison mère, pratique, en effet, la charité bénédictine [1]. On découvre ici l'un des vices de l'économie agraire médiévale : les frais de gestion s'accroissent très vite dès que la seigneurie prend de l'extension ; la grande seigneurie est de bien moindre profit que la petite. Cluny, en définitive, ne recueille qu'une fraction minime des produits de son domaine.

Ulric de Zell juge que cette fraction doit assurer le ravitaillement de la communauté. Il remarque toutefois qu'il faut souvent acheter au-dehors des denrées [2]. L'abbaye ne vit pas en économie strictement fermée ; elle use de la monnaie et pratique l'échange. Auprès du cellérier, le chambrier, chargé du maniement des deniers, remplit une fonction, plus effacée certes, mais indispensable.

Voici, selon les *Très Anciennes Coutumes*, les dépenses ordinaires du monastère. En premier lieu, les deniers servent à l'aumône : il est d'usage d'en donner un à chacun des hôtes lorsqu'il quitte l'abbaye [3]. Les deniers complètent aussi la prébende des domestiques ; les serviteurs de l'infirmerie reçoivent tous les ans un salaire d'appoint de 40 deniers [4]. L'argent permet enfin d'acheter les objets de consommation que le domaine ne peut produire et que les textes appellent *exteriora* : les épices, dont on use communément au réfectoire et à l'infirmerie [5], les draps pour le vêtement des moines (l'élevage du mouton est peu développé dans la seigneurie clunisienne [6]) ; de temps à autre enfin, certains produits agricoles, poissons et porcs, lors des grandes distributions d'aumônes,

1. *Ibid.* Le prieur *quantum videtur dimittit ad commeatum decani, et hospitum supervenentium et ad opus agricolandi ; quod superest, jubet ad monasterium deferri.*

2. *Frequenter accidit ut de omnibus rebus annuatim nascentibus nihil omnino habeamus ad subsidium vitae temporalis preter quod de denariis est comparatum. Antiq. consuet.*, III, 11 (*ibid.*, 149, 751).

3. *Antiq. consuet.*, III, 24 (*ibid.*, 149, 766).

4. *Coutumes de Bernard*, I, 29, cité par VALOUS (*Mon. clun.*), t. I, p. 184.

5. *Antiq. consuet*, III, 19 (P.L., 149, 762), 24 (767).

6. *Antiq. consuet.*, III, 11 (*ibid.*, 149, 752) : *Quicquid ad vestitum pertinet hoc non per vices, sed semper et ex toto comparandum.* – On élève des moutons sur la terre de Cluny, mais peu : en 1148, les enquêteurs en recensent 400 à Chaveyriat, 110 à Montberthoud, quelques dizaines à Arpayé et à Berzé. *C.* 4143.

et, en mauvaise année, le blé et le vin que les doyens n'ont pu fournir[1]. Nos documents ne donnent pas un bilan complet de ces dépenses ; du moins livrent-ils un chiffre précis : en 1080, on payait 8 sous l'étoffe nécessaire à la confection d'un froc et d'une coule ; le renouvellement du vestiaire pour les trois cents moines coûtait donc chaque année environ 120 livres en monnaie de Cluny[2].

Ces deniers, que l'on ne peut se dispenser d'employer, proviennent eux aussi de la seigneurie. Le chambrier perçoit d'abord le produit des ventes de récoltes. Car, si le grain et le vin fournis par les doyennés les plus proches sont apportés à Cluny par un moine ânier chargé de cette fonction[3], le grand prieur, hésitant à entreprendre de longs charrois, préfère souvent vendre sur place les excédents de production des domaines plus lointains, lors de sa tournée de fin de saison. Un texte le montre, vers 1100, vendant dans le doyenné de Montberthoud-en-Dombes du blé et des chevaux pour près de 10 livres[4]. On peut supposer qu'il agit habituellement de même dans les seigneuries périphériques, à Chaveyriat, à Arpayé, à Jully, et estimer à quelque 50 livres la somme que le chambrier reçoit par là chaque hiver. Des revenus plus abondants et plus réguliers lui sont fournis par les multiples redevances seigneuriales. Les précaires, jadis fort nombreuses mais en voie de disparition (elles se transforment en fiefs), ne procurent plus guère d'argent. Par contre, les moines perçoivent les chevages de nombreux dépendants et la plupart des tenures paysannes doivent, outre des fournitures en nature, un cens annuel de quelques deniers[5]. À ces profits s'ajoutent les amendes judiciaires et différentes coutumes que l'abbaye lève sur le territoire de l'immunité. Il est difficile d'évaluer ces ressources. Vers 1100,

1. Le chambrier achète les porcs de l'aumône du Carême, *quia numquam ita refertum est nisi tantum soli denarii et de manus solius camerarii prodituri*, *Antiq. consuet.*, III, 11 (P.L., 149, 753). L'aumônier achète de la viande : *Antiq. consuet.*, III, 24 (*ibid.*, 149, 766). Le blé et le vin, *cf.* n° 2, p. 158.

2. *Antiq. consuet.*, III, 18 (*ibid.*, 149, 762).

3. *C.* 3789 ; *Antiq. consuet.*, III, 11 (P.L., 149, 751) : *De his autem villis quae tam longe sunt positae ut nec vinum nec annona quae ibi nascitur possit ad nos pervenire ibidem venditur et precium camerario defertur*. – En 1155, dans le doyenné de Saint-Hippolyte (com. Bonnay, ca. Saint-Gengoux, Saône-et-Loire), sur 150 setiers d'avoine récoltés, 40 sont réservés pour les semailles et 30 vendus sur place. *C.* 4143.

4. *C.* 3790.

5. On n'a pas conservé de censier clunisien, mais dans les autres seigneuries du Mâconnais, les tenures devaient généralement quelques deniers, outre les redevances en nature.

on recueillit certaine année dans le doyenné de Chevignes plus de 23 livres[1] ; cinquante ans plus tard, d'après la *constitutio expense*, douze des doyennés fournissent environ 280 livres, mais à ce moment les redevances en argent se sont multipliées et l'on doit réduire ce chiffre avant de l'appliquer au XIe siècle[2]. En définitive, sachant que le tiers des recettes est laissé aux doyens pour leurs besoins et compte tenu des ventes de récoltes, on peut admettre que les dix-huit unités domaniales envoient ensemble chaque année environ 300 livres en deniers au chambrier.

En cas d'urgence, ce dernier peut encore puiser dans le trésor où, depuis la fondation du monastère, vient s'accumuler le surplus des recettes en métaux précieux. À vrai dire, avant 1080, les moines ne recourent à cette réserve que dans des cas tout à fait exceptionnels[3]. On peut penser qu'en temps normal les 300 livres du revenu seigneurial couvrent toutes les dépenses d'entretien et considérer cette masse de petites pièces locales, frappées à Cluny, à Tournus, à Mâcon ou à Lyon et sorties des mains paysannes, comme le fonds de roulement régulier du monastère, comme ses finances ordinaires. Prélevés sur les dépendants de l'abbaye qui, pour se les procurer, doivent vendre un peu de leur récolte, ces quelque 72 000 deniers sont en partie recueillis par des trafiquants itinérants, vendeurs de drap ou d'épices, qui périodiquement viennent offrir leurs marchandises au chambrier[4], le reste va aux pèlerins qui les dépensent sur leur route et à de petits agriculteurs du voisinage, fournisseurs de porcs, de poissons, de blé ou de vin. Les *Très Anciennes Coutumes* montrent bien que, pendant la période immédiatement antérieure à l'essor du grand commerce – les premières manifestations en apparaissent à la fin du XIe siècle en Mâconnais –, l'économie interne d'une vaste seigneurie foncière reposait sur l'exploitation du domaine et, plus particulièrement, sur celle d'une importante réserve, cultivée par des équipes de travailleurs domestiques ; mais ce document prouve aussi que le seigneur, vendeur de bestiaux et de blé, percepteur de nombreuses petites redevances en argent, était le client régulier des négociants et répandait autour de lui le numéraire.

---

1. *C.* 4143. Depuis 1080, l'organisation du domaine avait été quelque peu modifiée par la constitution du temporel de la maison de Marcigny (*C.* 3742) ; l'installation de nouvelles tailles et la conversion de certaines corvées avaient accru d'autre part la recette en numéraire.

2. *Antiq. consuet.*, III, 11 (P.L., 149, 751).

3. Pour payer la rançon de l'abbé Maïeul, Raoul GLABER, *Hist.*, éd. PROU, I, 9, p. 11. Pour soulager la misère lors des famines : *ibid.*, IV, 13, p. 102 ; – Pierre DAMIEN, *Vita sancti Odilonis*, in *Bibliotheca cluniacensis*, col. 317.

4. *Antiq. consuet.*, III, 11 (P.L., 149, 752).

2. *La déviation*

Toutefois, les pratiques économiques traditionnelles commençaient d'être délaissées au moment même où les notait le moine Ulric. Depuis quelque temps, en effet, Cluny bénéficiait de nouvelles ressources en monnaie, étrangères au domaine, et qui, s'accroissant sans cesse, allaient bientôt, entre 1080 et 1120, bouleverser de fond en comble l'économie de la maison.

C'est son rayonnement spirituel, particulièrement vif dans les provinces méridionales de la chrétienté (sud de la Gaule, Italie, Espagne), qui valait à l'abbaye ce surcroît de revenus [1]. D'abord, l'ordre s'était constitué. La maison mère exigeait de ses filiales quelques prestations annuelles en argent. Redevances modestes – quelques sous, quelques livres tout au plus –, mais les communautés dépendantes étaient devenues si nombreuses que tous ces cens réunis formaient des sommes importantes. Nous possédons à ce propos des chiffres précis, mais malheureusement encore partiels : dans la première moitié du XIIe siècle, quinze prieurés de Provence versaient ensemble près de cinquante livres ; à la même époque, le cens d'Italie et celui d'Espagne étaient évalués chacun à vingt marcs d'argent [2]. À ces recettes régulières s'ajoutaient les aumônes en numéraire que les plus grands seigneurs du sud de l'Occident offraient au sanctuaire bourguignon et qui fréquemment prenaient la forme de rentes annuelles. La plus riche de ces aumônes était le cens que les souverains castillans avaient constitué en or : le roi Ferdinand s'était engagé à livrer tous les ans « mille de ces pièces d'or qu'on appelle vulgairement *mancus* » ; vers 1077, son fils Alphonse doubla cette redevance [3]. Les biographes de saint Hugues ne sont pas d'accord sur le poids de métal ainsi offert tous les ans ; Hildebert de Lavardin l'estime à 200 onces, le moine Hugues à 280 [4]. Le montant de tous ces revenus supplémentaires ne peut être évalué avec précision ; mais, comme l'once d'or valait 40 sous à Chalon au début du XIIe siècle et

1. Voir la carte de S. Berthellier, *L'Expansion de l'ordre de Cluny et ses rapports avec l'histoire politique et économique du Xe au XIIe siècle* (*Revue archéologique*, 1938). Sur les rapports avec l'Espagne, P. David, « Grégoire VII, Cluny et Alphonse VI », *Études historiques sur la Galice et l'Espagne du VIe au XIe siècle*, Coimbre, 1947.

2. *C.* 4395 et 4132.

3. *C.* 3441, 3509 (1077), 3688 (1090). Sur le *mancus*, M. Bloch, « Le problème de l'or au Moyen Âge », *Annales*, 1933, p. 13. Vers 1090, Girard de Vienne offrit plus de 1 100 sous, *C.* 3755.

4. *Bibliocheca cluniacensis*, col. 419 et 444. Entre le roi Alphonse et Cluny, c'est un moine qui sert d'intermédiaire et transporte *decem milia talentorum*, *C.* 3562 (1080 environ).

36 sous à Cluny vers 1130[1], le seul don annuel des rois espagnols procurait au chambrier une masse de métal valant au moins 400 livres clunisiennes, c'est-à-dire beaucoup plus que toutes les recettes seigneuriales. Quel usage les moines firent-ils de ce surcroît de ressources ?

On sait qu'ils en investirent une partie. Le trésor s'enrichit de vases sacrés et d'ornements qui rehaussèrent l'éclat des cérémonies liturgiques ; ils pouvaient, en cas d'extrême besoin, servir d'instruments de paiement. En outre, le cellérier, soucieux d'accroître la seigneurie foncière, obtint que l'on achetât de la terre. En ce temps, les chevaliers du voisinage souhaitaient se procurer des espèces pour participer aux expéditions lointaines, en particulier à la croisade. Les moines en profitèrent et arrondirent à bon compte leur domaine en achetant ou en prêtant sur mort-gage. Entre 1090 et 1110 ils consacrèrent à ces opérations avantageuses 900 livres en deniers, 1 livre et 21 onces en or – au moins, car les titres d'acquisition n'ont pas été tous conservés et quelques-uns des prêts, remboursés, n'ont pas non plus laissé de traces[2].

Toutefois, la plus grosse part des nouvelles recettes en monnaie et en métaux précieux ne fut pas capitalisée. « Mieux vaut, disait l'abbé Hugues, dépenser l'or et l'argent que de les garder intacts et tout rutilant[3]. » L'abbé souhaitait employer les ressources nouvelles à réaliser plus parfaitement l'idéal clunisien de charité, de contemplation et de célébration liturgique. Plus riches, les frères devaient s'appliquer davantage à l'*Opus Dei*, se dégager des soucis matériels, vivre plus confortablement encore, pour libérer entièrement leur esprit et consacrer moins de temps aux besognes domestiques et à l'administration du domaine. Plus riches, ils devaient aussi se soucier d'embellir leur sanctuaire et d'offrir un cadre plus magnifique au service de Dieu. Déjà saint Odilon avait été grand bâtisseur ; en 1088, saint Hugues ouvrit le vaste chantier de la nouvelle église[4].

Cette entreprise accrut les dépenses dans des proportions considérables. Pour construire d'un seul jet, en une douzaine d'années, la majeure partie de la basilique (sans parler de nombreuses constructions annexes bâties au même moment, comme les églises des doyennés de Berzé-la-Ville et de Saint-Hippo-

1. À Chalon (B.N., coll. Bourgogne, t. *C* 111, fol. 3) ; à Cluny, *C.* 4012. Remarquons que les deniers de Cluny et de Chalon ayant sensiblement la même valeur (*C.* 3575), l'afflux de métal jaune a déterminé en trente ans une sensible dévaluation de l'or par rapport à l'argent.

2. *C.* 3666, 3714, 3716, 3735, 3744, 3760, 3768, 3781 ; l'or : *C.* 3042, 3071, 3478, 3488, 3654, 3940.

3. Valous, *op. cit.*, t. I, p. 162.

4. Sur la chronologie des constructions, outre le grand ouvrage de J.-K. Connant, voir les articles du même (*Bulletin monumental*, 1929, p. 122), et de C. Oursel (*Annales de Bourgogne*, 1940).

lyte), il fallut beaucoup d'argent. Ne pensons pas, en effet, que l'on pût utiliser la main-d'œuvre domestique, absorbée par ses besognes quotidiennes, ni les services des tenanciers, peu coutumiers des corvées de bras. Le travail des carrières, les grands charrois de pierres et de bois pour les fours à chaux, l'œuvre de maçonnerie réclamaient, sinon des spécialistes, du moins de nombreux tâcherons qu'il fallait payer ou nourrir. Or, le grenier avait déjà peine à ravitailler les réfectoires des moines, des *famuli* et des hôtes. Comme on était fort bien pourvu de numéraire, on prit sans peine l'habitude d'acheter régulièrement au-dehors, non seulement, comme jadis, le vêtement et quelques vivres d'appoint, mais le pain et le vin quotidiens. Ce ne furent pas les produits du domaine qui permirent d'élever la Grande Église, mais bien l'or du roi Alphonse qui, selon le vœu exprès du monarque, servit à acheter du blé pour l'entretien des ouvriers. Ainsi, peu à peu, l'abbaye devint un très gros centre d'achat de denrées alimentaires. L'or espagnol, d'abord affecté au vestiaire, fut après 1077 employé *in comparatione tritici* ; depuis lors, la contribution de la seigneurie foncière au ravitaillement de la communauté se réduisit progressivement ; en 1122, le monastère ne tirait plus de ses terres que le quart de ses subsistances et le chambrier, au dire de Pierre le Vénérable, devait dépenser chaque année pour se procurer du vin et du grain une somme énorme, plus de 20 000 sous[1]. Révolution complète : en une génération, la communauté clunisienne abandonna l'économie domaniale pour l'économie monétaire.

Grosse question : ce bouleversement altéra-t-il les méthodes d'exploitation du domaine ? Plus précisément, la multiplication des achats de subsistances provoqua-t-elle le déclin du faire-valoir direct et la réduction de la réserve ? Des textes prouvent que les doyens, gagnés par le souci d'accroître les revenus en argent, acceptèrent de convertir en deniers certains services en travail dus par les dépendants[2]. Mais on ne voit pas que les réserves aient été pour cela loties ; au contraire, les documents témoignent formellement de leur accroissement : vers 1090, le cellérier Hugues de Bissy put acquérir, parcelle après parcelle, tout le finage de Sercy et, rachetant leurs droits aux tenanciers, créer là une nouvelle « grange »[3]. On peut en conclure que le régime domanial ne fut pas foncièrement modifié. Si la contribution de la seigneurie foncière devint en si peu de temps quatre fois moindre, c'est d'abord que le patrimoine fut géré avec plus

1. *C.* 4183 (1158) : *majorem ecclesiam a rege Hispanorum Aldefonso inchoatam*, et 3562. Ferdinand constitue le cens *causa vestimentorum* (*C.* 5309) ; – affectation à l'achat du blé (*C.* 3509) ; en 1122, *preter alias et multo cum fenore mutuo acceptas expensas in emendo solummodo annonam et vinum plus quam viginti milia solidos cluniacensis kamerarius expendebat* (*C.* 4132).

2. *C.* 4143.

3. *C.* 3034, 3036, 3642, 3759 (La Grange-Sercy, com. Ameugny, ca. Cluny).

de négligence (moins surveillés, les prévôts purent retenir une plus large part des revenus qu'ils étaient chargés de percevoir[1] ; les condemines et les clos furent moins bien soignés par des travailleurs moins nombreux et leur rendement s'abaissa) ; c'est surtout que les besoins s'accrurent, les consommateurs devenant à la fois plus exigeants et plus nombreux : à la mort de saint Hugues, le monastère, qui employait dans l'atelier de construction de nombreux ouvriers, abritait plus de quatre cents moines, accueillait chaque jour autant d'hôtes sinon plus, et entretenait des foules d'indigents.

En tout cas, dans les premières années du XIIe siècle, Cluny occupe dans l'économie régionale une position toute nouvelle. Elle va maintenant, pour les répandre autour d'elle, puiser les métaux précieux dans tout le sud du monde chrétien et, en particulier, en Espagne où abondent les pièces d'or arabes. Sans trop en exagérer l'importance, on peut reconnaître là l'un de ces multiples canaux par quoi le métal jaune fut introduit dans le circuit monétaire anémié de la France continentale. Les grosses dépenses du chambrier provoquent autour du monastère une accélération des échanges commerciaux et cette circulation ranimée pénètre tous les compartiments de la société.

L'aristocratie foncière en profite. Vendant leurs terres, empruntant, les chevaliers recueillirent de la monnaie ou du métal qui leur permirent de faire dans leur budget une place plus large au numéraire ; comme les moines, ils s'accoutumèrent au luxe et à la dépense. Les couches inférieures participèrent également au mouvement. Les besoins permanents en grains et en vin de la communauté stimulèrent la production agricole et les paysans des environs, qui toujours avaient travaillé pour la vente (ne fût-ce que pour réunir les deniers des cens), sollicités désormais par la demande annuelle de douze à quinze cents ânées de froment et de seigle, s'efforcèrent d'y répondre en développant leur production. En retour, ils accueillirent une bonne part des 240 000 deniers qui soldaient chaque année les achats de subsistance. Telle est la cause certaine de la prospérité paysanne qu'attestent les documents et en particulier du maintien de la petite propriété allodiale, si général dans le Mâconnais de cette époque. Ceux-là même qui n'avaient pas assez de terre pour songer à vendre leur récolte, les plus pauvres des manouvriers ou les cadets de familles trop nombreuses, purent, en louant leurs bras sur les chantiers de construction, gagner eux aussi quelques pièces de monnaie.

Mais, de toute évidence, la meilleure part du numéraire que dépensait le chambrier allait finalement remplir les coffres des marchands, soit qu'ils le reçussent directement en paiement de leurs fournitures, soit que l'argent leur

1. *C.* 3665 (1095), 3685 (1095 environ), 3591 (1120 environ), 41417 (1117-1147).

parvînt après avoir circulé un moment parmi les autres groupes sociaux qui n'épargnaient guère et dont le pouvoir d'achat s'était accru. Jadis, quelques marchands de passage procuraient seuls au monastère le drap et les épices ; après 1080, l'ampleur croissante des achats les attire plus nombreux, les fixe et fait leur fortune. Parce que leur évêque intervient pour les libérer des exactions d'un châtelain, nous savons que des négociants de Langres viennent tous les ans à Cluny en caravane ; ils ne sont certes pas les seuls ; à la fin du siècle, les moines s'emploient à obtenir pour tous des exemptions de péage [1]. Pendant ce temps, le bourg primitif, simple agglomération, à la porte de l'abbaye, de paysans, de serviteurs et d'indigents, se peuple de marchands et devient une ville. Dans ce pays boisé, à l'écart des grands itinéraires, le seul renom du monastère, ses grands besoins et ses larges ressources l'ont fait naître et en maintiennent la prospérité. En amorçant, en alimentant un circuit monétaire qui parcourt tout le milieu rural avant de converger vers une bourgeoisie florissante, Cluny est un puissant ferment de renaissance économique. On ne saurait négliger la part que prend ainsi cet établissement religieux au réveil, à la fin du XIe siècle, du commerce régional.

3. *La crise*

Lorsqu'ils se résolurent à faire dépendre l'entretien de leur maison, pour les trois quarts, de revenus en argent dont les sources étaient si diverses et parfois si lointaines – et à dépenser en achats de toutes sortes des sommes énormes relativement à la masse de numéraire alors en circulation –, les administrateurs du temporel s'engageaient dans une voie fort aventureuse. En fait, après quelques années d'euphorie, où la communauté s'accoutuma à une existence plus facile, où les plus grands projets furent conçus et leur réalisation entreprise, le moment vint où l'argent manqua dans la caisse du chambrier et les vivres dans les greniers. De cette crise, tâchons de découvrir les causes.

Ses premières manifestations apparurent avant la mort de saint Hugues (1109) : le pain, de temps à autre, commença de manquer au réfectoire [2]. Petites alertes rapidement conjurées : elles ne semblent pas avoir causé de soucis. C'est seulement vers 1125, peu après l'avènement de Pierre le Vénérable, que, le malaise devenant chronique, les moines prirent conscience de sa gravité. Or à ce moment la vie de la communauté venait d'être gravement troublée : Pons

1. *C.* 3440. – Privilège de Pascal II sanctionnant les exemptions de péage, *Bullarium cluniacense*, p. 34 (1106).
2. *Miracula sancti Hugonis, Bibliotheca cluniacensis*, col. 460.

de Melgueil, le prédécesseur de Pierre, après s'être démis de ses fonctions, s'était un moment réinstallé de force sur le siège abbatial ; pour y parvenir il avait engagé des mercenaires, qu'il solda avec l'or du trésor[1]. Surpris par le manque d'argent, tous les frères, et Pierre le Vénérable le premier, se persuadèrent que la crise avait été directement provoquée par ce désordre. Devons-nous le penser nous aussi ? Certes les réserves en métaux précieux de l'abbaye furent largement amputées durant les troubles – mais les sources mêmes des revenus ne furent pas affectées. Les causes profondes de la crise sont, en réalité, d'ordre économique : le budget domestique de l'abbaye avait été progressivement placé dans un équilibre de plus en plus fragile ; seul un exceptionnel concours de circonstances l'assurait ; il était à la merci, soit d'un ralentissement dans l'apport du numéraire, soit d'un imprévisible mouvement des prix.

Au premier examen, c'est bien une diminution des ressources en argent qui paraît à l'origine du déséquilibre budgétaire. Avec le XIIe siècle, pour des motifs à la fois économiques et politiques, beaucoup d'anciens revenus tarissent. L'ordre commence à perdre de sa cohésion et certaines filiales acquittent mal leurs redevances. Le trouble croissant qui agite l'Occident, les compétitions entre les principautés rivales rendent plus difficile le mouvement des fonds[2]. Les aumônes enfin se font plus rares. Les grands princes, engagés dans des entreprises de plus grande envergure, ont maintenant de pressants besoins d'argent et (Pierre le Vénérable le remarque avec tristesse) s'ils montrent à Cluny autant d'amitié que leurs ancêtres, ils sont beaucoup moins généreux[3]. Ils ont peine à assurer le service des rentes « perpétuelles » qu'avaient, un peu légèrement, fondées leurs prédécesseurs ; ils rechignent aux échéances et, pour en finir avec ce souci permanent, ils préfèrent se libérer d'un coup en donnant des terres. Ainsi le roi de Castille, en 1142, réduit à 200 marabotins le cens en or constitué par son grand-père et convertit le surplus en une riche donation foncière qui permit de fonder en Espagne un nouveau prieuré ; Cluny, qui depuis plusieurs années ne recevait plus rien du tout, se prêta à cette combinaison pour ne pas tout perdre ; elle privait pourtant les finances de l'abbaye de ressources précieuses[4].

Cependant, il faut le reconnaître : ces pertes furent compensées dans une large mesure par l'acquisition de nouveaux revenus. En Espagne d'autres

1. PIERRE LE VÉNÉRABLE, *Miracula*, II, 12, P.L., 189, 923.
2. Cluny ne perçoit plus ses revenus d'Angleterre en 1148 *propter novas emergentes guerras*. *C.* 4132.
3. PIERRE LE VÉNÉRABLE, *Epistolae*, IV, 37 (P.L., 189, 370).
4. *C.* 4072.

monastères réunis à l'ordre furent chargés de cens en or et en argent[1]. À ce moment, le nord-ouest de l'Occident s'ouvrait plus largement à l'influence clunisienne. Désormais – et ce déplacement n'est pas sans jeter quelques lumières sur l'évolution générale de l'économie occidentale – ce sont les pays de la Manche et surtout l'Angleterre, où la famille royale se montrera particulièrement généreuse, qui fourniront à l'abbaye les plus grosses masses de métaux précieux (argent, il est vrai, et non plus or). Henri Ier d'Angleterre, après Alphonse VI de Castille, sera tenu pour le « constructeur » de la basilique[2]. Avec le XIIe siècle également, une nouvelle source de numéraire surgit : soucieux de leur salut, les marchands enrichis du bourg de Cluny commencent à léguer au monastère une part de leur trésor et à lui restituer un peu des bénéfices faits à ses dépens[3]. Enfin, il faut tenir compte des recettes supplémentaires que valut au chambrier la conversion en deniers de certains services en travail exigés des dépendants de l'abbaye. En définitive, les revenus en espèces restèrent sans doute à peu près stables. En tout cas, il n'est pas possible de soutenir qu'ils se soient réduits au point de déclencher la crise.

Les difficultés provinrent sans doute d'une augmentation des dépenses. En vérité, on ne voit pas que les besoins matériels de la communauté se soient encore accrus après 1125 ; la hausse du niveau de vie, l'extension du nombre des moines étaient réalisées à l'entrée du XIIe siècle. Mais pour satisfaire ces mêmes besoins il fallait maintenant plus d'argent. Bien que nos documents, mal faits d'ailleurs pour nous éclairer sur ces matières, n'en fournissent pas une preuve éclatante, on peut admettre que les dépenses de l'abbaye, qui répandait abondamment autour d'elle l'or, l'argent et les deniers, déterminèrent dès le début du XIIe siècle l'avilissement de ces espèces ; on peut admettre que le vin et les céréales, absorbés par le très gros marché qu'était devenu le monastère, enchérirent sensiblement. Dès lors, le même nombre de deniers produits par la seigneurie, la même masse de métal fournie par les aumônes ne permettaient plus que de moindres achats. Or une hausse même légère suffisait à rompre l'équilibre du budget. Établissons, très approximativement, le bilan de l'exercice annuel à la fin de l'abbatiat de saint Hugues : 50 livres environ étaient, bon an

1. *C.* 3958 (1122), deux marcs ; *C.* 3993 (1126), un demi-marc ; *C.* 3995 (1127), un marc ; *C.* 4033 (1132), quatre marcs ; *C.* 4194 (1158), huit marabotins.

2. Donations nouvelles : le comte de Vermandois lègue 500 marcs d'argent, *C.* 4070 ; Eustache de Boulogne, une rente annuelle de 20 livres, *C.* 3984 ; Henri Ier d'Angleterre, une rente de 100 marcs, *C.* 4015 (1130), confirmée en 1136 par le roi Étienne, *C.* 4055, et en 1144-1148 par Geoffroy Plantagenêt, *C.* 4095 ; Henri Ier *basilice nove precipuo constructore post regem hispanie*, *C.* 4183, et PIERRE LE VÉNÉRABLE, *Epistolae*, II, 8 (P.L., 189, 197).

3. *C.* 4056 (1136).

mal an, employées à des acquisitions foncières et à des prêts sur gages ; il en fallait plus de 1 000 pour se procurer le blé et le vin ; 300 livres au moins étaient encore consacrées aux *exteriora*. Or, pour autant qu'on puisse les évaluer, les rentrées atteignaient difficilement cette somme. Même s'il s'interdisait de prêter aux laïcs et d'accroître le domaine, le chambrier côtoyait le déficit. À notre sens, ce fut l'enchérissement des denrées agricoles qui l'y précipita. Pour le combler restait seulement ce que l'abbé Pons avait laissé du trésor, et les possibilités d'un domaine foncier laissé à l'abandon. Aussi, à partir de 1125, les moines durent-ils se restreindre, manger du mauvais pain, boire du vin coupé d'eau [1], et l'abbé vécut désormais dans les soucis.

Le soin de résoudre la crise revint à Pierre le Vénérable. C'était un lettré de médiocre santé, fait pour la contemplation paisible et les commerces de l'esprit, et qui n'avait pas de talent particulier pour l'administration. Il souffrit de se débattre au milieu des difficultés financières qui l'assaillirent dès son avènement et, quelle que fût l'élévation de son âme, ce déchirement n'alla pas sans une certaine amertume que l'on sent percer dans les plus familières de ses lettres [2]. Pourtant, il se donna tout entier à sa tâche et entreprit d'assainir l'économie de sa maison. Réduire les dépenses, les limiter à l'achat des anciens *exteriora*, et pour cela tirer davantage du domaine, son dessein fut de revenir aux pratiques économiques de la première partie du XIe siècle.

Il importait d'abord de réprimer la tendance au luxe que l'abondance avait installée. En 1132, Pierre le Vénérable promulgua de nouveaux statuts, interdisant en particulier l'usage de vêtements trop coûteux, réduisant le luminaire et le nombre des solennités, remplaçant certains domestiques laïcs par des frères illettrés, les *converti barbati*, qui n'avaient pas leur emploi au chœur ou dans les *scriptoria* et qui pouvaient à moindres frais remplir les tâches ménagères [3]. Cependant l'abbé ne pouvait pousser trop loin cette réduction du train de vie : il risquait, par des restrictions trop brutales, de soulever le mécontentement des moines. La crise à ses débuts avait déjà engendré au sein de la communauté un malaise qui peut-être ne fut pas étranger au retour tumultueux de Pons de Melgueil ; nous savons, d'autre part, que la réforme des statuts, pourtant très prudente, fut accueillie par des murmures et que certains frères reprochèrent à

1. *Panis parvus, niger, furfureus ; vinum maxime aquatum insipidum et vere vilum. C.* 4132.

2. Voir la biographie de LECLERCQ, *op. cit.* (p. 155, n° 3). On ne peut dire, comme W. WILLIAMS, *Monastics Studies*, Manchester, 1938, p. 37, que Pierre le Vénérable fut « *a great economist* », « *a veritable master in the necessary economics* » ; il appliqua des solutions de bon sens. Son amertume : *Epistolae*, I, 3 (P.L., 189, 81) et VI, 15 (320).

3. PIERRE LE VÉNÉRABLE, *Statuts*, XVI, XVII, XVIII (P.L., 189, 1030-1031) ; LII (*ibid.*, 1039) ; XXIV (*ibid.*, 1032), XXXII (*ibid.*, 1032).

l'abbé de mépriser les intentions de ses prédécesseurs [1]. En fait, Pierre le Vénérable fut retenu bien davantage par la volonté de rester fidèle à la tradition clunisienne ; il ne pouvait trahir saint Hugues. Aussi, s'il épargna, ce fut seulement sur le superflu et, ne songeant nullement à suivre les cisterciens dans la voie de l'austérité, il ne sacrifia rien du confort. Dans le plan d'administration qu'il établit en 1148, d'importants revenus étaient affectés à l'achat du vêtement, de la chaussure et à la confection des mets supplémentaires servis au réfectoire les jours de fête [2]. La ration de pain quotidienne fut augmentée, sa qualité améliorée, le dortoir et l'infirmerie agrandis [3]. Enfin, Pierre ne ferma pas le chantier de la Grande Église ; il répara la nef effondrée en 1125 et acheva la construction. Mais il laissa tomber en décadence le brillant atelier de sculpture qui, au début du siècle, avait orné la basilique de chefs-d'œuvre [4].

Dans ces conditions, pour combler le déficit sans modifier de fond en comble les règles de la vie monastique, les économies devaient porter principalement sur les gros achats de grain et de vin ; il fallait que le chambrier n'eût plus à leur sacrifier tous les ans 20 000 sous ; il fallait, par conséquent, développer la production domaniale. Ce fut le grand projet de Pierre le Vénérable et les efforts qu'il déploya pour le réaliser sont relatés en détail dans la *Dispositio rei familiaris* de 1148. Il commença par répartir entre les doyennés les plus proches le service du ravitaillement ; chacun d'eux à tour de rôle devait satisfaire tous les besoins de la communauté pendant une certaine période de l'année, quinze jours, trois semaines, un mois, deux mois, selon son importance [5]. Mais pour que ces seigneuries foncières pussent suffire à cette tâche, leur rendement devait être accru. Or, on ne pouvait exiger davantage des tenures, le taux des redevances étant fixé par la coutume. C'était donc l'exploitation de la réserve qu'il importait d'améliorer. Chaque doyenné fut donc spécialisé dans les cultures qui convenaient au sol et au climat local ; on reconstitua le cheptel bovin pour munir les valets des charrues nécessaires à la mise en valeur de toutes les condemines ; on passa avec des paysans voisins des contrats de labourage ; enfin on planta

1. Id., *Statuts* (*ibid.*, 189, 1025).

2. *C.* 4132, pour le vêtement, le cens de Provence, d'Italie, d'Espagne et d'un manoir anglais ; pour la chaussure, les 100 marcs d'Henri Ier d'Angleterre. Pour les mets supplémentaires, 125 livres levées dans le bourg de Cluny et le cens du Poitou.

3. *C.* 4132.

4. J.-K. Connant, et plus récemment C. Oursel, *Les Églises romanes de l'ancien grand archidiaconé d'Autun*, thèse de l'École des chartes, 1948, p. 116.

5. Ce service périodique est appelé *mesaticum*, *C.* 4132. Le procédé était appliqué déjà dans le domaine de l'abbaye de Savigny en Lyonnais ; on le voit en usage à une époque postérieure dans les seigneuries ecclésiastiques bavaroises.

des vignes nouvelles (c'était le vin surtout qui manquait)[1]. Dans la *Dispositio* est inscrit tout un programme de reconstruction domaniale et Pierre le Vénérable affecta à cette œuvre certaines recettes en numéraire et en particulier les gros cens d'Angleterre[2] : l'argent devait payer des salariés employés dans le vignoble. Ainsi la réforme économique de l'abbé de Cluny est fondée sur un perfectionnement du faire-valoir direct. Cette réaction d'un grand seigneur du XIIe siècle devant la pénurie de monnaie surprendra peut-être certains historiens de l'économie rurale ; le fait du moins pose un problème : le parti qu'adopta l'abbé Pierre est-il vraiment original ? Quoi qu'on en ait dit, les grands seigneurs fonciers de son temps n'étaient-ils pas, comme lui, fort attachés à leur réserve ?

Les premiers résultats de cette entreprise se mesurent dans l'inventaire que fit dresser l'évêque de Winchester en 1155, sept ans après la rédaction de la *Dispositio*. L'enquête, une fois de plus, porte sur la réserve : c'est son état qui préoccupe d'abord les administrateurs. À cette date, elle est loin d'être en plein rendement. Partout les visiteurs notent des améliorations désirables : les bœufs et, par conséquent, les trains de charrues sont trop peu nombreux ; l'argent manque pour l'entretien des vignes ; les frais d'exploitation absorbent une trop large part des profits[3]. Pourtant, il faut bien le souligner, la réserve produit alors sensiblement plus de grains que les innombrables tenures[4]. La seigneurie foncière semble déjà en état de ravitailler le monastère en froment, en seigle et en avoine. Par contre, la reconstitution d'un vignoble étant plus lente, le vin paraît manquer toujours. Il faut l'acheter et de ce fait le budget reste en déséquilibre.

L'œuvre était de longue haleine. En attendant qu'elle fût achevée, Pierre le Vénérable dut s'évertuer à rassembler par tous les moyens les deniers nécessaires aux dépenses. Malgré ses répugnances, il fut obligé d'emprunter au jour le jour. Pour le faire, l'abbaye était en bonne posture : elle profitait d'abord de son prestige spirituel et de ses relations lointaines, puis de l'autorité politique qu'elle

1. Le doyenné de Mazilles (ca. Cluny) où l'avoine venait mieux que le blé se consacra entièrement à l'approvisionnement de l'écurie. À Jully (ca. Buxy, Saône-et-Loire) et Saint-Hippolyte, les condemines furent plantées en vignes, *C.* 4132 et 4143.

2. *Ad noviter plantadas et colendas vineas consilio fratrum studium converti et, ut jam plantate suis temporibus congrue coli possent, quosdam notos Anglie redditus fratri earum cultori et custodi annuatim reddi decrevi. C.* 4132.

3. À Chaveyriat, par exemple, il n'y a que 3 charrues, il pourrait y en avoir 20 ; – à Lourdon, les vignes ne produisent que 20 chars de vin, elles pourraient en produire 60 si l'on consacrait 30 sous par an à leur culture, etc. *C.* 4143. Remarquons toutefois que l'enquête a lieu en hiver, ce qui peut expliquer la réduction du cheptel.

4. À Chaveyriat, la réserve produit 300 setiers de blé, et les redevances 160. Dans les 12 doyennés inventoriés, les tenures fournissent 1 500 setiers de froment, 60 de seigle, 300 d'avoine. Pour 3 doyennés seulement, 700 setiers de céréales sont récoltés sur la réserve.

exerçait sur les marchands du bourg. Elle disposait surtout d'une belle quantité d'or, débris du vieux trésor et produit de quelques cens espagnols : ce métal rare tentait tous ceux qui possédaient des pièces de mauvais alliage et, sur une telle garantie, ils les prêtaient volontiers à court terme. L'abbé eut recours d'abord aux Juifs de Mâcon dont l'antique communauté était toujours prospère et leur remit en gage des objets précieux de la sacristie, les plaques d'or en particulier qui recouvraient un crucifix[1]. Mais il s'adressa de préférence à des financiers chrétiens et plus précisément à ces négociants de Cluny qui avaient recueilli la majeure partie de l'argent que répandait le monastère. Nous avons conservé le texte d'un accord conclu vers 1130 entre l'abbé et Pierre de Montmin, l'un de ces bourgeois. Aux termes de ce contrat, Pierre le Vénérable reconnaît devoir 110 onces d'or au marchand, chaque once valant alors 36 sous de Cluny ; il s'engage à les rembourser l'année suivante et la lettre est souscrite par les principaux trafiquants de la ville[2]. À vrai dire, on s'explique mal que l'abbé de Cluny ait emprunté de l'or et l'on peut se demander si ce contrat ne masque pas une autre opération. Pierre de Montmin n'a-t-il pas plutôt avancé au monastère les pièces locales nécessaires aux achats journaliers de denrées agricoles ? Exigeant d'être payé en métal jaune, il convertit des espèces viles en valeurs beaucoup plus commodes pour les affaires qu'il traite avec des marchands étrangers ; l'évaluation de l'once d'or en deniers de Cluny dans la lettre d'emprunt appuie cette hypothèse. En tout cas, si ce document est le seul de cette nature qui subsiste dans les archives clunisiennes, on a tout lieu de croire que l'abbé et ses auxiliaires se livrèrent à d'autres opérations analogues. En 1149, en effet, les dettes du monastère étaient évaluées à plus de 2 000 marcs d'argent[3].

Pierre le Vénérable reçut alors l'aide d'un nouveau prêteur, l'évêque de Winchester, Henri de Blois[4]. Ce frère du roi Étienne, ancien légat d'Innocent II, avait été étroitement mêlé aux intrigues politiques qui agitèrent l'Angleterre pendant le second quart du XIIe siècle. Après l'échec de l'« impératrice » Mathilde, qu'il avait soutenue, il s'était prudemment transporté sur le continent ; au retour d'un voyage à Rome, il s'arrêta à Cluny où il avait jadis fait profession et qu'il avait comblé d'aumônes, comme tous les membres de son lignage. Il apprit alors que les moines s'apprêtaient à dépouiller de son revête-

1. Pierre le Vénérable, *Epist.*, II, 20 (P.L., 189, 232).
2. *C.* 4012.
3. *C.* 4142 : *Impedita esset debitis et usuris pondere et numero duo milia marcarum argenti.*
4. Sur ce personnage, *cf.* R. Foreville, *L'Église et la royauté en Angleterre sous Henri II Plantagenêt*, Paris, 1943, p. 5 sq.

ment d'or une croix qu'il avait offerte autrefois. Pressés par les créanciers, ils sacrifiaient les derniers restes du trésor et comptaient sans doute rembourser avec les 500 onces de métal ainsi recueillies des emprunts analogues à celui que nous avons mentionné tout à l'heure. Peut-être même s'étaient-ils déjà livrés à cette manœuvre. Voyant leur détresse, l'évêque voulut bien autoriser l'opération ; il mit de plus à leur disposition l'importante réserve de monnaie et de métaux précieux qu'il transportait avec lui. Geste charitable, mais aussi placement prudent et profitable. Sur le point de retourner en Angleterre pour reprendre son activité politique, incertain de l'accueil qu'il trouverait auprès du nouveau roi Henri II, le prélat laissait à l'abri son capital mobilier ; de plus, prêtant des valeurs diverses et, semble-t-il, de l'argent surtout, il entendait lui aussi être remboursé intégralement en or fin ; enfin si pendant dix années consécutives, les moines, dans l'octave de Pâques, ne versaient pas 100 onces d'or à l'évêque et s'ils n'en consacraient pas 60 autres à la restauration de la croix, 21 bourgeois de Cluny choisis parmi les plus riches promettaient de s'enfermer dans le cloître et de n'en pas sortir avant l'exécution du contrat ; par là ils s'engageaient à contribuer en cas de besoin aux paiements [1]. Ce dépôt venait à point : il permit à l'abbé Pierre d'attendre la rentrée des cens espagnols et, en engageant pour dix ans les revenus en or de sa maison, de se libérer des dettes les plus criardes. Son habile investissement valut donc à Henri de Blois de figurer au premier rang des bienfaiteurs de l'abbaye, aux côtés de ses ancêtres et de ses cousins les rois d'Angleterre. D'ailleurs, en 1155, en difficulté avec Henri II, l'évêque de Winchester quitta de nouveau son siège et, emportant son trésor, vint se réfugier à Cluny. Renonçant désormais à ses ambitions terrestres pour préparer son salut, il remit certainement leur dette à ses frères les moines et employa encore 7 000 marcs d'argent à rembourser les nouveaux emprunts que depuis 1149 Pierre le Vénérable n'avait pu s'empêcher de contracter [2]. C'est alors qu'il s'associa aux efforts de l'abbé pour assainir l'économie domestique en développant la production du domaine et fit rédiger à cette fin la *Constitutio expense*.

Ainsi, à partir de 1125, la crise, provoquée par l'avilissement des espèces et par la hausse des prix agricoles, obligea les administrateurs du temporel clunisien à fonder délibérément sur le crédit l'économie domestique. Malgré les efforts de Pierre le Vénérable pour la faire reposer, comme autrefois, sur l'exploitation de la seigneurie foncière et essentiellement de la réserve domaniale, le chambrier, obligé de satisfaire des besoins que l'on ne pouvait ni ne voulait

1. *C.* 4142.
2. *Bibliotheca cluniacensis*, col. 1624 et Foreville, *op. cit.*, p. 81.

restreindre, dut dépenser plus qu'il n'encaissait. Il dut souscrire au jour le jour des emprunts de consommation gagés pour la plupart sur les revenus en or. Ainsi le monastère put-il continuer de répandre à profusion autour de lui les métaux précieux et l'argent monnayé, et d'entretenir les échanges. Mais cette circulation était désormais alimentée par l'épargne des marchands, fournisseurs de l'abbaye, qui lui prêtaient avec usure des deniers qu'elle allait bientôt dépenser chez eux. Au XIIe siècle, le temps des financiers laïcs commence.

*

Ainsi, en quatre-vingts ans, l'économie domestique de l'abbaye de Cluny passe par trois phases successives.

Jusqu'en 1080, elle repose presque tout entière sur l'exploitation d'un très vaste domaine foncier, dont la réserve, mise en valeur par des serviteurs prébendiers, constitue la portion la plus profitable. Le monastère ne vit pourtant pas en économie fermée ; le chambrier achète certaines denrées à des marchands de passage et supplée de temps à autre aux insuffisances de la production seigneuriale grâce aux deniers que lui procurent la perception des cens et des taxes et la vente de certaines récoltes. Avant la révolution économique, les administrateurs de la seigneurie clunisienne font donc couramment usage de la monnaie.

Dans les dernières années du XIe siècle, les aumônes et les redevances exigées des maisons de l'ordre fournissent au chambrier un tel surcroît de ressources en métaux précieux que la gestion financière de l'abbaye se transforme radicalement : on peut dépenser beaucoup plus, on bâtit, on décore, le niveau de vie s'élève dans le cloître ; de plus, on néglige le domaine. Mal surveillé, son rendement diminue rapidement ; peu importe : l'argent permet d'acheter au-dehors la plupart des subsistances. La communauté ne vit plus de la terre, mais de ses revenus en espèces.

Vers 1125 enfin, la dépréciation de la monnaie, provoquée dans une large mesure par les dépenses du chambrier, ramène les disponibilités financières de l'abbaye à leur médiocrité première. C'est la crise. Il faut revenir à l'exploitation du domaine. Pierre le Vénérable s'efforce d'en accroître les profits en perfectionnant la mise en valeur de la réserve. Cependant les moines ne peuvent se résoudre à reprendre l'existence frugale que la production domaniale leur permettrait seule de mener et dont se contentaient, un demi-siècle plus tôt, leurs devanciers. Ils trouvent dans l'emprunt de consommation un moyen facile de maintenir artificiellement leur aisance. Ils s'endettent de plus en plus.

Telle est, dans l'économie clunisienne, la place qui revient à la monnaie. En ce qui concerne la structure même du domaine, on notera qu'elle ne fut pas sensiblement modifiée par la renaissance de l'économie monétaire : en 1150, Pierre le Vénérable applique les mêmes méthodes que saint Odilon et voit dans une extension du faire-valoir direct le remède à ses embarras. L'exemple clunisien montre que tous les possesseurs fonciers n'ont pas loti leur réserve au XIIe siècle, pour devenir rentiers du sol. Il montre aussi que les seigneurs ont tendance à se détacher de la terre quand l'argent leur parvient facilement. L'exploitation de réserves étendues prévaut en période de contraction économique, soit (c'est le cas avant 1080) quand l'argent est généralement rare, soit (c'est le cas après 1120) quand le maître est personnellement gêné.

Quant à la crise dont souffrent les finances abbatiales au XIIe siècle, elle paraît avoir pour cause principale une élévation prématurée du niveau de vie. Il reste à vérifier si ce cas est exceptionnel ou si, d'une manière générale, les difficultés que connaissent alors beaucoup de grands seigneurs fonciers ne proviennent pas d'un déséquilibre entre les profits forcément limités de l'exploitation rurale et les besoins nouveaux introduits, vers la fin du XIe siècle, par la renaissance du commerce occidental, l'accélération brusque de la circulation monétaire et la flambée de prospérité qui suivit immédiatement ce phénomène.

9

UN INVENTAIRE DES PROFITS DE LA SEIGNEURIE CLUNISIENNE À LA MORT DE PIERRE LE VÉNÉRABLE [1]

Lorsque Pierre le Vénérable fut appelé à diriger la communauté clunisienne, celle-ci était en proie à de sérieuses difficultés économiques. Après une période de grande aisance, des dépenses excessives, une gestion moins attentive du domaine qui entraîna une baisse de la production avaient rendu difficile et irrégulier l'approvisionnement de l'abbaye [2]. Pour préserver la santé spirituelle de la famille monastique, il importait de toute urgence de réformer l'administration du temporel, de l'adapter aux conditions nouvelles et, en particulier, à l'intensité croissante de la circulation monétaire. L'abbé Pierre, jusqu'à sa mort, se préoccupa de résoudre ce problème [3], et le fragment d'enquête intitulé *Constitutio expense cluniaci* [4] peut être considéré comme le dernier témoignage de son activité d'administrateur.

À vrai dire, le texte même de l'enquête indique que celle-ci fut entreprise non pas par Pierre le Vénérable lui-même, mais par l'évêque de Winchester, Henri de Blois. On sait l'attachement que ce grand prélat, frère du roi d'Angle-

1. Bibliographie [13].
2. Sur l'évolution de l'économie domestique de l'abbaye de Cluny, *cf. supra*, chap. 8.
3. *Cf.* dom Jean Leclercq, *Pierre le Vénérable*, Saint-Wandrille, 1946, p. 145-148.
4. Original : Bibliothèque nationale, nouvelles acquisitions latines 1498, fol. 292-295. Publié dans A. Bernard et A. Bruel, *Recueil des Chartes de Cluny*, t. V, n° 4143, p. 490-505.

terre Étienne, témoigna à l'abbaye de Cluny ; il y fit en particulier deux séjours, en 1149 et en 1155-1156, et cet homme d'action qui arrivait avec un gros trésor en numéraire et en métaux précieux, et, en outre, l'expérience administrative d'un grand seigneur de la campagne anglaise, vint en aide à l'abbé vieillissant ; il lui apporta d'abord, à deux reprises, un important secours financier qui permit de rembourser une bonne part des dettes de l'abbaye [1] ; il le guida également dans ses tentatives pour réorganiser la gestion domaniale. À cette fin, il voulut posséder un état détaillé des ressources seigneuriales et fit entreprendre l'enquête qui nous occupe. La *Constitutio expense*, qui n'est pas datée, fut donc établie pendant l'un des deux séjours de l'évêque. Deux faits inciteraient à la situer à la fin du deuxième séjour et au voisinage de la mort de l'abbé Pierre, qui survint le 25 décembre 1156. L'enquête en effet fut menée en hiver, alors que le froment et le seigle étaient déjà semés et que l'on prévoyait seulement les semailles du Carême (c'est à cette époque de l'année que d'ailleurs avait lieu normalement la tournée du grand prieur dans les seigneuries dépendantes pour contrôler les profits et décider de l'affectation des surplus) [2] ; d'autre part, on peut penser qu'elle fut interrompue : la description du domaine telle qu'elle apparaît dans le texte transcrit sur le cartulaire [3] est, en effet, partielle sans raison apparente ; et cette interruption pourrait s'expliquer par la mort de Pierre le Vénérable et le départ d'Henri de Blois. Toutefois, ces indices ne sont pas absolument décisifs.

En revanche le but de cette enquête apparaît nettement. Précédée d'une évaluation des besoins de la communauté en céréales panifiables, elle n'était pas destinée, comme celles qui aboutissaient à la rédaction des censiers ou des coutumiers, à préciser les obligations des tenanciers et des dépendants, et à servir d'instrument de référence en cas de contestations ultérieures, mais à favoriser un meilleur approvisionnement de l'abbaye en denrées alimentaires. Parvenir à tirer du domaine l'essentiel de la provende afin d'équilibrer ressources et dépenses en numéraire : tel avait été le souci constant de Pierre le Vénérable. Dans ce dessein, il s'était appliqué à répartir le ravitaillement entre les diverses exploitations seigneuriales autonomes, entre les vingt-trois doyennés (*decaniae*, comme on les désigne dans la *Constitutio*) qui constituaient le temporel du monastère. Spécialiser certains d'entre eux en fonction des aptitudes naturelles dans une production particulière et les charger entièrement de l'approvisionne-

1. *Cf. supra*, chap. 8.

2. Le prieur passe dans le doyenné de Montberthoud la veille de Noël (*cf.* BERNARD et BRUEL, t. V, n° 3789, p. 135).

3. Le texte du cartulaire n'a pas été amputé ; il s'arrête au milieu du folio 295 du manuscrit.

ment de certains services domestiques (c'est ainsi que le doyenné de Mazille était entièrement affecté à l'écurie des hôtes qu'il devait pourvoir d'avoine), établir un roulement entre les autres, chacun étant astreint à ravitailler les réfectoires pendant une certaine période plus ou moins longue, proportionnée à ses possibilités, selon le système du « mésage » (*mesagium, mesaticum*) assez communément employé dans les règlements d'économie monastique de cette époque. Mais il était difficile d'établir une répartition équitable ; après plusieurs remaniements [1], Pierre le Vénérable n'y était pas encore parvenu dans les dernières années de son administration, et c'est pour améliorer l'ultime aménagement datant de 1148 qu'un inventaire, précisant dans le détail les profits de chaque unité seigneuriale, fut entrepris.

L'intention rend compte de la méthode que suivirent les enquêteurs : ils disposèrent leur description doyenné par doyenné. Telle qu'elle se présente à nous, l'enquête, nous l'avons dit, est incomplète. Le fut-elle effectivement ? Ou bien seul l'enregistrement de ses résultats sur le cartulaire fut-il partiel ? Quoi qu'il en soit, douze rapports seulement subsistent. Ils sont rangés dans un ordre qui, peut-être, est celui où ils furent établis – ce qui dans ce cas impliquerait que les enquêteurs, répartis peut-être en équipes distinctes, suivirent quatre itinéraires différents –, mais il se peut tout aussi bien que les rapports aient été arbitrairement classés par le scribe lors de leur transcription définitive. En tout cas, ils ont été dressés selon un plan uniforme, à l'exception de deux d'entre eux.

1. Celui qui concerne le doyenné de Cluny, et dont la disposition particulière doit être mise en rapport avec l'originalité même de ce centre seigneurial, où l'exploitation directe n'était pas pratiquée et qui valait essentiellement à la communauté des revenus en numéraire, produit des cens et des taxes seigneuriales perçues dans le bourg ou de la vente sur pied des raisins et du foin dans les clos et les breuils voisins du monastère.

2. Celui qui concerne le doyenné de Laizé, beaucoup plus bref et dépourvu de toute description de la réserve domaniale. Mais ce rapport est placé en tête de la série et si ce fut vraiment le premier rédigé, on peut le tenir pour un essai imparfait, tenté alors que les enquêteurs n'avaient pas encore mis au point leur méthode d'investigation. Du moins les dix autres rapports présentent-ils, sauf

1. On trouvera la liste et la localisation de ces doyennés dans A. DÉLÉAGE. *La Vie rurale en Bourgogne avant l'an mil*, Mâcon, 1941, p. 428-430 (les seigneuries d'Iguerande et de Gevrey-Chambertin ne sont plus au XIIe siècle directement rattachées au monastère, mais il faut ajouter Malay et Berzé).

quelques divergences de détail, une disposition identique et furent visiblement établis d'après le même questionnaire [1].

Leurs auteurs ont enregistré en premier lieu le montant global des cens, redevances et services divers, en argent d'abord, en nature ensuite, perçus dans le doyenné – puis le profit annuel tiré des églises, des moulins et des fours. Cet état des revenus fixes est suivi d'une description détaillée des aptitudes de la réserve domaniale : état actuel du cheptel, avec évaluation des accroissements possibles et souhaitables, rapport des vignes, des prés et des champs (dans les inventaires dressés avec le plus de soin on a noté la quantité des grains semés à l'automne, celle qui est réservée pour les emblavures du Carême, celle enfin qui a été récoltée aux moissons de l'année précédente) – estimation du surcroît de profits que l'on est en droit d'espérer, les méthodes d'exploitation devant être améliorées et les conditions climatiques ayant été, cette année-là, très défavorables. L'inventaire fournit en outre quelques indications sur la main-d'œuvre : état des services en travail dus par les paysans dépendants, prévision des dépenses nécessaires pour l'embauche de travailleurs salariés. Face à ces éléments positifs sont enfin établies les charges actuelles de l'exploitation décanale à l'égard de l'abbaye, fournitures en produits du sol, dettes en deniers. Chaque rapport se termine par la récapitulation des profits.

À l'inverse des censiers et des coutumiers, une enquête de cette nature ne fournit donc pas de renseignement sur le nombre des tenanciers ni sur les obligations de chacun, et ne permet pas, par conséquent, de préciser les relations entre seigneur et paysans. Elle n'apprend rien sur l'étendue de la réserve et des tenures, ni sur leur position dans le terroir. En revanche elle renferme de précieuses indications sur les profits respectifs des divers éléments de la seigneurie foncière et sur certaines méthodes appliquées à la mise en valeur de la réserve domaniale.

Redevances fixes – églises, moulins et fours –, production de la réserve ; ainsi sont classés les différents revenus notés par les enquêteurs. En ce qui concerne la première section, on remarquera d'abord que les redevances procurent au seigneur à la fois des deniers et des produits agricoles, mais que la proportion des prestations en nature est comparativement fort importante. Les onze doyennés ruraux décrits dans l'inventaire (je mets à part celui de Cluny, qui participe d'une économie différente, de type urbain) fournissent en effet, outre 174 livres en deniers, 293 setiers de froment, 30 setiers de seigle, 419 setiers d'avoine, 689 setiers de vin. Or si l'on essaie, en se référant à des ventes

1. Il en est question dans l'acte intitulé *Dispositio rei familiaris* de 1148, Bernard et Bruel, t. V, n° 4132, p. 475-482.

Doyennés *	Redevances **						
	Numéraire			Nature (en setiers)			
	L.	s.	d.	Froment	Seigle	Avoine	Vin
Cluny	90	—	—	20	—	7	—
Laizé (ca. Mâcon-Nord)	16	17	—	17	—	25	1
Beaumont-sur-Grosne (ca. Sennecey)	7	19	—	37	—	81	180
Malay (ca. Saint-Gengoux)	7	—	—	28	—	58	—
Saint-Hippolyte (ca. Saint-Gengoux, co. Bonnay)	18	—	—	25	—	21	61
Saint-Martin-des-Vignes (ca. et co. Mâcon-Nord)	12	4	3	14	—	2	79
Berzé-la-Ville (ca. Mâcon-Nord)	2	16	—	24	—	18	100
Saint-Gengoux	3	16	2	25	—	30	3,5
Lourdon (ca. Cluny, co. Lournand)	47	16	8	23	—	60	10
Arpayé (Rhône, ca. Beaujeu, co. Fleurie)	8	—	—	30	14	51	97
Chaveyriat (Ain, (ca. Châtillon-sur-Chalaronne)	18	16	5	53	7	44	130
Montberthoud (Ain, ca. Saint-Trivier-sur-Moignans, co. Savigneux)	31	3	7	17	9	12	35

* On a indiqué entre parenthèses le département, lorsque la localité n'est pas située dans celui de Saône-et-Loire, et, s'il y a lieu, le canton et la commune.

** Toutes les quantités indiquées par l'inventaire ont été converties en setiers à la mesure de Cluny, selon les équivalences fournies par le document lui-même entre ce setier et les autres mesures de capacité.

Profits								
Églises			Moulins			Fours		
Nombre	Numéraire	Nature (en setiers grains)	Nombre	Profit		Nombre	Profit	
—	—	—	1	20 setiers grains		—	—	
1	50 s.	50	5	—		1	—	
4	55 s.	49	4	entretien du personnel domestique		—	—	
2	—	14	1	4 setiers grains		—	—	
1	—	18	9	115 setiers grains		1	—	
5	70 s.	40	1	3 setiers grains		—	—	
1	8 s.	20	1	1 setier grains		—	—	
4	4 s.	36	9	52 setiers grains		2	12 setiers grains	
5	—	162	2	24 setiers grains		—	—	
3	5 s.	46	3	27 setiers grains		—	—	
4	20 s.	70	1	4 setiers grains		2	10 setiers grains	
8	57 s.	360	3	10 s./s. 2 setiers grains 2 setiers vin 2 porcs		1	5 s.	

Doyennés	Main-d'œuvre				
	Faucheurs de corvée	Nombre	Charrues de corvée Service	Chevaux	Ânes
Cluny	—	—		—	—
Laizé (ca. Mâcon-Nord)	—	—		—	—
Beaumont-sur-Grosne (ca. Sennecey)	—	20	3 labours	—	—
Malay (ca. Saint-Gengoux)	—	2	—	—	—
Saint-Hippolyte (ca. Saint-Gengoux, co. Bonnay)	—	—	—	—	3
Saint-Martin-des-Vignes (ca. et co. Mâcon-Nord)	—	—	—	—	—
Berzé-la-Ville (ca. Mâcon-Nord)	91	7	2 labours	1	3
Saint-Gengoux	18	20	3 labours	—	—
Lourdon (ca. Cluny, co. Lournand)	250	40	4 labours charroi	—	—
Arpayé (Rhône, ca. Beaujeu, co. Fleurie)	—	40	1 labour	—	1
Chaveyriat (Ain, ca. Châtillon-sur-Chalaronne)	—	12	2 labours	—	—
Montberthoud (Ain, ca. Saint-Trivier-sur-Moignans, co. Savigneux)	48	—	2 labours 3 charrois	—	2

*** Au-dessous du chiffre réel est indiqué, précédé du signe +, le chiffre d'accroissement possible indiqué par les enquêteurs.

**** Les chiffres suivis d'un astérisque indiquent, non la récolte réelle, mais celle que les enquêteurs prévoient « en bonne année ».

Réserve								
Cheptel ***				Production (en setiers) ****				
Bœufs	Vaches et veaux	Porcs	Moutons	Froment	Seigle	Orge	Avoine	Vin
—	—	—	—	—	—	—	—	—
—	—	—	—	—	—	—	—	—
14 (+ 28)	18	18	—	—	—	—	—	64
12	8 (+ 1)	18	—	50	—	50	—	32
30 (+ 6)	—	19	—	240	—	107		192
4 (+ 2)	4	—	—	46	10	20	—	320
12 (+ 1)	5 (+ 5)	18	40	52	—	—	—	320 *
5 (+ 7)	0 (+ 7)	—	—	—	—	—	—	160 *
24 (+ 6)	28	35	—	—	—	—	—	960 *
7 (+ 7)	0 (+ 10)	—	17 (+ 200)	—	—	—	—	240 *
18	—	—	400		300 *		—	320 *
19 (+ 5)	5 (+ 15)	2 (+ 40)	110	50 *	270	—	—	480 *

conclues quelques années plus tôt dans le doyenné de Montberthoud[1] et qui ont par hasard laissé des traces dans les archives de l'abbaye, d'estimer la valeur en deniers des redevances en nature (il ne saurait s'agir évidemment que d'une estimation très approximative, mais il importe surtout de fixer un ordre de grandeur), on voit que le froment et le seigle livrés représentent à eux seuls au moins 70 livres ; pour le vin et l'avoine, nous manquons d'élément d'estimation mais ces denrées, dont le prix n'est pas d'ordinaire sensiblement inférieur à celui des blés d'hiver, sont en quantités beaucoup plus importantes. Aussi tout conduit à affirmer que, dans les redevances que l'abbaye de Cluny exigeait au milieu du XIIe siècle de ses tenanciers, les fournitures en produits du sol avaient nettement plus de valeur que les prestations en numéraire. On notera d'autre part que les livraisons enregistrées dans l'inventaire – mis à part quelques redevances accessoires en produits de basse-cour et (celles-ci très rares) en porcs ou en viande de mouton – portent avant tout sur du vin, de l'avoine et du froment (les fournitures en seigle sont exceptionnelles et proviennent toutes des trois doyennés des basses plaines de la Saône, Arpayé, Chaveyriat, Montberthoud, situés sur les terres froides où, même dans les champs du seigneur, le froment vient mal). Il s'agit là de productions dont le seigneur fait, en raison de son genre de vie, normalement plus grande consommation que le paysan producteur. Dernière remarque : une part notable des redevances est absorbée par les frais de perception. Souvent en effet, le maître doit offrir un repas aux dépendants qui viennent s'acquitter de leurs charges ; ceux-ci, à Lourdon, mangent 110 des 150 pains de froment qu'ils viennent d'apporter, tandis que le doyen de Berzé dépense pour ce repas coutumier 10 des 78 sous qui lui sont dus.

Églises, moulins et fours sont inventoriés ensemble. Ces éléments du patrimoine foncier présentent en effet, du point de vue économique, des caractères communs : leur revenu est variable car il est constitué par le produit de taxes perçues sur les usagers, qu'il s'agisse des offrandes – très soigneusement tarifées – apportées par les paroissiens lors des fêtes religieuses, des droits de sépulture, des dîmes, ou de la part de grains que prélève le meunier. Par ailleurs la gestion de ces établissements est assurée d'ordinaire par un intermédiaire qui retient une part des profits. Les moulins sont parfois affermés (certains, comme ceux de Montberthoud, sont de véritables tenures), mais, plus souvent semble-t-il, ils sont confiés au meunier en échange de la moitié ou des deux tiers des céréales perçues ; de même le desservant de l'église reçoit d'ordinaire la moitié des offrandes et des droits de sépulture, le seigneur percevant intégralement la

1. *Ibid.*, n° 3789. Dans ce texte, qui date du début du XIIe siècle, le prieur vend l'ânée (mesure qui équivaut à peu près au setier de Cluny) de seigle 3 sous et 4 sous celle de froment.

dîme. De ces parties de son domaine, le maître retire relativement peu d'argent (moins de 15 livres pour les onze doyennés), très peu de vin et pas d'avoine. En revanche, elles lui procurent de très grandes quantités de céréales panifiables, beaucoup plus qu'il n'en attend des redevances, puisque l'inventaire, très incomplet (dans plusieurs doyennés seul est noté le nombre des fours et des moulins sans que soit évalué leur profit), fait état d'un produit global de plus de 1 100 setiers, alors que les tenanciers ne livrent que 323 setiers de froment et de seigle.

La réserve domaniale est, de toute la seigneurie foncière, la portion de loin la plus productive. Sur ce point la comparaison n'est possible que pour les doyennés dans lesquels les profits de l'exploitation directe ont été évalués avec précision, c'est-à-dire les six domaines de Malay, Saint-Hippolyte, Chaveyriat, Saint-Martin-des-Vignes, Berzé et Montberthoud. Mais elle est absolument convaincante. Dans ces six centres d'exploitation, les redevances fournissent au seigneur 400 setiers de vin, alors que les vignes domaniales en produisent en année normale 1 664, et si les dépendants lui livrent 360 setiers de grains, il en tire de ses propres champs 1 200. Poussons dans le détail la comparaison en considérant seulement la production du froment : pour cinq doyennés (à Chaveyriat, la récolte est évaluée d'ensemble pour les différents grains), 438 setiers récoltés sur les champs du maître, 108 fournis par les tenanciers. D'une manière générale, la réserve procure environ quatre fois plus de denrées agricoles que les tenures.

Telles sont donc, pour ce qui est du rapport des différents éléments de la seigneurie foncière, les indications du document. Elles sont d'autant plus significatives que l'économie clunisienne n'était pas au milieu du XIIe siècle spécialement orientée vers l'exploitation directe, mais était au contraire de structure délibérément seigneuriale, se fondant, d'une manière que d'autres branches de la famille bénédictine et spécialement les cisterciens jugeaient excessive, sur la perception des rentes. J'insisterai particulièrement sur trois points.

1. La part des rentrées en numéraire dans les recettes domaniales est très variable d'une unité d'exploitation à l'autre ; alors que dans les deux seigneuries une quantité sensiblement égale de céréales est exigée des tenanciers, ceux-ci versent à Malay 7 livres en deniers, mais à Lourdon (où, l'inventaire le signale, d'anciens services en nature ou en travail ont été récemment remplacés par des prestations monétaires) plus de 47 livres. Mais compte tenu de cette disparité la part des deniers est, d'une manière générale, relativement restreinte. Fait important car – si, comme il y a tout lieu de le croire, le cas de la seigneurie clunisienne n'est pas d'une particulière originalité – il convient d'attacher moins d'importance qu'on est tenté de le faire à l'incidence de la dépréciation progres-

sive des monnaies sur les ressources des seigneurs fonciers. Il faut chercher des causes plus profondes à la gêne dont beaucoup de ceux-ci commencent à souffrir dans la France du XIIe siècle.

2. Les églises – et surtout les dîmes –, les moulins et les fours constituent des éléments très importants du revenu seigneurial. Dans deux doyennés, Beaumont et Saint-Hippolyte, l'entretien de la main-d'œuvre domestique (une vingtaine d'hommes à Saint-Hippolyte) est entièrement assuré par le seul produit des moulins. L'église de Loisy rattachée au doyenné de Laizé – une grosse église certes, mais non point la plus profitable de toutes celles que possède Cluny – rapporte annuellement 50 setiers de grain (de quoi nourrir 12 personnes) et 50 sous ; son profit en argent est équivalent à celui de l'importante seigneurie foncière de Berzé ; en céréales panifiables, il est supérieur au produit des redevances de tous les doyennés sauf celui de Chaveyriat. On devra donc attacher beaucoup d'intérêt à ces établissements dans l'inventaire des fortunes seigneuriales : un seigneur qui possède peu de terres arables et peu de tenures, mais des moulins et des dîmes, peut être dans une fort bonne situation économique[1].

3. Le faire-valoir direct couvre largement les besoins du seigneur et lui permet même d'écouler en dehors des surplus : les enquêteurs ont noté que 30 setiers de froment ont été vendus par le doyen de Saint-Hippolyte, c'est-à-dire le huitième de la récolte, et l'on sait, par un autre document administratif clunisien, que la pratique était courante[2]. L'indication est précise ; elle prouve que les seigneurs fonciers du XIIe siècle étaient bien loin d'être tous, pour reprendre une expression de Marc Bloch, des « rentiers du sol » et ne se souciaient guère de le devenir. J'ai montré dans un précédent article[3] que Pierre le Vénérable avait au contraire cherché dans le développement de l'exploitation directe le remède aux embarras économiques dont souffrait la communauté clunisienne, et l'enquête qui nous occupe, prévoyant les améliorations possibles, est précisément destinée à développer encore la mise en valeur de la réserve.

Pour cette raison la *Constitutio expense* contient des renseignements d'un grand intérêt sur les procédés d'exploitation mis en œuvre sur la réserve domaniale de certains doyennés clunisiens. Les premiers concernent la main-d'œuvre. Dans le but de permettre une meilleure gestion, les services en travail dont bénéficie chacune des entreprises seigneuriales sont en effet inventoriés. Les

1. Je l'ai déjà remarqué à propos des cisterciens de l'abbaye de La Ferté-sur-Grosne, G. DUBY, *Recueil des pancartes de l'abbaye de La Ferté-sur-Grosne, 1113-1178*, Aix-en-Provence, 1953, p. 19.

2. À Montberthoud, au début du siècle, le prieur a vendu, une certaine année, toute la récolte de froment et le tiers de celle de seigle, BERNARD et BRUEL, n° 3789.

3. Voir chapitre précédent.

corvées, dues par les tenanciers, mais aussi par les manants soumis au pouvoir banal du monastère [1], sont en vérité fort légères. Aucune mention de réquisition de cette sorte dans trois des doyennés : à Laizé (on sait le caractère beaucoup plus succinct du rapport et, comme la réserve n'y est pas décrite, il n'est pas certain que le silence du document implique l'absence réelle de corvée), Saint-Hippolyte et Saint-Martin-des-Vignes. Ailleurs les services en travail sont très limités. Il convient, à leur propos, de distinguer :

1. Les prestations individuelles de journées d'hommes (*operarii*) pour la fauchaison, attestées à Berzé, Montberthoud, Saint-Gengoux et Lourdon. Le travail fourni de cette manière excède parfois les besoins du seigneur ; c'est ainsi qu'à Lourdon le doyen utilise les services de 150 faucheurs ; mais pour 100 autres, il se réserve de convertir leurs obligations en un versement de deux deniers.

2. Les prestations collectives, fournies par les « charrues », unités de travail constituées par l'association de plusieurs paysans. Ces équipes sont en nombre restreint (deux à Malay, quarante dans la seigneurie la mieux pourvue, Lourdon) ; les enquêteurs ont noté qu'elles étaient jadis plus nombreuses et que, par négligence peut-être, les administrateurs du temporel en ont laissé perdre – preuve du peu d'intérêt qu'elles présentaient à leurs yeux. Ces services sont en effet d'étendue variable mais toujours fort réduite. Les « charrues », constituant un train d'attelage, sont parfois employées pour les charrois – à Montberthoud pour le transport du vin, du bois et du foin, à Lourdon pour former de gros chars de dix bœufs (mais qui ne sont pas tous utilisés, leur service pouvant être, au gré du seigneur, commué en une redevance de 4 sous). Mais leur affectation normale est évidemment le labour : à Arpayé, les « charrues » sont requises un jour par an aux semailles d'hiver ; deux jours à la même saison, à Chaveyriat, Berzé et Montberthoud ; elles doivent trois jours à Saint-Gengoux et Beaumont, un à l'automne, l'autre au Carême, le troisième sur la jachère ; à Lourdon quatre, par l'adjonction d'un second labour de la jachère.

Cet apport de main-d'œuvre représente en définitive peu de chose, et certains indices donnent à penser que les doyens l'ont tenu pour très secondaire. L'inventaire montre en particulier que les services d'entretien des vignes ont été récemment remplacés à Lourdon par une redevance de 60 sous, exigée globalement de tous les dépendants. De toute évidence, la mise en valeur de la réserve est assurée par d'autres travailleurs. Selon les indications de l'enquête, trois procédés sont simultanément utilisés.

1. D'abord le métayage, mais d'une manière tout à fait exceptionnelle. Dans la description du doyenné de Saint-Hippolyte, il est indiqué qu'un contrat a été

1. G. Duby, *La Société aux XIe et XIIe siècles dans la région mâconnaise*, p. 316 [ci-dessus p. 378].

conclu avec un paysan : celui-ci fournit son travail et deux bœufs, reçoit du seigneur la terre, deux autres bœufs pour compléter son attelage, ainsi que la semence (on a cette année-là semé deux setiers de froment) ; il livre en échange la moitié de la récolte.

2. Le salariat, employé, d'après l'inventaire, à Chaveyriat pour la fauchaison, mais d'une manière beaucoup plus générale à Malay, Saint-Hippolyte, Chaveyriat, Arpayé et Lourdon pour les soins du vignoble. À Saint-Hippolyte, le salaire des journaliers absorbe ainsi le tiers du produit des redevances en numéraire. Fait plus significatif : le doyen de Lourdon affecte à cet usage la moitié de la taxe de remplacement exigée des dépendants en échange des corvées de vignoble, et juge, par conséquent, d'un bien meilleur rendement la main-d'œuvre salariée.

3. Mais la charge principale incombe, sans aucun doute, au personnel domestique, à la *familia* dont il est incidemment question dans l'enquête. L'inventaire ne décrit pas ce groupe de valets (on sait seulement qu'ils sont vingt à Saint-Hippolyte et que normalement le produit des fours et des moulins suffit à leur entretien) ; du moins apporte-t-il la preuve que, en dépit de la rareté des corvées et du rôle, malgré tout secondaire, des salariés, un grand seigneur foncier pouvait au milieu du XIIe siècle mettre en valeur une réserve importante et en tirer grand profit.

L'enquête menée sur l'ordre de l'évêque Henri fournit enfin quelques indications, plus intéressantes peut-être encore, car elles sont moins fréquentes dans la documentation de cette époque, sur le système de culture appliqué dans la réserve domaniale de l'abbaye de Cluny. Ce système est évidemment établi en fonction des besoins que la production domestique est appelée à satisfaire. C'est ainsi par exemple que deux traits particuliers de l'économie intérieure du monastère – la part très restreinte que tient la viande dans le régime alimentaire des religieux ; l'habitude ancienne d'acheter tout fabriqué aux marchands le tissu nécessaire au renouvellement du vestiaire – expliquent la très faible importance de l'élevage. Très peu de porcs – même dans les plans d'extension du cheptel ; et, lorsque les enquêteurs se soucient des bois, c'est en pensant, non pas au troupeau domestique, mais aux taxes perçues sur les animaux des usagers paysans du voisinage. Très peu de moutons – sauf dans les trois doyennés de la Bresse et du val de Saône. Dans l'ensemble du domaine clunisien, l'élevage est donc essentiellement destiné à alimenter en force motrice l'exploitation de la réserve : si les chevaux et les ânes sont rares, les enquêteurs portent un intérêt tout particulier aux bœufs, distingués des *occiosa animalia*, se préoccupent, à cause d'eux, de la production de foin et mesurent soigneusement les possibilités de développement du train de culture fourni par ces bêtes.

S'ils se soucient peu de l'économie pastorale, les doyens s'efforcent en revanche de tirer de la terre domaniale les denrées alimentaires dont on fait une large consommation dans les réfectoires de l'abbaye. Le vin d'abord. Certains passages de l'inventaire montrent que la reconstitution du vignoble, souhaitée par Pierre le Vénérable [1], est poursuivie avec application. Un nouveau clos vient d'être planté à Saint-Hippolyte, et les enquêteurs notent soigneusement les fonds qui chaque année sont affectés au travail des vignes ; mieux, il leur arrive, comme à Lourdon, de proposer des investissements plus considérables. Mais la préoccupation essentielle est la production du froment. Céréale majeure, car il est d'usage de servir du pain blanc aux moines et aux hôtes de marque, du pain fait par moitié de froment et de seigle aux domestiques du monastère et aux pèlerins de catégorie sociale inférieure. Au moment où a été dressé l'inventaire, on évaluait à 1 650 setiers de froment et à 500 setiers de seigle les besoins annuels de l'abbaye en céréales panifiables [2].

Ceci explique l'intérêt que portent les enquêteurs à l'agriculture domestique, et dont l'historien se félicitera, car leurs notes permettent, en premier lieu, de se faire quelque idée des rendements. Dans les six doyennés où la description de l'économie domaniale a été faite avec le plus grand soin, on peut comparer en effet aux récoltes de l'année écoulée les semailles effectuées ou prévues lors de l'établissement du rapport. À vrai dire une rectification préalable s'impose ; car l'année a été mauvaise, pour le vin surtout mais aussi pour les blés (à Montberthoud, pour le froment, le déficit est évalué au cinquième). Mais, compte tenu de ces mauvaises conditions naturelles, on est frappé de la faiblesse des rendements agricoles. À Chaveyriat, où on peut le mesurer pour l'ensemble des céréales et par rapport, non pas au produit réel des médiocres moissons précédentes, mais – ce qui permet de connaître l'espérance même des cultivateurs – à l'estimation de la récolte escomptée, il est de l'ordre de six pour un. À Montberthoud le rapport est légèrement inférieur : 5 pour un pour le seigle, 4 pour un pour le froment, et pour ce dernier grain nous trouvons le même chiffre à Saint-Hippolyte. Ailleurs, le rendement est moindre encore. Pour l'orge, 2,5 pour un à Saint-Martin-des-Vignes ; pour le froment, 2,5 pour un à Berzé, 2,3 pour un à Saint-Martin, et 2 seulement pour un à Malay.

L'enquête fournit enfin quelques renseignements sur le système de rotations culturales. On constate d'une part que la proportion, dans les récoltes ou les semailles, entre blés d'hiver et blés de printemps est très variable entre un doyenné et l'autre, qu'il n'y a donc pas pour l'ensemble du domaine clunisien de formule uniforme de rotation. D'autre part, que, d'une manière générale, la

1. *Cf.* la *Dispositio rei familiaris*, Bernard et Bruel, t. V, p. 480.
2. *Ibid.*, p. 490-491.

production de céréales d'hiver est nettement plus forte que celle des autres. À vrai dire, à propos de ce dernier fait, il convient de considérer d'abord que la culture est organisée en fonction des besoins du monastère, gros consommateur de froment, et aussi que certains doyennés, Mazille, Écussolles, Beaumont, Saint-Victor, sont spécialement chargés des fournitures d'avoine[1] ; ce qui explique que, dans les centres seigneuriaux visités par les enquêteurs, cette céréale soit moins intensément cultivée que d'autres, en particulier que l'orge. Cette réserve exprimée, voici les indications procurées par le document. Dans deux domaines, on semble pratiquer la rotation triennale, avec égalité des blés d'hiver et des blés de printemps : à Lourdon, où on a réservé pour les semailles 44 setiers de froment et 6 de fèves destinés à la sole d'hiver, 50 setiers d'avoine et d'orge destinés à la sole de printemps – et à Malay où on a récolté l'année précédant l'enquête autant d'orge que de froment (notons toutefois que, pour les semailles en cours, l'égalité est légèrement rompue en faveur du froment). Partout ailleurs, les blés d'hiver l'emportent. À Chaveyriat, léger déséquilibre : on a semé 30 setiers de seigle, on sèmera au Carême 20 setiers d'avoine. La différence s'accentue à Berzé : aux semailles 20 setiers de froment et de fèves contre 11 setiers d'avoine et d'orge, puis à Saint-Hippolyte : à la moisson 240 setiers de froment contre 107 d'orge et d'avoine, enfin à Saint-Martin-des-Vignes où l'on a récolté 56 setiers de blé d'hiver contre 20 d'orge. Au terme, l'exploitation de Montberthoud, où seuls les blés d'hiver sont cultivés, le seigle surtout, dans la proportion de 5 contre un par rapport au froment.

Ces données précises font ressortir d'abord l'originalité agraire des trois doyennés du val de Saône, Arpayé, Chaveyriat et Montberthoud, où les techniques de culture sont moins perfectionnées, où, sur un sol froid, vient surtout du seigle (le seigneur en accepte des tenanciers ; il en récolte de ses propres terres normalement plus que du bon blé – et ceci de longue date : déjà à Montberthoud au début du XIIe siècle la proportion des récoltes était la même, un sixième de froment seulement[2]), où enfin l'élevage ovin est très développé pour tirer parti sans doute de terres de parcours plus vastes, les friches qui subsistent dans les interstices d'un peuplement encore très lâche, les jachères plus étendues du fait de la rotation biennale. Mais surtout l'enquête clunisienne révèle la diversité des procédés de rotation céréalière. La rotation triennale est rarement appliquée d'une manière systématique, même dans les exploitations bien outillées et où, au terme d'efforts prolongés pour accroître la production,

1. *Ibid.*, p. 481.
2. *Ibid.*, n° 3789.

on n'a rien épargné pour améliorer les méthodes. Il convient donc d'écarter toute conception trop rigide relative à ces pratiques culturales et de reconnaître que les cultivateurs ont adopté à l'époque médiévale des solutions très souples, adaptant leurs semailles aux aptitudes naturelles de leur terre, et surtout aux besoins de leur exploitation ou de son seigneur.

10

GÉOGRAPHIE OU CHRONOLOGIE DU SERVAGE ? NOTES SUR LES *SERVI* EN FOREZ ET EN MÂCONNAIS DU Xe AU XIIe SIÈCLE [1]

« Que de leçons ne pourrait-on pas attendre d'une carte de la liberté et de la servitude paysannes ! » écrivait Marc Bloch dans son ouvrage sur la société féodale. Ébauchant à grands traits cette géographie du servage, il montrait sur la carte de France une large tache blanche d'abord, la Normandie ; « çà et là, ajoutait-il, d'autres espaces, également vides de servage, apparaîtraient, moins étendus et plus rebelles à l'interprétation : tel le Forez » [2]. Arrêtons-nous à cette dernière province.

Dans la collection qui rassemble mille cinquante chartes antérieures au XIVe siècle relatives aux pays foréziens [3], les mots *servus, ancilla, mancipia* apparaissent, mais d'une manière exceptionnelle : on ne les rencontre que dans deux documents. Le premier est un diplôme du roi Louis VII, daté du 3 novembre 1166, qui confirme la donation à Cluny du prieuré d'Ambierle *cum edificio et cuncta familia, servis scilicet et ancillis, mancipiis utriusque sexus et etatis* ; il précise

1. Bibliographie [9].
2. *La Société féodale : la formation des liens de dépendance*, Paris, 1939, p. 406-407.
3. *Chartes du Forez antérieures au* XIVe *siècle*, publié par G. Guichard, le comte de Neufbourg, E. Perroy, J.-F. Dufour, Mâcon, 1933-1944, 9 vol.

que l'abbaye détiendra seule les droits de ban sur « ses hommes libres et ses serfs ». Or, il s'agit là d'un acte rédigé loin du Forez, dans la chancellerie royale, par des scribes mal informés des coutumes particulières du pays d'Ambierle. D'autre part, les phrases où sont employés les vocables serviles reproduisent les formules classiques des privilèges royaux d'immunité, ou bien les termes mêmes de la donation primitive du prieuré, beaucoup plus ancienne. Les éditeurs de cette charte ont donc parfaitement raison de noter que le rappel de ces formules traditionnelles ne saurait suffire à prouver l'existence du servage en Forez, à l'époque de la rédaction[1]. Le mot *servus* se retrouve, en 1188-1192, dans une donation du sire de Beaujeu au comte de Forez ; mais, cette fois encore, il est utilisé d'une manière abstraite, sans référence à des individus nommément désignés : il figure dans une de ces énumérations de droits, fréquentes dans les actes de cette sorte, où l'on accumulait les termes les plus divers, même lorsqu'ils étaient tombés en désuétude, afin d'éliminer toute restriction mentale de la part du donateur et tout prétexte à des revendications ultérieures[2]. Une chose est certaine : nulle part, dans tout le recueil des chartes du Forez, un paysan n'est appelé *servus* et n'est personnellement revêtu du statut exprimé par ce terme.

Or, si l'on observe les contrées situées immédiatement à l'est du Forez, le Charolais et la région mâconnaise, si l'on dépouille à cet effet les chartes de l'abbaye de Cluny qui concernent ces pays[3], on découvre partout des *servi*, des *ancillae*, des *mancipia* ; et il ne s'agit pas seulement de groupes anonymes, mais bien de paysans que l'on nomme et que l'on situe, que chacun, autour d'eux, connaît et repère[4]. Quel contraste ! Décidément, la carte du servage présente des oppositions brutales. Entre la Loire et la Saône, une ligne nette, parallèle à ces deux fleuves, sépare un pays de servitude d'un pays de liberté. Et, puisque cette frontière ne correspond à nul obstacle naturel, à nulle limite politique vivante, sa présence, comme le disait Marc Bloch, paraît bien rebelle à l'interprétation.

À moins que l'on ne s'avise, en comparant textes foréziens et textes mâconnais, de respecter plus rigoureusement la chronologie. Il importe, en effet, de remarquer que le recueil des chartes du Forez ne renferme que neuf documents

1. *Ibid.*, t. IX, n° 919.

2. *Ibid.*, t. I, n° 13.

3. *Recueil des chartes de l'abbaye de Cluny*, formé par A. Bernard, publié par A. Bruel, Paris, 1876-1903, 6 vol.

4. G. Duby, *La Société aux* XI*e et* XII*e siècles dans la région mâconnaise*, Paris, 1954, 1re partie, chap. 4 [ci-dessus p. 132].

antérieurs à 1170, et que le plus ancien date de 1096. Dans ces conditions, il est certes permis de dire que le Forez formerait une tache blanche sur une carte où seraient inscrites toutes les mentions du mot *servus* – mais en prenant bien soin de préciser qu'une telle carte ne saurait valoir que pour les XIIe et XIIIe siècles. Et si l'on veut étendre l'enquête aux régions voisines, il convient de n'utiliser dans ce but que des documents de cette époque. Or, lorsqu'on élimine les chartes de Cluny antérieures au XIIe siècle, on voit disparaître aussitôt presque toutes les mentions de *servi* : c'est, en effet, dans un acte de 1105 que le titre *servus* est employé pour la dernière fois, dans la région mâconnaise, pour définir le statut individuel d'un paysan [1]. Ensuite, il sort presque complètement de l'usage et n'apparaît que de loin en loin, simple survivance verbale, dans quelques énumérations de termes vagues, analogues à celle que nous avons signalée dans la charte forézienne de 1188-1192, et qui ne reflètent pas plus que celle-ci la véritable structure sociale [2]. Par conséquent, à partir du XIIe siècle, les rédacteurs mâconnais de chartes et de notices n'utilisent pas plus fréquemment que ceux du Forez les termes *servus, ancilla* et *mancipia* – et l'on voit s'effacer le contraste qui, au premier abord, paraissait opposer, sur une carte de la servitude paysanne, les pays de la Loire à ceux de la Saône : dans ceux-ci comme dans ceux-là, le mot *servus* n'est plus en usage dans les actes juridiques après 1105.

Mais peut-être le contraste existait-il auparavant ; peut-être, à l'époque où tant de paysans mâconnais et charolais étaient appelés *servi*, les campagnes foréziennes ignoraient-elles déjà cette catégorie sociale. Est-il possible de le vérifier ? Si le recueil des chartes du Forez n'est plus utilisable, il existe du moins un certain nombre de notices concernant des villages du Forez dans le cartulaire de l'abbaye de Savigny, riche en documents du Xe et du XIe siècle. À vrai dire, bien que ce monastère du Haut-Lyonnais ait possédé une importante *familia* servile [3], les mentions du mot *servus* sont, dans cette collection, relativement peu nombreuses : six actes seulement relatent l'acquisition de *servi* par les moines. Toutefois – fait remarquable – dans quatre de ces notices, les dépendants personnels sont des paysans foréziens [4]. Peut-on dire dès lors que le Forez

1. *Recueil des chartes..., op. cit.*, t. V, n° 3825.
2. *Ibid.*, t. V, n° 3737 (1100), 3882 (1107), 3929 (1117) et 4054 (1136).
3. *Cartulaire de l'abbaye de Savigny*, publié par A. BERNARD, t. I, Lyon, 1853, n° 766 (1080).
4. *Ibid.*, n° 45 (945) : Grézieux-le-Marché (ca. Saint-Symphonien-le-Château, Rhône) ; n° 131 (959) : Champigny (ca. Saint-Haon-le-Vieux, Loire) et Ressy (ca. co. Sainte-Colombe-de-Néronde, Loire) : n° 145 (970) : *Azola Villa* (située *in agro Forensi*, n°s 46 et 246) ; n° 437 (avant 994) : Mote (co. Feurs, Loire) et Mizérieux (ca. Boën, Loire). Les deux autres notices concernent la région de Lausanne, n° 441 (939).

au xᵉ siècle ait ignoré le servage ? Avant 1100 comme après cette date, il ne semble donc pas que la structure de la société rurale ait été sensiblement différente en Mâconnais et en Forez.

Le problème de géographie sociale posé par Marc Bloch devient ainsi un problème d'évolution chronologique. Le contraste n'est pas entre deux régions voisines, mais entre deux périodes successives. Un terme juridique utilisé comme qualificatif individuel, le mot *servus*, disparaît du vocabulaire des chartes et des notices, à une date que l'exceptionnelle richesse de la documentation clunisienne permet de situer avec précision aux alentours de 1105 : voilà l'événement essentiel, celui que l'historien du servage doit expliquer et interpréter.

J'ai vu, pour ma part, dans cette évolution du langage le signe d'une transformation profonde de la dépendance personnelle ; et j'ai pensé que ce phénomène pouvait être mis en rapport avec l'histoire des institutions de droit public et, en particulier, avec la disparition des tribunaux villageois de viguerie, qui se produit dans les campagnes mâconnaises trois générations plus tôt [1]. Mais ce sont là des hypothèses. Pour les vérifier, il serait souhaitable qu'une enquête générale soit entreprise, province par province, sur les destinées du mot *servus*, ainsi que sur son sens véritable et sur les termes qui sont venus le remplacer – et que les historiens, associant géographie et chronologie, s'appliquent à dresser, non pas une carte, mais des cartes successives de la liberté et de la servitude paysannes. Munis d'un tel atlas, peut-être serions-nous mieux armés pour donner une solution d'ensemble au problème du servage, l'un des plus ardus que pose l'histoire de la société médiévale.

1. Dans ma thèse, chap. 8 [ci-dessus p. 343].

11

RECHERCHES SUR L'ÉVOLUTION DES INSTITUTIONS JUDICIAIRES PENDANT LE Xe ET LE XIe SIÈCLE DANS LE SUD DE LA BOURGOGNE [1]

Dans les travaux qui étudient, dans son ensemble, l'histoire des institutions judiciaires médiévales, on trouve une description très précise de l'administration de la justice à l'époque carolingienne ; d'abondants documents officiels, critiqués et commentés par des générations d'historiens, permettent de se faire aujourd'hui une idée claire de la compétence et du fonctionnement des différentes cours publiques de justice et de définir les secteurs limités de la société où s'exerçaient des juridictions privées. À ce tableau succède immédiatement une étude, elle aussi très poussée, des institutions judiciaires de la période féodale classique ; on y insiste avec raison sur le caractère purement privé que prend désormais la justice, sur la complexité et l'enchevêtrement des nombreuses juridictions seigneuriales, sur le contraste qui oppose le châtiment brutal et expéditif qui frappe les petites gens à l'inefficacité des jugements rendus contre les nobles ; au XIIe siècle, les règlements particuliers sont assez nombreux pour attester l'existence des institutions qui plus tard seront décrites par les juristes professionnels. Mais la période qui relie ces deux étapes bien connues est par contre laissée généralement dans l'ombre ; on ne voit pas nettement comment, au cours du Xe et du XIe siècle, le système carolingien, simple et cohérent, a cédé la place à une conception aussi confuse de la fonction judi-

1. Bibliographie [1].

ciaire, entièrement déterminée par des relations personnelles et des considérations domestiques. C'est là une déplorable lacune. L'historien du droit, qui ne peut suivre d'un bout à l'autre l'évolution des institutions qu'il étudie, est tenté de franchir cet espace obscur et de rattacher directement les pratiques judiciaires du XIIe siècle à l'organisation du VIIIe ; c'est ainsi, pour prendre un exemple précis, qu'il est d'usage de chercher l'origine de la notion féodale de justice haute et basse dans la distinction précisée sous Charlemagne entre *causae majores* et *causae minores*. Par ailleurs, l'histoire des institutions judiciaires jette, on le sait [1], un jour très vif sur l'histoire de la société tout entière ; en conséquence, il est permis de regretter particulièrement l'imprécision de nos connaissances pendant cette période du haut Moyen Âge où la société féodale s'est définitivement constituée.

Malheureusement, les documents du XIe et surtout du Xe siècle sont trop rares en France pour que l'on puisse nourrir l'espoir de dissiper un jour complètement cette obscurité. Cependant certains travaux de grande valeur, entrepris dans un cadre géographique restreint, montrent que, dans quelques régions au moins, en Flandre et dans la région angevine, par exemple, la recherche peut conduire à des résultats solides et du plus haut intérêt. Parmi les provinces où la documentation est exceptionnellement favorable à ce genre d'études, le sud de la Bourgogne vient au premier rang : les cartulaires de l'église de Mâcon et de l'abbaye de Cluny offrent en effet une abondante et très complète collection d'actes du Xe et du XIe siècle. Déjà des chercheurs ont songé à les utiliser pour étudier l'administration de la justice à cette époque ; mais leurs travaux réclament, pensons-nous, quelques compléments [2]. Aussi avons-nous essayé, dans les pages qui suivent, de reprendre l'histoire des institutions judiciaires dans la région qui est la plus vivement éclairée par les documents mâconnais et clunisiens [3], en utilisant les renseignements complémentaires fournis par les archives

1. M. BLOCH, *La Société féodale*, t. II : *Les Classes et le gouvernement des hommes*, Paris, 1940, p. 117.

2. A. DÉLÉAGE n'a pas étudié la justice dans sa thèse sur *La Vie rurale en Bourgogne jusqu'au début du XIe siècle* (1941). Ch. SEIGNOBOS (*Le Régime féodal en Bourgogne jusqu'en 1360*, Paris, 1882) a décrit les droits de justice qui pesaient sur les humbles, et F.-L. GANSHOF les institutions judiciaires à l'usage des classes supérieures dans « L'administration de la justice dans la région bourguignonne de la fin du Xe au début du XIIIe siècle » (*Revue historique*, n° 135, 1920, p. 193-218), mais ceci dans un cadre plus large et, l'un et l'autre, sans grand souci de précision chronologique. Mais l'article du même F.-L. GANSHOF, « Contribution à l'étude des origines des cours féodales en France » (*Revue historique de droit français et étranger*, 1928, p. 644-665), est remarquable.

3. La région géographique qui sert de cadre à cette étude comprend avant tout le Mâconnais et le Clunisois et, accessoirement, le Beaujolais, le Charolais, le sud du Chalonnais et la rive bressane de la Saône. Dans ces limites, nous avons pu acquérir au cours de recherches antérieures une

monastiques de Tournus et de Saint-Rigaud, par les premières chartes de l'abbaye de La Ferté, et par les cartulaires du prieuré de Paray-le-Monial et de la collégiale de Beaujeu.

Le but essentiel de ce travail est de dater, avec la plus grande précision possible, les étapes d'une évolution. Dans ce but, nous commencerons – c'est la démarche qui paraît la plus sûre – par étudier les assemblées judiciaires dont les destinées nous sont le mieux connues : les cours comtales, d'abord, puis les cours privées qui rendent la justice au nom de l'église de Mâcon et de l'abbaye de Cluny. Ensuite seulement, et grâce à l'expérience que nous aurons pu acquérir, nous tenterons de pénétrer dans le domaine beaucoup plus obscur des autres juridictions seigneuriales.

*

Il semble bien acquis que les cours comtales, dans le sud de la Bourgogne, sont issues directement de l'ancien *mallus publicus* carolingien, dont peu à peu les caractères se sont altérés [1]. Les documents très abondants qui nous renseignent sur la cour des comtes de Chalon et surtout sur celle de Mâcon permettent de suivre d'assez près la transformation qui, pendant les Xe et XIe siècles, affecte à la fois la composition, le fonctionnement et la compétence de ces assemblées.

On pénètre déjà fort loin dans le problème de l'évolution du plaid comtal carolingien en précisant la position sociale des personnages qui, au cours de ces deux siècles, viennent siéger auprès du comte pour l'assister dans ses fonctions judiciaires. C'est particulièrement sur l'étude de la composition de la cour que reposent les conclusions de F.-L. Ganshof. Vers le milieu du Xe siècle, dit-il, les *boni homines*, les *scabini* disparaissent, les assesseurs sont désormais régulièrement les fidèles du comte ; c'est donc dès ce moment que l'ancien *mallus publicus* s'est transformé en une cour féodale [2]. Il est certain que vers l'année

---

connaissance particulière des familles seigneuriales de ce pays et cela nous a bien souvent servi à débrouiller les problèmes que posent les institutions judiciaires.

1. C'est ce qui ressort de l'étude de GANSHOF (« Contribution... », *op. cit.*). Nous ne ferons que prolonger ses conclusions. B. ALTHOFFER (*Les Scabins*, thèse de droit, Nancy, 1938, p. 141-144) pense, au contraire, qu'une cour féodale a existé dès le Xe siècle à côté du *mallus* moribond et a fini par le supplanter ; sa démonstration ne nous a pas convaincu.

2. GANSHOF, « Contribution... », *op. cit.*, p. 650.

940 le vocabulaire change[1]. Mais, d'une part, ce phénomène peut être mis en rapport avec la faveur nouvelle dont jouit à ce moment le terme *fidelis* auprès des scribes mâconnais, faveur qu'il conservera jusqu'aux premières décennies du XIe siècle[2]. D'autre part, quelle que soit la valeur exacte du mot, il est certain que les relations personnelles qu'il exprime unissaient bien auparavant le comte aux assesseurs habituels de son tribunal[3]. L'adoption régulière de ce nouveau qualificatif prouve que ces relations passent au premier plan. Mais il n'y a, en tout cas, aucun changement de personnel. Après comme avant, les membres de la cour judiciaire appartiennent à la même catégorie sociale. Ces fidèles ne sont pas en effet, comme le suppose F.-L. Ganshof[4], d'humbles servants d'armes que le comte contraint à venir siéger à sa cour lorsque le nombre des hommes libres indépendants qui pouvaient tenir le rôle de scabins se réduit. Les Nardouin, les Rathier, les Roclen, les Garoux sont bien connus par ailleurs[5] : ce sont les personnages les plus considérables de la région, les ancêtres directs des *domini* du XIIe siècle ; alleutiers bien pourvus, ils ne répugnent pas sans doute à jouir par surcroît de quelque bénéfice, mais leur dépendance vis-à-vis du comte n'a certainement rien de domestique. S'ils continuent à suivre avec le même empressement, avec la même assiduité les sessions judiciaires de la cour comtale, c'est peut-être, mais rien ne le prouve, que leurs relations avec le

1. Entre 943 et 964, les documents sont particulièrement abondants : sur quatorze notices explicites, cinq parlent encore du *mallus publicus* (BERNARD et BRUEL, *Recueil des chartes de l'abbaye de Cluny*, désigné dorénavant par la lettre *C.*, n. 632, 764, 1100. 1179 ; *Cartulaire de Saint-Vincent de Mâcon*, éd. RAGUT, désigné dorénavant par la lettre *M.*, (n. 186) ; deux nomment les *scabini* (*C.* 799, 1179), une les *boni homines* (*C.* 1179), huit, au contraire, signalent les fidèles du comte (*C.* 644, 719, 799, 856, 1034, 1087 ; *M.* 156, 186). Il est très net que lorsqu'il y a mention de *mallus*, il n'est pas question de fidèles et, dans *C.* 799, les *scabini* sont opposés aux fidèles.

2. Nous nous proposons d'étudier ailleurs ce changement dans le langage des chartes. Pour la signification du terme, *Cf.* F. LOT, « Fidèles ou vassaux ? », p. 249, et A. DUMAS, « Encore la question : fidèles ou vassaux ? » (*Revue historique de droit*, 1920, p. 186-189).

3. Dès le début du Xe siècle, certains *boni homines* du *mallus* classique sont les vassaux du comte. Gondoury, Letard et Gilard, assistant au plaid comtal (*M.* 501 [928]), sont présentés ailleurs comme des fidèles (*C.* 276 [926]).

4. « Contribution... », *op. cit.*, p. 661 : « Ceux... qu'il a établis dans la cité de Mâcon ou dans ses environs immédiats, voire même des "bacheliers" qui vivent dans son voisinage. »

5. Nous ne pouvons songer à indiquer toutes les références aux nombreux documents qui nous ont permis d'identifier les personnages qui apparaîtront au cours de cette étude et de les situer dans l'échelle sociale : nous demandons que l'on nous fasse provisoirement confiance. Nardouin, vicomte, est la souche de plusieurs lignées de châtelains ; Rathier et son fils Thibert sont les ancêtres des sires de Bâgé, en Bresse ; Roclen et Garoux, des châtelains de Brancion ; à propos d'Évrard, membre d'une importante lignée, *cf.* abbé M. CHAUME, « Féodaux mâconnais : les premiers possesseurs de la roche de Solutré » (*Annales de Bourgogne*, 1937, p. 280-293).

comte leur imposent cette obligation, c'est surtout que la nature profonde de la cour ne s'est pas transformée ; son importance sociale reste la même ; le tribunal du comte est encore à la fin du Xᵉ siècle, comme l'ancien *mallus* qu'il prolonge, le point de ralliement normal pour toute l'aristocratie foncière du pays.

Le changement véritable se place dans les premières années du XIᵉ siècle, lorsque la force d'attraction de la cour comtale diminue d'une façon brusque et définitive [1]. Les descendants de ces grands qui, au Xᵉ siècle, assistaient régulièrement le comte dans ses fonctions de justicier cessent de paraître à ce moment aux assemblées ; ils ne viennent que si l'une des parties les touche de près, si le bien en litige est situé dans le territoire où ils sont en train d'étendre leur domination [2]. La fin de ces réunions périodiques qui faisaient véritablement du comte le centre de toute la haute société locale a dû singulièrement accentuer la tendance à l'éparpillement des pouvoirs dont elle est elle-même une manifestation. Et surtout, la dispersion de ce groupe homogène d'assesseurs de tout premier plan a porté une grave atteinte aux pouvoirs judiciaires du comte : la cour comtale n'a pu continuer à tenir son rôle éminent ; elle a perdu aux yeux des hommes son caractère de juridiction supérieure. On voit encore parfois, il est vrai, aux alentours de l'an 1100, les *proceres patriae* [3] se rassembler autour du comte à l'occasion d'un plaid solennel ; mais ces réunions, tout à fait accidentelles à cette époque, disparaissent complètement dans les années suivantes : en 1097, Humbert de Beaujeu est encore, comme l'étaient ses ancêtres, l'assesseur insigne de la *curia* comtale, mais quelque trente ans plus tard, son fils Guichard, placé sur le même plan que les comtes, arbitrera leur querelle avec l'évêque [4]. À l'époque de la première croisade, ceux qu'on appelle les

1. Dès les premières années du Xᵉ siècle se produit un nouveau changement de vocabulaire : le terme *fidelis* passe de mode (encore utilisé dans *C.* 2406 [997-1007]) ; l'accent est maintenant mis sur la distinction sociale des assesseurs : *nobiles viri* (*C.* 2719 [1019]), (*C.* 3342 [1050-1065]), *nobiles seniores* (*C.* 2992 [1049-1065]), *nobiles homines* (*C.* 2552 [1002]), *milites* (*C.* 2406, 2552). Ceci ne doit pas nous surprendre : au moment précis, nous le verrons, où le seul fait de relever de la cour comtale et de participer aux jugements qu'elle rend suffit à distinguer les membres de la classe supérieure. Nous nous proposons d'étudier ailleurs, en détail, la véritable signification sociale de ces différents termes : nous ne pensons pas qu'ils aient, dans les documents bourguignons, le sens que leur attribue GUILHIERMOZ dans son *Essai sur les origines de la noblesse en France*.

2. Oury, fils de Thibert et sire de Bâgé, est présent lorsqu'il s'agit d'affaires bressanes (*M.* 96 [1018-1030], 464 [1018-1030]).

3. *C.* 3726 (1096).

4. *M.* 590 (1126-1143).

domini sont complètement et définitivement détachés de la cour judiciaire des comtes de Mâcon[1].

Désormais la *curia* est formée essentiellement de deux éléments. Les familiers du comte, son fils, la comtesse[2], des ministériaux, en particulier le prévôt de Mâcon, constituent un noyau permanent qui confère au tribunal un caractère nettement privé, familial même. Autour de ce noyau se forme, à l'occasion, un groupe très variable qui rassemble des parents, des amis, des voisins des parties en présence[3]. Assesseurs de fortune, ces gens ne sont qu'accidentellement liés au comte par des relations de dépendance ; la cour comtale n'a rien d'une cour féodale classique, d'une réunion régulière de vassaux[4]. C'est l'agglomération fortuite de deux groupes cohérents et hostiles représentant les adversaires ; entre les deux, le comte entouré par les siens ne fait plus figure de juge mais d'arbitre et de conciliateur.

Dans les dernières années du XIe siècle, en effet, le comte n'est plus capable de faire exécuter les décisions de sa cour[5]. Il s'efforce d'obtenir des deux parties un accord qui les satisfasse l'une et l'autre ; on le voit multiplier ses interventions apaisantes[6] et, par son insistance à s'assurer des garanties préalables, manifester combien lui-même doute de l'efficacité de son entremise[7]. Par la façon dont ils sont rédigés, les actes qui relatent les sentences de la *curia* témoignent eux aussi de l'effacement progressif de la juridiction comtale. Les notices

1. Les documents, beaucoup plus rares, qui concernent la cour chalonnaise confirment nos conclusions.

2. *C.* 2552, M. 464.

3. *Venerunt... ipse Hugo cum propinquis et amicis et senioribus suis* (M. 10 [1074-1078]).

4. *Cf. C.* 2552 (1002) (procès entre Cluny et le clerc Maieul). Milon fait peut-être partie de la clientèle du comte ; mais ce n'est certainement pas le cas de Guibert, Rainaud, Arlier et Engeaume, moyens seigneurs de la vallée de la Grosne, qui, par contre, tiennent des fiefs de Cluny et sont les voisins et peut-être les parents de Maieul. La cour comtale est composée normalement de vassaux lorsque le comte est lui-même partie. *Cf. C.* 3841 (1106). Robert de Bresse-sur-Grosne (M. 589) et Robert l'Enchaîné (v. M. 589 et 590) sont, nous en sommes certains, des fieffés du comte.

5. La restitution imposée à Bernard de l'Île par le comte Thibaud n'est pas exécutée (*C.* 3651 [1040 env.]). Après la sentence rendue en faveur de Cluny par le comte de Mâcon (*C.* 3726 [1096]), il faut des démarches auprès du pape et la menace de sanctions ecclésiastiques pour contraindre l'abbé de Tournus à s'y conformer ; il ne l'exécute d'ailleurs qu'à demi.

6. Début du XIe siècle : *tam potestate quam blanda suasione fecerunt ei vuerpitionem facere* (*C.* 2406 [1002]) ; fin du XIe siècle : le comte rend son jugement : *causa equitatis et concordie* (M. 10 [1074-1078]). La part la plus active cependant revient dans les débats aux assistants ; le comte se borne à présider *presidente comite... dum eadem res communi omnium consilio juste examinis finem expeteret :... judicio definitum est*, par la bouche d'Humbert de Beaujeu *et cunctorum presentium*.

7. *C.* 2848 (s.d. vers 1040), *C.* 3726 : *datis insuper pro confirmatione in manu comitis ab utraque partis obsidibus*.

restent jusque vers 1020 fidèles aux vieilles formules[1], mais depuis le milieu du xe se manifestent déjà les premiers signes d'altération ; peu à peu, elles se transforment en actes d'obligation personnelle signés par le condamné, confirmés par les assistants[2]. Serment solennel qui engage tous les descendants[3], malédictions et menaces spirituelles[4], participation morale des témoins, si ces surcharges sont nécessaires, c'est que la décision judiciaire n'offre plus à elle seule des garanties suffisantes. Dans les premières années du xie siècle, la transformation s'achève : les notices sont régulièrement doublées de déclarations formelles de renonciation[5], ou bien, plus fréquemment, remplacées par des actes de donation[6], par des récits où les bénéficiaires de la sentence insistent sur les efforts qu'ils ont dû déployer pour obtenir satisfaction et notent avec soin le nom des témoins qui pourront un jour se porter garants[7]. Enfin, aux alentours de l'an 1100, toutes les réunions de la cour comtale se terminent par l'établissement d'un traité ; l'une des parties s'engage envers l'autre à garder la paix pendant un temps déterminé[8] ou bien les deux adversaires s'entendent sur des compensations réciproques que garantissent les signatures des parents et des amis[9]. Au xe siècle, un notaire rédige un compte rendu des débats qui, conservé dans les archives du bénéficiaire, possède à lui seul une valeur décisive en cas de contestation ; quelque cent ans plus tard, le comte hâte par ses avis la conclusion d'un accord dont il ne se porte même pas garant[10] : on mesure aisément tout le chemin parcouru. L'ancienne juridiction supérieure s'est transformée en une cour d'arbitrage que les plaideurs choisissent pour régler leurs différends pour des raisons privées, de voisinage ou de relations personnelles.

1. *C.* 2719 (1019), *M.* 96 (1018-1030).

2. *C.* 1087 (960), 1106 (961), 2406 (1002), 2719 (1019).

3. *C.* 1249 (968-978), 2406.

4. *C.* 2406 – 2719, 2906 (1030 env.).

5. *C.* 2406, notice, et *C.* 2552, restitution. *C.* 2992, notice, et *C.* 3322 (1050-1065), relation rédigée par le condamné avec mention des témoins et surtout de la compensation (100 sous), reçue *ut hec vuerpitio et stabilis permaneat*.

6. *C.* 2848 et 2905 (1040 env.) ; *M.* 424.

7. *C.* 3726, 3841 (1106) ; *Cartulaire du prieuré de Saint-Marcel-lès-Chalon*, éd. Canat de Chizy (désigné dorénavant par *SM.*), 105 (1090 env.).

8. *SM.* 107 (1093) : après un jugement rendu par la cour des comtes de Chalon, le chevalier Boniface s'engage envers les moines de Saint-Marcel : *non capiam in eo quicquam per violentiam per tres annos. Inde mitto fidejussores F. de R. et S. militem, et de tribus annis inantea scienter rapinam non faciam, neque ego neque aliquis de meis meo consensu ; et si factum est, reddam capul et legem*. Les comtes promettent seulement leur appui en cas de violation de l'accord : *et si noluerit tenere, ego Gaufredus et Guido, comites, adjutores sumus per fidem sine enganno*.

9. *M.* 10.

10. *M.* 10.

Elle est fréquentée de préférence à d'autres par les membres les plus en vue de la classe chevaleresque ; c'est là tout ce qu'elle doit à ses origines officielles.

La compétence de la cour comtale a subi une transformation analogue à celle qui a affecté la composition et le fonctionnement de cette cour. On ne peut pas, il est vrai, découvrir de grands changements quant à la nature des causes qui sont portées devant elle : comme le *mallus* carolingien, la cour des comtes au XIe siècle a pour tâche essentielle de régler les litiges soulevés à propos des patrimoines, contestations d'héritiers [1], reprises par les lignagers de terres ayant fait l'objet d'anciennes donations [2], usurpations pures et simples [3] ; aux alentours de l'an mil apparaissent les premières plaintes contre l'installation de coutumes injustes sur les terres d'autrui [4]. Par contre, le rayonnement géographique du tribunal comtal a beaucoup changé. Ce n'est pas que soit perdu le souvenir des circonscriptions territoriales où le comte, autrefois, exerçait ses hautes fonctions judiciaires, leurs limites, qui courent à travers la région qui nous occupe, vivent encore, à la fin du XIe siècle, dans la mémoire des hommes, au moins dans la mémoire des scribes qui les utilisent pour localiser les actes qu'ils rédigent [5]. Mais ces cadres, depuis longtemps, ne correspondent plus à rien ; la zone d'influence des juridictions comtales, indifférente aux limites anciennes, s'étend, selon la personnalité du comte, dans les environs plus ou moins immédiats du siège habituel du tribunal. La cour des comtes de Mâcon – c'est ce qui la caractérise – se réunit toujours, comme l'ancien *mallus*, à l'intérieur des murs de la cité [6] ; elle a perdu tout contact avec la partie occidentale de l'ancien *pagus* [7] ; en échange, son champ d'activité s'est largement développé dans cette Bresse toute proche qui n'a jamais, semble-t-il, connu de véritable organisation administrative et par où passe la route qu'empruntent fréquemment les comtes pour se rendre dans leurs domaines familiaux du pied

1. *M.* 10.
2. *SM.* 105-107.
3. *C.* 3276.
4. Première mention : *C.* 2406, 2552 (1002) ; ensuite : *C.* 2905, 2906, 3841, *M.* 464.
5. Sur ces limites, *cf.* abbé M. CHAUME, *Les Origines du duché de Bourgogne*, t. II, *Géographie historique*, fasc. 3, p. 821, 985-989, 1023-1027 ; cartes p. 832, 1000, 1088.
6. Sur vingt-neuf sessions connues, une seule a lieu hors de Mâcon, à Lons-le-Saunier (*M.* 589, fin du XIe siècle), à un moment où la dynastie comtale est écartelée entre ses possessions du Revermont et son comté ; on éprouve d'ailleurs le besoin de répéter le plaid lorsque le comte est de retour dans la cité.
7. La dernière intervention connue dans ces régions date de 960 environ (*M.* 420, *Liciaco, in pago Dunensi*, S. Martin de Lixy, ca. de Chauffailles). Plus tard, l'influence de la cour mâconnaise ne s'étend pas, vers l'ouest, au-delà de Cluny ; il est vrai que nous sommes très mal renseignés sur les contrées plus occidentales.

du Jura[1]. Par contre l'action de la *curia* chalonnaise se fait sentir dans un rayon beaucoup plus étendu ; elle suit en effet le comte dans ses fréquents déplacements et se réunit dans les châteaux qu'il possède aussi bien dans l'Autunois que dans la région de Chalon, et même parfois sous l'orme de quelque village[2] ; son influence, lorsqu'elle est présidée par des personnages aussi actifs que les comtes Hugues et Thibaud dans la première moitié du XIe siècle, déborde même dans le Clunisois et empiète sur la clientèle ordinaire de la cour de Mâcon[3]. Attachés à la personne du comte, variables selon ses qualités individuelles et l'étendue de son prestige, les pouvoirs judiciaires comtaux sont, au XIe siècle, des attributs privés ; ils ne gardent plus traces de l'ancienne fonction publique dont ils procèdent.

Quels sont, à cette époque, les justiciables de la cour comtale ? Celle-ci est-elle devenue une pure cour de justice féodale, fréquentée seulement par des vassaux qui s'adressent à leur seigneur pour qu'il règle en sa cour des conflits qui les divisent ? Pour être complète notre enquête doit s'efforcer de répondre à cette dernière question. Malheureusement notre champ d'investigation est assez restreint ; à de très rares exceptions près, nous ne connaissons que les procès où sont engagés des établissements ecclésiastiques ; pour eux le recours au comte est normal dans des limites que nous aurons à définir plus loin. Mais l'origine de nos documents nous condamne à tout ignorer du comportement des laïcs. Les chevaliers que nous voyons plaider devant le tribunal comtal sont-ils les clients habituels de cette cour ? Se seraient-ils présentés devant elle si l'abbé ou l'évêque, leur adversaire, n'avait pas pris l'initiative de porter l'affaire devant le comte ? Il n'est pas possible de le savoir et par conséquent de délimiter avec précision les secteurs de la société où le comte apparaît comme le justicier

1. Sermoyer (ca. Pont-de-Vaux) : *M.* 96. Crottet, Chavagny-sur-Veyle (ca. Pont-de-Veyle) : *M.* 464. Mais le sire de Bâgé qui est en train de devenir le *dominus Brixiae* est toujours présent.

2. Sur six sessions connues, une seule se tient à Chalon, une autre à Charolles, une à Besornay (ce. Saint-Vincent-des-Prés, ca. Cluny). Les châteaux du comte de Chalon : Charolles (*C.* 1249) ; Sigy-le-Châtel, ca. Saint-Gengoux (*C.* 1794) ; Mont-Saint-Vincent (*Cartulaire de Paray-le-Monial*, éd. U. Chevallier [désigné désormais par la lettre *P.*], 194). Le contraste entre l'attachement que manifeste la cour de Mâcon pour le cadre de la cité et les habitudes itinérantes de celle de Chalon témoigne peut-être d'une différence plus profonde dans le comportement des hommes. Plusieurs frontières entre les traditions du Nord et du Midi passent, on le sait, entre Mâcon et Chalon. Sur les cours septentrionales itinérantes, *cf.* Ganshof, *Étude*, p. 202 (Bourgogne) et, du même « Die Rechtssprechungen des gräflichen Hofgerichtes in Flandern », *Zeitsschrift der Savigny Stiftung, G. A.* 1938, p. 167 (Flandre) ; sur les cours sédentaires du Midi, *cf.* F. Kiener, *Verfassungsgeschichte der Provence*, 1900.

3. À Besornay, pour des biens sis à Courzy, ce. Sainte-Cécile, ca. Cluny, et à Curtil-sous-Buffières, ca. Cluny (*C.* 2848) ; pour des biens sis à Ameugny, ca. Cluny (*C.* 2906).

normal. Nous essaierons cependant de préciser la position sociale de ces laïcs qui, aux prises avec des gens d'Église, défendent leur droit devant lui. Sur les quatorze personnages que nous font connaître les documents du xe siècle, onze se laissent identifier[1] ; ce sont tous d'importants seigneurs, les égaux de ceux qui se réunissent autour du comte pour former sa cour, parfois même les assesseurs habituels du tribunal[2]. Quelques-uns d'entre eux sont connus pour être ses fidèles[3]. Mais, notons-le, à l'inverse de ce qui se passe pour les assesseurs, l'accent dans les notices de jugement n'est jamais mis sur les relations personnelles qu'ils pouvaient entretenir avec lui[4]. On peut donc penser que l'on n'établissait pas de rapport évident entre la qualité du fidèle et la soumission à la juridiction du comte. De plus, certains, nous en avons la certitude, n'ont aucun rapport avec lui. Nous pouvons l'affirmer en particulier pour le seigneur Airoard, dont il est fait mention dans la charte 1179 du recueil de Cluny et que nous connaissons fort bien par ailleurs. C'est la place que ces seigneurs occupaient dans la société qui, semble-t-il, les faisait relever normalement de la juridiction comtale. Au siècle suivant, les rédacteurs des actes ne font jamais mention d'une dépendance personnelle quelconque ; dans un cas précis au moins, il n'existe sûrement aucun lien entre le comte et le chevalier qu'il juge[5] ; mais il n'est pas possible de décider dans les autres cas. Par contre, il est certain que la position sociale des justiciables perd, à cette époque, de son éclat : de même qu'ils ont cessé de siéger à la cour, les plus grands seigneurs de la région échappent désormais, et cela malgré les liens de fidélité qu'ils ne dissimulaient pas naguère, à la juridiction comtale ; tous les plaideurs que nous pouvons identifier appartiennent, à partir de 1030, à la classe directement inférieure des *milites*[6]. Malgré l'imprécision de nos connaissances, nous pouvons conclure que

---

1. Les héritiers du lévite Alard (*C.* 632, 634, 719, 764) font partie d'un important lignage (*cf.* Chaume, « Féodaux mâconnais ») ; de même, les membres de la famille des Garoux, châtelains de Brancion (*C.* 856, 1087) ; pour Rathier (*C.* 1037, *cf. supra*, n. 13, etc.).

2. C'est le cas de Rainaud, Gilard, Rathier.

3. Rathier (*cf. C.* 644, 764, etc.) et Gilard (*C.* 276) sont, nous le savons, des fidèles du comte.

4. Sauf dans *M.* 420, plainte des chanoines de Saint-Vincent contre les fidèles du comte.

5. Guichard de Minciaco est peut-être l'homme du comte de Mâcon, son justicier dans *C.* 2992 et 3342, mais il n'a certainement aucun rapport avec le comte de Chalon qui, cependant, tranche le différend qui l'oppose à l'abbaye de Cluny (*C.* 2848).

6. Neuf sur dix des plaideurs laïcs du xie siècle sont connus. On trouve encore, pendant les trente premières années du siècle, quelques personnages marquants : Tessa de Brancion et son fils, futur évêque (*C.* 2719 [1019]), Bernard de la Chapelle, neveu d'Airoard (*C.* 2905 [1030 env.]). Tous les autres sont des chevaliers de moindre importance : les fils d'Audin, souche de la famille chevaleresque de Cluny (*C.* 1989), Maïeul Pouverel (*C.* 2406, 2552), les fils de Josseran de Merzé (*C.* 2848, 2992, 3342), Hugues de Saint-Nizier (*M.* 10) ; de même, Bernard de l'Île (*C.* 3651),

les cours comtales, à la fin du XIe siècle, ne sont pas de simples cours féodales, aptes uniquement à trancher les différends des membres du groupe vassalique ; ceux qui se présentent devant elles ne sont pas obligatoirement les hommes du comte. La clientèle qu'elles conservent parmi les chevaliers est assez vaste, mais, depuis les premières années du XIe siècle, elles ont cessé d'attirer les plus importants des seigneurs, ces possesseurs de châteaux qui, nous le verrons, étendent à ce moment, aux dépens de celle du comte, des juridictions indépendantes.

Il nous est maintenant possible de préciser l'évolution des pouvoirs judiciaires comtaux depuis la fin du IXe siècle. Pendant le Xe siècle tout entier, la cour du comte conserve les caractères essentiels de l'assemblée publique carolingienne qu'elle prolonge directement. C'est la réunion régulière des hommes libres les plus considérables du comté autour du juge supérieur dont la tâche principale est toujours d'apaiser les conflits qui opposent les plus grands seigneurs fonciers. Dans les trente premières années du XIe siècle se place la transformation complète. L'aristocratie locale cesse de fournir au comte le personnel régulier de son tribunal et n'accepte plus de se soumettre à ses jugements ; les liens de fidélité qui unissaient au comte les plus importants seigneurs, et dont les formules des actes soulignaient depuis 950 l'importance sociale croissante, n'ont pu les retenir ; ce qui prouve, en particulier, qu'il ne faut pas exagérer, à cette époque, la puissance des obligations vassaliques en matière de juridiction [1]. Les conséquences de cette désertion ont été décisives ; la cour comtale a perdu de ce seul fait son caractère officiel et supérieur. Elle n'est pas réduite, il est vrai, au simple rôle de juridiction féodale ; elle continue d'attirer encore, dans une zone qui dépend de l'activité du comte, les membres de la classe chevaleresque, même s'ils ne se rattachent pas à la vassalité comtale. Mais, désormais réduite à des fonctions de conciliation, on ne la distingue plus, si ce n'est par une vague réminiscence de ses origines, des autres cours privées dont le rayonnement s'est accru au moment où elle perdait son éclat.

Chacun est d'accord pour voir, dans les privilèges d'immunité concédés par les souverains carolingiens, l'une des origines certaines des juridictions privées de l'époque féodale. Dans le domaine de notre recherche, tous les grands éta-

---

Letaud d'Ameugny (*C.* 2906), Boniface de Saint-Marcel (*SM.* 105, 107), jugés par le comte de Chalon.

1. Sur les limites qu'il faut apporter aux pouvoirs judiciaires exercés sur son vassal par le seigneur carolingien, *cf.* A. BEAUDOIN, « Étude sur les origines du régime féodal, la recommandation et la justice seigneuriale », *Annales de l'enseignement supérieur de Grenoble*, 1889 ; N. FERRAND, « Origines des justices féodales », *Le Moyen Âge*, 1921 ; F.-L. GANSHOF, « La juridiction du seigneur sur son vassal à l'époque carolingienne », *Revue de l'université de Bruxelles*, n° 28, 1921-1922, et, aussi, MITTEIS, *Lehnrecht und Staatsgewalt*, p. 36.

blissements ecclésiastiques, l'église de Mâcon, les abbayes de Tournus et de Saint-Marcellès-Chalon, l'abbaye de Cluny enfin, conservaient dans leurs archives les diplômes solennels qui leur assuraient cet avantage [1]. Certains faux [2], qui datent vraisemblablement du XIe siècle, portent témoignage de l'importance que l'on attachait en ce temps à ces concessions royales, toujours considérées comme le gage le plus sûr de l'autonomie judiciaire. Mais les droits de justice qui découlaient légalement de ces privilèges étaient malgré tout assez limités en extension comme en intensité [3]. Or, à la fin du XIe siècle, quelques-unes de ces églises immunistes paraissent en possession de pouvoirs de juridiction beaucoup trop étendus pour n'être que la prolifération des avantages particuliers accordés par les diplômes royaux. Il faut donc chercher d'autres origines à ces pouvoirs ; nous essayerons de le faire pour ceux de Saint-Vincent de Mâcon et de Saint-Pierre de Cluny, sur lesquels nous sommes bien renseignés.

Les seigneurs de l'église de Mâcon disposent à la fin du XIe siècle de droits de justice sur les hommes et sur les terres de Saint-Vincent, qu'il faut considérer comme le développement normal de l'immunité primitive [4]. Mais nous savons très mal, à cette époque, jusqu'où s'étendaient et comment s'exerçaient ces droits. Nous savons seulement que le règlement des différends qui opposaient les seigneurs de Saint-Vincent aux officiers de la seigneurie avait lieu devant le chapitre [5] et aussi devant des réunions mixtes où étaient présents les amis laïcs des prévôts [6]. Nous devinons aussi que, les menses épiscopales et canoniales étant strictement séparées, l'évêque et le chapitre ont chacun leur juridiction autonome sur leur patrimoine ; de même chaque chanoine obéancier doit posséder sur les terres et sur les hommes de son obéance la totalité des droits de justice [7].

1. Mâcon : diplôme de Pépin (*M.* 66 [743]), remplaçant des concessions plus anciennes perdues, et renouvelé par Louis le Pieux (*M.* 65 [815]). – Tournus : diplôme de Charles le Chauve délivré lors de l'installation des moines de Saint-Philibert (dans JUÉNIN, *Histoire de l'abbaye de Tournus*, Preuves, p. 91 [875]). Saint-Marcel : diplôme de Charlemagne (*SM.* 3 [779]), et deux faux, dirigés expressément contre le duc de Bourgogne et le comte de Chalon, et qui ont sans doute été confectionnés dans la seconde moitié du XIe siècle.

2. *SM.* 1 et 2.

3. Sur la juridiction de l'immuniste, *cf.* M. KROELL, *L'Immunité franque*, 1910, p. 208 sq. et 322 sq.

4. *M.* 589 : *episcopum autem et canonicos habere nomines suos, domos, terras, possessiones, clausuras, integre et pure (sine omni) comitale consuetudine preter clamorem sicut dictum est.*

5. *M.* 567 (1096-1124), accord avec Landry de Montceau, forestier.

6. *M.* 555 (1096-1124), accord avec le prévôt de Montgouin, devant l'évêque et le chapitre, et des prêtres et des chevaliers de l'endroit.

7. Accord avec Ogier de Saint-Cyr (ca. Bâgé, dpt Ain), *M.* 598 (1096-1120) *et si circa decimam male aliquid egerit, in curia decani arrationatus respondeat.* Au XIIe siècle, les pouvoirs de l'obéancier apparaissent très nettement (*cf. M.* 632 [1162-1184]).

Mais l'évêque est en possession de pouvoirs judiciaires qui débordent largement le cadre assez restreint des domaines de Saint-Vincent. Certains lui viennent de sa position dans la hiérarchie ecclésiastique : à la fin du XIe siècle, on lui reconnaît la compétence exclusive pour toutes les causes où sont impliqués les clercs ; d'autre part, depuis la constitution des institutions de paix, il est chargé de juger toutes les infractions à la paix, à la trêve, et toutes les violations des lieux d'asile [1]. En 1100, il en est chargé seul, en dehors de toute intervention des juges laïcs et, expressément, du tribunal comtal ; dans ce domaine, sa juridiction a, semble-t-il, gagné du terrain, car, au milieu du XIe siècle encore, les délits de *fractio pacis* appartenaient conjointement aux justices temporelle et spirituelle [2]. Cette juridiction tout à fait indépendante, singulièrement étendue et surtout, on le voit, susceptible d'extension indéfinie, dut s'exercer en fait très facilement non seulement sur les gens d'Église mais encore sur tous les laïcs qui pouvaient le souhaiter.

Mais, par ailleurs, on peut se demander si la compétence de la cour épiscopale, telle que nous la voyons fonctionner au XIe siècle, n'a pas une autre origine, civile et publique celle-ci, de même nature que celle de la juridiction comtale. Aucun texte ne mentionne formellement un partage des attributions judiciaires officielles entre le comte et l'évêque [3]. Mais assez souvent au Xe siècle, on voit l'évêque présider, aux côtés du comte ou de son représentant, certaines sessions du tribunal comtal [4]. Rien ne distingue ces sessions des autres, ni la forme de l'assemblée, qualifiée toujours *mallus publicus* [5], ni les caractères de la cause en débat, ni la situation personnelle des plaideurs [6]. Cette présence du prélat est-elle purement honorifique ? On pourrait le penser car jamais on ne trouve au bas des comptes rendus les signatures de l'évêque et de ses suivants auprès de

1. *M.* 589 (fin du XIe s.) : *ad episcopum pertinere justicias integre de christianitate et treva et pace et cimiteriis ; et clericis ; et justicia clericorum plenarie quibuscumque rebus accusentur ; et rebus ecclesiasticis.* Sur la compétence normale de l'évêque pour les délits de *fractio pacis*, *cf.* G. Molinié, *L'Organisation judiciaire militaire et financière des associations de la paix : étude sur la paix et la trêve de Dieu dans le midi et le centre de la France*, 1912, p. 42 sq. (qui reprend L. Huberti, *Die Friedensordnungen in Frankreich*).

2. *Cf.* la lettre de saint Odilon aux évêques d'Italie (1041), *Rec. hist. de la Fr.*, t. XI, p. 516 et son interprétation par Molinié, *op. cit.*, p. 48.

3. À la fin du XIe siècle, cependant, l'évêque exerce, conjointement avec le comte, certains droits qui semblent bien procéder des *regalia*, *cf.* *M.* 589.

4. *C.* 632 (943), 764 (950), 856 (953), 2719 (1019) ; *M.* 409 (971 986).

5. *C.* 632, 764.

6. La présence de l'évêque s'explique parfois lorsque sont débattus les droits épiscopaux (*M.* 409 : plainte dirigée contre le précédent évêque) et par ses relations avec le défenseur (*C.* 2719 : Tessa de Brancion, sœur de l'évêque précédent et mère de l'évêque futur).

celles du comte et de ses assesseurs laïcs ; et pourtant, les notices soulignent avec tant d'insistance l'égalité des deux présidents et surtout leur commune situation en face des assesseurs qui sont leurs fidèles [1] que l'évêque semble bien en fait participer à la juridiction officielle du comte. Cependant, si les deux puissances spirituelle et temporelle de la région sont associées, et ceci conformément à l'esprit de la législation carolingienne, jusqu'aux dernières années du xe siècle il n'existe qu'une seule cour de justice dans la cité : le *mallus*. Mais à partir de ce moment, alors que se laissent percevoir les premiers signes de la décadence de la cour comtale, on voit peu à peu se séparer d'elle une cour épiscopale autonome. D'abord, en l'absence du comte, l'évêque et le chapitre, entourés des assesseurs habituels du *mallus*, règlent eux-mêmes certains conflits qui les concernent [2] ; puis, peu à peu, le rôle des ecclésiastiques devient plus considérable [3] ; enfin, dans les premières années du XIe siècle, l'évolution est achevée : un tribunal épiscopal indépendant fonctionne régulièrement [4]. Présidé par l'évêque, il se tient d'ordinaire dans le cloître et se compose de chanoines [5] auxquels se joignent quelques laïcs [6]. C'est lui seul qui règle toutes les affaires de l'église de Mâcon, qui, depuis ce temps, ne sont plus jamais portées devant la cour du comte [7]. Jusqu'à la fin du siècle, nous ne voyons pas qu'il ait été appelé à régler d'autres conflits ; si l'origine de notre documentation n'est pas seule responsable du fait, on peut penser que, pendant un certain temps, la cour de l'évêque a eu pour rôle essentiel la défense du patrimoine de Saint-Vincent contre les attaques menées de l'extérieur. Ce rôle ne serait ainsi que l'extension vers le dehors de la juridiction de l'immuniste, favorisée par l'effacement de la cour comtale et renforcée par la part de souveraineté que l'évêque a pu retirer de sa longue fréquentation des assemblées publiques. Comme, d'autre part, quelques-uns au moins des plaideurs qui se présentent devant la cour épiscopale sont notoirement liés à Saint-Vincent par la possession de pré-

1. *C.* 856 ; *M.* 420 (971-986) : *testificavit comes et domnus episcopus et ceteri fidelium illorum.*
2. *M.* 243 (960 env.).
3. *M.* 376 (968-971), l'enquête et la décision sont le fait de l'évêque et des chanoines : *diu inter se requirentes non invenerunt juste aut recte tenere posse.*
4. *M.* 31 (1062-1072), 434 (s. d., milieu du XIe s.), 548 (1074-1108), 504 (1096-1124) ; *C.* 3707 (1100 env.), 3868 (1107).
5. *M.* 374, 434, 31, 548 ; *C.* 3797.
6. *M.* 376, 548 (chevalier du lieu, prévôts et humbles gens).
7. *M.* 156, 186, 204, 282, 284, 292, 409, 420, 426. Dernier jugement par le comte d'un conflit opposant Saint-Vincent à des laïcs : *M.* 16 (1018-1030).

caires ou de fiefs ou par des relations personnelles[1], il semble que certains droits de justice d'essence féodale s'ajoutent à ces pouvoirs. En tout cas, la juridiction de l'évêque suffit, pendant le XIe siècle tout entier, à sa tâche essentielle et règle toutes les affaires où sont en cause les intérêts de l'Église. Mais, à partir de 1095 environ, la cour épiscopale, qui n'avait pas cessé jusque-là de s'étendre aux dépens de la cour comtale, s'affaiblit, elle aussi. Tandis qu'elle est choisie par un nombre croissant de plaideurs pour arbitrer des causes qui ne la concernent pas directement[2], elle n'est plus capable de contraindre ses propres adversaires à venir discuter devant elle les droits de Saint-Vincent. D'une part, l'évêque reprend son rôle ancien de conciliateur et ne cessera plus de l'étendre ; d'autre part, bien que les menaces spirituelles et les armes ecclésiastiques constituent entre leurs mains un moyen de contrainte dont ne disposent pas les tribunaux laïcs[3], l'évêque et les chanoines sont eux aussi obligés, pour leurs propres causes, de recourir à des arbitres : souvent le comte[4], mais aussi parfois des personnes privées[5].

L'histoire des pouvoirs judiciaires de l'évêque de Mâcon se déroule en trois phases : 1) au Xe siècle, l'évêque est un seigneur immuniste qui jouit, comme tel, de droits de justice sur les hommes et sur les biens qui dépendent du patrimoine de l'Église ; associé au comte dans la présidence du *mallus*, il participe à ses fonctions judiciaires supérieures ; 2) à la fin du siècle, peu à peu, l'évêque se détache, lui aussi, de la cour publique et s'entoure d'une assemblée judiciaire indépendante ; sa clientèle s'étend vite aux dépens de celle du comte : les chevaliers, s'ils sont en conflit avec des clercs, s'ils sont mêlés à quelque affaire qui révèle des institutions de paix, s'ils sont en contestation à propos

1. Maïeul de Vinzelles, précariste (*M.* 30) ; Hugues Burdin, précariste (*M.* 31) ; pour *M.* 548, c'est le bien en litige qui est un ancien bénéfice. Par contre, Robert de Chaintré (*M.* 504) ne semble pas faire partie de la clientèle de l'église.

2. Elle est choisie par les moines de Cluny (*C.* 3797, 3868, 3951 [1120 env.], par l'église de Beaujeu (*Cartulaire de l'église collégiale de Beaujeu* (B.), éd. GUIGUE, n. 29 (1095, 1120) ; la cour de l'évêque ne semble pas toujours capable ni désireuse de remplir ce rôle (*C.* 3868). – Pour l'évêque d'Autun, *cf. P.* 218 (fin XIe s.) ; pour l'archevêque de Lyon, *C.* 3333. Ce pouvoir d'arbitrage s'étend au-delà du diocèse : *C.* 3920 (1115), conflit entre Cluny et le sire de Brancion pour des biens du diocèse de Chalon : *de quibus controversis, in examinationem Eduensis episcopi d. abbas Poncius et predictus Bernardus se posuerunt*. Là encore, nous sommes condamnés à ignorer si les laïcs s'adressaient spontanément à elle.

3. *M.* 548 : *cum de hec injuria canonicis... justiciam recusabat, aliquamdiu anathematis vinculo strictus... in judicium... venit*.

4. *M.* 10 (1074-1078).

5. *M.* 30 (1060-1108), conflit entre Saint-Vincent et Maïeul de Vinzelles ; arbitres : des seigneurs voisins. Aimon de Laisé et Oury de Montpont.

des droits de Saint-Vincent ou s'ils entretiennent avec l'Église des relations féodales, sont normalement justiciables de la cour de l'évêque, à la fois cour de chrétienté, cour d'immunité et cour vassalique ; 3) dans les dernières années du XIe siècle enfin, comme la cour comtale, la cour épiscopale perd sa force : les jugements font place à des accords qui souvent réclament l'entremise de personnes étrangères ; mais inversement, de par sa position, c'est l'évêque que l'on choisit le plus fréquemment comme arbitre et sa juridiction d'arbitrage est tout de suite extrêmement active.

Des documents plus nombreux vont nous permettre de pousser plus loin des recherches analogues à propos de la juridiction qui dépend de l'abbaye de Cluny. Fondation tardive, ce monastère n'a pas bénéficié des privilèges d'immunité classiques ; mais, en fait, il fut tout de suite placé dans une situation semblable à celle des églises voisines. La condition privilégiée des biens qui constituèrent la donation primitive, les strictes stipulations de la charte de fondation, l'autorité de Guillaume le Pieux sur les *judices publici* de la région préparaient, sans qu'il fût besoin d'en faire mention expresse, la constitution d'une organisation judiciaire autonome, au moins sur les domaines les plus proches du monastère. Cet état de fait fut sanctionné par un diplôme du roi Lothaire qui mettait les religieux à l'abri de toute intervention judiciaire, mais dans des limites territoriales assez vagues [1]. Nous n'avons aucune lumière sur les pouvoirs qui sont nés de cette immunité avant les dernières années du XIe siècle. Cette justice apparaît à ce moment comme essentiellement personnelle : elle s'étend sur tous les hommes de Saint-Pierre, *tam interioribus quam exterioribus* [2] ; lorsque ceux-ci sont en conflit avec les dépendants d'autres seigneurs, Cluny s'efforce de conserver sa juridiction sur eux en imposant aux seigneurs adverses des limites à l'exercice des représailles, et en les obligeant à porter plainte devant sa cour [3]. Les pouvoirs judiciaires sont exercés par les doyens qui veillent au bon fonctionnement de chacune des unités seigneuriales qui composent le patrimoine des apôtres ; entre leurs mains, ils sont complets, au civil comme au criminel [4], et certainement vigoureusement exercés, car on ne fait aucune

1. *C.* 980 (955) : *decernimus quoque, et nostra regia institutione sanccimus, ut in primis castrum monasterii omnimodo sit immune et sub ditione eorum libere constitutum, nullusque, intra girum ejus vel extra, quamlibet judiciariam exerceat potestatem contra voluntatem ipsorum...*

2. *C.* 3821 (1103-1104).

3. *C.* 3324 (1060 env.) : accord entre Gauthier de Berzé et Cluny : *ut si aliquis ex hominibus illorum sibi vel suis aliquam intulerit calumpniam vel molestiam, nullam vindictam accipiat quousque se per spatium XL, dierum proclamet. Si infra hoc terminum non sibi justiciam fecerint, tunc ipse per se talem vindictam sumat, ut non plus accipiat, se sciente, quantum sua causa valuit.*

4. *C.* 3821.

différence entre les profits de justice et les autres rapports du domaine : nous avons, par chance, conservé le fragment d'un compte dressé au début du XIIe siècle, qui est l'état des revenus en numéraires encaissés par le doyen de Chevignes [1] ; parmi des sommes de provenance diverse, chevages ou cens en argent, produit de la vente des récoltes, on trouve, après la mention d'un délit, une série de noms suivis du montant des amendes [2]. Rien ne nous permet de deviner la forme que prenait l'activité judiciaire des doyens : nous ignorons quelle était la part que prenaient à cette administration les agents de la seigneurie et s'il existait des assemblées de paysans participant au jugement. Nous ne savons pas non plus jusqu'à quel point cette juridiction patrimoniale avait débordé sur les hommes qui ne dépendaient pas directement de la seigneurie clunisienne. Nous pouvons seulement connaître la manière dont était rendue la justice à l'échelon supérieur de la seigneurie, lorsque la qualité des justiciables réclamait l'emploi d'organes judiciaires plus importants ; il s'agit du jugement de deux prévôts des doyennés de Cluny et de Berzé-la-Ville [3] qui ont outrepassé les droits attachés à leur fonction. La solennité de l'assemblée judiciaire présidée par l'abbé [4] et qui rassemble les clients chevaleresques de l'abbaye [5] porte un témoignage de valeur sur la position sociale de ces ministériaux alors en pleine ascension. Mais la rigueur de la sentence qui condamne les coupables à la confiscation totale de leurs biens, fiefs et alleux, et qui les remet, eux et leur famille, à la merci des seigneurs [6], est celle d'un maître qui punit son homme indélicat ; encore que le luxe de précautions prises pour garantir l'exécution de la sentence, et la restitution gracieuse de la majeure partie des biens confisqués [7], empêche d'exagérer l'efficacité que pouvait avoir à la fin du XIe siècle la justice domaniale de l'abbé sur les plus hauts placés de ses dépendants [8].

Mais les moines de Cluny ne possèdent pas seulement les pouvoirs judiciaires

1. Chevignes, ce. Prissé, ca. Mâcon-Sud, *C.* 3790. Les particularités onomastiques, l'état qu'il présente des possessions clunisiennes de la région de Solutré situent ce texte aux environs de l'an 1100.

2. *De quo eriam molendinum nostrum frangerunt et multa mala faciunt...*

3. *C.* 3666 (1093), 3685 (1095).

4. *C.* 3666.

5. *C.* 3685 : Lambert Deschaux, Geoffroy de Cluny, Ansoud du Bled et Hugues Burdin, importants chevaliers.

6. *C.* 3666, 3685 : *judicatum est ut tam feodum quam alodium suum et omnem censum et se et filios suos redderet in misericordiam fratrum, et se deinceps mullatenus intromitteret nisi quantum ei misericordia fratrum concederet.*

7. *C.* 3666 : *Ipse D. cum filiis suis sacramentum fecit...*, *C.* 3685, remise de garants.

8. *Cf.* la pratique judiciaire des abbés anglais de Ramsey, dans W.O. AULT, *Private Juridiction in England*, 1923, p. 56.

que comportaient en puissance les garanties d'exception attachées, dès sa fondation, au monastère. Par-dessus cette justice domaniale se sont développés d'une part une juridiction de paix, d'autre part des droits judiciaires définis qui, destinés d'abord à défendre le patrimoine contre les entreprises extérieures et à faire régner le calme à l'intérieur du groupe des vassaux de l'abbaye, étaient capables de s'étendre beaucoup plus largement. Ces pouvoirs se manifestent pour la première fois à la fin du xe siècle, au moment même où se développent entre les mains de l'évêque de Mâcon des droits de caractère analogue, c'est-à-dire au moment où se dessine la décadence de la cour comtale.

En 994, les décisions du concile d'Anse [1], première expression dans la vallée de la Saône du mouvement religieux des institutions de paix, entourent le monastère de Cluny d'une paix spéciale qui doit le mettre à l'abri de toutes les violences. L'administration des peines ecclésiastiques qui menacent les violateurs de cette paix est confiée aux moines eux-mêmes [2]. Ce fut le point de départ d'une juridiction compétente pour tous les crimes et tous les actes de violence commis à l'intérieur du territoire protégé. Et les peines spirituelles étaient accompagnées de punitions temporelles ; l'amende traditionnelle des 600 sous, attachée depuis l'époque carolingienne à la violation de l'immunité [3], fut bientôt considérée comme la satisfaction que Cluny était en droit d'exiger [4]. Au début, la connaissance des infractions à la paix paraît avoir appartenu conjointement à l'abbaye et à la juridiction séculière, c'est-à-dire à la cour du comte : Gilbert et Orné, qui donnent à Cluny deux courtils *in emendationem... propter locum quem violavimus* [5], ont été, pour le même fait semble-t-il, condamnés par la cour comtale [6] ; et en 1041, saint Odilon, dans la lettre qu'il adresse aux évêques italiens pour la propagation de la trêve de Dieu, paraît considérer comme normale l'intervention du justicier laïc, à qui revient la charge d'infliger les punitions temporelles [7]. Mais, au début du xie siècle, on voit l'abbaye infliger seule les dures amendes coutumières : en 1023, Josseran de Merzé,

1. *C.* 2255 (994).

2. *Violatores anathemata maranatha dampnantur, nisi resipuerint et poenitenteniam egerint, aut ab abbatibus sanctissimi loci Cluniensis vel a fratribus ipsius loci absoluti quandoque fuerint.*

3. *Cf.* Kroell, *op. cit.*, p. 234 ; J.-Flach, *Les Origines de l'ancienne France*, t. II, p. 162 ; voir aussi les clauses du diplôme d'immunité accordé à Tournus, Juénin, *op. cit.*, Preuves, p. 91. Sur la juridiction exercée à propos du droit d'asile, *cf.* P. Timbal Duclaux de Martin, *Le Droit d'asile*, thèse de droit, Paris, 1939, p. 169.

4. *C.* 2848 (1023).

5. *C.* 2296 (995).

6. *C.* 1989 (Gilbert et Orné sont les fils d'Andin dont il est question dans cette notice).

7. *Cf.* n° 57.

ayant tué un chevalier devant la porte du monastère, vient, conduit par ses amis, se soumettre à la justice du prieur ; il doit donner plusieurs terres, renoncer au bénéfice qu'il tenait de Saint-Pierre et payer les 600 sous[1]. Les seigneurs de Cluny, ainsi chargés du maintien de la paix aux abords immédiats des bâtiments monastiques, ont exercé en fait dans un cadre beaucoup plus vaste ce ministère pacifique. Bien des donations accomplies en amende pour des actes divers de violence[2] sont certainement les pénitences ultimes de pécheurs repentants[3] ou des indemnités destinées à réparer certains dommages ; cependant, nous avons conservé la trace de jugements imposés par les moines pour mettre un terme à des vengeances privées et pour garantir la durée du pardon par la menace d'amendes pécuniaires[4]. On peut donc penser que dans un domaine, difficile à déterminer, les moines avaient soustrait à la juridiction normale de l'évêque tous les délits de *fractio pacis* et que depuis le milieu du XIe siècle ils infligeaient régulièrement à la place du comte les sanctions séculières. Mais la pacification de ces délits n'absorbait qu'une part de l'activité de la cour judiciaire du prieur.

L'existence de celle-ci se manifeste pour la première fois dans les dernières années du Xe siècle et, aussitôt, elle fonctionne régulièrement[5]. Son siège habituel est à Cluny, mais on la rencontre parfois dans le château voisin de Lourdon[6], ou dans un doyenné, à Berzé, en particulier, où séjournait volontiers saint Hugues[7]. C'est normalement le prieur qui la préside[8], la présence de l'abbé est plus rare[9]. Formée lorsque la cause est exceptionnelle par le chapitre tout entier[10], elle est couramment composée par six ou sept moines – des spécialistes, sans doute, car ce sont presque toujours les mêmes – auxquels viennent se joindre, en nombre sensiblement égal, des séculiers. Ces assesseurs[11] sont

1. *C.* 2848, à compléter par *C.* 2784 qui donne la date.
2. *C.* 1951 (incendie d'église), 2290 (vol de bétail), 2464 (mutilation).
3. *C.* 1951, préambule de *C.* 2464.
4. *C.* 2889 (1032-1048). Gilbert et son fils abandonnent la vengeance de la mort d'un frère et donnent des garants : *ut nec nos nec ullus homo sit in damnum contra alium hominem pro morte fratris nostri ; sin alias unusquisque solvat solidos C. C.* 594 (s.d.) : *omnia ista perdonaverunt pro amore Dei et S.-Petri, et per cujus culpam jam amplius fuerit remotum, sexaginta solidos emendet.*
5. *C.* 1723 (986).
6. *C.* 594.
7. *C.* 3821.
8. *C.* 594, 1723, 1759, 1821, 1851, 1887, 1965, 2090, 2508, 2848, 2975, 3178, 3262.
9. *C.* 1855, 1978, 2086, 3666, 3821 ; *P.* 130, 207.
10. *C.* 2852.
11. *Seculares* (*C.* 2090), *judices* (3865), *milites* (1821, 3262), *nobiles viri* (1723, 2508).

parfois des prêtres[1] ou d'humbles gens[2], mais, dans la plupart des cas qui nous sont connus, ce sont les petits seigneurs qui vivent dans le voisinage immédiat de l'abbaye. Beaucoup d'entre eux, peut-être tous, sont liés à Cluny par des rapports féodaux : sur une vingtaine de personnages que nous pouvons identifier au début du XIe siècle, six au moins tenaient, nous en avons la certitude, des précaires de l'abbaye[3] ; plus tard ce sont leurs descendants, qui tiennent eux aussi en fief les terres des apôtres[4]. Régulièrement, en tout cas, ils sont liés très étroitement à la partie en cause : toujours ses pairs – d'humble condition lorsque le défenseur est lui-même sans éclat –, toujours ses amis ou au moins ses voisins[5], ce sont ces relations qui déterminent leur présence. La cour de Cluny est donc, chaque fois que nous la voyons se réunir, une cour mixte : en nombre égal, les tenants de chacune des parties – les moines représentant les intérêts de Saint-Pierre – s'assemblent sous la présidence du prieur. La cour des comtes de Mâcon présente, nous l'avons vu, un aspect analogue lorsqu'elle se transforme en cour d'arbitrage.

Cette assemblée s'occupe uniquement, en dehors des causes relevant directement de la juridiction de paix, de la défense du patrimoine de l'abbaye ; nous n'avons du moins aucun témoignage d'une activité plus étendue. Devant elle se présentent les seigneurs voisins lorsqu'ils sont en conflit avec les recteurs du monastère à propos de terres ou de serfs[6], lorsqu'ils élèvent des revendications sur des biens de leur lignage[7], lorsque le désaccord porte sur des coutumes injustement levées[8]. Toutes ces affaires, tant par la matière que par la condition des personnes en cause, sont pourtant du ressort normal de la juridiction comtale. Pourquoi échappent-elles au comte et sont-elles réglées par cette cour privée, qui ne pouvait, comme la cour épiscopale, revendiquer de par ses origines quelque part des pouvoirs publics de justice ? N'intervenant jamais que lorsque les droits de Saint-Pierre sont mis en question, ces pouvoirs judiciaires peuvent être une simple extension de la juridiction normale de l'immuniste.

1. *C.* 2090 ; *P.* 207.
2. *C.* 3666 ; *P.* 207.
3. *Cf.*, pour Audin (*C.* 2549), Guibert (*C.* 2380), Grimon (*C.* 1837), Constantin (*C.* 2422), Gilbert et Orné (*C.* 2296).
4. Geoffroy et Oury de Cluny, les frères de Sologny, H. Burdin, Lambert Deschaux, *cf.* *C.* 3262, 3666, 3685, 3821, 3828.
5. Entre autres, *C.* 1821 : Engeaume, Seguin et Constantin sont du lignage des frères de Merzé, qui sont jugés ; *C.* 3821, les seigneurs des Dombes qui accompagnent Humbert de Châtillon.
6. *C.* 1723, 1759, 1821, 1852, 1855, 1887, 1965, 1978, 2086, 2794, 2975, 3868.
7. *C.* 2090, 2508, 3178, 3821.
8. *C.* 2852, 3862.

Les moines ont eu d'abord la connaissance légale de tous les conflits qui séparaient leurs hommes ; puis, nous l'avons vu, ils se sont efforcés d'attirer toutes les plaintes dirigées de l'extérieur contre les agissements de ces dépendants [1] ; ils ont été ainsi naturellement amenés à revendiquer toutes les causes qui pouvaient intéresser l'ensemble de la seigneurie. Mais nous ne pouvons conclure sur le seul témoignage de nos documents que la cour de Cluny n'ait jamais jugé d'autres causes ; les archives de l'abbaye n'étaient pas faites pour conserver la trace des sentences qui n'intéressaient pas directement l'état du patrimoine. Il reste donc possible que la juridiction clunisienne se soit étendue à des cas purement laïcs. Un fait peut justifier cette supposition : pour une part, la justice du prieur était une justice féodale. Nous avons déjà remarqué que, la plupart du temps, des liens de dépendance unissaient aux seigneurs de Cluny les séculiers qui les assistent dans leurs fonctions judiciaires ; le fait apparaît encore plus nettement en ce qui concerne les justiciables. Très significatif est, à lui seul, le langage des actes où se manifeste pour la première fois l'activité de la cour de Cluny : régulièrement les plaideurs laïcs y sont présentés comme des *vassi* [2]. Mais ce témoignage est complété par l'identification des dix-neuf personnages que nous connaissons : pour quatre d'entre eux, la tâche est impossible et pour sept autres, nous n'avons pu découvrir la preuve formelle de relations féodales précises ; ce sont simplement des voisins immédiats du monastère, qui sont en rapports constants avec les moines et qui, à l'occasion, viennent s'asseoir auprès d'eux au plaid ; mais six au moins tiennent certainement de Cluny des précaires ou des fiefs [3] et deux seulement sont de puissants seigneurs qui n'ont aucune relation féodale avec l'abbaye [4]. Enfin, nous connaissons au XIe siècle certaines sessions où l'assemblée judiciaire clunisienne porte indiscutablement tous les caractères d'une cour féodale : composée de chevaliers fieffés du monastère, elle contraint, en 1064, Lambert Deschaux à abandonner le fief qu'il tenait après son père et qui avait donné lieu à de longues contestations [5] ; en 1072, Geoffroi de Saint-Nizier doit, pour recouvrer son fief que l'abbé avait

1. *Cf. supra*, n. 3, p. 1377.

2. *C.* 1723 (986), 1759 (987-996), 1852 (990), 1885 (990). Ce terme *vassus* est employé par les scribes mâconnais pendant une période assez courte, précisément entre 980 et 990 (*cf. M.* 410 [981-986]).

3. Airoard (*C.* 1759), précariste (*C.* 1528) ; Josseran et Lambert de Merzé (1821), bénéficiés (2848) ; Orné et Gilbert (2296) bénéficiés (2296) ; le clerc Maïeul (2508), bénéficié (941) ; Achard de Merzé (2975), fieffé (3221) ; Hugues de Bussières (3262), fieffé (3400).

4. *C.* 2852, 3821.

5. *C.* 3400.

confisqué, renoncer à ses revendications devant le prieur, quatre moines et trois vassaux dont le susdit Lambert[1].

Nous pouvons voir, à propos de l'abbaye de Cluny, dans quelles directions s'est développée une juridiction d'origine purement privée. Des droits du seigneur renforcés par l'immunité procèdent les droits de justice revendiqués sur tous les hommes de Saint-Pierre, quelle que soit leur résidence ; cette juridiction domaniale, de caractère personnel, a donc tendance à déborder hors du cadre assez imprécis des possessions foncières. La justice féodale exercée sur les vassaux lorsqu'ils sont en conflit direct avec leur seigneur est aussi une justice personnelle, mais elle dut rayonner au-delà du groupe vassalique et juger les désaccords entre Cluny et les membres de la classe chevaleresque, quels que soient leurs rapports avec le monastère. Enfin, Cluny exerce une juridiction de paix qui, elle, s'étend sur tous les criminels quels qu'ils soient, mais se limite à un domaine territorial assez restreint[2].

Justice vassalique et justice de paix s'adressaient aux hommes libres de la classe supérieure qui normalement relevaient du tribunal du comte. Au début, elles furent subordonnées à la juridiction comtale ; l'une, parce que les moines n'infligeaient d'abord aux violateurs de la paix que des peines spirituelles, qu'accompagnaient des sanctions séculières ; l'autre, parce que, nous l'avons remarqué à propos de la justice comtale, les relations vassaliques ne contraignent pas encore au début du XIe siècle avec beaucoup de rigueur le vassal à se soumettre à la justice de son seigneur. Aussi, jusqu'au milieu du XIe siècle, bien des procès, même ceux qui l'opposent à ses précaristes ou à ses vassaux, sont portés par Cluny devant les cours des comtes de Mâcon et de Chalon[3] ou sont soumis à l'arbitrage de l'évêque, lorsque celui-ci peut avoir de l'influence sur les adversaires du monastère[4]. Parfois, il est fait appel au comte lorsqu'une première sentence prononcée par la cour de Cluny n'a pu recevoir d'exécution[5], ce qui prouve l'efficacité relative de la justice clunisienne, lorsqu'elle s'adresse aux vassaux.

Celle-ci, cependant, devient complètement indépendante aux environs de

1. *C.* 3503.

2. Ces trois sortes de justice se retrouvent dans l'Angleterre du XIIIe siècle entre les mains des moines de Ramsey (*cf.* AULT, *op. cit.*).

3. *C.* 1989 (993-1020), 2407 et 2552 (1002), 2906 (1030 env.) ; Guichard, fils du vassal Josseran de Merzé, est condamné par la cour de Mâcon (2992, 3342, [1050 env.]) et par celle de Chalon (2848).

4. *C.* 2719 (1019), 2870 (1031-1059).

5. Les décisions comtales de 1002 (*C.* 2407, 2552) viennent après le premier jugement du clerc Maïeul (*C.* 2508).

1050 ; à partir de ce moment, les moines ne portent plus plainte devant la cour comtale, sauf lorsqu'il s'agit de démêlés directs avec le comte [1]. Il faut chercher le motif de cette désaffection dans l'affaiblissement de la justice séculière. Ce n'est pas en effet que Cluny soit devenue avec le temps capable de faire respecter, par les seuls arrêts de son tribunal, ses droits contre les empiètements de ses voisins [2]. Au contraire, un nombre croissant d'affaires lui échappent, qui pourtant la concernent directement ; les seigneurs de Saint-Pierre sont obligés, alors, soit de se rendre auprès de leurs adversaires et de s'entendre à l'amiable avec eux [3], soit de soumettre la cause aux efforts de conciliation de l'évêque [4] ou, plus souvent encore, d'une réunion d'arbitres spécialement appelée à cet effet [5]. Ce refus d'accepter la juridiction du prieur n'émane pas seulement de puissants seigneurs comme Bernard Gros ou les frères Enchaînés [6], mais aussi d'obscurs chevaliers [7] et même d'anciens prévôts [8]. Tout ce qui compte tant soit peu dans la société d'alors a donc tendance à esquiver la justice de l'abbaye, comme elle esquive celle de l'évêque ou du comte. C'est un fait général que la disparition progressive, au cours du XIe siècle, de toute contrainte judiciaire sur la classe seigneuriale.

*

Les seigneuries ecclésiastiques, nanties de privilèges d'immunité, ne sont pas les seules à s'être constitué, au détriment des pouvoirs comtaux, des juridictions étendues. Pendant tout le Xe siècle, il est vrai, les cours ecclésiastiques appa-

1. *C.* 3841 (1106).

2. L'évolution de la forme des notices, qui est parallèle à celle suivie par les actes comtaux, confirme cette impression : aux notices impersonnelles de la fin du Xe siècle (*C.* 1978, 2086, 2508, 3171, 3262), déjà remplacées par des chartes de donation qui parfois s'ajoutent à l'acte de jugement (*C.* 2090, 1852, 1965), s'attachent bientôt les mentions de garantie : malédictions (*C.* 1978, 2090, 3821, 3975), serment solennel (*C.* 3666, *P.* 207), etc. La mention de compensations accordées de plus en plus fréquemment par Cluny (*C.* 1978, 2090, etc.) donne à ces actes l'allure de contrats ; les jugements sont remplacés par des accords.

3. *C.* 3822 (1103-1104) : contestation avec certains chevaliers des châteaux de Brancion et de Sennecey, dont les pères s'étaient encore soumis aux décisions du plaid clunisien, *Jussu itaque ejusdem venerandi patris, d. L., Cluniacensis ville decanus et d. A., Lordoni decanus... ad placitum in Brancedunensi et Seneciacensi castro convenerunt*.

4. *C.* 3797, 3868, 3920.

5. *C.* 3333, 3577, 3951.

6. *C.* 3333, les Enchaînés, descendants d'une des plus puissantes familles de la région et, à ce moment, châtelains de Montmerle. *C.* 3420, B. Gros, châtelain d'Uxelles et de Brancion.

7. *C.* 3868.

8. *C.* 3951.

raissent seules auprès des organes publics de l'administration judiciaire. Mais, dans les premières années du XIe siècle, au moment où les pouvoirs comtaux subissent l'affaiblissement que l'on sait, on voit pour la première fois des laïcs en possession de juridictions privées. En 1016, le pape Benoît VIII signale à l'attention de tous ceux qui ont reçu de Dieu la puissance à charge de défendre les fidèles un certain nombre de graves usurpations commises aux dépens de l'abbaye de Cluny ; il s'adresse d'abord aux comtes de Mâcon et de Chalon comme aux représentants officiels de ce pouvoir, mais aussi, après eux, au puissant lignage du vicomte Guigue, à Oury de Bâgé, à Ansoud de Bourbon-Lancy, à tous les puissants de la région [1]. Dès les premières années du XIe siècle, certains *optimates*, en nombre semble-t-il assez restreint, sont donc jugés capables, au même titre que les comtes, d'administrer aux spoliateurs des saints les punitions temporelles. Cent ans plus tard, lorsque apparaissent les premiers témoignages un peu précis sur les justices seigneuriales, les possesseurs laïcs de droits de justice sont toujours peu nombreux ; mais on peut définir plus nettement leur situation dans la société : ce sont tous des *domini*, c'est-à-dire, dans le langage du temps, des possesseurs de châteaux [2]. Les pouvoirs judiciaires dont ils disposent peuvent être considérés comme la dépendance de ces forteresses [3], qui, encore peu nombreuses [4], sont certainement revêtues aux yeux des contemporains d'un caractère public très net [5]. Ces châteaux, qui sont devenus les sièges favoris des cours comtales d'abord, d'autres assemblées judiciaires privées

1. *Bullarium Cluniac*, p. 6 et 7 ; *illustribus viris d. Wigoni vicecomiti et patri ejus d. Willemo, d. quoque Odulrico et d. Ansedeo et ceteris principibus et optimatibus totius Burgundie*.

2. *C.* 3744 (1100) ; accord entre Cluny et Rolland Bressan, châtelain de Berzé ; *si alius quilibet homo quem ipse Rollannus justiciare aut per suum corpus aut per suum habere possit, aut constringere...*, *C.* 3896 (1106) : accord avec Bernard Gros, châtelain d'Uxelles et Brancion : *si quisquam de meis hominibus effregerit aut aliquis homo quem ego in jus ducere possim...*

3. *Cf.* M. Bloch, *La Société féodale*, t. II, p. 139 ; H. Janeau, « Les institutions du Dauphiné au Moyen Âge : les agents locaux de la primitive justice comtale (XIe-XIIe siècle) », *Annales de l'université de Grenoble, section Lettres-Droit*, 1943, p. 74-75.

4. Provisoirement, la liste brève des châteaux des environs de Cluny, connus avant le XIIe siècle : Lourdon (*C.* 34 [888]) ; Brancion (*C.* 405 [932]) ; Suin (*C.* 675 [945]) ; Mont-Saint-Vincent (*C.* 761 [950]) ; Charolles (*C.* 1249 [968-977]) ; Berzé (*C.* 1810 [989]) ; Uxelles (*C.* 3475 [1074]) ; Sennecey (*C.* 3822 [1103-1104]) ; Bâgé ; Juénin, *op. cit.* Preuves, p. 130 (1075) ; Chaumon, ce. Saint-Bonnet-de-Joux (*P.* 87 [fin du XIe s.]).

5. Nous sommes d'accord avec R. Aubenas, « Les châteaux forts des Xe et XIe siècles », *Revue historique de droit*, 1938, p. 548-586 ; *cf.* aussi A. Déléage. « Les forteresses de la Bourgogne franque », *Annales de Bourgogne*, 1931, p. 162-168 et « Les origines des châtellenies en Charolais », *La Physiophile*, Montceau-les-Mines, 1937. *Cf.* les précautions prises au concile d'Anse, pour protéger la paix publique, contre l'édification de châteaux privés (*C.* 2255) ; prescriptions analogues dans un diplôme du roi Robert (*C.* 2800 [1027]).

ensuite [1], confèrent à leurs possesseurs de la fin du XIe siècle, aux sires de Brancion, de Berzé, de Bâgé, de Beaujeu et à quelques autres encore, une certaine juridiction sur le territoire environnant, et l'on commence à voir, au temps de saint Hugues, les plaids castraux arbitrer, en concurrence avec les cours comtales et ecclésiastiques, les différends qui opposent les seigneurs [2]. Or ces seigneurs châtelains, dont les fonctions judiciaires se développent au début du XIe siècle, sont précisément les descendants directs de ces grands personnages qui siégeaient, à l'époque précédente, au tribunal comtal. Mettons tout de suite en rapport la constitution de leur juridiction indépendante avec la désaffection dont ils font preuve à l'égard de l'assemblée du comte.

L'analyse des pouvoirs judiciaires des châtelains et la recherche de l'origine de ces pouvoirs est rendue malaisée par la rareté et la dispersion des documents antérieurs au XIIe siècle, et nous devrons parfois nous contenter d'émettre des hypothèses. Il ne semble pas, d'abord, qu'il faille supposer à la base de ces droits des privilèges d'immunité analogues, quoique usurpés, à ceux dont ont joui les établissements ecclésiastiques, encore que le patrimoine de certains châtelains soit constitué, entre autres, par des biens d'origine fiscale [3] qui, de ce fait, échappaient à la juridiction ordinaire. Par contre, on doit considérer que les droits essentiels, ceux qui permettent à la juridiction du *dominus* de s'étendre bien au-delà des bornes de sa seigneurie foncière et de jouir, aux alentours de l'an 1100, d'une influence égale à celle du comte, proviennent par des voies qu'il n'est pas permis de déterminer avec précision de l'appropriation de certaines fonctions d'origine publique. D'une part, en effet, on peut considérer les châtelains comme les héritiers de la juridiction exercée à l'époque carolingienne par les agents inférieurs du comte ; d'autre part, ces droits se sont ajoutés aux pouvoirs généraux de *districtio* qui rayonnaient autour de ces forteresses, dont la raison d'être primitive avait été le maintien de la paix publique.

L'étude des destinées des pouvoirs judiciaires publics qui n'étaient pas directement exercés par le comte carolingien autorise, semble-t-il, la première de ces hypothèses. Remarquons d'abord qu'il n'y a pas eu dans notre région d'usurpation du titre comtal, pas même aux confins du vaste *pagus* d'Autun, pas même

1. Les réunions d'arbitrage ont toujours lieu en plein air (*C.* 3577, 3726 [*in saltu sive foresta*], *M.* 548) ; mais les plaids, lorsqu'ils n'ont pas lieu dans la cité, siègent le plus souvent dans un château, comtal (v. *supra*, n° 39) ou privé : Lourdon (*C.* 594) ; Sanvignes (*P.* 76) ; Huchon (*P.* 166) ; Brancion et Sennecey (*C.* 3822).

2. *Cf. P.* 166.

3. En particulier, certaines terres possédées au Xe siècle par les Garoux, châtelains de Brancion, ont la même origine que le patrimoine primitif de l'abbaye de Cluny, Guillaume le Pieux ayant partagé entre son vassal et l'abbé Bernon ses domaines personnels du Clunisois occidental.

dans cette Bresse qui échappe absolument au contrôle du comte de Lyon [1]. Aucun seigneur n'a donc tenté par l'adoption d'un titre officiel d'ajouter le prestige d'un pouvoir public à la juridiction qu'il avait pu constituer à son profit. La dignité comtale a pu servir, dans d'autres contrées, à l'édification de pouvoirs judiciaires de grande envergure. Or, le vicomte de Mâcon du xe siècle n'est jamais sorti de sa position de subalterne ; il assiste le comte dans ses fonctions de justicier, siège auprès de lui et est chargé, en son absence, de la présidence du *mallus publicus* ; mais il n'exerce pas d'activité judiciaire indépendante. La fonction, qui très vite s'installa dans de grandes familles [2], conférait cependant une aptitude particulière à l'exercice des droits de justice ; le vicomte Guigue est nommé tout de suite après les comtes dans la bulle de Benoît VIII. Dans les premières années du xie siècle, le vicomte, comme les autres grands assesseurs, se détacha du tribunal comtal et fit des châteaux qu'il possédait le centre principal de son activité [3]. Les Blanc, qui vont retenir définitivement le titre jusqu'à sa disparition [4], installés sur leurs alleux autour du *castrum* de Montmelard, ne paraîtront plus dans la vallée de la Saône [5] ; ils vont se créer une importante seigneurie dans la partie occidentale de l'ancien *pagus* et peu à peu glisseront vers les pays de la Loire. Là, ils jouissaient au xie siècle de pouvoirs judiciaires étendus dont nous ne savons malheureusement rien, si ce n'est qu'ils reposaient avant tout sur la concentration entre leurs mains de la juridiction de nombreuses *vicariae* [6].

En effet, c'est par l'absorption des anciennes *vicariae* que se sont constitués essentiellement les droits de justice civile exercés par les châtelains sur les populations rurales des alentours. Pendant tout le xe siècle, les assemblées vicariales sont encore en pleine activité dans le sud de la Bourgogne, et nous connaissons

1. Les vieux historiens de la Bresse (*cf.* Guichenon, *Histoire de Bresse*, p. 40), suivis par les compilateurs du xviiie siècle, paraient les sires de Bâgé du titre comtal ; leur opinion repose sur des confusions généalogiques. Quant à *Ildinus comes*, du *Bullarium*, p. 6, c'est le résultat d'une faute de lecture (*cf. Cartulaire C de Cluny*).

2. Gauthier (940-960 env.) succède à son père Maïeul (930-940), *cf.* Chaume, « Féodaux mâconnais », *op. cit.* Guigue succède à son beau-père, Naudouin (*C.* 1179 [964]).

3. Dernière mention du vicomte dans son rôle d'assesseur : *M.* 96 (1018-1030).

4. *C.* 2992 (1037).

5. L'identification proposée par Ganshof (*Étude*, p. 210, nº 15), *Archimbaldi cognomento Nigelli* : Archambaud le Blanc, est fautive ; il s'agit d'une famille chevaleresque bressane.

6. Artaud le Blanc est le seigneur des voyers de Montmerlard (Arch. Saône-et-Loire, H. 142/2 [1067]) ; Hugues le Blanc donne à Saint-Pierre-de-Mâcon la chapelle Saint-André-de-Villars près de Charlieu, avec la *vicaria* ; ce droit fait partie du *vicecomitatus* (*Nécrologue de Saint-Pierre-de-Mâcon*, éd. Guigue, p. 51 [1096]).

avec assez de précision le rôle qu'elles étaient appelées à jouer[1]. Ces réunions campagnardes qui se tiennent dans l'aître d'une église de village sont formées par les hommes libres du lieu[2], gens d'humble condition[3], assemblés sous la présidence du *vicarius* qui lui-même, semble-t-il, n'appartient pas à la classe supérieure de la société[4]. Dans les trois cas que nous connaissons, les notices, rédigées avec une grande fidélité aux anciennes formules par un scribe de campagne, relatent le règlement de procès sur des alleux. La compétence de ces cours, à la fin du xe siècle, ne semble pas différente quant au fond de celle du tribunal comtal. Contrairement à l'opinion courante qui reste fidèle à l'enseignement des capitulaires de l'époque classique[5], nous pensons que toutes les causes civiles, même les plus importantes, relevaient normalement de la juridiction du *vicarius*. La différence essentielle entre la compétence respective des cours vicariales et comtales est une différence de clientèle : le *vicarius* et ses scabins tranchaient les conflits qui séparaient les hommes libres de condition modeste, habitant dans un domaine géographique restreint[6], à l'exclusion des membres de la classe supérieure qui relevaient du tribunal comtal. Les rapports entre ces deux cours seraient semblables à ceux qu'entretenaient en Angleterre les cours de *hundred* et de *shire*.

En 1004, une assemblée de voirie est encore en fonction à deux lieues au sud-est de Cluny[7]. Au même moment, à une vingtaine de kilomètres de là, dans la zone d'influence du château d'Uxelles, la *vicaria* n'est plus qu'une coutume levée sur les terres du territoire au profit du châtelain. Josseran, l'ancêtre de ces Gros qui, au xiie siècle, seront les égaux des comtes, remet aux

1. *C.* 1524 (980), 2391 (997), 2591 (1004). La cour de *M.* 426 (968-971), malgré le titre de *vicarius* donné au président (un important seigneur, l'un des plus assidus assistants du *mallus*), est une session de la cour comtale, présidée, en l'absence du comte et du vicomte, par l'un des principaux assesseurs qui prend le titre de vicaire.

2. *C.* 1524, *scabinei* ; 2391, *bomi homines*.

3. Après des recherches assez poussées, nous avons l'impression de connaître, au moins par leurs noms, tous les seigneurs marquants, ancêtres des chevaliers de l'époque féodale, résidant, aux alentours de l'an mil, dans la région de Château, ca. Cluny, où se tient l'assemblée vicariale de *C.* 2591. Aucun d'eux ne figure dans l'assistance.

4. Pour *C.* 2391, il n'y a pas de président.

5. *Cf.*, en particulier, Chenon, p. 222, et les textes cités en note, p. 243.

6. Les trois notices dont nous disposons relatent des jugements rendus à Prissé (*C.* 1521), Château (2591), Nogent-sous-Brancion (2391). La notion géographique de *vicaria* est encore employée dans les actes de la fin du xie siècle (*M.* 50 [1060-1108]). Si ces indications correspondent vraiment au ressort des assemblées judiciaires, celles-ci étaient, en Mâconnais, très petites. *Cf.* Chaume, *Les Origines...*, *op. cit.*, p. 1027, liste des *vicariae*.

7. *C.* 2591.

moines de Cluny certains droits hérités de ses parents, qui pesaient sur les terres et les hommes du doyenné de saint Hippolyte : en bonne place figurent les droits de voirie [1]. Dans les premières années du XIe siècle, qui apparaissent décidément comme des années décisives pour l'évolution des institutions judiciaires, les plus puissants des seigneurs laïcs, ceux qui tiennent les châteaux, mettent la main sur les assemblées judiciaires qui fonctionnent, dans les villages des alentours, à l'usage des petites gens.

Quelles furent les conséquences de cette appropriation ? D'abord, le voyer est devenu l'officier [2] du seigneur qui a rarement gardé le titre pour lui [3]. Comme en Lyonnais, en Anjou, en Poitou, en Limousin, ailleurs encore [4], le voyer du XIe siècle est l'humble dépendant qui administre au nom de son maître la justice dans le rayon de l'ancienne *vicaria* et qui, surtout, en recueille les profits. Car c'est là, en effet, la seconde conséquence, qui n'est pas, elle non plus, particulière à notre région : en devenant des droits privés, les pouvoirs judiciaires ont été considérés par les seigneurs qui les détenaient comme une source de revenus ; sous le nom même de *vicaria*, ils perçoivent, dans toute l'étendue où s'exercent leurs droits, une redevance lucrative [5]. Telle est la *vicaria* que donne Hugues le Blanc dans la région de Charlieu [6] ; tel est, plus nettement encore, le *servitium vichariale* levé, sur deux manses donnés à l'abbaye de Saint-Rigaud, par les frères voyers de Montmelard [7]. Ainsi, les assemblées de voirie n'ont pas disparu par le seul fait que, dans les campagnes, le nombre des hommes libres allait diminuant ; la vitalité de celles que nous connaissons aux alentours de l'an mil nous interdit de le penser. Mais elles ont cessé d'apparaître, éclipsées

1. *C.* 2943 (997-1027), Uxelles, ce. Bissy-sur-Uxelles, ca. Saint-Gengoux, Saint-Hippolyte, ce. Malay, même ca.

2. Arch. Saône-et-Loire, H. 142/2.

3. Landry Gros, petit-fils de Josseran, en pleine puissance, est encore nommé *vicarius de Branceduno* (*C.* 3914 [s.d. fin XIe s.]).

4. Sur le *vicaritus, cf.* F. LOT, « La vicaria et le vicarius », *Nouvelle Revue historique de droit*, 1893 ; en Anjou : L. HALPHEN, « Prévôts et voyers au Xe siècle ; région angevine », *Le Moyen Âge*, 1902, p. 319 ; en Poitou : M. GARAUD, *Essai sur les institutions judiciaires du Poitou sous le gouvernement des comtes indépendants : 902-1137*, 1910, p. 149-151 ; en Lyonnais : M. DAVID, *Le Patrimoine foncier de l'Église de Lyon de 984 à 1267*, 1942, p. 203 *sq.* ; en Limousin, on le devine à travers les documents employés par G. TENANT DE LA TOUR, *L'Homme et la terre de Charlemagne à Saint Louis*, 1942, p. 521-528.

5. Sur le sens du mot *vicaria*, LOT, *Vicaria*, p. 283, GARAUD, *op. cit.*, p. 32 ; en Lorraine, le terme *centena* subit une évolution sémantique analogue, Ch.-E. PERRIN, « Sur le sens du mot "centena" dans les chartes lorraines du Moyen Âge », *Bulletin Ducange*, 1929-1930. DÉLÉAGE, *Vie rurale*, p. 534, a noté cette évolution, mais elle n'est pas encore achevée en 1050.

6. *Cf.* n. 6, p. 1387.

7. *Ibid.*

par les pouvoirs privés des châtelains qui les avaient confisquées à leur profit. Ce que nous savons du *vicarius* et de la *vicaria* des temps féodaux [1] nous autorise à donner à notre conclusion une portée générale, qui reste à soumettre au résultat d'enquêtes régionales.

En tout cas, dans le sud de la Bourgogne, les assemblées publiques de voirie ont complètement disparu au début du XIe siècle ; l'usage seul du mot *vicaria*, dans son sens géographique, se maintiendra quelque temps encore. Dans les régions où le comte reste présent – et ceci, notons-le bien, dans la mesure où il a conservé la disposition des châteaux –, l'institution n'a pas été conservée pour autant. Le comte, sans doute, a, lui aussi, accaparé les juridictions publiques inférieures. Mais il ne semble pas avoir conservé les voyers. Ses agents ordinaires sont ses familiers, les prévôts, qui apparaissent dans les premières années du XIe siècle [2]. Ils sont installés dans la cité, ou dans un château comtal [3], et sont rétribués par des fiefs qui s'ajoutent à leurs alleux [4] et par une part des profits de justice [5] ; leur office est sans doute héréditaire [6], ce qui leur permet de s'élever rapidement. Au commencement du XIIe siècle, ce sont des personnages de premier plan [7] ; on peut prévoir le moment où ceux qui sont le plus isolés vont rompre tous les liens qui les retiennent et rendre désormais la justice à leur seul avantage.

Dans le même territoire où ils exercent pour les causes civiles des droits de juridiction qui prolongent ceux des *vicarii*, les châtelains possèdent la justice criminelle complète et ceci parce qu'ils sont les maîtres du château. Si l'on admet, après Hirsch [8], que la poursuite des crimes appartenait de droit au *vicarius* carolingien, la possession de ces droits pourrait s'expliquer par la seule appropriation des voiries. Mais nous pensons, avec certains auteurs [9], que la justice de sang s'est réellement constituée lorsque les mouvements de paix ont tenté de substituer aux règlements privés, vengeances ou compositions, la

1. *Cf.* l'enquête générale de Lot, *Vicaria*.

2. *P.* 194. Les prévôts remplacent aussi les voyers dans les autres régions du royaume : Tenant de La Tour, *op. cit.*, p. 519 ; Garaud, *op. cit.*, p. 155 ; Halphen, *op. cit.*, p. 319 : les prévôts angevins apparaissent au même moment.

3. Mâcon : *C.* 2992 (1049-1065) ; *M.* 589 (1096-1124) ; Mont-Saint-Vincent : *P.* 194 (1030 env.) ; Charolles : *P.* 44, 45, 46 (seconde moitié du XIe siècle).

4. Pour les prévôts de Charolles en particulier : *P.* 44, 45, 46.

5. *P.* 194.

6. *P.* 44, 45, 46.

7. Évrars, prévôt laïc de Mâcon, est peut-être le père du chevalier Humbert (*C.* 2861, 2969) ; les prévôts de Charolles sont des *milites* (*cf.* Halphen, *op. cit.*, p. 307, la figure du prévôt d'Angers).

8. H. Hirsch, *Die hohe Gerichtsbarkeit im deutschen Mittelalter*, 1922, I, chap. I ; II, chap. 6.

9. Hirsch, *op. cit.*, p. 198 ; Bloch, *op. cit.*, p. 128 sq.

répression sévère des violences. Or, lorsque les institutions de paix s'établissent dans la Bourgogne du Sud, aux environs de l'an mil, les cours de voirie ont déjà été pour la plupart accaparées par les châtelains. Par contre, le château, qui, à cause de sa destination militaire, était le siège d'une paix spéciale, semblait bien fait pour servir de point d'appui aux pouvoirs séculiers chargés de soutenir les efforts déployés par les clercs pour le maintien de la paix. À ce moment aussi, le départ des principaux assesseurs, maintenant enracinés dans leur forteresse, avait affaibli considérablement la juridiction comtale ; on s'explique donc que le comte n'ait pas, comme en d'autres provinces, conservé le monopole de la justice de sang[1]. Il l'exerce évidemment lui-même dans le domaine territorial où il a conservé un prestige actif : après la découverte d'un crime commis en 1030 dans les environs de Mâcon, c'est au comte, nous dit Raoul Glaber, témoin direct, que fut rapporté le fait ; c'est lui qui, après enquête, se saisit du coupable pour le brûler[2] ; de même, au début du XIIe siècle, le droit de punir l'adultère et le larron dans la cité et aux alentours appartient au comte seul[3]. Il exerce aussi ce droit dans un rayon plus étendu sur tous ceux qui n'acceptent pas, à cause de leur position sociale, de se soumettre à la justice des châtelains. Mais, localement, ces derniers punissent, sans aucune réserve, les crimes commis par les petites gens dans les limites du sauvement.

Le *salvamentum* est le territoire où le châtelain a pour fonction essentielle la défense de la paix, qu'elle soit menacée par des tentatives menées de l'extérieur, qu'elle soit brisée dans le territoire lui-même par certains délits. Cette fonction, qui porte le nom de *custodia*, de *vuarda*[4], confère au gardien des droits de justice spéciaux : en cas de conflits avec des étrangers à propos des biens placés dans le sauvement, c'est lui qui juge[5] ; à lui revient le châtiment de tous les

1. *Cf.* la justice de sang, monopole des comtes de Flandre, GANSHOF, « Die Rechtssprechung... », *op. cit.*, p. 170.

2. GLABER, *Hist.*, IV, 2 : *ad quam (civitatem) veniens, quod compererat Ottoni comiti ceterisque civibus indicavit qui protinus mittentes viros quamplurimos qui rei veritatem inquirerent, pergentesque velocius, repererunt illum crudelissimum... quem deducentes ad civitatem, in quodam borreo religatum ad stipitem, ut ipsi postmodem conspeximus, igne combusserunt.*

3. M. 589 : *ad comitem pertinere adulteros latrones publicos...*

4. On doit distinguer cette garde particulière et territoriale de la garde générale sur tous les biens d'une église, qui est étudiée par N. DIDIER, *La Garde des églises au XIIIe siècle,* 1927. Sur cette distinction, *cf.* DAVID, *op. cit.*, p. 174 sq. Il n'y a rien à tirer du chapitre consacré à cette institution par G. DE VALOUS : « Le monachisme clunisien », II, p. 142 sq.

5. Ce n'est pas comme gardien de l'abbaye de Cluny que le comte de Mâcon juge le différend entre ce monastère et l'abbaye de Tournus, mais comme gardien particulier des biens en litige, fonction qu'il devait à ses possessions personnelles dans la basse vallée de la Seille (*C.* 3726) : *cujus custodie possessio jam dicta noscitur delegata*. Contre cette opinion : *cf.* DIDIER, *op. cit.*, p. 233.

méfaits[1]. Dans une région où les avoués ecclésiastiques ne sont jamais sortis du rôle subalterne de représentants judiciaires et où le terme comme la notion d'avouerie disparaissent vers le milieu du xe siècle[2], les seigneurs d'Église, malgré les droits que leur conféraient l'immunité et la place qu'ils tenaient dans l'ensemble des institutions de paix, durent se soumettre aux droits supérieurs du seigneur gardien. Ils le firent volontiers à propos de leurs possessions périphériques, plus difficilement pour celles qui restaient à leur portée ; seuls échappèrent complètement les biens situés au voisinage immédiat des établissements ecclésiastiques[3]. Ce droit de garde était soit expressément concédé[4], soit imposé brutalement par le châtelain, à moins qu'il ne reposât préalablement déjà sur les terres qu'une donation faisait entrer dans le patrimoine des saints. À l'origine, ce droit est toujours entre les mains du maître du château, le comte, lorsqu'il détient lui-même la forteresse[5], un possesseur privé[6], qui l'ajoute alors à la *vicaria*[7], ou les héritiers directs des châtelains[8]. Mais par un phénomène déjà noté, le terme qui désigne la fonction tend à représenter surtout la rétribution matérielle qui y est attachée[9] ; et par *vuarda* on entend généralement les coutumes que le seigneur gardien lève sur le territoire du sauvement. Comme la voirie, la garde, attachée à certaines terres, suivait leur sort ; les partages successoraux, les aliénations, les inféodations ont, dès le milieu du xie siècle, détaché la *custodia* du château et on la trouve, morcelée, dans le patrimoine des

1. *C.* 3821 : *vuardam et malefactorum justiciam*. *Cf.* Didier, *op. cit.*, p. 228.

2. Les *advocati* du xe siècle représentent devant la cour du comte les intérêts des établissements ecclésiastiques (*M.* 284 [888-898] ; *C.* 764 [950] ; 799 [951]), tenant parfois le rôle de champion dans le duel judiciaire (*M.* 282 [936-954]). Exceptionnellement, le comte, lorsqu'il remplit ses fonctions, à l'occasion, porte le titre (*M.* 156 [936-954]). Nommés pendant un certain temps *actores* (*C.* 856 [953], 1037 [957], 1100 [961]), ils disparurent ensuite définitivement. Sur ce point, on doit rectifier les limites géographiques données par F. Senn, *L'Institution des avoueries ecclésiastiques en France*, 1903, p. 104.

3. *C.* 3821.

4. Saint Maïeul remet à Humbert de Beaujeu la garde sur certaines obéances clunisiennes (*C.* 889 [954-965]) : *commendo... ad custodiendum et defendendum a malis et perversis hominibus... ita tamen ut pauperibus nostris reddas quae eis tulisti...*

5. Le comte de Chalon a le *salvamentum* autour de son château de Mont-Saint-Vincent (*P.* 194 [1030 env.]).

6. Le sire de Beaujeu : *C.* 884, *M.* 476 (1031-1060) ; le sire de Digoine (*P.* 179) ; Oury de Bâgé (le service qu'il perçoit sur l'obéance de Perronne semble bien le salaire de ses fonctions de gardien).

7. Le sire de Brancion (*C.* 3920 [1115]) ; L. et B. Gros possèdent le *salvamentum* dans les mêmes villages où leur grand-père Josseran tenait la *vicaria* (*C.* 3073 [1070]).

8. E. de Neublans, héritier des Garoux, anciens châtelains de Brancion, réclame *vuardam* et *salvamentum* sur une vallée proche du château (*C.* 3737 [1100]).

9. *Cf.* Didier, *op. cit.*, p. 16.

moyens seigneurs[1] ; mais le châtelain, s'il a parfois aliéné la rente qui le rétribuait, exerce seul la fonction.

Justice de sang, garde et voirie représentent donc les pouvoirs judiciaires complets qui s'étendent sur tous les territoires soumis à l'influence du château. Cette justice territoriale recouvrait absolument les droits de justice personnels revendiqués par les autres seigneurs sur ceux de leurs dépendants qui résidaient à l'intérieur du sauvement[2]. Avant le XIIe siècle, nous n'avons en effet aucun témoignage de l'exercice par les petits seigneurs laïcs d'une juridiction quelconque. La petite seigneurie, extrêmement morcelée[3], sans aucune consistance, ne pouvait pas d'ailleurs servir de cadre à une administration judiciaire effective. Les tenanciers libres, autrefois justiciables des cours de voirie, continuèrent sans doute à se soumettre aux jugements rendus par le voyer privé, qui étendit aussi sa juridiction sur les serfs. Jusqu'à la fin du XIe siècle, les droits de justice sur les humbles ont donc été fortement concentrés entre les mains de quelques puissants locaux ; mais, au XIIe siècle, ces droits lucratifs, reposant sur des terres, commencèrent à être régulièrement considérés comme une dépendance du fonds : la mention régulière des droits de justice dans les actes de vente et de donation à partir de cette époque en témoigne[4]. À partir de ce moment, ils suivirent les destinées de la propriété foncière et se morcelèrent.

Le château devint aussi le siège normal des cours féodales. Les *milites castri*, tous les hommes libres de la classe supérieure vivant dans l'entourage du château, formaient normalement la cour lorsque, au Xe siècle, le comte, de passage dans la forteresse, y rendait la justice[5]. Liés pour des raisons militaires au possesseur privé du château par des relations féodales, ils continuèrent à s'y réunir périodiquement et jugèrent dans ces réunions les conflits qui s'élevaient à l'intérieur du groupe vassalique. Mais ces cours de chevaliers parurent le tribunal normal pour la classe seigneuriale de la région tout entière et attirèrent ceux qui auparavant relevaient des cours comtales. À la fin du XIe siècle, certaines de

1. *C.* 2944 (1050 env.), garde sur un bois ; *C.* 3640 (s.d.), *salvamentum* sur deux manses ; *M.* 27 : *per consuetudinem salvamenti* ; *C.* 3085 [1050 env.]) : G. de Chaselles fait abandon *de omnibus malis consuetudinibus quas ipse et antecessores ejus inmitterant in omnibus terris que in eorum videbantur esse custodia*.

2. Extension des droits de justice supérieurs sur les seigneuries foncières des églises : *C.* 2846 (978-1039), 2943 (999-1027).

3. *Cf.* DÉLÉAGE, *Vie rurale*.

4. C'est en ce sens que la justice a pu être considérée comme une dépendance de la propriété. *Cf.* SEIGNOBOS, *op. cit.*, p. 242, qui le remarque sans l'expliquer et qui note que l'on ne fait jamais mention des droits judiciaires des seigneurs fonciers avant le XIIe siècle.

5. Le comte de Chalon est entouré par les *seniores viros Carelle castri* (*C.* 1249 [968-978]).

ces assemblées, en particulier dans l'ouest de notre région, en Charolais, en Brionnais, en Autunois, pays qui échappaient à l'influence régulière des comtes, jouèrent sans réserve ce rôle [1].

Le château est donc, au XIe siècle, l'élément fondamental de l'organisation judiciaire. Le rayonnement de la justice comtale dépend du nombre de châteaux possédés par les comtes ; les seigneurs d'Église jouissent de leurs pouvoirs spéciaux d'immunistes et de leur juridiction de paix dans la mesure où ces droits sont renforcés par la possession d'une forteresse [2]. Le pouvoir judiciaire du châtelain s'étend sur toutes les classes de la société : défenseur de la paix, il peut agir sur les hommes de corps plus intimement liés à leur seigneur ; il est devenu le justicier normal des petites gens de condition libre depuis que le *vicarius* est devenu son agent ; enfin, les relations vassaliques lui ont permis de constituer une cour chevaleresque qui fait accepter ses sentences par les seigneurs des environs. L'administration de la justice était répartie, au Xe siècle, dans des compartiments superposés mais étanches dont la disposition correspondait aux grandes lignes de l'édifice social : justice du maître sur les *servi*, des assemblées vicariales locales sur la classe inférieure des hommes libres, du *mallus* comtal sur les grands du comté. Au XIe siècle, cette superposition a fait place à une juxtaposition géographique : quels que soient les accommodements locaux, le châtelain revendique la justice sur tous les habitants du territoire qu'il contrôle. Notons que, pour l'évolution de la société, le fait le plus lourd de conséquences fut l'appropriation des justices vicariales. Les petits paysans libres qui formaient la clientèle de ces assemblées de village se sont trouvés soumis à une justice seigneuriale durement exercée par des ministériaux, d'autant plus efficace et entreprenante que son exercice représentait pour le *dominus* un profit susceptible d'accroissement indéfini. Perdant tout contact avec les organisations officielles de la justice publique, confondus devant la juridiction seigneuriale et les droits qui en découlaient avec les non-libres, ils devinrent avec eux les dépendants de la seigneurie territoriale constituée autour du château. Pour tous ces gens, c'est-à-dire pour la masse des ruraux, il existe donc une organisation judiciaire précise [3]. Les membres de la classe supérieure, les moyens seigneurs, les *milites* relevant de la cour comtale, ne tombèrent pas sous la juridiction du châtelain, lorsque celui-ci fit rendre en son nom les sentences de voirie. Ils

1. P. 166 (1080 env.), *curia* du sire de Semur, au château de Huchon, formée par tous les chevaliers des environs.

2. Importance de la possession par les moines de Cluny du château voisin de Lourdon.

3. *Cf.* HALPHEN, « Les institutions judiciaires en France au XIe siècle, région angevine », *Revue historique*, n° 78, 1901, p. 304 ; GARAUD, *op. cit.*, p. 144.

continuèrent de dépendre normalement de la seule juridiction qui conservât un caractère public. Ce seul fait suffit à les distinguer, à les faire considérer comme les seuls véritables hommes libres. Mais, tandis que la cour comtale perdait sa force, ils furent sollicités à la fois par les tribunaux d'arbitrage des prélats, par la cour féodale que réunissait le seigneur de leur fief, par la réunion de leurs pairs tenue dans le château voisin ; ils devinrent pratiquement insaisissables, car aucun de ces organismes ne possédait notoirement le pouvoir de les contraindre. À la fin du XIe siècle, il n'existe plus d'institution judiciaire qui soit capable de maintenir la paix à l'intérieur de la classe chevaleresque [1].

Organisation précise de pouvoirs judiciaires qui s'exercent activement et avec efficacité sur la masse des petites gens, inconsistance et faiblesse totale des juridictions à l'usage de l'aristocratie, le contraste est absolu. C'est la conséquence du grand événement qui date des premières années du XIe siècle : la constitution des justices de châtellenies. Les débuts du XIIe siècle marquent une autre étape de l'évolution des institutions judiciaires ; après une soixantaine d'années d'édification spontanée se manifeste alors le besoin d'une organisation. Il faut, d'une part, préciser des droits qui, après s'être développés parallèlement, commencent à entrer en concurrence, d'autre part suppléer, par des créations nouvelles, aux défauts d'institutions qui se sont établies sans ordre. En étudiant ces faits nouveaux, nous devrons distinguer les deux aspects, maintenant si complètement différents, de l'administration de la justice, selon qu'elle s'adresse aux manants ou aux chevaliers.

*

La justice sur les humbles est considérée essentiellement comme un profit par le seigneur qui l'exerce. Il s'efforce donc d'étendre sa juridiction sur le plus grand nombre de personnes. Mais il rencontre vite des concurrents, ceux qui exercent les mêmes droits que lui dans la zone voisine, ceux au contraire qui dans son domaine se réclament d'autres principes pour lui disputer les siens. À la fin du XIe siècle apparaissent dans le sud de la Bourgogne les premiers règlements qui tentent de mettre fin à cette concurrence en fixant avec précision les droits réciproques des justiciers. C'est ainsi que commence un long travail qui se poursuivra pendant tout le XIIe siècle et qui déterminera finalement l'allure hiérarchisée de la justice féodale classique, avec ses échelons successifs de haute, moyenne et basse justice.

Il importait avant tout de régler les relations entre la justice territoriale des

1. HALPHEN, *op. cit.*, p. 282 ; GARAUD, *op. cit.*, p. 41 ; GANSHOF, *Étude*, p. 197.

châtelains et la justice personnelle que réclamaient sur leurs dépendants les possesseurs de seigneuries assez importantes pour qu'ils disposent et de traditions judiciaires solides par ailleurs et de moyens suffisants pour lutter contre les justiciers locaux. À peu près seules les grandes Églises se trouvaient dans ce cas aux alentours de l'an 1100 ; seules, en tout cas, elles nous ont laissé trace des luttes qu'elles ont menées contre les justices laïques, avec d'autant plus de vigueur que les idées réformatrices avaient rendu plus intolérables les empiétements de ces dernières.

Le premier accord que nous connaissions dans le cadre de notre recherche règle les droits de justice respectifs du seigneur ecclésiastique et du seigneur gardien. Il date de 1103[1]. Il s'agit d'un traité entre l'abbaye de Cluny et Humbert de Châtillon, héritier récent des droits de garde que son beau-père possédait sur le doyenné bressan de Chaveyriat[2]. C'est un retour à l'état ancien, que précise le témoignage d'un ami du défunt, chevalier des environs, *prudens homo ac plenus dierum*. De par son droit de garde, le châtelain possède normalement la *malefactorum justicia* ; mais l'exercice de celle-ci est contenu dans des limites assez étroites : le gardien n'aura aucun droit de juridiction sur les hommes de Saint-Pierre, qu'ils soient ou non installés sur les terres clunisiennes ; s'il intervient pour punir les crimes qu'ils pourront commettre, ce sera sur la demande expresse du doyen et à charge de partager les profits de justice ; enfin, il exercera de plein droit la justice du marché de Chaveyriat sur les étrangers, mais en versant encore la moitié des profits aux moines[3]. Très semblable aux classiques règlements d'avouerie[4], cet accord fait une large part à la juridiction patrimoniale du seigneur sur ses hommes, qui est ici victorieuse : pour tous les hommes de la seigneurie concurrente éparpillés sur le territoire soumis à son influence, le châtelain n'est que l'exécuteur occasionnel, rétribué par une indemnité, des sentences punitives[5].

Le second règlement, contemporain du précédent[6], trace la limite entre les

1. Le mouvement paraît en Bourgogne relativement tardif ; en Lorraine, les règlements d'avouerie commencent aux alentours de 1050, *cf.* Ch.-E. Perrin, *Recherches sur la seigneurie rurale en Lorraine d'après les plus anciens censiers*, 1935, p. 118, n. 1.

2. Châtillon-sur-Chalaronne, dpt Ain ; Chaveyriat, m. ca.

3. *C.* 3821.

4. *Cf.* Perrin, *op. cit.*, p. 676 ; Flach, *op. cit.*, t. I, p. 182-183.

5. Tous ces droits sont normalement détenus par le seigneur gardien : *cf.* Didier, *op. cit.*, p. 237 ; R. Laprat, « Avoué », *Dictionnaire d'histoire et de géographie ecclésiastique*, t. V, 1931, Coll. 1232.

6. *M.* 89 (1096-1124). Le règlement a lieu à l'avènement du comte Renaud, de la branche cadette et comtoise. L'évêque est le frère du même Humbert de Châtillon qui conclut à ce moment un accord du même genre avec les moines de Cluny sur la garde de Chaveyriat.

droits concurrents du comte et de l'évêque de Mâcon à l'intérieur et aux alentours de la cité. Ce n'est que la fixation de la coutume, dont se charge une commission mixte, composée de deux dignitaires ecclésiastiques, d'un chevalier de l'entourage du comte et d'habitants de la ville qui sont peut-être les ministériaux du comte et de l'évêque. D'une part, l'indépendance de la juridiction de l'évêque est reconnue pour toutes les causes de chrétienté, celles qui concernent les atteintes à la paix, à la trêve, aux lieux d'asile, celles où sont impliqués des clercs. D'autre part, en dehors de ce domaine réservé, des frontières sont établies entre les pouvoirs généraux de répression du comte et les droits de juridiction revendiqués par Saint-Vincent sur toutes les dépendances de la seigneurie foncière. Le comte a seul le droit de punir, aussitôt qu'ils sont commis, tous les crimes publics, quel que soit le coupable ; pour les causes moins graves, l'évêque et les chanoines possèdent les droits de justice sur leurs hommes et sur leurs biens ; le comte cependant se réserve le droit d'intervenir et d'encaisser les amendes si les hommes de l'église se plaignent à lui, mais dans ce cas seulement et à condition de faire droit à la victime et à son seigneur. Enfin, en cas de conflit entre les hommes du comte et les hommes de Saint-Vincent, le prévôt comtal de la ville présidera dans un carrefour, sur terrain neutre, une réunion mixte où le procès sera tranché *per rectum et concordiam*. Ici, bien que nous soyons au cœur même de la seigneurie, la justice personnelle et foncière a gagné peu de terrain sur la justice territoriale ; la position éminente du concurrent, le comte, suffit, sans doute, à l'expliquer. Sur le patrimoine de Saint-Vincent, la justice est à deux degrés : la justice inférieure est administrée par les officiers du seigneur foncier ; la justice supérieure est aux mains du comte qui connaît, toujours, des crimes les plus graves et, à l'occasion, de toutes causes qui peuvent être portées devant lui. Enfin, il est fait effort pour régler à l'amiable les différends qui séparent les hommes des deux seigneuries et pour éviter que leurs procès ne se transforment en conflits entre les deux seigneurs.

Ces deux accords, les seuls pour cette période qui nous soient parvenus, montrent dans quelles conditions s'est effectuée la répartition des droits de justice. Suivant la force dont il dispose, la cohésion de son domaine, suivant que les biens sont situés près ou loin du centre de la seigneurie, le seigneur ecclésiastique conserve ses droits de justice patrimoniaux, se réservant d'utiliser à son gré la puissance du seigneur territorial dans les cas les plus graves ; ou bien, il ne garde que les moindres causes et le châtelain impose sa juridiction pour les crimes et intervient chaque fois que la justice inférieure ne donne pas satisfaction aux dépendants de la seigneurie ; ou bien même, mais cet aspect ne pouvait laisser de traces dans les archives des églises, le justicier du château détient sur les portions éparses et les hommes isolés des seigneuries lointaines la totalité des droits de justice.

Peut-être faut-il dater aussi des premières années du XIIe siècle les premiers règlements qui, pour se situer sur un plan inférieur de la société, ne finissent pas moins par former une hiérarchie analogue des pouvoirs judiciaires. Certains seigneurs commencent, semble-t-il, à cette époque à concéder aux membres des communautés les plus évoluées qui vivent dans le cadre de leur seigneurie le droit d'apaiser à l'amiable leurs menus conflits. L'abbé Étienne qui, vers 1160, fait rédiger, en ayant recours à la mémoire des plus anciens habitants de la ville, les bonnes coutumes du bourg de Cluny, en attribue le premier établissement à saint Hugues [1] ; s'il y a plus ici qu'une référence respectueuse à la mémoire d'un prédécesseur éminent, la communauté des bourgeois de Cluny [2] aurait commencé aux alentours de l'an 1100 à jouir d'une certaine autonomie judiciaire. Tandis que les seigneurs du monastère se réservent les crimes principaux qui brisent la paix de la ville, et aussi la possibilité d'intervenir en cas de plainte formelle, le règlement des délits inférieurs [3] et la police sur les éléments troubles de la population sont laissés aux bourgeois par la charte du XIIe siècle [4]. Entre les droits de ce groupe privilégié de dépendants et ceux du justicier supérieur, une hiérarchie est établie qui correspond exactement à celle qui superpose la juridiction du châtelain à celle du seigneur foncier.

Cette hiérarchie est précisément celle que connaîtra le XIIIe siècle lorsqu'il distinguera la haute et la basse justice. Ces notions opposées commencent donc à se préciser dans les dernières années du XIe siècle ; par ailleurs la façon dont cette distinction s'établit montre que des pouvoirs judiciaires identiques par leur essence et par leur origine peuvent, suivant les cas, conférer la haute justice ou bien la basse ; les droits des détenteurs de haute justice peuvent être aussi bien le développement de la justice privée de l'immuniste renforcée par une mission pacifique d'ordre spirituel – c'est le cas pour les moines clunisiens à Chaveyriat ou à Cluny – que l'héritage d'anciens pouvoirs publics de juridiction, celui qu'à recueilli, directement, le comte à Mâcon et, indirectement, le seigneur gardien sur le *salvamentum*. La superposition est le résultat, différent suivant les lieux, de la concurrence sur un même territoire de justices diverses se disputant les profits des amendes et des confiscations ; les droits du plus puissant recou-

1. *C.* 4205 (1161-1172).

2. La maturité de la bourgeoisie clunisienne se manifeste d'ailleurs dès les premières années du XIIe siècle (*cf. C.* 3874, etc.).

3. *C.* 4205, § V.

4. *C.* 4205, § XVIII.

vrent alors ceux du plus faible qui, s'il ne voit pas son pouvoir complètement étouffé, ne garde cependant qu'une justice inférieure.

*

Le prix que les seigneurs attachent à la possession des droits lucratifs de juridiction sur les humbles, la superposition de justices différentes toujours prêtes à intervenir, ne laissent aucun doute sur l'activité des seigneurs justiciers et sur l'efficacité de leur action. L'ordre était maintenu, et durement, parmi les gens de classe inférieure. Mais, nous l'avons vu, les institutions judiciaires n'étaient plus capables, à la fin du XIe siècle, de remplir un rôle analogue dans les classes plus élevées de la société. Point de tribunaux fixes pour juger les chevaliers, point de puissance pour les contraindre à exécuter les sentences de paix.

Les chroniqueurs qui s'étendent largement sur les épisodes des luttes seigneuriales, les considérations pessimistes des préambules des chartes, les sombres évocations des écrits moralisants de saint Odilon ou de Pierre le Vénérable, les formules même des rituels liturgiques s'accordent pour tracer le plus triste portrait des seigneurs laïcs de leur temps. Fidèles à ce témoignage, les historiens ont toujours considéré le XIe siècle comme une époque de violences où les plus forts et les plus audacieux ont pu se tailler une place éminente aux dépens des faibles et plus précisément des seigneurs ecclésiastiques [1]. Violences et usurpations comptent parmi les motifs le plus souvent invoqués pour expliquer les transformations de la propriété et de la société tout entière. Ce seul fait oblige à vérifier cette opinion, à préciser dans quelle mesure et par quels moyens de fortune, en l'absence de toute administration régulière, pouvait être maintenue, parmi les seigneurs, la sécurité indispensable au maintien d'une société organisée. Sécurité des personnes par la répression des violences, sécurité des biens par le règlement des querelles de propriété, nous envisagerons successivement ces deux aspects nettement distincts dans l'esprit des hommes de ce temps.

Les documents dont nous disposons ne peuvent qu'occasionnellement nous renseigner sur les actes de violence et sur leur répression. Cependant, ils nous permettent d'affirmer que, dans le Mâconnais comme ailleurs [2], la réaction normale devant le dommage causé est encore, au XIe siècle et pour longtemps, la poursuite privée. Lignage, seigneur, vassaux mènent au nom de la victime la

1. Bloch, *op. cit.*, p. 198 sq.
2. *Cf.* Halphen, *op. cit.*, p. 296 ; Janeau, *op. cit.*, p. 76.

vengeance contre le coupable. Tout se termine par le paiement d'une composition. Nous ne connaissons que les indemnités en terres qui, en cas d'homicide, étaient généralement données ensuite à Dieu par la famille pour le repos de l'âme du défunt[1]. La menace de représailles n'est pas seule responsable de ces arrangements : on voit de puissants seigneurs verser à des personnages beaucoup plus humbles le prix de la mort de leur parent[2]. On ne saurait donc sous-estimer l'influence de considérations morales, qui agissaient surtout à l'heure de la mort[3]. Il n'est pas interdit de penser que ces obligations morales empêchaient déjà l'accomplissement des méfaits. Jusqu'à quel point ? C'est le problème, malheureusement insoluble, de l'influence respective de l'enseignement chrétien et de l'*inimicus veritatis* sur le comportement des chevaliers du XIe siècle.

Aux alentours de l'an mil, au moment où l'affaiblissement de la cour comtale commençait à se dessiner, le mouvement de paix pénètre dans la vallée de la Saône[4]. À Anse en 995[5], à Verdun-sur-le-Doubs en 1016[6], de nouveau à Anse en 1025[7], des assemblées ecclésiastiques rassemblent les seigneurs laïcs de bonne volonté qui s'obligent par serment à imposer certaines limites à leurs violences ; de plus, elles insistent sur la paix spéciale qui rayonne autour des bâtiments ecclésiastiques[8]. De ces stipulations naquirent, nous l'avons vu, les juridictions spéciales exercées par les grandes Églises. En s'entremettant pour mettre rapidement un terme aux poursuites privées par le paiement des compositions, en faisant respecter ensuite ces accords par la menace des lourdes amendes qui, primitivement, punissaient les violateurs des sauvetés[9], les évêques et les abbés ne purent que s'efforcer d'ajouter des garanties supplémentaires au procédé toujours à peu près seul employé de la vengeance individuelle ; il n'est pas possible d'estimer en ce sens le résultat de leurs efforts.

En fait, la conséquence la plus manifeste du mouvement de paix fut la délimi-

1. *C.* 2946 (début du XIe) ; *P.* 173 (1033 env.).

2. *C.* 3125 (s.d. début du XIe). Bernard, tout petit seigneur, donne une terre qui lui vient d'Audin, châtelain de Berzé, personnage considérable : « *quod dedit mihi Ildinus, pro nece fratris mei Malguini, ut eum Domini absolvit* ».

3. *C.* 310 (s.d. début XIe), 1931 (993), 2464 (997).

4. Sur l'introduction des institutions de paix en Bourgogne, *cf.* R. POUPARDIN, *Le Royaume de Bourgogne (888-1038)*, 1907, p. 302 sq.

5. *C.* 2555. Sur le caractère véritable de ce concile, *cf.* POUPARDIN, *op. cit.*, p. 302.

6. Texte publié par G. VALAT, *Poursuite privée et composition pécuniaire dans l'ancienne Bourgogne*, 1897, p. 82.

7. *Cf.* G. DE MANTEYER, « Les origines de la maison de Savoie, la paix en Viennois (Anse, 17 juin 1025) », *Bulletin de la Société statistique de l'Isère*, 1904.

8. *C.* 2255 ; pacte de Verdun « *ecclesiam nullo modo infringam ; atria ecclesiae non infringam* ».

9. *C.* 2889 (1032-1048), *cf. supra*, n. 2, p. 1380.

tation des lieux d'asile. Autour des constructions ecclésiastiques, ces aires privilégiées se couvrirent très vite des maisons des paysans venus se placer sous leur sauvegarde [1]. À la fin du XIe siècle, les bornes de ces sauvetés furent précisées par une série d'actes. Les papes, par une sollicitude particulière pour des établissements qui leur sont chers, ou à l'occasion d'une visite spéciale, établissent des privilèges qui, dans leur esprit, achèveront de libérer les églises des interventions séculières. Le plus significatif de ces actes pontificaux est celui qui fut délivré par Urbain II en faveur de Cluny, lors du séjour qu'il fit dans l'abbaye en 1095 [2]. Se souvenant du temps où, lorsqu'il n'était encore que le prieur Eudes, sa tâche essentielle était de lutter contre les empiétements des laïcs, le pape fixe avec minutie les limites du territoire où nul ne doit commettre de violences et, en particulier, d'homicide ou de mutilation [3] ; les recteurs du monastère disposent de l'excommunication pour contraindre les contrevenants à payer l'amende [4]. Des prescriptions analogues sont édictées au même moment par Urbain II en faveur du cloître de Saint-Vincent de Mâcon, par Calixte II, qui établit une sauveté autour du monastère de Tournus [5]. La nouveauté de ces privilèges, qui ne font en fait que sanctionner une pratique ancienne, réside surtout dans la délimitation précise du territoire ; des croix, érigées selon une coutume qui paraît générale, désignent à chacun les bornes de l'asile. Ceci témoigne encore de la nécessité alors ressentie de fixer avec exactitude les frontières des différentes juridictions ; l'interdiction expresse de toute mise à mort, de toute mutilation à l'intérieur de la paix a peut-être pour but de réserver aux seigneurs ecclésiastiques à proximité de l'église l'exercice de la haute justice, le cœur de la seigneurie étant ainsi placé à l'abri de toutes les prétentions des justiciers

1. *P.* 22, 17, 167 (mais en général, ces sauvetés comme les églises qu'elles entourent sont en possession des laïcs : *P.* 18, 19, 21, 22, 25, 132, 150, 162, 167). *Cf.* Timbal, *op. cit.*, p. 170, C. 3674 (1094).

2. *Bull. Clun.*, p. 25.

3. « *Huis loca... quosdam certos limites immunitatis de securitatis circum circa undique assignare... infra quos terminos nullus homo, cujuscumque conditionis ac potestatis umquam invasionem aliquam grandam vel parvam, aut incendium aut praedam aut rapinam facere, aut hominem rapere, vel per iram ferire, aut, quod multo gravius est, homicidium perpetrare vel truncationem membrorum hominis ullatenus audeat.* » Ceci dans un rayon de 4 km environ.

4. L'excommunication est de rigueur contre celui qui enfreindra sciemment ces prescriptions et qui « *congrua satisfactione non emendaverit* ». « *Excommunicatus pro banno fracto ubi emendationem congruam faceret absolvatur.* »

5. *M.* 514 (1096) ; Tournus : Juenin, *op. cit.*, Preuves, p. 148 (1120) et p. 149 ; le faux diplôme de S. Marcel-les-Châlon, rédigé sans doute à ce moment, accorde le droit d'asile dans un rayon de 2 000 pas (*S. M.* 1).

voisins[1]. Cependant, le fait que le privilège pontifical accordant sauvegarde totale au cloître de l'église de Mâcon soit antérieur à l'accord, que nous connaissons, conclu entre Saint-Vincent et le comte et qui laisse à ce dernier sans aucune restriction l'exercice de la justice de sang, nous empêche de penser que ces tentatives aient été généralement couronnées de succès. Avant tout, on devait chercher, par l'établissement des sauvetés ecclésiastiques, à créer autour des bâtiments religieux un climat plus paisible. La précaution est générale au début du XIIe siècle[2] : toute nouvelle fondation est précédée par la stricte délimitation d'un *bannus* privilégié que protègent des croix bénites[3].

En dehors de ces îlots de paix, tous ceux qui échappaient par leur condition au rude pouvoir de punition des détenteurs des justices de sang ne pouvaient être arrêtés que par des sanctions morales ; la pratique constante des compositions, la crainte des censures ecclésiastiques, la fidélité à certains serments ou, plus généralement, aux prescriptions évangéliques étaient seules capables de limiter leurs excès. Le résultat pratique de ces obligations est difficile à estimer : nos sources, en dehors de formules creuses, ne nous donnent aucune indication précise. Un seul fait pourrait être significatif : mourir de mort violente dans des conditions spirituelles éminemment défavorables était considéré comme un malheur insigne[4] ; on devait rarement négliger de faire mention de la circonstance dans les actes des donations destinées à racheter ces âmes en péril. Or, mis à part les quatre mentions de composition déjà signalées et qui appartiennent toutes aux premières années du XIe siècle, les traces de meurtres sont, dans les chartes, extrêmement rares[5]. C'est trop peu pour conclure, mais ceci, joint à l'impression générale que laisse la lecture de nombreux textes, nous permet de penser que la violence avait, à la fin du XIe siècle, des limites.

Nous sommes, par contre, parfaitement au courant du sort des droits de propriété, bien que nous ne puissions connaître que les démêlés des plus grandes seigneuries d'Église et que nous ignorions tout des moyens dont disposait la petite seigneurie laïque pour échapper aux empiétements des hauts seigneurs voisins. Nous pouvons donc, dans ces limites, définir avec assez de

1. *Cf.* FLACH, *op. cit.*, t. I, p. 180 ; TIMBAL, *op. cit.*, p. 154 (après Seeliger).

2. *Cf.* les documents publiés par FLACH, *op. cit.*, t. I, p. 173 sq.

3. Fondation de l'abbaye de La Ferté : « *Sicut opportunum fuit designaverunt fixis crucibus. In qua postea designatione sicut duo episcopi diffinierunt in dedicatione ipsius loci... bannum statuerunt quos si quis fratrum... possessionem... ullo modo infringeret, excommunicationi in perpetuum subjaceret* » (Arch. de Saône-et-Loire, H. 24, 1).

4. *C.* 3435 (1080 env.) : « *Pro remedio anime filii mei carissimi B..., qui in ultimo vite exitu, heu pro dolor ! morte subitanea preventus est.* »

5. *P.* 17 (s.d.), Beaujeu 13 (1090), 24 (1090). *C.* 3412 (1067), *C.* 2937 (1040), *C.* 588 (s.d.).

précision la place que tenait dans la haute société des dernières années du XIe siècle, en l'absence de toute juridiction organisée, cette *justicia* qui, dans l'esprit de Raoul Glaber, est avant tout le maintien immobile de l'équitable répartition des richesses [1].

Les conflits de propriété sont extrêmement fréquents, car les menaces dirigées contre la possession sont très puissantes : d'une part, la mentalité générale de participation collective à la jouissance des biens amène à contester les aliénations individuelles et, aux revendications lignagères répétées [2], s'ajoutent les contestations des vassaux ou des seigneurs féodaux [3] ; d'autre part, le développement, entre les mains des *domini*, de dominations territoriales superposées aux seigneuries foncières engendre de graves débats sur la légitimité de certaines coutumes [4] ou même des usurpations pures et simples [5].

Pour défendre son droit, si elle n'était pas assez puissante pour que le recours à la *vindicta* pût lui donner satisfaction, la victime devait tenter de s'entendre directement avec son adversaire [6]. Si la chose était impossible, plainte était alors portée devant l'une des cours supérieures, comtale, épiscopale ou féodale, qui pouvaient avoir quelque influence sur l'usurpateur ; il était en particulier normal de réclamer justice au seigneur gardien de la possession contestée [7]. Mais il était souvent difficile d'obtenir de la cour qu'elle se saisisse du règlement d'un de ces conflits seigneuriaux qui, à l'inverse de la fructueuse juridiction sur les humbles, ne pouvait rapporter que des ennuis [8]. Et surtout, aucune de ces cours

1. *Hist.* I, 2 (éd. PROU, p. 3) : « *Subsistens atque immobilis collocatio recte distributionis.* »

2. *Cf.* préambule de *C.* 3149 ; par exemple, Eudes, chevalier d'une branche cadette du lignage des sires de Berzé, donne, vers 1070, un moulin à Cluny, qui pourtant un peu plus tard entre dans la dot de sa sœur ; le fils de celle-ci se fait racheter ses droits (*C.* 3301) ; puis c'est le tour du frère d'Eudes (*C.* 3504 : « *Licet jam laudasset ipsum donum tamen illico calumpniam fratribus cluniacensibus intulit et usque finem vite sue calumniam inferre non destitit. In fine vero vite sue recordatus quod injuste calumniam faciebat de ipso molendino pro remedio anime sue donum quod frater suus fecerat bono animo laudavit et filio suo Garulfo laudare fecit* ») ; enfin Cluny doit lutter encore contre les prétentions du chef du lignage et de son fils et les éteindre par de lourdes indemnités.

3. *C.* 3806, *P.* 64, 87, 152 ; les réclamations contre la détention de biens concédés au-delà du terme légal deviennent beaucoup plus rares, car le nombre des précaires et des fiefs concédés pour un temps limité diminue rapidement : encore pourtant dans *M.* 26 (1074-1096) ; 547 (1106).

4. *C.* 2997, 3065, 3150, 3262, 3367, 3503, 3841, *M.* 4.

5. *Cf.* les Enchaînés, châtelains de Montmerle (*C.* 3314, 3333, 3654) ; les Gros de Brancion (3340, 3926, 3929) ; les Bâgé (*M.* 587) ; le châtelain de Sennecy (*SM.* 79) ; les sires de Boubon-Lancy (*P.* 115-154) ou de Digoine (pp. 159, 178) ; les Deschaux qui, à ce moment, s'installent dans le château de la Bussière (*C.* 3829).

6. *SM.* 101 (fin XIe), *P.* 154 (fin XIe).

7. *C.* 3726, *cf.* n° 169.

8. *C.* 3868, *SM.* 105 ; *cf.* GANSHOF, *Étude*, p. 198.

n'était capable de faire exécuter par le condamné la décision qu'elle prenait, si celui-ci n'avait pas accepté formellement avant toute action de s'en remettre à son jugement [1]. Un premier accord était donc indispensable pour décider du tribunal qui trancherait le différend. À la fin du XIe siècle, les seigneurs ne sont plus justiciables de cours définies, mais de leur propre gré ils choisissent des arbitres [2]. Lorsque l'affaire traînait depuis trop longtemps, parfois après un premier jugement resté sans effet [3], devant la réprobation de tous contre celui qui refusait de discuter publiquement ses droits [4], après l'intervention des parents, d'amis, de vassaux [5], ou d'intermédiaires qui ne refusent pas un pourboire [6], on acceptait enfin de s'en remettre à la décision d'une cour d'arbitrage. Lorsque l'on s'entendait pour se présenter devant la cour habituelle du comte, d'un châtelain ou surtout de l'évêque, les amis des deux parties venaient en nombre égal former le tribunal. Mais, très fréquemment, le rôle de conciliation était confié à un personnage privé, en général un ecclésiastique [7], ou bien à une assemblée réunie pour la circonstance et formée par les proches ou par les alliés du demandeur et du défendeur [8]. Non seulement les grands châtelains [9], mais, de plus en plus, des personnages sans éclat – tel cet ancien prévôt de Solutré pris récemment encore dans les liens étroits de la justice domaniale [10] – réclament pour juger leur cause la réunion spéciale d'une assemblée.

Devant les arbitres, il appartenait au plaignant de faire la preuve de son bon droit [11]. Parmi les preuves de caractère magique, seuls le duel judiciaire et le serment purgatoire avaient été utilisés couramment au Xe siècle. Ils sont encore considérés comme des moyens suffisants et proposés pour justifier leur attitude par les chevaliers [12] et aussi par les chanoines [13] ; mais, en Bourgogne, le recours

1. *C.* 3868 ; *cf.* GANSHOF, *Étude*, p. 197 ; JANEAU, *op. cit.*, p. 76 : « Le seul fait de se présenter en justice est alors le témoignage d'un réel désir de s'entendre. »

2. GANSHOF, *Étude*, p. 210-211.

3. *C.* 3868.

4. *Cf.* L'attitude d'Audin dans *Bull Clun.*, *P.* 6.

5. « *Consilio amicorum* » (*C.* 3868, *M.* 554) ; « *a suis magnatibus commonitus* » (*P.* 154).

6. *C.* 3034, 3758, 3874 ; *P.* 154.

7. *C.* 3760, 3868 (sur Archimbaud Neiel, v. n. 5, p. 1387), *M.* 598.

8. *C.* 3951, *M.* 30.

9. Les Enchaînés : *C.* 3577 ; le sire de Beaujeu : *C.* 3577 ; R. Gros : *C.* 3920.

10. Précieux témoignage sur l'émancipation des prévôts ; voir les jugements infligés, avec des formes et des précautions sans doute, mais durement, par Cluny à ses prévôts vingt ans avant.

11. *C.* 3920 (1115), 3951 (début XIIe).

12. *M.* 434.

13. *M.* 30 ; devant les réclamations d'un chevalier, les chanoines de Saint-Vincent « *venerunt ad placitum parati per sacramentum ei campionem sic probare et sic facere de illis terris sicut judicatum*

à ces vieux procédés semble avoir été exceptionnel et, en fait, dans les deux seuls documents de la fin du XIe siècle où il en soit fait mention, ils se sont vu préférer d'autres moyens et l'on peut se demander si cette préférence doit être considérée comme propre seulement aux ecclésiastiques[1]. L'enquête, au contraire, jouit de nouveau, à partir des dernières années du XIe siècle, d'une grande faveur qu'il faut mettre en rapport avec la généralisation des procédés d'arbitrage. On recueille le témoignage des gens d'âge connaissant la coutume[2], des voisins qui, sous serment, décident de la longue possession paisible des domaines[3] ; on se renseigne aussi auprès des témoins des transactions antérieures, qui en prolongent longtemps le souvenir car ils considèrent leur garantie comme un dépôt héréditaire transmis oralement de père en fils[4]. Mais malgré les promesses parfois formellement exprimées d'apporter un fidèle témoignage en cas de conflit[5], l'enquête présentait une garantie suffisante dans la mesure seulement où les témoins n'étaient pas oublieux, craintifs ou de mauvaise foi[6].

Mais le recours à l'acte écrit est au XIIe comme au Xe et au XIe siècle le moyen de preuve le plus commun ; le soin des archivistes et des rédacteurs de cartulaires[7], la crainte des incendies[8], les formules même des chartes témoignent de l'importance attachée à cette garantie. S'il n'y a pas de traces écrites d'une transaction, toutes les revendications sont permises[9]. La pratique de l'écrit était-

fuit » ; on admet généralement la répugnance de l'Église pour ces procédés ; *cf.* ESMEIN, *Manuel*, p. 279.

1. V. GANSHOF, *Étude*, p. 205, n° 6 ; dans les autres régions, au contraire, faveur du duel judiciaire et même des ordalies unilatérales (HALPHEN, p. 291-293 ; ESMEIN, p. 261 ; CHÉNON, p. 673 ; BLOCH, p. 119).

2. *C.* 3841.

3. *M.* 567 (1096-1124) ; *C.* 3920, 3726 : « *Testificatus est publice quidam de hominibus S. Petri... XXX$_a$ et uno annis se vidisse easdem res absque legali calumnia cluniacenses monachos tenuisse.* »

4. *C.* 3577 : « *Coastantibus multis et maxime P. de V. qui hujus doni testis fidelis et idoneis extitit quamdiu vixit, quique moriens hujusmodi testimonium filio suo B. sepius inculcavit, precipiens ei adtencius ut si ita res poposcisset, etiam jurejrando hoc affirmaret* » ; un litige ultérieur est ensuite réglé par le témoignage du fils.

5. *C.* 3744 (1100).

6. *C.* 3920 : « *De muliere H. dicit A. quod L. dedit eam et homines Bernardi nominat qui hec sciant, illi negant.* »

7. Si les archives de Cluny cessent d'être en ordre depuis saint Hugues, les magnifiques pancartes de la Ferté témoignent du soin déployé par les cisterciens au XIIe siècle.

8. Le témoignage de la chronique de Tournus, relatant l'incendie de 1080, « *librorum non minima perditio, cum chartis testamentalibus magno pondere argenti acquisitis* » (JUÉNIN, *op. cit.*, Preuves, p. 23), fait écho à quatre siècles de distance aux plaintes de *M.* 66.

9. L. Gros réclamait les descendants d'une serve autrefois donnée par son père « *et ideo eos requirebam, qui patris datum nesciebam, et ipsi monachi de hoc dono se cartam habere nesciebant* ». Il

elle aussi répandue dans la société laïque ? Au xe siècle, certainement : l'existence de nombreux notaires de villages, la présence dans les archives de Cluny de dossiers constitués par des laïcs pour garantir leurs droits, la mention, ici et là, d'actes passés entre laïcs le prouvent abondamment [1] ; à la fin du xie siècle ces témoignages ont à peu près disparu [2], mais la transformation de notre documentation en est peut-être seule responsable et nous ne pouvons trancher la question. Il est sûr du moins qu'à cette époque les laïcs reconnaissaient la valeur de l'acte écrit : si les usurpateurs s'efforçaient de détruire d'abord les documents, c'est qu'ils ne doutaient pas de la force de leur garantie [3].

Cette préférence marquée pour les preuves écrites et pour l'enquête – la Bourgogne en ce domaine manifestant d'une nette avance sur d'autres régions – conférait dans les débats une supériorité certaine au possesseur légitime, mais les arbitres ne possédant aucun pouvoir de contrainte ne pouvaient que conseiller l'accord et, tout au plus, promettre leur appui à celui des plaideurs dont ils avaient reconnu le bon droit [4]. Très fréquemment, leur sentence n'était pas exécutée. D'autre part, même si la revendication de l'usurpateur était dépourvue de tout fondement, il ne consentait à l'abandonner que moyennant partage des droits ou tout au moins versement d'une certaine indemnité [5]. Derrière tout accord, on devine les transactions financières qui l'ont précédé et l'offre d'un cadeau est le moyen le plus sûr d'en finir avec son adversaire [6]. Pour certains seigneurs, chercher chicane et se faire payer ensuite une renonciation rapide constitue, semble-t-il, un réel moyen d'existence [7]. Aussi, pour éviter les dépenses souvent considérables qu'entraînait tout procès, on s'efforça de mettre sur pied tout un ensemble de garanties préalables qui, entrant en jeu automati-

---

finit par abandonner sa revendication « *accepi... quinquagenta solidos... cum... cartam se habere nescirent ; nam si scirent, nihil utique mihi dedissent* ».

1. *C.* 430 (935), 856, 1296, 1312 (972), 2552 (1102).

2. Certains actes passés entre laïcs *C.* 3755 (1096 env.) ; ce sont, notons-le, des gens de la ville.

3. *C.* 2844 (1080 env.) : « *A quibus... ablata fuit ista terra... et, quod pejus est, carta legalis descripta ab ipsis igne exusta.* »

4. *SM.* 107 ; les arbitres se bornent souvent à remettre entre les mains de la victime les garants déposés avant le jugement par le condamné (*C.* 3868), mais sont parfois eux-mêmes garants de la paix. (*C.* 3760 : « *Promiserunt ut per fidem adjuvarent ipsi Odoni, si hoc plactium H. non teneret.* »

5. *Cf.* Halphen, *op. cit.*, p. 294 ; Garaud, *op. cit.*, p. 129 ; Ganshof, *Étude*, p. 215.

6. *C.* 2736 ; en 1020 environ, les moines de Cluny voulant rentrer en possession de leurs seigneuries d'Amberieu-en-Dombes et de Jully-lès-Buxy « *aurique et argenti ac palliorum diversas species offerentes illis qui eas a suis antecessoribus... injuste usurpatas susceperunt* ».

7. Lebaud de Digoine, par exemple, et ses revendications incessantes sur les possessions du prieuré de Paray (*P.* 64, 66, 152, 159, 178).

quement, n'obligeaient pas à recourir à l'institution désormais inefficace des plaids.

Tout d'abord, les anciennes précautions furent multipliées et aggravées. À l'occasion de tout accord, de toute transaction, on accumule, à la fin du XIe siècle, les obligations matérielles ou morales ; on précise les sanctions qui frapperont le violateur éventuel : amendes [1], ajoutées aux dédommagements [2] qui passent bientôt au premier plan [3], malédictions traditionnelles, anathème ou excommunication ; on exige des serments solennels de renonciation [4] et même d'aide contre toute atteinte portée par un tiers [5] ; mieux encore, on s'efforce d'établir entre les deux parties une communauté spirituelle qui sera garante de leur bonne foi [6] et les gestes dont on use à cet effet conduisent parfois au cérémonial même de l'hommage [7], considéré comme le plus sûr moyen de prévenir les différends futurs. Enfin, on s'efforce d'imposer à l'individu la contrainte de tout un groupe rendu responsable de son comportement ; l'ancienne pratique qui obligeait le contractant à fournir des garants avait pris une ampleur de plus en plus manifeste, à mesure que les cours régulières s'affaiblissaient [8] ; désormais, l'usage en est régulier : choisis parmi les relations naturelles du partenaire, parents, amis, vassaux [9], mais en général d'un rang assez élevé pour que leur influence soit plus grande [10], ils doivent en cas de rupture payer eux aussi une amende [11] ou plus vaguement apporter à la partie lésée l'aide qu'ils lui ont promise sur leur foi [12].

1. *C.* 3653 : « *Ut si hoc donum calumpniatum fuerit ab ullo homine, ut ipsi emendent sexagenta solidos* » ; *C.* 3868 : amende qui semble symbolique « *auri libram monachis exsolvat* ».

2. *SM.* 107 : « *Reddam caput et legem.* »

3. *C.* 3726, 3744, 3896, *P.* 207.

4. *C.* 3666, 3703, 3744, 3868, 3891, 3951, *M.* 560, 586, 587, *P.* 207.

5. *C.* 3744 : « *Fidelis adjutor* » *C.* 3017 (fin XIe).

6. *P.* 130 : « *Ut deinceps sint fideles et amici.* »

7. Le baiser : *M.* 4, 26, 456. *SM.* 105 ; le geste de *C.* 3874 est déjà très proche du cérémonial de l'hommage. G. de Berzé abandonne des revendications et devant saint Hugues « *jam dicto patri junctis manibus se commendavit ac insuper sancto Petro sibi fidelitatem super sanctas juravit reliquias, adstantibus et conlaudantibus suis parvulis duobus filiis... quos etiam supradicto patri commendavit* » (*C.* 3324). Sur l'hommage, moyen de contracter des obligations, *cf.* G. Platon, « L'hommage comme moyen de contracter des obligations privées », *Revue générale du droit et de la législation*, 1902 ; *cf.* Mitteis, *op. cit.*, p. 483.

8. *C.* 2018.

9. *C.* 2593 : « *Parentibus nostris, vicinis nostris et amicis nostris* » ; *C.* 2848 : 6 garants : le frère, le neveu, le seigneur féodal et trois alliés.

10. *C.* 3685.

11. *C.* 2848, 2889, 3653.

12. *C.* 3760.

Mais dans les dernières années du XIe siècle apparaît dans le sud de la Bourgogne un procédé nouveau (la première mention est de 1093 [1]) dont l'usage, aussitôt, est général. Il a pour avantage de mettre automatiquement, en cas de rupture de l'accord, le délinquant entre les mains de la partie lésée et de le contraindre à s'entendre rapidement avec elle. Le seigneur qui se soumet à cette obligation s'engage, en effet, dès qu'il a connaissance de la rupture de la paix ou après un délai toujours précisé [2], à réparer aussitôt le dommage ou à se remettre lui-même, en caution, à la disposition entière de la partie adverse et à y rester aussi longtemps que la restitution n'aura pas été faite [3]. Mais ce qui rend plus efficace encore cette garantie, c'est que l'obligation s'étend à tout un groupe : si le contractant viole l'accord, tous ses répondants se transforment aussi et dans le même délai en otages. Ces participants s'engagent, parfois chacun individuellement [4], à se rendre en un lieu donné, en général un bourg ou un château [5], et à ne plus sortir de limites précises sauf s'ils obtiennent une trêve ou si quelque incident met leur vie en danger [6]. Si l'un d'eux cesse de pouvoir remplir sa fonction, s'il meurt, s'il se fait moine ou s'il part en pèlerinage, les deux parties choisissent ensemble un remplaçant de valeur sociale égale [7]. Les parents, les amis sont les répondants ordinaires [8], mais le groupe d'otages qui participe à la responsabilité des grands châtelains est constitué en général par les chevaliers satellites habituels du château [9] ; en cas de manquement du seigneur, la maisnie vassalique se rassemble tout entière autour de lui, chargée de lui donner des conseils salutaires.

Comme les institutions de paix, ces garanties utilisées à la fin du XIe siècle

---

1. *C.* 3666.
2. *C.* 3666, 3744, 3896 : 14 jours ; *P.* 207 : un mois ; *C.* 370, 40 jours.
3. *C.* 3744 (1100) : « *Juravit... ut si umquam faceret forfactum S. Petro... in illa terra... ingenio ejus aut assensu ejus infra quatuordecim dies post submonitionem... aut summam tolti per capitale reddat, aut in prehensione semet ipsum intra Cluniacum conducat et inde nulla ratione exeat, nisi licentia... induciatus et ad terminum induciarum iterum se in prehensione Clunacum conducat et hoc tamdiu faciat donec summam tolti ad integrum reddat.* »
4. Nous avons conservé l'une de ces obligations individuelles : *C.* 3784.
5. Cluny (*C.* 3744, 3896, *P.* 207) ; Mâcon (*M.* 560) ; Uxelles (*C.* 3784) ; Beaujeu (*M.* 586) ; Charolles (*P.* 207).
6. *C.* 3784 : « *Exeam si ignis incendio villa cremari ceperit...* »
7. *M.* 586, *C.* 3744 : « *Ejusdem valentie.* »
8. *M.* 560, les otages sont les membres du lignage de H. Geoffroi.
9. *C.* 3784 : toute la petite chevalerie, cliente de la famille des Gros, autour de Bernard ; *M.* 586 : les vassaux des Beaujeu ; *C.* 3744 : accord entre Cluny et Rolland Bressan, sire de Berzé, 15 otages sont donnés : 10 pour Rolland, qui sont des seigneurs des Dombes et de la Bresse méridionale, son pays d'origine ; 5, pour son fils, sont les chevaliers du voisinage.

pour suppléer à l'absence d'organisations judiciaires capables de régler selon le droit les conflits fonciers de seigneurs et pour hâter la conclusion d'arrangements équitables reposent sur des engagements sacramentels et sur la participation de la collectivité qui entoure chaque contractant. Le maintien de l'ordre est donc uniquement fonction d'obligations morales. Et sur un plan plus élevé, les seules puissances qui puissent représenter la garantie suprême de la paix publique n'ont guère qu'un rayonnement de caractère spirituel : le pape d'abord, dernier recours des églises [1] ; et aussi le roi de France qui, réapparaissant dans l'exercice de sa magistrature pacifique, prend en 1119 dans sa garde supérieure l'abbaye de Cluny et ses possessions [2]. Ce geste royal est tout symbolique ; il faudra encore presque un siècle avant que les rois interviennent efficacement et régulièrement pour contenir, en Mâconnais, la turbulence chevaleresque. À elles seules, ces considérations morales garantissaient-elles le respect des droits de chacun ? On peut en douter, évidemment. Et cependant, les établissements ecclésiastiques, grâce aux moyens financiers dont ils disposaient et au prestige qui les entourait, ont toujours pu résister d'une façon efficace à la pression de leurs voisins laïcs ; nous n'avons pas d'exemple d'églises qui ne soient pas parvenues finalement à se faire rendre raison, comme le cas se produit fréquemment à la même époque dans les provinces de l'Ouest [3]. Nous ne savons absolument pas ce qu'il advenait des conflits entre seigneurs laïcs, mais nous pensons malgré tout que les moyens de fortune mis spontanément en pratique et surtout les contraintes d'ordre moral pouvaient, dans une certaine mesure, imposer des bornes à l'exercice désordonné de la force.

*

On peut tirer de cette étude certaines conclusions qui sont valables pour le sud de la Bourgogne en attendant que d'autres recherches régionales permettent de leur attribuer peut-être une portée plus générale.

C'est entre les années mil et mil trente que se produit une transformation décisive des institutions judiciaires. Pendant le xe siècle tout entier, l'organisation qu'avait connue le haut Moyen Âge avait subsisté en conservant ses traits essentiels : dans chaque comté, une cour supérieure que présidait le comte, entouré des plus grands personnages de la région, fonctionnait à l'usage des

1. *C.* 3726.

2. *C.* 3943 : « *Manutenere, deffendere et custodire sicut res proprias ; vim et violentiam removere ; damna et injuria facere emendari promittimus et tenemur.* »

3. Halphen, *op. cit.*, p. 299.

membres de l'aristocratie, tandis que les procès qui opposaient les hommes libres de condition inférieure étaient jugés dans des assemblées locales réunies par le *vicarius*. Il n'existait plus de différence quant à la nature des causes entre la compétence des cours comtales et celle des cours de voirie ; seule les distinguait la qualité des plaideurs : *causae majorum* réservées à l'assemblée centrale, *causae minorum* abandonnées aux cours de village, la distinction correspond mieux à la réalité que l'opposition entre *causae majores* et *causae minores* des capitulaires de l'époque carolingienne classique. En dehors de ces institutions publiques, les seigneurs immunistes remplissaient à l'intérieur de leur domaine la fonction du *vicarius* [1] et le maître disposait de pouvoirs de correction sur ses *servi*.

Mais, dans les trente premières années du XIe siècle, tout change. Les institutions judiciaires publiques s'effondrent brusquement. Et cela, parce qu'un élément nouveau apparaît, élément essentiel, dont l'importance dépasse largement le cadre de l'organisation judiciaire pour influencer, Déléage l'a défini avec précision [2], toutes les destinées de la société rurale. C'est l'importance considérable que prend le château à cette époque. Les possesseurs de château, rares encore, désertent d'abord le *mallus comtal* et lui font perdre le meilleur de son prestige, accaparent ensuite à leur profit les pouvoirs judiciaires des voyers et font des anciennes assemblées locales d'hommes libres les instruments privés de leur domination. Au XIe siècle, le château est désormais le point d'appui de tous les pouvoirs judiciaires qui s'étendent sur le territoire soumis à son influence et les cours chevaleresques qu'il abrite disputent à la cour comtale le règlement des différends seigneuriaux. L'administration de la justice est ainsi morcelée en petites unités locales étanches.

Ni les cours inférieures, ni le comte lui-même n'ont pu résister à cette poussée envahissante. Pourquoi ? Les justices de voirie étaient sans doute incapables d'assurer l'exécution régulière de leurs sentences [3] ; au contraire le véritable pouvoir de contrainte dépendait du château seul et les plaideurs purent accepter sans peine une juridiction nouvelle, celle-ci très efficace. Mais le comte aurait pu s'opposer à l'accroissement excessif de la puissance judiciaire des châtelains qui étaient encore ses hommes, maintenir les assemblées vicariales en leur prêtant l'appui de sa force [4] ou tout au moins réserver à son tribunal, ce que firent

1. BRUNNER, *Deustche Rechtsgeschichte*, II, p. 302.
2. *Vie rurale*, p. 622 sq.
3. *Cf.* H. CAM, « Suitors and scabini », *Liberties and Communities in Medieval England*, Cambridge, 1944.
4. GANSHOF, *Châtellenies*, p. 84.

par exemple les comtes de Flandre[1], la connaissance exclusive des crimes et des causes où étaient impliqués les chevaliers. Impuissance, manque d'intérêt ? Il n'en fit rien. On serait tenté de chercher la raison de cette inaction dans l'attitude personnelle de certains princes ; un Otte-Guillaume, par exemple, sollicité par des desseins d'une autre envergure, devait peu se soucier des affaires sans grandeur de son comté mâconnais. Mais le phénomène est trop général pour que des raisons aussi particulières suffisent à l'expliquer. Des recherches orientées vers d'autres directions, vers la signification réelle des obligations vassaliques à cette époque, ou vers la structure intime des échelons supérieurs de la société, permettront peut-être de définir les conditions véritables de cette éclipse des pouvoirs judiciaires comtaux dans la plupart des provinces françaises.

Mais les justices personnelles, les juridictions privées issues, celles-ci, des liens qui rattachaient étroitement le serf à son maître ou des relations économiques unissant seigneur et tenanciers, profitèrent de la disparition des justices publiques et se développèrent largement, tout en restant recouvertes par la justice territoriale du château. Les rapports de ces juridictions d'essence différente devaient être déterminés. Ainsi, la fin du XIe siècle qui voit apparaître les premiers règlements entre justices concurrentes marque une étape nouvelle dans l'évolution des institutions judiciaires. C'est à ce moment que s'établit cette hiérarchie qui, superposant à des droits limités de juridiction une justice supérieure, constituera l'un des traits les plus caractéristiques de l'administration judiciaire médiévale. La notion de haute justice est donc d'apparition tardive ; elle repose essentiellement sur la justice de sang, sur ce pouvoir de punir les crimes les plus graves qui, précisé par les mouvements de paix, ne s'est lui aussi défini que dans les premières années du XIe siècle. Par conséquent, il n'est pas possible de mettre cette notion en rapport avec les institutions judiciaires du haut Moyen Âge qui, au moment où elle est apparue, n'existaient plus ou étaient sur le point de disparaître ; on ne peut se référer, pour en découvrir l'origine première, à la distinction effacée depuis longtemps entre *causae majores* et *causae minores*[2] ; ce que l'on sait de la décadence des juridictions comtales empêche de faire de la haute justice un privilège du comte ensuite concédé ou usurpé ; et on ne peut pas non plus en attribuer l'exercice aux simples voyers

1. *Ibid.*, p. 60.
2. E. Chenon, *Histoire générale du droit français public et privé*, 1, p. 244 sq. ; Olivier-Martin, *Précis d'histoire du droit français*, 4e éd., 1945, p. 104.

qui n'étaient plus alors que des agents seigneuriaux [1]. Mais inversement, il n'est pas permis d'en faire un droit détenu communément par tous les seigneurs et de supposer, comme on l'a fait [2], que toutes les justices étaient à l'origine des justices globales peu à peu dépouillées de leurs prérogatives supérieures par des juridictions envahissantes. Au moment où se développe la justice de sang, le château, source d'une *districtio* supérieure [3], était seul qualifié pour en être le siège. Or, le château était encore un élément exceptionnel dans le paysage rural. Ainsi la haute justice est, à l'origine, le privilège de quelques seigneurs, les châtelains, et, auprès d'eux, de certains grands établissements ecclésiastiques, gardiens spirituels de la paix sacrée.

Enfin, nous n'avons jamais cessé de considérer la transformation des institutions judiciaires comme un aspect de l'évolution générale de la société. Les institutions du Xe siècle reflétaient la structure sociale du temps : *nobiles* et hommes libres de condition inférieure relevaient de juridictions publiques distinctes ; seuls les dépendants très humbles étaient abandonnés aux pouvoirs disciplinaires privés. Au début du XIe siècle, la substitution de juridictions privées aux assemblées publiques inférieures correspond à un clivage nouveau de la société ; les petits paysans libres, en cessant de se réunir dans les cours de voirie, perdent l'un des attributs essentiels de leur liberté ; désormais confondus avec les anciens serfs, soumis comme eux à des charges de plus en plus lourdes, ils vont devenir, dans la seigneurie territoriale qui s'établit autour du château, les manants, les *homines expletabiles* de l'époque féodale classique. Seuls passent pour vraiment libres les *milites*, les seigneurs assez considérables pour avoir été, en l'an mil, les justiciables directs du comte ; ce sont déjà véritablement des nobles, et l'un de leurs privilèges de fait est l'absence pour eux de toute contrainte judiciaire : seules des obligations morales et l'influence persuasive de leurs pairs réussissent à imposer des limites à leur violence et à leur cupidité.

1. Hirsch, *op. cit.* ; Gasser, *Entstehung und Ausbildung der Landeshoheit im Gebiete der schweizer. Eidgenossenschaft*, 1930 ; cf. E. Champeaux, « Nouvelles théories sur les justices du Moyen Âge », *Revue historique de droit*, 1935.

2. Genestal, cité par Champeaux, *op. cit.*, p. 109.

3. Bloch, *op. cit.*, t. II, p. 184.

MÂLE MOYEN ÂGE

Comme l'indique son titre, ce livre réunit des essais. Entendons bien : ces textes courts dressent, aux étapes successives d'une œuvre en progrès, le bilan d'un parcours. Faire ainsi le point de temps à autre est nécessaire avant de s'aventurer plus loin. Ce sont comme les pages d'un carnet d'atelier. Elles furent écrites entre 1967 et 1986, en diverses circonstances. Certaines pour le plaisir. La plupart à l'occasion de ces rencontres où les historiens viennent périodiquement confronter le résultat de leurs recherches, se critiquant, se confortant mutuellement. L'intérêt de ces notes est de montrer comment se poursuit, hésitante et féconde, l'exploration d'un territoire mal connu.

Ce Moyen Âge est mâle, résolument. Car tous les propos qui me parviennent et me renseignent sont tenus par des hommes, convaincus de la supériorité de leur sexe. Je n'entends qu'eux. Cependant, je les écoute ici parlant avant tout de leur désir, et par conséquent des femmes. Ils ont peur d'elles, et, pour se rassurer, les méprisent. Mais d'un tel témoignage que déforment la passion, les préjugés, les règles du jeu d'amour courtois, il faut bien que je me contente. Je m'apprête à l'exploiter. Je voudrais en effet découvrir la part cachée, la féminine. Ce qu'était la femme en ces temps lointains, voici ce qu'à présent je m'évertue à reconnaître.

DE L'AMOUR ET DU MARIAGE

1

LE MARIAGE DANS LA SOCIÉTÉ DU HAUT MOYEN ÂGE[1]

Comme tous les organismes vivants, les sociétés humaines sont le lieu d'une pulsion fondamentale qui les incite à perpétuer leur existence, à se reproduire dans le cadre de structures stables. La permanence de ces structures est, dans les sociétés humaines, instituée conjointement par la nature et par la culture. Ce qui importe en effet, c'est la reproduction non seulement des individus mais encore du système culturel qui rassemble ceux-ci et qui ordonne leurs relations. Aux prescriptions du code génétique individuel s'ajoutent donc celles d'un code de comportement collectif, d'un ensemble de règles qui se voudraient elles aussi infrangibles et qui entendent définir d'abord le statut respectif du masculin et du féminin, répartir entre les deux sexes le pouvoir et les fonctions, contrôler ensuite ces événements fortuits que sont les naissances, substituer à la filiation maternelle, la seule évidente, la filiation paternelle, désigner enfin parmi tous les accouplements possibles les légitimes, entendons ceux qui sont seuls tenus pour susceptibles d'assurer convenablement la reproduction du groupe – bref de règles dont l'objet est, bien sûr, d'instituer un couple, d'officialiser la confluence de deux « sangs », mais plus nécessairement d'organiser, par-delà celle des deux personnes, la conjonction de deux cellules sociales, de deux « maisons », afin que soit engendrée une cellule de forme semblable. Le système culturel dont je parle est le système de parenté, le code dont je parle est le code matrimonial. Au centre de ces mécanismes de régulation, dont la fonction sociale est primordiale, prend place en effet le mariage.

Régulation, officialisation, contrôle, codification : l'institution matrimoniale se trouve, par sa position même et par le rôle qu'elle assume, enfermée dans une stricte armature de rites et d'interdits – de rites, puisqu'il s'agit de publier, je veux dire de rendre public, et par là de socialiser, de légaliser un acte privé – d'interdits, puisqu'il s'agit de tracer la frontière entre la norme et la marginalité, le licite et

1. Bibliographie [132].

l'illicite, le pur et l'impur. Pour une part, ces interdits, ces rites relèvent du profane. Pour une autre part, ils relèvent du religieux, puisque par la *copulatio* la porte s'entrouvre sur le domaine ténébreux, mystérieux, terrifiant de la sexualité et de la procréation, c'est-à-dire sur le champ du sacré. Le mariage se situe par conséquent au carrefour de deux ordres, naturel et surnaturel. Dans bien des sociétés, et notamment dans la société du haut Moyen Âge, il est régi par deux pouvoirs distincts, à demi conjugués, à demi concurrents, par deux systèmes régulateurs qui n'agissent pas toujours en concordance, mais qui l'un et l'autre prétendent emprisonner étroitement le mariage dans le droit et dans le cérémonial.

La fermeté de cette enveloppe juridique et liturgique, la vivacité des commentaires qu'elle inspira, le développement des réflexions idéologiques qui tentèrent d'en justifier les rigueurs font que l'institution matrimoniale se prête beaucoup mieux que nombre de faits sociaux à l'observation des historiens de la chrétienté médiévale. Ils peuvent la saisir, et très tôt, par l'intermédiaire de textes explicites. Mais cet avantage a son revers. Le médiéviste, dont la position déjà est beaucoup moins assurée que celle des ethnologues analysant des sociétés exotiques, et même que celle des historiens de l'Antiquité, puisque la culture qu'il étudie est en grande partie la sienne, qu'il peine à prendre à son égard les distances nécessaires, et qu'il reste malgré lui prisonnier d'un rituel et d'un système de valeurs qui ne sont pas foncièrement différents de ceux qu'il examine et qu'il souhaiterait démythifier, n'atteint aisément du mariage que son écorce, ses apparences extérieures, publiques, formelles. De ce qui remplit cette coquille, dans le privé, dans le vécu, tout ou presque tout lui échappe.

Il me paraît donc nécessaire, comme un rappel de méthode, de mettre clairement en évidence les deux dangers qui menacent nos entreprises d'élucidation, les deux déviations que la nature des sources risquerait de déterminer dans le parcours de nos recherches si nous n'y prenions garde. Dans la première de ces erreurs de perspective l'historien tomberait s'il s'en tenait, justement, aux énonciations normatives, aux termes des règlements, aux formulaires des actes juridiques, s'il se fiait à ce que disent les mots, s'il croyait qu'ils ont effectivement gouverné le comportement des hommes. N'oublions jamais que toute prescription de la loi ou de la morale constitue un élément parmi d'autres d'une construction idéologique édifiée pour justifier certaines actions et pour en quelque mesure les masquer, que, sous cette couverture où s'entretient la bonne conscience, toute règle est plus ou moins transgressée et que entre la théorie et la pratique une marge existe dont l'historien, comme le sociologue mais beaucoup plus malaisément que lui, doit s'appliquer à repérer l'extension. L'écran que dressent les formules peut abuser d'ailleurs de manière plus insidieuse. Je prends l'exemple de ces titres de donation ou de vente où, dans le cours du XIIe siècle, en certaines provinces, mention est faite de plus en plus fréquemment de l'épouse aux côtés de son mari. Doit-on voir là le signe d'une effective promotion de la femme, d'un desserrement de l'emprise exercée par les mâles au sein du ménage, bref de la progressive victoire du principe de l'égalité des conjoints que l'Église, à ce moment même, travaille à faire accepter ? Ne faut-il pas plutôt considérer que, s'agissant de droits sur des biens, sur un héritage, l'épouse est requise d'intervenir moins en raison de ce qu'elle détient que de ce qu'elle garantit et transmet, et que le lent retrait du monopole marital accroît davantage sur la fortune du couple les prérogatives des mâles de son lignage et de sa progéniture que les siennes propres ? Quant à la seconde illusion, l'historien s'y abandonnerait s'il adoptait sans précautions le point de vue des ecclésiastiques, lesquels ont rédigé à peu près tous les témoignages dont nous pouvons disposer, s'il en venait, involontairement, à partager leur pessimisme ou bien leur irénisme, à prendre pour argent comptant ce que ces hommes, qui pour la plupart étaient célibataires ou affectaient de l'être, exprimèrent des réalités conjugales.

Les deux dangers que je dénonce sont pressants. Ils ont freiné, ils freinent encore le progrès de la recherche. C'est pourquoi j'insiste sur la nécessité de traverser à toute force l'épaisseur, l'opacité de la couche de moralisme qui recouvre notre information tout entière. Puisque le mariage est un acte social, et sans doute le plus important de tous, puisqu'il s'agit d'un problème d'histoire sociale, il m'apparaîtrait préjudiciable au succès de la recherche que ne fussent pas examinés dans l'indissociable globalité qu'ils constituent un système de valeurs et un mode de production, les représentations idéologiques et les assises matérielles que celles-ci surplombent. La tâche, à vrai dire, est difficile. Deux circonstances au moins, cependant, la favorisent.

La période qui nous occupe n'a pas laissé seulement des écrits normatifs. Il est fait état du mariage dans d'autres documents, qui deviennent vite fort abondants passé l'an mille. Dans des récits, des chroniques, quantité de narrations qui, bien sûr, disent peu de choses mais du moins concrètes et point trop déformées – et dans toute la littérature des divertissements de cour, celle-ci déformante autant que le discours ecclésiastique, prisonnière elle aussi d'une idéologie, mais d'une idéologie différente, concurrente, permettant pour cela d'observer sous un autre angle et d'opérer ici et là les corrections indispensables.

La période qui nous occupe voit d'autre part en Occident se développer les phases plus ou moins âpres d'un conflit entre deux pouvoirs, d'un affrontement dont la meilleure expression est fournie par les formules gélasiennes. Pouvoir profane, étayé par les « lois », la puissance de ceux dont la mission est de dire ces lois et de les faire respecter, par les modes de comportement traditionnels, mais reposant aussi sur la disposition des rapports de production, ce qui fait que, selon toute apparence, l'histoire du mariage n'est pas la même aux divers degrés de la hiérarchie des conditions sociales, au niveau des maîtres d'une part, au niveau des exploités de l'autre. Pouvoir sacré dont l'autorité anime et soutient l'infatigable action des prêtres pour insérer le mariage dans la totalité d'une entreprise de domination des mœurs, et pour, dans cet ensemble, le situer à sa juste place. Or cette dualité même, l'alternance qu'elle entretient de rivalités et de connivences, stimule l'effort de réflexion, l'effort de réglementation, en même temps qu'elle suscite, en dépit du fait que tous ceux qui ont alors écrit appartenaient à l'Église, une diversité d'éclairages, qui même si l'on se limite à l'observation de la surface, de ce qui n'est qu'un cadre, dogmatique, rituel, réglementaire, permet de discerner moins imparfaitement ce qui constitue l'objet de notre enquête.

Au cours de cette compétition séculaire, le religieux tend à l'emporter sur le civil. L'époque est celle d'une progressive christianisation de l'institution matrimoniale. Insensiblement les résistances à cette acculturation fléchissent, ou plutôt sont contraintes de se retrancher sur des positions nouvelles, de s'y fortement établir pour s'y préparer à d'ultérieures contre-offensives. Telle est la trame chronologique. Sur elle, de manière très subjective, je placerai seulement quelques remarques, imparfaites, discontinues, dont certaines aideront peut-être à orienter les discussions, mais qui ne sont, dans mon esprit, que simples suggestions d'itinéraire.

*

Disposons donc en premier lieu, face à face, les deux systèmes d'encadrement, qui par leurs desseins sont presque entièrement étrangers l'un à l'autre : un modèle laïque, chargé, dans cette société ruralisée, dont chaque cellule prend racine dans un patrimoine foncier, de préserver, au fil des générations, la permanence d'un mode de production ; un modèle ecclésiastique dont le but, intemporel, est de refréner les pulsions de la chair, c'est-à-dire de refouler le mal, en endiguant dans de strictes retenues les débordements de la sexualité.

Maintenir d'âge en âge l'« état » d'une maison : cet impératif commande toute la structure du premier de ces modèles. En proportion variable selon les régions, selon les ethnies, les traditions romaines et les traditions barbares se combinent dans les matériaux dont il est construit ; de toute manière cependant, il prend assise sur la notion d'héritage. Son rôle est d'assurer sans dommage la transmission d'un capital de biens, de gloire, d'honneur, et de garantir à la descendance une condition, un « rang » au moins égal à celui dont bénéficiaient les ancêtres. Tous les responsables du destin familial, c'est-à-dire tous les mâles qui détiennent quelque droit sur le patrimoine, et à leur tête l'ancien qu'ils conseillent et qui parle en leur nom, considèrent par conséquent comme leur premier droit et leur premier devoir de marier les jeunes et de les bien marier. C'est-à-dire, d'une part, de céder les filles, de négocier au mieux leur pouvoir de procréation et les avantages qu'elles sont censées léguer à leur progéniture, d'autre part d'aider les garçons à prendre femme. À la prendre ailleurs, dans une autre maison, à l'introduire dans cette maison-ci où elle cessera de relever de son père, de ses frères, de ses oncles pour être soumise à son mari, mais toutefois condamnée à demeurer toujours une étrangère, un peu suspecte de trahison furtive dans ce lit où elle a pénétré, où elle va remplir sa fonction primordiale : donner des enfants au groupe d'hommes qui l'accueille, qui la domine et qui la surveille. Dans la personne de ces enfants se conjoint ce qu'elle a apporté et ce qu'ils tiennent de leur père, l'espoir de deux successions, la révérence envers deux lignées d'aïeux où sont puisés, selon des règles que nous peinons à reconstituer, les noms donnés à chacun d'eux. La position qu'ils occuperont dans le monde, les chances qu'ils auront à leur tour d'être bien mariés dépendent des clauses de l'alliance conclue lors du mariage de leurs parents. C'est dire l'importance de cet accord, c'est comprendre qu'il soit l'aboutissement de longues et sinueuses tractations en quoi tous les membres de chacune des maisonnées sont impliqués. Stratégie à long terme, prévoyante, et ceci explique que souvent l'arrangement entre les deux parentés, les promesses échangées précèdent de fort loin la consommation du mariage. Stratégie qui requiert la plus grande circonspection puisqu'elle vise à conjurer, par le recours à des compensations ultérieures, le risque d'appauvrissement que, dans une société agraire, courent les lignages dès qu'ils deviennent prolifiques. Il semble bien que trois attitudes orientent principalement les négociations qui se développent alors en préambule à tout mariage : une propension, consciente ou non, à l'endogamie, à trouver des épouses dans le cousinage, parmi la descendance d'un même ancêtre, parmi les héritiers du même patrimoine, dont l'union matrimoniale tend ainsi à rassembler les fragments épars plutôt que de les dissocier davantage ; la prudence, qui engage à ne pas multiplier outre mesure les rejetons, donc à limiter le nombre des nouveaux ménages, à maintenir par conséquent dans le célibat une part notable de la progéniture ; la méfiance enfin, la cautèle dans les détours du marchandage, la précaution de se garantir, le souci de part et d'autre d'équilibrer les cessions consenties et les avantages attendus. En clôture de ces palabres, des gestes et des paroles publiques, un cérémonial lui-même dédoublé. D'abord les épousailles, c'est-à-dire un rituel de la foi et de la caution, des promesses de bouche, une mimique de la dévestiture et de la prise de possession, la remise de gages, l'anneau, les arrhes, des pièces de monnaie, le contrat enfin que, dans les provinces au moins où la pratique de l'écriture ne s'est pas tout à fait perdue, l'usage impose de rédiger. Ensuite les noces, c'est-à-dire un rituel de l'installation du couple dans son ménage : le pain et le vin partagés entre l'époux et l'épouse, et le banquet nombreux qui nécessairement environne le premier repas conjugal ; le cortège conduisant la mariée jusqu'à sa nouvelle demeure ; là, le soir tombé, dans la chambre obscure, dans le lit, la défloration, puis au matin, le cadeau par quoi s'expriment la gratitude et l'espoir de celui dont le rêve est d'avoir, en fécondant dès cette première nuit sa compagne, inauguré déjà ses fonctions de paternité légitime.

Tous ces rites, une éthique évidemment les enrobe, et je serais tenté de mettre en évidence trois de ses arêtes majeures.

Cette société n'est pas strictement monogame. Sans doute n'autorise-t-elle qu'une seule épouse à la fois. Mais elle ne dénie pas au mari, ou plutôt à son groupe familial, le pouvoir de rompre à son gré l'union, de renvoyer la femme pour en chercher une autre, et de relancer à cette fin la chasse aux beaux partis. Tous les engagements des épousailles, le *sponsalicium*, le *dotalicium*, ont, entre autres rôles, celui de protéger dans leurs intérêts matériels l'épouse répudiée et son lignage.

Le champ de la sexualité masculine, j'entends de la sexualité licite, n'est nullement renfermé dans le cadre conjugal. La morale reçue, celle que chacun affecte de respecter, oblige certes le mari à se satisfaire de son épouse, mais elle ne l'astreint nullement à ne point user d'autres femmes avant son mariage, durant ce qu'on appelle au XIIe siècle la « jeunesse », ni après, dans son veuvage. De nombreux indices attestent le vaste et très ostensible déploiement du concubinage, des amours ancillaires et de la prostitution, ainsi que l'exaltation, dans le système de valeurs, des prouesses de la virilité.

En revanche, chez la fille, ce qui est exalté et ce que cherche précautionneusement à garantir toute une intrication d'interdits, c'est la virginité, et chez l'épouse, c'est la constance. Car le dérèglement naturel à ces êtres pervers que sont les femmes risquerait, si l'on n'y veillait, d'introduire au sein de la parenté, parmi les héritiers de la fortune ancestrale, des intrus, nés d'un autre sang, clandestinement semés, de ces mêmes bâtards que les célibataires du lignage répandent par une allègre générosité hors de la maison ou dans les rangs de ses serviteurs.

Cette morale que je schématise est domestique. Elle est privée. Les sanctions qui la font respecter le sont aussi : la vengeance d'un rapt appartient aux parents mâles de la fille, la vengeance d'un adultère au mari et à ses consanguins. Mais comme il est loisible d'appeler à la rescousse les assemblées de paix et la puissance du prince, place est naturellement faite au rapt et à l'adultère dans les législations civiles.

Du modèle proposé par l'Église nous sommes beaucoup mieux informés par quantité de documents et d'études. Il suffira de souligner cinq de ses traits.

Tout le versant ascétique, monastique de l'Église chrétienne, tout ce qui la porte à mépriser, à refuser le siècle, mais aussi tout ce qui, dans le bagage culturel qu'elle hérita de Rome, relie sa pensée aux philosophies de l'Antiquité l'incline à condamner le mariage, dont le tort est d'être à la fois souillure, trouble de l'âme, obstacle à la contemplation, en vertu d'arguments et de références scripturaires dont la plupart se trouvent déjà rassemblés dans l'*Adversus Jovinianum* de saint Jérôme.

Toutefois, puisque les humains, hélas, ne se reproduisent pas comme les abeilles et qu'ils doivent pour cela copuler, et puisque parmi les pièges que tend le démon, il n'en est pas de pire que l'usage immodéré des organes sexuels, l'Église admet le mariage comme un moindre mal. Elle l'adopte, elle l'institue – et d'autant plus aisément qu'il fut admis, adopté, institué par Jésus – mais à condition qu'il serve à discipliner la sexualité, à lutter efficacement contre la fornication.

À cette fin, l'Église propose d'abord une morale de la bonne conjugalité. Son projet : tâcher d'évacuer de l'union matrimoniale ces deux corruptions majeures, la salissure inhérente au plaisir charnel, les démences de l'âme passionnée, de cet amour sauvage à la Tristan que les *Penitentiels* cherchent à étouffer lorsqu'ils pourchassent les philtres et autres breuvages enjôleurs. Quand ils s'unissent, les conjoints ne sauraient donc avoir d'autre idée en tête que la procréation. Se laissent-ils aller à prendre à leur union quelque plaisir, ils sont aussitôt « souillés », « ils transgressent, dit Grégoire le Grand, la loi du mariage[1] ». Et même s'ils sont restés de marbre, il leur faut se purifier s'ils veulent après coup s'approcher des sacrements. Qu'ils s'abstiennent de tout commerce charnel pendant les temps sacrés, sinon Dieu se vengera ; Grégoire de Tours met en garde ses auditeurs : les monstres, les estropiés, tous les enfants malingres sont, on le sait bien, conçus dans la nuit du dimanche[2].

Quant à la pratique sociale du mariage, l'Église s'emploie à rectifier les coutumes laïques sur plusieurs points. Ce faisant, elle déplace sensiblement les bornes entre le licite et l'illicite, étendant d'un côté la part de liberté et la restreignant de l'autre. Les ecclésiastiques travaillent ainsi à assouplir les procédures conclusives de l'union matrimoniale lorsque leur horreur du charnel les

1. *Regula Pastoralis*. III, 27, P.L. 77, 102.
2. *Liber II de virtutibus sancti Martini, M.G.H., S.R.M.*, I, 617.

incite à transporter l'accent sur l'engagement des âmes, sur le *consensus*, sur cet échange spirituel au nom de quoi, à la suite de saint Paul, le mariage peut devenir la métaphore de l'alliance entre le Christ et son Église ; ceci les pousse en effet dans une voie qui mène à libérer la personne des contraintes familiales ; à faire des accordailles une affaire de choix individuel ; qui mène aussi, puisque l'on proclame que la condition des individus ne doit en rien gêner l'union des cœurs, à légitimer le mariage des non-libres, et à l'émanciper de tout contrôle seigneurial. Inversement l'Église vient resserrer les entraves quand, luttant pour une conception absolue de la monogamie, elle condamne la répudiation, le remariage, elle exalte l'*ordo* des veuves ; lorsqu'elle s'efforce de faire admettre une notion démesurément élargie de l'inceste, lorsqu'elle multiplie les empêchements en raison de la consanguinité et de toute forme de parenté artificielle.

Dernier point : les prêtres s'immiscent peu à peu dans le cérémonial du mariage pour en sacraliser les rites, et spécialement ceux des noces, accumulant autour du lit nuptial les formules et les gestes destinés à refouler le satanique et à contenir les conjoints dans la chasteté.

*

Dans la très longue histoire de la progressive, de l'imparfaite insertion du modèle ecclésiastique dans le modèle laïque, le IXe siècle apparaît comme un moment décisif. Parce que, d'abord, la renaissance de l'écriture vient écarter les voiles qui, dans les temps antérieurs, dissimulent presque entièrement aux yeux de l'historien les faits sociaux. Parce que surtout, cette époque, dans la part de l'Europe soumise à la domination carolingienne, connaît, autour du roi sacré, une sorte de coopération du pouvoir civil et du pouvoir religieux qui conjuguent un moment leurs efforts pour édifier, à l'usage du peuple chrétien, une morale sociale moins éloignée des prescriptions de l'Écriture. L'œuvre est d'abord de réflexion sur des cas concrets, exemplaires, à propos d'affaires matrimoniales survenues dans la très haute aristocratie d'Empire et mettant en jeu ce que nous appellerions la politique. C'est la tâche spécifique des *oratores*, entendons des évêques, appliquant à l'élaboration conceptuelle du matériel patristique la *sapientia* dont le sacre les a imprégnés, d'entreprendre, afin de mieux guider leurs ouailles, l'analyse du *nuptiale mysterium*, de construire une théorie du mariage à des fins éminemment pastorales et pratiques. L'œuvre est parallèlement de codification sur cette frange élargie où, sous le regard du souverain présidant aux plaids généraux et aux conciles, le profane et le sacré se compénètrent plus profondément alors que jamais. Le mariage n'est-il pas en effet conçu désormais comme relevant conjointement de l'*auctoritas* des prélats et de la *potestas* des princes, et d'un système de sanctions dont les deux pouvoirs associés, Hincmar le dit expressément à propos du rapt de Judith, sont hiérarchiquement les ordonnateurs[1] ?

De cette alliance procède ainsi, presque achevé, cet édifice normatif dont j'ai dit tout à l'heure qu'il ne fallait pas considérer que lui, mais qui mérite cependant grande attention lorsqu'il émerge brusquement de la nuit des âges obscurs. Pour une part, il est constitué de préceptes, d'exhortations à se mieux conduire, proposant un modèle de vie chrétienne à l'usage des *conjugati* que, certes, la conception des *ordines* relègue au degré le plus bas d'une hiérarchie ternaire des perfections couronnant d'abord la virginité puis la continence, mais à qui du moins le salut est promis, alors qu'il est refusé à tous les autres, aux fornicateurs, rejetés, parce qu'ils refusent les disciplines exclusives d'une sexualité conjugale indissoluble et chaste, dans les ténèbres extérieures. À ces admonestations s'adjoignent des règles instituées pour maintenir l'ordre social, prévenir, apaiser les discordes dont l'institution matrimoniale peut être la cause. Ces règles, c'est au roi qu'il appartient de les promulguer et de les faire respecter, aux princes dont la sollicitude doit protéger spécialement la veuve et l'orphelin, les deux victimes de la rupture accidentelle du cadre conjugal. Remarquons bien que les capitulaires et les canons légifèrent avant tout à propos du rapt et s'en tiennent pour l'essentiel à ce qui du mariage participe au profane. Sauf cependant sur un point, l'inceste. En ce seul point, où le souverain « prohibe diligemment ce que prohibe la loi du Seigneur[2] », le modèle ecclésiastique parvient à prendre place dans le système d'interdictions et de sanctions publiques. Mais c'est un point capital. Car veiller à ce que nul « n'ose se souiller ni souiller autrui par des noces incestueuses[3] » impliquait que toutes les *nuptiae*, « celles de non-nobles comme celles de nobles[4] », fussent publiques ; qu'elles ne fussent ni *inexordinatae* ni *inexaminatae*, et par conséquent, qu'une enquête sur le degré de parenté des époux les précédât[5]. Publicité, enquête – auprès des « parents », des « voisins », des *veteres populi* – mais, en premier lieu auprès du prêtre, auprès de l'évêque, appelés ainsi, désormais, légalement, à participer aux cérémonies nuptiales. Non seulement pour bénir, pour exorciser, non seulement pour moraliser, mais pour contrôler et pour autoriser. Pour juger. Donc pour régir.

1. *« Prius Ecclesiae quam laeserent satisfacerent, sic demum quod praecipiant jura legum mundialium exsequi procurarent », P.L.*, 126, 26.
2. *Admonitio generalis*, 789, cap. 68, *M.G.H., Cap.* I, 59.
3. *Cap. missorum*, 802, cap. 35, *M.G.H., Cap.* I, 98.
4. Synode de Verneuil, *M.G.H., Cap.* I, 36.
5. Synode bavarois, 743, *M.G.H. Conc.* II, 53.

*

M'est-il permis cependant d'insister davantage sur la période suivante, sur le xe, xie et sur le xiie siècle ? Je le souhaite, et non seulement parce que je m'y sens mieux à l'aise, mais d'une part, parce que, me semble-t-il, la principale flexion dans l'histoire sociale du mariage européen se produit à ce moment, parce que d'autre part, une documentation moins uniforme permet dès lors de parcourir le champ dans presque toute son étendue, donc de poser plus rigoureusement les problèmes. Je m'explique par ces dernières réflexions, elles aussi trop rapides, trop subjectives, et que je rangerai en trois séries.

J'insisterai d'abord sur l'intérêt de considérer les modifications qui, dans la société aristocratique, affectent insensiblement durant cette période la stratégie matrimoniale. Les structures de parenté paraissent bien en effet se transformer alors dans ce milieu, par la lente vulgarisation d'un modèle royal, c'est-à-dire lignager, privilégiant dans la succession la masculinité et la primogéniture. Ce mouvement, qui n'est d'ailleurs qu'un aspect de ce glissement général par quoi se dissocie et peu à peu se pulvérise le pouvoir régalien de commander, par quoi se distribuent, se répandent en d'innombrables mains jusqu'au dernier degré de la noblesse, les vertus, les devoirs et les attributs royaux, détermine à l'égard du mariage, à l'intérieur des cellules familiales, plusieurs changements d'attitude qui ne sont pas sans conséquences. Parce que le patrimoine prend de plus en plus nettement l'allure d'une seigneurie, parce que, à l'instar des vieux *honores* ou des fiefs, il supporte de moins en moins d'être divisé et de passer sous un pouvoir féminin, la tendance est d'abord d'exclure les filles mariées du partage successoral en les dotant. Ce qui incline le lignage à marier s'il le peut toutes ses filles. Ce qui par ailleurs accroît l'importance de la dot, constituée de préférence en biens meubles, et aussitôt qu'il est possible en monnaie, par rapport à ce qu'offre le mari et qui pousse le *sponsalicium*, l'*antefactum*, le *morgengabe*, à céder la place au douaire. Une telle évolution est générale. On peut la suivre en particulier, mise en pleine lumière, dans l'aristocratie génoise du xiie siècle, par l'une des meilleures études consacrées aux pratiques matrimoniales[1]. La crainte de morceler l'héritage, une réticence prolongée à l'égard de l'affirmation du droit d'aînesse, renforcent inversement les obstacles au mariage des garçons et font du xiie siècle, en France du Nord, le temps des « jeunes », des chevaliers célibataires, expulsés de la maison paternelle, courant les ribaudes, rêvant aux étapes de leur aventure errante de trouver des pucelles

1. D. Owen Hughes, « Urban Growth and Family Structure in Medieval Genoa », *Past and Present*, 1975.

qui, comme ils disent, les « tastonnent[1] », mais en quête d'abord, anxieusement, et presque toujours vainement, d'un établissement qui les transforme enfin en *seniores*, en quête d'une bonne héritière, d'une maison qui les accueille et où, comme l'on dit encore aujourd'hui dans certaines campagnes françaises, ils puissent « faire gendre ». Marier toutes les filles, maintenir dans le célibat tous les garçons sauf l'aîné, il s'ensuit que l'offre des femmes tend à dépasser largement la demande sur ce que l'on serait tenté d'appeler le marché matrimonial et que, par conséquent, les chances des lignages s'accroissent de trouver pour celui des garçons qu'ils marient un meilleur parti. Ainsi se renforce encore cette structure des sociétés nobles, où généralement l'épouse sort d'une parenté plus riche et plus glorieuse que celle de son mari – ce qui n'est pas sans retentir sur les comportements et les mentalités, sans raffermir par exemple cette fierté, dont témoignent tant d'écrits généalogiques, à l'égard de la particulière « noblesse » de l'ascendance maternelle[2]. Ces circonstances expliquent enfin que, dans le cours du XIIe siècle, on voie dans les tractations matrimoniales le seigneur intervenir de plus en plus fréquemment auprès des parents, et parfois sa décision l'emporter sur la leur – qu'il se sente le devoir de procurer des épouses aux chevaliers, les fils de ses « amis », qu'il a nourris dans sa maison et dont la bande tumultueuse accompagne son fils aîné dans les tournoiements de son errance, qu'il se sente le devoir – et le droit puisque alors son propre intérêt est en jeu – de doter les filles de son vassal défunt, ou bien le droit de marier à son gré, afin que le fief soit bien servi, les veuves et les orphelines de ses feudataires. Au niveau de la pratique matrimoniale, les changements ne sont à cette époque perceptibles que dans la couche supérieure de la société. Mais il est probable – et il faudrait voir se développer des recherches conduites à partir des coutumes seigneuriales, du statut de la tenure, du droit de formariage – que des mouvements, semblables ou dissemblables, les ont accompagnés dans le contre-bas du peuple. De telles inflexions en tout cas, déterminées par ce qui se transforme sur le plan des structures matérielles, de la possession foncière, du pouvoir de commander, de la circulation monétaire, bref des rapports de production, nul ne saurait se désintéresser s'il cherche à comprendre et à situer dans leur juste perspective les modifications, beaucoup plus nettement visibles, qui affectent aux XIe et XIIe siècles l'arsenal des règlements et des proclamations idéologiques.

1. H. Oschinsky, *Der Ritter unterwegs und die Pflege der Gastfreundschaft in alten Frankreich*, in. dissert, Halle, 1900.

2. Le cas de Lambert de Wattreloos, G. Duby, « Structures de parenté et noblesse dans la France du Nord, XIe-XIIe siècle », *Mélanges J.F. Niermeyer*, Groningue, 1967.

Si, dans la tension qui la pousse à se réformer, à rompre certaines de ses collusions avec le pouvoir laïque, à s'ériger en magistrature dominante, l'Église intensifie après l'an mille, à propos de l'institution matrimoniale, son effort de réflexion et de réglementation, c'est que cette action se relie étroitement au combat qu'elle mène alors sur deux fronts : contre le nicolaïsme, la réticence des clercs à se déprendre des liens conjugaux, leur revendication d'user eux aussi du mariage comme d'un recours, comme d'un remède à la fornication – et dans cette lutte l'autorité ecclésiastique trouve appui sur un fort courant d'exigences laïques, n'admettant pas que le prêtre, celui qui consacre l'hostie, soit en possession d'une femme, que ses mains, ses mains sacrifiantes, soient souillées par ce qui apparaît, et non seulement aux théoriciens de l'Église, comme la pollution majeure, celle qui écarte le plus résolument du sacré – contre, d'autre part, l'hyper-ascétisme, la conviction que tout commerce charnel est fornication et qui conduit à refuser radicalement le mariage. Ce danger-ci est lui aussi présent à l'intérieur même de l'institution ecclésiastique, sur son flanc monastique, mais le lent retrait du monachisme au cours du XIIe siècle tend à l'amenuiser. Alors qu'en revanche il se déploie largement dans les ailes avancées de mouvements de purification dont beaucoup se dressent contre l'Église, dans le fourmillement des sectes pour qui la procréation est le mal. Première poussée au second quart du XIe siècle, depuis Orléans et Arras jusqu'à Monteforte, seconde poussée, sensible après 1130, plus virulente et ne cédant pas, multipliant ceux qui professent, si l'on en croit Raoul Ardent, « que le crime est aussi grand de posséder sa femme que sa mère ou sa fille [1] », ceux qui s'engouffrent dans toutes ces communautés mixtes d'abstinence que les ragots complaisamment répandus parmi les orthodoxes ont désignées comme le repaire de toutes les turpitudes.

Face à ces deux déviations, et dans le droit fil des entreprises moralisatrices des évêques carolingiens, l'Église dans les dernières années du XIe siècle et pendant tout le XIIe s'efforce donc de perfectionner l'insertion du mariage chrétien dans les ordonnances globales de la cité terrestre. En affinant la théorie des *ordines*, en s'efforçant de la mettre en pratique – il me suffira sur ce point précis de renvoyer aux pages admirables que les documents du Latium ont inspirées à Pierre Toubet – en proposant la cellule conjugale comme le cadre normal de toute vie laïque. En complétant, subséquemment, le cercle de règles et de rites, en achevant de faire du mariage une institution religieuse – et la place qui lui est réservée s'élargit sans cesse dans les collections canoniques, puis dans les statuts synodaux, tandis que, depuis la fin du XIe siècle, se discerne l'édification

1. *P.L.* 155, 2011.

progressive, au nord et au midi, d'une liturgie matrimoniale par quoi l'essentiel du rituel jusqu'ici domestique et profane est appelé à se transférer à la porte de l'église et dans son intérieur. En conduisant enfin à son terme la construction d'une idéologie du mariage chrétien. Celle-ci repose en partie, contre le catharisme, sur la justification, la déculpabilisation de l'œuvre de chair – et il conviendrait de suivre attentivement ce courant de pensée, à demi clandestin, à demi condamné, qui part d'Abélard et de Bernard Silvestre. Mais elle s'érige essentiellement en une remarquable entreprise de spiritualisation de l'union conjugale. Ses aspects, multiples, sont fort bien connus, depuis l'essor du culte marial qui aboutit à faire de la Vierge mère le symbole de l'Église, c'est-à-dire l'Épouse, en passant par le développement dans la littérature mystique du thème nuptial, jusqu'à cette recherche obstinée à travers les textes et leurs gloses, dont le terme est l'établissement du mariage parmi les sept sacrements. En cours de route, l'effort conjoint des canonistes et des commentateurs de la *divina pagina* a placé au centre de l'opération matrimoniale le consentement mutuel, ou plutôt les deux engagements successifs entre lesquels, le premier, Anselme de Laon établit la distinction : *consensus de futuro, consensus de presenti* [1] : pour Hugues de Saint-Victor que reprend Pierre Lombard, c'est l'*obligatio verborum* qui fonde la conjugalité. Ce qui est, bien sûr, un moyen de mieux dissocier l'amour spirituel et la sexualité, et même de rejoindre, comme le fait Gratien, les rigueurs de saint Jérôme. Mais qui permet aussi à Hugues de Saint-Victor de parler de l'amour comme du *sacramentum* du mariage, et d'affirmer hautement dans sa *Lettre sur la virginité de Marie*, et cette fois épousant à plein l'élan du XIIe siècle et ce qu'il exalte de responsabilité personnelle, que l'homme prend femme « pour être uni à elle de façon unique et singulière dans l'amour partagé [2] ».

Enfin toute cette évolution, la mieux connue, dont les dirigeants de l'Église sont les promoteurs doit être mise en rapport avec ce que l'on peut découvrir de ce que pensent à ce moment les laïcs. Reconnaissons-le : on en découvre fort peu, par bribes éparses, qui viennent tard, qui n'éclairent guère que le XIIe siècle et les attitudes des couches dominantes. Ne négligeons pas cependant ces quelques témoignages. Que montrent-ils ? Essentiellement quatre traits.

Une distance, étroite mais sensible, se maintient entre le modèle prescrit par l'Église et la pratique. Je prends pour exemple le cas des rites. On peut lire dans l'*Historia comitum Ghisnensium* composée dans les toutes premières années du XIIIe siècle par le prêtre Lambert d'Ardres, l'une des très rares descriptions

1. J.-B. MOLIN et P. MUTEMBE, *Le Rituel de mariage en France du XIIe au XVIe siècle*, Paris, 1974, p. 50.
2. *P.L.* 176, 184.

précises d'un mariage, celui d'Arnoul, fils aîné du comte de Guînes, qui eut lieu en 1194 [1]. La conformité s'avère parfaite entre le schéma d'ensemble révélé par les sources normatives et le déroulement de cette cérémonie, scindée en deux étapes distinctes, la *desponsatio*, les *nuptiae*. Après de longues années de « jeunesse », de quête infructueuse et de mécomptes, Arnoul a découvert enfin l'héritière, *unicam et justissimam heredem* d'une châtellenie jouxtant la petite principauté dont il est l'héritier : c'est la plus évidente qualité de cette fille. Avec les quatre frères qui dominent dans l'indivision le lignage de celle-ci, son père, le comte, a poursuivi les palabres, fait rompre de premières fiançailles qui promettaient à son fils une moins fructueuse alliance, obtenu l'assentiment des prélats, de l'évêque de Thérouanne, de l'archevêque de Reims, la levée par l'official de l'excommunication qui pesait sur son fils pour une affaire de veuve spoliée, fixé enfin la *dos*, c'est-à-dire le montant du douaire. Première phase, décisive et qui suffit à conclure le *legitimum matrimonium*. Restent les noces. Elles ont lieu à Ardres dans la maison du nouveau couple. « Au début de la nuit, lorsque l'époux et l'épouse furent réunis dans le même lit, le comte, poursuit Lambert, nous appela, un autre prêtre, mes deux fils et moi » (en 1194 le prêtre Lambert est marié, deux de ses fils sont prêtres, ce qui manifeste sur ce point aussi l'écart entre le règlement et son application) ; il ordonna que les mariés fussent dûment aspergés d'eau bénite, le lit encensé, le couple béni et confié à Dieu – tout ceci dans la stricte observance des consignes ecclésiastiques. Toutefois, le dernier, le comte prend la parole ; à son tour il invoque le Dieu qui bénit Abraham et sa semence, il appelle sa bénédiction sur les conjoints « afin que ceux-ci vivent dans son amour divin, persévèrent dans la concorde et que leur semence se multiplie dans la longueur des jours et les siècles des siècles ». Cette formule est bien celle que les rituels du XIIe siècle proposent dans cette province de la chrétienté. L'important est que ce soit le père qui la prononce, que le père, et non le prêtre, soit ici le principal officiant.

Je tiens pour un second trait majeur la répercussion dans la littérature de divertissement d'un esprit antimatrimonial qui s'exprime au même moment dans certains écrits des clercs, ainsi dans le *Policraticus* où l'on voit bien que le mariage avec la plus chaste des épouses ne peut être pour Jean de Salisbury qu'un pis-aller, qui mérite à peine indulgence. Il faut certes considérer que les poèmes, les chansons, les romans composés dans la langue des assemblées courtoises n'ont jamais fait que tendre un décor gratuit pour un jeu mondain, dont les règles alors s'échafaudaient et qui servait de compensation dérisoire aux frustrations des chevaliers contraints au célibat par les disciplines lignagères.

1. Cap, 149, *M.G.H., S. S.*, XXIV, 637, 8.

Ce jeu tourne autour de la plus risquée des aventures puisque, transgressant les interdits, affrontant les vengeances les plus cruelles, elle consiste à conquérir l'épouse du maître, la dame, en dépit des jaloux. Par là se trouve évidemment proclamée, comme par l'Héloïse de l'*Historia calamitatum*, la supériorité de l'amour libre, en définitive moins continûment luxurieux, moins « adultère » que n'est l'ardeur des maris trop épris de leurs femmes. Mais, par ce biais, ce dont cette littérature prépare les voies, c'est, sur un plan et dans un propos totalement différent, cette même spiritualisation, cette même libération du mariage à l'avènement de quoi les docteurs de l'Église dans le même moment s'évertuent. Exalter un amour plus indépendant des contingences matérielles, une union dont le symbole est semblable, un anneau, mais porté, dit André le Chapelain, au petit doigt de la main gauche, celui de tous qui échappe le mieux aux souillures, réclamer contre toutes les pressions sociales le droit de choisir, n'est-ce pas en effet rejoindre la revendication des autorités ecclésiastiques d'une supériorité du *consensus* sur toutes les manigances et les roueries des stratégies familiales ? L'amour de choix de la lyrique courtoise prétend bien, lui aussi, unir d'abord deux êtres, et non point deux parentés, deux héritages, deux réseaux d'intérêts. Le moine Henri de Lausanne, pourchassé comme hérétique parce qu'il prétendait également libérer l'institution matrimoniale de tous les empêchements imposés par les décrets conciliaires, prêchait-il autre chose au Mans en 1116, lorsqu'il exigeait que des mariages fût désormais écartée toute affaire d'argent, et qu'ils fussent exclusivement fondés sur le consentement mutuel ?

De fait, et c'est un autre caractère, ce qui prévaut après 1160 dans l'idéologie profane telle que l'exprime la littérature de cour, c'est bien la valeur affirmée de l'amour conjugal. Elle est au cœur d'*Érec et Énide*, mais aussi de tous les romans de Chrétien de Troyes que nous avons conservés, c'est-à-dire qui plurent. Demeure – et en ce point encore confluent la pensée laïque et celle des clercs – la veine antiféministe, mais maintenant transférée à l'intérieur du couple, animée par la peur de l'épouse, de la triple insécurité dont, volage, luxurieuse et sorcière, on la sent, on la sait, porteuse. L'accent n'en est pas moins mis sur le respect de l'union matrimoniale et sur les richesses affectives qu'elle entretient. Ainsi dans la littérature d'éloge, si le dévergondage des héros est volontiers avoué aussi longtemps qu'ils restent privés d'épouses, sont-ils mariés, et tant que leur femme vit auprès d'eux, il n'est plus question que de l'amour qu'ils lui portent, de cette affection qui fait s'écrouler le comte Baudouin de Guînes lorsque meurt sa compagne, après quinze ans de mariage et au moins dix maternités. Cet homme dur et sanguin, qui ne vit qu'à cheval, garde le lit des jours et des jours ; il ne reconnaît plus personne, ses médecins désespèrent de le sauver[1] ; il tombe dans cette même folie qui saisit Yvain lorsque sa femme le repousse ; il reste ainsi languissant pendant des mois – avant de partir, rétabli, veuf et de nouveau fringant, à la poursuite des jeunes servantes.

Un dernier point, à mes yeux capital : il semble bien qu'en ce moment même, c'est-à-dire dans le dernier tiers du XIIe siècle, quelques signes manifestent que la restriction au mariage des fils commence à se relâcher dans les familles aristocratiques. D'autres garçons que l'aîné sont autorisés à se marier ; on les établit, on prépare pour eux des demeures où vont prendre racine les rameaux ainsi séparés du vieux tronc que la prudence lignagère avait pendant deux siècles au moins maintenu droit, planté tout seul au milieu de patrimoine. Pour confirmer cette impression il importerait de pousser la recherche, de construire des généalogies précises, de requérir l'avis des archéologues qui eux aussi voient, à partir de cette date, se multiplier auprès des anciens châteaux les nouvelles maisons fortes. Encore faudrait-il s'interroger sur les raisons de ce desserrement, les chercher en partie dans la croissance économique, dans le développement d'une aisance qui, depuis les principautés dont les perfectionnements de la fiscalité accroissent alors les ressources, se répand dans toute la noblesse, les chercher aussi parmi toutes les souples inflexions qui viennent insensiblement modifier les attitudes mentales. Les voies de l'exploration sont grandes ouvertes – et sur ce champ d'une sociologie du mariage médiéval que des brumes épaisses recouvrent encore. Mais à mesure que cette pénombre se dissipe, s'éclaire à son tour ce que nous connaissons mieux, et pourtant fort imparfaitement, ce droit, cette morale, toute l'épaisseur de cette enveloppe normative.

---

1. *Historia comitum Ghisnensium*, cap. 86, *M.G.H., S. S.*, XXIV, 601.

2

LA MATRONE ET LA MAL MARIÉE [1]

Dans la France du Nord, le conflit entre deux conceptions du mariage, celle des laïcs, celle des dirigeants de l'Église, traverse une phase aiguë pendant le demi-siècle qui encadre l'an 1100. L'épiscopat achève alors de se réformer. Ses armatures intellectuelles se renforcent, soutenues par le travail assidu des canonistes. Les évêques entreprennent de remodeler la morale sociale, tablant sur cette institution majeure qu'est la conjugalité. Ils interdisent le mariage aux ecclésiastiques puisque l'abstinence sexuelle peut leur sembler le gage d'une supériorité qui doit placer les clercs au sommet de la hiérarchie des conditions terrestres. Inversement les évêques prescrivent aux laïcs de se marier, ceci pour les mieux tenir, les encadrer, endiguer leur débordement. Mais ils leur enjoignent de former des couples selon des principes et des règles que l'évolution du rituel et de la réflexion religieuse sacralisent progressivement. Ils affirment l'indissolubilité du lien conjugal ; ils imposent l'exogamie au nom d'une conception démesurée de l'inceste ; ils répètent que la procréation est la seule justification de l'accouplement ; ils rêvent d'expulser de celui-ci tout plaisir. En vérité, cet ordre que les prélats s'acharnent à faire admettre n'affronte pas le désordre. Il se heurte à un ordre différent, à une autre morale, à d'autres pratiques, tout aussi strictement réglées, mais non point édifiées pour le salut des âmes, tendant, elles, à faciliter, la reproduction des rapports de société dans la permanence de leurs structures. Cette morale profane, ces pratiques matrimoniales profanes sont devenues elles aussi plus rigides à la fin du XIe siècle, au moins dans la classe dominante, dans l'aristocratie, la seule part de la société laïque dont on puisse entrevoir les comportements, sous l'effet des changements qui ont affecté la distribution des pouvoirs. Face aux admonestations des évêques, les nobles et les chevaliers par conséquent regimbent. Ce n'est pas seulement qu'ils veulent jouir de la vie. Lorsqu'ils sont chefs de maison, respon-

1. Bibliographie [188].

sables du destin d'un lignage, ils entendent répudier librement leurs femmes si elles ne leur donnent pas des héritiers mâles, épouser leurs cousines si cette union permet de remembrer l'héritage. Lorsqu'ils sont célibataires, ils entendent pratiquer librement les rites érotiques propres à la « jeunesse ». Dans la poursuite de la réforme grégorienne, l'affrontement entre les deux systèmes éthiques s'aggrave ainsi. Parmi les détenteurs du pouvoir religieux, quelques meneurs – le pape, de loin ; ses légats, de plus près ; sur place, quelques intégristes, tel Yves de Chartres – conduisent âprement la lutte. Ils la mènent à plusieurs niveaux. Ainsi contraignent-ils les grands, qui montrent l'exemple, et d'abord le roi, à suivre leurs consignes – et ce sont des affaires spectaculaires, telle l'excommunication, trois fois renouvelée, du capétien Philippe Ier. Ainsi propagent-ils de toutes parts un modèle de conjugalité – et c'est le développement d'une pastorale du bon mariage. Parmi les instruments les plus efficaces de cette propagande, en tout cas parmi ceux que l'historien peut le plus aisément atteindre, figurent des récits édifiants, les biographies de quelques héros dont les fidèles furent appelés à imiter la conduite et qui furent, pour cela, rangés parmi les saints.

Les vies de saints manquent au premier abord d'attraits. Cela tient aux raideurs de ce genre littéraire, au poids de la tradition formelle. Mais si l'on prend ces écrits pour ce qu'ils sont, c'est-à-dire pour les armes, parmi les mieux fourbies, d'une lutte idéologique, ils se montrent fort instructifs. Ils révèlent comment le souvenir de la réalité vécue est manipulé pour les besoins d'une cause, désarticulé, remonté afin de mettre en scène un endoctrinement. J'ai choisi deux de ces textes rédigés l'un au début (1084), l'autre au terme (1130-1136) de cette période décisive de l'histoire du mariage dans notre culture. Tous deux émanent de la même région : les lisières occidentales de la principauté flamande, entre Boulogne et Bruges. Ils sortent tous deux d'ateliers de même type, des *scriptoria* de monastères bénédictins. Chacun propose une femme à la vénération des fidèles. L'un et l'autre présentent donc une image exemplaire de la condition féminine. Ils exhortent l'un et l'autre à vivre la conjugalité comme les gens d'Église souhaitaient que les laïcs acceptent de la vivre. Ils font apparaître les deux positions antagonistes par ce qu'ils disent, ce qu'ils taisent, par la manière dont ils rectifient le vécu, l'enjolivent ou le noircissent.

*

Mieux vaut commencer par le texte le plus récent : c'est le moins riche et, paradoxalement, le plus traditionnel. Il relate les mérites de la comtesse Ida de Boulogne. Dans le monastère de Vasconviliers, que cette femme avait rénové et peuplé de bons moines, clunisiens, où son corps, après d'âpres disputes, avait été déposé, où donc, autour de sa sépulture, parmi les liturgies funéraires, une dévotion s'était fixée, cette biographie fut composée une vingtaine d'années après la mort (1113) de l'héroïne[1]. Conformément aux règles, le récit commence aux « enfances », à tous les signes annonciateurs d'une existence exceptionnelle, et notamment à ces vertus qui se transmettent par le sang dans les lignées de bonne race ; puis il passe à la vie adulte, aux prodiges qui l'ont marquée ; il en vient à la mort ; il s'achève sur les miracles accomplis *post mortem*. Tout cela formant comme un dossier bien ordonné de preuves (dont cette odeur de sainteté qui émana du sépulcre lorsque, à une date imprécise, on l'ouvrit) destinées à justifier l'officialisation d'un culte, la hiérarchie ecclésiastique se montrant en effet désormais plus méticuleuse quant aux procédures de canonisation.

Née vers 1040, Ida était une très grande dame. Fille aînée du duc de Basse-Lorraine, un souverain de première grandeur, et d'une mère « non moins éminente », elle se trouvait par sa naissance favorisée de la *potestas* et de la *divitia*, les deux attributs de la noblesse. Tout la prédisposait à la magnanimité. Dans un parfait respect de l'ordre établi qui suppose que, providentiellement, les nobles, les riches soient bons, qui reconnaît de naturelles corrélations entre la hiérarchie des valeurs temporelles et celle des valeurs spirituelles, cette *vita* d'esprit clunisien se garde bien de suggérer qu'Ida ait jamais songé à s'abaisser au-dessous de sa position dominante, qu'elle ait voulu souffrir dans son corps, qu'elle se soit infligé des macérations. Cette sainte n'est ni une martyre, ni une ascète, ni de ces insensés qui veulent à tout prix être pauvres. C'est une épouse, comblée. La morale ici prêchée est celle d'un accomplissement de la féminité dans le mariage.

Le moment où, en 1057, à l'âge opportun, Ida, de vierge qu'elle était devint épouse, constitue donc l'étape majeure de cette biographie. Son auteur prend soin de montrer que le passage s'opéra selon les convenances, sociales et morales. Dans le bon ordre. L'homme qui déflora Ida était, comme il se devait, de son rang, un « héros », « très noble de race », « du sang de Charlemagne », « de très extraordinaire renom », et l'on voit l'accent placé à la fois sur la nécessité de l'isogamie et sur le rôle de la renommée qui permet « aux vaillants de se conjoindre ». De fait, ce fut la réputation de cette fille, ce qui lui fut rapporté de ses mœurs, de sa beauté, mais surtout de « la dignité de sa race » qui allécha Eustache II, comte de Boulogne[2]. Il était veuf, d'une sœur d'Édouard le Confesseur. Il n'avait pas d'enfant mâle légitime. Il lui fallait absolument une femme. Il l'obtint, mais décemment. Point de rapt, point de séduction. Il envoya des mes-

1. *Acta sanctorum*, avril, I, p. 141-144.
2. Effectivement descendant des Carolingiens par sa mère, petite-fille de Charles de Lorraine. On ne sait à peu près rien de son père, un homme nouveau sans doute.

sagers au marieur, le père. Celui-ci prit conseil. Ida fut « livrée » par ses parents. Puis conduite, escortée par des membres des deux maisonnées, jusqu'à Boulogne où l'attendait l'époux. C'est là qu'eurent lieu les noces, solennellement. « *Pro more ecclesiae catholicae* », dit le texte : allusion à la bénédiction nuptiale ? En 1130 ce rite s'était implanté dans cette région ; rien n'indique qu'il y fût introduit déjà en 1057. Dès lors on voit Ida, *conjux*, déployer sa *virtus in conjugio*, apparaître par conséquent comme le parangon des bonnes épouses. En premier lieu soumise à son mari, qui la soutint, la guida, la conduisit vers le mieux ; elle fut dévote, mais « en accord avec son homme et par la volonté de celui-ci » : comment imaginer qu'une femme accède à la sainteté en dépit de son époux ? Obéissante donc, mais également discrète (de la *discretio* clunisienne) dans le gouvernement de la maison, dans sa façon de traiter les hôtes, se montrant envers les nobles familière, « chaste » cependant. La chasteté fait en effet le bon mariage. Ainsi, « selon le précepte apostolique », ce fut « usant de l'homme comme n'en ayant pas » qu'Ida engendra. Car son principal mérite fut d'être mère. Elle mit au monde trois fils (des filles, le texte ne dit mot) : le second fut Godefroi de Bouillon, le dernier, Baudoin, roi de Jérusalem. Incontestablement, les égards qu'on lui rendit vers la soixantaine, le relent de sainteté qui se répandit autour de son tombeau, Ida les dut au destin de ses deux enfants, à ce que les deux premiers souverains de la Terre sainte étaient sortis de son ventre. La sainteté de l'union conjugale se mesure en effet à la gloire des mâles qui en sont le fruit. De cette gloire, Ida avait été avertie dès l'adolescence. Une nuit, « comme elle se livrait au sommeil », elle avait vu le soleil descendre du ciel et séjourner un moment dans son giron. L'hagiographie se plaît aux présages, elle évoque volontiers les songes. Celui-ci, à vrai dire, se colore dangereusement d'érotisme prépubère. L'écrivain monastique le sent bien. Il se garde. Ida dormait, dit-il, mais l'esprit tourné « vers les choses d'en haut ». Ce rêve ne la tirait donc pas vers le bas, vers le plaisir. Il annonçait que la vierge serait mère, que le fruit de ses entrailles serait béni. Il annonçait une maternité sainte. La *vita* tout entière s'organise en une célébration de l'enfantement.

Genus, gignere, generositas : ces mots scandent la première partie du récit. Remarquons leur connotation charnelle : ils insistent sur le sang, sur le bon sang, sur la race. Ida eut pour fonction – comme toutes les filles que les rites matrimoniaux introduisaient dans les maisons nobles – de former « par la clémence de Dieu » un maillon dans une généalogie [1]. Elle enfanta, elle nourrit des

1. C'est ainsi qu'elle prend place dans les généalogies de Bouillon, admirablement éditées par L. Génicot, dont la première rédaction date de 1082-1087, alors que son second fils Godefroi n'était encore l'héritier que du nom et des ambitions de son grand-père et de son oncle maternel. Ida est dans ces généalogies le seul personnage féminin qui ait droit à un éloge particulier.

mâles. Ce n'est pas pour avoir nourri spirituellement ses fils, pour les avoir instruits, préparés par l'éducation aux exploits qui les illustrèrent qu'elle est louée. C'est pour les avoir allaités, refusant que leur fût donné le lait d'un autre sein, afin qu'ils ne fussent pas « contaminés par de mauvaises mœurs ».

Il est dit que cette fonction d'engendrement se poursuivit sous une autre forme après que, vers 1070, Ida fut devenue veuve, « privée du réconfort d'un homme ». « Réjouie cependant par la noblesse de ses fils », « enrichie par l'amour d'en haut ». Sous l'autorité de l'aîné de ses garçons, Eustache III, qui succéda à son père dans la direction de la maison, ses vertus se perpétuèrent. De prolificité toujours. Elles n'émanaient plus toutefois de sa chair. Ida désormais enfanta par sa richesse et, plus précisément, par son argent. Après la mort de son mari et de son père, elle s'était entendue avec sa parenté pour liquider ses biens propres, les échangeant contre de la monnaie. De cette monnaie, dont la source était encore le *genus* paternel, elle se servit pour engendrer de nouveaux fils, spirituels ceux-ci : des moines. N'agissant point seule, évidemment, mais d'accord toujours avec le mâle au pouvoir duquel elle avait glissé. Avec le « conseil » de son fils, avec son « aide », elle féconda la région boulonnaise, reconstruisant, restaurant, fondant successivement trois monastères. Des monastères d'hommes : charnelle ou non, seule compte la part masculine de la progéniture. Elle-même ne se fit pas moniale. Certes, « son mari mortel disparu, elle passa pour s'être unie à l'époux immortel par une vie de chasteté et de célibat ». Certes, elle se dégagea peu à peu de la tutelle de son fils, s'agrégea à une autre famille, spirituelle : Hugues de Cluny l'adopta « pour fille ». Mais elle demeura, comme il se devait, en état de subordination, soumise encore à des hommes. Et lorsqu'elle vint s'établir auprès du dernier monastère qu'elle avait érigé, la Capelle Sainte-Marie, à la porte, entourée de ses suivantes, ce fut sous la domination du père abbé. Psalmodiant mais « modérément ». Nourricière surtout. Nourrissant les pauvres. Nourrissant la communauté monastique. « Servant » des hommes, comme il est bon que les femmes ne cessent de le faire.

Que la *virtus* majeure de cette sainte fût de maternité, on le découvre encore aux particularités de deux des miracles qui lui sont attribués. Elle opéra le premier de son vivant, dans le monastère de la Capelle. Parmi les gens qui vivaient d'elle se trouvait une petite fille sourde et muette ; un jour de fête, à l'office des matines, la mère de l'enfant l'avait amenée à l'église, dans la suite de la comtesse. Il faisait froid, la petite tremblait. Elle se blottit sous le manteau d'Ida. Ce fut comme si l'odeur des vêtements la faisait renaître ; elle se mit à entendre, à parler. Ses premiers mots ? *Mater, mater*. Pourvue par l'abbé d'une prébende, la miraculée pourtant pécha : elle conçut elle-même, enfanta, perdant non seulement sa virginité, mais sa pension et sa santé. Cependant Ida la tira par deux fois de l'infirmité où elle était par deux fois retombée, purifiant cette maternité peccamineuse dont la fille s'était rendue coupable, redevenant enfin par deux fois nourricière, puisque à chaque renaissance la prébende fut restituée. L'autre miracle eut lieu sur son tombeau peu de temps sans doute avant la rédaction de la *vita*. Une femme encore en bénéficia : c'était la fille d'Eustache III, la propre petite-fille d'Ida, Mathilde. Saisie d'une mauvaise fièvre, « confiante et présumant de la sainteté de la bienheureuse », elle s'était rendue jusqu'au sépulcre. C'était la première pèlerine. Elle fut guérie, sa grand-mère projetant par prédilection ses pouvoirs thaumaturgiques sur son lignage, cette sorte d'arbre de Jessé issu de son ventre généreux.

Rien, de toute évidence, n'est exceptionnel dans cette vie de princesse : il était normal à la fin du XIe siècle que des filles de ce rang social épousent de vaillants guerriers, en enfantent d'autres et, devenues veuves, dispensent leurs bienfaits à des monastères avec l'accord de leur fils aîné, qu'elles s'associent enfin aux liturgies monastiques. Rien n'est exceptionnel, sinon d'avoir mis au monde Godefroi de Bouillon [1]. Si deux des fils d'Ida n'avaient été aussi illustres, se serait-on disputé en 1113 sa dépouille, aurait-on, plus tard, ouvert son tombeau, l'aurait-on entendue vers 1130 déclarée sainte ? De cette reconnaissance officielle l'instigatrice fut sans doute cette même Mathilde que, d'outre-tombe, sa grand-mère avait guérie. Héritière du comté de Boulogne, elle avait épousé Étienne de Blois. Son autre grand-mère était Marguerite d'Écosse, déjà tenue pour sainte, et que la plus ancienne de ses biographies, datant de 1093-1095, montrait acceptant de se marier dans le seul propos d'être mère. Le culte de sainte Marguerite venait d'être développé, en même temps que celui d'Édouard le Confesseur [2] par Édith-Mathilde, épouse du roi Henri Ier et sœur de la mère de Mathilde de Boulogne. Celle-ci, alors que l'on songeait à transférer à Boulogne le siège de l'évêché de Morinie, commanda la biographie d'Ida aux moines de Vasconviliers.

Il me semble que ceux-ci furent quelque peu embarrassés, gênés de ne trouver dans le dossier comme principal argument de sainteté que des aptitudes procréatrices. On le devine au prologue qui s'applique à justifier le parti pris. Le monde, dit l'auteur, va vers son déclin. Les attaques du Malin se multiplient ;

1. On connaît les légendes qui s'épanouirent autour de la personne du premier avoué du Saint-Sépulcre : dès 1184, on racontait à son propos et à celui de son frère, « la fable du cygne dont serait issue leur semence originelle », GUILLAUME DE TYR, *Histoire des Croisades*, I, p. 571-572.

2. D. BAKER, « A Nursery of Saints ; Saint Margaret of Scotland Reconsidered », *Mediaeval Women*, Oxford, 1978.

à qui recourir sinon aux prières ou aux mérites des saints ? Par bonheur la providence a distribué la sainteté à travers tous les « degrés » du corps social. Parmi les saints on trouve même des femmes. Et jusqu'à des femmes mariées. À condition évidemment qu'elles soient mères. Il peut alors arriver qu'elles soient « inscrites au livre de vie en raison de leurs mérites et *de ceux de leurs fils* ». Le biographe juge toutefois nécessaire, pour vaincre les dernières réticences, de montrer ce qu'il y a de bien dans l'état matrimonial. Pour légitimer le mariage, il cite Paul (« *melius est nubere quam uri* ») : le mariage est remède à la concupiscence ; il rappelle que « selon la loi », c'est la fécondité prolifique qui l'exalte ; il affirme enfin qu'il doit être vécu dans la chasteté, « sans quoi il n'y a rien de bon » : « certes la virginité est bonne ; mais, c'est prouvé, la chasteté après l'enfantement est grande ». Ces principes une fois disposés en garde-fou, il est permis à un bénédictin d'établir qu'une épouse peut être sainte. Ce qu'il fait sans rien brusquer, discrètement, à la clunisienne, avec un sens aigu de l'opportunité sociale. Il propose de la bonne conjugalité une image tout à fait conforme à l'enseignement de l'Écriture et de saint Augustin. Toutefois, puisque la biographie sert les intérêts d'une maison de la plus haute noblesse, il prend soin d'éviter trop de discordance entre l'exemple proposé et le système de valeurs auquel la haute aristocratie se réfère. Les deux morales ici s'ajustent, celle de l'Église, celle des lignages. Je ne parle pas seulement d'une célébration de la puissance et de la richesse qu'illustre chacun des gestes de l'héroïne. Les deux modèles de comportement sont mis en coïncidence principalement sur deux plans. Lorsque d'abord il est affirmé que la condition de la femme est d'être dominée, par son père qui la donne à qui lui plaît, par son mari qui la gouverne et la surveille, puis par l'aîné de ses fils, enfin, lorsque ce dernier pousse hors de la maison sa mère dont il est encombré, par les religieux du monastère familial, dont l'un des rôles est précisément d'accueillir à sa porte les femmes du lignage, marginalisées lorsqu'elles ont cessé d'être utiles. L'accord se fait d'autre part sur le principe que l'épouse est vouée à coopérer à la gloire de la lignée en lui donnant des enfants, qui soient des garçons et qui soient valeureux. Proclamer ainsi conforme au plan divin l'image de la féminité et de la conjugalité que se formaient au début du XIIe siècle tous les chefs de maisons nobles, n'était-ce pas le meilleur moyen de leur faire admettre du même coup, discrètement, en passant, sans insister, que le pacte conjugal devait être conclu conformément « aux usages de l'Église catholique » et qu'il était souhaitable que les époux montrassent les apparences au moins de la chasteté ?

*

Une cinquantaine d'années plus tôt une image avait été présentée par un autre, ou plutôt par deux autres textes, puisque deux versions successives datant du XIe siècle ont été conservées de la même *vita*. Cette image est différente. Car le système de représentations à quoi elle veut s'accorder n'est pas, je crois, aristocratique, mais populaire. Certes l'héroïne de ce récit, Godelive, est bien née, « de parents célèbres ». Elle porte un nom tudesque ; le second biographe croit même nécessaire de traduire : *cara Deo*. Ce nom sied parfaitement à une sainte, si parfaitement que l'on peut se demander si la dénomination, si le personnage lui-même ne sont pas mythiques. Rassurons-nous : Godelive a bien existé. Les indications fournies sur son ascendance sont d'une incontestable précision : son père, Heinfridus, de Londefort en Boulonnais, est également nommé par des chartes du temps. C'était un chevalier d'Eustache de Boulogne, le mari d'Ida. La race, ici, est d'un cran moins élevé. Ces gens cependant surplombent de haut le peuple. Ils sont établis par-delà la stricte limite que trace entre dominants et dominés le mode de production seigneurial. Si j'ai parlé de populaire, c'est que la biographie que j'analyse ne fut pas rédigée à la demande d'une famille illustre par les moines d'un monastère familial. La dévotion dont Godelive fut l'objet a pris naissance dans le village de la Flandre maritime où elle était enterrée, Ghistelle, à dix kilomètres de Bruges. Le plus ancien biographe le dit : il écrit « sous la pression de nombreux fidèles ». Il ne ment pas. Ce qu'il relate des formes de piété dont le tombeau était le lieu, des prodiges dont on lui montra les signes, atteste que le culte a effectivement jailli de la paysannerie. Il a vu la terre avoisinant la sépulture transformée merveilleusement en pierres blanches. Il a vu ces pierres que, « par dévotion », des gens avaient emportées chez eux devenues des gemmes. Il a vu des fiévreux, des malades, venir boire l'eau de la mare où Godelive avait été plongée. On lui a dit que certains furent guéris. Les dirigeants de l'Église ont eu la main forcée par cette ferveur. Ils ont cédé. En 1084, l'évêque de Noyon-Tournai, Radbod II, au moment même où il confiait à saint Arnoulf de Soissons l'église d'Oudenbourg pour y établir des bénédictins venus de Saint-Bertin – et dans le même but : pour affermir aux confins de son diocèse les structures ecclésiastiques – procéda le 30 juillet, à Ghistelle, à l'élévation des reliques d'une femme qui était morte ici, peut-être quatorze ans plus tôt. Toutefois le prélat voulut que fût rectifiée la légende, afin qu'elle servît à l'entreprise de moralisation d'une population encore très sauvage. La manipulation est évidente. Des traces restent cependant du récit primitif. Très nettes dans la version de la *vita* que les Bollandistes ont publiée [1] d'après un manuscrit provenant de l'abbaye d'Oudenbourg,

1. *Acta sanctorum*, juillet, II, p. 403 sq.

postérieure mais d'assez peu, semble-t-il, à la canonisation. Plus nettes encore dans le texte que ce remaniement compléta, dans le rapport que rédigea, immédiatement avant l'intervention de l'évêque de Noyon, et pour la préparer, Drogon, moine de Bergues-Saint-Winock[1].

Officialisation, remise en ordre. Jusqu'à quel point fut-elle poussée ? Le flux de religiosité que l'élévation des reliques avait pour but d'endiguer n'était-il pas au départ fort hétérodoxe ? L'hypothèse fut formulée, prudemment, par Jacques Le Goff, lorsque je commentais ce document dans mon séminaire. Il n'est pas question de sorcières, faisait-il remarquer, ou fort peu dans les textes du XIe siècle. N'est-ce pas que l'Église alors s'annexait ces femmes, celles du moins dont le souvenir restait vivace parmi les humbles, puisqu'elles avaient péri tragiquement, tuées par les ministériaux, par les agents répressifs de la puissance civile ? N'étaient-elles pas systématiquement exorcisées par la « conversion » de leur renommée ? Transformées en saintes ? Je ne suis pas sûr qu'il faille s'avancer trop loin dans cette conjecture. Il reste que si l'on canonisa Godelive, ce fut peut-être bien pour évacuer ce qu'il y avait de contestation dans le culte qu'on lui rendait. Deux des quatre miracles retenus par le premier biographe sont de nature à soutenir cette supposition. Godelive était guérisseuse. Elle guérissait des paralysies. Voici qu'elle vint en aide à un homme et à une femme que le ciel avait punis pour avoir travaillé dans un temps prohibé par l'autorité ecclésiastique. L'homme moissonnait un samedi soir : sa main resta collée aux épis ; la femme, un jour de fête, après la messe, brassait un chaudron de teinture avec un bâton : celui-ci se colla à sa main. Que Godelive ait libéré ces deux mains travailleuses, annulant les effets du courroux divin, la situait du côté du peuple. Elle avait triomphé des malédictions fulminées par les prêtres. Ne célébrait-on point en elle la championne d'une résistance à l'oppression cléricale ? Ceci incite à détecter, sous les phrases édifiantes, lénifiantes de la *vita*, les bribes d'un discours différent, populaire. Il reste que le discours originel fut remodelé dans un but principal : aider à propager, tout comme la biographie de sainte Ida, mais peut-être dans un autre champ social, la morale ecclésiastique du mariage.

Dans une typologie de la sainteté, la fille d'Heinfridus, chevalier boulonnais, prendrait place parmi les martyres. Également parmi les vierges ? C'est ce qu'ont affirmé les Bollandistes : sa virginité, écrivent-ils, ne saurait être mise en doute : à Ghistelle, on l'a toujours tenue pour vierge. Or on cherche en vain dans les deux textes du XIe siècle ce qui pourrait soutenir une telle assertion. Ces récits

1. Édité par P. Coens d'après un manuscrit de Saint-Omer, venant de l'abbaye de Clairmarais, *Analecta Bollandiana*, XLIV, (1926).

ne disent rien de la virginité : pour leur auteur – c'est remarquable –, ce n'est pas ce trait qui importe. Ils insistent sur le martyre. Mais sur le martyre d'une épouse. Godelive est une mal mariée, la victime d'un mauvais mariage. Les hagiographes ont proclamé cela très haut, leur intention étant, entre autres choses, de faire ressortir, en négatif, ce que doit être le mariage pour être bon.

Le mot *virgo* est appliqué à Godelive une seule fois, pour qualifier son état avant que ses parents ne la donnent à un mari. Son destin, comme celui de toutes les filles, était d'être mariée au sortir de la *pueritia*. Au contraire d'Ida cependant on employa des procédures perverties. Dès le départ, dès la *desponsatio*, dès la conclusion du pacte. Cette vierge était dévote, comme toutes les saintes le sont dans leur enfance. Recherchée pourtant par une meute de prétendants. Enflammés d'« amour » disent les deux textes. Fidèles aux modèles laïques qu'ils remanient, ils font en effet leur place au désir physique, à l'attrait du corps féminin ; les deux versions de la *vita* insistent sur les charmes de la jeune fille. Son seul défaut était d'être brune, noire de cheveux et de sourcils. Mais Drogon aussitôt corrige : sa chair en paraissait plus blanche, « ce qui est agréable, plaît dans les femmes et qui est honneur à beaucoup ». L'un de ces *juvenes*, Bertolf, était « puissant », de « race insigne selon la chair », officier du comte de Flandre dans le pays de Bruges[1]. Ce fut lui qui l'emporta. Non que Godelive l'ait elle-même choisi. Elle n'avait pas la parole. Le galant d'ailleurs ne lui parla pas, mais à ses parents, les maîtres, qui la lui donnèrent. L'accord était faussé pour deux raisons : Bertolf, d'abord, avait agi de sa seule « volonté ». Sa mère devait le lui reprocher, de n'avoir pas pris conseil d'elle-même ni de son père, et ces reproches portèrent : le bon mariage n'est pas affaire d'individu mais de famille ; s'il n'est pas orphelin de père, comme l'était Eustache II de Boulogne, le garçon doit, lui aussi, s'en remettre à ses parents. Second vice : le père et la mère de Godelive « préférèrent Bertolf à cause de sa *dos* » : il était plus riche. Mariage d'argent, mauvais mariage : c'est la sagesse populaire que l'on entend ici s'exprimer.

Mal partie, l'union fut pervertie davantage dans la seconde de ses phases conclusives. Après les accordailles, Bertolf emmena Godelive chez lui, c'est-à-dire chez sa mère. Peut-être répudiée, celle-ci vivait loin de son mari, hébergeant son fils ou bien hébergée par lui ; celui-ci en tout cas pouvait prendre femme :

1. C'était le fils cadet et par conséquent cherchant, seul, à s'établir par un mariage, d'un officier comtal servant à Bruges. En 1012, le châtelain de Bruges se nomme Bertolf. En 1067, Erembaud, père d'un Bertolf, occupe cette fonction. Le héros de cette histoire appartenait donc sans doute au célèbre clan dont les membres assassinèrent Charles le Bon en 1127, et non pas à la parenté de Conon, sire d'Oudenbourg, neveu de Radbod II.

dans la maison, le lit matrimonial était vacant. Mais y vivait aussi sa mère, ce qui n'arrangeait pas les choses. Surgit ici un autre thème, classique, des complaintes de la mal mariée. Durant le voyage (assez long : du Boulonnais aux environs de Bruges, il fallait coucher en route) l'Ennemi brusquement frappa l'esprit du nouveau marié : il prit sa femme « en haine ». On pense naturellement au cas de Philippe Auguste devant Ingeborge : non point le fiasco (la reine de France s'en défendit âprement), mais une immédiate répulsion. Bertolf fut fortifié dans cette attitude par le discours que lui tint, à l'arrivée, sa mère. « Toutes les belles-mères, écrit Drogon, haïssent leur bru » (le peuple encore parle par sa bouche, en dictons, à son habitude), « elles brûlent de voir marié leur fils, mais deviennent aussitôt jalouses, de lui et de son épouse. » Cette femme, en même temps qu'elle rabrouait son fils pour ne pas l'avoir consultée, le railla d'avoir ainsi choisi : la fille qu'il ramenait était étrangère, elle était de surcroît noiraude : « Il n'y avait donc pas assez de corneilles ici, que tu ailles en dénicher *in alia patria.* » Bertolf alors s'effaça, refusant de prendre part au cérémonial des noces. Pendant les trois jours de fête rituels, il resta absent sous prétexte de marché ou de justice. On sauva les apparences, on feignit la joie. Les rites pourtant étaient invertis : ce fut une femme, sa mère, qui tint le rôle de l'époux. Transgression de l'ordre moral, de l'ordre sexuel : péripétie invraisemblable, de celles qui forment la trame des contes merveilleux.

L'union acheva de se corrompre dans les temps qui suivirent les cérémonies nuptiales. À peine revenu, Bertolf repartit, alla loger cette fois chez son père. Au foyer conjugal sa femme demeura, abandonnée. Elle remplit au mieux son rôle, tint la maison, gouverna les domestiques. Toutefois *desolata*. Une solitude plus pesante la nuit : alors elle priait ; le jour, elle filait et tissait. Elle occupait le temps à la manière des moniales, attentive à vaincre par le travail et l'oraison l'oisiveté ennemie de l'âme. L'auteur (bénédictin) de la seconde version insiste sur ce fait : « À l'aide de ce bouclier, elle repoussait les dards de ces rêvasseries dont l'adolescence est d'ordinaire accablée. » Le souci de l'hagiographe, travaillant à rendre la première *vita* plus convaincante, est bien d'assurer que, laissée seule, cette fille n'est point devenue impudique, affirmant que nul ragot ne fut jamais colporté à son propos. Précautions nécessaires : selon l'opinion commune, la femme, la jeune femme surtout, naturellement vicieuse, ne tombe-t-elle pas dans le péché, c'est-à-dire dans la luxure, dès qu'on cesse de la tenir à l'œil, et c'est pour cela justement que l'époux doit rester près de sa femme. Le texte développe ici l'exhortation aux maris : ils doivent être là, dans l'adversité comme dans la prospérité, prendre pour eux la peine, tenus qu'ils sont, *de jure*, de soutenir leur compagne, de vivre avec elle « patiemment » jusqu'à la mort, puisqu'ils sont deux en une seule chair, puisque, plutôt, ils forment un seul corps par l'« accouplement conjugal » (cette référence aux effets de la *copulatio* laisse entendre que Godelive, aux yeux des promoteurs de sa sainteté, était devenue pleinement femme).

Si pervers, le lien ne fut pourtant pas dénoué. Bertolf prenait maintenant conseil de ses deux parents. Il cherchait à se débarrasser de sa femme. Il est très remarquable que l'idée, simple, de la répudier, n'effleura pas, au dire de ces récits édifiants, l'esprit de tous ces méchants. Était-il déjà devenu inconvenant, dans ce milieu de petite aristocratie, de chasser de chez soi, *motu proprio*, son épouse ? De fait, on projeta seulement de « honnir » (*deturpare*) la jeune mariée. Plus précisément, selon les paroles de Bertolf, de « lui retirer sa couleur ». On la mit au pain et à l'eau tandis que les serviteurs se goinfraient. Godelive ne dépérit pas trop : complaisantes, des voisines, des femmes de sa parenté la ravitaillaient en cachette (point de miracle, point d'intervention du ciel, mais l'action, comme dans les récits populaires, de personnages bien terrestres). Toutefois, fatiguée de tant d'injures, elle s'enfuit. C'est ce que l'on attendait d'elle : quitter la maison était une faute et cette faute devait la perdre. Le moine Drogon ne s'en rend pas compte. Mais son confrère, qui améliore la première rédaction, juge bon de reconnaître que Godelive transgressait ainsi le « précepte évangélique », l'interdiction de séparer ce que Dieu a uni. Comment admettre cela de la part d'une femme dont on s'appliquait à faire une sainte ? Vient alors l'excuse : le « tremblement de la chair » qui ébranla bien des martyrs. Des ajouts de cette sorte donnent à penser que la réputation de Godelive, au départ, parmi les savants, n'était pas si assurée qu'il ne fallût l'étayer de raisons. Ce qui conduisit à récrire, en l'amplifiant, la première biographie. Affamée, nu-pieds, Godelive s'achemina vers le pays natal. Non point seule, avec un compagnon : car les femmes qui ne sont pas dévergondées ne vont point par les chemins sans escorte. Elle réclama justice, mais auprès de son père : il ne sied pas en effet à la femme, toujours mineure, de défendre elle-même ses droits ; elle les délègue à un homme ; si ce n'est son mari ou son fils, c'est un mâle de son lignage. Heinfridus l'accueillit, décida de se plaindre au seigneur du mauvais époux, le comte de Flandre, dont Bertolf était le ministérial.

En ce point, les deux récits hagiographiques changent d'allure, cessent de prêcher une morale, parlent de droit. Du droit nouveau que l'Église travaillait à la fin du XIe siècle à faire admettre par la société civile. L'une et l'autre versions proclament, et la seconde de façon plus véhémente, la compétence exclusive de la justice épiscopale en matière de mariage. Je ne vois pas que cette revendication ait été, dans le nord de la France, exposée de manière aussi explicite antérieurement à ce double manifeste greffé sur une histoire d'épouse mal honorée. Habilement, le moine Drogon place dans la bouche du comte lui-même, celui du temps jadis, un discours qui en fait s'adresse au comte d'à présent, Robert le Frison, pour inciter celui-ci à se bien conduire et, comme son prédécesseur est censé l'avoir fait, à rogner sur ses prérogatives. On entend donc le bon prince proclamer qu'il renonce à juger, qu'il revient à l'évêque du diocèse de connaître ces sortes d'affaires. Parce qu'elles sont, dit-il, « de chrétienté[1] ». Ceux qui « dévient de l'ordre saint » doivent être remis par le prélat dans la voie droite (« contraints » par la *discretio ecclesiastica*, – par l'anathème, précise la version récente, indiquant plus nettement que ces causes doivent être tranchées et réglées « seulement », devant des juges d'Église). « Je ne suis, avoue le comte, que l'auxiliaire, l'*adjutor* » (*vindex*, dit la seconde version, comme on le disait du roi de France, frappant du glaive temporel ceux que Dieu, par son Église, avait condamnés). *Auctoritas* d'un côté, *potestas* de l'autre (le moine d'Oudenbourg, qui s'y connaît, met en balance ici les deux termes) : ce partage parfaitement grégorien affirme la supériorité du spirituel sur le temporel et situe le pouvoir juridictionnel des évêques dans le prolongement des dispositions de la paix de Dieu qui s'étaient mises en place dans cette contrée à la génération précédente.

L'évêque de Tournai jugea que Bertolf devait reprendre son épouse. Pas d'adultère en effet, aucune référence à l'impuissance du mari, aucun doute sur la consommation du mariage. Conformément aux normes énoncées dans les collections canoniques, on ne pouvait prononcer le divorce. Il convenait, en ce cas, de réconcilier les époux, de les remettre ensemble. Bertolf se soumit – selon la version remaniée – par crainte surtout des sanctions séculières, car il était pervers – mais à contrecœur, et, dans sa haine, son dégoût, ne vit plus qu'une issue, le crime. Commence ici la passion de Godelive. Passion, patience, et lente progression spirituelle. L'épouse n'est plus brimée dans son corps. Bertolf a promis de ne plus la maltraiter. Mais elle demeure abandonnée, même de son père. Privée d'homme. Ce qui paraît scandaleux. Les « amis », les parents du mari, s'en offusquent. Ils le critiquent – Godelive, en excellente partenaire de « l'association conjugale », « défend que l'on médise de son homme ». Ils la plaignent, notamment d'être privée des « plaisirs du corps » – elle répond : « Je me moque de ce qui réjouit le corps. » Constance joyeuse, et peu à peu l'épouse exemplaire en vient à professer le mépris du monde, revêt des traits, des attitudes qui sont ceux que l'on prête à la Vierge Marie. Les paroles du *Magnificat* s'insinuent dans les propos qu'elle tient, notamment aux religieux de Saint-

1. L'expression *justitia christianitatis* apparaît à la même époque dans une charte mâconnaise à propos d'un partage de juridiction entre un comte et un évêque, *Cartulaire de la cathédrale Saint-Vincent de Mâcon* (éd. Ragut), n° 589.

Winock qui viennent alors la visiter, qu'elle édifie, leur montrant, elle faible femme, l'exemple de la continence et de la soumission. Retentissant d'échos des liturgies mariales et du texte évangélique, le récit conduit au martyre.

Bertolf a préparé son coup. Il s'est abouché avec deux de ses serfs, prenant conseil de ces ignobles, ce qui est encore perversion. Un soir, avant le coucher du soleil, Godelive le voit revenir vers elle. Stupéfiée. Il sourit, il la prend dans ses bras, lui donne un baiser, la fait asseoir à ses côtés sur le même coussin (dans cette posture que les imagiers parisiens vont au XIVe siècle prêter aux amants courtois sur l'ivoire des couvercles de miroir et de boîtes à parfum). L'homme attire à lui sa femme. Craintive, elle s'écarte d'abord, puis s'abandonne, obéissante et disposée à rendre, quand le maître l'exige, tous les devoirs de conjugalité. De tout près, Bertolf l'enjôle : « Tu n'as pas l'habitude de ma présence, ni d'être réjouie par les doux propos et par la volupté partagée de la chair [...] » (les paroles, le plaisir : il s'agit bien des deux phases successives du déduit, du jeu d'amour tel qu'il doit être rituellement mené). Il ne sait comment son esprit s'est disjoint ; c'est le Malin, croit-il. Mais « je vais mettre une vraie fin au divorce de l'esprit, te traiter en chère épouse et, quittant peu à peu la haine, ramener à l'unité nos esprits et nos corps [...] j'ai trouvé une femme qui se fait forte de nous conjoindre par ferme amour, de nous faire nous aimer continûment et plus que sur terre se sont jamais chéris des conjoints ». Les deux serfs la conduiront à cette charmeuse. Alors Godelive : « Je suis la servante du Seigneur. Je me fie à lui. Si cela peut se faire sans crime, j'accepte. » Et l'hagiographe de s'exclamer : que de vertu ! À Dieu d'abord elle s'en remet, craignant d'être séparée de lui par magie. Cependant, pour cette raison même, « elle choisit le mariage, afin de ne pas être séparée du Seigneur qui unit les couples ».

Si l'on en croit le P. Coens, éditeur de la version ancienne, la scène se serait passée le 30 juillet 1070 : le 17, le comte Baudoin est mort et ses sujets se sont partagés : les gens de Flandre maritime (du côté de Bertolf) ont pris parti pour Robert le Frison, ceux du Boulonnais (du côté de Godelive), pour la veuve. Un grand trouble. Le moment est parfait pour agir. La nuit venue – le temps du malheur, le temps du mal –, les deux serviteurs viennent prendre la dame. Ils l'escortent. Parodie du cortège nuptial, basculant vers le maléfique, dans le silence, au cœur de la nuit, au moment où l'imaginaire des contes populaires situe les forfaits les plus noirs, et conduisant, en sens inverse, depuis le lit jusqu'à la porte, non point vers un mari mais vers une femme, pire que n'était la belle-mère et véritablement sorcière. Godelive est étranglée, plongée dans l'eau comme pour un nouveau baptême, sacralisant cette eau, la rendant merveilleuse. Elle est enfin rapportée dans son lit, rhabillée. Au matin ses gens la trouvent, apparemment intacte. Aussitôt cependant les premiers doutes : le soupçon, murmuré seulement, parce qu'il naît parmi les plus pauvres. Aussitôt aussi le miracle : la multiplication des pains pour le repas funéraire, en faveur encore des pauvres. Aussitôt enfin le culte : l'eau qui guérit – toujours les pauvres – et les pierres devenant des gemmes.

Un culte narguant les deux pouvoirs. Celui de l'évêque : la puissance étrange de la martyrisée rend sans effet les interdits qu'il édicte, les sanctions qu'il prend. Celui du comte : le méchant dans cette histoire, le bourreau, n'est-il pas, avec ses sergents, ses séides, un officier comtal chargé de lever les exactions ? Sans suivre Jacques Le Goff jusqu'au bout de ses hypothèses, il est permis de discerner dans les formes primitives d'une telle dévotion et dans les structures originelles d'une telle légende une protestation en faveur des opprimés, de toutes les victimes innocentes. L'héroïne appartient certes à la classe des profiteurs du système seigneurial. Les sévices qui lui sont infligés portent sur son honneur, sur les égards dus à son rang. Cependant c'est une femme, un être dominé, et son mari l'affame, comme il affame, dans l'exercice de son office, les sujets de la seigneurie. Ce culte, ce récit émanent vraisemblablement du peuple, au sens social, conflictuel de ce mot. Voyons en eux l'une des formes que, dans un moment de convulsion de la société seigneuriale, la lutte de classes a prises parmi les paysans libres et rétifs de la Flandre maritime. Quelque temps plus tard, à l'occasion d'une réconciliation des grands de Flandre ménagée par le Flamand saint Arnoulf[1], le comte, menant alors l'enquête sur les meurtres commis dans le pays de Bruges, et l'évêque, fondant alors l'abbaye d'Oudenbourg, s'accordèrent pour neutraliser cette dévotion, pour l'employer à étayer l'ordre établi. C'est ainsi qu'une vie de sainte se substitua à l'histoire touchante d'une mal mariée[2].

*

L'ordre établi ne requérait pas seulement que les cultes déviants fussent ramenés à l'orthodoxie. Il exigeait que pour former les couples l'on observât les règles prescrites. Les deux pouvoirs s'entendaient pour imposer ces normes. Le récit des malheurs de Godelive vint donc soutenir une admonestation à se bien

1. *Vita Arnulfi*, II, 16 (Migne, *Patrologie latine*, 174, col. 1413).

2. À propos des deux versions de la vie de Godelive que j'exploite des observations précises ont été formulées, notamment par H. Platelle, lors d'un colloque tenu en 1970, dont les actes furent publiés l'année suivante dans *Sacris erudiri* XX. Mon interprétation s'écarte quelque peu de la plupart des conclusions de cette rencontre.

marier. L'exhortation ainsi diffusée préfigure celle que devait transmettre une cinquantaine d'années plus tard la *vita* de la comtesse Ida. Rappelant que le lien conjugal, dont Dieu lui-même est présenté comme le « conjoncteur », ne saurait être dénoué. Qu'il appartient aux parents, non pas aux jeunes, de conclure le pacte, mais qu'il leur faut considérer les mœurs plus que la fortune et se garder de l'*invidia*, de cette jalousie qui détruit les alliances. À peine est-il besoin, tant la chose va de soi, de montrer l'épouse obéissante, comme l'avait été Marie. Le conseil s'adjoint, mais à mi-voix, de mépriser la chair au nom d'un propos de vie dévote fondé, comme le propos, jadis, des hérétiques et comme, bientôt, le propos des béguines, sur le travail des mains, l'abstinence, la peur de jouir. Très fortement au contraire est affirmé – la connivence entre les deux pouvoirs demeurait-elle sur ce dernier point aussi étroite ? – que le privilège de juger du mariage appartient aux clercs. Tel est, dans cette région et dans ce demi-siècle, le fond de la doctrine que les moines, modérément, sont chargés d'énoncer.

Sur ce fond, les deux discours dont j'ai tenté de dégager le sens et l'intention plaquent cependant chacun des teintes particulières. L'un et l'autre parlent de femmes. Prendre pour porte-parole de l'idéologie ecclésiastique des figures féminines présentait un double avantage. C'était rallier cette moitié du peuple fidèle dont l'Église ne s'était pas jusqu'ici assez souciée et dont on mesurait mieux maintenant le poids. C'était surtout mettre en scène des personnages naturellement passifs sur quoi pouvaient être imprimés fortement les principes d'une soumission que l'on attendait de tous les laïcs. Mais si le ton des deux discours est sensiblement différent, j'attribue cette différence à ce que l'un penche vers les dominants, l'autre vers les dominés. Puisque, dans la biographie de l'épouse heureuse, la comtesse Ida, l'exhortation s'adresse, comme presque toutes celles de ce temps dont nous avons gardé la trace, à ceux qui commandent, aux puissants lignages, aux chefs de maisons, elle insiste sur la fonction génétique, je dirais même généalogique, du corps féminin. Alors que l'histoire de Godelive, épouse malheureuse, est peut-être bien racontée au peuple, elle vient en tout cas de lui, elle met principalement l'accent sur l'amour. Il est notable que les termes dérivés du mot *amor* prennent autant d'extension dans cette *vita* qu'en prennent les dérivés du mot *genus* dans celle d'Ida. Cet amour se montre respectueux, bien sûr, des relations de subordination nécessaire que la providence a instituées entre les deux sexes. L'amour du mari pour sa femme s'appelle dilection, celui de la femme pour son mari s'appelle révérence. Il est répété pourtant que l'homme et la femme doivent être unis dans leur chair comme dans leur esprit. Cet amour ils le font – et l'on n'entend rien dire ou presque de la « chasteté ». C'est un amour de corps autant que de cœur. Cela conduit à valoriser les attraits de la chair féminine. Cela autorise également, afin d'établir cet amour dans sa plénitude, à recourir s'il en est besoin aux sortilèges. Entraîné par ce qui jaillissait de la sensibilité populaire, l'évêque de Noyon-Tournai, lorsqu'il éleva les reliques de cette brunette à la peau claire et délectable, s'aventurait, sans y prendre garde, beaucoup plus loin que ne devaient aller d'ici longtemps la plupart de ses confrères.

3

POUR UNE HISTOIRE DES FEMMES EN FRANCE ET EN ESPAGNE. CONCLUSION D'UN COLLOQUE[1]

En ouverture, il m'apparaissait profitable de confronter l'état des recherches menées en Espagne et en France sur la condition féminine au Moyen Âge. J'ai l'impression que cette confrontation a été des plus utiles en dépit des difficultés de communication linguistique et malgré, aussi, quelques lacunes. J'en signalerai deux : le fait, d'une part, que du côté français, il ne se soit pas trouvé de répondants aux historiens de l'art espagnols, d'autre part, le fait que, dans le domaine de la littérature, rien n'ait été dit de l'autobiographie féminine. Mon sentiment est, en tout cas, celui d'un succès évident. Je me permettrai de vous livrer quelques réflexions subjectives, qui sont principalement des réflexions de méthodes.

Première constatation : il m'est apparu plus clairement qu'il serait inefficace de séparer l'histoire de la femme de l'histoire de l'homme. Il faut étudier ensemble l'évolution de la condition de chacun des deux sexes. C'est, en particulier, le seul moyen de poser convenablement le problème de la promotion de la femme au cours de la période de progrès du beau Moyen Âge : il est évident que la condition féminine s'améliora, mais la condition masculine s'améliorait en même temps ; aussi faut-il se demander si l'écart s'est vraiment modifié. De même, dans le champ de la vie religieuse, il semble qu'on ne peut, par exemple, séparer l'histoire des recluses de celle des reclus, ni l'évolution de la mariologie de celle de la christologie.

Cette cohérence entre la condition masculine et la condition féminine tient à ce que le fondement de l'organisation sociale dans la période dont nous nous sommes occupés est la famille, plus exactement la maison, la *domus* : Paulino Iradiel, dans les prémisses de son intervention, nous a conviés à nous convaincre de cette évidence. À la base de la société féodale et postféodale se

1. Bibliographie [216].

trouve le couple conjugal, un homme, une femme, l'un et l'autre en position dominante, entourés d'autres hommes, d'autres femmes, et c'est évidemment vers l'intérieur de cette société domestique que le regard d'abord doit être porté. Pour voir en particulier un peu plus clairement à quel âge – c'est l'une des questions que posa Reyna Pastor – les petits garçons étaient retirés de l'univers féminin pour être, et d'une manière parfois brutale, intégrés au monde des hommes et pratiquement n'en plus sortir. Au sein du groupe domestique, il y avait d'autre part répartition des rôles. Aux hommes revenait l'action extérieure et publique ; les femmes se trouvaient normalement cantonnées à l'intérieur, dans cette chambre qui était, au cœur de la maison, comme une matrice. Nous reconnaissons dans cette intériorité ce qui était la fonction féminine essentielle : la procréation, mais aussi le gouvernement des secrets les plus mystérieux de la vie, touchant à la naissance, à la mort (laver les corps des nouveau-nés, laver les corps des défunts). Aussi l'intérieur de la maison se trouvait-il naturellement en correspondance métaphorique avec le corps féminin.

Répartition des rôles à l'intérieur du groupe domestique, répartition aussi des pouvoirs, et là, j'insiste : il ne faut pas que nous nous laissions, nous historiens, trop prendre à ce que disent les sources écrites. En effet, toute notre documentation, qu'il s'agisse de la France ou de l'Espagne, est de provenance masculine. Nous n'entendons jamais les femmes avant les derniers siècles du Moyen Âge. En France, les premières expressions d'un discours féminin qu'on ne puisse mettre en doute (comme on peut mettre légitimement en doute l'authenticité des lettres d'Héloïse, par exemple), ce sont les dépositions, devant l'inquisiteur, des villageoises de Montaillou. Ensuite c'est le procès de Jeanne d'Arc. Entre les deux, l'œuvre de Christine de Pisan, mais tout cela très tardif. Nous fiant trop à ce que disent les hommes, nous risquerions de nous méprendre, de considérer que la femme était sans pouvoirs, dans une position de « pauvreté » (comme nous le rappelait Carmen López : la pauvreté, c'est l'absence de pouvoir). En effet, lorsque le voile se soulève, soit sous l'effet d'un événement perturbant comme ceux dont nous a entretenus Martínez Gros, ou bien parce que les sources révèlent brusquement ce qui est naturellement masqué, nous apercevons le monde des femmes très fortement structuré comme une petite monarchie, cette monarchie qu'exerce l'épouse du maître, la « dame », qui domine les autres femmes de la maison. Monarchie très souvent tyrannique : les chroniques familiales françaises de la fin du XIIe, du début du XIIIe siècle mettent en scène des mégères régnant de façon très brutale sur les servantes qu'elles terrorisent, sur l'épouse de leur fils qu'elles martyrisent, telle Blanche de Castille, la mère de Saint Louis. Il existe bien un pouvoir féminin rival du pouvoir des hommes, et l'espace domestique peut être considéré comme le champ d'un conflit permanent, d'une lutte des sexes. Ce conflit interne détermine cette attitude de crainte qui est en ce temps-là l'une des composantes majeures de la psychologie masculine. Crainte devant la femme, crainte en particulier devant *sa* femme, crainte d'être impuissant à satisfaire cet être que l'on suppose dévorateur mais aussi porteur de mort, usant comme les êtres faibles d'armes perverses, du poison, du sortilège. Inquiétude surmontée par le mépris de la femme mais qui n'est pas dissociable d'un autre sentiment, la nostalgie du sein maternel : je parlais tout à l'heure de ces jeunes garçons qui tous, à l'âge de sept ans, étaient séparés brutalement de leur mère, arrachés à l'univers féminin où ils avaient été couvés. L'analyse de certaines biographies, celle du moine Guibert de Nogent par exemple, montre que les hommes se remettaient difficilement de ce traumatisme, dont les traces commandaient, toute leur vie, certaines de leurs attitudes fondamentales à l'égard des femmes.

Cette situation explique la puissance d'une forme idéologique. Idéologie à plusieurs faces, évidemment. Elle tient pour nécessaire, providentielle, la soumission naturelle de la femme à l'homme. La femme doit être gouvernée. Cette certitude trouve son appui dans les textes de l'Écriture sainte et propose l'image exemplaire de la relation homme-femme. Cette relation doit être hiérarchique, prenant sa place dans l'ordre hiérarchique universel : l'homme doit tenir en bride les femmes qui lui sont confiées, mais les chérir aussi, et les femmes doivent à l'homme qui a puissance sur elles la révérence. Un tel échange de *dilectio* et de *reverencia* institue l'ordre à l'intérieur du groupe domestique, et d'abord dans ce qui forme le noyau de ce groupe, le couple conjugal. Mais, de la relation entre l'époux et l'épouse, les moralistes d'Église jugent volontiers que cet autre sentiment, différent de la *dilectio*, qu'ils appellent en latin *amor*, doit être exclu, parce que l'amour sensuel, le désir, l'élan du corps, c'est le trouble, le désordre ; normalement, il doit être rejeté hors du cadre matrimonial, dans l'espace du jeu, de la gratuité, et c'est la place qui lui est faite par ce divertissement de société que nous appelons l'amour courtois. Le mariage est chose sérieuse ; il exige l'austérité ; la passion ne doit pas être mêlée aux affaires conjugales.

Toute l'organisation de la société civile est fondée sur le mariage et sur l'image de la maison, d'une maison où il n'y a qu'un seul couple procréateur et à l'intérieur de laquelle le pouvoir et les rôles se partagent hiérarchiquement entre le maître et son épouse. La femme n'accède à l'existence juridique, n'accède, on peut le dire, à la vie, que mariée, et elle gravit un échelon supplémentaire lorsque, dans le mariage, elle accomplit ce pour quoi elle a été prise par un homme, lorsqu'elle enfante. Alors, elle acquiert un pouvoir très certain, celui de la mère sur son fils, sur ses fils, et qui se déploie lorsqu'elle devient veuve.

En conséquence, hors de la cellule domestique, la femme se trouve dans une position considérée comme dangereuse. Il ne faudrait pas qu'il existe de femmes seules dans la société, de ces « pauvres » femmes privées de ce pouvoir qui est, en fait, le reflet du pouvoir qu'exerce l'homme sur elles. Ces femmes seules, on s'applique donc à les réunir dans des institutions d'enfermement et de protection, organisées comme des « maisons » elles aussi, des maisons de remplacement : ce sont les monastères, les béguinages, mais aussi les bordels. Quant à celles qui restent vraiment seules, il appartient à la puissance publique d'assurer leur protection. C'est à l'origine l'une des fonctions royales, qui s'est peu à peu disséminée selon le processus de féodalisation, que de protéger la veuve et l'orpheline et, autant que possible, de les réintroduire dans le cadre de la conjugalité en leur fournissant le moyen d'être prises par un époux, cette dot qui les rend attirantes, ou bien, tout simplement, comme le fait le roi d'Angleterre au début du XIIe siècle, en les distribuant comme des cadeaux, très appréciés des bons vassaux, lorsque la femme qui leur est ainsi adjugée est une riche héritière.

Puissance du modèle domestique dans les relations sociales vécues, transfert de ce modèle dans l'imaginaire, en particulier dans le champ du religieux. Je pense que le domaine, encore relativement mal connu, de la participation des femmes à la vie religieuse aurait pu être plus profondément exploré. Les femmes dans le christianisme médiéval restent exclues du ministère et en particulier du ministère de la parole. Les sermons sortent tous de bouches masculines. Encore que la dame, dans ses fonctions domestiques, la maîtresse de maison, soit invitée à enseigner ses servantes, ses filles, ses nièces : la maison est le lieu d'une pastorale féminine, qui nous est difficilement accessible, mais dont je pense que nous pourrions, en examinant attentivement les textes, repérer quelques traces. Par ailleurs, le christianisme médiéval admet peu à peu, non sans peine, que des femmes puissent participer véritablement à la vie religieuse, et cette évolution médiévale fait, à mon avis, la grande différence entre cette religion et l'islam ou le judaïsme, qui laissèrent les femmes dans une position beaucoup plus marginale. Durant le XIe siècle, dans la poussée de croissance économique et parmi tous les dérangements que cette croissance produisit, se posa, vous le savez, la *Frauenfrage*, un problème des femmes, de l'accès des femmes à une spiritualité spécifique, et l'on peut penser que cet accès, les femmes le réclamèrent. À cette attente féminine, les sectes hérétiques ont été, semble-t-il, les premières à donner réponse. Cependant, la contestation hérétique a forcé l'Église officielle à donner peu à peu, elle aussi, réponse en ouvrant aux femmes les églises, à part entière, en instituant pour les femmes des asiles monastiques jusqu'alors en nombre restreint. Toutefois, cette ouverture est restée mesurée, et je pense que nous devons tâcher de définir plus clairement ce qui retint d'ouvrir davantage. Réticence d'abord à l'égard du monachisme féminin. Comment ces couvents de femmes devaient-ils être organisés ? Un scandale fut suscité par l'initiative de Robert d'Arbrissel osant soumettre au pouvoir de l'abbesse la communauté d'hommes adjointe au monastère de Fontevraud, ce qui apparut comme une transgression de l'ordre universel. Autre question, obsédante : où situer, à l'intérieur du système de valeurs chrétien, ces femmes qui n'étaient pas au pouvoir d'un homme, qui n'étaient pas des *uxores*, des femmes mariées, et auxquelles on proposait deux situations exemplaires, consolantes mais opposées, celle de la *virgo* ou celle de la *virago*, de la femme forte de l'Écriture ?

Parallèlement, je pense qu'il serait fort important d'aller plus loin dans l'interrogation à propos de la progressive féminisation du christianisme. N'est-ce pas sous la pression du modèle domestique, conjugal, que la nécessité est apparue de placer à côté du seigneur une dame, à côté de Notre Seigneur, Notre Dame ? D'où la proposition, dont a parlé Marie-Christine Pouchelle, de voir Jésus aussi comme une mère, solution vite abandonnée parce qu'elle aboutissait à l'androgynie de Dieu. En revanche le culte marial explose au XIIe siècle, la figure de Marie incarnant les deux valeurs complémentaires de virginité et de maternité. Avec la Vierge, d'autres femmes peu à peu envahissent le territoire de la dévotion, des saintes, saintes mères pas très souvent, saintes, saintes vierges renonçantes beaucoup plus nombreuses, saintes pécheresses converties, saintes aussi qui défendirent farouchement leur virginité contre le pouvoir familial qui voulait les livrer à des hommes. Mais les thèmes des peintures gothiques espagnoles qui nous ont été montrées attestent aussi la fréquence des couples de saints : sur tel retable quatre saints, quatre saintes : encore une fois, se profilant, la silhouette du couple conjugal, le modèle.

J'en arrive au dernier secteur de mes remarques. Nos discussions m'ont persuadé de la nécessité d'examiner attentivement les relations entre l'idéologie et la réalité. En effet, presque toutes les sources que nous pouvons exploiter nous renseignent moins sur la réalité que sur l'idéologie dominante, elles placent comme un écran entre nos yeux et ce que nos yeux voudraient apercevoir, c'est-à-dire les comportements réels. Toutes nos sources transcendent la réalité sociale, pour reprendre l'expression employée par Matilde Azcárate. Non seulement les œuvres artistiques ou littéraires, mais tous les règlements normatifs, tous les documents juridiques qui montrent une écorce formelle et non pas ce que cette écorce recouvre, et encore les histoires, les chroniques, et même les autobiographies, puisque celui qui dit *je* demeure prisonnier du système idéologique qui le domine. Nos sources d'information reflètent dans une certaine mesure la réalité, mais toutes ou presque s'établissent nécessairement à distance de cette réalité. Notre problème, à nous autres historiens, est de mesurer cette distance, de discerner les déformations dont la pression de l'idéologie peut avoir été responsable. Évidemment, cette distance est plus ou moins large selon les catégories de sources et, selon les périodes, les images que nous récoltons sont plus ou moins stylisées, plus ou moins réalistes. Toutefois, c'est ma conviction personnelle, jamais cet écran ne saurait être totalement percé. Il nous faut abandonner le rêve positiviste d'atteindre la réalité des choses du passé. Nous en resterons toujours séparés.

Cependant toute idéologie a son histoire ; les idéologies se combattent et se transforment, emportées par un mouvement indissociable de celui qui entraîne l'évolution de la culture matérielle. La pire faute de méthode serait donc d'isoler l'étude de ces écrans idéologiques en les séparant de ce qui accompagne leur modification au niveau de la matérialité, et dont nous sommes mieux informés par des sources plus innocentes. Nous devons par conséquent considérer l'histoire des femmes, ou plutôt l'histoire de l'image que nous percevons des femmes – une évolution plus rapide peut-être que nous ne le croyions : aussi avons-nous repéré, à propos de la prostitution, des transformations considérables en un temps court – dans la globalité d'un contexte social. Pour ma part, je m'efforce aujourd'hui de rapprocher, autant qu'il est possible, cette formation idéologique qu'est l'amour courtois, de l'évolution politique d'une part, des transformations du pouvoir durant le XIIe siècle en France, de l'histoire de l'institution matrimoniale d'autre part, dont l'amour courtois n'est absolument pas séparable, de l'histoire encore des institutions féodo-vassaliques dont l'amour courtois propose une transposition ludique, mais aussi de l'histoire de la fortune, des patrimoines aristocratiques : je dois me demander, par exemple, dans quelle mesure le jeu d'amour courtois fut modifié progressivement au cours du XIIe siècle, lorsque s'est relâché le contrôle que le pouvoir domestique, afin de préserver les héritages, exerçait sur la nuptialité des garçons ?

STRUCTURES DE PARENTÉ

4

STRUCTURES FAMILIALES DANS LE MOYEN ÂGE OCCIDENTAL [1]

Point n'est besoin de souligner l'importance des liens de parenté dans la société dite féodale [2]. Ils en forment l'armature maîtresse, à tel point qu'un très grand nombre de relations qui leur sont extérieures s'établissent conformément au modèle qu'ils présentent. C'est le cas de toutes les fraternités artificielles, stables ou fugaces, qui réunissent des hommes étrangers par le sang, soit au sein des groupes de combat, soit dans le cadre de la vassalité, soit par le serment d'assistance mutuelle que prêtent les gens des villes, soit encore, plus fermes que toutes, dans ces véritables familles que sont les communautés monastiques. Il est bien évident que le mouvement démographique est, pour une grande part, commandé par la disposition des structures familiales, que tout le jeu de l'économie s'ordonne en fonction de l'assise de production et de consommation que ces structures constituent. Celles-ci orientent aussi dans une large mesure le déroulement de la vie politique, le jeu des affrontements et des alliances, le cours des carrières. Elles retentissent enfin très fortement sur les attitudes mentales, exerçant notamment une influence puissante sur l'évolution des représentations religieuses : le christianisme des XIe et XIIe siècles leur doit, par exemple, quelques-uns de ses traits majeurs, qu'il s'agisse des pratiques funéraires dont la conscience familiale imposa le très large développement, qu'il s'agisse des correspondances ambiguës que l'on discerne entre les réflexions sur la généalogie du Christ et les formes de la dévotion mariale et, d'autre part, les exigences affectives qui prenaient naissance dans le cadre familial. Il n'est guère d'aspect de la civilisation médiévale que ne puisse éclairer de quelque manière la connaissance des structures de parenté.

À cette connaissance, les travaux des historiens du droit privé ont, de longue

1. Bibliographie [102].

2. La meilleure présentation du problème pour le XIIIe siècle est l'ouvrage de L. GENICOT, *Le XIIIe siècle européen*, Paris, 1968, p. 320-322.

date, apporté déjà beaucoup. Leur contribution est cependant loin d'être entièrement satisfaisante, car la plupart de leurs recherches se réfèrent à des textes coutumiers tardifs, et parce qu'il est par ailleurs difficile de mesurer les discordances inévitables et parfois très vives entre la rigueur des règles juridiques et la manière dont elles s'appliquaient dans le quotidien de la vie. Des relations sociales en effet, les prescriptions de la coutume – et plus encore celle de l'éthique que proposa l'Église – présentent un modèle qui, certes, entretient d'étroits rapports avec la réalité qu'elles entendent ordonner, mais qui ne s'ajuste que fort imparfaitement aux comportements des groupes : évoquons les tensions, dont on devine la violence, entre le monde laïque et les autorités religieuses à propos de la morale conjugale. Le problème doit donc être approché, conjointement, par d'autres voies. Parmi les documents qui permettent de le faire se placent au premier rang les généalogies, celles que les historiens reconstituent à partir de mille indices épars, celles non moins précieuses, qui furent composées aux Xe, XIe, XIIe siècles et qui reflètent la représentation que les contemporains se faisaient de leur descendance et de leur cousinage. Sur l'exploitation de ce matériel peuvent être fondées quelques hypothèses concernant l'évolution des relations de parenté dans les couches sociales supérieures de l'Europe occidentale entre la fin de l'époque carolingienne et le XIIe siècle.

Des recherches qui portèrent en premier lieu sur la région rhénane, et qui furent ensuite étendues à la part septentrionale du royaume de France [1] font supposer que, dans ces contrées, les structures familiales aristocratiques se sont notablement modifiées pendant cette période. En effet, les historiens qui s'efforcent de remonter, des fils aux pères, les lignées seigneuriales jusqu'à leurs racines les plus lointaines ne parviennent pas à pousser leurs investigations au-delà d'une certaine zone chronologique, la fin du IXe siècle lorsqu'ils s'occupent des plus grands princes, le cours du Xe siècle lorsqu'il s'agit de seigneurs de moindre puissance. Cet obstacle, les auteurs de généalogie qui travaillaient à l'époque féodale ont été eux-mêmes incapables de le franchir, sinon en inventant des aïeux mythiques. Or, l'existence d'un tel seuil ne s'explique pas par une raréfaction des sources, mais bien par le fait que celles-ci cessent de livrer des indices permettant d'établir avec certitude des filiations patrilinéaires. On peut donc penser que se marque ici la limite entre deux états successifs des relations familiales. Antérieurement, l'individu se trouvait au sein de sa parenté

1. K. Schmid, « Zur Problematik von Familie, Sippe und Geschlecht, Haus und Dynastie, beim-mittelalterlichen Adel », *Zeitschrift für die Geschichte der Oberrheins*, 105, 1957 ; G. Duby, « Structures de parenté et noblesse dans la France du Nord, XIe-XIIe siècles » [ci-dessus p. 1159-1175].

comme dans un groupement fluide et, si l'on peut dire, horizontal, où les alliances comptaient autant au moins que l'ascendance ; dans un milieu où le succès dépendant essentiellement de la faveur d'un patron, de l'octroi de bénéfices personnels et révocables, l'important pour chacun était de se relier à la « maison » d'un bienfaiteur, et autant que possible à celle du roi ; mieux que par ses ancêtres, chacun y parvenait par ses « proches », qu'ils fussent ou non de son sang. Postérieurement au contraire, l'homme, parce qu'il n'est plus un bénéficiaire, mais l'héritier d'un bien et d'un pouvoir qui se transmettent de père en fils, se sent intégré à un corps de parenté d'orientation verticale, à une lignée de mâles, et la mémoire ancestrale occupe désormais une place beaucoup plus large dans ses représentations mentales ; elle entend remonter jusqu'au fondateur de la « maison ». De cette fondation même, de la conquête d'une autonomie assise sur la possession d'un « honneur » héréditaire, date l'origine d'une conscience généalogique. Elle situe exactement le moment où les liens familiaux commencent à se contracter dans le cadre strict d'un lignage.

Il est permis de considérer le renforcement progressif de ces structures proprement lignagères comme un trait spécifique de la société dite féodale. Ce mouvement épouse en effet celui de la désagrégation des pouvoirs régaliens. Les généalogies les plus anciennes sont celles des princes territoriaux qui se dégagèrent du patronage royal dès la fin du IXe siècle ; apparaissent ensuite celles des comtes, lorsque ceux-ci se libérèrent de la tutelle des princes ; puis celles des seigneurs d'un simple château qui se rendirent à leur tour indépendants des comtes. Enfin, dans le nord-ouest de la France, sortent de l'ombre pendant le XIe siècle des lignages de chevaliers, au fur et à mesure que ces derniers, s'extrayant de leur primitive condition domestique, obtiennent de leur seigneur d'être « casés » sur une terre et d'y établir leur propre lignée. La modification des relations de parenté semble donc procéder de deux transformations conjointes, dont le développement s'étendit sur plus de deux siècles : une transformation des structures politiques qui fit s'éparpiller les pouvoirs de commandement ; une transformation des conditions économiques qui se traduisit par la dispersion des groupements d'« amis », naguère agrégés aux maisons princières, par l'émiettement des fortunes, depuis les sommets jusqu'aux extrémités de la classe seigneuriale, et par le progressif enracinement des membres de l'aristocratie sur un patrimoine.

Il conviendrait que de nouvelles recherches éprouvent la valeur de ces hypothèses et vérifient s'il est possible de les formuler à propos de l'Occident européen. Un sondage précis[1], portant sur les familles aristocratiques établies en

1. G. DUBY, voir Bibliographie [88].

1100 au voisinage immédiat de l'abbaye de Cluny montre que 80 % au moins d'entre elles étaient solidement installées sur des terres héréditaires avant l'an mille, et que plus d'un quart se trouvait sûrement dans ce cas avant 950. Il apparaît encore que les lignées des maîtres des trois châteaux de cette région ne peuvent pas être remontées aussi haut que celles de certains de leurs voisins qui, au début du XIIe siècle, ne sont que de simples chevaliers. Enfin, 28 de ces 34 lignages semblent bien des branches issues de six maisons aristocratiques dont la fortune foncière s'étalait sur tout le pays à la fin des temps carolingiens. Dans le sud de la Bourgogne, la classe seigneuriale dans son ensemble se présente donc comme une société d'héritiers très précocement enracinée et dont la conscience généalogique paraît pour cela très ferme. Mais par l'étude des filiations, on s'aperçoit encore que, si le Xe siècle fut une période de dissociation des patrimoines et de désintégration des cellules familiales originelles en multiples lignées progressivement autonomes, les conditions changèrent aux approches de l'an mille. Alors, une phase de rapide solidification commença : en 1100, les lignages aristocratiques ne sont pas plus nombreux qu'ils ne l'étaient cent ans plus tôt. L'arrêt de la ramification de ces familles peut être attribué à la contraction des liens de parenté au sein de structures lignagères beaucoup plus rigoureuses. L'analyse des documents d'archives le prouve. Ainsi l'indivision entre frères, presque inexistante avant 950, est attestée dans le quart des actes pendant la seconde moitié du Xe siècle, dans le tiers des actes entre 1000 et 1050, dans la moitié des actes entre 1050 et 1100, tandis que peu à peu la communauté de possession s'étend à des parents plus éloignés. D'autre part, dans les listes de témoins, le nom du père et celui de la mère se raréfient très vite après 950, ce qui prouve que, du vivant de leurs parents, les fils ont dès lors pratiquement cessé de disposer de biens fonciers personnels. Enfin la *laudatio parentum*, le consentement des lignagers à l'aliénation d'une part du patrimoine ancestral, apparaît brusquement comme une nécessité à partir du milieu du XIe siècle. Tous ces indices convergent ; ils manifestent un resserrement progressif de la solidarité des consanguins autour de l'héritage familial. Autre signe, l'évolution du *sponsalicium*, de la donation consentie par l'époux à sa femme, qui change totalement de signification à partir de l'an mille, par l'extension des droits du mari ; cette transformation accompagne le succès de coutumes qui tendent à exclure les femmes de la succession ; de celle-ci, au XIe siècle, les filles mariées ne reçoivent plus rien, sinon leur dot, et leurs sœurs demeurées au foyer paternel n'en recueillent que des bribes pour leurs aumônes funéraires, prélevées généralement sur la dot de leur mère. Ces lignées deviennent ainsi après l'an mille des lignées de fils. Toutefois, ce n'est guère qu'à l'extrême fin du XIe siècle, et dans le milieu très restreint des maîtres de châteaux, que se découvrent les premières dispositions visant à favoriser l'aîné de la race : parmi les règles coutumières, celles qui prescrivaient l'égalité des héritiers de même rang furent incontestablement les plus tenaces. Ce fut d'autre manière, par la pratique de l'indivision, et surtout par une politique soutenue de limitation des mariages que, dans cette région, les lignages chevaleresques parvinrent au cours du XIe siècle à conjurer les effets dangereux des partages successoraux. Ils se sont solidement rassemblés pour défendre leur position économique. Ils y parvinrent : la société seigneuriale fait preuve, pendant près de deux siècles, d'une remarquable stabilité.

Des constatations de ce genre ouvrent la voie à de nouvelles interrogations.

De quel retentissement fut sur les expressions de la culture chevaleresque l'instauration de ces structures lignagères ? L'évolution des écrits généalogiques en France au cours des XIe et XIIe siècles apporte quelques éléments de réponse [1]. Mais on peut en attendre d'autres de l'analyse des œuvres poétiques de divertissement composées pour des publics de chevaliers. Ne peut-on discerner dans les thèmes des littératures épiques et amoureuses du XIIe siècle le reflet d'une opposition, suscitée par les pratiques matrimoniales de la société chevaleresque, entre les *seniores*, mariés, gestionnaires de la fortune familiale, et les *juvenes*, demeurés par force célibataires, privés par la rigidité du cadre lignager de toute indépendance économique et de tout espoir d'établissement, sinon par les hasards de l'aventure ?

Quels furent les effets, à partir de la fin du XIIe siècle, de l'assouplissement des relations économiques sur des structures de parenté qui s'étaient édifiées pour la protection de droits fondés presque exclusivement sur la possession de la terre ? Les études, peu nombreuses encore, relatives à la noblesse du XIIIe siècle, européen, laissent entrevoir l'éclatement des anciens groupes familiaux et la prolifération de « maisons » nouvelles. Des recherches récemment menées dans le nord-ouest de la France [2] ont montré la diminution, après 1175, des actes conclus par des groupes familiaux larges, et la multiplication compensatrice des actes conclus par des couples. Dans l'aristocratie, le lignage, apparemment, commence à céder la place à la cellule conjugale, au ménage, « dont l'Église et les groupements paysans et bourgeois apparaissent les champions ».

Cette remarque inciterait à ne point restreindre l'étude aux niveaux supérieurs de la société laïque, vers lesquels l'état de la documentation conviait à concen-

1. G. DUBY, « Remarques sur la littérature généalogique en France aux XIe et XIIe siècles » [ci-dessus p. 1176-1186].

2. R. FOSSIER, *La Terre et les hommes en Picardie jusqu'à la fin du XIIIe siècle*, Paris-Louvain, 1969, p. 262-273.

trer d'abord l'observation : il faut l'étendre aux populations des campagnes et des villes. Les sources jettent fort peu de lumière sur la famille paysanne ; mais, dès l'époque carolingienne, elles font apparaître généralement des groupes restreints d'allure conjugale. Il est certain que les cadres juridiques de la tenure, de rigueur très variable d'une seigneurie à l'autre[1], n'ont cessé d'exercer sur la structure des parentés rurales des pressions déterminantes, notamment par la contrainte des modes de transmission successorale. Il apparaît cependant que, dans l'ampleur du mouvement de conquête agraire qui anime toute l'histoire économique de l'Occident entre le xe et le xiiie siècle, les sociétés paysannes sont le plus souvent parvenues à esquiver la rigidité des coutumes seigneuriales. On peut retenir, au départ, une hypothèse récemment émise à partir de l'examen des archives de Picardie : entre le xe et le xiie siècle, l'évolution des structures familiales a suivi, dans l'aristocratie et la paysannerie, des directions inverses ; alors que les liens de parenté se tendaient dans la noblesse, ils s'assouplissaient parmi les paysans. Ce que l'on entrevoit des sociétés urbaines donne à penser que dans les quartiers neufs des villes en croissance, les phénomènes d'immigration, des types de fortune où les biens mobiliers tenaient une place nettement plus large que dans tous les autres secteurs de la société, conférèrent aux relations familiales une souplesse plus grande que partout ailleurs. Ce qui rendit ici plus nécessaires et plus fermes les fraternités artificielles et de complément. Mais cette impression mériterait d'être contrôlée de très près. Et l'on n'oubliera pas que la séduction des modèles culturels aristocratiques fit s'instituer, dans les couches de la bourgeoisie qui accédaient à la richesse et qui, dès que possible, acquéraient de la terre, des structures de parenté, « lignages », « parages » ou « consorterie », établies, comme dans la chevalerie et de manière aussi rigoureuse, en fonction d'une filiation strictement patrilinéaire.

Depuis la fin du xiiie siècle, dans les régions les plus favorisées, les archives des États et celles des notaires procurent des données numériques susceptibles d'éclairer, dans l'ensemble d'une population établie sur un espace déterminé, non plus les cadres juridiques ou les attitudes mentales, mais quelques aspects de la démographie familiale. Ce qu'il est permis d'attendre de ce genre de sources, un traitement statistique des indications contenues dans le *catasto* florentin de 1427-1429 le révèle[2]. En Toscane, à la campagne comme dans les villes, les familles sont, à cette date, presque toutes (la proportion est de 92,25 % à Florence) des familles conjugales. On rencontre dans les villages des ménages plus amples, et qui généralement rassemblent sur l'héritage paternel

1. H. E. Hallam, « Some Thirteenth Century Censures », *Economic History Review*, 1958.
2. Par D. Herlihy et Ch. Klappisch.

des frères mariés. Mais en ville, les plus grandes « maisons » sont en fait les maisons les plus riches (à Florence, la proportion des familles conjugales tombe à 77 % dans les strates les plus fortunées). De fait, c'est bien en fonction de la richesse que s'établissent les différences les plus nettes. Parce que la survie de leurs enfants est mieux assurée, les foyers riches sont nettement plus peuplés (6 personnes à Florence, où la moyenne s'établit à 3,8) ; les ascendants et les collatéraux y sont aussi plus nombreux ; plus forte également la proportion d'une part des hommes célibataires, d'autre part des femmes mariées, et plus marqué l'écart d'âge entre les époux. Le taux de masculinité enfin s'élève à mesure que l'on gravit la hiérarchie des fortunes (jusqu'à 158 à Florence, pour une moyenne de 116). De ces données statistiques peut partir, fondée notamment sur l'étude des registres des notaires, une analyse plus fine des rapports sociaux, au niveau des usages matrimoniaux et des coutumes successorales.

Telles sont quelques-unes des voies où des recherches déjà s'engagent. Dans leur poursuite, il importe assurément que méthodes et problématique s'établissent en fonction de ce fait d'évidence : l'étroite corrélation – éclatante dans la Toscane du XVe siècle, comme au XIe siècle aux environs de l'abbaye de Cluny, comme au XIIIe siècle dans les faubourgs des villes – entre l'histoire de la famille et celle de l'économie. C'est en fonction d'un patrimoine, qu'il soit constitué de terres, de pouvoirs ou de monnaie, que se disposent les relations de parenté, celles du moins que les sources révèlent. Mais les structures familiales, les coutumes et les pratiques qui assurent leur survie, les représentations mentales qui prennent appui sur elles interviennent à leur tour, de manière souvent indirecte mais toujours décisive, pour ralentir ou accélérer l'évolution des modes de production et de la hiérarchie des fortunes.

5

STRUCTURES FAMILIALES ARISTOCRATIQUES EN FRANCE DU XIe SIÈCLE EN RAPPORT AVEC LES STRUCTURES DE L'ÉTAT[1]

Je me limiterai à poser un problème de méthode, au carrefour de deux voies de recherches, celle qui concerne les structures de l'État et celle qui concerne les structures de la famille aristocratique, sur laquelle je me suis personnellement engagé depuis un certain nombre d'années. Mon intention est tout simplement de m'interroger sur les relations qui ont pu unir en France aux xe et xie siècles l'évolution des structures de l'État et l'évolution des structures familiales dans la haute aristocratie. Je partirai pour cela de trois considérations.

Notre collègue allemand Gerd Tellenbach et certains des médiévistes qu'il a formés, notamment Karl Schmid, ont, il y a quelques années[2], attiré l'attention sur ce fait : dans les pays francs, lorsque les historiens s'efforcent de remonter la lignée des grandes familles pour découvrir leurs plus lointains ancêtres, il arrive un moment où l'enquête ne peut plus progresser, et ce moment, ce seuil chronologique que la recherche généalogique ne peut franchir, se situe pour les plus grandes races, à la fin de l'époque carolingienne ou, plus souvent, dans la première moitié du xe siècle. Jusqu'à ce point chronologique, en s'enfonçant dans le passé, l'historien peut passer du fils au père, en une chaîne continue de filiations ; mais parvenu à ce seuil, il ne repère plus que des individus dont il peut saisir les alliances, dont il connaît souvent l'épouse, mais dont il ne parvient pas à découvrir qui était le père. Ce n'est pas que les documents deviennent alors moins nombreux, c'est que véritablement les structures familiales se sont transformées : antérieurement, au tournant des ixe et xe siècles, les

1. Bibliographie [58].

2. K. Schmid, *Studien in Vorarbeiten zur Geschichte des grossfränkischen Adels*, Fribourg-i.-B. 1957 ; *Zur Problematik von Familie, Sippe und Geschlecht, Haus und Dynastie beim mittelalterlichen Adel* « Adel und Herrschaft im Mittelalter », *Zeitschrift für die Geschichte der Oberrheins*, 105, 1957.

hommes de la très haute aristocratie se trouvaient pris dans un groupe de parenté flou, qui apparaît comme une agglomération de « proches », où les alliances avaient au moins autant de poids et de résonance psychologique que les filiations ; après cette date, au contraire, les hommes sont strictement intégrés dans un lignage, dans une lignée de caractère résolument agnatique.

Je confronterai cet ensemble d'observations à ce que l'on sait, grâce aux beaux travaux de nos amis Jan Dhondt et Jean-François Lemarignier, de la progressive dissolution politique du royaume de France occidentale : constitution de grandes principautés à la fin du IXe et au début du Xe siècle ; puis, le mouvement se poursuivant, à la périphérie de ces grands ensembles régionaux, naissance de formations politiques pratiquement indépendantes dans le cadre du *pagus* et autour de la fonction comtale, ceci vers le milieu du Xe siècle ; enfin, et c'est l'aboutissement du processus de fractionnement, le *pagus* lui-même se décompose entre 980 et 1030 environ, en une poussière de châtellenies autonomes. Telle est ma seconde considération, voici la troisième.

Celle-ci concerne la documentation, et plus précisément une catégorie de sources dont je m'occupe pour le royaume de France depuis quelque temps : il s'agit de la littérature généalogique composée aux XIe et XIIe siècles. En France, ces écrits sont relativement peu nombreux et proviennent tous du versant occidental du royaume. Ils ont été composés presque tous pour des familles très puissantes qui, soucieuses d'illustrer leur noblesse, ont alors chargé un clerc domestique ou bien l'un des religieux attachés au sanctuaire qu'elles protégeaient spécialement et où elles enterraient leurs morts, d'écrire l'histoire du lignage en remontant jusqu'au plus lointain ancêtre connu. De tels ouvrages ont l'avantage de figurer la représentation que ces familles se faisaient d'elles-mêmes et de leurs origines, image souvent fort différente en vérité de celle reconstituée très postérieurement par l'érudition des généalogistes modernes. Ces sources ont d'autre part l'intérêt de fournir certaines réponses à mon interrogation préliminaire, à savoir : les liaisons entre structures étatiques et structures familiales. Je suis plongé dans l'étude de ces textes, et je me contenterai ici d'en extraire de très brefs exemples.

Certaines généalogies, composées pour les familles les plus illustres, présentent des tableaux qui se prolongent jusqu'au IXe siècle, et qui parfois même remontent plus haut encore ; c'est le cas, par exemple, de l'ensemble de généalogies écrites pour les maîtres de la principauté flamande. Toutefois, je ne considérerai point ici les plus grands lignages, ceux des ducs et des chefs des grandes principautés régionales. Je situerai mes observations à des niveaux inférieurs dans la noblesse, au niveau des comtes, des vicomtes et des châtelains, c'est-à-dire des maîtres de ces formations politiques plus restreintes, constituées dans les phases ultérieures de la décomposition de l'État que nous appelons féodale. Je m'appuierai au départ sur l'un de ces écrits, celui qui, peut-être, fournit les renseignements les plus passionnants, l'*Historia comitum ghisnensium* (*Histoire des comtes de Guînes*). Composée dans la dernière décennie du XIIe siècle, cette œuvre met en scène l'un des comtés satellites situé en position très autonome aux lisières méridionales de la principauté flamande, et reconstitue la lignée de ses maîtres ; mais comme, par des alliances, des châtellenies voisines s'étaient agglutinées à l'héritage, cette source retrace aussi la généalogie de quelques familles de moindre puissance, celle notamment des châtelains d'Ardres. Deux niveaux de noblesse, deux types de formation politique, un comté, une châtellenie, voici ce que je vous propose d'observer :

L'auteur de l'*Historia*, un clerc instruit qui utilisait une documentation fort abondante, a pu remonter de père en fils la lignée des comtes de Guînes jusqu'en 928 ; il situe là, un *auctor ghisnensis nobilitatis et genere*, un personnage qui paraît mythique et qu'il traite d'ailleurs en héros de roman courtois. Ce Sifridus, il le présente comme étant un aventurier viking. Il en fait d'une part, et ceci est important, le constructeur du château de Guînes, de la forteresse, qui devait devenir la tête du comté et l'assise matérielle, topographique de la lignée, de la maison comtale ; il en fait d'autre part le séducteur d'une des filles du prince voisin, le comte de Flandre. Par cette union illicite, cet homme est devenu la racine de cet arbre de Jessé que constitue après lui la *genealogia ghisnensium*. Avec son fils bâtard, la puissance familiale reçoit sa légitimation, puisque le nouveau comte de Flandre, son oncle, l'adopte pour filleul, l'arme chevalier (encore un transfert mythique dans le passé des valeurs que possédait l'adoubement à la fin du XIIe siècle), érige sa terre en comté, et enfin le lui concède en fief. Telle est l'image que les comtes de Guînes se faisaient à la fin du XIIe siècle des origines de leur famille : pour eux la filiation lignagère commençait dans les années vingt du Xe siècle par l'union de l'ancêtre avec la fille d'un prince, qui lui-même descendait par les femmes des Carolingiens ; l'origine du lignage coïncidait pour eux exactement avec l'institution d'une puissance autonome autour d'une forteresse, du titre et des pouvoirs qui lui étaient attachés, et qui devait former désormais le cœur du patrimoine familial ; remarquons encore que c'est à propos du comte qui mourut en 1020 qu'est faite dans l'*Historia* la première allusion à une règle de succession par primogéniture. Si l'on considère maintenant, dans le même texte, l'autre lignée majeure qu'il décrit, celle des seigneurs d'Ardres, qui eux n'étaient point comtes mais simples châtelains, on voit que cette famille présente la même structure, lignagère et agnatique, mais – et c'est la différence essentielle à mon propos – ce lignage remonte beaucoup moins haut vers le passé : le plus lointain ancêtre cité vivait vers 1030. Ainsi, la mémoire d'une filiation lignagère atteignait le premier tiers du Xᵉ siècle dans une famille comtale, le premier tiers du XIᵉ seulement dans une famille châtelaine. Ces deux points chronologiques me paraissent dignes d'attention.

À seule fin de confrontation, j'abandonne la région de l'extrême nord-ouest du royaume de France pour le Sud-Ouest. Autre écrit généalogique composé un peu plus tôt que le premier, vers 1160, l'*Historia pontificum et comitum engolismensium*. Selon cet écrit, la mémoire de la filiation lignagère et agnatique dans la famille des comtes d'Angoulême remonte un peu moins haut que dans celle des comtes de Guînes. Mais elle part elle aussi d'un autre héros de légende, qui combattit les Normands armé d'une épée merveilleuse, Guillaume Taillefer, lequel mourut en 962. Ici le titre comtal, lié à celui de comte de Périgord, est resté un moment indivis entre cousins – et c'était le cas souvent dans les formations politiques de la Gaule du Sud. Mais cette indivision s'est rompue aux alentours de l'an mille. Dès lors, stricte filiation de père en fils. Vers 1020, le récit généalogique atteste à la fois l'institution d'une règle de primogéniture pour la succession dans la fonction comtale et, d'autre part, la formation de châtellenies satellites, attribuées aux fils cadets du comte privés par cette règle même de la part centrale de l'héritage.

Je pourrais évoquer aussi des exemples provençaux, le cas notamment des vicomtes de Marseille. Je me contenterai d'une seconde confrontation, en jetant un regard sur le Mâconnais. Ici, nous sommes dans la France de l'Est, c'est-à-dire dans une région où n'existe pas de littérature généalogique. On a conservé seulement une liste des comtes introduite au début du XIIᵉ siècle dans le cartulaire de la cathédrale de Mâcon. Mais les recherches que j'ai menées dans les chartes de cette région m'ont montré que l'appropriation du titre comtal par un lignage s'était produite également au premier tiers du Xᵉ siècle et que l'appropriation de châtellenies indépendantes par des familles de structure agnatique datait également des années 980-1030. Des recherches précises seraient encore très nécessaires ; je crois pourtant pouvoir avancer que, dans l'ensemble du royaume de France la plupart des lignages comtaux remontent jusque vers 920-950, et la plupart des lignages de châtelains jusque vers les années qui encadrent l'an mille.

J'en arrive, au terme de ces observations, à formuler mes hypothèses de recherches. Dans le royaume de France, l'enseignement concordant des chartes et de ces documents très précieux que sont les écrits généalogiques composés au XIIᵉ siècle laisse croire que les structures de parenté aux niveaux moyens de l'aristocratie se sont transformées pendant le Xᵉ et le début du XIᵉ siècle. Antérieurement pas de lignage, pas de conscience proprement généalogique, pas de mémoire cohérente des ancêtres ; un homme de l'aristocratie considérait sa famille comme un groupement, si je puis dire, horizontal, étalé dans le présent, comme un groupement aux limites indécises et mobiles, constitué aussi bien de *propinqui* que de *consanguinei*, d'hommes et de femmes liés à lui aussi bien par le sang que par le jeu des alliances matrimoniales. Ce qui comptait pour lui, pour sa fortune, c'était moins ses ancêtres que ses « proches », par lesquels il s'approchait du pouvoir, c'est-à-dire du roi ou du duc, distributeur de charges, de bienfaits et d'honneurs. Politiquement, il attendait tout d'un prince : l'important, pour lui, c'étaient ses relations et non son ascendance. Mais ensuite, l'individu au contraire se sent pris dans un groupe de structure beaucoup plus stricte, axé sur la filiation agnatique et d'orientation verticale ; il se sent membre d'un lignage, d'une race où de père en fils se transmet un héritage, membre d'une « maison » dont la direction se transmet à l'aîné des fils et dont on peut écrire l'histoire sous la forme d'un arbre enraciné dans la personne de l'ancêtre fondateur, origine de toute la puissance et de toute l'illustration de la race. L'individu est devenu lui-même un prince ; il a pris une conscience d'héritier. Or, cette structure nouvelle – Karl Schmid l'a fait remarquer – reproduit en fait celle que présentait seule auparavant la famille du roi ou celle du duc, et elle s'est constituée autour d'un pouvoir devenu autonome, assujetti seulement aux devoirs incertains de la vassalité ; cette nouvelle structure de parenté se forme donc au moment même où l'État se décompose, où le roi ou le duc relâchent leur prise sur l'aristocratie jusqu'ici tout entière englobée dans leur propre « maison ». Et c'est ici que les coïncidences chronologiques deviennent frappantes entre l'apparition des lignages et la décomposition progressive des structures étatiques. La nouvelle structure de parenté se dessine d'abord dans le royaume de France, entre 920 et 950, au niveau des familles comtales, lorsque les comtes prenant leur indépendance commencent à transmettre à leurs fils cet « honneur » désormais héréditaire, bientôt indivisible et pour cela transmis par primogéniture, que constituent leur titre, la forteresse où ce titre est assis et les pouvoirs qui sont attachés à la fois au titre et au château. Deux générations plus tard, la puissance comtale s'effrite elle-même ; aux alentours de l'an mille, certains châteaux deviennent à leur tour le centre d'une principauté minuscule ; une famille s'y installe, détachée de la maison comtale ; libérée, elle s'érige en « maison » autonome et revêt aussitôt à son tour une structure agnatique. Naît alors un nouveau groupe de lignages, ceux des châtelains. Et, me fondant sur ma connaissance de la société mâconnaise et aussi sur une note généalogique que j'ai déjà exploitée ailleurs et qui est peut-être la seule qui ait été écrite au XIIe siècle à propos d'un lignage de simples chevaliers, un passage des *Annales cameracences* qu'à étudié admirablement Fernand Vercauteren –, je suis porté à croire aussi que, deux générations plus tard encore, c'est-à-dire dans le troisième quart du XIe siècle, d'autres familles plus modestes se dégagèrent à leur tour de la domination du château ; autour d'un petit fief, d'une « maison » dont elles prirent le nom, elles s'organisèrent elles-mêmes en lignées, adoptèrent des règles successorales et des coutumes familiales propres jusqu'ici aux rois et aux ducs, puis aux châtelains ; elles constituèrent la plus basse couche des lignages, ceux de la petite noblesse chevaleresque.

Je n'en dirai pas plus, j'ai voulu simplement faire remarquer, en prolongeant les observations des médiévistes allemands, une corrélation qui me paraît évidente et digne de recherches beaucoup plus approfondies entre l'évolution du droit familial dans la société féodale et celle des structures de l'État. J'ai voulu attirer l'attention sur un lien qui me paraît véritablement organique entre, d'une part, la dissolution du pouvoir de commandement, l'appropriation des *regalia*, l'évolution des institutions féodales et, d'autre part, l'apparition de structures familiales nouvelles dans l'aristocratie du royaume de France.

6

LA FRANCE DE PHILIPPE AUGUSTE. LES TRANSFORMATIONS SOCIALES EN MILIEU ARISTOCRATIQUE [1]

Pour considérer « les transformations sociales en milieu aristocratique », je me tiendrai à l'intérieur de ce qui pour moi constitue véritablement la France de Philippe Auguste, j'entends la part du royaume où le souverain fut actif, où l'on s'intéressait à ses faits et gestes, c'est-à-dire, j'ai cru pouvoir l'établir en repérant ce que fut l'écho de la bataille de Bouvines, au nord du Poitou, du Berry, du Nivernais. Je ne m'aventurerai pas plus au Sud pour deux raisons. Parce que, d'une part, j'ai le sentiment que les relations de société y furent différemment agencées dans la noblesse. Parce que, d'autre part et surtout, la recherche en histoire médiévale, si féconde dans ces provinces méridionales à propos d'autres questions ou d'autres périodes, a peu progressé depuis dix ans dans le domaine qui m'est assigné. Alors que depuis dix ans, depuis l'édition de la thèse monumentale de Robert Fossier, d'importantes études ont été publiées qui éclairent dans le nord de la France les phénomènes dont je vous entretiens : étude des seigneurs de la famille de Nesle par W. M. Newman, recherches d'E. Bournazel sur la chevalerie d'Île-de-France à l'orée du règne de Philippe, de Th. Evergates sur la société féodale dans le bailliage de Troyes, de M. Parisse sur la noblesse lorraine, d'Y. Sassier sur celle de l'Auxerrois [2] ; une autre contribution non moins importante est encore inédite, l'étude des sires de Coucy par D. Barthélemy. Ces travaux – trois d'entre eux furent dirigés par

1. Bibliographie [177].

2. W. M. Newman, *Les Seigneurs de Nesle en Picardie*, XIIe-XIIIe siècle, Paris, 1971 ; F. Bournazel, *Le Gouvernement capétien au XIIe* siècle, 1100-1180, Paris, 1975 ; Th. Evergates, *Feudal Society of the Bailliage of Troyes under the Counts of Champagne, 1152-1284*, Baltimore. 1975 ; M. Parisse, *La Noblesse lorraine, XIe-XIIe* siècle, Lille, 1976 ; Y. Sassier, *Recherches sur le pouvoir comtal en Auxerrois du Xe au début du XIIe siècle*, Paris, 1980.

Jean-François Lemarignier dont je salue avec émotion la mémoire – ont, entre autres résultats, permis de dater avec plus de rigueur l'évolution de la titulature par quoi, dans les chartes, était exprimée la qualité des membres de l'aristocratie ; ils ont permis de mieux suivre le destin des fortunes, la ramification des liens de parenté, de mieux saisir les rapports entre les lignages dominants et la part dominante de l'Église.

Il faut dresser le bilan des recherches récentes, relancer les investigations. Les livres que j'ai cités ont retenu l'attention de tous les médiévistes. Résumer une fois de plus leur apport, après tant de recensions, me paraît inutile. Je préfère insister sur une problématique dont ces travaux ont justement rendu nécessaire le rajeunissement. J'énoncerai donc deux hypothèses de travail, de nature à donner une impulsion nouvelle à l'interprétation des documents. Je proposerai de mettre en rapport ce que l'on peut connaître de la situation et de la texture de la classe dominante avec deux mutations dont la région où je fixe mes observations fut le lieu sous le règne de Philippe Auguste. L'une, technique : la modification des pratiques militaires ; l'autre, sociale : la modification des stratégies matrimoniales.

À propos de la première série de phénomènes, j'hésite à me risquer dans l'aire de compétence de Philippe Contamine. Je ferai part d'une simple impression – ce sont, je le répète, des hypothèses que je livre à la critique –, l'impression que, au temps de Philippe, sont parvenus à leur terme et à leur plein effet, deux changements dont on perçoit l'amorce dans le second tiers du XIIe siècle. Deux changements conjoints, et dont les relations avec l'évolution de l'économie devraient être étudiées de près.

La diffusion dans l'aristocratie, entre 1130 et 1160 (je me fonde sur les conclusions présentées à Barcelone par V. Cirlot[1], laquelle a minutieusement confronté les témoignages de l'iconographie catalane à ceux des textes), d'une nouvelle manière de combattre qui conférait une fonction désormais décisive au cheval, et qui déterminait aussi la brusque élévation du coût de l'équipement chevaleresque.

La brusque multiplication, passé le milieu du siècle, des bandes de combattants professionnels, de basse naissance, travaillant pour de l'argent, munis d'outils particuliers réputés indignes du chevalier, mais sachant leur métier et d'une telle efficacité que les princes n'hésitaient pas à employer le plus largement qu'ils pouvaient cet instrument, bien qu'il coutât horriblement cher et bien qu'il les déshonorât (voyez le soin que prit Rigord de masquer l'usage que le roi Philippe avait fait lui-même des routiers).

---

1. V. Cirlot, *El armamento catalán de los siglos XI al XIV*, thèse inédite soutenue à l'université autonome de Barcelone, en 1980.

Il faudrait observer attentivement de quelles conséquences furent sur les structures, la délimitation, les attitudes, la conscience d'elle-même de l'aristocratie de la France du Nord, ces deux modifications (auxquelles dans mon esprit s'adjoint une troisième, je parle du perfectionnement des techniques de fortification). L'affirmation du contraste, au sein du système de valeurs, entre une manière noble et une manière ignoble d'affronter l'adversaire n'intervint-elle pas de façon déterminante pour cerner les contours du groupe aristocratique, pour renforcer sa cohésion, justement autour des valeurs de chevalerie ? L'intervention ne fut-elle pas aussi décisive du défi porté aux chevaliers par des guerriers qui ne l'étaient pas, et se montraient pourtant fort capables de les vaincre et de les tuer ? Menace physique, menace sociale également, plus sourde celle-ci, mais plus grave : le danger entr'aperçu d'une promotion d'aventuriers, choyés par les princes ; cet autre péril qui se lève alors : une rébellion contre les exactions seigneuriales qui paraissent insupportables dans la mesure même où le monopole militaire – la fonction de paix qui les justifiait – se trouve mis en cause. L'analyse des intentions prêtées par les chroniqueurs aux insurgés dont la vague envahit l'Auxerrois dans le prolongement du mouvement des Capuchonnés pourrait être de ce point de vue fort éclairante. Menacée, l'aristocratie serre les rangs ; elle supporte moins impatiemment, dans la dépendance financière où l'établit le renchérissement des instruments de la guerre, le poids du pouvoir des princes qui garantit le maintien de ses privilèges. Sous cette tutelle, la valorisation communément admise des rites de l'adoubement, du titre que cette cérémonie confère, des devoirs qu'elle impose, atténue rapidement la différence entre *proceres* et *milites* à l'intérieur d'un *ordo* que l'idéologie du pouvoir a l'habileté de hausser au premier rang. Entre l'épée, la lance, le heaume et tous les systèmes classificatoires, tous les symboles de supériorité sociale arborés dans l'héraldique, dans le vocabulaire des chartes, qui se révèlent à l'organisation des cortèges, à celle de l'espace des églises et des nécropoles, une dialectique s'établit dont il me semble important de repérer et de dater soigneusement les indices. Premier projet de recherche.

*

Dans le second, la problématique se trouve, pour ainsi dire, retournée. Je partais tout à l'heure d'une mutation technologique pour atteindre ses répercussions sur l'évolution de la société aristocratique. Je pars maintenant, invitant à la situer avec exactitude parmi ce qui se transforme dans le milieu environnant, d'une modification de comportement que je constate parmi les lignages dominants de la France du Nord sous le règne de Philippe Auguste : le relâchement d'une longue réticence à marier trop de garçons. Jusqu'alors, jusqu'au dernier quart du XIIe siècle, il m'apparaît que le souci de maintenir le rang des familles de bonne naissance, en évitant l'amoindrissement de leur patrimoine, imposait aux chefs de maison de ne donner femme légitime qu'à l'aîné des fils. La règle bien sûr n'était pas implacable. Les exemples ne manquent pas de cadets mariés. Mais – la bonne étude par C. Bouchard de la généalogie des sires de Seignelay en procure l'exemple convaincant [1] – les noces des puînés résultaient généralement de circonstances heureuses : la générosité d'un patron manifestant sa largesse envers les jeunes gens de sa mesnie vassalique qui lui réclamaient des épouses, la disparition accidentelle de l'aîné obligeant le second fils à procréer lui-même des descendants légitimes qui relaieraient éventuellement ses neveux orphelins menacés par la mortalité juvénile et par les risques de l'apprentissage militaire, plus souvent l'occasion surgissant de s'installer comme gendre dans une autre maison par mariage avec une fille dépourvue de frère, donc héritière. Encore, dans ces cas-là, s'efforçait-on de freiner la ramification de la descendance et le fractionnement de l'héritage en casant les garçons nés de ces unions latérales dans des postes ecclésiastiques ou en les lançant dans l'aventure lointaine, bref : en poussant les branches adventices à s'atrophier rapidement. Si bien que, dans le cours du XIIe siècle, le nombre des maisons nobles ne semble pas s'être notablement modifié dans ces provinces. S'il le fut, ce fut dans le sens non pas d'un déploiement, mais d'une contraction, déterminant la concentration des fortunes. Or je remarque le renversement de la tendance dans les deux décennies qui précèdent 1200. La recherche à laquelle j'invite consisterait d'abord, en poursuivant la reconstitution des généalogies, à étayer ma proposition. Toutefois, je sens celle-ci déjà assez fermement assise. Je vois se résorber dans l'aristocratie du nord de la France la « jeunesse », ce groupe d'adultes contraints au célibat, dont j'ai dit quel rôle il a joué dans l'évolution de la culture chevaleresque. Les « bacheliers » se raréfient. Demeurer sans épouse était naguère un état durable que partageait la majorité des mâles de ce milieu social ; cela n'est plus désormais, pour la plupart, qu'une étape, un âge de la vie ; le sort commun, lorsqu'on n'appartient pas à l'Église, est de s'établir, de fonder sa propre maison, de ne plus procréer seulement des bâtards, mais aussi des fils légitimes. Le reflet de cette modification profonde m'apparaît dans la manière dont se ploie à ce moment même la thématique de la littérature chevaleresque.

S'il se vérifie que le changement du comportement matrimonial est tel que

1. C. Bouchard, « The Structure of a Twelth Century French Family, the Lords of Seignelay », *Viator*, X, 1979.

je suppose, il faut bien lui reconnaître de l'importance. Et d'abord, lui chercher une explication. En ce point, je ne puis que poser des questions. Me demandant si cette rupture des anciennes contraintes ne fut pas facilitée principalement par une double inflexion. L'une affectant la coutume féodale : ce fut la diffusion de la pratique du parage : des maisons satellites se créaient autour de la maison mère : elles lui restaient cependant soumises, puisque le fils aîné, successeur du père dans la demeure ancestrale, gardant en sa main la portion du patrimoine où la mémoire lignagère enfonçait ses racines, recevait l'hommage de ses frères mariés, puisque ceux-ci tenaient de lui en fief les biens hérités de leur mère ou d'acquisition récente qui leur avait été concédés pour y installer leur ménage. L'autre inflexion touchant à l'économie. Il s'agit d'une décrispation. La fortune aristocratique, dans ces années-ci, semble d'abord s'être régulièrement accrue par les perfectionnements de la fiscalité, la bonification des terres, la multiplication des ménages exploitables, par un développement général qui haussa les profits que les maîtres du sol et du pouvoir tiraient de leurs prérogatives. Cette fortune semble surtout avoir pris de la fluidité. La part qu'y tenait l'argent se dilata. Plus de souplesse résulta de la pénétration de l'instrument monétaire, tandis que se gonflait sans cesse la masse de biens redistribués parmi leurs pairs ou leurs chevaliers par les maîtres des États dont se renforçait la capacité de munificence.

Quant aux effets des nouvelles pratiques, je les juge immenses. Moins de turbulence d'abord, par l'assagissement de tant de *juvenes*, devenus *seniores*, enracinés, forcés désormais de réprimer leur fougue. Un peu de la paix que l'on voit envahir progressivement le XIIIe siècle ne prend-il pas son origine dans la mutation que j'évoque ? Parcellisation d'autre part, que l'on aperçoit se propageant, des pouvoirs de commandement et d'exploitation, lesquels tendent à s'exercer, lieu par lieu, d'ordinaire dans le cadre paroissial. Miniaturisation concomitante de la demeure seigneuriale, dissémination des « maisons fortes », répliques symboliques et rapetissées des vieux *castra*. Enfin, prolifération de la noblesse. Je tiens cet accroissement de la population aristocratique, dont je commence à apercevoir les signes dans les dernières années du XIIe siècle, pour un phénomène de toute première importance. Il faudrait tenter de mesurer cette croissance, la comparer à celle que l'on devine dans les autres espaces sociaux, dans l'Église, la paysannerie, le peuple urbain. L'essentiel étant de confronter cette exubérance nouvelle de naissances aux innovations dont j'ai dit un mot tout à l'heure : à l'élévation du prix du harnais militaire, à la multiplication des fils de chevaliers tardant à se faire adouber eux-mêmes, à l'apparition de titres et de symboles héraldiques garantissant leur supériorité native, à l'homogénéisation progressive de la noblesse par l'adoption d'un même système de valeurs et de représentations.

Les deux hypothèses de travail que je mets en discussion se rejoignent en effet. Elles peuvent être réunies dans cette question finale : comment résoudre la contradiction apparente entre les deux attitudes ? Entre la réaction de défense, le repli de l'aristocratie sur la qualité de son sang et sur le système éthique qu'elle érigeait face aux menaces de déstabilisation résultant des façons nouvelles de mener la guerre, et l'abandon simultané d'une stricte discipline matrimoniale, le moindre souci de contrôler par ce moyen les naissances, cette insouciance, une décontraction dont on comprend mal qu'elle n'ait eu pour corollaire un sentiment d'aisance, mais dont les conséquences rapides furent, en élargissant cette strate sociale, de la rendre plus poreuse, moins strictement fermée à la montée des parvenus, et finalement de l'affaiblir pour le plus grand avantage de l'autorité royale.

CULTURES, VALEURS ET SOCIÉTÉ

7

PROBLÈMES ET MÉTHODES EN HISTOIRE CULTURELLE[1]

En France, l'histoire de la culture appartient encore au secteur de sous-développement de la recherche scientifique. Mais c'est aussi le champ des entreprises de pointe où sont posées les interrogations les plus aventureuses. Si l'on s'interroge sur les obstacles qui ont freiné et qui freinent encore le progrès dans ces matières, on peut en distinguer deux principaux :

Le premier est le cloisonnement excessif, inébranlable des disciplines. Dans les universités, au CNRS, partout, il y a les historiens d'un côté, et de l'autre les historiens de l'art, les historiens des littératures, de la philosophie, des sciences, et parfois de petites chambres plus closes encore : l'histoire de la médecine ou l'histoire de la musique. Parce que depuis un siècle la France est un pays laïcisé et scolarisé, les historiens ont pu conquérir deux provinces : celle de l'histoire religieuse et celle de l'histoire de l'éducation, mais c'est tout. L'absence de communications, cette timidité de notre part à transgresser des limites sont attristantes. Est-ce un phénomène français ? Je ne crois pas. Lorsque j'ai reçu le programme de ce colloque, une chose m'a frappé : du côté hongrois comme du côté français, lorsqu'il était question de culture, il s'agissait de culture écrite. Et je n'ai pas remarqué, dans le programme que nous nous sommes fixé, d'attention portée à d'autres formes d'expression. Où est-il question des images, peintes, imprimées, filmées ? Où est-il question de la musique ?

Le second obstacle est l'insuffisance de nos outils d'analyse. L'histoire culturelle, tard venue, est encore comme à la remorque de l'histoire qui depuis cinquante ans triomphe : l'histoire économique. Elle en est donc à se dégager des méthodes de l'histoire économique, à en forger d'autres qui lui conviendraient mieux, ainsi que les systèmes conceptuels, les schémas théoriques susceptibles d'orienter l'investigation dans ces domaines. Ceux de l'histoire

1. Bibliographie [143].

économique ont montré en effet leur insuffisance en ce qui concerne les phénomènes culturels. Il est au moins nécessaire de les ajuster, de les rectifier.

C'est en ce point que je me placerai pour livrer quelques réflexions que je classerai en deux parties considérant successivement la production culturelle, puis la consommation ou la distribution des objets culturels.

L'histoire culturelle se propose d'observer dans le passé, parmi les mouvements d'ensemble d'une civilisation, les mécanismes de production d'objets culturels. Qu'il s'agisse de la grosse production vulgaire, ou de la production fine, jusqu'à cette pointe qu'est le « chef-d'œuvre », avec tous les problèmes qu'il pose. L'historien de la culture doit, bien évidemment, considérer l'ensemble de la production et s'interroger sur les relations qui peuvent exister entre les événements qui se produisent au sommet de l'édifice, c'est-à-dire au niveau du « chef-d'œuvre », et cette base assez inerte de la production courante qu'ils surplombent et sur laquelle ils retentissent. Ce qui fait que les disciplines séparées, l'histoire de l'art, des littératures, de la philosophie et même des sciences sont décevantes dans la mesure même où elles demeurent braquées sur l'exceptionnel.

L'un des problèmes de l'histoire culturelle, et l'une des pierres d'achoppement dans l'édification des systèmes conceptuels adéquats, tient à l'élucidation des rapports entre ce mouvement créateur qui entraîne l'évolution d'une culture et les structures profondes.

Avec les structures économiques ces rapports sont évidents. Si l'historien s'interroge sur les rythmes de production culturelle à certaines époques, par exemple à propos de la « Renaissance » du XIIe siècle, il lui faut bien mettre en cause les grands élans qui précipitent à ce moment même l'activité économique : entre la productivité accrue du travail paysan en Île-de-France et la productivité accrue du travail des maîtres dans l'« école » de Laon vers 1110 il existe incontestablement une relation fondamentale. Et choisissant récemment d'étudier un événement européen, la diffusion de l'art cistercien, je n'ai pas manqué d'insister sur le rôle joué par l'organisation de l'exploitation rurale dans les domaines de l'ordre de Cîteaux, par la place que tenait l'argent à la fois dans la gestion de ces domaines et dans la rétribution des équipes de constructeurs. Mais j'ai bien dû dire aussi que cet événement n'était pas réductible à ce type de détermination, qu'intervenaient d'autres facteurs, que le monument cistercien ne signifiait pas seulement la réussite d'un système particulier de production économique, qu'il signifiait aussi, et sans doute d'abord, deux choses : la reprise d'une tradition formelle ; la visualisation d'une morale et d'une conception du monde. Je m'explique un peu sur ces deux points.

Parmi les facteurs de la production culturelle (mis à part ce qui en constitue la matière première) se place un héritage, un capital de formes dans lequel chaque génération puise. C'est le principal intérêt de l'histoire littéraire, de l'histoire des arts et de la philosophie que d'inventorier ces formes, de montrer comment cette réserve s'appauvrit ou se gonfle, comment elle se transforme, de préciser la généalogie des enveloppes formelles, d'éclairer le jeu du goût, de la mode, les phénomènes de rejet, de transfert et d'occultation. Voyons cela comme une sorte de magasin où se trouvent des rayons oubliés, où d'autres sont pleins, d'autres vides. Cet ensemble a son histoire relativement autonome : il existe, bien évidemment, une histoire des formes. Dans le mouvement de cette histoire, gardons-nous de porter trop d'attention aux innovations, n'oublions pas l'énorme masse de rémanences. Je prends l'exemple de Cîteaux : parce que l'intention cistercienne est de revenir à la lettre de la règle de saint Benoît, parce que la fonction du bâtiment cistercien est la même que celle des édifices monastiques précédents, parce que les cisterciens professent la vertu d'humilité et inclinent au conservatisme, ils reprennent des formes traditionnelles. Mais parce que leur volonté est d'ascétisme, ils les décapent, et parce que, inconsciemment, ils adhèrent à cet optimisme que développe le grand progrès du XIIe siècle, ils s'emparent des derniers perfectionnements techniques, telle la croisée d'ogives, pour les insérer dans les formes traditionnelles sans modifier celles-ci. Il faut compter avec cette présence d'un legs de formes possibles, à commencer par les formes du langage. Un héritage qui n'est pas immobile, mais mouvant, changeant dans la durée ; dont les changements cependant n'ont que des rapports très lâches avec l'histoire de l'économie, se trouvent au contraire étroitement liés à la vie propre des ateliers, à tous les processus d'apprentissage, donc au système d'éducation dans son ensemble : c'est là que l'héritage est transmis d'une génération à l'autre et qu'il est à tout instant trié. S'il y a eu « Renaissance » du XIIe siècle, c'est que l'école s'est trouvée vivifiée à ce moment, et notamment par les dons des patrons laïques qui décidaient de fonder plutôt des collégiales que des monastères, et notamment aussi par la mobilité plus grande des maîtres et des auditeurs que permettait l'intensification de toutes les circulations. Mais c'est aussi qu'une exploration systématique du patrimoine fut entreprise, que l'on retrouva des sources qui s'étaient perdues dans les sables, notamment les formes de l'Antiquité païenne, qui ne paraissaient plus aussi dangereuses.

J'en arrive ainsi au second type de facteurs que je dirai idéologiques. Je n'insisterai pas sur le rôle déterminant tenu dans toute société par l'imaginaire, par les systèmes de valeurs, et par toutes les images qui servent à expliquer le monde. Je rappellerai seulement que ces objets, ces immenses objets enveloppants que sont les idéologies, ont aussi leur histoire, et que cette histoire se relie au mouvement des structures matérielles. Et non seulement parce qu'elle le répercute, mais parce qu'un processus de surdétermination la fait retentir profondément sur l'infrastructure. Je prends pour exemple l'action des représentations idéologiques qui gouvernent, imparfaitement, les pratiques sexuelles sur l'évolution démographique. Cette action explique, pour un passé proche, bon nombre des flexions de la courbe ; pour un passé lointain, tel celui dont je m'occupe, l'idéologie chrétienne du mariage ne fut évidemment pas sans influence sur la croissance démographique du Moyen Âge central.

L'histoire des idéologies est également de toute évidence en relation avec celle du pouvoir. L'idéologie est une arme, dont le pouvoir entend se servir. Or, il tient la main sur les ateliers principaux de la production culturelle. Ainsi s'établit une union indissociable entre l'histoire de cette production et celle de l'idéologie. D'où la nécessité d'entreprendre l'étude de ces organismes difficiles à appréhender, l'étude *des* idéologies coexistantes et concurrentes. En effet la relation des phénomènes idéologiques avec les structures de profondeur s'exprime en particulier dans le fait que les affrontements dont la société est le lieu se traduisent par un combat permanent entre plusieurs systèmes idéologiques affrontés.

Dans toute société quelque peu évoluée, il n'y a donc pas une culture mais des cultures. Cette constatation me conduit à la seconde série de mes remarques, relatives celles-ci à la distribution des objets culturels. Je citerai Gramsci (*Marxismo e letteratura*) : « Le peuple n'est pas une collectivité homogène de culture, mais présente des stratifications culturelles nombreuses et diversement combinées. » Le « peuple » – mais ceci est vrai également de cette part de la société qui domine le peuple. Stratifications, combinaisons diverses – j'ajouterai : avec sans cesse des glissements, des passages, des interférences. Cette complexité de l'espace culturel a fait en France de la part des historiens l'objet d'études fructueuses. Ils sont partis du concept de « niveau de culture », lequel rejoint l'idée gramscienne de stratification. Métaphore géologique dont l'avantage est de s'accorder à l'image d'une société elle aussi stratifiée, la tentation étant d'établir des corrélations entre les deux échelles stratigraphiques. Cette tentation ne s'explique pas seulement par l'influence des modèles marxistes d'analyse sur les historiens français, mais parce que, de fait, je l'ai dit, il existe une lutte idéologique qui n'est pas sans rapports avec la « lutte des classes ». Ce concept cependant a l'inconvénient de ne pas s'appliquer exactement à ce que l'on entrevoit de la réalité. La topographie culturelle montre évidemment des couches, mais aussi des nodosités, des nappes de charriage, des fractures, des failles, et quantité de zones instables, donc des structures qui sont au moins autant verticales qu'horizontales. Je me demande donc s'il ne serait pas opératoire de tenter de mettre en pratique plutôt le concept de « formation culturelle ». À condition de référer ce mot à celui de formation sociale, sur laquelle on s'est longuement expliqué. La notion de formation (elle aussi empruntée aux géologues) me paraît mieux rendre compte de la complication des structures culturelles, de la permanence de formes résiduelles, de toutes les résurgences et de la mobilité incessante des phénomènes d'acculturation. D'autre part, elle ne masque pas ce fait, à mes yeux fondamental, que les clivages entre cultures affrontées ou combinées ne passent pas, en réalité, à travers le corps social, mais bien à travers les attitudes et les comportements de chaque individu.

C'est le moment pour moi de parler de ce qui m'apparaît le principal apport de l'école historique française à l'histoire culturelle : tenter, la main tendue aux ethnologues, de s'enfoncer dans les profondeurs de la société pour reconnaître autre chose que le sommet de l'édifice, pour atteindre une culture généralement éclipsée par la dominante, la culture populaire. Épousant ce mouvement récent et très puissant qui tourne enfin l'attention des Français vers leurs origines paysannes, vers les civilisations traditionnelles, les historiens ont engagé une vaste enquête à partir de l'idée d'une opposition entre culture(s) savante(s) et culture populaire. Ils posent donc le problème en termes de conflit, d'une lutte véritable entre ceux qui détiennent ce pouvoir exorbitant, le savoir enfermé dans les livres, dans les bibliothèques et dans les musées, et d'autre part, les pauvres. Poser de cette manière le problème, c'est aborder aisément certains phénomènes : le combat mené par exemple par l'Église médiévale pour détruire tout un système de croyances et de rites ; ou bien cet autre combat mené depuis le XVIIIe siècle pour l'alphabétisation, involontairement conjoint au combat soutenu par l'idéologie égalitaire, et qui représente la phase ultime de la vulgarisation, de la socialisation de la culture savante (entendons bien, de la culture écrite, celle de l'a, b, c, celle du livre, ce qui conduisit en France à réduire l'étendue des fonctions de l'école, et finalement à la sclérose de l'éducation artistique, celle du regard et de l'oreille). Car dans le moment même où, dans le XIXe siècle, on entendit par la conscription, faire de tous les citoyens des héros, on voulut faire aussi d'eux tous, par l'école obligatoire, des clercs. J'attire ici l'attention sur la puissance de deux très anciens modèles culturels, de la vieille typologie établie dès le XIIe siècle au sein de la culture dominante séparant la culture des clercs de celle des chevaliers. Car cette permanence interne tout au long de l'histoire de la haute culture nous fait aussitôt vérifier que le jeu, en vérité, ne s'est pas joué à deux mais à trois, et que la culture populaire ne fut pas engagée dans un duel, mais dans un combat beaucoup plus complexe.

Si culture « populaire » il y a. C'est le mot en effet qui me gêne – en raison même de ce que j'ai dit à propos de la notion de formation culturelle, de tous ces entrecroisements, ces interférences. J'aurais tendance à penser que s'en tenir à la conception d'un affrontement de deux classes, c'est en vérité resserrer abusivement le champ d'observation et risquer d'appauvrir les résultats de celle-ci. En effet, dans notre culture, dans la culture de chacun d'entre nous, si savants que nous soyons, n'existe-t-il pas beaucoup plus que des résidus ou des nostalgies du « populaire » ? Peut-on penser qu'il y a créativité culturelle du « peuple » ? Et qu'est-ce que le « peuple » ? Si, dans son sein, il existe vraiment des foyers créateurs, où sont-ils ? Mille questions.

8

L'HISTOIRE DES SYSTÈMES DE VALEURS [1]

L'histoire globale d'une civilisation résulte de changements qui se produisent à différents étages, au niveau de l'écologie, de la démographie, des techniques de production et des mécanismes d'échange, au niveau de la répartition des pouvoirs et de la situation des organes de décision, au niveau enfin des attitudes mentales, des comportements collectifs, et de la vision du monde qui gouverne ces attitudes et régit ces comportements. Des corrélations étroites unissent ces divers mouvements, mais chacun d'eux se poursuit, de manière relativement autonome : selon des rythmes particuliers. On peut observer, à certains niveaux, à celui notamment des relations politiques, des modifications parfois très rapides. Mon expérience personnelle m'incite à penser que l'histoire des systèmes de valeurs ignore les mutations brusques.

Certes il arrive que cette histoire soit perturbée par des phénomènes d'acculturation. Une culture peut, à un certain moment de son évolution, se trouver dominée, envahie, pénétrée par une culture extérieure, soit par l'effet de traumatismes d'origine politique, tels que l'invasion ou la colonisation, soit par l'action d'infiltrations insidieuses, par l'incidence de mécanismes de fascination ou de conversion, eux-mêmes consécutifs à l'inégale vigueur, à l'inégal développement, à l'inégale séduction de civilisations affrontées. Mais même en ce cas, les modifications paraissent toujours lentes et partielles. Les cultures, si frustes soient-elles, se montrent rétives à l'agression et opposent généralement à l'irruption d'éléments allogènes des résistances durablement efficaces.

Frappante, par exemple, est la lenteur de la pénétration du christianisme (qui n'est qu'un élément parmi d'autres empruntés à la culture romaine) dans les peuplades que les grandes migrations du haut Moyen Âge avaient mises en contact plus étroit avec une civilisation moins rudimentaire. L'archéologie révèle que les symboles chrétiens ne se sont insinués que très progressivement parmi

1. Bibliographie [86].

les sépultures des cimetières germaniques, et les croyances païennes, sous le vêtement superficiel de rites, de gestes, et de formules imposés de force à l'ensemble de la tribu par les chefs convertis, survécurent très longtemps. Les prélats du XIe siècle s'acharnaient encore à les extirper ; elles ne l'étaient pas tout à fait à l'extrême fin du Moyen Âge, même dans des provinces de la chrétienté les plus fermement encadrées par l'Église ; encore celle-ci avait-elle dû consentir à faire place à nombre d'entre elles, les plus tenaces et sans doute les plus essentielles, telle la croyance en une mystérieuse survie des âmes défuntes entre le moment des funérailles et celui de la résurrection des morts. De même, lorsque l'expansion militaire de la chrétienté occidentale fit découvrir, dans les dernières années du XIe siècle, à Tolède, en Campanie, à Palerme, par les hommes d'études qui accompagnaient les guerriers, la bouleversante richesse des savoirs juif et gréco-arabe, ces intellectuels se précipitèrent pour tirer parti de ces trésors. Mais le système de valeurs dont ils étaient porteurs les retint pendant de longues décennies d'y puiser autre chose que des techniques, appliquées soit à l'art de raisonner, soit à la mesure des choses, soit aux soins du corps. Sans doute des dispositions répressives émanant du pouvoir ecclésiastique entrèrent-elles très vite en jeu pour les empêcher de s'approprier aussi le contenu philosophique et moral des œuvres traduites. Mais ces interdits furent toujours contournés ; l'Église totalitaire du XIIIe siècle ne parvint à empêcher, dans aucun des grands foyers de recherches, la lecture et le commentaire du Nouvel Aristote. Et pourtant la puissance corrosive de ce corps doctrinal n'était pas parvenue, deux siècles plus tard, à ouvrir dans la cohérence de la pensée chrétienne des brèches de quelque conséquence.

Les mouvements qui font se transformer les systèmes de valeurs manifestent une lenteur plus grande encore, lorsqu'ils demeurent à l'abri de pressions extérieures. Les tendances à la croissance ou à la régression de l'activité économique (le médiéviste a l'avantage de pouvoir observer en effet, en ce domaine, des mécanismes de stagnation prolongée et de recul), elles-mêmes étroitement reliées au tracé de la courbe démographique et à la modification des techniques, déterminent bien sûr des changements dans l'agencement des rapports de production et dans la distribution des richesses aux différents degrés de l'édifice social. Mais ces changements apparaissent eux-mêmes plus étalés dans le temps que les transformations économiques qui les provoquent, et l'on découvre que ces retards et ces ralentissements sont en partie déterminés par la pesanteur des ensembles idéologiques. Ils se produisent en effet à l'intérieur d'un cadre culturel qui se plie à les accueillir, mais qui se montre moins prompt encore à se modifier et qui s'infléchit avec une plus grande souplesse. Ce cadre est en effet construit sur une armature de traditions, celles qui, de génération en génération, sont transmises, sous de multiples formes, par les divers systèmes d'éducation, celles dont le langage, les rites, les convenances sociales constituent le soutien solide.

À vrai dire, les obstacles aux innovations se révèlent de vigueur très variable parmi les différents milieux culturels, qui se juxtaposent et s'interpénètrent au sein de toute société. Cependant, dans la plupart de ces milieux, les inclinations de loin les plus puissantes sont à la conservation. L'esprit conservateur apparaît d'une particulière vivacité dans les sociétés paysannes, dont la survie a longtemps dépendu de l'équilibre extrêmement fragile d'un ensemble cohérent de pratiques agraires, patiemment expérimentées et qu'il semblait téméraire de déranger, ce qui impliquait de se montrer rigoureusement respectueux de toute coutume, et d'une sagesse dont les anciens apparaissaient comme les plus sûrs dépositaires. Mais cet esprit n'est sans doute pas moins vif dans toutes les élites sociales, apparemment ouvertes aux séductions des idées, des esthétiques et des modes nouvelles, mais qui sont en vérité inconsciemment tenaillées par la peur de changements moins superficiels qui risqueraient de mettre en question l'autorité qu'elles détiennent. Il est plus vigoureux peut-être que partout ailleurs au sein des clergés de toutes sortes, attachés au maintien des visions du monde et des préceptes moraux sur lesquels se fondent l'influence qu'ils exercent et les privilèges dont ils jouissent. De telles résistances sont d'autre part naturellement renforcées par la tendance qui conduit très généralement les modèles culturels, construits en fonction des intérêts et des goûts des strates dominantes, à se vulgariser progressivement et, en vertu de la fascination qu'ils suscitent, à se diffuser de degré en degré vers les soubassements de l'édifice social ; l'effet de semblables glissements est de prolonger très longtemps la vitalité de certaines représentations mentales et des comportements qu'elles gouvernent, et de maintenir en contrebas d'une modernité de surface où les élites trouvent leur satisfaction, une solide assise de traditions sur quoi peuvent trouver appui les aspirations au conservatisme.

Il faut cependant reconnaître que ces aspirations se trouvent en fait contrariées dans les moments où l'évolution plus rapide des structures matérielles rend plus poreuses les barrières internes et externes et favorise les communications et les osmoses, soit par le relâchement des solidarités familiales, soit par l'ouverture à d'autres cultures, soit par l'ébranlement des hiérarchies. De conséquences plus directes apparaissent les changements qui affectent les structures politiques, dans la mesure où l'établissement d'une nouvelle distribution des pouvoirs peut se traduire par l'intention délibérée de modifier les systèmes d'éducation. C'est à ce niveau que la brusquerie de l'événement, guerre, révolution, mutation institutionnelle, peut se révéler quelque peu pertubatrice. Il importe, de toutes manières, de déceler au sein de la société quels sont les groupes d'individus qui, par leur position professionnelle ou politique, par leur appartenance à telle classe d'âge se trouvent plus dégagés de l'emprise des traditions et plus portés à les combattre ; il importe également de mesurer la puissance dont disposent effectivement ces agents d'innovation. Mais quelle que soit leur importance et leur capacité subversive, le système culturel oppose à leur action une architecture très ferme. En ses points d'articulation, des fêlures s'établissent, elles s'élargissent peu à peu et finissent par disjoindre le corps, mais par l'effet de dissolutions qui, presque toujours, s'avèrent insidieuses. En dépit des illusions que peut entretenir l'apparent tumulte des agitations superficielles, c'est toujours à très long terme que leurs résonances aboutissent à des effondrements, lesquels ne sont jamais que partiels et laissent toujours subsister d'irréductibles vestiges.

Pour soutenir par un exemple ces considérations générales, je propose d'observer un milieu, que l'on peut croire l'un des plus accueillants aux nouveautés, celui des hommes d'études qui se groupèrent à Paris pendant le Moyen Âge central. Leur lieu de rencontre : l'un des principaux carrefours du monde ; une agglomération urbaine en croissance continue, et dont la population se trouvait plus que toute autre brassée par les courants de l'économie et, au cœur du plus grand État d'Occident, par les va-et-vient de l'action politique ; le point de concentration enfin de tous ceux qui, d'un bout à l'autre de la chrétienté latine, se trouvaient pris par le plus ardent appétit de connaissance. Leur métier, enseigner, qui, par toute une part de lui-même est certes engoncé dans les routines, et qui l'était alors d'autant plus que cet enseignement était professionnel et visait à former les membres éminents d'un clergé, mais qui cependant, par nature, établit celui qui le pratique face à des êtres plus jeunes et dont les exigences l'excitent à aller de l'avant (ce qu'exprime très clairement l'un de ces maîtres, Abélard : « Mes étudiants réclamaient des raisons humaines et philosophiques ; il leur fallait des explications intelligibles plus que des affirmations »). La pratique enfin de ce métier : des méthodes de travail fondées sur le dialogue, la dispute, la discussion libre, sur un esprit de compétition comparable à celui qui, dans les tournois de l'époque, animait les chevaliers et qui conviait aux mêmes audaces, fondées par conséquent sur la contestation des idées reçues. Tentons (autant que faire se peut : l'avantage de l'observation historique est de pouvoir se développer sur de longues périodes, mais elle se trouve, en revanche, limitée sur les lacunes de l'information qui, pour les époques anciennes, laisse sans réponse un grand nombre d'interrogations) de reconstituer le système de valeurs tel qu'il était reçu, d'une part, vers 1125, par les contemporains d'Abélard, d'autre part, vers 1275, par les contemporains de Jean de Meun.

Cent cinquante ans de distance, cent cinquante années remplies d'une animation prodigieuse. Une phase de décontraction, comparable, par son intensité et par ses répercussions, à celle que nous vivons et, à mes yeux, tout aussi bouleversante. Des transformations radicales au niveau des infrastructures : au temps d'Abélard, les villes émergent à peine de l'environnement rural ; la circulation monétaire s'est récemment ranimée, mais la seule richesse est encore la terre ; le seul travail est celui des champs, quelle que soit déjà l'importance de la production artisanale, stimulée par la propension au luxe ostentatoire d'une aristocratie que la croissance agricole rend depuis un siècle moins démunie ; pour tous les hommes, une existence entièrement dominée par les rythmes et les pressions du milieu naturel. Au temps où Jean de Meun entreprend de composer la seconde partie du *Roman de la Rose*, une population sans doute trois fois plus nombreuse ; des campagnes qui se sont définitivement aménagées mais qui se trouvent désormais, économiquement et politiquement, subjuguées par les cités ; à l'intérieur de ces dernières, des genres de vie qui se délivrent des tyrannies de la nature, qui échappent à l'oppression de la faim, du froid et de la nuit ; l'argent, qui est devenu le principal instrument du pouvoir, le ressort des promotions sociales, et dont le maniement enrichit sans mesure, dans la rue des Lombards toute proche des écoles, des hommes d'affaires venus d'Italie. Les changements ne sont pas moins profonds au plan des relations politiques. Au début du XIIe siècle, celles-ci se trouvent totalement ordonnées dans le cadre de la seigneurie, ce qui signifie pour la masse des travailleurs un complet assujettissement aux maîtres des châteaux et aux chefs de village, pour les plus riches, la spécialisation militaire, les profits des expéditions de rapine, le refus de toutes les contraintes, sinon de celles qui découlent de l'hommage, de la concession féodale et de la soumission aux anciens du lignage. Cent cinquante ans plus tard, un État véritable, établi sur une armature administrative assez perfectionnée pour que puisse renaître une notion abstraite de l'autorité et pour que la personnalité du souverain s'efface derrière celle de ses serviteurs ; l'assoupissement des discordes, qui a fait se ritualiser l'art de la guerre et confère aux combats l'allure de rencontres sportives ; des règles juridiques qui se fixent par l'écriture et que manient des professionnels de la procédure ; l'habitude des palabres ; un sens de la liberté qui se renforce au sein des associations d'égaux, de tous les groupements d'intérêts mutuels qui se nouent aux divers niveaux de la société et qui sont assez vigoureux, dans les faubourgs des villes, pour susciter les premiers mouvements de grève. Un siècle et demi qui a connu le développement et l'échec de l'aventure de croisade, la mise au pillage, en Espagne, en Sicile, à Constantinople, des cultures supérieures dont l'éclat rendait jadis plus dérisoire la rusticité de la civilisation carolingienne, un étonnant recul des limites de l'univers, les déferlements de l'Asie mongole, la marche de Marco Polo vers Pékin, la pénétration des marges africaines et asiatiques, non plus par des gens de guerre, mais par des trafiquants et par des missionnaires, qui s'accoutument à parler d'autres langages et à utiliser d'autres mesures. Un siècle et demi qui a assisté au développement de l'hérésie multiforme, qui l'a vue finalement contenue, démantelée par le quadrillage répressif que l'Église est parvenue à implanter sur l'ensemble de la chrétienté, jugulée, réduite, partiellement assimilée par l'orthodoxie au prix de tous les travestissements, comme le montre la destinée du message franciscain. Un siècle et demi enfin qui suffit à l'esthétique pour parcourir un itinéraire conduisant du tympan d'Autun à Cimabue et à la chaire de Pise, des voûtes de Vézelay à celles de la Sainte-Chapelle, du plain-chant grégorien aux polyphonies de Notre-Dame.

Or, dans un milieu culturel tel que celui-ci, aussi pénétré par l'exigence de vérité, la soif de comprendre et le goût du moderne, il ne semble pas que de tels bouleversements aient sensiblement modifié le système de valeurs. Sans doute la primauté de la raison est-elle, vers 1275, plus délibérément exaltée, et en particulier, on sait avec quelle insistance, dans le second *Roman de la Rose*. Mais deux générations avant celle même d'Abélard, Bérenger de Tours proclamait en elle l'« honneur de l'homme » ; et la vision lucide des choses que, par l'application de l'outil rationnel, les contemporains de Jean de Meun s'efforcent d'atteindre, procède en fait du patient usage de mécanismes logiques que les maîtres des écoles parisiennes apprenaient à utiliser, dans les premières années du XIIe siècle, pour dissiper l'ambiguïté des signes de vérité répandus dans les textes sacrés et dans le spectacle du monde visible ; entre-temps, ces procédés sont devenus plus subtils et plus efficaces, mais ils n'ont changé ni de nature ni d'objet. Sans doute l'esprit critique affronte-t-il avec audace en 1275 tout ce que les intellectuels de l'époque nomment le faux-semblant, les hypocrisies de la dévotion, la soumission des « papelards » aux consignes pontificales, les privilèges de la noblesse de sang, qu'Abélard, parfaitement intégré à cette catégorie sociale et qui ne la reniait point, n'avait nullement songé à mettre en cause, aux dévergondages du jeu de courtoisie, que le même Abélard s'était efforcé de pratiquer de son mieux, et aux sophistications de l'éthique mondaine. Mais, là encore, on devine qu'une attitude semblable, une semblable inclination à la contestation, une semblable aspiration à l'honnêteté et à la mesure habitaient déjà les maîtres de Paris au premier quart du XIe siècle ; s'ils ne visaient pas les mêmes cibles, c'est seulement que les problèmes posés par l'environnement social, politique, et moral ne se posaient pas dans les mêmes termes. Quant à l'attention plus soutenue portée dans le dernier tiers du XIIIe siècle à la nature, cet « art de Dieu », quant à la volonté d'en découvrir les lois, de parvenir à la claire compréhension d'un ordre naturel « dont découlent les voies honnêtes » et d'atteindre là les fondements solides d'une éthique et d'une foi, on les sent déjà bien vivantes, plus timides certes, moins assurées, encore dépourvues d'instrument de conquête mais s'employant à les forger, dans l'esprit de ceux qui, un siècle et demi plus tôt, au temps de Louis VI et de Suger, commentaient les Écritures, observaient le cours des astres et étudiaient la manière dont se propagent les rayons lumineux. On ne voit pas enfin que le corps de croyances ait été entre-temps sérieusement affecté. Dante fait bien allusion à ces disciples d'Épicure qui professaient que l'âme meurt avec le corps et il les dit nombreux. De telles conceptions se devaient évidemment de demeurer clandestines, et ceux qui les partageaient, lorsqu'ils ne furent pas démasqués, échappent donc au regard de l'historien. Mais, à Paris, en combien d'intellectuels en vérité l'inquiétude et l'esprit critique déterminaient-ils autre chose qu'une ironie gaillarde ? Ceux dont je parle paraissent bien adhérer sans effort et sans dissimulation à l'essentiel du dogme chrétien. Sans doute leur christianisme présente-t-il un visage nouveau ; il se montre beaucoup plus dégagé qu'il n'était cent cinquante ans plus tôt des prosternations terrifiées et de l'enveloppe des ritualismes, orienté désormais vers un Dieu souffrant et fraternel, avec qui l'homme peut tenter de dialoguer ; beaucoup d'entre eux, avec Bonaventure, s'engagent alors dans les voies du mysticisme. Mais ces voies, Bernard de Clairvaux les avait largement frayées ; Abélard avait déjà lu avec assez d'attention l'Évangile pour affirmer que la faute est dans l'intention et non dans l'acte, et Anselme de Canterbury avait, avant lui, concentré son étude sur le problème de l'incarnation. Ce qui apparaît le plus nettement, en tous ces domaines, ce sont en fait des permanences, celle d'une technique d'analyse, celle d'un désir de comprendre aiguisé par les méthodes et les objectifs d'un enseignement, celle d'exigences morales commandées par une certaine situation au sein de la société, celle d'une vision de l'univers naturel et surnaturel fondée sur des textes de mieux en mieux interprétés.

Les seules inflexions notables, je les entrevois à deux niveaux. Elles résident en premier lieu dans une prise de conscience de la relativité. Celle du temps d'abord. Il n'est plus, pour ceux qui réfléchissent à la fin du XIIIe siècle, conçu comme un bloc homogène, où le passé et l'avenir seraient cohérents au présent, entretenant avec lui des rapports anagogiques. Lorsque le dominicain Humbert de Romans médite sur la récente histoire du christianisme, il en cherche l'explication dans un enchaînement de causes naturelles, et son expérience personnelle des échecs de l'Église, de l'abaissement de la dignité impériale et des replis des établissements latins d'Orient, l'empêche de croire encore à l'unité et à la nécessité de l'histoire du peuple de Dieu. Tandis que la découverte progressive de l'immensité, de la diversité, de la complexité de la création, la conscience nouvelle que l'univers est rempli d'hommes qui refusent d'entendre le message du Christ obligent les plus lucides à penser que la chrétienté n'est peut-être pas située au cœur du monde, ou du moins qu'elle n'en occupe qu'un secteur limité. De même qu'il leur faut bien reconnaître que la pensée chrétienne se trouve incapable d'absorber ou de dissocier le bloc cohérent du système aristotélicien. En second lieu, beaucoup des hommes dont nous parlons ont accueilli sans réticence le goût d'un bonheur terrestre, de ce bonheur qui, selon Jean de Meun, avait été offert à l'homme au matin de la création, d'une joie de vivre que les reculs de Nature et Raison devant les offensives de Faux-Semblant sont venus compromettre, mais dont il appartient aux philosophes de promouvoir la restauration. Ces intellectuels ont repoussé résolument les exhortations au *contemptus mundi* et tous les modèles de renoncement et de refus dont les moines avaient été pendant longtemps, et naguère encore, les propagateurs triomphants.

Au niveau de l'idéologie les modifications apparaissent donc nettement moins marquées que celles qui affectent au même moment de l'histoire l'activité économique, la démographie, et le jeu des pouvoirs. Les systèmes de valeurs ne sont point immobiles ; la transformation des structures matérielles, politiques, et sociales en dérange les assises et les fait évoluer, mais cette évolution se poursuit sans hâte et sans secousse, même dans les milieux culturels d'avant-garde, dont la fonction particulière est de travailler à l'ajustement de ces systèmes ; en contrebas de la turbulence qu'entretiennent les controverses, les diatribes, et les condamnations, l'historien voit ceux-ci se ployer avec souplesse, insensiblement.

À propos d'un problème majeur, celui de la prévisibilité de ces changements, je risquerai seulement quelques remarques.

La tâche de l'historien est de proposer après coup des explications, c'est-à-dire d'ordonner les faits qui s'offrent à son observation, de les mettre en relation et d'introduire ainsi, dans le déroulement d'un temps linéaire, une logique. Il est conduit, par cette démarche même, à se montrer d'abord plus attentif aux nouveautés, à les dépister, à les extraire ainsi, artificiellement, pour les mettre en évidence, de l'ample courant d'habitudes et de routines qui dans le fil de la vie les enveloppe ; il est amené d'autre part, lorsqu'il veut rendre compte de ces nouveautés, et plus particulièrement lorsque celles-ci se placent au niveau, non de l'événement mais des structures, à privilégier la nécessité par rapport au hasard. Entre l'affirmation, à la fin du XIIIe siècle, des notions que les mots Nature et Raison entendaient alors exprimer, entre l'expansion de la joie de vivre, entre la découverte de la relativité, et, par ailleurs, l'élan de prospérité urbaine, le décloisonnement de l'Occident, l'ascension de certains groupes sociaux, le lent dépérissement des mirages de la Jérusalem Céleste et les perfectionnements de l'instrument syllogistique, l'historien parvient ainsi à établir des corrélations satisfaisantes – de même qu'il parvient à expliquer par les modifications de l'environnement le passage de la religion de l'Éternel de Moissac à celle du Christ aux outrages. Mais de la sorte, consciemment ou non, il fournit argument à tous les systèmes d'espérance, à toutes les conceptions qui fondent sur un enchaînement de causes déterminantes la succession des âges de l'humanité, qui prétendent ainsi à la prévision, s'appliquent à construire sur une expérience du passé un vecteur dont elles supposent que l'orientation doit se prolonger dans le futur.

Sur une interprétation de l'histoire s'appuyaient par exemple les convictions des moines du XIe siècle dont les processions périodiques entendaient mimer la marche des hommes vers la lumière incréée, tout comme l'Évangile Éternel de Joachim de Fiore qui assignait la date précise de 1260 à l'avènement du règne de l'Esprit. Sur une interprétation de l'histoire se fonde la pensée marxiste, et celle-ci prend, à l'égard de la prévisibilité, une position qu'il importe de considérer attentivement :

« La prévision historique, écrit par exemple Antonio Labriola, qui est au fond de la doctrine du *Manifeste* [...] n'implique ni un point chronologique, ni sa description anticipée d'une configuration sociale. C'est la société tout entière qui, dans un moment de son évolution, découvre la cause de sa marche fatale et, en un point saillant de sa trajectoire évolutive, fait lumière d'elle-même, pour éclairer la loi de son mouvement. [Cette prévision] n'est ni de chronologie, ni de préfigure, ni de promesse ; elle est, pour le dire en un mot qui, à mon sens exprime tout, “morphologique” [1]. »

Entendons bien : ce qui est jugé prévisible, c'est le progrès de la société vers de nouvelles formes ; ce phénomène peut être prévu dans la mesure où peuvent être solidement établis la réitérabilité de certains rapports et le fait de leur subordination régulière à des lois déterminées. Mais, lorsqu'elle se veut rigoureusement scientifique, l'analyse marxiste, il faut le reconnaître, ne prétend établir solidement ces rapports et cette subordination qu'au niveau des assises matérielles de l'édifice social ; à l'égard de ce qu'il appelle les « rapports sociaux idéologiques » Lénine (« Qui sont les amis du peuple ? ») se montre en réalité très réservé, et l'objectif majeur que doit, à mon sens, se fixer la recherche actuelle en histoire sociale est précisément d'éclairer la manière dont s'articulent les mouvements discordants qui animent l'évolution des infrastructures et celle

1. « In memoria del Manifesto dei communisti », *Saggi nel materialismo*, Rome, 1964, p. 34.

des superstructures, et dont ces mouvements retentissent l'un sur l'autre. Si la dissociation des relations de dépendance personnelle au sein de la seigneurie médiévale apparaît bien directement consécutive à l'action de tendances de longue durée, au perfectionnement des techniques de production agricole, à la croissance de la population et à la diffusion de l'instrument monétaire, et si par conséquent, à supposer que l'on eût à l'époque disposé de moyens d'analyse analogues à ceux que nous utilisons, on peut penser qu'il eût été, dans la mesure où les extrapolations ne sont pas la plupart du temps décevantes, possible de la prévoir, qui eût pu prédire en revanche le brusque avènement, dans les constructions entreprises à Saint-Denis par l'abbé Suger, d'une esthétique de la lumière, la mise en place des rites de l'amour courtois en contrepoint d'une évolution des structures de la famille aristocratique et de la morale conjugale proposée par l'Église, ou bien les destinées de l'hérésie vaudoise et les formes que revêtit la dévotion franciscaine lorsqu'elle fut domestiquée par l'autorité pontificale ? En l'état où sont actuellement parvenues les sciences de l'homme, il paraît bien que la prévision « morphologique » de l'avenir d'une civilisation ne saurait, sans une témérité vraiment excessive, prendre en considération autre chose que la poursuite probable des tendances profondes qui entraînent l'histoire de l'économie, celle de la population et des techniques, et peut-être celle de la connaissance scientifique, et ceci sans se dissimuler que les répercussions d'un mouvement d'opinion, d'une propagande ou des décisions du pouvoir sont susceptibles à tout moment d'en dévier sensiblement le cours.

Ce qui ne signifie pas que l'historien ne puisse apporter au futurologue certaines propositions de méthode, applicables à l'observation des systèmes de valeurs. Si l'on admet que l'enveloppe idéologique, dont on a vu qu'elle était souple et qu'elle ne se brisait pas brutalement comme le fait une chrysalide, est de toute évidence affectée par le mouvement des infrastructures, mais qu'elle tend à lui répondre par de lentes inflexions, l'important paraît être d'observer en premier lieu dans le présent les tendances lourdes, tout ce qui, au plan de l'évolution démographique et de la transformation des rapports économiques, est susceptible de provoquer de tels ajustements, en ébranlant les cadres de la pensée, en stimulant ou en refrénant les communications entre les groupes, en favorisant les transferts, les déracinements, les échanges et les fusions. De déceler, en second lieu, les points où les résistances de la tradition apparaissent plus fragiles, d'éprouver la rigidité des systèmes d'éducation, au sein de la famille, de l'école, de tous les organismes d'initiation et d'apprentissage, de mesurer leur capacité d'accueil aux apports externes, et les pouvoirs d'assimilation d'une certaine représentation du monde face aux irruptions possibles d'éléments projetés par les cultures extérieures. Mais il importe aussi de prendre en considération l'événement. Il est présent essentiellement au niveau du politique. On peut sans doute le tenir pour une effervescence de surface, largement déterminée par la disposition des structures profondes. Cependant, à l'historien, qui remarque déjà combien sont étroites les limites de la prévisibilité au plan des tendances de longue durée qui animent l'évolution démographique ou économique, l'événement apparaît, par nature, fortuit ; sinon son émergence, du moins ses développements s'avèrent spécialement rebelles à la prévision. Or ses effets, à court terme, ne sont jamais négligeables ; par les tentatives de révolution ou de réforme qu'il suscite, par les transferts d'activité qu'il provoque, il retentit sur les institutions qui encadrent la transmission des savoirs, des croyances et des rites. L'historien enfin se doit d'insister sur l'importance même de l'histoire, comme un élément particulièrement actif parmi ceux qui composent une idéologie pratique. Dans une très large mesure, la vision qu'une société se forme de son destin, le sens qu'elle attribue, à tort ou à raison, à sa propre histoire interviennent comme l'une des armes les plus puissantes des forces de conservation ou de progrès, c'est-à-dire comme l'un des soutiens, parmi les plus décisifs, d'une volonté de sauvegarder ou de détruire un système de valeurs, comme le frein ou l'accélérateur du mouvement qui, selon des rythmes variables, conduit les représentations mentales et les comportements à se transformer.

9

LA « RENAISSANCE » DU XIIe SIÈCLE. AUDIENCE ET PATRONAGE [1]

L'un des principaux problèmes qui se posent aujourd'hui aux sciences de l'homme est celui des rapports entre les phénomènes culturels et le mouvement d'ensemble des structures économiques et sociales, ou, pour employer un autre langage, entre les infrastructures matérielles et les superstructures, c'est-à-dire, dans le cas présent, la production et la réception d'objets culturels considérés, par les contemporains ou par nous-mêmes, comme l'expression d'une « Renaissance ».

Ce problème est difficile pour deux raisons : il n'existe pas de proposition théorique sur quoi bâtir la problématique préliminaire à l'enquête ; le travail est considérablement gêné par l'actuel cloisonnement des disciplines, par les frontières qui, dans les universités et les institutions de recherche, tiennent encore fâcheusement les historiens de l'économie et de la société à l'écart des historiens de la pensée, de la littérature et de l'art ; entre les territoires ainsi jalousement délimités et défendus les communications sont rares : on compterait sur les doigts de la main, dans le monde actuel, les lieux où la recherche peut être menée dans une indiscutable interdisciplinarité. De fait, les conditions ne se sont pas sensiblement transformées depuis le temps de Charles Homer Haskins. Seulement changement profond, et prometteur : notre insatisfaction de plus en plus vive, lorsque nous relisons *The Renaissance of the Twelfth Century*, à ne trouver dans ce livre admirable à peu près aucune référence aux modifications considérables que subirent durant cette période les relations sociales dans la chrétienté latine, le besoin que nous éprouvons de voir ces relations mises en rapport avec ce qui change conjointement dans les attitudes mentales et dans les formes culturelles qui expriment ces attitudes et qui les gouvernent.

1. Bibliographie [176].

Dans l'état actuel des connaissances, mon intervention sur le thème : « Patronage et audience » ne peut donc être que superficielle, introductive. Je ne pourrai guère formuler que des propositions de recherches, en puisant à peu près tous mes exemples dans ce que je sais personnellement de l'histoire française de cette époque. Mes remarques se rassembleront autour de trois ensembles de questions.

La croissance et ses effets

Le processus de développement que, depuis Charles H. Haskins, nous appelons la « Renaissance » du XIIe siècle est évidemment indissociable du long mouvement de progrès matériel dont l'Europe occidentale fut alors le lieu. Ce mouvement n'a ni commencement ni fin ; de commencement et de fin la « Renaissance » dont nous parlons n'en a pas davantage, pas plus que la Renaissance du quattrocento. Remarquons qu'il est moins malaisé de situer chronologiquement les manifestations du développement culturel. Les sources dont nous disposons sont en effet de nature à mieux éclairer ce genre de faits ; alors que, faute de séries d'indices quantifiables, elles ne permettent pas de suivre de près l'évolution économique et sociale. De celle-ci nous ne saisissons guère que les tendances. Voici ce qu'il me paraît possible d'apercevoir.

Le XIIe siècle semble bien être, en France au moins, le temps fort de ce progrès. Retenons trois critères : *a*) la diffusion de l'instrument monétaire : les premiers signes de cette diffusion apparaissent vers 1080 dans les documents concernant les campagnes de la région mâconnaise ; cent ans plus tard, l'argent est partout, domine tout, et nul, du plus grand prince jusqu'au paysan le plus humble, ne peut se dispenser d'en user quotidiennement ; *b*) l'extension de la surface cultivée : les analyses statistiques de Robert Fossier situent en Picardie la grande poussée entre 1150 et 1170 ; *c*) l'essor démographique enfin : les mêmes analyses montrent dans la même région qu'il atteint sa plus grande intensité dans le dernier quart du XIIe siècle.

Essentiellement agricole, la croissance s'opère dans ce qui constitue alors le cadre fondamental des rapports de production : la seigneurie rurale. Mis en place en France aux environs de l'an mille, les organes de la fiscalité seigneuriale se sont perfectionnés durant les deux dernières décennies du XIe siècle ; pendant tout le XIIe siècle, ils fonctionnent parfaitement. Pour répondre aux exigences des maîtres de leur corps, de la terre qu'ils cultivent et du pouvoir de les commander, les ménages paysans doivent produire toujours davantage ; il n'apparaît pas que leur niveau d'existence s'élève notablement avant les années 80 de ce siècle. En effet, le système de redevances et de taxes transfère aux mains des seigneurs l'essentiel du surcroît de ressources déterminé par l'élargissement de l'aire agricole, la hausse des rendements et la multiplication du nombre des travailleurs. De l'enrichissement des campagnes, la classe seigneuriale fut à peu près seule à profiter.

Il semble bien que l'aristocratie laïque ait bénéficié plus largement du progrès général que les grands établissements ecclésiastiques. Elle parvint en effet au cours du XIIe siècle à protéger efficacement la source de ses revenus, c'est-à-dire les seigneuries, contre les mouvements de dissociation qui les avaient rudement affectées jusque vers 1050. De deux manières : en réduisant sensiblement les donations de terres et de droits aux églises ; en limitant surtout les naissances, en empêchant les tiges familiales de se ramifier et, par là, les héritages de se morceler. Exclure les filles mariées et dotées du partage successoral, maintenir tous les garçons sauf un, l'aîné, dans le célibat, assura pendant toute la période qui nous occupe la stabilité du nombre des lignages nobles, et par conséquent de leur patrimoine, dont la croissance économique et les perfectionnements de la fiscalité seigneuriale ne cessaient d'élever le rapport. Les maisons princières comme les familles chevaleresques vécurent donc pour la plupart dans l'aisance. Elles dépensèrent toujours davantage, utilisant de plus en plus la monnaie.

Cette expansion de la consommation aristocratique stimula l'artisanat spécialisé et le commerce. Elle favorisa le développement urbain, très vif en France au XIIe siècle, à tel point que dans les deux dernières décennies de ce siècle, on voit, dans cette partie de la chrétienté, les pôles du développement se transporter dans les villes. Désormais, la ville l'emporte sur la campagne, elle la domine, elle l'exploite. Ceci soutint l'ascension de deux groupes sociaux, l'élite de la bourgeoisie marchande et le corps des serviteurs des grandes seigneuries. Ces gens s'enrichirent. Certains devinrent plus aisés que beaucoup de nobles. Mais leur idéal demeura de s'intégrer à la noblesse rurale, d'être admis dans son sein, de partager ses manières de vivre et sa culture.

J'ai rappelé les grandes lignes de l'évolution des structures matérielles parce que celle-ci concerne directement notre propos par ses répercussions sur les représentations mentales. Deux faits, déterminés par la croissance économique et par les transformations de la société, me paraissent devoir retenir spécialement notre attention.

L'émergence d'abord d'un système idéologique propre à l'aristocratie laïque. Il s'ordonne autour de la notion de chevalerie. On voit l'ensemble de valeurs recouvert par ce terme s'affermir et se rehausser tout au long du XIIe siècle dans les divertissements, tournois et joutes amoureuses, offerts à cette part plus dynamique de la société noble que renforçait la politique matrimoniale des lignages : le groupe des *juvenes*, des « bacheliers », des chevaliers célibataires. En témoignent dans le nord de la France après 1160 l'enrichissement du rituel de l'adoubement et, plus nettement, la résurgence dans la littérature profane du vieux schéma de la société trifonctionnelle, mais transformé, désacralisé et reconnaissant à l'« ordre » des chevaliers la prééminence, non seulement sur celui des « vilains », mais sur celui des gens de prière. L'important est que les monopoles culturels jusque-là détenus par l'Église sont décidément mis en cause. La société chevaleresque prétend participer elle aussi à la haute culture. Son rêve est de s'annexer « clergie » – entendons par là le savoir des écoles. Ainsi tend à s'estomper la distinction de nature culturelle qui séparait la partie ecclésiastique et la partie laïque de l'aristocratie. Une interpénétation se dessine. Et c'est en ce point précisément que se situent les phénomènes de patronage et d'audience.

Le second fait, essentiel à mes yeux, est, directement suscité par le spectacle d'un monde que l'effort des hommes parvient à transformer, d'une mise en valeur toujours plus poussée du milieu naturel : c'est la prise de conscience du progrès. On perçoit d'abord le renforcement de ce sentiment parmi les intellectuels les plus étroitement liés à l'aristocratie laïque, parmi les membres des chapitres cathédraux – Bernard Silvestre m'en paraît le représentant typique. Ces hommes de science, ces hommes de la culture écrite et de la réflexion entreprennent de célébrer la nature. Une nature réhabilitée. Ils se représentent de plus en plus clairement l'homme – dont la structure profonde est homologue à celle de l'univers créé – comme capable d'agir sur celui-ci, comme appelé par Dieu à coopérer de toutes ses forces à cette œuvre, désormais conçue dans une continuité temporelle, qu'est la création. Ici, face au perfectionnement des techniques, à l'œuvre des défricheurs qui sans cesse gagne du terrain, prend naissance l'idée que la civilisation croît comme une plante, que chaque génération reprend des mains de sa devancière la tâche et qu'elle doit la mener plus avant vers son accomplissement. Il s'agit bien d'un retournement complet dans la vision de l'histoire humaine. Celle-ci cesse d'être regardée, de manière pessimiste, comme un processus de corruption inévitable. Elle apparaît au contraire comme une conquête. Elle change de sens. Sa marche, désormais parallèle à celle de l'histoire du salut, ne semble plus conduire implacablement à la déchéance, mais s'élever d'âge en âge, de degré en degré, vers plus de perfection.

Bien sûr, une telle inversion du système de valeurs s'est opérée de manière insensible. Considérons par exemple le propos cistercien. Le regard des moines de Cîteaux demeurait tourné vers le passé. Convaincus que toute forme se dégrade dans la durée, ils s'étaient voulus réformateurs, mais dans un sens rétrograde, à proprement parler réactionnaire, décidant de revenir aux principes originels de la vie bénédictine. Fidèles à l'esprit du *contemptus mundi*, expression majeure d'une idéologie qui s'était formée dans les temps de régression et de stagnation, ils choisirent de s'écarter des mouvements de la vie, de fuir au désert. Pour eux le travail manuel, auquel ils choisirent de s'astreindre, restait une valeur négative, un acte d'humiliation et de pénitence. Et pourtant ces hommes s'empressèrent de mettre en application ce qu'il y avait de plus moderne dans les innovations techniques ; ils s'acharnèrent à rendre toujours plus productives les friches où ils s'étaient établis, rejoignant ainsi, sans en prendre clairement conscience, ce qu'il y avait de plus vif dans le mouvement général de progrès, finissant par situer leurs domaines agricoles aux avant-gardes des réussites économiques, et surtout, plaçant le mystère de l'incarnation au centre de leur méditation, affirmant toujours plus haut que, dans l'homme, les tensions de l'esprit vers la perfection ne sont pas dissociables de celles du corps, ils s'associèrent eux aussi à la réhabilitation du charnel.

Un tournant décisif dans la conception que les intellectuels se faisaient du monde et de son histoire se produisit donc dans les débuts du siècle entre le pays chartrain, l'Île-de-France et la Champagne. Il modifia fondamentalement le contenu du mot *renovatio*. Jadis, toute renaissance s'assignait pour but de restaurer, d'arracher à l'inéluctable détérioration pour les rendre à leur éclat premier des œuvres que l'on jugeait admirables parce qu'elles étaient l'héritage d'un âge antérieur, et pour cela meilleur : rénover, c'était une exhumation. Désormais toute renaissance fut tenue pour générative. Elle reprenait en main le legs, mais afin de l'exploiter, comme les défricheurs exploitaient les terres vierges. Afin d'en tirer davantage. De même que, dans tous les lignages seigneuriaux, à chaque génération, l'héritier se sentait désigné pour faire fructifier le patrimoine ancestral, et assuré de pouvoir en accroître le rapport, de même les modernes se jugèrent capables, non seulement d'égaler les anciens, mais de les surpasser.

Patronage

Les surplus de l'exploitation seigneuriale, sans cesse accrus, furent pour une part employés à des créations culturelles. Cette part fut évidemment plus large dans les seigneuries ecclésiastiques. Le succès de la réforme de l'Église intervient ici sur deux plans. D'une part, il détermina la réorganisation du temporel des établissements religieux. Les spoliations des laïcs, l'incurie administrative qui faisait se perdre une bonne partie des profits s'atténuèrent. On apprit à compter, à prévoir. Les dispositions administratives prises par l'abbé de Saint-Denis Suger, par l'abbé de Cluny Pierre le Vénérable témoignent de cet effort d'organisation dont les domaines de l'Église sortirent vivifiés. Les gains résultant de cette remise en ordre compensaient largement ce que coûtait à la fortune ecclésiastique l'amenuisement des aumônes en terres offertes par l'aristocratie laïque. Protégée, mieux gérée, cette fortune procura des ressources plus abondantes. Les églises établies en milieu urbain devinrent particulièrement prospères. Elles participaient aux profits des taxes fructueuses levées dans les villes en croissance sur la circulation et les échanges. Elles recueillaient les donations pieuses de la bourgeoisie, d'autant plus généreuse que les hommes d'affaires étaient moins sûrs de leur salut. Par ses offrandes, la population urbaine devint bientôt la grande pourvoyeuse. D'autre part, la réforme installa dans les postes de décision des prélats de qualité qui, la victoire emportée sur les puissances du siècle, jugeaient que les ressources de leur maison devaient servir à développer les études, à promouvoir l'activité du *scriptorium* et de la chantrerie, à dresser un décor plus somptueux autour des liturgies.

Tant qu'il s'agissait d'embellir la parure musicale de l'office, d'enrichir l'armoire aux livres, d'entretenir l'école, d'envoyer des émissaires en quête de nouveaux savoirs, la dépense demeurait légère. Elle devenait très lourde lorsqu'on décidait de bâtir. La plupart des évêques, des abbés, des prieurs n'hésitaient pourtant pas. Une émulation les poussait à faire mieux que les autres. Saint Bernard résista quelque temps à ses compagnons qui le pressaient de reconstruire le monastère de Clairvaux ; il finit par céder, par autoriser que l'on vidât le coffre aux deniers pour embaucher des ouvriers. Souvent, on vit trop grand. Poursuivre l'entreprise excédait les moyens ordinaires de la communauté. Il fallait trouver au-dehors des subsides. On sait dans quelles difficultés se débattit Pierre le Vénérable, obligé de conduire à son terme, couvert de dettes, l'édification de l'immense abbatiale clunisienne. Cependant, la plupart du temps, à point nommé, des bienfaiteurs laïques vinrent à la rescousse. Ainsi, le comte de Champagne dont les copieuses subventions permirent, dans cette province, de rénover les bâtiments conventuels cisterciens. Successivement, le roi de Castille, le roi d'Angleterre furent tenus pour les vrais « bâtisseurs » de la « grande église » de Cluny, avant que les générosités prudentes de l'évêque de Winchester, Henri de Blois, ne vinssent provisoirement tirer d'embarras la communauté. Lorsque les chroniqueurs de l'an mille parlaient de la reconstruction des églises, ils évoquaient fréquemment des miracles, la découverte fortuite d'un trésor caché ; c'était leur manière de rendre compte du fait réel, qui permit effectivement la réalisation de tels projets : la déthésaurisation, la mise en circulation des réserves de métaux précieux accumulés dans les sanctuaires. Alors que nos informateurs du XIIe siècle – l'auteur de la *Vita Bernardi*, par exemple [1] – mettent fort lucidement en évidence que les créations architecturales dont les gens

1. ARNAUD DE BONNEVAL, *S. Bernardi vita prima*, 2, 5.

d'Église étaient les promoteurs furent en grande partie financées par des patrons laïques.

S'ils intervinrent, c'est d'abord que la croissance économique et les mécanismes des prélèvements seigneuriaux faisaient s'amonceler entre leurs mains la monnaie. C'est surtout qu'ils se sentaient obligés de consacrer leur richesse à cette sorte d'entreprise. Dans le haut Moyen Âge, on attendait des rois qu'ils coopèrent à l'embellissement des monuments religieux. Une telle action faisait partie des missions de la royauté. Je viens de parler d'Alphonse et d'Henri qui aidèrent Cluny, c'étaient des rois – comme Robert le Pieux que son biographe Helgaud, qu'Oderic de Sens louent spécialement d'avoir généreusement contribué à l'embellissement de quantité d'églises. Jadis en effet, les souverains disposaient des plus larges revenus monétaires. Le sacre surtout les plaçait parmi les *oratores*, parmi les officiants des liturgies, ce qui leur imposait de participer à la culture ecclésiastique. Ils coopéraient directement à l'efflorescence de celle-ci en entretenant dans leur *palatium* ce foyer majeur de création qu'était la chapelle, et tous les ateliers, d'art, d'écriture, de réflexion, qui lui étaient adjoints, en répandant leurs bienfaits sur les cathédrales et sur les abbayes royales, enfin en assurant la paix, propice aux travaux de l'esprit. Le patronage fut à l'origine la fonction spécifique du roi, lieutenant de Dieu sur la terre. Or cette fonction, au XIIe siècle, l'aristocratie tout entière prétend la remplir. Trois phénomènes expliquent une telle dispersion des opérations de patronage.

En premier lieu, ce que nous appelons la féodalité, c'est-à-dire l'appropriation par un nombre croissant de princes des prérogatives de la souveraineté. Les princes se sont emparés du pouvoir du roi ; nous ne devons pas négliger le fait qu'ils voulurent aussi se parer de ses vertus. En particulier, occuper la place que le roi était le seul de tous les laïcs à tenir au sein de la culture sacrée. Ceci très tôt. Le duc d'Aquitaine en l'an mille entendait qu'on le sût lui aussi lettré, lisant les livres et méditant sur les mystères de la foi. Cent cinquante ans plus tard, cette revendication a pris beaucoup plus de vigueur ; plus nombreux sont les princes qui veulent en ce domaine non seulement imiter le roi, mais lui montrer l'exemple. Dans la seconde version de la *Geste des seigneurs d'Amboise* une anecdote fut rajoutée après 1155. Elle atteste naïvement mais de manière fort expressive ce désir. Elle met en scène le comte d'Anjou Foulque le Bon qui mourut vers 960 : les familiers du roi de France riaient de lui parce qu'ils le voyaient chanter l'office au milieu des chanoines ; ils purent bientôt entendre lire la réponse qu'il avait lui-même écrite : qu'« un roi illettré est un âne couronné » ; et le souverain dut reconnaître que « la *sapientia*, l'éloquence et les lettres conviennent aux comtes en même temps qu'aux rois ». De la participation à la culture savante, du mécénat qu'implique cette participation, le roi, à la date de cette interpolation, a perdu le monopole. Tous les seigneurs responsables de la sécurité du peuple se considèrent aussi responsables de son salut. Leur devoir est donc de conjuguer, comme les souverains jadis étaient seuls à le faire, la science de l'école et la pratique des armes : on admira, nous dit-on, le comte Foulque d'Anjou parce que, « bien qu'il fût initié de manière très profonde et perspicace aux lettres, aux règles de l'art grammatical, aux raisonnements d'Aristote et de Cicéron, il n'en surpassait pas moins les plus puissants, les meilleurs et les plus vaillants des chevaliers [1] ». Chacun est persuadé au XIIe siècle que les biens prélevés par les seigneurs laïcs sur les fruits du travail paysan ne doivent pas servir seulement à conduire la guerre pour la défense publique. Ce prélèvement fiscal ne paraît justifié que s'il est employé en partie à faire progresser les connaissances et s'épanouir l'art sacré.

À cette époque intervient à son tour, pour rendre plus importante la portion des revenus seigneuriaux laïques consacrés aux ouvrages de l'esprit, l'incitation à l'austérité. La prédication de pénitence, exhortant à l'esprit de pauvreté, à renoncer aux richesses du monde, à bannir des cours l'excès de luxe prend en effet de l'ampleur tout au long du XIIe siècle. Sans doute conviait-elle aux œuvres de charité, à prendre soin des miséreux. Ce qui la porta finalement à mettre en question cette forme de patronage qui soutenait les grandes entreprises artistiques : quand Pierre le Chantre dénonçait comme une spoliation les taxes levées dans Paris sur les « pauvres » et dont le produit aboutissait, grâce à la générosité de Louis VII, à alimenter en monnaie le chantier de Notre-Dame ouvert par l'évêque Maurice de Sully, il condamnait le mécénat royal. Il est certain cependant que, dans la mesure où ces exhortations furent écoutées, elles canalisèrent vers les établissements religieux, c'est-à-dire vers les productions culturelles, un peu de l'argent que les grands eussent dépensé pour leur plaisir et pour la somptuosité de leur maison. Elles contribuèrent ainsi à promouvoir la « Renaissance ». Un exemple : Guillaume de Saint-Thiery félicite saint Bernard d'avoir su convaincre le comte de Champagne de se séparer des bijoux de son trésor ; il les donna aux Cisterciens ; ceux-ci répugnaient au faste liturgique ; ils les vendirent à Suger, qui les employa à ses ouvrages d'orfèvrerie, alors qu'eux-mêmes utilisaient les deniers ainsi gagnés à bâtir.

Il faut enfin prendre en considération l'irrésistible mimétisme qui, achevant de vulgariser le modèle de comportement royal, incita progressivement, jusqu'aux niveaux les plus bas de la société aristocratique, à imiter les attitudes des princes, c'est-à-dire celles des rois. Dans la mesure même où la chevalerie

1. *Chronica de gestis consulum andegavorum*, éd. L. Halphen et K. Poupardin ; *Chroniques des comtes d'Anjou et des seigneurs d'Amboise*, Paris, 1913, p. 140-141.

se sacralisa, prit l'allure d'un « ordre » dont un « sacrement », l'adoubement, ouvrait l'entrée, tous les adultes de la caste militaire se sentirent appelés à ne plus seulement faire preuve de vaillance physique, mais à cultiver la vertu de *prudentia*, à ne plus se conduire seulement en preux, mais en « prud'hommes », à participer de quelque manière, comme les princes, comme les rois, à la haute culture, à la favoriser de leur largesse. Dans cette évolution, qui me paraît d'intérêt capital lorsque l'on s'interroge sur les phénomènes de patronage et d'audience, trois traits principalement se distinguent.

Comme le comte d'Anjou de la légende, tous les chevaliers souhaitèrent apparaître *litterati*. Dès la fin du XIe siècle, les témoignages se multiplient de garçons qui n'appartiennent pas à la haute noblesse, qui ne sont pas destinés à l'état ecclésiastique, et qui pourtant sont enseignés dans la maison paternelle par des précepteurs ou bien envoyés aux écoles, en tout cas qui apprennent à lire et à entendre un peu de latin. L'usage de confier ses fils pour les éduquer à des clercs ne cesse de se propager. À la fin du XIIe siècle, il commence à se répandre hors des limites de la société chevaleresque. Il gagne certains de ces parvenus qui, dans le peuple, s'enrichissent, tel Durand de Blanot, obscur prévôt d'un village du Mâconnais, frère d'un paysan tenancier, qui, vers 1220, envoya son garçon étudier le droit à Bologne.

Un tel appétit de connaissances livresques suscita des investissements. On dépensa pour l'entretien de clercs dont on attendait qu'ils aidassent à l'instruction de la famille en même temps qu'à l'administration de la seigneurie. Des seigneurs de moyenne puissance ne se contentèrent pas de contribuer, comme le comte de Champagne, au financement de constructions cisterciennes – ce que firent, par exemple, dans la seconde moitié du siècle, le sire de Simiane à Sénanque, le sire des Baux à Silvacane ; ils fondèrent près de leur maison, lorsqu'elle n'en était pas déjà pourvue, un collège de chanoines. De cette manière, se disséminèrent de toutes parts les foyers de la culture savante. En Champagne, les membres et les officiers de la maisonnée comtale créèrent à eux seuls, dans les années 50 du XIIe siècle, plus de trois cent vingt prébendes canoniales.

Le fait le plus déterminant fut sans doute, en effet, que la générosité de l'aristocratie laïque fit se multiplier les postes assurant à des hommes que je qualifierai d'« intellectuels » les moyens de travailler et de répandre autour d'eux la culture. Il serait fort éclairant de tenter – et l'enquête serait certainement moins difficile que beaucoup d'autres en ce domaine – d'évaluer la croissance, durant le XIIe siècle, du nombre des chanoines, de ces gens que l'on prenait peu à peu l'habitude d'appeler « maîtres », enfin de tous ces clercs qui trouvaient un emploi, permanent ou temporaire, dans les domesticités nobles. On mesurerait mieux l'importance de ce groupe d'hommes dont le rôle fut décisif pour le succès de la « Renaissance », si l'on pouvait suivre de plus près le rapide développement, parallèle à celui des troupes « courtoises » de « jeunes » chevaliers célibataires, d'une autre « jeunesse », cléricale celle-ci, sortie presque toute elle aussi, et pour les mêmes raisons, de l'aristocratie, porteuse d'un égal dynamisme. Car ces clercs, que vitupérait Étienne Langton parce qu'ils faisaient carrière au service du pouvoir laïque au lieu de méditer sur les textes sacrés, furent les agents principaux de cette acculturation qui, autour de la notion de chevalerie, transféra dans l'idéologie nobiliaire certaines des valeurs et certaines des techniques propres à la culture savante. Une attention particulière devrait se tourner vers les écoles où ces intellectuels se formaient, vers les mouvements qui sortirent ces organes d'éducation de leur torpeur, les firent se multiplier, se concentrer et qui peuplèrent démesurément certains d'entre eux. L'étude économique et sociale des institutions scolaires est à peine entreprise pour cette période de leur histoire. Elle n'est pas tout à fait impossible. Elle permettrait de discerner mieux encore l'incidence de la croissance matérielle, le rôle de l'argent, quémandé par les écoliers à leur famille, gagné par les maîtres, et parfois en grande abondance (écoutons Abélard se vanter de ce que lui rapportait son savoir), le rôle aussi du patronage, des subventions consenties par les prélats et par les princes, dont la largesse attentive se déploya dans ce secteur de l'activité culturelle bien avant que ne fussent fondés, à l'extrême fin du siècle, les premiers collèges pour étudiants pauvres. On percevrait plus clairement que le milieu scolaire, avec celui de la ministérialité et du gros négoce, fut alors le lieu de la plus vive capillarité sociale. Comme les « jeunes » de la chevalerie, les « jeunes » de l'intelligentsia, engagés dans des compétitions (écoutons encore Abélard) qui n'étaient pas sans analogie avec les tournois, où quelques-uns gagnaient la gloire et le « prix », où tous s'exerçaient à mieux manier les armes redoutables du raisonnement, comptent en effet parmi les aventuriers de ce temps, plus assurés que bien d'autres de se hausser dans les hiérarchies sociales pour peu qu'ils eussent du cœur et de l'ambition. Or, si la population des écoles ne cessa de s'accroître durant le XIIe siècle, c'était que les débouchés s'ouvraient toujours davantage après le temps des études sur des carrières dont les plus accessibles et les plus attractives n'étaient pas ecclésiastiques. La société laïque réclamait les services d'hommes nantis d'une telle formation. Elle était prête à les payer cher, et tout l'argent que sacrifia l'aristocratie grande et petite pour s'attacher en si grand nombre des garçons qui savaient manier les mots et les chiffres, raisonner et qui avaient quelque teinture des sciences du *quadrivium*, autorise à la considérer dans son ensemble comme la véritable patronne de l'approfondissement et de la diffusion du savoir. La demande était si pressante, et si enthousiaste la réponse qu'elle recevait que, dans les dernières décennies du siècle, les dirigeants de l'Église commencèrent à s'interroger sur la finalité des écoles cathédrales et songèrent à prendre des mesures pour enrayer l'évasion de leurs gradués vers des professions semi-profanes. L'important, quant au problème qui nous occupe, reste que, embauchés toujours plus nombreux dans les cours, où leur fonction, jugée de plus en plus nécessaire, était de mieux en mieux rétribuée, ces intellectuels furent les artisans de la rencontre entre la culture laïque et la culture savante, c'est-à-dire les propagateurs les plus efficaces d'une « Renaissance » dont l'école était le grand atelier.

Audience

Au XIIe siècle en effet se forme un nouveau type de culture proposé à tous les membres de l'aristocratie, mais également aux enrichis qui sentent bien que l'adopter est pour eux le meilleur moyen de faire oublier leur origine et de se confondre avec les gens bien nés. Dans l'*Art d'aimer « honnêtement »* que composa André le Chapelain, l'un des *litterati* de la cour de Philippe Auguste, le *plebeius* se trouve, par sa naissance et par la source de son aisance, nettement séparé du *nobilis*, du *nobilior* et de ce *nobilissimus* qu'est le clerc ; mais il se targue de partager leurs goûts, de parler leur langage et de se conformer scrupuleusement aux règles de comportement qu'ils respectent. Cette culture est pour une très large part constituée du reflet des savoirs et des formes d'expression qui « renaissent » alors dans les centres créateurs de la haute Église. S'interroger sur sa formation et sur son expansion, c'est poser le problème de l'audience, inséparable de celui du patronage, puisqu'il s'agit en vérité de deux aspects complémentaires du même phénomène, lui-même indissociable de l'évolution économique et sociale. Je me limiterai à quelques remarques sur la localisation et la chronologie du processus de réception.

Cette culture, nous pouvons sans hésitation la nommer courtoise : les cours, grandes et petites, furent le lieu de son enrichissement et de sa diffusion. La cour est la forme épanouie de la maisonnée seigneuriale. Elle se développe à mesure que s'accroissent les profits de la seigneurie. La largesse, vertu majeure du système de valeurs aristocratique, fait l'autorité et le prestige de tout seigneur. Elle l'engage à attirer auprès de lui autant de commensaux qu'il peut en entretenir, et à les bien traiter. Il est nécessaire à sa gloire que ses hôtes se sentent bien chez lui. Il doit par conséquent s'employer à les divertir, par les jeux du corps, mais aussi par les jeux de l'esprit. L'éthique de la générosité fait ainsi de la cour un foyer de création culturelle. Elle est également une école où, dans un concours permanent, on apprend les bonnes manières. Auprès des princes les plus munificents, cette initiation est la plus poussée et forme les meilleurs « prud'hommes ». Des « jeunes », chevaliers et clercs, rivalisant, chacun brûlant d'éclipser les autres, d'attirer sur sa personne les faveurs du patron par la démonstration de son excellence dans les armes ou dans les lettres, vient l'animation de la vie courtoise. Mais elle vient aussi des femmes. Ne les oublions pas. Tout donne à penser en effet que leur participation à la culture savante fut plus précoce et plus étendue que celle des mâles de l'aristocratie laïque. Il existait, adjointe à la demeure noble, une sorte de couvent où les filles du maître étaient éduquées. Celles qui n'y demeuraient pas toute leur vie en condition quasi monastique, ou faute d'avoir pu être mariées, en sortaient sans doute moins superficiellement *litteratae* que les chevaliers, leurs frères. Elles jouaient un rôle central dans la compétition culturelle dont la cour était le théâtre. Cette compétition se déroulait devant elles ; c'était à leurs yeux que les garçons voulaient briller ; il leur appartenait d'attribuer le « prix ». Ne constituèrent-elles pas l'un des relais essentiels entre la « Renaissance » et la haute société laïque ?

Dans cette société s'opéra, je l'ai dit, la jonction entre chevalerie et clergie. Le *senior* – et la dame, son épouse –, au centre de la cour, incarnant l'un et l'autre, complémentairement, les valeurs de la courtoisie, entendaient aussi, comme les anciens rois, montrant l'exemple aux gens de leur maisonnée, apparaître les modèles de la piété laïque. Ils faisaient place dans leur vie aux exercices de la religion. Par leur intermédiaire, leur entourage s'établissait en communication étroite avec le monastère où reposaient les ancêtres de la dynastie, avec la communauté de moniales où se retiraient les veuves, avec la collégiale où le maître, « en vêtement clérical », allait, comme le légendaire comte Foulque d'Anjou, ou comme, réellement, le comte Charles le Bon de Flandre, suivre régulièrement les offices au milieu des chanoines, ses confrères, lisant dans un livre, distribuant rituellement les aumônes. Le moindre des hobereaux avait son chapelain, et dans l'ensemble de la classe dominante furent expérimentées, à cette époque, des pratiques favorisant l'association plus étroite des laïcs aux liturgies de l'Église. Une telle osmose entre le religieux et le profane facilitait évidemment la réception par la haute société des formes dont la « Renaissance » suscitait l'épanouissement dans le monde ecclésiastique. Ce qui se rénovait alors dans la musique et l'art sacrés, ornements de la fête liturgique à laquelle étaient conviés les chevaliers, se répercutait sur les parures de la fête mondaine, incitait à en rénover aussi le décor. Tandis que par les *exempla*, par la structure et le contenu des homélies prononcées devant des auditoires « courtois », un peu des mécanismes logiques de la pensée savante et de ce qu'elle appréhendait de la nature, de l'histoire et de la surnature, se communiquait à la pensée laïque. Entre ce qui nous est resté de la production littéraire en langue vulgaire et ce que nous connaissons de la prédication destinée aux gens de cour, des rapports hautement significatifs sont perceptibles. Je me contenterai d'un exemple, celui de ce chapelain du comte de Chester dont parle Orderic Vital ; il prêchait devant la domesticité de ce seigneur, ses chevaliers, des jeunes et de moins jeunes ; pour retenir leur attention, il entremêlait à ce qu'il rapportait de la parole de Dieu des histoires capables de captiver ces hommes de guerre, l'histoire des saints militaires, l'histoire aussi de Guillaume d'Orange. À lire attentivement la *Chanson de Roland*, on s'aperçoit qu'elle pouvait être entendue à plusieurs niveaux et qu'elle fut composée pour des auditeurs dont quelques-uns au moins, bien que laïcs, avaient en mémoire des fragments moins dérisoires qu'on ne pourrait croire de l'Écriture sainte. Audience ? De la « Renaissance du XIIe siècle », ce que perçut l'aristocratie laïque lui parvint d'abord par le sermon.

Il lui parvint aussi par le canal des divertissements, puisque la société courtoise, strictement close et gardée contre l'intrusion des « vilains », méprisante, regardant de très haut le reste, bien établie dans sa richesse et dans l'oisiveté que la richesse autorisait, vivait d'abord dans la gratuité, pour le jeu et le plaisir. Essentiellement par le récit. Les gens de cour écoutaient. On récitait devant eux des œuvres composées par des clercs, mais dans une forme qui leur fût accessible, c'est-à-dire poétique et vernaculaire. Ces œuvres que nous appelons les romans antiques représentent évidemment l'expression la plus saisissante de l'effort alors mené pour mettre à la portée d'un auditoire laïque les *auctores* que commentaient les grammairiens de l'école, mais aucune des œuvres de la littérature chevaleresque n'échappe à l'influence profonde de ce qu'enseignait le *trivium*. Toutefois, la production littéraire en langue latine destinée au public courtois fut au XIIe siècle d'une telle abondance qu'il faut s'interroger sur la manière dont ces auditeurs pouvaient la recevoir. Parmi les seigneurs, parmi les princesses à qui Hildebert de Lavardin et Baudry de Bourgueil dédièrent leurs poèmes, ceux qui pouvaient goûter sans truchement ces écrits étaient-ils si peu nombreux ? Le chanoine qui rédigea vers 1155 la *Geste des seigneurs d'Amboise*, citant expressément Boèce, Horace, Lucain, Sidoine Apollinaire et Sénèque, s'évertuant à mettre en correspondance l'*amicitia* cicéronienne et le lien affectif noué par la vassalité, n'attendait-il pas que les grâces et la vigueur de sa composition latine fussent appréciées par d'autres que ses confrères, les clercs ? Ne devons-nous pas supposer une notable extension de l'audience laïque suffisamment cultivée pour communiquer sans intermédiaire avec le langage et le savoir des écoles ? L'*Historia Gaufredi ducis*, écrite elle aussi en latin (quelle pouvait être la fonction pratique d'un tel écrit ? Était-il lu ? Où ? Dans quelles circonstances ? Et de quelle manière ? Traduit ? Commenté ?), montre, assiégeant le château de Montreuil-Bellay, Geoffroy Plantagenêt ; le *litteratus consul* demanda que l'on apportât de l'abbaye de Marmoutier un exemplaire de Végèce ; on ne dit pas, certes, qu'il lut lui-même dans le livre ; mais il écouta la lecture qu'en fit devant lui un moine. En latin ? Traduisant, commentant le texte ? En tout cas, le lendemain, le comte entreprit de mettre en application ce qu'il avait entendu[1]. Que l'histoire soit vraie ou – ce qui est plus probable – inventée, elle révèle ce que l'on attendait d'un seigneur de ce rang dans les années 80 du XIIe siècle en Touraine : qu'il se référât, tout comme un homme d'Église, aux auteurs classiques. Beau témoignage sur un état d'esprit, sur ce qu'on imaginait d'une diffusion jusque dans le quotidien de l'existence seigneuriale des conquêtes de la « Renaissance ».

Il est certain que le milieu social capable de s'approprier celles-ci s'élargit tout au long du XIIe siècle. Sans doute est-il impossible de dater avec précision les étapes de cette extension progressive. Mais, l'enquête chronologique, qui n'est pas commencée, mériterait cependant d'être entreprise. Me fondant sur de rares indices, je puis livrer, à propos de la France, quelques impressions préliminaires.

Le mouvement me paraît déjà très avancé dans les dernières décennies du XIe siècle. Les hauts seigneurs, certes, mais aussi les gens de petite noblesse, comme les parents de Guibert de Nogent, choisissaient encore pour leurs garçons, selon qu'ils les destinaient à l'état chevaleresque ou à l'état ecclésiastique, entre deux types d'éducation, casant les seconds dans des collégiales ou les confiant à des précepteurs. Souhaitant seulement pour les premiers qu'ils devinssent habiles dans les exercices corporels et fidèles aux enseignements de la morale guerrière : former leur esprit par l'étude eût risqué, pensaient-ils, de gâter leur corps. Il arrivait cependant que la mort de son frère aîné obligeât tel homme d'Église à sortir de son état pour régir la seigneurie : ce qui advint par exemple à ce chanoine qui vers 1100 devint chef de son lignage et assuma le commandement militaire du château de Berzé en Mâconnais. D'autre part, ce que l'on sait du père d'Abélard ou de l'enfance de saint Bernard prouve que les cloisons entre les deux modes de formation n'étaient pas étanches, que les futurs chevaliers profitaient des leçons données à leurs frères, et que certains savaient lire et écrire.

Au milieu du XIIe siècle, la conjonction entre la culture profane et l'école paraît étroitement établie en certains lieux privilégiés, rayonnants, où la noblesse de toute une province se rassemble périodiquement pour quelque temps. Ce sont les grandes cours qui donnent le ton, dictant les modes, montrant

1. *Historia Gaufredi ducis, ibid.*, p. 218.

comment doivent se comporter les gens bien nés s'ils veulent être dignes de leur rang. Ces cours furent d'abord celles que réunissaient les princes féodaux rivaux des Capétiens, Henri Plantagenêt, le comte de Flandre, le comte de Champagne, qui voyaient précisément dans le rayonnement de la culture produite et codifiée autour de leur personne un moyen très sûr de hausser leur prestige face à celui du roi. Paris peut paraître en retrait. En vérité, si l'adaptation de la culture savante au profane semble ici effectivement moins poussée, en revanche, l'action du roi de France, très directement responsable de la concentration scolaire dont profita cette ville, fit se diffuser, et plus vigoureusement que partout ailleurs, les formes de la « Renaissance » directement associées à la sacralité. Dans le sud, le rôle fut tenu par les cités, Avignon, Arles, Narbonne, Toulouse. Mais les expressions de la « Renaissance » qui se répandirent depuis ces agglomérations urbaines apparaissent nettement plus laïcisées. Ce trait s'explique par les structures culturelles particulières aux provinces méridionales : la séparation plus profonde établie dans cette région depuis la réforme grégorienne entre l'Église et les puissances laïques ; le fait, concomitant, que les ecclésiastiques n'y détenaient pas le monopole de l'écriture, qu'une strate importante de la haute société citadine, le groupe des juges et des notaires, avait directement accès à la culture savante.

Les documents dont nous disposons permettent de discerner plus clairement, à la fin du siècle, le système de relations entre les foyers de la renaissance intellectuelle et les lieux de sa réception. Je me fonde sur les données exceptionnellement précises fournies par un texte, que j'ai déjà exploité et dont je poursuis l'étude exhaustive : l'*Histoire des comtes de Guînes*, composée dans une petite principauté satellite du comté de Flandre au tout début du XIIIe siècle. Son auteur, Lambert d'Ardres, est précisément l'un de ces clercs domestiques qui furent les agents les plus efficaces de l'acculturation. Il se vante d'être un *magister*, gradué de l'école. Il utilise les livres conservés dans la collégiale fondée en 1069 auprès de la demeure de ses maîtres. Son œuvre porte elle-même le témoignage le plus convaincant de la rencontre culturelle : latine, elle est nourrie de la lecture des classiques, elle dénote une expertise dans la plus savante rhétorique, elle accueille aussi l'écho des expressions les plus modernes de la littérature profane. Mais surtout, le prêtre Lambert, rédigeant un double panégyrique à la gloire de ses deux patrons, le seigneur d'Ardres, maître de la maisonnée où il sert, et le père de celui-ci, le comte de Guînes, à qui l'œuvre est offerte, met en évidence les deux niveaux de l'édifice culturel au sein duquel entrent en jeu les mécanismes de la réception : le niveau des *juvenes*, où se tient encore le seigneur d'Ardres, où prédominent les valeurs militaires de la chevalerie, où la culture demeure tout entière orale, conservée dans la mémoire des *commilitones* du jeune héros, qui racontent pour désennuyer la compagnie dans les intermèdes du jeu guerrier, tel les histoires de Terre sainte, tel autre des fables de la « matière de France » et de la « matière de Bretagne », tel autre enfin les exploits des ancêtres du lignage ; le niveau des *seniores*, dont l'éminent représentant est le comte Baudoin. Ce petit *princeps* fier d'avoir été adoubé par Thomas Becket, qui lutte pour préserver l'autonomie de sa seigneurie coincée entre des principautés plus puissantes, demeure lui-même *illiteratus* ; il s'efforce cependant d'atteindre à la *sapientia*. Il sait parfaitement ce que peut valoir à son prestige l'activité intellectuelle dont il est dans sa maison l'animateur. Pour stimuler cette activité, il ne regarde pas à la dépense. Il entretient chez lui une équipe de maîtres ; il discute avec ces *doctores artium* ; ceux-ci l'initient à la science divine ; lui, en échange, leur apprend ce qu'il connaît des récits profanes ; il se flatte de parvenir, simple auditeur, jusqu'à la « vertu mystique » des textes sacrés, d'être capable de tenir honorablement sa partie dans les exercices de la *disputatio*, et que l'on se demande en l'entendant discourir comment « il peut savoir les lettres sans les avoir jamais apprises ». Il aime aussi que, par le concours des nonnes du monastère domestique, sa chapelle soit honorée d'une splendide parure musicale. Il la remplit de livres, des écrits des Pères et des fables des poètes. Il rétribue généreusement des traducteurs. Car il veut écouter, dans la langue qu'il comprend, la lecture non seulement du *Cantique des cantiques*, de saint Augustin, de la vie de saint Antoine, mais de traités où ce que l'on connaît de la physique est résumé[1]. Il commande enfin l'ouvrage qui célèbre l'éclat et l'ancienneté de son lignage. Or, ce monument de la dynastie, où ses descendants apprendront, suivant son propre exemple, à protéger les lettres, il le veut écrit en latin, dans le latin le plus classique, le plus « renaissant ». Où saisir plus nettement, au niveau des seigneurs de moyenne grandeur dont les châteaux parsèment l'espace français, alors que s'achève le XIIe siècle, les liaisons entre la « Renaissance », son patronage et son audience ?

1. *Historia comitum Ghisnensium*, *MGH*, *SS*, 24, p. 80-81.

10

RÉFLEXIONS SUR LA DOULEUR PHYSIQUE AU MOYEN ÂGE[1]

Je ne parlerai pas de la douleur morale, celle qui naît de la séparation, de l'oppression, de l'humiliation, de la réclusion, et pourtant, quel lieu conviendrait mieux que celui où nous sommes pour en parler[2] ? Je me limite à la douleur physique, et à quelques considérations brèves et très générales.

Les historiens, ces temps-ci, ne cessent d'étendre le champ de leurs recherches. Il y a quelques années, la mort, et tout ce qui l'entourait dans le passé, ont fait l'objet d'études approfondies et fécondes. Les historiens s'intéressent maintenant de plus en plus au corps, aux aventures du corps, mais aussi à la conscience que les hommes d'autrefois prirent de leur corps. Histoire des façons de se nourrir, de se vêtir, de se soigner, histoire des pestes et des famines, et l'on voit l'histoire de la médecine, longtemps somnolente, brusquement en France prendre un nouvel essor. Cependant les historiens n'ont pas encore fixé précisément leur attention sur la douleur physique. Or, de toute évidence, la douleur a, elle aussi, son histoire. La manière dont elle est perçue, la position qui lui est faite au sein d'un système de valeurs ne sont pas des données immuables. On voit bien qu'elles ne sont pas semblables dans les diverses cultures qui coexistent sous nos yeux. Elles varient dans l'espace. Elles ont aussi varié dans le temps. Ces variations, sans aucun doute, dans une histoire globale de la sensibilité, mériteraient d'être examinées de très près. J'appelle donc à ce que les investigations soient poussées de ce côté. Pour le moment, et quant à la période que je connais un peu, l'époque féodale, une tranche de temps, en vérité fort épaisse, comprise entre les approches de l'an mille et le début du XIIIe siècle, je puis seulement préparer le jalonnement de ce nouveau chantier en livrant quelques impressions, encore trop superficielles, que je retire d'une fréquentation prolongée des documents dont nous disposons.

1. Bibliographie [217].
2. Ce texte a été lu à Varsovie en 1985.

Ces documents sont très clairsemés. L'obscurité recouvre presque tout ce que l'on voudrait connaître de ce temps. Il faut pourtant déjà noter comme un fait remarquable que les références à la douleur sont, dans cette pauvre documentation, rarissimes. La culture dont je parle, dominée par les prêtres et par les chefs de guerre – du moins ce qui nous en est accessible, les façons de sentir et de penser des « intellectuels » de l'époque qui seuls ont laissé des traces écrites ou visuelles de leurs conceptions et de leurs réactions devant le monde et qui, presque tous, étaient des hommes de la haute Église – la culture « féodale », apparaît très peu soucieuse, beaucoup moins en tout cas que la nôtre, des souffrances du corps. Elle en fait peu de cas. Elle ne les exhibe pas dans les discours qu'elle tient. Cette indifférence – ou plutôt ce refoulement – pose un problème. Pour rendre compte de cette attitude, il paraît beaucoup trop simple de s'en tenir à la rudesse des mœurs, à la sauvagerie, au poids beaucoup plus lourd dont pesait la nature, à l'omniprésence des traumatismes dans une population rustique dont les conditions matérielles d'existence, jusqu'au milieu du XIIe siècle, n'avaient apparemment guère changé depuis le néolithique, qui restait mal protégée du froid, de la faim, et dont on peut penser qu'elle était pour cela endurcie. Mais il est déjà plus satisfaisant de se référer au caractère foncièrement masculin et militaire de l'idéologie qui dominait alors : elle reléguait les femmes en position de totale subordination ; elle exaltait les vertus viriles d'agression et de résistance tenace à tous les assauts ; elle avait ainsi tendance à masquer les faiblesses, à ne pas s'apitoyer en tout cas sur les défaillances physiques. Cependant il semble possible d'avancer encore un peu plus loin dans l'interprétation des documents.

Partons pour cela du vocabulaire, latin, qu'employaient les intellectuels. Il établissait la quasi-synonymie, en tout cas une équivalence, entre le mot *dolor* et cet autre mot, *labor*, qui signifiait travail. Cette disposition sémantique éclaire la situation de la douleur physique dans un système de valeurs qui prenait appui, dans la culture livresque, sur deux assises majeures, sur la Bible principalement et, en second lieu, sur ce que l'on avait conservé des traités de morale de l'Antiquité classique.

Dans la tradition judéo-chrétienne, la douleur est montrée comme une épreuve et comme un châtiment infligé par Dieu dans sa colère. Le Tout-Puissant accable Job pour l'éprouver. Mais il fustige Israël. Il a commencé par punir de leur désobéissance Adam et Ève. Tout vient de là, de nos premiers parents, de leur faute. Pour avoir succombé à la tentation, l'homme et la femme furent voués non seulement à mourir mais à souffrir. Pour elle, spécialement la *dolor* : « Tu enfanteras dans la douleur » ; pour lui spécialement le *labor* : « Tu gagneras ton pain à la sueur de ton front. » La punition était méritée. Les hommes sont naturellement pécheurs. Donc il est normal qu'ils souffrent. Non seulement normal mais nécessaire. Se dérober à la souffrance, n'est-ce pas aller à l'encontre de la volonté divine, n'est-ce pas mettre en question l'ordre établi par le Créateur ? Tout ne s'est pas dissipé aujourd'hui, nous le savons bien, de telles représentations mentales.

Il découle de cela que la douleur est d'abord affaire de femme, que l'homme par conséquent se doit de la mépriser. L'homme digne de ce nom ne souffre pas ; il ne doit pas en tout cas manifester qu'il souffre, sous peine de se trouver dévirilisé, de rétrograder, d'être rabaissé au niveau de la condition féminine. Mais il en découle aussi que la peine physique, parce qu'elle est associée à l'idée de labeur, apparaît tout particulièrement indigne de l'homme libre. La tradition gréco-romaine venait ici en renfort, puisqu'elle identifiait la liberté à l'oisiveté, puisqu'elle tenait toute besogne manuelle pour servile. Comme le travail des mains, la douleur fut donc considérée à l'époque féodale comme une déchéance. On jugea qu'elle asservissait. Et ceci retint davantage d'exprimer leur souffrance les prêtres et les guerriers, ces hommes seuls vraiment libres parce qu'ils appartenaient aux deux catégories fonctionnelles surplombant la troisième, celle des travailleurs, c'est-à-dire des serfs. Une telle conception se reflète nettement dans le système de répression des crimes : seuls les inférieurs, les femmes, les enfants, les paysans soumis étaient passibles de châtiments corporels ; aux membres de la classe dominante étaient imposés des amendes en argent, non point la peine physique qui eût porté atteinte à leur dignité.

Punition du péché, donc signe de péché, signe également de servitude, et pour cela dégradante, la douleur ne prenait par conséquent valeur positive que comme un instrument de correction, de rachat, de rédemption. Ceci explique la place qui lui était assignée, d'une part dans l'au-delà, dans cette institution dont la configuration se précisa à la fin du XIIe siècle, le purgatoire (ce qui posait aux hommes de résoudre cette question difficile : comment une âme séparée de son corps pouvait-elle endurer une souffrance physique ?) et, d'autre part, dans ces autres instruments de pénitence qu'étaient les monastères. Les moines s'imposaient les macérations par humiliation, de la même façon qu'ils s'imposaient pour s'humilier le travail manuel.

C'est donc à propos des âmes du purgatoire et des ascètes que, dans les textes et les images que peut exploiter l'historien de la douleur, les témoignages sont les plus nombreux. À vrai dire ce sont presque les seuls. La littérature qui livre le plus d'information sur ce qui relèverait aujourd'hui de la médecine, je parle des recueils de miracles, ne s'étend guère sur les peines physiques. Sinon lorsqu'elle rapporte des miracles punitifs, ceux qu'accomplissaient des saints outragés qui se vengeaient en tourmentant leurs offenseurs. Mais dans les miracles de guérison, la référence à la douleur est généralement absente. Ces miracles en effet sont pour la plupart analogues à ceux qu'accomplit Jésus : ils portent sur la cécité, la paralysie et la possession, autant d'affections qui ne sont pas particulièrement dolosives. Quant aux chroniques, aux descriptions de combats ou de calamités, elles relatent certes et souvent avec complaisance les vicissitudes du corps humain, elles décrivent des blessures, des mutilations effroyables, mais elles le font toujours froidement. À les lire, on pourrait penser que les victimes de ces sévices n'éprouvaient pas de souffrance. Ces hommes demeuraient en tout cas impassibles. Comme le sont, dans l'iconographie des XIIe et XIIIe siècles, les martyrs dont l'effigie était dressée au seuil des sanctuaires à reliques – saint Sébastien, saint Denis décapité, portant allégrement sa tête et qui ne frémit point. Ce n'est pas que la douleur ne fût pas perçue. Mais elle était méprisée. Elle n'était pas avouée, sauf par les pécheurs, dans les débordements de leur autocritique.

Il semble cependant que cette froideur ne dura pas. Une telle retenue à l'égard de la peine physique, cette sorte de stoïcisme qui jugulait les manifestations d'émotion devant la souffrance d'autrui ou devant sa propre souffrance paraissent avoir commencé de céder très lentement à partir de la fin du XIIe siècle. On peut se demander si le changement que l'on perçoit affecte la réalité des sentiments et non pas seulement les sources qui permettent de les connaître. Désormais les informations ne viennent plus toutes en effet de la haute aristocratie d'Église ; l'affectivité des laïcs commence à s'exprimer ; à ce moment débute le long mouvement de déclericalisation et de vulgarisation de la culture qui dévoile progressivement, au XIVe, au XVe siècle, des comportements qui ne sont plus seulement ceux des héros de la dévotion et de la chevalerie, un mouvement qui permet d'apercevoir enfin peu à peu le peuple. Il est cependant incontestable que la sensibilité, que la manière aussi de manifester ses passions se modifièrent réellement à tous les niveaux de la société, et ce fut essentiellement la conséquence de l'évolution du sentiment religieux. Au cours de l'époque féodale, qui est celle du grand enthousiasme pour le voyage de Jérusalem, la piété tendit à se concentrer toujours davantage sur la personne de Jésus, à se nourrir d'une méditation plus assidue sur l'humanité du fils de Dieu, sur son incarnation, donc sur son corps et sur ce que ce corps avait souffert. Rédempteur, le Christ le fut par les douleurs qu'il supporta, incommensurables puisque à la mesure même de sa divinité. Cette réflexion sur le texte des Évangiles et tous les exercices spirituels qui l'accompagnèrent, la large propagation de ces attitudes par ces mass media de plus en plus efficaces, soutenus par tous les artifices du théâtre, que furent les sermons des grands prédicateurs, déterminèrent la valorisation progressive de la douleur dans la culture européenne. Le chrétien fut appelé à tenir présent dans son esprit les scènes de la

Passion, à prendre place corporellement parmi les figurants de ce grand spectacle d'affliction collective. L'imitation de Jésus-Christ lui fut proposée. Elle le conviait à s'identifier au Sauveur, et notamment à ses souffrances corporelles. Deux jalons dans le cours de cette évolution : au seuil, au premier quart du XIIIe siècle, François d'Assise qui reçoit les stigmates ; dans le temps fort de l'expansion de la dévotion nouvelle, au premier quart du XVe siècle, la brusque diffusion de deux images offertes à la contemplation des fidèles, l'image de l'Homme de douleur et l'image de la Pietà. La douleur se trouvait dès lors délibérément placée sur le devant de la scène. Or l'attention dont le corps souffrant de Jésus était l'objet se transporta naturellement vers d'autres corps souffrants, ceux des pauvres, les représentants du Christ parmi les hommes. On voit nettement, depuis la fin du XIIe siècle, parallèlement au développement d'une piété compatissant aux peines de la flagellation et de la crucifixion, apparaître puis se développer la pitié pour les malades, se développer les œuvres de miséricorde, se fonder, s'organiser les hôpitaux. Ce fut bien dans le prolongement de cette lente conversion à l'égard des attitudes de la douleur que la science et la pratique médicale commencèrent, mais beaucoup plus lentement encore, à se préoccuper non plus seulement de préparer à la bonne mort, non plus seulement de guérir, mais, se débarrassant enfin de l'idée que la douleur, punition rédemptrice, est utile au salut, de la refouler à toute force et par tous les moyens.

11

MÉMOIRES SANS HISTORIEN [1]

Peut-être est-il moins facile qu'on ne croit de parler de la mémoire quand on est historien, quand on pratique ce métier – et pour quelles raisons profondes ? – dont l'essentiel consiste à juxtaposer des débris, des éclats de souvenirs, souvent à peine identifiables, à les enrober d'imaginaire pour tenter de les conjoindre, de reconstituer une image, mais selon des schèmes que l'on tire, quoi qu'on en ait, de soi-même ; de composer ainsi une figure qui procède souvent moins du passé lui-même que du propre rêve de l'historien. Un métier dont le but est de « rafraîchir », comme l'on dit – et pour quoi faire ? –, une mémoire qui plonge vertigineusement jusqu'au fond des âges. Qui, en ce qui me concerne personnellement, moi, historien des sociétés que nous appelons féodales, s'acharne à traverser l'épaisseur de près d'un millénaire.

Si, à propos de ces temps reculés, je parle donc de la mémoire et de l'oubli, je ne pense pas à cette forme de mémorisation dont les spécialistes du discours historique, tisonnant des cendres, escaladant, pour y rajouter un étage, l'édifice verbal construit par plusieurs générations de devanciers, sont aujourd'hui les artisans. Je m'interroge sur ce que l'on peut connaître des fonctionnements de la mémoire parmi les hommes qui vécurent aux XIe et XIIe siècles. On en connaît fort peu. Sans doute parce que, jusqu'à présent, on ne s'est guère posé la question. On se met, justement, à la poser – et je songe à tel projet de recherche dont Philippe Joutard est l'instigateur. Ce fut l'un des effets de la décolonisation que de contraindre les historiens européens à prendre davantage en considération des sociétés sans écriture – comme l'étaient à peu près les sociétés médiévales –, de leur faire découvrir le rôle de l'oralité dans la transmission des souvenirs collectifs, dans la construction d'une histoire non moins solide que celle dont nous fignolons l'assemblage, non moins vivante, non moins nécessaire à l'organisation des rapports sociaux. Cependant l'incertitude où nous

1. Bibliographie [133].

sommes à l'égard des mécanismes de la mémoire dans la culture de notre Moyen Âge tient principalement à ce que les phénomènes se dérobent à l'observation. Celle-ci passe obligatoirement par des traces écrites, par des textes, et nous ne saisissons jamais la mémoire qu'immobilisée par le travail de techniciens dont l'office était précisément de la capturer, de l'emprisonner dans un réseau de mots. Elle nous parvient toujours fixée, figée, morte, et nous ne percevons presque rien de la liberté de ses mouvements.

Voici pourtant quelques remarques, ponctuelles. Dans les sociétés dites féodales, l'accès à l'écriture était le monopole de quelques hommes qui tous appartenaient à l'Église, dont la fonction même – parce que le christianisme est une religion du livre, parce que son clergé doit obligatoirement garder le contact avec une Écriture – impliquait qu'ils fussent passés par l'école, qu'ils aient appris les lettres, et le maniement d'un langage, le latin, différent de la langue parlée, en quoi devaient être traduits, avant d'être transcrits, tous les mots employés dans le courant de la vie. Tous les autres hommes, grands et petits, se passaient fort bien de l'écrit. Entre eux, les relations se fondaient sur la mémoire. Mais ils usaient d'autres moyens pour la consolider. Et d'abord de la cérémonie. Tout acte social de quelque importance devait être public, s'accomplir devant une assemblée nombreuse, dont les membres gardaient en dépôt le souvenir, et dont on attendait qu'ils portent plus tard témoignage, éventuellement, de ce qu'ils avaient vu ou entendu. Des paroles, des gestes, engoncés dans un rituel afin de mieux s'imprimer dans la mémoire du groupe pour être dans l'avenir relatés. Vieillissant, les témoins se sentaient tenus de transmettre à leur descendance ce qu'ils conservaient en mémoire, et cet héritage de souvenirs glissait ainsi d'une génération à l'autre. Et pour qu'il ne fût pas trop détérioré par ces transferts, on recourait à quelques artifices. On prenait soin, par exemple, d'introduire parmi l'assistance des enfants très jeunes, et parfois de les gifler violemment dans le temps fort du cérémonial, espérant que, le souvenir du spectacle s'accrochant au souvenir de la douleur, ils oublieraient moins vite ce qui s'était passé devant eux. Ou bien on conservait soigneusement tel objet que, dans les rites d'investiture, une main avait placé dans une autre main, sous le regard du peuple, pour signifier la transmission d'un droit – tels ces rameaux, ces couteaux, ces pierres que l'on trouve encore parfois, dans les archives, attachés à ce parchemin, à cette charte qu'un scribe avait été tout de même appelé à rédiger, mais qui ne semblait pas offrir garantie suffisante, l'objet paraissant bien meilleur monument commémoratif que l'écrit, aux yeux d'un monde qui ne savait pas lire et qui n'entendait pas le latin. Qui, pour assurer l'agencement de toutes les relations sociales, ne se fiait pas à des textes, mais à la mémoire, à cette mémoire collective qu'était la « coutume » – un code très strict, impérieux, bien qu'il ne fût nulle part enregistré. S'interrogeait-on sur tel ou tel point de ce droit, il fallait procéder à l'élocution des souvenirs. L'enquête orale, l'interrogation périodique des membres de la communauté, et d'abord des plus âgés, dépositaires d'une réserve plus ancienne, jugée plus valable parce qu'elle s'enfonçait plus profondément dans le passé, constituait l'un des organes majeurs d'une régulation de la société. Très significatif me paraît l'usage, traditionnel alors dans la France de l'Est, de ces rassemblements qui réunissaient à dates fixes tous les sujets adultes d'une seigneurie pour qu'ils disent la coutume, pour qu'ils récitent la liste des obligations à quoi le pouvoir les astreignait. Un temps vint, le XIIe siècle, où le maître requit le service d'hommes de plume pour noter les termes de cette déposition collective. Il est alors parfois possible, en comparant dans un même lieu plusieurs enregistrements successifs, de déceler ce qui bougeait dans cette mémoire, de saisir notamment la manière dont le groupe paysan résistait aux pressions seigneuriales, chassait de sa mémoire telle ou telle redevance, telle ou telle corvée, introduisait en revanche tel privilège sourdement conquis.

De tels documents, à vrai dire exceptionnels, pourraient être l'utile matériau d'une étude systématique de la mobilité des souvenirs. D'autres aussi : je pense à ces procès-verbaux d'enquête (ils survivent en beaucoup plus grand nombre) où, à l'occasion de quelques brisures de l'ordre social, d'un procès, d'un délit, on voyait comparaître une série de témoins. Ils répondaient, les uns après les autres : « J'ai cinquante ans, ou soixante, ou quatre-vingt-dix ; je me rappelle avoir été présent à telle action : j'ai vu faire ceci à tel moment, j'ai entendu dire cela... » Des rapports qui se confirment ici, se contredisent là : une mine d'indices, largement offerte aux historiens de la mémoire, mais qui n'est qu'à peine exploitée. Que d'informations disponibles, par exemple, sur les jeux de l'oubli, volontaire, involontaire, franc ou cauteleux, parmi ce que déclarèrent, terrorisés ou malveillants, devant l'inquisiteur les gens de Montaillou et autres lieux !

Je voudrais maintenant considérer un autre champ, celui de la mémoire généalogique. Le christianisme féodal est pour beaucoup, pour l'essentiel peut-être, une religion des morts. Parmi les manifestations de la piété populaire, certaines des plus importantes socialement se déroulaient à proximité des sépultures. Les tombes des saints, que visitaient des foules de pèlerins, réclamant le salut de leur corps ou de leur âme. Les tombes des ancêtres, qu'environnaient des cérémonies périodiques, réunissant, autour d'une équipe monastique chargée de la célébration, tous les membres vivants du lignage. Les principales avaient lieu le jour anniversaire du défunt. Leur organisation exigeait donc la fixation d'un calendrier, la constitution de registres particuliers où l'on notait des dates, des noms : les obituaires, les nécrologes, ces livres qui se disaient précisément *memoriales*. Des spécialistes de l'écriture, ordonnateurs des liturgies funéraires, disposèrent là des constellations d'anthroponymes. Ces collections de mots perpétuaient l'image d'une parenté. Elles fixaient dans les consciences individuelles le sentiment d'appartenir à un groupe dont la moindre part vivait dans ce monde, dont la plus grande part vivait dans l'autre, exigeant des égards, des soins, des services – à cette cellule immortelle, le lignage, cimentée par les liens du sang, mais bien davantage par une mémoire soigneusement entretenue, et qui constituait le cadre fondamental de cette société. Le souvenir des ancêtres était ainsi préservé par le culte des morts. Mais il l'était aussi par la nécessité que le respect des interdits de l'inceste imposait à chacun d'être clairement averti de toutes les relations de cousinage. L'Église en effet proclamait illicites, souillés, et par conséquent condamnés à être dissous, les mariages contractés en deçà du septième degré de consanguinité. Lorsque, ayant gagné de la puissance, elle entreprit au XIe siècle de lutter plus vigoureusement pour faire admettre ses exigences d'une exogamie si démesurément étendue qu'elle était impraticable, elle multiplia des enquêtes d'un genre particulier, elle contraignit les familles à s'interroger sur une ascendance prolongée sur plus d'un siècle et demi, à débrouiller le réseau touffu des filiations, à compter les degrés, à présenter ce rapport devant les cours ecclésiastiques, à le confirmer par serment. De telles procédures vinrent stimuler encore la mémoire généalogique, naturellement très vive dans l'aristocratie où la notion même de noblesse incitait à se glorifier d'aïeux très anciens. D'autres stimulations, agissant, celles-ci, aux étages les plus bas de l'édifice social, naissaient lorsque des seigneurs venaient à se disputer des droits sur telle ou telle famille de serfs. Il importait encore ici, parmi des laboureurs et des valets de ferme, de reconstruire des généalogies, de dénombrer des morts, de les nommer, de réveiller leur lointain souvenir.

Parmi les documents écrits les plus propices à l'étude de la mémoire féodale figurent les récits généalogiques, qui se multiplièrent et s'enrichirent en France pendant le XIIe siècle [1], en un moment où la société noble commençait à percevoir ce qui la menaçait dans ses prérogatives et s'employait à consolider par tous les moyens les assises de sa puissance. Les dynasties princières, grandes et menues, recoururent alors aux capacités des professionnels de l'écriture, c'est-à-dire à des clercs. Elles leur assignèrent une tâche d'exploration et de fixation des souvenirs qui ne diffère pas substantiellement de celle que nous assumons, nous autres historiens. Des écrivains furent conviés à manipuler la mémoire, à rechercher les quelques vestiges où celle-ci s'accrochait solidement, à les relier les uns aux autres, à inventer pour combler les vides. Je prends l'exemple d'un

1. G. Duby, « Remarques sur la littérature généalogique en France aux XIe et XIIe siècles », dans *Hommes et structures du Moyen Âge*, Paris, 1973, p. 287-298 [ci-dessus p. 1176-1186].

de ces discours, dont je poursuis actuellement l'exploitation. Un prêtre le composa à l'extrême fin du XIIe siècle, un prêtre domestique, en service dans une maisonnée aristocratique, celle des seigneurs d'Ardres, qu'un récent mariage avait conjointe à celle des comtes de Guînes, l'une et l'autre situées dans l'actuel département du Pas-de-Calais. Ces maîtres, qui souhaitaient magnifier la grandeur de leur race par un monument littéraire, lui commandèrent de rédiger l'histoire de ces deux lignages en remontant jusqu'à leur origine. Ce qu'il fit de son mieux, mettant en œuvre toutes les ressources de sa technicité, employant d'abord la langue latine qu'il maniait bien, utilisant aussi ce qu'il avait sous la main : des chartes (mais fort rares : avant lui, dans la maison, on prêtait peu d'attention à l'écrit), des obituaires, des épitaphes inscrites sur les tombeaux (il en avait lui-même composé quelques-unes, l'ordonnance des cérémonies funéraires incombait à son ministère) mais surtout ce que l'on racontait dans la parenté. L'essentiel de son matériau, il le puisa dans la mémoire vivante, celle de ses patrons, de leurs frères, de leurs cousins, de leurs bâtards ; c'est essentiellement par là, par le filet qu'il jette sur ce grouillement de souvenirs, que ce qu'il écrit nous intéresse.

Cette mémoire parentale, on s'aperçoit qu'elle s'étend sur un siècle et demi, remontant précisément les six degrés de cousinage que les injonctions ecclésiastiques invitaient à mémoriser scrupuleusement. Au-delà elle devient très floue ; c'est à peine si elle retient quelques noms, ceux des chefs de la famille uniquement, ceux des comtes, cela sur trois quarts de siècle, sur un siècle peut-être de plus. Franchi ce seuil, elle se perd tout à fait. Dans la nuit qui s'installe, l'auteur, soucieux de bien remplir sa mission, projette alors son propre rêve. Il imagine des héros fondateurs, fabule à leur propos. Son histoire devient un roman de courtoisie, de chevalerie, peuplé de personnages inventés. Leurs postures, leur accoutrement reproduisent ceux des maîtres pour qui l'écrivain travaille, les comportements dont ils souhaitent eux-mêmes donner l'exemple, les vertus qu'ils professent, les travers aussi dont ils sont fiers, notamment la vigueur génétique et la vaillance dont ils font preuve dans les jeux de l'amour illicite. La mémoire familiale dont ce récit déploie les sinuosités apparaît ainsi dans sa richesse et ses imperfections. Elle se dilue dans le mythe. Ses plis très souples tendent sur le présent de la vie comme une parure où se reflète ce que les vivants voudraient être. Elle est enfin fort peu soucieuse de stricte chronologie. Parmi les soixante grandes pages in-folio que recouvre l'édition moderne de ce texte, quatorze dates, pas plus, dont cinq concernent des événements dont le narrateur fut le témoin direct dans son âge adulte. Huit d'entre elles relèvent de l'histoire ecclésiastique, de l'histoire savante : deux – fausses – sont celles du lancement de la première, puis de la seconde croisade (ne nous étonnons pas : l'expédition de Terre sainte se dresse en effet à l'horizon mental des membres de cette famille noble ; ils se sont tous croisés, le dernier rejeton a pris la croix, sans d'ailleurs se mettre en route, dix années avant la rédaction de cette histoire) ; six autres dates, conservées par les chartes que l'auteur utilise, touchent aux établissements religieux que les deux lignages ont fondés, comme les annexes nécessaires de leur demeure. Quand aux six dernières, elles situent des événements qui sont profanes, proprement familiaux. La plus ancienne, celle de l'arrivée du héros fondateur, repoussée jusqu'au seuil du xe siècle, est de toute évidence mythique. Les autres s'échelonnent parmi les trente dernières années, rassemblées dans la zone de particulière fermeté du souvenir ; les deux plus lointaines sont attachées à des sépultures ; une autre situe, vingt-cinq ans plus tôt, l'apparition d'un faux revenant : un imposteur voulut alors se faire passer pour le seigneur qui n'était jamais revenu d'outremer et dont les héritiers, exploitant paisiblement la succession, ne tenaient guère à ce qu'il revînt ; ils tremblèrent apparemment si fort devant l'image inattendue du père que le souvenir paraît encore, à la génération suivante, indélébile. L'avant-dernière date concerne le jeune seigneur d'Ardres, héritier présomptif du comte de Guînes, patron direct du narrateur et dont la biographie est l'objet de soins particuliers, le commanditaire de l'entreprise, le vrai héros du récit ; cette date, la Pentecôte 1181, est donc pour lui la principale de son existence : ce n'est pas celle de sa naissance, ni de son mariage, c'est celle de son adoubement, du rite de passage qui l'introduisit parmi les chevaliers. Se trouve enfin soigneusement notée l'année où le comte de Flandre, puisant dans les tonneaux d'argent que le roi d'Angleterre lui avait fait livrer pour qu'il menât la guerre contre Philippe Auguste, aida le même seigneur d'Ardres à payer ses dettes. Est-ce un hasard si, dans l'esprit de ces gens très riches mais qui, dans la brusque irruption d'une économie monétaire, n'en couraient pas moins après les deniers, l'une des très rares précisions chronologiques s'attache à une péripétie financière ?

Car la mémoire familiale que, solidifiée, sophistiquée et toute surchargée d'ornements factices, ce texte livre à la postérité, c'est-à-dire principalement à la descendance, mais aussi involontairement aux historiens, il nous faut en effet la voir dans ses soubassements s'identifiant à la mémoire d'une fortune. En définitive, c'est bien autour de l'héritage, autour du patrimoine, que gère actuellement l'ancien de la famille, que ses ancêtres ont tour à tour géré, chacun en abandonnant le dépôt, lorsqu'il entrait dans le monde des morts, à l'aîné de ses fils, de ses filles ou de ses frères, et que l'aîné de ses fils du présent détenteur attend, non sans impatience, de prendre lui-même en main, que le plus vif, le plus net, dans cette masse fluctuante de souvenirs, vient se cristalliser. Autour d'une maison, centre d'un faisceau de pouvoirs, où la dynastie s'enracine, où le chef du lignage tient résidence, où, dans le lit dressé au cœur même de cette demeure, dans la couche où lui-même est né, il s'emploie consciencieusement à procréer ceux qui prolongeront l'avenir de la parenté, où ses filles resteront, jalousement gardées, jusqu'à leur mariage ou jusqu'à leur mort, où ses fils passeront leur enfance, qu'ils quitteront, adolescents, pour les errances de l'aventure, mais dont ils porteront le nom, où ils se retrouveront à certaines dates, où l'on ne cesse de raconter l'histoire de la famille, où il arrive, comme ici, qu'on l'écrive. Une histoire à proprement parler domestique, puisqu'elle est moins l'histoire d'une race que d'une maison. De la manière dont cette maison s'est enrichie, dont elle a défendu ses droits au cours des âges, des risques qu'elle a pu affronter, des chances qu'elle a pu saisir. Sur ses murs – comme dans le *Roman*, sur les murs du jardin où la Rose est enfermée – le souvenir généalogique vient plaquer quelques effigies. Les effigies d'abord de deux personnages vivants, celle du maître, celle de son héritier – du père, du fils, campés dans les attitudes convenables à chacun d'eux, au vieux, qui commande, entend passer pour sage, mais qui veut que l'on sache bien qu'il fait encore l'amour, au jeune, instable, fougueux –, et l'histoire ne tait pas les tensions qui les opposent. Puis, moins précises, brumeuses et de plus en plus lorsqu'elles s'éloignent dans le passé, les effigies des morts, juxtaposées comme dans une galerie d'ancêtres. Les unes et les autres parées, en pose avantageuse, présentant aux yeux de ceux qui, successivement, au fil des générations, viendront s'établir là, coucher à leur tour dans le lit, gérer à leur tour le patrimoine, l'exemple du bon comportement. Car cette mémoire est sélective. Des gestes accomplis par les vivants et par les morts, elle retient ceux-là seuls, bons ou mauvais, susceptibles de prendre place efficacement dans un discours éducatif. Elle enseigne, elle est l'instrument d'une pédagogie. Et pour cette raison, elle manipule insensiblement les souvenirs, elle les adapte aux exigences du présent, elle les déforme pour qu'ils s'ajustent à la lente évolution d'une morale. Voici pourquoi tous les personnages du récit dont je parle se ressemblent. Ils portent tous le même costume, paradent dans les mêmes tournures, la silhouette, le comportement que jugeaient seyants, au moment où cette narration fut écrite, ceux qui en commandèrent la rédaction. Dans ce miroir aux multiples faces, ce sont les traits de leur propre figure qu'ils contemplent, ou plutôt ceux qu'ils souhaiteraient qu'on leur vît.

Mais pour qu'ils soient pleinement assurés, encore faut-il que cette figure soit reflétée, par plans successifs, jusqu'au fond du temps. Leur regard se fixe par conséquent à la fois sur la maison, ce môle de solidité, ce refuge, et sur les ancêtres, qui y naquirent et qui l'ont, les uns après les autres, habitée. Au moment où la mémoire des comtes de Guînes et des seigneurs d'Ardres fut enfermée dans ce texte que j'ai pris pour exemple, un autre prêtre, un chanoine, écrivait non loin de là, à Cambrai. Il écrivait lui aussi une histoire, mais générale, des annales où il s'appliquait à relater tout ce qu'il avait pu savoir des événements du monde. Parvenu dans cette rédaction à la date de sa naissance, il ne résiste pas au plaisir de dire aussi quelque chose de lui-même. Il laisse son propre souvenir s'engouffrer un moment dans une fissure de son récit, de ce récit pourtant très sobre, sec, laconique – à cette époque, on ne gaspille pas l'écriture. De quoi parle-t-il ? De la maison d'abord où il vit le jour – et c'est un paradis de prairies et de fontaines ; il s'attache à le décrire amoureusement, gauchement –, de quels moyens disposait-on en ce temps, quand on écrivait latin, pour célébrer un paysage ? Puis il évoque cet autre repaire, cet autre nid : sa parenté. Pour ne rien dire, ou presque, de ses parents vivants, même les plus proches, de ses frères et sœurs, dont il ne livre même pas les noms. Il parle des morts, et spécialement, parmi ceux-ci, de ceux qui sont pour lui des modèles, qui comme lui, mieux que lui, ont fait carrière dans l'Église, mais encore de héros militaires, ainsi des dix frères de sa grand-mère maternelle qui périrent ensemble glorieusement dans la même bataille et que célèbrent encore de son temps – il en est très fier – « les cantilènes des jongleurs [1] ».

Des chansons. Ce sont encore, à l'époque dont je parle, des conservatoires de la mémoire, et qui, s'ouvrant beaucoup plus largement sur le peuple, se répandent bien au-delà de l'enclos des grandes demeures familiales. Toutefois périssables : ces chants sont presque tous perdus. Il en reste cependant quelques-uns que l'écriture a fixés. Il conviendrait, je pense, que les historiens de la mémoire entreprennent de les relire, et de près. C'est une autre source, en effet, et généreuse, où s'abreuver dans les terres arides qu'ils explorent, et parmi lesquelles je ne sais quel désir les conduit aujourd'hui à s'égarer.

1. G. Duby, « Structures de parenté et noblesse dans la France du Nord aux XIe et XIIe siècles » [ci-dessus p. 1159-1175].

12

HÉRÉSIES ET SOCIÉTÉS DANS L'EUROPE PRÉINDUSTRIELLE XIe-XVIIIe SIÈCLES [1]

Tirer les conclusions d'une rencontre aussi féconde [2] devient une opération singulièrement difficile lorsque l'on veut, comme je crois devoir le faire, contenir cette conclusion dans les termes les plus brefs. Il me faut en effet choisir et, parce que je ne suis pas du tout historien des religions ni de l'hérésie, parce que j'ai étudié surtout certains aspects de la société médiévale, ce choix s'orientera de la manière suivante.

Je ne retiendrai rien, ou à peu près, de ce qui concerne le contenu doctrinal des hérésies, et c'est un très lourd sacrifice parce que beaucoup de précisions, fort importantes et fort précieuses, ont été apportées dans le cours de ces débats. Je m'efforcerai plutôt de revenir au cadre qui avait été fixé à ces journées d'études et qui fut défini par le titre qu'on leur donna : « Hérésies et sociétés ». Je me référerai, en particulier, au questionnaire préliminaire, très stimulant, très pertinent, qui posait comme l'une des questions centrales : « Le rôle de l'hérétique, sa fonction dans la société ». Ceci dans un domaine très nettement délimité : la chrétienté latine entre le XIe et le XVIIIe siècle. Je n'ai nul besoin d'insister sur le prix des apports qui ont touché les domaines extérieurs à ce cadre, qu'il s'agisse des marges slaves en voie de christianisation et où l'apostasie est apparue comme une manifestation de refus, qu'il s'agisse du monde byzantin, qu'il s'agisse de l'Islam, qu'il s'agisse du judaïsme rabbinique.

Au seuil de ces réflexions, qui seront toutes d'ordre méthodologique, je placerai quelques remarques de caractère général.

La première de mes impressions, c'est d'avoir pris une conscience plus claire

1. Bibliographie [65].
2. Royaumont, 1968.

d'un fait très important dans l'histoire de la civilisation européenne : la permanence, l'ubiquité de l'hérésie, toujours décapitée, toujours renaissante et sous de multiples faces. L'hérésie se manifeste comme une hydre ; encore apparaît-il que cette hydre n'a pas toujours été également virulente. Première tâche, et des plus nécessaires : il importe de situer le plus exactement possible dans le temps les poussées de vitalité, et inversement les phases de relâchement, d'assoupissement. Il s'agit bien en effet – je reprends les termes du questionnaire – d'observer l'hérétique « dans le processus historique ». Autrement dit, nécessité d'une chronologie. Le travail est prêt, en très grande partie. Il suffit, par conséquent, d'affiner, de confronter, et déjà nous voyons s'isoler très nettement des périodes où les témoignages sur l'hérésie se multiplient, et d'autres, au contraire, qui sont des creux, qui sont des vides. Ainsi a-t-on parlé, plusieurs fois, au cours de ces journées des sept ou huit décennies de bonace entre la fermentation de la première moitié du XIe siècle et les remous très profonds du XIIe. Toutefois, si l'on considère cette chronologie dans son ensemble, on est tout de suite frappé par une opposition que je crois fondamentale.

D'une part, le temps médiéval, que j'appellerais volontiers le temps des hérésies vaincues, ou plutôt des hérésies étouffées. L'hérésie alors est là, permanente, foisonnante ; elle est endémique, ajoutons nécessaire, sans doute vitale, organique, mais elle est toujours terrassée. Il faut décomposer cette première période en deux phases successives : d'abord phase d'hérésies courtes (on l'a dit, pour le XIIe siècle : « leur vie est courte, mais intense, peu d'hérésies survivaient à une deuxième génération »), suivie par une phase où les hérésies deviennent beaucoup plus tenaces, et de plus en plus résistantes. Après cette première époque des hérésies étouffées, domestiquées et peu à peu réduites, on voit ensuite, au début du XVIe siècle, avec la cassure luthérienne, avec cette blessure qui ne s'est pas fermée et qui a contribué à faire éclater un univers jusqu'alors unitaire, s'ouvrir le temps de la coexistence et de la partition territoriale, partition qui fut supportée avant d'être acceptée, puis acceptée avec de plus en plus d'indifférence. Dès lors, la fonction même de l'hérésie, désormais établie en « société externe », et la situation même de l'hérétique par rapport à lui-même et par rapport aux autres, se trouvèrent radicalement transformées. Ce qui fait que l'historien des temps modernes ne peut pas étudier l'hérésie de la même manière que le médiéviste, non seulement parce que les documents changent alors tout à fait de nature, non seulement parce que avec le progrès des techniques d'expression, les « armes » de l'hérésie ne sont plus les mêmes, mais parce que le climat d'ensemble a subi une mutation décisive. On peut donc reconnaître deux versants qui sont tout à fait séparés. Nous nous en sommes en fait bien rendu compte, et la seule défaillance de ce colloque, c'est même qu'en dépit de quelques interventions et de provocations parfois très méritoires, on ne peut dire qu'il ait donné véritablement lieu à de sérieuses confrontations de méthodes entre les médiévistes et les modernistes.

Je pense aussi avoir pris conscience plus claire de la difficulté à définir ce qu'est un hérétique, donc, et c'est ce qui nous importe, à nous historiens, à le discerner à travers les documents. Nous sommes partis d'une définition, proposée par un historien-théologien : l'hérétique est celui qui a choisi, qui a isolé de la vérité globale une vérité partielle et qui, ensuite, s'est obstiné dans son choix. Mais nous nous apercevons vite que notre tâche propre, à nous qui scrutons le passé, est bien de distinguer ceux qui, à tel moment, ont été désignés par leurs contemporains – par certains de leurs contemporains – comme étant des hérétiques. Or, au même moment, les critères de ce jugement ont pu différer singulièrement. Tel a pu être nommé hérétique par un interlocuteur dans la chaleur d'une discussion, pourchassé comme hérétique par un maniaque de l'Inquisition, par des obsédés de la déviation à moins que ce ne fût par un Machiavel de la politique, et qui n'aurait pas été considéré comme tel par un canoniste, ou par son confesseur. Ce qui appelle à une autre tâche, beaucoup plus difficile que la mise en ordre chronologique dont je parlais tout à l'heure : délimiter à chaque moment ce qu'on a appelé fort justement dans ces débats, le « contour » du milieu hérétique. Entreprise fort délicate. Est-elle même possible si tant est que ce milieu, très souvent clandestin, apparaît toujours très fluide, si fluide qu'il échappe à toute délimitation ? Je reviendrai sur ce point tout à l'heure.

Je ferai remarquer enfin, pour en terminer avec ces réflexions générales, qu'il importe de bien réfléchir sur un fait d'évidence. Tout hérétique le devient par une décision des autorités orthodoxes. Il est d'abord, et souvent il reste toujours, un hérétique aux yeux des autres. Précisons : aux yeux de l'Église, aux yeux d'*une* Église. Considération importante parce qu'elle fait apparaître comme historiquement indissoluble le couple orthodoxie-hérésie. Encore ne faudrait-il pas tenir l'une et l'autre pour deux provinces riveraines qui seraient délimitées par une frontière très franche. Il s'agit bien plutôt de deux pôles, entre lesquels s'étendent de larges marges, d'énormes zones, d'indifférence peut-être, parfois de neutralité, en tout cas des franges indécises et mouvantes. Mouvantes, cette constatation peut devenir féconde pour qui s'interroge, non seulement sur les contours du milieu hérétique, mais sur les phases de l'histoire de l'hérésie, et sur le contenu même des doctrines hétérodoxes.

Il est bien évident que, selon que l'Église orthodoxe se trouva plus ou moins exigeante à tel moment ou à tel autre, le secteur de la société réputé hérétique, condamné et inquiété comme tel, fut plus ou moins large. Voici qui permettrait d'ailleurs d'énoncer plus vigoureusement un problème, qui n'a été ici qu'effleuré, celui de l'hérésie à l'intérieur de l'hérésie : lorsqu'une hérésie apparaît au sein même de l'hérésie, c'est bien qu'une partie du milieu hérétique s'est érigée en Église. Peut-être l'hérésie est-elle toujours une Église en puissance ; encore faut-il, pour qu'elle sécrète en son sein ses propres hérésies, qu'elle devienne une Église vraie, c'est-à-dire qu'elle se mette à exclure et à condamner.

D'autre part, si l'on considère les phases, ne peut-on penser que les périodes où la virulence semble s'atténuer, où les témoignages sur l'hérésie disparaissent dans les sources, sont parfois celles où l'orthodoxie devient moins tendue, se montre indulgente, accueillante ? Par mollesse – ou bien parce que l'Église est occupée elle-même de sa propre réforme et qu'elle assume en partie l'inquiétude hérétique – ou bien encore parce qu'elle s'efforce, au contraire, en état de faiblesse, à certaines réconciliations. L'étude de l'hérésie, nous l'avons tous senti, débouche sur l'étude de la tolérance et de ses diverses motivations.

Enfin, la part immédiate et fondamentale que l'orthodoxie prend, dans l'apparition et la sécrétion de l'hérésie, affecte aussi le contenu même des doctrines hétérodoxes. C'est en effet la sentence de condamnation prononcée par des « clercs » qui isole un corps de croyance et qui le nomme. En le nommant, il l'assimile (souvent à tort d'ailleurs, par méconnaissance ou par mépris) à des ensembles dogmatiques déjà connus, inventoriés. Par là même n'amène-t-il pas la doctrine condamnée à se nourrir aux dépens de ces hérésies anciennes ? En tout cas, n'infléchit-il pas l'évolution même de la croyance hérétique ?

Ces brèves réflexions générales n'étaient peut-être pas inutiles avant d'aborder la question centrale, « Hérésies et sociétés », et d'examiner de quelle manière nous pouvons, au terme de ces journées de travail en commun, modifier, ajuster et compléter le questionnaire qui au départ nous était proposé.

À mon sens, l'un des premiers apports de ce colloque fut de mettre en évidence la nécessité de mener très distinctement l'investigation historique, selon qu'il s'agit de la naissance, ou plutôt de la formation d'une doctrine hérétique, et d'autre part de sa diffusion. Je dirai, de manière plus précise, qu'il paraît maintenant nécessaire d'examiner tout à fait à part le cas de l'hérésiarque. Sauf exceptions, que je crois fort rares, l'hérésiarque appartient aux cercles dirigeants d'une Église, cénacles, écoles, ou petits groupes de réflexions, c'est-à-dire à des milieux dans lesquels l'historien peut généralement pénétrer avec assez de facilité, parce qu'ils sont de ceux qui ont laissé les traces documentaires les plus abondantes. La définition théologique de l'hérétique peut s'appliquer à l'hérésiarque, mais à lui seul. Sans doute, lui seul choisit-il vraiment, propose la *sententia electa*. Car pour qu'il y ait *sententia*, il faut qu'il y ait véritablement raisonnement, mise en forme intellectuelle, et par conséquent, culture. D'autre part, il s'agit bien là, la plupart du temps, d'une décision individuelle, ou tout au moins de la décision d'un petit groupe. L'historien est donc autorisé à examiner en profondeur les réactions de la personnalité de l'hérésiarque face à son milieu ; il est autorisé à s'interroger sur sa psychologie. C'était l'une des questions principales de notre programme : comment l'hérésiarque parvient-il à son choix ? En réagissant à quelles lectures ? Contre quels collègues ? Autant de problèmes qu'il est permis de poser à propos de Luther ou, nous en avons eu la démonstration ici, à propos de Wyclif. À propos de l'hérésiarque, seul peut donc, en fonction des outils dont nous disposons, nous historiens, être formulée l'une des interrogations proposées : s'agit-il d'un malade, d'un névrosé ? Et de quelle névrose ? Névrose d'angoisse, névrose d'orgueil, névrose de frustration, névrose de minoritaire ? Est-il vraiment un « dévoyé » ? Entendons bien : aux yeux de ceux qui ont la bonne conscience d'être dans la voie droite. Ajoutons encore que l'hérésiarque, parce qu'il est un « intellectuel » en réaction à l'égard d'un petit nombre de confrères qui l'entourent, apparaît très généralement comme un être fort vulnérable, facile à tenir, à mater, et qu'il doit faire preuve véritablement d'héroïsme pour rester *pertinax*. Les cas de fléchissement, d'autocritiques, de retours repentis au giron de la mère-Église sont innombrables et passionnants. Songeons enfin à la puissance d'absorption du milieu orthodoxe : la canonisation fut-elle pour le seul saint François utilisée comme moyen de neutralisation posthume ?

Tout autre évidemment doit être la démarche de l'historien s'il se préoccupe d'observer la diffusion de la doctrine hérétique. Il doit déplacer son champ d'observation pour atteindre les comportements collectifs et modifier en conséquence ses méthodes. Il lui convient de considérer d'abord les véhicules de transmission : d'établir d'une part une géographie des voies et des lieux de dispersion ; d'observer d'autre part les modes de propagande, parole publique, privée, écrit, image ; de dépister enfin les agents, les agitateurs, tous les êtres qui sont parfois individuellement accessibles à l'observation historique, comme les hérésiarques, mais qui n'ont point les mêmes attitudes psychologiques et ne sortent généralement pas des mêmes milieux sociaux.

Transmise, la doctrine est reçue. Par qui ? Par des êtres insatisfaits, dont l'Église à leur portée n'a pas su combler les exigences spirituelles, et qui pour cela s'en détournent, prêtant l'oreille à d'autres messages. Je retiens la suggestion qui a été faite, de considérer l'hérésie parfois comme une dévotion manquée, je dirais plutôt une dévotion frustrée. En tout cas par son comportement mental, l'adepte diffère encore de l'agitateur et, davantage, de l'hérésiarque. Plus passive, plus négative aussi, c'est une attitude de refus. Remarquons en passant qu'il a toujours existé d'autres formes de refus dans le domaine des conduites religieuses, à commencer par l'évasion mystique – se passer du prêtre sans se dresser pour cela contre l'Église – et par la « fuite au désert », la conversion à la vie cénobitique. Et peut-être conviendrait-il de rechercher attentivement dans les périodes de cette histoire hérétique comment se disposaient respectivement les moments d'efflorescence des hérésies, et ceux où prospérèrent les ordres religieux, de repérer s'il y eut parfois coïncidence, ou d'autres fois compensation.

À ce refus, à cette opposition à la discipline et aux autorités ecclésiastiques, il n'est pas impossible de découvrir des motifs, qu'il convient de distinguer soigneusement et de classer. L'Église a parfois été rejetée, parce qu'elle était effectivement insuffisante par l'effet d'un sous-équipement sacerdotal (ce fut semble-t-il le cas dans bien des campagnes d'Europe au XIe siècle ou après la Peste Noire) ou par inadaptation des milieux les plus actifs du corps ecclésiastique aux besoins spirituels du peuple (il faut ici méditer sur l'échec de saint Bernard face aux cathares). Mais l'Église fut aussi répulsive à certains parce que ceux-ci la jugeaient indigne ; attitude moins passive d'hommes que poussaient alors des exigences morales à l'égard des prêtres qu'ils auraient voulus plus purs ou plus pauvres. Enfin des Églises furent rejetées parce qu'elles apparaissaient étrangères à la nation, ou bien trop visiblement alliées à des pouvoirs politiques ou économiques détestés. La nécessité apparaît donc évidente de procéder alors, comme on l'a fait admirablement devant nous, notamment à propos du hussitisme, à une analyse économique et sociale du milieu hérétique.

Contre cette Église devenue répugnante, telle doctrine propagée paraît satisfaisante à un groupe d'hommes qui l'adopte, plus ou moins complètement, plus ou moins ouvertement. Ce groupe de sectateurs est, on l'a vu, fort difficile à atteindre. La plupart du temps l'histoire ne peut connaître que l'hérésie dépistée : lui échappent les hérésies cachées, et celles encore qui se montrèrent capables d'un tel mimétisme – songeons aux Vaudois dans l'Italie du XIIIe siècle – qu'elles se confondirent avec l'orthodoxie. Du moins importe-t-il de situer très exactement, et d'abord dans l'espace, celles des sectes qui se révèlent assez nettement dans les documents. Je proposerai donc, comme l'une des tâches les plus urgentes, de travailler à établir une géographie, une cartographie de l'hérésie, à repérer les lieux réceptifs en ville ou dans les campagnes, les points d'où la doctrine a rayonné, les chemins qu'elle a suivis, enfin les asiles où les hérétiques pourchassés ont trouvé refuge, comme ces vallées des Alpes qui jouèrent si longtemps un rôle de conservatoire. Cette recherche préalable préparerait utilement la voie aux essais d'interprétation sociale, aux efforts pour placer les groupes d'adeptes par rapport aux divers niveaux sociaux (riches ou pauvres) et par rapport aux diverses formes de groupements (s'agit-il d'une hérésie qui s'insinue dans le cadre des familles, dans celui des métiers, des confréries ou d'autres associations comme les *consorterie* ?). La recherche, je l'ai dit, devient alors des plus malaisées. Nous nous sommes rendu compte, à propos du XIIe siècle, de la difficulté à reconnaître la situation de l'hérétique dans l'organisation sociale de son temps, et nous avons également senti, à propos du jansénisme, la nécessité d'une analyse sûre et précise des zones sociales où telle doctrine hérétique a pu trouver ses lieux de propagation. Je suis même porté à croire que la recherche bute ici souvent contre des impossibilités radicales. Comment saisir en particulier les contours des milieux hérétiques ruraux, alors qu'il est toujours si difficile à l'historien de connaître dans leurs profondeurs les sociétés paysannes ?

Enfin, les débats ont montré à plusieurs reprises que les doctrines elles-mêmes, en se transmettant, en se diffusant, subirent une dégradation et un renouvellement. Mais il est apparu aussi que les documents qui permettraient d'observer de près cette dégradation et ce renouvellement sont rares et d'une interprétation fort délicate. Du moins cette notion d'une dégradation, et d'une infiltration progressive des corps de croyances depuis les milieux « intellectuels » vers des milieux de niveau culturel inférieur, permet-elle de rejeter comme un faux problème la question hérésie savante-hérésie populaire ? Ou tout au moins de la poser de manière peut-être plus juste, en tout cas plus stimulante. Car la doctrine reçue se déforme toujours. Du fait d'abord des intermédiaires, des propagandistes – ces marchands et ces croisés, par exemple, qui rapportèrent d'Orient une certaine notion du bogomilisme, ou tout simplement les mères de famille transmettant de génération en génération les dogmes clandestins. Mais l'hérésie se déforme aussi sous l'influence de ceux-mêmes qui y adhèrent, puisque, dans l'esprit des adeptes, la doctrine rejoint pour se mêler à elles des croyances « populaires » beaucoup plus simples et beaucoup plus frustes. Presque toujours, en effet, dans les milieux qui s'approprient une hérésie, interviennent comme agent de déformation les attitudes latentes collectives qui favorisèrent d'ailleurs grandement la réception de la doctrine, ces attitudes anxieuses que les Églises appellent des superstitions, mais que nous pouvons, nous, définir comme des comportements religieux instinctifs, fondés sur des représentations extrêmement simples. C'est à ce niveau des consciences qu'il convient de rechercher en particulier les racines des interdits, des tabous, des « modes d'exclusion et de partage » qui peuvent revêtir des formes très tranchées, de schéma généralement dualiste. Le dualisme, dont on sent l'existence à ce niveau des consciences, participe à beaucoup de pulsions instinctives, et notamment au sentiment de culpabilité sexuelle, ce qui explique la fréquence, au sein des groupes hérétiques, de l'exigence de pureté, sinon chez le croyant lui-même, du moins chez un responsable de transfert, chez le « parfait ».

On peut découvrir aussi, à ce palier profond des psychologies collectives, les thèmes très simples qui entraînent les hérésies « populaires », mythe de l'égalité primitive des enfants de Dieu, attente de la fin des temps, idéal enfin de pauvreté, qui parfois se fait nettement jour, mais ne cesse d'être obscurément désiré, on l'a vu, dans les hérésies du XIe au XIIIe siècle, parce que, sans doute, en certains milieux sociaux, cette idée élémentaire formait compensation à la mauvaise conscience d'une richesse mal acquise. En tout cas la fusion progressive des doctrines bâties par les hérésiarques avec des croyances frustes me paraît expliquer les « résurgences », dont les attitudes religieuses latentes sont de toute évidence le lieu ; elle explique aussi certains glissements de l'hérésie depuis certains niveaux sociaux, qui peu à peu, accédant à une culture supérieure, devinrent allergiques à des formes trop primitives, vers d'autres milieux sans doute moins évolués. J'ajoute enfin que ces corps de croyances, disons « populaires » (mais, je crois qu'il vaudrait mieux, puisqu'elles sont présentes en toute conscience, les considérer comme des croyances de soubassement affectif) furent eux-mêmes susceptibles de fermentations religieuses spontanées, en dehors de toute intervention d'une doctrine savante. Ce fut alors, incontestablement, que jouèrent des stimulations d'ordre économique et social. Je ne pense pas, pour ma part, qu'il soit nécessaire toujours de scruter, à propos de l'ensemble du phénomène hérétique, la conjoncture économique et sociale. Mais il est des cas où véritablement l'on discerne un mouvement dialectique. Ils correspondent presque tous aux moments d'affleurement violent des croyances « populaires », comme par exemple au mouvement des flagellants, jugés et poursuivis comme hérétiques par une Église inquiète.

Je voudrais enfin, pour terminer, attirer l'attention sur l'importance dans l'histoire des hérésies, et dans l'histoire des hérétiques, de la répression. On a vu que l'orthodoxie suscitait l'hérésie en la condamnant et en la nommant. On peut apercevoir aussi que l'orthodoxie a résorbé maintes hérésies en les apprivoisant, en les réconciliant, en se les appropriant. Mais il faut ajouter enfin que l'orthodoxie, parce qu'elle punit, parce qu'elle poursuit, met en place tout un arsenal, qui vit ensuite son existence propre, et qui souvent même survit longtemps à l'hérésie qu'il a dû combattre. L'historien doit considérer avec la plus grande attention ces institutions de dépistage et leur personnel spécialisé, souvent constitué par d'anciens hérétiques qui se rachètent. Il y aurait évidemment toute une histoire profonde à faire de la psychologie de l'inquisiteur, de sa formation, de ses manuels de références. L'orthodoxie, parce qu'elle punit et qu'elle poursuit, installe également des attitudes mentales particulières, la hantise de l'hérésie, la conviction chez les orthodoxes que l'hérésie est hypocrite, qu'elle est masquée et, par conséquent, qu'il faut à toute force et par tous les moyens la détecter. La répression crée d'autre part, comme instrument de résistance et de contre-propagande, des systèmes de représentations divers, qui continuent très longuement à agir. Enfin tout cet attirail répressif fut fréquemment utilisé comme un outil commode par le pouvoir, allié à l'Église orthodoxe, ce qui doit nous diriger vers de vastes perspectives d'interrogations qui, à plusieurs reprises, se sont entrouvertes durant ce colloque, mais qui réclameraient un jalonnement systématique, car elles sont très largement déployées. Pensons donc au lent transfert de l'hérésie vers la politique, que nous avons perçu si nettement lorsque l'on nous parlait du franchisme ou du XVIIe siècle anglais. Pensons également, beaucoup plus simplement, à l'utilisation politique de l'hérésie, du groupe hérétique traité comme bouc émissaire, avec tous les procédés d'amalgame momentanément souhaitables.

13

ORIENTATIONS DES RECHERCHES HISTORIQUES EN FRANCE. 1950-1980. [1]

En 1950 [2], âgé de soixante-douze ans, Lucien Febvre, dans son bureau de la VIe section de l'École pratique des hautes études, savourait la victoire des *Annales*, cette revue qu'il avait fondée vingt et un ans plus tôt avec Marc Bloch. Elle avait été l'arme d'un combat acharné. Contre ce qui demeurait des traditions positivistes, solidement arrimées à des institutions puissantes – contre l'histoire-bataille, contre une histoire politique isolée du reste, contre une histoire désincarnée des idées. Pour l'histoire économique en premier lieu. De plus en plus pour l'histoire sociale. Enfin – la décision de changer l'intitulé de la revue lorsqu'elle avait commencé de reparaître à la Libération, remplaçant *Annales d'histoire économique et sociale* par *Annales. Économies. Sociétés. Civilisations* est fort éclairante – pour une histoire largement ouverte sur les phénomènes culturels, refusant de privilégier, parmi ce que Michelet appelait les « voies », les « formes », les « éléments de la vie historique », ceux qui relèvent du matériel. Pour une histoire totale, ou plutôt pour une histoire massive : s'éloignant des accidents de surface, de ces petites bulles que sont les « événements », pour sonder l'épaisseur, la profondeur, se coulant pour cela dans les rythmes de très longue durée, s'aventurant jusque dans ces grands fonds où plus rien ne semble changer, plongeant le regard vers les assises, vers les couches les plus stables, les paysannes. Trente années plus tard, l'objectif n'a pas changé : l'histoire qui mérite d'être faite reste, dans la diversité de ses multiples composantes, celle de telle ou telle population à l'intérieur de l'espace qu'elle occupe. Toutefois on n'écrit plus cette histoire en 1980 comme on l'écrivait en 1950. La différence tient à ce que, grâce à Dieu, la discipline historique demeure en pleine jeunesse, et spécialement dans ce pays.

1. Bibliographie [273].
2. Ce texte a été écrit en 1980.

On a parlé, ces temps-ci, de « nouvelle histoire ». À mon sens, on en parle trop. L'expression est heureuse dans la mesure où, stimulante, elle incite à se défier des routines. Mais ce qu'elle contient de polémique peut la rendre dangereuse. Il serait fâcheux qu'elle ravive de vieilles querelles, qu'elle relance des exclusives qui n'ont plus aujourd'hui d'opportunité, qu'elle divise le corps des historiens. Il n'y a pas en effet de « nouveaux historiens ». Il y en a de bons, de moins bons. Tous sont aiguillonnés par l'insatisfaction permanente d'une histoire qui, vivace, déplace sans cesse le champ des ses observations et pose toujours autrement ses problèmes. Voici ce qu'il faut observer de près : comment en France, les conditions du travail historique se sont modifiées en une seule génération.

*

Je remarquerai d'abord que nous prenons chaque jour plus claire conscience de la relativité de nos connaissances. En 1961, paraissait, dans *L'Encyclopédie de la Pléiade, L'Histoire et ses méthodes*, vaste recueil de réflexions pertinentes sur l'esprit et les techniques de nos recherches. Pour une part ce livre faisait front contre les *Annales*. Le maître de l'ouvrage, Charles Samaran, membre de l'Institut, avait chargé une pléiade d'excellents chartistes de présenter dans le meilleur éclairage – et ce fut très salutaire – l'admirable monument que l'histoire positiviste avait légué, de décrire l'outillage précis servant à récolter, à conserver, à critiquer les témoignages. Ce discours de la méthode historique fut avant tout l'éloge de l'érudition, minutieuse, rigoureuse, objective. Toutefois, dans son souci d'aérer l'édifice et de ramener à soi tout ce qu'il jugeait capable de vivifier le travail de recherche, Charles Samaran, après avoir rappelé qu'« il n'y a pas d'histoire sans érudition », affirmait aussitôt dans sa préface que « l'histoire peut être totale », qu'elle « est une science sociale liée indissolublement aux autres sciences de l'homme » (Lucien Febvre ne se serait pas exprimé autrement), enfin qu'« elle sait d'avance relative » la vérité vers quoi elle tend. Parmi les auteurs, figuraient ainsi Renouard, Meuvret, Georges Sadoul, Philippe Wolff, Charles Higounet. À Henri Iréné Marrou était revenu d'écrire un préambule : « Qu'est-ce que l'histoire », une conclusion : « Comment comprendre le métier d'historien » – et c'est ici, dans un paragraphe intitulé « Objectivité et subjectivité de la connaissance historique », que l'on peut lire : « Dès que l'on entre dans la sphère des réalités proprement humaines, le passé ne peut plus être isolé à l'état pur et saisi en quelque sorte isolément : il est atteint à l'intérieur d'un mixte indissoluble où entrent à la fois, intimement associées, la réalité du passé, oui, sa réalité objective, vraie, et la réalité présente de la pensée active de l'historien, qui cherche à retrouver la première... L'histoire est à la fois objective et subjective ; elle est le passé, authentiquement appréhendé, mais le passé vu par l'historien. » Charles Samaran avait tenu à placer en pleine lumière cette proposition de Marrou : « L'histoire est une aventure spirituelle où la personnalité de l'historien s'engage tout entière. »

De cela, nous sommes désormais persuadés. Cette conviction incite d'abord à la modestie. Elle retient de se laisser prendre aux mirages du positivisme. Sans que l'effort se relâche, bien sûr, pour « établir les faits » avec la rigueur et la précision les plus grandes, les œillères sont tombées qui retenaient de considérer, lucidement, que cet établissement est forcément bancal, que nous n'atteindrons jamais qu'une portion dérisoire du passé et qui n'est pas toujours celle vers quoi tendrait notre désir, que la vérité absolue est hors de portée. L'autre découverte est de plus lourde conséquence. Nous mesurons l'influence exercée sur notre démarche, sur la façon dont nous formulons les questions et dont nous nous mettons en quête de leur donner réponse, par l'histoire que l'on dit immédiate, c'est-à-dire par les tumultes du présent. Notre « pensée active » subit le contrecoup de ces ébranlements. Ils l'infléchissent, nous le savons, beaucoup plus fortement qu'on ne l'imaginait jadis. L'important est que les historiens aient appris à ne plus autant se défier de ces agressions, à les prendre pour ce qu'elles sont : stimulantes. Puisque ce sont elles, ce sont les contradictions de notre époque, c'est la position que nous prenons vis-à-vis d'elles qui, dans la plus large mesure, contribuent à sortir la recherche du train-train où elle risquerait de s'enliser bientôt. Nous avons donc moins peur de nos dégoûts et de nos enthousiasmes. Nous maîtrisant, gardant le regard froid tant qu'il s'agit de critiquer les sources – c'est à cette étape du travail que la volonté de subjectivité se concentre –, mais nous laissant aller, dociles, aux impulsions lorsqu'elles entretiennent l'insatisfaction devant la problématique, lorsqu'elles pressent d'interroger toujours différemment les documents. On n'expliquerait pas la vivacité des progrès qu'accomplit sous nos yeux l'histoire sans mettre en cause le sentiment toujours plus vif que pour être bon historien il faut tenir les yeux ouverts sur son temps, que l'histoire neutre, celle que l'on écrit enfermé dans les bibliothèques, est toujours terne et douceâtre.

*

S'engager dans le présent, prêter l'oreille à toutes ses rumeurs – en un mot : vivre – exige en particulier de se tenir informé de ce qui se découvre et se transforme dans le champ des sciences humaines voisines. L'histoire s'affaiblirait de s'isoler. Il lui faut jouer pleinement sa partie dans un peloton dont les équipiers s'épaulent, rivalisent entre eux, chacun pressant le pas dans l'espoir de prendre la tête. Ce fut la gloire des *Annales* (et ça l'est encore) d'avoir misé sur une telle solidarité compétitive, d'avoir tant lutté pour que les barrières s'abaissent entre les disciplines. Les historiens suivent des yeux leurs partenaires. Ils s'appliquent à demeurer dans la foulée des plus agiles. C'est ainsi qu'ils parviennent à se surpasser.

Au beau temps des *Annales*, la discipline de pointe avait été en France la géographie. Elle entraînait tout. J'aime à le répéter : lorsque j'étais étudiant, ce furent les géographes, mes maîtres, qui me firent les premiers connaître Marc Bloch et Lucien Febvre. Ce que ces deux savants devaient eux-mêmes aux travaux des géographes, français et allemands, est évident. Ouvrez *La Méditerranée* : la place que Fernand Braudel fait au paysage est primordiale. Les vents et les reliefs, les pâtures et les vergers, les flux migratoires tiennent des rôles de premier plan sur la scène qu'il a superbement dressée, et lorsqu'il entreprend d'analyser la durée, je me demande s'il ne doit pas davantage à l'influence des géographes qu'à celle des économistes. Géo-histoire : une œuvre comme celle de Charles Higounet expose les fruits d'une telle alliance.

Si je réfléchis sur l'apport de la géographie, il m'apparaît cependant que l'incitation la plus féconde, la plus prolongée fut celle qui conduisit les historiens à donner plus volontiers pour cadre à leurs enquêtes la monographie régionale. Ils ont appris à circonscrire convenablement un territoire ; à considérer l'ensemble des hommes qui le peuplent dans leur rapport avec ce milieu, c'est-à-dire avec la nature longuement façonnée par l'histoire ; à mettre en relation les multiples forces intervenant pour donner à cette population ses formes et pour faire évoluer celles-ci. En quoi l'étude de la société féodale que j'entrepris de mener dans les bornes étroites d'une petite région de la France centrale se distingue-t-elle, par son propos, par sa démarche, des enquêtes que les Allix, les Faucher, les Juillard avaient auparavant conduites dans tel secteur des Alpes, de la vallée du Rhône ou de l'Alsace pour confronter l'organisation d'un paysage à celle d'une paysannerie ? L'école géographique française donnait de surcroît l'exemple de la décentralisation des programmes. Alors que la recherche en histoire demeurait résolument parisienne, toujours fidèle à la longue tradition portant à tout regarder par les yeux du prince, depuis les sièges du pouvoir étatique et donc depuis la capitale, alors que, volontiers jacobine, elle se montrait encore sensible en premier lieu aux processus d'unification, la recherche en géographie, qui depuis longtemps avait implanté à Grenoble l'un de ses centres les plus vigoureux, s'éparpillait partout parmi les provinces, et c'est là, localement, sur le terrain, qu'elle accumulait les succès. Je suis tenté de chercher ici l'une des racines de cette innovation parmi les plus profitables : la prise en compte d'une histoire régionale. Toutes les perspectives en furent en effet changées. La France du Sud, parente très pauvre jusqu'alors de l'historiographie de qualité, sortit peu à peu de l'ombre. Ce qui mit en question certaines propositions fondamentales. Ainsi, par exemple (j'avertis que je tirerai de préférence mes exemples de mon domaine propre, le Moyen Âge), à propos de la féodalité. On la voyait se former dans les pays francs, entre la Loire et le Rhin, sur les débris de la monarchie carolingienne. Les résultats d'investigations récentes, dont certaines, fort remarquables, se sont poursuivies en Catalogne, incitent aujourd'hui à penser que le Midi fut bien loin d'accueillir passivement des formes de sociabilité venues du Nord, que certains aménagements des rapports sociaux, parmi les plus décisifs, y furent sans doute d'abord expérimentés. C'est bien, en tout cas, sur le versant méridional de la Gaule que prirent leur source certains courants qui imprimèrent à la civilisation « française » du XIe siècle quelques-uns de ses traits majeurs. Je pense au mouvement pour la paix de Dieu, à la conception de la vie monastique que l'on se faisait à Cluny, à la réforme ecclésiastique que nous disons grégorienne, aux manières de bâtir, de sculpter dans la pierre que nous disons romane. Une telle décontraction de l'enquête était pleinement amorcée il y a trente ans. Elle s'est affirmée depuis lors.

Plus récemment, d'autres défis ont été lancés aux historiens. Ils vinrent principalement de la linguistique et de l'anthropologie, les deux disciplines qui supplantèrent la géographie et vinrent la relayer aux premiers rangs du front de conquête. Les travaux des linguistes débouchèrent sur le structuralisme, dont on sait le succès qu'il eut un moment. Conviant à négliger le changeant pour l'immobile, le structuralisme reniait l'histoire. Il tendait en tout cas à la marginaliser. Ce fut pour les historiens comme un coup de fouet. On s'aperçoit aujourd'hui qu'il fit gagner un large terrain. Il encouragea à analyser plus judicieusement ce que nous autres historiens appelions déjà des « structures ». Il porta certains d'entre nous à ne plus contenir leurs observations à l'intérieur de phases relativement courtes, à arpenter audacieusement de très longues périodes, déplaçant d'une extrémité à l'autre des concepts de manière à distinguer ce qui est stable de ce qui bouge. L'exemple de la linguistique renforça la tendance à examiner au plus près l'écorce formelle des témoignages.

Ainsi le gant fut relevé, tandis que, lentement, la mode passait, et que, dans toutes les sciences humaines, l'attention se tournait de nouveau vers les frémissements du temps court. De la brève crise demeure ce fait remarquable : nul, dans les dernières années, mieux que Michel Foucault n'aida les historiens à resserrer la trame de leur interrogatoire.

Nul, sinon Claude Lévi-Strauss. L'anthropologie progressait du même pas que la linguistique. Comme celle-ci, elle prenait principalement pour objet des systèmes, elle construisait volontiers des modèles et s'appliquait à démontrer la permanence de leurs articulations. En outre, les ethnologues en étaient encore à observer surtout des sociétés exotiques, « froides », qui semblent totalement à l'écart de l'histoire. Le succès de ces études, les faveurs qu'elles recueillirent très vite dans le public cultivé tendaient, eux aussi, à cantonner dans un rôle subalterne le travail des historiens. Mais Lévi-Strauss ne les invitait-il pas à se ranger sous la bannière d'une discipline entraînant désormais toutes les autres ? Se référant à Lucien Febvre, à son livre *Le Problème de l'incroyance au* XVI*e siècle*, il leur faisait remarquer que « tout bon livre d'histoire est imprégné d'ethnologie » (*Anthropologie structurale*). Ce qui est vrai et nous rendit très attentifs aux méthodes et aux découvertes de l'anthropologie sociale. À ce moment d'ailleurs, la décolonisation obligeait bon nombre d'ethnologues à se replier sur la « métropole ». Ils prirent pour terrain les campagnes de France, bientôt ses villes. On vit se développer une « ethnologie française » qui s'appropria la fonction pionnière longtemps assumée par la géographie humaine.

Dans les dix dernières années, la stimulation qui vint de ce côté fut très vive. De toutes les collaborations, celle des ethnologues nous paraît aujourd'hui la plus fertile. Dans la jeune histoire, le projet de Jacques Le Goff de construire une « anthropologie historique » n'est-il pas ce qu'il y a de plus novateur ? Toutefois, provoqués de la sorte, les historiens sont contraints d'ajuster leur méthode. Les instruments de la critique historique furent en effet forgés pour s'appliquer à des discours cohérents évoquant les mouvements les plus vifs de la durée. Pour appréhender convenablement les lenteurs et percevoir l'inexprimé, il nous faut par conséquent employer d'autres matériaux et traiter différemment ceux qui nous sont familiers.

*

Ainsi les textes demeurent notre source principale d'information. L'histoire continue de construire le fort de son discours à partir d'autres discours. Cependant dans la façon de manipuler ces documents, de les trier et de les soumettre à la question, je discerne deux changements récents qui sont inversement orientés. Dans la mesure même où l'histoire s'intéresse aux formes structurales, aux oscillations de très longue fréquence et de très faible amplitude, dans la mesure où elle porte son regard vers les couches profondes du corps social, vers ces gens qui parlent peu et dont la plupart des paroles se sont perdues, dans la mesure où le quotidien, le banal, ce dont nul ne songe à conserver la mémoire lui paraît plus digne d'attention que ce qui fait sensation, il lui faut se mettre en quête d'une multitude d'indices très menus, différant à peine les uns des autres et qui s'éparpillent parmi les liasses et les registres. L'histoire devenue celle de l'épaisseur, de la profondeur, l'histoire massive doit élaborer massivement un minerai très lourd et de très faible teneur. Remuer des tombereaux d'écriture insipide pour en extraire une poignée de données, qui sont numériques. Compter, calculer des taux, tracer des courbes, et pour cela disposer en série quantité d'éléments homologues. Dans les premiers balbutiements d'une histoire économique, les historiens des prix, des salaires s'étaient ainsi comportés très tôt. L'exemple des géographes, puis celui des linguistes, le goût de l'anthropologie structurale pour les modèles mathématiques incitèrent à se fonder toujours davantage sur des dénombrements, jusqu'à cet espoir, ce désir de tout mesurer, de tout quantifier, lorsque des machines rendirent de telles opérations à la fois plus aisées et plus précises. Ce fut comme si les tableaux statistiques et les graphiques allaient tenir dans nos disciplines le rôle qui fut celui du papier collé, vers 1910, dans les désarrois de la grande peinture : une planche de salut, le recours contre le vertige qui prend lorsque tous les cadres sont dissociés par le pointillisme et que glisse entre les doigts l'impalpable diversité des phénomènes. Quelque chose d'apparemment solide à quoi s'accrocher. Dans les déroutes du positivisme, le chiffre et ses décimales donnèrent l'illusion de l'exactitude et que l'histoire peut tout de même être une science. Nous savons à présent que tout n'est pas quantifiable et qu'une surabondance de précisions numériques peut être un leurre. Il est cependant bien certain que la connaissance historique n'aurait jamais remporté les spectaculaires victoires de ces temps derniers sans la mise en œuvre des procédés de l'histoire sérielle.

Ce furent évidemment les spécialistes de l'époque moderne, des XVIe, XVIIe, XVIIIe siècles, qui montrèrent le chemin. Tout naturellement. Les textes datant de ces temps-là se prêtent à être exploités de cette manière, abondants mais pas trop, et pour une large part comptables. On avait mesuré d'abord les fluctuations de la valeur des choses, du cours des monnaies, du trafic marchand. On en vint rapidement, appliquant ces procédés aux mentions de baptêmes, de mariages, de sépultures que l'on trouve empilées dans les registres paroissiaux, à l'étude des mouvements de la population. L'histoire démographique fut ainsi la grande triomphatrice : elle répandit de toutes parts dans le monde le renom de l'école française. Dénombrer des fiançailles ou des décès invitait à se demander si de semblables méthodes ne pourraient pas servir aussi à mieux appréhender des phénomènes qui ne sont pas matériels. On s'aperçut vite que l'analyse statistique, non plus des faits eux-mêmes mais des formules rituelles par lesquelles ils sont rapportés, pouvait être très fructueuse. Traiter ainsi des séries de testaments, par exemple, livrait des informations de tout premier intérêt sur l'évolution des attitudes devant la mort et l'au-delà. L'histoire quantitative débouchait ainsi sur celle des comportements et des mentalités. Parce que leur information est beaucoup moins dense, et surtout trop lacunaire, les médiévistes, les historiens de l'Antiquité ne peuvent faire le même usage de ces procédés. Ils s'aperçoivent cependant que l'ordinateur peut devenir pour eux un outil très efficace, qu'il est utile de lui livrer certaines données : les objets que la fouille découvre et qu'il n'est pas meilleure façon de classer ; les mots surtout. Disséquer de cette façon un vocabulaire, compter les occurrences de vocables, évaluer les taux de fréquence ne permet pas seulement d'affiner de manière radicale les pratiques traditionnelles de la critique des textes, de déceler les faux, les interpolations, de préciser des dates, donc de préparer des éditions moins fautives. Le recours à la quantification aide à capturer le sens, à mieux s'en rendre maître dans sa profondeur et dans sa mobilité.

C'est ici, précisément, que confluent, pour transformer de concert les méthodes de l'histoire, le premier courant, dont je viens de parler, et cet autre, parti pourtant d'une direction opposée. J'évoque la tendance fort vive à revenir, après l'avoir longtemps délaissée, à ce qu'il y a de narratif dans les sources écrites, pour l'abondance et la succulence de ce que livrent les récits. Cette tendance invite à se comporter à l'égard de l'information à l'inverse de l'histoire sérielle : tirer de la masse le discours le plus riche pour sa valeur expressive, pour la densité de son contenu. Extraire le monumental du tout-venant. Ce texte privilégié, il convient toutefois de le lire autrement. Les historiens n'ont pas inventé ces nouveaux procédés de lecture. Ils les ont empruntés à d'autres sciences humaines, à la psychologie sociale, à l'ethnologie, à la linguistique – en ce domaine encore initiatrices. Le langage est pris désormais comme matériau. Mais il s'agit moins de compter ses éléments que de démonter ses structures et de comparer. La signification est appréhendée par une autre face, par la topologie, en explorant des champs, en repérant des constellations de termes. Et, c'est ici l'apport spécifique de l'histoire, en cherchant à discerner comment ces ensembles se modifient dans la durée. Mais il apparaît bientôt qu'il ne faut pas s'en tenir aux seuls vocables, que d'autres signes, semblablement traités, procurent des informations très précieuses sur les comportements, les attitudes mentales des hommes du passé, sur l'évolution globale d'une culture, d'une formation sociale. C'est d'une sémiologie beaucoup plus large que les historiens aujourd'hui se soucient. Ils en sont à redonner vie, les pressant d'interrogations, à l'héraldique, à l'iconologie, à l'histoire de la maison ou du costume. Ils en sont à inventer une histoire des gestes.

Car ils ne sont pas restés tout à fait sourds à l'appel de Lucien Febvre invitant, il y a près d'un demi-siècle, à ne point se référer uniquement aux mots, mais à quantité d'autres indices répandus parmi les choses. Une bonne part de ses conquêtes récentes, la recherche historique française la doit à l'essor de l'archéologie. Ce développement date d'hier. Il fut rapide. Non pas que les moyens mis à la disposition des fouilleurs aient été sensiblement renforcés. Le succès tient pour une part à la vogue dont bénéficie ce genre de recherche et qui, comme l'engouement pour l'anthropologie paysanne, pour les arts et les traditions populaires, comme la mode de la brocante, procède de la nostalgie du « monde que nous avons perdu », que nous imaginons paisible, ordonné, le monde rassurant de la ruralité. Mais le succès de l'archéologie tient surtout à ce qu'elle ne cherche plus la même chose. Elle aussi a cessé de se préoccuper seulement de l'exceptionnel. Au souci de sauver des chefs-d'œuvre s'est ajouté celui de mettre au jour, de décaper, de soigneusement inventorier toutes les traces, jusqu'aux plus dérisoires, de la vie de tous les jours, le projet de reconstituer, comme on dit dans l'Europe de l'Est, la « culture matérielle ». Les chercheurs français n'ont effectivement rien fait que s'avancer, et avec un fort retard, dans des voies qui s'étaient ouvertes en Pologne, en Roumanie, dans les pays scandinaves. La France fut touchée il y a bientôt trente ans. On s'est mis à fouiller l'emplacement des forteresses de Normandie, les sites de villages bourguignons, aquitains, provençaux, lorrains, désertés après la Peste Noire ou durant les temps modernes. Il arrive que les découvertes des archéologues contredisent des hypothèses jusqu'ici tout entières fondées sur l'enseignement des textes. Ainsi de l'habitat fortifié : on avait depuis longtemps reconnu que le système de rapports politiques, économiques et sociaux que nous désignons par le terme de féodalité s'était construit autour des châteaux ; ceux-ci apparaissent très peu nombreux dans les documents d'archives ; or dans toutes les provinces où l'enquête archéologique s'est développée, elle a fait apparaître en quantité les « mottes », ces buttes artificielles élevées au XIe siècle pour servir d'assises à des fortifications ; ne faut-il pas désormais relire attentivement les chartes, vérifier si la place de la chevalerie dans le corps social est bien celle qu'on imaginait jusqu'ici ? Autre défi lancé par les archéologues : dans les ruines d'un petit groupe de maisons perchées près d'un château sur une colline de Provence on a découvert d'abondants vestiges de céramiques qui semblent importées d'Italie, d'Espagne, de la côte barbaresque ; cela dérange ce que nous croyions connaître de la pénétration de la monnaie et de la marchandise lointaine dans ces campagnes à la fin du Moyen Âge. Enfin, mesurer les squelettes exhumés d'un ancien cimetière du Sud-Ouest oblige à reconnaître aux rustres de ce temps-là une constitution physique fort différente de celle qu'on leur attribuait : ils apparaissent mieux nourris, plus robustes, beaucoup moins sujets aux maladies de carences et capables de vivre plus longtemps ; ce qui conduit à rectifier quantité d'assertions à propos de la circulation des biens, de la démographie, des relations de famille, et par conséquent, des comportements et des mentalités.

C'est l'histoire médiévale qui jusqu'ici a profité surtout des apports d'une archéologie soucieuse des aspects quotidiens de la vie. Mais la curiosité s'avive de toutes parts pour les instruments, les costumes, les emblèmes, pour toutes les représentations figurées que les hommes du passé ont données de leur existence concrète et de leurs rêves. Ces traces deviennent évidemment beaucoup plus nombreuses dès que l'on se rapproche de notre époque. Elles sont partout, à la ville comme à la campagne. Encore abondantes, mais menacées, et nous prenons conscience de leur fragilité. On se met à en faire l'inventaire, on les recueille, on les restaure. Ainsi s'inaugure, à l'exemple encore d'expériences conduites depuis longtemps à l'étranger, une archéologie industrielle au Creusot. Ailleurs ce sont des collections de cartes postales qui révèlent une organisation de l'espace dans le village ou à l'intérieur des maisons, des attitudes corporelles, toute une conception du monde, un système de valeurs qui régnait encore il y a fort peu de temps, mais dont nous ignorions qu'il fût si profondément plongé déjà dans l'oubli.

*

Ce qui s'est rajeuni dans la conception de l'histoire, dans la manière de choisir les sources d'information et de s'en servir est indissociablement lié au renouvellement des questions que l'historien se pose. Dans l'histoire des sociétés, vers quoi finalement tous nos efforts convergent, je discerne d'abord comme une restriction relative de la part faite à l'économique. À l'époque où furent fondées les *Annales*, l'histoire économique tenait le premier rôle. L'histoire sociale suivait ; elle faisait figure de comparse. Elle s'est avancée, et très rapidement depuis trente ans, sur le devant de la scène. Mais non point seule : elle entraîne avec elle ce que Lucien Febvre nommait l'histoire des civilisations. L'histoire de la culture ? L'expression ne vaut pas mieux. Il s'agit de ces facteurs qui ne relèvent pas du matériel. Du reflux de l'explication prédominante par l'économique, les principaux responsables furent les historiens de l'Antiquité et ceux du premier Moyen Âge : en effet les documents qui renseignent sur ces époques sont très pauvres en données susceptibles d'une exploitation statistique. Antiquistes et médiévistes étaient donc préparés à entendre Marcel Mauss, Veblen, Polanyi et les représentants de l'active école française d'africanisme. Il leur suffisait d'ailleurs d'ouvrir les yeux pour se convaincre que, dans ce passé lointain, l'argent occupait une place beaucoup plus restreinte dans les relations humaines, que l'esprit de profit exerçait sur les comportements moins d'influence que les coutumes et les croyances. On s'aperçut vite que les fondateurs d'une histoire économique du Moyen Âge, des historiens d'aussi grand talent et d'aussi plein succès qu'Henri Pirenne, s'étaient laissé gagner par une forme d'anachronisme très insidieuse et qu'il est fort difficile d'esquiver : ils avaient projeté dans le passé, pour en interpréter les vestiges, leur propre manière de voir et d'agir. Ils avaient un moment oublié que les choses n'allaient pas exactement autrefois comme elles vont autour de nous ; que, par exemple, ni la monnaie ni le commerce n'avaient à Gand au XIIe siècle la même signification qu'au XXe ; que les lois de la formation des prix dont les économistes de notre temps nous informent ne peuvent s'appliquer dans des formations sociales engoncées dans le ritualisme, qui, par exemple, ne se font pas la même idée de l'au-delà ; bref que le capitalisme appartient à notre monde et qu'il n'est pas chez lui en d'autres lieux et en d'autres temps. Les historiens des temps féodaux durent ainsi faire à la gratuité une place qu'ils ne soupçonnaient pas aussi large. Ils découvrirent qu'ils risquaient de ne rien comprendre au mouvement des biens s'ils ne reconnaissaient pas que parfois le goût de détruire les richesses joyeusement l'emporte sur celui de les produire, que les valeurs de loisir dominent de très haut, dans la plupart des sociétés, celles de travail, que la largesse, voire le gaspillage s'établit souvent au sommet de l'échelle des vertus. Admettre dans les échanges la prédominance du don et du contre-don sur la vente et l'achat, et celle de la fonction symbolique dans l'instrument monétaire aboutit à se représenter les mécanismes de la société féodale de manière entièrement neuve et beaucoup plus juste. Pièce à pièce, la révision se poursuit : on en est aujourd'hui à mieux saisir, par exemple, l'idée que se faisaient de la propriété les gens du XIe siècle en remarquant que les notions d'indivision et de solidarité débordaient alors largement les limites de la matérialité, c'est-à-dire du monde visible.

C'est ainsi peut-être que les historiens furent invités à s'engager dans l'une des voies que leur désignait l'anthropologie : l'analyse des structures de parenté. Les premières enquêtes sur l'histoire de la famille furent lancées en France il y a une vingtaine d'années. Dans nul autre domaine, les gains ne furent plus abondants. C'est aussi que l'ardeur à prospecter était ici particulièrement vive, attisée par la curiosité et l'inquiétude devant les problèmes que, dans son évolution actuelle, affronte notre propre société. En ce point précis se voit, plus clairement peut-être qu'ailleurs, comment le trouble qui agite la conscience de l'historien peut retentir sur le choix de ses itinéraires : ce n'est évidemment pas un hasard si l'on s'intéresse tant en 1980 à l'enfant sous le règne de Louis XIV, à l'amour courtois, à la prostitution, aux ouvrières du second Empire, aux dames et aux paysannes des temps féodaux. En tout cas, à mesure que nous connaissons mieux la nature des rapports qui, au XIe ou au XVIIe siècle, s'établissaient entre tel homme et ses ancêtres, son épouse, ses frères et ses cousins, ses descendants, nous portons un regard différent sur les faits politiques, religieux, économiques. Lorsque, s'associant aux efforts de quelques africanistes de formation marxiste, les médiévistes affinent le concept d'un mode de production familial, lorsqu'ils cherchent à percevoir comment se répartissaient les tâches, les profits, l'autorité à l'intérieur de cette cellule sociale essentielle qu'est la parenté, qui disposait des femmes et décidait de les donner en mariage, lorsqu'ils tentent de mesurer ce que consommaient aussi les morts, ils soulèvent peu à peu le voile. C'est bien entendu dans le prolongement des conquêtes de l'histoire démographique que se situe celle, très vaste et bouleversante, de l'histoire de la famille. De longue date, les historiens s'occupent de la mort et du mariage. Mais aujourd'hui ils regardent autrement ces phénomènes. Ils ne se contentent pas de mettre en statistiques la mortalité, la nuptialité pour évaluer leurs effets sur la croissance ou le repli d'une population. Ils s'intéressent davantage aux rêves qui gouvernent les comportements, aux codes, aux interdits, à leurs transgressions, à l'espoir dont on se berce, aux rituels.

Aujourd'hui, la fête est devenue l'un des thèmes favoris de l'historiographie française. N'est-ce pas parce que celle-ci a simultanément découvert l'importance fondamentale de la gratuité et du cadre familial, et parce que l'ethnologie, la linguistique l'ont incitée à observer principalement des signes, des emblèmes, des mimiques ? Tandis que les psychanalystes l'appelaient à faire une place toujours plus grande à l'angoisse, au désir, aux pulsions inconscientes. Comment s'étonner en tout cas de la voir avec tant d'application scruter maintenant l'immatériel ?

*

La prise en considération du rôle des mythes, des rites, de l'imaginaire dans l'évolution des sociétés humaines fut sans conteste facilitée par la progressive défaveur du concept de causalité, elle-même accélérée par les efforts salutaires de critique dont les formes vulgaires de la pensée marxienne ont fait l'objet dans les années 1950, de la part notamment des marxistes eux-mêmes. Ce retrait accompagnait d'ailleurs naturellement celui de l'histoire événementielle. Il est permis de chercher une cause à tel événement. On peine à mettre en évidence celle qui suscite l'insensible glissement des structures. À s'enfoncer dans les profondeurs de la durée, l'idée s'impose que l'évolution d'une formation sociale est déterminée par des facteurs innombrables. Ils agissent ensemble. Ils sont eux-mêmes agis par ceux qui les environnent. Comment désigner celui dont l'intervention est primordiale ? N'est-il pas vain de se demander lequel « en dernière instance » est déterminant ? Résignés à ne pouvoir atteindre que des vérités très partielles et relatives et contraints à la réserve par cette conviction même, les historiens se persuadent de l'indissociable globalité des influences. Il leur semble tout à fait inutile de s'acharner à ajuster les maillons d'une chaîne de causes et d'effets. Leur effort est de pénétrer les finesses d'un jeu de corrélations, d'« interconnections » ; ils voudraient mettre en « relations intelligibles » diverses branches, contemporaines, de l'activité humaine ; leur espoir est de reconstruire des « unités cohérentes, significatives » (Marrou). Plus étroitement que jamais, leur attention se fixe donc sur les rapports, les processus de liaison, les phénomènes d'adhésion, de rejet, d'osmose – ce qui les conduit à s'approprier des concepts que proposent les sciences exactes, celui de membrane, forgé par les biologistes, celui d'interface, forgé par les physiciens.

Une telle inflexion dans les chemins que suit l'historien pour détecter ce réel impalpable, le sillage de ce qui fut vie dans les temps passés, a préparé, sans aucun doute, le succès depuis vingt ans d'une histoire des mentalités. Il n'est aucun historien qui n'admette aujourd'hui la nécessité pour qui veut comprendre un fait historique d'interpeller ce qui se blottit au fond des consciences individuelles, en contrebas de la pensée active, de plonger dans ce magma mal ordonné et pourtant cohérent d'idées reçues, de consignes, de figures apparemment vagues mais dont les membrures sont pourtant assez solides pour contraindre les mots à s'associer de telle ou telle façon, qui enseignent à se comporter d'une certaine manière et sur quoi se trouve tendue la totalité d'une vision du monde. « Prisons de longue durée » bien sûr, les mentalités ne sont pourtant pas immobiles : il appartient à l'histoire, en plein essor, de l'éducation (de toutes les formes d'éducation, celles que donnent l'école ou la cour princière, ce que l'on apprend de son curé, de sa grand-mère, à l'atelier ou au régiment) d'aider précisément à déceler ce qui les transforme.

Il faut bien reconnaître : le terme de mentalité n'est pas satisfaisant. Le concept ne l'est pas davantage. Il faut l'affiner. On y travaille. Les méthodes se précisent qui permettent d'aborder convenablement, rigoureusement, l'histoire des systèmes de valeurs. Et l'on vient d'entreprendre celle des idéologies. Suivre de siècle en siècle dans leur translation insensible ces architectures fantomatiques, en cerner les contours dans l'éparpillement des signes qui font émerger de l'inexprimé tel ou tel pan de la construction : l'entreprise est fascinante. Elle est malaisée, car il faut débusquer les expressions symboliques parmi toutes les traces, écrites ou non, du passé. Elle invite à discerner quels intérêts sont servis par les formations idéologiques, donc les milieux qu'elles rassurent et dont elles justifient les actions, les médiateurs qui les propagent, les stratagèmes qui servent à les imposer et les résistances qu'elles suscitent. Le chercheur s'achemine ainsi vers des lieux où s'entrelacent les liens entre le rêvé et le vécu, entre le concret des conditions matérielles, l'idée que l'on se fait d'elles et les mirages utopiques qui appellent à les transformer. C'est dire que ce genre d'enquête permet de rénover l'énoncé d'un problème fondamental, celui du pouvoir. Les méthodes de l'histoire politique en sont rajeunies. Mais l'histoire des croyances, l'histoire de la peur et celle de la pauvreté que l'on a commencé de faire, l'histoire de l'espérance à quoi il faudrait bien s'atteler, peuvent attendre un profit égal sinon plus grand des déplacements rapides dont la problématique de l'historien est actuellement le lieu. Ils aident à circonscrire d'âge en âge avec beaucoup plus d'exactitude le champ du religieux. De cette délimitation plus précise, tout donne à penser que l'histoire des religions sortira transformée aussi radicalement qu'est en train de le devenir l'histoire économique sous l'effet des réflexions sur le gratuit, sur le loisir, sur le ludique, c'est-à-dire sur l'un des versants de ce que nous appelons les mentalités.

*

Étudier les idéologies enseigne que dans toute société quelque peu complexe il existe plusieurs systèmes idéologiques et qu'un conflit permanent les oppose. Tout ensemble culturel est hétérogène. Les historiens en sont maintenant persuadés et ils jugent qu'ils doivent étudier dans le passé les différents « niveaux de culture ». Cette métaphore n'est pas sans danger : elle risque d'imposer l'image de couches superposées ; elle incite à situer celles-ci en concordance avec la stratification économique de la société. Le fait est qu'elle sous-tend un programme de recherches que l'on peut tenir peut-être pour le plus original de la jeune école française. Je parle des tentatives pour mettre au jour les formes anciennes d'une « culture populaire ». Ce projet date de loin. Lorsque Jacques Le Goff, après avoir avec beaucoup d'élégance campé la silhouette de l'intellectuel du Moyen Âge, présenta en 1964 la civilisation de l'Occident médiéval dans un brillant ouvrage de synthèse, il s'écarta résolument des « lignes de faîte », il délaissa les créations culturelles de l'élite, les sommes théologiques, les parades courtoises, les cathédrales, pour le profond, l'obscur, le rustique ; il parla abondamment, l'un des premiers, des jeux, du diable, de la faim et de la forêt, des métiers, des superstitions, des manières de manger, des maladies de l'âme et du corps. Il devint pour cela l'un des plus actifs promoteurs de l'archéologie de la vie matérielle et se fit l'auditeur très attentif des ethnologues. Il forma des disciples. Ceux-ci sont fougueux. Ils se sentent comme engagés dans un combat libérateur. Ils veulent rendre la parole aux masses populaires. Ils prennent leur parti. Ils dénoncent le pouvoir exorbitant que confère aux producteurs, aux proférateurs de l'idéologie dominante le monopole des savoirs nobles, du maniement de l'écriture et de toutes les formes d'expression capables de traverser les âges. On découvre sans peine comment la conscience des contradictions actuelles de notre civilisation se joint aux diverses inflexions qui renouvellent sous nos yeux les méthodes de la recherche historique pour orienter de la sorte le désir de connaître. Cet entrecroisement d'influences pourrait illustrer parfaitement le concept de corrélation. En effet, l'exemple des ethnologues, l'attention portée aux sources non écrites, les positions où l'on doit s'établir pour interpréter celles-ci, les réflexions que les avatars récents du fait colonial ont suscitées sur l'acculturation, les résistances nationales, l'impérialisme, les résultats de l'archéologie, le goût pour la ruralité, pour le régionalisme, pour le folklore, tout s'est conjugué pour attirer le regard des jeunes historiens vers les formes mal discernables de ces cultures dont la vie s'est malgré tout prolongée, clandestinement, en contrebas des appareils imposants sur quoi s'attachait jusqu'ici l'attention.

Comme sur les chantiers de fouilles, on voit donc apparaître déjà, patiemment exhumées, quelques bribes. Elles réclament de grands soins. Il faut les dégager de la gangue, raviver leur couleur, confronter des fragments dissociés dans l'espoir de reconstituer des ensembles. Qui veut suivre de près les manipulations dont de tels documents très laconiques sont l'objet et prendre la mesure des découvertes récemment acquises, pourra lire *Le Saint Lévrier*, une étude publiée en 1979 par Jean-Claude Schmitt. Elle s'appuie sur un texte, un écrit du XIIIe siècle. Le dominicain Étienne de Bourbon s'y raconte : il prêchait dans les Dombes ; ses pénitentes paysannes s'accusaient parfois de visiter les reliques d'un saint, Guignefort, dont il n'avait jamais entendu parler. Il s'informa. Il apprit avec stupeur que c'était un chien martyr : l'animal s'était battu pour protéger un bébé, et le père de l'enfant, son maître, l'avait tué par méprise. Des miracles se produisaient sur son tombeau : conduites par une vieille du pays, les jeunes mères allaient exposer là leurs nourrissons malingres, attendant de ténébreuses puissances qu'elles les leur rendissent vigoureux. Étienne s'employa à ce que fût rasé le lieu du pèlerinage ; il crut détruire les pratiques. Maniant avec autant de brio que les meilleurs sémiologues l'analyse structurale, explorant comme les archéologues le site et les terroirs environnants, interrogeant les indigènes comme nous apprennent à le faire les ethnologues, se tournant vers les folkloristes, recueillant leurs moindres notules, Jean-Claude Schmitt est parvenu à recomposer un système cohérent de croyances et de rites dont le reflet déformé est transmis par quelques phrases latines écrites dans le fort de la lutte menée contre les « superstitions » par l'autorité ecclésiastique. Il a dégagé des brumes qui la dissimulaient l'image mythique que prenait au XIIIe siècle le pouvoir féodal dans les consciences villageoises. Il a pourchassé enfin jusqu'à nos jours les résidus de ces comportements, lesquels, affirme-t-il, se sont perpétués sur les mêmes lieux, en dépit de toutes les répressions. Cet ouvrage est exemplaire, et non seulement par ce qu'il apprend du peuple, qui est capital : il montre le visage de la plus jeune histoire.

Des formations idéologiques dont leurs concurrentes ont triomphé, qu'elles ont peu à peu refoulées dans les étages les moins accessibles de l'édifice culturel et social, les traces les plus visibles datent du moment où elles furent réprimées : c'est le feu de la polémique qui les éclaire ; on les connaît par les proclamations qui les dénoncent, l'apologie de leurs détracteurs, les attendus des jugements qui les condamnent. Nous les voyons par les yeux de leurs oppresseurs. Elles apparaissent donc comme en creux, en négatif. Caricaturées, défigurées. Dans l'intervalle, pour en déceler l'existence, il convient d'interpréter le silence des textes. C'est donc à propos de tels phénomènes que l'historien, averti par une étude attentive des déformations que les manœuvres répressives font aujourd'hui subir aux témoignages, peut tirer le meilleur profit d'une autre expérience : celle des procédés d'analyse de la psychologie profonde. Comme le psychanalyste ne doit-il pas guetter la vérité qui se cache sous le non-dit ? Les exigences d'un tel décryptage appellent par conséquent à perfectionner les procédures traditionnelles de la critique historique. Ajustement nécessaire, puisque, lorsqu'il se fait l'observateur des idéologies, l'historien doit inverser l'objet de ses efforts d'objectivité. Ce que l'histoire positiviste s'attachait à établir, c'était la véracité des faits. Or ceux-ci, en l'occurrence, importent moins que la manière dont on en a parlé, dans l'instant même ou plus tard. Lorsque le témoignage est mis à l'épreuve, il ne s'agit pas de tirer le vrai du faux à propos de ce qu'il prétend faire accroire. Il est éprouvé pour lui-même, pour ce qu'il révèle de la personnalité du témoin, pour ce que celui-ci cache ou bien oublie autant que pour ce qu'il affirme et pour la façon qu'il a de l'affirmer.

Une semblable rigueur dans le traitement de l'information importe particulièrement lorsque l'on interroge les textes qui révèlent certains aspects de la culture populaire. Les expressions de cette culture sont en effet, jusqu'à des temps très proches de nous, soit des objets, dont la plupart sont très périssables, soit des paroles, qui s'envolent. Nous entendons très rarement le peuple. Tout ce qui nous est dit de lui provient d'intermédiaires. Ils ont transcrit ce qu'ils ont ouï dire. Leur rôle est de toute première importance, et l'on doit féliciter les organisateurs d'un colloque qui récemment, à Aix-en-Provence, attira l'attention sur ces enseignants, ces prêcheurs, ces médecins, tant de notables de petites bourgades, eux-mêmes formés aux écoles mais s'appliquant à recueillir les rumeurs leur parvenant d'hommes et de femmes moins instruits. Ce furent les principaux relais des mécanismes d'acculturation. Ils aidèrent à répandre de haut en bas les connaissances, les usages, les modes qu'un mimétisme très communément partagé fait se diffuser d'eux-mêmes, de degré en degré, vers les soubassements de la société ; en contrepartie, ils transportèrent vers les « élites » ces ornements naïfs dont s'enchante le populisme de bon ton des gens bien. Dans cette seconde fonction, ils nous renseignent : nous devons tout aux relations qu'ils ont rédigées, aux collections qu'ils ont constituées. Or, la pratique de l'ethnologie nous met en garde : la transmission ne s'opère pas sans que le message soit peu ou prou dénaturé. Le médiateur n'est jamais neutre. Sa propre culture déteint sur ce qu'il rapporte, et l'empreinte déforme d'autant plus que le témoin est savant ou croit l'être, et qu'il se mêle d'interpréter lui-même, dans la grande liberté que lui vaut le sentiment de dominer de la hauteur de sa science les objets culturels, fragiles, qu'il récolte. De toute évidence, Étienne de Bourbon, parce qu'il était passionné, a déformé inconsciemment ce que lui avaient appris du culte de saint Guignefort des informateurs qui d'ailleurs déformaient déjà puisqu'ils avaient peur. Mais six siècles plus tard, la déformation n'est certainement pas moindre dans ce que dit l'érudit local interrogé par Jean-Claude Schmitt et qui lui-même était passionné. Pourquoi ne pas le critiquer avec la même acribie ? Les historiens de la culture populaire perfectionnent l'outillage qui permet de saisir et de passer au crible les rares informations qui viennent du lointain des siècles. Il est bon de leur rappeler qu'ils doivent se défier autant, sinon plus, des folkloristes du XIXe siècle dont le bavardage surabonde. Qu'ils n'oublient pas non plus que tout ce que l'on a pu recueillir des arts et traditions populaires date de ce même XIXe siècle, ne vient pas des villages mais des bourgs, que beaucoup de ces vestiges sont trafiqués et qu'il est dangereux de supposer qu'ils puissent valablement nous renseigner sur ce que l'on croyait, sur ce que l'on sentait dans les campagnes cent, trois cents, voire neuf cents ans auparavant. C'est faire injure au peuple et le traiter en être débile que se figurer sa culture immobile. Elle est vivante, elle dure elle aussi, et la durée la transforme.

*

Le dernier glissement que je signale affecte le comportement des historiens à l'égard de l'événement. Sous le rude enseignement de l'« école des *Annales* » (l'expression convient-elle, s'est-il agi jamais vraiment d'une école ?), l'habitude s'est ancrée d'affecter quelque négligence à l'égard des agitations de surface, des accidents, des épiphénomènes que sont les spasmes événementiels. À vrai dire, l'œuvre de Fernand Braudel en témoigne, à peine enlevés les gros bastions de l'histoire traditionnelle, les *Annales* n'ont plus appelé à mépriser l'événement. Elles encouragent en tout cas la tendance actuelle à l'observer de plus près, afin d'examiner comme il s'insère dans les masses plus stables qui le supportent, qui provoquent son jaillissement et sur lesquelles il retentit. Ne nous hâtons pas de parler d'une réhabilitation de l'histoire événementielle. Ce n'est pas pour soi en effet que l'événement est dépecé, désarticulé. C'est pour ce qu'il révèle, par l'ébranlement dont il est la cause, et qui sans lui resterait inaperçu. Le contrecoup nous intéresse plus que le coup lui-même : ce remous qui fait émerger des profondeurs des choses échappant d'ordinaire au regard de l'historien. En effet les événements déclenchent une effervescence de discours. Ceux-ci relatent l'inhabituel. Mais dans le flot de paroles quelques-unes sont entraînées, que l'on peut percevoir en tendant l'oreille et qui révèlent des structures latentes. J'ai moi-même tiré parti des récits de la bataille de Bouvines pour tenter une sorte de sociologie de la guerre médiévale et, mesurant de génération en génération le retentissement de l'affaire, pour à la fois affiner une géographie de la sensibilité politique et sonder l'élasticité de la mémoire collective. Le cas d'Emmanuel Le Roy-Ladurie est fort éclairant. Il est connu pour avoir mesuré le très lent, l'imperceptible balancement des écarts climatiques, et pour ses travaux largement étendus sur ce vaste palier de la culture paysanne française, cette phase de stabilité comprise entre le XIVe et le XVIIIe siècle qui nous fait prendre Restif de La Bretonne pour le cousin très proche des villageois de Montaillou. Il a, dans sa leçon inaugurale du Collège de France, fait l'apologie de l'histoire immobile. Or voici qu'il en est venu à prendre un événement très ponctuel, les troubles qui marquèrent dans la ville de Romans à la fin du XVIe siècle les festivités d'un carnaval. Parce qu'on a raconté ces tumultes et que les relations plus ou moins véridiques donnent le moyen d'appréhender des réalités insaisissables, des objets d'une durée à proprement parler immémoriale, tels les antagonismes entre la ville et ses campagnes, ou les gestes que l'on accomplissait sans y penser dans le déroulement rituel des fêtes de fin d'hiver. Tandis que François Furet, repensant cet événement multiforme que fut la Révolution française, nous invite par un livre superbe à remettre en question ce que nous croyons connaître des rapports entre l'aire du politique et les structures.

*

J'ai brossé à très larges traits le tableau d'une rénovation, celle de l'histoire française. J'ai souligné les tendances qui m'apparaissent les plus significatives – à moi qui parle, et de l'opinion que j'exprime, des jugements que je porte, je n'ignore pas ce qu'ils ont de subjectif. On m'accordera que le bilan est très positif. Mais on attend peut-être que je dise un mot des insuffisances et qu'avant de clore ces réflexions, je désigne aussi les zones de somnolence, les recoins où dorment les routines. Je pourrais, par exemple, déplorer que la biographie – à vrai dire, parmi les genres historiques, l'un des plus difficiles – ait été dans ces trentes dernières années si délaissée par les historiens professionnels : malheureusement, car le grand homme, ou l'homme moyen, dont le hasard fait qu'il a beaucoup parlé ou que l'on a parlé beaucoup de lui, est, de la même manière que l'événement, révélateur par toutes les déclarations, les descriptions, les illustrations dont il est accidentellement l'occasion, par les ondes que ses gestes ou ses mots mettent en mouvement autour de lui. Je pourrais dire que, par rapport à l'histoire de l'époque moderne et à l'histoire du Moyen Âge, où, exploitant une fertilité naturelle qui tient à l'état des documents, Lucien Febvre et Marc Bloch ont semé les ferments les plus actifs de développement (et sans rien dire de l'histoire de l'Antiquité, dont la vivacité est également saisissante, mais qui entretient des rapports très particuliers avec la philologie et l'archéologie), l'histoire contemporaine peut apparaître en France distancée d'assez loin. C'est comme si la recherche en ce domaine s'était longtemps trouvée bloquée par l'exubérance des sciences humaines du présent, par l'économie, la sociologie, la psychologie sociale ; c'est comme si les historiens devaient se contenter d'un rebut, l'événement pur, le politique. Mais j'ajouterai aussitôt que, depuis très peu de temps, tout a changé : des organismes se sont mis en place, des équipes se sont formées, guidées par des animateurs de grand talent. Elles rattrapent à très grands pas le retard.

Je pourrais signaler enfin des obstacles, ce qui freine la pétulance de nos recherches. Je dénoncerai principalement deux pesanteurs. Celle d'abord des nouveaux instruments d'investigation. Ouvrir un champ de fouilles, procéder là, comme il se doit, à la plus fine analyse stratigraphique, restaurer, classer une collection d'objets, traiter un fonds d'archives par l'ordinateur ou par telle ou telle technique d'analyse de contenu, dévore le temps, dévore l'argent. Ceci incite à restreindre le terrain de l'enquête, conduit à l'étiolement de la problématique, à la parcellisation, à cette sorte de myopie dont tant de thèses de doctorat de l'école historique américaine montrent le fâcheux exemple. L'exploration du site du vieux Rougiers, une agglomération de Provence abandonnée depuis la fin du Moyen Âge, a donné des résultats admirables. Ils sont le fruit d'un travail poursuivi pendant près de vingt ans à l'aide des plus gros moyens qu'il était possible de rassembler. Comment imaginer que l'on puisse, pour les vérifier, pour en déployer l'enseignement, recommencer tout de suite, s'attaquer à des sites voisins, comme il faudrait ? L'autre lourdeur résulte de ce qui cloisonne encore les institutions. Dans les universités françaises, au Centre national de la recherche scientifique, les barrières ne sont pas toutes abattues, elles ne sont même pas toutes rabaissées, qui séparent les disciplines. Restent de petites chambres closes où s'enferment encore des historiens de telle ou telle littérature, des historiens de la musique, de la philosophie, des sciences, et dont quelques-uns ne montrent guère de propension à rencontrer les historiens tout court. Or l'histoire, dans ce qui fait aujourd'hui sa vigueur, appelle aux concertations. Elle tient une chanson, une fresque, un poème, le décor d'un ballet pour des documents aussi précieux qu'un cartulaire ou l'éditorial d'un journal. Il faut lutter encore pour que circulent plus librement l'information, les idées. Nombreux cependant, résolus, confiants sont ceux qui, un demi-siècle après la fondation des *Annales*, continuent le combat.

DIALOGUES

GEORGES DUBY
GUY LARDREAU

PRÉFACE

Les gens, quoi qu'on pense, continuent d'aimer les récits, les contes, les légendes – qu'on leur dise des histoires, bref. Et sans doute la jouissance qu'ils en tirent est-elle bien autre chose encore qu'un simple divertissement, sauf à l'entendre en son sens pascalien : ce dont ils jouissent, je crois, dans une histoire, c'est de l'assurance qui leur est donnée en miroir que ce qu'ils vivent c'est *une* vie – que cette poussière de tressaillements innommables, de tropismes insaisissables, tous ces regards inaccomplis, ces mouvements inachevés, ces paroles éphémères qui ne leur appartenaient pas et qui ont bouillonné sur leurs lèvres, toute cette multiplicité anonyme en quoi se dissout la durée d'une journée écoulée, pareille à toutes les autres où elle se fond, avant que ne s'ouvre le livre laissé pour le soir, que tout cela, comme dans le livre, quelque part, quelque jour, trouvera son unité, pour faire, même si elle n'a pas de sens, une vie, pourtant, qui se raconte, un destin.

Mais la littérature, aujourd'hui, en France du moins, ne raconte plus rien. Hors Simenon, Tournier, Duras parfois, il n'y a plus de grande littérature qui fasse encore des *vies*. Pour trouver une littérature de valeur qui raconte quelque chose, il faut lire de l'Histoire : il n'y a plus que l'Histoire qui dise des histoires.

Et c'est ainsi que bien des gens aujourd'hui lisent Duby : comme un écrivain, un très grand écrivain, qui fait « effet de vie » de leur émiettement, de leur éparpillement.

Comme pour toutes les œuvres qui comptent, il y a bien des manières de lire Duby – et celle-ci, somme toute, en vaut sans doute une autre. Même, elle ne laisserait pas de pouvoir se justifier, semble-t-il, d'un itinéraire accompli : d'une histoire aux présupposés réalistes, à une histoire qui de plus en plus se donne des noms pour objets, du style froid du géographe, de l'historien des matérialités, à un style qui ouvertement désormais prend sur soi le souci esthétique, du rêve d'un Moyen Âge réel à la réalité d'un Moyen Âge rêvé – n'est-ce pas ainsi qu'apparaît d'abord, naïvement, l'itinéraire qui va de la grande thèse sur le Mâconnais au *Temps des cathédrales*, ce livre au titre ruskinien, ou au *Saint Bernard*, où une familiarité inouïe avec tous les aspects de l'érudition médiévistique autorise la mise en scène d'un Moyen Âge entièrement intériorisé, comme si c'était à la recherche de son propre temps perdu que s'entêtait le narrateur.

Autres, bien sûr, seraient les questions adressées à l'œuvre par le médiéviste ; il interrogerait en Duby celui qui promut l'archéologie de la vie matérielle de ces époques obscures, qui renouvela notre idée de la chevalerie, qui inventa les « jeunes », la sexualité et la famille médiévales, qui fut, après Marc Bloch, le réformateur des études médiévales, et incarna pour nous le savoir du Moyen Âge.

Autres encore, celles que poserait l'historien comme tel, à quelque domaine qu'il se voue, sur sa méthodologie, son métier, à l'inventeur de nouveaux objets d'histoire, dont le traitement somme l'érudition traditionnelle de découvrir d'autres méthodes.

Philosophe, je me suis efforcé de faire valoir ces différents aspects dans mes questions, mais de telle sorte qu'insiste aussi en chacune d'elles la question proprement philosophique avec laquelle j'étais venu à Georges Duby : comment l'Histoire est-elle possible ? – c'est-à-dire : quels rapports entretiennent le discours et l'objet que confond le terme même d'histoire ? – et encore : à quelles conditions l'Histoire se qualifie-t-elle dans l'ordre des savoirs, et quels sont ses titres à y prétendre ?

Nul, d'entre nous modernes, qui ne soit convaincu que jusqu'en ses gestes les plus simples il est sujet de généalogie, qu'il n'y a pas de nature, et que tout est histoire. On comprend dès lors que ces questions, adressées au discours qui prend sur soi ce « tout », emportent avec elles autre chose qu'un pur souci d'épistémologie régionale.

C'est cet enjeu philosophique du dialogue que ces quelques pages voudraient aider à situer. Je voudrais en quelque sorte y rassembler les réponses que le dialogue me paraît autoriser aux questions que j'y apportais. Mais il est clair que je ne veux pas placer sous l'autorité de Duby des élucubrations philosophantes qui seraient mon seul fait : aussi bien, ses réponses sont là, et chacun sera libre de les entendre selon son propre mode d'emploi.

*

Donc, la question qui s'offre la première, comme celle qui proprement décide de l'ordre des raisons, c'est celle qui demande ce qu'il en est du « passé » : l'histoire, comme discours, se soutient-elle d'un réel, réel évanoui, mais qui insiste pour retourner à l'être – ou bien est-ce l'histoire, comme objet, dont il faut dire qu'elle n'est suscitée que du discours qui la nomme, pur effet de nomination ?

Le problème n'est pas – n'est plus – entre une théorie naïvement empiriste et une théorie constructiviste : Langlois et Seignobos, quels qu'aient été leurs mérites par ailleurs, retardaient déjà par rapport à Claude Bernard et Pasteur, et il n'y a pas plus aujourd'hui en histoire que dans quelque domaine que ce soit du savoir de savant qui nierait que son objet est construit. Le problème est de savoir si c'est sur du réel que se découpe cet objet construit, si c'est un réel qui pèse sur cette construction, et la contraint, ou si l'objet n'est rien que cette construction même, pur effet de discours, un ensemble cohérent de noms, dont le « réel » s'épuise en cette cohérence même ; car l'historien, alors, a bien affaire à un « réel », en ce sens qu'il ne peut pas dire n'importe quoi, mais ce réel n'est rien d'autre que celui que produit l'application au corpus qu'il s'est donné des règles qu'il a choisies.

Sur cet affrontement du réalisme et du nominalisme, dont le dialogue développe l'argument, je serai ici très bref. En quelques mots, disons que, poussé à sa conséquence extrême, le point de vue nominaliste nous conduirait à dire quelque chose comme ceci : le « passé », comme tel, n'*est* pas ; s'il *existe* ce n'est jamais que comme la nécessaire épaisseur que chaque présent se donne, un des modes selon lequel le présent se présente en s'inventant la profondeur d'une origine, et par là se garantit, *s'autorise*, proprement ; c'est la manière spécifique aux sociétés occidentales de *régler* cette invention du passé, que nous appelons l'histoire : l'histoire alors est un *style*, les règles, qui durement la contraignent, celles d'un *genre*. Ainsi, il n'y a que des discours sur le passé, qui n'est rien que ces discours où, chaque fois, se mobilisent les intérêts du présent. Ballet rigoureusement mis en scène de masques qui s'offrent à figurer les intérêts, les conflits du présent, où les rôles changent, mais non les places, l'histoire est la garde-robe des inscriptions imaginaires, l'historien ce costumier qui ajuste des costumes qui n'ont jamais été neufs : l'histoire est faite de l'étoffe même des rêves, notre petite mémoire est enveloppée d'un somme.

Tout est histoire, et c'est pour cela, précisément, qu'il n'y a pas de passé ; car, à l'inverse, ce n'est que parce qu'il soustrait un point à l'histoire – celui d'où il parle – que le réaliste peut faire du passé un réel : il ne s'agira certes pas de nier qu'il y ait bien un passé qui ne soit rien que cette prolifération de discours de discours, pur imaginaire, qu'exhibe le nominaliste – il suffira de faire valoir qu'il y a un point, absolument exorbitant à la série de ces discours, d'où construire un Moyen Âge *réel*, sur quoi l'on peut dire le vrai, d'où l'on pourra donc aussi mesurer l'*écart* entre ce vrai Moyen Âge et les Moyen Âge imaginaires, produisant ainsi, en retour, la vérité de ceux-ci, puisque référant cet écart à un autre réel qu'on peut désormais tout aussi bien dénuder : celui des différents présents dont les intérêts imaginèrent ces différents Moyen Âge. Ce point, bien sûr, c'est celui de la science. Ainsi Galilée démontrait-il la puissance de la nouvelle « philosophie naturelle » à ce qu'elle n'était pas seulement capable de me faire connaître avec certitude la vérité de la nature, contre l'expérience sensible, mais encore de rendre raison de la méconnaissance de celle-ci.

L'ennui, c'est qu'on ne voit pas qu'il soit possible, en histoire, de construire un tel point. D'où, en effet, notre discours tirerait-il l'extraordinaire privilège d'échapper à l'élément qu'il décrit, comment éviterait-il de tomber sous ces déterminations que pour tout autre discours il relève ? Galilée, lui, on sait d'où lui vient son privilège sur le sensible : c'est d'avoir saisi que le livre « perpétuellement ouvert devant nos yeux » n'était pas pour autant immédiatement accessible, car « écrit en des caractères différents de ceux de notre alphabet », des caractères qui « ne sont autres que triangles, carrés, cercles, sphères, cônes et autres figures mathématiques, parfaitement appropriées à telle lecture ». Mais qu'est-ce qui pourrait bien autoriser un discours d'histoire à s'exhausser au-dessus de l'histoire ? On verra, au fil du dialogue, pourquoi la soustraction qu'opère le réalisme nous paraît un mirage, comment l'historien ne peut manquer de reconnaître dans son œuvre le rêve d'une époque, où s'insinue le rêve d'un sujet.

Il y a pourtant une doctrine qui autorisa le réalisme historique d'une tout autre démarche que d'un retrait de l'histoire, qui affirme au contraire que c'est en tant qu'effet d'histoire, entièrement pris dans l'histoire, que le discours d'histoire peut dire la vérité sur l'histoire. L'amphibologie du terme d'histoire devient ici proprement *nécessaire* : à travers le discours d'histoire, qui est histoire de part en part, c'est l'histoire elle-même qui accède à la vérité sur elle-même. Les choses prennent alors la forme d'une spirale, où il fallait du génie. Cette spirale, on la pourrait bien sûr montrer chez Hegel – chez Kant déjà peut-être, si je lis bien les opuscules sur l'histoire : mais c'est chez Marx que je voudrais un peu la détailler.

Contemporain des historiens positivistes, son réalisme est en effet radicalement différent du leur. D'abord, dira-t-on, parce que ce n'est pas du même réel qu'il s'agit ; chez les uns, le « réel », ce sont les événements, les « faits », la stricte chronologie, l'idéal d'une pure objectivité voulant alors qu'à la limite ces « faits », exhibés pour eux-mêmes, dépouillés de toute interprétation, se disposent, selon la seule chronologie, à l'intérieur d'un certain nombre de rubriques, qui ne font jamais système entre elles (au demeurant, la critique, aisée, de l'histoire événementielle n'est plus de saison – bien finies sont les batailles où elle trouvait son sens, et il est temps désormais de faire le compte de tout ce que nous lui devons) ; chez l'autre, le « réel », ce sont au contraire ces relations, ces rapports, ces structures que les premiers mettent entre parenthèses – et la révolution marxienne tient alors en ceci que ce réel, au moins partiellement (soit : par le biais de celle de ces structures dont l'efficace est posée comme déterminante), peut être donné comme mathématisable. Mais sur ce point nous reviendrons. Ce qui nous intéresse pour l'heure, c'est le tour même par lequel l'historien est dit pouvoir accéder à ce réel.

On peut prendre les choses, pour la clarté de l'exposé, sous l'angle du concept d'objectivité.

Chez les historiens positivistes, l'objectivité, comme ce qui autorise la soustraction à l'histoire du discours de l'historien, s'obtient en réduisant celui-ci à ce pur point d'énonciation qu'est le sujet de la science ; c'est de la possibilité de cette réduction que se porte garante la métaphore, constamment filée, des sciences de la nature. Sans doute trouve-t-on aussi chez Marx cette métaphore, mais elle y fait simplement métaphore de la science en général, comme mode de production de propositions falsifiables – je veux dire que, chez Marx, la métaphore, à la différence du rôle qu'elle joue pour l'histoire positiviste, ne dit rien sur la modalité spécifique de la scientificité historienne, elle ne règle pas le discours qu'elle métaphorise. Bien au contraire, Marx construit un concept inouï de l'objectivité, dont nulle autre science ne saurait fournir le modèle, et qui est dans une isonomie parfaite avec l'objet auquel il s'applique. Où tombe l'objection communément faite à la prétention positiviste de constituer l'histoire en science, de l'identité qui s'y rencontre du sujet et de l'objet. Plus exactement, elle *se retourne*. Car ce que dit Marx, c'est que c'est précisément en tant qu'il est lui-même pris dans l'histoire et le politique, précisément en tant que sujet, et sujet qui ne se réduit pas à une ponctualité, sujet présent à l'histoire, avec ses intérêts, ses choix, son parti pris, sujet historique et partisan, que l'historien peut articuler la vérité sur l'histoire – c'est parce que sa conscience n'est pas hors de l'histoire, mais, dans l'histoire, le moment historique de conclure.

Mais tout ceci est suspendu bien sûr à l'hypothèse d'un sens de l'histoire. C'est cette seule hypothèse qui m'autorise à affirmer qu'un parti pris puisse coïncider avec le parti de la vérité – et de manière non pas fortuite, mais nécessaire : le parti pris n'est pas une « opinion vraie », en lui se réconcilient proprement la science et l'opinion. L'argument est assez connu pour qu'il suffise de le résumer grossièrement : si l'histoire est l'histoire du développement des forces productives, c'est une classe qui, à chaque nouvelle étape de ce développement, le prend sur soi, en tant qu'elle est porteuse du nouveau mode d'extorsion, et des nouveaux rapports sociaux de production qui y sont adéquats ; elle porte aussi du même coup avec soi la critique de l'ancien mode et des anciens rapports, et la possibilité d'articuler sur eux la vérité (et c'est de cette critique en acte, pratique, que l'historien qui aura choisi de se situer en son lieu pourra faire la théorie) – jusqu'en ce point aveugle, du moins, où la complicité, qui la lie aux modes précédents d'extorsion, lui fait nécessairement méconnaître en eux tout ce qui laisserait filtrer quelque vérité sur le sien. Mais voici que vient à présent dans l'histoire de l'humanité une classe par laquelle, pour la première fois, le développement des forces productives ne signifie pas l'émergence d'un nouveau mode de l'extorsion, qui peut dénuder la vérité de tous les rapports sociaux antérieurs, parce que sa critique ne peut jamais venir à se retourner contre elle-même, parce que son triomphe signifiera l'abolition de l'exploitation de l'homme par l'homme, une classe dont la vue, comme celle d'Adam avant le péché allait d'un bout de l'univers à l'autre, peut balayer l'histoire sans rencontrer la moindre opacité. C'est pour lui avoir emprunté son œil, et en avoir encore aiguisé la vision en en théorisant l'exercice, que Marx peut s'assurer d'avoir pour objet un réel, dont il fera la science, et qu'il fera valoir pour mesurer la déformation des autres visions, et repérer leurs causes.

C'est, ici encore, dans le dialogue qu'on verra pourquoi l'idée même d'un sens de l'histoire, même aussi génialement déployée qu'elle l'est en effet chez Marx, aussi irréductible qu'elle y soit à la simplicité, nous paraît pourtant se ramener en son fond à un scénario imaginaire, dont au demeurant la généalogie est aisée. Non que ce scénario, d'une gigogne des modes de production, ne puisse d'ailleurs prétendre, pour l'histoire d'Occident, et du point de vue de Sirius, qui méprise les contretemps, les volte-face et les à-coups, à quelque pertinence. Duby lui-même, dans *Guerriers et paysans*, par exemple, ne l'a-t-il pas montré à l'œuvre depuis le VIIe siècle, ce lent, continu, et comme irrésistible mouvement de croissance d'où est sortie l'Europe moderne ? Reste qu'un peu trop de problèmes, pour l'Occident même, sont alors sans réponse, sauf à user de distorsions, de contorsions, peu convaincantes ; restent surtout toutes les autres sociétés, où le schéma est inapplicable et, ce qui est plus grave, ne peut rendre raison lui-même de son inadéquation : on sait la valeur paradigmatique du « mode de production asiatique », où il s'y essaya, en vain.

Mais, aussi bien, il ne nous semble pas que ce soit de sa valeur explicative que le scénario tire sa puissance : elle ne vient pas de ce qu'il donne à comprendre, mais de ce qu'il donne à *jouir*. Et c'est pourquoi, bien qu'on puisse douter qu'il ait jamais eu chez Marx valeur dogmatique, bien qu'on puisse penser qu'il eût suffi à Marx d'une expérience qui lui tînt lieu d'expérience cruciale pour qu'il l'abandonnât – et qui sait s'il ne l'eût trouvé, Dieu aidant, dans l'étude de la Russie, où la mort le ravit ? –, il n'en est pas moins devenu, en un sens, l'âme même du marxisme, et que Staline, avec un sûr instinct, le figea comme l'on sait.

Une pensée qui fait plaisir : quelle force, en une pensée qui vous dit, aussi moche que ce soit à présent, nous en savons la fin, tout ça, l'oppression, la misère, l'inégalité, tout ça ira au mieux. Tout est bien qui finit bien. Comme les cauchemars dans lesquels brusquement ce soulagement surgit de savoir qu'on rêve ; comme les enfants qui, lorsqu'ils ne tiennent pas l'angoisse d'une histoire, veulent en savoir d'abord la fin heureuse, avant qu'on n'en reprenne le cours. Ainsi le marxisme, ma bonne mère l'Oye.

Hors donc la foi en ce scénario imaginaire, nul doute que le nominalisme s'impose à qui réfléchit sur la production de l'histoire. Et l'on verra que Duby n'éprouve apparemment nulle gêne à reconnaître que c'est la logique d'un rêve qui ordonne son savoir.

Une chose, cependant, est ce que peut affirmer l'historien du discours d'histoire lorsque, hors de lui, il le réfléchit, une autre ce qui s'impose à l'historien, lorsqu'il réfléchit, en lui, les conditions de son exercice. Hors du discours d'histoire, on peut affirmer que tout est histoire, et cette proposition même : au sein du discours d'histoire, lorsqu'on fait de l'histoire, on est absolument contraint de faire valoir cette limite au nominalisme que ce que j'articule sur ces noms que m'offre l'histoire n'est pas à son tour réductible à des noms, que ce ne sont pas des noms de noms que j'épelle, mais le réel même de ces noms que j'exhibe ; il faut que quelque part s'arrête la régression, qu'une positivité surgisse qui fasse barrage au vertige – aussi nominaliste qu'on suppose ma démarche, il me faudra au moins admettre que ces noms, que j'analyse, ne sont pas simplement les noms dont je les nomme, mais qu'ils ont été, en leur temps, *réellement* proférés. Soit la limite d'un réel, par quoi, de cela seul qu'il le vise, le présent d'où je parle s'extrait de l'histoire, et mon discours s'affirme incommensurable à tout autre discours. Je pourrai bien, *ensuite*, rendre mon discours à l'histoire, jamais *pendant*.

Ainsi peut-on poser un divorce nécessaire entre ce que l'historien articule sur le discours d'histoire, où le nominalisme s'impose à lui, et la pratique même de l'histoire, où le réalisme est requis. Disons, d'une formule qui réunit en fait en soi ces deux thèses, que *le réalisme est la convention obligée de la pratique historienne*.

Et Duby marque fortement de quoi s'impose en dernière analyse cette convention : d'un souci *éthique*. S'il faut ici encore faire jouer le modèle de la science, c'est à se réclamer d'abord de l'éthique à laquelle elle oblige. Même s'il est vrai que je ne fais rien que le rêve d'un passé, où ne parlent que mon désir et celui de mon époque, il faut que je fasse *comme* si j'en découvrais, indépendamment de ma volonté, le fruit hors de moi, qui résiste à ma prise. Il est trop clair que ce n'est qu'au nom d'une éthique de la connaissance, et du postulat qu'elle suppose d'une réalité à connaître, que je puis régler la production historique, lui interdire de ruser avec les normes austères qui seules la qualifieront, la contraindre de prendre sur soi le joug de l'érudition, le carcan des traces. L'histoire, si elle doit être, ne peut pas être libre : il se peut bien qu'elle soit un mode du discours politique, elle ne *doit* pas être une propagande ; il se peut bien qu'elle soit un genre littéraire, elle ne *doit* pas être de la littérature.

On peut voir dans le problème de l'« anachronisme » le lieu même où s'opère ce renversement, par quoi l'histoire accède à la forme de la science. Renversement qui prend même ici proprement la forme d'une dénégation, puisque c'est de l'éviction, hors du discours d'histoire, de cela même qui le meut et le constitue, qu'on fait la pierre de touche de sa recevabilité. De quoi d'autre, en effet, nous l'avons vu, le discours d'histoire prend-il naissance que d'un anachronisme originel, fondamental ? Mais l'anachronisme n'en est pas moins le point crucial à disqualifier un discours qui prétende à l'histoire, et c'est son exclusion qui fait figure de premier réquisit à partir de quoi seulement on pourra parler de savoir historique. Exemplaire à ce titre, le livre merveilleux que Febvre nous donna sur Rabelais, que guide tout entier le souci, presque angoissé, de ne jamais céder à l'anachronisme, et qu'introduit pourtant un des textes les plus lucides philosophiquement que je connaisse sur le nécessaire nominalisme de l'historien, lorsqu'il se met en position de parler *sur* ce qu'il fait, ce texte impeccable, aussi bien quant au style que quant au concept, où s'énonce l'anachronisme constitutif de l'histoire : « Chaque époque se fabrique mentalement sa représentation du passé historique. Sa Rome et son Athènes, son Moyen Âge et sa Renaissance [...]. »

Ce paradoxe, au demeurant, n'a rien de scandaleux. J'y verrais plutôt l'application particulière d'une loi très générale, présidant à la constitution de tout savoir qui se réclame de la science. Voici bien longtemps qu'on sait qu'une science définit ce qu'elle veut savoir par la position, d'abord, de ce dont elle ne veut rien savoir. Il se pourrait – et bien d'autres philosophes, certes, l'ont dit avant moi – que ce dont elle ne veut rien savoir, ce soient au premier chef les conditions mêmes qui la rendent possible, qu'un tel savoir ne se puisse constituer qu'à dénier cela même à partir de quoi il se constitue. Ainsi, de la science et des axiomes métaphysiques : cette rupture, cette coupure, dont chacun accordera à Bachelard qu'elle est l'acte même de décision de la science, il faudrait accorder à Koyré qu'elle est proprement aussi la dénégation de cela même à partir de quoi elle peut advenir. Ainsi encore, de la science et du désir du sujet. Peut-être pourrait-on avancer qu'à ces deux premiers réquisits (la forclusion du désir, l'exclusion des évidences métaphysiques), auxquels tout savoir doit répondre pour se qualifier dans la forme de la science, il vient s'ajouter toujours un réquisit particulier, par lequel un savoir se constitue comme savoir *de*. Ce réquisit particulier affecte lui-même toujours la forme d'une dénégation, non plus cette fois par rapport aux conditions d'origine de la science en général, mais par rapport au fondement spécifique de son exercice comme science singulière.

L'« anachronisme », alors, serait pour l'histoire ce réquisit spécifique, le lieu de cette coupure-dénégation par quoi elle advient au savoir.

*

Mais si le réalisme est le postulat obligé de la pratique historienne, il nous faut à présent nous donner, conventionnellement, un certain nombre de positions de réalité, à travers quoi le monnayer en sorte qu'il devienne opératoire, c'est-à-dire qu'un réel effectivement s'en construise, dont on puisse dessiner un savoir positif.

Et c'est ici qu'on est nécessairement ramené à Marx, comme au réalisme historique le plus conséquent et le plus fécond qui ait jamais été produit.

Soyons clair. Nous poserons que se trouvent imbriqués dans le marxisme deux schémas, deux modèles d'intelligibilité de l'histoire, disons même deux théories, qu'il est possible de distinguer :

1. – d'une part, une théorie qui autorise l'analyse synchronique, structurale, des formations sociales ; qui s'assigne pour but de repérer en chacune d'elles le jeu réglé d'instances entre lesquelles se nouent des relations de causalité réciproque ;

2. – d'autre part, une théorie de l'engendrement en gigogne des modes de production, où l'on reconnaît le scénario imaginaire dont nous parlions plus haut, et, pour tout dire, une des variantes laïques de la théologie de l'histoire. C'est de ce point, à mon sens, qu'on peut dérouler ce qui fut du marxisme le fil catastrophique. Mais je n'en reprendrai pas ici la critique : je l'ai déjà très brièvement évoquée, et l'on en trouvera encore, dans le dialogue lui-même, quelques éléments – au demeurant, elle a été faite ailleurs, et je la supposerai

acquise ; notre problème, aujourd'hui, n'est absolument plus de comprendre comment le marxisme, comme figure historique d'une illusion bien plus ancienne que lui, et dont rien ne permet d'espérer qu'elle n'ait pas, après lui, un bel avenir devant elle, peut porter, au sein même de son espérance, la corruption de l'univers concentrationnaire – mais de repérer ce qui, dans la théorie de Marx, s'avère incontournable pour qui veut *faire* de l'histoire.

Bien sûr, l'opération qu'on propose d'une distinction n'est pas du tout identique au tri par quoi une étape ultérieure de la science distingue, en celle qui la précède, éléments falsifiés et éléments sanctionnés, et, par là, *progresse*. Ce dont il s'agit, c'est de discriminer, dans le marxisme, entre des éléments falsifiables (soit la théorie 1), qu'ils soient en effet falsifiés ou vérifiés, et des éléments infalsifiables (soit la théorie 2).

Bien sûr aussi, ces deux théories ne sont distinctes que *pour nous*, elles ne le sont pas *en soi*. Le « marxisme », comme tel, n'est rien, même, que leur articulation. C'est la théorie 2 qui fait qu'en fin de compte, justement, les déterminations que relève la théorie 1 ne sont pas, pour Marx, de pures conventions, mais s'imposent du réel – c'est, nous l'avons vu, ce que postule la théorie 2 qui rend accessible à la théorie 1 le réel qu'elle décrit. Mais c'est, en retour, la théorie 1 qui prête à 2 toute sa force de conviction, et jette sur la religion le manteau de la science. Dès lors, tous les concepts de 1 se trouvent affectés de telle sorte que 2 s'y trouve déjà inscrite. Il suffira, en fait, de prendre le concept de forces productives dans un énoncé absolument infalsifiable, mais où sa seule présence, au lieu et place d'un signifiant qui nous ferait immanquablement reconnaître en lui un philosophème, voire un théologoumène (« le genre humain », par exemple), nous interdit au contraire d'y chercher rien d'autre qu'un énoncé scientifique : il y a progrès ininterrompu des forces productives ; dès lors, la contradiction s'enlève entre forces productives et rapports sociaux de production, non comme accident, mais comme « loi de l'histoire », dont la théorie 2 pourra ordonner selon une diachronie imaginaire la typologie que 1 construisait.

Cela suppose donc que le marxisme, *comme tel*, soit proprement *défait*. Et c'est évidemment ce qui nous sépare fondamentalement d'Althusser, par exemple, chez qui pourtant la distinction entre 1 et 2 fonctionne tout à fait explicitement, et même de Godelier, malgré la proximité de ce que nous allons essayer d'articuler dans la suite à ses pénétrantes analyses de la théorie des instances.

Inversement, nous ne pensons pas du tout non plus que la théorie 1 s'en effondre, qu'on puisse elle-même la résoudre en énoncés infalsifiables. Et c'est pourquoi, de l'autre bord, la critique de Popper, si elle vaut en effet pour le

« marxisme », ne me paraît pas recevable si elle prétend s'étendre à l'ensemble de la production de Marx.

Ainsi, à ces deux réserves près qu'on en posera les thèses non pas comme décrivant des réalités mais comme énonçant des conditions de possibilité du discours historique, et qu'on ne les recevra, à chaque fois, que sous bénéficie d'un exact inventaire de ce qu'entraîne la marque sur elles de la théorie 2, la théorie 1 n'a pas fini de nous fournir des conventions nécessaires, des outils indispensables.

Aussi bien, à quoi servirait-il de se rendre myope à ceci, que disait Foucault dans un entretien qu'il donnait peu après *Surveiller et punir* : « Il est impossible de faire de l'histoire actuellement sans utiliser une kyrielle de concepts liés directement ou indirectement à la pensée de Marx et sans se placer dans un horizon qui a été décrit et défini par Marx. » Ceci est un fait (et qui n'a rien à voir, faut-il le dire, avec la trop célèbre formule de Sartre sur « l'horizon indépassable » : celle-ci visait le marxisme comme philosophie de l'histoire, c'est-à-dire comme scénario imaginaire ; celle-là comme une « boîte à outils » dont nous ne pouvons nous passer ; l'une permettait d'envisager la constitution d'un savoir positif, l'autre n'a jamais permis que la triste politique du « ne pas désespérer Billancourt »). Et, face à ce fait de la pensée, la seule attitude rationnelle est de le reconnaître, et d'en calculer les effets, faute de quoi on risque de faire du Marx sans le savoir, et que ce soit alors le pire de sa pensée qui retourne – sans même l'excuse qu'avait M. Jourdain de n'avoir pas été éduqué.

Cette attitude à l'égard du marxisme est, me semble-t-il, celle même de Duby, lorsque, selon la formule proposée dans le dialogue, il *tourne* le marxisme : c'est parce qu'il défait le marxisme qu'il peut se poser des questions que celui-ci rendait improbables, mais c'est en n'hésitant pas à prendre son bien chez Marx qu'il parvient à constituer les objets neufs, que lui lèvent ces questions, en positivités nouvelles. Volontiers parlerais-je à propos de Duby d'un *pragmatisme critique* : critique, parce que, parfaitement averti par son nominalisme, le choix qu'il fait de reprendre tel concept le dépouille aussitôt de tout ce qu'il pouvait véhiculer d'un « sens de l'histoire » ; pragmatisme, cependant, en cette mesure que la reconnaissance d'un réalisme obligé l'amène à prendre, pour en construire son réel, son bien où il le trouve.

Et je vois d'ailleurs, entre la pensée de Foucault et celle de Duby, une profonde parenté de démarche. Chez l'un comme chez l'autre, c'est le même nominalisme radical qui conduit à reconnaître, pourtant, le caractère nécessairement *positif* du savoir historique, s'il doit être ; d'où aussi, chez l'un comme chez l'autre, le même rapport ambigu, mais essentiel, à l'œuvre de Marx. S'il fallait résumer d'une formule, je dirais que Duby c'est l'histoire de l'époque de la philosophie de Foucault – ou, aussi bien, que Foucault c'est la philosophie de l'époque de l'histoire de Duby.

Soit, donc, la théorie des instances, dans toute sa généralité. On tentera d'y indiquer, d'y esquisser très vivement ce qui, de Marx, s'avère indispensable pour penser, et ce qui, au contraire, comme présence de la théorie 2 à la théorie 1, nous empêche.

A. – *Il y a des instances*. Cette thèse n'exprime rien d'autre que la nécessité d'organiser, de diviser et de regrouper, pour qu'ils puissent être étudiés, les phénomènes sociaux, sous un certain nombre de rubriques, de chefs – en sorte, à la limite, qu'on en puisse tout simplement *parler*. Pour pouvoir établir des liens, des rapports, dérouler des structures, déterminer des efficaces, etc., bref, penser, il faut introduire la différence, mais par là même aussi des ensembles, dans ce qui se donne d'abord comme profondément un à la fois et irréductiblement multiple, multiplicité indifférenciée, le miroitement sans déterminabilité, sans prise, de la pure dispersion sensible.

Ces instances, donc, ne sont nullement des « réalités », elles ne s'imposent nullement du réel. Non plus même, cette fois, du point de vue du *nominalisme radical* que nous adoptions naguère, et que nous n'avons plus désormais à faire valoir, puisque nous avons assenti à la convention réaliste, mais de ce *nominalisme restreint* dont parle communément l'épistémologie, qui ne vient jamais à mettre en cause qu'il y ait du réel hors du nom.

Posé, donc, que l'histoire ait affaire à un réel, ce réel ne saurait se confondre avec les conventions à travers lesquelles elle le saisit. Nous devrons donc essayer de voir, plus tard, s'il n'y a pas encore quelque moyen de faire valoir les droits de ce réel lui-même – mais nous n'en sommes pas là pour l'instant.

B. – *Il y a trois instances*. Ainsi, des instances – et pour la même raison, en nombre déterminé. Mais pourquoi trois, plutôt que deux, plutôt que quatre ? Et pourquoi précisément ces trois-là ? Je ne crois pas qu'il y ait à spéculer longuement là-dessus. Le problème, en effet, ne se pose certes pas pour les trois instances de Marx dans les termes où il se pose, selon Lacan, pour les trois « catégories » freudiennes (R.S.I.) ; si elles ne sont pas des propriétés qui s'imposeraient du réel, mais se donnent plus modestement comme les artifices par lesquels un savoir de l'histoire est possible, il est clair que leur nombre alors n'est pas obligé, ni leur nature. Peut-être pourrait-on en envisager bien d'autres, voire un système qui ne comporterait pas même celles que dit Marx. Peut-être. Le seul critère recevable est ici, nécessairement, celui de la fécondité ; si donc quelqu'un se sentait d'imaginer un système qui ait une fécondité égale, ou supérieure, point d'obstacle. En attendant, pourquoi pas trois, celles de Marx ? Sans doute, leur effet d'évidence, la force avec laquelle elles s'imposent viennent-ils simplement de ceci qu'elles reconduisent dans la forme de la science le fantasme immémorial des « trois fonctions » indo-européennes. Mais je ne vois pas qu'il y ait là de quoi nous gêner : le propre de la science, ce n'est pas, me semble-t-il, que les modèles qu'elle construit ne s'enrouleraient jamais autour d'un fantasme, mais qu'elle les fasse fonctionner, d'où qu'ils lui viennent, de telle sorte qu'ils rendent compte du plus grand nombre de phénomènes possible, au moyen d'énoncés falsifiables.

(Cette précision s'impose que j'entends « science » ici en un sens très élargi, auquel mon objet m'oblige. Il est évident qu'il est impossible de faire valoir, pour l'histoire, la seule définition, à mes yeux, réellement rigoureuse de la science, soit celle de Koyré, qui tient tout entière en ceci que ses énoncés soient mathématisés, ou du moins mathématisables ; d'où le choix que je fais de celle de Popper, plus lâche, et qui me semble pouvoir lui convenir, au moins partiellement, et à la condition que soit réfléchi précisément ce que pourrait être la spécificité de la falsification en histoire – lui fournir, en tout cas, un idéal qui ne paraisse pas inaccessible, si elle veut se qualifier comme savoir positif.)

C. – *Il y a une « dernière instance »*. Admis qu'il y ait trois instances, ne pourrait-on imaginer qu'elles se disposent de manière parfaitement égalitaire, selon le modèle d'une juxtaposition, ou d'un cercle ? Pourquoi faut-il qu'on ordonne encore cette taxinomie selon un système qui repose sur ceci que l'une de ces instances reçoive le privilège d'être traitée comme « dernière instance » ? Il me paraît que cette exigence se confond avec le postulat réaliste, rigoureusement entendu, qu'elle abrite la condition même à laquelle je puisse prétendre poser mon discours comme savoir positif ; la production d'une « dernière instance », sur laquelle le discours se règle, n'exprime rien d'autre que la nécessité de pouvoir exhiber un point qui se puisse reconnaître comme celui du réel, c'est-à-dire d'où l'on puisse reconnaître le fantasme – elle n'exprime rien d'autre que la nécessité de faire valoir dans l'analyse la pure dimension du réel, la forme pure de sa sommation, c'est-à-dire de faire apparaître l'imaginaire. Si la science, en effet, me paraît pouvoir être indifférente à l'origine fantasmatique de ses propres modèles, c'est à la condition qu'elle en use de telle sorte qu'ils l'autorisent, par contre, à discriminer, dans l'objet auquel elle les applique, le réel et l'imaginaire. On ne peut tout simplement pas faire d'histoire, et singulièrement d'histoire des formations imaginaires, si l'on ne construit pas cet écart, et si l'on ne le rend pas calculable. C'est l'un des enseignements de la préface de Duby à ses *Trois Ordres* ; c'est ce que suppose l'histoire qu'il tente dans ce livre, l'histoire « d'un rêve de société », « faite de ces imperceptibles déplacements, de ces superpositions partielles, de ces emboîtements imparfaits » (p. 251).

Ainsi, il y a nécessité absolue de tracer d'abord cette frontière grossière que la dernière instance fait passer dans les phénomènes sociaux, entre la « vie réelle » des hommes et les images, adéquates ou fautives, qu'ils s'en font. C'est sur cette base, seulement, qu'on pourra tenter, ensuite, de construire entre le réel et l'imaginaire des oppositions plus fines, dont il est vrai qu'on ne peut éviter d'au moins les esquisser aussitôt. Car on fera observer que si ce que je dis peut convenir, en effet, à l'opposition, telle qu'elle est pensée dans *L'Idéologie allemande*, entre « la vie matérielle », « le commerce matériel des hommes », et puis leurs « représentations », leur conscience, cela ne semble plus s'accorder, par contre, de manière exacte, à un schéma beaucoup plus complexe et subtil, qui, ne répondant plus au souci philosophique de *L'Idéologie allemande* d'exposer les premiers principes du matérialisme historique, mais au souci scientifique de produire les moyens d'une analyse des formations sociales, n'ordonne plus la vie sociale selon une opposition *simple*, mais selon le jeu de *trois* instances. Les termes, donc, ne coïncident pas, et il ne paraît pas possible d'emboîter les deux schémas : du coup, l'interprétation que je donnais de la « dernière instance » ne tombe-t-elle pas ? Si, en effet, on peut admettre encore que ce qui, dans le deuxième schéma, se donne comme l'instance de l'économique recoupe en gros ce qui est désigné dans le premier comme « la vie matérielle », et, de même, l'instance de l'idéologie, ce qui était d'abord dit la « représentation », ou la « conscience », où situer alors cependant la deuxième instance, celle du politique ? Il est clair qu'elle ne peut être réduite à la « représentation », puisqu'elle s'articule de manière exacte à ce « commerce matériel » entre les hommes qui, dans les formulations de *L'Idéologie allemande*, s'oppose, avec « la vie matérielle », à la « représentation » ; mais, d'un autre côté, seule la troisième instance, celle de l'économique, est dite, dans le deuxième schéma, « dernière instance » : si donc la dernière instance se définit, comme nous voulions, de faire valoir « la vie réelle », le politique tomberait alors du côté de la « représentation ».

Je ne crois pas, pourtant, que cette difficulté nous contraigne à renoncer à la définition que nous donnions de la fonction épistémologique de la « dernière instance » – mais il est vrai qu'elle impose qu'on raffine l'analyse.

Dans un premier temps, on posera que le politique est précisément le lieu où il y a compénétration de la « vie matérielle » et de la « représentation », où la vie matérielle devient immédiatement représentation, et la représentation vie matérielle ; soit : le lieu où ces différences, ces divisions, ces oppositions matérielles, bref, ce « commerce matériel » immédiatement issu de la « vie matérielle » viennent s'inscrire dans l'imaginaire, accédant alors seulement, d'ailleurs, à proprement parler, au statut d'un commerce, comme relation réglée entre « des hommes ». Ou bien encore : le lieu où de purs *faits de force* s'imaginarisent comme *rapports de pouvoir*, par le biais de leur collectivisation fantasmatique sous un certain nombre d'inscriptions imaginaires (castes, ordres, classes, etc. – du dernier concept, on trouvera au demeurant critique moins allusive dans le dialogue lui-même). Bien que le « réel » et la « représentation » y soient donc proprement fusionnés, l'analyse, pour obéir au postulat réaliste, devra s'efforcer de faire passer dans le politique le tranchet qui en défera le nœud. Elle s'assignera absolument cet objectif impossible de repérer toujours, sous les signifiants qui d'abord s'offrent à l'historien, les différences, les divisions, dont les hommes, tous, se séparent de tous, avant que le langage ne soit venu, en termes de « pouvoir », les inscrire sous les rubriques qui, certes, diviseront encore les hommes, mais *collectivement*, désormais. Et c'est à ce « réel », alors, qu'il s'agira de confronter, en dernière instance, ces ensembles imaginaires d'appartenance à travers lesquels toute société collectivise ses membres, en les regroupant, à la fois, et les opposant. Ainsi Duby s'est-il toujours attaché à retrouver ces oppositions matérielles brutales et simples sur lesquelles s'est tissé l'imaginaire de la société féodale : sous les clivages qu'assurent la « noblesse » ou la « chevalerie », sous l'édifice imaginaire complexe des ordres et des états, retrouver le fossé qui sépare celui qui est en armes de celui qui est sans armes, celui qui mange à sa faim de celui qui crève de faim, le maître de château, à cheval, bloc de fer, de celui qui le regarde toujours d'en bas, bloc de peur.

C'est donc au sein même de la deuxième instance que passe le fil qui sépare l'imaginaire du réel – non pas horizontalement, cependant, comme si le politique était la frontière même, sans épaisseur, entre la vie matérielle et la représentation, mais verticalement. Je m'explique : le seul moyen recevable, me semble-t-il, d'articuler l'un à l'autre nos deux schémas, c'est de poser dans un deuxième temps que ce qui a été dit du politique doit être aussi bien reconnu des deux autres instances, en ce sens que c'est en chacune d'elles que passe le fil de la distinction. Il faudra dire, alors, que le concept de dernière instance n'est pas seulement le principe d'une opposition simple, horizontale, entre ces deux blocs sans déterminabilités que sont la représentation/la vie matérielle, mais ce qui autorise encore à faire valoir, dans le schéma déterminé des instances, une division entre le réel et l'imaginaire, division articulée à la première et la présupposant, qui la croise, et qui refend verticalement les trois instances. D'une phrase, donc : la dernière instance n'est pas seulement ce qui me permet d'opposer, dans la vie sociale, la vie matérielle et la représentation, mais encore de distinguer, en chaque phénomène social, et à quelque sphère qu'il appartienne, entre l'imaginaire et le réel. Ainsi, dans l'instance même de l'économique, c'est-à-dire dans la « dernière instance », c'est le *concept de dernière instance* qui m'autorise à reconnaître la présence et l'action du fantasme (non pas comme « représentation » de l'économie, « idéologie » de la production,

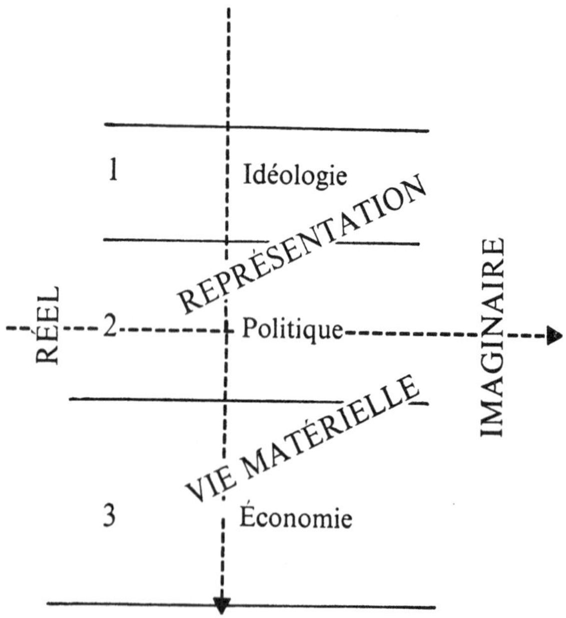

mais immanence du fantasme à l'acte productif lui-même) ; de même, dans l'instance idéologique, c'est le concept de dernière instance qui m'autorisera à distinguer entre une représentation accordée au réel et une représentation qui le méconnaît, mais aussi entre la représentation d'une représentation telle qu'elle lui soit accordée, ou qu'elle la méconnaisse (cf. schéma).

Si nous nous sommes efforcés jusqu'alors de déduire la nécessité formelle du concept de dernière instance, nous ne nous sommes guère souciés au fond de son contenu. De ce qui précède, pourtant, on peut déjà soupçonner que nous ne dirions pas, sans plus de précision, que c'est l'« économie ».

À la fin des fins, ce qu'il y a, à mon sens, d'absolument incontournable dans la désignation par Marx de l'économie comme dernière instance, c'est cette idée très simple que toute société se construit de la manière spécifique dont elle répond à la demande biologique élémentaire, qui est celle de la survie. Mais admettre ceci, précisément, suppose qu'on apporte aussitôt deux correctifs à la conception marxiste, telle au moins qu'elle est communément répandue, de l'« économie ».

– Poser que la pensée soit déterminée en dernière instance par l'économie, ou encore qu'elle reflète les conditions matérielles, etc. (même si l'on a recours à des concepts plus sophistiqués que la métaphore vulgaire du reflet, et qu'on corrige l'analyse en y introduisant l'idée de lien dialectique, d'action réciproque), c'est poser, nécessairement, qu'on puisse distinguer la pensée et l'activité productrice, en sorte qu'on isole *une pure pratique* productrice, un *acte* productif *pur*, qui serait « au commencement », sans qu'aucune pensée s'y soit, toujours déjà, investie, qui aurait donc la pensée hors de soi, comme son autre (comme c'est « grec », d'ailleurs, cette idée – les pôles, ici, simplement échangeant leurs signes !).

Les hommes doivent se nourrir, arracher à la nature les conditions de leur survie ; et ils ne peuvent le faire que compte tenu du milieu qui cerne leur habitat. Mais ce que montre l'histoire, c'est que leurs pratiques productrices ne sont pas nécessairement accordées de manière fonctionnelle à ce milieu, et qu'elles sont aussi bien commandées par des rites, des symboles, des idées, bref, une vision du monde. Il n'y a pas de pratique de production pure, toute pratique de production est immédiatement une pratique symbolique d'appropriation du monde ; toute pratique de production est une manière de répondre, ajustée à un milieu donné, à la demande biologique fondamentale, en tant que celle-ci est toujours déjà culturellement formulée. Et la trace dont un milieu témoigne de cette *demande culturelle de survie* s'appelle un paysage.

– L'impératif de survie exige qu'il soit encore répondu à d'autres demandes, tout aussi premières que celle de nutrition. Il ne saurait être, en effet, seulement posé dans les termes de l'individu, mais aussi dans les termes de l'espèce. Dès lors, je vois deux nécessités absolues, au moins, qui obligent toute espèce vivante : la raréfaction de l'agressivité, la régulation de la natalité. Quelques phrases ici suffiront, qui trouveront dans le dialogue un développement – provisoire. On y pose que l'éthologie pourrait bien nous servir de guide à repérer le faisceau des impératifs à quoi toute société obéit, et à quoi elle se définit de satisfaire. Il me semble que ces impératifs devraient être, au même titre que celui de nutrition, à quoi répond la pratique productive, intégrés au concept de dernière instance, si celui-ci se définit d'exhiber comme le « réel » même de toute société les conditions auxquelles la survie est possible. Mais il se trouve que, dans l'espèce humaine, les dispositifs instinctifs, les parades biologiques, les équilibres naturels, par quoi les espèces animales répondent à ces impératifs, se trouvent niés par la langue, subvertis, corrompus, pervertis par le désir, et que c'est la culture, désormais, qui doit prendre en charge, à sa façon – c'est-à-dire de manière absolument déplacée –, la réponse.

Ainsi, les dispositifs culturels par lesquels une société répond, tant bien que mal, à ces demandes fondamentales ne sont pas moins « derniers » que les formes de son activité productive même. Je ne vois pas qu'on puisse tenir pour « superstructure » cela même qui, raréfiant la pulsion de mort, fait que le lien entre les hommes ait une consistance suffisante pour que, précisément, une production soit au moins possible.

Où situerions-nous, alors, ces « freins purement moraux », sur lesquels Duby revient en plusieurs de ses livres, par quoi les guerriers de l'âge seigneurial acceptèrent de rogner eux-mêmes leur agressivité, en sorte, simplement, que tienne le lien social, qu'il n'explose point en rendant à la liberté les pulsions de mort affrontées ? Clair, par exemple, que la « paix de Dieu » se laissera analyser en termes relativement simples d'idéologie, qu'on y montrera sans peine le jeu d'affrontements pour le pouvoir ; reste qu'à travers elle ceci encore s'accomplissait, que la culture y répondait à la nécessité de freiner l'agressivité – faute de quoi les pratiques de production comme les jeux du pouvoir seraient rendus à la mort.

En fin de compte, c'est l'image d'un cercle qui s'impose – même s'il est vrai que, nécessairement, l'analyse, pour se dérouler, le devra briser.

Sans doute les formes de l'activité productive donnent-elles à la culture seigneuriale son visage, mais c'est celle-ci, aussi bien, qui façonne celles-là, en leur imposant de donner les fruits symboliques – le pain, le vin – qui signifient la tradition où elle contemple son image glorifiée (le Nom-de-Rome) ; car on ne peut isoler un point où l'histoire commence : si les hommes ont toujours déjà produit, il y a toujours déjà eu, aussi, une tradition sur quoi modeler cette production. De même encore, si c'est le mode de production qui assigne ses limites, éminemment mouvantes, à l'agressivité, comme il fixe les seuils démographiques, ce sont aussi bien les formes culturelles à travers lesquelles l'agressivité est raréfiée, et la population régulée, qui façonnent le mode de production.

Il y a immanence, dans chacune des instances, des deux autres. Il n'y a pas de « superstructure » : pour qu'une société humaine survive, il faut qu'elle produise – mais elle ne le fait jamais qu'à travers des procédures culturellement obligées ; plus : pour qu'elle puisse seulement produire, il faut d'abord qu'elle *tienne*. Or ceci ne va nullement de soi, les hommes ne se rassemblent pas « naturellement » pour produire : que l'état de nature soit un mythe, cela ne signifie pas seulement qu'il n'y a pas de dispersion naturelle, mais tout autant qu'il n'y a pas de sociabilité naturelle. Que les hommes tiennent ensemble – et produisent –, Freud nous a appris ce que cela supposait : qu'ils cèdent sur leur désir. Et c'est à cette fin, précisément, que s'offrent aux sujets les signifiants sous lesquels ils se regroupent, se collectivisent, et que viennent garantir par en haut les grandes machines imaginaires où leurs désirs s'étouffent, sous le travesti du bonheur, de l'harmonie, du salut...

D'où la position nodale du politique, comme échangeur où s'ajustent les demandes naturelles et les réponses culturelles, les unes par les autres perverties. Le « Maître », au fond, dans une société humaine, c'est ce que nous contemplons en miroir comme la « Nature » dans les sociétés animales : le point où se croisent les réponses données aux impératifs fondamentaux de la survie, et par quoi, les unes aux autres ajustées, elles peuvent alors tenir ensemble en système.

D. – *Il n'y a pas de détermination en dernière instance*. La thèse découle de ce qui précède. S'il peut être légitime d'analyser cette « globalité », pour reprendre l'un des concepts les plus chers à Duby, qu'est chaque société concrète, selon trois instances, s'il paraît nécessairement inscrit dans le postulat réaliste qu'on postule encore une « dernière instance », les analyses précédentes interdisent par contre qu'on relève entre les instances un lien de *détermination*.

Le concept de dernière instance, en effet, et la thèse selon laquelle celle-ci est déterminante ne sont nullement nécessairement solidaires. Plus, le concept de *détermination* en dernière instance, s'il veut dire quelque chose, me paraît impliquer une causalité simple, linéaire, qui est étrangère à la théorie des instances ; celle-ci implique au contraire une doctrine beaucoup plus subtile de la cause, telle qu'elle puisse intégrer l'idée d'action réciproque, non pas seulement dans son indétermination grossière, mais dans ses déterminabilités concrètes les plus exorbitantes à la doctrine classique de la cause : qu'un effet puisse perdurer, et se reproduire, bien au-delà de la mort de sa cause, qu'un effet puisse devenir cause de sa cause, etc.

Entendons-nous : je sais bien qu'un marxiste un peu sophistiqué d'aujourd'hui nierait absolument que le concept de « détermination » abrite l'idée d'une causalité aussi grossière, comme il nierait d'ailleurs que le marxisme ait jamais tenté d'isoler un acte productif « pur » – mais c'est qu'il raisonne dans cette perspective que le marxisme, au total, est une science, dont il est légitime, donc, de ne retenir que le sanctionné, et c'est sans la moindre gêne, dès lors, que, soumettant Marx à une lecture récurrente, du point du « sanctionné », il en éliminera les « scories », aisément traitées comme ce qui, de Marx, n'était pas encore marxiste.

Nous avons proposé, quant à nous, une autre lecture de la doctrine de Marx, qui supposait qu'on la défasse, proprement, en tant que telle. Car nous tenons que la causalité grossière de la « détermination » (dont personne, au demeurant, ne pourrait nier qu'elle est présente en cent lieux de l'œuvre) n'est pas moins « essentielle » au marxisme que le raffinement de la théorie des instances.

L'idée de détermination en dernière instance est indissolublement liée, en effet, à la thèse selon laquelle on peut repérer dans l'histoire un développement ininterrompu, un « progrès » des forces productives ; c'est le concept de « détermination » qui nous assure que, quels que puissent être les effets de contretemps, de survivance, de rémanence, les deux autres instances ne peuvent manquer, finalement, de reconduire ce « progrès » – bref, c'est de lui que s'autorise le mythe du « sens de l'histoire » : c'est le concept par excellence qui permet d'articuler l'une à l'autre la théorie 1 et la théorie 2.

Non que je pense, d'ailleurs, que l'idée de détermination se ramène purement et simplement à la vulgarité d'une « fin de compte » : que l'économie soit déterminante en dernière instance, cela ne signifie tout de même pas simplement que, quel que soit le phénomène considéré, à quelque époque que ce soit, on lui trouvera toujours « en fin de compte » une détermination économique ; ce que cela me paraît emporter d'essentiel, c'est un ordre rigoureux d'engendrement des concepts, tel qu'il affirme qu'il y a isonomie des instances, et que les lois qu'on a pu construire pour l'économie se trouvent en quelque sorte reconduites pour les deux autres instances. On verra dans le dialogue ce que cela implique, par exemple, touchant l'usage dans la sphère politique, ou idéologique, du concept de classe.

Ainsi on refusera l'idée de détermination : les instances font écho entre elles, se répondent en miroir, tel phénomène de l'une « fait sens » avec tel phénomène de l'autre – on multipliera les liens réciproques, les mises en relation, on ne cherchera pas de « détermination ». Cela supposerait, bien sûr, qu'on construise de manière rigoureuse, hors du modèle de la cause, le concept de telles relations, sans s'en tenir à la métaphore. Et il faut dire que, pour l'histoire du moins, ce travail reste à faire. On verra l'attention que Duby accorde, à cet égard, à la possibilité de domestiquer en histoire des modèles venus d'autres sciences, de la biologie en particulier. Mais sans même sortir de la tradition philosophique, il me semble que s'offrent à nous des problématiques qui permettraient de penser, au moins provisoirement, la relation entre les phénomènes qui relèvent de la « représentation » et ceux qui relèvent de la « vie matérielle » en termes en tout cas moins inadéquats que ceux de la doctrine de la cause – soit les deux théories symétriques où se réglait le problème majeur légué par le cartésianisme : on pourrait dire que ces deux séries de phénomènes *expriment* la même globalité, ou encore que c'est à *l'occasion* d'un phénomène de l'une que se pose un phénomène de l'autre.

Reste, que, une fois encore, il faut briser le cercle. Et que, comme il nous fallut admettre, pour représenter le réel auprès, et au sein, des deux autres, l'idée d'une dernière instance, il nous faut poser, tout simplement pour qu'un ordre des raisons, un savoir d'histoire soient possibles, cette idée qu'il y a, pour une époque donnée, *primat* d'une instance. Soit cette idée que, pour telle société, à telle époque, ce soit telle des pratiques sociales qui apparaisse comme l'expression privilégiée de la globalité sociale, non pas, encore une fois, déterminant les autres pratiques, mais, en quelque sorte, donnant le *la* auquel les autres accordent leur écho ; comme si, pourrait-on dire encore, contenant en soi, de manière anticipée, l'expression de la globalité, elle était, auprès des autres pratiques, le tenant-lieu de cette globalité même, qui n'est, pourtant, que lorsqu'elle est expliquée dans l'ensemble de ses expressions.

L'idée d'un primat doit donc être disjointe de celle de détermination, comme de celle de dernière instance (d'où le choix, d'ailleurs, que je fais de ce terme, qui, précisément, dans la tradition marxiste, pallie – et trahit, à mon sens – le défaut du concept de détermination en dernière instance). Elle me semble donc désigner, en fin de compte, le privilège qu'on accordera, dans l'étude, à telle pratique, comme constituant le bon angle d'attaque d'une formation sociale déterminée, à telle époque – privilège dont l'attribution sera donc éminemment variable selon les sociétés et les époques, qui ne pourra être fixé *a priori*, mais dont seule la fécondité garantira le bien-fondé (et si l'on admet que ce primat ne transcrit pas une propriété du réel, mais construit l'outil théorique de son intelligibilité, je ne suis pas sûr qu'il ne faille pas même aller plus loin, et imaginer peut-être qu'il puisse varier encore selon l'objet même dont on s'occupe).

Si, par exemple, le primat des pratiques de production apparaît peu contestable dans le cadre de sociétés qu'il est légitime d'appeler, d'un nom qui reconnaît ce primat, « capitalistes » (ce qui sans doute explique que Marx, qui ne s'est jamais intéressé sérieusement qu'à celles-ci, ait pu télescoper, dans le concept de détermination en dernière instance, l'idée de primat et celle de dernière instance), il apparaît par contre infécond pour penser ces sociétés que Duby, précisément, n'appelle plus « féodales », mais *seigneuriales*.

« La féodalité » ? explique-t-il dans le titre, un peu provocateur, de l'une de ses plus belles études : « une mentalité médiévale ». Revenant, ici encore, sur l'importance du vocabulaire même du lien « féodal », qu'il avait déjà soulignée dans ses *Notes sur les servi*, il souligne ceci que la « féodalité » est d'abord, et avant tout, un « état d'esprit », un « complexe psychologique ».

Dès ce travail, relativement ancien déjà, on a le sentiment que pour Duby c'est d'abord dans la forme d'un lien politique nouveau que s'exprime cette globalité qu'on a appelée la « féodalité », que c'est ce lien politique nouveau qui est reconduit au niveau de la production, loin que celle-ci « détermine » celui-là. Et ce lien politique lui-même s'articule aux catégories par lesquelles l'idéologie théorise et sublime, sous forme de lien, l'opposition concrète immédiate qui sépare les hommes, celle que creuse la pratique guerrière. Voilà pourquoi on peut dire que la « féodalité » est une affaire de mentalité – puisqu'on y reconnaît le primat du politique, et que, nécessairement, c'est une idéologie qui fait le joint entre les formes concrètes des rapports de force qui opposent ces hommes et les formes sophistiquées, élaborées, toujours déjà prises dans l'imaginaire, qui constituent le lien proprement politique.

Ainsi, l'étude que mène Duby des « attitudes mentales », ce n'est pas simplement un « enrichissement » de l'histoire, le remplissage d'un « blanc » jusqu'alors laissé dans l'édifice, sans que celui-ci en soit réellement affecté. Il ne suffit pas même de dire que son extension à des domaines qu'elle n'avait guère encore songé à prendre pour objets a transformé l'histoire tout entière, lui donnant un nouveau style. À déplacer l'accent, à changer le point de vue dont aborder de manière privilégiée les sociétés médiévales, l'œuvre de Georges Duby élabore peu à peu, pas à pas, une théorie neuve des relations, des articulations, des échanges entre les différentes instances qui se laissent en chaque société reconnaître.

Et ces quelques pages avaient pour ambition de commencer à prendre la mesure, du point de vue du philosophe, de cette révolution accomplie dans l'histoire.

*

Si je lis bien Duby, la critique qu'il opère de l'ancien positivisme historique, loin d'aller à ruiner la prétention de l'histoire au savoir positif, est donc au contraire tout entière ordonnée à la recherche des conditions auxquelles un tel savoir est possible, une fois déblayées les illusions réalistes. S'il disloque les anciens objets du savoir historique, ce n'est pas à la fin de faire apparaître une vanité des études historiques, mais de donner à celles-ci pour objets de nouvelles positivités – d'autant plus positives, précisément, qu'elles intègrent dans leur concept la critique de tout positivisme ; et les modèles théoriques que patiemment, sans bruit, sans considérants bavards, il a élaborés pour monter ces objets commencent de nous dessiner une nouvelle méthode positive.

On sait le double mérite où Hegel voyait le propre de la « Science » : d'éviter aussi bien la pensée « représentante » que la pensée « ratiocinante ». Il me semble que c'est au fond cela même qu'autorise la nouvelle méthode positive : s'abandonnant à la vie de son objet, acceptant un temps de se perdre dans la richesse indéfinie des déterminabilités concrètes, l'historien, faisant valoir, dans la vie sociale immédiate, les mille oppositions concrètes, les mille différences matérielles qui résistent au rassemblement du concept, dissoudra les systèmes par lesquels la pensée ratiocinante ramène la richesse réelle à la pauvreté imaginaire – et par exemple cette pensée ratiocinante que devint si souvent, en histoire, le marxisme, lorsque le génie de Marx ne fut plus là pour le soutenir. Mais, faisant valoir encore contre le culte étriqué des faits, qui à la fin interdirait la pensée, les droits de la raison, il brisera aussi bien l'illusion qui est à l'origine de cette pensée représentante par excellence que fut l'histoire événementielle.

Mais le nouveau système positif qui émerge alors de ce double mouvement ne saurait plus jamais être « positiviste ».

Et ce d'autant plus que le nominalisme (restreint) dont nous partions nous interdit de suivre Hegel plus loin, et de prendre la vie du concept pour la vie même de l'objet. Il nous faut encore dialectiser le mouvement de la science, et faire valoir contre elle les droits au « réel » qu'elle forclôt, ces droits dont, plus haut, nous avions laissé la revendication en attente.

C'est, à mon sens, l'ultime grandeur de l'œuvre de Duby qu'en elle ce « réel » retourne, au cœur même de la science ; que la science s'y impose à elle-même la biffure par quoi, le réel qu'elle a construit s'évanouissant, se présente à nouveau le réel sur l'oubli duquel elle s'est construite ; que s'y défassent parfois les corrélations, les agencements, les réciprocités que la science a tissés, et même les divisions les plus simples, les oppositions les plus humbles, en sorte qu'apparaisse, rétive à tout discours, la pure dispersion sensible, la multiplicité sans nom de visages, de gestes, d'odeurs. D'où la fascination de Duby pour l'art, parce qu'il admet que son œuvre elle-même en subisse la tentation, que ses analyses en éprouvent la demande, et que, parfois, elles y basculent soudain. Comme en la page d'ouverture du *Temps des cathédrales*, comme dans les pages du *Saint Bernard* sur la lumière des cloîtres, qui s'entêtent à dire ce qu'aucun savoir ne peut dire. Alors nous retrouvons l'écrivain, le « visionnaire » que d'entrée nous évoquions. Lorsqu'il ne reste plus que des corps singuliers à jamais disparus, que des muscles abolis faisaient se courber sur le sol, se bander sous les plaques de fer, les jeux de soleils effacés, des bruits, des parfums, tout cela dont nous ne saurons plus jamais rien, mais que l'âme, parfois, peut croire avoir connu, d'une étrange illusion paramnésique, par la grâce du génie d'un historien.

« Et l'historien qui veut comprendre doit s'efforcer d'épouser les mouvements de cette pensée, comme il doit s'astreindre aux mêmes cheminements, pénétrer lui aussi au cœur de la nuit, à tâtons, dans l'église ; guetter là, comme l'on guette le messie, les premières pointes de l'aube. »

Guy Lardreau.

I

UN NOMINALISME BIEN TEMPÉRÉ

Le rêve contraint de l'historien

G. L. – Il y a au fond deux grandes conceptions de l'histoire, selon la manière dont on dénoue l'amphibologie où se confondent, en français, les deux sens du mot « histoire », soit la façon dont on pose le rapport de l'historien, et de son discours, à son objet. Ces deux conceptions, nous les dirons, pour faire simple, dans les mots de l'école : nominaliste et réaliste.

D'un côté, donc, les nominalistes, pour qui l'histoire se réduit en somme à la série des discours tenus sur le passé – celui, d'abord, d'un présent sur lui-même, puis, ce présent évanoui, tous les discours qui s'y accrochent, qui vont le rêver désormais comme passé, et qui ne font, en fin de compte, que présenter leur propre présent à travers ce passé qu'ils se donnent. Nul point, alors, d'où jamais exhumer un réel, rien que des discours, en abysse, à l'infini. Le discours qu'aujourd'hui l'on tient sur l'histoire étant un discours de plus, sans privilège, non pas la vérité des précédents, non pas la vérité de tous les autres, simplement un discours qui est celui de notre présent, sur un passé qu'il s'invente, en dernière instance, en fonction de ses intérêts propres. Le passé, à la limite, n'existe pas – il n'y a rien que ses noms. Pour le coup, toute histoire est contemporaine, comme voulait Croce. Mais il me semble, pour prendre une référence qui nous sera plus proche à l'un et à l'autre, que Lucien Febvre, en tout cas à la fin, n'était pas très éloigné non plus d'une telle position.

De l'autre, les réalistes, pour qui le passé est bel et bien un réel, qu'il s'agit de restaurer. Non, bien sûr, qu'ils nient nécessairement qu'un « fait » historique, comme tout fait scientifique, se construise. Non qu'ils refusent d'admettre qu'il y a bien en effet enfilade de discours, dont chacun, parlant du passé, ne parle que des intérêts de son présent. Mais ce qu'ils affirment, c'est qu'il est possible de déterminer un point, exorbitant à la série des discours où le passé se rêve, d'où lever un réel du passé, d'où construire un *fait* d'histoire – bref : qu'un savoir positif de l'histoire est constructible.

Alors, voici ma première question – un peu abrupte, mais je ne crois pas que ce soit une mauvaise chose de prendre ainsi d'emblée les choses de front, quitte à y revenir ensuite, sous d'autres angles, pour préciser, corriger, équilibrer : de quel côté vous-même vous situeriez-vous ?

G. D. – Quant à moi, je suis tout prêt à dire que ce que j'écris c'est *mon* histoire, c'est-à-dire que c'est moi qui parle, et je n'ai pas du tout l'intention de masquer la subjectivité de mon discours. Quand j'étais jeune, quand je construisais ce « chef-d'œuvre » (au sens artisanal et corporatif du terme) qu'est la thèse [1]*, bien sûr je respectais les règles, et je m'effaçais, je réprimais autant que je le pouvais les réactions de ma personne devant les sources d'information ; mais j'ai de moins en moins tendance à le faire.

Essayons de voir comment l'on travaille : vous êtes philosophe, moi je suis historien ; je n'ai pas beaucoup de goût pour les théories ; mon métier je le *fais*, et je ne réfléchis pas tellement sur lui. Je crois que nous devons partir du concret, de la manière de faire, de travailler – dans l'atelier. Voici : les hommes dont je m'occupe, qui ont vécu au XIIe siècle, ont laissé quelques traces. Certaines de ces traces sont tout à fait « concrètes », elles sont inscrites dans le paysage ; ce sont des objets matériels que l'archéologie révèle – et j'ai été, à de certains moments, (je reste) un très actif promoteur de l'archéologie, mais d'une archéologie qui ne se préoccuperait pas seulement du bel objet, de l'œuvre d'art, du monumental, qui s'appliquerait à découvrir aussi ce qu'il y a de moins « noble » dans les produits de l'activité humaine. Puis il y a d'autres traces, celles-ci sont traces de discours. Des discours que les contemporains tenaient sur eux-mêmes ; des mots, des signes mis à côté les uns des autres, des phrases. Beaucoup avaient un objet purement pratique : je pense à ces actes qu'on rédigeait, qui faisaient le compte rendu de palabres au cours desquelles on avait réglé une affaire, et qui se trouvent dans les cartulaires, dans les archives. Et puis aussi des textes plus élaborés, plus sophistiqués, chargés davantage d'idéo-

1. *La Société aux XIe et XIIe siècles dans la région mâconnaise* [ci-dessus p. 7 à 597].

* Les notes, dans un livre comme celui-ci, ne peuvent se donner bien sûr aucune ambition critique ; il s'agit seulement de donner au lecteur l'envie de se reporter aux textes mêmes de G. Duby, de lire l'œuvre dans son long, afin qu'il y découvre, par lui-même, le sens du parcours qui l'ordonne (G. L.).

logie ; des récits d'événements, des chroniques, des reportages – voire des théories sur l'ordre du monde. Ainsi : un certain nombre de traces. Ces traces sont rares pour les périodes anciennes, comme celle dont je m'occupe ; tout ça est très usé par le temps, très dégradé, c'est un tissu fripé, élimé, déchiré. D'énormes trous, que la recherche historique est incapable à jamais de combler. On ne peut même pas, la plupart du temps, mesurer l'étendue de ce qui manque ; ce qui s'est abîmé, effacé, on ne le sait pas.

Donc, moi qui parle, je suis devant ces débris, ces épaves ; il y en a qu'on peut situer dans l'espace et le temps, dans un lieu précis, à une date précise ; il y en a d'autres qui flottent, dont la localisation reste très vague. Ça, évidemment, c'est du « réel », un témoignage irréfutable : il vient de ces gens qui autrefois ont vécu et ont agi.

Ce que j'essaie de faire, me fondant sur ces témoignages, c'est d'abord d'établir entre ces traces des rapports, quelconques. Dès ce moment, l'imagination intervient. Lorsque je tente de combler ces lacunes, ces interstices, de jeter des ponts, de remplir ces failles, ce non-dit, ce silence, d'une certaine façon, en m'aidant de ce que je sais.

G. L. – Mais ce qui me semble c'est qu'au fond la trace n'est trace ayant valeur historique, n'est trace *pour* l'historien, qu'à partir du moment où elle est prise déjà dans un discours ; elle n'est pas trace d'histoire avant.

En ce sens, le discours est toujours déjà là : même une date ne devient fait d'histoire qu'au sein du discours qui a *décidé* de l'exhumer de la morne répétition du calendrier.

G. D. – Naturellement, et on s'aperçoit tout de suite (ce que je disais à propos de l'archéologie l'exprimait déjà), on s'aperçoit que chaque génération d'historiens opère un choix, néglige certaines traces, au contraire en exhume d'autres, auxquelles personne depuis un certain temps, ou depuis toujours, ne prêtait attention. Par conséquent, déjà, le regard que l'on porte sur ces détritus est subjectif ; il dépend d'une certaine interrogation, d'une certaine problématique, c'est-à-dire, en fin de compte, du profond de soi-même. Non pas de l'« individu », car il est évident que mon travail ne peut pas s'isoler du travail d'un certain nombre de gens qui sont mes contemporains, qui sont mes devanciers, dont je me sens parfaitement solidaire, non seulement de gens qui travaillent autour de moi, que je rencontre toutes les semaines, mais aussi d'autres qui travaillent très loin. Je me sens solidaire aussi de mes maîtres – et pas seulement mes maîtres immédiats : Lucien Febvre que j'ai eu la chance de connaître, Marc Bloch que je n'ai jamais rencontré, mais que je considère comme mon maître.

En ce sens le choix que je fais n'est pas libre, je suis pris aussi dans un réseau. Mon attention, comme vous le disiez très justement, est forcée de se porter sur un certain nombre de ces débris, de ces traces, de ces documents, de ces « sources », pour parler dans le jargon des historiens.

G. L. – Du coup, une réflexion me vient : vous aviez eu un jour une expression qui m'avait beaucoup plu, que j'ai un petit peu remâchée, ruminée ; vous disiez : il y a des traces « plus ou moins réelles » ; est-ce que ce « plus ou moins de réalité », plutôt que de renvoyer à la question de la matérialité même de ces traces, les unes étant plus ou moins matérielles, ne renverrait pas au fait qu'il y en a de plus ou moins *contraignantes* ? Je veux dire qu'il y en a sur lesquelles nos discours se cassent le nez ; par où, me semble-t-il, l'historien touche quand même quelque chose qui est de l'ordre d'une limite, c'est-à-dire que s'il est vrai qu'il peut tenir *n* discours sur des traces, tous ne sont pas pour autant possibles. Autrement dit, il me semble que la « réalité » de ces traces d'histoire serait encore en fait à trouver au niveau du discours, du côté du discours, comme ce qui rend certains discours impossibles.

Et au fond ce que je dis là, il me semble que ce n'est rien d'autre que ce que disait Bloch lorsqu'il parle des « méchants faits » qui font sauter les belles théories ; de ce que Bachelard disait lui aussi, à propos des sciences de la nature, quand il dit que les vrais faits sont les faits polémiques.

G. D. – C'est, si vous voulez, ce qui écarte le discours historien, ou historique, du discours romanesque ; je crois effectivement qu'un livre d'histoire, que l'histoire, enfin, est un genre littéraire, un genre qui relève de la « littérature d'évasion » – au moins dans une très large mesure ; qu'elle comble un désir de s'évader de soi, du quotidien, de ce qui vous enserre ; de cela, je suis persuadé.

Mais la différence entre le romancier et l'historien, c'est que l'historien est obligé de tenir compte d'un certain nombre de choses qui s'imposent à lui ; qu'il est tenu par un souci de « véracité », si vous voulez, plutôt peut-être que de « réalité ». En tout cas, cela n'a rien à voir avec la matérialité de ces traces : la trace d'un rêve n'est pas moins « réelle » que celle d'un pas, ou du sillon d'une charrue dans la terre. Je crois que l'imaginaire a autant de *réalité* que le matériel ; ça, il faut qu'on soit d'accord là-dessus. Toutes ces traces, l'historien ne peut pas consciemment les gommer, il ne peut en gommer aucune. Et il est obligé d'insinuer son invention, sa part d'imagination et de création, à l'intérieur d'un archipel.

Évidemment, dans cet archipel, il y a de gros blocs, bien là, qui s'imposent ; il y en a de plus ténus, entre lesquels on divague avec aisance ; et puis de grands espaces, où l'on peut s'en donner à cœur joie.

G. L. – Je reviens un peu sur ce que je disais : ce qui me frappe finalement dans le travail d'histoire, qui fait tout de même quelque chose comme une butée, c'est qu'il semble que, pour une période donnée, on peut tenir *n* discours, et qu'on ne peut pas en savoir à l'avance le nombre, c'est-à-dire qu'il y a un nombre indéfini de discours possibles ; mais c'est vrai aussi qu'il y a un nombre indéfini de discours qui sont rendus impossibles par des traces. J'aimerais que vous disiez plus précisément comment votre travail s'arrange de ce possible et de cet impossible.

G. D. – On ne peut tenir n'importe quel discours sur du passé, ni sur n'importe quoi, d'ailleurs – et il faudrait revenir sur ma comparaison car, à la limite, le romancier non plus ne peut pas raconter n'importe quoi : il y a des contraintes qui s'imposent à lui, qui sont moins visibles, mais qui sont aussi fortes peut-être, aussi contraignantes. Mais il est vrai qu'à mesure que l'on s'éloigne du présent, c'est-à-dire à mesure que le tissu d'informations s'effrite, la part de liberté et la quantité de discours possibles deviennent plus larges, toujours plus larges. C'est peut-être un peu pourquoi (mais je ne sais pas, à vrai dire, *pourquoi*) je suis devenu médiéviste.

Enfin, je me sens assez à l'aise dans le Moyen Âge parce que j'y trouve, sous forme de documents, suffisamment de points d'appui pour n'avoir pas trop le vertige, mais aussi parce que ces documents sont en assez petit nombre pour que je puisse les embrasser presque tous d'un seul regard, et c'est très satisfaisant, vous savez. Il me semble que j'aurais peur d'être historien du XVIIIe siècle : on a devant soi tant et tant de sillages ; on s'y perd ; et c'est un peu pour ça, pour se rassurer, que mes collègues qui s'occupent de cette période se réfugient dans le traitement par ordinateur, dans la quantification. Alors que si je choisis de parler du XIe et du XIIe siècle je peux faire à peu près l'inventaire de l'information, à condition de me tailler un territoire qui ne soit pas trop vaste ; je peux avoir l'impression d'avoir presque tout vu, c'est-à-dire de ne pas risquer de trébucher brusquement sur l'un de ces îlots que je n'avais pas décelé, et de voir tout flanqué par terre, selon le mot de Marc Bloch que vous rappeliez ; « tout », c'est-à-dire l'édifice théorique – enfin, « théorique » : disons plutôt cette espèce d'échafaudage d'imagination que j'étais en train d'édifier.

Mais revenons au cœur du problème. Depuis quelques décennies, les historiens se sont tout de même rendu compte que la restitution intégrale du passé était impossible ; quelle que soit la densité des traces, il est vain d'espérer pouvoir tout « ressusciter », comme disait Michelet. Ce n'est pas possible. Et c'est en cela tout simplement que le réalisme de l'histoire trouve d'abord sa limite.

L'historien ne peut faire surgir de l'oubli qu'une partie du passé, non pas seulement à cause des trous dont je parlais, mais parce qu'on ne peut pas, de toute évidence, réintroduire dans le présent la totalité d'une durée. Nous savons cela aujourd'hui, alors qu'au XIXe siècle on rêvait de restitution intégrale. Nous en sommes parfaitement conscients : forcément nous choisissons ; et nous choisissons, certes, en fonction d'un certain comportement collectif de la gent historienne, mais aussi en fonction de notre propre tempérament, de nos humeurs.

G. L. – Vous dites volontiers aujourd'hui que l'historiographie, en fin de compte, a pour vous, dans votre travail propre, plus d'intérêt sans doute que l'« histoire » elle-même, entendue en un sens naïvement positif. Alors, commandée par notre leitmotiv (l'opposition nominalisme-réalisme), cette question : avez-vous le sentiment que votre propre discours d'histoire, votre propre discours d'historien, est *la vérité de* tous les discours qui l'ont précédé ? Ou bien est-ce qu'au fond vous vous considérez comme un parmi les autres ? Est-ce que vous ne vous voyez pas de privilège de vérité, par rapport à Raoul Glaber, ou Orderic Vital, ou à Lambert d'Ardres, à tous ces hommes, d'abord, qui s'efforçaient de comprendre cela même qu'ils vivaient – et puis à tous ceux qui, jusqu'à vous, sont venus déposer sur le Moyen Âge leur propre interprétation ?

G. D. – Non. Je n'ai absolument pas cette prétention. Je ne me sens pas plus capable qu'eux de revivifier le souvenir, de prendre dans les rets du discours quelque chose qui m'échappe, qui fuit de toutes parts comme elle filait entre leurs doigts. Évidemment mes moyens d'investigation sont plus perfectionnés que n'étaient ceux de mes devanciers ; mais j'ai le sentiment très net que ces moyens ne me permettent pas de saisir mes objets, ni de les employer, autrement qu'ils ne faisaient eux-mêmes, c'est-à-dire pour construire quelque chose qui est expression de moi-même, de la vision que, moi, j'ai du monde, et qui n'a pas plus sans doute de rapport avec ce qui s'est « réellement » passé autrefois que leurs discours n'ont de rapport avec la « vérité » de ce qu'ils racontent. Ça, c'est, selon moi, tout à fait clair.

G. L. – Vous souscrivez pleinement, alors, à la fameuse page de Lucien Febvre, une des plus nettes et des plus aiguës que je connaisse sur le problème qui nous occupe, dans l'introduction à son *Rabelais*, quand il dit que chaque époque se fabrique mentalement sa propre représentation du passé, sa Rome et son Athènes, son Moyen Âge et sa Renaissance ; il dit encore que, certes, l'ouvrier est plus ou moins bon, que les matériaux sont plus ou moins bons aussi, mais que de toute manière il s'agit d'une construction imaginaire, et que la sienne n'est, comme telle, pas plus *vraie* que toutes celles qui l'ont précédée, et qui, comme elle, ont mis en scène la même époque *selon leurs intérêts propres* – plus *riche*, peut-être, au mieux plus *féconde*, mais pas plus *vraie*.

G. D. – Je suis absolument d'accord avec cela. Je dirais d'ailleurs que je ne crois pas qu'il reste beaucoup, parmi les historiens actuels, d'hommes qui adoptent encore le point de vue du positivisme d'il y a cinquante ou soixante ans, lorsque, dans l'essor des sciences exactes, le sentiment s'affermissait qu'il était possible d'atteindre une connaissance scrupuleusement vraie de ce qui s'est passé autrefois, qu'il était possible de construire une histoire « scientifique ». Vraiment, je suis persuadé de l'inévitable subjectivité du discours historique ; du mien, en tout cas, tout à fait. Cela ne veut pas dire que je ne fais pas tout ce que je peux pour être le plus près possible de ce que l'on peut appeler la « réalité », par rapport à cette imaginaire construction mentale qu'est notre discours.

Et je n'invente pas, enfin... j'invente, mais je me soucie de fonder mon invention sur les assises les plus fermes, de l'édifier à partir de traces rigoureusement critiquées, de témoignages qui soient aussi précis, aussi exacts qu'il est possible. Mais c'est tout.

G. L. – Ce présent, a partir duquel nous sommes tombés d'accord, que l'historien « invente », *de façon rigoureuse*, un passé (passé par lequel, précisément, au fond, le présent se présente), il ne se définit pas seulement à partir de termes collectifs, mais aussi à partir d'un sujet, d'un sujet concret : cet historien-ci – soit finalement dans les termes du désir, que Freud nous a donnés, nous a pointés.

Pensez-vous que cela se pose bien en effet en termes de désir ? Je ne vous demande pas, certes, une autoanalyse, mais que diriez-vous, tout de même, de votre désir d'historien ? Et je me souviens d'ailleurs d'un de vos séminaires où vous aviez dit, précisément, que c'était au fond une espèce d'autoanalyse que vous faisiez ; l'expression m'avait paru assez belle pour être relevée.

G. D. – Je vous ai déjà dit que je suis persuadé de la subjectivité du discours historique, que ce discours est le produit d'un rêve, d'un rêve qui cependant n'est pas absolument libre, puisque les grands rideaux d'images dont il est fait doivent obligatoirement s'accrocher à des clous, qui sont les traces dont nous avons parlé. Mais, entre ces clous, le désir s'insinue. Et c'est aussi vrai, en fin de compte, d'une histoire récente, et bien qu'il y ait là profusion, surabondance de sources, que de l'histoire d'un passé très ancien où la documentation est extrêmement lacunaire, où la part faite à la liberté du rêve est immense, si déployée qu'il risque de s'en aller à la dérive. Parce que, finalement, nos « sources » ne sont qu'une espèce de support, ou plutôt de tremplin. Pour s'élancer, pour rebondir, pour, avec la plus grande souplesse, construire une hypothèse, valable, étayée, sur ce qu'ont pu être des événements, ou des structures.

Alors, puisqu'il s'agit de rêve, interviennent, bien sûr, du conscient et de l'inconscient. Mais je veux dire encore une fois que le travail du conscient, ce qui est dominé, contrôlé par le rationnel, tient un rôle fondamental : on ne peut pas imaginer une histoire totalement rêvée. Je voudrais vous livrer l'impression curieuse que m'a laissée la lecture du livre de Jean d'Ormesson *À la gloire de l'Empire*. Devant ce bel ouvrage, ce livre parfaitement bâti, parfaitement écrit, j'ai ressenti un étrange malaise : je voyais le produit du métier que je fais et que j'aime, qui est de rêver, mais de rêver sur des choses « vraies », dénaturé, avec une extraordinaire habileté, parce que cette « histoire » parfaitement imaginaire était présentée bordée de tout l'appareil critique que l'historien professionnel se croit tenu de fournir pour attester la véracité de son information, pour que l'on sache bien qu'il s'appuie sur des « faits vrais ». Tout y était : les artifices de la rhétorique historienne, les clins d'œil aux confrères, une bibliographie, des notes au bas des pages, faisant référence à des ouvrages dont certains étaient inventés, dont d'autres ne l'étaient pas ; j'ai eu l'impression, vraiment, de la profanation, de la transgression, de l'impur, éprouvant un sentiment de répulsion. Ça vous fait rire, mais je parle d'une réaction pour moi très profonde : ce livre a été pour moi un objet de dégoût. Ça n'est pas un jugement de valeur que je porte sur lui. Je le tiens pour un bel objet. Mais il me montrait mon métier *travesti*. C'était un roman revêtu des attributs de l'histoire.

Je reviens à la question fondamentale que vous avez posée. Je me demande si avoir du goût pour l'histoire, se mettre à « faire de l'histoire », n'est pas le symptôme d'une névrose. Pourquoi choisit-on de s'évader de cette façon ? Je pense que les anthropologues sont des névrosés ; ces gens qui s'en vont jusqu'en Papouasie sont des névrosés, le sont aussi ces gens qui s'en vont vers le XIe siècle.

Et pour des raisons sans doute homologues. Pourquoi, pourtant, le passé plutôt que le lointain, s'enfuir dans le temps plutôt que s'enfuir dans l'espace ? Quels fantasmes commandent l'une et l'autre attitude ? Pour celui qui choisit l'histoire, le départ se fait par introversion, enfoncement vers les racines. Il est repli, protégé, calfeutré. Silence : ne pas parler aux autres, lire, déchiffrer, converser avec des ombres. Monologue, au fond. Un départ qui n'en est pas un : rester enfermé dans une chambre ; les archives, les bibliothèques, ce refuge ; les chuchotements, l'odeur du vieux papier... Pourquoi suis-je devenu historien ? Je ne sais pas. Est-ce un peu à cause de mon enfance parisienne ? Parce que, dans le paysage que je parcourais, très tôt, quand j'avais sept ou huit ans, se dressaient des bâtisses étonnantes, qui me faisaient rêver : le fond des âges, Notre-Dame, la Conciergerie. Je suis sûr en tout cas que les pulsions du désir s'introduisent dans le travail même de l'historien à des niveaux multiples. D'abord, bien sûr, dans l'écriture proprement dite, dans la *manière* dont on écrit l'histoire, la manière dont on fait passer son expérience, ces flocons de rêves qui se sont formés en contact avec le document, à l'état de discours. Assurément, si forte que soit la volonté de froideur objective, le contrôle n'est pas total. Et je dirai que c'est tant mieux. Qu'il existe en tout discours historique une part de lyrisme, qu'elle doit absolument s'y trouver, qu'il en faut même une certaine dose, nécessairement, pour atteindre à la bonne Histoire.

Mais les pulsions entrent aussi en jeu dans les choix « théoriques », dans l'établissement de ce qu'on appelle une problématique, dans la manière dont on suit une piste, dans l'élan qui pousse à s'aventurer vers tel ou tel thème.

Je ne sais pas pourquoi, à un certain moment, je me suis décidé à m'occuper davantage des structures familiales, de la relation entre les « vieux » et les « jeunes » ; entre ceux qui dans la société féodale détenaient le pouvoir et la sagesse, et qui avaient perdu la fougue, et ceux qui, au contraire, pleins de fougue, mais écartés des décisions, se sentaient frustrés. Pourquoi ? Ce n'est certainement pas par hasard. Certes, ce choix fut en très grande partie dicté par l'état général de la matière scientifique, par les dispositions d'ensemble du chantier, et les questions que je me suis à un certain moment posées furent suscitées par des recherches parallèles aux miennes. Il existe dans la communauté des historiens une véritable « formation problématique », une sorte de système où les interrogations formulées ici et là se trouvent en état de cohérence. Mais il se peut, il est même sûr, qu'intervenaient d'autres inclinations.

G. L. – Cette question des « jeunes [1] », précisément, permettrait, me semble-t-il, de faire valoir une autre des déterminations à l'œuvre dans la construction imaginaire de l'historien. Il y a, disions-nous, l'état de la recherche, l'état des matériaux sur lesquels son travail s'exerce ; il y a son désir propre, qui trouve à

1. Cf. bien sûr, au premier chef, l'article célèbre publié dans les *Annales* en 1964 : *Au* XII*e siècle : les « jeunes » dans la société aristocratique* [ci-dessus p. 1146-1158].

s'y lover, son histoire propre, qui se raconte dans la grande. Mais il y a aussi les intérêts que son époque lui impose ; et si l'histoire est bien en effet, dans notre culture, l'un des modes fondamentaux à travers lesquels une société affirme sa propre image, et la rêve, on dira même que cette détermination-ci est sans doute la plus prégnante, celle qui enveloppe toutes les autres. On dira en effet que ce sont ces intérêts qui commandent d'abord le retravail des matériaux légués, mais aussi le choix de nouvelles traces, de nouvelles méthodes, d'un nouveau style, en fonction des interrogations neuves qu'ils suscitent, des objets nouveaux qu'ils découpent.

Et c'est à l'intérieur de cette découpe, en quelque sorte « sociale », que les intérêts singuliers de *tel* historien vont introduire une nouvelle découpe, surdéterminée celle-ci, puisqu'elle est à la fois l'effet de son inscription singulière dans l'époque (soit son inscription idéologique, philosophique, politique, etc.) et proprement de son désir singulier. Ainsi la détermination par les intérêts de l'époque apparaît-elle comme le premier de ces cercles concentriques par quoi se détermine le travail d'un historien.

C'est ce qui explique, me semble-t-il, qu'aussi différent que soit tel historien de tel autre, dans tous les domaines (et même d'ailleurs s'ils travaillent sur des périodes totalement différentes), ils auront pourtant, s'ils appartiennent à la même époque, fondamentalement les mêmes questions et les mêmes objets. La solidarité d'époque prévaut, en fin de compte, sur toute autre.

Et j'en reviens à ces « jeunes » que vous avez inventés. Je sais bien que les *juvenes*, tels que vous les définissez, en référence exacte à la société aristocratique du XIIe siècle, c'est en fait un concept extrêmement précis, et ce n'est pas, comme ça, la « jeunesse » en général.

Mais il y a quand même cette idée, tout au fond, et pour parler très grossièrement, d'un lien entre la jeunesse, l'absence de fixation, l'inquiétude et par là même le caractère inquiétant.

Or, ce qui me frappe, c'est que votre interrogation sur les jeunes, elle a surgi précisément en un moment où dans toutes les métropoles impérialistes, dans le monde, la « jeunesse », dans un sens moderne cette fois, apparaissait comme un facteur de troubles. Et était aussi, justement, en train de tourner les vieilles interrogations marxistes, que vous-même, alors, à vous interroger sur elle, vous tourniez (mais laissons ce dernier point, je compte bien qu'on y revienne).

Voyez : votre article dans les *Annales* sur les *juvenes*, c'est 64, si mes souvenirs sont bons, et les grandes émeutes étudiantes à Berkeley, c'est 65.

G. D. – Encore une fois, j'en suis persuadé, l'histoire, c'est au fond le rêve d'un historien – et ce rêve est très fortement conditionné par le milieu dans lequel baigne en effet cet historien ; je suis donc tout à fait prêt à admettre que les recherches que je conduisais sur la parenté, ainsi que l'étude très particulière du groupe social que vous venez d'évoquer, que tout cela n'est certainement pas sans rapports (mais rapports inconscients, il faut le dire) avec la perception que je pouvais prendre de la société qui m'environnait. J'étais à ce moment-là, au début des années soixante, professeur dans une université en pleine, en surprenante expansion ; j'avais le privilège d'être en contact immédiat avec une certaine jeunesse, qui se jetait dans cette université, qui devenait effectivement toujours plus abondante et de plus en plus tumultueuse, de plus en plus inquiète, de plus en plus frustrée. Et je n'aurais certainement pas construit de la même manière ma problématique dans une société stable, sûre d'elle-même, conformiste.

Il y a eu certainement perception, impalpable et informulée, de ma part, de ce qui tourmentait alors l'organisme social, et réfraction de ce tourment sur l'organisation, sur l'orientation de mon labeur. Tel est bien le rapport de l'historien au discours qu'il tient sur le passé. Ce discours s'écrit dans le présent. Sur lui retentissent les tumultes du monde dans lequel vit l'historien, dont il ne peut se retrancher, quoi qu'il fasse, et dont les contradictions inévitablement le tiraillent.

G. L. – Vous avez évoqué le statut *littéraire* de l'histoire. J'aimerais bien que vous reveniez là-dessus, pour préciser un peu votre rapport à la littérature, à l'exercice même du style, pour dire aussi, par exemple, si vous avez des rapports privilégiés à des écrivains qui ne soient pas historiens. Des choses comme ça...

G. D. – J'ai toujours été grand lecteur, et grand lecteur de romans : j'aime qu'on me raconte *des* histoires. Ce qui veut dire que je n'ai pas grand-chose à me mettre sous la dent, aujourd'hui. Alors je me rabats sur des conteurs étrangers – aujourd'hui Sabato ou Shelby Foote.

Surtout je reviens constamment à des écrivains anciens. Au moment où nous parlons, je relis les *Mémoires d'outre-tombe*, d'une manière régulière ; je relis Stendhal, je relis les écrits sur l'art de Baudelaire : de la prose qui me réjouit parce qu'elle est très belle. J'attache énormément de prix à l'expression, à la manière d'écrire – en l'occurrence, pour moi, d'écrire l'histoire. Je juge que l'histoire est d'abord un art, un art littéraire essentiellement. L'histoire n'existe que par le discours. Pour qu'elle soit bonne, il faut que le discours soit bon. La forme est donc, à mes yeux, essentielle, je n'écris pas facilement. Donc je passe un temps considérable à reprendre mes textes, à leur donner une forme qui approche de celle que j'aimerais qu'ils aient. Une large part du temps que je consacre à mon métier se passe en exercices de style, non seulement lorsqu'il s'agit de livres, mais de simples articles. La difficulté me pèse, mais en même temps, je prends plaisir à surmonter des problèmes d'expression qui sont, pour moi, graves, à les surmonter peu à peu, sur le brouillon, en raturant. Parce que je pense que la façon de dire, d'exposer ce que l'on a dans l'esprit, que la « forme » intervient d'une manière tout à fait décisive dans la relation entre l'historien et son public – public d'étudiants, public de spécialistes ou public d'amateurs. Écrire d'une certaine façon n'est pas seulement moyen de convaincre, moyen d'accrocher, d'attirer, de captiver. C'est encore et surtout un moyen de ménager, par des artifices littéraires, de ces fissures, de ces discontinuités ensorcelantes qui entraînent le lecteur à rêver, de la façon même dont l'historien rêve de son côté.

Toutefois ce à quoi d'abord je m'efforce de parvenir, c'est à la clarté de l'expression : je suis tout à fait hostile, farouchement, à ce qu'il peut y avoir de jargonnant dans les sciences humaines de notre temps. Je ne suis pourtant pas indifférent aux rythmes, à la musique de l'écriture. Disons que je ne suis pas satisfait d'un texte lorsqu'il ne parvient pas à s'élever un peu au-dessus de ce qu'est l'écriture courante. Je ne dis pas que j'y parviens, mais c'est mon but.

G. L. – Et ces rythmes, si vous les recherchez, n'est-ce pas parce qu'ils donnent comme un équivalent, un équivalent stylistique de ce que l'historien a à dire ? Ne diriez-vous pas, au fond, que vous ne parleriez pas de la même manière de saint Bernard et de Pierre le Vénérable ?

G. D. – Oui, je le crois. Comme je crois que je n'écris pas de la même façon l'histoire événementielle et l'histoire des structures. Car il est une façon de raconter le pétillement de l'événement, et puis une façon de se laisser porter par le courant épais, profond qui entraîne la civilisation tout entière, de démêler l'enchevêtrement de ses fils et de ses remous. À tel niveau de la durée, c'est tel ton qui convient, non pas un autre.

L'érudition, une affaire d'éthique

G. L. – Ce qui a été dit jusqu'alors pourrait, je crois, se résumer ainsi : l'historien rêve, mais c'est un rêve rigoureux, contrôlé, réglé, bref, un rêve *contraint*. Et la figure la plus évidente de cette contrainte, c'est l'érudition, la bibliothèque de Babel, où, étourdi, déboussolé proprement, erre d'abord celui qui vient se mettre au travail.

Ce qui me frappe dans l'érudition, c'est *l'absence de règles*, d'où son effet de terreur, dans la mesure où on ne peut jamais être en règle avec elle, puisque précisément on ne sait jamais jusqu'où elle va, jusqu'où elle peut vous interroger, jusqu'où elle peut vous mettre en défaut ; c'est effectivement comme gouverne le despote : on ne peut être en règle avec lui, puisqu'il n'y a pas de loi.

Je me souviens de vous avoir écrit là-dessus une lettre d'angoisse, alors que je commençais à essayer de faire de l'histoire – en philosophe, certes, mais qui tâcherait de respecter les règles de son jeu à elle. Je vous y demandais, en gros, s'il vous paraissait possible de fixer, quant à l'érudition, les critères de recevabilité d'un discours ; et vous me répondiez que vous ne pensiez pas que de tels critères pussent être établis en histoire, qu'en somme il fallait bien s'arranger de l'impossible idéal, celui d'avoir tout lu. Au fond, il me semble bien qu'il n'y a pas d'autre critère que la reconnaissance *de fait* par la cité savante historienne. À la limite on finit par se demander alors jusqu'à quel point l'érudition ne se réduit pas à produire cet effet de terreur ; on peut se demander dans quelle mesure elle fonctionne réellement comme norme de vérité, de sûreté, de crédibilité du discours lui-même, ou si elle fonctionne plutôt comme un dispositif de raréfaction qui détermine qui a droit à parler (question un peu naïve, d'ailleurs, pourra-t-on dire, puisque du point d'un nominalisme conséquent – celui par exemple de Foucault dans *L'Ordre du discours* – la première hypothèse peut être rabattue sur la seconde ; n'importe, laissons-la telle pour la clarté).

Ce qui renforce la virulence de cette interrogation, c'est le type même de l'érudition moderne, que, dans une très large mesure, l'on doit aux Allemands. Il y a une telle disproportion, finalement, entre l'investissement qui est fait dans l'érudition, dans la bibliographie obligée, et puis le fruit qu'on peut en retirer que cela conduit à s'interroger. Et cela me paraît encore plus vrai depuis que les bibliographies monstrueuses viennent dans une certaine mesure quasi empêcher le recours aux textes mêmes, qui fondait l'ancienne érudition, c'est-à-dire la philologie.

Ne pensez-vous pas qu'il serait sain, profondément libérateur – et il me semble que c'est ce que vous faites, vous – de lancer une sorte de *Renaissance*, au sens classique, c'est-à-dire « retour aux textes eux-mêmes » ? Oser un peu se défaire des bibliographies monstrueuses, et revenir aux textes, tout simplement. *Dans une certaine mesure*, évidemment, car je sais bien que les textes ne disent rien à une oreille naïve. Qu'ils ne parlent, comme disait Pasteur de la nature, qu'à ceux qui les interrogent avec « une idée derrière la tête ».

G. D. – Je pense qu'il faut distinguer, et avancer prudemment. Il existe, assurément, un outil de travail nécessaire, indispensable : la critique historique, une discipline, au sens fort du terme, un ensemble de règles infrangibles que des historiens français ont mis au point à la fin du XIXe siècle à l'exemple des

Allemands. Je dis très fort qu'on ne peut se dispenser de suivre ces règles, et je suis inquiet en voyant de bons esprits s'engager dans une histoire un peu trop rêveuse ; la fixité, la solidité des points auxquels notre rêve s'accroche, et la rigueur du contrôle auquel nous le soumettons, bref, la critique historique, c'est cela qui fait la valeur de notre métier.

Mais il est vrai aussi qu'il s'est produit une sorte d'enflure ; la séduction qu'exercent aujourd'hui sur nous les machines à compter, elle s'est manifestée, sous d'autres formes, depuis la fin du XIXe siècle, touchant les instruments de l'érudition.

Et des phénomènes semblables à ceux qu'entraîne la vogue actuelle des *computers* ont eu lieu dès ce moment. Phénomènes de prolétarisation d'abord : le partage du travail historien entre les maîtres et les tâcherons, quantité de gens qui ont passé tout leur temps, gaspillé leur vie à déchiffrer, nettoyer des textes, établir des « sources », des « preuves » comme l'on disait autrefois, sans les exploiter eux-mêmes. Mais aussi l'érudition comme alibi : l'énorme rideau de fumée constitué par ces bibliographies que vous dites, à juste raison, monstrueuses, par l'amoncellement de notes au bas des pages, masquant la petitesse des résultats acquis. Tout cela, étouffant. Et suscitant le désir de repousser toutes ces références et de revenir au document brut, net, neuf – à la « source ». Mais je suis conscient que je n'y pourrais, comme je mets mon effort à le faire, retourner, si cette source n'avait été d'abord captée, et épurée par tout le travail de mes devanciers. Et que je dois, moi-même, autant qu'il m'est possible, l'épurer davantage.

Sans aucun doute, nous avons le droit de repousser ce qui est engluant dans tout cet appareil. Toutefois je m'aperçois, quand je reviens aux textes précisément, que ce travail grâce auquel ils me sont livrés, le travail de tous ces gens qui ont, avec une ténacité, une assiduité extraordinaire, restitué ces textes dans leur fraîcheur, je me rends compte que ce travail il faudrait le poursuivre aujourd'hui, que les éditions que l'on a de telle ou telle annale, de telle ou telle vie de saint, sont très rarement satisfaisantes ; même celles qui sont les plus monumentales, et les plus terrifiantes. Alors, que faut-il faire ? Ma réponse est très mesurée ; peut-être suis-je encore moi-même terrifié par le système. Quant à cet effet de raréfaction dont vous parlez, je connais des esprits très brillants qui ont été sans nul doute stérilisés par tout ce qu'ils se sont crus obligés de faire, et qui était beaucoup moins utile que ce qu'ils auraient pu dire s'ils s'étaient laissé le temps de penser davantage. Pour moi, en fin de compte, l'essentiel c'est d'essayer de *créer* quelque chose, mais sur des bases qui ne soient pas trop branlantes.

Voyez-vous, il y a eu, lorsque Febvre et Bloch travaillaient à rénover le métier d'historien, des moments polémiques, des moments de très vifs combats, et l'on pouvait avoir le sentiment, dans ces moments-là, que l'histoire dans sa rénovation allait lancer par-dessus bord les instruments traditionnels de l'histoire à l'ancienne mode, c'est-à-dire l'érudition. Qu'elle allait mettre au rancart l'arsenal complexe, la panoplie de détective, dont Seignobos appelait à se servir pour soumettre à la question les témoins, afin, menant à son terme l'enquête sur l'intrigue événementielle, de faire éclater la « vérité » du petit fait.

Je crois entendre encore Lucien Febvre, assis sur un coin de table, à la fin des années quarante, quand je lui parlais de ma thèse, et que je lui disais mon insatisfaction à l'égard des sources – il me répondait : « Peu importe, vous n'aurez jamais tout vu, il y aura des sources qui vous échapperont. Tant pis. Ce qui compte, c'est ce feu vital à la Michelet qui doit enflammer l'historien. »

C'était libérateur. N'était-ce pas, pour un jeune esprit, un peu périlleux ? Ce que je pense, c'est que la nouvelle histoire – ou plutôt la bonne histoire : il n'y a pas aujourd'hui de « nouveaux » historiens, pas plus que de « nouveaux » philosophes, il y a les bons et les mauvais – c'est que la bonne histoire n'a cessé d'ajuster les méthodes de la critique historique à ses nouveaux objectifs et qu'elle doit continuer de le faire. Que le rejet de l'érudition, de l'érudition dans sa forme squelettique, desséchée, desséchante, ait été nécessaire, qu'il ait fallu secouer la poussière, à un certain moment, c'est sûr. Mais on n'en est plus là. Et, pour contrebalancer ce qu'il y a de tentation d'aller conquérir un public très large, en le charmant, il faut ce nécessaire souci de rigueur. Si nous avons perdu la prétention d'élever l'histoire au rang des sciences exactes, gardons la volonté d'affûter sans cesse nos outils.

G. L. – Cependant, sur l'effet de raréfaction encore : il me semble que l'érudition moderne a tendu à tuer un certain type d'esprits, d'esprits libres. Je pense, pour prendre le domaine que je connais un peu, sur lequel je m'efforce de travailler, à quelqu'un comme Renan, pour qui j'ai une immense admiration. Sur l'histoire des religions, dont il était en train d'inventer la science, Renan en savait autant qu'on pouvait en savoir à son époque – mais à côté de cela, quelle liberté d'allure ! Et si aujourd'hui un savant cherchait à retrouver quelque chose de cette liberté, qu'est-ce qu'il prendrait ! Que l'on songe même à des gens aussi reconnus aujourd'hui, dans des domaines différents, que Dumézil, ou Henry Corbin, ou le P. Daniélou, les critiques les plus étroites auront accompagné une bonne partie de leur vie, et la reconnaissance sera venue bien tard. Parce qu'ils proposaient des hypothèses trop hardies, ou qu'ils couvraient trop de siècles et de domaines, qu'ils n'étaient pas sans reproche du point de vue d'éruditions régionales, etc.

G. D. – L'historien n'arrive pas à admettre, au fond de lui-même, que ce qu'il fait n'est pas après tout de la science. D'où cette nostalgie de la scientificité, ce désir d'établir quelques « faits vrais », qui vous poursuit, et qui vous fait prêter le flanc, sans trop se défendre, aux attaques des spécialistes de l'érudition petite et mesquine. Mais c'est aussi, pour l'historien, une question d'*éthique*. Une morale que Dumézil ou Corbin respectent plus que personne. Ne point parler de ce dont on n'est pas assuré. La difficulté est de concilier la rigueur et l'attrait. De ne pas se recroqueviller, se racornir, de conserver l'ampleur des vues et la séduction de la forme. Si le public qui avait assuré le succès de l'histoire romantique, d'un Michelet par exemple, s'est détaché de l'histoire scientifique, dans les années quatre-vingt, quatre-vingt-dix du XIXe siècle, c'est tout simplement que l'histoire scientifique devenait ennuyeuse : les trois quarts de la page en petites notes détournant de lire le reste, d'ailleurs peu lisible. Le public friand d'histoire s'est donc rabattu sur des gens qui écrivaient de seconde main.

L'erreur des historiens professionnels fut sans doute d'écrire d'abord pour leurs confrères, de se croire suspectés par eux d'insuffisante érudition, donc obligés de se disculper à leurs yeux en étalant tout leur fichier. Pourquoi ? Parce que écrire l'histoire devint à ce moment-là une manière de faire carrière dans des institutions. Il fallait se prêter à un contrôle. Ce qui rendit l'érudition, comme vous disiez, terrorisante. Elle l'est restée jusqu'à nos jours. Mais les jeunes savants qui s'aperçoivent que soutenir une thèse de doctorat ne sert plus à grand-chose deviennent sous nos yeux beaucoup plus libres.

Toutefois, je le répète, la quête de la précision, de l'exactitude est primordiale. Sans elle, il n'y aurait pas d'histoire, il n'y en aurait jamais eu de vraie. Affaire de morale professionnelle. Mais la même morale empêche alors de juger satisfaisant un système où des employés de laboratoire prépareraient le matériel érudit pour des patrons qui auraient le monopole de « l'esprit de synthèse ».

G. L. – Je voudrais revenir sur ce que vous disiez à l'instant, que si, au fond, il y avait aujourd'hui de la petite histoire, c'était la faute à la grande. À partir du moment où la grande, sous le poids du scientisme, n'a plus su répondre à ce qui est l'une des demandes adressées à l'histoire, grande ou petite, qui est tout simplement, tout vulgairement, l'intérêt que porte tout homme au passé, où elle cessa, aussi, d'être, selon vos propres termes, une « littérature d'évasion » – à partir du moment, donc, où la grande histoire démissionnait de ces fonctions, il était normal qu'elles soient reprises en compte par autre chose, par un discours de supplément. Au fond, au XIXe siècle, à la grande époque romantique, il n'y a pas de place pour une petite histoire.

Il n'y a en fait que l'histoire, tout court, et des romans historiques, qui ne sont d'ailleurs, le plus souvent, pas mauvais du tout quant à leur information, mais il n'y a pas de petite histoire. Et si je ne m'abuse, le père de la petite histoire, celui qui a créé la brèche dans laquelle tout le monde est venu s'engouffrer, c'est Lenôtre – et c'est tout à fait contemporain de la plus forte emprise du scientisme.

G. D. – Je suis d'accord. À condition de bien s'entendre. Petite ou grande histoire, ce n'est pas affaire de plus ou moins grande rigueur érudite, c'est affaire de thème, de sujet. Mieux : c'est manière de traiter le sujet. Febvre et Bloch ont rénové en soutenant l'histoire des civilisations et des structures contre l'histoire événementielle. Mais ils ont rénové bien davantage en luttant pour l'*histoire-problème*. Non seulement décrire sinon résoudre, mais, du moins poser des problèmes. C'est ça la grande histoire. Il y a une façon mesquine de traiter l'histoire structurelle. Et la « petite » histoire fleurit de nos jours, quel que soit le thème, dans tant de descriptions minutieuses, tant de récits volontairement plaisants, à la Lenôtre. Car un danger nous menace, nous les historiens qui nous croyons des historiens de qualité, c'est justement d'aller au-devant du public, d'insister, si vous voulez, sur le côté plaisant du discours historique, un peu enjôleur... Dans quelle mesure les thèmes actuellement choisis par ceux que j'appelle les bons historiens ne sont-ils pas, *aussi*, des thèmes aguichants ?

Parler du sexe, parler de la mort, c'est assurément aborder des thèmes qui sont d'un fantastique intérêt historique ; et qui n'avaient jamais été explorés d'une manière systématique et heureuse. Je pense, par exemple, à quelqu'un qui travaille depuis longtemps avec moi, Jacques Rossiaud. Il a découvert, dans les archives de Dijon, un dossier extraordinaire, sur des affaires de prostitution, de souteneurs, de « milieu », un dossier qui avait été soigneusement camouflé par des générations d'archivistes, parce que ça n'était pas bien d'en parler.

G. L. – Oui, je me rappelle une intervention de lui, dans votre séminaire, voici plusieurs années déjà, qui était absolument passionnante ; notamment sur la manière dont le viol était perçu, comment il s'articulait à la prostitution, considérée finalement comme la seule forme possible de rachat, pour la fille violée, de sa jouissance ! Comment aussi le viol était une pratique de groupe, et de classe d'âge. Il y avait là mille choses à méditer.

G. D. – C'est passionnant, n'est-ce pas ? Et il est du premier intérêt d'explorer ces provinces. Mais il faudrait aussi mesurer la part, comment dirai-je ?... de complaisance qu'il pourrait y avoir à répondre aux questions du moment, à celles dont on sait qu'il est à la mode de se les poser. Pour plaire. Il ne faudrait pas que la tentation de disputer aux « petits » historiens leurs tirages et l'influence qu'ils ont sur un public très large, et parfois très bas, nous conduise à nous attifer.

Aussi bien, d'ailleurs, dans la forme que dans les thèmes. Quand j'ai choisi dans mes récents livres de faire presque complètement disparaître les notes en bas des pages, c'est, bien sûr, parce que je ne me crois pas obligé de déballer mes preuves et parce que je sais que les historiens professionnels qui me liront sauront d'où viennent les assertions que j'énonce, mais c'est aussi pour donner à ces livres, sous la couverture de la N.R.F., un peu l'allure de romans.

G. L. – C'est un point de détail, mais qui n'est pas sans intérêt. Vous disiez qu'il y avait eu une mode allemande de l'érudition ; et effectivement, si on regarde les Anglo-Saxons – je pense par exemple à un érudit de la qualité de Peter Brown –, ils n'ont jamais multiplié, eux, me semble-t-il, les références ; leur érudition a toujours été beaucoup plus discrète, beaucoup plus proche de celle que vous mettez en œuvre aujourd'hui, précisément.

G. D. – C'est évident ; mais je répète qu'il faut nous garder, nous, de certaines coquetteries. Le travail d'historien n'a pas à se départir d'une austérité qui lui sied, sous prétexte de forts tirages. C'est un *problème moral*, qui m'est personnel : en ce moment, je suis en train d'écrire un livre qui sera beaucoup plus ennuyeux que les précédents, un petit peu pour me racheter.

G. L. – Oui, mais il faut poser le problème sur le tapis en ces termes grossiers : vous êtes, de fait, investi par la cité savante de l'autorité que vous y avez, et vous pouvez vous « permettre » ceci ou cela, parce qu'on sait que vous savez, si je puis dire.

G. D. – C'est vrai, mais c'est une pente dangereuse : l'inclination est forte de s'y abandonner, de jouer un peu avec l'histoire. Ce danger doit rester à l'horizon de nos réflexions, de nos réflexions *morales*, encore une fois.

G. L. – Parmi les contraintes que s'impose l'historien pour que son discours ait le statut, non du rêve, mais d'un savoir réglé, il y en a une qui me semble plus particulièrement intéressante, par les problèmes qu'elle soulève : vous insistez à plusieurs reprises, et précisément depuis qu'en apparence vous prenez des objets qui pourraient sembler plus éloignés de ce souci comme dans votre *Saint Bernard* ou dans *Les Trois Ordres*, vous insistez de plus en plus sur le fait que *la chronologie* est absolument décisive à l'histoire, qu'au fond il n'y a pas d'histoire s'il n'y a pas travail chronologique et tout se passe dans votre œuvre, quand on la lit d'affilée, comme si ce souci devenait pour vous de plus en plus poignant au fur et à mesure qu'on pourrait croire justement que la chronologie vous importe de moins en moins [1]. C'est-à-dire quand vous parlez de l'art cistercien ou de l'idéologie des trois fonctions, et non plus de l'évolution d'un mode de production. Il me semble ne pas vous trahir en disant que c'est chez vous, proprement, *une thèse*, qu'il n'y a histoire que là où l'on est capable d'établir une chronologie.

C'est, me semble-t-il, la condition même que vous posez à ce qu'on pourrait appeler « un comparatisme sain » – comme si c'était, pour vous, la tâche spécifique de l'historien, par rapport à d'autres disciplines, de faire prévaloir, sur tout délire de comparaison, la rigueur du chronologique.

G. D. – Je suis de plus en plus persuadé que ce qui fait l'histoire, c'est une référence, la plus précise possible, à une durée. D'où la nécessité d'établir des points d'ancrage chronologiques, autour desquels se disposent les données. La tâche de l'historien étant d'établir, entre ces données, des rapports, elle implique de ne pas tenter de mettre en relation, sans en être parfaitement conscient, des phénomènes qui sont en discordance temporelle trop grande. Je crois beaucoup à la nécessité de faire constamment des coupes horizontales et de vérifier les synchronismes entre les différents genres de phénomènes qu'on essaie de mettre en rapport. Ce souci de plus en plus vif que j'ai, la mise en garde que je profère à l'intention de ceux qui oublieraient que la méthode historique est d'abord attentive à la chronologie la plus précise et la plus fine, ce souci-là, et l'insistance de cette mise en garde, viennent du développement même de la recherche depuis les années quarante. Ses progrès procèdent essentiellement d'observations menées dans la longue durée. Il fallait sortir de l'effervescence événementielle, atteindre des mouvements lents. Mais c'était s'attaquer à des objets souvent impalpables, mal situables. Donc risquer de s'engager dans des mises en corrélation sujettes à caution. L'enrichissement de l'histoire est venu en grande partie du fait que les historiens se sont mis à porter leur regard sur des phénomènes et des traces qui sont très difficilement datables. Nous sommes devant ce que révèle l'archéologie de la vie quotidienne, nous nous interrogeons à propos des mentalités, nous voudrions mettre les phénomènes folkloriques en rapport avec les phénomènes culturels au sens le plus large. Ce sont là les voies les plus prometteuses, et l'aventure doit être poursui-

1. Ainsi, par exemple : « L'histoire étant d'abord stricte chronologie... », *Saint Bernard. L'art cistercien*, p. 14.

vie. Mais il faut, aussi, toujours garder en tête les problèmes méthodologiques neufs que cette poursuite pose, quant à l'exigence de chronologie.

Importance de la chronologie : je prends un exemple. J'ai convié, récemment, à mon séminaire, un spécialiste de la littérature médiévale ; il est venu parler d'un texte passionnant, d'une représentation sacrée, montée à l'intérieur d'une église, et qu'on appelle le *Jeu d'Adam* : une des premières expressions d'un théâtre en langue vulgaire. On attendait de lui qu'il fasse ressortir ce qu'un texte comme celui-ci apprend sur le féminisme, l'antiféminisme, le mariage et la sexualité. Il a apporté effectivement des informations extrêmement précieuses, très enrichissantes. Je lui ai tout de même fait remarquer qu'il était fâcheux qu'on ne sache ni le lieu, ni le moment précis où ce texte a été écrit, où cette représentation a été mise en scène. La fourchette chronologique est en effet large : un demi-siècle (la seconde moitié du XIIe siècle), et l'incertitude topographique aussi grande : on dit « domaine anglo-normand », qu'est-ce que ça veut dire ? Les informations fournies par ce texte sont très riches sur ce que pensaient, bien sûr d'abord l'« intellectuel » auteur de l'œuvre, mais aussi les gens à qui cette œuvre était destinée, à qui elle devait plaire, c'est-à-dire l'aristocratie laïque, à propos de la femme, à propos du mariage. Toutefois, pour que ces informations prennent toute leur valeur, il faudrait pouvoir confronter ces propositions sur le féminin, sur le masculin, sur la morale du mariage, à ce que les auditeurs supposés du *Jeu d'Adam* pouvaient par ailleurs percevoir au même moment des réflexions des théologiens et des constructeurs du droit ecclésiastique. Du côté des théologiens et des canonistes, les jalons chronologiques sont assez serrés, parce qu'il y a une continuité, une abondance de textes, et des méthodes de critique érudite très approfondies ; mais en face de cette relative précision chronologique, voici cette « source » mal située, mal fixée. Et parce que je n'ai pas le moyen de l'établir avec exactitude en tel point du temps et de l'espace, il faut que je me méfie si je veux confronter ce qu'elle m'apprend d'un objet aussi flou qu'un système de valeurs à ce que je sais s'être passé précisément, disons à la cour d'Henri Plantagenêt en 1172.

G. L. – Il y a bien cependant quelque chose comme des *événements culturels*, sur lesquels l'historien peut assurer sa prise ; et n'est-ce pas sur de tels *événements* que vous vous appuyez lorsque, dans votre dernier livre, vous tentez de *dater* une chose aussi fine, aussi apparemment rétive à la chronologie qu'une représentation de l'ordre social [1] ?

---

1. *Les Trois Ordres ou l'Imaginaire du féodalisme.*

G. D. – Il y a des *événements culturels*, c'est évident. Mais peut-on concevoir une histoire des mentalités, ou des représentations imaginaires, qui se fonderait seulement sur *l'exceptionnel* ? Reprenons le cas de la proclamation de l'évêque de Laon par exemple, que j'étudie dans mon dernier livre : elle est à peu près datée, celle-ci. Je sais qu'Adalbéron a utilisé à tel moment, en tel lieu le thème, vague, de la trifonctionnalité. Mais ce n'est pas lui qui l'invente. Ce thème était présent dans les consciences. Depuis combien de temps ? Et lorsqu'on voit, plus tard, ce thème disparaître des sources dont nous disposons, c'est-à-dire des écrits produits par les intellectuels, rien n'autorise à dire qu'il a disparu de toutes les mémoires. Je suis même persuadé qu'il continue de vivre dans un autre secteur de la culture, dans la culture profane, chevaleresque, qui échappe alors tout à fait à notre observation.

G. L. – À ce propos, vous me pardonnerez une incise – elle ne vient d'ailleurs pas, je crois, hors de saison par rapport au problème que nous nous sommes posé des conditions historiennes de validité d'une comparaison. Quand un philosophe lit des choses sur la trifonctionnalité, une puce aussitôt lui saute à l'oreille : c'est bien sûr qu'il se rappelle que toute la République platonicienne est structurée par les trois fonctions. Vous signalez qu'il est finalement très rare que la trifonctionnalité vienne servir de modèle proprement politique, informant le corps social, et le pensant, le découpant à la fois et le soudant selon trois rubriques sociales ; et que, dans l'œuvre de Dumézil lui-même, ce sont trois lots d'attributs, trois lots d'emblèmes, où s'épuisent les prestiges et les pouvoirs des dieux et des héros, mais qui ne sont que très exceptionnellement distribués sur la société. Or il y a tout de même ce précédent, au moins, d'un usage proprement politique, chez Platon. La question est donc celle-ci : étant donné la richesse de la bibliothèque de Laon, pensez-vous qu'Adalbéron ait pu avoir accès, dans une traduction latine, à *La République* ?

G. D. – Non, je ne le pense pas ; il avait un certain accès à la pensée de Platon, par l'intermédiaire de Chalcidius, mais à *La République*, non. C'est beaucoup plus tard qu'on voit, pour la première fois, des allusions formelles au système platonicien de la tripartition, beaucoup plus tard : au XIIIe siècle. Il est alors fait référence, en effet, aux « philosophes grecs », c'est-à-dire à Platon, pour légitimer les trois ordres, mais c'est une lecture qui vient *après coup*.

G. L. – Chacun sait dire aujourd'hui les limites de l'histoire événementielle, ses petitesses et ses impasses, sa myopie – même s'il faut reconnaître que, sans elle, jamais sans doute l'histoire ne se fût constituée en un savoir rigoureux. Il a fallu tout l'héroïsme intellectuel, toute la générosité et le génie des fondateurs de l'« École » des *Annales*, d'un Bloch, d'un Febvre, pour nous délivrer de la mesquinerie de l'événement, et nous apprendre à porter notre regard ailleurs. Mais la tendance, dans l'ensemble, s'est largement inversée ces dernières années. Et il me semble qu'au fond, parallèle à votre souci de la chronologie, il y a votre souci de dire : attention, les événements, ça ne peut pas se jeter par la fenêtre, ça fait partie de manière déterminante du travail d'historien. Que vous choisissiez un événement comme Bouvines, pour tisser autour de lui une histoire de longue durée – choisissant ainsi de centrer une histoire de la guerre et de la paix, de la bataille et de la trêve sur un événement, un événement-rupture, cela me semble faire sens avec ce que vous dites de la chronologie [1].

G. D. – J'ai dit tout à l'heure qu'il y a une manière mesquine de faire l'histoire des structures, que certains historiens écrivent une histoire de la longue durée aussi ennuyeuse, insipide que pouvait l'être l'histoire-bataille contre quoi se sont élevés Bloch et Febvre : aligner des données, des chiffres, des pourcentages, les uns à côté des autres, comme ça. J'ai dit aussi que la bonne histoire, l'histoire nourrissante est celle qui pose un beau problème et tente de le résoudre. Voilà ce qui fait la valeur de l'événement : il permet de mieux poser, de mieux approcher un problème. L'avantage de l'événement, c'est d'être révélateur.

L'événement, par ce qu'il a d'exceptionnel, de sensationnel, d'impromptu, de bouleversant, suscite une floraison de relations critiques, une sorte de pullulement de discours. Dans ces discours surabondants, cette débâcle de paroles, des choses sont dites qui généralement sont tues, dont on ne parle pas parce qu'elles appartiennent au banal, au quotidien de la vie, et que personne, lorsque tout va bien, ne songe à nous en informer. À propos de Bouvines, pour reprendre cet exemple-là, les descriptions qui sont faites de la bataille permettent de mieux voir comment les chevaliers au début du XIIIe siècle se comportaient sur le champ de bataille, et un peu aussi ce qu'ils avaient dans la tête. Aussi bien la manière dont ils étaient harnachés que les règles et les convenances qu'ils se sentaient tenus de respecter dans le jeu militaire. Ainsi, à partir de Bouvines, j'ai pu tenter d'esquisser une anthropologie de la guerre féodale. Je n'aurais jamais pu la faire aussi précise partant du matériel habituel de chroniques où l'on apprend qu'il y a eu tel jour la comète, que tel jour le pape est mort, qu'un autre jour deux armées se sont battues. Voyez-vous, l'événement, c'est comme un pavé jeté dans la mare, et qui fait remonter des profondeurs une sorte de fond un peu vaseux, qui fait apparaître ce qui grouille dans les

1. *Le Dimanche de Bouvines.*

soubassements de la vie. Ce que je dis est vrai aussi du personnage exceptionnel, parce qu'on en parle beaucoup et qu'autour de lui se noue une grosse gerbe d'informations. Pour moi la biographie, l'un des genres historiques les plus difficiles, est peut-être aussi le plus passionnant, car le personnage – si exceptionnel qu'il soit – assume la condition commune de ses contemporains, partage leurs comportements, leur mentalité, les représentations qu'ils se font du monde. Or le fait qu'il ait lui-même parlé, qu'on ait retenu ses discours et qu'on ait abondamment parlé de lui permet de saisir ces attitudes communes. Mais en même temps, par sa personnalité singulière, par ce qu'il fait, par ce qu'il dit lui-même, par ce qu'il peut y avoir d'incongru, d'inouï dans ce qu'il profère, cet homme agite, trouble ce qui l'entoure, engendre autour de lui des ondes qui se propagent peu à peu et qui retentissent sur la formation culturelle tout entière. Si j'osais, je ferais un jour la biographie de saint François d'Assise, pour saisir, à travers lui, ce qu'il y a conjointement de routinier et de novateur en un moment précis de l'histoire de la spiritualité chrétienne.

G. L. – Oui, et l'on pense, par exemple, au livre étonnant de Febvre, au titre d'ailleurs provocateur : *Un destin, Martin Luther.*

G. D. – Quand on relit ce livre, on se dit que l'histoire a tout de même fait des progrès depuis. Mais c'est un très grand livre, un exemple. Et nous serons amenés à tenter d'en écrire de semblables. Avec beaucoup de difficultés. Et beaucoup de mesure, aussi.

G. L. – Je voudrais vous poser une question plus précisément méthodologique. À propos des sources. Nous avons dit déjà qu'il s'opérait deux types de « tri » : premièrement, ceci que le temps comme tel a déjà opéré son tri – il y a plein de choses qui auraient peut-être été essentielles, et qui évidemment nous manquent ; deuxièmement, tout historien choisit, en fonction des intérêts de son époque, d'abord, et puis de ses intérêts propres, dans la masse des sources qui malgré tout demeurent. Si l'histoire, cependant, est un savoir réglé, ce deuxième tri ne peut pas être absolument contingent, absolument libre : c'est là, d'abord, que l'historien doit se donner des contraintes, et il doit y avoir, selon qu'il les observe ou non, de bons et de mauvais choix. Alors, voici : peut-on préciser, ordonner les contraintes qui règlent ce choix ? – ou, sous une autre forme : qu'est-ce qui fait qu'on peut considérer une source (et là j'entends essentiellement sources écrites), qu'on est en droit de considérer une source comme *représentative* ?

G. D. – Vous savez – toutes les sources sont représentatives, et toutes, aussi bien, jettent aussi un voile sur la réalité objective. Je dirais qu'il y a les sources abondantes, et celles qui ne le sont pas ; il y a des sources jaillissantes, isolées, qui livrent d'un coup énormément, et puis celles, au contraire, menues, minuscules, quelques gouttes, et qu'il faut capter, drainer, réunir les unes aux autres, traiter ensemble. Il y a le texte qui brusquement jette une lumière éblouissante sur tel ou tel point, et puis la série de documents laconiques, les paquets de chartes, les registres de notaires, les livres de comptes, etc. Je sais l'immense intérêt d'une histoire « sérielle », comme dit Chaunu, fondée sur le dépouillement systématique de ces masses de données, sur la comptabilisation des renseignements, infimes en apparence, fournis par chacun de ces éléments. Mais, denses ou éparpillées, toutes ces sources pour moi sont représentatives de quelque chose. C'est pourquoi je comprends mal le sens de votre question.

G. L. – Oui, sans doute était-elle fort mal posée. Au lieu de la formuler en termes trop généraux, le plus simple, pour faire apparaître sa pertinence, est peut-être de vous dire en quoi j'y étais personnellement intéressé. Vous savez que j'essaie de travailler sur un certain nombre de thèmes, de formes, propres à la vie contemplative dans la chrétienté médiévale, en m'efforçant de comparer les développements singuliers qu'ils reçoivent, leur traitement propre, en Orient et en Occident. Une fois même ces formes déterminées, et fixés les lieux où je les étudie, une fois donc opéré le tri par les intérêts que je me suis donnés, il me reste une masse énorme de matériaux. Il faut donc que j'opère en quelque sorte des *sondages*. Et c'est là que se pose ma question, qui est proprement épistémologique : comment puis-je *régler* ces sondages, si je ne veux pas me satisfaire de la pure « intuition », c'est-à-dire si je ne veux pas laisser le champ absolument libre à l'inconscient ? Surgissent alors quantité de problèmes, celui-ci, par exemple, entre cent : pour l'historien, qu'est-ce que le bon axe, est-ce de considérer qu'un texte est représentatif parce qu'on le suppose véhiculer une idéologie largement partagée à cette époque-là, ou est-ce qu'au contraire le bon texte est celui dans lequel on voit, en germe, en embryon, des thèmes, des idées qui vont être exceptionnellement féconds aux époques suivantes ?

G. D. – Je pense que la tendance générale, et fâcheuse à mes yeux, des historiens est de privilégier l'innovation par rapport à la continuité. Ceci dit, pour juger de la représentativité d'un texte, il faut le confronter à d'autres. Vous ne pouvez pas décider s'il « représente » la pensée commune, ou si l'on y voit poindre au contraire les annonces de ce qui deviendra la pensée commune, si vous n'interrogez pas des témoins contemporains. On revient à cette exigence de précision, tant chronologique que topographique. Vous parlez de « sondages », je crois, quant à moi, que le bon sondage, c'est celui qu'on opère dans un secteur, à la fois chronologiquement et topographiquement bien circonscrit, et où il y a, *par hasard*, convergence de sources de nature différente. Par exemple, à propos de vos moines, on dispose évidemment de beaucoup d'écrits, mais aussi d'autres sortes de témoignages : il est évident que si des témoignages archéologiques peuvent être mis en relation charnellement étroite avec tel ou tel traité théorique que vous étudiez, vous tenez là un objet privilégié. Donc, des aires d'observation plus favorables, mais qui tiennent au hasard de la conservation.

G. L. – Si je vous comprends bien, le texte privilégié, pour l'historien, l'est moins intrinsèquement que par la possibilité qu'il présente d'établir des relations fécondes avec le milieu global qui lui a donné naissance ?

G. D. – Sans aucun doute, et d'abord avec les autres textes. Les meilleurs textes sont ceux qui émanent, bien sûr, de gens qui avaient une large ouverture d'esprit, une réelle richesse personnelle, et qui ont su faire passer dans ce qu'ils écrivaient quelque chose de plus que la majorité des informateurs, mais néanmoins, toujours, c'est par rapport à d'autres textes étroitement contemporains que le caractère succulent de ce qu'ils apportent peut être mis en valeur et exploité par l'historien. Vous le voyez, encore une fois nous retrouvons le rôle fondamental de la chronologie.

II

LA MÉMOIRE, ET CE QU'ELLE OUBLIE

L'histoire de la mémoire

G. L. – Vous évoquiez le rêve romantique d'une restitution intégrale du passé – pour dire qu'aujourd'hui plus personne ne le poursuivait. Il me semble, en effet, qu'à mesure que l'histoire changeait d'objets, qu'elle s'en choisissait de plus ténus et de plus fins, l'insuffisance essentielle de notre mémoire devenait plus manifeste. Au regard de cette insuffisance, qui n'est rien d'autre que son mode propre de fonctionnement, il me semble que la distinction de principe entre les nominalistes et les réalistes n'opère plus guère : touchant un objet comme les « mentalités », ils pourraient à la fin des fins, et même si leurs raisons restaient diamétralement opposées, s'entendre sur le même constat pratique. Ainsi, par exemple, ces paysans sur lesquels vous avez longuement travaillé, ceux de ce que l'on appelle le « Premier Moyen Âge », ces temps de sauvagerie comme vous dites, je crois qu'il est trop clair que l'on ne pourra jamais comprendre en fait comment ils fonctionnaient, ce que ça pouvait être, la tête d'un paysan de cette époque.

G. D. – Effectivement la mémoire, et l'histoire dans la mesure même où elle est construite sur des haillons de mémoire sont obligatoirement sélectives. Les traces dont nous parlons ne sont pas uniformément réparties.

Il y a des trous dans les tissus : mais ces trous ne sont pas tous accidentels, ne sont pas tous l'effet d'une dégradation, de l'usure du temps ; des lacunes existent parce que certains éléments du passé ont laissé des traces moins durables que celles des autres. Vous parlez des paysans : il est évident que, pour une période ancienne comme le Moyen Âge, seuls le sommet, l'extrême pointe de l'édifice social ont imprimé des traces assez profondes pour être encore lisibles.

J'ai voulu recueillir ce qu'il est possible de recueillir des traces de la vie des paysans d'Europe aux XIe et XIIe siècles. C'est finalement très peu de chose. Ce que le crible a laissé passer. Le crible ? L'intérêt des gens qui détenaient à cette époque le monopole de l'expression écrite, c'est-à-dire la part seigneuriale de la société. On ne voit les paysans que par les yeux du seigneur. Pas de contact direct avec le peuple ; il n'y a pas de communication ; le peuple ne parle pas, ou plutôt ce qu'il a dit n'a jamais été fixé ; on ne l'entend donc pas parler avant une période beaucoup plus proche de nous. À l'époque qui m'intéresse, le XIe, le XIIe siècle, je ne l'entends jamais. Il faut un concours exceptionnel de hasards pour que, miraculeusement, le discours des paysans de Montaillou, au début du XIVe siècle, nous parvienne. Et encore : traduit dans une autre langue, en latin. Et pas du tout libre, puisque prononcé devant un tribunal, dans la crainte d'un châtiment, sollicité, environné de sbires.

Lorsque, comme je fais actuellement, je m'interroge sur la condition féminine, ou sur le mariage, ou sur les liens de parenté, ou sur la sexualité, je n'approche (et avec une extrême difficulté) ces phénomènes de la vie sociale que par l'aristocratie, et l'aristocratie la plus haute, tout le reste m'échappe absolument.

G. L. – Mais n'est-ce pas, tout simplement, que la mémoire est un instrument de maîtrise ? Qu'elle ne retient que cela seulement qui peut être, proprement, maîtrisé – que seul a une mémoire le maître social, non comme son « privilège », mais comme l'outil même de sa maîtrise ?

G. D. – Oui, bien sûr. Et cela veut dire que la mémoire ne retient au fond que l'exceptionnel. Tout le quotidien, tout le vulgaire sont laissés de côté, à jamais. Il n'y a pas comme dans la mémoire d'un être vivant des espèces de coups de lumière qui brusquement font resurgir des choses tout à fait humbles. Pas du tout : cette sorte de mémoire, enregistrée dans les traces dont nous parlons, dans les textes, est infiniment plus *maîtrisée*, au sens fort du terme. Elle est dominée, dominée par la structure même d'un pouvoir.

G. L. – Oui, la mémoire historique n'est pas proustienne ! Tintin, pour le descellement brutal de ces « blocs d'enfance », à quoi suffit un pavé inégal ou la texture d'une serviette de toilette !

G. D. – Non. Évidemment, il y a quand même des hasards. Quelquefois, brusquement, quelque chose passe. Parlons des paysans du Moyen Âge : brusquement, il arrive que l'on tombe, d'une manière absolument accidentelle, sur un texte : un règlement entre deux seigneurs, une enquête. Je prends des exemples concrets : voici un maître de château et un autre maître de château qui se disputent le pouvoir d'extorquer dans une paroisse ; l'un veut avoir la justice, l'autre veut avoir le droit d'usage dans la forêt. Ils s'affrontent. Après un certain nombre d'années de lutte sournoise, ils arrivent à se rencontrer, à parler ensemble. Leurs amis organisent une assemblée d'arbitrage ; à ce moment-là, pour savoir ce qu'est le droit, qui n'est écrit nulle part, enregistré nulle part, qui n'est pas fixé, qui n'existe que dans la mémoire des gens du pays, des paysans qui sont là, du coin, on convoque les hommes – pas les femmes – et surtout les plus vieux, parce que la meilleure mémoire, c'est celle qui remonte le plus haut ; on les fait venir, ces éclopés, ces croulants, à coups de trique s'il le faut, et on les fait parler. Alors brusquement, on entend un murmure – et sur ce murmure-là, l'historien, à la recherche du temps perdu, peut quand même essayer de rêver un peu [1]. Ou bien sur un toponyme, sur le nom qu'on donne à un essart... Et l'on rejoint ici ce que nous disions de la subjectivité : si le désir de l'historien est vraiment puissant de faire revivre ce qu'a été la paysannerie, il arrive parmi des traces infimes à trouver sa pâture.

G. L. – Je crois que ce que vous venez de dire sur le hasard est très important. Finalement, c'est quelque chose qui fuit, qui échappe au dispositif de maîtrise, quelque chose qui n'était pas voulu, et qui vient effectivement nous renseigner, nous faire signe. Prenons un exemple : lorsque vous étudiiez, dans votre séminaire, Lambert d'Ardres, vous vous fixiez pour but, je crois ne pas vous trahir, d'inventer en somme une histoire de la mémoire [2] ; quelque chose m'a vivement frappé, quand vous avez évoqué les quelques actes de rébellion « dure » qu'il mentionne, par exemple celle des filles de cuisine qui tranchent les parties génitales d'un « méchant » seigneur. C'est que, finalement, la révolte, celle des humbles, des tout petits, celle des cuisines quoi, apparaît comme l'irruption de l'absolument « autre », la sauvagerie absolue, c'est-à-dire la prise de pouvoir des

1. Cf. par exemple : *L'Économie rurale et la vie des campagnes dans l'Occident médiéval*, p. 133 [ci-dessus p. 717], où Duby explique qu'après l'échec de la « renaissance carolingienne », aux XIe et XIIe siècles, « ce furent de nouveau les paroles, les gestes, les cérémonies, beaucoup plus que les écrits, qui fondèrent les relations sociales » – d'où le rôle capital de la mémoire, d'une « mémoire collective », que ravivaient assemblées et « aveux » périodiques, dans le rapport du seigneur et de ses paysans, dans la distribution des droits et des devoirs.

2. Il s'agit de l'*Historia Comitum Ghisnensium*, de Lambert d'Ardres, M.G.H. XXIV.

« autres ». Il me semble, et vous me direz si je me trompe, il me semble qu'au fond on n'essaie même pas de rendre compte de leurs gestes. C'est l'irruption de quelque chose d'autre, de sauvage, de barbare, et, comme tel, de strictement impensable. Lambert ne songe pas un moment à expliquer l'acte, à en rendre compte ; c'est un châtiment qui tombe comme ça ; il est mérité dans un sens, mais il ne s'explique pas au niveau du comportement des individus qui l'ont exécuté ; c'est une justice qui ne trouve en rien son sens chez ceux qui l'ont rendue.

G. D. – Non, pas du tout ; nous sommes là, d'ailleurs, dans des zones de la mémoire de Lambert qui m'intéressent énormément. Ça me fait plaisir que vous évoquiez Lambert d'Ardres, parce que c'est un confrère ; c'est un historien ; il est, en face de son métier, exactement comme je le suis. Il est écrivain domestique, il travaille pour un patron ; son patron lui a demandé, parce qu'il connaissait bien le latin, d'écrire l'histoire de la famille, de la maison ; il écrit vers 1200 ; pour parler du XIe siècle et même du début du XIIe siècle, il est devant des traces, qui ne sont guère plus abondantes que celles dont je dispose, moi ; il essaie de constituer cette histoire et, lui aussi, il invente. Il n'invente pas aussi librement que je peux le faire, car il est plus aliéné que je ne le suis. Il est vraiment *gagé*, lui, il reçoit un salaire ; il doit plaire à celui qui le paie, le comte de Guînes, dont il a, il le dit lui-même, une peur bleue ; il fait son métier, lui, sur commande – tout à fait. Mais, comme vous le disiez, il arrive que dans la trame de son discours on voie soudain fuser – vous dites : *l'étrange* ; oui, mais ça n'est pas toujours pour autant *l'accidentel*. Reprenons le cas que vous évoquiez, de cette rébellion, du surgissement de cette violence exercée par les soumis contre ceux qui les exploitent ; si Lambert en parle de temps en temps, et s'il ne recouvre pas entièrement cela du manteau rassurant de l'idéologie, d'une idéologie garante de la bonne société, ordonnée, c'est aussi parce qu'il sent très bien, il est intelligent, que la haute société pour laquelle il écrit a toujours, au fond d'elle-même, la peur du peuple, et le désir d'en avoir peur ; que ses employeurs souhaitent que soit en permanence avivée leur inquiétude, pour que la volonté de contrôler, de réprimer ne fléchisse pas. Lambert veut satisfaire cette attente ; il lui faut montrer le peuple comme *autre*, justement, comme sauvage, comme inquiétant donc – et par là justifier que l'on serre la vis.

G. L. – Un sentiment qu'on a, en lisant ces textes, c'est que le peuple n'y a pas de « psychologie » – je sais bien que le terme est absolument inadéquat, historiquement, à l'outillage mental de l'époque : je l'emploie pour faire simple, pour désigner qu'une conduite peut être ou non référée à une intelligibilité qui mette en jeu le sujet. Il me semble que c'est un trait qui ressort encore de votre *Bouvines* : les chevaliers, on leur donne, selon les instruments intellectuels du temps, une « psychologie ». Mais les goujats, ceux enfin qui se servent d'outils horribles, ignobles, vicieux, *autres*, qui cherchent, eux, à tuer, ceux qui justement font tomber les chevaliers, et s'efforcent de les ouvrir, à terre, comme des boîtes de conserve, ceux-là n'ont pas de « psychologie ». Ils sont hors de toute intelligence, de toute attente. C'est vraiment un groupe d'*autres*, qui est aussitôt, évidemment, celui du mal.

G. D. – Très juste ; c'est un peu comme les « chicanos », les Mexicains, dans les westerns : eux non plus n'ont pas de psychologie. Parce que la bataille de Bouvines est *mise en scène* par un autre historien domestique, Guillaume le Breton, écrivant pour son patron, Philippe Auguste, parce que Guillaume est très attentif à ce que son travail peut lui rapporter, le genre de trace dont il est l'artisan est très fortement marqué par l'appareil idéologique dont la cour royale est le centre. Ce n'est pas la trace « naïve », ce n'est pas une charte, ce n'est pas un acte de notaire, c'est vraiment quelque chose de *composé*. Il est évident que dans une telle reprise, une telle *fabrication* de l'événement et dans tous les objets culturels de cette sorte, « courtois », au sens étymologique du terme, personne n'attend que soit attribuée une « psychologie » aux gens qui ne sont pas du beau monde.

Encore que... J'expliquais la semaine dernière, dans mon séminaire, le passage d'un autre texte qui me contraint à nuancer. Il s'agit d'un texte analogue à celui qu'écrivait Lambert d'Ardres, d'une histoire fabriquée à la gloire d'une famille. C'est l'histoire de Geoffroy Plantagenêt[1], comte d'Anjou. Pour le montrer dans ses rapports, exemplaires, avec les différents groupes sociaux, l'auteur raconte une histoire ; Geoffroy s'est perdu dans la forêt ; il était à la chasse, il s'est égaré. Il tombe sur un bonhomme tout noir, hideux, puant, épouvantable. C'est un charbonnier, un homme qui fait du charbon de bois pour les forgerons (c'est l'époque où la métallurgie se développe, pas tellement pour faire des charrues, mais pour faire des cottes de mailles, des épées, tous les outils des guerriers). Le comte d'Anjou lui demande de l'aider à retrouver son chemin. Alors le charbonnier parle, et il dit des choses très intéressantes. Il lui dit : « Toi, tu es sur un cheval, bien tranquille, tu es sûr, tu vas rentrer chez toi de toute façon, il y a des gens qui sont en train de faire la cuisine, tu vas manger ; tandis que moi, si je ne travaille pas, personne ne mangera à la maison. » Finale-

1. Il s'agit de la *Chronique des comtes d'Anjou et des seigneurs d'Amboise*, de Jean de Marmoutier, éd. Halphen-Poupardin, Paris, 1973.

ment, le charbonnier accepte de guider le comte, bien qu'il perde sa journée de travail. Il monte en croupe. Le comte lui pose la question, classique : qu'est-ce qu'on raconte, dans le pays, du comte ? les bourgeois, qu'est-ce qu'ils disent ? et puis qu'est-ce qu'ils disent les populaires ? Le charbonnier y va de bon cœur : « Le comte, il est merveilleux, mais il ne sait pas tout, il ne sait pas qu'il y a ses agents, qu'il y a ses prévôts, ses forestiers, tous ces gars-là sont des tyrans, et le comte ne sait pas que ce qu'il mange, en fait, c'est le fruit de la rapine, le sang du peuple... » Pas mal, n'est-ce pas ? Et pas tellement faux, finalement. Dans un discours qui n'est certes absolument pas fait pour les paysans, la rupture avec la réalité n'est pas absolue. Et même dans la littérature proprement d'imagination : je pense aux poésies des trouvères. Dans la pastourelle (la pastourelle, c'est une chanson où l'on montre un chevalier cueillant en passant une paysanne ou tentant de la cueillir), le dialogue qui s'établit entre le chevalier et la paysanne est évidemment imaginaire. Est-il tout à fait faux ? S'illusionne-t-on tout à fait lorsque l'on pense pouvoir, à travers des notations fugitives comme celles-ci, saisir, approcher du moins un objet qui se dérobe, qui nous file entre les doigts : la mentalité paysanne ? Je crois que par des truchements, par l'intermédiaire des « gens bien », on peut en entrevoir quelque chose, de très loin.

G. L. – Accrochée à ce que nous avons dit de la mémoire comme instrument de maîtrise, cette remarque : il me semble qu'au fond, dans des sociétés comme celle dont nous parlons, l'une des choses par quoi ça passe, cette domestication, c'est très largement l'écriture. Il me semble que se vérifie pleinement pour le Moyen Âge la thèse de Lévi-Strauss sur l'écriture ; c'est-à-dire qu'elle apparaît toujours d'abord comme moyen de contrôler la circulation des biens et des personnes, bien avant qu'elle soit le moyen d'une littérature, d'une religion, etc. Et je faisais la remarque en vous relisant (vous la faites d'ailleurs vous-même dans *Guerriers et paysans*) que nos premiers documents explicites et écrits, qui permettent de dire des choses un peu précises sur la manière dont vivent les gens, ce sont ceux de l'époque carolingienne. Et ce sont des guides administratifs, des inventaires de domaines, des choses de ce genre.

G. D. – Il y a, en effet, une sorte de mémoire particulièrement précise et solide qui est la mémoire d'une propriété, d'un patrimoine. C'est important de pouvoir prouver, à certains moments, devant des assemblées de conciliation, que certains droits, certaines terres appartiennent à telle personne, et pourquoi. Alors, on fixe d'abord par l'écriture le souvenir des droits sur tel ou tel bien.

À l'époque dont je m'occupe, l'écriture garde un caractère très hiératique. On n'écrit pas souvent. Toujours sur un matériau rare et cher. Écrire sur du parchemin est un travail de force. Des métaphores sont très expressives : quand les moines parlent de leur travail, dans l'atelier d'écriture, le scriptorium, ils disent : « *Nous labourons le parchemin.* » L'équivalent, pour eux, de ce qui se passe dans les champs. Un travail dur ; un travail minutieux, aussi : l'écriture n'est pas du tout cursive, elle est *monumentale*. Elle ne sert donc qu'à des choses très importantes. Avant tout à conserver la parole de Dieu et son commentaire. Puis à fixer les formules des liturgies, tout le cérémonial ecclésiastique. Puis à garantir la propriété. Mais aussi à garder la mémoire des morts, des morts riches, à composer épitaphes, nécrologes, etc.

En ce qui concerne mes confrères historiens des XIe et XIIe siècles, il me semble que leur mémoire s'est organisée pour une large part en fonction d'une dévotion aux morts. C'est autour des tombes, sur lesquelles on gravait des inscriptions, c'est autour des livres soutenant les liturgies funéraires que la mémoire s'enroulait : il fallait des répertoires, afin de savoir pour qui, tel jour, on allait célébrer l'office, avec qui, tel jour, avec l'ombre de qui, tel jour, on allait manger, partager cette portion supplémentaire que l'on servait au réfectoire de tel ou tel monastère pour une espèce de banquet avec le défunt.

Par conséquent dans l'écrit s'emmagasinait avec celle des propriétés la mémoire des propriétaires. En premier lieu, celle de ces immenses propriétaires qu'étaient Dieu et ses saints, et ses serviteurs, les prêtres. Et puis la mémoire des rois, des princes, des seigneurs.

La mémoire qui se fixe par l'écrit, encore une fois, est celle de l'exceptionnel, des faits, des gestes, des paroles qui n'appartiennent pas au vulgaire. Ceci se vérifie quant à la conservation des œuvres littéraires. Lévi-Strauss a remarqué que, dans chaque genre, les plus anciennes créations de l'homme sont des chefs-d'œuvre. C'est vrai de la littérature vernaculaire composée pour les chevaliers des XIe et XIIe siècles. La *Chanson de Roland* est un chef-d'œuvre, inégalé, les premiers romans aussi, et les premières chansons d'amour de Guillaume d'Aquitaine. Ce qui s'explique : c'est au moment où, dans une production purement orale, apparaît une œuvre grandiose, qui suscite l'admiration de tout le monde, que l'on a recours à cet exercice exceptionnel qui est de l'écrire, pour la fixer. Pour l'élever au rang d'« autorité ». Encore une fois : le pouvoir. Ajoutons que, parce que l'écriture était d'un usage très limité, la capacité d'utilisation de la mémoire mentale était considérable.

G. L. – Oui, ce que l'on voit pour les généalogies des sociétés dites « primitives ». Et le rapprochement, d'ailleurs, entre celles-ci et la mémoire généalogique de Lambert, vous l'avez très explicitement fait, convoquant des ethnologues à votre séminaire.

G. D. – J'ajoute, nous en avons parlé, nous en reparlerons, que parmi les instruments du pouvoir il en est un, essentiel, et c'est le cadre de toute puissance profane, terrestre, qui pendant de longs siècles demeure en dépôt dans la mémoire des gens, des plus pauvres comme des riches, n'a d'existence que là, prend forme non par la rédaction mais par la récitation périodique : c'est la coutume.

La mémoire populaire : culture « populaire » et fausse mémoire

G. L. – Je voudrais passer à une question un peu différente, mais intimement liée à ce qui précède. Nous avons dit qu'il n'y avait au fond de mémoire que du seigneur. Or le thème, tant rebattu aujourd'hui, de la « culture populaire » nous assure qu'en des œuvres une mémoire du peuple s'est conservée.

L'opposition culture savante/culture populaire fait aujourd'hui partie de ces topoï sur le bien-fondé desquels on ne s'interroge plus même. Pourtant, dans votre dernier livre, vous n'hésitez pas à inscrire cette bipartition, et l'idée qu'elle semble autoriser d'une autonomie de la culture populaire, au compte d'un pur imaginaire social, ni plus ni moins que le thème des trois ordres, par exemple, pas plus que lui accordée à la réalité actuelle de la configuration sociale dont l'un et l'autre procèdent, et dont ils nous disent le rêve[1]. Que ces rêves se contredisent exactement n'est pas notre problème, mais qu'ils soient rêves tous deux.

G. D. – D'où est-ce parti, pour nous autres historiens, cette idée de « culture populaire » ? Au départ, il y a eu toutes les promesses d'une archéologie de la vie matérielle : ne plus s'intéresser seulement au monumental, à la haute production, à toutes les traces laissées par la culture des maîtres, des puissants, mais retrouver les objets les plus humbles, les débris les moins « nobles », les menues traces de la vie des simples. Et ici, le rôle de stimulation de l'école historique polonaise – dont vous savez les liens qui l'unissent à l'école française – fut décisif. Pour les Polonais, il s'agissait alors de se libérer d'un joug, de retrouver des antiquités proprement « nationales », de montrer par exemple que les villes polonaises n'avaient pas été fondées par les Allemands, mais étaient l'œuvre des Polonais eux-mêmes. Jouait sans doute aussi l'influence des

1. *Les Trois Ordres ou l'Imaginaire du féodalisme*, p. 137.

schémas marxistes les plus simples. Bref, on retrouvait quelques lambeaux des tissus dont les hommes s'étaient vêtus il y a mille ans, les grains dont ils s'étaient nourris. On avait le sentiment de toucher aux « choses mêmes », de se débarrasser de l'écran de l'écrit, et des grilles imposées par ceux qui en ont le monopole, les intellectuels.

Et ce sentiment allait bien sûr à la rencontre d'un certain romantisme, toute cette mythologie de la « chaleur », que nous devons pour une bonne part à Michelet, et qui explique le succès (aussi étonnant soit-il pour quelqu'un qui croit savoir un peu ce que fut le Moyen Âge) d'un livre comme *La Sorcière*. Ce sentiment soulageait aussi de l'étouffement produit par la société industrielle, qui fait que nous cherchons nos « racines », que le folklore, les patois, les « arts et traditions populaires », la soupe aux choux ne sont plus pour nous, comme ils l'étaient pour nos grands-pères, objets de répulsion mais de désir.

Entendons-nous : tout cela a été extrêmement fécond, a ouvert des perspectives passionnantes, a donné naissance à de beaux travaux. Mais que vaut pourtant la problématique elle-même, qui oppose « culture savante » et « culture populaire » ?

Et d'abord qu'est-ce que c'est que le « peuple » ? Il faudrait déjà savoir cela, et si ce n'est pas un simple *flatus vocis*.

Je ne suis pas non plus convaincu que ce manichéisme, qui finalement reconduit au niveau de l'idéologie les dichotomies dont le marxisme vulgaire découpe l'économique et le politique, soit adéquat à cet objet. J'aurais plutôt le sentiment que la coupure ne passe pas, au fond, entre le peuple et... quoi ? l'élite ? qu'elle passe à l'intérieur de chaque individu, à l'intérieur de chacun de nous.

Et puis enfin, ces couches sociales que l'on regroupe vaguement, sans savoir lesquelles, sous le nom de « peuple », je ne suis pas du tout convaincu qu'elles aient eu les moyens de produire une « culture ». Je prends volontairement ici ce mot dans son sens le plus simple, et non dans celui qu'ont construit les anthropologues (mais ne joue-t-on pas justement sur l'ambiguïté lorsqu'on parle de « culture populaire » ?). En fait, ce que j'ai pu observer, moi, comme médiéviste, c'est que ce qui est produit dans les sphères les plus relevées, autour du pouvoir, autour du prince, exerce sur les milieux immédiatement inférieurs une attraction, une fascination qui gagne de proche en proche et se répand, de relais en relais, jusque dans le soubassement de l'édifice social. La tendance la plus active, qui anime l'histoire culturelle, c'est celle d'une vulgarisation des modèles aristocratiques, en un lent mouvement descendant.

G. L. – Ce mouvement de vulgarisation des modèles aristocratiques, vous l'avez souligné d'ailleurs aussi dans les pratiques alimentaires, par exemple, à propos de la viande, ou du vin (dans *L'Économie rurale*[1]), y voyant même un phénomène économique de première importance. Faudrait-il voir ainsi une intention polémique, à l'endroit du topos dont nous parlons, lorsque, dans la préface du *Temps des cathédrales*, vous disiez que l'obligation où vous étiez de partir des chefs-d'œuvre ne vous dessinait pas en somme un si mauvais parcours ?

G. D. – Non, polémique n'est pas le mot. Le terme de « chef-d'œuvre », d'ailleurs, est au fond inadéquat, parce qu'il fait valoir, justement, la dimension de l'exceptionnel, un surgissement irréductible à l'analyse historienne par l'intervention de ce qu'on appelle le « génie ». Je dirais plutôt « la haute production ». Je voulais dire simplement que ce n'est pas en effet, à mon sens, un mauvais chemin que de partir de ces œuvres qui ont joué fonction de *modèles*, pour voir ensuite comment, lentement, elles se vulgarisent et sont assimilées, pour saisir ainsi les relations insaisissables entre l'organisation sociale et la création culturelle.

G. L. – Ainsi vous diriez que c'est toujours là, autour du maître, que l'art trouve son origine ?

G. D. – Oui, le grand art, ce qui est salué comme tel : dans la sphère du pouvoir, tout simplement.

Et puis bien sûr, en retour, dans ces sphères aristocratiques elles-mêmes, se manifeste régulièrement, plus vive à certaines époques, la tendance inverse, de récupération, un mouvement « populiste ». On va au peuple, avec attendrissement, avec le sentiment de faire une bonne action, avec condescendance. Pour chercher là l'inspiration. Pour trouver quoi ? Ce que sont devenus les produits du grand art au terme de leur long parcours de vulgarisation[2]. N'est-ce pas un peu ce qui se passe quand on voit des intellectuels se faire les champions d'une « culture cathare » ?

Quant à la « culture cathare », je voudrais tout de même dire ceci : que la répression ait été atroce, que le catholicisme soutenu par le roi de France se soit

1. *L'Économie rurale et la vie des campagnes dans l'Occident médiéval* [ci-dessus p. 802].

2. Sur la question de la « vulgarisation », en dehors du texte classique : *La Vulgarisation des modèles culturels dans la société féodale*, on peut voir, pour une période plus tardive, *Le Temps des cathédrales*, par exemple p. 231-232, 239, 252, où se démontre, contre l'illusion d'un « esprit bourgeois » dont relèverait l'art du XIVe siècle, le caractère au contraire *princier* de cet art, issu des domesticités princières, né, cette fois encore, dans la sphère du pouvoir. Cf. encore, p. 211, la lointaine origine sicilienne du « réalisme » prétendu « bourgeois ».

installé au XIIIe siècle en Languedoc comme une tyrannie, sur des décombres, sur une région ravagée et sur un peuple décimé, c'est certain ; mais je ne crois pas pourtant que les coups des inquisiteurs, de la répression militaire, de la croisade suffisent à expliquer la mort de ces croyances. Pour autant qu'on les connaisse – car au fond on n'en connaît à peu près rien –, elles n'ont pas résisté du fait de leur médiocrité : une religion faible, face aux formes religieuses, autrement riches et complexes, qui s'inventaient alors, et qu'on leur opposait. Autre chose encore : on oublie trop que le catharisme était non moins virulent aux bords du Rhin et dans le nord de la France, et que ceux qui ont réprimé en Languedoc cette hérésie, les inquisiteurs, étaient eux aussi des Languedociens. Si l'on prend les choses du côté de l'histoire de la couronne de France, l'un des effets les plus clairs de la croisade fut de remplir de Languedociens les hautes fonctions du pouvoir – car qu'est-ce que Guillaume de Nogaret ? –, d'hommes à l'avidité, à l'ambition desquels on ouvrait ainsi un champ autrement vaste que celui que leur aurait offert leur pays.

G. L. – Je vous suivrais volontiers. Mais j'ajouterais tout de même ceci que le caractère de « contre-société » (pour reprendre une de vos propres expressions) de cette hérésie, le fait qu'elle s'en prît, de front, à certains des impératifs majeurs que tout maître entend faire respecter pour que tienne le lien social, la vouait à l'extermination.

Mais je voudrais vous parler à présent d'un Moyen Âge purement rêvé, qui fonctionne comme une mythologie à l'horizon de nombreux discours vulgaires sur le peuple et sa culture, sur la région et son terroir, etc. Un Moyen Âge qui simplement se situe « bien loin dans le temps », et assez obscur pour qu'on y projette librement ses fantasmes présents, en leur donnant consistance de l'épaisseur d'un passé. Que toute mémoire soit rêvée, nous l'avons dit. Reste qu'il y a le rêve *réglé* de l'historien, et puis la mémoire fabriquée de toutes pièces, déréglée, pur leurre – et où je vois un danger. On voit bien, en très gros, comment les thèmes se nouent en une logique simplette : le vrai lieu du peuple, c'est le terroir, et la vraie époque des terroirs, c'est le Moyen Âge.

Si toute notre misère est la faute au capitalisme, il faut bien qu'il y ait un ailleurs (d'où les prestiges de l'ethnologie), ou un avant (les charmes du « Moyen Âge »), où loger nos illusions. Il me semble pourtant que la société rurale que vous décrivez est particulièrement peu propice à nourrir des idylles villageoises. Elle m'apparaîtrait plutôt comme une société d'absolue surveillance.

G. D. – Incroyablement surveillée, tenue, bridée. Et il faut dire qu'en plus ils la voulaient, les paysans, cette surveillance ; en finir avec le mythe de la paysannerie acharnée à détruire la seigneurie. Elle la souhaitait moins rigoureuse, mais elle ne souhaitait pas qu'elle disparaisse. Le système seigneurial n'aurait évidemment pas tenu sans ce consentement, sans cette soumission volontaire. Les effervescences, les résistances, les révoltes ont existé, avec plus de vigueur, de permanence qu'on ne le croirait en lisant des textes qui, presque tous, s'appliquent à dissimuler les contradictions de la société féodale. Mais cette rébellion latente ne doit pas masquer que la seigneurie apportait aussi quelque chose et principalement : *la sécurité*. Les seigneurs ni les prêtres n'auraient été obéis s'ils n'avaient été protecteurs et secourables. La seigneurie apportait en fin de compte la « sécurité sociale ».

G. L. – Et à la surveillance du seigneur et de ses ministériaux venait nécessairement s'ajouter l'autosurveillance des paysans eux-mêmes, celle qui régit les sociétés minuscules et closes où les regards se croisent, ce que j'appelle les « sociétés-sans-chiottes », où le désir du sujet ne trouve nul retrait.

Ce qui m'amène à vous poser une autre question, touchant le domaine où vous avez été le pionnier, dont vous êtes le spécialiste incontesté, celui de la sexualité médiévale. Il me semble, à vous lire, que là encore il y eut peu d'époques où le sexe ait été autant bridé qu'il le fut alors, peu d'époques qui conviennent plus mal à nos rêveries « libératrices ». Mis à part, peut-être, ces *juvenes*, dont vous avez dit la liberté.

G. D. – Mais non, pas même. Car ces *juvenes*, ils portent en réalité témoignage de la pénurie de femmes qu'entraînait la politique matrimoniale qui triomphait alors. Ils auraient bien voulu se marier. Ils ne pensaient qu'à cela. Mais l'intérêt des lignages, le souci de ne pas partager l'héritage obligeaient tous les cadets de famille noble à demeurer célibataires. En fait, le Moyen Âge, c'est l'époque où l'Église parvient à imposer ses modèles, une extrême discipline des rapports sexuels, de l'échange sexuel, à affirmer que c'est sur le mariage que repose tout l'ordre moral.

Si on voulait une image de la sexualité médiévale, plutôt que de regarder du côté de celles que l'ethnologie des « primitifs » pourrait fournir, il faudrait se promener en pays d'islam. Dans l'Europe médiévale aussi : une culture où les femmes qui n'étaient pas des prostituées étaient parquées, interdites, confinées dans cet intérieur obscur des maisons, où l'on procrée, où les enfants sont élevés, les nourritures préparées, le corps des défunts lavé.

G. L. – Resterait alors une autre question : pourquoi précisément aujourd'hui s'invente-t-on *une fausse mémoire*, populaire, régionale, etc. ?

G. D. – L'histoire a toujours été bricolée pour affermir un pouvoir, pour soutenir une revendication. C'est peut-être bien à cela qu'elle a servi d'abord, l'histoire. Le passé a toujours été trituré, pris dans des réseaux de discours tressés pour envelopper l'adversaire ou pour s'en protéger dans les combats dont la puissance est l'enjeu – et c'est ce que j'ai voulu montrer à propos de Bouvines. Il y a toujours manipulation de la mémoire, en fonction, bien sûr, *d'intérêts*. Quant au Moyen Âge mythique que l'on fabrique ici et là aujourd'hui, il vaudrait la peine de chercher quels sont les intérêts en jeu, les intérêts qu'il sert, les illusions qu'il nourrit.

G. L. – Sur la « culture populaire », cette dernière question, encore : il y a une vision, assez répandue, qui voit dans l'art roman un art naïf, d'où finalement volontiers populaire. Or vous insistez au contraire beaucoup, vous, sur ceci que, même si ce n'est pas, comme vous pouvez le dire à propos de l'art gothique, un art « inventé par des théologiens », ça n'en est pas moins un art extrêmement savant. Et, au total, non seulement un art savant, mais, dites-vous, un art destiné à des savants, ou en tout cas à des gens qui savent un minimum de choses : les sculptures romanes font d'abord signe à des gens qui *savent*, et ce n'est que très marginalement qu'elles sont éducatives.

G. D. – Le contresens que l'on fait d'une manière toute naturelle, immédiate et naïve, c'est d'imaginer que le développement d'une culture est homologue au développement d'un individu ; c'est-à-dire de considérer, par exemple, que les gens de l'âge roman étaient des gamins par rapport aux gens de l'âge gothique, qui commençaient déjà à prendre de la carrure et à être un peu moins naïfs. À l'origine de l'idée que l'art roman est un art « populaire », il y a cette croyance qu'il est plus « primitif » que l'autre. À quoi s'ajoute le sentiment, naturel, informulé, que beaucoup se hâteraient de réprimer s'ils en prenaient conscience : le sentiment que le « peuple » est plus infantile que le « non-peuple », plus grossier, incapable de mettre de la finesse et de l'exactitude dans les formes qu'il crée. Toujours cet attendrissement à l'égard du peuple, cette tendance à le traiter en enfant. Comme les Nègres, ou comme les femmes. Pourtant, quand on regarde les choses d'un peu près, on se rend compte que les chefs-d'œuvre de l'art roman sont, d'abord, exactement contemporains des premières réalisations gothiques ; qu'il n'y a pas succession, mais coexistence et contemporanéité. D'autre part, ce qui donne sans doute l'illusion de la naïveté, c'est qu'effectivement, dans les représentations figurées, dans la sculpture ou dans la peinture, l'artiste roman ne copie pas le réel. Il élabore des signes qui en donnent l'équivalence, logiques, et par conséquent simples, éliminant tous les accidents. Simplification qui peut donner l'impression de la gaucherie, de l'impuissance (enfantine) à traduire la complexité des choses vraies. Mais c'est que l'art sacré ne s'est pas encore donné pour but de traiter de manière illusionniste la réalité. La marche vers ce qu'on appelle le « réalisme », en art figuratif, est tardive. Elle exige un déploiement d'habileté manuelle, qui n'est pas requis d'un art abstrait comme celui des artistes romans. Et ces formes plus abstraites, que créent les artistes romans, ont en effet de la parenté avec celles qui procèdent des mécanismes d'abstraction progressive inhérents au processus de vulgarisation dont nous avons parlé. Lorsque les modèles aristocratiques, raffinés, très sophistiqués, sont repris par des artisans de village, lorsque les formes du grand art deviennent progressivement populaires, elles subissent une sorte de simplification, qui les ramène à l'abstraction. Parce que l'art roman est plus abstrait que l'art gothique, on a donc l'illusion qu'il est aussi plus populaire, alors qu'en réalité c'est un art beaucoup plus aristocratique, un art d'initiés, d'intellectuels, créé par une poignée de gens qui détenaient le monopole du maniement des mathématiques, des nombres, des harmonies, qui seuls avaient contact avec les textes de l'Écriture. L'organisation des basiliques romanes aussi bien que leur décoration n'ont, comme vous le disiez, qu'un caractère très accessoirement éducatif pour les foules. Ce qu'elles transmettent, en fait, c'est un message complexe, subtil, qui n'est susceptible d'être déchiffré que par une toute petite élite. Les usagers de ces œuvres sont les mêmes hommes qui les ont conçues : un milieu très fermé, très étroit d'intellectuels, une intelligentsia. Je pense que l'art gothique est, certainement, plus fondamentalement populaire que l'art roman, parce qu'il a, lui, une fonction pédagogique, et d'une pédagogie de masse. Parce que c'est un art urbain, et parce que c'est un art d'évêques, donc un art d'enseignement, et d'enseignement du peuple, alors que l'art roman est plutôt un art de moines, un art de consommation interne, élaboré pour la satisfaction égoïste, pour le progrès spirituel égoïste de petites communautés bien closes.

III

DANS L'HISTOIRE DE L'HISTOIRE

Les « camarades »

G. D. – Nous avons parlé, déjà, de Lambert d'Ardres, de Jean de Marmoutier, et je voudrais en profiter pour dire ceci : je suis de plus en plus intéressé par ceux que j'appelle mes « camarades », c'est-à-dire les gens qui étaient dans ma position aux XIe et XIIe siècles, les historiens. C'est une orientation nouvelle de la recherche historique en France, passionnante, que de s'intéresser de manière privilégiée à l'historiographie, à la façon dont, au cours des âges, on a écrit l'histoire. Bernard Guenée entraîne, à la Sorbonne, dans cette voie, l'une des meilleures équipes de médiévistes. En effet, nous nous persuadons peu à peu que le « fait » qui s'est passé « réellement », ou les conditions qui ont été celles de la vie « vraie » de telle époque nous échapperont toujours, que nous les approchons à travers un écran déformant : les « sources » qui en parlent. Et ceci nous porte à considérer plutôt la manière dont ces faits ont été rapportés. C'est-à-dire à étudier la trace *pour elle-même*. Et c'est ce que j'ai essayé de faire dans *Bouvines*. Dans *Bouvines*, ce n'est pas l'événement, pour lui-même, pour ses répercussions politiques, qui m'a intéressé : le « fait » était très bien connu, l'école scientiste française, fin XIXe-début XXe siècle, avait travaillé abondamment sur tous les documents et avait dit tout ce qu'il y avait à dire – je n'allais pas le répéter. Ce qui m'a intéressé, donc, c'est la manière dont l'événement avait été, je ne dirai même pas perçu, mais *fabriqué* par mes prédécesseurs, les historiens. Je suis parti des premiers témoignages, des premiers reportages, et j'ai essayé de voir comment la mémoire des faits s'est transformée peu à peu dans les relations qui furent successivement écrites de la bataille. Observer comment, et pourquoi, jouent la mémoire et l'oubli.

Et je me souviens d'avoir été tenté d'inscrire en exergue de mon livre sur Bouvines la phrase de Borges : « La mémoire et l'oubli sont *également* inventifs. »

Mais je m'aperçois aussi de la difficulté de faire admettre ce point de vue ; je suis obligé périodiquement, dans mon séminaire, de rappeler, à ceux qui discutent avec moi, que ce que je cherche lorsque j'étudie un récit généalogique, une chronique, ce n'est pas à établir la *matérialité* des choses, à savoir si « réellement » Pierre a épousé Marie tel jour, à telle heure, c'est-à-dire à poursuivre l'enquête policière de l'histoire positiviste, mais à voir comment ces choses ont été perçues, pourquoi elles sont présentées de telle ou telle façon dans tel texte, à retrouver le coup d'œil qui a été lancé sur l'événement actuel, ou l'événement passé, sur les structures actuelles ou passées, par les gens de l'époque.

G. L. – Oui, et ainsi quand Michelet dit de Bouvines que cela a été une petite bataille, sans importance, ce qui est peut-être vrai, après tout, au niveau de la matérialité des faits, ce n'en est pas moins complètement faux, dans la mesure où cela a été retravaillé, comme vous l'expliquez. Et que c'est finalement venu jouer, de fait, le rôle d'une grande bataille.

G. D. – Méfions-nous, d'ailleurs : parce que, si Michelet disait ça, ce n'était pas davantage innocent. Le point de vue sur le passé, la manipulation de la mémoire, par les gens qui successivement s'attellent à faire le récit du passé, ce n'est jamais innocent. Guillaume le Breton, quand il raconte Bouvines, ne le fait pas « objectivement » : sans doute parce qu'il ne *peut* pas le faire, mais aussi parce qu'il ne le *veut* pas. Et lorsque Michelet raconte Bouvines, il est très loin, lui aussi, d'être « objectif ». Veut-il vraiment l'être ? En tout cas, tous les autres, quelle que soit leur volonté de l'être, comme Thierry par exemple, quand ils racontent le passé, ne le sont pas davantage.

G. L. – Comme vous le disiez à l'instant, votre intérêt pour les historiens du Moyen Âge apparaît de plus en plus directement fécond dans votre œuvre. Vous êtes lié à eux, dirait-on, par une sorte de tendresse, de complicité – mais aussi, je crois, d'admiration, pour la façon dont ils ont accompli leur métier, le vôtre : si vous parlez de la part de rêve, et de rêve commandé, de leur œuvre, vous parlez aussi de leur rigueur. Bref, ils ne sont pas pour vous un objet parmi d'autres, que vous imposerait le progrès de votre recherche : ils sont vos camarades. Et j'aimerais que vous en parliez plus longuement.

G. D. – Précisons d'abord qu'il y a différentes sortes d'historiens. En premier lieu, ceux qui font ce que nous appellerions de l'histoire immédiate, qui font, en somme, du journalisme ; par chance, on a parfois conservé dans leur nudité, leur crudité, des reportages du XIIe siècle. J'évoquais le rapport de Guillaume le Breton sur Bouvines, le premier, ce qu'on appelle « la chronique en prose ». Il l'a écrit à chaud, tout de suite, dans l'enchantement de la victoire. Il avait tout vu, au milieu de la mêlée, derrière le dos de son maître, Philippe Auguste. Bien sûr, il a mis dans son récit de la rhétorique. Il ne pouvait pas s'en empêcher. Mais voici un exemple beaucoup plus significatif ; celui d'un homme qui s'appelait Galbert, et qui vivait à Bruges, dans la première moitié du XIIe siècle. Un homme de plume, de cette plume appliquée à l'administration, plume de notaire. Il faisait partie de ces clercs qui avaient choisi, tout en continuant leur métier de spécialistes de la prière, de servir le prince ; lui servait le comte de Flandre : il était de ceux qui mettaient d'aplomb, patiemment, un système administratif fondé sur l'écriture.

Mais il avait de l'ambition, et il s'empara d'un événement spectaculaire qui eut lieu en 1127. Une « affaire » dont tout le monde parle : le comte de Flandre, son patron, vient d'être assassiné d'une manière scandaleuse. Scandaleuse d'abord parce que le meurtre s'est passé dans une église, l'église des chanoines de Bruges ; le comte était là, dans sa fonction de prince, qui impliquait qu'il assistât aux liturgies ; et pendant qu'il était en train de prier, de psalmodier, avec les chanoines, on l'a tué. Le sang a coulé dans le sanctuaire même, le lieu sacré ; c'est épouvantable, la souillure va rejaillir sur le peuple tout entier, et la colère de Dieu s'abattre. Autre scandale : il a été tué par les gens de sa maison, de sa « famille », par ses serviteurs, qui, justement parce qu'ils étaient près de lui, ont eu toute facilité d'accomplir leur crime. Tué de cette façon, cet homme apparut comme un martyr. D'où l'un des aspects particuliers de l'événement : une dispute immédiate autour du cadavre ; ce cadavre allait faire des miracles, il ne fallait pas laisser filer ce trésor. On s'y accrocha. Et d'abord la nuée des pauvres ; tous les jours, ils faisaient la queue, ils défilaient devant le comte de Flandre, dans la collégiale de Bruges, pour recevoir de sa main un denier, une pièce d'argent. Ritualité de charité, telle qu'on la concevait à l'époque. Aussitôt qu'ils apprennent que le comte est mort, les pauvres se précipitent comme des mouches sur le cadavre, ils s'agrippent, parce qu'ils savent que pour l'enterrement on va faire un banquet fantastique ; ils auront leur part. Et puis ils veulent être associés à toutes les largesses ultérieures que, depuis l'au-delà, ce personnage va continuer de dispenser.

Mais il y a les gens de Gand qui viennent le réclamer, qui, les armes à la main, cherchent à l'enlever. Et puis les chanoines de Bruges, qui ne veulent pas le lâcher parce que, s'il est enterré dans la collégiale, le martyr attirera les pèlerins ; ils en profiteront. Ainsi, un événement sensationnel, et qui déclenche d'ailleurs toute une crise politique, car la victime n'a pas d'héritiers, pas d'enfants – affaire de succession, donc.

Galbert saute sur l'occasion. Il prend des notes, au jour le jour ; il écrit : « Le 28 avril, il s'est passé ceci et cela, le 29 ceci... » Et nous conservons cette sorte de journal, rédigé comme ça, dans le tumulte de l'événement. Mais Galbert ne pensait sans doute pas le laisser sous cette forme : il espérait en faire, justement, une sorte de vie de saint, qui lui vaudrait un petit avantage. Malheureusement, un autre composa la vie avant lui. Est resté ainsi, à l'état brut, un témoignage direct, le simple enregistrement de l'événement et de ce remous qu'il détermine. C'est un document extraordinaire.

À l'inverse, il y a des hommes qui entendent écrire l'histoire ; non pas la chronique, l'histoire. C'est-à-dire qu'à l'époque dont je parle, le XIIe siècle, époque de Renaissance, entendons : de référence accentuée à l'Antiquité, aux classiques latins, ils prennent modèle sur Suétone, ou sur d'autres historiens anciens, dont l'œuvre est conservée dans les bibliothèques où ils ont accès. Ils appliquent les règles d'un genre littéraire particulier, qui est l'*Historia*. Ne se souciant pas de chronologie, mais de fabriquer des discours inventés, pour les mettre dans la bouche des héros, ces hommes-là sont dans une position très différente de celle du témoin : eux façonnent un objet culturel, qui n'a avec la réalité du passé qu'un rapport poétique, si je puis dire. Beaucoup travaillent dans des monastères, remplissant une fonction spécifique alors de l'institution monastique, qui était d'écrire l'histoire, mais l'histoire conçue comme une série de signes manifestant, obscurément, les intentions divines.

Si la suite des événements de l'histoire humaine est tenue pour une enfilade de messages émis par le Tout-Puissant, il est nécessaire de les décrypter pour savoir ce qu'Il veut, ce qui peut Le satisfaire. Voici pourquoi les moines du XIe siècle, retirés du monde, enfermés, étaient à l'affût de tout ce qui bougeait au-delà des murs du cloître, et pourquoi les monastères furent d'abord les principaux ateliers du travail historien. En outre, les monastères, comme Saint-Denis, abritaient les tombes des chefs d'État, étaient les nécropoles des dynasties. Quand, au cours du XIIe siècle, les institutions étatiques commencèrent de se reconstituer, les écrivains d'histoire se mirent au service du prince ; et l'*Historia*, le genre littéraire proprement historique, devint l'instrument d'une célébration du pouvoir. Voyez Guillaume le Breton, dont j'ai parlé : il reprend son reportage sur Bouvines, il en fait un poème en douze chants, imitation de *L'Énéide*, à la gloire du roi Philippe ; il l'appelle « la Philippide », tout simplement, et il l'offre, en bon serviteur, au successeur de Philippe Auguste, le nouveau roi de France.

Le passionnant, c'est justement de repérer comment, où, par quel biais l'amplification poétique, à proprement parler historique, s'éloigne du récit de premier jet. Comment le souvenir se déforme, et pour quelles raisons. Voici ce que j'essaie de faire, prenant le témoignage tel qu'il est, plus ou moins vif, plus ou moins trafiqué, plus ou moins sophistiqué ; puis je m'efforce de m'introduire dans la pensée de mon confrère, qui travaillait il y a huit cents ans, de le regarder écrire, de loin, et profitant du recul pour tenter de discerner les raisons des choix qu'il opère.

La « Grande Histoire » romantique

G. L. – Nous ne pouvons parler, malheureusement, de tous ceux à travers lesquels, peu à peu, l'histoire s'est forgé ses instruments et son style, tous ceux dont vous êtes, d'une manière ou de l'autre, l'héritier ; nous ne pouvons faire, dans l'histoire de l'histoire, qu'un bref voyage. Alors, sautant à pieds joints pardessus les siècles, j'aimerais que vous parliez de l'époque de la grande histoire, de la grande histoire comme genre littéraire, comme forme esthétique, bref, de ce XIXe siècle qu'on a dit le siècle de l'Histoire.

G. D. – Eh bien, de ces hommes-là, je me sens à la fois proche, proche de leur dessein, et loin d'eux. Comme eux, je crois beaucoup à la valeur de l'expression, à ce qui est la forme, et je souhaite comme eux offrir à ceux qui me lisent à la fois le plaisir de la découverte du passé et le plaisir du texte. C'est en cela que je me rapproche d'eux. Avec la conviction que, s'ils ont eu du succès (et ils ont eu du succès, Michelet et les autres), c'est que précisément le public attendait ça, qu'ils ont su répondre à une demande ; nous avons évoqué déjà ce qu'il en a coûté à l'histoire scientifique de tourner le dos à cette demande. J'ai donc beaucoup de vénération mêlée d'agacement. Ainsi Michelet : je me sens à la fois très fraternel, à l'égard de Michelet, et très irrité par lui. Ce qui me rapproche le plus de lui, ce sont sans doute mes origines : moi aussi je suis parisien, et né dans un milieu social qui ne me semble pas très différent de celui dans lequel il est né. Ma plus grande émotion à la lecture de Michelet m'est venue des notes qu'il a consacrées à Paris, et qui parsèment ses manuscrits, sur les rayons de la bibliothèque d'histoire de la ville de Paris : j'ai souvenir de bons moments de connivence avec lui. Et puis, d'un autre côté, le caractère monumental, profond, forestier de cette œuvre, qui me fascine. Mais je ne peux pas dire que je lise jamais Michelet sans quelque irritation. Peut-être parce qu'on en a trop parlé, parce que l'on a brandi trop haut sa personnalité comme une espèce d'étendard : dans les combats que menaient mes maîtres, Lucien Febvre en particulier, contre l'histoire étriquée qui leur était opposée (un combat dont ils sont quand même sortis victorieux), ils se référaient à Michelet – c'était naturel, mais leurs épigones ont peut-être un peu forcé la note. Ce qui m'agace aussi, c'est leur tentation de redevenir un peu ce qu'était Michelet, les entraîneurs de la jeunesse. Évidemment, c'est tentant : cet homme parlait d'histoire, ici, au Collège de France, et tout de suite, tout se mettait à bouger, dans la rue. Je vous parle là de sensations très épidermiques. Passons au plus profond : je ne suis pas très sensible à la « générosité » de Michelet. Il m'apparaît comme un homme fermé, un peu mesquin, finalement. Je cherche en vain chez lui la générosité extraordinaire d'un Lucien Febvre, ou d'un Fernand Braudel, qui sont des hommes de la vie, qui lancent à pleines mains, à pleine voix. J'ai l'impression d'un homme replié, avare.

D'autre part, s'il est vrai que c'est un homme de travail, car il a fréquenté les documents autant qu'on pouvait les fréquenter de son temps, le déversement de sa libido n'en est pas moins un peu torrentiel à certains moments ; je vous avouerai, pour reprendre un livre que j'ai déjà mentionné, que je n'ai jamais compris ce que *La Sorcière* pouvait susciter d'enthousiasme, sinon chez ceux qui tentent de percer la personnalité de son auteur, de pénétrer les profondeurs d'une psychologie, qui est celle de Michelet, mais tout ce qu'il dit ici du Moyen Âge paraît dérisoire à qui croit connaître un peu ce qu'étaient les relations sociales véritables.

Enfin, et c'est peut-être ce qui compte plus que tout : je ne suis pas très touché par sa façon d'écrire. Hormis des jaillissements, de temps en temps, et surtout dans les écrits les moins contrôlés.

Revenons au positif. Il est évident que l'apport principal de Michelet tient aux interrogations qu'il a posées. Et c'est sûrement en se montrant insatisfait de ce qu'il avait sous la main, de ses sources d'information, qu'il est pour nous le plus entraînant. Il nous a conduits à construire un interrogatoire du passé beaucoup plus complet que, sans lui, il n'aurait été.

Ceci dit, dans l'acte de faire revivre le passé, je trouve Victor Hugo plus extraordinaire – je ne parle pas du Victor Hugo de *Notre-Dame de Paris*, mais de celui des *Misérables* ou des *Choses vues*. C'est Galbert de Bruges : des notations fulgurantes sur le présent. Mais aussi la résurrection du passé : la bataille de Waterloo dans *Les Misérables*, c'est prodigieux ; il y a tout : le rêve, la vérité. De ces cendres que Michelet tisonnait patiemment, et d'où sortaient de petites étincelles, ici c'est la flamme qui jaillit. Ou bien, tenez, selon d'autres équivalences : Delacroix. Capable, lui aussi, avec d'autres moyens d'expression, de nous mettre dans le coup : *L'Entrée des croisés à Constantinople* !

Pour ce qui est proprement du métier d'historien, j'admire particulièrement Augustin Thierry. Il écrivait lui aussi pour un très large public, avec rigueur mais encore avec un véritable amour du peuple, autant que pouvait en avoir un bourgeois libéral de son temps ; et c'est ce sentiment très profond (avec moins de cocoricos que chez Michelet) qui le fait s'intéresser de près à l'histoire des communes, recueillir tous les documents, les éditer patiemment, avec une extrême application ; et l'utilisation qu'il sait en faire ensuite est tout à fait digne d'admiration.

G. L. – Et Fustel ? Nous compléterons un peu, ainsi, notre tableau.

G. D. – Ah ! Fustel, c'est très beau ! Fustel, c'est le dernier grand : il s'installe au premier rang au moment même où l'histoire va basculer dans le scientisme, s'envelopper dans ce nuage de scientificité ostentatoire, qui finalement forme écran entre le public et le discours historique. Fustel : le beau savoir servi par une admirable rhétorique. C'est notre rêve à tous que de faire ce qu'il a fait, de demeurer comme il demeure. Tout frais, après tant d'années.

Les Annales et après

G. L. – Restons, si vous le voulez bien, dans le même registre ; mais pour nous interroger, sautant cette fois par-dessus l'histoire positiviste, que nous aurons juste évoquée, sur le plus proche hier, et sur notre aujourd'hui. Qu'a été pour vous l'école des *Annales* ? – et puis : quels sont vos rapports présents au sein de la cité savante historienne, où vous y situez-vous ?

G. D. – J'avoue très haut ma dette, fondamentale, envers ce qu'ont été les *Annales*, entre 1929 et 1940.

J'étais étudiant quand j'ai découvert cette merveille. Et il faut que je dise bien ceci : ce ne sont pas mes maîtres en histoire qui me l'ont fait découvrir, alors que j'étudiais à l'université de Lyon, ce sont mes maîtres en géographie. C'est par mes maîtres en géographie que j'ai connu *Les Caractères originaux* de Marc Bloch. C'est un de mes maîtres en géographie qui m'a présenté à Lucien Febvre. Pourquoi ? Parce que, en ces temps déjà anciens, l'école géographique française était à l'avant-garde de toutes les sciences humaines. C'était là, vraiment, qu'il se passait des choses : l'apport de la sociologie, le support de la géographie physique, qui poursuivait sa construction, un recours constant à l'histoire, un souci constant de l'homme, de l'homme vivant – tout ça faisait que j'ai d'abord été géographe. Tout ça faisait que, dans cet organisme de recherches qu'est une faculté des lettres, c'était dans la section de géographie que l'on était le plus attentif à ce qui se produisait de plus neuf parmi les sciences de l'homme. On le fut en particulier à la fondation de ce qu'on allait appeler « l'école des Annales ». Il y eut un moment, dans les années trente, où, répandus dans la France entière, tous les élèves de Raoul Blanchard proposaient une géographie, je ne dirai pas simplement humaine, mais humaniste, où la géographie faisait vraiment partie, à part entière, avec ses versants les plus arides, la pédologie, la climatologie, des sciences humaines[1]. L'école de géographie française fut vraiment grande, à tous points de vue. Elle fournit à l'« école » des *Annales*, au départ, ses meilleures recrues. Des gens comme Allix, qui m'initia, comme Faucher, avec qui j'ai fondé *Études rurales*, comme Dion, qui était autant historien qu'il était géographe, je les considère eux aussi comme mes maîtres, et je leur dois énormément. Les choses ont changé. Pourquoi ? Par l'effet, ici encore, de la fascination du scientifique pur. Elle détermina une scission, qui s'est faite brutalement, dans la croissance des universités, entre géographie humaine et géographie physique. Alors que ce qui faisait précisément la vitalité de cette discipline, c'était le propos de synthèse, la diversité des points de vue, la convergence sur le même objet des méthodes d'approche diverses et des regards. Et puis, d'autre part, beaucoup de domaines qui étaient, de mon temps, embrassés par les sciences géographiques se sont érigés en disciplines autonomes. Je pense en particulier à ce que l'on appelle actuellement « l'ethnologie française » et qui sort tout droit de ces admirables thèses de doctorat, de ces monographies consacrées dans les années trente à telle ou telle région de France. Tout le goût que nous avons pour les arts et traditions populaires, il fut aussi cultivé par les géographes, intégré par eux à l'ensemble de leurs recherches. Au fond, la géographie a été en partie épuisée par sa fécondité même, dissociée par le cloisonnement épistémologique, étouffée peu à peu par sa progéniture.

C'est donc par la géographie que je suis venu à l'histoire médiévale, et à l'histoire des campagnes en particulier. Et il m'a donc fallu rattraper ce qui me manquait, c'est-à-dire apprendre les techniques, les recettes de métier qui s'enseignent à l'École des chartes.

Ceci dit, il est très évident qu'ayant fait mes premières armes sous la direction d'un patron qui avait été remarqué par Marc Bloch, encouragé par Lucien Febvre d'abord, par Braudel ensuite, je me considère comme enfant de l'« école » des *Annales*. Et je m'en flatte. Mais, actuellement, comment me situer ? Parmi les nuances du prisme ? Je dirais d'abord qu'elles sont beaucoup moins tranchées qu'elles n'étaient il y a quarante ou cinquante ans. En outre, j'ai eu la chance d'en-

1. « Rappelons du moins qu'en France les géographes ont apporté à la connaissance de la vie rurale au temps de Charlemagne ou de Saint Louis une contribution plus riche peut-être que celle des historiens *stricto sensu*. » *L'Économie rurale et la vie des campagnes dans l'Occident médiéval*, p. 8 [ci-dessus p. 602].

seigner pendant vingt-cinq ans dans des universités loin de Paris. Je suis donc resté à l'écart de la petite guerre qui se poursuivait dans la capitale : je ne me suis pas trouvé enfermé dans tel camp, ni amené à rompre avec tel autre. C'est pour ça que je me sens tout à fait à l'aise avec des historiens de toutes tendances. Enfin je suis persuadé, contrairement à ce que certains voudraient de nouveau nous faire croire, que la « bonne » histoire, c'est-à-dire l'histoire neuve, audacieuse, savoureuse, n'est pas monopolisée en France par tel groupe, par telle institution, qu'elle se fait partout. Surtout, qu'on ne vienne pas, de nouveau, dresser une « école » contre une autre ! Il n'y a rien à gagner de ces discordes. Je ne pense pas qu'il y ait encore des Bastilles à prendre. Je souhaite gagner tout ce qui peut être gagné, l'attirer du côté de l'histoire que je juge « bonne », mais sans animosité, sans rivalité. Tout ça, très banal, mais ce sont des choses à quoi je tiens.

G. L. – J'aimerais que nous revenions un peu sur Marc Bloch : vous avez dit déjà ce que vous, et l'histoire en général aujourd'hui, lui deviez ; il ne me semble pas être excessif en disant que, en tout état de cause, des livres comme *La Société féodale* ou comme *Les Caractères originaux* restent des livres qu'on peut lire et relire, des livres « classiques » – mais il n'est pas discutable non plus, quand on vous lit, qu'il y a pas mal d'aspects de l'œuvre de Bloch qui sont, disons, aujourd'hui dépassés, ou vieillis. Alors voilà, c'est une question que je vous pose en ayant un peu en tête les étudiants : où en sommes-nous avec Bloch, aujourd'hui ? qu'est-ce qui, dans son œuvre, doit être conservé ? les quelques éléments qui sont, au contraire, absolument falsifiés ? bref, faire un petit peu le point.

G. D. – Il ne faut pas oublier que l'œuvre de Marc Bloch a quand même un demi-siècle d'existence, et que, grâce à Dieu, l'histoire est une science vivante, que ses progrès sont vifs.

La puissance de stimulation des écrits de Bloch fut incomparable et, plus encore peut-être que celle de ses livres, celle des comptes rendus et des notes critiques dont il abreuva infatigablement la revue *Annales d'histoire économique et sociale*, dans les dix premières années de sa parution. Ces comptes rendus ont joué un rôle fondamental dans la formation de mes amis et de moi-même. Ils sont pour une large part responsables de l'éclatement, de l'élargissement dont l'école française d'histoire du Moyen Âge a tiré depuis cinquante ans tant de profit. Parmi les livres de Marc Bloch, je tiens *Les Rois thaumaturges* pour celui qui reste aujourd'hui le plus stimulant, livre pionnier dans cette étude des attitudes mentales, des systèmes de valeurs, qui me paraît l'un des champs les plus féconds de la recherche historique actuelle.

Quant à ce qui peut paraître dépassé, il m'est plus difficile de le déterminer. Parce que, touchant sa vision de la société féodale, c'est plutôt dans les *articula-*

tions qu'il me paraît nécessaire d'apporter, ici et là, telle correction. À propos par exemple de la manière dont le système des institutions féodo-vassaliques vient s'articuler sur l'ensemble du corps social en évolution. Ou encore à propos de ce qu'il dit des techniques agricoles : éclairés par les agronomes et les techniciens de la biologie végétale, nous nous apercevons qu'un homme qui n'était pas du tout familier avec le travail des champs a commis des erreurs quant à la valeur respective des divers éléments du système agricole. Mais je ne dirais pas qu'il y ait tel ou tel grand pan de son œuvre qu'on puisse aujourd'hui rejeter. Je conseille sans hésitation aux jeunes chercheurs de lire Marc Bloch ; il a ouvert des avenues, et s'il s'est trompé, çà et là, en risquant telle interprétation, en proposant telle corrélation, il a eu cet immense mérite de tracer les pistes où nous sommes aujourd'hui engagés. De son œuvre, je recommande toujours la méditation, à condition bien sûr de ne pas prendre pour choses définitives ce qui, de son temps, pouvait apparaître pour assertions bien établies, et dont on s'aperçoit qu'elles sont sujettes à révision.

G. L. – Oui, sur la chevalerie par exemple.

G. D. – En effet, ou sur la noblesse. J'ajoute que, de son temps, on n'avait pas mesuré la fertilité, lorsque, durant la période médiévale, se constituèrent les formes diverses de la civilisation occidentale, des pays du sud de l'Europe. Comme les autres historiens de son temps, Marc Bloch, qui enseigna très longtemps à Strasbourg et qui devait énormément à l'érudition allemande, laissait sa problématique enfermée dans un cadre carolingien, entre la Loire et le Rhin. Alors qu'aujourd'hui, par l'effet d'une décentralisation très visible de la recherche médiévale française, nous accordons désormais une attention très nécessaire à ce qui était jugé à son époque périphérique, marginal.

G. L. – Tout le monde s'accorde à dire qu'il y a une « nouvelle histoire », tout le monde aussi s'accorde à en faire remonter la naissance à Febvre, à Bloch, à cette école des *Annales* que vous venez d'évoquer.

Alors, je vous pose cette question, un peu à brûle-pourpoint : au fond, cette nouvelle histoire, comment est-ce que vous la définiriez, qu'est-ce qui, à votre avis, fait la pertinence de sa « nouveauté » ?

G. D. – Attaqué à brûle-pourpoint, je vous répondrai ceci : je crois d'abord que l'histoire s'est mise à douter d'elle-même, qu'elle mesure mieux les obstacles qu'elle affronte, qu'elle circonscrit mieux les champs qu'elle est capable d'explorer et dont elle sait bien qu'ils ne sont pas indéfiniment extensibles.

Elle se sent d'autre part challengée, défiée, par le progrès de certaines sciences humaines, qui se sont parfois posées en adversaires. Ces sciences voisines commencent aujourd'hui à se départir les unes après les autres de cette attitude achronique, puisque l'on se convainc qu'il est insensé de ne pas placer en perspective historique toute recherche concernant les phénomènes humains. Il reste que l'histoire, à certains moments, s'est sentie menacée d'être distancée, comme la géographie, d'être renvoyée aux vieilles lunes. Ça l'a secouée. Ça lui a fait du bien. Je pense que ces deux choses, ce doute, ce doute profond qui procède d'une déception à l'égard de l'histoire comme on rêvait de la faire dans les premières années du XXe siècle, ce doute, libérateur puisqu'il a délivré l'histoire de son arrogance et de ses vaines prétentions, et puis ce défi porté par la sociologie, l'ethnologie, etc., ont, au fond, stimulé l'invention, au niveau essentiel, celui de la problématique.

Je crois ceci décisif, et surtout le second facteur : le challenge. Il venait, quand j'étais jeune, de la géographie. Il vient aujourd'hui, fortement, de l'anthropologie. D'une anthropologie, elle aussi, moins arrogante, qui prend conscience de son propre tâtonnement, de la limite infranchissable entre l'enquêteur et l'enquêté, de l'impossibilité où est l'enquêteur d'atteindre d'autres réalités que celles qui résident dans son esprit. L'historien tend à calquer son questionnaire sur celui des anthropologues. Ce qui l'amène à se faire, du champ du politique, de l'économique ou du religieux, une conception tout à fait différente de celle que l'on se faisait au début du XXe siècle, à poser des questions nouvelles sur l'homme, à la fois sur le corps de l'homme et sur l'esprit de l'homme. Une bonne part de la « nouveauté » de l'histoire tient à cela. Il y a ceci, aussi, qui est intimement lié à ce que je viens de dire, c'est que cette histoire qu'on dit nouvelle – moi, j'y reviens, je préfère dire la « bonne » histoire, parce que l'histoire n'en finit pas d'être nouvelle : heureusement ! – la bonne histoire, donc, me semble adopter une façon différente de *prononcer*, au fond, son discours même : elle ne s'enferme plus dans un jargon d'atelier, elle veut sortir de l'atelier, et elle le désire de plus en plus. Pour les mêmes raisons, et en particulier à cause de ce défi que j'évoquais. Et ces modifications, qui ont lieu au niveau du style, sont indissociables de celles qui interviennent au niveau de la problématique : tout ça est imbriqué, articulé ; je pense que ça pourrait être ça, la bonne histoire.

G. L. – Malgré la vanité qu'il y a à vouloir ainsi réduire les choses, je vais quand même vous proposer une formule : est-ce que vous accepteriez de dire que ce qui fait le caractère spécifique de cette bonne histoire, c'est qu'elle admet au fond que *tout peut être objet d'histoire* ?

G. D. – Ceci me paraît vrai. C'est ce que dit d'ailleurs Michel Serres, dans un article qui m'a vivement frappé, qu'il vient d'écrire pour un numéro de *L'Arc* traitant des problèmes actuels de la démarche historique. Oui, tout est histoire ; ce qui fait et les limites de l'histoire, si elle prétend se poser comme science exacte, et, à la fois, sa vitalité présente, dans la mesure où cela la contraint à une révision totale de ses objectifs ; ce qui l'incite enfin à la modestie, car si tout peut être objet d'histoire, il n'est pas possible, nous le savons bien, de faire l'histoire de tous les objets.

G. L. – Il y a quelque chose de vertigineux dans cette thèse, par où précisément elle interdit en effet que l'histoire se constitue en science – et nous retrouvons les problèmes que nous soulevions d'entrée de jeu, car elle est bien la thèse même d'un nominalisme absolu. Et c'est dans de tels moments de vertige, me semble-t-il, que la « nouvelle histoire » – s'il faut l'appeler ainsi – s'invente. Je pense à ces moments, chez Febvre par exemple, où la narration d'histoire s'interrompt, et où on a le sentiment que se découvre devant lui un puits sans fond : « Il faudrait faire une histoire de l'odorat, une histoire de l'ouïe... de la vue... », oui, c'est dans un vertige que lui apparaît que tout est objet d'histoire, que n'importe quoi, à la lettre, doit solliciter l'intérêt de l'historien. Il y a là toute la brutalité d'une illumination, et c'est quand même très beau, ces moments visionnaires.

G. D. – Je prends entièrement à mon compte ce que disait Lucien Febvre, dans ces moments-là. On ne fera pas d'histoire entièrement satisfaisante, en effet, tant qu'on n'aura pas fait l'histoire de l'honneur, celle du pain, celle du suicide, de l'accouchement, etc. Parce que l'histoire est avant tout mise en rapports. Le rêve est donc d'étendre indéfiniment le jeu des rapports. Malheureusement le désir que nous avons d'atteindre tant d'objets est condamné à demeurer à jamais inassouvi. À l'élargissement de notre désir répond l'élargissement de nos frustrations. L'histoire d'un grand nombre de ces objets possibles est elle-même impossible pour une raison très simple : ils n'ont pas laissé de traces.

Voici donc un autre aspect de la « nouveauté » de l'histoire : l'effort pour dépister des traces imperceptibles, qui jusqu'ici, en tout cas, n'ont pas retenu l'attention. Dans cette chasse aux documents que l'historien doit toujours mener, une fois le gros gibier pris, il nous faut flairer le sol, au plus près. Nous traquons, et ça rend. Nous nous engageons dans de grandes campagnes de cueillette, incertaines, parmi des espaces encore vierges, à la quête de très fines empreintes. Une des nouveautés, c'est cela : délaissant ce qui est le plus visible, s'intéresser au caché, au fugitif, au non-dit, à ce qui est tu. Et c'est sans doute par ce biais que le rapport avec la pratique psychanalytique pourrait être le plus fructueux. Parmi ce qui nous est resté de la vie des hommes du passé, il y a des discours, discours écrits ou discours figurés. Or je pense que les découvertes les plus bouleversantes que l'on peut espérer faire maintenant, c'est en essayant de détecter ce que ces discours, volontairement ou involontairement, taisaient. Ce qui était occulté, consciemment ou inconsciemment.

Il faut donc forger les outils d'une nouvelle érudition, ceux qui seront mieux capables de faire apparaître le négatif de ce qui nous est montré, ce qui est volontairement masqué par les hommes ; qui jaillit, parfois, brusquement, d'une manière tout à fait accidentelle, mais qu'il faut décrypter, la plupart du temps, dans les interstices de ce qui est dit.

G. L. – Nous avons évoqué Freud, déjà, mais c'était en référence au désir de l'historien, non pour se demander si l'historien en avait, dans son métier, l'usage. Alors, prenant la balle au bond, je vous demande à présent : quelle place faites-vous à la psychanalyse dans le labeur d'historien ? Non pas quelle place y avez-vous faite dans vos œuvres, mais quelle place, au niveau des principes, pensez-vous qu'on puisse lui assigner – je dis : quelle place *idéale ?* Si j'émets cette restriction, c'est parce que je pense que la psychanalyse est très loin d'avoir, dans ce domaine, déployé sa puissance, et qu'on ne peut vraiment la juger sur les effets qu'elle a jusqu'à présent donnés, qui ne me paraissent pas toujours très positifs.

G. D. – Quel peut être le rôle, l'utilité, de l'outil psychanalytique dans la recherche historique ? Je vous avoue que, là, en ce qui me concerne, en ce qui concerne mon type de recherche, je ne vois pas très clair. Je dirai d'abord que je travaille sur une époque où les traces sont très rares, où elles obligent à considérer des ensembles, des populations, des sociétés. Or je suis persuadé qu'il n'y a pas d'« inconscient collectif ». Ce concept me paraît engager la recherche historique dans une voie sans issue s'il conduit à transporter dans l'analyse d'une société, et de ce qui la fait évoluer de telle ou telle façon, des procédés d'investigation, de dépistage, des interrogations qui peuvent être opératoires, mais s'il s'agit du devenir d'un individu, d'une personne.

Certes, il y a les mythes. Ces mythes, je les rencontre à chaque pas, et je suis en train d'en étudier certains. Mais comment, nous, les historiens, les saisissons-nous, ces mythes ? À travers les traces qu'ils ont laissées, soit dans les discours qui les expriment directement, soit indirectement par ce que ne parviennent pas à masquer les discours qui les condamnent ou les nient, soit encore par le biais des emblèmes figuratifs – nous les saisissons toujours, en tout cas, à travers des témoignages, qui sont des témoignages *contrôlés*. Notre but, c'est de les restituer dans leur plénitude, en tentant d'extraire de l'informulé la part qui s'y trouve enfouie. Mais je ne pense pas que cette démarche puisse être comparée à celle de l'analyste et de l'analysant, face à face. Car le langage que nous écoutons est un langage mort. Un langage qui n'est pas susceptible d'être *forcé*.

Bien sûr, il y a le non-dit, il y a le tu, que l'histoire dans ses opérations les plus nouvelles et les plus prometteuses s'efforce de débusquer. C'est sans doute au cours de cette quête de l'inexprimé que l'*expérience* des psychanalystes, plus que leurs théories, peut nous servir : en nous avertissant que tout n'est pas dit, que dans les zones d'ombre se trouve peut-être l'essentiel du discours. En nous amenant à le chercher – mais à le chercher, je viens de le dire, selon d'autres démarches, et dans un rapport tout à fait différent avec l'autre.

G. L. – Je voudrais, si vous me le permettez, prendre la défense d'un possible usage, et fécond, de Freud par l'histoire.

Mais il faut pour cela écarter d'abord tout malentendu ; qu'il puisse y avoir un usage absolument vain, sinon désastreux, de la psychanalyse en histoire, j'en suis tout à fait convaincu – je suis tout à fait d'accord avec vous que ce serait une niaiserie futile que de vouloir faire, par exemple, la biographie d'un roi en utilisant les concepts et les démarches de l'analyse – genre : psychanalyse de Philippe Auguste ! Je ne vois pas quel sens, en effet, ça pourrait avoir.

G. D. – Et pas même de personnages plus proches de nous, et sur lesquels nous serions mieux renseignés. Il nous est permis de faire non pas la psychanalyse, mais l'analyse de la pensée (je dis bien la pensée, mais aussi ce que son expression laisse filtrer d'inconscient) des historiens, des narrateurs du passé, et il est certain que beaucoup d'entre eux sont des cas qui relèvent du divan. Ainsi Guibert de Nogent[1] : un moine, qui vivait à la fin du XIe siècle et au début du XIIe siècle, enfermé dans un petit monastère de la région de Laon ; il avait eu une mère impossible ; il entreprend d'écrire l'histoire, de relater les événements dont il a perçu l'écho, et sur lesquels il projette ses propres fantasmes. Mais il raconte aussi sa propre histoire : il part de sa naissance, et alors tout y passe : ventre maternel, castration, Sainte Vierge, fantômes du père coupable... Prodigieux. Un cas comme celui-ci, à la lumière de ce que Freud et ses successeurs nous ont appris, on peut l'utiliser pour mener une critique plus profonde de ce que le sujet lui-même, Guibert, mais aussi les autres moines de ce temps

1. GUIBERT de NOGENT, *De vita sua, in* Migne, P.L. 156, col. 837 sq.

pouvaient dire de la société et, par exemple, du mariage, mais ça ne va pas plus loin – ça ne peut pas aller plus loin.

G. L. – Encore une fois, je suis tout à fait d'accord – on a parlé du marxisme vulgaire, mais il y a une psychanalyse encore plus vulgaire : il y a des gens qui ne peuvent pas voir un stylo sans penser que c'est un pénis ; et je crois que ça n'a en effet aucun intérêt, en histoire, ni ailleurs.

Mais même sans aller à cette vulgarité, l'erreur, je crois, pour l'historien, ce serait de croire que ce que la psychanalyse peut lui apporter, c'est la « clef » d'une « personnalité », d'un « individu ». Pour prendre une référence qui nous soit commune, je me souviens d'avoir entendu à votre séminaire, il y a plusieurs années, un exposé du professeur Little, sur Damien, où il tentait d'utiliser une telle clef ; le résultat, me semble-t-il, était décevant, parce qu'on avait un sentiment d'appauvrissement, le sentiment qu'une action, une œuvre, et un sujet, fabuleux, résistaient de toutes parts à sa prise ; que les textes excédaient de partout ce qui en était dit, beaucoup plus « vrais » que leur explication : la serrure, trop évidemment, était plus puissante que la clef.

En tout état de cause, il me paraît qu'utilisée de façon mécanique la psychanalyse, comme telle, comme si ça pouvait se transporter, avec sa pratique, son divan, son écoute flottante, dans l'histoire, n'a pas de sens.

Je crois que l'apport de Freud, du point de vue qui nous occupe, est tout autre. Je vais faire un petit détour : si l'on lit un texte littéraire, il y a deux manières de prendre sur lui un regard qui se réclame du freudisme – ou bien on va essayer d'en faire, proprement, la « psychanalyse », et de le référer à une totalité supposée achevée, quelque part, l'inconscient *de* l'auteur ; ou bien on va le prendre tel qu'il est, comme un fragment, où l'inconscient parle (pas l'inconscient *de*, l'inconscient). Dans le premier cas, on a, je crois, le pire exemple de ce que peut donner l'interprétation comme forme aiguë du psychologisme le plus plat : le désastre de Marie Bonaparte, sur Poe, en témoigne. Dans le second, on pose que le texte ne nous dit pas quelque chose *sur quelqu'un*, qu'il faut mettre au jour selon les bonnes méthodes de l'interrogatoire policier, mais qu'il dit ce qu'il dit, en ce sens qu'il n'y a rien d'autre à y voir que le sujet humain, comme tel, aux prises avec l'énonciation de son désir. Et il reste, là, le superbe texte de Freud sur « L'homme au sable », dans *L'Inquiétante Étrangeté* ; il ne s'y agit nullement de savoir ce que le texte nous apprend sur l'inconscient d'Hoffmann, parce qu'en somme, de l'inconscient d'Hoffmann, à moins d'être lecteur d'*Ici Paris*, on s'en fout ! – mais d'affronter un texte qui nous parle, avec ce miracle de langue qu'on appelle le génie, de cette angoisse à quoi tout sujet humain est en proie : la castration.

Toutes choses égales d'ailleurs, je crois que c'est exactement ainsi que le problème se pose pour l'histoire. Il ne s'agit ni d'avoir des révélations sur l'inconscient de Philippe Auguste, ni d'apprendre le fonctionnement de je ne sais quel « inconscient collectif ». Ce que Freud énonce, c'est d'abord simplement cette proposition, très générale, qu'avant d'être pris dans quelque autre lien que ce soit les hommes ont affaire entre eux au titre d'êtres sexués, qui parlent ce sexe. Par là, ce qu'il nous apprend, c'est à poser des questions qui fassent valoir la dimension du désir et de la jouissance : de quelle jouissance, et de quel désir le pouvoir est-il l'objet, qu'est-ce qui se joue du désir dans une rébellion, qu'est-ce qui se passe entre un maître et un rebelle, et quand les hommes font foule, quelle jouissance s'en va à la dérive, etc. ?

C'est assez bien, en somme, ce que fait quelqu'un comme Legendre, analyste, et historien du droit canon, dont je respecte beaucoup les travaux. C'est je crois ce que Lacan a rendu possible.

G. D. – Là, je serais volontiers d'accord. Qu'il soit insensé de transporter la pratique psychanalytique dans la méthode historique, je le répète encore. Par contre, Freud nous a appris ce qu'est le désir, ce que sont ses liens avec le pouvoir, nous permet de poser d'une autre manière les problèmes de l'histoire, j'en suis sûr. Je suis sûr que ma problématique actuelle est très dépendante de cet enseignement. Mon attention portée vers les connexions entre le matériel et l'immatériel, vers les rapports entre morale et comportement, entre le rêvé et le vécu...

G. L. – Mais vous parliez tout à l'heure du rapport avec l'anthropologie, je voudrais qu'on y revienne, sous une forme un peu plus précise. Il me semble qu'il est aujourd'hui assez tard, que nos savoirs ont suffisamment déposé, et progressé, pour qu'on puisse, sans trop se tromper, nommer ceux qui ont vraiment bouleversé les choses, frayé des voies neuves dans la pensée, en France, dans les premières décennies du siècle. Il y a, me semble-t-il, trois grands noms (mais ils ne sont pas, bien sûr, exclusifs d'autres noms !) – je dirais : Mauss, Granet et Dumézil. L'influence de Mauss sur vous est, je crois, évidente, en ce qu'il a été, au fond, le premier à tenter de penser rigoureusement d'autres formes de la circulation des biens que celle de l'échange profitable ; forte aussi me semble celle de Dumézil, notamment dans les études que vous faites, en ce moment, de la tripartition, du trifonctionnalisme : bien que vous ne disiez pas la même chose, comment ne pas y reconnaître une incitation dumézilienne ? Quant à Granet, en étudiant, comme il l'a fait, la société, la pensée chinoises, il a contribué très fortement, à mon sens, à imposer l'idée qu'il n'y a pas d'idées, de gestes, qui soient « naturels », et que tout pouvait être histoire.

Voudriez-vous parler un peu de l'influence qu'ont eue sur vous des gens comme ça – comme ceux, aussi, qui leur ont succédé ?

G. D. – Dans le parcours que j'ai suivi, un moment très important est celui où le contact avec l'anthropologie est venu l'infléchir. J'ajouterais donc à ceux que vous citiez un quatrième nom, celui de Lévi-Strauss. Il y a un moment, en effet, où je me suis mis à lire assez attentivement ce qui était écrit par les ethnographes, d'abord, puis par les anthropologues : et parce que je m'occupe de civilisations qui par la distance chronologique sont sans doute aussi éloignées des nôtres, du moins à certains égards, que peuvent l'être les civilisations « exotiques » par leur position géographique, cette lecture fut d'une forte influence sur ma façon d'approcher les phénomènes. Je prends l'exemple de Mauss : il est évident que ce qu'il m'a appris de l'échange m'a permis de remettre en question tout ce qui avait été écrit jusqu'alors sur l'économie du Moyen Âge central. Et, par extension, sur les modalités du pouvoir – en fin de compte sur toute la structure de la société[1].

La lecture de ce que des ethnologues de l'Afrique, du continent africain ou des îles (je pense à Althabe ou à Meillassoux), ont écrit sur les rapports entre l'organisation d'un paysage par l'homme et les représentations religieuses mais aussi ce qu'ils ont écrit, ce qu'ils écrivent encore sur ce qui se passe au sein de la cellule familiale, dans le domaine des rapports de production, tout cela est, pour moi, fondamental actuellement. Soit que je m'interroge sur les relations entre l'imaginaire et le réel social, soit que je m'interroge sur le rôle des structures de parenté dans la dynamique d'une société. Donc je tiens à dire mon dû à l'égard de cette discipline. Si vous voulez, elle a représenté pour moi quelque chose comme ce que la géographie, dont nous parlions, avait représenté à un moment antérieur de mon existence scientifique. Et c'est certainement avec les spécialistes de ce genre d'études que je me sens le plus d'affinités. C'est de leur côté que j'attends les plus fortes incitations à accélérer ce mouvement qui porte l'histoire à la découverte de démarches inconnues ou de pistes effacées.

G. L. – Quant aux relations de parenté, par exemple, il me semble que si les

1. Cf., par exemple, *Guerriers et paysans*, p. 12 : pour aider à la définition de ce que furent véritablement, dans la civilisation du premier Moyen Âge, « les bases et les moteurs de l'économie », « les réflexions des économistes contemporains apparaissent, en fait, moins utiles que ne sont celles des ethnologues ».

historiens avant ne s'y intéressaient pas, ou peu, c'est qu'ils manquaient justement de cet œil étranger que vous empruntez à l'ethnologue, et qui vous permet de vous interroger sur une famille, sur un type de famille d'où la nôtre est censée être issue, comme si c'était effectivement un type de famille complètement étranger.

C'est cela, sans doute, le grand apport de l'ethnologie : nous avoir fait saisir que le plus évident, ce qui « va de soi » comme ce dans quoi nous baignons, le plus « naturel », le plus éternel, était aussi lieu de différence – c'est-à-dire produit de culture et objet d'histoire : notre cuisine, notre mort, notre sexe, notre famille... [1].

G. D. – Mais je dirais aussi que nous sommes malgré tout moins à l'aise que ne le sont les ethnologues. Pour deux raisons : d'une part, c'est évident, nous ne pouvons pas interroger à notre guise la population que nous étudions ; nous sommes obligés de nous contenter de débris de discours, fixés, fermés sur eux-mêmes, de ceux qui, par hasard, n'ont pas été occultés, étouffés, et qui ne sont peut-être pas les plus signifiants. Notre matériel d'information est clos, une fois pour toutes. Il y a aussi autre chose qui me rend mal à mon aise, c'est que nos structures de parenté sont, vous l'avez dit, issues directement de celles que j'étudie. Bien sûr, il y a distance, les choses ont changé, et c'est cela qui justifie le regard que je porte sur le passé, qui m'incite à entreprendre une archéologie de la famille. Mais la famille européenne du XIIe siècle, qui m'intéresse, c'est la mienne. Cette société-là, c'est quand même la nôtre, elle ne nous est pas étrangère, et je suis persuadé que, des formations idéologiques qui dominaient alors, nous n'avons pas tout à fait secoué l'emprise. De longues rémanences, de vieilles habitudes d'agir et de penser nous portent à considérer trop d'éléments du système comme « allant de soi ». Nous sommes encore trop prisonniers de ces résidus idéologiques pour pouvoir complètement les démystifier. Ainsi, je travaille actuellement sur le mariage à l'époque féodale. Évidemment, je fais tout ce que je peux pour sortir du carcan. Je n'oublie pas, d'abord, que la plupart de nos informations sur ce problème viennent de gens qui appartenaient

1. J'ajouterai ceci encore, que c'est sans doute la fréquentation de l'ethnologie qui a autorisé l'historien à jeter sur « notre » passé un regard *irrespectueux* qui en révoquât les privilèges et les prestiges, qui l'a délivré de son rôle de gardien des tombeaux du lignage. C'est ainsi que Duby peut démythifier « notre » Moyen Âge, nous faire toucher le côté Amin ou Bokassa des chefs sauvages de l'an mille, vivant dans le souvenir, totalement vide, de l'Imperium, écrasés par le signifiant romain, nous désigner le dérisoire d'une culture qui appliquait « les ornements d'une rhétorique cicéronienne à des chefs de bandes parés de verroterie et qui s'épuisaient en chevauchées inutiles ». (*Le Temps des cathédrales*, p. 40.)

à l'Église : c'étaient les seuls qui écrivaient à cette époque-là, les seuls par conséquent que nous entendons directement parler. Pas besoin de dire que ce ne sont pas les meilleurs informateurs sur les pratiques matrimoniales. Ces hommes – il n'y a que les hommes qui parlent – étaient astreints au célibat. Ils étaient censés pratiquer une certaine chasteté. Le mariage, ils le méprisaient, le redoutaient, le désiraient, honteux, agressifs : comment pouvaient-ils en discerner clairement la pratique et les représentations communes, le situer à sa juste place dans le système de valeurs ? Tout un travail critique doit être mené sur ces témoignages, pour faire apparaître, en filigrane, les comportements réels, contre lesquels précisément les clercs dont je parle luttaient de toutes leurs forces, essayant de les réformer, de les rectifier selon leur propre vue, s'efforçant de faire accepter, respecter le modèle moral qu'ils fabriquaient.

Mais il y a une autre difficulté, plus subtile. L'ensemble de règles et d'habitudes qui s'est formé, au cours du XIe et du XIIe siècle, autour de l'institution matrimoniale, est resté jusqu'à nos jours un cadre fondamental des relations de société. Ces règles, ces habitudes me concernent directement, et je ne suis donc pas dans la situation d'objectivité, relative – puisque nous savons bien qu'il n'y a pas d'objectivité possible –, de l'interrogateur ethnologue qui essaie de faire parler des Papous, ou des gens du Mali.

Je valorise certainement bien des choses autrement qu'un observateur tout à fait étranger, différent, ne le ferait. En revanche, je suis plus à même de comprendre ce que dit un homme de l'an mille que ce que dit un Papou, même si je sais le papou, et de ne pas introduire autant de choses aberrantes lorsque je décrypte le message. Et puis que je sois concerné me donne davantage de cette passion qui, nous l'avons dit, n'est pas un ingrédient négligeable.

G. L. – Nous avons donc admis que nous pouvions accepter, en gros, la formule « tout est histoire » comme la formule même de la « nouvelle histoire » – d'où de nouveaux champs, de nouveaux styles, de nouvelles méthodes, accordés à ceci qu'il y a une définition globalement neuve de l'histoire. Mais parmi les nouvelles méthodes, il y en a une qui a tendu à prendre une sorte d'indépendance, comme autonome : tout se passe comme si, accordée d'abord à de nouveaux objets, elle valait maintenant, de droit, par elle-même, comme si c'était elle qui venait maintenant imposer, au contraire, les bons et les mauvais objets, selon qu'on peut ou qu'on ne peut pas s'en servir. Je veux parler, vous vous en doutez bien, de la « quantification ». Alors, j'aimerais que vous vous exprimiez là-dessus, non pas simplement du point de vue du médiéviste, pour qui le quantifiable est nécessairement limité [1], mais, plus généralement, comme historien : que pensez-vous de l'histoire « quantitative » ?

G. D. – Les historiens se sont trouvés, ébaubis, en face d'un nouvel outil. C'est un peu ce qui s'est passé dans l'histoire de la peinture : les peintres ont commencé à travailler sur le motif lorsqu'on s'est mis à fabriquer de la peinture en tubes et qu'ils ont pu, leur attirail sur le dos, sortir de l'atelier : « Bonjour, monsieur Courbet. » L'ordinateur, un instrument, propose des manières différentes de travailler, et des types d'enquêtes différents. Je parle de ça d'une façon un peu extérieure. Encore que, dès mes recherches sur le Mâconnais, j'aie commencé à compter, et notamment des mots ; ma formation de géographe me prédisposait à l'approche statistique, à établir des séries, à tracer des courbes, à repérer sur ces courbes les moments où se produisent des flexions. Donc, ça n'est pas seulement le progrès des techniques de comptage qui orienta les recherches dans cette direction. Parce que, tenez, pour la peinture : on n'aurait pas fabriqué des tubes si les peintres n'avaient pas eu envie de quitter l'atelier. Donc, nous autres, découvrant de nouveaux objets d'étude, qui n'étaient plus des événements ponctuels mais des flux de longue durée, nous avons dû traiter en vrac, et sur de longs parcours, une information beaucoup plus massive, de nature différente, qui n'était plus elle-même ponctuelle, mais sérielle. Le moyen de traiter ces données, c'était de comptabiliser chaque catégorie d'éléments. Pour être profitable, l'opération doit porter sur une documentation dense, et surtout homogène dans la durée : les registres, par exemple, où l'on inscrivait les navires entrant et sortant de tel ou tel port, les chefs de famille astreints à l'impôt, les salaires payés sur tel chantier, etc. Un tel matériel apparaît lorsque la machine administrative atteint un certain degré de complexité, de maturité. C'est-à-dire relativement tard. Au XVe, au XIVe siècle au plus tôt dans certaines parties de l'Europe. Par conséquent ce sont surtout les historiens des temps modernes et contemporains qui peuvent et doivent mener ce genre d'enquêtes et utiliser ce genre d'instruments que sont les machines à compter. Ils l'ont fait avec un succès spectaculaire : dans des domaines comme la démographie historique, à partir du XVIIe siècle, ou l'histoire des prix et des salaires, les résultats sont étonnants. Ils ont bouleversé de fond en comble notre savoir.

Je suis persuadé que le médiéviste et l'antiquiste peuvent et doivent traiter de cette façon la part de leur documentation qui s'y prête, par exemple ce

1. C'est seulement dans le dernier quart du XIIe siècle qu'on peut suivre le mouvement du prix des blés, qu'une première approche numérique des phénomènes économiques devient possible : c'est en Europe « l'orée d'une histoire quantitative » (*Guerriers et paysans*, p. 299).

matériau fondamental d'une histoire des manières de croire, de penser, de sentir, d'envisager le monde qu'est le vocabulaire, ou bien ce matériau fondamental d'une stratigraphie archéologique que constituent les débris de céramique.

Toutefois cette méthode, d'une irremplaçable fécondité, n'est pas sans dangers. Son usage pose un certain nombre de problèmes, qui sont d'abord des problèmes de déontologie. Ainsi l'utilisation de cette méthode aggrave certainement la prolétarisation du personnel de recherche. Elle nécessite l'emploi de tâcherons, dont le travail n'est pas plus exaltant que le travail à la chaîne, qui perforent des fiches à longueur de journée sans savoir toujours clairement à quoi ça peut servir, sur quoi ça peut déboucher. Il y a plus grave : la quantification, la mise en série statistique, le traitement arithmétique donnent l'illusion de la scientificité, font croire – je dis bien font croire – que l'on peut atteindre à des résultats aussi précis et aussi sûrs que dans les sciences exactes. On calcule à trois décimales près une proportion. On ne se rend pas toujours compte que ce chiffre, dans sa précision grotesque, ne signifie rien, puisque les données qui ont permis de l'établir sont imparfaites, qu'elles ne sont pas exhaustives ou qu'elles ne sont pas absolument homogènes.

Le recours à ces méthodes contrarie donc le scepticisme de bon aloi, cette modestie si profitable que les historiens viennent d'acquérir. Il retient de douter de soi. J'ai peur même qu'il paralyse l'esprit critique. La quantification à outrance peut être aussi un autre rideau de fumée, un alibi. Combien d'esprits médiocres n'arrivent-ils pas, grâce à elle, à passer pour ce qu'ils ne sont pas...

D'autre part, quand on emploie l'ordinateur, tout est commandé par l'établissement du programme. Établir ce programme est une lourde entreprise. Je me demande dans quelle mesure la problématique ne tend pas à se figer à partir du moment où elle se trouve engoncée dans un système rigide, dans un système qui est en place, qui marche tout seul et qu'on ne dérange pas si facilement.

Voilà donc les réserves que je fais. Je continue à penser qu'une certaine part de la documentation ne peut être validement traitée que par cette méthode, mais il est indispensable, après en avoir utilisé les avantages, de revenir au travail « classique ». Je prends un exemple : on peut enfourner, dans un ordinateur, un certain nombre de chroniques du XIIe siècle ; on tirera de la machine, en fonction du programme qu'on a constitué, un fichier perfectionné. Mais pas plus. Il me semble indispensable, ensuite, une fois ce fichier constitué, de reprendre la lecture naïve.

Lire, relire constamment les textes. C'est là que les étincelles pétillent. Relire les documents, ceux du moins qui ne sont pas d'un type tel, qui ne sont pas en particulier tellement nombreux, tellement rebutants qu'il soit impossible ou abêtissant de les relire.

G. L. – Dans l'expression même, qui n'est pas tellement utilisée après tout par les historiens, mais qui est très banalement diffusée, d'histoire quantitative, est-ce qu'il n'y a pas l'illusion dangereuse qu'il y a, d'un côté, une histoire qualitative, plus ou moins implicitement dépréciée, et de l'autre côté, une histoire quantitative, seule vraiment « scientifique » ? Alors qu'en réalité, au terme du processus de quantification, on est obligé, comme vous le dites, de revenir à ses yeux, à son imagination – c'est-à-dire à la qualité, tout comme c'est de là qu'on était parti, puisque tout, en effet, est dans l'établissement du programme.

G. D. – Et c'est pour cela que j'incite à recourir principalement à ces méthodes dans une phase intermédiaire du travail de recherche, au sein d'une pratique qui reste, au fond, traditionnelle. Ne pas les laisser tout envahir. Et d'abord parce que ces procédés sont mangeurs de main-d'œuvre et de temps. On pourrait dire, remarquez, la même chose de la fouille archéologique. Son apport est considérable. En particulier parce que ces fouilles (je parle de l'archéologie de la vie matérielle) ont mis en évidence des faits qui sont en contradiction avec ce que l'on croyait savoir à partir des textes. Sur la densité de l'habitat fortifié au XIe siècle en France par exemple, ou sur le commerce des céramiques au XIVe. Une stimulation merveilleusement féconde. Mais, là encore, il faut des équipes hiérarchisées : un patron qui pense, un sous-prolétariat de terrassiers, un semi-prolétariat de gens qui recollent des pots. Et surtout cela exige ou bien infiniment d'argent, ou bien infiniment de temps : j'ai examiné récemment une belle thèse de doctorat qui publie le résultat de vingt ans de fouilles archéologiques sur le site d'un petit village abandonné, une tête d'épingle dans la campagne provençale. C'est fabuleux ce que sa lecture révèle. Mais comment imaginer recommencer en un autre point, assez proche pour que la comparaison des trouvailles soit utile, et puis ensuite sur un autre site ? Et pourtant la confrontation de résultats recueillis sur une surface assez vaste n'est-elle pas nécessaire pour que ce que l'on a trouvé en chaque point devienne réellement significatif ?

G. L. – Il est tout naturel qu'au terme de ce bref survol, qui nous a conduits de Lambert au maniement des *computers*, je me tourne plus précisément vers votre travail en cours, que je vous demande dans quelles recherches vous vous engagez, quel programme vous vous fixez.

G. D. – Vous savez que je viens d'achever un livre où j'étudie l'histoire primitive de l'idéologie des trois fonctions sociales, telle qu'elle s'est formée en France aux XIe, XIIe et début du XIIIe siècles. C'est le support idéologique d'une institution qui s'est créée plus tard, les états généraux, et sur ce support s'appuie l'armature de la monarchie d'Ancien Régime.

C'est-à-dire que j'aborde là, pour la première fois d'une façon profonde, l'histoire d'une idéologie, d'une idéologie de la société et du pouvoir ; en essayant, bien évidemment, de mettre le mouvement qui entraîne ces formes immatérielles en rapport avec ce que l'on peut savoir, par ailleurs, par d'autres moyens, de l'évolution des conditions matérielles de la vie.

D'autre part je poursuis une longue, lente approche des relations de parenté dans la société dite féodale. Ce problème, je crois bien avoir été l'un des premiers de cette génération à le poser, il y a bientôt vingt-cinq ans. Mais depuis cinq ans, mes collaborateurs et moi, nous concentrons sur lui nos recherches. Des publications partielles commencent. Moi-même, j'ai fait paraître l'an dernier un petit essai aux États-Unis, très informe, très « tentatif », sur le thème du mariage[1].

Une telle enquête, sur ce qui est *le mode de reproduction de la société*, doit prendre en considération à la fois la morale, la théologie, la biologie, le sexe, l'idéologie, la religion, le souci du patrimoine, etc. Elle requiert le traitement d'une documentation extrêmement diverse : documents d'archives, testaments, récits généalogiques, fouilles de cimetières, chants d'amour, archéologie de la maison, livres liturgiques, romans courtois, chroniques, etc. J'attends d'elle qu'elle mette en meilleure lumière ce qui constitue la charpente maîtresse de toute l'histoire de la société médiévale. Le programme est énorme et j'ai l'impression que la prospection va se poursuivre jusqu'à ce que mort s'ensuive, du moins en ce qui me concerne. Je ne sais pas du tout comment elle va se développer, comment les résultats seront peu à peu divulgués, sous quelle forme. En tout cas, c'est actuellement mon champ principal. Mais je ne perds pas de vue non plus cette étude qui satisfait toujours chez moi un goût profond : la mise en relation des expressions de haute culture, et particulièrement de l'art, avec le mouvement d'ensemble d'une civilisation[2].

1. *Medieval Marriage*, Baltimore, 1978. Sur les recherches, conduites ou inspirées par Duby, sur la famille et la sexualité, cf. les *Actes du colloque « Famille et parenté dans l'Occident médiéval »*, présentés par G. Duby et J. Le Goff, collection de l'École française de Rome, t. XXX, 1977. Cf. aussi *Il matrimonio nella società alto-medievale*, Settimana di Studio del centro ital. di studi sull'alto Medioevo, 24, Spoleto, 1977.

2. « L'intention de ce livre est précisément de découvrir quelques-unes au moins des consonances entre la pensée d'un homme, les formes qui cherchèrent à donner de cette pensée une autre expression que verbale, le monde enfin qui environnait cette pensée et ces formes. » *Saint Bernard. L'art cistercien*, p. 15. (Voir aussi les lignes suivantes, sur ces « interférences » que « nulle méthode ne permet encore d'aborder en sécurité ».)

IV

MARX ET L'EAU DU BAIN

Itinéraire

G. L. – Ce que je vous proposerai, c'est la chose suivante ; plutôt que de faire des généralités philosophantes, et à plus forte raison politiques, sur le marxisme, voir concrètement quelle est sa place, quelle elle a été, aussi, dans le labeur d'histoire, le travail d'historien ; ce qu'a précisément été son apport, etc.

G. D. – Je partirai de ce que vous-même avez écrit dans le beau texte qui précède *La Mort de Joseph Staline*, où vous faites la distinction entre un marxisme scientifique et un marxisme vulgaire. La distinction, je la ferai d'une manière un peu différente : entre le marxisme en tant que réflexion sur l'histoire, et le marxisme au service d'un système politique.

Il faut que je me raconte un peu : j'ai pris contact avec le marxisme très jeune, et de la façon suivante : c'était au cours de l'année 1937, j'étais en classe de philosophie ; et cette année-là, le professeur d'histoire avait consacré quelques heures de son cours à nous expliquer ce qu'est la théorie marxiste. Et c'est pendant ce cours, je ne l'ai jamais oublié, que j'ai entendu pour la première fois parler du surprofit, de la lutte des classes, du mode de production, des rapports de production, etc. Il me semble qu'il n'était pas, lui, engagé (ou alors c'était plutôt, je crois, à droite), mais il avait conscience de faire son métier de professeur en mettant de jeunes esprits comme les nôtres au courant de ce qui, à ce moment-là, était encore quelque chose d'assez mal connu de bien des intellectuels. Qui était inconnu, en tout cas, des gamins que nous étions.

J'ajoute qu'à l'époque, au lendemain de 36, le communisme, dans les lycées, dans le milieu des professeurs (et c'était un tout petit lycée de province), ne comptait guère : l'orientation politique prédominante des enseignants était vers un socialisme assez vague, divers, parfois volontiers révolutionnaire. Les élèves, eux, pour autant qu'il m'en souvienne, étaient tournés davantage vers l'anarchie. Toute notre passion allait vers la guerre d'Espagne, et nos regards du côté de la Fédération anarchiste ibérique. Dans ma formation, dans mon histoire à moi, la prise en compte du marxisme fut donc depuis l'origine totalement indépendante de son utilisation par des formations politiques. Ce qui me donne, à son égard, une très grande liberté. Ce qui me permet de répondre facilement à la question que j'entends chuchoter partout, après mes conférences : « Est-il marxiste ? » Pour moi, le marxisme n'a jamais été ni le soutien d'un enthousiasme politique, ni un dogme intangible. C'est pour moi, parmi d'autres, un outil d'analyse, et d'une très exceptionnelle efficacité heuristique.

Je reviens sur la question que vous me posez : à savoir la place du marxisme dans l'école historique française. Je pense que cette place est beaucoup plus grande que l'on n'affecte de le dire ces jours-ci. Je dois dire que je suis choqué, de temps en temps, de déclarations abruptes, et volontiers prolixes, d'historiens qui disent : « Le marxisme ? Ça n'a pas compté. » Et Georges Lefebvre, par exemple ? Une bonne part de ce qui était vivant, dans l'école historique française, me paraît avoir été finalement plus ou moins déterminée, soit contradictoirement, soit en lui emboîtant le pas, par ce qui pouvait venir du marxisme. Bien sûr, il y avait eu aussi la grande crise de 29, qui avait mis en évidence l'importance de l'économie ; le sentiment s'était imposé que l'économie a des retentissements sur tout. Je pense pourtant que ni Marc Bloch, ni Lucien Febvre n'auraient écrit ce qu'ils ont écrit sans le stimulus qu'était la présence plus ou moins clairement perçue de cette théorie, et je suis persuadé d'une influence, directe ou indirecte, très profonde du marxisme sur ce qui s'est fait d'actif, parmi les historiens, dans ma jeunesse. L'apport du marxisme, pour nous autres historiens du Moyen Âge, c'est d'abord de nous avoir débarrassés d'une *Geistesgeschichte* qui prenait les idées comme ça, absolument désincarnées.

Si j'essaie maintenant de jeter un regard rétrospectif sur mon propre itinéraire, j'ai le sentiment d'avoir été fortement stimulé par les sollicitations qui me sont venues directement de ce que j'ai pu connaître (et qui est certainement très partiel) du marxisme. Bien évidemment, c'est la géographie, c'est la lecture de Marc Bloch qui m'ont mené à m'intéresser aux soubassements économiques de la société féodale. Mais un moment important est celui où j'ai lu Althusser, Balibar, ce qui m'a conduit à voir plus clairement que, dans l'époque dont je suis spécialiste, la détermination par l'économie peut être seconde par rapport à d'autres déterminations. Je le pressentais. Déjà dans ma thèse sur le Mâconnais, j'avais beaucoup insisté sur ce que purent avoir de déterminant les modifications qui se sont produites au niveau des mécanismes du pouvoir, d'un pouvoir que je voyais modelant les rapports économiques.

Plus tard, au milieu des années cinquante, au moment où j'ai commencé à m'intéresser aux structures de parenté, puis quand j'ai réalisé un vieux désir : examiner les relations qui peuvent exister entre une histoire des formes et de la création artistiques et l'histoire de la société, plus récemment, lorsque j'ai posé le problème du rapport de l'histoire dite des idéologies à l'histoire sociale – mon attention s'est peu à peu concentrée sur des choses qui n'appartiennent pas au matériel, mais à l'idéel. Toutefois il est bien évident que, quand j'étudie saint Bernard et l'art cistercien, je continue de me poser la question : quelles sont les relations entre l'évolution lente d'un mode de production (que je n'appelle pas féodal, mais seigneurial) et la morale, la conception du monde, d'une part, les formes visibles qui manifestent cette vision du monde et cette morale, d'autre part ? Lorsque, comme je l'ai fait il y a peu, j'essaie de voir comment une image idéale de la société a pu évoluer entre le début du XIe et le début du XIIIe siècle, il est bien évident que je reste très attentif à ce qui se passe disons : dans les profondeurs, c'est-à-dire au niveau de ce qu'on appelle les « infrastructures » – essayant de me situer, j'en ai l'impression, dans une optique qui était celle du jeune Marx, en essayant de voir quelles sont les articulations, les interférences, les différences de rythme entre des phénomènes qui appartiennent à l'immatériel et d'autres qui, au contraire, sont en plein dans la « matérialité ».

G. L. – Avant de poursuivre, il y a une chose que je veux relever tout de suite : en disant que ce mode de production vous ne l'appelez pas *féodal*, mais *seigneurial*, vous indiquez clairement, me semble-t-il, ce primat du politique que vous souligniez à l'instant.

G. D. – Vous savez, le mot « féodal » renvoie lui aussi au politique. Si je change de vocabulaire, c'est pour mettre en évidence ce fait : avant, disons, l'an mille, le système d'exploitation des travailleurs, et de ponction du surtravail, reposait essentiellement sur une assise foncière, la possession d'un capital, le grand domaine : les exploiteurs étaient les grands propriétaires. À ce mode d'exploitation se substitue ensuite un système beaucoup plus efficace, beaucoup plus dur, à mon point de vue beaucoup plus aliénant : fondé sur ce qui est, à proprement parler, la seigneurie – c'est-à-dire le pouvoir d'un homme qui, sur un territoire, peut contraindre tous les habitants qui ne sont pas prêtres ni guerriers, qui peut les juger, qui peut leur extorquer ce qu'ils gagnent, ce qu'ils épargnent, parce qu'il est investi de la puissance publique, d'un pouvoir qui n'émane pas de la possession de tel ou tel bien, de telle ou telle terre, un pouvoir régalien : le seigneur tient la place du roi, il se prend (on le prend) pour une sorte de délégué de l'autorité céleste, chargé de faire régner la paix sur un certain territoire.

Évidemment, la seigneurie, c'est un organisme économique, et de la plus grande importance, et cette manière de glissement qui s'opère insensiblement dans les rapports de production durant les xe et xie siècles n'est pas dissociable d'une évolution technologique, démographique. Cependant la différence entre ce qui est antérieur à l'an mille et ce qui lui est postérieur s'explique essentiellement par une modification des relations *politiques* et non par une évolution interne d'un organisme économique [1].

G. L. – Oui, là c'est la forme de l'exercice du pouvoir qui infléchit l'économie, si même elle n'en modèle pas le système, beaucoup plus que le contraire.

G. D. – Je crois surtout que l'historien de ces époques doit prendre grand soin de délimiter le champ de l'économique, en fonction non pas de ses propres habitudes de penser, mais des conceptions, du système de valeurs et des représentations qui s'imposaient aux gens du temps. Se demander par exemple ce qu'était pour eux la notion de propriété. C'est cela qui me paraît essentiel ; ne pas transférer tel quel un système d'explication (le marxisme ou toute autre forme de ce qu'on appelait naguère l'économie politique) et tout le vocabulaire qu'il utilise, forgé au xixe siècle, selon ses manières de concevoir et d'exprimer les choses qui sont celles du xixe siècle, dans un univers mental totalement différent. Éviter l'anachronisme d'interprétation, qui est, bien entendu, le plus grave. On s'aperçoit par exemple que la notion de propriété se dissout dans celle de solidarité. Que le champ de l'économique est envahi par l'immatériel, par le religieux. Ainsi les devoirs que l'on a envers les morts ont des conséquences économiques, comme nous disons, considérables ; dans ce que nous appelons l'économie, le mouvement le plus apparent à la fin du xe et au xie siècle est un transfert de fortune dont le moteur est religieux : il est provoqué par les donations pieuses, les offrandes faites pour le salut des âmes des vivants, et

1. Cf., par exemple : « La nouvelle répartition des pouvoirs de commandement constitue bien, pendant cette période, le fait dominant, celui qui orienta l'évolution de l'économie seigneuriale. » (*L'Économie rurale et la vie des campagnes dans l'Occident médiéval*, p. 384 [ci-dessus p. 841].) Ou encore : « Ce qui anime à cette époque [à la fin du xiie] les progrès économiques, ce n'est pas encore l'accumulation d'un capital monétaire, c'est toujours l'accumulation du pouvoir, sur la terre et sur les hommes. » (*Guerriers et paysans*, p. 289.)

surtout des morts[1]. Comment, sans les affiner, je dirais même sans les modifier complètement, introduire dans le tissu de la société féodale nos concepts de production, de vente, de profit, de consommation ? D'où l'importance fondamentale de l'étude de ce qu'on appelle, très mal, les mentalités.

G. L. – Dans ce que nous venons de dire là – que la forme du pouvoir peut aussi bien susciter les formes de l'économie que l'économie susciter les formes du pouvoir, qu'un système de représentations (et singulièrement la religion) peut intervenir de manière déterminante dans la production et la circulation des biens –, rien que Marx n'aurait pu accepter ; rien, même, qu'au fond il n'ait dit.

Mais voici : une des nouveautés, dans la réflexion sur les implications politiques du marxisme, ça a été de refuser de considérer plus longtemps le socialisme comme un pur signifiant, à qui chacun prêtait ce qu'il voulait prêter, de refuser les dénégations par où, à chaque coup, on nous dit que ce n'est pas encore lui qui est advenu, qu'on ne peut pas juger – et de se référer au socialisme *réel*, en demandant : le socialisme réel, c'est quoi ? Démarche assez marxienne, en somme !

Et il me semble qu'on pourrait l'adopter, aussi, pour juger des effets de la théorie marxiste proprement dite dans le savoir historique. Autrement dit, non pas se constituer un marxisme idéal, introuvable, pur projet que chacun pourrait, comme il l'entend, déduire de l'œuvre de Marx, chez qui, parce qu'il était génial, on trouve toujours plus de choses qu'on n'en imagine, mais se demander ce qu'il en est du marxisme réel, de la façon dont réellement il a fonctionné dans la recherche historique.

Je ne doute pas un instant de ce que vous disiez sur le pouvoir de stimulation qu'il eut. Mais il me semble que ce pouvoir, en fin de compte, il l'a beaucoup plus exercé sur des chercheurs qui se situaient *hors de lui* qu'en son sein. Par ailleurs (et ceci sans doute fait sens avec cela), il me semble qu'il a eu aussi, sur ceux qui inscrivaient leur pensée dans sa problématique, un tout aussi remarquable pouvoir de raréfaction.

Il y a des questions que le marxisme, certes, ne rendait absolument pas impossibles, si l'on s'en tient au texte de Marx, mais que, de fait, dans son développement, il rendait *improbables*. Et, selon moi, une des choses qui font

1. « Le flot ininterrompu des donations pieuses anima le mouvement économique le plus vigoureux d'une époque qui émergeait à peine d'une totale atonie. Il détermine, avec les partages successoraux, les seuls transferts notables de richesses qu'elle ait connus. » (*Le Temps des cathédrales*, p. 66.)

l'importance majeure de votre œuvre, c'est que vous vous êtes justement inquiété de questions que le marxisme rendait improbables ; c'est en ce sens que je crois que vous avez *tourné* le marxisme, quelque influence d'ailleurs qu'il ait exercé sur vous.

On pourrait prendre chacune des instances que le marxisme, précisément, découpe dans la formation sociale, et montrer que, pour chacune, vous vous êtes posé de ces questions improbables. Je ne donne que quelques exemples, les premiers simplement qui me viennent à l'esprit. Au niveau de l'instance économique, Marx n'a certes jamais considéré le modèle de l'échange profitable comme la seule forme de l'échange ; il n'empêche que ce modèle est venu raréfier les interrogations sur les autres formes de l'échange, et que lorsque vous insistiez, dans la lignée de Mauss, sur l'importance du don, de l'échange gracieux, dans les sociétés médiévales, vous tourniez le champ balisé par le marxisme vulgaire. J'ajouterais que, lorsque des marxistes s'intéressèrent au même type de questions, ce n'est ni chez Marx, ni *a fortiori* dans la tradition marxiste qu'ils purent en fait trouver leur bien. Et je crois ce point réellement exemplaire : car on pourrait soutenir que, si Mauss s'est intéressé à la manière dont une société échange, c'est sans doute en raison de cette incitation dont vous parliez, que Marx a exercée sur toute l'épistémê contemporaine – mais l'héritage réel de l'esprit scientifique de Marx, alors, nous parvient médiatement (a travers Mauss, par exemple), hors du marxisme et non en lui. Au niveau du politique, de même, le concept de classe n'est nullement exclusif d'autres concepts ; mais il est vrai qu'il a tendu à fonctionner de façon exclusive. Et lorsque vous inventez l'importance des « jeunes » dans les sociétés aristocratiques médiévales, il est clair que vous forgez là une catégorie aberrante pour le marxisme vulgaire. Au niveau idéologique, enfin, s'il est clair que Marx fait plus que lui reconnaître une « autonomie relative », s'il y a chez lui la thèse (que les Chinois systématisèrent dans la Révolution culturelle) que l'effet peut devenir cause de sa cause, chacun sait les ravages de la métaphore du reflet (dont il ne suffisait pas de la dénier pour en être à l'abri), et qu'aucun marxiste, de fait, n'a jamais écrit un livre comme votre *Saint Bernard*.

Bref, même si, dans le principe, rien n'interdisait que la pensée de Marx ait pu donner naissance à des interrogations comme les vôtres, dans les faits, le marxisme les a largement interdites.

G. D. – Si nous nous en tenons aux historiens du Moyen Âge et aux historiens français, j'ai tout de même l'impression que cette puissance d'interdiction est restée très marginale. Il me semble que les médiévistes français ont toujours gardé, à l'égard de ce *marxisme en éteignoir*, si vous voulez, leur liberté.

Nous sommes évidemment priviligiés. Ce sont les caractères de notre information, les caractères surtout de l'objet de nos recherches, la civilisation médiévale, qui nous donnent cette liberté, qui nous obligent, invinciblement, à biaiser, à contourner, comme vous dites, les principes terrorisants d'un marxisme caricatural, caricaturé. Ce que nous avons voulu faire, moi et d'autres, en reconnaissant l'incontestable valeur de l'analyse marxiste pour ce qui concerne la société du XIXe siècle, c'était sortir Marx de l'intemporel, de ce caractère parfaitement anhistorique et dogmatique qu'on a voulu lui attribuer, et le *situer*, le situer lui-même dans l'histoire, le plus exactement possible, pour apprécier ce que son mode de réflexion pouvait nous apporter.

G. L. – Est-ce qu'au fond, le hic, ce n'est pas que le marxisme s'est constitué en une espèce d'Histoire universelle, quasiment au sens de Bossuet : alors qu'on avait effectivement un extraordinaire historien de l'accumulation du capital, du fonctionnement du mode de production capitaliste (sur quoi je pense que Marx dit en somme la vérité), on en a fait quelqu'un qui donnait à entendre le sens d'une Histoire universelle (mais il faut bien avouer qu'il a lui-même tout fait pour cela !).

G. D. – Bien sûr, dans la mesure même où l'on a voulu nous faire prendre le marxisme pour la science alors que c'est *une théorie*, parmi d'autres, dont on s'aperçoit vite qu'on peut l'appliquer à certains endroits du champ épistémologique, mais pas ailleurs. Or, précisément, il faut remarquer que cette théorie, très fermement bâtie pour ce qui concerne l'Occident des trois derniers siècles, n'est qu'ébauchée pour le reste du monde et le reste de l'histoire. Dans Marx, tout ce qui ne touche pas proprement au mode de production capitaliste demeure très en filigrane, en pointillés. Une simple esquisse. Ce qui laisse aux médiévistes cette large aisance dont j'ai parlé. De cette très grande souplesse, j'ai joué, très librement. Dans une liberté comparable à celle des ethnologues de l'Afrique ou de l'Océanie, d'un Meillassoux, d'un Godelier. Partir de l'ébauche. Gommer, rectifier. Mais non pas renier : poursuivre, aller plus loin.

Vous venez d'évoquer le cas de cette classe d'âge (mais c'est plus qu'une classe d'âge, c'est plus compliqué que ça), de cette catégorie, d'une importance considérable à l'intérieur de la société aristocratique du XIIe siècle, constituée par des hommes qu'on appelle des *jeunes*. Tout de suite, je dis que ce groupe social, parfaitement défini, et par les contemporains eux-mêmes, comme une catégorie de la société, qui a son statut, sa morale, une situation précise dans les relations économiques et la parfaite conscience de soi, n'a d'existence qu'à l'intérieur d'un groupe social plus vaste, lequel est, lui, au sens marxiste du terme, une véritable classe : le groupe des profiteurs du mode de production seigneurial. Les « jeunes » ont leur place, leur rôle dans l'un des deux camps que le mécanisme du prélèvement seigneurial fait s'opposer. Donc, voyez-vous, je considère que l'un des traits de l'esquisse grossière dont je suis parti doit rester en place, qu'il n'y a pas, dans l'état d'avancement de la recherche, de raison de l'effacer. J'ai failli me brouiller avec un de mes amis philosophe qui n'admettait pas que, dans tel de mes livres, j'emploie l'expression « lutte de classes ». Pourquoi ne l'emploierais-je pas ? puisque c'est vrai. Il y eut à l'époque féodale un combat acharné des seigneurs pour étendre leur pouvoir d'exaction et, face à leurs exigences, des résistances, des rébellions paysannes. C'est très évident, malgré le camouflage des textes. L'étude de ces conflits relève parfaitement de l'analyse marxiste : le mode de production établissait évidemment un antagonisme fondamental entre exploiteurs et exploités. Mais il est vrai aussi que c'est trop simple. À l'intérieur de la catégorie des seigneurs, investis du pouvoir d'exploiter, il existait quantité de distinctions, de distorsions. Cette classe apparaît travaillée de contradictions internes, qui n'ont rien à voir avec l'économie. D'autre part, il existe dans chacun des camps, et de haut en bas de la hiérarchie sociale, un cadre fondamental qui est la cellule familiale, domestique. L'un de mes projets est de mieux voir ce qui se passe à l'intérieur de ce cadre. Il y a un « mode de production domestique », dont il importe que nous commencions l'analyse : les travaux de certains ethnologues, marxistes, nous montrent le chemin. Mais encore une fois, à l'intérieur de la cellule de parenté, si l'économie a sa part, qu'il faut mesurer, interviennent quantité d'autres facteurs. Et dans la construction de la problématique, l'apport de Freud a au moins autant d'importance que l'apport de Marx.

Donc, c'est très clair pour moi. Je ne vois pas pourquoi je m'interdirais de reprendre, en pleine autonomie, un certain nombre de propositions marxistes, qui me paraissent valides pour le temps que j'étudie ; mais sans les considérer comme des postulats invariants, auxquels il ne faut pas toucher ; en essayant au contraire, à petits coups, en changeant la disposition des éléments, en travaillant sur les articulations, d'ajuster progressivement le modèle.

Les classes

G. L. – Vous venez d'évoquer l'usage qu'il vous arrive de faire du concept de classe. Il me semble pourtant qu'à vous lire on ne peut éviter de se poser la question de son adéquation à des sociétés comme les sociétés médiévales. C'est ici, pour l'instant du moins, une question proprement historique que je vous pose : soit dans quelle mesure ce concept, né au XIXe siècle, non chez Marx, d'ailleurs, comme il l'a dit lui-même, mais chez les historiens bourgeois – et en admettant qu'il soit adéquat pour penser non seulement le XIXe siècle mais, par récurrence, le mouvement qui donne naissance à la société dont l'achèvement même l'a produit –, dans quelle mesure, donc, est-il cependant pertinent au Moyen Âge ?

G. D. – Je n'ai pas employé souvent le mot *classe*, et toujours avec un petit tressaillement. Au début, je l'employais à tort et à travers : j'ai parlé de « classe chevaleresque », par exemple, dans ma thèse ; ce qui est stupide ; la chevalerie n'était pas une classe. Dans les ouvrages plus récents, il m'est arrivé encore de l'employer. Mais parce qu'il faut bien utiliser au mieux le matériel conceptuel en usage parmi les gens qui vous lisent. C'est ça, le discours historique : rendre compréhensible une certaine perception qu'on a prise des choses du passé, d'époques où les mots avaient un autre sens, où l'on ne pensait pas le monde de la même façon. Chercher pour cela, dans le vocabulaire actuellement en usage, les meilleures équivalences, en sachant bien qu'elles sont toujours imparfaites. Prendre des termes d'aujourd'hui dont le sens soit à la fois précis et compris. C'est pour ça que j'emploie aussi les mots « mode de production », « force productive ».

G. L. – Qu'après le XIVe siècle, par exemple, ce soit un concept adéquat, moi, je le croirais volontiers. Mais avant ? Et je me demande, d'ailleurs, si ce n'est pas ce sentiment d'inadéquation qui vous fait (bien que ça vous arrive de l'utiliser, précisément parce que vous pensez, visiblement, qu'il y a dans le rejet, ou le refus, du concept de classe bien souvent de fort mauvaises raisons) recourir à une méthode, au fond, de type « phénoménologique », comme on dirait, c'est-à-dire recourir aux cadres dans lesquels ces hommes-là eux-mêmes se pensaient, et qui fait qu'au fond vous préférez bien souvent des expressions du type : « les maîtres de châteaux », « les guerriers », etc., bref, des catégories aberrantes par rapport au concept de classe.

G. D. – Je viens de dire : équivalences. Il faut toujours partir des mots du temps, du système de classification familier aux hommes du passé. Saisir comment ils se pensaient eux-mêmes. Mais il faut aussi, comme l'anthropologue lorsqu'il interprète les réponses à son interrogatoire, chercher à voir comment ça marche effectivement, en contrebas des représentations mentales. Ainsi je pars des mots latins des chartes : *dominus, miles*. Mais quand je vois l'installation de la seigneurie nouvelle, celle qui rayonne autour de la forteresse, cette domination imposée par celui qu'on appelle, justement, le *dominus*, le « seigneur », celui qui a le pouvoir de contraindre, de juger, le pouvoir de punir, de réglementer la société, et quand je vois ce pouvoir servi et ses bénéfices partagés par ces espèces de gangs militaires composés de *milites*, de « guerriers », ou plutôt, comme on disait, de chevaliers, il me paraît clair que le *dominus* et les *milites* forment une classe. L'installation du pouvoir seigneurial, difficile, qui s'est heurtée à des rébellions, à des tensions, établit un partage fondamental entre les hommes qui sont soumis à ce pouvoir d'exaction (je reprends ici le mot même dont ces gens se servaient, qui n'était pas péjoratif), ce pouvoir de prendre, de réclamer une contribution au maintien de l'ordre public, et, d'autre part, ceux qui jouissaient de cette taxation ou qui simplement y échappaient.

Toute une modification des rapports économiques, tout un transfert de richesses entrent en jeu à ce moment-là, et qui placent en position antagoniste les profiteurs et ceux qui sont exploités. Les deux parts de la société que détermine une telle coupure, pourquoi ne les appellerais-je pas des classes ? Ça n'est pas sacrifier sur l'autel du marxisme vulgaire que de le faire, n'est-ce pas ? Mais le problème qui se pose alors, c'est bien sûr de savoir s'il y a vraiment des révoltes populaires, s'il y a vraiment, sous une forme ou sous une autre, *manifestation* de cet antagonisme dont je viens de parler.

G. L. – Ce qu'il y a, c'est que le concept de classe, dans le marxisme, fait sens au sein d'un système – et c'est d'ailleurs justement ce qui fait que Marx, ce n'est pas rien. Par exemple...

G. D. – Marx, en effet, n'est pas rien. Et ce n'est pas parce que l'utilisation qui a été faite, en certains lieux, de la pensée de Marx nous révolte qu'il faut jeter le bébé avec l'eau du bain. Aujourd'hui, il serait grave, à mon avis, parce qu'une bonne part de l'intelligentsia est en état de répulsion devant des choses en effet ignobles, insupportables, il serait grave de rejeter une pensée d'une singulière valeur.

G. L. – Je serais volontiers d'accord avec vous : je n'ai jamais pensé qu'il fallait traiter Marx « en chien crevé », pour reprendre une de ses expressions (quant au « marxisme », c'est autre chose).

Mais sa grandeur, justement, en tout cas pour le philosophe, c'est qu'il a construit un système. Si donc le concept de classe doit être valide pour le Moyen Âge, il faut qu'on puisse y éprouver aussi la validité des autres concepts avec lesquels il fait système. Or ce système nous dit qu'il y a une classe économiquement dominante, dont la domination se réfracte (certes de manière inégale, différentielle, avec des effets de contretemps, de retard, de survivance, ou d'anticipation), selon les deux autres instances ; sa domination économique ne recouvre pas sa domination politique, et encore moins sa domination idéologique – mais il reste que l'idéologie dominante se définit d'être l'idéologie de la classe dominante, c'est-à-dire l'idéologie de sa domination.

Alors, voilà : comment pourrait-on parler d'une « idéologie dominante » au Moyen Âge ? Il y en a une, assurément, au sens d'un ciment social, assurant un consensus, et faisant tenir le lien social en tant que tel, mais dans le sens rigoureux que définit Marx, je ne le crois pas.

En effet l'idéologie, la pensée, c'est-à-dire d'abord, au Moyen Âge, les formes de la spiritualité et de la piété, elles sont véhiculées par une institution, qui est l'Église – et une institution qui a une autonomie suffisante, par rapport à l'ensemble, au reste de la classe dominante, pour pouvoir éprouver ses intérêts comme conflictuels avec ceux des autres couches, et qu'ils le soient en effet. Il n'est pas possible d'y voir un « instrument aux mains de la classe dominante » : comme vous le dites vous-même, on est bien obligé d'opposer, d'un côté, les maîtres de la guerre, et puis, de l'autre, les maîtres de la prière [1]. Qu'il n'y ait pas cohésion entre les différentes couches d'une classe dominante, il n'y a là rien de gênant, ni de mystérieux, pour un marxiste. Mais que l'une de ces couches ait précisément le monopole de la représentation idéologique, ça, ça fait problème, et c'est le problème, en fait, de ceci que les intellectuels – ceux qui produisent l'idéologie, au Moyen Âge, au moins pour l'époque qui vous intéresse de façon privilégiée, l'époque proprement « féodale » (parce que, après, avec l'effritement de la seigneurie, le renforcement du pouvoir royal, et puis le triomphe définitif de l'école, le problème serait sûrement différent) –, pour l'époque, donc, qui nous intéresse, ne sont pas, finalement, des stipendiés, ou des serviteurs de la classe dominante, mais qu'ils se confondent effectivement avec une des couches de cette classe, couche particulière, mais qui est, à part entière, membre à proprement parler de la classe dominante. C'est-à-dire que ce sont des gens qui ont des intérêts *directs* dans la production, qui ont du coup à défendre et à représenter des intérêts précis, particuliers et qui, par là, sont réellement conflictuels avec ceux des autres couches dominantes. D'où, me semble-t-il, ce paradoxe : c'est précisément parce que cette couche est infiniment plus directement liée aux mécanismes de l'extorsion que les intellectuels modernes qu'elle est, du même coup, incapable de produire une idéologie qui ferait réellement ciment pour l'ensemble de la classe dominante. Et, défendant ses intérêts propres, elle doit bien combattre, dévoiler les mécanismes de

1. « Une fracture s'est creusée dans la classe dominante entre les maîtres de la guerre et les maîtres de la prière. » (*Le Temps des cathédrales*, p. 52.)

l'extorsion des autres couches. Mais comme, en fait, ces mécanismes sont les mêmes que ceux de l'extorsion dont elle jouit, ce sont les mécanismes de l'extorsion en général que bien souvent elle dénonce. Bref, dès lors, il me paraît difficile d'en parler comme on parle en général de l'idéologie, c'est-à-dire comme si c'était un pur voile, un pur manteau, etc.

G. D. – Je suis très impressionné par votre analyse, qui me paraît fort juste. Je me suis toujours gardé, d'ailleurs, de considérer que ces objets que j'étudie, et que j'appelle des idéologies, étaient le voile ou le reflet de quelque chose. En fait, vous avez parfaitement raison. Les intellectuels, qui sont tous des hommes d'Église, sont investis d'un pouvoir supplémentaire. Ils sont non seulement des profiteurs, directs ou indirects, du mode de production seigneurial, mais ils ont, sur ceux qui partagent avec eux ces profits, c'est-à-dire sur les seigneurs laïcs, un avantage énorme, le monopole de la culture écrite. Avantage énorme, à l'époque même, mais dans les perspectives de l'histoire, avantage démesuré, parce que, tout ce que nous savons provenant de l'écrit, nous n'entendons pratiquement plus qu'eux. Je suis pour cela persuadé que ce que nous, historiens, nous pouvons percevoir de l'idéologie ne recouvre pas tout le champ idéologique de la classe dominante. J'ai montré, dans mon dernier livre, qu'il y avait des modèles opposés, même dans le groupe des grands intellectuels. Et il me paraît sûr qu'il y avait d'autres modèles, sécrétés ceux-ci par les seigneurs laïcs et par des hommes qui étaient à leur service, qui pensaient pour eux, qui parlaient pour eux, mais qui ne faisaient que parler, qui n'écrivaient pas, et dont par conséquent nous ignorerons toujours ce qu'ils disaient.

Je suis également d'accord avec vous sur cette contradiction que vous décrivez, qui conduit en effet les gens d'Église, c'est-à-dire les producteurs non pas de toute l'idéologie, mais de celle qui nous est perceptible, à une attitude ambiguë à l'égard de l'exploitation. Mais j'insisterai sur une autre contradiction, ou un autre aspect de la contradiction. C'est qu'il y a aussi contradiction, dans la pensée de ces hommes d'Église, entre ce qui leur est inspiré par leurs intérêts matériels, c'est-à-dire par cette connivence, au niveau du pouvoir économique, qu'ils entretiennent avec les autres exploiteurs du peuple (prononçons des mots de tribune !), et puis ce qu'ils sont amenés à penser, parce qu'ils sont des prélats, des prélats de l'Église chrétienne, et qu'ils se sentent tenus d'être, à ce titre, du côté du peuple. Ils ne peuvent pas s'empêcher de l'être d'une certaine façon.

Revenons au champ que j'ai exploré dans ce livre récent. C'est vrai, au début du XIe siècle, c'est vrai également au début du XIIIe, constamment, il y a cette espèce de fracture, de distorsion, ce tiraillement entre un réflexe qui est un réflexe de classe, au sens marxiste du terme, qui consiste justement à édifier un système idéologique capable de satisfaire des « intérêts de classe », de contribuer à maintenir en place, à pérenniser les rapports de production, et un réflexe que je puis dire évangélique, ou biblique, qui les conduit au contraire à dire ce qu'ils disent : que les seigneurs sucent le sang du peuple, et qu'il faudrait par conséquent veiller à ce que cette succion ne soit pas indéfiniment prolongée. Ce qui fait, d'ailleurs, que, dès qu'on entrevoit des idéologies contestataires qui pourraient être les idéologies des dominés – parce qu'elles ont, malgré tout l'effort pour les étouffer, laissé quelques traces –, parmi les hommes qui en furent les proférateurs se trouvent au premier rang des prêtres.

G. L. – Moi, je dirais volontiers ça : je crois qu'en somme c'est dans l'incapacité même à se constituer en idéologie dominante, entendue au sens de l'idéologie de la domination d'une classe, qu'a été la puissance de cette pensée religieuse comme idéologie dominante, entendue, alors, comme dominant la société tout entière. Parce que, finalement, il y a quelque chose, il me semble, dans le Moyen Âge, et qui nous stupéfie, c'est quand même une unanimité réelle dans les mots, les références, etc. Une incapacité, semble-t-il, vraiment partagée par la société tout entière, à penser dans d'autres termes. D'où ceci que les mouvements de contestation dont vous parlez, ils s'accrochent finalement à de très minces différences. Ils en remettent d'un chouïa sur la pauvreté, sur la haine du corps ou de la chair, enfin sur ce manichéisme véhiculé par tout le christianisme, etc. Et le fait, évidemment aussi, que la moindre différence suscite aussitôt, du côté de la domination, la défiance. D'où ces querelles théologiques, qui sont ressenties à cette époque-là comme capitales, alors que, pour nous, elles portent sur des détails.

G. D. – C'est effectivement au sein d'un champ idéologique globalement informé par la pensée chrétienne et par le vocabulaire chrétien que la discorde *à nos yeux* prend place. La référence est effectivement unanime à un certain nombre de notions, et tous, parmi les dominants que nous entendons parler, sont d'accord pour penser que les hommes sont à la fois égaux entre eux, parce qu'ils sont fils de Dieu, et partagés, parce que l'inégalité est nécessaire. Je répète : « à nos yeux ». Mais n'oublions pas que nous ne percevons rien du champ idéologique que par l'intermédiaire des prêtres. Il n'est pas interdit de croire qu'il avait moins d'homogénéité qu'ils ne l'ont dit.

G. L. – Lorsque je vous demandais ce que pouvait être la pertinence du concept de classe au Moyen Âge, je vous posais une question qui n'avait, au fond, rien d'irrecevable pour un marxiste qui ne fût pas trop vulgaire. Et mes questions, d'ailleurs, restaient dans les termes mêmes du marxisme. Je voudrais à présent vous soumettre une critique beaucoup plus radicale du concept.

À propos du peuple, vous en étiez venu à dire que c'est un *flatus vocis* – ou un signifiant vide, une inscription imaginaire, appelons ça comme on voudra. Je me demande si, à propos du concept de classe, on ne peut pas dire dans une large mesure la même chose. Bien que ce soit, assurément, beaucoup plus compliqué – c'est cette complexité, d'ailleurs, qui nous gêne quand nous en usons, parce que je crois qu'on risque sans cesse la confusion si l'on ne démêle pas exactement le rôle qu'il joue selon l'instance dont on parle. Je vais tâcher de m'expliquer, quitte à être, vous me le pardonnerez, un peu long.

Le concept de classe, c'est une abstraction, les classes, ça n'existe pas dans la nature, mais, au fond, pas plus que le chêne ou le chien n'existe dans la nature. Il n'existe que tel chêne, tel chien. De la même manière, ce qu'on rencontre « dans la nature », c'est un individu, qui éventuellement est cordonnier, ou professeur, ou P.-D.G., c'est Pierre, Paul, Jacques – et encore pourrait-on dire que le seul fait de la nomination suffit à gommer le réel de leur singularité –, en tout cas, ce n'est pas l'élément d'une classe. Ceci n'est pas d'ailleurs, en soi, une critique, parce que je n'ai pas du tout envie de renouveler la critique des universaux – simplement, ce que je crois, c'est que, quand on fabrique un universel, il n'est légitime de le faire que dès lors qu'il autorise une abstraction scientifique.

C'est-à-dire, dès lors qu'il autorise – entendant le mot au sens très large – un calcul, qu'il autorise la mathématisation d'un donné ; et je crois volontiers que le concept de classe, chez Marx, joue ce rôle au niveau de l'économie, c'est-à-dire que je n'ai, quant à moi, aucune répugnance à penser que Marx ait pu inventer, de fait, une science neuve de l'économie quand il a écrit *Le Capital*.

Donc, au niveau de l'économie, l'utilisation du concept de classe ne me fait aucun problème – mais c'est qu'il s'agit bien d'une pure abstration scientifique : une classe, du point de vue de l'économie, c'est une fonction dans le mode de production, c'est tout. Et ça autorise des calculs. Mais quand on se met à parler de classe au point de vue *politique*, il est sûr qu'on est dans un registre complètement différent, tout simplement parce que, ce que ça fait nécessairement intervenir, paradoxalement, c'est le sujet. Et du coup, le problème se pose tout à fait différemment. Il s'agit là en effet d'une détermination qui a à faire avec une *conscience* – puisque, au niveau proprement *politique*, c'est la conscience qui donne consistance à la classe. Or, il est manifestement faux que ce soit de la même classe qu'on dise qu'elle occupe telle place dans la structure de production et qu'elle a une conscience. Le concept n'a pas la même compréhension dans l'un et l'autre cas. Dans le premier cas, en effet, la classe, encore une fois, est une pure fonction du mode de production, une pure abstraction scientifique, traitable, donc, comme une unité absolument indivisible. Mais dès lors qu'on lui attribue une conscience, cette unité se défait, elle se divise en autant d'individus, qui sont les seuls supports possibles de cette conscience – sauf à sombrer dans ce « mysticisme » que Marx a tant reproché aux autres, et à attribuer à la classe elle-même, en tant que telle, une conscience ! La conscience de classe se ramène donc enfin à ceci que, pour chaque sujet, il s'agit de décider de son inscription, d'un côté ou de l'autre : le sujet se décide bourgeois ou prolétaire ; et, en un sens, c'est bien ce que dit Marx lorsqu'il distingue entre appartenance de classe (ce qui est déterminable économiquement) et position de classe.

Mais, pour Marx, cette inscription n'est pas, en soi-même, une inscription imaginaire. Elle l'est parfois, et c'est ce qu'il appellera la méconnaissance idéologique, mais elle peut ne pas l'être : il se peut que la conscience qu'un individu prend de sa propre position coïncide avec le réel. Et il a alors pleine conscience, dira-t-on, de ses intérêts de classe. C'est ce concept d'« intérêt », central dans le système, qui me semble profondément faux, d'un point de vue logique, puisqu'il permet de se donner ce que l'on veut démontrer, c'est-à-dire qu'il y a convenance, cohérence, disons même isonomie, entre les deux instances, économique et politique. C'est lui qui assure le tour de passe-passe entre les deux concepts de classe.

Ce que je dirais, au contraire, suivant Freud, et Lacan, c'est que cette inscription est nécessairement un pur imaginaire, un pur leurre : dès lors en effet qu'on fait surgir l'individu, ou le sujet, on est ramené au réel de ce sujet, où l'on est bien obligé de suivre ce que Freud et Lacan nous ont enseigné, c'est-à-dire le désir, et son effet d'irréductible singularité. Or, pour qu'un sujet soit susceptible d'une inscription politique, on doit lui supposer quelque chose qui fait qu'il peut se totaliser avec d'autres, c'est-à-dire exister comme 1 + 1 + 1 + 1, tous les sujets étant interchangeables, et on voit bien dès lors qu'un « intérêt de classe » c'est ce qui permet, précisément, d'effacer le désir du sujet. On voit que, si le concept de classe saute de l'ordre économique (où il est parfaitement justifié comme fonction scientifique) à l'ordre politique, il devient l'une des figures du leurre dont tous les maîtres, à travers tous les temps, se sont servis contre les sujets, pour les tromper sur leur désir. Entendons-nous, cela ne veut nullement dire : « les classes n'existent pas », comme on dirait vulgairement, mais que l'historien devrait peut-être les traiter comme il ferait du peuple, c'est-à-dire comme jouant un rôle tout à fait réel, mais en tant que totalisations imaginaires, rien d'autre.

G. D. – Dans mon dernier livre, je me pose au fond les mêmes questions que vous. Je suis persuadé que l'on peut déceler au niveau économique des positions relativement claires, et qui déterminent, entre les groupes sociaux, des antagonistes. Lorsque, dans mon livre sur *Les Trois Ordres*, je parle d'un mode de production seigneurial, c'est-à-dire d'une certaine façon de transférer, d'un groupe social à l'autre, une partie des richesses produites (car c'est ça, au fond : le pouvoir seigneurial répartissant, entre tous ceux qui coopèrent à son exercice, le produit des ponctions opérées sur ceux qui sont soumis à ce pouvoir), à ce moment-là, je crois pouvoir utiliser le concept de classe, et je parle de lutte de classes, parce que je crois que l'institution seigneuriale partage la société en deux catégories socio-économiques affrontées. Mais, par ailleurs, ma question est de savoir si la position que chaque individu occupe au sein de ce partage a provoqué, chez une partie au moins d'entre eux, un sentiment de solidarité, la conscience de former un groupe, et par conséquent le désir – vous avez raison : c'est bien ce mot-là qui convient – d'agir en fonction d'intérêts collectifs clairs, conscients. Je travaille en historien, en ce sens que j'essaie de me libérer de mes propres habitudes de taxinomie et retrouver ce que les gens d'autrefois pouvaient avoir dans l'esprit et je ne peux le faire que d'une seule façon, c'est-à-dire en examinant les mots, les discours qui n'ont pas été oubliés. Ils viennent tous d'un seul camp, je le répète, du camp des bénéficiaires de l'exploitation seigneuriale. Dans ces discours, je trouve le mot « peuple ». J'essaie de découvrir ce qu'il signifie. Je m'aperçois vite que ce terme est le lieu de divergences sémantiques très importantes, qu'il sert à désigner des entités sociales fort différentes : l'ensemble des chrétiens, les fidèles par opposition au clergé, mais aussi, et très fréquemment, la masse des sujets de la seigneurie, c'est-à-dire l'une de mes deux classes. Ce qui m'autorise à dire que la « classe dominante » avait au moins une conscience négative d'elle-même, qu'elle se sentait définie par opposition à ce qu'elle se savait ne pas être. Je me risque un peu plus loin, je me demande si la part laïque de l'aristocratie ne s'est pas trouvée, à de certains moments, prendre conscience de sa cohésion. Ceci m'amène à faire l'histoire de la chevalerie, de la cristallisation progressive de la noblesse autour d'un titre, d'un rôle social. Mais je me garde bien de parler de la chevalerie comme d'une classe. Je me tourne enfin vers les détenteurs du savoir, du discours écrit, c'est-à-dire les gens de la haute Église ; la question que je me pose à leur propos est celle-ci : le pouvoir qu'ils détiennent ne les « classe »-t-il pas à part, au-dessus de ceux qui sont soumis à ce pouvoir, c'est-à-dire des illettrés, en particulier des chevaliers ?

En ont-ils conscience ? Et je m'aperçois que les « clercs », par le seul usage qu'ils font du mot « chevalier » et du mot « peuple », affirment la singularité du groupe social qu'ils constituent, soit par rapport aux hommes dont l'exploitation sert à leur propre entretien, soit par rapport à ces autres hommes qu'ils côtoient à la cour du prince et qui leur disputent leur part des revenus seigneuriaux. Par conséquent – pardonnez-moi de continuer de m'en tenir au niveau de la pratique de mon métier, de refuser de théoriser –, en historien, j'étudie l'utilisation d'un langage écrit. J'essaie de faire l'histoire des formations verbales qui paraissent avoir défini à un certain moment, en certains lieux, une certaine « conscience prise » de la structure de la société. J'observe la manière dont est employé le mot « ordre », le mot « condition ». J'aimerais bien interroger d'autres signes, analyser les spectacles que la société se donnait alors d'elle-même par l'organisation des cortèges, dans les processions, les cérémonies, à l'église, au palais, sur les places publiques. Et puis, tous les emblèmes, les gestes rituels, les costumes, les insignes permis, interdits. Mais pour l'époque que j'étudie ces indices sont encore mal repérés. Cette étude fait partie de mes projets. Cette sémiologie sociale entreprise, reste à voir la manière dont elle s'articule aux conditions économiques, la manière dont elle rejoint les notions de richesse, de pauvreté, d'exploitation. Reste à voir dans quel rapport le sentiment de se situer dans tel groupe, l'idée que l'on prend des frontières de ce groupe se trouvent à l'égard de la fracture instituée par le mode de production.

G. L. – Donc, si j'ai bien compris, vous dites qu'une des étapes au moins du travail historique c'est de faire en somme une phénoménologie – d'étudier minutieusement la façon dont les gens pensaient eux-mêmes leur propre inscription.

G. D. – Bien sûr, en prenant bien garde d'abord de ne pas attribuer à l'objet de notre observation nos propres habitudes de penser, de classer, ensuite de spécifier soigneusement, comme vous le faisiez dans votre question, le fait politique. Il arrive que les hommes s'ébranlent, qu'ils s'agglutinent, que parmi eux s'affermisse le sentiment qu'ils forment un corps, luttant contre un autre corps. C'est ce que l'on voit dans les éclats de rébellion dont nous sommes informés, comme celle des Capuchonnés. Mais ce sont des éruptions fugaces. Qu'en était-il avant, après ?

Encore une fois, la difficulté profonde, c'est que l'historien de la société féodale n'arrive jamais à pénétrer jusque dans la conscience, disons, « populaire ».

Christianisme et marxisme

G. D. – On s'interroge beaucoup sur le poids de la pensée de Marx, ou de la pensée de Freud, sur le travail de l'historien ; mais, et c'est assez curieux, cela vaudrait la peine d'être examiné de près, on ne pense pas à parler du poids du christianisme. Comment expliquer cela ? Est-ce parce que nous sommes tellement imprégnés de christianisme que nous ne sommes pas capables de faire la part de ce qui nous en vient, par rapport à ce qui nous vient d'ailleurs ? Est-ce parce que cela « va de soi » ? Ou bien parce que ce n'est pas à la mode de se référer à ces choses-là ? Mis à part les historiens dont le christianisme est le gagne-pain (il y en a, et de très prospères : beaucoup de moyens, une audience sûre, une belle carrière, de beaux profits – rappelez-vous Daniel-Rops), mis à part, donc, ces gens qui en vivent, les historiens pensent rarement à s'interroger sur le christianisme. Je vous suggère que nous en parlions.

Je ne sais pas bien à quoi je crois, mais je sais, en tout cas, que je ne pourrais pas faire mon travail de médiéviste si je ne sentais pas certaines choses ; je ne pourrais pas m'introduire avec la même aisance dans la pensée des hommes que j'étudie si je n'avais pas une connaissance des textes sacrés, si je ne savais pas les interpréter un peu comme ils les interprétaient. C'est ce qui me fait penser que l'histoire médiévale risque d'être assez gênée, dans son développement, par la déchristianisation profonde de notre culture ; déjà, il y a vingt ans, lorsque j'enseignais dans l'Université, je me demandais s'il ne fallait pas faire du catéchisme, de l'histoire sainte comme on disait dans mon enfance, une science auxiliaire de l'histoire médiévale : un nombre croissant de mes étudiants n'avaient aucune idée de ce que peut être la Trinité, ou le baptême, ou la Rédemption, ou Noé.

Il y a cet aspect de métier qui compte. Mais il y a surtout le système de valeurs dans lequel s'est insérée la pensée historique, et qui l'a façonnée. Cette croyance dans le « sens de l'histoire » par exemple.

G. L. – En contrepoint de ce que vous disiez, je pensais à la fameuse réflexion de Bloch : « le christianisme est une religion d'historiens » ; je crois que si on s'interroge si peu sur le poids du christianisme dans notre manière de faire de l'histoire, c'est qu'il n'y a, pour nous, qu'une façon de faire de l'histoire, et qu'elle est chrétienne, je suis convaincu, tout simplement, que nous faisons de l'histoire parce que nous sommes « chrétiens ».

G. D. – Vous avez raison : il y a une manière chrétienne de penser qui est l'histoire. La science historique n'est-elle pas chose occidentale ? Qu'est-ce que l'histoire en Chine, aux Indes, en Afrique noire ? L'Islam a eu d'admirables géographes, mais des historiens ?

G. L. – Ce qui est universel, semble-t-il, c'est l'intérêt pour le passé – mais pas du tout que cet intérêt prenne la forme de l'histoire.

G. D. – L'idée même de se représenter le devenir de l'humanité placé sur un vecteur est un des éléments essentiels de la culture chrétienne. Parce que le destin personnel du Christ est pensé comme la préfigure et l'accomplissement du destin de l'espèce humaine, il faut bien penser l'histoire des hommes depuis Adam jusqu'à la fin du monde sous la forme d'une biographie, avec des « âges » successifs, une croissance, un déclin. Il faut surtout étudier cette histoire, attentivement. Et si, moi, je peux connaître quelque chose des événements du XIIIe siècle, c'est parce que des hommes de cette époque, des serviteurs de Dieu, se sont souciés d'observer ces événements et de les mettre en ordre. Parce que écrire l'histoire était pour eux un acte liturgique, comme une prière. Cela faisait partie de leur fonction d'intercesseurs entre le visible et l'invisible. Pour eux, réfléchir sur les événements de la suite des temps, sur les accidents, les tours et les détours qui avaient affecté la marche de la société humaine, c'était interpréter le langage de Dieu, déchiffrer un message. De la façon même dont ils déchiffraient la signification des actes de Jésus dans les Évangiles synoptiques. C'était apercevoir où se trouvent la bonne impulsion, le bon mouvement. Par conséquent, aider à ce que cette marche se poursuive dans la voie droite, vers le salut. La notion même d'un temps scandé, orienté, la notion d'historicité est inhérente au christianisme.

G. L. – Et le fait même que si volontiers nous périodisions, comme « naturellement », que nous disions : le Moyen Âge, la Renaissance, etc., n'est-ce pas, là aussi, l'héritage des cadres mentaux du christianisme ? Parce que ces stases, dont nous découpons le temps de l'Histoire, ce ne sont pas des « âges » au sens des Latins, ce sont des âges qui s'ordonnent le long d'une flèche, qui anime leur succession, qui lui donne sens ; bref, des âges au sens où les chrétiens en ont repéré, au sens où ils peuvent parler d'un « dernier âge du monde ».

G. D. – L'idée même de périodisation vient justement de la manière dont, dans une perspective d'exégèse, on a commencé d'écrire l'histoire. Il y a beaucoup plus : l'idée même de progrès, elle est là, et l'idée de causalité. Or ces idées de progrès et de causalité, la bonne histoire actuelle est en train de les mettre en question.

Il est temps, je crois, d'insister un peu sur ce changement que nous avons côtoyé ici et là, dans le cours de nos conversations, sur cette mise en question capitale, bouleversante.

Le fait d'abord qu'on ne veuille plus poser les problèmes sous la forme d'une influence de *x* sur *y*, mais d'une corrélation entre *x* et *y* – et je tiens énormément à ce changement de formulation –, ça flanque par terre aussi bien le christianisme inconscient qui sous-tend notre travail que le marxisme inconscient qui peut le sous-tendre aussi.

G. L. – Ça, c'est très sensible, à mon sens, dans votre *Saint Bernard*, qui est un livre, je dirais, complètement a-marxiste (pas : anti-), où effectivement, ce que vous proposez, ce sont des agencements mobiles des dispositifs échangeables, des effets d'interaction, mille choses comme ça, beaucoup plus fines, plus ténues que des processus de causalité.

C'est-à-dire qu'à travers tout votre *Saint Bernard*, il n'y a pas un moment où l'on peut dire : c'est l'économie qui détermine ceci, ou : ici c'est le politique qui... – ce sont, si j'ose dire, des agencements flottants.

G. D. – J'en suis à penser que se demander ce qui détermine en dernière instance, c'est poser un faux problème. Il n'y a pas de dernière instance. Ce qui compte, c'est la globalité, la cohérence, la corrélation. Et c'est là, pour établir justement ces corrélations, que la rigueur chronologique, encore une fois, prend toute sa nécessité.

J'y reviens, car le danger qui menace, à mon avis, certaines nouvelles orientations de l'histoire, c'est de faire moindre cas de la chronologie, c'est le goût des longues promenades transdiachroniques et le souci, très légitime, de prendre en compte et d'introduire dans le système quantité de données pratiquement indatables. Dater, toujours dater, au plus près, et situer aussi dans l'espace. Une des missions de la critique érudite, la tâche principale d'une érudition rajeunie, serait d'affiner les outils permettant de resserrer encore la trame chronologique, sur quoi jouent les mécanismes entrecroisés d'instances multiples, sur quoi reposent les indissociables corrélations d'un ensemble. D'un ensemble dont les divers éléments ne se déplacent pas au même rythme. D'où la nécessité de dater avec la plus grande précision les discordances, les rémanences, les résurgences.

G. L. – Il me semble que, sans vous trahir, on pourrait parler d'équilibres instables, dans lesquels tantôt cet aspect-ci, tantôt cet aspect-là a *le primat*, sans parler de détermination.

G. D. – Non, on ne peut pas parler de détermination, ou alors c'est une détermination à multiples sens. Tout est déterminé par, et tout détermine le reste.

Il faudrait peut-être emprunter au langage des sciences de la nature, de la biologie, la notion d'interface, la notion de membrane ; toutes sortes de métaphores que nous proposent ces disciplines dont je crois que notre intérêt serait de les fréquenter davantage.

G. L. – Puisque vous évoquez la biologie, la possibilité qu'elle nous fournisse des métaphores, des modèles neufs de causalité, je voudrais en profiter pour vous poser une question beaucoup plus large : dans quelle mesure, à dire « tout est culture », les historiens, mais aussi les anthropologues, les philosophes, etc., n'ont-ils pas par trop oublié de regarder ce qui se passait du côté de la biologie ? Qu'à partir du moment où l'on se trouve devant des sujets humains, c'est-à-dire des êtres parlants, et des sujets sociaux, qui sont pris dans une culture, il soit vrai que tous les impératifs biologiques s'en trouvent totalement subvertis, c'est-à-dire qu'ils sont tous assurés, justement, culturellement, socialement, etc., plus personne, je crois, n'en doute. Mais voit-on assez qu'en tant que tels ces impératifs biologiques n'en subsistent pas moins ? Et je me demande si l'on n'aurait pas intérêt à regarder, de plus près que nous ne faisons en général, du côté de la biologie – et notamment de cette discipline, qui a quand même fait des progrès foudroyants depuis une vingtaine d'années, qu'on appelle l'éthologie, l'étude des comportements animaux, cette discipline qui pourrait bien être, en somme, pour notre siècle, ce que fut l'invention de Darwin pour le sien – une blessure de plus, faite au narcissisme humain, à ajouter à celles que Freud recensait.

Je veux dire ceci : à partir du moment où l'espèce humaine se définit comme une espèce vivante, elle est obligée de faire face à un certain nombre d'impératifs, qui s'imposent, de fait, à toutes les espèces vivantes, c'est-à-dire : bouffer, avoir un territoire, réguler ses naissances, raréfier son agressivité, etc. Évidemment, rien ne peut se calquer de façon mécanique, puisque l'espèce humaine est une espèce dans laquelle les équilibres biologiques instinctifs que la nature, lentement, patiemment, a bricolés pour les espèces animales sont finalement salopés par la langue, la conscience, l'émergence d'un savoir de la mort, ce qui fait qu'au total tout ce qui, pour les espèces animales, s'accomplit naturellement doit être, chez nous, repris en charge par la culture.

Aussi je le répète, toute tentative qui calquerait de façon mécanique les « trucs » de la culture sur les parades de la nature me paraîtrait vouée à l'échec, et devoir aboutir à une totale confusion. Mais, par contre, il me semble que l'analyse des quelques impératifs auxquels toute société animale doit absolument, nécessairement répondre pourrait nous fournir, en somme, un guide, un fil pour discriminer, parmi les différentes fonctions qu'une culture assure, celles qu'on pourrait considérer comme tout à fait premières, et nous permettre de construire ainsi, en repérant bien sûr, dans chaque cas concret, comment la réponse de la culture subvertit la demande de la nature, une sorte de faisceau des déterminations les plus simples, à l'œuvre dans l'infinie complexité, l'infinie richesse de chaque concrétion culturelle.

Je reprends la question des mécanismes de régulation démographique : l'idée, qui se fait jour aujourd'hui, que notre espèce a pu trouver, dans la culture, ces parades à l'égard d'un excès de population que les espèces animales trouvent dans des comportements instinctifs, cette idée me paraît extrêmement féconde. Je pense, par exemple, à l'indication audacieuse – risquée même, me disait-elle depuis –, mais à mon sens exemplaire, d'Évelyne Patlagean, dans sa thèse sur *La Pauvreté à Byzance*, qui demande si le monachisme n'a pas pu jouer, un temps, un tel rôle de régulation. Proposition exemplaire, disais-je, justement parce qu'elle porte sur un phénomène culturel d'une telle complexité qu'il apparaîtrait immédiatement absurde de vouloir le réduire à cela, ou même d'y déceler l'une de ses « causes ». Car il ne s'agit certes pas d'essayer de reconstituer sournoisement quelque nouvelle figure de la « détermination en dernière instance » ! mais de s'efforcer de comprendre comment la culture parvient à insinuer, à travers des inventions totalement autonomes par rapport à quelque demande biologique que ce soit, une réponse détournée, déplacée, à ces demandes. Et ce n'est pas non plus une nouvelle figure de la « ruse » hégélienne, car il ne s'agit pas davantage de s'imaginer que la réponse ainsi assurée soit d'aucune manière la « fin » du phénomène qu'elle parasite.

Bref, pour me résumer, ne pensez-vous pas que toute société humaine doit, à sa façon, c'est-à-dire de façon totalement *déplacée*, répondre à un certain nombre d'impératifs biologiques, et que cette simple thèse pourrait peut-être davantage nous guider ?

G. D. – J'en suis tout à fait persuadé. Une société est un corps vivant, je l'ai dit déjà, et ce corps se comporte comme tous les corps vivants, c'est-à-dire qu'il tend à se perpétuer, à se reproduire, à se propager dans les mêmes structures. Seulement, ce qui se passe pour les hommes, c'est que, à la codification inscrite dans la matière biologique, dans les cellules, s'ajoute une codification qui relève de l'immatériel. L'homme ne vit pas seulement de pain. Comme mes confrères les professeurs du XIIe siècle, je suis persuadé que l'incarnation, encore une fois, est la notion essentielle : que l'homme est à la fois chair et esprit. Dans les mécanismes qui assurent la survie, la reproduction de ce corps qu'est une société, interviennent donc non seulement des parades, des mouvements, dictés par les chromosomes, mais en outre une tout autre sorte de code, qui agit d'une manière moins brutale, moins mécanique, et cependant tout aussi directe sur le comportement des individus. C'est en fonction de cette évidence que j'ai posé certains des problèmes que j'étudie aujourd'hui, par exemple le problème du mariage. Le mariage est un fait biologique, en même temps qu'un fait culturel ; il est évident que les règles culturelles qu'une société édicte, à propos du mariage, s'articulent sur les impératifs de la nature, de manière à permettre que, de la façon la plus satisfaisante, tel groupe social se reproduise dans les meilleures conditions. Il est évident, par exemple, qu'à l'époque féodale certaines pratiques matrimoniales en usage dans la haute société, notamment la contraction de la matrimonialité chez les mâles, constituent des procédés de régulation des naissances, des moyens de contrôler l'évolution des héritages et de maintenir de génération en génération l'aristocratie dans sa position dominante : on autorisait un seul garçon à se marier, les autres restant célibataires – ça ne les empêchait pas de procréer, certes, mais pas des enfants légitimes qui auraient pu prétendre à l'héritage, participer au partage, à la dissociation, à l'affaiblissement du patrimoine, support matériel de cet organisme que constitue un lignage. Étaient ainsi établis un ensemble de rites, d'interdits, d'obligations dans le but, conscient ou non, que tel groupe (non pas la société tout entière, mais telles des composantes de la société) puisse s'en tirer le mieux possible, dans sa prolongation biologique. Mais ce qu'il faut voir aussi, c'est que ces codes-ci ne sont pas immuables, qu'ils ont la souplesse nécessaire pour s'adapter aux changements du milieu. Vous parliez de métaphores biologiques tout à l'heure : je crois qu'on peut se représenter la famille comme une cellule, dans les rapports qu'elle entretient avec les cellules voisines, dans la lutte qu'elle mène pour sa plus grande expansion possible aux dépens de ces autres cellules, comme dans sa résistance aux pressions de l'écosystème. Mais il est clair qu'aux réactions naturelles s'ajoutent les réactions culturelles, qui ne sont point aussi automatiques, mais dont l'intervention est absolument déterminante.

G. L. – Je suis tout à fait d'accord : c'est par la culture, certes, que l'homme doit répondre aux impératifs biologiques fondamentaux, puisqu'il ne peut pas y répondre, lui, par des procédés naturels. Et tout, bien sûr, en est du coup totalement subverti : plus rien qui s'inscrive dans l'ordre strict du besoin, plus rien que ne corrompe le désir.

En somme, il est absolument vrai que, dans le monde de l'homme, de « l'homme de l'homme », comme disait si fortement Rousseau, tout est culture, et donc tout est histoire ; mais il est vrai aussi, en un sens, que ce qui précède permet, je crois, d'entendre sans quiproquo que, comme le veut toute une partie de la tradition philosophique, la culture « accomplit » la nature.

G. D. – C'est-à-dire que la culture complète, dans une certaine mesure, les réactions naturelles, en ajoutant d'autres messages, en fonction d'un autre codage, qui renforcent, quand le code est bien ajusté, les réactions naturelles et les rend plus efficaces.

Mais il est rare que les deux codes soient bien ajustés. De telles discordances naissent des conflits dans lesquels le code culturel, moral, ne semble pas en position de force. En 1100, l'Église voulait imposer à l'aristocratie laïque des règles matrimoniales dont l'application eût desservi les intérêts (peut-on dire biologiques ?) de ces organismes vivants qu'étaient les lignages : ne pas laisser de cousins au septième degré s'épouser, ne pas marier une fille contre son gré, etc. Après de longues luttes, avec excommunications, brimades, pots-de-vin, etc., l'Église a dû finalement en rabattre et atténuer, en fonction du concret des relations sociales, la rigueur de ses exigences.

G. L. – J'aimerais cependant, après ce détour, que nous revenions un peu sur la question de la périodisation, mais à travers une question particulière : est-ce que la notion même de Moyen Âge vous paraît absolument hors du sens ?

Je sais bien qu'il y a, certes, des « Moyen Âge », mais n'a-t-on pas, quand même, l'impression d'une manière de climat commun, de climat culturel ? – et je le situerais volontiers, ce climat, me semble-t-il, dans un poids, tout à fait spécifique, de la religion, dans un rapport, comme essentiel, au christianisme ; je sais bien, là aussi, qu'il y a eu *des* christianismes, au Moyen Âge, et qu'un chrétien du IXe siècle, ce n'est pas un chrétien du XIIIe : n'empêche, on ne peut se défendre du sentiment qu'il y a quelque chose qui lie tous ces hommes, et qui serait la puissance, la violence dirais-je, de leur rapport au christianisme – de même que, s'il fallait trouver à ces longs siècles une unité, ce serait peut-être d'avoir été, ensemble, le temps d'une aventure : celle de la christianisation des âmes.

G. D. – Le Moyen Âge ? On ne sait pas bien quand ça commence (ça n'a pas beaucoup de sens de se le demander) et on ne sait pas non plus quand ça finit : en tout cas c'est immense, une énorme tranche de durée : mille ans.

Si bien que la notion de « Moyen Âge » a l'inconvénient de porter à écraser la chronologie, à étaler sur l'ensemble une teinte, celle de la partie que l'on connaît le mieux, que les romantiques ont ressuscitée, la dernière partie : le style troubadour. À faire de Jeanne d'Arc la contemporaine de Charlemagne, alors qu'il était plus loin d'elle qu'elle n'est de nous. À oublier que les choses bougeaient aussi vite qu'au XIXe siècle : je le vois bien lorsque je compare les comportements et les attitudes mentales d'une génération à l'autre dans la période que je connais, au XIe, au XIIe siècle. Alors, la notion de Moyen Âge, je serais plutôt contre. Celle d'« aire culturelle » me satisferait davantage. Et c'est à l'intérieur de ce concept que ce que vous disiez de l'importance du christianisme trouverait sa place : la chrétienté occidentale, la chrétienté latine, ça existe, c'est fermement délimité, c'est le corps d'une culture singulière.

Et la notion de Moyen Âge n'a de valeur qu'à l'intérieur de ce corps, elle ne s'applique, bien évidemment, qu'à l'histoire de la chrétienté latine : il n'y a pas de Moyen Âge byzantin, pas plus qu'il n'y a de Moyen Âge musulman, ou de Moyen Âge chinois.

Et, encore une fois, ce concept procède de la volonté chrétienne occidentale de périodiser ; il est lui-même très étroitement lié à la notion de progrès : « Moyen Âge » est un terme péjoratif désignant une période intermédiaire, obscure, méprisable, négligeable, entre un « âge d'or » et une « renaissance ».

Ceci dit, je me demande si les Français du XVIIe siècle n'entretenaient pas avec le christianisme des rapports aussi « puissants », aussi « violents », pour reprendre vos expressions, que les contemporains de Pépin le Bref et même que ceux de Saint Louis. Mais là encore, comme il faut nuancer, de région à région, de milieu social à milieu social !

G. L. – En fin de compte, nous n'avons pas cessé depuis un moment de tourner autour de la question tarte-à-la-crème du « sens de l'Histoire » – alors, autant, je crois, l'aborder à présent de front.

Le terme est, depuis des dizaines d'années, dans toutes les bouches ; et ceci, dans une très large mesure, du fait moins de Marx lui-même, ici encore, que du marxisme vulgaire. Mais il est clair que le scénario imaginaire que ce terme enveloppe, le marxisme ne l'inventait pas : mieux, toute une partie de la force du marxisme, de sa capacité à pénétrer nos cervelles, venait précisément, au contraire, de ce qu'il faisait écho à l'un des fantasmes constitutifs de l'Occident, de ce que sa machinerie venait sans peine s'inscrire dans cette tradition de l'histoire chrétienne dont nous avons parlé. De la conception que se font de l'histoire ces moines, médiateurs entre le visible et l'invisible, à l'idée de la procession des modes de production, en passant par le Bossuet du *Discours sur l'histoire universelle*, il y a vraiment un fil. Celui, sans doute, du rêve le plus tenace qu'ait poursuivi l'Occident. À côté du Marx savant dont nous avons parlé, auquel vous avez rendu hommage, il y a un Marx qui poursuit, après Hegel, la théologie de l'histoire.

Ceci dit, il y a une question qu'on ne peut pas, je crois, éviter. Que le thème du « sens de l'histoire » soit un thème propre à une culture particulière, cela n'implique pas qu'il ne se soutienne de rien ; qu'il déroule un scénario imaginaire n'interdit pas qu'il pointe, même de manière fantasmée, un réel.

Je m'explique : lorsque Marx dit que l'histoire c'est l'histoire du développement des forces productives, je ne vois pas que cela puisse avoir de sens ailleurs que pour l'Europe, mais pour l'Europe, par contre, il me semble bien que ça en ait un – ne l'avez-vous pas vous-même suivi, pour le Moyen Âge, ce développement des forces productives, à partir du VIIe siècle ?

G. D. – Oui, mais avec des à-coups, des temps de stagnation, voire de régression, que la puissance du mythe d'un progrès linéaire nous empêche de remarquer. D'autre part, il faut s'entendre sur les mots. Il est évident que notre histoire a un sens, comme notre vie, comme toute vie, et toute histoire. Tout organisme vivant, et toute société, qui est un organisme vivant, se développe dans un sens ; et ce sens est irréversible. Il y a cette réalité biologique, qui fait que chacun de nous a le sentiment d'une croissance, et l'angoisse aussi, quand cette croissance ralentit, de la voir s'arrêter, faire place au déclin. Donc le fantasme, il est là ; le fantasme, il est dans l'espérance. L'espérance que ce qui est sénescence naturelle, que ce qui est corruption dans le monde sublunaire puisse être vaincu par autre chose. Et c'est cela qui confère au mot « sens » un autre sens, une autre signification. Cette espérance, ce désir forcené affirment à la fois que l'histoire a une signification – ça ne peut pas être absurde – et que le sens qu'elle a, le mouvement qui l'entraîne la conduit vers *un but* ; que le vecteur est orienté, d'une manière ascendante, vers le retour au paradis perdu, ou vers une étape meilleure, dans un progrès continu. L'humanité vue comme en pèlerinage. *The Pilgrim's Progress*. En marche vers une Terre promise. Nous sommes prisonniers de ce schéma culturel, raffermi par des siècles de réflexion sur les grands textes du christianisme, et ensuite vivifié, vérifié par l'expérience concrète de la croissance séculaire de la civilisation occidentale. Croissance qui n'était pas nécessaire et dont nous commençons à douter, non sans tremblement, qu'elle se poursuive encore longtemps. Un mythe, un mythe qui remplit toutes les fonctions du mythe, et d'abord d'être rassurant, et justifie un certain comportement. C'est une utopie, c'est l'*Utopie* même.

Je me souviens d'avoir très longuement discuté de ça avec un de mes amis, Marcel David, l'auteur d'un beau livre intitulé *Les Travailleurs et le sens de leur histoire*. Juif, et pour lors chrétien, David, historien lui-même, marchant avec toute sa générosité au-devant du monde ouvrier, voulait proposer un autre espoir que le marxisme. Il était persuadé que l'histoire a un sens, que la destinée n'est pas une chose tout à fait absurde. Et qui donc peut ne pas y croire, au moins un peu, et pourtant vivre ? L'espoir d'une résurrection, ou d'une révolution, ou de l'avènement d'une société sans classes et sans problèmes. Ou alors, à quoi bon souffrir ? Comment supporter le mal ? Nous arrivons là au niveau même du tissu biologique, et de l'angoisse.

G. L. – Pour les chrétiens, au fond, il y a deux sens de l'histoire, exactement comme il y a deux Cités, deux Mondes, etc.

J'entends qu'ils pouvaient tous dire : « *Mundus senescit* », tout ce monde-ci se dissolvant dans la boue, et puis, d'un autre côté, poursuivre l'autre histoire, l'histoire ascendante. Mais, à partir du moment où on ne se place plus que dans une perspective profane, comme fait le marxisme, qu'on télescope les deux Cités, il faut bien que la Cité céleste soit au terme de la Cité terrestre, et que le monde rajeunisse au lieu de vieillir.

G. D. – Pour les chrétiens, pour les penseurs des XIe, XIIe siècles, il y a en réalité deux histoires : une histoire de l'humanité charnelle, décadente, une histoire du salut, ascendante. Le Christ les assumant l'une et l'autre : il est mort, dans l'abjection ; il est ressuscité, dans la gloire. Et c'est cet événement *historique* – la résurrection, le matin de Pâques – qui est, à l'époque dont je parle, le point zéro de toute chronologie : il y a avant, il y a après – c'est cet événement qui, inéluctablement, réunit les deux histoires. Ou plutôt annule l'un des deux sens, le sens charnel, le négatif.

Il y a, bien évidemment, dans la pensée marxiste, récupération de tous les fantasmes du christianisme. Le même manichéisme : et cette exaltation, cette sublimation de la matière – parce que ce n'est pas autre chose –, elle répond au même désir que l'exaltation chrétienne du spirituel.

G. L. – C'est ce qui fait son extrême puissance.

G. D. – C'est ce qui fait son extrême puissance, celle de toute utopie qui libère de l'angoisse de vieillir.

G. L. – Je crois que ce que vous avez dit là est très, très juste : tout en fin de course, la force du marxisme, ce n'est pas de donner à penser, c'est de donner à jouir ; c'est qu'il dit aux gens : « Votre histoire va se finir bien », exactement comme on dit au gosse à qui une histoire est en train de faire trop peur ; le gosse va demander tout de suite la fin, pour être sûr que ça se finira bien. Là, les hommes sont dans la merde, ils souffrent de partout, ils crèvent, ils sont malades, leur sexe déconne, etc., et on leur dit : « Ne vous inquiétez pas, à la fin ce sera bien. » Le film est triste, mais il a une bonne fin. On donne du sens là où il n'y en a pas, pour faire en sorte que les hommes tolèrent l'intolérable.

G. D. – Oui, pour qu'ils tolèrent la mort : l'intolérable, c'est cela, finalement. Et on peut se demander, à un moment où il semble que ce qui était porteur dans notre culture, concrètement, de cet espoir commence à fléchir, le christianisme, le marxisme, ce qui va bien pouvoir les remplacer ?

V

DES INTERFÉRENCES, DES CORRÉLATIONS, DES AGENCEMENTS MOBILES

Le paysage

G. L. – J'aimerais qu'à présent nous essayions, à travers des questions beaucoup plus concrètes, et portant de façon plus précise sur votre champ, de montrer un peu à l'œuvre ces équilibres instables, ces corrélations et ces déterminations multiples dont nous venons de parler. Ce faisant, d'ailleurs, nous ne quitterons bien sûr pas Marx : que la référence soit implicite ou explicite, nécessairement, nous y éprouverons les concepts qu'il a forgés.

Revenant d'abord sur la question de la géographie, dont vous avez évoqué la place dans votre formation, je voudrais que l'on s'interroge, d'une façon plus précise, sur les rapports, qui me semblent encore peu réfléchis dans la conscience commune, de l'histoire et de la géographie. Je ne crois pas que ce soit un mauvais départ que d'analyser la notion de paysage, si l'on cherche à comprendre comment se nouent des déterminations multiples – comment s'imbriquent le politique et l'économique, etc. Mais, tout d'abord, voici : pour notre culture, d'un côté il y a l'espace, de l'autre il y a le temps : du coup, nous admettons naïvement qu'il y a l'histoire qui s'occupe du temps, et la géographie qui s'occupe de l'espace ; et, au fond, ce scientisme géographique que vous critiquiez n'a fait que renforcer cette adhésion naïve – puisque pour lui il y avait d'un côté des gens qui travaillaient sur de l'espace, sur du « bien réel », et puis, de l'autre côté, des gens qui imaginaient des choses sur le temps. Or, ce qui me semble, c'est que bien sûr les deux dimensions sont inextricablement mêlées : que le temps, ça se lit dans l'espace, et l'espace dans le temps.

Et il me semble encore que c'est l'intérêt de la notion, telle que vous l'utilisez, de paysage que d'essayer de se situer là, à l'articulation, à la jointure, indiscriminable, de l'espace et du temps.

G. D. – Tout à fait. Et c'est vrai que l'on pourrait, dans tous les livres que j'ai écrits, trouver très profonde l'empreinte de ce souci. Ma thèse de doctorat, je l'ai bâtie en fait sur le modèle des monographies régionales que l'école française de géographie produisait alors : c'était, comme la thèse d'Étienne Juillard ou de Daniel Faucher, la thèse de Demangeon ou d'André Allix, le résultat d'une enquête menée dans un espace restreint, inscrite dans une région dont il s'agissait de définir la personnalité et d'expliquer à fond le paysage ; ce que je faisais c'était tout simplement transporter la problématique dans le passé, ou plutôt, la décaler d'un coup, passer non pas du XXe siècle au XVIIIe, mais du XIIIe au Xe. C'était ça.

Étienne Juillard, par exemple, expliquait ce que l'on voit quand on se promène dans la plaine alsacienne, en remontant l'évolution du paysage sur un siècle ou deux. Moi, me plaçant dans les environs de l'abbaye de Cluny, et profitant d'une documentation surabondante, d'une extraordinaire qualité, jusque-là inexploitée, ou à peu près, je suis parti du XIIe siècle, remontant d'un siècle ou deux, de la même façon au paysage, et plaçant dans ce paysage des hommes, des paysans, des seigneurs, des propriétaires, des marchés et des foires, cherchant à voir durant cinq ou six générations l'action formatrice et déformatrice de ces hommes, comme Daniel Faucher l'avait fait, ou Pierre Deffontaines, qui, l'un et l'autre, travaillaient aussi en historiens. J'ai seulement transposé la méthode et, par ce seul transfert dans un passé lointain, privilégié l'histoire par rapport à la géographie. L'empreinte de ma formation de géographe est sans aucun doute plus évidente encore dans le livre que j'ai ensuite écrit sur l'économie rurale, où l'intérêt pour le paysage passait, d'ailleurs, par la médiation de Marc Bloch [1].

Mais elle n'est pas moins visible dans *Bouvines*, ou dans ce que j'ai pu dire de l'art cistercien.

Car je ne pense pas que l'on puisse, dans l'étude de l'homme en société,

1. Bien que, comme Duby l'annonce dans l'avertissement sur quoi s'ouvre le livre, *L'Économie rurale et la vie des campagnes dans l'Occident médiéval*, comme volonté de synthèse, procédât d'un « tout autre esprit » que celui de la monographie régionale, qui étudie « au ras du sol » le paysage, ce n'en est pas moins cette notion qui, tout autant que dans la grande thèse sur le Mâconnais, ordonne les questions qu'il y pose, et qui continueront de le hanter jusqu'à *Guerriers et paysans* : l'outil, les pratiques agricoles, les comportements alimentaires, l'habitat, etc.

éliminer l'un des deux axes, que ce soit l'axe spatial ou l'axe temporel ; ils sont, comme vous le disiez, inextricablement croisés.

G. L. – Il y a un autre aspect qui me semble fécond, dans cette notion de paysage, c'est qu'elle montre bien qu'au fond l'espace n'est pas plus une réalité qui existerait, comme ça, hors de la représentation, hors du discours des hommes, que ne l'est le temps lui-même ; que ce qui pourrait tout d'abord nous apparaître comme du « matériel » à l'état pur, si j'ose dire, est en fait toujours déjà pris dans des réseaux d'images, des chaînes de signifiants.

En fin de compte, Kant avait raison lorsqu'il disait de l'espace et du temps qu'ils sont des formes *a priori* de la sensibilité ; pour chaque sujet, ce sont bien en effet des formes antérieures à toute expérience, et selon lesquelles au contraire il construit toute expérience qu'il peut faire du monde – mais à condition de préciser que, pas plus qu'elles ne sont des déterminations objectives de la « nature », ces formes ne sont des attributs universels qu'on pourrait référer au sujet abstrait, au sujet humain comme tel ; que ce sont des formes culturelles, qui d'abord passent par la langue (ici, bien sûr, je pense aux travaux de Lee Whorf), et que modèle l'histoire.

Pour prendre l'exemple d'un domaine que je connais un petit peu, *le désert*, pour les premiers moines, ce n'est certainement pas un fragment d'étendue, comme un autre, dont le géologue peut relever objectivement les propriétés : c'est d'abord un signifiant, un nom dans un discours, une image au cœur d'un système de représentations ; le lieu d'une anticulture, où s'inversent tous les signes dont sont affectées, dans le monde, les réalités sociales ; le lieu privilégié des combats avec le démon, où affleurent, deviennent pour ainsi dire sensibles, ces affrontements auxquels l'homme d'ordinaire est aveugle, et qui déchirent le monde invisible. Il y a un bel article de Guillaumont, qui montre bien dans quel réseau de discours et d'images vient s'inscrire le nom du désert. On pourrait dire la même chose de *la forêt* : ainsi évoquez-vous, dans votre *Saint Bernard*, tout le peuple de fantômes qui l'habite, tout ce grouillement d'images et de symboles qui en fait bien autre chose qu'un accident naturel – ces Perceval chevauchant pour les pucelles trahies, ces ermites qui consolent les amants [1].

Dans *Guerriers et paysans*, il y a un passage que je trouve très frappant, c'est celui où vous évoquez le rapport du paysage à la tradition culinaire. Je vous cite : « Il ne faut pas croire qu'une société humaine se nourrisse de ce que la terre où elle est implantée serait le plus apte à produire. » Et vous montrez (ici

1. Sur cet « antimonde » qu'est la forêt, celle des ermites charbonniers et des héros de Chrétien de Troyes, cf. aussi *Les Trois Ordres*, p. 369.

et dans d'autres livres, d'ailleurs) comment, au contraire, c'est la tradition culinaire, et les valeurs qu'elle véhicule, qui peut transformer la nature, et créer le paysage : ici, le poids écrasant du nom de Rome[1]. Et ce nom n'est pas moins important, pour nous expliquer pourquoi les hommes travaillent comme ils travaillent, que les contraintes « réelles » que l'espace leur impose.

Il me semble que c'est une dimension qui, encore, échappe très largement au marxisme, comme à toute pensée, d'ailleurs, qui tendrait à isoler un acte productif, en quelque sorte « pur », et à poser du même coup, face à celui-ci, une pure nature, une pure étendue livrée, offerte à nos entreprises de transformation. La « nature » dont s'occupe l'historien n'est pas plus séparable de l'histoire de nos représentations que ne l'est celle du peintre – et c'est ce même mot de paysage qui, dans un cas comme dans l'autre, traduit ceci que la « nature » est tout entière investie par la tradition.

G. D. – Vous avez parfaitement raison. Ce que m'ont appris les géographes, c'est que le paysage est une création, la création d'une société, qui modèle un matériau, rétif, qui résiste, quelle ne peut pas dompter complètement, dont elle ne fait pas, bien sûr, ce qu'elle voudrait, mais qu'elle transforme en objet culturel. De la nature, elle fait un objet culturel. Dans ce façonnement, ce modelage, interviennent évidemment des préoccupations que nous définissons comme économiques, et des procédures technologiques – il s'agit avant tout de produire avec un certain outillage des subsistances –, mais il n'y a pas que cela : cette manipulation du concret, du matériel, s'opère conformément à des schémas qui procèdent de l'idéel. L'homme aménage son territoire en fonction de ses besoins vitaux mais en respectant un plan que lui ont légué ses devanciers – puissance ici encore de la coutume – et qui s'accorde à la vision qu'il a du monde, à l'idée qu'il se fait de l'ordre ; on n'installe pas sa maison n'importe où, on ne dispose pas n'importe comment les champs et les jardins autour d'elle, on n'y récolte pas n'importe quoi de nourrissant, mais les nourritures que la tradition impose. Et le système idéologique qui commande de couvrir la maison de telle ou telle toiture, de se reposer tel jour, de manger telle chose en telle saison gouverne évidemment de manière impérieuse la technologie.

La topographie que le géographe a devant les yeux, et qu'il essaie de

1. *Guerriers et paysans*, p. 25 sq. Ce que l'étude sur « le monachisme et l'économie rurale » pointait quant aux pratiques économiques du monastère, qui s'établissent non pas en fonction de la productivité mais de besoins codifiés par la tradition, de demandes régies par la coutume [ci-dessus p. 1300-1311], vaut beaucoup plus largement pour l'économie seigneuriale.

comprendre, dépend certes de choses aussi matérielles que les formations géologiques, mais elle dépend aussi, et beaucoup plus fortement qu'on ne l'imagine, de représentations mentales, de systèmes de valeurs, d'une idéologie. Et c'est la traduction, l'inscription sur le sol de la globalité d'une culture.

Si, au long de mon cheminement, je suis allé justement d'études aussi matérielles que celles de la charrue ou de la maison à des choses aussi immatérielles que des croyances ou des systèmes idéologiques, c'est peut-être, c'est même sûrement, parce que j'ai été formé par des gens plus attentifs que n'étaient à l'époque les historiens à l'enseignement de Marc Bloch et de Lucien Febvre, et qui étaient convaincus que l'étude des réalités matérielles et celle des réalités immatérielles sont indissociables lorsque l'on veut rendre compte de la situation d'une société dans l'espace et dans le temps. Je trouve, à ce propos, dans le discours marxiste une métaphore renvoyant à ce qu'il y a de plus matériel dans un paysage, celle de formation sociale, qui me paraît intéressante – du moins si on entend avec la rigueur des géographes morphologues le mot *formation*. Marx n'était pas géographe, certes, mais certains marxistes l'ont été : je pense, par exemple, à mon confrère Emilio Sereni, dont vous savez qu'il a écrit une histoire du paysage rural italien dans le sillage de Marc Bloch. Je ne crois pas qu'il soit indifférent de mettre en relation cet intérêt qu'il avait pour une géographie historique avec l'usage qu'il fait du terme de « formation sociale ».

En tout cas, si l'on utilise à plein la métaphore, toute la richesse du concept de « formation », dans la morphologie des géographes, il faut abandonner l'idée simpliste d'une superposition de couches sédimentaires horizontales, l'une en bas, *infra*, maîtresse, l'autre en haut, *super*, superficielle, et, considérant que dans la plupart des formations géologiques il y a des failles, des décrochements, des intrusions, des nappes de charriage, des structures verticales tout autant qu'horizontales, tout un entrecroisement de poussées, de pressions, je crois qu'alors on peut considérer d'un autre œil l'évolution des modes de production et employer de manière plus souple la notion de détermination.

G. L. – Est-ce que ça ne vous ennuie pas de rendre un peu plus concret ce que l'on vient de dire sur le paysage, de donner des exemples ?

G. D. – Je peux essayer de parler de cette région sur laquelle j'ai commencé à travailler, la région mâconnaise, au sud de la Bourgogne. Un paysage de coteaux, de revers de coteaux, c'est-à-dire l'un de ces types de sites qui ont été les premiers choisis par les hommes, au néolithique, pour l'implantation d'un système d'exploitation de la nature moins prédateur, plus articulé.

Je me suis trouvé face à des traces d'occupation du sol entre lesquelles on pouvait essayer d'établir une chronologie.

Confrontée au paysage actuel et aux cadastres du XIXe siècle, une série d'indices, de mentions toponymiques éparses dans les chartes de Cluny permettait de discerner plusieurs couches superposées. La plus profonde, encore attestée par des villages des hauteurs, un réseau divagant de sentiers, était celle d'un aménagement primitif de l'espace, organisé par des gens qui étaient déjà des cultivateurs, qui produisaient du grain, mais dont la principale source de subsistance était encore la nature vierge, mise en valeur par la cueillette ou par l'élevage. Sur ce fonds étaient venues s'implanter des *villae* romaines, en des points très précis, en chapelets, à un certain niveau, sur les sites que recommandaient de choisir les agronomes latins, tel Columelle. La plupart de ces *villae* romaines, quand je les saisissais, si je puis dire, au XIIe siècle, étaient devenues des hameaux. Mais on pouvait voir encore assez bien comment l'espace s'était, lors de leur implantation, organisé en fonction d'un autre système d'exploitation du sol, où la production céréalière avait beaucoup plus d'importance que dans les très vieux villages des hauteurs. À cette couche plus récente correspondaient des vestiges d'une organisation spécifique des chemins, et par conséquent du terroir, de toutes les parcelles du terroir, un réseau beaucoup plus logique, orthogonal, répondant à une systématisation de l'exploitation, répondant aussi à un souci de quadriller l'espace. Un souci politique : ce stade est celui d'une colonisation impériale. Impérieuse. La rectitude. Marcher droit. L'intervention du politique est évidente dans tous les phénomènes dont je parle.

Cette seconde vague colonisatrice avait avivé dans cette région le contraste entre les champs ouverts, dégagés, répartis par petits lots, et ce qui restait d'espaces sauvages. Ce contraste demeurait assez net au XIIe siècle. Mais les deux systèmes, durant les siècles obscurs du haut Moyen Âge, s'étaient compénétrés : dans les vieux villages préromains les gens étaient en train de s'accoutumer, quand je les ai rencontrés, c'est-à-dire à la fin du Xe siècle, à ne plus manger surtout des soupes, mais du pain, à la romaine, et par conséquent à produire davantage de céréales, à restreindre peu à peu la part, essentielle autrefois, de la cueillette et de l'élevage. Transformation des manières de s'alimenter par mimétisme, sous l'effet de la fascination exercée par les façons de vivre des dominants. Par contrecoup, transformation du système agraire, donc du paysage.

Entre-temps s'étaient établis aussi les monuments d'une nouvelle domination, celle du christianisme, des chapelles, des églises paroissiales, dont beaucoup s'étaient substituées à d'anciens lieux de culte, maintenant complètement éclipsés. Ces édifices, pendant la période que j'avais choisie pour observer l'évolution sociale, à l'époque féodale, servirent d'assise à une transformation du paysage, très importante, relevant celle-ci exclusivement du mental, de l'idéologie si l'on veut : cette région fut envahie, au début du XIe siècle, par le mouvement pour la paix de Dieu – c'est-à-dire une certaine façon de concevoir l'ordre, à un moment où les agents du roi n'étaient plus capables de le maintenir, où se mettait en place la structure politique que nous appelons la féodalité.

Cette idée que la paix doit régner sur terre, conformément à l'intention divine, cette idée propagée par les hommes de haute culture, les évêques et les abbés, comment en vint-elle à retentir sur l'organisation du paysage ? Les règlements pour la paix de Dieu proclamaient : les guerriers, les pillards (la caste militaire campant parmi la paysannerie, vivant d'elle), attention, s'ils veulent sauver leur âme, s'ils veulent échapper à des châtiments terribles une fois qu'ils seront morts, que surtout ils ne touchent pas aux églises, aux bâtiments qui étaient là, qu'on s'efforçait de construire de mieux en mieux, à l'époque dont je parle, dans cette région, l'un des grands chantiers de l'art roman.

Non seulement ne pas toucher aux églises, mais même ne s'en approcher qu'avec la plus grande prudence ; interdiction de pénétrer en armes dans une aire consacrée, entourant le sanctuaire, dont les limites étaient marquées par des croix plantées à quelques pas de l'église, sur les chemins qui convergeaient vers elle. Des sortes d'enclos imaginaires, des îlots aux frontières idéales, mais qui, dans le paysage paysan, très vite ont pris de la réalité. Parce que dans ces espaces protégés, où l'on n'avait pas le droit d'enlever aux rustres ce qu'ils avaient dans leurs sacs, ni d'exagérer dans la taxation, dans la taille, dans l'impôt, dans les corvées, les paysans sont venus bâtir leurs maisons – le cimetière, c'était le nom que portaient ces aires de protection, ne cessa pas d'être le lieu où l'on enterrait les morts, mais il se peupla de vivants. Alors s'est opérée comme une sélection parmi les lieux d'habitat : certains des anciens points de peuplement furent délaissés complètement, parce que le seigneur était trop dur, parce qu'on n'y avait pas planté des croix. Tandis que les enclos les mieux protégés devinrent de gros villages.

Il est évident que l'évolution des forces productives ne peut à elle seule expliquer cette transformation de l'habitat rural. Je pense aussi à la manière dont l'extension des défrichements dans les grandes forêts des bords de la Saône fut bloquée, au XIIe siècle, d'abord par l'idéologie nobiliaire imposant aux seigneurs d'organiser de grandes chasses pour leurs vassaux, puis par l'idéologie religieuse, lorsque les cisterciens refoulèrent les essarteurs pour protéger les solitudes où ils s'étaient installés.

L'État, les résistances populaires, la famille

G. L. – Le marxisme a définitivement démoli le mythe de l'État au-dessus des classes, tel, par exemple, qu'il s'incarnait, après avoir pris bien d'autres figures, dans les théories du droit naturel : comme intérêt général, bien public, garant du contrat, etc. Que l'État soit en effet l'appareil, l'instrument, dont une classe assure son extorsion, je ne vois pas qu'on en puisse douter. Mais il me semble aussi qu'il y avait, enveloppé dans l'illusion, quelque chose de la vérité, que le marxisme, occupé à la critique, a largement manqué. C'est que – et précisément d'ailleurs pour qu'une classe puisse ensuite, le cas échéant, vivre d'extorsion – il faut d'abord que le lien social, en tant que tel, puisse tenir, il faut le mettre à l'abri des égoïsmes qui tendraient à sa dissolution, des tendances à une extorsion abusive, où parlerait trop clairement la pulsion de mort (et je pense, par parenthèse, que Freud, là-dessus, nous en apprend beaucoup plus long que Marx).

C'est en ce sens – en ce sens seulement – qu'il y a du vrai dans l'illusion de l'État au-dessus des classes, et que celui-ci ne peut pas être réduit au pur instrument d'une classe.

Mais qu'en diriez-vous, touchant le Moyen Âge ?

G. D. – Il est clair, d'abord, que l'État, pour les médiévaux, c'est ce qui doit maintenir un certain équilibre entre les « ordres » de la société : l'ordonnance sociale dépend de celui qui, investi d'un pouvoir surnaturel, règne à la manière de Dieu régnant dans le ciel. C'est bien comme ça, en fait, que la royauté, que la principauté médiévale se représentent elles-mêmes : comme un pouvoir d'équilibre. Et dans la pratique même, il est évident que les détenteurs du pouvoir, dont l'esprit était imprégné de cette théorie, se sont toujours souciés de limiter, dans une large mesure, l'exploitation des travailleurs par les autres. Rappelez-vous l'histoire de Geoffroy Plantagenêt, chef d'État : c'est inconsciemment qu'il se nourrit de rapines. Dès qu'il le sait, il modère le zèle des exacteurs. C'est la morale en tout cas que le texte que j'ai cité entend enseigner à ses successeurs.

En fait, ce que l'on observe, c'est que l'État, quand il se reconstitue (après le naufrage et la dérive de l'État carolingien), c'est-à-dire vers la fin du XIIe et au XIIIe siècle, sécrète lui-même, pour son propre appareil, un nouveau groupe social. Quand je parle de l'État, ce n'est pas seulement de l'État laïc, auquel nous pensons d'abord, car l'Église est aussi un État : n'oublions pas cette espèce de connivence, qui est en même temps lutte sourde, entre deux structures étatiques emboîtées, qui ne sont pas en exacte coïncidence. L'une et l'autre de ces deux structures ont sécrété ce qu'on ne peut pas appeler une classe, mais, disons, un groupe, que l'on voit prendre de plus en plus d'importance, celui des agents de l'État, de l'appareil de l'État. Un appareil d'État qui, en lui-même, est sans doute le lieu de plus vive capillarité sociale, où les distinctions normales au sein de la société entre chevaliers, clercs, vilains s'atténuent, où l'on peut faire carrière d'où que l'on vienne.

C'est-à-dire que l'État, dans la mesure où il se fortifie, dans la mesure où il prend de la capacité créatrice, donne naissance dans la société à un corps qui à la fois est extérieur au système de classification normale et tend à le surplomber. Cela ne répond pas directement à votre question, mais conduit vers la réponse.

En quelques mots, maintenant : je ne pense pas que l'on puisse dire que l'État médiéval soit proprement « au service » d'une classe sociale ; le jeu est à trois, il y a réellement trois partenaires : les bénéficiaires du prélèvement seigneurial d'une part, les exploités de l'autre (les « puissants » et les « pauvres », comme disaient les penseurs de l'époque carolingienne), et puis le prince, qui est à l'extérieur, avec son appareil, qui joue le rôle d'arbitre, et qui ne sert pas exclusivement la classe dominante. Naturellement, il est pour le moins en connivence avec elle, en complicité, mais, aussi souvent qu'il le peut, il établit également son emprise sur la classe dominante en s'appuyant sur la classe dominée.

G. L. – Il me semble, je le répète, que le point capital c'est que le lien social, comme tel, ne peut tenir qu'à condition que l'exploitation reste dans certaines limites – même s'il est vrai que ces limites sont, selon les sociétés, indéfiniment élastiques. En fait, le marxisme vulgaire présente un peu les choses comme si la société tout entière n'était rien qu'un lieu où la classe dominante s'efforce d'exercer, sans limite aucune, son désir d'extorsion, comme si elle la percevait comme un champ ouvert à ses rapines. Or, en réalité, il y a la nécessité que le lien social tienne, c'est-à-dire notamment qu'il n'y ait pas trop de rébellions.

G. D. – D'une part, il faut considérer que, dans la société féodale, la classe dominante est hétérogène, qu'elle est le lieu, elle-même, d'antagonismes, et, dans chacun des camps qui la partagent, il est toujours fait référence au soutien que l'on peut obtenir de la classe dominée. L'Église médiévale est ici un très bon exemple : elle se trouve pencher à la fois du côté des riches et du côté des pauvres. Et le prince, pour la tenir en bride, ne manque pas de jouer aussi de cette double attache. D'autre part, il est bien évident qu'un équilibre entre le produit brut du travail et ce qui en est extorqué est nécessaire. Que le prince, responsable de la paix, du salut et de la prospérité générale, est le garant naturel de cet équilibre, qu'il le rétablit par la charité (souvenez-vous du comte de Flandre), mais qu'il s'emploie aussi à contenir la cupidité des seigneurs. Cet équilibre d'ailleurs tend à s'établir naturellement : quand je parle de « lutte de classes », je prends en considération principalement la résistance muette, passive, obstinée, très efficace, que les sujets de la seigneurie médiévale ont pu opposer. Quelque chose remplissait, au fond, la fonction même de l'État, avant que ne s'achève la reconstitution du pouvoir monarchique : c'était la coutume. C'est-à-dire un ensemble de règles, non fixées, mouvantes, et par conséquent susceptibles de réarrangements à tous moments. Un droit conservé par la mémoire collective. Pour le connaître, pour en préciser les stipulations, il fallait interroger cette mémoire, réunir des gens. Des palabres, des assemblées, des énonciations dont la puissance normative était admise aussi bien par les seigneurs que par leurs sujets ; et c'est dans le jeu de l'application de la coutume, le jeu des enquêtes que réside en fait l'affrontement entre la seigneurie et les communautés paysannes, lesquelles se renforcent, se regroupent dans la mesure même où elles sont opprimées (car, bien évidemment, l'installation de la seigneurie eut immédiatement pour effet corollaire le resserrement des liens d'association parmi les sujets de la seigneurie). Donc il ne faut pas voir cette « lutte de classes » sous une forme dramatique. C'est une affaire de *paroles*, de politique louvoyante : le seigneur demande beaucoup, on lui donne peu, on se retire, on camoufle – finalement l'équilibre se maintient. Et lorsque l'État enfin se reconstitue, c'est lui alors qui d'une part apparaît comme le garant de cet équilibre, le mainteneur des « bonnes » coutumes, qui d'autre part le rompt à son profit pour s'approprier une part du gâteau, qu'il distribue parmi ses serviteurs.

G. L. – Je voudrais revenir, pour une dernière remarque, sur ces deux fonctions, intimement liées – assurer la « sécurité » et limiter l'extorsion –, par où l'État, raréfiant la pulsion de mort, reçoit la mission de faire tenir le lien social en tant que tel, et s'avère irréductible à l'intérêt d'une classe. Cette mission, me semble-t-il, apparaît de façon particulièrement spectaculaire précisément là où, l'État s'étant dissous, on a, comme dans l'ordre féodal, coïncidence parfaite entre les prérogatives étatiques éclatées et la classe exploiteuse. Car, en fait, dans la mesure où il reprend les fonctions régaliennes, on voit chaque seigneur se diviser alors en deux sujets, dont l'un assure, au besoin contre l'autre, les missions essentielles, la sécurité et l'intervention minimale, au profit des plus démunis, dans le jeu des extorsions, en sorte que certaines limites ne soient pas franchies. Bref, à lire par exemple *Guerriers et paysans*, tout se passe comme si, tant qu'il y a un État qui ne se confond pas avec la classe des seigneurs, ceux-ci poussaient sans frein leur désir d'extorsion, parce qu'ils savent que quelqu'un va intervenir, et y poser une limite ; mais dès lors que le pouvoir régalien, indéfiniment morcelé, leur revient, ils rognent eux-mêmes leur propre désir.

G. D. – Bien sûr, dans leur propre intérêt : la matière exploitable n'est pas infinie, et il faut quand même la ménager, il ne faut pas tuer la poule aux œufs d'or. Ajoutons qu'il y a, à l'époque de plus grande dissémination du pouvoir, à l'intérieur de toute seigneurie de quelque importance, entre paysans et seigneurs, ce groupe d'intermédiaires, préfiguration de l'appareil d'État, ces domestiques spécialisés, les ministériaux, comme on disait, qui participent à la fois de la paysannerie et du pouvoir. Eux sentent très bien où est la limite à ne pas franchir. Ils sont en fait les responsables de cet équilibre, de cette adéquation des demandes vraies aux réponses possibles.

G. L. – Ça vous gênerait de parler de « bureaucratie », à propos de cette espèce de couche ?

G. D. – Ça me gêne un peu, parce que bureaucratie fait bien sûr penser à paperasses accumulées. Encore que, après tout, il y ait en effet corrélation entre la reconstitution d'un État, d'un appareil d'État, et le recours à l'écriture et aux comptes, à la comptabilité (ce qu'on peut appeler une bureaucratie), qui suscite la formation d'une catégorie de professionnels. Ce groupe de spécialistes, que l'on recrute ici et là dans le peuple, qui s'identifient au pouvoir dont ils sont les agents, forme la vraie « classe montante » du Moyen Âge. Là, je m'écarte considérablement de l'histoire économique et sociale du Moyen Âge, telle qu'on la faisait au temps de Pirenne, alors que s'imposait l'image de la société bourgeoise libérale du XIXe siècle. Dans des perspectives, en définitive, beaucoup plus marxistes, on s'imaginait alors que la classe montante c'était, au fond, les capitalistes. Alors qu'à l'époque féodale, ce qui peut annoncer de quelque manière le capitalisme n'est qu'un appendice de l'appareil d'État, et se développe au sein d'un service domestique, parmi les serviteurs du prince, les auxiliaires de sa puissance : la « classe montante » est effectivement formée par les fournisseurs de cour, les fabricants de pièces de monnaie, les percepteurs de taxes, les hommes de main, par tous les auxiliaires qui ne sont pas nobles, qui ne partagent pas les habitudes des nobles, notamment celle de gaspiller l'argent qu'ils gagnent.

G. L. – On se représente volontiers le Moyen Âge seigneurial comme une époque sans État. Or, à côté de la dispersion indéfinie des maîtres de châteaux, ou des médiocres regroupements de la moyenne ou de la petite seigneurie, il y a quand même ces grands États féodaux que sont ceux des comtes de Champagne, ou d'Alsace et de Flandre, ou, pour la part française de ces domaines, du Plantagenêt, au XIIe siècle. Pourriez-vous me dire ce qu'est le mécanisme de fonctionnement de ces « États »-là ?

G. D. – Eh bien, d'abord, il faut distinguer les époques ; le Moyen Âge, c'est long ; l'époque féodale est elle-même longue, et les choses bougent ; il est évident que la granulation politique est tout à fait différente en l'an mil de ce qu'elle devient au XIIe ou au XIIIe siècle. D'autre part, il faut bien voir que, même dans la période de plus forte dispersion du pouvoir, de l'éparpillement féodal, le sentiment restait vivant qu'il existait de vastes cadres politiques, qui venaient du fond des âges, dont la présence était conforme à la volonté divine. L'empire d'abord, résurgence imaginaire de l'Empire romain, qui couvrait toute la chrétienté latine, avec un seul guide, représentant de Dieu, chargé de conduire le peuple chrétien tout entier vers son salut ; puis, sous l'autorité, elle aussi imaginaire, de l'empereur, des territoires, chacun confié par Dieu à un souverain, choisi par lui, investi d'un pouvoir miraculeux et magique par le rite liturgique du sacre, et c'étaient les royaumes. Personne n'a jamais douté, en l'an mil ou au XIIe siècle, qu'à l'intérieur d'un territoire, cerné par des limites précises (on croit souvent qu'au Moyen Âge les limites des États étaient floues, c'est vrai des principautés, mais non des royaumes : on sait très bien en l'an mil où passe la frontière séparant le royaume de France du royaume de Bourgogne ; elle passe entre deux paroisses, au milieu de telle rivière, entre telle ou telle île), nul n'a jamais douté, donc, qu'à l'intérieur de ces limites l'ordre voulu par Dieu, les ordres donnés par Dieu étaient transmis par l'intermédiaire d'un personnage, le roi, dont on savait généralement le nom mais qu'on n'avait jamais vu, par lui, et non par un autre. Il y avait donc les royaumes, et l'un des aspects de la reconstitution du pouvoir monarchique, d'un pouvoir dont l'image était dans le ciel, fut justement le raffermissement progressif de l'autorité de ces monarques sacrés : un moment vient où le pouvoir du roi capétien perd son caractère mythique, reprend de l'efficacité. Mais il faut distinguer ces formations politiques solides, immémoriales, providentielles, de ces principautés féodales qui se sont forgées au cours des Xe, XIe et XIIe siècles, entre les mains de certains « puissants », héritiers ceux-ci des auxiliaires des anciens rois. C'étaient des comtes ou des ducs, ou même de simples seigneurs de châteaux, mieux placés par rapport aux routes, aux villes en expansion. Les pouvoirs concédés à leurs ancêtres, devenus entre leurs mains des pouvoirs privés, progressivement étendus au hasard des batailles et des embuscades sur des territoires plus vastes, rapportaient pour cela davantage, permettaient à chacun d'eux de surmonter les seigneurs voisins, de s'affirmer comme le premier, le « prince », d'étendre sa puissance au loin, le plus loin possible, comme en tache d'huile. Eux n'étaient pas sacrés, ne prétendaient pas être les délégués de Dieu ; évidemment, ils disaient qu'ils étaient comtes, ou ducs, « par la grâce de Dieu » – mais ça n'avait pas du tout le même poids que d'avoir été, un certain jour, oint de l'huile sainte par les évêques. Pas de magie, pas de miracle, pas de guérison d'écrouelles. Ces princes ont pourtant profité eux aussi de l'histoire, profité du maintien d'une conscience nationale régionale. Dès qu'on entend, au XIIe siècle, les chevaliers angevins ou les Flamands s'exprimer, ils expriment le sentiment de former un « peuple », et qui ne peut souffrir les autres, les voisins, les Bretons, ou les Lorrains. Cette conscience régionale fut évidemment entretenue, vivifiée par les candidats au pouvoir princier.

D'autre part, ce sont les « défenseurs de la patrie » ; ils recrutent et dirigent les bandes de guerriers, organisant la défense globale de la région contre les envahisseurs, et cela a joué tant qu'a duré l'insécurité, donc longtemps : jusqu'au milieu du XIe siècle, les Vikings, par exemple, viennent ravager les côtes d'Aquitaine. Donc voyez-vous, c'est une chefferie militaire soutenue par un sentiment national et, peu à peu, ses prérogatives se renforcent, par exemple le contrôle du haut clergé, le contrôle éminent de la monnaie, de la justice, une justice supérieure, une justice d'appel, si bien qu'à un certain moment le comte d'Anjou, ou le duc de Normandie, ou le comte de Flandre sont vraiment reconnus comme les chefs uniques d'un État très fort. Ils sont environnés d'une haute aristocratie de barons, qui se disent leurs pairs, c'est-à-dire leurs égaux : ce sont des seigneurs de châteaux détenant le pouvoir localement autour de leur forteresse, les maîtres de ceux des points fortifiés disséminés dans le comté ou le duché où le prince ne commande pas lui-même. Mais le prince tient les châtellenies les plus solides et les cités, il domine pour cela très fortement une chevalerie, un clergé, et un « peuple », urbain et paysan. Peu à peu, certaines de ces formations politiques se durcissent. Mais, dans ce moment-là, le pouvoir royal se reconstitue lui-même encore plus vite, si bien que, à partir du début du XIIIe siècle, en France, c'est le roi qui, jouant à fond du mythe toujours vivant de la royauté sacrée, s'établit au sommet d'une pyramide ; autour de lui, sous lui, bien rangés, sont les princes, qui sont les pairs de France, plus ou moins rétifs, mais dans une très large mesure soumis.

G. L. – Donc, si je vous ai bien compris, du point de vue de leur fonctionnement concret, il faut plutôt se les imaginer comme d'énormes seigneuries que comme des États, au sens où nous l'entendrions aujourd'hui.

G. D. – Oui, mais certaines sont le lieu d'une réflexion politique précoce, et leurs chefs apparaissent tout de même comme les chefs du « peuple », les chefs des Champenois ou des Bourguignons.

G. L. – Finalement, les deux grandes césures du Moyen Âge, ce sont celles qui entourent l'âge seigneurial. Premièrement : dislocation du pouvoir royal et mise en place du pouvoir seigneurial, deuxièmement : dislocation progressive du système seigneurial, et remontée du système royal. Alors, voilà la question.

Du premier de ces phénomènes, vous avez clairement dit, il me semble, qu'il était proprement *politique*. Je ne crois pas vous trahir en disant que c'est le succès même de l'Empire carolingien qui amène la chute du système monarchique, dans la mesure où il interdit à ce moment-là la guerre à l'intérieur, et contraint les rois à abandonner leur fonction de chefs de guerre, entraînant les guerriers au pillage, au viol, aux grandes fêtes de la destruction. C'est donc, finalement, non seulement une question politique, mais même, pourrait-on dire, de mentalité : parce que, si ces hommes-là n'étaient pas d'abord, au niveau proprement de la mentalité, des guerriers, ils n'auraient pas réagi à cette mutation de la royauté comme ils ont fait, c'est-à-dire en s'en séparant. Et la deuxième cause que vous pointez, de la progressive impuissance du roi, est tout aussi politique : le climat d'insécurité, créé par les invasions – normandes, sarrasines, hongroises –, où seuls des chefs locaux peuvent apparaître comme assurant une protection réelle. Et vous considérez d'ailleurs, de façon beaucoup plus large, que, durant toute la période seigneuriale, le fait dominant, qui oriente l'évolution de l'économie et son progrès, est un fait politique : la nouvelle répartition des pouvoirs de commandement, l'accumulation du pouvoir, sur la terre et sur les hommes.

Mais sur le deuxième phénomène, la reconstitution du pouvoir royal, vous êtes, me semble-t-il, plus évasif. Au total, pourquoi se disloque-t-elle, la seigneurie ? Est-ce parce que le pouvoir royal se renforce – mais alors, pourquoi se renforce-t-il ? Ou bien est-ce parce que la seigneurie se dégrade déjà que le pouvoir royal peut se renforcer ? – mais alors, pourquoi se dégrade-t-elle ? Dans quel sens ça marche ?

Et derrière cette question-ci, bien sûr, cette autre : le phénomène est-il, ici encore, proprement politique – ou bien est-ce enfin, cette fois, la croissance des forces productives qui oblige à un nouvel équilibre politique ?

G. D. – Il n'y a pas d'explication simple. Encore une fois, tout s'entrecroise. Il est évident que si des principautés peuvent se reconstituer, si des princes, ducs, comtes ou rois finissent par pouvoir commander de loin, c'est parce que, incontestablement, la croissance économique leur a rendu les moyens d'échapper aux contraintes politiques du système féodal. Notamment la faculté d'employer des auxiliaires gagés, rétribués par un salaire, donc mieux tenus qu'au temps où il fallait les payer par un fief héréditaire. D'autre part, la croissance des villes déplace les lieux productifs de la fiscalité, concentre en quelques points des sujets beaucoup plus riches, de monnaie, et que l'on peut taxer plus aisément, opère donc un reclassement parmi les seigneurs : les seigneurs qui ne tiennent pas seulement les villages et les forêts, mais les passages, qui tiennent les cités – et ce sont précisément les comtes, les ducs et les rois – l'emportent financièrement sur les autres. Eux seuls au XIIe siècle ont donc la possibilité de payer des mercenaires, de faire construire des châteaux modernes. Ils disposent de moyens de coercition incomparablement plus forts. Ils peuvent, par conséquent, juguler l'indépendance, l'autonomie des simples seigneurs de châteaux et superposer leur autorité à la leur. Ils acquièrent une supériorité politique, mais par l'effet d'une croissance économique, et notamment de l'expansion de la circulation monétaire. Ainsi je pense qu'on ne peut absolument pas éliminer, dans le phénomène de reconstitution des structures monarchiques, l'intervention de l'économique. Mais il est évident, aussi, que la reconstruction d'un pouvoir pacifique efficace, étendu à l'échelle d'une province, rendit insupportables les exigences du seigneur local. Il n'était plus le vrai responsable de la paix, le gardien de la sécurité, il ne rendait plus de service – alors, pourquoi aurait-on continué à lui payer les vieilles taxes, d'ailleurs très dévaluées, qui soldaient à l'origine la protection seigneuriale ? Et puis il y a cette progressive expulsion de l'aristocratie féodale hors du monde rural. Elle est l'effet, pour une part, de la résistance paysanne : la passivité tenace du milieu paysan réussit à lasser les exigences du seigneur local. Mais entre aussi en jeu la capacité d'attirance de la cour du prince et de la ville, qui fait que cette aristocratie s'urbanise à la fois et se domestique : elle n'attend plus grand-chose de sa seigneurie, où elle ne réside plus en permanence, elle attend tout des générosités de l'État.

Je pense donc à des interactions entre des déterminations multiples, à une évolution globale où tout se mêle. Puisqu'il est évident que la croissance économique est stimulée, à son tour, par la renaissance de l'État, à laquelle elle a contribué de façon décisive, on ne peut pas formuler une réponse simple en termes de causalité.

G. L. – Une parenthèse, à propos de ce phénomène extrêmement important, dans ce que l'on a appelé la « crise » du XIVe siècle, qu'est l'effondrement démographique. Vous dites bien que cette baisse, elle commence avant les catastrophes. Est-ce que (puisque c'est une question très « dans le vent » chez les économistes, les démographes, etc., je me permets de vous la poser, à vous, historien), est-ce que vous avez une idée de la raison pour laquelle une chute démographique se produit ?

G. D. – Pénétrant dans le XIVe siècle, je m'écarte pour vous répondre de l'espace chronologique où j'ai travaillé moi-même. Je vous rapporte donc l'opinion la plus répandue parmi les médiévistes : ce qui s'est produit, c'est une sorte de distorsion entre le mouvement d'expansion de la productivité agraire et le mouvement d'expansion démographique. Le premier de ces mouvements s'est arrêté, à un certain moment, en raison de mécanismes économiques fort bien étudiés. Poussé par la volonté de produire davantage de subsistances, on a fini par étendre les cultures sur des terres marginales, de très faible capacité, dont la fertilité a été très rapidement épuisée ; on s'est mis, d'autre part, à solliciter de manière outrancière les anciens terroirs, qu'on a ainsi épuisés eux aussi. Il y avait, en somme, un seuil de productivité, lié au système technique de l'agriculture de cette époque-là, qui a été dépassé. Vint donc un moment où les rendements agricoles, la capacité de production par unité de travail non seulement cessèrent de croître, mais décrurent – d'où une pénurie de subsistances, et de plus en plus grave à partir de la fin du XIIIe siècle, puisque le mouvement de croissance démographique se poursuivait.

Ce qui semble se produire alors, c'est une hausse de la mortalité : il y a surpeuplement, donc sous-alimentation, et vulnérabilité plus forte à la morbidité. Il semble bien que l'espérance de vie de la plus grande partie de la population, dans les premières décennies du XIVe siècle, se soit considérablement restreinte. Cette fragilité physique explique l'effroyable catastrophe lors de l'agression des virus pesteux, en 1347-1348. Mais, bien avant, il y avait l'enchaînement : déficit de production, malnutrition, mortalité en hausse, aussi bien infantile qu'adulte.

G. L. – Ainsi vous n'avez pas du tout l'impression qu'au niveau des phénomènes démographiques des incidences idéologiques aient joué ?

G. D. – Je ne le pense pas, dans ce cas précis. Mais elles ont certainement joué, à d'autres moments. Prenons, si vous le voulez, l'exemple de deux grands moments de croissance, le VIIe et le XIIe siècle : on repère là des déterminations qui, certes, dans les deux cas, tiennent aux pratiques matrimoniales, mais qui n'en sont pas moins différentes. Dans le premier cas, le facteur essentiel me paraît avoir été, sans nul doute, la résorption de l'esclavage, de l'esclavage de chiourme, qui est la condition la plus défavorable à la reproduction humaine. Le fait qu'on ait installé les anciens esclaves, par couples, dans des exploitations dont ils avaient la responsabilité, leur a permis d'élever les enfants qu'ils procréaient. Dans le deuxième cas, un facteur proprement idéologique intervient de façon décisive : la mise en place, aux Xe-XIIe siècles, d'une nouvelle morale conjugale. L'Église parvint alors à faire lentement admettre un système éthique, qui imposait en fait aux laïcs la vie conjugale comme la seule situation face à la sexualité qui ne soit pas condamnable. Je suis tenté de penser que le succès de cette conception du mariage ne fut pas sans retentissements démographiques.

G. L. – Il y a un trait qui me semble remarquable, dans vos travaux, c'est que, même lorsque vous trouvez à un phénomène culturel des déterminations économiques ou politiques, disons, directes, vous avez bien soin de montrer toujours la complexité du phénomène, le fait que ce n'est jamais univoque, et notamment qu'un phénomène culturel apparaissant comme formant, en soi, une unité peut être déterminé par des causalités économiques et politiques qui sont, elles, multiples, voire carrément contradictoires. Je pense, par exemple, à ce que vous dites de l'histoire de cette forme, dont vous avez d'ailleurs beaucoup contribué, avec les élèves de Tellenbach, à renouveler l'étude : la chevalerie. Vous relevez, pour expliquer l'histoire de sa constitution, si je vous ai bien lu, deux déterminations, séparées par deux siècles, et radicalement contraires. Tout d'abord, c'est la dissolution du pouvoir régalien, la décomposition féodale, qui, par le biais de la Paix de Dieu, la constitue, cette chevalerie, comme idéal. Mais le triomphe de cet idéal, c'est finalement au contraire le renforcement des grandes principautés régionales, au tournant du XIIe et du XIIIe siècle, qui l'assure : en brisant les châtellenies, en disloquant l'autorité des petites ou des moyennes puissances locales, en fractionnant pour cela les droits seigneuriaux inférieurs, en tentant de s'acquérir ainsi l'hommage et les services directs des chevaliers – d'où la destruction progressive des distances entre les deux échelons de l'aristocratie, et la constitution de la noblesse en classe unique, relativement cohérente, dont les insignes sont désormais distribués à tous. Ainsi, l'histoire de la chevalerie connaît, à ses deux pôles, si je puis dire, des déterminations exactement inverses.

G. D. – Oui, parce que, effectivement, au cours de ces deux siècles, l'environnement, à la fois économique et politique, s'est transformé de fond en comble.

Et un même mot, un même ensemble symbolique, s'est rempli successivement de significations différentes, si bien que, au terme de l'évolution, on arrive à trouver à ces mots, à ces signes un sens qui est, sinon contradictoire, du moins absolument différent du sens premier. Et je pense que le travail de l'historien des sociétés, qui réfléchit sur des mots et sur des signes, c'est précisément d'observer, de très près, de tels glissements sémantiques et d'essayer de les mettre en rapport avec d'autres mouvements, qui se placent soit au niveau de l'économie, soit au niveau de l'organisation politique, soit encore au niveau des techniques (ici, pour la chevalerie, des techniques militaires), mais aussi au niveau de la culture. Ici : du sentiment religieux, du système de valeurs sociales, de l'idée qu'on s'est faite des fonctions attribuées par l'intention divine à telle ou telle catégorie d'hommes. La conception du rôle que l'homme de guerre doit remplir dans une société chrétienne bien ordonnée a varié d'une manière radicale entre l'an mille et le début du XIIIe siècle.

G. L. – C'est en somme ce que vous avez montré dans votre dernier livre : qu'un même thème revêt, selon le moment où il est actualisé, des significations absolument différentes.

G. D. – Oui, une même forme mentale-verbale est utilisée pour rendre compte de réalités concrètes qui sont absolument différentes selon les temps, et aussi selon les lieux sociaux.

G. L. – Sur le rôle déterminant, encore, de l'instance politique à l'époque qui nous intéresse, ceci, sur quoi vous insistez à de nombreuses reprises : il y a un type de seigneurie qui tient en réalité sur les dîmes, les moulins, les fours, donc sur le pouvoir politique d'exploiter les hommes, et non pas du tout sur les terres ou les tenures, et c'est ce système-là, en fait, qui est du meilleur rapport pour l'époque qui nous intéresse [1].

G. D. – Oui, je parlais tout à l'heure justement de l'instauration d'un nouveau système d'exploitation, que je propose d'appeler seigneurial puisqu'il repose sur le pouvoir de domination du « seigneur » (c'est le mot de l'époque), qui a le droit de prélever des taxes sur les richesses de ses protégés en raison du rôle qu'il joue, de pacificateur, de mainteneur de la paix et de la justice. Et cette

1. Cf. par exemple : « Un inventaire des profits de la seigneurie clunisienne » [ci-dessus p. 1342-1357], ou encore, pour les XIIIe-XIVe siècles : « La seigneurie et l'économie paysanne » [ci-dessus p. 1220-1254].

exploitation, cette extorsion, dès qu'elle se met en place, c'est-à-dire, en France, au début du XIe siècle, est beaucoup plus profitable qu'une autre forme d'extorsion, qui survivait, elle, d'une période antérieure. Forme domaniale celle-ci : le propriétaire du domaine tirant une rente d'un capital constitué par des biens immobiliers, fonciers, et par une main-d'œuvre vraiment « appropriée », en une forme dégradée de l'esclavage antique. Ce système primitif, adapté à une société très fruste, de peu de besoins et de faible technicité, procurait jadis des revenus suffisants pour soutenir le train de vie d'une aristocratie qui tirait l'essentiel de son plaisir, non de ses domaines, mais des bienfaits d'un souverain chef de guerre, généreux parce que prédateur. Dans son prolongement, aux XIe et XIIe siècles, le système domanial assure l'entretien des simples chevaliers, mais eux aussi bénéficient d'un surcroît de revenus : les largesses d'un patron, généreux parce que lui tire profit de l'autre système, le seigneurial. En effet, il n'y a pas de commune mesure entre le rapport du domaine, fondé sur un système de redevances, de corvées, et ce que le maître du pouvoir politique, le maître de la paix, le maître du château et du district, du pouvoir de contrainte tirait de cette puissance, en imposant des amendes, en opérant des confiscations, et en exigeant régulièrement une ponction, d'ailleurs indéterminée, sur la prospérité des gens qu'il protégeait. Vous parliez cependant des moulins, des dîmes, des fours. Ils rapportent en effet au XIIe siècle beaucoup plus que les redevances foncières, parce qu'il s'agit de ponctions dont le rapport est immédiatement proportionnel à la croissance économique et à celle de la population. L'homme, mais ce n'est pas forcément le détenteur du pouvoir politique, qui a les moyens d'édifier et de mettre à la disposition de la communauté paysanne un instrument coûteux, aidant à broyer le grain, à cuire le pain, à un moment où l'usage du pain se répand, ou encore le personnage, mais ce n'est pas là non plus nécessairement le maître du pouvoir politique, qui a hérité de ses ancêtres la possession d'une église privée, et par conséquent le droit de percevoir dans la paroisse le dixième des récoltes, eh bien ces hommes-là, en raison de l'évolution démographique, qui multiplie les producteurs, de la transformation des usages alimentaires, qui fait qu'on consomme davantage de farine, de la hausse de la productivité de la terre, qui fait qu'on produit davantage de céréales, que les gerbes que l'on récolte dans les champs, et sur lesquelles on perçoit la dîme, sont plus nombreuses, en raison de tout cela, ces hommes sont les rentiers les plus prospères dans les campagnes du XIIe siècle. Il arrive que le four soit banal, que le moulin soit banal, c'est-à-dire que par le « ban », le pouvoir politique de contrainte, les paysans soient obligés de s'en servir. Le profit dans ce cas peut être dit seigneurial. Mais il arrive aussi souvent que le four, le moulin soient seulement mis à la disposition des utilisateurs. Le profit que leur possesseur en tire relève dans ce cas du domanial, comme, et cette fois toujours, le profit des dîmes.

G. L. – Je relèverai une dernière chose, quant à la décisive incidence du politique, ou même, là, de l'idéologie, sur l'économie : c'est ce que vous dites du caractère, finalement, *coutumier* des prix agricoles. C'est une chose qui nous échappe, à nous qui vivons dans une économie de marché généralisée : le poids des coutumes, des traditions sur les prix agricoles, et d'ailleurs aussi sur la quantité de travail demandée [1].

G. D. – Voilà : j'ai été très surpris, au cours d'une recherche ponctuelle que je menais sur des manuscrits du XIVe siècle, concernant la Provence (il s'agissait d'une enquête sur les revenus d'une seigneurie, largement dispersée sur un vaste territoire, la seigneurie des Hospitaliers), de voir des distorsions, inexplicables selon les lois de formation des prix qui nous sont familières, d'un village à l'autre, entre les prix du blé et le salaire du moissonneur. Je ne vois pas que ces différences puissent d'aucune façon s'expliquer, ni par les aptitudes des sols, ni par la position dans la géographie des échanges, des marchés, ni par la démographie, ni par rien de cet ordre. Et j'en suis arrivé à la conclusion que les prix et les salaires étaient, dans chaque communauté rurale, imposés par la coutume, par une sorte de loi non écrite, mémorisée dans la communauté elle-même, et que ces prix et ces salaires étaient très peu mobiles, très peu sensibles à des déterminations purement économiques, aux fluctuations sur le marché de la consommation et sur le marché du travail. Cette viscosité des prix et des salaires m'a paru un trait tout à fait explicable si l'on prend en compte les habitudes, les comportements propres à des sociétés régies par un ordre souverain, qui est celui de la mémoire, où rien n'est censé changer en tout cas par la volonté des hommes, où tous les rapports entre les hommes, aussi bien les rapports de domination que les rapports d'affection ou les rapports économiques, sont gouvernés par cette loi non écrite, conservée dans la mémoire collective, jugée immuable (qui ne l'est pas, bien sûr, mais qui passe pour l'être), en vertu de laquelle, au fil des années et même des décennies, bien que la valeur de la monnaie se modifie (et rapidement au XIVe siècle), on hésite à donner un denier de plus ou de moins au travailleur qu'on embauche – lequel ne songerait même pas d'ailleurs à le demander –, on hésite à réclamer un denier de plus ou de moins à celui qui vous achète une certaine quantité de

1. Cf. « La seigneurie et l'économie paysanne, Alpes du Sud, 1338 » [ci-dessus p. 1220-1254].

blé. Exemple du danger qu'il y aurait à transporter, pour expliquer les relations socio-économiques de cette époque et de ce milieu, l'expérience que nous avons d'une société capitaliste évoluée.

G. L. – J'aimerais que nous parlions maintenant, si vous le voulez, d'une question que nous avons d'ailleurs effleurée à plusieurs reprises, celle des révoltes, et de la résistance paysanne.

Je sais bien qu'il y a la révolte, atrocement réprimée, des paysans de Normandie, à la fin du Xe siècle, contre la taille, qu'il y a des effervescences lorsque la seigneurie s'installe, qu'il y aura, ensuite, le mouvement des Capuchonnés, dont vous n'hésitez pas à dire que c'est une guerre de classe, qu'il y a de grands tumultes au XIIIe siècle, etc. – n'empêche, on a tout de même l'impression qu'il n'y a pas vraiment de révoltes populaires, au sens moderne du terme, avant ces tumultes de masses qui se propagent, dans toute l'Europe, au cours du XIVe siècle, et que Wolff et Mollat, par exemple, ont étudiés...

G. D. – C'est ça...

G. L. – L'émergence de ce type nouveau de révoltes, vous la reliez, dans votre leçon inaugurale, non pas à une causalité étroitement économique, mais bien plutôt à l'aggravation de l'oppression par les structures de l'État, à l'accroissement de la pression fiscale, en somme, et, pour faire vite, à ce qu'on pourrait appeler le renforcement d'un État de type moderne : il semble bien que le lien soit direct entre ces révoltes nouvelles et l'État moderne, singulièrement sa fiscalité [1]. À quoi il faudrait ajouter, bien sûr, le poids des déterminations culturelles : l'explosion du millénarisme, la vulgarisation d'un certain modèle de vie chrétienne par les mendiants, etc.

Mais, avant la césure du XIVe siècle, et mis à part ces tumultes que je mentionnais d'entrée de jeu, il me semble que la résistance s'est exprimée, pour l'essentiel, sous deux formes : celle d'abord – et c'est là un objet extrêmement complexe – qui passe dans la religion même, comme hérésie (et, me semble-t-il, on pourrait joindre à cela, avec les médiations nécessaires, des choses comme les croisades des enfants, des pastoureaux, etc.), et puis celle qui s'exprime à travers mille menus actes de résistance, et sur laquelle je voudrais insister un peu parce qu'il me semble que c'est elle qui, hors des grands soulè-

1. Cf. « Leçon inaugurale au Collège de France », Paris, 1970. Reprise dans *Féodalité*, Quarto, Gallimard, 1996.

vements, avant eux, et peut-être mieux qu'eux, a représenté la résistance, quotidienne, des paysans à l'extorsion seigneuriale.

Ces menus actes, j'en énumère quelques-uns, en piquant dans vos livres : les résistances pour sauver les communaux contre la clôture, les petits vols, les gerbes dissimulées au seigneur, les essarts gagnés sur la forêt seigneuriale, en trompant la vigilance des forestiers, l'argent caché, les glandées furtives – bref, toute une petite guerre, qu'il ne faudrait pas sous-estimer puisque vous en dites, dans *L'Économie rurale*, qu'elle fut un facteur probablement déterminant de l'histoire rurale [1]. Et je me demande si l'on ne pourrait pas écrire d'une nouvelle manière l'histoire des résistances populaires au Moyen Âge, en partant de ces petits actes de sabotage, en les étudiant aussi minutieusement que possible – pour autant, bien sûr, que nos sources autoriseraient une telle étude. Voilà. Êtes-vous d'accord avec ce petit tableau, très grossièrement brossé ?

G. D. – Dans l'ensemble, je suis tout à fait d'accord avec vous. Dans le Moyen Âge que je connais (car je ne connais pas très bien le haut Moyen Âge, ni non plus les dernières décennies), il y a deux grandes périodes d'agitation, qui correspondent d'ailleurs à deux étapes dans l'évolution de l'organisation politique. La première se situe autour de l'an mille, et correspond à l'effondrement des structures carolingiennes, à leur remplacement par des structures féodales ; la deuxième, elle, se situe dans la seconde moitié du XIVe siècle, et correspond en effet à l'appesantissement des formes d'oppression sécrétées par le développement des appareils d'État, qui se manifestent, d'un côté, par le soudard, par la garnison, les gens de guerre, et, de l'autre, par le collecteur d'impôts. Par contre, ces périodes d'agitation n'apparaissent pas nettement en rapport avec des flexions dans l'évolution économique. La première de ces crises, en effet, intervient dans un moment de croissance économique. Perturbante, sans doute : il est vrai, nous en avons déjà dit deux mots, que des poussées de fièvre accompagnent cette croissance, parce qu'elle est précipitée, parce que sa vivacité n'est pas uniformément répartie, parce que la hausse de la production n'est pas aussi rapide que la hausse de la population, etc., et, certainement, ce déséquilibre, ce malaise, tout cela a joué ; il n'en reste pas moins que, selon toute apparence, c'est un moment de croissante prospérité rurale. Quant à la seconde, elle se produit dans une période qui ne paraît pas

1. « La mauvaise volonté des ruraux, leur inertie et parfois leur résistance active comptent parmi les facteurs les plus déterminants de toute cette histoire. Ainsi fut sensiblement freiné le transfert des gains paysans vers les coffres des seigneurs et de leurs ministériaux. » (*L'Économie rurale et la vie des campagnes dans l'Occident médiéval*, p. 529 [ci-dessus p. 961].)

spécialement difficile pour les paysanneries : la Peste Noire a soulagé la pression démographique, et ceux qui ont échappé à l'épidémie se trouvent ainsi dans des conditions apparemment meilleures que celles de leurs prédécesseurs.

Quand on observe de près la sociologie des révoltes paysannes – ce qui est possible, non pour la première crise, faute de documents, mais pour la seconde, celle du XIVe siècle, en France et en Angleterre (et les meilleures études, à cet égard, sont celles de Rodney Hilton), on s'aperçoit que les meneurs ne sont pas des prolétaires. C'est la paysannerie riche qui gronde, les imposables. La jacquerie n'est pas une révolte de la misère, le jacques n'est pas, comme dit Michelet, la bête écrasée d'indigence qui mord dans un dernier sursaut. Non, les révoltés sont des cultivateurs aisés qui ne veulent pas qu'on aille fouiller dans leur bas de laine et qui, à un certain moment, poussés d'ailleurs par les bourgeois des villes, prennent les armes d'abord contre les garnisons ravageuses, et puis contre tous les nobles que, je l'ai dit, les paysans ont alors pris en dégoût, parce qu'ils ne les protègent plus des soudards. Ces révoltes ne sont pas prolétariennes. C'est plutôt la *lower middle class* qui regimbe sous le poids de l'État.

Je suis donc d'accord : l'antagonisme, déterminé par le mode de production seigneurial, entre les exploitants et les exploités s'est manifesté essentiellement par une petite guerre sourde, une guerre larvée. Mais cette résistance passive a, semble-t-il, toujours paru susceptible de devenir agression violente contre les seigneurs. On devine, à mille indices, la peur permanente des dominants. Le peuple, au XIIe et au XIIIe siècle, fait peur.

Cette crainte explique toutes les mesures prises par le pouvoir depuis l'époque carolingienne (et ces prescriptions sont l'un des signes les plus évidents de la lutte des classes) contre les tentatives de regroupement, les associations, les confréries, les réunions où l'on boit ensemble, etc. Plus tard contre les « superstitions ». C'est-à-dire les rites collectifs qui formaient, en marge du christianisme officiel, la religion du peuple. Par ailleurs, la société rurale, dès qu'elle sort de la protohistoire, dès l'époque carolingienne, paraît compter un nombre non négligeable de hors-la-loi, des gens du bois, de la friche, de la route. Le monde rural grouille d'hommes et de femmes qui ne sont pas encadrés par le village, la paroisse, la maison, qui vivent, et souvent bien, qui échappent en tout cas au prélèvement seigneurial. Parfois, cette société marginale, diluée dans la société ordonnée, se condense. Il se produit, sans qu'on sache bien pourquoi, comme un phénomène de précipitation (et l'on peut penser que, là même, la part de l'idéal est considérable). Des regroupements brusques : les croisades d'enfants ou de pastoureaux, par exemple.

G. L. – En restant en fait dans le même champ d'interrogations, je voudrais à présent vous poser une brève question sur la famille. Il y a bien sûr, entre les structures familiales et puis les autres structures sociales, une relation d'action réciproque, un mouvement de va-et-vient, si j'ose dire, constant – au point qu'il peut sembler impossible de les séparer, et de décider si l'une détermine les autres, ou les autres l'une : plutôt seraient-elles comme deux miroirs, se renvoyant leur reflet. Il me semble cependant qu'il peut être méthodologiquement nécessaire d'*analyser* cette globalité, et de se demander, sans rechercher pour autant une détermination, si ce sont plutôt les structures de la famille qui reconduisent, reproduisent les autres structures sociales, ou si, au contraire, ce sont les structures de la production et du pouvoir qui reconduisent les structures fondamentales de la famille. Y a-t-il un des deux niveaux qui, malgré tout, décide ?

Il me semble – et vous me corrigerez si je me trompe – que, pour la société féodale, vous trancheriez dans le sens d'un rôle de décision des rapports de parenté ; il me semble que ce que font apparaître les recherches que vous poursuivez, c'est le caractère fondamental de la famille, comme matrice des rapports sociaux[1].

G. D. – J'ai d'abord l'impression que, prisonniers de la manière dont nous pensons notre propre société, nous tendons à accorder trop d'autonomie conceptuelle dans la société médiévale aux organismes économiques ou aux organismes politiques ; alors qu'il est évident que la plupart des organismes économiques, sinon tous, la masure paysanne, le grand domaine, la ghilde marchande, la compagnie bancaire, l'atelier artisanal ont été vécus, et rêvés, comme étant des familles. Toutes les métaphores employées par les gens de l'époque pour penser le corps social dans lequel ils vivent, toutes sont des métaphores familiales : ce n'est pas par hasard si les moines se disent frères et nomment père celui qui les dirige, si les guerriers autour du chef forment sa « mesnie » ou sa « manade » – sa maisonnée ; ce n'est pas par hasard que, dans les relations féodo-vassaliques, le patron s'appelle le « senior », le vieux ; ce n'est pas par hasard que le protégé s'appelle le « vassus » ou le « vassalus », le petit gars. On rejoint ce que je disais sur les « classes d'âges », qui constituent une des structures fondamentales de la société aristocratique.

---

1. Ce rôle décisif de la famille est fortement marqué dès *L'Économie rurale et la vie des campagnes dans l'Occident médiéval* : « La cellule sociale élémentaire est la famille. Elle commande la structure du village et du terroir, la répartition du travail et de la consommation. » (p. 88 [ci-dessus p. 681]). Duby y parle même de « société familiale » (p. 90 [ci-dessus p. 682]).

Tout royaume est conçu comme une famille ; les relations entre les puissances invisibles et l'homme, elles aussi, sont conçues comme des relations familiales : la soumission à un père, partout. Et ce ne sont pas seulement des métaphores : je suis persuadé qu'une étude comme celle que je mène actuellement pourrait aboutir, en fait, à un livre sur la société féodale dans son ensemble, où tout viendrait se mettre en place, en partant de questions sur la transmission héréditaire des biens, sur le mariage, sur la mort, sur l'opposition entre jeunes et vieux, etc.

C'est pourquoi je prête tant d'attention aux recherches des anthropologues : les africanistes, en particulier, se rendent maintenant compte que les relations de parenté constituent le cadre englobant de toutes les relations, et notamment des relations économiques.

G. L. – Ce que je vais dire là est vraiment énorme, mais il me semble qu'à très, très grands traits on pourrait dire qu'à partir d'une certaine époque, qui commence, en gros, avec la naissance de l'État moderne et le début du développement du capital, c'est l'État qui programme les rapports familiaux, les rapports de parenté, et, du coup, on a finalement l'impression que ce n'est pas la famille qui détermine l'ordre social, mais l'ordre social qui détermine la famille.

Alors que dans la période que vous étudiez vous, la « féodalité », il semble bien, au contraire, que ce soit les rapports de parenté qui façonnent, effectivement, un certain type d'État.

G. D. – Ce que vous dites des temps modernes est si vrai, nous avons en effet tellement l'impression que les relations familiales nous sont imposées du dehors, par la loi, par la règle, que la contestation globale de la société à notre époque a pu prendre pour objectif privilégié la libération de la pression, ressentie comme extérieure, des relations de parenté. Mais en ce qui concerne l'époque dont je m'occupe, il me paraît que le prototype, le germe des formes majeures que revêt l'État, du pouvoir d'un roi vu comme un père, de la fonction protectrice, conciliatrice et nourricière du seigneur féodal vu comme un frère aîné se trouve dans la cellule de base, dans cette sorte de gaine matricielle qu'est le cadre familial. Je suis tenté d'y voir inscrit ce qui est peut-être bien le code génétique de la société tout entière. Ceci dit, lorsque les prêtres soutenus par les princes, et pour maintenir l'ordre, renforcent l'autorité du mari sur sa femme, du père sur ses enfants, que se passe-t-il ? Et quand le corps social expulse, vers la croisade, l'aventure ou vers ces fraternités artificielles et charnellement inféconds que sont les communautés monastiques, les garçons en surnombre de l'aristocratie, contraints au célibat, que se passe-t-il ? Je me refuse encore une fois à répondre de manière trop tranchée.

L'Église, les formes de la religion

G. L. – Nous avons déjà évoqué à plusieurs reprises le rôle tout à fait spécifique de la religion, du christianisme, au Moyen Âge ; j'aimerais pourtant qu'on y revienne, en quelques mots, et pour quelques brefs éclaircissements. Et tout d'abord, sur l'autonomie réelle des formes religieuses par rapport à toute autre détermination.

Non que je nie, bien sûr, que pour bon nombre de phénomènes de l'histoire religieuse on puisse montrer qu'ils font sens avec le contexte social global où ils s'insèrent : pour les formes de la dévotion aux morts, par exemple, telles que Cluny les promeut, vous montrez parfaitement comment ça fonctionne avec la solidarité lignagère [1] ; lorsque vous parlez de ce tournant majeur, au XIIe siècle, où la dévotion installe en son cœur l'humanité de Jésus contre, disons pour faire simple, le rituel, vous pouvez mettre ça en résonance avec l'essor urbain, les formes nouvelles de la charité avec la réalité de l'indigence, qui ne permet plus de se suffire des pauvres symboliques de Robert le Pieux ; on voit bien encore pourquoi la religiosité du XIVe siècle se fixe sur l'humanité souffrante du Christ, etc.

Mais il me semble qu'il serait impossible de trouver réellement des déterminations : tout cela résonne avec, fait sens avec..., mais on ne peut pas aller plus loin. On a quand même le sentiment qu'il y a là quelque chose qui échappe à l'explication historique, quelque chose sur quoi on bute, et qui est une autonomie réelle des formes religieuses par rapport à l'histoire sociale.

G. D. – Qu'il y ait autonomie, j'en suis persuadé. Mais, si je puis dire, partielle. Il est évident à mes yeux que l'évolution d'ensemble du sentiment religieux et des pratiques est dépendante de la pensée des dirigeants de l'Église et que cette pensée évolue elle-même comme un système autonome. Que, par exemple, c'est par l'application d'une certaine méthode de réflexion sur l'Écriture, par la recherche des analogies entre le Nouveau et l'Ancien Testament que l'attention s'est peu à peu déplacée vers les Évangiles, vers les Actes des apôtres. Donc vers l'humanité du Christ, vers un certain idéal de la vie « apostolique », une certaine conception de la pauvreté, de la charité. Mais l'évolution de cette

1. Cf., par exemple, *Le Temps des cathédrales*, p. 55. Le triomphe de cette dévotion transformera Cluny, au seuil du XIIe siècle, en un « immense réfectoire pour les morts » (*Les Trois Ordres ou l'Imaginaire du féodalisme*, p. 247).

pensée directrice ne peut pas être convenablement étudiée par qui ne prend pas en compte l'évolution globale du corps social. Ainsi, sans l'expansion militaire en Orient – qui, prenant la forme d'une guerre sainte, n'est pas elle-même sans lien avec la pensée ecclésiastique, mais qui ne l'est pas non plus avec la croissance matérielle de l'Europe, le progrès des techniques militaires, les structures familiales, etc. –, sans les croisades, sans le contact pris avec le christianisme oriental, avec les lieux où Jésus avait vécu, la perception aurait-elle été aussi précoce et vive de ce qu'avait été l'humanité de Dieu, et aussi puissant le courant portant vers une religion moins rituelle ? Et l'exigence de pauvreté radicale qui s'affirme dans le cours du XIIe siècle, comment la considérer hors de ses relations avec la mauvaise conscience qui saisit à ce moment les nantis, c'est-à-dire avec l'amplification de la circulation monétaire et marchande qui vient démantibuler une société de paysans et de guerriers, prisonnière de ses héritages et de ses routines liturgiques ?

G. L. – Il me semble qu'au fond on pourrait appliquer à cela la problématique que vous dégagiez dans *Les Trois Ordres* – c'est-à-dire qu'il est possible d'expliquer pour quelles raisons historiques, à un moment déterminé, on puise dans ce stock de thèmes latents qui constituent une culture, mais que ces thèmes eux-mêmes échappent largement à l'histoire. Il me semble que, pour l'histoire des religions, ce serait particulièrement bien venu.

G. D. – Sans aucun doute. Il y a un moment où le penseur sacré choisit de prendre tel livre au lieu de tel autre. Mais il faut considérer d'abord qu'il y a dans l'armoire tel et tel livre, dans la mémoire tel ou tel verset, telle ou telle image ; qu'il importe donc de faire l'inventaire du stock disponible à tel moment, en tel lieu ; et d'autre part que le choix n'est généralement pas le fait du hasard. Il est certain que les systèmes de valeurs, les représentations mentales ont leur propre histoire, évoluent à leur propre rythme, mais non moins certain que cette évolution se déroule au sein d'une globalité. Au milieu d'une ample coulée historique, dont chacune de ces histoires particulières représente un filet, plus rapide ici, plus lent là, mais entraînés tous ensemble par des corrélations proches ou lointaines. Ce que vous dites du stock de thèmes me paraît très vrai en ce qui concerne les mouvements artistiques : évidemment, le passage du roman au gothique se relie aux phénomènes d'urbanisation, et par conséquent à l'évolution des forces productives. Mais l'innovation provoquée par la nécessité d'adapter l'édifice sacré aux besoins et à la configuration d'une société chrétienne nouvelle, aux démarches nouvelles de la pensée et de la liturgie réside pour une part dans la simple reprise de formes un moment délaissées ou reléguées dans les marges du grand œuvre.

G. L. – Il me semble, pour en revenir aux formes religieuses, que, si l'on peut montrer (et vous l'avez fait, d'ailleurs) que le mouvement qui, précipitant la chute de Cluny, remet en honneur le vœu de pauvreté, autour des chanoines, des cisterciens, etc., s'accorde au développement économique, ça s'y accorde justement de manière négative. Or, que la pensée y réagisse de manière négative, ça ne s'inscrivait en rien de manière nécessaire dans le rapport économie/idéologie : c'est parce que le christianisme véhiculait, par ailleurs, des valeurs comme celle de l'humilité, de la pauvreté, etc. que les effets du développement vont être affectés dans la pensée d'un signe négatif. Un développement économique équivalent aurait donné des effets très différents sur une pensée qui n'aurait pas véhiculé de telles valeurs.

G. D. – Oui. Mais voyez : à l'intérieur de la chrétienté médiévale la relation des formes chrétiennes au comportement économique n'est pas la même dans les cités italiennes et dans les campagnes françaises. Les formes que prennent, par exemple, le vœu de pauvreté ou la vertu de charité ne sont pas les mêmes ; la manière dont on use des biens matériels n'est pas dictée par des impératifs moraux exactement semblables. Pourquoi ? Parce que le fonds culturel où s'inscrit le christianisme diffère en France et en Italie ? D'accord. Mais faut-il croire sans effet la différence de tonalité économique entre l'Italie fortement urbanisée et la France à prédominance rurale ?

G. L. – Vous aviez une fois mentionné le fait que l'Église, au Moyen Âge, c'est en somme à la fois une partie de l'appareil d'État et un appareil d'État indépendant. Et ça me paraît déjà très complexe d'essayer de comprendre comment l'Église fonctionne localement ; mais la papauté ? Qu'est-ce que c'est ? Je ne vois pas du tout comment penser le phénomène – et singulièrement je ne vois pas ce qui, dans l'arsenal marxiste, pourrait nous y aider. C'est quand même un truc complètement monstrueux, d'un point de vue marxiste, la papauté !

G. D. – Vous croyez vraiment plus difficile de donner de Jean-Paul II une explication marxiste orthodoxe, que, par exemple, de Staline ?

Quant à l'institution ecclésiastique, ça n'est ni le Saint-Esprit, ni l'Évangile. C'est une organisation, c'est un corps. Avec une tête, un ventre. Je reviens toujours à ce qui était, au fond, la grande préoccupation, au XIIe siècle, des hommes de culture. Sur quoi méditaient-ils ? Sur l'Incarnation. Tous, saint Bernard, les professeurs des écoles de Paris, leur grand problème, c'était celui-là : il y a la chair et l'esprit. Dans l'homme comme dans son frère, le Christ, indissociablement mêlés. Et nul homme vivant ne peut tout à fait s'évader du côté de l'esprit, ni non plus, quoi qu'il fasse, basculer tout à fait dans le charnel.

Au fond, dans les phénomènes que nous examinons, que ce soit au niveau de l'individu, qui est à la fois un corps et un esprit, ou au niveau de la société, dont le corps est charnel mais animé par un système de pensée, un système de croyances, il me paraît contraire au progrès de nos connaissances de ne pas vouloir considérer l'une et l'autre composante comme faisant partie d'un tout, en interaction constante, prises dans un jeu complexe d'influences réciproques. Le niveau du politique se situant dans l'entre-deux, si je puis dire, sur la frange d'interpénétration : participant des deux à la fois, concentrant, cristallisant un certain nombre de données émanant des diverses parties de l'ensemble.

Il est tout à fait faux de considérer l'histoire de l'Église chrétienne sans prendre en compte ce qu'il y a d'institutionnel, d'enraciné et d'incarné en elle ; il n'est pas non plus pensable de considérer le christianisme du XIIe siècle comme une sorte de surproduit du mode de production seigneurial : l'Église n'est pas sécrétée par le grand domaine, ou par la seigneurie.

G. L. – Mais je reviens, pardonnez-le-moi, à la papauté, parce que le pouvoir des papes, c'est quand même quelque chose qu'on comprend fort mal, et qui est, je crois, assez inouï. Là on a un État, au sens propre, un État autonome, et qui est directement suscité, induit par une croyance, une religion. Et qui vient en quelque sorte brouiller les mécanismes ordinaires, ceux que l'on croit pouvoir expliquer par l'économie, par la lutte des classes, etc.

G. D. – Ça ne vaut pas simplement pour la papauté, mais pour toute l'institution ecclésiastique : l'Église est imbriquée dans le corps social. Elle rêve parfois d'en être l'âme. Et là elle s'égare : elle oublie l'Incarnation. Elle rêve, et c'est déjà moins fou, d'en être la tête. En fait, les formes politiques que prend l'Église se développent de manière homologue aux formes politiques d'ensemble. Plus vite, parce que l'Église au Moyen Âge est plus vigoureuse et pensante que le reste. L'Église donc, depuis le XIe siècle, se constitue en monarchie, et ce mouvement devance, mais très parallèlement, celui de la reconstitution générale des États. Mais ce faisant, elle prenait, si je puis dire, trop de corps, par rapport à l'esprit. Déséquilibre. L'Église, trop enfoncée dans le charnel, dans la puissance et la richesse, perdit progressivement de sa valeur, aux yeux du peuple fidèle : on n'expliquerait pas les hérésies médiévales ni l'évolution générale du sentiment religieux sans prendre en considération tout ce qu'il y eut de scandaleux à voir le pape devenir un souverain, alimenté par un système fiscal rapace, en proie à toutes les complaisances à l'égard de ce que nous appelons la politique. Une évolution qui n'était pas nécessaire, mais qui me paraît s'expliquer très bien quand on considère une civilisation comme un ensemble entraîné par un flot continu, où tout est rapport, où tout est corrélation, et que, pour comprendre tel phénomène, il ne faut surtout pas l'isoler de tous les autres.

VI

ÉPILOGUE

G. L. – Nous avons déjà parlé de la question de savoir s'il y a ou non un « sens de l'histoire », je n'y reviendrai donc pas. Je vous poserai pourtant une question, qui est malgré tout très liée à cela, touchant le fameux « topos », qu'on ne peut pas éviter quand on parle avec un historien, de l'histoire « source de leçons ». C'est finalement un topos qui, malgré toutes les critiques qui ont pu en être faites, reste, me semble-t-il, assez vivace.

À très grands traits, la critique pourrait être, je crois, présentée de façon simple : ou bien l'histoire n'est que la projection, sur le passé, de nos soucis et de nos intérêts propres – le « passé », alors, n'existe pas, il n'est que l'un des modes selon lesquels nous nous présentons, et l'on ne voit pas quelles « leçons » il pourrait nous donner ; ou bien le passé est ce réel que nous cherchons à restituer, mais précisément, alors, il est réellement du passé, et si l'histoire existe c'est à ne jamais rien répéter d'identique – il n'y a jamais de mêmes causes pour produire les mêmes effets, et l'on ne voit pas non plus quelles « leçons » on en tirerait.

Reste, plus fort que ce dilemme où les choses, sans doute, se posent trop abstraitement, notre sentiment que l'histoire nous *apprend* quelque chose, que nous nous y instruisons.

Alors, voici ma question : que faire de l'histoire soit affaire de désir, qu'on en fasse pour son plaisir, et pour celui des autres, vous l'avez dit, mais n'en faites-vous *que* pour le plaisir, ou, comme dit l'autre de la poésie, « pour passer le temps » ? Ou bien pensez-vous qu'il y ait une « utilité » de l'histoire ?

G. D. – Tous les livres que j'ai écrits, je ne les ai pas écrits seulement pour divertir les autres et moi-même, mais aussi parce que j'étais intimement persuadé que le travail que je faisais avait une utilité, une utilité pratique, pour les hommes de notre temps, et que le regard porté sur le passé permet d'aiguiser le regard que nous portons sur les choses du monde actuel, et qui bougent. Produire le discours historique, c'est, j'en suis persuadé, développer un savoir utile. Consommer le discours historique, je le vois comme un exercice, un exercice d'entraînement, aidant à se colleter avec le présent dans une meilleure posture. Je prends un exemple : il me semble que les hommes qui se préoccupent aujourd'hui de gouverner la croissance de pays imparfaitement développés auraient intérêt à lire les travaux des historiens sur l'économie agricole dans l'Occident du XIe et du XIIe siècle, à méditer sur ce que l'on entrevoit des mécanismes de croissance dans une société agraire, qui n'est certes pas identique aux sociétés africaines actuelles mais qui leur est *comparable* par certaines de ses articulations. Et c'est précisément dans la comparaison d'une croissance naturelle, et d'une autre, provoquée, précipitée par l'acculturation brutale, mal gouvernée parce que trop rapide, c'est-à-dire dans la mise en évidence des *différences*, que me paraît résider l'utilité. Mais je crois que la valeur décisive de l'histoire, sa valeur *morale*, est finalement dans la méthode historique elle-même. L'histoire donne des « leçons » dans la mesure où elle enseigne le doute méthodique, la rigueur, où elle est apprentissage d'une *critique* de l'information. C'est ce qui me fait penser que l'histoire (l'enseignement de l'histoire, sa pratique, la lecture d'ouvrages historiques) est, comme on aurait dit naguère, « l'école du citoyen », qu'elle contribue à former des gens dont les jugements sont plus libres, qui sont capables de soumettre les informations dont ils sont bombardés à une analyse lucide, mieux à même d'agir en « connaissance de cause », moins empêtrés dans les rets d'une idéologie. Elle enseigne aussi la complexité du réel. Elle apprend à lire le présent de façon moins naïve, à saisir, par l'expérience de sociétés anciennes, comment les divers éléments d'une culture, et d'une formation sociale, jouent, les uns par rapport aux autres.

G. L. – Ce serait ici, sans nul doute, en cet objectif éthique que vous assignez à l'histoire, en cet objectif critique, qu'on pourrait trouver la plus profonde parenté entre l'histoire et la philosophie. En bon kantien, en effet, je crois que l'une des missions essentielles de la philosophie, c'est d'armer le sujet de telle sorte qu'à tout discours il puisse demander *ses titres*. Où, personnellement, je vois aussi le dessein proprement critique de Foucault, lorsqu'il fait de l'histoire.

Ma dernière question, alors, sera un peu perverse, dans la mesure où elle force à parler de votre « philosophie de la vie ». Je poserai les choses de cette manière : par votre métier d'historien, vous êtes amené, nécessairement, à traquer la différence, à postuler que jamais rien n'est pareil. C'est votre métier d'alerter les gens qui font des comparaisons excessives, et de leur dire que le « même » élément, dès lors qu'il est pris dans des systèmes historiques différents, ce n'est pas du tout le même élément. Mais ceci dit, est-ce que, quand même, vous n'êtes pas, de temps en temps, en regardant le cours de l'Histoire, amené à penser que les sujets humains répètent indéfiniment les mêmes choses, qu'effectivement il n'y a pas de progrès et que, comme disaient les Anciens : *nihil novi sub sole ?* Comment se défendre du sentiment que ce qui se passe, partout dans le monde, où c'est très généralement l'horreur, il faut bien le dire, est incroyablement morne et répétitif ? Comment se défendre du sentiment que, plus c'est différent, plus c'est pareil ?

G. D. – Il est évident, nous l'avons dit, que les comportements des hommes sont dépendants, dans une très large mesure, de pulsions qui viennent de leur corps et dont la régulation relève d'un code de nature biologique. Or il n'est pas possible de penser que le système de codage, de nature purement biologique, évolue dans l'espèce humaine avec une grande rapidité. Il semble bien que, depuis *Homo sapiens*, il y ait les mêmes réactions d'agressivité, de terreur, la même volonté de puissance dans les individus : ce sont là des choses qui viennent de l'être, dans sa forme corporelle ; si elles évoluent, c'est d'un mouvement si lent que, dans la chronologie très étroite de ce que nous appelons l'histoire, on peut parler de phénomènes sans changement, ni diversité dans l'espace. C'est bien sur cette part de « nature » que prend appui ce qui dans l'histoire est répétition, les gestes indéfiniment répétés, d'une désespérante monotonie, du conquérant, du tortionnaire, du ravisseur, du missionnaire, du chercheur, du philosophe, de l'historien.

Mais la question que vous me posez est grave, parce qu'elle amène à celle-ci : est-ce que l'autre codage, le codage culturel, qui, lui, bouge, n'est pas tellement superficiel, et tellement inopérant, que, très souvent, les mécanismes de régulation d'ordre moral, éthique, se révèlent incapables de maîtriser d'autres mécanismes, d'ordre corporel ou biologique ? Constituent-ils beaucoup plus qu'une simple couverture, en tout cas pour une très large majorité d'individus, une sorte d'écran, derrière lequel on se cache pour répondre en catimini aux pulsions de la nature biologique de l'homme ?

G. L. – Alors, si vous le voulez, j'accrocherai à ce que vous venez de dire cette question encore, volontairement naïve en ses termes : où en êtes-vous, du fait de votre long labeur d'historien, quant à ce que vous pensez de l'« homme » et, pour lâcher un grand mot, de « l'avenir de l'homme » ?

G. D. – Ça, vous savez, parler de l'avenir de l'homme suppose la projection d'une expérience courte sur le futur, et j'ai toujours réticence à cela. Mais il est évident que la longue pratique de l'histoire n'entraîne pas à l'optimisme. On a parlé, déjà, du « sens de l'histoire » – je crois qu'elle n'en a pas. La génération dont je viens croyait encore, très fort, au progrès. Combien parmi nous y croient-ils vraiment, spontanément, sans se forcer ? Ce mythe, ce vieux mythe, achève sous nos yeux de se disloquer. Et nous nous accoutumons à juger illusoire, aliénant, ce qui persuadait naguère nos parents qu'ils marchaient vers le bonheur : la croissance économique, la hausse du « niveau de vie »... Dérision. Ce désenchantement est un trait capital du moment historique que nous vivons, et son retentissement sur la conduite des gens devient de mieux en mieux perceptible.

Les mirages se dissipent. Un tel désenchantement explique ma propre attitude, en 1980, face à l'histoire et ma manière de l'écrire. Lorsque je regarde autour de moi, me crève les yeux ce dont nous parlions à l'instant : le caractère tellement précaire, fragile, des régulations morales, face à ces pulsions qui, elles, ne changent pas, l'agressivité, la terreur, etc. Lorenz m'agace un peu, avec ses oies, mais il m'a beaucoup appris sur le comportement du chevalier dans l'amour et dans la guerre. À ce niveau, comment ne pas avoir le sentiment qu'en effet rien ne change, que c'est « toujours pareil » ?

Au fond, en toute fin, ça nous poserait la question du « bonheur ». Je dirais, en historien, que chaque époque se forge sa conception du bonheur, et que, bien sûr, à chaque époque c'est un bonheur différent ; mais il n'y a pas d'époque plus « heureuse » que d'autres.

Le rêve n'est jamais le même, mais je croirais volontiers constante la part de bonheur que, d'âge en âge, les hommes âprement se disputent.

novembre 1978
mars 1979

POSTFACE

Ce que Guy Lardreau m'a, non sans peine, arraché devant le magnétophone peut se réduire à quelques propositions simples :

1. Mon métier consiste à poser des questions sur l'homme (sur l'homme d'aujourd'hui), à tenter d'y donner réponse en considérant le comportement de notre propre société dans une étape antérieure de sa durée. J'interprète pour cela des vestiges. Ce matériau me parvient déjà traité par l'érudition, et je dois l'affiner encore. Mais il me faut, quand je le manipule, respecter quelques règles : la morale de mon métier les prescrit. Ainsi suis-je censé employer tout le matériau disponible et n'employer que lui. Je n'ai pas le droit de lui forger de toutes pièces des compléments. Je n'ai pas, non plus, le droit – ce qu'il m'est moins facile de m'interdire – d'en écarter tel élément qui me gêne. Et si la masse en est si considérable que je ne puisse le mettre en œuvre entièrement, si je suis contraint de choisir, mon choix ne doit pas être arbitraire. Tout le reste, au fond, m'est permis, et notamment, si je ne déraisonne pas, d'imaginer.

2. Ces contraintes consenties, et d'autres très pratiques, comme de situer avec exactitude toute information dans le temps et dans l'espace, je tiens pour assuré que la meilleure manière d'utiliser ce matériau est aussi la plus candide. Puisque c'est la vie que j'observe, toute théorie qui me tiendrait prisonnier me semble paralysante, desséchante, et je fais tout pour me libérer de son emprise. Non que je me figure tout à fait libre. Ma liberté est à son comble lorsque je pose mes questions. Or je suis conduit à les poser de telle façon et non d'une autre par mes humeurs et par ce qui m'environne en ce moment-ci. Je suis captif de moi-même et de mon milieu, et je le reste tant que se poursuit le « développement », pour reprendre un mot que j'écrivais à huit ans sur mes

cahiers de calcul après l'énoncé du problème. Un être qui n'aurait ni le même passé, ni les mêmes passions, qui n'écrirait pas dans le même temps, dans le même lieu, ne ferait pas, je le sais très bien, le même usage des mêmes données. Ainsi – puisque nous avons beaucoup parlé de cela –, l'influence du marxisme sur mon œuvre serait fort différente si j'étais de quinze ans plus jeune, si j'avais été militant et si je ne travaillais pas à Paris ou à Aix, mais à Prague. Ceci m'incite à beaucoup de circonspection lorsque l'envie me prend de parler de l'histoire comme d'une science.

3. Je ne suis pas un amateur, mais un professionnel : j'entends par là que mon métier me fait vivre. J'appartiens donc à une corporation qui a ses rites, sa hiérarchie et son petit terrorisme interne. Mes relations les plus étroites sont avec mes confrères, les maîtres, avec les compagnons qui m'aident et avec les apprentis que j'enseigne. Nous parlons entre nous de nos pratiques, dans notre langage d'atelier. Nous échangeons, comme il se doit, le résultat de nos recherches, en relatant dans le détail les recettes que nous employons et l'itinéraire que nous suivons. Un tel commerce rend chacun d'entre nous plus efficace. Il est d'autre part agréable.

4. Je suis cependant persuadé que notre métier perd son sens à rester replié sur soi. L'histoire, me semble-t-il, ne doit pas être principalement consommée par ceux qui la produisent. Si les institutions où notre profession prend place semblent aujourd'hui si mal en point, n'est-ce pas pour ce repli même, pour s'être tant coupées du monde que le monde s'accoutume à se passer d'elles, et fort bien ? Pour cette raison, je ne perds aucune occasion de m'adresser à d'autres qu'à mes élèves et à mes collègues. N'ayant plus à faire mes preuves, ni à les fournir par le menu, je change à ce moment de ton. Mais je ne me fais pas d'illusion : je n'atteindrai pas le gros du public. Celui-ci préfère, à juste titre, la fable ou l'enquête policière à ce que je puis, moi, lui raconter. Toutefois, je fais tout pour que ma voix porte. Puisque les questions que je pose ne concernent pas que moi-même, puisque les règles que respectent les historiens me paraissent former l'esprit à la rigueur critique, je souhaite évidemment que les échos de mon discours retentissent dans le système d'éducation et je lutte pour que la place de l'histoire, de la bonne histoire, ne s'y rétrécisse pas mais s'y déploie. Je souhaite également que le plus grand nombre m'entende. Parce que j'aime communiquer le plaisir très vif que je prends à mon métier. Parce que surtout je le crois utile. Je crois à l'utilité de l'histoire bien faite. C'est-à-dire – le juste accord est difficile – avec lucidité et passion.

Georges Duby.

INDEX DES NOMS*

* Abréviations : ch. = chevalier ; p. = paysan.

INDEX DES MATIÈRES*

* Cet index reprend, à quelques légères modifications près, les entrées retenues par G. Duby lui-même pour *La Société* et *L'Économie rurale*, lesquelles ont été étendues aux matières des articles regroupés dans *Hommes et structures*. La dernière partie de la présente réédition, *Dialogues*, n'est pas indexée.

TABLE

LA SOCIÉTÉ AU XIe ET XIIe SIÈCLES DANS LA RÉGION MÂCONNAISE

L'ÉCONOMIE RURALE ET LA VIE DES CAMPAGNES DANS L'OCCIDENT MÉDIÉVAL

HOMMES ET STRUCTURES DU MOYEN ÂGE I :
LA SOCIÉTÉ CHEVALERESQUE

HOMMES ET STRUCTURES DU MOYEN ÂGE II : SEIGNEURS ET PAYSANS

MÂLE MOYEN ÂGE

DIALOGUES

Composition et mise en page

NORD COMPO
multimédia

Édition exclusivement reservée
aux adhérents du Club
Le Grand Livre du Mois
15 rue des Sablons
75116 Paris
réalisée avec l'aimable autorisation
des Éditions Flammarion

Achevé d'imprimer en mai 2004
par Normandie Roto Impression s.a.s.
61250 Lonrai
N° d'édition : FU003606
Dépôt légal : janvier 2002
N° d'imprimeur : 04-1338

Imprimé en France